► **lepidus** ⟨a, um⟩ *Adj*, *Adv* ⟨lepidē⟩ niedlich, lieblich, nett, anmutig; ...

Übersetzungen in Normalschrift

► **nīdus** ⟨ī⟩ *m*
1. Nest, Horst
2. *meton* die Jungen im Nest, Brut
3. *fig* behaglicher Sitz

Angaben zum Sprachgebrauch in *Kursivschrift*

dūracinus ⟨a, um⟩ *Adj* ||durus, acinus|| *(vkl., nachkl.)* hartschalig

Angaben der verschiedenen Epochen der Latinität in *Kursivschrift*

in-cōgitātus ⟨a, um⟩ *Adj*
1. Plaut. unbedacht
2. Sen. unüberlegt
3. undenkbar

Belegstellen in Helvetica

festīnātiō ⟨ōnis⟩ *f* ||festino|| Eile, Hast, Ungeduld, Eilfertigkeit, *alicuius* j-s, *alicuius rei* in etw, bei etw; *Pl* eilige Fälle

Angaben zu Konstruktion und Valenz in *Kursivschrift*

► **lēgātus** ⟨ī⟩ *m* ||lego[1]||
1. Gesandter, Botschafter; ***legatos mittere ad aliquem*** Gesandte zu j-m schicken
2. MIL Unterfeldherr, *vom Senat ernannt, erhielt vom Oberfeldherrn seinen Wirkungskreis*, *alicuius* j-s, *alicui* bei j-m; ***l. pro praetore*** mit einem selbstständigen Kommando betrauter Legat
3. Unterstatthalter, *oberster Mitarbeiter u. Stellvertreter eines Statthalters*
4. *in der Kaiserzeit* Statthalter *in einer kaiserlichen Provinz*
5. Suet. Befehlshaber einer einzelnen Legion
6. *(mlat.)* päpstlicher Gesandter *meist in besonderer Mission*

Erklärende Hinweise in *Kursivschrift*

dis-iūnctus[2] ⟨a, um⟩ *PPP* → ***disiungo***

Verweis auf ein anderes Stichwort

praebeō ⟨uī, itum, ēre 2.⟩

1. darreichen, hinhalten
2. gewähren, liefern
3. preisgeben, überlassen
4. verursachen, erregen
5. geschehen lassen, erlauben,
6. sehen lassen, zeigen
7. zeigen, beweisen

Übersichtsfenster zur schnellen Orientierung in langen Artikeln

Langenscheidt

Großes Schulwörterbuch Lateinisch – Deutsch

Klausurausgabe

Herausgegeben von der
Langenscheidt-Redaktion

auf der Grundlage des
Menge-Güthling

Langenscheidt

Berlin · München · Wien · Zürich · New York

Lexikografische Bearbeitung: Dr. Brigitte Sgoff,
Rachele Zoli-Sudbrock

Projektleitung: Rachele Zoli-Sudbrock

Neue deutsche Rechtschreibung
nach den gültigen amtlichen Regeln und DUDEN-Empfehlungen

Ergänzende Hinweise, für die wir jederzeit dankbar sind,
bitten wir zu richten an:
Langenscheidt Verlag, Postfach 40 11 20, 80711 München
redaktion.wb@langenscheidt.de

Satz: preXtension, Grafrath
Druck und Bindung: Druckerei C.H. Beck, Nördlingen
Printed in Germany
ISBN 978-3-468-07206-2

10042

Vorwort

Um den aktuellen Bedürfnissen der Schülerinnen und Schüler in der Oberstufe sowie der Studierenden Rechnung zu tragen, wurde das auf dem großen Wörterbuch von Menge-Güthling basierende ***Langenscheidt Große Schulwörterbuch Lateinisch-Deutsch*** neu bearbeitet.

Ausrichtung auf Schule und Studium

Das Werk ist **optimal für schulische und studentische Bedürfnisse** angelegt. Darüber hinaus wird durch die besonders klare und übersichtliche Präsentation der Einträge das Nachschlagen im Wörterbuch wesentlich erleichtert.

1. Wortschatz

Ein großer Vorteil dieses Wörterbuchs liegt darin, dass es die beträchtliche Menge von **über 80.000 Stichwörtern und Wendungen** bietet, wobei der Wortschatz gezielt für Oberstufenschüler/innen und Studierende ausgewählt und zusammengestellt wurde. Berücksichtigt wurden dabei die **Werke aller relevanten Schriftsteller der Latinität**. Neben den klassischen Autoren verschiedener Literaturgattungen sind auch die wichtigsten mittellateinischen Autoren sowie die Kirchenschriftsteller, Juristen, Mediziner und Humanisten mit ihrem Wortschatz vertreten.

2. Neue deutsche Rechtschreibung

Selbstverständlich stehen im vorliegenden Wörterbuch alle deutschen Übersetzungen in der neuen deutschen Rechtschreibung gemäß den gültigen amtlichen Regelungen sowie den DUDEN-Empfehlungen (Stand 1.8.2006).

3. Schnelle Orientierung im Wörterbuch

Nicht nur die links ausgerückten Hauptstichwörter, sondern auch sämtliche anderen Stichwörter sind in Blau hervorgehoben. Lange Stichwortartikel bleiben übersichtlich durch eine vorangestellte, **blau unterlegte Inhaltsübersicht**. Sie hilft den Schülerinnen und Schülern die passende deutsche Übersetzung gezielt und rasch aufzufinden. In den Einträgen sorgen deutliche Gliederungszahlen und unterschiedliche Schriften für Stichwörter, ***Wendungen***, Übersetzungen, *Erklärsprache*, Belegstellen und SACHGEBIETSANGABEN für einen besonders schnellen Zugriff auf die gesuchte Information. Zielsicher führen Bedeutungsdifferenzierungen und typische Anwendungsbeispiele stets zur treffenden Übersetzung.

4. Übersetzung aller Konstruktionsangaben und Anwendungsbeispiele

Sämtliche Konstruktionsangaben, Anwendungsbeispiele und Zitate im ***Großen Schulwörterbuch*** sind mit einer deutschen Übersetzung versehen. Sie illustrieren und erläutern zum einen lateinische Konstruktionen, die sich von der deutschen Rektion und Syntax unterscheiden, und gewährleisten zum anderen bei der Arbeit mit lateinischen Texten die richtige Wiedergabe des Lateinischen.

5. Grundwortschatz

Das Zeichen ► vor einem Stichwort bedeutet, dass das Wort zum Kernwortschatz von etwa 2000 Wörtern gehört, deren Kenntnis eine solide Grundlage für die Lektüre lateinischer Texte in der Schule darstellt. Dieser Kernwortschatz basiert auf Auszählungen von Worthäufigkeiten bei den lateinischen Autoren, die im heutigen Unterricht am meisten gelesen werden.

LANGENSCHEIDT VERLAG

Inhaltsverzeichnis

Hinweise für die Benutzer

1. Sechs verschiedene Schriftarten

Fettdruck	für die lateinischen Stichwörter
halbfette Kursivschrift	für die Anwendungsbeispiele und präpositionalen Anschlüsse
Normalschrift	für die deutschen Übersetzungen
kursiv	für alle erklärenden Zusätze
KAPITÄLCHEN	für Sachgebiete
GROẞBUCHSTABEN	für Belegstellen (Autoren)

2. Lexikografische Zeichen, Satzzeichen und Symbole

► Das **schwarze Dreieck** steht vor Stichwörtern, die zum lateinischen Kernwortschatz gehören:

► **strēnuus**

→ Der **Verweispfeil** steht bei unregelmäßigen Wortformen und verweist auf die Grundform, bei der die Übersetzung zu finden ist. Außerdem zeigt der Verweispfeil an, dass man bei einem anderen Stichwort bzw. an anderer Stelle nützliche Zusatzinformationen findet:

fartus ⟨a, um⟩ *PPP* → ***farcio***
Minerva ⟨ae⟩ *f*... → ***Info-Fenster***

↔ Dieses Symbol steht vor Antonymen, d. h. Wörtern mit gegensätzlicher Bedeutung:

āctīvus ⟨a, um⟩ ... ↔ ***contemplativus***

= Dieses Zeichen besagt, dass das betreffende Wort eine Schreibvariante des Haupteintrages ist:

ad-hōc *Adv.* = ***adhuc***

/ Der **Schrägstrich** steht zwischen Alternativen im Lateinischen oder in der deutschen Übersetzung:

hōra ... ***in horas / in horam*** von Stunde zu Stunde ...
in-vādō ... *auf j-n / etw* losgehen, *j-n* angreifen, *in aliquem / in aliquid u. aliquem / aliquid*

|| || Die **senkrechten Striche** enthalten etymologische Angaben, d. h. Hinweise auf die Herkunft eines Wortes.

im-plūmis ⟨e⟩ *Adj.* ||in-^{2}, pluma||
prāxis ⟨is⟩ *f* ||griech. Fw.||

⟨ ⟩ Die **spitzen Klammern** enthalten grammatische Angaben, d. h. Deklinations- und Flexionsangaben:

onus ⟨eris⟩
prae-tendō ⟨tendī, tentum, tendere 3.⟩

( ) Die **runden Klammern** enthalten Angaben zur Epoche, aus der das Wort stammt:

striātus ⟨a, um⟩ *Adj.* (*vkl., nachkl.*)

ā, ē, ī, ō, ū, ȳ Im Stichwort zeigt das Längezeichen über einem Vokal an, dass die betreffende Silbe lang ist. In den Anwendungsbeispielen wird in besonderen Fällen die Länge bezeichnet, um Verwechslungen zu meiden:

in-violātus ⟨a, um⟩ ... ***amicitiā inviolatā***

o͡e, e͡i, e͡u Der Bogen über zwei Buchstaben zeigt an, dass die zwei Vokale zusammengezogen als Diphthong zu sprechen sind:

co͡epiō ⟨co͡epī, co͡eptum, co͡epere 3.⟩

3. Alphabetische Reihenfolge

Die **Stichwörter** sind streng alphabetisch geordnet. An alphabetischer Stelle stehen auch unregelmäßige Perfekt- und Partizipialformen, Eigennamen, geografische Bezeichnungen, Abkürzungen sowie Wortbildungselemente:

Sybaris ⟨is⟩ *f* ...
adf... = ***aff...***
Decius ⟨a, um⟩ ...
edd. *Abk.* = ***ediderunt***

4. Unterteilung der Stichworteinträge

Mit **Hochzahlen** sind Stichwörter gleicher Schreibung versehen. Dabei handelt es sich entweder um unterschiedliche Wortarten oder um Wörter, die verschiedene Stämme haben:

oc-cidō[1] ⟨cidī, cāsum, cidere 3.⟩ ||ob[1], cado||
oc-cīdō[2] ⟨cīdī, cīsum, cīdere 3.⟩ ||ob[1], caedo||

Die **römischen Ziffern** (**I**, **II** usw.) kennzeichnen die verschiedenen Wortarten bzw. die transitive oder intransitive Verwendung eines Verbs in einem Stichworteintrag. Jede Ziffer beginnt immer auf eine neue Zeile:

prōcōnsulāris
I ⟨e⟩ *Adj* ||proconsul|| (*nachkl.*) prokonsularisch; ...
II ⟨is⟩ *m* Prokonsul

Die **arabischen Ziffern** (**1.**, **2.**, **3.** usw.) unterscheiden die verschiedenen Bedeutungen eines Stichworts. Jede Ziffer beginnt immer auf eine neue Zeile:

suspīrium ⟨ī⟩ *n* ||suspiro||
1. tiefes Aufatmen
2. Sen. Atemnot, Keuchen
3. Atem

5. Die Bestandteile eines Stichworteintrags

5.1 Stichwort, vgl. 3.

5.2 Grammatik

Jedes lateinische **Substantiv** ist mit einer Genusangabe für *männlich*, *maskulin* = *m*, *weiblich*, *feminin* = *f* oder *sächlich*, *Neutrum* = *n* sowie mit der Endung des Genitivs Singular in Spitzklammern versehen:

essentia ⟨ae⟩ *f*
iūsta ⟨ōrum⟩ *n*

Bei einsilbigen Wörtern wird der Genitiv in Spitzklammern ausgeschrieben:

pōns ⟨pontis⟩ *m*

Besonderheiten der Deklination werden stets angegeben:

secūris ⟨is, *Akk* im, *Abl* ī⟩ *f*
vīs[1] ⟨*Akk* vim, *Abl* vī *f*, *Pl* vīrēs, ium⟩

Bei **dreiendigen Adjektiven** wird der Nominativ maskulin und die Endungen des Nominativs feminin und neutrum angegeben:

dulciārius ⟨a, um⟩ *Adj*

Bei **zweiendigen Adjektiven** wird der Nominativ maskulin und die Endung des Nominativs neutrum angegeben:

gravis ⟨e⟩ *Adj*

Bei **einendigen Adjektiven** wird die Endung des Genitivs Singular angegeben. Dies gilt auch für Partizipien, die als Adjektive verwendet werden:

du-plex
I *Gen* ⟨icis⟩ *Adj*
praestāns *Gen* ⟨antis⟩ *Adj*

Unregelmäßige **Komparativ- und Superlativbildungen** sind an alphabetischer Stelle als Stichwort aufgeführt. Von hier wird auf die Grundform verwiesen, bei der die Übersetzung zu finden ist:

exterior ⟨ius⟩ *Adj Komp* → ***exter***

Regelmäßige **Adverbien** werden zusammen mit dem dazugehörigen Adjektiv aufgeführt. Wichtige und unregelmäßige Adverbien sind ebenfalls an alphabetischer Stelle als Stichwort zu finden; beim Grundadjektiv steht dann ein Verweis auf diese Adverbform:

liquidus ⟨a, um⟩ *Adj*, *Adv* ⟨liquidē⟩ *u.* ⟨liquidō⟩
aequē *Adv* ||aequus||
1. gleich, gleichmäßig
2. in gleicher Weise ...
aequus ⟨a, um⟩ *Adj*, *Adv* → ***aequē***

Bei *Verben* wird als Zitierform die Grundform angegeben, d. h. die **1. Person Singular Indikativ Präsens Aktiv** bzw. **Passiv** bei Deponenten. Bei allen Verben werden die Stammformen angegeben, aus denen sich andere Formen ableiten lassen. Das sind die *1. Person Singular Perfekt Aktiv*, das *Partizip Perfekt Passiv*, der *Infinitiv* und die *Nummer der Konjugation*:

dē-fōrmō ⟨āvī, ātum, āre 1.⟩

cōn-spiciō ⟨spexī, spectum, spicere 3.⟩
cōn-ferō ⟨contulī, collātum, cōnferre 0.⟩

Sind einzelne Stammformen nicht belegt, tritt an ihre Stelle ein Strich **-**:

candeō ⟨uī, –, ēre 2.⟩

Unregelmäßige Formen des Perfekts Aktiv und des Partizips Perfekt Passiv sind an alphabetischer Stelle zu finden mit einem Verweis auf die 1. Person Singular des Indikativs Präsens (d. h. auf die Zitierform):

aluī → ***alo***
fissus ⟨a, um⟩ *PPP* → ***findo***

5.3 Etymologischer Hinweis

Soweit eindeutige Angaben möglich waren, werden zu jedem Wort kurze etymologische Hinweise gegeben. Bei zusammengesetzten Wörtern steht meistens kein solcher Vermerk, eingefügte Bindestriche machen jedoch Wortbestandteile erkennbar. Wörter aus dem Griechischen sind als ||griech. Fw.|| (= übernommenes Fremdwort) bzw. ||griech. Lw.|| (= sprachliche Entlehnung) gekennzeichnet:

strūctūra ⟨ae⟩ *f* ||struo||
plasma ⟨atis⟩ *n* ||griech. Fw.||
dif-fertus ⟨a, um⟩ *Adj* ||dis-[1], farcio||

5.4 Übersetzung

Zwischen Übersetzungen mit identischer Bedeutung steht ein **Komma.** Unterscheidet sich eine Übersetzung nur leicht von der vorhergehenden, so steht die zweite Variante nach einem **Strichpunkt**:

iocator ⟨oris⟩ *m* (*mlat.*) Gaukler, Spielmann
cōnsanguinitās ⟨ātis⟩ *f* ||consanguineus|| (*nachkl.*) Blutsverwandtschaft; Verwandtschaft

Verschiedene Wortarten (Adjektiv, Substantiv, Präposition, Konjunktion) und die transitive bzw. intransitive Verwendung eines Verbs sind durch **römische Ziffern** unterteilt:

orbus
I ⟨a, um⟩ *Adj*
1. verwaist ...
2. *fig einer Sache* beraubt, verwaist ...
II ⟨ī⟩ *m* Waise; ...

op-perior ⟨pertus sum, perīrī 4.⟩
I *v/i* warten, ...
II *v/t* (*vkl.*, *nachkl.*) erwarten, abwarten ...

Gibt es zu einem Stichwort mehrere, von der Bedeutung her deutlich unterschiedliche Übersetzungen, so sind diese durch **arabische Ziffern** untergliedert.

dēcursiō ⟨ōnis⟩ *f* ||decurro||
1. (*nachkl.*) das Herablaufen
2. Vorbeimarsch, Parade
3. Überfall

Grammatikalische Angaben zu **Konstruktion** und **Valenz** eines Verbs folgen in Kursivschrift gleich auf die Übersetzung:

dis-serō[2] ⟨seruī, sertum, serere 3.⟩ auseinander setzen, erörtern, einen Vortrag halten, *abs od de re* über etw, *aliquid* etw, + *AcI* / + *indir Fragesatz*; ...

5.5 Bedeutungsdifferenzierung

Die Benutzer werden durch zahlreiche erklärende Zusätze zur richtigen Übersetzung geführt. Diesem Zweck dienen folgende Angaben (siehe dazu die Abkürzungsliste S. 12–17):

- **Sachgebietsangaben** (als Abkürzungen durch Kapitälchenschrift hervorgehoben)

  interrogātiō ⟨ōnis⟩ *f* ||interrogo||
  1. Frage, Befragung
  2. JUR Verhör
  3. Sen. Kontrakt
  4. PHIL Schlussfolgerung, Syllogismus
  5. Quint. Frage *als Redefigur*

- Angaben zum **Sprachgebrauch** (als Abkürzungen in Kursivschrift)

  gurges ⟨itis⟩ *m*
  1. Strudel, Wirbel, reißende Strömung
  2. *poet* Meer, Flut, tiefes Wasser
  3. *poet* verschlingender Abgrund, Schlund
  4. *meton* Fresssucht; *von Personen* Schlemmer, Prasser

- Erklärungen (ausgeschrieben in Kursivschrift)

  Olympias[1] ⟨adis⟩ *f* Olympiade, *Zeitraum von 4 Jahren zwischen 2 Olympischen Spielen, Olympiadenrechnung seit 776 v. Chr.*

- Angabe der verschiedenen **Epochen** der Latinität (als Abkürzungen in Kursivschrift in runden Klammern)

  rhythmus ⟨ī⟩ *m* ||griech. Fw.||
  1. (*vkl., nachkl.*) Rhythmus *in Musik u. Rede*
  2. (*mlat.*) Lied

- Belegstellen (abgekürzte Namen der Schriftsteller, bei denen die betreffenden Ausdrücke vorkommen)

  in-cōgitātus ⟨a, um⟩ *Adj*
  1. Plaut. unbedacht
  2. Sen. unüberlegt
  3. undenkbar

5.6 Konstruktionsangaben und Anwendungsbeispiele

Sämtliche **Konstruktionsangaben** und **Anwendungsbeispiele** sind fett-kursiv hervorgehoben und vollständig übersetzt. Typische Verbindungen sind durch Komma getrennt, Redensarten, feste **Wendungen** und **Zitate** durch Semikolon. Der abgekürzte Buchstabe ersetzt in den Wendungen bei Verben den Infinitiv des Stichworts, bei Substantiven dessen Nominativ. Gebeugte Wörter werden in den Wendungen nicht abgekürzt. Bei belegten Zitaten ist am Ende der Autor angegeben:

prō-rogō ⟨āvī, ātum, āre 1.⟩
1. *durch Antrag beim Volk* verlängern; ***provinciam p.*** die Verwaltung der Provinz verlängern
2. aufschieben, ***paucos dies*** um wenige Tage
3. (*vkl.*) vorher auszahlen, vorschießen

solum[1] ⟨ī⟩ *n*
1. unterster Teil *einer Sache*, Grund, Grundfläche, Boden, Sohle; ***fossae s.*** Caes. Boden eines Grabens; ***ab infimo solo*** unten vom Boden an
2. *fig* Fußboden *eines Raumes*; ***sola marmorea*** Cic. Marmorfußboden

6. Inhaltsübersichten

Die Orientierung in langen Stichwortartikeln wird außerordentlich erleichtert durch eine blau unterlegte **Inhaltsübersicht** am Anfang des Eintrags. In ihr sind nur Grundbedeutungen angegeben; weitere oder spezielle, durch den Kontext bedingte Übersetzungen, Erläuterungen, Anwendungsbeispiele, Belegstellen oder die Konstruktion eines Verbs finden sich im Artikel selbst unter der jeweiligen angegebenen Ziffer. Die Abfolge im Stichwortartikel ist mit der Abfolge in der vorangestellten Übersicht völlig identisch.

novus ⟨a, um⟩ *Adj*, *Adv* ⟨novē⟩

1. neu, bisher nicht da gewesen
2. ungewöhnlich, sonderbar
3. unerfahren in
4. neu, verändert
5. der äußerste, der letzte
6. neuerdings, vor Kurzem

Abkürzungen und Symbole

Langform	Abkürzung	Erklärung
A		
abgekürzt	*abgek*	
Abkürzung	*Abk*	
Ablativ	*Abl*	
absolut	*abs*	bezeichnet den Gebrauch eines Verbs ohne Ergänzung
Abstraktum, abstrakt	*Abstr.*, *abstr.*	
Akkusativ mit Infinit	*AcI*	Konstruktion mit Akkusativobjekt und Objektinfinitiv
Adjektiv, adjektivisch gebraucht	*Adj*, *adj*	
Adverb, adverbial gebraucht	*Adv*, *adv*	
adversativ	*advers*	gegensätzlich
Akkusativ	*Akk*	
allgemein	*allg.*	
altlateinisch	*altl.*	Altlatein: 240 – 75 v. Chr.
L. Apuleius	Apul.	**Apuleius**: 2. Jh. n. Chr.
Architektur	ARCH	
Astronomie	ASTR	
Altes Testament	AT	
B		
belgisch	*belg.*	
Botanik	BOT	
besonders	*bes*	
C		
C. Julius Caesar	Caes.	Julius **Caesar**: 1. Jh. v. Chr.
C. Valerius Catullus	Catul.	**Catull**: 1. Jh. v. Chr.
christlich	*chr.*	
M. Tullius Cicero	Cic.	**Cicero**: 1. Jh. v. Chr.
Komiker	Com.	1. Jh. n. Chr.
Q. Curtius Rufus	Curt.	**Curtius Rufus**: 1. Jh. n. Chr.
D		
Dativ	*Dat*	
Demonstrativpronomen	*dem Pr*	hinweisendes Fürwort (z. B. *dieser*, *jener*)
Denominativ	*Denom*	Ableitung von einem Substantiv od. Adjektiv (z. B. *dürsten* von *Durst*)
Desiderativ	*Desid*	Verb, das einen Wunsch ausdrückt
Diminutiv	*Dim*	Verkleinerungsform

direkt	*dir*	
doppelt	*dopp.*	

E

Kirchenlatein	*eccl.*	
ergänze	*erg.*	
etruskisch	*etrusk.*	
etwas	*etw*	
euphemistisch	*euph*	beschönigend
Eutropius	Eutr.	**Eutropius**: 4. Jh. n. Chr.

F

feminin	*f*	
figurativ	*fig*	bildlich, im übertragenen Sinn
Frequentativ	*Freq*	Verb, das einen wiederholten Vorgang ausdrückt
Futur	*Fut*	
Fremdwort	*Fw.*	

G

gallisch	*gall.*	
geboren	*geb.*	
A. Gellius	Gell.	**Gellius**: 2. Jh. n. Chr
Genitiv	*Gen*	
Geometrie	GEOM	
Gerundiv, Gerundium	*Ger*	gebeugter Infinitiv des Verbs (z. B. *amandi*)
germanisch	*germ.*	
Grammatik	GRAMM	
griechisch	*griech.*	

H

hebräisch	*hebr.*	
Q. Horatius Flaccus	Hor.	**Horaz**: 1. Jh. v. Chr.
humorvoll	*hum*	

I

iberisch	*iber.*	
Imperativ	*Imp*	Befehlsform, z. B. *geh!*
Imperfekt	*Imperf*	Zeitform der Vergangenheit
Indikativ	*Ind*	
Indefinitpronomen	*indef Pr*	unbestimmtes Fürwort, z. B. *jemand*, *kein*
indeklinabel	*indekl.*	das Wort kann nicht dekliniert werden
indirekt	*indir*	
Infinitiv	*Inf*	
Inkohativum	*Inkoh*	Verb, das den Beginn einer Handlung oder eines Zustandes bezeichnet

Interrogativpronomen	*Int Pr*	fragendes Fürwort, Fragefürwort, z. B. *wer?*, *welcher?*
Intensivum	*Intens*	Verb, das eine Verstärkung der Handlung bezeichnet
Interjektion	*Interj*	Ausrufe-, Empfindungswort
ironisch	*iron*	
italisch	*ital.*	
Iterativum	*Iterat*	Verb, das die Wiederholung einer Handlung bezeichnet
D. Iunius Iuvenalis	Iuv.	**Juvenal**: 1. – 2. Jh. n. Chr.

J

jemand	*j-d*	
jemands	*j-s*	
jemandem	*j-m*	
jemanden	*j-n*	
Jahrhundert	*Jh.*	
Rechtswesen	JUR	

K

keltisch	*kelt.*	
klassisch	*klass.*	klassisches Latein: 75 v. Chr. – 1. Jh.
Komparativ	*Komp*	erste Steigerungsform eines Adjektives, z. B. *schöner*
Konjunktion	*Konj*	
Konjunktiv	*Konjkt*	
konkret	*konkr.*	

L

Latein/lateinisch	*Lat./lat.*	
literarisch	*lit.*	
T. Livius	Liv.	**Livius**: 1. Jh. v. Chr. – 1. Jh. n. Chr.
logisch	*log.*	
T. Lucretius Carus	Lucr.	**Lukrez**: 1. Jh. v. Chr.
Lehnwort	*Lw.*	

M

maskulin	*m*	
Mittelalter	*MA*	
M. Valerius Martialis	Mart.	**Martial**: 1. – 2. Jh. n. Chr.
Mathematik	MATH	
Medizin	MED	
metonymisch	*meton*	Metonymie: übertragener Gebrauch eines Wortes od. einer Fügung für einen verwandten Begriff (z. B. *Stahl* für *Dolch*)
Metrik	METR	
Militär	MIL	

mittellateinisch	*mlat.*	Mittellatein: 9. Jh. – 15. Jhr.
Musik	MUS	
Mythologie	MYTH	

N

Norden	N	
neutrum	*n*	
nördlich	n.	
nachklassisch	*nachkl.*	
nach Christi Geburt	*n. Chr.*	
Nominativ mit Infinitiv	*NcI*	Konstruktion mit transitiven Verben, die im Passiv persönlich konstruiert werden
Cornelius Nepos	Nep.	**Nepos**: 1. Jh. v. Chr.
Neulatein	*nlat.*	Neulatein: 17. Jhr. bis heute
nordöstlich	*nö.*	
Nominativ	*Nom*	
Numerale	*Num*	Zahlwort
Zahladverb	*Num adv*	Zahladverb, auf die Frage: *wie oft?*
Kardinalzahl	*Num card*	Grundzahl, auf die Frage: *wie viele?*
Distributivzahl	*Num dist*	Verteilungszahl, auf die Frage: *wie viel jedes Mal?*
Ordinalzahl	*Num ord*	Ordnungszahl, auf die Frage: *der wievielte?*
Neues Testament	NT	
nordwestlich	*nw.*	

O

Osten	*O*	
östlich	*ö.*	
oder	*od*	
orientalisch	*orient.*	
örtlich	*örtl.*	
P. Ovidius Naso	Ov.	**Ovid**: 1. Jh. v. Chr. – 1. Jh. n. Chr.

P

Partizip	*Part*	
patrizisch	*patriz.*	
pejorativ	*pej*	abwertend
Perfekt	*Perf*	
persönlich	*pers*	
Personalpronomen	*pers Pr*	
A. Flaccus Persius	Pers.	**Persius**: 1. Jh. n. Chr.
T. Petronius	Petr.	**Petronius**: 1. Jh. n. Chr.
Phaedrus	Phaedr.	**Phaedrus**: 1. Jh. n. Chr.
Philosophie	PHIL	
Philosoph	*Philos.*	
Plural	*Pl*	

T. Maccius Plautus	Plaut.	**Plautus**: 3. – 2. Jh. v. Chr.
plebejisch	*pleb.*	
G. Plinius Caecilius Secundus	Plin.	**Plinius** der Jüngere: 1. – 2. Jh. n. Chr.
poetisch	*poet*	
Politik	POL	
Possesivpronomen	*poss Pr*	besitzanzeigendes Fürwort, z. B. *mein*, *dein*, *unser*, *euer*, *ihr*
Partizip Perfekt	*PPerf*	
Partizip Perfekt Passiv	*PPP*	
Partizip Präsens	*PPr*	
Präfix	*Präf*	Vorsilbe
Präposition	*Präp*	
Präsens	*Präs*	
Pronomen	*Pron*	Fürwort
Sextius Propertius	Prop.	**Properz**: 1. Jh. v. Chr.
	Q	
M. Fabius Quintilianus	Quint.	**Quintilian**: 1. Jh. n. Chr.
	R	
Reflexivpronomen	*refl Pr*	rückbezügliches Fürwort, z. B. *sich*
Religion	RELIG	
Relativpronomen	*rel Pr*	bezügliches Fürwort, z. B. *der*, *die*, *das*, *welche*(*r*, *s*)
Rhetorik	RHET	
römisch	*röm.*	
	S	
Süden	*S*	
südlich	*s.*	
G. Sallustius Crispus	Sall.	**Sallust**: 1. Jh. v. Chr.
Schifffahrt	SCHIFF	
schriftlich	*schriftl.*	
L. Annaeus Seneca	Sen.	**Seneca**: 1. Jh. n. Chr
Singular	*Sg*	
südöstlich	*sö.*	
spätlateinisch	*spätl.*	Spätlatein: 2. – 8. Jhr. n. Chr.
Substantiv, substantivisch	*Subst*, *subst*	
G. Suetonius Tranquillus	Suet.	**Sueton**: 1. – 2. Jh. n. Chr
Superlativ	*Sup*	zweite und höchste Steigerungsform eines Adjektivs, z. B. *der schönste*, *am schönsten*
südwestlich	*sw.*	
	T	
P. Cornelius Tacitus	Tac.	**Tacitus**: 1. – 2. Jh. n. Chr
P. Terentius Afer	Ter.	**Terenz**: 2. Jh. v. Chr.

Q. Septimius Tertullianus	Tert.	**Tertullian**: 2. – 3. Jh. n. Chr.
Albius Tibullus	Tib.	**Tibull**: 1. Jh. v. Chr.
	U	
und	*u.*	
unklassisch	*unkl.*	
unpersönlich	*unpers*	
ursprünglich	*urspr.*	
	V	
vor Christi Geburt	*v. Chr.*	
P. Vergilus Maro	Verg.	**Vergil**: 1. Jh. v. Chr.
intransitives Verb	*v/i*	Verb, das kein Akkusativobjekt bei sich haben kann
M. Vitruvius Pollio	Vitr.	**Vitruv**: 1. Jh. v. Chr. – 1. n. Chr.
Vokativ	*Vok*	
transitives Verb	*v/t*	Verb, das ein Akkusativobjekt bei sich haben kann
	W	
Westen	*W*	
westlich	*w.*	
	Z	
zum Beispiel	*z. B.*	
	Symbole	
Grundwortschatz	►	
gleich	=	
Gegenteil von	↔	
Verweis auf	→	

Lateinisch – Deutsch

A

a¹ A *Abk*
1. = ***Aulus***
2. = ***absolvo*** ich spreche frei; *daher littera salutaris*; ↔ ***C*** = ***condemno***
3. = ***antiquo*** ich verwerfe einen Gesetzesantrag
4. ***a. c.*** = ***anni currentis*** (*nlat.*) laufenden Jahres
5. ***a. Chr. n.*** = ***ante Christum natum*** vor Christi Geburt
6. ***a. d.*** = ***ante diem*** *bei Datumsangaben*
7. ***A. D.*** = ***Anno Domini*** im Jahr des Herrn
8. ***A et O*** = ***Alpha et Omega*** Anfang und Ende, *erster u. letzter Buchstabe des griech. Alphabets*; *Symbol für Christus*
9. ***a. f.*** = ***anni futuri*** des kommenden Jahres
10. ***a. m.*** = ***ante meridiem*** (*nlat.*) Vormittag
11. ***a. u. c.*** = ***ab urbe condita*** seit Gründung Roms

ā² āh *Interj* ach, ah, wehe

ā³ ab abs *a vor Konsonanten, abs bei abs te*

I
1. von … ab, von … her
2. miss-, ver-
II
1. von … weg, von … her
2. von … an
3. von
4. von … weg, vor
5. vor

I *Präf*
1. von … ab, von … her, von … weg; ***ab-ducere*** ab-führen, weg-führen; ***abs-cedere*** ab-gehen, weg-gehen
2. miss-, ver-, un-; ***ab-uti*** miss-brauchen; ***ab-sumere*** verbrauchen; ***ab-similis*** un-ähnlich
II *Präp + Abl*
1. *örtl.* von … weg, von … her; ***ab urbe venire*** von der Stadt kommen; ***omnes portūs ab Ostia ad Tarentum*** alle Häfen von Ostia bis Tarent; ***a duobus milibus passuum*** in einem Abstand von zwei Meilen; ***ab oriente*** im Osten; ***a fronte et a sinistra parte*** (von) vorne und (von) links; ***a Romanis ducenti*** von/bei den Römern zweihundert; ***stare/esse ab aliquo*** auf j-s Seite stehen; ***hoc est a me*** dies spricht für mich; ***pendēre ab arbore*** am/vom Baum hängen
2. *zeitl.* von … an; ***a principio*** von Anfang an; ***a pueris*** von Kindheit an; ***a cenis*** gleich nach dem Abendessen
3. *fig zur Angabe des Urhebers, Ursprungs, Motivs* von; ***ab hoste capi*** vom Feind gefangen werden; ***ab Hercule genus ducere*** von Herkules abstammen; ***ab aliquo appellari*** nach j-m benannt werden; ***ab omni re*** in jeder Hinsicht; ***ira ab accepta clade*** Wut über die erlittene Niederlage
4. *Ausdruck der Trennung* von … weg, vor; ***a scelere abhorrere*** vor einem Verbrechen zurückschrecken
5. *in Ausdrücken des Schützens* vor; ***defendere aliquem ab aliquo*** j-n vor j-m verteidigen; ***liberare aliquem ab aliquo*** j-n von j-m befreien
6. *in besonderen Wendungen*; ***solvo a me*** ich bezahle aus eigenen Mitteln; ***solvere ab aliquo*** auf j-s Anweisung bezahlen; ***servus a pedibus*** Eilbote; ***servus ab epistulis*** Geheimschreiber

abāctus¹ ⟨ūs⟩ *m* ||abigo|| Plin. gewaltsames Wegtreiben

ab-āctus² ⟨a, um⟩ *PPP* → ***abigo***

abacus ⟨ī⟩ *m* ||griech. Lw.||
1. Tischplatte; *meton* Tisch, *bes* Prunktisch *für Vasen u. Nippsachen*
2. (*nachkl.*) Spielbrett *für Stein- u. Würfelspiele*
3. *poet* Rechenbrett
4. Vitr. Steinplatte, Kapitellabdeckplatte, Abakus

a-baetō ⟨-, -, ere 3.⟩ = ***abito***

abaliēnātiō ⟨ōnis⟩ *f* ||abalieno|| Veräußerung

abaliēnātus ⟨a, um⟩ *Adj* ||abalieno|| abtrünnig; abgestorben; ***membra abalienata*** abgestorbene Glieder

ab-aliēnō ⟨āvī, ātum, āre 1.⟩
1. veräußern, abtreten, ***agros*** Felder
2. Liv. *fig* berauben, *aliquem re* j-n einer Sache; ***aliquem iure civium a.*** j-m das Bürgerrecht wegnehmen
3. abtrünnig machen, abspenstig machen, entfremden, *aliquem ab aliquo/alicui* j-n jdm

Abantēus ⟨a, um⟩ *Adj* des Abas, zu Abas gehörig

Abantiadēs ⟨ae⟩ *m* Sohn des Abas, Nachkomme des Abas

Abās ⟨antis⟩ *m König in Argos, Vater des Akrisios (Acrisius) u. Großvater der Danae*

ab-avus ⟨ī⟩ *m* Urgroßvater, Ahnherr

abbās ⟨ātis⟩ *m* ||griech. Fw.|| *biblische Gebetsanrede* Vater, *davon (eccl.)* Abt

abbātia ⟨ae⟩ *f* (*eccl.*) Abtei

abbātissa ⟨ae⟩ *f* (*eccl.*) Äbtissin

ab-bītō ⟨-, -, ere 3.⟩ = ***abito***

abbreviatura ⟨ae⟩ *f* (*mlat.*) Abkürzung

Abdēra ⟨ōrum⟩ *n Stadt in Thrakien, Geburtsort des Demokrit, Einwohner bekannt u. verspottet wegen ihrer Kleinstädterei wie Schilda*

Abdērītēs ⟨ae⟩ *m* Abderit, Schildbürger

abdicātiō ⟨ōnis⟩ *f* ||abdico|| (*nachkl.*) Niederlegung (eines Amtes); Enterbung; ***a. dictaturae*** Niederlegung der Diktatur

► **ab-dicō¹** ⟨āvī, ātum, āre 1.⟩
1. lossagen, ***se tutelā*** sich von der Unterhaltspflicht
2. (*nachkl.*) verleugnen, verstoßen; verwerfen, ab-

schaffen; ***filium a.*** seinen Sohn verstoßen
3. niederlegen, aufgeben; ***a. munus/se a munere*** abdanken, ein Amt niederlegen
▶ **ab-dīcō**[2] ⟨dīxī, dictum, dīcere 3.⟩ absagen, untersagen, verwerfen; ***aves abdicunt aliquid*** *Auguralsprache* die Vögel raten von etw ab, die Zeichen stehen für etw ungünstig
ab-didī → ***abdo***
abdita ⟨ōrum⟩ *n* ||abditus|| *poet* entlegene Räume, Geheimnisse
abditīvus ⟨a, um⟩ *Adj* ||abditus|| Plaut. entfernt
abditus ⟨a, um⟩ *Adj* ||abdo|| entfernt, entlegen, verborgen, geheim
ab-dō ⟨didī, ditum, dere 3.⟩
1. abgeben, weggeben, abziehen, entfernen; ***copias ab eo loco a.*** die Truppen von diesem Ort abziehen
2. ***se a.*** sich zurückziehen, ***in bibliothecam*** in die Bibliothek
3. verstecken, verbergen, verbannen; ***aliquem in insulam a.*** j-n auf eine Insel verbannen; ***caput a.*** das Haupt bedecken
4. tief hineinstoßen, ***ensem lateri*** das Schwert in die Seite
abdōmen ⟨inis⟩ *n* Bauch, Wanst
ab-dūcō ⟨dūxī, ductum, dūcere 3.⟩
1. abführen, wegführen, entführen, ***Romā Neapolim*** von Rom nach Neapel; ***uxorem a marito a.*** die Gattin vom Gatten entfernen, die Gattin dem Gatten entführen
2. *fig* abbringen, ablenken, befreien; ***mors homines a malis abducit*** der Tod befreit die Menschen von den Übeln; ***se a.*** sich zurückziehen
3. *fig* erniedrigen, ***artem ad quaestum*** die Kunst zum bloßen Erwerb
4. *fig* abspenstig machen, verleiten; ***cives a fide ad licentiam a.*** die Bürger von der Treue zur Zügellosigkeit verführen
ab-ēgī → ***abigo***
Abella ⟨ae⟩ *f Stadt in Kampanien mit bedeutender Obstkultur, heute Avella*
Abellānus ⟨a, um⟩ *Adj* aus Abella, zu Abella gehörig
Abellānus ⟨ī⟩ *m* Abellaner
ab-eō ⟨iī, itum, īre 0.⟩
1. abgehen, fortgehen, weggehen, ***ex patria in alienas terras*** von der Heimat in fremde Länder; + *Supin* ***exulatum a.*** in die Verbannung gehen; ***abi!*** Com. hau ab!; ***a. in malum cruciatum*** sich zum Henker scheren, sich zum Teufel scheren; ***a. victor e certamine*** aus dem Wettkampf als Sieger hervorgehen
2. *fig von einem Amt* zurücktreten, ***consulatu*** vom Konsulat
3. *fig* wegkommen, davonkommen; ***res abit ab aliquo*** *bei Auktionen* die Sache entgeht j-m; ***a. inultus*** ungestraft davonkommen; ***hoc tibi non sic abibit*** Catul. damit wirst du so nicht durchkommen
4. *fig* abgehen, abweichen, ***ab incepto*** vom Vorhaben, ***a iure*** vom Recht
5. *fig* aufhören, schwinden; ***tempus abit*** die Zeit vergeht; ***gloria abit*** das Andenken schwindet; ***pretium abit*** der Wert sinkt
6. *fig* zu/in *etw* übergehen; ***res abit a consilio ad vires*** die Angelegenheit geht von kluger Überlegung zu Gewalt über
ab-equitō ⟨āvī, ātum, āre 1.⟩ Liv. wegreiten
aberrātiō ⟨ōnis⟩ *f* ||aberro|| Ablenkung, Zerstreuung, ***a dolore*** vom Schmerz, ***a molestiis*** vom Ärger
ab-errō ⟨āvī, ātum, āre 1.⟩ (*vkl., nachkl.*)
1. sich verirren, abkommen, *abs od re/a re* von etw
2. *fig* abweichen, abschweifen, ***a regula*** von der Regel, ***a sententia*** von seiner Meinung
3. *fig* sich irren, *re* in einer Sache, ***coniecturā*** in seiner Vermutung
4. Suet. *fig* zerstreut sein
ab-esse → ***absum***
ab-fore ab-forem → ***absum***
ab-hibeō ⟨-, -, ēre 2.⟩ ||habeo|| Plaut. vom Leib halten
ab-hinc *Adv*
1. (*nachkl.*) *poet*, *örtl.* von hier
2. *zeitl.* von jetzt an; jetzt vor, vor nunmehr; ***abhinc viginti annos*** vor nunmehr zwanzig Jahren; ***abhinc triginta diebus*** vor nunmehr dreißig Tagen; ***abhinc triennium*** vor drei Jahren
ab-horrēns *Gen* ⟨entis⟩ *Adj* ||abhorreo|| fremd, abweichend; Liv. unpassend, unstatthaft; ***vestrae abhorrentes lacrimae*** Liv. eure unangebrachten Tränen
ab-horreō ⟨uī, -, ēre 2.⟩
1. zurückschrecken, zurückschaudern, verabscheuen; ***a. caedela caede*** vor einem Mord zurückschaudern
2. widerstreben, zuwiderlaufen, *re/a re/alicui rei* einer Sache, *re* durch etw, in etw; ***a. a fide*** unglaublich sein; ***a. inter se*** einander widersprechen
ab-iciō ⟨iēcī, iectum, icere 3.⟩ ||iacio||
1. abwerfen, hinwerfen, wegwerfen; ***anulum in mare a.*** einen Ring ins Meer werfen
2. *fig* verschleudern, nachlässig hinwerfen; ***pecuniam a.*** Geld verschleudern; ***aliquem a.*** j-n fallen lassen
3. herabwerfen, niederwerfen; ***se de muro in mare a.*** sich von der Mauer ins Meer stürzen; ***se alicui/ad pedes alicuius a.*** sich j-m zu Füßen werfen; ***hostem a.*** einen Feind niederstrecken
4. *fig* entmutigen, niederdrücken, schwächen; ***auctoritatem alicuius a.*** j-s Autorität schwächen; ***se a.*** sich aufgeben; ***intercessorem a.*** einen Vermittler zum Schweigen bringen
abiectiō ⟨ōnis⟩ *f* ||abicio|| das Wegwerfen, das Aufgeben; *fig* Entmutigung, Kleinmut
ab-iectus ⟨a, um⟩ *Adj*, *Adv* ⟨abiectē⟩ ||abicio||
1. schwunglos, prosaisch; ***oratio abiecta*** farblose Rede
2. mutlos, verzagt; ***casum abiecte ferre*** einen Schicksalsschlag würdelos tragen
3. niedrig, gemein; ***homo a.*** gemeiner Mensch; ***abiectius nati sunt*** sie sind von niedrigerer Herkunft
abiēgnus ⟨a, um⟩ *Adj* ||abies|| aus Tannenholz
abiēs ⟨etis⟩ *f*
1. (*unkl.*) Tanne
2. *meton* aus Tannenholz gefertigter Gegenstand; *poet* Schiff; Lanze, Speer
ab-igō ⟨ēgī, āctum, igere 3.⟩ ||ago||
1. forttreiben, wegtreiben, wegjagen
2. (raubend) wegtreiben
3. *durch Arzneimittel* abtreiben, vertreiben; ***sibi***

partum a. die Schwangerschaft abbrechen
4. *fig* verscheuchen, abschrecken; ***curas a.*** die Sorgen verscheuchen; ***conscientiā abigi*** durch das Gewissen abgeschreckt werden

ab-iī → ***abeo***

ab-iiciō = ***abicio***

abīn' = ***abis-ne***; → ***abeo***

ab-īre → ***abeo***

abitiō ⟨ōnis⟩ *f* ||abeo|| Com. das Weggehen, das Fortgehen

ā-bītō ⟨-, -, ere 3.⟩ ||baeto|| Plaut. weggehen

ab-itum *PPP* → ***abeo***

abitus ⟨ūs⟩ *m* ||abeo|| das Weggehen, Abreise, Abzug; *meton* Ausweg

ab-iūdicō ⟨āvī, ātum, āre 1.⟩ richterlich aberkennen, absprechen, *aliquid ab aliquo / alicui* etw j-m; ↔ ***adiudico***

ab-iungō ⟨iūnxī, iūnctum, iungere 3.⟩
1. *poet* ausspannen, ***equos*** die Pferde
2. *fig* trennen, entfernen

ab-iūrō ⟨āvī, ātum, āre 1.⟩ abschwören, verleugnen

ab-lātus ⟨a, um⟩ *PPP* → ***aufero***

ablēgātiō ⟨ōnis⟩ *f* ||ablego|| *(nachkl.)* das Wegsenden, Entsendung, das Entfernen; ***a. iuventutis ad bellum*** Liv. die Entsendung der Jugend in den Krieg

ab-lēgō ⟨āvī, ātum, āre 1.⟩ wegsenden, entfernen, entlassen; Liv., MIL abkommandieren

ab-ligurriō ⟨īvī, ītum, īre 4.⟩ verprassen; *(nachkl.)* ablecken

ab-locō ⟨āvī, ātum, āre 1.⟩ Suet. verpachten, vermieten

ab-lūdō ⟨-, -, ere 3.⟩ im Ton abweichen; Hor. *j-m* unähnlich sein, zu *j-m* nicht passen, *ab aliquo*

ab-luō ⟨luī, lūtum, luere 3.⟩ ||lavo||
1. abspülen, abwaschen; *fig* tilgen, beseitigen; ***pedes Ulixi a.*** dem Odysseus die Füße waschen; ***lacrimas a.*** die Tränen abwischen
2. *(vkl., nachkl.)* fortspülen, mit sich fortführen
3. *(eccl.)* taufen

abn. *Abk in Inschriften* = ***abnepos*** Ururenkel

ab-negō ⟨āvī, ātum, āre 1.⟩ *(nachkl.) poet* abschlagen, verweigern

ab-nepōs ⟨ōtis⟩ *m (nachkl.)* Ururenkel

abneptis ⟨is⟩ *f* ||abnepos|| *(nachkl.)* Ururenkelin

Abnoba ⟨ae⟩ *m (erg.* ***mons****)* Schwarzwald *einschließlich Rauhe Alb*

ab-noctō ⟨āvī, ātum, āre 1.⟩ *(nachkl.)* auswärts übernachten

ab-nōrmis ⟨e⟩ *Adj* Hor. von der Regel abweichend, keiner Schule angehörend

ab-nuō ⟨nuī, nuitūrus, nuere 3.⟩
1. *(vkl.) poet* abwinken, + *AcI*
2. abschlagen, verweigern; verschmähen; ***pacem a.*** den Frieden verschmähen; ***imperium alicuius a.*** j-s Oberbefehl zurückweisen, j-m den Gehorsam verweigern
3. leugnen, + *Inf* / + *AcI*, *verneint* + *quin* dass

abnūtō ⟨āvī, ātum, āre 1.⟩ ||*Intens von* abnuo|| *(vkl., spätl.)* heftig abwinken, ablehnen

ab-oleō ⟨ēvī, itum, ēre 2.⟩ *(nachkl.) poet* vernichten, zerstören; beseitigen, abschaffen, beenden; ***monumenta a.*** Denkmäler zerstören; ***magistratum a. alicui*** j-m ein Amt abnehmen

ab-olēscō ⟨olēvī, -, olēscere 3.⟩ *(nachkl.) poet* verschwinden, erlöschen; ***memoria alicuius rei abolescit*** die Erinnerung an etw schwindet

ab-olēvī → ***aboleo*** *u.* → ***abolesco***

abolitiō ⟨ōnis⟩ *f* ||aboleo|| *(nachkl.)* Abschaffung, Aufhebung; Amnestie; ***a. sententiae*** Unterdrückung der Meinung

ab-olitus ⟨a, um⟩ *PPP* → ***aboleo***

abolla ⟨ae⟩ *f (vkl., nachkl.)* dichter Umhang, Wintermantel

ab-ōminō ⟨āvī, -, āre 1.⟩ *(unkl.) u.* **ab-ōminor** ⟨ātus sum, ārī 1.⟩ verwünschen, hinwegwünschen, verabscheuen; ***quod abominor!*** was Gott verhüte!; ***abominandus*** verabscheuungswürdig

Aborīginēs ⟨um⟩ *m* ||ab origine|| Aboriginer, *sagenhaftes Stammvolk der Latiner*

ab-orior ⟨ortus sum, orīrī 4.⟩ *(unkl.)* untergehen, vergehen; ↔ ***orior***

aborīscor ⟨-, orīscī 3.⟩ ||*Inkoh von* aborior|| Lucr. vergehen

abortiō ⟨ōnis⟩ *f* ||aborior|| Fehlgeburt, Frühgeburt

abortīvum ⟨ī⟩ *n* ||abortivus|| Abtreibungsmittel

abortīvus ⟨a, um⟩ *Adj* ||aborior|| *(nachkl.) poet* zu früh geboren

abortus ⟨ūs⟩ *m* ||aborior|| Fehlgeburt, Frühgeburt; ***a. artificialis*** *(nlat.)* Schwangerschaftsabbruch

ab-rādō ⟨rāsī, rāsum, rādere 3.⟩ abkratzen, abschaben, abscheren; *fig* abpressen

abrāsiō ⟨ōnis⟩ *f* ||abrado|| *(eccl.)* das Abscheren; *(nlat.)* MED Ausschabung *bes der Gebärmutter*

ab-ripiō ⟨ripuī, reptum, ripere 3.⟩ ||rapio|| wegreißen, wegraffen, wegschleppen; entführen, rauben; ***a. e complexu parentum*** den Armen der Eltern entreißen; ***a. in vincula*** ins Gefängnis schleppen; ***ad quaestores a.*** vor die Quästoren zerren; ***se a.*** sich aus dem Staub machen; ***pavor aliquem abripit*** die Angst reißt j-n fort

abrogātiō ⟨ōnis⟩ *f* ||abrogo|| Aufhebung eines Gesetzes durch Volksbeschluss

ab-rogō ⟨āvī, ātum, āre 1.⟩
1. durch Volksbeschluss abnehmen, wegnehmen; *fig* entziehen; ***alicui magistratum a.*** j-m ein Amt wegnehmen; ***alicui fidem a.*** j-m die Treue entziehen
2. durch Volksbeschluss aufheben, abschaffen; *fig* beseitigen, vernichten; ***legem a.*** ein Gesetz aufheben, ein Gesetz abschaffen

abrotonum ⟨ī⟩ *n u.* **abrotonus** ⟨ūs⟩ *f* ||griech. Fw.|| *(nachkl.) poet* Stabwurz, Eberwurz, *Gewürz- u. Arzneipflanze, Distelart*

ab-rumpō ⟨rūpī, ruptum, rumpere 3.⟩
1. abreißen, losreißen, *aliquid re / a re* etw von etw; ***se a.*** sich losreißen
2. *(nachkl.) poet* mit Gewalt trennen, zerreißen; ***vincula a.*** die Fesseln sprengen; ***venas a.*** die Adern öffnen; ***ordines a.*** die Reihen durchbrechen; ***pontem a.*** die Brücke abreißen; ***abruptis procellis*** nach dem Losbrechen des Sturmes
3. *fig* gewaltsam abbrechen, plötzlich abbrechen, aufheben; ***vitam a.*** dem Leben ein Ende machen; ***somnos a.*** Träume verscheuchen; ***iter a.*** den Marsch abbrechen; ***spem a.*** eine Hoffnung vereiteln; ***fas a.*** göttliches Recht verletzen; ***fidem a.*** die Treue brechen

abruptiō ⟨ōnis⟩ *f* ||abrumpo|| das Abreißen; *fig* Ehebruch
abruptum ⟨ī⟩ *n* ||abruptus|| steile Höhe; schroffe Tiefe, Abgrund; *fig* Verderben
abruptus ⟨a, um⟩ *Adj*, *Adv* ⟨abruptē⟩ ||abrumpo|| (*nachkl.*)
1. *poet* abschüssig, schroff, jäh, steil abfallend
2. RHET schroff, ohne Einleitung
3. *vom Charakter* trotzig, hitzig, unbeherrscht; ***abrupte agere*** übereilt handeln
abs → ***a***[3] *u.* → ***absque***
abs-cēdō ⟨cessī, cessum, cēdere 3.⟩
1. weggehen, abziehen, sich zurückziehen, *abs od ab aliquo* von j-m, *a re / de re / re* von etw, *ex re* aus etw
2. (*unkl.*) *fig* weichen, schwinden, vergehen
3. *fig* aufgeben, *re* etw, ***obsidione*** die Belagerung
4. (*vkl.*, *nachkl.*) *fig* wegfallen, verloren gehen; ***urbes regno abscedunt*** Städte gehen dem Reich verloren
abscessiō ⟨ōnis⟩ *f* ||abscedo|| das Zurückweichen, Abnahme
abscessus ⟨ūs⟩ *m* ||abscedo|| Weggang, Abzug, Entfernung
ab-scidī → ***abscindo***
abs-cīdī → ***abscido***
abs-cīdō ⟨cīdī, cīsum, cīdere 3.⟩ ||caedo||
1. abhauen, abschneiden, ***caput*** das Haupt
2. *fig* trennen, ***exercitum in duas partes*** das Heer in zwei Teile
3. (*nachkl.*) *fig* entziehen, wegnehmen, ***alicui aquam*** j-m die Zufuhr von Wasser
ab-scindō ⟨scidī, scissum, scindere 3.⟩
1. abreißen, losreißen, *aliquid a re / de re / re* etw von etw; ***tunicam a pectore a.*** die Tunika vom Leib reißen; ***venas a.*** die Adern öffnen; *Passiv + griech. Akk* ***abscissa comas*** Verg. mit zerrauften Haaren
2. (*nachkl.*) *fig* trennen, ***inane soldo*** das Eitle vom Wahren, die Spreu vom Weizen
3. (*nachkl.*) *fig* abschneiden, entziehen; ***reditum a.*** den Rückweg abschneiden
abscīsus ⟨a, um⟩ *Adj*, *Adv* ⟨abscīsē⟩ ||abscido||
1. (*nachkl.*) schroff, steil
2. RHET abgebrochen, kurz angebunden
absconditus ⟨a, um⟩ *Adj*, *Adv* ⟨absconditē⟩ ||abscondo||
1. versteckt, verborgen
2. *fig* heimlich
3. *fig* tiefgründig
abs-condō ⟨condī⟩ *u.* ⟨condidī, conditum, condere 3.⟩
1. verbergen, verstecken
2. (*nachkl.*) *fig* einhüllen, dem Blick entziehen; ***fumus caelum abscondit*** der Rauch verdeckt den Himmel
3. *fig* verheimlichen
► **absēns** *Gen* ⟨entis⟩ *Adj* ||absum|| abwesend, in der Ferne; ***aliquo absente*** in j-s Abwesenheit
absentia ⟨ae⟩ *f* ||absens|| Abwesenheit; Quint. Fehlen, Mangel; ***a. testimoniorum*** Mangel an Beweisen
absentīvus ⟨a, um⟩ *Adj* ||absens|| Petr. länger abwesend
ab-siliō ⟨-, -, īre 4.⟩ ||salio|| *poet* wegspringen
ab-similis ⟨e⟩ *Adj* unähnlich, abweichend
absinthium ⟨ī⟩ *n* ||griech. Fw.|| (*unkl.*) Wermut
absis ⟨īdis⟩ *f* ||griech. Fw.||
1. (*nachkl.*) Wölbung, Segment
2. (*mlat.*) Apsis *in Kirchen*
ab-sistō ⟨stitī, -, sistere 3.⟩
1. weggehen, sich entfernen; ***a signis a.*** Fahnenflucht begehen
2. (*nachkl.*) *poet* von *etw* ablassen, *etw* aufhören, *etw* aufgeben, *re*, + *Inf* / + *Abl Ger*; ***spe a.*** die Hoffnung aufgeben; ***a. sequi / sequendo*** von der Verfolgung ablassen
absolūtiō ⟨ōnis⟩ *f* ||absolvo||
1. Freisprechung, Freispruch, *alicuius rei* von etw
2. Vollendung, Vollständigkeit, Vollkommenheit
absolūtōrius ⟨a, um⟩ *Adj* ||absolvo|| freisprechend
absolūtus[1] ⟨a, um⟩ *PPP* → ***absolvo***
ab-solūtus[2] ⟨a, um⟩ *Adj* ||absolvo||
1. vollendet, vollständig; ***perfectus atque a.*** sittlich vollkommen
2. uneingeschränkt, unbedingt
3. ***adiectivum absolutum*** (*nachkl.*) GRAM Adjektiv im Positiv
► **ab-solvō** ⟨solvī, solūtum, solvere 3.⟩
1. (*nachkl.*) loslösen, befreien, *aliquem / aliquid re* j-n / etw von etw, *aliquem re / ab aliquo* j-n von etw / von j-m; ***a. aliquem suspicione*** j-n vom Verdacht befreien
2. gerichtlich lossprechen, freisprechen, *aliquem alicuius rei / re / de re* j-n von etw; ***aliquem iniuriarum a.*** j-n von der Anklage der Gewalttätigkeit freisprechen; ***capitis a.*** von der Todesstrafe freisprechen
3. vollenden, vollkommen machen, ***opus*** ein Werk; ***vitam beatam a.*** ein glückliches Leben zur Vollendung bringen
4. erledigen, abfertigen, abtun *in der Rede od Erzählung*; ***cetera paucis verbis a.*** den Rest in wenigen Worten erzählen
5. Com. *den Gläubiger* befriedigen
6. (*mlat.*) Absolution erteilen
ab-sonus ⟨a, um⟩ *Adj*, *Adv* ⟨absonē⟩ (*nachkl.*) *poet* misstönend; mit *etw* nicht übereinstimmend, *einer Sache* nicht entsprechend, *a re / alicuius rei*
ab-sorbeō ⟨uī, -, ēre 2.⟩
1. hinunterschlürfen, hinunterschlucken; *fig* verschlingen
2. *fig* mit sich fortreißen; ganz in Anspruch nehmen
absp... = ***asp...***
abs-que
I (*altl.*) = ***et ab***; ***nam, absque te esset, ego haberem ...*** denn ohne deine Hilfe hätte ich ...
II *Präp + Abl* (*nachkl.*) ausgenommen, ohne; ***absque Augusto*** Augustus ausgenommen
abs-tēmius ⟨a, um⟩ *Adj* (*unkl.*) enthaltsam, nüchtern
abs-tentus ⟨a, um⟩ *PPP* → ***abstineo***
abs-tergeō ⟨tersī, tersum, tergēre 2.⟩
1. abwischen, abtrocknen
2. ***remos a.*** Curt., SCHIFF die Ruder (im Vorbeisegeln) zerbrechen
3. *etw Unangenehmes* beseitigen, auslöschen, tilgen

abs-terreō ⟨uī, itum, ēre 2.⟩
1. abschrecken, verscheuchen, verjagen, ***hostes saxis*** die Feinde mit Felsbrocken; ***aliquem ab urbe oppugnanda a.*** j-n von der Belagerung der Stadt abschrecken
2. *poet* entziehen, versagen; ***sibi pabula amoris a.*** sich den Genuss der Liebe versagen
abstināx *Gen* ⟨ācis⟩ *Adj* ||abstineo|| Petr. enthaltsam
abstinēns *Gen* ⟨entis⟩ *Adj*, *Adv* ⟨abstinenter⟩ ||abstineo||
1. enthaltsam, *alicuius rei* in Bezug auf etw
2. uneigennützig; ***abstinenter versari in re*** sich in einer Angelegenheit uneigennützig verhalten
abstinentia ⟨ae⟩ *f* ||abstinens||
1. Enthaltsamkeit, *alicuius rei / a re* von etw
2. (*nachkl.*) Genügsamkeit, Bedürfnislosigkeit; das Fasten, das Hungern
3. Uneigennützigkeit
▶ **abs-tineō** ⟨tinuī, tentum, tinēre 2.⟩ ||teneo||
I *v/t* abhalten, zurückhalten, abwehren, *aliquem / aliquid a re / re* j-n / etw von etw; ***milites a praeda a.*** die Soldaten von der Plünderung abhalten; ***vim finibus a.*** die Gewalttätigkeit von den Grenzen fern halten
II *v/i*
1. sich *einer Sache* enthalten, sich von *etw* zurückhalten, *einer Sache* fern bleiben, sich von *etw* fern halten, *re / a re / alicuius rei od ne* dass, *verneint mit quin od quominus*, + *Inf*; ***venere et vino a.*** Hor. sich von der Liebe und vom Wein fern halten; ***irarum a.*** sich von Zornesausbrüchen zurückhalten
2. verschonen, *re* etw, ***Tarento*** Tarent
3. (*nachkl.*, *mlat.*) fasten
ab-stitī → ***absisto***
ab-stō ⟨-, -, stāre 1.⟩ *poet* abseits stellen, entfernt stellen; Plaut. fern halten
▶ **abs-trahō** ⟨trāxī, tractum, trahere 3.⟩
1. abziehen, fortziehen, wegziehen, wegschleppen, wegreißen, *aliquem / aliquid a re / de re / ex re / re / alicui rei* j-n / etw von etw; ***de matris complexu a.*** aus den Armen der Mutter wegreißen; ***in servitutem a.*** in die Knechtschaft wegschleppen; ***naves a portu a.*** Schiffe aus dem Hafen abziehen
2. *fig* abhalten, fern halten, ausschließen, *aliquem a re / re / ex re* j-n von etw; ***aliquem a. ex comitatu clarissimorum virorum*** j-n vom Umgang mit sehr berühmten Männern ausschließen
3. *fig* fortreißen, hinreißen; ***se ad laudes bellicosas a.*** sich zu Lobreden über den Krieg hinreißen lassen
4. *fig* abziehen, abspenstig machen
5. ***se a.*** *fig* sich losmachen, sich befreien; ***se a consuetudine a.*** sich von einer Gewohnheit lösen
abs-trūdō ⟨trūsī, trūsum, trūdere 3.⟩ verstecken, verbergen, ***veritatem in profundo*** die Wahrheit in der Tiefe
abstrūsus ⟨a, um⟩ *Adj* ||abstrudo|| versteckt, verborgen; *fig* geheim, heimlich, entlegen; *vom Charakter* verschlossen
abs-tulī → ***aufero***
ab-sum ⟨āfuī, -, abesse 0.⟩

1. abwesend sein, weg sein
2. entfernt sein
3. nicht helfen
4. fehlen
5. unpassend sein
6. frei sein
7. verschieden sein, sich unterscheiden
8. weit entfernt sein

1. *örtl.* abwesend sein, weg sein, *abs od a re / re / ex re* von etw; ***ab urbe a.*** von der Stadt (Rom) weg sein
2. *fig* entfernt sein, *a re / re* von etw; ***frumenta non multum a maturitate absunt*** das Getreide ist bald reif; ***prope a. a re*** nicht weit entfernt sein von etw, einer Sache nahe sein; ***a spe a.*** fern jeder Hoffnung sein; ***litteris a.*** den Wissenschaften fern stehen, sich nicht mit den Wissenschaften beschäftigen
3. nicht helfen, *alicui / ab aliquo* j-m
4. fehlen, *alicui / ab aliquo* j-m, *alicui rei / a re* einer Sache
5. unpassend sein, *a re* für etw; ***aliquid abest a principis persona*** etw passt nicht zur Person des Fürsten
6. frei sein, *a re* von etw ***prope a culpa a.*** nicht ganz frei von Schuld sein
7. verschieden sein, sich unterscheiden, *a re* von etw
8. *formelhaft* weit entfernt sein; ***multum abest, ut*** es fehlt viel, dass; ***non multum abest, quin*** es fehlt nicht viel, dass; ***tantum abest, ut te laudem, ut te vituperem*** weit davon entfernt, dich zu loben, tadle ich dich vielmehr; ***paulum aberat, quin rex ipse caperetur*** es fehlte nur wenig und der König selbst wäre in Gefangenschaft geraten; ***absit verbo invidia!*** nimm es mir nicht übel, nehmt es mir nicht übel
absūmēdō ⟨inis⟩ *f* ||*Scherzbildung zu* absumo|| Plaut. das Verzehren
ab-sūmō ⟨sūmpsī, sūmptum, sūmere 3.⟩
1. verbrauchen, verzehren, ***alimenta*** Nahrungsmittel; ***purpura absumitur*** der Purpur nutzt sich ab
2. verbringen, ***tempus dicendo*** die Zeit mit Reden; ***diem frustra a.*** den Tag nutzlos vertun
3. (*nachkl.*) *poet* verschwenden, vergeuden, erschöpfen
4. (*nachkl.*) *poet* wegraffen; ***plus hostium fuga quam proelium absumpsit*** die Flucht hat mehr Feinde vernichtet als die Schlacht
▶ **ab-surdus** ⟨a, um⟩ *Adj*, *Adv* ⟨absurdē⟩
1. misstönend, grell
2. *fig* ungereimt; ***absurde dicere*** dumm daherreden
3. *fig* geschmacklos
4. *fig* unfähig, ungeschickt
Absyrtus ⟨ī⟩ *m Sohn des Aietes (Aeetes) u. Bruder der Medea, die ihn ermordete*
abundāns *Gen* ⟨antis⟩ *Adj*, *Adv* ⟨abundanter⟩ ||abundo||
1. überfließend, übervoll, wasserreich; ***regio fontibus a.*** eine an Quellen reiche Gegend; ***locus omnium rerum a.*** ein an allem überreicher Ort
2. *fig* im Überfluss vorhanden
3. *fig von der Rede* überladen; ***abundanter loqui*** wortreich reden
abundantia ⟨ae⟩ *f* ||abundans||

1. Plin. Überflutung
2. *fig* Überfluss, Fülle, Reichtum; *pej* Übermaß, Überladung

abundē *Adv* ||abundus|| vollauf, im Überfluss

▸ **ab-undō** ⟨āvī, ātum, āre 1.⟩
1. (*unkl.*) überfließen, über die Ufer treten
2. *fig* Überfluss haben, (über)reich sein, *re* an etw; ***regio lacte et melle abundat*** die Gegend fließt über von Milch und Honig
3. *fig* überladen sein; *von Personen* zu weit gehen
4. *fig* im Überfluss vorhanden sein; ***omnia abundant*** alles ist im Überfluss vorhanden

abundus ⟨a, um⟩ *Adj* ||abundo|| Gell. übervoll

abūsiō ⟨ōnis⟩ *f* ||abutor|| Cic., RHET fehlerhafter Gebrauch eines Begriffes

abūsīvus ⟨a, um⟩ *Adj, Adv* ⟨abūsīvē⟩ ||abutor|| (*nachkl.*) uneigentlich

ab-ūsque *Präp + Abl* (*nachkl.*) *poet*
1. *örtl.* von … her, *auch nachgestellt*; ***Oceano abusque*** vom Ozean her
2. *zeitl.* seit

abūsus ⟨ūs⟩ *m* ||abutor|| das Aufbrauchen, Verbrauch

▸ **ab-ūtor** ⟨ūsus sum, ūtī 3.⟩
1. aufbrauchen, verbrauchen, *re* etw; ***omni tempore a.*** die ganze Zeit verbrauchen
2. Gebrauch von *etw* machen, *etw* voll ausnützen, *re*; ***errore hostium a.*** den Fehler der Feinde ausnützen
3. missbrauchen, *re* etw, *meist durch adv Zusätze wie male, perverse verdeutlicht*; ***patientiā alicuius a.*** j-s Geduld missbrauchen
4. RHET *Begriff, Wort* fehlerhaft gebrauchen

Abȳdēnus
I ⟨a, um⟩ *Adj* aus Abydus, zu Abydus gehörig
II ⟨ī⟩ *m* Einwohner von Abydus, Abydener

Abȳdos *u.* **Abȳdus** ⟨ī⟩ *f Stadt in Kleinasien am Hellespont, an den Dardanellen beim heutigen Canakkale, bekannt durch den Brückenbau des Xerxes 480 v. Chr.*

abyssus ⟨ī⟩ *f* ||griech. Fw.|| (*eccl.*) unermessliche Tiefe, Abgrund; Hölle

ac *Konj* = ***atque***

Acadēmīa ⟨ae⟩ *f* Akademie, *Schule des Philos. Plato, benannt nach dem Hain des Heroen Akademos, nw. von Athen*; (*mlat.*) Universität, **Acadēmica** ⟨ōrum⟩ *n* Werk über die Akademie, *Schrift Ciceros*

Acadēmicī ⟨ōrum⟩ *m* die Akademiker

acalanthis ⟨idis⟩ *f* ||griech. Fw.|| (*nachkl.*) *poet* Stieglitz, Distelfink

Acamās ⟨antis⟩ *m Sohn des Theseus u. der Phaedra, attischer Held vor Troja*

acanthus ⟨ī⟩ ||griech. Fw.||
1. *m* Bärenklau, *Zierpflanze, deren Blätter auf Grabsteinen u. am Kapitell von korinthischen Säulen nachgebildet wurden*
2. *f* Verg. ägyptischer Schotendorn

acapnos ⟨on⟩ *Adj* ||griech. Fw.|| Mart. rauchlos

Acarnān ⟨ānis⟩ *m* Bewohner von Acarnania

Acarnānia ⟨ae⟩ *f westlichste Landschaft Mittelgriechenlands am Ionischen Meer u. s. von Epirus*

Acarnānicus ⟨a, um⟩ *Adj* aus Acarnania, zu Acarnania gehörig

acatalēctus ⟨a, um⟩ *Adj* ||griech. Fw.|| METR akatalektisch, *beim Vers* mit vollständigem letztem Fuß *wie beim Senar*; ↔ ***catalecticus***

Acca Lārentia ⟨ae⟩ *f Erd- u. Flurgottheit, nach der Sage Gattin des Hirten Faustulus u. Pflegemutter von Romulus u. Remus, zu ihren Ehren die Larentalia*

ac-cēdō ⟨cessī, cessum, cēdere 3.⟩

1. herantreten, hinzutreten
2. sich bittend an j-n wenden
3. angreifen
4. gelangen, kommen
5. als Bieter auftreten
6. sich anschließen, beipflichten
7. sich befassen
8. näherkommen
9. dazukommen, hinzukommen

1. *örtl., konkr.* herantreten, hinzutreten, sich nähern; ***ad aram a.*** zum Altar treten; ***Romam / ad Romam a.*** sich Rom nähern; ***muris / ad muros a.*** sich den Mauern nähern; ***in funus a.*** sich dem Leichenzug anschließen
2. *örtl., abstr.* sich bittend an *j-n* wenden, ***ad Caesarem*** an Caesar
3. *feindlich* an *etw* (her)anrücken, *etw* angreifen, *ad aliquid / selten aliquid, alicui* an j-n, j-n; ***ad corpus alicuius a.*** j-m auf den Leib rücken
4. *von Sinneseindrücken* gelangen, kommen; ***fama ad aures nostras accedit*** das Gerücht kommt uns zu Ohren
5. *bei Auktionen* als Bieter auftreten, ***ad hastam publicam*** bei einer öffentlichen Versteigerung
6. *fig* sich anschließen, beipflichten, *ad aliquem / alicui* j-m, *ad aliquid / alicui rei / aliquid* einer Sache; ***sententiae / ad sententiam alicuius a.*** sich j-s Meinung anschließen
7. sich mit *etw* befassen, *ad aliquid*; ***ad causam a.*** einen Prozess übernehmen; ***ad rem publicam a.*** sich dem Staatsdienst widmen
8. *geistig* näherkommen; ***proxime ad veritatem a.*** sehr nahe an die Wahrheit herankommen
9. *meton* dazukommen, hinzukommen; ***accedit ad casum novum crimen*** zum Anklagepunkt kommt ein weiteres Verbrechen; ***rei accedit lumen*** in die Angelegenheit kommt Licht; ***accedit*** dazu kommt *+ Subj. / + Nebensatz mit quod (vorliegende Tatsache als neuer Grund) od ut (neue Tatsache als Folge)*

ac-celerō ⟨āvī, ātum, āre 1.⟩
I *v/t* beschleunigen, ***iter*** den Marsch
II *v/i* herbeieilen

▸ **ac-cendō** ⟨cendī, cēnsum, cendere 3.⟩
1. anzünden, in Brand stecken, ***faces*** Fackeln
2. auf *etw* Feuer machen, in *etw* Feuer machen, *aliquid*, ***aras*** auf den Altären; ***lucernam a.*** Licht in der Laterne anzünden
3. *fig* entzünden, entflammen, erregen, *re* durch etw, *alicui rei / ad aliquid* zu etw; ***bello a.*** zum Krieg entflammen; ***ad libidinem a.*** zur Leidenschaft erregen; ***animum alicuius a.*** j-m Mut machen; ***spem a.*** Hoffnung schüren
4. (*nachkl.*) *poet* vermehren, vergrößern; ***discordiam a.*** die Zwietracht anheizen; ***pretium a.*** den

Preis erhöhen

ac-cēnseō ⟨-, cēnsum, cēnsēre 2.⟩ hinzuzählen, hinzurechnen; Ov. hinzugesellen

accēnsus[1] ⟨ī⟩ *m* ||accenseo||

1. Amtsdiener, Amtsbote, persönlicher Diener *eines hohen Beamten*

2. *Pl* MIL die „Zugeteilten", Ersatzmannschaft, *röm. Bürger der fünften u. somit untersten Vermögensklasse, im Kampf hinter den Triariern, in deren Lücken sie vorrücken mussten, wegen ihrer leichten Bekleidung u. Bewaffnung auch accensi velati genannt*

ac-cēnsus[2] ⟨a, um⟩ *PPP* → ***accendo*** *u.* → ***accenseo***

accentus ⟨ūs⟩ *m*

1. Ton, Akzent

2. (*mlat.*) liturgischer Sprechgesang

ac-cēpī → ***accipio***

acceptiō ⟨ōnis⟩ *f* ||accipio||

1. Annahme, Empfang, ***frumenti*** von Getreide

2. PHIL Annahme eines Satzes *in der Diskussion*

acceptō ⟨āvī, ātum, āre 1.⟩ ||*Freq von* accipio|| (*vkl., nachkl.*) wiederholt empfangen, regelmäßig erhalten; sich gefallen lassen

acceptor ⟨ōris⟩ *m* ||accipio|| Empfänger

acceptrīx ⟨īcis⟩ *f* ||acceptor|| Plaut. Empfängerin

acceptum ⟨ī⟩ *n* ||accipio|| Einnahme, Haben; ***accepta et expensa referre*** Soll und Haben eintragen

acceptus[1] ⟨a, um⟩ *PPP* → ***accipio***

acceptus[2] ⟨a, um⟩ *Adj* ||accipio|| *von Personen u. Sachen* angenehm, willkommen, lieb

accersō ⟨-, -, ere 3.⟩ = ***arcesso***

ac-cessī → ***accedo***

accessiō ⟨ōnis⟩ *f* ||accedo||

1. das Hinzukommen, das Herankommen, Annäherung; Zutritt; Audienz, *die jd gibt*

2. das Auftreten, Anfall, ***febris*** von Fieber

3. *fig* Zuwachs, Vermehrung, Wachstum, ***virium*** der Kräfte, ***dignitatis*** an Würde

4. Anbau *an ein Haus*; ***accessionem aedibus adiungere*** einen Anbau an das Haus anfügen

5. Anhang, Anhängsel, *alicuius rei/alicui rei* von etw, an etw

6. Zugabe, Zulage, Zusatz, Zuschuss

7. *Pl* (*nachkl.*) *fig* Fortschritte; ***magnas accessiones facere*** große Fortschritte machen

accessum *PPP* → ***accedo***

accessus ⟨ūs⟩ *m* ||accedo||

1. das Herankommen, Annäherung; ***a. et recessus aestuum*** Flut und Ebbe

2. Zutritt, Audienz; ***accessum alicui dare*** j-m Audienz gewähren

3. *meton* Zugangsstelle; ***navibus accessum petere*** für die Schiffe eine Landestelle suchen

4. *fig* (instinktartige) Neigung, ***ad res salutares*** zu zuträglichen Dingen

5. Anlauf, ***ad causam*** zum Prozess; ↔ ***recessus***

6. (*nachkl.*) Zuwachs

Acciānus ⟨a, um⟩ *Adj* des Accius, zu Accius gehörig

accidentia ⟨ium⟩ *n* ||accido||

1. (*nachkl.*) zufällige Ereignisse, Umstände

2. (*mlat.*) PHIL unwesentliche Eigenschaften

ac-cidō[1] ⟨cidī, -, cidere 3.⟩ ||ad, cado||

> **1.** hinfallen, niederfallen
> **2.** hingelangen, hindringen
> **3.** zu Ohren kommen, sich verbreiten
> **4.** überfallen
> **5.** sich zutragen, sich ereignen

1. hinfallen, niederfallen; ***tela gravius accidebant ad aliquid*** die Geschosse trafen wirksamer auf etw; ***a. ad pedes alicuius*** vor j-s Füße fallen

2. hingelangen, hindringen, *ad aliquem* zu j-m, *ad aliquid/alicui rei* zu etw; ***clamor accidit ad hostes*** das Geschrei dringt bis zu den Feinden

3. zu Ohren kommen, sich verbreiten, + *AcI*; ***accidit fama classem adventare*** es verbreitete sich das Gerücht von der Ankunft der Flotte

4. überfallen

5. sich zutragen, sich ereignen, sich einstellen; widerfahren, zustoßen; ***calamitas accidit alicui*** j-m widerfährt ein Unglück; ***facultas accidit alicui*** j-m bietet sich die Gelegenheit; ***si quid mihi accidat*** wenn mir etw zustoßen sollte; ***aliquid opportune accidit alicui*** etw ging für j-n günstig aus; ***accidit*** es trifft sich, es ereignet sich, *ut* (*Ereignis*)/*quod* (*bei erläuterndem Adv*) dass, *selten* + *AcI*; ***accidit, ut unā nocte omnes Hermae deicerentur*** es ereignete sich, dass in einer einzigen Nacht alle Hermessäulen umgestürzt wurden; ***opportune acciderat, quod legati Romam venerant*** es hatte sich günstig getroffen, dass Gesandte nach Rom gekommen waren

ac-cīdō[2] ⟨cīdī, cīsum, cīdere 3.⟩ ||ad, caedo||

1. anhauen, anschneiden; ***crines a.*** die Haare stutzen; ***dapes a.*** Speisen verzehren

2. *fig* schwächen, zerrütten

ac-cieō ⟨cīvī, -, ciēre 2.⟩ = ***accio***

ac-cingō ⟨cinxī, cinctum, cingere 3.⟩ (*unkl.*)

1. angürten, umgürten; ***ensem lateri a.*** das Schwert an die Seite gürten

2. ausrüsten, ausstatten; *Passiv u.* ***se a.*** sich ausrüsten, *re* mit etw, ***facibus*** mit Fackeln; ***ad omnes casus accingi/se a.*** sich für alle Fälle rüsten

ac-ciō ⟨cīvī, cītum, cīre 4.⟩ herbeirufen, kommen lassen

accipetrīna ⟨ae⟩ *f* ||accipiter|| Plaut. Habichtsfraß, Habichtsbeute

ac-cipiō ⟨cēpī, ceptum, cipere 3.⟩ ||ad, capio||

> **1.** annehmen, entgegennehmen
> **2.** aufnehmen, annehmen
> **3.** einlassen
> **4.** nicht ablehnen
> **5.** aufnehmen, vernehmen
> **6.** verstehen
> **7.** erhalten, bekommen
> **8.** erleiden, davontragen
> **9.** erfahren

1. annehmen, entgegennehmen, sich geben lassen; ***stipendium de publico a.*** Sold aus öffentlichen Mitteln erhalten; ***ius iurandum a.*** einen Eid entgegennehmen; ***pecuniam a.*** Geld einkassieren, sich bestechen lassen

2. aufnehmen, annehmen, übernehmen; ***onus a.***

eine Last aufnehmen; ***condiciones a.*** Bedingungen annehmen
3. aufnehmen, einlassen, zulassen; ***armatos in arce/in arcem a.*** Bewaffnete in die Burg einlassen; ***hostes in deditionem a.*** die Unterwerfung der Feinde annehmen; ***aliquem in fidem a.*** j-n unter seinen Schutz nehmen; ***aliquem hospitio/hospitaliter a.*** j-n als Gast aufnehmen, j-n gastlich aufnehmen
4. aufnehmen, annehmen = nicht ablehnen, akzeptieren; ***aliquem generum a.*** j-n als seinen Schwiegersohn akzeptieren; ***iudicium a.*** das Urteil annehmen; ***accipio!*** einverstanden!, angenommen!
5. *mit den Sinnen* aufnehmen, vernehmen, verstehen, begreifen; ***aliquid auribus a.*** etw hören; ***aliquid ex ore alicuius a.*** etw aus j-s Mund vernehmen; ***haec accipi possunt*** das kann man verstehen
6. *etw* als *etw* auslegen, verstehen; ***beneficium ad contumeliam/in contumeliam a.*** eine Wohltat als Schande auslegen
7. erhalten, bekommen, empfangen; ***hereditatem a patre a.*** das Erbe vom Vater erhalten
8. erleiden, davontragen, ***cladem*** eine Niederlage
9. erfahren *durch mündliche, schriftliche Überlieferung*; *Perf* wissen, *ab aliquo/ex aliquo* von j-m, + *AcI/ + indir Fragesatz*; ***sic a patribus/a maioribus accipimus*** so erfahren wir es von den Vorfahren; ***accipio patres id aegre tulisse*** ich lese bei den Schriftstellern, dass dies die Vorfahren kaum ertragen haben

accipiter ⟨tris⟩ *m* (*f bei* Lucr.)
1. Habicht, Edelfalke
2. Plaut. habgieriger Mensch

accipitrīna ⟨ae⟩ *f* = ***accipetrina***

ac-cīsus ⟨a, um⟩ *PPP* → ***accīdo***

accītus[1] ⟨ūs⟩ *m* ||accio|| das Herbeirufen, Vorladung; ***accitu*** auf Vorladung

ac-cītus[2] ⟨a, um⟩ *Adj* ||accio|| ausländisch, fremd

Accius ⟨a, um⟩ *röm. Gentilname*; **L. Accius** *berühmter röm. Tragiker, geb. um 170 v. Chr.*

acclāmātiō ⟨ōnis⟩ *f* ||acclamo|| Zuruf, Akklamation; *in spätrepublikanischer Zeit übliche Zurufe aus der Menge an Politiker, Schauspieler u. Wagenlenker zum Ausdruck der öffentlichen Meinung, oft in rhythmischer Form, mit zustimmendem od kritischem Inhalt; in der Kaiserzeit Form der Berufung bzw. Ausrufung eines Kaisers durch Senat od Heer*

ac-clāmō ⟨āvī, ātum, āre 1.⟩
1. *höhnisch od beifällig* zurufen
2. *j-n* als *j-n* ausrufen, (laut) bezeichnen, + *dopp. Akk*; ***aliquem imperatorem a.*** j-n als Kaiser ausrufen; ***aliquem nocentem a.*** j-n als schuldig bezeichnen

ac-clārō ⟨āvī, ātum, āre 1.⟩ Liv. klarmachen, offenbaren; ***signa certa a.*** die Vorzeichen als sicher auslegen

acclīnis ⟨e⟩ *Adj* ||acclino||
1. sich anlehnend, *alicui rei* an etw; ***trunco arboris a.*** Verg. an einen Baumstumpf gelehnt
2. geneigt, abwärts liegend; ***iugum accline*** abwärts geneigter Bergrücken
3. *fig* zu *etw* neigend; ***animus falsis a.*** Hor. zum Falschen neigender Charakter

ac-clīnō ⟨āvī, ātum, āre 1.⟩ (*nachkl.*) *poet* anlehnen; ***se a. ad aliquem*** sich an j-n anlehnen; ***ad causam senatūs a.*** zur Haltung des Senats neigen; ***castra tumulo acclinata*** an einen Hügel geschmiegtes Lager

ac-clīvis ⟨e⟩ *Adj* ||ad, clivus|| ansteigend, aufwärts

acclīvitās ⟨ātis⟩ *f* ||acclivis|| sanfte Steigung

ac-clīvus ⟨a, um⟩ *Adj* = ***acclivis***

ac-cognōscō ⟨-, -, ōscere 3.⟩ (*nachkl.*) anerkennen

accola ⟨ae⟩ *m* ||accolo|| Anwohner, Nachbar; ***accolae fluvii*** Nebenflüsse

ac-colō ⟨coluī, -, colere 3.⟩ bei *etw* wohnen, ***Tiberim*** am Tiber

accommodātiō ⟨ōnis⟩ *f* ||accommodo|| Anpassung, Rücksichtnahme

accommodātus ⟨a, um⟩ *Adj*, *Adv* ⟨accommodātē⟩ ||accommodo|| passend, geeignet, *alicui rei/ad aliquid* für etw; *von Personen*: *einer Sache* gewachsen; ***lex vobis accommodata*** ein für euch passendes Gesetz; ***ad naturam accommodate vivere*** entsprechend der Natur leben; ***tempora ad demetendis frugibus accommodata*** die richtige Zeit für die Ernte

► **ac-commodō** ⟨āvī, ātum, āre 1.⟩
1. *konkr.* anpassen, anlegen, anfügen, *aliquid alicui* etw an j-n; ***sibi coronam ad caput a.*** sich einen Kranz auf das Haupt setzen
2. *abstr.* anpassen, angleichen, ***sumptūs ad mercedem*** die Aufwendungen den Einnahmen; ***orationem auribus audientium a.*** eine Rede auf die Zuhörer abstimmen; ***diis effigiem a.*** sich ein Bild von den Göttern machen; ***alicui verba a.*** j-m Worte in den Mund legen
3. ***se a.*** sich nach *etw* richten, *ad aliquid*; ***se ad popularem intelligentiam a.*** sich nach dem Verständnis des Volkes richten
4. *etw* auf *etw* anwenden, beziehen, *aliquid in aliquid*; ***exordium in plures causas a.*** eine Rede auf mehrere Gesichtspunkte hin anlegen
5. auf *etw* verwenden, *einer Sache* widmen, *ad aliquid/alicui rei*; ***operam studiis a.*** Mühe auf die Studien verwenden; ***se ad rem publicam a.*** sich dem Staatsdienst widmen

accommodus ⟨a, um⟩ *Adj* (*nachkl.*) *poet* = ***accomodatus***

ac-crēdō ⟨crēdidī, crēditum, crēdere 3.⟩ glauben wollen, beistimmen wollen, *alicui* jdm

ac-crēscō ⟨crēvī, crētum, crēscere 3.⟩
1. anwachsen, zunehmen; ***puer accrescit*** das Kind wächst heran; ***flumen accrescit*** der Fluss schwillt an; ***dolor accrescit*** der Schmerz nimmt zu
2. (*unkl.*) hinzukommen, *alicui rei* zu etw; ***veteribus negotiis nova accrescunt*** zu den alten Geschäften kommen neue hinzu

accrētiō ⟨ōnis⟩ *f* ||accresco|| Zunahme

accubitiō ⟨ōnis⟩ *f* ||accumbo|| das Platznehmen bei Tisch

ac-cubitum *PPP* → ***accumbo***

ac-cubō ⟨-, -, āre 1.⟩
1. (*unkl.*) lagern, liegen, *abs od alicui rei* bei etw, *re* in etw; ***umbrā a.*** im Schatten liegen
2. (bei Tisch) liegen; ***apud aliquem a.*** bei j-m zu Gast sein; ***a. cum aliquo*** j-n zum Tischnachbarn haben
3. (Plaut., Suet.) mit *j-m* schlafen, *alicui*

ac-cubuī → ***accumbo***
accubuō *Adv* ||accubo|| Plaut. *hum* beiliegend
ac-cūdō ⟨cūdī, cūsum, cūdere 3.⟩ Plaut. dazuprägen, dazuschlagen
ac-cumbō ⟨cubuī, cubitum, cumbere 3.⟩
1. (*vkl., nachkl.*) sich hinlegen, lagern, *in loco* an einem Ort, ***in actā*** am Strand
2. sich zum Essen lagern, Platz nehmen
3. *poet* mit *j-m* schlafen, *alicui*
accumulātē *Adv* ||accumulo|| Apul. überreichlich
accumulātor ⟨ōris⟩ *m* ||accumulo|| (*nachkl.*) der anhäuft, „der Anhäufer"; ***a. opum*** j-d, der Schätze anhäuft
▶ **ac-cumulō** ⟨āvī, ātum, āre 1.⟩
1. *konkr.* aufhäufen
2. *poet* überhäufen, ***aliquem honoribus*** j-n mit Ehren
3. (*nachkl.*) *poet* steigern; ***caedem caede a.*** das Blutbad durch ein weiteres Blutbad steigern
accūrātiō ⟨ōnis⟩ *f* ||accuro|| Sorgfalt, Genauigkeit
accūrātus ⟨a, um⟩ *Adj, Adv* ⟨accūrātē⟩ ||accuro|| sorgfältig ausgeführt, sorgfältig gearbeitet; *Adv* sorgfältig; ***oratio accurata*** ausgefeilte Rede; ***aliquem accurate habere*** j-n mit Aufmerksamkeit behandeln
ac-cūrō ⟨āvī, ātum, āre 1.⟩
1. sorgfältig betreiben, pünktlich besorgen
2. Plaut. gut bewirten
ac-currō ⟨(cu)currī, cursum, currere 3.⟩ herbeieilen, herbeilaufen; ***auxilio suis a.*** den Seinen zu Hilfe eilen
accursus ⟨ūs⟩ *m* ||accurro|| (*nachkl.*) Zulauf, das Herbeieilen
accūsābilis ⟨e⟩ *Adj* ||accuso|| strafbar, verwerflich
accūsātiō ⟨ōnis⟩ *f* ||accuso|| Anschuldigung, (öffentliche) Anklage, Beschwerde; Tac. Denunziation
accūsātīvus ⟨a, um⟩ *Adj* ||accuso|| die Anklage betreffend; ***casus a.*** GRAM Akkusativ
accūsātor ⟨ōris⟩ *m* ||accuso|| Ankläger, Kläger *vor Gericht*; (*nachkl.*) *poet* Denunziant
accūsātōrius ⟨a, um⟩ *Adj, Adv* ⟨accūsātōriē⟩ ||accusator|| anklagend; ***vox accusatoria*** anklagende Stimme, Stimme des Klägers; ***accusatorie loqui*** als Kläger sprechen
accūsātrīx ⟨īcis⟩ *f* ||accusator|| Anklägerin, Klägerin *vor Gericht*
ac-cūsitō ⟨āvī, ātum, āre 1.⟩ ||*Freq von* accuso|| Plaut. anklagen
▶ **ac-cūsō** ⟨āvī, ātum, āre 1.⟩ ||ad, causa||
1. (vor Gericht) anklagen, beschuldigen, *aliquem alicuius rei* j-n wegen einer Sache, ***proditionis*** wegen Verrat; *aber:* ***de vi*** wegen Gewalttätigkeit, ***de veneficiis*** wegen Giftmischerei, ***inter sicarios*** wegen Meuchelmordes, ***capitis*** auf Leben und Tod
2. *allg. j-n / etw* tadeln, sich über *j-n / etw* beklagen, *aliquem / aliquid, aliquem de re / in re / alicuius rei* j-n wegen etw; ***superbiam alicuius a.*** j-s Hochmut tadeln; ***consulem segnitatis a.*** den Konsul wegen seiner Trägheit tadeln; ***me accusas, cur / quod …*** du tadelst mich, weil …
aceō ⟨uī, -, ēre 2.⟩ ||acer²|| (*vkl.*) sauer sein
acer¹ ⟨aceris⟩ *n* (*nachkl.*) *poet* Ahorn; *meton* Ahornholz

ācer² ⟨ācris, ācre⟩ *Adj, Adv* ⟨ācriter⟩
1. scharf, spitz; ***gladius a.*** scharfes Schwert
2. *fig* scharf *als Eigenschaft der Sinne*; scharfsinnig; ***oculi acres*** scharfe Augen; ***aures acres*** scharfes Gehör; ***nares acres*** empfindliche Nase; ***ingenium acre*** scharfer Verstand
3. *fig* scharf *in der Wirkung auf die Sinne*, stechend, herb, ätzend, pikant, grell; ***sol a.*** stechende Sonne; ***hiems acris*** harter Winter; ***ventus a.*** scharfer Wind; ***fames acris*** nagender Hunger
4. *fig als Naturell* scharf, feurig, lebhaft, mutig; heftig, hitzig, leidenschaftlich; ***animus a.*** lebhafter Geist; ***miles a.*** tapferer Soldat; ***amator a.*** leidenschaftlicher Liebhaber; ***odium acre*** leidenschaftlicher Hass
acerbitās ⟨ātis⟩ *f u.* Gell. **acerbitūdō** ⟨inis⟩ *f* ||acerbus||
1. Herbheit, Bitterkeit *des Geschmacks*
2. *fig von Personen u. Umständen* Bitterkeit; Härte, Strenge; ***a. Sullani temporis*** die Not der Zeit Sullas; ***a. non videndi fratris*** die bittere Tatsache den Bruder nicht zu sehen; ***a. poenarum*** die Härte der Strafen
acerbō ⟨āvī, ātum, āre 1.⟩ ||*Denom von* acerbus|| (*nachkl.*) *poet* verbittern; *fig* verschlimmern
▶ **acerbus** ⟨a, um⟩ *Adj, Adv* ⟨acerbē⟩
1. herb, bitter, sauer *vom Geschmack unreifer Früchte*
2. *fig* unreif, unzeitig, frühzeitig; ***virgo acerba*** noch nicht erwachsenes Mädchen; ***partus a.*** Frühgeburt
3. *fig* finster, griesgrämig; ***vultus a.*** finstere Miene
4. *fig von Personen u. Umständen* hart, streng, grausam; ***mater acerba*** strenge Mutter; ***litterae acerbae*** unfreundlicher Brief; ***dolor a.*** heftiger Schmerz; ***diligentia acerba*** pedantische Genauigkeit; ***recordatio acerba*** schmerzliche Erinnerung; ***acerbe severus in aliquem*** unerbittlich streng gegen j-n; ***acerbe ferre*** mit Widerwillen ertragen
acernus ⟨a, um⟩ *Adj* ||acer¹|| *poet* aus Ahornholz
acerra ⟨ae⟩ *f* Weihrauchkästchen; (*nachkl.*) *poet* Weihrauchaltar, *Kultgerät bei Leichenbegängnissen u. Opferhandlungen*
Acerrae ⟨ārum⟩ *f Stadt in Kampanien nahe Neapel, heute Acerra*
Acerrānus ⟨ī⟩ *m* Einwohner von Acerrae
acersecomēs ⟨ae⟩ *m* ||griech. Fw.|| Iuv. schön gelockter Junge, Junge mit ungeschorenem Haar
acervālis
I ⟨e⟩ *Adj* ||acervus|| haufenartig
II ⟨is⟩ *m* Trugschluss
acervātim *Adv* ||acervus|| (*unkl.*) haufenweise; *fig* summarisch; ***acervatim dicere aliquid*** etw summarisch abhandeln
acervō ⟨āvī, ātum, āre 1.⟩ ||*Denom von* acervus|| häufen, aufhäufen; ***alias super alias leges a.*** Liv. Gesetze über Gesetze erlassen
acervus ⟨ī⟩ *m*
1. Haufen; ***a. tritici*** Weizenhaufen; ***a. civium*** Leichenhaufen
2. Menge; *fig* Trugschluss
acēscō ⟨acuī, -, acēscere 3.⟩ (*nachkl.*) *poet* sauer werden
Acesta ⟨ae⟩ *f alter Name von Segesta im NW von*

Sizilien
Acestēnsis ⟨is⟩ *m* Einwohner von Acesta
Acestēs ⟨ae⟩ *m Sohn der Troerin Egesta, König von Sizilien, Gründer von Acesta*
acētābulum ⟨ī⟩ *n* ||acetum|| (*vkl., nachkl.*) Sauciere; Becher eines Taschenspielers; MED Gelenkpfanne
acētum ⟨ī⟩ *n* ||aceo|| Essig; (*vkl.*) *fig* Groll, beißender Witz
Achaemenēs ⟨is⟩ *m Stammvater der persischen Dynastie der Achämeniden*
Achaemenidae ⟨ārum⟩ *m* Achämeniden, *um 650 v. Chr.*
Achaemenius ⟨a, um⟩ *Adj* persisch; parthisch
Achaeus
I ⟨a, um⟩ *Adj* ||Achaia||
1. achäisch
2. griechisch
II ⟨ī⟩ *m*
1. MYTH *Sohn des Xuthos u. der Krëusa, Bruder des Ion, Stammvater der Achäer.*
2. Achäer, *Bewohner von Achaia u. Mitglied des Achäischen Bundes um 280 v. Chr.*
3. *poet* Grieche *der heroischen Zeit*; = ***Achīvus***; *bes die Griechen vor Troja*
4. Bewohner der Provinz Achaia, *seit 146 v. Chr.*
Achāia ⟨ae⟩ *f*
1. *Landschaft an der Nordküste der Peloponnes*
2. Griechenland, *seit 146 v. Chr. röm. Provinz*
Achāias ⟨adis⟩ *f* ||Achaia|| Achäerin
Achāicus ⟨a, um⟩ *Adj* ||Achaia|| achäisch; griechisch
Achais ⟨idis⟩ *f* ||Achaia||
1. Achäerin
2. achäisches Land; Griechenland
Achāius ⟨a, um⟩ *Adj* = ***Achaicus***
Achelōias ⟨adis⟩ *f u.* **Achelōis** ⟨idis⟩ *f* Acheloide, Tochter des Achelous; *Pl* die Sirenen
Achelōius ⟨a, um⟩ *Adj* des Achelous, zu Achelous gehörig; ***pocula Acheloia*** Verg. Becher voll Wasser
Achelōus ⟨ī⟩ *m*
1. *größter Fluss Griechenlands, Grenzfluss zwischen Ätolien u. Akarnanien, heute Aspropotamos*
2. *Flussgott, Sohn des Okeanos u. der Tethys, Vater der Sirenen*
Acherōn ⟨ontis⟩ *m*
1. = ***Acheruns***
2. *Fluss in Bruttium, heute Mucone*
Acherontia ⟨ae⟩ *f Ort im n Lukanien, heute Acerenza in der Basilicata in Unteritalien*
Acherūns ⟨untis⟩ *m Fluss in der Unterwelt*; *meton* Unterwelt
Acheruntīcus *u.* **Acherūsius** ⟨a, um⟩ *Adj* zur Unterwelt gehörig
Achillēs ⟨is⟩ *m* MYTH *Sohn des Peleus u. der Nereide Thetis, Held der Ilias Homers, Anführer des aus Thessalien kommenden Stammes der Myrmidonen; tötete Hektor, den Sohn des Trojanerkönigs Priamus, im Zweikampf. Noch vor Trojas Fall tötete Paris den Achill durch einen Pfeil, den Apollo auf die Ferse des Achill als einzig verwundbaren Körperteil lenkte. Durch Homer heroisches Vorbild der griech. Jugend*
Achillēus ⟨a, um⟩ *Adj* des Achill, zu Achill gehörig
Achillīdēs ⟨ae⟩ *m* Nachkomme des Achill

Achīvus
I ⟨a, um⟩ *Adj* ||Achaia|| achivisch; griechisch
II ⟨ī⟩ *m* Achiver; Grieche
Achradina ⟨ae⟩ *f wichtigster Stadtteil im NW von Syrakus, wo der Marktplatz liegt*
acia ⟨ae⟩ *f* ||acus[1]|| (*nachkl.*) Nähfaden; ***ab acia et acu*** haarklein
Acīdalius ⟨a, um⟩ *Adj* zur Quelle Acidalia *bei Orchomenos in Böotien* gehörig, acidalisch; *Beiname der Aphrodite / Venus, die in dieser Quelle mit ihren Begleiterinnen, den Chariten / Grazien, zu baden pflegte*
acidum ⟨ī⟩ *n* ||acidus|| (*nlat.*) Säure
acidus ⟨a, um⟩ *Adj, Adv* ⟨acidē⟩ ||aceo|| sauer; (*unkl.*) *fig* widerlich, lästig, unangenehm
▶ **aciēs** ⟨ēī⟩ *f*
1. Schärfe, Schneide, Spitze; ***a. securis*** Schärfe des Beiles
2. Schärfe (des Auges) *mit u. ohne* ***oculorum***; Sehkraft; scharfer Blick, stechender Blick; *meton, poet* Auge
3. Schärfe *des Verstandes*; ***a. animi / ingenii / mentis*** Scharfsinn
4. MIL Schlachtreihe, Kampflinie, Front; *meton* Heer, Truppe, offene Feldschlacht; ***a. prima*** vorderste Front; ***a. dextra*** rechter Flügel; ***Vulcania a.*** Verg. Feuermeer
5. RHET Wortgefecht; ***prodire in aciem*** Cic. ein Wortgefecht aufnehmen
Acīliānus ⟨a, um⟩ *Adj* des Acilius
Acīlius ⟨a, um⟩ *Name einer pleb. gens*:
1. ***M. Acilius Glabrio*** *Volkstribun 201 v. Chr., Konsul 191 v. Chr., Besieger des Antiochus*
2. ***C. Acilius Glabrio*** *um 160 v. Chr., Verfasser einer röm. Geschichte in griech. Sprache*
acina ⟨ae⟩ *f* = ***acinus***
acīnacēs ⟨is⟩ *m* ||pers. Fw.|| (Hor., Tac.) kurzer, krummer Säbel *der Perser u. Meder*
acinum ⟨ī⟩ *n u.* **acinus** ⟨ī⟩ *m* Beere einer Traube, Weinbeere
acipēnser ⟨eris⟩ *m Seefisch, wahrscheinlich* Stör
Ācis ⟨idis⟩ *m kleiner Fluss, am Ätna entspringend, heute Fiume di Jaci; nach der Sage ein Hirt, Sohn des Faunus u. Liebhaber der Galatea, von den Göttern in einen Fluss verwandelt*
aclys ⟨ydis⟩ *f* ||griech. Fw.|| (*nachkl.*) *poet* kurzer Wurfspieß mit Schleuderriemen
acoenōnētus ⟨a, um⟩ *Adj* ||griech. Fw.|| Iuv. nicht gern teilend, auf eigenen Vorteil bedacht, unsozial
aconītum *ī n* ||griech. Fw.|| (*nachkl.*) *poet* Eisenhut; *meton* Gift
acor ⟨ōris⟩ *m* ||aceo|| (*nachkl.*) Säure
ac-quiēscō ⟨quiēvī, quiētum, quiēscere 3.⟩
1. *von Lebewesen u. Sachen* zur Ruhe kommen, rasten; ***tres horas a.*** drei Stunden ruhen; ***res familiares acquiescunt*** das Vermögen wird nicht angegriffen
2. (*nachkl.*) schlafen; *euph* sterben, entschlafen
3. *fig geistig u. innerlich* sich beruhigen, Ruhe finden, Trost finden; ***parvā spe a.*** sich durch eine winzige Hoffnung beruhigen; ***in litteris a.*** in den Wissenschaften Befriedigung finden
4. beipflichten, *alicui* jdm
▶ **ac-quīrō** ⟨quīsīvī / quīsiī, quīsītum, quīrere 3.⟩ ||ad,

quaero|| hinzuerwerben, *ad aliquid* zu etw; ***ad fidem a.*** seinen Kredit vermehren; ***sibi pecuniam a.*** sich Geld verschaffen

acquīsītiō ⟨ōnis⟩ *f* ||acquiro|| (*spätl.*) Erwerbung

ac-quīsītus ⟨a, um⟩ *PPP* → ***acquiro***

ac-quīsīvī → ***acquiro***

acraeus ⟨a, um⟩ *Adj* ||griech. Fw.|| auf Höhen verehrt, *Beiname für Zeus / Jupiter u. Hera / Juno*

Acragās ⟨antis⟩ *m* = ***Agrigentum***

acrātophorum ⟨ī⟩ *n* ||griech. Fw.|| Krug *für unvermischten Wein*

ācre ⟨is⟩ *n* ||acer^{2}|| Hor. bittere Schärfe, beißender Witz

acrēdula ⟨ae⟩ *f Übersetzung eines griech. Namens für ein unbekanntes Tier, das krächzende Laute von sich gibt*

ācriculus
I ⟨a, um⟩ *Adj* ||*Dim von* acer^{2}|| hitzig, reizbar
II ⟨ī⟩ *m* kleiner Hitzkopf

ācrimōnia ⟨ae⟩ *f* ||acer^{2}|| (*vkl., nachkl.*) scharfer Geschmack; *fig* Tatkraft, Energie

Acrisiōnē ⟨ēs⟩ *f* Tochter des Acrisius, = Danae

Acrisiōnēus ⟨a, um⟩ *Adj* der Danae, zu Danae gehörig; argivisch, von Argos

Acrisiōniadēs ⟨ae⟩ *m* Sohn der Danae, = Perseus

Acrisius ⟨ī⟩ *m König von Argos, Vater der Danae u. Großvater des Perseus*

ācriter *Adv* ||acer|| heftig

acroāma ⟨atis⟩ *n* ||griech. Fw.|| Vortrag zur Unterhaltung; *meton* Vortragskünstler, Unterhaltungskünstler

acroāsis ⟨is⟩ *f* ||griech. Fw.|| Vortrag, Lesung, Matinee

acroāticus ⟨a, um⟩ *Adj* ||griech. Fw.|| Gell. nur für den Schülerkreis bestimmt

Acroceraunia ⟨ōrum⟩ *n das für die Schifffahrt gefährliche Vorgebirge der Ceraunii montes im NW von Epirus an der Straße von Otranto; Inbegriff einer rauen u. gefährlichen Landschaft*

Acrocorinthus ⟨ī⟩ *f* Burg von Korinth *im S der Stadt*

acrōtērium ⟨ī⟩ *n* ||griech. Fw.||
1. Landzunge
2. Vitr. *Pl* Endziegel *der Giebel u. Ecken antiker Bauwerke*; Ornament *mit figürlichen u. pflanzlichen Motiven*

acta^{1} ⟨ae⟩ *f* ||griech. Fw.|| Strand, Meeresufer; *Pl* Aufenthalt in den Seebädern; ***in actis esse*** sich in den Seebädern aufhalten

ācta^{2} ⟨ōrum⟩ *n* ||ago||
1. Handlungen, Taten, Werke
2. Amtshandlungen, Verfügungen
3. aufgezeichnete Verhandlungen, amtliche Protokolle, Gerichtsakten
4. ***Acta Sanctorum*** (*mlat.*) Lebensbeschreibungen der Heiligen und Märtyrer

Actaeī ⟨ōrum⟩ *m* ||Acte|| die Attiker, die Athener

Actaeōn ⟨onis⟩ *m Thebaner, Enkel des Kadmos; beobachtete Artemis beim Baden u. wurde zur Strafe in einen Hirsch verwandelt u. von den eigenen Hunden zerrissen*

Actaeus ⟨a, um⟩ *Adj* ||Acte|| attisch, athenisch

Actē ⟨ēs⟩ *f alter Name für* Attika

Actiacus ⟨a, um⟩ *Adj* zu Actium gehörig

Actias *Gen* ⟨adis⟩ *f* ||Acte|| attisch, athenisch

► **āctiō** ⟨ōnis⟩ *f* ||ago||
1. Ausführung, Verrichtung; ***gratiarum a.*** Danksagung
2. Handlung, praktische Tätigkeit
3. Vortragsweise, Deklamation *des Redners u. Schauspielers*
4. öffentliche Verhandlung, öffentliche Rede, Beratung, Amtshandlung; *Pl* Amtsführung; *pej* Umtriebe
5. gerichtlicher Prozess; Gerichtstermin
6. Klage vor Gericht, Klageformel

āctitō ⟨āvī, ātum, āre 1.⟩ ||*Freq von* ago|| gewöhnlich betreiben, häufig betreiben; ***causas a.*** Prozesse führen; ***tragoedias a.*** in Tragödien spielen

Actium ⟨ī⟩ *n Vorgebirge u. Stadt in Akarnanien mit berühmtem Apollotempel; bekannt durch den Sieg Octavians über Antonius u. Kleopatra 31 v. Chr.*

āctiuncula ⟨ae⟩ *f* ||*Dim von* actio|| Plin. kleine Gerichtsrede

Actius ⟨a, um⟩ *Adj* zu Actium gehörig

āctīvus ⟨a, um⟩ *Adj, Adv* ⟨āctīvē⟩ ||ago|| (*nachkl.*) tätig, aktiv; ***vita activa*** PHIL tätiges Leben; ↔ ***contemplativus***

āctor ⟨ōris⟩ *m* ||ago||
1. *poet* Treiber, Hirt
2. Vermittler
3. (*nachkl.*) Vermögensverwalter, Geschäftsführer
4. Kläger vor Gericht; Rechtsbeistand, Advokat
5. Darsteller *auf der Bühne*

Actōr ⟨oris⟩ *m Vater des Menoitios* (*Menoetius*), *Großvater des Patroklos*

Actoridēs ⟨ae⟩ *m* Sohn des Actor, Nachkomme des Actor

āctuāria ⟨ae⟩ *f* ||actuarius|| Schnellsegler

āctuāriola ⟨ae⟩ *f* ||*Dim von* actuaria|| kleines Boot

āctuārius
I ⟨a, um⟩ *Adj* ||actus^{2}|| schnell; ***navis actuaria*** Schnellsegler
II ⟨ī⟩ *m* (*nachkl.*) Schnellschreiber; Buchhalter; Proviantmeister

āctum ⟨ī⟩ *n* = ***acta^{2}***

āctuōsus ⟨a, um⟩ *Adj, Adv* ⟨āctuōsē⟩ ||actus^{2}|| lebhaft, tätig, wirksam; ***oratio actuosa*** wirksame Rede, leidenschaftliche Rede

āctus^{1} ⟨a, um⟩ *PPP* → ***ago***

āctus^{2} ⟨ūs⟩ *m* ||ago||
1. das Treiben des Viehs; Weiderecht
2. (*nachkl.*) *Feldmaß* halber Morgen, = *1260* m^2
3. *vom Redner u. Schauspieler* Bewegung, Schwung
4. Akt, Aufzug *im Schauspiel*
5. = ***actio***
6. (*nachkl.*) Amt, Beruf; *poet* Tat, Werk; ***Actūs Apostolorum*** *Pl* (*mlat.*) Apostelgeschichte

āctūtum *Adv* ||actus^{2}|| sofort, augenblicklich

acua ⟨ae⟩ *f* Lucr. = ***aqua***

acuī → ***acesco*** *u.* → ***aceo*** *u.* → ***acuo***

acula ⟨ae⟩ *f* = ***aquula***

aculeātus ⟨a, um⟩ *Adj* ||aculeus||
1. (*nachkl.*) stachelig
2. *fig* beißend, scharf; spitzfindig

aculeus ⟨ī⟩ *m* ||acus^{1}||
1. (*nachkl.*) Stachel, Spitze
2. *fig* Antrieb, Sporn
3. Sorge, Kummer

4. *fig* Schärfe *des Urteils od der Handlungsweise*
5. *fig* tiefer Eindruck
6. *fig* Spitzfindigkeit

acūmen ⟨inis⟩ *n* ||acuo||
1. Spitze, Stachel; ***auspicium ex acuminibus*** *in der Wahrsagekunst* günstiges Vorzeichen aus den leuchtenden Speerspitzen
2. *fig* Scharfsinn, Witz; *Pl* Kniffe; *pej* Spitzfindigkeit
3. Quint. RHET schlichte Sprache

acuō ⟨uī, ūtum, uere 3.⟩ ||acus[1]||
1. schärfen, spitzen, wetzen; ***gladium a.*** das Schwert schärfen
2. *fig* schärfen; Quint. betonen, akzentuieren
3. *fig* üben, ***linguam exercitatione*** die Sprache durch Praxis
4. *fig* anspornen, antreiben, *aliquem ad aliquid* j-n zu etw, *aliquem in aliquem* j-n gegen jdn

acupēnser ⟨eris⟩ *m* = ***acipenser***

acus[1] ⟨ūs⟩ *f* Nadel, Haarnadel; ***acu pingere*** sticken; ***acu tangere*** den Nagel auf den Kopf treffen; ***acu enucleata argumenta*** *fig* spitzfindig ausgeführte Argumente

acus[2] ⟨ūs⟩ *m* (*nachkl.*) *poet* Seenadel, *Seefisch*

acūtulus ⟨a, um⟩ *Adj* ||*Dim von* acutus|| ziemlich spitzfindig, ziemlich scharfsinnig

▶ **acūtus** ⟨a, um⟩ *Adj, Adv* ⟨acūtē⟩ ||acuo||
1. gespitzt, spitz, scharf
2. *fig* scharf *für die Sinne*; stechend, brennend; hell, grell; schrill
3. *von Personen u. Sachen* scharfsinnig, geistreich, witzig; ***homo a.*** scharfsinniger Mensch; ***ingenium acutum*** scharfer Verstand; ***nares acutae*** feine Nase, *auch fig* feines Gespür, feines Urteil; ***oratio acuta*** klare Rede
4. *poet* gefahrvoll; ***acuta belli*** Gefahren des Krieges

ad

I
1. an-, heran-
2. zu-, dazu-
3. an-, dabei-
4. be-, er-
II
1. nach, nach … hin
2. bis zu, bis an
3. an, gegen
4. zu, für
5. auf, infolge
6. gemäß, nach
7. im Verhältnis zu, im Vergleich mit
8. in Bezug auf, hinsichtlich
9. bis an, bis zu
10. dazu, zudem

I *Präf, d assimiliert mit nachfolgenden Konsonanten c, f, g, r, s, t meist zu entsprechenden Doppelkonsonanten: acc…, aff… usw.*
1. an-, heran-; ***ad-venire*** ankommen
2. zu-, dazu-, hinzu-; ***ad-iungere*** anfügen, hinzufügen
3. an-, dabei-; ***ad-iacēre*** an-liegen, dabei liegen, angrenzen
4. *allg. Präf entsprechend den dt. Vorsilben* be-, er-, ver-; ***ad-mirari*** be-wundern; ***ad-amare*** sich verlieben; ***ad-monere*** er-mahnen

II *Präp + Akk*
1. *örtl.*: *Richtung* nach, nach … hin, zu, gegen; *bei Städtenamen* in der Nähe von; bis zu, bis nach; *Lage* an, bei nahe an, nahe bei; ***exercitum ad mare ducere*** das Heer zum Meer führen; ***ad septentriones vergere*** sich gegen Norden erstrecken; ***ad inferos descendere*** in die Unterwelt hinabsteigen; ***ad hostes proficisci*** gegen die Feinde marschieren; ***ad Capuam proficisci*** in die Umgebung von Capua marschieren; ***ab Ostia ad Tarentum*** von Ostia bis Tarent; ***urbs ad mare sita*** Stadt am Meer; ***pugna ad Marathonem commissa*** Schlacht bei Marathon; ***clades ad Cannas accepta*** Niederlage bei Cannae; ***ad manus esse*** zur Hand sein; ***ad vinum sedere*** beim Wein sitzen; ***ad Tiberim*** beim Tiber
2. *zeitl.*: *Zeitgrenze* bis zu, bis an, bis in; *Termin* an, zu, auf; *Zeitdauer* auf, für; *Annäherung* ungefähr, gegen, etwa, kurz vor, um; ***ad multam noctem*** bis tief in die Nacht; ***ab hora octava ad vesperum*** von der achten Stunde bis zum Abend; ***ad summam senectutem*** bis ins hohe Alter; ***ad horam constitutam venire*** zur festgesetzten Stunde kommen; ***ad decem annos*** (von jetzt) in zehn Jahren; ***ad paucos dies*** für einige Tage; ***ad tempus*** für den Augenblick, vorübergehend; ***ad lucem*** gegen Morgen; ***ad mediam noctem*** kurz vor Mitternacht; ***ad horam nonam*** um die neunte Stunde
3. *Angabe einer Zahl* an, gegen, ungefähr; *Grenze einer Zahl* bis zu; ***ad ducentos milites*** ungefähr 200 Soldaten; ***ad mille ducenti*** an die 1200; ***obsides ad numerum miserunt*** sie schickten Geiseln bis zur festgelegten Zahl = sie schickten die Geiseln vollzählig; ***ad unum omnes*** alle bis zum Letzten = alle
4. *final* zu, für, *oft + Ger*; ***legati ad id missi*** zu diesem Zweck geschickte Gesandte
5. *kausal* auf, infolge; ***ad clamorem concurrere*** infolge des Geschreis zusammenlaufen; ***ad famam belli legiones conscribere*** auf das Gerücht eines Krieges hin Truppen ausheben
6. *modal* gemäß, nach; ***ad arbitrium*** nach Gutdünken, willkürlich; ***ad naturam vivere*** naturgemäß leben
7. *proportional* im Verhältnis zu, im Vergleich mit; ***terra ad universi caeli complexum puncti instar est*** im Vergleich zum Weltall ist die Erde wie ein Punkt
8. *relativ* in Bezug auf, hinsichtlich; ***hoc nihil ad me est*** dies geht mich nichts an; ***res difficilis ad credendum*** eine kaum zu glaubende Sache; ***satis ad laudem dictum est*** es ist genug gelobt worden
9. *graduell* bis an, bis zu; ***ad necem virgis caedere*** mit Ruten zu Tode schlagen; ***haec ad insaniam concupivi*** dies habe ich bis zur Raserei begehrt; ***ad extremum*** bis zum Äußersten
10. *additiv* dazu, zudem; ***ad reliquos labores etiam hanc molestiam suscipio*** zu den übrigen Mühen nehme ich auch noch diese Last auf mich

adāctiō ⟨ōnis⟩ *f* ||adigo|| (*nachkl.*) das Veranlassen; ***a. iuris iurandi*** Vereidigung

ad-āctus[1] ⟨a, um⟩ *PPP* → ***adigo***

ad-āctus² ⟨ūs⟩ *m* ||adigo|| das Heranbringen; ***a. dentis*** Lucr. Biss
adaequē *Adv* ||adaequo|| (*vkl., nachkl.*) auf gleiche Weise, ebenso; ***adaeque atque/ut*** ebenso wie
ad-aequō ⟨āvī, ātum, āre 1.⟩
1. gleichmachen, *aliquid alicui rei* etw einer Sache; ***tecta solo a.*** Gebäude dem Erdboden gleichmachen
2. gleichsetzen, *aliquid alicui/cum re* etw mit etw, ***fortunam cum virtute*** das Glück mit der Tüchtigkeit
3. vergleichen, *aliquid cum re/alicui rei* etw mit etw; ***genus mortis magni Alexandri fatis a.*** Tac. die Todesart Alexanders des Großen mit seinem Schicksal vergleichen
4. *einer Sache* gleichkommen, *etw* erreichen, *aliquid*; ***cursum equorum a.*** mit dem Lauf der Pferde Schritt halten; ***urna adaequat*** es liegt Stimmengleichheit vor
ad-aggerō ⟨āvī, ātum, āre 1.⟩ anhäufen, aufhäufen, ***terram*** Erde
ad-alligō ⟨āvī, ātum, āre 1.⟩ (*nachkl.*) anbinden, *aliquid alicui/alicui rei/ad aliquid* etw an j-n/an etw
adamantēus *u.* **adamantinus** ⟨a, um⟩ *Adj* ||griech. Fw.|| (*nachkl.*) *poet* stählern, stahlhart
adamās ⟨antis⟩ *m* ||griech. Fw.|| (*nachkl.*) *poet* Stahl; *fig* gefühlloses Herz, hartes Herz
ad-ambulō ⟨āvī, ātum, āre 1.⟩ (*vkl., nachkl.*) auf und ab gehen, *alicui* neben j-m, bei j-m, *alicui rei* neben etw, bei etw
ad-amō ⟨āvī, ātum, āre 1.⟩ *j-n/etw* lieb gewinnen, sich in *j-n* verlieben, *j-n* innig lieben, *aliquem/aliquid*
ad-aperiō ⟨aperuī, apertum, aperīre 4.⟩ aufdecken, entblößen, enthüllen
adapertilis ⟨e⟩ *Adj* ||adaperio|| Ov. zum Öffnen eingerichtet, leicht zu öffnen
ad-aptō ⟨āvī, ātum, āre 1.⟩ Suet. anpassen, passend machen
ad-aquō ⟨āvī, ātum, āre 1.⟩ Plin. zur Tränke führen, tränken; bewässern, benetzen
ad-aquor ⟨ātus sum, ārī 1.⟩ Wasser holen
adauctus ⟨ūs⟩ *m* ||adaugeo|| Lucr. Wachstum, Zunahme
ad-augeō ⟨auxī, auctum, augēre 2.⟩ vergrößern, vermehren
ad-augēscō ⟨-, -, ēscere 3.⟩ *poet* zunehmen, wachsen
adaugmen ⟨inis⟩ *n* ||adaugeo|| Lucr. Zunahme, Wachstum
ad-axint = ***adegerint***; → ***adigo***
ad-bibō ⟨bibī, -, bibere 3.⟩ (*nachkl.*) *vulg* sich betrinken, trinken; *fig* sich einprägen; ***verba puro pectore a.*** Hor. sich die Worte reinen Herzens einprägen
ad-bītō ⟨-, -, ere 3.⟩ ||baeto|| Plaut. herangehen
adc… = **acc…**
ad-decet ⟨uit, -, ēre 2.⟩ (*vkl., nachkl.*) es ziemt sich, es schickt sich, *aliquem* für jdn
addenda ⟨orum⟩ *n* ||addo|| (*mlat.*) Zusätze, Nachträge, Ergänzungen
ad-dēnseō ⟨-, -, ēre 2.⟩ (*nachkl.*) *poet* noch dichter machen
ad-dīcō ⟨dīxī, dictum, dīcere 3.⟩

> **1.** als günstig bezeichnen
> **2.** zusprechen, zuerkennen
> **3.** den Zuschlag geben
> **4.** verkaufen
> **5.** preisgeben, ganz hingeben
> **6.** zuschreiben

1. *Auguralsprache* als günstig bezeichnen; ***aves addicunt*** die Auspizien bezeichnen es als günstig
2. JUR zusprechen, zuerkennen; verurteilen; ***alicui bona a.*** j-m Güter zusprechen; ***bona in publicum a.*** Güter konfiszieren; ***liberum corpus in servitutem a.*** einen Freien zur Schuldknechtschaft verurteilen; ***parsimoniam cupiditati petulantiaeque a.*** die Sparsamkeit zugunsten der Üppigkeit und Frechheit verurteilen
3. *bei Auktionen* den Zuschlag geben, *aliquid alicui + Abl pretii* etw j-m für etw/um etw; ***opus ducentis talentis a.*** ein Werk für zweihundert Talente zuschlagen
4. verkaufen *in abwertendem Sinne*, ***alicui consulatum*** j-m das Konsulat
5. preisgeben, ganz hingeben; ***se senatui a.*** sich der Arbeit im Senat widmen; ***se a. alicui*** sich j-m willenlos ergeben; ***addictus alicui rei*** einer Sache sklavisch ergeben, zu etw verpflichtet
6. (*nachkl.*) *j-m eine Schrift als Verfasser* zuschreiben, *alicui*; ***orationes quae Charisii nomini addicuntur*** Quint. die Reden, die dem Charisius zugeschrieben werden
addictiō ⟨ōnis⟩ *f* ||addico|| Zuerkennung, amtliche Bestätigung eines Eigentums
ad-dictus ⟨a, um⟩ *PPP* → ***addico***
ad-didī → ***addo***
ad-dīscō ⟨didicī, -, dīscere 3.⟩ dazulernen; (*nachkl.*) durch Lernen sich aneignen
additāmentum ⟨ī⟩ *n* ||addo||
1. (*nachkl.*) Zugabe, Anhängsel
2. *von Personen* Anhang, Mitläufer; ***Ligus, a. inimicorum meorum*** Cic. Ligus, der Mitläufer meiner Feinde
additiō ⟨ōnis⟩ *f* ||addo|| (*vkl., nachkl.*) das Hinzufügen
ad-ditus ⟨a, um⟩ *PPP* → ***addo***
ad-dīxī → ***addico***
ad-dō ⟨didī, ditum, dere 3.⟩

> **1.** dazugeben, hinzugeben
> **2.** addieren
> **3.** dazugeben, gewähren
> **4.** hinzufügen
> **5.** beilegen, beigeben
> **6.** beigeben
> **7.** geben, anlegen

1. dazugeben, hinzugeben, hinzufügen; ***totidem triremes superioribus/ad superiores a.*** ebenso viele Triremen den vorhandenen hinzufügen; ***scelus sceleri a.*** Verbrechen auf Verbrechen häufen; ***multas res novas in edictum a.*** viele neue Gesichtspunkte in die Verordnung einfügen; ***gradum a.*** (*erg. gradui*) den Schritt beschleunigen
2. addieren
3. *als Frist* dazugeben, gewähren, ***paucos dies*** we-

nige Tage; ***additā aetate*** mit den Jahren
4. *mündlich, schriftlich* hinzufügen, *aliquid ad aliquid/alicui rei* etw einer Sache, + *AcI*; ***ad verba preces*** den Worten Bitten, ***precibus minas*** den Bitten Drohungen; ***de Sabini morte a.*** etw über den Tod des Sabinus hinzufügen; ***addebat se audisse*** er fügte hinzu, dass er gehört habe; ***addito*** mit dem Zusatz; ***adde*** nimm hinzu, dazu kommt noch
5. *von Sachen* beilegen, beigeben; ***epistulas ad eundem fasciculum a.*** die Briefe zum gleichen Bündel legen
6. *von Personen* beigeben, ***alicui comitem*** j-m einen Begleiter
7. *fig* geben, anlegen, einflößen, erweisen; ***calcaria a.*** die Sporen geben, anspornen; ***frena a.*** Zügel anlegen, zähmen; ***alicui animum a.*** j-m Mut machen; ***alicui honorem a.*** j-m Ehre erweisen

ad-doceō ⟨-, -, ēre 2.⟩ Hor. *Neues* hinzulehren, ***artes*** Künste

addormīscō ⟨-, -, īscere 3.⟩ Suet. einschlafen, ein Nickerchen machen

ad-dubitō ⟨āvī, ātum, āre 1.⟩
I *v/i* Zweifel hegen, Bedenken tragen, *abs od de re/in re* in Bezug auf etw, *auch mit quod u. indir Fragesatz*
II *v/t* anzweifeln

ad-dūcō ⟨dūxī, ductum, dūcere 3.⟩

1. heranführen, herbeiführen
2. bringen
3. veranlassen
4. an sich ziehen, straff anziehen

1. heranführen, herbeiführen, hinführen; ***exercitum alicui subsidio a.*** das Heer zur Unterstützung von j-m heranführen; ***exercitum ad Belgas a.*** das Heer gegen die Belger führen; ***aliquem in ius/in iudicium a.*** j-n vor Gericht bringen; ***aquam in oppidum a.*** Wasser in die Stadt leiten
2. *in eine Lage* bringen, *in einen Zustand* versetzen; ***aliquem in summam inopiam a.*** j-n in höchste Not bringen; ***in invidiam a.*** ins Gerede bringen; ***in suspicionem a.*** in Verdacht bringen; ***rem eo/in eum locum a., ut*** etw so weit kommen lassen, dass
3. veranlassen, *aliquem ad aliquid/in aliquid* j-n zu etw, ***ad iracundiam*** zum Zornesausbruch; ***misericordiā adductus*** aus Mitleid; ***spe adductus*** in der Hoffnung; ***adducis me, ut tibi assentiar*** du bringst mich dazu, dir zuzustimmen; ***in spem sumus adducti hunc annum civitati salutarem fore/futurum esse*** wir wurden in der Hoffnung bestärkt, dieses Jahr werde ein glückliches für den Staat werden
4. an sich ziehen, straff anziehen, runzeln; ***togam a.*** die Toga straff ziehen; ***habenas a.*** die Zügel anziehen; ***arcum a.*** den Bogen spannen; ***frontem a.*** die Stirn runzeln

adductus ⟨a, um⟩ *Adj* ||adduco|| (*nachkl.*) zusammengezogen, gerunzelt; *fig* streng, ernst, gemessen

ad-dūxī → ***adduco***

ad-edō ⟨ēdī, ēsum, edere 3.⟩
1. (*nachkl.*) *poet* anfressen, annagen; ansengen; auswaschen; abreiben, glätten; ***mare latus montis adest/adedit*** das Meer wäscht die Felswand aus
2. teilweise verbrauchen, fast verbrauchen, ***pecuniam*** das Geld; ***bona abesa*** zerrüttete Vermögensverhältnisse

ad-ēgī → ***adigo***

Adelphī *u.* **Adelphoe** ⟨ōrum⟩ *m* ||griech. Fw.|| Die Brüder, *Komödie von Terenz*

ademptiō ⟨ōnis⟩ *f* ||adimo|| Wegnahme, Entziehung; ***a. provinciae*** Wegnahme einer Provinz; ***a. bonorum*** Enteignung

ad-emptus ⟨a, um⟩ *PPP* → ***adimo***

ad-eō[1] ⟨iī⟩ *u.* ⟨īvī, itum, īre 0.⟩
1. herangehen, herantreten, sich nähern; *Passiv* zugänglich sein; ***ad filios a.*** zu den Kindern gehen; ***ad initium silvae a.*** an den Waldrand gehen; ***ad ius a.*** vor Gericht gehen; ***Tarpea rupes centum gradibus aditur*** der Tarpejische Fels kann mit hundert Schritten erstiegen werden
2. sich *bittend od fragend* an *j-n* wenden, *aliquem/ad aliquem*; ***aliquem de re a.*** j-n um etw bitten, j-n nach etw fragen; ***ad Caesarem a.*** sich an Caesar wenden; ***libros Sibyllinos a.*** die Sibyllinischen Bücher befragen
3. bereisen, besuchen, ***Siciliam*** Sizilien
4. angreifen, *abs od ad aliquem* j-n; ***ad quemvis numerum equitum a.*** jede beliebige Zahl von Reitern angreifen; ***virum a.*** Ter. auf einen Mann losgehen
5. übernehmen; ***ad rem publicam a.*** in den Staatsdienst treten; ***hereditatem a.*** ein Erbe antreten
6. auf sich nehmen, *aliquid/ad aliquid* etw; ***inimicitias a.*** Feindschaften in Kauf nehmen; ***periculum/ad periculum a.*** sich einer Gefahr unterziehen

ad-eō[2] *Adv* ||eo[1]||
1. *örtl.* bis dahin, so weit
2. *zeitl.* so lange, bis, *meist usque adeo, dum/donec/quoad*; ***usque adeo in periculo fuimus, quoad Caesar rediit*** wir waren so lange in Gefahr, bis Caesar zurückkam
3. *modal* so sehr, in dem Maße, *meist + Konsekutivsatz ut/ut non* dass/dass nicht
4. *zur Steigerung* ja sogar; ***atque adeo*** und sogar, oder sogar, oder vielmehr, oder richtiger
5. *zur Betonung nachgestellt* eben, gerade; besonders; ***haec adeo*** gerade dies; ***nunc adeo*** gerade jetzt; ***id adeo, si placet, considerate*** Cic. überlegt, wenn es euch beliebt, besonders dies
6. *nach Verneinung* ***adeo non*** umso weniger, geschweige denn

adeps ⟨adipis⟩ *m u. f* ||griech. Fw.||
1. (*vkl., nachkl.*) (tierisches) Fett; *Pl meton* Schmerbauch; ***a. suillus*** Schweinefett, Schweineschmalz; ***a. anserinus*** Gänsefett
2. Quint. Schwulst *in der Rede*

adeptiō ⟨ōnis⟩ *f* ||adipiscor|| Erlangung

ad-eptus ⟨a, um⟩ *PPerf* → ***adipiscor***

adesse → ***assum***

ad-ēs(s)uriō ⟨-, -, īre 4.⟩ Plaut. hungrig werden, Appetit bekommen

adf... = ***aff...***

adg... = ***agg...***

adgn... = ***agn...***

ad-haereō ⟨haesī, haesum, haerēre 2.⟩
1. an *etw* hängen, haften, kleben, *alicui rei/in re*; ***saxis a.*** an den Felsen hängen

2. (*nachkl.*) *fig örtl. u. zeitl.* sich anschließen, angrenzen, *abs od alicui rei* an etw, *aliquem* an j-n; ***Peloponnesus continenti adhaerens*** die Peloponnes, die an das Festland grenzt
3. *fig j-n / etw* festhalten, sich an *j-m / etw* festklammern, *alicui / alicui rei*; ***lateri alicuius a.*** j-m im Nacken sitzen, j-m nicht von der Seite weichen, für j-n ein Anhängsel sein

ad-haerēscō ⟨haesī, -, haerēscere 3.⟩ ||*Inkoh von* adhaereo||
1. sich anhängen, hängen bleiben, haften bleiben, *abs od ad aliquid / in aliquid / in re / alicui rei* an etw; ***sudor adhaesit ovibus*** Schweiß haftete an den Schafen; ***ad saxa Sirenum a.*** an den Felsen der Sirenen hängen bleiben; ***ad aliquam disciplinam a.*** einer Lehre anhängen; ***in me uno coniurationis tela adhaeserunt*** an mir allein blieben die Pfeile der Verschwörung haften
2. *fig* treu festhalten, *alicui* an j-m, *alicui rei / in re / ad aliquid / in aliquid* an etw, ***iustitiae honestatique*** an Recht und Sitte
3. *vom Redner u. von der Rede* stecken bleiben, stocken

adhaesiō ⟨ōnis⟩ *f* ||adhaereo|| das Festhalten, das Anhaften; ***adhaesiones atomorum*** Cic. der Zusammenhalt der Atome

adhaesus ⟨ūs⟩ *m* ||adhaereo|| Lucr. das Anhaften, das Angewachsensein

ad-hibeō ⟨hibuī, hibitum, hibēre 2.⟩ ||habeo||

1. anlegen, darauf legen
2. hinzunehmen
3. anwenden, benutzen
4. zuziehen, heranziehen
5. behandeln, halten
6. sich benehmen

1. anlegen, darauf legen, *aliquid ad aliquid / alicui rei* etw an etw, etw auf etw; ***manūs ad vulnera a.*** die Hände auf die Wunden legen; ***alicui vincula a.*** j-m Fesseln anlegen
2. hinzunehmen; ***nasturcium ad panem a.*** Kresse zum Brot hinzunehmen
3. *fig* anwenden, benutzen, *aliquid alicui / in aliquo* etw bei j-m, *aliquid alicui rei / ad aliquid / in aliquid* etw bei etw; ***severitatem in filio a.*** Strenge beim Sohn anwenden; ***corpori medicinam a.*** Medizin für den Körper verwenden; ***plus studii ad discendum a.*** mehr Eifer auf das Lernen verwenden; ***memoriam contumeliae a.*** eine Beleidigung nachtragen; ***crudelitatem in servos a.*** Grausamkeit gegenüber den Sklaven anwenden
4. zuziehen, heranziehen, *ad aliquid / in aliquid / alicui rei* zu etw, + *dopp. Akk*; ***amicos in consilium / consilio a.*** Freunde zur Beratung heranziehen; ***aliquem comitem a.*** j-n als Gefährten mitnehmen; ***a. Iovem testem*** Jupiter als Zeugen anrufen
5. + *Adv irgendwie* behandeln, halten, ***liberaliter*** großzügig
6. ***se a.*** sich benehmen

ad-hinniō ⟨īvī, ītum, īre 4.⟩
1. (*unkl.*) zuwiehern, *alicui* j-m
2. *fig von Personen j-n / etw* begehren, nach *etw* lechzen, *aliquem / ad aliquem / in aliquem / in aliquid*

ad-hōc *Adv* = ***adhuc***

adhortātiō ⟨ōnis⟩ *f* ||adhortor|| Aufmunterung, Ermahnung, *alicuius rei* zu etw; ***a. capessendi belli*** Ermahnung den Krieg aufzunehmen

adhortātor ⟨ōris⟩ *m* ||adhortor|| Liv. Ermahner, Antreiber, *alicuius rei* zu etw

ad-hortor ⟨ātus sum, ārī 1.⟩ aufmuntern, ermuntern, ermahnen, antreiben, *ad aliquid / in aliquid* zu etw, *de re* in Bezug auf etw, *ut / ne /* + *Konjkt*; ***ad defendendam rem publicam a.*** zur Verteidigung des Staates ermahnen; ***de re frumentaria a.*** an die Getreideversorgung erinnern

▶ **ad-hūc** *Adv*
1. *zeitl.* bisher, bis jetzt; ***usque adhuc*** noch bis zum heutigen Tag; ***adhuc non*** noch nicht
2. insoweit, dass, + *Konsekutivsatz*
3. (*nachkl., eccl.*) noch mehr, noch weiter, immer noch

adiacentia ⟨ium⟩ *n* ||adiaceo|| Umgebung

ad-iaceō ⟨uī, itum, ēre 2.⟩
1. anliegen, angrenzen, *alicui rei / aliquid / ad aliquid* an etw; ***agro Romano a.*** an das römische Gebiet angrenzen; ***ad Aduatucos a.*** an das Gebiet der Aduatuker angrenzen
2. (*nachkl.*) nahe sein, benachbart sein, *abs*

ad-iciō ⟨iēcī, iectum, icere 3.⟩ ||iacio||
1. an / auf / zu *etw* (hin)werfen, stellen, setzen, legen, *ad aliquid / alicui rei*; ***telum alicui / ad aliquem a.*** eine Lanze gegen j-n schleudern; ***adiectum esse alicui rei*** an etw angrenzen; ***adiectā planitie*** woran sich eine Ebene anschließt
2. *fig* auf *j-n / etw* richten, lenken, *ad aliquem / ad aliquid, alicui / alicui rei*; ***oculos ad bona alicuius a.*** den Blick begehrlich auf j-s Güter richten; ***oculos hereditati a.*** ein Auge auf die Erbschaft werfen
3. hinzufügen, *ad aliquid / alicui rei* zu etw, einer Sache, ***aggerem munitionibus / ad munitiones*** den Befestigungsanlagen einen Damm
4. (*nachkl.*) vergrößern, erhöhen; ***latitudinem aggeri a.*** den Damm verbreitern
5. *bei Auktionen* mehr bieten, überbieten
6. (*nachkl.*) *in der Rede* beifügen, *aliquid alicui rei* etw einer Sache, + *AcI*; *bes* RHET ***huc / ad haec adice*** dazu nimm, denke dir noch, *aliquid /* + *AcI*, *quod* dass

adiectiō ⟨ōnis⟩ *f* ||adicio|| (*nachkl.*)
1. Hinzufügung
2. Aufnahme; ***a. familiarum*** Aufnahme neuer Familien
3. *bei Auktionen* höheres Gebot
4. RHET Verdoppelung eines Wortes

adiectīvum ⟨ī⟩ *n* ||adiectivus|| Adjektiv

adiectīvus ⟨a, um⟩ *Adj* ||adicio|| zum Beifügen dienlich

ad-iectus[1] ⟨a, um⟩ *PPP* → ***adicio***

adiectus[2] ⟨ūs⟩ *m* ||adicio|| Lucr. das Nahebringen

▶ **ad-igō** ⟨ēgī, āctum, igere 3.⟩ ||ago||
1. herantreiben, hinzutreiben, hineintreiben; ***a. turrim*** einen Belagerungsturm heranschieben; ***a. triremes*** Dreiruderer heranbringen; ***a. (ad) arbitrum*** JUR vor den Schiedsrichter laden
2. *Geschosse* schleudern, *Waffen* stoßen; ***ferrum per pectus a.*** das Schwert durch die Brust stoßen; ***aliquem fulmine ad umbras a.*** j-n mit einem Blitz

in die Unterwelt hinabschleudern; ***vulnus a.*** eine Wunde schlagen
3. *fig* veranlassen, drängen, *ad aliquid* zu etw, *ut* dass, + *Inf*; ***ad mortem a.*** in den Tod treiben; ***ad insaniam a.*** zur Raserei bringen; ***(ad) ius iurandum/iure iurando/sacramento a.*** vereidigen, zum Eid zwingen; ***in verba alicuius adigi*** j-m den Treueeid leisten

adi-iī → ***adeo***[1]

ad-imō ⟨ēmī, emptum, imere 3.⟩ ||emo||
1. an sich nehmen, wegnehmen, berauben; ***agrum Campanis a.*** den Kampanern das Gebiet wegnehmen; ***alicui ordinem a.*** j-m seinen Rang aberkennen; ***ademptus*** tot, dahingerafft
2. *etw Unangenehmes* wegnehmen, von *etw* befreien, *aliquid*; ***cani vincula a.*** dem Hund die Ketten abnehmen; ***alicui dolores a.*** j-n von seinen Schmerzen befreien; ***ignominiam a.*** die Schande tilgen
3. verwehren, verbieten, *aliquid* etw, + *Inf*; ***aditum a.*** den Zutritt verwehren

ad-impleō ⟨ēvī, ētum, ēre 2.⟩ *(spätl.)*
1. voll füllen
2. *fig* ganz erfüllen; ***voluntas testatoris adimplenda est*** der Wille des Erblassers ist vollständig zu erfüllen
3. *fig* erfüllen, vollenden

adimplētiō ⟨ōnis⟩ *f* ||adimpleo|| Vollendung

ad-īnspectō ⟨āvī, ātum, āre 1.⟩ Suet. mit ansehen

adipāta ⟨ōrum⟩ *n* ||adipatus|| Schmalzgebackenes

adipātus ⟨a, um⟩ *Adj* ||adeps||
1. *poet* fettig
2. *fig von der Rede* schwülstig, schmalzig

▶ **ad-ipīscor** ⟨eptus sum, ipīscī 3.⟩ ||apiscor||
1. *(vkl., nachkl.)* einholen, ***fugientes*** die Fliehenden
2. *fig etw Erstrebtes* erreichen, erringen, *aliquid* etw, *auch ut/ne* dass/dass nicht, *PPerf (nachkl.) auch Passiv*; ***victoriam a.*** den Sieg erringen; ***a. alicuius rei*** Tac. sich einer Sache bemächtigen; ***adeptā victoriā*** nach errungenem Sieg

ad-īre → ***adeo***[1]

aditiālis ⟨e⟩ *Adj* ||aditus|| *(vkl., nachkl.)* zum Antritt gehörig, Antritts…; ***a. cena*** Antrittsessen

aditiō ⟨ōnis⟩ *f* ||adeo[1]|| Plaut. Zutritt, *aliquid/aliquem* zu etw/zu jdm

▶ **aditus**[1] ⟨ūs⟩ *m* ||adeo[1]||
1. das Herangehen, *alicuius rei/ad aliquid* zu etw; Landung; ***a. ad pastum*** das Herantreten zur Fütterung; ***a. litoris*** Landung an der Küste
2. *meton* Zugang, Eintritt, *alicuius rei/ad aliquid* zu etw, *in aliquid* in etw; ***a. ad portum*** Zugang zum Hafen
3. Audienz; ***aditum petere*** um eine Audienz bitten; ***aditum dare*** eine Audienz gewähren
4. Zugang, Zutritt; ***homo rari aditūs*** schwer zugänglicher Mensch
5. *fig* Anfang, Beginn, *alicuius rei/ad aliquid* von etw; ***primus a.*** erster Schritt; ***a. mortis*** Plin. Übergang zum Tod
6. *fig* Gelegenheit, *auch* Veranlassung, *alicuius rei/ad aliquid* zu etw, ***oppugnationis*** zur Belagerung, ***ad ea conanda*** zu diesen Versuchen
7. *(mlat.)* Tür

ad-itus[2] ⟨a, um⟩ *PPP* → ***adeo***[1]

ad-iūdicō ⟨āvī, ātum, āre 1.⟩
1. JUR zuerkennen, zusprechen, *alicui aliquid* j-m etw, ***agrum populo*** das Land dem Volk; ***causam alicui a.*** den Prozess zu j-s Gunsten entscheiden
2. zuschreiben; ***alicui salutem orbis terrarum a.*** j-m die Rettung des Erdkreises zuschreiben

adiūmentum ⟨ī⟩ *n* ||adiuvo|| Hilfsmittel; *oft Pl* Hilfe, Unterstützung

adiūnctiō ⟨ōnis⟩ *f* ||adiungo||
1. Anschluss, Anknüpfung, *ad aliquid* an etw; ***a. animi*** Hinneigung
2. RHET Beziehung eines Prädikats auf verschiedene Subjekte, *Übersetzung des griech. Zeugma*
3. das Hinzufügen, Anreihung, ***verborum*** von Wörtern; ***a. virtutis*** Mitwirkung der Tüchtigkeit
4. RHET beschränkender Zusatz, Einschränkung *der absoluten Gültigkeit des Hauptgedankens*

adiūnctor ⟨ōris⟩ *m* ||adiungo|| der hinzufügt; ***ille ulterioris Galliae a.*** der das jenseitige Gallien *zur Provinz* hinzufügte

adiūnctum ⟨ī⟩ *n* ||adiunctus[2]|| das Charakteristische, das Wesentliche; *Pl* RHET Nebenumstände *von Zeit u. Ort*; ***argumenta ex adiunctis*** Argumente aus Nebenumständen

adiūnctus[1] ⟨a, um⟩ *Adj* ||adiungo||
1. eng verbunden, angrenzend, *alicui rei* einer Sache, an etw
2. *fig* eigentümlich, wesentlich, *alicuius rei/alicui rei* von etw, für etw

ad-iūnctus[2] ⟨a, um⟩ *PPP* → ***adiungo***

ad-iungō ⟨iūnxī, iūnctum, iungere 3.⟩

1. anbinden, anschirren
2. anfügen, hinzufügen
3. beigeben
4. beifügen, anknüpfen
5. innerlich verbinden
6. beilegen, beimessen
7. auf etw richten

1. anbinden, anschirren, anspannen; ***equos a.*** Pferde anspannen; ***vites ulmis a.*** Reben an Ulmen anbinden
2. *fig* anfügen, hinzufügen, verbinden, *aliquem/aliquid alicui rei/ad aliquid* j-n/etw an etw; *Passiv u.* ***se a.*** sich anschließen, unmittelbar folgen; ***naves ad reliquas naves a.*** Schiffe mit den übrigen Schiffen verbinden; ***insolentiam honestati a.*** Frechheit mit Ehrenhaftigkeit verbinden; ***Ciliciam ad imperium a.*** Kilikien dem Reich einverleiben; ***agros civitati a.*** das umliegende Land der Stadt zuschlagen; ***civitatem ad amicitiam a.*** die Stadt in einen Freundschaftspakt einbeziehen; ***adiunctum esse alicui rei*** an etw angrenzen; ***hiemi adiunctus esse*** auf den Winter folgen; ***alicuius aetati adiunctus esse*** j-s Epoche unmittelbar folgen
3. *fig von Personen* beigeben, *aliquem alicui* j-n j-m; ***aliquem sibi amicum a.*** sich j-n zum Freund nehmen; ***se ad causam alicuius a.*** sich j-s Sache anschließen; ***sibi aliquem a.*** j-n für sich gewinnen
4. RHET beifügen, anknüpfen, ***similitudinem*** ein Beispiel; ***si hoc unum adiunxero*** + *AcI* wenn ich noch dies eine anfüge, dass …
5. *fig* innerlich verbinden; ***animos hominum ad***

usus suos a. die Menschen für die eigenen Zwecke benutzen
6. *fig* beilegen, beimessen, verleihen; ***fidem visis a.*** dem Gesehenen Glauben schenken; ***honorem rebus populi Romani a.*** den Verhältnissen des römischen Volkes Ehre erweisen; ***sibi aliquid a.*** sich etw verschaffen; ***sibi alicuius benevolentiam a.*** j-s Wohlwollen für sich gewinnen
7. auf *etw* hinlenken, auf *etw* richten, *ad aliquid*; ***animum ad aliquod studium a.*** den Geist auf einen Wissenszweig richten

ad-iūrō ⟨āvī, ātum, āre 1.⟩
1. Liv. dazu noch schwören, unter Schwur hinzufügen
2. beschwören, eidlich versichern, *aliquid* etw, + *AcI*
3. *poet* bei *j-m/etw* schwören, *aliquem/aliquid*; ***per deos a.*** bei den Göttern schwören; ***caput alicuius a.*** bei j-s Haupt schwören
4. (*spätl.*) flehentlich bitten, beschwören

adiūtābilis ⟨e⟩ *Adj* ||adiuto|| Plaut. förderlich

adiūtō ⟨āvī, ātum, āre 1.⟩ ||*Freq von* adiuvo|| *j-m* helfen, *j-n* unterstützen, *aliquem*

adiūtor ⟨ōris⟩ *m* ||adiuvo||
1. Helfer, Gehilfe, Förderer, *alicuius* j-s, *alicuius rei/ad aliquid/in re/alicui rei* zu etw, von etw, bei etw; ***a. honori alicuius*** Förderer von j-s Ehre
2. *pej* Helfershelfer, Komplize, ***scelerum*** für die Verbrechen
3. (*nachkl.*) Unterbeamter
4. Hilfslehrer
5. Darsteller von Nebenrollen

adiūtōrium ⟨ī⟩ *n* ||adiutor|| (*nachkl.*) Beistand, Hilfe

adiūtrīx ⟨īcis⟩ *f* ||adiutor||
1. Helferin, Förderin; ***legiones adiutrices*** (*nachkl.*) *Name zweier aus Seeleuten aufgestellter Reservelegionen*
2. *pej* Helfershelferin, Komplizin

ad-iuvō ⟨iūvī, iūtum, iuvāre 1.⟩
1. *j-m* helfen, *j-n* unterstützen, *j-m* beistehen, *j-n* fördern, *aliquem, in re/ad aliquid* in etw/bei etw, *de re* in Bezug auf etw, *ut/ne*; ***ad bellum a.*** beim Krieg unterstützen; ***ad verum probandum a.*** bei der Untersuchung der Wahrheit helfen
2. moralisch aufrichten, ermutigen, ***clamore milites*** die Soldaten durch Geschrei
3. *fig* fördern, nähren; ***ignem amoris a.*** das Feuer der Liebe schüren; ***formam curā a.*** die Schönheit durch Pflege fördern; ***maerorem orationis lacrimis suis a.*** den traurigen Inhalt der Rede durch seine Tränen steigern
4. *fig* förderlich sein, hilfreich sein, *abs*; ***multum ad rem a.*** viel zur Sache beitragen; ***causae adiuvantes*** PHIL mittelbare Ursachen

Admagetobriga ⟨ae⟩ *f Stadt in Gallien, bei der Ariovist 61 v. Chr. einen Sieg über die Sequaner errang, Lage am linken Ufer der Saône*

ad-mātūrō ⟨āvī, ātum, āre 1.⟩ noch mehr beschleunigen

ad-mētior ⟨mēnsus sum, mētīrī 4.⟩ zumessen, *alicui aliquid* j-m etw

Admētus ⟨ī⟩ *m*
1. *König von Pherae in Thessalien, Gatte der Alkestis*
2. *König der Molosser, Beschützer des Themistokles*

ad-migrō ⟨āvī, ātum, āre 1.⟩ Plaut. hinzukommen

ad-miniculō ⟨āvī, ātum, āre 1.⟩ ||*Denom von* adminiculum|| *durch Pfähle* stützen; (*vkl., nachkl.*) *fig j-n/etw* unterstützen, *j-m/einer Sache* beistehen, *aliquem/aliquid*; ***vitem a.*** den Weinstock stützen

adminiculum ⟨ī⟩ *n*
1. Stütze, Stützpfahl
2. *fig* Stütze, Hilfsmittel, Werkzeug; (*nachkl.*) *von Personen* Mitarbeiter
3. ***a. ligni*** (*mlat.*) Kreuz Christi

administer ⟨strī⟩ *m* ||administro||
1. Mitarbeiter, Diener, Gehilfe
2. *pej* Helfershelfer, Komplize, Werkzeug

administra ⟨ae⟩ *f* ||administer|| (*vkl.*) Mitarbeiterin, Dienerin, Gehilfin, *auch fig*

administrātiō ⟨ōnis⟩ *f* ||administro||
1. Hilfeleistung, Hilfe; ***sine hominum administratione*** ohne menschliche Hilfeleistung
2. Leitung, Verwaltung, Regierung; ***a. rei publicae*** Verwaltung des Staates
3. Handhabung, Bedienung; ***a. tormentorum*** Bedienung der Geschütze; ***a. navis*** Steuerung des Schiffes

administrātīvus ⟨a, um⟩ *Adj* ||administro|| Quint. praktisch

administrātor ⟨ōris⟩ *m* ||administro|| Leiter, Lenker, Verwalter, Statthalter

▶ **ad-ministrō** ⟨āvī, ātum, āre 1.⟩
I *v/i* Plaut. behilflich sein, ***alicui ad rem divinam*** j-m beim Gottesdienst
II *v/t*
1. lenken, leiten, ***navem*** ein Schiff; ***exercitum a.*** ein Heer befehligen; ***summam rerum a.*** den Oberbefehl haben
2. verwalten, ***rem familiarem*** das Familienvermögen; ***rem publicam a.*** den Staat regieren
3. besorgen, ausführen, verrichten; ***negotium a.*** ein Geschäft besorgen; ***caedem a.*** ein Blutbad anrichten; ***ita a., ut*** es so einrichten, dass
4. (*nachkl.*) arbeiten, *abs*

admīrābilis ⟨e⟩ *Adj, Adv* ⟨admīrābiliter⟩ ||admiror||
1. bewundernswert, wunderbar, erstaunlich, denkwürdig
2. wunderlich, seltsam, befremdend, paradox

admīrābilitās ⟨ātis⟩ *f* ||admirabilis|| Bewunderungswürdigkeit; ***admirabilitatem facere*** Bewunderung erregen

admīrandus ⟨a, um⟩ *Adj* = ***admirabilis***

▶ **admīrātiō** ⟨ōnis⟩ *f* ||admiror||
1. Bewunderung, hohes Interesse, *alicuius* j-s *od* für j-n, *alicuius rei* für etw, ***hominum*** der Menschen, ***divitiarum*** für den Reichtum
2. Verwunderung, Staunen, *alicuius* j-s *od* über j-n, *alicuius rei* über etw; *meton* Äußerung der Bewunderung
3. Merkwürdigkeit, Merkwürdiges

admīrātor ⟨ōris⟩ *m* ||admiror|| (*nachkl.*) *poet* Bewunderer

▶ **ad-mīror** ⟨ātus sum, ārī 1.⟩
1. bewundern, anstaunen, *abs od aliquem/aliquid* j-n/etw, *aliquem in re* j-n in Bezug auf etw; ***res ge-***

stas alicuius a. j-s Taten bewundern
2. sich über *j-n/etw* wundern, über *j-n/etw* staunen, *j-n/etw* verwunderlich finden, *abs od aliquem/aliquid, auch de aliquo/de re, + AcI/ + indir Fragesatz*

ad-mīsceō ⟨mīscuī, mīxtum, mīscēre 2.⟩
1. beimischen, hinzumischen; ***aquae calorem a.*** dem Wasser Wärme beimischen
2. *fig* beigeben, beifügen; ***orationi versūs a.*** die Rede mit Versen schmücken
3. vermischen, vermengen, *aliquid re/cum re* etw mit etw
4. *fig* verwickeln, *aliquem ad aliquid* j-n in etw; ***ne te admisce*** misch dich nicht ein

ad-mīsī → ***admitto***

admissārius ⟨ī⟩ *m* ||admitto|| Zuchthengst; *meton* geiler Mensch, Schürzenjäger

admissiō ⟨ōnis⟩ *f* ||admitto|| (*vkl., nachkl.*) Zulassung, Zutritt, Audienz

admissum ⟨ī⟩ *n* ||admitto|| Vergehen, Schuld, Frevel; ***male a.*** Tac. Untat

ad-mittō ⟨mīsī, missum, mittere 3.⟩

> **1.** loslassen, in (schnellen) Gang setzen
> **2.** einlassen, zulassen
> **3.** hinzuziehen
> **4.** anhören, erhören
> **5.** zulassen, geschehen lassen
> **6.** verüben, begehen

1. loslassen, in (schnellen) Gang setzen, ***equos*** die Pferde; ***equo admisso*** im Galopp; ***admisso passu*** mit raschem Schritt; ***admissae aquae*** reißender Strom; ***comae admissae*** lose Haare *t*; ***res semel admissa*** eine einmal in Gang gesetzte Sache
2. einlassen, zulassen; zur Audienz zulassen, *ad aliquid/in aliquid/alicui rei* zu etw, *+ Supin*; ***aliquem in cubiculum a.*** j-n in sein Zimmer einlassen; ***ad regem a.*** zur Audienz beim König vorlassen; ***ad comitatum a.*** zur Versammlung zulassen; ***ad consilium a.*** zur Beratung zulassen; ***spectatum a.*** als Zuschauer zulassen
3. hinzuziehen; ***aliquem ad colloquium a.*** j-n zum Gespräch hinzuziehen
4. (*nachkl.*) anhören, erhören; ***alicuius preces a.*** j-s Bitten erhören; ***condiciones a.*** Bedingungen annehmen; ***aliquid ad animum a.*** etw beherzigen
5. zulassen, geschehen lassen; ***religiones a.*** religiöse Einrichtungen zulassen; ***aves admittunt*** *Auguralsprache* die Auspizien sind günstig
6. verüben, begehen, ***scelus*** ein Verbrechen; ***si quid scelerate in fratrem admisi*** wenn ich ein Verbrechen gegen meinen Bruder begangen habe

admīxtiō ⟨ōnis⟩ *f* ||admisceo|| Beimischung

admīxtus ⟨a, um⟩ *PPP* → ***admisceo***

admoderātē *Adv* ||admoderor|| Lucr. entsprechend, *alicui rei* einer Sache

ad-moderor ⟨ātus sum, ārī 1.⟩ Plaut. an sich halten, mäßigen; ***nequeo risu*** (*Dat!*) ***admoderarier*** Plaut. ich kann mir das Lachen nicht verkneifen

▶ **ad-modum** *Adv*
1. *bei Maß- u. Zeitangaben* genau, gerade; ***legati exacto admodum mense Februario redierunt*** die Gesandten kamen genau am Ende des Monats Februar zurück
2. *bei Zahlenangaben* mindestens, gut an, *selten* höchstens; ***turres admodum ducentae*** gut an die zweihundert Türme; ***Alexander decem admodum annos habens*** Alexander im Alter von höchstens zehn Jahren
3. *bei Gradangaben* völlig, äußerst, ungemein; ***admodum parvus*** sehr klein; ***admodum pauci*** nur ganz wenige; ***admodum infans*** noch ganz klein; ***admodum raro*** äußerst selten; ***admodum delectare*** ungemein erfreuen; ***non admodum*** nicht eben; ***admodum nihil*** gar nichts
4. *bei Antworten* jawohl, allerdings, genau

admoeniō ⟨īvī, -, īre 4.⟩ ||ad moenia (duco)|| Plaut. einschließen, belagern

ad-mōlior ⟨mōlītus sum, mōlīrī 4.⟩ (*unkl.*)
I *v/t* heranschaffen, heranbewegen
II *v/i* Plaut. sich in Bewegung setzen

▶ **ad-moneō** ⟨monuī, monitum, monēre 2.⟩
1. erinnern, mahnen, *aliquem alicuius rei/de re* j-n an etw, j-n in Bezug auf etw, *+ AcI/ + indir Fragesatz*
2. *Geschäftssprache* an seine Schuld erinnern, ***aliquem aeris alieni*** j-n an seine Schulden
3. zu bedenken geben, *aliquem de re* j-m in Bezug auf etw, *+ AcI*
4. zu *etw* ermahnen, auffordern; vor *etw* warnen, *ut/ne* dass/dass nicht, *+ Konjkt/ad + Ger/ + indir Fragesatz/ + Inf*
5. (*nachkl.*) *poet* zurechtweisen, züchtigen

admonita ⟨ōrum⟩ ||*PPP von* admoneo|| Warnungen

admonitiō ⟨ōnis⟩ *f* ||admoneo||
1. das Erinnern, Erinnerung, *alicuius rei* an etw
2. Mahnung, Warnung
3. (*nachkl.*) Zurechtweisung, Züchtigung

admonitor ⟨ōris⟩ *m* ||admoneo|| Mahner, *alicuius rei* zu etw, an etw

admonitrīx ⟨īcis⟩ *f* ||admonitor|| Plaut. Mahnerin, *alicuius rei* zu etw, an etw

admonitus ⟨ūs⟩, *nur Abl Sg* ⟨ū⟩ *m* = ***admonitio***

ad-mordeō ⟨momordī, morsum, mordēre 2.⟩
1. *poet* annagen, anbeißen
2. Plaut. „anpumpen"

admōrunt = ***admoverunt***; → ***admoveo***

admōsse = ***admovisse***; → ***admoveo***

admōtiō ⟨ōnis⟩ *f* ||admoveo|| das Anlegen; ***a. digitorum*** Fingersatz beim Saitenspiel

ad-moveō ⟨mōvī, mōtum, movēre 2.⟩

> **1.** heranführen, heranbewegen
> **2.** anrücken lassen
> **3.** heranbringen, vorschieben
> **4.** beschleunigen
> **5.** einflößen
> **6.** anwenden
> **7.** beiziehen, zuziehen
> **8.** befördern

1. heranführen, heranbewegen, *aliquem/aliquid ad aliquid/alicui rei* j-n/etw an etw; *Passiv u.* ***se a.*** sich nähern; ***scalas ad moenia a.*** Leitern an die Mauern anlegen; ***urbem ad mare a.*** in der Nähe des Meeres eine Stadt gründen; ***mentem a. ad aliquid*** den Geist auf etw richten, sich näher mit etw be-

fassen; ***labra poculis a.*** die Lippen an den Becher führen; ***angues curribus a.*** Schlangen an die Wagen anspannen; ***manum/manūs a. alicui rei*** die Hand an etw legen, sich n etw vergreifen, etw angehen; ***manūs vectigalibus a.*** sich an den Steuergeldern vergreifen; ***se a. supremis*** sich seinem Ende nähern
2. MIL anrücken lassen; *abs* heranrücken; ***milites a.*** die Soldaten heranrücken lassen; ***rex admovet*** der König rückt heran
3. MIL heranbringen, vorschieben, ***turres*** Belagerungstürme; ***opus ad turrim hostium a.*** das Belagerungswerk an den Turm der Feinde heranbringen
4. (*nachkl.*) beschleunigen; ***diem leti a.*** den Todestag näher rücken lassen, den Tod beschleunigen
5. *fig Gefühle* einflößen; ***alicui terrorem a.*** j-m einen Schrecken einjagen
6. *ein Mittel* anwenden, *aliquid alicui/ad aliquem* etw bei j-m, *alicui rei/ad aliquid* bei etw, ***remedia*** Heilmittel; ***fomenta corpori a.*** einen Umschlag auf den Körper legen; ***adulescenti calcaria/stimulos a.*** einen jungen Menschen anspornen; ***curationem ad aegrotum a.*** eine Kur bei einem Kranken anwenden
7. beiziehen, zuziehen; ***multos in convivium a.*** viele zum Gastmahl einladen
8. (*nachkl.*) befördern; ***aliquem ad idem fastigium a.*** j-n in denselben Rang erheben

ad-mūgiō ⟨īvī, -, īre 4.⟩ (*nachkl.*) *poet* zubrüllen; ***vacca tauro admugit*** die Kuh brüllt dem Stier zu

admurmurātiō ⟨ōnis⟩ *f* ||admurmuro|| *beifälliges od missbilligendes* Gemurmel

ad-murmurō ⟨āvī, ātum, āre 1.⟩ beifällig murmeln, missbilligend murmeln, murren

ad-mutilō ⟨āvī, ātum, āre 1.⟩ Plaut. verstümmeln; *hum* hereinlegen, „einseifen"

ad-nāscor ⟨nātus sum, nāscī 3.⟩ = ***agnascor***

ad-natō ⟨āvī, ātum, āre 1.⟩ = ***annato***

ad-nātus ⟨a, um⟩ *PPerf* = ***agnatus***; → ***agnascor***

ad-nectō ⟨nexuī, nexum, nectere 3.⟩ = ***annecto***

adni... = ***anni...***

adno... = ***anno...***

adnōscō ⟨adnōvī, adnitum, adnōscere 3.⟩ = ***agnosco***

adnu... = ***annu...***

ad-oleō[1] ⟨uī, -, ēre 2.⟩ (*unkl.*) als Opfer verbrennen; anzünden, verbrennen; ***viscera tauri a.*** die Eingeweide eines Stieres als Opfer verbrennen; ***a. honores alicui*** zu Ehren j-s Brandopfer darbringen; ***aliquem re a.*** j-n durch Darbringung einer Sache ehren

ad-oleō[2] ⟨uī, -, ēre 2.⟩ Plaut. duften, riechen

adolēscēns ⟨entis⟩
I *Adj* ||adolesco[2]|| heranwachsend, jung
II *m u. f* = ***adulescens***

adolēscentia ⟨ae⟩ *f* = ***adulescentia***

▶ **ad-olēscō**[1] ⟨-, -, ēscere 3.⟩ ||*Inkoh von* adoleo|| aufflammen

ad-olēscō[2] ⟨olēvī (adultum), olēscere 3.⟩ ||*Inkoh von* alo|| heranwachsen, aufwachsen; *fig* wachsen, erstarken; ***adolescit cupiditas*** die Begierde wächst; ***ingenium adolescit*** der Verstand erstarkt; ***aetas adolescit*** die Zeit schreitet voran

Adōnis ⟨idis⟩ *m Geliebter der Aphrodite; urspr. orient. Vegetationsgottheit; Symbol des raschen Verwelkens im Sommer u. Personifikation von Werden u. Vergehen*

ad-operiō ⟨operuī, opertum, operīre 4.⟩ (*nachkl.*)
1. bedecken, verhüllen, *Passiv + griech. Akk*; ***adopertus vultum*** mit verhülltem Gesicht
2. schließen, verschließen

ad-opīnor ⟨ātus sum, ārī 1.⟩ Lucr. (dazu) vermuten

adoptātīcius ⟨ī⟩ *m* ||adopto|| Plaut. Adoptivsohn

adoptātor ⟨ōris⟩ *m* ||adopto|| (*nachkl.*) Adoptivvater

adoptiō ⟨ōnis⟩ *f* ||adopto|| Adoption

adoptīvus ⟨a, um⟩ *Adj* ||adopto||
1. zur Adoption gehörig, durch Adoption erlangt; ***filius a.*** Adoptivsohn
2. *poet bei Bäumen* aufgepfropft

ad-optō ⟨āvī, ātum, āre 1.⟩
1. erwählen, annehmen; ***sibi aliquem defensorem a.*** sich j-n als Verteidiger nehmen
2. (*nachkl.*) *poet* zu Hilfe nehmen, sich aneignen; ***Etruscas opes a.*** die Streitkräfte der Etrusker zu Hilfe holen; ***ramus ramum adoptat*** ein Zweig nimmt einen anderen Zweig auf *durch Aufpfropfen*
3. adoptieren; ***aliquem sibi filium a.*** j-n als Sohn adoptieren; ***illum pro filio a.*** Plaut. jenen an Sohnes statt annehmen; ***aliquem a patre a.*** j-n vom *leiblichen* Vater adoptieren; ***aliquem in regnum a.*** j-n durch Adoption als Nachfolger berufen
4. (*nachkl.*) *poet* aneignen, ***sibi cognomen*** sich einen Beinamen

ador ⟨ōris⟩ *m* (*nachkl.*) *poet* Dinkel, Spelt, *Weizenart mit dünneren Ähren*

adōrātiō ⟨ōnis⟩ *f* ||adoro|| (*nachkl., eccl.*) Anbetung

adōrea ⟨ae⟩ *f* (*unkl.*) Kriegsruhm

adōreus ⟨a, um⟩ *Adj* ||ador|| aus Dinkel; ***liba adorea*** Dinkelkuchen, Dinkelfladen

adōria ⟨ae⟩ *f* = ***adorea***

▶ **ad-orior** ⟨ortus sum, orīrī 4.⟩
1. angreifen, *auch fig*; ***navem vi a.*** ein Schiff mit Waffengewalt angreifen; ***oppugnatio aliquem adoritur*** die Belagerung trifft j-n
2. *fig mit Bitten od Drohungen* angehen, bestürmen, ***aliquem tumultuosissime*** j-n auf äußerst stürmische Weise
3. *etw Schwieriges od Gefährliches* angehen, unternehmen, beginnen, *aliquid* etw, *+ Inf*; ***maius nefas a.*** einen größeren Frevel begehen

ad-ōrnō ⟨āvī, ātum, āre 1.⟩
1. ausrüsten, zurechtmachen; ***naves a.*** Schiffe ausrüsten; ***accusationem a.*** eine Anklage vorbereiten
2. ausstatten, ***maria classibus*** Meere mit Flotten
3. schmücken, ***forum magnifico ornatu*** das Forum mit prächtigem Aufwand

ad-ōrō ⟨āvī, ātum, āre 1.⟩ (*nachkl.*)
1. anflehen, erflehen, *aliquem aliquid* j-n um etw; ***pacem deum a.*** Gott um Frieden anflehen
2. *allg.* verehren, ***Ennium poetam*** den Dichter Ennius

ad-ortus ⟨a, um⟩ *PPerf* → ***adorior***

adp... = ***app...***

adqu... = ***acqu...***

adr... *auch* = ***arr...***

ad-rādō ⟨rāsī, rāsum, rādere 3.⟩ (*unkl.*) ankratzen;

j-m Bart und Haupthaar schneiden, *j-n* scheren, *aliquem*; *fig* stutzen

Adramyttēnus ⟨ī⟩ *m* Einwohner von Adramytteum, Adramyttener

Adramyttēum *u.* **Adramyttium** ⟨ī⟩ *n Hafenstadt in Mysien, heute Edremit n von Pergamon*

Adrana ⟨ae⟩ *m Nebenfluss der Fulda, heute Eder*

Adrāstus ⟨ī⟩ *m König von Argos, einer der Sieben gegen Theben*

adrēctus ⟨a, um⟩ *Adj* = ***arrectus***

adrēpō ⟨rēpsī, rēptum, rēpere 3.⟩ = ***arrepo***

Adria ⟨ae⟩ *f* = ***Hadria***

Adrūmētīnus ⟨ī⟩ *m* Einwohner von Adrumetum, Adrumetiner

Adrūmētum ⟨ī⟩ *n Küstenstadt s. von Karthago, heute Hamamet*

ads... = ***ass...***

adsc... = ***asc...***

adsp... = ***asp...***

adst... = ***ast...***

adt... = ***att...***

Aduatuca ⟨ae⟩ *f Kastell der Eburonen im Gebiet der Maas, heute Tongern*

Aduatucī ⟨ōrum⟩ *m* die Aduatuker, *germ. Stamm in Gallien, im heutigen Ostbelgien*

adūlātiō ⟨ōnis⟩ *f* ||adulor||
1. das Schwanzwedeln *der Hunde*
2. *fig* Schmeichelei *gegenüber höher gestellten Personen*; Speichelleckerei; (*bes nachkl.*) *der asiatische* Kniefall (*Proskynesis*)
3. Liv. Höflinge; = ***adulatores***

adūlātor ⟨ōris⟩ *m* ||adulor|| (*nachkl.*) Schmeichler, Speichellecker

adūlātōrius ⟨a, um⟩ *Adj* ||adulator|| (*nachkl.*) kriecherisch; ***adulatorium dedecus*** Tac. ehrlose Kriecherei

▸ **adulēscēns** ⟨entis⟩
I *Adj* = ***adolescens.***
II
1. *m* junger Mann *zwischen puer und iuvenis = zwischen 14 u. 30 Jahren, gelegentlich zur Unterscheidung des Jüngeren vom gleichnamigen Älteren*; ***Brutus a.*** der jüngere Brutus
2. *f* Com. junges Mädchen

▸ **adulēscentia** ⟨ae⟩ *f* ||adulescens|| Jugend, Jugendzeit; *meton* die jungen Leute

adulēscentula ⟨ae⟩ *f* ||adulescentulus|| Com. ganz junges Mädchen; ***filia a.*** *als Liebkosung* mein Kind

adulēscentulus
I ⟨a, um⟩ *Adj* ||*Dim von* adulescens|| ganz jung, blutjung
II ⟨ī⟩ *m* junger Mensch

▸ **ad-ūlō** ⟨āvī, -, āre 1.⟩ (*unkl.*) *u.* **ad-ūlor** ⟨ātus sum, ārī 1.⟩
1. *von Tieren* mit dem Schwanz wedeln, sich anschmiegen
2. *fig*, *poet* sanft abwischen, streichelnd abwischen, ***sanguinem*** das Blut
3. vor *j-m* kriechen, *j-n* kniefällig verehren, *aliquem/alicui*; ***plebem/plebi a.*** (*bes nachkl.*) dem Pöbel schmeicheln

adulter
I ⟨erī⟩ *m* ||adultero|| Ehebrecher, Liebhaber
II ⟨era, erum⟩ *Adj*
1. (*nachkl.*) *poet* ehebrecherisch
2. verfälscht, nachgemacht, unecht; ***nummus a.*** (*nachkl.*) gefälschte Münze

adultera ⟨ae⟩ *f* ||adulter|| (*nachkl.*) *poet* Ehebrecherin, Freundin, Geliebte

adulterīnus ⟨a, um⟩ *Adj* ||adulter|| nachgemacht, falsch, unecht; (*mlat.*) nicht ebenbürtig; ***clavis adulterina*** Ov. Nachschlüssel

▸ **adulterium** ⟨ī⟩ *n* ||adulter||
1. Ehebruch, Liebesaffäre
2. Plaut. ehebrecherisches Treiben
3. (*nachkl.*) Verfälschung, ***mercis*** einer Ware; ***adulteria naturae adulterare*** die bereits verfälschte Natur noch weiter verfälschen

adulterō ⟨āvī, ātum, āre 1.⟩
I *v/i fig* die Ehe brechen, *alicui/cum aliquo* mit j-m
II *v/t*
1. (*unkl.*) *fig* zum Ehebruch verführen; *Passiv* mit *j-m* buhlen, herumhuren, *alicui, auch von Tieren*, ***miluo*** (*Dat!*) mit dem Falken
2. verfälschen, nachmachen; ***ius civile a.*** *fig* das Bürgerrecht verfälschen; ***faciem arte a.*** das Gesicht künstlich verändern

▸ **adultus** ⟨a, um⟩ *Adj* ||adolesco[2]||
1. herangewachsen, erwachsen
2. *fig von der Zeit* vorgerückt; erstarkt; ***aestas adulta*** Spätsommer; ***Athenae adultae*** das erstarkte Athen

adumbrātim *Adv* ||adumbro|| Lucr. nur im Umriss, nur dunkel

adumbrātiō ⟨ōnis⟩ *f* ||adumbro||
1. Vitr. Umriss, Skizze
2. *fig* (bloße) Andeutung

adumbrātus ⟨a, um⟩ *Adj* ||adumbro||
1. skizziert
2. *fig* undeutlich, unvollständig; ***imago gloriae adumbrata*** das verschleierte Bild des Ruhms
3. *fig* erdichtet, falsch, Schein…; ***opinio adumbrata*** vorgebliche Meinung

ad-umbrō ⟨āvī, ātum, āre 1.⟩
1. (*nachkl.*) beschatten
2. (*nachkl.*) *Malerei* skizzieren
3. *fig mit Worten* schildern, skizzieren
4. Curt. *fig* nachahmen, ***Macedonum morem*** die Art der Makedonen

aduncitās ⟨ātis⟩ *f* ||aduncus|| Krümmung, Haken

ad-uncus ⟨a, um⟩ *Adj* einwärts gekrümmt, hakenförmig; ***ferrum aduncum*** Widerhaken; ***praepes Iovis adunca*** Ov. der Adler Jupiters, *wegen seines gekrümmten Schnabels*

ad-ūnō ⟨āvī, ātum, āre 1.⟩ (*nachkl.*) vereinigen, verbinden

ad-urgeō ⟨ursī, -, urgēre 2.⟩ (*nachkl.*) *poet*
1. andrücken
2. *fig* heftig bedrängen, verfolgen

ad-ūrō ⟨ussī, ustum, ūrere 3.⟩
1. anbrennen, verbrennen, versengen; austrocknen; *Passiv* sich brennen lassen; ***barbam a.*** den Bart anbrennen
2. bräunen
3. *von Frost u. Wind* erfrieren lassen; verletzen; ***pedes adusti nivibus*** vom Schnee erfrorene Füße
4. *fig von der Liebe* entflammen, ***ignibus*** Hor. durch das Feuer der Liebe

ad-ūsque (*nachkl.*) *poet*
I *Präp + Akk* = ***usque ad.***
II *Adv* fort und fort, überall
adustus ⟨a, um⟩ *Adj* ||aduro|| sonnengebräunt
advectīcius ⟨a, um⟩ *Adj* ||adveho|| (*nachkl.*) aus dem Ausland eingeführt, ausländisch; ***vinum advecticium*** ausländischer Wein
advectō ⟨āvī, ātum, āre 1.⟩ ||*Freq von* adveho|| (*nachkl.*) zuführen
advectus ⟨ūs⟩ *m* ||adveho|| (*vkl., nachkl.*) Zufuhr, Einfuhr
ad-vehō ⟨vēxī, vectum, vehere 3.⟩
1. herbeiführen, herbeibringen, herbeischaffen; ***frumentum ex agris in urbem a.*** Getreide von den Feldern in die Stadt bringen; ***peditum mille secum a.*** tausend Fußsoldaten mitbringen
2. *Passiv mit u. ohne* ***curru/equo/navi*** heranfahren/heranreiten/heransegeln; hingelangen, landen, *ad locum/in locum/alicui loco* an einen/einem Ort
ad-vēlō ⟨āvī, ātum, āre 1.⟩ *poet* umhüllen, bekränzen; ***tempora viridi lauro a.*** Verg. die Schläfen mit frischem Lorbeer bekränzen
advena ⟨ae⟩ *m u. f* ||advenio||
1. Ankömmling, Fremdling; *adj* wandernd; ausländisch, fremd; ***volucres advenae*** Zugvögel
2. *fig* Neuling, Laie
▸ **ad-veniō** ⟨vēnī, ventum, venīre 4.⟩
1. ankommen, herankommen, *ad aliquem/aliquem/alicui* bei j-m, an j-n, *ad locum/in locum/locum/alicui loco* an einem Ort; ***ab Oceano in provinciam a.*** vom Ozean her in der Provinz ankommen; ***Tyriam urbem a.*** in der Stadt Tyria ankommen; ***tectis meis a.*** in meinem Haus ankommen; ***litterae advenerunt*** die Briefe kamen an; ***mare advenit*** die Flut kommt
2. *fig von Zeit, Umständen, Ereignissen* herankommen, erscheinen, ausbrechen; ***tempus advenit*** die Zeit kommt; ***morbus advenit*** eine Krankheit bricht aus; ***periculum advenit*** eine Gefahr tritt auf
3. (*nachkl.*) *von Erwerbungen* zufallen, zuteil werden, *ad aliquem* j-m
4. ***advenit id, quod*** Lucr. dazu kommt noch, dass
adventīcius ⟨a, um⟩ *Adj* ||advenio||
1. von außen kommend, ausländisch, fremd; ***doctrina adventicia*** fremde Lehre
2. äußerlich, sinnlich; ***externa atque adventicia visio*** äußerer Sinneseindruck; ***adventicia causa*** äußere Ursache
3. außergewöhnlich, zufällig; ***a. fructus*** zufälliger Gewinn
4. (*nachkl.*) zur Ankunft gehörig, Ankunfts…; ***cena adventicia*** Ankunftsessen
adventō ⟨āvī, ātum, āre 1.⟩ ||*Freq von* advenio|| *von Lebewesen u. leblosen Dingen* heranrücken
adventor ⟨ōris⟩ *m* ||advenio|| (*vkl., nachkl.*) Ankömmling, Fremder; Gast
adventōria ⟨ae⟩ *f* ||adventor|| (*erg.* ***cena***) Mart. Ankunftsessen
ad-ventum *PPP* → ***advenio***
▸ **adventus** ⟨ūs⟩ *m* ||advenio||
1. Ankunft, das Eintreffen, Anmarsch, Einzug; ***a. hospitum*** Ankunft der Gäste; ***a. militum*** Anmarsch der Soldaten; ***a. alienarum gentium*** Einwanderung fremder Völker; ***a. lucis*** Tagesanbruch; ***a. malorum*** Auftreten unglücklicher Ereignisse
2. (*mlat.*) Angriff
3. (*mlat.*) Adventszeit
adverbium ⟨ī⟩ *n* ||ad, verbum|| Quint. Umstandswort, Adverb
adversāria[1] ⟨ae⟩ *f* ||adversarius|| Gegnerin, Widersacherin, Feindin
adversāria[2] ⟨ōrum⟩ *n* ||adversarius||
1. Behauptungen der Gegenpartei, Gründe der Gegenpartei
2. Konzeptbuch, Kladde für vorläufige Eintragungen
adversārius
I ⟨a, um⟩ *Adj* ||adversus|| entgegenstehend, Gegen…; gegnerisch, feindlich, widersprechend, *abs u. alicui/alicui rei* j-m/einer Sache; ***a. iuri*** dem Recht entgegenstehend; ***factio a.*** Gegenpartei
II ⟨ī⟩ *m* Gegner, Widersacher, Feind; Kläger, Rivale; (*eccl.*) Teufel
adversātiō ⟨ōnis⟩ *f* ||adversor|| Sen. zänkische Gegenrede
adversātrīx ⟨īcis⟩ *f* ||adversor|| (*vkl., nachkl.*) Gegnerin
adversitās ⟨ātis⟩ *f* ||adversus|| (*nachkl., spätl.*) Widrigkeit
adversitor ⟨ōris⟩ *m Sklave, der seinem Herrn entgegenkommt um ihn abzuholen*
adversō ⟨āvī, ātum, āre 1.⟩ ||*Intens von* adverto|| Plaut. ständig auf *etw* richten; ***animum sedulo a.*** die Aufmerksamkeit eifrig richten *auf*
adversor ⟨ātus sum, ārī 1.⟩ ||*Denom von* adversus[1]|| sich widersetzen, entgegenstehen, entgegentreten, *alicui/alicui rei* j-m/einer Sache, *quominus/ne* dass; ***adversante fortunā*** durch ein widriges Schicksal
adversum[1] ⟨ī⟩ *n* ||adversus[1]||
1. (*nachkl.*) entgegengesetzte Richtung; ***ex adverso*** gegenüber, von vorn; ***in adversum*** entgegen
2. Unfall, Widrigkeit; *Pl* widriges Schicksal, Unglück; Gegensatz
adversum[2] *Adv./Präp + Akk* = ***adversus***[2]
adversus[1]
I ⟨a, um⟩ *Adj*
1. zugekehrt, *alicui* j-m; vorne stehend; ***dentes adversi*** Vorderzähne; ***adversa manus*** zugekehrte Hand, Handfläche; ***adversa vulnera*** Wunden auf der Brust; ***solem adversum intueri*** in die Sonne sehen; ***aliquem adversum aggredi*** j-n von vorne angreifen; ↔ ***aversus***
2. gegenüberstehend, gegenüberliegend, *abs od alicui* j-m; ***ventus a.*** Gegenwind; ***adverso flumine*** stromaufwärts; ***adverso colle*** hügelaufwärts; ***in montes adversos*** bergan
3. *fig* entgegenstehend, feindlich, *abs od alicui* j-m; ***adversā senatūs voluntate*** gegen den Willen des Senats
4. *fig* gegensätzlich, den Gegensatz bildend
5. *fig* widrig, ungünstig, unglücklich, *alicui* für j-n; ***nox adversa*** stürmische Nacht; ***valetudo adversa*** schlechte Gesundheit
6. *fig* zuwider, widerwärtig, verhasst, *abs od alicui* j-m
II ⟨ī⟩ *m* (*nachkl.*) Gegner

ad-versus[2]
I *Adv* (*unkl.*) entgegen; ***adversus ire*** entgegengehen; ***adversus arma ferre*** auf der Gegenseite kämpfen
II *Präp + Akk*
1. *örtl.* in Richtung auf, gegen; ***impetum facere adversus collem*** in Richtung des Hügels angreifen
2. gegenüber; ***adversus insulam*** gegenüber der Insel
3. gegen *freundlich u. feindlich*; ***adversus hostes dimicare*** gegen die Feinde kämpfen; ***reverentia adversus homines*** Ehrfurcht vor den Menschen; ***pietas adversus deos*** Frömmigkeit gegen die Götter
4. hinsichtlich; ***respondere adversus aliquid*** auf etw antworten
5. (*nachkl.*) im Vergleich mit; ***nihil sum adversus patrem*** ich bin nichts im Vergleich zum Vater

ad-vertō ⟨vertī, versum, vertere 3.⟩

1. hinwenden
2. hinsteuern
3. Aufmerksamkeit auf etw lenken
4. strafen, rügen
5. auf sich lenken, auf sich ziehen

1. hinwenden, *aliquid alicui rei/in aliquid/ad aliquid*; ***agmen urbi a.*** gegen die Stadt marschieren; *Passiv* sich hinwenden
2. hinsteuern, *in aliquid* in etw, *aliquid* zu etw; *Passiv* auf *etw* lossteuern, *alicui rei*; ***classem in portum a.*** die Flotte in den Hafen steuern; ***notae arenae advertuntur*** man landet an einer bekannten Küste; + *Akk des Ziels* ***Scythicas advertitur oras*** man läuft die Küsten der Skythen an
3. ***animum a.*** *fig* Aufmerksamkeit auf *etw* lenken, Aufmerksamkeit auf *etw* richten, achtgeben auf *etw, ad aliquid/aliquid/alicui rei, ut/ne* dass/dass nicht; bemerken, wahrnehmen, *aliquem* j-n, *aliquid/de re* etw, + *AcI/ + indir Fragesatz*; ***animum ad religionem a.*** seine Aufmerksamkeit der Religion widmen; ***animum monitis a.*** den Ermahnungen Beachtung schenken; ***inter saxa serpentes a.*** Schlangen zwischen den Felsen bemerken; ***id animum adverte, ne*** achte darauf, dass nicht
4. Tac. *mit u. ohne* ***animum*** *fig* strafen, rügen, *in aliquem* j-n; ***durius in Marcium a.*** härter gegen Marcius vorgehen
5. (*nachkl.*) auf sich lenken, auf sich ziehen; ***odia a.*** sich Hass zuziehen; ***omnium oculos in se a.*** aller Augen auf sich ziehen

ad-vesperāscit ⟨vesperāvit, -, vesperāscere 3.⟩ es wird Abend, es dämmert

ad-vigilō ⟨āvī, ātum, āre 1.⟩ bei *j-m/etw* wachen, bei *j-m/etw* wachsam sein, *alicui/ad aliquid*; (*unkl.*) auf der Hut sein, *abs od pro re* vor etw; ***ad custodiam ignis a.*** Feuerwache halten

advocata ⟨ae⟩ *f* (*mlat.*) Fürsprecherin; ***a. nostra*** unsere Fürsprecherin, = Maria

advocatia ⟨ae⟩ *f* (*mlat.*) Vogtei

advocātiō ⟨ōnis⟩ *f* ||advoco||
1. Berufung von Sachkundigen, Beratung durch Sachkundige, *alicui rei* über etw
2. Beistand vor Gericht
3. juristische Ratgeber, Prozessführer
4. Frist zur Besprechung mit dem Rechtsbeistand; (*nachkl.*) *allg.* Frist, Aufschub; ***advocationem postulare/dare/consequi*** eine Frist fordern/gewähren/erlangen
5. (*spätl.*) Prozessführung

advocātus ⟨ī⟩ *m* ||advoco||
1. *in republikanischer Zeit* Rechtsbeistand bei Gericht
2. *in der Kaiserzeit* Rechtsanwalt, Advokat
3. (*mlat.*) Vertreter, Vogt
4. ***a. Diaboli*** (*eccl.*) *„Anwalt des Teufels", Vertreter der Gegenargumente im Heiligsprechungsprozess der katholischen Kirche*

► **ad-vocō** ⟨āvī, ātum, āre 1.⟩
1. herbeirufen, berufen, einladen; ***populum ad contionem a.*** das Volk zur Versammlung einladen; ***aliquem aegroto a.*** j-n zu einem Kranken rufen; ***a. animum ad se ipsum*** in sich gehen
2. *Versammlungen* einberufen; ***senatum a.*** den Senat einberufen
3. JUR *in republikanischer Zeit* als Rechtsbeistand berufen; *in der Kaiserzeit* einen Anwalt nehmen; ***sibi aliquem a.*** sich j-n als Anwalt nehmen
4. *fig* zu Hilfe rufen, ***deos*** die Götter

advolātus *Abl* ⟨ū⟩ *m* ||advolo|| *poet* Anflug; ***a. tristis*** Cic. Anflug von Traurigkeit

ad-volō ⟨āvī, ātum, āre 1.⟩ heranfliegen; *fig* herbeieilen

ad-volvō ⟨volvī, volūtum, volvere 3.⟩ (*nachkl.*) *poet* heranwälzen, *alicui/ad aliquid* an j-n/an etw; *Passiv u.* ***se a.*** sich hinwerfen, sich niederwerfen; ***se pedibus/ad genua alicuius a.*** sich j-m zu Füßen werfen

advors... = ***advers...***

advort... = ***advert...***

adytum ⟨ī⟩ *n* ||griech. Fw.|| (*nachkl.*) *poet*
1. Allerheiligstes, Innerstes eines Tempels
2. Innenraum, Grabkammer
3. *fig* Innerstes, ***cordis*** des Herzens

Aea ⟨ae⟩, *Akk* an *f* MYTH *Halbinsel in Kolchis am Schwarzen Meer, Sitz des Königs Aietes*

Aeacidēs ⟨ae⟩ *m* Sohn des Aeacus, Nachkomme des Aeacus, Aeacide, *Beiname der Söhne des Aeacus Telamon, Peleus u. Phokus u. des Enkels Achill*

Aeacidēus ⟨a, um⟩ *Adj* zu den Aeaciden gehörig

Aeacidīnus ⟨a, um⟩ *Adj* eines Aeaciden würdig

Aeacus ⟨ī⟩ *m* MYTH *König von Aigina (Aegina), Sohn des Jupiter u. der Nymphe Aigina od Europa, Vater des Telamon, Peleus u. Phokus; nach seinem Tod Richter in der Unterwelt*

Aeaea ⟨ae⟩ *f* von Aeaee, *Beiname der Kirke*

Aeaeē ⟨ēs⟩ *f* MYTH *Insel der Zauberin Kirke, vermutlich identisch mit Aea*

Aeaeus ⟨a, um⟩ *Adj*
1. von Aea, zu Aea gehörig
2. von Aeaee, zu Aeaee gehörig; ***Aeaeae artes*** Zauberkünste; ***Aeaea carmina*** Verg. Zaubersprüche

Aeās ⟨antis⟩ *m Fluss in Griechenland, im Pindus entspringend*

aed. cur. *Abk* = ***aedilis curulis*** kurulischer Ädil

► **aedēs** ⟨is⟩ *f*
1. Gemach, Zimmer; *einräumiges* Haus; Tempel

2. *Pl* Haus *als Komplex mehrerer Räume*; Plaut. *metonym* Familie; Verg. Zellen der Bienen, Bienenstock

aedicula ⟨ae⟩ *f* ||*Dim von* aedes||
1. Zimmerchen
2. Tempelchen, Kapelle
3. *Pl* kleine ärmliche Wohnung, Häuschen

aedificātiō ⟨ōnis⟩ *f* ||aedes, facio||
1. *abstr.* das Bauen
2. *konkr.* Bauwerk; *Pl* Bauanlage, Komplex von Bauten
3. *(mlat.)* (geistliche) Erbauung

aedificātiuncula ⟨ae⟩ *f* ||*Dim von* aedificatio|| kleiner Bau

aedificātor ⟨ōris⟩ *m* ||aedifico||
1. Erbauer, Baumeister; ***a. mundi*** Cic. Schöpfer der Welt
2. *(nachkl.) poet* Baulustiger

▶ **aedificium** ⟨ī⟩ *n* ||aedes, facio|| Gebäude, Bauwerk

▶ **aedificō** ⟨āvī, ātum, āre 1.⟩ ||aedes, facio||
1. bauen
2. erbauen, ***domum*** ein Haus; ***rem publicam a.*** *fig* einen Staat gründen
3. *(nachkl.)* bebauen
4. *(mlat.)* (geistlich) erbauen

aedīlicius
I ⟨a, um⟩ *Adj* ||aedilis|| des Ädils; ***scriba a.*** Schreiber des Ädils; ***comitia aedilicia*** die Wahl zum Ädil
II ⟨ī⟩ *m* ehemaliger Ädil

▶ **aedīlis** ⟨is⟩ *m* ||aedes|| Ädil, *Beamter des röm. Staates; seit 494 v. Chr. zwei aediles plebis od plebei (Ädilen der Gemeinde) zur Veranstaltung der Spiele der Plebs. 366 v. Chr. kamen zwei aediles curules (kurulische Ädilen) aus dem Stand der Patrizier hinzu, die die großen Spiele organisierten. Gemeinsam hatten die vier Ädilen die Aufsicht über die öffentliche u. soziale Sicherheit, so die cura annonae, die Aufsicht über den Getreidemarkt u. die Versorgung der Stadt*

aedīlitās ⟨ātis⟩ *f* ||aedilis|| Amt des Ädils, Ädilität, *zweite Stufe der röm. Ämterlaufbahn*

aedis ⟨is⟩ *f* = ***aedes***

aedituēns ⟨entis⟩ *m* ||aedes, tueor|| Lucr. Tempelhüter

aeditumor ⟨ātus sum, ārī 1.⟩ ||aeditumus|| *(vkl.)* Tempelhüter sein

aeditumus *u. (seit* Liv.*)* **aedituus** ⟨ī⟩ *m* ||aedes|| Tempelhüter, Wächter; *(eccl.)* Glöckner, Küster

aēdōn ⟨ōnis⟩ *f* ||griech. Fw.|| *(spätl.)* Nachtigall

aed. pl. *Abk* = ***aedilis plebis*** Ädil der Gemeinde

Aeduī ⟨ōrum⟩ *m* die Äduer, die Häduer, *kelt. Volksstamm in Gallien zwischen Loire und Saône*

Aeduus ⟨a, um⟩ *Adj* zu den Äduern gehörig

Aeēta ⟨ae⟩ *m* = ***Aeetes***

Aeētaeus ⟨a, um⟩ *Adj* des Aeetes; kolchisch

Aeētēs ⟨ae⟩ *m Sohn des Sonnengottes Helios, König in Kolchis, Vater der Medea, Hüter des Goldenen Vlieses*

Aeētias ⟨adis⟩ *f u.* **Aeētīnē** ⟨ēs⟩ *f* Tochter des Aeetes, = Medea

Aegaeōn ⟨ōnis⟩ *f hundertarmiger Riese, auch Briareus genannt, Sohn des Uranos u. der Gaia, unterstützte Zeus im Kampf gegen die Titanen*

Aegaeus ⟨a, um⟩ *Adj* ägäisch; ***mare Aegaeum*** Ägäisches Meer

Aegatae ⟨ārum⟩ *f u.* **Aegātēs** ⟨ium⟩ *f* Ägatische Inseln, *nw. von Sizilien; 241 v. Chr. Entscheidungsschlacht des ersten Punischen Krieges*

▶ **aeger**
I ⟨aegra, aegrum⟩ *Adj, Adv* → ***aegrē***
1. krank, leidend, *abs od mit Angabe des kranken Körperteils*; ***homo a.*** kranker Mensch; ***valetudo aegra*** Unpässlichkeit; ***stomachus a.*** kranker Magen; ***pedibus a.*** fußkrank; + *griech. Akk* ***manum a.*** an der Hand erkrankt
2. *geistig u. seelisch* krank, bekümmert, verstimmt; ***a. amore*** liebeskrank
3. *fig* zerrüttet; ***civitas aegra*** zerrüttetes Staatswesen
4. *(nachkl.) poet von Zuständen* schmerzvoll, kummervoll, verdrießlich; ***aegra senectus*** mühseliges Alter
II ⟨aegrī⟩ *m* Kranker

Aegeus ⟨eī⟩ *m* MYTH *König von Athen, Vater des Theseus*

Aegīdēs ⟨ae⟩ *m* Nachkomme des Aegeus, *auch* = Theseus

Aegīna ⟨ae⟩ *f Insel im Saronischen Meerbusen mit gleichnamiger Hauptstadt, griech. u. heutiger Name Aigina*

Aegīnētae ⟨ārum⟩ *m* die Aegineten

Aegīnēticus ⟨a, um⟩ *Adj* aus Aegina

aegis ⟨idis⟩ *f* ||griech. Fw.||
1. *Schild des Zeus mit dem Bild des Gorgonenhauptes; Zeus lieh diesen von Hephaistos angefertigten Schild gelegentlich an Athene aus, die mit ihm dargestellt wird*
2. *poet* Schild

Aegisthus ⟨ī⟩ *m Sohn des Thyestes, Mörder des Agamemnon, von Orest erschlagen*

Aeglē ⟨ēs⟩ *f weiblicher Eigenname, bes eine der Najaden, Mutter der Grazien*

aegocerōs ⟨ōtis⟩ *m* ||griech. Fw.|| Steinbock, *als Tierkreiszeichen*

Aegos flūmen *n* Ziegenfluss, *auf dem Thrakischen Chersones; 405 v. Chr. Entscheidungsschlacht des Peloponnesischen Krieges*

▶ **aegrē** *Adv* ||aeger||
1. schmerzlich, unangenehm; ***aegre facere alicui*** j-m weh tun, j-n kränken; ***aegre ferre aliquid*** ungehalten sein über etw, gekränkt sein wegen etw, *auch + AcI, quod* dass
2. nur mit Mühe, kaum; ***aegre pati*** kaum ertragen
3. ungern

aegreō ⟨-, -, ēre 2.⟩ ||aeger|| Lucr. krank sein

aegrēscō ⟨-, -, ēscere 3.⟩ ||*Inkoh von* aegreo|| *(nachkl.) poet*
1. krank werden, erkranken
2. *fig von Personen* sich ärgern
3. *fig von Gefühlen* sich verschlimmern

aegrimōnia ⟨ae⟩ *f* ||aeger|| Kummer, Verstimmung

aegritūdō ⟨inis⟩ *f* ||aeger|| *(nachkl.)* Unpässlichkeit; Kummer, Unmut

aegror ⟨ōris⟩ *m* ||aeger|| *poet* Krankheit

aegrōtātiō ⟨ōnis⟩ *f* ||aegroto|| Krankheit, Siechtum, krankhafter Zustand *von Körper u. Geist*; *auch Pl*

aegrōtō ⟨āvī, ātum, āre 1.⟩ ||*Denom von* aeger|| *geistig u. körperlich* krank sein, leiden, *re / ex re* an einer

Sache; ***graviter a.*** schwer leiden
aegrōtus
I ⟨a, um⟩ *Adj* ||aeger|| krank, leidend; zerrüttet; ***res publica aegrota*** zerrüttetes Staatswesen
II ⟨ī⟩ *m* Kranker
Aegyptīnus ⟨ī⟩ *m* ||Aegyptus|| Ägypter
Aegyptius
I ⟨a, um⟩ *Adj* ||Aegyptus|| ägyptisch
II ⟨ī⟩ *m* Ägypter
Aegyptos *u.* **Aegyptus** ⟨ī⟩ *f* Ägypten, *seit 30 v. Chr. röm. Provinz*; *meton* ägyptische Kriegsmacht
aelinos ⟨ī⟩ *m* ||griech. Fw.|| Ov. Wehruf, Klagelied
Aelius ⟨a, um⟩ *Name einer pleb. gens*; *bekannt durch die lex Aelia von 156 v. Chr., wodurch den Behörden u. Tribunen das Recht zuerkannt wurde, durch spectio (= Beobachtung der Auspizien) und obnuntiatio (= Meldung böser Vorzeichen) Wahlen zu verhindern*
Aellō ⟨ūs⟩ *f*
1. *eine Harpye*
2. *eine Hündin des Aktaion (Actaeon)*
Aemiliāna ⟨ōrum⟩ *n* ||Aemilius|| *Vorstadt Roms*
Aemiliānus ⟨a, um⟩ *Adj* ||Aemilius|| *bes Beiname des jüngeren Scipio Africanus*
Aemilius ⟨a, um⟩ *Name einer patriz. gens*; *berühmteste Vertreter*: ***L. Aemilius Paulus***, *als Konsul bei Cannae 216 v. Chr. gefallen; sein Sohn* ***L. Aemilius Macedonicus*** *schlug den König Perseus von Makedonien 168 v. Chr. bei Pydna; der dritte, von den Scipionen adoptierte Sohn* ***Scipio Aemilius Africanus*** *errang den endgültigen Sieg über Karthago 146 v. Chr.*; ***via Aemilia*** *von dem Konsul M. Aemilius Lepidus 187 v. Chr. begonnene Straße von Ariminum nach Placentia*
aemula ⟨ae⟩ *f* ||aemulus||
1. Anhängerin *einer geistigen od* PHIL*Richtung*
2. *(nachkl.) poet* Rivalin, Nebenbuhlerin
aemulātiō ⟨ōnis⟩ *f* ||aemulor||
1. *(nachkl.)* Wetteifer, ***laudis*** um Ehre
2. *pej* Eifersucht, Rivalität, Missgunst, *alicuius rei* auf etw, in Bezug auf etw
aemulātor ⟨ōris⟩ *m* ||aemulor|| „Nacheiferer"; ***a. virtutum*** der einem Vorbild nachstrebt; ***a. Catonis*** Cic. *iron* unkritischer Nachahmer des Cato
aemulātus ⟨ūs⟩ *m* Tac. = ***aemulatio***
aemulor ⟨ātus sum, ārī 1.⟩ ||*Denom von* aemulus||
1. *j-m* nacheifern, mit *j-m* wetteifern, *abs od aliquem / aliquid*; ***virtutes maiorum a.*** die Tugenden der Vorfahren nachahmen
2. *pej* eifersüchtig sein, neidisch sein, *alicui / cum aliquo* auf j-n, ***inter se*** aufeinander
▶ **aemulus**
I ⟨a, um⟩ *Adj*
1. *(unkl.)* nacheifernd, wetteifernd, *alicui* j-m, mit j-m, *alicui rei* einer Sache, mit etw
2. eifersüchtig, neidisch, *abs od alicuius / alicuius rei* auf j-n / auf etw
3. *(nachkl.)* gleichkommend, ebenbürtig, ***summis oratoribus*** den besten Rednern
II ⟨ī⟩ *m*
1. Anhänger *einer geistigen od* PHIL*Richtung*
2. *(nachkl.) poet* Rivale, Nebenbuhler
Aenāria ⟨ae⟩ *f Insel bei Neapel, heute Ischia*
Aeneadēs ⟨ae⟩ *f* Sohn des Aeneas, Nachkomme des Aeneas
Aenēās ⟨ae⟩ *m* MYTH *Sohn des Anchises u. der Aphrodite / Venus, Held der Aeneis des Vergil, Stammvater Roms u. des julischen Hauses, der die Tradition Trojas nach Latium brachte*
aēneātōrēs ⟨um⟩ *m* ||aeneus|| *(nachkl.)* die Tubabläser, die Hornbläser
Aenēis ⟨idis⟩ *u.* ⟨idos⟩ *f Epos Vergils über Aeneas*
Aenēius ⟨a, um⟩ *Adj* des Aeneas, zu Aeneas gehörig
aēneolus ⟨a, um⟩ *Adj* ||*Dim von* aeneus|| Petr. aus Bronze, eisern
aēneus ⟨a, um⟩ *Adj* ||aes||
1. kupfern, eisern, aus Bronze; ***aenea proles*** Ov. das eherne Zeitalter
2. Suet. *meton* kupferfarben, rotgelb, bronzefarben
3. *poet* eisern, ehern; felsenfest, unbezwingbar
Aeniānes ⟨um⟩ *m griech. Stamm im s. Thessalien*
Aenīdēs ⟨ae⟩ *m* Sohn des Aeneas, Nachkomme des Aeneas
aenigma ⟨atis⟩ *n* ||griech. Fw.|| Rätsel; *fig* das Rätselhafte; allegorische Darstellung; ***aenigma ponere*** ein Rätsel aufgeben; ***aenigma solvere*** ein Rätsel lösen
aenigmaticē *Adv* ||aenigma|| Sen. in Rätseln
Aeniī ⟨ōrum⟩ *m* die Einwohner von Aenus; → ***Aenus*** *1*
aēni-pēs ⟨pedis⟩ *Adj* ||aenus, pes|| *poet* mit Füßen aus Erz
Aēnobarbus ⟨a, um⟩ *Adj* Suet. rotbärtig, *Beiname der gens Domitia*
aēnus ⟨a, um⟩ *Adj Nebenform von* ***aeneus***
Aenus ⟨ī⟩
1. *f Ort in Thessalien, heute Enos*
2. *m* Inn
Aeolēs ⟨um⟩ *m*
1. die Äoler, *einer der Hauptstämme der Griechen*
2. die Einwohner von Aeolis
Aeolia ⟨ae⟩ *f*
1. = ***Aeolis***
2. Aeolusinsel, *heute Stromboli*
Aeolicus ⟨a, um⟩ *Adj* ||Aeoles *1.*|| äolisch, *bes* von Lesbos, lesbisch
Aeolidēs ⟨ae⟩ *m*
1. Sohn des Aeolus; → ***Aeolus*** *1*
2. Sohn des Aeolus, Nachkomme des Aeolus; → ***Aeolus*** *2*
Aeoliī ⟨ōrum⟩ *m* = ***Aeoles***
Aeolis ⟨idis⟩ *f*
1. *Landschaft im NW Kleinasiens*
2. Tochter des Aeolus; → ***Aeolus*** *2*
Aeolius ⟨a, um⟩ *Adj*
1. ||Aeoles *1.*|| äolisch, *bes* von Lesbos, lesbisch; ***puella Aeolia*** das Mädchen aus Lesbos, = *die Dichterin Sappho*
2. des Aeolus, zu Aeolus gehörig
Aeolos *u.* **Aeolus** ⟨ī⟩ *m*
1. *Sohn des Hippotes, Herr der Äolischen Inseln, Herrscher über die Winde*
2. *Sohn des Hellen, König in Thessalien, Stammvater der Äoler*
aequābilis ⟨e⟩ *Adj*, *Adv* ⟨aequābiliter⟩ ||aequo||
1. gleichmäßig, gleichförmig
2. unparteiisch

3. Tac. leutselig, umgänglich
4. Plaut. ebenbürtig
aequābilitās ⟨ātis⟩ *f* ||aequabilis||
1. Gleichmäßigkeit, Gleichförmigkeit, Gleichheit
2. Unparteilichkeit
3. Gelassenheit
aequ-aevus ⟨a, um⟩ *Adj* ||aequus, aevum|| *(nachkl.) poet* gleichaltrig
▸ **aequālis**
I ⟨e⟩ *Adj, Adv* ⟨aequāliter⟩ ||aequus||
1. *(nachkl.) poet* gleich hoch, gleich eben, gleich flach
2. von gleicher Größe, von gleicher Form, entsprechend; ***paupertas a. divitiis*** Armut, die so groß ist wie der Reichtum; ***linguā et moribus a.*** an Sprache und Sitten gleich
3. *von Personen* gleichaltrig; *von Sachen* gleichzeitig, *alicui / alicuius* mit j-m, *alicuius rei* mit etw
4. gleichstehend; ***civis a.*** gleichgestellter Bürger
II ⟨is⟩ *m* Altersgenosse, Zeitgenosse
aequālitās ⟨ātis⟩ *f* ||aequalis||
1. *(nachkl.)* (äußere) Gleichheit
2. (innere) Gleichheit, Gleichmäßigkeit; ***cetera in summa aequalitate ponere*** das Übrige als ganz gleich achten
3. Altersgleichheit
4. Tac. Rechtsgleichheit
aequanimitās ⟨ātis⟩ *f* ||aequus, animus||
1. Ter. Nachsicht
2. *(nachkl.)* Gelassenheit, Geduld
aequātiō ⟨ōnis⟩ *f* ||aequo|| Gleichstellung; Gleichmacherei; ***a. bonorum*** gleiche Verteilung des Besitzes
aequātor ⟨ōris⟩ *m* ||aequo||
1. „Gleichmacher", Eicher; ***a. monetae*** Münzprüfer
2. *(nlat.)* Äquator
▸ **aequē** *Adv* ||aequus||
1. gleich, gleichmäßig
2. in gleicher Weise, *ac / atque / et / quam / ut* wie; ***amicos aeque ac nosmet ipsos diligimus*** wir lieben unsere Freunde wie uns selbst
Aequī *u.* **Aequīculī** ⟨ōrum⟩ *m* die Äquer, *ital. Stämme ö. von Rom, 304 v. Chr. von den Römern unterworfen*
Aequīculus *u.* **Aequicus** ⟨a, um⟩ *Adj* äquisch
aequilībritās ⟨ātis⟩ *f* ||aequus, libra|| Gleichgewicht, Gleichgewichtsgesetz
Aequimaelium ⟨ī⟩ *n freier Platz am Kapitol*
aequinoctiālis ⟨e⟩ *Adj* ||aequinoctium|| *(unkl.)* zur Tag- und Nachtgleiche gehörig
aequi-noctium ⟨ī⟩ *n* ||aequus, nox|| Tag- und Nachtgleiche
aequiperābilis ⟨e⟩ *Adj* ||aequipero|| *(vkl., nachkl.)* vergleichbar, *alicui* mit jdm
aequi-perō ⟨āvī, ātum, āre 1.⟩ ||aequus, par|| *(nachkl.)*
1. gleichmachen
2. gleichstellen
3. *j-m* gleichkommen, *j-n* erreichen, *aliquem / aliquid, re* in etw
▸ **aequitās** ⟨ātis⟩ *f* ||aequus||
1. ebene Lage
2. Gleichheit, Gleichförmigkeit, Ebenmaß
3. *mit u. ohne* ***animi*** Gleichmut, Geduld, Mäßigung
4. Gerechtigkeit; Humanität
aequō ⟨āvī, ātum, āre 1.⟩ ||*Denom von* aequus||
1. ebnen, planieren
2. gerade stellen, gerade richten, ***mensam*** den Tisch; ***frontem a.*** die Front begradigen
3. gleichmachen, *aliquid alicui rei / cum re* etw mit etw; ***aliquem caelo laudibus a.*** j-n in den Himmel loben; ***solo a.*** dem Erdboden gleichmachen; *fig* aus der Welt schaffen; ***dictaturas solo a.*** Diktaturen beseitigen
4. ausgleichen, gleichmäßig verteilen, ***pecunias*** Geld
5. vergleichen, auf die gleiche Stufe stellen, ***tenuiores cum principibus*** die Niedrigeren mit den Höheren, ***Philippum Hannibali*** Liv. Philipp mit Hannibal; *Passiv u.* ***se a.*** gleichstehen, gleichkommen, *alicui / cum re* j-m, mit jdm
6. *(nachkl.) j-m* gleichkommen, *j-n* erreichen, *aliquem / aliquid*; ***fluminis altitudo summa equorum pectora aequat*** das Wasser des Flusses reicht den Pferden bis an die Brust; ***moenia turres aequant*** die Mauern erreichen Turmhöhe; ***cursum equorum a.*** mit den Pferden Schritt halten; ***Appii odium a.*** so verhasst sein wie Appius
▸ **aequor** ⟨ŏris⟩ *n* ||aequus||
1. Ebene; ***aequora camporum*** flaches Land
2. *poet* Meeresfläche, Meeresspiegel; Meer; *meton* Seewasser; *Pl* Fluten
aequoreus ⟨a, um⟩ *Adj* ||aequor|| *poet* zum Meer gehörig, Meeres…; ***rex a.*** König des Meeres, Neptun
aequum ⟨ī⟩ *n* ||aequus||
1. *(nachkl.)* Fläche, ebenes Gelände
2. *(nachkl.)* Gleichheit, gleiche Lage, gleiches Recht
3. Angemessenheit, das Gebührende; ***aequa postulare*** fordern, was recht ist; ***per aequa per iniqua*** um jeden Preis; ***ex aequo*** nach Billigkeit; ***plus aequo*** über Gebühr; ***aequum bonumque*** Recht und Billigkeit
aequus ⟨a, um⟩ *Adj, Adv* → ***aequē***

1. flach, waagrecht
2. günstig, günstig gelegen
3. günstig gesinnt, gnädig gesinnt
4. gleich, gleichmäßig
5. gleich, gleich an Kräften
6. gelassen, ruhig
7. gerecht, unparteiisch

1. *örtl.* flach, waagrecht; ***campus a.*** offenes Gelände; ***frons aequa*** Liv. MIL gerade Front; ***loqui ex aequo loco*** auf gleicher Ebene reden = im Senat reden
2. *fig* günstig, günstig gelegen; ***locus a.*** günstiger Ort; ***tempus aequum*** günstiger Zeitpunkt, *alicui ad aliquid / alicui rei* für j-n zu / für etw, ***ad dimicandum*** zum Kämpfen
3. *fig* günstig gesinnt, gnädig gesinnt, gewogen; ***aequo Iove*** mit Zustimmung des Jupiter; ↔ ***iniquus***
4. gleich, gleichmäßig, gleich groß, gleich verteilt, *ac / atque* wie; ***aequis passibus*** mit gleich großen Schritten; ***aequo spatio abesse*** gleich weit entfernt sein; ***aequo iure*** mit gleichem Recht

5. gleich, gleich an Kräften, unentschieden; ***aequo proelio/Marte pugnare*** unentschieden kämpfen
6. *fig* gelassen, ruhig, gleichmütig; *auch* gleichgültig; ***a. re/alicuius rei*** zufrieden mit etw; ***aequissimo animo aliquid ferre*** etw mit größter Gelassenheit tragen
7. gerecht, unparteiisch, billig, human, *in aliquem/alicui/in aliquo* gegen j-n; ***iudex a.*** unparteiischer Richter; ***iudicium aequum*** ausgewogenes Urteil; ***quantum aequius melius*** wie es angemessener ist

▶ **āēr** ⟨āeris⟩, *Akk* ***āerem*** *u.* ***āera*** *m* ||griech. Fw.||
1. Luft, Atmosphäre
2. *poet* Nebel
3. *fig* luftige Höhe

aera ⟨ae⟩ *f* (*nachkl.*) Ära, Epoche, Zeitabschnitt

aerāmentum ⟨ī⟩ *n* ||aero|| Plin. Kupfergeschirr

aerāria ⟨ae⟩ *f* ||aes|| Erzgrube

aerārium ⟨ī⟩ *n* ||aerarius|| Schatzkammer, Staatskasse, Staatsvermögen

aerārius
I ⟨a, um⟩ *Adj* ||aes||
1. zum Erz gehörig, zum Kupfer gehörig, zur Bronze gehörig, Erz…, Kupfer…, Bronze…; ***metallum aerarium*** Erzbergwerk; ***fornax aeraria*** Schmelzofen; ***faber a.*** Metallarbeiter; ***artifex a.*** Bildgießer
2. das Geld betreffend; ***quaestor a.*** Schatzmeister; ***tribunus a.*** Zahlmeister
II ⟨ī⟩ *m* Aerarier, *Bürger der untersten sozialen u. Vermögensklasse*

aerātae ⟨ārum⟩ *f* ||aeratus|| Sen. Kriegsschiffe

aerātus ⟨a, um⟩ *Adj* ||aes||
1. erzbeschlagen; ***navis aerata*** gepanzertes Schiff, Kriegsschiff; ***lectus a.*** Bett mit Bronzefüßen
2. (*nachkl.*) *poet* eisern, ehern; ***securis aerata*** eiserne Streitaxt
3. *fig* ehern, unbezwingbar

aereus ⟨a, um⟩ *Adj* (*nachkl.*) *poet* = ***aeratus***

aeri-fer ⟨fera, ferum⟩ *Adj* ||aes, fero|| eherne Zimbeln tragend

aeri-pēs *Gen* ⟨pedis⟩ *Adj* ||aes|| *poet* mit eisernen Füßen

▶ **āerius** ⟨a, um⟩ *Adj* ||griech. Fw.|| in der Luft befindlich, luftig; ***quercus aeria*** hochragende Eiche

aerō ⟨ōnis⟩ *m* ||griech. Fw.|| (*nachkl.*) Tragekorb *aus Binsen für Sand*

Āeropa ⟨ae⟩ *f u.* **Aeropē** ⟨ēs⟩ *f Gattin des Pleisthenes u. nach dessen Tod des Atreus; Mutter des Agamemnon u. des Menelaos*

aerūginōsus ⟨a, um⟩ *Adj* ||aerugo|| Sen.
1. voll Grünspan
2. *fig* schmutzig, Bettler…

aerūgō ⟨inis⟩ *f* ||aes||
1. Kupferrost, Grünspan; Iuv. altes Geldstück
2. *poet* Missgunst, Neid; Habgier

aerumna ⟨ae⟩ *f* ||griech. Fw.|| Mühe, Elend

aerumnābilis ⟨e⟩ *Adj* ||aerumna|| trübselig

aerumnōsus ⟨a, um⟩ *Adj* ||aerumna|| mühselig, kummervoll; ***mare aerumnosum*** *poet* stürmisches Meer

aes ⟨aeris⟩ *n*
1. Kupfer, Erz, Bronze; Hor. *fig* ehernes Zeitalter
2. *meton* Kupfergerät, Bronzegerät
3. *eiserne* Waffe, Schutzpanzer, *meist nur Pl*; ***unca aera*** „gebogenes Erz", Angelhaken
4. (*nachkl.*) Bronzestatue, *meist Pl*; ***aera ducere et excudere*** Bronzestatuen anfertigen
5. Tafel; ***aera legum*** Gesetzestafeln
6. Kupfergeld; ***aes rude*** Kupferbarren; ***aes grave*** gestempelter, ein Pfund schwerer Barren, Kupferas
7. Geldmünze, Posten einer Rechnung; *Pl* Rechenpfennige; ***aes equestre*** Summe *von 10000 As* zum Kauf eines Pferdes; ***aes hordearium*** Summe *von 2000 As* zum Unterhalt eines Pferdes
8. Vermögen; ***aes meum*** Eigenkapital; ***aes alienum*** fremdes Vermögen = Schulden; ***aes conflare*** Schulden machen; ***aes solvere*** Schulden bezahlen
9. *meist Pl* Löhnung, Sold; Hor. Schulgeld; ***aera militibus dare/constituere*** den Soldaten den Sold zahlen

aesar ⟨aris⟩ *m* ||etrusk.|| Suet. = ***deus***

Aeschinēs ⟨is⟩ *u.* ⟨ī⟩ *m*
1. *Schüler u. Freund des Sokrates*
2. *athenischer Redner des 4. Jhs. v. Chr., Gegner des Demosthenes*
3. *Lehrer der Neueren Akademie, 2. Jh. v. Chr.*

Aeschylēus ⟨a, um⟩ *Adj* ||Aeschylus|| des Aeschylus

Aeschylus ⟨ī⟩ *m 525–456 v. Chr., bedeutendster Vertreter der älteren attischen Tragödie, von 90 Tragödien sind 7 erhalten*

Aesculāpium ⟨ī⟩ *n* ||Aesculapius|| Tempel des Äskulap

Aesculāpius ⟨ī⟩ *m* Äskulap, *griech. Gott der Heilkunst, Sohn des Apollo u. der Koronis; Kult in Rom 291 v. Chr. eingeführt*

aesculētum ⟨ī⟩ *n* ||aesculus|| (*unkl.*) Eichenwald, Bergwald; Eichenhain in Rom

aesculeus ⟨a, um⟩ *Adj* ||aesculus|| (*nachkl.*) *poet* zur Wintereiche gehörig, Eichen…, aus dem Holz der Wintereiche gefertigt

aesculus ⟨ī⟩ *f* (*unkl.*) immergrüne Wintereiche, *dem Jupiter heilig*

Aesōn ⟨onis⟩ *m Vater des Iason*

Aesonīdēs ⟨ae⟩ *m* Nachkomme des Aeson, = Iason

Aesonius ⟨a, um⟩ *Adj* des Aeson

Aesōpēus *u.* **Aesōpīus** ⟨a, um⟩ *Adj* ||Aesopus|| des Äsop

Aesōpus ⟨ī⟩ *m*
1. Äsop, *griech. Fabeldichter um 550 v. Chr.*
2. ***Clodius Aesopus*** *Tragödiendichter, Freund Ciceros*

▶ **aestās** ⟨ātis⟩ *f*
1. Sommer
2. *meton* Sommerwetter, Hitze
3. *poet* Jahr

aesti-fer ⟨fera, ferum⟩ *Adj* ||aestas, fero|| *poet* Hitze bringend; ***canis a.*** Hundsstern, *das Hitze bringende s. Sternbild des Hundes mit dem Sirius*

Aestiī ⟨ōrum⟩ *m Volk an der Ostsee*

aestimābilis ⟨e⟩ *Adj* ||aestimo|| schätzenswert, beachtenswert

aestimātiō ⟨ōnis⟩ *f* ||aestimo||
1. Schätzung des Wertes; JUR Schätzung des Streitwertes, Schätzung der Strafsumme
2. Grundstück statt Barzahlung, *Zwangsmaßnahme Caesars zugunsten seiner Veteranen*
3. PHIL Schätzung, Achtung *eines inneren Wertes*

aestimātor ⟨ōris⟩ *m* ||aestimo|| amtlicher Schätzer; *fig* Beurteiler; ***immodicus sui a.*** j-d, der sich selbst maßlos überschätzt

▶ **aestimō** ⟨āvī, ātum, āre 1.⟩
1. den Wert abschätzen, einschätzen; ***frumentum permagno/pluris/minoris/minimo a.*** den Wert des Getreides sehr hoch/höher/niedriger/sehr niedrig einschätzen
2. ***litem a.*** JUR die Strafsumme *in einem Prozess* bestimmen, eine Geldbuße verhängen; ***litem capitis a.*** aus einem Streit einen Kapitalprozess machen
3. den inneren Wert beurteilen, würdigen
4. (*unkl.*) hoch schätzen, wertschätzen, anerkennen
5. (*nachkl.*) glauben, meinen; ***sicut ego aestimo*** nach meinem Urteil

aestīva ⟨ōrum⟩ *n* (*erg.* ***castra***) ||aestivus||
1. Sommerlager
2. (*vkl.*) Sommerweide; Verg. Herde auf der Sommerweide

aestīvō ⟨āvī, ātum, āre 1.⟩ ||aestivus|| (*vkl., nachkl.*) den Sommer verbringen

aestīvus ⟨a, um⟩ *Adj, Adv* ⟨aestīvē⟩ ||aestas|| sommerlich; ***dies a.*** Sommertag

aestuārium ⟨ī⟩ *n* ||aestus||
1. Lagune
2. Tac. Bucht
3. Tac. Flussmündung; Plin. *meton* Strömung
4. ARCH Luftloch, Luftschacht

aestumō ⟨āvī, ātum, āre 1.⟩ (*altl.*) = ***aestimo***

▶ **aestuō** ⟨āvī, ātum, āre 1.⟩ ||*Denom von* aestas||
1. *poet* vor Hitze auflodern, aufwallen
2. *poet* Hitze empfinden, unter Hitze leiden
3. *vom Wasser* wogen, branden, schäumen; aufkochen, brodeln, sieden; *von Flüssigkeiten* gären; ***vina aestuantia*** gärender Wein
4. *fig von Personen* heftig erregt sein, brennen, glühen; ***a. in aliquo*** in heftiger Liebe zu j-m glühen

aestuōsus ⟨a, um⟩ *Adj, Adv* ⟨aestuōsē⟩ ||aestus||
1. glühend, schwül
2. *poet* wogend, brandend

▶ **aestus** ⟨ūs⟩ *m*
1. (*nachkl.*) *meist poet* Hitze, Glut, Schwüle; Sommerhitze; Fieberhitze; ***aestu*** im Sommer
2. das Wogen, das Fluten, Brandung; Meeresfluten; ***aestuum accessus et recessus*** Ebbe und Flut; ***decessus aestūs*** Ebbe
3. *fig* Leidenschaft; Tatendrang; Unschlüssigkeit, Unruhe

aetās ⟨ātis⟩ *f*
1. Lebensalter, Altersstufe *des Einzelnen*; ***a. iniens/prima*** Kindesalter; ***a. florens*** Jugend; ***a. constans/serior*** gesetztes Alter; ***a. virilis*** Mannesalter; ***a. senilis*** Greisenalter; ***a. militaris*** wehrfähiges Alter
2. Altersklasse *innerhalb der Gesellschaft*; ***a. pueriIis*** die Kinder; ***omnes aetates*** Alt und Jung
3. Lebenszeit *des Einzelnen*, Lebensdauer, Leben; ***aetatem agere*** sein Leben verbringen; ***aetatem consumere in re publica*** sein Leben in der Politik verbringen; ***aetatis spatio probatus*** bewährt durch lange Lebenserfahrung
4. Zeit, Zeitalter; ***a. Romuli*** Zeit des Romulus; ***a. aurea*** das goldene Zeitalter
5. *meton* Menschen eines Zeitalters, Geschlecht, Generation; ***a. dura*** hartes Geschlecht; ***tertiam iam aetatem hominum videbat Nestor*** Nestor erlebte schon die dritte Generation von Menschen

aetātula ⟨ae⟩ *f* ||*Dim von* aetas|| zartes Alter, Kindesalter, Jugendalter; Suet. jugendliche Ausschweifung

aeternālis ⟨e⟩ *Adj* ||aeternus|| (*spätl.*) ewig

aeternāliter *Adv* ewig; (*mlat.*) im Jenseits

aeternitās ⟨ātis⟩ *f* ||aeternus||
1. Ewigkeit
2. Unsterblichkeit, ***animorum*** der Seelen
3. bleibendes Gedenken
4. (*spätl.*) ***vestra a.*** Eure Unsterblichkeit, *kaiserlicher Titel*
5. (*eccl.*) ewiges Leben

aeternō ⟨āvī, ātum, āre 1.⟩ ||*Denom von* aeternus|| Hor. verewigen, ewig machen

aeternum
I ⟨ī⟩ *n* ||aeternus|| Ewigkeit; ***in aeternum*** auf ewig
II *Adv* ewig

▶ **aeternus** ⟨a, um⟩ *Adj, Adv* ⟨aeternō⟩
1. ewig
2. unvergänglich, unsterblich; ***gloria aeterna*** unsterblicher Ruhm; ***dedecus aeternum*** ewige Schande
3. *fig* fortwährend, beständig; ***servitus aeterna*** ständige Knechtschaft; ***ignis Vestae a.*** immer währendes Feuer der Vesta

▶ **aethēr** ⟨eris⟩, *Akk* ***aethera*** *m* ||griech. Fw.||
1. Äther, obere Luftschicht; ↔ ***aer***
2. *poet* Himmelsraum = Wohnsitz der Götter; ***Iuppiter aethere summo despiciens*** Jupiter, vom höchsten Himmel herabblickend
3. *poet* Himmelsbewohner, Götter; ***in aethere ponere*** unter die Götter versetzen
4. *poet* Oberwelt
5. (*eccl.*) Himmel, Jenseits

aetherius ⟨a, um⟩ *Adj* ||griech. Fw.||
1. zum Äther gehörig, ätherisch
2. *poet* himmlisch; ***equi aetherii*** Himmelsrosse
3. *poet* zur Oberwelt gehörig; ***aetheriā frui luce*** das Licht der Oberwelt genießen
4. *poet* luftig

Aethiopia ⟨ae⟩ *f* Äthiopien; *in weiterem Sinn* Afrika

Aethiopicus ⟨a, um⟩ *Adj* äthiopisch

Aethiops ⟨opis⟩ *m* Äthiopier

aethra ⟨ae⟩ *f* ||griech. Fw.|| *poet* helle, reine Luft

Aethra ⟨ae⟩ *f*
1. *Gattin des Aegeus, Mutter des Theseus*
2. *Tochter des Okeanos (Oceanus); von Atlas Mutter der zwölf Hyaden u. des Hyas*

Aetna ⟨ae⟩ *f u.* **Aetnē** ⟨ēs⟩ *f*
1. Ätna, *Vulkan auf Sizilien; der Sage nach befand sich unter dem Ätna die Werkstatt des Hephaistos u. seiner Kyklopen*
2. Ätna, *Stadt am Fuß des Ätna*

Aetnaeī ⟨ōrum⟩ *m* die Anwohner des Ätna

Aetnaeus ⟨a, um⟩ *Adj* des Ätna

Aetnēnsis ⟨e⟩ *Adj* aus Ätna, zu Ätna gehörig

Aetnēnsis ⟨is⟩ *m* Einwohner von Ätna

Aetōlia ⟨ae⟩ *f Landschaft in Mittelgriechenland*

Aetōlicus ⟨a, um⟩ *Adj* ätolisch

Aetōlis ⟨idis⟩ *f* Ätolierin

Aetōlus ⟨a, um⟩ *Adj* ätolisch

Aetōlus ⟨ī⟩ *m* Ätolier

aevitās ⟨ātis⟩ *f* (*altl.*) = ***aetas***

aevos ⟨ī⟩ *m* (*altl.*) = ***aevum***

▶ **aevum** ⟨ī⟩ *n*

1. lange Dauer, Ewigkeit

2. = ***aetas***; ***aevi maturus*** von reifem Alter; ***aevo solutus/confectus*** altersschwach; ***venturum a.*** Zukunft; ***vetus a.*** Vergangenheit

aevus ⟨ī⟩ *m* = ***aevum***

Āfer

I ⟨Āfra, Āfrum⟩ *Adj* afrikanisch, punisch

II ⟨Āfrī⟩ *m* Afrikaner

affābilis ⟨e⟩ *Adj, Adv* ⟨affābiliter⟩ ||affor|| ansprechbar, leutselig, freundlich

affābilitās ⟨ātis⟩ *f* ||affabilis|| Leutseligkeit

af-fabrē *Adv* ||ad, faber|| kunstvoll, kunstgerecht

af-fatim *Adv* reichlich, zu Genüge; ***affatim pecuniae*** genug Geld

affātus[1] ⟨a, um⟩ *Adj* → ***affor***

affātus[2] ⟨ūs⟩ *m* ||affor|| (*spätl.*) *poet* Anrede, Ansprache

af-fēcī → ***afficio***

affectātiō ⟨ōnis⟩ *f* ||affecto|| (*nachkl.*)

1. Trachten, Streben, *alicuius rei* nach etw

2. RHET das Gekünstelte, Manier

affectātor ⟨ōris⟩ *m* ||affecto|| (*nachkl.*) Strebender, *alicuius rei* nach etw; ***Cicero nimius risūs a.*** Quint. Cicero, ein allzu großer Freund des Lächerlichen

affectātus ⟨a, um⟩ *Adj* ||affecto|| (*nachkl.*) geziert, affektiert

affectiō ⟨ōnis⟩ *f* ||afficio||

1. Eindruck, Einwirkung, *alicuius rei* von etw, *alicuius* auf j-n; ***praesentis mali sapientis a. nulla est*** das gegenwärtige Übel macht keinen Eindruck auf den Weisen

2. *meton* Zustand, Beschaffenheit, Konstellation; ***a. corporis*** Konstitution, Gesundheit

3. *fig mit u. ohne* ***animi*** augenblickliche Gemütsverfassung

4. (*nachkl.*) Neigung, Liebe

5. (*mlat.*) geistige Anlage

affectō ⟨āvī, ātum, āre 1.⟩ ||*Intens von* afficio||

1. ergreifen wollen; ***a. navem dextrā*** Verg. mit der Rechten nach einem Schiff greifen

2. *j-n* heimsuchen; *auch* sexuell verkehren mit *j-m*, *aliquem*; ***ancillam hospitis a.*** die Magd des Gastgebers verführen; ***morbo affectari*** von einer Krankheit heimgesucht werden

3. eifrig streben, trachten, *aliquid* nach etw; ***regnum a.*** nach der Königsherrschaft trachten

4. vorgeben, heucheln; ***carminum studium a.*** Interesse am Gesang heucheln

▶ **affectus**[1] ⟨ūs⟩ *m* ||afficio||

1. Zustand, Verfassung; ***a. corporis*** körperliche Verfassung

2. *mit u. ohne* ***animi/mentis*** geistige Verfassung, Gemütszustand

3. (*nachkl.*) *poet* Leidenschaft, Affekt, Gier

4. (*nachkl.*) Zuneigung, Zärtlichkeit

affectus[2] ⟨a, um⟩ *Adj* ||afficio||

1. ausgerüstet, versehen, *re* mit etw; ***optimā valetudine a.*** von bester Gesundheit

2. beschaffen; in einem Verhältnis stehend, *ad aliquid* zu etw; ***oculus probe a.*** funktionstüchtiges Auge; ***res quae quodam modo affectae sunt ad id*** Cic. die Dinge, die auf irgendeine Weise damit zu tun haben

3. angegriffen, angeschlagen; ***Caesar graviter a.*** der schwer angeschlagene Caesar; ***fides affecta*** angeschlagenes Vertrauen; ***valetudo affecta*** angegriffene Gesundheit

4. dem Ende nahe, zur Neige gehend; der Vollendung nahe

affectus[3] ⟨a, um⟩ *PPP* → ***afficio***

af-ferō ⟨attulī, allātum, afferre 0.⟩

1. herbeitragen, herbeibringen, herführen, *aliquem/aliquid alicui/ad aliquem* j-n/etw j-m/zu j-m, *ab aliquo* von j-m, *ab/ex/de loco* von einem Ort

2. mitbringen, überbringen; ***litteras ab aliquo ad aliquem a.*** Briefe von j-m zu j-m bringen

3. melden, berichten, *alicui aliquid* j-m etw, *de re* über etw, + *AcI*

4. vorbringen, vorschützen; als Beweis anführen; ***causam a.*** einen Grund angeben; ***consilium a.*** einen Rat erteilen; ***aetatem a.*** das Alter vorschützen

5. (Hand) anlegen an *j-n*, *j-m* (Gewalt) antun, *alicui*; ***manūs amico a.*** Hand an den Freund legen; ***vim virgini a.*** ein Mädchen vergewaltigen

6. verursachen, bewirken, beibringen, zufügen, einflößen; ***alicui cladem a.*** j-m eine Niederlage beibringen; ***alicui spem a.*** j-m Hoffnung machen

7. beitragen, ***multum ad bene vivendum*** viel zum guten Leben

8. hinzufügen, *aliquid alicui rei/ad aliquid/in aliquid* etw einer Sache, ***multa de suo*** viel von sich

af-ficiō ⟨fēcī, fectum, ficere 3.⟩ ||ad, facio||

1. ausstatten, versehen, *aliquem/aliquid re* j-n/etw mit etw, *dt. meist einfaches Verbum*; ***nomine a.*** benennen; ***poenā a.*** bestrafen; ***vulnere a.*** verwunden; ***aliquem iniuriā a.*** j-m Unrecht tun, j-n beleidigen; ***supplicio a.*** hinrichten lassen; ***vulnere affici*** verwundet werden; ***morbo affici*** erkranken

2. *in einen Zustand* versetzen, behandeln

3. *in eine Stimmung* versetzen, anregen; ***litterae tuae sic me affecerunt, ut …*** dein Brief hat mich so angeregt, dass …

4. (*nachkl.*) schwächen, erschöpfen; ***fames exercitum afficit*** Hunger schwächt das Heer

▶ **af-fīgō** ⟨fīxī, fīxum, fīgere 3.⟩

1. anheften, annageln, anschmieden, *aliquem/aliquid alicui rei/ad aliquid* j-n/etw an etw; ***Prometheum Caucaso/ad Caucasum a.*** Prometheus an den Kaukasus anschmieden; ***clavem parieti a.*** einen Nagel in die Wand schlagen

2. *fig* fesseln, anketten, *aliquid ad aliquid/alicui rei/in re* etw an etw; *Passiv* sich *j-m* anschließen

3. *fig* einprägen, ***memoriae*** dem Gedächtnis, ***in animo sensuque*** dem Verstand und Gefühl

af-fingō ⟨finxī, fictum, fingere 3.⟩

1. hinzubilden, bildend anfügen, *alicui aliquid* j-m etw; ***membra corpori a.*** dem Körper Gliedmaßen hinzufügen

2. *fig* andichten, *alicui aliquid* j-m etw; ***miracula loco a.*** einem Ort Wunder zuschreiben

3. *fig* hinzudichten, hinzulügen, *aliquid alicui rei* etw zu einer Sache; ***multa rumoribus a.*** viel durch Gerüchte hinzudichten

af-fīnis

I ⟨e⟩ *Adj*

1. angrenzend, benachbart
2. an *etw* beteiligt, in *etw* verwickelt, mitwissend, *alicui rei / alicuius rei*; ***sceleri a.*** an einem Verbrechen beteiligt; ***rei capitalis a.*** verwickelt in ein schweres Verbrechen
3. verwandt, verschwägert, *alicui* mit j-m
II ⟨is⟩ *m u. f*
1. Schwager, Schwägerin; Schwiegersohn; Schwiegervater; Verwandter
2. (*nlat.*) Vetter, *höfische Anrede*
affīnitās ⟨ātis⟩ *f* ||affinis||
1. Verwandtschaft, Verschwägerung, *alicuius* mit j-m
2. (*nachkl.*) enge Beziehung, enger Zusammenhang; ***a. litterarum*** enge Beziehung der Buchstaben
3. (*vkl., nachkl.*) *meton* die Verwandten
4. (*mlat.*) Freundschaft
affirmātē *Adv* ||affirmo|| unter Beteuerungen; ***affirmate promittere*** hoch und heilig versprechen
affirmātiō ⟨ōnis⟩ *f* ||affirmo|| Beteuerung, Versicherung
affirmātor ⟨ōris⟩ *m* ||affirmo|| (*spätl.*) Bürge
▶ **af-firmō** ⟨āvī, ātum, āre 1.⟩
1. befestigen, bekräftigen, *alicui aliquid* j-m etw; ***Troianis spem a.*** den Trojanern die Hoffnung festigen
2. bestätigen, beweisen, ***virtutem armis*** die Tapferkeit durch Waffentaten
3. behaupten, beteuern, *aliquid* etw, *de re* über etw, *+ AcI / + indir Fragesatz*; ***rem pro certo a.*** etw als sicher hinstellen
4. (*mlat.*) *Passiv* gelten als
af-fīxī → ***affigo***
af-fīxus ⟨a, um⟩ *PPP* → ***affigo***
afflātus ⟨ūs⟩ *m* ||afflo||
1. das Anhauchen, das Anwehen, Luftzug; ***a. maritimus*** Seeluft
2. *fig* Anhauch göttlicher Begeisterung, Inspiration
af-fleō ⟨-, -, ēre 2.⟩ (*vkl.*) *poet* bei *etw / j-m* weinen, mit *j-m* weinen, *alicui rei / alicui*; ***flentibus a.*** mit den Weinenden weinen
afflīctātiō ⟨ōnis⟩ *f* ||afflicto|| Pein, Qual
afflīctiō ⟨ōnis⟩ *f* ||affligo|| (*nachkl., spätl.*) Niedergeschlagenheit, Depression
afflīctō ⟨āvī, ātum, āre 1.⟩ ||*Intens von* affligo||
1. (*nachkl.*) heftig schlagen, wiederholt schlagen; ***se a.*** sich an die Brust schlagen
2. beschädigen; ***tempestas naves afflictat*** der Sturm beschädigt die Schiffe
3. *fig* übel zurichten, schwer heimsuchen; ***morbo afflictari*** von einer Krankheit heimgesucht werden
4. *fig* beunruhigen, peinigen; *Passiv u.* ***se a.*** sich ängstigen, sich sorgen
afflīctor ⟨ōris⟩ *m* ||affligo|| Zerstörer, Schänder
afflīctus ⟨a, um⟩ *Adj* ||affligo||
1. zerschlagen, leck
2. *fig* zerrüttet, elend
3. *fig* verzweifelt, mutlos
4. *fig* verworfen
▶ **af-flīgō** ⟨flīxī, flīctum, flīgere 3.⟩
1. an *etw* schlagen, an *etw* schmettern, *aliquid ad aliquid / alicui rei* etw an etw; ***caput saxo a.*** den Kopf an einen Felsen schlagen
2. niederschlagen, zu Boden werfen; *Passiv* zu Boden stürzen; ***equi affliguntur*** die Pferde stürzen zu Boden
3. *fig* ins Verderben stürzen, unglücklich machen
4. *fig* entmutigen, (nieder)beugen; ***reum a.*** den Angeklagten entmutigen
5. beschädigen, zerschlagen
6. schwer mitnehmen, heimsuchen; ***fames hostem affligit*** der Hunger setzt dem Feind zu; ***causam susceptam a.*** ein Projekt fallen lassen; ***religiones a.*** religiöse Gefühle mit Füßen treten; ***se a.*** sich grämen
af-flō ⟨āvī, ātum, āre 1.⟩
I *v/t*
1. (*nachkl.*) *poet* anhauchen, anblasen; ***taurorum ore afflari*** von den Nüstern der Stiere angeblasen werden
2. versengen; ***fulminis telis afflari*** von den Blitzen versengt werden
3. zuwehen, zutragen; ***alicui odorem a.*** j-m den Geruch zuwehen; ***rumorem a.*** ein Gerücht zutragen
4. (*spätl.*) *fig* begeistern
II *v/i*
1. entgegenwehen, *alicui* j-m; ***odores tibi afflabunt*** die Düfte werden dir entgegenwehen
2. *poet* günstig sein, gewogen sein, *alicui* j-m; ***fortuna afflat*** das Schicksal ist gewogen
affluēns *Gen* ⟨entis⟩ *Adj, Adv* ⟨affluenter⟩ ||affluo||
1. Vitr. reichlich zuströmend, zufließend
2. *fig* im Überfluss vorhanden; ***ex affluenti*** Ter. im Überfluss
3. triefend, reich, ergiebig, *abs od re / alicuius rei* von etw, an etw; ***opibus et copiis a.*** reich an Schätzen und Vorräten; ***omnium scelerum a.*** von allen Schandtaten strotzend
affluentia ⟨ae⟩ *f* ||affluens|| Überfluss, Fülle, *alicuius rei* an etw, von etw
af-fluō ⟨flūxī, -, fluere 3.⟩
1. (*nachkl.*) heranfließen, herbeiströmen; ***aestus maris affluit*** die Flut kommt
2. *fig von Menschen u. Sachen* herbeiströmen, kommen; ***affluens multitudo*** herbeiströmende Menge
3. *fig j-m* zufließen, auf *etw* einwirken, *alicui / ad aliquid*; ***voluptas ad sensus cum suavitate a.*** die Lust wirkt angenehm auf die Sinne
4. (*nachkl.*) *fig* im Überfluss vorhanden sein; ***otium et divitiae affluunt*** Muße und Reichtum sind reichlich vorhanden
5. *fig* Überfluss haben, ***voluptatibus*** an Vergnügen
af-for ⟨fātus sum, fārī 1.⟩ anreden, ansprechen; *poet* anflehen; ***aliquem nomine a.*** j-n mit seinem Namen ansprechen; ***deos a.*** die Götter anflehen; ***affatum esse*** Sen. vom Schicksal verhängt sein
af-fore af-forem → ***assum***[1]
af-formīdō ⟨āvī, ātum, āre 1.⟩ Plaut. bange werden, *ne + Konjkt*
af-fricō ⟨uī, ātum, āre 1.⟩ (*nachkl.*) anreiben; *fig* übertragen; ***alicui rubiginem suam a.*** j-n mit seiner Fäulnis anstecken
affrictus ⟨ūs⟩ *m* ||affrico|| Sen. das Anreiben
af-fūdī → ***affundo***
af-fuī → ***assum***[1]
af-fulgeō ⟨fulsī, -, fulgēre 2.⟩ (*nachkl.*) *poet* entge-

genstrahlen, entgegenleuchten; leuchtend erscheinen; ***affulsit vultu ridens Venus*** lächelnd strahlte Venus

af-fundō ⟨fūdī, fūsum, fundere 3.⟩ (*nachkl.*) *poet*
1. hinzugießen, hinzuschütten, *aliquid alicui rei* etw zu etw; ***venenum potioni a.*** Gift ins Getränk gießen; *Passiv* sich ergießen
2. hinzuwerfen, hinzufügen, *aliquid alicui rei* etw zu etw; ***affusus alicui rei*** an etw hingeworfen, hingestreckt; ***genibus eius affusus*** zu dessen Knien liegend

af-futūrus ⟨a, um⟩ *Part Fut* → ***assum***[1]

a-fluō ⟨-, -, ere 3.⟩ abfließen, wegströmen

ā-fore ā-forem → ***absum***

Āfrāniānus ⟨a, um⟩ *Adj* des Afranius, afranisch

Afrānius ⟨a, um⟩ *Name einer pleb. gens*
1. ***L. Afranius*** *um 100 v. Chr., Meister der fabula togata*
2. ***L. Afranius*** *Legat des Pompeius*

Āfrī ⟨ōrum⟩ *m* → ***Afer***

Āfrica ⟨ae⟩ *f* Afrika; Provinz Afrika

Āfricānus ⟨a, um⟩ *Adj* afrikanisch, mit Afrika zusammenhängend, *Beiname des Scipio Africanus wegen seines Siegs über Karthago*

Āfricus ⟨a, um⟩ *Adj* afrikanisch, punisch; **(*ventus*)** ***A.*** Westsüdwestwind

ā-fuī → ***absum***

agaga ⟨ae⟩ *m* Petr. Kuppler

Agamemnō(n) ⟨onis⟩ *m Sohn des Atreus, König von Mykene, oberster Feldherr der Griechen vor Troja; nach seiner Heimkehr von Ägisth mit Hilfe der eigenen Gattin Klytemnästra ermordet*

Agamemnonidēs ⟨ae⟩ *m* Sohn des Agamemnon, Nachkomme des Agamemnon, = Orest

Agamemnonius ⟨a, um⟩ *Adj* des Agamemnon

Aganippē ⟨ēs⟩ *f Muse u. Musenquelle am Helikon in Böotien, die dem Trinkenden dichterische Inspiration verlieh*

Aganippēus ⟨a, um⟩ *Adj fig* den Musen heilig

Aganippis ⟨idos⟩ *f* von der Aganippe stammend

agapē ⟨ēs⟩ *f* ||griech. Fw.|| (*eccl.*) christliche Nächstenliebe; altchristliches Liebesmahl

agāsō ⟨ōnis⟩ *m* (*unkl.*) Stallknecht, Pferdeknecht; *fig* Tölpel, Trottel

Agathoclēs ⟨is⟩ *u.* ⟨ī⟩ *m Tyrann von Syrakus, 361–289 v. Chr.*

Agauē *u.* **Agāve** ⟨ēs⟩ *f Tochter des Kadmos (Cadmus), Gattin des Echion, des Königs von Theben, Mutter des Pentheus, den sie im Wahnsinn zerriss*

age → ***ago***

Agedincum ⟨ī⟩ *n Hauptstadt der kelt. Senonen in Gallien, heute Sens in der Champagne*

agedum → ***ago***

agellus ⟨ī⟩ *m* ||*Dim von* ager|| kleines Gut, kleiner Landsitz

agēma ⟨atis⟩ *n* ||griech. Fw.|| (*nachkl.*) Leibgarde *im makedonischen Heer*

agenda ⟨orum⟩ *n* ||ago|| (*mlat.*) gottesdienstliche Handlung; gottesdienstliches Formelbuch

Agēnōr ⟨oris⟩ *m Vater des Kadmos (Cadmus) u. der Europa, Ahnherr der Dido*

Agēnoreus ⟨a, um⟩ *Adj* des Agenor; ***bos A.*** *der unter die Sterne versetzte* Stier der Europa

Agēnoridēs ⟨ae⟩ *m* Sohn des Agenor, Nachkomme des Agenor, = Kadmos, = Perseus

agēns[1] *Gen* ⟨entis⟩ *PPr* → ***ago***

agēns[2]
I *Gen* ⟨entis⟩ *Adj* ||ago||
1. lebhaft, ausdrucksvoll, *bes* RHET
2. Gell. GRAM aktivisch
II ⟨entis⟩ *m*
1. Anwalt, Kläger
2. (*mlat.*) Beamter

► **ager** ⟨agrī⟩ *m*
1. Acker, Feld, Flur, Grundstück; ***agrum colere*** das Feld bestellen
2. ***in agrum*** *röm. Feldmesser* feldeinwärts, in die Tiefe; ↔ ***in frontem***
3. *meist Pl* offenes Land *im ↔ zur Stadt od den Bergen*; ***in agrum / in agros*** landeinwärts
4. Land, Landschaft; ***a. Tusculanus*** Gebiet von Tusculum; ***a. publicus*** Staatsdomäne

a-gerō ⟨-, -, ere 3.⟩ Plaut. wegschaffen; ***nunc agerite vos!*** nun schert euch weg!

Agēsilāus ⟨ī⟩ *m König von Sparta, 397–361 v. Chr.*

ag-gemō ⟨-, -, ere 3.⟩ *poet* dabei seufzen, *abs od alicui rei* bei etw

► **agger** ⟨eris⟩ *m* ||aggero[2]||
1. Erdaushub, Schanzmaterial, Planiermaterial; ***fossas aggere explere*** Gräben mit Erde füllen
2. *meton* Erdwall; *fig* Damm, Schutzwall; Stadtwall, Stadtmauer; MIL Belagerungsdamm
3. Tac. Grenzwall
4. *jede Aufhäufung von Erdmassen zur Überwindung von Sümpfen u. zum Schutz vor Wasser:* Knüppeldamm, Uferböschung
5. *meton jede künstliche Bodenerhebung*; ***a. tumuli*** Grabhügel; ***a. armorum*** Waffenhaufen; ***a. cadaverum*** Leichenhaufen; ***a. favillae*** Aschehaufen; ***altus a. pelagi*** *poet* Wogen des Meeres
6. (*spätl.*) Oberbau einer Straße

aggerātiō ⟨ōnis⟩ *f* ||aggero[1]|| (*spätl.*) Damm

aggerō[1] ⟨āvī, ātum, āre 1.⟩ ||*Denom von* agger|| aufschütten, aufhäufen

ag-gerō[2] ⟨gessī, gestum, gerere 3.⟩ ||ad, gero|| (*nachkl.*) *poet* herbeitragen, herbeibringen, herbeischaffen, herbeischleppen; *fig mit Worten* vorbringen, ***probra*** Schmähungen, ***falsa*** Lügen

aggestus ⟨ūs⟩ *m* ||aggero[2]|| (*nachkl.*) das Herbeibringen, das Herbeischaffen; *meton* Damm, Grabhügel; ***a. pabuli*** das Herbeischaffen von Futter

ag-glomerō ⟨āvī, ātum, āre 1.⟩ (*spätl.*) *poet* zu einem Knäuel zusammenschließen; ***lateri se agglomerant*** sie schließen sich dicht an unsere Seite

ag-glūtinō ⟨āvī, ātum, āre 1.⟩ ||*Denom von* gluten|| anleimen, anheften, *aliquid alicui rei* etw an etw; ***se a.*** Plaut. *fig* sich (wie eine Klette) anhängen

ag-gravēscō ⟨-, -, ēscere⟩ *3.* Ter. sich verschlimmern

ag-gravō ⟨āvī, ātum, āre 1.⟩ (*nachkl.*)
1. schwerer machen
2. *fig* verschlimmern, steigern, ***dolorem*** den Schmerz
3. *fig* belästigen, zur Last fallen

► **ag-gredior** ⟨gressus sum, gredī 3.⟩ ||gradior||
1. heranschreiten, sich nähern, sich begeben, *aliquem / ad aliquem* zu j-m
2. *freundlich* sich an *j-n* wenden, *j-n* zu gewinnen versuchen, *aliquem*

3. *feindlich* angreifen, überfallen
4. (*nachkl.*) (*erg.* ***legibus***) gerichtlich verfolgen
5. angehen, beginnen, versuchen; ***maiora et aspera a.*** Größeres und Schwierigeres in Angriff nehmen; ***a. de his rebus dicere*** anfangen von diesen Dingen zu sprechen; ***ad cetera a.*** weitergehen, fortfahren *in der Rede*

ag-gregō ⟨āvī, ātum, āre 1.⟩ ||ad, grex|| zugesellen, beigesellen, *aliquem alicui / in aliquem / ad aliquem* j-n j-m; ***in nostrum numerum a.*** in unsere Reihen aufnehmen; *Passiv u.* ***se a.*** sich anschließen

aggressiō ⟨ōnis⟩ *f* ||aggredior||
1. (*nachkl.*) Angriff
2. RHET erster Anlauf *des Redners*
3. (*spätl.*) PHIL logischer Schluss, Syllogismus

aggressor ⟨ōris⟩ *m* ||aggredior|| (*spätl.*) (rechtswidriger) Angreifer, Räuber

ag-gressus ⟨a, um⟩ *PPerf* → ***aggredior***

agilis ⟨e⟩ *Adj* ||ago|| (*nachkl.*) *poet*
1. leicht beweglich; ***a. classis*** leicht bewegliche Flotte
2. schnell, rasch; rührig, geschäftig

agilitās ⟨ātis⟩ *f* ||agilis|| (*nachkl.*) Beweglichkeit, Schnelligkeit, ***navium*** der Schiffe; ***a. naturae*** Beweglichkeit des Charakters

aginō ⟨āvī, ātum, āre 1.⟩ (*spätl.*) sich mühen

Āgis ⟨idis⟩, *Akk* ⟨in *u.* im⟩ *m Name mehrerer spartanischer Könige*

agitābilis ⟨e⟩ *Adj* ||agito|| *poet* leicht beweglich

agitātiō ⟨ōnis⟩ *f* ||agito||
1. Bewegung, das Schwingen, das Schütteln; ***a. armorum*** das Schwingen der Waffen; ***a. lecticae*** die Bewegung der Sänfte
2. das Bewegtwerden; das Schwanken; das Wogen; ***a. fluctuum*** das Wogen der Fluten; ***a. dentium*** das Wackeln der Zähne
3. *fig* Ausübung einer Tätigkeit, Beschäftigung, *alicuius rei* mit etw
4. Cic. (*erg.* ***mentis***) *fig* (geistige) Regsamkeit

agitātor ⟨ōris⟩ *m* ||agito|| (*spätl.*) *poet* Treiber, Lenker, Wagenlenker, Wettfahrer; (*nlat.*) Aufwiegler

agitātus ⟨a, um⟩ *Adj* ||agito|| (*nachkl.*) aufgeweckt, lebhaft

agite(dum) → ***ago***

agitō ⟨āvī, ātum, āre 1.⟩ ||*Intens von* ago||

1. heftig bewegen, wiederholt bewegen
2. treiben
3. jagen
4. schütteln, schwingen
5. aufwirbeln
6. anspornen, anreizen
7. aufregen, plagen
8. betreiben, verrichten
9. sich benehmen
10. sich aufhalten
11. feiern, begehen
12. zubringen, verleben
13. (eifrig) verhandeln, besprechen
14. bedenken, überlegen

1. heftig bewegen, wiederholt bewegen, hin und her treiben; ***navem in portu a.*** das Schiff im Hafen hin- und herbewegen; ***currum ad flumina a.*** die Wagen zu den Flüssen lenken
2. *Tiere* treiben; ***equos a.*** Pferde reiten
3. *Wild* jagen, *Menschen* hetzen; ***feras a.*** Wild jagen; ***homines totā urbe a.*** Menschen in der ganzen Stadt hetzen; ***chelydros a.*** Schlangen verscheuchen
4. (*nachkl.*) *oft poet* schütteln, schwingen, ***hastam*** eine Lanze; ***ventus capillos agitat*** der Wind spielt in den Haaren
5. aufwirbeln, ***arenas*** Sand, ***humum aridam*** trockenes Erdreich; ***mare a.*** das Meer aufwühlen
6. (*nachkl.*) *fig* anspornen, anreizen; ***gloria aliquem agitat stimulis*** Ruhmsucht spornt j-n an
7. *fig* aufregen, plagen; ***animus curis agitatus*** von Sorgen geplagtes Herz; ***rem publicam seditionibus a.*** den Staat durch Aufstände in Unruhe versetzen
8. *fig* betreiben, verrichten; *Passiv* betrieben werden, herrschen; ***imperium a.*** den Oberbefehl ausüben; ***praecepta parentis a.*** die Gebote des Vaters ausführen; ***choros a.*** Chortänze aufführen; ***odium a.*** Hass auslassen; ***gaudium atque laetitiam a.*** laut seine Freude äußern; ***dissensio multos annos agitata*** viele Jahre herrschende Uneinigkeit
9. *fig* sich benehmen; ***ferociter a.*** es wild treiben
10. (*nachkl.*) *fig* sich aufhalten; ***prope mare a.*** nahe am Meer leben
11. *fig Feste* feiern, begehen; ***diem natalem a.*** den Geburtstag feiern; ***convivia a.*** Gastmähler veranstalten
12. (*nachkl.*) *fig Zeit* zubringen, verleben; ***aetatem a.*** das Leben verbringen; ***vitam sine cupiditate a.*** sein Leben ohne Begierde verbringen
13. *fig* (eifrig) verhandeln, besprechen, *aliquid* etw, *de re* über etw; ***de foedere a.*** über ein Bündnis intensiv verhandeln; ***de facto consulis a.*** über das Verhalten des Konsuls streiten
14. *fig* bedenken, überlegen, planen, *aliquid / de re* etw; denken, *abs*; ***bellum a.*** einen Krieg planen; ***de Rhodani transitu a.*** den Rhôneübergang planen

Aglaiē ⟨ēs⟩ *f die älteste der Grazien*

► **agmen** ⟨inis⟩ *n* ||ago||
1. *abstr.* Strömung, Schwung, Windung; ***a. aquarum*** Wasserströmung; ***a. nubum*** Zug der Wolken; ***a. remorum*** Ruderschlag; ***a. caudae*** das Schwanzwedeln; ***agmine certo*** in bestimmter Richtung
2. MIL Zug eines Heeres; ***agmine lento procedere*** langsam vorrücken; ***in agmine*** auf dem Marsch
3. *konkr. von Menschen* Schar, Haufen, Trupp; *von Tieren* Rudel, Meute, Koppel
4. MIL Heer auf dem Marsch, Marschkolonne; ***a. primum*** Vorhut; ***a. novissimum*** Nachhut; ***a. quadratum*** Marsch in Gefechtsformation; ***agmine instructo*** marschfertig
5. *meton* Krieg, Schlacht; ***a. Iliacum*** Kampf um Troja

agminātim *Adv* ||agmen|| (*spätl.*) truppweise, haufenweise

agna ⟨ae⟩ *f* ||agnus|| (*unkl.*) weibliches Lamm

Agnālia ⟨ium⟩ *n* = ***Agonalia***

a-gnāscor ⟨agnātus sum, agnāscī 3.⟩ ||ad, nascor|| nachgeboren werden; JUR geboren werden, nachdem der Vater sein Testament gemacht hat

agnātiō ⟨ōnis⟩ *f* ||agnascor|| Verwandtschaft väterlicherseits

agnātus[1] ⟨a, um⟩ *PPerf* → ***agnascor***
agnātus[2] ⟨ī⟩ *m* ||agnascor||
1. Tac. nachgeborener Sohn
2. Verwandter vonseiten des Vaters; *Pl* freie Personen *eines Haushaltes*
agnellus ⟨ī⟩ *m* ||*Dim von* agnus|| Lämmchen, *auch Kosewort*
agnīna ⟨ae⟩ *f* ||agninus|| (*erg.* ***caro***) Lammfleisch
agnīnus ⟨a, um⟩ *Adj* ||agnus|| (*unkl.*) Lamm…, vom Lamm
agnitiō ⟨ōnis⟩ *f* ||agnosco|| Anerkennung; Erkenntnis
agnitus ⟨a, um⟩ *PPP* → ***agnosco***
agnōmen ⟨inis⟩ *n* ||nomen|| (*nachkl.*) Beiname, *persönliche Eigenheiten od Verdienste ausdrückender Name, z. B. Africanus bei Passiv Cornelius Scipio Africanus*
► **agnōscō** ⟨agnōvī, agnitum, agnōscere 3.⟩ ||ad, nosco||
1. erkennen, *aliquem / aliquid ex re* j-n / etw an etw, + *dopp. Akk / + AcI / + indir Fragesatz*; ***deum ex operibus eius a.*** Gott in seinen Werken erkennen; ***ex se ipso a.*** an sich selbst die Erfahrung machen
2. wahrnehmen, bemerken
3. wieder erkennen; sich besinnen, *aliquem* auf j-n
4. anerkennen, gelten lassen; ***aliquem filium a.*** j-n als Sohn anerkennen
► **agnus** ⟨ī⟩ *m* Lamm; ***a. Dei*** (*eccl.*) Lamm Gottes, *Name und Symbol Christi, gebräuchlich in der evangelischen u. katholischen Liturgie*
agō ⟨ēgī, āctum, agere 3.⟩

I
1. in Bewegung setzen, führen
2. hetzen, jagen
3. ausführen, betreiben
4. aufführen, in Szene setzen
5. ausdrücken, aussprechen
6. verbringen, verleben
7. verhandeln, besprechen
II
1. tätig sein, handeln
2. verfahren
3. klagen
4. sich aufhalten, wohnen

I *v/t*
1. in Bewegung setzen, führen, lenken; ***captivos a.*** Gefangene führen; ***aliquem in crucem a.*** j-n zur Kreuzigung führen; ***equos in hostes a.*** Pferde gegen die Feinde hetzen; ***currum a.*** einen Wagen lenken; ***navem a.*** ein Schiff steuern; ***hastam a.*** eine Lanze werfen; ***sagittam a.*** einen Pfeil abschießen; ***radices a.*** Wurzeln treiben; *Passiv u.* ***se a.*** aufbrechen, sich in Bewegung setzen; *von Flüssen* strömen, fließen
2. hetzen, jagen, treiben; vertreiben, wegtreiben; ***apros a.*** Eber hetzen; ***fugientes hostes a.*** fliehende Feinde verfolgen; ***aliquem in exilium a.*** j-n in die Verbannung treiben; ***praedam a.*** als Beute wegführen; ↔ ***ferre*** *bei leblosen Dingen*; ***ferre atque a.*** rauben und plündern
3. ausführen, betreiben, tun, veranstalten; ***censum a.*** die Zensur abhalten; ***forum / conventum a.*** Gerichtstag halten; ***labores a.*** Mühen durchstehen; ***pacem a.*** Frieden halten; ***silentium a.*** Stillschweigen wahren; ***arbitrium a.*** einen Schiedsspruch fällen; ***vigiliam / custodiam a.*** Wache halten; ***honorem a.*** ein Ehrenamt bekleiden; ***quid agis?*** was treibst du?, wie geht es dir?; ***quid agitur?*** wie geht es?; ***res agitur*** etw steht auf dem Spiel; ***hoc age*** aufgepasst; ***id a., ut / ne*** sich bemühen, dass / dass nicht; ***age(dum) / agite(dum)*** auf!, vorwärts!
4. *Theater* aufführen, in Szene setzen, *eine Rolle* spielen; ***comoediam a.*** eine Komödie aufführen; ***primas partes a.*** die Hauptrolle spielen; ***triumphum a.*** einen Triumphzug veranstalten
5. ausdrücken, aussprechen; ***gratias a.*** Dank sagen; ***laudem a.*** Lob spenden
6. verbringen, verleben; ***vitam ruri a.*** sein Leben auf dem Land verbringen; ***vitam in litteris a.*** sein Leben in wissenschaftlicher Tätigkeit leben; ***senectutem tolerabilem a.*** ein erträgliches Alter verbringen; ***tempora in venando a.*** die Zeit auf der Jagd verbringen; ***noctem quietam a.*** eine ruhige Nacht haben; ***hiemem sub tectis suis a.*** den Winter im eigenen Haus verbringen; ***decimum annum vitae a.*** im zehnten Lebensjahr stehen
7. *Angelegenheiten* verhandeln, besprechen, *aliquid cum aliquo* etw mit j-m; ***res acta est*** die Sache ist aus; ***rem actam a.*** leeres Stroh dreschen; ***causam a.*** einen Prozess führen; ***causam alicuius a.*** j-n verteidigen
II *v/i*
1. tätig sein, handeln; verhandeln; ***pro victore a.*** sich als Sieger benehmen; ***de condicionibus / de pace cum aliquo a.*** mit j-m über Bedingungen / über den Frieden verhandeln; ***aliquo agente*** mit j-s Vermittlung
2. verfahren, *cum aliquo* mit j-m; ***bene a. cum aliquo*** mit j-m gut umgehen; ***familiariter a. cum aliquo*** mit j-m auf vertrautem Fuß stehen; ***actum est de aliquo / de re*** es ist geschehen um j-n / um etw, es ist aus mit j-m / mit etw
3. *gerichtlich* klagen, *cum aliquo* gegen j-n; als Rechtsanwalt auftreten; ***iniuriarum a.*** wegen Gewalttaten den Rechtsweg beschreiten; ***hospes in agendo*** unerfahren in Rechtssachen
4. sich aufhalten, wohnen, ***prope mare*** in Meeresnähe
agōn ⟨ōnis⟩, *Akk* ⟨ōna⟩ *m* ||griech. Fw.|| (*nachkl.*) Wettkampf, Kampfspiel; ***a. exitūs*** (*mlat.*) Todeskampf; ***agones*** (*mlat.*) Glaubenskämpfe
Agōnālia ⟨ium⟩ *u.* ⟨ōrum⟩ *n* ||ago|| Agonalien, *seit Numa Pompilius Fest zu Ehren des Gottes Janus, gefeiert am 9. Januar, 20. Mai u. 10. Dezember*
Agōnālis ⟨e⟩ *Adj* zu den Agonalien gehörig; ***lux A.*** Ov. Agonalientag
agōnia ⟨ōrum⟩ *n* ||ago|| (*unkl.*) Opfertiere
Agōnia ⟨ōrum⟩ *n* = ***Agonalia***
agorānomus ⟨ī⟩ *m* ||griech. Fw.|| Plaut. *griech.* Marktaufseher, *dem röm. Ädil vergleichbar*
Agragantīnus ⟨a, um⟩ *Adj* = ***Agrigentinus***
Agragās ⟨antis⟩ *m* = ***Agrigentum***
agrāriī ⟨ōrum⟩ *m* ||ager|| die Agrarier, *Partei, die sich für die Verteilung des Ackerlandes einsetzte*
agrārius ⟨a, um⟩ *Adj* ||ager|| Acker…, Feld…; ***lex agraria*** Ackergesetz; ***largitio agraria*** reiche Acker-

verteilung; ***triumvir a.*** Liv. für die Ackerverteilung zuständiger Triumvir

▶ **agrestis** ⟨e⟩ *Adj* ||ager||
1. auf dem Feld befindlich; ***mus a.*** Feldmaus
2. wild wachsend; ***poma agrestia*** Wildobst
3. ländlich

▶ **agri-cola** ⟨ae⟩ *m* ||ager, colo|| Bauer, Landwirt

Agricola ⟨ae⟩ *m röm. Beiname*; ***Cn. Iulius Agricola*** *(40–93 n. Chr.) Schwiegervater des Tacitus*

agri-cultiō ⟨ōnis⟩ *f* ||ager, colo|| Ackerbau, Pflege des Feldes

agri-cultor ⟨ōris⟩ *m* ||ager, colo|| Bebauer des Feldes, Bauer, Landwirt

agri-cultūra ⟨ae⟩ *f* ||ager, colo|| Ackerbau, Landwirtschaft

Agrigentīnus ⟨a, um⟩ *Adj* ||Agrigentum|| aus Agrigent, agrigentinisch

Agrigentum ⟨ī⟩ *n* Agrigent, *Stadt auf Sizilien, heute Agrigento*

agri-peta ⟨ae⟩ *m* ||ager, peto|| Ansiedler, Kolonist; *pej* Erschleicher von Ackerland

Agrippa ⟨ae⟩ *m röm. Beiname*
1. ***Menenius Lanatus Agrippa*** *vermittelte 494 v. Chr. den Frieden mit der auf den Heiligen Berg ausgewanderten Plebs*
2. ***M. Vipsanius Agrippa****, 63–12 v. Chr., Freund des Augustus, Sieger von Actium 31 v. Chr., in dritter Ehe verheiratet mit Julia, der Tochter des Augustus*
3. ***Agrippa Postumus*** *nachgeborener Sohn von 2.*
4. ***Herodes Agrippa I.*** *König von Judäa 37–44 n. Chr.*
5. ***Herodes Agrippa II.*** *König von Judäa 50–100 n. Chr.*

Agrippīna ⟨ae⟩ *f*
1. *älteste Tochter von M. Vipsanius Agrippa, erste Gattin von Kaiser Tiberius*
2. *zweite Tochter von M. Vipsanius Agrippa, Gattin des Germanicus*
3. *Tochter des Germanicus, mit Kaiser Claudius verheiratet, Mutter des Nero*

Agrippīnēnsēs ⟨ium⟩ *m* die Bewohner von Colonia Agrippinensis , *heute Köln*

Agyīeus ⟨ī⟩, *Vok* ⟨eu⟩ *m Beiname des Apollo als Beschützer der Straßen*

Agylla ⟨ae⟩ *f alter griech. Name der etrurischen Stadt Caere, heute Cervetro*

Agyllīnī ⟨ōrum⟩ *m* die Einwohner von Agylla, die Agylliner

Agyllīnus ⟨a, um⟩ *Adj* aus Agylla, agyllinisch

āh *Interj poet* ach!, ha!, wehe!

aha *Interj* Plaut. oho!

Ahāla ⟨ae⟩ *m Beiname der gens Servilia*; → ***Servilius***

ahēneus ⟨a, um⟩ *Adj* = ***aeneus***

Ahēno-barbus ⟨ī⟩ *m* → ***Domitius***

ahēnus ⟨a, um⟩ *Adj* = ***aenus***

ai *Interj der Klage* ach!, wehe!

Āiāx ⟨ācis⟩ *m Name berühmter griech. Helden vor Troja*
1. *Sohn des Oileos, des Königs von Lokris, wegen Entführung der Kassandra der Athene verhasst u. schließlich wegen seiner Prahlerei von Poseidon im Meer versenkt*
2. *Sohn des Telamon, des Königs von Salamis; als die Waffen des Achill nicht ihm, sondern Odysseus zugesprochen wurden, tötete er im Wahnsinn Viehherden, die er als Gegner ansah, und beging danach aus Scham Selbstmord*

āiēns *Gen* ⟨entis⟩ *Adj* ||aio|| bejahend

ain' → ***aio***

▶ **aiō** ***3.*** *Defektivum, gebräuchlich nur Ind Präs aio, ais, ait, -, -, aiunt, Ind Imperf regelmäßig, Ind Perf ait*; sagen; ***ut ait Homerus*** wie Homer sagt; ***ain'*** sagst du?; ***ain' vero?*** meinst du wirklich?

Āius Locūtius *od* **Āius Loquēns** *m* ||aio, loquor|| der „ansagende Sprecher“, *Personifikation der Stimme, die die Römer 390 v. Chr. vor der Ankunft der Gallier warnte, aber nicht beachtet wurde; nachdem sich die Warnung bestätigt hatte, wurde der unbekannte Sprecher in einem für ihn errichteten Tempel als Gottheit verehrt*

▶ **āla** ⟨ae⟩ *f*
1. Achsel, Achselhöhle
2. Flügel; *poet* Flügelschuh
3. MIL Flügel *des Heeres, meist identisch mit* Reiterei, *später identisch mit* Hilfstruppen
4. Liv. Schildrand
5. *Pl* ARCH Seitenräume, Nebenräume *des röm. Hauses*

Alabanda ⟨ae⟩ *f u.* ***ōrum*** *n Stadt in Karien, Kleinasien, gegründet von dem Heros Alabandus, heute Araphisar im SW der Türkei*

Alabandēnsēs ⟨ium⟩ *m* die Einwohner von Alabanda, die Alabandenser

Alabandēnsis ⟨e⟩ *Adj* aus Alabanda, alabandensisch

Alabandēus ⟨a, um⟩ *Adj* aus Alabanda gebürtig

Alabandicus ⟨a, um⟩ *Adj* aus Alabanda, alabandensisch

alabarchēs ⟨ae⟩ *m höchster Zollbeamter in Ägypten, iron für Pompeius, der sich rühmte, die Zölle drastisch erhöht zu haben*

alabaster ⟨trī⟩ *m u.* **alabastrum** ⟨ī⟩ *n* ||griech.-arabisches Fw.|| Alabaster; Salbenfläschchen aus Alabaster

▶ **alacer** ⟨cris, cre⟩ *Adj, Adv* ⟨alacriter⟩
1. erregt
2. lebhaft, munter; ***equus a.*** feuriges Pferd
3. freudig; ***vultus a.*** freudiges Gesicht

alacritās ⟨ātis⟩ *f* ||alacer||
1. Erregung
2. Eifer, Lust
3. Fröhlichkeit, *alicuius rei* über etw

Alamannī ⟨ōrum⟩ *m* Alamannen, *germ. Stamm zwischen Donau u. Oberrhein seit 200 n. Chr.*

Alānī ⟨ōrum⟩ *m* Alanen, *Skythenstamm am Kaukasus*

alapa ⟨ae⟩ *f (nachkl.) poet* Ohrfeige, *symbolischer* Backenstreich *bei der Freilassung eines Sklaven bzw. (mlat.) bei der Firmung*

ālārēs ⟨ium⟩ *m (nachkl.) u.* **ālāriī** ⟨ōrum⟩ *m* ||alarius|| Hilfstruppen

ālāris ⟨e⟩ *Adj u.* **ālārius** ⟨a, um⟩ *Adj* ||ala|| zum Flügel gehörig; ***alarii equites*** die Reiter am Flügel

ālātus ⟨a, um⟩ *Adj* ||ala|| *(nachkl.) poet* geflügelt; ***equi alati*** Sonnenpferde

alauda ⟨ae⟩ *f* ||gall. Fw.|| Haubenlerche; *Pl Name einer von Caesar geschaffenen gall. Legion mit schopfähnlichen Helmbüschen*

alaudula ⟨ae⟩ *f* ||*Dim von* alauda|| Lerche

Alazōn ⟨onis⟩ *m* Angeber, *griech. Vorlage für den „Miles gloriosus" des Plautus*

alba ⟨ae⟩ *f* (*erg.* ***vestis***) (*nachkl., spätl.*) weißes Kleid, Festkleid; (*eccl.*) weißes Chorhemd *der Geistlichen*

Alba ⟨ae⟩ *f urspr.* Gebirge, *davon Städtenamen*:
1. ***Alba Fūcentia*** *Stadt in Samnium, von den Römern 302 v. Chr. am Nordufer des inzwischen ausgetrockneten Fuciner Sees in den Abruzzen angelegt, hoch gelegen u. unzugänglich, Sitz des Staatsgefängnisses der Römer; die ausgedehnten Ruinen der heute Alba Fucense genannten Stadt liegen n von Avezzano*
2. ***Alba Longa*** *Mutterstadt Roms am Westabhang des Albanerberges*

Albānī ⟨ōrum⟩ *m* die Einwohner von Alba Longa

Albānum ⟨ī⟩ *n* Land am Albanerberg, *heute Albano, Villenvorort von Rom*

Albānus ⟨a, um⟩ *Adj* aus Alba Longa; ***mons A.*** Albanerberg

albātus
I ⟨a, um⟩ *Adj* ||albus|| weiß gekleidet, im Festkleid
II ⟨ī⟩ *m* (*mlat.*) Engel

albēdō ⟨inis⟩ *f* ||albus|| weiße Farbe, Weiße, das Weiß

albeō ⟨-, -, ēre 2.⟩ ||*Denom von* albus|| weiß sein, blass sein; ***caelo albente*** im Morgengrauen

albēscō ⟨-, -, ēscere 3.⟩ ||*Inkoh von* albeo|| weiß werden, grau werden

Albiānus ⟨a, um⟩ *Adj* des Albius, zu Albius gehörig

albicapillus
I ⟨a, um⟩ *Adj* ||albus, capillus|| grauhaarig
II ⟨ī⟩ *m* Plaut. Graukopf

albicō ⟨āvī, -, āre 1.⟩ ||albus|| weiß sein, weiß schimmern

albidus ⟨a, um⟩ *Adj* ||albeo|| (*nachkl.*) *poet* weißlich

Albinovānus ⟨a, um⟩ *röm. Gentilname*
1. ***Albinovanus Pedo*** *Freund Ovids, epischer Dichter*
2. ***Albinovanus Celsus*** *Privatsekretär des Kaisers Tiberius u. Freund des Horaz, lyrischer Dichter*

Albintimilium ⟨ī⟩ *n Hauptstadt der Intemelli, heute Ventimiglia*

Albis ⟨is, *Akk* im⟩ *m* Elbe

albitūdō ⟨inis⟩ *f* ||albus|| Plaut. das Weiß; ***a. capitis*** weißes Haar, graues Haar

Albius ⟨a, um⟩ *röm. Gentilname*

Albrūna ⟨ae⟩ *f germ. Beiname der Seherinnen, von Tacitus als Eigenname gedeutet*

Albula ⟨ae⟩ *f*
1. *alter Name des Tiber*
2. *Bach w. von Tibur, heute Solfatara di Tivoli*

albulus ⟨a, um⟩ *Adj* ||*Dim von* albus|| (*vkl.*) *poet* weißlich

album ⟨ī⟩ *n* ||albus||
1. das Weiß, weiße Farbe
2. weiße Tafel, Amtstafel
3. amtliches Verzeichnis; ***a. senatorium*** Senatorenliste; ***a. iudicum*** Geschworenenliste
4. (*nlat.*) Gedenkbuch, Sammelbuch

albūmen ⟨inis⟩ *n* ||albus|| (*spätl.*) das Weiße; (*nlat.*) Eiweiß

Albunea ⟨ae⟩ *f weissagende Nymphe der Schwefelquelle bei Tibur*

► **albus** ⟨a, um⟩ *Adj*
1. weiß, mattweiß; ↔ ***candidus***; ***equus a.*** Schimmel; ***alba avis*** weißer Vogel, Wundertier, Seltenheit
2. weiß gekleidet, in der Stola
3. blass, bleich *durch Krankheit u. Sorgen*; ***urbanis a. in officiis*** blass vor Amtssorgen
4. weißgrau; ***barba alba*** grauer Bart; ***capilli albi*** graue Haare
5. hell, wolkenlos; *fig* heiter, günstig; ***stella alba*** heller Stern; ***albae gallinae filius*** „Kind einer weißen Henne" = Glückskind

Alcaeus ⟨ī⟩ *m Lyriker aus Mytilene auf Lesbos, älterer Zeitgenosse der Sappho, um 610 v. Chr.*

Alcamenēs ⟨is⟩ *m athenischer Bildhauer, Schüler des Phidias, Zeitgenosse des Perikles*

Alcathoē ⟨ēs⟩ *f Burg von Megara*

Alcathous ⟨ī⟩ *m Sohn des Pelops, baute die von den Kretern zerstörten Mauern von Megara wieder auf*; ***urbs/moenia Alcathoi*** Ov. die Stadt/die Mauern von Alcathous, = Megara

alcēdō ⟨inis⟩ *f* (*vkl., nachkl.*) Eisvogel, *lebt an Gewässern u. brütet im Winter*

alcēdōnia ⟨ōrum⟩ *n* (*erg.* ***tempora***) Brutzeit des Eisvogels, stille Winterzeit

alcēs ⟨is⟩ *f* ||germ. Lw.|| Elch

Alcēstis ⟨idis⟩ *f Gattin des Königs Admetos von Pherai in Thessalien, war bereit für ihren Gatten zu sterben, wurde von Herkules gerettet; Tragödie des Euripides*

Alcibiadēs ⟨is⟩ *m athenischer Politiker z. Zt. des Peloponnesischen Krieges, gest. 404 v. Chr.*

Alcidamās ⟨antis⟩ *m griech. Rhetor, Schüler des Gorgias*

Alcīdēs ⟨ae⟩ *m* der Alkide, = Herkules, *der Enkel des Alkeus*

Alcinous ⟨ī⟩ *m König der Phäaken, Vater der Nausikaa*; *poet* ***Alcinoi silvae*** fruchtbare Obstbäume; ***poma dare Alcinoo*** Holz in den Wald tragen

Alcmaeō(n) ⟨onis⟩ *m*
1. *Sohn des Amphiaraos, tötete auf Aufforderung des Vaters seine Mutter Eriphyle u. wurde daraufhin wahnsinnig*
2. *Philos. u. Arzt, Schüler des Pythagoras*

Alcmēna ⟨ae⟩ *f u.* **Alcmēnē** ⟨ēs⟩ *f Gattin des Amphitryon, von Zeus Mutter des Herkules*

Alcumēna ⟨ae⟩ *f* Plaut. = ***Alcmena***

alcyōn ⟨onis⟩ *f* ||griech. Fw.|| Eisvogel

Alcyonē ⟨ēs⟩ *f*
1. *Tochter des Aiolos (Aeolus), wurde in einen Eisvogel verwandelt*
2. *Tochter des Atlas, eine der Plejaden*

alcyonēus *u.* **alcyonius** ⟨a, um⟩ *Adj* ||alcyon|| (*nachkl.*) zum Eisvogel gehörig

ālea ⟨ae⟩ *f*
1. Würfel; Würfelspiel; Glücksspiel
2. *fig* Wagnis; (blinder) Zufall; ***in aleam dare*** aufs Spiel setzen; ***in dubiam aleam imperii ire*** ein ungewisses Spiel um die Herrschaft beginnen

āleārius ⟨a, um⟩ *Adj* ||alea|| das Würfelspiel betreffend, Spiel…

āleātor ⟨ōris⟩ *m* ||alea|| Würfelspieler, Spieler

āleātōrius ⟨a, um⟩ *Adj* ||aleator|| zum Spiel gehörig,

Spiel…
ālec ⟨ēcis⟩ *n* = ***allec***
Alēctō *Akk* ⟨ō⟩ *f eine der drei Erinnyen*
Alēiī campī *m Pl u.* **Alēius campus** *m* Aleisches Feld *in Kilikien in Kleinasien, wo Bellerophon nach seinem Sturz vom Pegasus, von Jupiters Blitz geblendet, umherirrte*
āleō ⟨ōnis⟩ *m* ||alea|| (*unkl.*) leidenschaftlicher Spieler
āles
I *Gen* ⟨itis⟩ *Adj* ||ala||
1. geflügelt; ***deus a.*** geflügelter Gott, = Hermes/Merkur; ***puer a.*** geflügelter Junge, = Eros/Amor
2. *fig* rasch, flüchtig
II ⟨itis⟩ *f* (*u. m*)
1. *Auguralsprache* Wahrsagevogel, *der durch seinen Flug ein Zeichen gibt*; *allg.* (großer) Vogel; ***a. Iovis*** Adler; ***a. Iunonia*** Pfau; ***a. Palladis*** Eule
2. Schwan = Sänger; ***Maeonii carminis a.*** epischer Dichter
3. *poet* Wahrzeichen, Vorbedeutung
alēscō ⟨-, -, ēscere 3.⟩ heranwachsen, gedeihen
Alesia ⟨ae⟩ *f Stadt in Gallien, von Vercingetorix verteidigt u. von Caesar erobert, heute Alise-Sainte-Reine, w. von Dijon*
Ālēus ⟨a, um⟩ *Adj* = ***Eleus***; → ***Elis***
Alexander ⟨drī⟩ *m häufiger männlicher Vorname*
1. = Paris
2. *Tyrann in Pherai in Thessalien, um 360 v. Chr.*
3. *König der Molosser, Onkel Alexanders des Großen*
4. *Alexander der Große, König von Makedonien 336–323 v. Chr.*
Alexandrēa *u.* **Alexandrīa** ⟨ae⟩ *f* ||Alexander|| *Name von Städten, die von Alexander dem Großen gegründet wurden; die wichtigsten sind:*
1. ***Alexandria Troas*** *an der troischen Küste, heute Eski Stambul*
2. ***Alexandria*** *in Ägypten, heute noch Alexandria*
Alexandrīnus ⟨a, um⟩ *Adj* aus Alexandria, alexandrinisch
Alexandrīnus ⟨ī⟩ *m* Einwohner von Alexandria, Alexandriner
Alexis ⟨idis⟩ *u.* ⟨is⟩, *Akk* ⟨in *u.* im⟩ *f griech. Komödiendichter z. Zt. Alexanders des Großen*
Alfēnus ⟨ī⟩ *m Passiv Alfenus Varus, berühmter röm. Jurist z. Zt. des Augustus*
alga ⟨ae⟩ *f* (*nachkl.*) *poet* Seegras, Tang; *meton* Küste
algeō ⟨alsī, -, algēre 2.⟩ frieren, unter Kälte leiden
algēscō ⟨alsī, -, algēscere 3.⟩ ||*Inkoh von* algeo|| *poet* sich erkälten
Algidum ⟨ī⟩ *n* ||Algidus|| *kleine Festung auf dem Algidus*
algidus ⟨a, um⟩ *Adj* ||algeo|| *poet* kalt, eisig
Algidus (mons) *m Bergzug in Latium zwischen Tusculum u. Präneste, alter Sitz des Diana-Kultes*
Algidus ⟨a, um⟩ *Adj* zum Algidus gehörig, algidisch
algor ⟨ōris⟩ *m u.* **algus** ⟨ūs⟩ *m* (*unkl.*) Kälte, Frost; Frostgefühl
aliā *Adv* (*erg.* ***viā***) (*vkl., nachkl.*) auf einem anderen Weg; ***alius aliā*** der eine auf diesem, der andere auf jenem Weg
Ālia ⟨ae⟩ *f* = ***Allia***
Aliacmōn ⟨onis⟩ *m* = ***Haliacmon***
▶ **aliās** *Adv* ||alius||
1. zu anderer Zeit, ein andermal, sonst; ***non alias*** sonst nicht; ***alias aliud*** bald dies, bald das; ***alias aliter*** bald so, bald anders; ***alias … alias*** bald … bald
2. anderswohin; anderswo
3. (*nachkl.*) bei anderen Gelegenheiten, sonst
4. ***non alias quam/nisi*** (*nachkl.*) aus keinem anderen Grund als
āliātus ⟨ī⟩ *m* ||alium|| Petr. Knoblauchesser; armer Schlucker
▶ **alibī** *Adv* ||alius, ubi||
1. anderswo; ***alius alibi*** der eine hier, der andere dort; ***alibi … alibi*** hier … dort; ***alibi aliter*** hier so und dort so
2. (*vkl., nachkl.*) in etw anderem; ***spes salutis non est alibi quam in pace*** die Hoffnung auf Heil liegt nur im Frieden
3. (*nlat.*) Beweis, dass der Angeklagte zur Tatzeit nicht am Tatort war
alica ⟨ae⟩ *f* ||griech. Lw.|| Plin. Speltbrei, Brei aus Dinkelweizen
alicāria ⟨ae⟩ *f* ||alicarius|| Straßenmädchen
alicārius ⟨a, um⟩ *Adj* ||alica|| Plaut. von Spelt, von Dinkel; ***reliquiae alicariae*** Abfälle
alicubī *Adv* ||ubi|| irgendwo
alicula ⟨ae⟩ *f* ||griech. Lw.|| Umhang, *leichter* Mantel, *über der rechten Schulter mit einer Schnalle befestigt*
alicunde *Adv* ||unde|| von irgendwoher, von irgendjemandem, von irgendetwas
alid = ***aliud***; → ***alius***
Ālidēnsis ⟨e⟩ *Adj* → ***Elidensis***
aliēnātiō ⟨ōnis⟩ *f* ||alieno||
1. Entfremdung
2. JUR Veräußerung
3. *mit u. ohne* ***mentis*** Tac. Wahnsinn
aliēnātus ⟨a, um⟩ *Adj* ||alieno|| gefühllos, gleichgültig, ***a sensu*** Liv. gegen Schmerz
aliēni-gena ⟨ae⟩ *m u. f* ||alienus, gigno|| Ausländer, Fremder; *adj nur von Personen* anderswo geboren
aliēnigenus ⟨a, um⟩ *Adj* ||alienigena|| (*nachkl.*) *poet* ausländisch, fremdartig
aliēnō ⟨āvī, ātum, āre 1.⟩ ||*Denom von* alius||
1. weggeben, entfernen; verstoßen; in fremde Gewalt geben
2. JUR veräußern, abtreten
3. entfremden, verfeinden; ***omnes bonos a se a.*** alle Guten sich zu Feinden machen
4. MED ***a. mentem alicuius*** j-n um den Verstand bringen; *Passiv* absterben, gefühllos werden
Aliēnsis ⟨e⟩ *Adj* = ***Alliensis***
aliēnum ⟨ī⟩ *n* ||alienus|| *auch Pl* fremdes Gut, fremder Besitz; ***ex alieno largiri*** auf Kosten anderer schenken
aliēnus

1. fremd, anderen gehörig
2. ausländisch
3. nicht verwandt, fern stehend
4. abgeneigt, feindselig
5. fremdartig
6. ungünstig

7. unangemessen, unpassend

I ⟨a, um⟩ *Adj*
1. fremd, anderen gehörig; ***domus aliena*** fremdes Haus; ***aes alienum*** Schulden; ***malis alienis ridere*** höhnisch lachen
2. ausländisch; ***aliena religio*** von außen kommende Religion
3. nicht verwandt, fern stehend, *abs od alicui / ab aliquo* mit j-m, von j-m, j-m; ***a. a Clodio*** mit Clodius nicht verwandt
4. abgeneigt, feindselig, *alicui / ab aliquo* j-m, *alicui rei / a re* einer Sache; ***ab litteris a.*** den Wissenschaften abgeneigt
5. fremdartig; ***suo alienoque Marte pugnare*** nach gewohnter und ungewohnter Art kämpfen
6. ungünstig; ***locus a.*** ungünstiger Ort; ***alieno tempore*** zur Unzeit
7. unangemessen, unpassend, unvereinbar, *ab aliquo* für j-n, mit j-m, *a re / alicui rei / alicuius rei* für etw, mit etw; ***dignitate imperii a.*** unvereinbar mit der Würde des Reiches; ***huic causae a.*** unvereinbar mit diesem Prozess; ***ad committendum proelium a.*** unpassend für eine Schlacht; ***aliena loqui*** Unsinn reden; ***non alienum est / videtur*** es ist / scheint nicht unpassend, + *Inf* / + *AcI*
II ⟨ī⟩ *m* Ausländer

āli-ger ⟨gera, gerum⟩ *Adj* ||ala, gero|| (*nachkl.*) *poet* geflügelt; ***amor a.*** der geflügelte Amor; ***agmen aligerum*** Zug der Vögel

alimentārius ⟨a, um⟩ *Adj* ||alimentum|| (*unkl.*) zum Unterhalt gehörig; ***res alimentaria*** Verpflegung, Proviant

alimentum ⟨ī⟩ *n* ||alo|| Nahrungsmittel, Proviant; *Pl* Verpflegungsgeld; Alimente

Alimentus ⟨ī⟩ *m Beiname der gens Cincia*; → ***Cincius***

alimōnium ⟨ī⟩ *n* ||alo|| (*vkl., nachkl.*) Nahrung, Unterhalt

► **aliō** *Adv* ||alius||
1. anderswohin; ***alio ire*** anderswohin gehen
2. zu j-d anderem, zu etw anderem

aliō-quī(n) *Adv* (*nachkl.*) *poet*
1. in anderer Hinsicht, im Übrigen; ***alioquin mitis victoria*** ein im Übrigen bescheidener Sieg
2. überhaupt, ohnehin; ***locus alioquin opportune situs*** ein überhaupt günstig gelegener Ort
3. andernfalls, sonst

aliōrsum *u.* **aliō-vorsum** *Adv* (*vkl., nachkl.*) anderswohin; *fig* in anderem Sinn, anders

āli-pēs *Gen* ⟨pedis⟩ *Adj* ||ala, pes|| *poet* flügelfüßig; schnell

āli-pilus ⟨ī⟩ *m* ||ala, pilo|| Sen. „Haarentferner", *Sklave, der in den Bädern die Achselhaare der Badegäste entfernte*

alīptēs ⟨ae⟩ *m* ||griech. Fw.|| „Einsalber", Masseur

aliquā *Adv* ||aliqui|| (*erg. viā*) auf irgendeinem Weg; *fig* irgendwie

aliquam *Adv* ||aliqui|| ziemlich, *nur in folgenden Verbindungen*: ***aliquam-diu*** ziemlich lange; ***aliquam-multi*** ziemlich viele

► **ali-quandō** *Adv* ||alius||
1. irgendwann einmal; *Vergangenheit*: einst, vor Zeiten; *Gegenwart*: dann und wann einmal; *Zukunft*: dereinst; **(*tandem*) *aliquando*** endlich einmal
2. manchmal, zuweilen

aliquantillum ⟨ī⟩ *n* ||*Dim von* aliquantum|| Plaut. ein bisschen, ein wenig

aliquantīs-per *Adv* ||aliquantum|| (Com., *nachkl.*) eine Weile

aliquantō *Adv* ||aliquantus|| *beim Komp* bedeutend; ***aliquanto amplius*** bedeutend weiter

aliquantulum ⟨ī⟩ *n, auch als Adv* ||aliquantulus|| ein bisschen, ein wenig

aliquantulus ⟨a, um⟩ *Adj* ||*Dim von* aliquantus|| (Com., *nachkl.*) (ziemlich) klein, wenig

aliquantum
I ⟨ī⟩ *n* ||aliquantus|| ein ziemlich großer Teil; ***aliquantum itineris*** ein gutes Stück des Marsches
II *Adv* ziemlich, erheblich

► **ali-quantus** ⟨a, um⟩ *Adj* ||alius|| ziemlich viel, ziemlich groß; *Pl* ziemlich viele

aliquā-tenus *Adv* (*nachkl.*) einigermaßen

ali-quī[1] *Adv* ||aliquis|| (*altl.*) irgendwie

► **ali-quī**[2] ⟨quae, quod⟩ *indef Pr, adj u.* **ali-quis** ⟨qua, quid⟩ *indef Pr, subst* ||alius||
1. irgendein(er), irgendjemand, irgendwer, irgendetwas; ***aliqui dolor*** irgendein Schmerz; ***aliquis vestrum / de vobis / ex vobis*** irgendjemand von euch; *Pl* einige; ***aliqua ex parte*** einigermaßen
2. bedeutend, nennenswert; ***sine aliquo vulnere*** ohne nennenswerte Verletzung; ***aliquid esse*** etw sein, nicht ohne Bedeutung sein
3. mancher, manch einer; ***dixerit hīc aliquis*** es mag hier manch einer sagen
4. *bei Zahlen* ungefähr, etwa; ***aliquos triginta annos natus*** etwa dreißig Jahre alt

aliquō *Adv* ||aliquis|| irgendwohin

► **ali-quot** *indekl indef Pr* ||alius|| einige, ein paar, *bei adj Gebrauch stets mit Pl*; ***aliquot epistulae*** einige Briefe

aliquotiē(n)s *Adv* ||aliquot|| mehrmals

aliquō-vorsum *Adv* Plaut. irgendwohin

alis ⟨alid⟩ *Adj meist poet* = ***alius, aliud***

Ālis ⟨idis⟩ *f* = ***Elis***

āli-sequus ⟨ī⟩ *m* ||ala, sequor|| Ov. geflügelter Diener

Alīsō ⟨ōnis⟩ *m Kastell an der unteren Lippe, 11 n Chr. von Drusus errichtet, allg. gleichgesetzt mit Halern w. von Münster*

► **aliter** *Adv* ||alius||
1. anders, auf andere Weise; ***aliter fieri non potest*** anders kann es nicht geschehen; ***aliter … aliter*** bald so … bald anders; ***haud aliter ac / atque*** nicht anders als; ***haud aliter ac si*** ebenso wie wenn; ***alius aliter*** der eine so, der andere so
2. *bei esse, se habere* anders beschaffen; ***hoc longe aliter est*** das verhält sich ganz anders
3. andernfalls, sonst
4. entgegengesetzt, umgekehrt; ***qui aliter fecerit*** wer dagegen handeln sollte

ali-ubī *Adv* = ***alibi***

ālium ⟨ī⟩ *n* = ***allium***

ali-unde *Adv* ||alius||
1. von anderswoher; ***alius aliunde*** der eine von hier, der andere von dort
2. von einem anderen, von etw anderem

3. = ***alicunde***

▸ **alius** ⟨a, ud⟩, *Gen* ⟨alterīus⟩, *Dat* ⟨aliī⟩ *Adj, auch subst gebraucht*
1. ein anderer *von mehreren*; ↔ ***alter***; ***omnes alii*** alle anderen; ***alius ac/atque*** ein anderer als; ***nihil aliud nisi*** nichts anderes als; ***alius atque alius*** bald dieser, bald jener; ***alius ex alio/post alium*** einer nach dem anderen; ***non ob/propter aliud*** aus keinem anderen Grund; ***alius … alius*** der eine … der andere
2. anders, von anderer Art; ***alium fieri*** ein anderer Mensch werden; ***in alia omnia discedere*** für das Gegenteil stimmen
3. der andere, der übrige
4. ein zweiter; ***alius Ariovistus*** ein zweiter Ariovist

Ālīus ⟨ī⟩ *m* = ***Elius***

al-lābor ⟨lāpsus sum, lābī 3.⟩ heranschlüpfen, herangleiten, heranfluten; landen, *abs od alicui rei/aliquid* an etw; ***umor allabitur*** Feuchtigkeit setzt sich an

al-labōrō ⟨āvī, ātum, āre 1.⟩ Hor. hinzuarbeiten, erstreben, *ut*

al-lacrimō ⟨āvī, ātum, āre 1.⟩ Verg. dabei weinen

al-lambō ⟨-, -, ere 3.⟩ (*nachkl.*) belecken

allāpsus ⟨ūs⟩ *m* ||allabor|| Hor. das Heranschlüpfen, das Herankriechen; ***a. serpentium*** das Herankriechen der Schlangen

al-lātrō ⟨āvī, ātum, āre 1.⟩ (*nachkl.*) *poet* anbellen, ankläffen

al-lātus ⟨a, um⟩ *PPP* → ***affero***

al-laudābilis ⟨e⟩ *Adj* (Plaut., Lucr.) sehr lobenswert

al-laudō ⟨āvī, ātum, āre 1.⟩ Plaut. loben

allēc ⟨ēcis⟩ *n* Fischsoße, Fischbrühe *aus Schalentieren u. Seefischen*

allectātiō ⟨ōnis⟩ *f* ||allecto|| Quint. das Anlocken, Anreiz

allēctiō ⟨ōnis⟩ *f* ||allego[2]|| (*spätl.*)
1. Aufnahme in ein Gremium
2. Aushebung von Truppen

allectō ⟨āvī, ātum, āre 1.⟩ ||*Intens von* allicio|| anlocken

Allēctō *Akk* ⟨ō⟩ *f* = ***Alecto***

allēctus[1] ⟨ī⟩ *m* ||allego[2]||
1. (*vkl.*) zu einem Gremium Hinzugewählter, Nachgewählter
2. (*nachkl.*) *durch kaiserliche Gnaden* in einen höheren Rang Erhobener
3. *Pl in der Kaiserzeit durch Begünstigung* in den Senat aufgenommene Ritter

al-lēctus[2] ⟨a, um⟩ *PPP* → ***allicio***

al-lēctus[3] ⟨a, um⟩ *PPP* → ***allego[2]***

allēgātiō ⟨ōnis⟩ *f* ||allego[1]|| Absendung, Mission eines Unterhändlers

allēgātus ⟨ūs⟩ *m* ||allego[2]|| Plaut. Sendung, Auftrag, Anstiftung; ***meo allegatu*** auf meine Veranlassung

al-lēgī → ***allego[2]***

al-lēgō[1] ⟨āvī, ātum, āre 1.⟩
1. *als privaten Boten* absenden; Liv. Gesandte schicken, *abs*
2. Com. zu einer Betrügerei anstiften
3. (*nachkl.*) vorbringen, geltend machen

al-legō[2] ⟨lēgī, lēctum, legere 3.⟩
1. hinzuwählen, durch Wahl in einen Kreis aufnehmen
2. *durch Gunst* in einen höheren Rang aufnehmen, befördern

allēgoria ⟨ae⟩ *f* ||griech. Fw.|| RHET Quint. Allegorie, Gleichnis

allevāmentum ⟨ī⟩ *n* ||allevo|| Erleichterung

allevātiō ⟨ōnis⟩ *f* ||allevo|| Quint. das Aufheben, das Aufrichten; *fig* Erleichterung

al-levō ⟨āvī, ātum, āre 1.⟩
1. aufheben, emporheben; ***oculos a.*** die Augen aufschlagen
2. erleichtern, mildern; *Passiv* sich erholen, + *griech. Akk*; ***levari animum*** sich geistig erholen
3. (*nachkl.*) unterstützen

allex[1] ⟨icis⟩ *n* große Zehe; ***a. viri*** Plaut. *hum* Däumling

allēx[2] ⟨ēcis⟩ *m u. f* = ***allec***

al-lēxī → ***allicio***

Āllia ⟨ae⟩ *f kleiner Nebenfluss des Tiber n von Rom, heute Fosso della Bettina; bekannt durch die Niederlage der Römer gegen die Gallier 387 v. Chr., die zur Eroberung Roms führte*

alliātus ⟨a, um⟩ *Adj* = ***aliatus***

allicefaciō ⟨-, factum, facere 3.⟩ ||allicio, facio|| Suet. anlocken

al-liciō ⟨lēxī, lectum, licere 3.⟩ anlocken, ködern, für sich gewinnen

al-līdō ⟨līsī, līsum, līdere 3.⟩ ||ad, laedo|| gegen *etw* anschlagen, gegen *etw* schleudern, *ad aliquid*; *Passiv fig* eine Schlappe erleiden

Alliēnsis ⟨e⟩ *Adj* zur → Allia gehörig; ***clades A.*** Niederlage an der Allia

Allīfae ⟨ārum⟩ *f Stadt in Samnium, heute Alife, ca. 70 km n von Neapel*

Allīfāna ⟨ōrum⟩ *n* Tonbecher aus Allifae, Tonwaren aus Allifae

Allīfānus ⟨a, um⟩ *Adj* aus Allifae

Allīfānus ⟨ī⟩ *m* Einwohner von Allifae

al-ligō ⟨āvī, ātum, āre 1.⟩
1. anbinden, festbinden
2. festhalten, ***navem ancorā*** das Schiff mit dem Anker
3. fesseln
4. *fig* fesseln, hemmen; ***virtutem a.*** die Tapferkeit hemmen; ***alligor*** mir sind die Hände gebunden
5. *fig* fesseln, binden, verpflichten, ***beneficio*** durch eine gute Tat, ***foedere*** durch ein Bündnis
6. RHET *an Gesetze* binden; ***verba certā lege a.*** die Worte an ein bestimmtes Gesetz binden
7. ***se a.*** sich schuldig machen, ***se scelere*** sich eines Verbrechens
8. verbinden, ***vulnus*** eine Wunde

al-linō ⟨lēvī, litum, linere 3.⟩ (*nachkl.*) *poet* anschmieren, anstreichen; (*klass.*) *nur fig* beflecken

al-līsī → ***allido***

al-līsus ⟨a, um⟩ *PPP* → ***allido***

āllium ⟨ī⟩ *n* Knoblauch

Allobrogēs ⟨um⟩ *m*, *Sg* **Allobrox** ⟨ogis⟩ *m* die Allobroger, *kriegerischer Stamm in Gallia Narbonensis, Hauptstadt Vienna, heute Vienne; 121 v. Chr. von den Römern unterworfen*

allocūtiō ⟨ōnis⟩ *f* ||alloquor|| (*nachkl.*)
1. Anrede, Ansprache
2. Zuspruch, Trost

allodium ⟨i⟩ *n* (*mlat.*) Volleigentum, Freigut

alloquium ⟨ī⟩ *n* = ***allocutio***
al-loquor ⟨locūtus sum, loquī 3.⟩
1. ansprechen, begrüßen
2. trösten
allubēscō ⟨-, -, ēscere 3.⟩ (Plaut., *nachkl.*) *j-s* Lust entgegenkommen, *j-m* zu Willen sein, *alicui*; ***allubescit*** *unpers* ich bekomme Lust
al-lūceō ⟨lūxī, -, lūcēre 2.⟩ (*nachkl., spätl.*) anleuchten, daneben leuchten, vergeblich leuchten
allūcinor ⟨ātus sum, ārī 1.⟩ = ***alucinor***
allūdiō ⟨āvī, ātum, āre 1.⟩ Plaut. streicheln, liebkosen
al-lūdō ⟨lūsī, lūsum, lūdere 3.⟩
1. spielen, scherzen, schäkern, *alicui / ad aliquem* mit j-m
2. an *etw* plätschern, *alicui rei*; ***mare litoribus alludit*** das Meer schlägt an den Strand
3. *fig* nahe heranreichen, *alicui / alicui rei* an j-n / an etw, ***sapientiae*** an die Weisheit
4. seinen Witz sprühen lassen; witzig auf *j-n / etw* anspielen, *ad aliquem / ad aliquid*
al-luō ⟨luī, -, luere 3.⟩ ||lavo|| anspülen; bespülen
alluviēs ⟨ēī⟩ *f* ||alluo|| (*nachkl.*) Überschwemmung, Lache
alluviō ⟨ōnis⟩ *f* ||alluo|| Anschwemmung, Schwemmland
Almō ⟨ōnis⟩ *f kleiner Nebenfluss des Tiber, heute Acquataccio, s. von Rom, in dem die Priester der Kybele alljährlich das Bildnis der Göttin wuschen*
almus ⟨a, um⟩ *Adj* ||alo||
1. nährend, Nahrung spendend, *Beiname von Zeus und Poseidon*
2. lieb, gütig, segnend; ***sol a.*** die liebe Sonne
alnus ⟨ī⟩ *f* Erle; Verg. *meton* Kahn aus Erlenholz
► **alō** ⟨aluī, altum⟩ *u.* ⟨alitum, alere 3.⟩
1. *j-n nähren, j-n* ernähren, *j-m* Unterhalt gewähren, *aliquem*
2. *bei Tieren u. Pflanzen* nähren, halten, pflegen
3. *fig* wachsen lassen, vergrößern; ***spem a.*** Hoffnung nähren; ***morbum a.*** eine Krankheit verschlimmern
4. *fig* fördern, pflegen; ***honos alit artes*** die Ehre fördert die Künste
aloe ⟨ēs⟩ *f* ||griech. Fw.|| (*nachkl.*) Aloe; *fig* Bitterkeit
Alōeūs ⟨eī⟩ *m Gigant, Sohn des Poseidon*
alogia ⟨ae⟩ *f* ||griech. Fw.|| (*nachkl.*) Unvernunft; *Pl* Sen. verrückte Ideen
alogus ⟨a, um⟩ *Adj* ||griech. Fw.|| unsinnig, sinnlos
Alōīdae ⟨ārum⟩ *m* ||Aloeus|| die Aloiden, *die Riesen Otos und Ephialtes, die Poseidon mit der Gattin des Aloeus, Iphimedia, gezeugt hatte; fesselten Ares u. hielten ihn neun Monate gefangen; wollten den Olymp stürmen u. wurden von Apollo getötet*
Alpēs ⟨ium⟩ *f* die Alpen
alpha
1. *Name des ersten Buchstabens des griech. Alphabets*
2. *fig* der Erste, Anfang; → ***A et O***
alphabētum ⟨ī⟩ *n* ||griech. Lw.|| Alphabet
Alphēias ⟨adis⟩ *f* ||Alpheos|| Alpheiade, *Beiname der* Arethusa
Alphēos *u.* **Alphēus** ⟨ī⟩ *m* MYTH *Hauptfluss der Peloponnes, in Arkadien entspringend u. als Grenzfluss von Elis u. Triphylia in das Ionische Meer mündend; sein mehrmaliger unterirdischer Verlauf erregte die Fantasie, so die Deutung als Flussgott, der die Quellnymphe Arethusa unter dem Meer bis Syrakus verfolgt u. sich dort mit ihr vereinigt*
Alphēus ⟨a, um⟩ *Adj* des Alpheus
Alpicus ⟨ī⟩ *m* ||Alpes|| Alpenbewohner
Alpīnus
I ⟨a, um⟩ *Adj* ||Alpes|| zu den Alpen gehörig, Alpen…
II ⟨ī⟩ *m* Alpenbewohner
alsī → ***algeo*** *u.* → ***algesco***
Alsiēnse ⟨is⟩ *n Landgut des Pompeius bei Alsium*
Alsiēnsis ⟨e⟩ *Adj* zu Alsium gehörig
Alsium ⟨ī⟩ *n alte Stadt Etruriens, heute das Dorf Palo; einst Mittelpunkt des Gebietes, in dem viele vornehme Römer Landgüter besaßen*
alsius ⟨a, um⟩ *Adj* ||algeo|| Lucr. frostig
alsus ⟨a, um⟩ *Adj* ||algeo|| frisch, kühlend
altāre ⟨is⟩ *n* (*eccl.*) Altar
altāria ⟨ium⟩ *n* Brandopferaltar, *urspr. nur der aufgesetzte Opferherd, später der ganze Altar*
altārium ⟨ī⟩ *n* (*eccl.*) Altar; ***a. maius*** Hochaltar
alter ⟨altera, alterum⟩ *Adj, auch subst gebraucht*
1. der eine, der andere *von zweien*; ↔ ***alius***; ***alter consul*** der eine / der andere der beiden Konsuln; ***alter alterum*** der eine den anderen; ***alter … alter*** der eine … der andere; ***alteri … alteri*** die einen … die anderen
2. der andere *als Gegensatz od Gegenüber*; ***altera factio*** die Gegenpartei; ***altera pars*** die andere Seite *bei Gegensätzlichkeiten*; ***altera ripa*** das gegenüberliegende Ufer
3. der Nächste, der Mitmensch
4. *als Zahlwort* der zweite, der folgende; ***a. Marius*** ein zweiter Marius; ***a. ego*** das andere Ich; ***alterum tantum*** doppelt so groß, doppelt so viel; ***vicesimus a.*** = ***vicesimus secundus*** der zweiundzwanzigste
altera ⟨īus⟩ *f* ||alter|| (*erg.* ***febris***) Wechselfieber
alterās *Adv* ||alter|| Plaut. ein andermal
altercātiō ⟨ōnis⟩ *f* ||altercor|| Wortwechsel, Zank; POL, JUR Debatte, Streitgespräch, Diskussion
altercātor ⟨ōris⟩ *m* ||altercor|| (*nachkl.*) Diskussionsredner
altercō ⟨āvī, ātum, āre 1.⟩ *u.* **altercor** ⟨ātus sum, ārī 1.⟩ ||*Denom von* alter|| einen Wortwechsel führen, diskutieren, *cum aliquo* mit jdm; im Streit liegen, *alicui* mit j-m; ***inter se a.*** untereinander diskutieren; ***altercante libidinibus pavore*** *poet* Leidenschaften und Angst im Streit; ***altercando invenit parem neminem*** im Streitgespräch fand er nicht seinesgleichen
alternīs *Adv* ||alternus|| abwechselnd
alternō ⟨āvī, ātum, āre 1.⟩ ||alternus||
1. mit *etw* abwechseln, *aliquid*; ***fructūs a.*** in der Fruchtfolge wechseln
2. abwechseln, *abs*
3. schwanken, *abs*
alternus ⟨a, um⟩ *Adj* ||alter||
1. abwechselnd, gegenseitig; ***sermones alternae*** Wechselgespräch; ***alternis diebus*** Liv. alle zwei Tage; ***alternos iudices reicere*** gegenseitig die ausgelosten Richter ablehnen
2. in Distichen, elegisch; ***versūs alterni*** Distichen;

carmen alternum Elegie

alter-uter ⟨utra, utrum⟩ *indef Pr, meist nur der zweite Teil dekliniert* einer von beiden; ***a. vestrum/ex vobis*** einer von euch beiden

alter-uterque ⟨utraque, utrumque⟩ *indef Pr* Plin. jeder von beiden

alti-cinctus ⟨a, um⟩ *Adj* ||altus², cingo|| *poet* hochgezogen, gerafft *bei Kleidungsstücken*

altilia ⟨ium⟩ *n* ||altilis|| Mastgeflügel

altilis

I ⟨e⟩ *Adj* ||alo|| gemästet, Mast…; ***boves altiles*** Mastochsen

II ⟨is⟩ *f* Poularde; *Pl* Mastgeflügel

alti-sonus ⟨a, um⟩ *Adj poet* ||altus², sono|| (von der Höhe herab) tönend, donnernd; *fig* erhaben

alti-tonāns *Gen* ⟨antis⟩ *Adj* ||altus², tono|| *poet Beiname des Zeus*; = ***altisonus***

► **altitūdō** ⟨inis⟩ *f* ||altus²||

1. Höhe; *fig* Erhabenheit, Größe; ***a. animi*** Hochherzigkeit

2. Tiefe, ***maris*** des Meeres

3. Dicke

4. *fig* Verschlossenheit

altiusculus ⟨a, um⟩ *Adj* ||altus²|| Suet. etwas zu hoch

altivolāns *Gen* ⟨antis⟩ *Adj* ||altus², volo¹|| *poet* hoch fliegend

altivolantēs ⟨um⟩ *f* Vögel

altor ⟨ōris⟩ *m* ||alo|| Ernährer

altrīm secus Plaut. *u.* **altrīn-secus** *(unkl.) Adv* auf der anderen Seite

altrīx ⟨īcis⟩ *f* ||altor|| Ernährerin, Amme; *adj* ernährend, säugend; ***a. terra*** Mutter Erde

altrō-vorsum *Adv* Plaut. nach der anderen Seite

altum ⟨ī⟩ *n* ||altus²||

1. Höhe; hohe See; *(nachkl.) poet* Himmel; ***se in altum tollere*** in die Höhe aufsteigen; ***de alto/ex alto cadere*** aus der Höhe herabfallen

2. Tiefe; ***ex alto emergere*** aus der Tiefe auftauchen; ***in altum provehi*** auf die hohe See hinausfahren; ***in portum ex alto invehi*** von der hohen See in den Hafen fahren

3. Weite, Ferne; ***ex alto aliquid petere*** etw von weit her holen

4. das Innere, Tiefe des Herzens

altus¹ ⟨a, um⟩ *PPP* → ***alo***

altus² ⟨a, um⟩ *Adj* ||alo||

1. hoch
2. tief
3. weit, breit
4. weit entfernt, weit zurückliegend
5. laut
6. hell

1. hoch *von unten gemessen*, hochragend; *von Ansehen, Rang, Grad, Gesinnung* hoch, erhaben; ***arbor alta*** hoher Baum; ***turris ducentos pedes alta*** ein 200 Fuß hoher Turm; ***urbs alta*** hoch gelegene Stadt; ***Roma alta*** das *mit hohen Mauern* befestigte Rom; ***altiorem fieri*** sich in die Brust werfen; ***alte spectare*** sich ein hohes Ziel setzen

2. tief *von oben gemessen*; tief innerlich; *fig* tief, fest; *(nachkl.) poet* versteckt, geheim; gründlich; tiefsinnig; ***flumen altum*** tiefer Fluss; ***altum mare*** tiefes Meer, hohe See; ***radix alta*** tief eindringende Wurzel; ***somnus a.*** tiefer Schlaf; ***silentium altum*** tiefes Schweigen; ***studia alta*** gründliche Studien; ***altius perspicere*** tieferes Verständnis haben

3. weit, breit, *horizontale Ausdehnung*; ***vallis alta*** weites Tal; ***saltus a.*** weit reichendes Waldtal

4. *fig* weit entfernt, weit zurückliegend; alt, uralt; ***gens alta*** uraltes Geschlecht; ***memoria alta*** ältere Zeiten

5. *(nachkl.) von der Stimme* laut

6. *(mlat.)* hell; teuer

alūcinātiō ⟨ōnis⟩ *f* ||alucinor|| Sen. gedankenloses Reden, Faselei

alūcinor ⟨ātus sum, ārī 1.⟩ gedankenlos daherreden, schwatzen, faseln; *auch* töricht handeln

aluī → ***alo***

alūmen ⟨inis⟩ *n (nachkl.)* bitteres Tonerdesalz, Alaun

alūminōsus ⟨a, um⟩ *Adj* ||alumen|| *(nachkl.)* alaunhaltig

alumna ⟨ae⟩ *f* ||alumnus|| Pflegetochter, Pflegekind; *(klass.) nur fig* Tochter, Kind

alumnor ⟨ātus sum, ārī 1.⟩ ||alumnus|| großziehen

alumnus

I ⟨a, um⟩ *Adj* ||alo|| großgezogen, erzogen; ***numen alumnum*** göttlicher Pflegesohn

II ⟨ī⟩ *m*

1. Pflegesohn, Pflegekind, Zögling

2. Schüler, Jünger, ***Platonis*** des Plato

3. ***alumni parvi*** *poet* Jungtiere; ***a. alienus*** Pfropfreis

4. Sohn, Sprössling; ***a. Italiae*** Tac. Italiens Sohn; ***a. sutrinae tabernae*** Schusterlehrling

5. *(mlat.)* Zögling; junger Christ

alūta ⟨ae⟩ *f* ||alumen||

1. in Alaun gegerbtes Leder

2. *Produkte aus Alaunleder*: Schuhriemen; Ledertäschchen, Lederbeutel; Schönheitspflästerchen

3. Mart. *obszön* schlaffes männliches Glied

alveāre ⟨is⟩ *n u.* **alv(e)ārium** ⟨ī⟩ *n* ||alveus, alvus|| Bienenstock, Bienenkorb

alveolus ⟨ī⟩ *n* ||*Dim von* alveus||

1. *(nachkl.) poet* kleine Wanne, Becken, Trog; Liv. Schanzkorb *zum Tragen von Schanzmaterial*

2. *(nachkl.)* kleines Flussbett

3. *mit hohem Rand versehenes* Spielbrett für Würfelspiele; *meton* Würfelspiel

alveus ⟨ī⟩ *m* ||alvus||

1. Wanne, Mulde, Trog, Badewanne, Bassin

2. *(nachkl.) poet* Flussbett

3. *(nachkl.) poet* Einbaum, Kahn

4. Bienenkorb, Bienenstock

5. *(nachkl.)* Spielbrett; *meton* Würfelspiel

alvus ⟨ī⟩ *f*

1. Bauch, Magen; Unterleib

2. Tac. *fig* Schiffsbauch

3. *(vkl., nachkl.) fig* Bienenstock, Bienenkorb

alx ⟨alcis⟩ *f (mlat.)* Elch

Alyattēs ⟨is⟩ *u.* ⟨eī⟩ *m Vater des Krösus, Begründer der Macht Lydiens um 590 v. Chr.*

am- = ***ambi-***

amābilis ⟨e⟩ *Adj, Adv* ⟨amābiliter⟩ ||amo||

1. liebenswürdig, liebenswert

2. *(unkl.)* liebevoll; ***amabiliter in aliquem cogitare***

liebevoll an j-n denken
amābilitās ⟨ātis⟩ *f* ||amabilis|| Plaut. Liebenswürdigkeit
Amalthēa ⟨ae⟩ *f Nymphe, später in Gestalt einer Ziege gesehen, die Zeus als Kind auf Kreta aufzog, nachdem dessen Mutter Rhea den Neugeborenen vor dem Vater Kronos versteckt hatte;* ***cornu Amaltheae*** Horn der Amalthea, Füllhorn, *Symbol des Überflusses*
Amalthēum ⟨ī⟩ *n* Heiligtum der Amalthea *auf den Landgütern des Atticus u. Cicero*
āmandātiō ⟨ōnis⟩ *f* ||amando|| Verbannung
ā-mandō ⟨āvī, ātum, āre 1.⟩ verweisen, wegschicken, verbannen; *fig* entfernen, *ab aliquo / ex loco in locum* von j-m weg / von einem Ort weg an einen Ort; ***extra Italiam a.*** Liv. aus Italien verbannen; ***procul a sensibus a.*** weit von den Sinnen entfernen
amandus ⟨a, um⟩ *Adj* ||amo|| Hor. liebenswürdig
amāns *Gen* ⟨antis⟩ *Adj, Adv* ⟨amanter⟩ ||amo||
1. *von Personen* liebend; ***a. patriae*** Patriot
2. *von Dingen* liebevoll; ***verba amantia*** liebevolle Worte
ā-manuēnsis ⟨is⟩ *m* Suet. Schreiber, Sekretär
amāracinum ⟨ī⟩ *n* ||amaracinus|| *(nachkl.) poet* Majoransalbe
amāracinus ⟨a, um⟩ *Adj* ||griech. Fw.|| *(nachkl.)* aus Majoran
amāracum ⟨ī⟩ *n u.* **amāracus** ⟨ī⟩ *m* ||griech. Fw.|| Majoran
amarantus ⟨ī⟩ *m* ||griech. Fw.|| *(nachkl.) poet* Tausendschön
amāritiēs ⟨ēī⟩ *f poet* = ***amaritudo***
amāritūdō ⟨inis⟩ *f (unkl.) u.* **amāror** ⟨ōris⟩ *m* ||amarus|| *poet*
1. bitterer Geschmack, Bitterkeit
2. *fig* Erbitterung
3. *fig* das Widerliche, das Unangenehme
amārum ⟨ī⟩ *n* ||amarus||
1. das Bittere, Bitterkeit
2. *(nlat.)* Bitterstoff, Bittermittel
▶ **amārus** ⟨a, um⟩ *Adj, Adv* ⟨amārē⟩
1. *von Geschmack u. Geruch* bitter
2. *fig* verbittert, reizbar
3. *fig* widerlich, unangenehm
4. *fig* kränkend
Amasēnus ⟨ī⟩ *m Fluss im SW Latiums, heute Amaseno*
amāsia ⟨ae⟩ *f* ||amo|| Geliebte
amāsius ⟨ī⟩ *m* ||amo|| Plaut. Liebhaber; *adj* verliebt
Amathūs ⟨ūntis⟩ *f Stadt auf Zypern mit Tempel der Aphrodite u. reichen Kupferbergwerken*
Amathūsia ⟨ae⟩ *f* Aphrodite / Venus
Amathūsiacus *u.* **Amathūsius** ⟨a, um⟩ *Adj* aus Amathus
amātiō ⟨ōnis⟩ *f* ||amo|| Plaut. Liebschaft, Liebelei
amātor ⟨ōris⟩ *m* ||amo||
1. Freund, Verehrer, ***pacis*** des Friedens
2. Liebhaber; Lüstling
amātorculus ⟨ī⟩ *m* ||*Dim von* amator|| Plaut. kümmerlicher Verehrer
amātōrium ⟨ī⟩ *n* ||amatorius|| Liebestrank
amātōrius ⟨a, um⟩ *Adj, Adv* ⟨amātōriē⟩ ||amator|| verliebt, galant; Liebes…; ***voluptas amatoria*** Liebesgenuss; ***amatorie*** in verliebtem Ton
amātrīx ⟨īcis⟩ *f* ||amator|| *(unkl.)* Geliebte; *adj* verliebt
Amāzōn ⟨onis⟩ *f* Amazone
Amāzones *u.* **Amāzonides** ⟨um⟩ *f* MYTH Amazonen, *kriegerisches Frauenvolk aus dem Kaukasus u. aus Pontus*
Amāzoni(c)us ⟨a, um⟩ *Adj* amazonisch, amazonenhaft; ***vir A.*** Ov. amazonischer Mann, = Hippolytos, *Sohn des Theseus u. einer Amazone*
amb- = ***ambi-***
ambactus ⟨ī⟩ *m* ||gall. Fw.|| Höriger, Lehnsmann, Vasall
amb-āgēs ⟨um⟩ *f* ||amb-, ago|| *(unkl.)*
1. Umweg, Irrweg, *bes* Irrgänge des Labyrinths
2. *fig* Weitschweifigkeit; ***missis ambagibus*** ohne Umschweife
3. *fig* Winkelzüge, Ausflüchte
4. *fig* Zweideutigkeit, Rätselhaftigkeit; ***per ambages*** in rätselhaften Andeutungen
Ambarrī ⟨ōrum⟩ *m kelt. Volk in Gallien, Hauptstadt Lugdunum*
amb-edō ⟨ēdī, ēsum, edere 3.⟩ *(unkl.) ringsum* anfressen, benagen; aufessen; *fig* verzehren
amb-ēstrīx ⟨īcis⟩ *f* ||edo|| Plaut. Fresserin
ambi- *Präf* zu beiden Seiten, ringsum
Ambiānī ⟨ōrum⟩ *m belg. Küstenvolk, Hauptstadt Samarobriva*
Ambibariī ⟨ōrum⟩ *m kelt. Volk in der Normandie, n der heutigen Stadt Rennes*
amb-igō ⟨-, -, ere 3.⟩ ||amb-ago||
I *v/i*
1. *(nachkl.)* schwanken, unschlüssig sein, *de re* in Bezug auf etw, + *AcI* / + *indir Fragesatz*; ***ambigitur de re*** man zweifelt an etw
2. diskutieren, streiten, *bes vor Gericht, de re* über etw, + *indir Fragesatz*; ***ii qui ambigunt*** die streitenden Parteien; ***ambigendi causa*** Streitsache
II *v/t* bezweifeln, bestreiten, *(klass.) nur Passiv*; ***res ambigitur*** eine Sache ist zweifelhaft; ***ambigitur quid enim?*** worüber streitet man denn?
ambiguitās ⟨ātis⟩ *f* ||ambiguus|| Zweideutigkeit, Doppelsinn
ambiguum ⟨ī⟩ *n* ||ambiguus|| *poet* Ungewissheit; ***in ambiguo*** im Zweifel
ambiguus ⟨a, um⟩ *Adj, Adv* ⟨ambiguē⟩ ||ambigo||
1. nach beiden Seiten hinneigend, Zwitter…; wandelbar, veränderlich; ***viri ambigui*** Ov. Kentauren
2. *fig* schwankend, unentschlossen, unsicher, strittig; ***ambigue pugnare*** unentschieden kämpfen
3. *(nachkl.) fig von Personen* unschlüssig, ängstlich, *alicuius rei* hinsichtlich einer Sache, in einer Sache
4. *fig von Personen u. Sachen* unzuverlässig, verdächtig, bedenklich, unsicher; ***homo ambigui ingenii*** zwielichtiger Zeitgenosse; ***res ambiguae*** missliche Lage
5. *fig von Sachen* anfechtbar, strittig
6. *fig* zweideutig, doppelsinnig, dunkel
▶ **ambiō** ⟨īvī⟩ *u.* ⟨iī, ītum, īre 4.⟩ ||amb-eo||
1. ausweichend umgehen, meiden; ***deviis itineribus aliquid a.*** auf Schleichwegen etw umgehen
2. *(nachkl.) poet* einfassen, umgeben; ***domum muris a.*** das Haus mit Mauern umgeben; ***clipeum auro a.*** den Schild mit einem Goldrand einfassen
3. bittend umhergehen, um Stimmen werben, *ali-*

quem bei j-m; ***populum a.*** beim Volk um Stimmen werben
4. mit Bitten angehen, umschmeicheln; ***regem precibus a.*** sich mit Bitten an den König wenden; ***ambiri re*** um etw angegangen werden; ***principes ambiuntur plurimis nuptiis*** die Prinzen werden mit zahlreichen Ehevorschlägen umworben

Ambiorīx ⟨īgis⟩ *m Fürst der Eburonen zwischen Maas u. Rhein um das heutige Lüttich, 53 v. Chr. von Caesar besiegt*

▶ **ambitiō** ⟨ōnis⟩ *f* ||ambio||
1. Bewerbung *beim Volk um ein Amt*
2. *fig* Popularitätshascherei, Unterwürfigkeit, Liebesdienerei, Parteilichkeit
3. *fig* Prahlerei, Ehrsucht, Anmaßung, Eitelkeit, Prunk, Aufwand
4. (*nachkl.*) *fig* eifriges Streben, ***gloriae*** nach Ruhm

ambitiōsus ⟨a, um⟩ *Adj, Adv* ⟨ambitiōsē⟩ ||ambitio||
1. herumgehend; *von Personen u. Sachen* fest umschlingend; *von Pflanzen* üppig rankend; ***preces ambitiosae*** inständige Bitten
2. eifrig um Gunst werbend, liebesdienerisch, parteiisch; ***ambitiose*** aus Gefallsucht, aus nachsichtiger Schwäche
3. nach Ämtern und Ehrenstellen trachtend; *fig* eifrig trachtend, *in aliquid* nach etw
4. *von Sachen* auf Gunst berechnet; ***rogatio ambitiosa*** auf Gunst berechneter Antrag
5. *von Personen u. Sachen* ehrgeizig; affektiert; *von Sachen* dem Prunk dienend; ***oratio ambitiosa*** affektierte Rede; ***amicitia ambitiosa*** Freundschaft aus Berechnung; ***mors ambitiosa*** Tac. auf Nachruhm berechneter Tod; ***ambitiose*** in selbstsüchtiger Absicht

▶ **ambitus** ⟨ūs⟩ *m* ||ambio||
1. Gang, Umgang, *alicuius rei* um etw; ***a. aedium*** Gang um das Haus; ***a. fluminis*** Windung des Flusses
2. Umlauf, Kreislauf; Bahn *von Gestirnen*; ***a. saeculorum*** Tac. Zeitperiode
3. Umkreis; Umfang, ***muri*** einer Mauer
4. (*nachkl.*) *in der Rede* Umschweife, weitschweifige Darstellung; GRAM Satz, Periode
5. Amtserschleichung
6. übertriebener Ehrgeiz; Eitelkeit

Ambivaretī ⟨ōrum⟩ *m kelt. Stamm an der oberen Loire*

Ambivaritī ⟨ōrum⟩ *m kelt. Stamm an der Maas*

Ambivius Turpio L. *berühmter röm. Schauspieler z. Zt. des Terenz*

▶ **ambō**[1] ⟨ambae, ambō⟩ *Adj* beide zusammen, beide zugleich; ***ambo consules*** beide Konsuln; ***ambabus manibus*** mit beiden Händen

ambo[2] ⟨ōnis⟩ *m* (*spätl.*) Lesepult, Kanzel

Ambracia ⟨ae⟩ *f Stadt in Epirus, heute Arta*

Ambraciēnsis ⟨e⟩ *Adj* ambracisch, aus Ambracia

Ambraciēnsis ⟨is⟩ *m* Einwohner von Ambracia

Ambraciōta *u.* **Ambraciōtēs** ⟨ae⟩ *m* Einwohner von Ambracia

Ambracius ⟨a, um⟩ *Adj* ambracisch, aus Ambracia

ambrosia ⟨ae⟩ *f* ||griech. Fw.||
1. Götterspeise, *die nach der Sage neben dem Nektar Unsterblichkeit verlieh*; Ov. Futter der Sonnenpferde
2. *poet* Göttersalbe, *antikes Schönheitsmittel*

ambrosius ⟨a, um⟩ *Adj* ||griech. Fw.|| göttlich, mit Ambrosia gesalbt, aus Ambrosia bestehend

ambūbāia ⟨ae⟩ *f* ||syrisches Fw.|| (Hor., Suet.) syrische Flötenspielerin, Tänzerin

ambulācrum ⟨ī⟩ *n* ||ambulo|| Plaut. Allee

ambulātiō ⟨ōnis⟩ *f* ||ambulo||
1. Quint. das Auf- und Abgehen *des Redners*
2. Spaziergang
3. *konkr.* Wandelhalle

ambulātiuncula ⟨ae⟩ *f* ||*Dim von* ambulatio||
1. kleiner Spaziergang
2. kleine Wandelhalle

ambulātor ⟨ōris⟩ *m* ||ambulo||
1. (*vkl.*) Spaziergänger
2. Mart. Hausierer

ambulātōrius ⟨a, um⟩ *Adj* ||ambulo|| (*nachkl.*) hin und her gehend, beweglich

▶ **ambulō** ⟨āvī, ātum, āre 1.⟩
I *v/i*
1. (*vkl.*) umherstreunen, umherschlendern
2. daherschreiten, einherstolzieren
3. wandern, reisen; marschieren
4. spazieren gehen
II *v/t* durchwandern, durchfahren

amb-ūrō ⟨ussī, ustum, ūrere 3.⟩
1. ringsum anbrennen, versengen
2. *Passiv fig* hart mitgenommen werden, nur mit einem blauen Auge davonkommen; ***prope ambustus evasit*** er kam nur knapp davon *bei Gericht*

ambustulātus ⟨a, um⟩ *Adj* ||amb-, ustulo|| Plaut. um und um verbrannt, gebraten

ambustus ⟨a, um⟩ *Adj* ||amburo|| halb erfroren; ***artūs frigore ambusti*** vor Kälte erstarrte Glieder

amellus ⟨ī⟩ *m* Verg. purpurrote Sternblume

āmēn ||hebr.-griech. Fw.|| (*eccl.*) Amen, es geschehe!; ***amen dicere alicui rei*** (*spätl.*) zu etw ja sagen

āmendō ⟨āvī, ātum, āre 1.⟩ = ***amando***

▶ **ā-mēns** *Gen* ⟨entis⟩ *Adj* sinnlos, unsinnig, betäubt, wahnsinnig; ***vino a.*** vom Wein betäubt; ***animi a.*** Verg. von Sinnen; *meton auch von abstr. Begriffen*: ***consilium a.*** unsinniger Plan

āmentātus ⟨a, um⟩ *Adj* ||amentum|| mit einem Schwungriemen versehen; ***hasta amentata*** wurfbereite Lanze

āmentia ⟨ae⟩ *f* ||amens|| Wahnsinn, Sinnlosigkeit, verrücktes Benehmen

āmentum ⟨ī⟩ *n* Schwungriemen, Wurfriemen *an der Lanze*; *fig* Geschoss

Ameria ⟨ae⟩ *f alte Munizipalstadt in Umbrien, heute Amelia bei Spoleto*

Amerīnus ⟨a, um⟩ *Adj* amerinisch, aus Ameria

Amerīnus ⟨ī⟩ *m* Einwohner von Ameria

ames ⟨itis⟩ *m* (*nachkl.*) *poet* Stellgabel *für Vogelnetze*

amethystina ⟨ōrum⟩ *n* ||amethystinus|| amethystfarbene Kleider

amethystinātus ⟨a, um⟩ *Adj* ||amethystinus|| Mart. amethystfarben gekleidet

amethystinus ⟨a, um⟩ *Adj* ||griech. Fw.|| amethystfarben, mit Amethysten besetzt

amethystus ⟨ī⟩ *f* ||griech. Fw.|| (*nachkl.*) *poet* Amethyst, *violetter Halbedelstein*

amfrāctus ⟨ūs⟩ *m* = ***anfractus***
amīca ⟨ae⟩ *f* ||amicus|| Freundin, Geliebte
amiciō ⟨icuī⟩ *u.* ⟨ixī, ictum, īre 4.⟩
1. *ein Gewand* umwerfen, (*klass.*) *nur PPP*; ***amictus togā*** mit der Toga bekleidet
2. *poet* umhüllen, einwickeln; ***ossa pelle amicta*** vom Fell umschlossene Knochen
amīciter *Adv* ||amicus|| (*altl.*) freundschaftlich, freundlich
▶ **amīcitia** ⟨ae⟩ *f u.* Lucr. **amīcitiēs** ⟨ēī⟩ *f* ||amicus||
1. Freundschaft; ***amicitiam facere/coniungere cum aliquo*** mit j-m Freundschaft schließen
2. POL Freundschaftsbündnis
3. *meton* Freunde
amictōrium ⟨ī⟩ *n* ||amicio|| Mart. Büstenhalter
amictus[1] ⟨a, um⟩ *PPP* → ***amicio***
amictus[2] ⟨ūs⟩ *m* ||amicio||
1. das Umwerfen, das Anlegen eines Gewandes
2. Faltenwurf; Tracht
3. *meton* Obergewand, Mantel
4. *poet* Schleier; (*nachkl.*) *fig* Hülle
amīcula ⟨ae⟩ *f* ||*Dim von* amica|| Geliebte
amīculum ⟨ī⟩ *n* ||amicio|| Mantel
amīculus ⟨ī⟩ *m* ||*Dim von* amicus|| lieber Freund, vertrauter Freund; *auch mit iron Nebensinn* „Freundchen"
▶ **amīcus**
I ⟨a, um⟩ *Adj*, *Adv* ⟨amīcē⟩ ||amo||
1. befreundet, freundschaftlich
2. freundlich, angenehm, willkommen
II ⟨ī⟩ *m*
1. Freund; POL Verbündeter, Anhänger, Parteifreund
2. *poet* Gönner, Gefährte
3. *fig* Freund, Verehrer, ***veritatis*** der Wahrheit
4. *Pl* Hofleute, Vertraute, Günstlinge
5. *Pl* Curt. makedonische Leibwache zu Pferd
a-migrō ⟨āvī, ātum, āre 1.⟩ Liv. wegziehen, fortziehen
Amīnaea ⟨ae⟩ *f Weinbaugebiet im Picenum, Landschaft um das heutige Ancona, berühmt durch besonders guten Wein*
Amīnaeus ⟨a, um⟩ *Adj* aus Aminaea
Amisēnus ⟨ī⟩ *m* Einwohner von Amisus
a-mīsī → ***amitto***
Amīsia ⟨ae⟩ *f* Ems, *im Land der Brukterer*
āmissiō ⟨ōnis⟩ *f u.* Nep. **āmissus**[1] ⟨ūs⟩ *m* ||amitto|| Verlust, Tod, ***liberorum*** der Kinder
āmissus[2] ⟨a, um⟩ *PPP* → ***amitto***
Amīsum ⟨ī⟩ *n u.* **Amīsus** ⟨ī⟩ *f Küstenstadt in Pontus, heute Samsum*
amita ⟨ae⟩ *f* Tante *väterlicherseits*; Tac. Großtante
Amiternīnus
I ⟨a, um⟩ *Adj* aus Amiternum, zu Amiternum gehörig
II ⟨ī⟩ *m* Einwohner von Amiternum
Amiternum ⟨ī⟩ *n Sabinerstadt, Geburtsort des Sallust, heute Amatrice n von L'Aquila*
Amiternus ⟨a, um⟩ *Adj* aus Amiternum, zu Amiternum gehörig
▶ **ā-mittō** ⟨mīsī, missum, mittere 3.⟩
1. (*vkl., nachkl.*) wegschicken, weggehen lassen
2. *freiwillig* fahren lassen, aufgeben; ***spem a.*** die Hoffnung aufgeben; ***fidem a.*** sein Wort brechen
3. *unfreiwillig* entkommen lassen, sich entgehen lassen; ***e manibus a.*** aus seiner Gewalt entkommen lassen; ***occasionem a.*** eine Gelegenheit verpassen
4. verlieren, einbüßen; ***pecuniam a.*** Geld einbüßen; ***causam/litem a.*** einen Prozess verlieren; ***fidem a.*** die Glaubwürdigkeit verlieren
ammentum ⟨ī⟩ *n* = ***amentum***
Ammōn ⟨ōnis⟩ *m* = ***Hammon***
Ammōniī ⟨ōrum⟩ *m* = ***Hammonii***; → ***Hammon***
amnēstia ⟨ae⟩ *f* ||griech. Fw.|| *gesetzlich verfügte* Vergebung von Straftaten *in Revolutionen u. Kriegszeiten*; Vergebung, Amnestie; *lat. meist* → ***oblivio***
amni-cola ⟨ae⟩ *f u. m* ||amnis, colo|| Ov. am Fluss wohnend
amniculus ⟨ī⟩ *m* ||*Dim von* amnis|| Flüsschen
▶ **amnis** ⟨is⟩ *m*
1. Strom; *poet* Stromgott
2. *poet* Wildbach, Strömung, Flut, Wasser; ***secundo amne*** stromabwärts; ***adverso amne*** stromaufwärts
▶ **amō** ⟨āvī, ātum, āre 1.⟩
1. lieben, lieb haben, ***liberos*** die Kinder; ***se ipsum a.*** sich selbst lieben, egoistisch sein
2. verliebt sein, *aliquem* in j-n
3. Gefallen finden; sich gerne gefallen lassen, + *Inf* / + *AcI*; ***litteras a.*** an den Wissenschaften Gefallen finden
4. (Sall., Hor.) gerne tun, zu tun pflegen, + *Inf*
5. verpflichtet sein, *aliquem de re/in re* j-m für etw
6. *formelhaft* ***ita/sic me dii ament*** so wahr mir die Götter helfen mögen; ***amabo (te)*** sei so gut
amoena ⟨ōrum⟩ *n* ||amoenus|| (*nachkl.*) reizende Gegenden
amoenitās ⟨ātis⟩ *f* ||amoenus||
1. Schönheit, Anmut einer Landschaft; reizende Lage
2. (*vkl., nachkl.*) Reiz, Annehmlichkeit; ***amoenitates omnium venerum et venustatum*** Plaut. die Annehmlichkeiten aller Liebreize und Vergnügen
amoenus ⟨a, um⟩ *Adj*, *Adv* ⟨amoenē⟩
1. *von Landschaft* schön, anmutig, reizend
2. (*nachkl.*) angenehm; zierlich, elegant, reizend
ā-mōlior ⟨ītus sum, īrī 4.⟩ (*vkl., nachkl.*)
1. *eine Last* wegschaffen, fortbewegen
2. beseitigen, abwenden; ***invidiam ab aliquo a.*** den Neid von j-m fern halten
3. RHET beiseite lassen, weglassen; widerlegen
4. aus dem Weg räumen, aus dem Weg schaffen; ***Octaviam uxorem a.*** Tac. die Gattin Octavia aus dem Weg räumen
amōmum ⟨ī⟩ *n* ||orient.-griech. Fw.|| (*nachkl.*) *poet*
1. Amomum, *im Orient heimische Gewürzpflanze*
2. Blüte des Amomum, Frucht des Amomum
3. aus Amomum gewonnener Balsam
▶ **amor** ⟨ōris⟩ *m* ||amo||
1. Liebe *im emotionalen u. erotischen Sinn*, *alicuius* j-s *od* zu j-m, *adversus aliquem/in aliquem* zu j-m; *Pl* Gefühle der Liebe; ***a. parentum*** Liebe der Eltern, Liebe zu den Eltern; ***a. patriae*** Vaterlandsliebe; ***a. sui*** Eigenliebe; ***a. primus*** erste Liebe; ***alicui in amore/in amoribus esse*** von j-m geliebt werden
2. Liebschaft, Liebelei; *Pl* Liebesverhältnis(se);

amores furtivi heimliche Liebeleien
3. *poet* Liebeslied
4. *poet* Liebesmittel
5. *meton* Liebling, Geliebter; Geliebte; ***a. et deliciae generis humani*** Suet. Liebling der Menschen; ***a. orbis*** Liebling des Erdkreises
6. Neigung, Vorliebe, Begierde, Verlangen, *alicuius* zu j-m, für j-n, nach j-m, *alicuius rei* zu etw, für etw, nach etw; ***a. laudis*** Verlangen nach Anerkennung; ***a. habendi*** Liebe zum Besitz
7. (*mlat.*) Liebhaberei; Liebesbrief

Amor ⟨ōris⟩ *m* Liebesgott, *griech. Eros, Sohn der Venus; meist Pl* Amoretten, *Abbildungen des Amor*

Amorgos *u.* **Amorgus** ⟨ī⟩ *f Sporadeninsel s. von Naxos, in der Kaiserzeit Verbannungsort; heute Morgo*

āmōtiō ⟨ōnis⟩ *f* ||amoveo|| das Entfernen, Beseitigung

ā-moveō ⟨mōvī, mōtum, movēre 2.⟩
1. fortschaffen, wegschaffen, entfernen; (*nachkl.*) *poet* entwenden; Tac. verbannen; ***in insulam a.*** auf eine Insel verbannen
2. wegnehmen, beiseite schaffen
3. fern halten, beseitigen, abwälzen; ***suspicionem ab aliquo a.*** den Verdacht von j-m nehmen
4. RHET aussparen, nicht erwähnen

Amphiarāus ⟨ī⟩ *m König von Argos, berühmter Seher, einer der Sieben gegen Theben*

Amphiarēiadēs ⟨ae⟩ *m* Nachkomme des Amphiaraus, = Alkmaion (Alcmaeon)

Amphiarēus ⟨a, um⟩ *Adj* des Amphiaraus

amphibolia ⟨ae⟩ *f* ||griech. Fw.|| Zweideutigkeit, Doppelsinn; = ***ambiguitas***

amphibrachys ⟨ī⟩, *Akk* ⟨yn⟩ *m* ||griech. Fw.|| Quint. METR *Versfuß aus einer Abfolge von kurzer, langer u. kurzer Silbe,* ∪ – ∪

Amphictyones ⟨um⟩ *m* RELIG, POL die Amphiktyonen, *Verband von zwölf Stämmen zur Sorge für das Delphische Orakel u. zur Überwachung der dortigen Heiligtümer sowie des Heiligtums auf Delos*

amphimacrus ⟨ī⟩ *m* ||griech. Fw.|| Quint. METR *Versfuß aus einer Abfolge von langer, kurzer und langer Silbe,* – ∪ –

Amphīōn ⟨ōnis⟩ *m Meister des Saitenspiels, Gründer von Theben, Gatte der Niobe*

Amphīōnius ⟨a, um⟩ *Adj* des Amphion, zu Amphion gehörig

Amphipolis ⟨is⟩ *f attische Kolonie am Strymon in Thrakien; 424 v. Chr. von den Spartanern, 357 v. Chr. von Philipp II. von Makedonien erobert; heute Emboli*

Amphipolītānus ⟨a, um⟩ *Adj* aus Amphipolis, zu Amphipolis gehörig

amphiprostȳlos ⟨ī⟩ *m* ||griech. Fw.|| Vitr. Tempel *mit je einer Säulenvorhalle an den Schmalseiten*

Amphissa ⟨ae⟩ *f Hauptstadt der ozolischen Lokrer nw. von Delphi, heute Salona mit Ruinen der alten Stadt*

amphithalamus ⟨ī⟩ *m* ||griech. Fw.|| Vitr. Vorraum des Schlafzimmers; *allg.* Vorzimmer

amphitheātrālis ⟨e⟩ *Adj* ||amphitheatrum|| (*nachkl.*) *poet* zum Amphitheater gehörig, nach Art des Amphitheaters

amphitheātrum ⟨ī⟩ *n* ||griech. Fw.|| Amphitheater, *Theater in elliptischer Form mit rundum laufenden Zuschauerrängen für Fechterspiele und Tierkämpfe; berühmtestes Beispiel das Kolosseum in Rom, 80 n Chr. von Kaiser Titus erbaut, benannt nach einer Kolossalstatue Neros*

Amphitrītē ⟨ēs⟩ *f Nereide, Gattin des Poseidon; meton, poet* Meer, Ozean

Amphitryōn ⟨ōnis⟩ *m König von Tyrins, Gatte der Alkmene, die von Zeus den Herkules gebar; Titel einer Komödie des Plautus*

Amphitryōniadēs ⟨ae⟩ *m* Nachkomme des Amphitryon, = Herkules

amphora ⟨ae⟩ *f* ||griech. Lw.||
1. Amphore, Tonkrug *mit zwei Henkeln für Früchte, Wein u. Öl; daher* Weinkrug
2. *Hohlmaß von ca. 26 l*
3. (*unkl.*) *Gewicht zur Bestimmung der Tonnage eines Schiffes, ca. 26 kg*

Amphrȳsius ⟨a, um⟩ *Adj* ||Amphryisos|| Verg. *poet* apollinisch, sibyllinisch; lokrisch

Amphrȳsos ⟨ī⟩ *m kleiner Fluss in Thessalien in den Pagasäischen Meerbusen mündend, wo Apollo die Herden des Admetos weidete*

ampla ⟨ae⟩ *f* Handhabe; *fig* Anlass

amplē *Adv* → ***amplus***

am-plector ⟨plexus sum, plectī 3.⟩
1. *freundlich* umfassen, umarmen
2. umgeben, umschließen, umringen
3. *fig j-n* lieb gewinnen, *j-n* in sein Herz schließen, auf *etw* großen Wert legen, *aliquem / aliquid*; ***rem publicam nimium a.*** den Staat überaus lieben
4. *fig* gutheißen
5. *fig* in sich fassen, fassen, aufnehmen, einschließen; ***honestum virtutis nomine a.*** das sittlich Gute mit dem Begriff Tugend zusammenfassen
6. *fig* durchdenken, erwägen
7. *fig* besprechen, behandeln; zusammenfassen; ***omnia breviter a.*** alles kurz zusammenfassen

amplexor ⟨ātus sum, ārī 1.⟩ ||*Intens von* amplector||
1. (liebevoll) umarmen
2. *fig* hochhalten

amplexus[1] ⟨a, um⟩ *PPerf* → ***amplector***

amplexus[2] ⟨ūs⟩ *m* ||amplector|| Umarmung, Umschlingung im Ringkampf; Beischlaf; ***amplexūs dare*** umarmen

ampliātiō ⟨ōnis⟩ *f* ||amplio|| (*nachkl.*) JUR Verschiebung, Vertagung *eines richterlichen Urteils*

amplificātiō ⟨ōnis⟩ *f* ||amplifico|| Vergrößerung, Steigerung; RHET Häufung eines Ausdrucks

amplificātor ⟨ōris⟩ *m* ||amplifico|| Mehrer, Förderer

amplificē *Adv* ||amplus, facio|| Catul. prächtig, herrlich

amplificō ⟨āvī, ātum, āre 1.⟩ ||amplus, facio|| vergrößern, vermehren; *fig* erhöhen; ***pretium a.*** den Preis erhöhen; ***dignitatem a.*** die Würde heben; ***a. orationem*** RHET eine Rede ausschmücken; ***dicendo rem a.*** eine Sache in der Rede hervorheben

ampliō ⟨āvī, ātum, āre 1.⟩ ||*Denom von* amplius||
1. (*nachkl.*) *poet* erweitern, vermehren; ***rem a.*** das Vermögen mehren
2. RHET verherrlichen
3. JUR das Urteil aufschieben, vertagen

ampliter *Adv* ||amplus|| (*vkl., nachkl.*)
1. reichlich, stattlich
2. großartig, glänzend

► **amplitūdō** ⟨inis⟩ *f* ||amplus||
1. Geräumigkeit, großer Umfang; Erweiterung
2. *fig* Großartigkeit, Erhabenheit; RHET Fülle, Schwung
3. *fig* Ansehen, Würde

► **amplius**[1] *Adv* ||*Komp n von* amplus||
1. weiter, länger, mehr; ***et hoc amplius censeo*** und außerdem ist das noch meine Meinung
2. in höherem Grad, stärker
3. *bei Zahlenangaben* mehr als, über; ***amplius (quam) septuaginta cives*** mehr als siebzig Bürger; ***ter et amplius*** dreimal und öfter

amplius[2] ⟨ī⟩ *n* ||*Komp n von* amplus|| ein Mehr, Mehrleistung; ***non/nihil amplius petere*** nichts weiter verlangen; ***amplius pronuntiare*** JUR den Prozess vertagen

ampliusculē *Adv* ||*Dim von* amplius|| allzu reichlich; etwas ausführlicher

► **amplus** ⟨a, um⟩ *Adj, Adv* ⟨amplē⟩ *u.* (*vkl., nachkl.*) ***ampliter***
1. geräumig, umfangreich, weit; ***domus ampla*** geräumiges Haus
2. umfassend, umfangreich, reichlich; ***ampliores copiae*** reichlichere Vorräte; ***amplior exercitus*** größeres Heer; ***amplissima dies*** der längste Tag
3. *fig* bedeutend, wichtig; ***occasio ampla*** wichtige Gelegenheit; ***spes ampla*** starke Hoffnung
4. großartig, herrlich, glanzvoll, *alicui* für j-n; ***res gestae amplae*** großartige Taten; ***triumphus a.*** großartiger Triumph; ***funus amplum*** prunkvolles Leichenbegängnis; ***amplum est*** es ist ehrenvoll
5. hoch gestellt, angesehen; ***amplae et honestae familiae*** angesehene und ehrenhafte Familien

Ampsivariī ⟨ōrum⟩ *m germ. Volk an der Ems*

ampulla ⟨ae⟩ *f* ||*Dim von* amphora|| kolbenförmiges Gefäß *mit engem Hals u. zwei Henkeln*, Salbenfläschchen; Hor. *fig* Schwulst

ampullārius ⟨ī⟩ *m* ||ampulla|| Plaut. Flaschenmacher

ampullor ⟨ātus sum, ārī 1.⟩ ||ampulla|| Hor. schwülstig reden, schwülstig schreiben

amputātiō ⟨ōnis⟩ *f* ||amputo|| das Abschneiden, das Abtrennen; ***a. membrorum*** Amputation von Gliedmaßen; ***a. capitis*** Enthauptung

► **am-putō** ⟨āvī, ātum, āre 1.⟩
1. ringsum abschneiden; ***ramos inutiles falce a.*** unnütze Zweige mit der Sichel abtrennen
2. *einen Baum* beschneiden, ***vitem*** den Weinstock
3. (*nachkl.*) *eine Gliedmaße/einen Körperteil* abtrennen; ***membrum a.*** eine Gliedmaße amputieren
4. *fig* verkürzen, vermindern, ***sententiarum multitudinem*** die Fülle der Zitate
5. ***infracta et amputata loqui*** RHET in abgebrochenen und verstümmelten Sätzen reden

Amūlius ⟨ī⟩ *m König von Alba Longa, Bruder des Numitor, den er um den Thron brachte*

amurca *u.* **amurga** ⟨ae⟩ *f* ||griech. Lw.|| Verg. schaumartiges Sekret *beim Auspressen der Oliven*

amussis ⟨is⟩ *f* Lineal der Zimmerleute; ***ad amussim*** genau, regelrecht

amussitātus ⟨a, um⟩ *Adj* ||amussis|| Plaut. genau abgemessen

Amyclae ⟨ārum⟩ *f*
1. *uralte u. schon in der Antike verschwundene Stadt in Latium*
2. *Stadt in Lakonien, s. von Sparta, mit Apollo-Heiligtum, Heimat der Dioskuren*

Amyclaeus ⟨a, um⟩ *Adj* spartanisch, lakonisch

Amyclīdēs ⟨ae⟩ *m* = Hyakinthos (Hyacinthus), *Sohn des Amykles, des Erbauers von Amyclae*

amygdalum ⟨ī⟩ *n* ||griech. Fw.|| (*nachkl.*) *poet* Mandel, Mandelkern

Amȳmōnē ⟨ēs⟩ *f Quellnymphe bei Argos*

amystis ⟨idis⟩ *f* ||griech. Fw.|| das Leeren des Bechers in einem einzigen Zug

► **an**[3] *Fragepartikel*
1. *in dir u. indir Alternativfragen zur Anreihung des zweiten (u. folgenden) Gliedes* oder, oder ob; ***utrum mentitus es an verum dixisti?*** hast du gelogen oder die Wahrheit gesagt?
2. *in rhetorischen Fragesatz zur Bekräftigung einer Aussage* oder, oder etwa; ***an quisquam dubitat?*** oder zweifelt etwa j-d?
3. *zur Einleitung einfacher indir Fragesatz* ob; ***exspectabat an Pompeius ibi esset*** er war gespannt, ob Pompeius dort wäre
4. *nach Ausdrücken des Zweifelns* ob nicht; ***haud scio an*** ich weiß nicht, ob nicht; ***haud scio an non*** ich weiß nicht, ob; ***dubito an*** ich zweifle, ob nicht

an-[1] = ***ambi-***

an-[2] *Präf* auf-, hinan-

ana[1] *Adv* ||griech. Fw.|| (*nachkl., spätl.*) je, *distributiv bei Zahlwörtern*; ***ana partes (aequales)*** (*nlat.*) zu gleichen Teilen, *auf Rezepten*

ana-[2] *Präf in zahlreichen griech. Fremd- u. Lehnwörtern* an-, auf-, hinauf-; wieder-, zurück-

anabaptista ⟨ae⟩ *m* ||griech. Fw.|| (*mlat.*) Wiedertäufer

anabathra ⟨ōrum⟩ *n* ||griech. Fw.|| Iuv. erhöhter Sitz, Podium

Anaces ⟨um⟩ *m* die Dioskuren, Kastor und Pollux

anachōrēta ⟨ae⟩ *m* ||griech. Fw.|| (*mlat., eccl.*) Einsiedler, Eremit

Anacreōn ⟨ontis⟩ *m griech. Lyriker, 559–478 v. Chr.*

Anactes ⟨um⟩ *m* = ***Anaces***

anadēma ⟨atis⟩ *n* ||griech. Fw.|| Lucr. Kopfbinde *der Frauen*

anaglypta ⟨ōrum⟩ *n* ||griech. Fw.|| Mart. ziselierte Arbeit, Reliefs

Anāgnia ⟨ae⟩ *f Stadt ö. von Rom, heute Anagni*

Anāgnīnum ⟨ī⟩ *n Landgut Ciceros bei Anagnia*

Anāgnīnus ⟨a, um⟩ *Adj* aus Anagnia

Anāgnīnus ⟨ī⟩ *m* Anagniner, Einwohner von Anagnia

anagnōstēs ⟨ae⟩ *m* ||griech. Fw.|| Vorleser

anagyros ⟨ī⟩ *f* ||griech. Fw.|| *übel riechende Pflanze*

analecta ⟨ae⟩ *m* ||griech. Fw.|| Sen. Brockensammler, *Sklave, der die Speisereste u. -abfälle wegzuräumen hatte*

analectris ⟨idis⟩ *f* ||griech. Fw.|| Ov. kleines Schulterkissen

analogia ⟨ae⟩ *f* ||griech. Fw.||
1. gleiches Verhältnis
2. (*vkl., nachkl.*) GRAM Gleichmäßigkeit *in Wortbildung u. Grammatik*
3. Suet. RHET Gleichheit der Darstellung

anancaeum ⟨ī⟩ *n* ||griech. Fw.|| Plaut. großes Trinkgefäß

anapaestum ⟨ī⟩ *n* ||griech. Fw.||

1. Gell. anapästischer Vers
2. Gedicht in Anapästen
anapaestus ||griech. Fw.||
I ⟨ī⟩ *m* METR Anapäst, anapästischer Vers, *Abfolge von zwei kurzen u. einer langen Silbe,* ◡ ◡ –, *Gegenstück zum Daktylus.*
II ⟨a, um⟩ *Adj* in Anapästen; ***carmen anapaestum*** Gedicht in Anapästen
anas ⟨atis⟩ *u.* ⟨itis⟩ *f* Ente
Anās ⟨ae⟩ *m Fluss in Spanien, heute Guadiana*
anathēma[1] ⟨atis⟩ *n* ||griech. Fw.|| *(spätl.)* Weihegeschenk
anathema[2] ⟨atis⟩ *n* ||griech. Fw.|| *(eccl.)* Kirchenbann; ***anathema sit*** er sei ausgeschlossen
anathymiasis ⟨is⟩ *f* ||griech. Fw.|| Petr. aufsteigende Luft *im Körper*
anaticula ⟨ae⟩ *f* ||*Dim von* anas|| Entchen; Plaut. *Kosewort*
anatīna ⟨ae⟩ *f* ||anatinus|| Petr. Entenfleisch
anatīnus ⟨a, um⟩ *Adj* ||anas|| Plaut. Enten…
anatocismus ⟨ī⟩ *m* ||griech. Fw.|| Zinseszins
Anaxagorās ⟨ae⟩ *m ionischer Naturphilos., Vorsokratiker, Freund des Perikles, 500–428 v. Chr.*
Anaximander ⟨drī⟩ *m ionischer Naturphilos., Vorsokratiker, um 500 v. Chr.*
Anaximenēs ⟨is⟩ *m ionischer Naturphilos. aus Milet, um 510 v. Chr.*
► **an-ceps** *Gen* ⟨cipitis⟩ *Adj* ||ambi, caput||
1. *poet* doppelköpfig, zweigipflig
2. *fig* doppelseitig, zweiseitig; *(vkl.) poet* zweischneidig; ***securis a.*** Doppelaxt
3. *fig* von zwei Seiten; *allg.* zweifach, doppelt; ***ancipitibus locis premi*** von zwei Seiten bedrängt werden; ***bestiae ancipites*** Amphibien
4. *(nachkl.) fig* schwankend, ungewiss; ***ancipitis Marte pugnare*** unentschieden kämpfen
5. *(nachkl.) fig* doppelsinnig, zweideutig; ***oraculum a.*** doppeldeutiges Orakel
6. misslich, gefährlich
Anchīsēs ⟨ae⟩ *m berühmter Trojaner, Geliebter der Aphrodite/Venus, Vater des Aeneas*
Anchīseūs ⟨a, um⟩ *Adj* des Anchises
Anchīsiadēs ⟨ae⟩ *m* Sohn des Anchises, = Aeneas
an-cīle ⟨is⟩ *n* ||ambi-, caedo|| *elliptischer u. in der Mitte eingeschnittener, heiliger Schild, der während der Regierungszeit des Königs Numa Pompilius (um 700 v. Chr.) vom Himmel gefallen sein soll u. im Marstempel neben elf nachgemachten Schilden aufbewahrt wurde;* ***ancilia ferre*** (Verg., Liv.) die heiligen Schilde in einer Prozession tragen
ancilla ⟨ae⟩ *f* ||ambi-, colo|| Magd, Dienerin, Leibeigene, Sklavin
ancillāriolus ⟨ī⟩ *m poet* ||ancilla|| Schürzenjäger
ancillāris ⟨e⟩ *Adj* ||ancilla|| den Mägden zukommend, den Mägden gemäß
ancillula ⟨ae⟩ *f* ||*Dim von* ancilla|| junge Magd
ancipes = ***anceps***
ancīsus ⟨a, um⟩ *Adj* ||ambi-, caedo|| Lucr. rundum beschnitten
Ancōn ⟨ōnis⟩ *f u.* **Ancōna** ⟨ae⟩ *f Stadt in Picenum, heute Ancona*
Ancōnitānus ⟨ī⟩ *m* Einwohner von Ancona
► **ancora** ⟨ae⟩ *f* ||griech. Lw.|| Anker; ***ancoram ponere*** den Anker auswerfen; ***ancoram tollere*** den Anker lichten; ***ad ancoram / in ancoris*** vor Anker
ancorāle ⟨is⟩ *n* ||ancora|| *(nachkl.)* Ankertau
ancorārius ⟨a, um⟩ *Adj* ||ancora|| zum Anker gehörig, Anker…
Ancus Mārcius ⟨ī⟩ *m der Sage nach der vierte König in Rom*
Ancȳra ⟨ae⟩ *f Stadt in Galatien, heute Ankara; berühmt durch das dort gefundene Monumentum Ancyranum, ein in Stein gemeißelter Bericht der Taten des Kaisers Augustus in lat. u. griech. Sprache, 1555 entdeckt*
anda-bata ⟨ae⟩ *m* ||gall. Fw.|| Gladiator *mit einem Helm ohne Augenöffnungen,* Blindfechter
Andecāvī ⟨ōrum⟩ *m u.* **Andēs**[1] ⟨ium⟩ *m gall. Volk an der Loire, im heutigen Anjou*
Andēs[2] ⟨ium⟩ *m Dorf bei Mantua, Geburtsort Vergils, heute Pietole*
Andria ⟨ae⟩ *f* Das Mädchen von Andros, *Komödie des Plautus*
Andrius
I ⟨a, um⟩ *Adj* aus Andros, zu Andros gehörig
II ⟨ī⟩ *m* Einwohner von Andros
Androgeōn ⟨ōnis⟩ *m u.* **Androgeōs** *u.* **Androgeus** ⟨eī⟩ *m Sohn des Minos u. der Pasiphae*
androgynus ⟨ī⟩ *m* ||griech. Fw.|| Zwitter
Andromacha ⟨ae⟩ *f u.* **Andromachē** ⟨ēs⟩ *f Gemahlin Hektors; Titel einer Tragödie des Ennius nach Euripides*
Andromeda ⟨ae⟩ *f u.* **Andromedē** ⟨ēs⟩ *f äthiopische Königstochter, nach ihrem Tod unter die Sterne versetzt*
andrōn ⟨ōnis⟩ *m* ||griech. Fw.|| Gang *zwischen Zimmern, Gebäuden, Höfen u. Gärten*
Andronīcus ⟨ī⟩ *m vollständig T. Livius Andronicus, aus Tarent, geb. 272 v. Chr., urspr. Sklave, dann freigelassen; ältester röm. Dramatiker u. Übersetzer griech. Stücke*
Andros *u.* **Andrus** ⟨ī⟩ *f nördlichste Kykladeninsel*
ānellus ⟨ī⟩ *m* ||*Dim von* anus[2]|| *(unkl.)* kleiner Ring, Ringlein
aneō ⟨-, -, ēre 2.⟩ ||anus[1]|| Plaut. wie eine alte Frau zittern, altersschwach sein
anēthum ⟨ī⟩ *n* ||griech. Fw.|| *(nachkl.) poet* Dill
anetīnus ⟨a, um⟩ *Adj* = ***anatīnus***
ān-frāctus ⟨ūs⟩ *m* ||an-, frango||
1. Biegung, Krümmung, Umlauf; ***a. solis*** Kreisbahn der Sonne *gemäß altem Weltbild*
2. Umweg; *fig* Weitschweifigkeit *in der Rede*; Winkelzüge *in der Justiz*
angaria ⟨ae⟩ *f* ||griech. Fw.|| *(spätl.)* Frondienst
angelicus ⟨a, um⟩ *Adj* ||griech. Fw.||
1. *(spätl.)* Boten…
2. *(eccl.)* Engels…; ***panis a.*** Abendmahl
angellus ⟨ī⟩ *m* ||*Dim von* angulus|| Lucr. Winkelchen, Eckchen
angelus ⟨ī⟩ *m* ||griech. Fw.|| *(spätl., eccl.)* Bote; ***a. Domini*** Bote des Herrn, Engel
angina ⟨ae⟩ *f (vkl., nachkl.)* Halsentzündung
angi-portum ⟨ī⟩ *n u.* **angi-portus** ⟨ūs⟩ *m* enge Seitengasse, Gässchen
Angitia ⟨ae⟩ *f* MYTH *Göttin der Marser am Fuciner See in den Abruzzen bei Alba Fucentia, lehrte die Gegengifte gegen Schlangengift*
Angliī ⟨ōrum⟩ *m* die Angeln *in Schleswig*

angō ⟨ānxī, -, angere 3.⟩
1. zusammendrücken, würgen
2. *fig* ängstigen, beunruhigen, quälen; *Passiv* sich ängstigen, *re/de re* über etw, wegen etw, + *AcI*, *quod* dass, + *indir Fragesatz*; ***animo/animi angi*** sich im Herzen ängstigen

angor ⟨ōris⟩ *m* ||ango||
1. (*nachkl.*) Atemnot, Beklemmung
2. *fig* Angst, Unruhe; *Pl* Melancholie; ***vacuitas ab angoribus*** Cic. das Freisein von Ängsten

Angrivariī ⟨ōrum⟩ *m germ. Volk an der Weser*

angui-comus ⟨a, um⟩ *Adj* ||anguis, coma|| *poet* schlangenhaarig

anguiculus ⟨ī⟩ *m* ||*Dim von* anguis|| kleine Schlange

angui-fer ⟨fera, ferum⟩ *Adj* ||anguis, fero|| Prop. Schlangen tragend

angui-gena ⟨ae⟩ *m u. f* ||anguis, gigno|| *poet* von Schlangen erzeugt

anguīlla ⟨ae⟩ *f* (*unkl.*) Aal

angui-manus ⟨ūs⟩ *m* ||anguis, manus|| schlangenarmig; mit schlangenförmigem Rüssel

anguineus *u.* **anguīnus** ⟨a, um⟩ *Adj* ||anguis||
1. (*nachkl.*) *poet* schlangenartig, Schlangen…
2. (*mlat.*) teuflisch

anguipedēs ⟨um⟩ *m* ||anguipes|| Giganten, *die man sich mit schlangenförmigen Füßen vorstellte*

angui-pēs *Gen* ⟨pedis⟩ *Adj* ||anguis|| *poet* schlangenfüßig

▶ **anguis** ⟨is⟩ *m u. f*
1. Schlange, *als Bild der Bosheit u. Gefahr, aber auch als Genius verehrt*
2. *als Sternbild* Schlange *am s. Himmel*, Drache *am n Himmel*

angui-tenēns ⟨entis⟩ *m* ||anguis, teneo|| Schlangenträger, *ein Sternbild*

angulāris ⟨e⟩ *Adj* ||angulus|| (*vkl.*, *nachkl.*) winklig, eckig; ***lapis a.*** Eckstein

angulātus ⟨a, um⟩ *Adj* ||angulus|| eckig

▶ **angulus** ⟨ī⟩ *m*
1. ARCH, MATH Ecke, Winkel
2. entlegener Winkel; Schlupfwinkel
3. LIV. MIL vorspringende Bastion, Festung

▶ **angustiae** ⟨ārum⟩ *f* ||angustus|| *selten Sg*
1. Enge, enger Raum
2. Landenge, Meerenge, Engpässe
3. Kürze, kurze Zeit
4. *fig* Zwangslage, Beschränktheit, Mangel, Verlegenheit, Not, Schwierigkeit
5. *fig* Engherzigkeit; Spitzfindigkeit; ***angustiae pectoris*** Engherzigkeit, Kleinlichkeit

angusticlāvius ⟨a, um⟩ *Adj* ||angustus, clavus|| Suet. mit schmalem Purpurstreifen auf der Tunika, *Abzeichen des pleb. Standes*; ↔ ***laticlavius***

angustō ⟨āvī, ātum, āre 1.⟩ ||angustus|| (*nachkl.*) *poet* einengen, beschränken

angustum ⟨ī⟩ *n* ||angustus||
1. (*nachkl.*) *poet* Enge, enger Raum
2. bedenkliche Lage; ***in angusto esse*** in Verlegenheit sein; ***in angustum venire*** in Verlegenheit kommen

▶ **angustus** ⟨a, um⟩ *Adj*, *Adv* ⟨angustē⟩
1. *örtl.* eng, schmal; ***spiritus a.*** kurzer Atem; ***anguste pabulari*** auf engem Raum Futter holen
2. (*nachkl.*) *zeitl.* kurz, gedrängt
3. *fig* eng, beschränkt; kärglich, dürftig; ***anguste*** in engerem Sinn
4. *fig* engherzig, kleinlich; ***interrogatiunculae angustiae*** Cic. Haarspaltereien, spitzfindige Spiegelfechtereien

anhēlitus ⟨ūs⟩ *m* ||anhelo||
1. das Keuchen, Kurzatmigkeit
2. (*unkl.*) Atem, Hauch
3. *fig* Ausdünstung, Dunst, Dampf

an-hēlō ⟨āvī, ātum, āre 1.⟩
I *v/i* (*unkl.*) keuchen, schnauben; ***inopia anhelans*** *fig* drückender Mangel
II *v/t* ausschnauben, ausstoßen; *fig* lechzen, *aliquid* nach etw, ***scelus*** nach Bosheit

anhēlus ⟨a, um⟩ *Adj* ||anhelo|| (*nachkl.*) *poet* keuchend, schnaubend; *meton* atemberaubend; ***cursus a.*** atemberaubender Lauf

Aniciānus ⟨a, um⟩ *Adj* des Anicius, zu Anicius gehörig

Anicius ⟨a, um⟩ *röm. Gentilname*; ***L. Anicius Gallus*** *Konsul 160 v. Chr.*

anicula ⟨ae⟩ *f* ||*Dim von* anus[1]|| altes Mütterchen

Aniēn ⟨ēnis⟩ *m Nebenfluss des Tiber, heute Aniene od Teverone*

Aniēnsis ⟨e⟩ *Adj u.* **Aniēnus** ⟨a, um⟩ *Adj* zum Anien gehörig

anīlis ⟨e⟩ *Adj*, *Adv* ⟨anīliter⟩ ||anus[1]|| altweiberhaft, altersschwach; ***fabellae aniles*** Ammenmärchen

anīlitās ⟨ātis⟩ *f* ||anilis|| Catul. hohes Alter *einer Frau*

▶ **anima** ⟨ae⟩ *f*
1. Luft *als Element*; Lufthauch, Wind
2. eingeatmete Luft, Atem; ***animam ducere*** Atem holen
3. Lebenskraft, Seele; ***spes est, dum anima est*** solange ich atme, hoffe ich; ***animam eflare*** das Leben aushauchen
4. *Pl* Seelen der Toten, Manen
5. Blut
6. *meton* beseeltes Wesen *als Schelt- od Kosewort*; ***servientium animae*** Tac. Sklavenseelen
7. denkende Seele, vernünftige Seele, Geist
8. (*nlat.*) PHIL; ***a. rationalis*** Vernunftelement *des menschlichen Geistes*; ***a. sensitiva*** Gefühlselement *in Mensch u. Tier*; ***a. vegetativa*** das Wesensmerkmal weder gefühl- noch vernunftbegabter Wesen

animābilis ⟨e⟩ *Adj* ||animo|| belebend

animadversiō ⟨ōnis⟩ *f* ||animadverto||
1. Aufmerksamkeit
2. sinnliche Wahrnehmung
3. Tadel, Rüge, Bestrafung; (*nachkl.*) *euph* Todesstrafe; ***a. censoria / censoris*** Bestrafung durch den Zensor

animadversor ⟨ōris⟩ *m* ||animadverto|| Beobachter

▶ **anim-advertō** ⟨vertī, versum, vertere 3.⟩ ||animus, adverto||
1. aufpassen, achtgeben, *abs od + indir Fragesatz / + Finalsatz*; ***animadvertitur, quid facias*** man passt auf, was du tust
2. beachten, bemerken, wahrnehmen, *aliquid* etw, + *indir Fragesatz / + AcI*
3. tadeln, rügen
4. ahnden, bestrafen, *aliquid* etw; strafend einschreiten, *in aliquem* gegen j-n; ***scelus a.*** ein Ver-

brechen bestrafen; ***supplicio a.*** mit der Todesstrafe ahnden

▶ **animal** ⟨ālis⟩ *n* ||anima|| Lebewesen, Geschöpf, Tier, Mensch; *fig* Untier

animālis ⟨e⟩ *Adj* ||anima||
1. luftig, aus Luft bestehend
2. belebt, beseelt; ***intelligentia a.*** lebendiger Geist
3. belebend; ***cibus a.*** belebende Speise

animāns
I *Gen* ⟨antis⟩ *Adj* ||animo|| beseelt, lebendig
II *m u. f, Pl auch n* Lebewesen

animātiō ⟨ōnis⟩ *f* ||animo||
1. Tert. Belebung, belebende Kraft
2. *meton* belebtes Geschöpf

animātus ⟨a, um⟩ *Adj* ||animo||
1. beseelt, belebt
2. gesinnt, gestimmt
3. mutig, beherzt

animō ⟨āvī, ātum, āre 1.⟩
1. ||*Denom von* anima|| beseelen, beleben; *in etw Lebendes* verwandeln; ***guttas in angues a.*** Ov. Tropfen in Schlangen verwandeln
2. ||*Denom von* animus|| mit einem Temperament erfüllen, stimmen; *Passiv* sich entschließen; ***in proelium animari*** sich zum Kampf entschließen

animōsitās ⟨ātis⟩ *f* ||animo|| *(spätl.)*
1. Tapferkeit, Ehrgeiz
2. Erbitterung, Verstimmung

animōsus ⟨a, um⟩ *Adj, Adv* ⟨animōsē⟩ ||animus||
1. beherzt, mutig
2. *pej* leidenschaftlich, heftig, keck; *von Winden* stürmisch
3. *poet* stolz, *re* auf etw

animula ⟨ae⟩ *f* ||*Dim von* anima||
1. ein wenig Leben
2. *(unkl.)* Seelchen

animulus ⟨ī⟩ *m* ||*Dim von* animus|| Plaut. *Kosewort* Herzchen

animus ⟨ī⟩ *m*

1. Seele, Geist
2. Geist, Verstand
3. Empfindung, Gefühl
4. Person
5. Charakter, Wesensart
6. Mut, Selbstvertrauen
7. Wille, Absicht
8. Hochmut, Übermut
9. Leidenschaft, Lust
10. Leben

1. Seele, Geist *als Inbegriff aller geistigen Kräfte im ↔ zum Körper*; ***homo constat ex corpore et animo*** der Mensch besteht aus Körper und Geist; ***animi corporisque vires*** die psychischen und physischen Kräfte
2. Geist, Verstand, Gedächtnis, Bewusstsein, Urteil; ***animum advertere in aliquid*** die Aufmerksamkeit auf etw richten; ***habere animum in armis*** an den Krieg denken; ***animo fingere*** sich in Gedanken vorstellen; ***aliquem a. relinquit*** j-n verlässt das Bewusstsein; ***a. redit*** das Bewusstsein kehrt zurück: ***animo meo*** nach meiner Meinung
3. Empfindung, Gefühl, Herz; ***a. aequus*** Gleichmut; ***a. iniquus*** Unmut, Missvergnügen; ***animi metus*** Herzensangst; ***aeger animi*** seelisch krank; ***animi dubius*** unschlüssig; ***animi/animo pendēre*** innerlich schwanken; ***animo tremere*** im Herzen zittern
4. *meton zur Umschreibung der Person*; ***amici animum consolari*** den Freund trösten; ***animos militum perturbare/inflammare*** die Soldaten verwirren/begeistern
5. Charakter, Wesensart; ***a. magnus*** edler Charakter; ***a. parvus*** schwacher Charakter
6. Mut, Selbstvertrauen; ***bono animo esse*** zuversichtlich sein; ***magnus mihi a. est*** ich habe große Zuversicht; ***animum addere*** den Mut stärken; ***a. crescit*** der Mut wächst; ***a. cadit*** der Mut schwindet
7. Wille, Absicht; ***bono animo*** in guter Absicht; ***hoc animo, ut*** in der Absicht, dass; ***in animo habeo/in animo mihi est*** ich beabsichtige, ich habe im Sinn, + *Inf*
8. Hochmut, Übermut
9. Leidenschaft, Lust; ***animo obsequi*** seiner Lust nachgehen; ***animum suum explere*** seine Lust befriedigen
10. Leben

Aniō ⟨ēnis⟩ *m* = ***Anien***

aniticula ⟨ae⟩ *f* = ***anaticula***

anitis → ***anas***

Anius ⟨ī⟩ *m Apollopriester u. König von Delos*

Anna ⟨ae⟩ *f*
1. MYTH, Verg. *Schwester Didos*
2. ***Anna Perenna*** *röm. Göttin unbekannten Ursprungs u. Wesens, der zu Ehren an den Iden des März ein ausgelassenes Fest an der via Flaminia gefeiert wurde*

Annaeus ⟨a, um⟩ *röm. Gentilname*; → ***Seneca***

annālēs ⟨ium⟩ *m* ||annalis|| *(nachkl.)* Annalen, Jahrbücher; *allg.* Geschichtswerk; *Sg* einzelner Band der Jahrbücher; ***annales maximi/Pontificum*** *die vom jeweiligen Pontifex maximus für sein Amtsjahr verfassten u. bis 133 v. Chr. reichenden Jahrbücher*

▶ **annālis** ⟨e⟩ *Adj* ||annus|| das Jahr betreffend, zum Jahr gehörig; ***lex a.*** *Gesetz, das das Mindestalter röm. Beamter festlegte*: *Konsul 43 Jahre, Prätor 40, kurulischer Ädil 37, Quästor 30*

annata ⟨ae⟩ *f (mlat.)* Jahresertrag; *Pl* Abgaben *an den Papst für die Verleihung eines kirchlichen Amtes*

an-nāto ⟨āvī, ātum, āre 1.⟩ *(nachkl.) poet* heranschwimmen, *ad aliquid/alicui rei* an etw

an-ne = ***an²***

an-nectō ⟨nexuī, nexum, nectere 3.⟩
1. anknüpfen, anbinden, *aliquid alicui rei/ad aliquid* etw an etw; *fig* verbinden, *aliquid alicui rei* etw mit etw; *Passiv* zusammenhängen; ***rebus praesentibus futuras a.*** die Gegenwart mit der Zukunft verbinden; ***annexus alicui*** mit j-m verwandt
2. *mündlich, schriftlich* hinzufügen

annexus *Abl* ⟨ū⟩ *m* ||annecto|| Tac. Verwandtschaft

Anniānus ⟨a, um⟩ *Adj* des Annius, zu Annius gehörig

anniculus ⟨a, um⟩ *Adj* ||annus|| einjährig, ein Jahr alt

an-nītor ⟨nīsus sum, nītī 3.⟩ sich anstemmen, sich anlehnen, *alicui rei/ad aliquid* an etw; *fig* sich anstrengen, hinarbeiten; ***pro aliquo a.*** sich für j-n anstrengen; ***de re a.*** auf eine Sache hinarbeiten; ***a. ad aliquid faciendum*** sich anstrengen um etw zu vollbringen; ***adversus aliquid a.*** gegen etw ankämpfen

Annius ⟨a, um⟩ *röm. Gentilname*; ***T. Annius Milo*** → ***Milo***

anniversāria ⟨ōrum⟩ *n* ||anniversarius|| *(nachkl.)* jährliche Gedenktage, *bes* Totengedenken

anniversārius ⟨a, um⟩ *Adj* jährlich wiederkehrend, alljährlich

an-nō ⟨āvī, ātum, āre 1.⟩ ||ad, no||
1. hinzuschwimmen, heranschwimmen, *alicui rei / ad aliquid* an etw
2. daneben schwimmen; ***equites equis annantes*** Tac. die Reiter, die neben ihren Pferden schwimmen

annōn = ***an non***

annōna ⟨ae⟩ *f* ||annus||
1. Jahresertrag *an Feldfrüchten*
2. *meton* Getreide, Nahrungsmittel; Getreideversorgung, Proviant
3. Getreidepreis; Lebensmittelpreis; Teuerung
4. *fig* Wert, Preis; ***a. amicorum*** Wert der Freunde
5. *(mlat.)* Portion; Pferdefutter; ***a. vitae*** Lebensunterhalt

annōsus ⟨a, um⟩ *Adj* ||annus|| *(nachkl.) poet* hochbetagt, sehr alt

annotāmentum ⟨ī⟩ *n* ||annoto|| Gell. Anmerkung, Bemerkung

annotātiō ⟨ōnis⟩ *f* ||annoto|| *(nachkl.)* schriftliche Anmerkung

annotātor ⟨ōris⟩ *m* ||annoto|| Plin. Beobachter, Aufpasser

annōtinus ⟨a, um⟩ *Adj* ||annus|| vorjährig

an-notō ⟨āvī, ātum, āre 1.⟩
1. *schriftl.* vermerken; zur Bestrafung notieren
2. mit Anmerkungen versehen
3. *fig* bemerken, wahrnehmen, *aliquid* etw, + *AcI / im Passiv + NcI*

annua ⟨ōrum⟩ *n* ||annuus|| *(nachkl.)* Jahresgehalt

annuālis ⟨e⟩ *Adj* ||annus|| *(spätl.)*
1. für ein Jahr
2. ein Jahr alt
3. jährlich

an-nuī → ***annuo***

an-nūllō ⟨āvī, ātum, āre 1.⟩ ||*Denom von* nullus|| *(spätl.)* zunichte machen, vernichten

an-numerō ⟨āvī, ātum, āre 1.⟩
1. auszahlen, *alicui aliquid* j-m etw
2. hinzuzählen, dazurechnen, ***his libris*** zu diesen Büchern, ***aliquem in vatibus*** j-n zu den Sehern

annūntiātiō ⟨ōnis⟩ *f* ||annuntio|| *(eccl.)* Ankündigung; ***a. Mariae*** Mariä Verkündigung, *25. März*

annūntiātor ⟨ōris⟩ *m* ||annuntio|| *(eccl.)* Verkünder, Prediger

an-nūntiō ⟨āvī, ātum, āre 1.⟩ *(nachkl.)* ankündigen, (dazu) berichten, *aliquid* etw, + *AcI* / + *indir Fragesatz*

► **an-nuō** ⟨nuī, -, nuere 3.⟩
1. zunicken, einen Wink geben, *abs od alicui* j-m
2. beifällig zunicken, zustimmen, *abs od + Akk n eines Pron od Adj, alicui rei* einer Sache, + *Inf / + AcI*; ***id a.*** dem zustimmen
3. zunickend gebieten, zunickend erlauben, *ut* dass, + *Inf*
4. *(nachkl.)* zugestehen, zusagen, versprechen, *alicui aliquid* j-m etw, + *Inf*
5. durch Nicken bezeichnen

annus ⟨ī⟩ *m*
1. Jahr, Kalenderjahr; ***a. solaris*** Sonnenjahr; ***principio anni*** am Anfang des Jahres; ***ineunte anno*** zu Beginn des Jahres; ***exeunte anno*** am Ende des Jahres; ***superiore anno*** im vorausgehenden Jahr; ***postero anno*** im kommenden Jahr; ***bis in anno*** zweimal jährlich; ***anno*** Plaut. vor einem Jahr; ***annum*** ein Jahr lang; ***in annum*** auf ein Jahr, für ein Jahr; ***ad annos*** auf Jahre hinaus; ***anni currentis*** *(nlat.)* laufenden Jahres; ***anni futuri*** *(nlat.)* kommenden Jahres; ***anni praeteriti*** *(nlat.)* vorigen Jahres
2. Lebensjahr; ***puer novem annorum*** neunjähriger Junge; ***decimum annum agere*** im zehnten Lebensjahr stehen; ***annis confectus*** durch die Jahre verbraucht
3. Amtsjahr; ***prorogare annum*** die Amtszeit verlängern
4. *meist poet* Jahreszeit; ***a. pomifer*** Herbst
5. Tac. Jahresertrag, Ernte

annūtō ⟨āvī, ātum, āre 1.⟩ ||*Freq von* annuo|| Plaut. immer wieder zunicken

► **annuus** ⟨a, um⟩ *Adj* ||annus||
1. auf ein Jahr, für ein Jahr; ***magistratus a.*** einjähriges Amt
2. alljährlich; ***annuae commutationes*** die alljährlichen Wechsel *der Jahreszeiten*

anōnymos *u.* **anōnymus**
I ⟨on⟩ *Adj* ||griech. Fw.|| *(nachkl.)* namenlos, unbekannt
II ⟨ī⟩ *m* *(nlat.)* ein Ungenannter

an-quīrō ⟨quīsīvī, quīsītum, quīrere 3.⟩ ||am-, quaero||
1. *j-n* aufsuchen, nach *etw* suchen, *aliquem / aliquid*
2. untersuchen, nachforschen, *aliquid* etw, *de re* nach etw, in Bezug auf etw, + *indir Fragesatz*
3. *(nachkl.)* JUR eine Untersuchung anstellen, eine Untersuchung führen, ermitteln, *de re* in Bezug auf etw
4. Strafantrag stellen; ***de re a. capite / capitis*** für etw die Todesstrafe beantragen

ānsa ⟨ae⟩ *f*
1. *(unkl.)* Griff, Henkel
2. *fig* Anlass, Gelegenheit, *alicuius rei / ad aliquid* zu etw; ***sermonis ansas dare*** Cic. Gelegenheit zum Gespräch geben

ānsātus ⟨a, um⟩ *Adj* ||ansa|| *(vkl.)* mit Henkeln versehen; Plaut. die Arme in die Seiten gestemmt

ānser ⟨eris⟩ *m* Gans, *der Juno heilig*

antae ⟨ārum⟩ *f* *(nachkl.)* viereckiger Pfeiler, *bes an Türen u. Ecken des Tempels*; Pilaster; ***aedes in antis*** Tempel mit Eckpfeilern

Antaeus ⟨ī⟩ *m* *Gigant, Sohn des Poseidon u. der Gaia, dem die Berührung mit der Erde stets neue Kräfte gab, von Herkules bezwungen*

antagōnista ⟨ae⟩ *m* ||griech. Fw.|| *(spätl.)* Gegenspieler, Gegner

ante

I

1. vorn, voran
2. vor, vorher
3. vorher
II
1. vorn, voraus-
2. vor-
3. über-
III
1. vor, vor … hin
2. vor
3. vor, über

I *Adv*
1. *örtl.* vorn, voran, vorwärts; ***ante ingredi*** vorwärts gehen; ***equites ante mittere*** die Reiter voranschicken; ***ante aut post pugnare*** vorne oder hinten kämpfen
2. *zeitl.* vor, vorher, früher; ***paucis annis ante*** wenige Jahre früher; ***multo ante*** viel früher; ***ante posteaque*** vor- und nachher
3. *in einer Abfolge* vorher
II *Präf*
1. *örtl.* vorn, voraus-; ***ante-capere*** vorweg-nehmen; ***ante-cedere*** voraus-gehen
2. *zeitl.* vor-; ***ant-ea*** vorher, davor
3. *im Rang* über-; ***ante-cellens*** hervor-ragend
III *Präp + Akk*
1. *örtl.* vor, vor … hin; ***ante portas*** vor den Toren; ***ante pedes iacere*** vor die Füße werfen
2. *zeitl.* vor; ***ante lucem*** vor Tagesanbruch; ***ante diem*** vor dem vereinbarten Tag; ***ante tempus*** vorzeitig; ***ante diem sextum Nonas Martias*** am 6. Tag vor den Nonen des März = am 2. März
3. *in Bezug auf den Rang* vor, über; ***ante omnes*** vor allen anderen; ***ante omnia*** vor allem, besonders; ***ante aliquem esse*** j-n übertreffen

► **ant-eā** *Adv* ||ante, ea|| vorher, früher

ante-ambulō ⟨ōnis⟩ *m* Suet. Vorläufer, Lakai

ante-brachium ⟨i⟩ *n* (*mlat.*) Unterarm

ante-canis ⟨is⟩ *m nur im Akk belegt, wörtl. Übersetzung aus dem Griech.* Cic. Vor-Hund, Kleiner Hund, *Sternbild vor dem Großen Hund mit Sirius*

ante-capiō ⟨cēpī, ceptum⟩ *u.* ⟨captum, capere 3.⟩
1. (*nachkl.*) vorwegnehmen, im Voraus besetzen
2. *fig* im Voraus erledigen; ausnützen; nicht abwarten
3. ***antecepta animo rei quaedam informatio*** Cic. PHIL Begriff a priori

antecēdēns
I *Gen* ⟨entis⟩ *Adj* ||antecedo||
1. vorausgehend
2. ***causa antecedens*** PHIL wirkende Ursache
II ⟨entis⟩ *n* PHIL wirkende Ursache, *meist Pl*

ante-cēdō ⟨cessī, cessum, cēdere 3.⟩
1. *zeitl. u. örtl.* vorausgehen, vorangehen, *abs od aliquem / alicui* j-m, *aliquid / alicui rei* einer Sache; ***a. agmen*** dem Zug vorangehen, an der Spitze des Zuges gehen; ***a. alicui aetate*** j-m altersmäßig voraus sein
2. *örtl. u. zeitl.* überholen
3. *fig* Vorrang haben vor *j-m*, *j-n* übertreffen, *aliquem / alicui*, *re* durch etw, in etw, *in re* in etw; ***in doctrinis a.*** an Gelehrsamkeit übertreffen

ante-cellō ⟨-, -, ere 3.⟩ hervorragen; *fig j-n* übertreffen, sich vor *j-m* auszeichnen, *alicui / aliquem*, *re / in re* durch etw, in etw; ***a. omnibus militari laude*** alle an militärischem Ruhm übertreffen; ***ceteris eloquentiā a.*** alle Übrigen an Beredsamkeit übertreffen; ***antecelli re*** in etw übertroffen werden

antecessiō ⟨ōnis⟩ *f* ||antecedo|| Vorsprung; *fig* wirkende Ursache, Voraussetzung

antecessor ⟨ōris⟩ *m* ||antecedo|| (*spätl., mlat.*)
1. Vorreiter, Bahnbrecher *in einer wissenschaftlichen Disziplin*
2. Amtsvorgänger
3. *Pl* MIL Vorausabteilung

antecursor ⟨ōris⟩ *m* ||antecurro||
1. MIL Späher, Aufklärer; *Pl* Vorausabteilung
2. (*spätl., eccl.*) Vorläufer Christi, = Johannes der Täufer

ante-eō ⟨iī⟩ *u.* ⟨īvī, -, īre 0.⟩
1. *örtl.* vorangehen, vorausgehen, *alicui / aliquem* j-m, ***praetoribus*** den Prätoren, ***currum regis*** dem Wagen des Königs
2. *zeitl.* zuvor geschehen; vorausgehen, *aliquem / alicui* j-m, *aliquid / alicui rei* einer Sache
3. *fig j-n / etw* übertreffen, sich vor *j-m* auszeichnen, *aliquem / alicui / alicui rei*; ***ceteros virtute a.*** die Übrigen an Tüchtigkeit übertreffen; ***omnibus auctoritate a.*** alle an Ansehen übertreffen
4. (*vkl., nachkl.*) *einer Sache* zuvorkommen, *etw* vereiteln, *aliquid*; ***damnationem veneno a.*** der Verurteilung durch Gift zuvorkommen

ante-ferō ⟨tulī, lātum, ferre 0.⟩
1. vorantragen
2. *fig j-m / einer Sache* vorziehen, über *j-n / etw* stellen, *alicui / alicui rei*; ***Demosthenem omnibus a.*** den Demosthenes über alle stellen
3. *fig* vorausnehmen, im Voraus bedenken

antefīxa ⟨ōrum⟩ *n* ||antefixus|| Gesimsverzierungen

ante-fīxus ⟨a, um⟩ *Adj* ||figo|| (*nachkl.*) vorn befestigt, *alicui rei* an etw

ante-gredior ⟨gressus sum, gredī 3.⟩ ||gradior|| vorausgehen, vorangehen, *aliquid* einer Sache

ante-habeō ⟨uī, -, ēre 2.⟩ Tac. vorziehen, *aliquid alicui rei* etw einer Sache

ante-hāc *Adv* bisher, früher

ante-logium ⟨ī⟩ *n* Plaut. Prolog, Vorwort

ante-lūcānus ⟨a, um⟩ *Adj* ||ante lucem|| vor Tagesanbruch stattfindend; bis zum frühen Morgen dauernd; ***coetus a.*** (*mlat.*) Frühmesse

ante-merīdiānus ⟨a, um⟩ *Adj* ||ante meridiem|| Vormittags…, vom Vormittag

ante-mittō ⟨mīsī, missum, mittere 3.⟩ vorausschicken

antemna ⟨ae⟩ *f* Segelstange, Rahe

Antemnae ⟨ārum⟩ *f alte Sabinerstadt an der Mündung des Anio in den Tiber, mit Rom vereinigt u. nicht mehr existent*

Antemnās ⟨ātis⟩ *m* Einwohner von Antemnae

antenna ⟨ae⟩ *f* = ***antemna***

Antēnor ⟨oris⟩ *m vornehmer Trojaner, Schwager des Priamus, sagenhafter Gründer von Patavium*

Antēnoridēs ⟨ae⟩ *m* Sohn des Antenor

anteoccupātiō ⟨ōnis⟩ *f* RHET Vorwegnahme eines Einwurfes des Gegners

antepartum ⟨ī⟩ *n* ||pario|| Plaut. das vorher Erwor-

bene
ante-pendium ⟨ī⟩ *n* (*mlat.*) *Verkleidung der Altarvorderseite durch kostbare Stoffe, Holz od Metall,* Altarvorsatz
antepertum ⟨ī⟩ *n* = ***antepartum***
ante-pēs ⟨pedis⟩ *m* Vorderfuß
ante-pīlānī ⟨ōrum⟩ *m* (*nachkl.*) MIL *die vor den mit dem pilum (Wurfspieß) bewaffneten Soldaten stehenden u. mit einer Lanze (hasta) ausgerüsteten Soldaten, also* → ***hastatus*** *u.* → ***princeps***
▶ **ante-pōnō** ⟨posuī, positum, pōnere 3.⟩
1. (*nachkl.*) voranstellen, *aliquid alicui rei* etw vor etw; ***vigilias a.*** Tac. Nachtwachen ausstellen
2. *poet zum Essen od Trinken* vorsetzen, servieren
3. *fig* vorziehen, *aliquem alicui* j-n j-m, *aliquid alicui rei* etw einer Sache; ***Platonem omnibus a.*** Plato über alle stellen
ante-potēns *Gen* ⟨entis⟩ *Adj* Plaut. vor allen reich = glücklicher als alle
▶ **ante-quam** *Konj* eher als, früher als, ehe, bevor, + *Ind u. Konjkt, auch getrennt*; ***anno ante quam mortuus est*** ein Jahr vor seinem Tod
anterior ⟨ius⟩ *Adj* (*nachkl.*) vorderer, früherer, vorn liegend
Ant-erōs ⟨ōtis⟩ *m* Cic., Ov. Gott der Gegenliebe, *Bruder des Eros/Amor, auch rächender Gott der verschmähten Liebe*
antēs ⟨ium⟩ *m* (*unkl.*) Reihen *von Weinstöcken, Blumen, auch von Soldaten*
ante-sīgnānus ⟨ī⟩ *m* ||ante signa|| MIL Vorkämpfer; *Pl die vor den signa kämpfenden* → ***hastatus*** *u.* → ***principes***; *später auch* Elitekämpfer
ante-stō ⟨stitī, -, stāre 1.⟩ = ***antisto***
an-testor ⟨testātus sum, testārī 1.⟩ ||ante, testor|| Plaut. als Zeugen anrufen
ante-tulī → ***antefero***
ante-veniō ⟨vēnī, ventum, venīre 4.⟩ (*unkl.*)
1. *j-m/einer Sache* zuvorkommen, *j-n* überholen, *aliquem/alicui/alicui rei*
2. darüber hinausgehen, *abs*
3. übertreffen, ***nobilitatem per virtutem*** den Adel durch Tüchtigkeit
4. *fig* vereiteln
ante-vertō ⟨vertī, versum, vertere 3.⟩ *u.* Plaut. **ante-vertor** ⟨versus, vertī 3.⟩
1. vorangehen, Vorsprung gewinnen
2. *fig* zuvorkommen; vereiteln, *aliquid* etw
3. *fig* zunächst vornehmen, *alicui rei* vor etw
4. *fig* vorziehen, *aliquid alicui rei* etw einer Sache
anthiās ⟨ae⟩ *m* ||griech. Fw.|| (Ov., Plin.) *unbekannter* Seefisch
Anthologia Palatina/Graeca (*mlat.*) *Sammlung griech. Epigramme vom 5. Jh. v. Chr. bis in die byzantinische Zeit, entstanden um 925 n Chr., benannt nach der Bibliotheca Palatina in Heidelberg*
anthypophora ⟨ae⟩ *f* ||griech. Fw.|| (*nachkl.*) RHET Vorwegnahme eines möglichen Einwandes
Antiās
I ⟨ātis⟩ *Adj* aus Antium, zu Antium gehörig
II ⟨ātis⟩ *m* Einwohner von Antium
antīca ⟨ōrum⟩ *n* Vorderseite
Anti-catō ⟨ōnis⟩ *m* „*Gegen-Cato*", *verlorene Gegenschrift Caesars gegen Ciceros Lobrede auf den jüngeren Cato*
Anti-christus ⟨ī⟩ *m* (*spätl., eccl.*) Antichrist, *der im NT vorausgesagte Widersacher Christi, der vor dem Ende der Zeiten kommen werde; seither fester Begriff in der chr. Literatur*
anticipātiō ⟨ōnis⟩ *f* ||anticipo|| angeborene Vorstellung, angeborene Idee
anti-cipō ⟨āvī, ātum, āre 1.⟩ ||capio||
1. vorausnehmen; *eine Vorstellung* a priori gewinnen
2. früher zurücklegen, verkürzen; ***molestiam alicuius rei a.*** sich im Voraus um etw Sorgen machen
3. (*unkl.*) zuvorkommen
antīcus ⟨a, um⟩ *Adj* = ***antiquus***
Anticyra ⟨ae⟩ *f Name von zwei od drei Städten Mittelgriechenlands, bekannt wegen der Produktion eines angeblichen Heilmittels gegen Wahnsinn aus der dort wachsenden Nieswurz, was den Dichter Horaz zu bissigem Spott veranlasste*
Anticyrēnsēs ⟨ium⟩ *m* die Einwohner von Anticyra, die Anticyrenser
Anticyricon ⟨ī⟩ *n* Heilmittel aus Anticyra
antid- *Präf* (*altl.*) = ***ante*** *2*
antid-eā *Adv* (*altl.*, Liv.) = ***antea***
antid-eō ⟨-, -, īre 0.⟩ (*altl.*, Plaut.) = ***anteeo***
antid-hāc *Adv* (*altl.*, Plaut.) = ***antehac***
anti-dotum ⟨ī⟩ *n* ||griech. Fw.|| (*nachkl.*) *poet* Gegenmittel, Gegengift
anti-geriō *Adv* ||ante, gero|| (*altl.*, Quint.) sehr
Antigona ⟨ae⟩ *f u.* **Antigonē** ⟨ēs⟩ *f*
1. *Tochter des Oedipus u. der Iokaste, Schwester des Eteokles u. Polyneikes; antike Symbolfigur des sittlich-relig. begründeten Widerstandes gegen den politisch mächtigen König Kreon von Theben*
2. Ov. *Tochter des trojanischen Königs Laomedon, von Juno wegen ihrer Eitelkeit in einen Storch verwandelt*
Antigonus ⟨ī⟩ *m*
1. *mit Beinamen „Monophthalmos = der Einäugige", Feldherr u. einer der Diadochen Alexanders des Großen*
2. *Name mehrerer syrischer u. makedonischer Könige*
Antilibanus ⟨ī⟩ *m parallel zum Libanon verlaufender Gebirgszug, Ostrand des syrischen Grabens*
Antilochus ⟨ī⟩ *m Sohn des Nestor u. Freund Achills, Kämpfer vor Troja*
Antimachus ⟨ī⟩ *m griech. Dichter aus Klaros bei Kolophon in Kleinasien, Zeitgenosse des Plato, von Ovid u. Cicero erwähnt*
antinomia ⟨ae⟩ *f* ||griech. Fw.|| (*spätl.*) Widerstreit der Gesetze; Widerspruch zweier Sätze
Antiochēa ⟨ae⟩ *f* = ***Antiochia***
Antiochēnsis ⟨e⟩ *Adj* aus Antiochia, zu Antiochia gehörig
Antiochēnsis ⟨is⟩ *m* Einwohner von Antiochia
Antiochīa ⟨ae⟩ *f*
1. *Hauptstadt Syriens, heute Antakia*
2. *Stadt in Karien am Mäander, keine Reste*
3. *Stadt in Pisidien, von Augustus als* ***Colonia Caesarea Antiochia*** *gegründet, große Ruinenfelder bei Yalvac, w. von Aksehir*
4. ***Antiochia ad Cragum*** *in Kilikien, ca. 20 km ö. vom heutigen Gasipasa mit röm. Ruinenstadt*
Antiochīī ⟨ōrum⟩ *m* die Anhänger des Antiochus

Antiochīus ⟨a, um⟩ *Adj* des Antiochus
Antiochus ⟨ī⟩ *m*
1. *Name von 13 syrischen Königen aus dem Haus der Seleukiden; am bekanntesten Antiochus III. Magnus als Beschützer des geflohenen Hannibal*
2. *mehrere Könige von Kommagene im N Syriens*
3. *Antiochus aus Askalon in Palästina, Lehrer Ciceros*
Antipater ⟨trī⟩ *m*
1. *Feldherr u. Freund Philipps von Makedonien u. Alexanders des Großen*
2. *Name mehrerer griech. Philos.*
3. ***L. Caelius Antipater*** *Annalist u. Rechtskundiger der Gracchenzeit, Verfasser einer Geschichte des zweiten Punischen Krieges*
Antiphō(n) ⟨ōntis⟩ *m*
1. *attischer Redner, Lehrer des Thukydides, wegen seiner Neigung zu den Aristokraten 411 v. Chr. hingerichtet*
2. *Sophist, Zeitgenosse u. Gegner des Sokrates*
antiphona ⟨ae⟩ *f* (*mlat.*) kirchlicher Wechselgesang
antiphonarium ⟨i⟩ *n* ||antiphona|| (*mlat.*) Sammlung der Antiphonen
antipodes ⟨um⟩ *m* ||griech. Fw.|| die „Gegenfüßler", *von Plato erfundene u. von den Philos. übernommene Bezeichnung für die Menschen auf der gegenüberliegenden Seite der Erdkugel; iron für Menschen, die Tag u. Nacht vertauschen*
Antipolis ⟨is⟩ *f Kolonie der Massilier in Gallia Narbonensis, heute Antibes*
antīqua ⟨ōrum⟩ *n* ||antiquus|| das Alte
antīquāria ⟨ae⟩ *f* ||antiquarius|| Liebhaberin der vorklassischen Literatur
antīquārius
I ⟨a, um⟩ *Adj* ||antiquus|| zum Altertum gehörend
II ⟨ī⟩ Liebhaber der vorklassischen Literatur; (*spätl.*) Kenner und Abschreiber alter Handschriften
antīquī ⟨ōrum⟩ *m* ||antiquus|| die Alten
antīquitās ⟨ātis⟩ *f* ||antiquus||
1. Altertum, alte Zeit, frühe Zeit
2. *meton* die Menschen der alten Zeit
3. Geschichte der alten Zeit; ***antiquitates*** Sitten der alten Zeit, Gebräuche der alten Zeit, Sagen der alten Zeit, *auch im Sinne der „guten alten Zeit"*
4. hohes Alter
5. Altertümlichkeit
antīquitus *Adv* ||antiquus||
1. von alters her
2. in alter Zeit
antīquō ⟨āvī, ātum, āre 1.⟩ ||*Denom von* antiquus|| „es beim Alten lassen", *einen Gesetzesvorschlag* verwerfen
► **antīquus** ⟨a, um⟩ *Adj* ||ante||
1. *örtl.* der vordere
2. *Komp u. Sup* wichtiger, wichtigster; ***nihil mihi antiquius est amicitiā tuā*** nichts ist mir wichtiger als deine Freundschaft; ***longe antiquissimum*** das weitaus Wichtigste
3. *zeitl.* alt, ehemalig, einstig, früher
4. altertümlich, ursprünglich, altehrwürdig; ***mores antiqui*** die guten alten Sitten; ***homines antiqui*** Menschen von altem Schrot und Korn
antisigma ⟨atis⟩ *n* ||griech. Fw.|| (*nachkl.*) kritisches Zeichen O *für Verse, die an einer falschen Stelle stehen*
antisophista ⟨ae⟩ *m* ||griech. Fw.|| (*nachkl.*) Grammatiker mit einer gegensätzlichen Meinung
antistes ⟨itis⟩ *m u. f* ||sto|| Vorsteher(in), Aufseher(in) im Tempel, Oberpriester(in); Meister *in einer wissenschaftlichen Disziplin od der Redekunst*; (*spätl., eccl.*) Bischof; (*mlat.*) Erzbischof; Papst
Antisthenēs ⟨is⟩ *m Schüler des Sokrates, Lehrer des Diogenes, Gründer der Kynischen Schule*
antistita ⟨ae⟩ *f* ||sto|| Tempelvorsteherin, Oberpriesterin
anti-stō ⟨stetī, -, stāre 1.⟩ voranstehen; *j-m* überlegen sein, *j-n* übertreffen, *abs od alicui, re* in etw
Antium ⟨ī⟩ *n alte Stadt der Volsker in Latium, heute Porto d'Anzio*
antlia ⟨ae⟩ *f* ||griech. Fw.|| (*nachkl.*) *poet* Pumpe, Schöpfrad
Antōnia ⟨ae⟩ *f Name zweier Töchter von Marcus Antonius, erstere Gattin des Lucius Domitius Aenobarbus u. Großmutter Neros, zweitere Gattin des Drusus u. Mutter des Germanicus*
Antōniānus ⟨a, um⟩ *Adj* des Antonius, antonianisch
Antōnīnus ⟨ī⟩ *m Name mehrerer aus der gens Antonia adoptierter röm. Kaiser*
Antōnius ⟨a, um⟩ *röm. Gentilname*
1. ***Marcus Antonius*** *(145–87 v. Chr.) berühmtester röm. Redner vor Cicero*
2. ***G. Antonius Hybrida****, Sohn von 1., Gegner Ciceros im Konsulat 63 v. Chr.*
3. ***Marcus Antonius*** *(83–30 v. Chr.) Triumvir, Enkel von 1., Gegner Ciceros*
► **antrum** ⟨ī⟩ *n* ||griech. Fw.|| (*nachkl.*) *poet* Grotte, Höhle
Anūbis ⟨idis⟩ *m ägypt. Gott der Unterwelt, mit Hundekopf dargestellt*
ānulārius
I ⟨a, um⟩ *Adj* ||anulus|| (*nachkl.*) zum Siegelring gehörend
II ⟨ī⟩ *m* Ringmacher, Juwelier
ānulātus ⟨a, um⟩ *Adj* ||anulus|| Plaut. mit Ringen geschmückt
ānulus ⟨ī⟩ *m* ||*Dim von* anus[2]||
1. Ring, Fingerring, Siegelring; ***ius anuli aurei*** Vorrecht der Ritter einen goldenen Ring zu tragen
2. (*nachkl.*) Ring *einer Kette, vor allem der Sklavenkette*
3. Mart. Ring *am Spielreifen* (? *trochus*); ***anuli garruli*** klirrende Ringe
4. (*nachkl.*) *poet* Haarlocke
5. Vitr. Ring, *ringförmige Verzierung an der dorischen Säule*
► **anus**[1] ⟨ūs⟩ *f* alte Frau, Greisin; *poet* Wahrsagerin
ānus[2] ⟨ī⟩ *m*
1. Plaut. Fußring
2. *euph* Ausgang des Mastdarmes, After; ***anus praenaturalis*** (*nlat.*) künstlicher Darmausgang
ānxī → ***ango***
anxietās ⟨ātis⟩ *f* ||anxius||
1. Ängstlichkeit; (*nachkl.*) *poet* Angst, Kummer
2. (*nachkl.*) peinliche Sorgfalt
anxi-fer ⟨fera, ferum⟩ *Adj* ||anxius, fero|| *poet* Angst bringend, quälend

anxitūdō ⟨inis⟩ *f* ||anxius|| Ängstlichkeit

▶ **anxius** ⟨a, um⟩ *Adj, Adv* ⟨anxiē⟩ ||ango||
1. ängstlich, beunruhigt, besorgt, *re/de re* durch etw, wegen etw, *ne/ + indir Fragesatz*; ***a. animo/animi*** im Herzen besorgt
2. ängstigend, peinigend; ***anxiae curae*** peinigende Sorgen

Anxur ⟨uris⟩ *n alte Stadt der Volsker, später Tarracina, heute Terracina bei Gaeta*

Anxurnās *Gen* ⟨ātis⟩ *Adj* aus Anxur, zu Anxur gehörig

Anxurus ⟨ī⟩ *m Schutzgott der Stadt Anxur* = Jupiter

Āōn *Gen* ⟨onis⟩ *Adj* böotisch

Āonēs ⟨um⟩ *m die Ureinwohner Böotiens*

Āonia ⟨ae⟩ *f* Böotien

Āonidēs ⟨um⟩ *f* Ov. die Musen

Āonius ⟨a, um⟩ *Adj* böotisch; ***Aonius vir*** Mann aus Böotien, = Herkules; ***Aonius deus*** böotischer Gott, = Bacchus

Aornos ⟨ī⟩ *m* = ***Avernus***

aorta ⟨ae⟩ *f* ||griech. Fw.|| (*mlat.*) Hauptschlagader, Aorta

Ap. *Abk* = ***Appius***

ap-age *Interj* ||griech. Fw.|| (*unkl.*) hinweg!, aus den Augen!; ***apage (te) a me*** fort mit dir!

apathīa ⟨ae⟩ *f* ||griech. Fw.|| (*nachkl.*) Gelassenheit *im Sinne der stoischen Philosophie*

apēliōtēs ⟨ae⟩ *m* ||griech. Fw.|| (*nachkl.*) *poet* Ostwind

Apella ⟨ae⟩ *m häufiger Beiname griech. Freigelassener, vor allem von Juden*

Apellēs ⟨is⟩ *m Hofmaler Alexanders des Großen*

Apellēus ⟨a, um⟩ *Adj* des Apelles, zu Apelles gehörig

Āpennīnus ⟨ī⟩ *m* = ***Appenninus***

aper ⟨aprī⟩ *m* Eber, Keiler

aperiō ⟨aperuī, apertum, aperīre 4.⟩
1. *Verschlossenes* öffnen, aufschließen, aufbrechen; ***portam a.*** die Tür öffnen; ***se a.*** sich öffnen
2. *fig* eröffnen, erschließen, zugänglich machen; ***iter ferro a.*** sich mit einem Schwert Bahn brechen; ***ludum a.*** eine Schule eröffnen; ***locum asylum a.*** einen Ort als Asyl zugänglich machen
3. enthüllen, entblößen, aufdecken; *fig* ans Licht bringen; ***caput a.*** das Haupt entblößen; ***sententiam suam a.*** seine Meinung offen legen
4. sehen lassen; ***se a.*** erscheinen, sich sehen lassen, zum Vorschein kommen
5. *fig* offenbaren, enthüllen; *Passiv u.* ***se a.*** sich offenbaren, sein wahres Gesicht zeigen, an den Tag kommen

apertō ⟨āvī, ātum, āre 1.⟩ ||*Intens von* aperio|| Plaut. ganz entblößen

apertum ⟨ī⟩ *n* ||apertus[2]|| freies Feld; ***in aperto castra munire*** auf freiem Feld ein festes Lager errichten; ***aperta Oceani*** Tac. die Weiten des Ozeans

apertus[1] ⟨a, um⟩ *PPP* → ***aperio***

▶ **apertus**[2] ⟨a, um⟩ *Adj, Adv* ⟨apertē⟩ ||aperio||
1. offen, entblößt; ***caput apertum*** unbedecktes Haupt; ***caelum apertum*** *poet* heiterer Himmel; ***latus apertus*** ungeschützte Flanke; ***apertius ad reprehendendum*** dem Tadel mehr ausgesetzt
2. offen, unverschlossen; ***aditus a.*** freier Zugang; ***collis a.*** unbewaldeter Hügel; ***acies aperta/proelium apertum*** Liv. offene Feldschlacht
3. *fig* offenkundig, offenbar; ***pericula aperta*** offenkundige Gefahren; ***oratio aperta*** leicht verständliche Rede; ***in aperto esse*** (*nachkl.*) in deutlichem Licht erscheinen; ***apertum est*** es ist offenkundig, + *AcI*
4. *fig* leicht möglich; ***in aperto esse*** leicht möglich sein
5. *fig* offenherzig, unverstellt, freimütig; *pej* ungeniert, rücksichtslos; ***aperte dicere*** offen reden

aperuī → ***aperio***

apex ⟨icis⟩ *m*
1. (*nachkl.*) *poet* äußerste dünne Spitze *eines Gegenstandes*; ***a. flammae*** Zünglein der Flamme; ***a. montis*** Berggipfel
2. *meton* Helmspitze; (*unkl.*) spitze Mütze der Priester; *fig* Krone, Zierde; ***a. senectutis est auctoritas*** die Zierde des Greisenalters liegt im Ansehen; ***virtutis a.*** Gipfel der Tugend
3. *poet* Diadem, *bes der asiatischen Könige u. Satrapen*; Tiara
4. Quint. GRAM Längenzeichen *über einem Vokal*

aphracta ⟨ōrum⟩ *n u.* **aphractus** ⟨ī⟩ *f* ||griech. Fw.|| Schiff ohne Verdeck

Aphrodīsia ⟨ōrum⟩ *n* Fest der Aphrodite

Aphrodīta ⟨ae⟩ *f u.* **Aphroditē** ⟨ēs⟩ *f* MYTH *Göttin der Liebe u. Schönheit*; *röm.* = ***Venus***

aphronitrum ⟨ī⟩ *n* ||griech. Fw.|| (Plin., Mart.) Natriumkarbonat, Soda

apicātus ⟨a, um⟩ *Adj* ||apex|| Ov. mit der Priestermütze geschmückt

Apīcius ⟨ī⟩ *m röm. Beiname*; ***M. Gavius Apicius*** *Feinschmecker der augusteischen Zeit*; *das unter seinem Namen erhaltene Kochbuch stammt aus einer späteren Zeit*

apicula ⟨ae⟩ *f* ||*Dim von* apis|| (*vkl., nachkl.*) Bienchen

apinae ⟨ārum⟩ *f* ||griech. Lw.|| Mart. Possen, Albernheiten

▶ **apis** ⟨is⟩ *f* Biene

Āpis ⟨is⟩ *m der den Ägyptern heilige Stier von Memphis*

apīscor ⟨aptus sum, apīscī 3.⟩
1. erreichen, ***mare*** das Meer
2. *fig* erreichen, erlangen, ***laudem*** Lob
3. *fig geistig* erfassen, sich aneignen; *auch Passiv* ***ingenio apiscitur sapientia*** Plaut. durch Talent wird Weisheit erlangt

apium ⟨ī⟩ *n* ||apis|| Verg. Sellerie

aplustra ⟨ōrum⟩ *n* ||griech. Fw.|| Heck

apocalypsis ⟨is⟩ *f* ||griech. Fw.|| *Geheime Offenbarung des Apostels Johannes, letztes u. prophetisches Buch des NT*

apoclētī ⟨ōrum⟩ *m* ||griech. Fw.|| *ständiger Ausschuss des Ätolischen Bundes 323 v. Chr. im Krieg griech. Stämme u. Städte gegen die Nachfolger Alexanders des Großen*

Apocolocynthōsis ⟨is⟩ *f* „Verkürbissung" (*statt Apotheosis*), *Satire des Philos. Seneca auf Kaiser Claudius*

apocopo ⟨avi, atum, are 1.⟩ (*mlat.*) beschneiden, verstümmeln

apoculō ⟨-, -, āre 1.⟩ ||griech. Fw.|| Petr. unsichtbar machen; ***se a.*** weggehen

apodytērium ⟨ī⟩ *n* ||griech. Fw.|| Auskleidezimmer *in röm. Thermen*
apolactizō ⟨āvī, ātum, āre 1.⟩ ||griech. Fw.|| Plaut. fortstoßen, verschmähen
Apollināre ⟨is⟩ *n* Heiligtum des Apollo
Apollināris ⟨e⟩ *Adj* dem Apollo geweiht
Apollineus ⟨a, um⟩ *Adj* des Apollo, apollinisch
Apollō ⟨inis⟩ *u.* ⟨ōnis⟩ *m Sohn des Zeus u. der Leto, Gott des Bogenschießens, des Lichtes, der Weissagung, der Dichtung u. der Heilkunde; schon 496 v. Chr. aus dem griech. Cumae in Rom eingeführt, 28 v. Chr. Tempel auf dem Palatin*
Apollodōrus ⟨ī⟩ *m*
1. *Rhetor aus Pergamon, Lehrer des jungen Octavian*
2. *Grammatiker aus Athen, Schüler des Aristarch*
Apollōnia ⟨ae⟩ *f häufiger griech. Städtename*
Apollōniātēs ⟨ae⟩ *m, Pl auch* **Apollōniātēs** ⟨(i)um⟩ *m* Einwohner von Apollonia, Apolloniate
Apollōniēnsis ⟨e⟩ *Adj* aus Apollonia, zu Apollonia gehörig
Apollōnius ⟨ī⟩ *m*
1. ***Apollonius Rhodius*** *griech. Epiker u. Grammatiker um 295 bis 215 v. Chr.*
2. ***Apollonius Molō*** *griech. Rhetor u. Lehrer Ciceros*
apologēticum ⟨ī⟩ *n* ||griech. Fw.|| *(spätl.)* Verteidigung, Verteidigungsschrift
apologia ⟨ae⟩ *f* ||griech. Fw.|| *(spätl.)* Verteidigung
apologō ⟨āvī, ātum, āre 1.⟩ ||griech. Fw.|| Sen. verwerfen, verschmähen
apologus ⟨ī⟩ *m* ||griech. Fw.|| *allegorische* Erzählung, *bes* Äsopische Fabel
Aponus ⟨ī⟩ *m* ||griech. Fw.|| *u.* **Aponi fontes** *m Heilquellen bei Padua, heute Abano*
apophorēta ⟨ōrum⟩ *n* ||griech. Fw.|| *(nachkl.) poet* Geschenke, *die man den Gästen nach feierlichen Mahlzeiten mitgab, meist Schmucksachen*
apophorētus ⟨a, um⟩ *Adj* ||griech. Fw.|| zum Mitnehmen bestimmt
apoproēgmena ⟨ōrum⟩ *n* ||griech. Fw.|| Zurückgewiesenes, PHIL *der Stoiker: Dinge, die selbst zwar kein Übel sind, diesen aber nahe kommen*
aposphrāgisma ⟨atis⟩ *n* ||griech. Fw.|| Plin. Bild im Siegelring, Siegel
apostata ⟨ae⟩ *m* ||griech. Fw.|| *(eccl.)* (vom Glauben) Abgefallener, Abtrünniger, *Beiname des Kaisers Julian (361–363 n. Chr.)*
apostolicus
I ⟨a, um⟩ *Adj* ||griech. Fw.|| *(eccl.)* apostolisch, Apostel…
II ⟨i⟩ *m* ||griech. Fw.|| *(mlat.)* Papst
apostolus ⟨ī⟩ *m* ||griech. Fw.|| *(eccl.)* Apostel, *Jünger Jesu Christi*
apostropha ⟨ae⟩ *f u.* **apostrophē** ⟨ēs⟩ *f* ||griech. Fw.|| *(spätl.)* RHET Abwendung *des Redners vom Richter u. Hinwendung zum Gegner*
apothēca ⟨ae⟩ *f* ||griech. Fw.|| Vorratskammer, Speicher, *bes* Weinkeller; *davon im MA* Lagerraum für Heilkräuter; Apotheke
apothēcārius ⟨ī⟩ *m* ||apotheca|| Lagerdiener; *(mlat.)* Lagerverwalter; Apotheker
apparātiō ⟨ōnis⟩ *f* ||ad, paro||
1. Beschaffung, Bereitstellung, Zurüstung; ***a. balistarum*** Vitr. Bereitstellung der Wurfmaschinen
2. *fig* Vorbereitung des Redners; *auch* beabsichtigte Wirkung *der Rede*
► **apparātus**[1] ⟨ūs⟩ *m* ||apparo||
1. Beschaffung, Herstellung, Vorbereitung
2. Werkzeug, Gerät, *bes* Kriegsgerät; ***urbs plena omni bellico apparatu*** von allem möglichen Kriegsgerät volle Stadt; ***a. sacrorum*** Liv. Opfergeräte; ***a. auxiliorum*** *fig* Aufgebot von Hilfstruppen
3. Pracht, Prunk, Aufwand, ***ludorum*** der Spiele; ***a. dicendi*** Glanz der Rede
apparātus[2] ⟨a, um⟩ *Adj* ||apparo||
1. Plaut. wohl gerüstet, gut ausgerüstet
2. prächtig ausgestattet, glänzend
► **ap-pāreō** ⟨uī, (itūrus), ēre 2.⟩
1. zum Vorschein kommen, erscheinen, sich zeigen, sichtbar werden
2. auf Befehl erscheinen, aufwarten, dienen, zur Verfügung stehen
3. *fig* offenkundig sein, einleuchten; ***ratio apparet*** Plaut. die Rechnung stimmt; ***apparet*** es ist klar, es zeigt sich, + *AcI* / + *indir Fragesatz*
ap-pariō ⟨-, -, ere 3.⟩ Lucr. erwerben, gewinnen
appāritiō ⟨ōnis⟩ *f* ||appareo||
1. Dienst eines Unterbeamten
2. *meton Pl* Amtsdiener; → ***apparitor***
appāritor ⟨ōris⟩ *m* ||appareo|| Unterbeamter
appāritūra ⟨ae⟩ *f* ||appareo|| Suet. Unterbeamtendienst
ap-parō ⟨āvī, ātum, āre 1.⟩ *etw* vorbereiten, sich zu *etw* rüsten, sich zu *etw* anschicken, *aliquid*; ***convivium a.*** ein Mahl vorbereiten; ***iter a.*** einen Weg bahnen; ***aggerem a.*** einen Damm anlegen; ***bellum a.*** zum Krieg rüsten
appellātiō ⟨ōnis⟩ *f* ||appello[1]||
1. Anrede, Ansprache
2. JUR Berufung, *alicuius / ad aliquem* an j-n; ***a. tribunorum*** Anrufung der Tribunen, Berufung an die Tribunen
3. Benennung, Name, Titel
4. Aussprache, ***litterarum*** der Buchstaben
appellātor ⟨ōris⟩ *m* ||appello[1]|| Berufungskläger
appellitō ⟨āvī, ātum, āre 1.⟩ ||*Freq von* appello[1]|| *(nachkl.)* gewöhnlich nennen, zu nennen pflegen, *aliquid a re* etw nach etw
► **ap-pellō**[1] ⟨āvī, ātum, āre 1.⟩
1. anreden, ansprechen, *freundlich* begrüßen, *unfreundlich* anfahren; ***civitates honorifice a.*** die Vertreter der Bürger mit Ehrerbietung ansprechen; ***legatos superbius a.*** die Gesandten von oben herab anfahren
2. *um Schutz / um Hilfe* bitten, *aliquem* j-n; *j-n* zu *etw* auffordern, *j-m etw* vorschlagen, *aliquem de re / in rem, ut* dass
3. JUR appellieren, *aliquem de re* an j-n wegen etw, an j-n in einer Sache
4. mahnen, *aliquem de re* j-n wegen etw; ***in solidum a.*** Tac. das ganze Kapital kündigen
5. zur Rede stellen, belangen
6. aussprechen, ***litteras*** Buchstaben
7. nennen, bezeichnen, + *dopp. Akk* / + *Abl*; ***sapientem a.*** weise nennen; ***falso nomine a.*** mit falschem Namen nennen
8. ableiten; ***virtus ex viro / a viro appellata est***

„Mannhaftigkeit" kommt von „Mann", „Mannhaftigkeit" wird von „Mann" abgeleitet
9. ausrufen, + *dopp. Akk* j-n zu etw; *Passiv* heißen, genannt werden; ***Ptolemaeum regem a.*** den Ptolemäus zum König ausrufen
10. (*mlat.*) Berufung einlegen

▶ **ap-pellō**[2] ⟨pulī, pulsum, pellere 3.⟩
1. herantreiben, heranbewegen; ***turres ad moenia a.*** *fig* Belagerungstürme an die Mauern heranrücken; ***animum/mentem ad aliquid a.*** *fig* den Sinn auf etw richten
2. *einen Ort* ansteuern, *an einem Ort* anlegen, *ad locum/in locum/alicui loco*; *Passiv* landen; ***navem ad ripam a.*** das Schiff ans Ufer steuern, am Ufer landen; ***navigia litori a.*** die Schiffe zur Küste steuern; ***classis appellitur in Italiam*** die Flotte landet in Italien

appendicitis ⟨idis⟩ *f* (*nlat.*) Entzündung des Wurmfortsatzes *am Blinddarm, fälschlich „Blinddarmentzündung" genannt*

appendicula ⟨ae⟩ *f* ||*Dim von* appendix|| kleines Anhängsel

appendix ⟨icis⟩ *f* ||appendo||
1. Anhängsel, Zugabe; MIL kleineres Truppenkontingent
2. (*nlat.*) MED Wurmfortsatz *am Blinddarm*
3. (*nlat.*) Anhang *eines Buches*

ap-pendō ⟨pendī, pēnsum, pendere 3.⟩ zuwiegen, auszahlen

Appennīni-cola ⟨ae⟩ *m* ||colo|| Verg. Bewohner der Apenninen

Appennīni-gena ⟨ae⟩ *m* ||gigno|| *poet* in den Apenninen entsprungen

Appennīnus ⟨ī⟩ *m* die Apenninen

appetēns *Gen* ⟨entis⟩ *Adj, Adv* ⟨appetenter⟩ ||appeto|| strebend, trachtend, begierig, *alicuius rei* nach etw; habgierig, *abs*; ***a. gloriae*** ruhmsüchtig

appetentia ⟨ae⟩ *f* = ***appetitio***

appetītiō ⟨ōnis⟩ *f* ||appeto||
1. das Greifen, *alicuius rei* nach etw
2. das Streben, das Verlangen, das Trachten, *alicuius alicuius rei* j-s nach etw; ***a. laudis*** das Streben nach Ansehen
3. Trieb, Begehrlichkeit, *abs*

appetītus ⟨ūs⟩ *m* = ***appetitio***

▶ **ap-petō** ⟨petīvī⟩ *u.* ⟨petiī, petītum, petere 3.⟩
1. greifen, *aliquid* nach etw
2. erstreben, begehren, zu erlangen suchen; ***omne animal cibum et voluptatem appetit*** jedes Lebewesen strebt nach Nahrung und Lust
3. *einen Ort* aufsuchen, ***Europam*** Europa; ***mare ad terram appetens*** sich ans Land herandrängendes Meer
4. *feindlich* anfallen, bedrohen; ***fata Veios appetebant*** das Schicksal brach über Veii herein
5. *zeitl.* beginnen, anbrechen, *abs*; ***dies/lux appetit*** der Tag bricht an

Appiānus ⟨a, um⟩ *Adj* des Appius, zu Appius gehörig

Appias ⟨adis⟩ *f* ||Appius|| *Nymphenstatue beim Springbrunnen an der via Appia*

Appietās ⟨ātis⟩ *f* ||Appius|| Cic. *hum* der alte Adel der Appier

ap-pingō ⟨pīnxī, pictum, pingere 3.⟩ *poet* dazumalen, *aliquid alicui rei* etw zu etw; (*klass.*) *nur* dazuschreiben

Appius
I ⟨ī⟩ *m röm. Vorname.*
II ⟨a, um⟩ *Adj* von Appius stammend, von Appius gebaut; ***via Appia*** *älteste Heerstraße von Rom nach Capua, 312 v. Chr. von Appius Claudius Caecus angelegt, von Kaiser Trajan bis Brundisium verlängert*; ***aqua Appia*** von Appius angelegte Wasserleitung

ap-plaudō ⟨plausī, plausum, plaudere 3.⟩
1. Beifall klatschen
2. (*unkl.*) an *etw* schlagen, *alicui rei*

applausus ⟨ūs⟩ *m* ||applaudo||
1. Applaus, Beifall
2. (*spätl.*) das Anschlagen

applicātiō ⟨ōnis⟩ *f* ||applico|| Anschluss, *bes als Klient an einen Patron*; *fig* Zuneigung, Geselligkeitstrieb

applicitus ⟨a, um⟩ *Adj* ||applico|| Quint. angepasst, angeschlossen

ap-plicō ⟨plicāvī⟩ *u.* ⟨plicuī, plicātum⟩ *u.* ***plicitum, plicāre 1.***
1. anfügen, anlehnen, *alicui rei/ad aliquid* an etw; ***se ad arborem a.*** sich an einen Baum lehnen; ***castra flumini a.*** Liv. das Lager dicht am Fluss aufschlagen
2. landen lassen, anlegen, *ad locum/in locum od* (*nachkl.*) *alicui loco/aliquo loco* an einem Ort; *abs u. Passiv* landen, an Land gehen; ***navem ad terram a.*** das Schiff an Land steuern; ***ignotis oris a.*** an unbekannten Ufern anlegen; ***aliquo litore a.*** an irgendeiner Küste landen
3. *fig einer Sache* hinzufügen, mit *etw* verbinden, *alicui rei/ad aliquid*; ***voluptatem ad honestatem a.*** die Lust mit dem Anstand verbinden; ***crimen alicui a.*** j-m ein Verbrechen anlasten
4. *fig* hinwenden, *ad aliquid/alicui rei* zu etw; ***aures votis puerorum a.*** sein Ohr den Wünschen der Jugend leihen
5. ***se a.*** sich anschließen, *alicui/ad aliquem* j-m; sich verlegen, *ad aliquid* auf etw; ***ad societatem alicuius se a.*** sich j-s Gemeinschaft anschließen; ***ad philosophiam se a.*** sich auf die Philosophie verlegen; ***applicatus ad aliquid*** zu etw geneigt

ap-plōdō ⟨plōsō, plōsum, plōdere 3.⟩ = ***applaudo***

ap-plōrō ⟨āvī, ātum, āre 1.⟩ (*nachkl.*) *poet* dabei jammern, *alicui* vor j-m, bei jdm

▶ **ap-pōnō** ⟨posuī, positum, pōnere 3.⟩
1. an/bei/zu *etw* hinsetzen, hinstellen, hinlegen, *alicui rei/ad aliquid*
2. *Speisen* auftragen
3. beiordnen, mitgeben, *alicui + dopp. Akk* j-m j-n als etw; ***aliquem custodem a.*** j-n als Wächter mitgeben
4. anstiften, + *dopp. Akk* j-n zu etw; ***civem Romanum accusatorem a.*** einen römischen Bürger als Ankläger aufstellen
5. hinzutun, hinzufügen; ***vitiis modum a.*** den Lastern eine Grenze setzen; ***diem lucro a.*** den Tag als Gewinn rechnen

ap-porrēctus ⟨a, um⟩ *Adj* Ov. daneben hingestreckt

ap-portō ⟨āvī, ātum, āre 1.⟩ herbeitragen, hinzuschaffen; *poet* mit sich bringen, verursachen

ap-poscō ⟨-, -, ere 3.⟩ *poet* (noch) dazufordern
ap-positiō ⟨ōnis⟩ *f* ||appono|| Quint. Zusatz
appositum ⟨ī⟩ *n* ||appositus|| Quint. GRAM Beiwort, Beifügung, Adjektiv; RHET Beifügung, Epitheton
appositus[1] ⟨a, um⟩ *Adj*, *Adv* ⟨appositē⟩ ||appono||
1. (*nachkl.*) nahe liegend, benachbart, *alicui rei* einer Sache
2. geeignet, brauchbar, geschickt, *ad aliquid* zu etw; ***menses ad agendum appositae*** zum Handeln geeignete Monate
appositus[2] ⟨ūs⟩ *m* ||appono|| das Hinzustellen, das Auflegen
ap-pōtus ⟨a, um⟩ *Adj* (Plaut., Gell.) angetrunken, betrunken
ap-precor ⟨ātus sum, ārī 1.⟩ (*nachkl.*) *poet* anflehen, anrufen
ap-prehendō ⟨prehendī, prehēnsum, prehendere 3.⟩, *poet auch* **ap-prēndō** ⟨prēnsī, prēnsum, prēndere 3.⟩
1. anfassen, ergreifen; (*nachkl.*) festnehmen; *ein Land* besetzen
2. *fig geistig* erfassen, begreifen; anwenden; ***caute et cum iudicio a.*** vorsichtig und mit Überlegung anwenden
3. RHET vorbringen, aufgreifen
ap-pressī → ***apprimo***
ap-pressus ⟨a, um⟩ *PPP* → ***apprimo***
ap-prīmē *Adv* (*unkl.*) vorzüglich, besonders
ap-primō ⟨pressī, pressum, primere 3.⟩ ||premo|| (*nachkl.*)
1. andrücken, *aliquid alicui rei* etw an etw; ***scutum pectori a.*** den Schild an die Brust drücken
2. fest drücken, ***dextram alicuius*** j-s rechte Hand
ap-prīmus ⟨a, um⟩ *Adj* bei Weitem der erste
approbātiō ⟨ōnis⟩ *f* ||approbo||
1. Billigung, Zustimmung, Anerkennung
2. PHIL Darlegung, Beweis; ***haec propositio approbationis non indiget*** Cic. dieser Satz bedarf keines Beweises
approbātor ⟨ōris⟩ *m* ||approbo|| der *etw* anerkennt, der billigt, der genehmigt, *alicuius rei*
ap-probē *Adv* Plaut. ganz gut, recht gut
▶ **ap-probō** ⟨āvī, ātum, āre 1.⟩
1. billigen, gutheißen, anerkennen, *abs od aliquid* etw, + *AcI*; *Passiv* Beifall finden; ***falsa pro veris a.*** Falsches als wahr anerkennen; ***aliquo approbante*** mit j-s Zustimmung
2. RHET segnen; ***di approbent!*** die Götter mögen zustimmen!, so die Götter wollen!
3. (*nachkl.*) *poet etw* zu *j-s* Zufriedenheit machen, *aliquid alicui*
4. erweisen, beweisen, bestätigen; ***propositionem a.*** einen Satz beweisen
ap-prōmittō ⟨-, -, ere 3.⟩ noch dazu versprechen, + *AcI*
ap-properō ⟨āvī, ātum, āre 1.⟩
I *v/t* beschleunigen
II *v/i* hineilen, sich schleunig an *etw* machen, *abs od ad aliquid*; sich beeilen, + *Inf*
appropinquātiō ⟨ōnis⟩ *f* ||appropinquo|| Annäherung, das Nahen
▶ **ap-propinquō** ⟨āvī, ātum, āre 1.⟩
1. sich nähern, nahe kommen, *abs od alicui / ad aliquid* j-m / einer Sache; ***hosti a.*** sich dem Feind nähern; ***a. ad insulam*** sich der Insel nähern
2. *zeitl.* herannahen; ***hiems appropinquat*** der Winter naht
3. *von Personen* nahe sein; ***qui iam appropinquat, ut videat*** der schon nahe daran ist, zu sehen
ap-pūgnō ⟨āvī, ātum, āre 1.⟩ Tac. angreifen, bestürmen
ap-pulī → ***appello***[2]
Āppulia ⟨ae⟩ *f* = ***Apulia***
appulsus[1] ⟨ūs⟩ *m* ||appello[2]||
1. Annäherung, ***solis*** der Sonne; ↔ ***abscessus***
2. (*nachkl.*) Landung; *meton* Landungsstelle; ***a. litoris*** Landung an der Küste
3. *fig* Anstoß, Einwirkung; ***a. deorum*** Einfluss der Götter; ***a. frigoris et caloris*** Einwirkung von Frost und Hitze
ap-pulsus[2] ⟨a, um⟩ *PPP* → ***appello***[2]
aprīcātiō ⟨ōnis⟩ *f* ||apricor|| Sonnenbad
aprīcitās ⟨ātis⟩ *f* ||apricus|| (*nachkl.*) milde Sonnenwärme
aprīcor ⟨ātus sum, ārī 1.⟩ ||apricus|| sich sonnen
aprīcum ⟨ī⟩ *n* ||apricus|| (*nachkl.*) *poet* Sonnenlicht, sonniger Platz
aprīcus ⟨a, um⟩ *Adj*
1. sonnig
2. *poet* den Sonnenschein liebend
Aprīlis
I ⟨e⟩ *Adj* zum April gehörig, April…; ***Kalendae Apriles*** die Kalenden des April
II ⟨is⟩ *m* April; ***mensis A.*** der Monat April
aprū(g)nus ⟨a, um⟩ *Adj* ||aper|| (*vkl.*, *nachkl.*) vom Eber, vom Wildschwein; ***callum aprugnum*** Wildschweinschwarte
aps... = ***abs...***
aptō ⟨āvī, ātum, āre 1.⟩ ||*Denom von* aptus||
1. genau anpassen, anfügen, anknüpfen, *aliquid alicui* etw an etw; ***arma corpori a.*** Liv. Waffen anlegen
2. zurechtmachen, instand setzen; ***arma pugnae a.*** Verg. die Waffen zum Kampf fertig machen; ***animum armis a.*** *fig* den Sinn auf die Waffen richten; ***aptatus ad aliquid*** berechnet auf etw
3. ausrüsten, *aliquem / aliquid re* j-n / etw mit etw; ***se armis a.*** Liv. sich kampffertig machen
aptus[1] ⟨a, um⟩ *PPP* → ***apiscor***
▶ **aptus**[2] ⟨a, um⟩ *Adj*, *Adv* ⟨aptē⟩ ||apiscor||
1. angepasst, fest anschließend; ***calcei apti ad pedem*** dem Fuß angepasste Schuhe; *Adv* genau
2. an *etw* angeknüpft, an *etw* hängend, *ex re / re*; ***gladius e lacunari saetā equinā a.*** an einem Pferdehaar von der Decke hängendes Schwert
3. *fig* abhängig, *ex re* von etw; ***officium ex honesto aptum est*** die Pflichterfüllung hängt von der sittlichen Einstellung ab; ***totus a. ex sese*** ganz von sich abhängig, ganz unabhängig
4. zusammengefügt; *fig* wohlgeordnet, in gutem Zustand; ***exercitus a.*** schlagkräftiges Heer; ***nihil est aptius naturā*** nichts ist harmonischer als die Natur
5. *fig* tauglich, geeignet, *ad aliquid / in aliquid*; angemessen, *alicui rei* einer Sache; ***apte dicere*** angemessen sprechen; ***orator a. ad dicendum*** begabter Redner; ***res tempori apta*** der Zeit angemessene Sache
apud *Präp* + *Akk*

1. bei, in der Nähe von; ***pugna apud Marathonem facta*** die Schlacht bei Marathon
2. (*nachkl.*) in, auf, zu; ***apud Germanias*** in Germanien
3. bei, im Hause von; ***apud exercitum*** beim Heer; ***apud se*** bei sich
4. bei, + *Völkername*; ***apud Germanos*** bei den Germanen
5. bei, vor, in Gegenwart von; ***apud iudices*** vor den Richtern, bei Gericht
6. bei = in *j-s* Augen; ***apud aliquem multum valere*** bei j-m viel vermögen
7. bei = in *j-s* Schriften; ***apud Ciceronem*** bei Cicero
Āpulēius ⟨a, um⟩ *röm. Gentilname*
1. ***L. Apuleius Saturninus*** *Volkstribun um 100 v. Chr.*
2. ***Apuleius Platonicus*** *aus Afrika stammender Philos. u. Schriftsteller um 130 n. Chr.*
Āpulia ⟨ae⟩ *f Landschaft in Unteritalien s. der Apenninen, nur teilweise mit der heutigen Region Puglia identisch, da die Südspitze Calabria hieß*
Āpulus ⟨a, um⟩ *Adj* apulisch
Āpulus ⟨ī⟩ *m* Apulier
aput *Präp* = ***apud***
apyrēnum ⟨ī⟩ *n* ||griech. Fw.|| Granatapfel
▶ **aqua** ⟨ae⟩ *f*
1. Wasser *als Element*; ***a. caelestis / pluvia*** Regenwasser; ***a. fluvialis*** Flusswasser; ***a. viva*** fließendes Wasser ***aquam et terram petere ab aliquo*** Liv. von j-m Wasser und Erde fordern *als Zeichen der Unterwerfung*; ***aquam praebere*** Wasser reichen *als Zeichen der Gastfreundschaft*; ***aquā et igni interdicere alicui*** Tac. j-n ächten; ***aqua haeret*** da hapert es
2. *meton für jede Art von Wasser*: Meer, See, Fluss, Bach; Regen; Hochwasser; Tränen
3. *Pl* Quellen, *bes* Heilquellen; ***Aquae Sextiae*** *heute Aix-en-Provence*
4. Wasserleitung; ***aqua Claudia*** von Appius Claudius angelegte Wasserleitung, *um 312 v. Chr.*
5. Wasseruhr, *nach dem Prinzip unserer Sanduhr*; ***aquam dare*** Plin. Redezeit geben
6. *fig* Wasser, *ein Gestirn*
▶ **aquae-ductus** ⟨ūs⟩ *m* Wasserleitung
aquāliculus ⟨ī⟩ *m* ||aqualis|| Magen, *bes* Schweinemagen; Wanst
aquālis ⟨is⟩ *m* ||aqua|| (*vkl.*) Wasserkrug
aquārius
I ⟨a, um⟩ *Adj* ||aqua|| Wasser…; ***provincia aquaria*** Quästur in Ostia, *zuständig für die Aufsicht über die Wasserleitungen.*
II ⟨ī⟩ *m*
1. (*nachkl.*) *poet* Wasserträger; Kuppler
2. Röhrenmeister, *Unterbeamter des Ädils*; Aufseher *über Brunnen in privaten Villen*
3. (*vkl.*) *poet* Wassermann, *als Sternbild*
aquāticus ⟨a, um⟩ *Adj* (*nachkl.*) *poet* = ***aquatilis***
aquātilis ⟨e⟩ *Adj* ||aqua|| im Wasser befindlich, am Wasser lebend; wässerig; Regen bringend; ***auster a.*** Regen bringender Südwind
aquātiō ⟨ōnis⟩ *f* ||aquor|| das Wasserholen
aquātor ⟨ōris⟩ *m* ||aquor|| Wasserholer
aquātus ⟨a, um⟩ *Adj* ||aqua|| (*nachkl.*) wässerig, dünn
▶ **aquila** ⟨ae⟩ *f*
1. Adler
2. Legionsadler; *meton* Legion
3. *poet* Adler, *als Sternbild*
4. *Pl* Tac. ARCH die Reliefadler *an der Vorder- u. Rückseite des Jupitertempels auf dem Kapitol*
Aquilēia ⟨ae⟩ *f röm. Kolonie in Oberitalien*
Aquilēiēnsis ⟨e⟩ *Adj* zu Aquileia gehörig, aquilensisch
Aquilēiēnsis ⟨is⟩ *m* Einwohner von Aquileia, Aquilenser
aqui-lex ⟨legis⟩ *u.* (*spätl.*) ***licis*** *m* ||aqua, lego[2]|| Wasserbauspezialist, Wasserbauingenieur
Aquīliānus ⟨a, um⟩ *Adj* des Aquilius, zu Aquilius gehörig
aquili-fer ⟨ferī⟩ *m* ||aquila, fero|| Adlerträger *der Legion*
aquilīnus ⟨a, um⟩ *Adj* ||aquila|| (*vkl., nachkl.*) Adler…
Aquīl(l)ius ⟨a, um⟩ *röm. Gentilname*; ***C. Aquilius Gallus*** *Freund u. Kollege Ciceros*
aquilō ⟨ōnis⟩ *m* ||aquilus|| Nordostwind; *poet* Sturm; *meton* Norden; *personifiziert* → ***Boreas***
aquilōnālis ⟨e⟩ *Adj u.* **aquilōnius** ⟨a, um⟩ *Adj* ||aquilo|| nördlich
aquilus ⟨a, um⟩ *Adj* (*vkl., nachkl.*) schwärzlich, dunkelbraun
Aquīnās ⟨ātis⟩
I *Adj* aus Aquinum, zu Aquinum gehörig, aquinatisch
II *m* Einwohner von Aquinum
Aquīnum ⟨ī⟩ *n Stadt in Latium, bekannt durch Purpurfärberei, Geburtsort Juvenals, heute Aquino*
Aquītānī ⟨ōrum⟩ *m* die Einwohner von Aquitania, die Aquitaner, *ein iber. Stamm*
Aquītānia ⟨ae⟩ *f Landschaft im SW Galliens*
Aquītānus ⟨a, um⟩ *Adj* aquitanisch
aquor ⟨ātus sum, ārī 1.⟩ ||*Denom von* aqua|| Wasser holen, *bes* MIL
aquōsus ⟨a, um⟩ *Adj* ||aqua|| (*nachkl.*) wasserreich, regnerisch; ***aquosa mater*** wasserreiche Mutter, = Thetis; ***languor a.*** = Wassersucht
aquula ⟨ae⟩ *f* ||*Dim von* aqua|| Plaut. Wässerchen
▶ **āra** ⟨ae⟩ *f*
1. Altar, Opferherd; ***arae et foci*** Altäre und Herde *als Inbegriff von Heimat u. Familie*
2. *fig* Zufluchtsstätte, Schutz
3. Erhöhung, Denkmal; ***ara sepulcri*** Scheiterhaufen
4. *poet* Altar, *Sternbild am s. Himmel*
5. *Eigennamen*: ***Ara Ubiorum*** *früherer Name für Köln*; ***Ara Pacis Augustae*** *von Kaiser Augustus nach den Kriegen in Gallien u. Spanien 9 v. Chr. erbautes Denkmal auf der heutigen Piazza Augusto Imperatore in Rom*
arabarchēs ⟨ae⟩ *f* = ***alabarches***
Arabia ⟨ae⟩ *f* Arabien, *im Altertum eingeteilt in Arabia Eudaemon / Felix, Arabia Petraea u. Arabia Deserta*
Arabicus *u.* **Arabius** ⟨a, um⟩ *Adj u.* **Arabs** *Gen* ⟨abis⟩ *Adj* arabisch
Arabs ⟨abis⟩ *m* Araber
Arabus ⟨a, um⟩ *Adj* arabisch
Arabus ⟨ī⟩ *m* Araber
Arachnē ⟨ēs⟩ *f lydische Spinnerin, von Athene in ei-*

ne Spinne verwandelt
arānea ⟨ae⟩ *f* ||araneus|| Spinnwebe; *meton* Spinne
arāneola ⟨ae⟩ *f u.* **arāneolus** ⟨ī⟩ *m* ||*Dim von* aranea/araneus|| Verg. kleine Spinne
arāneōsus ⟨a, um⟩ *Adj* ||araneus|| voll von Spinnweben
arāneum ⟨ī⟩ *n* ||araneus|| Spinnwebe
arāneus
I ⟨a, um⟩ *Adj* zur Spinne gehörig
II ⟨ī⟩ *m* (*nachkl.*) *poet* Spinne
Arar ⟨aris⟩ *m rechter Nebenfluss der Rhône, heute Saône*
arātiō ⟨ōnis⟩ *f* ||aro||
1. das Pflügen, Ackerbau
2. *meton* Ackerland; *Pl* Pachtgüter, Domänen
arātor ⟨ōris⟩ *m* ||aro||
1. Pflüger; *adj* Pflug…; ***bos a.*** Pflugochse
2. Landwirt, Bauer
▶ **arātrum** ⟨ī⟩ *n* ||aro||
1. Pflug
2. (*mlat.*) Stück Land
Arātus ⟨ī⟩ *m*
1. *griech. Astronom u. Verfasser eines Lehrgedichtes um 270 v. Chr., das Cicero übersetzte*
2. *griech. Feldherr aus Sikyon, Stifter des Achäischen Bundes um 250 v. Chr.*
arbalista ⟨ae⟩ *f* = ***arcuballista***
▶ **arbiter** ⟨trī⟩ *m*
1. Augenzeuge, Mitwisser; ***sine arbitris*** unter vier Augen
2. Schiedsrichter
3. *fig* Richter; Gebieter, Herr, Präsident; ***a. elegantiae*** Schiedsrichter in Sachen des feinen Geschmacks; ***a. bibendi*** Symposiarch, Trinkkönig
arbitra ⟨ae⟩ *f* ||arbiter|| (*nachkl.*) *poet* Zeugin, Mitwisserin, Richterin
arbitrāriō *Adv* ||arbitrarius|| vermutlich
arbitrārius ⟨a, um⟩ *Adj* ||arbiter|| (Plaut., Gell.) willkürlich
arbitrātus ⟨ūs⟩ *m* ||arbitror||
1. Gutdünken, Willkür, Belieben
2. unbeschränkte Vollmacht
3. subjektive Ansicht
▶ **arbitrium** ⟨ī⟩ *n* ||arbiter||
1. Sen. Anwesenheit
2. Schiedsspruch, *alicuius rei/de re* über etw, in einer Sache, *de aliquo* über j-n
3. (willkürlicher) Machtspruch; ***a. salis vendendi*** willkürliche Festsetzung des Salzpreises; ***arbitria funeris*** Bestattungsgebühren
4. Gutdünken, freies Ermessen
5. unbeschränkte Macht, ***Iovis*** Jupiters; ***sui arbitrii esse*** sein eigener Herr sein
▶ **arbitrō** ⟨-, -, āre 1.⟩ *u.* **arbitror** ⟨ātus sum, ārī 1.⟩ ||*Denom von* arbiter||
1. Com. beobachten, belauschen
2. *fig* erachten, meinen, glauben, *abs od + dopp. Akk/ + AcI*
▶ **arbor** ⟨oris⟩ *f*
1. Baum; ***a. Iovis*** Eiche; ***a. Phoebi*** Lorbeerbaum; ***a. Palladis*** Ölbaum
2. ***a. infelix*** *meton* Galgen
3. *poet* Mast; Ruder; Schiff
4. (*eccl.*) Kreuz
arboreus ⟨a, um⟩ *Adj* ||arbor|| *poet* vom Baum, Baum…; baumlang, baumähnlich, verästelt
arbōs ⟨oris⟩ *f* = ***arbor***
arbuscula ⟨ae⟩ *f* ||*Dim von* arbor|| (*vkl., nachkl.*) Bäumchen
arbustum ⟨ī⟩ *n* ||arbustus|| Baumpflanzung; *poet* Gebüsch
arbustus ⟨a, um⟩ *Adj* ||arbor|| mit Bäumen bepflanzt
arbuteus ⟨a, um⟩ *Adj* ||arbutus|| vom Erdbeerbaum
arbutum ⟨ī⟩ *n* ||arbutus||
1. Frucht des Erdbeerbaumes
2. Zweig des Erdbeerbaumes
arbutus ⟨ī⟩ *f* (*nachkl.*) *poet* Erdbeerbaum, *südeuropäischer baumartiger Strauch mit erdbeerähnlichen Früchten*
arca[1] ⟨ae⟩ *f* ||arceo||
1. Kasten, Kiste, Geldkasten, Kasse
2. *poet* Sarg; Gefängniszelle, „Kasten“
3. (*eccl.*) Arche; ***a. dominica*** Bundeslade
arca[2] ⟨ae⟩ *f* (*mlat.*) Brückenbogen
Arcades ⟨um⟩ *m* die Arkader, *so benannt nach Arcas*
Arcadia ⟨ae⟩ *f* Arkadien, *Gebirgslandschaft in der Mitte der Peloponnes*
Arcadicus *u.* **Arcadius** ⟨a, um⟩ *Adj* arkadisch
arcānō *Adv* → ***arcanus***
arcānum ⟨ī⟩ *n* ||arcanus||
1. Geheimnis
2. (*mlat.*) Geheimfach
arcānus ⟨a, um⟩ *Adj, Adv* ⟨arcānō⟩ ||arca[1]|| geheim, heimlich; geheimnisvoll; verschwiegen; *Adv* heimlich, insgeheim
Arcas
I ⟨adis⟩ *m Sohn des Zeus u. der Kallisto.*
II *Gen* ⟨adis⟩ *Adj* ||Arcadia|| arkadisch
▶ **arceō** ⟨uī, -, ēre 2.⟩
1. abwehren, fern halten, *re/a re* von etw; ***hostes a reditu a.*** die Feinde vom Rückzug abschneiden; ***tyrannum ab iniuria a.*** den Tyrannen am Unrecht hindern
2. festhalten, in Schranken halten
3. *poet* beschützen, bewahren, *aliquem re/a re* j-n vor etw
arcera ⟨ae⟩ *f* ||arca[1]|| Kastenwagen
arcessītor ⟨ōris⟩ *m* ||arcesso|| der herbeiruft, der herbeiholt, der einlädt
arcessītus[1] *nur Abl* ⟨ū⟩ *m* ||arcesso|| Einladung, das Herbeirufen
arcessītus[2] ⟨a, um⟩ *Adj* ||arcesso|| gezwungen, gesucht, forciert; ***dictum arcessitum*** erzwungenes Wort
▶ **arcessō** ⟨īvī, ītum, ere 3.⟩
1. herbeirufen, kommen lassen, vorladen
2. JUR belangen, anklagen; ***criminis a.*** eines Verbrechens beschuldigen
3. herbeiführen, erwerben, gewinnen; ***gloriam ex periculo*** Ruhm aus der Gefahr erwerben; ***virginem/uxorem a.*** Com. eine Braut ins Haus holen
4. herholen, hernehmen *von irgendwo*, ***argumentum*** ein Argument
archangelus ⟨ī⟩ *m* ||griech. Fw.|| (AT, NT) Erzengel
Archelaus ⟨ī⟩ *m von Milet, Schüler des Anaxagoras, Vorsokratiker*

archetypum ⟨ī⟩ *n* ||griech. Fw.|| (*vkl., nachkl.*) Original, Urschrift, Urbild
archetypus ⟨a, um⟩ *Adj* ||griech. Fw.|| urschriftlich, im Original
Archiacus ⟨a, um⟩ *Adj* des Archias; ***Archiaci lecti*** Hor. kleine Speisesofas
Archiās ⟨ae⟩ *m*
1. ***A. Licinius Archias*** *griech. Dichter, von Cicero erfolgreich verteidigt*
2. *Tischler in Rom z. Zt. des Horaz*
archiater ⟨trī⟩ *m u.* **archiatros** ⟨ī⟩ *m* ||griech. Fw.|| Oberarzt, erster Arzt am Kaiserhof, Leibarzt; (*mlat.*) Arzt
archiclīnicus ⟨ī⟩ *m* ||griech. Fw.|| Mart. Obertotengräber
archidiāconus ⟨ī⟩ *m* ||griech. Fw.|| (*eccl.*) Erzdiakon, *Vorsitzender des für die Armenfürsorge zuständigen Diakon-Kollegiums eines Bistums, im MA Vertreter des Bischofs mit großen rechtlichen Vollmachten*
archidux ⟨ducis⟩ *m* (*mlat.*) Erzherzog
archiepiscopalis ⟨e⟩ *Adj* ||griech. Fw.|| (*mlat.*) erzbischöflich
archiepiscopus ⟨ī⟩ *m* ||griech. Fw.|| (*eccl.*) Erzbischof
Archilochīus ⟨a, um⟩ *Adj* ||Archilochus|| beißend, scharf, *nach den Spottgedichten des Archilochos*
Archilochus ⟨ī⟩ *m griech. Jambendichter, um 650 v. Chr.*
archimagīrus ⟨ī⟩ *m* ||griech. Fw.|| Iuv. Küchenmeister
archimandrīta ⟨ae⟩ *m* ||griech. Fw.|| (*eccl.*) Vorsteher *eines griech. Klosters*
Archimēdēs ⟨is⟩ *m 287–212 v. Chr., berühmter Mathematiker u. Techniker aus Syrakus, Schüler des Euklid, Entdecker der Berechnung des Volumens unregelmäßiger Körper u. des spezifischen Gewichtes, von einem röm. Soldaten irrtümlich getötet*
archimīmus ⟨ī⟩ *m* ||griech. Fw.|| (*nachkl.*) Hauptdarsteller
archipīrāta ⟨ae⟩ *m* ||griech. Fw.|| Seeräuberhauptmann
archipoeta ⟨ae⟩ *m* (*mlat.*) Erzpoet, *lat. Dichter des 12. Jh.*
archisynagōgus ⟨ī⟩ *m* ||griech. Fw.|| (*spätl., mlat.*) Synagogenvorsteher
architecticus ⟨a, um⟩ *Adj* ||architectus|| Plaut. des Baumeisters
architectōn ⟨onis⟩ *m* ||griech. Fw.|| (*vkl., nachkl.*) Baumeister; *fig* Ränkeschmied
architectonicē ⟨ēs⟩ *f* ||griech. Fw.|| Quint. Baukunst
architector ⟨ātus sum, ārī 1.⟩ ||architectus||
1. (*nachkl.*) bauen
2. *fig* schaffen, herrichten
architectūra ⟨ae⟩ *f* ||architectus|| Baukunst
architectus ⟨ī⟩ *m* ||griech. Lw.|| Baumeister, Ingenieur; *fig* Urheber, Schöpfer, Anstifter
archīum *u.* **archīvum** ⟨ī⟩ *n* ||griech. Fw.|| (*spätl.*) Archiv, Aufbewahrungsort für Urkunden
archōn ⟨ontis⟩ *m* ||griech. Fw.|| Archont *in Athen, höchster Beamter, den röm. Konsuln vergleichbar*
Archȳtās ⟨ae⟩ *m Pythagoreer, Mathematiker u. Staatsmann aus Tarent, um 380 v. Chr., Freund Platos*

arci-tenēns
I *Gen* ⟨entis⟩ *Adj* ||arcus, teneo|| *poet* (den) Bogen führend, *Beiname des Apollo.*
II ⟨entis⟩ *m* Schütze
Arctophylax ⟨acis⟩ *m* ||griech. Fw.|| *poet* Bärenhüter, *als Sternbild*; = ***Bootes***
Arctos ⟨ī⟩ *f* ||griech. Fw.||
1. Bärin *als Gestirn*; *meist Pl* Großer und Kleiner Bär
2. *meton, poet* Nordpol, Norden; Nacht
Arctous ⟨a, um⟩ *Adj* Mart. nördlich
Arctūrus ⟨ī⟩ *m* ||griech. Fw.||
1. Bärenhüter, *als Gestirn*; Sternbild des Bootes; *hellster Stern im Sternbild des Bootes*
2. Verg. *meton* Herbstzeit
Arctus ⟨ī⟩ *f* = ***Arctos***
arcuātus ⟨a, um⟩ *Adj* ||arcus|| (*nachkl.*) *poet* bogenförmig; ***currus a.*** Planwagen; ***arcuatum opus*** Schwibbogen, *Bögen zwischen zwei Gebäuden*
arcu-ballista ⟨ae⟩ *f* ||arcus|| (*nachkl.*) Armbrust, Bogenschleuder
arcula ⟨ae⟩ *f* ||*Dim von* arca[1]|| Kästchen; Kassette, Schmuckkästchen; Farbkasten
arculārius ⟨ī⟩ *m* ||arcula|| Plaut. Schmuckkästchenmacher, Kunsttischler
▶ **arcus** ⟨ūs⟩ *m*
1. Bogen *als Waffe*; ***a. Haemonii*** Ov. *meton* Schütze, *als Gestirn*
2. Regenbogen
3. Triumphbogen, Ehrenbogen
4. Schwibbogen, *Bogen zwischen zwei Gebäuden*
5. (*nachkl.*) *poet* Krümmung, Wölbung, Kreisbogen
ardaliō ⟨ōnis⟩ *f* ||griech. Fw.|| *poet* geschäftiger Nichtstuer, Schlemmer
ardea ⟨ae⟩ *f* ||griech. Fw.|| (*nachkl.*) *poet* Reiher
Ardea ⟨ae⟩ *f alte Hauptstadt der Rutuler in Latium, s. von Rom, eine der ältesten Städte Italiens, gleichnamiger moderner Ort*
Ardeās ⟨ātis⟩ *m* Einwohner von Ardea
Ardeās *Gen* ⟨ātis⟩ *Adj u.* **Ardeātīnus** ⟨a, um⟩ *Adj* aus Ardea
ārdēns *Gen* ⟨entis⟩ *Adj, Adv* ⟨ardenter⟩ ||ardeo||
1. brennend, glühend, heiß; ***sitis a.*** brennender Durst; ***ardenter sitire*** brennenden Durst leiden
2. *poet* funkelnd, glänzend, feurig; ***oculi ardentes*** glühende Augen, funkelnde Augen
3. *fig* feurig, enthusiastisch, leidenschaftlich; ***oratio a.*** flammende Rede; ***odium a.*** leidenschaftlicher Hass
▶ **ārdeō** ⟨ārsī, ārsum, ārdēre 2.⟩ ||*Denom von* aridus||
1. brennen, in Flammen aufgehen, verbrennen; ***ardet domus*** das Haus brennt; ***fauces siti ardent*** lechzen vor Durst
2. *fig* funkeln, blitzen, glänzen; ***oculi ardent*** die Augen funkeln
3. *fig bei Gefühlen* glühen, brennen; heiß verliebt sein, *in aliquo/aliquo/aliquem* in j-n; ***irā a.*** vor Zorn glühen
4. *fig* heiß verlangen, *in aliquid* nach etw, + *Inf*; ***in arma a.*** nach Waffen verlangen; ***a. ad ulciscendum*** auf Rache brennen
5. *fig* verzehrt werden, gequält werden; ***invidiā a.***

glühend gehasst werden
6. *fig* in hellem Aufruhr stehen; ***coniuratio ardet*** die Verschwörung ist in vollem Gange

ārdēscō ⟨ārsī, -, ārdēscere 3.⟩ ||*Inkoh von* ardeo||
1. entbrennen, in Brand geraten
2. *fig* glühen, leuchten
3. *fig* (leidenschaftlich) erglühen, auflodern; ***pugna ardescit*** die Schlacht entbrennt; ***a. libidinibus*** vor Verlangen brennen; ***amore a. aliquo*** in Liebe entflammen für jdn

▶ **ārdor** ⟨ōris⟩ *m* ||ardeo||
1. Brand, Glut
2. *fig* das Glühen, das Leuchten, ***oculorum*** der Augen
3. *fig* Begeisterung, Begierde
4. *fig* Liebesglut, *alicuius* für j-n; *meton* geliebte Person

Arduenna (silva) ⟨ae⟩ *f* Ardennen, Ardenner Wald

arduum ⟨ī⟩ *n* ||arduus||
1. (*nachkl.*) *poet* Anhöhe
2. *fig* Schwierigkeit

▶ **arduus** ⟨a, um⟩ *Adj*
1. steil, hochragend; ***collis a.*** steile Anhöhe
2. *fig* schwierig, beschwerlich; ***opus arduum*** schwieriges Werk

▶ **ārea** ⟨ae⟩ *f* ||areo||
1. freier Platz, flacher Platz
2. Bauplatz, Grundfläche
3. Tenne; (*nachkl.*) Hofraum *im Haus u. in öffentlichen Gebäuden*
4. Rennbahn im Zirkus; *fig* Kampfplatz; Betätigungsfeld
5. Plaut. Vogelfangplatz
6. GEOM Fläche, Ebene, Flächeninhalt
7. Sen. Hof *um Sonne od Mond*
8. (*nachkl.*) *poet* Glatze

Arecomicī ⟨ōrum⟩ *m* → ***Volcae***

āre-faciō ⟨fēcī, factum, facere 3.⟩ (*unkl.*) trocknen

Arelāte ⟨is⟩ *n Stadt an der Rhône, heute Arles*

Arelatēnsis ⟨e⟩ *Adj* aus Arelate

Arelatēnsis ⟨is⟩ *m* Einwohner von Arelate, Arelatenser

Aremoricae cīvitātēs *Küstenvölker in der Bretagne u. Normandie*

▶ **arēna** ⟨ae⟩ *f*
1. Sand; *Pl* (*nachkl.*) *poet* Sandkörner
2. *meton* sandiger Ort, Sandfläche; *Pl* (*nachkl.*) *poet* Sandwüste; *poet* Sandstrand
3. Arena, Kampfplatz *im Amphitheater*; *meton* Gladiatorenkampf

arēnāria ⟨ae⟩ *f* ||arena|| Sandgrube

arēnōsus ⟨a, um⟩ *Adj* ||arena|| (*nachkl.*) *poet* sandig

ārēns *Gen* ⟨entis⟩ *Adj* ||areo|| (*nachkl.*) *poet* trocken, dürr, brennend

āreō ⟨uī, -, ēre 2.⟩ trocken sein, dürr sein; *fig* lechzen

āreola ⟨ae⟩ *f* ||*Dim von* area|| kleiner freier Platz

Arēopagītēs ⟨ae⟩ *m* ||Areopagus|| Areopagit, Mitglied des Areopags; *spöttisch* unparteiischer Richter

Arēopagus ⟨ī⟩ *m*
1. Areshügel *in Athen*
2. Areopag, *der auf dem Areshügel tagende oberste Gerichtshof*

Arēs ⟨is⟩ *m griech. Kriegsgott, röm.* = ***Mars***

ārēscō ⟨āruī, -, ārēscere 3.⟩ ||*Inkoh von* areo|| austrocknen, verdorren, versiegen

aretālogus ⟨ī⟩ *m* ||griech. Fw.|| (Suet., Iuv.) Moralprediger

Arethūsa ⟨ae⟩ *f* MYTH *Quelle bei Syrakus; im Mythos vom Flussgott Alpheios (Alpheus) geliebte Quellnymphe, die in eine Quelle verwandelt wurde u. unter dem Meer bis Sizilien floss*

Arethūsis *Gen* ⟨idis⟩ *Adj* zur Arethusa gehörig

Arēus pagus ⟨ī⟩ *m* = ***Areopagus***

Argēī ⟨ōrum⟩ *m*
1. *Sühneopferkapellen in Rom*
2. *Menschenfiguren aus Binsen, die jährlich am 15. Mai als symbolische Menschenopfer in den Tiber geworfen wurden*

argentāria ⟨ae⟩ *f* ||argentarius|| Wechselstube

argentārius
I ⟨a, um⟩ *Adj* ||argentum|| (Com., *nachkl.*) Silber…; Geld…; ***metalla argentaria*** Silbergruben; ***taberna argentaria*** Wechselstube
II ⟨ī⟩ *m*
1. Wechsler, Bankier
2. (*spätl.*) Silberschmied

argentātus ⟨a, um⟩ *Adj* ||argentum|| (*vkl., nachkl.*) mit Silber beschlagen; mit Geld versehen

argenteolus ⟨a, um⟩ *Adj* ||*Dim von* argenteus|| Plaut. fein in Silber gearbeitet

argenteus
I ⟨a, um⟩ *Adj* ||argentum||
1. silbern; ***poculum argenteum*** silberner Becher
2. versilbert, mit Silber beschlagen, mit Silber verziert; Liv. *von Soldaten* mit silbernen Schilden
II ⟨ī⟩ *m* (*nachkl.*) Silberdenar, Silberling

Argentorātus ⟨ī⟩ *f Stadt am Oberrhein, heute Straßburg*

▶ **argentum** ⟨ī⟩ *n*
1. Silber; ***a. factum*** Silbergeschirr; ***a. infectum*** Silberbarren; ***a. signatum*** gemünztes Silber, Silbergeld
2. *meton* Silbergeräte; ***a. ad vescendum*** silbernes Tafelgeschirr
3. Silbergeld, Geld
4. ***a. vivum*** Quecksilber

Argentumexterebrōnidēs ⟨ae⟩ *m* Plaut. *hum Bildung* „Geldherausbohrer", Erpresser

argestēs ⟨ae⟩ *m* ||griech. Fw.|| (*nachkl.*) Westsüdwestwind

Argēus ⟨a, um⟩ *Adj* zu Argos gehörig, argivisch, griechisch

Argī ⟨ōrum⟩ *m* = ***Argos***

Argīlētānus ⟨a, um⟩ *Adj* auf dem Argiletum befindlich

Argīlētum ⟨ī⟩ *n Straße in Rom n des Forums mit Handwerkerbuden u. Buchläden*

argilla ⟨ae⟩ *f* ||griech. Fw.|| weißer Ton, Töpfererde

Arginūs(s)ae ⟨ārum⟩ *f* die Arginu(s)sen, *drei Kreideinseln bei Lesbos, Schlacht im Peloponnesischen Krieg 406 v. Chr.*

argītis ⟨is⟩ *u.* ⟨idis⟩ *f* ||griech. Fw.|| (*nachkl.*) *poet* Rebe mit weißen Trauben

Argīus ⟨a, um⟩ *Adj* zu Argos gehörig, argivisch, griechisch

Argīvī ⟨ōrum⟩ *u. poet* ⟨um⟩ *m* ||Argivus|| die Argiver, *oft* = die Griechen

Argīvus ⟨a, um⟩ *Adj* zu Argos gehörig, argivisch, griechisch
Argō ⟨ūs⟩ *f das Schiff Iasons u. seiner Gefährten, mit dem sie nach Kolchis segelten um das Goldene Vlies zu holen, von Athene als Sternbild an den s. Himmel versetzt*
Argolicus ⟨a, um⟩ *Adj* ||Argolis[1]|| argolisch; *poet auch* griechisch
Argolis[1] ⟨idis⟩ *f Landschaft auf der Peloponnes*
Argolis[2] *Gen* ⟨idis⟩ *Adj* zu Argos gehörig, argivisch, griechisch
Argonautae ⟨ārum⟩ *m* ||Argo|| die Argonauten
Argos *nur Nom u. Akk n Hauptstadt von Argolis*[1]
argūmentātiō ⟨ōnis⟩ *f* ||argumentor|| Beweisführung; (*nachkl.*) Stoff, Vorwurf
argūmentor ⟨ātus sum, ārī 1.⟩ ||*Denom von* argumentum||
I *v/i* den Beweis führen, begründen, *abs od de re* in Bezug auf etw
II *v/t* als Beweis anführen, *aliquid* etw, + *AcI*
argūmentōsus ⟨a, um⟩ *Adj* ||argumentum|| Quint. reich an Stoff; (*mlat.*) geschickt, schlau
▶ **argūmentum** ⟨ī⟩ *n* ||arguo||
1. bildliche Darstellung, Bild
2. Gegenstand, Stoff, Thema einer Darstellung
3. *meton* Theaterstück, Gedicht, Geschichte; ***hoc a. docet*** diese Erzählung lehrt
4. Gehalt, Gewicht *des Inhaltes*; ***non sine argumento*** nicht ohne Belang
5. Beweis, Beweisgrund, Beweismittel, Schlussfolgerung; ***argumento esse*** zum Beweis dienen; ***argumentum concludere*** einen Schluss ziehen
▶ **arguō** ⟨uī, ūtum⟩ *u.* ⟨uitūrus, uere 3.⟩
1. klar darstellen, erweisen
2. *poet* verraten, offenbaren; *Passiv* sich verraten
3. (*nachkl.*) *poet* als falsch erweisen, widerlegen, des Irrtums überführen
4. beschuldigen, anklagen, *aliquem alicuius rei / de re / re* j-n einer Sache / wegen einer Sache, + *dopp. Akk* / + *AcI*; ***aliquem falsum filium a.*** j-n als falschen Sohn anklagen; ***Roscius arguitur patrem occidisse*** Roscius wird des Mordes an seinem Vater beschuldigt
5. (*nachkl.*) als strafbar rügen, vorwerfen, *aliquid* etw, + *AcI*
Argus[1] ⟨a, um⟩ *Adj* zu Argos gehörig, argivisch, griechisch
Argus[2] ⟨ī⟩ *m hundertäugiger Wächter der Io*; (*mlat.*) Aufpasser, Wächter
argūtātiō ⟨ōnis⟩ *f* ||argutor|| Catul. das Knarren, ***tremuli lecti*** des wackligen Bettes
argūtiae ⟨ārum⟩ *f* ||argutus||
1. ausdrucksvolle Darstellung, das Ausdrucksvolle; ***a. digitorum*** ausdrucksvolles Fingerspiel
2. geistreiches Wesen, Scharfsinn, Witz
3. Spitzfindigkeit, Schlauheit
argūtō ⟨āvī, ātum, āre 1.⟩ *u.* **argūtor** ⟨ātus sum, ārī 1.⟩ ||*Denom von* argutus|| (*nachkl.*) daherschwatzen
argūtulus ⟨a, um⟩ *Adj* ||*Dim von* argutus|| ziemlich scharfsinnig
▶ **argūtus** ⟨a, um⟩ *Adj* ||arguo||
1. scharf ausgeprägt, ausdrucksvoll, lebhaft
2. reich an Liedern, klingend, zirpend, zwitschernd, gellend; ***nemus argutum*** von Hirtenliedern widerhallender Hain; ***hirundo arguta*** zwitschernde Schwalbe
3. Com. beredt, geschwätzig; Mart. penetrant
4. *fig* bedeutsam; ***omen argutum*** bedeutsames Vorzeichen
5. *fig* deutlich, ausführlich; ***litterae argutae*** ausführlicher Brief
6. *fig* geistreich, scharfsinnig, witzig
7. *fig* pfiffig, schlau, durchtrieben; ***meretrix arguta*** durchtriebene Dirne; ***dolor a.*** schlau erfundener Schmerz
argyraspides ⟨um⟩ *m* ||griech. Fw.|| die Silberschildträger, *makedonische Elitetruppe*
Ārgyripa ⟨ae⟩ *f* = ***Arpi***
Ariadna ⟨ae⟩ *f Tochter des Minos u. der Pasiphae, gab Theseus einen Faden, der ihm die Rückkehr aus dem Labyrinth ermöglichte, von diesem nach Naxos entführt u. dort treulos verlassen, Gattin des Dionysos*
Ariadnaeus ⟨a, um⟩ *Adj* zu Ariadne gehörig
Ariadnē ⟨ēs⟩ *f* = ***Ariadna***
Ariadneus ⟨a, um⟩ *Adj* = ***Ariadnaeus***; → ***Ariadna***
Arīcia ⟨ae⟩ *f alte Stadt an der via Appia mit Tempel u. Hain der Diana, heute Ariccia, ca. 30 km s. von Rom*
Arīcīnus ⟨a, um⟩ *Adj* zu Aricia gehörig, aricinisch
Arīcīnus ⟨ī⟩ *m* Einwohner von Aricia, Ariciner
āridulus ⟨a, um⟩ *Adj* ||*Dim von* aridus|| *poet* etwas trocken
āridum ⟨ī⟩ *n* ||aridus|| das Trockene
▶ **āridus** ⟨a, um⟩ *Adj* ||areo||
1. trocken, regenlos, dürr, *auch vom Menschen*; ***fragor a.*** das Knistern wie von dürrem Holz
2. *fig* lechzend, schmachtend; heiß
3. *fig* mager, dürftig; ***victus a.*** magerer Lebensunterhalt
4. *fig* geistig trocken, gehaltlos, langweilig
▶ **ariēs** ⟨etis⟩ *m*
1. Widder, Schafbock
2. *poet* Widder *als Sternbild*
3. MIL Sturmbock, Mauerbrecher; Wellenbrecher
arietīllus ⟨a, um⟩ *Adj* ||*Dim von* aries|| Petr. kleiner Widder
arietīnus ⟨a, um⟩ *Adj* ||aries||
1. Widder…; ***cornu arietinum*** Widderhorn
2. zweideutig, doppelsinnig; ***oraculum arietinum*** doppeldeutiges Orakel
arietō ⟨āvī, ātum, āre 1.⟩ ||*Denom von* aries|| (*unkl.*)
I *v/i*
1. (wie ein Widder) stoßen
2. anstürmen, ***in portas*** gegen die Tore
II *v/t* niederstoßen; ***aliquem in terram a.*** j-n zu Boden stoßen;
Arīminēnsis
I ⟨e⟩ *Adj* aus Ariminum, zu Ariminum gehörig
II ⟨is⟩ *m* Einwohner von Ariminum
Arīminum ⟨ī⟩ *n alte Hafenstadt, heute Rimini*
ariolor ⟨ātus sum, ārī 1.⟩ = ***hariolor***
ariolus ⟨ī⟩ *m* = ***hariolus***
Arīōn ⟨onis⟩ *m Dichter u. Sänger aus Lesbos um 600 v. Chr., von einem Delfin gerettet*
Arīonius ⟨a, um⟩ *Adj* des Arion
Arīopagus ⟨ī⟩ *m* = ***Areopagus***
Ariovistus ⟨ī⟩ *m König der Sueben, seit 72 v. Chr. in*

Gallien, von Caesar 58 v. Chr. besiegt
arismetica ⟨ae⟩ *f (mlat.)* Arithmetik
arista ⟨ae⟩ *f*
1. Granne
2. *(nachkl.) poet* Ähre; *Pl meton* Getreidearten
Aristaeus ⟨ī⟩ *m Sohn des Apollo, galt als Erfinder der Bienenzucht sowie des Öl- u. Weinbaues*
Aristarchus ⟨ī⟩ *m*
1. *berühmter Astronom aus Samos, 310–230 v. Chr., Vertreter des heliozentrischen Systems*
2. *aus Samothrake, 217–145 v. Chr., berühmter alexandrinischer Philologe, Grammatiker u. Homerrezensent; Synonym für scharfen Kritiker*
Aristīdēs ⟨is⟩ *u.* ⟨ī⟩ *m*
1. *athenischer Staatsmann z. Zt. der Perserkriege, Gegner der Flottenpolitik des Themistokles, Freund des Miltiades, berühmt wegen seiner unbestechlichen Integrität, gest. um 467 v. Chr.*
2. *aus Milet, um 100 v. Chr., Verfasser u. Sammler erotischer Novellen, „Milesiaca" nicht erhalten*
Aristippēus ⟨a, um⟩ *Adj* des Aristippus
Aristippus ⟨ī⟩ *m aus Kyrene, 435–366 v. Chr., Schüler des Sokrates, Begründer der Kyrenäischen Philosophie des möglichst großen Lustgewinnes, des Hedonismus*
Aristius Fuscus ⟨ī⟩ *m Grammatiker, Dichter u. Rhetor, Freund des Horaz*
Aristogītōn ⟨ōnis⟩ *m einer der Mörder des Tyrannen Hipparch 514 v. Chr.*
aristolochia ⟨ae⟩ *f* ||griech. Fw.|| Osterluzei, *Schlingpflanze u. Heilmittel gegen Schlangenbiss*
Aristophanēs ⟨is⟩ *m*
1. *aus Athen, 452–388 v. Chr., berühmtester Vertreter der alten attischen Komödie*
2. *aus Byzanz um 200 v. Chr., Bibliothekar, größter Philologe des Altertums, Begründer der Lexikographie*
Aristophanēus *u.* **Aristophanīus** ⟨a, um⟩ *Adj* des Aristophanes
Aristotelēs ⟨is⟩ *u.* ⟨ī⟩ *m aus Stageira in Makedonien, 384–322 v. Chr., Schüler Platos, Lehrer u. Erzieher Alexanders des Großen, Begründer der Peripatetischen Schule in Athen, einer der berühmtesten u. für die abendländisch-mittelalterliche Philosophie einflussreichsten Philos. des Altertums*
Aristotelēus *u.* **Aristotelīus** ⟨a, um⟩ *Adj* des Aristoteles
Aristoxenus ⟨ī⟩ *m aus Tarent, um 320 v. Chr., Schüler des Aristoteles u. Begründer der wissenschaftlichen Musiklehre*
Aristus ⟨ī⟩ *m akademischer Philos. aus Athen, Freund Ciceros*
arithmētica ⟨ōrum⟩ *n, auch* **arithmētica** ⟨ae⟩ *f u.* **arithmēticē** ⟨ēs⟩ *f* ||griech. Fw.|| Arithmetik
āritūdō ⟨inis⟩ *f* ||areo|| *(vkl.)* Trockenheit
Arīus pagus ⟨ī⟩ *m* = ***Areopagus***
arma ⟨ōrum⟩ *n*
1. Gerät(e), Werkzeug(e), Ausrüstung; ***a. cerealia*** Geräte zum Brotbacken
2. Baugeräte, Baumaterialien; Takelgerät; Ackergerät
3. Kriegsgeräte, Rüstung, Waffen; ***arma capere*** die Waffen ergreifen; ***in armis esse*** unter Waffen stehen
4. *meton* Waffenübungen
5. Krieg; ***arma inferre*** angreifen; ***a. civilia*** Bürgerkrieg; ***res ad arma spectat*** es sieht nach Krieg aus; ***arma inferre Graeciae*** Griechenland bekriegen; ***leo arma movet*** *fig* der Löwe setzt sich zur Wehr
6. *meton* Kriegstaten
7. *meton* Waffenmacht; ***Romana a.*** die Waffen Roms; ***vi et armis*** mit Waffengewalt
8. *(nachkl.) poet* Soldaten, Bewaffnete
9. *fig* (geistige) Waffen, Hilfsmittel, *alicuius* j-s, *alicuius rei / contra aliquid* gegen etw; ***amico arma dare*** Cic. dem Freund Lehren erteilen
armamaxa ⟨ae⟩ *f* ||griech. Fw.|| *(nachkl.) pers.* Reisewagen
armāmenta ⟨ōrum⟩ *n* ||arma|| Segelwerk, Takelwerk
armāmentārium ⟨ī⟩ *n* ||armamenta|| Zeughaus, Arsenal; *Pl* Waffenkammer
armāriolum ⟨ī⟩ *n* ||*Dim von* armarium|| Plaut. Schränkchen
armārium ⟨ī⟩ *n* ||arma|| Schrank, Bücherschrank, Bücherregal; *Pl (mlat.)* Archiv, Bibliothek
armarius ⟨i⟩ *m* ||armarium|| *(mlat.)* Archivar, Bibliothekar
armātī ⟨ōrum⟩ *m* ||armatus|| die Bewaffneten
armātūra ⟨a, um⟩ *Adj* ||armo|| Bewaffnung; *meton* Waffengattung
armātus[1] *Abl* ⟨ū⟩ *m* ||armo|| Bewaffnung, Rüstung
► **armātus**[2] ⟨a, um⟩ *Adj* ||armo|| bewaffnet, *re* mit etw; ***urbs muris armata*** durch Mauern geschützte Stadt; ***a. togatusque*** im Kriegs- und Friedenskleid, in Krieg und Frieden; ***armatissimus*** bis an die Zähne bewaffnet
Armenia ⟨ae⟩ *f Hochland Asiens, im Altertum durch den Euphrat in Armenia maior u. Armenia minor geteilt*
Armenius ⟨a, um⟩ *Adj* armenisch
Armenius ⟨ī⟩ *m* Armenier
armentālis ⟨e⟩ *Adj* ||armentum|| *(nachkl.) poet* in Herden weidend
armentārius ⟨ī⟩ *m* ||armentum|| Rinderhirt
► **armentum** ⟨ī⟩ *n*
1. *Pl* Großvieh, *bes* Rinder, *selten* Pferde
2. *(nachkl.) poet* Rinderherde
3. *Pl* Herden von Rindern, Vieh, Tiere
armi-fer ⟨fera, ferum⟩ *Adj* ||arma, fero|| *poet* Waffen tragend, kriegerisch
armi-ger
I ⟨gera, gerum⟩ *Adj* ||arma, gero||
1. *(nachkl.)* Waffen tragend, bewaffnet
2. Prop. Bewaffnete hervorbringend
II ⟨gerī⟩ *m*
1. Curt. Bewaffneter, Leibwächter
2. Waffenträger, Schildknappe
armigera ⟨ae⟩ *f* ||armiger|| Ov. Waffenträgerin, = Diana
armilla ⟨ae⟩ *f* ||*Dim von* arma|| Armband, Armspange; Liv. MIL Orden
armillātus ⟨a, um⟩ *Adj* ||armilla|| *(nachkl.) poet* mit Armspangen geschmückt; *(mlat.)* bewehrt
armi-lūstrium ⟨ī⟩ *n* ||arma, lustrum[2]|| *röm.* Fest der Waffenweihe *im Oktober*
Armi-lūstrum ⟨ī⟩ *n Platz auf dem Aventin, wo die Römer jährlich das armilustrium feierten*
Arminius ⟨ī⟩ *m germ. Heerführer, der Varus 9 n. Chr.*

im Teutoburger Wald vernichtend schlug

armi-potēns *Gen* ⟨entis⟩ *Adj* ||arma|| *poet* waffenstrotzend, kriegerisch

armi-sonus ⟨a, um⟩ *Adj* ||arma, sono|| *poet* waffenklirrend

▶ **armō** ⟨āvī, ātum, āre 1.⟩ ||*Denom von* arma||
1. Mart. mit Geräten versehen, ausrüsten
2. zum Kampf ausrüsten, bewaffnen
3. *fig* ausrüsten, ausstatten, tauglich machen; ***se eloquentiā a.*** sich mit Beredsamkeit wappnen

armus ⟨ī⟩ *m* (*nachkl.*)
1. *beim Menschen* Oberarm, Schulter(blatt)
2. *bei Tieren* Vorderbug; *Pl* Flanken

Arniēnsis ⟨e⟩ *Adj* ||Arnus|| des Arno, zum Arno gehörig

Arnus ⟨ī⟩ *m* Arno

▶ **arō** ⟨āvī, ātum, āre 1.⟩
1. pflügen, bebauen
2. Ackerbau treiben, *abs*
3. durch Ackerbau gewinnen
4. *fig, poet* durchfurchen; durchfahren; ***frontem rugis a.*** die Stirn runzeln

arōma ⟨atis⟩ *n* ||griech. Fw.|| (*spätl.*) Wohlgeruch; Gewürz, Spezerei

arōmaticus ⟨a, um⟩ *Adj* wohlriechend; Gewürz...

arōmatizō ⟨āvī, ātum, āre 1.⟩ ||griech. Fw.|| (*spätl.*) nach *etw* duften; (*mlat.*) einbalsamieren

Arpī ⟨ōrum⟩ *m Stadt in Apulien, angeblich von Diomedes aus Argos gegründet u. daher poet Argyripa genannt*

Arpīnās
I *Gen* ⟨ātis⟩ *Adj* aus Arpinum, zu Arpinum gehörig
II ⟨ātis⟩
1. *m* Einwohner von Arpinum
2. *n Landgut Ciceros bei Arpinum*

Arpīnum ⟨ī⟩ *n Stadt in Latium, Geburtsort von Marius u. Cicero, heute Arpino*

Arpīnus[1]
I ⟨a, um⟩ *Adj* aus Arpi, zu Arpi gehörig
II ⟨ī⟩ *m* Einwohner von Arpi

Arpīnus[2]
I ⟨a, um⟩ *Adj* aus Arpinum, zu Arpinum gehörig
II ⟨ī⟩ *m* Einwohner von Arpinum

arquātus
I ⟨a, um⟩ *Adj* bogenförmig; regenbogenfarbig
II ⟨ī⟩ *m* Lucr. an Gelbsucht Erkrankter

arqui-tenēns *Gen* ⟨entis⟩ *Adj* = ***arcitenens***

arra ⟨ae⟩ *f* (*nachkl.*) *u.* **arrabō** ⟨ōnis⟩ *m* ||hebr.-griech. Fw.|| Com. Unterpfand, Handgeld

arrēctus[1] ⟨a, um⟩ *Adj* ||arrigo|| (*nachkl.*) emporgerichtet, steil

ar-rēctus[2] ⟨a, um⟩ *PPP* → ***arrigo***

ar-rēpō ⟨rēpsī, rēptum, rēpere 3.⟩ (*vkl., nachkl.*) herankriechen, heranschleichen; sich einschleichen, *alicui rei / in aliquid* in etw

ar-reptus ⟨a, um⟩ *PPP* → ***arripio***

Arrētīnus
I ⟨a, um⟩ *Adj* aus Arretium, arretinisch
II ⟨ī⟩ *m* Einwohner von Arretium, Arretiner

Arrētium ⟨ī⟩ *n Stadt in Etrurien, Geburtsort des Maecenas, heute Arezzo*

ar-rēxī → ***arrigo***

ar-rīdeō ⟨rīsī, rīsum, rīdēre 2.⟩
1. (*nachkl.*) *poet j-n* anlächeln, *j-m* zulächeln
2. (*nachkl.*) *poet* mitlachen, *abs od alicui* mit j-m
3. spöttisch belächeln
4. *fig von Sachen j-m* gefallen, *j-s* Beifall finden, *alicui*

ar-rigō ⟨rēxī, rēctum, rigere 3.⟩ ||ad, rego||
1. aufrichten, emporrichten, ***hastam*** eine Lanze; ***comas a.*** die Haare sträuben; ***aures a.*** die Ohren spitzen; ***arrectus in digitis*** auf den Zehen
2. *fig geistig* in Spannung versetzen; ***animum / mentem a.*** gespannt aufmerken, stutzen
3. *fig* anfeuern, aufrichten, *aliquem / aliquid re* j-n / etw durch etw, *ad aliquid* zu etw

▶ **ar-ripiō** ⟨ripuī, reptum, ripere 3.⟩ ||ad, rapio||
1. an sich reißen
2. verhaften, gerichtlich belangen
3. (*nachkl.*) überfallen
4. *fig* sich schnell aneignen; ***tempus a.*** die Gelegenheit wahrnehmen
5. *fig, poet einen Ort* schnell in Besitz nehmen
6. ***sibi a. aliquid*** *fig* sich etw (widerrechtlich) aneignen, sich etw anmaßen
7. *fig geistig etw* mit Eifer erfassen, sich auf *etw* werfen, *aliquid*; ***litteras Graecas a.*** sich auf die griechische Literatur werfen

arrīsor ⟨ōris⟩ *m* ||arrideo|| Sen. Speichellecker, Schmarotzer

ar-rōdō ⟨rōsī, rōsum, rōdere 3.⟩ (*nachkl.*) annagen, benagen; ***mures fruges arrodunt*** die Mäuse benagen die Früchte; ***a. rem publicam*** *fig* vom Vermögen des Staates zehren

arrogāns *Gen* ⟨antis⟩ *Adj, Adv* ⟨arroganter⟩ ||arrogo|| anmaßend, hochmütig, *in re* in etw, *alicui* gegen jdn

▶ **arrogantia** ⟨ae⟩ *f* ||arrogans|| Anmaßung, Hochmut, Dünkel

arrogātiō ⟨ōnis⟩ *f* ||arrogo|| (*nachkl.*) Adoption *einer selbstständigen Person auf der Basis gegenseitiger Einwilligung*

ar-rogō ⟨āvī, ātum, āre 1.⟩
1. Plaut. verschaffen, in Anspruch nehmen, *auch* preisgeben; ***nihil non armis a.*** alles mit den Waffen ertrotzen
2. ***sibi aliquid a.*** sich etw anmaßen; ***sibi sapientiam a.*** sich Weisheit anmaßen
3. noch einmal (förmlich) fragen, *aliquem aliquid* j-n nach etw
4. Gell. *eine selbstständige Person* adoptieren
5. *durch neue Rogation einem Beamten* einen weiteren beigeben; ***consuli dictatorem a.*** Liv. dem Konsul einen Diktator an die Seite stellen

arrōsor ⟨ōris⟩ *m* ||arrodo|| Sen. Schmarotzer, Schnorrer

Arrūns ⟨untis⟩ *m etrusk. Vorname nachgeborener Söhne, z. B.* ***Arruns Tarquinius*** *Sohn des Königs Tarquinius Superbus*

ars ⟨artis⟩ *f*
1. Kunstfertigkeit, Können, Geschicklichkeit; ***exercitatio artem parat*** Übung macht den Meister
2. Handlungsweise, Verfahrensweise, Verhaltensweise; ***permanere in suis artibus*** seinen bisherigen Grundsätzen treu bleiben
3. (*nachkl.*) *poet* Kunstgriff; *Pl auch* Intrigen; ***artes gratae*** Koketterie; ***artes belli*** Kriegslisten; ***plausus arte carens*** ungekünstelter Beifall

4. Handwerk, Gewerbe; ***artes sordidae*** niedrige Gewerbe; ***instrumentum artis*** Handwerkszeug
5. Kunst; ***a. dicendi/oratoria*** Redekunst; ***a. musica*** Musikkunst; ***artes urbanae*** Rechtswissenschaft und Beredsamkeit; ***artes liberales*** Geisteswissenschaften
6. *meton* Kunstwerk
7. Kunstrichtung; ***a. ea, quam philosophiam Graeci vocant*** die Kunst, die die Griechen Philosophie nennen
8. Lehrbuch *einer Kunst*; ***ars amatoria/amandi*** Ov. Liebeskunst, *Ovids Lehrbuch der Liebe*
9. Regeln, Theorie *einer Kunst*; ***ad artem et praecepta revocare*** in eine professionelle Form bringen; ***ex arte dicere*** den Regeln entsprechend reden

Arsacēs ⟨is⟩ *m Partherkönig, um 250 v. Chr.*
Arsacidae ⟨ārum⟩ *m* Arsaciden, Nachkommen des Arsaces
Arsacius ⟨a, um⟩ *Adj* des Arsaces, arsacisch
ārsī → ***ardeo*** *u.* → ***ardesco***
arsis ⟨is⟩ *f* ||griech. Fw.|| METR Hebung, *der durch den Akzent hervorgehobene Versteil*; ↔ ***thesis***
ārsus ⟨a, um⟩ *PPP* → ***ardeo***
Artaxerxēs ⟨is⟩ *m Name mehrerer Perserkönige*; ***Artaxerxes I.****, 464–424 v. Chr., Sohn des Xerxes I.*
Artemīsium ⟨ī⟩ *n n. Vorgebirge der Insel Euböa*
artemō *u.* **artemōn** ⟨onis⟩ *m* ||griech. Fw.|| *kleineres* Segel
artēria ⟨ae⟩ *f* ||griech. Fw.|| Arterie, Schlagader; ***a. aspera*** Luftröhre
arthrīticus ⟨a, um⟩ *Adj* ||griech. Fw.|| gichtkrank, rheumatisch
arthrītis ⟨idis⟩ *f* ||griech. Fw.|| Gicht, Rheuma; Gelenkentzündung
articulāris ⟨e⟩ *Adj* ||articulus|| die Gelenke betreffend; ***a. morbus*** Gicht, Rheuma
articulātim *Adv* ||articulus||
1. gliedweise, Stück für Stück
2. RHET gegliedert, verständlich, Punkt für Punkt
articulātus ⟨a, um⟩ *Adj, Adv* ⟨articulātē⟩ ||articulo|| deutlich, verständlich
articulō ⟨āvī, ātum, āre 1.⟩ ||*Dim von* articulus|| Lucr. gliedern; deutlich aussprechen, artikulieren
articulōsus ⟨a, um⟩ *Adj* ||articulus|| *(nachkl.)* voller Gelenke; Quint. *fig* allzu reich gegliedert
articulus ⟨ī⟩ *m* ||*Dim von* artus[1]||
1. Knöchel, Gelenk
2. Finger(glied); ***articulis supputare*** an den Fingern abzählen
3. *bei Pflanzen* Knoten
4. RHET Satzglied, Abschnitt
5. *mit u. ohne* ***temporis*** *fig* Zeitpunkt, Wendepunkt; ***in ipso articulo temporis*** im entscheidenden Augenblick
6. Quint. GRAM Artikel
7. *(nachkl.) fig* Absatz, Abschnitt, Punkt *einer Gliederung*
▶ **arti-fex**
I *Gen* ⟨icis⟩ *Adj* ||ars, facio||
1. kunstfertig, geschickt, *alicuius rei/in re* in etw
2. *poet* kunstvoll, kunstgerecht; ***equus a.*** zugerittenes Pferd
II ⟨icis⟩ *m u. f*
1. Künstler, Künstlerin; Meister, Meisterin; ***a. scaenicus*** Bühnenkünstler; ***a. improbus*** Quacksalber
2. *fig* Schöpfer; *pej* Anstifter
3. *poet* Betrüger
artificiālis ⟨e⟩ *Adj, Adv* ⟨artificiāliter⟩ ||artificium|| *(nachkl.)* kunstgerecht, Kunst…
artificiōsus ⟨a, um⟩ *Adj, Adv* ⟨artificiōsē⟩ ||artificium||
1. kunstfertig, schlau
2. kunstvoll, künstlerisch, kunstgerecht
▶ **artificium** ⟨ī⟩ *n* ||artifex||
1. Kunstfertigkeit, Geschicklichkeit, Kunst; ***summo artificio factum*** Cic. mit höchster Kunstfertigkeit ausgeführt
2. *meton* Kunstwerk; ***opera et artificia*** Handwerksarbeiten und Kunstwerke
3. Kunstgriff; *pej* List, Schlauheit; *Pl* Intrigen; ***artificio quodam vincere*** mit einem Kniff siegen
4. Kunstlehre, Theorie *einer Kunst*; ***a. de iure civili*** System des Bürgerrechts
5. Handwerk, Gewerbe
artō ⟨āvī, ātum, āre 1.⟩ ||*Denom von* artus[2]|| *(unkl.)* einengen, straff anziehen; *fig* knapper fassen, beschränken, schmälern; knapp zumessen; ***frenum a.*** den Zügel straff anziehen; ***librum a.*** ein Buch knapper fassen
artolaganus ⟨ī⟩ *m* ||griech. Fw.|| Brotkuchen *aus Mehl, Milch, Öl, Fett, Pfeffer*
artopta ⟨ae⟩ *m* ||griech. Fw.|| *poet* Backform *für feinstes Weizenbrot, das warm gegessen wurde*
artum ⟨ī⟩ *n* ||artus[2]||
1. *(nachkl.)* Enge, Gedränge; ***in artum compelli*** eingekeilt werden
2. *fig* missliche Lage, Klemme
▶ **artus**[1] ⟨ūs⟩ *m* Gelenk; *Pl* Glieder, Gliedmaßen; *meton* Körper, Leib; *fig* Teile
artus[2] ⟨a, um⟩ *Adj, Adv* ⟨artē⟩
1. eng, straff angezogen; ***toga arta*** eng anliegende Toga; ***artius complecti*** fester umschlingen
2. eng, zusammengedrängt, dicht; ***sententiam artissime constringere*** die Meinung auf den kleinsten Nenner bringen
3. *fig* fest, innig; ***familiaritas arta*** enge Familienbande, enge Freundschaftsbande; ***tenebrae artae*** dichte Finsternis
4. *(unkl.) fig* beschränkt, misslich; ***petitio arta*** Bewerbung mit geringer Aussicht; ***aliquem arte colere*** j-n knapp halten
artūtus ⟨a, um⟩ *Adj* ||artus[1]|| Plaut. mit starken Gliedern
aruī → ***aresco***
ārula ⟨ae⟩ *f* ||*Dim von* ara|| kleiner Altar
arundifer ⟨ī⟩ *m* = ***harundifer***
arundō ⟨inis⟩ *f* = ***harundo***
Arūns ⟨untis⟩ *m* = ***Arruns***
aruspex ⟨icis⟩ *m* = ***haruspex***
arvālis ⟨e⟩ *Adj* ||arvum|| *(vkl., nachkl.)* Flur…; ***fratres arvales*** Arvalbrüder, *Kollegium von 12 Priestern, die alljährlich am 1. Mai durch Umzug den Segen für die Felder erflehten*
Arvernī ⟨ōrum⟩ *m gall. Stamm in der heutigen Auvergne*
Arvernus ⟨a, um⟩ *Adj* arvernisch
arvīna ⟨ae⟩ *f* *(nachkl.)* *poet* Speck, Fett

► **arvum** ⟨ī⟩ *n* ||arvus|| Ackerland, Saatfeld, Flur, Gefilde, Gegend; (*nachkl.*) *meton* Getreide; ***a.*** (***genitale***) Verg. *fig*, *poet* weibliches Geschlechtsteil

arvus ⟨a, um⟩ *Adj* ||aro|| zum Pflügen bestimmt

► **arx** ⟨arcis⟩ *f* ||arceo||

1. Burg, befestigte Anlage *wie die Akropolis in Athen u. das Kapitol in Rom*; ***a. caeli*** Himmelsburg; *Pl* Himmel; ***arcem facere e cloaca*** aus einer Mücke einen Elefanten machen

2. *poet* Berggipfel, Höhe; ***septem/sacrae arces Romanae*** die sieben Hügel Roms

3. *fig* Bollwerk, Zufluchtsstätte; ***urbs Roma a. omnium gentium*** Rom, die Zufluchtsstätte aller Völker

4. *fig* Hauptsitz; ***a. totius belli*** Mittelpunkt des Krieges

5. *fig* Höhepunkt, Gipfel, ***eloquentiae*** der Redekunst; ***a. cerebri*** (*mlat.*) Kopf, Geist

► **as** ⟨assis⟩ *m*

1. das Ganze als Einheit *von 12 Teilen*; ***ex asse heres*** Universalerbe

2. As, *Münze, urspr. 1 röm. Pfund, im Lauf der Zeit 1/24 Pfund, z. Zt. Ciceros ein minimaler Betrag*; ***asse panem emere*** für ein As Brot kaufen; ***ad assem*** bis auf den letzten Pfennig; ***ad assem perdere*** alles bis auf den letzten Pfennig verlieren; ***vilem ad assem redigi*** wertlos werden

3. (Ov., *nachkl.*) Pfund, *Gewichtseinheit, etwa 327 g*

4. Morgen, *Ackermaß*

5. Fuß, *Längenmaß, etwa 30 cm*

Ascanius ⟨ī⟩ *m* MYTH *Sohn des Aeneas, bei den Römern Iulus, Stammvater der gens Iulia*

ascaulēs ⟨ae⟩ *m* ||griech. Fw.|| Mart. Dudelsackpfeifer

ascella ⟨ae⟩ *f* ||*Dim von* ala|| (*spätl.*) kleiner Flügel

► **a-scendō** ⟨scendī, scēnsum, scendere 3.⟩

I *v/i*

1. hinaufsteigen, emporsteigen; ***in contionem a.*** die Rednerbühne besteigen, als Redner auftreten

2. *fig* sich aufschwingen, *in aliquid/ad aliquid* zu etw; ***gradatim ad honores a.*** Schritt für Schritt zu den Ehrenämtern aufsteigen

II *v/t*

1. besteigen, ersteigen, erklimmen, ***murum*** eine Mauer

2. *fig* erreichen, ***altiorem gradum*** eine höhere Stufe

ascēnsiō ⟨ōnis⟩ *f* ||ascendo||

1. (*vkl.*, *nachkl.*) Aufstieg, das Aufsteigen; ***a. Christi*** (*eccl.*) Himmelfahrt Christi

2. *fig* Aufschwung

as-cēnsus[1] ⟨a, um⟩ *PPP* → ***ascendo***

as-cēnsus[2] ⟨ūs⟩ *m* ||ascendo||

1. das Hinaufsteigen, das Ersteigen; ***a. Capitolii*** Aufstieg zum Kapitol; ***a. in arcem*** das Ersteigen des Burgfelsens

2. *fig* das Emporsteigen, ***ad amplioris honoris gradum*** zur Stufe eines höheren Ehrenamtes; ***ascensum dare*** die Chance zum Aufstieg geben

3. Zugang, Aufgang; *fig* Stufe; ***a. ad saxum*** Aufstieg zum Felsen

4. GRAM, RHET Steigerung

ascia ⟨ae⟩ *f* (*vkl.*, *nachkl.*)

1. Axt der Zimmerleute

2. Maurerkelle

Asciburgium ⟨ī⟩ *n röm. Kastell am Niederrhein, heute wahrscheinlich Asberg bei Moers*

a-sciō ⟨-, -, īre 4.⟩ ||ad, scio|| (*nachkl.*) *poet* annehmen, aufnehmen, ***socios*** Bundesgenossen

ascīscō ⟨scīvī, scītum, scīscere 3.⟩ ||*Inkoh von* ascio||

1. herbeiziehen, aufnehmen, annehmen; ***aliquem sibi socium a.*** j-n als seinen Verbündeten nehmen; ***in civitatem a.*** das Bürgerrecht verleihen

2. *fig* annehmen, sich aneignen; ***peregrinos ritūs a.*** fremde Riten übernehmen

3. (***sibi***) ***a.*** *fig* sich anmaßen, für sich in Anspruch nehmen, ***sapientiam*** Weisheit

4. *fig* billigen, gutheißen, ***leges*** Gesetze

5. **ascītus** ⟨a, um⟩ *PPP* hergeholt, fremd

ascopa *u.* **ascopēra** ⟨ae⟩ *f* ||griech. Fw.|| Schlauch; lederner Beutel; Suet. Bettelsack

Ascra ⟨ae⟩ *f Ortschaft in Böotien, Wohnsitz Hesiods, Ruinen Askra w. von Thivai (Theben)*

Ascraeus ⟨a, um⟩ *Adj* aus Ascra; des Hesiod; ländlich

Ascraeus ⟨ī⟩ *m* Einwohner von Ascra, *auch* = Hesiod

a-scrībō ⟨scrīpsī, scrīptum, scrībere 3.⟩ ||ad, scribo||

1. dazuschreiben, schriftlich hinzufügen, *aliquid alicui rei* etw zu etw; ***Alexandri nomini regis titulum a.*** dem Namen Alexanders den Königstitel hinzufügen

2. (in eine Liste) eintragen, *aliquem in aliquid/alicui rei* j-n in etw, ***in civitatem*** in die Bürgerliste, ***urbanae militiae*** Tac. in die Stammrollen

3. schriftlich als *etw* einsetzen, zu *etw* bestellen, + *dopp. Akk*; ***aliquem tutorem liberis a.*** j-n zum Hüter der Kinder bestellen

4. zu *etw* rechnen, *in aliquid/ad aliquid/alicui rei*, ***in suum numerum*** zu seinen Freunden

5. zuschreiben, beimessen, *alicui aliquid* j-m etw; ***incommodum a.*** zur Last legen

ascrīptīcius ⟨a, um⟩ *Adj* ||ascribo|| neu in die Bürgerliste eingetragen, als Bürger registriert

ascrīptiō ⟨ōnis⟩ *f* ||ascribo|| schriftlicher Zusatz, Eintragung in eine Liste

ascrīptīvus ⟨a, um⟩ *Adj* ||ascribo|| Plaut. überzählig

ascrīptor ⟨ōris⟩ *m* ||ascribo|| Mitunterzeichner; *fig* Förderer

Āsculānus

I ⟨a, um⟩ *Adj* zu Asculum gehörig, asculanisch

II ⟨ī⟩ *m* Einwohner von Asculum

Āsculum ⟨ī⟩ *n Hauptstadt von Picenum, heute Ascoli Piceno*

asella ⟨ae⟩ *f* ||*Dim von* asina|| Ov. Eselin

asellus ⟨ī⟩ *m* ||*Dim von* asinus||

1. Esel, Eselchen

2. (*nachkl.*) *delikater Seefisch*

Asia ⟨ae⟩ *f* Asien, Kleinasien, *bes* die römische Provinz Asien

Asiāgenēs ⟨is⟩ *m* = ***Asiaticus***

Asiānus ⟨a, um⟩ *Adj* aus Asien stammend, zu Asien gehörig, aus Asiaten bestehend

Asiānus ⟨ī⟩ *m* Asiat; *Pl* die Steuerpächter in der Provinz Asien

Asiāticus ⟨a, um⟩ *Adj* asiatisch, zufällig mit Asien zusammenhängend; ***bellum Asiaticum*** Krieg mit Mithridates; ***Scipio A.*** *Ehrentitel des L. Cornelius*

Scipio, der den Oberbefehl im Krieg gegen Antiochos III. von Syrien führte u. diesen bei Magnesia 190 v. Chr. besiegte

asīlus ⟨ī⟩ *m* (*nachkl.*) *poet* Bremse, Stechfliege

asina ⟨ae⟩ *f* ||asinus|| Eselin

Asināria ⟨ae⟩ *f* ||asinarius|| Eselskomödie *von Plautus*

asinārius

I ⟨a, um⟩ *Adj* ||asinus|| (*vkl., nachkl.*) Esel…, zum Esel gehörig; ***moles asinariae*** Eselmühlen, von Eseln bewegte Mühlen

II ⟨ī⟩ *m* (*vkl., nachkl.*) Eseltreiber

Asinius ⟨a, um⟩ *röm. Gentilname*; ***C. Asinius Pollio*** *Kritiker, Dichter, Begründer der ersten Bibliothek Roms, Anhänger Caesars u. Octavians*

▶ **asinus** ⟨ī⟩ *m* Esel; *fig* Dummkopf; Quint. bissiger Mensch

Āsis ⟨idis⟩ *f* (*erg.* ***terra***) Ov. = ***Asia***

Asīsinātēs ⟨ium⟩ *m* die Einwohner von Asisium

Asisium ⟨ī⟩ *n Stadt in Umbrien, Geburtsort des Properz, heute Assisi*

Āsius ⟨a, um⟩ *Adj* ||Asia|| asiatisch, asisch, lydisch; ***palus Asia*** Verg. lydischer Sumpf *bei Ephesus*; ***Asia prata*** fruchtbare lydische Landstriche

Āsōpiadēs ⟨ae⟩ *m* Nachkomme des Asopus

Asōpis ⟨idis⟩ *f* Tochter des Asopus, = Aegina

Āsōpus ⟨ī⟩ *m Fluss im s. Böotien, heute Asopo*; *als Flussgott Sohn des Okeanos* (*Oceanus*)

asōtus ⟨ī⟩ *m* ||griech. Fw.|| Schlemmer, Wüstling

asparagus ⟨ī⟩ *m* ||griech. Fw.|| (*unkl.*) Spargel

aspargō¹ ⟨-, -, ere 3.⟩ = ***aspergo¹***

aspargō² ⟨inis⟩ *f* = ***aspergo²***

Aspasia ⟨ae⟩ *f geistreiche u. rhetorisch begabte Frau aus Milet, Freundin u. später zweite Frau des Perikles*

aspectābilis ⟨e⟩ *Adj* ||aspecto|| sichtbar

aspectō ⟨āvī, ātum, āre 1.⟩ ||*Intens von* aspicio||

1. aufmerksam anschauen

2. (Verg., Tac.) *von Örtlichkeiten* liegen nach; ***mare, quod Hiberniam insulam aspectat*** Meer vor Irland

3. Tac. achten, *aliquid* auf etw, ***iussa principis*** auf die Befehle des Fürsten

aspectus¹ ⟨ūs⟩ *m* ||aspicio||

1. Blick, Anblick; ***primo aspectu*** auf den ersten Blick

2. Gesichtskreis, sichtbares Umfeld; ***portus in aspectu urbis inclusus*** Hafen im Gesichtskreis der Stadt

3. Gesichtspunkt, Aspekt

4. *meton* Sehkraft, Gesichtsfeld; ***sub aspectum cadere*** in den Gesichtskreis fallen

5. das Sichtbarwerden, das Erscheinen; *meton* Aussehen, ***horridus a.*** schreckliches Aussehen

a-spectus² ⟨a, um⟩ *PPP* → ***aspicio***

as-pellō ⟨pulī, pulsum, pellere 3.⟩ ||abs-, pello|| (*nachkl.*) wegtreiben, vertreiben, *a re / de re* von etw

▶ **asper** ⟨era, erum⟩ *Adj, Adv* ⟨asperē⟩

1. rau, uneben, holprig; ***arteria aspera*** Luftröhre; ***capilli asperi*** struppige Haare; ***mare asperum*** stürmisches Meer

2. *fig* rau, kalt, unwirtlich; ***caelum asperum*** raues Klima; ***hiems aspera*** harter Winter

3. (*meist nachkl.*) *fig vom Geschmack* herb, scharf, beißend; ***vinum asperum*** herber Wein; ***odor a.*** beißender Geruch

4. *fig von der Rede* roh, holprig, unfein, kränkend, bissig

5. *fig vom Charakter* roh, ungeschliffen, streng, trotzig; ***iudicium asperum*** hartes Urteil

6. *fig von Tieren* grimmig

7. *fig von Zuständen* misslich, schwierig, drückend, hart

8. *fig von Gesetzen u. Ä.* hart, streng

aspergō¹ ⟨inis⟩ *f* ||aspergo²|| (*unkl.*) das Bespritzen; Spritzer, Tropfen; ***multa aspergine rorare*** mit Sprühregen benetzen

a-spergō² ⟨spersī, spersum, spergere 3.⟩ ||ad, spargo||

1. hinspritzen, hinstreuen, *in re* auf etw

2. anspritzen, *aliquid alicui rei* etw an etw; ***virus pecori a.*** das Vieh vergiften, das Vieh anstecken; ***labeculam a.*** einen Schandfleck anhängen

3. *fig* beimischen, hinzufügen; ***sextulam a.*** den 72. Teil vermachen; ***alicui molestiam a.*** j-n belästigen; ***sales orationi a.*** der Rede Salz beimischen

4. bestreuen, bespritzen, *aliquid re* etw mit etw; ***panem sale a.*** Brot mit Salz bestreuen; ***mendaciunculis a.*** mit kleinen Lügen verbrämen; ***maculā a.*** besudeln

asperitās ⟨ātis⟩ *f* ||asper||

1. Rauheit, Unebenheit; *Pl* Geländeschwierigkeit; ***a. viarum*** Unebenheit der Wege

2. *fig* Kälte, Unwirtlichkeit, Härte, Schärfe

3. *fig* Bitterkeit, Bissigkeit, ***verborum*** der Worte

4. *fig* Rohheit, ungezogenes Wesen, ungeschliffenes Wesen

5. *fig von Sachen u. Zuständen* Schwierigkeit, Widerwärtigkeit, Härte

aspernābilis ⟨e⟩ *Adj* ||aspernor|| (*vkl., nachkl.*) verächtlich

aspernātiō ⟨ōnis⟩ *f* ||aspernor|| Verachtung, Verschmähung, *alicuius rei* einer Sache; Sen. Abneigung

▶ **aspernor** ⟨ātus sum, ārī 1.⟩ ||*Intens von* sperno|| unwillig zurückweisen, abwehren, verschmähen

asperō ⟨āvī, ātum, āre 1.⟩ ||*Denom von* asper|| (*unkl.*)

1. rau machen; ***undas a.*** Wellen aufwühlen

2. schärfen, spitzen, ***sagittas*** Pfeile

3. *fig* aufreizen; ***in saevitiam a.*** zur Raserei bringen; ***iram alicuius a.*** j-s Zorn erregen

a-spersī → ***aspergo¹***

aspersiō ⟨ōnis⟩ *f* ||aspergo¹||

1. das Versprühen, das Verspritzen, ***aquae*** von Wasser

2. das Auftragen von Farbe

a-spersus ⟨a, um⟩ *PPP* → ***aspergo¹***

asperum ⟨ī⟩ *n* ||asper|| das Raue; *Pl* Widerwärtigkeiten, harte Anforderungen; ***per aspera ad astra*** durch harte Arbeit zum Erfolg

a-spexī → ***aspicio***

asphodelus ⟨ī⟩ *m* ||griech. Fw.|| Asphodill, *ein in der Mittelmeerregion wild wachsendes immergrünes Liliengewächs mit großen, wohlriechenden Blüten; der noch junge u. zarte Stiel wurde im Altertum als Spargelgemüse, die herbsüße Knolle als Heil- sowie Nahrungsmittel verwendet*

▶ **a-spiciō** ⟨spexī, spectum, spicere 3.⟩ ||ad, specio||

1. erblicken, gewahren, *aliquem / aliquid* j-n / etw, + *AcI*, ***hanc lucem*** das Licht der Welt
2. ansehen, genau anschauen, ***vultum hominis*** das Gesicht des Menschen
3. dreist ins Gesicht sehen, *aliquem* j-m
4. (*nachkl.*) mit Hochachtung ansehen
5. (*nachkl.*) *fig von Örtlichkeiten* liegen nach *etw*, Aussicht gewähren auf *etw*, *aliquid*; ***domus aspicit meridiem*** das Haus hat Aussicht nach Süden
6. besichtigen, *aliquid* etw, + *indir Fragesatz*; ***situm omnem regionis a.*** die Lage der ganzen Gegend in Augenschein nehmen
7. *geistig* betrachten; erwägen; untersuchen; beherzigen, berücksichtigen, *aliquid* etw, + *AcI* / + *indir Fragesatz*

aspīrātiō ⟨ōnis⟩ *f* ||aspiro||
1. das Anhauchen, das Einatmen, ***aeris*** der Luft
2. Ausdünstung, ***terrae*** der Erde
3. GRAM Aspiration; *meton* H-Laut

a-spīrō ⟨āvī, ātum, āre 1.⟩ ||ad, spiro||
I *v/i*
1. wehen, hauchen; ***aspirant aurae in noctem*** Cic. ein Wind weht gegen Abend
2. Luft aushauchen; *von Blasinstrumenten* den Ton angeben
3. *fig j-n* begünstigen, *j-m* förderlich sein, *alicui*
4. nach *etw* trachten, sich *einer Sache* zu nähern versuchen, sich zu *etw* versteigen, *ad aliquid / in aliquid*; ***ad spem consulatūs a.*** sich zur Hoffnung auf das Konsulat versteigen
5. (*spätl.*) GRAM aspirieren, den H-Laut hinzusetzen, *abs od alicui rei* zu etw; ***consonantis a.*** den Konsonanten Aspirata anfügen
II *v/t*
1. (*nachkl.*) *poet* zuhauchen, zuwehen
2. (*nachkl.*) *poet* einflößen; ***divinum amorem dictis a.*** Verg. den Worten die göttliche Liebe einhauchen

aspis ⟨idis⟩ *f u. m* Viper, Natter

asportātiō ⟨ōnis⟩ *f* ||asporto|| das Wegschaffen, Abtransport

as-portō ⟨āvī, ātum, āre 1.⟩ ||abs-, porto|| wegführen, wegschaffen, wegbringen, *aliquem / aliquid ab loco / ex loco in locum* j-n / etw von einem Ort zu einem Ort

asprētum ⟨ī⟩ *n* ||asper|| Liv. rauer Ort, steiniger Ort, unebene Stelle

as-pulī → ***aspello***

Assaracos *u.* **Assaracus** ⟨ī⟩ *m Sohn des Tros u. Großvater des Anchises, Ahnherr des Aeneas*

assārius ⟨a, um⟩ *Adj* ||as|| Sen. einen As wert, wenig wert

assecla ⟨ae⟩ *m* ||assequor|| Anhänger, Parteigänger; *pej* Schmarotzer

assectātiō ⟨ōnis⟩ *f* ||assector|| ständige Begleitung, *bes von Amtsbewerbern*

assectātor ⟨ōris⟩ *m* ||assector||
1. ständiger Begleiter, POL Anhänger
2. Plin. Freier; Quint. Schürzenjäger; (*nachkl.*) Schmarotzer
3. Anhänger *einer Lehre od Schule*; Plin. Jünger

assector ⟨ātus sum, ārī 1.⟩ ||*Intens von* assequor|| *j-n* ständig begleiten, sich *j-m* anschließen, *aliquem*

assecula ⟨ae⟩ *m* = ***assecla***

assecūtor ⟨ōris⟩ *m* ||assequor|| (*spätl.*) Begleiter, Gefolgsmann, Anhänger

as-secūtus ⟨a, um⟩ *PPerf* → ***assequor***

as-sēdī → ***assideo*** *u.* → ***assido***

assēnsiō ⟨ōnis⟩ *f* ||assentior|| Zustimmung, Beifall; PHIL das Fürwahrhalten eines Sinneseindrucks

assēnsor ⟨ōris⟩ *m* ||assentior|| Lobredner, Verteidiger; der zustimmt

as-sēnsus[1] ⟨a, um⟩ *PPerf* → ***assentior***

as-sēnsus[2] ⟨ūs⟩ *m* ||assentior||
1. Zustimmung, Beifall
2. PHIL = ***assensio***
3. Verg. Nachhall, Echo

assentātiō ⟨ōnis⟩ *f* ||assentor|| (*nachkl.*) Schmeichelei

assentātiuncula ⟨ae⟩ *f* ||*Dim von* assentatio|| elende Schmeichelei

assentātor ⟨ōris⟩ *m* ||assentor|| Schmeichler, Speichellecker; ***assentatores regii*** Liv. Höflinge

assentātōriē *Adv* ||assentator|| nach Art der Schmeichler

assentātrīx ⟨īcis⟩ *f* ||assentator|| Schmeichlerin, Speichelleckerin

▶ **as-sentiō** ⟨sēnsī, sēnsum, sentīre 4.⟩ *u.* **as-sentior** ⟨sēnsus sum, sentīrī 4.⟩ zustimmen, beistimmen, *alicui / alicui rei* j-m / einer Sache, *de re / in re* in Bezug auf etw, bei etw; ***verbo a.*** ohne Weiteres zustimmen; ***assensum ei est*** man stimmte ihm zu

as-sentor ⟨ātus sum, ārī 1.⟩ ||*Freq von* assentior||
1. immer beipflichten, gewohnheitsmäßig beistimmen, nach dem Mund reden; ***nihil a.*** in keiner Hinsicht schmeicheln
2. (*vkl., nachkl.*) zustimmen, *auch durch Handzeichen*

▶ **as-sequor** ⟨secūtus sum, sequī 3.⟩
1. einholen, erreichen, ***vehiculum*** einen Wagen
2. *fig* erreichen, gleichkommen
3. durch Anstrengung erlangen, *ut / ne*, ***laudem*** Anerkennung; ***diem a.*** einen Termin einhalten
4. geistig erfassen, begreifen, verstehen; ***coniecturā a.*** erraten; ***suspicione a.*** vermuten

asser ⟨eris⟩ *m* Stange, Latte; (*nachkl.*) *Tragstange an einer Sänfte*

as-serō[1] ⟨sēvī, situm, serere 3.⟩ (*unkl.*) daneben pflanzen, daneben säen

as-serō[2] ⟨seruī, sertum, serere 3.⟩
1. (*nachkl.*) *poet j-m* zusprechen, *j-m* zuerkennen, für *j-n* beanspruchen; ***regnum a.*** den Königstitel zusprechen; ***caelo a.*** den Göttern zurechnen; ***sibi nomen sapientis a.*** für sich den Titel eines Weisen beanspruchen
2. ***in libertatem a.*** JUR (durch Auflegen der Hand) in Freiheit setzen
3. ***in servitutem a.*** JUR (durch Handauflegen) als seinen Sklaven beanspruchen
4. (*nachkl.*) *poet* schützen, in Schutz nehmen; ***se ab iniuria a.*** sich vor Unrecht schützen
5. geltend machen, behaupten

assertiō ⟨ōnis⟩ *f* ||assero[2]|| (*nachkl.*) Freisprechung *eines Sklaven*; Beanspruchung; Behauptung

assertor ⟨ōris⟩ *m* ||assero[2]||
1. der für *j-s* Freiheit eintritt, *alicuius*
2. der auf *j-n* als seinen Sklaven Anspruch erhebt, *alicuius*; ***a. virginis*** der ein Mädchen als seine Sklavin beansprucht

3. Befreier, Beschützer; ***idoneus veritatis a.*** geeignet als Schützer der Wahrheit

as-serviō ⟨īvī, -, īre 4.⟩ *j-m* beistehen, *j-n* unterstützen, *alicui*

as-servō ⟨āvī, ātum, āre 1.⟩ aufbewahren, verwahren, in Haft halten; ***ducem praedonum publicis custodiis a.*** den Räuberhauptmann in staatlichem Gewahrsam halten;

assessiō ⟨ōnis⟩ *f* ||assideo|| Funktion des Beisitzers *vor Gericht*; Beistand

assessor ⟨ōris⟩ *m* ||assideo|| Beisitzer, Amtsgehilfe

as-sessum → ***assideo*** *u.* → ***assido***

assessus *Abl* ⟨ū⟩ *m* ||assideo|| das Sitzen bei *j-m*; ***assessū meo*** Prop. durch das Sitzen bei mir

assevēranter *Adv* ||assevero|| ernstlich, nachdrücklich

assevērātiō ⟨ōnis⟩ *f* ||assevero|| Versicherung, Beteuerung; (*nachkl.*) *meton* Ernst, Nachdruck

as-sevērō ⟨āvī, ātum, āre 1.⟩

I *v/i* ernstlich verfahren; beharren, *in re* in etw

II *v/t* ernstlich behaupten; bezeugen, *aliquid* etw, + *AcI*; ***gravitatem a.*** Tac. ernstes Wesen erkennen lassen; ***magni artus Germanicam originem asseverant*** Tac. die großen Gliedmaßen bezeugen die germanische Herkunft

as-siccō ⟨āvī, ātum, āre 1.⟩ (*nachkl.*) trocknen, ***lacrimas*** Tränen

as-sideō ⟨sēdī, sessum, sidēre 2.⟩ ||sedeo||

1. bei *j-m* sitzen, an *etw* sitzen, *alicui / alicui rei*

2. *fig* nahe sein, ähnlich sein; ***parcus assidet insano*** der Knausrige ist dem Kranken ähnlich

3. pflegen; ***valetudini alicuius a.*** j-m in der Krankheit beistehen

4. *gerichtlich od amtlich* Beisitzer sein, assistieren

5. MIL vor *einem Ort* lagern; *einen Ort* belagern, *alicui loco*; ***moenibus assidet hostis*** vor den Mauern lagert der Feind

6. *einen Ort* belagern, vor *einem Ort* Wache halten, *alicui loco / aliquem locum*

as-sīdō ⟨sēdī, sessum, sīdere 3.⟩ sich hinsetzen, sich niederlassen, *aliquem* neben j-m, zu j-m, ***in sella*** auf dem Stuhl, ***in bibliotheca*** in der Bibliothek, ***humi*** auf dem Boden, ***Adherbalem dexterā*** rechts von Adherbal

assiduitās ⟨ātis⟩ *f* ||assiduus||

1. beständige Gegenwart, ständige Anwesenheit; ***a. medici*** sorgsame Pflege des Arztes

2. ständige Wiederholung, Fortdauer; ***epistularum a.*** ununterbrochener Briefwechsel

3. Ausdauer, Beharrlichkeit, *alicuius rei* in etw

► **assiduus**

I ⟨a, um⟩ *Adj*, *Adv* ⟨assiduē⟩ *u.* ⟨assiduō⟩ ||assideo||

1. ansässig

2. *fig* bei *etw* sitzend, sich beständig *irgendwo* aufhaltend, ***in praediis*** auf dem Landgut, ***cum aliquo / alicui*** bei j-m; ***dominus a.*** häuslicher Herr; ***a. circa scholam*** regelmäßig in der Schule anwesend

3. *fig* fleißig, unermüdlich tätig; *von Sachen* unablässig, ununterbrochen; ***a. in re*** sich unablässig mit etw beschäftigend; ***imbres assidui*** anhaltende Regenfälle

II ⟨ī⟩ *m* JUR steuerpflichtiger Bürger

assīgnātiō ⟨ōnis⟩ *f* ||assigno||

1. Anweisung; ***a. agrorum*** Landverteilung

2. *fig meist Pl* angewiesene Ländereien

► **as-sīgnō** ⟨āvī, ātum, āre 1.⟩

1. anweisen, zuweisen, zuteilen, *alicui aliquid* j-m etw, ***colonis agrum*** den Siedlern Land

2. *fig* bestimmen, zuweisen; ***munus humanum a deo assignatum*** die von Gott zugewiesene Aufgabe des Menschen

3. zuschreiben, beimessen; ***aliquid homini, non tempori a.*** etw dem Menschen und nicht den Zeitumständen zuschreiben

4. (*nachkl.*) zur Bewachung übergeben, ***custodibus*** den Wächtern

as-siliō ⟨uī, -, īre 4.⟩ ||ad, salio||

1. (*nachkl.*) *poet* hinzuspringen, herbeispringen; heranstürmen, *alicui rei* gegen etw

2. *fig in der Rede* überspringen, *ad aliquid* auf etw; ***moenibus a.*** gegen die Mauern anstürmen; ***ad genus illud orationis a.*** mit der Tür ins Haus fallen

as-similis ⟨e⟩ *Adj*, *Adv* ⟨assimiliter⟩ ||assimulo|| ziemlich ähnlich

assimilō ⟨āvī, ātum, āre 1.⟩ = ***assimulo***

assimulātiō ⟨ōnis⟩ *f* ||assimulo|| (*unkl.*) Angleichung, Gleichstellung; RHET vorgetäuschte Angleichung, Verstellung

assimulātus ⟨a, um⟩ *PPP* ||assimulo|| Schein…

assimulō ⟨āvī, ātum, āre 1.⟩

1. ähnlich machen, nachbilden, *aliquid alicui rei / in aliquid* etw einer Sache

2. vergleichen, für ähnlich erklären, *aliquid alicui rei* etw einer Sache

3. vorgeben, erheucheln, *abs od aliquid* etw, + *dopp. Akk* / + *Inf* + *AcI*; ***se amicum a.*** sich als Freund ausgeben

assis ⟨is⟩ *m* (*nachkl.*) Brett, Diele, Bohle

as-sistō ⟨stitī, -, sistere 3.⟩

1. sich dazustellen, herantreten, *alicui rei / ad aliquid* zu etw, an etw; ***consulum tribunalibus a.*** Tac. vor den Konsuln erscheinen

2. dabeistehen, dastehen, *alicui rei / ad aliquid* bei etw; ***a. ad epulas regis*** bei den königlichen Gastmählern aufwarten; ***foribus principibus a.*** antichambrieren

3. beistehen, *bes vor Gericht*; ***causae alicuius a.*** Tac. j-s Sache vertreten

as-situs ⟨a, um⟩ *PPP* → ***assero***[1]

as-soleō ⟨-, -, ēre 2.⟩ *nur 3. Person Sg u. Pl gebräuchlich* pflegen; ***assolet*** es ist üblich

as-sonō ⟨-, -, āre 1.⟩ *poet* mit einstimmen, ***plangentibus*** in die Wehklage

assūdāscō ⟨-, -, ere 3.⟩ Plaut. in Schweiß geraten

as-suēfaciō ⟨fēcī, factum, facere 3.⟩ gewöhnen, *re / alicui rei / ad aliquid* an etw

as-suēscō ⟨suēvī⟩, **(suētum), suēscere 3.**

I *v/t* = ***assuefacio.***

II *v/i* sich gewöhnen, *re / alicui rei / ad aliquid* an etw, + *Inf* / + *AcI*; ***assuevisse*** gewöhnt sein, pflegen

assuētūdō ⟨inis⟩ *f* ||assuesco|| (*vkl.*, *nachkl.*) *poet* Gewöhnung, *alicuius rei* an etw; intimer Umgang, *alicuius* mit jdm

assuētus ⟨a, um⟩ *Adj* ||assuesco|| gewöhnt, *abs od re / alicui rei / ad aliquid* an etw; (*nachkl.*) *poet* bekannt, vertraut, *abs od alicui rei* mit etw; ***assueto longius*** Ov. weiter als gewöhnlich

assūgō ⟨-, sūctum, sūgere 3.⟩ Lucr. einsaugen, fest-

saugen
assula ⟨ae⟩ *f* ||*Dim von* assis|| (*vkl., nachkl.*) Splitter, Span
assulātim *Adv* ||assula|| Plaut. splitterweise, in kleinen Stücken
as-sultō ⟨āvī, ātum, āre 1.⟩ (*nachkl.*) *poet* heranspringen, herbeispringen, heranstürmen, angreifen
assultus *Abl* ⟨ū⟩ *m, nur im Abl Sg u. Pl* ||assilio|| (*nachkl.*) *poet* Ansturm, stürmischer Angriff
assum[1] ⟨ī⟩ *n* ||assus|| Braten; ***a. vitulinum*** Kalbsbraten
as-sum[2] ⟨affuī⟩ *u.* ⟨adfuī, -, adesse 0.⟩
1. da sein, dabei sein, anwesend sein; ***omnes qui adsunt*** alle Anwesenden; ***a. in senatu*** im Senat anwesend sein; ***cum aliquo / apud aliquem a.*** bei j-m anwesend sein
2. erscheinen, sich einstellen; vor Gericht erscheinen, sich stellen; ***in castris a.*** im Lager erscheinen; ***ex urbe a.*** sich aus der Stadt einstellen; ***in iudicio / ad iudicium a.*** vor Gericht erscheinen, sich stellen
3. *von Zeit u. Umständen* da sein; eingetreten sein; ***tempus adest*** der Zeitpunkt ist da
4. vorhanden sein; ***frumentum adest*** Getreide steht zur Verfügung
5. *als Zeuge od Teilnehmer* an *etw* teilnehmen, bei *etw* mitwirken, *alicui rei*; ***a. funeri*** an der Leichenfeier teilnehmen; ***scribendo senatūs consulto a.*** an der Abfassung eines Senatsbeschlusses mitwirken
6. Beistand leisten, zur Hand sein; verteidigen, *alicui* j-n; ***amico absenti a.*** dem abwesenden Freund beistehen; ***fortuna adest*** das Schicksal ist gnädig
7. ***animo a.*** aufmerksam sein, achtgeben; ruhig sein, gefasst sein
as-sūmō ⟨sūmpsī, sūmptum, sūmere 3.⟩
1. annehmen, an sich nehmen, aufnehmen; ***aliquem filium a.*** j-n adoptieren; ***coniugem a.*** zur Frau nehmen; ***cibum a.*** Nahrung aufnehmen
2. bekommen, erhalten
3. hinzunehmen, ***legiones*** Truppen; ***molestiam ad reliquos labores a.*** zu den übrigen Lasten auch noch Ärger in Kauf nehmen
4. herbeiziehen, zu Hilfe nehmen
5. in Anspruch nehmen, sich aneignen; sich anmaßen; ***nomen regis a.*** sich den Königstitel anmaßen
6. *log.* als Untersatz *in einem Syllogismus* aufstellen
7. sich *etw* vorbehalten
8. sich *etw* herausnehmen
assūmptiō ⟨ōnis⟩ *f* ||assumo||
1. Annahme, Übernahme, Billigung
2. *log.* Untersatz *im Syllogismus*
3. ***a. Mariae*** (*eccl.*) Mariä Himmelfahrt (*15. August*)
assūmptīvus ⟨a, um⟩ *Adj* ||assumptus|| unvollständig; ↔ ***absolutus***
assūmptus ⟨a, um⟩ *PPP* → ***assumo***
as-suō ⟨suī, sūtum, suere 3.⟩ (*nachkl.*) *poet* annähen; (*mlat.*) aufnähen
as-surgō ⟨surrēxī, surrēctum, surgere 3.⟩
1. sich aufrichten, aufstehen, sich erheben
2. sich vor *j-m* erheben, aufstehen, *alicui*; ***maioribus natu a.*** vor dem Älteren aufstehen
3. *vom Krankenlager* aufstehen, sich erholen
4. *von leblosen Dingen* sich erheben, aufsteigen; ***colles assurgunt*** Hügel erheben sich
5. sich aufschwingen, einen größeren Schwung nehmen
6. *von Gemütsbewegungen* wachsen, ansteigen; ***assurgunt irae*** die Zornesausbrüche steigern sich
7. (*nachkl.*) *poet* aufsteigen, ***in auras*** in die Lüfte
assus ⟨a, um⟩ *Adj* ||areo||
1. (*unkl.*) gebraten, geschmort
2. trocken, warm; ***sol a.*** Sonnenbad; ***sudatio assa*** Schwitzbad; (***balneatum***) ***assum*** Schwitzbad
3. *fig* bloß, ohne Zutaten; ***femina / nutrix assa*** Kinderfrau, *die nicht zugleich Amme ist*
Assyria ⟨ae⟩ *f Landschaft am Tigris*
Assyrius ⟨a, um⟩ *Adj* assyrisch; *poet* syrisch, morgenländisch; ***Assyrium venenum*** syrischer Purpur; ***ebur Assyrium*** indisches Elfenbein, über Syrien eingeführtes Elfenbein; ***stagnum Assyrium*** See Genezareth *in Palästina*
Assyrius ⟨ī⟩ *m* Assyrier
ast *Konj.*
1. dann
2. aber; = ***at***
Astartē ⟨ēs⟩ *f phönikisch-syrische Mond- u. Liebesgöttin*
Asteria ⟨ae⟩ *f u.* **Asteriaē** ⟨ēs⟩ *f* MYTH *Tochter des Titanen Koios u. der Phoebe; wies Zeus' Umarmung zurück u. wurde zur Strafe in eine Wachtel verwandelt, stürzte ins Meer u. wurde zur Insel Asteria, später Ortygia, dann Delos; bei Horaz Eigenname* „Sternenmädchen"
asteriscus ⟨ī⟩ *m* ||griech. Fw.|| (*nachkl.*) Sternchen *als kritisches Zeichen für Textlücken*
a-sternō ⟨strāvī, strātum, sternere 3.⟩ *poet* hinstreuen; *Passiv* sich hinstrecken, *alicui rei* bei etw, ***sepulcro*** bei dem Grab
asticus
I ⟨a, um⟩ *Adj* ||griech. Fw.|| städtisch
II ⟨ī⟩ *m* ||griech. Fw.|| Städter
astipulātiō ⟨ōnis⟩ *f* ||astipulor|| (*nachkl.*) völlige Übereinstimmung, Zustimmung
astipulātor ⟨ōris⟩ *m* ||astipulor||
1. JUR Zeuge eines mündlichen Vertrags
2. *fig* Nachbeter, Anhänger
a-stipulor ⟨ātus sum, ārī 1.⟩
1. (*nachkl.*) JUR als Vertragszeuge fungieren
2. *fig* beipflichten
a-stitī → ***asto***
a-stituō ⟨uī, ūtum, uere 3.⟩ ||statuo|| (*vkl., nachkl.*) hinstellen
a-stō ⟨stitī, -, stāre 1.⟩
1. dastehen, dabeistehen; ***astante aliquo*** in j-s Gegenwart
2. Plaut. helfend dabeistehen
3. dienend dabeistehen, aufwarten
4. *fig* aufrecht stehen, emporragen
Astraea ⟨ae⟩ *f*
1. MYTH *jungfräuliche Göttin der Gerechtigkeit*
2. Jungfrau, *als Sternbild*
Astraeus ⟨ī⟩ *m* MYTH *Titan, der mit Eos / Aurora die Winde zeugte, die deshalb Astraei fratres heißen*
astragalus ⟨ī⟩ *m* ||griech. Fw.||
1. Knöchel, Halswirbel
2. Vitr. ARCH Astragal, Perlstab, *erhabener, halbrunder Ring zwischen Kapitell u. Schaft der ionischen*

Säule

a-strepō ⟨strepuī, strepitum, strepere 3.⟩
I *v/i* dazu lärmen; lärmend beistimmen
II *v/t* lärmend einstimmen, *aliquid* in etw

astrictus ⟨a, um⟩ *Adj, Adv* ⟨astrictē⟩ ||astringo||
1. (*nachkl.*) *poet* straff angezogen, fest verschlossen; ***aquae astrictae*** zugefrorene Gewässer
2. (*nachkl.*) *fig* sparsam, genau
3. bündig, kurz
4. RHET rhythmisch gebunden; ↔ ***liber***

astri-fer ⟨fera, ferum⟩ *Adj* ||astrum, fero|| (*nachkl.*) *poet* Sterne tragend; gestirnt

a-stringō ⟨strīnxī, strictum, stringere 3.⟩
1. straff anziehen, fest verschnüren; verstopfen, verkitten; ***vinculum a.*** die Fessel straff ziehen; ***ad statuam a.*** an eine Statue anbinden; ***corticem pice a.*** die Rinde mit Pech verkitten
2. erstarren lassen, gefrieren lassen
3. *fig* zusammenfassen; ***argumenta breviter a.*** die Gründe kurz zusammenfassen
4. *geistig* fesseln, binden, verpflichten; ***cives religione a.*** die Bürger durch die Religion binden; ***maioribus astringi*** Sall. von wichtigeren Dingen beansprucht werden

astrologia ⟨ae⟩ *f* ||griech. Fw.|| Sternkunde, Astronomie; (*spätl.*) Astrologie

astrologus ⟨ī⟩ *m* ||griech. Fw.||
1. Astronom, Sternkundiger
2. Sterndeuter, Astrologe

astronomia ⟨ae⟩ *f* ||griech. Fw.|| Sternkunde, Astronomie

► **astrum** ⟨ī⟩ *n* ||griech. Fw.||
1. Gestirn, Sternbild; *poet* Konstellation in der Geburtsstunde
2. *Pl fig* Himmel, Unsterblichkeit, Ruhm; ***ad astra educere*** in den Himmel erheben, laut preisen

a-struō ⟨strūxī, strūctum, struere 3.⟩ ||ad-struo||
1. anbauen, *alicui rei* an etw; ***a. re*** mit etw bedecken
2. (*nachkl.*) *poet* noch hinzufügen
3. (*nachkl.*) *j-m* zuschreiben, *alicui*
4. ***aliquem falsis criminibus a.*** Curt. j-n zur Stützung falscher Beschuldigungen anstellen
5. bemerken, versichern, behaupten, + *AcI* / + *Inf*

astu *n* ||griech. Fw.|| *nur diese Form als Akk u. Abl gebräuchlich* Stadt = Athen; → ***urbs*** = *Rom*

astula ⟨ae⟩ *f* = ***assula***

a-stupeō ⟨-, -, ēre 2.⟩ (*nachkl.*) *poet* anstaunen, *alicui* jdn

Astur ⟨is⟩ *m* Einwohner von Asturia, Asturier

Astura ⟨ae⟩
1. *m Fluss in Latium*
2. *f Städtchen an der Mündung des gleichnamigen Flusses ins Tyrrhenische Meer, heute Torre Astura*

asturcō ⟨ōnis⟩ *m* ||Astur|| asturisches Pferd

Asturia ⟨ae⟩ *f Landschaft im N Spaniens, identisch mit dem heutigen Asturien (Asturias) mit der Hauptstadt Oviedo*

astus ⟨ūs⟩ *m* List, listiger Anschlag, Finte, Kriegslist

astūtia ⟨ae⟩ *f* ||astutus|| Schlauheit, Verschlagenheit, List; *Pl* Kunstgriffe, Intrigen

astūtus ⟨a, um⟩ *Adj, Adv* ⟨astūtē⟩ ||astus|| schlau, listig, verschlagen

asty *n* = ***astu***

Astyanax ⟨actis⟩ *m Sohn des Hektor*

asȳlum ⟨ī⟩ *n* ||griech. Fw.|| Freistätte, Asyl

asymbolus ⟨a, um⟩ *Adj* ||griech. Fw.|| keinen Beitrag zahlend, beitragsfrei, *bei Gastmählern* zechfrei

► **at** *Konj*
1. *zum Ausdruck des Gegensatzes* aber, dagegen; *oft verstärkt* ***at vero*** aber fürwahr; ***at certe*** aber sicherlich; ***at contra*** aber im Gegenteil; ***at tamen*** aber dennoch; ***at etiam*** aber sogar
2. *Ausdruck des Einwurfes* aber, so wird man einwenden; aber dagegen ist einzuwenden; *verstärkt* ***at enim*** aber freilich
3. *einschränkend nach Bedingung* ***si non / si minus … at / at certe / at tamen*** wenn nicht …, so doch wenigstens
4. *bei Verwünschungen, Drohungen, Ausrufen des Erstaunens u. Unwillens* aber, ach!, oh!

atābulus ⟨ī⟩ *m* (*nachkl.*) *poet heißer* Südostwind, Schirokko

Atacīnus
I ⟨a, um⟩ *Adj* des Atax, atacinisch
II ⟨ī⟩ *m Beiname des Dichters Passiv Terentius Varro um 50 v. Chr.*

Atalanta ⟨ae⟩ *f u.* **Atalantē** ⟨ēs⟩ *f* MYTH *jungfräuliche Jägerin aus Arkadien od Böotien, Teilnehmerin an der Kalydonischen Eberjagd; von Freiern verlangte sie einen Wettlauf; wurde von Milanion besiegt, weil dieser goldene Äpfel der Aphrodite auf die Bahn geworfen hatte; dadurch verlor sie Vorsprung u. Sieg u. wurde seine Frau*

atat = ***attat***

at-avus ⟨ī⟩ *m* Vater des Urgroßvaters, Vater der Urgroßmutter; *Pl poet* Ahnen, Vorfahren; (*mlat.*) Onkel

Atax ⟨acis⟩ *m Küstenfluss in Gallia Narbonensis, heute Aude*

Ātella ⟨ae⟩ *f Stadt der Osker in Kampanien beim heutigen Aversa n von Neapel, röm. Munizipalstadt, lief zu Hannibal über u. wurde dafür von den Römern bestraft*

Ātellānus ⟨a, um⟩ *Adj* atellanisch; ***fabula Atellana*** Atellane, *von Atella nach Rom gebrachte Volksposse, mit feststehenden Charaktertypen*

Ātellānus ⟨ī⟩ *m* Atellaner; Atellanenspieler

► **āter** ⟨ātra, ātrum⟩ *Adj*
1. glanzlos, trüb, düster, dunkel; ***mare atrum*** aufgewühltes Meer
2. *poet* schwarz gekleidet
3. (*nachkl.*) *fig* finster, traurig, unheilvoll; ***dies a.*** Unglückstag
4. übel wollend, neidisch, boshaft

Ateste ⟨is⟩ *n Stadt im Land der Veneter, heute Este*

Atestīnus ⟨a, um⟩ *Adj* aus Ateste, zu Ateste gehörig

Atestīnus ⟨ī⟩ *m* Einwohner von Ateste

Athamānes ⟨um⟩ *m* die Athamanen

Athamānia ⟨ae⟩ *f Landschaft in Epirus an der Grenze zu Thessalien*

Athamantēus ⟨a, um⟩ *Adj* des Athamas, zu Athamas gehörig

Athamantiadēs ⟨ae⟩ *m* Sohn des Athamas, = Pelaemon; Nachkomme des Athamas

Athamantis ⟨idis⟩ *f* Tochter des Athamas, = Helle

Athamās ⟨antis⟩ *m Sohn des Aiolos (Aeolus) u. Gat-*

te der Nephele

Athēna ⟨ae⟩ *f* MYTH Athene, *griech. Göttin, lat. Minerva, dem Haupt des Zeus entsprungen*

Athēnae ⟨ārum⟩ *f* Athen, *Hauptstadt Attikas*

Athēnaeum ⟨ī⟩ *n*

1. *Athenetempel in Athen, wo Dichter u. Gelehrte ihre Werke vortrugen*

2. *von Kaiser Hadrian gegründete Akademie in Rom als Schule für Philosophie, Rhetorik, Grammatik u. Jura*

Athēniēnsis

I ⟨e⟩ *Adj* ||Athenae|| athenisch

II ⟨is⟩ *m* Athener

Athesis ⟨is, *Akk* im *Abl* ī⟩ *m Fluss in Raetien, heute Adige / Etsch*

āthlēta ⟨ae⟩ *m* ||griech. Fw.|| Athlet, Wettkämpfer; (*eccl.*) Glaubenskämpfer

āthlēticus ⟨a, um⟩ *Adj* ||griech. Fw.|| athletisch, zum Wettkämpfer gehörig

Athō(n) *u.* **Athōs** ⟨ōnis⟩ *m Berg auf Chalkidike, heute heiliger Berg der Ostkirche mit mehreren Klöstern*

Atīlius ⟨a, um⟩ *röm. Gentilname*; ***A. Atilius Calatinus*** *Konsul im ersten Punischen Krieg*; ***M. Atilius Regulus → Regulus***

Ātīna ⟨ae⟩ *m Stadt in Latium, heute Atina*

Ātīnās *Gen* ⟨ātis⟩ *Adj* aus Atina, zu Atina gehörig

Ātīnās ⟨ātis⟩ *m* Einwohner von Atina

Atlantēus ⟨a, um⟩ *Adj* ||Atlas|| zum Atlasgebirge gehörig

Atlantiadēs ⟨ae⟩ *m* Nachkomme des Atlas, = Hermes / Merkur, = Hermaphroditus

Atlantis ⟨idis⟩ *f* weiblicher Nachkomme des Atlas, Atlantide, = Elektra, = Kalypso

Atlās ⟨antis⟩ *m*

1. MYTH *Titan, der sich dem Zeus unterwarf, Bruder des Prometheus u. Epimetheus, Vater der Plejaden, Hyaden u. der Kalypso; nach der Perseussage in einen Felsen verwandelt, als Perseus ihm das Haupt der Medusa zeigte, weil Atlas ihm die Gastfreundschaft verweigert hatte; nach antiker Auffassung Träger des Himmels*

2. *Gebirgszug im NW von Afrika; das halbkreisförmige Gebirgssystem umschließt die Hochebene von Marokko u. erreicht im Hohen Atlas 4000 m Höhe*

3. *meton* hoch gewachsener Mensch

atomus

I ⟨a, um⟩ *Adj* ||griech. Fw.|| unteilbar

II ⟨ī⟩ *f* Atom

atque *Konj.*

1. *Anknüpfung des Gewichtigeren* und noch dazu, und sogar, und besonders; ***intra moenia atque in sinu urbis*** innerhalb der Mauern und sogar im Herzen der Stadt

2. und *zur Verbindung synonymer od entgegengesetzter Begriffe*; ***orare atque obsecrare*** bitten und flehen; ***etiam atque etiam*** immer wieder

3. als, wie *nach Wörtern der Gleichheit / Ungleichheit, Ähnlichkeit / Verschiedenheit*; ***eadem virtus in homine atque deo inest*** im Menschen wohnt die gleiche Tugend wie in Gott; ***non aliter scribo atque sentio*** ich schreibe nicht anders, als ich denke; ***simulac / simulatque*** sobald als

4. *erklärend* und zwar; *nach negativen Ausdrücken* sondern; = ***sed***; *folgernd* und so, und daher; *bestätigend* und wirklich; *kontrastierend* und doch, und trotzdem; = ***atqui***; ***atque adeo*** und vielmehr, oder vielmehr

5. *in Aufzählungen* sodann, ferner, weiter

6. *bei Nebenbemerkungen* aber, indes, übrigens; ***atque ne quis forte miretur*** und es soll sich niemand etwa wundern

▶ **atquī** *u.* **atquīn** *Konj.*

1. aber, ja aber, aber doch, trotzdem

2. dagegen, im Gegenteil, vielmehr

3. allerdings, freilich

4. *Einleitung des Untersatzes im Syllogismus* nun aber; ***omnes homines mortales sunt***; ***atqui Gaius homo est, ergo …*** alle Menschen sind sterblich; nun aber ist Gaius ein Mensch, also …

ātrāmentum ⟨ī⟩ *n* ||ater||

1. Schwärze, schwarze Flüssigkeit, schwarze Farbe

2. Tinte

3. Kupfervitriol

ātrātus ⟨a, um⟩ *Adj* ||ater||

1. (*unkl.*) geschwärzt

2. in Trauerkleidung

Atrebas ⟨atis⟩ *m*, *Pl* **Atrebatēs** ⟨um⟩ *kelt. Volk in Gallia Belgica, heute Artois*

Atreus ⟨eī⟩ *m König von Mykene, Sohn des Pelops*

Atria ⟨ae⟩ *f* = ***Hadria***

Atrīdēs ⟨ae⟩ *m* Sohn des Atreus, Atride, = Agamemnon, = Menelaos

ātriēnsis ⟨is⟩ *m* ||atrium|| Hausmeister, Hausdiener

ātriolum ⟨ī⟩ *n* ||*Dim von* atrium|| kleines Atrium

ātritās ⟨ātis⟩ *f* ||ater|| Plaut. Schwärze

▶ **ātrium** ⟨ī⟩ *n* ||etrusk. Fw.||

1. Atrium, *Hauptraum des röm. Hauses, zumeist mit Dachöffnung zur Aufnahme des Regenwassers (compluvium), das in einer Vertiefung im Fußboden (impluvium) gesammelt wird*

2. *später* Saal, Halle, Vorhof; ***a. Libertatis*** Atrium der Göttin Libertas, Tempel der Göttin Libertas

3. Empfangssaal; *Pl* Paläste; *poet* Hallen der Götter

4. (*spätl., eccl.*) Vorhof *der altchr. Basilika, auch* „Paradies" *genannt*

atrōcitās ⟨ātis⟩ *f* ||atrox||

1. das Schreckliche, das Entsetzliche, das Empörende

2. Härte, Strenge, Wildheit

▶ **atrōx** *Gen* ⟨ōcis⟩ *Adj*, *Adv* ⟨atrōciter⟩

1. *meist nur von Sachen* abscheulich, grässlich

2. *von Personen* hart, streng, wild, grausam

attāctus[1] ⟨ūs⟩ *m* ||attingo|| Berührung

at-tāctus[2] ⟨a, um⟩ *PPP* → ***attingo***

attagēn ⟨ēnis⟩ *m u.* **attagēna** ⟨ae⟩ *f* ||griech. Fw.|| Wildhuhn, Haselhuhn

Attalicus ⟨a, um⟩ *Adj* des Attalus, pergamenisch; reich, prachtvoll

Attalus ⟨ī⟩ *m Name mehrerer Könige von Pergamon*; ***Attalus III.*** *(gest. 133 v. Chr.) vermachte testamentarisch sein Reich den Römern*

at-tamen *Konj.* aber dennoch, aber doch

at-tāminō ⟨āvī, ātum, āre 1.⟩ antasten; *fig* entehren, verführen

attāt *u.* **attat** *Interj* Com. ach!; ja, ja!

attegia ⟨ae⟩ *f* ||gall. Fw.|| Iuv. Hütte, Zelt

attemperātē *Adv* ||attempero|| Ter. zur rechten Zeit
at-temperō ⟨āvī, ātum, āre 1.⟩ anpassen, anfügen; ***gladium sibi a.*** das Schwert auf sich richten
at-temptō ⟨āvī, ātum, āre 1.⟩
1. *etw* versuchen, sich in *etw* versuchen, *j-n* auf die Probe stellen, *aliquem / aliquid*
2. zur Untreue zu verleiten suchen, in Versuchung führen
3. angreifen, anfechten; ***a. linguā*** mit der Rede angreifen
► **at-tendō** ⟨tendī, tentum, tendere 3.⟩
1. (*vkl., nachkl.*) hinstrecken, spannen, auf *etw* richten; *Passiv* sich hinstrecken
2. *fig* ***animum a.*** die Aufmerksamkeit auf *etw* richten; auf *j-n* achten, an *j-n* denken, *abs od ad aliquem / ad aliquid*, ***ad cavendum*** um sich vorzusehen
3. beachten, merken, *aliquem* j-n, *aliquid / de re / alicui rei* etw, + *AcI* / + *indir Fragesatz*
attentiō ⟨ōnis⟩ *f* ||attendo|| Anspannung, Aufmerksamkeit
at-tentō ⟨āvī, ātum, āre 1.⟩ = ***attempto***
attentus[1] ⟨a, um⟩ *Adj, Adv* ⟨attentē⟩ ||attendo||
1. gespannt, aufmerksam
2. bedacht, *alicui rei / ad aliquid* auf etw
3. strebsam; genau, haushälterisch, geizig; ***a. quaesitis*** sparsam mit seinem Gut
4. (*mlat.*) inbrünstig
at-tentus[2] ⟨a, um⟩ *PPP* → ***attendo*** *u.* → ***attineo***
attenuātus ⟨a, um⟩ *Adj* ||attenuo|| schmucklos, schlicht, nüchtern; *von der Rede* matt
at-tenuō ⟨āvī, ātum, āre 1.⟩
1. dünn machen, verdünnen; *Passiv* dünn werden, abmagern, schrumpfen
2. *fig* schwächen, vermindern, mildern; *Passiv* schwinden, herunterkommen
at-terō ⟨trīvī, trītum, terere 3.⟩ (*nachkl.*) *poet*
1. an *etw* reiben, *alicui rei*
2. wund reiben, abnutzen, abscheuern
3. zerreiben; aufreiben, schwächen; *Passiv* Tac. gekränkt werden; ***herbas a.*** Kräuter zerreiben; ***opes Italiae a.*** die Schätze Italiens erschöpfen
at-testor ⟨ātus sum, ārī 1.⟩ (*unkl.*) bezeugen, beweisen
at-texō ⟨texuī, textum, texere 3.⟩ daranflechten, anweben; *fig* hinzufügen, *alicui rei / ad aliquid* an etw
Atthis
I *Gen* ⟨idis⟩ *Adj poet* attisch, athenisch
II ⟨idis⟩ *f*
1. *poet* Attika
2. *poet* Athenerin; *meton* Nachtigall, Schwalbe
Attiānus ⟨a, um⟩ *Adj* des Attius, zu Attius gehörig
Attica ⟨ae⟩ *f griech. Landschaft um Athen*
atticissō ⟨āvī, ātum, āre 1.⟩ ||griech. Fw.|| (*vkl., nachkl.*) attisch reden; in attischem Ton abgefasst sein
Atticus ⟨a, um⟩ *Adj* attisch, athenisch
Atticus ⟨ī⟩ *m* Attiker, Athener, *bes* attischer Redner
at-tigi → ***attingo***
at-tigō = ***attingo***
attiguus ⟨a, um⟩ *Adj* angrenzend
Attīlius ⟨ī⟩ *m* = ***Atilius***
at-tineō ⟨tinuī, tentum, tinēre 2.⟩ ||teneo||
I *v/t* (*unkl.*)
1. aufhalten, festhalten, zurückhalten; ***publicā custodiā a.*** in staatlichem Gewahrsam halten
2. hinhalten, ***spe pacis*** mit der Hoffnung auf Frieden
3. als Besitz behaupten, ***ripam Danuvii*** das Donauufer
4. *geistig* festhalten, fesseln; ***oratio Caesaris me attinet*** die Rede Caesars fesselt mich
II *v/i*
1. (*nachkl.*) sich erstrecken, reichen
2. *fig nur in der 3. Person* sich auf *j-n / etw* beziehen, *j-n* angehen, *ad aliquem / ad aliquid*; ***quod ad librum attinet*** was das Buch betrifft; ***quod ad me attinet*** soweit es auf mich ankommt, was mich betrifft, meinetwegen; ***non / nihil attinet*** + *Inf* / + *AcI* / + *indir Fragesatz* es kommt nicht darauf an, es ist gleichgültig
► **at-tingō** ⟨tigī, tāctum, tingere 3.⟩ ||ad, tango||
1. anrühren, berühren, ***digito*** mit dem Finger; ***venam a.*** den Puls fühlen
2. ***aliquam a.*** *fig* mit einer Frau intim sein
3. *Nahrung* genießen, essen, fressen, kosten
4. sich aneignen, ***partem de praeda*** einen Teil der Beute
5. *einen Ort* erreichen; ***Siciliam a.*** in Sizilien landen
6. an *etw* grenzen, *aliquid*; ***Gallia Rhenum attingit*** Gallien grenzt an den Rhein
7. angreifen, treffen, schlagen; auf *j-n* stoßen, *aliquem*; ***hostes Sullam attingunt*** die Feinde greifen Sulla an
8. betreffen, angehen; ***aliquem affinitate a.*** mit j-m verwandt sein
9. sich befassen, *aliquid* mit etw; ***rem militarem a.*** mit dem Kriegswesen befasst sein
10. *in der Rede* erwähnen, streifen
Attis ⟨idis⟩, *Akk* ⟨in⟩ *m Geliebter der Kybele, gab ihr das Versprechen keusch zu bleiben, hielt es aber nicht, wurde wahnsinnig u. entmannte sich selbst*
Attius ⟨a, um⟩ *röm. Gentilname*
1. ***Attius Labienus*** *Volkstribun 63 v. Chr., Legat Caesars in Gallien, ging 49 v. Chr. zu Pompeius über, 45 v. Chr. bei Munda gefallen*
2. ***P. Attius Varus*** *Anhänger des Pompeius, Statthalter in Afrika*
at-tollō ⟨-, -, ere 3.⟩ (*unkl.*)
1. aufheben, emporheben, aufrichten; ***regem umeris a.*** den König auf die Schultern heben; ***manūs ad caelum a.*** die Hände zum Himmel heben; ***turrim a.*** einen Turm errichten
2. *fig* erheben, aufrichten; ***animos civium a.*** die Bürger ermutigen; ***orationem a.*** der Rede mehr Schwung geben
3. erhöhen, auszeichnen, ***praemiis*** durch Belohnungen
4. *Passiv u.* ***se a.*** sich aufrichten, sich erheben, emporsteigen, emporwachsen, *auch von Örtlichkeiten, denen man sich nähert*
at-tondeō ⟨tondī, tōnsum, tondēre 2.⟩
1. (*unkl.*) scheren, beschneiden, ***vitem*** den Weinstock
2. benagen
3. Plaut. betrügen, verprügeln
4. *poet* vermindern, schmälern
attonitus ⟨a, um⟩ *Adj* ||attono||

1. *wie vom Donner* betäubt, erstarrt
2. bestürzt, verblüfft, erschüttert, besinnungslos
3. verzückt, begeistert, exaltiert
at-tonō ⟨uī, itum, āre 1.⟩ (*nachkl.*) *poet* andonnern, betäuben, verwirren; begeistern
at-torqueō ⟨-, -, ēre 2.⟩ Verg. wirbeln, schwingen
at-tractō ⟨āvī, ātum, āre 1.⟩ = ***attrecto***
attractus ⟨a, um⟩ *Adj* ||attraho|| Sen. straff angezogen; ***frons attracta*** finstere Stirn
at-trahō ⟨trāxī, tractum, trahere 3.⟩
1. heranziehen, herbeiziehen; ***magnes (lapis) ferrum attrahit*** der Magnet zieht Eisen an; ***a. spiritum ab alto*** Verg. tief Atem holen
2. (*nachkl.*) *poet* spannen, ***arcum*** den Bogen
3. *fig* herbeischleppen, kommen lassen, anlocken; an den Haaren herbeiziehen
attrectātus *nur Abl* ⟨ū⟩ *m* ||attrecto|| *poet* das Betasten, Berührung
at-trectō ⟨āvī, ātum, āre 1.⟩ ||ad, tracto||
1. betasten, berühren; ***blanditia popularis aspicitur, non attrectatur*** die Schmeichelei des Volkes sieht man, fühlt sie aber nicht
2. in die Hand nehmen
3. ungebührlich anfassen, unzüchtig berühren
4. (*nachkl.*) *poet* nach *etw* greifen, *etw unrechtmäßig* sich aneignen, *aliquid*
5. (*nachkl.*) *poet* sich mit *etw* befassen, sich an *etw* versuchen, *aliquid*
at-trepidō ⟨-, -, āre 1.⟩ Plaut. herbeitrippeln
at-tribuō ⟨tribuī, tribūtum, tribuere 3.⟩
1. zuteilen, anweisen, *alicui aliquid* j-m etw, + *dopp. Akk*; ***equitibus sinistrum cornu a.*** der Reiterei den linken Flügel zuweisen; ***militibus vicum ad hibernandum a.*** den Soldaten ein Dorf zum Überwintern zuweisen; ***Cassio urbem inflammandam a.*** Cassius die Stadt zur Einäscherung übergeben
2. *als Diener/Begleiter* zuweisen, zuteilen, beigeben
3. *Geld* auszahlen lassen; ***pecuniam ex aerario a.*** aus der Staatskasse Geld anweisen; ***attributus*** der Schuldner, für den Geld angewiesen wurde
4. *als Abgabe* auferlegen für *etw*, mit *etw* besteuern, *aliquid alicui rei*
5. *fig* verleihen, einräumen, ***auctoritatem*** Ansehen
6. *fig* beilegen, zuschreiben *als Eigenschaft, Ausspruch, Schuld, Verdienst*; in den Mund legen, *alicui aliquid* j-m etw; ***attribui/attributum esse*** GRAM, RHET als Prädikat beigelegt werden, als Attribut zukommen
attribūtiō ⟨ōnis⟩ *f* ||attribuo||
1. Geldanweisung
2. GRAM Attribut
3. RHET Nebenumstand
at-tribūtus ⟨a, um⟩ *PPP* → ***attribuo***
attrītus[1] ⟨a, um⟩ *Adj* ||attero|| abgenutzt; Iuv. *fig* schamlos, frech; ***oratio attrita*** Tac. schwache Rede
attrītus[2] ⟨ūs⟩ *m* ||attero|| Reibung, das Reiben
at-tulī → ***affero***
Atuatuca ⟨ae⟩ *f Kastell der Eburonen, heute Tongern bei Limburg in Belgien*
Atuatucī ⟨ōrum⟩ *m imbrischer Stamm der Germani cisrhenani zwischen Lüttich u. Namur u. in Limburg; von Caesar vernichtet, blieb ein Rest unter dem Namen Tongri; Hauptort Atuatuca*
Atys ⟨yos⟩ *m*
1. *Sohn des Herkules u. der Omphale, Stammvater der lydischen Könige*
2. *Troer, Stammvater der gens Attia*
au[1] *Interj* Com., Petr. ach geh!, bewahre!
au-[2] *Präf* ab-, weg-, fort-; ***au-ferre*** weg-tragen; ***au-fugere*** ent-fliehen
au-ceps ⟨cupis⟩ *m* ||avis, capio||
1. (*unkl.*) Vogelfänger; Geflügelhändler
2. ***a. syllabarum*** *fig* Silbenstecher, spitzfindiger Anwalt
auctārium ⟨ī⟩ *n* ||augeo|| Plaut. Zugabe, Zuschlag *zu einem Geldbetrag*
aucti-fer ⟨fera, ferum⟩ *Adj* ||auctus[1], fero|| fruchtbar
aucti-ficus ⟨a, um⟩ *Adj* ||auctus[1], facio|| das Wachstum fördernd
auctiō ⟨ōnis⟩ *f* ||augeo|| Versteigerung; *meton* Versteigerungsgut
auctiōnārius ⟨a, um⟩ *Adj* ||auctio|| zur Versteigerung gehörig, Auktions…; ***tabulae auctionariae*** Versteigerungsliste
auctiōnātor ⟨ōris⟩ *m* ||auctionor|| (*spätl.*) Versteigerer, Auktionator
auctiōnor ⟨ātus sum, ārī 1.⟩ ||auctio|| Versteigerung abhalten
auctitō ⟨āvī, ātum, āre 1.⟩ ||*Intens von* augeo|| Tac. stark vermehren
auctō ⟨āvī, ātum, āre 1.⟩ ||*Freq von* augeo|| (*vkl.*) *poet* ständig vermehren, ständig bereichern
auctor ⟨ōris⟩ *m* ||augeo||
1. Urheber, Schöpfer, Stifter, Förderer; ***a. belli*** Anstifter zum Krieg; ***a. solutis*** Retter
2. Ahnherr, Stammvater; ***a. gentis*** Ahnherr des Stammes
3. *künstlerisch* Schöpfer, Erbauer; ***a. templi*** Erbauer des Tempels
4. *wissenschaftlich* Erfinder, Entdecker, Erforscher, Lehrmeister; ***a. naturae verique*** Erforscher der Natur und der Wahrheit; ***Pythagora auctore*** nach der Lehre des Pythagoras
5. POL Antragsteller, Wortführer, Veranstalter; Ratgeber; ***a. multarum legum*** Begründer vieler Gesetze; ***a. alicui sum alicuius rei*** ich rate j-m zu etw, ich beantrage etw bei j-m; ***aliquo auctore*** auf j-s Rat, auf j-s Veranlassung; ***patres auctores fiunt*** der Senat genehmigt einen Volksbeschluss, der Senat bestätigt einen Volksbeschluss; ***a. legis*** der für die Anwendung eines bestehenden Gesetzes Eintretende, der ein beantragtes Gesetz Befürwortende
6. Vorbild, Muster; Meister, Autorität, *alicuius rei* in etw, für etw; ***a. omnium virtutum*** Verkörperung aller Tugenden; ***a. dicendi*** Meister des Wortes; ***a. consilii publici*** Stimmführer im Senat; ***aliquem auctorem habere*** j-n zum Vorbild haben
7. Berichterstatter; Verfasser; ***a. rerum Romanarum*** Verfasser einer römischen Geschichte; ***a. esse*** + *AcI* Quelle für *etw* sein
8. JUR Bürge, Vertreter, Vormund; Gewährsmann, Zeuge *in Rechtsgeschäften, bes in Fragen von Eigentum u. Kauf, Verkauf, Erbschaft, Vertretung Unmündiger, vergleichbar mit dem Amtsbereich des Notars*
auctōrāmentum ⟨ī⟩ *n* ||auctoro||
1. (*nachkl.*) Vertrag, Kontrakt *bes der Soldaten u.*

Gladiatoren
2. *meton* Handgeld, Sold; *fig* Preis

auctōritās ⟨ātis⟩ *f* ||auctor||
1. Gültigkeit, Gewähr, Bürgschaft, Beglaubigung; Eigentumsrecht; ***usus et a. fundi*** Nießbrauch und darauf gegründetes Eigentumsrecht des Bodens; ***a. testis*** Glaubwürdigkeit des Zeugen
2. Veranlassung; Empfehlung; Willensbekundung, Absicht; ***in auctoritate alicuius esse*** sich j-s Willen fügen; ***perpetua tua a. de pace*** dein fortwährendes Raten zum Frieden
3. Vollmacht, Ermächtigung, Berechtigung, Recht, Auftrag, *bes im staatsrechtlichen Sinn*; ***a. legum dandarum*** Recht Gesetze zu erlassen; ***a. patrum/senatūs*** Wille des Senats, zum Senatsbeschluss erhobenes Senatsgutachten
4. Beweismittel, Dokument, Urkunde
5. Beispiel, Muster, Vorbild; ***auctoritatem disciplinamque capessendae rei publicae praescribere alicui*** j-m in der Politik Muster und System vorzeichnen
6. Ansehen, Gewicht, Einfluss; ***a. prudentium*** Einfluss der Fachleute, Gutachten der Rechtsgelehrten; ***auctoritate multum valere apud populum*** durch sein Ansehen großen Einfluss beim Volk haben
7. *meton* einflussreiche Person
8. *fig* Würde, würdevolle Haltung, Ausstrahlung; ***summā cum auctoritate loqui*** mit höchster Würde sprechen, ***magna a. in ea oratione inerat*** große Würde lag in dieser Rede

auctōrō ⟨āvī, ātum, āre 1.⟩ ||*Denom von* auctor|| (*nachkl.*) *poet* verpflichten, *bes einen Gladiator*; ***pignore a.*** durch Pfand verpflichten

auctumnus ⟨ī⟩ *m* = ***autumnus***

auctus[1] ⟨ūs⟩ *m* ||augeo|| (*nachkl.*) *poet*
1. Vergrößerung, Zunahme, Wachstum; ***a. aquarum*** das Anschwellen des Wassers
2. *fig* Gedeihen, Entfaltung, Reife; ***a. civitatis*** Gedeihen einer Stadt
3. *meton* Größe, Stärke

auctus[2] ⟨a, um⟩ *Adj* ||augeo||, *nur im Komp* vergrößert, reichlich

auctus[3] ⟨a, um⟩ *PPP* → ***augeo***

aucupātiō ⟨ōnis⟩ *f* ||aucupor|| (*vkl., nachkl.*) Vogelfang

aucupātōrius ⟨a, um⟩ *Adj* ||aucupor|| zum Vogelfang passend

aucupium ⟨ī⟩ *n* ||auceps||
1. Vogelfang; (*nachkl.*) *meton* gefangene Vögel
2. *fig* das Greifen, *alicuius rei* nach etw; ***a. verborum*** Wortklauberei

aucupō ⟨āvī, ātum, āre 1.⟩ (*unkl.*) *u.* **aucupor** ⟨ātus sum, ārī 1.⟩ ||*Denom von* auceps||
1. auf Vogelfang gehen
2. *fig* nach *etw* jagen, auf *etw* lauern, *aliquid*; ***gratiam a.*** nach Gunst trachten

audācia ⟨ae⟩ *f* ||audax||
1. Kühnheit, Mut, Unternehmensgeist
2. *pej* Frechheit, Verwegenheit; *meton* Wagnis

audāciter *selten, meist* **audācter** *Adv* → ***audax***

audāx *Gen* ⟨ācis⟩ *Adj, Adv* ⟨audāciter⟩ *u.* ⟨audācter⟩ ||audeo||
1. kühn, mutig, beherzt, furchtlos
2. *pej* frech, verwegen, tollkühn, *in re* in etw, bei etw, *ad aliquid* zu etw, für etw

audēns *Gen* ⟨entis⟩ *Adj, Adv* ⟨audenter⟩ ||audeo|| (*nachkl.*) *poet* kühn, beherzt

audentia ⟨ae⟩ *f* ||audens|| (*nachkl.*) Kühnheit, Mut

► **audeō** ⟨ausus sum, audēre 2.⟩
1. zu *etw* Lust haben, *etw* wollen, + *Inf*; ***si audes*** Plaut. gefälligst, bitte
2. wagen, übers Herz bringen; sich erdreisten

audiēns ⟨entis⟩ *m* ||audio|| Zuhörer, Hörer, *meist Pl*; ***audientium animos permovere*** die Zuhörer erschüttern

audientia ⟨ae⟩ *f* ||audiens|| Aufmerksamkeit, Gehör, *das man j-m schenkt*; ***audientiam facere alicui/orationi alicuius*** j-m Gehör verschaffen; (*mlat.*) Tagung

audiō ⟨īvī⟩ *u.* ⟨iī, ītum, īre 4.⟩

1. hören, Gehör haben
2. zuhören
3. hören
4. anhören
5. verhören, vernehmen
6. Hörer sein
7. beistimmen
8. Folge leisten, gehorchen
9. einen Ruf haben
10. für etw gehalten werden

1. hören, Gehör haben; ***sensus audiendi*** Gehörsinn
2. zuhören; ***audi/audin*** Com. hör mal
3. hören; vernehmen, erfahren, *aliquid* etw, + *dopp. Akk, ab aliquo/ex aliquo/de aliquo* von j-m, aus j-s Mund, *de re* über etw, von etw, *in aliquem* gegen j-n, Nachteiliges über j-n; ***Caesarem a Gergovia discessisse audivimus*** wir hörten, Caesar sei von Gergovia weggegangen; ***Caesar a Gergovia discessisse audiebatur*** man hörte, Caesar sei aus Gergovia weggegangen; ***ut audio/ut audimus*** wie ich höre/wie wir hören
4. *j-n/etw* anhören, *j-n/etw* erhören, *j-m* zuhören, *j-m* Audienz gewähren, *aliquem/aliquid*; ***orationem attentissime a.*** eine Rede sehr aufmerksam anhören; ***legatos a.*** Gesandte anhören; ***preces a.*** Bitten erhören
5. *gerichtlich* verhören, vernehmen; eine Untersuchung anstellen; ***audientes iudices*** die Vernehmungsrichter; ***de ambitu a.*** wegen Amtserschleichung eine Untersuchung anstellen
6. *j-s* Hörer sein, *j-s* Schüler sein, bei *j-m* studieren, *aliquem*; ***Athenis Cratippum a.*** Cratippus in Athen hören, bei Cratippus in Athen studieren
7. *j-m* beistimmen, *etw* billigen, *aliquem/aliquid*; ***si fabulas a. volumus*** wenn wir den Fabeln Glauben schenken wollen; ***audio*** das lässt sich hören; ***non audio*** davon will ich nichts hören
8. Folge leisten, gehorchen, *aliquem* j-m; ***aliquem amicissime monentem a.*** einem freundschaftlichen Mahner folgen; ***dicto a.*** aufs Wort gehorchen
9. *poet* einen Ruf haben; ***bene/male a. ab aliquo*** bei j-m in einem guten/schlechten Ruf stehen
10. für *etw* gehalten werden; ***rex paterque audisti*** Hor. du wurdest König und Vater genannt

audītiō ⟨ōnis⟩ *f* ||audio||

1. das Hören, das Anhören, das Zuhören
2. Gerücht, Hörensagen
3. (*nachkl.*) Vortrag, Vorlesung
auditō ⟨āvī, ātum, āre 1.⟩ ||*Freq von* audio|| Plaut. oft hören
audītor ⟨ōris⟩ *m* ||audio|| Zuhörer, Schüler; (*spätl.*) Vernehmungsrichter
audītōrium ⟨ī⟩ *n* ||auditor|| (*nachkl.*) Hörsaal; *meton* Zuhörerschaft
audītum ⟨ī⟩ *n* ||audio|| Gerücht; ***audito*** auf das Gerücht hin
audītus ⟨ūs⟩ *m* ||audio|| Gehör, Gehörsinn; (*nachkl.*) = ***auditio***
audus ⟨a, um⟩ *Adj* = ***avidus***
au-ferō ⟨abstulī, ablātum, auferre 0.⟩ ||au-²/ab, fero||
1. wegbringen, wegtragen, davontragen, ***saucium ex proelio*** den Verwundeten vom Schlachtfeld, ***multum domum*** viel nach Hause; ***se a.*** sich entfernen
2. *von Wind u. Wellen* fortreißen, fortbringen; ***unda aufert rates*** die Welle reißt die Schiffe fort
3. vom Ziel abbringen, entfernen, verleiten, verlocken; ***abstulerunt me Graecae res immixtae Latinis*** griechische Dinge, vermischt mit lateinischen, haben mich vom Thema abgelenkt
4. (*vkl.*) *poet* unterlassen; ***aufer ista*** lass das
5. wegnehmen, rauben, ***pecuniam*** Geld; ***linguam ense a.*** die Zunge mit dem Schwert abschneiden
6. hinwegraffen; *fig* in Anspruch nehmen; ***mors Achillem abstulit*** der Tod hat Achill hinweggerafft; ***ludi quindecim dies abstulerunt*** die Spiele nahmen fünfzehn Tage in Anspruch
7. bekommen, erhalten; erreichen, *ut*; ***paucos dies a.*** wenige Tage Aufschub erhalten
8. erkennen, verstehen; ***ex priore actione a.*** aus einer früheren Handlung lernen
Aufidiānus ⟨a, um⟩ *Adj* des Aufidius, zu Aufidius gehörig
Aufidius ⟨a, um⟩ *röm. Gentilname*; ***Cn. Aufidius*** *röm. Volkstribun 114 v. Chr. u. Prätor 108 v. Chr., Verfasser einer röm. Geschichte in griech. Sprache*
Aufidus ⟨ī⟩ *m Hauptfluss in Apulien, heute Ofanto*
au-fugiō ⟨fūgī, -, fugere 3.⟩ ||au-²||
I *v/i* entfliehen
II *v/t* (*vkl., nachkl.*) meiden
Augēās ⟨ae⟩ *m Sohn des Helios, König der Epeier in Elis; als eine Aufgabe musste Herkules dessen völlig verschmutzte Ställe in einem Tag ausmisten*
▶ **augeō** ⟨auxī, auctum, augēre 2.⟩
1. wachsen lassen, befruchten; ***terram imbribus a.*** die Erde durch Regengüsse befruchten
2. vergrößern, vermehren; *fig* erheben, steigern, fördern; ***opes a.*** Schätze vermehren; ***animum a.*** den Mut steigern; ***alicui dolorem a.*** j-m den Schmerz vermehren; *Passiv* wachsen, zunehmen, sich steigern; ***periculum augetur*** die Gefahr wächst
3. preisen, verherrlichen, ausschmücken; ***rem laudando*** eine Sache durch Lob herausstellen
4. übertreiben, ***omnia nimis*** alles allzu sehr
5. reichlich ausstatten, überhäufen, beglücken, *re* mit etw; ***milites agris a.*** die Soldaten mit Ackerland reichlich abfinden; ***augeri re*** durch etw beglückt werden, etw erhalten; ***nomine imperatorio augeri*** durch den Feldherrntitel aufgewertet werden
6. *Passiv* Com. heimgesucht werden; ***augeri damno*** Schaden erleiden
7. *Passiv* Plaut. einbüßen, *re* etw; ***iam libertā auctus es?*** hast du deine Freigelassene nicht mehr?
augēscō ⟨auxī, -, augēscere 3.⟩ ||*Inkoh von* augeo|| wachsen, zunehmen
Augīās ⟨ae⟩ *m* = ***Augeas***
augmen ⟨minis⟩ *n* ||augeo|| Lucr. Vermehrung, Zuwachs
▶ **augur** ⟨uris⟩
1. *m* Augur, Vogelschauer; Deuter des Vogelfluges
2. *m u. f* Seher, Seherin
augurāle ⟨is⟩ *n* ||auguralis|| Auspizienort *neben dem Feldherrnzelt im röm. Lager*; Feldherrnzelt
augurālis ⟨e⟩ *Adj* ||augur|| des Augurs, zum Augur gehörig; ***libri augurales*** Bücher der Auguren
augurātiō ⟨ōnis⟩ *f* ||auguror|| Weissagung
augurātō → ***auguror***
augurātus ⟨ūs⟩ *m* ||auguror|| Augurenamt, Augurenwürde
▶ **augurium** ⟨ī⟩ *n* ||augur||
1. Beobachtung und Deutung der Vorzeichen
2. *meist poet* Prophezeiung
3. (*nachkl.*) *poet* Sehergabe; Ahnung, Vorgefühl
4. (*nachkl.*) *poet* Wahrzeichen, Vorzeichen
augurius ⟨a, um⟩ *Adj* = ***auguralis***
augurō ⟨āvī, ātum, āre 1.⟩ *u.* **auguror** ⟨ātus sum, ārī 1.⟩
1. Augurien vornehmen, Vorzeichen beobachten, *aliquid* wegen etw, ***salutem populi*** wegen des Wohles des Volkes; ***augurato*** nach Durchführung der Augurien
2. *nach Durchführung der Augurien* einweihen; weissagen, prophezeien, *alicui aliquid* j-m etw, *ex re* aus etw
3. ahnen, vermuten; ***spem victoriae ex vultu alicuius a.*** die Hoffnung auf Sieg aus j-s Miene erahnen
Augusta ⟨ae⟩ *f* ||Augustus||
1. Kaiserliche Hoheit, Kaiserliche Majestät, *Titel der weiblichen Mitglieder des Kaiserhauses*
2. *Name zahlreicher von Kaisern gegründeter Städte*; ***Augusta Vindelicorum*** Augsburg; ***Augusta Treverorum*** Trier
Augustālia ⟨ium⟩ *n* ||Augustus|| die Augustalien, *Feier zur Rückkehr des Kaisers Augustus aus dem Orient im Jahre 19 v. Chr.*
Augustālis ⟨e⟩ *Adj* des Kaisers → Augustus; ***ludi Augustales*** Spiele zu Ehren des Augustus; ***sacerdotes Augustales*** Priesterkollegium *von 25 Mitgliedern zur Pflege des Kaiserkultes*
Augustiānī ⟨ōrum⟩ *m* ||Augustianus|| kaiserliche Leibgarde
Augustiānus ⟨a, um⟩ *Adj* ||Augustus|| kaiserlich
Augustīnus ⟨ī⟩ *m Aurelius Augustinus, 353–430 n Chr., Bischof von Hippo in Nordafrika, bedeutendster lat. Kirchenlehrer u. wichtigster Vertreter der späten Latinität; sein umfangreiches Werk hatte großen Einfluss auf das MA; Hauptwerk: De civitate Dei (Vom Gottesstaat)*

Augustodūnum ⟨ī⟩ *n Hauptstadt der Äduer in Gallien, heute Autun*
augustus ⟨a, um⟩ *Adj, Adv* ⟨augustē⟩
1. hochheilig, ehrwürdig, erhaben, majestätisch
2. ehrfurchtsvoll; ***auguste venerari deos*** die Götter ehrfurchtsvoll verehren
Augustus
I ⟨ī⟩ *m* Majestät, Kaiserliche Hoheit, *Ehrenname des Octavian seit 27 v. Chr., den alle folgenden Kaiser übernommen haben.*
II ⟨a, um⟩ *Adj* augusteisch, kaiserlich; ***mensis A.*** Monat August, *Sterbemonat des Kaisers Augustus, daher Umbenennung des bisherigen Sextilis in Augustus*
► **aula**[1] ⟨ae⟩ *f* ||griech. Fw.||
1. Hof am Haus, Gehöft
2. Innenhof, Halle; = ***atrium***; (*nlat.*) Festsaal
3. Hofburg, Königshof, Palast, Residenz; Verg. *fig* Zelle der Bienenkönigin
4. *meton* Königswürde, Fürstenmacht
5. Hofhaltung, Hofstaat, Höflinge
aula[2] ⟨ae⟩ *f* (*unkl.*) Kochtopf, Topf
aula[3] ⟨ae⟩ *f* ||griech. Fw.|| Quint. = ***tibia***
aulaeum ⟨ī⟩ *n* ||griech. Lw.||
1. Teppich, Decke, *bes* Bettdecke
2. Hor. Baldachin
3. Theatervorhang, *in der Antike am unteren Rand der Bühne befestigt u. daher zu Beginn herabgelassen, am Schluss hochgezogen*; ***a. premitur*** der Vorhang wird herabgelassen; ***a. tollitur*** der Vorhang wird hochgezogen; *später wie heute*: ***a. subducitur*** der Vorhang wird hochgezogen; ***a. deponitur*** der Vorhang fällt *am Schluss*
4. Iuv. *iron* überweite Toga
Aulercī ⟨ōrum⟩ *m verzweigter gall. Stamm im NW des heutigen Frankreich von der Loire bis zur Normandie u. Bretagne*
aulicī ⟨ōrum⟩ *m* ||aulicus|| Höflinge, Hofstaat
aulicus ⟨a, um⟩ *Adj* ||aula[1]|| zum Fürstenhof gehörig, Hof…
Aulis ⟨idis⟩, *Akk* ***idem*** *u.* ***iden*** *u.* ***ida***, *Abl* ***ide*** *f Hafenstadt in Böotien gegenüber Euböa, wo sich die gegen Troja auslaufende griech. Flotte versammelte, heute Vathi s. von Chalkis mit den Ruinen des alten Aulis*
aulla ⟨ae⟩ *f* = ***aula***[2]
auloedus ⟨ī⟩ *m* ||griech. Fw.|| Sänger zum Flötenspiel
Aululāria (fābula) ⟨ae⟩ *f* Topf-Komödie *des Plautus*
Aulus ⟨ī⟩ *m röm. Vorname, abgek A.*
► **aura** ⟨ae⟩ *f* ||griech. Fw.||
1. Lufthauch, Luftzug, Lüftchen, Brise, *auch stark wehender* Wind, *bes* Fahrtwind; ***a. secunda*** günstiger Wind
2. *poet atmosphärische* Luft, Lebensluft, Atem
3. Verg. *meton* Höhe, Himmel
4. Ov. Oberwelt; Verg. Tageslicht; Öffentlichkeit; ***ferre sub auras*** ans Tageslicht bringen, bekannt machen; ***fugere auras*** sich verstecken
5. *poet* Hauch, Duft, Dunst, Geruch; Gunst; ***a. auri*** Schimmer des Goldes; ***a. divina*** unsterbliche Seele; ***a. fallax*** trügerische Gunst; ***a. popularis*** Volksgunst
6. Hauch, Schein, Spur; ***a. honoris*** Hauch von Ehre

aurāria ⟨ae⟩ *f* ||aurarius|| Goldgrube
aurārius ⟨a, um⟩ *Adj* ||aurum|| (*vkl., nachkl.*) aus Gold, golden
aurāta ⟨ae⟩ *f* ||auratus|| *poet* Goldforelle
aurātus ⟨a, um⟩ *Adj* ||aurum|| vergoldet, golden, goldgeschmückt, reich an Gold; ***milites aurati*** Soldaten mit vergoldeten Schilden; ***tempora aurata*** Kopf mit Goldhelm
Aurēliānēnsis ⟨e⟩ *Adj* des Aurelianus, zu Aurelianus gehörig; ***urbs Aurelianensis*** *das kelt. Cenabum, heute Orléans*
Aurēliānus
I ⟨ī⟩ *m röm. Kaiser Lucius Domitius Aurelianus 270–275 n Chr., Erbauer der noch erhaltenen Aurelianischen Mauer in Rom, führte den Reichskult des Sol invictus ein.*
II ⟨a, um⟩ *Adj* des Aurelianus, zu Aurelianus gehörig
Aurēlius ⟨a, um⟩ *Name einer pleb. gens*; ***via Aurelia*** *zensorische Straße, 241 v. Chr. von Rom bis Pisa angelegt, später bis Arelate (Arles) verlängert*; ***Forum Aurelium/Aurelii*** *Städtchen an der via Aurelia in Etrurien beim heutigen Dorf Castellacio*
aureolus ||*Dim von* aureus||
I ⟨a, um⟩ *Adj*
1. *poet* schön aus Gold gemacht
2. *fig* herrlich
II ⟨ī⟩ *m* Mart. Goldstück
► **aureus**
I ⟨a, um⟩ *Adj* ||aurum||
1. golden
2. vergoldet, goldgeschmückt, golddurchwirkt, goldbeschlagen
3. (*nachkl.*) goldfarben, goldschimmernd
4. *fig, poet* herrlich, reizend; ***aetas aurea*** goldenes Zeitalter
II ⟨ī⟩ *m* Golddenar, Aureus
aurichalcum ⟨ī⟩ *n* ||griech. Fw.||
1. Plaut. *fingiertes* wertvolles goldglänzendes Metall
2. (*nachkl.*) Messing
auricilla ⟨ae⟩ *f* = ***auricula infima*** Ohrläppchen
auri-comus ⟨a, um⟩ *Adj* (*nachkl.*) *poet* goldhaarig, goldbelaubt
auricula ⟨ae⟩ *f* ||*Dim von* auris|| Öhrchen, *meist* Ohr; ***a. infima*** Ohrläppchen
auri-fer ⟨fera, ferum⟩, *Adj* ||aurum, fero|| (*nachkl.*) *poet* Gold tragend, Gold hervorbringend; goldhaltig; ***arbor aurifera*** Baum, der goldene Äpfel trägt; ***amnis a.*** goldhaltiger Strom
auri-fex ⟨ficis⟩ *m* ||aurum, facio|| Goldschmied; ***statera aurificis*** Goldwaage
aurīga ⟨ae⟩ *m*
1. Wagenlenker, Kutscher; Rennfahrer; *poet* Steuermann
2. *poet* Fuhrmann, *als Gestirn*
aurīgārius ⟨ī⟩ *m* ||auriga|| Suet. Rennfahrer
aurīgātiō ⟨ōnis⟩ *f* ||aurigo|| (*nachkl.*) Wagenrennen
auri-gena ⟨ae⟩ *m* ||aurum, gigno|| *poet* goldgeboren, *Beiname des Perseus als Sohn der Danae*
auri-ger ⟨gera, gerum⟩ *Adj* ||aurum, gero|| *poet* Gold tragend; ***taurus a.*** Stier mit vergoldeten Hörnern
aurīgō ⟨āvī, ātum, āre 1.⟩ ||*Denom von* auriga|| (*nachkl.*) den Wagen lenken, Rennfahrer sein; len-

ken, anführen

▶ **auris** ⟨is⟩ *f*
1. Ohr; ***aures erigere*** die Ohren spitzen; ***ad aures alicuius venire*** j-m zu Ohren kommen; ***aures praebere*** Gehör schenken; ***in aurem alicui aliquid dicere*** j-m etw ins Ohr flüstern; ***servire auribus alicuius*** j-m nach dem Mund reden
2. *meton* Gehör, *meist Pl*
3. *Pl kritisches* Ohr; Urteil, Geschmack; ***aures teretes*** feine Ohren
4. Hor. Zuhörer
5. Verg. Streichbrett des Pfluges, *der obere u. nach außen gebogene Teil der Pflugschaufel, der die von der Pflugschar abgelöste Erdscholle nach außen wendet, so genannt wegen der Ähnlichkeit mit der menschlichen Ohrmuschel*

auri-scalpium ⟨ī⟩ *n* ||auris, scalpo|| Mart. Ohrlöffel

aurītulus ⟨ī⟩ *m* ||*Dim von* auritus|| Phaedr. Langohr, Esel

aurītus ⟨a, um⟩ *Adj* ||auris|| (*unkl.*) langohrig; lauschend; ***testis a.*** Ohrenzeuge

▶ **aurōra** ⟨ae⟩ *f* (*unkl.*)
1. Morgenröte, Morgenlicht
2. *meton* Osten

Aurōra ⟨ae⟩ *f* Göttin der Morgenröte, *griech. Eos*

▶ **aurum** ⟨ī⟩ *n*
1. Gold
2. *meton* goldene Geräte, Goldschmuck
3. *meton* gemünztes Gold, Geld
4. *meton* Goldglanz, Goldschimmer
5. *meton* goldenes Zeitalter

Auruncī ⟨ōrum⟩ *m Volk im s. Latium*

Auruncus ⟨a, um⟩ *Adj* aurunkisch; ***Suessa Aurunca*** *Stadt im Gebiet der Aurunker, heute Sessa Aurunca, ö. von Gaeta*

ausculor ⟨ātus sum, ārī 1.⟩ Plaut. = ***osculor***

auscultātiō ⟨ōnis⟩ *f* ||ausculto|| Sen. das Horchen; Plaut. das Gehorchen

auscultātor ⟨ōris⟩ *m* ||ausculto|| Zuhörer; (*nlat.*) Beisitzer, Referendar

auscultō ⟨āvī, ātum, āre 1.⟩
1. zuhören, horchen, lauschen, *abs od alicui / aliquem* j-m, *aliquid* auf etw, bei etw
2. auf *j-n* hören, *j-m* glauben, *j-m* gehorchen, *alicui*; *Passiv u. unpers* ***auscultabitur*** Plaut. es soll geschehen
3. aufpassen, wachen, ***ad fores*** an der Tür

ausculum ⟨ī⟩ *n* = ***osculum***

Ausetānī ⟨ōrum⟩ *m hispanische Völkerschaft im heutigen Katalonien, Hauptstadt Aussa, heute Vich*

ausim ich möchte wagen; → ***audeo***

Ausones ⟨um⟩ *m Ureinwohner von Mittel- u. Unteritalien*

Ausonia ⟨ae⟩ *f* Unteritalien

Ausonidae ⟨ārum⟩ *u.* ⟨um⟩ *m* (Ov., Verg.) die Einwohner von Ausonien

Ausoniī ⟨ōrum⟩ *m* = ***Ausones***

Ausonis ⟨idis⟩ *f* ausonisch; *poet* italisch

Ausonius ⟨a, um⟩ *Adj* ausonisch; *poet* italisch

au-spex
I ⟨icis⟩ *m* ||avis, specio||
1. Vogelschauer, *alicuius rei* bei einer Sache; *selten* = ***augur***
2. *poet* Anführer, Beschützer; ***a. nuptiarum*** Ehevertragszeuge
II *Gen* ⟨icis⟩ *Adj poet* günstig

auspicātō *Adv* ||auspicor|| nach Durchführung der Auspizien; unter günstigen Vorzeichen

auspicātus ⟨a, um⟩ *Adj*, *Adv* ⟨auspicātō⟩ ||auspicor||
1. nach Durchführung der Auspizien geweiht; feierlich eröffnet
2. günstig, Glück verheißend; unter guten Vorzeichen

▶ **auspicium** ⟨ī⟩ *n* ||auspex||
1. Beobachtung der Vorzeichen, Durchführung der Auspizien
2. Recht Auspizien durchzuführen; ***auspicia ponere*** ein mit Auspizialrecht verbundenes Amt niederlegen
3. (*unkl.*) *fig* Oberbefehl, Kommando; ***maioribus auspiciis*** unter höherer Leitung
4. *fig* Anfang, Beginn, ***belli*** des Krieges
5. Vorzeichen, Wahrzeichen; ***a. bonum*** gutes Vorzeichen; ***a. ratum*** gültiges Vorzeichen
6. (*mlat.*) Hoffnung

auspicō ⟨āvī, ātum, āre 1.⟩ *u.* **auspicor** ⟨ātus sum, ārī 1.⟩ ||*Denom von* auspex||
I *v/i* Auspizien durchführen
II *v/t unter guter Vorbedeutung* anfangen, beginnen, *aliquid* etw, *de re / a re* mit etw, + *Inf*

auster ⟨strī⟩ *m* Südwind, Schirokko, Wind; *meton* Süden

austēritās ⟨ātis⟩ *f* ||austerus|| (*nachkl.*) Herbheit; *fig* Strenge, Unfreundlichkeit; Düsterheit

austērus ⟨a, um⟩ *Adj*, *Adv* ⟨austērē⟩ ||griech. Fw.||
1. (*nachkl.*) herb, sauer; dunkel
2. *fig* ernst, streng
3. *fig* finster, unfreundlich

austrālis ⟨e⟩ *Adj* ||auster|| südlich

austrīnus ⟨a, um⟩ *Adj* ||auster||
1. (*nachkl.*) *poet* vom Südwind herrührend, des Südwindes
2. südlich; ***vertex / polus a.*** Südpol

austrum ⟨ī⟩ *n* = ***haustrum***

ausum ⟨ī⟩ *n* (*nachkl.*) *poet u.* **ausus**[1] ⟨ūs⟩ *m* ||audeo|| (*nachkl.*) Wagnis

ausus[2] ⟨a, um⟩ *PPerf* → ***audeo***

▶ **aut** *Konj.*
1. *ausschließend* oder; ***verum aut falsum*** wahr oder falsch; ***aut … aut*** entweder … oder
2. *meist am Satzanfang* sonst, widrigenfalls; ***aut omnia me fallunt aut Caesar vincet*** Caesar wird siegen, sonst müsste mich alles täuschen
3. *steigernd* oder sogar; ***aut etiam / aut potius*** oder vielmehr
4. oder wenigstens, oder doch = ***aut certe / aut saltem / aut denique***; ***cuncti aut magnā parte*** alle oder doch zum großen Teil
5. *in verneinten Sätzen* und; ***nihil maius aut difficilius est quam severitatem cum misericordia coniungere*** nichts ist größer und schwerer, als Strenge mit Milde zu verbinden; ***neque aut … aut*** und weder … noch; ***ne aut … aut*** damit weder … noch; ***nemo aut miles aut eques*** niemand, weder Soldat noch Reiter

▶ **autem** *Konj. immer nachgestellt*
1. aber, hingegen, andererseits

2. aber auch, ferner, nämlich; ***reliquum erat unum iter angustum et difficile, mons autem altissimus impendebat*** übrig blieb ein einziger enger und schwieriger Weg, ein sehr hoher Berg stand nämlich im Wege
3. *zur Einführung des Untersatzes im Syllogismus* nun aber; = ***atqui***
4. *in der Parenthese* aber; ***credo autem esse multa*** ich glaube aber, dass es vieles gibt

authepsa ⟨ae⟩ *f* ||griech. Fw.|| Kocher, Kochmaschine *mit zwei Böden, einem für Feuer u. einem für das Kochgut*

autographum ⟨ī⟩ *n* ||griech. Fw.|| (*spätl.*) Handschrift, Autograph

autographus ⟨a, um⟩ *Adj* ||griech. Fw.|| Suet. eigenhändig

Autolycus ⟨ī⟩ *m listenreicher Sohn des Hermes, Großvater des Odysseus*; *meton* listiger Dieb, Gauner

Automatia ⟨ae⟩ *f* Glücksgöttin

automatum ⟨ī⟩ *n* ||griech. Fw.|| (*nachkl.*) Automat, Maschine mit eigenem Antrieb; *Pl* Kunststücke

automatus ⟨a, um⟩ *Adj* ||griech. Fw.|| (*nachkl.*) aus eigenem Antrieb handelnd, freiwillig

Automedōn ⟨ontis⟩ *m Wagenlenker des Achill*; *meton* geschickter Wagenlenker

autopȳros panis *m u.* **autopȳrus pānis** *m* Petr. Brot aus grobem Weizenmehl

autumnālis ⟨e⟩ *Adj* ||autumnus|| (*unkl.*) herbstlich, Herbst…; ***tempestas a.*** Herbststurm

► **autumnus**
I ⟨a, um⟩ *Adj* herbstlich
II ⟨ī⟩ *m* Herbst; *meton, poet* Jahr

autumō ⟨āvī, ātum, āre 1.⟩
1. meinen, glauben, *aliquid* etw, + *AcI*
2. sagen, behaupten, nennen; ↔ ***nego***

auxī → ***augeo*** *u.* → ***augesco***

auxiliārēs ⟨ium⟩ *m* ||auxiliaris|| Hilfstruppen

auxiliāris ⟨e⟩ *Adj u.* **auxiliārius** ⟨a, um⟩ *Adj*
1. (*unkl.*) hilfreich, helfend, *alicui* für j-n
2. MIL zu den Hilfstruppen gehörig

auxiliātor ⟨ōris⟩ *m* ||auxilior|| (*nachkl.*) *poet* Helfer

auxiliātus ⟨ūs⟩ *m* ||auxilior|| Lucr. Hilfeleistung, Beistand

auxilior ⟨ātus sum, ārī 1.⟩ ||*Denom von* auxilium|| Beistand leisten, helfen; (*nachkl.*) *poet auch* heilen, *alicui* jdn

► **auxilium** ⟨ī⟩ *n*
1. Beistand, Hilfe, Unterstützung; ***alicui auxilio / in auxilium esse*** j-m Hilfe leisten; ***auxilio arcessere*** zu Hilfe rufen; ***auxilio mittere*** zu Hilfe schicken
2. *bes Pl* Hilfsmittel; MIL Hilfstruppen

Auxilium ⟨ī⟩ *n* Plaut. Gottheit der Hilfe

Auximum ⟨ī⟩ *n Stadt in Pisenum in Mittelitalien, heute Osimo*

Avaricēnsis
I ⟨e⟩ *Adj* aus Avaricum, zu Avaricum gehörig
II ⟨is⟩ *m* Einwohner von Avaricum

Avaricum ⟨ī⟩ *n Stadt der Bituriger in Gallien, heute Bourges*

► **avāritia** ⟨ae⟩ *f u.* Lucr. **avāritiēs** ⟨ēī⟩ *f* ||avarus||
1. Habsucht, Geldgier, Geiz
2. unmäßige Gier; Plaut. Fressgier; ***a. gloriae*** Curt. Ruhmsucht

► **avārus**
I ⟨a, um⟩ *Adj, Adv* ⟨avarē⟩ *u.* ⟨avāriter⟩
1. habsüchtig, geldgierig, geizig; ***homo a.*** Geizhals
2. *von Sachen* räuberisch; ***litus avarum*** räuberische Küste
3. *poet* unersättlich, gierig; ***mare avarum*** unersättliches Meer; ***venter a.*** gefräßiger Mensch, Fresssack
II ⟨ī⟩ *m* Geiziger, Geizhals, Knauser

► **avē** → ***aveo²***

ā-vehō ⟨vēxī, vectum, vehere 3.⟩
1. wegführen, wegbringen, wegschaffen, *aliquem / aliquid ab aliquo* j-n / etw von j-m, *ab loco / de loco / ex loco* von irgendwo
2. (Verg., Liv.) *Passiv* sich entfernen, wegfahren, wegreiten, wegsegeln

ā-vellō ⟨vellī⟩ *u.* ⟨vulsī, vulsum, vellere 3.⟩
1. abreißen, losreißen, herausreißen; ***poma ex arbore a.*** das Obst vom Baum reißen
2. gewaltsam trennen, losreißen; ***de complexu / ex complexu matris a.*** aus den Armen der Mutter reißen; ***bellum a portis a.*** den Krieg von den eigenen Toren fern halten; ***ab errore a.*** dem Irrtum entreißen

avēna ⟨ae⟩ *f*
1. Hafer, wilder Hafer; Unkraut
2. *meton* Halm des Hafers, Rohr
3. Hirtenpfeife, Hirtenflöte; *Pl* Syrinx, Panflöte *aus mehreren zusammengesetzten Rohren*

Aventīnum ⟨ī⟩ *n* Aventin, *einer der sieben Hügel Roms*

Aventīnus
I ⟨ī⟩ *m* Aventin, *einer der sieben Hügel Roms.*
II ⟨a, um⟩ *Adj* aventinisch

aveō¹ ⟨-, -, ēre 2.⟩ begierig sein, nach *etw* verlangen, *selten aliquid, meist + Inf / + indir Fragesatz*

aveō² ⟨-, -, ēre 2.⟩ sich wohl befinden, gesegnet sein, gesund sein; (*klass.*) *nur Imp u. Inf als Gruß- u. Segensformel* ***ave! / avete!*** sei / seid gegrüßt; ***aveto!*** sei gegrüßt

Averna ⟨ōrum⟩ *n* ||Avernus|| Gegend am Averner See; *meton* Unterwelt; Landschaft ohne Vögel, *da die Vögel angeblich durch die Schwefeldünste des Sees starben*

Avernālis ⟨e⟩ *Adj* ||Avernus|| avernisch, unterweltlich

Avernus
I ⟨ī⟩ *m Averner See, Kratersee bei Cumae, seit 37 v. Chr. durch einen Kanal mit dem Meer verbunden; heute Lago d'Averno*; ***Avernus / lacus Averni*** Eingang zur Unterwelt; *meton* Unterwelt
II ⟨a, um⟩ *Adj* avernisch, unterweltlich

ā-verrō ⟨verrī, -, verrere 3.⟩ *poet* wegfegen; *fig* wegraffen, hastig aufkaufen, ***pisces*** Fische

ā-verruncō ⟨āvī, ātum, āre 1.⟩ (*nachkl.*) *Sakralsprache* Böses abwenden, Böses abwehren; ***deorum iram a.*** den Zorn der Götter abwenden

āversa ⟨ōrum⟩ *n* ||aversus|| (*nachkl.*) Rückseite, abgelegene Teile

āversābilis ⟨e⟩ *Adj* ||aversor¹|| Lucr. abscheulich

āversātiō ⟨ōnis⟩ *f* ||aversor¹|| (*nachkl.*) Abneigung, Abscheu

āversiō ⟨ōnis⟩ *f* ||averto||
1. (*nachkl.*) das Abwenden; ***ex aversione*** rücklings

2. (*nachkl.*) RHET das Abwenden *vom Thema einer Rede*, Ablenkung
3. (*spätl.*) das Abfallen, *a re* von etw, ***a divina religione*** von der Religion; ↔ ***conversio***
4. (*spätl.*) Abscheu, Widerwille, Ekel

āversor[1] ⟨ātus sum, ārī 1.⟩ ||*Intens von* averto||
1. sich mit Abscheu abwenden, *abs od aliquem / aliquid* von j-m / von etw
2. verschmähen, verabscheuen, ***facinus*** eine Tat
3. nicht anerkennen, ***regem*** einen König

āversor[2] ⟨ōris⟩ *m* ||averto|| der *etw* unterschlägt, Veruntreuer; ***a. pecuniae*** der Geld unterschlägt, Veruntreuer von Geld

āversus ⟨a, um⟩ *Adj* ||averto||
1. abgewandt, im Rücken, *abs od ab aliquo / a re* von j-m / von etw; ***vulnera aversa*** Wunden im Rücken; ***porta aversa*** Hintertür; ↔ ***adversus***
2. *fig* abgeneigt, feindlich; ***amici aversi*** ehemalige Freunde

▶ **ā-vertō** ⟨vertī, versum, vertere 3.⟩

1. abwenden, wegwenden
2. sich abwenden, sich umwenden
3. fern halten
4. (heimlich) entwenden, unterschlagen
5. abwenden, fern halten
6. abbringen, entfremden

1. abwenden, wegwenden, ablenken, entfernen; ***fluvium a.*** den Fluss ableiten; ***iter a.*** den Marsch in eine andere Richtung lenken; ***se a. eo itinere*** einen anderen Weg einschlagen; ***a via recta a.*** vom rechten Weg ablenken; ***causam in aliquem a.*** die Schuld auf j-n abschieben
2. *Passiv* (*unkl.*) sich abwenden, sich umwenden; *fig* verschmähen, *aliquid* etw; ***equus fontes avertitur*** das Pferd verschmäht die Quellen
3. *mit Gewalt* abwenden, fern halten, ***barbaros a porta castrorum*** die Barbaren vom Eingang zum Lager; ***hostes primo impetu a.*** die Feinde mit dem ersten Angriff in die Flucht schlagen
4. (heimlich) entwenden, unterschlagen; ***pecuniam publicam a.*** Steuergelder unterschlagen
5. *Böses, Unglück* abwenden, fern halten, *aliquid ab aliquo / alicui* etw von j-m, ***pestem ab Aegyptiis*** die Pest von den Ägyptern, ***incendia Teucris*** Feuersbrunst von den Troern
6. *geistig* abbringen, entfremden; ***animum a maerore a.*** j-n von der Trauer abbringen, j-n trösten; ***aliquem a societate a.*** j-n der Gemeinschaft entfremden

avia[1] ⟨ae⟩ *f* ||avus|| Großmutter

āvia[2] ⟨ōrum⟩ *n* ||avius|| abgelegene Orte, Einöden, Abwege

aviārium ⟨ī⟩ *n* ||avis|| Verg. Niststätte wilder Vögel; *meton* Vogelhaus, Voliere

aviditās ⟨ātis⟩ *f* ||avidus|| Begierde, Gier, Sucht, Lust; (*nachkl.*) *auch* Appetit; ***a. cibi*** Gier nach Speise; ***a. gloriae*** Ruhmsucht; ***a. feminarum*** sexuelle Begierde

▶ **avidus**
I ⟨a, um⟩ *Adj, Adv* ⟨avidē⟩ ||aveo[1]||
1. begierig, gierig, lüstern, *alicuius rei / ad aliquid* auf etw
2. gefräßig, unersättlich; ***libidines avidae*** wilde Leidenschaften
3. habsüchtig
4. erwartungsvoll, gespannt; (*nachkl.*) leidenschaftlich, kampfgierig
II ⟨ī⟩ *m* Geizhals

▶ **avis** ⟨is⟩ *f* Vogel; *Pl* Geflügel; *bes poet* Weissagevogel; *meton* Wahrzeichen, Vorzeichen; ***secundis avibus*** mit günstigen Vorzeichen, zur glücklichen Stunde

avītus ⟨a, um⟩ *Adj* ||avus|| großväterlich, großmütterlich; uralt; *fig* ererbt, angestammt

ā-vius ⟨a, um⟩ *Adj* ||a(b), via|| (*unkl.*)
1. vom Wege abliegend, abgelegen, unbetreten, einsam; ***iter avium*** Marsch durch abgelegene Orte
2. *von Personen* vom (rechten) Weg entfernt, auf Abwegen

āvocāmentum ⟨ī⟩ *n* ||avoco|| (*nachkl.*) Zerstreuungsmittel, Unterhaltungsmittel

āvocātiō ⟨ōnis⟩ *f* ||avoco|| Ablenkung, Zerstreuung

ā-vocō ⟨āvī, ātum, āre 1.⟩
1. (*nachkl.*) ab(be)rufen, wegrufen, *aliquem re in aliquid / ad aliquid* j-n von etw zu etw; ***pubem in arcem a.*** die waffenfähige Jugend in die Burg abberufen
2. *fig* ablenken, entfremden, fern halten; ***a libidine a.*** von der Sinneslust fern halten; ***animos ad Antiochum a.*** die Stimmung zu Antiochus hinüberziehen
3. (*nachkl.*) *fig* zerstreuen, erheitern

a-volō ⟨āvī, ātum, āre 1.⟩
1. (*nachkl.*) *poet* wegfliegen
2. *fig* wegeilen; schnell vergehen

Avona ⟨ae⟩ *m Fluss in Britannien, heute Avon*

avonculus ⟨ī⟩ *m* (*altl.*) = ***avunculus***

avors… (*altl.*) = ***avers…***

avort… (*altl.*) = ***avert…***

▶ **avunculus** ⟨ī⟩ *m* Onkel *mütterlicherseits*; ***magnus / maior a.*** Großonkel

▶ **avus** ⟨ī⟩ *m* Großvater; (*nachkl.*) *poet* Vorfahr, Ahne

Axenus ⟨ī⟩ *m* ||griech. Fw.|| ungastlich, *Beiname*; ***Pontus A.*** Schwarzes Meer, *so genannt wegen der Stürme des Meeres u. der barbarischen Umwohner*; *später Pontus Euxenus als euph Umdeutung des alten Namens*

axicia ⟨ae⟩ *f* Plaut. Schere

axilla ⟨ae⟩ *f* ||*Dim von* ala|| Achselhöhle

Axīnus ⟨ī⟩ *m* = ***Axenus***

▶ **axis**[1] ⟨is⟩ *m* ||griech. Fw.||
1. (*nachkl.*) *poet* Wagenachse; *meton* Wagen
2. Lucr. Erdachse, Weltachse; *meton* Pol, *bes* Nordpol
3. Himmelsgegend, Himmelsrichtung; Himmelsgewölbe; ***a. boreus*** Norden; ***a. hesperius*** Westen; ***sub (nudo) axe*** unter freiem Himmel

axis[2] ⟨is⟩ *m* Brett, Diele

axitia ⟨ae⟩ *f* Plaut. = ***axicia***

Axius ⟨ī⟩ *m größter Fluss Makedoniens, heute Vardar*

Axona ⟨ae⟩ *m Fluss in Gallien, heute Aisne, Nebenfluss der Oise*

azȳma ⟨ōrum⟩ *n* ||griech. Fw.|| (*spätl.*) Fest der ungesäuerten Brote

azȳmon ⟨ī⟩ *n* ||griech. Fw.|| *(spätl.)* ungesäuertes Brot; ***dies azymorum*** Tage der ungesäuerten Brote, Passah

azȳmus ⟨a, um⟩ *Adj* ||griech. Fw.|| *(spätl.)* ungesäuert

B

babae *Interj der Verwunderung* Com. Donnerwetter!, o je!
babaecalus ⟨ī⟩ *m* Petr. Lebemann, Frauenheld
babulus ⟨ī⟩ *m Lallwort* (Ter., *nachkl.*) Schwätzer, Narr
Babylō ⟨ōnis⟩ *m* ||Babylon|| Ter. „Babylonier", Nabob, *reicher Mann*
Babylōn ⟨ōnis⟩ *f eine der ältesten, größten u. prächtigsten Städte der alten Welt mit hohem technischen Komfort (hängende Gärten der Semiramis, der Gründerin), am Euphrat gelegen, mit wechselvoller Geschichte, u. a. Residenz des Königs Hammurabi (1793–1750 v. Chr.); unter König Nebukadnezar II. (606–562 v. Chr.) große Machtentfaltung, zweimalige Eroberung Jerusalems (597 u. 587 v. Chr.); 539 v. Chr. von den Persern erobert; Pläne Alexanders des Großen, Babylon zur Hauptstadt seines Reiches zu machen, scheiterten an seinem Tod dort 323 v. Chr.; seit 2. Jh. v. Chr. Verfall, Ruinen s. von Bagdad; hebr.* Babel
Babylōnia ⟨ae⟩ *f* Babylonien, *Landschaft an Euphrat u. Tigris*
Babylōnicus ⟨a, um⟩ *Adj u.* **Babylōniēnsis** ⟨e⟩ *Adj u.* **Babylōnius** ⟨a, um⟩ *Adj* babylonisch; ***numeri Babylonici*** chaldäische Weissagungen
Babylōnius ⟨ī⟩ *m* Babylonier, Einwohner von Babylon
bāca ⟨ae⟩ *f* Beere, *bes auch* Olive; *poet* Perle
bacalūsiae ⟨ārum⟩ *f* Überlegungen
bācātus ⟨a, um⟩ *Adj* ||baca|| mit Perlen besetzt, Perlen…
bacca ⟨ae⟩ *f* = ***baca***
baccalarius *u.* **baccalaureus** ⟨i⟩ *m (mlat.)* Inhaber des untersten akademischen Grades auf Universitäten des MA
baccar ⟨aris⟩ *n* ||griech. Fw.|| *Pflanze mit wohlriechender Wurzel, vielleicht* Baldrian
Baccha ⟨ae⟩ *f* ||griech. Fw.|| Bacchantin, *schwärmende Begleiterin des Bacchus*; ***Bacchis initiare aliquem*** Liv. j-n in den Bacchuskult einweihen
bacchābundus ⟨a, um⟩ *Adj* ||bacchor|| *(nachkl.)* bacchantisch schwärmend
Bacchānal ⟨ālis⟩ *n* dem Bacchus geweihter Ort
Bacchānālia ⟨ium⟩ *u.* ⟨ōrum⟩ *n* Bacchanalien, Bacchusfest, *ekstatischer Geheimkult, 186 v. Chr. durch senatus consultum de Bacchanalibus verboten; poet* Orgien
bacchātiō ⟨ōnis⟩ *f* ||bacchor|| Orgie, wildes Gelage
bacchātus ⟨a, um⟩ *Adj* ||bacchor|| von Bacchantinnen durchschwärmt
Bacchē ⟨ēs⟩ *f* = ***Baccha***
Bacchēius ⟨a, um⟩ *Adj u.* **Bacchēus** ⟨a, um⟩ *Adj* ||griech. Fw.|| bacchisch

Bacchiadae ⟨ārum⟩ *m* Ov. *altes Herrschergeschlecht v. Korinth seit 924 v. Chr., 657 v. Chr. gestürzt*
Bacchicus ⟨a, um⟩ *Adj* = ***Baccheius***
Bacchis ⟨idis⟩ *f* = ***Baccha***
bacchīus ⟨ī⟩ *m (erg.* ***pes****) (nachkl.)* bacchischer Vers, ◡– –, *gebräuchlich im bacchischen Kultlied, häufig in der Komödie verwendet*
bacchor ⟨ātus sum, āri 1.⟩ ||*Denom von* Bacchus||
I *v/i*
1. *(nachkl.)* das Bacchusfest feiern
2. (bacchantisch) schwärmen, rasen, wüten, schwelgen, *poet auch von Unbelebtem*; ***in caede b.*** im Blutvergießen rasen; ***in voluptate b.*** in der Lust schwelgen; ***boreas bacchatur*** der Nordwind rast
3. *fig vom Redner* schwärmen, ***quasi vinolentus inter sobrios*** wie ein Betrunkener unter Nüchternen
4. wild umherschweifen, Orgien feiern
5. *von Gerüchten* sich stürmisch verbreiten
II *v/t*
1. den Bacchusruf ausstoßen
2. Iuv. in wilder Begeisterung dichten
Bacchus ⟨ī⟩ *m*
1. *Beiname des Dionysos, lat. Name für diesen, Sohn des Zeus u. der Semele, Gott des Weines, sein Kult ca. 200 v. Chr. in Rom eingeführt*
2. Verg. *meton* Bacchusruf
3. Verg. Bacchusgabe = Weinstock, Weinrebe, Wein
bacciballum ⟨ī⟩ *n* ||bacca|| Petr. Dicke, *von einer dicken Frau*
Bacēnis ⟨is⟩ *f* (westlicher) Thüringer Wald, *ausgedehnter Wald Germaniens zwischen Cheruskern u. Sueben, im MA* Buchenau, Buchenwald
baceolus ⟨ī⟩ *m* ||griech. Fw.|| Dummkopf
bāci-fer ⟨fera, ferum⟩ *Adj* ||baca, fero|| *poet* Beeren tragend, Früchte tragend
bacillum ⟨ī⟩ *n* ||*Dim von* baculum|| Stöckchen, Stäbchen, *bes* Stab der Liktoren
bacillus ⟨ī⟩ *m* ||*Dim von* baculum||
1. = ***bacillum***
2. *(nlat.)* Bazillus, *stäbchenförmiger Krankheitserreger*
Bactra ⟨ōrum⟩ *n Hauptstadt der persischen Satrapie Baktrien, 329–327 v. Chr. von Alexander dem Großen erobert, heute Balkh*
Bactr(i)a ⟨ae⟩ *f* Baktrien, *Landschaft am Hindukusch, heute zu Afghanistan gehörig*
Bactriānus ⟨a, um⟩ *Adj* baktrianisch, aus Bactra
Bactriānus ⟨ī⟩ *m* Baktrianer, Einwohner von Bactra
Bactrus ⟨ī⟩ *m Nebenfluss des Oxus*
▶ **baculum** ⟨ī⟩ *n u. poet* **baculus** ⟨ī⟩ *m* Stock, Stab,

Hirtenstab, Augurenstab, Zepter

badissō ⟨āvī, ātum, āre 1.⟩ ||griech. Fw.|| Plaut. schreiten, marschieren; ***tolutim b.*** traben, reiten

Baecula ⟨ae⟩ *f spanische Stadt, heute Bailén*

Baetasiī ⟨ōrum⟩ *m kelt. Stamm in der Gegend des heutigen Xanten*

Baetica ⟨ae⟩ *f Provinz im s. Spanien, heute Andalusien*

Baeticus ⟨a, um⟩ *Adj* aus Baetica, zur Provinz Baetica gehörig

Baeticus ⟨ī⟩ *m* Einwohner der Provinz Baetica

Baetis ⟨is, *Akk* im⟩ *u.* **in**, *Abl* **e** *u.* **ī** *m Strom im s. Spanien, heute Guadalquivir*

baetō ⟨-, -, ere 3.⟩ (*vkl.*) *poet* gehen, schreiten

Baetūria ⟨ae⟩ *f nw. Teil der Provinz Baetica*

Bagrada ⟨ae⟩ *m Fluss im Gebiet von Karthago, Mündung zwischen Karthago u. Utica, heute Medsjerda*

Bāiae ⟨ārum⟩ *f Seebad zwischen Cumae u. Puteoli bei Neapel, heute Thermen von Baia n von Bacoli; meton* Badeort

Bāiānus ⟨a, um⟩ *Adj* zu Baiae gehörig

bāiulō ⟨āvī, ātum, āre 1.⟩ ||*Denom von* baiulus|| (Last) tragen

bāiulus ⟨ī⟩ *m* Lastträger

bālaena ⟨ae⟩ *f* (*unkl.*) Wal

bālantēs ⟨um⟩ *u.* ⟨ium⟩ *f* ||balo|| Schafe

balanus ⟨ī⟩ *m* ||griech. Fw.||
1. Eichel; Dattel
2. eichelförmiger Gegenstand
3. Seemuschel
4. Behennuss, Öl der Behennuss

balatrō ⟨ōnis⟩ *m* Hor. Possenreißer, Schwätzer, Schreihals, Narr

bālātus ⟨ūs⟩ *m* ||balo|| (*nachkl.*) *poet* das Meckern, das Blöken *der Schafe und Ziegen*

balbus
I ⟨a, um⟩ *Adj, Adv* ⟨balbē⟩ stammelnd, lallend; ***balba verba*** gestammelte Worte
II ⟨ī⟩ *m* Stammler

Balbus ⟨ī⟩ *m röm. Beiname*

balbūtiō ⟨-, -, īre 4.⟩ ||balbus||
I *v/i* stammeln, stottern, lallen, unklar sprechen
II *v/t* unklar aussprechen, in der Kindersprache nennen

Baleārēs ⟨ium⟩ *f* (*erg.* ***insulae***) die Balearen; ***Balearis maior*** *heute Mallorca;* ***Balearis minor*** *heute Menorca*

Baleārēs ⟨ium⟩ *m* Einwohner der Balearen, Balearen, MIL *als geschickte Schleuderer bekannt*

Baleāricus ⟨a, um⟩ *Adj u.* **Baleāris** ⟨e⟩ *Adj* zu den Balearen gehörig

Baliārēs ⟨ium⟩ *f* = ***Baleares***

balin... = ***baln...***

balista ⟨ae⟩ *f* = ***ballista***

ballaena ⟨ae⟩ *f* = ***balaena***

Balliō ⟨ōnis⟩ *m Name eines Kupplers im Pseudolus des Plautus*

ballista *u.* **ballistra** ⟨ae⟩ *f u.* **ballistrārium** ⟨ī⟩ *m* ||griech. Fw.||
1. Schleudermaschine, Wurfmaschine; Geschütz
2. (*nachkl.*) *meton* Wurfgeschoss

balnea ⟨ōrum⟩ *n u.* **balneae** ⟨ārum⟩ *f* ||griech. Fw.|| Badeanstalt, öffentliches Bad

balneāria ⟨ōrum⟩ *n* ||balnearius|| Bäder, Badezimmer

balneārius ⟨a, um⟩ *Adj* ||balneum|| (*nachkl.*) Bade…

balneātor ⟨ōris⟩ *m* ||balneum|| Bademeister

balneolum ⟨ī⟩ *n* ||*Dim von* balneum|| kleines Bad

balneum ***ī*** *n* ||griech. Lw.||
1. Badezimmer; Badewanne, Badewasser, Bad; das Baden
2. (*mlat.*) widerliches Getränk

balniscus ⟨ī⟩ *m* Petr. Bad

bālō ⟨āvī, ātum, āre 1.⟩ blöken, *Nachahmung des Schaflautes*

balsamum ⟨ī⟩ *n* ||griech. Fw.|| (*nachkl.*) Balsamstaude; Balsam, Balsamsaft

balteum ⟨ī⟩ *n u.* **balteus** ⟨ī⟩ *n*
1. (*unkl.*) Gürtel, Gurt
2. Wehrgehenk, Schwertkoppel
3. *Pl* luv. *meton* Hiebe mit dem Riemen

balūx ⟨ūcis⟩ *f* ||span. Fw.|| (*nachkl.*) Goldsand, Goldkörner

bambal(i)ō ⟨ōnis⟩ *m* Stammler

Bambal(i)ō ⟨ōnis⟩ *m röm. Beiname;* ***M. Fulvius Bambalio*** *Schwiegervater des Triumvirn M. Antonius*

Bandusia ⟨ae⟩ *f Quelle auf dem sabinischen Landgut des Horaz*

bannus ⟨i⟩ *m* (*mlat.*) Bann; ***b. imperialis*** Reichsacht

Bantia ⟨ae⟩ *f röm. Municipium an der Grenze zwischen Apulien u. Lukanien, heute Banzi, nö. von Potenza*

baptisma ⟨atis⟩ *n* ||griech. Fw.|| (NT, *eccl.*) Taufe

baptismus ⟨ī⟩ *m* ||griech. Fw.|| Taufe

baptista ⟨ae⟩ *m* ||griech. Fw.|| (NT, *eccl.*) Täufer, *Beiname von Johannes (dem Täufer)*

baptistērium ⟨ī⟩ *n* ||griech. Fw.|| (*nachkl.*) Badebecken; (*spätl.*) Taufkapelle *mit Wasserbecken zum Ein- u. Untertauchen*

baptizō ⟨āvī, ātum, āre 1.⟩ ||griech. Fw.|| (NT, *eccl.*) taufen

barathrum ⟨ī⟩ *n* ||griech. Fw.||
1. Abgrund, Schlund, Unterwelt; ***b. macelli*** „Abgrund eines Fleischmarktes" = Fressack; ***barathro donare*** verschleudern; ***b. femineum*** Mart. weibliche Scham
2. (*mlat.*) Hölle

► **barba** ⟨ae⟩ *f* Bart

barbara ⟨ae⟩ *f* ||barbarus|| Barbarin, Ausländerin

barbaria ⟨ae⟩ *f* ||barbarus||
1. Ausland, Fremde; *meton* Barbaren, Ausländer, *bes* Asiaten
2. *fig* Barbarei, Rohheit
3. *fig* Mangel an Bildung; fehlende Kultur; RHET fehlerhafte Ausdrucksweise
4. *fig* Wildheit, Grausamkeit

barbaricus ⟨a, um⟩ *Adj* = ***barbarus***

barbariēs ⟨ēī⟩ *f* = ***barbaria***

barbarismus ⟨ī⟩ *m* ||griech. Fw.|| (*vkl., nachkl.*) fremdartige Ausdrucksweise, sprachlicher Fehler

barbarizō ⟨āvī, ātum, āre 1.⟩ ||griech. Fw.|| (*spätl.*)
1. ungebildet reden, fehlerhaft reden
2. barbarisch handeln

► **barbarus**
I ⟨a, um⟩ *Adj, Adv* ⟨barbarē⟩

1. ausländisch, fremd; nichtgriechisch, nichtrömisch; persisch; ***barbare / in barbarum loqui*** fehlerhaft sprechen; ***barbare vertere*** Plaut. ins Lateinische übersetzen
2. *meton* roh, ungebildet
3. *meton* grausam, wild
4. *(mlat.)* in deutscher Sprache
II ⟨ī⟩ *m*
1. Barbar, Ausländer
2. *Pl (mlat.)* die nichtrömischen Schriftsteller des Mittelalters
barbātulus ⟨a, um⟩ *Adj* ||*Dim von* barbatus|| ein wenig bärtig, flaumig; ***iuvenes barbatuli*** Milchgesichter, unreife Burschen
barbātus ||barba||
I *a, um* *Adj* bärtig; *meton* erwachsen; ***liber b.*** Mart. *fig* ausgefranstes Buch
II ⟨ī⟩ *m*
1. Römer der alten Zeit
2. *poet* Philosoph
3. *poet* Langbart = Ziegenbock
barbi-ger ⟨gera, gerum⟩ *Adj* ||barba, gero|| Lucr. bärtig, barttragend
barbitos ⟨ī⟩ *m* ||griech. Fw.|| Leier, Laute; *meton* Leierspiel, Lautenspiel
barbula ⟨ae⟩ *f* ||*Dim von* barba|| Bärtchen, Milchbart
Barca ⟨ae⟩ *m Stammvater der Barkiden in Karthago; bes* → ***Hamilcar Barca***
Barcaeī ⟨ōrum⟩ *m Nomadenstamm, in röm. Zeit wegen seiner Raubzüge gefürchtet*
barcala ⟨ae⟩ *m* Petr. Dummkopf, Tölpel
Barcē ⟨ēs⟩ *f Stadt in der Kyrenaika mit Hafen Ptolemais, heute Ruinen von Merdjhe in der Landschaft Barka in Libyen*
Barcīnī ⟨ōrum⟩ *m* ||Barca|| die Barkiden
Barcīnus ⟨a, um⟩ *Adj* des Barca, zu Barca gehörig
Bardaeī ⟨ōrum⟩ *m* = ***Vardaei***
bardaicus ⟨a, um⟩ *Adj* Iuv. = ***vardaicus***
bardītus ⟨ūs⟩ *m* Tac. *germ.* Schildgesang
bardo-cucullus ⟨ī⟩ *m* Mart. *gall.* Oberkleid mit Kapuze, Kapuzenmantel
bardus[1] ⟨a, um⟩ *Adj* stumpfsinnig, dumm
bardus[2] ⟨ī⟩ *m* Barde, *gall. Dichter u. Sänger*
Bargūsiī ⟨ōrum⟩ *m Stamm im NO von Hispania Tarraconensis im heutigen Katalonien*
Bargylia ⟨ōrum⟩ *n u.* **Bargyliae** ⟨ārum⟩ *f Stadt in Karien im SW von Kleinasien, nö. von Halikarnass, Ruinen beim heutigen Güllük*
Bargyliētae ⟨ārum⟩ *m* die Einwohner von Bargyliae
Bargyliēticus ⟨a, um⟩ *Adj* aus Bargyliae, zu Bargyliae gehörig
bāris ⟨idos⟩ *f* Prop. Nilbarke
Bārium ⟨ī⟩ *n Hafenstadt in Apulien, heute Bari*
bārō[1] ⟨ōnis⟩ *m* Tölpel
barō[2] ⟨ōnis⟩ *m* ||germ. Fw.|| freier Mann, Baron
barrītus ⟨ūs⟩ *m* Gebrüll, Schlachtgeschrei
barrus ⟨ī⟩ *m poet* Elefant
bascauda ⟨ae⟩ *f* Mart. Spültopf *aus Metall*
bāsiātiō ⟨ōnis⟩ *f* ||basio|| *poet* das Küssen; *Pl* Küsse
bāsiātor ⟨ōris⟩ *m* ||basio|| Mart. „Küsser", *pejor, iron. für einen Mann, der jeden Bekannten auf der Straße zur Begrüßung küsst*
Basilēa ⟨ae⟩ *f* = ***Basilia***
basileūs ⟨ī⟩ *m* ||griech. Fw.|| der oströmische Kaiser
Basilīa ⟨ae⟩ *f Stadt in Helvetien, heute Basel*
basilica ⟨ae⟩ *f* ||basilicus|| Cic. *mehrschiffige* Halle, Gerichtshalle, Markthalle; *(spätl.)* Basilika, Dom, Hauptkirche, *urspr. der Gerichtshalle nachgebildete chr. Kirche mit drei Schiffen u. runder Apsis*
basilicus
I ⟨a, um⟩ *Adj* ||griech. Fw.|| königlich, fürstlich, prächtig
II ⟨ī⟩ *m (erg.* ***iactus****)* Plaut. *bester Wurf im Würfelspiel mit dem talus, wenn von den vier dazu benutzten Würfeln jeder eine andere Zahl (1, 3, 4, 6) zeigt*
bāsiō ⟨āvī, ātum, āre 1.⟩ ||*Denom von* basium|| (Catul., Mart.) zärtlich küssen
basis ⟨is⟩ *u.* ⟨eos⟩ *f* ||griech. Fw.||
1. Fußgestell, Sockel, Säulenfuß
2. Grundmauer
3. MATH Grundlinie *des Dreiecks*, Basis
4. *(mlat.)* Brückenpfeiler
bāsium ⟨ī⟩ *n poet* Kuss
Bassania ⟨ae⟩ *f Stadt in Illyrien, heute Elbassani in Albanien*
Bassareūs ⟨eī⟩ *m Beiname des Bacchus, nach dem Fuchsfell, mit dem die Bacchantinnen bekleidet waren*
Bassaricus ⟨a, um⟩ *Adj* bacchisch
Bassaris ⟨idis⟩ *f* Bacchantin
Bassus ⟨ī⟩ *m röm. Beiname, wörtl. „der Dicke"*
Bastarnae *u.* **Basternae** ⟨ārum⟩ *m germ. Völkerschaft von den Quellen der Weichsel bis zur Donaumündung*
bat Plaut. *hum Reimbildung* → ***at***
Batāvī ⟨ōrum⟩ *m germ. Inselvolk an der Mündung von Maas u. Rhein*
Batāvus ⟨a, um⟩ *Adj* batavisch
Bathyllus ⟨ī⟩ *m*
1. *Liebling Anakreons*
2. *Freigelassener des Maecenas, Pantomime*
batillum ⟨ī⟩ *n* = ***vatillum***
batioca ⟨ae⟩ *f* ||griech. Fw.|| Plaut. große Trinkschale
batlinea ⟨ae⟩ *f* ||germ.|| *(mlat.)* Bettlaken
Battiadēs ⟨ae⟩ *m* Nachkomme des Battus, = Kallimachos
battuō ⟨uī, -, uere 3.⟩ *vulg* schlagen, stoßen; sich schlagen, *cum aliquo* mit jdm
Battus ⟨ī⟩ *m Gründer von Kyrene in Libyen*
batuō ⟨uī, -, uere 3.⟩ = ***battuo***
baubor ⟨ātus sum, ārī 1.⟩ Lucr. kläffen, bellen
Baucis ⟨idis⟩ *f Gattin des Philemon*
Baulī ⟨ōrum⟩ *m Ort in Kampanien, heute Bacolo*
baxea ⟨ae⟩ *f* ||griech. Lw.|| *(vkl., nachkl.)* leichte Sandale
bdellium ⟨ī⟩ *n* ||semitisch-griech. Fw.|| *(vkl., nachkl.)*
1. Weinpalme; Harz der Weinpalme
2. Plaut. *fig* Liebling, Süßer, *Schmeichelwort*
beātī ⟨ōrum⟩ *m* ||beatus|| die Seligen; ***beatorum insulae*** Cic. Inseln der Seligen, Elysium
beātificō ⟨āvī, ātum, āre 1.⟩ ||beatus, facio|| *(spätl.)* glücklich machen, beglücken
beātitās ⟨ātis⟩ *f (spätl.) u.* **beātitūdō** ⟨inis⟩ *f u.* **beātum** ⟨ī⟩ *n* Glückseligkeit
▶ **beātus** ⟨a, um⟩ *Adj, Adv* ⟨beātē⟩
1. begütert, reich; fruchtbar; herrlich, prächtig; ***beate*** *als Ausruf* prächtig!

2. glücklich, glückselig
3. *(spätl., eccl.)* selig
beccus ⟨ī⟩ *m* ||gall. Fw.|| Suet. Schnabel
Bedriacum ⟨ī⟩ *n alte Stadt zwischen Cremona u. Verona, genaue Lage unklar, Schauplatz zweier Schlachten Othos u. Vespasians*
Belgae ⟨ārum⟩ *m* die Belger, *germ.-kelt. Volk im NW Galliens, dem heutigen Belgien*
Belgica ⟨ae⟩ *f röm. Provinz; auch* → ***Gallia Belgica***; ***Belgicus, a, um*** *Adj* belgisch
Belgium ⟨ī⟩ *n die röm. Provinz Belgica, auch der w. Teil von Belgica*
Bēlīdēs[1] ⟨ae⟩ *m* Nachkomme des Belus, = Lynkeus, = Palamedes; → ***Belus*** *2*
Bēlides[2] ⟨um⟩ *f* ||Belus|| die Danaiden
bellāria ⟨ōrum⟩ *n* ||bellus|| *(unkl.)* Nachtisch, Dessert
bellātor ⟨ōris⟩ ||bello|| *m* Krieger, Kriegsheld; *adj (nachkl.) poet* kriegerisch, Kriegs…; ***equus b.*** Streitross
bellātōrius ⟨a, um⟩ *Adj* ||bellator||
1. kriegerisch
2. *fig* polemisch
bellātrīx ⟨īcis⟩ *f* ||bellator|| Kriegerin; *adj (nachkl.) poet* kriegerisch, Kriegs…
bellē *Adv* → ***bellus***
Bellerophōn ⟨ōntis⟩ *m u.* **Bellerophontēs** ⟨ae⟩ *m Sohn des Glaukos von Korinth, tötete die Chimaera*
belliātu(lu)s ⟨a, um⟩ *Adj* ||bellus|| Plaut. schön, allerliebst
bellicōsus ⟨a, um⟩ *Adj* ||bellicus||
1. kriegerisch, streitbar
2. Liv. *von Sachen* reich an Kriegen, kriegerisch
bellicum ⟨ī⟩ *n* ||bellicus|| Angriffssignal; ***bellicum canere*** zum Angriff blasen
bellicus ⟨a, um⟩ *Adj* ||bellum||
1. zum Krieg gehörig, Kriegs…; ***res bellica*** Kriegswesen; ***ius bellicum*** Kriegsrecht
2. *(nachkl.) poet auch* = ***bellicosus***
belli-ger ⟨gera, gerum⟩ *Adj* ||bellum, gero|| Krieg führend, streitbar
belligerō ⟨āvī, ātum, āre 1.⟩ ||*Denom von* belliger|| Krieg führen, kämpfen, *cum aliquo* mit j-m, *adversus aliquem* gegen jdn
belli-potēns
I *Gen* ⟨entis⟩ *Adj* im Krieg mächtig
II ⟨entis⟩ *m Beiname des Mars*
bellō ⟨āvī, ātum, āre 1.⟩ ||*Denom von* bellum||
1. Krieg führen, kämpfen, *cum aliquo* mit j-m, *adversus aliquem* gegen j-n, *inter se* untereinander; ***bellum b.*** Liv. Krieg führen
2. *poet* kämpfen, streiten
Bellōna ⟨ae⟩ *f* ||bellum|| MYTH *Kriegsgöttin, Schwester des Mars, mit Tempel auf dem Marsfeld*
Bellōnāris ⟨e⟩ *Adj* zur Bellona gehörig
Bellōnārius ⟨ī⟩ *m* Priester der Bellona
bellor ⟨ātus sum, ārī 1.⟩ = ***bello***
Bellovacī ⟨ōrum⟩ *m Stamm in Gallia Belgica im Gebiet von Seine, Somme u. Oise, dem heutigen Beauvais*
bellua ⟨ae⟩ *f* = ***belua***
belluātus ⟨a, um⟩ *Adj* = ***beluatus***
bellulus ⟨a, um⟩ *Adj, Adv* ⟨bellulē⟩ ||*Dim von* bellus|| Plaut. allerliebst, niedlich

► **bellum** ⟨ī⟩ *n*
1. Krieg, *alicuius / cum aliquo* mit j-m; ***b. Persium*** Perserkrieg; ***b. Punicum*** Punischer Krieg; ***b. civile*** Bürgerkrieg; ***bellum facere*** Krieg anstiften; ***bellum inferre alicui*** mit j-m Krieg anfangen; ***bellum gerere*** Krieg führen; ***bellum ducere / trahere*** den Krieg in die Länge ziehen; ***bellum conficere*** den Krieg beenden; ***domi belliqueı / domi belloque*** in Krieg und Frieden
2. *(nachkl.) poet* Schlacht, Kampf
3. *fig* Streit, Hader, Feindseligkeit
4. Hor. Liebesstreit
belluōsus ⟨a, um⟩ *Adj* = ***beluosus***
bellus ⟨a, um⟩ *Adj, Adv* ⟨bellē⟩
1. *von Personen u. Sachen* hübsch, niedlich, charmant, anmutig; ***locus b.*** hübscher Ort; ***belle ferre aliquid*** etw heiter tragen
2. wohlauf, gesund
3. *Adv als Beifallsruf* bravo!
► **bēlua** ⟨ae⟩ *f*
1. wildes Tier, Untier, Ungetüm; *bes auch* Elefant; ***avaritia, b. fera*** Habsucht, dieses wilde Ungeheuer
2. *fig* Tier
3. Plaut. *fig* Rindvieh, *Schimpfwort*
bēluātus ⟨a, um⟩ *Adj* ||belua|| Plaut. mit eingestickten Tierfiguren
bēluōsus ⟨a, um⟩ *Adj* reich an Ungeheuern
Bēlus ⟨ī⟩ *m* ||*semitisch* Baal||
1. MYTH Bel, *einer der drei babylonisch-assyrischen Hauptgötter, Gott der Erde, als Erbauer Babylons u. Gründer des assyrischen Reiches verehrt*
2. MYTH, Ov. *König von Ägypten, Sohn des Poseidon, Vater des Danaos u. Stammvater der Danaiden*
3. MYTH, Verg. *König von Tyrus, Vater der Dido*
Bēnācus ⟨ī⟩ *m (erg.* ***lacus****) oberital. See, heute Gardasee*
bene *Adv, Komp* ⟨melius⟩, *Sup* ⟨optimē⟩ ||bonus||
1. *beim Verb* gut, wohl; ***bene narrare*** gute Nachricht bringen; ***bene iudicare*** richtig urteilen; ***bene vivere*** sittlich gut leben; ***bene mori*** ruhmvoll sterben; ***bene sperare*** gute Hoffnung haben; ***bene polliceri*** reichliche Versprechungen machen; ***bene promittere*** Glück verheißen; ***bene venire*** zur rechten Zeit kommen; ***bene ambula!*** Plaut. gute Reise!
2. *beim Verb* richtig, gut, günstig *in Wendungen*; ***bene agere cum aliquo*** j-n freundlich behandeln; ***bene audire*** in gutem Ruf stehen; ***bene dicere*** gut reden, beredt sein; ***bene facere alicui*** j-m Gutes tun; ***bene mereri de aliquo*** sich um j-n verdient machen; ***bene emere*** billig kaufen; ***bene vendere*** teuer verkaufen; ***bene est alicui*** j-m geht es gut; ***bene te / tibi!*** auf dein Wohl!
3. *bei Adj u. Adv* sehr, recht, überaus, völlig; ***bene sanus*** sehr gesund; ***bene mane*** sehr früh; ***non bene*** nicht ganz, kaum
benedicē *Adv* Plaut. mit freundlichen Worten
bene-dīcō ⟨dīxī, dictum, dīcere 3.⟩
1. → ***bene*** *2*
2. *(eccl.)* segnen, weihen, preisen
benedictiō ōnis *f* ||benedico|| *(eccl.)* Segnung, Segen, Weihe
benedictus ⟨a, um⟩ *Adj* ||benedico|| *(spätl.)* gesegnet, gepriesen
Benedictus ⟨ī⟩ *m von Nursia (480–547 n. Chr.),*

Mönch, Gründer von Monte Cassino (529) u. damit des gemeinsamen Mönchslebens, Verfasser der ältesten Regel u. Begründer des bald über ganz Europa verbreiteten Benediktinerordens mit dem Wahlspruch „Ora et labora" = „Bete und arbeite"

bene-faciō ⟨fēcī, factum, facere 3.⟩
1. richtig tun, richtig machen; ***b. alicui*** j-m Gutes tun
2. *(mlat.)* beglücken
3. *(mlat.)* belehnen

beneficentia ⟨ae⟩ *f* ||beneficus|| Wohltätigkeit, Güte

beneficiārius
I ⟨a, um⟩ *Adj* ||beneficium|| Sen. eine Wohltat genießend
II ⟨ī⟩ *m* von niedrigen Arbeiten befreiter Soldat, Gefreiter

beneficiatus ⟨i⟩ *m (mlat.)* Lehnsmann

beneficientia ⟨ae⟩ *f (mlat.)* Lehnshoheit

▶ **beneficium** ⟨ī⟩ *n* ||facio||
1. Wohltat, Vergünstigung, Gefälligkeit, Freundschaftsdienst; ***beneficium alicui dare/in aliquem conferre*** j-m eine Gefälligkeit erweisen; ***beneficia in aliquem/erga aliquem*** Verdienste um j-n; ***beneficii causā/per beneficium*** aus Gefälligkeit, aus Gnade; ***alicuius beneficio*** durch j-s Verdienst, mit j-s Hilfe
2. MIL, POL Auszeichnung, Begünstigung, Beförderung, Gnadenerweis; ***ad populi beneficium transferri*** von der Gunst des Volkes abhängig werden; ***in beneficiis ad aerarium deferri*** Cic. in die Gratifikandenliste des Staates aufgenommen werden
3. *(nachkl.)* Vorrecht, Privileg
4. *(mlat.)* Lehen; Pfründe

bene-ficus ⟨a, um⟩ *Adj* wohltätig, gefällig, *in aliquem* gegen jdn

benemōrius ⟨a, um⟩ *Adj* ||bene, mos|| Petr. *vom Charakter* gut

beneplacitum ⟨ī⟩ *n (eccl.)* Ratschluss, Belieben

Beneventānus
I ⟨a, um⟩ *Adj* aus Beneventum, zu Beneventum gehörig
II ⟨ī⟩ *m* Einwohner von Beneventum

Beneventum ⟨ī⟩ *n Stadt in Samnium, früher Maleventum, dann umbenannt, 275 v. Chr. Niederlage des Pyrrhus; heute Benevento, ca. 7 km nö. von Neapel, mit bedeutenden Überresten aus der Antike*

bene-volēns
I *Gen* ⟨entis⟩ *Adj* = ***benevolus***
II ⟨entis⟩ *m u. f* Gönner, Gönnerin

▶ **benevolentia** ⟨ae⟩ *f* ||benevolens||
1. Wohlwollen, Zuneigung; Milde, Gnade, *erga aliquem/in aliquem* zu j-m, gegen j-n
2. Beweis des Wohlwollens; *Pl* Gnadenakte
3. Beliebtheit

bene-volus ⟨a, um⟩ *Adj, Adv* ⟨benevolē⟩ ||volo|| wohlwollend, gewogen, gütig

benf… = ***benef…***

benīgnitās ⟨ātis⟩ *f* ||benignus||
1. Gutmütigkeit, Freundlichkeit, Leutseligkeit, Wohlwollen, Milde
2. Wohltätigkeit, Freigebigkeit, *in aliquem* gegen jdn

benīgniter *Adv* → ***benignus***

benīgnus ⟨a, um⟩ *Adj, Adv* ⟨benīgnē⟩ *u.* ⟨benīgniter⟩ ||bene, gigno||
1. wohlwollend, gutmütig, gütig, liebevoll, *alicui* gegen j-n; ***benigne polliceri*** gute Versprechungen geben; ***benigne*** *als Höflichkeitsformel* ich danke, sehr gütig
2. wohltätig, freigebig; ***benigne facere alicui/alicuius*** j-m Gutes erweisen; ***vini somnique*** wein- und schlaftrunken
3. *poet auch von Leblosem* reichlich, ergiebig; ***sermo b.*** langes Gespräch, ergiebiges Gespräch; ***benignā vice*** in reichlicher Vergeltung

beniv… = ***benev…***

beō ⟨āvī, ātum, āre 1.⟩ *(vkl.) poet* beglücken, erfreuen, beschenken, bereichern

Berecyntae ⟨ārum⟩ *m u.* **Berecyntes** ⟨um⟩ *m Stamm in Phrygien*

Berecyntius ⟨a, um⟩ *Adj* berecyntisch; ***mater Berecyntia*** = Kybele; ***heros B.*** = Midas

Berenīcē ⟨ēs⟩ *f weiblicher Vorname, danach Veronika*
1. *Gattin des ägyptischen Königs Ptolemäus III. Euergetes; ihr schönes Haar, das sie für die Heimkehr ihres Mannes opferte, wurde unter die Sterne versetzt u. von Catull besungen*
2. *Tochter des jüdischen Königs Herodes Agrippa I. (37–44 n. Chr.), Geliebte des Titus*

Berenīcēus ⟨a, um⟩ *Adj* zu Berenice gehörig

Beroea ⟨ae⟩ *f Stadt in Makedonien, heute Verria*

Beroeaeus ⟨a, um⟩ *Adj* aus Beroea, zu Beroea gehörig

Beroeaeus ⟨ī⟩ *m* Einwohner von Beroea

bēryllos *u.* **bēryllus** ⟨ī⟩ *m u. f* ||griech. Fw.|| Beryll, *meergrüner Edelstein*

Bērȳtus ⟨ī⟩ *f Küstenstadt in Phönikien, 15 v. Chr. röm. Veteranenkolonie, heute Beirut*

bēs ⟨bessis⟩ *m*
1. zwei Drittel *eines zwölfteiligen Ganzen*
2. zwei Drittel des As *als Münzeinheit*; ***fenus ex triente factum erat bessibus*** Cic. die Zinsen stiegen von 1/3 monatlich auf 2/3, *d. heute von 4% jährlich auf 8%*
3. zwei Drittel einer Erbschaft; ***heres ex besse*** Plin. Erbe von zwei Dritteln der Erbmasse
4. *meton* acht; ***bessem bibamus*** Mart. leeren wir acht Becher!

bēsālis ⟨e⟩ *Adj* ||bes|| zwei Drittel *eines Ganzen* umfassend; acht Unzen wiegend

▶ **bēstia** ⟨ae⟩ *f*
1. Tier, reißendes Tier, Raubtier
2. *Pl meton* Kampf mit wilden Tieren *im Zirkus*; ***aliquem ad bestias condemnare/mittere*** j-n zum Kampf mit den wilden Tieren im Zirkus verurteilen

bēstiālis ⟨e⟩ *Adj* ||bestia|| *(spätl.)* tierisch, viehisch

bēstiārius
I ⟨a, um⟩ *Adj* ||bestia|| Sen. Tier…; ***ludus b.*** Kampf mit Tieren
II ⟨ī⟩ *m* Tierkämpfer *im Zirkus*

bēstiola ⟨ae⟩ *f* ||*Dim von* bestia|| Tierchen

bēta[1] *indekl zweiter Buchstabe des griech. Alphabets*

bēta[2] ⟨ae⟩ *f* ||kelt. Lw.|| rote Bete, Mangold, rote Rübe

bētāceus ⟨ī⟩ *m* ||beta[2]|| *(vkl., nachkl.)* Mangoldwurzel, rote Bete

bētizō ⟨āvī, ātum, āre 1.⟩ ||beta[2]|| Suet. *wörtl.* Gemüse sammeln; *fig* weichlich sein

bi- *Präf* zwei-, zwie-

Biās ⟨antis⟩ *m aus Priene in Ionien, um 550 v. Chr., Zeitgenosse des Krösus, einer der sog. Sieben Weisen*

Biberius ⟨ī⟩ *m* Suet. *Spottname des Kaisers Tiberius, wörtl.* Trunkenbold

bibī → ***bibo***

biblia ⟨ae⟩ *f* ||griech. Fw.|| *(mlat.)* Bibel; ***b. sacra*** Heilige Schrift; ***b. pauperum*** die Bibel der Armen, *Bilderbibel des späteren MA*

bibliopōla ⟨ae⟩ *m* ||griech. Fw.|| *(nachkl.) poet* Buchhändler

bibliothēca ⟨ae⟩ *f u.* **bibliothēcē** ⟨ēs⟩ *f* ||griech. Fw.||
1. Bibliothek, Büchersaal; *(nachkl.)* Bücherschrank
2. Büchersammlung, Bücherei

▶ **bibō** ⟨bibī, *(spätl.* bibitum), bibere 3.⟩
1. trinken, ***vinum*** Wein, ***ex poculo*** aus einem Becher, ***ex uno vino duo pocula*** von einem Wein zwei Becher, ***cavā manu*** aus der hohlen Hand; ***b. Graeco more*** j-m zutrinken; ***flumen b.*** *poet* an einem Fluss wohnen
2. *(nachkl.) poet* trinken, einsaugen, einziehen; ***sat prata biberunt*** Verg. die Wiesen haben genug getrunken; ***hasta bibit cruorem*** die Lanze trinkt Blut
3. *fig* einsaugen, einatmen; ***b. aure/auribus*** eifrig anhören

Bibracte ⟨is⟩ *n Hauptstadt der Äduer, Überreste auf dem Mont-Beuvray bei Autun*

Bibrax ⟨actis⟩ *f Stadt der Remer im belg. Gallien*

bibulus
I ⟨a, um⟩ *Adj* ||bibo|| *(nachkl.)*
1. gern trinkend, durstig; *von Sachen* Feuchtigkeit aufnehmend; ***b. alicuius rei*** durstig nach etw; ***lapis b.*** Bimsstein; ***lana bibula*** Wolle, die Farbe annimmt; ***charta bibula*** Löschblatt
2. trinkbar, süffig; ***vinum Falernum bibulum*** süffiger Falernerwein
II ⟨ī⟩ *m (mlat.)* Zechkumpan

bi-ceps *Gen* ⟨itis⟩ *Adj* ||caput|| zweiköpfig, zweigipfelig; ***Ianus b.*** der doppelköpfige Janus; ***Parnasus b.*** der doppelgipfelige Parnass

bi-clīnium ⟨ī⟩ *n* (Plaut., Quint.) Speisesofa für zwei Personen

bi-color *Gen* ⟨ōris⟩ *Adj (nachkl.) poet* zweifarbig, scheckig

bi-corniger ⟨gera, gerum⟩ *Adj* Ov. *u.* **bicornis** ⟨e⟩ *Adj* ||cornu|| *(nachkl.)*
1. mit zwei Hörnern, mit zwei Spitzen; ***caper b.*** Ziegenbock mit zwei Hörnern; ***luna b.*** Halbmond; ***furca b.*** zweizinkige Gabel
2. *von Flüssen* mit zwei Mündungsarmen

bi-corpor *Gen* ⟨oris⟩ *Adj* ||corpus|| mit zwei Körpern

bi-dēns
I *Gen* ⟨dentis⟩ *Adj* mit zwei Zähnen, zweizackig
II ⟨dentis⟩
1. *m* Hacke mit zwei Zinken
2. *f* ausgewachsenes Opfertier, *dessen Gebiss fertig ist*

bi-dental ⟨ālis⟩ *n (nachkl.) poet* Blitzmal, vom Blitz getroffener Ort; ***bidental movere*** ein Blitzmal entweihen

Bidīnus ⟨a, um⟩ *Adj* aus Bidis, zu Bidis gehörig

Bidis ⟨is⟩ *f Stadt nw. von Syrakus*

bī-duum ⟨ī⟩ *n* ||dies|| Zeitraum von zwei Tagen; ***bidui iter*** zwei Tagesreisen, zwei Tagesmärsche; ***biduo*** in zwei Tagen, innerhalb von zwei Tagen, zwei Tage lang; ***eo biduo*** in diesen zwei Tagen, nach diesen zwei Tagen; ***biduo, quo*** zwei Tage, nachdem

bi-ennium ⟨ī⟩ *n* ||annus|| Zeitraum von zwei Jahren

bi-fāriam *Adv* zweifach, nach zwei Seiten, doppelt; ***bifariam castra facere*** nach zwei Seiten hin Lager errichten

bi-fer ⟨fera, ferum⟩ *Adj* ||fero|| zweimal im Jahr Früchte tragend

bi-fidus ⟨a, um⟩ *Adj* ||findo|| *(nachkl.) poet* (in zwei Teile) gespalten; ***pedes bifidi*** gespaltene Hufe

bi-foris ⟨e⟩ *Adj* ||foris[1]|| *poet*
1. zweitürig, zweiflügelig; mit zwei Öffnungen
2. zweifach, doppelt

bi-fōrmātus ⟨a, um⟩ *Adj* ||formo|| *u.* **bifōrmis** ⟨e⟩ *Adj* ||forma|| *(nachkl.) poet* zweigestaltig, mit zwei Körpern

bi-frōns *Gen* ⟨ontis⟩ *Adj (spätl.) poet* doppelstirnig; ***Ianus b.*** der zweiköpfige Janus, der doppelgesichtige Janus

bifurcum ⟨ī⟩ *n* ||bifurcus|| Gabelung

bi-furcus ⟨a, um⟩ *Adj* ||furca|| *(nachkl.) poet* zweizackig, gabelförmig

bīga ⟨ae⟩ *f u.* **bīgae** ⟨ārum⟩ *f (nachkl.)* Zweigespann

bīgātus
I ⟨a, um⟩ *Adj* ||bigae|| *(nachkl.)* mit dem Bild des Zweigespanns geprägt
II ⟨ī⟩ *m* Silberdenar

Bigerra ⟨ae⟩ *f Stadt in der sö. Hispania Tarraconensis, heute vermutlich Bogarra, ca. 70 km w. von Albacete*

biiugī ⟨ōrum⟩ *m* ||biiugis|| Verg. Zweigespann, Streitwagen

bi-iugis ⟨e⟩ *Adj u.* **bi-iugus** ⟨a, um⟩ *Adj* ||iugum|| *(nachkl.) poet* zweispännig

Bilbilis ⟨is⟩
1. *f Stadt in Hispania Tarraconensis, Vaterstadt des Dichters Martial, Ruinen bei Calatuyud*
2. *m Nebenfluss des Ebro, an dem die gleichnamige Stadt lag, heute Jalon*

bi-lībra ⟨ae⟩ *f* Liv. zwei Pfund

bilībris ⟨e⟩ *Adj* ||bilibra|| *(unkl.)*
1. zwei Pfund schwer
2. zwei Pfund fassend

bi-linguis ⟨e⟩ *Adj u.* **bi-linguus** ⟨a, um⟩ *Adj* ||lingua|| *(nachkl.)*
1. doppelzüngig, Plaut. *für Zungenkuss*
2. zweisprachig, unverständlich redend
3. *fig* doppelzüngig, heuchlerisch, falsch

bīlis ⟨is⟩ *f*
1. Galle *als Flüssigkeit*
2. *fig* Zorn, Unwille, Verdruss; ***bilem commovere alicui*** j-n erzürnen
3. ***b. nigra/atra*** Schwermut, Melancholie; *(vkl., nachkl.)* Wahnsinn

bi-līx *Gen* ⟨īcis⟩ *Adj* ||licium|| Verg. doppelfädig, gezwirnt, doppeldrähtig; ***lorica b.*** doppeldrähtiger Brustpanzer

bi-lūstris ⟨e⟩ *Adj* ||lustrum[2]|| zwei Lustren dauernd,

zehnjährig
bi-lychnis ⟨e⟩ *Adj* ||lychnus|| Petr. mit zwei Kerzen, mit zwei Leuchten, zweiflammig
bi-maris ⟨e⟩ *Adj* ||mare|| (*nachkl.*) *poet* an zwei Meeren gelegen
bi-marītus
I ⟨a, um⟩ *Adj* zweifach verheiratet
II ⟨ī⟩ *m* Bigamist
bi-māter *Gen* ⟨tris⟩ *Adj* (*nachkl.*) *poet* von zwei Müttern geboren, *Beiname des Bacchus, den erst Semele und dann Zeus gebar*
bi-membris
I ⟨e⟩ *Adj* ||membrum|| zweigliedrig
II ⟨is⟩ *m* Doppelgestalt = Kentaur
bi-mē(n)stris ⟨e⟩ *Adj* ||mensis|| (*nachkl.*) *poet* zwei Monate alt; ***stipendium bimestre*** Sold für zwei Monate
bīmulus ⟨a, um⟩ *Adj* ||*Dim von* bimus|| (*nachkl.*) *poet* erst zweijährig
bīmus ⟨a, um⟩ *Adj* ||hiems|| zwei Winter alt, zweijährig, seit zwei Jahren bestehend; ***sententia bima*** Cic. Antrag auf zweijähriges Verbleiben in der Provinz
Bingium ⟨ī⟩ *n belg. Stadt an der Nahe, gegenüber Bingen, heute Bingerbrück*
bīnī ⟨ae, a⟩ *Num distr*
1. je zwei
2. zwei, beide *bei echten Pluraliatantum*; ***binae litterae*** zwei Briefe, *im Unterschied zu duae litterae = zwei Buchstaben*; ***bina castra*** beide Lager
3. ein Paar; ***bini boves*** ein Paar Ochsen
4. Liv. *auch* zwei Paar *von Sachen u. Personen, die zusammengehören od paarweise auftreten*; ***bini consules*** zwei Paare von Konsuln
5. Cic. „die Zwei", das Paar
bi-noctium ⟨ī⟩ *n* ||nox|| (*nachkl.*) Zeitraum von zwei Nächten
bi-nōminis ⟨e⟩ *Adj* ||nomen|| Ov. mit zwei Namen; ***Ascanius b.*** Ascanius, der zwei Namen hatte, *da er auch noch Iulus hieß*
Biōn ⟨ōnis⟩ *m Schüler des Theophrast, Kyniker um 300 v. Chr., wegen seines beißenden Witzes bekannt u. gefürchtet*
Biōnēus ⟨a, um⟩ *Adj* Hor. bissig, satirisch
bi-palmis ⟨e⟩ *Adj* ||palma[1]|| zwei Spannen lang, zwei Spannen breit
bi-partītus ⟨a, um⟩ *Adj, Adv* ⟨bipartītō⟩ zweigeteilt, doppelt; ***argumentatio bipartita*** doppelte Beweisführung; ***bipartito signa inferre*** von zwei Seiten angreifen; ***bipartito esse*** in zwei Teile geteilt sein
bi-patēns *Gen* ⟨entis⟩ *Adj* ||pateo|| *poet* doppelt geöffnet; ***tecta bipatentia*** Verg. Saal mit geöffneten Doppeltüren
bi-pedālis ⟨e⟩ *Adj* zwei Fuß lang, zwei Fuß breit, zwei Fuß hoch
bipenni-fer ⟨fera, ferum⟩ *Adj* ||bipennis, fero|| Ov. *poet* eine Doppelaxt tragend
bi-pennis
I ⟨e⟩ *Adj* ||penna|| (*nachkl.*) zweiflügelig; *fig* zweischneidig
II ⟨is⟩ *f* zweischneidige Axt, Doppelaxt
bi-pertītus ⟨a, um⟩ *Adj* = ***bipartitus***
bi-pēs
I *Gen* ⟨pedis⟩ *Adj* zweifüßig, zweibeinig
II ⟨pedis⟩ *m* Zweifüßler; *pej für* Mensch
bi-rēmis
I ⟨e⟩ *Adj* ||remus|| mit zwei Ruderern
II ⟨is⟩ *f* Zweidecker, *Schiff mit zwei übereinander angereihten Ruderbänken*
birso ⟨avi, atum, are 1.⟩ ||germ.|| (*mlat.*) pirschen, jagen
► **bis** *Adv* zweimal; ***bis tantum/tanto*** doppelt so groß, doppelt so weit; ***bis terve*** zwei- bis dreimal = selten; ***bis(que) terque*** zwei- bis dreimal = öfter
Bīsaltae ⟨ārum⟩ *m thrakischer Stamm*
Bisanthē ⟨ēs⟩ *f Stadt an der Nordküste der Propontis*
bisextus ⟨ī⟩ *m* (*erg.* ***dies***) (*spätl.*) Schalttag
bisōn ⟨ontis⟩ *m* ||germ. Lw.|| (*nachkl.*) *poet* Auerochse
Bistones ⟨um⟩ *m thrakisches Volk um Abdera*; *poet allg.* Thraker
Bistonis ⟨idis⟩ *f* thrakische Bacchantin; *adj* thrakisch
Bistonius ⟨a, um⟩ *Adj* thrakisch
bi-sulcis ⟨e⟩ *Adj u.* **bi-sulcus** ⟨a, um⟩ *Adj* ||sulcus|| zweigespalten; ***bisulci linguā*** Plaut. *fig* ein Heuchler
bi-thalassus ⟨a, um⟩ *Adj* ||griech. Fw.|| (*spätl.*) wo zwei Meere zusammenkommen
Bīthȳnī ⟨ōrum⟩ *m* ||Bithynia|| die Einwohner von Bithynien, die Bithynier
Bīthȳnia ⟨ae⟩ *f* Bithynien, *kleinasiatische Landschaft an der Propontis u. am Schwarzen Meer*
Bīthȳnicus ⟨a, um⟩ *Adj* bithynisch
Bīthȳnis ⟨idis⟩ *f* Bithynierin
Bīthȳnus ⟨a, um⟩ *Adj* bithynisch
bītō ⟨-, -, ere 3.⟩ = ***baeto***
Bitōn ⟨ōnis⟩ *m Sohn der Priesterin Kydippe u. Bruder des Kleobis; die Brüder waren berühmt durch ihre Liebe zur Mutter, wofür sie von den Göttern durch einen sanften Tod belohnt wurden*
bitūmen ⟨inis⟩ *n* (*nachkl.*) *poet* Erdpech, Asphalt, *aus Baumharz durch Erhitzen gewonnen u. zum Abdichten von Dächern u. Schiffen verwendet*
bitūmineus ⟨a, um⟩ *Adj* ||bitumen|| (*nachkl.*) *poet* von Erdpech; ***vires bitumineae*** Massen von Erdpech
Biturīges ⟨um⟩ *m kelt. Volk in Aquitanien, in zwei Stämme um das heutige Bourges u. Bordeaux zerfallen*
bivium ⟨ī⟩ *n* ||bivius|| Kreuzweg, Scheideweg; *fig* doppeltes Mittel
bi-vius ⟨a, um⟩ *Adj* ||via|| (*unkl.*) mit zwei Wegen; ***fauces biviae*** die Eingänge des Hohlwegs auf beiden Seiten
blaesī ⟨ōrum⟩ *m* ||blaesus|| die Betrunkenen
blaesus ⟨a, um⟩ *Adj* ||griech. Fw.|| lallend, stammelnd
Blanda ⟨ae⟩ *u.* **Blandae** ⟨ārum⟩ *f*
1. *Stadt in Lukanien in Unteritalien, am Tyrrhenischen Meer, keine moderne Entsprechung*
2. *Stadt in Hispania Tarraconensis beim heutigen Blanes an der Costa Brava*
blandidicus ⟨a, um⟩ *Adj* ||blandus, dico[2]|| Plaut. schmeichlerisch
blandi-loquentia ⟨ae⟩ *f* ||blandus, loquor|| (*vkl.*) Schmeichelrede

B

blandi-loquentulus *u.* **blandi-loquus** ⟨a, um⟩ *Adj* ||blandus, loquor|| (Plaut., Sen.) schmeichlerisch redend
blandīmentum ⟨ī⟩ *n* (*vkl., nachkl.*) = ***blanditia***
blandior ⟨ītus sum, īrī 4.⟩ ||*Denom von* blandus|| schmeicheln, liebkosen; *fig von leblosen Subj.* behagen, gefallen, reizen, anlocken; ***fortuna coeptis blanditur*** das Glück begünstigt die Anfänge
blanditer *Adv* → ***blandus***
blanditia ⟨ae⟩ *f* ||blandus||
1. Schmeichelei, Liebkosung; *Pl* Schmeichelworte, Komplimente; ***b. popularis*** schmeichelhaftes Verhalten gegenüber dem Volk
2. *von leblosen Subj.* Reiz, Lockung, Leckerei
blandītus ⟨a, um⟩ *Adj* ||blandior|| angenehm, reizend
▶ **blandus** ⟨a, um⟩ *Adj, Adv* ⟨blandē⟩ *u.* ⟨blanditer⟩
1. *von Lebewesen* schmeichelnd, liebkosend, zärtlich, *alicui/adversus aliquem* gegen j-n; ***canis b.*** schmeichelnder Hund; ***amicus b.*** schön tuender Freund
2. *von leblosen Subj.* schmeichlerisch, gewinnend, höflich; ***preces blandae*** höfliche Bitten; ***litterae blandae*** freundlicher Brief
3. lockend, reizend; ***otium blandum*** verlockendes Privatleben
blasphēmia ⟨ae⟩ *f* ||griech. Fw.|| (*eccl.*) Schmähung, Gotteslästerung
blasphēmō ⟨āvī, ātum, āre 1.⟩ ||griech. Fw.|| schmähen, lästern
blasphēmus ⟨a, um⟩ *Adj* ||griech. Fw.|| (*eccl.*) lästernd, gotteslästerlich
blaterō ⟨āvī, ātum, āre 1.⟩ (*unkl.*) plappern, unnütz schwätzen, faseln
blatiō ⟨-, -, īre 4.⟩ Plaut. schwätzen
blatta ⟨ae⟩ *f* (*nachkl.*) *poet* Motte, Schabe
blattārius ⟨a, um⟩ *Adj* ||blatta|| (*nachkl.*) zur Schabe gehörig; ***balnea blattaria*** dunkle Badezimmer
blennus ⟨ī⟩ *m* ||griech. Fw.|| (*vkl.*) Tölpel
bliteus ⟨a, um⟩ *Adj* Com. albern, abgeschmackt
blitum ⟨ī⟩ *n* ||griech. Fw.|| (*unkl.*) Gänsefuß, Melde, *Küchenkraut ohne Eigengeschmack*
boārius ⟨a, um⟩ *Adj* ||bos|| zum Rind gehörig; ***forum boarium*** Rindermarkt
bōcula ⟨ae⟩ *f* = ***bucula***
Bodotria ⟨ae⟩ *f Bucht an der Ostküste Schottlands*
Boebē ⟨ēs⟩ *f Stadt in Thessalien*
Boeōtarchēs ⟨ae⟩ *m* ||griech. Fw.|| Liv. Böotarch, *einer der Leiter des Böotischen Bundes, eines im 6. Jh. v. Chr. geschlossenen Bundes von elf Städten*
Boeōtī ⟨ōrum⟩ *u.* ⟨um⟩ *m* ||Boeotia|| die Böotier
Boeōtia ⟨ae⟩ *f* Böotien, *mittelgriech. Landschaft mit der Hauptstadt Theben*
Boeōtius *u.* **Boeōtus** ⟨a, um⟩ *Adj* böotisch
Boēthius ⟨ī⟩ *m Anicius Manlius Torquatus Severinus Boethius, spätantiker chr. Philos. u. Staatsmann (ca. 480–524 n. Chr.), wollte alle Werke von Plato u. Aristoteles ins Lateinische übersetzen, war unter Theoderich dem Großen magister officiorum, wurde fälschlich des Hochverrats beschuldigt, eingekerkert u. hingerichtet. Berühmt ist sein in der Gefangenschaft geschriebenes Buch „De consolatione philosophiae“ (Trost der Philosophie); großer Einfluss im MA*
Boī ⟨ōrum⟩ *m* = ***Boii***
boia ⟨ae⟩ *f* Plaut. Halseisen, Halsfessel *für Sklaven u. Verbrecher*
Bōia ⟨ae⟩ *f* Bojerland
Bōihaemum ⟨ī⟩ *n* = ***Boiohaemum***
Bōiī ⟨ōrum⟩ *m* die Bojer, *kelt. Stamm, urspr. in Gallien, später zwei Gruppen*:
1. *in Oberitalien, 196 v. Chr. romanisiert*; → ***Bononia***
2. *in Böhmen, bis ca. 60 n Chr., dann nach Pannonien u. Noricum abgewandert*
Bōiohaemum ⟨ī⟩ *n* Bojerland
Bōius ⟨a, um⟩ *Adj* bojisch
Bōla ⟨ae⟩ *u.* **Bōlae** ⟨ārum⟩ *f sehr alte Stadt in Latium, heute Lugano in Teverina, w. von Terni*
Bōlānus ⟨a, um⟩ *Adj* aus Bola, zu Bola gehörig
Bōlānus ⟨ī⟩ *m* Einwohner von Bola
bolbus ⟨a, um⟩ *Adj* = ***bulbus***
bōlētar ⟨āris⟩ *n* ||boletus|| Mart. Geschirr für Pilze, *dann allg.* Essgeschirr
bōlētus ⟨ī⟩ *m* (*nachkl.*) *poet* essbarer Pilz, Champignon
bolus ⟨ī⟩ *m* ||griech. Fw.|| (*unkl.*)
1. Wurf *beim Würfelspiel*
2. *fig* guter Fang, Profit
bombardum ⟨ī⟩ *n* ||bombax|| (*spätl.*)
1. Schießgerät
2. Geschoss
bombax *Interj* ||griech. Fw.|| Plaut. Donnerwetter!, potztausend
bombilō ⟨-, -, āre 1.⟩ (*spätl.*) summen
bombus ⟨ī⟩ *m* ||griech. Fw.|| dumpfer Ton, das Summen, das Brummen
bombȳcina ⟨ōrum⟩ *n* ||bombycinus|| seidene Kleider, seidene Stoffe
bombȳcinus ⟨a, um⟩ *Adj* ||bombyx|| (*nachkl.*) *poet* aus Seide
bombȳx ⟨ȳcis⟩ *m* ||griech. Fw.|| (*nachkl.*) *poet* Seidenraupe, Seide;
Bona dea ⟨ae⟩ *f* die Gute Göttin, *Göttin der Fruchtbarkeit; alljährlich Tempelfeier der Frauen am 1. Mai u. Anfang Dezember*
bonātus ⟨a, um⟩ *Adj* ||bonus|| Petr. gutmütig
bonitās ⟨ātis⟩ *f* ||bonus||
1. *von Sachen* Güte, gute Beschaffenheit, gute Qualität; ***b. agrorum*** gute Beschaffenheit der Felder; ***b. naturae*** glückliche Naturanlage
2. *von Personen* Rechtschaffenheit, Güte, edle Gesinnung
Bonna ⟨ae⟩ *f Ort in Niedergermanien am linken Rheinufer, heute Bonn*
Bonnēnsis ⟨e⟩ *Adj* aus Bonna, zu Bonna gehörig
Bonōnia ⟨ae⟩ *f alte Stadt in Gallia cisalpina, früher etrusk. Stadt Felsina, seit 189 v. Chr. röm. Militärkolonie, heute Bologna*
Bonōniēnses ⟨ium⟩ *m* die Einwohner von Bononia
Bonōniēnsis ⟨e⟩ *Adj* aus Bononia, zu Bononia gehörig
▶ **bonum** ⟨ī⟩ *n* ||bonus||
1. das Gute, gute Beschaffenheit, gute Bedingung, das sittlich Gute; ***b. honestumque*** Rechtschaffenheit und Ehrenhaftigkeit
2. das Gut = wünschenswerter Besitz; ***b. naturale*** angeborenes Talent; ***summum b.*** höchstes Gut

im PHIL*Sinn*
3. Tugend, Vorzug; ***b. formae*** Vorzug der Schönheit
4. Nutzen, Vorteil; ***alicui bono esse*** für j-n vorteilhaft sein
5. Glück, Wohl, *auch Pl*; ***b. publicum*** Staatswohl

bonus ⟨a, um *Adj*, *Komp* melior, ius, *Sup* optimus, a, um⟩

1. gut, tüchtig
2. zweckmäßig, tauglich
3. tapfer, kräftig
4. fein, delikat
5. sittlich gut, rechtschaffen
6. gutmütig, wohlwollend
7. patriotisch, loyal

1. gut, tüchtig, von guter Qualität, trefflich; ***vinum bonum*** guter Wein; ***nummus b.*** echte Münze; ***bono animo esse*** guten Mutes sein, zuversichtlich sein; ***aetas bona*** Jugend; ***aliquid melius facere*** etw vervollkommnen
2. zweckmäßig, tauglich, geschickt, glücklich; ***exemplum bonum*** geeignetes Beispiel; ***familia bona*** geschickte Dienerschaft; ***optimum est*** es ist am besten
3. *von Personen* tapfer, kräftig; vornehm, edel; ***puer bono genere natus*** Junge aus einem vornehmen Geschlecht
4. *von Sachen* fein, delikat; ansehnlich; günstig; ***bonae res*** Delikatessen; ***optima signa*** sehr schöne Statuen; ***auspicium bonum*** Glück verheißende Vogelschau
5. sittlich gut, rechtschaffen, zuverlässig, treu; ***vir b.*** Ehrenmann; ***servus b.*** treuer Diener; ***bonae artes*** gute Eigenschaften; ***bono animo/bono consilio*** in guter Absicht; ***bonā ratione emere*** auf ehrliche Weise kaufen
6. gutmütig, wohlwollend, gnädig, gewogen, *alicui/in aliquem* j-m, zu j-m; *auch* geistig beschränkt; ***cum bona venia tua*** mit deiner gütigen Erlaubnis
7. POL patriotisch, loyal, der herrschenden Staatsform zugetan; ***civis b.*** loyaler Bürger; ***pars melior*** Patriotenpartei

boō ⟨āvī, -, āre 1.⟩ ||griech. Fw.|| *(nachkl.)*
1. *von Menschen u. Tieren* brüllen, schreien
2. *von Örtlichkeiten* widerhallen

Boōtēs ⟨ae⟩ *u.* ⟨is⟩ *m* ||griech. Fw.|| Ochsentreiber, *Sternbild der n Halbkugel in der Nähe des Großen Bären/Großen Wagens*

boreās ⟨ae⟩ *m* ||griech. Fw.|| *(nachkl.) poet* Nordwind; *meton* Norden

Boreās ⟨ae⟩ *m personifiziert* = ***Aquilo***

Borestī ⟨ōrum⟩ *m Stamm in Schottland*

borēus ⟨a, um⟩ *Adj* ||griech. Fw.|| *poet* nördlich

Borysthenēs ⟨is⟩ *m Fluss im europäischen Sarmatien, heute Dnjepr*

Borysthenidae ⟨ārum⟩ *m* die Anwohner des Borysthenes

Borysthenius ⟨a, um⟩ *Adj* des Borysthenes, zum Borysthenes gehörig

► **bōs** ⟨bovis⟩ *m u. f*
1. Rind, Ochse; ***bos femina*** Kuh
2. *(nachkl.) poet ein Seefisch*

Bosp(h)orānus *u.* **Bosp(h)orius**
I ⟨a, um⟩ *Adj* des Bosporus, zum Bosporus gehörig, bosporanisch
II ⟨ī⟩ *m* Anwohner des Bosporus

Bosp(h)oros *u.* **Bosp(h)orus** ⟨ī⟩ *m wörtl.* Kuhfurt, Rinderfurt; *Meerenge, so benannt nach der Sage von Io, die, von Hera in eine Kuh verwandelt, die Meerenge durchschwommen haben soll*; ***B. Thracius*** Straße von Konstantinopel, *Meerenge zwischen Schwarzem Meer u. Marmara-Meer, Grenze zwischen Asien u. Europa*; ***B. Cimmerius*** Straße zwischen dem Schwarzen Meer und dem Asowschen Meer, *heute Straße von Kertsch*

botellus ⟨ī⟩ *m* ||*Dim von* botulus|| *(nachkl.) poet* Würstchen

botryō(n) ⟨ōnis⟩ *m* ||griech. Fw.|| Mart. Traubenstängel *mit u. ohne Beeren*

Bottiaea ⟨ae⟩ *f Landschaft in Makedonien*

botulārius ⟨ī⟩ *m* ||botulus|| Sen. Wurstmacher, Wursthändler

botulus ⟨ī⟩ *m (unkl.)* Kaldaunen, essbare Eingeweide, Kutteln, Darm; *fig* Wurst

bovārius ⟨a, um⟩ *Adj* = ***boarius***

Boviānum ⟨ī⟩ *n Hauptort Samniums, von den Römern erobert, von Augustus zu einer Veteranenkolonie gemacht, heute Boiano, ca. 50 km nw. von Benevento*

bovīle ⟨is⟩ *n* ||bos|| Rinderstall, Ochsenstall

Bovillae ⟨ārum⟩ *f sehr altes Städtchen an der via Appia, ca. 15 km s. von Rom; hier ermordete Milo 52 v. Chr. den Clodius, den Feind Ciceros*

bovillus ⟨a, um⟩ *Adj* ||bos|| Rinder…; ***grex b.*** Rinderherde

brabeuta ⟨ae⟩ *m* ||griech. Fw.|| Suet. Kampfrichter

brāca ⟨ae⟩ *f u.* **brācae** ⟨ārum⟩ *f* ||gall. Fw.|| weite Kniehose, Pluderhose

brācātus ⟨a, um⟩ *Adj* ||bracae||
1. Hosen tragend
2. ausländisch, barbarisch, *bes* transalpinisch
3. verweichlicht

bra(c)chiāle ⟨is⟩ *n* ||bracchialis|| Armspange

bra(c)chiālis ⟨e⟩ *Adj* ||bracchium|| *(vkl., nachkl.)* Arm…

bra(c)chiolum ⟨ī⟩ *n* ||*Dim von* bracchium|| Catul. Ärmchen

► **bra(c)chium** ⟨ī⟩ *n* ||griech. Lw.||
1. Unterarm, Arm; Vorderbein *von Tieren*; ***brachium dare collo alicuius*** j-n umarmen; ***aliquid levi brachio agere*** etw auf die leichte Schulter nehmen; ***aliquem molli brachio obiurgare de re.*** j-n wegen etw milde tadeln
2. *(nachkl.) poet* Schere *des Krebses*
3. *(nachkl.) poet* Meeresarm; Ausläufer *eines Gebirges*
4. *(nachkl.) poet* Ast, Zweig *von Bäumen*
5. *(nachkl.) poet* Segelstange, Rahe
6. *(nachkl.) poet* Arm, Schenkel, Seitenwerk *von Mauern u. Befestigungswerken*
7. *(nachkl.) poet* Seitendamm *eines Hafens*
8. *(nachkl.) poet* Arm *von Geschützen*
9. *(nachkl.) poet* Schenkel *des Zirkels*

bract… = ***bratt…***

bracteati ⟨orum⟩ *m (nlat.)* Brakteaten, *einseitig geprägte, dünne Münzen des MA aus Silber- od seltener aus Goldblech*

brandea ⟨ae⟩ *f u.* **brandeum** ⟨ī⟩ *n (spätl.)* Leinenhülle, Seidenhülle für Reliquien
brassica ⟨ae⟩ *f (spätl.) poet* Kohl
braterō ⟨āvī, ātum, āre 1.⟩ *(spätl.) von Menschen* schwatzen
brattea ⟨ae⟩ *f (nachkl.)* Metallblättchen, Goldblech, Blattgold
bratteātus ⟨a, um⟩ *Adj* ||brattea|| *(nachkl.)*
1. mit Goldblech bezogen
2. *fig* nur äußerlich schimmernd, glitzernd, nicht gediegen
brattia ⟨ae⟩ *f* = ***brattea***
Bratuspantium ⟨ī⟩ *n Stadt in Gallia Belgica, heute Ruinen von Bratuspante bei Breteuil, ca. 50 km s. von Rouen*
Braurōn ⟨ōnis⟩ *m eine der zwölf ältesten Städte Attikas, an der Ostküste gelegen, heute Vraona; dort Ausgrabungen u. a. eines Artemistempels (6. Jh. v. Chr.), in dessen Umgebung nach Euripides die Artemispriesterin Iphigenie begraben sein soll*
Brennus ⟨ī⟩ *m Name gall. Heerführer*
1. *Sieger über die Römer an der Allia mit nachfolgender Einnahme von Rom 387 v. Chr.*
2. *Führer eines Einfalls in Makedonien und Griechenland bis Delphi 280/279 v. Chr.*
breve ⟨is⟩ *n* ||brevis||
1. Untiefe, Watt
2. = ***brevis*** *II. 2*
breviārium ⟨ī⟩ *n* ||brevis||
1. *(nachkl.)* kurzer Auszug, Übersicht, Verzeichnis
2. *(mlat.)* Urkunde, Brevier, *Gebetbuch mit den Stundengebeten der katholischen Kirche*
breviculus ⟨a, um⟩ *Adj* ||*Dim von* brevis|| (Plaut., *nachkl.*) etwas klein
brevi-loquēns *Gen* ⟨entis⟩ *Adj* ||brevis, loquor|| Cic. sich kurz fassend
breviloquentia ⟨ae⟩ *f* ||breviloquens|| Cic. Kürze im Ausdruck
breviō ⟨āvī, ātum, āre 1.⟩ ||*Denom von* brevis|| *(nachkl.)*
1. verkürzen
2. *fig* kurz fassen
3. *fig* kurz aussprechen, ***syllabam*** eine Silbe
brevis
I ⟨e⟩ *Adj*, *Adv* ⟨breviter⟩
1. *örtl.* kurz, klein; ***homo b.*** kleinwüchsiger Mensch; ***spatium breve*** geringe Ausdehnung; ***libellum in breve cogere*** Hor. ein Büchlein eng zusammenrollen
2. *(nachkl.)* niedrig, flach, seicht; ***herba b.*** niedriges Gras; ***litus breve*** flache Küste; ***vadum breve*** seichte Furt
3. *fig* gering, unbedeutend; knapp, mager; ***cena b.*** dürftiges Mahl
4. *von Rede u. Ausdruck* kurz, bündig; ***litterae breves*** kurzer Brief; ***aliquid breviter dicere*** etw kurz fassen; ***hoc breve dicam*** ich will es kurz sagen; ***in breve cogere*** kürzen
5. kurz; flüchtig, vergänglich; METR kurz (gesprochen); ***tempus breve*** kurze Zeit; ***ad breve*** auf kurze Zeit; ***brevi*** in Kürze, bald; ***brevi ante*** kurz zuvor, ***brevi post*** kurz danach; ***osculum breve*** flüchtiger Kuss; ***lilium breve*** schnell verblühende Lilie; ***syllaba b.*** kurze Silbe; ***littera b.*** kurzer Laut
II ⟨is⟩ *f*
1. Kürze, kurze Silbe
2. *(mlat.)* Verzeichnis, Urkunde, Brief
brevitās ⟨ātis⟩ *f* ||brevis||
1. *örtl., zeitl.* Kürze, Kleinheit; ***b. spatii*** kurze Entfernung
2. *fig von der Rede* Kürze, Bündigkeit, Knappheit; ***brevitatis causā*** um mich kurz zu fassen
3. METR Kürze *einer Silbe, eines Versfußes, eines Tons*
Briarēus ⟨eī⟩ *m* MYTH *Riese mit hundert Armen und fünfzig Köpfen*
Brigantes ⟨um⟩, *Akk* ⟨as⟩ *m nördlichstes Volk des röm. Britannien, etwa im heutigen Cumberland u. Northumberland*
Brigantia ⟨ae⟩ *f Stadt am Bodensee, heute Bregenz*
Brigantīnus ⟨a, um⟩ *Adj* aus Brigantia, zu Brigantia gehörig; ***lacus B.*** Bodensee
Brīsēis ⟨idis⟩ *f Tochter des Priesters Brises, Sklavin u. Geliebte des Achill*
Britannia ⟨ae⟩ *f* Britannien = *England und Schottland*
Britannicus ⟨a, um⟩ *Adj* britannisch
Britannicus ⟨ī⟩ *m Beiname des Sohnes des Kaisers Claudius, von Nero 55 n Chr. vergiftet*
Britannus ⟨a, um⟩ *Adj* britannisch
Britannus ⟨ī⟩ *m* Britannier
Britomartis ⟨is⟩ *f* → ***Dictynna***
Brittiī ⟨ōrum⟩ *m* = ***Bruttii***
Brixellum ⟨ī⟩ *n Stadt in Gallia cisalpina, am Po, heute Brescello, nö. von Parma, Hauptquartier des Kaisers Otho, wo er Selbstmord beging*
Brixia ⟨ae⟩ *f Stadt in Gallia cisalpina, heute Brescia*
Brixiānus ⟨a, um⟩ *Adj* aus Brixia, zu Brixia gehörig
Bromius ⟨ī⟩ *m Beiname des Bacchus, wörtl. „der Lärmende"*
Bructerī ⟨ōrum⟩ *u.* ⟨um⟩ *m germ. Volk zwischen Ems u. Lippe*
Bructerus ⟨a, um⟩ *Adj* zu den Bructeri gehörig
brūma ⟨ae⟩ *f* kürzester Tag, Wintersonnenwende; *poet* Winterkälte, Winterzeit; Mart. *meton* Jahr
brūmālis ⟨e⟩ *Adj* ||bruma||
1. zur Wintersonnenwende gehörig; ***signum brumale*** Gestirn des Steinbocks
2. *poet* Winter...; ***frigus brumale*** Winterkälte; ***sidus brumale*** Wintertag
Brundisīnus
I ⟨a, um⟩ *Adj* aus Brundisium, zu Brundisium gehörig
II ⟨ī⟩ *m* Einwohner von Brundisium
Brundisium ⟨ī⟩ *n Hafenstadt in Kalabrien, heute Brindisi*
brūtālis ⟨e⟩ *Adj* ||brutus|| *(spätl.)* grob
Brūtīnus ⟨a, um⟩ *Adj* des Brutus, zu Brutus gehörig
Bruttiī ⟨ōrum⟩ *m*
1. die Bruttier, *die Bewohner des ager Bruttius*; → ***Bruttius***
2. = ***ager Bruttius***; ***in Bruttiis*** im Bruttierland; ***in Bruttios proficisci*** ins Bruttierland aufbrechen; → ***Bruttius***
Bruttius ⟨a, um⟩ *Adj* zu den Bruttiern gehörig; ***ager Bruttius*** *m südlichste Landschaft Italiens*
brūtus ⟨a, um⟩ *Adj*
1. schwerfällig, unbeweglich

2. stumpfsinnig, dumm
Brūtus ⟨ī⟩ *m Beiname in der gens Iunia*; ***L. Iunius Brutus*** *angeblich Befreier Roms, vertrieb 510 v. Chr. den letzten König, Tarquinius Superbus, zusammen mit Collatinus erster röm. Konsul*; ***M. Iunius Brutus*** *(85–42 v. Chr.) Philos. u. Redner, Freund, später Mörder Caesars*; ***Decius Iunius Brutus*** *(84–43 v. Chr.) Verschwörer gegen Caesar, später Gegner des Antonius*
būbalus ⟨ī⟩ *m* ||griech. Fw.|| afrikanische Gazelle; *(nachkl.) poet* Gazelle, Büffel; *(mlat.)* Auerochse
Būbastis ⟨is⟩ *f* Bastet, *ägypt. Mondgöttin, dargestellt mit Katzenkopf od als Katze, da ihr die Katze heilig war*
Būbastius ⟨a, um⟩ *Adj* zur Bastet gehörig
būbīle ⟨is⟩ *n* ||bos|| Ochsenstall, Kuhstall
būblus ⟨a, um⟩ *Adj (spätl.)* = ***bubulus***
būbō ⟨ōnis⟩ *m u. f (unkl.)* Uhu
būbula ⟨ae⟩ *f* ||bubulus|| *(erg.* ***caro****)* Rindfleisch
bubulcitor ⟨ātus sum, ārī 1.⟩ ||*Denom von* bubulcus|| Plaut. Ochsentreiber sein
bu-bulcus ⟨ī⟩ *m* ||bos|| Ochsentreiber, Ochsenknecht, Kuhhirt
būbulus ⟨a, um⟩ *Adj* ||bos|| *(vkl., nachkl.)* Ochsen…, Rind…, Stier…; ***caput bubulum*** Ochsenkopf
būcaeda ⟨ae⟩ *m* ||bos, caedo|| Plaut. der mit einer Ochsenpeitsche Geprügelte
bucca ⟨ae⟩ *f*
1. aufgeblasene Backe, voll gestopfte Backe; *fig* Mund; *meton* Bissen
2. *fig* Schreier, Bläser, schlechter Anwalt
buccea ⟨ae⟩ *f* ||bucca|| Suet. Bissen, Stückchen
buccella ⟨ae⟩ *f* ||Demin. von bucca|| *(nachkl.) poet* Brocken
buccō ⟨ōnis⟩ *m* ||bucca|| *(unkl.)* Tölpel, Einfaltspinsel
buccula ⟨ae⟩ *f* ||*Dim von* bucca||
1. Backe, Bäckchen
2. Liv. *meton* Backenstück *am Helm*
3. *(mlat.)* Schildbuckel
bucculentus ⟨a, um⟩ *Adj* ||bucca|| Plaut.
1. pausbackig
2. großmäulig
bucella ⟨ae⟩ *f* = ***buccella***
Būcephala ⟨ae⟩ *f* ||Bucephalas|| *Stadt im N des heutigen Pakistan, am Fluss Hydaspes, heute Dschilan, benannt nach dem Lieblingspferd Alexanders des Großen, das dort getötet wurde*
Būcephalās ⟨ae⟩ *m* = ***Bucephalus***
Būcephalē ⟨ēs⟩ *f* = ***Bucephala***
Būcephalus ⟨ī⟩ *m Lieblingspferd Alexanders des Großen, in der Schlacht gegen König Porus von Indien getötet*
būcerius ⟨a, um⟩ *Adj u.* **būcerōs** ⟨ōn⟩ *Adj u.* **būcerus** ⟨a, um⟩ *Adj* ||griech. Fw.|| Ov. mit Stierhörnern, gehörnt
būcina ⟨ae⟩ *f*
1. gewundenes Horn, Blasinstrument
2. Signalhorn aus Metall, Trompete; *(nachkl.) meton* Trompetensignal; ***tertia b.*** dritte Nachtwache
3. Ov. kreiselförmige Muschel, *auf der Triton, der Sohn des Neptun, blies*; Tritonsmuschel
būcinātor ⟨ōris⟩ *m* ||bucina||
1. Hornist, Trompeter
2. Cic. Ausposauner, *alicuius rei* von etw
būcinātrīx ⟨īcis⟩ *f* ||bucinator|| *(spätl.)*
1. Trompeterin
2. Ausposaunerin
būcinō ⟨āvī, ātum, āre 1.⟩ ||*Denom von* bucina|| *(nachkl.)* das Horn blasen, das Signal geben
būcolica ⟨ōrum⟩ *n* ||bucolicus|| Hirtengedichte
būcolicus ⟨a, um⟩ *Adj* ||griech. Fw.|| ländlich, Hirten…
būcula ⟨ae⟩ *f* ||*Dim von* bos|| kleine Kuh, junge Kuh, Färse
buffo ⟨onis⟩ *m (mlat.)* Spielmann, Hanswurst
būfō ⟨ōnis⟩ *m* Verg. Kröte
bulbus ⟨ī⟩ *m* ||griech. Lw.|| Zwiebel, *bes* Knoblauch
būlē ⟨ēs⟩ *f* ||griech. Fw.|| Plin. Ratsversammlung
būleuta ⟨ae⟩ *m* ||griech. Fw.|| *(nachkl.)* Ratsherr
būleutērium ⟨ī⟩ *n* ||griech. Fw.|| Rathaus *in griech. Städten*
bulla ⟨ae⟩ *f*
1. *(unkl.)* Wasserblase
2. Buckel, Knopf, *Zierrat an Gürteln, Türen, Waffen*
3. Kapsel, *von frei geborenen Kindern um den Hals getragen*
4. *(mlat.)* päpstliches Siegel, kaiserliches Siegel; *meton* Urkunde
bullātus ⟨a, um⟩ *Adj* ||bulla|| *(nachkl.)* mit einer bulla geschmückt
būmastus ⟨ī⟩ *f* ||griech. Fw.|| Verg. Traubenart mit großen Beeren
Burdigala ⟨ae⟩ *f Stadt der Bituriger, heute Bordeaux*
burdubasta ⟨ae⟩ *m* Petr. lahmer Maulesel
burgensis ⟨is⟩ *m* ||germ. Fw.|| *(mlat.)* Bürger
burg(g)ravius *m* ||germ. Fw.|| *(mlat.)* Burggraf
Burgundiōnēs ⟨um⟩ *m gotische Völkerschaft an Oder u. Weichsel u. am oberen Main*
burgus ⟨ī⟩ *m* ||griech.-kleinasiatisches Lw., später germ. Einfluss|| *(nachkl.)* Fluchtturm, Fluchtburg, Burg, Kastell
būris ⟨is⟩ *m* Krummholz, *hinterer Teil des Pfluges, nach Möglichkeit aus einem krumm gewachsenen Baumstamm*
Būris ⟨is⟩, *Akk* **in** *f Stadt in Achaia, genaue Lage unklar*
bursa ⟨ae⟩ *f* Fell
Būsīris ⟨idis⟩ *f grausamer ägyptischer König, der die zu ihm kommenden Fremden opferte, von Herkules erschlagen*
busti-rapus ⟨ī⟩ *m* ||bustum, rapio|| Plaut. Grabschänder
bustuārius ⟨a, um⟩ *Adj* ||bustum|| zur Leichenbrandstätte gehörig, für die Leichenfeier bestimmt
bustum ⟨ī⟩ *n (nachkl.)*
1. *poet* Scheiterhaufen, Leichenbrandstätte
2. Grabhügel, Grabstätte, Grabmal; ***Busta Gallica*** *Ort bei Rom, wo die gefallenen Gallier verbrannt wurden*
3. *fig* Grab = Ort des Untergangs
Būthrōtiī ⟨ōrum⟩ *m* die Einwohner von Buthrotum
Būthrōtius ⟨a, um⟩ *Adj* aus Buthrotum, zu Buthrotum gehörig
Būthrōtum ⟨ī⟩ *n Seestadt an der Küste von Epirus, gegenüber von Kerkyra, heute Butrinti in Albanien*
būthysia ⟨ae⟩ *f* ||griech. Fw.|| Suet. feierliches Rin-

C

deropfer

bu(t)ticula ⟨ae⟩ *f* (*spätl.*) Krug, Flasche

būtȳrum ⟨ī⟩ *n* ||griech. Fw.|| (*nachkl.*) Butter

Buxentum ⟨ī⟩ *n Stadt in Lukanien, Kolonie der Römer, heute Policastro*

buxētum ⟨ī⟩ *n* ||buxus|| Mart. Buchsbaumpflanzung

buxeus ⟨a, um⟩ *Adj* ||buxus|| (*unkl.*) buchsbaumartig; gelblich

buxi-fer ⟨fera, ferum⟩ *Adj* ||buxus, fero|| Catul. Buchsbäume tragend

buxis ⟨idis⟩ *f* (*mlat.*) = ***pyxis***

buxum ⟨ī⟩ *n u.* **buxus** ⟨ī⟩ *f* ||griech. Lw.|| (*unkl.*) Buchsbaum, Buchsbaumholz; *meton Gegenstände aus Buchsbaumholz*: Flöte, Kreisel, Kamm, Schreibtafel

Byblis ⟨idis⟩ *f Tochter des Miletos, verliebte sich in ihren Bruder Kaunos, zerfloss in Tränen u. wurde in eine Quelle verwandelt*

Byblos ⟨ī⟩ *f alte Stadt in Phönikien, zwischen Tripolis u. Beirut, heute Djebail*

Byrsa ⟨ae⟩ *f Burg od Zitadelle von Karthago*

byssus ⟨ī⟩ *f* (*unkl.*) feines Leinen

Bȳzantium ⟨ī⟩ *n* Byzanz, *um 660 v. Chr. als Kolonie von Megara gegründet, ab 330 n Chr. Konstantinopel, heute Istanbul*

Bȳzantius ⟨a, um⟩ *Adj* byzantinisch

Bȳzantius ⟨ī⟩ *m* Byzantiner

C

C c *urspr. dem griech. Gamma = G entsprechender Buchstabe*

1. = ***Gaius***

2. = ***condemno*** ich halte für schuldig, *auf den Stimmtäfelchen der Richter, daher littera tristis* Cic. ↔ ***a*** = ***absolvo***

3. = ***centum*** hundert *als Ziffer*

4. = ***centuria*** Hundertschaft

5. = ***civitas*** Stadt

6. = ***cohors*** Kohorte

7. = ***collegium*** Kollegium

8. = ***censuerunt*** sie haben beschlossen; → ***censeo***

9. = ***comitialis*** (***dies***) Wahltag

10. ***c. t.*** = ***cum tempore*** mit akademischem Viertel; → ***cum***[1]

caballus ⟨ī⟩ *m* Pferd *als Arbeitstier*; Gaul, Klepper, Mähre

Cabillōnum ⟨ī⟩ *n Stadt der Äduer, heute Chalon-sur-Saône*

Cabīrī ⟨ōrum⟩ *m* [*semitisch-griech. Fw.*] *phönikische Gottheiten, später mit den Dioskuren gleichgesetzt*

cacāturiō ⟨iī, -, īre 4.⟩ ||*Desid von* caco|| Mart. kacken wollen

cachinnātiō ⟨ōnis⟩ *f* = ***cachinnus***

cachinnō ⟨āvī, ātum, āre 1.⟩ ||*Denom von* cachinnus|| laut auflachen, schallend auflachen, lachen

cachinnus ⟨ī⟩ *m* lautes Gelächter, schallendes Gelächter; ***cachinnos alicuius commovere*** j-n zu lautem Lachen bringen; ***c. undarum*** Catul. *fig* lautes Geplätscher der Wellen

cacō ⟨āvī, ātum, āre 1.⟩ ||griech. Fw.||

I *v/i poet* kacken, *in aliquem* auf j-n

II *v/t* beschmieren, verunreinigen

cacodaemōn ⟨onis⟩ *m* ||griech. Fw.|| (*spätl.*) böser Geist

cacō-ēthes ⟨is⟩ *n* ||griech. Fw.|| (*unkl.*) bösartige Krankheit; Iuv. *fig* unheilbare Schreibsucht

cacozēlia ⟨ae⟩ *f* ||griech. Fw.|| ungeschickte Nachahmung, Nachäffung

cacozēlus ⟨ī⟩ *m* ||griech. Fw.|| (*nachkl.*) Nachäffer

cacula ⟨ae⟩ *m* Plaut. Offiziersbursche, Offiziersdiener

cacūmen ⟨inis⟩ *n* Gipfel, Spitze; Wipfel; ***c. rupis*** Gipfel des Felsens; ***c. pyramidis*** Spitze der Pyramide; ***c. arboris*** Wipfel des Baumes, Baumkrone

cacūminō ⟨āvī, ātum, āre 1.⟩ ||*Denom von* cacumen|| (*nachkl.*) *poet* (zu)spitzen, ***ensem*** das Schwert; ***aures c.*** *fig* die Ohren spitzen

Cācus ⟨ī⟩ *m Sohn des Vulcan, nach späterer Sage räuberischer Riese in einer Höhle des Aventin, von Herkules erschlagen*

▶ **cadāver** ⟨eris⟩ *n* ||cado||

1. Leiche, Leichnam; *von Tieren* Aas, *auch* Schimpfwort

2. *fig* Ruine, Trümmer; ***tot oppidorum cadavera*** so viele zerstörte Städte

cadāverōsus ⟨a, um⟩ *Adj* ||cadaver|| Ter. leichenhaft, leichenähnlich

Cadmēa ⟨ae⟩ *f* ||Cadmus|| *Burg von Theben*

Cadmēis ⟨idis⟩

I *f Adj* des Cadmus, zu Cadmus gehörig

II *f* Tochter des Cadmus, = Semele, = Ino

Cadmēus ⟨a, um⟩ *Adj* des Cadmus, zu Cadmus gehörig

Cadmus ⟨ī⟩ *m Bruder der Europa, kam auf der Suche nach der von Zeus auf Kreta entführten Europa nach Böotien u. gründete Cadmea, die Burg des späteren Theben, brachte angeblich das phönikische Alphabet nach Griechenland*

cadō ⟨cecidī, cāsūrus, cadere 3.⟩

1. fallen, herabfallen
2. sterben, untergehen
3. dahinsinken, dahinschwinden
4. in etw hineingeraten
5. passen
6. fallen, treffen
7. zufallen
8. zustoßen
9. ausfallen, ausschlagen
10. enden, ausgehen

1. fallen, herabfallen, stürzen; *von Worten* entfallen; *von Gestirnen* untergehen; ***ex muro c.*** von der Mauer herabfallen; ***c. in terram/ad terram*** auf den Boden fallen; ***cadunt tela in hostes*** es regnet Geschosse auf die Feinde; ***fulmina cadunt*** Blitze schlagen ein; ***cadunt imbres*** Regen fällt; ***guttae cadunt*** Tropfen fallen; ***sol cadit*** die Sonne geht unter

2. *fig* fallen = sterben, untergehen; ***c. in bello*** im Krieg fallen; ***c. ab hoste in acie*** von Feindeshand auf dem Schlachtfeld sterben; ***non tota cadet Troia*** Ov. nicht ganz Troja wird fallen

3. *fig* dahinsinken, dahinschwinden, abnehmen; umkommen; bankrott werden; *von Dramen* durchfallen; ***cadit animus*** der Mut sinkt; ***cadit auctoritas*** das Ansehen schwindet; ***cadit ventus*** der Wind legt sich; ***c. animo*** mutlos werden; ***vota cadunt*** Wünsche bleiben unerfüllt; ***causā c.*** den Prozess verlieren

4. in *etw* hineingeraten, *in aliquid*; ***c. sub aliquid*** einer Sache unterworfen sein; ***c. in morbum*** krank werden; ***c. in suspicionem alicuius*** bei j-m in Verdacht geraten; ***c. in peccatum*** sündig werden

5. zu *j-m/etw* passen, *in aliquem/in aliquid*; ***invidia non cadit in sapientem*** Missgunst passt nicht zu einem Weisen

6. *zeitl.* fallen, treffen, *in aliquid* auf etw; fällig werden; ***c. in Romuli saeculum*** in die Zeit des Romulus fallen; ***in alienissimum tempus c.*** auf den ungünstigsten Zeitpunkt fallen; ***nummi in eam diem cadunt*** zu diesem Termin wird der geschuldete Betrag fällig

7. *beim Losen* zufallen; ***eis custodia sorte cadit*** diesen fällt die Bewachung durch das Los zu

8. zustoßen, *alicui* j-m; (zufällig) eintreten; ***insperanti mihi cecidit, ut*** wider Erwarten traf es sich für mich, dass

9. ausfallen, ausschlagen, *alicui* für j-n; ***res frustra cadit*** die Sache schlägt fehl; ***labores male cadunt*** die Mühen sind erfolglos; ***spes ad irritum/in irritum cadit*** die Hoffnung wird vereitelt; ***misericordia in perniciem cadet*** die Nachsicht wird zum Unglück ausschlagen

10. GRAM enden, ausgehen; ***verbum in syllabam longam cadit*** das Wort endet mit einer langen Silbe; ***sententia cadit numerose*** der Satz endet mit einer rhythmischen Klausel

cādūceātor ⟨ōris⟩ *m* ||caduceus|| *(nachkl.)* Unterhändler, Parlamentär

cādūceum ⟨ī⟩ *n (nachkl.) u.* **cādūceus** ⟨ī⟩ *m* ||griech. Lw.|| Heroldsstab

cādūci-fer

I ⟨fera, ferum⟩ *Adj* ||caduceus, fero|| Ov. den Heroldsstab tragend

II ⟨ferī⟩ *m* Stabträger, *Beiname des Merkur*

cadūcus ⟨a, um⟩ *Adj* ||cado||

1. *(vkl.) poet* herabfallend; herabgefallen; ***folia caduca*** fallende Blätter, herabgefallene Blätter; ***bello c.*** im Krieg gefallen

2. leicht fallend, zum Fallen geneigt, reif für den Fall

3. *fig* hinfällig, vergänglich, nichtig

4. JUR verfallen, herrenlos; ***hereditas caduca*** herrenloses Erbe

Cadurcī ⟨ōrum⟩ *m* die Cadurcer, *kelt. Volk in Aquitanien um das heutige Cahors*

Cadurcum ⟨ī⟩ *n* luv. Bettdecke, *meton* Bett, Ehebett, *wegen der bei den Cadurcern betriebenen Leinweberei*

Cadurcus ⟨a, um⟩ *Adj* cadurcisch, zu den Cadurcern gehörig

cadus ⟨ī⟩ *m* ||griech. Lw.|| *größerer* Krug, *meist aus Ton*; Weinkrug, Ölkrug, Honigkrug, Geldtopf, Aschenurne; *meton* Wein

caeciās *nur Akk* ⟨ān⟩ *m* ||griech. Fw.|| *(nachkl.)* Nordostwind

caeci-genus ⟨a, um⟩ *Adj* ||caecus, gigno|| Lucr. blind geboren

Caeciliānus ⟨a, um⟩ *Adj* des Caecilius, zu Caecilius gehörig

Caecilius ⟨a, um⟩ *Name einer pleb. gens, deren berühmtester Zweig die Metelli waren*

Caecīna ⟨ae⟩ *m Beiname der gens Licinia*; → ***Licinius***

caecitās ⟨ātis⟩ *f* ||caecus|| Blindheit; *fig geistige* Verblendung

caecō ⟨āvī, ātum, āre 1.⟩ ||*Denom von* caecus||

1. blenden

2. *fig* verblenden, ***aciem animi erroribus*** die Geistesschärfe durch Irrlehren

3. verdunkeln, trüben; ***orationem celeritate c.*** die Rede durch Tempo undeutlich machen

Caecubum ⟨ī⟩ *n u.* **Caecubus ager** *m sumpfige Landschaft im s. Latium, im Dreieck der heutigen Städte Terracina, Fondi u. Sperlonga, einst berühmt durch sehr gute Weine*

Caecubus ⟨a, um⟩ *Adj* caecubisch; ***Caecubum (vinum)*** Caecuber (Wein)

▶ **caecus**

I ⟨a, um⟩ *Adj*

1. blind = nicht sehend; *fig* geistig blind, verblendet, *ad aliquid/alicui rei* für etw, *re* durch etw, vor etw; ***c. in contemplandis rebus*** verblendet im Betrachten der Dinge; ***timor c.*** panische Furcht

2. lichtlos, dunkel, finster, undurchsichtig; ***nox caeca*** dunkle Nacht

3. unsichtbar, verdeckt, verborgen, geheim; ***corpus caecum*** Rückseite des Körpers; ***vulnus caecum*** Wunde am Rücken; ***ictus c.*** Hieb auf den Rücken

4. *fig* dunkel = unergründlich; ***crimen caecum*** dunkles Verbrechen

5. *fig* ungewiss; zwecklos; ***Mars c.*** aussichtsloser Kampf; ***execrationes caecae*** blindlings ausgestoßene Verwünschungen; ***ignes caeci*** ziellose Blitze

II ⟨ī⟩ *m* Blinder

caecutiō ⟨-, -, īre 4.⟩ ||caecus|| blind sein

▶ **caedēs** *u.* **caedis** ⟨is⟩ *f* ||caedo||

1. das Fällen, das Abhauen, ***arborum*** von Bäumen

2. das Töten, das Schlachten, das Morden, Ermordung, Mord, Blutbad, Gemetzel; ***caedem facere/edere*** ein Blutbad anrichten

3. *poet* vergossenes Blut; ***caede madere*** von Blut triefen

4. *(nachkl.) meton* Gefallene, Zahl der Opfer

caedō ⟨cecīdī, caesum, caedere 3.⟩

1. hauen, schlagen, klopfen, stoßen; ***aliquem lapidibus c.*** j-n steinigen; ***testibus c.*** *fig* durch Zeugen in die Enge treiben

2. abhauen, umhauen, fällen; ***materiam c.*** Bauholz fällen; ***marmor c.*** Marmor brechen; ***vineta sua c.***

sich ins eigene Fleisch schneiden
3. niederhauen, erschlagen, töten, morden; *Tiere* schlachten, opfern; ***caesi acervi*** Haufen der Erschlagenen; ***caesus sanguis*** Blut der Erschlagenen
4. (*nachkl.*) zerhauen, zerbrechen; ***vasa dolabris c.*** Vasen mit Spitzhacken zerschlagen
5. *poet* schänden, sexuell missbrauchen

caelāmen ⟨inis⟩ *n* ||caelo|| (*nachkl.*) *poet* Relief

caelātor ⟨ōris⟩ *m* ||caelo|| Reliefkünstler, Bildstecher, Ziseleur

caelātūra ⟨ae⟩ *f* ||caelo|| (*vkl., nachkl.*) Ziselierkunst, Reliefkunst; getriebene Arbeit

caelebs
I *Gen* ⟨ibis⟩ *Adj* allein lebend, ehelos, *nur vom Mann.*
II ⟨ibis⟩ *m* Junggeselle, Witwer

caeles
I *Gen* ⟨itis⟩ *Adj* ||caelum[2]|| himmlisch
II ⟨itis⟩ *m* Gott, Gottheit; *meist Pl* die Himmlischen, die Götter

caeleste ⟨is⟩ *n* ||caelestis|| das Himmlische; *Pl* Dinge am Himmel, Dinge im Himmel, Himmelskörper; Sternkunde

caelestis
I ⟨e⟩ *Adj* ||caelum[2]||
1. himmlisch, am Himmel, vom Himmel
2. *poet* göttlich, überirdisch, von den Göttern kommend; (*klass.*) *fig* göttergleich, unvergleichlich
II ⟨is⟩
1. *f* Göttin
2. *m u. f Pl* Götter, Gottheiten

Caeliānus ⟨a, um⟩ *Adj* des Caelius, zu Caelius gehörig

caelibātus ⟨ūs⟩ *m* ||caelebs|| (*nachkl.*) Ehelosigkeit

caeli-cola ⟨ae⟩ *m* ||caelum[2], colo|| (*unkl.*) Himmelsbewohner, Gottheit

Caeliculus ⟨ī⟩ *m* ||*Dim von* Caelius|| *ö. Gipfel des Caelius*

caeli-fer ⟨fera, ferum⟩ *Adj* ||caelum[2], fero|| *poet* den Himmel tragend

Caeli-montānus ⟨a, um⟩ *Adj* am → Caelius mons gelegen

caeli-potēns *Gen* ⟨entis⟩ *Adj* ||caelum[2]|| Plaut. mächtig im Himmel

Caelius ⟨a, um⟩
1. *Name einer pleb. gens, bekannt u. a.* ***M. Caelius Rufus****, Staatsmann u. Redner, Zeitgenosse u. Freund Ciceros*
2. ***Caelius mons*** *einer der sieben Hügel Roms, im SO gelegen, heute dem Viertel des Lateran entsprechend*

caelō ⟨āvī, ātum, āre 1.⟩ ||*Denom von* caelum[1]||
1. ziselieren, in getriebener Arbeit darstellen, im Relief darstellen; ***auro caelatus*** aus Gold getrieben
2. mit Relief versehen, mit Ziselierarbeit schmücken; schnitzen; *poet allg.* (aus)schmücken

caelum[1] ⟨ī⟩ *n* Grabstichel, Meißel des Ziseleurs

► **caelum[2]** ⟨ī⟩ *n*
1. Himmel, Firmament; ***caelo albente*** bei Morgengrauen; ***de caelo tangi*** vom Blitz getroffen werden; ***de caelo servare*** Himmelszeichen beobachten; ***de caelo fit aliquid*** ein Himmelszeichen tritt ein
2. Himmel, Wohnsitz der Götter; ***in caelum abire*** zum Himmel fahren
3. Oberwelt ↔ *Tartaros*
4. Himmelsgegend
5. Luft, Atmosphäre, Witterung, Klima
6. *fig* höchste Ehre, höchstes Glück; ***aliquem in caelum extollere*** j-n in den Himmel erheben, j-n loben; ***aliquem de caelo detrahere*** j-n seines Ruhmes berauben
7. Unsterblichkeit, göttliche Verehrung

Caelus ⟨ī⟩ *m* Himmelsgott, *Sohn des Aether u. der Dies, Vater von Saturn, Vulcan, Merkur u. Venus*

caementum ⟨ī⟩ *n* ||caedo|| Bruchstein, Baustein; (*mlat.*) Mörtel

Caenĕus ⟨eī⟩ *m als Mädchen Caenis geboren u. von Poseidon in einen unverwundbaren Knaben verwandelt*

Caenis ⟨idis⟩ *f* → ***Caeneus***

caenōsus ⟨a, um⟩ *Adj* ||caenum|| (*nachkl.*, Iuv.) morastig

caenum ⟨ī⟩ *n* Kot, Schlamm, Unrat; *fig* Bodensatz des Volkes; Schmutzfink, *Schimpfwort*

caepa ⟨ae⟩ *f* = ***cepa***

caepe *indekl n* = ***cepe***

Caepiō ⟨ōnis⟩ *m röm. Beiname*

Caere *indekl n eine der zwölf alten etrusk. Bundesstädte im NW von Rom, heute Cerveteri*

caeremōnia ⟨ae⟩ *f*
1. Heiligkeit, Ehrwürdigkeit, Unantastbarkeit; ***c. legationis*** Unantastbarkeit der Gesandtschaft; ***c. loci*** Heiligkeit eines Ortes
2. heilige Scheu, Ehrfurcht, *alicuius* j-s *od* vor j-m
3. *meton* heilige Handlung, Feierlichkeit, Zeremonie; ***libri caeremoniarum*** Zeremonienbuch, Rituale

caeremoniale ⟨is⟩ *n* (*mlat.*) Zeremoniale, Sammlung liturgischer Anweisungen, ***episcoporum*** für den bischöflichen Gottesdienst, ***Romanum*** für das Zeremoniell am päpstlichen Hof

Caerēs *Gen* ⟨ētis⟩ *Adj u.* **Caeres** *Gen* ⟨itis⟩ *Adj* aus Caere, zu Caere gehörig

Caerētēs ⟨um⟩ *m* die Einwohner von Caere; ***tabulae Caeretum*** Verzeichnis der römischen Bürger ohne politische Rechte, *da die Stadt Caere 353 v. Chr. das röm. Bürgerrecht ohne Stimmrecht erhalten hatte*

caerimōnia ⟨ae⟩ *f* = ***caeremonia***

Caeritēs ⟨um⟩ *m* = ***Caeretes***

caerula ⟨ōrum⟩ *n* ||caeruleus|| das Blau, Bläue

caeruleum ⟨ī⟩ *n* ||caeruleus|| (*nachkl.*) das Stahlblau; ins Stahlblau gehende Farbe

caeruleus *u. poet* **caerulus** ⟨a, um⟩ *Adj*
1. blau, bläulich *in allen Schattierungen*
2. dunkel, schwärzlich; ***nubes caerulea*** dunkle Wolke

Caesar ⟨aris⟩ *m*
1. *Beiname in der gens Iulia;* → ***Iulius****; berühmteste Vertreter:* ***C. Iulius Caesar*** *(100–44 v. Chr.) Diktator u. Feldherr;* ***C. Iulius Caesar Octavianus*** *(63 v. Chr. bis 14 n. Chr.), nach ihm führten alle Kaiser den Titel Caesar Augustus; ab Hadrian (117–138 n. Chr.) führte diesen Titel nur der jeweils regierende Kaiser, während Caesar allein den Thronfolger bezeichnete; seit 293 n Chr. Caesar als Amtsbezeichnung*

der beiden Unterkaiser (Reichsreform des Diocletian)
2. (*mlat.*) Kaiser des Heiligen Römischen Reiches

Caesaraugusta ⟨ae⟩ *f Stadt in Hispania Tarraconensis, heute Zaragoza*

Caesarēa ⟨ae⟩ *f* ||Caesar|| *Name von Städten, die von Augustus od Tiberius gegründet wurden:*
1. *Hauptstadt von Kappadokien, früher Eusebeia, heute Kayersi in der Türkei*
2. *Hauptstadt von Mauretania Caesariensis, heute Cherchell in Algerien*
3. ***Caesarea Philippi*** *im Quellgebiet des Jordan, heute Banyas in Syrien*
4. ***Caesarea Maritima*** *an der Ostküste des Mittelmeeres, ca. 40 km s. von Haifa, heute Kaisarije in Israel mit großen Ausgrabungen*

caesareus ⟨a, um⟩ *Adj (MA)* kaiserlich

Caesareus ⟨a, um⟩ *Adj* des Caesar, caesarianisch

Caesariānus
I ⟨a, um⟩ *Adj* des Caesar, caesarianisch
II ⟨ī⟩ *m* Anhänger des Caesar

caesariātus ⟨a, um⟩ *Adj* ||caesaries|| (*vkl., nachkl.*) mit buschigem Haar

caesariēs ⟨ēī⟩ *f* Haar, Mähne; Haupthaar, Lockenhaar, langes Haar; *fig* Laub, Nadeln der Bäume

Caesarīnus ⟨a, um⟩ *Adj* des Caesar, caesarianisch

caesīcius ⟨a, um⟩ ||caedo|| *Adj* Plaut. dicht gewebt

caesim ||caedo|| *Adv* (*nachkl.*) mit einem Hieb; RHET mit einem Schlag

caesius ⟨a, um⟩ *Adj* blaugrau; (*nachkl.*) *poet* grauäugig

Caesius Bassus ⟨ī⟩ *m Lyriker, Freund des Dichters Persius, kam beim Vesuvausbruch 79 n Chr. ums Leben*

Caesō ⟨ōnis⟩ *m Beiname der Duilii, Fabii u. Quinctii;* → ***Duilius***; → ***Fabius***; → ***Quinctius***

caespes ⟨itis⟩ *m*
1. Rasen, ausgestochenes Rasenstück
2. *meton* Rasenplatz, Grasland; Rasenhütte; Rasenaltar
3. Wurzelknäuel, Pflanzenknäuel

caestus ⟨ūs⟩ *m* Schlagriemen, *Boxhandschuh mit eingenähten Bleikugeln*

caesūra ⟨ae⟩ *f* ||caedo||
1. das Hauen, das Fällen
2. GRAM, RHET Verseinschnitt, Zäsur

caesus ⟨a, um⟩ *PPP* → ***caedo***

caetra ⟨ae⟩ *f* ||iber. Fw.|| (*unkl.*) leichter Lederschild

caetrātī ⟨ōrum⟩ *m* ||caetratus|| die griechischen Leichtbewaffneten

caetrātus ⟨a, um⟩ *Adj* ||caetra|| mit leichtem Lederschild bewaffnet

Cāiēta ⟨ae⟩ *f*
1. *Amme des Aeneas*
2. *nach 1. benannte Hafenstadt, heute Gaëta*

caiō ⟨-, -, āre 1.⟩ Plaut. schlagen, hauen

Cāius ⟨ī⟩ *m* = ***Gaius***

Cal. *Abk* = ***Calendae***; → ***Kalendae***

Calaber
I ⟨bra, brum⟩ *Adj* ||Calabria|| kalabrisch, aus Kalabrien, zu Kalabrien gehörig
II ⟨brī⟩ *m* Kalabrer, Einwohner von Kalabrien

Calabria ⟨ae⟩ *f* Kalabrien, *s. Halbinsel Italiens, heute Apulien*

Calactē ⟨ēs⟩ *f Küstenstadt in Nordsizilien, heute Calonia*

Calactīnus ⟨a, um⟩ *Adj* aus Calacte, zu Calacte gehörig

Calactīnus ⟨ī⟩ *m* Einwohner von Calacte

Calagurris ⟨is⟩ *f hispanische Stadt am Ebro, heute Calahora, Geburtsort des Quintilian*

Calagurritānī ⟨ōrum⟩ *m* die Einwohner von Calagurris

Calais ⟨idis, *Akk* im *u.* in, *Abl* ī *u.* ide⟩ *m Sohn des Boreas, Begleiter der Argonauten*

calamārius ⟨a, um⟩ *Adj* ||calamus|| Suet. zum Schreibrohr gehörig; ***theca calamaria*** Federbüchse

calamistrātus ⟨a, um⟩ *Adj* ||calamistrum|| gekräuselt

calamistrum ⟨ī⟩ *n* ||griech. Lw.|| Brenneisen *zum Kräuseln der Haare*; *fig* Schnörkelei *im Ausdruck*

► **calamitās** ⟨ātis⟩ *f*
1. Unheil, Schaden, Verlust, Unglück, Missgeschick; *Pl* Unglücksfälle
2. MIL Niederlage

calamitōsus
I ⟨a, um⟩ *Adj, Adv* ⟨calamitōsē⟩ ||calamitas||
1. schädlich, verderblich, verheerend
2. schwer heimgesucht, elend
II ⟨ī⟩ *m* Unglücklicher

calamus ⟨ī⟩ *m* ||griech. Fw.|| (*nachkl.*) *poet*
1. Rohr, Schilf
2. Halm, Stängel
3. *meton* Gegenstand aus Rohr, Gegenstand aus Schilf; Schreibrohr; Rohrpfeil; Rohrflöte, Hirtenflöte; *Pl* Rohrpfeife, Syrinx *aus 7–9 Rohrpfeifen zusammengesetzt*; Angelrute, Leimrute *zum Vogelfang*

calathiscus ⟨ī⟩ *m* ||griech. Fw.|| (*nachkl.*) *poet* geflochtenes Körbchen

calathus ⟨ī⟩ *m* ||griech. Fw.|| (*nachkl.*) *poet*
1. geflochtener Korb *in Form einer offenen Lilie*, Blumenkorb, Früchtekorb
2. *meton ähnlich geformtes Gefäß aus Holz od Metall für Käse od Wein*: Käsekorb, Weinschale

calātor ⟨ōris⟩ *m* ||calo[1]|| (*vkl., nachkl.*) Ausrufer, Diener, *bes der pontifices u. flamines*

calautica ⟨ae⟩ *f* Haube, *Kopfbedeckung vornehmer Frauen mit angenähtem Schleier*

calcar ⟨āris⟩ *n* ||calx[2]||
1. Sporn, *meist Pl*; ***equo calcaria subdere*** dem Pferd die Sporen geben
2. *fig* Ansporn, Reiz

calceāmentum ⟨ī⟩ *n* ||calceo|| Schuhwerk, Fußbekleidung

calceārium ⟨ī⟩ *n* ||calceus|| Suet. Schuhgeld

calceātus[1] ⟨ūs⟩ *m* = ***calceamentum***

calceātus[2] ⟨a, um⟩ *Adj* ||calceo|| Plaut. *hum* gut beißend

Calcēdōn ⟨onis⟩ *f* = ***Calchedon***

calceō ⟨āvī, ātum, āre 1.⟩ ||*Denom von* calceus|| beschuhen, mit Schuhen versehen

calceolārius ⟨ī⟩ *m* ||calceolus|| Plaut. Schuhmacher

calceolus ⟨ī⟩ *m* ||*Dim von* calceus|| kleiner Schuh, Stiefelchen

calceus ⟨ī⟩ *m* ||calx[2]|| Schuh, Halbstiefel, *zur Toga getragen*; ***calceos mutare*** Senator werden; ***calceos poscere*** die Schuhe verlangen = vom Tisch aufste-

C

hen
Calchās ⟨antis⟩ *m Seher der Griechen vor Troja*
Calchēdōn ⟨onis⟩ *f Stadt gegenüber von Byzanz, heute Üsküdar / Kadiköy*
Calchēdonius ⟨a, um⟩ *Adj* aus Calchedon, zu Calchedon gehörig
Calchēdonius ⟨ī⟩ *m* Einwohner von Calchedon
calciā... = ***calcea...***
calcitrō[1] ⟨āvī, ātum, āre 1.⟩ ||calx[2]|| nach hinten ausschlagen; *fig* sich sträuben, sich widersetzen
calcitrō[2] ⟨ōnis⟩ *m* ||calcitro[1]|| Plaut. der ungeduldig an die Tür schlägt; Raufbold
calcitrōsus ⟨a, um⟩ *Adj* ||calcitro[1]|| Plaut. gern nach hinten ausschlagend
calcō ⟨āvī, ātum, āre 1.⟩ ||*Denom von* calx[2]||
1. treten, *aliquem / aliquid* j-n / etw, auf j-n / auf etw; ***viperam c.*** auf eine Schlange treten; ***vinum c.*** Wein keltern
2. betreten, ***viam*** einen Weg
3. festtreten, ***agrum*** das Feld; ***solum parietesque c.*** Boden und Wände feststampfen
4. *fig* mit Füßen treten; verspotten, beschimpfen; ***libertatem c.*** die Freiheit mit Füßen treten
calculātor ⟨ōris⟩ *m* (Mart., *nachkl.*) Rechenmeister, Rechenlehrer
calculus ⟨ī⟩ *m* ||*Dim von* calx[1]||
1. glattes Steinchen; *Pl* Kies
2. Stein *im Brettspiel*; ***calculum reducere*** einen Stein zurückziehen, *fig* eine Handlung zurücknehmen
3. Rechenstein; *meton meist Pl* Rechnung, Berechnung; ***vocare aliquem ad calculos*** mit j-m abrechnen; ***vocare aliquid ad calculos*** etw einer genauen Berechnung unterziehen; ***calculos subducere*** das Fazit ziehen
4. (*nachkl.*) *poet* Stimmstein; ***c. albus*** weißer Stimmstein *für Zustimmung od Freispruch*; ***c. ater*** schwarzer Stimmstein *für Ablehnung od Verurteilung*
5. (*nachkl.*) Nierenstein, Blasenstein; ***calculi dolor*** Steinleiden
calda ⟨ae⟩ *f* = ***calida***
caldārium ⟨ī⟩ *n* ||caldarius|| Warmbad
caldārius ⟨a, um⟩ *Adj* ||calidus|| zum Wärmen gehörig; ***cella caldaria*** Warmbadezelle
caldus ⟨ī⟩ *m* ||calidus|| *fig* Hitzkopf
Calēdones ⟨um⟩ *m* ||Caledonia|| Tac. die Einwohner von Kaledonien
Calēdonia ⟨ae⟩ *f* Kaledonien, *das n Schottland*
cale-faciō ⟨fēcī, factum, facere 3.⟩ ||caleo||
1. warm machen, heiß machen, erwärmen, erhitzen, ***aquam*** Wasser; ***calefieri*** warm werden
2. *fig* erhitzen, erregen, aufreizen, entflammen
calefactō ⟨āvī, ātum, āre 1.⟩ ||*Intens von* calefacio|| erhitzen
cale-fīō *Passiv* → ***calefacio***
▶ **Calendae** ⟨ārum⟩ *f* = ***Kalendae***
calendārium ⟨ī⟩ *n* ||Calendae|| Sen. Schuldbuch
Calēnus ⟨a, um⟩ *Adj* aus Cales, zu Cales gehörig; ***vinum Calenum*** Wein aus Cales
caleō ⟨uī, itūrus, ēre 2.⟩
1. warm sein, heiß sein, glühen
2. *fig von Personen* in Aufregung sein, in Unruhe sein; von Leidenschaft entbrannt sein, Feuer und Flamme sein, *in re* in etw, *a re* infolge einer Sache; ***in agendo c.*** beim Handeln Feuer und Flamme sein; ***c. puellā*** in Liebe zu einem Mädchen entbrannt sein
3. *fig von Sachen* eifrig behandelt werden; noch frisch sein, noch neu sein; ***indicia calent*** das Denunziantentum blüht; ***crimen calet*** das Verbrechen ist noch frisch
Calēs ⟨ium⟩ *f Stadt in Kampanien, n von Capua, heute Calvi*
calēscō ⟨caluī, -, calēscere 3.⟩ ||*Inkoh von* caleo||
1. warm werden, heiß werden
2. in Leidenschaft erglühen, in Liebe erglühen
cal-faciō ⟨fēcī, factum, facere 3.⟩ = ***calefacio***
cal-factō ⟨āvī, ātum, āre 1.⟩ = ***calefacto***
caliandrum ⟨ī⟩ *n* ||griech. Fw.|| *poet* Hochfrisur *röm. Frauen mit Haarteil*; Perücke
calida ⟨ae⟩ *f* ||calidus|| warmes Bad
calidum ⟨ī⟩ *n* ||calidus|| Wärme
▶ **calidus** ⟨a, um⟩ *Adj*
1. warm, heiß
2. *fig, pej* hitzig, heißblütig, leidenschaftlich, übereifrig
3. *fig* noch warm, noch frisch; ***mendacium calidum*** Plaut. noch frische Lüge
caliendrum ⟨ī⟩ *n* = ***caliandrum***
caliga ⟨ae⟩ *f* lederner Halbstiefel, Soldatenstiefel; *meton* Dienst des einfachen Soldaten
caligātus
I ⟨a, um⟩ *Adj* ||caliga|| in schweren Schuhen
II ⟨ī⟩ *m* einfacher Soldat
cālīginōsus ⟨a, um⟩ *Adj* ||caligo[1]|| neblig, dunstig; *fig* ungewiss
cālīgō[1] ⟨inis⟩ *f*
1. Nebel, Dunst, Rauch
2. dichte Finsternis, Dunkel vor den Augen; ***videre quasi per caliginem*** wie durch einen Schleier sehen; ***offundere caliginem oculis alicuius*** j-n schwindlig machen
3. *fig* geistige Umnachtung; Unwissenheit
4. *fig* Trübsal, Elend
cālīgō[2] ⟨āvī, ātum, āre 1.⟩ ||caligo[1]||
1. Nebel verbreiten, Dunst verbreiten, Finsternis verbreiten; *meton* Schwindel erregen
2. in Dunkel gehüllt sein, in Finsternis gehüllt sein; dunkel sein
3. *fig* im Finstern tappen, blind sein, *ad aliquid* für etw
caligula ⟨ae⟩ *f* ||*Dim von* caliga|| Soldatenstiefelchen
Caligula ⟨ae⟩ *m Beiname des röm. Kaisers Gaius (37–41 n. Chr.), weil er seine Jugend im Heerlager seines Vaters Germanicus verbracht hatte*
calitūrus ⟨a, um⟩ *Part Fut* → ***caleo***
calix ⟨icis⟩ *m*
1. Kelch, Pokal, Becher; *meton.* Wein
2. (*vkl., nachkl.*) *poet* Schüssel, Topf
3. (*eccl.*) Kelch
callainus ⟨a, um⟩ *Adj* ||griech. Fw.|| (*nachkl.*) *poet* blassgrün, meergrün
callēns *Gen* ⟨entis⟩ *Adj, Adv* ⟨callenter⟩ ||calleo|| kundig, erfahren, *abs od alicuius rei* in etw
calleō ⟨uī, -, ēre 2.⟩
I *v/i*

1. von der Arbeit Schwielen haben; dickhäutig sein
2. *fig* erfahren sein, gewitzt sein, *re* in etw; ***usu alicuius rei c.*** etw aus dem Umgang damit kennen
II *v/t* kennen, wissen, verstehen, ***iura*** das Recht, die Rechtslage

calliditās ⟨ātis⟩ *f* ||callidus||
1. Lebensklugheit, geistige Gewandtheit
2. Liv. *pej* Schlauheit, Verschlagenheit
3. RHET Kunstgriff

► **callidus** ⟨a, um⟩ *Adj*, *Adv* ⟨callidē⟩
1. klug, gewandt, *abs od ad aliquid / in aliquid* zu etw
2. mit *etw* vertraut, Kenner von *etw*, *alicuius rei*; ***c. rei militaris*** erfahren im Kriegswesen
3. *von leblosen Subj.* sinnreich, fein ausgedacht; ***oratio callida*** klug angelegte Rede
4. *pej* verschlagen, raffiniert, listig, *ad aliquid / alicui rei* zu etw; ***homo c.*** raffinierter Mensch; ***callide facere*** listig handeln; ***liberalitas callida*** schlau berechnete Freigebigkeit

callīgō ⟨inis⟩ *f* = ***caligo***

Callimachus ⟨ī⟩ *m aus KrYrene, um 260 v. Chr. Vorsteher der Bibliothek in Alexandria, Dichter von epischen Hymnen, Elegien u. Epigrammen*

Calliopē ⟨ēs⟩ *f u.* **Calliopēa** ⟨ae⟩ *f*
1. *Mutter des Orpheus, Chorführerin der neun Musen, Muse der epischen Dichtkunst*
2. *allg.* Muse; Ov. *meton* Dichtung, Gesang, Lied

Calliphōn ⟨ōntis⟩ *m athenischer Philos. des 2.–1. Jh. v. Chr., wollte Lust u. Tugend verbinden*

Callipolis ⟨is⟩ *f*
1. *Stadt am thrakischen Chersones gegenüber Lampsakus, heute Gallipoli*
2. *Stadt im W von Lokris Ozolis u. am Westabhang des Koraxgebirges (h. Gonnagebirge)*

callis ⟨is⟩ *f* Fußsteig, Bergpfad; Triftweg

Callisthenēs ⟨is⟩ *m griech. Philos. u. Naturforscher, Neffe od Enkel des Aristoteles, Freund u. Weggefährte Alexanders des Großen, von diesem wegen freimütiger Kritik ermordet*

Callistō ⟨ūs⟩ *f von Zeus Mutter des Arkas, des Stammvaters der Arkadier, von Hera aus Eifersucht in eine Bärin verwandelt, von Zeus als Kleiner Bär unter die Gestirne versetzt*

callōsus ⟨a, um⟩ *Adj* ||callum|| dickhäutig, schwielig; ***ovum callosum*** dickschaliges Ei

callum ⟨ī⟩ *n (nachkl., stets im Pl) u.* **callus** ⟨ī⟩ *m*
1. Schwiele, Hornhaut *an Händen u. Füßen*
2. *fig* Stumpfsinn, Gefühllosigkeit; ***callum obducere alicui rei*** etw abhärten, *auch* gegen etw abstumpfen

calō[1] ⟨āvī, ātum, āre 1.⟩ ausrufen, zusammenrufen

cālō[2] ⟨ōnis⟩ *m* Trossknecht, Reitknecht, Stallbursche

cālō[3] ⟨ōnis⟩ *m* ||griech. Lw.|| Holzschuh, Kothurn *der griech. Tragödie*

calō[4] ⟨-, ātum, āre 1.⟩ ||griech. Fw.|| *(nachkl.)* herablassen, öffnen

► **calor** ⟨ōris⟩ *m* ||caleo||
1. Wärme, Hitze, Glut, Sonnenhitze, Sommerhitze
2. Tib. Fieberhitze
3. *fig* Eifer, Feuereifer, Leidenschaft, glühende Liebe; ***calorem trahere*** sich verlieben

Calpurnius ⟨a, um⟩ *Name einer pleb. gens*
1. ***C. Calpurnius Frugi*** *Schwiegersohn Ciceros*
2. ***L. Calpurnius Piso Caesonius*** *Schwiegervater Caesars u. Gegner Ciceros*

caltha ⟨ae⟩ *f* ||griech. Fw.|| *(nachkl.) poet* Dotterblume

calthula ⟨ae⟩ *f* ||*Dim von* caltha|| Plaut. geblümtes Frauenkleid

caluī → ***caleo*** *u.* → ***calesco***

calumnia ⟨ae⟩ *f*
1. Rechtsverdrehung, Advokatenkniff; böswillige Anschuldigung
2. *meton* Verurteilung wegen falscher Anschuldigung; ***calumniam ferre*** wegen böswilliger Anklage verurteilt werden
3. *fig* sophistische Auslegung, betrügerischer Vorwand, Intrige

calumniātor ⟨ōris⟩ *m* ||calumnia|| Rechtsverdreher, falscher Ankläger, Ränkeschmied; *adj* Phaedr. ränkevoll

calumnior ⟨ātus sum, ārī 1.⟩ ||*Denom von* calumnia||
I *v/i* eine falsche Anklage vorbringen, Ränke schmieden, nörgeln, mäkeln
II *v/t* böswillig angreifen, fälschlich verdächtigen, fälschlich beschuldigen, bekritteln; ***se c.*** übertriebene Selbstkritik üben

calva ⟨ae⟩ *f* ||calvus|| *(nachkl.,* Mart.) Hirnschale, Schädel

calvāria ⟨ae⟩ *f* ||calva|| Schädel; ***locus calvariae*** NT Schädelstätte, *hebr.* Golgatha

calvitiēs ⟨ēī⟩ *f u.* **calvitium** ⟨ī⟩ *n* ||calvus|| *(nachkl.)* Glatze

calvor ⟨-, calvī 3.⟩ *(vkl., nachkl.)* täuschen, hintergehen, *auch p*

calvus ⟨a, um⟩ *Adj (unkl.)* kahl; glatzköpfig

Calvus ⟨ī⟩ *m Beiname in der gens Licinia*; → ***Licinius***

calx[1] ⟨cis⟩ *f*
1. *(vkl.)* Stein im Brettspiel; ***calcem ciere*** Plaut. einen Stein ziehen
2. Kalkstein, Kalk
3. *meton* Ziel der Rennbahn, *da urspr. mit Kalk od Kreide gekennzeichnet*; *fig* Ende, Ziel; ↔ ***carcer*** *1*; ***ad carceres a calce revocari*** Cic. vom Ziel zum Start zurückgerufen werden = von neuem beginnen

calx[2] ⟨cis⟩ *f* Ferse *von Mensch u. Tier*; *poet* Huf; ***calcibus caedere*** nach hinten ausschlagen; ***adversus stimulum calces iactare*** unnützen Widerstand leisten; ***calcem calce terere*** auf den Fersen sein; ***pugnis et calcibus certare*** mit Händen und Füßen kämpfen = mit allen Mitteln kämpfen

Calydōn ⟨ōnis⟩ *f sehr alte u. schon bei Homer erwähnte Stadt in Ätolien, Ruinen ö. der Stadt Mesalongion; Schauplatz der kalydonischen Jagd, bei der Meleager einen von Artemis gesandten Eber tötete*

Calydōnis ⟨idis⟩ *f* Kalydonierin

Calydōnis *Gen* ⟨idis⟩ *Adj f* kalydonisch

Calydōnius ⟨a, um⟩ *Adj* kalydonisch

Calypsō ⟨ūs⟩ *u.* ⟨ōnis⟩, *Akk* ⟨ō⟩ *f Tochter des Atlas, Nymphe auf der Insel Ogygia; hielt, in Liebe zu Odysseus entbrannt, diesen sieben Jahre zurück*

camara ⟨ae⟩ *f* = ***camera***

camella ⟨ae⟩ *f* ||*Dim von* camera|| *(nachkl.) poet* Schale, Eimer

C

camēlus ⟨ī⟩ *m u. f* ||griech. Fw.|| Kamel

Camēnae ⟨ārum⟩ *f weissagende Quellnymphen, schon früh mit den griech. Musen gleichgesetzt; Sg meton* Dichtung, Lied

camera ⟨ae⟩ *f* ||griech. Lw.||
1. Gewölbe, Zimmer *mit Gewölbedecke*
2. *(nachkl.)* Barke *mit gewölbter Abdeckung aus Brettern*
3. *(mlat.)* Vorratskammer; Schatzkammer; Staatskasse

camerarius ⟨ī⟩ *m (spätl.)* Kämmerer, Kammerherr

Camillus ⟨ī⟩ *m Beiname in der gens Furia;* → ***Furius***

caminata ⟨ae⟩ *f (mlat.)* heizbares Gemach, Kemenate; Klause

camīnus ⟨ī⟩ *m* ||griech. Fw.||
1. *poet* Schmelzofen; Schmiedeesse, Werkstatt
2. *(nachkl.) poet* Kamin, Ofen; *meton* Kaminfeuer; ***oleum addere camino*** Öl ins Feuer gießen, das Übel vergrößern

camis(i)a ⟨ae⟩ *f* ||germ.-gall. Fw.|| *(spätl.)* Hemd

cammarus ⟨ī⟩ *m* ||griech. Fw.|| Hummer

Camoldūnum ⟨ī⟩ *n Stadt u. erste Kolonie der Römer in Britannien, heute Colchester, nö. von London*

Campānia ⟨ae⟩ *f* Kampanien, *Landschaft in Mittelitalien, bes Ebene um Capua*

Campānus ⟨a, um⟩ *Adj* kampanisch, aus Kampanien, *bes* aus Capua, zu Capua gehörig; ***morbus C.*** kampanische Krankheit, *Warzen im Gesicht*

Campānus ⟨ī⟩ *m* Kampaner, Einwohner von Kampanien, *bes* Einwohner von Capua

campester ⟨tris, tre⟩ *Adj* ||campus||
1. in der Ebene gelegen, in der Ebene stattfindend, in der Ebene wohnend; flach, eben; ***iter campestre*** Marsch durch die Ebene
2. zum Marsfeld gehörig, auf dem Marsfeld; *meton* turnerisch, gymnastisch; ***certamen campestre*** Komitien auf dem Marsfeld, Wahlkämpfe auf dem Marsfeld; ***gratiā campestri*** durch Einfluss des Wahlkampfes; ***temeritas campestris*** blinde Willkür des Wahlkampfes

campestre ⟨ī⟩ *n* ||campester|| Hor. Kampfgurt, Schurz

campestria ⟨ium⟩ *n* ||campester|| flache Gegend, ebene Gegend

campestris ⟨e⟩ *Adj* = ***campester***

▶ **campus** ⟨ī⟩ *m*
1. Ebene, freies Feld, Flur, Ackerland
2. freie Fläche, offene Fläche; Meeresfläche; Land ↔ *Meer*
3. freier Platz *in od um Rom, bes* Marsfeld *als Sport- u. Exerzierplatz*, Platz für Komitien; *meton* Komitien
4. *fig* Spielplatz, Tummelplatz; Spielraum; RHET Gemeinplatz; ***rhetorum c. de Marathone*** Cic. der rednerische Gemeinplatz über Marathon

camur(us) ⟨a, um⟩ *Adj* Verg. gekrümmt

canaba ⟨ae⟩ *f* Krämerbude *beim Heer*; Weinschenke; *Pl* Krämerrevier, *später* feste Ansiedlung

canālicula ⟨ae⟩ *f u.* **canāliculus** ⟨ī⟩ *m* ||*Dim von* canalis|| *(vkl., nachkl.)* kleine Rinne, kleiner Kanal

canālis ⟨is⟩, *Abl* ⟨ī⟩ *m u. f* Röhre, Röhrchen; Rinne, Wasserrinne, (Abzugs-)Kanal; Vitr. ARCH Kannelüre *am Säulenschaft*

cancellārius ⟨ī⟩ *m* ||cancelli|| *(spätl.)* Kanzler, Vorsteher einer Kanzlei

cancellī ⟨ōrum⟩ *m* ||*Dim von* cancer[1]||
1. Gitter, Schranken; *fig* Grenzen; ***extra cancellos egredi*** die Grenzen überschreiten
2. *(mlat.)* Fenstergitter; ***c. altaris*** Altarraum

cancer[1] ⟨crī⟩ *m (spätl.)* Gitter, Schranke

cancer[2] ⟨crī⟩ *m*
1. Krebs *als Flusstier*
2. Krebsgeschwür
3. Krebs, *als Sternbild; meton* Sommerhitze, Süden, *da die Sonne am 21. Juni in das Sternbild des Krebses eintritt*

candē-faciō ⟨fēcī, factum, facere 3.⟩ ||candeo|| Plaut. blank machen, weiß machen

candēla ⟨ae⟩ *f* ||candeo||
1. Wachskerze, Talgkerze
2. Wachsschnur *als Konservierungsmittel*

candēlābrum ⟨ī⟩ *n* ||candela|| Leuchter, Kandelaber

candeō ⟨uī, -, ēre 2.⟩ weiß glänzen; hell glühen, glühend heiß sein; ***taurus candens*** glänzend weißer Stier; ***circus candens*** Milchstraße; ***ortus candens*** Morgenröte; ***candens ferrum*** glühendes Eisen; ***carbone candente*** mit glühender Kohle

candēscō ⟨canduī, -, candēscere 3.⟩ ||*Inkoh von* candeo|| weiß erglänzen; hell erglühen, heiß werden

candidātōrius ⟨a, um⟩ *Adj* ||candidatus|| zum Amtsbewerber gehörig

▶ **candidātus**
I ⟨a, um⟩ *Adj* ||candidus|| *(vkl., nachkl.)* weiß gekleidet
II ⟨ī⟩ *m* Amtsbewerber, Kandidat, *so genannt wegen der weißen Toga als Kennzeichen des Kandidaten*

candidulus ⟨a, um⟩ *Adj* ||*Dim von* candidus|| hübsch weiß, glänzend weiß

▶ **candidus** ⟨a, um⟩ *Adj, Adv* ⟨candidē⟩ ||candeo||
1. glänzend weiß, schneeweiß, fleckenlos; weiß gekleidet; ***toga candida*** weiße Toga; ***pōpulus candida*** Silberpappel; ***equus c.*** Schimmel; ***avis candida*** Storch; ***ventus c.*** die Wolken vertreibender Wind; ***sententia candida*** beipflichtende Meinung; ***calculus c.*** weißer Stimmstein, freisprechender Stimmstein
2. *fig von der Stimme* rein, klar
3. *fig vom Stil* einfach, ungekünstelt
4. *fig vom Charakter* lauter, redlich; ***anima candida*** argloser Mensch; ***pectore candido*** mit reiner Brust, mit weißer Weste
5. *fig von Zeit u. Verhältnissen* heiter, ungetrübt

candor ⟨ōris⟩ *m* ||candeo||
1. glänzend weiße Farbe, blendendes Weiß, heller Glanz, heller Schimmer
2. weißer Teint, weiße Schminke
3. *fig* blendende Schönheit
4. *fig vom Charakter* Lauterkeit, Redlichkeit
5. *fig vom Stil* Klarheit

canduī → ***candeo*** *u.* → ***candesco***

cānēns *Gen* ⟨entis⟩ *Adj* ||caneo|| grau, grau schimmernd

cāneō ⟨uī, -, ēre 2.⟩ ||*Denom von* canus|| weißgrau sein; ***gramina rore canent*** das Gras glänzt silbern vom Tau; ***agri aristis canent*** die Felder schimmern mit ihren Ähren

canēphorus ⟨ī⟩ *f* ||griech. Fw.|| Korbträgerin; *Pl* ***Ca-***

nephoroe Kanephoren, *Gemälde od Statuen athenischer Mädchen, die bei den Panathenäen zu Ehren der Demeter u. des Dionysos Körbchen mit Früchten auf dem Kopf trugen*
canēs ⟨is⟩ *m u. f* (*altl.*) = ***canis***
cānēscō ⟨cānuī, -, cānēscere 3.⟩ ||*Inkoh von* caneo||
1. grau werden, ergrauen
2. *fig* altern
cānī ⟨ōrum⟩ *m* ||canus|| (*erg.* ***capilli***) graue Haare
canīcula ⟨ae⟩ *f* ||*Dim von* canis||
1. kleine Hündin, Hündchen; *fig* bissiger Mensch
2. Hundsstern = Sirius, *dessen Aufgang glühende Hitze brachte, daher Hundstage*
3. Hundswurf, *schlechtester Wurf im Spiel mit den tali, wenn alle Würfel die Eins zeigen*
Canīniānus ⟨a, um⟩ *Adj* des Caninius, zu Caninius gehörig
Canīnius ⟨a, um⟩ *Name einer pleb. gens, berühmteste Vertreter:*
1. ***L. Caninius Gallus*** *Volkstribun 56 v. Chr., Freund Ciceros*
2. ***C. Caninius Rebilus*** *Legat Caesars*
canīnus ⟨a, um⟩ *Adj* ||canis|| hündisch, Hunds…; *fig* gemein, schamlos, bissig
► **canis** ⟨is⟩ *m u. f*
1. Hund, Hündin; ***c. venaticus*** Jagdhund; ***c. pastoricius*** Hirtenhund; ***c. mordax*** bissiger Hund; ***c. femina*** Hündin
2. *pej* bissiger Mensch, unverschämter Mensch, Schmarotzer, Kreatur
3. ***c. marinus*** Seehund
4. ASTRON, MYTH ***C. maior*** Großer Hund, = Sirius; ***C. minor*** Kleiner Hund *vor dem Großen Hund,* MYTH *Hund der Erigone, die mit diesem unter die Sterne versetzt wurde*
5. *fig* Hundswurf; → ***canicula*** *3*
6. Plaut. Fußfessel
7. *Pl* (*mlat.*) die Ungläubigen
canistra ⟨ōrum⟩ *n* ||griech. Lw.|| *selten Sg, aus Rohr geflochtener* Blumenkorb, Brotkorb, Früchtekorb
cānitiēs ⟨ēī⟩ *f* ||canus|| graue Farbe; *meton* graues Haar, Alter
canna[1] ⟨ae⟩ *f* ||griech. Fw.|| Rohr, Schilf; *meton* Rohrpfeife, Rohrflöte; Schreibrohr; kleines Fahrzeug, Gondel
canna[2] ⟨ae⟩ *f* ||germ. Lw.|| Kanne, Gefäß
Cannae ⟨ārum⟩ *f Ort in Apulien, bekannt durch die Niederlage der Römer durch Hannibal 216 v. Chr., heute Canne w. der Hafenstadt Barletta*
Cannēnsis ⟨e⟩ *Adj* zu Cannae gehörig; ***pugna C.*** Blutbad wie bei Cannae
canō ⟨cecinī, cantātum, canere 3.⟩

I
1. singen, krähen
2. tönen, erschallen
3. spielen, blasen
II
1. singen, dichten
2. besingen, preisen
3. weissagen
4. vortragen, verkünden
5. blasen, spielen

I *v/i*
1. *von Menschen u. Tieren* singen, krähen, quaken; ***ad tibicinem c.*** mit Flötenbegleitung singen; ***gallus canit*** der Hahn kräht; ***rana canit*** der Frosch quakt
2. *von Instrumenten* tönen, erschallen; ***tubae cornuaque canunt*** Trompeten und Hörner schmettern; ***signum canit*** das Angriffssignal ertönt
3. *auf Instrumenten* spielen, blasen; ***tibiā c.*** Flöte spielen
II *v/t*
1. singen, dichten, erdichten; ***carmen c.*** ein Lied singen; ***sacra c.*** heilige Gesänge anstimmen; ***c. alicui*** j-m vorsingen; ***in aliquem c.*** zu j-s Ehren singen; ***carmen sibi intus c.*** nur an seinen eigenen Vorteil denken
2. besingen, preisen; ***regum facta c.*** die Taten der Könige besingen; ***amicitiam c.*** die Freundschaft preisen
3. weissagen, *aliquid* etw, + *AcI*; ***vates canit aliquid fore*** der Seher verkündet, dass etw geschehen werde
4. vortragen, verkünden; ***praecepta c.*** (philosophische) Lehren verkünden; ***anser Gallos adesse cecinit*** die Gans hat verkündet, dass die Gallier da waren
5. *Instrumente* blasen, spielen; ***classicum c.*** das Signal geben; ***bellicum c.*** zum Angriff blasen
canōn ⟨onis⟩, *Akk* ⟨ona⟩ *m* ||griech. Fw.||
1. (*nachkl.*) Regel, Richtschnur
2. (*eccl.*) Kanon, *Verzeichnis der als Offenbarung geltenden Bücher des AT u. NT*
canonicus
I ⟨a, um⟩ *Adj* ||griech. Fw.||
1. (*nachkl.*) regelmäßig
2. (*eccl.*) nach kirchlichem Recht
II ⟨ī⟩ *m Titel eines katholischen Geistlichen,* Domherr
Canōpēus ⟨a, um⟩ *Adj* aus Canopus, zu Canopus gehörig, ägyptisch
Canōpītēs ⟨ae⟩ *m* Einwohner von Canopus
Canōpus ⟨ī⟩ *m Stadt an der w. Nilmündung*; *meton* (Unter-)Ägypten
canor ⟨ōris⟩ *m* ||cano|| (*nachkl.*) *poet* Klang, Gesang, Schall
canōrum ⟨ī⟩ *n* ||canorus|| Wohlklang
canōrus ⟨a, um⟩ *Adj* ||canor||
1. singend, klingend, spielend; ***avis canora*** Singvogel; ***vox canora*** wohltönende Stimme, *tadelnd* näselnde Stimme
2. klangreich, wohlklingend, melodisch, harmonisch
Cantaber ⟨brī⟩ *m* ||Cantabria|| Einwohner von Kantabrien, Kantabrer, *sehr kriegerischer Stamm, erst 25–19 v. Chr. von den Römern unterworfen*
Cantabria ⟨ae⟩ *f* Kantabrien, *Landschaft im Quellgebiet des Ebro in Spanien, heute gleichnamige Landschaft , weithin mit der Region Santander identisch*
Cantabricus ⟨a, um⟩ *Adj* kantabrisch, aus Kantabrien, zu Kantabrien gehörig
cantāmen ⟨inis⟩ *m* ||canto|| (*nachkl.*) Zauberformel, Zauberspruch
cantātor ⟨ōris⟩ *m* ||canto|| (*unkl.*) Sänger, Tonkünstler

cantātus ⟨a, um⟩ *PPP* → ***cano*** *u.* → ***canto***
cantērīnus ⟨a, um⟩ *Adj* ||canterius|| Plaut. zum Wallach gehörig
cantērius ⟨ī⟩ *m* Wallach; Gaul, Klepper
cantharis ⟨idis⟩ *f* ||griech. Fw.|| Giftkäfer, spanische Fliege
cantharus ⟨ī⟩ *m* ||griech. Fw.|| (*unkl.*) Humpen, Krug
canthērīnus ⟨a, um⟩ *Adj* = ***canterinus***
canthērius ⟨ī⟩ *m* = ***canterius***
canticum ⟨ī⟩ *n* ||cantus[1]||
1. Monolog *in der röm. Komödie, gesangartig mit Flötenbegleitung vorgetragen*
2. (Phaedr., *Apul.*) Gesang, Lied, Chorlied *auf der Bühne*, Volkslied; ↔ ***diverbium***
3. Rezitativ
4. (*eccl.*) geistliches Lied, Psalm; ***c. canticorum*** das Hohe Lied *des AT*
cantilēna ⟨ae⟩ *f* ||cantus[1]||
1. allgemein bekanntes Lied, abgedroschenes Lied; Singsang; alte Leier
2. (*eccl.*) Lied, Kirchengesang
cantiō ⟨ōnis⟩ *f* ||cano||
1. Gesang, Lied
2. Zauberspruch
3. (*mlat.*) Kanzone; Geleier
cantitō ⟨āvī, ātum, āre 1.⟩ ||*Freq von* cano|| oft singen
Cantium ⟨ī⟩ *n Landschaft im sö. Britannien, heute Kent*
cantiuncula ⟨ae⟩ *f* ||*Dim von* cantio|| Liedchen
▶ **cantō** ⟨āvī, ātum, āre 1.⟩ ||*Intens von* cano||
I *v/i*
1. *von Menschen u. Vögeln* singen; ***histrionibus ad manum c.*** zum Gebärdenspiel der Schauspieler singen; ***gallus cantat*** der Hahn kräht
2. *auf Instrumenten* spielen
3. *von Instrumenten* tönen, schallen, klingen
4. Verg. eine Zauberformel sprechen, einen Zauberspruch hersagen
5. RHET in fehlerhaft singendem Ton sprechen
II *v/t*
1. singen, dichten
2. besingen, verherrlichen; ***totā urbe cantari*** in aller Munde sein
3. vortragen, rezitieren
4. wiederholt einschärfen, *alicui aliquid* j-m etw, *ut* dass
5. besprechen, durch Zauber bannen
cantor ⟨ōris⟩ *m* ||cano||
1. (*unkl.*) Sänger, Tonkünstler; Schauspieler
2. *pej* Schreier; Lobhudler, Nachbeter
cantrīx ⟨īcis⟩ *f* ||cantor|| Plaut. Sängerin
▶ **cantus**[1] ⟨ūs⟩ *m* ||cano||
1. Gesang, Lied, Melodie; *von Tieren* das Krähen, das Krächzen, das Schreien, das Schnarren, Geschrei
2. *von Instrumenten* Ton, Musik, Klang, Spiel
3. Zauberspruch, Zauberformel; Weissagung
cantus[2] ⟨ī⟩ *m* ||gall. Lw.|| (*nachkl.*) *poet* eiserner Radreif; *meton* Rad
Canulēius ⟨a, um⟩ *Name einer pleb. gens*; ***C. Canuleius*** *Volkstribun 445 v. Chr.*; ***lex Canuleia de conubio*** *Gesetz, durch das die Ehe zwischen Patriziern u. Plebejern legitimiert wurde*
cānus ⟨a, um⟩ *Adj*
1. (*unkl.*) grau, weißgrau; ***reverentia capitis cani*** Ehrfurcht vor einem grauen Haupt
2. (*nachkl.*) *fig* hochbetagt, altehrwürdig
Canusīnus
I ⟨a, um⟩ *Adj* aus Canusium, zu Canusium gehörig
II ⟨ī⟩ *m* Einwohner von Canusium
Canusium ⟨ī⟩ *n alte Stadt in Apulien, heute Canosa di Puglia bei Andria*
capācitās ⟨ātis⟩ *f* ||capax||
1. Räumlichkeit, Raum
2. (*mlat.*) Umfang, Größe
capāx *Gen* ⟨ācis⟩ *Adj* ||capio||
1. (*nachkl.*) viel fassend, umfassend, geräumig; ***circus populi c.*** das Volk fassender Circus
2. *fig* für *etw* empfänglich, für *etw* geeignet, *einer Sache* gewachsen, *alicuius rei / ad aliquid*; ***animal mentis c.*** des Verstandes teilhaftiges Lebewesen; ***animus ad praecepta c.*** Ov. für Weisungen offener Sinn; ***ad discendum c.*** bereit zum Lernen
capēdō ⟨inis⟩ *f* Gefäß, Opferschale *mit Henkeln*
capēduncula ⟨ae⟩ *f* ||*Dim von* capedo|| kleine Opferschale, einfache Opferschale
capella[1] ⟨ae⟩ *f* ||*Dim von* capra||
1. kleine Ziege, Geiß
2. (*nachkl.*) *poet hellster Stern im Sternbild des Fuhrmanns, bringt mit seinem Aufgang Anfang Mai Regen*
capella[2] ⟨ae⟩ *f* (*eccl.*) *kleiner Raum zur Aufbewahrung des Mantels des heiligen Martin von Tours, daraus allg.* Kapelle; Geistlichkeit
capellanus ⟨i⟩ *m* ||capella[2]|| (*mlat.*) Hilfsgeistlicher, Kaplan
capellus ⟨i⟩ *m* (*mlat.*) Kapuze
Capēna[1] ⟨ae⟩ *f Stadt im s. Etrurien am Fuß des Sorakte, heute noch Capena, etrusk. Nekropole*
Capēna[2]: ***porta Capena*** *Ausgangspunkt der via Appia zwischen Aventinus u. Caelius*
Capēnās
I *Gen* ⟨ātis⟩ *Adj* ||Capena[1]|| aus Capena, zu Capena gehörig
II ⟨ātis⟩ *m* Einwohner von Capena
Capēnus
I ⟨a, um⟩ *Adj* ||Capena[1]|| aus Capena, zu Capena gehörig
II ⟨ī⟩ *m* Einwohner von Capena
caper ⟨prī⟩ *m* Ziegenbock; *meton* Bocksgeruch, Schweißgeruch
caperrō ⟨āvī, ātum, āre 1.⟩ (*vkl., nachkl.*) sich in Runzeln zusammenziehen; ***illi caperrat frons*** er runzelt die Stirn
▶ **capessō** ⟨īvī⟩ *u.* ⟨iī, ītum, ere 3.⟩
1. hastig ergreifen, eifrig packen, ***arma*** Waffen; ***animalia oris hiatu cibum capessunt*** Cic. die Tiere ergreifen das Futter mit offenem Maul
2. *fig eine Tätigkeit od ein Amt* ergreifen; ***fugam c.*** die Flucht ergreifen; ***viam c.*** einen Weg einschlagen; ***noctem tutam in castris c.*** die Nacht sicher im Lager verbringen; ***rem publicam c.*** die politische Laufbahn einschlagen
3. *fig zu einem Ort* eilen; ***Italiam c.*** nach Italien eilen; ***superiora c.*** nach Höherem streben
Caphāreus *u.* **Caphēreus** ⟨eī⟩ *u.* ⟨eos⟩, *Akk* ⟨ea⟩ *m*

klippenreiche Landspitze im s. Euböa, wo Agamemnon, von Troja kommend, Schiffbruch erlitt
capillāmentum ⟨ī⟩ *n* ||capillus|| (*nachkl.*) Perücke; *fig* Wurzelfasern
capillāre ⟨is⟩ *n* ||capillaris|| (*erg.* ***unguentum***) Mart. Haarpomade
capillāris ⟨e⟩ *Adj* ||capillus|| (*nachkl.*) *poet* Haar…
capillātī ⟨ōrum⟩ *m* ||capillatus|| Mart. die Lockenköpfchen, *auch Lieblingssklaven, deren Haar man lang wachsen ließ*
capillātus ⟨a, um⟩ *Adj* ||capillus|| behaart, langhaarig
capillitium ⟨ī⟩ *n* ||capillus|| Haar
▶ **capillus** ⟨ī⟩ *m* Haupthaar *des Menschen, meist Sg*; *auch* Barthaar; (*nachkl.*) *poet* Haar der Tiere
capiō¹ ⟨cēpī, captum, capere 3.⟩

1. anfassen, ergreifen
2. erreichen
3. fangen, gefangen nehmen
4. erwerben, annehmen
5. befallen
6. wählen, aussuchen
7. übernehmen, auf sich nehmen
8. empfinden
9. geistig erfassen, beherrschen
10. fassen, aufnehmen können
11. es ist möglich/es ist nicht möglich,

1. anfassen, ergreifen, nehmen; aufnehmen; *Örtlichkeiten* einnehmen, besetzen; ***manu baculum c.*** mit der Hand den Stab ergreifen; ***arma c.*** zu den Waffen greifen; ***cibum c.*** Nahrung zu sich nehmen; ***rem publicam c.*** die Staatsgewalt an sich reißen
2. *Orte* erreichen; ***portum c.*** den Hafen erreichen
3. *Lebewesen* fangen, gefangen nehmen; ***hostem c.*** den Feind gefangen nehmen; ***cervum c.*** den Hirsch erjagen; ***uros foveis c.*** Auerochsen in Gruben fangen
4. erwerben, annehmen; für sich einnehmen, gewinnen; ***pecuniam c.*** Geld annehmen, sich bestechen lassen; ***stipendia c.*** Einkünfte beziehen; ***formam c.*** Gestalt annehmen; ***coniecturam c.*** mutmaßen; ***magnam infamiam c.*** große Schande auf sich ziehen
5. *von Zuständen* befallen; ***senatum metus capit*** Furcht befällt den Senat; ***mente captus*** geistig beschränkt
6. wählen, aussuchen, *aliquid* etw, + *dopp. Akk*; ***aliquem arbitrum c.*** j-n als Schiedsrichter auswählen
7. *Ämter od Tätigkeiten* übernehmen, auf sich nehmen; ***consulatum c.*** das Konsulat antreten; ***occasionem c.*** die Gelegenheit ergreifen; ***tempus c.*** den rechten Zeitpunkt wahrnehmen
8. *Gefühle u. Stimmungen* empfinden; ***dolorem c.*** Schmerz empfinden, *alicuius rei/ex re* über etw, wegen etw; ***molestiam c.*** Ärger empfinden, Verdruss empfinden
9. geistig erfassen, beherrschen; ***rerum naturam c.*** das Wesen der Dinge begreifen
10. fassen, aufnehmen können; ***portus vim navium capit*** der Hafen fasst die Menge der Schiffe; ***nec te Troia capit*** Verg. für dich ist selbst Troja zu klein; ***contio capit omnem vim orationis*** das Publikum verträgt die ganze Wucht der Rede
11. (*eccl.*) ***capit/non capit*** es ist möglich/es ist nicht möglich, + *AcI*

capiō² ⟨ōnis⟩ *f* ||capio¹|| Ergreifung, Erwerb des Eigentums *durch dauernden Besitz od Verjährung*
capis ⟨idis⟩, *Akk Pl* ⟨idas⟩ *f* ||griech. Lw.|| Henkelschale, Opferschale *des Pontifex*
capistrō ⟨āvī, ātum, āre 1.⟩ ||*Denom von* capistrum|| (*nachkl.*) *poet* anschirren
capistrum ⟨ī⟩ *n* ||capio¹||
1. Halfter, Maulkorb; *Pl* Geschirr für Zugtiere; luv. *fig* Ehejoch
2. (*mlat.*) Zaumzeug
3. (*nlat.*) Halfterbinde, *Verband um Schädel u. Unterkiefer*
capital *u.* (*nachkl.*) **capitāle** ⟨ālis⟩ *n* ||capitalis|| Kapitalverbrechen; ***capital facere*** einen Mord begehen
▶ **capitālis** ⟨e⟩ *Adj, Adv* ⟨capitāliter⟩ ||caput||
1. den Kopf betreffend, Lebens…, Todes…; ***periculum capitale*** Lebensgefahr; ***poena c.*** Todesstrafe; ***triumviri capitales*** Dreimännerkollegium zur Beaufsichtigung der Hinrichtung
2. todbringend, verderblich, tödlich; ***inimicus/hostis c.*** Todfeind; ***odium c.*** tödlicher Hass
3. in seiner Art vorzüglich, Haupt…; ***ingenium capitale*** Ov. außergewöhnliche Begabung
capitāneus
I ⟨a, um⟩ *Adj* ||caput|| (*spätl.*) durch Größe bestechend
II ⟨i⟩ *m* (*mlat.*) Anführer; Graf; Gemeindevorsteher
capitellum ⟨ī⟩ *n* ||*Dim von* caput||
1. kleiner Kopf
2. Kapitell, *Kopfteil einer Säule*
capitium ⟨ī⟩ *n* ||caput|| (*vkl., spätl.*)
1. Kopföffnung der Tunika
2. kurzer Überwurf *für Frauen*
3. Kapuze
Capitium ⟨ī⟩ *n Stadt im s. Sizilien, heute Capizzi*
capitō ⟨ōnis⟩ *m* ||caput|| Großkopf, Dickkopf
Capitōlīnī ⟨ōrum⟩ *m* ||Capitolinus|| *die Organisatoren der kapitolinischen Spiele*
Capitōlīnus ⟨a, um⟩ *Adj* ||Capitolium|| kapitolinisch
Capitōlium ⟨ī⟩ *n*
1. Kapitol, *Hügel w. des Forum Romanum mit steil abfallender Wand zum Forum (rupes Tarpeia), auf dem die röm. Burg sowie der Jupitertempel standen*
2. Jupitertempel *auf dem Kapitol, in dem Iuppiter Optimus Maximus, Juno u. Minerva verehrt wurden*
3. (*eccl.*) *jeder heidnische* Tempel
capitulare ⟨is⟩ *n* (*mlat.*) königliche Verordnung
capitularis ⟨e⟩ *Adj* (*mlat.*) Haupt…; ***litterae capitulares*** Anfangsbuchstaben
capitulātim *Adv* ||capitulum|| (*nachkl.*) zusammengefasst, summarisch
capitulo ⟨avi, atum, are 1.⟩ (*mlat.*) ein Kapitel versammeln; strafen
capitulum ⟨ī⟩ *n* ||*Dim von* caput||
1. Köpfchen
2. ARCH Kapitell, *Kopfteil einer Säule*
3. (*eccl.*) Kapitel, Abschnitt *aus der Bibel od allg. einer geistlichen Lesung*; Domkapitel

C

cāpō ⟨ōnis⟩ *m*
1. Mart. Kapaun, *verschnittener* Masthahn
2. Eunuch
cappa ⟨ae⟩ *f*
1. ärmelloser Mantel *mit Kapuze*
2. *(eccl.)* Soutane; ***c. magna*** Kapuzenmantel *mit langer Schleppe, Ornat der hohen katholischen Geistlichkeit*
Cappadoca ⟨ae⟩ *f* ||Cappadocia|| Mart. (billiger) Kopfsalat
Cappadocia ⟨ae⟩ *f* Kappadokien, *Landschaft in Zentralanatolien, seit 17 n Chr. röm. Provinz*
Cappadocius *u.* **Cappadocus** ⟨a, um⟩ *Adj* aus Kappadokien, zu Kappadokien gehörig
Cappadox ⟨ocis⟩ *m* Einwohner von Kappadokien
capparis ⟨is⟩ *f* ||griech. Fw.|| *(vkl., nachkl.)* Kaper
cappō ⟨ōnis⟩ *m* = ***capo***
cappūdō ⟨inis⟩ *f* = ***capedo***
▶ **capra** ⟨ae⟩ *f* ||caper||
1. Ziege, Geiß; *meton* Bocksgeruch
2. *Stern im Sternbild des Fuhrmanns*; = ***capella***[1]
Caprae Palus *f Stelle auf dem Marsfeld, wo Romulus verschwand*
caprea ⟨ae⟩ *f* ||capra|| *(nachkl.) poet* wilde Ziege, Reh
Capreae ⟨ārum⟩ *f kleine Felseninsel s. von Neapel, heute Capri; Sommersitz der Kaiser Augustus u. Tiberius, mit Ruinen*
capreāginus ⟨a, um⟩ *Adj* ||caprea, gigno|| Plaut. von Ziegen stammend
Capreēnsis ⟨e⟩ *Adj* zu Capreae gehörig
capreolus ⟨ī⟩ *m* ||caper||
1. Verg. wilder Ziegenbock, Rehbock
2. *Pl* ARCH Dachsparren, Streben, Stützen
capri-cornus ⟨ī⟩ *m* ||caper, cornu|| Steinbock, *bes als Gestirn*
capri-ficus ⟨ī⟩ *f* ||caper|| *(unkl.)* wilder Feigenbaum; wilde Feige
capri-genus ⟨a, um⟩ *Adj* ||caper, gigno|| von Ziegen abstammend, Ziegen…
capri-mulgus ⟨ī⟩ *m* ||caper, mulgeo|| *poet* Ziegenmelker, Ziegenhirt
Caprineus ⟨ī⟩ *m* Bewohner von Capreae, *Spottname für Tiberius*
caprīnus ⟨a, um⟩ *Adj* ||caper|| Ziegen…, Bocks…; ***rixari de lana caprina*** Hor. um des Kaisers Bart streiten
capri-pēs *Gen* ⟨pedis⟩ *Adj* ||caper|| *poet* bocksfüßig
capsa ⟨ae⟩ *f* ||capio[1]||
1. Kapsel, Kästchen, Buchkapsel
2. *(mlat.)* Reliquienkästchen, Tabernakel
capsārius ⟨ī⟩ *m* ||capsa|| Suet. Kapselträger, *Sklave, der dem Sohn seines Herrn die Büchertasche trug*
capsella ⟨ae⟩ *f* ||*Dim von* capsa|| *(unkl.)* kleine Kapsel, Kästchen
capsō *Fut* ex → ***capio***[1]
capsula ⟨ae⟩ *f* = ***capsella***
capsus ⟨ī⟩ *m* ||capio[1]|| *(nachkl.)* Kasten, *bes* Wagenkasten, Kutschenkasten
captātiō ⟨ōnis⟩ *f* ||capto||
1. das Haschen, das Jagen, *alicuius rei* nach etw; ***c. verborum*** Wortklauberei
2. Quint. *Fechtersprache* Finte
3. ***c. benevolentiae*** *(nlat.)* das Werben um die Gunst *des Hörers od des Lesers*
captātor ⟨ōris⟩ *m* ||capto|| *(nachkl.) poet* der *einer Sache* nachjagt, *alicuius rei*; *abs* Erbschleicher; ***c. curae popularis*** Buhler um die Volksgunst; ***c. lucri*** Preistreiber
captiō ⟨ōnis⟩ *f* ||capio[1]||
1. *(nachkl.)* das Fassen, das Ergreifen
2. *fig* Betrug, Täuschung; ***c. dialectica*** Trugschluss
3. *meton* Schaden, Nachteil
captiōsum ⟨ī⟩ *n* ||captiosus|| Trugschluss
captiōsus ⟨a, um⟩ *Adj, Adv* ⟨captiōsē⟩ ||captio|| betrügerisch, arglistig *nur von Sachen*; ***societas captiosa*** betrügerische Gesellschaft; ***interrogatio captiosa*** verfängliche Frage; ***captiose interrogare*** arglistig fragen
captiuncula ⟨ae⟩ *f* ||*Dim von* captio|| kleine Verfänglichkeit
captīva ⟨ae⟩ *f* ||captivus|| Kriegsgefangene
captīvitās ⟨ātis⟩ *f* ||captivus|| *(nachkl.)*
1. Gefangenschaft
2. Eroberung, Besetzung
▶ **captīvus**
I ⟨a, um⟩ *Adj* ||captus, *PPP von* capio[1]||
1. gefangen, kriegsgefangen
2. *von Leblosem* erbeutet, erobert
3. *meton* einem Gefangenen gehörig; ***crines captivi*** Haare eines Gefangenen
II ⟨ī⟩ *m* Kriegsgefangener
▶ **captō** ⟨āvī, ātum, āre 1.⟩ ||*Intens von* capio[1]|| eifrig greifen, wiederholt greifen, haschen, schnappen, eifrig trachten, streben, *aliquid* nach etw; ***testamenta c.*** Erbschleicherei betreiben; ***aure c.*** belauschen; ***hostem insidiis c.*** den Feind überlisten
captūra ⟨ae⟩ *f* ||capio[1]|| *(nachkl.)* Fang; *fig* Gewinn, Dirnenlohn
captus[1] ⟨a, um⟩ *PPP* → ***capio***[1]
captus[2] ⟨ūs⟩ *m* ||capio[1]||
1. das Fassen, das Greifen
2. *fig* Umfang
3. *fig* geistige Fassungskraft, Begabung; ***ut est c. Germanorum*** wie es dem Bildungsstand der Germanen entspricht
Capua ⟨ae⟩ *f Hauptstadt von Kampanien, um 800 v. Chr. von den Etruskern gegründet, 424 v. Chr. samnitisch, um 300 v. Chr. röm.; Endpunkt der via Appia, heute S. Maria di Capua, mit Ruinen*
capūdō ⟨inis⟩ *f* = ***capedo***
Capuēnsis
I ⟨e⟩ *Adj* aus Capua, zu Capua gehörig
II ⟨is⟩ *m* Einwohner von Capua
capulāris ⟨e⟩ *Adj* ||capulus|| Plaut. dem Grab nahe
capulus ⟨ī⟩ *m* ||capio[1]||
1. Griff, Handgriff, *bes* Griff des Schwertes, Griff des Dolches; Plaut. *hum* männliches Glied
2. *(unkl.)* Sarg
caput ⟨itis⟩ *n*

1. Kopf, Haupt
2. Person, Stück
3. Spitze, Anfang
4. Quelle, Ursache
5. Leben
6. bürgerliche Existenz
7. Verstand

C

8. Hauptperson, Rädelsführer
9. Hauptstadt, Hauptort
10. Kapitel, Paragraf
11. Kapital

1. Kopf, Haupt *von Mensch u. Tier*; ***caput aperire*** das Haupt entblößen; ***capita conferre*** die Köpfe zusammenstecken; ***nec caput nec pedes habere*** weder Hand noch Fuß haben
2. Kopf = Person, Stück *bei Zählungen*; ***centenos nummos in capita distribuere*** pro Kopf 100 Münzen verteilen; ***capite censi*** *nur nach Köpfen gezählte* Angehörige der untersten Bürgerklasse ohne Vermögen
3. Spitze, Anfang, Ende; ***c. pontis*** Brückenkopf; ***capita vitis*** Wurzeln eines Rebstocks, Ranken des Rebstocks; ***c. fluminis*** Quelle eines Flusses, Mündung eines Flusses; ***Rhenus multis capitibus in Oceanum influit*** der Rhein fließt in vielen Armen in den Ozean
4. *fig* Quelle, Ursache; ***c. maleficii*** innere Ursache der Untat; ***aliquid sine capite manabit*** irgendein Gerücht wird aus unbekannter Quelle fließen
5. *meton* Leben; ***capitis periculum*** Lebensgefahr; ***salvo capite*** unversehrt, ungeschoren; ***poena capitis*** Todesstrafe; ***causa capitis*** Prozess über Leben oder Tod
6. *meton* bürgerliche Existenz; ***agitur c. alicuius*** es geht um j-s Existenz
7. Verstand; ***incolumi capite esse*** Hor. bei gesundem Verstand sein
8. *fig* Hauptperson, Rädelsführer; Hauptsache; ***c. coniurationis*** Rädelsführer der Verschwörung; ***quod est c.*** was die Hauptsache ist
9. *fig* Hauptstadt, Hauptort; ***Thebae, c. totius Graeciae*** Theben, die Hauptstadt von ganz Griechenland; ***c. belli*** Kriegsherd, Mittelpunkt des Krieges
10. *fig* Kapitel, Paragraf *in Gesetzen*; ***unius capitis lectio*** Lektüre eines Abschnitts; ***capita rerum*** Inhaltsverzeichnis
11. *fig* Kapital; ***de capite ipso demere*** die Pachtsumme kürzen

Capys ⟨yis⟩, *Akk* ⟨yn⟩ *m*
1. *Gefährte des Aeneas*
2. *König von Alba Longa*
3. *Gründer von Capua*

Cār ⟨Cāris⟩, *Pl* ***Cāres, um*** *m* Einwohner von Caria

caracalla ⟨ae⟩ *f* ||gall. Fw.|| überlanger Kapuzenmantel, *eingeführt von M. Aurelius Severus Antoninus (Kaiser 211–217 n. Chr.), daher dessen Beiname Caracalla*

Caralēs ⟨ium⟩ *f u.* **Caralis** ⟨is, *Akk* im⟩ *f Stadt auf Sardinien, heute Cagliari*

carbasa ⟨ōrum⟩ *n* ||carbasus[2]|| Batistkleider; Leinensegel

carbaseus *u.* **carbasus**[1] ⟨a, um⟩ *Adj* ||carbasus[2]|| aus feiner Leinwand, leinen

carbasus[2] ⟨ī⟩ *m* feine Leinwand, *später* Baumwollgewebe, Batist

carbatinus ⟨a, um⟩ *Adj* = ***carpatinus***

▶ **carbō** ⟨ōnis⟩ *m* Kohle

Carbō ⟨ōnis⟩ *m Beiname des pleb. Zweiges der gens Papiria;* → ***Papirius***

carbōnārius
I ⟨a, um⟩ *Adj* ||carbo|| zur Kohle gehörig, Kohlen…
II ⟨ī⟩ *m* Köhler, Kohlenhändler

carbunculus ⟨ī⟩ *m* ||*Dim von* carbo||
1. kleine Kohle; Plaut. *fig* verzehrender Kummer
2. dunkelroter Edelstein, Rubin, Karfunkelstein
3. Geschwür *um einen Herd*, Karbunkel

▶ **carcer** ⟨eris⟩ *m*
1. Umfriedung, Schranke; *Pl* Schranken *der Rennbahn als Markierung des Startes*; *fig* Ausgangspunkt, Anfang; ↔ ***calx[1]*** *3.*
2. Gefängnis, Kerker, Gewahrsam; *fig für den Leib als Kerker der Seele*
3. *meton* die eingekerkerten Verbrecher; *(vkl.)* Schurke, *Schimpfwort*

carcerārius
I ⟨a, um⟩ *Adj* ||carcer|| zum Kerker gehörig; ***quaestus c.*** Erwerb aus dem Dienst im Kerker
II ⟨ī⟩ *m* Kerkermeister

Carchēdonius ⟨a, um⟩ *Adj* aus Karthago

carchēsium ⟨ī⟩ *n* ||griech. Fw.|| Trinkgefäß, Becher *mit Henkeln vom Boden bis zum Rand*

carcinōma ⟨atis⟩ *n* ||griech. Fw.|| *(vkl., nachkl.)* Krebsgeschwür; Taugenichts, *Schimpfwort*

Carda ⟨ae⟩ *f* = ***Cardea***

cardaces ⟨um⟩, *Akk* ***as*** *m* ||persisch-griech. Lw.|| Nep. *persische Truppengattung* = Elitetruppe

Cardea ⟨ae⟩ *f* ||cardo|| *Göttin der Türangeln, d. heute Göttin des eigenen Heimes u. der Familie*

cardēlis ⟨is⟩ *f* = ***carduelis***

cardiacus
I ⟨a, um⟩ *Adj* ||griech. Fw.|| magenkrank
II ⟨ī⟩ *m* ||griech. Fw.|| Magenkranker

cardinālis
I ⟨e⟩ *Adj* ||cardo|| zur Türangel gehörig; *(spätl.) fig* wichtig, Haupt…; ***numerus c.*** Grundzahl
II ⟨is⟩ *m (mlat.)* Kardinal, *Mitglied des Kardinalskollegiums der katholischen Kirche, höchste Würdenträger nach dem Papst*

cardō ⟨inis⟩ *m (unkl.)*
1. Türangel; ***cardinem vertere*** die Tür öffnen; ***c. masculus*** ARCH Zapfen der Türangel; ***c. femina*** ARCH Pfanne der Türangel
2. *fig* Wendepunkt, Drehpunkt; ***c. mundi*** Nordpol; ***c. duplex*** Nord- und Südpol, Weltachse
3. *Feldmessung* Grenzlinie, *von S nach N gezogen*
4. MIL Demarkationslinie
5. Hauptpunkt, Angelpunkt; ***c. rerum*** entscheidender Zeitpunkt
6. ***c. summus*** *(mlat.)* Himmel

carduēlis ⟨is⟩ *f* Distelfink

carduus ⟨ī⟩ *m* ||carro|| *(nachkl.) poet* Distel

cārectum ⟨ī⟩ *n* ||carex|| mit Riedgras bewachsene Wiese

carentia ⟨ae⟩ *f* ||careo|| *(spätl.)* Mangel, Entbehrung, Verzicht

▶ **careō** ⟨uī, itūrus, ēre 2.⟩
1. frei sein von *etw*, *etw* nicht haben, *re*; ***c. honore*** keine Ehre haben; ***c. culpā*** frei sein von Schuld; ***carens luce*** ohne Licht; ***carens viribus*** kraftlos; ***carens aditu*** unzugänglich
2. sich *bewusst* von *etw* entfernt halten, sich *einer Sache* enthalten, *re*; ***c. cibo*** sich der Speise enthal-

ten, nichts essen; ***c. publico*** sich von der Öffentlichkeit fern halten
3. *etw* schmerzlich entbehren, auf *etw* verzichten müssen, *re*; ***consuetudine amicorum c.*** auf den Umgang mit den Freunden verzichten müssen

Cāres ⟨um⟩ *m* → ***Car***

cārex ⟨icis⟩ *m* (*nachkl.*) *poet* Riedgras

Cāria ⟨ae⟩ *f* Karien, *Landschaft im SW von Kleinasien*

cārica ⟨ae⟩ *f* (*erg.* ***ficus***) getrocknete Feige aus Karien

Cāricus ⟨a, um⟩ *Adj* aus Karien, zu Karien gehörig

cariēs ⟨ēī⟩ *f* (*nachkl.*) Morschheit, Fäulnis *des Holzes*

carīna ⟨ae⟩ *f* (*nachkl.*) Nussschale; Schiffskiel; *meton*, *poet* Schiff, Fahrzeug

Carīnae ⟨ārum⟩ *f Stadtteil im alten Rom am Esquilin, heute S. Pietro in Vinculo*

carinārius ⟨ī⟩ *m* Plaut. Hersteller eines → carinum

carinum ⟨ī⟩ *n* ||carinus|| Plaut. nussbraunes Kleid

carinus ⟨a, um⟩ *Adj* ||griech. Fw.|| nussbaumfarben, nussbraun

cariōsus ⟨a, um⟩ *Adj* ||caries|| (*unkl.*) morsch, mürbe, faul; ***dens c.*** fauler Zahn; ***vina cariosa*** milde Weine

cāris ⟨idis⟩ *f* ||griech. Fw.|| Ov. Krabbe, Garnele

caristia ⟨ōrum⟩ *n* ||griech. Fw.|| (*nachkl.*) *poet* Fest der Verwandtschaftsliebe, *am 22. Februar*

▸ **cāritās** ⟨ātis⟩ *f* ||carus||
1. hoher Preis, Teuerung; ***annus est in summa caritate*** in dem Jahr herrscht höchste Teuerung
2. *fig* Hochschätzung, Verehrung, hingebende Liebe, *alicuius* j-s *od* zu j-m
3. (*eccl.*) christliche Nächstenliebe

caritativus ⟨a, um⟩ *Adj* (*mlat.*) lieb, freundlich, mildtätig

Carmel *indekl m u.* **Carmēlus** ⟨ī⟩ *m Gebirgszug in Untergaliläa, s. von Akko, bis ins 3. Jh. n Chr. dort Jupitertempel*

▸ **carmen** ⟨inis⟩ *n* ||cano||
1. feierliche Rede, Eidesformel, Gebetsformel, Gesetzesformel; ***lex horrendi carminis*** Gesetz mit schrecklichem Wortlaut
2. (*unkl.*) Zauberformel; Weissagung, Orakelspruch *oft in Versen*
3. Kultlied; Gesang, Lied, *auch von Vögeln*
4. *von Instrumenten* Klang, Spiel, Musik
5. Dichtung, Gedicht, Lied, Gesang *als Teil einer größeren Dichtung*; Textstelle bei einem Dichter, Vers; ***c. amabile*** erotische Dichtung
6. poetische Inschrift
7. Spottgedicht, Schmähgedicht; ***carmina obscena*** schmutzige Spottverse
8. ***Carmina Burana*** *mittelalterliche Vagantenlieder aus Benediktbeuern*

Carmenta ⟨ae⟩ *f altital. Weissagegöttin; später Mutter des Euander aus Arkadien mit Heiligtum am Fuß des kapitolinischen Hügels*

Carmentālia ⟨ium⟩ *n* Fest zu Ehren der Carmenta, *am 11. u. 15. Januar, bes von Frauen gefeiert*

Carmentāriī ⟨ōrum⟩ *m* die Priester der Carmenta, *die deren Orakelsprüche aufzeichneten*

Carmentis ⟨is⟩ *f* = ***Carmenta***

Carmo ⟨ōnis⟩ *f Stadt in Hispania Baetica, heute Carmona bei Sevilla*

Carna ⟨ae⟩ *f alte Schutzgöttin der lebenswichtigen Körperteile (Herz, Lunge, Leber), von Ovid mit Cardea gleichgesetzt*

carnālis ⟨e⟩ *Adj* ||caro[1]|| (*eccl.*) fleischlich; sündhaft

carnārium ⟨ī⟩ *n* ||carnarius|| Räucherkammer; Fleischhaken; *meton* Blutbad, Gemetzel

carnārius
I ⟨a, um⟩ *Adj* ||caro[1]|| Fleisch…
II ⟨ī⟩ *m* Mart.
1. Fleischliebhaber; *hum* ↔ ***pinguiarius***
2. Fleischhändler

Carneadēs ⟨is⟩ *m akademischer Philos. aus Kyrene, 213–129 v. Chr., Gründer der Neueren Akademie in Athen, Gegner der Stoa, Mitglied der athenischen Philosophengesandtschaft in Rom 155 v. Chr., die entscheidend war für die Verbreitung der griech. Philosophie in Rom*

Carneadēus *u.* **Carneadīus** ⟨a, um⟩ *Adj* des Carneades, zu Carneades gehörig

carni-fex ⟨icis⟩ *m* ||caro[1], facio|| Henker, Scharfrichter, *entehrendes, nur von Sklaven ausgeübtes Amt, dessen Inhaber nicht in der Stadt wohnen durfte*; *daher Schimpfwort* Schinder, Schurke

carnificīna ⟨ae⟩ *f* ||carnifex|| Amt des Henkers; Folter; *meton* Marter, Pein, Qual; ***carnificinae locus*** Suet. Folterkammer

carnificius ⟨a, um⟩ *Adj* ||carnifex|| Plaut. zum Henker gehörig, Henkers…

carnificō ⟨āvī, ātum, āre 1.⟩ ||*Denom von* carnifex|| (*nachkl.*) in Stücke hauen, köpfen, hinrichten

carnis ⟨is⟩ *f* = ***caro[1]***

carnufex ⟨ficis⟩ *m* = ***carnifex***

carnufic… = ***carnific…***

Carnuntum ⟨ī⟩ *n kelt. Stadt u. röm. Militärlager im oberen Pannonien, Überreste an der Donau vor Bratislava*

Carnūtēs ⟨um⟩ *m u.* **Carnūtī** ⟨ōrum⟩ *m gall. Volk zwischen Liger (Loire) u. Sequana (Seine) mit den Hauptstädten Cenabum (Orléans) u. Autricum (Chartres)*

▸ **carō[1]** ⟨carnis⟩ *f*
1. Fleisch; *Pl* Fleischstücke; ***c. ferina*** Wildbret; ***carne vivere*** von Fleisch leben
2. *pej* Fleischklumpen, Fleischmasse *für einen geistlosen Menschen*; Quint. RHET Schwulst
3. Fleisch von Früchten

cārō[2] ⟨-, -, ere 3.⟩ = ***carro***

carpatinus ⟨a, um⟩ *Adj* ||griech. Lw.|| Catul. aus rohem Leder

carpentārius
I ⟨a, um⟩ *Adj* ||carpentum|| zum Wagen gehörig, Wagen…
II ⟨ī⟩ *m* Stellmacher, Wagner

carpentum ⟨ī⟩ *n* ||gall. Lw.|| *zweirädriger u. überdachter* Reisewagen; *auch* Gepäckwagen, Karren; MIL *kelt.* Streitwagen

Carpetānī ⟨ōrum⟩ *m mächtiger Stamm in Spanien mit der Hauptstadt Toletum*

carpō ⟨carpsī, carptum, carpere 3.⟩

1. pflücken, abpflücken
2. weiden, abrupfen
3. zerpflücken

4. prellen, betrügen
5. genießen, ausnützen
6. abpflücken, auswählen
7. zurücklegen
8. zerpflücken, kritisch verreißen
9. schwächen, entkräften
10. reizen, stören

1. pflücken, abpflücken, ***poma*** Obst, ***flores ex arbore*** Blüten vom Baum, ***herbas manibus*** Kräuter mit den Händen
2. *von Tieren* weiden, abrupfen; ***equi gramen carpunt*** Pferde rupfen das Gras; ***apes mel carpunt*** Bienen saugen den Honig aus
3. zerpflücken; *fig* zersplittern, zerstückeln; ***lanam c.*** Wolle zupfen; ***cibos digitis c.*** die Speisen mit den Fingern zerlegen; ***orationem membris minutioribus c.*** in abgerissenen Sätzen sprechen
4. *fig meist poet u. hum* prellen, betrügen, ***amantem*** den Liebhaber
5. *fig* genießen, ausnützen; ***carpe diem*** Hor. nütze den Tag; ***molles sub divo somnos c.*** den süßen Schlaf unter freiem Himmel genießen
6. *fig von einem Ganzen* abpflücken, auswählen; ***omni ex genere orationis flosculos c.*** das Beste aus der ganzen Gattung der Rede aussuchen
7. *fig ein Stück Weg* zurücklegen; ***aera alis c.*** die Lüfte mit Flügeln durchziehen; ***tramitem c.*** einen Pfad erklimmen; ***supremum iter c.*** seinen letzten Gang gehen = sterben
8. *fig mit Worten* zerpflücken, kritisch verreißen; ***aliquem sinistris sermonibus c.*** j-n mit böswilligen Reden verspotten
9. *fig* schwächen, entkräften; ***labor carpit corpus*** die Arbeit schwächt den Körper
10. MIL *den Feind durch kleinere Scharmützel* reizen, stören; ***novissimum agmen c.*** die Nachhut reizen

carptīm *Adv* ||carpo|| *(nachkl.)*
1. stückweise, in Auswahl, in einzelnen Partien
2. an verschiedenen Stellen, wiederholt
3. nur hin und wieder, vereinzelt

carptor ⟨ōris⟩ *m* ||carpo|| *(unkl.)* Vorschneider, Trancheur; *fig* gehässiger Tadler

carptus ⟨a, um⟩ *PPP* → ***carpo***

Carrhae ⟨ārum⟩ *f Stadt im N Mesopotamiens, das biblische Haran, Ruinen s. von Urfa (Edessa), in der Osttürkei; 53 v. Chr. Niederlage des Crassus gegen die Parther; Kaiser M. Aurelius Severus Caracalla 217 n Chr. ermordet*

carrō ⟨-, -, ere 3.⟩ *(vkl.)* krempeln, auflockern

carrūca ⟨ae⟩ *f* ||gall. Lw.|| *(nachkl.) poet* vierrädriger Wagen

carrum ⟨ī⟩ *n u.* **carrus** ⟨ī⟩ *m* ||gall. Fw.|| vierrädriger Lastwagen, Karren

Carseolānī ⟨ōrum⟩ *m* die Einwohner von Carseoli

Carseolānus ⟨a, um⟩ *Adj* aus Carseoli, zu Carseoli gehörig

Carseolī ⟨ōrum⟩ *m Stadt in Latium, heute Arsoli, nö. von Tivoli*

Carsūlae ⟨ārum⟩ *f Stadt in Umbrien, Ruinen bei Monte Castrili u. San Gemini, n von Narni*

Carthāginiēnsis
I ⟨e⟩ *Adj* ||Carthago|| karthagisch, zu Karthago gehörig
II ⟨is⟩ *m* Karthager, Einwohner von Karthago

Carthāgō ⟨inis⟩ *f phönikische Stadt bei Tunis, 841 v. Chr. gegründet (nach der Sage von Dido), 146 v. Chr. von den Römern im dritten Punischen Krieg zerstört; nach Wiederaufbau von den Arabern 698 n. Chr. zerstört*

Carthāgō nova *227 v. Chr. von Hasdrubal im SO Spaniens gegründet, seit 209 v. Chr. Hauptstadt der röm. Provinz Hispania citerior, heute Cartagena*

caruncula ⟨ae⟩ *f* ||*Dim von* caro[1]|| Fleischstückchen

▶ **cārus** ⟨a, um⟩ *Adj, Adv* ⟨cārē⟩
1. teuer, hoch im Preis, wertvoll
2. *fig* lieb, teuer, wert

Cārus ⟨ī⟩ *m röm. Beiname*

Caryae ⟨ārum⟩ *f Ort im n Lakonien mit Artemistempel, heute Kariai*

Caryātides ⟨um⟩ *f*
1. *die nach Caryae benannten Tempeldienerinnen der Artemis*
2. ARCH Karyatiden, *weibliche Figuren anstelle von Säulen, die das Gebälk tragen*

caryōta ⟨ae⟩ *f u.* **caryōtis** ⟨idis⟩ *f* ||griech. Fw.|| nussförmige Dattel

Carystēus *u.* **Carystius** ⟨a, um⟩ *Adj* Ov. Einwohner von Carystus *1*

Carystus ⟨ī⟩ *f*
1. *Stadt an der Südspitze der Insel Euböa, heute Káristos, berühmt durch die Marmorbrüche der Gegend*
2. *Stadt in Ligurien*

▶ **casa** ⟨ae⟩ *f* Hütte, Häuschen, Gartenhaus, Landhaus

Casca ⟨ae⟩ *m Beiname in der gens Servilia;* → ***Servilius***

cascus ⟨a, um⟩ *Adj (vkl.)* uralt

cāseolus ⟨ī⟩ *m* ||*Dim von* caseus|| *poet* kleiner Käse

cāseus ⟨ī⟩ *m* Käse

casia ⟨ae⟩ *f* ||griech. Fw.|| *(unkl.)*
1. wilder Zimt
2. Seidelbast

Casilīnum ⟨ī⟩ *n Stadt bei Capua, im 9. Jh. als heutige Stadt Capua neu gegründet*

Casīnās
I *Gen* ⟨ātis⟩ *Adj* aus Casinum, zu Casinum gehörig
II ⟨ātis⟩ *m* Einwohner von Casinum

Casīnum ⟨ī⟩ *n Stadt in Latium am Fuß des mons Casinus, wo heute die Abtei Monte Cassino steht*

Casperia ⟨ae⟩ *f Stadt der Sabiner*

Caspius ⟨a, um⟩ *Adj* kaspisch; ***Caspium mare/pelagus*** Kaspisches Meer; ***Caspii montes*** Kaukasus *od* Elburus-Gebirge *s. des Kaspischen Meeres*

Cassandra ⟨ae⟩ *f Tochter des Priamus, von Apollo mit der Sehergabe beschenkt, sagte den Untergang Trojas voraus*

Cassandrēa *u.* **Cassandrīa** ⟨ae⟩ *f Stadt Potideae auf Chalkidike*

Cassiānus ⟨a, um⟩ *Adj* des Cassius, zu Cassius gehörig; ***C. iudex*** strenger Richter

cassida ⟨ae⟩ *f* ||cassis[1]|| *poet* Metallhelm

Cassiepēa *u.* **Cassiepīa** ⟨ae⟩ *f* → ***Cassiope*** *1*

Cassiodōrus ⟨ī⟩ *m Magnus Aurelius, ca. 485–580 n Chr., Geheimschreiber Theoderichs des Großen,*

C

(spätl.) Schriftsteller
Cassiopē ⟨ēs⟩ *f*
1. *Mutter der Andromeda, als Gestirn Cassiepea u. Cassiepia*
2. *Hafenstadt auf Korfu, heute Kassiópi*
cassis[1] ⟨idis⟩ *f* Metallhelm; *meton* Krieg; ***sub casside*** im Krieg
cassis[2] ⟨is⟩ *m, meist Pl*
1. Jägernetz, Jägergarn; Spinngewebe
2. *fig* Nachstellung, Falle
cassīta ⟨ae⟩ *f* ||cassis[1]|| Haubenlerche
Cassius ⟨a, um⟩ *Name einer vornehmen pleb. gens*
1. ***L. Cassius Longinus Ravilla*** *Zensor 125 v. Chr., bekannt durch Gerechtigkeit u. Strenge*
2. ***L. Cassius Longinus*** *fiel als Konsul 107 v. Chr. im Kampf gegen die Helvetier (bellum Cassianum)*
3. ***Cassius Parmensis*** *einer der Caesarmörder*
4. ***Cassius Longinus*** *einer der Caesarmörder*
5. ***Cassius Longinus*** *berühmter Jurist unter Tiberius*
cassō ⟨āvī, ātum, āre 1.⟩ Plaut. taumeln, torkeln
cassus ⟨a, um⟩ *Adj, Adv* ⟨cassē⟩ ||careo|| *(unkl.)*
1. hohl, leer; ***nux cassa*** taube Nuss
2. *etw* entbehrend, *einer Sache* beraubt, *alicuius rei / re*; ***luminis / lumine c.*** des Lichtes beraubt; ***sanguine c.*** blutlos
3. nichtig, unnütz, vergeblich, ***in cassum tela iactare*** Speere ins Leere werfen
Castalia ⟨ae⟩ *f dem Apollo u. den Musen geweihte Quelle am Parnass bei Delphi; poet* Musenquelle
Castalis ⟨idis⟩ *Adj f u.* **Castalius** ⟨a, um⟩ *Adj* kastalisch, *auch* delphisch
castanea ⟨ae⟩ *f* ||griech. Fw.|| Kastanie *als Baum u. Frucht*
castaneus ⟨a, um⟩ *Adj* zur Kastanie gehörig, Kastanien…
castellānus
I ⟨a, um⟩ *Adj* ||castellum|| zum Kastell gehörig
II ⟨ī⟩ *m* Bewohner eines Kastells; *Pl* Besatzung eines Kastells
castellātim *Adv* ||castellum|| *(nachkl.)* kastellweise, in einzelnen Kastellen
► **castellum** ⟨ī⟩ *n* ||*Dim von* castrum||
1. befestigter Platz, Kastell, Fort, Schloss, Bastion, Außenwerk, Blockhaus; ***c. pontis*** Brückenkopf
2. *poet* Gebirgsdorf
3. Zufluchtsort
4. *(spätl.)* Wasserreservoir
5. *(mlat.)* Burg, Dorf
castēria ⟨ae⟩ *f* ||griech. Lw.|| Plaut. Schlafraum *der Ruderer* an Deck, Koje
casti-ficus ⟨a, um⟩ *Adj* ||castus, facio|| *poet* keusch, rein
castīgābilis ⟨e⟩ *Adj* ||castigo|| Plaut. strafbar
castīgātiō ⟨ōnis⟩ *f* ||castigo|| Züchtigung, Tadel; ***castigatione afficere aliquem*** j-n bestrafen
castīgātor ⟨ōris⟩ *m* ||castigo|| Zuchtmeister, Sittenrichter
castīgātōrius ⟨a, um⟩ *Adj* ||castigator|| Plin. zurechtweisend
castīgātus ⟨a, um⟩ *Adj* ||castigo|| *(nachkl.)*
1. straff, gedrungen
2. *fig* eingeschränkt, knapp; ***castigate vivere*** mit Einschränkungen leben

castīgō ⟨āvī, ātum, āre 1.⟩ ||castus[1]||
1. züchtigen; ***c. verbis*** zurechtweisen, tadeln; ***verberibus c.*** mit Schlägen bestrafen
2. *Fehlerhaftes* verbessern, korrigieren
3. einschränken, zähmen; ***frenis c. equum*** ein Pferd zügeln; ***risum c.*** das Lachen ersticken
castimōnia ⟨ae⟩ *f* ||castus[1]||
1. RELIG Enthaltsamkeit; körperliche Reinheit, kultische Reinheit
2. *meton* Sittenreinheit, Keuschheit
castitās ⟨ātis⟩ *f* ||castus[1]|| Keuschheit; *(nachkl.)* Uneigennützigkeit
castor ⟨oris *Akk, auch* ora⟩ *m* ||griech. Fw.|| Biber
Castor ⟨oris⟩ *m Sohn des Tyndareus u. der Leda, Schutzpatron der Seefahrer, mit seinem Bruder Polydeukes / Pollux als Doppelgestirn unter die Sterne versetzt (Dioskuren), Tempel an der Südseite des Forums*
castoreum ⟨ī⟩ *n* ||castor|| *(unkl.)* Bibergeil, *Sekret des After-Genital-Bereichs des Bibers, seit alters her als Arzneimittel bekannt*
castra ⟨ōrum⟩ *n* → ***castrum***
castrātus ⟨ī⟩ *m* ||castro|| Eunuch
castrēnsis ⟨e⟩ *Adj* ||castrum|| zum Lager gehörig, Lager…
castrō ⟨āvī, ātum, āre 1.⟩
1. kastrieren, entmannen
2. *Bäumen* ausschneiden, lichten; ***libellos c.*** Mart. *poet* Bücher von Zoten reinigen
3. *fig* entkräften, schwächen
► **castrum** ⟨ī⟩ *n, meist Pl*
1. fester Platz, befestigter Platz; = ***castellum***
2. *Pl* Lager, Feldlager; ***castra stativa*** Standlager *für längere Zeit*; ***castra aestiva*** Sommerlager; ***castra hiberna*** Winterlager; ***castra navalia / nautica*** befestigter Landeplatz; ***castra ponere*** das Lager aufschlagen; ***castra movere*** das Lager abbrechen; ***in Epicuri castra se conicere*** *fig* sich ins Lager des Epikur begeben; ***castra praetoriana*** Kaserne der Prätorianer
3. *Pl meton* Tagesmarsch; ***quintis castris Gergoviam pervenire*** in fünf Tagesmärschen nach Gergovia kommen
4. *Pl* Krieg, Kriegsdienst; ***in castris usum habere*** Erfahrung im Kriegshandwerk haben
5. *(mlat.)* Burg, Stadt; *Pl* Quartier, Heer
► **castus**[1] ⟨a, um⟩ *Adj, Adv* ⟨castē⟩
1. rein, sittenrein, keusch, züchtig; *poet* jungfräulich
2. gottesfürchtig, religiös; *von Sachen* heilig; ***ius matrimonii castum*** geheiligtes Recht der Ehe; ***nemus castum*** geweihter Hain
3. gewissenhaft, uneigennützig
4. LIT, Gell. *Stil* rein, frei von Barbarismen
castus[2] ⟨ūs⟩ *m (vkl., nachkl.)* = ***castimonia*** *u.* = ***castitas***
casula ⟨ae⟩ *f* ||*Dim von* casa||
1. kleine Hütte; Totenkammer, Grabgewölbe
2. Kleid mit Kapuze; *(eccl.)* Messgewand *des katholischen Priesters*, Kasel
cāsūrus ⟨a, um⟩ *Part Fut* → ***cado***
► **cāsus** ⟨ūs⟩ *m* ||cado||
1. Fall, Sturz, das Herabfallen, das Umstürzen; ***c. nivis*** Schneefall; ***c. vehiculi*** das Umfallen eines

Fahrzeuges
2. *fig* Fall = Fehltritt, Verfall, Untergang, Tod; ***c. urbis Troianae*** Untergang Trojas; ***gravis c. in servitium ex regno*** schwerer Fall vom Königsthron in die Sklaverei
3. *meton, poet, zeitl.* Ende, Ausgang
4. *meton* Fall = Zufall, Zwischenfall, Eintritt *eines Ereignisses*; ***casū*** *Adv* zufällig
5. *pej* Unfall, Tod
6. GRAM Kasus = Fall des Nomens
7. (*mlat.*) ***c. belli*** Kriegsfall; ***c. foederis*** Bündnisfall
catacumbae ⟨ārum⟩ *f* (*eccl.*) Katakomben, *altchr. unterirdische Begräbnisstätten in Rom*
catadromus ⟨ī⟩ *m* ||griech. Fw.|| Suet. schräg in die Höhe gespanntes Seil
Catadūpa ⟨ōrum⟩ *n Nilkatarakte in Ägypten*
catagelasimus ⟨a, um⟩ *Adj* ||griech. Fw.|| Plaut. lächerlich
catagraphus ⟨a, um⟩ *Adj* ||griech. Fw.|| Catul. bunt bemalt
catalēcticus ⟨a, um⟩ *Adj* ||griech. Fw.|| METR katalektisch; ***versus c.*** Vers mit unvollständigem letzten Fuß, *z. B. Hexameter*; ↔ ***acatalecticus***
catalēxis ⟨is⟩, *Akk* ⟨in⟩ *f* ||griech. Fw.|| METR Ausfall des letzten Teils eines Versfußes, Katalexe; → ***catalecticus***
catalogus ⟨ī⟩ *m* ||griech. Fw.|| (*spätl.*) Liste, Verzeichnis
Catameitus *u.* **Catamītus** ⟨ī⟩ *m* Ganymedes, *jugendlicher Mundschenk des Jupiter*; *fig* Lustknabe
Cataonia ⟨ae⟩ *f Landschaft im N des Taurus*
cataphagās ⟨ae⟩ *m* ||griech. Fw.|| Petr. Vielfraß
cataphracta ⟨ae⟩ *f* ||griech. Fw.|| (*erg.* ***lorica***) Panzer
cataphractēs ⟨ae⟩ *m* ||griech. Fw.|| (*nachkl.*) Schuppenpanzer
cataphractus ⟨a, um⟩ *Adj* ||griech. Fw.|| (*nachkl.*) gepanzert
cataplūs ⟨ī⟩ *m* ||griech. Fw.|| Landung; *meton* (landende) Flotte
catapulta ⟨ae⟩ *f* ||griech. Lw.|| Wurfmaschine; Com. *meton* Wurfgeschoss
catapultārius ⟨a, um⟩ *Adj* ||catapulta|| Plaut. zum Geschütz gehörig, vom Geschütz abgeschossen
cataracta ⟨ae⟩ *f u.* **cataractēs** ⟨ae⟩ *m* ||griech. Fw.||
1. Wasserfall, Schleuse
2. Fallgatter *an den Toren*
catascopium ⟨ī⟩ *n u.* **catascopus** ⟨ī⟩ *m* ||griech. Fw.|| (*nachkl.*) Spähschiff
catasta ⟨ae⟩ *f* ||griech. Lw.|| (*nachkl.*) *poet* Schaugerüst *zur Ausstellung verkäuflicher Sklaven*
catastropha ⟨ae⟩ *f* ||griech. Fw.|| Umschwung des Schicksals, Katastrophe
catēchūmenus ⟨ī⟩ *m* ||griech. Fw.|| (*eccl.*) Katechumene, *Anwärter auf Taufe u. Aufnahme in die chr. Kirche*
catēia ⟨ae⟩ *f* ||gall. Lw.|| (*nachkl.*) *poet* Wurfkeule *der Gallier u. Germanen*
catēlla[1] ⟨ae⟩ *f* ||*Dim von* catena|| (*unkl.*) kleine Kette *als Schmuck*; MIL *Auszeichnung*
catella[2] ⟨ae⟩ *f* ||*Dim von* catula|| (*nachkl.*) Hündchen
catellus ⟨ī⟩ *m* ||*Dim von* catulus|| Hündchen; *poet Kosewort*
► **catēna** ⟨ae⟩ *f*
1. Kette, Fessel
2. *fig* Schranke, Zwang, ***legum*** der Gesetze
catēnārius ⟨a, um⟩ *Adj* ||catena|| (*nachkl.*) Ketten…; ***canis c.*** Kettenhund
catēnātiō ⟨ōnis⟩ *f* ||catena|| Verbindung
catēnātus ⟨a, um⟩ *Adj* ||catena|| (*nachkl.*) *poet* gebunden, gekettet; *fig* verbunden, ununterbrochen
caterva ⟨ae⟩ *f*
1. Schar, Haufen, Schwarm; (*nachkl.*) Schar *fremder Soldaten*, Söldnertruppe
2. Schauspielertruppe, Künstlertruppe; Chor *im Drama*
catervārius ⟨a, um⟩ *Adj* ||caterva|| Suet. zu einem Trupp gehörig, truppweise fechtend
catervātim *Adv* ||caterva|| (*unkl.*) truppweise
cathedra ⟨ae⟩ *f* ||griech. Fw.|| Lehnstuhl, Armsessel; (*spätl.*) Sänfte, *bes* Katheder, Lehrstuhl; (*eccl.*) Bischofssitz; ***c. Petri*** päpstlicher Stuhl; ***ex cathedra*** von maßgeblicher Seite
cathedrālicius ⟨a, um⟩ *Adj* ||cathedra|| Mart. zur Sänfte gehörig
cathedralis ⟨e⟩ *Adj* (*mlat.*) zum Bischofssitz gehörig, bischöflich; ***basilica c.*** Bischofskirche
cathedrārius ⟨a, um⟩ *Adj* ||cathedra|| (*nachkl.*) Katheder…
catholicus ⟨a, um⟩ *Adj* ||griech. Fw.|| (*nachkl.*) allgemein; (*eccl.*) katholisch
Catilīna ⟨ae⟩ *m Beiname der gens Sergia*; → ***Sergius***; ***L. Sergius Catilina*** *Anstifter der catilinarischen Verschwörung, berühmt durch Ciceros Reden gegen ihn, fiel 62 v. Chr. bei Pistoia*
Catilīnārius ⟨a, um⟩ *Adj* des Catilina, catilinarisch
catīllō ⟨āvī, ātum, āre 1.⟩ ||*Denom von* catillus|| Plaut. Teller ablecken
catīllum ⟨ī⟩ *n u.* **catīllus** ⟨ī⟩ *m* ||*Dim von* catinus|| (*unkl.*) Schüsselchen, Tellerchen
Catillus *u.* **Catilus** ⟨ī⟩ *m Gründer von Tibur*
Catina ⟨ae⟩ *f Stadt in Sizilien, heute Catania*
catīnus ⟨ī⟩ *m* Napf, Schüssel
Catō ⟨ōnis⟩ *m Beiname in der gens Porcia*
1. ***M. Porcius Cato*** der Ältere (*priscus, superior*), *234–149 v. Chr., berühmter Staatsmann, Redner u. Prosaschreiber, strenger Sittenrichter*
2. ***M. Porcius Cato minor*** *od* ***Uticensis*** (*nach seinem Todesort Utica*) der Jüngere, *95–46 v. Chr., Urenkel des Cato superior, Republikaner u. Gegner Caesars*
Catōnēs ⟨um⟩ *m* Männer wie Cato
Catōniānus ⟨a, um⟩ *Adj* des Cato, catonisch
Catōnīnus ⟨ī⟩ *m* Anhänger Catos;
catōnium ⟨ī⟩ *n* Unterwelt
catta ⟨ae⟩ *f*
1. *als Delikatesse geschätztes* Geflügel *aus Pannonien*
2. Mart. Katze
Cattī ⟨ōrum⟩ *m* = ***Chatti***
catula ⟨ae⟩ *f* ||catulus|| Hündchen
Catulliānus ⟨a, um⟩ *Adj* ||Catullus|| des Catull, zu Catull gehörig
Catullus ⟨ī⟩ *m röm. Beiname, berühmt* ***C. Valerius Catullus*** (*84 bis 54 v. Chr.*), *lyrischer Dichter aus Verona*
catulus ⟨ī⟩ *m* Tierjunges; *auch* Junges vom Haustier, *meist* Hündchen; *Pl* Schlangenbrut; ***lupi catuli***

C

junge Wölfe

Catulus ⟨ī⟩ *m Beiname der gens Lutatia*; → ***Lutatius***

Caturīgēs ⟨um⟩ *m ligurischer Stamm in Gallia Narbonensis, heute Departement Hautes-Alpes*

catus ⟨a, um⟩ *Adj*, *Adv* ⟨catē⟩ gewandt, gescheit, schlau; *pej* verschmitzt, pfiffig

Caucasius

I ⟨a, um⟩ *Adj* ||Caucasus|| aus dem Kaukasus, zum Kaukasus gehörig

II ⟨ī⟩ *m* Bewohner des Kaukasus

Caucasos *u.* **Caucasus** ⟨ī⟩ *m*

1. Kaukasus, *Gebirge zwischen Schwarzem Meer u. Kaspischem Meer*

2. Hindukusch

cauda ⟨ae⟩ *f* Schwanz, Schweif *der Tiere*; Hor. *vulg* männliches Glied

caudeus ⟨a, um⟩ *Adj* aus Binsen, von Binsen

caudex ⟨icis⟩ *m*

1. (*unkl.*) Baumstamm, Klotz, *auch als Schimpfwort*; Strafblock *für Sklaven*

2. *meton mit Wachs überzogenes* Schreibtäfelchen

3. Verzeichnis, Dokument

4. Buch, Heft, Notizbuch

5. Hauptbuch, ***accepti et expensi*** für Einnahmen und Ausgaben

6. (*mlat.*) Handschrift, Bibel

caudicālis ⟨e⟩ *Adj* ||caudex|| Holz…; ***provincia c.*** Plaut. *hum* Holzhackeramt

Caudīnus

I ⟨a, um⟩ *Adj* aus Caudium, zu Caudium gehörig

II ⟨ī⟩ *m* Einwohner von Caudium

Caudium ⟨ī⟩ *n Stadt in Samnium, Niederlage der Römer 321 v. Chr. im zweiten Samniterkrieg, heute Montesarchio, sw. von Benevento*

caulae[1] ⟨ārum⟩ *f* Öffnung; ***c. corporis*** Lucr. Poren

caulae[2] ⟨ārum⟩ *f* Hecke, Schafpferch

caulātor ⟨ōris⟩ *m* Spötter, Sophist, Wortverdreher

cauliculus ⟨ī⟩ *m* ||*Dim von* caulis|| (*unkl.*) zarter Stängel, Trieb; Vitr. ARCH Akanthusstängel *an korinthischen Säulenkapitellen*

caulis ⟨is⟩ *m* ||griech. Fw.|| hohler Stängel, Strunk; Plaut. *vulg* männliches Glied

Caulōn ⟨ōnis⟩ *m u.* **Caulōnia** ⟨ae⟩ *f Stadt im Bruttierland, noch erhaltener Name Caulonia in Kalabrien*

Caunea ⟨ae⟩ *f* Feige aus Caunus

Cauneus *u.* **Caunius**

I ⟨a, um⟩ *Adj* aus Caunus, zu Caunus gehörig

II ⟨ī⟩ *m* Einwohner von Caunus

Caunus ⟨ī⟩ *f Stadt im SO Kariens, Ruinen beim heutigen Dalyas im SW der Türkei*

caupō[1] ⟨ōnis⟩ *m* Gastwirt, Schankwirt, Krämer

caupo[2] ⟨onis⟩ *m* (*mlat.*) = ***capo***

caupōna ⟨ae⟩ *f* ||caupo[1]|| Schenke, Kneipe

caupōnius ⟨a, um⟩ *Adj* ||caupona|| (Plaut., *spätl.*) Schenk…

caupōnor ⟨ātus sum, ārī 1.⟩ ||caupo[1]|| (*vkl., spätl.*) schachern, feilschen, *aliquid* um etw

caupōnula ⟨ae⟩ *f* ||*Dim von* caupona|| Kneipe

caurus ⟨ī⟩ *m* Nordwestwind

causa ⟨ae⟩ *f*

1. Grund = wirkende Ursache
2. Grund = Veranlassung
3. wegen, um … willen,
4. Entschuldigung
5. Vorwand
6. Sachverhalt
7. Streitsache, Streitgegenstand
8. Interesse, Angelegenheit
9. Auftrag
10. Lage, Umstand
11. persönliches Verhältnis

1. Grund = wirkende Ursache; Anlass; Schuld, *alicuius rei/alicui rei* für etw; ***c. doloris*** Ursache des Schmerzes; ***c. lacrimis*** Grund für Tränen; ***nihil evenire potest sine causa antecedente*** nichts kann ohne vorausgehende Ursache geschehen; ***causam in aliquem transferre*** Schuld auf j-n schieben; ***causam alicuius rei sustinere*** Schuld für etw tragen

2. Grund = Veranlassung, *mit finalem Nebensinn*; Zweck; ***hanc ob causam*** deshalb; ***non ob aliam causam*** aus keinem anderen Grund; ***quā de causā*** deswegen, daher, *relativ* weswegen, aus welchem Grund

3. ***causā*** *nachgestellt* wegen, um … willen, + *Gen*; ***amicitiae causā*** wegen der Freundschaft, um der Freundschaft willen; ***rei publicae adiuvandae causā*** um dem Staat zu helfen; ***meā/tuā/nostrā causā*** meinetwegen/deinetwegen/unsertwegen; *refl* ***suā causā*** seinetwegen; *nicht refl* ***eius causā*** seinetwegen, um seinetwillen; ***nostrā ipsorum causā*** um unser selbst willen

4. Entschuldigung; Einwand; ***nullam causam dicere, quin*** nichts dagegen einwenden, dass, + *Konjkt*

5. Vorwand; ***causam fingere*** einen Grund vorschützen; ***per causam*** unter dem Vorwand, *alicuius rei* einer Sache

6. Sachverhalt, Gegenstand einer Verhandlung; ***quod est in causa*** was zur Sache gehört

7. Streitsache, Streitgegenstand; Prozess; ***c. capitis aut famae*** Streit um Leben oder Ehre; ***c. privata*** Privatprozess; ***c. publica*** Strafprozess; ***c. parvula*** Bagatellsache; ***causam agere*** einen Prozess führen; ***causam perdere*** einen Prozess verlieren

8. Interesse, Angelegenheit; ***c. populi Romani*** Interesse des römischen Volkes

9. Auftrag; ***dare alicui causam*** j-m einen Auftrag geben, *alicuius rei* für etw, *ut*

10. Lage, Umstand; ***omnium Germanorum una est causa*** alle Germanen sind in derselben Lage

11. persönliches Verhältnis, *cum aliquo* mit jdm

causālis ⟨e⟩ *Adj* ||causa|| (*spätl.*) zur Ursache gehörend; GRAM kausal, die Ursache angebend

causāriī ⟨ōrum⟩ *m* ||causarius|| Invaliden

causārius ⟨a, um⟩ *Adj* ||causa|| wegen Kränklichkeit verabschiedet; invalide

causia ⟨ae⟩ *f* ||griech. Fw.|| (*unkl.*) breitkrempiger Hut

causi-dicus ⟨ī⟩ *m* ||causa, dico[2]|| Rechtsanwalt, Sachwalter

causificor ⟨ātus sum, ārī 1.⟩ ||causa, facio|| (*vkl., nachkl.*) vorschützen, einwenden

causor ⟨ātus sum, ārī 1.⟩ ||*Denom von* causa|| als Grund angeben, vorschützen, *abs od aliquid* etw,

\+ *AcI*, *quod* dass
caussa ⟨ae⟩ *f* = ***causa***
causticum ⟨ī⟩ *n* ||griech. Fw.|| ätzendes Heilmittel
causticus ⟨a, um⟩ *Adj*, *Adv* ⟨causticē⟩ ||griech. Fw.|| Mart. beizend; ***spuma caustica*** Schaumseife *zum Blondieren*
causula ⟨ae⟩ *f* ||*Dim von* causa||
1. unbedeutender Anlass
2. unbedeutender Prozess, Bagatellprozess
cautēla ⟨ae⟩ *f* ||cautus|| (*vkl., nachkl.*) Vorsicht, Schutzmittel
cautēs ⟨is⟩ *f, meist Pl* **cautēs** ⟨ium⟩ *f* Riff, Klippe *meist im Meer*
cautim *Adv* ||cautus|| (*vkl.*) vorsichtig, behutsam
cautiō ⟨ōnis⟩ *f* ||caveo||
1. Vorsicht, Behutsamkeit; Vorsichtsmaßnahme
2. JUR Sicherstellung, Bürgschaft; Kaution
3. *fig* Schuldschein, Schuldverschreibung; mündliche Versicherung, Versprechen
cautor ⟨ōris⟩ *m* ||caveo|| Plaut. der Vorsicht walten lässt; der Gefahren abwehrt
cautus[1] ⟨a, um⟩ *PPP* → ***caveo***
▶ **cautus**[2] ⟨a, um⟩ *Adj*, *Adv* ⟨cautē⟩ ||caveo||
1. gesichert, behütet
2. vorsichtig, behutsam; argwöhnisch, schlau, *in re* in etw, bei etw
cav-aedium ⟨ī⟩ *n* ||cavum aedium|| (*vkl., nachkl.*) Hof, Hofraum innerhalb des *röm.* Hauses
cavātus ⟨a, um⟩ *Adj* ||cavo|| ausgehöhlt, hohl
cavea ⟨ae⟩ *f* ||cavus||
1. Käfig, Gehege *für Tiere*, Stall, Vogelbauer; (*nachkl.*) *poet* Bienenstock
2. Zuschauerraum *im Theater u. Zirkus*; ***prima c.*** erster Rang; ***ultima / summa c.*** Galerie
3. *meton* Theater
4. *meton* die Zuschauer, Publikum
caveō ⟨cāvī, cautum, cavēre 2.⟩

1. sich hüten, sich in Acht nehmen
2. parieren
3. Fürsorge tragen
4. Beistand leisten
5. Kaution stellen
6. Garantien fordern
7. verordnen

1. sich hüten, sich in Acht nehmen, sich vorsehen, *aliquem / ab aliquo* vor jdm, *aliquid / a re* vor etw; ***c. socios*** sich vor den Gefährten in Acht nehmen; ***ab homine impuro c.*** sich vor einem lasterhaften Menschen hüten; ***cave canem!*** Warnung vor dem Hunde!; ***c., ne / ut ne*** verhüten, dass; ***c., ut*** dafür sorgen, dass; ***cave / cavete*** + *Konjkt / ne* ja nicht; ***cave illud facias / ne illud facias*** tu das ja nicht
2. *Fechtersprache* parieren, *abs od aliquid* etw
3. für *j-n / etw* Fürsorge tragen, *alicui / alicui rei*; ***alicui cautum velle*** j-n gesichert wünschen, *re* vor etw
4. Beistand leisten, *alicui* j-m; *bes* JUR *als Anwalt* intervenieren, *abs od alicui* für j-n; Rat erteilen
5. Kaution stellen, *alicui re* für j-n durch etw / mit etw, *aliquid / de re* wegen etw; ***cavetur ab aliquo*** j-d gibt sein Wort
6. Garantien fordern, sich Sicherheit geben lassen, *ab aliquo* von j-m
7. *gesetzlich* verordnen, *testamentarisch* verfügen; ***c. testamento aliquid*** durch Testament etw verfügen, *de re* über etw, *alicui* zu j-s Gunsten, *alicui rei* für etw, *ut / ne* dass / dass nicht
caverna ⟨ae⟩ *f* ||cavus|| Höhle, Hohlraum, Grotte; Schiffsbauch; *Pl* Bassins
cāvī → ***caveo***
cavilla ⟨ae⟩ *f* (*vkl., nachkl.*) Scherz, Neckerei, Stichelei
cavillātiō ⟨ōnis⟩ *f* ||cavillor||
1. Witz, Spott, Persiflage
2. Sophistik; Wortklauberei
cavillātor ⟨ōris⟩ *m* ||cavillor|| Sen. Spötter; Sophist; Haarspalter
cavillātrīx ⟨īcis⟩ *f* ||cavillator|| Quint.
1. Spötterin; Sophistin
2. Sophistik, Spitzfindigkeit
cavillor ⟨ātus sum, ārī 1.⟩ ||*Denom von* cavilla||
1. necken, verhöhnen, *abs od aliquem / in aliquo / cum aliquo* j-n; scherzend sagen, + *AcI*
2. Ausflüchte suchen, Ausflüchte machen
cavillum ⟨ī⟩ *n u.* **cavillus** ⟨ī⟩ *m* = ***cavilla***
▶ **cavō** ⟨āvī, ātum, āre 1.⟩ ||*Denom von* cavus||
1. aushöhlen, ***lapidem*** einen Stein
2. *etw* Hohles verfertigen; ***lintres arbore c.*** Kähne aus einem Baumstamm anfertigen
3. durchbohren
cavum ⟨ī⟩ *n* ||cavus|| Höhlung, Loch, Schießscharte
▶ **cavus**
I ⟨a, um⟩ *Adj*
1. hohl, gewölbt, konkav; ***via cava*** Hohlweg; ***turris cava*** geräumiger Turm; ***flumina cava*** tiefe Flüsse
2. *poet* umhüllend; ***nubes cava*** umhüllende Wolke
3. *fig* nichtig, gehaltlos
II ⟨ī⟩ *m* Höhlung, Loch, Schießscharte
Caystros *u.* **Caystrus** ⟨ī⟩ *m Fluss in Ionien, der bei Ephesus ins Meer mündet*
-ce *vor Fragepartikel ne* -ci, *demon. Partikel, an Pron angehängt* hier, da; ***istisce*** diesen da; ***eisdemce*** denselben da
Cēa ⟨ae⟩ *f Kykladeninsel sö. von Attika, Heimat der Dichter Simonides u. Bacchylides, heute Kea*
Cebenna ⟨ae⟩ *m* (*erg.* ***mons***) Cevennen
cecidī[1] → ***cado***
cecīdī[2] → ***caedo***
cecinī → ***cano***
Cecropia ⟨ae⟩ *f* ||Cecrops|| *Burg von Athen, von Cecrops gegründet*; *meton* Athen
Cecropidēs ⟨ae⟩, *Gen Pl* ⟨ārum⟩ *u.* ⟨um⟩ *m* Sohn des Cecrops, Nachkomme des Cecrops, = Theseus; *Pl* = die Athener
Cecropis *Gen* ⟨idis⟩ *Adj f* des Cecrops, zu Cecrops gehörig
Cecropius ⟨a, um⟩ *Adj* des Cecrops, zu Cecrops gehörig
Cecrops ⟨opis⟩ *m* MYTH *Gestalt, halb Mensch, halb Schlange, Gründer der Burg von Athen*
cedo[1] *Pl* ***cette*** (*altl.*) *Imp* ||ce + do||
1. gib her, her damit, *aliquid* etw, *ut*; ***cedo, ut bibam*** gib her, damit ich trinken kann
2. lass hören, heraus mit der Sprache, *aliquid* etw, + *indir Fragesatz*
3. sieh nur, *aliquid* etw; ***cedo illius contionem*** sieh nur die Versammlung von jenem

cēdō[2] ⟨cessī, cessum, cēdere 3.⟩

C

I
1. gehen, einhergehen
2. sich verwandeln
3. vonstatten gehen, ablaufen
4. gelten
5. zufallen, zuteil werden
6. weggehen, scheiden
7. verzichten
8. vergehen, (ver)schwinden
9. weichen
10. nachstehen
II
1. abtreten, überlassen
2. einräumen, zugestehen

I *v/i*
1. gehen, einhergehen, schreiten
2. *fig* in *etw* übergehen, sich in *etw* verwandeln, *in aliquid*; ***temeritas ei in gloriam cesserat*** die Verwegenheit hatte für ihn zum Ruhm ausgeschlagen
3. (*nachkl.*) *fig* vonstatten gehen, ablaufen; ***secus c.*** schlimm vonstatten gehen
4. (*vkl., nachkl.*) *fig* gelten, *pro re* für etw; ***epulae pro stipendio cedunt*** Mahlzeiten gelten als Lohn
5. *fig* zufallen, zuteil werden, *alicui / in aliquem* j-m, *alicui rei / in aliquid* einer Sache; ***praeda victoribus cedit*** die Beute fällt den Siegern zu; ***bona in medium cedunt*** die Güter fallen dem Gemeinwohl zu
6. weggehen, scheiden, weichen, *abs od alicui* vor j-m, *re / ex re / de re / a re* von etw; ***cedentes insequi*** (Zurück-)Weichende verfolgen; *von Leblosem* ***aqua cedit*** das Wasser geht zurück; ***loco / e loco c.*** seinen Posten verlassen; ***memoriā / e memoria c.*** dem Gedächtnis entfallen
7. *fig* auf *etw* verzichten, *etw* aufgeben, *re*; überlassen, *alicui re* j-m etw; ***c. agrorum possessione*** auf die Äcker verzichten; ***collegis honore c.*** den Kollegen den Ruhm überlassen
8. *fig* vergehen, (ver)schwinden; ***horae cedunt*** die Stunden vergehen; ***ripae fluminis cedunt*** Tac. die Ufer des Flusses treten zurück
9. *fig j-m* weichen, *j-n* meiden, *j-m* aus dem Weg gehen, *alicui*; sich fügen, *abs od alicui / alicui rei* j-m / einer Sache; ***hosti c.*** dem Feind weichen; ***tempori c.*** sich den Zeitumständen fügen; ***auctoritati alicuius c.*** sich j-s Willen fügen
10. *fig* nachstehen, *alicui* j-m, *re / in re* in etw; ***Graecis nihil c.*** den Griechen in nichts nachstehen
II *v/t*
1. abtreten, überlassen, *alicui aliquid* j-m etw
2. einräumen, zugestehen, *ut* dass; zugeben, + *AcI*; ***non c., quominus*** nicht zugestehen, dass

cedrus ⟨ī⟩ *f* ||griech. Fw.|| (*nachkl.*) *poet* Zeder; *meton* Zedernholz; Zedernöl, *Konservierungsmittel*; ***carmina linenda cedro*** Hor. Lieder, die der Unsterblichkeit würdig sind

Celaenae ⟨ārum⟩ *f alte Stadt in Phrygien, im Gebiet des Mäander, beim heutigen Dinêr*

► **celeber** ⟨bris, bre⟩ *Adj*
1. *von Orten* stark besucht, viel besucht, volkreich, bevölkert, belebt; reich, *re* an etw; ***portus celeberrimus*** stark frequentierter Hafen; ***urbs celeberrima*** dicht besiedelte Stadt; ***regio fontibus celeberrima*** an Quellen sehr reiche Gegend
2. *von Veranstaltungen* festlich, feierlich; ***celeberrima populi gratulatio*** überaus feierlicher Glückwunsch des Volkes
3. *von Sachen* viel besprochen, viel gefeiert, vielfach verherrlicht; allgemein verbreitet; ***nomen celebre*** bekannter Name
4. *von Personen u. Sachen* berühmt, gefeiert

celebrātiō ⟨ōnis⟩ *f* ||celebro||
1. zahlreicher Besuch, zahlreiche Gesellschaft, großes Gefolge
2. glänzendes Fest, prunkvolle Feier

celebrātor ⟨ōris⟩ *m* ||celebro|| Mart. Lobredner

celebrātus ⟨a, um⟩ *Adj* ||celebro||
1. gebräuchlich, viel besprochen, oft erwähnt; ***celebratum est, ut*** es ist ein gewöhnlicher Fall, dass
2. berühmt, gepriesen

celebris ⟨e⟩ *Adj* = ***celeber***

celebritās ⟨ātis⟩ *f* ||celeber||
1. *von Orten u. Veranstaltungen* zahlreicher Besuch; dichter Verkehr, Belebtheit; ***theatri c.*** zahlreicher Besuch des Theaters
2. *von Veranstaltungen u. Festen* Feierlichkeit; ***supremi diei c.*** würdevolle Totenfeier
3. *von Veranstaltungen u. Sachen* Häufigkeit
4. *fig von Personen u. Sachen* Berühmtheit, Prominenz; ***c. et nomen*** gefeierter Name

► **celebrō** ⟨āvī, ātum, āre 1.⟩ ||*Denom von* celeber||
1. zahlreich besuchen, häufig besuchen, beleben; zahlreich begleiten; ***c. domum alicuius*** j-s Haus häufig besuchen; ***atria celebrantur*** die Räume füllen sich; ***totā celebrante Siciliā sepultus est*** unter der Anteilnahme ganz Siziliens wurde er bestattet; ***aliquem c. usque ad Capitolium*** j-n bis zum Kapitol begleiten
2. *Feste* begehen, mit zahlreicher Beteiligung feiern
3. eifrig betreiben, allgemein anwenden, in Gang bringen; *Passiv* allgemein ausgeübt werden, allgemein gepflegt werden; ***artes c.*** die Künste betreiben; ***iuris dictionem c.*** die Rechtsprechung in Gang bringen; ***convivia celebrantur*** Festessen werden abgehalten
4. allgemein bekannt machen, verbreiten; ***rem famā c.*** + *AcI* eine Angelegenheit durch das Gerücht verbreiten, dass
5. rühmen, preisen; ***nomen alicuius scriptis c.*** j-s Namen durch zahlreiche Veröffentlichungen bekannt machen; ***alicuius facta carminibus c.*** j-s Taten durch Lieder preisen
6. (*mlat.*) abhalten, ***comitia*** einen Reichstag

► **celer** ⟨eris, ere⟩ *Adj, Adv* ⟨celeriter⟩ *u.* (*vkl.*) ***celere***
1. (*vkl.*) schnell, rasch, eilend
2. *fig* schnell handelnd, schnell eintretend, schnell wirkend; ***victoria celeris*** schneller Sieg; ***auxilium celere*** schnelle Hilfe; ***remedium celere*** schnell wirkendes Heilmittel
3. (*nachkl.*) *poet* zu schnell, übereilt; ***consilia celeria*** übereilte Pläne

Celerēs ⟨um⟩ *m älteste Bezeichnung der röm. Ritter, ihr Anführer hieß tribunus Celerum*

celeri-pēs

C

I Gen ⟨pedis⟩ *Adj* schnellfüßig
II ⟨pedis⟩ *m* Eilbote

celeritās ⟨ātis⟩ *f* ||celer||
1. Schnelligkeit, Eile, Hast; ***c. equorum*** Schnelligkeit der Pferde; ***c. persequendi*** Schnelligkeit der Verfolgung; ***c. dicendi/in dicendo/orationis/verborum*** Geläufigkeit der Rede; ***c. syllabarum*** schnelle Aussprache
2. *fig* geistige Regsamkeit, Gewandtheit; ***c. consilii*** Geistesgegenwart; ***c. respondendi*** Schlagfertigkeit

celerō ⟨āvī, ātum, āre 1.⟩ ||*Denom von* celer||
I *v/t* beschleunigen, ***iter*** den Marsch
II *v/i* eilen

Celetrum ⟨ī⟩ *n makedonische Stadt, später Diocletianopolis, heute Kastoria*

celeuma ⟨atis⟩ *n* ||griech. Fw.|| Mart. Kommando *des Steuermanns*; Takt

Celeus ⟨ī⟩ *m* MYTH *König von Eleusis, von Demeter im Ackerbau unterwiesen*

▶ **cella** ⟨ae⟩ *f*
1. (*vkl., nachkl.*) Kammer, Zimmer
2. Vorratskammer, Speisekammer; Kornkammer; ***c. olearia*** Ölkammer; ***c. vinaria*** Gärkammer für den Wein; ***in cellam emere*** für den Haushalt kaufen
3. (*nachkl.*) *poet* Kämmerchen *im Mietshaus*, Dachstube
4. Quint. Gefängniszelle
5. (*nachkl.*) *poet* Zelle des Bienenstocks
6. Tempelzelle, Tempelnische; Tempel
7. (*mlat.*) Mönchszelle; Kloster

cellārium ⟨ī⟩ *n* ||cellarius|| (*spätl.*) Vorratsraum, Weinkeller

cellārius
I ⟨a, um⟩ *Adj* ||cella|| Plaut. in der Vorratskammer befindlich
II ⟨ī⟩ *m* Kellermeister

cellerārius ⟨ī⟩ *m* ||cellarium|| (*spätl.*) Kellermeister

cellula ⟨ae⟩ *f* ||*Dim von* cella||
1. (*unkl.*) Kämmerchen, Zelle
2. (*mlat.*) Kloster, Einsiedelei

▶ **cēlō** ⟨āvī, ātum, āre 1.⟩
1. verhüllen, bedecken, verbergen; verschweigen; ***celor*** mir wird *etw* verheimlicht
2. verheimlichen, geheim halten, *aliquem aliquid* j-m etw, + *indir Fragesatz*; ***aliquem de re c.*** j-n in Unkenntnis über etw halten; ***celor de re*** mir wird etw verheimlicht; ***de maximis rebus a fratre celatus sum*** die wichtigsten Dinge wurden mir vom Bruder verheimlicht; ***id celari non possum*** das kann mir nicht verheimlicht werden

celōc(u)la ⟨ae⟩ *f* ||*Dim von* celox|| Plaut. kleine Jacht, *Kosewort für eine Sklavin*

celōx ⟨ōcis⟩ *f u. m* (*unkl.*) Schnellsegler

celsitūdō ⟨inis⟩ *f* ||celsus||
1. (*nachkl.*) Höhe
2. (*spätl.*) Hoheit, *Titel der Kaiser*

▶ **celsus** ⟨a, um⟩ *Adj*
1. emporragend, aufragend, hoch, erhöht
2. *fig dem Rang nach* erhaben, vornehm; *moralisch* hochherzig; *pej* hochmütig

Celsus ⟨ī⟩ *m röm. Beiname*, ***Antonius Cornelius Celsus*** *Arzt des Kaisers Tiberius, Verfasser einer Enzyklopädie, von der acht Bücher über die Medizin erhalten sind*

Celtae ⟨ārum⟩ *f* Kelten, *urspr. alle kelt. Stämme, im engeren Sinn die Gallier, Völker des mittleren u. s. Gallien*

Celt-ibēr ⟨ērī⟩ *m, meist Pl* ⟨Celtibērī, ōrum *u.* um⟩ *m* Keltiberer, *Volk im mittleren u. n Spanien, entstanden aus der Verbindung von Ureinwohnern u. eingewanderten Kelten*

Celtibēria ⟨ae⟩ *f* Keltiberien

Celtibēricus ⟨a, um⟩ *Adj* keltiberisch

Celticum ⟨ī⟩ *n* ||Celtae|| Keltenreich

Celticus ⟨a, um⟩ *Adj* ||Celtae|| keltisch

▶ **cēna** ⟨ae⟩ *f*
1. Hauptmahlzeit *der Römer zwischen 15 u. 16 Uhr unserer Zeit*, Mittagessen, Mahlzeit; ***cenam alicui dare*** j-m ein Gastmahl geben; ***ad cenam invitare/vocare*** zum Essen einladen; ***super cenam*** bei Tisch
2. Mart. Gang *einer Mahlzeit*
3. Iuv. *meton* Tischgesellschaft
4. ***c. domini/dominica*** (*eccl.*) Abendmahl; Altarsakrament

Cēnabēnsis
I ⟨e⟩ *Adj* aus Cenabum, zu Cenabum gehörig
II ⟨is⟩ *m* Einwohner von Cenabum

Cēnabum ⟨ī⟩ *n Hauptstadt der Karnuten, später Civitas Aurelianensis, heute Orléans*

cēnāculum ⟨ī⟩ *n* ||cena||
1. Speisezimmer, *meist im Obergeschoss gelegen*
2. oberes Stockwerk, Dachgeschoss; *allg.* Stockwerk

Cēnaeum ⟨ī⟩ *n nw. Spitze von Euböa, mit einem Zeustempel*

cēnāticus ⟨a, um⟩ *Adj* ||cena|| Plaut. zur Mahlzeit gehörig; ***spes cenatica*** Hoffnung auf eine Mahlzeit

cēnātiō ⟨ōnis⟩ *f* ||cena|| (*nachkl.*) *poet* Speisezimmer

cēnātiuncula ⟨ae⟩ *f* ||*Dim von* cenatio|| Plaut. kleines Speisezimmer

cēnātōrium ⟨ī⟩ *n* ||cenatorius|| Tischkleid

cēnātōrius ⟨a, um⟩ *Adj* ||cena|| zur Mahlzeit gehörig

cēnāturiō ⟨-, -, īre 4.⟩ ||*Desid von* ceno|| Mart. essen wollen

cēnātus ⟨a, um⟩ *PPP* → ***ceno***

Cenchrae ⟨ārum⟩ *f Osthafen von Korinth am Saronischen Golf*

cēnitō ⟨āvī, ātum, āre 1.⟩ ||*Freq von* ceno|| zu speisen pflegen

▶ **cēnō** ⟨āvī, ātum, āre 1.⟩ ||*Denom von* cena||
I *v/i* die Hauptmahlzeit einnehmen, essen, speisen; ***cenatus*** nach dem Essen; ***cenati discubuerunt ibidem*** nach dem Essen setzten sie sich dort nieder
II *v/t* (*unkl.*) verspeisen, verzehren; ***cenatae noctes*** Plaut. Nachtgelage

Cenomanī ⟨ōrum⟩ *m Stamm der Aulerci in der Landschaft Maine, heute im Departement Sarthe*

cēnseō ⟨cēnsuī, cēnsum, cēnsēre 2.⟩
1. amtlich schätzen
2. angeben, eine Steuererklärung abgeben
3. abschätzen, taxieren
4. meinen, der Ansicht sein
5. seine Stimme abgeben für
6. beschließen

7. zuerkennen

1. POL *als Zensor j-s Vermögen u. Steuerklasse u. damit seinen bürgerlichen Rang* amtlich schätzen; ***censum c.*** die offizielle Schätzung vornehmen, in die Bürgerliste aufnehmen; ***legem censui censendo dicere*** die offizielle Schätzungsformel bestimmen; ***censui censendo esse*** zensusfähig sein = steuerpflichtig sein; ***census equestrem summam nummorum*** Hor. wer die für den Ritterstand vorgeschriebene Vermögenssumme angegeben hat und vom Zensor dementsprechend eingestuft worden ist; ***capite censi*** → ***caput***
2. *als Bürger sein Vermögen* angeben, eine Steuererklärung abgeben und in die Listen eintragen lassen; ***in qua tribu ista praedia censuisti?*** in welchem Bezirk hast du diese Landgüter deklariert?; ***magnum agri modum censeri*** großen Landbesitz angeben, sich mit großem Landbesitz eintragen lassen; ***aliquem censeri*** *fig* j-n als *etw* gelten lassen, j-n als *etw* betrachten; ***hos parentes censeri*** diese als Eltern betrachten
3. *fig* abschätzen, taxieren
4. *fig* meinen, der Ansicht sein; ***aliquid aequum c.*** etw für angemessen halten; ***Stoici sapientem semper beatum esse censent*** die Stoiker meinen, der Weise sei immer glücklich
5. POL *als Senator* seine Stimme abgeben für *etw*, für *etw* stimmen, *aliquid*, + *AcI* / + *Ger*, *ut* / *ne* dass / dass nicht; ***ceterum censeo Carthaginem esse delendam*** im Übrigen bin ich der Meinung, dass Karthago zerstört werden muss; ***pars deditionem, pars eruptionem censebat*** der eine Teil stimmte für die Übergabe, der andere für einen Ausbruch; ***de ea re ita censeo*** in dieser Sache stimme ich so
6. *vom gesamten Senat* beschließen
7. *amtlich* zuerkennen, ***alicui triumphum*** j-m einen Triumph

cēnsiō ⟨ōnis⟩ *f* ||censeo||
1. (*vkl., nachkl.*) offizielle Festsetzung *des Vermögens u. der Steuerpflicht u. damit der bürgerlichen Klasse durch den Zensor seit 366 v. Chr.*
2. (*vkl.*) Bestrafung, Züchtigung *durch den Zensor, z. B. Herabstufung in eine niedrigere Bürgerklasse*; ***c. bubula*** Plaut. *hum* Bestrafung mit der Ochsenpeitsche
3. Plaut. Meinung, Meinungsbekundung, Antrag

▶ **cēnsor** ⟨ōris⟩ *m* ||censeo||
1. Zensor, *röm. Staatsbeamter, je zwei Zensoren wurden auf fünf Jahre, später auf 18 Monate gewählt*; → ***censura***
2. *fig* strenger Sittenrichter, scharfer Kritiker

cēnsōrius
I ⟨a, um⟩ *Adj, Adv* ⟨cēnsōriē⟩ ||censor||
1. zensorisch, zum Zensor gehörig, vom Zensor ausgehend; ***lex censoria*** öffentliche Verordnung; ***animadversio / ignominia censoria*** öffentliche Ehrenstrafe; ***funus censorium*** Staatsbegräbnis
2. *fig* streng richtend, sittenrichterlich
II ⟨ī⟩ *m* ehemaliger Zensor, Mann von zensorischem Rang

cēnsūra ⟨ae⟩ *f* ||censeo||
1. Amt des Zensors, *vornehmstes u. fast nur ehemaligen Konsuln vorbehaltenes Amt mit folgenden Funktionen: 1. Vermögenseinschätzung u. Klassifizierung der röm. Bürger; 2. Kontrolle der Sitten u. öffentliche Rüge; 3. Degradierung von Senatoren u. Rittern u. Herabstufung von Bürgern; 4. Überwachung des Staatsbudgets u. Vergabe öffentlicher Bauaufträge*
2. (*mlat.*) Aufsicht, Tadel; ***c. sedis apostolicae*** Spruch des päpstlichen Stuhls

cēnsus[1] ⟨a, um⟩ *PPP* → ***censeo***

cēnsus[2] ⟨ūs⟩ *m* ||censeo||
1. Zensus, Vermögenseinschätzung *u. Klassifizierung der Bürger*
2. Volkszählung
3. *meton* Bürgerliste, Steuerliste, Kataster
4. Vermögen
5. (*mlat.*) Zins, Abgabe; ***c. Romanus*** Peterspfennig, *freiwillige Abgabe der Katholiken an den Papst*

centaurēum ⟨ī⟩ *n falsche Deutung eines griech. Fw. als centum + aureum*: Tausendgüldenkraut, *magenstärkendes Enziangewächs*

Centaurēus *u.* **Centauricus** ⟨a, um⟩ *Adj* ||Centaurus|| Kentauren…

centaurium ⟨ī⟩ *n* = ***centaureum***

Centaurus ⟨ī⟩ *m*
1. MYTH Kentaur, *Zwittergestalt aus Mensch u. Pferd*
2. *fig* Kentaur, *Sternbild am s. Himmel*

centēnārium ⟨ī⟩ *n* ||centenarius|| (*spätl.*) Zentner

centēnārius ⟨a, um⟩ *Adj* ||centenus|| (*vkl., nachkl.*) aus hundert bestehend, hundert Zoll umfassend, hundert Pfund wiegend

centēnī ⟨ae, a⟩ *Num distr* je hundert

centēnus ⟨a, um⟩ *Adj* ||centum|| *poet* je hundertmalig, hundertmal vorhanden

centēsima ⟨ae⟩ *f* ||centesimus|| (*erg.* ***pars***)
1. der hundertste Teil, ein Hundertstel, ein Prozent; einprozentige Steuer
2. *Pl* ein Prozent Zinsen *pro Monat = 12 Prozent Zinsen pro Jahr*; ***binae centesimae*** zwei Prozent Zinsen *pro Monat = 24 Prozent Zinsen pro Jahr*

centēsimus ⟨a, um⟩ *Num ord* ||centum|| hundertster

centi-ceps *Gen* ⟨cipitis⟩ *Adj* ||centum, caput|| Hor. hundertköpfig

centiē(n)s *Adv* ||centum|| hundertmal

centi-manus ⟨a, um⟩ *Adj* ||centum|| *poet* hundertarmig

centō ⟨ōnis⟩ *f*
1. Flickwerk aus Lumpen, Matratze, Kissen, Lumpenrock
2. *fig* Flickgedicht, *aus Versen u. Versteilen verschiedener Dichter zusammengesetztes Gedicht*

centōnārius ⟨ī⟩ *m* ||cento|| Verfertiger von Decken aus Flickwerk *zur Feuerbekämpfung*

centrum ⟨ī⟩ *n* ||griech. Fw.||
1. der feste Schenkel *des Zirkels*
2. *meton* Mittelpunkt des Kreises, Zentrum

▶ **centum** *indekl Num card* hundert

Centum Cellae ⟨ārum⟩ *f etrusk. Hafenstadt mit Villa Trajans, heute Civitavecchia*

centum-geminus ⟨a, um⟩ *Adj poet* hundertarmig, hundertfältig

centum-plex *Gen* ⟨plicis⟩ *Adj* hundertfältig

centum-pondium ⟨ī⟩ *n* ||pondus|| (*vkl.*) Zentnergewicht

centumvirālis ⟨e⟩ *Adj* ||centumviri|| zu den Hundertmännern gehörig, Zentumviral…; ***iudicium centumvirale*** von den Zentumvirn gefälltes Urteil

centum-virī ⟨ōrum⟩ *m* die Hundertmänner, die Zentumvirn, *Gremium von hundert, nach festem Schlüssel aus den einzelnen Bezirken (tribus) gewählten Männern zur Rechtsprechung in privaten Eigentums- u. Erbschaftsprozessen*

centunculus ⟨ī⟩ *m* ||*Dim von* cento|| (*nachkl.*) kleiner Lappen; Reitdecke

▶ **centuria** ⟨ae⟩ *f* ||centum||
1. MIL Hundertschaft, Zenturie, *angeblich von König Servius Tullius geschaffene Einteilung, urspr. 100, später 60 Mann*
2. POL Stimmkreis, Stimmbezirk *der insgesamt 193 nach Vermögensklassen aufgestellten Bezirke*
3. Feldbezirk, Flurbezirk, *Quadrat od Rechteck von je 100, später 200 iugera*

centuriātim *Adv* ||centuria|| zenturienweise

centuriātus ⟨ūs⟩ *m* ||centurio²||
1. Zenturionenstelle, Hauptmannsstelle
2. Einteilung in Zenturien

centuriō¹ ⟨āvī, ātum, āre 1.⟩ ||*Denom von* centuria|| MIL, POL in Zenturien einteilen; ***comitia centuriata*** Zenturiatskomitien, *Volksversammlung, in der nach Zenturien abgestimmt wurde*; ***lex centuriata*** in den Zenturiatkomitien beschlossenes Gesetz

▶ **centuriō²** ⟨ōnis⟩ *m* ||centuria|| Zenturio, Hauptmann; ***c. classiarius*** Schiffsoffizier, Kapitän

centuriōnatus ⟨ūs⟩ *m* ||centurio²|| (*nachkl.*)
1. Wahl der Zenturionen, Musterung der Zenturionen
2. Rang eines Zenturio

cēnula ⟨ae⟩ *f* ||*Dim von* cena|| kleine Mahlzeit

Ceōs ⟨ō⟩ *f* = ***Cea***

cēpa ⟨ae⟩ *f u.* **cēpe** *indekl n poet* Zwiebel

Cephallānes ⟨um⟩ *m* Einwohner von Cephallania

Cephallānia ⟨ae⟩ *f größte Insel im Ionischen Meer, heute Kefallinia*

Cephallēnes ⟨um⟩ *m* = ***Cephallanes***

Cephallēnia ⟨ae⟩ *f* = ***Cephallania***

Cēphēis ⟨idis⟩ *f* Tochter des Cepheus

Cēphēius ⟨a, um⟩ *Adj* des Cepheus, zu Cepheus gehörig

Cēphēnes ⟨um⟩ *m* ||Cepheus|| die Äthiopier

Cēphēnus ⟨a, um⟩ *Adj* äthiopisch

Cēpheūs
I ⟨eī⟩ *u.* ⟨eos⟩ *m König von Äthiopien u. Vater der Andromeda, unter die Sterne versetzt.*
II ⟨a, um⟩ *Adj* des Cepheus, zu Cepheus gehörig; *auch* äthiopisch

Cēphīsia ⟨ae⟩ *f quellenreiche Auenlandschaft in Attika*; → ***Cephisus*** *2*

Cēphīsias ⟨adis⟩ *Adj f* zu Cephisia gehörig

Cēphīsis ⟨idis⟩ *Adj f* des Cephisus, zu Cephisus gehörig; → ***Cephisus*** *2*

Cēphīsius
I ⟨a, um⟩ *Adj* des Cephisus, zu Cephisus gehörig; → ***Cephisus*** *1*
II ⟨ī⟩ *m* Nachkomme des Cephisus, = Narziss; → ***Cephisus*** *1*

Cēphīsos *u.* **Cēphīsus** ⟨ī⟩ *m*
1. *Fluss in Böotien, als Flussgott Vater des Narziss*
2. *Fluss in Attika, an seinen Ufern Aufenthalt des Prokrustes*

cēpī → ***capio***

cēpolendrum ⟨ī⟩ *n* Plaut. *erfundener Gewürzname, wahrscheinlich aus cepa + oleum = Zwiebelöl*

▶ **cēra** ⟨ae⟩ *f*
1. Wachs; ***e cera fingere*** aus Wachs bilden
2. *meton* Schreibtafel *aus Holz mit Wachsüberzug*; ***c. ultima*** Testament
3. Wachsbild, Wachssiegel; *Pl* Ahnenbilder aus Wachs
4. Wachszelle *der Bienen*
5. Ov. Wachsschminke

Ceramīcus ⟨ī⟩ *m Platz u. Stadtteil im NW von Athen*

cērārium ⟨ī⟩ *n* ||cera|| Siegelgebühr *für verbrauchtes Wachs*

cerastēs ⟨ae⟩ *m* ||griech. Fw.|| (*nachkl.*) *poet* Hornschlange

cerasum ⟨ī⟩ *n* (*nachkl.*) Kirsche

cerasus ⟨ī⟩ *f* ||griech. Fw. kleinasiatischer Herkunft|| (*unkl.*) Kirschbaum; *auch* Kirsche, *76 v. Chr. von Lucullus aus Kerasus am Pontus eingeführt*

ceratinus ⟨a, um⟩ *Adj* ||griech. Fw.|| zum Horn gehörig; (***ambiguitas***) ***ceratina*** Sen. Hörnertrugschluss: *Was man nicht verloren hat, das hat man; Hörner hat man nicht verloren, also hat man Hörner*

cērātus ⟨a, um⟩ *PPP* → ***cero***

Ceraunia ⟨ōrum⟩ *n u.* **Ceraunii montēs** *m hohes u. gefährliches Gebirge an der Nordwestküste von Epirus*; → ***Acroceraunia***

Cerbereus ⟨a, um⟩ *Adj* des Cerberus, zum Cerberus gehörig

Cerberos *u.* **Cerberus** ⟨ī⟩ *m* MYTH *Höllenhund mit drei Köpfen am Eingang des Hades*

Cercina ⟨ae⟩ *f Insel vor der karthagischen, heute tunesischen Ostküste, in der Kleinen Syrte, in der Kaiserzeit Verbannungsort*

Cercōpes ⟨um⟩ *m* MYTH *Gaunervolk auf der Insel Aenaria, von Zeus in Affen verwandelt, daher „Affeninsel" für Aenaria*

cercopithēcos *u.* **cercopithēcus** ⟨ī⟩ *m* ||griech. Fw.|| (*unkl.*) Meerkatze, *von den Ägyptern als Gott verehrt*

cercūrus *u.* **cercȳrus** ⟨ī⟩ *m* ||griech. Fw.|| (*unkl.*)
1. leichter Schnellsegler
2. *nur* ***cercyrus*** *ein Seefisch*

cerdō ⟨ōnis⟩ *m* ||griech. Fw.|| *poet* gewinnsüchtiger Handwerker; ***sutor c.*** Flickschuster

Cereālia ⟨ium⟩ *n* Fest der → Ceres, *am 12. April*

Cereālis ⟨e⟩ *Adj* der → Ceres (heilig); Getreide…, Brot…

cerebellum ⟨ī⟩ *n* ||*Dim von* cerebrum|| kleines Gehirn

cerebrōsus
I ⟨a, um⟩ *Adj* ||cerebrum|| tollwütig
II ⟨ī⟩ *m* Hitzkopf

cerebrum ⟨ī⟩ *n* Gehirn; *fig* Verstand; Plaut. Hitzköpfigkeit

Cerēs ⟨eris⟩ *f* MYTH *griech. Demeter, Göttin des Wachstums, daher auch Göttin des Ackerbaus u. der Ehe, Schwester des Jupiter u. des Pluto, Mutter*

C

der Proserpina; *meton* Gaben der Ceres, Feldfrüchte, Getreide; Brot

cēreus
I ⟨a, um⟩ *Adj* ||cera||
1. aus Wachs, Wachs…
2. *fig* wachsgelb, *auch* weiß wie Wachs; ***pruna cerea*** gelbe Pflaumen
3. geschmeidig wie Wachs; Mart. von Fett glänzend
II ⟨ī⟩ *m* Wachskerze, Wachsfackel

cerevisia ⟨ae⟩ *f* ||gall. Fw.|| (*nachkl.*) Bier

Ceriālia ⟨ium⟩ *n* = ***Cerealia***

Ceriālis ⟨e⟩ *Adj* = ***Cerealis***

ceriāria ⟨ae⟩ *f* ||Ceres|| Plaut. Lebensmittellieferantin

cērintha ⟨ae⟩ *f* ||griech. Fw.|| (*vkl.*) *poet* Wachsblume

cērinum ⟨ī⟩ *n* ||cerinus|| Plaut. wachsgelbes Kleid

cērinus ⟨a, um⟩ *Adj* ||griech. Fw.|| wachsgelb

cernō ⟨crēvī, crētum, cernere 3.⟩
1. scheiden, sondern, sichten; ***per cribrum c.*** durch ein Sieb trennen
2. *fig mit den Sinnen bzw. Augen* unterscheiden, deutlich sehen, wahrnehmen, erkennen, sehen
3. *fig* erkennen, einsehen; voraussehen, ahnen, *aliquid* etw, + *AcI* / + *indir Fragesatz*; ***mente/animo/ingenio c.*** geistig erkennen
4. Rücksicht nehmen, *aliquem* auf j-n
5. *Strittiges od Zweifelhaftes* entscheiden
6. sich für *etw* entscheiden, *etw* beschließen, *aliquid alicui* etw für j-n, *de re* über etw
7. (*unkl.*) durch Kampf entscheiden, *de re* über etw, *pro re* für etw, ***inter se*** untereinander
8. ***hereditatem c.*** JUR sich für die Annahme einer Erbschaft entscheiden, eine Erbschaft antreten

cernulō ⟨-, -, āre 1.⟩ ||cernuus|| Sen. kopfüber zu Fall bringen

cernuus ⟨a, um⟩ *Adj* ||cerebrum|| (*unkl.*) kopfüber stürzend, sich überschlagend

cērō ⟨āvī, ātum, āre 1.⟩ ||*Denom von* cera|| mit Wachs überziehen; ***ceratus*** zusammengeklebt, zusammengefügt; ***rates ceratae*** geteerte Flöße

cērōma ⟨atis⟩ *n* ||griech. Fw.|| (*nachkl.*) *poet*
1. Wachssalbe der Ringer
2. *meton* Ringplatz; das Ringen

cērōmaticus ⟨a, um⟩ *Adj* ||griech. Fw.|| Iuv. mit Wachssalbe bestrichen

cerrītus ⟨a, um⟩ *Adj* verrückt

▶ **certāmen** ⟨inis⟩ *n* ||certo²||
1. Kampf, Streit, *alicuius rei / de re* um etw; Kampf mit Waffen, Gefecht, Schlacht; ***c. pugnae/proelii*** Kampf in der Schlacht; ***res adducta est in certamen*** es kam zum Kampf
2. Wettkampf, Wettstreit, ***gladiatorum*** der Gladiatoren; ***certamen ponere*** einen Wettkampf ansetzen
3. *fig* Wetteifer, *alicuius rei / de re* um etw; *meton* Kampfpreis
4. *fig* Streit, Streitigkeit, Fehde
5. ***locus certaminis*** (*mlat.*) Richtplatz

certātim *Adv* ||certo²|| um die Wette

certātiō ⟨ōnis⟩ *f* ||certo²||
1. Wettkampf, Wettstreit
2. *fig* Wetteifer; ***c. honesta inter amicos*** ehrenhafter Wettstreit unter Freunden
3. *fig* Streit; ***virtuti cum voluptate c. est*** die Tugend liegt mit der Lust im Kampf
4. gerichtliche Verhandlung, *alicuius rei* über etw; ***c. multae*** Verhandlung über eine Geldstrafe

certē *Adv* ||certus||
1. mit Gewissheit, mit Sicherheit, sicherlich, ohne Zweifel; *in Antworten* sicher, ja; ***fecissem certe, si potuissem*** ich hätte es sicher getan, wenn ich gekonnt hätte; ***suntne haec vera? certe*** ist das wahr? aber sicher
2. *einschränkend* doch sicherlich; ***si non …, at certe*** wenn nicht …, so doch wenigstens

certō[1] *Adv* ||certus|| mit Gewissheit; ***certo scio*** ich weiß genau, ich weiß sicher

▶ **certō**[2] ⟨āvī, ātum, āre 1.⟩ ||*Denom von* certus||
1. kämpfen, streiten, ***acie*** in der Schlacht, ***cum hoste*** mit dem Feind, ***pro patria*** für das Vaterland
2. *fig etw* bestreiten, für *etw* aufwenden; ***c. cum usuris fructibus praediorum*** die Zinsen durch die Erträge der Ländereien zu bestreiten suchen
3. mit Worten streiten; vor Gericht streiten, debattieren, verhandeln
4. wetteifern, ***de virtute inter se*** untereinander in der Tugend

certus ⟨a, um⟩ *Adj*, *Adv* → **certē** *u.* → **certō**[1]

1. beschlossen
2. entschlossen
3. festgesetzt, bestimmt
4. gesichert, sicher
5. sicher, echt

1. *von Sachen* beschlossen; ***consilium certum*** fester Plan; ***certum est mihi*** es ist mein fester Entschluss, es ist mein fester Wille, + *Inf*
2. *von Personen* entschlossen; ***c. mori*** entschlossen zu sterben; ***c. eundi*** entschlossen wegzugehen
3. festgesetzt, bestimmt; ***dies c.*** festgesetzter Tag, Termin; ***naves certae*** festgesetzte Zahl von Schiffen; ***certi obsides*** bestimmte Zahl von Geiseln
4. *fig von Sachen* gesichert, sicher, gewiss; *von Personen* zuverlässig; ***spes certa*** sichere Hoffnung; ***vectigalia certa*** feste Einnahmen; ***homo c.*** zuverlässiger Mensch; ***certis auctoribus comperisse aliquid*** von sicheren Gewährsleuten etw erfahren haben
5. sicher, echt, wahr; ***certo patre natus*** von legitimer Abstammung; ***amicus c.*** echter Freund, wahrer Freund; ***aliquem certiorem facere*** j-n benachrichtigen, + *AcI*; ***certum scire*** Sicheres wissen; ***pro certo habere*** für sicher halten; ***ad certum redigere*** zur Gewissheit bringen

cērula ⟨ae⟩ *f* ||*Dim von* cera|| Stückchen Wachs (-farbe); ***c. miniata*** Rotstift *zum Anstreichen von Fehlern*; *meton* Kritik

cērussa ⟨ae⟩ *f* (*vkl., nachkl.*) Bleiweiß; Schminke

cērussātus ⟨a, um⟩ *Adj* ||cerussa|| Mart. mit Bleiweiß geschminkt

cerva ⟨ae⟩ *f* ||cervus|| (*vkl., nachkl.*) Hirschkuh; *poet* Hirsch

cervēs(i)a ⟨ae⟩ *f* = ***cerevisia***

cervīcal ⟨ālis⟩ *n* ||cervix|| (*nachkl.*) Kopfkissen

cervīcula ⟨a, um⟩ *Adj* ||*Dim von* cervix|| (kleiner) Nacken

C

cervīnus ⟨a, um⟩ *Adj* ||cervus|| Hirsch…; ***pellis cervina*** Hirschhaut
cervīs(i)a ⟨ae⟩ *f* = ***cerevisia***
▶ **cervīx** ⟨īcis⟩ *f, meist Pl*
1. *von Mensch u. Tier* Nacken, Genick, Hals; *fig* Mut, Kraft, Festigkeit; *pej* Dreistigkeit; ***alicui cervices frangere*** j-m das Kreuz brechen, j-n hinrichten; ***dare bracchia cervici*** umarmen; ***aliquid imponere in cervicibus alicuius*** etw auf j-s Schultern legen; ***esse in cervicibus alicuius*** j-m im Nacken sitzen, j-m drohen; ***depellere a cervicibus alicuius/suis*** j-m/sich vom Hals schaffen; ***tantis cervicibus esse*** so kühnen Mut besitzen
2. *(nachkl.) poet* Hals *von leblosen Gegenständen*; ***c. amphorae*** Hals einer Amphore
▶ **cervus** ⟨ī⟩ *m*
1. Hirsch
2. MIL Gabel, gabelförmiger Spitzpfahl; *Pl* spanische Reiter, *ein Folterinstrument*
cēryx ⟨ycis⟩ *m* ||griech. Fw.|| Sen. Herold
cessātiō ⟨ōnis⟩ *f* ||cesso||
1. *(unkl.)* das Zögern, Saumseligkeit
2. Muße, Untätigkeit, Müßiggang
cessātor ⟨ōris⟩ *m* ||cesso|| Zauderer, Müßiggänger
cessī → ***cedo²***
cessim *Adv* ||cessus, cedo²|| *(vkl., nachkl.)* rückwärts, zurück
cessiō ⟨ōnis⟩ *f* ||cedo|| Abtretung, Übergabe eines Besitzes *aufgrund gerichtlicher Entscheidung*
▶ **cessō** ⟨āvī, ātum, āre 1.⟩ ||*Intens u. Freq von* cedo²||
I *v/i*
1. zögern, zurückbleiben, ausbleiben; JUR säumen, säumig sein, nicht rechtzeitig vor Gericht erscheinen
2. in *etw* nachlassen, mit *etw* aufhören, *in re/in aliquid/a re*; ***c. in studio*** im Eifer nachlassen; ***c. in vota*** mit Gelübden zögern
3. *abs* untätig sein, müßig sein, rasten, *auch von Leblosem*; ***ager cessat*** das Feld liegt brach
II *v/t poet* versäumen, vernachlässigen; ***tempus c.*** Zeit untätig verbringen
cessum *PPP* → ***cedo²***
Cestius ⟨a, um⟩ *Name einer pleb. gens*; ***C. Cestius Epulo*** *Volkstribun, gest. 12 v. Chr., noch erhaltene Grabpyramide an der Porta Ostiensis, heute San Paolo fuori le mura in Rom*
cestrosphendonē ⟨ēs⟩ *f* ||griech. Fw.|| Liv. Wurfmaschine *für Steine u. Pfeile*
cestus ⟨ī⟩ *m* ||griech. Fw.|| *(vkl.)* Gürtel; *bes* Mart. Gürtel der Venus, *der Liebe wecken soll*
cētārium ⟨ī⟩ *n* ||cetarius|| Thunfischbucht, Thunfischbecken
cētārius
I ⟨a, um⟩ *Adj* ||cetus|| zum Thunfisch gehörig, zum Seefisch gehörig
II ⟨ī⟩ *m* Seefischhändler
cētē *indekl n Pl* → ***cetus***
cētera *Adv* ||ceterus|| in den übrigen Stücken
cēterum *Adv* ||ceterus||
1. übrigens, außerdem
2. aber, doch, gleichwohl; = ***sed, verum***
3. (Ter., *spätl.*) andernfalls, sonst
▶ **cēterus** ⟨a, um⟩ *Adj* der übrige, der andere, *nur attributiv bei kollektiven u. abstr. Begriffen, meist Pl*; ***classis cetera*** die übrige Flotte: ***vita cetera*** das übrige Leben; ***praeter ceteros*** vor den anderen, mehr als die anderen; ***ad cetera*** *Adv* im Übrigen, sonst; ***de cetero*** *Adv* was das Übrige anbelangt, übrigens; ***in cēterum*** *Adv* für die Folgezeit
Cethēgus ⟨ī⟩ *m Beiname der gens Cornelia*; → ***Cornelius***
1. ***M. Cornelius Cethegus*** *Konsul 204 v. Chr., begabter Redner*
2. ***C. Cornelius Cethegus*** *als Anhänger Catilinas hingerichtet*
cētra ⟨ae⟩ *f* = ***caetra***
cētrātus ⟨a, um⟩ *Adj* = ***caetratus***
cette → ***cedo¹***
cētus ⟨ī⟩ *m* ||griech. Lw.||
1. Thunfisch, Wal, Hai
2. Wal, *Sternbild am s. Himmel*
ceu͡
I *Vergleichspartikel* so wie, ganz wie
II *Konj.* als ob, wie wenn
Cēus
I ⟨a, um⟩ *Adj* aus Cea, zu Cea gehörig
II ⟨ī⟩ *m* Einwohner von Cea
Ceutrones ⟨um⟩ *m kelt. Stamm*
1. *in den Südwestalpen, s. Nachbarn der Allobroger*
2. *im belg. Gallien, im Raum von Brügge u. Kortrijk in Westflandern*
Cevenna ⟨ae⟩ *m* = ***Cebenna***
cēveō ⟨cēvī, -, cēvēre 2.⟩ *poet* mit dem Hintern wackeln; schmeicheln
Chaerōnēa ⟨ae⟩ *f Stadt in Böotien, bekannt durch den Sieg Philipps von Makedonien über die Athener 338 v. Chr.; Geburtsort des Plutarch, heute das Dorf Kapraena*
chalcaspides ⟨um⟩ *m* ||griech. Fw.|| Liv. mit Erzschilden bewaffnete Truppen *der Makedonier*
chalcea ⟨ōrum⟩ *n* ||chalceus|| Mart. eiserne Waffen
Chalcēdōn ⟨ōnis⟩ *f* = ***Calchedon***
chalceus ⟨a, um⟩ *Adj* ||griech. Fw.|| eisern
Chalcidēnsis
I ⟨e⟩ *Adj* aus Chalcis, zu Chalcis gehörig
II ⟨is⟩ *m* Einwohner von Chalcis
Chalcidicum ⟨ī⟩ *n* ||Chalcidicus|| Heiligtum der Minerva von Chalcis, *an die curia Iulia in Rom angrenzend*
Chalcidicus ⟨a, um⟩ *Adj* aus Chalcis, zu Chalcis gehörig
Chalcis ⟨idis⟩ *f Hauptstadt von Euböa, heute Chalkís*
Chaldaea ⟨ae⟩ *f sw. Teil von Babylonien*
Chaldaeī ⟨ōrum⟩ *m* die Chaldäer, *bekannt durch astrologische Kenntnisse*
Chaldaeus ⟨a, um⟩ *Adj* chaldäisch; *(mlat.)* betrügerisch
chalō ⟨āvī, ātum, āre 1.⟩ = ***calo⁴***
chalybēius ⟨a, um⟩ *Adj* ||griech. Fw.|| Ov. stählern, Stahl…
Chalybes ⟨um⟩ *m Volk am skythischen Ufer des Schwarzen Meeres, bekannt als Erfinder u. Handwerker der Stahlverarbeitung*
chalybs ⟨ybis⟩ *m* ||griech. Fw.|| Stahl; *meton* Schwert
channē ⟨ēs⟩ *f* ||griech. Fw.|| *(nachkl.) poet ein See-*

C

fisch

Chāones ⟨um⟩ *m Stamm in Chaonia*

Chāonia ⟨ae⟩ *f Landschaft im NW von Epirus, heute im albanischen Staatsgebiet*

Chāonis ⟨idis⟩ *Adj f u.* **Chāonius** ⟨a, um⟩ *Adj* chaonisch, *auch* zu Dodona gehörig; ***ales Chaonis*** Taube, *aus deren Flug man in Dodona weissagte*

chaos *nur Akk* ***chaos****, Abl* ***chaō*** *n* ||griech. Fw.|| der unermessliche und ungeordnete leere Raum *vor der Weltschöpfung; meton* Finsternis, gestaltlose Urmasse

chara ⟨ae⟩ *f essbare Knollenfrucht mit bitterem Geschmack*

charactēr ⟨ēris⟩ *m* ||griech. Fw.||
1. Eigenheit *in Wesen, Stil u. Gepräge*
2. *(mlat.)* Buchstabe, Zeichen

charisma ⟨atis⟩ *n* ||griech. Fw.|| *(eccl.)* Gnadengabe, Geschenk

charistia ⟨ōrum⟩ *n =* ***caristia***

Charites ⟨um⟩ *f* Ov. die drei Grazien

Charmidēs ⟨āī⟩ *u.* ⟨ī⟩ *m Figur im „Trinummus" von Plautus*

charmidō ⟨āvī, ātum, āre 1.⟩ ||*Denom von* Charmides|| Plaut. *hum* zum Charmides machen

charmidor ⟨ātus sum, ārī 1.⟩ ||*Denom von* Charmides|| zum Charmides werden

Charōn ⟨ōntis⟩ *m Fährmann in der Unterwelt*

charta ⟨ae⟩ *f* ||griech. Fw.||
1. *(nachkl.)* Papyrusstaude
2. *(nachkl.)* Papyrusblatt, *woraus das Schreibmaterial Papier gemacht wurde; meton* Schrift, Schriftwerk, Buch, *meist Pl*
3. Suet. dünne Platte; ***c. plumbea*** dünne Bleiplatte

chartula ⟨ae⟩ *f* ||*Dim von* charta|| Blättchen, Briefchen

Charybdis ⟨is, *Akk* im⟩ *u.* ⟨in⟩, *Abl* ⟨i⟩ *f gefährlicher Strudel gegenüber der Skylla in der Straße von Messina*

chasma ⟨atis⟩ *n* ||griech. Fw.|| *(nachkl.)* Erdriss, Kluft

Chattī ⟨ōrum⟩ *m* die Chatten, *germ. Volk zwischen der Fulda u. der Eder*

Chattus ⟨a, um⟩ *Adj* chattisch, zu den Chatten gehörig

Chaucī ⟨ōrum⟩ *m germ. Stamm an der unteren Ems u. Elbe*

chēlae ⟨ārum⟩ *f* ||griech. Fw.|| ASTRON Scheren des Skorpions; Sternbild der Waage

chelydrus ⟨ī⟩ *m* ||griech. Fw.|| *(nachkl.) poet* Schildkrötenschlange, *bis zu einem Meter lang, übel riechend u. giftig*

chelys ⟨yos⟩, *Akk* ⟨yn⟩, *Vok* ⟨y⟩, *Abl* ⟨ye⟩ *f* ||griech. Fw.|| *poet* Schildkröte; *meton* Lyra, *da diese urspr. aus einer Schildkrötenschale gefertigt wurde*

cheragra ⟨ae⟩ *f* ||griech. Fw.|| *(nachkl.) poet* Handgicht

Cherronēsus *u.* **Chersonēsus** ⟨ī⟩ *f* ||griech. Fw.||
1. ***C. Thracia*** *Halbinsel von Gallipoli, am Westufer der Dardanellen*
2. ***C. Taurica*** *die heutige Halbinsel Krim*

chersos ⟨ī⟩ *f* ||griech. Fw.|| Mart. Landschildkröte

Cheruscī ⟨ōrum⟩ *m* die Cherusker, *germ. Volk an der mittleren Weser*

cheuma ⟨atis, *Abl Pl* atīs⟩ *n* ||griech. Fw.|| Plaut. Guss, Ausguss

Chia ⟨ae⟩ *f* Mart. Mädchen von Chios; Feige von Chios

chīliarchēs ⟨ae⟩ *m* ||griech. Fw.|| *(nachkl.)* Anführer von 1000 Mann, Oberst

chīliarchus ⟨ī⟩ *m* ||griech. Fw.||
1. = ***chiliarches***
2. Nep. Staatskanzler *bei den Persern*

Chimaera ⟨ae⟩ *f* MYTH *Wesen, vorne Löwe, in der Mitte Ziege, hinten Schlange od mit drei Köpfen (Löwe, Ziege, Schlange), von Bellerophon getötet*

chimaeri-fer ⟨fera, ferum⟩ *Adj* ||Chimaera, fero|| die Chimaera hervorbringend; ***Lycia chimaerifera*** Ov. Lykien, das die Chimaera hervorbrachte

Chios ⟨ī⟩ *f Insel vor der ionischen Küste, auf Höhe von Smyrna*

chīragra ⟨ae⟩ *f =* ***cheragra***

chīramaxium ⟨ī⟩ *n* ||griech. Fw.|| Handwagen

Chīrō ⟨ōnis⟩ *m =* ***Chiron***

chīrographum ⟨ī⟩ *n u.* **chīrographus** ⟨ī⟩ *m* ||griech. Fw.||
1. eigene Handschrift, eigenhändiges Schriftstück
2. eigenhändige Schuldverschreibung, Schuldschein

Chīrōn ⟨ōnis⟩ *m heilkundiger Kentaur, Erzieher des Achill u. anderer Heroen*

chīronomia ⟨ae⟩ *f* ||griech. Fw.|| Quint. Pantomimik

chīronomōn ⟨ūntis⟩ *m* ||griech. Fw.|| Iuv. Pantomime

chīrūrgia ⟨ae⟩ *f* ||griech. Fw.|| Chirurgie; gewaltsames Verfahren

chīrūrgicus ⟨a, um⟩ *Adj* ||griech. Fw.|| *(nachkl.)* chirurgisch

chīrūrgus ⟨ī⟩ *m* ||griech. Fw.|| *(nachkl.)* Chirurg

Chium ⟨ī⟩ *n* Wein von Chios

Chius
I ⟨a, um⟩ *Adj* aus Chios, zu Chios gehörig
II ⟨ī⟩
1. *f =* ***Chios***
2. *m* Einwohner von Chios

chlamydātus ⟨a, um⟩ *Adj* ||chlamys|| mit einer Chlamys bekleidet

chlamys ⟨ydis⟩ *f* ||griech. Fw.|| weiter Wollmantel, *meist für Männer, aber auch für Frauen u. Kinder;* Kriegsmantel, Reisemantel, Jagdmantel; Mantel der Schauspieler

Chlōris ⟨idis⟩ *f* ||griech. Fw.||
1. *Göttin der Blumen; =* ***Flora***
2. MYTH *Tochter der Niobe, wurde als einziges der Kinder Niobes von Artemis verschont*

cholera ⟨ae⟩ *f* ||griech. Fw.||
1. Galle
2. Gallenbrechruhr, Cholera
3. *(mlat.)* galliges Temperament, Zornesausbruch

cholericus ⟨a, um⟩ *Adj* ||cholera|| an der Gallenbrechruhr erkrankt

chōliambus ⟨ī⟩ *m* ||griech. Fw.|| METR „Hinkiambus"

chorāgium ⟨ī⟩ *n* ||griech. Fw.|| *(vkl., nachkl.)* Theaterrequisiten, Theaterkostüme

chorāgus ⟨ī⟩ *m* ||griech. Fw.|| Theaterausstatter, Lieferant von Kostümen; Ausstatter von Gastmählern

choraula *u.* **choraulēs** ⟨ae⟩ *m* ||griech. Fw.||

(nachkl.) poet Flötenspieler, *bes zur Begleitung des Chortanzes*
chorda ⟨ae⟩ *f* ||griech. Fw.|| Darm, Darmsaite; Plaut. Strick
chorēa ⟨ae⟩ *f* ||griech. Fw.|| Chortanz, Reigen *mit Gesang, meist Pl*
chorēus ⟨ī⟩ *m* Choreus = Trochäus
choriambus ⟨ī⟩ *m* ||griech. Fw.|| METR Choriambus, *ionisches Metrum*
chorīus ⟨ī⟩ *m* = ***choreus***
chorocitharistēs ⟨ae⟩ *m* ||griech. Fw.|| Suet. Zitherspieler beim Chortanz
chōrs ⟨tis⟩ *f* = ***cohors***
chorus[1] ⟨ī⟩ *m* ||griech. Fw.||
1. *poet* Chortanz, Reigen, *meist Pl*
2. Chor = tanzende und singende Schar, *bes in der Tragödie*
3. Sternenreigen, *die sich nach einer festen Ordnung bewegenden Sterne*
4. *(eccl.)* Klerus; Chorraum, Altarraum *einer Kirche*
chōrus[2] ⟨ī⟩ *m* = ***caurus***
Chremēs ⟨ētis⟩ *m* ||griech. Fw.|| *alter Geizhals in der attischen Komödie u. in Komödien des Terenz*
chrīa ⟨ae⟩ *f* ||griech. Fw.|| *(nachkl.)* RHET Gemeinplatz; Sentenz (und ihre Auslegung)
chrīsma ⟨atis⟩ *n* ||griech. Fw.|| *(eccl.)* Salbung; Salböl
Chrīstiānus
I ⟨a, um⟩ *Adj* ||Christus|| christlich
II ⟨ī⟩ *m* Christ
Chrīstus ⟨ī⟩ *m* ||griech. Fw.|| *(nachkl.)* „der Gesalbte", Messias, Christus
chronica
I ⟨ōrum⟩ *n* ||chronicus|| Geschichtsbücher nach ihrer zeitlichen Reihenfolge, Chronik
II ⟨ae⟩ *f (mlat.)* Chronik
chronicus ⟨a, um⟩ *Adj* ||griech. Fw.|| *(nachkl., spätl.)*
1. zur Zeit gehörig
2. MED chronisch, bleibend
chronographia ⟨ae⟩ *f* ||griech. Fw.|| *(spätl.)* Geschichtsschreibung nach der zeitlichen Abfolge
Chrȳsa ⟨ae⟩ *f* = ***Chryse***
chrȳsanthes ⟨is⟩ *n* ||griech. Fw.|| Verg. Chrysantheme
Chrȳsē ⟨ēs⟩ *f Stadt an der Westküste von Mysien mit Apollotempel*
chrȳsea ⟨ōrum⟩ *n* ||chryseus|| goldene Gefäße, goldene Waffen
Chrȳsēis ⟨idis⟩ *f Tochter des Chryses, wurde von Agamemnon gefangen genommen u. erst zurückgegeben, als Apollo den Griechen eine Pest schickte*
chrȳsendeta ⟨ōrum⟩ *n* ||chrysendetos|| Gefäße mit Goldeinlagen
chrȳsendetos ⟨a, um⟩ *Adj* ||griech. Fw.|| mit Gold eingelegt
Chrȳsēs ⟨ae⟩ *m Apollopriester in Chryse*
chrȳseus ⟨a, um⟩ *Adj* ||griech. Fw.|| golden
chrȳsia ⟨ōrum⟩ *n* = ***chrysea***
Chrȳsippēus ⟨a, um⟩ *Adj* des Chrysippus, zu Chrysippus gehörig
Chrȳsippus ⟨ī⟩ *m stoischer Philos. aus Soli od Tarsos in Kilikien, geb. um 282 v. Chr., Schüler des Zenon u. Kleanthes*
chrȳsocolla ⟨ae⟩ *f* ||griech. Fw.|| Chrysokoll, Kupfergrün, *kupferhaltiger Malachit, Halbedelstein*
chrȳsolithos *u.* **chrȳsolithus** ⟨ī⟩ *m u. f* ||griech. Fw.|| Ov. Chrysolith, Goldtopas, *Halbedelstein*
chrȳsophrȳs *Akk* ⟨ȳn⟩ *m* ||griech. Fw.|| *(nachkl.) Fisch mit goldenem Fleck über den Augen*
chrȳsos ⟨ī⟩ *m* ||griech. Fw.|| Plaut. Gold
Cīa ⟨ae⟩ *f* = ***Cea***
cibāria ⟨ōrum⟩ *n* ||cibarius|| Nahrungsmittel, Lebensmittel *für Mensch u. Tier*, Proviant, Futter; Ration *der Soldaten*; Deputatgetreide *der Provinzbehörden*
cibārius ⟨a, um⟩ *Adj* ||cibus|| zur Speise gehörig, zum Essen dienend; *meton* gewöhnlich, ordinär, einfach; ***panis c.*** Brot aus Gerstenmehl
cibātus ⟨ūs⟩ *m* ||cibo|| Plaut. Nahrung
cibō ⟨āvī, ātum, āre 1.⟩ ||*Denom von* cibus||
1. *(nachkl.)* Tiere füttern; *Passiv* fressen
2. *(eccl.)* zu essen geben, *aliquem* j-m; *Passiv* essen
cibōrium ⟨ī⟩ *n* ||cibus||
1. Fruchtgehäuse *der ägyptischen Bohne, die als Trinkgefäß diente*; Hor. metallenes Trinkgefäß
2. *(eccl.)* Kelch *für Hostien*; Baldachin über dem Altar
► **cibus** ⟨ī⟩ *m*
1. Speise, Nahrung *für Mensch u. Tier*; ***hospes non multi cibi*** Gast mit schwachem Appetit
2. Lockspeise, Köder
3. Nährstoff *für Körper u. Pflanzen*
4. *fig geistige* Nahrung; ***c. humanitatis*** Nährstoff für die Menschlichkeit
cicāda ⟨ae⟩ *f (nachkl.) poet* Grille, Baumgrille, Zikade
cicarō ⟨ōnis⟩ *m* Petr. Junge, Knabe
cicātrīcōsa ⟨ōrum⟩ *n* ||cicatricosus|| LIT Flickwerk
cicātrīcōsus ⟨a, um⟩ *Adj* ||cicatrix|| *(vkl., nachkl.)* voller Narben, narbig
cicātrīx ⟨īcis⟩ *f* Narbe, Schramme; Kerbe; *fig* vernarbte Wunde, ***rei publicae*** des Staates; ***cicatricem refricare/rumpere*** eine Narbe wieder aufreißen
ciccum ⟨ī⟩ *n* ||griech. Lw.|| *(nachkl.)* Kerngehäuse *des Granatapfels*; ***non ciccum*** *fig* keinen Deut, kein bisschen
cicendula ⟨ae⟩ *f* = ***cicindela***
cicer ⟨eris⟩ *n (unkl.)* Kichererbse
Cicerō ⟨ōnis⟩ *m Beiname in der gens Tullia;* → ***Tullius****; berühmtester Vertreter* ***M. Tullius Cicero****, 106–43 v. Chr., berühmter Redner u. Staatsmann, 63 v. Chr. Konsul, bedeutender Schriftsteller u. als solcher ebenso bedeutend für die lat. Sprache wie für die Übernahme der griech. Philosophie in Rom*
cichorēum *u.* **cichorium** ⟨ī⟩ *n* ||griech. Fw.|| Endivie
cīcilendrum *u.* **cīcimandrum** ⟨ī⟩ *n* Plaut. *erfundene Gewürznamen*
cicindēla ⟨ae⟩ *f* Glühwürmchen
Cicirrus ⟨ī⟩ *m* Hor. *Spottname für einen gewissen Messius in Nachahmung des Hahnenschreis, etwa* Schreihals, Kampfhahn
Cicones ⟨um⟩ *m thrakisches Volk zwischen den Flüssen Nestos u. Hebros*
cicōnia ⟨ae⟩ *f (unkl.)* Storch
cicur *Gen* ⟨uris⟩ *Adj* zahm
cicūta ⟨ae⟩ *f (nachkl.) poet* Schierling, *Doldenge-*

C

wächs; *meton* Schierlingssaft, *tödlich wirkendes Gift*; *meton aus dem Stängel der Schierlingspflanze gefertigte* Hirtenpfeife, Hirtenflöte, Schalmei

cidaris ⟨is⟩ *f* ||persisches Fw.|| (*nachkl.*) Tiara, *spitz zulaufender Turban der persischen Könige*

cieō ⟨cīvī, citum, ciēre 2.⟩

1. in Bewegung setzen, erregen; ***natura omnia motibus suis ciet*** die Natur hält durch ihre Bewegungen alles in Gang; ***c. aequora*** das Meer aufwühlen; ***c. ingentem molem irarum*** ungeheuren Zorn erregen; ***herctum c.*** JUR die Teilung des Erbes veranlassen; ***hercto non cito*** bei ungeteiltem Erbe, in Erbengemeinschaft

2. (*nachkl.*) *poet* herbeirufen, zu Hilfe rufen

3. (*nachkl.*) *poet Namen* rufen, nennen

4. JUR angeben, aufweisen können, nennen können; ***patrem consulem c.*** einen Konsul als Vater aufweisen können

5. (*nachkl.*) *poet* ertönen lassen; ***mugitūs c.*** Gebrüll erheben

6. (*nachkl.*) *poet* hervorrufen, hervorbringen, bewirken; ***bellum c.*** einen Krieg beginnen; ***belli simulacra c.*** einen Scheinkampf beginnen; ***lacrimas c.*** Tränen vergießen

Cierium ⟨ī⟩ *n Stadt in Thessalien, Ruinen beim heutigen Karditsa*

Cilicia ⟨ae⟩ *f* Kilikien, *Landschaft im SO von Kleinasien*

Ciliciēnsis ⟨e⟩ *Adj* kilikisch

cilicium ⟨ī⟩ *n* Haarteppich, Haardecke aus Ziegenhaaren

Cilicius ⟨a, um⟩ *Adj* kilikisch

Cilissa ⟨ae⟩ *f* Einwohnerin von Kilikien

Cilix ⟨icis⟩ *m* Einwohner von Kilikien

Cilnius ⟨a, um⟩ *Name einer mächtigen etrusk. gens aus Arretium, aus der Maecenas, der Gönner des Dichters Horaz, stammte*

Cimber

I ⟨brī⟩ *m*, *meist Pl* **Cimbrī** ⟨ōrum⟩ *m* Kimbern, *germ. Volk an der Unterelbe, brach zusammen mit den Teutonen nach S auf, Schlachten bei Noreia 113 v. Chr., bei Aurasio 105 v. Chr., schließlich 101 v. Chr. bei Vercellae von Marius besiegt.*

II *Gen* ⟨brī⟩ *u.* **Cimbricus** ⟨a, um⟩ *Adj* kimbrisch; *auch Beiname des Caesarmörders L. Tillius*

cīmex ⟨icis⟩ *m* (*unkl.*) Wanze; *fig* bissige Wanze, *Schimpfwort*

Ciminius (*erg.* ***mons/saltus***) *u.* **Ciminus** ⟨ī⟩ *m Gebirgszug in Südetrurien*

Ciminius lacus *m See am Südfuß des Ciminius mons, heute Lago di Vico, s. von Viterbo*

cīmītērium ⟨ī⟩ *n* = ***coemeterium***

Cimmeriī ⟨ōrum⟩ *u.* ⟨um⟩ *u.* ⟨ōn⟩ *m*

1. MYTH *Volk, urspr. im äußersten W am Ozean, später bei Baiae u. Cumae lokalisiert, wo der Eingang zur Unterwelt angenommen wurde*

2. *thrakischer Stamm in Südrussland an den Ufern des Dnjepr u. auf der Krim*

Cimmerius ⟨a, um⟩ *Adj* kimmerisch; *poet* finster

Cimō ⟨ōnis⟩ *m* = ***Cimon***

Cimōlus ⟨ī⟩ *f kykladische Insel n von Melos, heute Kimolos*

Cimōn ⟨ōnis⟩ *m 509–449 v. Chr., Sohn des Miltiades, athenischer Staatsmann*

cinaedicus ⟨a, um⟩ *Adj* ||cinaedus|| (*vkl.*) wollüstig, schamlos

cinaedus

I ⟨ī⟩ *m* ||griech. Fw.|| Wüstling, Tänzer anstößiger Tänze

II ⟨a, um⟩ *Adj* schamlos, verhurt

cincinnātus ⟨a, um⟩ *Adj* ||cincinnus|| gelockt

Cincinnātus ⟨ī⟩ *m Beiname des Konsuls von 460 v. Chr. u. Diktators L. Quinctius Cincinnatus, Repräsentant des sittenstrengen u. einfachen Römertums*

cincinnus ⟨ī⟩ *m* ||griech. Lw.||

1. (künstliche) Haarlocke, gekräuseltes Haar

2. *fig* Schnörkelei, Künstelei im Ausdruck

Cinciolus ⟨ī⟩ *m* ||*Dim von* Cincius|| der liebe, kleine Cincius

Cincius ⟨a, um⟩ *Name einer röm. gens*

1. ***L. Cincius Alimentus***, *Prätor 210 v. Chr., Verfasser von Annalen in griech. Sprache z. Zt. des zweiten Punischen Krieges*

2. ***M. Cincius Alimentus***, *Volkstribun 204 v. Chr.; Urheber der* ***lex Cincia de donis et muneribus*** *Gesetz, wonach kein Anwalt für die Führung eines Prozesses Geschenke annehmen darf*

cincticulus ⟨ī⟩ *m* ||*Dim von* cinctus|| Plaut. kleiner Gurt

cinctūra ⟨ae⟩ *f* ||cingo|| (*nachkl.*) Gürtung *der Toga*

cinctus[1] ⟨a, um⟩ *PPP* → ***cingo***

cinctus[2] ⟨ūs⟩ *m* ||cingo|| (*unkl.*)

1. Art des Gürtens der Toga; ***c. Gabinus*** Gürtung der Toga nach Art von Gabii, *was von ritueller Bedeutung war*

2. Gurt, Schurz

cinctūtus ⟨a, um⟩ *Adj* ||cinctus|| *poet* nur mit einem Schurz bekleidet *statt mit der Toga*; altrömisch

Cīneās ⟨ae⟩ *m Freund des Königs Pyrrhus von Epirus, Epikureer, Redner, Schriftsteller*

cine-factus ⟨a, um⟩ *Adj* ||cinis, facio|| Lucr. zu Asche geworden

cinerārius ⟨ī⟩ *m* ||cinis|| (*unkl.*) Sklave, der die Friseireisen in glühender Asche erhitzt; *meton* Friseur

Cingetorix ⟨īgis⟩ *m*

1. *Fürst der Treverer*

2. *Fürst in Britannien*

cingillum ⟨ī⟩ *n* ||*Dim von* cingulum|| (*vkl., nachkl.*) Frauengürtel

cingō ⟨cinxī, cinctum, cingere 3.⟩

1. gürten, umgürten; ***latus ense c.*** die Seite mit dem Schwert gürten; ***se telis c.*** sich rüsten; *Passiv* sich (um)gürten; ***se ferrum c.*** sich das Schwert umgürten

2. aufschürzen, ***vestes*** das Kleid; ***puer alte cinctus*** hochgeschürzter Knabe

3. umwinden, umkränzen, ***comas vittā*** das Haar mit einer Binde

4. *fig* umgeben, umringen; ***palus collem cingebat*** ein Sumpfgelände umgab den Hügel; ***urbem moenibus c.*** mit Mauern umgebene Stadt; ***reginam flammis c.*** die Königin in Liebesglut versetzen

5. *fig* begleiten; ***c. alicui latus*** an j-s Seite sich anschließen, j-n begleiten

6. MIL schützend umgeben, decken; *feindlich* umzingeln, *auch fig*; ***Sicilia periculis cincta*** Sizilien, rings von Gefahren bedroht

cingula ⟨ae⟩ *f u.* **cingulum** ⟨ī⟩ *n* ||cingo|| *poet* Gürtel, *bes von Frauen*; *poet* Wehrgehenk, Bauchgurt *für Pferde*; ***cingulum militare*** *(mlat.)* Kriegsdienst

Cingulum ⟨ī⟩ *n Bergfestung im Picenum, heute Cingolo, sw. von Ancona*

cingulus ⟨ī⟩ *m* ||cingo|| Erdgürtel, Zone

cini-flō ⟨ōnis⟩ *m* ||cinis, flo|| Hor. Friseur

▶ **cinis** ⟨eris⟩ *m*

1. Asche; *auch Asche als* Scheuermittel; ***in cinerem dilabi*** in Asche zerfallen
2. Asche der Toten; ***absolvar c.*** ich werde freigesprochen werden, wenn ich tot bin
3. *meist Pl* Brandstätte, Trümmer
4. *fig* Vernichtung, Zerstörung, Ruin
5. ***dies cinerum*** *(eccl.)* Aschermittwoch

Cinna ⟨ae⟩ *m röm. Beiname*

1. ***L. Cornelius Cinna*** *Parteigänger des Marius im Bürgerkrieg gegen Sulla, berüchtigt wegen seiner Grausamkeit, 84 v. Chr. von seinen Soldaten getötet*
2. ***L. Cornelius Cinna*** *Sohn von 1., einer der Mörder Caesars*
3. ***C. Helvius Cinna*** *Dichter u. Freund Catulls, beim Leichenbegängnis für Caesar mit 2. verwechselt u. ermordet*

cinnamon *u.* **cinnamum** ⟨ī⟩ *n* ||griech. Fw.|| *(nachkl.) poet* Zimtrinde, Zimt

Cinnānus ⟨a, um⟩ *Adj* des Cinna, zu Cinna gehörig

cinxī → ***cingo***

Cinyrās ⟨ae⟩, *Akk* ⟨am⟩ *u.* ⟨ān⟩ *m* MYTH *Priesterkönig von Zypern, zeugte mit seiner Tochter Myrrha den Adonis*

ciō ⟨-, -, īre 4.⟩ → ***cieo***

Cios ⟨ī⟩ *f wichtige Hafenstadt am Ostufer des Marmarameeres, heute Gemlik*

cippus ⟨ī⟩ *m* Spitzsäule *aus Holz od Stein*, Palisade, Grenzstein, Leichenstein, Grabstein

▶ **circā**

I *Adv (nachkl.) poet* ringsum, umher, in der Umgebung; ***ii qui circa sunt*** j-s Umgebung, j-s Umgang, j-s Freunde; ***circa undique*** rings von allen Seiten her

II *Präp + Akk, bisweilen nachgestellt*

1. *örtl.* um … her, um; bei, in der Nähe von; nahe bei; in … umher, umher zu; ***ligna circa casam conferre*** Holz um das Haus herum zusammentragen; ***est locus circa murum*** es gibt einen Platz nahe der Mauer; ***legatos circa vicinas gentes mittere*** Gesandte zu den benachbarten Völkern ringsum schicken
2. *(nachkl.) zeitl.* um, gegen, ungefähr; ***circa lucis ortum*** gegen Sonnenaufgang
3. *bei Zahlenangaben* um, gegen, ungefähr; ***circa ducentos*** ungefähr zweihundert
4. *(nachkl.)* um = in Bezug auf; ***circa aliquid disputare*** über etw abhandeln

Circa ⟨ae⟩ *f* = ***Circe***

Circaeus ⟨a, um⟩ *Adj* zur → Circe gehörig, *auch* zaubernd, verderbend; ***Circaea moenia*** Mauern der Circe, = Tusculum

circā-moerium ⟨ī⟩ *n* Maueranger, *freier u. nicht bebaubarer Raum innerhalb u. außerhalb der Stadtmauer, Wortbildung des Livius zur Erklärung von pomerium*

Circē ⟨ēs⟩ *f Tochter des Helios, bei Homer zauberkundige Nymphe auf der Insel Aiaia; Odysseus kam auf seinen Irrfahrten auf die Insel der Circe u. zeugte mit ihr Telegonus, den angeblichen Gründer von Tusculum*

Circēī ⟨ōrum⟩ *m Küstenort u. Vorgebirge in Latium, nach der angeblich von Kolchis nach W geflohenen Circe benannt, heute Circello*

Circēiēnsis ⟨e⟩ *Adj* aus Circei, zu Circei gehörig

Circēiēnsis ⟨is⟩ *m* Einwohner von Circei

circēnsēs ⟨ium⟩ *m* ||circensis|| Zirkusspiele

circēnsis ⟨e⟩ *Adj* ||circus|| zum Zirkus gehörig

circinō ⟨āvī, ātum, āre 1.⟩ ||*Denom von* circinus|| *(nachkl.) poet* kreisförmig machen, rund biegen; *fig* im Kreis durchfliegen

circinus ⟨ī⟩ *m* Zirkel *als Instrument*

▶ **circiter**

I *Adv* ||circum||

1. *(nachkl.) örtl.* ringsumher
2. *zeitl.* ungefähr
3. *bei Zahlenangaben* ungefähr

II *Präp + Akk*

1. Plaut. *örtl.* nahe bei
2. *zeitl.* um, gegen, ungefähr

circitō ⟨āvī, ātum, āre 1.⟩ Sen. durchwandern

circius ⟨ī⟩ *m* scharfer Nordwestwind

circlus ⟨ī⟩ *m* = ***circulus***

circu-eō ⟨iī, itum, īre 0.⟩ = ***circumeo***

circuitiō ⟨ōnis⟩ *f* ||circueo||

1. Liv. MIL Kontrollgang, Runde
2. *fig* Umweg; *bes in der Rede* indirektes Vorgehen; ***c. atque anfractus*** Umweg

circuitus ⟨ūs⟩ *m* ||circueo||

1. *(nachkl.)* Umsegelung; Durchwanderung; *fig* Periode *im historischen Sinn*; ***c. Hispaniae*** Umsegelung Spaniens; ***c. Siciliae*** Durchwanderung Siziliens; ***c. in rebus publicis commutationum*** Cic. periodische Umläufe der Veränderungen in den Staaten
2. das Umkreisen; ***c. solis*** der periodische Umlauf der Sonne, der periodische Umlauf um die Sonne
3. Umweg; *in der Rede* indirektes Verfahren; ***c. trium milium*** Umweg von drei Meilen
4. Umfang, Umkreis; ***in circuitu*** ringsum; ***in circuitu oppidi*** rings um die Stadt
5. RHET Umschreibung; Periode
6. *(mlat.)* Reigentanz

circulātim *Adv* ||circulor|| gruppenweise

circulātor ⟨ōris⟩ *m* ||circulor|| *(unkl.)* Trödler, Marktschreier; Gaukler

circulātōrius ⟨a, um⟩ *Adj* ||circulator|| Quint. marktschreierisch

circulātrīx ⟨īcis⟩ *f* ||circulator|| *poet* Marktschreierin; Herumtreiberin; Gauklerin

circulor ⟨ātus sum, ārī 1.⟩ ||*Denom von* circulus||

1. Gruppen bilden, in Gruppen zusammentreten
2. Sen. einen Zuhörerkreis um sich bilden

circulus ⟨ī⟩ *m* ||*Dim von* circus||

1. Kreis, Kreislinie
2. ASTRON Kreisbahn
3. kreisförmiger Körper, Ring *einer Kette*; Reif, Haarreif; Reif *eines Fasses*; Reif *eines Gleichgewichtskünstlers*
4. Zirkel = gesellschaftlicher Kreis
5. ***c. vitiosus*** *(mlat.)* fehlerhafter Schluss, *weil die*

zu beweisende Sache als bewiesene Voraussetzung gilt; (*nlat.*) Teufelskreis

C

▶ **circum**

I *Adv u. Präf*

1. im Kreis, ringsum, ringsumher

2. (*nachkl.*) *poet* in der Umgebung, zu beiden Seiten

II *Präp + Akk*

1. rings um, um … herum, um; ***terra se convertit circum axem suum*** die Erde dreht sich um ihre Achse

2. bei, in der Nähe von; ***commorabor circum haec loca*** ich werde mich in der Nähe dieser Örtlichkeit aufhalten; ***equites circum se habere*** Reiter in seiner Begleitung haben; ***instrumentum circum se habere*** Werkzeug mit sich führen

3. in … umher, bei … herum; ***pueros dimittere circum amicos*** die Jungen zu den Freunden umher aussenden

circumāctus[1] ⟨a, um⟩ *Adj* ||circumago|| Plaut. gekrümmt, gebogen

circumāctus[2] ⟨ūs⟩ *m* ||circumago|| (*nachkl.*) Umdrehung, ***rotarum*** der Räder, ***caeli*** der Himmelsbahn

circum-āctus[3] ⟨a, um⟩ *PPP* → ***circumago***

circum-agō ⟨ēgī, āctum, agere 3.⟩ (*unkl.*)

1. im Kreis herumführen, herumtreiben; *Passiv u.* ***se c.*** sich umherbewegen, umhergehen; ablaufen, verfließen

2. umwenden, umdrehen, umlenken; ***signa / aciem c.*** kehrtmachen; *Passiv u.* ***se c.*** sich umdrehen, sich wenden; ***ventus se circumagit*** der Wind dreht sich

3. *fig* umstimmen; *Passiv* sich verleiten lassen, sich umstimmen lassen

circum-arō ⟨āvī, ātum, āre 1.⟩ (*nachkl.*) umpflügen, ***agrum*** das Feld

circum-caesūra ⟨ae⟩ *f* Lucr. äußerer Umriss *eines Körpers*

circum-cīdō ⟨cīdī, cīsum, cīdere 3.⟩ ||caedo||

1. ringsum abschneiden, *rituell* beschneiden

2. *fig* vermindern, einschränken; (*vkl., nachkl.*) *eine Rede* abkürzen

circum-circā *Adv* (*unkl.*) um und um, rings(her)um

circumcīsus[1] ⟨a, um⟩ *Adj, Adv* ⟨circumcīsē⟩ ||circumcido||

1. abgeschnitten, steil, abschüssig

2. *fig* ringsum beschnitten, beschränkt; RHET, LIT gedrängt, kurz gefasst, knapp

circum-cīsus[2] ⟨a, um⟩ *PPP* → ***circumcido***

circum-clūdō ⟨clūsī, clūsum, clūdere 3.⟩ ||claudo||

1. rings umschließen, einschließen, einfassen; ***cornua argento c.*** Hörner in Silber fassen

2. *feindlich* umzingeln, umstellen; ***consiliis c.*** Cic. *fig* mit seinen Plänen in die Enge treiben

circum-colō ⟨-, -, ere 3.⟩ (*nachkl.*) rings um *etw* wohnen, *aliquid*, ***sinum*** um einen Golf

circum-currō ⟨-, -, ere 3.⟩ (*nachkl.*) rings herumlaufen; *fig* umherschweifen; ***ars circumcurrens*** *fig* die im Umlauf befindliche Kunst

circumcursō ⟨āvī, ātum, āre 1.⟩ ||*Intens von* circumcurro|| ringsherum laufen, herumlaufen, überall herumlaufen, *aliquem* um j-n, bei j-m, *aliquid* in etw, bei etw, um etw

▶ **circum-dō** ⟨dedī, datum, dare 1.⟩

1. um *etw* legen, stellen, setzen, *alicui rei*; ***armatos contioni c.*** Bewaffnete um die Volksversammlung aufstellen; ***bracchia collo c.*** die Arme um den Hals legen

2. *fig* beilegen, verleihen; ***paci famam c.*** dem Frieden Popularität geben

3. umgeben, umschließen, umzingeln, umringen, *aliquem / aliquid re* j-n / etw mit etw; ***portum moenibus c.*** den Hafen mit Mauern umgeben

4. *feindlich* umstellen, einschließen

5. *fig* einengen; ***munus oratoris exiguis finibus c.*** die Aufgabe des Redners in enge Grenzen zwängen

6. *Passiv u.* ***se c.*** sich bekleiden, *re / rem* mit etw

circum-dūcō ⟨dūxī, ductum, dūcere 3.⟩

1. (im Kreis) herumführen, herumziehen; ***aratrum c.*** den Pflug herumführen, *womit vor der Gründung einer Stadt deren Standort durch eine Furche gekennzeichnet wurde*

2. umherführen, *von einem Punkt zum anderen, von einer Person zur anderen, aliquem aliquid* j-n an etw, j-n bei etw

3. *um ein Hindernis* herumführen; ***longo ambitu c.*** in einem langen Umweg vorbeiführen

4. Plaut. *fig* hinters Licht führen, täuschen, betrügen, prellen, *aliquem re* j-n um etw

5. ARCH im Bogen führen

6. GRAM dehnen, lang aussprechen; ***syllabam c.*** eine Silbe lang aussprechen

7. Quint. RHET, LIT ausdehnen, auswalzen, umschreiben

8. *Textteile* einklammern

circumductiō ⟨ōnis⟩ *f* ||circumduco||

1. Plaut. Prellerei, Betrug

2. Quint. RHET Periode

circumductum ⟨ī⟩ *n* ||circumduco|| Periode *im Satzbau*

circumductus ⟨ūs⟩ *m* ||circumduco|| Quint. Umfang

circum-eō ⟨iī, itum, īre 0.⟩

1. um *etw* herumgehen, *etw* umgehen, *etw* umfahren, *aliquid*; ***opus navibus c.*** ein Bollwerk umschiffen

2. *von Leblosem* sich um *etw* herumziehen, *aliquid*; ***castra circumeuntur*** das Lager wird umgangen

3. einen Bogen um *etw* machen, einen Umweg um *etw* machen, *aliquid*; ***elephantos c.*** einen Bogen um die Elefanten machen; ***insidias c.*** einem Hinterhalt ausweichen

4. *fig einen Begriff* umschreiben, umgehen; ***nomen alicuius c.*** j-s Namen nicht nennen

5. (Ter., Mart.) hintergehen, täuschen

6. (*nachkl.*) *poet* einfassen, einschließen, umschließen

7. MIL umzingeln, überflügeln; ***hostem a tergo c.*** den Feind von hinten umzingeln; ***ab hostibus circumiri*** von den Feinden eingeschlossen werden; ***belli fluctibus circumiri*** *fig* die Wogen des Krieges schlagen über *j-m* zusammen

8. bei *etw* umhergehen, von einem zum anderen gehen, *aliquem / aliquid*

9. MIL die Runde machen, den Kontrollgang machen

10. bereisen, besichtigen; ***saucios c.*** die Verwundeten der Reihe nach besuchen

circum-equitō ⟨āvī, ātum, āre 1.⟩ *(nachkl.)* umreiten
circum-errō ⟨āvī, ātum, āre 1.⟩ *(nachkl.)* um *etw* herumirren, *alicui rei*
► **circum-ferō** ⟨tulī, lātum, ferre 0.⟩
1. herumtragen, herumbringen, umherbewegen
2. mit sich führen, bei sich führen
3. RELIG reinigen, entsühnen, *aliquem re* j-n mit etw
4. *ein Glied des Körpers* umherbewegen; ***oculos c.*** die Augen umherschweifen lassen
5. herumreichen, ***poculum*** den Becher; *Passiv* herumgehen; ***lyra circumfertur in conviviis*** die Leier geht in der Tischgesellschaft herum
6. ringsum verbreiten, ringsum verteilen; ***arma ad singulas urbes c.*** Waffen auf die einzelnen Städte verteilen
7. *Gerüchte, Nachrichten* verbreiten, bekannt machen, *aliquid* etw, + *AcI*
circum-flectō ⟨flexī, flexum, flectere 3.⟩
1. *poet* umbiegen, umlenken; ***longos cursūs c.*** in weitem Bogen umfahren
2. Gell. GRAM *eine Silbe* lang aussprechen
circum-flō ⟨-, -, āre 1.⟩ rings umwehen, rings umstürmen, *(klass.) nur fig*; ***circumflari ab omnibus ventis invidiae*** Cic. von allen Stürmen der Missgunst umweht werden
circum-fluō ⟨flūxī, -, fluere 3.⟩
I *v/t (nachkl.)* rings umfließen; *von Gewändern* umwallen; *abstr.* in Fülle umgeben
II *v/i von Gefäßen u. vom Inhalt* überfließen, überströmen; *in der Rede* vor Fülle überströmen; an *etw* Überfluss haben, schwelgen, *re*
circumfluus ⟨a, um⟩ *Adj* ||circumfluo|| *(nachkl.)*
1. umfließend; ***amnis c.*** umfließender Strom
2. umflossen, umströmt; ***insula circumflua*** umströmte Insel
circum-fodiō ⟨fōdī, fossum, fodere 3.⟩ *(nachkl.)* rings umgraben
circum-forāneus ⟨a, um⟩ *Adj* ||forum||
1. auf dem Markt befindlich; ***aes circumforaneum*** von Wechslern auf dem Forum geborgtes Geld, Schulden
2. auf Märkten umherziehend
circum-fremō ⟨uī, -, ere 3.⟩ *(nachkl.)* umlärmen
► **circum-fundō** ⟨fūdī, fūsum, fundere 3.⟩
1. *(vkl., nachkl.)* um *etw* herumgießen, *alicui rei*; *Passiv u.* ***se c.*** sich um *etw* ergießen, *etw* umgeben, *alicui rei*; ***circumfusus*** umgebend; ***hostes undique circumfusi erant*** die Feinde waren von allen Seiten umringt; ***molestiae circumfusae*** allgegenwärtige Belästigungen; ***circumfusa iuveni*** an den Jüngling geschmiegt
2. übergießen; *fig* umgeben, umhüllen, umschließen; *Passiv* umschlossen werden; ***aer terram circumfundit*** Luft umgibt die Erde; ***milites praefectum circumfundebant*** die Soldaten umringten den Oberst
circum-gemō ⟨-, -, ere 3.⟩ Hor. rings umbrummen; ***ursus circumgemit ovile*** der Bär umstreift den Schafstall mit Gebrumm
circum-gestō ⟨āvī, ātum, āre 1.⟩ überall herumtragen
circum-gredior ⟨gressus sum, gredī 3.⟩ ||gradior|| *(nachkl.) feindlich* umgeben, umrunden
circumiacentia ⟨ium⟩ *n* ||circumiaceo|| RHET die umstehenden Worte
circum-iaceō ⟨-, -, ēre 2.⟩ ringsum liegen, ringsum wohnen, *abs od alicui rei* um etw; ***c. Europae*** um Europa herum wohnen
circum-iciō ⟨iēcī, iectum, icere 3.⟩
1. um *etw* herumwerfen, herumstellen, herumlegen, *alicui rei*; ***exercitum totis moenibus c.*** das Heer um die ganze Mauer herum aufstellen; ***anguis vectem circumiectus*** Cic. um den Türbalken geschlungene Schlange
2. umschließen, umgeben, *re* mit etw; ***planities saltibus circumiecta*** von Wäldern umgebene Ebene
circumiectus[1] ⟨a, um⟩ *Adj* umliegend; ***silvae itineri circumiectae*** Wälder zu beiden Seiten des Weges
circumiectus[2] ⟨ūs⟩ *m* ||circumicio||
1. *poet* das Umfassen, das Umschlingen
2. *meton* Umgebung
circum-itiō ⟨ōnis⟩ *f* = ***circuitio***
circum-itor ⟨ōris⟩ *m* ||circumeo|| Aufseher *in Gärten*
circum-itus ⟨ūs⟩ *m* = ***circuitus***
circum-lātrō ⟨-, -, āre 1.⟩ *von Hunden u. fig von Menschen* anbellen, umbellen
circum-lātus ⟨a, um⟩ *PPP* → ***circumfero***
circum-ligō ⟨āvī, ātum, āre 1.⟩ *(nachkl.)*
1. *poet* um *etw* binden, *alicui rei*
2. umwickeln, umgürten, *aliquid re* etw mit etw
circum-liniō ⟨iī, -, īre 4.⟩ *u.* **circum-linō** ⟨-, litum, linere 3.⟩ *(nachkl.)*
1. *poet* herumschmieren, herumkleben, *aliquid alicui rei* etw um etw
2. bestreichen, überziehen, *aliquid re* etw mit etw; ***mortuos cerā c.*** Tote mit Wachs bestreichen
circumlitiō ⟨ōnis⟩ *f* ||cirumlino|| *(nachkl.)* Bemalung *mit Wachsfarben*
circumlocūtiō ⟨ōnis⟩ *f (nachkl.)* Umschreibung
circumlūcēns *Gen* ⟨entis⟩ *Adj* ||luceo|| hell strahlend, leuchtend
circum-luō ⟨-, -, ere 3.⟩ ||lavo|| *(nachkl.)* umspülen, umfließen
circum-lūstrō ⟨āvī, ātum, āre 1.⟩ Lucr. ringsum beleuchten
circumluviō ⟨ōnis⟩ *f* ||circumluo|| Umspülung, Inselbildung *durch Umspülen eines Stücks Land*
circum-mittō ⟨mīsī, missum, mittere 3.⟩
1. herumschicken, auf einem Umweg schicken
2. überall umherschicken
circum-moeniō ⟨īvī, ītum, īre 4.⟩ = ***circummunio***
circum-mūgiō ⟨-, -, īre 4.⟩ Hor. umbrüllen
circum-mūniō ⟨īvī, ītum, īre 4.⟩ ringsum befestigen
circummūnītiō ⟨ōnis⟩ *f* ||circummunio|| MIL Einschließung
circum-padānus ⟨a, um⟩ *Adj* ||Padus|| rings um den Po befindlich, rings um den Po gelegen
circum-pendeō ⟨-, -, ēre 2.⟩ *(nachkl.) poet* rings herumhängen
circum-plaudō ⟨-, -, ere 3.⟩ Ov. ringsum beklatschen, von allen Seiten mit Händeklatschen empfangen
circum-plectō ⟨-, plexum, plectere 3.⟩ *(vkl., nachkl.)* *u.* **circum-plector** ⟨plexus sum, plectī 3.⟩ umfassen, umschlingen, zusammenhalten; ringsum einschließen; ***domini patrimonium c.*** das Erbe des Herrn zusammenhalten; ***collem opere c.*** den Hü-

gel durch Schanzarbeiten ringsum einschließen

circum-plicō ⟨āvī, ātum, āre 1.⟩ umwickeln, umschlingen

circum-pōnō ⟨posuī, positum, pōnere⟩ *(nachkl.) poet* rings herumsetzen, herumlegen, herumstellen, *aliquid alicui rei* etw um etw; ***aliquos sellae suae c.*** irgendwelche zu beiden Seiten seines Sessels aufstellen

circumposita ⟨ōrum⟩ *n* Liv. Umgebung

circum-pōtātiō ⟨ōnis⟩ *f* ||poto|| Umtrunk, Trinkgelage *bes beim Leichenschmaus*

circum-rētiō ⟨īvī, ītum, īre 4.⟩ ||rete|| umgarnen, umstricken, *aliquem re* j-n mit etw

circum-rōdō ⟨rōsī, -, rōdere 3.⟩ *(nachkl.)* ringsum benagen; (Ho.) *fig* schmähen; *(klass.)* an *etw* herumkauen = zögern *etw* zu sagen, *aliquid*

circum-saepiō ⟨saepsī, saeptum, saepīre 4.⟩ umgeben, einzäunen; schützend umgeben, umringen, *aliquid re* etw mit etw

circum-scindō ⟨-, -, ere 3.⟩ Liv. die Kleider vom Leib reißen

circum-scrībō ⟨scrīpsī, scrīptum, scrībere 3.⟩

1. einen Kreis um *etw* ziehen, *etw* mit einem Kreis umschreiben, *aliquid / aliquem*

2. abgrenzen, festlegen; ***sententiam mente c.*** die Bedeutung geistig erfassen; ***ius suum terminis c.*** sein Recht klar abgrenzen; ***advenis locum habitandi c.*** den Ankömmlingen einen Wohnplatz abgrenzen

3. beschränken, einschränken, in seine Schranken weisen; ***tribunum plebis c.*** den Volkstribun in die Grenzen seiner Kompetenz weisen

4. umstricken, umgarnen, übervorteilen

5. unterschlagen; ***vectigalia c.*** Einkünfte unterschlagen

6. *(nachkl.)* den wahren Sinn *eines Gesetzes od Testaments* durch buchstäbliche Auslegung verdrehen

7. JUR *durch Disputation vor Gericht* aufheben, beseitigen; ***hoc omne tempus Sullanum ex accusatione c.*** diese ganze sullanische Zeit aus der Anklage ziehen

circumscrīptiō ⟨ōnis⟩ *f* ||circumscribo||

1. das Umschreiben eines Kreises *um etw*; beschriebener Kreis

2. *fig* Begrenzung, Umriss, Umfang; ***c. terrae*** Umfang der Erde; ***c. temporis*** zeitlicher Umfang

3. RHET Periode

4. *fig* Übervorteilung, Betrügerei, Täuschung, *alicuius* j-s *od* durch jdn

circumscrīptor ⟨ōris⟩ *m* ||circumscribo|| Betrüger, Gauner

circumscrīptus ⟨a, um⟩ *Adj, Adv* ⟨circumscrīptē⟩ ||circumscribo||

1. RHET bündig, präzise, genau; periodisch abgerundet

2. Plin. beschränkt; *Komp* enger begrenzt

circum-secō ⟨-, sectum, secāre 1.⟩

1. ringsum herausschneiden, ringsum beschneiden; ***aliquid serrā c.*** ein rundes Loch in etw sägen

2. Suet. beschneiden, *aliquem* jdn

circum-sedeō ⟨sēdī, sessum, sedēre 2.⟩

1. um *j-n / etw* herumsitzen, *aliquem / aliquid*

2. *feindlich* belagern, umzingeln

3. *fig* bestürmen, ***aliquem lacrimis*** j-n mit Tränen

circumsessiō ⟨ōnis⟩ *f* ||circumsedeo|| Belagerung, Umzingelung

circum-sīdō ⟨sēdī, sessum, sīdere 3.⟩ umstellen, umzingeln

circum-siliō ⟨siluī, -, silīre 4.⟩ ||salio|| *poet* herumhüpfen; *fig von Krankheiten* umgeben, umringen

circum-sistō ⟨stetī⟩ *u.* ⟨stitī, -, sistere 3.⟩ sich um *j-n* herumstellen, *etw* umringen, *aliquem / aliquid*; *feindlich* bedrängen, angreifen

circum-sonō ⟨uī, -, āre 1.⟩

I *v/i* ringsum tönen, widerhallen

II *v/t* umtönen, umrauschen

circumsonus ⟨a, um⟩ *Adj* ||circumsono|| *poet* rings umtönend, rings umlärmend; ***turba canum circumsona*** ringsum bellende Horde von Hunden

circumspectātrīx ⟨īcis⟩ *f* ||circumspecto|| Plaut. die überall Herumspähende, Herumspionierende, Schnüfflerin

circumspectiō ⟨ōnis⟩ *f* ||circumspicio|| Umschau, Umsicht, umsichtige Erwägung; ***vestra c.*** *(eccl.)* Eure Weisheit, *Anrede an den Erzbischof*

circumspectō ⟨āvī, ātum, āre 1.⟩ ||*Intens u. Freq von* circumspicio||

I *v/i aufmerksam / vorsichtig / ängstlich / ständig* umherschauen, sich umschauen; *bei* Plaut. *auch* ***se c.*** sich umschauen

II *v/t* sich nach *j-m / etw* umschauen, *j-n* ausfindig zu machen suchen, *etw* genau betrachten, *aliquem / aliquid*

circumspectus[1] ⟨ūs⟩ *m* ||circumspicio|| das Umherblicken, Ausblick; *(nachkl.) fig* Erwägung, Betrachtung

circumspectus[2] ⟨a, um⟩ *Adj, Adv* ⟨circumspectē⟩ ||circumspicio|| *von Personen u. Sachen* umsichtig, bedächtig, besonnen; ***vir c.*** umsichtiger Mann; ***verbum circumspectum*** bedächtiges Wort

circum-spiciō ⟨spexī, spectum, spicere 3.⟩

I *v/i aufmerksam / ängstlich / vorsichtig* um sich schauen, umherspähen; *fig* Vorsicht gebrauchen, darauf achten, *ut / ne*

II *v/t*

1. ringsum überschauen, überblicken; erblicken

2. ringsum betrachten, mustern; ***se c.*** auf sich achten

3. sich nach *j-m / etw* umsehen, *aliquem / aliquid*

4. *fig etw* ausfindig zu machen suchen, nach *etw* suchen, auf *etw* warten, auf *etw* lauern, *aliquid*

5. *fig* genau erwägen, genau überlegen, bedenken, *abs od aliquid* etw, + *indir Fragesatz*; ***patres circumspexerunt, quosnam consules facerent*** die Senatoren überlegten genau, wen sie denn zu Konsuln wählen sollten

circumstantia ⟨ae⟩ *f* ||circumsto|| *(nachkl.)* Umgebung; *fig* die Umstände

circum-stetī → ***circumsisto*** *u.* → ***circumsto***

circum-stō ⟨stetī, -, stāre 1.⟩

I *v/i* herumstehen, umherstehen; ***circumstantes*** die Umstehenden, die Anwesenden

II *v/t* umstehen, umgeben, umringen; *bes feindlich* umlagern, bedrängen

circum-strepō ⟨strepuī, strepitum, strepere 3.⟩ *(nachkl.)* umrauschen, umtosen, umlärmen; laut rufen

circum-struō ⟨strūxī, strūctum, struere 3.⟩ *(nachkl.)*

umbauen, mit einer Mauer umgeben
circum-tendō ⟨-, tentum, tendere 3.⟩ Plaut. bespannen, umspannen
circum-terō ⟨-, -, ere 3.⟩ Tib. dicht umstehen
circum-textus ⟨a, um⟩ *Adj* ||texo|| Verg. rings umsäumt, verbrämt
circum-tonō ⟨uī, -, āre 1.⟩ *poet* umdonnern, umrauschen; *fig* betäuben, rasend machen
circum-tōnsus ⟨a, um⟩ *Adj* ||tondeo|| (*vkl., nachkl.*) rundgeschoren; *fig* gekünstelt
circum-tulī → ***circumfero***
circum-vādō ⟨vāsī, -, vādere 3.⟩ (*nachkl.*) von allen Seiten angreifen, überfallen, umringen; ***terror barbaros circumvadit*** *fig* Schrecken befällt die Barbaren
circum-vagus ⟨a, um⟩ *Adj* (*nachkl.*) *poet* rings umflutend; ***Oceanus c.*** der erdumströmende Ozean
circum-vallō ⟨āvī, ātum, āre 1.⟩ rings mit einem Wall umschließen; ***se c.*** Ter. sich auftürmen
circum-vāsī → ***circumvado***
circumvectiō ⟨ōnis⟩ *f* ||circumveho||
1. Handelsverkehr im Innern; ***portorium circumvectionis*** Transitzoll
2. ASTRON Umlauf, Kreisbahn, ***solis*** der Sonne
circumvector ⟨-, ārī 1.⟩ ||*Freq von* circumvehor|| (*unkl.*) wiederholt herumfahren, kreuzen, *aliquid* um etw, an etw; umherreiten, umherfahren, *aliquid* auf etw; *fig etw* durchgehen = beschreiben, schildern
circum-vehor ⟨vectus sum, vehī 3.⟩
I *v/i* herumfahren, herumreiten, herumsegeln; ***a loco ad locum / in locum c.*** von Ort zu Ort fahren
II *v/t* (*unkl.*)
1. umfahren, umreiten, umsegeln
2. bei *j-m* umherfahren, umherreiten, die Runde machen; ***suos c.*** die Runde bei den Seinen machen
3. ***verbis c.*** *fig* umschreiben
circum-vēlō ⟨-, -, āre 1.⟩ Ov. umhüllen, ***aliquem amictu*** j-n mit einem Umhang
▶ **circum-veniō** ⟨vēnī, ventum, venīre 4.⟩
1. umringen, umgeben, umfließen; ***Rhenus insulas circumvenit*** der Rhein umfließt die Inseln; ***homines flammis circumventi*** von den Flammen eingeschlossene Menschen
2. *feindlich* umzingeln, einschließen, ***hostes a tergo*** die Feinde von hinten; ***circumveniri a latronibus*** von Räubern eingeschlossen werden
3. *fig* umgarnen, umstricken, gefährden, bedrängen; *Passiv* in die Falle geraten
4. hintergehen, überlisten, täuschen
circumversiō ⟨ōnis⟩ *f* ||circumverto|| (*nachkl.*) das Umwenden, das Umdrehen
circum-vertō ⟨vertī, versum, vertere 3.⟩ (*unkl.*)
1. umdrehen, umwenden; *Passiv u.* ***se c.*** sich umdrehen, *aliquid* um etw
2. *fig* um *etw* betrügen, ***aliquem argento*** j-n um Geld
circum-vestiō ⟨-, -, īre 4.⟩ (*nachkl.*) ringsum bekleiden, bedecken; ***se dictis c.*** *fig* sich mit Gerede schützen
circum-vinciō ⟨-, vinctum, vincīre 4.⟩ Plaut. rings umbinden, einbinden
circum-vīsō ⟨-, -, ere 3.⟩ Plaut. ringsum ansehen
circumvolitō ⟨āvī, ātum, āre 1.⟩ ||*Intens von* circumvolo||
I *v/i* umherfliegen
II *v/t* umflattern, umschwärmen
circum-volō ⟨āvī, ātum, āre 1.⟩ (*nachkl.*) *poet* umfliegen, umflattern, *aliquem / aliquid* j-n / etw; ***nox caput circumvolat*** die Nacht umgibt das Haupt
circum-volvō ⟨volvī, volūtum, volvere 3.⟩ (*nachkl.*) *poet* herumwälzen, herumrollen; *Passiv* sich herumwälzen, sich herumwickeln, sich drehen, *aliquid* um etw, ***axem*** um die Achse; ***annum circumvolvi*** das Jahr im Kreislauf vollenden
circum-vortō ⟨vortī, vorsum, vortere 3.⟩ = ***circumverto***
▶ **circus** ⟨ī⟩ *m*
1. ASTRON Kreislinie; ***c. candens*** Milchstraße
2. Zirkus, Rennbahn; *meton* Zirkusspiele, Wagenrennen; ***c. maximus*** *in Rom zwischen Palatin u. Aventin*
3. *allg.* zum Wettkampf bestimmter freier Platz; Versammlungsplatz
cīris ⟨is⟩ *f* ||griech. Fw.|| Ov. *Meeresvogel, in den Skylla, die Tochter des Nisus, verwandelt wurde*
cirrātus ⟨a, um⟩ *Adj* ||cirrus|| (*nachkl.*) *poet* gelockt, kraushaarig
Cirrha ⟨ae⟩ *f Hafenstadt von Delphi, s. von Delphi am Korinthischen Golf, heute Kirr(h)a*
Cirrhaeus ⟨a, um⟩ *Adj* aus Cirrha, zu Cirrha gehörig; *auch* delphisch
cirrus ⟨ī⟩ *m* (*unkl.*)
1. *natürliche* Haarlocke; *meton* Lockenkopf, Krauskopf
2. *fig* Fransen an Kleidern
3. Bart *der Auster*
Cirta ⟨ae⟩ *f reiche Stadt in Numidien, heute Constantine in Algerien*
Cirtēnsēs ⟨ium⟩ *m* die Einwohner von Cirta
cis *Präp + Akk*
1. *örtl.* diesseits; ***cis Taurum*** diesseits des Taurus
2. (*vkl., nachkl.*) *zeitl.* binnen, innerhalb; ***cis paucos dies*** binnen weniger Tage
cis-alpīnus ⟨a, um⟩ *Adj* ||Alpes|| diesseits der Alpen gelegen, *von Rom aus gesehen*; ***Gallia cisalpina*** das diesseits der Alpen gelegene Gallien, *heute Norditalien*
cisium ⟨ī⟩ *n* [*gall. Lw.*] *leichter zweirädriger* Reisewagen *ohne Dach*
cis-rhēnānus ⟨a, um⟩ *Adj* ||Rhenus|| diesseits des Rheins wohnend, *vom röm. Gallien aus gesehen*
cista ⟨ae⟩ *f* ||griech. Lw.|| Kiste, Kasten, *bes für Geld, Kultgeräte od die Heiligtümer eines Kultes bes der Demeter u. des Dionysos*
cistella ⟨ae⟩ *f* ||*Dim von* cista|| Com. Kästchen
Cistellāria ⟨ae⟩ *f* ||cistella|| Kästchenkomödie, *Titel einer Komödie des Plautus, in der ein aufgefundenes Kästchen eine wichtige Rolle spielt*
cistellātrīx ⟨īcis⟩ *f* ||cistella|| Plaut. Sklavin, zuständig für die Verwahrung der Schmuckkästchen *der Herrin*
cistellula ⟨ae⟩ *f* ||*Dim von* cistella|| Plaut. kleines Kästchen
cisterna ⟨ae⟩ *f* (*vkl., nachkl.*) Zisterne, unterirdischer Wasserbehälter
cisternīnus ⟨a, um⟩ *Adj* ||cisterna|| (*nachkl.*) aus der Zisterne kommend

cisti-ber ⟨berī⟩ *m u.* **cisti-fer** ⟨ferī⟩ *m* ||cista, fero|| Mart. „Kastenträger“, *der bei den eleusinischen Mysterien die cista mit den Heiligtümern des Kultes trug*

cistophorus ⟨ī⟩ *m* ||griech. Fw.|| Kistenträger, *Silbermünze der Provinz Asia mit den Symbolen des Dionysoskultes im Wert von drei attischen Drachmen od drei röm. Denaren*

cistula ⟨ae⟩ *f* ||*Dim von* cista|| Kistchen, Kästchen

citātim *Adv* → ***citatus***

citātus ⟨a, um⟩ *Adj, Adv* ⟨citātim⟩ schleunig, geschwind, schnell, reißend; RHET lebhaft, erregt; ***citato gradu*** im Schnellschritt; ***citato equo*** im Galopp; ***citato agmine*** im Eilmarsch; ***pronuntiatio citata*** lebhafter Vortrag

citerior ⟨ius⟩ *Adj Komp* diesseitig, näher liegend; *fig* irdisch, diesseitig; später vorgefallen; ***Gallia citerior*** das diesseitige Gallien, *von Rom aus gesehen*

Cithaerōn ⟨ōnis⟩ *m bewaldetes Gebirge zwischen Attika u. Böotien, heute Kitherón*

cithara ⟨ae⟩ *f* ||griech. Fw.|| *fig* Zither, Leier, Laute *mit urspr. 7, später 9–11 Saiten, mit dem Plektron geschlagen*

citharista ⟨ae⟩ *m* ||griech. Fw.|| Leierspieler, Zitherspieler

citharistria ⟨ae⟩ *f* ||griech. Fw.|| Ter. Leierspielerin, Zitherspielerin

citharizō ⟨-, -, āre 1.⟩ ||griech. Fw.|| Leier spielen, Zither spielen

citharoedicus ⟨a, um⟩ *Adj* ||griech. Fw.|| zum Kitharoeden gehörig

citharoedus ⟨ī⟩ *m* ||griech. Fw.|| Sänger mit Zitherbegleitung, Kitharoede

citimus ⟨a, um⟩ *Adj Sup* nächstliegend, der nächste

Citium ⟨ī⟩ *n Stadt an der Ostküste Zyperns, Heimat des Stoikers Zenon, Sterbeort des Atheners Cimon, heute Larnaka mit antiken Resten*

citō¹ ||citus²|| *Adv* schnell, rasch; ***dicto citius*** im Nu; ***serius aut citius*** früher oder später; ***non cito*** nicht leicht, ***non tam cito … quam*** nicht so sehr … als; ***citius*** eher, lieber, leichter

citō² ⟨āvī, ātum, āre 1.⟩ ||*Intens von* cieo||
1. heftig in Bewegung versetzen, wiederholt in Bewegung setzen, antreiben
2. *fig* bewirken; ***motum animi c.*** innerlich antreiben
3. *amtlich* herbeirufen, aufrufen; ***iuvenes ad nomina danda c.*** junge Männer zur Angabe ihres Namens aufrufen; ***milites c.*** Soldaten zur Aushebung und Musterung aufrufen
4. *poet* anrufen, ***nomina Iovis*** die Namen Jupiters
5. JUR aufrufen *zur Feststellung der Anwesenheit u. Identität*
6. POL, JUR vorladen, einladen; ***senatum in curiam c.*** den Senat in die Kurie laden; ***populum centuriatim c.*** das Volk zenturienweise zur Wahl laden; ***iudices citati*** bestellte Richter
7. Liv. verkünden, ***nomina damnatorum*** die Namen der Verurteilten
8. *fig als Zeugen j-n* anführen, sich auf *j-n* berufen, *j-n* zitieren, *aliquem*; ***aliquem testem c.*** sich auf j-n als Zeugen berufen; ***aliquem auctorem c.*** j-n als Gewährsmann anführen
9. ständig anstimmen, absingen, ausrufen; ***paeanem c.*** den Schlachtruf anstimmen

citrā

I *Adv* diesseits, auf dieser Seite, vor dem Ziel; ***paucis citra castra milibus*** wenige Meilen vor dem Lager; ***nec citra nec ultra moveri*** nicht hin noch her bewegt werden; ***citra quam*** weniger als

II *Präp + Akk*
1. diesseits *auf die Fragen „wo?“ u. „wohin?“*; ***citra flumen intercipi*** diesseits des Flusses abgefangen werden; ***exercitum citra Rubiconem educere*** das Heer über den Rubicon führen
2. *fig* vor; ***citra aliquid esse*** geringer sein als etw, hinter etw zurückstehen
3. *zeitl.* vor, *auch* innerhalb; ***citra Troiana tempora*** innerhalb der trojanischen Epoche
4. *modal* ausgenommen, außer, abgesehen von; ***citra damnum*** abgesehen vom Schaden; ***citra magnitudinem*** abgesehen von der Größe; ***citra spectaculorum dies*** mit Ausnahme der Tage, an denen Spiele stattfinden; = ***praeter***

citreus ⟨a, um⟩ *Adj* ||citrus|| aus Zitrusholz

citrō *Adv* (*vkl.*) hierher, herüber; ***ultro citroque*** hinüber und herüber

citrum ⟨ī⟩ *n* ||citrus|| (*unkl.*) Zitrusholz, *Material kostbarer Möbel*

citrus ⟨ī⟩ *f*
1. Zitronenbaum
2. Zitrusbaum, Thuja

citus¹ ⟨a, um⟩ *PPP* → ***cieo***

citus² ⟨a, um⟩ *Adj, Adv* ⟨citō⟩ ||cieo|| schnell, geschwind; ***eques c.*** Eilbote zu Pferd; ***homo cito sermone*** schlagfertiger Mensch

Cīus ⟨a, um⟩ *Adj u.* **Cīus** ⟨ī⟩ *m* = ***Ceus***

cīvī → ***cieo***

cīvicus ⟨a, um⟩ *Adj* ||civis|| den Bürger betreffend, bürgerlich, Bürger…; ***corona civica*** Bürgerkranz *aus Eichenlaub als Auszeichnung für die Rettung eines Bürgers im Kampf*

▶ **cīvīlis** ⟨e⟩ *Adj, Adv* ⟨cīvīliter⟩ ||civis||
1. bürgerlich, Privat…; ***ius civile*** bürgerliches Recht; ***causa c.*** Privatprozess; ***bellum civile*** Bürgerkrieg; ***officia bellica et civilia*** militärische und zivile Aufgaben
2. patriotisch, loyal; ***plus quam civilia agitare*** zu hoch hinauswollen; ***civile est*** es zeugt von Patriotismus, *+ Inf*
3. leutselig, herablassend, jovial, gönnerhaft; zuvorkommend
4. staatlich, Staats…, öffentlich; ***res civiles*** Politik; ***rerum civilium cognitio*** politische Kenntnisse; ***scientia c.*** Staatswissenschaft
5. (*mlat.*) heimisch, weltlich

Cīvīlis ⟨is⟩ *m Anführer im Aufstand der Bataver gegen die Römer 69–70 n. Chr.*

cīvīlitās ⟨ātis⟩ *f* ||civilis||
1. Stand eines Bürgers
2. Leutseligkeit, Höflichkeit; Popularität
3. Staatskunst

▶ **cīvis** ⟨is⟩ *m u. f*
1. Bürger, Bürgerin; ***c. Romanus*** römischer Bürger; ***civem facere aliquem*** j-n zum Bürger machen, j-m das Bürgerrecht verleihen; ***pro cive esse/se gerere*** sich wie ein Bürger verhalten; ↔ ***hostis*** *u.* → ***socius***

2. Mitbürger, Mitbürgerin; Landsmann, Landsmännin
3. Untertan
▸ **cīvitās** ⟨ātis⟩ *f* ||civis||
1. *abstr.* Rechtsstand eines römischen Bürgers, Bürgerrecht; ***aliquem civitate/alicui civitatem donare*** j-m das römische Bürgerrecht verleihen
2. Gesamtheit der Bürger, Bürgerschaft; Staat; Stadt *als Gesamtheit der Bürger*
3. (*nachkl.*) Stadt *als Gesamtheit der Gebäude*
4. (*spätl., eccl.*) Bischofsstadt; Stadt; ***c. Dei*** Gottesstaat, *Thema eines Werks von Augustinus*; ***c. imperii*** (*nlat.*) Reichsstadt
cīvitātula ⟨ae⟩ *f* ||*Dim von* civitas|| (*nachkl.*)
1. Städtchen
2. Bürgerrecht einer kleinen Stadt
▸ **clādēs** *u.* Liv. **clādis** ⟨is⟩ *f*
1. (*vkl., nachkl.*) Verletzung, Beschädigung, Verstümmelung
2. *fig* Schaden, Unglück, Unheil; *Pl* Unglücksfälle
3. Liv. Seuche, Pest
4. *meton von Personen* Verderber, Urheber des Unglücks, Pest
5. MIL Niederlage; ***alicui cladem afferre/inferre*** j-m eine Niederlage beibringen; ***cladem accipere/reportare ab aliquo*** durch j-n eine Niederlage erleiden
▸ **clam**
I *Adv* heimlich, verstohlen; ***iram clam ferre*** den Zorn verbergen; ***alicui clam esse*** j-m verborgen sein
II *Präp + Abl u. Akk* heimlich vor *j-m*, hinter *j-s* Rücken; ***clam vobis*** hinter eurem Rücken; ***clam patrem*** verborgen vor dem Vater
clāmātor ⟨ōris⟩ *m* ||clamo|| Schreier, Marktschreier; *pej* schlechter Redner
clāmitātiō ⟨ōnis⟩ *f* ||clamito|| Plaut. lautes Schreien
clāmitō ⟨āvī, ātum, āre 1.⟩ ||*Intens von* clamo|| laut schreien, laut rufen, ausrufen, + *Finalsatz* / + *AcI*; laut nennen, + *dopp. Akk*; ***saeva alicui c.*** wilde Drohungen gegen j-n ausstoßen
▸ **clāmō** ⟨āvī, ātum, āre 1.⟩ ||calo[1]||
I *v/i* schreien, laut rufen, *de re* von etw, über etw
II *v/t*
1. laut ausrufen, *aliquid* etw, + *AcI* / + *Finalsatz*; zurufen, *alicui aliquid* j-m etw
2. (an)rufen, herbeirufen
3. laut nennen, + *dopp. Akk*, ***aliquem regem*** j-n König
4. *fig von Leblosem* deutlich verraten, klar zeigen
▸ **clāmor** ⟨ōris⟩ *m* ||clamo||
1. Geschrei, lautes Rufen; *auch* Geschrei der Tiere; ***c. caelestis*** Stimme vom Himmel
2. Beifallsgeschrei, Jubelgeschrei; missfälliges Geschrei, Lärm
3. Klagegeschrei, Angstgeschrei
4. Kriegsgeschrei, Kriegsruf
5. *von Leblosem* Getöse, Widerhall, *bes der Brandung*
clāmōsus ⟨a, um⟩ *Adj, Adv* ⟨clāmōsē⟩ ||clamo|| (*nachkl.*) *poet*
1. laut schreiend
2. von Geschrei erfüllt, mit Lärm verbunden
clanculārius ⟨a, um⟩ *Adj* ||clanculum|| Mart. geheim, verborgen
clanculum
I *Adv* ||*Dim von* clam|| (*unkl.*) heimlich
II *Präp + Akk* Ter. heimlich vor; ***clanculum patres*** heimlich vor den Vätern
clandestīnus ⟨a, um⟩ *Adj, Adv* ⟨clandestīnō⟩ ||clam|| heimlich, geheim
clangor ⟨ōris⟩ *m*
1. Geschrei, Kreischen *von Tieren*, Schnattern *von Gänsen*, rauschender Flügelschlag *von Vögeln*
2. das Schmettern *von Instrumenten*
Clanis ⟨is⟩ *m Fluss in der Toskana, Nebenfluss des Tiber, heute La Chiana*
Clanius ⟨ī⟩ *m Fluss in Kampanien, heute Clanio Vecchio, berüchtigt wegen seiner Überschwemmungen*
clāreō ⟨-, -, ēre 2.⟩ ||*Denom von* clarus|| (*unkl.*)
1. hell sein, glänzen, leuchten
2. *fig* einleuchten, offenbar sein
3. *fig* glänzen, berühmt sein
clārēscō ⟨clāruī, -, clārēscere 3.⟩ ||*Inkoh von* clareo||
1. Tac. hell werden, erglänzen
2. hell ertönen, deutlich hörbar werden
3. *fig* einleuchten
4. *fig* hervorstechen, sich auszeichnen
clārigātiō ⟨ōnis⟩ *f*
1. laute Forderung *nach der Auslieferung eines Frevlers oder nach Genugtuung gegenüber einem Feind an der Grenze*
2. *fig* Ersatzanspruch; Repressalie
clāri-sonus ⟨a, um⟩ *Adj* ||clarus, sono|| *poet* wohltönend, hell tönend
clāritās ⟨ātis⟩ *f* ||clarus|| (*nachkl.*)
1. Helligkeit, Klarheit *des Lichtes*, ***solis*** der Sonne
2. *fig* heller Klang, ***vocis*** der Stimme
3. *fig geistige* Klarheit, Berühmtheit
clāritūdō ⟨inis⟩ *f* (*vkl., nachkl.*) = ***claritas***
clārō ⟨āvī, ātum, āre 1.⟩ ||clarus||
1. hell machen, erhellen
2. *fig* deutlich darlegen
3. *fig* verherrlichen
clāruī → ***claresco***
▸ **clārus** ⟨a, um⟩ *Adj, Adv* ⟨clārē⟩
1. klar, hell leuchtend *für das Auge*; ***clarissimo die*** am helllichten Tag
2. *fig* hell, laut tönend *für das Ohr*; ***clarā voce*** mit lauter Stimme
3. *fig geistig* klar, einsichtig
4. *fig* glänzend, berühmt, ruhmvoll; hervorstechend; ***argumentum clarum*** klare Darstellung, einleuchtender Beweis; ***vir c.*** berühmter Mann; ***populus luxuriā c.*** wegen seiner Verschwendungssucht berüchtigtes Volk
classiārius
I ⟨a, um⟩ *Adj* ||classis|| (*nachkl.*) zur Flotte gehörig; ***centurio c.*** Seeoffizier
II ⟨ī⟩ *m* Matrose, *meist Pl*
classicī ⟨ōrum⟩ *m* ||classicus|| Seesoldaten
classicula ⟨ae⟩ *f* ||*Dim von* classis|| kleine Flotte
classicum ⟨ī⟩ *n* ||classicus|| Kampfsignal; *meton* Kriegstrompete; ***classicum canere*** das Angriffssignal geben; ***c. canit*** das Signal ertönt
classicus
I ⟨a, um⟩ *Adj* ||classis||

C

1. (*vkl.*) die *röm.* Bürgerklassen betreffend; erstklassig
2. das Heer betreffend
3. zur Flotte gehörig, Marine…; ***miles c.*** Marinesoldat; ***bellum classicum*** Seekrieg
II ⟨ī⟩ *m* (*vkl.*) *zivilrechtlich* Bürger der ersten Klasse
► **classis** ⟨is⟩ *f*
1. (servianische) Bürgerklasse, Vermögensklasse, *6 Klassen, davon 5 abgabepflichtig*; ***quintae classis esse*** zur niedrigsten Klasse gehören
2. Klasse, Abteilung
3. MIL Heer
4. MIL Flotte; ***classem ornare*** eine Flotte ausrüsten; ***classem facere*** eine Flotte bauen

clātra ⟨ōrum⟩ *n* = ***clatri***

clātrātus ⟨a, um⟩ *Adj* ||clatri|| (*vkl., nachkl.*) vergittert

clātrī ⟨ōrum⟩ *m* ||griech. Lw.|| Prop. Gitter

claudeō ⟨-, -, ēre 2.⟩ Com. = ***claudico***

Claudiālis ⟨e⟩ *Adj u.* **Claudiānus** ⟨a, um⟩ *Adj* claudisch, des Claudius

claudicātiō ⟨ōnis⟩ *f* ||claudico|| das Hinken

claudicō ⟨āvī, ātum, āre 1.⟩ ||claudus|| hinken, lahm sein, humpeln; wanken, wackeln, auf schwachen Füßen stehen; *fig* nachlässig sein; ***amicitia claudicat*** die Freundschaft wackelt; ***in officio c.*** nachlässig sein in der Pflichterfüllung

Claudius ⟨a, um⟩ *Name einer patriz. gens, vulg Clodius*
1. ***Ap. Claudius*** *Dezemvir um 450 v. Chr.*
2. ***Ap. Claudius Caecus*** *Zensor um 312 v. Chr., Erbauer der via Appia*
3. ***P. Clodius Pulcher*** *Feind Ciceros, trat 59 v. Chr. zur plebs über u. änderte daher seinen Namen in Clodius, 52 v. Chr. von den Banden des Milo erschlagen*
4. ***Clodia*** *Schwester von 3., berüchtigt wegen ihres skandalösen Lebenswandels*
5. ***Tib. Claudius Drusus Nero Germanicus*** *meist nur Kaiser Claudius (41–54 n. Chr.), jüngster Sohn des Drusus Nero, des Stiefsohnes des Augustus, verheiratet in erster Ehe mit Messalina, in zweiter Ehe mit Agrippina, die ihn 54 vergiftete*

claudō[1] ⟨-, clausūrus, claudere 3.⟩ = ***claudico***

claudō[2] ⟨clausī, clausum, claudere 3.⟩

1. (ver)schließen
2. abschließen, beenden
3. decken
4. abrunden
5. einschließen, einsperren
6. umzingeln
7. abschließen, absperren
8. abschneiden, unmöglich machen
9. sich anschließen, sich anlehnen

1. (ver)schließen, *aliquid alicui* etw vor j-m, *aliquid ad aliquid / contra aliquid / adversus aliquid* etw vor etw, etw gegen etw; ***ianuam c.*** die Tür verschließen; ***c. aures*** die Ohren verschließen; ***homo clausus*** verschlossener Mensch
2. (*nachkl.*) *poet* abschließen, beenden, zu Ende bringen, vollenden, ***opus*** ein Werk
3. MIL decken; ***agmen c.*** die Nachhut bilden
4. RHET abrunden, ***sententias numeris*** seine Gedanken mit Versen; ***verba pedibus c.*** Worte zu Versen abrunden, Worte in Verse bringen
5. (*nachkl.*) *poet* einschließen, einsperren, ***thesaurum*** den Schatz, ***filium*** den Sohn; ***rem anulo c.*** etw versiegeln; ***consilia c.*** *fig* seine Pläne geheim halten
6. MIL umzingeln; ***oppidum undique c.*** die Stadt von allen Seiten einschließen
7. (*nachkl.*) *poet* abschließen, absperren, in seinem Lauf hemmen; ***rivos c.*** Bäche stauen; ***sanguinem c.*** Blut stillen; ***viam c.*** den Weg absperren, ***iter c.*** den Marsch stoppen; ***omnia litora ac portūs c.*** alle Küsten und Häfen (ab)sperren
8. abschneiden, unmöglich machen; ***alicui consuetudinem alicuius c.*** j-m den Umgang mit j-m unmöglich machen
9. (*nachkl.*) sich anschließen, sich anlehnen, *aliquem / aliquid* an j-n / an etw; ***Angrivarios a tergo Chasuarii claudunt*** Tac. an die Angrivarier schließen sich im Rücken die Chasuarier an

claudus ⟨a, um⟩ *Adj*
1. hinkend, lahm, ***altero pede*** an einem Fuß
2. (*nachkl.*) *fig* unvollständig, mangelhaft; ***clauda navis*** Schiff ohne Ruder auf einer Seite; ***clauda alterno carmina versu*** elegische Distichen
3. *fig* schwankend, unsicher

clausa ⟨ae⟩ *f* (*mlat.*) Zelle, Klause, Einsiedelei; Engpass

clausī → ***claudo***[2]

claustra ⟨ōrum⟩ *n u.* **claustrum** ⟨ī⟩ *n* ||claudo[2]||
1. Verschluss, Schloss, Riegel; ***sub claustris positum esse*** hinter Schloss und Riegel sein; ***c. pudoris*** Schamschwelle; ***c. nobilitatis*** Adelsschranke
2. (*nachkl.*) *poet* Sperre, Sperrkette, Damm
3. (*nachkl.*) *poet* verschlossener Raum; Käfig
4. (*nachkl.*) *poet* enger Durchgang, Pass
5. MIL Zugang, Schlüssel *zu einer Gegend od Stadt*; beherrschender Punkt, Grenzfestung, Bollwerk; *fig* Damm, Schutz
6. (*mlat.*) *Sg* Versteck, Kloster(hof); *fig* Schoß

clausula ⟨ae⟩ *f* ||claudo[2]||
1. Schluss, Ende; Schlussvers, Schlusssatz
2. RHET, METR Schluss einer Periode, Klausel
3. (*spätl.*) JUR Klausel, Vorbehalt
4. (*mlat.*) Klause

clausum ⟨ī⟩ *n* Verschluss, Schloss

clausūra ⟨ae⟩ *f* ||claudo[2]||
1. (*spätl.*) Verschluss, Türschloss
2. (*mlat.*) Klausur, abgeschlossener Gebäudeteil *eines Klosters*
3. (*nlat.*) Prüfungsarbeit *unter Aufsicht*, Klausur

clausus ⟨a, um⟩ *PPP* → ***claudo***[2]

clāva ⟨ae⟩ *f* ||clavus||
1. Stock, Knüppel, Keule; Übungswaffe
2. Briefstab, *von den Spartanern verwendeter zylinderförmiger Stab, um den ein Pergamentband spiralenförmig gewickelt u. beschrieben wurde, konnte vom Empfänger nur gelesen werden, wenn er einen Stab gleichen Formates hatte*; *daher auch* geheime Nachricht

clāvārium ⟨ī⟩ *n* ||clavus|| Tac. „Schuhnagelgeld", *eine spezielle Zuwendung an die Soldaten in der Kaiserzeit*

clāvātor ⟨ōris⟩ *m* ||clava|| Plaut. Knüppelträger

clāvīcula ⟨ae⟩ *f* ||*Dim von* clavis||
1. Vitr. Zapfen
2. Cic. schwache Ranke, *mit der sich die Rebe um den Stützpfahl windet*
3. (*mlat.*) Schlüsselbein

clāvī-ger[1] ⟨gerī⟩ *m* ||clava, gero|| Ov. Keulenträger; *poet* = Herkules

clāvī-ger[2] ⟨gerī⟩ *m* ||clavis, gero||
1. Ov. Schlüsselträger, *Beiname des Janus als Gottes der Türen*
2. ***c. caelorum*** (*mlat.*) Himmelspförtner, = Petrus

clāvis ⟨is⟩ *f*
1. Schlüssel, *alicuius rei* zu etw; ***c. adulterina*** Nachschlüssel, Dietrich; ***uxori claves adimere*** sich von seiner Frau scheiden lassen
2. (*nachkl.*) *poet* Schloss, Riegel *an Türen*; ***claves portis imponere*** Riegel an die Türen legen
3. Treibstock, *Gerät zum Treiben des Spielreifs* (*trochus*) *der Kinder.*
4. (*mlat.*) *Pl* Schlüsselgewalt

clāvus ⟨ī⟩ *m*
1. Riegel, Pflock; ***c. trabalis*** Balkennagel; ***c. anni*** Jahresnagel, *der nach etrusk. Brauch in die Wand des Jupitertempels geschlagen wurde um die Jahre zu zählen*
2. *fig nagelförmiger* Griff *am Steuerruder, daher meton* Steuerruder; ***clavum regere/tenere*** das Steuerruder führen; ***clavum imperii tenere*** *fig* das Ruder des Reiches führen
3. (*nachkl.*) *fig* Warze; Hühnerauge
4. (*nachkl.*) *fig* Purpursaum *an der Tunika*; ***c. latus*** Purpursaum der Senatoren; ***c. angustus*** Purpursaum der Ritter; ***clavum depositum sumere*** wieder Senator werden; ***clavum mutare in horas*** Hor. sich bald als Ritter, bald als Senator kleiden;

Clazomenae ⟨ārum⟩ *f berühmteste der zwölf Städte am Golf von Smyrna beim heutigen Urla, Heimat des Philos. Anaxagoras*

Cleanthēs ⟨is⟩ *m stoischer Philos. um 260 v. Chr., Nachfolger Zenons*

► **clēmēns** *Gen* ⟨entis⟩ *Adj*, *Adv* ⟨clementer⟩ *von Personen, Charakter, Handlungen* sanft, mild, nachsichtig; *fig* ruhig, still; ***iudex c.*** milder Richter; ***consilium c.*** milder Beschluss; ***mare c.*** ruhige See; ***collis clementer assurgens*** sanft aufsteigender Hügel

clēmentia ⟨ae⟩ *f* ||clemens|| Sanftmut, Milde, Nachsicht, Gnade; ***clementiā uti*** Milde walten lassen

clenodium ⟨i⟩ *n* ||germ. Fw.|| (*mlat.*) Kleinod

Cleobis ⟨is⟩ *m Bruder des Biton, berühmt durch ihrer beider Liebe zu ihrer Mutter, der Priesterin Kydippe, wofür sie mit einem sanften Tod belohnt wurden*

Cleombrotus ⟨ī⟩ *m*
1. *spartanischer König, verlor 371 v. Chr. die Schlacht bei Leuktra, dort gefallen*
2. *akademischer Philos.*

Cleōn ⟨ōnis⟩ *m athenischer Parteiführer u. Demagoge z. Zt. des Perikles, 422 v. Chr. bei Amphipolis gegen Brasidas gefallen*

Cleōnae ⟨ārum⟩ *f Stadt sw. von Korinth, in der Nähe von Nemea, wo Herkules den Nemeischen Löwen erlegte*

Cleopatra ⟨ae⟩ *f letzte Königin von Ägypten, Geliebte Caesars u. des Antonius, tötete sich 30 v. Chr.*

clepō ⟨clepsī, cleptum, clepere 3.⟩ ||griech. Fw.|| stehlen, heimlich wegnehmen; ***se c.*** sich verstecken, sich drücken; Sen. sich vor Schmerz verbergen

clepsydra ⟨ae⟩ *f* ||griech. Fw.|| Wasseruhr, *Zeitmesser bei Reden*; *daher meton* Sprechzeit, *eine Einheit von ca. 12 Minuten*

clepta ⟨ae⟩ *m* ||griech. Fw.|| Plaut. Dieb

cleptus ⟨a, um⟩ *PPP* → ***clepo***

clēricālis ⟨e⟩ *Adj* ||clericus|| (*eccl.*) zum Priester gehörig

clēricus ⟨ī⟩ *m* ||clerus|| (*eccl.*) Geistlicher, Priester

clērus ⟨ī⟩ *m* ||griech. Fw.|| (*eccl.*) „Stand der von Christus Berufenen", Geistlichkeit, Klerus

► **cliēns** ⟨entis⟩ *m*
1. *urspr.* Höriger ↔ *Vollbürger, patricius*
2. *seit etwa 400 v. Chr. persönlich freier, aber wirtschaftlich abhängiger* Gefolgsmann *des patronus; der patronus gewährte wirtschaftliche Vergünstigungen u. Schutz, während der cliens dem patronus politische Unterstützung schuldete*
3. *in der Kaiserzeit* Angehöriger der ärmeren Bevölkerung, *der sich bei den Reichen durch Dienstleistungen nützlich machte*
4. *allg.* Vasall, Dienstmann, Gefolgsmann, Lehnsmann
5. (*nachkl.*) *poet* Schützling einer Gottheit

clienta ⟨ae⟩ *f* ||cliens|| (*vkl.*) *poet* Hörige, Klientin

clientēla ⟨ae⟩ *f* ||cliens||
1. Klientel, Schutzverwandtschaft; *meton meist Pl* Gesamtheit der Klienten
2. *außerröm.* Schutzgenossenschaft, Gefolgschaft

clientulus ⟨ī⟩ *m* ||*Dim von* cliens|| Tac. ärmlicher Klient

clīma ⟨atis⟩ *n* ||griech. Fw.|| (*nachkl.*) Neigung *der Erde vom Äquator zu den Polen*; *daher* Gegend, Klima; ***climata mundi*** Erdzonen

clīmactēr ⟨ēris⟩, *Akk* ⟨ēra⟩, *Akk Pl* ⟨ēras⟩ *m* ||griech. Fw.|| Stufenleiter; *fig* gefahrvolle Epoche *im Menschenleben, jedes 7. Jahr*

clīmactēricus ⟨a, um⟩ *Adj* zu einer gefahrvollen Lebenszeit gehörig; ***tempus climactericum*** Wechseljahre

climacterium ⟨i⟩ *n* (*nlat.*) (Zeit der) Wechseljahre

clīmax ⟨acis⟩ *f* ||griech. Fw.|| (*vkl., spätl.*) RHET Steigerung; *rein lat.* = ***ascensus*** *od* = ***gradatio***

clīnāmen ⟨inis⟩ *n* Lucr. Neigung *einer Sache*; ***exiguum c. principiorum*** kleine Neigung der Grundlagen

clīnātus ⟨a, um⟩ *Adj poet* geneigt, gesenkt

clīnicus
I ⟨a, um⟩ *Adj* (*mlat.*) bettlägrig, kränklich
II ⟨ī⟩ *m* ||griech. Fw.||
1. Arzt *am Krankenbett*
2. Versorger von Leichen

clīnopalē ⟨ēs⟩ *f* ||griech. Fw.|| „Bettkampf", „Bettturnen", *von Kaiser Domitian bei Sueton geprägter Ausdruck für seine sexuellen Ausschweifungen*

Clīō ⟨ūs⟩ *f*
1. *Muse der Geschichte*; Iuv. Muse
2. Verg. Nymphe, *Tochter des Okeanos* (*Oceanus*)

clipeātus
I ⟨a, um⟩ *Adj* ||clipeus|| (*nachkl.*) *poet* schildtra-

gend, schildbewehrt
II ⟨ī⟩ *m* Schildträger
clipeum ⟨ī⟩ *n* *(unkl.)* *u.* **clipeus** ⟨ī⟩ *m*
1. *großer eiserner* Rundschild *der Römer*; ***clipeum sumere post vulnera*** *Sprichwort* etw zu spät tun
2. *fig* Himmelsgewölbe; Sonnenscheibe
3. *fig* Rundbild, Brustbild
Clīsthenēs ⟨is⟩ *m athenischer Staatsmann um 500 v. Chr., Reformer der solonischen Verfassung*
clītellae ⟨ārum⟩ *f* Packsattel *für Esel u. Maultiere*
clītellārius ⟨a, um⟩ *Adj* ||clitellae|| Pack…; ***mulus c.*** Packesel
Clītharchus ⟨ī⟩ *m griech. Historiker im Gefolge Alexanders des Großen*
Clītōr ⟨ōris⟩ *m Stadt im n Arkadien, in ihrer Nähe eine Quelle im Felsen, die dem Trinker den Geschmack des Weines verdarb; geringe Überreste bei Káto Klitoría*
clitoris ⟨idis⟩ *f* *(mlat.)* Kitzler
Clītorium ⟨ī⟩ *n* = ***Clitor***
Clītumnus ⟨ī⟩ *m Fluss in Umbrien mit Jupiterkult in seinem Quellgebiet*
Clītus ⟨ī⟩ *m Feldherr u. Freund Alexanders des Großen, von diesem im Jähzorn getötet*
clīvōsus ⟨a, um⟩ *Adj* ||clivus|| *(nachkl.)* *poet* steil, abschüssig
▶ **clīvus** ⟨ī⟩ *m*
1. Abhang, Abdachung; ***adversus clivum*** bergan
2. *meton* Hügel, Anhöhe; Hügelstraße
cloāca ⟨ae⟩ *f* Kloake, unterirdischer Abwasserkanal; ***Cloaca maxima*** *noch heute* Hauptabzugskanal *von Rom, vom Forum zwischen Capitol und Palatin in den Tiber führend*
Cloācīna ⟨ae⟩ *f Patronin der Cloaca maxima, Beiname der Venus*
Clōdia ⟨ae⟩ *f* = ***Claudia***; → ***Claudius***
Clōdiānus ⟨a, um⟩ *Adj* = ***Claudianus***
Clōdius ⟨ī⟩ *m* = ***Claudius***
clōdō ⟨clōsī, clōsum, clōdere 3.⟩ = ***claudo²***
clōdus ⟨a, um⟩ *Adj* = ***claudus***
Cloelius ⟨a, um⟩ *urspr. Gentilname in Alba Longa, später röm.*
1. ***C. Cloelius*** *letzter König von Alba Longa*
2. ***Cloelia*** *Geisel, an Porsenna ausgeliefert u. nach Rom geflohen*
clōstrum ⟨ī⟩ *n* = ***claustrum***
Clōthō ⟨ūs⟩ *f älteste der drei Parzen*
cluāca ⟨ae⟩ *f* = ***cloaca***
Cluācīna ⟨ae⟩ *f* = ***Cloacina***
clūdō ⟨clūsī, clūsum, clūdere 3.⟩ = ***claudo²***
Cluentiānus ⟨a, um⟩ *Adj* des Cluentius, zu Cluentius gehörig
Cluentius ⟨a, um⟩ *röm. Gentilname*
clueō ⟨-, -, ēre 2.⟩ *(vkl.)* *u.* **clueor** ⟨-, ērī 2.⟩ *(vkl.)* genannt werden, heißen, + *dopp. Akk*; gerühmt werden
Cluilius ⟨a, um⟩ = ***Cloelius***
clūnis ⟨is⟩ *f* *(unkl.)* Hinterbacke, Steiß *bei Menschen u. Tieren*
cluō ⟨-, -, ere 3.⟩ *(nachkl.)* = ***clueo***
clupeātus ⟨a, um⟩ *Adj* = ***clipeatus***
clupeus ⟨ī⟩ *m* = ***clipeus***
clūrīnus ⟨a, um⟩ *Adj* (Plaut., *spätl.*) affenartig, Affen…
clusa ⟨ae⟩ *f* *(mlat.)* Engpass; = ***clausa*** *(mlat.)*
Clūsīnus
I ⟨a, um⟩ *Adj* aus Clusium, zu Clusium gehörig
II ⟨ī⟩ *m* Einwohner von Clusium
Clūsium ⟨ī⟩ *n Stadt in Mitteletrurien, Residenz Porsennas, heute Chiusi*
Clūsius ⟨ī⟩ *m* „der Schließer“, *Beiname des Janus in Friedenszeiten*
Clymenus ⟨ī⟩ *m* ||griech. Fw.|| „der Berühmte“, *Beiname des Pluto*
clystēr ⟨ēris⟩ *m* ||griech. Fw.|| *(nachkl.)* Einlauf, Einlaufspritze
Clytaemēstra *u.* **Clytēmēstra** ⟨ae⟩ *f* Klytämnestra, *Gattin des Agamemnon, Mutter von Iphigenie, Elektra u. Orest; fig* Gattenmörderin, Hure
Cn. *Abk* = ***Gnaeus***
Cnidius
I ⟨a, um⟩ *Adj* aus Cnidus, zu Cnidus gehörig
II ⟨ī⟩ *m* Einwohner von Cnidus
Cnidos *od* **Cnidus** ⟨ī⟩ *f Seestadt in Karien, an der Südwestspitze Kleinasiens, Hauptsitz des Kultes der Aphrodite, Reste bei Datca*
Cnōsius ⟨a, um⟩ *Adj* = ***Gnosius***
Cnōsus ⟨ī⟩ *f* = ***Gnos(s)os***
co- *Präf* → ***com-***
coa ⟨ae⟩ *f* ||*Scherzbildung zu* coeo|| Quint. Hure, *von Clodia, die sich in der Öffentlichkeit mit jedem einließ, ihrem Ehemann Metellus gegenüber aber die Prüde spielte*
co-accēdō ⟨-, -, ere 3.⟩ Plaut. noch hinzukommen
coacervātiō ⟨ōnis⟩ *f* ||coacervo|| *(nachkl.)* Aufhäufung
co-acervō ⟨āvī, ātum, āre 1.⟩ anhäufen, aufhäufen; ***agros c.*** haufenweise Felder zusammenkaufen; ***argumenta c.*** Beweismittel aufhäufen
co-acēscō ⟨acuī, -, acēscere 3.⟩ sauer werden, schlecht werden, verderben; verwildern; ***vinum coacescit*** der Wein wird sauer; ***gens coacescit*** das Volk verwildert
coācta ⟨ōrum⟩ *n* ||*PPP von* cogo|| gewalkter Stoff, Filz von Wolle
coāctiō ⟨ōnis⟩ *f* ||cogo|| Eintreibung von Geldern
coāctō ⟨āvī, ātum, āre 1.⟩ ||*Intens von* cogo|| Lucr. *mit Gewalt* zwingen
coāctor ⟨ōris⟩ *m* ||cogo||
1. Eintreiber, Einkassierer *von Außenständen*, Steuereinnehmer
2. Suet. Makler
3. Sen. Antreiber
coāctus¹ ⟨a, um⟩ *PPP* → ***cogo***
coāctus² *nur Abl* ⟨ū⟩ *m* ||cogo|| Zwang, Nötigung; ***coactu civitatis*** vom Staat genötigt
co-addō ⟨-, -, ere 3.⟩ *(vkl.)* mit hinzutun
co-adiūtor ⟨ōris⟩ *m* Mitarbeiter; *(eccl.)* Helfer, Stellvertreter *eines Bischofs*
co-aedificō ⟨āvī, ātum, āre 1.⟩ bebauen; aufbauen, erbauen; ***campum c.*** ein Feld bebauen; ***urbem c.*** eine Stadt erbauen
co-aequālis
I ⟨e⟩ *Adj* *(nachkl.)* gleich alt, altersgleich
II ⟨is⟩ *m* Altersgenosse, Spielkamerad
co-aequō ⟨āvī, ātum, āre 1.⟩
1. gleichmachen; *(vkl.)* einebnen
2. *fig* gleichstellen, gleichmachen, *aliquem cum ali-*

quo / alicui j-n mit j-m, *aliquid alicui rei* etw einer Sache; ***omnia ad libidines suas c.*** alles seiner Lust gleichstellen

coāgmentātiō ⟨ōnis⟩ *f* ||coagmento|| Zusammenfügung, Verbindung

coāgmentō ⟨āvī, ātum, āre 1.⟩ ||*Denom von* coagmentum|| eng zusammenfügen, verbinden, zusammenkitten, zusammenleimen; *fig* eng verbinden, flicken; ***pacem c.*** Frieden schließen

coāgmentum ⟨ī⟩ *n* ||cogo|| Zusammenfügung; Fuge

coalēscō ⟨aluī, alitum, alēscere 3.⟩ (*unkl.*)
1. zusammenwachsen, verwachsen, *cum re* mit etw; ***coalitus*** zusammengewachsen
2. *fig* sich fest verbinden, verschmelzen, *in aliquid* zu etw
3. mit dem Boden verwachsen
4. erstarken, sich erholen

co-angustō ⟨āvī, ātum, āre 1.⟩
1. (*vkl., nachkl.*) einengen
2. *fig* einschränken

co-aptō ⟨āvī, ātum, āre 1.⟩ (*eccl.*) zusammenfügen

co-arguō ⟨arguī, argūtum / arguitūrus, arguere 3.⟩
1. deutlich kundtun, aufdecken, beweisen, *re* durch etw; ***mendacium alicuius c.*** j-s Lüge aufdecken
2. überführen, *in re* in etw; ***aliquem multis testibus c.*** j-n durch viele Zeugen überführen
3. als irrtümlich erweisen, als unbrauchbar erweisen, widerlegen; ***haec historia coarguit*** die Geschichte hat dies widerlegt

coartātiō ⟨ōnis⟩ *f* ||coarto|| (*nachkl.*) das Zusammendrängen

co-artō ⟨āvī, ātum, āre 1.⟩
1. zusammendrängen, verengen, einengen
2. *fig* zusammendrängen, ***in unum librum*** in einem einzigen Buch
3. (*nachkl.*) *poet* abkürzen, verkürzen; ***consulatum alicuius c.*** j-s Konsulat verkürzen

coaxō ⟨āvī, ātum, āre 1.⟩ (*nachkl.*) *poet, lautmalend* quaken

Coccēius ⟨a, um⟩ *röm. Gentilname*
1. ***L. Cocceius Nerva*** *Jurist, Vermittler zwischen Octavian u. M. Antonius*
2. ***M. Cocceius Nerva*** *Jurist, Freund des Kaisers Tiberius*
3. ***M. Cocceius Nerva*** *Enkel von 2., Kaiser Nerva (96–98 n. Chr.)*

coccinātus ⟨a, um⟩ *Adj* ||coccinum|| (Suet., Mart.) in Scharlach gekleidet

coccineus ⟨a, um⟩ *Adj* ||coccum|| scharlachfarben

coccinum ⟨ī⟩ *n* ||coccinus|| Scharlachdecke, Scharlachkleid

coccinus ⟨a, um⟩ *Adj* = ***coccineus***

coccum ⟨ī⟩ *n* ||griech. Lw.|| (*nachkl.*) *poet* Beere, Scharlachbeere; *meton* Scharlachfarbe, Scharlachfaden *für Netze*

coc(h)lea ⟨ae⟩ *f* ||griech. Lw.|| Schnecke; (*nachkl.*) *poet* Schneckenhaus

coc(h)lear *u.* **coc(h)leāre** ⟨āris⟩ *n* ||coc(h)lea|| Löffel, *mit dem Schnecken aus ihrer Schale gezogen wurden*

cocles *Gen* ⟨itis⟩ *Adj* (*unkl.*) einäugig

Cocles ⟨itis⟩ *m Beiname des Passiv Horatius Cocles, Verteidiger der Tiberbrücke gegen Porsenna*

cocococo *Interj* kikeriki, *Laut des Hahnes*

coctilis ⟨e⟩ *Adj* ||coquo|| (*unkl.*) gebrannt; ***later c.*** Ziegelstein, Backstein; ***murus c.*** Backsteinmauer

coctūra ⟨ae⟩ *f* ||coquo|| (*nachkl.*) das Kochen, das Schmelzen

coturnīx ⟨īcis⟩ *f* (*altl.*) Wachtel

coctus ⟨a, um⟩ *PPP* → ***coquo***

cōcus ⟨ī⟩ *m* = ***coquus***

Cōcȳtius ⟨a, um⟩ *Adj* des Cocytus, zum Cocytus gehörig

Cōcȳtos *u.* **Cōcȳtus** ⟨ī⟩ *m* MYTH „Tränenstrom", *Strom in der Unterwelt, Nebenfluss des Acheron*

Cōcȳtus ⟨a, um⟩ *Adj* des Cocytus, zum Cocytus gehörig

cōda ⟨ae⟩ *f* = ***cauda***

cōdēta ⟨ae⟩ *f* Schachtelhalm; ***C. maior*** *mit Schachtelhalmen bewachsenes Feld jenseits des Tiber*; ***C. minor*** *mit Schachtelhalmen bewachsenes Gebiet auf dem Marsfeld*

cōdex ⟨icis⟩ *m* = ***caudex***; ***C. manuscriptus*** (*mlat.*) Handschrift; ***C. aureus*** *Bezeichnung einer Reihe kostbarer mittelalterlicher Handschrift mit Goldschrift od goldenem Einband*

cōdicārius ⟨a, um⟩ *Adj* ||codex|| (*vkl., nachkl.*) aus einem einzigen Baum bestehend; ***navis codicaria*** Einbaum

cōdicillus ⟨ī⟩ *m* ||*Dim von* codex||
1. (*vkl.*) kleiner Holzklotz, Stämmchen
2. *Pl meton* kleine Schreibtafel *aus Holz u. mit Wachs überzogen*, Notizbuch
3. Brief, Handschreiben, Bittschrift, Kabinettsorder, kaiserliches Handschreiben; Zusatz zu einem Testament
4. (*mlat.*) Büchlein, Heft

Codrus ⟨ī⟩ *m* MYTH *letzter König von Athen*

coēgī → ***cogo***

Coelē ⟨ēs⟩ *f u.* **Coelēsyria** ⟨ae⟩ *f Landschaft zwischen Libanon u. Antilibanon, Südsyrien*

coemētērium ⟨ī⟩ *n* ||griech. Fw.|| (*eccl.*) Friedhof

co-emō ⟨ēmī, ēmptum, emere 3.⟩ zusammenkaufen, aufkaufen

coēmptiō ⟨ōnis⟩ *f* ||coemo||
1. JUR Kaufehe, *vollgültige röm. Ehe, bei der die Frau in Gegenwart von fünf Zeugen u. des libripens gegen einen symbolischen Kaufpreis in den Besitz des Mannes überging*
2. JUR Scheinehe, *Ehe einer Frau mit einem meist kinderlosen älteren Mann um sich der tutela des Vormundes u. der agnati zu entziehen u. selbstständig zu werden*
3. (*mlat.*) Kauf

coēmptiōnālis ⟨e⟩ *Adj* ||coemptio|| (*unkl.*) nur zur Scheinehe geeignet; *fig* in Bausch und Bogen gekauft, wertlos

coenobīta ⟨ae⟩ *m* ||coenobium|| (*eccl.*) Klosterbruder, Mönch

coenobium ⟨ī⟩ *n* ||griech. Fw.|| (*eccl.*) Kloster

co-eō ⟨iī, itum, īre 4.⟩
I *v/i*
1. *von Mensch u. Tier* zusammenkommen, zusammentreffen, sich versammeln, *cum aliquo* mit j-m, *in locum / ad locum* an einem Ort, *apud aliquem* bei j-m
2. (*unkl.*) mitgehen, zusammengehen
3. *feindlich* zusammenstoßen, zusammentreffen

4. zusammentreten, zusammengehen, sich vereinigen, sich verbinden, *abs od alicui / cum aliquo* mit j-m, *de re* wegen etw, *ad aliquid / in aliquid* zu etw; ***in foedera c.*** sich zu Bündnissen vereinen; ***aquae coeunt in vallem*** die Wassermassen strömen im Tal zusammen
5. (*nachkl.*) *poet* miteinander schlafen; *von Tieren* sich paaren; ***nuptiis c. cum aliquo*** sich ehelich mit j-m verbinden; ***stupro c. alicui / cum aliquo*** mit j-m die Ehe brechen
6. MIL sich sammeln
7. (*nachkl.*) *poet von Leblosem* sich schließen, gerinnen; ***vulnera coeunt*** Wunden schließen sich; ***sanguis coit*** das Blut gerinnt; ***aqua coit*** Wasser gefriert
II *v/t* ***societatem c.*** einen Bund schließen, ein Bündnis eingehen

▶ **coepiō** ⟨coepī, coeptum, coepere 3.⟩ *Präsensform nur (vkl.), später durch incipio ersetzt, (klass.) nur Perf*
I *v/i* (*nachkl.*) *poet* anfangen, beginnen; ***ubi dies coepit*** sobald der Tag begonnen hatte; ***ubi silentium coepit*** sobald Schweigen eingetreten war; *in Verbindung mit einem Inf Passiv statt coepi meist coeptus sum*: ***lapides iaci coepti sunt*** Sall. man begann Steine zu werfen; ***civitas moveri coepit*** die Stadt begann sich zu erregen; ***pugnari coeptum est*** man begann zu kämpfen
II *v/t* (*vkl., nachkl.*) anfangen, beginnen, ***bellum*** einen Krieg

co-episcopus ⟨ī⟩ *m* (*eccl.*) Mitbischof

coeptō ⟨āvī, ātum, āre 1.⟩ ||*Intens von* coepio||
I *v/t* anfangen, beginnen, unternehmen
II *v/i* (*nachkl.*) anfangen, beginnen

coeptum ⟨ī⟩ *n* ||coepio|| (*nachkl.*) *poet* angefangenes Werk, Unternehmen, *meist + Adv, seltener + Adj*; ***temere c.*** planloses Unterfangen; ***audacia coepta*** kühne Unterfangen

coeptus[1] ⟨a, um⟩ *PPP* → ***coepio***

coeptus[2] ⟨ūs⟩ *m* ||coepio|| Anfang, Beginn, Unternehmen

co-epulōnus ⟨ī⟩ *m* ||epulo|| Plaut. Tischgenosse

coerātor ⟨ōris⟩ *m* (*altl.*) = ***curator***

▶ **co-erceō** ⟨uī, itum, ēre 2.⟩ ||arceo||
1. mit Gewalt zusammenhalten, einschließen; ***hostem operibus intra muros c.*** den Feind durch Befestigungswerke innerhalb der Mauern halten; ***flumen c.*** den Fluss stauen; ***verba c.*** Ov. *fig* Worte in Verse fassen
2. in Ordnung halten, ***turbam virgā*** die Menge mit der Rute
3. *fig* in Schranken halten, zügeln; ***cupiditates c.*** die Begierden zügeln; ***seditionem c.*** einen Aufstand unterdrücken
4. strafen, züchtigen; ***aliquem verberibus c.*** j-n mit Schlägen bestrafen

coercitiō ⟨ōnis⟩ *f* ||coerceo|| (*nachkl.*)
1. Einschränkung, Beschränkung
2. Bestrafung, Strafe; Zwangsmaßnahme; Strafrecht, *adversus aliquem / in aliquem* gegenüber jdm

coercitor ⟨ōris⟩ *m* ||coerceo|| (*nachkl.*) der in Ordnung hält, *bes* MIL *alicuius rei* etw; ***c. disciplinae militaris*** der auf Kriegszucht hält

coerō ⟨-, -, āre 1.⟩ (*altl.*) = ***curo***

▶ **coetus** ⟨ūs⟩ *m* ||coeo||
1. (*unkl.*) das Zusammentreffen, das Zusammenfließen *von Flüssen*, Vereinigung
2. Geschlechtsverkehr; Begattung
3. *meton* Verein, Versammlung, Gesellschaft, Kreis, *bes* heimliche Zusammenkunft, revolutionäre Zusammenkunft; ***c. nocturnus*** nächtliche Zusammenrottung; ***c. vulgaris*** Volksauflauf

co-exercitō ⟨āvī, ātum, āre 1.⟩ Quint. zugleich einüben

cōgitābilis ⟨e⟩ *Adj* ||cogito|| (*nachkl.*) denkbar

cōgitātim *Adv* ||cogitatus|| Plaut. mit Bedacht, mit Überlegung

▶ **cōgitātiō** ⟨ōnis⟩ *f* ||cogito||
1. das Denken, das Nachdenken, Überlegung, Erwägung; ***cogitatione comprehendere*** durch Denken erfassen; ***cogitatione fingere*** sich vorstellen; ***in cogitationem cadere*** denkbar sein; ***cogitatione*** theoretisch; ***cogitatione complecti aliquem absentem*** einen Abwesenden in Gedanken umarmen; ***c. alicuius rei*** Gedanke an etw
2. Quint. RHET das Überdenken *als Vorbereitung einer Rede*
3. Denkvermögen, Vorstellungskraft; ***particeps rationis et cogitationis*** im Besitz der Vernunft und des Denkvermögens
4. das Gedachte, Gedanke, Vorstellung; ***cogitationes suas litteris mandare*** seine Gedanken schriftlich niederlegen
5. Vorhaben, Plan, Absicht, Entschluss; ***cogitationibus alicuius obstare*** j-s Plänen Widerstand leisten; ***c. rerum novarum*** Plan von Veränderungen

cōgitātum ⟨ī⟩ *n* ||cogitatus|| Gedanke, Einfall, Plan

cōgitātus ⟨a, um⟩ *Adj*, *Adv* ⟨cōgitātē⟩ ||cogito|| durchdacht, wohlerwogen; ***res diu cogitatae*** lange durchdachte Angelegenheiten; ***cogitate scribere*** mit Überlegung schreiben

▶ **cōgitō** ⟨āvī, ātum, āre 1.⟩ ||co-agito||

I
1. denken
2. bedacht sein
II
1. bedenken, an
2. ausdenken, ersinnen
3. beabsichtigen

I *v/i*
1. denken; an *etw / j-n* denken, *de aliquo / de re*; über *etw* nachdenken, *de re*; gesinnt sein; ***de rerum natura c.*** über die Natur der Dinge nachdenken; ***bene / male c. de aliquo*** gut / schlecht von j-m denken; ***in aliquem c.*** gegen j-n gesinnt sein; ***cogito, ergo sum*** (*nlat.*) ich denke, also bin ich, *erkenntnistheoretischer Grundsatz bei Descartes*
2. bedacht sein, ***de salute alicuius*** auf j-s Wohl; ***eo die in Tusculano esse cogitabam*** ich gedachte, an diesem Tag in Tusculanum zu sein
II *v/t*
1. *etw* bedenken, an *etw* denken, *etw* überlegen, *etw* erwägen, *aliquid*; ***multa in animo suo c.*** vieles im Inneren erwägen; ***maiores c.*** an die Vorfahren denken
2. ausdenken, ersinnen, ***scelus*** ein Verbrechen

C

3. auf *etw* bedacht sein, *etw* beabsichtigen, *aliquid, + Inf / + Finalsatz*; ***accusationem c.*** eine Anklage beabsichtigen; ***in castra se recipere cogitabat*** er plante den Rückzug ins Lager; ***cogitabat, ne occasionem dimitteret*** er war darauf bedacht, keine Gelegenheit verstreichen zu lassen

cognātiō ⟨ōnis⟩ *f*
1. Blutsverwandtschaft; ***alicui propinqua c. est cum aliquo*** j-d ist mit j-m eng verwandt
2. *meton* Verwandtschaft, die Verwandten, Familie, Sippe
3. *fig* Übereinstimmung, innere Ähnlichkeit; ***c. studiorum et artium*** geistige und künstlerische Übereinstimmung

▶ **co-gnātus** ⟨a, um⟩ *Adj*
1. blutsverwandt *von väterlicher u. mütterlicher Seite, poet auch von leblosen Dingen, alicui* mit j-m
2. *fig* zugehörig, ähnlich, übereinstimmend, *alicui* mit j-m; ***vocabula rebus cognata*** mit den Tatsachen übereinstimmende Worte

▶ **cognitiō** ⟨ōnis⟩ *f* ||cognosco||
1. das Kennenlernen, Bekanntschaft, *alicuius* mit j-m
2. das Erkennen *von geistigen od theoretischen Zusammenhängen*, Erkenntnis, Erforschung, *alicuius rei* von etw; ***facilem cognitionem habere*** leicht zu erkennen sein; ***c. atque ars*** wissenschaftliche Bildung
3. Vorstellung, Begriff, *alicuius rei* von etw
4. richterliche Untersuchung, *alicuius rei / de re* einer Sache
5. Ter. das Wiedererkennen; = ***agnitio***

cognitor ⟨ōris⟩ *m* ||cognosco||
1. JUR Identitätszeuge, *der in unbekannter Umgebung den Namen u. die bürgerliche Stellung einer Person bezeugt*; Gewährsmann
2. JUR *öffentlich legitimierter* Vertreter einer Partei *vor Gericht*; ↔ ***procurator***
3. *poet* öffentlicher Ankläger, Staatsanwalt
4. (*spätl.*) Untersuchungsrichter
5. *fig* Vertreter, ***huius sententiae*** dieser Meinung

cognitūra ⟨ae⟩ *f* ||cognitor|| (*nachkl.*) Staatsanwaltschaft

cognitus[1] ⟨a, um⟩ *Adj* ||cognosco|| bekannt, erprobt, bewährt

cognitus[2] ⟨a, um⟩ *PPP* → ***cognosco***

cognōbilis ⟨e⟩ *Adj* ||cognosco|| (*vkl., nachkl.*) verständlich; ***libri his solis cognobiles*** die nur diesen verständlichen Bücher

▶ **co-gnōmen** ⟨inis⟩ *n* ||nomen||
1. Familienname *zur Unterscheidung der Linien einer gens*
2. Beiname, *der wegen einer bes Tat od eines Merkmals gegeben wird, z. B. Africanus, Magnus*
3. Schimpfname, Spitzname
4. Name, Bezeichnung *bei geographischen Begriffen*
5. Name, Bezeichnung *in Dichtungen*

cognōmentum ⟨ī⟩ *n* (*unkl.*) = ***cognomen***

cognōminātus ⟨a, um⟩ *Adj* ||cognomino|| gleichbedeutend, sinnverwandt; ***verba cognominata*** Synonyme

cognōminis ⟨e⟩ *Adj* ||cognomen|| (*unkl.*) gleichnamig; Gell. GRAM sinnverwandt, synonym

cognōminō ⟨āvī, ātum, āre 1.⟩ ||cognomen|| mit einem Beinamen benennen; *allg.* benennen

co-gnōscō ⟨gnōvī, gnitum, gnōscere 3.⟩

1. erkennen, kennen lernen
2. wieder erkennen, anerkennen
3. Identität bezeugen
4. sich einlassen
5. wahrnehmen, bemerken
6. zu erkennen suchen
7. auskundschaften
8. untersuchen, prüfen

1. erkennen, kennen lernen *sowohl durch sinnliche Wahrnehmung als auch durch geistige Erkenntnis, aliquem / aliquid* j-n / etw, *+ dopp. Akk / + Gen qualitatis / + Abl qualitatis*; ***aliquem fortem c.*** j-n als tapfer kennen lernen; ***aliquem magni animi / exiguā virtute c.*** j-n als Mann von Größe / von hoher Qualität kennen lernen; ***aliquid re / ex re / a re c.*** etw aus etw erkennen; ***cognoscimus id verum esse*** wir erkennen, dass dies wahr ist; ***res vera esse cognoscitur*** die Sache wird als wahr erkannt; ***non cognoscimus, an verum sit*** wir wissen nicht, ob dies wahr ist; ***cognoscendus*** erkennbar; ***hac re cognitā*** als man dies erkannt hatte; ***cognovisse*** erkannt haben = kennen
2. wieder erkennen, anerkennen; ***signum c.*** das Siegel wieder erkennen
3. JUR *j-s* Identität bezeugen
4. (*nachkl.*) *poet* mit *j-m* schlafen, *aliquem*; ***virgo virum cognoscit*** die Jungfrau lässt sich mit einem Mann ein
5. wahrnehmen, bemerken, einsehen, erfahren; ***cognovisse*** wissen, verstehen; ***cognitum est*** man weiß aus Erfahrung; ***cognito*** nachdem man erfahren hatte
6. Erkundigungen einziehen, zu erkennen suchen, zu erfahren suchen, *aliquid* etw, *de re* über etw, *+ AcI / + indir Fragesatz*; *auch* besuchen
7. MIL auskundschaften
8. untersuchen, prüfen; *auch* JUR prüfen, untersuchen, verhören, *abs od aliquid* etw, *de re* in Bezug auf etw; ***causam c.*** die Angelegenheit untersuchen; ***de hereditate c.*** sich über die Erbfolge informieren

co-gnōvī → ***cognosco***

cōgō ⟨coēgī, coāctum, cōgere 3.⟩ ||co-ago||

1. zusammenführen, zusammenbringen
2. einsammeln
3. versammeln
4. zusammenhalten
5. zur Versammlung (ein)berufen
6. eintreiben
7. verdichten, verdicken
8. folgern, schließen
9. hineintreiben, hineinzwängen
10. einengen, beengen
11. zwingen, zwängen

1. *von Personen od Tieren* zusammenführen, zusammenbringen, zusammentreiben; ***omnem suam familiam undique c.*** seine ganze Familie von überallher zusammenbringen; ***oves c.*** die Schafe zu-

C

sammentreiben
2. einsammeln; ***aurum c.*** Gold anhäufen
3. versammeln, *Teile zu einem Ganzen*; *Passiv* sich vereinigen
4. MIL zusammenhalten; ***agmen c.*** die Marschkolonne zusammenhalten, die Nachhut bilden
5. zur Versammlung (ein)berufen; ***senatum in curiam c.*** den Senat in der Kurie versammeln
6. *Geld / Abgaben* eintreiben; ***pecuniam c.*** Geld einkassieren
7. verdichten, verdicken; ***lac coactum*** geronnene Milch
8. *fig log.* folgern, schließen, *aliquid ex re* etw aus etw, + *AcI / ut* dass
9. hineintreiben, hineinzwängen; ***classem in portum c.*** die Flotte in den Hafen zwängen; ***aliquem in angustum c.*** j-n in die Enge treiben
10. *örtl. u. zeitl.* einengen, beengen; ***ripae amnem cogunt*** die Ufer engen den Strom ein; ***censuram intra breve spatium c.*** die Zensur auf eine kurze Zeit beschränken
11. zwingen, zwängen, nötigen, *aliquem aliquid* j-n zu etw, (*klass.*) *nur Neutra wie hoc, id, illud, quid, nihil, omnia*; ***res cogit*** die Sache zwingt, der Umstand zwingt dazu, + *Inf* / + *Finalsatz*; ***id cogi non possum*** dazu kann ich nicht gezwungen werden; ***coactus*** gezwungen; RHET gesucht, krampfhaft; ***necessitate coactus*** durch die Notwendigkeit gezwungen; ***lacrimae coactae*** geheuchelte Tränen

cohaerentia ⟨ae⟩ *f* ||cohaereo|| Zusammenhang

co-haereō ⟨haesī, haesūrus, haerēre 2.⟩
1. verbunden sein, verwachsen sein, *alicui rei / cum re / re* mit etw, *inter se* untereinander
2. in sich zusammenhängen, organisch zusammenhängen; ***inter se non cohaerentia dicere*** Unzusammenhängendes reden
3. Halt haben, Bestand haben; ***virtutes sine beata vita c. non possunt*** die Tugenden können ohne ein glückliches Leben keinen Bestand haben
4. bestehen, *re* aus etw

co-haerēscō ⟨haesī, -, haerēscere 3.⟩ ||*Inkoh von* cohaereo|| zusammenwachsen, sich verbinden, *inter se* untereinander

co-hērēs ⟨ēdis⟩ *m u. f* Miterbe, Miterbin, *alicuius / alicui* j-s

► **co-hibeō** ⟨uī, itum, ēre 2.⟩ ||habeo||
1. zusammenhalten, zusammenfassen, ***crinem nodo*** das Haar durch einen Knoten
2. fest umschlingen, fest umschließen, umschlossen halten; enthalten
3. (*nachkl.*) *poet* zurückhalten, festhalten, ***milites inter castra*** die Soldaten in den Lagern
4. *fig* von *etw* abhalten, fern halten, abwehren, *aliquid a re* etw von etw; ***manum a praeda c.*** die Hand von der Beute fern halten
5. *fig* zügeln, bändigen, hemmen; ***bellum c.*** den Krieg verhindern

co-honestō ⟨āvī, ātum, āre 1.⟩
1. zusammen mit anderen ehren
2. sehr ehren; feiern

co-horrēscō ⟨horruī, -, horrēscere 3.⟩ zusammenschaudern, erschrecken

► **co-hors** ⟨tis⟩ *f*
1. (*nachkl.*) umzäunter Ort, Gehege, Hofraum, Viehhof
2. *meton* Kohorte, MIL *Einheit von 600–1000 Mann, bestehend aus drei Manipeln, mit je zwei Zenturien; zehn Kohorten ergaben eine Legion*
3. Gefolge *eines röm. Statthalters in der Provinz*
4. *allg.* Haufe, Schar, Menge, Mannschaft *für die verschiedenen öffentlichen Dienste*; ***cohortes vigilum*** Feuerwehr

cohortātiō ⟨ōnis⟩ *f* ||cohortor|| Aufmunterung, Zuspruch, *alicuius* j-s *od* durch jdn

cohorticula ⟨ae⟩ *f* ||*Dim von* cohors|| kleine Kohorte

► **co-hortor** ⟨ātus sum, ārī 1.⟩ eindringlich ermuntern, ermutigen, anfeuern, *aliquem ad aliquid* j-n zu etw, *ut / ne mit Konjkt* / + *Inf*

Cōī → ***Cous***

co-iciō ⟨iēcī, iectum, icere 3.⟩ = ***conicio***

co-iī → ***coeo***

coincidentia ⟨ae⟩ *f* (*mlat.*) das Zusammenfallen

co-inquinō ⟨āvī, ātum, āre 1.⟩ (*vkl., nachkl.*) besudeln, beflecken

co-īre → ***coeo***

cōīrō ⟨-, -, āre 1.⟩ (*altl.*) = ***curo***

coitiō ⟨ōnis⟩ *f* ||coeo||
1. Ter. *feindlich* Zusammenstoß
2. POL Vereinigung *mehrerer Personen zu politischen Zwecken*; Komplott; *bes* Vereinbarung *mehrerer Amtsbewerber zur Verdrängung der übrigen*
3. (*spätl.*) Geschlechtsverkehr; Begattung

co-itum *PPP* → ***coeo***

coitus ⟨ūs⟩ *m* ||coeo|| (*nachkl.*)
1. *poet* Vereinigung, Verbindung
2. Geschlechtsverkehr; Begattung
3. GRAM Verschmelzung *von Silben zu Wörtern*

col- = ***com-***

colaphus ⟨ī⟩ *m* ||griech. Fw.|| (*vkl., nachkl.*) Faustschlag, Ohrfeige

Colax ⟨ācis⟩ *m* „der Schmeichler", *Komödienfigur bei Menander*

Colchicus ⟨a, um⟩ *Adj* ||Colchis|| kolchisch

Colchis ⟨idis⟩ *f*
1. *Landschaft s. des Kaukasus, bekannt durch das Goldene Vlies, heute Georgien*
2. Kolchierin, *bes* Medea

Colchus
I ⟨a, um⟩ *Adj* ||Colchis|| kolchisch
II ⟨ī⟩ *m* Kolchier

colēns ⟨entis⟩ *m* ||*PPr von* colo|| Verehrer; *Pl* Bewohner

cōleus ⟨ī⟩ *m* Hoden; Hodensack; ***si coleos haberemus*** Petr. *vulg* wenn wir Männer wären, wenn wir Mut hätten

cōliculus ⟨ī⟩ *m vulg* = ***cauliculus***

cōlis ⟨is⟩ *m vulg* = ***caulis***

col-labāscō ⟨-, -, āscere 3.⟩ Plaut. zu schwanken beginnen

col-labefactō ⟨āvī, ātum, āre 1.⟩ Ov. zum Schwanken bringen

col-labefīō ⟨factus sum, fierī 0.⟩ (*unkl.*) zusammensinken, zusammenbrechen, zusammenstürzen; Nep. POL gestürzt werden, *ab aliquo* von jdm

col-lābor ⟨lāpsus sum, lābī 3.⟩ (*unkl.*) zusammensinken, zusammenbrechen, zusammenstürzen; *von Bauten* einstürzen, verfallen; *von Personen* ohn-

mächtig werden
col-lacerātus ⟨a, um⟩ *Adj* Tac. ganz zerfleischt
collacrimātiō ⟨ōnis⟩ *f* ||collacrimo|| Tränenerguss
col-lacrimō ⟨āvī, ātum, āre 1.⟩ in Tränen ausbrechen, beweinen, *abs od aliquid*
col-lactea ⟨ae⟩ *f* ||lacteus|| Iuv. Milchschwester
col-lāpsus ⟨a, um⟩ *PPerf* → ***collabor***
collāre ⟨is⟩ *n* ||collum|| (*vkl.*) Halseisen, Halsfessel *für Sklaven*; Halsband *für Hunde*
Collātia ⟨ae⟩ *f alte sabinische Stadt ö. von Rom, heute Lunghezza*
collātīcius ⟨a, um⟩ *Adj* ||collatus, *PPP von* confero|| (*nachkl.*) zusammengetragen, geliehen
Collātīnus
I ⟨a, um⟩ *Adj* aus Collatia, zu Collatia gehörig
II ⟨ī⟩ *m* Einwohner von Collatia
collātiō ⟨ōnis⟩ *f* ||confero||
1. das Zusammentragen, Vereinigung
2. (*nachkl.*) das Sammeln von Geld, Beitrag, Geldgeschenk *für den Kaiser*
3. *fig* Vergleich, *alicuius* j-s, mit j-m; RHET Gleichnis, Verhältnisbestimmung; ***c. rationis*** Analogie
4. (*mlat.*) Imbiss; Besprechung; Gebet
collātīvus ⟨a, um⟩ *Adj* ||collatus, *PPP von* confero|| Plaut. zusammengetragen, voll gestopft
collātor ⟨ōris⟩ *m* ||confero|| Plaut. Spender, Beitragszahler *zu einem Gelage*
col-lātrō ⟨āvī, ātum, āre 1.⟩ Sen. anbellen
collātus[2] *nur Abl* ⟨ū⟩ *m* (*nachkl.*) = ***collatio***; *bes* feindlicher Zusammenstoß; ***in collatu armorum*** beim Zusammenstoß der Waffen
col-lātus[1] ⟨a, um⟩ *PPP* → ***confero***
collaudātiō ⟨ōnis⟩ *f* ||collaudo|| Belobigung
col-laudō ⟨āvī, ātum, āre 1.⟩ sehr loben, rühmen
col-laxō ⟨āvī, ātum, āre 1.⟩ Lucr. erweitern, weit machen
collēcta ⟨ae⟩ *f* ||colligo[2]|| Geldbeitrag *zu einer gemeinsamen Mahlzeit*, Beitrag; (*spätl.*) Kollekte, Sammlung; (*mlat.*) Kolleggeld
collēctāneus ⟨a, um⟩ *Adj* ||collectus, *PPP von* colligo[2]|| (*nachkl.*) gesammelt; ***dicta collectanea*** Sentenzensammlung, *eine Jugendschrift Caesars*
collēctīcius ⟨a, um⟩ *Adj* ||collectus, *PPP von* colligo[2]|| zusammengelesen, zusammengerafft
collēctiō ⟨ōnis⟩ *f* ||colligo[2]||
1. das Zusammenlesen, das Sammeln
2. RHET kurze Zusammenfassung
3. PHIL Schluss, Syllogismus
4. (*nachkl.*) MED Ansammlung verdorbener Säfte
collēctīvus ⟨a, um⟩ *Adj* ||collectus, *PPP von* colligo[2]||
1. (*nachkl.*) angesammelt
2. (*nachkl.*) syllogistisch
3. kollektiv; ***nomen collectivum*** Quint. Sammelname, Sammelbegriff
collēctus[1] ⟨ūs⟩ *m* ||colligo[2]|| (*nachkl.*) *poet* Ansammlung
collēctus[2] ⟨a, um⟩ *Adj, Adv* ⟨collēctē⟩ ||colligo[2]|| (*nachkl.*) kurz gefasst, bündig, gedrängt
col-lēctus[3] ⟨a, um⟩ *PPP* → ***colligo[2]***
▶ **collēga** ⟨ae⟩ *m*
1. Kollege, Amtsgenosse
2. Kamerad, Standesgenosse
col-lēgī → ***colligo***

collēgium ⟨ī⟩ *n* ||con, lex||
1. Amtsgemeinschaft, Gremium *von Amtsinhabern*; ***consul per tot collegia expertus*** ein in so vielen Amtsgemeinschaften erfahrener Konsul; ***c. decemvirale*** Kollegium der Dezemvirn
2. Gemeinschaft, Gruppe, Kollegium *von Priestern*; ***c. augurum*** Kollegium der Auguren
3. Genossenschaft, Bruderschaft, Innung, Zunft; ***c. fabrorum*** Innung der Handwerker
col-lēvō ⟨āvī, ātum, āre 1.⟩ (*nachkl.*) glätten
col-lībertus ⟨ī⟩ *m* Mitfreigelassener
col-libet ⟨libuit⟩ (*unkl.*) *u.* ***libitum est, libēre 2.*** *unpers* es beliebt, es gefällt, *alicui* j-m, + *Inf*
col-līdō ⟨līsī, līsum, līdere 3.⟩ ||laedo||
1. zusammenstoßen, zusammenschlagen, ***manūs*** die Hände; *Passiv* (*nachkl.*) zusammenstoßen; ***naves colliduntur*** die Schiffe stoßen zusammen
2. (*nachkl.*) *poet* entzweien; *Passiv feindlich* zusammenstoßen, *alicui* mit j-m, *inter se* miteinander
3. zerschlagen, zerstoßen, zerdrücken
colligātiō ⟨ōnis⟩ *f* ||colligo[1]|| Verbindung, Vereinigung, Bund
col-ligō[1] ⟨āvī, ātum, āre 1.⟩ ||ligo[2]||
1. zusammenbinden, zusammenknüpfen
2. *fig* verbinden, vereinigen; ***homines dissociatos c.*** entzweite Menschen vereinen; ***sententias verbis c.*** RHET die Gedanken mit Worten verbinden; ***multa uno libro c.*** viel in einem einzigen Buch zusammenfassen
3. *mit einer Binde* verbinden, ***vulnera*** Wunden
4. binden, fesseln
5. *fig in der Bewegung* hemmen, ***impetum alicuius*** j-s Ansturm
col-ligō[2] ⟨lēgī, lēctum, ligere 3.⟩ ||lego[2]||

1. zusammenlesen, sammeln
2. zusammenziehen, zusammenbringen
3. enger zusammennehmen
4. zusammensuchen, sammeln
5. sich erholen, sich wieder fassen
6. erwerben, sich zuziehen
7. aufzählen, zusammenfassen

1. zusammenlesen, sammeln, ***flores*** Blumen; ***uvas de vitibus c.*** Trauben lesen; ***habenas c.*** Zügel anziehen, Zügel straffen
2. *auf einen Punkt* zusammenziehen, zusammenbringen, zusammenscharren; MIL konzentrieren; ***pulverem c.*** Staub aufwirbeln; ***nubes ex alto c.*** Wolken aus dem Meer auftürmen; ***milites a fuga/ex fuga c.*** die Soldaten aus der Flucht (-bewegung) zusammenziehen
3. enger zusammennehmen; aufraffen, hochraffen; ***togam c.*** die Toga raffen; ***in nodum c.*** zu einem Knoten schlingen
4. *fig* zusammensuchen, sammeln, ***facete dicta*** Witze
5. ***se/animum c.*** *fig* sich erholen, sich wieder fassen
6. *fig* erwerben, sich zuziehen, ernten; ***gratiam c.*** Dank ernten; ***odium c.*** sich Hass zuziehen; ***sitim c.*** Durst bekommen; ***frigus c.*** sich erkälten
7. *fig* aufzählen, zusammenfassen; folgern; ***omnia bella civilia c.*** alle Bürgerkriege aufzählen; ***sparsa***

C

argumenta c. die verstreuten Argumente zusammenfassen; ***inde paucitatem hostium c.*** daraus auf die geringe Zahl der Feinde schließen

col-līneō *u.* **col-līniō** ⟨āvī, ātum, āre 1.⟩
I *v/t* geradeaus schleudern, zielen, ***hastam*** die Lanze
II *v/i* richtig zielen, treffen

col-linō ⟨lēvī, litum, linere 3.⟩ (*unkl.*) bestreichen, beschmieren, beschmutzen, *aliquid re* etw mit etw

Collīnus ⟨a, um⟩ *Adj* ||collis||
1. am collis Quirinalis gelegen, zum collis Quirinalis gehörig; ***porta Collina*** *Tor zwischen Quirinal u. porta Flaminia*
2. *poet* an der porta Collina gelegen

col-liquefactus ⟨a, um⟩ *Adj* ganz geschmolzen, aufgelöst

▶ **collis** ⟨is⟩ *m* Hügel, Anhöhe

col-līsī → ***collido***

collīsiō ⟨ōnis⟩ *f* ||collido|| (*spätl.*) Zusammenstoß, Erschütterung

collīsus[1] ⟨a, um⟩ *PPP* → ***collido***

collīsus[2] ⟨ūs⟩ *m* ||collido|| (*nachkl.*) Zusammenstoß

collocātiō ⟨ōnis⟩ *f* ||colloco||
1. Stellung, Anordnung; Disposition
2. Verheiratung, ***filiae*** der Tochter

col-locō ⟨āvī, ātum, āre 1.⟩

1. zusammenstellen, dazustellen
2. aufstellen, hinstellen
3. unterbringen
4. ansiedeln
5. richtig einrichten, anordnen
6. verheiraten
7. anlegen, investieren
8. sich befassen

1. zusammenstellen, dazustellen; ***tribunal iuxta sellam c.*** den Richterstuhl neben den Amtsstuhl stellen
2. aufstellen, hinstellen, errichten, hinsetzen, legen; ***statuam c.*** eine Statue aufstellen; ***custodias c.*** Wachen aufstellen; ***librum in mensa c.*** ein Buch auf den Tisch legen
3. unterbringen; *fig* zu einer Klasse zählen; ***comites apud hospitem c.*** die Begleiter bei einem Gastfreund unterbringen; ***sese Athenis c.*** sich in Athen niederlassen
4. ansiedeln; MIL stationieren, einquartieren; ***colonos in insula c.*** die Kolonisten auf einer Insel ansiedeln; ***philosophiam in urbibus c.*** *fig* die Philosophie in den Städten ansiedeln; ***milites in hibernis c.*** die Soldaten ins Winterlager verlegen
5. *fig* richtig einrichten, anordnen, ***verba*** die Worte; ***satis de re c.*** schriftlich genügend über etw berichten
6. *ein Mädchen* verheiraten; ***filiam alicui in matrimonio/in matrimonium c.*** die Tochter mit j-m verheiraten
7. *Geld* anlegen, investieren
8. auf *etw* verwenden; ***se c.*** sich mit *etw* befassen, sich auf *etw* verlegen, *in re*; ***adulescentiam in voluptatibus c.*** seine Jugend in Lustbarkeiten vergeuden; ***in cognitione et scientia se c.*** sich auf Forschung und Wissenschaft verlegen

col-locuplētō ⟨āvī, ātum, āre 1.⟩ (*unkl.*) bereichern, *se* sich

collocūtiō ⟨ōnis⟩ *f* = ***colloquium***

col-locūtus ⟨a, um⟩ *PPerf* → ***colloquor***

▶ **colloquium** ⟨ī⟩ *n* ||colloquor|| Unterredung, Besprechung, Gespräch; *Pl* Korrespondenz; (*mlat.*) Versammlung

col-loquor ⟨locūtus sum, loquī 3.⟩ sich besprechen, sich unterreden, sich unterhalten, *cum aliquo* mit j-m, *inter se* miteinander; ***secum c.*** mit sich zurate gehen; ***per litteras c. cum aliquo*** mit j-m korrespondieren

col-lubet = ***collibet***

col-lūceō ⟨-, -, ēre 2.⟩ von allen Seiten leuchten, ganz hell sein; *fig* glänzen, hervorstechen

colluctātiō ⟨ōnis⟩ *f* ||colluctor|| (*nachkl.*) das Ringen; *bes* Todeskampf

col-luctor ⟨ātus sum, ārī 1.⟩ ringen, *alicui/cum aliquo* mit jdm

col-lūdō ⟨lūsī, lūsum, lūdere 3.⟩
1. mit *j-m* spielen, *alicui*
2. mit *j-m* unter einer Decke stecken, *cum aliquo*

▶ **collum** ⟨ī⟩ *n*
1. *von Mensch u. Tier* Hals; ***invadere in collum alicuius*** j-m um den Hals fallen, ***collum (ob)torquere alicui*** j-n beim Kragen fassen und vor Gericht schleppen; ***collum dare*** sich unterwerfen
2. *poet* Kopf, Haupt
3. *fig* Hals *der Flasche*
4. (*mlat.*) Bergrücken
5. (*nlat.*) MED schmale Stelle *eines Organs*

col-luō ⟨luī, lūtum, luere 3.⟩ (*unkl.*) bespülen, benetzen; ***ora c.*** Ov. *poet* den Durst löschen

collus ⟨ī⟩ *m* (*altl.*) = ***collum***

collūsiō ⟨ōnis⟩ *f* ||colludo|| geheimes Einverständnis

collūsor ⟨ōris⟩ *m* (*nachkl.*) *poet* Spielgefährte; Mitspieler *beim Glücksspiel*

col-lūstrō ⟨āvī, ātum, āre 1.⟩
1. erleuchten, erhellen, hell einfärben
2. *fig* genau besichtigen, genau betrachten, mustern

col-lutulentō ⟨āvī, ātum, āre 1.⟩ ||lutulentus|| Plaut. besudeln, entehren

colluviēs ⟨ēī⟩ *f u.* **colluviō** ⟨ōnis⟩ *f* Zusammenfluss von Unrat; *meton* Unrat; Mischmasch, Wirrwarr; Auswurf, Gesindel

collybus ⟨ī⟩ *m* ||griech. Fw.|| Aufgeld *bei Wechselgeschäften*; *meton* Geldwechsel

collȳra ⟨ae⟩ *f* ||griech. Fw.|| Plaut. grobes Brot

collyricus ⟨a, um⟩ *Adj* aus Brot; ***ius collyricum*** Brotsuppe

collȳrium ⟨ī⟩ *n* ||griech. Fw.|| (*nachkl.*) *poet* Augensalbe

cōlō[1] ⟨āvī, ātum, āre 1.⟩ ||*Denom von* colum|| (*nachkl.*) *poet* durchseihen, reinigen

colō[2] ⟨coluī, cultum, colere 3.⟩
I *v/t*
1. *Land* bebauen, bestellen; (*vkl.*) *poet* Ackerbau betreiben; ***agrum c.*** das Feld bestellen
2. *Pflanzen* anbauen, ziehen; ***vitem c.*** einen Weinstock pflanzen
3. bewohnen; ***urbem c.*** eine Stadt bewohnen
4. hegen, pflegen; Sen. verpflegen; ***milites artē c.*** die Soldaten knapp verpflegen; ***se opulenter c.***

sich üppig verpflegen; ***corpus c.*** (*nachkl.*) *poet* den Körper pflegen, den Körper schmücken
5. *geistig* pflegen, ausbilden, veredeln
6. Sorge tragen, *aliquem/aliquid* für j-n/für etw; hochhalten, ehren, verehren, anbeten; ***deum c.*** Gott verehren; ***c. pro deo/in deorum numero*** als Gott verehren; ***sacra c.*** Opfer feiern; ***patres c.*** die Eltern ehren
II *v/i* wohnen, ansässig sein; ***extra urbem c.*** außerhalb der Stadt wohnen

colocāsium ⟨ī⟩ *n* ||griech. Fw.|| (*nachkl.*) *poet* indische Wasserrose

cōlon ⟨ī⟩ *n* ||griech. Fw.|| (*nachkl.*) Glied, Teil *eines Verses od einer Periode*

colōna ⟨ae⟩ *f* ||colonus|| (Ov., *spätl.*) Bäuerin, Frau eines Pächters

Colōnae ⟨ārum⟩ *f Stadt in der Troas, s. von Alexandria Troas*

Colōnēus ⟨a, um⟩ *Adj* zum → Colonus gehörig; ***Oedipus C.*** *Titel einer Tragödie des Sophokles*

▶ **colōnia** ⟨ae⟩ *f* ||colonus||
1. Bauerngut, Pachtgut
2. Tochtergemeinde, Kolonie; Ansiedlung; *meton* die Kolonisten

Colōnia ⟨ae⟩ *f häufiger Städtename*; ***C. Agrippinensis*** *heute Köln*

colōnicus ⟨a, um⟩ *Adj* ||colonus|| zu einer Kolonie gehörig; ***cohortes colonicae*** in römischen Kolonien ausgehobene Truppen

▶ **colōnus** ⟨ī⟩ *m* ||colo||
1. Bauer, Landwirt, Pächter
2. Ansiedler, Kolonist
3. Einwohner; ***c. catenarum*** Plaut. *hum* Zuchthäusler

Colōnus ⟨ī⟩ *m Hügel u. Gemeinde an der Nordseite Athens*

Colophōn ⟨ōnis⟩ *f Stadt in Ionien zwischen Smyrna u. Ephesus, Ruinen beim heutigen Degirmendere*

Colophōnius ⟨a, um⟩ *Adj* aus Colophon, zu Colophon gehörig

Colophōnius ⟨ī⟩ *m* Einwohner von Colophon

▶ **color** ⟨ōris⟩ *m*
1. Farbe
2. Gesichtsfarbe, Teint; *meton* Schönheit, Glanz *bes der Blumen*; ***sine colore*** blass
3. Färbung, Aussehen, Äußeres
4. *fig von der Rede* Färbung, Kolorit, Ton, Klangfarbe

colōrātus ⟨a, um⟩ *Adj* ||coloro|| gefärbt, farbig, gebräunt; ***non c.*** Sen. ungeschminkt

colōrō ⟨āvī, ātum, āre 1.⟩ ||*Denom von* color|| färben, dunkel färben, bräunen; *fig der Rede* Kolorit geben; *Passiv u.* ***se c.*** Kolorit annehmen

colōs ⟨ōris⟩ *m* (*altl.*) = ***color***

coloss(i)aeus *u.* **coloss(i)eus** ⟨a, um⟩ *Adj* ||griech. Fw.|| (*nachkl.*) riesengroß; ***amphitheatrum Colosseum*** Colosseum *in Rom*

colossus ⟨ī⟩ *m* ||griech. Fw.|| (*nachkl.*) *poet* Koloss, Riesenbildsäule, *bes Statue des Sonnengottes in Rhodos*

colostra ⟨ae⟩ *f* = ***colustra***

colostrum ⟨ī⟩ *n* = ***colustrum***

coluber ⟨brī⟩ *m* (*nachkl.*) *poet* kleine Schlange, Hausschlange

colubra ⟨ae⟩ *f* ||coluber|| (*unkl.*) Schlangenweibchen

colubri-fer ⟨fera, ferum⟩ *Adj* ||coluber, fero|| *poet* Schlangen tragend, *Beiname der Medusa*

colubrīnus ⟨a, um⟩ *Adj* ||coluber|| Plaut. schlangenartig; listig

coluī → ***colo²***

cōlum ⟨ī⟩ *n* (*unkl.*) Sieb, Durchschlag, Filtriergefäß, *bes zum Durchseihen des Weines*

columba ⟨ae⟩ *f* Taube, *der Venus heilig*; ***mea columba*** Plaut. *Kosewort* mein Täubchen

columbar ⟨āris⟩ *n* ||columba|| Plaut. Halsfessel für Sklaven, *wegen der Ähnlichkeit mit dem Schlupfloch des Taubenschlages*

columbārium ⟨ī⟩ *n* ||columbar|| (*vkl., nachkl.*) Taubenhaus, Taubenschlag; (*spätl.*) *bes frühchr. unterirdische Begräbnisstätte mit in die Wände eingelassenen Nischen*

columbīnus ⟨a, um⟩ *Adj* ||columba|| Tauben…; ***ovum columbinum*** Taubenei

columbor ⟨ātus sum, ārī 1.⟩ ||columba|| sich nach Taubenart küssen, schnäbeln

columbula ⟨ae⟩ *f* ||*Dim von* columba|| Plaut. Täubchen

columbulus ⟨ī⟩ *m* ||*Dim von* columbus|| Plin. Täubchen

columbus ⟨ī⟩ *m* ||columba|| (*unkl.*) (männliche) Taube, Täuberich

columella ⟨ae⟩ *f* ||*Dim von* columna|| kleine Säule, Pfosten, kleine Grabsäule

Columella ⟨ae⟩ *m L. Iunius Moderatus Columella, Schriftsteller des 1. Jh. n. Chr., aus Gades, schrieb über die Landwirtschaft* (*De re rustica*)

columen ⟨inis⟩ *n*
1. Spitze, Gipfel, Giebel
2. *fig* Gipfel, Spitze; ***c. audaciae*** Gipfel an Frechheit; ***c. amicorum*** der engste Freund
3. Säule, Balken; *fig* Stütze; ***c. rei publicae*** Stütze des Staates

columis ⟨e⟩ *Adj* Plaut. = ***incolumis***

▶ **columna** ⟨ae⟩ *f*
1. Säule, runder Pfeiler *als Stütze u. Schmuck*; ***amentem in columnas incurrere*** *Sprichwort* mit dem Kopf gegen die Wand rennen
2. ***c. rostrata*** Quint. die mit Schiffsschnäbeln verzierte Säule, *im ersten Punischen Krieg zu Ehren von Duilius errichtet*; ***c. Maenia*** Schandsäule des Maenius *am Forum, an der über Sklaven, Diebe u. Bankrotteure Gericht gehalten wurde*
3. ***columnae Herculis*** (*nachkl.*) die Säulen des Herkules, *Vorgebirge des Kleinen Atlas in Nordafrika an der Straße von Gibraltar, galt im Altertum als Westgrenze der Erde*
4. ***columnae Protei*** Verg. die Säulen des Proteus, *die Insel Pharos, galt im Altertum als Ostgrenze der Erde*
5. Sen. *fig* Feuersäule; Lucr. Wassersäule
6. Hor. *fig von Augustus* Stütze

columnāriī ⟨ōrum⟩ *m* ||columna|| Gesindel, Mob, *eigentlich an der columna Maenia abgeurteilte Leute*

columnārium ⟨ī⟩ *n* ||columnarius|| Säulensteuer, *von Caesar eingeführte Steuer zur Einschränkung des Bauluxus*

columnārius ⟨a, um⟩ *Adj* ||columna|| (*unkl.*) Säulen…; ***atria columnaria*** mit Säulen geschmückte

Atrien
columnātus ⟨a, um⟩ *Adj* ||columna|| Plaut. auf die Hand gestützt
colurnus ⟨a, um⟩ *Adj* ||corulus|| Verg. aus Haselholz
colus ⟨ūs⟩ *m u.* ***ī*** *f (spätl.) poet* Spinnrocken; *meton* Wollfaden; *fig* Lebensfaden
colustra ⟨ae⟩ *f u.* **colustrum** ⟨ī⟩ *n auch Pl* Biestmilch, *erste Milch der Kuh nach dem Kalben, galt als Delikatesse*; Plaut. *Kosewort*
colūtea ⟨ōrum⟩ *n* Plaut. Früchte des Blasenstrauches, *eines 2–4 Meter hohen Zierbaumes des Mittelmeerraumes, den ganzen Sommer blühend*
colȳphia ⟨ōrum⟩ *n* ||griech. Fw.|| (Plaut., Mart.) Schweinefilet, *als Athletenkost bekannt*
com
I (*altl.*) = ***cum***[1]
II *Präf* ***com-****, meist assimiliert zu col- u. cor-, vor Vokalen u. h co-, vor s u. f con-*
1. zusammen
2. gemeinsam
3. zugleich
4. völlig
coma ⟨ae⟩ *f* ||griech. Lw.||
1. Haupthaar, Haar; (*nachkl.*) *Pl* Locken
2. *von Tieren* Mähne, Wolle *von Schafen*
3. *von Pflanzen* Laub, Blätter, Krone, Ähren
4. *beim Pergament* Haarseite, das Haarige
5. *poet* Sonnenstrahlen, Lichtstrahlen
comāns *Gen* ⟨antis⟩ *Adj* ||como[1]|| (*nachkl.*) *poet* behaart, langhaarig, belaubt; ***galea c.*** Helm mit Helmbusch; ***stella c.*** Komet
cōmarchus ⟨ī⟩ *m* ||griech. Fw.|| Plaut. Bürgermeister
comātus ⟨a, um⟩ *Adj* ||como[1]|| (*nachkl.*) *poet* behaart, langhaarig; ***Gallia comata*** das transalpinische Gallien, *nach der Haartracht der Bewohner*; ***silva comata*** Catul. belaubter Wald
combibō[1] ⟨ōnis⟩ *f* ||combibo[2]|| Zechgenosse
com-bibō[2] ⟨bibī, -, bibere 3.⟩
I *v/i* in Gesellschaft trinken
II *v/t*
1. in sich hineintrinken, verschlucken, ***lacrimas suas*** seine Tränen
2. in sich aufnehmen, gründlich erlernen
combūrō ⟨ussī, ustum, ūrere 3.⟩ ||com, uro|| völlig verbrennen, *aliquid* etw; *fig* vernichten; ***diem c.*** Plaut. den Tag verjubeln
com-edō ⟨ēdī, ēs(s)um, edere 3.⟩
1. aufessen, verzehren
2. *fig* verprassen, vergeuden
3. ***se c.*** *fig* sich *vor Kummer* verzehren
Cōmēnsis
I ⟨e⟩ *Adj* aus Comum, zu Comum gehörig
II ⟨is⟩ *m* Einwohner von Comum
▶ **comes** ⟨itis⟩ *m u. f*
1. Begleiter, Begleiterin; Gefährte, Gesellschafter, Schicksalsgefährte; Teilnehmer, *alicuius rei* an etw, ***fugae*** an der Flucht
2. (*nachkl.*) *poet* Erzieher, Hofmeister
3. (*nachkl.*) *poet* Klient, Vertrauter
4. (*nachkl.*) Hofdiener, Staatsdiener; *Pl* Gefolge; Hofstaat
5. (*mlat.*) Graf, Vasall; ***c. palatii*** Pfalzgraf; ***c. stabuli*** Marschall
comētēs ⟨ae⟩ *m* ||griech. Fw.|| (*nachkl.*) *poet* Komet
cōmicus
I ⟨a, um⟩ *Adj, Adv* ⟨comicē⟩ ||griech. Fw.|| zur Komödie gehörig, komisch; ***poeta c.*** Komödiendichter
II ⟨ī⟩ *m* Komödiendichter; Plaut. Schauspieler in der Komödie
▶ **cōmis** ⟨e⟩ *Adj, Adv* ⟨cōmiter⟩
1. heiter, launig, munter
2. leutselig, gefällig, zuvorkommend, freundlich, nett, höflich, *alicui / in aliquem / erga aliquem* gegen j-n, *in re* in etw, bei etw
cōmissābundus ⟨a, um⟩ *Adj* ||comissor|| (*nachkl.*) umherschwärmend
cōmissātiō ⟨ōnis⟩ *f* ||comissor||
1. lustiges Umherschwärmen, fröhlicher Umzug
2. Trinkgelage
cōmissātor ⟨ōris⟩ *m* ||comissor|| Zechgenosse, Teilnehmer an einem Umzug; *fig* Kumpan
cōmissor ⟨ātus sum, ārī 1.⟩ ||griech. Lw.|| (*unkl.*) umherschwärmen, in einem lustigen Zug umherziehen; ***ad domum / in domum alicuius c.*** bei j-m einkehren
cōmitās ⟨ātis⟩ *f* ||comis||
1. Heiterkeit, Frohsinn
2. Leutseligkeit, Freundlichkeit, Geselligkeit, Höflichkeit, Gefälligkeit, Güte
cōmitātus ⟨ūs⟩ *m* ||comitor||
1. *abstr.* Geleit, Gesellschaft; ***comitatu alicuius*** in j-s Gesellschaft
2. *konkr.* Begleitung, Gefolge, Reisegesellschaft, Karawane
3. Hofstaat
4. (*mlat.*) Grafschaft
comitessa ⟨ae⟩ *f* (*mlat.*) = ***comitissa***
▶ **comitia** ⟨ōrum⟩ *n* → ***comitium*** *2*
comitiālis ⟨e⟩ *Adj, Adv* ⟨comitiāliter⟩ ||comitia||
1. zu den Komitien gehörig, zu den Volksversammlungen gehörig, Wahl…; ***mensis c.*** Wahlmonat = Januar
2. epileptisch; ***morbus c. / vitium comitiale*** Fallsucht, Epilepsie, *da ein an den Komitientagen auftretender Fall dieser Krankheit als böses Omen galt u. zum Abbruch der Komitien führte*
comitiātus ⟨ūs⟩ *m* Volksversammlung
comitissa ⟨ae⟩ *f* (*mlat.*) Gräfin
▶ **comitium** ⟨ī⟩ *n*
1. Volksversammlungsplatz, *in Rom n des Forums*; Nep. das Ephoreion *in Sparta, das Amtshaus der Ephoren, der wichtigsten staatlichen Behörde*
2. *Pl* Komitien, Volksversammlung, *die von den Magistraten einberufene Versammlung des ganzen Volkes, das nach Kurien, Zenturien od Tribus abstimmte*; ***comitia consularia / consulum / consulibus creandis*** Versammlung für die Wahl der Konsuln; ***comitia legis ferendae*** Versammlung zur Beantragung eines Gesetzes; ***comitia habere / facere / gerere*** Komitien abhalten
▶ **comitō** ⟨āvī, ātum, āre 1.⟩ *u.* **comitor** ⟨ātus sum, ārī 1.⟩
1. begleiten; *bes* (*nachkl.*) *poet* zu Grabe geleiten; *Passiv* begleitet werden; (*klass.*) *nur PPP* ***comitatus*** begleitet, *aliquo* von j-m; ***comitatus militibus*** von Soldaten begleitet; ***parum comitatus*** mit klei-

nem Gefolge; ***bene comitatus*** mit großem Gefolge; ***comitatior*** besser begleitet, besser geleitet
2. sich *j-m* zugesellen, *j-m* zur Seite stehen, mit *j-m* verbunden sein, *alicui*
comma ⟨atis⟩ *n* ||griech. Fw.|| Quint. kleiner Abschnitt *einer Periode*
com-maculō ⟨āvī, ātum, āre 1.⟩ beflecken, besudeln, *aliquid re* etw mit etw
com-manipulāris
I ⟨e⟩ *Adj* zum gleichen Manipel gehörend
II ⟨is⟩ *m* Manipelkamerad
com-marītus ⟨ī⟩ *m* Plaut. *hum* Mitehemann
commater ⟨tris⟩ *f (mlat.)* Patin
▶ **commeātus** ⟨ūs⟩ *m* ||commeo||
1. (Plaut., Liv.) das Gehen und Kommen, Verkehr
2. *meton* Urlaub, *bes von Soldaten*
3. das Einherziehende, das Kommende; Ladung, Sendung, Transport, Zufuhr, Nachschub; Suet. Gepäck
com-meditor ⟨ātus sum, ārī 1.⟩
1. sich *etw* sorgfältig einprägen
2. Lucr. *fig von Leblosem* treu wiedergeben
com-meminī ⟨isse 0.⟩ sich genau erinnern, sich besinnen, *abs od aliquem / alicuius* an j-n, j-s, auf j-n, *aliquid / alicuius rei* an etw, einer Sache, auf etw
commemorābilis ⟨e⟩ *Adj* ||commemoro|| erwähnenswert, denkwürdig
commemorātiō ⟨ōnis⟩ *f* ||commemoro||
1. Erinnerung, *alicuius / alicuius rei* an j-n / an etw
2. Erwähnung, Anführung, *alicuius* j-s *od* durch j-n, *alicuius rei* einer Sache
3. *(eccl.)* Gedächtnis; ***c. omnium sanctorum*** Allerheiligen; ***c. animarum*** Allerseelen
▶ **com-memorō** ⟨āvī, ātum, āre 1.⟩
1. sich an *etw* erinnern, *aliquid, + AcI / + indir Fragesatz*
2. an *etw* erinnern, *aliquid*; ***amicitiam c.*** an die Freundschaft erinnern
3. erwähnen, anführen, *aliquid alicui* etw gegen j-n; ***c. de aliquo*** von j-m sprechen; ***c. de re*** von etw sprechen, *+ AcI / + indir Fragesatz*
commendābilis ⟨e⟩ *Adj* ||commendo|| *(nachkl.)*
1. empfehlenswert
2. zur Empfehlung dienend
commendātīcius ⟨a, um⟩ *Adj* ||commendatus, *PPP von* commendo|| zur Empfehlung dienend; ***tabellae / litterae commendaticiae*** Empfehlungsschreiben
commendātiō ⟨ōnis⟩ *f* ||commendo||
1. Empfehlung
2. empfehlende Eigenschaft
commendātor ⟨ōris⟩ *m* ||commendo|| *(nachkl.)* Gönner, Fürsprecher
commendātrīx ⟨īcis⟩ *f* ||commendator|| Gönnerin, Fürsprecherin
commendātus ⟨a, um⟩ *Adj* ||commendo|| empfohlen, anempfohlen; empfehlenswert; *(nachkl.)* angenehm, beliebt
▶ **com-mendō** ⟨āvī, ātum, āre 1.⟩ ||mando||
1. anvertrauen, übergeben, *auch fig*; ***nomen immortalitati c.*** seinen Namen unsterblich machen
2. empfehlen, *auch* beliebt machen; *Passiv u.* ***se c.*** sich empfehlen, sich beliebt machen
commentāriolum ⟨ī⟩ *n u.* **commentāriolus** ⟨ī⟩ *m* ||*Dim von* commentarium|| flüchtiger Entwurf, Skizze
commentārium ⟨ī⟩ *n u.* **commentārius** ⟨ī⟩ *m* ||commentor[1]||
1. Notizbuch, Tagebuch, Journal
2. Entwurf, Abriss, Skizze
3. Chronik; ***c. rerum urbanarum*** Stadtchronik
4. JUR Protokoll, Aufzeichnung
5. Quint. GRAM Beispiele, Exzerpte
6. *(nachkl.)* Kommentar, Erläuterung, Stellungnahme
7. Memoiren, Denkwürdigkeiten
commentāta ⟨ōrum⟩ *n* ||commentor[1]|| Vorstudien
commentātiō ⟨ōnis⟩ *f* ||commentor[1]||
1. sorgfältiges Überdenken, Vorbereitung, Studium
2. *(nachkl.) meton* wissenschaftliche Abhandlung, Schrift
commentīcius ⟨a, um⟩ *Adj* ||comminiscor||
1. erdacht, ersonnen, erfunden
2. fingiert, eingebildet, ideal
3. *pej* erdichtet, erlogen
commentor[1] ⟨ātus sum, ārī 1.⟩ ||*Intens von* comminiscor||
1. genau überdenken, reiflich überlegen, *abs od aliquid* etw, *de re* in Bezug auf etw, *+ indir Fragesatz*
2. sich über *etw* besprechen, *cum aliquo* mit j-m, *inter se* untereinander
3. Studien machen, Vorstudien machen, sich vorbereiten
4. vorbereiten, einstudieren, ***orationem*** eine Rede; ***commentatus*** einstudiert
5. schriftlich skizzieren, niederschreiben, entwerfen
6. *(vkl., nachkl.)* erklären, auslegen, kommentieren
commentor[2] ⟨ōris⟩ *m (nachkl.) poet* Erfinder, Schöpfer; Urheber
commentum ⟨ī⟩ *n* ||commentus, *PPerf von* comminiscor|| Erdichtetes, Einfall; List, Anschlag; *poet* Erdichtetes, Hirngespinst; Lüge, Trug
commentus[1] ⟨a, um⟩ *Adj* ||comminiscor|| erlogen, erdichtet
com-mentus[2] ⟨a, um⟩ *PPerf* → ***comminiscor***
com-meō ⟨āvī, ātum, āre 1.⟩ zusammenkommen, zusammenströmen; aus und ein gehen, hin und her gehen; verkehren
▶ **commercium** ⟨ī⟩ *n* ||merx||
1. Handel, Geschäftsverkehr; ***c. annonae*** Getreidehandel; ***c. pecuniae*** Geldverkehr; ***c. vitiorum*** Handel mit Luxuswaren
2. *meton* Handelsrecht, Marktrecht; Recht Eigentum in einem Staat zu erwerben und zu übertragen
3. Verkehr, Umgang, Austausch, Unterhandlung; ***c. epistularum*** Briefwechsel; ***c. linguae*** sprachliche Gemeinschaft, Bekanntschaft mit der Sprache; ***commercium habere cum aliquo*** in Verbindung mit j-m stehen
4. *(nachkl.) poet* Geschlechtsverkehr
com-mercor ⟨ātus sum, ārī 1.⟩ *(vkl., nachkl.)* zusammenkaufen, aufkaufen
com-mereō ⟨uī, itum, ēre 2.⟩ *u. (vkl., nachkl.)* **commereor** ⟨itus sum, ērī 2.⟩
1. *pej* verdienen, ***poenam*** Strafe
2. Com. *fig* begehen, verschulden
commers ⟨(mercis)⟩ *f* Plaut. = ***commercium***

C

com-mētior ⟨mēnsus sum, mētīrī 4.⟩ ausmessen; *fig* messend vergleichen
commētō[1] ⟨-, -, āre 1.⟩ ||*Freq von* commeo|| Com. gewöhnlich seinen Weg gehen, aus und ein gehen, *ad aliquem* bei jdm
com-mētō[2] ⟨āvī, ātum, āre 1.⟩ durchmessen; ***bene ora commetavi*** Plaut. *hum* ich habe meine Fäuste auf ihren Gesichtern herumtanzen lassen
commigrātiō ⟨ōnis⟩ *f* ||commigro|| Sen. das Wandern
com-migrō ⟨āvī, ātum, āre 1.⟩ (hin) wandern, *irgendwohin* ziehen, übersiedeln, einziehen, *ex loco in locum* von einem Ort zu einem anderen
commīlitium ⟨ī⟩ *n* ||milito|| (*nachkl.*) *poet* Kriegskameradschaft; Gemeinschaft
com-mīlitō ⟨ōnis⟩ *m* ||milito|| Kriegskamerad, Waffenbruder; (*mlat.*) Glaubensbruder
comminātiō ⟨ōnis⟩ *f* ||comminor|| Bedrohung, Androhung
com-mingō ⟨mī(n)xī, mīnctum / mictum, mingere 3.⟩ *poet* besudeln, bepissen
com-minīscor ⟨mentus sum, minīscī 3.⟩
1. Plaut. sich auf *etw* besinnen, *aliquid*
2. ausdenken, ersinnen, erdichten, fingieren
com-minor ⟨ātus sum, ārī 1.⟩
I *v/i* Drohungen ausstoßen; drohen, *alicui re* j-m mit etw
II *v/t* androhen, mit *etw* drohen; ***pugnam c.*** mit einer Schlacht drohen
com-minuō ⟨uī, ūtum, uere 3.⟩
1. zerschlagen, zertrümmern, zermahlen
2. *poet* vermindern, zersplittern; schwächen, untergraben; *Passiv von Personen u. Sachen* herunterkommen, verkommen
3. *poet* erweichen, ***aliquem lacrimis*** j-n mit Tränen
com-minus *Adv*
1. MIL Mann gegen Mann; ↔ ***eminus***
2. in der Nähe, von Angesicht zu Angesicht, persönlich; ***c. ire*** näher gehen
com-misceō ⟨miscuī, mixtum, miscēre 2.⟩
1. vermischen, vermengen
2. (*nachkl.*) *poet* beimischen, beimengen, *aliquid alicui rei* etw einer Sache
commiserātiō ⟨ōnis⟩ *f* ||commiseror|| RHET das Bejammern *zur Erregung von Mitleid*; rührseliger Ton *der Rede*
com-miserēscō ⟨-, -, ēscere 3.⟩ (*vkl.*) Mitleid haben, Erbarmen haben, *alicuius* mit j-m; *meist nur unpers* ***me commiserescit alicuius*** ich fühle Mitleid mit jdm
com-miseror ⟨ātus sum, ārī 1.⟩
1. (*nachkl.*) beklagen, bedauern
2. RHET in rührseligen Ton übergehen, auf die Tränendrüse drücken
com-mīsī → ***committo***
commissarius
I ⟨a, um⟩ *Adj* (*mlat.*) mit der Besorgung *eines Geschäftes* betraut
II ⟨ī⟩ *m* (*mlat.*) Beauftragter
commissiō ⟨ōnis⟩ *f* ||committo||
1. öffentlicher Wettkampf *der Redner u. Dichter*
2. RHET Prunkrede, Festrede
commissum ⟨ī⟩ *n* ||committo||
1. Liv. Unternehmen, + *Adv od Adj*; ***audacter / audax commissum*** kühnes Unternehmen
2. Vergehen, Frevel, Schuld
3. (*nachkl.*) Enteignung, Konfiskation
4. anvertrautes Geheimnis
commissūra ⟨ae⟩ *f* ||committo|| Verbindung, Verbindungsstelle, Band, Fuge; ***c. verborum*** RHET Verbindung der Worte
com-missus ⟨a, um⟩ *PPP* → ***committo***
com-mītigō ⟨āvī, ātum, āre 1.⟩ Ter. mürbe klopfen
com-mittō ⟨mīsī, missum, mittere 3.⟩

1. zusammenführen, zusammenfügen
2. zusammenführen, kämpfen lassen
3. zustande bringen, stattfinden lassen
4. übergeben, anvertrauen
5. preisgeben, aussetzen
6. sich anvertrauen, Vertrauen schenken

1. zusammenführen, zusammenfügen, verbinden, vereinigen, *aliquid alicui rei* etw mit etw; ***mālos c.*** Balken zusammenfügen; ***vires c.*** Kräfte konzentrieren; ***dextram dextrae c.*** die Rechte mit der Rechten verbinden
2. *feindlich* zusammenführen, kämpfen lassen, aufeinander hetzen, *Menschen od Tiere*; ***infirmas legiones hostibus c.*** die schwachen Legionen auf die Feinde hetzen
3. *fig* zustande bringen, stattfinden lassen, beginnen, eröffnen; begehen, sich vergehen; ***spectaculum c.*** ein Schauspiel veranstalten, ein Schauspiel inszenieren; ***sermonem c.*** ein Gespräch beginnen; ***proelium c.*** eine Schlacht liefern, *cum aliquo* mit j-m, *contra aliquem* gegen j-n; ***scelus c.*** ein Verbrechen begehen; ***aliquid c. in aliquem / erga aliquem / adversus aliquem*** etw gegen j-n unternehmen; ***adversus leges c.*** sich gegen die Gesetze vergehen; ***noli c., ut ingratus existimeris*** lass es nicht dazu kommen, dass du undankbar erscheinst; ***hereditatem c. alicui*** die Erbschaft j-m überlassen; ***hereditas committitur alicui*** das Erbe fällt j-m zu
4. übergeben, anvertrauen, *alicui aliquid* j-m etw; ***alicui c., ut*** j-n beauftragen *etw zu tun*; ***salutem consuli c.*** die Rettung dem Konsul anvertrauen; ***collum tonsori c.*** den Nacken dem Barbier anvertrauen; ***se civilibus fluctibus c.*** sich den Wogen des politischen Lebens anvertrauen; ***se c. in conspectum populi*** sich vor das Volk wagen; ***se c. longius a portibus*** sich weiter von den Häfen weg wagen
5. preisgeben, aussetzen; in einen Zustand bringen, *aliquid in aliquid / alicui rei* etw in etw; ***ratem pelago c.*** das Floß dem Meer preisgeben; ***rem publicam in discrimen c.*** den Staat in Gefahr bringen
6. sich anvertrauen, Vertrauen schenken, *alicui* j-m, ***iudicibus*** den Richtern
commixtiō ⟨ōnis⟩ *f* ||commisceo||
1. Vermischung, Mischung
2. (*mlat.*) Gemeinschaft, Ehe; ***sine commixtione viri*** ehelos
commoditās ⟨ātis⟩ *f* ||commodus||
1. passende Beschaffenheit, Zweckmäßigkeit; ***c. corporis*** körperliche Verfassung; ***c. orationis*** angemessener Vortrag
2. der rechte Zeitpunkt; ***c. ad faciendum idonea*** der richtige Zeitpunkt zum Handeln

3. Bequemlichkeit, Annehmlichkeit
4. Vorteil, Nutzen, *auch Pl*
5. *poet* Gefälligkeit, Entgegenkommen, Nachsicht

commodō ⟨āvī, ātum, āre 1.⟩ ||*Denom von* commodus||
I *v/i* sich gefällig erweisen, gefällig sein, *alicui re* j-m durch etw, *re/in re* in etw
II *v/t* (*vkl., nachkl.*)
1. *einer Sache* anpassen, *alicui rei*
2. leihen, hingeben, überlassen, gewähren lassen, zukommen lassen, widmen; ***rei publicae tempus c.*** dem Staatsdienst Zeit widmen; ***c. nomen ad aliquid*** seinen Namen für etw hergeben; ***c. aurem alicui*** j-m sein Ohr leihen; ***testes falsos c.*** falsche Zeugen stellen

commodulē *u.* **commodulum** *Adv* ||*Dim von* commode *u.* commodum[1]|| Plaut. in aller Bequemlichkeit; *zeitl.* gerade

commodum[1] *Adv* ||commodus|| *zeitl.* gerade, soeben

▶ **commodum[2]** ⟨ī⟩ *n* ||commodus||
1. Bequemlichkeit, gelegener Zeitpunkt; ***cum erit tuum c.*** wenn es dir gelegen sein wird; ***per commodum*** bei günstiger Gelegenheit; ***quod tuo commodo fiat*** wofern es dir nicht unbequem ist
2. Vorteil, Nutzen; ***contra commodum alicuius*** zu j-s Nachteil
3. *meist Pl* Glück, Wohl
4. *stets Pl* Vergünstigungen, Vorrechte, Privilegien
5. *Pl* Leihgaben

▶ **com-modus** ⟨a, um⟩ *Adj, Adv* ⟨commodē⟩

1. vollständig, ganz
2. angemessen, entsprechend
3. bequem, leicht
4. gelegen, günstig
5. zuvorkommend, höflich

1. (*unkl.*) vollständig, ganz, voll, (*klass.*) *nur fig*; ***viginti argenti commodae minae*** Plaut. volle zwanzig Silberminen; ***valetudo commoda*** gute Gesundheit
2. angemessen, entsprechend, zweckmäßig, geeignet, *alicui* j-m, für j-n, *alicui rei/ad aliquid* zu etw, für etw; ***defensio commoda*** zweckmäßige Verteidigung; ***commode saltare*** gewandt springen; ***minus commode audire*** in nicht ganz einwandfreiem Ruf stehen; ***leges omnibus commodae*** für alle passende Gesetze; ***vestis ad cursum commoda*** für den Lauf geeignete Bekleidung; ***commodum auditu*** angenehm zu hören; ***alicui commodum est*** es ist für j-n angenehm, + *Inf* / + *AcI*
3. *für die Ausführung* bequem, leicht, behaglich; ***iter commodum*** bequemer Marsch; ***commode vivere*** angenehm leben
4. *zeitl.* gelegen, günstig; ***anni tempus commodum*** passende Jahreszeit
5. *von Personen u. Charakter* zuvorkommend, höflich, gefällig, *alicui* gegen jdn

Commodus ⟨ī⟩ *m L. Aurelius Commodus, Sohn des Marc Aurel u. der Faustina, despotischer Kaiser, 180–192 n. Chr.*

com-moeniō ⟨īvī, ītum, īre 4.⟩ = ***communio***

com-mōlior ⟨mōlitus sum, mōlīrī 4.⟩ (*vkl., nachkl.*) in Bewegung setzen, loslassen; ***dolum c.*** eine List anwenden

commone-faciō ⟨fēcī, factum, facere 3.⟩, *Passiv* ⟨commone-fīō, factus sum, fierī 0.⟩ = ***commoneō***

com-moneō ⟨uī, itum, ēre 2.⟩ erinnern, *aliquem alicuius rei / de re* j-n an etw, + *AcI* / + *indir Fragesatz*; j-n auffordern, *ut/ne* dass/dass nicht; ***multa aliquem c.*** j-n an vieles erinnern

commonitiō ⟨ōnis⟩ *f* ||commoneo|| (*nachkl.*) Erinnerung

com-mōnstrō ⟨āvī, ātum, āre 1.⟩ deutlich zeigen, deutlich bezeichnen

commorātiō ⟨ōnis⟩ *f* ||commoror|| das Verweilen, Verzögerung, Aufenthalt; *bes als* RHET das Verweilen *bei einem bestimmten Gegenstand*

com-mordeō ⟨-, -, ēre 2.⟩ Sen. auf *etw* beißen, *aliquid*

com-morior ⟨mortuus sum, morīrī 3.⟩ (*vkl., nachkl.*) zugleich sterben, *alicui/cum aliquo* mit jdm

com-morō ⟨āvī, -, āre 1.⟩ *u.* **com-moror** ⟨ātus sum, ārī 1.⟩
I *v/t* Plaut. aufhalten
II *v/i* verweilen, sich aufhalten, bleiben, *in loco* an einem Ort, *apud aliquem* bei jdm

com-mōstrō ⟨āvī, ātum, āre 1.⟩ (*altl.*) = ***commonstro***

commōtiō ⟨ōnis⟩ *f* ||commoveo|| (*nachkl.*) Bewegung; *geistige* Erregung, Aufregung; (*nlat.*) MED Gehirnerschütterung

commōtiuncula ⟨ae⟩ *f* ||*Dim von* commotio|| leichte Unpässlichkeit

commōtus[1] ⟨a, um⟩ *Adj* ||commoveo||
1. schwankend, unsicher
2. aufgeregt, gereizt

com-mōtus[2] ⟨a, um⟩ *PPP* → ***commoveo***

com-moveō ⟨mōvī, mōtum, movēre 2.⟩
1. in Bewegung setzen, bewegen
2. von der Stelle bewegen, fortrücken, wegrücken, fortschaffen; ***cervum c.*** einen Hirsch aufscheuchen; ***columnas c.*** Säulen fortschaffen; ***saxa c.*** Felsen lockern; ***unam litteram c.*** einen Buchstaben wegnehmen; ***castra c.*** MIL aufbrechen; ***hostem c.*** den Feind zum Weichen bringen; ***se c.*** sich entfernen; ***domo se c.*** sich aus dem Haus entfernen
3. *fig* anregen, hervorrufen; ***memoriam alicuius rei c.*** die Erinnerung an etw auffrischen; ***studia multorum c.*** den Eifer vieler wecken; ***iram c.*** Wut erregen; ***suspicionem c.*** Verdacht erregen; ***risum alicuius c.*** j-n zum Lachen bringen; ***tumultum c.*** einen Aufruhr hervorrufen
4. *fig* anregen, erregen; *geistig od körperlich* krank machen; *pej* aufregen, reizen, aufbringen, empören, erschrecken, *aliquem od alicuius animum / mentem*; *Passiv* unpässlich werden
5. *fig* veranlassen, *aliquem ad aliquid* j-n zu etw, *ut / ne*

com-mulceō ⟨mulsī, mulsum, mulcēre 2.⟩ (*unkl.*) streicheln; schmeicheln, *aliquid* einer Sache

commūne ⟨is⟩ *n* ||communis|| Gemeingut, Staatskasse; Gemeinde, Kommune; ***in commune*** zum allgemeinen Nutzen; (*nachkl.*) im Allgemeinen; (*mlat.*) im Chor

commūnicātiō ⟨ōnis⟩ *f* ||communico||
1. Mitteilung, das Gewähren; ***c. sermonis*** das Ge-

währen einer Unterredung
2. RHET Einbeziehung *der Zuhörer durch eine Frage um Rat, wörtl. Übersetzung eines griech. Begriffes*
▶ **commūnicō** ⟨āvī, ātum, āre 1.⟩ *u.* **commūnicor** ⟨ātus sum, ārī 1.⟩
I *v/t*
1. gemeinsam machen, vereinigen, zusammenlegen; ***victum c.*** den Lebensunterhalt zusammenlegen
2. *j-n* an *etw* teilnehmen lassen, *etw* mit *j-m* teilen, *etw* mit *j-m* gemeinsam haben, *aliquid cum aliquo*; ***aliquid alicui communicatum est cum aliquo*** j-m ist etw mit j-m gemeinsam
3. *etw* mit *j-m* besprechen, *etw j-m* mitteilen, *aliquid cum aliquo*; ***consilia cum finitimis c.*** Pläne mit den Nachbarn austauschen
II *v/i*
1. (*nachkl.*) verkehren, umgehen, *cum aliquo* mit j-m
2. teilhaben, teilnehmen, *alicui rei* an etw; ***peccatis alienis c.*** an fremden Sünden teilhaben
3. (*eccl.*) das Abendmahl empfangen, kommunizieren; das Abendmahl reichen, *abs*
commūniō[1] ⟨ōnis⟩ *f* ||communis||
1. Gemeinschaft; ***c. parietum*** gemeinsame Wände; ***c. sanguinis*** Gemeinschaft des Blutes
2. (*spätl., eccl.*) Kommunion, Empfang des Abendmahls
com-mūniō[2] ⟨īvī, ītum, īre 4.⟩ stark befestigen, stärken, sicherstellen
▶ **com-mūnis** ⟨e⟩ *Adj, Adv* ⟨commūniter⟩
1. *mehreren od allen* gemeinsam, allgemein, öffentlich; ***ius gentium commune*** allgemeines Völkerrecht; ***mens c.*** allgemeiner Menschenverstand; ***hoc mihi commune est cum aliis*** das ist mir mit anderen gemeinsam; ***loca communia*** öffentliche Plätze; ***loci communes*** PHIL, LIT Gemeinplätze
2. allgemein = überall üblich, gewöhnlich, alltäglich
3. gleichstellend, demokratisch; sich gleichstellend, umgänglich, leutselig
commūnitās ⟨ātis⟩ *f* ||communis||
1. Gemeinschaft, Allgemeinheit, *alicuius/alicuius rei* j-s/von etw, *cum aliquo* mit etw
2. Gemeinsinn
3. Nep. Leutseligkeit
4. (*mlat.*) städtische Gemeinde
commūnītiō ⟨ōnis⟩ *f* ||communio[1]|| RHET, LIT Zugang, Wegbahnung
com-murmuror ⟨ātus sum, ārī 1.⟩ dazu murmeln
commūtābilis ⟨e⟩ *Adj* ||commuto|| veränderlich, umkehrbar; ***exordium commutabile*** RHET umkehrbarer Einstieg, *den auch der Gegner mit geringer Änderung für sich nutzen kann*
commūtātiō ⟨ōnis⟩ *f* ||commuto||
1. Umwandlung, Veränderung, Wechsel; (*nachkl.*) Austausch
2. (*mlat.*) Tauschmittel; Kaufpreis
commūtātus ⟨ūs⟩ *m* ||commuto|| Lucr. Umwandlung
▶ **com-mūtō** ⟨āvī, ātum, āre 1.⟩
1. verändern, umwandeln; *Passiv* sich verändern
2. vertauschen, auswechseln; ***fidem suam pecuniā c.*** seine Treue für Geld verkaufen
comō[1] ⟨āvī, ātum, āre 1.⟩ ||*Denom von* coma||
I *v/i* (*spätl.*) mit Haaren versehen sein, *nur PPr gebräuchlich*; → ***comans.***
II *v/i* (*spätl.*) mit Haaren versehen, *nur PPP gebräuchlich*; → ***comatus***
cōmō[2] ⟨cōmpsī, cōmptum, cōmere 3.⟩
1. Lucr. zusammenfügen, vereinen
2. *das Haar* ordnen, kämmen, flechten
cōmoedia ⟨ae⟩ *f* ||griech. Fw.|| Lustspiel, Komödie
cōmoedicē *Adv* ||comoedia|| Plaut. wie im Lustspiel
cōmoedus
I ⟨a, um⟩ *Adj* ||griech. Fw.|| Komödien…, komödiantisch
II ⟨ī⟩ *m* komischer Schauspieler, Komiker
comōsus ⟨a, um⟩ *Adj* ||coma|| (*nachkl.*) *poet* stark behaart
com-pacīscor ⟨pactus sum⟩ *u.* ⟨pectus sum, pacīscī 3.⟩ Plaut. einen Vertrag schließen
compāctiō ⟨ōnis⟩ *f* ||compingo[1]|| Zusammenfügung
compactum ⟨ī⟩ *n* ||compaciscor|| Vertrag; ***compacto/de compacto/ex compacto*** gemäß Vereinbarung
com-pāctus[1] ⟨a, um⟩ *PPP* → ***compingo***[1]
compactus[2] ⟨a, um⟩ *PPerf* → ***compaciscor***
compāctus[3] ⟨a, um⟩ *Adj* ||compingo[1]|| (*nachkl.*) fest, untersetzt, gedrungen
compāgēs ⟨is⟩ *f* ||compingo[1]||
1. (*nachkl.*) Zusammenfügung, Gefüge
2. Lucr. *fig* Umarmungen, ***Veneris*** der Venus
3. (*nachkl.*) *fig* Fuge
4. *fig* Organismus
5. Tac. *fig* Staatsgefüge
compāginō ⟨āvī, ātum, āre 1.⟩ ||compago|| zusammenfügen
compāgō ⟨inis⟩ *f* ||compingo[1]|| Gefüge, Konstruktion
compār
I *Gen* ⟨aris⟩ *Adj* (*unkl.*) untereinander gleich, beiderseitig gleich; ***compari Marte concurrere*** mit gleichen Siegeschancen kämpfen; ***conubium c.*** ebenbürtiges Ehebündnis
II ⟨aris⟩ *m u. f* Gefährte, Gefährtin, Lebensgefährte, Lebensgefährtin, Gatte, Gattin
comparābilis ⟨e⟩ *Adj* ||comparo[1]|| vergleichbar
comparātē *Adv* ||comparo[1]|| vergleichsweise
comparātiō[1] ⟨ōnis⟩ *f* ||comparo[1]||
1. gleiche Stellung, richtiges Verhältnis
2. Vergleich, *alicuius rei cum re* einer Sache mit etw, + *indir Fragesatz*
3. Liv. Vergleich = Übereinkunft
4. GRAM Steigerung, Komparation; Quint. Steigerungsform, Komparativ
comparātiō[2] ⟨ōnis⟩ *f* ||comparo[2]||
1. Vorbereitung, Zurüstung, Herstellung, ***veneni*** von Gift
2. Beschaffung, Erwerb; ***c. frumenti*** Ankauf von Getreide; ***c. criminis*** Aufstellung des Beweismaterials
comparātīvus ⟨a, um⟩ *Adj, Adv* ⟨comparātīvē⟩ ||comparatus, *PPP von* comparo[1]|| GRAM im Komparativ stehend
com-parcō ⟨parsī, parsum, parcere 3.⟩ = ***comperco***
compāreō ⟨uī, -, ēre 2.⟩ erscheinen; *fig* noch vorhanden sein
▶ **com-parō**[1] ⟨āvī, ātum, āre 1.⟩ ||com, *Denom von*

C

par||
1. zusammenbringen, zusammenstellen, verbinden, *aliquem cum aliquo* j-n mit j-m, *aliquid cum re* etw mit etw; ***consules male comparati*** schlecht zusammenpassende Konsuln
2. gegenüberstellen
3. vergleichen, *aliquem cum aliquo* j-n mit j-m, *inter se* untereinander
4. vergleichend erwägen, ermessen, *aliquid* etw, + *indir Fragesatz*
5. gleichstellen, an die Seite stellen, *aliquem alicui* j-n j-m
6. (*nachkl.*) *etw* ausgleichen, sich über *etw* einigen, *etw* unter sich teilen, *aliquid*, + *indir Fragesatz*; ***consules provincias inter se comparaverunt*** die Konsuln einigten sich untereinander über die Verteilung der Provinzen; ***comparatum est, ut*** man vergleicht sich in der Weise, dass

▶ **com-parō²** ⟨āvī, ātum, āre 1.⟩ ||com, paro²||
1. bereiten, beschaffen, zusammenbringen
2. ausrüsten, instand setzen; MIL zum Kampf ausrüsten; *Passiv u.* ***se c.*** sich anschicken, sich bereit machen, *ad aliquid* zu etw, + *Inf*
3. *fig* (sich) *etw* beschaffen; erwerben; ***novos socios c.*** neue Bundesgenossen gewinnen; ***laudes artibus c.*** durch die Kunst Ruhm ernten
4. veranstalten, ins Werk setzen, stiften; ***convivium c.*** ein Gastmahl veranstalten, ein Essen geben; ***bellum c.*** sich zum Krieg rüsten; ***interitum c.*** den Untergang herbeiführen; ***insidias alicui c.*** Intrigen gegen j-n schmieden
5. *fig* anordnen, bestimmen, *aliquid/aliquem* etw/j-n, *ut/quod*; ***ita comparatus*** so beschaffen, in der Lage

com-pāscō ⟨(pāvī), pāstum, pāscere 3.⟩ gemeinsam weiden, *abs*

compāscuus ⟨a, um⟩ *Adj* ||compasco|| gemeinsam beweidet

compassiō ⟨ōnis⟩ *f* ||compatior|| (*spätl., eccl.*) Mitleid; Sympathie

com-patior ⟨passus sum, patī 3.⟩ (*eccl.*) Mitleid haben

compectum ⟨ī⟩ *n* = ***compactum***

com-pectus ⟨a, um⟩ *PPP* → ***compaciscor***

compediō ⟨īvī, ītum, īre 4.⟩ ||*Denom von* compes|| (*vkl., nachkl.*) mit Fußfesseln fesseln

com-pēgī → ***compingo¹***

compellātiō ⟨ōnis⟩ *f* ||compello¹||
1. Anrede
2. lauter Vorwurf

com-pellō¹ ⟨āvī, ātum, āre 1.⟩ ||com, *Iterat von* pello||
1. anreden, anrufen, ansprechen
2. hart anfahren, tadeln, beschimpfen, *aliquem* j-n, + *dopp. Akk*; ***aliquem fratricidem c.*** j-n als Brudermörder beschimpfen
3. *vor Gericht* zur Rede stellen, anklagen; ***aliquem crimine c.*** j-n eines Verbrechens anklagen

com-pellō² ⟨pulī, pulsum, pellere 3.⟩
1. zusammentreiben, gewaltsam zusammendrängen
2. hintreiben, zutreiben, jagen; ***hostes intra moenia c.*** die Feinde hinter die Mauern treiben; ***orationem in dumeta Stoicorum c.*** *fig* die Rede auf die abstrusen Lehren der Stoiker konzentrieren
3. *fig* in die Enge treiben
4. antreiben, nötigen, *aliquem ad aliquid* j-n zu etw; ***aliquem minis ad arma c.*** j-n durch Drohungen zu den Waffen nötigen

compendiāria ⟨ae⟩ *f* ||compendiarius||
1. (*erg.* ***ratio***) abgekürztes Verfahren
2. (*erg.* ***via***) direkter Weg

compendiārium ⟨ī⟩ *n* (*erg.* ***iter***) ||compendiarius|| Sen. Richtung

compendiārius ⟨a, um⟩ *Adj* ||compendium|| Ersparnis bringend, vorteilhaft, abgekürzt; ***via compendiaria*** direkter Weg

compendiōsus ⟨a, um⟩ *Adj* = ***compendiarius***

compendium ⟨ī⟩ *n*
1. (*unkl.*) Abkürzung *von Zeit, Weg, Rede*; *bes* direkter Weg
2. Vorteil, Überschuss, Profit; ***aliquid ad compendium ponere*** Plaut. etw als Gewinn ansehen

compēnsātiō ⟨ōnis⟩ *f* ||compenso|| Ausgleich; JUR Aufrechnung *von Forderung u. Gegenforderung*; ***per compensationem*** durch Vergleich; ***c. mercium*** Tauschhandel

compēnsō ⟨āvī, ātum, āre 1.⟩ ||*Intens von* compendo||
1. *mehrere Dinge* gegeneinander abwiegen
2. *fig* gegen *etw* abwägen, gegenüberstellen, *aliquid cum re* etw mit etw
3. aufwiegen, ersetzen, wieder gutmachen, *aliquid re* etw durch etw

com-percō ⟨persī, -, percere 3.⟩ ||parco|| (*unkl.*)
1. zusammensparen, ersparen
2. ***comperce*** *fig* erspare es dir, unterlasse es, + *Inf*; ***comperce me attrectare*** fass mich nicht an!

comperendinātiō ⟨ōnis⟩ *f u.* **comperendinātus** ⟨ūs⟩ *m* ||comperendino|| Vertagung des Urteils auf den übernächsten Tag; (*spätl.*) Vertagung

com-perendinō ⟨āvī, ātum, āre 1.⟩ ||perendinus||
1. den Urteilsspruch auf den übernächsten Tag verschieben
2. *vom Anwalt* Vertagung auf den übernächsten Tag beantragen
3. zum zweiten Termin vorladen
4. (*mlat.*) Aufschub fordern

▶ **com-periō** ⟨perī, pertum, perīre 4.⟩ *u.* **com-perior** ⟨pertus sum, perīrī 4.⟩ sicher erfahren, in Erfahrung bringen, *aliquid de aliquo* etw über j-n, *de re* über etw, *ab aliquo/ex aliquo* von j-m, *per aliquem* durch j-n, + *AcI/* + *indir Fragesatz*; ***comperto*** nachdem man erfahren hatte, + *AcI/* + *indir Fragesatz*

com-persī → ***comperco***

compertus¹ ⟨a, um⟩ *Adj, Adv* ⟨compertē⟩ ||comperio||
1. erfahren, vernommen; *Adv* aus guter Quelle, genau, zuverlässig; ***aliquid compertum habere*** etw genau wissen; ***pro comperta habere*** für sicher halten; ***pro comperto est*** es gilt als gewiss
2. überführt, *alicuius rei* einer Sache; ***c. publicam pecuniam avertisse*** Tac. der Unterschlagung öffentlicher Gelder überführt

com-pertus² ⟨a, um⟩ *PPP* → ***comperio***

com-pēs ⟨pedis⟩ *f* Fußfessel; Fessel, Bande; ***c. gra-***

C

ta Liebesfessel

com-pescō ⟨pescuī, -, pescere 3.⟩ (*nachkl.*) *poet* in Schranken halten, beschränken, bändigen, unterdrücken; ***sitim c.*** Durst stillen; ***ramos c.*** Zweige beschneiden; ***culpam ferro c.*** die Schuld mit dem Schwert tilgen

competēns *Gen* ⟨entis⟩ *Adj*, *Adv* ⟨competenter⟩ ||competo|| (*nachkl.*) angemessen; zuständig, passend, *alicui rei / cum re* für etw

competentia ⟨ae⟩ *f* ||competo|| (*nachkl.*) das Zusammentreffen *der Teile unter sich*, Symmetrie; Konstellation *der Gestirne*

competītor ⟨ōris⟩ *m* ||competo|| Mitbewerber

competītrīx ⟨īcis⟩ *f* ||competitor|| Mitbewerberin

com-petō ⟨īvī⟩ *u.* ⟨iī, ītum, ere 3.⟩

I *v/t* gemeinsam erstreben, zugleich erstreben; ***puellam c.*** sich zugleich um ein Mädchen bewerben

II *v/i*

1. *zeitl. u. örtl.* zusammenfallen, *re* mit etw

2. fähig sein, ausreichen, *ad aliquid* zu etw, für etw, *re* durch etw

3. zutreffen, entsprechen; ***competit, ut*** es trifft sich, dass

4. zustehen, zukommen, *in aliquem* j-m, *alicui rei* einer Sache

5. (*mlat.*) kämpfen; ***competit*** es ziemt sich

compīlātiō ⟨ōnis⟩ *f* ||compilo|| Plünderung; Zusammengerafftes, Ausbeute

compīlātor ⟨ōris⟩ *m* ||compilo||

1. Plünderer; ***c. veterum*** Plünderer der Alten, *Beiname Vergils wegen seiner Nachahmung Homers*

2. Plagiator

compīlō ⟨āvī, ātum, āre 1.⟩

1. *räuberisch u. gewaltsam* plündern, berauben; *fig* ausbeuten

2. Plaut. rauben, stehlen

3. (*mlat.*) entlehnen

com-pingō[1] ⟨pēgī, pāctum, pingere 3.⟩ ||pango||

1. (*nachkl.*) zusammenfügen, ***trabes*** Balken

2. hineintreiben, hineinstoßen, hineinstecken, verstecken; ***se in Apuliam c.*** sich in Apulien verstecken

com-pingō[2] ⟨pīnxī, -, pingere 3.⟩ Sen. bemalen; *fig* bemäkeln, ***carmen*** das Gedicht

compitāles ⟨ium⟩ *m* ||compitum|| die Kompitalpriester

Compitālia ⟨um⟩ *u.* ⟨ōrum⟩ *n* ||compitum|| Kompitalfest *zu Ehren der Lares compitales, der Schutzgottheiten der Scheidewege; das urspr. bäuerliche, später auch in Rom gefeierte Fest fand im Winter u. in der Nähe der Saturnalia statt; es war ein Familienfest mit gemeinsamer Mahlzeit unter Einbeziehung der Sklaven*

compitālicius ⟨a, um⟩ *Adj* ||Compitalia|| des Kompitalienfestes

compitālis ⟨e⟩ *Adj* ||compitum|| zum Scheideweg gehörig

compitum ⟨ī⟩ *n* ||competo|| Kreuzung, Scheideweg

com-placeō ⟨placuī⟩ *u.* ⟨placitus sum, placēre 2.⟩ (*vkl., nachkl.*) (zugleich) gefallen, angenehm sein, *alicui* jdm

com-plānō ⟨āvī, ātum, āre 1.⟩ einebnen, niederreißen; ***opera c.*** die Festung schleifen

▶ **com-plector** ⟨plexus sum, plectī 3.⟩

1. umarmen, umschlingen; ***somnus aliquem complectitur*** *fig* der Schlaf hält j-n umschlungen

2. *fig* umgeben, einschließen; ***collem opere c.*** den Hügel mit Befestigungswerken umgeben

3. *fig* zusammenfassen; mit einschließen; RHET zusammenfassend darstellen; PHIL den Schluss ziehen; ***sententiā causas c.*** bei der Stimmabgabe die Gründe darlegen; ***preces c.*** Bitten aussprechen; ***rem plane verbis c.*** den Nagel auf den Kopf treffen

4. *fig geistig* begreifen, erfassen

5. *fig* mit Liebe umfassen, lieben

6. *fig* sich *etw* aneignen, sich *einer Sache* bemächtigen, *aliquid*

7. *gelegentlich p*: ***eo genere vita beata complectitur*** darin ist das glückliche Leben enthalten

complēmentum ⟨ī⟩ *n* ||compleo|| *fig* Mittel zur Ergänzung, Stoff zum Ausfüllen einer Lücke

▶ **com-pleō** ⟨ēvī, ētum, ēre 2.⟩

1. vollständig anfüllen, ausfüllen, erfüllen, *aliquem / aliquid re / alicuius rei* j-n / etw mit etw; *Passiv* gefüllt werden, sich füllen; ***fossas c.*** Gräben anfüllen; ***paginam c.*** eine Seite voll schreiben; ***aliquid floribus c.*** etw mit Blumen voll streuen

2. reichlich versehen, *re* mit etw; MIL völlig besetzen

3. *Summen u. Ä.* ergänzen, vervollständigen; ***legiones c.*** Legionen auffüllen; ***suum numerum c.*** die auferlegte Zahl vollständig liefern

4. (*vkl.*) *poet* schwängern

5. überfüllen, überladen, ***navigia*** die Schiffe

6. *einen Zustand od eine Tätigkeit* beenden, abschließen; *eine Zeit* erleben; ***centesimum annum c.*** (*nachkl.*) volle hundert Jahre erreichen

complētōrium ⟨ī⟩ *n* ||completus|| (*eccl.*) Gebet nach Vollendung des Tagewerks; Schlussandacht; Vespergottesdienst

complētus[1] ⟨a, um⟩ *Adj* ||compleo|| vollständig

com-plētus[2] ⟨a, um⟩ *PPP* → ***compleo***

com-plēvī → ***compleo***

complexiō ⟨ōnis⟩ *f* ||complector||

1. Verknüpfung, Verbindung; ***c. bonorum*** Inbegriff der Güter

2. ***c. verborum*** RHET Zusammenfassung der Worte

3. PHIL Schlusssatz, Zusammenfassung der einzelnen Argumente

4. LIT Periode; ***longissima verborum c.*** Cic. die längste Verbindung von Worten; ***mira c. verborum*** schöner Ausdruck

5. Dilemma, *Zwangsentscheidung zwischen zwei zwar richtigen, aber sich widersprechenden Annahmen*

6. Quint. GRAM Verschmelzung zweier Silben

▶ **complexus[1]** ⟨ūs⟩ *m* ||complector||

1. das Umfassen, das Umschließen, Umarmung, *freundlich u. feindlich*; ***in complexu alicuius haerere*** in j-s Armen liegen; ***aliquem complexu suo tenere*** j-n in den Armen halten; ***aliquem e complexu alicuius avellere / abripere / abstrahere*** j-n aus j-s Armen reißen; ***complexum ferre alicui*** j-n umarmen; ***complexum accipere*** sich umarmen lassen

2. *fig* Wohlwollen; ***totius gentis humanae c.*** Liebe zum ganzen Menschengeschlecht

3. *örtl.* Umschließung, Umfang; ***universi caeli c.***

Weltall
4. Quint. Verknüpfung *in der Rede*

complexus[2] ⟨a, um⟩ *Adj* ||complector||
1. umschlossen
2. (*mlat.*) geflochten

com-plexus[3] ⟨a, um⟩ *PPerf* → ***complector***

complicātus ⟨a, um⟩ *Adj* ||complico|| unklar, verworren

com-plicō ⟨āvī⟩ *u.* ⟨uī, ātum⟩ *u.* ⟨itum, āre 1.⟩ zusammenfalten, zusammenwickeln, einwickeln

com-plōdō ⟨plōsī, plōsum, plōdere 3.⟩ ||plaudo|| (*nachkl.*) zusammenschlagen, ***manus*** die Hände

complōrātiō ⟨ōnis⟩ *f u.* **complōrātus** ⟨ūs⟩ *m* ||comploro|| (*nachkl.*) gemeinsames Wehklagen, lautes Wehklagen

com-plōrō ⟨āvī, ātum, āre 1.⟩ zusammen beklagen, laut beklagen, bejammern; ***desperata complorataque est res publica*** alle Hoffnung auf Rettung des Staates ist aufgegeben

com-plōsī → ***complodo***

com-plōsus ⟨a, um⟩ *PPP* → ***complodo***

▶ **complūrēs** ⟨a⟩ *selten* ⟨ia⟩, *Gen* ⟨ium⟩ *indef Pr, adj u. subst* mehrere = einige, ziemlich viele, *ohne komparativen Sinn*

complūriē(n)s *Adv* ||complures|| (*vkl.*) mehrmals

complūsculē *Adv* ||complusculi|| ziemlich oft

complūsculī ⟨ae, a⟩ *indef Pr, adj u. subst* ||*Dim von* complures|| ziemlich viele

Complūtēnsis
I ⟨e⟩ *Adj* aus Complutum, zu Complutum gehörig
II ⟨is⟩ *m* Einwohner von Complutum

Complūtum ⟨ī⟩ *n Stadt in Hispania Tarraconensis, heute Alcalá de Henares, 30 km ö. von Madrid*

compluvium ⟨ī⟩ *n* (*vkl., nachkl.*)
1. Compluvium, *Dachöffnung über dem inneren Säulenhof des röm. Hauses zum Eindringen des Regenwassers, das in einem Becken, dem impluvium, aufgefangen wurde*
2. *meton* Säulenhof

com-pōnō ⟨posuī, positum, pōnere 3.⟩

1. zusammenstellen, zusammensetzen
2. versammeln, vereinigen
3. gegenüberstellen
4. vergleichen
5. bilden, gestalten
6. abfassen
7. verabreden, zusammen festsetzen
8. ersinnen
9. zurechtlegen, zurechtrücken
10. Truppen aufstellen
11. ordnen
12. beilegen, schlichten
13. beschwichtigen, beruhigen
14. komponieren

1. zusammenstellen, zusammensetzen, zusammenlegen, zusammenbringen, *aliquid in loco* etw an einem Ort; ***manūs manibus c.*** die Hände ineinanderlegen
2. versammeln, vereinigen, zusammenziehen, ***opes*** Kräfte, ***legiones*** Truppen
3. *als Gegner j-n j-m* gegenüberstellen; *j-n mit j-m* konfrontieren, *aliquem cum aliquo*; ***aliquem cum indice c.*** j-n mit dem Anzeiger konfrontieren *vor Gericht*
4. vergleichen, *aliquid cum re/alicui rei* etw mit etw, ***alicuius verba cum factis*** j-s Worte mit seinen Taten, ***parva magnis*** Kleines mit Großem
5. bilden, gestalten, *zu einem Ganzen* formen; ***deis templa c.*** den Göttern Tempel errichten; ***pacem cum aliquo c.*** mit j-m Frieden schließen; ***homo compositus ex corpore et animo*** der aus Körper und Geist zusammengesetzte Mensch
6. *schriftl.* abfassen; ***tragoedias c.*** Tragödien verfassen
7. verabreden, zusammen festsetzen; ***societatem cum latronibus c.*** ein Bündnis mit den Räubern vereinbaren
8. ersinnen, ***dolum*** eine List; ***aliquem pecuniā c.*** j-n durch Geld anstiften
9. zurechtlegen, zurechtrücken, ordnen, betten, lagern; ***se c.*** sich zurechtmachen; ***capillum c.*** das Haar kämmen; ***togam c.*** der Toga den rechten Faltenwurf geben; ***cultum c.*** eine Amtsmiene aufsetzen; ***aliquem lecto c.*** j-n auf das Bett legen; ***quiete compositi*** Ruhende; ***mortuum toro c.*** einen Toten auf den Scheiterhaufen legen
10. Truppen aufstellen; ***agmen ad pugnam c.*** die Truppen aus der Marschordnung in Schlachtordnung bringen
11. *Angelegenheiten* ordnen; *etw* für *etw* geeignet machen, *aliquid ad aliquid*; ***sua recte c.*** seine Angelegenheit richtig ordnen
12. *Streit* beilegen, schlichten; Plin. die Sache beilegen, *abs*; ***componitur*** es kommt zu einem Ausgleich
13. (*nachkl.*) beschwichtigen, beruhigen, versöhnen, ***rebelles barbarorum animos*** die aufständischen Barbaren
14. (*mlat.*) komponieren

com-portō ⟨āvī, ātum, āre 1.⟩ zusammentragen, zusammenbringen; ***frumentum ex agris c.*** Getreide von den Feldern einbringen

com-pos *Gen* ⟨potis⟩ *Adj*
1. *einer Sache* teilhaftig, mitbeteiligt, *alicuius rei, selten re* an etw
2. *einer Sache* mächtig, *alicuius rei, selten re*; ***c. mentis suae*** bei Sinnen; ***linguā c.*** der Sprache mächtig

composita ⟨ōrum⟩ *n* ||compositus|| geordnete Verhältnisse

compositiō ⟨ōnis⟩ *f* ||compono||
1. Zusammenstellung, Zusammensetzung, Zusammenfügung
2. Gestaltung, Anlage; ***c. aedium*** Anordnung der Gebäude; ***c. anni*** Ordnung des Jahres, Kalender
3. *schriftl.* Abfassung, ***iuris*** des Rechtes
4. RHET Wortstellung, Satzstellung, Periodenbau
5. Einigung, Aussöhnung, Vergleich

compositor ⟨ōris⟩ *m* ||compono||
1. Ordner
2. Verfasser

compositūra ⟨ae⟩ *f* ||compono|| (*vkl.*) Zusammensetzung; Lucr. *fig* feines Gewebe

compositus[1] ⟨a, um⟩ *Adj, Adv* ⟨compositē⟩ ||compono||
1. (*nachkl.*) zusammengesetzt; ***vocabulum compo-***

C

situm zusammengesetztes Substantiv; ↔ ***vocabulum simplex***
2. (wohl) geordnet, geregelt; ***res publica composita*** geordnetes Staatswesen
3. *von der Rede* wohl gefügt, sorgfältig ausgearbeitet; *vom Redner* gemessen, gesammelt
4. (*nachkl.*) erdichtet, erlogen; *dem Schein nach* zurechtgemacht, gekünstelt; ***in maestitiam c.*** mit der Miene der Trauer; ***in adulationem c.*** mit schmeichelnder Miene
5. *von Personen* geschult, geeignet
6. verabredet; ***ex composito*** gemäß Vereinbarung, gemäß Absprache

com-positus[2] ⟨a, um⟩ *PPP* → ***compono***

com-posivēre → ***compono***

com-postus ⟨a, um⟩ *PPP* → ***compono***

com-posuī → ***compono***

com-pōtātiō ⟨ōnis⟩ *f* ||poto|| Trinkgelage, Symposion; *rein lat.* → ***convivium***

compotiō ⟨īvī, ītum, īre 4.⟩ ||*Denom von* compos|| teilhaftig machen, *aliquem re* j-n einer Sache; *Passiv* teilhaftig werden, sich bemächtigen, *rei* einer Sache

com-pōtor ⟨ōris⟩ *m* Trinkgenosse, Zechbruder

compōtrīx ⟨īcis⟩ *f* ||compotor|| Ter. Zechgenossin

com-prānsor ⟨ōris⟩ *m* ||prandeo|| Tischgenosse, Kumpan

comprecātiō ⟨ōnis⟩ *f* ||comprecor|| (*nachkl.*) das Anflehen, ***deorum*** der Götter

com-precor ⟨ātus sum, ārī 1.⟩ (*unkl.*)
1. beten, *abs od aliquem* zu j-m
2. (an)wünschen, *alicui aliquid* j-m etw; ***sibi mortem c.*** sich den Tod wünschen

com-prehendō ⟨prehendī, prehēnsum, prehendere 3.⟩

1. zusammenfassen, verbinden
2. umfassen, umschließen
3. einbeziehen
4. anfassen, erfassen
5. festnehmen, verhaften
6. entdecken
7. erfassen, wahrnehmen

1. zusammenfassen, verbinden; ***naves c.*** Schiffe miteinander verbinden; ***luna aera comprehendit*** der Mond hat einen Hof
2. (*nachkl.*) umfassen, umschließen; ***multos amicitiā c.*** viele freundschaftlich umfassen
3. *fig in einen Begriff* einbeziehen; in Worte fassen, darstellen; ***in unam formulam omnia c.*** in einer einzigen Formel alles zusammenfassen; ***verbis rem c.*** mit Worten etw umschreiben; ***numero c.*** mit einer Zahl ausdrücken = zählen
4. anfassen, erfassen, ergreifen; ***alicuius dextram c.*** j-s Rechte ergreifen; ***ignis opera comprehendit*** das Feuer erfasst die Gebäude; ***flammam c.*** Feuer fangen
5. festnehmen, verhaften; *Tiere u. Sachen* mit Beschlag belegen; *Örtlichkeiten* besetzen; ***duces c.*** die Anführer verhaften, ***epistulas c.*** Briefe abfangen; ***collem c.*** den Hügel besetzen
6. *Verbrechen* entdecken; *Personen* ertappen; ***aliquem furto c.*** j-n beim Diebstahl ertappen
7. erfassen, wahrnehmen, auffassen, begreifen, verstehen, festhalten; ***aliquid animo c.*** etw geistig erfassen

comprehēnsibilis ⟨e⟩ *Adj* ||comprehendo|| fasslich, fassbar

comprehēnsiō ⟨ōnis⟩ *f* ||comprehendo||
1. Cic. Zusammenfassung, Fähigkeit der Verknüpfung *des Vorhergehenden mit dem Folgenden*
2. RHET Periode, Satz; Ausdruck, Stil, ***orationis*** der Rede
3. PHIL das Begreifen, Begriff
4. das Ergreifen, das Anfassen
5. Festnahme, Verhaftung

com-prehēnsus ⟨a, um⟩ *PPP* → ***comprehendo***

comprēndō ⟨prēndī, prēnsum, prēndere 3.⟩ = ***comprehendo***

com-pressī → ***comprimo***

compressiō ⟨ōnis⟩ *f* ||comprimo||
1. (*nachkl.*) das Zusammendrücken; (*vkl., nachkl.*) Umarmung, Geschlechtsverkehr
2. *fig* gedrängte Darstellung

compressus[1] *nur Abl* ⟨ū⟩ *m* ||comprimo||
1. (*nachkl.*) das Zusammendrücken
2. Com. Geschlechtsverkehr, das Umschließen

compressus[2] ⟨a, um⟩ *Adj* ||comprimo|| *von der Rede* gedrängt, kurz

com-pressus[3] ⟨a, um⟩ *PPP* → ***comprimo***

▸ **com-primō** ⟨pressī, pressum, primere 3.⟩ ||premo||
1. zusammendrücken, zusammenpressen, ***manūs*** die Hände; ***oculos morientis c.*** die Augen des Sterbenden zudrücken; ***compressis manibus sedere*** Liv. die Hände in den Schoß legen
2. zerdrücken, zerquetschen, ***serpentem*** eine Schlange
3. zusammendrängen; ***ordines c.*** die Reihen schließen
4. (*unkl.*) vergewaltigen; ***aliquam vi c.*** eine Frau vergewaltigen
5. hemmen, unterdrücken, niederschlagen; ***tumultum c.*** einen Aufruhr niederschlagen; ***gressum c.*** den Schritt hemmen
6. zurückhalten, horten; ***annonam/frumentum*** Getreide
7. geheim halten, ***famam captae Carthaginis*** die Nachricht vom Fall Karthagos

comprobātiō ⟨ōnis⟩ *f* ||comprobo|| Anerkennung, *alicuius rei* einer Sache

comprobātor ⟨ōris⟩ *m* ||comprobo|| der *etw* anerkennt; Verteidiger *einer Sache, alicuius rei*

com-probō ⟨āvī, ātum, āre 1.⟩
1. billigen, gutheißen, anerkennen, genehmigen; *Passiv* Beifall finden
2. als richtig beweisen, bestätigen

comprōmissum ⟨ī⟩ *n* ||compromitto|| Übereinkunft *im Sinne eines Schiedsvertrages*

com-prōmittō ⟨mīsī, missum, mittere 3.⟩ übereinkommen, sich gegenseitig die Anerkennung des Schiedsspruches eines Schiedsrichters versprechen

Compsa ⟨ae⟩ *f Stadt in Samnium, im Quellgebiet des Aufidus, heute Conza di Campagna*

compsī → ***como***[2]

compsissumē *Adv* ||lat. Sup eines griech. Adj|| Plaut. höchst witzig

cōmptiōnālis ⟨e⟩ *Adj* = ***coemptionalis***

cōmptus[1] ⟨ūs⟩ *m* ||como[2]|| Lucr.
1. Zusammenfügung
2. das Schmücken; *Pl* Kopfschmuck = Haar, Locken

cōmptus[2] ⟨a, um⟩ *PPP* → ***como***[2]

com-pulī → ***compello***[2]

com-pulsus ⟨a, um⟩ *PPP* → ***compello***[2]

com-pungō ⟨pūnxī, pūnctum, pungere 3.⟩
1. zerstechen, *auch* tätowieren; ***se suis cacuminibus c.*** Cic. *fig* sich mit seinen Spitzfindigkeiten ins eigene Fleisch schneiden
2. *Passiv* Gewissensbisse empfinden

computātiō ⟨ōnis⟩ *f* ||computo|| (*nachkl.*)
1. Berechnung; *Pl* das Rechnen
2. *fig* Knauserei

computātor ⟨ōris⟩ *m* ||computo|| Sen. Rechner

► **com-putō** ⟨āvī, ātum, āre 1.⟩ (*vkl., nachkl.*)
1. zusammenrechnen, ausrechnen, berechnen; (*klass.*) *nur abs* überschlagen, abrechnen
2. (*nachkl.*) *poet* an seinen Vorteil denken

com-putrēscō ⟨putruī, -, putrēscere 3.⟩ (*nachkl.*) ganz verfaulen

computus ⟨ī⟩ *m* (*spätl.*) Berechnung, *bes der Zeit*; (*mlat.*) Berechnung *bes des Osterfestes*; Handbuch der Zeitrechnung

comula ⟨ae⟩ *f* ||*Dim von* coma|| Härchen

Cōmum ⟨ī⟩ *n Stadt in Oberitalien, am lacus Larius* (*Comersee*), *heute Como*

con- = ***com-***, *nur in Zusammensetzungen*

cōnāmen ⟨inis⟩ *n* ||conor||
1. *poet* Bemühung
2. Stütze

cōnātum ⟨ī⟩ *n, meist Pl, u.* **cōnātus** ⟨ūs⟩ *m* ||conor||
1. Versuch, Unternehmen, Wagnis, *alicuius* j-s, *alicuius rei* einer Sache; ***c. belli gerendi*** Wagnis Krieg zu führen; ***conata perficere*** Versuche ausführen; ***conatu desistere*** vom Versuch Abstand nehmen
2. Bemühen, Anstrengung, Eifer
3. Trieb, Drang; ***conatum habere ad aliquid faciendum*** den Drang haben etw zu unternehmen

con-b… = ***com-b…***

con-cacō ⟨āvī, ātum, āre 1.⟩ (*nachkl.*) *poet* beschmutzen

con-cadō ⟨-, -, ere 3.⟩ (*nachkl.*)
1. zugleich fallen
2. zusammensinken

con-caedēs ⟨is⟩ *f* ||cado|| *meist Pl* (*nachkl.*) Verhau

con-calefaciō ⟨fēcī, -, facere 3.⟩, *Passiv* ⟨fīō, factus sum, fierī 0.⟩ zugleich erwärmen, durch und durch erwärmen, zum Schwitzen bringen

concalefactus ⟨a, um⟩ *Adj* wärmehaltig

con-caleō ⟨-, -, ēre 2.⟩ Plaut. ganz warm sein

con-calēscō ⟨caluī, -, calēscere 3.⟩ ||*Inkoh von* concaleo|| sich zugleich erwärmen, sich durch und durch erwärmen, sich erhitzen

con-calfaciō ⟨fēcī, -, facere 3.⟩ = ***concalefacio***

con-callēscō ⟨calluī, -, callēscere 3.⟩ ||con-, *Inkoh von* calleo||
1. Schwielen bekommen
2. *fig* stumpf werden
3. *fig* gewandt werden

con-camerō ⟨āvī, ātum, āre 1.⟩ ||camera|| (*nachkl.*) überwölben

Concanī ⟨ōrum⟩ *m barbarischer Stamm in Spanien, dessen Angehörige angeblich Pferdeblut tranken*

con-castīgō ⟨āvī, ātum, āre 1.⟩ Plaut. züchtigen, hart bestrafen

con-cavō ⟨āvī, ātum, āre 1.⟩ ||*Denom von* concavus|| (*nachkl.*) *poet* aushöhlen, krümmen

con-cavus ⟨a, um⟩ *Adj* ausgehöhlt, gekrümmt; ***aqua concava*** aufwallendes Wasser; ***speculum concavum*** Hohlspiegel

con-cēdō ⟨cessī, cessum, cēdere 3.⟩

I
1. weggehen, sich entfernen
2. hingehen, sich begeben
3. weichen

II
1. überlassen, abtreten
2. erlauben, gestatten
3. zugestehen, zugeben
4. (auf)opfern
5. verzeihen
6. zuliebe begnadigen

I *v/i*
1. weggehen, sich entfernen, abziehen, scheiden, *abs od ab loco / ex loco / loco*; ***ex aedibus c.*** aus dem Haus ausziehen; ***vitā c.*** aus sterben
2. hingehen, sich begeben; ***in hiberna c.*** ins Winterlager ziehen; ***Romam habitatum c.*** nach Rom ziehen; ***in dicionem alicuius c.*** in j-s Gewalt geraten; ***in partes alicuius c.*** zu j-s Partei übertreten; ***in condiciones alicuius c.*** j-s Bedingungen annehmen
3. *einer Sache* weichen, *einer Sache* Raum geben, *etw* zugestehen, *einer Sache* den Vorrang lassen, *einer Sache* nachgeben, *alicui rei*; ***alicui re / de re c.*** j-m etw abtreten; ***inter se c.*** sich gegenseitig Zugeständnisse machen; ***alienis peccatis c.*** Nachsicht für fremde Sünden haben

II *v/t*
1. überlassen, abtreten, *alicui aliquid* j-m etw
2. erlauben, gestatten, einräumen, *alicui aliquid* j-m etw, *ut / ne* dass / dass nicht, + *Konjkt* / + *Inf*; ***de re publica loqui non conceditur*** es ist nicht gestattet, über den Staat zu sprechen
3. zugestehen, zugeben, *aliquid* etw, + *AcI*, *ut* dass; ***summos deos esse c.*** die Existenz von Göttern zugeben
4. *etw* (auf)opfern, *etw* aufgeben, auf *etw* verzichten, *aliquid*; ***rei publicae dolorem atque amicitias suas c.*** dem Staat seinen Schmerz und seine Freundschaften opfern; ***tertiam partem pretii c.*** auf ein Drittel des Preises verzichten
5. verzeihen; ***peccata liberorum misericordiae parentum c.*** die Fehler der Kinder aus Mitleid mit den Eltern ungestraft hingehen lassen
6. *j-m* zuliebe begnadigen, *alicui*; ***Marcellum senatui c.*** den Marcellus dem Senat zuliebe begnadigen

con-celebrō ⟨āvī, ātum, āre 1.⟩
1. zugleich beleben, stark beleben
2. festlich begehen, feiern
3. lebhaft betreiben
4. *mündlich, schriftlich* überall bekannt machen, ausposaunen; preisen, verherrlichen; ***victoriam famā et litteris c.*** den Sieg mündlich und schriftlich

C

bekannt machen

concēnātiō ⟨ōnis⟩ *f* ||Übersetzung eines griech. Wortes|| Gastmahl, Tischgemeinschaft; *lat.* → ***convivium***

concentiō ⟨ōnis⟩ *f* ||concino|| Einklang, Harmonie

con-centuriō ⟨-, -, āre 1.⟩ Plaut. *hum* aufhäufen; wecken

concentus[1] ⟨ūs⟩ *m* ||concino||
1. das Zusammensingen, Chorgesang; Musik; Harmonie; ***tubarum ac cornuum c.*** Zusammenklang der Tuben und Hörner
2. *fig* Eintracht, Übereinstimmung

con-centus[2] ⟨a, um⟩ *PPP* → ***concino***

concēpī → ***concipio***

conceptiō ⟨ōnis⟩ *f* ||concipio||
1. *von Mensch u. Tier* Empfängnis *im biologischen Sinn*; ***immaculata c. beatae Mariae virginis*** *(eccl.)* unbefleckte Empfängnis der seligen Jungfrau Maria
2. GRAM, JUR Abfassung, Fassung *von Formeln u. Texten*

conceptum ⟨ī⟩ *n* ||concipio|| Leibesfrucht

conceptus[1] ⟨ūs⟩ *m* ||concipio||
1. das Fassen, das Ergreifen; ***c. camini*** Suet. Feuersbrunst
2. Empfängnis *im biologischen Sinn*; *(nachkl.) meton* Leibesfrucht

con-ceptus[2] ⟨a, um⟩ *PPP* → ***concipio***

con-cerpō ⟨cerpsī, cerptum, cerpere 3.⟩ ||carpo|| zerpflücken, zerreißen; *fig mit Worten* zerreißen, kritisieren

concertātiō ⟨ōnis⟩ *f* ||concerto|| Streit, Fehde, *bes* Disput; *Pl* Polemik

concertātīvus ⟨a, um⟩ *Adj* ||concerto|| *(nachkl.)* zum Streit gehörig, Streit…; ***accusatio concertativa*** Gegenklage

concertātor ⟨ōris⟩ *m* ||concerto|| *(nachkl.)* Nebenbuhler, Rivale

concertātōrius ⟨a, um⟩ *Adj* ||concertator|| zum Wortgefecht gehörig; ***concertatorium genus dicendi*** Sprache der Gerichtsfehden

con-certō ⟨āvī, ātum, āre 1.⟩ eifrig streiten, eifrig kämpfen, *cum aliquo* mit j-m, *de re* um etw; ***c. verbis cum aliquo*** mit j-m diskutieren

con-cessī → ***concedo***

concessiō ⟨ōnis⟩ *f* ||concedo||
1. Zugeständnis, Bewilligung, Vergünstigung, *alicuius* j-s, *alicuius rei* einer Sache, an etw; RHET Zugeständnis eines Punktes
2. Straferlass

con-cessō ⟨āvī, ātum, āre 1.⟩ Plaut. aufhören, nachlassen

concessus[1] *Abl* ⟨ū⟩ *m* ||concedo|| Zugeständnis, Bewilligung; ***concessu Caesaris*** mit Caesars Bewilligung

con-cessus[2] ⟨a, um⟩ *PPP* → ***concedo***

concha ⟨ae⟩ *f* ||griech. Lw.||
1. Muschel, Schnecke *mit der Schale*; Perlmuschel
2. Muschelschale; *meton* Perle; Suet. Perlmutt
3. Purpurschnecke; Ov. Purpur
4. *(nachkl.) meton* muschelähnliches Gefäß, Büchse; ***c. salis*** Salzfässchen
5. Ov. Tritonshorn, *schneckenförmiges Blasinstrument*
6. Plaut. weibliche Scham

concheus ⟨a, um⟩ *Adj* ||concha|| Verg. zur Muschel gehörig, Muschel…; ***baca conchea*** Perle

conchis ⟨is⟩ *f* ||griech. Fw.|| *poet* Bohnen mit Schale

conchīta ⟨ae⟩ *m* ||griech. Fw.|| Plaut. Muschelsammler

conchȳliātī ⟨ōrum⟩ *m* Sen. ||conchyliatus|| die in Purpur gekleideten Reichen

conchȳliātus ⟨a, um⟩ *Adj* purpurfarben

conchȳlium ⟨ī⟩ *n* ||griech. Lw.||
1. Schalentier, *bes* Auster
2. Purpurschnecke; *meton* Purpur(farbe); ***vestis conchylio tincta*** Purpurkleid
3. Iuv. Purpurkleid

▶ **con-cidō**[1] ⟨cidī, -, cidere 3.⟩ ||cado||
1. *von Sachen* zusammenfallen, einstürzen; ***turris concidit*** der Turm stürzt ein; ***ventus concidit*** der Wind legt sich
2. *von Lebewesen* niederfallen, niederstürzen; tot hinstürzen
3. *fig von Personen* fallen, gestürzt werden, unterliegen *in Politik u. vor Gericht*
4. *fig von Zuständen* sinken, schwinden, zugrunde gehen, an Geltung verlieren; ***fides concidit*** das Vertrauen sinkt; ***bellum concidit*** der Krieg findet ein Ende

con-cīdo[2] ⟨cīdī, cīsum, cīdere 3.⟩ ||caedo||
1. niederschlagen, zusammenhauen, *bes im Krieg*; ***concide!*** *Gladiatorensprache* mach ihn fertig!, töte ihn!
2. in Stücke hauen, zerschneiden, ***ligna*** Holz; ***agros fossis c.*** Felder mit Gräben zerschneiden; ***pedestria itinera aestuariis conciduntur*** die Fußwege werden durch Lagunen unterbrochen
3. mit *j-m* schlafen, *aliquem*
4. durchprügeln, verhauen, ***aliquem virgis*** j-n mit Ruten
5. *fig* zugrunde richten, vernichten, ***auctoritatem alicuius c.*** j-s Einfluss; ***reum iudicio c.*** den Angeklagten durch das Urteil vernichten
6. RHET *eine Rede* zergliedern, zerstückeln
7. widerlegen
8. Plaut. *hum* hinters Licht führen

con-cieō ⟨cīvī, citum, ciēre 2.⟩
1. *Menschen* herbeirufen, versammeln; MIL aufbieten
2. in (rasche) Bewegung setzen, antreiben, ***equum calcaribus*** das Pferd durch Sporen; ***saxa tormento c.*** Felsen mit dem Wurfgeschütz schleudern
3. *fig* aufregen, aufreizen, aufwiegeln, *aliquem ad aliquid / in aliquid* j-n zu etw; ***cives ad recuperandam libertatem*** die Bürger zur Wiedergewinnung der Freiheit anspornen
4. *fig Leidenschaften, Zustände* erregen, erzeugen, veranlassen, hervorrufen

conciliābulum ⟨ī⟩ *n* ||concilio|| *(vkl., nachkl.)* Versammlungsplatz, Marktplatz, Gerichtsstätte; ***damni c.*** Lasterhöhle

conciliātiō ⟨ōnis⟩ *f* ||conicilio||
1. Verbindung, Vereinigung
2. Gewinnung der Herzen *bes der Zuhörer*
3. Geneigtheit
4. Empfehlung
5. Beschaffung, Erwerb, Erwirkung, ***gratiae*** des

Dankes, des Wohlwollens

conciliātor ⟨ōris⟩ *m* ||concilio|| (*vkl., nachkl.*) Vermittler, Stifter, Urheber; Fürsprecher; *pej* Kuppler

conciliātrīcula ⟨ae⟩ *f* ||*Dim von* conciliatrix|| Vermittlerin; ***blanda c.*** reizende Fürsprecherin

conciliātrīx ⟨īcis⟩ *f* ||conciliator|| Vermittler, Stifterin, Urheberin; Fürsprecherin; *pej* Kupplerin

conciliātūra ⟨ae⟩ *f* ||concilio|| Sen. Kuppelei

conciliātus[1] *Abl* ⟨ū⟩ *m* ||concilio|| Lucr. atomistische Verbindung der Körper

conciliātus[2] ⟨a, um⟩ *Adj* ||concilio||

1. (*nachkl.*) beliebt, befreundet, *alicui* bei j-m, mit j-m

2. geneigt, *alicui rei / ad aliquid* zu etw

▸ **conciliō** ⟨āvī, ātum, āre 1.⟩ ||*Denom von* concilium||

1. Lucr. zusammenbringen, verbinden, ***corpora*** Körper

2. zum Freund machen, zum Freund gewinnen; ***aliquem alicui c.*** j-n mit j-m befreunden; ***sibi legiones pecuniā c.*** die Legionen mit Geld für sich gewinnen

3. empfehlen, schmackhaft machen, *aliquid alicui* j-m etw

4. durch Vereinigung stiften, zustande bringen; ***pacem inter civitates c.*** Frieden unter den Städten stiften; ***alicui nuptias c.*** j-m zur Ehe verhelfen

▸ **concilium** ⟨ī⟩ *n*

1. *poet* Vereinigung, Verbindung; ***genitale c.*** Geschlechtsverkehr

2. (*vkl., nachkl.*) Zusammenkunft

3. Versammlung, Verein, Kreis

4. POL *zur politischen Beratung berufene* Versammlung; *außerhalb Roms* Versammlung eines Ausschusses; *in Rom* ↔ *Komitien* Versammlung eines Teils des römischen Volkes; ***c. patrum*** Senatssitzung; ***c. plebis*** Tributkomitien

5. (*eccl.*) Versammlung der Bischöfe, Konzil

concinnitās ⟨ātis⟩ *f* ||concinnus||

1. RHET kunstgerechte Verbindung *von Gedanken u. Worten*; Kunst der Darstellung

2. (Sen., Suet.) das Gekünstelte, gekünstelter Ausdruck

concinnitūdō ⟨inis⟩ *f* = ***concinnitas***

concinnō ⟨āvī, ātum, āre 1.⟩

1. kunstgerecht zusammenfügen, zusammensetzen

2. *fig einer Sache* die rechte Fassung geben; anrichten, anstiften, erzeugen; zu *etw* machen, + *dopp. Akk*; ***hominem insanum verbis suis c.*** einen Menschen mit seinen Worten verrückt machen

concinnus ⟨a, um⟩ *Adj, Adv* ⟨concinnē⟩ *u.* ⟨concinniter⟩ ||concinno||

1. kunstgerecht zusammengefügt, zierlich, elegant; RHET harmonisch, abgerundet

2. *poet von Personen* fügsam, gefällig, *alicui* gegen jdn

con-cinō ⟨cinuī, centum, cinere 3.⟩ ||cano||

I *v/i*

1. (*nachkl.*) *poet* zusammen singen, zugleich ertönen; mit der Flöte begleiten, *alicui* j-n; ***tragoedo c.*** den Tragöden begleiten

2. *fig* übereinstimmen, harmonieren, *cum aliquo* mit j-m, *inter se* untereinander

II *v/t*

1. zugleich anstimmen

2. ***tristia omina c.*** Unglück verheißende Vorzeichen als Warnung prophezeien

3. besingen, preisen

con-ciō ⟨cīvī⟩ *u.* ⟨ciī, cītum, cīre 4.⟩ = ***concieo***

con-cipilō ⟨āvī, ātum, āre 1.⟩ (*vkl., nachkl.*) an sich reißen, fassen

con-cipiō ⟨cēpī, ceptum, cipere 3.⟩ ||capio||

1. zusammenfassen
2. mit einer Formel aussprechen
3. auffangen, in sich aufnehmen
4. empfangen, schwanger werden
5. erfassen, erkennen
6. auf sich laden
7. begehen

1. zusammenfassen, *aliquid re* etw in etw

2. *fig* in eine Formel fassen, mit einer Formel aussprechen; in einer Formel nachsprechen; (*vkl., nachkl.*) feierlich aufsagen; ***ius iurandum c.*** einen Eid formulieren; ***preces c.*** Bitten feierlich vortragen

3. auffangen, in sich aufnehmen, aufsaugen; ***terra semen concipit*** die Erde nimmt den Samen auf; ***aquam c.*** Wasser aufsaugen

4. *Samen* empfangen, schwanger werden, *ex aliquo / de aliquo* von j-m; trächtig werden; *Passiv* gezeugt werden; ***ex adulterio conceptus*** im Ehebruch gezeugt; ***res publica conceptum periculum parturit*** *fig* der Staat gebiert die in sich aufgenommene Gefahr

5. erfassen, erkennen; empfinden, fühlen; + *AcI* / + *Inf* = den Entschluss fassen; ***auribus c.*** mit den Ohren aufnehmen; ***mente c.*** geistig erfassen

6. sich *etw* zuziehen, *etw* auf sich laden, *aliquid*; ***dedecus c.*** Schande auf sich laden; ***maculam ex re c.*** sich einen Makel aufgrund von etw zuziehen; *Passiv* entstehen

7. *eine Straftat* begehen, ***scelus*** ein Verbrechen

con-cipulō ⟨āvī, ātum, āre 1.⟩ = ***concipilo***

concīsa ⟨ōrum⟩ *n* ||concisus|| Quint. abgehackte Sätze

concīsiō ⟨ōnis⟩ *f* ||concido[2]|| RHET Zerstückelung der Sätze in kleinere Glieder

concīsūra ⟨ae⟩ *f* ||concido[2]|| (*nachkl.*) Zerteilung, Verteilung

concīsus[1] ⟨a, um⟩ *PPP* → ***concido***[2]

concīsus[2] ⟨a, um⟩ *Adj, Adv* ⟨concīsē⟩ ||concido[2]||

1. sich kurz fassend

2. kurz gefasst

concitāmentum ⟨ī⟩ *n* ||concito|| Reizmittel

concitātiō ⟨ōnis⟩ *f* ||concito||

1. Liv. rasche Bewegung, ***remorum*** der Ruder

2. *fig* Auflauf, Aufruhr, Tumult

3. *fig* Aufregung, Leidenschaftlichkeit, (*klass.*) *immer + Gen wie animi od mentis*

4. (*nachkl.*) *fig* Feuer des Redners

concitātor ⟨ōris⟩ *m* ||concito|| Aufwiegler; Anstifter

concitātus ⟨a, um⟩ *Adj* ||concito||

1. beschleunigt, hastig, rasch, eilend; ***equo concitato*** im Galopp

2. *fig* aufgeregt, erregt, heftig

▸ **concitō** ⟨āvī, ātum, āre 1.⟩ ||*Freq von* concieo||

C

1. rasch bewegen, schwingen, schleudern, treiben, jagen; ***se c.*** sich stürzen, *in aliquem* auf j-n, *in aliquid* auf etw, in etw; ***spiritum c.*** keuchen
2. *von Personen* herbeirufen, aufbieten; antreiben, aufwiegeln, erbittern, *aliquem re ad aliquid* j-n durch etw zu etw, *in aliquem / adversus aliquem / contra aliquem* gegen j-n
3. *Zustände, Tätigkeiten, Stimmungen* erregen, erzeugen, hervorrufen; *Passiv* entstehen; ***risum c.*** Gelächter auslösen; ***odium c.*** Hass erzeugen; ***discordiam c.*** Zwietracht stiften

concitor ⟨ōris⟩ *m (nachkl.)* = ***concitator***

con-cīvis ⟨is⟩ *m (spätl., eccl.)* Mitbürger; *(klass.)* = ***civis***

conclāmātiō ⟨ōnis⟩ *f* ||conclamo|| lautes Geschrei, lauter Zuruf; *auch Pl* Freudengeschrei; *(nachkl.)* Angstgeschrei

con-clāmitō ⟨āvī, ātum, āre 1.⟩ ||*Intens von* conclamo|| Plaut. laut rufen, schreien

con-clāmō ⟨āvī, ātum, āre 1.⟩
1. *poet* zusammenrufen
2. gemeinschaftlich rufen, laut schreien; ***gaudio c.*** Freudengeschrei erheben, *Gegenstand u. Inhalt des Geschreis im AcI, auch ut / ne* dass / dass nicht + *Konjkt / + indir Fragesatz*
3. ***vasa c.*** MIL das Kommando „Packen" ausrufen = den Befehl zum Abmarsch geben
4. bejammern, beklagen; ***conclamatum est*** Ter. es ist vorbei
5. mit Jubel zustimmen
6. Mart. mit Klagen erfüllen

► **conclāve** ⟨is⟩ *n* ||con, clavis||
1. verschließbarer Raum; Zimmer, Gemach
2. *(eccl.)* Kardinalsversammlung zur Papstwahl; abgeschlossener Versammlungsort der Kardinalsversammlung zur Papstwahl

► **con-clūdō** ⟨clūsī, clūsum, clūdere 3.⟩ ||claudo||
1. (zusammen) einschließen, einsperren, *aliquid in locum / in loco / loco* etw in einem Ort
2. *einen Ort* abschließen, absperren; ***mare conclusum*** Binnenmeer
3. *fig* einengen
4. *fig* (systematisch) zusammenfassen; *Passiv* mit inbegriffen sein, *in re* in etw
5. abschließen, zum Abschluss bringen; RHET periodisch abrunden
6. RHET logisch folgern, schließen, beweisen, *abs od aliquid* etw, + *AcI*

conclūsē *Adv* ||concludo|| RHET (rhythmisch) abgerundet

con-clūsī → ***concludo***

conclūsiō ⟨ōnis⟩ *f* ||concludo||
1. Einschluss, Blockade
2. *fig* Schluss, Abschluss, letzter Teil, ***orationis*** einer Rede
3. PHIL Schlussfolgerung
4. RHET rhythmische Abrundung
5. *(mlat.)* Gefangenschaft

conclūsiuncula ⟨ae⟩ *f* ||*Dim von* conclusio|| schwacher Schluss, lächerlicher Trugschluss; Cic. *auch* Trugschluss *sophistischer Art*

conclūsum ⟨ī⟩ *n* ||concludo|| Folgerung

con-clūsus ⟨a, um⟩ *PPP* → ***concludo***

con-color *Gen* ⟨ōris⟩ *Adj (nachkl.) poet* gleichfarbig, *alicui* mit etw

con-comitātus ⟨a, um⟩ *Adj* Plaut. begleitet

con-coquō ⟨coxī, coctum, coquere 3.⟩
1. *(nachkl.) poet* zusammenkochen
2. Plaut. gar kochen
3. verdauen
4. *fig* dulden, ertragen, innerlich bewältigen, ***alicuius odia*** j-s gehässige Bemerkungen
5. Sen. *fig* geistig verdauen = sich zu eigen machen
6. *fig* reiflich überlegen; ***consilia c.*** Pläne schmieden

concordantia ⟨ae⟩ *f (mlat.)* Übereinstimmung; *(nlat.)* Konkordanz, *alphabetische Aufstellung von Wörtern od Sachen, die in einem Buch vorkommen, zum Vergleich ihres Vorkommens u. Sinngehalts*

► **concordia** ⟨ae⟩ *f* ||concors||
1. Eintracht, Einigkeit, Harmonie, *alicuius* j-s, mit j-m, unter j-m; ***c. equestris*** Eintracht unter den Rittern
2. Ov. *meton* Herzensfreund

Concordia ⟨ae⟩ *f Göttin der Eintracht, der in Rom, meist nach sozialen Unruhen, mehrere Heiligtümer geweiht wurden, erstmals von Camillus 368 v. Chr. zwischen Kapitol u. Forum zum Abschluss der Ständekämpfe*

concordō ⟨āvī, ātum, āre 1.⟩ ||*Denom von* concors|| einig sein, übereinstimmen, harmonieren, *abs od alicui / cum aliquo* mit j-m, *cum re* mit etw

con-cors *Gen* ⟨cordis⟩ *Adj, Adv* ⟨concorditer⟩ ||cor|| einig, einträchtig, übereinstimmend, *alicui / cum aliquo* mit jdm

con-crēbrēscō ⟨crēbruī, -, crēbrēscere⟩ Verg. mit *etw* zunehmen, *cum re*

con-crēdō ⟨crēdidī, crēditum, crēdere 3.⟩ anvertrauen, mitteilen, *alicui aliquid* j-m etw

con-cremō ⟨āvī, ātum, āre 1.⟩ *(nachkl.)* völlig verbrennen, in Asche verwandeln, ***naves*** Schiffe

con-crepō ⟨uī, -, āre 1.⟩
I *v/i* stark tönen, dröhnen, knarren; ***digitis c.*** mit den Fingern schnalzen; ***si digitis concrepuerit*** auf den ersten Wink
II *v/t (nachkl.) poet* ertönen lassen; ***aera c.*** die Becken schlagen

con-crēscō ⟨crēvī, crētum, crēscere 3.⟩
1. in sich zusammenwachsen, sich verdichten, gerinnen, erstarren; *poet* sich verdunkeln
2. durch Verdichtung entstehen, sich bilden

concrētiō ⟨ōnis⟩ *f* ||concresco|| Verdichtung; Körperlichkeit; ***c. mortalis*** vergänglicher Stoff

concrētus ⟨a, um⟩ *Adj* ||concresco||
1. verdichtet, geronnen, erstarrt; ***lac concretum*** geronnene Milch; ***dolor c.*** *fig* tränenloser Schmerz
2. aus *etw* bestehend, *ex re*
3. Prop. sich zusammenziehend
4. Verg. *fig* tief wurzelnd, anhaftend

con-crīminor ⟨ātus sum, ārī 1.⟩ Plaut. heftige Klage führen, *aliquem* über j-n, *adversus aliquem* gegenüber j-m

con-cruciō ⟨āvī, ātum, āre 1.⟩ Lucr. quälen

concubīna ⟨ae⟩ *f* ||concubo|| Konkubine; *euph* Freundin; Freudenmädchen; Hetäre

concubīnātus ⟨ūs⟩ *m* ||concubina||
1. Plaut. *gesetzlich tolerierte* nichteheliche Lebens-

gemeinschaft, *später* Ehe minderen Rechts
2. Suet. außerehelicher Geschlechtsverkehr, ***nuptarum*** mit verheirateten Frauen
concubīnus ⟨ī⟩ *m* ||concubina|| (Sen., Tac.) im Konkubinat lebender Mann, Liebhaber
con-cubitus ⟨ūs⟩ *m* ||concumbo||
1. das Platznehmen *bei Tisch*
2. Geschlechtsverkehr
3. (*nachkl.*) *poet bei Tieren* Begattung
concubium ⟨ī⟩ *n* ||concubo|| (*vkl., nachkl.*)
1. ***c. noctis*** Zeit des tiefsten Schlafes; tiefe Nacht
2. Beischlaf
concubius ⟨a, um⟩ *Adj* ||concubo|| zur Zeit des tiefsten Schlafes; ***concubiā nocte*** in tiefer Nacht, um Mitternacht
con-cubō ⟨-, -, āre 1.⟩ (*spätl.*) darniederliegen
con-culcō ⟨āvī, ātum, āre 1.⟩ ||calco|| (*unkl.*) niedertreten; *fig* mit Füßen treten, misshandeln; *fig* missachten, verachten
con-cumbō ⟨cubuī, cubitum, cumbere 3.⟩
1. sich niederlegen, *bes von Tieren*
2. sich zu *j-m* legen, mit *j-m* schlafen, *cum aliquo / cum aliqua, poet alicui od abs*
con-cupiēns *Gen* ⟨entis⟩ *Adj poet* begierig, *alicuius rei* nach etw
con-cupīscō ⟨cupīvī⟩ *u.* ⟨cupiī, cupītum, cupīscere 3.⟩ ||*Inkoh von* cupio|| lebhaft begehren, verlangen, beanspruchen, *abs od aliquid* etw, + *Inf*
con-cūrō ⟨āvī, ātum, āre 1.⟩ Plaut. besorgen
▶ **con-currō** ⟨currī⟩ *u.* ⟨cucurrī, cursum, currere 3.⟩
1. zusammenlaufen, zusammenströmen, *abs od ab loco / de loco / ex loco ad aliquem* von einem Ort bei j-m, *in aliquid / ad aliquid* an einem Ort; ***ad fanum c.*** beim Tempel zusammenlaufen; ***foro c.*** auf dem Forum zusammenströmen; ***eo concursum est*** dort lief man zusammen
2. *von Sachen wie z. B. Schiffen, Buchstaben, Worten, Ereignissen u. von Personen* zusammenstoßen, zusammentreffen, aufeinander stoßen; *bes feindlich* aneinander geraten, *alicui / cum aliquo* mit j-m, *inter se* miteinander, *adversus aliquem / in aliquem / contra aliquem* gegen j-n; ***ōs concurrit*** der Mund schließt sich
3. (*unkl.*) *von Personen* anstürmen, angreifen; *von Sachen* hereinbrechen
4. zusammentreffen, zugleich stattfinden, *zeitl.* zusammenfallen; ***concurrunt nomina*** *Geschäftssprache* die Zahlungstermine fallen zusammen
con-cursātiō ⟨ōnis⟩ *f* ||concurso||
1. das Zusammenlaufen, das Umherlaufen, das Umherreisen
2. MIL Geplänkel
3. *von Leblosem* Verlauf
concursātor ⟨ōris⟩ *m* Liv. MIL Plänkler; ***pedes c.*** nur zum Geplänkel ausgebildeter Fußsoldat
concursiō ⟨ōnis⟩ *f* ||concurro||
1. das Zusammentreffen, das Zusammenstoßen, ***atomorum*** Cic. der Atome
2. RHET Verflechtung, Symploke, *Wiederholung des gleichen Wortes am Anfang u. am Schluss mehrerer hintereinander folgender Sätze*
con-cursō ⟨āvī, ātum, āre 1.⟩ ||*Intens von* concurro||
I *v/i* hin und her laufen, umherlaufen, hin und her wogen; Liv. MIL hier und dort angreifen, plänkeln
II *v/t* bereisen, besuchen; ***omnium domos c.*** die Häuser von allen besuchen
concursum *PPP* → ***concurro***
concursus ⟨ūs⟩ *m* ||concurro||
1. das Zusammenlaufen, das Zusammenströmen; ***c. hominum in forum*** das Zusammenströmen von Menschen auf dem Forum; Auflauf
2. *fig* das Zusammenwirken, ***honestissimorum studiorum*** Cic. ehrenhaftester Bemühungen
3. Zusammenstoß; MIL feindliches Aneinandergeraten, Angriff, ***exercituum*** der Heere
4. ***c. creditorum*** (*spätl.*) JUR Zusammenkunft der Gläubiger *zur Teilung des Vermögens eines Schuldners*
con-cussī → ***concutio***
concussiō ⟨ōnis⟩ *f* ||concutio|| (*nachkl.*) Erschütterung; Erdbeben
concussus[1] ⟨ūs⟩ *m* ||concutio|| Lucr. Erschütterung
con-cussus[2] ⟨a, um⟩ *PPP* → ***concutio***
con-custōdiō ⟨īvī, ītum, īre 4.⟩ *poet* bewachen
▶ **con-cutiō** ⟨cussī, cussum, cutere 3.⟩ ||quatio||
1. (*nachkl.*) heftig schütteln; ***arma manu c.*** die Waffen mit der Hand schleudern; ***terram ingenti motu c.*** die Erde mit ungeheurer Bewegung erschüttern; ***denarios in manu c.*** Denare in der Hand klimpern lassen
2. ***se c.*** Hor. *fig* sich gewissenhaft prüfen
3. *fig* erschüttern, erschrecken; aufrütteln, zur Tätigkeit anspornen
4. *fig* zerrütten, schwächen, ***rem publicam*** das Staatswesen
condalium ⟨ī⟩ *n* ||griech. Fw.|| (*vkl.*) kleiner *von Sklaven getragener* Ring
con-decet ⟨decuit, decēre 2.⟩ *unpers* Com. es geziemt sich, *aliquem* für jdn
con-decōrō ⟨āvī, ātum, āre 1.⟩ (Plaut., Sen.) sorgfältig schmücken
condemnātiō ⟨ōnis⟩ *f* ||condemno|| Verurteilung; (*eccl.*) Verdammnis
condemnātor ⟨ōris⟩ *m* ||condemno|| (*nachkl.*) Ankläger, der die Verurteilung bewirkt
▶ **con-demnō** ⟨āvī, ātum, āre 1.⟩ ||damno||
1. schuldig sprechen, verurteilen, *aliquem alicuius rei / de re* j-n wegen etw, *alicuius rei / re* zu etw, ***iniuriarum*** wegen Freveltaten, ***pecuniae publicae*** wegen Steuerhinterziehung, ***de vi*** wegen Gewalttätigkeit, ***de ambitu*** wegen Amtserschleichung, ***de repetundis*** wegen Erpressung, ***capitis*** zum Tode, ***argenti*** zu einer Geldstrafe, ***sponsionis*** zu der *im Zivilprozess* vereinbarten Summe, ***capite / capitali poenā*** Suet. zum Tode, ***denis milibus aeris*** Liv. zu 10000 As, ***ad mortem / in mortem*** (*spätl.*) zum Tode; ***aliquem sibi c.*** die Buße, die j-d zu zahlen hat, sich selbst zusprechen
2. *fig* missbilligen, tadeln, *aliquem alicuius rei* j-n wegen etw
3. *als Ankläger* die Verurteilung durchsetzen, ***furti*** wegen Diebstahls
con-dēnseō ⟨-, -, ēre 2.⟩ Lucr. *u.* **con-dēnsō** ⟨āvī, ātum, āre 1.⟩ (*vkl., nachkl.*) dicht zusammendrängen
con-dēnsus ⟨a, um⟩ *Adj* (*nachkl.*) *poet* sehr dicht, dicht gedrängt; ***vallis condensa arboribus*** dicht bewaldetes Tal

C

► **condiciō** ⟨ōnis⟩ *f* ||condico||
1. Aufgabe, Bestimmung, Beruf
2. Verhältnis, Lage, Zustand, Stellung, Stand, Beschaffenheit; ***c. iuris*** Rechtsverhältnis; ***c. nascendi*** Los der Geburt; ***bonā condicione*** unter günstigen Verhältnissen
3. Verabredung, Übereinkunft, Vertrag, Vergleich
4. Bedingung; Vorschlag, Antrag, Anerbieten; ***iniquae condiciones pacis*** ungerechte Friedensbedingungen; ***nullā condicione*** unter keiner Bedingung; ***per condiciones*** aufgrund der Friedensbedingungen; ***condiciones ferre*** Bedingungen stellen; ***ad alicuius condicionem venire*** sich in j-s Vorschlag fügen
5. Heiratsvertrag, „Partie"; Liebesverhältnis; ***c. uxoria*** Heirat; ***condicionem filiae quaerere*** eine Partie für die Tochter suchen

con-dīcō ⟨dīxī, dictum, dīcere 3.⟩ (*vkl., nachkl.*)
1. verabreden, festsetzen, *aliquid alicui* etw mit j-m
2. Suet. sich bei *j-m* als Gast ansagen, *alicui*

con-dictiō ⟨ōnis⟩ *f* Verabredung

condīgnus ⟨a, um⟩ *Adj, Adv* ⟨condīgnē⟩ (*vkl., nachkl.*) ganz würdig; angemessen

condīmentum ⟨ī⟩ *n* ||condio|| Gewürz; *fig* Würze

condiō ⟨īvī, ītum, īre 4.⟩
1. würzen, lecker zubereiten
2. *fig* ansprechend machen, mildern; ***gravitatem comitate c.*** die Würde durch Leutseligkeit mildern
3. (*vkl., nachkl.*) einlegen, ***oleas*** Oliven
4. einbalsamieren, ***mortuos*** Cic. Tote

condiscipula ⟨ae⟩ *f* ||condiscipulus|| (Mart., *nachkl.*) Mitschülerin

condiscipulātus ⟨ūs⟩ *m* ||condiscipulus|| (*nachkl.*) Schulfreundschaft

con-discipulus ⟨ī⟩ *m* Mitschüler, Schulfreund

con-discō ⟨didicī, -, discere 3.⟩ sorgfältig lernen, erlernen; + *Inf* = sich gewöhnen

conditiō[1] ⟨ōnis⟩ *f* ||condo|| das Würzen, das Einlegen

conditiō[2] ⟨ōnis⟩ *f* ||condio|| *vulg* Gründung; (*eccl.*) Schöpfung

conditiō[3] ⟨ōnis⟩ *f* = ***condicio***

conditīvum ⟨ī⟩ *n* ||conditivus|| Sen. Grab

conditīvus ⟨a, um⟩ *Adj* ||condo|| (*vkl., nachkl.*) zum Einlegen bestimmt, zum Einlegen geeignet

conditor[1] ⟨ōris⟩ *m* ||condo||
1. Gründer; Stifter, Urheber, Schöpfer
2. (*nachkl.*) *poet* Verfasser, ***anni Romani*** des römischen Kalenders

condītor[2] ⟨ōris⟩ *m* ||condio|| (*spätl.*) Hersteller würziger Speisen

conditōrium ⟨ī⟩ *n* ||condo|| (*nachkl.*) Sarg; Grabmal

conditūra[1] ⟨ae⟩ *f* ||condo|| (*nachkl.*) Fertigung, Anfertigung

condītūra[2] ⟨ae⟩ *f* ||condio|| (*nachkl.*) das Einlegen, das Einmachen *von Früchten*; (leckere) Zubereitung

conditus[1] ⟨a, um⟩ *Adj* ||condio||
1. gewürzt, schmackhaft
2. *von Personen u. Sachen* ansprechend

con-ditus[2] ⟨a, um⟩ *PPP* → ***condo***

con-dītus[3] ⟨a, um⟩ *PPP* → ***condio***

con-dō ⟨didī, ditum, dere 3.⟩

1. zusammenfügen, erbauen
2. begründen, schaffen
3. abfassen, verfassen
4. beschreiben, besingen
5. verwahren, bergen
6. aufbewahren, einkellern
7. einsperren
8. beisetzen, bestatten
9. verbringen, verleben
10. versenken, verstecken
11. tief hineinbohren

1. zusammenfügen, erbauen, gründen, anlegen; ***ab urbe condita*** seit Gründung der Stadt, *Angabe zur röm. Zeitrechnung*; ***insulam c.*** eine Insel besiedeln
2. *fig* begründen, schaffen, einrichten; ***potestatem per arma c.*** seine Herrschaft durch Waffengewalt begründen
3. *schriftl.* abfassen, verfassen, bearbeiten, ***carmen*** ein Lied, ein Gedicht, ***leges*** Gesetze
4. *poet* beschreiben, besingen
5. verwahren, bergen, in Sicherheit bringen; ***aliquid in locum / in loco c.*** etw an einem Ort verwahren, etw an einen Ort bringen
6. *Früchte, Vorräte* aufbewahren, einkellern; (*unkl.*) einlegen, einmachen
7. *von Personen* einsperren, ***aliquem in carcerem / in vinculas*** j-n ins Gefängnis
8. *Tote* beisetzen, bestatten; ***ossa terrā c.*** die Gebeine in der Erde bestatten
9. verbringen, verleben; ***lustrum c.*** einen Zeitraum verbringen, eine Periode abschließen
10. versenken, verstecken, verbergen; ***alicui oculos c.*** j-m die Augen zudrücken; ***milites armatos in silvis c.*** Bewaffnete in den Wäldern versteckt halten; ***luna tenebris condita*** der im Dunkeln verborgene Mond; *Passiv u.* ***se c.*** sich verbergen, sich verstecken, verschwinden; ***sol se condit in undas*** die Sonne versinkt in den Wellen
11. *poet eine Waffe* tief hineinbohren; ***ensem alicui in pectus / in pectore c.*** j-m das Schwert in die Brust stoßen

condoce-faciō ⟨fēcī, factum, facere 3.⟩ ||condoceo|| belehren, abrichten, anleiten

con-doceō ⟨docuī, doctum, docēre 2.⟩ Plaut. einüben, abrichten

con-doleō ⟨uī, -, ēre 2.⟩
1. Schmerz empfinden
2. (*spätl., eccl.*) Mitleid haben, ***crucifixo*** mit dem Gekreuzigten

con-dolēscō ⟨doluī, -, dolēscere 3.⟩ ||*Inkoh von* condoleo|| *meist Perf*: schmerzen, wehtun, leiden; ***pes mihi condolescit*** der Fuß tut mir weh

condōnātiō ⟨ōnis⟩ *f* ||condono|| das Verschenken, Schenkung

con-dōnō ⟨āvī, ātum, āre 1.⟩
1. *j-m etw* schenken, *j-n* mit *etw* beschenken, *alicui aliquid*
2. *Schulden* erlassen, ***pecunias creditas alicui*** j-m geliehenes Geld
3. überlassen, preisgeben, opfern, *alicui aliquid* j-m etw; ***Macedoniam barbaris c.*** Makedonien den Barbaren überlassen

4. vergeben, verzeihen, *alicui aliquid* j-m etw
5. *ein Vergehen j-m* zuliebe ungestraft lassen, *alicui*; *j-n* um *j-s* willen begnadigen, *aliquem alicui*; ***praeterita fratri c.*** das Vergangene dem Bruder zuliebe ungestraft lassen; ***Dumnorigem Divitiaco fratri c.*** den Dumnorix mit Rücksicht auf seinen Bruder Divitiacus begnadigen
6. (*mlat.*) verleihen; nachsehen

con-dormiō ⟨-, -, īre 4.⟩ (*nachkl.*) völlig einschlafen

con-dormīscō ⟨dormīvī, -, dormīscere 3.⟩ ||*Inkoh von* condormio|| Plaut. einschlafen

Condrūsī ⟨ōrum⟩ *m germ. Stamm an der Maas, zwischen Namur u. Lüttich*

condūcibile ⟨is⟩ *n* ||conducibilis|| Gemeinwohl

condūcibilis ⟨e⟩ *Adj* ||conduco|| zuträglich, zweckdienlich

▸ **con-dūcō** ⟨dūxī, ductum, dūcere 3.⟩
I *v/t*
1. zusammenführen, versammeln; vereinigen, verbinden; zusammenfassen; ***omnes clientes in unum locum / eo c.*** alle Anhänger an einem Ort / dort versammeln
2. *durch Bezahlung* an sich bringen; mieten, pachten, *ab aliquo / de aliquo* von j-m
3. in Dienst nehmen, anwerben; ***milites c.*** Soldaten anwerben; ***aliquem mercede c.*** j-n für Lohn anstellen; ***aliquem c., ut*** j-n dazu bringen, dass; ***non conduci, quin*** nicht dazu gebracht werden, dass
4. gegen Entgelt *eine Arbeit od eine Lieferung* übernehmen, *abs od aliquid* etw; ***columnam faciendam c.*** die Anfertigung einer Bildsäule übernehmen
II *v/i nur unpers 3. Person Sg u. Pl u. Inf* ***condūcit*** es nützt, es ist zuträglich, *alicui / alicui rei* für j-n / für etw, + *Inf* / + *AcI*, ***saluti tuae*** für dein Wohl

conducta ⟨ae⟩ *f* ||conduco|| (*mlat.*) Eingangslied

conductī ⟨ōrum⟩ *m* ||conduco|| Nep. die Söldner

conductīcius ⟨a, um⟩ *Adj* ||conduco|| (*unkl.*) gemietet, Miet…, Söldner…; ***domus conducticia*** gemietetes Haus; ***catervae conducticiae*** Söldnerhaufen

conductiō ⟨ōnis⟩ *f* ||conduco||
1. RHET Zusammenfassung, Rekapitulation
2. das Mieten, das Pachten; *meton* Mietvertrag, Pachtvertrag

conductor ⟨ōris⟩ *m* ||conduco||
1. Mieter, Pächter
2. Unternehmer

conductum ⟨ī⟩ *n* ||conduco|| Mietwohnung

conductus[1] ⟨ūs⟩ *m* ||conduco||
1. (*spätl.*) das Zusammenziehen
2. (*mlat.*) Geleit, Eingangslied

con-ductus[2] ⟨a, um⟩ *PPP* → ***conduco***

conduplicātiō ⟨ōnis⟩ *f* ||conduplico||
1. Plaut. *hum* „Verdoppelung" = Umarmung
2. RHET Wiederholung *des gleichen Wortes am Anfang des nächsten Satzes*

con-duplicō ⟨āvī, ātum, āre 1.⟩ (*vkl.*) *poet* verdoppeln; ***corpora c.*** *hum* sich umarmen

con-dūrō ⟨āvī, ātum, āre 1.⟩ Lucr. härten

condus ⟨ī⟩ *m* ||condo|| Plaut. Verwalter der Vorräte; Haushofmeister

con-dūxī → ***conduco***

condylōma ⟨atis⟩ *n* ||griech. Fw.|| (*nachkl.*) MED Feigwarze, Kondylom

condylus ⟨ī⟩ *m* ||griech. Fw.|| Mittelgelenkknochen der Finger; Mart. Rohr der Rohrpfeife

cō-nectō ⟨nex(u)ī, nexum, nectere 3.⟩
1. zusammenfügen, zusammenknüpfen, verflechten, ***crines*** die Haare; ***nodum c.*** einen Knoten knüpfen; ***naves trabibus c.*** Schiffe mit Balken verbinden
2. *fig* verknüpfen, verbinden, *aliquid alicui rei / cum re* etw mit etw; ***omnes partes inter se c.*** alle Teile untereinander verbinden
3. RHET verknüpfen, ***sententias*** Sätze
4. PHIL folgern, *mit dem vorausgehenden Satz* verbinden
5. verwandtschaftlich verbinden, *aliquem alicui* j-n mit j-m
6. PHIL als Schlusssatz anfügen

cōnexiō ⟨ōnis⟩ *f* ||conecto|| Verbindung, Verknüpfung; (*nachkl.*) logische Schlussreihe

cōnexum ⟨ī⟩ *n* ||conecto|| logische Schlussfolge

cōnexus[1] ⟨a, um⟩ *Adj* ||conecto||
1. nahe verwandt, verschwägert
2. mit verwickelt, ***discrimini patris*** in die Gefahr des Vaters

cōnexus[2] ⟨ūs⟩ *m* Lucr. Verknüpfung, Verbindung

cō-nexus[3] ⟨a, um⟩ *PPP* → ***conecto***

con-fābulor ⟨ātus sum, ārī 1.⟩
I *v/i* (*vkl.*) plaudern
II *v/t* (*vkl.*) besprechen, *aliquid cum aliquo* etw mit j-m

cōnfarreātiō ⟨ōnis⟩ *f* ||confarreo|| Konfarreationsehe, *feierlichste Form der röm. Eheschließung unter Opferung eines Schafes u. eines Speltkuchens (= farreum libum) in Anwesenheit des Pontifex maximus, des flamen Dialis u. von zehn Zeugen*; *Scheidung erst in der Kaiserzeit möglich*

cōnfarreō ⟨āvī, ātum, āre 1.⟩ eine feierliche Ehe eingehen; → ***confarreatio***

cōn-fātālis ⟨e⟩ *Adj* an das gleiche Schicksal gebunden

cōn-fēcī → ***conficio***

cōnfectiō ⟨ōnis⟩ *f* ||conficio||
1. Anfertigung, Herstellung, ***medicamenti*** einer Medizin; ***c. libri*** Abfassung eines Buches; ***c. belli*** Beendigung des Krieges; ***c. tributi*** Eintreibung des Tributs
2. das Zermalmen, Vernichtung, Zerstörung

cōnfector ⟨ōris⟩ *m* ||conficio||
1. Vollbringer, Vollender
2. *pej* Zerstörer; ***ignis c. omnium*** alles vernichtendes Feuer

cōn-fectus ⟨a, um⟩ *PPP* → ***conficio***

cōn-ferbuī → ***confervesco***

cōn-ferciō ⟨fersī, fertum, fercīre 4.⟩ ||farcio|| voll stopfen; dicht zusammendrängen

cōn-ferō ⟨contulī, collātum, cōnferre 0.⟩

1. zusammentragen, zusammenbringen
2. zusammenfassen, zusammenbringen
3. einander nahebringen
4. zum Kampf bringen
5. aufbringen, eintreiben
6. beitragen
7. zusammenstellen, vergleichen
8. hinbringen, hinschaffen

C

9. sich begeben
10. sich widmen
11. verschieben
12. verwandeln
13. zukommen lassen, zuschreiben
14. richten
15. aufwenden, verwenden

1. zusammentragen, zusammenbringen; ***aliquid ex loco in locum c.*** etw von einem Ort zum anderen bringen
2. zusammenfassen, zusammenbringen; *Passiv* sich konzentrieren; ***vires in unum c.*** die Kräfte zusammenfassen; ***verba in duos versus c.*** Worte in zwei Versen zusammenfassen; ***in pauca c.*** sich kurz fassen; ***signa c. ad aliquem*** sich mit j-m vereinigen; ***bellum collatum est circa Corinthum*** der Krieg konzentriert sich um Korinth
3. einander nahebringen, *aliquid alicui rei* etw einer Sache; *Worte od Ansichten* austauschen; ***sermonem c. cum aliquo*** mit j-m ein Gespräch führen; ***consilia c. cum aliquo*** mit j-m Pläne austauschen; ***aliquid c. inter se*** etw miteinander besprechen
4. *feindlich* zum Kampf bringen; ***arma / manum / signa c. cum aliquo*** j-n angreifen; ***collato pede*** Mann gegen Mann; ***se c. alicui*** mit j-m kämpfen; ***mecum confer!*** Ov. kämpfe mit mir!
5. *Geld* aufbringen, eintreiben; ***sextantes in capita c.*** die auf die Person treffenden Sechstel As eintreiben
6. (*nachkl.*) zu *etw* beitragen, *einer Sache* dienlich sein, *ad aliquid / alicui rei* zu etw, für etw, *alicui* j-m, ***plurimum*** sehr viel, ***nihil*** nichts, ***eo*** dazu
7. zusammenstellen, vergleichen, *aliquid alicui rei / cum re* etw mit etw; ***parva magnis c.*** Kleines mit Großem vergleichen; ***vires c.*** die Kräfte messen; ***confer*** (*mlat.*) vergleiche, *Hinweis in einem Buch auf eine andere Seite*
8. *zu einem Ort* hinbringen, hinschaffen, versetzen, verlegen, ***aliquid ex loco in locum*** etw von einem Ort zu einem anderen Ort; ***obsides in arcem c.*** die Geiseln in die Burg bringen; ***omnia sua in oppidum c.*** seine ganze Habe in die Stadt bringen
9. ***se c.*** sich begeben, *ad aliquem* zu j-m, ***in urbem*** in die Stadt; ***se c. in fugam*** sich flüchten
10. ***se c.*** sich *einer Sache* widmen, *ad aliquid / in aliquid*; sich *j-m* anschließen, *ad aliquem*; ***se c. ad auctoritatem senatūs*** sich dem Willen des Senates anschließen; ***se c. ad studium philosophiae*** sich dem Studium der Philosophie widmen
11. *zeitl.* verschieben; ***c. aliquid in aliud tempus*** etw auf einen anderen Zeitpunkt verschieben; ***c. in longiorem diem*** auf einen späteren Tag verschieben
12. in *etw* übergehen lassen; ***corpus in volucrem c.*** in einen Vogel verwandeln
13. zukommen lassen, zuschreiben, unterstellen, *aliquid alicui / in aliquem* etw j-m; ***beneficia amicis / in amicis c.*** Freunden Wohltaten zukommen lassen; ***vitia sua in senectutem c.*** seine Fehler dem Alter zuschreiben
14. *seine Gedanken* auf *etw* richten, *ad aliquid / in aliquid*, ***ad philosophiam*** auf die Philosophie
15. aufwenden, verwenden, *aliquid ad aliquid* etw für etw; ***praedam in monumenta c.*** die Beute für die Errichtung von Denkmälern verwenden; ***vocem in quaestum c.*** seine Stimme zur Erwerbsquelle machen

cōn-fersī → ***confercio***

cōnfertim *Adv*, *Komp* ***confertius*** ||confertus, *PPP von* confercio|| (*nachkl.*) dicht gedrängt, geschlossen

cōnfertus[1] ⟨a, um⟩ *Adj* ||confercio||
1. gestopft voll, angefüllt, voll, *re* mit etw; ***vita voluptatibus conferta*** ein Leben voller Vergnügungen
2. zusammengedrängt, dicht; MIL in geschlossenen Reihen

cōn-fertus[2] ⟨a, um⟩ *PPP* → ***confercio***

cōn-fervefaciō ⟨-, -, ere 3.⟩ Lucr. zum Schmelzen bringen

cōn-fervēscō ⟨ferbuī, -, fervēscere 3.⟩ ||*Inkoh von* ferveo|| (*nachkl.*) *poet* heiß werden, sich erhitzen; *fig* erglühen, entbrennen

cōnfessiō ⟨ōnis⟩ *f* ||confiteor||
1. Geständnis, Bekenntnis, *alicuius alicuius rei*, *auch de re* j-s in Bezug auf etw, + *AcI*; ***c. servi furti*** Diebstahlsgeständnis des Sklaven
2. (*eccl.*) Glaubensbekenntnis
3. (*mlat.*) Sündenbekenntnis, Beichte
4. ARCH Vorkammer eines Märtyrergrabes
5. (*nlat.*) Bekenntnisschrift *der Reformation*; ***Confessio Augustana*** Augsburger Bekenntnis *der lutherischen Lehre, 1530 vorgelegt*

cōnfessor ⟨ōris⟩ *m* ||confiteor|| (*eccl.*) Bekenner *des Christentums, Heiliger, der nicht Märtyrer war*

cōnfessus[1] ⟨a, um⟩ *Adj* ||confiteor||
1. geständig
2. eingestanden, eingeräumt, unzweifelhaft; ***confessa nec dubia signa*** eingestandene und nicht mehr umstrittene Zeichen

cōn-fessus[2] ⟨a, um⟩ *PPerf* → ***confiteor***

cōnfestim *Adv* unverzüglich, eiligst, sofort

cōnficiēns *Gen* ⟨entis⟩ *Adj* ||conficio|| zustande bringend, bewirkend, *alicuius rei* etw; ***causa c.*** Wirkursache; ***litterarum c.*** geneigt alles aufzuschreiben

cōn-ficiō ⟨fēcī, fectum, ficere 3.⟩ ||facio||

1. zustande bringen, ausführen
2. schreiben, abfassen
3. abschließen
4. zurücklegen
5. verbringen
6. folgern, schließen
7. aufbringen, verschaffen
8. schaffen, erzeugen
9. zerkauen
10. aufreiben
11. vergeuden
12. töten
13. unterwerfen, besiegen

1. zustande bringen, ausführen, vollenden, anfertigen; ***alutam c.*** Leder gerben; ***sacra c.*** Opfer abhalten; ***tabulas c.*** Buch führen; ***bellum c.*** den Krieg beenden

2. schreiben, abfassen
3. *ein Geschäft* abschließen; ***pretium c.*** den Preis festsetzen; ***rationem c.*** eine Rechnung aufstellen
4. *einen Weg* zurücklegen, *einen Gang* vollenden; *Passiv* zu Ende gehen; ***immensum aequor c.*** ein ungeheuer großes Meer durchsegeln
5. *Zeit* verbringen; *Passiv* vergehen
6. folgern, schließen; ***ex quo conficitur, ut*** daraus folgt, dass
7. aufbringen, verschaffen; ***tribum alicui c.*** j-m die Stimmen einer Tribus verschaffen
8. *Zustände od Verhältnisse* schaffen, erzeugen; ***auditorum benevolum c.*** den Hörer wohlwollend stimmen
9. zerkauen; verdauen; ***dentibus escas c.*** mit den Zähnen die Speisen kauen; ***ventre cibos c.*** im Bauch die Speisen verdauen
10. *fig* aufreiben; erschöpfen; *Passiv* vergehen, erschöpft werden
11. *fig* vergeuden; ***patrimonium c.*** das väterliche Erbe durchbringen
12. *fig* töten; ***confice!*** töte ihn, *Entscheidung des Leiters von Gladiatorenspielen mit nach unten gerichtetem Daumen*
13. *fig* unterwerfen, besiegen

cōnfictiō ⟨ōnis⟩ *f* ||confingo|| Erdichtung

cōnfīdēns *Gen* ⟨entis⟩ *Adj*, *Adv* ⟨cōnfīdenter⟩ ||confido||
1. zuversichtlich, mutig
2. *pej* frech, dreist, unverschämt

cōnfīdentia ⟨ae⟩ *f* ||confidens||
1. Zuversicht, festes Vertrauen; Selbstvertrauen
2. *pej* Dreistigkeit, Unverschämtheit

cōnfīdentiloquus ⟨a, um⟩ *Adj* ||confidens, loquor|| Plaut. großsprecherisch, prahlerisch

► **cōn-fīdō** ⟨fīsus sum, fīdere 3.⟩
1. vertrauen, sich verlassen, *alicui* auf j-n, *re/de re* auf etw; ***confisus*** im Vertrauen auf *j-n/etw*
2. zuversichtlich hoffen, sich seiner Sache sicher sein, *abs od + AcI*

cōn-fīgō ⟨fīxī, fīxum, fīgere 3.⟩
1. zusammenheften, zusammennageln, zusammenfügen
2. durchbohren, durchstechen; ***hostem sagittis c.*** den Feind mit Pfeilen durchbohren
3. *fig* in seiner Tätigkeit lähmen, ***aliquem ducentis senatūs consultis*** j-n mit zweihundert Senatsbeschlüssen

cōn-findō ⟨-, -, ere 3.⟩ Tib. zerspalten

cōn-fingō ⟨fīnxī, fictum, fingere 3.⟩ erdichten, ersinnen

cōn-finis ⟨e⟩ *Adj* angrenzend, benachbart, *alicui* j-m, an j-n, *alicui rei* einer Sache, an etw; (*nachkl.*) *fig* verwandt, *alicui rei* mit etw

cōnfīnium ⟨ī⟩ *n* ||confinis||
1. Grenzgebiet, Mark; *meton* Grenzlinie
2. *fig* Grenze, *alicuius rei* einer Sache, zwischen etw; ***c. lucis et noctis*** Dämmerung

cōn-fīō ⟨-, fierī 0.⟩ = ***conficior***
1. Liv. *von Geld* aufgetrieben werden, eingetrieben werden
2. ausgeführt werden, zustande kommen, geschehen
3. Plaut. verbraucht werden, vergeudet werden

cōnfirmātiō ⟨ōnis⟩ *f* ||confirmo||
1. *fig* Befestigung, ***libertatis*** der Freiheit
2. Beruhigung, Ermutigung; Trost
3. Bestätigung, *alicuius* j-s, *alicuius rei* einer Sache, für etw; RHET Begründung, Beweis
4. (*eccl.*) Firmung *in der katholischen Kirche*; (*nlat.*) Konfirmation *in der evangelischen Kirche*

cōnfirmātor ⟨ōris⟩ *m* ||confirmo|| Bürge, *alicuius rei* für etw

cōnfirmātus ⟨a, um⟩ *Adj*, *Adv* ⟨cōnfirmātē⟩ ||confirmo||
1. mutig, beherzt
2. *von Sachen* glaubwürdig, bestätigt

cōnfirmitās ⟨ātis⟩ *f* ||confirmo|| Plaut. Halsstarrigkeit, Sturheit

► **cōn-firmō** ⟨āvī, ātum, āre 1.⟩
1. befestigen, festmachen
2. *physisch* stärken, kräftigen, sichern; *Passiv* erstarken, sich erholen; ***valetudinem c.*** die Gesundheit stärken; ***manum suam c.*** seine Mannschaft stärken; ***Galliam praesidiis c.*** Gallien durch Besatzungstruppen sichern
3. *fig die Gültigkeit* festigen, stärken, dauerhaft machen; ***amicitiam cum aliquo c.*** die Freundschaft mit j-m festigen; ***nondum confirmato consilio*** ohne reife Einsicht
4. *fig Beschlüsse* bestätigen, für gültig erklären; ***aliquid lege c.*** etw durch ein Gesetz bestätigen; ***pactum inter se iure iurando c.*** einen Vertrag durch einen gegenseitigen Eid besiegeln
5. *fig Behauptungen* bestätigen, bekräftigen; ***rem teste c.*** etw durch einen Zeugen bestätigen
6. *fig* moralisch stärken, ermutigen, trösten; ***animos militum spe auxilii c.*** den Soldaten durch die Hoffnung auf Hilfe Mut machen; ***alicuius fidem c.*** j-s Treue festigen
7. *fig* behaupten, beteuern, *aliquid* etw, *de re* in Bezug auf etw, *+ AcI*

cōnfiscātiō ⟨ōnis⟩ *f* (*nachkl.*) ||confisco|| Einziehung *des Vermögens*, Konfiskation

cōn-fiscō ⟨āvī, ātum, āre 1.⟩ ||fiscus|| Suet.
1. in der Kasse aufheben, bar liegen haben
2. für die kaiserliche Kasse einziehen, beschlagnahmen; ***aliquem c.*** j-s Vermögen einziehen

cōnfīsiō ⟨ōnis⟩ *f* ||confido|| Vertrauen

cōn-fīsus ⟨a, um⟩ *PPerf* → ***confido***

► **cōn-fiteor** ⟨fessus sum, fitērī 2.⟩ ||fateor||
1. bekennen, gestehen, *alicui aliquid* j-m etw, *de re* in Bezug auf etw, *+ dopp. Akk / + indir Fragesatz*; ***alicui culpam c.*** j-m seine Schuld eingestehen; ***aliquid de veneno c.*** etw hinsichtlich des Giftmordes gestehen; ***se victum c.*** seine Niederlage eingestehen; ***aliquem deum c.*** j-n als Gott anerkennen; ***se multum ignorare c.*** seine Unwissenheit gestehen; ***confitens*** geständig
2. *fig* zu erkennen geben, verraten, offenbaren; ***se deam c.*** sich als Göttin zu erkennen geben
3. (*eccl.*) sich zu *j-m/etw* bekennen, *aliquem/aliquid*; *seine Sünden* bekennen, beichten

cōnflagrātiō ⟨ōnis⟩ *f* ||conflagro|| (*nachkl.*) das Auflodern; Ausbruch, ***Vesuvii montis*** des Vesuv

cōn-flagrō ⟨āvī, ātum, āre 1.⟩
1. *v/i* verbrennen, in Flammen stehen; ***flammā amoris c.*** vor Liebe brennen

C

2. *fig* zugrunde gehen; ***incendio invidiae c.*** ein Opfer des Hasses werden
cōnflīctātiō ⟨ōnis⟩ *f* ||conflicto||
1. (*nachkl.*) Kampf; Streit
2. Quint. das Drängen und Stoßen *um einen Platz im Theater*
cōnflīctiō ⟨ōnis⟩ *f* ||confligo||
1. (*nachkl.*) das Zusammenschlagen, das Zusammenstoßen
2. *fig* Streit, Konflikt
cōn-flīctō ⟨āvī, ātum, āre 1.⟩ ||*Intens von* confligo||
I *v/t* (*nachkl.*) heftig zusammenschlagen, zusammenstoßen; zerrütten; *Passiv* hart bedrängt werden, zu leiden haben, ins Gedränge kommen; ***rem publicam c.*** den Staat zerrütten
II *v/i u. Passiv* sich herumschlagen, zu kämpfen haben
cōnflīctus[1] ⟨ūs⟩ *m* ||confligo|| (*klass.*) *nur im Abl Sg* Zusammenstoß, Kampf
cōn-flīctus[2] ⟨a, um⟩ *PPP* → ***confligo***
▶ **cōn-flīgō** ⟨flīxī, flīctum, flīgere 3.⟩
I *v/t* Lucr. zusammenschlagen, zusammenbringen, vereinigen
II *v/i*
1. zusammenstoßen; *feindlich* in Kampf geraten, kämpfen; ***naves inter se confligunt*** die Schiffe stoßen zusammen; ***armis c.*** mit Waffen kämpfen
2. *fig* streiten *vor Gericht*; im Streit liegen; ***leges diversae confligunt*** verschiedene Gesetze widersprechen sich
▶ **cōn-flō** ⟨āvī, ātum, āre 1.⟩
1. (*unkl.*) durch Blasen anfachen, ***incendium*** einen Brand
2. *fig* schüren, anstiften, erregen, ***seditionem*** einen Aufstand
3. (*nachkl.*) *durch Gebläse* einschmelzen, umschmelzen; *fig* verschmelzen, in einen Guss bringen; ***consensus conflatus*** harmonisches Einvernehmen
4. *Geld* münzen, prägen
5. zusammenbringen, zusammentrommeln; *mit pej Nebensinn* zusammenwürfeln; bilden, entwickeln, *aliquid ex re* etw aus etw; ***unam ex duabus naturis c.*** aus zwei Gestalten eine bilden
6. (*nachkl.*) schmieden, anstiften, aushecken, ***crimen in aliquem*** ein Verbrechen gegen jdn
cōnfluēns ⟨entis⟩ *m u.* **cōnfluentēs** ⟨ium⟩ *m* ||confluo|| Zusammenfluss
Cōnfluentēs ⟨ium⟩ *f Stadt an der Mündung der Mosel in den Rhein, heute Koblenz*
cōn-fluō ⟨flūxī, -, fluere 3.⟩ zusammenfließen, zusammenströmen, zusammenkommen, sich einfinden, *in locum* an einem Ort, *in aliquid* in etw, *ad aliquid* bei etw, *ad aliquem* bei j-m; ***in urbem c.*** in der Stadt zusammenkommen; ***ad haec studia c.*** sich diesen Beschäftigungen zuwenden
cōn-fodiō ⟨fōdī, fossum, fodere 3.⟩
1. (*vkl., nachkl.*) umgraben, ***hortum*** den Garten
2. (*nachkl.*) durchbohren, niederstechen, ***pugione*** mit einem Dolch
3. *fig* zu Boden schlagen, vernichten; ***confossi*** geschlagene Leute
4. durchstreichen, *als unnütz od anstößig* streichen, tilgen
cōnfoederātiō ⟨ōnis⟩ *f* ||confoedero|| (*spätl.*) Bündnis, Bund
cōn-foederō ⟨āvī, ātum, āre 1.⟩ (*eccl.*) verbinden
cōnfore → ***confuit***
cōnfōrmātiō ⟨ōnis⟩ *f* ||conformo||
1. (harmonische) Gestaltung, Bildung
2. ***c. vocis*** richtige Intonation; ***c. verborum*** richtige Wortfügung
3. ***c. animi*** PHIL Vorstellung, Begriff
4. ***c. sententiarum*** RHET Redefigur
cōn-fōrmis ⟨e⟩ *Adj* ||forma|| (*spätl.*) gleichförmig, gleichartig
cōn-fōrmō ⟨āvī, ātum, āre 1.⟩
1. bilden, formen, gestalten, ***imaginem*** ein Bild; ***hominem c.*** einen Menschen bilden
2. *fig* ausbilden, schulen, *aliquem alicui* j-n für j-n; ***mores philosophiā c.*** den Charakter durch Philosophie bilden
cōnfossior ⟨ius⟩ *Adj* ||*Komp von* confossus, *PPP von* confodio|| noch tiefer durchbohrt
cōn-frāctus ⟨a, um⟩ *PPP* → ***confringo***
cōnfragōsa ⟨ōrum⟩ *n* ||confragosus|| holperige Stellen, gebirgige Gegenden
cōn-fragōsus ⟨a, um⟩ *Adj*
1. uneben, holperig
2. *fig* geschraubt, zu hoch
confrater ⟨tris⟩ *m* (*mlat.*) Mitbruder, Amtsbruder
cōn-frēgī → ***confringo***
cōn-fremō ⟨uī, -, ere 3.⟩ *poet* gemeinsam murmeln, murren; *fig* erbrausen
cōn-fricō ⟨uī, ātum, āre 1.⟩
1. einreiben, ***caput unguento*** den Kopf mit Salbe
2. Plaut. *fig* bittend umfassen, ***genua*** die Knie
cōn-fringō ⟨frēgī, frāctum, fringere 3.⟩ ||frango||
1. zerbrechen; ***fores caedendo c.*** die Tür einschlagen
2. *fig* zunichte machen; Plaut. vergeuden
cōn-fūdī → ***confundo***
▶ **cōn-fugiō** ⟨fūgī, -, fugere 3.⟩ (sich) flüchten, seine Zuflucht nehmen, *ad aliquem* bei j-m, zu j-m; ***in aram c.*** an den Altar flüchten; ***ad fidem alicuius c.*** unter j-s Schutz flüchten
cōnfugium ⟨ī⟩ *n* ||confugio|| Zufluchtsort, Zuflucht
cōn-fuit *Inf Fut* ⟨cōnfutūrum (esse)⟩ *u.* ⟨cōnfore⟩ Com. es trat zugleich ein, es war zugleich; es gelang
cōn-fulciō ⟨-, fultum, fulcīre 4.⟩ Lucr. fest stützen
cōn-fulgeō ⟨-, -, ēre 2.⟩ Plaut. erglänzen
▶ **cōn-fundō** ⟨fūdī, fūsum, fundere 3.⟩
1. zusammengießen, vermischen, vermengen, *aliquid alicui rei / cum re* etw mit etw; ***summa imis c.*** das Oberste zuunterst kehren
2. vermischen, vereinigen, verschmelzen; *Passiv* sich vermischen, sich vereinigen, *alicui rei / cum re* mit etw; ***duos populos in unum c.*** zwei Völker zu einem verschmelzen
3. verwirren, stören; ***foedus c.*** den Vertrag brechen
4. unkenntlich machen; ***oris decorem vulneribus c.*** die Schönheit des Gesichtes durch Wunden entstellen
5. aus der Fassung bringen, in Bestürzung versetzen, *aliquem / alicuius animum* j-n
6. hineingießen, schütten, *in aliquid* in etw; *Passiv* sich ergießen, hineinfließen, *fig* sich ausbreiten, sich verteilen, *in aliquid* über etw; ***aquam in fos-***

sam c. Wasser in den Graben gießen; ***vis toto mundo confusa*** Cic. die über die ganze Welt verbreitete Kraft; ***confundi in totam orationem*** sich über die ganze Rede verteilen

cōnfūsīcius ⟨a, um⟩ *Adj* ||confundo|| Plaut. zusammengegossen

cōnfūsiō ⟨ōnis⟩ *f* ||confundo||
1. (*nachkl.*) Vermischung
2. *fig* Vereinigung, Verschmelzung
3. *fig* Verwirrung, Unordnung; Verstörtheit
4. das Erröten *vor Scham od Zorn*

cōnfūsus[1] ⟨a, um⟩ *Adj* ||confundo||
1. verwirrt, verworren, ungeordnet; ***voces confusae*** Stimmengewirr, Geschrei; ***confuse loqui*** unzusammenhängend reden
2. verstört, bestürzt, aus der Fassung gebracht

cōn-fūsus[2] ⟨a, um⟩ *PPP* → ***confundo***

cōnfūtātiō ⟨ōnis⟩ *f* ||confuto|| Widerlegung

cōn-fūtō ⟨āvī, ātum, āre 1.⟩
1. Com. niederschlagen, dämpfen
2. *fig* zum Schweigen bringen, ***testes*** die Zeugen
3. niederhalten, Einhalt gebieten; ***alicuius impudentiam c.*** j-s Unverschämtheit bremsen
4. widerlegen; ***argumenta Stoicorum c.*** die Argumente der Stoiker widerlegen

cōn-futuō ⟨-, -, ere 3.⟩ Catul. überall herumhuren, *aliquem* mit j-m

con-gaudeō ⟨-, -, ēre 2.⟩ (*spätl.*)
1. sich zusammen freuen
2. sich sehr freuen

con-gelō ⟨āvī, ātum, āre 1.⟩
I *v/t* einfrieren; *fig* starr machen; *Passiv* gefrieren
II *v/i* Ov. zufrieren, sich verhärten; untätig werden

congeminātiō ⟨ōnis⟩ *f* ||congemino|| Plaut. Verdoppelung, *hum* = Umarmung

con-geminō ⟨āvī, ātum, āre 1.⟩
I *v/t* (*nachkl.*) *poet* verdoppeln, ***securim*** die Beilhiebe
II *v/i* Plaut. sich verdoppeln

con-gemō ⟨uī, -, ere 3.⟩
I *v/i* laut aufseufzen, stöhnen
II *v/t poet* beklagen, ***mortem alicuius*** j-s Tod

conger ⟨grī⟩ *m* ||griech. Lw.|| Meeraal

congeriēs ⟨ēī⟩ *f* ||congero||
1. Haufen, ungeordnete Masse, Chaos; Holzhaufen, Holzstoß, Scheiterhaufen
2. RHET Häufung

con-gerō ⟨gessī, gestum, gerere 3.⟩
1. zusammentragen, zusammenbringen, sammeln, *aliquid in locum* etw an einem Ort, *in aliquem* bei j-m; ***scuta illi c.*** die Schilde auf sie werfen
2. *Geld* zusammenlegen, *alicui* für j-n
3. *in der Rede* zusammenfassen
4. *einen Bau* errichten, erbauen; *von Vögeln* nisten; ***oppida manu c.*** Städte mit der Hand erbauen
5. *Schätze* aufhäufen
6. *fig* häufen, *aliquid in aliquem / ad aliquem* etw auf j-n; *auch* zuschreiben, beimessen, *alicui aliquid* j-m etw

con-gerrō ⟨ōnis⟩ *m* (*vkl.*) *poet* Zechkumpan, Zechbruder

congestīcius ⟨a, um⟩ *Adj* ||congero|| aufgeschüttet

congestus ⟨ūs⟩ *m* ||congero||
1. (*nachkl.*) Anhäufung; ***c. copiarum*** Lieferung von Vorräten
2. das Nisten, ***avium*** von Vögeln
3. (*nachkl.*) *meton* das Zusammengetragene, Haufen, Masse

congiālis ⟨e⟩ *Adj* ||congius|| Plaut. einen congius enthaltend

congiārium ⟨ī⟩ *n* ||congiarius|| ein Maß Lebensmittel, *das vom Magistrat od den Kaisern Armen, Soldaten u. Günstlingen als Geschenk gegeben wurde, später* Spende *in Naturalien od Geld*

congiārius ⟨a, um⟩ *Adj* ||congius|| einen congius enthaltend

congius ⟨ī⟩ *m* ||griech. Lw.|| *röm. Hohlmaß, ca. 3 l = 6 sextarii, 1/4 einer urna, 1/8 einer Amphore*

con-glaciō ⟨āvī, ātum, āre 1.⟩ zu Eis gefrieren; *fig* untätig vorübergehen; ***aqua frigoribus conglaciat*** Wasser gefriert durch die Kälte zu Eis

con-glīscō ⟨-, -, ere 3.⟩ Plaut. weiterglimmen; *fig* wieder erstehen

conglobātiō ⟨ōnis⟩ *f* ||conglobo|| (*nachkl.*) Zusammenballung, Zusammenrottung

con-globō ⟨āvī, ātum, āre 1.⟩
1. zusammenballen, abrunden, *meist PPP*; ***terra conglobata*** die runde Erde
2. *fig* zusammendrängen, häufen, *in locum / in loco* an einem Ort; *Passiv u.* ***se c.*** sich zusammenrotten

con-glomerō ⟨āvī, ātum, āre 1.⟩ (*unkl.*) zusammenrollen, zusammenballen

conglūtinātiō ⟨ōnis⟩ *f* ||conglutino|| Zusammenleimung; *fig* enge Zusammenfügung; ***c. verborum*** RHET das Zusammenfügen der Wörter

con-glūtinō ⟨āvī, ātum, āre 1.⟩
1. zusammenleimen, zusammenfügen
2. *fig* eng verbinden, fest verbinden; zusammensetzen, *aliquid ex re* etw aus etw
3. Plaut. *fig* ausdenken

con-graecō ⟨āvī, ātum, āre 1.⟩ *u.* **congraecor** ⟨ātus sum, ārī 1.⟩ ||graecor|| Plaut. auf griechische Weise verwenden, verprassen

con-grātulor ⟨ātus sum, ārī 1.⟩ (*vkl., nachkl.*) beglückwünschen, *abs od alicui aliquid* j-n zu etw, ***civitati concordiam restitutam*** den Staat zur wiedergewonnen Einheit

▶**con-gredior** ⟨gressus sum, gredī 3.⟩ ||gradior||
1. zusammenkommen, zusammentreffen, *zufällig od absichtlich, freundlich od feindlich, inter se* untereinander, *cum aliquo* mit j-m, *in loco* an einem Ort; ***ad colloquium c.*** zum Gespräch zusammenkommen
2. zusammenstoßen, kämpfen; ***c. cum aliquo armis*** mit j-m mit Waffen kämpfen
3. *fig zum wissenschaftlichen Streitgespräch od vor Gericht* zusammentreffen

congregābilis ⟨e⟩ *Adj* ||congrego|| gesellig

congregātiō ⟨ōnis⟩ *f* ||congrego||
1. *von Mensch u. Tier* geselliges Zusammenleben, Geselligkeit, *alicuius* j-s, mit j-m
2. (*nachkl.*) Zusammenstellung, ***argumentorum*** der Beweisgründe
3. Zusammenfassung, Rekapitulation, ***rerum*** der Gegenstände, der Punkte
4. (*spätl.*) Versammlung
5. (*eccl.*) *in der katholischen Kirche* Gesellschaft, Gemeinschaft

C

con-gregō ⟨āvī, ātum, āre 1⟩ ||grex||
1. herdenweise vereinigen, zu einer Herde vereinigen; *Passiv u.* ***se c.*** sich zu Herden vereinigen
2. *fig* versammeln, vereinigen, *aliquem alicui / cum aliquo* j-n mit j-m, *in locum / ad locum, selten in loco* an einem Ort; *Passiv u.* ***se c.*** sich vereinigen; ***congregari ad aliquem*** sich um j-n scharen; ***pares cum paribus congregantur*** Gleiche verbinden sich mit Gleichen
3. *Dinge* zusammenhäufen, sammeln
congressiō ⟨ōnis⟩ *f* = ***congressus***[2]
congressus[1] ⟨ūs⟩ *m* ||congredior||
1. Zusammenkunft, Begegnung
2. geselliger Umgang, Gesellschaft; ***aliquem congressu dignum iudicare*** j-n für gesellschaftsfähig halten
3. Geschlechtsverkehr, ***maris et feminae*** von Mann und Frau
4. *feindlich* Zusammenstoß, Angriff, Kampf; ***primo congressu pelli*** im ersten Ansturm zurückgeschlagen werden
con-gressus[2] ⟨a, um⟩ *PPerf* → ***congredior***
congruēns *Gen* ⟨entis⟩ *Adj, Adv* ⟨congruenter⟩ ||congruo||
1. mit *etw* übereinstimmend, zu *etw* passend, *cum re / alicui rei*; ***naturae congruenter vivere*** im Einklang mit der Natur leben
2. mit sich selbst im Einklang stehend; einstimmig
congruentia ⟨ae⟩ *f* ||congruens|| *(nachkl.)* Übereinstimmung
▶ **con-gruō** ⟨gruī, -, gruere 3.⟩
1. zusammentreffen, aufeinander treffen, *ad aliquid* bei etw
2. *fig zeitl.* zusammentreffen, zusammenfallen; *unpers* ***congruit, ut*** es trifft sich, dass
3. *dem Wesen od der Gesinnung nach* übereinstimmen, harmonieren, einander entsprechen, *re / in re* in etw, *de re* in Bezug auf etw; ***sensūs nostri inter se congruunt*** unsere Meinungen stimmen überein; ***dicta cum factis congruunt*** die Worte stimmen mit den Taten überein, ***c. alicuius doloribus*** j-s Schmerzen teilen; ***c. alicui / alicui rei*** sich schicken für j-n / für etw; ***c. in unum*** auf eins hinauslaufen
congruus ⟨a, um⟩ *Adj (vkl., nachkl.)* = ***congruens***
con-iciō ⟨iēcī, iectum, icere 3.⟩ ||iacio||
1. zusammenwerfen, zusammentragen; ***sarcinas in acervum c.*** die Gepäckstücke auf einen Haufen werfen
2. auf *etw* werfen, heften, richten; ***oculos in aliquem c.*** die Augen auf j-n richten
3. *fig* vermuten, schließen, *aliquid ex re* etw aus etw
4. hinwerfen, schleudern, schießen; ***se c.*** sich stürzen; ***aliquid alicui c.*** j-m etw zuwerfen
5. werfen, treiben, bringen, stecken; ***naves in portum c.*** die Schiffe in den Hafen treiben; ***aliquem sub vincula c.*** j-n in Fesseln legen; ***aliquem in carcerem c.*** j-n ins Gefängnis stecken; ***aliquem in medium c.*** j-n in die Mitte nehmen; ***exercitum in angustias c.*** das Heer in die Enge treiben; ***hostem in fugam c.*** den Feind in die Flucht schlagen; ***sortem c.*** das Los werfen, losen; ***se in fugam c.*** sich flüchten; ***se in alicuius castra c.*** sich in j-s Lager begeben
6. *in einen Zustand* versetzen, verwandeln
7. *mündlich, schriftlich* vorbringen, verhandeln
coniectātiō ⟨ōnis⟩ *f* ||coniecto|| *(nachkl.)* Vermutung, Mutmaßung
coniectiō ⟨ōnis⟩ *f* ||conicio||
1. das Werfen, das Schleudern; ***c. telorum*** Beschuss
2. Deutung, Annahme, Vermutung; ***c. somniorum*** Traumdeutung
coniectō ⟨āvī, ātum, āre 1.⟩ ||*Intens von* conicio||
1. Gell. zusammenwerfen, zusammenbringen
2. *fig etw* vermuten, *etw* mutmaßen, auf *etw* schließen, *aliquid, re / ex re* aus etw, *+ AcI / + indir Fragesatz*
coniector ⟨ōris⟩ *m* ||conicio|| Plaut. Deuter, Ausleger; Traumdeuter, Wahrsager; ***c. somniorum*** Traumdeuter
coniectrīx ⟨īcis⟩ *f* ||coniector|| Plaut. Traumdeuterin
coniectūra ⟨ae⟩ *f* ||conicio||
1. Vermutung, Mutmaßung
2. Deutung, Auslegung
coniectūrālis ⟨e⟩ *Adj* ||coniectura|| mutmaßlich
coniectus[1] ⟨ūs⟩ *m* ||conicio||
1. *(nachkl.)* das Zusammenwerfen, das Hineinwerfen
2. das Abschießen, Wurf; ***c. teli*** Schussweite
3. *fig* das Richten, das Lenken *des Blickes od der Aufmerksamkeit, in aliquid* auf etw
4. Quint. Kombination
con-iectus[2] ⟨a, um⟩ *PPP* → ***conicio***
cōni-fer ⟨fera, ferum⟩ *Adj* ||conus, fero|| *u.* **cōniger** ⟨gera, gerum⟩ *Adj* ||conus, gero|| *poet* Zapfen tragend; ***coniferae cyparissi*** Zapfen tragende Zypressen
cō-nītor ⟨nīsus sum⟩ *u.* ⟨nīxus sum, nītī 3.⟩
1. sich fest (auf)stützen, *re* auf etw; sich aufrichten, sich emporarbeiten
2. sich anstrengen, sich bemühen, *re* mit etw, *ad aliquid* zu etw, *ut / + Inf*; ***omnibus copiis c.*** seine ganzen Truppen aufbieten
coniugālis ⟨e⟩ *Adj (unkl.)* = ***coniugialis***
coniugātiō ⟨ōnis⟩ *f* ||coniugo||
1. *(nachkl.)* Verbindung, Vermischung; Begattung
2. RHET Stammverwandtschaft, etymologische Verwandtschaft *der Wörter*
3. *(spätl.)* GRAM Konjugation *der Verben*
coniugātor ⟨ōris⟩ *m* ||coniugo|| Catul. Vereiniger; ***c. amoris*** Kuppler
coniugātum ⟨ī⟩ *n* ||coniugatus|| etymologische Verwandtschaft *der Wörter*
coniugātus ⟨a, um⟩ *Adj* ||coniugo|| RHET stammverwandt, etymologisch verwandt, aus etymologisch verwandten Wörtern bestehend
coniugiālis ⟨e⟩ *Adj* ||coniugo|| Ov. ehelich, Ehe…
▶ **coniugium** ⟨ī⟩ *n* ||coniungo||
1. *(nachkl.) poet* Verbindung, Vereinigung
2. Ehe, eheliche Verbindung *ohne Rücksicht auf deren rechtliche Gültigkeit, alicuius* j-s *od* mit j-m
3. außereheliche Verbindung, Liebschaft
4. *poet von Tieren* Paarung, Begattung
5. *meton* Ehemann, Ehefrau
con-iugō ⟨āvī, ātum, āre 1.⟩ zu einem Paar verbinden
coniūncta ⟨ōrum⟩ *n* ||coniunctus[2]|| verwandte Begriffe
coniūnctē *Adv* ||coniunctus[2]|| zusammen, zugleich,

ungetrennt; = ***coniunctim***

coniūnctim *Adv* ||coniunctus[2]|| gemeinschaftlich, zusammen

coniūnctiō ⟨ōnis⟩ *f* ||coniungo||
1. Zusammenhang, Verbindung; ***c. portuum*** Verbindung der Häfen untereinander
2. gesellige Verbindung, Freundschaft; *eheliche / politische / kollegiale* Verbindung, *alicuius / cum aliquo* mit j-m; ***coniunctionis appetitus*** Geselligkeitstrieb
3. Verwandtschaft, Verschwägerung, *alicuius* mit j-m
4. RHET Verbindung der Rede
5. PHIL Begriffsverbindung, Ideenverbindung, *log.* richtige Verbindung
6. GRAM Bindewort, Konjunktion

coniūnctīvus
I ⟨a, um⟩ *Adj* verbindend; ***particula coniunctiva*** *(spätl.)* GRAM Bindewörter; ***modus c.*** Konjunktiv
II ⟨ī⟩ *m* Konjunktiv

coniūnctus[1] ⟨a, um⟩ *Adj, Adv* ⟨coniūnctē⟩ ||coniungo||
1. verbunden, vereinigt, *re / cum re* mit etw
2. *örtl.* zusammenhängend mit *etw*, angrenzend an *etw, alicui rei*
3. *zeitl.* unmittelbar folgend, *alicui rei / re* auf etw; gleichzeitig
4. *durch Verwandtschaft od Freundschaft* verbunden; verheiratet, *cum aliquo / alicui* mit j-m
5. *allg.* zusammenhängend, übereinstimmend, *alicui / cum aliquo* mit j-m, *alicui rei / re* mit etw

con-iūnctus[2] ⟨a, um⟩ *PPP* → ***coniungo***

▶ **con-iungō** ⟨iūnxī, iūnctum, iungere 3.⟩
1. verbinden, vereinigen, verknüpfen, *aliquem cum aliquo / alicui* j-n mit j-m, *aliquid cum re / alicui rei* etw mit etw; *Passiv* sich verbinden, zusammenhängen, *cum aliquo / alicui* mit j-m, *re / alicui rei* mit etw; ***mulierem secum c.*** eine Frau heiraten; ***aliquem sibi c.*** j-n für sich gewinnen
2. *(nachkl.)* ununterbrochen fortsetzen; ***abstinentiam cibi c.*** ununterbrochen fasten; ***consulatūs c.*** ununterbrochen Konsul sein
3. *einen Bund* schließen, stiften; ***civitatem c.*** einen Bundesstaat bilden; ***bellum c.*** gemeinsam einen Krieg führen

coniūnx ⟨iugis⟩ *(m u.) f* = ***coniux***

coniūnxī → ***coniungo***

coniūrātī ⟨ōrum⟩ *m* ||coniuratus|| die Verschwörer

▶ **coniūrātiō** ⟨ōnis⟩ *f* ||coniuro||
1. Verg. gegenseitig geleisteter Eid; gemeinsame Vereidigung der Soldaten
2. Eidgenossenschaft
3. *pej* Verschwörung, Komplott; ***in coniuratione esse*** an der Verschwörung beteiligt sein

coniūrātus ⟨a, um⟩ *Adj* ||coniuro||
1. Liv. MIL vereidigt
2. eidlich verbunden
3. *pej* verschworen

con-iūrō ⟨āvī, ātum, āre 1.⟩
1. *mit j-m* zusammen schwören, zugleich schwören
2. MIL gemeinsam den Fahneneid leisten
3. sich eidlich verbinden, sich eidlich verbrüdern
4. *pej* sich verschwören, ein Komplott schmieden, *cum aliquo contra aliquem / contra aliquid* mit j-m gegen j-n / gegen etw; *in aliquid* zu etw, *de re* betreffs einer Sache, + *AcI* / + *Inf*, *ut* damit

▶ **coniux** ⟨iugis⟩ *(m u.) f*
1. Gattin, Ehefrau; Gatte, Ehemann; *Pl* Ehepaar
2. Verlobte, Braut; Geliebte
3. *(nachkl.) von Tieren* Weibchen

cō-nīveō ⟨nīvī⟩ *u.* ⟨nīxī, -, nīvēre 2.⟩
1. *vom Menschen* die Augen schließen, *ad aliquid* vor etw
2. *von den Augen* sich schließen, geschlossen sein; erblinden
3. *fig* ein Auge zudrücken, Nachsicht haben, ***in sceleribus alicuius*** gegenüber j-s Verbrechen

conl... = ***coll...***

conm... = ***comm...***

con-n... = ***co-n...***

Conōn ⟨ōnis⟩ *m*
1. *athenischer Admiral, 413–392 v. Chr.*
2. *von Samos, berühmter Mathematiker u. Astronom, um 250 v. Chr.*

cōnōpēum *u.* **cōnōpium** ⟨ī⟩ *n* ||griech. Lw.|| *(nachkl.) poet* feinmaschiges Mückennetz; Ruhebett *mit Mückennetz*

▶ **cōnor** ⟨ātus sum, ārī 1.⟩
1. Ter. sich mühen, sich anstrengen
2. versuchen, wagen, unternehmen, *aliquid* etw, + *Inf*; ***Galli, si perrumpere possent, conati sunt*** die Gallier versuchten, ob sie durchbrechen könnten

conp... = ***comp...***

conquassātiō ⟨ōnis⟩ *f* ||conquasso|| Erschütterung, Zerrüttung

con-quassō ⟨āvī, ātum, āre 1.⟩ erschüttern; *fig* zerrütten

con-queror ⟨questus sum, querī 3.⟩ *(nachkl.) poet* laut klagen; sich beklagen, sich beschweren, *aliquid / de re* über etw, *cum aliquo / apud aliquem* vor j-m, bei j-m, + *AcI / cur / quod* dass

conquestiō ⟨ōnis⟩ *f* ||conqueror||
1. Klage; Wehklage; Beschwerde
2. RHET Klage *als Teil der Rede*, Versuch das Mitleid der Zuhörer zu erregen

conquestus ⟨ūs⟩ *m* ||conqueror|| *(nachkl.) poet* Wehklage

con-quēxī → ***conquinisco***

con-quiēscō ⟨quiēvī, quiētum, quiēscere 3.⟩
1. ruhen, ausruhen, rasten, *a re / ex re* von etw; MIL einen Rasttag einlegen
2. einschlafen
3. *fig* Ruhe halten, Frieden halten; ***non c., donec*** nicht ruhen, bis, + *Konjkt*
4. *von Sachen* ruhen
5. Ruhe finden, Frieden finden, *a re / ex re* von etw, *in re* in etw
6. *von Leblosem* sich legen, aufhören; ***febris conquiescit*** das Fieber lässt nach; ***imbre conquiescente*** bei nachlassendem Regenschauer; ***litterae conquiescunt*** der Briefwechsel schläft ein

con-quīnīscō ⟨quēxī, -, quinīscere 3.⟩ *(vkl.) poet* niederkauern

▶ **con-quīrō** ⟨quīsīvī⟩ *u.* ⟨quīsiī, quīsītum, quīrere 3.⟩ ||quaero||
1. zusammensuchen, zusammenbringen; aufzutreiben versuchen
2. *Kolonisten od Soldaten* werben, ausheben

3. schaffen, bilden; ***aliquid sceleris c.*** ein Verbrechen zu begehen versuchen

con-quīsītiō ⟨ōnis⟩ *f* ||conquiro||
1. das Zusammensuchen, das Sammeln
2. MIL Aushebung, (gewaltsame) Werbung, ***militum*** von Soldaten

conquīsītor ⟨ōris⟩ *m* ||conquiro||
1. Schnüffler, geheimer Aufpasser
2. MIL (gewaltsamer) Werber *von Soldaten*

conquīsītus[1] ⟨a, um⟩ *Adj, Adv* ⟨conquīsītē⟩ ||conquiro|| ausgesucht, erlesen; *Adv* mit strenger Auswahl

con-quīsītus[2] ⟨a, um⟩ *PPP* → ***conquiro***

conquīsīvī → ***conquiro***

conr… = ***corr…***

con-sacerdōs ⟨ōtis⟩ *m* (*eccl.*) Amtsbruder

cōn-sacrō ⟨āvī, ātum, āre 1.⟩ = ***consecro***

cōn-saepiō ⟨saepsī, saeptum, saepīre 4.⟩ umzäunen, einfrieden

cōn-saeptum ⟨ī⟩ *n* ||consaepio|| (*nachkl.*) Umzäunung, Gehege

cōnsalūtātiō ⟨ōnis⟩ *f* ||consaluto|| Begrüßung *durch die Menge*

cōn-salūtō ⟨āvī, ātum, āre 1.⟩ laut begrüßen, willkommen heißen, ***aliquem*** j-n, + *dopp. Akk*; ***aliquem regem c.*** j-n als König begrüßen

cōn-sānēscō ⟨sānuī, -, sānēscere 3.⟩ ||sanus|| *v/i* heilen

cōnsanguinea ⟨ae⟩ *f* ||consanguineus|| Catul. Schwester

cōn-sanguineus
I ⟨a, um⟩ *Adj* blutsverwandt, geschwisterlich; verwandt
II ⟨ī⟩ *m* Blutsverwandter; Bruder

cōnsanguinitās ⟨ātis⟩ *f* ||consanguineus|| (*nachkl.*) Blutsverwandtschaft; Verwandtschaft

cōn-sānuī → ***consanesco***

cōn-sauciō ⟨āvī, ātum, āre 1.⟩ (*unkl.*) schwer verwunden

cōnscelerātus
I ⟨a, um⟩ *Adj* ||conscelero|| frevelhaft, verrucht
II ⟨ī⟩ *m* Verbrecher

cōn-scelerō ⟨āvī, ātum, āre 1.⟩ (*nachkl.*) *poet* mit (einem) Verbrechen beflecken

▶ **cōn-scendō** ⟨scendī, scēnsum, scendere 3.⟩ ||scando||
1. besteigen, ersteigen; an Bord gehen; ***equum c.*** ein Pferd besteigen; ***navem c.*** ein Schiff besteigen; ***Epheso/ab Epheso*** in Ephesus an Bord gehen; ***c. in montem*** einen Berg besteigen
2. (*nachkl.*) *fig* sich aufschwingen, ***laudis carmen*** zum Loblied

cōnscēnsiō ⟨ōnis⟩ *f* ||conscendo|| das Einsteigen; ***c. in naves*** Einschiffung

cōnscēnsus ⟨a, um⟩ *PPP* → ***conscendo***

conscholaris ⟨is⟩ *m* (*mlat.*) Mitschüler

cōnscia ⟨ae⟩ *f* ||conscius|| Mitwisserin, Vertraute

▶ **cōn-scientia** ⟨ae⟩ *f* ||conscio||
1. das Mitwissen; Einverständnis, *alicuius* j-s, mit j-m, *alicuius rei* um etw *od* mit etw
2. Bewusstsein; Gefühl, Überzeugung, *alicuius rei / de re* von etw, + *AcI*
3. Gewissen, schlechtes Gewissen, gutes Gewissen; *Pl* Gewissensbisse

cōn-scindō ⟨scidī, scissum, scindere 3.⟩ gewaltsam zerreißen; *fig* herunterreißen, schmähen

cōn-sciō ⟨-, -, īre 4.⟩ sich bewusst sein; ***nil sibi c.*** Hor. sich keines Unrechts bewusst sein

▶ **cōn-scīscō** ⟨scīvī⟩ *u.* ⟨sciī, scītum, scīscere 3.⟩
1. gemeinsam beschließen, förmlich beschließen, *aliquid* etw, *ut* dass, + *Finalsatz*
2. (***sibi***) ***c.*** (Lucr., Plaut.) für sich beschließen; *meton* auf sich nehmen, freiwillig wählen; (*klass.*) *nur* ***necem/mortem sibi ipse c.*** Selbstmord begehen

▶ **cōnscius**
I ⟨a, um⟩ *Adj* ||scio||
1. mitwissend, eingeweiht, vertraut, *alicui rei / alicuius rei / de re / in re* mit etw, in etw
2. sich bewusst, selbstbewusst, *meist sibi alicuius rei* sich einer Sache, + *AcI* / + *indir Fragesatz*; ***formae conscia coniunx*** die sich ihrer Schönheit bewusste Ehefrau
3. (*unkl.*) schuldbewusst, *abs*
II ⟨ī⟩ *m* Mitwisser, Zeuge, Teilnehmer, *abs od alicuius rei* von etw

cōn-screor ⟨-, -, ārī 1.⟩ Plaut. sich stark räuspern

cōnscrībillō ⟨āvī, ātum, āre 1.⟩ ||*Denom von* conscribo|| *poet* bekritzeln; ***nates c.*** das Gesäß blutig schlagen

▶ **cōn-scrībō** ⟨scrīpsī, scrīptum, scrībere 3.⟩
1. gemeinsam schreiben
2. in eine Liste eintragen, aufschreiben
3. als Kolonisten aufschreiben
4. *Soldaten* ausheben; ***modo conscripti*** Rekruten
5. *Bürger* in eine Klasse einreihen
6. in die Senatorenliste eintragen
7. schriftlich abfassen; *vom Arzt* verschreiben
8. voll schreiben, ***mensam vino*** den Tisch mit Wein
9. **cōnscrīptī** ⟨ōrum⟩ *m* beigeordnete Senatoren; ***patres conscripti*** *eigentlich Väter u. Beigeordnete* = Senatoren

cōnscrīptiō ⟨ōnis⟩ *f* ||conscribo||
1. schriftliche Abfassung, Aufzeichnung, *alicuius rei* von etw; ***falsa c.*** Fälschung
2. (*mlat.*) Urkunde, Werk

cōn-scrīptus ⟨a, um⟩ *PPP* → ***conscribo***

cōn-secō ⟨secuī, sectum, secāre 1.⟩ (*unkl.*) zerschneiden, zerstückeln

cōnsecrātiō ⟨ōnis⟩ *f* ||consecro||
1. religiöse Weihe, Heiligung
2. (Suet., Tac.) Vergöttlichung, Apotheose, *Versetzung der röm. Kaiser unter die Götter*
3. Verfluchung

cōnsecrātus ⟨a, um⟩ *Adj* ||consecro||
1. geweiht, heilig
2. *fig* der Rache *j-s* preisgegeben, der Rache *j-s* verfallen, *alicui*
3. unbedingt ergeben, *alicuius rei* einer Sache

▶ **cōn-secrō** ⟨āvī, ātum, āre 1.⟩
1. der Gottheit weihen, heiligen, ***aram*** einen Altar; ***Carthaginem c.*** Karthago für heiligen Boden erklären
2. den unterirdischen Göttern weihen = verfluchen, ***caput alicuius*** j-s Haupt = j-n
3. *fig* der Rache *j-s* preisgeben, *alicui*
4. für göttlich erklären, zur Gottheit erheben, vergöttern, ***Romulum*** den Romulus; ***c. origines suas*** die eigenen Anfänge für göttlich erklären

5. unsterblich machen, verewigen
6. unantastbar machen, unverletzlich machen, ***vetera*** das Alte
7. göttlichen Ursprung zusprechen
8. (*eccl.*) weihen, verwandeln; ***baptisma c.*** die Taufe vollziehen

cōnsectāria ⟨ōrum⟩ *n* ||consectarius|| Schlussfolgerungen

cōnsectārius ⟨a, um⟩ *Adj* ||con, sequor|| folgerichtig

cōnsectātiō ⟨ōnis⟩ *f* ||consector|| das Streben, *alicuius rei* nach etw

cōnsectātrīx ⟨īcis⟩ *f* eifrige Anhängerin, Freundin

cōnsectiō ⟨ōnis⟩ *f* ||conseco|| das Zerschneiden

cōnsector ⟨ātus sum, ārī 1.⟩ ||*Intens von* consequor||
1. eifrig begleiten, ständig begleiten
2. *feindlich j-n/etw* verfolgen, *j-m* nachsetzen, *aliquem/aliquid*
3. *fig j-m/einer Sache* nachjagen, nach *etw* trachten, *etw* zu erlangen suchen, *aliquem/aliquid*; ***gloriam c.*** nach Ruhm trachten

cōnsecūtiō ⟨ōnis⟩ *f* ||consequor||
1. Folge, *alicuius rei* von etw; ***consecutionem alicuius rei afferre*** etw nach sich ziehen
2. RHET richtige Abfolge
3. PHIL Schlussfolgerung

cōnsecūtus ⟨a, um⟩ *PPerf* → ***consequor***

cōnsecuus ⟨a, um⟩ *Adj, Adv* ⟨cōnsecuē⟩ (*altl. statt consequus*) folgend

cōn-sēdī → ***consido***

cōn-senēscō ⟨senuī, -, senēscere 3.⟩
1. (*nachkl.*) *poet* gemeinsam alt werden, *allg.* alt werden
2. *fig* schwach werden, hinfällig werden; POL an Einfluss verlieren

cōnsēnsī → ***consentio***

▶ **cōnsēnsiō** ⟨ōnis⟩ *f* ||consentio||
1. Übereinstimmung, Einigkeit, *alicuius* j-s, *alicuius rei* in etw
2. einstimmiger Beschluss, einstimmiger Wunsch; ***ex consensu omnium*** auf allgemeines Verlangen; ***uno consensu*** einstimmig
3. *pej* Verabredung, Komplott, Verschwörung

cōnsēnsum *PPP* → ***consentio***

cōnsēnsus ⟨ūs⟩ *m* = ***consensio***

cōnsentānea ⟨ōrum⟩ *n* ||consentaneus|| übereinstimmende Umstände

cōnsentāneus ⟨a, um⟩ *Adj* ||consentio|| übereinstimmend, vereinbar, *cum re/alicui rei* mit etw, *alicui* mit j-m; ***c. sibi*** konsequent; ***consentaneum est*** es ist vernünftig, es ist folgerichtig, es ist natürlich, + *Inf/* + *AcI*, *ut* dass

Cōnsentia ⟨ae⟩ *f Hauptstadt der Bruttii, heute Cosenza*

cōnsentiēns *Gen* ⟨entis⟩ *Adj* ||consentio|| einstimmig

Cōnsentīnī ⟨ōrum⟩ *m* die Einwohner von Consentia

▶ **cōn-sentiō** ⟨sēnsī, sēnsum, sentīre 4.⟩
1. übereinstimmen, einverstanden sein, *alicui/cum aliquo* mit j-m, *alicui rei/cum re* mit etw, *de re* über etw, in etw, *ad aliquid/in aliquid* zu etw, für etw, *adversus aliquem* gegen j-n; + *AcI* = einstimmig glauben; ***sibi c.*** sich treu bleiben
2. einstimmig beschließen, *aliquid* etw, + *Inf/* + *AcI*
3. sich verschwören, konspirieren, *cum aliquo* mit j-m, *pro aliquo* für j-n, *contra aliquem* gegen j-n, *ad aliquid/in aliquid* zu etw, für etw, *de re* bezüglich etw, *ut* + *Finalsatz/Konsekutivsatz*
4. *von Sachen* übereinstimmen, passen, harmonieren, *inter se* untereinander, *alicui rei/cum re* mit etw
5. (*mlat.*) (dem Mann) zu Willen sein

cōnsequēns
I *Gen* ⟨entis⟩ *Adj, Adv* ⟨cōnsequenter⟩ ||consequor||
1. PHIL vernunftgemäß, *log.* folgerichtig, konsequent; sich folgerichtig ergebend, entsprechend, *alicui rei* (aus) einer Sache; ***c. est*** *ut/* + *AcI* es ist folgerichtig, es ist konsequent, dass
2. Cic. GRAM richtig konstruiert
II ⟨entis⟩ *n* Folge, Folgerung, Folgesatz

cōnsequentia ⟨ae⟩ *f* ||consequens|| Folge, Abfolge, ***eventorum*** der Ereignisse

cōn-sequor ⟨secūtus sum, sequī 3.⟩
1. unmittelbar nachfolgen, *abs od aliquem* j-m; ***aliquem vestigiis c.*** j-m auf dem Fuße nachfolgen
2. *zeitl.* unmittelbar nachfolgen, eintreten, *abs od aliquem/aliquid* auf j-n/auf etw; ***omnes anni consequentes*** alle folgenden Jahre
3. verfolgen, ***hostes fugientes*** die fliehenden Feinde
4. *einem Vorbild* nachfolgen, *aliquem* j-m; *etw* befolgen, *aliquid* ***alicuius sententiam*** j-s Meinung
5. *als Wirkung* erfolgen, sich ergeben; ***pudorem rubor consequitur*** die Röte folgt der Scham
6. folgen, *abs od aliquid* aus etw; ***quod consequitur*** was (daraus) folgt
7. einholen, treffen, ***fugientem*** den Fliehenden
8. *durch Mühe* erlangen, erreichen, gewinnen, *aliquid re* etw durch etw; ***gloriam duabus victoriis c.*** Ruhm durch zwei Siege erlangen
9. *j-n* erreichen, *j-m* gleichkommen
10. geistig folgen = begreifen; ***aliquid coniecturā c.*** etw erraten

cōn-serō[1] ⟨sēvī, situm, serere 3.⟩
1. bepflanzen, besäen, bestellen, ***agrum*** das Feld
2. Lucr. befruchten, schwängern
3. *poet* beschweren, belästigen; ***senectute consitus sum*** ich bin vom Greisenalter belastet
4. pflanzen, anpflanzen, ***arbores*** Bäume

cōn-serō[2] ⟨seruī, sertum, serere 3.⟩

1. aneinanderreihen, aneinanderheften
2. zusammenheften
3. zusammenfügen, zusammensetzen
4. liebend anschmiegen
5. aneinanderbringen
6. einen Eigentumsprozess beginnen

1. aneinanderreihen, aneinanderheften, aneinander fügen, verknüpfen, *aliquid alicui rei* etw an etw, etw mit etw; ***vehicula vehiculis c.*** Fahrzeuge an Fahrzeuge reihen; ***vir viro conseritur*** Mann schließt sich an Mann; ***manibus consertis*** mit verschlungenen Händen
2. (*nachkl.*) *poet einen Gegenstand* zusammenheften; anheften, befestigen, *aliquid alicui rei* etw an

C

etw; ***nocti diem c.*** Tag und Nacht arbeiten
3. zusammenfügen, zusammensetzen, knüpfen, *aliquid re* etw aus etw; ***loricam auro c.*** einen Brustpanzer aus Gold flechten; ***sermonem c.*** *fig* ein Gespräch anknüpfen
4. liebend anschmiegen, *aliquid alicui rei* etw an etw, ***femur femori*** Schenkel an Schenkel
5. *feindlich* aneinanderbringen; ***manum cum aliquo c.*** mit j-m zu kämpfen beginnen; ***pugnam/proelium c.*** eine Schlacht beginnen, eine Schlacht liefern; ***navis conseritur*** das Schiff lässt sich auf einen Kampf ein
6. ***in iure/ex iure manum c.*** Hand an eine streitige Sache anlegen = einen Eigentumsprozess beginnen; ***aliquem ex iure manum consertum*** (*Supin*) ***vocare*** j-n zur Eröffnung eines Eigentumsprozesses laden

cōnsertē *Adv* ||consertus|| verknüpft, in engem Zusammenhang

cōn-sertus ⟨a, um⟩ *PPP* → ***consero²***

cōn-seruī → ***consero²***

cōnserva ⟨ae⟩ *f* ||conservus|| Mitsklavin

cōnservātiō ⟨ōnis⟩ *f* ||conservo||
1. Aufbewahrung, Erhaltung
2. *fig* Rettung, Erhaltung, ***ordinis*** der Ordnung

cōnservātor ⟨ōris⟩ *m* ||conservo|| Retter, Erhalter

cōnservātrīx ⟨īcis⟩ *f* (*spätl.*) Erhalterin

con-servitium ⟨ī⟩ *n* gemeinsames Sklavenlos

▶ **cōn-servō** ⟨āvī, ātum, āre 1.⟩
1. aufbewahren, bewahren, erhalten
2. *fig Überliefertes* beibehalten, aufrechterhalten, ***consuetudinem*** eine Gewohnheit
3. *Personen od Sachen* (vor dem Untergang) bewahren, retten, *auch + dopp. Akk*; ***omnes salvos c.*** alle heil erhalten

cōn-servus ⟨ī⟩ *m* Mitsklave

cōnsessor ⟨ōris⟩ *m* ||sedeo|| Tischnachbar; JUR Besitzer

cōn-sessum *PPP* → ***consido***

cōnsessus ⟨ūs⟩ *m* ||sedeo||
1. (*nachkl.*) das Beisammensitzen
2. Versammlung; Gerichtssitzung
3. Publikum
4. Verg. erhöhter Sitz

cōn-sēvī → ***consero¹***

cōnsīderātiō ⟨ōnis⟩ *f* ||considero|| Betrachtung, Erwägung

cōnsīderātus ⟨a, um⟩ *Adj, Adv* ⟨cōnsīderātē⟩ ||considero||
1. *von Sachen* reiflich überlegt, wohlerwogen
2. *von Personen* bedächtig, besonnen

▶ **cōn-sīderō** ⟨āvī, ātum, āre 1.⟩ ||*Denom von* sidus|| prüfend beobachten, besichtigen; *fig* überlegen, bedenken, *abs od aliquid/de re* etw; ***aliquid c. ex re*** etw nach etw beurteilen; ***aliquid secum c.*** etw bei sich überlegen; ***c., ut/ne*** darauf bedacht sein, dass/dass nicht; ***considera, quis sis*** Cic. überlege, wer du bist

▶ **cōn-sīdō** ⟨sēdī⟩ *u.* ⟨sīdī, sessum, sīdere 3.⟩
1. sich zusammensetzen, sich gemeinsam niederlassen, *in loco/loco* an einem Ort, ***in umbra*** im Schatten, ***in orchestra*** als Zuschauer
2. zur Beratung sich niederlassen, eine Sitzung abhalten; ***c. in ius dicendum in aliquem*** sich zum Gericht über j-n zusammensetzen
3. MIL sich lagern; sich aufstellen; ***in insidiis c.*** sich in den Hinterhalt legen
4. sich ansiedeln, seinen Wohnsitz nehmen, ***in finibus Ubiorum*** im Gebiet der Ubier, ***in novam urbem*** in einer neuen Stadt
5. landen, ***Ausonio portu*** Cic. in einem ausonischen (= italischen) Hafen
6. *von Sachen* sich senken, einsinken; ***urbs luctu considit*** die Stadt versinkt in Trauer
7. *fig* sich einnisten, sich festsetzen, sich einwurzeln; ***improbitas in mente alicuius considit*** die Schlechtigkeit setzt sich in j-s Innerem fest
8. *fig* sich legen, nachlassen, aufhören; ***utrius nomen consedit*** beider Namen sanken in Vergessenheit
9. RHET zu Ende gehen

cōnsīgnātiō ⟨ōnis⟩ *f* ||consigno|| Quint. Urkunde, Dokument

cōn-sīgnō ⟨āvī, ātum, āre 1.⟩
1. versiegeln; *fig* bestätigen, beglaubigen
2. aufzeichnen, festhalten; ***litteris c.*** durch Aufzeichnungen festhalten

cōn-silēscō ⟨siluī, -, silēscere 3.⟩ (*vkl., nachkl.*) völlig verstummen

cōnsiliārius
I ⟨a, um⟩ *Adj* ||consilium|| beratend
II ⟨ī⟩ *m*
1. Ratgeber, Berater, *alicuius in re* j-s in einer Sache
2. Beisitzer bei Gericht, Beisitzer im Rat
3. (*mlat.*) kaiserlicher Rat

cōnsiliātor ⟨ōris⟩ *m* ||consilior|| (*nachkl.*) *poet* Berater, Ratgeber

cōnsilior ⟨ātus sum, ārī 1.⟩ ||*Denom von* consilium|| sich beraten, Rat halten, *cum aliquo* mit j-m, ***haec*** hierüber; ***alicui c.*** j-m einen Rat geben

cōnsilium ⟨ī⟩ *n*

> **1.** Beratung, gemeinsame Überlegung
> **2.** Beratung, Sitzung
> **3.** Ratsversammlung
> **4.** weise Überlegung, Einsicht
> **5.** Beschluss, Entschluss
> **6.** Kriegsplan, Kriegslist
> **7.** Rat

1. Beratung, gemeinsame Überlegung; ***in consilio*** während der Beratung; ***consilia nocturna*** nächtliche Beratungen; ***c. est de re*** über etw wird beraten; ***haec consilii fuerant*** das waren die Gegenstände der Beratung gewesen
2. *amtliche u. gerichtliche* Beratung, Sitzung; ***aliquem in consilium advocare*** j-n zur Sitzung berufen; ***in consilium ire*** zur Abstimmung schreiten; ***in consilium mittere*** zur Beratung schreiten lassen
3. *meton* Ratsversammlung; ***c. publicum*** Staatsrat; ***c. amicorum*** Ministerrat; ***c. propinquorum*** Familienrat; ***c. sanctius*** der engere Ausschuss; ***consilia semestria*** zeitlich begrenzte Ausschüsse
4. weise Überlegung, Einsicht, Klugheit; ***ratio et c.*** kluge Berechnung, wohlberechneter Plan; ***bono consilio*** aus gutem Grund
5. Beschluss, Entschluss, Maßnahme, Plan; ***consilii auctor*** der Urheber eines Plans; ***c. callidum*** schlau-

er Plan; ***celeritas consilii*** Geistesgegenwart; ***c. capere*** einen Entschluss fassen, + *Inf/Gen des Ger/de re, ut/ne* dass/dass nicht; ***consilio regio*** nach dem Willen des Königs; ***consilio publico*** in öffentlichem Interesse; ***consilio privato*** aus eigenem Entschluss, im Privatinteresse; ***consilio*** absichtlich, planmäßig; ***sine consilio*** unabsichtlich, ohne Konzept; ***eo consilio, ut/ne*** in der Absicht, dass/dass nicht
6. Kriegsplan, Kriegslist
7. Rat, *den man gibt*, Vorschlag, Ratschlag, Eingebung; ***c. bonum*** guter Ratschlag; ***alicui consilium dare*** j-m einen Rat geben; ***aliquem adiuvare consilio et re*** j-m mit Rat und Tat helfen; ***facere aliquid de consilio alicuius*** auf j-s Rat etw tun; ***quid tui consilii est?*** was schlägst du vor?; ***consilium petere ab aliquo*** j-n um Rat fragen; ***c. abeundi*** *(mlat.)* „Rat abzugehen“, Verweisung *eines Studenten von der Universität oder eines Schülers vom Gymnasium*

cōn-similis ⟨e⟩ *Adj, Adv* ⟨cōnsimiliter⟩ ganz ähnlich, *alicuius/alicui* j-m

cōn-sipiō ⟨-, -, ere 3.⟩ ||sapio|| *(nachkl.)* bei Sinnen bleiben

cōn-sistō ⟨stitī, -, sistere 3.⟩

1. sich aufstellen, sich hinstellen
2. antreten, Stellung beziehen
3. sich auf j-s Seite stellen
4. eintreten
5. bestehen
6. beruhen
7. stehen bleiben, stillstehen
8. anhalten, sich aufhalten
9. sich auf Dauer niederlassen, sich ansiedeln
10. Fuß fassen
11. zur Ruhe kommen, sich fassen
12. stecken bleiben, stocken
13. fallen

1. sich aufstellen, sich hinstellen, auftreten, *in loco* an einem Ort, ***in contione*** in der Versammlung; ***c. cum aliquo*** sich mit j-m zum Gespräch treffen; ***in orbem c.*** sich im Kreis aufstellen
2. MIL antreten, Stellung beziehen, *in loco* an einem Ort
3. sich auf *j-s* Seite stellen, *cum aliquo*
4. *von Zuständen* eintreten
5. bestehen; ***ubi maleficia consistunt, ibi poenae consistunt*** wo es Verbrechen gibt, gibt es auch Strafen
6. auf *etw* beruhen, aus *etw*/in *etw* bestehen, *in re/ex re*; ***victus in lacte et caseo consistit*** die Nahrung besteht aus Milch und Käse; ***in te consistit omnium salus*** auf dir ruht das Heil aller
7. stehen bleiben, stillstehen; MIL Halt machen; vor Anker gehen, *in loco* an einem Ort, ***in monte*** auf einem Berg; ***c. contra aliquem*** gegen j-n Front machen; ***in ancoris/ad ancoram c.*** vor Anker gehen
8. *auf der Reise* anhalten, sich aufhalten, verweilen; ***triduum Romae c.*** drei Tage in Rom bleiben; ***in sententia c.*** *fig* bei seiner Meinung bleiben; ***in singulis c.*** RHET sich bei Einzelheiten aufhalten
9. sich auf Dauer niederlassen, sich ansiedeln, ***negotiandi causā*** aus geschäftlichen Gründen
10. Fuß fassen; *fig* sich behaupten; ***in causa c.*** einen Prozess gewinnen; ***in dicendo c.*** mit seiner Rede Anklang finden; ***consilium consistit*** der Entschluss steht fest
11. zur Ruhe kommen, sich fassen
12. *von Sachen* stecken bleiben, stocken; *fig* zum Stillstand kommen, sich legen
13. *vom Würfel* fallen

cōnsistōrium ⟨ī⟩ *n* ||consisto|| *(spätl.)* Versammlungsort, *bes der kaiserlichen Räte*, Kabinett; *(eccl.)* Versammlung des Papstes und der Kardinäle

cōnsitiō ⟨ōnis⟩ *f* ||consero[1]|| das Besäen, das Bepflanzen; *Pl* Anbauarten; ***c. agri*** das Bestellen des Feldes

cōnsitor ⟨ōris⟩ *m* ||consero[1]|| *poet* Pflanzer; ***c. uvae*** Weinpflanzer, = Bacchus

cōnsitūra ⟨ae⟩ *f* = ***consitio***

cōn-situs ⟨a, um⟩ *PPP* → ***consero[1]***

cōn-sobrīna ⟨ae⟩ *f* Cousine

cōn-sobrīnus ⟨ī⟩ *m* Geschwisterkind *urspr. nur mütterlicherseits*; Vetter, Cousin

cōn-socer ⟨erī⟩ *m* *(nachkl.) poet* Mitschwiegervater; *Pl* die beiderseitigen Schwiegereltern

cōnsociātiō ⟨ōnis⟩ *f* ||consocio|| Verbindung, Vereinigung

cōnsociātus ⟨a, um⟩ *Adj* ||consocio|| übereinstimmend, eng verbunden; ***res consociata*** verabredete Sache

cōn-sociō ⟨āvī, ātum, āre 1.⟩
1. eng verbinden, vereinigen, *meist Passiv*; ***consociatum esse cum aliquo*** mit j-m eng verbunden sein
2. gemeinsam machen, teilen, *aliquid cum aliquo* etw mit j-m; ***consilia cum aliquo c.*** j-n in seine Pläne hineinziehen

cōnsōlābilis ⟨e⟩ *Adj* ||consolor|| tröstlich; *(nachkl.)* Trost bringend; ***vix c.*** kaum zu trösten

cōnsōlātiō ⟨ōnis⟩ *f* ||consolor||
1. Trost, Beruhigung, Ermutigung, *alicuius* von j-m, für j-n, *alicuius rei* für etw, in etw, bei etw; *Pl* Trostworte
2. *meton* Trostschrift *als Buchtitel*
3. Trostrede *als Schriftgattung*

cōnsōlātor ⟨ōris⟩ *m* ||consolor|| Tröster; *(eccl.)* Heiland; Heiliger Geist

cōnsōlātōrius ⟨a, um⟩ *Adj* ||consolor|| tröstend, Trost…

► **cōn-sōlor** ⟨ātus sum, ārī 1.⟩
1. trösten, ermutigen, *aliquem/alicuius animum* j-n, *se re* sich selbst mit etw, *aliquem de re/in re* j-n in etw, j-n bei etw; + *AcI* = sich mit dem Gedanken trösten, dass; ***c. in morte filii*** beim Tod des Sohnes trösten; ***consolatus*** getröstet
2. Plaut. zufrieden stellen
3. *durch Trost* lindern, mildern, beschwichtigen
4. *(mlat.) auch p* Trost finden

cōn-somniō ⟨āvī, ātum, āre 1.⟩ Plaut. zusammenträumen, träumend ersinnen

cōnsonāns ⟨antis⟩ *f* ||consono|| Quint. Mitlaut, Konsonant

cōn-sonō ⟨uī, -, āre 1.⟩ *(unkl.)*
1. zusammentönen; ***consonante clamore*** mit einstimmigem Geschrei

C

2. widerhallen, erdröhnen, *re* von etw
3. *fig* übereinstimmen, harmonieren, *alicui rei / cum re* mit etw; ***extremis syllabis c.*** RHET den gleichen Auslaut haben

cōn-sonus ⟨a, um⟩ *Adj*
1. zusammentönend, harmonisch
2. *fig* übereinstimmend, passend

cōn-sōpiō ⟨īvī, ītum, īre 4.⟩ (Lucr., Suet.) völlig betäuben; einschläfern; ***somno consopiri*** in tiefen Schlaf fallen

cōn-sors
I *Gen* ⟨sortis⟩ *Adj*
1. gleich beteiligt, gleichen Abstand habend; ***socius c.*** Hor. gleichberechtigter Geschäftspartner
2. ein ungeteiltes Erbe gemeinsam besitzend, *alicuius* mit j-m; ***fratres consortes*** in Gütergemeinschaft lebende Brüder
3. *poet* geschwisterlich
4. *von Sachen* gemeinsam; ***tecta consortia*** gemeinsame Häuser
II ⟨sortis⟩
1. *m* Teilhaber, *alicuius rei* an etw; ***c. imperii*** Mitkaiser
2. *m* Bruder
3. *f* Schwester

cōnsortiō ⟨ōnis⟩ *f* ||consors|| Teilhaberschaft, *alicuius rei* an etw; ***c. regni*** Mitregentschaft

cōnsortium ⟨ī⟩ *n* ||consors|| (*nachkl.*)
1. = ***consortio***
2. Erbengemeinschaft; Gütergemeinschaft

cōnspectus[1] ⟨a, um⟩ *Adj* ||conspicio|| sichtbar, auffallend

cōn-spectus[2] ⟨a, um⟩ *PPP* → ***conspicio***

cōnspectus[3] ⟨ūs⟩ *m* ||conspicio||
1. Anblick, Blick; Augen, Angesicht, Gesichtskreis, *alicuius / alicuius rei* j-s / einer Sache; ***quo longissime conspectum oculorum fero*** soweit ich sehen kann; ***c. est in locum*** man kann einen Ort sehen; ***in conspectu esse*** vor Augen stehen, sichtbar sein; ***ponere in conspectu*** in Aussicht stellen; ***in conspectum venire*** vor die Augen kommen, erscheinen, sich deutlich zeigen; ***a conspectu / e conspectu alicuius*** aus j-s Augen
2. Aufsehen; ***ne qui c. fieret*** damit es kein Aufsehen gäbe
3. Anschauung, Betrachtung; ***uno in conspectu omnia videre*** auf einen Blick alles übersehen; ***ne in conspectu quidem relinqui*** gar nicht in Betracht kommen
4. das Sichtbarwerden, Erscheinung
5. Anblick, Aussehen; ***tuus iucundissimus c.*** dein überaus sympathisches Aussehen; ***frequens vester c.*** der Anblick eurer zahlreichen Versammlungen
6. Gell. kurzer Überblick, Abriss, Synopse

cōn-spergō ⟨spersī, spersum, spergere 3.⟩ ||spargo||
1. bespritzen, bestreuen, besprengen, *aliquid re* etw mit etw
2. *fig* überschütten, bedecken, verhüllen; ***aliquid hilaritate c.*** einer Sache einen heiteren Anstrich geben

cōnspexī → ***conspicio***

cōnspiciendus ⟨a, um⟩ *Adj* ||conspicio|| sehenswert

cōnspicillum ⟨ī⟩ *n* Plaut. Warte, Ausschauort

► **cōn-spiciō** ⟨spexī, spectum, spicere 3.⟩ ||specio||
1. *j-n / etw* anblicken, *j-n / etw* ansehen, auf *j-n / etw* hinschauen, zu *j-m / etw* hinblicken, *aliquem / aliquid*; *Passiv von Personen u. Sachen* sich sehen lassen können, Aufsehen erregen
2. *j-s / einer Sache* ansichtig werden, *j-n / etw* erblicken (können), *aliquem / aliquid*, + *AcI*; ***hostes milites nostros flumen transisse conspexerunt*** die Feinde sahen, dass unsere Truppen den Fluss überschritten hatten
3. *geistig* wahrnehmen, begreifen, einsehen, + *indir Fragesatz*; ***satis conspicio, quae res sit*** hinlänglich begreife ich, um was es sich handelt

cōn-spicor ⟨ātus sum, ārī 1.⟩ *j-n / etw* erblicken, *j-s / einer Sache* gewahr werden, *aliquem / aliquid*, + *AcI*; *selten Passiv* (Plaut., Sall.) sichtbar werden

► **cōnspicuus** ⟨a, um⟩ *Adj* ||conspicio|| (*nachkl.*) *poet* weithin sichtbar, *alicui* für j-n; *fig* auffallend, ausgezeichnet, stattlich

cōnspīrātī ⟨ōrum⟩ *m* ||conspiro|| Suet. die Verschworenen

cōnspīrātiō ⟨ōnis⟩ *f* ||conspiro||
1. Einigkeit, Einmütigkeit, Einverständnis, *alicuius rei / in re* in etw
2. *pej* Verschwörung

cōn-spīrō ⟨āvī, ātum, āre 1.⟩
1. Nep. *von Blasinstrumenten* zusammen ertönen
2. *fig* einig sein, zusammenwirken *abs od cum aliquo* mit j-m, *ad aliquid* zu etw, ***ad defendendam auctoritatem*** zur Verteidigung des Ansehens; ***conspirans / conspiratus*** einmütig, übereinstimmend
3. *pej* sich verschwören, meutern, *cum aliquo in aliquem* mit j-m gegen j-n, *ad aliquid / in aliquid* zu etw; ***ad res novas c.*** sich zu revolutionären Handlungen verschwören

cōn-spondeō ⟨spondī, spōnsum, spondēre 2.⟩ (*vkl.*, *nachkl.*) gemeinsam verpflichten

cōnspōnsor ⟨ōris⟩ *m* ||conspondeo|| Mitbürge

cōn-spuō ⟨spuī, spūtum, spuere 3.⟩ (*unkl.*) bespeien, anspucken; *fig* bestreuen, bedecken; ***Alpes nive c.*** die Alpen mit Schnee bedecken

cōn-spurcō ⟨āvī, ātum, āre 1.⟩ (*nachkl.*) *poet* besudeln

cōnspūtō ⟨āvī, ātum, āre 1.⟩ ||*Intens von* conspuo|| anspeien, anspucken

cōn-stabiliō ⟨īvī, ītum, īre 4.⟩ Plaut. befestigen; sichern

► **cōnstāns** *Gen* ⟨antis⟩ *Adj*, *Adv* ⟨cōnstanter⟩ ||consto||
1. *von Sachen* fest stehend, fest, nicht wankend, ruhig
2. stetig, unwandelbar, regelmäßig, gleichförmig
3. fest, gefestigt, gesetzt; ***aetas c.*** gesetztes Alter, Mannesalter; ***aetate nondum constanti*** in noch nicht gesetztem Alter
4. konsequent durchgeführt, harmonisch
5. übereinstimmend, einstimmig; ***rumores constantes*** übereinstimmende Gerüchte; ***constanter facere*** folgerichtig handeln
6. *von Personen* beständig, charakterfest, konsequent, besonnen, *in re / alicuius rei* in etw; ***amicus c.*** verlässlicher Freund; ***inimicus c.*** hartnäckiger Gegner

cōnstantia ⟨ae⟩ *f* ||constans||
1. *von Sachen* Festigkeit, Ruhe; PHIL ruhiger See-

lenzustand, Ausgeglichenheit
2. Stetigkeit, Beständigkeit, Regelmäßigkeit
3. Beharrlichkeit, Zuverlässigkeit
4. *von Angaben u. Ansichten* Übereinstimmung, Konsequenz, Folgerichtigkeit
5. *von Personen* Beständigkeit, Charakterfestigkeit, Ausdauer, Besonnenheit; *pej* Trotz, Sturheit, *in re* in etw

Cōnstantīna ⟨ae⟩ *f früherer Name von Cirta*

Cōnstantīnopolis ⟨is⟩ *f die einstige griech. Kolonie Byzantium am Bosporus, seit 330 n Chr. Hauptstadt des Röm. Reiches, später des Oström. Reiches u. zu Ehren des Kaisers Konstantin des Großen in Constantinopolis umbenannt, heute Istanbul*

cōn-stātūrus ⟨a, um⟩ *Part Fut* → ***consto***

cōnstēllātiō ⟨ōnis⟩ *f* ||stella|| *(spätl.)* ASTRON Stellung der Gestirne *zueinander u. ihr dadurch bedingter Einfluss auf das Schicksal eines Menschen*; Konstellation

cōnsternātiō ⟨ōnis⟩ *f* ||consterno[1]|| *(nachkl.)*
1. das Scheuwerden, das Scheuen, ***equorum*** der Pferde
2. *fig* Bestürzung, Angst, Entsetzen
3. *fig* Aufruhr, Tumult, Krawall, Meuterei

cōn-sternō[1] ⟨āvī, ātum, āre 1.⟩
1. scheu machen; *Passiv* scheuen
2. aufscheuchen, aufschrecken; ***aliquem ab sede sua c.*** j-n von seinem Sitz verscheuchen; ***hostes in fugam c.*** die Feinde in wilde Flucht schlagen
3. *fig* erschrecken, ängstigen, aus der Fassung bringen; ***ad arma consternari*** aufgeregt zu den Waffen eilen; ***consternatus*** bestürzt, verblüfft, außer sich
4. aufregen, erbittern, empören

cōn-sternō[2] ⟨strāvī, strātum, sternere 3.⟩
1. bestreuen, dicht bedecken, *aliquid re* etw mit etw; ***tabernacula caespitibus c.*** die Zelte mit Rasen bedecken
2. verdecken, überdecken, mit Brettern belegen; *(nachkl.)* pflastern; ***paludem pontibus c.*** einen Sumpf mit Bohlen überbrücken; ***navem c.*** ein Schiff mit einem Verdeck versehen
3. niederwerfen, umwerfen, ***statuas*** Denkmäler

cōn-stīpō ⟨āvī, ātum, āre 1.⟩ zusammendrängen, ***se sub vallo*** sich unter einem Wall

cōnstitī → ***consisto*** *u.* → ***consto***

cōn-stituō ⟨stituī, stitūtum, stituere 3.⟩

1. hinstellen, hinsetzen
2. Halt machen lassen
3. ansässig machen
4. errichten, anlegen
5. zustande bringen, einführen
6. festsetzen, bestimmen
7. beschließen, sich entschließen

1. hinstellen, hinsetzen, hinlegen, aufstellen, *aliquem in loco* j-n an einem/an einen Ort, *alicui/alicui rei* für j-n/für etw; ***c. alicuius senectutem ante oculos*** j-s Alter vor Augen stellen
2. MIL Halt machen lassen, ***agmen*** die Kolonne; ***naves c. in aperto litore*** die Schiffe vor der offenen Küste vor Anker gehen lassen; ***milites sub monte c.*** die Soldaten am Fuß des Berges halten lassen; ***legiones pro castris c.*** die Legionen vor dem Lager aufstellen; ***ducentis passibus ab eo tumulu c.*** 200 Fuß vor diesem Hügel aufstellen
3. ansässig machen; *in ein Amt* einsetzen; ***plebem in agris c.*** das Volk auf der Staatsdomäne ansiedeln; ***aliquem regem c.*** j-n als König einsetzen; ***aliquem in aliquo munere c.*** j-n in ein Amt einweisen, j-n in ein Amt einsetzen
4. errichten, anlegen, gründen; ***aedem c.*** ein Haus errichten; ***oppidum c.*** eine Stadt gründen
5. zustande bringen, einführen, einrichten; ***pacem c.*** Frieden stiften; ***legem c.*** ein Gesetz einführen; ***sibi auctoritatem c.*** sich Ansehen verschaffen
6. festsetzen, bestimmen, vereinbaren, *aliquid alicui* etw für j-n, *in aliquem* gegen j-n, *+ AcI / + indir Fragesatz*, *ut* dass; ***tempus agendae rei c.*** den Zeitpunkt zum Vollzug von etw festsetzen; ***pretium frumento c.*** den Getreidepreis festsetzen; ***aera militibus c.*** den Sold für die Soldaten festsetzen
7. beschließen, sich entschließen, *bei gleichem Subj. + Inf, bei verschiedenen Subj., + AcI ut/ne* dass/dass nicht; ***alicui constitutum est*** es ist bei j-m beschlossene Sache

cōnstitūtiō ⟨ōnis⟩ *f* ||constituo||
1. Einrichtung; POL Verfassung
2. *physische* Beschaffenheit, Zustand
3. Begriffsbestimmung; begründete Feststellung *des Streitobjektes*; *meton* Begründungsform
4. *(nachkl.)* Verordnung, Anordnung

cōnstitūtum ⟨ī⟩ *n* ||consitutuo||
1. Verfügung, Bestimmung
2. Verabredung; verabredeter Ort, festgesetzte Zeit; Zusammenkunft, *gerichtlich vereinbarter* Termin
3. Vorsatz

cōnstitūtus[1] ⟨a, um⟩ *Adj* ||constituo||
1. festgesetzt, bestimmt, beschaffen, *de re* in Bezug auf etw, *oft mit Adv bene, ita*; ***vir naturā bene c.*** ein von Natur aus wohl beschaffener Mann; ***philosophus animo ita c. est, ut*** der Philosoph ist geistig so orientiert, dass, *+ Konsekutivsatz*
2. *(mlat.)* befindlich

cōn-stitūtus[2] ⟨a, um⟩ *PPP* → ***constituo***

cōn-stō ⟨stitī, stātūrus, stāre 1.⟩

1. beisammenstehen
2. fortbestehen, unverändert bleiben
3. übereinstimmen, harmonieren
4. stimmen, richtig sein
5. konsequent sein
6. vorhanden sein, existieren
7. bekannt sein, gewiss sein
8. bestehen
9. beruhen
10. kosten, zu stehen kommen,

1. Plaut. beisammenstehen; stillstehen, fest stehen, nicht weichen, nicht wanken; ***acies constabat*** die Front stand fest
2. fortbestehen, unverändert bleiben; ***idem sermo omnibus constat*** alle bleiben bei derselben Aussage; ***animus/mens nobis constat*** wir behalten die Fassung; ***mente c.*** gefasst bleiben; ***aliquis oculis constat*** j-d richtet die Augen unverwandt auf etw
3. übereinstimmen, harmonieren, *alicui rei/cum re*

mit etw
4. stimmen, richtig sein; ***ratio constat*** die Rechnung stimmt
5. ***sibi c.*** konsequent sein, *in re* in etw, bei etw
6. vorhanden sein, existieren; ***nec virtutes nec amicitiae in ea ratione c. possunt*** weder Tugend noch Freundschaften können auf diese Weise existieren; = ***exsto***
7. bekannt sein, gewiss sein; ***nomen et factum constat*** Name und Tat sind bekannt; *meist unpers* ***constat alicui*** es steht für j-n fest; j-d ist entschossen, + *Inf* / + *indir Fragesatz*; ***constat*** es ist bekannt, *abs od de re* in Bezug auf etw, *alicui* j-m, + *AcI* / + *indir Fragesatz*; ***nobis nihil constat*** uns ist nichts bekannt; ***omnibus/inter omnes constat*** es ist allgemein bekannt
8. aus *etw* bestehen, *ex re/re/de re*; ***homo ex corpore et animo constat*** der Mensch besteht aus Leib und Seele
9. *fig* in *etw* bestehen; auf *etw* beruhen, *in re/re/ex re*; ***victoria in virtute militum constat*** der Sieg beruht auf der Tapferkeit der Soldaten; ***temperantia ex praetermittendis voluptatibus constat*** das Maßhalten liegt in der Vermeidung von sinnlichen Genüssen
10. *Geschäftssprache, urspr. vom Feststehen der Waage* kosten, zu stehen kommen, + *Abl pretii* / *Gen pretii*; ***magno pretio c.*** einen hohen Preis kosten; ***minoris c.*** weniger kosten; ***pluris c.*** mehr kosten; ***victoria multo sanguine constat*** der Sieg kostet viel Blut
11. (*mlat.*) = ***esse***

cōnstrātum ⟨ī⟩ *n* ||consterno²|| (*nachkl.*) Decke, Verdeck; Bretterbelag, Fahrbahn

cōn-stringō ⟨strīnxī, strictum, stringere 3.⟩
1. zusammenschnüren, zusammenbinden, ***sarcinam*** Gepäck
2. binden, fesseln, ***aliquem vinculis*** j-n mit Stricken; ***curru constrictus*** an den Wagen gebunden
3. festbinden, befestigen
4. *Passiv* gefrieren, zusammenfrieren
5. *fig* befestigen = unauflöslich machen, ***foedus iure iurando*** ein Bündnis durch Eid
6. *fig* beschränken, einschränken, ***orbem terrarum novis legibus*** den ganzen Erdkreis durch neue Gesetze; ***senatum constrictum tenere*** den Senat in Abhängigkeit halten; ***constrictum teneri collegā*** vom Kollegen in seiner Tätigkeit gelähmt werden
7. RHET kurz zusammenfassen, ***orationem aptis verbis*** eine Rede durch geeignete Worte

cōnstrūctiō ⟨ōnis⟩ *f* ||construo||
1. Zusammenfügung, Bau
2. RHET passende Verbindung; ***c.*** (***verborum***) Periodenbau
3. GRAM Satzbau, Konstruktion; ***c. ad sensum*** (*mlat.*) Konstruktion nach dem Sinn, *das heißt nicht nach den Regeln der Grammatik*

cōn-struō ⟨strūxī, strūctum, struere 3.⟩
1. zusammenschichten, aufschichten, aufbauen
2. kunstvoll (er)bauen, errichten, ***nidum*** ein Nest, ***aedificium*** ein Gebäude, ***mundum*** die Welt; ***maria c.*** Meere überbauen
3. GRAM konstruieren

cōnstuprātor ⟨ōris⟩ *m* ||constupro|| Liv. Vergewaltiger

cōn-stuprō ⟨āvī, ātum, āre 1.⟩ schänden, vergewaltigen, ***virginem*** eine Jungfrau; ***iudicium emptum constupratumque*** ein durch Unzucht bestochener Gerichtshof

cōn-suādeō ⟨suāsī, suāsum, suādēre 2.⟩ Plaut. dringend (an)raten; beschwatzen

Cōnsuālia ⟨ium⟩ *n* Fest zu Ehren des Consus, *am 21. August (Ende der Ernte) u. am 15. Dezember mit Pferde- u. Mauleselrennen gefeiert*

cōnsuāsor ⟨ōris⟩ *m* ||consuadeo|| Ratgeber

cōnsūcidus ⟨a, um⟩ *Adj* Plaut. vollsaftig

cōn-sūdō ⟨āvī, ātum, āre 1.⟩ (*vkl., nachkl.*) stark schwitzen

cōn-suē-faciō ⟨fēcī, factum, facere 3.⟩ (*vkl., nachkl.*) an *etw* gewöhnen, + *Inf*

▶ **cōn-suēscō** ⟨suēvī, suētum, suēscere 3.⟩
I *v/i* sich an *etw* gewöhnen, *abs od alicui rei / ad aliquid*, + *Inf*, *auch unpers*; ***consuevisse*** gewohnt sein, pflegen; ***sicut fieri consuevit*** wie es zu geschehen pflegt; ***consuevisse cum aliquo*** mit j-m vertrauten Umgang pflegen
II *v/t* (*vkl., nachkl.*) an *etw* gewöhnen, *alicui rei*, + *Inf*; ***consuetus*** an *etw* gewöhnt, mit *etw* vertraut, *alicui rei*, + *Inf*;

cōnsuētiō ⟨ōnis⟩ *f* ||consuesco|| Com. vertrauter Umgang

▶ **cōnsuētūdō** ⟨inis⟩ *f* ||consuesco||
1. Gewohnheit, Herkommen, Sitte, Brauch, Gebrauch, *alicuius* j-s, *alicuius rei* einer Sache; ***c. Romanorum*** Brauch der Römer; ***c. vitae communis*** Gewöhnung an das gemeinsame Leben; ***alicuius c. est*** es ist j-s Gewohnheit, + *Inf*; ***c. alicuius rei*** Übung in etw; ***in consuetudinem venire*** zur Gewohnheit werden; ***pro consuetudine/ex consuetudine/consuetudine/ad consuetudinem*** gewohnheitsgemäß, aus Gewohnheit; ***praeter/contra consuetudinem*** gegen die Gewohnheit
2. (*erg.* ***vitae/victūs/vivendi***) gewohnte Lebensweise, ***Germanorum*** der Germanen
3. (*erg.* ***loquendi***) gewöhnlicher Sprachgebrauch; ***c. barbara*** barbarische Ausdrucksweise; ***c. indocta*** ungebildeter Sprachgebrauch
4. geselliger Umgang, *alicuius* j-s, mit j-m; ***c. est alicui cum aliquo*** j-d hat Umgang mit j-m
5. (*vkl., nachkl.*) Liebschaft, Verhältnis

cōnsuētus[1] ⟨a, um⟩ *Adj*, *Adv* ⟨cōnsuētē⟩ ||consuesco|| gewohnt, gewöhnlich; ***aliquid consuetum habere*** sich an etw gewöhnt haben

cōn-suētus[2] ⟨a, um⟩ *PPP* → ***consuesco***

cōn-suēvī → ***consuesco***

▶ **cōnsul** ⟨is⟩ *m*
1. Konsul, *seit etwa 450 v. Chr. einer der jeweils paarweise gewählten höchsten Beamten der röm. Republik für jeweils ein Jahr, urspr. nur patriz., seit 366 v. Chr. auch pleb. Herkunft*; *Abk COS, Pl COSS*; *die Angabe der Konsuln diente zur Bezeichnung der Jahre*; ***Cn. Pompeio M. Crasso consulibus*** unter dem Konsulat des Cn. Pompeius und des M. Crassus; ***quibus consulibus?*** unter welchen Konsuln? = in welchem Jahr?; ***c. suffectus*** der im Lauf des Jahres nachgewählte Konsul; ***c. designatus*** der für das nächste Jahr gewählte Konsul; ***pro consule*** Prokonsul, *eigentlich Stellvertreter,*

Statthalter einer konsularischen Provinz
2. (*mlat.*) Ratsherr, Vorsteher

▶ **cōnsulāris**
I ⟨e⟩ *Adj, Adv* ⟨cōnsulāriter⟩ ||consul|| konsularisch, des Konsuls, Konsul…; ***aetas c.*** gesetzliches Alter für einen Konsul (*43 Jahre*); ***comitia consularia*** Konsulwahlen; *Adv* eines Konsuls würdig
II ⟨is⟩ *m*
1. gewesener Konsul
2. *in der Kaiserzeit* Legat mit konsularischem Rang, kaiserlicher Statthalter *einer Provinz*

▶ **cōnsulātus** ⟨ūs⟩ *m* ||consul|| Konsulat, Amt des Konsuls

cōnsulō ⟨suluī, sultum, sulere 3.⟩
I *v/i*
1. sich beraten, Rat halten, *cum aliquo* mit j-m, *de re* über etw, + *indir Fragesatz*; ***consulam*** ich will es mir überlegen
2. für *j-n/etw* sorgen, *j-m* helfen, *alicui/alicui rei, ut/ne* dass/dass nicht; ***sibi c.*** auf die eigene Rettung bedacht sein; ***timori c.*** der Furcht nachgeben; ***vitae alicuius c.*** j-s Leben schonen
3. beschließen, ***de perfugis*** über das Schicksal der Überläufer, ***ad summam rerum*** mit Rücksicht auf das Ganze
4. verfahren, vorgehen, *in aliquem* gegen j-n, + *Adv*; ***crudeliter c. in aliquem*** grausam gegen j-n vorgehen
II *v/t*
1. um Rat fragen, befragen, *aliquem de re* j-n über etw, + *indir Fragesatz*; ***populum c.*** beim Volk einen Antrag stellen; ***qui consuluntur*** die Rechtskundigen
2. beraten, erwägen, überlegen
3. ***boni c.*** gutheißen

cōnsultātiō ⟨ōnis⟩ *f* ||consulto[2]||
1. Befragung, Erwägung, *de re* über etw, + *indir Fragesatz*
2. Anfrage, Konsultation *bei einem Rechtsgelehrten*
3. RHET, PHIL These, Thema

cōnsultātor ⟨ōris⟩ *m* ||consulto[2]|| (*nachkl.*) Fragesteller

cōnsultē *Adv* ||consultus[1]|| (*vkl., nachkl.*) mit Bedacht

cōnsultō[1] *Adv* ||consultus[1]|| absichtlich, mit Absicht, überlegt

▶ **cōnsultō[2]** ⟨āvī, ātum, āre 1.⟩ ||*Intens von* consulo||
I *v/i*
1. reiflich überlegen, sich beraten, *cum aliquo de re/super re/aliquid* mit j-m über etw, + *indir Fragesatz*
2. für *etw* sorgen, *alicui rei, selten alicui* für j-n, ***in medium*** zum allgemeinen Besten
II *v/t* (*unkl.*)
1. befragen, um Rat fragen, zurate ziehen
2. Wahrsager fragen; JUR Rechtsbescheide einholen, *abs*

cōnsultor ⟨ōris⟩ *m* ||consulo||
1. (*nachkl.*) Berater
2. Rat Suchender, Klient

cōnsultrīx ⟨īcis⟩ *f* ||consultor|| Fürsorgerin

▶ **cōnsultum** ⟨ī⟩ *n* ||consultus[1]||
1. Beschluss, Maßregel, Plan; ***senatūs c.*** *vollgültiger, rechtskräftiger* Senatsbeschluss, *Abk SC*
2. Verg. Orakelspruch

cōnsultus[1] ⟨a, um⟩ *Adj, Adv* → ***cōnsultē*** *u.* → ***cōnsultō***
1. *von Sachen* reiflich überlegt, bedacht
2. *von Personen* kundig, erfahren; ***iuris c.*** rechtsgelehrt

cōnsultus[2] ⟨ūs⟩ *m* ||consulo||
1. = ***consultum***
2. (*mlat.*) Rat, Hilfe

cōn-sultus[3] ⟨a, um⟩ *PPP* → ***consulo***

cōnsuluī → ***consulo***

cōnsummābilis ⟨e⟩ *Adj* ||consummo|| Sen. zur Vollkommenheit fähig

cōnsummātiō ⟨ōnis⟩ *f* ||consummo|| (*nachkl.*) Zusammenrechnung, Überblick; Vollendung, Beendigung

cōnsummātus ⟨a, um⟩ *Adj* ||consummo||
1. gesamt
2. vollendet, vollkommen

cōn-summō ⟨āvī, ātum, āre 1.⟩ (*nachkl.*) *poet*
1. zusammenrechnen, addieren; *Passiv* sich als Summe ergeben
2. vollbringen, vollenden; *abs* seine Dienstzeit vollenden

▶ **cōn-sūmō** ⟨sūmpsī, sūmptum, sūmere 3.⟩
1. *Kraft, Eifer, Gaben* gebrauchen, verwenden, *in re* auf *etw*; ***pecuniam in statuis c.*** Geld für Denkmäler verwenden
2. *Zeit* verbringen; *pej* verstreichen lassen, vergeuden, *re* durch etw, *in re* mit etw, bei etw
3. aufbrauchen, verbrauchen; ***tela c.*** Geschosse verschießen; ***miseriam c.*** Mitleid erschöpfen; ***ignominiam c.*** Schande auskosten
4. aufzehren, verzehren
5. *fig* vergeuden, verprassen
6. *fig* vernichten, zerstören, aufreiben, erschöpfen; umbringen; *Passiv* umkommen

cōnsūmptiō ⟨ōnis⟩ *f* ||consumo|| Verzehrung, Aufzehrung

cōnsūmptor ⟨ōris⟩ *m* ||consumo|| Verzehrer, Verschwender

cōn-sūmptus ⟨a, um⟩ *PPP* → ***consumo***

cōn-suō ⟨suī, sūtum, suere 3.⟩ (*vkl., nachkl.*) zusammennähen; *fig* anzetteln, einfädeln; ***os alicuius c.*** j-m das Maul stopfen

cōn-surgō ⟨surrēxī, surrēctum, surgere 3.⟩
1. sich gemeinsam erheben; ***consurgitur*** man steht auf
2. *vom Einzelnen* sich erheben, aufstehen; auftreten; ***c. alte in ensem sublatum*** Verg. *poet* mit dem Schwert weit ausholen
3. *von Leblosem* sich auftürmen, emporsteigen, emporragen
4. *fig zu einer Tätigkeit od einem Zustand* sich erheben, aufstehen, sich aufraffen, sich emporschwingen

cōnsurrēctiō ⟨ōnis⟩ *f* ||consurgo|| allgemeines Aufstehen

Cōnsus ⟨ī⟩ *m altröm. Gott der Ernte mit einem unterirdischen Altar; dieser wurde nur an den Consualia feierlich ausgegraben*

cōn-susurrō ⟨āvī, ātum, āre 1.⟩ Ter. zusammen flüstern, zusammen summen

con-tābēfaciō ⟨fēcī, factum, facere 3.⟩ Plaut. nach und nach hinschwinden lassen; *fig* verzehren

con-tābēscō ⟨tābuī, -, tābēscere 3.⟩ hinschwinden, sich verzehren

contabulātiō ⟨ōnis⟩ *f* ||contabulo|| Balkenlage, Bretterdecke *eines Stockwerkes, bes des ersten*; *meton* Stockwerk

con-tabulō ⟨āvī, ātum, āre 1.⟩ ||tabula||
1. mit Brettern belegen, mit Balken belegen
2. mit mehrstöckigen Türmen versehen, ***murum*** die Mauer
3. (*nachkl.*) überbrücken

contāctus[1] ⟨a, um⟩ *Adj* ||contingo|| befleckt, verunreinigt, schuldbeladen; ***religione c.*** fluchbeladen

contāctus[2] ⟨ūs⟩ *m* = ***contagio***

con-tāctus[3] ⟨a, um⟩ *PPP* → ***contingo***

contāgēs ⟨is⟩ *f* ||contingo|| Liv. Berührung

contāgiō ⟨ōnis⟩ *f u.* **contāgium** ⟨ī⟩ *n* ||contingo|| (*nachkl.*) *poet*
1. Berührung, Betastung; *fig* Einwirkung, Einfluss; *fig* Umgang, *alicuius* mit j-m
2. *pej* Ansteckung, Seuche; *fig* schlechter Einfluss

contāminātī ⟨ōrum⟩ *m* ||contaminatus|| Tac. Lustknaben

contāminātus ⟨a, um⟩ *Adj* ||contamino||
1. befleckt, entweiht
2. unrein, schuldbefleckt

contāminō ⟨āvī, ātum, āre 1.⟩ ||*Denom von* contamen||
1. *durch Berührung* verderben, entweihen, entehren, ***se sanguine alicuius*** sich mit j-s Blut; ***veritatem mendacio c.*** die Wahrheit durch Lüge entstellen; ***fabulas c.*** Theaterstücke durch Verschmelzung *zweier od mehrerer griech. Originale zu einem römischen* verhunzen, kontaminieren
2. mit Unreinem in Berührung bringen, besudeln, beflecken

con-technor ⟨ātus sum, ārī 1.⟩ ||*Denom von* techna|| Plaut. Ränke schmieden, listig ersinnen

con-tegō ⟨tēxī, tēctum, tegere 3.⟩
1. bedecken, *bekleidend* schützen, verwahren, *aliquem re* j-n mit etw
2. verdecken, verhüllen, verbergen; begraben
3. *fig* verheimlichen

con-temerō ⟨āvī, ātum, āre 1.⟩ (Ov., Mart.) beflecken, entweihen

▶ **con-temnō** ⟨tempsī, temptum, temnere 3.⟩
1. verachten, gering schätzen, nicht beachten, *aliquid prae re* etw im Vergleich mit etw; ***Romam prae sua Capua c.*** Rom im Vergleich mit seinem Capua gering schätzen
2. *etw durch Worte* herabsetzen, sich über *etw* geringschätzig äußern, *aliquid*
3. ***se c.*** bescheiden sein
4. *poet* trotzen, *aliquid* einer Sache, ***ventos*** den Winden

contemplātiō ⟨ōnis⟩ *f* ||contemplor||
1. Betrachtung, ***tabularum*** der Bilder, ***virtutum alicuius*** von j-s Leistungen
2. (*nachkl.*) Rücksicht, *alicuius / alicuius rei* auf j-n / auf etw

contemplātīvus ⟨a, um⟩ *Adj* ||contemplor||
1. Sen. beschaulich; PHIL theoretisch; ↔ ***activus***
2. ***vita contemplativa*** (*mlat.*) Klosterleben

contemplātor ⟨ōris⟩ *m* ||contemplor|| Beschauer, Betrachter

contemplātus *Abl* ⟨ū⟩ *m* Ov. = ***contemplatio***

▶ **con-templō** ⟨āvī, ātum, āre 1.⟩ *u.* **con-templor** ⟨ātus sum, ārī 1.⟩ beobachten, beschauen, betrachten; erwägen

contempsī → ***contemno***

contemptim *Adv* ||contemptus[1]|| (*vkl., nachkl.*) verächtlich, geringschätzig

contemptiō ⟨ōnis⟩ *f* ||contemno|| Verachtung, Geringschätzung; Gleichgültigkeit, *alicuius / alicuius rei* gegenüber j-m / einer Sache, ***in socios*** unter den Gefährten

contemptius *Adv Komp* → ***contemptim***

contemptor ⟨ōris⟩ *m* ||contemno|| (*nachkl.*) *poet* Verächter; *adj* alles verachtend, hochfahrend

contemptrīx ⟨īcis⟩ *f* ||contemptor|| (*unkl.*) Verächterin

contemptus[1] ⟨a, um⟩ *Adj* ||contemno||
1. verachtet
2. der Beachtung nicht wert, ärmlich, unbedeutend

contemptus[2] ⟨ūs⟩ *m* = ***contemptio***
1. Verachtung, Nichtachtung, *die man hegt*
2. Verachtung, Nichtachtung, *die man erfährt*, (*klass.*) *nur in der Wendung* ***alicui contemptui esse*** von j-m verachtet werden

con-temptus[3] ⟨a, um⟩ *PPP* → ***contemno***

con-tendō ⟨tendī, tentum, tendere 3.⟩

I
1. zusammenstellen, vergleichen
2. anspannen, straffen
3. schleudern, abschießen
4. erstreben
5. nachdrücklich behaupten
II
1. sich messen, wetteifern
2. sich anstrengen
3. eilen

I *v/t*
1. zusammenstellen, vergleichen; ***causam Roscii cum tua c.*** den Fall des Roscius mit deinem vergleichen
2. anspannen, straffen, ***nervos*** die Sehnen, die Saiten; ***tormenta telorum c.*** die Wurfmaschinen spannen
3. *Geschosse* schleudern, abschießen; ***tela c.*** Geschosse schleudern; ***hastam alicui c.*** die Lanze gegen j-n werfen
4. erstreben, auf *etw* hinarbeiten; verlangen, *abs od aliquid ab aliquo* etw von j-m, *ut / ne*
5. nachdrücklich behaupten, *aliquid* etw, + *AcI*
II *v/i*
1. sich messen, wetteifern, streiten *mit Waffen u. Worten*, kämpfen, *alicui / cum aliquo* mit j-m, *inter se* untereinander, *contra aliquem / adversus aliquem* gegen j-n, *pro aliquo* für j-n, *de re* um etw
2. sich anstrengen
3. *wohin* eilen; nach *etw* streben, *in aliquid / ad aliquid, ad aliquem* zu j-m; + *Inf* = sich beeilen; ***ad Rhenum c.*** an den Rhein eilen; ***in castra c.*** ins Lager eilen; ***tantum itineris c.*** so weit eilen; ***ad maiora c.*** nach Höherem streben; ***de re c.*** sich für etw an-

strengen

contentē[1] *Adv* ||contentus[1]|| angestrengt, eifrig

contentē[2] *Adv* ||contentus[2]|| Plaut. knapp, kurz; ***aliquem artē contenteque habere*** j-n knapp halten

▶ **contentiō** ⟨ōnis⟩ *f* ||contendo||
1. Vergleich, vergleichende Zusammenstellung, *alicuius* j-s *od* mit j-m, *alicuius rei* einer Sache *od* mit etw, *alicuius cum aliquo* j-s mit j-m, *alicuius rei cum re* einer Sache mit etw, + *indir Fragesatz*
2. RHET Antithese
3. Wettstreit, Wettkampf, Streit *mit Waffen u. Worten*, *de re* um etw, *pro re* für etw; ***c. rei privatae*** Streit in einer Privatangelegenheit; ***c. dicendi*** Wettstreit im Reden; ***c. honorum*** Wettstreit um Ehrenstellen; ***c. est inter aliquos*** es herrscht Streit unter einigen; ***c. est alicui cum aliquo*** j-d liegt im Streit mit j-m, *de re* bezüglich einer Sache, um etw, + *indir Fragesatz*
4. Wortstreit, Debatte, *auch* Streitfrage
5. Streitsucht
6. Spannung, Anspannung, *alicuius rei* einer Sache *od* bei etw, ***vocis*** der Stimme, ***dicendi*** beim Reden
7. Anstrengung
8. eifriges Streben *alicuius alicuius rei* j-s nach etw
9. *pej* Leidenschaft, Heftigkeit, leidenschaftlicher Ton

contentiōsus ⟨a, um⟩ *Adj*, *Adv* ⟨contentiōsē⟩ ||contentio|| streitsüchtig, polemisch; hartnäckig

contentus[1] ⟨a, um⟩ *Adj*, *Adv* → ***contentē***[1] ||contendo|| gespannt, straff, *physisch u. psychisch* angestrengt, eifrig

▶ **contentus**[2] ⟨a, um⟩ *Adj*, *Adv* → ***contentē***[2] ||contineo|| sich begnügend, zufrieden, *re* mit etw, + *faktisches quod* weil, dass, + *Inf* / + *AcI*, *ut* / *ne* dass / dass nicht

con-tentus[3] ⟨a, um⟩ *PPP* → ***contendo*** *u.* → ***contineo***

conterminum ⟨ī⟩ *n* ||conterminus|| angrenzendes Gebiet

con-terminus ⟨a, um⟩ *Adj* (*nachkl.*) *poet* angrenzend, benachbart, *alicui rei* an etw, einer Sache

con-terō ⟨trīvī, trītum, terere 3.⟩
1. (*unkl.*) zerreiben, zerbröckeln, zerdrücken
2. *fig* abreiben, aufreiben, abnutzen, ***ferrum usu*** das Schwert durch den Gebrauch; ***viam c.*** einen Weg oft betreten
3. *fig* hart mitnehmen; ***operam c.*** Mühe aufwenden
4. *fig* austilgen, in Vergessenheit bringen
5. *fig Zeit* verbringen, verwenden; *pej* vergeuden, *in re* bei etw, ***in studiis*** beim Lernen, beim Studieren, ***conviviis*** durch Gelage; *Passiv u.* ***se c.*** sich abplagen, sich aufreiben, *in re* mit etw
6. *fig in Rede od Schrift* abnutzen
7. *fig* mit Füßen treten, geringschätzig behandeln, für wertlos halten

con-terreō ⟨uī, itum, ēre 2.⟩ erschrecken, einschüchtern, *aliquem re* j-n durch etw, *ne*

contestātiō ⟨ōnis⟩ *f* ||contestor|| inständige Bitte, Beschwörung

contestātus ⟨a, um⟩ *Adj* ||contestor|| allseitig bezeugt, beglaubigt, bewährt

con-testor ⟨ātus sum, ārī 1.⟩
1. als Zeugen anrufen, beschwören, ***deos hominesque*** Götter und Menschen
2. ***litem c.*** JUR einen Prozess durch Aufruf von Zeugen in Gang bringen

con-texō ⟨texuī, textum, texere 3.⟩
1. zusammenweben, zusammenflechten, verbinden
2. zusammensetzen, zusammenfügen, aneinander reihen; ***crimen c.*** *fig* ein Verbrechen anstiften
3. miteinander verbinden, *aliquid alicui rei* / *cum re* etw mit etw
4. RHET fortsetzen, anfügen, ergänzen; ***interruptum c.*** Unterbrochenes wieder anknüpfen

contextus[1] ⟨a, um⟩ *Adj*, *Adv* ⟨contextē⟩ ||contexo||
1. verflochten, verbunden
2. fortlaufend, ununterbrochen

contextus[2] ⟨ūs⟩ *m* ||contexo|| Verwebung; *fig* Zusammenhang, enge Verbindung, innere Verbindung; ***in contextu operis*** im Verlauf der Arbeit

con-ticēscō ⟨ticuī, -, ticēscere 3.⟩ verstummen; *fig* still werden, sich legen; ***orator conticescit*** der Redner verstummt; ***sermo conticescit*** das Gespräch verstummt

conticinium ⟨ī⟩ *n* ||conticesco|| stille Zeit vor und nach Mitternacht, Zeit des Tiefschlafs

con-ticīscō ⟨ticuī, -, ticīscere 3.⟩ = ***conticesco***

conticuī → ***conticesco***

contigī → ***contingo***

contīgnātiō ⟨ōnis⟩ *f* ||tignum|| Gebälk; *meton* Stockwerk

con-tīgnō ⟨āvī, ātum, āre 1.⟩ ||tignum|| mit Balken belegen, mit Balken überdecken

contiguus ⟨a, um⟩ *Adj* ||contingo||
1. angrenzend, benachbart; ***c. poni tibi*** *fig* würdig dir an die Seite gestellt zu werden
2. erreichbar, *alicui rei* für etw; ***hastae c.*** in Wurfweite

▶ **continēns**
I *Gen* ⟨entis⟩ *Adj*, *Adv* ⟨continenter⟩ ||contineo||
1. zusammenhaltend; *fig* selbstbeherrscht, enthaltsam, mäßig, *abs od in re* bei etw; ***continenter vivere*** mäßig leben
2. zusammenhängend; *örtl.* angrenzend, anstoßend, benachbart; *zeitl.* unmittelbar folgend, *alicuius rei* auf etw
3. *örtl. u. zeitl.* in sich zusammenhängend = ununterbrochen; ***impetus c.*** ununterbrochener Ansturm; ***terra c.*** zusammenhängendes Land, Festland
II ⟨entis⟩ *f* Festland, Kontinent

continentia[1] ⟨ium⟩ *n* ||continens|| RHET Hauptpunkt, Hauptsache

▶ **continentia**[2] ⟨ae⟩ *f* ||continens||
1. Suet. das Zurückhalten, das Unterdrücken *physischer Bedürfnisse*
2. *moralische* Zurückhaltung, Selbstbeherrschung, Enthaltsamkeit
3. (*spätl.*) Zusammenhang; Inhalt

con-tineō ⟨tinuī, tentum, tinēre 2.⟩ ||teneo||

1. zusammenhalten, festhalten
2. verbinden
3. erhalten, bewahren
4. einschließen, eingeschlossen halten
5. umfassen, enthalten
6. bestehen
7. zurückhalten, anhalten

C

8. in Schranken halten, beherrschen
9. abhalten, zurückhalten
10. bei sich behalten, nicht herausgeben

1. zusammenhalten, festhalten; ***merces c.*** die Waren nicht austeilen; ***milites uno loco c.*** die Soldaten an einem Platz zusammenhalten; ***imber agricolam continet*** Verg. *poet* der Regen hält die Bauern im Haus
2. *Getrenntes* verbinden; *Passiv* zusammenhängen, in Verbindung stehen; ***Cenabum urbem pons fluminis Ligeris continebat*** eine Brücke über den Fluss Liger verband die Stadt Cenabum mit dem anderen Ufer; ***hiberna centum milibus continebantur*** die Winterlager standen auf hundert Meilen miteinander in Verbindung; ***hospitio alicuius contineri*** *fig* mit j-m freundschaftlich verbunden sein
3. *fig* erhalten, bewahren, ***disciplinam militarem*** die soldatische Zucht; ***Belgas in officio c.*** die Belger in Unterwürfigkeit halten
4. einschließen, eingeschlossen halten; *Passiv* eingeschlossen sein; ***flumina ea loca continent*** Flüsse schließen diese Örtlichkeiten ein; ***equitatum hostium c.*** die Reiterei der Feinde einschließen; ***altissimis montibus contineri*** von sehr hohen Bergen eingeschlossen sein
5. umfassen, enthalten; *Passiv* in *etw* enthalten sein, aus *etw* bestehen; ***liber continet res gestas populi Romani*** das Buch enthält die Geschichte des römischen Volkes; ***longitudo noctis stupris continebatur*** die lange Nacht bestand aus Unzucht
6. das Wesen von *etw* ausmachen, *aliquid*; *Passiv* auf *etw* beruhen, in *etw* bestehen; ***haec res omnem vitam continet*** diese Sache macht das ganze Leben aus; ***quod rem continet*** das Wesentliche
7. zurückhalten, anhalten, festhalten; ***animam in dicendo c.*** beim Reden den Atem anhalten; ***copias in castris c.*** die Truppen in den Lagern halten; ***se moenibus c.*** sich zu Hause aufhalten; ***se c. in re*** bei etw bleiben
8. in Schranken halten, beherrschen, zügeln; ***audaciam metu c.*** die Kühnheit durch Furcht bändigen; ***se in libidine c.*** sich in der Lust mäßigen; ***civitates auctoritate c.*** die Völker werden durch Macht in Schranken gehalten; ***se c./contineri re*** sich auf etw beschränken
9. abhalten, zurückhalten, *a re* von etw, ***milites a proelio*** die Soldaten von der offenen Feldschlacht; ***animum a libidine c.*** sein Inneres von der Leidenschaft fern halten, *ne/quominus/quin*; ***dux milites continuit, ne longius progrederentur*** der Feldherr hielt die Soldaten von einem weiteren Vorrücken ab; ***vix me contineo, quominus/quin hoc faciam*** ich kann mich kaum zurückhalten das zu tun
10. bei sich behalten, nicht herausgeben; verschweigen; ***reliquos libros c.*** die restlichen Bücher nicht herausgeben; ***dicta c.*** die Worte verschweigen

con-tingō ⟨tīgī, tāctum, tingere 3.⟩ ||tango||

I
1. berühren, anrühren
2. bestreuen, benetzen
3. ergreifen, erfassen
4. kosten, probieren
5. erreichen, treffen
6. stoßen
7. freundschaftlich nahestehen, verwandtschaftlich nahestehen
8. betreffen, angehen
9. beflecken, anstecken
II
1. zuteil werden, begegnen
2. es wird zuteil, es gelingt

I *v/t*
1. berühren, anrühren, *aliquid re* etw mit etw; ***terram c. osculo*** die Erde küssen; ***aliquem igne c.*** j-n versengen
2. bestreuen, benetzen, *aliquid re* etw mit etw; ***lac sale c.*** die Milch mit Salz bestreuen; ***os ambrosiā c.*** den Mund mit Ambrosia bestreichen
3. ergreifen, erfassen, ***alicuius dextram*** j-s Rechte, ***manibus habenas*** die Zügel mit den Händen; ***libido me contingit*** *fig* Leidenschaft erfasst mich
4. kosten, probieren; essen, genießen
5. *fig ein Ziel* erreichen, treffen; finden; *wohin* gelangen; ***hostem ferro c.*** den Feind mit dem Schwert treffen; ***vox contingit aliquem/aures alicuius*** die Stimme erreicht j-s Ohr; ***Italiam c.*** nach Italien gelangen; ***naturam sui similem c.*** eine sich ähnliche Natur finden
6. an *etw* grenzen, stoßen, *aliquid* an etw, ***fines Volscorum*** an das Gebiet der Volsker
7. *fig* freundschaftlich nahestehen, verwandtschaftlich nahestehen, *aliquem* j-m; ***aliquem propinquitate/affinitate c.*** mit j-m verwandt sein
8. betreffen, angehen; ***haec res nihil me contingit*** diese Sache geht mich nichts an; ***mea causa nihil eo facto contingitur*** meine Sache wird von diesem Geschehen nicht berührt
9. *pej* beflecken, anstecken
II *v/i*
1. zuteil werden, begegnen, widerfahren, *alicui* j-m; ***pugnandi occasio consuli contingit*** dem Konsul bietet sich Gelegenheit zur offenen Feldschlacht
2. *meist unpers* ***contingit*** es wird zuteil, es gelingt, es ereignet sich, es glückt, *alicui* j-m, *meist ut* dass, + *Konsekutivsatz*, + *Inf*; ***Thrasybulo contigit, ut patriam in libertatem vindicaret*** dem Thrasybulos gelang es, sein Vaterland zu befreien

continua ⟨ōrum⟩ *n* ||continuus|| aneinander stoßende Örtlichkeiten

continuātiō ⟨ōnis⟩ *f* ||continuo||
1. ununterbrochene Fortdauer, *abs od alicuius rei* von etw; ***c. imbrium*** anhaltende Regengüsse
2. RHET, LIT Zusammenhang, *abs od alicuius rei* von etw; ***c. rerum*** Zusammenhang der Dinge
3. ***c. verborum*** RHET Periode

continuō[1] *Adv* ||continuus||
1. (*vkl., nachkl.*) ununterbrochen, fortwährend
2. unmittelbar darauf, sofort, unverzüglich
3. *in log. Schlussfolgerungen mit formaler od inhaltlicher Verneinung* nicht ohne Weiteres; ***non continuo, si me in gregem sicariorum contuli,***

sum sicarius ich bin nicht unbedingt selbst ein Mörder, wenn ich mich in die Schar der Mörder begeben habe

continuō[2] ⟨āvī, ātum, āre 1.⟩ ||*Denom von* continuus||
1. *örtl. mehrere Dinge* aneinander fügen, aneinander reihen, anschließen, *aliquid alicui rei* etw an etw; ***domos c.*** Häuser aneinander bauen; ***latus lateri c.*** Seite an Seite schmiegen; *Passiv* ununterbrochen fortlaufen, sich unmittelbar anschließen, *alicui rei* an etw; ***opera hostium continuantur*** die Befestigungen der Feinde schließen sich
2. *örtl.* weiter ausdehnen, erweitern, abrunden, ***agros*** Felder; ***pontem c.*** eine Brücke fertig bauen; *Passiv* zusammenhängen
3. *zeitl. mehrere Dinge* aufeinander folgen lassen; ***diem noctemque potando c.*** Tag und Nacht durchzechen; ***aedilitati praeturam c.*** dem Amt des Ädils sogleich die Prätur anschließen; *Passiv* unmittelbar folgen, *alicui rei* auf etw
4. *zeitl. ohne Unterbrechung* fortsetzen; ***iter die et nocte c.*** Tag und Nacht marschieren; *Passiv* fortdauern; ***incendium continuatur*** der Brand dauert an; ***continuatus*** ununterbrochen
5. *ein Amt* verlängern, ***alicui consulatum*** j-m das Konsulat; *Passiv* fortgeführt werden

► **continuus** ⟨a, um⟩ *Adj, Adv* ⟨continuē⟩ *u.* → ***continuō***
1. *(nachkl.) poet örtl. von zwei od mehr Teilen* zusammenhängend, unmittelbar anstoßend, fortlaufend; ***aedificia continua*** zusammenhängende Gebäude
2. *örtl. von einem Gegenstand* zusammenhängend, unmittelbar anstoßend; ***Leucas continua*** die mit dem Festland zusammenhängende Insel Leucas, die Halbinsel Leucas
3. *örtl.* ununterbrochen, fortlaufend
4. *zeitl.* unmittelbar aufeinander folgend, nacheinander; ***quattuor dies continui*** vier Tage hintereinander
5. unaufhörlich, beständig; ***annus postulandis reis c.*** ein Jahr ständiger Vorladungen
6. Ov. nachfolgend; ***nox continua*** die folgende Nacht

► **contiō** ⟨ōnis⟩ *f* ||convenio||
1. Versammlung, *von einem Beamten einberufene* Versammlung des Volkes, *von einem Feldherrn einberufene* Versammlung des Heeres *für Bekanntmachungen*; *auch* Appell
2. *meton* die Versammelten
3. Ansprache an das Volk, Ansprache an die Soldaten; *meton* Erlaubnis zu einer Rede; ***contionem dare alicui*** j-m das Recht zu reden geben
4. *(mlat.)* Konvent
5. *(mlat.)* Predigt

contiōnābundus ⟨a, um⟩ *Adj* ||contionor|| *(nachkl.)* in einer Versammlung redend; *etw* öffentlich erklärend, + *Akk n*; ***haec propalam c.*** dies in aller Öffentlichkeit erklärend

contiōnālis ⟨e⟩ *Adj u.* **contiōnārius** ⟨a, um⟩ *Adj* ||contio|| zur Versammlung gehörig, (wie) in der Versammlung, (wie) vor den Soldaten; ***c. senex*** alter Demagoge

contiōnātor ⟨ōris⟩ *m* ||contionor|| Volksredner, Demagoge

contiōnor ⟨ātus sum, ārī 1.⟩ ||*Denom von* contio||
I *v/i*
1. Liv. versammelt sein
2. vor der Versammlung reden
3. *(mlat.)* predigen; zu Gericht sitzen
II *v/t* öffentlich äußern, öffentlich erklären

contiuncula ⟨ae⟩ *f* ||*Dim von* contio||
1. kleine Versammlung
2. unbedeutende Rede an das Volk

con-tollō ⟨-, -, ere 3.⟩ *(altl.)* = ***confero*** Plaut. hintragen; ***gradum c.*** sich *wohin* begeben

con-tonat *1.* Plaut. *unpers* es donnert laut

con-torqueō ⟨torsī, tortum, torquēre 2.⟩
1. herumdrehen, herumwenden
2. verdrehen; *abs* ungeschickt zu Werke gehen, verkehrt zu Werke gehen
3. umstimmen, *aliquem ad aliquid* j-n zu etw
4. *(nachkl.) poet* schleudern, *wegen der Drehbewegung beim Wurf*, ***hastam*** die Lanze; ***verba c.*** *fig* schwungvoll reden

contortiō ⟨ōnis⟩ *f* ||contorqueo||
1. das Schwingen, ***dextrae*** der Rechten
2. Cic. RHET Verschrobenheit, Geschraubtheit

contortiplicātus ⟨a, um⟩ *Adj* ||contortus, plico|| Plaut. verwickelt, verworren

contortor ⟨ōris⟩ *m* ||contorqueo|| Ter. Verdreher; ***c. legum*** Rechtsverdreher

contortulus ⟨a, um⟩ *Adj* ||*Dim von* contortus|| etwas geschraubt; ***conclusiunculae contortulae*** Cic. geschraubte Schlüsschen

contortus ⟨a, um⟩ *Adj, Adv* ⟨contortē⟩ ||contorqueo||
1. verschlungen, verwickelt, gekünstelt, geschraubt
2. schwungvoll

contrā

I
1. gegenüber
2. im Gegensatz, dagegen
II
1. gegenüber, gegen … hin
2. gegen, wider
3. gegen, im Gegensatz
III entgegen-, wider-

I *Adv*
1. *örtl.* gegenüber; ***contra esse*** gegenüberstehen; ***contra adspicere*** ins Auge sehen
2. *modal* im Gegensatz, dagegen, hingegen; *feindlich* gegen, dagegen; entgegengesetzt, ganz anders; ***ut hi miseri, sic contra illi beati*** wie diese unglücklich sind, so sind jene hingegen glücklich; ***res contra accidit*** es verhält sich umgekehrt; ***contra venire*** zum Angriff entgegenrücken; ***contra ire*** sich widersetzen
II *Präp + Akk*
1. *örtl.* gegenüber, gegen … hin; ***Britannia contra eas regiones sita est*** Britannien liegt diesen Gebieten gegenüber
2. *feindlich* gegen, wider; ***pugnare contra aliquem*** gegen j-n kämpfen; ***hoc testimonium contra te est*** diese Zeugenaussage ist gegen dich; ***contra ea*** dagegen, hingegen, im Gegenteil

3. gegen, im Gegensatz, im Widerspruch
III *Präf* entgegen-, wider-; ***contra-dicere*** widersprechen; ***contra-dictio*** Wider-spruch
contractiō ⟨ōnis⟩ *f* ||contraho||
1. das Zusammenziehen; ***c. frontis*** Stirnrunzeln
2. *fig* Verkürzung durch Zusammenziehen *in Schrift u. Rede*; ***c. orationis*** gedrängte Darstellung
3. (*erg.* ***animi***) *fig* Beklommenheit, Bedrückung
contractiuncula ⟨ae⟩ *f* ||*Dim von* contractio|| leichte Beklommenheit
contractūra ⟨ae⟩ *f* ||contraho|| ARCH Verjüngung *der Säule*
contractus[1] ⟨a, um⟩ *Adj* ||contraho||
1. steif, starr; ***digitus frigore c.*** vor Kälte erstarrter Finger
2. eng, schmal, kurz; gepresst; ***introitus c.*** enger Eingang; ***nox contracta*** kurze Nacht; ***vox contracta*** gepresste Stimme; ***oratio contracta*** gedrängte Rede; ***res contractae*** beschränkte Verhältnisse
3. lähmend, drückend; ***paupertas contracta*** drückende Armut
4. in (stiller) Zurückgezogenheit; geizig; ***homo c.*** geiziger Mensch
contractus[2] ⟨ūs⟩ *m* ||contraho|| (*nachkl., spätl.*) Abschluss eines Geschäftes; Vertrag, Kontrakt
con-tractus[3] ⟨a, um⟩ *PPP* → ***contraho***
contrā-dīcō ⟨dīxī, dictum, dīcere 3.⟩
1. widersprechen, *alicui / alicui rei* j-m / einer Sache, *verneint mit quin*
2. (*mlat.*) widerrufen
contrādictiō ⟨ōnis⟩ *f* ||contradico|| (*nachkl.*) Widerspruch, Gegenrede; ***c. in adiecto*** (*mlat.*) Widerspruch zwischen der Bedeutung eines Substantivs und dem ihm beigefügten Adjektiv
contrādictōrius ⟨a, um⟩ *Adj* ||contradico|| (*spätl.*) widersprüchlich
con-trahō ⟨trāxī, tractum, trahere 3.⟩

1. zusammenziehen, verengen
2. verkürzen, einschränken
3. einengen, beklemmen
4. zusammenziehen, vereinigen
5. in Liebe vereinigen
6. zustande bringen
7. abschließen

1. zusammenziehen, verengen, verkleinern; ***frontem / vultum c.*** die Stirn runzeln; ***vela c.*** die Segel einziehen; ***oras vulneris c.*** die Ränder einer Wunde zusammenziehen; *Passiv u.* ***se c.*** sich zusammenziehen; ***in brevem formam contrahi*** einschrumpfen
2. *fig* verkürzen, einschränken, beschränken; ***tempus dicendi c.*** die Redezeit beschränken; ***praecepta in unum c.*** die Vorschriften auf einen Punkt zusammenziehen
3. *geistig* einengen, beklemmen, ***animum*** den Geist; ***animo contrahi*** beklommen werden
4. *mehreres* zusammenziehen, vereinigen, versammeln; MIL konzentrieren; ***copias undique c.*** Truppen von überallher zusammenziehen; ***aliquos ab loco / ex loco in loco c.*** Leute von irgendwoher irgendwo versammeln
5. (*nachkl.*) *poet* in Zuneigung näherbringen, in Liebe vereinigen
6. zustande bringen; *pej* sich zuziehen; ***amicitiam c.*** eine Freundschaft zustande bringen; ***culpam c.*** sich Schuld zuziehen; ***nefas c.*** eine Sünde begehen
7. *ein Geschäft* abschließen; ***res contracta*** Vertrag, Kontrakt
contrā-pōnō ⟨posuī, positum, pōnere 3.⟩ Quint. entgegensetzen
contrāpositum ⟨ī⟩ *n* Gegensatz
contrāria ⟨ae⟩ *f* ||contrarius|| Gegnerin, Feindin
contrāriē *Adv* ||contrarius|| entgegengesetzt, im entgegengesetzten Sinn, zweckwidrig
contrārium ⟨ī⟩ *n* ||contrarius|| entgegengesetzte Richtung, Gegenrichtung; ***in contrarium vertere*** ins Gegenteil kehren
▶ **contrārius**
I ⟨a, um⟩ *Adj, Adv* → ***contrāriē*** ||contra||
1. gegenüberliegend, gegenüberstehend
2. entgegengesetzt; ***disputare in partes contrarias*** für und wider diskutieren
3. entgegengesetzt, *ac / atque* als; ***versari contrario motu atque caelum*** sich in entgegengesetzter Richtung zum Himmel bewegen
4. widersprechend, zuwiderlaufend
5. feindlich, widerstrebend, unpassend, ungünstig
6. nachteilig, verderblich; ***contrarium est*** es ist unzweckmäßig, + *Inf*
II ⟨ī⟩ *m* Gegner, Feind
Contrebia ⟨ae⟩ *f Hauptstadt der Keltiberer, sö. von Zaragoza, keine Überreste*
contrectābiliter *Adv* ||contrecto|| Lucr. mit sanfter Berührung
contrectātiō ⟨ōnis⟩ *f* ||contrecto|| Betastung, sexuelle Berührung
con-trectō ⟨āvī, ātum, āre 1.⟩ ||tracto||
1. (*nachkl.*) *poet* betasten, befühlen, anfassen, ***cibos*** Speisen; ***liber contrectatus manibus*** abgegriffenes Buch
2. *fig geistig* erfassen, erwägen
3. *fig* oberflächlich bearbeiten
4. streicheln, sexuell berühren; *pej* entehren, vergewaltigen
con-tremēscō ⟨tremuī, -, tremēscere 3.⟩ *u.* **con-tremīscō** ⟨tremuī, -, tremīscere 3.⟩
I *v/i* erbeben, erzittern; *fig* wanken
II *v/t* (*nachkl.*) *poet etw* fürchten, vor *j-m / etw* zittern, *aliquem / aliquid*; ***Hannibalem c.*** Hannibal fürchten, vor Hannibal zittern
con-tremō ⟨-, -, ere 3.⟩ Lucr. stark zittern, beben
con-tremuī → ***contremesco*** *u.* → ***contremisco***
con-tribuō ⟨tribuī, tribūtum, tribuere 3.⟩
1. *Einzelnes* zu einem Ganzen verbinden, vereinigen; ***milites in unam cohortem c.*** Soldaten zu einer Kohorte formieren
2. zuteilen, einverleiben, zu *etw* schlagen, *aliquem alicui* j-n j-m; ***se alicui c.*** sich j-m anschließen
3. Ov. mit anderen *etw* beisteuern
con-trīstō ⟨āvī, ātum, āre 1.⟩ ||tristis|| verdüstern, trüben; betrüben
contrītiō ⟨ōnis⟩ *f* (*spätl., eccl.*) Zerknirschung, Reue, Kummer
contrītus[1] ⟨a, um⟩ *Adj* ||contero||
1. abgedroschen

2. (*mlat.*) zerknirscht, reuig

con-trītus[2] ⟨a, um⟩ *PPP* → ***contero***

▶ **contrōversia** ⟨ae⟩ *f* ||controversus||
1. Streit, *bes* Rechtsstreit, Streitfrage, *alicuius* j-s, *alicuius rei/de re* um etw, über etw; ***c. aquarum*** Streit um Wasser(rechte); ***c. est inter aliquos de re*** unter einigen besteht Streit über etw
2. Streitrede *in der Rhetorenschule*; wissenschaftlicher Streit, Kontroverse
3. Widerspruch; ***sine ulla controversia*** ohne jeden Widerspruch; ***non est c., quin*** niemand bestreitet, dass

contrōversiōsus ⟨a, um⟩ *Adj* ||controversia|| (*nachkl.*) streitig, strittig

contrō-versus ⟨a, um⟩ *Adj* strittig; ***argumentum dubium controversumque*** zweifelhaftes und strittiges Argument

con-trucīdō ⟨āvī, ātum, āre 1.⟩ zusammenhauen, niedermetzeln; *fig* opfern

con-trūdō ⟨trūsī, trūsum, trūdere 3.⟩
1. Lucr. zusammenstoßen, zusammendrängen
2. hineinstoßen, hineinstecken, *in aliquid* in etw

con-truncō ⟨āvī, ātum, āre 1.⟩ (Plaut., *spätl.*) zerhauen; verzehren

contubernālis ⟨is⟩ *m* (*u. f*) ||contubernium||
1. Zeltgenosse; Kriegskamerad
2. ständiger Begleiter eines Prätors, *junger Römer, der zur Ausbildung einem Prätor als Begleiter beigegeben war*
3. Adjutant, Gefährte, Helfer *in einem höheren Amt*
4. Hausgenosse, Wohngenosse, Tischgenosse; Gesellschafter
5. Lebensgefährte, Lebensgefährtin *in einer Sklavenehe*; ***crucibus contubernales dari*** mit dem Galgen Bekanntschaft machen
6. *f Pl* die Freudenmädchen *im Zelt des Antonius*

con-tubernium ⟨ī⟩ *n* ||taberna||
1. Zeltgenossenschaft, kameradschaftliches Zusammenleben
2. Ausbildungsverhältnis *zwischen dem zur Ausbildung überwiesenen jungen Römer u. seinem Prätor*
3. Wohngemeinschaft, Hausgemeinschaft, Tischgemeinschaft; vertrauter Umgang
4. gemeinschaftliches Zelt *im Lager*
5. gemeinsame Wohnung *bes eines Sklavenpaares*
6. (*nachkl.*) *meton* Sklavenehe, *die ohne Rechtswirkung blieb*; (*nachkl.*) wilde Ehe, Konkubinat

con-tudī → ***contundo***

con-tueor ⟨tuitus sum, tuērī 2.⟩ beschauen, besichtigen, betrachten; *fig* geistig betrachten, in Betracht ziehen

contuitus *nur Abl* ⟨ū⟩ *m* ||contueor|| (*nachkl.*) Anblick, das Betrachten

con-tulī → ***confero***

contumācia ⟨ae⟩ *f* ||contumax||
1. Trotz, Eigensinn; Ungehorsam, Widerspenstigkeit; ***c. hominis*** Eigensinn eines Menschen; ***c. responsi*** Trotz in einer Antwort
2. edler Stolz, Unbeugsamkeit; ***c. adversus principem*** Tac. Unbeugsamkeit gegenüber dem Kaiser

con-tumāx *Gen* ⟨ācis⟩ *Adj, Adv* ⟨contumāciter⟩
1. *von Personen u. Sachen* trotzig, halsstarrig, eigensinnig
2. *fig* spröde; ***syllaba c.*** Mart. sich nicht in das Metrum fügende Silbe

▶ **con-tumēlia** ⟨ae⟩ *f*
1. Misshandlung, Stoß
2. *fig* Kränkung, Beschimpfung, Beleidigung, Schmach, *alicuius* j-s *od* durch j-n; ***c. alicuius*** die von j-m zugefügte Kränkung, die j-m angetane Kränkung; ***contumeliam accipere/a contumelia affici*** eine Kränkung erfahren; ***contumeliam alicui facere/imponere*** j-m eine Kränkung zufügen; ***cum contumelia/per contumeliam*** in ehrenrühriger Weise

contumēliōsus ⟨a, um⟩ *Adj, Adv* ⟨contumēliōsē⟩ ||contumelia||
1. *von Personen* beleidigend
2. *von Sachen* schmachvoll, schmählich, ehrenrührig, *alicui/in aliquem* für jdn

con-tumulō ⟨āvī, ātum, āre 1.⟩ (*nachkl.*) *poet* einen Grabhügel aufwerfen; begraben, bestatten

con-tundō ⟨tudī, tū(n)sum, tundere 3.⟩
1. zerschlagen, zerstoßen, zerschmettern; ***nares c.*** die Nase breit schlagen
2. *fig* niederschlagen, vernichten, brechen, beugen; ***Hannibalem c.*** den Hannibal demütigen

con-tuor ⟨-, tuī 3.⟩ (*altl.*) = ***contueor***

conturbātiō ⟨ōnis⟩ *f* ||conturbo|| Verwirrung; Bestürzung

conturbātor ⟨ōris⟩ *m* ||conturbo|| (*spätl.*) Verwirrer; *adj* zum Bankrott führend; *poet* kostspielig

conturbātus ⟨a, um⟩ *Adj* ||conturbo|| verwirrt, bestürzt, verlegen

con-turbō ⟨āvī, ātum, āre 1.⟩
1. verwirren, in Unordnung bringen, undeutlich machen, unkenntlich machen; ***rem publicam c.*** den Staat zerrütten
2. (***rationes***) ***c.*** Bankrott machen
3. *fig* bestürzt machen, aus der Fassung bringen

contus ⟨ī⟩ *m* ||griech. Lw.|| (*nachkl.*)
1. Stange, Ruderstange
2. Wurfspieß
3. *fig* männliches Glied

con-tūsus ⟨a, um⟩ *PPP* → ***contundo***

contūtus *Abl* ⟨ū⟩ *m* (*altl.*) = ***contuitus***

cōnūbiālis ⟨e⟩ *Adj* ||conubium|| *poet* ehelich

▶ **cō-nūbium** ⟨ī⟩ *n*
1. JUR Eingehen einer *vollgültigen* Ehe, Vermählung
2. *poet* Geschlechtsverkehr
3. *meton* Recht zur Ehe

cōnus ⟨ī⟩ *m* ||griech. Lw.|| Kegel; Verg. kegelförmige Helmspitze

con-vador ⟨ātus sum, ārī 1.⟩ Plaut. zu einem Termin laden; *hum* zum Stelldichein laden

con-valēscō ⟨valuī, -, valēscere 3.⟩
1. (*vkl., nachkl.*) stark werden, gesund heranwachsen
2. *fig* stark werden; ***ignis convalescit*** Feuer lodert auf
3. POL erstarken, an Geltung zunehmen; ***iustitia convalescit*** die Gerechtigkeit erstarkt; ***civitas convalescit*** der Staat gewinnt an Geltung
4. JUR in Kraft treten
5. *fig von Gerüchten* Wurzeln fassen

6. *fig* sich erholen, ***de vulneribus/ex vulneribus*** von Wunden; ***annona convaluit*** Suet. *fig* der Getreidemarkt hat sich erholt
7. (*nachkl.*) *fig von Preisen* steigen

con-vallis ⟨is⟩ *f* Talkessel, Talsenke; Abhang

con-valuī → ***convalesco***

con-vāsō ⟨āvī, ātum, āre 1.⟩ ||vas[2]|| Ter. einpacken, zusammenpacken

con-vectō ⟨āvī, ātum, āre 1.⟩ ||*Intens von* conveho|| Verg. wiederholt zusammenbringen, zusammenfahren

convector ⟨ōris⟩ *m* ||conveho|| Mitreisender, Reisegefährte

con-vehō ⟨vēxī, vectum, vehere 3.⟩ zusammenfahren, zusammenbringen, zusammenschleppen; ***c. frumentum ex agris*** Getreide von den Feldern einbringen

con-vellō ⟨vellī⟩ *u.* ⟨vulsī, vulsum⟩ *u.* ⟨volsum, vellere 3.⟩
1. von seinem Platz wegreißen, ausreißen, ausrupfen, einreißen, niederreißen; ***signa c.*** die Feldzeichen aus dem Boden reißen = aufbrechen; ***saxa vectibus c.*** Felsbrocken mit Brechstangen losbrechen; ***aequor remis c.*** das Meer mit den Rudern aufwühlen; ***fruges ferro c.*** die Feldfrüchte mit der Sichel abmähen
2. aus der Bahn reißen; ***artūs c.*** die Gelenke verstauchen, die Gliedmaßen ausrenken; *Passiv* (*nachkl.*) einen Krampf bekommen
3. *fig geistig, moralisch od* POL erschüttern, untergraben; ***ratio opinionem convellit*** die Einsicht widerlegt die Meinung; ***pectus verbis c.*** j-n mit Worten bestürmen
4. Sen. *fig* im Mund verdrehen, ***verba*** die Worte

con-vēlō ⟨āvī, ātum, āre 1.⟩ Gell. ganz verhüllen

convena ⟨ae⟩ *Adj m u. f* ||convenio||
1. Plaut. zusammentreffend, zusammenkommend
2. **convenae** ⟨ārum⟩ *m* zusammengelaufenes Volk

con-vēnī → ***convenio***

conveniēns *Gen* ⟨entis⟩ *Adj*, *Adv* ⟨convenienter⟩ ||convenio||
1. zusammenkommend, passend, anschließend; ***toga bene c.*** gut passende Toga
2. *fig* übereinstimmend, *cum aliquo* mit j-m; passend, angemessen, schicklich, *alicui/alicui rei* für j-n/für etw, *ad aliquid* zu etw; ***oratio tempori c.*** zeitgemäße Rede; ***convenienter cum natura vivere*** in Übereinstimmung mit der Natur leben
3. *von Personen* einig, harmonisierend; ***propinqui optime convenientes*** Angehörige, die in bestem Einvernehmen stehen

convenientia ⟨ae⟩ *f* ||conveniens|| Übereinstimmung, Harmonie; ***c. naturae cum extis*** Zusammenhang des Charakters mit den Eingeweiden

con-veniō ⟨vēnī, ventum, venīre 4.⟩

I
1. zusammenkommen, zusammentreffen
2. sich vereinigen
3. sich versammeln, zu einer Versammlung zusammenkommen
4. zu einem Gerichtsbezirk gehören
5. (durch Heirat) in die Gewalt des Mannes kommen
6. sich einigen, vereinbaren
7. zusammenpassen
II treffen, besuchen

I *v/i*
1. zusammenkommen, zusammentreffen, *ad aliquem/apud aliquem* bei j-m, *de re* wegen etw; ***omnes duces conveniunt*** alle Heerführer kommen zusammen
2. sich *zu einem Ganzen* verbinden; sich vereinigen, sich begatten
3. sich versammeln, zu einer Versammlung zusammenkommen, zu einem Gerichtstag zusammenkommen
4. POL zu einem Gerichtsbezirk gehören
5. JUR *von der Frau* (durch Heirat) in *j-s* Gewalt kommen; ***uxor in manum alicuius convenit*** die Frau kommt durch Heirat in j-s Gewalt
6. (*vkl., nachkl.*) sich einigen, vereinbaren, *de re* über etw, *inter se* untereinander; ***convenit*** man einigt sich, *ut/ne* dass/dass nicht, *selten* + *AcI*, + *indir Fragesatz*; ***res convenit*** die Sache kommt zustande; ***factum est, ut convenerat*** es kam wie vereinbart; ***bene/optime/male convenit alicui*** es trifft sich gut/sehr gut/schlecht für j-n, *ut* + *Konjkt* dass
7. zu *etw* passen, zusammenpassen; ***convenit*** es schickt sich, *alicui* für j-n, + *Inf*/ + *AcI*, *selten ut* dass; ***cothurnus ad pedem convenit*** der Kothurn passt zum Fuß; ***non omnia in omnes conveniunt*** nicht alles schickt sich für alle
II *v/t* treffen, besuchen; zusammentreffen, *aliquem* mit j-m; ***conveniendi causā*** zu einer Besprechung; *Passiv* Besuch empfangen; ***Scipione convento*** nach einem Besuch Scipios

conventīcium ⟨ī⟩ *n* ||conventicius|| Cic. Tagegeld *für die Teilnahme griech. Bürger an der Volksversammlung*

conventīcius ⟨a, um⟩ *Adj* ||conventus, *PPP von* convenio|| Plaut. zusammenkommend, sich vereinigend; ***pater c.*** Plaut. Gelegenheitsvater, Zufallsvater *aufgrund illegitimer Verbindung*

conventiculum ⟨ī⟩ *n* ||*Dim von* conventus||
1. kleine Versammlung, unbedeutender Verein
2. Tac. *meton* Versammlungsort, Versammlungsraum
3. (*mlat.*) kleine Gemeinde *der Klosterbrüder*

conventiō ⟨ōnis⟩ *f* ||convenio||
1. (*vkl., nachkl.*) Volksversammlung
2. (*nachkl.*) = ***conventum***

conventiōnālis ⟨e⟩ *Adj* ||conventio|| (*spätl.*) zum Vertrag gehörig, Vertrags…

conventum ⟨ī⟩ *n* ||convenio|| Übereinkunft, Verabredung, Vertrag

conventus[1] ⟨a, um⟩ *PPP* → ***convenio***

▶ **conventus[2]** ⟨ūs⟩ *m* ||convenio||
1. Zusammenkunft, Versammlung, Festversammlung
2. POL Bundesversammlung, ***Achaici consilii*** der Achäischen Vereinigung
3. Gerichtstag, Bezirkstag, Landtag
4. *meton* Gerichtsbezirk, Verwaltungsbezirk
5. Verband der römischen Bürger, Kommune
6. Übereinkunft, Vertrag

7. (*mlat.*) Klostergemeinschaft

con-verberō ⟨āvī, ātum, āre 1.⟩ (*nachkl.*) stark schlagen, verhauen

con-verrō ⟨verrī, versum, verrere 3.⟩
1. zusammenkehren, zusammenfegen; *fig* zusammenscharren
2. (*vkl.*) auskehren; *hum* durchprügeln

conversātiō ⟨ōnis⟩ *f*
1. ||conversor|| Umgang, *alicuius* mit j-m
2. ||converso|| Sinnesänderung, gottesfürchtiger Lebenswandel

conversiō ⟨ōnis⟩ *f* ||converto||
1. Umkehr, Umdrehung, Umlauf; ***c. mensum annorumque*** die periodische Wiederkehr der Monate und Jahre
2. *fig* Umwälzung, Umwandlung, Veränderung; POL Umbruch
3. RHET Periode; Wiederholung desselben Wortes am Satzende; chiastische Gegenüberstellung
4. Plin. Wandel, Änderung der Ansicht
5. (*spätl., eccl.*) Bekehrung

con-versō ⟨āvī, ātum, āre 1.⟩
1. herumdrehen, bewegen; hin und her überlegen
2. con-versor ⟨ātus sum, ārī 1.⟩ (*nachkl.*) sich *an einem Ort* aufhalten; verkehren, Umgang haben, *cum aliquo* mit j-m

conversus ⟨a, um⟩ *PPP* → ***converro*** *u.* → ***converto***

con-vertō ⟨vertī, versum, vertere 3.⟩

I
1. umwenden, umdrehen
2. kehrtmachen
3. im Kreis drehen
4. zum Wenden bringen, zum Fliehen bringen
5. verändern, verwandeln
6. den Ausdruck wechseln
7. hinlenken, hinwenden
8. verwenden
II
1. sich umwenden, umkehren
2. sich zuwenden, sich widmen
3. sich verwandeln
4. sich bekehren, ins Kloster gehen

I *v/t*
1. umwenden, umdrehen, umkehren; ***manum c.*** die Hand umdrehen; ***equum c.*** das Pferd wenden; ***iter c.*** die Marschrichtung ändern; ***terga c.*** fliehen
2. ***signa c.*** MIL kehrtmachen; ***conversa signa inferre*** nach rückwärts angreifen; *Passiv u.* ***se c.*** fliehen
3. um *etw* drehen, im Kreis drehen; *meist Passiv u.* ***se c.*** sich um *etw* drehen, sich im Kreis drehen; ***terra circa axem se convertit*** die Erde dreht sich um eine Achse; ***luna convertitur*** der Mond kreist
4. zum Wenden bringen, zum Fliehen bringen; ***aciem c.*** die Schlachtordnung umwerfen
5. verändern, verwandeln; *geistig* umstimmen; ***rem publicam c.*** den Staat verändern = den Staat zum Umsturz bringen
6. RHET, LIT den Ausdruck wechseln; übersetzen; ***verba c.*** Worte umstellen; ***librum e Graeco in Latinum c.*** ein Buch aus dem Griechischen ins Lateinische übersetzen; ***casūs conversi*** GRAM die abhängigen Kasus
7. hinlenken, hinwenden, *ad aliquem / in aliquem* zu j-m, *aliquid* zu etw, *contra aliquem / contra aliquid* gegen j-n / gegen etw; ***omnia consilia ad bellum / in bellum c.*** alle Pläne auf einen Krieg richten; ***pecuniam publicam domum suam c.*** öffentliche Gelder in die eigene Tasche lenken = öffentliche Gelder unterschlagen; ***animum alicuius ad aliquem / in aliquem c.*** j-s Aufmerksamkeit auf j-n lenken
8. verwenden, *ad aliquid / in aliquid* für etw, ***tempora ad laborem*** Zeit für die Arbeit

II *v/i, Passiv u.* ***se c.***
1. sich umwenden, umkehren
2. sich zuwenden, sich widmen, *ad aliquem* j-m, *in aliquid / ad aliquid* einer Sache; ***ad Liviam se c.*** sich Livia zuwenden; ***in regna suum se c.*** sich nur um die eigene Herrschaft kümmern
3. sich in *etw* verwandeln, zu *etw* ausschlagen; ***vitium huic in bonum convertit*** diesem schlug das Laster zum Vorteil aus
4. (*spätl., eccl.*) sich bekehren, ins Kloster gehen

con-vestiō ⟨īvī, ītum, īre 4.⟩ (*vkl.*) bekleiden; *fig* bedecken, umgeben, *aliquid re* etw mit etw

convexum ⟨ī⟩ *n* ||convexus|| Wölbung, Rundung; Himmelsgewölbe; Überdachung

convexus ⟨a, um⟩ *Adj*
1. nach oben gewölbt, gerundet
2. (*nachkl.*) *poet* abschüssig, steil; ***convexa (vallium)*** *n* tiefe Täler, Talkessel

con-vīcī → ***convinco***

convīciātor ⟨ōris⟩ *m* ||convicior|| Lästerer

convīcior ⟨ātus sum, ārī 1.⟩ ||*Denom von* convicium|| (*vkl., nachkl.*) schmähen, lästern, laute Vorwürfe machen

▶ **con-vīcium** ⟨ī⟩ *n*
1. lautes Geschrei *von Menschen u. Tieren*; ***c. ranarum*** das Quaken der Frösche
2. Gezänk; lauter Widerspruch; Schmähung, Schimpfwort; *meton* Lästermaul; ***convicium dicere / facere / ingerere alicui*** j-n beschimpfen
3. lauter Vorwurf, Tadel

convīctiō ⟨ōnis⟩ *f* ||convivo|| das Zusammenleben, geselliger Umgang; ***convictiones domesticae*** Hauspersonal

convīctor ⟨ōris⟩ *m* ||convivo|| regelmäßiger Gesellschafter, täglicher Tischgenosse, Hausfreund, Gast

convīctus[1] ⟨ūs⟩ *m* ||convivo||
1. das Zusammenleben, geselliger Umgang
2. (*nachkl.*) Tischgesellschaft, Bewirtung

con-victus[2] ⟨a, um⟩ *PPP* → ***convinco***

con-vīctus[3] ⟨a, um⟩ *PPP* → ***convivo***

▶ **con-vincō** ⟨vīcī, victum, vincere 3.⟩
1. widerlegen
2. *gerichtlich einer Schuld* überführen, *alicuius rei / in re* einer Sache, + *Inf* / + *AcI*, ***testibus*** durch Zeugen
3. als unwiderlegbar dartun, als sicher beweisen, *aliquid* etw, + *AcI*

convinctiō ⟨ōnis⟩ *f* ||con, vincio|| Quint. Bindewort, Konjunktion; Partikel

con-vīsō ⟨-, -, ere 3.⟩ *poet* aufmerksam betrachten, durchforschen; Lucr. *einen Ort* bescheinen, bestrahlen

▶ **convīva** ⟨ae⟩ *m* ||convivo|| Gast, Tischgenosse

convīvālis ⟨e⟩ *Adj* ||convivo|| (*nachkl.*) zum Gast-

C

mahl gehörig, Tisch…
convīvātor ⟨ōris⟩ *m* ||convivor|| (*nachkl.*) *poet* Gastgeber, Wirt
▶ **convīvium** ⟨ī⟩ *n* ||convivo|| (*nachkl.*) Gastmahl, Gelage; *meton* Tischgesellschaft, die Gäste
con-vīvō ⟨vīxī, vīctum, vīvere 3.⟩ zusammenleben, zusammen speisen, *cum aliquo* mit j-m
con-vīvor ⟨ātus sum, ārī 1.⟩ ||*Denom von* conviva|| gemeinsam speisen, ein Gelage abhalten
convīxī → ***convivo***
convocātiō ⟨ōnis⟩ *f* ||convoco|| Berufung, Einberufung
▶ **con-vocō** ⟨āvī, ātum, āre 1.⟩ zusammenrufen, versammeln, *aliquos / aliquid* einige / etw, *ad aliquem* bei j-m, *ad aliquid / in aliquid* zu etw
con-volō ⟨āvī, ātum, āre 1.⟩ zusammenfliegen; *fig* zusammenströmen, herbeieilen, *ex loco ad aliquem* von irgendwoher bei j-m, *ad aliquid / in aliquid* bei etw
con-volūtor ⟨ātus sum, ārī 1.⟩ sich herumtreiben, ***cum exoletorum turbā*** Sen. mit einer Schar von Lustknaben
con-volvō ⟨volvī, volūtum, volvere 3.⟩
1. zusammenrollen, im Kreis herumrollen; *Passiv u.* ***se c.*** *von Gestirnen* kreisen
2. Sen. *eine Schriftrolle* weiterrollen, überschlagen; ***magnam partem libri c.*** einen großen Teil des Buches überschlagen
3. umwickeln, *aliquid re* etw mit etw
con-vomō ⟨uī, itum, ere 3.⟩ bespeien, anspeien
convorrō ⟨vorrī, vorsum, vorrere 3.⟩ = ***converro***
convortō ⟨vorsī, vortum, vortere 3.⟩ = ***converto***
con-vulnerō ⟨āvī, ātum, āre 1.⟩ (*nachkl.*) schwer verwunden
convulsa ⟨ōrum⟩ *n* ||convello|| Verrenkungen, Verstauchungen
cooperātor ⟨ōris⟩ *m* Mitarbeiter; (*eccl.*) Hilfspriester, Hilfsgeistlicher
co-operiō ⟨operuī, opertum, operīre 4.⟩ ganz bedecken
coopertus ⟨a, um⟩ *PPP* bedeckt; überhäuft, überschüttet; beladen; umringt
cooptātiō ⟨ōnis⟩ *f* ||coopto|| Ergänzungswahl, Zuwahl; ***c. censoria*** Ergänzung des Senats durch die Zensoren
co-optō ⟨āvī, ātum, āre 1.⟩ zur Ergänzung hinzuwählen, ***sacerdotes*** Priester
▶ **co-orior** ⟨ortus sum, orīrī 4.⟩
1. Lucr. ins Dasein treten, entstehen
2. (*nachkl.*) sich gemeinsam erheben, sich plötzlich erheben, losbrechen, *bes feindlich, adversus aliquem* gegen j-n, *ad aliquid / in aliquid* zu etw
3. *von Naturereignissen u. Ereignissen im Leben des Einzelnen* ausbrechen, entstehen
coortus ⟨ūs⟩ *m* ||coorior|| Lucr. Ausbruch, Entstehung
Coōs ⟨Coī⟩ *f* = ***Cos***
cōpa ⟨ae⟩ *f* (*nachkl.*) *poet* Schenkwirtin, Schenkmädchen, Kellnerin
cophinus ⟨ī⟩ *m* ||griech. Fw.||
1. (*nachkl.*, luv.) großer Korb *zum Warmhalten der Speisen*
2. (*mlat.*) Koffer, Kästchen, Schrank
cōpia ⟨ae⟩ *f*
1. reicher Vorrat, Fülle, Überfluss, Menge, *alicuius rei* von etw, an etw; ***c. pecuniae*** eine Menge Geld; ***c. frumenti*** reicher Getreidevorrat; ***c. omnium rerum*** Überfluss an allen Dingen; ***c. narium*** Fülle für die Nase = Fülle duftender Blumen
2. *meist Pl* Mittel, Vorräte, Vermögen, Lebensmittel; MIL Proviant, Zufuhr; ***copiae rei frumentariae*** Getreidevorräte
3. *von Lebewesen* Masse, Menge; *Pl* MIL Mannschaften, Truppen; ***copiae summae*** die ganze Heeresmacht
4. *fig u. abstr.* Menge, Fülle; ***c. verborum*** Wortschwall; ***c. rerum*** Fülle des Stoffes; ***c. exemplorum*** Menge der Beispiele
5. Fülle des Ausdrucks, Fülle des Wissens
6. Fähigkeit, Möglichkeit, Gelegenheit, *alicuius rei* zu etw; ***alicui c. est alicuius rei*** j-d hat die Fähigkeit zu etw; ***c. somni*** Gelegenheit zum Schlaf; ***c. alicuius*** Macht über j-n; ***pro rei copiā*** nach Möglichkeit; ***copiam rei dare / facere alicui*** j-m Gelegenheit zu etw geben; ***alicuius c. datur*** Zutritt zu j-m wird gestattet
Cōpia ⟨ae⟩ *f* Göttin des Überflusses, *bes* Göttin des Erntesegens
cōpiolae ⟨ārum⟩ *f* ||*Dim von* copia|| (*unkl.*) Häuflein von Truppen
▶ **cōpiōsus** ⟨a, um⟩ *Adj*, *Adv* ⟨cōpiōsē⟩ ||copia||
1. wohlhabend, reich, reichlich ausgestattet, *re / a re* an etw, mit etw; reichlich vorhanden
2. *fig* wortreich, gedankenreich, beredt, sehr begabt; ***orator ad dicendum / in dicendo c.*** sehr begabter Redner
cōpis[1] ⟨e⟩ *Adj* Plaut. reich, mächtig
copis[2] ⟨idis⟩ *f* ||griech. Fw.|| (*nachkl.*) persischer Krummsäbel
cōpō ⟨ōnis⟩ *m* = ***caupo***[1]
coprea ⟨ae⟩ *m* ||griech. Fw.|| Suet. Possenreißer
copta ⟨ae⟩ *f* ||griech. Fw.|| Mart. hartes Gebäck
coptoplacenta ⟨ae⟩ *f* ||griech. Fw.|| *eine Art* harter Kuchen
▶ **cōpula** ⟨ae⟩ *f*
1. Band, Bindemittel, Strick, Leine, Koppel, Enterhaken
2. *fig* Band, Verbindung *zwischen Menschen*
3. GRAM Wortverbindung; (*mlat.*) Verbindung *zwischen Subj. u. Prädikatsnomen*
cōpulātiō ⟨ōnis⟩ *f* ||copulo|| Verknüpfung, Verbindung
copulātus ⟨a, um⟩ *Adj* ||copulo|| eng verknüpft, eng verbunden; vereint
cōpulō ⟨āvī, ātum, āre 1.⟩ *u.* **copulor** ⟨ātus sum, ārī 1.⟩ ||*Denom von* copula||
1. zusammenkoppeln, verbinden, *aliquid alicui rei / cum re* etw mit etw
2. *fig* eng verbinden, ***honestatem cum voluptate*** Sittlichkeit mit dem Vergnügen
3. RHET, LIT zu einem Satz verbinden, zu einer Periode zusammenfügen; zwei Wörter verschleifen, *z. B. "si audes" wird zu "sodes" (wenn du wagst)*
4. (*spätl.*) *fig* verheiraten
coqua ⟨ae⟩ *f* ||coquus|| Plaut. Köchin
coquīna ⟨ae⟩ *f* ||coquinus|| Küche
coquinō ⟨āvī, ātum, āre 1.⟩ ||coquo|| Plaut. kochen
coquīnus ⟨a, um⟩ *Adj* ||coquo|| Plaut. zum Koch ge-

hörig, Koch…

coquō ⟨coxī, coctum, coquere 3.⟩
1. kochen, backen
2. *von der Sonne* reifen, reif machen
3. *poet* dörren, austrocknen; ***agger coctus*** Damm aus gebrannten Ziegeln
4. in Gärung bringen, zersetzen
5. Liv. *fig* „ausbrüten", ersinnen
6. *poet* beunruhigen, ängstigen, quälen

coquus ⟨ī⟩ *m* ||coquo|| Koch

► **cor** ⟨cordis⟩ *n*
1. Herz *als Körperteil*
2. *fig* Herz *als Sitz des geistigen Lebens*; Gefühl, Gemüt, Gesinnung, Mut; ***mihi cordi est*** mir liegt am Herzen
3. Verstand, Einsicht, Geist; *poet* Seele = Person; ***fortissima corda*** starke Herzen; ***noxia corda*** schuldbeladene Herzen; ***c. meum*** *Kosewort* mein Herz
4. (Lucr., Hor.) *meton der in der Herzgrube liegende* Magenmund, Magen

corallium ⟨ī⟩ *n* ||griech. Fw.|| (*nachkl.*) *poet* rote Koralle

► **cōram**
I *Adv*
1. angesichts, in Gegenwart
2. öffentlich, vor aller Augen
3. persönlich anwesend, an Ort und Stelle, selbst; ***coram disputare cum aliquo*** selbst mit j-m diskutieren; ***coram adesse*** persönlich anwesend sein
II *Präp + Abl* in Anwesenheit von *j-m*, in Gegenwart von *j-m*, vor *j-m*; ***coram genero meo*** vor meinem Schwiegersohn; ***coram publico*** (*nlat.*) in aller Öffentlichkeit

corax ⟨acis⟩ *m* ||griech. Fw.|| Rabe

Corax ⟨acis⟩ *m Redner aus Syrakus*

Corbiō ⟨ōnis⟩ *f*
1. *Stadt in Latium am Ostrand der Albanerberge, 457 v. Chr. zerstört, heutige Gleichsetzung mit Rocca Priora unsicher*
2. *Stadt bei Tarraco in Hispania Tarraconensis, 184 v. Chr. zerstört, genaue Lage unbekannt*

corbis ⟨is⟩ *f* Korb

corbīta ⟨ae⟩ *f* ||corbis|| langsam fahrendes Lastschiff, Frachter

corbula ⟨ae⟩ *f* ||*Dim von* corbis|| (*vkl., nachkl.*) Körbchen

corcillum ⟨ī⟩ *n* ||*Dim von* cor|| Petr. Herz

corcodīlus ⟨ī⟩ *m* = ***crocodilus***

corcōtārius ⟨a, um⟩ *Adj* = ***crocotarius***

corculum ⟨ī⟩ *n* ||*Dim von* cor|| Plaut. Herzchen, *Kosewort*

Corculum ⟨ī⟩ *n Beiname des Scipio Nasica* = der Verständige

Corcȳra ⟨ae⟩ *f Insel im Ionischen Meer, im Altertum mit der Phäakeninsel Scheria gleichgesetzt, heute Korfu*

Corcȳraeus ⟨a, um⟩ *Adj* von Corcyra, zu Corcyra gehörig

Corcȳraeus ⟨ī⟩ *m* Einwohner von Corcyra

corda ⟨ae⟩ *f* = ***chorda***

cordātus ⟨a, um⟩ *Adj*, *Adv* ⟨cordātē⟩ ||cor|| (*vkl., nachkl.*) verständig, gescheit

cordāx ⟨ācis⟩ *m* ||griech. Fw.||
1. *ausgelassener u. laszïver Tanz der alten attischen Komödie, galt außerhalb der Komödie getanzt als unanständig*
2. *meton* trochäischer Vers *wegen seines hüpfenden Rhythmus*

cor-dolium ⟨ī⟩ *n* ||cor, doleo|| (Plaut., *nachkl.*) Herzeleid

Corduba ⟨ae⟩ *f Hauptstadt in Hispania Baetica, Geburtsort Senecas, heute Córdoba*

Cordubēnsis ⟨e⟩ *Adj* aus Corduba, zu Corduba gehörig

Cordubēnsis ⟨is⟩ *m* Einwohner von Corduba

cordȳla ⟨ae⟩ *f* ||griech. Lw.|| Mart. Thunfischbrut

Corfīniēnsis
I ⟨e⟩ *Adj* aus Corfinium, zu Corfinium gehörig
II ⟨is⟩ *m* Einwohner von Corfinium

Corfīnium ⟨ī⟩ *n Stadt in Samnium an der via Valeria gelegen, umkämpft im Bürgerkrieg, heute Confinio mit bedeutenden Resten*

coriandrum ⟨ī⟩ *n* ||griech. Lw.|| (*vkl., nachkl.*) Koriander

Corinna ⟨ae⟩ *f*
1. *lyrische Dichterin aus Tanagra in Böotien, um 510 v. Chr.*
2. *fingierter Name der Geliebten Ovids*

Corinthia ⟨ōrum⟩ *n* ||Corinthus|| Suet. Kunstwerke aus korinthischer Bronze

Corinthiacus ⟨a, um⟩ *Adj* ||Corinthus|| korinthisch, aus Korinth, zu Korinth gehörig

Corinthiārius ⟨ī⟩ *m* ||Corinthus|| korinthischer Metallarbeiter, *Spottname des Augustus wegen seiner Vorliebe für korinthische Metallarbeiten*

Corinthiēnsis ⟨e⟩ *Adj* ||Corinthus|| korinthisch, aus Korinth, zu Korinth gehörig

Corinthius
I ⟨a, um⟩ *Adj* ||Corinthus|| korinthisch, aus Korinth, zu Korinth gehörig; ***Corinthium aes*** korinthisches Erz
II ⟨ī⟩ *m* Korinther, Einwohner von Korinth

Corinthos *u.* **Corinthus** ⟨ī⟩ *f* Korinth, *Handelsstadt am Isthmus, 146 v. Chr. von den Römern zerstört, von Caesar wieder aufgebaut*

Coriolānus
I ⟨a, um⟩ *Adj* aus Corioli, zu Corioli gehörig
II ⟨ī⟩ *m*
1. Einwohner von Corioli
2. *Beiname des Cn. Marcius Coriolanus, der 493 v. Chr. Corioli erobert haben u. 489/488 v. Chr. gegen Rom gezogen sein soll, wurde von einer Frauengesandtschaft unter Führung seiner Mutter von einem Sturm auf die Stadt abgehalten*

Coriolī ⟨ōrum⟩ *m Stadt der Volsker in Latium, schon im Altertum verschwunden, genaue Lokalisierung nicht mehr möglich*

corium ⟨ī⟩ *n u.* **corius** ⟨ī⟩ *m*
1. Fell, Haut
2. gegerbtes grobes Leder
3. *fig* Züchtigung; ***de corio suo ludere*** *Sprichwort* seine Haut zu Markte tragen
4. Plaut. *meton* Riemenpeitsche

Cornēlia ⟨ae⟩ *f*

Cornēliānus ⟨a, um⟩ *Adj* des Cornelius, zu Cornelius gehörig; ***oratio Corneliana*** Rede für Cornelius

Cornēlius

I ⟨a, um⟩ *Name einer angesehenen u. weit verzweigten röm. gens mit folgenden Familien: 1. patriz. Familien:* → **Scipio**, → **Sulla**, → **Lentulus**, → **Dolabella**, → **Cethegus**; *2. pleb. Familien:* → **Balbus**, → **Cinna**, → **Celsus**
II ⟨a, um⟩ *Adj* des Cornelius, zu Cornelius gehörig; der Cornelier, zu den Corneliern gehörig; ***leges Corneliae*** von den Corneliern gegebene Gesetze; ***Forum Cornelium*** *Stadt an der via Aemilia, von L. Cornelius Sulla gegründet, heute Imola, sö. von Bologna*

corneolus ⟨a, um⟩ *Adj* ||*Dim von* corneus²|| hornartig

corneus¹ ⟨a, um⟩ *Adj* ||cornus¹|| *poet* aus Kornelkirschholz

corneus² ⟨a, um⟩ *Adj* ||cornu|| aus Horn

corni-cen ⟨inis⟩ *m* ||cornu, cano|| Hornist, Flötist, Bläser der phrygischen Flöte

cornīcor ⟨ātus sum, ārī 1.⟩ ||*Denom von* cornix|| Pers. wie eine Krähe krächzen, kreischen

cornīcula ⟨ae⟩ *f* ||*Dim von* cornix|| Hor. alberne junge Krähe

Corniculānus ⟨a, um⟩ *Adj* aus Corniculum, zu Corniculum gehörig

corniculārius ⟨ī⟩ *m* ||corniculum|| Gefreiter, *mit dem corniculum ausgezeichneter Soldat, in republikanischer Zeit vom gewöhnlichen Dienst befreit u. einem höheren Offizier als Gehilfe beigegeben, in der Kaiserzeit ranghöchster Unteroffizier, Vorsteher von Kanzleien, auch im Zivildienst tätig*

corniculum ⟨ī⟩ *n* ||*Dim von* cornu|| „Hörnchen", *am Helm getragenes Ehrenzeichen u. Rangabzeichen*

Corniculum ⟨ī⟩ *n alte Stadt der Latiner, nö. von Tibur, keine Reste, Name erhalten in Monte Cornicolani*

corni-ger ⟨gera, gerum⟩ *Adj* ||cornu, gero|| gehörnt, Geweih tragend

corni-pēs *Gen* ⟨pedis⟩ *Adj poet* hornfüßig, gehuft

cornīx ⟨īcis⟩ *f* Krähe, *ihr Flug u. Geschrei zur Linken galt als gutes Vorzeichen, ihr Geschrei kündigte Regen an; sie galt als langlebig, scharfsichtig und geschwätzig;* ***cornicum oculos configere*** *Sprichwort* den Krähen die Augen aushacken = selbst Vorsichtige täuschen

cornū ⟨ūs⟩ *n*
1. Horn *der Tiere*; *Pl* Geweih; ***cornua surgere*** das Geweih heben
2. Horn *als Symbol der Stärke u. des Widerstandes*; ***cornua sumere*** mutig werden; ***cornua addere alicui*** j-m Mut machen; ***cornua vertere in aliquem*** Widerstand gegen j-n leisten
3. Auswuchs *an der Stirn*; emporstehender Haarbüschel *der Germanen*
4. *Pl* Hörner *der Mondsichel*
5. Flussarm
6. äußerstes Ende; Vorgebirge, Landzunge
7. Ende der Segelstange; *meton* Rahe
8. Liv. Helmkegel; ***cornua cristae*** Helmbusch
9. Knopf, Knauf *bes an den Enden des Stabes einer Buchrolle*; ***explicitus liber usque ad sua cornua*** ganz aufgerolltes Buch
10. MIL Flügel *des Heeres*
11. Horn *als Material*; Gegenstand aus Horn: Heerhorn, Trompete, Bogen, Horntrichter, Ölgefäß, Resonanzboden *der Lyra*; ***cornua elephanti*** Elefantenzähne

Cornūcōpia ⟨ae⟩ *f* Ov. Füllhorn, *unter die Sterne versetztes Horn der Ziege Amalthea, aus dem Nektar floss, Symbol des Überflusses*

cornum¹ ⟨ī⟩ *n* = ***cornu***

cornum² ⟨ī⟩ *n* Kornelkirsche; *meton* Lanze *aus dem Holz der Kornelkirsche*

cornus¹ ⟨ī⟩ *u.* ⟨ūs⟩ *f* Kornelkirschbaum, Hartriegel; *meton* Hartriegelholz; Lanze *aus dem Holz der Kornelkirsche*

cornus² ⟨ūs⟩ *m* = ***cornu***

Cornus ⟨ī⟩ *f Stadt an der Westküste Sardiniens mit Bedeutung im zweiten Punischen Krieg*

cornūtus ⟨a, um⟩ *Adj* ||cornu|| (*unkl.*) gehörnt; ***cornuto capite*** (*mlat.*) im Schmuck der Bischofsmütze

corōlla ⟨ae⟩ *f* ||*Dim von* corona|| (*unkl.*) Kränzchen

corōllārium ⟨ī⟩ *n* ||corolla|| Kränzchen *aus Gold, Ehrengabe für verdiente Schauspieler u. andere Künstler, später durch Geld abgelöst, daher* Geschenk, Trinkgeld

► **corōna** ⟨ae⟩ *f* ||griech. Lw.||
1. Kranz *aus natürlichen od künstlichen Blumen als Schmuck u. als Auszeichnung, Abzeichen der Priester, der Opfernden u. der Opfertiere, später auch aus Metall u. Edelmetall; Auszeichnung für künstlerische u. vor allem militärischen Leistungen;* ***c. civica*** Krone für die Rettung eines römischen Bürgers; ***sub coronā vendere*** *einen Kriegsgefangenen* als Sklaven verkaufen; Tac. öffentlich verkaufen
2. *meton* obere Begrenzung, oberer Abschluss einer Mauer, Kranzleiste, Gesims, Einfassung; ***c. montium*** kreisförmige Bergkette
3. Kreis von Zuhörern, Kreis von Zuschauern; Versammlung, Menschenmenge; MIL Belagerungslinie, Befestigungskette
4. (*spätl.*) Krone, Diadem; ***c. regni*** Königskrone; ***c. spinea*** Dornenkrone; ***c. fidei*** Märtyrerkrone

Corōna ⟨ae⟩ *f unter die Sterne versetzte Krone der Ariadne, Gestirn am n Himmel in der Nähe des Bootes, am s. Himmel in der Nähe des Skorpions*

coronaria ⟨ae⟩ *f* ||coronarius|| (*erg.* ***domus***) (*mlat.*) Krönungssaal

corōnārius ⟨a, um⟩ *Adj* ||corona|| zum Kranz gehörig; ***aurum coronarium*** Kranzgold, Geldgeschenk *für siegreiche Feldherren für die Anschaffung eines goldenen Kranzes, später zu beliebiger Verwendung*

Corōnē ⟨ēs⟩ *f Stadt an der Westküste des Messenischen Meerbusens auf der Peloponnes, heute Petalidi, antiker Name Koroni auf das alte Asine weiter s. übergegangen*

Corōnēa ⟨ae⟩ *f einst wichtige Stadt in Böotien, geringe Reste*

Corōneus ⟨eī⟩ *m König in Phokis, Vater der in eine Krähe verwandelten Corone*

Corōnīdēs ⟨ae⟩ *m* Sohn der → Coronis, = Äskulap

corōnis ⟨idis⟩ *f* ||griech. Fw.|| Mart. Schlussschnörkel *am Ende eines Buches od Abschnittes*

Corōnis ⟨idis⟩, *Akk* ⟨ida⟩ *f Nymphe, von Apollo Mutter des Äskulap*

corōnō ⟨āvī, ātum, āre 1.⟩ ||*Denom von* corona|| bekränzen, krönen; *fig* umkränzen, umschließen, umringen

corporālis ⟨e⟩ *Adj, Adv* ⟨corporāliter⟩ ||corpus|| (*nachkl.*) körperhaft, körperlich; (*mlat.*) leiblich, fleischlich; *Adv* wirklich

corporātus ⟨a, um⟩ *Adj* ||corporo|| verkörpert, körperhaft

corporeus ⟨a, um⟩ *Adj* ||corpus|| mit einem Körper versehen; fleischlich, leiblich; (*mlat.*) irdisch

corporō ⟨āvī, ātum, āre 1.⟩ ||corpus||
1. (*altl.*) töten
2. (*spätl.*) verkörpern, zum Körper machen

corpulentia ⟨ae⟩ *f* ||corpulentus|| (*nachkl.*) Beleibtheit, Korpulenz

corpulentus ⟨a, um⟩ *Adj* ||corpus|| (*vkl., nachkl.*) beleibt, korpulent; körperlich

corpus ⟨oris⟩ *n*
1. Körper, Leib *von Menschen u. Tieren*; *meton* Substanz, Materie; ***Corpus Christi*** (*eccl.*) Fronleichnam, Leib des Herrn
2. Fleisch *am Körper*; ***corpus amittere*** Fleisch verlieren, abmagern; ***corpus facere*** Fleisch ansetzen, dick werden; ↔ ***caro***
3. *fig* Fleisch *als Sitz der Begierden*; ***corpus vulgare*** sich hingeben, sich prostituieren; ***corpore quaestum facere*** Prostitution ausüben
4. Leiche, Leichnam
5. Rumpf
6. Person, Individuum
7. *fig in sich geordnetes* Ganzes; Gebäude; Körperschaft; ***c. totum*** Befestigungsanlage; ***c. militum*** Armeekorps; ***c. rei publicae*** Staatskörper; ***c. civitatis*** Gesamtheit der Bürger; ***c. universitatis*** Weltall
8. *fig* Hauptsache, Kernstück
9. LIT Gesamtwerk, Sammelwerk; ***c. omnis iuris Romani*** Sammlung des gesamten römischen Rechts

corpusculum ⟨ī⟩ *n* ||*Dim von* corpus||
1. Körperchen; (*nachkl.*) Kind im Mutterleib; *hum* Bäuchlein; ***c. melliculum*** Plaut. „mein Honigpfröpfchen"
2. Atom, Korpuskel
3. (*nachkl.*) kleine Sammlung; ***florum c.*** „Blumensträußchen" = Anthologie

cor-rādō ⟨rāsī, rāsum, rādere 3.⟩ Lucr. zusammenkratzen; (*unkl.*) zusammenscharren

corrēctiō ⟨ōnis⟩ *f* ||corrigo||
1. Berichtigung, Verbesserung; RHET Ersatz eines Ausdrucks durch einen passenderen
2. Zurechtweisung *im freundschaftlichen Sinn*

corrēctor ⟨ōris⟩ *m* ||corrigo||
1. Verbesserer, Korrektor; ***usus, qui unus est legum c.*** die Praxis, die als einzige die Gesetze verbessert
2. Sittenrichter, kleinlicher Kritiker, Zuchtmeister
3. (*spätl.*) kaiserlicher Verwaltungsbeamter *für einen Distrikt, später* Provinzstatthalter
4. (*nlat.*) Korrektor, *Berufsbezeichnung des Korrekturlesers in Druckereien u. Verlagen*

cor-rēctus ⟨a, um⟩ *PPP* → ***corrigo***

cor-rēpō ⟨rēpsī, rēptum, rēpere 3.⟩ Lucr. zusammenkriechen, zusammenschrecken; sich verkriechen

correptiō ⟨ōnis⟩ *f* ||corripio|| GRAM Kürzung; ↔ ***productio***

correptus[1] ⟨a, um⟩ *Adj* ||corripio|| GRAM kurz (ausgesprochen); ↔ ***productus, extensus***

cor-reptus[2] ⟨a, um⟩ *PPP* → ***corripio***

cor-rēxī → ***corrigo***

cor-rīdeō ⟨-, -, ēre 2.⟩ Lucr. auflachen

cor-rigia ⟨ae⟩ *f* Schuhriemen; (*mlat.*) Streichriemen des Barbiers *zum Schärfen der Messer*; Ledergürtel

cor-rigō ⟨rēxī, rēctum, rigere 3.⟩ ||con, rego||
1. gerade richten, wieder auf den rechten Kurs bringen, glätten
2. *fig Fehlerhaftes* berichtigen, verbessern, korrigieren, wieder gutmachen, ausgleichen; ***corrigenda*** (*nlat.*) Druckfehlerverzeichnis
3. zurechtweisen, eines Besseren belehren

► **cor-ripiō** ⟨ripuī, reptum, ripere 3.⟩ ||rapio||
1. zusammenraffen, zusammenpacken, hastig ergreifen; ***correpti montes*** abgerissene Felsbrocken
2. gewaltsam an sich reißen, rauben, sich aneignen
3. aufgreifen, verhaften, *Sachen* beschlagnahmen
4. (*nachkl.*) *fig von Krankheiten, Übeln* ergreifen, befallen, dahinraffen, *meist pej*; ***imagine corripi*** von einem Bild hingerissen sein, von einem Bild bezaubert sein
5. tadeln, schelten
6. vor Gericht ziehen, anklagen
7. abkürzen; ***syllabum c.*** eine Silbe kurz aussprechen
8. (*erg.* ***gradum***) den Schritt beschleunigen

cor-rōborō ⟨āvī, ātum, āre 1.⟩ stärken, kräftigen, stählen, *auch fig*; *Passiv u.* ***se c.*** erstarken, ins Mannesalter treten; ***aetas corroborata*** Mannesalter

cor-rōdō ⟨rōsī, rōsum, rōdere 3.⟩ benagen, zernagen

cor-rogō ⟨āvī, ātum, āre 1.⟩ zusammenbitten, zusammenbetteln; einladen

cor-rotundō ⟨āvī, ātum, āre 1.⟩ (*nachkl.*) (rhythmisch) abrunden; *Passiv* sich abrunden

cor-rūgō ⟨āvī, ātum, āre 1.⟩ runzelig machen; ***nares c.*** die Nase rümpfen

cor-rumpō ⟨rūpī, ruptum, rumpere 3.⟩

1. vernichten, zugrunde richten
2. vereiteln, zunichte machen
3. verderben, verschlechtern
4. verfälschen, verdrehen
5. sittlich verderben, entehren

1. vernichten, zugrunde richten, verwüsten; *Passiv* verderben, zugrunde gehen, untergehen
2. *fig* vereiteln, zunichte machen; ***meritorum gratiam c.*** sich den Dank für Verdienste verscherzen; ***fidem artis c.*** den Glauben an die Kunst verlieren; ***eventus timore corrumpitur*** der Erfolg wird durch Furcht vereitelt; ***occasionem c.*** eine Gelegenheit ungenutzt lassen
3. verderben, verschlechtern; verunstalten; verletzen, entkräften; ***fontes aquarum c.*** das Quellwasser verunreinigen; ***nomen alicuius c.*** j-s Namen verunstalten *durch schlechte Aussprache*; ***famam rerum gestarum c.*** den Ruhm der Geschichte beflecken; *Passiv* verderben, schlecht werden
4. verfälschen, verdrehen, entstellen; ***litteras/tabulas publicas c.*** staatliche Urkunden verfälschen
5. sittlich verderben, entehren, schänden, verführen; bestechen; ***civitatis mores c.*** die Sitten der Bürger verderben; ***disciplinam castrorum c.*** die

Disziplin im Lager untergraben; ***mulierem c.*** eine Frau verführen; ***iudicem pecuniā c.*** den Richter mit Geld bestechen

corrumptor ⟨ōris⟩ *m (altl.)* → ***corruptor***

corrumptus ⟨a, um⟩ *Adj* Plaut. = ***corruptus***

cor-ruō ⟨ruī, ruitūrus, ruere 3.⟩

I *v/i*

1. einstürzen, umstürzen, zusammenstürzen; *von Menschen u. Tieren* zu Boden stürzen; ***aedes corruit*** ein Gebäude stürzt ein

2. zugrunde gehen; Bankrott machen

3. *vom Schauspieler* durchfallen

4. Plin. *vor Gericht* verurteilt werden, den Prozess verlieren

5. *feindlich* aufeinander losgehen; ***accipitres rostris inter se corruunt*** die Habichte hauen mit ihren Schnäbeln aufeinander ein

II *v/t*

1. ins Verderben stürzen, ruinieren

2. Plaut. eilig zusammenscharren, ***ditias*** Reichtum

cor-rūpī → ***corrumpo***

corruptēla ⟨ae⟩ *f* ||corrumpo||

1. Verderben; Weg des Verderbens, Verführungsmittel; ***largitio c. est*** die Freigebigkeit ist eine Versuchung; ***c. malae consuetudinis*** Ansteckungsgefahr durch schlechte Gewohnheit

2. Verführung

3. Bestechung

4. Ter. *meton* Verführer

5. *(nlat.)* verderbte Textstelle

corruptibilis ⟨e⟩ *Adj* ||corrumpo|| *(spätl., eccl.)* vergänglich

corruptiō ⟨ōnis⟩ *f* ||corrumpo||

1. Verführung, Bestechung

2. Verderbtheit, verdorbener Zustand; ***c. opinionum*** Verdrehtheit der Meinungen

corruptor ⟨ōris⟩ *m* ||corrumpo|| Verderber; Verführer; Bestecher

corruptrīx ⟨īcis⟩ *f* ||corruptor|| Verführerin; ***provincia c.*** verführerische Provinz

corruptus[1] ⟨a, um⟩ *Adj* ||corrumpo|| verdorben, verführt, bestochen, geschändet

cor-ruptus[2] ⟨a, um⟩ *PPP* → ***corrumpo***

cōrs ⟨cōrtis⟩ *f* = ***cohors***

Corsica ⟨ae⟩ *f Insel im Mittelmeer, Verbannungsort Senecas*

Corsicus *u.* **Corsus** ⟨a, um⟩ *Adj* korsisch

Corsus ⟨ī⟩ *m* Korse

▶ **cortex** ⟨icis⟩ *m, poet oft f*

1. Rinde, Borke *der Bäume*

2. Schale *von Früchten, Eiern od Tieren*; ***c. testudinis*** Panzer der Schildkröte

3. Rinde der Korkeiche, Kork; Schwimmgürtel; ***sine cortice nare*** ohne Schwimmgürtel schwimmen = auf eigenen Füßen stehen

cortīna[1] ⟨ae⟩ *f*

1. Kessel, Becken

2. pythischer Dreifuß, Dreifuß *als Weihegeschenk*

3. *meton* Orakel, ***Phoebi*** des Phoebus

4. *fig* Kreis der Zuhörer

cortīna[2] ⟨ae⟩ *f (eccl.)* Vorhang; *(mlat.)* Gardine, Wandteppich

cortis ⟨is⟩ *f* = ***curtis***

corulētum ⟨ī⟩ *n* ||corulus|| Ov. Haselstrauch

corulus ⟨ī⟩ *f (unkl.)* Haselstrauch

cōrus ⟨ī⟩ *m* = ***caurus***

coruscō ⟨-, -, āre 1.⟩ ||*Denom von* coruscus||

I *v/i*

1. mit den Hörnern stoßen

2. sich zitternd bewegen, flattern; *fig* schillern, schimmern, blinken

II *v/t* hin und her schwingen; ***linguas c.*** züngeln

coruscus ⟨a, um⟩ *Adj* schwankend, zitternd, zuckend; *fig* schillernd, schimmernd, blinkend, *re* von etw

corvīnus ⟨a, um⟩ *Adj* ||corvus|| zum Raben gehörig, Raben…

Corvīnus ⟨a, um⟩ *Beiname in der gens Valeria*; → ***Valerius***

corvus ⟨ī⟩ *m*

1. Rabe, Weissagevogel, *dem Apollo heilig, Flug u. Gekrächze zur Rechten günstiges, zur Linken ungünstiges Vorzeichen*

2. *Werkzeuge in Form eines Rabenschnabels*: MIL Brechstange mit Haken, Mauerbrecher; MED hakenförmiges Schneidewerkzeug

Corybantes ⟨um⟩ *u.* ⟨ium⟩ *m* die Korybanten, *Priester der Kybele/Rhea in Phrygien, deren Kult mit lärmender Musik u. Waffentänzen vollzogen wurde*

Corybantius ⟨a, um⟩ *Adj* korybantisch

Corybās antis *m Sohn der Kybele*

Cōrycos *u.* **Cōrycus** ⟨ī⟩ *m*

1. *Hafenstadt in Kilikien, heute Korykos, nö. von Silifke mit ausgedehnten Ruinenfeldern*

2. *Gebirge u. Kap auf der Halbinsel von Erythrae vor der ionischen Küste, w. von Smyrna, heute Korekas*

cōrycus ⟨ī⟩ *m* ||griech. Fw.|| lederner Beutel, *bes* Sandsack *zum Training der Athleten*

corydalus ⟨ī⟩ *m* ||griech. Fw.|| Lerche

coryl… = ***corul…***

corymbi-fer ⟨fera, ferum⟩ *Adj* ||corymbus, fero|| Ov. Efeutrauben tragend, *Beiname des Bacchus*

corymbus ⟨ī⟩ *m* ||griech. Fw.|| Blütentraube des Efeus

coryphaeus ⟨ī⟩ *m* ||griech. Fw.|| Erster, Oberhaupt, Anführer

Corythus ⟨ī⟩

1. *m* MYTH *Sohn von Zeus u. Elektra, Gründer der Stadt Corythus*

2. *f Stadt in Etrurien, später Cortona, n des Trasumenersees, heute Cortona*

cōrȳtus ⟨ī⟩ *m* ||griech. Fw.|| Köcher

cōs ⟨cōtis⟩ *f* Schleifstein, Wetzstein

Cōs ⟨Coī⟩ *f schon bei Homer genannte Sporadeninsel vor der Südwestspitze Kleinasiens mit gleichnamiger Hauptstadt; im Altertum Weinbau u. Seidenweberei; berühmt durch die Ärzteschule des Hippokrates mit Heiligtum des Asklepios; heute Kos*

COS *Abk* = ***consul*** Konsul

Cosa ⟨ae⟩ *f u.* **Cosae** ⟨ārum⟩ *f alte etrusk. Küstenstadt*

cosmētēs ⟨ae⟩ *m* ||griech. Fw.|| Iuv. Aufseher über Garderobe und Schmuck *einer vornehmen Römerin*

Cosmiānum ⟨ī⟩ *n (erg.* ***unguentum****)* Parfüm, Salbe

von Cosmus
cosmica ⟨ōrum⟩ *n* ||griech. Fw.|| Mart. das Weltliche, die Welt
cosmicos *u.* **cosmicus** ⟨ī⟩ *m* ||griech. Fw.|| Mart. Weltbürger
cosmoe ⟨ōrum⟩ *m* ||griech. Fw.|| die Ordner, *oberste Behörde auf Kreta*
cosmos ⟨ī⟩ *m* ||griech. Fw.|| (*eccl.*) die Welt
Cosmus ⟨ī⟩ *m berühmter Parfümfabrikant in Rom*
COSS *Abk* = ***consules*** die Konsuln
Cossūra *u.* **Cossȳra** ⟨ae⟩ *f kleine Insel zwischen Afrika u. Sizilien, heute Pantelleria*
costa ⟨ae⟩ *f* Rippe; *Pl fig* rippenartige Seitenwände *in Schiffen u. ähnlichen Hohlkörpern*
costum ⟨ī⟩ *n* ||griech. Lw.|| (*nachkl.*) *poet* indischer Gewürzstrauch, Kostwurz; *meton* aus der Kostwurz bereitete kostbare Salbe
cōtēs ⟨ium⟩ *f* = ***cautes***
cothŭrnātī ⟨ōrum⟩ *m* ||cothurnatus|| tragische Schauspieler
cothurnātus ⟨a, um⟩ *Adj* ||cothurnus|| (*nachkl.*)
1. *poet* auf dem Kothurn einherschreitend
2. *fig* tragisch, erhaben; hochtrabend
cothurnus ⟨ī⟩ *m* ||griech. Fw.||
1. Kothurn, *Stiefel mit hohen Sohlen u. Absätzen, Fußbekleidung der Jäger u. der tragischen Schauspieler*
2. *meton* Tragödie; erhabener Stil der Tragödie; ↔ ***soccus***
▶ **cotīdiānus** ⟨a, um⟩ *Adj, Adv* ⟨cottīdiānō⟩ ||cotidie|| täglich; *fig* alltäglich, gewöhnlich
▶ **cotīdiē** *Adv* ||quot, dies|| täglich, Tag für Tag
Cotta ⟨ae⟩ *m Beiname der gens Aurelia*; → ***Aurelius***
cottabus ⟨ī⟩ *m* ||griech. Fw.||
1. *griech. Gesellschaftsspiel: Der Spieler musste mit dem Rest Wein in seinem Becher entweder eine auf einem Ständer aufgestellte Metallscheibe od eine in einem Wasserbecken schwimmende kleine Schale treffen; die Scheibe musste herunterfallen, das Schälchen untergehen*
2. Plaut. klatschender Schlag
cottana ⟨ōrum⟩ *n* ||griech. Fw.|| (*nachkl.*) *poet* trockene kleine Feigen
cottīdiānus ⟨a, um⟩ *Adj* = ***cotidianus***
cottīdiē *Adv* = ***cotidie***
cottona ⟨ōrum⟩ *n* = ***cottana***
cotula ⟨ae⟩ *f* ||griech. Fw.|| Mart. kleines Gefäß; Hohlmaß, *ein halber sextarius*
cōturnīx ⟨īcis⟩ *f* Wachtel; *Kosewort*
coturnus ⟨ī⟩ *m* = ***cothurnus***
Cotus ⟨ī⟩ *m* = ***Cotys***
cotyla ⟨ae⟩ *f* = ***cotula***
Cotys ⟨yis⟩ *m thrakischer Fürst*
Cotyttia ⟨ōrum⟩ *n* Feste der → Cotytto
Cotyttō ⟨ī⟩ *f thrakische Göttin mit einem Kult, der dem der Kybele ähnlich war*
Cōum ⟨ī⟩ *n* ||Cos|| koischer Wein
Cōus
I ⟨a, um⟩ *Adj* von Cos, zu Cos gehörig
II ⟨ī⟩ *m* Einwohner von Cos
covinnārius ⟨ī⟩ *m* ||covinnus|| Tac. Sichelwagenkämpfer
covinnus ⟨ī⟩ *m* ||kelt. Fw.|| (*nachkl.*) *poet* Sichelwagen

coxa ⟨ae⟩ *f* (*nachkl.*) *poet* Hüfte; ***c. leporis*** Hasenkeule
coxendīx ⟨īcis⟩ *f* ||coxa|| (*vkl., nachkl.*) Hüftbein, Hüfte
coxī → ***coquo***
crābrō ⟨ōnis⟩ *m* (*unkl.*) Hornisse
Cragus ⟨ī⟩ *m Gebirge in Lykien im SW von Kleinasien, berühmt-berüchtigt durch die vielen wilden Tiere, Schauplatz des Kampfes des Bellerophon gegen die Chimaera*
crambē ⟨ēs⟩ *f* ||griech. Fw.|| (*nachkl.*) Kohl; ***c. repetita*** Iuv. aufgewärmter Kohl, *für etw oft Vorgebrachtes*
Crānnōn *u.* **Cranōn** ⟨ōnis⟩ *f Stadt in Thessalien, sw. von Larissa, heute Palaeo-Larissa mit geringen Resten*
crāpula ⟨ae⟩ *f* ||griech. Lw.|| Rausch; Katzenjammer
crāpulārius ⟨a, um⟩ *Adj* ||crapula|| Plaut. zum Rausch gehörig
▶ **crās** *Adv* morgen; *poet subst* der morgige Tag; *fig, poet* künftig
crassēscō ⟨-, -, ēscere 3.⟩ ||*Inkoh von* crassus|| dick werden
crassitūdō ⟨īnis⟩ *f* ||crassus|| Dicke, Beleibtheit; Dichtheit
▶ **crassus** ⟨a, um⟩ *Adj, Adv* ⟨crassē⟩
1. dick, dicht; grob, gedrungen, beleibt
2. *fig* fett, fruchtbar
3. *pej* roh, unfein, hausbacken
Crassus ⟨ī⟩ *m* „der Dicke“, *Beiname der gens Licinia*; → ***Licinius***
crāstinum ⟨ī⟩ *n* ||crastinus|| der morgige Tag; ***in crastinum*** auf den morgigen Tag
crāstinus ⟨a, um⟩ *Adj, Adv* ⟨crāstinō⟩ ||cras|| morgig
crataegos *u.* **crataegus** ⟨ī⟩ *f* ||griech. Fw.|| (*nachkl.*) Weißdorn, *eine Pflanze*
Crataeis ⟨idis⟩ *f Nymphe, Mutter der Skylla*
crātēr ⟨ēris⟩, *Akk Sg* ⟨ēra⟩, *Akk Pl* ⟨ēras⟩ *m* ||griech. Fw.||
1. Mischgefäß, Mischkessel, Mischkrug *zum Mischen des Weines*
2. (Verg., Mart.) Ölkrug
3. Plin. Wasserkrug, Wasserbecken
4. Erdschlund, Vulkankrater
Crātēr ⟨ēris⟩ *m Meerbusen bei Baiae, w. von Neapel*
Crātēr ⟨ēris⟩ *m* Becher *als Gestirn*
crātēra ⟨ae⟩ *f* = ***crater***
Crateros *u.* **Craterus** ⟨ī⟩ *m*
1. *Feldherr Alexanders des Großen*
2. *berühmter Arzt in Rom z. Zt. Ciceros* großer Arzt
Crāthis ⟨idis, *Akk* im⟩ *m Grenzfluss zwischen Lukanien u. Bruttium, dessen Wasser die Haare angeblich blond färbte*
crātīcula ⟨ae⟩ *f* ||*Dim von* cratis|| (*unkl.*) kleiner Rost
Cratīnus ⟨ī⟩ *m attischer Komödiendichter, gest. nach 423 v. Chr.*
Cratippus ⟨ī⟩ *m peripatetischer Philos. in Athen, Lehrer von Ciceros Sohn*
crātis ⟨is⟩ *f, meist Pl* ⟨crātēs, ium⟩ Flechtwerk, Geflecht, Hürde für das Vieh; MIL Faschine, *Reisigbündel zum Eindämmen u. zur Überwindung*

von Sümpfen; fig Gerippe, Gefüge; ***crates pecoris*** Brustkorb; ***crates favorum*** Honigwaben

creātiō ⟨ōnis⟩ *f* ||creo||
1. Wahl
2. *(eccl.)* Schöpfung

creātor ⟨ōris⟩ *m* ||creo|| Schöpfer, Erzeuger, Gründer, Urheber; ***c. urbis*** Gründer einer Stadt; ***Creator Spiritus*** Schöpfer-Geist, *Beiname Gottes*

creātrīx ⟨īcis⟩ *f* ||creator|| *(nachkl.) poet* Mutter

creātūra ⟨ae⟩ *f* ||creo|| *(eccl.)* Schöpfung, Welt; Geschöpf

► **crēber** ⟨bra, brum⟩ *Adj, Adv* ⟨crēbrō⟩ *u.* ⟨crēbriter⟩ *(altl.), Sup* ⟨crēberrimē⟩
1. *örtl.* dicht stehend, gedrängt, zahlreich; ***creberrima aedificia*** Gebäude in sehr dichter Reihe
2. *örtl.* dicht besetzt, voll, *re* von etw; *von Personen* reich, fruchtbar, *re* an etw; ***scriptor sententiis c.*** Schriftsteller, der reich ist an Sinnsprüchen
3. *poet* kurz hintereinander, kurz nacheinander, häufig wiederholt, festgesetzt; ***crebri imbres*** häufige Regengüsse; ***in eo c. fuisti*** das hast du mir oft wiederholt
4. üppig, dicht wachsend; *von Örtlichkeiten* dicht bewachsen
5. *Adv* häufig, oft, schnell nacheinander

crēb(r)ēscō ⟨crēb(r)uī, -, crēb(r)ēscere 3.⟩ ||*Inkoh zu* creber|| *(nachkl.) poet* zunehmen, wachsen, sich vermehren, sich verbreiten; ***fama cladis crebrescit*** das Gerücht von der Niederlage verbreitet sich; ***crebrescit*** + *AcI* das Gerücht verbreitet sich, dass …

crēbritās ⟨ātis⟩ *f* ||creber|| Häufigkeit, gedrängte Fülle

► **crēdibilis** ⟨e⟩ *Adj, Adv* ⟨crēdibiliter⟩ ||credo|| glaubhaft, glaubwürdig, *nur von Sachen*; ***narratio c.*** glaubwürdige Erzählung; ***credibili maior*** größer, als man glauben könnte

crēdidī → ***credo***

crēditor ⟨ōris⟩ *m* ||credo|| Gläubiger; *(mlat.)* Geldgeber

crēditum ⟨ī⟩ *n* ||credo|| Darlehen, Schuld, Kredit

crēdō ⟨didī, ditum, dere 3.⟩

1. anvertrauen, übergeben
2. borgen, leihen
3. vertrauen, Vertrauen schenken
4. glauben, Glauben schenken
5. glauben, für wahr halten
6. für j-n halten
7. glauben, meinen
8. an Christus glauben

1. anvertrauen, übergeben, überlassen, *alicui aliquid* j-m etw; ***hosti salutem suam c.*** dem Feind sein Heil anvertrauen; ***arcana libris c.*** Geheimnisse den Büchern anvertrauen
2. borgen, leihen; ***alicui pecuniam c.*** j-m Geld leihen; ***pecunia credita*** Darlehen, Kredit
3. vertrauen, Vertrauen schenken, *alicui/alicui rei* j-m/einer Sache; ***virtuti militum c.*** auf die Tapferkeit der Soldaten vertrauen; ***campo c.*** sich auf eine Feldschlacht einlassen
4. glauben, Glauben schenken; ***credo Thukydidi*** ich glaube dem Thukydides; ***crede mihi*** glaub mir, auf mein Wort; ***sibi c.*** bei sich überzeugt sein; ***credor*** *poet* man glaubt mir
5. glauben, für wahr halten; ***deos esse c.*** an die Existenz der Götter glauben; ***multa/hoc c.*** vieles/dies glauben; ***testimonium non creditur*** das Zeugnis findet keinen Glauben
6. *j-n/etw* für *j-n/etw* halten, + *dopp. Akk, aliquid pro re*; ***aliquem Iovis filium c.*** j-n für den Sohn Jupiters halten; ***falsum pro vero c.*** das Falsche für wahr halten
7. glauben, meinen, der Ansicht sein, + *AcI* / + *indir Fragesatz*; ***crederes*** man hätte glauben können
8. *(eccl.)* an Christus glauben; ***credo in unum Deum*** ich glaube an den einen Gott

crēdulitās ⟨ātis⟩ *f* ||credulo|| *(unkl.)* Leichtgläubigkeit

crēdulus ⟨a, um⟩ *Adj* ||credo||
1. leichtgläubig, vertrauensselig, arglos
2. Tac. *selten p* leicht geglaubt; ***fama credula*** leicht geglaubtes Gerücht
3. *(mlat.)* gläubig

Cremera ⟨ae⟩ *m kleiner Fluss in Etrurien, mündet bei der alten Stadt Veii in den Tiber; bekannt durch den Kampf u. Untergang der 306 Fabier u. ihrer Klienten im Kampf gegen die Veier 479 v. Chr.*

Cremerēnsis ⟨e⟩ *Adj* aus Cremera, zu Cremera gehörig

► **cremō** ⟨āvī, ātum, āre 1.⟩ verbrennen, einäschern

Cremōna ⟨ae⟩ *f Stadt am Po*

Cremōnēnsis ⟨e⟩ *Adj* aus Cremona, zu Cremona gehörig

Cremonēnsis ⟨is⟩ *m* Einwohner von Cremona

Cremōnis iugum *n Pass in den Westalpen, heute Mont Cramon in der Nähe des Kleinen St. Bernhard*

cremor ⟨ōris⟩ *m (unkl.)* dicker Schleim *aus pflanzlichen Stoffen*; ***c. tartari*** *(nlat.)* gereinigter Weinstein

► **creō** ⟨āvī, ātum, āre 1.⟩
1. (er)schaffen, hervorbringen
2. Kinder zeugen, Kinder gebären
3. *fig* ins Leben rufen, verursachen, bereiten; ***dictaturam c.*** eine Diktatur schaffen; ***c. dolorem*** Schmerz verursachen; ***sibi periculum c.*** sich Gefahr bereiten; *Passiv* entstehen
4. *fig* wählen, erwählen; ***consules ex plebe c.*** Konsuln aus dem einfachen Volk wählen; ***sibi tres collegas c.*** sich drei Kollegen auswählen; ***aliquem sacerdotem c.*** j-n zum Priester wählen; ***decemviros legibus scribundis c.*** Dezemvirn zum Aufschreiben der Gesetze auswählen

Creō(n) ⟨ōnis⟩ *u.* ⟨ontis⟩ *m*
1. *König von Korinth*
2. *König von Theben, Bruder der Iokaste*

crepāx *Gen* ⟨ācis⟩ *Adj* Sen. knisternd

creper ⟨era, erum⟩ *Adj* ||crepo|| dämmerig, dunkel; *(vkl., nachkl.) fig* ungewiss, zweifelhaft

creperum ⟨ī⟩ *n* Zwielicht

crepida ⟨ae⟩ *f* ||griech. Lw.|| Sandale, *griech.* Halbschuh

crepidātus ⟨ī⟩ *m* ||crepida|| Sandalen tragend

crepīdō ⟨inis⟩ *f* ||griech. Lw.||
1. Sockel; *fig* Grundlage
2. Rand *als Abschluss od Verzierung*; Mauervorsprung; gemauerter Uferdamm, Kai

crepidula ⟨ae⟩ *f* ||*Dim von* crepida|| Plaut. kleine Sandale

crepitācillum ⟨ī⟩ *n* ||*Dim von* crepitaculum|| Lucr. kleine Klapper

crepitāculum ⟨ī⟩ *n* ||crepito|| (*unkl.*) Klapper

crepitō ⟨āvī, ātum, āre 1.⟩ ||*Intens von* crepo|| (*unkl.*) laut rasseln, klappern, dröhnen, krachen, klirren, knistern, rauschen, *re* von etw; knurren

crepitus[1] ⟨a, um⟩ *PPP* → ***crepo***

crepitus[2] ⟨ūs⟩ *m* ||crepo|| lauter Schall, Getöse, Krach(en); *Pl* Donnerschläge

▸ **crepō** ⟨uī, itum, āre 1.⟩

I *v/i*

1. erschallen, tönen; klappern, knarren, rasseln, prasseln, rauschen, knistern, knirschen *u. ähnliche Geräuschnuancen*

2. (*spätl.*) *von Gefäßen u. Lebewesen* bersten, platzen, zerrissen werden

II *v/t* erschallen lassen, tönen lassen, hören lassen, immer im Mund führen; ***immunda ignominiaque dicta c.*** Hor. immer schmutzige und schändliche Reden im Mund führen; ***faustos sonos c.*** Beifallklatschen hören lassen

crepundia ⟨ōrum⟩ *n* ||crepo|| (*spätl.*)

1. Kinderklapper

2. klapperndes Musikinstrument, Kastagnette

crepusculum ⟨ī⟩ *n* Abenddämmerung, Zwielicht; Dunkel

Crēs ⟨Crētis⟩, *Gen Pl* ⟨Crētum⟩ *m* ||Creta|| Kreter

Crēsa ⟨ae⟩ *f* = ***Cressa***

▸ **crēscō** ⟨crēvī, crētum, crēscere 3.⟩

1. (*nachkl.*) *poet* wachsen, entstehen, sich gestalten, *in aliquid* zu etw; ***bracchia in ramos c.*** die Äste werden zu Zweigen

2. aufwachsen, heranwachsen, groß werden

3. sich steigern, zunehmen, größer werden; ***luna crescit*** der Mond nimmt zu; ***flumen ex nivibus crescit*** der Fluss schwillt durch die Schneeschmelze an; ***annona crescit*** der Getreidepreis steigt; ***concordiā parvae res crescunt*** durch Eintracht werden kleine Dinge groß; ***dignitate c.*** an Würde gewinnen; ***per aliquem c.*** durch j-s Sturz aufsteigen, auf j-s Kosten aufsteigen

Crēsius ⟨a, um⟩ *Adj* = ***Cressius***

Crēssa ⟨ae⟩ *f* ||Creta|| Kreterin

Crēssius ⟨a, um⟩ *Adj* ||Creta|| kretisch

crēta ⟨ae⟩ *f*

1. Kreide, weißer Ton; Siegelerde

2. *poet* Schminke; *fig* Schlamm

Crēta ⟨ae⟩ *f* Kreta, *griech. Insel*

Crētaeus ⟨a, um⟩ *Adj* kretisch

crētātus ⟨a, um⟩ *Adj* ||creta|| mit Kreide bestrichen

Crētē ⟨ēs⟩ *f* = ***Creta***

Crētēnsis

I ⟨e⟩ *Adj* ||Creta|| kretisch

II ⟨is⟩ *m* Kreter

crētēra *u.* **crēterra** ⟨ae⟩ *f* = ***crater***

crēteus ⟨a, um⟩ *Adj* ||creta|| Lucr. tönern

Crēticus ⟨a, um⟩ *Adj* ||Creta|| kretisch; ***pes C.*** kretischer Versfuß

crētiō ⟨ōnis⟩ *f* ||cerno||

1. förmliche Erklärung der Bereitschaft eine Erbschaft anzunehmen, *Frist 100 od 60 Tage, daher meton* Bedenkzeit

2. förmliche Übernahme der Erbschaft

Crētis ⟨idis⟩ *f* ||Creta|| Kreterin

crētōsus ⟨a, um⟩ *Adj* ||creta|| (*nachkl.*) *poet* kreidereich, tonreich

crētula ⟨ae⟩ *f* ||*Dim von* creta|| weiße Siegelerde; *meton* Siegel

crētus[1] ⟨a, um⟩ *PPP* → ***cerno*** *u.* → ***cresco***

crētus[2] ⟨a, um⟩ *Adj* ||cresco|| entsprungen, geboren; ***c. Troiano a sanguine*** entsprossen aus trojanischem Blut

Creūsa ⟨ae⟩ *f Gattin des Aeneas*

crēvī → ***cerno*** *u.* → ***cresco***

crībrum ⟨ī⟩ *n* ||cerno|| Sieb, Durchschlag

▸ **crīmen** ⟨inis⟩ *n*

1. Beschuldigung, Anklage, *alicuius* j-s *od* gegen j-n, *in aliquem* gegen j-n, *alicuius rei* wegen einer Sache; ***c. meum*** die von mir gemachte Anschuldigung, die gegen mich gerichtete Anschuldigung; ***actor criminis*** Kläger; ***c. proditionis*** Anklage wegen Verrats; ***c. sibi afferre/sibi facere*** sich eine Anklage zuziehen; ***in crimen vocare*** anschuldigen; ***in crimine vocari/venire*** angeklagt werden; ***in crimine esse*** für schuldig gelten

2. *fig* Vorwurf, Beschwerde, *alicuius rei* wegen etw; *Pl* Vorwände; ***alicui aliquid crimini dare*** j-m etw zum Vorwurf machen; ***crimina belli*** Vorwände für einen Krieg

3. *meton* Gegenstand der Anklage; ***perpetuae c. posteritatis eris*** du wirst ewig Ziel dieses Vorwurfs sein

4. (*nachkl.*) *poet* Schuld, Verbrechen; Ehebruch; ***sine crimine*** unschuldig, schuldlos

5. Darstellung eines Lasters

crīminātiō ⟨ōnis⟩ *f* ||criminor|| Beschuldigung, Verleumdung, Verdächtigung

crīminātor ⟨ōris⟩ *m* ||criminor|| Verleumder, *in aliquem* j-s

crīminō ⟨āvī, ātum, āre 1.⟩ *u.* **crīminor** ⟨ātus sum, ārī 1.⟩ ||crimen|| (*vkl., nachkl.*)

I *abs* als Ankläger auftreten, klagen

II *v/t*

1. beschuldigen; verleumden, *aliquem alicui/apud aliquem* j-n bei j-m, + *AcI/quod* dass

2. verwerfen, sich beschweren, *aliquid* über etw

crīminōsus ⟨a, um⟩ *Adj, Adv* ⟨crīminōsē⟩ ||crimen|| Anschuldigungen vorbringend, Anschuldigungen enthaltend, vorwurfsvoll; verleumderisch, gehässig, *alicui* für j-n, *in aliquem* gegen j-n; ***criminose loqui de aliquo*** gehässig über j-n reden

crīnāle ⟨is⟩ *n* ||crinalis|| Diadem

crīnālis ⟨e⟩ *Adj* ||crinis|| *poet* Haar…, haarähnlich

▸ **crīnis** ⟨is⟩ *m*

1. Haar, Haupthaar *des Menschen, meist Pl*

2. (*nachkl.*) *meton* Kometenschweif, Meteorenschweif

Crinisus ⟨ī⟩ *m Fluss im SW von Sizilien, wo Timoleon von Korinth 344 v. Chr. die Karthager schlug, heute Belice*

crīnītus ⟨a, um⟩ *Adj* ||crinis|| (*nachkl.*) *poet*

1. *von Personen u. Sachen* behaart, langhaarig, lockig; ***puella crinita*** Mädchen mit Locken; ***galea crinita*** Helm mit Helmbusch

2. ***stella crinita*** Komet

crisis ⟨is, *Akk* im⟩ *f* ||griech. Fw.|| Sen. entscheiden-

de Wendung, Krisis
crīsō ⟨āvī, -, āre 1.⟩ mit den Schenkeln wackeln, *von der Frau*
crispi-sulcāns *Gen* ⟨antis⟩ *Adj* ||crispus, sulco|| *poet* im Zickzack eine Furche ziehend, im Zickzack dahinfahrend, *Bild des Blitzes*
crispō ⟨āvī, ātum, āre 1.⟩ ||*Denom von* crispus||
1. kräuseln, ***capillum*** das Haar
2. schwingen, ***hastilia*** die Wurfspieße
crispulus ⟨a, um⟩ *Adj* ||*Dim von* crispus|| Sen. kraushaarig
crispus
I ⟨a, um⟩ *Adj*
1. (*unkl.*) kraus, krausköpfig
2. *fig von der Rede* gekünstelt
3. *vom Holz* gemasert
4. *von der Bewegung* wellenförmig
II ⟨ī⟩ *m* Krauskopf
Crispus ⟨ī⟩ *m Beiname des röm. Geschichtsschreibers Sallust*
crista ⟨ae⟩ *f* (*unkl.*)
1. Kamm *auf dem Kopf der Tiere*; ***alicui cristae surgunt*** *Sprichwort* j-m schwillt der Kamm
2. Helmbusch
3. Iuv. Kitzler, Klitoris
cristātus ⟨a, um⟩ *Adj* ||crista||
1. kammtragend
2. mit einem Helmbusch geschmückt
Crithōtē ⟨ēs⟩ *f Stadt am thrakischen Chersones*
Critiās ⟨ae⟩ *m athenischer Staatsmann u. Redner, 404 v. Chr. Haupt der 30 Tyrannen, von Thrasybulos getötet*
criticus ⟨ī⟩ *m* ||griech. Fw.|| Kunstkritiker
Critō ⟨ōnis⟩ *m Schüler u. Freund des Sokrates*
Critobūlus ⟨ī⟩ *m*
1. *Schüler des Sokrates*
2. *griech. Arzt z. Zt. Philipps von Makedonien u. Alexanders des Großen*
Critolāus ⟨ī⟩ *m*
1. *peripatetischer Philos., neben Karneades u. Diogenes Mitglied der Philosophengesandtschaft in Rom 155 v. Chr.*
2. *Feldherr des achäischen Bundes im Kampf gegen die Römer 147 v. Chr.*
crōcciō ⟨-, -, īre 4.⟩ = ***crocio***
croceus ⟨a, um⟩ *Adj* ||crocus|| (*nachkl.*) *poet* des Safrans, Safran…; safrangelb
crocinum ⟨ī⟩ *n* ||crocinus|| (*erg.* ***oleum***) Safranöl; *fig Kosewort*
crocinus ⟨a, um⟩ *Adj* = ***croceus***
crōciō ⟨-, -, īre 4.⟩ Plaut. *Schallwort* krächzen
crocodīlinus ⟨a, um⟩ *Adj* ||griech. Fw.|| Quint. vom Krokodil
crocodīlus ⟨ī⟩ *m* ||griech. Fw.|| Krokodil
crocōta ⟨ae⟩ *f* ||crocotus|| safranfarbenes Prachtkleid *für Frauen*
crocōtārius ⟨a, um⟩ *Adj* ||crocotus|| zum Safrankleid gehörig
crocōtula ⟨ae⟩ *f* ||Demin. von crocotus|| niedliches Safrankleid
crocōtus ⟨a, um⟩ *Adj* ||griech. Fw.|| safrangelb
crocum ⟨ī⟩ *n u.* **crocus** ⟨ī⟩ *m* ||griech. Fw.|| (*nachkl.*) *poet* Safran; *meton* Safranfarbe, Safranessenz, *Duftstoff zum Besprengen der Bühne*

Croesus ⟨ī⟩ *m*
1. *griechenfreundlicher König von Lydien, um 550 v. Chr., bekannt durch seinen Reichtum*
2. reicher Mann
Cromyōn ⟨ōnis⟩ *f Ort im Gebiet von Korinth, am Saronischen Meerbusen, vermutlich beim heutigen Hagios Theodori*
Cronium mare *n* Eismeer
crotalistria ⟨ae⟩ *f* ||griech. Lw.|| Prop. Kastagnettentänzerin
crotalum ⟨ī⟩ *n* ||griech. Fw.|| Klapper, Kastagnette
Crotō(n) ⟨ōnis⟩ *f u.* **Crotōna** ⟨ae⟩ *f Stadt an der Ostküste von Bruttium, Wohnsitz des Pythagoras, seit 194 v. Chr. röm. Kolonie, heute Crotone*
Crotōniātēs ⟨ae⟩, *Gen Pl* ⟨ārum *u.* um⟩ *m* Einwohner von Croton
Crotōniēnsis ⟨e⟩ *Adj* zu Croton gehörig, aus Croton
Crotōniēnsis ⟨is⟩ *m* Einwohner von Croton
cruciābilis ⟨e⟩ *Adj, Adv* ⟨cruciābiliter⟩ ||crucio|| (*vkl., nachkl.*) qualvoll
cruciābilitās ⟨ātis⟩ *f* ||cruciabilis|| Plaut. Marter, Qual
cruciāmentum ⟨ī⟩ *n* ||crucio|| Marter, Qual
cruciārius
I ⟨a, um⟩ *Adj* ||crux|| zum Kreuz gehörig, qualvoll
II ⟨ī⟩ *m* Sen. Gekreuzigter
cruciātus ⟨ūs⟩ *m* ||crucio||
1. Folter, Marter, Qual; ***in malum cruciatum abire*** *Sprichwort* sich zum Henker scheren
2. qualvolle Hinrichtung
cruci-fer ⟨ferī⟩ *m* ||crux, fero|| Kreuzträger
cruci-fīgō ⟨fīxi, fīxum, fīgere 3.⟩ ||crux|| (*eccl.*) kreuzigen
crucifīxus ⟨a, um⟩ *Adj* ||crucifigo|| Suet. gekreuzigt
► **cruciō** ⟨āvī, ātum, āre 1.⟩ ||*Denom von* crux||
1. quälen, foltern, martern, peinigen, *körperlich u. seelisch*; *Passiv u.* ***se c.*** sich quälen; ***crucians*** sich abquälend
2. grausam hinrichten; (*eccl.*) kreuzigen
cruci-salus ⟨ī⟩ *m* Plaut. Kreuzträger, *hum Namensbildung*
► **crūdēlis** ⟨e⟩ *Adj, Adv* ⟨crūdēliter⟩ ||crudus||
1. grausam, gefühllos, schonungslos, hart, ***in conservanda patria*** bei der Rettung des Vaterlandes; ***crudele auditu*** grausam zu hören
2. *fig von Sachen* entsetzlich, grausig
crūdēlitās ⟨ātis⟩ *f* ||crudelis|| Grausamkeit, Gefühllosigkeit, Rohheit
crūdēscō ⟨crūduī, -, crūdēscere 3.⟩ ||*Inkoh zu* crudus|| (*nachkl.*) *poet* heftiger werden, zunehmen; ***morbus crudescit*** die Krankheit verschlimmert sich; ***pugna crudescit*** die Schlacht tobt
crūditās ⟨ātis⟩ *f* ||crudus|| Überladung des Magens, verdorbener Magen
crūduī → ***crudesco***
crūdus ⟨a, um⟩ *Adj* ||cruor||
1. (*nachkl.*) *poet* blutig, blutend; ***vulnus c.*** blutende Wunde
2. (*vkl., nachkl.*) roh, ungekocht; ***caro cruda*** rohes Fleisch; ***ovum crudum*** rohes Ei; ***later c.*** ungebrannter Ziegelstein; ***poma cruda*** unreifes Obst
3. *fig von Personen* noch unreif, noch zu jung; *von Sachen* noch frisch, noch neu; ***virgo viro cruda***

Mädchen, das für einen Mann noch zu jung ist; ***senectus c.*** noch rüstiges Greisenalter; ***servitium crudum*** noch ungewohnte Sklaverei
4. (*nachkl.*) unverdaut; (*klass.*) mit vollem Magen, mit verdorbenem Magen
5. (*nachkl.*) *poet* noch nicht verarbeitet, unbearbeitet; ***caestus c.*** aus rohem Rinderleder gearbeiteter Schlagriemen; ***lectio cruda*** unverdaute Lektüre
6. *von Sitten u. Charakter* roh, gefühllos; ohne Bildung, ungeschliffen
cruenta ⟨ōrum⟩ *n* ||cruentus|| Blutvergießen
cruentō ⟨āvī, ātum, āre 1.⟩ ||*Denom von* cruentus||
1. blutig machen, mit Blut bespritzen
2. *fig durch Mord* besudeln, entweihen
3. *fig* bis aufs Blut kränken
▶ **cruentus** ⟨a, um⟩ *Adj, Adv* ⟨cruentē⟩ ||cruor||
1. *von Personen u. Sachen* blutig, bluttriefend, blutbespritzt
2. blutig = Blutvergießen verursachend; ***victoria cruenta*** blutiger Sieg; ***non aliud cruentius bellum*** kein blutigerer Krieg
3. *poet* blutrot; ***myrta cruenta*** Verg. blutrote Myrte
4. verletzend; ***dente cruento*** mit dem verletzenden Zahn *des Neides*
5. (Ov., Hor.) *fig* blutdürstig
crumēna ⟨ae⟩ *f* = ***crumina***
crumīlla ⟨ae⟩ *f* ||*Dim von* crumina|| Plaut. Geldbeutelchen
crumīna ⟨ae⟩ *f* ||griech. Fw.|| Brustbeutel, Geldbeutel; *meton* Kasse, Geldmittel
▶ **cruor** ⟨ōris⟩ *m* geronnenes Blut *außerhalb des Körpers*; *Pl* Blutstropfen; *meton* Blutvergießen, Mord; ***c. Cinnanus*** die blutige Zeit des Cinna
cruppellārius ⟨ī⟩ *m* ||gall. Fw.|| Tac. von Kopf bis Fuß gepanzerter Fechter *der Äduer*
crupta ⟨ae⟩ *f* = ***crypta***
Cruptorigis vīlla *f Landgut des ehemaligen röm. Söldners Cruptorix in Friesland*
crūri-crepida ⟨ae⟩ *m* ||crus, crepo|| Plaut. *hum* nichtsnutziger Sklave, *dem die Schläge auf die Beine prasseln*
crūri-fragius ⟨ī⟩ *m* ||crus, frango|| Plaut. nichtsnutziger Sklave, *dem die Schienbeine zerbrochen wurden*
crūs ⟨crūris⟩ *n*
1. Unterschenkel, Schienbein, Schenkel, *auch von Tieren*
2. Catul. *fig* Brückenpfeiler
crūsma ⟨atis⟩ *n* ||griech. Fw.|| Mart. auf einem Schlaginstrument gespielte (Begleit-)Musik
crusta ⟨ae⟩ *f*
1. Rinde, Schale, Kruste; MED Schorf; ***c. panis*** Brotkruste; ***c. piscis*** Fischschuppe; ***c. fluminis*** Eisdecke auf dem Fluss; ***c. terrae*** Erdkruste
2. Basrelief, Stuckarbeit; Ziselierarbeiten
3. Verkleidungen aus Marmor *an Wänden u. Fußböden*; Einlegearbeiten aus Marmor
crustulārius ⟨ī⟩ *m* Sen. ||crustulum|| Zuckerbäcker, Honigbäcker, Konditor
crustulum ⟨ī⟩ *n* ||*Dim von* crustum|| Zuckerplätzchen; *Pl* Konfekt
crustum ⟨ī⟩ *m* ||crusta|| *poet* mit einer Kruste überzogenes Backwerk, Kuchen
Crustumeria ⟨ae⟩ *f u.* **Crustumeriī** ⟨ōrum⟩ *m u.* **Crustumerium** ⟨ī⟩ *n u.* **Crustumium** ⟨ī⟩ *n uralte etrusk. Stadt, schon im Altertum verlassen, Lage etwa 15 Kilometer n von Rom*
▶ **crux** ⟨crucis⟩ *f*
1. Marterholz, Kreuz *in T- u. Kreuzform*
2. Kreuzigung, *Hinrichtungsart, der nur Sklaven u. Nichtrömer unterworfen wurden*; ***alicui crucem minari*** j-m mit der Kreuzigung drohen; ***aliquem cruce afficere*** j-n kreuzigen; ***abi in malam crucem!*** geh zum Henker!
3. *meton* Qual, Marter; Unheil, Verderben
4. *Schimpfwort* Galgenstrick, Galgenvogel
crypta ⟨ae⟩ *f* ||griech. Fw.|| (*vkl., nachkl.*) bedeckter Gang, Gewölbe, Gruft
crypto-porticus ⟨ūs⟩ *f* ||*griech. Fw.*, porticus|| Plaut. überdachte Halle, Wandelhalle
crystallinum ⟨ī⟩ *n* ||crystallinus|| Kristallgefäß, Kristallbecher
crystallinus ⟨a, um⟩ *Adj* ||crystallus|| (*nachkl.*) aus Kristall
crystallum ⟨ī⟩ *n u.* **crystallus** ⟨ī⟩ *f* (*u. m*) ||griech. Lw.||
1. Eis
2. Kristall, Bergkristall
3. *meton* Kristallgefäß, Pokal
Ctēsiās ⟨ae⟩ *m aus Knidos in Karien, Leibarzt des Perserkönigs Artaxerxes, Zeitgenosse des Xenophon, Verfasser einer Geschichte des Orients*
Ctēsiphōn[1] ⟨ōntis⟩ *m athenischer Staatsmann u. Freund des Demosthenes*
Ctēsiphōn[2] ⟨ōntis⟩ *f Stadt am Ostufer des Tigris, Hauptstadt Assyriens*
cubiculāris ⟨e⟩ *Adj* ||cubiculum|| zum Schlafzimmer gehörig, Schlafzimmer…
cubiculārius
I ⟨a, um⟩ *Adj* ||cubiculum|| = ***cubicularis.***
II ⟨ī⟩ *m* Kammerdiener
cubiculāta ⟨ae⟩ *f* ||cubiculatus|| (*erg.* ***navis***) Prunkschiff
cubiculātus ⟨a, um⟩ *Adj* ||cubiculum|| mit Zimmern ausgestattet
▶ **cubiculum** ⟨ī⟩ *n* ||cubo||
1. Zimmer, *bes* Schlafzimmer
2. Wohnzimmer
3. Kaiserloge im Zirkus
4. (*mlat.*) Grabkammer *in den Katakomben*; Kapelle
cubīle ⟨is⟩ *n* ||cubo||
1. Lagerstätte *für Menschen*; Bett, Ehebett; *fig* Ehe
2. Lager *für Tiere*; Nest
3. *fig* Sitz; *bes pej* Brutstätte *von Lastern u. Übeln*
cubital ⟨ālis⟩ *n* ||cubitalis|| Hor. Armpolster zum Aufstützen des linken Armes beim Essen
cubitālis ⟨e⟩ *Adj* ||cubitum|| (*nachkl.*)
1. zum Ellenbogen gehörig, zum Arm gehörig
2. eine Elle lang
cubitō ⟨āvī, ātum, āre 1.⟩ ||*Freq von* cubo|| zu liegen pflegen, zu schlafen pflegen; liegen
cubitōrius ⟨a, um⟩ *Adj* ||cubo|| Petr. zum Liegen gehörig
cubitum[1] *PPP* → ***cubo***
cubitum[2] ⟨ī⟩ *n u.* **cubitus**[1] ⟨ī⟩ *m*
1. (*vkl.*) *poet* Unterarm, Ellenbogen
2. *meton* Elle *als Längenmaß = 24 digiti od 1,5 pe-*

C

des = 44,4 cm

cubitus[2] ⟨ūs⟩ *m* ||cubo|| (*vkl., nachkl.*) das Liegen, Beischlaf

▶ **cubō** ⟨uī, itum, āre 1.⟩
1. auf dem Lager liegen, ruhen, im Bett liegen, schlafen; ***cubitum*** (*Supin*) ***discedere*** schlafen gehen; ***c. cum aliquo/cum aliqua*** mit j-m schlafen
2. bei Tisch liegen, speisen
3. krank (im Bett) liegen
4. *meton von Örtlichkeiten* sich sanft senken

cubus ⟨ī⟩ *m* ||griech. Fw.|| (*nachkl.*) *poet* Würfel; (*spätl.*) Kubikzahl

cuculla ⟨ae⟩ *f* (*spätl.*) Mönchskutte

cucullātus ⟨a, um⟩ *Adj* ||cucullus|| mit einer Kapuze

cucullus[1] ⟨ī⟩ *m* ||gall. Lw.|| Kapuze am Kleid; *meton* Tüte

cucullus[2] ⟨ī⟩ *m u.* **cucūlus** ⟨ī⟩ *m* Kuckuck; *fig Schimpfwort* Tölpel, Faulpelz

cucuma ⟨ae⟩ *f* ||griech. Lw.|| (*nachkl.*)
1. *poet* Kochtopf, Kochkessel
2. *poet* Badekessel

cucumis ⟨meris⟩ *u.* ⟨mis⟩ *m* (*spätl.*) Gurke

cucurbita ⟨ae⟩ *f* (*nachkl.*)
1. *poet* Kürbis
2. *fig* Schröpfkopf

cucurrī → ***curro***

cūdō ⟨(cūdī, cūsum), cūdere 3.⟩ (*vkl., nachkl.*)
1. schlagen, klopfen, stampfen
2. *aus Metall* arbeiten, schmieden, prägen, ***nummos*** Münzen

Cugernī ⟨ōrum⟩ *m germ. Volk am Niederrhein*

cūiās *Gen* ⟨ātis⟩ *Adj* ||cuius, *Gen von* is|| (Liv., Plaut., Cic.) woher stammend?, was für ein Landsmann?

cuicui-modī ||*Gen von* quisque modus|| (Plaut., Cic.) von welcher Art auch immer, wie immer beschaffen

cūius ⟨a, um⟩ *Pron* ||qui||
1. *relativ* dem angehörig, dessen; ***is, cuia ea uxor fuerat*** Plin. derjenige, dessen Gattin sie gewesen war
2. *interrogativ* wem gehörig?, wessen?; ***virgo cuia est?*** Ter. wem gehört dieses Mädchen?

cūiusdam-modī *Adv* ||*Gen von* quidam modus|| auf eine gewisse Art, von einer gewissen Art

cūiusmodī *u.* **cūius modī** *Adv* ||*Gen von* qui modus|| von welcher Art?, wie beschaffen?

cūiusque-modī *u.* **cūiusque modī** *Adv* ||*Gen von* quisque modus|| von jeder Art

culcita ⟨ae⟩ *f* Matratze, Polster, Kissen

culcitella ⟨ae⟩ *f* ||*Dim von* culcita|| Plaut. kleines Kissen, Pölsterchen; *obszön* Unterlage

culcitra ⟨ae⟩ *f* = ***culcita***

culcitula ⟨ae⟩ *f* = ***culcitella***

culex ⟨icis⟩ *m* Mücke, Schnake

Culex ⟨icis⟩ *m Titel eines dem Vergil zugeschriebenen Gedichtes*

culilla ⟨ae⟩ *f u.* **culillus** ⟨ī⟩ *m* Hor. Becher, Pokal

culīna ⟨ae⟩ *f*
1. Küche; Sen. tragbare Küche, tragbarer Herd
2. *meton* Küche = Essen, Kost; Feinschmeckerei
3. Verg. Verbrennungsstätte des Leichenmahls

culleus ⟨ī⟩ *m* ||griech. Fw.||
1. Ledersack, Schlauch
2. (*vkl.*) *Flüssigkeitsmaß = 20 Amphoren = 524 l*

▶ **culmen** ⟨inis⟩ *n*
1. höchster Punkt, Kulminationspunkt; ***c. caeli*** Zenit
2. Gipfel, Spitze; ***c. montis*** Gipfel des Berges; ***c. fortunae*** *fig* Spitze des Glücks
3. Scheitel *eines Menschen*
4. First, Giebel *eines Gebäudes*; Dach; *meton* Haus, Hütte
5. *poet* = ***culmus***

culmus ⟨ī⟩ *m* Halm, Strohhalm; *meton* Strohdach; ***c. Cerealis*** Ähre

cūlō ⟨āvī, ātum, āre 1.⟩ *von Tieren* zur Zeugung zulassen; ***arietes in gregem c.*** Petr. Widder der Herde (zur Zeugung) zuführen

▶ **culpa** ⟨ae⟩ *f*
1. Schuld, Vergehen, Fehltritt, Fehler; ***c. consulis*** Schuld des Konsuls; ***c. corrupti iudicii*** Vergehen, das in einem korrupten Urteil besteht; ***in culpā esse/versari*** schuldig sein; ***c. est alicuius/in aliquo*** die Schuld liegt bei j-m; ***a culpa abesse/culpa carere*** frei von Schuld sein; ***culpam committere/contrahere*** Schuld auf sich laden; ***culpam transmittere/conicere/vertere in aliquem*** die Schuld auf j-n schieben; ***aliquem in culpa ponere*** j-n für schuldig halten; ***aliquid in culpa ponere*** etw für strafbar halten
2. Schuld, Fehltritt *im sexuellen Sinn*
3. (Schuld der) Nachlässigkeit; JUR Fahrlässigkeit
4. *meton* Schuldiger, Urheber eines Übels; ***culpam ferro compesce*** Verg. schlachte die Ursache der Seuche, schlachte das kranke Schaf

culpitō ⟨āvī, ātum, āre 1.⟩ ||*Intens von* culpo|| Plaut. hart tadeln

culpō ⟨āvī, ātum, āre 1.⟩ ||*Denom von* culpa||
1. *als schuldig* tadeln, missbilligen
2. beschuldigen

cultellus ⟨ī⟩ *m* ||*Dim von* culter|| (*vkl., nachkl.*) Messerchen

culter ⟨trī⟩ *m* Messer; Schlachtmesser; Schermesser; ***c. tonsorius*** Bartschere; ***aliquem sub cultro linquere*** *Sprichwort* j-n in der Patsche stecken lassen

cultiō ⟨ōnis⟩ *f* ||colo|| Bebauung, Bearbeitung, ***agri*** des Feldes

cultor ⟨ōris⟩ *m* ||colo||
1. Bebauer, Pfleger; Pflanzer, Züchter
2. (*nachkl.*) *poet* Landmann, Bauer
3. Bewohner, Anwohner, Einwohner; ***c. insularum*** Bewohner der Inseln; ***populus frequens cultoribus*** zahlreiches Volk
4. *fig* Verehrer, Freund, Liebhaber, ***veritatis*** Cic. der Wahrheit; ***c. bonorum*** Freund der Optimaten; ***c. deorum*** Verehrer, Anbeter, Priester

cultrārius ⟨ī⟩ *m* ||culter|| Suet. Opferschlächter

cultrīx ⟨īcis⟩ *f* ||cultor||
1. Pflegerin, Beschützerin
2. Bewohnerin
3. Verehrerin, Freundin

▶ **cultūra** ⟨ae⟩ *f* ||colo||
1. Bearbeitung, Anbau, Pflege; *abs* Landwirtschaft; ***c. agri*** Feldbau
2. *fig* (geistige) Ausbildung, Bildung; Hor. sittliche Veredelung
3. Hor. Verehrung, Huldigung

C

cultus[1] ⟨a, um⟩ *PPP* → **colo**
cultus[2] ⟨a, um⟩ *Adj* ||colo|| bebaut; geschmückt; gewählt; gebildet
cultus[3] ⟨ūs⟩ *m* ||colo||
1. Ackerbau, Gartenbau, Bearbeitung des Feldes, Anbau, Kultivierung; ***c. agricolarum*** Ackerbau der Bauern; ***c. agrorum*** das Bebauen der Felder
2. Pflege, Wartung, Unterhalt *von Mensch u. Vieh*; ***c. pecoris*** Versorgung des Viehs; ***corporis c.*** Körperpflege
3. Lebensweise, Lebenshaltung, Einrichtung; ***c. domesticus*** häusliche Einrichtung; ***c. agrestis*** bäuerliche Lebensweise; ***c. vitae Gallorum*** Lebensweise der Gallier; ***parsimonia cultūs*** sparsame Lebenshaltung
4. Aufwand, üppige Lebensweise; ***ganeae ceterique cultūs*** Sall. Schlemmerei und andere Ausschweifungen
5. Kleidung, Toilette, Komfort, Schmuck, Zierde; ***c. regius*** königlicher Komfort; ***c. muliebris*** weiblicher Schmuck, ***c. dotalis*** Brautschmuck ***c. orationis*** *fig* Feinheit der Rede
6. Bildung, Erziehung, Verfeinerung; ***c. animi corporisque*** geistige und körperliche Ausbildung; ***c. humanus civilisque*** Kultur und Zivilisation
7. *fig* Übung, Pflege; ***c. animi*** geistige Beschäftigung; ***c. litterarum*** literarische Tätigkeit, wissenschaftliche Tätigkeit
8. Verehrung, Kult, Anbetung; ***c. deorum/numinum*** Verehrung der Götter
9. Huldigung; ***c. meus*** die mir erwiesene Huldigung; ***cultum tribuere alicui*** j-m Verehrung erweisen; ***alicuem cultu et honore dignari*** j-n einer ehrenvollen Huldigung würdigen
cululla ⟨ae⟩ *f u.* **culullus** ⟨ī⟩ *m* = ***culilla***
cūlus ⟨ī⟩ *m* Hintern
cum[1] *Präp + Abl*
1. *örtl., zeitl.* gemeinsam mit, zusammen mit; ***cum amico ambulare*** mit dem Freund spazieren gehen; ***venenum secum habere*** Gift bei sich haben; ***cum tempore*** (*Abk c. t.*) (*nlat.*) mit dem akademischen Viertel, *z. B. 20 c. t. = 20.15 Uhr*
2. mit = unter der Aufsicht von, unter Führung von; ***cum Caesare*** unter Caesars Führung; ***cum deo*** mit Gott
3. mit *bes bei Verben des Verbindens u. Übereinstimmens zum Ausdruck der Zusammengehörigkeit*; ***aliquid coniungere cum re*** etw mit etw verbinden; ***consentire cum aliquo*** mit j-m übereinstimmen
4. in Übereinkunft mit; in Verbindung mit; ***diem constituere cum aliquo*** den Termin mit j-m festsetzen; ***colloqui cum aliquo*** mit j-m sprechen; ***commercium habere cum aliquo*** mit j-m in Verbindung stehen; ***facere/stare cum aliquo*** es mit j-m halten; ***nihil est mihi tecum*** ich habe nichts mit dir zu tun; ***secum/cum animo suo deliberare*** bei sich überlegen; ***secum vivere*** allein leben
5. *feindlich* mit = gegen; ***pugnare cum aliquo*** mit j-m kämpfen; ***congredi cum aliquo*** mit j-m zusammenstoßen
6. mit = ausgestattet mit, bekleidet mit, versehen mit; ***cum telo esse*** eine Waffe bei sich haben; ***cum tunica sedere*** in der Tunika dasitzen; ***agnus natus est cum capite suillo*** ein Lamm wurde mit einem Schweinekopf geboren; ***cum imperio esse*** mit dem Oberbefehl betraut sein; ***legati cum auctoritate*** Gesandte mit Vollmacht; ***vitae cultus cum elegantia*** vornehme Lebensführung
7. mithilfe von; ***cum lingua*** mit der Zunge
8. *zeitl.* gleichzeitig mit, zugleich mit; ***cum prima luce proficisci*** bei Tagesanbruch aufbrechen; ***cum nuntio exire*** gleichzeitig mit dem Boten weggehen; *oft verstärkt* ***pariter cum/simul cum*** gleichzeitig mit
9. *modal* mit; ***cum studio discere*** mit Eifer lernen; ***multa facere cum imprudentia*** viel mit Unvorsichtigkeit unternehmen; ***cum silentio*** unter Stillschweigen
10. unter = mit *zur Angabe begleitender Nebenumstände*; ***multis cum lacrimis*** mit vielen Tränen, unter vielen Tränen; ***cum bona gratia*** in aller Güte; ***Athenas rediit cum civium offensione*** zum Ärgernis der Bürger kehrte er nach Athen zurück
11. nur unter der Bedingung; ***ei omnia cum pretio honesta videbantur*** ihm schien alles gut, wenn es nur Geld brachte; ***cum eo, quod*** nur unter der Bedingung, dass; ***cum eo, ut/ne*** + *Konjkt* nur unter der Bedingung dass/dass nicht
cum[2] *Konj*
I + *Ind*
1. *cum temporale* zu der Zeit, als; jetzt, da; dann wenn; *bes in Verbindungen*; ***eo tempore cum*** zu der Zeit als; ***eo die cum*** an dem Tag als; ***nunc cum*** nun da; ***eo tempore paruisti cum necesse erat*** du bist zu dem Zeitpunkt erschienen, als es nötig war
2. *cum iterativum* sooft, jedes Mal wenn, (immer) wenn; *gelegentlich* + *Konjkt*; ***Verres, cum rosam videbat, tum ver incipere arbitrabatur*** immer wenn Verres eine Rose sah, glaubte er, der Frühling beginne
3. *cum inversum* als, da, *Hauptgedanke eines Satzgefüges im Nebensatz mit cum*; ***cenabam, cum redditae sunt tuae litterae*** ich saß gerade beim Abendessen, als dein Brief überbracht wurde
4. *cum explicativum/coincidens* indem, wenn, dadurch dass *zum Ausdruck der Übereinstimmung von Haupt- u. Nebenhandlung*; ***cum hoc confiteris, scelus te admisisse concedis*** wenn du dies gestehst, gibst du zu ein Verbrechen zugelassen zu haben
5. *nach vorausgehender Zeitbestimmung* seit, seitdem; ***multi anni sunt, cum te familiariter utor*** es sind schon viele Jahre, seit ich mit dir freundschaftlichen Umgang habe
II + *Konjkt*
1. *cum historicum/narrativum* als + *Konjkt Imperf*; als, nachdem + *Konjkt Plusquamperfekt* ***cum taetra prodigia nuntiata essent, decemviri Sibyllinos libros adire iussi sunt*** nachdem ungünstige Vorzeichen gemeldet worden waren, wurden die Dezemvirn beauftragt die Sibyllinischen Bücher zu befragen
2. *cum causale* da, weil; *oft verstärkt* ***quippe cum*** zumal da; ***praesertim cum*** da ja, besonders da; ***cum vita sine amicis tristis sit, ratio nos admonet, ut amicitias comparemus*** da das Leben ohne

C

Freunde traurig ist, mahnt schon die Vernunft, dass wir Freundschaften schaffen
3. *cum concessivum* obgleich, obwohl; ***Socrates, cum facile e custodia educi posset, noluit*** obwohl Sokrates leicht aus dem Gefängnis befreit werden konnte, lehnte er dies ab
4. *cum adversativum* während, da doch; ***solus homo particeps est rationis, cum cetera omnia animalia expertia sint*** der Mensch allein ist mit Vernunft begabt, während alle übrigen Lebewesen daran keinen Anteil haben
5. *cum iterativum* jedes Mal wenn, immer wenn
III *Verbindungen*
1. *cum primum* sobald als, + *Ind Perf*
2. *cum … tum* wenn schon … dann besonders, sowohl … als auch besonders, zwar … besonders aber, *meist + Ind, aber auch + Konjkt*; ***te cum semper valere cupio, tum certe, dum hic sumus*** wenn ich immer dein Wohlbefinden wünsche, dann doch erst recht, solange wir hier sind; ***cum te semper dilexerim, tum …*** da ich dich schon immer geliebt habe, so besonders …
3. *cum maxime* *Adv* ganz besonders
Cūmae ⟨ārum⟩ *f See- u. Hafenstadt in Kampanien, von Kyme in der Äolis gegründet, Sitz der Sibylle, Ruinen w. von Neapel bei Pozzuoli*
Cūmaeus ⟨a, um⟩ *Adj* aus Cumae, zu Cumae gehörig
Cūmaeus ⟨ī⟩ *m* Einwohner von Cumae
Cūmānum ⟨ī⟩ *n Ciceros Landgut bei Cumae*
Cūmānus ⟨a, um⟩ *Adj* aus Cumae, zu Cumae gehörig
Cūmānus ⟨ī⟩ *m* Einwohner von Cumae
cūmatile ⟨is⟩ *n* ||griech. Fw., lat. Endung|| Plaut. meerblaues Kleid
cumba ⟨ae⟩ *f* ||griech. Fw.|| Boot, Kahn, *bes* Kahn des Charon
cumbō ⟨cubuī, cubitum, cumbere 3.⟩ sich legen; *nur in Zusammensetzungen*; → ***accumbo***; → ***concumbo***; → ***decumbo***
cumbula ⟨ae⟩ *f* ||*Dim von* cumba|| Plin. kleiner Kahn
cumera ⟨ae⟩ *f* (*vkl.*) *poet* Korb aus Weidengeflecht
cumīnum ⟨ī⟩ *n* ||griech. Fw.|| (*unkl.*) Kümmel
cummi *indekl n u.* **cummis** ⟨is⟩ *f* ||griech. Fw.|| (*nachkl.*) Gummi
cum-prīmīs *u.* **cum prīmīs** *Adv* besonders; = ***imprimis***
cum-que[1] *Adv* wann nur immer, wann auch immer, jederzeit, *meist an rel Pr u. Adv angehängt zu quicumque, ubicumque, qualiscumque, quotienscumque u. Ä*
cum-que[2] Plaut. = ***et cum***
cumulātus ⟨a, um⟩ *Adj, Adv* ⟨cumulātē⟩ ||cumulo|| gehäuft; vermehrt, gesteigert, reichlich; vollkommen, vollständig
cumulō ⟨āvī, ātum, āre 1.⟩ ||*Denom von* cumulus||
1. (*nachkl.*) anhäufen, aufhäufen, auftürmen, aufschichten; ***arma in ingentem acervum c.*** die Waffen zu einem ungeheuren Haufen aufschichten; ***honores in aliquem c.*** *fig* Ehren auf j-n häufen; ***aliud super aliud funus cumulatur*** ein Todesfall folgt auf den anderen
2. (*nachkl.*) *poet* beladen, bedecken, *aliquid re* etw mit etw
3. (*vkl., nachkl.*) überhäufen, überschütten, ***amicos laudibus*** die Freunde mit Lobsprüchen; ***Graecorum natio hoc vitio cumulata est*** die griechische Nation leidet im Übermaß an diesem Fehler
4. *fig* steigern, vergrößern, mehren; *Passiv* zunehmen, wachsen; ***gloriam eloquentiā c.*** den Ruhm durch die Beredsamkeit mehren
5. vollkommen machen, vollenden, krönen
cumulus ⟨ī⟩ *m*
1. Haufen, Menge, aufgetürmte Masse, ***armorum*** von Waffen, ***aeris alieni*** von Schulden; ***c. aquarum*** Wasserschwall
2. *fig* Übermaß, Gipfel(punkt), Krone; ***beneficium magno cumulo augere*** einer Wohltat die Krone aufsetzen; ***c. ad aliquid accedit / aliquid ad aliquid velut c. accedit*** etw setzt einer Sache die Krone auf; ***res accedit in cumulum*** eine Sache kommt hinzu als Höhepunkt
cūnābula ⟨ōrum⟩ *n* ||cunae||
1. Wiege; ***in cunabulis esse*** in der Wiege liegen
2. *fig* Lagerstätte; Geburtsort, Heimat; Ursprung
cūnae ⟨ārum⟩ *f* Wiege; *fig* Nest; *fig* früheste Kindheit
cūnctābundus ⟨a, um⟩ *Adj* ||cunctor|| lange zögernd
cūnctāns *Gen* ⟨antis⟩ *Adj, Adv* ⟨cūnctanter⟩ ||cunctor||
1. zögernd, zaudernd
2. (*nachkl.*) *poet* langsam, säumig; unentschlossen
3. *poet von Sachen* zäh
cūnctātiō ⟨ōnis⟩ *f* ||cunctor|| das Zaudern, Unentschlossenheit, Zurückhaltung, ***legati*** des Gesandten; ***c. invadendi*** das Zaudern anzugreifen
cūnctātor ⟨ōris⟩ *m* ||cunctor|| (*nachkl.*) Zauderer; *adj* bedächtig
Cūnctātor ⟨ōris⟩ *m Beiname des Q. Fabius Maximus*
cūnctātus ⟨a, um⟩ *Adj* ||cunctor|| Suet. vorsichtig
cūncti-potēns *Gen* ⟨entis⟩ *Adj* ||cunctus|| (*eccl.*) allmächtig
► **cūnctō** ⟨-, -, āre 1.⟩ (*altl.*) *u.* **cūnctor** ⟨ātus sum, ārī 1.⟩
1. zaudern, zögern, säumen, + *Inf* / + *indir Fragesatz, verneint mit quin*; ***cunctatum non est*** man zögerte nicht
2. verweilen, zurückbleiben, nicht vorwärts streben; ***longe c.*** zu lange ausbleiben
3. unschlüssig sein, schwanken, *meist pej*, + *indir Fragesatz*
► **cūnctus** ⟨a, um⟩ *Adj* sämtlich, gesamt, ganz, *Sg nur bei kollektiven Begriffen*; *Pl* alle, sämtliche; ***c. populus*** das ganze Volk; ***cunctae gentes*** alle Stämme; ***cuncta*** alles, Gesamtheit; ***cuncta hostium*** alle Habe der Feinde; ***inter cuncta*** unter allen Umständen, zu jeder Zeit;
cuneātim *Adv* ||cuneus|| keilförmig; ***cuneatim consistere*** sich in geschlossenen Kolonnen aufstellen
cuneātus ⟨a, um⟩ *Adj* ||cuneo|| (*nachkl.*) *poet* keilförmig (zugespitzt); ***forma scuti ad imum cuneata*** nach unten keilförmig zugespitzter Schild
cuneō ⟨āvī, ātum, āre 1.⟩ ||*Denom von* cuneus|| (*nachkl.*) verkeilen; keilförmig zuspitzen
cuneolus ⟨ī⟩ *m* ||*Dim von* cuneus|| kleiner Keil, Zwickelchen, Stift

cuneus ⟨ī⟩ *m*
1. Keil *sowohl zum Spalten wie zum Verkeilen*
2. *fig* keilförmige Formation *von Lebewesen, bes Vögel*; MIL keilförmige Schlachtordnung
3. Segment, keilförmiger Ausschnitt *aus den terrassenförmig aufsteigenden Sitzreihen des Theaters*
4. *meton* Keil, Zwickel

cunīculōsus ⟨a, um⟩ *Adj* ||cuniculus|| Catul. kaninchenreich

cunīculus ⟨ī⟩ *m* ||iber. Fw.||
1. Kaninchen
2. unterirdischer Gang; MIL Mine, Stollen; verdeckter Wassergraben
3. (*spätl.*) gemauerter Kanal

cunīla ⟨ae⟩ *f* ||griech. Fw.|| (*vkl., nachkl.*) Quendel, echter Thymian

cunni-lingus ⟨ī⟩ *m* Mart. = ***cunnum lingens***; → ***cunnus*** *u.* → ***lingo***

cunnus ⟨ī⟩ *m*
1. weibliche Scham
2. *meton* Dirne
3. Schnecke, *Gebäck in Form des cunnus*

cunque = ***cumque***

cūpa ⟨ae⟩ *f* Höhlung, Kufe, Tonne, Fass; ***vinum de cupa*** Wein vom Fass = junger Wein

cupēdia[1] ⟨ae⟩ *f* = ***cuppedia***[1]

cupēdia[2] ⟨ōrum⟩ *n* → ***cuppedium***

cupēdinārius ⟨ī⟩ *m* = ***cuppedinarius***

Cupencus ⟨ī⟩ *m Italiker, von Aeneas getötet*

cupēs *m* = ***cuppes***

Cupīdineus ⟨a, um⟩ *Adj* ||Cupido|| vom Liebesgott stammend; Liebes…; *fig* lieblich, reizend; (*spätl.*) lüstern, geil

▶ **cupiditās** ⟨ātis⟩ *f* ||cupidus||
1. Begierde, Gier, heftiges Verlangen, Leidenschaft, ***militum*** der Soldaten; ***belli gerendi*** zum Kriegführen
2. Kauflust
3. Habgier, Geldgier
4. Eigennutz; *Pl* Egoismus
5. Liebesverlangen
6. Ehrgeiz
7. Genusssucht
8. Leidenschaft *für j-n*
9. Ergebenheit, Begeisterung
10. Parteilichkeit

▶ **cupīdō** ⟨inis⟩ *f* ||cupio|| = ***cupiditas***

Cupīdō ⟨inis⟩ *m* Liebesgott = Amor, *Sohn der Venus*; *Pl* Amoretten *im Gefolge der Venus*

▶ **cupidus** ⟨a, um⟩ *Adj, Adv* ⟨cupidē⟩ ||cupio||
1. begierig, lüstern, leidenschaftlich, *abs od alicuius rei* nach etw, + *Inf*, *ut* dass; ***c. pecuniae*** geldgierig; ***c. rerum novarum*** neuerungssüchtig, revolutionär; ***c. laudis*** ehrgeizig; ***c. audiendi / spectandi*** neugierig; ***c. in perspicienda natura*** begierig die Natur zu durchschauen
2. *meist abs* kauflustig
3. kampflustig
4. habsüchtig
5. selbstsüchtig, *auch von Sachen*; ***consilium cupidum*** selbstsüchtiger Plan
6. verliebt, liebestoll
7. genusssüchtig
8. leidenschaftlich ergeben, gewogen
9. parteiisch, missgünstig
10. *Adv* eifrig, willig, gern; ***cupide mentiri alicuius causā*** um j-s willen gerne lügen

cupiēns *Gen* ⟨entis⟩ *Adj, Adv* ⟨cupienter⟩ ||cupio|| begierig, *abs od alicuius rei* nach etw; ***c. liberorum*** sich Kinder wünschend; ***omnibus cupientibus*** auf allgemeinen Wunsch

▶ **cupiō** ⟨īvī⟩ *u.* ⟨iī, ītum, ere 3.⟩
I *v/t*
1. begehren, wünschen, verlangen, ersehnen, gern haben wollen, *aliquid* etw, + *Inf* / + *AcI* / + *NcI* / + *dopp. Akk*, *ut / ne* dass / dass nicht; ***cupio te videre*** ich wünsche dich zu sehen; ***cupio te haec audire*** ich wünsche, dass du dies hörst; ***c. cives salvos*** wünschen, dass die Bürger wohlbehalten sind; ***res cupita*** das Gewünschte
2. *bes* in Liebe begehren
II *v/i* sein Interesse richten auf *j-n*, *j-m* zugetan sein, *alicui / alicuius causā*; ***tibi maxime cupio*** dir bin ich besonders zugetan, für dich wünsche ich das Beste

cupītor ⟨ōris⟩ *m* ||cupio|| der *etw* begehrt, *alicuius rei*

cupītus ⟨a, um⟩ *PPP* → ***cupio***

cupīvī → ***cupio***

cuppēdia ⟨ae⟩ *f* ||cuppes|| Naschhaftigkeit

cuppēdinārius ⟨ī⟩ *m* ||cuppedium|| Ter. Hersteller von Naschwerk, Verkäufer von Naschwerk

cuppēdium ⟨ī⟩ *n*, *meist Pl* ||cuppes|| (*vkl.*) Leckerbissen, Naschwerk

cuppēdō ⟨ōnis⟩ *f* ||cuppes||
1. (*vkl., nachkl.*) = ***cuppedium***
2. Lucr. Begierde

cuppēs *m nur Nom Sg belegt* Plaut. Feinschmecker

cupressētum ⟨ī⟩ *n* ||cupressus|| Zypressenholz

cupresseus ⟨a, um⟩ *Adj* ||cupressus|| (*nachkl.*) aus Zypressenholz

cupressi-fer ⟨fera, ferum⟩ *Adj* ||cupressus, fero|| Ov. Zypressen tragend

cupressus ⟨ī⟩ *u.* ⟨ūs⟩ *f* (*unkl.*) Zypresse, *als Totenbaum dem Pluto heilig*; *meton* Kästen aus Zypressenholz *zur Aufbewahrung von Schriften u. Dokumenten*

cuprum ⟨ī⟩ *n* = ***cyprium***

▶ **cūr** *Adv*
1. *relativ* wozu, weshalb, warum
2. *interrogativ* warum?, weshalb?, wozu?; ***cur non?*** warum nicht?; ***non est, cur*** es liegt kein Grund vor, dass; ***non habeo, cur***, + *Konjkt* ich habe keinen Grund, warum

cūra ⟨ae⟩ *f*
1. Sorge, Sorgfalt, Aufmerksamkeit, Interesse; ***omnem curam ponere in re*** die ganze Sorgfalt aufwenden für etw; ***curam agere alicuius / de aliquo*** Sorge tragen für j-n; ***aliquid mihi est curae*** ich bin auf etw bedacht, *auch ut / ne* dass / dass nicht, + *indir Fragesatz* / + *AcI* / + *Inf*; ***aliquid curae habere*** Sorgfalt auf etw verwenden
2. Pflege, Wartung, Behandlung, ***saucii*** eines Verwundeten; ***c. lentis*** Linsenanbau; ***c. deorum*** Gottesdienst
3. das Schmücken, ***comae*** des Haares
4. Krankenpflege, Heilung, Kur
5. Aufsicht, Obhut, *alicuius / alicuius rei* über j-n / über etw

6. Verwaltung, Leitung; MIL Kommando; ***c. rerum domesticarum*** Verwaltung des Hauswesens; ***c. rerum publicarum*** öffentliche Verwaltung
7. Amt; ***c. palatii*** Amt des Hofmarschalls
8. Studium, Forschung; Ausarbeitung; ***c. nova et recens*** das neue und jüngste Werk
9. *meton* Aufseher, Wächter; ***Eumaeus c. harae*** Eumaeus, der Aufseher über den Schweinestall
10. *meton* Schützling; ***Anchises, c. deum*** Verg. Anchises, Schützling der Götter
11. Liebeskummer; Sehnsucht; *meton* Liebling, Geliebte, Geliebter; ***iuvenum curae*** die Liebesqualen der Jünglinge
12. Besorgnis, Anteilnahme, Kummer; ***curis frangi et confici*** von Sorgen gebrochen und verzehrt werden; ***sine cura esse*** ohne Sorge sein
13. Liv. Neugierde, *alicuius rei* auf etw

cūrābilis ⟨e⟩ *Adj* ||curo|| Iuv. Sorgen bereitend; peinlich

cūralium ⟨ī⟩ *n* = ***corallium***

cūrātē *Adv* → ***curatus***

cūrātiō ⟨ōnis⟩ *f* ||curo||
1. Besorgung, Wartung, Pflege, *alicuius* j-s *od* durch j-n; ***quid tibi hanc rem c. est?*** was hast du dich hierum zu kümmern?
2. Heilung, Behandlung, Kur; Heilmethode
3. Besorgung, Beschaffung
4. Leitung, Verwaltung, Aufsicht; Kommission, Amt eines Kommissars; ***in curatione regni esse*** Rechtsverweser sein

cūrātor ⟨ōris⟩ *m* ||curo||
1. (*vkl.*) Wärter, Pfleger
2. Verwalter, Leiter, Bevollmächtigter, Kommissar
3. (*nachkl.*) *poet* Vormund *eines Unmündigen od Entmündigten*

cūrātūra ⟨ae⟩ *f* ||curo|| Ter. Wartung, Pflege, Besorgung

cūrātus ⟨a, um⟩ *Adj* ||curo|| (*vkl., nachkl.*)
1. gepflegt
2. sorgfältig, eifrig; → ***accuratus***

curculiō ⟨ōnis⟩ *f*
1. (*vkl., nachkl.*) Kornwurm, *Raupe u. Käfer im Getreidekorn, Schädling*
2. Pers. *meton* männliches Glied

Curculiō ⟨ōnis⟩ *m Titel u. Hauptfigur einer Komödie des Plautus*

curculiōnius ⟨a, um⟩ *Adj* ||curculio|| Plaut. zum Kornwurm gehörig; ***in campis Curculioniis*** in Zechgelagen *mit obszönem Nebensinn*

curculiunculus ⟨ī⟩ *m* ||*Dim von* curculio|| Plaut. Kornwürmchen = etw Nichtiges

Curēnsis
I ⟨e⟩ *Adj* aus Cures, zu Cures gehörig
II ⟨is⟩ *m* Einwohner von Cures

Curēs ⟨ium⟩ *f alte Hauptstadt der Sabiner, nö. von Rom, heute Corese, Heimat des Titus Tatius u. Numa Pompilius, schon im Altertum üblicher Zusammenhang von Cures mit Quirites fraglich*

Curēs *Gen* ⟨ētis⟩ *Adj* aus Cures, zu Cures gehörig

Curēs ⟨ētis⟩ *m* Einwohner von Cures

Cūrētes ⟨ium⟩ *m jugendliche Jupiterpriester auf Kreta, die bei den orgiastischen Festen Waffentänze aufführten*

Cūrētis *Gen* ⟨idis⟩ *Adj f* kuretisch, *auch* kretisch; ***C. terra*** Kreta

cūria ⟨ae⟩ *f*
1. Kurie, *Unterabteilung der röm. tribus, ingesamt 30, die in je 10 gentes unterteilt waren*
2. *meton* Versammlungsort einer Kurie, Kuriengebäude
3. *fig* Gebäude für Senatssitzungen *in Rom, außerhalb Roms* Versammlungsort hoher Behörden, Rathaus
4. *meton* Senatsversammlung, Senat *in Rom*
5. (*spätl.*) Kurie, *Regierung der katholischen Kirche in Rom*

cūriālis
I ⟨e⟩ *Adj* ||curia||
1. zur gleichen Kurie gehörig; (*spätl.*) zum kaiserlichen Hof gehörig
2. (*mlat.*) höfisch; zuverlässig; höflich, gesellig
II ⟨is⟩ *m* Kuriengenosse

Curiānus ⟨a, um⟩ *Adj* ||Curius|| zu den Curii gehörig

Curiātiī ⟨ōrum⟩ *m eine von Alba Longa nach Rom umgesiedelte gens, aus der die Drillinge stammten, die gegen die Horatii kämpften*

cūriātim *Adv* ||curiatus|| kurienweise

cūriātus ⟨a, um⟩ *Adj* ||curia|| zu den Kurien gehörig = patrizisch; ***comitia curiata*** Kurienversammlungen; ***lex curiata*** in der Kurienversammlung beschlossenes Gesetz

cūriō[1] ⟨ōnis⟩ *m* ||curia||
1. (*vkl., nachkl.*) Kurienvorsteher, Kurienpriester
2. Mart. Ausrufer, Herold

cūriō[2] ⟨ōnis⟩ *m* Plaut. von Sorgen geplagter Mensch

cūriōsitās ⟨ātis⟩ *f* ||curiosus|| Wissbegierde, Neugierde

Curiosolitēs ⟨um⟩ *m Küstenvolk in der Bretagne um das heutige Corseul, nw. von Dinan*

cūriōsus
I ⟨a, um⟩ *Adj, Adv* ⟨cūriōsē⟩ ||curo||
1. sorgfältig, eifrig
2. wissbegierig; neugierig, *in aliquid/ad aliquid/alicuius rei* auf etw
3. pedantisch
4. Phaedr. besorgt, teilnehmend
II ⟨ī⟩ *m* Aufpasser; Spitzel, Denunziant

curis ⟨is⟩ *f* ||sabinisches Fw.|| Ov. Lanze, Wurfspieß

Curius ⟨a, um⟩ *Name einer pleb. gens*; ***Manlius Curius Dentatus*** *röm. Beamter u. Feldherr, 290 v. Chr. Konsul, Sieger über die Samniten, Sabiner u. Pyrrhus, bekannt wegen seiner Rechtschaffenheit*; *Pl* Männer wie Curius

cūrō ⟨āvī, ātum, āre 1.⟩ ||*Denom von* cura||

1. sorgen, Sorge tragen
2. sich kümmern
3. besorgen
4. verwalten
5. pflegen, behandeln
6. pflegen, warten
7. verschaffen
8. auszahlen

1. sorgen, Sorge tragen, *meist v/t aliquem/aliquid* für j-n/für etw, *auch alicui rei* für etw, *ut/ne + Konjkt* dass/dass nicht, *+ bloßer Konjkt/ + Inf/ + Ger*; *Passiv* umsorgt werden; ***obsides dandos***

c. sich Geiseln geben lassen; ***pontem faciendum c.*** eine Brücke bauen lassen
2. sich kümmern, *aliquem / de aliquo* um j-n, *aliquid / de re* um etw, *ut / ne + Konjkt* dass / dass nicht; sich die Mühe nehmen, Lust haben, daran denken, + *Inf*; ***preces c.*** Bitten erhören; ***curor*** man kümmert sich um mich; ***c. in Siciliam ire*** daran denken, nach Sizilien zu gehen; ***nihil c. aliquid*** etw ignorieren
3. besorgen; ausführen; ***funus c.*** ein Leichenbegängnis ausrichten; ***negotia c.*** Geschäfte besorgen; ***prodigia c.*** unheilvolle Taten durch Opfer sühnen
4. verwalten; MIL kommandieren, befehligen; ***munus c.*** ein Amt verwalten; ***legiones c.*** Legionen kommandieren; ***c. in dextra parte*** das Kommando auf dem rechten Flügel führen
5. pflegen, behandeln; ***aegros c.*** Kranke behandeln; ***morbos c.*** Krankheiten behandeln
6. pflegen, warten; erfrischen; ***aliquem cibo et potu c.*** j-n mit Speise und Trank erfrischen; ***corpus / se c.*** sich gütlich tun
7. *j-m etw* verschaffen, *bes durch Kauf, alicui aliquid*
8. *Geld* auszahlen; *abs* Zahlung leisten, *alicui* j-m; ***alicui pecuniam pro re c.*** j-m Geld zahlen für etw

curriculum ⟨ī⟩ *n* ||currō||
1. Lauf, Wettlauf, Wettrennen
2. *einzelner* Umlauf, Kreislauf, Kreisbahn; ***curricula numerare*** die Runden zählen
3. *meton* Rennwagen; Curt. Streitwagen; ***pulverem curriculo colligere*** mit dem Rennwagen Staub aufwirbeln
4. *meton* Rennbahn
5. *fig* Laufbahn; Lebensbahn; ***deflectere de curriculo*** aus dem Geleise kommen

► **currō** ⟨cucurrī, cursum, currere 3.⟩

1. laufen, rennen
2. um die Wette laufen
3. fahren, reisen
4. durchlaufen
5. umlaufen, kreisen

1. laufen, rennen, *von Lebewesen, auch zu Pferd, mit dem Wagen od Schiff* eilen; fliegen, jagen; ***per locum c.*** durch einen Ort eilen; ***alicui subsidio c.*** j-m zu Hilfe eilen; ***eosdem cursūs c.*** denselben Weg einschlagen, die gleichen Maßnahmen ergreifen; ***currentem incitare / currenti calcaria addere*** *Sprichwort* einen Eifrigen noch mehr antreiben; ***curritur*** man läuft
2. um die Wette laufen
3. fahren, reisen
4. durchlaufen; ***stadium c.*** in der Rennbahn laufen
5. *von Sachen u. Zuständen* umlaufen, kreisen; dahinströmen, rinnen; ***purpura circum chlamydem currit*** der Purpurstreifen zieht sich um den Mantel; ***infula per crines currit*** die Wollbinde schlängelt sich durch die Haare; ***nox currit*** die Nacht vergeht schnell; ***oratio currit*** die Rede schreitet rasch fort; ***versūs currunt*** die Verse rollen dahin; ***rubor per ora currit*** Röte verbreitet sich über das Gesicht; ***frigus per ossa currit*** Kälte durchzieht die Knochen; ***currentis*** (*nlat.*) des laufenden Monats, des laufenden Jahres

currus ⟨ūs⟩ *m* ||currō||
1. Wagen, Gespann; ***currūs domitare*** das Gespann beherrschen; ***currūs infrenare*** die Wagen abbremsen
2. MIL zweirädriger Streitwagen; ***c. falcatus*** Sichelwagen
3. Rennwagen
4. Triumphwagen; *meton* Triumph
5. Verg. Pflug mit Rädern
6. Catul. *allg.* Fahrzeug

cursim *Adv* ||curro|| im Lauf, im Flug, eilends; MIL im Sturmschritt

cursitō ⟨āvī, ātum, āre 1.⟩ ||*Intens von* curso|| hin und her laufen

cursō ⟨āvī, ātum, āre 1.⟩ ||*Freq von* curro|| hin und her laufen, umherziehen

cursor ⟨ōris⟩ *m* ||curro||
1. Läufer, Wettläufer; Ov. Wettfahrer
2. Vorläufer, Vorreiter
3. Eilbote

Cursor ⟨ōris⟩ *m Beiname der gens Papiria*; → ***Papirius***

cursum *PPP* → ***curro***

cursūra ⟨ae⟩ *f* ||curro|| (*vkl., nachkl.*) das Laufen

cursus ⟨ūs⟩ *m* ||curro||
1. der Lauf, das Laufen, das Rennen; ***cursu fugere*** eilends fliehen; ***magno cursu*** in vollem Lauf; ***eodem cursu*** ohne anzuhalten; ***iungere cursum equis*** mit den Pferden mitlaufen
2. MIL Eilmarsch, Sturmschritt; ***terras cursibus perlustrare*** *fig* die Länder im Sturmschritt durcheilen
3. *fig* Eile, Schnelligkeit; ***eo cursu contendere, ut*** in solcher Schnelligkeit eilen, dass
4. *je nach Kontext* Ritt, Flug, Fahrt, Reise; ***cursum exspectare*** auf günstigen Wind warten; ***in medio cursu*** mitten auf der Fahrt
5. Bahn *der Gestirne*, ***solis*** der Sonne
6. Strömung, Lauf *von Flüssen*, ***aquarum*** der Wassermassen
7. Fluss *der Rede*; ***c. verborum*** Fluss der Worte
8. Richtung, Kurs; Verlauf, Fortgang; ***cursum tenere*** die Richtung einhalten; ***cursu decedere*** vom Kurs abkommen
9. Wettlauf, Wettrennen
10. *fig* das Streben *nach einem Ziel*
11. Wettbewerb; Laufbahn; ***cursum honorum transcurrere*** im Flug Karriere machen
12. (*mlat.*) Gottesdienst
13. (*mlat.*) rhythmischer Satzschluss *in der Kunstprosa*

curtis ⟨is⟩ *f* (*mlat.*) Hof, fürstlicher Hof, Pfalz

curtisanus
I ⟨a, um⟩ *Adj* ||curtis|| (*mlat.*) zum Hof gehörig
II ⟨ī⟩ *m* (*mlat.*) Höfling

Curtius ⟨a, um⟩ *röm. Gentilname*
1. ***M. Curtius*** *stürzte sich nach einer Sage 362 v. Chr. mit Pferd u. in voller Rüstung in einen Krater, der sich auf dem Forum Romanum aufgetan hatte u. sich nach diesem vom Orakel geforderten Opfertod wieder schloss; daran erinnert der lacus Curtius auf dem Forum*
2. ***Q. Curtius Rufus*** *röm. Geschichtsschreiber unter*

Kaiser Claudius, Mitte des 1. Jh. n Chr., genaue Lebensdaten unbekannt, Verfasser einer Geschichte Alexanders des Großen

curtō ⟨āvī, ātum, āre 1.⟩ ||*Denom von* curtus|| verkürzen, verstümmeln, kürzen, schmälern

curtus ⟨a, um⟩ *Adj*

1. (*vkl., nachkl.*) verkürzt, verstümmelt; beschnitten; ***mulus c.*** Maulesel mit verkürztem Schweif; ***Iudaeus c.*** Hor. beschnittener Jude
2. *fig* unvollständig, mangelhaft

curūlis

I ⟨e⟩ *Adj* ||currus||

1. Wagen…, Renn…; ***equi curules*** Rennpferde, Pferde für das Viergespann; ***triumphus c.*** Triumphzug mit Wagen, *bei dem der siegreiche Feldherr auf dem Wagen fuhr*
2. ***sella c.*** Amtssessel der höheren Staatsbeamten *von Ädil bis Konsul*
3. kurulisch; ***magistratūs curules*** kurulische Beamte, Beamte der höchsten Ebene

II ⟨is⟩ *f* = ***sella curulis*** Amtssessel der höheren Staatsbeamten

curvāmen ⟨inis⟩ *n u.* **curvātūra** ⟨ae⟩ *f* ||curvo|| Krümmung, Wölbung, Rundung; ***curvamen caeli*** Wölbung des Himmels; ***curvatura rotae*** Ov. Radfelge

curvātus ⟨a, um⟩ *Adj* ||curvo|| = ***curvus***

curvō ⟨āvī, ātum, āre 1.⟩ ||*Denom von* curvus|| (*nachkl.*) *poet* krümmen, wölben, runden; *fig* nachgiebig machen; *Passiv u.* ***se c.*** sich krümmen, sich biegen; ***cornu c.*** den Bogen spannen;

curvum ⟨ī⟩ *n* ||curvus|| das Krumme, das Böse, das Abwegige

curvus ⟨a, um⟩ *Adj* (*unkl.*)

1. gekrümmt, krumm, gebogen, gebeugt, gewölbt; ***lyra curva*** gebogene Leier; ***litus curvum*** sich in Windungen hinschlängelnde Küste; ***arator c.*** gebeugter Pflüger; ***flumina curva*** sich windende Flüsse
2. hohl, bauchig, vertieft; ***vallis curva*** tiefes Tal; ***latebrae curvae*** tiefe Schlupfwinkel; ***undae curvae*** sich auftürmende Wogen
3. *fig* verwerflich, böse

cuspis ⟨idis⟩ *f*

1. Spitze, Stachel; ***c. sagittae*** Pfeilspitze; ***asseres cuspidibus praefixi*** mit Spitzen versehene Stangen
2. *meton* Spieß, Lanze; Dreizack Neptuns
3. Bratspieß
4. Com. männliches Glied

cūssinus ⟨ī⟩ *m* (*mlat.*) Kissen

custōdēla ⟨ae⟩ *f* (*vkl., nachkl.*) = ***custodia***

▶ **custōdia** ⟨ae⟩ *f* ||custos||

1. Bewachung, Bewahrung, Verwahrung, Aufsicht, Schutz, Obhut, Kontrolle, *alicuius* j-s *od* durch j-n; *meton* Sicherheitsmaßregel; ***c. vigilum*** Bewachung durch die Wächter; ***c. filiae*** Aufsicht über die Tochter
2. Wache = das Wachestehen; ***excubias et custodias polliceri*** strenge Bewachung versprechen
3. Wache = Wachposten, Schildwache; ***custodias disponere*** Wachposten aufstellen
4. Gewahrsam, Arrest; (*nachkl.*) Gefängnis; ***c. libera*** Hausarrest; ***c. publica*** Staatsgefängnis; ***aliquem in custodia habere/tenere*** j-n in Haft halten; ***in custodiam conicere*** ins Gefängnis werfen; ***e custodia educere/emittere*** aus der Haft entlassen
5. (*nachkl.*) *meton* die Häftlinge, die Gefangenen

▶ **custōdiō** ⟨īvī⟩ *u.* ⟨iī, ītum, īre 4.⟩ ||*Denom von* custos||

1. bewachen, bewahren, behüten, beschützen, schirmen, *aliquem ab aliquo* j-n vor j-m
2. aufbewahren, verwahren, zurückbehalten; ***c. epistulam*** einen Brief zurückbehalten; ***aliquid litteris c.*** etw schriftlich verwahren; ***aliquid memoriā c.*** etw im Gedächtnis bewahren
3. überwachen, beaufsichtigen, kontrollieren; ***multorum oculi te custodient*** die Augen vieler werden dich überwachen; ***c. castra, ne quis elabi possit*** das Lager überwachen, damit keiner ausbrechen kann; ***se c.*** auf der Hut sein, *ut/ne* dass/dass nicht
4. gefangen halten, in Haft halten; ***obsides per municipia c.*** die Geiseln in den einzelnen Gemeinden in Haft halten

custōdītus ⟨a, um⟩ *Adj, Adv* ⟨custōdītē⟩ ||custodio|| vorsichtig, behutsam, gemessen

▶ **custōs** ⟨ōdis⟩ *m u. f*

1. Wächter, Wächterin, Aufseher, Aufseherin, Hüter, Hüterin, Wärter, Wärterin
2. Bewahrer, Beschützer, *auch von abstr. Begriffen*; Leibwächter, *auch* Page; MIL Schildwache; ***sapientia totius hominis c. est*** die Weisheit ist die Beschützerin des ganzen Menschen; ***discipuli c.*** Mentor; ***custodes arcis*** Besatzung der Festung; ***c. telorum*** *meton* Köcher; ***c. turis*** Kästchen für Weihrauch
3. heimlicher Aufpasser; ***custodes tabularum*** die Aufseher bei der Stimmabgabe, Wahlkommission
4. Gefängniswärter; ***praefectus custodum*** Kerkermeister, Gefängnisdirektor
5. (*mlat.*) Küster, *Kirchendiener, u. a. für den Schließ- u. Läutdienst einer Kirche verantwortlich*
6. (*nlat.*) Kustos, *wissenschaftlicher Angestellter im Museum*

cutīcula ⟨ae⟩ *f* ||*Dim von* cutis|| Haut

cutis ⟨is⟩ *f* (Plaut., *nachkl.*) *poet*

1. Haut *von Mensch u. Tier, auch von Pflanzen u. Früchten*; Vorhaut; ***c. oris*** Gesichtshaut; ***c. uvarum*** Haut der Trauben; ***cutem curare*** *Sprichwort* es sich gut gehen lassen
2. gegerbte Haut der Tiere, Leder
3. *fig* Oberfläche, Hülle

Cȳaneae ⟨ārum⟩ *f* Ov. = ***Symplegades*** *zwei kleine Felsinseln im Bosporus bei Byzanz, heute Öreke kayalari*

cyathissō ⟨āvī, ātum, āre 1.⟩ ||griech. Fw.|| Plaut. einschenken

cyathus ⟨ī⟩ *m* ||griech. Fw.|| (*unkl.*)

1. Schöpflöffel, *mit dem man den Wein aus dem Mischgefäß in den Becher schöpfte*
2. Becher
3. *Hohlmaß, ein Zwölftel des sextarius = 0,05 l*

cybaea ⟨ae⟩ *f* ||cybaeus|| (*erg.* ***navis***) Transportschiff

cybaeus ⟨a, um⟩ *Adj* ||griech. Fw.|| bauchig

Cybēbē *u.* **Cybelē** ⟨ēs⟩ *u.* ⟨ae⟩ *f*

1. MYTH *phrygische Göttin, Magna Mater, Symbol der Fruchtbarkeit der Erde, von den Griechen mit Rhea, der Mutter des kretischen Zeus, von den Römern mit Ops, der Gattin des Saturn, gleich-*

gesetzt; die Priester hießen Galli; Kult 204 v. Chr. in Rom als Staatskult eingeführt, alljährlich wurden als ihr Fest die Megalensia gefeiert
2. MYTH, Ov., Catul. *vermutlich Berg in Phrygien, von Vergil Cybelus genannt*

Cybelēius ⟨a, um⟩ *Adj* zur Cybele gehörig, der Cybele

cybiosactēs ⟨ae⟩ *m* ||griech. Fw.||
1. Salzfischhändler, Heringshändler
2. Suet. *Spottname des Kaisers Vespasian wegen seines sprichwörtlichen Geizes*

Cybistra ⟨ōrum⟩ *n Stadt in Kappadokien, am Fuß des Taurus, sw. von Tyana*

cybium ⟨ī⟩ *n* ||griech. Fw.|| Thunfisch; Thunfischgericht

cycladātus ⟨a, um⟩ *Adj* ||cyclas|| Suet. mit einer cyclas bekleidet, im Frauenkleid

Cyclades ⟨um⟩ *f* Kykladen, *kreisförmig um Delos liegende Inseln im Ägäischen Meer*

cyclas ⟨adis⟩ *f* ||griech. Fw.|| Rundkleid, *feines u. elegantes Staats- u. Prunkkleid der röm. Damen*

cyclicus ⟨a, um⟩ *Adj* ||griech. Fw.||
1. kreisförmig, kreisrund; enzyklopädisch
2. LIT Hor. zum epischen Zyklus gehörig; ***cyclici poetae / scriptores*** *Dichter, die in der Nachfolge Homers den epischen Sagenkreis behandelten*

Cyclōpius ⟨a, um⟩ *Adj* ||Cyclops|| zum Kyklopen gehörig, Kyklopen…

Cyclōps ⟨ōpis⟩, *Pl* **Cyclōpes, um** *m* ||griech. Fw.|| MYTH Kyklop, *Riesen mit einem einzigen Auge auf der Stirn, Schmiedegesellen des Hephaistos / Vulcan*; *Sg* = Polyphem; ***Cyclopa moverī*** Hor. den Kyklopentanz aufführen, *Pantomime, die Polyphem als Liebhaber der Galatea zeigt*

cyclus ⟨ī⟩ *m* ||griech. Fw.|| *(spätl.)* Kreis; ASTRON Zyklus

cycnēus ⟨a, um⟩ *Adj* ||griech. Fw.|| zum Schwan gehörig, Schwanen…; ***vox cycnea*** Cic. Schwanengesang

cycnus ⟨ī⟩ *m* ||griech. Fw.|| Schwan, *dem Apollo heilig*; Hor. *meton* Dichter

Cycnus ⟨ī⟩ *m König von Ligurien, in einen Schwan verwandelt u. unter die Sterne versetzt*

Cycnus ⟨ī⟩ *m Sohn des Neptun, in einen Schwan verwandelt*

Cydnus ⟨ī⟩ *m Fluss in Kilikien, bei Tarsos, bekannt wegen seines klaren u. kalten Wassers mit Heilkräften gegen Nervenkrankheiten*

Cydōn ⟨ōnis⟩ *m* Einwohner von Cydonia

Cydōnēus ⟨a, um⟩ *Adj* ||Cydonia|| kydonisch; kretisch; ***malum Cydoneum*** kydonischer Apfel = Quitte;

Cydōnia ⟨ae⟩ *f Küstenstadt im NW Kretas, heute Chania, ohne antike Reste*

Cydōniātēs ⟨ae⟩ *m* Einwohner von Cydonia

Cydōnius ⟨a, um⟩ *Adj* kydonisch; kretisch

cygn… = ***cycn…***

cylindrus ⟨ī⟩ *m* ||griech. Fw.|| Walze, Zylinder, *geometrische Figur u. Gerät zum Ebnen des Bodens*

Cyllarus ⟨ī⟩ *m ein Kentaur*

Cyllēnē ⟨ēs⟩ *u.* ⟨ae⟩ *f*
1. *Stadt an der Küste von Elis, heute Kyllini, mit zahlreichen Funden aus der Antike*
2. *Randgebirge im NO von Arkadien, an der Grenze zu Achaia, galt in der Antike als Geburtsstätte des Hermes / Merkur*

Cyllēnēus ⟨a, um⟩ *Adj u.* **Cyllēnnis** *Gen* ⟨idis⟩ *Adj f u.* **Cyllēnius** ⟨a, um⟩ *Adj* zur Cyllene gehörig

Cȳmaeus
I ⟨a, um⟩ *Adj* aus Cyme, zu Cyme gehörig
II ⟨ī⟩ *m* Einwohner von Cyme

cymba ⟨ae⟩ *f* = ***cumba***

cymbalum ⟨ī⟩ *n* Zimbel, Becken, *meist Pl, weil zum Schlagen der Zimbel jeweils zwei Becken notwendig waren; verwendet bei den Bacchanalien u. an den Festen der Kybele*

cymbium ⟨ī⟩ *n* ||griech. Fw.|| *(vkl.) poet* kleines nachenförmiges Trinkgefäß, Schale, Napf

Cȳmē ⟨ēs⟩ *f*
1. *Stadt im kleinasiatischen Äolis, Vaterstadt Hesiods u. des Historikers Ephoros (um 350 v. Chr.), Mutterstadt von Cumae, Ruinen beim heutigen Aliaga, n von Izmir*
2. *poet* = ***Cumae***

Cynicus
I ⟨a, um⟩ *Adj, Adv* ⟨Cynicē⟩
1. zur kynischen Philosophie gehörig, kynisch; ***cena cynica*** sehr einfache Mahlzeit
2. *Adv* nach Art der Kyniker
II ⟨ī⟩ *m* Kyniker, kynischer Philosoph, *Vertreter einer Weltanschauung der Bedürfnislosigkeit, Symbolfigur ist Diogenes*

cynocephalus ⟨ī⟩ *m* ||griech. Fw.|| hundsköpfiger Affe, *eine asiatische Affenrasse, zur Familie der Meerkatzen gehörig*

Cynoscephalae ⟨ārum⟩ *f* Liv. „Hundsköpfe“, *Hügel im SO von Thessalien, bekannt durch den Sieg des Konsuls Flaminius über Philipp V. von Makedonien 197 v. Chr.*

Cynosūra ⟨ae⟩ *f* der Polarstern, *im Sternbild des Kleinen Bären*; der Kleine Bär

Cynosūrae ⟨ārum⟩ *f*
1. *schmale Landzunge in der Bucht von Marathon*
2. *schmale Landzunge in der Bucht von Salamis*

Cynosūris *Gen* ⟨idis⟩ *u.* ⟨idos⟩ *Adj* ||Cynosura|| zum Kleinen Bären gehörig; ***ursa Cynosuris*** der Kleine Bär

Cynthius ⟨a, um⟩ *Adj* des Cynthus, zum Cynthus gehörig

Cynthus ⟨ī⟩ *m Berg auf Delos, Geburtsstätte des Apollo u. der Artemis / Diana*

cyparissus ⟨ī⟩ *f* = ***cupressus***

Cyparissus ⟨ī⟩ *m von Apollo geliebter Knabe, wurde in einen Zypressenbaum verwandelt*

cypressus ⟨ī⟩ *f* = ***cupressus***

Cypria ⟨ae⟩ *f* ||Cypros|| = Aphrodite / Venus

Cypriānus ⟨ī⟩ *m Thascius Caecilius Cyprianus, berühmter lat. Kirchenlehrer u. -schriftsteller, geb. 200 n Chr. in Karthago, 258 n Chr. dort enthauptet*

cyprium ⟨ī⟩ *n* ||Cypros|| Kupfer

Cyprius
I ⟨a, um⟩ *Adj* ||Cypros|| aus Zypern, zyprisch
II ⟨ī⟩ *m* Einwohner von Zypern, Zyprer

Cyprius vīcus *Straße auf dem Forum Romanum*

Cypros *u.* **Cyprus** ⟨ī⟩ *f* Zypern, *reich an Kupfer u. Schiffsbauholz, berühmt durch alten Kult der Aphrodite / Venus*

Cȳrēnae ⟨ārum⟩ *f Hauptstadt der Kyrenaika in*

D

Nordafrika, griech. Kolonie, Geburtsort des Kallimachos, der Philos. Aristippus, Eratosthenes u. Karneades, Lage im heutigen Libyen, seit 1924 archäologisch erschlossen

Cȳrenaeus *u.* **Cȳrēnaicus** ⟨a, um⟩ *Adj* zu Cyrene gehörig, aus Cyrene

Cȳrēnē ⟨ēs⟩ *f* = ***Cyrenae***

Cȳrēnēnsis ⟨e⟩ *Adj* zu Cyrene gehörig, aus Cyrene

Cȳrēnēnsis ⟨is⟩ *m* Einwohner von Cyrene

Cyrtaeī *u.* **Cyrtiī** ⟨ōrum⟩ *m* Liv. *kriegerisches Nomaden- u. Räubervolk in Persien*

Cȳrus ⟨ī⟩ *m*

1. *Gründer des Perserreiches, gest. 539 v. Chr.*
2. ***Cyrus minor*** *zweiter Sohn des Darius, Bruder des Artaxerxes, fiel in der Schlacht bei Kunaxa 401 v. Chr.*
3. *röm. Architekt u. Zeitgenosse Ciceros*

Cytae ⟨ārum⟩ *f Stadt in Kolchis am Schwarzen Meer, Heimat der Medea*

Cytaeis ⟨idis⟩ *f u.* **Cythāīnē ēs** *f* = Medea

Cytaeus ⟨a, um⟩ *Adj* zu Cytae gehörig, aus Cytae, *auch* kolchisch

Cythēra ⟨ōrum⟩ *n Insel u. Stadt vor dem Lakonischen Meerbusen, wo der Sage nach Aphrodite aus dem Schaum des Meeres aufgestiegen ist, im MA Cerigo, heute Kythira*

Cytherēa ⟨ae⟩ *f* = Aphrodite / Venus

Cytherēias *Gen* ⟨adis⟩ *Adj f u.* **Cytherēis** *Gen* ⟨idis⟩ *Adj f zu* Cythera gehörig, von Cythera

Cytherēis ⟨idis⟩ *f* = Aphrodite / Venus

Cytherēius *u.* **Cytherēus** *u.* **Cythēriacus** ⟨a, um⟩ *Adj* zu Cythera gehörig, von Cythera

Cythnos *u.* **Cythnus** ⟨ī⟩ *f Kykladeninsel mit warmen Quellen, Name erhalten*

cytisum ⟨ī⟩ *n u.* **cytisus** ⟨ī⟩ *f u. m* ||griech. Fw.|| Verg. Schneckenklee, *antike Kleeart*

Cytōrus ⟨ī⟩ *m Berg u. gleichnamige Stadt in Paphlagonien, s. des Schwarzen Meeres, heute Kidros mit geringen Resten*

Cyzicos ⟨ī⟩ *f u.* **Cyzicum** ⟨ī⟩ *n u.* **Cyzicus** ⟨ī⟩ *f Stadt am Südufer des Marmarameeres*

D

D d *Abk*

1. = ***Decimus*** *Vorname*
2. = ***Divus*** der Göttliche *als Beiname*
3. = ***Deus*** Gott
4. = ***Dominus*** Herr
5. *Zahlzeichen für 500*
6. = ***dabam*** ich gab *beim Briefdatum*
7. ***d. a.*** = ***dicti anni*** (*mlat.*) besagten Jahres
8. ***D. D.*** = ***domus divina*** = Kaiserhaus
9. ***DD. NN.*** = ***domini nostri*** unsere Herren
10. ***D. M.*** = ***divis manibus*** den göttlichen Manen
11. ***D. N.*** = ***dominus noster*** unser Herr

Dācia ⟨ae⟩ *f* Dakien, *von 106–274 n Chr. röm. Provinz auf dem Gebiet des heutigen Rumänien zwischen Donau und Karpaten, Theiß u. Pruth*

Dācicus ⟨ī⟩ *m unter Domitian geprägte Goldmünze*

dacruma ⟨ae⟩ *f* (*altl.*) = ***lacrima***

dactylicus ⟨a, um⟩ *Adj* ||griech. Fw.|| daktylisch

dactyliothēca ⟨ae⟩ *f* ||griech. Fw.|| Ringkästchen, Schmuckkästchen; (*spätl.*) Daktyliothek, Sammlung von Siegelringen

dactylus ⟨ī⟩ *m* ||griech. Fw.||

1. METR Daktylus, *Versfuß* –∪∪
2. (*spätl.*) Dattel
3. ***Dactyli Idaei*** Cic. *uralte phrygische Dämonen, kunstfertige Schmiedekobolde der Kybele / Rhea, oft mit den Korybanten gleichgesetzt*

Dācus

I ⟨a, um⟩ *Adj* ||Dacia|| dakisch

II ⟨ī⟩ *m* Daker

Daedalēus *u.* **Daedaleus** ⟨a, um⟩ *Adj* des Daedalus, zu Daedalus gehörig

daedalus ⟨a, um⟩ *Adj* ||griech. Fw.||

1. kunstfertig, kunstreich, listig
2. kunstvoll gearbeitet

Daedalus ⟨ī⟩ *m* MYTH *griech. Künstler, Ahnherr des athenischen Kunsthandwerks, Erbauer des Labyrinths auf Kreta, Vater des Ikarus*

daemōn ⟨onis⟩ *m* ||griech. Fw.|| (*spätl.*) Geist; (*eccl.*) böser Geist, Teufel

daemonicus ⟨a, um⟩ *Adj* ||griech. Fw.|| (*eccl.*) teuflisch

Dahae ⟨ārum⟩ *m skythisches Volk ö. des Kaspischen Meeres, im Gebiet des heutigen Turkmenistan, berühmt u. gefürchtet als berittene Bogenschützen*

Dalmatae ⟨ārum⟩ *m* ||Dalmatia|| die Einwohner von Dalmatien, die Dalmatiner

Dalmatia ⟨ae⟩ *f* Dalmatien, *Landschaft an der Adria, seit 10 n Chr. röm. Provinz*

dalmatica ⟨ae⟩ *f* (*erg.* ***vestis***) (*spätl.*, *eccl.*) Dalmatika, *liturgisches Gewand des Diakons*

Dalmaticus ⟨a, um⟩ *Adj* dalmatisch, dalmatinisch

dāma[1] ⟨ae⟩ *f* Antilope, Gazelle, Gämse, Reh, Hirschkuh, Hirschkalb

dama[2] ⟨ae⟩ *f* (*mlat.*) Dame *im Schach*

Damascēnus

I ⟨a, um⟩ *Adj* aus Damascus, zu Damascus gehörig

II ⟨ī⟩ *m* Einwohner von Damascus

Damascus ⟨ī⟩ *f sehr alte u. wichtige Handelsstadt am Westrand der syrischen Wüste, bedeutsam in alttestamentlicher, hellenistischer u. frühchr. Zeit, heute Hauptstadt Syriens*

dāmiūrgus ⟨ae⟩ *f* = ***demiurgus***

damnās *indekl* ||damno|| JUR zu einer Geldzahlung verurteilt, zu einer Geldleistung verpflichtet

damnātiō ⟨ōnis⟩ *f* ||damno|| Verurteilung, *alicuius rei* wegen etw, zu etw, ***ambitūs*** wegen Amtserschleichung, ***tantae pecuniae*** zu einer so großen Summe

damnātōrius ⟨a, um⟩ *Adj* ||damno|| verurteilend

D

damnātus ⟨a, um⟩ *Adj* ||damno|| verurteilt; (*nachkl.*) *poet* verdammenswert; ***damnatior*** *Komp* härter verurteilt
damni-ficus ⟨a, um⟩ *Adj* ||damnum, facio|| Plaut. schädlich
damni-gerulus ⟨a, um⟩ *Adj* ||damnum, gero|| Plaut. schädlich
damnō ⟨āvī, ātum, āre 1.⟩ ||*Denom von* damnum||

1. verurteilen, schuldig sprechen
2. als ungerecht verwerfen
3. verurteilen lassen
4. bezichtigen, für schuldig erklären
5. missbilligen, verdammen
6. weihen
7. verpflichten

1. JUR verurteilen, schuldig sprechen, *aliquem alicuius rei/de re* j-n wegen etw, ***furti*** wegen Diebstahls, ***veneficii*** wegen Giftmordes, ***de vi*** wegen Gewaltanwendung, ***eo nomine*** deswegen, ***inter sicarios*** als Mörder, ***pecuniā*** zu einer Geldstrafe, ***capite/capitis*** zum Tod, ***ad opus/in opus*** zu Zwangsarbeit, ***ad metalla*** zur Arbeit in den Bergwerken
2. als ungerecht verwerfen, ***id consilium*** diesen Plan
3. *vom Kläger j-n* verurteilen lassen, *j-s* Verurteilung durchsetzen, *aliquem*; ***ab aliquo damnari*** auf j-s Betreiben verurteilt werden
4. *außergerichtlich einer Sache* bezichtigen, für schuldig erklären, ***dementiae*** des Wahnsinns; ***voti damnari*** (*vkl.*) zur Erfüllung eines Gelübdes verpflichtet werden = seinen Wunsch erfüllt sehen
5. missbilligen, verdammen, *aliquem/aliquid* j-n/etw; ***fidem medici d.*** die Glaubwürdigkeit des Arztes nicht anerkennen; ***spem salutis d.*** die Hoffnung auf Rettung aufgeben
6. (*nachkl.*) *poet dem Tod* weihen
7. zu *etw* verpflichten, *bes durch Testament*
damnōsus ⟨a, um⟩ *Adj*, *Adv* ⟨damnōsē⟩ ||damnum|| (*unkl.*)
1. schädlich, verderblich, *alicui* für j-n
2. sich selbst zum Schaden, verschwenderisch
3. geschädigt, ruiniert
▶ **damnum** ⟨ī⟩ *n*
1. Einbuße, Verlust, Schaden, Nachteil
2. Plaut. Aufwand *als Grund der Verluste*, Opfer
3. Niederlage, Schlappe; ***damno duarum cohortium*** mit Verlust von zwei Kohorten
4. verhängte Strafe, *bes* Geldstrafe; ***damnum alicuius rei dare*** für etw büßen
5. Gebrechen; ***d. naturae*** natürliches Gebrechen
6. *meton* eingebüßter Gegenstand
Dāmoclēs ⟨is⟩ *m Günstling des Tyrannen Dionysios II. von Syrakus*
Dāmōn ⟨ōnis⟩ *m pythagoreischer Philos. in Syrakus, berühmt durch seine Freundestreue zu Phintias*
Danaē ⟨ēs⟩ *f Tochter des Akrisios (Acrisius), durch Zeus Mutter des Perseus*
Danaēius ⟨a, um⟩ *Adj* der Danae, zu Danae gehörig
Danaī ⟨ōrum⟩ *m* ||Danaus|| die Danaer = die Griechen *vor Troja*
Danaides ⟨um⟩ *m* die Danaiden, *die 50 Töchter des Danaus*
Danaus
I ⟨ī⟩ *m* MYTH *Sohn des Belos, Gründer von Argos, Vater von 50 Töchtern mit 10 verschiedenen Frauen.*
II ⟨a, um⟩ *Adj* argivisch = griechisch
Dandaridae ⟨ārum⟩ *m skythisches Volk am Nordostufer des Schwarzen Meeres*
danīsta ⟨ae⟩ *m* ||griech. Fw.|| Plaut. Wucherer
danīsticus ⟨a, um⟩ *Adj* Wucher…
dāns ⟨dantis⟩ *m* ||do|| Geber
danunt (*altl.*) = ***dant***; → ***do***
Dānuvius ⟨ī⟩ *m* Oberlauf der Donau, Donau
Daphnē ⟨ēs⟩ *f Nymphe, Tochter des Flussgottes Peneus, von Apollo verfolgt, in einen Lorbeerbaum verwandelt*
Daphnis ⟨idis⟩ *m* MYTH *Hirte auf Sizilien, Sohn des Merkur, Erfinder der Bukolik*
daphnōn ⟨ōnis⟩, *Akk* ***ōna*** *m* ||griech. Fw.|| (Petr., Mart.) Lorbeergarten
dapi-fer ⟨ferī⟩ *m* ||daps, fero|| (*spätl.*) Speisenträger; (*mlat.*) Truchsess, *für Küche u. Speisen zuständiger Hofbeamter*
dapinō ⟨āvī, ātum, āre 1.⟩ ||griech. Fw.|| Plaut. auftischen
daps ⟨dapis⟩ *f* ||griech. Fw.|| *meist Pl*
1. RELIG Opfermahl, Festmahl
2. leckeres Mahl; *meton* Speise, Nahrung, Kost
dapsilis ⟨e⟩ *Adj*, *Adv* ⟨dapsilē⟩ *u.* ⟨dapsiliter⟩ ||griech. Fw.|| (*vkl., nachkl.*) mit allem reichlich versehen
Dardanī ⟨ōrum⟩ *m die* Einwohner von Dardania
Dardania ⟨ae⟩ *f* ||Dardanus|| *poet* = Troja
Dardanidae ⟨ārum⟩ *u.* ⟨um⟩ *m* die Nachkommen des Dardanus, = die Troer
Dardanidēs ⟨ae⟩ *m* Nachkomme des Dardanus, = Troer
Dardanis ⟨idis⟩ *f* weiblicher Nachkomme des Dardanus, Troerin, *bes* Kreusa, *die Gattin des Aeneas*
Dardanius *u.* **Dardanus** ⟨a, um⟩ *Adj* dardanisch, trojanisch
Dardanus[1] ⟨ī⟩ *m* MYTH *Sohn des Zeus u. der Elektra aus Arkadien, Gründer von Dardania*
Dardanus[2] ⟨ī⟩ *m* Dardaner, Troer, *bes* Aeneas
dare → ***do***
Darēs ⟨ētis⟩ *m Gefährte des Aeneas*
Dārēus ⟨ī⟩ *m u.* (*nachkl.*) **Dārīus** ⟨ī⟩ *m persischer Königsname*
1. ***Darius I. Hystaspis*** *(336–485 v. Chr.) bei Marathon 490 v. Chr. von den Griechen besiegt*
2. ***Darius III. Kodomannos*** *(336–330 v. Chr.) von Alexander dem Großen 333 v. Chr. bei Issos u. 330 v. Chr. bei Gaugamela besiegt*
datārius ⟨a, um⟩ *Adj* ||datus, *PPP von* do|| Plaut. zu verschenken
datātim *Adv* ||dato|| Com. sich wechselseitig gebend, sich gegenseitig zuwerfend
datiō ⟨ōnis⟩ *f* ||do||
1. das Geben, das Erteilen, ***legum*** von Gesetzen
2. Liv. Schenkungsrecht
datīvus ⟨ī⟩ *m* ||do|| (*erg.* ***casus***) (*nachkl.*) Dativ
datō ⟨āvī, ātum, āre 1.⟩ ||*Freq von* do|| regelmäßig geben, abgeben, ***fenore argentum*** Geld gegen Zins
dator ⟨ōris⟩ *m* ||do|| (*vkl., spätl.*) Geber, Spender; *beim Ballspiel* der den Ball zuwirft

datum ⟨ī⟩ *n* ||do|| Gabe, Geschenk, Spende
datus[1] ⟨a, um⟩ *PPP* → ***do***
datus[2] *nur Abl* ⟨ū⟩ *m* ||do|| das Geben; ***meo datu*** Plaut. durch meine Gabe
Daulias *Gen* ⟨adis⟩ *Adj f* aus Daulis, zu Daulis gehörig; ***ales Daulias*** Schwalbe; ***puellae Dauliades*** die Mädchen aus Daulis, = Prokne und Philomele
Daulis ⟨idis⟩ *f alte Stadt in Phokis, heute Daulia*
Daulius ⟨a, um⟩ *Adj* aus Daulis, zu Daulis gehörig
Daunia ⟨ae⟩ *f u.* **Daunias** ⟨adis⟩ *f* Daunien, (Nord-)Apulien
Daunius ⟨a, um⟩ *Adj* daunisch
Daunus ⟨ī⟩ *m* MYTH *König von Apulien, Vater od Ahnherr des Turnus*
dē dē-

I
1. ab-, fort-
2. herab-, nieder-
3. un-, miss-
4. völlig, ganz
II
1. von … weg, von … her
2. noch im Laufe von, noch während
3. gleich nach, unmittelbar nach
4. von, aus
5. von, aus
6. aus, von
7. von … wegen, wegen
8. zufolge, gemäß
9. hinsichtlich, betreffend

I *Präf*
1. ab-, fort-, weg-; ***de-cedere*** weg-gehen
2. herab-, nieder-; ***de-icere*** herab-werfen, niederwerfen
3. un-, miss-; ***de-mens*** von Sinnen; ***de-formis*** missgestaltet
4. völlig, ganz; ***de-vincere*** völlig besiegen
II *Präp + Abl*
1. *örtl.* von … weg, von … her; von … herab; ***de muro se deicere*** sich von der Mauer (herab)stürzen; ***filium de matris complexu avellere*** den Sohn aus der Umarmung der Mutter wegreißen
2. *zeitl.* noch im Laufe von, noch während, noch in, schon während; ***de nocte surgere*** noch während der Nacht aufstehen; ***de die potare*** schon bei Tag trinken
3. *zeitl.* gleich nach, unmittelbar nach; ***somnus de prandio*** Schlaf unmittelbar nach der Mahlzeit; ***diem de die exspectare*** von Tag zu Tag warten
4. *Abstammung od Herkunft* von, aus; ***homo de plebe*** Mann aus dem Volk; ***fidelissimus de servis*** der verlässlichste von den Dienern
5. *Stoff* von, aus; ***statua de marmore*** Standbild aus Marmor; ***corona de floribus*** Kranz aus Blumen
6. *Quelle* aus, von; ***de meo*** aus meinen Mitteln; ***de te*** aus deinem Beutel; ***de publico*** aus der Staatskasse
7. *kausal* von … wegen, wegen, um … willen; ***multis de causis*** aus vielen Gründen; ***de me experior*** ich erfahre es an mir
8. *Maßstab* zufolge, gemäß; ***de propinquorum consilio aliquid facere*** etw nach dem Rat der Angehörigen tun
9. *Rücksicht* hinsichtlich, betreffend, bezüglich, über; ***de pace legatos mittere*** zu Friedensverhandlungen Gesandte schicken; ***de philosophia disserere*** über die Philosophie sprechen; ***de amicitia liber*** Buch über die Freundschaft
10. *Wendungen*; ***de integro*** von Neuem; ***de improviso*** unversehens; ***de industria*** absichtlich; ***de cetero*** übrigens

▸ **dea** ⟨ae⟩, *Dat u. Abl Pl* ⟨deīs, dīs, deābus⟩ *f* ||deus|| Göttin; ***dis deabusque*** *formelhaft* den Göttern und Göttinnen
de-albō ⟨āvī, ātum, āre 1.⟩ weißen, übertünchen
deambulātiō ⟨ōnis⟩ *f* ||deambulo|| (*spätl.*) Spaziergang
de-ambulō ⟨āvī, ātum, āre 1.⟩ (*vkl., nachkl.*) spazieren gehen
de-amō ⟨āvī, ātum, āre 1.⟩ Com.
1. völlig verliebt sein, *aliquem* in j-n
2. herzlich danken, *aliquem* j-m; ***deamo te*** vielen Dank
de-armō ⟨āvī, ātum, āre 1.⟩ Liv. entwaffnen
de-artuō ⟨āvī, ātum, āre 1.⟩ ||artus[1]|| Plaut. zerfleischen, in Stücke reißen; *fig* durch Betrug ruinieren
de-asciō ⟨āvī, ātum, āre 1.⟩ ||ascia||
1. (*nachkl.*) mit der Axt behauen, glätten
2. Plaut. *fig* übers Ohr hauen, betrügen
dē-bacchor ⟨ātus sum, ārī 1.⟩ *poet* sich austoben, wüten, rasen
dē-battuō ⟨-, -, ere 3.⟩ Petr. tüchtig stoßen
dēbellātor ⟨ōris⟩ *m* ||debello|| (*nachkl.*) *poet* Bezwinger, Besieger
dē-bellō ⟨āvī, ātum, āre 1.⟩ (*nachkl.*)
I *v/t poet* niederkämpfen, besiegen, *aliquem* j-n
II *v/i poet* den Krieg beenden; ***debellatum est*** der Krieg ist zu Ende
dēbeō ⟨uī, itum, ēre 2.⟩
I *v/t*
1. schulden, ***pecuniam*** Geld
2. schuldig bleiben, vorenthalten; ***non posse alicui aliquid d.*** j-m nichts schuldig bleiben können
3. verpflichtet sein, *aliquid* zu etw; ***alicui gratias d.*** j-m zu Dank verpflichtet sein; ***patriae poenas d.*** die Strafe des Vaterlandes verdienen
4. sollen, müssen; *in der Verneinung* dürfen; ***beneficia oblivisci non debemus*** Wohltaten dürfen wir nicht vergessen
5. verdanken; ***parentibus maxima beneficia debemus*** den Eltern verdanken wir die größten Wohltaten
6. verpflichtet sein, bestimmt sein, auserkoren sein, *aliquid* zu etw; ***debes vivere*** es ist dir bestimmt, zu leben; ***debes urbem condere*** du bist dazu bestimmt, eine Stadt zu gründen
7. *Passiv einer Sache* geweiht sein, verfallen sein, *alicui rei*; ***necessitati deberi*** dem Gesetz der Notwendigkeit unterworfen sein; ***coniunx debita*** die vom Schicksal bestimmte Gattin
II *v/i* Schulden haben; ***ei, quibus debeo*** meine Gläubiger; ***debentes*** Schuldner
dēbilis ⟨e⟩ *Adj* entkräftet, gelähmt, gebrechlich, kränklich; *fig* zerrüttet, schwach, haltlos
dēbilitās ⟨ātis⟩ *f* ||debilis|| Gebrechlichkeit; *fig* Schwäche

dēbilitātiō ⟨ōnis⟩ *f* ||debilito|| (*nachkl.*) Lähmung; *fig* Fassungslosigkeit

▶ **dēbilitō** ⟨āvī, ātum, āre 1.⟩ ||*Denom von* debilis|| lähmen, beschädigen, verletzen; *fig* entmutigen, hemmen; ***a iure cognoscendo debilitatus*** durch Entmutigung vom Rechtsstudium abgeschreckt

dēbitiō ⟨ōnis⟩ *f* ||debeo|| das Schuldigsein, Schulden; ***d. pecuniae*** Geldschulden; ***d. gratiae*** Dankesschuld

dēbitor ⟨ōris⟩ *m* ||debeo||
1. Schuldner
2. *fig* der zu *etw* verpflichtet ist, der zu Dank für *etw* verpflichtet ist, *alicuius rei*; ***d. vitae*** der das Leben verdankt

dēbitum ⟨ī⟩ *n* ||debeo|| Schuld; ***alicui debitum solvere*** j-m seine Schuld bezahlen; ***debito fraudare*** um die Schuld betrügen

dēbitus ⟨a, um⟩ *Adj* ||debeo|| geschuldet, gebührend; ***triumphus d.*** verdienter Triumphzug

dē-blaterō ⟨āvī, ātum, āre 1.⟩ (*vkl., nachkl.*) dumm daherschwatzen, ausplaudern, *alicui* j-m, + *AcI*

decanatus ⟨us⟩ *m* (*mlat.*) Würde eines Dekans

dē-cantō ⟨āvī, ātum, āre 1.⟩
I *v/t* (*nachkl.*) *poet* singend vortragen, vorsingen; *pej* herunterleiern
II *v/i* mit dem Gesang aufhören

decānus ⟨ī⟩ *m*
1. (*nachkl.*) Vorgesetzter von zehn Mann; MIL Vorgesetzter von zehn Soldaten
2. (*eccl.*) Dekan, *Vorsteher mehrerer Pfarrstellen, in der Universität Vorsteher einer Fakultät*

dē-cēdō ⟨cessī, cessum, cēdere 3.⟩

1. weggehen, sich entfernen
2. sterben, aus dem Leben scheiden
3. ausweichen, aus dem Weg gehen
4. abweichen
5. nachstehen
6. abtreten
7. abgehen, abweichen
8. zurückgehen
9. untergehen
10. vergehen, aufhören

1. weggehen, sich entfernen; MIL abziehen; abtreten, abgehen, *ab loco / ex loco* von einem Ort; ***de foro d.*** Verg. sich vom öffentlichen Leben zurückziehen; ***de scaena d.*** von der Bühne abtreten
2. *fig* (*erg.* ***vitā / de vita***) sterben, aus dem Leben scheiden
3. *j-m* ausweichen, aus dem Weg gehen, *alicui de via / in via*
4. *fig* abweichen, ***de via*** vom rechten Weg
5. *fig j-m* nachstehen, *alicui*; das Feld räumen; ***peritis d.*** den Sachverständigen das Feld räumen
6. *fig etw* abtreten, auf *etw* verzichten, *de re*; ***de possessione d.*** auf seinen Besitz verzichten; ***(de) iure suo d.*** sein Recht abtreten
7. *fig* abgehen, abweichen, *de re / re* von etw; ***(de) sententia d.*** von seiner Meinung abgehen
8. (*nachkl.*) *von Wasser* zurückgehen; ***aestus decedit*** die Flut geht zurück
9. (*nachkl.*) *von Gestirnen* untergehen; ***sidera decedunt*** die Sterne gehen unter
10. vergehen, aufhören, geringer werden; ***dies decedunt*** die Tage vergehen; ***febris decedit*** das Fieber lässt nach; ***de causa periculi nihil decedit*** die Ursache der Gefahr schwindet nicht

Deceléa ⟨ae⟩ *f attische Stadt, 20 km n von Athen, heute Dekalia*

D

decem *indekl Num card* zehn

December ⟨bris, bre⟩ *Adj* ||decem|| des Dezembers, zum Dezember gehörig; (***mensis***) ***D.*** zehnter Monat, *da das Jahr urspr. am 1. März begann*, Dezember; ***Nonae Decembres*** die Nonen des Dezembers, = 5. Dezember

decem-iugis
I ⟨e⟩ *Adj* ||iugum|| Suet. zehnspännig
II ⟨is⟩ *m* (*erg.* ***currus***) Zehnspänner

decem-peda ⟨ae⟩ *f* ||pes|| Messstange von zehn Fuß Länge

decempedātor ⟨ōris⟩ *m* ||decempeda|| Feldmesser

decem-plex *Gen* ⟨plicis⟩ *Adj* (*vkl., nachkl.*) zehnfach

decem-prīmī ⟨ōrum⟩ *m* die ersten Zehn, die ersten zehn Ratsherren *in den Munizipien u. Kolonien*

decem-scalmus ⟨a, um⟩ *Adj* mit zehn Ruderpflöcken versehen, zehnruderig

decem-vir ⟨ī⟩ *m Sg selten, meist Pl* **decem-virī** ⟨ōrum⟩ *u.* ⟨um⟩ *m* Dezemvirn, Zehnmännerkollegium; ***decemviri agris metiendis dividendisque*** *Zehnmännerkollegium zur Aufteilung des ager publicus an die Kolonisten*; ***decemviri legibus scribundis*** *Zehnmännerkollegium, das das Zwölftafelgesetz 451–449 v. Chr. verfasste*; ***decemviri stlitibus*** (= *litibus*) ***iudicandis*** *Gerichtsbehörde zur Entscheidung über Freiheit und Bürgerrecht*; ***decemviri sacris faciundis / sacrorum*** *Aufsichtsbehörde über die Sibyllinischen Bücher und deren Befragung und Deutung*

decemvirālis ⟨e⟩ *Adj* ||decemviri|| die Dezemvirn betreffend, zu den Dezemvirn gehörig; ***odium decemvirale*** Hass gegen die Dezemvirn

decemvirātus ⟨ūs⟩ *m* ||decemviri|| Dezemvirat

decennis ⟨e⟩ *Adj* ||decem, annus|| (*nachkl.*) zehnjährig

decennium ⟨ī⟩ *n* ||decennis|| (*nachkl.*) Jahrzehnt, Dezennium

decēns *Gen* ⟨entis⟩ *Adj*, *Adv* ⟨decenter⟩ ||deceo|| *von Personen u. Sachen* schicklich, anständig; reizend, anmutig

decentia ⟨ae⟩ *f* ||decens|| Anstand, Schicklichkeit

deceō ⟨uī, -, ēre 2.⟩ zieren, gut stehen, sich schicken, sich gehören, *aliquem / alicui* für j-n, + *Inf* / + *AcI*; ***oratorem irasci minime decet*** Wutausbrüche schicken sich für den Redner ganz und gar nicht

dē-cēpī → ***decipio***

dēceptor ⟨ōris⟩ *m* ||decipio|| (*nachkl.*) *poet* Betrüger

dē-ceptus ⟨a, um⟩ *PPP* → ***decipio***; *auch* → ***fallo***

decēris ⟨is⟩ *f* ||griech. Fw.|| Suet. Schiff mit zehn Ruderbänken *nebeneinander od übereinander*

dē-cernō ⟨crēvī, crētum, cernere 3.⟩

1. entscheiden, bestimmen
2. verordnen, festsetzen
3. bewilligen, genehmigen
4. erklären

5. dafür stimmen
6. sich entschließen, beschließen
7. entscheiden, die Entscheidung herbeiführen
8. streiten

D

1. *Strittiges* entscheiden, bestimmen, urteilen, *bes von Richtern, Behörden, Beamten*; ***de hereditate d.*** über die Erbschaft entscheiden; ***rem dubiam d.*** eine strittige Sache entscheiden
2. *amtlich* verordnen, festsetzen, beschließen; urteilen, der Meinung sein, *aliquid / + indir Fragesatz / + Konjkt, ut* dass; ***d. legatos mittere*** beschließen Gesandte zu schicken; ***senatus decrevit, ut aliquis statim iret*** der Senat beschloss, dass j-d sofort gehen sollte; ***senatus decrevit Ciceronis operā patefactam esse coniurationem Catilinae*** der Senat war der Meinung, die Verschwörung des Catilina sei durch die Bemühung Ciceros enthüllt worden
3. bewilligen, genehmigen, zubilligen, *alicui aliquid* j-m etw, ***alicui praemium*** j-m eine Belohnung
4. *j-n* zu *etw* erklären, + *dopp. Akk*; ***aliquem hostem d.*** j-n zum Feind erklären
5. *einzeln* dafür stimmen, *dass*, + *Inf* / + *AcI* / + *Konjkt, ut* dass
6. sich entschließen, beschließen, *aliquid* / + *Inf* / + *AcI, ut* dass; ***Caesar Rhenum transire decrevit*** Caesar beschloss den Rhein zu überschreiten; ***certum et decretum est*** es ist fest beschlossen; ***mihi decretum est*** Plaut. ich bin entschlossen, + *Inf*
7. MIL entscheiden, die Entscheidung herbeiführen; ***pugnam / proelium d.*** bis zur Entscheidung kämpfen; ***proelio d. aliquid*** etw auf dem Schlachtfeld entscheiden
8. *mit Worten* streiten, *bes gerichtlich*; ***qui iudicio decernunt*** die Prozessführenden

dē-cerpō ⟨cerpsī, cerptum, cerpere 3.⟩ ||carpo||
1. abpflücken, abrupfen, ***flores*** Blumen, ***poma arbore*** Obst vom Baum
2. *fig* entnehmen, schöpfen; ***aliquid sibi ex re d.*** sich etw von etw aneignen; ***animus humanus ex mente divina decerptus*** die menschliche Seele, die dem göttlichen Geist entnommen ist
3. Quint. auswählen
4. (*nachkl.*) *poet* genießen, ***fructūs ex re*** die Früchte von etw
5. *einer Sache* Abbruch tun, *ex re / de re*; ***ne quid iocus de gravitate decerperet*** damit der Scherz nicht dem Ernst Abbruch tue

dēcertātiō ⟨ōnis⟩ *f* ||decerto|| Entscheidungskampf

▶ **dē-certō** ⟨āvī, ātum, āre 1.⟩
1. bis zur Entscheidung kämpfen, um die Entscheidung kämpfen
2. mit Worten streiten, *de re* über etw, *cum aliquo* mit j-m

dēcesse = ***decessisse***; → ***decedo***

dē-cessī → ***decedo***

dēcessiō ⟨ōnis⟩ *f* ||decedo||
1. Abtritt, Weggang; Rücktritt
2. *fig* Abnahme, Verminderung; ***c. capitis*** Schwund des Kapitals

dēcessor ⟨ōris⟩ *m* ||decedo|| Amtsvorgänger

dēcessum *PPP* → ***decedo***

dēcessus ⟨ūs⟩ *m* ||decedo||
1. Abgang, Weggang; Rücktritt
2. Rückfluss; ***c. aestūs*** Ebbe
3. *fig* Tod
4. (*nachkl.*) Abnahme *einer Krankheit*, Besserung

Deciānus ⟨a, um⟩ *Adj* des Decius, zu Decius gehörig

dē-cidō¹ ⟨cidī, -, cidere 3.⟩ ||cado||
1. herabfallen, abfallen, niederstürzen, ***ex arbore in terram*** vom Baum auf die Erde, ***ab equo / ex equo*** vom Pferd; ***comae decidunt alicui*** j-m fallen die Haare aus
2. (*vkl.*) *poet* sterben, im Kampf fallen
3. *fig* in *etw* hineinfallen, hineingeraten, zu *etw* verleitet werden, *in aliquid*; ***in fraudem d.*** in Betrügereien geraten; ***in turbam praedonum d.*** unter die Räuber fallen
4. (*unkl.*) *fig* aus *etw* schwinden, von *etw* abkommen; ***spe / a spe d.*** sich in seiner Hoffnung getäuscht sehen
5. (*nachkl.*) *fig* tief fallen, hinabsinken; ***huc cuncta deciderunt, ut*** alles sank so tief, dass
6. *fig* scheitern, durchfallen, *re* durch etw, ***perfidiā amicorum*** durch die Treulosigkeit der Freunde

dē-cīdō² ⟨cīdī, cīsum, cīdere 3.⟩ ||caedo||
I *v/t*
1. abschneiden, abhauen, ***aures*** die Ohren, ***caput*** das Haupt
2. *fig Geschäfte od Handlungen* abschließen, zum Abschluss bringen; *aliquid cum aliquo* etw mit j-m
II *v/i* ein Abkommen treffen, *cum aliquo* mit j-m, *de re* über etw, *re* um etw, *ut / ne* dass / dass nicht, + *indir Fragesatz*; ***deciditur cum muliere*** mit der Frau wird ein Abkommen getroffen

deciē(n)s *Adv num.* ||decem|| zehnmal; *fig* oftmals; ***decies centena milia*** zehnmal je hunderttausend = eine Million; ***decies dixi*** ich habe es zehnmal gesagt = ich habe es immer und immer wieder gesagt

decima ⟨ae⟩ *f* ||decimus|| (*erg.* ***pars***) der zehnte Teil, Zehntel, der Zehnte; ***decimam deo vovere*** den zehnten Teil dem Gott weihen

Decima ⟨ae⟩ *f eine der drei röm. Parzen, Göttin des die Geburt entscheidenden zehnten Monats*

decimāna ⟨ae⟩ *f* ||decimanus|| Frau des Zehntpächters, Geliebte des Zehntpächters

decimānus
I ⟨a, um⟩ *Adj* ||decem||
1. zum Zehnten gehörig; ***frumentum decimanum*** Zehntkorn; ***ager d.*** zehntpflichtiges Land, ***mulier decimana*** Frau des Zehntpächters, Geliebte des Zehntpächters
2. MIL zur zehnten Kohorte gehörig; ***porta decimana*** Haupttor des Lagers, *weil dahinter jeweils die zehnte Kohorte lag.*
II ⟨ī⟩ *m*
1. Zehntpächter
2. Soldat der zehnten Legion
3. (*erg.* ***limes***) Längsachse *eines Planquadrates*

decimō¹ ⟨āvī, ātum, āre 1.⟩ ||*Denom von* decimus|| (*nachkl.*) den jeweils zehnten Mann zur Bestrafung auswählen, dezimieren

decimō² *Num adv* ||decimus|| zehntens

decimum¹ *Num adv* ||decimus|| zum zehnten Mal

decimum² ⟨ī⟩ *n* ||decimus|| das Zehnfache; ***ager effert cum decimo*** der Acker trägt zehnfach

decimus ⟨a, um⟩ *Num ord* ||decem||
1. der zehnte; ***hora decima*** die zehnte Stunde
2. Ov. *poet* ungeheuer groß, riesig
Decimus ⟨ī⟩ *m röm. Vorname*
▸ **dē-cipiō** ⟨cēpī, ceptum, cipere 3.⟩ ||capio||
1. täuschen, hintergehen, betrügen, *von Personen u. Sachen*; ***d. hominem*** einen Menschen betrügen; ***d. exspectationes*** Erwartungen enttäuschen; ***viā decipi*** den Weg verfehlen
2. *j-m* entgehen, von *j-m* nicht bemerkt werden, *abs od aliquem*; ***insidiae deceperunt consulem*** der Hinterhalt wurde von dem Konsul nicht bemerkt
3. über *etw* hinwegtäuschen, *etw* unbemerkt verbringen, unbemerkt vergehen lassen, *aliquid*; ***sic tamen absumo decipioque diem*** so genieße und verbringe ich dennoch den Tag
dēcīsiō ⟨ōnis⟩ *f* ||decido²|| Abkommen; JUR Vergleich
dē-cīsus ⟨a, um⟩ *PPP* → ***decido²***
Decius ⟨a, um⟩ *röm. Gentilname*; ***P. Decius Mus*** *Vater u. Sohn, weihten sich beide freiwillig dem Tod, 340 v. Chr. im Latinerkrieg bzw. 295 v. Chr. im Samniterkrieg*
dēclāmātiō ⟨ōnis⟩ *f* ||declamo||
1. Redeübung, Schulvortrag *in der Rhetorikschule*
2. *pej* hohles Geschwätz
3. (*nachkl.*) *meton* Thema eines Schulvortrages
dēclāmātor ⟨ōris⟩ *m* ||declamo|| Redekünstler
dēclāmātōrius ⟨a, um⟩ *Adj* ||declamator|| deklamatorisch, des Redekünstlers
dēclāmitō ⟨āvī, ātum, āre 1.⟩ ||*Intens von* declamo|| laut aufsagen, hersagen
dē-clāmō ⟨āvī, ātum, āre 1.⟩
I *v/i* Übungsreden halten, sich im lauten Reden üben; *fig* in lauter Rede poltern, keifen, *alicui/in aliquem* gegen j-n, *de re* über etw, *pro re* für etw, *contra rem* gegen etw
II *v/t* laut hersagen, vortragen; ***causas d.*** Prozessreden zur Übung halten
dēclārātiō ⟨ōnis⟩ *f* ||declaro|| Kundgabe, Offenlegung
▸ **dē-clārō** ⟨āvī, ātum, āre 1.⟩
1. deutlich bezeichnen, deutlich zeigen, *alicui aliquid* j-m etw
2. *fig* erklären, klar machen, offen darlegen *durch Zeichen, Taten u. Worte, + AcI / + indir Fragesatz*; ***declaras te deterritum esse*** du gibst zu verstehen, dass du abgeschreckt wurdest; ***tot signis natura declarat, quid velit*** durch so viele Zeichen offenbart die Natur, was sie will
3. *eine Wortbedeutung* erklären, definieren; ***vocabula idem declarantia*** Synonyme
4. öffentlich ausrufen, bekannt machen; ***aliquem consulem d.*** j-n als neu gewählten Konsul ausrufen; ***munera d.*** die (bevorstehenden) Aufgaben ausrufen
dēclīnātiō ⟨ōnis⟩ *f* ||declino||
1. *Fechtersprache* ausweichende Körperbewegung
2. PHIL Abweichung der Atome von der Bahn
3. Vermeidung *einer Sache*, das Ausweichen, Abneigung, Widerwille
4. RHET Abweichung, Abschweifung *vom Thema*
5. GRAM Veränderung *der Nomen u. Verben*, Deklination, Konjugation, Beugung

▸ **dē-clīnō** ⟨āvī, ātum, āre 1.⟩
I *v/t*
1. abbiegen, abwenden, ablenken
2. *fig* vermeiden, scheuen, ***iudicii laqueos*** die Schlingen eines Richterspruches; ***ictum d.*** einen Schlag parieren
3. (*vkl.*, Quint.) GRAM *ein Wort entsprechend seiner Funktion* abwandeln, verändern, beugen
II *v/i*
1. ausweichen, sich abwenden, sich fern halten; ***a religione d.*** sich von der Religion abwenden; ***paululum de via d.*** ein wenig vom Weg abweichen; ***de statu suo d.*** seine Stellung aufgeben; ***ad aliquid / in aliquid d.*** auf Abwege geraten
2. *fig in der Rede* abweichen, abschweifen, *a re* von etw, ***a proposito*** vom Thema
3. (*nachkl.*) *fig* sich hinneigen, *ad aliquem / in aliquem* zu j-m, *in aliquid* zu etw; ***paulatim amor declinat in aliquem*** langsam neigt sich die Liebe j-m zu; ***in peius d.*** sich zum Schlechteren neigen
dēclīve ⟨is⟩ *n* ||declivis|| Abhang
dē-clīvis ⟨e⟩ *Adj* ||de, clivus|| sich neigend, abschüssig; ***collis d.*** sich neigender Hügel; ***flumen d.*** abwärts fließender Strom
dēclīvitās ⟨ātis⟩ *f* ||declivis|| Abschüssigkeit, steil abfallende Lage des Geländes
dēcocta ⟨ae⟩ *f* ||decoctus|| (*erg.* ***aqua***) (*nachkl.*) *poet* abgekochtes Eisgetränk, *Getränk aus abgekochtem, dann tiefgekühltem Wasser*
dēcoctor ⟨ōris⟩ *m* ||decoquor|| Verschwender, Bankrotteur
dēcoctus ⟨a, um⟩ *Adj* ||decoquo|| fade, kraftlos
dē-collō ⟨āvī, ātum, āre 1.⟩ ||de, collum|| (*nachkl.*) enthaupten
dē-cōlō ⟨āvī, ātum, āre 1.⟩ ||de, colum|| durchsickern; *fig* durchfallen, fehlschlagen
dē-color *Gen* ⟨ōris⟩ *Adj* (*nachkl.*)
1. *poet* entfärbt, verfärbt; gebräunt
2. *fig* entstellt; ***fama d.*** Verg. entstelltes Gerücht
dēcolōrātiō ⟨ōnis⟩ *f* ||decoloro|| Entfärbung, Verfärbung
dēcolōrō ⟨āvī, ātum, āre 1.⟩ ||*Denom von* decolor||
1. entfärben, verfärben; ***sanguine d.*** mit Blut färben
2. *fig* entstellen, beschmutzen
dē-condō ⟨-, -, ere 3.⟩ Sen. verbergen
dē-coquō ⟨coxī, coctum, coquere 3.⟩
1. (*nachkl.*) *poet* abkochen, gar kochen
2. (*nachkl.*) einkochen; *Passiv u.* ***se d.*** verdampfen, sich verflüchtigen; ***res ipsa decoquitur*** das Vermögen selbst schwindet dahin
3. *fig* sein Vermögen durchbringen, Bankrott machen; ***creditori d.*** zum Nachteil des Gläubigers Bankrott machen, den Gläubiger nicht befriedigen
decor¹ ⟨ōris⟩ *m* ||deceo||
1. Schicklichkeit, Anstand, Anstandsgefühl
2. Schönheit, *bes* Anmut, Liebreiz; Schmuck, Zierde
decor² *Gen* ⟨oris⟩ *Adj* ||deceo|| (*vkl.*, *nachkl.*) geschmückt
decorō ⟨āvī, ātum, āre 1.⟩ ||decus||
1. schmücken, zieren, ***urbem monumentis*** die Stadt mit Denkmälern
2. *fig* ehren, verherrlichen

D

decōrum ⟨ī⟩ *n* = ***decor***[1]

▶ **decōrus** ⟨a, um⟩ *Adj, Adv* ⟨decōrē⟩ ||decor[1]||
1. schicklich, geziemend, anständig, passend, ehrenhaft; ***decore loqui alicui*** passende Worte finden für j-n
2. *fig von Personen u. Sachen* schön, stattlich, edel; ***ingenia decora*** edle Talente
3. geziert, ausgeschmückt; ***Phoebus d. fulgente arcu*** Phoebus, geschmückt mit einem glänzenden Bogen

dē-crepitus ⟨a, um⟩ *Adj* ||crepo|| abgelebt, altersschwach

dē-crēscō ⟨crēvī, -, crēscere 3.⟩ kleiner werden; *fig* sich vermindern, abnehmen, allmählich verschwinden

dēcrētālis ⟨e⟩ *Adj* ||decretum|| *(spätl.)* ein Dekret enthaltend, einen Erlass enthaltend

dēcrētōrius ⟨a, um⟩ *Adj* ||decerno|| *(nachkl.)* entscheidend; ***hora illa decretoria*** Sterbestunde

▶ **dēcrētum** ⟨ī⟩ *n* ||decerno||
1. Beschluss, Entscheidung, behördliche Verordnung
2. PHIL Lehrsatz, Prinzip
3. *(spätl.)* JUR kaiserlicher Erlass mit Gesetzeskraft

dē-crētus ⟨a, um⟩ *PPP* → ***decerno***

dē-crēvī → ***decerno*** *u.* → ***decresco***

dē-cubuī → ***decumbo***

decuma ⟨ae⟩ *f* = ***decima***

decumānus ⟨a, um⟩ *Adj* = ***decimanus***

decumātēs agrī *m* (Tac., *nur Germania 29*) *in seiner genauen Bedeutung umstrittener Begriff*: Zehntland *im SW von Germanien, zwischen Rhein, Main u. Neckar, durch den Limes gesichert*

dē-cumbō ⟨cubuī, cubitum, cumbere 3.⟩ *(unkl.)* sich niederlegen *zu Tisch od ins Bett*; *vom besiegten Gladiator* niedersinken, unterliegen

decumō ⟨āvī, ātum, āre 1.⟩ = ***decimo***

decumus ⟨a, um⟩ *Adj* = ***decimus***

decuria ⟨ae⟩ *f* ||decem||
1. Zehnergruppe, Dekurie; MIL Gruppe von zehn Mann
2. Senatsgruppe *von 10, später 30 Mitgliedern*
3. *später allg.* Abteilung, Gruppe; Plaut. Zechgesellschaft, Tafelrunde

decuriātiō ⟨ōnis⟩ *f u.* **decuriātus** ⟨ūs⟩ *m* ||decurio[1]|| Einteilung in Zehnergruppen

decuriō[1] ⟨āvī, ātum, āre 1.⟩ ||*Denom von* decuria|| in Zehnergruppen einteilen; POL Rotten bilden *zur Verhetzung*

decuriō[2] ⟨ōnis⟩ *m* ||decuria|| Führer einer Zehnergruppe; MIL Unteroffizier, Wachtmeister; POL Ratsherr; *Pl* Gemeinderat, Stadtrat; *(spätl.)* = ***praefectus***; ***d. cubiculariorum*** Suet. Oberkammerdiener

decuriōnātus ⟨ūs⟩ *m* ||decurio[2]|| *(nachkl.) poet* Amt des Ratsherrn

▶ **dē-currō** ⟨(cu)currī, cursum, currere 3.⟩

I *v/i*
1. herablaufen, hinablaufen; *von Flüssen* herabfließen; MIL herabmarschieren; *von Schiffen* herabsegeln; ***ex superiore loco d.*** von einem höher gelegenen Ort herablaufen; ***arce d.*** von der Burg herablaufen; ***ex alto in portum d.*** von der offenen See in den sicheren Hafen segeln
2. *allg.* laufen, eilen, reisen; ***rus d.*** eine Landpartie machen; ***in spatio d.*** in der Rennbahn laufen; ***stilo per materiam d.*** *fig* mit der Feder durch den Stoff eilen
3. *(nachkl.)* MIL (in Parade) vorbeimarschieren, ***in armis*** in Waffen, ***honori alicuius*** zu j-s Ehren
4. *fig* zu *etw* greifen, *ad aliquid*; ***ad senatūs consultum d.*** seinen Ausweg in einem Senatsbeschluss suchen

II *v/t*
1. durchlaufen, ***septem milia passuum*** sieben Meilen
2. zurücklegen, vollenden; ***honores d.*** Ämter bekleiden
3. RHET durchgehen, durchsprechen; ***ista, quae abs te decursa sunt*** das von dir Dargestellte

dēcursiō ⟨ōnis⟩ *f* ||decurro||
1. *(nachkl.)* das Herablaufen
2. Vorbeimarsch, Parade
3. Überfall

dē-cursum *PPP* → ***decurro***

dēcursus ⟨ūs⟩ *m* ||decurro||
1. das Herablaufen, das Hinablaufen; ***d. aquarum*** das Herabströmen des Wassers
2. Überfall, Einfall
3. Senkung, ***planitiei*** des Geländes
4. *allg.* das Laufen, Ausflug, Reise; MIL Vorbeimarsch
5. das Durchlaufen; *fig* Verlauf, Vollendung; ***d. honorum*** das Durchlaufen der Ämterlaufbahn; ***d. mei temporis*** Vollendung meiner Amtszeit
6. METR rhythmischer Ablauf eines Verses

dē-curtō ⟨āvī, ātum, āre 1.⟩ verkürzen, verstümmeln, *fast nur im PPP u. von der Rede gebräuchlich*

▶ **decus** ⟨oris⟩ *n* ||deceo||
1. Zierde, Schmuck, Glanz; ***d. formae*** körperliche Schönheit; ***d. senectutis*** Zierde des Alters
2. Verzierung, Zierrat, Schmuckgegenstand
3. *fig von Personen* Zierde, Stolz; ***d. patriae*** Zierde des Vaterlandes
4. Anstand, Ehre, Ruhm, Auszeichnung, ausgestrahlte Würde; ***alicui decori esse*** j-m zur Ehre gereichen; ***d. belli*** Waffenruhm; ***longa decora*** lange Ahnenreihe
5. PHIL das sittlich Gute

dē-cussī → ***decutio***

decussō ⟨āvī, ātum, āre 1.⟩ ||decem, as|| kreuzweise abteilen, in Form eines X anordnen

dē-cutiō ⟨cussī, cussum, cutere 3.⟩ ||quatio|| *(unkl.)*
1. abschütteln, herabschütteln, herabschleudern, herabstoßen
2. MIL herabschießen; vertreiben
3. *fig* beseitigen

dē-deceō ⟨uī, -, ēre 2.⟩
1. *(nachkl.) poet* schlecht anstehen, verunzieren, schlecht kleiden
2. *fig* nicht geziemen, sich nicht schicken, zur Unehre gereichen, *abs od aliquem* für j-n, *meist unpers u. in der 3. Person Sg u. Pl gebräuchlich*

dē-decor *Gen* ⟨oris⟩ *Adj* *(nachkl.) poet* entehrend, schändend

dē-decorō ⟨āvī, ātum, āre 1.⟩ entehren, schänden

dē-decōrus ⟨a, um⟩ *Adj* Tac. entehrend, *alicui* für jdn

▶ **dē-decus** ⟨oris⟩ *n*

1. Schande, Schmach; ***dedecori esse/fieri alicui*** j-m zur Schande gereichen; ***per dedecora*** auf schimpfliche Weise
2. das Schmachvolle, das Beschämende; ***d. naturae*** Schandfleck der Natur
3. Schandtat; ***nullo dedecore abstinere*** keine Schandtat auslassen
4. PHIL das sittlich Schlechte

dedī → ***do***

dēdicātiō ⟨ōnis⟩ *f* ||dedico|| (*nachkl.*) Weihe, Einweihung, Weihefest

▶ **dē-dicō** ⟨āvī, ātum, āre 1.⟩
1. Lucr. beweisen, erklären
2. *der Gottheit* weihen, einweihen; ***simulacrum Cereris d.*** ein Bild der Ceres weihen; ***templum Iovi d.*** einen Tempel dem Jupiter weihen
3. *für einen Zweck* bestimmen
4. widmen, zueignen, *alicui aliquid* j-m etw
5. seiner Bestimmung übergeben, einweihen; ***theatrum d.*** ein Theater feierlich eröffnen

dē-didī → ***dedo***

dēdīgnātiō ⟨ōnis⟩ *f* ||dedignor|| Verschmähung, Verweigerung

dē-dīgnor ⟨ātus sum, ārī 1.⟩ (*nachkl.*) *poet* verschmähen, abweisen, *aliquem/aliquid* j-n/etw, + *dopp. Akk/* + *AcI*; ***Nomades maritos d.*** die Numidier als Gatten verschmähen

dē-discō ⟨didicī, -, discere 3.⟩ verlernen, vergessen, sich abgewöhnen, *aliquid* etw, + *Inf*

dēditīciī ⟨ōrum⟩ *m* ||dediticius|| Untergebene, Untertanen *der Römer in Italien,* ↔ *Verbündete*

dēditīcius ⟨a, um⟩ *Adj* ||deditus, *PPP von* dedo|| der sich bedingungslos ergeben hat, unterworfen

dēditiō ⟨ōnis⟩ *f* ||dedo|| Übergabe, Unterwerfung, Kapitulation; ***deditionem facere hosti/ad hostem*** sich dem Feind ergeben, kapitulieren; ***in deditionem accipere aliquem*** j-s Kapitulation annehmen

dēditus[1]
I ⟨a, um⟩ *Adj* ||dedo||
1. ergeben, zugetan, gewogen, *alicui* j-m
2. *einer Sache* hingegeben, auf *etw* bedacht; *pej einer Sache* frönend, verfallen, von *etw* abhängig, *alicui rei/in re/in aliquid*; ***voluptatibus d.*** den Lustbarkeiten verfallen; ***vino d.*** vom Wein abhängig
II ⟨ī⟩ *m* Unterworfener

dē-ditus[2] ⟨a, um⟩ *PPP* → ***dedo***

▶ **dē-dō** ⟨didī, ditum, dere 3.⟩
1. ganz hingeben, überantworten, preisgeben, opfern; ***aliquem crudelitati militum d.*** j-n der Grausamkeit der Soldaten überlassen; ***aures suas poetis d.*** sein Ohr den Dichtern leihen; ***deditā operā*** absichtlich
2. *dem Feind* ausliefern, ***Hannibalem Romanis*** den Hannibal den Römern
3. *Passiv u.* ***se d.*** sich ergeben; ***se in arbitrium dicionemque alicuius d.*** sich auf Gedeih und Verderb j-m ausliefern
4. *Passiv u.* ***se d.*** sich *einer Sache* hingeben, sich weihen, sich widmen; *pej einer Sache* frönen, sich ausliefern, *alicui rei/ad aliquid*; ***totum se rei publicae d.*** sich ganz dem Staat widmen; ***se vitiorum illecebris d.*** sich den Verlockungen der Laster hingeben

dē-doceō ⟨uī, -, ēre 2.⟩ *j-n etw* vergessen lassen, *j-m etw* abgewöhnen, *aliquem aliquid*, + *Inf*; eines Besseren belehren

dē-doleō ⟨uī, -, ēre 2.⟩ Ov. seinen Schmerz beenden, seinen Kummer beenden

dē-dolō ⟨āvī, ātum, āre 1.⟩ (*vkl., nachkl.*) herunterhauen, heraushauen, behauen, glätten, zimmern, meißeln; *meton* verprügeln; *obszön* bearbeiten

dē-dūcō ⟨dūxī, ductum, dūcere 3.⟩

1. hinabführen, hinabziehen
2. herabmarschieren lassen
3. entrollen, aufspannen
4. auslaufen lassen, in See stechen lassen
5. reduzieren, vermindern
6. wegführen, entfernen
7. ausrücken lassen, verlegen
8. ansiedeln
9. abführen, wegführen
10. abbringen
11. ableiten, herleiten
12. abziehen, subtrahieren
13. ausarbeiten
14. fortführen
15. hinbringen, hinschaffen
16. geleiten, begleiten
17. übergeben
18. beiziehen, hinzuziehen
19. verführen, verleiten
20. in eine Lage bringen

1. hinabführen, hinabziehen, ***elephantos*** die Elefanten; ***aliquem de rostris d.*** j-n von der Rednerbühne herabziehen
2. MIL *Truppen* herabmarschieren lassen
3. *Segel* entrollen, aufspannen, setzen
4. (*nachkl.*) *poet Schiffe* auslaufen lassen, in See stechen lassen, vom Stapel laufen lassen; ***navigia in aquam d.*** Schiffe vom Stapel lassen
5. reduzieren, vermindern; *fig* herabwürdigen; ***genus humanum gradatim ad pauciores d.*** das Menschengeschlecht schrittweise auf wenigere vermindern
6. wegführen, entfernen, fortführen, abführen; JUR *j-n* zum Schein aus seinem Besitz wegführen, *als notwendige Voraussetzung eines Eigentumsprozesses*; → ***vindicatio***; ***aliquem de via recta d.*** j-n vom rechten Weg abbringen; ***atomos de via d.*** Atome von der Bahn ableiten
7. MIL *Truppen* ausrücken lassen, verlegen; ***praesidia ex hibernis d.*** die Besatzung aus dem Winterlager führen; ***praesidia d.*** die Wachen abziehen
8. POL *Kolonisten* ansiedeln, *Kolonien* gründen
9. MED abführen, wegführen; ***febres de corpore d.*** den Körper fieberfrei machen
10. von *etw* abbringen, *de re/a re*; ***aliquem de pristino victu d.*** j-n von seiner früheren Lebensweise abbringen
11. *etymologisch u. genealogisch* ableiten, herleiten; ***genus ab Achille d.*** seine Familie von Achill herleiten; ***nomen ab aliquo/a re d.*** den Namen von j-m/von etw ableiten
12. MATH abziehen, subtrahieren; ***de capite d.*** vom Kapital wegnehmen
13. *fig* ausarbeiten; *Fäden* spinnen, abspinnen; ***car-***

D

mina d. Lieder dichten
14. *einen Bau* fortführen; ***vallum a mari ad mare d.*** einen Wall von Meer zu Meer ziehen
15. hinbringen, hinschaffen, ***captivos Pydnam*** die Gefangenen nach Pydna
16. geleiten, begleiten, mit sich nehmen; das Ehrengeleit geben; ***aliquem ad hospitem d.*** j-n zu einem Gastfreund mitnehmen; ***captivos triumpho d.*** Gefangene im Triumphzug mitführen; ***virginem marito d.*** die Braut dem Bräutigam zuführen
17. *zur Ausbildung* übergeben, *aliquem ad aliquem* j-n j-m
18. JUR beiziehen, hinzuziehen, ***aliquem testem*** j-n als Zeugen
19. *fig* verführen, verleiten, *aliquem ad aliquid* j-n zu etw; ***aliquem in eam sententiam d., ut*** j-n zu der Auffassung verleiten, dass
20. *fig* in eine Lage bringen, in einen Zustand versetzen; ***aliquem in periculum d.*** j-n in Gefahr bringen; ***rem ad arma d.*** es zum Krieg kommen lassen; ***rem in eum locum d., ut*** die Sache dahin treiben, dass

dēductiō ⟨ōnis⟩ *f* ||deduco||
1. das Abführen, das Wegführen, das Hinführen
2. Ableitung des Wassers
3. JUR symbolische Vertreibung aus strittigem Besitz *zur Einleitung einer Eigentumsklage*
4. Ansiedlung *von Kolonisten*, Kolonisation
5. Abzug *von einer Summe*
6. *(mlat.)* PHIL Ableitung des Besonderen vom Allgemeinen

dēductor ⟨ōris⟩ *m* ||deduco|| Begleiter eines Amtsbewerbers

dēductus[1] ⟨a, um⟩ *Adj (unkl.)*
1. einwärts gebogen, krumm
2. gedämpft, leise

dē-ductus[2] ⟨a, um⟩ *PPP* → ***deduco***

dē-dūxī → ***deduco***

de-errō ⟨āvī, ātum, āre 1.⟩ abirren, sich verirren, abweichen, *ab aliquo* von j-m, *re/a re* von etw

de-esse → ***desum***

de facto *(nlat.)* → ***factum***

dēfaecō ⟨āvī, ātum, āre 1.⟩ ||*Denom von* faex|| *(vkl., nachkl.)* von der Hefe befreien; *fig* reinigen, erheitern

dē-faenerō ⟨āvī, ātum, āre 1.⟩ = ***defenero***

dēfatīgātiō ⟨ōnis⟩ *f* ||defatigo|| völlige Ermüdung, Erschöpfung, *körperlich u. geistig*

dē-fatīgō ⟨āvī, ātum, āre 1.⟩ völlig ermüden, erschöpfen, ganz matt machen, *körperlich u. geistig*, *aliquem/aliquid* j-n/etw, *in re* bei etw

dē-fēcī → ***deficio***

dēfectiō ⟨ōnis⟩ *f* ||deficio||
1. Abfall, Abtrünnigkeit, Empörung; ***d. Haedorum a Romanis*** Abfall der Haeduer von den Römern
2. das Abnehmen, das Schwinden, Schwächung; ***d. virium*** Ohnmacht
3. Ermüdung, Erschöpfung
4. ASTRON Verfinsterung; ***d. lunae*** Mondfinsternis; ***d. solis*** Sonnenfinsternis
5. *(spätl.)* GRAM Ellipse, Verkürzung eines Ausdrucks *durch Weglassen eines Wortes od mehrerer Wörter*

dēfector ⟨ōris⟩ *m* ||deficio|| *(nachkl.)* Abtrünniger

dēfectus[1] ⟨ūs⟩ *m* = ***defectio***

dēfectus[2] ⟨a, um⟩ *Adj* ||deficio||
1. von *etw* verlassen, *einer Sache* beraubt, *re*; ***d. pilis*** kahl
2. entkräftet, geschwächt, matt, erstorben

dē-fectus[3] ⟨a, um⟩ *PPP* → ***deficio***

► **dē-fendō** ⟨fendī, fēnsum, fendere 3.⟩
1. abwehren, fern halten, zurückweisen, ***hostes*** die Feinde, ***iniuriam*** ein Unrecht; ***bellum d.*** einen Verteidigungskrieg führen
2. *abs* sich wehren, Widerstand leisten
3. verteidigen, schützen, *ab aliquo* vor j-m; ***urbem custodiis d.*** die Stadt durch Wachposten schützen; ***patriam contra improbos cives d.*** das Vaterland gegen schlechte Bürger verteidigen
4. *fig durch Rede od Schrift* verteidigen; ***d. reum apud iudices*** JUR einen Angeklagten vor Gericht verteidigen
5. *etw/eine Stelle/Rolle/Aufgabe* verteidigen, behaupten, durchführen
6. zu seiner Verteidigung anführen, zu seiner Rechtfertigung vorbringen, + *AcI*; ***hoc iure factum esse defendis*** du führst zur Rechtfertigung an, dies sei rechtmäßig geschehen

dē-fēnerō ⟨āvī, ātum, āre 1.⟩ durch Wucher aussaugen

dēfēnsiō ⟨ōnis⟩ *f* ||defendo||
1. Abwehr, Abwendung, ***criminis*** eines Vorwurfs
2. Verteidigung *mit Waffen u. durch Rede od Schrift*; Rechtfertigung, Vertretung
3. *meton* Verteidigungsgrund, Verteidigungsart; ***probare hanc defensionem*** diese Begründung der Verteidigung billigen; ***illā defensione uti*** jene Art der Verteidigung nutzen
4. Verteidigungsrede, Verteidigungsschrift = Apologie

dēfēnsitō ⟨āvī, ātum, āre 1.⟩ ||*Freq von* defenso|| zu verteidigen pflegen; ***causas d.*** als Rechtsanwalt tätig sein

dēfēnsō ⟨āvī, ātum, āre 1.⟩ ||*Intens von* defendo|| *(unkl.)* eifrig abwehren, energisch verteidigen, schützen

dēfēnsor ⟨ōris⟩ *m* ||defendo||
1. der abwehrt, ***periculi*** eine Gefahr
2. MIL, JUR Verteidiger; ***muros defensoribus nudare*** die Mauern von den Verteidigern entblößen
3. Beschützer; ***tribunus plebis custos defensorque iuris*** der Volkstribun, der Hüter und Beschützer des Rechtes; ***d. civitatis*** *(spätl.) fig* Verteidiger der Bürger
4. ***d. fidei*** *(mlat.)* Verteidiger des christlichen Glaubens, *Titel der röm. Kaiser im MA*

dē-fēnsus ⟨a, um⟩ *PPP* → ***defendo***

dēferbuī → ***defervesco***

dē-ferō ⟨tulī, lātum, ferre 0.⟩

1. herabtragen, hinabtragen
2. stromabwärts führen
3. hinabverlegen, versetzen
4. hinabstürzen, hinabstoßen
5. fortbringen, wegbringen
6. wegbringen, ablenken
7. anbieten
8. übertragen, zuteilen

9. zur Entscheidung übergeben
10. überbringen, melden
11. anzeigen, denunzieren
12. anmelden, deklarieren

1. herabtragen, hinabtragen, herabbringen, herabholen; ***ferrum in pectus d.*** den Dolch ins Herz stoßen; ***aliquem sub aequora d.*** j-n im Meer versenken
2. (*nachkl.*) *von Flüssen* stromabwärts führen; *Passiv* sich hinabtreiben lassen, hinabschwimmen; ***secundo Tiberi ad urbem deferri*** den Tiber abwärts zur Stadt gebracht werden
3. (*nachkl.*) hinabverlegen, versetzen; ***castra in viam d.*** das Lager an die Straße verlegen; ***exercitum in campos d.*** das Heer in die Ebene hinabrücken lassen
4. (*nachkl.*) *poet rasch od gewaltsam* hinabstürzen, hinabstoßen; ***aliquem ex magno regno ad extremam fortunam d.*** *fig* j-n aus einer bedeutenden Herrschaft ins tiefste Unglück stürzen; *Passiv* abstürzen, (sich) stürzen
5. fortbringen, wegbringen, hinbringen; *Passiv* sich hintragen lassen; ***consulem lecticā in curiam d.*** den Konsul in der Sänfte zur Kurie bringen; ***epistulam ad Caesarem d.*** einen Brief zu Caesar bringen; ***pecuniam ad aerarium/in aerarium d.*** Geld an die Staatskasse abführen; ***censum Romam d.*** die Schätzungslisten nach Rom abführen; ***rationes d.*** Rechnungen einreichen
6. *gegen j-s Willen* wegbringen, ablenken; SCHIFF vom Kurs abbringen; *Passiv* abirren, unabsichtlich *wohin* geraten, vom Kurs abkommen; ***vivus deferri in manus hostium*** lebend in die Hände der Feinde fallen; ***deferri in castra Caesaris*** in das Lager Caesars geraten; ***aliquid in discrimen d.*** etw aufs Spiel setzen
7. *zum Verkauf* anbieten
8. *als Auftrag od Aufgabe* übertragen, zuteilen; ***consulatum d.*** das Konsulat übertragen; ***causam d.*** die Führung des Prozesses übertragen; ***palmam d.*** den Siegerpreis verleihen; ***primas alicuius rei d.*** den Vorrang in etw einräumen
9. zur Entscheidung übergeben; ***rem senatui/ad senatum d.*** die Angelegenheit dem Senat vorlegen
10. *eine Nachricht* überbringen, melden, berichten, mitteilen, eröffnen, anvertrauen, *aliquid* etw, *auch de re/de aliquo* über etw/über j-n, *alicui/ad aliquem* j-m; ***regi falsa d.*** dem König Falsches melden
11. JUR anzeigen, denunzieren; ***nomen alicuius praetori d.*** j-s Namen vor den Prätor bringen, j-s Namen beim Prätor angeben; ***crimina in aliquem d.*** Anschuldigungen gegen j-n erheben
12. *beim Zensus* anmelden, deklarieren; ***aliquid in censum d.*** etw zur Schätzung angeben; ***aliquem in beneficiis ad aerarium d.*** j-n bei der Staatskasse in die Gratifikationslisten eintragen lassen

dē-fervēscō ⟨fervī⟩ *u.* ⟨ferbuī, -, fervēscere 3.⟩ (*vkl., nachkl.*) verbrausen, vergären; *fig* sich austoben; RHET sich abklären

dēfessus ⟨a, um⟩ *Adj* ||defetiscor|| *von Personen u. Sachen* müde, matt, erschöpft

dēfetīgātiō ⟨ōnis⟩ *f* = ***defatigatio***

dē-fetīgō ⟨āvī, ātum, āre 1.⟩ = ***defatigo***

▶ **dē-fetīscor** ⟨fessus sum, fetīscī 3.⟩ ||fatiscor|| ermatten, ermüden

dē-ficiō ⟨fēcī, fectum, ficere 3.⟩ ||facio||

I
1. abfallen, abtrünnig werden
2. ausgehen, zu fehlen beginnen
3. ermüden, erlahmen
II
1. verlassen
2. ausgehen, zu fehlen beginnen

I *v/i*
1. abfallen, abtrünnig werden, *ab aliquo* von j-m; ***d. a virtute*** *fig* vom Pfad der Tugend abfallen; ***a se d.*** sich selbst untreu werden; ***d. ad aliquem*** zu j-m übergehen
2. ausgehen, zu fehlen beginnen, zur Neige gehen, fehlen; ***frumentum deficit*** das Getreide geht zur Neige; ***spes deficit*** die Hoffnung schwindet; ***pecunia deficit*** das Geld wird knapp; ***flumina deficiunt*** Flüsse versiegen; ***memoria deficit*** das Gedächtnis trügt; ***ignis deficit*** das Feuer verlischt; ***domus deficit*** das Haus wird baufällig
3. ermüden, erlahmen, ermatten; sterben; *von Gestirnen* sich verfinstern, untergehen; ***animo d.*** den Mut verlieren; ***gentes deficiunt*** Geschlechter sterben aus
II *v/t*
1. verlassen; ***cives me defecerunt*** die Bürger ließen mich im Stich; ***deficior re/a re*** es mangelt mir an etw; ***deficior viribus*** es mangelt mir an Kräften; ***animo deficior*** ich werde ohnmächtig; ***deficior*** *abs* mir geht die Luft aus, ich kann nicht mehr reden
2. ausgehen, zu fehlen beginnen, *aliquem* j-m; ***vires me deficiunt*** die Kräfte beginnen mir zu schwinden

dē-fīcō ⟨āvī, ātum, āre 1.⟩ (*altl.*) = ***defaeco***

dē-fīgō ⟨fīxī, fīxum, fīgere 3.⟩

1. fest einschlagen, hineinschlagen
2. hineinstoßen, hineinbohren
3. heften
4. erstarren lassen
5. tief einprägen
6. für unabänderlich erklären
7. durch Zauber bannen

1. fest einschlagen, hineinschlagen, einrammen; ***asseres in terra d.*** Pfähle in die Erde rammen
2. *eine Waffe* hineinstoßen, hineinbohren; ***sicam in consulis pectus d.*** einen Dolch in die Brust des Konsuls stoßen
3. *fig die Augen od den Geist* *auf etw* richten, heften, *in re*; ***animum in cogitatione alicuius rei d.*** seinen Verstand auf die Erfassung einer Sache richten; ***in cogitatione defixus*** in Gedanken vertieft; ***oculos d.*** vor sich hinstarren
4. erstarren lassen; ***stupor omnes defigit*** Staunen lässt alle erstarren; *Passiv* haften bleiben, wie angewurzelt sein; ***Galli pavore defixi steterunt*** vor

D

Angst erstarrt blieben die Gallier stehen
5. *geistig* tief einprägen; ***flagitia alicuius in oculis omnium defixa*** j-s Schandtaten, die vor aller Augen standen
6. RELIG für unabänderlich erklären; ***quae augur iniusta defixerit, irrita sunto*** was der Seher für Unrecht erklärt hat, soll ohne Geltung sein
7. *(nachkl.) Zaubersprache* durch Zauber bannen; ***sagave defixit nomina cerā*** und die Zauberin schrieb prophetische Namen auf die Zaubertafel

dē-fingō ⟨fīnxī, fictum, fingere 3.⟩ *(vkl., nachkl.)* verformen, verunstalten

► **dē-fīniō** ⟨īvī⟩ *u.* ⟨iī, ītum, īre 4.⟩
1. abgrenzen, begrenzen; ***aspectum oculorum montibus d.*** den Blick der Augen durch die Berge begrenzen
2. genau bestimmen, festlegen, *alicui aliquid* etw für j-n; ***adeundi tempus d.*** den Zeitpunkt des Besuchs festlegen; ***suum cuique locum d.*** jedem seinen Platz bestimmen
3. einschränken, beschränken
4. PHIL definieren; ***voluptatem verbis d.*** den Begriff Lust mit Worten definieren; ***placet ante d., quid sit officium*** es ist angebracht, zuvor zu definieren, was Pflicht sei

dēfīnītiō ⟨ōnis⟩ *f* ||definio||
1. Abgrenzung
2. genaue Angabe
3. Bestimmung, Vorschrift
4. PHIL Begriffsbestimmung, Definition

dēfīnītīvus ⟨a, um⟩ *Adj, Adv* ⟨dēfīnītīvē⟩ ||definitus|| begriffsbestimmend, erläuternd

dēfīnītus ⟨a, um⟩ *Adj, Adv* ⟨dēfīnītē⟩ ||definio||
1. begrenzt
2. *fig* bestimmt, deutlich, ausdrücklich

dē-fīō ⟨factus sum, fierī 0.⟩ *Passiv von* ***deficio***

dēflagrātiō ⟨ōnis⟩ *f* ||deflagro|| Vernichtung durch Feuer

dē-flagrō ⟨āvī, ātum, āre 1.⟩
I *v/i*
1. völlig niederbrennen, in Flammen aufgehen; *fig von Personen* abbrennen = seine Habe durch Brand verlieren
2. *(nachkl.) fig* zugrunde gehen
3. *fig* verrauchen; ***ira deflagrat*** der Zorn verraucht
II *v/t meist nur PPP* ***deflagratus*** verbrannt; untergegangen; ***in cinere deflagrati imperii*** in der Asche des untergegangenen Reiches

dē-flectō ⟨flexī, flexum, flectere 3.⟩
I *v/t*
1. abbiegen, herabbiegen; zur Seite biegen, abwenden, ablenken; ***oculos a rege in scribam d.*** die Augen vom König ab- und zum Schreiber hinwenden
2. abbringen, abspenstig machen; ***aliquem a veritate d.*** j-n von der Wahrheit abbringen
3. verändern, umwandeln
II *v/i* abweichen, abschweifen; ***a proposito d.*** vom Thema abschweifen; ***a veritate d.*** von der Wahrheit abweichen; ***viā / de via d.*** vom (rechten) Weg abweichen

dē-fleō ⟨ēvī, ētum, ēre 2.⟩
I *v/t*
1. beweinen, beklagen, bedauern, ***necem fratris*** die Ermordung des Bruders
2. *(nachkl.) poet* unter Tränen vortragen
II *v/i (nachkl.) poet* sich ausweinen

dēfloccātus ⟨a, um⟩ *Adj* ||deflocco|| kahl

dē-floccō ⟨āvī, ātum, āre 1.⟩ ||floccus|| Plaut. kahl machen, fadenscheinig machen

dēflōrātiō ⟨ōnis⟩ *f* ||defloro|| das Abpflücken der Blüte, Blumenlese, Beraubung des Glanzes; ***d. virginis*** *(spätl.)* Entjungferung, Defloration

dē-flōrēscō ⟨flōruī, -, flōrēscere 3.⟩ *(nachkl.) poet* verblühen, verwelken, *an Glanz u. Leistung* abnehmen

dē-flōrō ⟨āvī, ātum, āre 1.⟩ *(spätl.)*
1. abpflücken
2. *fig* des Glanzes berauben
3. *(spätl.)* entjungfern

dē-fluō ⟨flūxī, -, fluere 3.⟩

1. herabströmen, herabrinnen
2. herabschwimmen, herabgetrieben werden
3. herabsinken, herabgleiten
4. nachlässig herabfallen, herabwallen
5. übergehen
6. zuströmen, zufließen
7. abfließen, sich verlaufen
8. verschwinden, sich verlieren
9. vorübergehen
10. ausfallen
11. abtrünnig werden, abfallen
12. aus dem Gedächtnis entschwinden

1. herabströmen, herabrinnen; ***sudor a capite defluit*** der Schweiß rinnt vom Haupt; ***Rhenus in plures partes defluit*** der Rhein teilt sich in mehrere Arme
2. *von festen Gegenständen* herabschwimmen, herabgetrieben werden; ***hostes secundo amni ad insulam defluxerunt*** die Feinde ließen sich stromabwärts zur Insel treiben
3. *fig* herabsinken, herabgleiten, ***ex equo*** vom Pferd
4. *fig von Kleidern* nachlässig herabfallen, herabwallen, herabhängen
5. *fig* unmerklich von *etw* abkommen, *a re*; zu *etw* übergehen, *ad aliquid*; ***a necessariis artificiis ad elegantiam defluximus*** von zweckmäßigen Kunstwerken kamen wir unmerklich zum feinen Geschmack
6. *fig* zuströmen, zufließen; *ad aliquem / alicui* j-m
7. *fig* abfließen, sich verlaufen
8. *fig* verschwinden, sich verlieren; ***color defluit*** die Farbe verliert sich
9. *zeitl.* vorübergehen; *Perf* vorbei sein
10. *fig vom Haar* ausfallen
11. *fig* abtrünnig werden, abfallen; ***unus ex tribunis defluxit*** einer von den Tribunen wurde abtrünnig
12. *(nachkl.) fig* aus dem Gedächtnis entschwinden

dē-fodiō ⟨fōdī, fossum, fodere 3.⟩
1. vergraben, eingraben, verscharren; *auch zur Strafe* lebendig begraben, *in loco / in locum* an einem Ort; ***thesaurum sub lecto d.*** einen Schatz unter dem Bett vergraben; ***virginem Vestalem vivam d.*** eine Priesterin der Vesta lebendig begraben
2. *fig* verbergen
3. *(nachkl.) poet Erde* aufwerfen

4. unter der Erde bauen; ***specūs d.*** unterirdische Höhlen bauen

dē-fore → ***desum***

dēfōrmātiō ⟨ōnis⟩ *f* ||deformo||

1. Verunstaltung, Entstellung, ***corporis*** des Körpers

2. Liv. *fig* Beleidigung, ***maiestatis*** des Herrschers

dēfōrmis ⟨e⟩ *Adj, Adv* ⟨dēfōrmiter⟩ ||deformo||

1. Ov. formlos, gestaltlos; ***anima d.*** gestaltlose Seele

2. missgestaltet, unförmig, hässlich; ***filia d.*** hässliche Tochter; ***aspectus d.*** hässlicher Anblick

3. *fig* entehrt, heruntergekommen, verkommen

4. *fig* schimpflich, schmachvoll, ungebührlich; ***obsequium deforme*** schimpfliche Nachgiebigkeit; ***deformia meditari*** Schändliches bedenken

dēfōrmitās ⟨ātis⟩ *f* ||deformis|| Hässlichkeit, Verunstaltung; *fig* Schimpf, Schmach

dē-fōrmō ⟨āvī, ātum, āre 1.⟩

1. (*vkl., nachkl.*) in eine Gestalt bringen, abbilden, zeichnen

2. *fig* schildern, darstellen

3. verunstalten, entstellen; ***aliquem corpore d.*** j-n körperlich verunstalten; ***parietes deformati*** beschmierte Wände

4. *fig* entehren, schänden

5. *fig in Wort u. Schrift* in ein ungünstiges Licht stellen, verunglimpfen; ***aliquem fictis vitiis d.*** j-n mit erfundenen Fehlern in schlechten Ruf bringen

dē-frāctus ⟨a, um⟩ *PPP* → ***defringo***

dē-fraudō ⟨āvī, ātum, āre 1.⟩ betrügen, täuschen, übervorteilen, *aliquem re* j-n um etw; ***aliquem fructu victoriae d.*** j-n um die Früchte des Sieges betrügen; ***genium suum d.*** sich jeden Genuss versagen

dē-frēgī → ***defringo***

dē-fremō ⟨fremuī, -, fremere 3.⟩ Plin. *fig* sich austoben

dē-frēnātus ⟨a, um⟩ *Adj* ||defreno|| Ov. zügellos, entfesselt

dē-fricō ⟨fricuī, frictum⟩ *u.* ⟨fricātum, fricāre 1.⟩

1. (*unkl.*) abreiben, putzen, reinigen, ***dentes*** die Zähne

2. Hor. *fig* durchhecheln, mit Witz geißeln

dē-fringō ⟨frēgī, frāctum, fringere 3.⟩ ||frango||

1. abbrechen, ***ramum arboris*** einen Zweig von einem Baum

2. (*nachkl.*) zerbrechen; *fig einer Sache* Abbruch tun; ***subsellium d.*** eine Bank zerbrechen

dē-frūdō ⟨āvī, ātum, āre 1.⟩ (*altl.*) = ***defraudo***

dē-frūstror ⟨ātus sum, ārī 1.⟩ Plaut. gründlich betrügen

dēfrutum ⟨ī⟩ *n* eingekochter Most

dē-fugiō ⟨fūgī, -, fugere 3.⟩

I *v/i* Liv. entfliehen

II *v/t einer Sache* ausweichen, *etw* vermeiden, sich *einer Sache* entziehen, *aliquid*; ***auctoritatem alicuius rei d.*** die Verantwortung für etw ablehnen

dē-fuī → ***desum***

dē-fundō ⟨fūdī, fūsum, fundere 3.⟩

1. (*nachkl.*) *poet* abgießen, herabgießen; ausschütten

2. (*nachkl.*) *poet* spendend auf den Boden gießen

3. (*nachkl.*) *poet* abfüllen, einschenken, ***vinum*** den Wein

dē-fungor ⟨fūnctus sum, fungī 3.⟩

1. *etw* völlig beenden, erledigen, überstehen, mit *etw* fertig werden, *re*; ***poenā levi d.*** mit einer leichten Strafe davonkommen; ***vitā d.*** sterben; ***defunctus honoribus*** der alle Ämter durchlaufen hat

2. *Perf* fertig sein, ausgedient haben

3. (*nachkl.*) *abs* sterben

dē-futūtus ⟨a, um⟩ *Adj* ||futuo|| Catul. ausgemergelt, verhurt, verlebt

dēgener *Gen* ⟨eris⟩ *Adj* ||degenero||

1. *von Personen u. Sachen* aus der Art geschlagen; ***d. alicuius rei/a re*** einer Sache entfremdet

2. *fig moralisch* verkommen, gemein, niedrig

dē-generō ⟨āvī, ātum, āre 1.⟩ ||de, genus||

I *v/i*

1. (*nachkl.*) *poet* aus der Art schlagen; *re* durch etw, *in re* in etw; ***patribus d.*** sich den Vorfahren entfremden

2. (*nachkl.*) *fig einer Sache* untreu werden, verleugnen, seiner Abkunft unwürdig sein

II *v/t* (*nachkl.*) *poet j-n* herabwürdigen, entwürdigen, *j-m/einer Sache* Unehre machen, *aliquem/aliquid*; ***propinquos d.*** den Angehörigen Unehre machen

dē-gerō ⟨gessī, gestum, gerere 3.⟩ (*vkl.*) wegführen, *irgendwohin* schaffen

dē-glūbō ⟨glūpsī, glūptum, glūbere 3.⟩ (*unkl.*) die Haut abziehen, schinden; *abs* onanieren

dē-glut(t)iō ⟨īvī, ītum, īre 4.⟩ (*spätl.*) verschlucken

► **dēgō** ⟨-, -, ere 3.⟩ *Zeit* zubringen, hinbringen; **(*vitam*) *d.*** sein Leben zubringen

dē-gradō ⟨āvī, ātum, āre 1.⟩ ||gradus|| (*spätl., eccl.*) herabsetzen, degradieren

dē-grandinat *unpers* Ov. es hört auf zu hageln

dē-gravō ⟨āvī, ātum, āre 1.⟩ (*nachkl.*) *poet* niederdrücken, niederziehen; *fig* belästigen; *auch* erdrücken

dē-gredior ⟨gressus sum, gredī 3.⟩ ||gradior|| (*nachkl.*)

1. hinabsteigen, hinabmarschieren, *abs, re/ex re/de re* von etw, *in aliquid* in etw, *ad aliquid* zu etw; ***ad pedes d.*** absitzen

2. weggehen, abziehen

dē-grunniō ⟨-, -, īre 4.⟩ Phaedr. *sein Stückchen* heruntergrunzen

dēgustātiō ⟨ōnis⟩ *f* ||degusto|| (*spätl.*) das Kosten, Weinprobe

dē-gustō ⟨āvī, ātum, āre 1.⟩ (*unkl.*)

1. kosten, ***vinum*** den Wein, ***inde*** davon

2. *fig* zur Probe versuchen, probieren, sondieren; ***hoc genus exercitationum d.*** diese Art Übungen ausprobieren; ***hanc vitam d.*** dieses Leben ausprobieren

3. *von der Lanze* leicht streifen

4. *fig in der Darstellung obenhin* streifen, oberflächlich berühren, oberflächlich behandeln

de-hibeō ⟨uī, -, ēre 2.⟩ ||habeo|| Plaut. schulden

de-hinc *Adv* (*unkl.*)

1. *örtl.* von hier aus

2. *zeitl.* von jetzt an, künftig, seitdem

3. hierauf, sodann, nachher; *in Aufzählungen* zweitens

de-hīscō ⟨-, -, ere 3.⟩ (*unkl.*) aufklaffen, bersten, sich spalten, sich öffnen, *auch* leck werden

dehonestāmentum ⟨ī⟩ *n* ||dehonesto|| Verunstal-

D

tung, Entstellung; *fig* Schimpf, Schande; ***alicui dehonestamento esse*** j-m zur Schande gereichen; ***d. amicitiarum*** entehrende Freundschaften

de-honestō ⟨āvī, ātum, āre 1.⟩ (*nachkl.*) entehren, beschimpfen, schänden, ***famam*** den Ruf

D

de-hortor ⟨ātus sum, ārī 1.⟩
1. abraten, *aliquem a re* j-m von etw, *ne* dass, + *Inf*
2. (*nachkl.*) entfremden, *aliquem ab aliquo* j-n j-m

Dēianīra ⟨ae⟩ *f Gattin des Herkules, führte unwissend u. ungewollt dessen Tod herbei, indem sie ihm das Nessus-Hemd schickte*

dē-iciō ⟨iēcī, iectum, icere 3.⟩ ||iacio||

1. abwerfen, herabwerfen
2. herunterspringen, sich hinabstürzen
3. zu Boden werfen, niederwerfen
4. zu Boden strecken, fällen
5. senken
6. abwenden
7. aus der Stellung werfen
8. vom Kurs abbringen
9. vertreiben
10. vertreiben, verdrängen
11. stürzen, zu Fall bringen
12. abbringen
13. abwenden, entfernen

1. abwerfen, herabwerfen, *aliquid re / ex re / de re / a re* etw von etw; ***saxa turribus d.*** Felsbrocken von den Türmen herabwerfen; ***aliquid de ponte d.*** etw von der Brücke werfen; ***stipites d.*** Pfähle einrammen; ***securim in caput d.*** das Beil auf das Haupt herabfallen lassen; ***equum in aliquem locum d.*** das Pferd zu einem Platz herabtreiben; ***sortem d.*** das Los in die Urne werfen
2. *Passiv u.* ***se d.*** herunterspringen, sich hinabstürzen; ***se d. ex nave*** über Bord springen; ***de superiore parte aedium se d.*** sich vom oberen Teil des Gebäudes herabstürzen
3. zu Boden werfen, niederwerfen, einreißen; ***statuam alicuius d.*** j-s Standbild umstürzen; ***aedificia d.*** Gebäude einreißen, Gebäude abtragen; *Passiv* einstürzen
4. zu Boden strecken, fällen; töten; ***arbores d.*** Bäume fällen; ***feras d.*** Wild erlegen
5. senken, ***oculos*** die Augen, ***vultum*** den Blick; ***deiecto capite*** mit gesenktem Haupt; ***deiectus oculos*** mit gesenktem Blick
6. *fig* abwenden, *a re / de re* von etw; ***oculos numquam d. a re publica*** die Augen niemals vom Staat ablenken = den Staat nie aus den Augen verlieren
7. *Fechtersprache u.* MIL aus der Stellung werfen; vertreiben, verjagen; ***aliquem d. de statu*** j-n aus seiner Stellung werfen; ***hostes loco d.*** MIL die Feinde aus einer Stellung vertreiben; ***aliquem d. de statu mentis*** *fig* j-n aus der Fassung bringen
8. SCHIFF vom Kurs abbringen
9. *aus seinem Besitz* vertreiben; ***aliquem vi fundo / de fundo d.*** j-n gewaltsam aus seinem Besitz vertreiben
10. *aus seinem Amt* vertreiben, verdrängen; der Aussicht auf *etw* berauben, *de re / re*; ***de honore d.*** der Aussicht auf Ehre berauben
11. *j-n* stürzen, zu Fall bringen
12. abbringen, ***aliquem de sententia*** j-n von seiner Meinung
13. abwenden, entfernen, beseitigen; ***multum mali de humana condicione d.*** viel Übel vom menschlichen Schicksal abwenden; ***uxorem d.*** die Gattin entfernen

Dēidamīa ⟨ae⟩ *f Tochter des Lykomedes von Skyros, von Achill Mutter des Pyrrhus*

dē-iēcī → ***deicio***

dēiectiō ⟨ōnis⟩ *f* ||deicio||
1. Vertreibung aus dem Besitz
2. (*nachkl.*) MED Durchfall

dēiectus[1] ⟨a, um⟩ *Adj* ||deicio||
1. tief liegend, gesenkt
2. *fig* mutlos, entmutigt

dēiectus[2] ⟨ūs⟩ *m* ||deicio||
1. das Herabwerfen, das Herabstürzen; Sturz; ***d. aquae*** Wasserfall
2. *meton* Abhang

dē-iectus[3] ⟨a, um⟩ *PPP* → ***deicio***

dē-ierō ⟨āvī, ātum, āre 1.⟩ ||iuro|| (*vkl., nachkl.*) feierlich beschwören, + *AcI*

de-in *Adv Kurzform von* ***deinde***

dein-ceps *Adv* ||dein, capio|| nacheinander, der Reihe nach; demnächst, unmittelbar darauf, *vor allem bei Aufzählungen*; ***primum … deinceps*** zuerst … dann

► **de-inde** *Adv*
1. (*nachkl.*) *örtl.* von da an, von dort an
2. *zeitl.* hierauf, darauf, danach, nachher
3. *in der Aufzählung* hierauf, dann, sodann, weiter

Dēionidēs ⟨ae⟩ *m* Sohn der Deione *u. des Apollo*, = Miletus

Dēiotarus ⟨ī⟩ *m Tetrarch von Galatien, Freund der Römer, von Pompeius mit dem Königstitel ausgezeichnet, des Mordversuchs an Caesar angeklagt u. von Cicero verteidigt (Pro rege Deiotaro)*

Dēiphobē ⟨ēs⟩ *f Tochter des Meeresdämons Glaukos*

Dēiphobus ⟨ī⟩ *m Sohn des Priamus, nach dem Tod des Paris Gatte der Helena*

deitās ⟨ātis⟩ *f* ||deus|| (*spätl., eccl.*) Gottheit, göttliches Wesen

dē-iungō ⟨iūnxī, iūnctum, iungere 3.⟩ (*nachkl.*) abspannen, ausspannen; ***se d.*** sich losmachen; ***se d. a forensi labore*** Tac. sich von der öffentlichen Tätigkeit frei machen

dē-iuvō ⟨-, -, āre 1.⟩ Plaut. nicht mehr unterstützen

del. *Abk*
1. = ***deleatur*** (*nlat.*) es möge getilgt werden
2. = ***delineavit*** (*mlat.*) er hat gezeichnet

dē-lābor ⟨lāpsus sum, lābī 3.⟩
1. herabgleiten, herabfallen, herabsinken; herabfließen, herabkommen; ***caelo d.*** vom Himmel herabkommen; ***capiti d.*** vom Haupt herabfallen; ***e corpore d.*** vom Körper herabgleiten
2. herkommen, entstehen, *a re* von etw
3. hineingeraten, sich verirren, *in aliquid* in etw; verfallen, *ad aliquid* auf etw; ***medios in hostes d.*** mitten unter die Feinde geraten; ***in difficultates d.*** in Schwierigkeiten geraten; ***ad aequitatem d.*** zur Mäßigung neigen
4. *von der Rede* abkommen; auf *etw* zu sprechen kommen, *ad aliquid*

dē-lāmentor ⟨-, ārī 1.⟩ Ov. bejammern, beklagen
dē-lassō ⟨-, ātum, āre 1.⟩ (*vkl.*) *poet j-n* völlig ermüden, müde machen, *aliquem*; ***delassari labore*** von der Arbeit müde werden
dēlātiō ⟨ōnis⟩ *f* ||defero|| Meldung, Anzeige, Denunziation; ***d. nominis*** Angabe des Namens
dēlātor ⟨ōris⟩ *m* ||defero|| (*nachkl.*) Anzeiger, Ankläger, Denunziant; ***d. maiestatis*** Ankläger einer Majestätsbeleidigung
dē-lātus ⟨a, um⟩ *PPP* → ***defero***
dēlēbilis ⟨e⟩ *Adj* ||deleo|| Mart. zerstörbar
dēlectābilis ⟨e⟩ *Adj*, *Adv* ⟨dēlectābiliter⟩ ||delecto|| (*nachkl.*) erfreulich; lecker, delikat; ***cibus d.*** Leibgericht
dēlectāmentum ⟨ī⟩ *n* ||delecto|| angenehme Unterhaltung, Zeitvertreib
dēlectātiō ⟨ōnis⟩ *f* ||delecto|| Unterhaltung, Genuss, Lust, *alicuius* j-s, *alicuius rei* einer Sache *od* an einer Sache; ***delectationem afferre*** Spaß machen
dēlectī ⟨ōrum⟩ *m* ||deligo[1]|| die Auserlesenen, Elite
▶ **dēlectō** ⟨āvī, ātum, āre 1.⟩ erfreuen, unterhalten; ***delectat aliquem*** es macht j-m Freude, + *Inf*; *Passiv* erfreut werden; ***delectari carminibus*** sich an Gedichten freuen
dēlēctus[1] ⟨a, um⟩ *Adj* ||deligo[1]|| auserlesen
dēlēctus[2] ⟨ūs⟩ *m* ||deligo[1]||
1. Auswahl, Wahl; ***delectum tenere/habere*** eine Wahl treffen
2. MIL = ***dilectus***
dē-lēctus[3] ⟨a, um⟩ *PPP* → ***deligo[1]***
dēlēgātiō ⟨ōnis⟩ *f* ||delego|| Geldanweisung, Zahlungsanweisung
dē-lēgī → ***deligo[1]***
dē-lēgō ⟨āvī, ātum, āre 1.⟩
1. Plaut. beauftragen; ***delegati, ut plauderent*** die beauftragt wurden Beifall zu klatschen
2. verweisen, hinschicken, *aliquem in aliquid* j-n wohin, *ad aliquem* zu j-m
3. zuschicken, überweisen, übertragen, anvertrauen, *aliquid/aliquem alicui* etw/j-n j-m
4. *fig Schuld od Verdienst* zumessen, zuschreiben
5. an *j-n* verweisen, auf *etw* verweisen, *ad aliquem/ad aliquid*; ***discipulum ad illum librum d.*** den Schüler auf jenes Buch verweisen
6. eine Zahlungsanweisung geben, *alicui aliquem* j-m auf j-n; ***d. alicui*** j-m Geld auszahlen lassen
dēlēni-ficus ⟨a, um⟩ *Adj* ||delenio, facio|| (*vkl.*, *nachkl.*) *von Personen u. Sachen* besänftigend, verführerisch, bezaubernd; ***delenifica verba*** schmeichelnde Worte; ***meretrix delenifica*** verführerische Prostituierte
dēlēnīmentum ⟨ī⟩ *n* ||delenio|| (*nachkl.*)
1. Linderungsmittel, Beschwichtigung, *alicuius rei* für etw
2. *pej* Lockmittel
dē-lēniō ⟨īvī, ītum, īre 4.⟩
1. besänftigen, beschwichtigen
2. gewinnen, ködern, bezaubern
dēlēnītor ⟨ōris⟩ *m* ||delenio|| der für sich einnimmt, *alicuius* jdn
▶ **dēleō** ⟨ēvī, ētum, ēre 2.⟩
1. *Geschriebenes* auslöschen, tilgen
2. *fig* tilgen, vertilgen, vernichten, zerstören; ***urbem d.*** eine Stadt zerstören; ***bellum d.*** den Krieg völlig beenden; ***memoriam alicuius d.*** die Erinnerung an j-n auslöschen; ***hostes d.*** die Feinde aufreiben; ***deleatur*** (*nlat.*) es soll getilgt werden, *Vermerk bei zu tilgendem Text*
dēlētrīx ⟨īcis⟩ *f* ||deleo|| Vernichterin
dē-lētus ⟨a, um⟩ *PPP* → ***deleo***
dē-lēvī → ***deleo***
Dēlia ⟨ae⟩ *f* Delierin, Einwohnerin von Delos, *bes* = Diana
Dēliacus ⟨a, um⟩ *Adj* delisch, von Delos
dēlīberābundus ⟨a, um⟩ *Adj* ||delibero|| Liv. in tiefes Nachdenken versunken
dēlīberātiō ⟨ōnis⟩ *f* ||delibero||
1. Erwägung, Überlegung, Beratung; ***d. consilii capiundi*** Beratung zum Fassen eines Planes
2. RHET beratende Rede
dēlīberātīva ⟨ae⟩ *f* ||deliberativus|| (*erg.* ***oratio***) Quint. beratende Rede
dēlīberātīvus ⟨a, um⟩ *Adj* ||deliberatus, *PPP von* delibero|| überlegend, beratend
dēlīberātor ⟨ōris⟩ *m* ||delibero|| der immer Bedenkzeit braucht
dēlīberātus ⟨a, um⟩ *Adj* ||delibero|| bestimmt, entschieden
▶ **dē-līberō** ⟨āvī, ātum, āre 1.⟩
1. erwägen, abwägen, überlegen, beraten, *de re/aliquid* etw, über etw, + *indir Fragesatz*; ***deliberandi spatium*** Bedenkzeit; ***d. cum aliquo*** mit j-m beraten; ***d. secum*** bei sich überlegen
2. sich entscheiden, beschließen, *aliquid* etw, + *Inf*/ + *AcI*; ***deliberatum est alicui*** es ist für j-n beschlossene Sache, + *Inf*
3. befragen, ***oraculum*** Nep. das Orakel
dē-lībō ⟨āvī, ātum, āre 1.⟩
1. ein wenig wegnehmen, entnehmen, entlehnen, schöpfen; ***flosculos ex oratione d.*** die Rosinen aus einer Rede picken
2. kosten, genießen, ***novum honorem*** ein neues (Ehren-)Amt; ***oscula d.*** flüchtig küssen
3. vermindernd wegnehmen, schmälern; ***aliquid de honestate alicuius d.*** j-s Ansehen schmälern
dē-librō ⟨āvī, ātum, āre 1.⟩ ||de, *Denom von* liber[1]|| entrinden, abschälen; ***ramorum cacumina delibrata*** Caes. die abgeschälten Spitzen der Äste
dē-libūtus ⟨a, um⟩ *Adj* bestrichen, gesalbt, benetzt; ***capillus d.*** mit Salbe bestrichenes Haar; ***gaudio d.*** Ter. *fig* freudetrunken
dēlicāta ⟨ae⟩ *f* ||delicatus|| Liebchen, Lieblingssklavin
▶ **dēlicātus**
I ⟨a, um⟩ *Adj*, *Adv* ⟨dēlicātē⟩
1. köstlich, reizend, angenehm, lecker; ***convivium delicatum*** leckeres Mahl
2. sinnlich, üppig, wollüstig; weichlich, schlüpfrig; ***voluptates delicatae*** sinnliche Vergnügungen; ***versūs delicati*** schlüpfrige Verse; ***delicate vivere*** üppig leben
3. wählerisch, verwöhnt, verzogen, verweichlicht, blasiert
4. (*nachkl.*) *poet* zart, sanft, gemächlich; ***puella delicata*** zartes Mädchen; ***amnis d.*** träger Strom
II ⟨ī⟩ *m*
1. Schlemmer, Wüstling
2. (*Inschrift*) Lieblingssklave

D

▶ **dēliciae** ⟨ārum⟩ *f*, *(unkl.) auch Sg*
1. sinnliche Genüsse, üppige Genüsse, Luxus, Eleganz, Prunk, Wollust, Vergnügen; ***esse alicui in deliciis*** j-s Zuneigung genießen; ***habere aliquem in deliciis*** j-n gern haben; ***deliciarum causā*** zum Vergnügen, zur Unterhaltung; ***delicias facere*** scherzen, *pej* Obszönitäten treiben
2. *meton von Personen* Liebling
3. *von Sachen* Zierde, Kleinod
dēliciolae ⟨ārum⟩ *f u.* **dēliciolum** ⟨ī⟩ *n ||Dim von* deliciae|| Sen. Liebling, Herzblatt
dēlicium ⟨ī⟩ *n* = ***deliciae***
dē-licō ⟨āvī, ātum, āre 1.⟩ Com.
1. = ***deliquo***
2. *fig* klar machen, erklären, + *AcI*
▶ **dēlictum**[1] ⟨ī⟩ *n* ||delinquo|| Vergehen, Fehltritt, Fehler
dē-lictum[2] *PPP* → ***delinquo***
dēlicuos *od* **dēlicuus** ⟨a, um⟩ *Adj* = ***deliquus***
▶ **dē-ligō**[1] ⟨lēgī, lēctum, ligere 3.⟩ ||lego[2]||
1. *(nachkl.) poet* lesen, pflücken, ***uvas*** Trauben
2. *fig* auslesen, auswählen, (er)wählen; ***legatos d.*** Gesandte auswählen; ***locum castris idoneum d.*** einen für das Lager günstigen Platz wählen; ***sibi aliquem comitem d.*** sich j-n als Begleiter wählen; ***d. unum ex omnibus*** einen aus allen auswählen
3. MIL ausheben, mustern; ***delecti milites*** ausgewählte Soldaten, Elitetruppen
4. *(vkl.) poet* (als untauglich) aussondern
dē-ligō[2] ⟨āvī, ātum, āre 1.⟩
1. anbinden, befestigen, ***navem ad ancoras*** das Schiff an die Anker; ***d. (ad palum) aliquem*** j-n zur Auspeitschung an den Pfahl binden
2. *(nachkl.)* MED verbinden, ***saucios*** die Verletzten
dē-līneō ⟨āvī, ātum, āre 1.⟩ *(nachkl.)* zeichnen; ***delineavit*** *(mlat.)* er hat gezeichnet, *bes auf Kupferstichen als Nennung des Zeichners*
dē-lingō ⟨linxī, linctum, lingere 3.⟩ (Plaut., *nachkl.*) ablecken; ***d. salem*** Plaut. schmale Kost haben
dē-līniō ⟨īvī, ītum, īre 4.⟩ = ***delenio*** *u.* = ***delineo***
dē-linō ⟨lēvī, litum, linere 3.⟩
1. *(nachkl.)* von oben bis unten bestreichen
2. *nur PPP gebräuchlich* abwischen, abstreichen; ***cerā delitā*** nachdem das Wachs geglättet war
dē-linquō ⟨līquī, lictum, linquere 3.⟩
1. sich vergehen, *in aliquem* gegen j-n, *in re* in etw
2. verschulden, *aliquid* etw
dē-liquēscō ⟨licuī, -, liquēscere 3.⟩ *(vkl., nachkl.)* zerschmelzen, zerfließen; *fig* dahinschwinden, *re* durch etw, in etw
dē-līquī → ***delinquo***
dēliquiō ⟨ōnis⟩ *f* ||delinquo|| (Plaut., *nachkl.*) Mangel; ***mihi libertatis d. est*** ich habe die Freiheit verloren
dē-liquō ⟨-, -, āre 1.⟩ *(vkl.)* klären, ***vinum*** (trüben) Wein
dēliquus ⟨a, um⟩ *Adj* ||delinquo|| *(vkl.)* mangelnd, fehlend
dēlīra ⟨ōrum⟩ *n* ||delirus|| Lucr. wirres Zeug
dēlīrāmentum ⟨ī⟩ *n* ||deliro|| Com. albernes Zeug, wirres Zeug
dēlīrātiō ⟨ōnis⟩ *f* ||deliro|| Wahnsinn, Albernheit, Faselei
dēlīrium ⟨ī⟩ *n* ||deliro|| *(nachkl.)* das Irresein; *(nlat.)* Bewusstseinstrübung; ***d. tremens*** *(nlat.)* Säuferwahn
dē-līrō ⟨āvī, ātum, āre 1.⟩ wahnsinnig sein, irre reden, faseln; ***aliquid d.*** etw Dummes begehen
dēlīrus ⟨a, um⟩ *Adj* ||deliro|| wahnsinnig, verrückt
dē-litēscō ⟨lituī, -, litēscere 3.⟩ ||latesco|| sich verstecken, sich verbergen; *fig* sich hinter *etw* verstecken, sich verkriechen, *in loco* an einem Ort, ***in dolo malo*** hinter einer bösen List
dē-lītigō ⟨-, -, āre 1.⟩ Hor. sich ereifern, zanken
dē-litīscō ⟨lituī, -, litīscere 3.⟩ = ***delitesco***
dē-lituī → ***delitesco***
Dēlius
I ⟨a, um⟩ *Adj* delisch, von Delos
II ⟨ī⟩ *m* Delier, Einwohner von Delos, *bes* = Apollo
Delmat... = ***Dalmat...***
Dēlos *u.* **Dēlus** ⟨ī⟩ *f Insel, Geburtsort des Apollo u. der Artemis / Diana, wichtiger Handelsplatz*
Delphī ⟨ōrum⟩ *m*
1. *Stadt am Fuß des Parnass, in der Landschaft Phokis, Sitz des apollinischen Orakels, zahlreiche Ausgrabungen*
2. die Einwohner von Delphi
Delphicus ⟨a, um⟩ *Adj* delphisch, aus Delphi, zu Delphi gehörig; ***mensa Delphica*** dreifüßiger Prunktisch
Delphicus ⟨ī⟩ *m* Einwohner von Delphi, = Apollo
delphīn ⟨īnis⟩ *m u.* **delphīnus** ⟨ī⟩ *m* ||griech. Fw.|| Delfin, *auch als Sternbild*
Delta *indekl n* Nildelta; *(mlat.)* Delta, *Flussmündung mit mehreren Armen, benannt nach dem griech. Buchstaben Delta wegen der Form eines Dreiecks*
deltōton ⟨ī⟩ *n* ||griech. Fw.|| Triangel, *Sternbild in Dreiecksform*
▶ **dēlūbrum** ⟨ī⟩ *n* Tempel, Heiligtum
dē-luctō ⟨āvī, ātum, āre 1.⟩ *u.* **dē-luctor** ⟨-, ārī 1.⟩ Plaut. um die Entscheidung ringen, sich abquälen
dē-lūdificō ⟨āvī, -, āre 1.⟩ *u.* **dē-lūdificor** ⟨ātus sum, ārī 1.⟩ Plaut. zum Besten halten
dē-lūdō ⟨lūsī, lūsum, lūdere 3.⟩ zum Besten halten, täuschen, verspotten, *auch von Sachen, abs od aliquem*; *obszön* entehren; ***somnia sensūs deludunt*** die Träume täuschen die Sinne
dē-lumbō ⟨āvī, ātum, āre 1.⟩ ||de, *Denom von* lumbus|| *(nachkl.)* lendenlahm machen; *fig* lähmen, schwächen
Dēmādēs ⟨is⟩, *Akk* ⟨ēn⟩ *m berühmter griech. Redner, Zeitgenosse des Demosthenes*
dē-madēscō ⟨maduī, -, madēscere 3.⟩ Ov. ganz feucht werden
dē-mandō ⟨āvī, ātum, āre 1.⟩ *(nachkl.)* anvertrauen, übertragen; ***tribunis curam legatorum d.*** den Tribunen die Sorge für die Gesandten anvertrauen; ***aliquem in proximam civitatem d.*** j-n an die nächste Stadt empfehlen
dē-mānō ⟨āvī, ātum, āre 1.⟩ *(unkl.)* herabfließen
Dēmarātus ⟨ī⟩ *m*
1. *König von Sparta, um 500 v. Chr.*
2. *Vater des Tarquinius Priscus*
dēmarchus ⟨ī⟩ *m* ||griech. Fw.||
1. Vorsteher eines Demos *in Athen*
2. *in Rom* = ***tribunus plebis***
▶ **dē-mēns** *Gen* ⟨mentis⟩ *Adj, Adv* ⟨dēmenter⟩ *von*

Personen u. Sachen unsinnig, wahnsinnig, verrückt, töricht

dēmēnsum ⟨ī⟩ *n* ||demensus|| Ter. *das den Sklaven zugemessene monatliche* Maß *an Getreide*

dēmēnsus ⟨a, um⟩ *Adj* ||demetior|| zugemessen

dēmentia ⟨ae⟩ *f* ||demens|| Unsinn, Wahnsinn, Raserei; *Pl* Tollheiten; (*nlat.*) MED Schwachsinn

dēmentiō ⟨-, -, īre 4.⟩ ||demens|| (*nachkl.*) *poet* verrückt sein, sich unsinnig benehmen

dē-mereō ⟨uī, itum, ēre 2.⟩
1. = ***demereor***
2. (Plaut., Gell.) sich *etw* verdienen, ***pecuniam*** Geld

dē-mereor ⟨meritus sum, merērī 2.⟩ sich um *j-n* verdient machen, sich *j-n* zu Dank verpflichten, *abs od aliquem*

dē-mergō ⟨mersī, mersum, mergere 3.⟩
1. untertauchen, versenken; *Passiv* versinken, ertrinken; ***aliquem cum omni classe d.*** j-n mit seiner ganzen Flotte versenken; ***aere alieno demersus*** tief in Schulden steckend; ***veritas in profundo demersa*** in der Tiefe verborgene Wahrheit; ***plebem in fossas d.*** das Volk zwingen in Gräben hinabzusteigen
2. *fig* unterdrücken, ins Verderben stürzen

dē-messuī → ***demeto***[1]

dē-messus ⟨a, um⟩ *PPP* → ***demeto***[1]

dē-mētior ⟨mēnsus sum, mētīrī 4.⟩ abmessen, zumessen, *nur PPerf*; → ***demensus***

dē-metō[1] ⟨messuī, messum, metere 3.⟩ abmähen, abschlagen, abhauen; ***frumenta d.*** Getreide abmähen; ***fructūs d.*** Früchte abpflücken; ***caput d.*** das Haupt abschlagen

dē-mētō[2] ⟨āvī, ātum, āre 1.⟩ = ***dimeto***

dē-mētor ⟨ātus sum, ārī 1.⟩ = ***dimetor***

Dēmētrias ⟨adis⟩ *f Stadt am Golf von Pagasae, in Thessalien, um 300 v. Chr. von Demetrius Poliorcetes gegründet, heute Bolos* (*Volos*)

Dēmētrius ⟨ī⟩ *m griech. Männername, auch von Königen*
1. ***Demetrius Poliorcetes*** *König von Makedonien, 337–283 v. Chr., Gründer von Demetrias*
2. ***Demetrius Phalerus*** *von Phaleron, Schüler des Theophrast, Statthalter in Athen 318–308 v. Chr.*

dēmigrātiō ⟨ōnis⟩ *f* ||demigro|| Nep. Auswanderung

dē-migrō ⟨āvī, ātum, āre 1.⟩
1. auswandern, wegziehen; *fig* seinen Posten verlassen; ***ab agris/ex agris/agris in urbem d.*** vom Land in die Stadt ziehen; ***ex vita/hinc d.*** sterben; ***de statu suo d.*** sich aus seinem Posten verdrängen lassen
2. MED *von Geschwüren u. Geschwulsten* verschwinden

dē-minuō ⟨uī, ūtum, uere 3.⟩
1. vermindern, verkleinern, schmälern; *fig* schwächen; *Passiv* abnehmen, schmelzen; ***dignitatem alicuius d.*** j-s Ansehen schmälern; ***vires militum d.*** die Kräfte der Soldaten schwächen; ***capite deminui/se d.*** seine bürgerlichen Rechte teilweise verlieren
2. wegnehmen, ***aliquid de dignitate*** etw vom Ansehen, ***nihil de libertate*** nichts von der Freiheit
3. stückweise verkaufen, teilweise veräußern, ***de bonis*** von den Gütern
4. (*vkl., nachkl.*) GRAM eine Verkleinerungsform bilden; ***sacellum ex sacro d.*** Tempelchen von Tempel ableiten; ***nomen deminutum*** Verkleinerungsform, Deminutiv

dēminūtiō ⟨ōnis⟩ *f* ||deminuo||
1. Verminderung, Verringerung, Schmälerung, Schwächung; ***d. lunae*** Abnahme des Mondes; ***d. vectigalium*** Steuernachlass
2. ***d. capitis maxima*** Verlust des Bürgerrechts und der persönlichen Freiheit; ***d. media/minor*** Verlust des Bürgerrechts
3. Verkürzung der Amtszeit, ***provinciae*** in der Provinz
4. Liv., *Geschäftssprache* Veräußerungsrecht
5. ***d. mentis*** Geistesabwesenheit
6. Quint., GRAM Verkleinerungsform, Deminutiv

dē-mīror ⟨ātus sum, ārī 1.⟩ sich sehr wundern, *aliquid* über etw, + *AcI* / + *indir Fragesatz*; ***demirandus*** bewundernswert

dē-mīsī → ***demitto***

dēmissīcius ⟨a, um⟩ *Adj* ||demissus, *PPP von* demitto|| herabhängend

dēmissiō ⟨ōnis⟩ *f* ||demitto|| das Herablassen; ***d. storiarum*** herabhängende Matten; ***d. animi*** *fig* Niedergeschlagenheit

dē-missus[1] ⟨a, um⟩ *PPP* → ***demisso***

dē-missus[2] ⟨a, um⟩ *Adj* ||demitto||
1. gesenkt, herabhängend; ***demisso capite*** mit gesenktem Kopf
2. niedrig gelegen, niedrig; ***loca demissa*** Niederungen
3. *fig von der Stimme* gedämpft, leise; ***demissā voce*** mit gedämpfter Stimme
4. bescheiden, schlicht; ***sermo d.*** schlichte Rede
5. niedergeschlagen; ***animo d.*** niedergeschlagen, kleinlaut
6. niedrig, dürftig; ***res demissae*** dürftige Verhältnisse

dē-mītigō ⟨āvī, ātum, āre 1.⟩ zur Milde stimmen

dē-mittō ⟨mīsī, missum, mittere 3.⟩

> 1. niederlassen, hinablassen
> 2. hinabgehen lassen, hinabziehen lassen
> 3. versenken, sinken lassen
> 4. sich hinabbegeben
> 5. abstammen, seinen Ursprung ableiten

1. niederlassen, hinablassen, hinabschicken, herabschicken, fallen lassen; ***navem secundo amni d.*** das Schiff stromabwärts treiben lassen; ***lacrimas d.*** Tränen vergießen; ***castra d.*** das Lager hinabverlegen
2. *von Menschen u. Tieren* hinabgehen lassen, hinabziehen lassen, hinabmarschieren lassen; ***equum in flumen d.*** das Pferd zum Fluss hinabgehen lassen; ***agmen in Thessaliam d.*** das Heer nach Thessalien marschieren lassen; *Passiv* hinabgehen, hinabsteigen
3. versenken, sinken lassen; *von Flüssigkeiten* hinabfließen lassen; herabhängen lassen; *Passiv* herabhängen; *Passiv u.* ***se d.*** *von Gewässern* herabfließen; ***oculos d.*** die Augen senken; ***aliquid in pectus d.*** sich etw zu Herzen nehmen; ***arma consuli d.*** die Waffen vor dem Konsul *zur Begrüßung* senken; ***animum d.*** den Mut sinken lassen; ***subli-***

cas in terram d. Pfähle in den Boden rammen
4. ***se d.*** sich hinabbegeben; *fig* sich auf *etw* einlassen, *in aliquid*; sich erniedrigen, *ad aliquid* zu etw; ***in res turbulentissimas se d.*** sich auf höchst verwirrte Angelegenheiten einlassen; ***ad adulationem se d.*** sich zur Kriecherei erniedrigen
5. *Passiv* abstammen, seinen Ursprung ableiten, *ab aliquo* von j-m; ***demitti ab Aenea*** von Aeneas abstammen; ***demittitur nomen ab Iulo*** der Name wird von Iulus abgeleitet

dēmiūrgus ⟨ī⟩ *m* ||griech. Fw.|| *(nachkl.) höchster Beamter in griech. Stadtstaaten*; *(eccl.)* Weltenschöpfer

▶ **dēmō** ⟨dēmpsī, dēmptum, dēmere 3.⟩ ||de, emo||
1. wegnehmen, abnehmen, *alicui aliquid* j-m etw; ***poma arbore d.*** Obst vom Baum pflücken
2. beseitigen, abziehen, schmälern; ***sollicitudinem d.*** die Sorgfalt einschränken
3. *vom Ganzen od einer Summe* abziehen, *aliquid de re* etw von etw; ***exiguum de mare pleno aquae d.*** Ov. einige Tropfen Wasser vom vollen Meer wegnehmen; ***dempto fine*** ohne Ende; ***dempto auctore*** auch ohne Rücksicht auf den Urheber

Dēmocritēa ⟨ōrum⟩ *n* ||Democritus|| Lehrsätze des Demokrit

Dēmocritēus *u.* **Dēmocritīus**
I ⟨a, um⟩ *Adj* ||Democritus|| des Demokrit, zu Demokrit gehörig
II ⟨ī⟩ *m* Schüler des Demokrit, Anhänger des Demokrit

Dēmocritus ⟨ī⟩ *m* Demokrit, *Philos. aus Abdera in Thrakien, gest. 361 v. Chr., Begründer der Atomlehre*

dē-mōliō ⟨īvī, ītum, īre 4.⟩ *u.* **dē-mōlior** ⟨ītus sum, īrī 4.⟩
1. herabwälzen; *fig* abwälzen, ***culpam*** die Schuld
2. *fest Gebautes gewaltsam* abbrechen, niederreißen, „demolieren"; *auch fig* zerstören, zugrunde richten
3. *Schweres* herabnehmen

dēmōlītiō ⟨ōnis⟩ *f* ||demolior|| das Niederreißen, das Schleifen

dēmōnstrātiō ⟨ōnis⟩ *f* ||demonstro||
1. das Zeigen, das Hinweisen, *alicuius rei* auf etw
2. Nachweis, Darlegung, Beweisführung
3. RHET Prunkrede

dēmōnstrātīva ⟨ae⟩ *f* ||demonstrativus|| Prunkrede

dēmōnstrātīvus ⟨a, um⟩ *Adj* ||demonstratus, *PPP von.* demonstro||
1. *(nachkl.)* hinzeigend, darlegend
2. RHET verherrlichend

dēmōnstrātor ⟨ōris⟩ *m* ||demonstro|| der *etw* zeigt, der *etw* angibt

▶ **dē-mōnstrō** ⟨āvī, ātum, āre 1.⟩
1. (genau) zeigen, bestimmt bezeichnen, ***digito locum*** einen Ort mit dem Finger
2. *mit Worten* bezeichnen, anführen, darlegen, erwähnen; auseinander setzen, *aliquem / aliquid* j-n / etw, *+ AcI / + indir Fragesatz*; ***ut supra demonstravimus*** wie oben gezeigt
3. beweisen, *aliquid* etw, *+ AcI*
4. genau bestimmen, ***fines*** die Grenzen
5. bedeuten, der Bedeutung nach bezeichnen

Dēmophōn *u.* **Dēmophoōn** ⟨ōntis⟩ *m*
1. *Trojaner, Gefährte des Aeneas*
2. *Seher im Heer Alexanders des Großen*

dē-morior ⟨mortuus sum, morī 3.⟩
I *v/i* wegsterben, hinsterben, versterben; Plaut. *fig* schwinden
II *v/t* Plaut. zum Sterben verliebt sein, *aliquem* in jdn

dē-moror ⟨ātus sum, ārī 1.⟩
I *v/i* sich aufhalten, zögern, säumen
II *v/t* aufhalten, verzögern, hindern; ***novissimum agmen d.*** die Nachhut aufhalten; ***annos d.*** das Leben noch fristen; ***Teucros armis d.*** die Trojaner vom Kampf abhalten

Dēmosthenēs ⟨is⟩ *u.* ⟨ī⟩, *Akk* ⟨em⟩ *u.* ⟨ēn⟩ *m athenischer Redner, Gegner Philipps von Makedonien, 384 bis 322 v. Chr.*

Dēmosthenicus ⟨a, um⟩ *Adj* des Demosthenes, zu Demosthenes gehörig

dē-moveō ⟨mōvī, mōtum, movēre 2.⟩
1. wegbewegen, fortschaffen, entfernen, abbringen, *loco / de loco* von einem Ort, *de re / ex re / a re* von etw; ***de sententia d.*** von der Meinung abbringen
2. vertreiben, verdrängen, ***aliquem statu / gradu suo*** j-n aus seiner Stellung; ***aliquem ordine d.*** j-n aus seinem Amt entfernen; ***aliquem in insulam d.*** j-n auf eine Insel verbannen
3. abwenden, abbringen, beseitigen; ***suspicionem a se d.*** den Verdacht von sich abwenden; ***aliquem lucro d.*** j-n um seinen Gewinn bringen

dēmpsī → ***demo***

dēmptus ⟨a, um⟩ *PPP* → ***demo***

dē-mūgītus ⟨a, um⟩ *Adj* ||mugio|| Ov. mit Gebrüll erfüllt

dē-mulceō ⟨mulsī, mulsum⟩ *u.* ⟨mulctum, mulcēre 2.⟩ *(vkl., nachkl.)* liebkosend streicheln

▶ **dēmum** *Adv*
1. *zeitl. u. bedingend* erst, endlich, schließlich, zuletzt, *an das betonte Wort angelehnt*; ***a septima demum hora*** erst zur siebten Stunde, endlich zur siebten Stunde; ***nunc demum*** jetzt erst, jetzt endlich; ***modo demum*** eben erst; ***ea demum amicitia est*** Cic. das erst ist Freundschaft
2. *steigernd* vollends, erst recht
3. *(nachkl.) einschränkend* eben, wenigstens; ***tum demum*** dann nur

dē-mūneror ⟨ātus sum, ārī 1.⟩ Ter. reichlich beschenken

dē-murmurō ⟨-, -, āre 1.⟩ Ov. hermurmeln

dēmus *Adv (altl.)* = ***demum***

dēmūtātiō ⟨ōnis⟩ *f* ||demuto|| Veränderung, Entartung

dē-mūtō ⟨āvī, ātum, āre 1.⟩
I *v/t (vkl., nachkl.)* abändern, verändern, verschlechtern
II *v/i (vkl., nachkl.)* sich ändern, abweichen, abgehen, *a re / de re* von etw

▶ **dēnārius**
I ⟨a, um⟩ *Adj (nachkl.)* je zehn enthaltend; ***nummus d.*** Münze von 10 As
II ⟨ī⟩ *m*
1. Denar, *röm. Hauptsilbermünze, urspr. 10, seit 217 v. Chr. 16 asses = 4 Sesterze, in spätröm. Zeit Goldmünze, in der späten Kaiserzeit Kupfermünze,*

im MA kleine Silbermünze
2. Denar, *Gewichtsbezeichnung = 3,5 g*
dē-narrō ⟨āvī, ātum, āre 1.⟩ *(unkl.)* genau erzählen
dē-nāsō ⟨-, -, āre 1.⟩ ||nasus|| Plaut. der Nase berauben
dē-natō ⟨-, -, āre 1.⟩ (Hor., *spätl.*) hinabschwimmen
dē-negō ⟨āvī, ātum, āre 1.⟩
1. leugnen, entschieden in Abrede stellen, *aliquid* / + *AcI*
2. rundweg abschlagen, verweigern, *alicui aliquid* j-m etw, + *Inf*, *quominus* dass
dēnī ⟨ae, a⟩ *Num distr*
1. je zehn
2. zehn auf einmal; ***bis deni*** zweimal zehn = zwanzig
3. *Sg* der jeweils zehnte
dē-nicālis ⟨e⟩ *Adj* ||nex|| den Todesfall betreffend; ***feriae denicales*** Totenfest
▶ **dēnique** *Adv*
1. *in Aufzählungen zum Anschluss des letzten Gliedes* und außerdem, schließlich, endlich
2. *abschließend* kurz, mit einem Wort
3. *verallgemeinernd* überhaupt, ja
4. *steigernd* ja sogar
5. *vermindernd* auch nur, wenigstens; ***aut denique*** oder wenigstens
6. *zeitl.* (= ***demum***) erst, endlich, gerade, eben
7. *iron* am Ende gar
dē-nōminō ⟨āvī, ātum, āre 1.⟩ *(unkl.)* benennen
dē-nōrmō ⟨-, -, āre 1.⟩ ||norma|| aus dem rechten Winkel bringen, unregelmäßig machen
dē-notō ⟨āvī, ātum, āre 1.⟩
1. *j-n / etw* deutlich bezeichnen, auf *j-n / etw* hindeuten, auf *j-n / etw* aufmerksam machen, *aliquem / aliquid*
2. *(nachkl.) fig* beschimpfen, brandmarken
▶ **dēns** ⟨dentis⟩ *m*
1. Zahn; ***d. eburneus / Indus*** Elfenbein
2. (*erg.* ***aevi***) Zahn der Zeit
3. (*erg.* ***invidus***) Zahn des Neides = Neid, Missgunst, Spott
4. *meton etw, das einem Zahn ähnlich ist*: ***dentes serrae*** Sägezähne; ***d. ancorae*** Ankerhaken; ***dentes muri*** Zinnen einer Mauer; ***densus d.*** Haarkamm; ***d. fixus*** Nachschlüssel
dēnseō ⟨-, ētum, ēre 2.⟩ ||*Denom von* densus|| *(vkl.)*
1. verdichten, dicht machen, ***aggerem*** einen Damm
2. dicht aufstellen, gedrängt aufstellen, ***ordines*** die Reihen; *Passiv* sich bedecken; ***caelum densetur*** der Himmel bedeckt sich
3. *fig* rasch aufeinander folgen lassen; *Passiv* rasch aufeinander folgen
dēnsitās ⟨ātis⟩ *f* ||densus|| *(nachkl.)* Dichte; *fig* Häufigkeit
dēnsō ⟨āvī, ātum, āre 1.⟩ ||*Denom von* densus|| *(nachkl.)*
1. = ***denseo***
2. *Webersprache*: *ein Gewebe mit dem Webkamm* dicht schlagen
▶ **dēnsus** ⟨a, um⟩ *Adj*, *Adv* ⟨dēnsē⟩
1. dicht; ***silva densa*** dichter Wald; ***castra densa*** dicht nebeneinander stehende Lager
2. dicht besetzt, dicht bewachsen, *re* mit etw; ***nemus arboribus densum*** ein Hain mit dichtem Baumwuchs
3. *fig* dicht gedrängt, dicht gefügt; *von der Sprache* bündig
4. *(nachkl.) zeitl.* wiederholt, zahlreich
5. stark, heftig; ***densa frigoris asperitas*** Ov. anhaltende strenge Kälte
dentālia ⟨ium⟩ *n* ||dens|| *(nachkl.) poet* Scharbaum *am Pflug*
dentātus ⟨a, um⟩ *Adj* ||dens||
1. mit Zähnen versehen, mit Zinken besetzt, gezahnt
2. mit Elfenbein geglättet
Denthēlētī ⟨ōrum⟩ *m thrakischer Stamm im Quellgebiet des Strymon, um das heutige Sofia in Bulgarien*
denti-frangibula ⟨ōrum⟩ *n* ||dentifrangibulus|| (*erg.* ***instrumenta***) Fäuste
denti-frangibulus
I ⟨a, um⟩ *Adj* ||dens, frango|| Plaut. zahnausbrechend
II ⟨ī⟩ *m* Plaut. der Zähne ausschlägt
denti-fricium ⟨ī⟩ *n* ||dens, frico|| (*nachkl.*, Mart.) Zahnpulver
denti-legus ⟨a, um⟩ *Adj* ||dens, lego[2]|| Plaut. (ausgeschlagene) Zähne auflesend
dentiō ⟨-, -, īre 4.⟩ ||*Denom von* dens|| Zähne bekommen; ***ne mihi dentes dentiant*** Plaut. *hum* damit mir die Zähne nicht Junge kriegen *vor Hunger*
denti-scalpium ⟨ī⟩ *n* ||dens, scalpo|| Mart. Zahnstocher
dē-nūbō ⟨nūpsī, nuptum, nūbere 3.⟩ *(nachkl.) poet aus dem Elternhaus* wegheiraten, sich verheiraten, *alicui* mit j-m, (Tac., Suet.) *auch für Homosexuelle*
dē-nūdō ⟨āvī, ātum, āre 1.⟩
1. entblößen, aufdecken
2. *(vkl., nachkl.) fig* offenbaren, *alicui aliquid* j-m etw
3. berauben, ausplündern, *aliquem* jdn
dē-numerō ⟨āvī, ātum, āre 1.⟩ = ***dinumero***
dēnūntiātiō ⟨ōnis⟩ *f* ||denuntio||
1. förmliche Ankündigung, feierliche Anzeige, ***consulis*** des Konsuls, ***victoriae*** des Sieges
2. Androhung; ***d. belli*** Kriegsdrohung
3. JUR Aussage vor Gericht; Aufforderung zur Zeugenaussage
4. Voraussage, Prophezeiung
dē-nūntiō ⟨āvī, ātum, āre 1.⟩
1. in aller Form ankündigen, verkünden, erklären, melden, *aliquid* etw, + *AcI*
2. drohend ankündigen, androhen
3. Schlimmes prophezeien, *alicui* j-m
4. *(unkl.)* befehlen, *ut / ne* dass / dass nicht, + *Konjkt* / + *Inf*
5. *einer Behörde* Anzeige erstatten
6. JUR die Erhebung der Klage ankündigen; *dem Richter* die Rücknahme der Klage anzeigen; ***d. in iudicium*** zum Erscheinen vor Gericht auffordern; ***alicui testimonium d.*** j-n zur Zeugenaussage auffordern
dē-nuō *Adv* von Neuem, noch einmal, wieder
dēnus ⟨a, um⟩ *Num distr* → ***deni***
Dēō ⟨ūs⟩ *f poet* = Ceres
Dēōis ⟨idis⟩ *f* Tochter der Ceres, = Persephone

Dēōius ⟨a, um⟩ *Adj* der Ceres geweiht
de-onerō ⟨āvī, ātum, āre 1.⟩ (*spätl.*) entlasten, entladen; *fig* abnehmen, *aliquid ex re* einen Teil von etw; ***aliquid ex invidia d.*** etw von dem Hass wegnehmen
de-orsum *u.* **de-orsus** *Adv*
1. abwärts, hinunter; ***sursum deorsum*** auf und nieder
2. (*vkl.*) unten, unterhalb
de-ōsculor ⟨ātus sum, ārī 1.⟩ (*vkl., nachkl.*) abküssen
dē-pacīscor ⟨pactus sum, pacīscī 3.⟩
I *v/i* einen Vertrag schließen, einen Vergleich schließen; ***d. ad condicionem alicuius*** auf j-s Vorschlag hin einen Vertrag schließen; ***iam d. morte cupio*** Ter. nun sterbe ich gerne
II *v/t* sich *etw* ausbedingen, *aliquid*; ***sibi aliquid cum aliquo d.*** sich bei j-m etw ausbedingen
dē-pangō ⟨-, pāctum, pangere 3.⟩ (*nachkl.*) in die Erde einschlagen, einsetzen; *fig ein Ziel od eine Grenze* setzen; ***vitae depactus terminus*** Lucr. die dem Leben gesetzte Grenze
dē-parcus ⟨a, um⟩ *Adj* Suet. knauserig
dē-pāscō ⟨pāvī, pāstum, pāscere 3.⟩ *poet vom Hirten* abweiden lassen; (*nachkl.*) *vom Vieh* abweiden; ***luxuriem orationis stilo d.*** *fig* die übervolle Rede mit dem Griffel beschneiden
dē-pāscor ⟨pāstus sum, pāscī 3.⟩ *vom Vieh* abweiden, abgrasen;
dē-pecīscor ⟨pectus sum, pecīscī 3.⟩ = ***depaciscor***
dē-pectō ⟨-, -, ere 3.⟩ (*unkl.*) herabkämmen; Ter. *hum* durchprügeln
dē-pectus ⟨a, um⟩ *PPerf* → ***depeciscor***
dēpecūlātor ⟨ōris⟩ *m* ||depeculor|| Plünderer
dēpecūlātus ⟨ūs⟩ *m* ||depeculor|| das Ausplündern
dē-pecūlor ⟨ātus sum, ārī 1.⟩ ausplündern, bestehlen; ***laudem familiae d.*** *fig* das Ansehen der Familie rauben
dē-pellō ⟨pulī, pulsum, pellere 3.⟩
1. hinabtreiben; herabwerfen; ***oves d.*** Schafe hinabtreiben; ***simulacra d.*** Bilder hinabwerfen
2. vertreiben, verjagen, *aliquem re* j-n von etw; ***hostem loco d.*** MIL den Feind aus der Stellung werfen; ***de gradu aliquem d.*** j-n aus seiner vorteilhaften Stellung verdrängen; ***d. senatu*** aus dem Senat ausstoßen; ***aliquem aquilones depellunt*** die Nordwinde bringen j-n vom Kurs ab; ***d. molestias*** Lästiges verdrängen
3. *von der Mutterbrust* absetzen, entwöhnen; ***agnum a lacte d.*** ein Lamm entwöhnen; ***aliquem ab ubere matris d.*** j-n von der Mutterbrust entwöhnen
4. abhalten, abwehren, ***pestem a re publica*** Unglück vom Staat
5. von *etw* abbringen, aufzugeben zwingen, *aliquem a re / de re* j-n von etw; ***aliquem de causa suscepta d.*** j-n von einem begonnenen Prozess abbringen
dē-pendeō ⟨-, -, ēre 2.⟩ (*nachkl.*) *poet* von *etw* abhängen, *a re*; etymologisch mit *etw* zusammenhängen, von *etw* abstammen, *re*
dē-pendō ⟨pendī, pēnsum, pendere 3.⟩ *Geld* abwiegen = bezahlen
dē-perdō ⟨perdidī, perditum, perdere 3.⟩
1. (*nachkl.*) *poet* zugrunde richten, verderben; ***deperditus*** ganz heruntergekommen, erschöpft; ***alicuius amore deperditus*** unsterblich in j-n verliebt
2. gänzlich verlieren, einbüßen, *aliquid ex re / de re / re* etw von etw, etw an etw; ***paululum de libertate d.*** etw von seiner Freiheit einbüßen
dē-pereō ⟨periī, peritūrus, perīre 0.⟩ völlig zugrunde gehen, umkommen; ***naves tempestate depereunt*** die Schiffe gehen durch den Sturm zugrunde; ***d. amore*** vor Liebe vergehen
depilatorium ⟨i⟩ *n* (*nlat.*) Enthaarungsmittel
dē-pilō ⟨āvī, ātum, āre 1.⟩ (*nachkl.*) enthaaren, rupfen; ***depilatus*** gerupft = betrogen
dē-pingō ⟨pīnxī, pictum, pingere 3.⟩
1. (*nachkl.*) *poet* abmalen, abbilden
2. *fig mit Worten* schildern, beschreiben; ***aliquid cogitatione d.*** sich in Gedanken vorstellen
3. (*nachkl.*) bemalen, besticken
dē-plangō ⟨plānxī, plānctum, plangere 3.⟩ (*nachkl.*) *poet* beklagen, bejammern
dē-plexus ⟨a, um⟩ *Adj* ||plecto|| Lucr. umklammernd
dēplōrābundus ⟨a, um⟩ *Adj* ||deploro|| Plaut. jammernd
dēplōrātiō ⟨ōnis⟩ *f* ||deploro|| Sen. das Jammern, das Beklagen
dē-plōrō ⟨āvī, ātum, āre 1.⟩
I *v/i* laut weinen, jammern, klagen
II *v/t*
1. beweinen, beklagen, als verloren aufgeben
2. ***multa d. de re*** vieles klagend vorbringen über etw
dē-pluō ⟨pluī, -, pluere 3.⟩ *v/i poet* herabregnen
dē-pōnō ⟨posuī, positum, pōnere 3.⟩

1. ablegen, niederlegen
2. (ein)pflanzen, säen
3. gebären, zur Welt bringen
4. ablegen, beiseite legen
5. aufgeben, ablehnen
6. niederlegen, abdanken
7. beenden, beilegen
8. entfernen, verbannen
9. in Sicherheit bringen, in Verwahrung geben
10. aussetzen
11. abtragen, niederreißen
12. aufgeben
13. bestatten

1. ablegen, niederlegen, herablegen, herabstellen; *j-m etw* abnehmen, *alicui aliquid*; ***onus d.*** eine Last ablegen; ***coronam in aram d.*** den Kranz auf den Altar legen; ***exercitum in terram d.*** das Heer an Land setzen, das Heer ausschiffen; ***iumentis onera d.*** den Lasttieren die Lasten abnehmen
2. *meton* (ein)pflanzen, säen; ***plantas in hortis d.*** Pflanzen in den Gärten einsetzen
3. gebären, zur Welt bringen, ***fetūs*** die Jungen
4. ablegen, beiseite legen, ***scuta*** die Schilde; ***arma d.*** die Waffen niederlegen, die Waffen strecken
5. *etw* aufgeben, ablehnen, auf *etw* verzichten, *aliquid*; ***provinciam d.*** auf eine Provinz verzichten; ***triumphum d.*** einen Triumph ablehnen
6. *ein Amt* niederlegen, abdanken; ***imperium d.*** den Oberbefehl niederlegen

D

7. beenden, beilegen, ***bellum*** den Krieg
8. (*nachkl.*) entfernen, verbannen
9. in Sicherheit bringen, in Verwahrung geben, deponieren, *aliquid in re* etw in etw; *fig* anvertrauen, *alicui aliquid* j-m etw, *aliquid in re* etw einer Sache; ***pecuniam in publico d.*** sein Geld bei der Staatskasse in Verwahrung geben; ***sua omnia in silvis d.*** all seine Habe in den Wäldern in Sicherheit bringen; ***d. aliquid tutis auribus*** etw diskreten Ohren anvertrauen
10. *als Kampfpreis od Pfand* aussetzen, ***vitulam*** Verg. ein Jungrind
11. (*spätl.*) abtragen, niederreißen, ***aedificia*** Gebäude
12. *einen Kranken* aufgeben, an *j-s* Rettung verzweifeln, *nur PPP* ***depositus*** im Sterben liegend, verstorben, rettungslos verloren
13. (*mlat.*) bestatten

dēpopulātiō ⟨ōnis⟩ *f* ||depopulor|| Verwüstung, Plünderung

dēpopulātor ⟨ōris⟩ *m* ||depopulor|| Verwüster, Plünderer

dē-populō ⟨āvī, ātum, āre 1.⟩ (*Nebenform*) *u.* **dē-populor** ⟨ātus sum, ārī 1.⟩ verwüsten, verheeren, ausplündern

dē-portō ⟨āvī, ātum, āre 1.⟩
1. hinabtragen, hinabbringen, hinabschaffen
2. *von Flüssen* mit sich führen, mit sich tragen
3. fortbringen, fortschaffen, nach Hause (mit)bringen; ***litteras ex Sicilia d.*** Briefe aus Sizilien mitbringen
4. (*nachkl.*) verbannen, deportieren, ***aliquem Italiā*** j-n aus Italien

dē-poscō ⟨poposcī, -, poscere 3.⟩
1. dringend fordern, nachdrücklich verlangen
2. sich ausdrücklich ausbedingen; ***sibi consulatum d.*** sich das Konsulat ausbedingen
3. *j-s* Auslieferung fordern, *j-s* Bestrafung fordern; ***Hannibalem d.*** Hannibals Auslieferung fordern
4. (*nachkl.*) *Fechtersprache* zum Kampf herausfordern

dēpositiō ⟨ōnis⟩ *f* ||depono|| (*nachkl., spätl.*) das Niederlegen, das Ablegen; RHET, GRAM das Absetzen *am Schluss eines Verses od einer Periode*; Senkung

dēpositum ⟨ī⟩ *n* ||depono|| anvertrautes Gut; ***d. fidei*** (*eccl.*) Glaubensgut

dē-positus ⟨a, um⟩ *PPP* → ***depono***

dē-posuī → ***depono***

dē-praedor ⟨ātus sum, ārī 1.⟩ ausplündern

dēpraesentiārum *Adv* Petr. sofort, gleich

dēprāvātiō ⟨ōnis⟩ *f* ||depravo|| Verdrehung, Verunstaltung; *fig* Verschlechterung; Verkehrtheit

dēprāvātus ⟨a, um⟩ *Adj*, *Adv* ⟨dēprāvātē⟩ ||depravo|| verkehrt, verzerrt; ***imitatio depravata*** Karikatur

dē-prāvō ⟨āvī, ātum, āre 1.⟩ verdrehen, entstellen; *fig* verderben, verführen

dēprecābundus ⟨a, um⟩ *Adj* ||deprecor|| Tac. inständig bittend

dēprecātiō ⟨ōnis⟩ *f* ||deprecor||
1. Abbitte
2. Bitte um Abwendung; ***periculi*** einer Gefahr
3. Bitte um Gnade, ***facti*** für eine Tat
4. Anrufung, ***deorum*** der Götter
5. Fürbitte, Fürsprache, *pro aliquo* für jdn

dēprecātor ⟨ōris⟩ *m* ||deprecor|| Fürsprecher, Vermittler

dē-precor ⟨ātus sum, ārī 1.⟩
1. *etw* Böses durch Bitten abzuwenden versuchen
2. um Verzeihung bitten, um Gnade bitten; ***pro aliquo d.*** für j-n Fürbitte einlegen; ***aliquo precante*** auf j-s Fürbitte hin
3. um *etw* bitten, *etw* erbitten, erflehen, *aliquid* etw, *ut/ne* dass/dass nicht, *alicui/pro aliquo* für j-n, *ab aliquo* von j-m, bei j-m; ***misericordiam d.*** um Mitleid bitten; ***pacem d.*** um Frieden bitten; ***ab aliquo vitam multorum d.*** j-n um das Leben vieler bitten, ***d. nihil pro se ipso*** nichts für sich selbst erflehen; ***civem a civibus d.*** den Bürger von den Bürgern losbitten
4. Sall. als Entschuldigungsgrund anführen, + *AcI*; ***d. erravisse regem*** entschuldigend anführen, der König habe sich geirrt
5. Catul. verwünschen

▶ **dē-prehendō** ⟨prehendī, prehēnsum, prehendere 3.⟩
1. ergreifen, aufgreifen
2. antreffen, finden, (*klass.*) *nur pej*; ***gladios apud aliquem d.*** bei j-m Waffen finden; ***aliquem in ipso facinore d.*** j-n auf frischer Tat ertappen, ***aliquem in adulteriis d.*** j-n beim Ehebruch ertappen; ***hostes sine duce d.*** die Feinde führerlos überraschen
3. in die Enge treiben, ***testes*** Zeugen
4. *geistig* erfassen, erkennen, entdecken, begreifen; *Passiv* sich zeigen

dēprehēnsiō ⟨ōnis⟩ *f* ||deprehendo|| das Auffinden, das Entdecken

dē-prehēnsus ⟨a, um⟩ *PPP* → ***deprehendo***

de-prēndō ⟨prēndī, prēnsum, prēndere 3.⟩ = ***deprehendo***

dē-pressī → ***deprimo***

dēpressus[1] ⟨a, um⟩ *Adj* ||deprimo|| niedrig, niedrig gelegen; *fig von der Stimme* gedämpft

dē-pressus[2] ⟨a, um⟩ *PPP* → ***deprimo***

dē-primō ⟨pressī, pressum, primere 3.⟩ ||premo||
1. herabdrücken, niederdrücken; ***aratrum in terram d.*** den Pflug in die Erde senken; ***supercilia d.*** die Augenbrauen senken
2. versenken, ***naves*** Schiffe
3. tief in die Erde versenken, tief graben; ***fossam d.*** einen Graben tief ausheben
4. Sen. *fig* senken, ***vocem*** die Stimme
5. *fig* unterdrücken, niederhalten, ***hostem*** den Feind, ***veritatem*** die Wahrheit
6. *fig mit Worten* herabsetzen

dē-proelior ⟨-, -, ārī 1.⟩ Hor. wütend kämpfen

dē-prōmō ⟨prōmpsī, prōmptum, prōmere 3.⟩
1. hervorholen, herbeischaffen, ***pecuniam ex aerario*** Geld aus der Staatskasse
2. *fig* entnehmen, entlehnen; zum Besten geben; ***orationem ex iure civili d.*** die Rede dem bürgerlichen Recht entnehmen

dē-properō ⟨-, -, āre 1.⟩
I *v/i* sich beeilen
II *v/t* eilig anfertigen, eilig beschaffen

depsō ⟨depsuī, depstum, depsere 3.⟩ ||griech. Fw.|| kneten, durcharbeiten; Cic. mit *j-m* schlafen, *ali-*

D

quem

dē-pudet ⟨uit, -, ēre 2.⟩ *unpers* *(nachkl.)* *poet* sich nicht mehr schämen, *aliquem* j-d, + *Inf*

dē-pūgis ⟨e⟩ *Adj* ||puga|| Hor. ohne Hinterbacken, mit mageren Lenden

dē-pūgnō ⟨āvī, ātum, āre 1.⟩

I *v/i* bis zur Entscheidung kämpfen, auf Leben und Tod kämpfen

II *v/t* Plaut. auskämpfen, ***proelium*** eine Schlacht

dē-pulī → ***depello***

dē-pulsiō ⟨ōnis⟩ *f* ||depello||

1. das Zurückstoßen, das Zurückwerfen; ***d. luminum*** Reflexion der Lichtstrahlen

2. *fig* Abwehr, Abweisung

3. RHET Abwehr *einer Beschuldigung*

dē-pulsō ⟨-, -, āre 1.⟩ ||*Intens von* depello|| Plaut. fortstoßen

dēpulsor ⟨ōris⟩ *m* ||depello|| Zerstörer; ***d. dominatūs*** Zerstörer der Herrschaft

dē-pulsus ⟨a, um⟩ *PPP* → ***depello***

dē-pūrgō ⟨āvī, ātum, āre 1.⟩ *(vkl., nachkl.)* reinigen; MED abführen

deputatum ⟨i⟩ *n* *(mlat.)* Abgabe; Naturallohn für Landarbeiter

dē-putō ⟨āvī, ātum, āre 1.⟩

1. abschneiden, beschneiden, ***ramos*** Zweige

2. abschätzen, für *etw* halten

3. *(spätl.)* zuweisen, anweisen, bestimmen; ***milites obsequio d.*** Soldaten zum Gehorsam anweisen

dē-pȳgis ⟨e⟩ *Adj* → ***depugis***

dēque *Adv* → ***sus²***

dē-rādō ⟨rāsī, rāsum, rādere 3.⟩ *(vkl., nachkl.)* abschaben, abkratzen

dērāsus ⟨a, um⟩ *Adj* kahl

Derbices ⟨um⟩ *m* *Volk am Westufer des Kaspischen Meeres, im heutigen Georgien*

Dercetis ⟨is⟩ *f* *syrische Göttin, mit Aphrodite/Venus verglichen*

dērēctus ⟨a, um⟩ *Adj* = ***directus***

dērelictiō ⟨ōnis⟩ *f* ||derelinquo|| Vernachlässigung

dērelictus¹ ⟨a, um⟩ *Adj* ||derelinquo|| menschenleer; ***aliquid pro derelicto habere*** etw als herrenloses Gut betrachten

dē-relictus² ⟨a, um⟩ *PPP* → ***derelinquo***

dē-relinquō ⟨līquī, lictum, linquere 3.⟩

1. völlig verlassen, ganz aufgeben

2. zurücklassen

3. *fig* vernachlässigen

dē-repente *Adv* *(unkl.)* urplötzlich

dē-rēpō ⟨rēpsī, -, rēpere 3.⟩ *(unkl.)* herabkriechen, herabschleichen

dē-reptus ⟨a, um⟩ *PPP* → ***deripio***

dē-rīdeō ⟨rīsī, rīsum, rīdēre 2.⟩ auslachen, verspotten; *abs* spotten

dērīdiculum ⟨ī⟩ *n* ||deridiculus|| Gespött, Lächerlichkeit; ***d. corporis*** Gebrechlichkeit

dērīdiculus ⟨a, um⟩ *Adj* ||derideo|| *(vkl., nachkl.)* lächerlich

dē-rigēscō ⟨riguī, -, rigēscere 3.⟩ *(nachkl.)* *poet* *von Personen u. Sachen* völlig erstarren; ***derigescunt mihi comae*** mir stehen die Haare zu Berge

dē-rigō ⟨rēxī, rēctum, rigere 3.⟩ = ***dirigo***

dē-ripiō ⟨ripuī, reptum, ripere 3.⟩ ||rapio||

1. (her)abreißen, wegreißen; ***ensem de vagina d.*** das Schwert aus der Scheide reißen; ***lunam caelo d.*** den Mond vom Himmel herabziehen

2. entreißen, *alicui aliquid* j-m etw; ***spolia Romanis d.*** den Römern die Rüstungen entreißen

3. *fig* schmälern; ***tantum de auctoritate d.*** so viel vom Ansehen schmälern

dērīsor ⟨ōris⟩ *m* ||derideo|| *(unkl.)* Spötter, Witzbold

dērīsus ⟨ūs⟩ *m* ||derideo|| *(nachkl.)* *poet* Spott, Gespött

dērīvātiō ⟨ōnis⟩ *f* ||derivo||

1. Ableitung, Umleitung, ***fluminis*** eines Flusses

2. GRAM Ableitung

3. RHET Vertauschung sinnverwandter Wörter

▶ **dē-rīvō** ⟨āvī, ātum, āre 1.⟩ ||rivus||

1. *eine Flüssigkeit* ableiten, umleiten, *auch* hinleiten; ***aquam ex flumine d.*** Wasser aus dem Fluss ableiten; ***responsionem alio d.*** *fig* ablenkend antworten

2. *(nachkl.)* GRAM *Wörter etymologisch* ableiten

3. *fig* abwälzen; ***culpam in aliquem d.*** die Schuld auf j-n abwälzen; ***iram in se d.*** Zorn auf sich laden

dērogātiō ⟨ōnis⟩ *f* ||derogo|| teilweise Aufhebung, teilweise Beschränkung *eines Gesetzes*

dē-rogō ⟨āvī, ātum, āre 1.⟩

1. wegnehmen, vermindern, entziehen; ***alicui fidem d.*** j-m den Kredit entziehen

2. teilweise aufheben, *de lege/ex lege/legi* ein Gesetz

dē-rōsus ⟨a, um⟩ *Adj* ||rodo|| abgenagt

dē-runcinō ⟨āvī, ātum, āre 1.⟩ abhobeln; Plaut. *fig* übers Ohr hauen

dē-ruō ⟨ruī, rutum, ruere 3.⟩ *nur fig* herabwerfen; ***d. cumulum de laudibus Dolabellae*** Cic. den Ruhm des Dolabella stutzen

dērupta ⟨ōrum⟩ *n* ||deruptus|| abschüssige Stellen

dē-ruptus ⟨a, um⟩ *Adj* ||rumpo|| steil, abschüssig

des. *Abk* = ***designatus*** designiert, erklärt; → ***designo***

dē-saeviō ⟨iī, ītum, īre 4.⟩ *(nachkl.)*

1. *poet* wild toben

2. *poet* zu toben aufhören, sich austoben

dē-saltō ⟨āvī, ātum, āre 1.⟩ Suet. pantomimisch vortragen

▶ **dē-scendō** ⟨scendī, scēnsum, scendere 3.⟩ ||scando||

1. herabsteigen, hinabsteigen, hinabgehen, hinabkommen; ***ex equo d.*** vom Pferd steigen; ***caelo/de caelo d.*** vom Himmel herabsteigen; ***ab Alpibus d.*** von den Alpen herabkommen

2. MIL herabmarschieren, herabziehen

3. ***in forum/ad forum d.*** *in Rom* auf den Markt gehen

4. *fig von Bergen* sich senken

5. *fig von Flüssen* herabfließen

6. *fig von Geschossen* eindringen

7. *fig von Verhältnissen* erfassen, sich auf *etw* legen; ***cura descendit in animos*** Sorge überkommt die Menschen

8. *fig von Tönen u. Stimmen* sinken

9. *fig von Speisen* hinabgleiten

10. *(nachkl.)* *poet von Personen* auf eine niedrigere Stufe herabsinken, *ab aliquo* gegenüber j-m

11. sich auf *etw* einlassen, sich zu *etw* erniedrigen; sich zu *etw* hergeben, *ad aliquid*

12. *poet* sich zum Geschlechtsverkehr niederlegen

dēscēnsiō ⟨ōnis⟩ *f* ||descendo||
1. das Hinabsteigen, Abstieg, Talfahrt
2. *meton* bergab führender Weg
3. Plin. *meton* in den Boden eingelassene Badewanne

dē-scēnsum *PPP* → ***descendo***

dēscēnsus ⟨ūs⟩ *m* ||descendo||
1. das Hinabsteigen, Abstieg, Talfahrt
2. *meton* bergab führender Weg

dē-scīscō ⟨scīvī⟩ *u.* ⟨sciī, scītum, scīscere 3.⟩ abfallen, abtrünnig werden, *ab aliquo* von j-m; *fig* sich von *etw* lossagen, *einer Sache* untreu werden, *a re*; ***a Latinis ad populum Romanum d.*** von den Latinern zu den Römern übergehen; ***a veritate d.*** von der Wahrheit abweichen; ***a vita d.*** sich töten

▶ **dē-scrībō** ⟨scrīpsī, scrīptum, scrībere 3.⟩
1. aufschreiben, aufzeichnen, entwerfen; einritzen, auf *etw* schreiben, in *etw* schreiben; ***carmina in cortice fagi d.*** Hor. Verse in die Rinde einer Buche einritzen
2. abschreiben, kopieren
3. *fig* genau beschreiben, schildern, darstellen; ***alicuius facta d.*** j-s Taten darstellen; ***aliquem latronem d.*** j-n als Räuber darstellen
4. bestimmen, erklären, definieren
5. bestimmen, festsetzen, anordnen; ***rationem belli d.*** den Kriegsplan festlegen
6. *Lieferungen* ausschreiben, auferlegen
7. zuteilen, verteilen
8. einteilen, ordnen, abteilen, gliedern; ***annum in duodecim menses d.*** das Jahr in zwölf Monate einteilen

dēscrīptiō ⟨ōnis⟩ *f* ||describo||
1. Zeichnung, Abriss, Entwurf; ***d. aedificandi*** Bauplan
2. Abschrift, Kopie
3. *fig* Schilderung, Darstellung; ***d. sphaerae*** Geografie
4. RHET Charakterdarstellung
5. PHIL Begriffsbestimmung, Definition
6. Einteilung, Gliederung, Ordnung; = ***discriptio***

dēscrīptiuncula ⟨ae⟩ *f* ||*Dim von* descriptio|| Sen. hübsche Schilderung

dēscrīptus[1] ⟨a, um⟩ *Adj* ||describo|| eingeteilt, geordnet, harmonisch

dē-scrīptus[2] ⟨a, um⟩ *PPP* → ***describo***

dē-secō ⟨secuī, sectum, secāre 1.⟩ abschneiden, abhauen

dē-sēdī → ***desideo*** *u.* → ***desido***

▶ **dē-serō** ⟨seruī, sertum, serere 3.⟩
1. verlassen, im Stich lassen; ***d. ducem*** den Feldherrn im Stich lassen; ***d. agrum*** einen Acker brach liegen lassen
2. MIL desertieren
3. vernachlässigen; ***d. officium*** die Pflicht versäumen; ***d. preces*** Bitten vernachlässigen; ***a mente deseri*** den Kopf verlieren; ***res me deserit*** *fig* der Stoff geht mir aus

dēserta ⟨ōrum⟩ *n* ||desertus|| Einöde, Wüsten, Steppen

dēsertor ⟨ōris⟩ *m* ||desero||
1. MIL Fahnenflüchtiger, Deserteur, Flüchtling
2. *fig* der *j-n/etw* vernachlässigt, *alicuius/alicuius rei*; ***d. amicorum*** der die Freunde vernachlässigt

dēsertus[1] ⟨a, um⟩ *Adj* ||desero||
1. verlassen, *ab aliquo/a re* von j-m, von etw; leer; ***vita ab amicis deserta*** Leben ohne Freunde; ***reditus d.*** unbemerkter Rückzug
2. öde, unbewohnt, einsam

dē-sertus[2] ⟨a, um⟩ *PPP* → ***desero***

dē-seruī → ***desero***

dē-serviō ⟨serviī, -, servīre 4.⟩ eifrig dienen, hingebend dienen, sich ganz widmen; ***d. alicui rei*** einer Sache frönen

dēses *Gen* ⟨idis⟩ *Adj von Personen u. Sachen* untätig, müßig, träge

dē-sessum *PPP* → ***desideo***

dē-siccō ⟨āvī, ātum, āre 1.⟩ Plaut. austrocknen, abtrocknen; ***vasa d.*** Gefäße abtrocknen; ***locum d.*** ein Gelände austrocknen

dē-sideō ⟨sēdī, sessum, sidēre 2.⟩ ||sedeo|| (*unkl.*) untätig dasitzen

dēsīderābilis ⟨e⟩ *Adj*, *Adv* ⟨dēsīderābiliter⟩ ||desidero||
1. wünschenswert
2. *von Personen* unvergesslich

dēsīderātiō ⟨ōnis⟩ *f* = ***desiderium***

▶ **dēsīderium** ⟨ī⟩ *n* ||desidero||
1. Sehnsucht, Verlangen, *alicuius* j-s *od* nach j-m, *alicuius rei* nach etw; ***d. patriae*** Heimweh; ***poculum desiderii*** Liebestrank
2. *meton von Personen* Gegenstand der Sehnsucht, Geliebter, Geliebte
3. *fig* natürliches Bedürfnis, *alicuius rei* nach etw; ***d. cibi*** Verlangen nach Speise; ***d. Veneris*** Liebesbedürfnis
4. (*nachkl.*) Wunsch, Bittgesuch

▶ **dē-sīderō** ⟨āvī, ātum, āre 1.⟩
1. sich nach *j-m* sehnen, *etw* ersehnen, verlangen, begehren, *aliquem/aliquid*, *+ Inf/ + AcI*; ***mercedem a vobis d.*** den Lohn von euch verlangen
2. vermissen; *Passiv* auf sich warten lassen, fehlen
3. MIL verlieren; *Passiv* verloren gehen; ***eo proelio ducentos milites d.*** in diesem Kampf zweihundert Soldaten verlieren

▶ **dēsidia** ⟨ae⟩ *f* ||desideo||
1. langes Herumsitzen *an einem Ort*
2. Untätigkeit, das Faulenzen, Trägheit

dēsidiābulum ⟨ī⟩ *n* ||desidia|| Plaut. Faulenzerort, Faulenzerleben

dēsidiōsus ⟨a, um⟩ *Adj* ||desidia|| träge, faul; *akt.* verführerisch, erschlaffend

dē-sīdō ⟨sēdī⟩ *u.* ⟨sīdī, -, sīdere 3.⟩ einsinken, sich senken; Liv. *fig* verfallen; ***mores desidentes*** verfallende Sitten

dēsīgnātiō ⟨ōnis⟩ *f* ||designo||
1. Bezeichnung, Angabe
2. Anordnung; *bei Bauwerken* Plan
3. POL Ernennung, Designation *zu einem Amt*; ***d. consulatūs*** Ernennung zum Konsul

dēsīgnātor ⟨ōris⟩ *m* = ***dissignator***

▶ **dē-sīgnō** ⟨āvī, ātum, āre 1.⟩
1. bezeichnen, angeben, bestimmen; ***d. aliquem digito*** auf j-n mit dem Finger hinweisen; ***d. alicui locum*** j-m einen Platz anweisen
2. POL *j-n für das nächste Jahr* für ein Amt bestimmen; ***designatus*** designiert, künftig; ***consul desig-***

natus designierter Konsul, künftiger Konsul; ***cives designatus*** zukünftiger Bürger
3. (*nachkl.*) im Umriss abzeichnen, nachbilden, darstellen
4. *fig* andeuten; ***hac oratione Dumnorigem d.*** Caes. mit diesen Worten auf Dumnorix anspielen
5. zutage fördern, bewirken; *pej Schlimmes* anrichten
6. anordnen, einrichten, entwerfen; ***d. et conficere*** entwerfen und ausführen

dē-siī → ***desino***

► **dē-siliō** ⟨siluī⟩ *u.* ⟨suluī⟩ *u.* ⟨silīvī *u.* siliī, sultum, silīre 4.⟩ ||salio|| herabspringen, abspringen; *von Sachen* herabstürzen

dē-sinō ⟨siī, situm, sinere 3.⟩
I *v/i*
1. mit *etw* aufhören, von *etw* ablassen, *abs od re / in re*; ***bellum desiit*** *abs* der Krieg hörte auf; ***d. in aliquid*** in etw auslaufen, zuletzt in etw übergehen; ***desine mirari*** wundere dich nicht länger; *bei Inf Passiv auch im Passiv* ***orationes legi sunt desitae*** man las die Reden nicht mehr; ***disputari desitum est*** man hörte auf zu diskutieren
2. aufhören zu reden; ***desine plura (dicere)*** sprich kein Wort mehr
3. die Rede schließen
4. *von Wörtern u. Sätzen* enden, schließen, auslauten
II *v/t* aufgeben, aufhören; ***d. aliquem*** j-n zurücklassen

dēsipientia ⟨ae⟩ *f* ||desipio|| Lucr. Wahnsinn

dē-sipiō ⟨sipuī, -, sipere 3.⟩ ||sapio|| unsinnig sein, töricht handeln; Hor. schwärmen

► **dē-sistō** ⟨stitī, stitum, sistere 3.⟩ mit *etw* aufhören, *abs od re / a re / + Inf, verneint mit quin*; *oft zu übersetzen mit* nicht mehr, nicht länger + *Inf*; ***d. itinere*** den Marsch beenden; ***d. a defensione*** die Verteidigung aufgeben; ***d. amare*** nicht mehr lieben; ***d. voce*** stocken

dē-situs ⟨a, um⟩ *PPP* → ***desino***

dēsōlātus ⟨a, um⟩ *Adj* ||desolo|| *von Personen u. Sachen* vereinsamt, verlassen

dē-sōlō ⟨āvī, ātum, āre 1.⟩ ||solus|| (*nachkl.*) *poet* einsam machen, verlassen

dē-spectō ⟨āvī, ātum, āre 1.⟩ ||*Intens von* despicio||
1. = ***despicio***
2. *fig* überragen, beherrschen

dēspectus[1] ⟨a, um⟩ *Adj* ||despicio|| verachtet; verächtlich

dēspectus[2] ⟨ūs⟩ *m* ||despicio||
1. Aussicht, Fernsicht
2. Verachtung; ***alicui despectui esse*** von j-m verachtet werden

dē-spectus[3] ⟨a, um⟩ *PPP* → ***despicio***

dēspēranter *Adv* ||despero|| hoffnungslos

dēspērātī ⟨ōrum⟩ *m* ||desperatus|| die aufgegebenen Kranken

dēspērātiō ⟨ōnis⟩ *f* ||despero|| Verzweiflung, Hoffnungslosigkeit; (*nachkl.*) das Aufgeben *eines Kranken durch den Arzt*; ***adducere aliquem ad desperationem*** j-n zur Verzweiflung bringen

dēspērātus ⟨a, um⟩ *Adj* ||despero|| verzweifelt, hoffnungslos

► **dē-spērō** ⟨āvī, ātum, āre 1.⟩ keine Hoffnung mehr haben, verzweifeln, resignieren, *abs od de aliquo / de re / aliquid* in Bezug auf j-n / etw; ***d. de exercitu*** am Heer verzweifeln; ***d. vitam domini*** das Leben des Herrn aufgeben; ***d. saluti suae*** an seiner Rettung verzweifeln; *Passiv meist persön.* ***salus desperatur*** die Rettung wird aufgegeben; ***desperatur de re publica*** man verzweifelt am Staat; ***d. de aliquo*** an j-s Genesung zweifeln, j-n aufgeben

dē-spexī → ***despicio***

dēspicātiō ⟨ōnis⟩ *f* ||despicor|| Verachtung *anderer*

dēspicātus[1] ⟨ūs⟩ *m* = ***despicatio***; *nur Dat Sg gebräuchlich*; ***aliquem sibi despicatui habere*** j-n verachten; ***despicatui duci*** verachtet werden

dēspicātus[2] ⟨a, um⟩ *Adj* ||despicio|| verachtet; verächtlich

dēspicientia ⟨ae⟩ *f* ||despicio|| Verachtung, Geringschätzung; ***d. rerum humanarum*** Geringschätzung der menschlichen Verhältnisse

► **dē-spiciō** ⟨spexī, spectum, spicere 3.⟩ ||specio||
I *v/t j-n / etw* von oben herab sehen, auf *j-n / etw* herabsehen, *aliquem / aliquid*; *fig* verachten, verschmähen; ***despiciens sui*** sich selbst verachtend; ***despiciendus*** Tac. verächtlich
II *v/i*
1. von *etw* herabsehen, *de re / a re*
2. wegblicken, den Blick abwenden

dē-spicor ⟨ātus sum, ārī 1.⟩ (*vkl., nachkl., spätl.*) verachten, verschmähen

dēspoliātor ⟨ōris⟩ *m* ||despolio|| Plünderer, Räuber

dē-spoliō ⟨āvī, ātum, āre 1.⟩ ausplündern, berauben, *aliquem re* j-n einer Sache; ***triumpho despoliari*** Liv. *fig* des Triumphs beraubt werden, den Triumph abgelehnt bekommen

dē-spondeō ⟨spondī, spōnsum, spondēre 2.⟩
1. förmlich versprechen, zusagen, verbürgen, *alicui aliquid* j-m etw; ***sibi d. aliquid*** sich etw ausbedingen; ***alicuius spem alicui rei d.*** j-n auf etw vertrösten
2. *ein Mädchen* verloben, *vom Vater*; ***filiam d. alicui*** die Tochter mit j-m verloben; *auch* ***sibi d. aliquam*** sich mit einem Mädchen verloben
3. (*vkl., nachkl.*) *fig* aufgeben; ***d. animum*** mutlos werden, verzagen
4. Plaut. *fig* durch Bürgschaft verlieren

dēspōnsō ⟨āvī, ātum, āre 1.⟩ ||*Intens von* despondeo|| (*nachkl.*) verloben; (*mlat.*) verheiraten

dē-spōnsus ⟨a, um⟩ *PPP* → ***despondeo***

dē-spūmō ⟨āvī, ātum, āre 1.⟩
I *v/t* abschäumen
II *v/i* (*nachkl.*) *poet* verbrausen

dē-spuō ⟨spuī, spūtum, spuere 3.⟩
I *v/i* ausspucken
II *v/t* verschmähen

dē-squāmō ⟨āvī, ātum, āre 1.⟩ ||squama|| (*vkl., nachkl.*) abschuppen, abreiben

dēstillātiō ⟨ōnis⟩ *f* ||destillo|| (*nachkl.*) Katarrh

dē-stillō ⟨āvī, ātum, āre 1.⟩ herabtropfen; *fig* triefen, *re* von etw

dē-stimulō ⟨-, -, āre 1.⟩ Plaut. heftig anspornen

dēstinātiō ⟨ōnis⟩ *f* ||destino|| (*nachkl.*) Bestimmung, Festsetzung; fester Entschluss, *alicuius alicuius rei* j-s zu etw

dēstinātum ⟨ī⟩ *n* ||destino|| *auch Pl* Ziel; Plan, Vorsatz; ***salubriter destinata*** heilsame Entschlüsse;

(ex) destinato mit Vorbedacht, vorsätzlich

dēstinātus ⟨a, um⟩ *Adj* ||destino||
1. *von Sachen* bestimmt, fest; ***sententia destinata*** feste Meinung
2. *von Personen* entschlossen zu *etw*, gefasst auf *etw*, *alicui rei / ad aliquid*; ***d. morti*** auf den Tod gefasst

dēstinō ⟨āvī, ātum, āre 1.⟩
1. festmachen, befestigen, festbinden; ***antemnas ad malos d.*** die Segelstangen an den Mastbäumen befestigen
2. *fig* festsetzen, bestimmen, *aliquid alicui* etw für j-n, *aliquid alicui rei / ad aliquid / in aliquid* etw zu etw, etw für etw; ***milites operi d.*** Soldaten zur Schanzarbeit bestimmen; ***locum ad certamen d.*** den Ort für den Kampf bestimmen
3. *fig* fest beschließen, + *Inf*; die feste Erwartung haben, + *AcI*
4. *fig ein Mädchen j-m* zur Frau bestimmen, mit *j-m* verloben, *alicui*; ***alicui filiam d.*** j-m die Tochter zur Frau bestimmen
5. POL *für ein Amt* bestimmen; ***aliquem d. consulem*** j-n zum Konsul bestimmen

dē-stitī → ***desisto***

▶ **dē-stituō** ⟨stituī, stitūtum, stituere 3.⟩ ||statuo||
1. hinstellen, aufstellen, hintreten lassen; ***aliquem in medio d.*** j-n in der Mitte aufstellen; ***in hac miserrima fortuna d.*** in diese elende Lage versetzen
2. allein lassen, zurücklassen; ***aliquem solum d.*** j-n allein zurücklassen; ***naves (aestu) destitutae*** gestrandete Schiffe
3. im Stich lassen, treulos verlassen, preisgeben; ***aliquem inermem d.*** j-n wehrlos zurücklassen; ***animus aliquem destituit*** j-n verließ der Mut
4. hintergehen, täuschen, *aliquem in re* j-n in etw, j-n bei etw; betrügen, *aliquem re* j-n um etw; ***aliquem mercede pacta d.*** j-n um den vereinbarten Lohn betrügen; ***spe / a spe destitui*** in seiner Hoffnung getäuscht werden

dēstitūtiō ⟨ōnis⟩ *f* ||destituo||
1. (*nachkl.*) das treulose Verlassen
2. Täuschung, Vereitelung einer Hoffnung

dēstitūtus[1] ⟨a, um⟩ *Adj* ||destituo||
1. getäuscht, *ab aliquo* von j-m, *re / a re* in etw
2. *j-s / einer Sache* beraubt, ohne *j-n / etw*, *alicuius / ab aliquo / meist re*; ***d. amicis*** ohne Freunde; ***d. parentum*** verwaist

dē-stitūtus[2] ⟨a, um⟩ *PPP* → ***destituo***

dēstrictus[1] ⟨a, um⟩ *Adj*, *Adv* ⟨dēstrictē⟩ ||destringo|| entschieden, scharf, streng; ***minae destrictae*** scharfe Drohungen; ***accusator d.*** strenger Kläger

dē-strictus[2] ⟨a, um⟩ *PPP* → ***destringo***

dē-stringō ⟨strinxī, strictum, stringere 3.⟩
1. (*nachkl.*) *poet* abstreifen, ***tunicam ab umeris*** die Tunika von den Schultern
2. zücken, blankziehen, ***gladium*** das Schwert
3. (*nachkl.*) *poet* streifen, ritzen, ***pectus sagittā*** die Brust mit einem Pfeil
4. striegeln, frottieren, abreiben
5. *fig* durchhecheln, scharf kritisieren, ***alicuius scripta*** j-s Schriften

dēstrūctiō ⟨ōnis⟩ *f* ||destruo|| (*nachkl.*) das Niederreißen; *fig* Widerlegung, ***sententiarum*** der Meinungen

dē-struō ⟨strūxī, strūctum, struere 3.⟩ abreißen, niederreißen; (*nachkl.*) *fig* zugrunde richten, vernichten; ***aedificium d.*** ein Gebäude abreißen; ***hostem d.*** den Feind vernichten

dē-subitō *Adv* (*altl.*) urplötzlich

dē-sūdāscō ⟨-, -, āscere 3.⟩ ||*Inkoh von* desudo|| Plaut. stark ins Schwitzen geraten

dē-sūdō ⟨āvī, ātum, āre 1.⟩
1. (*nachkl.*) *poet* stark schwitzen
2. *fig* sich abmühen, *in re* in etw

dē-suē-fīō ⟨factus sum, fierī 0.⟩ entwöhnt werden, *a re* von etw

dē-suēscō ⟨suēvī, suētum, suēscere 3.⟩
I *v/t* entwöhnen; ***cibo desuetum guttur*** Ov. der Nahrung entwöhnter Gaumen
II *v/i* sich entwöhnen; ***triumphis desueta agmina*** Verg. die der Triumphzüge entwöhnten Heere

dēsuētūdō ⟨inis⟩ *f* ||desuesco|| (*nachkl.*) *poet* Entwöhnung

dēsuētus[1] ⟨a, um⟩ *Adj* ||desuesco|| (*vkl., nachkl.*)
1. *von Sachen* ungewöhnlich
2. *von Personen* entwöhnt, *alicui rei* einer Sache, + *Inf*

dē-suētus[2] ⟨a, um⟩ *PPP* → ***desuesco***

dēsultor ⟨ōris⟩ *m* ||desilio|| (*unkl.*) Kunstreiter, *der während des Rennens von einem Pferd auf ein anderes springt*; ***d. amoris*** *fig* Frauenheld, Schürzenjäger

dēsultōrius
I ⟨a, um⟩ *Adj* ||desultor|| zum Kunstreiter gehörig
II ⟨ī⟩ *m* Pferd eines Kunstreiters

dēsultūra ⟨ae⟩ *f* ||desilio|| Plaut. das Abspringen vom Pferd

▶ **dē-sum** ⟨dēfuī, -, deesse 0.⟩
1. nicht anwesend sein, fehlen; ***omnia deerant*** es fehlte an allem; ***deerat, qui daret responsum*** niemand war da, der Antwort gegeben hätte; ***tibi nullum officium a me defuit*** dir fehlte keine Leistung meinerseits; ***non desunt, qui*** es fehlt nicht an Leuten, die, + *Konjkt*
2. *j-m / einer Sache* nicht helfen, den Beistand versagen, sich entziehen, *j-n / etw* im Stich lassen, versäumen, *alicui / alicui rei*, + *quominus od quin wie bei Verben des Hinderns* dass; ***bello d.*** dem Krieg fernbleiben; ***sibi d.*** sich schaden; ***nullo modo d. alicui*** es in keiner Weise an Hilfe für j-n fehlen lassen; ***tempori / temporis occasioni d.*** den rechten Zeitpunkt versäumen; ***duae res mihi defuerunt, quominus in foro dicerem*** zwei Dinge fehlten mir um auf dem Marktplatz zu sprechen; ***d. mihi nolui, quin*** ich glaubte, es mir schuldig zu sein, dass; ***non d.*** nicht verfehlen

dē-sūmō ⟨sūmpsī, sūmptum, sūmere 3.⟩ (*nachkl.*) auf sich nehmen

dē-super *Adv* (*nachkl.*) von oben, oberhalb

dē-surgō ⟨surrēxī, surrēctum, surgere 3.⟩ von *etw* aufstehen sich erheben, *re*, ***cenā*** vom Abendessen

▶ **dē-tegō** ⟨tēxī, tēctum, tegere 3.⟩
1. abdecken
2. aufdecken, enthüllen, entblößen
3. (*nachkl.*) *fig* entdecken, offenbaren, verraten; *Passiv u.* ***se d.*** sich verraten, sich zeigen

dē-tendō ⟨tendī, tēnsum, tendere 3.⟩ abspannen; ***tabernacula d.*** die Zelte abbrechen

dē-tentus ⟨a, um⟩ *PPP* → ***detineo***

dē-tergeō ⟨tersī, tersum, tergēre 2.⟩ *u.* Liv. **dē-tergō** ⟨tersī, tersum, tergere 3.⟩
1. *poet* abwischen, ***lacrimas*** Tränen; ***linguā d.*** ablecken
2. *fig* verscheuchen, vertreiben
3. abreiben; abbrechen
4. Cic. *umgangssprachlich Geld* herauspressen

dēterior ⟨ius⟩ *Adj, Adv* ⟨dēterius⟩ geringer *an Wert*, weniger gut, schlechter, schwächer, tiefer stehend; ***non d. auctor*** kein geringerer Gewährsmann; ***aqua d.*** tiefer stehendes Gewässer; ***deterrimus*** *Sup* der schlechteste, der unterste, der tiefste

dēterius ⟨ōris⟩ *n* das Schlechtere, das Schlimmere, Nachteil; ***in deterius vertere/mutare*** verringern, schmälern; ***nihilo deterius*** nichtsdestoweniger

dēterminātiō ⟨ōnis⟩ *f* ||determino|| Abgrenzung, Grenze; *fig* Ende

dē-terminō ⟨āvī, ātum, āre 1.⟩
1. (*vkl., nachkl.*) begrenzen, abgrenzen
2. *fig* festsetzen, bestimmen, schließen
3. *poet* erfüllen; ***omnia annus determinat*** alles erfüllt das Jahr

dē-terō ⟨trīvī, trītum, terere 3.⟩ (*unkl.*) abreiben, abschleifen, abnutzen; *fig* vermindern, schmälern; *Passiv* schwinden, vergehen

dē-terreō ⟨uī, itum, ēre 2.⟩
1. abschrecken, abhalten, abbringen, *aliquem a re/de re* j-n von etw
2. *poet* abwehren, fern halten, *aliquid ab aliquo* etw von j-m

dēterrimus ⟨a, um⟩ *Adj Sup* → ***deterior***

dētestābilis ⟨e⟩ *Adj* ||detestor|| *von Personen u. Sachen* verabscheuenswert, abscheulich

dētestātiō ⟨ōnis⟩ *f* ||detestor||
1. (*nachkl.*) *poet* Verwünschung, Fluch
2. *bei Sachen* Sühne, ***scelerum*** für die Verbrechen

dē-testor ⟨ātus sum, ārī 1.⟩
1. (*nachkl.*) RELIG *unter Anrufung der Götter etw Böses auf j-n* herabwünschen; ***pericula in alicuius caput d.*** Gefahren auf j-n herabwünschen
2. RELIG *unter Anrufung der Götter* verwünschen, verfluchen; ***exitum belli civilis d.*** den Ausgang des Bürgerkrieges verfluchen
3. *fig etw* feierlich ablehnen, sich feierlich gegen *etw* verwahren, feierlich gegen *etw* protestieren, *aliquid*; ***facta alicuius a re publica d.*** j-s Taten weit vom Staat weisen

dē-tēxī → ***detego***

dē-texō ⟨texuī, textum, texere 3.⟩
1. (*vkl., nachkl.*) zu Ende weben, zu Ende spinnen
2. *fig* vollenden, ***librum*** ein Buch

dē-tineō ⟨tinuī, tentum, tinēre 2.⟩ ||teneo||
1. (*vkl., nachkl.*) von *etw* abhalten, an *etw* hindern, *a re*; ***aliquem ab incepto d.*** j-n von seinem Vorhaben abhalten
2. aufhalten, zurückhalten, festhalten; ***victoriam d.*** den Sieg verzögern
3. *fig* dauernd festhalten, in Beschlag nehmen; ***cives in negotiis d.*** die Bürger durch Geschäfte in Beschlag nehmen; ***diem sermone d.*** den Tag mit Gesprächen ausfüllen
4. ***se d.*** Tac. sich erhalten = sein Leben fristen, *re* mit etw
5. (*nachkl.*) zurückhalten, vorenthalten, ***pecuniam*** Geld
6. (*nachkl.*) beibehalten, belassen; ***copias secum d.*** die Truppen bei sich behalten

dē-tondeō ⟨tondī, tōnsum, tondēre 2.⟩ (*unkl.*) (ab)scheren, abschneiden, ***comas*** die Haare; ***oves d.*** die Schafe scheren; ***frondes frigore detonsae*** durch Frost entlaubte Bäume

dē-tonō ⟨uī, -, āre 1.⟩
1. (*nachkl.*) *poet* herabdonnern, losdonnern
2. (*nachkl.*) *poet* zu donnern aufhören; *fig* sich austoben

dē-tōnsus ⟨a, um⟩ *PPP* → ***detondeo***

dē-torqueō ⟨torsī, tortum, torquēre 2.⟩
1. wegdrehen, abwenden, ablenken; ***se pravum d.*** sich auf Abwege begeben; ***verba d.*** Wörter herholen, Wörter ableiten; ***sermonem in obscoenum intellectum d.*** die Worte in eine obszöne Bedeutung verdrehen
2. verrenken, verkrüppeln

dētractātiō ⟨ōnis⟩ *f* = ***detrectatio***

dētractiō ⟨ōnis⟩ *f* ||detraho|| (*nachkl.*)
1. das Wegnehmen, das Wegmeißeln
2. MED das Abführen; ***d. sanguinis*** Aderlass
3. *fig* Befreiung, ***doloris*** vom Schmerz
4. Wegnahme, Abzug; ***cuius loci detractionem fieri velit*** welchen Platz er sich vorbehalten möchte
5. GRAM das Weglassen eines Buchstabens, das Weglassen einer Silbe, das Weglassen eines Wortes, Ellipse
6. Entziehung, ***alieni*** fremden Eigentums

dētractō ⟨āvī, ātum, āre 1.⟩ = ***detrecto***

dētractor ⟨ōris⟩ *m* ||detraho|| (*nachkl.*) Verkleinerer, Verleumder

dē-trahō ⟨trāxī, tractum, trahere 3.⟩

1. herabziehen, niederreißen
2. erniedrigen
3. wegziehen, abziehen
4. entziehen, entreißen
5. abziehen
6. Abbruch tun
7. wegschleppen
8. hinschleppen
9. zwingen

1. herabziehen, niederreißen; ***aliquem equo d.*** j-n vom Pferd ziehen; ***aliquem de curru d.*** j-n vom Wagen ziehen; ***muros d.*** Mauern niederreißen
2. *fig* erniedrigen; ***filiam ex paterno fastigio d.*** die Tochter vom Rang des Vaters herabziehen
3. wegziehen, abziehen, abnehmen, *aliquid alicui/alicui rei* etw j-m/einer Sache; ***bacam ex aure d.*** die Perle aus dem Ohr reißen; ***sacerdotem ab ara d.*** den Priester vom Altar wegziehen; ***epistulae signum d.*** den Brief entsiegeln
4. *fig* entziehen, entreißen, wegnehmen; ***equos equitibus d.*** den Reitern die Pferde wegnehmen; ***alicui calamitatem d.*** j-m ein Unheil vom Hals schaffen; ***aliquid de capite/de vivo d.*** etw vom Kapital wegnehmen, das Kapital angreifen
5. MIL abziehen; ***duas cohortes d.*** zwei Kohorten abziehen
6. *einer Sache* Abbruch tun, *etw* vermindern, *j-n*

schädigen, *de re / alicui / de aliquo*; **de auctoritate alicuius d.** j-s Ansehen mindern
7. wegschleppen, **aliquem manu sua** j-n mit eigener Hand
8. hinschleppen; **aliquem in iudicium** j-n vor Gericht schleppen
9. *fig* zwingen, *aliquem ad aliquid* j-n zu etw; **aliquem ad accusationem d.** j-n zur Anklage zwingen
dētrectātiō ⟨ōnis⟩ *f* ||detrecto|| Verweigerung, Ablehnung, **militiae** des Kriegsdienstes
dētrectātor ⟨ōris⟩ *m* ||detrecto|| (*nachkl.*) Verweigerer, Verkleinerer, Kritiker; **d. laudum alicuius** Kritiker von j-s Ruhm
dē-trectō ⟨āvī, ātum, āre 1.⟩ ||*Intens von* detraho||
1. verweigern, ablehnen; **alicuius iussa d.** j-m den Gehorsam verweigern
2. (*nachkl.*) *poet j-s* Vorzüge verkleinern, schmälern
dētrīmentōsus ⟨a, um⟩ *Adj* ||detrimentum|| sehr nachteilig
▶ **dētrīmentum** ⟨ī⟩ *n* ||detero||
1. (*unkl.*) das Abreiben, Abnützung
2. *fig* Schaden = Nachteil, Verlust, Schwächung; **detrimentum accipere / capere / facere** Schaden erleiden; **detrimentum alicui afferre / alicui detrimento esse** j-m Schaden zufügen
3. MIL Niederlage
4. *meton* Krüppel; **d. ergastuli** Curt. menschliches Wrack aus dem Zuchthaus
dē-trūdō ⟨trūsī, trūsum, trūdere 3.⟩
1. herabstoßen, herabdrängen, herabtreiben, *aliquem / aliquid re / ex re / de re / a re* j-n / etw von etw; **naves scopulo d.** die Schiffe von der Klippe herabstoßen
2. MIL vertreiben, in die Flucht schlagen
3. (*nachkl.*) *von Stürmen* verschlagen
4. JUR *aus einem Besitz* vertreiben, *de re / ex re* von etw, aus etw
5. *fig* von *etw* abbringen, **de sententia** von seiner Meinung
6. zu *etw* drängen, nötigen, **ad necessitatem belli** zum unausweichlichen Krieg
7. verschieben, **comitia in mensem Martium** die Komitien auf den Monat März
dē-truncō ⟨āvī, ātum, āre 1.⟩ (*nachkl.*)
1. *poet* vom Rumpf trennen, abhauen, **caput** den Kopf
2. *meton* stutzen, verstümmeln; **arborem d.** einen Baum zuschneiden; **corpora d.** Körper verstümmeln
dē-tulī → **defero**
detur (*nlat.*) → **do**
dē-turbō ⟨āvī, ātum, āre 1.⟩
1. herabwerfen, herabtreiben; niederreißen, *aliquem / aliquid de re / ex re / a re / re* j-n / etw von etw; **aliquem de saxo d.** j-n vom Felsen stürzen; **alicuius statuam d.** j-s Standbild niederreißen
2. MIL *den Feind* verjagen, aus seiner Stellung werfen
3. JUR aus seinem Besitz vertreiben; **aliquem possessione d.** j-n aus seinem Besitz vertreiben
4. *fig einer Sache* berauben; **aliquem de sanitate ac mente d.** j-n um seinen gesunden Verstand bringen
dē-turpō ⟨-, -, āre 1.⟩ (*nachkl.*) verunstalten

Deucaliōn ⟨ōnis⟩ *m Sohn des Prometheus, schuf zusammen mit seiner Frau Pyrrha ein neues Menschengeschlecht nach der großen Flut*
Deucaliōnēus ⟨a, um⟩ *Adj* des Deucalion, zu Deucalion gehörig
de-ungō ⟨-, -, ere 3.⟩ Plaut. tüchtig einölen
de-ūnx ⟨ūncis⟩ *m* ||uncia|| elf Zwölftel
de-ūrō ⟨ussī, ustum, urere 3.⟩ niederbrennen; (*nachkl.*) *fig von der Kälte* erstarren lassen
▶ **deus** ⟨ī⟩ *m*
1. Gott, Gottheit; **(pro) dii immortales!** bei den unsterblichen Göttern!; **pro deūm hominumque fidem!** bei der Treue der Götter und Menschen!; **di bene vertant!** die Götter mögen es zum Guten wenden!; **ita me di ament!** so wahr mir die Götter helfen!; **si dis placet** so die Götter wollen
2. Schutzgott, Helfer
3. Com. glücklicher Mensch
4. Machthaber, *in der Kaiserzeit schmückender Beiname der Kaiser als Ausdruck von deren absoluter Herrschaft*
5. d. ex machina der Gott aus der Theatermaschine, *der in den antiken Dramen plötzlich zur Lösung auswegloser Situationen herabgelassen wurde, daher formelhaft für unerwartete Hilfe*
deuteronomium ⟨ī⟩ *n* ||griech. Fw.|| (*eccl.*) das fünfte Buch Mosis
de-ūtor ⟨ūsus sum, ūtī 3.⟩ Nep. *j-m* übel mitspielen, *j-n* misshandeln, *aliquo*
dē-vāstō ⟨-, ātum, āre 1.⟩ (*nachkl.*) *poet* gänzlich verwüsten, ausplündern
dē-vehō ⟨vēxī, vectum, vehere 3.⟩ hinabführen, hinabfahren; *allg.* transportieren; **legiones ex urbe d.** Legionen aus der Stadt bringen; *Passiv irgendwohin* fahren, segeln; *fig* zu *etw* kommen; **navi Corinthum devehi** nach Korinth segeln
dē-vellō ⟨vellī⟩ *u.* ⟨vulsī (volsī), vulsum (volsum), vellere 3.⟩ (*unkl.*) abrupfen, ausrupfen; Suet. enthaaren
dē-vēlō ⟨-, -, āre 1.⟩ Ov. enthüllen, entschleiern
dē-veneror ⟨ātus sum, ārī 1.⟩
1. inbrünstig verehren, **deos** die Götter
2. durch Gebet abwenden
dē-veniō ⟨vēnī, ventum, venīre 4.⟩
1. herunterkommen, *wohin* kommen
2. *wohin* geraten, sich wenden
dē-verberō ⟨āvī, ātum, āre 1.⟩ Ter. durchprügeln
dēverbium ⟨ī⟩ *n* = **diverbium**
dēversor[1] ⟨ātus sum, ārī 1.⟩ ||*Intens von* devertor|| *als Gast* eingekehrt sein, sich aufhalten, *apud aliquem* bei j-m, **Athenis** in Athen
dēversor[2] ⟨ōris⟩ *m* ||deverto|| Gast im Gasthaus
dēversōriolum ⟨ī⟩ *n* ||*Dim von* deversorium|| kleine Herberge
dēversōrium ⟨ī⟩ *n* ||deversorius||
1. Herberge; *fig* Schlupfwinkel
2. Curt. *Pl* Lustschlösser der Perserkönige
dēversōrius ⟨a, um⟩ *Adj* ||deversor[2]|| zum Einkehren geeignet, für Gäste geeignet
dēverticulum ⟨ī⟩ *n* ||deverto||
1. Abweg, Seitenweg
2. Abweichung; **d. eloquendi** Abweichung von der gewöhnlichen Darstellung; **d. significationis** Abweichung von der Bedeutung

3. Abschweifung vom Thema; ***deverticula amoena*** angenehme Ruhepunkte
4. = ***deversorium***

dē-vertō ⟨vertī, versum, vertere 3.⟩
I *v/t* abwenden
II *v/i u.* **dē-vertor** ⟨versus sum, vertī 3.⟩
1. sich abwenden, sich abkehren, vom Weg abbiegen, einen Abstecher machen, ***in Africam*** nach Afrika
2. einkehren, *ad aliquem* bei j-m
3. RHET *in der Rede od vom Thema* abschweifen
4. Ov. Zuflucht nehmen, *ad aliquid* zu etw, ***ad artes*** zu den Künsten

dēvexitās ⟨ātis⟩ *f* ||devexus|| *(nachkl.)* abschüssiges Gelände

dēvexum ⟨ī⟩ *n* ||devexus|| Abhang

dēvexus ⟨a, um⟩ *Adj* abwärts sich neigend, abschüssig, schräg; ***Nilus d.*** der herabfließende Nil; ***Orion d.*** der untergehende Orion; ***aetas a diuturnis laboribus devexa ad otium*** *fig* das sich von den täglichen Arbeiten zur Ruhe neigende Alter

dē-vinciō ⟨vinxī, vinctum, vincīre 4.⟩
1. fest umwinden, festbinden, fesseln
2. *fig* fest verbinden, eng verknüpfen, ***homines inter se*** die Menschen miteinander
3. RHET kurz zusammenfassen; ***verba comprehensione d.*** die Wörter straff miteinander verbinden
4. *fig* binden, verpflichten; ***aliquem iure iurando d.*** j-n durch Eid verpflichten
5. ***se d.*** *fig* sich verstricken, *re* in etw, ***scelere*** in ein Verbrechen
6. an sich binden, für sich gewinnen, ***multos liberalitate*** viele durch Großzügigkeit

dē-vincō ⟨vīcī, victum, vincere 3.⟩
1. völlig besiegen, ***Galliam*** Gallien; *Passiv* unterliegen
2. *(nachkl.) poet* beenden, ***bellum*** den Krieg
3. *(nachkl.) poet* Oberhand behalten, sich durchsetzen, *ut*

dēvinctus[1] ⟨a, um⟩ *Adj* ||devinco|| *j-m / einer Sache* ganz ergeben, ***uxori*** der Gattin, ***studiis*** seinen Studien

dē-vinctus[2] ⟨a, um⟩ *PPP* → ***devinco***

dēvirginātiō ⟨ōnis⟩ *f* ||devirgino|| *(nachkl.)* Entjungferung

dē-virginō ⟨āvī, ātum, āre 1.⟩ ||virgo|| *(vkl., nachkl.)* entjungfern

dēvītātiō ⟨ōnis⟩ *f* ||devito|| *(nachkl.)* Vermeidung, das Ausweichen

dē-vītō ⟨āvī, ātum, āre 1.⟩ *j-n / etw* vermeiden, *j-m / einer Sache* aus dem Weg gehen, *aliquem / aliquid*; ***procellam d.*** dem Aufruhr aus dem Weg gehen

dē-vius ⟨a, um⟩ *Adj* ||via||
1. abseits vom Weg, entlegen; ***iter devium*** Seitenweg
2. entlegen wohnend, einsam, unzugänglich; ***montani devii*** entlegen wohnende Bergbewohner; ***scortum devium*** Prostituierte, die nicht für jeden zu haben ist
3. vom (rechten) Weg abirrend; ***caprae deviae*** verirrte Ziegen
4. *(nachkl.)* RHET vom Thema abschweifend
5. *fig* unstet, schwankend; ***vita devia*** ausschweifendes Leben; ***in omnibus consiliis d.*** in allen Vorhaben unstet

dē-vocō ⟨āvī, ātum, āre 1.⟩
1. herabrufen, kommen lassen
2. wegrufen, abberufen
3. *(nachkl.)* zu Tisch laden
4. *fig* weglocken; verleiten; ***a virtute ad voluptatem d.*** von der Tugend zur Lust verleiten

dē-volō ⟨āvī, ātum, āre 1.⟩
1. *(nachkl.) poet* herabfliegen
2. *(nachkl.) poet* fortfliegen, davonfliegen; enteilen, entkommen

dē-volvō ⟨volvī, volūtum, volvere 3.⟩
1. herabwälzen, herabrollen, ***saxa de muro*** Felsbrocken von der Mauer
2. *Passiv von Personen u. Sachen* herabrollen, herabstürzen, herabsinken; ***devolvi ad spem inanem pacis*** *fig* in leere Friedenshoffnung versinken

dē-vorō ⟨āvī, ātum, āre 1.⟩
1. verschlingen, gierig verschlucken
2. *fig* verprassen, vergeuden, durchbringen, ***patrimonium*** das väterliche Erbe; ***aliquem d.*** j-s Vermögen durchbringen
3. *(nachkl.) fig* verbeißen, unterdrücken; ***lacrimas d.*** die Tränen unterdrücken
4. *fig* gierig sich aneignen; ***librum d.*** ein Buch verschlingen
5. *fig* hinunterschlucken, hinnehmen; ***hominum ineptias d.*** das Geschwätz der Menschen sich gefallen lassen
6. *fig* unverdaut schlucken, unverstanden hinnehmen, ***orationem alicuius*** j-s Rede
7. *(nachkl.) poet von Leblosem* fressen, verschlingen; ***devorent vos arma vestrae*** eure Waffen mögen euch verschlingen

dēvortium ⟨ī⟩ *n* ||devorto|| Tac. das Abweichen; ***devortia itinerum*** Umwege

dē-vortō ⟨vortī, vorsum, vortere 3.⟩ = ***deverto***

dēvōtī ⟨ōrum⟩ *m* ||devotus|| die Getreuen

dēvōtiō ⟨ōnis⟩ *f* ||devoveo||
1. das Geloben, Weihe *für die Götter*, Aufopferung; Gelübde
2. *meton* Verwünschung, Fluch; Zauberformel
3. *(eccl.)* Frömmigkeit, Andacht

dē-vōtō ⟨āvī, ātum, āre 1.⟩ ||*Intens von* devoveo||
1. *einer Gottheit als Opfer* geloben; ***Marti praedam d.*** dem Mars die Beute geloben
2. *den unterirdischen Göttern* als Sühneopfer darbringen; ***vitam pro salute publica d.*** das Leben für das öffentliche Wohl opfern
3. verfluchen, verwünschen
4. verzaubern, verhexen, ***suas artes*** seine Künste
5. *(nachkl.) fig* preisgeben, ganz hingeben, opfern; ***d. omnium capita*** das Leben aller opfern
6. ***se d.*** sich hingeben, *alicui / alicui rei* j-m / einer Sache; ***se amicitiae alicuius d.*** mit j-m einen Freundschaftsbund auf Leben und Tod schließen

dēvōtus[1] ⟨a, um⟩ *Adj* ||devoveo||
1. *poet* verflucht
2. *poet* treu ergeben, anhänglich

dē-vōtus[2] ⟨a, um⟩ *PPP* → ***devoveo***

dēvōveo ⟨vōvī, vōtum, ēre 2.⟩
1. *als Opfer* geloben
2. weihen ***ad mortem*** dem Tod
3. verfluchen, verwünschen

4. ***se d.*** sich hingeben, *alicui / alicui rei* j-m / einer Sache

dēxtāns ⟨antis⟩ *m* ||de, sextans|| (*nachkl.*) fünf Sechstel

dextella ⟨ae⟩ *f* ||*Dim von* dextra|| das rechte Händchen; *meton* Werkzeug

dexter ⟨dext(e)ra, dext(e)rum⟩ *Adj*, *Adv* ⟨dext(e)rē, *Komp* dexterior, ius, *Sup* dextimus⟩ *u.* ***dextumus***

1. rechts (gelegen), rechts befindlich; ***cornu dextrum*** rechter Flügel; ***dexterior*** weiter rechts; ***equus dexterior*** Handpferd; ***apud dextumos*** auf der äußersten Rechten

2. rechts erscheinend = Glück bringend, Glück verheißend

3. günstig, passend; ***potestas dextera*** günstige Gelegenheit

4. (*nachkl.*) *poet von Personen* geschickt, gewandt; ***officia dextre obire*** seine Pflichten geschickt wahrnehmen

dextera ⟨ae⟩ *f* ||dexter|| (*erg.* ***manus***)

1. die Rechte, rechte Hand; ***dextram porrigere*** die Rechte darreichen

2. *fig* Handschlag, feierliche Versicherung

3. Ehrenwort, Treue

4. (*nachkl.*) *meton* Faust = Stärke, Tapferkeit, Mut

dexteritās ⟨ātis⟩ *f* ||dexter|| (*nachkl.*) Gewandtheit

dextra ⟨ae⟩ *f* = ***dextera***

dextrōrsum *u.* **dextrōrsus** *Adv* ||dexter, vorto|| (*unkl.*) nach rechts

dextumus ⟨a, um⟩ *Adj Sup* → ***dexter***

dī- *u.* **di-** → ***dis-***[1]

Dīa ⟨ae⟩ *f alter Name für* Naxos, *eine Kykladeninsel*

diabathrārius ⟨ī⟩ *m* ||griech. Fw.|| Plaut. Hersteller von leichten Frauenschuhen, Schuhmacher

diabathrum ⟨ī⟩ *n* ||griech. Fw.|| leichter (Frauen-) Schuh

Diablintēs ⟨um⟩ *m u.* **Diablintī** ⟨ōrum⟩ *m gall. Stamm im heutigen Departement Mayenne*

diabolicus ⟨a, um⟩ *Adj* ||griech. Fw.|| (*eccl.*) des Teufels, teuflisch

diabolus ⟨ī⟩ *m* ||griech. Fw.|| Verwirrer, Verleumder, Widersacher; (*eccl.*) Teufel

diācōn ⟨ōnis⟩ *m* = ***diaconus***

diāconissa ⟨ae⟩ *f* ||diaconus|| (*eccl.*) kirchliche Helferin, Diakonisse

diāconus ⟨ī⟩ *m* ||griech. Fw.|| Diakon, *urspr. Diener der Kirchengemeinde, Stufe der Hierarchie in der katholischen Kirche vor dem Priesteramt*

diadēma ⟨atis⟩ *n* ||griech. Fw.|| Stirnbinde *orient. Könige, daher* Diadem, Königskrone; *fig* Königswürde, Herrschaft

diadēmātus ⟨a, um⟩ *Adj* ||diadema|| (*nachkl.*) mit einer Kopfbinde geschmückt

diadūmenos *u.* **diadūmenus** ⟨a, um⟩ *Adj* ||griech. Fw.|| Sen. = ***diadematus***

diaeta ⟨ae⟩ *f* ||griech. Fw.||

1. geregelte Lebensweise; *fig* Maßregeln ohne Gewalt

2. (*nachkl.*) Zimmer, Gartenhaus

diagōnālis ⟨e⟩ *Adj* ||griech. Fw.|| u. **diagōnios** ⟨on⟩ *Adj* ||griech. Fw.|| diagonal; ***linea diagonalis*** Diagonale

Diagorās ⟨ae⟩ *m*

1. *griech. Dichter u. Philos., 6. Jh. v. Chr.*

2. *berühmter Athlet aus Rhodos, 6. Jh. v. Chr.*

dialectica[1] ⟨ae⟩ *f* ||griech. Fw.|| Dialektik

dialectica[2] ⟨ōrum⟩ *n* ||griech. Fw.|| dialektische Lehrsätze

dialecticē ⟨ēs⟩ *f* = ***dialectica***[1]

dialecticus

I ⟨a, um⟩ *Adj*, *Adv* ⟨dialecticē⟩ ||griech. Fw.|| dialektisch; ***dialectice disputare*** nach Art der Dialektiker disputieren

II ⟨ī⟩ *m* ||griech. Fw.|| Dialektiker

dialectos ⟨ī⟩ *f* ||griech. Fw.|| Suet. Mundart, Dialekt

Diālis ⟨e⟩ *Adj* des Jupiter, zu Jupiter gehörig; ***flamen D.*** Jupiterpriester

dialogus ⟨ī⟩ *m* ||griech. Fw.|| wissenschaftliches Gespräch, *bes* philosophisches Gespräch, Dialog

Diāna ⟨ae⟩ *f* MYTH *urspr. Mond- u. Jagdgöttin, entsprechend der griech. Artemis, auch mit Trivia, der Göttin der Dreiwege, u. mit Hekate gleichgesetzt, Tochter Jupiters u. der Latona*; *meton* Mond; Jagd

Diānium ⟨ī⟩ *n* Tempel der Diana

Diānius ⟨a, um⟩ *Adj* zu Diana gehörig, der Diana; ***turba Diania*** Jagdhunde der Diana

dianomē ⟨ēs⟩ *f* ||griech. Fw.|| Verteilung, Spende

diapasma ⟨atis⟩ *n* ||griech. Fw.|| Mart. duftendes Streupulver

diapāsōn *indekl* ||griech. Fw.|| (*nachkl.*, *spätl.*) Oktave *in der Musik*

diapente *indekl* ||griech. Fw.|| (*nachkl.*, *spätl.*) Quinte *in der Musik*

diaphoreticum ⟨i⟩ *n* ||diaphoreticus|| (*nlat.*) schweißtreibendes Mittel

diaphorēticus ⟨a, um⟩ *Adj* ||griech. Fw.|| (*spätl.*) schweißtreibend

diārium ⟨ī⟩ *n* ||dies||

1. Tagesration *der Soldaten, Sklaven usw.*

2. Tagebuch

diatessarōn *indekl* ||griech. Fw.|| (*nachkl.*, *spätl.*) Quarte *in der Musik*

diatrēta ⟨ōrum⟩ *n* ||griech. Fw.|| Prunkgläser *mit netzartiger Verzierung*, Diatretgläser

diatriba ⟨ae⟩ *f* ||griech. Fw.|| gelehrte philosophische Untersuchung, *antike Literaturgattung, populärphilos. Satire mit fingiertem Dialog*; Gell. *meton* Philosophenschule, Rhetorenschule

dibaphus

I ⟨(a,) um⟩ *Adj* ||griech. Fw.|| doppelt gefärbt

II ⟨ī⟩ *f* ||griech. Fw.||

1. purpurverbrämtes Staatskleid *höherer Beamter*

2. *meton* höheres Staatsamt

dica ⟨ae⟩ *f* ||griech. Fw.||

1. Prozess, Klage *bei den Griechen*; ***dicam scribere alicui*** j-n förmlich verklagen

2. *meton* Richter im Privatprozess; ***dicas sortiri*** die Richter durch das Los bestimmen

dicācitās ⟨ātis⟩ *f* ||dicax|| beißender Witz, satirischer Witz, Stichelei

dicāculus ⟨a, um⟩ *Adj Adv* ⟨dicācūlē⟩ ||*Dim von* dicax|| (*vkl.*, *nachkl.*) schnippisch

dicātiō ⟨ōnis⟩ *f* ||dico[1]|| (Antrag auf) Einbürgerung; *meton* Bürgerbrief

dicāx *Gen* ⟨ācis⟩ *Adj* ||dico[2]|| beißend, witzig, satirisch

dichorēus ⟨ī⟩ *m* ||griech. Fw.|| Doppeltrochäus

▶ **diciō** ⟨ōnis⟩ *f* ||dico[2]|| Weisungsrecht, Macht, Gewalt; ***sub dicione alicuius*** j-m untertan; ***aliquem dicionis suae/sub dicionem suam redigere*** j-n unterwerfen, j-n in seine Gewalt bringen

dicis causā *u.* **dicis gratiā** zum Schein, der Form halber, sozusagen

D

dicō[1] ⟨āvī, ātum, āre 1.⟩
1. *einer Gottheit* weihen, widmen
2. (*nachkl.*) feierlich zur Gottheit erheben
3. ganz hingeben, weihen, widmen; ***alicui totum diem d.*** j-m den ganzen Tag widmen
4. ***se d.*** sich hingeben; ***se in civitatem d.*** sich einbürgern lassen
5. Tac. (durch ersten Gebrauch) einweihen

dīcō[2] ⟨dīxī, dictum, dīcere 3.⟩

1. zeigen, weisen
2. festsetzen, bestimmen
3. ernennen
4. sagen, sprechen
5. behaupten, bejahen
6. aussprechen
7. reden, eine Rede halten
8. nennen, benennen,
9. singen, dichten
10. vorhersagen
11. darstellen, schildern

1. zeigen, weisen, ***viam*** den Weg; ***ius d.*** JUR Recht sprechen, *de aliquo* über j-n
2. festsetzen, bestimmen, ***diem colloquio*** den Termin für ein Gespräch
3. zu *etw* ernennen, + *dopp. Akk*; ***aliquem dictatorem d.*** j-n zum Diktator ernennen
4. sagen, sprechen, reden, vortragen, erklären, *abs od aliquid* etw, + *AcI* / + *indir Fragesatz*; ***incredibile dictu*** unglaublich zu sagen; ***ut supra diximus*** wie wir oben gesagt haben, wie oben geschrieben, wie oben erwähnt; ***d., ut/ne*** + *Konjkt* anordnen, befehlen, dass/dass nicht; ***dicor*** man sagt, dass ich; ***dicitur*** man sagt, dass
5. behaupten, bejahen
6. *phonetisch* aussprechen; ***aliquis rho d. nequit*** j-d kann den Laut r nicht aussprechen
7. reden, eine Rede halten; ***ars dicendi*** Redekunst; ***dicendo excellere*** als Redner brillieren; ***apud iudicem d.*** eine Gerichtsrede halten; ***pro aliquo d.*** j-n verteidigen
8. nennen, benennen, + *dopp. Akk*; *Passiv* genannt werden, heißen; ***aliquis felix dicitur*** j-d heißt „der Glückliche"; ***alicui nomen/aliquem nomine d.*** j-m einen Namen beilegen
9. singen, dichten; besingen, preisen, ***alicuius facta*** j-s Taten
10. vorhersagen, ***alicui fata*** j-m das Schicksal
11. (*nachkl.*) *schriftl.* darstellen, schildern, erzählen; ***vir dicendus*** erwähnenswerter Mann

dicrota ⟨ae⟩ *f u.* **dicrotum** ⟨ī⟩ *n* ||griech. Fw.|| (*erg.* ***navigium***) Schiff mit zwei Reihen von Ruderbänken, Zweiruderer

Dicta ⟨ae⟩ *f* Dikte-Gebirge, *griech. Gebirge im O Kretas, Geburtsort des Zeus*

Dictaeus ⟨a, um⟩ *Adj* zum Dikte-Gebirge gehörig, *auch* kretisch

dictamnum ⟨ī⟩ *n u.* **dictamnus** ⟨ī⟩ *f* ||griech. Fw.|| Verg. Diptam, *Staude mit ätherischem Öl, Heilpflanze*

dictāta ⟨ōrum⟩ *m* ||dicto|| *zum Auswendiglernen diktierte* Lehrsätze, Regeln, Vorschriften, Lektionen; ***dictata reddere*** Lektionen hersagen; ***dictata alicuius recinere*** j-s Worte nachbeten

▶ **dictātor** ⟨ōris⟩ *m* ||dicto|| Diktator, *in latinischen Städten oberster Beamter; in Rom in Notzeiten berufener u. mit besonderen Vollmachten ausgestatteter höchster Beamter für längstens sechs Monate; in Karthago höchster Beamter =* ***sufes***

dictātōrius ⟨ī⟩ *m* ||dictator|| diktatorisch, des Diktators; ***animadversio dictatoria*** vom Diktator verhängte Strafe; ***invidia dictatoria*** Hass gegen den Diktator

dictātrīx ⟨īcis⟩ *f* ||dictator|| Plaut. *hum* Gebieterin

dictātūra ⟨ae⟩ *f* ||dictator||
1. Diktatur; (*nachkl.*) Suffetenamt *in Karthago*
2. das Diktieren, *in hum Doppelsinn bei Sueton*

Dictē ⟨ēs⟩ *f =* ***Dicta***

dictērium ⟨ī⟩ *n* ||dictum|| beißender Ausspruch, sarkastisches Witzwort

dictiō ⟨ōnis⟩ *f* ||dico²||
1. das Sagen, das Aussprechen, das Vortragen
2. *meton* Orakelspruch
3. Tac. Gespräch, Unterhaltung
4. RHET rhetorischer Vortrag, *auch* Übungsvortrag
5. Redeweise, Diktion; ***d. popularis*** volkstümliche Redeweise
6. (*nachkl.*) Redewendung, Ausdruck

dictitō ⟨āvī, ātum, āre 1.⟩ ||*Freq von* dicto|| oft sagen, zu sagen pflegen, nachdrücklich erklären; ***causas d.*** Prozesse führen; ***aliquem sanum d.*** j-n für gesund ausgeben

dictō ⟨āvī, ātum, āre 1.⟩ ||*Freq von* dico²||
1. oft sagen, wiederholen, ständig nennen
2. *zum Mitschreiben* vorsagen, diktieren
3. (*nachkl.*) (diktierend) anfertigen, verfassen, aufsetzen, ***testamentum*** ein Testament

▶ **dictum** ⟨ī⟩ *n* ||dico²||
1. Aussage, Äußerung, Wort; ***dicta dare*** sagen, verkünden; ***dicto citius*** schneller, als man es sagen kann
2. Spruch, Ausspruch, Sentenz, Witzwort, witziger Ausspruch; ***dicta dicere in aliquem*** Witze über j-n machen
3. *poet* Orakelspruch, Weissagung
4. Befehl, Vorschrift; ***dicto audiens alicui*** j-m aufs Wort gehorchend
5. (*nachkl.*) Versprechen, Zusage

dictus ⟨a, um⟩ *PPP* → ***dico²***

Dictynna ⟨ae⟩ *f kretische Göttin im Dikte-Gebirge, der Jagdgöttin Artemis gleichgesetzt*

Dictynnēum ⟨ī⟩ *n* Tempel der Artemis *bei Sparta*

didicī → ***disco***

dī-didī → ***dido***

dī-ditus ⟨a, um⟩ *PPP* → ***dido***

dī-dō ⟨dīdidī, dīditum, dīdere 3.⟩ (*unkl.*) verteilen; *fig* verbreiten; *Passiv* sich verbreiten

Dīdō ⟨ūs⟩ *u.* ⟨ōnis⟩ *f Tochter des Königs Belus von Tyros, Gründerin u. Königin von Karthago*

dī-dūcō ⟨dūxī, ductum, dūcere 3.⟩
1. auseinander ziehen, dehnen; weit aufsperren
2. (gewaltsam) auseinander reißen; ***terram d.*** das

Erdreich lockern; ***hostem d.*** den Feind zerstreuen
3. *fig* in Parteien spalten
4. MIL auseinander ziehen, entfalten; *pej* zersplittern; ***copias d.*** die Truppen auseinander ziehen
5. *fig* Worte in der Aussprache trennen
dīductiō ⟨ōnis⟩ *f* ||diduco||
1. Sen. Ausdehnung
2. *fig* Weiterführung *einer Folgerung*
3. Sen. Zerlegung, Trennung
Didyma ⟨ōn⟩ *n Ort s. von Milet, mit einem Apolloheiligtum (Ausgrabungen), Orakelstätte des Apollo*
Didymēon ⟨ēī⟩ *n* das Apolloheiligtum von Didyma
diēcula ⟨ae⟩ *f* ||*Dim von* dies|| (*vkl., nachkl.*) kurze Frist, Zahlungsfrist
dī-ērēctus ⟨a, um⟩ *Adj, Adv* ⟨dīērēctē⟩ ||dis-[1], erigo|| geradeaus in die Höhe gerichtet; gekreuzigt; ***abi d.!*** Plaut. geh zum Henker!
diēs ⟨diēī⟩
I *m*
1. Tag, *Zeitabschnitt von Sonnenauf- bis Sonnenuntergang (12 Stunden) sowie von einem Sonnenaufgang zum anderen (24 Stunden)*; ***multo (in) die*** spät am Tag; ***ad multum diem*** bis spät in den Tag; ***de die*** am hellen Tag; ***diem de die/ex die*** von einem Tag zum anderen; ***in dies*** von Tag zu Tag, täglich; ***d. fastus*** Tag, an dem Gericht gehalten werden darf; ***d. nefastus*** Tag, an dem Gerichte verboten sind; ***d. festus*** Festtag; ***d. ater*** Unglückstag
2. (*nachkl.*) *poet* Tageslicht; ***diem videre*** das Licht der Welt erblicken
3. Tagesereignisse, Tagesgeschäft; Wetter des Tages; Tagewerk; ***diem exercere*** sein Tagewerk ausüben; ***diem disponere*** sein Tagewerk einteilen; ***d. Alliensis*** die Ereignisse des Tages an der Allia
4. (*nachkl.*) *poet* Schicksalstag, Todestag; ***d. supremus*** Todestag; ***diem obire*** sterben
5. Geburtstag; *auch* ***d. meus/natalis*** Geburtstag
II *f*
1. Termin; ***diem dare/statuere*** einen Termin festsetzen; ***diem dicere alicui*** j-n zu einem bestimmten Termin vor Gericht laden; ***diem obire*** einen Termin einhalten
2. Briefdatum; ***die Nonarum Aprilium*** am Tag der Nonen des April = am 7. April
3. Frist, Aufschub; ***diem sumere ad deliberandum*** Bedenkzeit festsetzen
4. Zeitdauer; ***d. levat luctum*** die Zeit lindert die Trauer; ***longa d.*** lange Zeitdauer
Diēs-piter ⟨pitris⟩ *m alter Name für* Jupiter
dieta ⟨ae⟩ *f* (*mlat.*)
1. = ***diaeta***
2. Tagung, Tagesreise
dif-fāmō ⟨āvī, ātum, āre 1.⟩ ||dis-[1], fama|| (*nachkl.*) *poet* unter die Leute bringen; Gerüchte verbreiten, verunglimpfen
differēns
I *Gen* ⟨entis⟩ *Adj* ||differo|| verschieden, unähnlich
II ⟨entis⟩ *n* Quint. Verschiedenheit, Abweichung
differentia ⟨ae⟩ *f* ||differens|| Verschiedenheit, Unterschied; Spezies
differitās ⟨ātis⟩ *f* Lucr. = ***differentia***
▶ **dif-ferō** ⟨distulī, dīlātum, differre 0.⟩
I *v/t*
1. auseinander tragen, verbreiten; ***ulmos d.*** Ulmen verpflanzen
2. *fig* überall bekannt machen, ins Gerede bringen
3. gewaltsam zerstreuen, zerreißen; Com. *fig* verblüffen
4. aufschieben, verschieben; hinhalten, vertrösten; ***regem in posterum diem d.*** den König auf den folgenden Tag vertrösten
II *v/i nur im Präs.-Stamm* verschieden sein, sich unterscheiden, *inter se* untereinander, *ab aliquo/a re* von j-m/von etw; ***differt*** *unpers* es ist ein Unterschied; ***differt aliquid/paulum/nihil*** es besteht einiger/ein geringer/kein Unterschied; ***plurimum differt inter meam et tuam opinionem*** zwischen meiner Meinung und deiner besteht ein großer Unterschied
dif-fertus ⟨a, um⟩ *Adj* ||dis-[1], farcio|| voll gepfropft, voll gestopft, wimmelnd, voll, *re* von etw; ***provincia praefectis differta*** eine von Präfekten strotzende Provinz
▶ **dif-ficilis** ⟨e⟩ *Adj, Adv* ⟨difficulter⟩, *selten* ⟨difficiliter⟩, (*nachkl.*) ⟨difficilē⟩ ||dis-[1], facilis||
1. schwierig (zu tun), schwer, *alicui* für j-n; ***res d.*** schwierige Angelegenheit; ***difficile dictu*** schwer zu sagen; ***difficile intellectu*** schwer zu begreifen; ***difficile ad docendum*** schwer zu lehren; ***difficile/in difficili est*** es ist schwer, + *Inf* / + *AcI*
2. *von Örtlichkeiten, Zeiten u. Verhältnissen* unzugänglich, gefährlich, misslich, ungünstig; ***palus d.*** gefährlicher Sumpf; ***condicio d.*** schlechte Bedingung
3. *von Personen u. Charakter* mürrisch, eigensinnig, pedantisch, spröde, empfindlich, launisch, *in aliquem/alicui* gegenüber j-m; ***homo d.*** schwieriger Mensch
▶ **difficultās** ⟨ātis⟩ *f* ||difficilis||
1. Schwierigkeit, Beschwerlichkeit, Hindernis; ***d. rerum*** Schwierigkeit der Verhältnisse; ***d. tempestatis*** Widrigkeit des Wetters; ***d. loci*** Unzugänglichkeit des Ortes
2. Mangel, Not, Verlegenheit, *alicuius rei* an etw; ***d. omnium rerum*** Mangel an allem; ***d. rei nummariae*** Mangel an Bargeld
3. *von Personen u. Charakter* Eigensinn, mürrisches Wesen, Launenhaftigkeit
diffīdēns *Gen* ⟨entis⟩ *Adj, Adv* ⟨diffīdenter⟩ ||diffido|| misstrauisch, ängstlich
diffīdentia ⟨ae⟩ *f* ||diffidens||
1. Misstrauen, *alicuius* j-s, *alicuius rei* gegen etw
2. Mangel an Selbstvertrauen
dif-fīdō ⟨fīsus sum, fīdere 3.⟩ misstrauen, kein Vertrauen haben, an *j-m/etw* zweifeln, verzweifeln, *alicui/alicui rei*; ***virtuti militum d.*** der Tapferkeit der Soldaten misstrauen, an der Tapferkeit der Soldaten zweifeln
dif-findō ⟨fidī, fissum, findere 3.⟩ zerspalten, zerschlagen, gewaltsam zerteilen; ***saxum d.*** einen Felsen sprengen; ***coniunctionem d.*** eine Verbindung auflösen; ***diem d.*** (*nachkl.*) *poet* eine Gerichtsverhandlung verschieben; ***nihil hinc d. possum*** ich muss deiner Meinung zustimmen
dif-fingō ⟨fīnxī, fictum, fingere 3.⟩ *poet* umbilden; *fig* umgestalten, abändern; ***ferrum d.*** Eisen umschmieden
dif-fīsus ⟨a, um⟩ *PPerf* → ***diffido***

D

dif-fiteor ⟨-, -, ērī 2.⟩ ||dis-[1], fateor|| *(unkl.)* in Abrede stellen, leugnen, *aliquid* etw, + *AcI*
dif-flāgitō ⟨-, -, āre 1.⟩ Plaut. heftig verlangen
dif-flō ⟨āvī, ātum, āre 1.⟩ *(unkl.)* auseinander blasen
dif-fluō ⟨flūxī, flūxum, fluere 3.⟩
1. auseinander fließen, sich fließend verbreiten; *auch* überströmen; ***Rhenus in plures partes diffluit*** der Rhein teilt sich in mehrere Arme
2. *(nachkl.) fig von Leblosem* sich auflösen, verschwinden; *Perf* verschwunden sein
3. *fig von Personen* verkommen, ***otio*** in Müßigkeit;
dif-fringō ⟨frēgī, frāctum, fringere 3.⟩ ||dis-[1], frango|| *(vkl., nachkl.)* zerbrechen, zerschmettern, *aliquid alicui* j-m etw
dif-fūdī → ***diffundo***
dif-fugiō ⟨fūgī, fugitūrus, fugere 3.⟩ auseinander fliehen, sich zerstreuen, zerstieben, sich flüchten
diffugium ⟨ī⟩ *n* ||diffugio|| Tac. das Auseinanderstieben, das Entfliehen
dif-funditō ⟨-, -, āre 1.⟩ *(vkl., nachkl.)* überallhin ausgießen; *fig* verschleudern, verschwenden
dif-fundō ⟨fūdī, fūsum, fundere 3.⟩
1. ausgießen, *Flüssiges* ausschütten; ***aquam d.*** Wasser ausschütten; ***vinum in amphoras d.*** Wein in Krüge gießen; ***animam in arma cruore d.*** Verg. das Leben mit Blut über die Rüstung verströmen; *Passiv u.* ***se d.*** sich ergießen; ***medicamentum in venas se diffundit*** das Heilmittel verteilt sich in die Adern; ***sanguis per venas in omne corpus diffunditur*** das Blut verbreitet sich über die Adern im ganzen Körper
2. *fig* ausbreiten, verbreiten, zerstreuen; *Passiv* sich ausbreiten; ***comas d.*** die Haare flattern lassen; ***lux diffunditur*** das Licht breitet sich aus
3. *fig* erheitern, erleichtern; *Passiv* sich erleichtert fühlen; ***d. animos munere Bacchi*** die Menschen durch die Gabe des Bacchus erheitern; ***dolorem flendo d.*** dem Schmerz durch Weinen Luft machen; ***bonis amici diffundi*** sich durch das Glück des Freundes erleichtert fühlen
diffūsilis ⟨e⟩ *Adj* ||diffundo|| Lucr. sich leicht verbreitend
diffūsiō ⟨ōnis⟩ *f* ||diffundo|| das Auseinanderfließen, das Sichausbreiten; ***d. animi*** Sen. *fig* Heiterkeit
diffūsus[1] ⟨a, um⟩ *Adj, Adv* ⟨diffūsē⟩ ||diffundo||
1. ausgedehnt, breit ausladend
2. *fig* weitschweifig, ausführlich, reichhaltig
3. *fig* zerstreut, ohne Zusammenhang
dif-fūsus[2] ⟨a, um⟩ *PPP* → ***diffundo***
dif-futūtus ⟨a, um⟩ *Adj* ||dis-[1], futuo|| Catul. ausgemergelt, durch häufigen Geschlechtsverkehr geschwächt, verhurt
digamma *indekl n u.* ⟨ae⟩ *f* ||griech. Fw.|| Digamma, *altgriech., früh verschwundener u. nicht ins Alphabet aufgenommener Buchstabe, unserem W-Laut entsprechend, der Form des F ähnlich; daher meton* Zinsbuch, Kontobuch, *weil dieses mit F = fenus gekennzeichnet war*
Dīgentia ⟨ae⟩ *f Bach beim Sabinergut des Horaz, heute Licenza*
dī-gerō ⟨gessī, gestum, gerere 3.⟩
1. *(nachkl.) poet* trennen, teilen, (ab)teilen; ***Nilus digestus in septem cornua*** der in sieben Arme geteilte Nil
2. *(vkl.) poet Pflanzen* versetzen
3. *vom Magen* verdauen
4. *ordnend* einteilen, verteilen; ***ius civile in genera d.*** das bürgerliche Recht in Sparten einteilen; ***novem volucres in belli annos d.*** neun Vögel als ebenso viele Jahre des Krieges deuten
5. ordnungsgemäß eintragen, buchen; ***nomina in codicem d.*** die Namen ins Rechnungsbuch eintragen
6. der Reihenfolge nach durchnehmen, nach der Zeitfolge erzählen
dīgesta ⟨ōrum⟩ *m* ||digestus, *PPP von* digero|| die Digesten, *offizieller Name juristischer Schriften, bes der 533 n. Chr. herausgegebenen Kommentare bedeutender Rechtsgelehrter zu einzelnen Gesetzen, Teil des Corpus iuris civilis*
dīgestiō ⟨ōnis⟩ *f* ||digero||
1. Einteilung, Aufzählung, *auch als* RHET
2. *(nachkl.)* Verdauung
digitālis
I ⟨e⟩ *Adj* ||digitus||
1. zum Finger gehörig
2. fingerdick; ***foramen digitale*** fingerdicke Öffnung
II ⟨is⟩ *f (mlat.)* Fingerhut, *eine Pflanze*
digitulus ⟨ī⟩ *m* ||*Dim von* digitus|| Fingerchen
▶ **digitus** ⟨ī⟩ *m* ||dico[2]||
1. Finger; ***d. pollex*** Daumen; ***d. index*** Zeigefinger; ***d. medius*** Mittelfinger; ***d. anuli*** Ringfinger; ***d. minimus*** kleiner Finger; ***d. extremus*** Fingerspitze; ***numerare digitis/per digitos*** an den Fingern abzählen; ***uno digito aliquid tangere*** etw sanft anfassen, etw sanft berühren; ***digito caelum attingere*** *Sprichwort* heilfroh sein; ***ne digitum quidem porrigere/proferre*** keinen Finger krümmen, nichts unternehmen; ***extremis digitis aliquid attingere*** etw oberflächlich angehen
2. *meton* Handzeichen; *Pl* Gestikulation; ***digitis loqui*** mit Händen reden; ***digitum tollere*** ein Handzeichen geben
3. *Maß* Fingerbreite, Zoll = *1/10 pes, ca. 19 mm*; ***non digitum discedere a re*** keinen Fingerbreit von etw abweichen
4. *(nachkl.) poet* Zehe; ***insistere digitis*** Ov. auf die Zehen treten
5. ***Digiti Idaei*** die Priester der Kybele; → ***Dactyli Idaei***
dī-gladior ⟨ātus sum, ārī 1.⟩ ||dis, gladius|| erbittert kämpfen, sich herumschlagen
dīgnātiō ⟨ōnis⟩ *f* ||digno||
1. Würdigung, Achtung
2. Anerkennung, Ehre, Rang, Stellung
▶ **dīgnitās** ⟨ātis⟩ *f*
1. Würdigkeit; Tüchtigkeit, Verdienst, *alicuius rei* zu etw, für etw
2. *von Personen u. Sachen* Würde, würdevolle Schönheit, würdevolles Aussehen, würdevolles Wesen
3. Pracht, Glanz
4. innere Ehre, sittliche Würde, Ehrenhaftigkeit, Ehrgefühl; ***res non habet dignitatem*** etw verträgt sich nicht mit der Ehre
5. *meton* äußere Ehre, Achtung, Ansehen, Autori-

tät; ***magna cum dignitate vivere*** in hoher Achtung stehen; ***non est meae dignitatis*** es ist unter meiner Würde, + *Inf*
6. Stellung, Rang, Ehre, Stand, Ehrenstelle, Amt; ***cum dignitate esse*** ein hohes Amt bekleiden
7. *meton* Würdenträger
dīgnō ⟨āvī, ātum, āre 1.⟩ ||*Denom von* dignus|| (*vkl., nachkl.*) würdigen; *Passiv* gewürdigt werden, *re* einer Sache, ***laude*** des Lobes
dīgnor ⟨ātus sum, ārī 1.⟩ ||*Denom von* dignus||
1. würdigen, *re* einer Sache; ***aliquem honore d.*** j-n der Ehre würdigen; ***aliquem filium d.*** j-n für würdig halten sein Sohn zu sein
2. sich entschließen, sich herablassen, geruhen, Lust haben, + *Inf*
dī-gnōscō ⟨gnōvī, -, gnōscere 3.⟩ ||dis-[1], nosco|| (*nachkl.*) *poet* unterscheiden, *re/a re* von etw; erkennen *re/per aliquid* an etw; ***d. bonum malumque*** das Gute und das Böse voneinander unterscheiden
▶ **dīgnus** ⟨a, um⟩ *Adj, Adv* ⟨dīgnē⟩
1. *j-s/einer Sache* würdig, wert, *etw* verdienend, zu *etw* befähigt, zu *etw* berechtigt, *aliquo/alicui/re/alicuius rei*; ***d. maioribus suis*** seiner Vorfahren würdig; ***memoriā/memoriae/memoratu d.*** denkwürdig; ***dignus, qui/ut laudetur*** würdig gelobt zu werden
2. *von Sachen, selten von Personen* passend, angemessen, geziemend; ***maeror d. in tanta calamitate*** eine in so großem Unglück angemessene Trauer; ***poena pro factis digna*** im Verhältnis zu den Taten angemessene Strafe; ***dignum est*** es ziemt sich, es ist angemessen, + *Inf/* + *AcI*
▶ **dī-gredior** ⟨gressus sum, gredī 3.⟩ ||dis-[1], gradior||
1. auseinander gehen, sich trennen, weggehen, scheiden; ***d. a marito*** sich vom Gatten trennen
2. RHET abschweifen, ***de causa*** vom Thema
dīgressiō ⟨ōnis⟩ *f u.* **dīgressus**[1] ⟨ūs⟩ *m* ||digredior||
1. das Weggehen, Trennung, Abschied
2. RHET Abschweifung
dī-gressus[2] ⟨a, um⟩ *PPerf* → ***digredior***
diiūdicātiō ⟨ōnis⟩ *f* ||diiudico|| Entscheidung
dī-iūdicō ⟨āvī, ātum, āre 1.⟩
I *v/i* ein Urteil fällen; ***inter duas sententias d.*** zwischen zwei Meinungen die Entscheidung treffen
II *v/t*
1. entscheiden, ***controversias*** Meinungsverschiedenheiten
2. unterscheiden, ***recta ac prava*** Richtiges und Falsches, ***vera a falsis*** Wahres von Falschem
diiūnctiō ⟨ōnis⟩ *f* → ***disiunctio***
dī-iungō ⟨iūnxī, iūnctum, iūngere 3.⟩ = ***disiungo***
▶ **dī-lābor** ⟨lāpsus sum, lābī 3.⟩
1. (*nachkl.*) *poet* auseinander gleiten, auseinander fallen, zerfallen, sich auflösen; ***nix dilabitur*** der Schnee schmilzt; ***nebula dilabitur*** der Nebel löst sich auf; ***male parta male dilabuntur*** unrecht Gut gedeiht nicht
2. *von Flüssen* auseinander fließen, abfließen, zerrinnen
3. (*nachkl.*) *fig* sich zerstreuen, entweichen, sich aus dem Staub machen; ***d. a signis*** desertieren, Fahnenflucht begehen
4. *fig* entgleiten, entschwinden; ***aliquid dilabitur de memoria mea*** etw entschwindet aus meinem Gedächtnis
5. *von der Zeit* verlaufen, verfließen
dī-lacerō ⟨āvī, ātum, āre 1.⟩
1. (*nachkl.*) *poet* zerreißen, zerfleischen
2. *fig* zerrütten, ***rem publicam*** das Staatswesen
dī-lāminō ⟨-, -, āre 1.⟩ entzweispalten
dī-laniō ⟨āvī, ātum, āre 1.⟩ *poet* zerfleischen, zerfetzen; ***comas d.*** die Haare raufen
dī-lapidō ⟨āvī, ātum, āre 1.⟩ (*vkl., nachkl.*)
1. Steine auslegen, mit Steinen belegen
2. *fig* vergeuden, verschwenden, verschleudern
dī-largior ⟨ītus sum, īrī 4.⟩ reichlich verschenken, großzügig ausgeben
dīlātiō ⟨ōnis⟩ *f* ||differo||
1. Verzögerung, Aufschub
2. Suet. das Hinhalten *eines Bewerbers*
dī-lātō ⟨āvī, ātum, āre 1.⟩ ||dis-[1], *Denom von* latus[2]||
1. ausbreiten, ausdehnen; ***manūs d.*** die Hände ausbreiten; ***litteras d.*** Buchstaben gedehnt aussprechen
2. *in der Rede* ausweiten, ausspinnen, ausführlich behandeln
dīlātor ⟨ōris⟩ *m* ||differo|| (Hor., *spätl.*) Zauderer
dī-lātus ⟨a, um⟩ *PPP* → ***differo***
dī-laudō ⟨-, -, āre 1.⟩ in jeder Hinsicht loben
dīlēctī ⟨ōrum⟩ *m* ||diligo|| Elitetruppen
▶ **dīlēctus**[1] ⟨ūs⟩ *m* ||diligo||
1. MIL Aushebung, Musterung, Rekrutierung; Tac. *meton* die Rekruten
2. = ***delectus***
dīlēctus[2]
I ⟨a, um⟩ *Adj* ||diligo|| lieb, wert, teuer
II ⟨ī⟩ *m* Liebling
dī-lēctus[3] ⟨a, um⟩ *PPP* → ***diligo***
dī-lēxī → ***diligo***
dī-līdō ⟨-, -, ere 3.⟩ ||dis-[1], laedo|| Plaut. zerschlagen
▶ **dīligēns** *Gen* ⟨entis⟩ *Adj, Adv* ⟨dīligenter⟩ ||diligo||
1. achtsam, aufmerksam, sorgfältig, pünktlich, gewissenhaft, *alicuius rei/in re/ad aliquid/alicui rei* in Bezug auf etw; ***homo d.*** gewissenhafter Mensch; ***d. cura*** gewissenhafte Sorge; ***d. veritatis*** wahrheitsliebend; ***d. in omnibus rebus*** allseits gewissenhaft; ***d. imperii*** gewissenhaft in seinen Feldherrnpflichten
2. sparsam, wirtschaftlich; ***homo d.*** sparsamer Mensch
▶ **dīligentia** ⟨ae⟩ *f* ||diligens||
1. Aufmerksamkeit, Sorgfalt, Umsicht, Gewissenhaftigkeit, Pünktlichkeit, *alicuius* j-s, *alicuius rei/in re* in Bezug auf etw, bei etw; RHET sprachliche Genauigkeit
2. Sparsamkeit, Wirtschaftlichkeit
▶ **dī-ligō** ⟨lēxī, lēctum, ligere 3.⟩ ||dis-[1], lego[2]||
1. *Soldaten* ausheben
2. hoch schätzen, verehren, lieben; ***regem sicut parentes d.*** den König wie die Eltern lieben
dī-lōrīcō ⟨-, ātum, āre 1.⟩ ||dis-[1], *Denom von* lorica|| *ein Kleid* aufreißen, auseinander reißen
dī-lūceō ⟨-, -, ēre 2.⟩ (*nachkl.*) hell sein, klar sein, *nur fig, auch* + *AcI*; ***fraus dilucet*** der Betrug ist offenkundig
dīlūcēscō ⟨lūxī, -, lūcēscere 3.⟩ ||*Inkoh von* diluceo||
1. (*nachkl.*) *poet* hell werden; *vom Tag* heraufziehen

2. ***dilucescit*** *unpers* es wird Tag

dīlūcidus ⟨a, um⟩ *Adj*, *Adv* ⟨dīlūcidē⟩ ||dilueco|| (*nachkl.*) hell, klar, deutlich, (*klass.*) *meist nur fig*; ***verba dilucida*** deutliche Worte

dīlūculum ⟨ī⟩ *n* ||diluceo|| Morgendämmerung, Tagesanbruch

dīlūdium ⟨ī⟩ *n* ||dis-[1], ludus|| *poet* Ruhetag; *fig* Galgenfrist

dī-luō ⟨luī, lūtum, luere 3.⟩
1. aufweichen, erweichen
2. *fig* vermindern, verscheuchen, ***molestias*** die Beschwerlichkeiten
3. *poet* auflösen; verdünnen
4. (*nachkl.*) durch Lösung bereiten, mischen, ***venenum*** Gift
5. *fig* auflösen, lockern; entkräften, widerlegen; ***crimen d.*** einen Vorwurf widerlegen
6. Plaut. deutlich auseinander setzen, erklären; ***mihi, quod rogavi, dilue*** antworte mir klar und deutlich auf meine Frage
7. **dīlūtus** ⟨a, um⟩ *Adj* eingeweicht, feucht; zersetzt, verdünnt

dīluviēs ⟨ēī⟩ *f* ||diluo||
1. (*unkl.*) Überschwemmung, Sintflut; *fig* Verderben
2. (*nlat.*) Eiszeit, Diluvium

dīluviō ⟨-, -, āre 1.⟩ ||*Denom von* diluvium|| Lucr. überschwemmen

dīluvium ⟨ī⟩ *n* = ***diluvies***

dimachae ⟨ārum⟩ *m* ||griech. Fw.|| Curt. Reiter, die auch als Fußsoldaten kämpfen

dī-mānō ⟨āvī, -, āre 1.⟩ auseinander fließen; sich ausbreiten

dīmēnsiō ⟨ōnis⟩ *f* ||dimetior|| Ausmaß, Ausmessung, mathematische Berechnung; Quint. *fig* metrische Messung, Quantität

dī-mētior ⟨mēnsus sum, mētīrī 4.⟩ ausmessen, vermessen, abmessen; *PPerf auch p* abgemessen, abgesteckt; MIL regelrecht, regelmäßig

dī-mētō ⟨āvī, ātum, āre 1.⟩ *u.* **dī-mētor** ⟨ātus sum, ārī 1.⟩ abgrenzen, abstecken

dīmicātiō ⟨ōnis⟩ *f* ||dimico||
1. hitziges Kämpfen, gefährlicher Kampf; ***d. universae rei*** Entscheidungskampf
2. *fig* das Ringen, Risiko, *alicuius rei* um etw, für etw; ***d. capitis*** Kampf um das Leben

► **dī-micō** ⟨āvī⟩ *u.* ⟨uī, ātum, āre 1.⟩
1. mit blanker Waffe kämpfen, streiten, fechten, *de re* um etw
2. *fig* kämpfen, ringen, *de re* um etw
3. sich mühen, sich anstrengen, *ut*

dīmidia ⟨ae⟩ *f* = ***dimidium***

dīmidiātus ⟨a, um⟩ *Adj* ||dis-[1], *Denom von* medius|| halb, zur Hälfte genommen

dīmidium ⟨ī⟩ *n* ||dimidius|| Hälfte, *bes* halber Ertrag; ***dimidio*** um die Hälfte; ***dimidio minor*** halb so groß; ***dimidium facti, qui bene coepit, habet*** Hor. frisch gewagt ist halb gewonnen

► **dīmidius** ⟨a, um⟩ *Adj* ||dis-[1], medius|| halb, zur Hälfte; (*klass.*) *nur* ***dimidia pars*** Hälfte

dī-minuō ⟨minuī, minūtum, minuere 3.⟩ (*vkl., nachkl.*) zerschlagen, zerschmettern

dīminūtiō ⟨ōnis⟩ *f* = ***deminutio***

dī-mīsī → ***dimitto***

dīmissiō ⟨ōnis⟩ *f* ||dimitto||
1. Aussendung
2. Entlassung, Dienstentlassung

dīmissus[1] *nur Dat* ⟨uī⟩ *m* ||dimitto|| Entlassung

dī-missus[2] ⟨a, um⟩ *PPP* → ***dimitto***

dī-mittō ⟨mīsī, missum, mittere 3.⟩

1. ausschicken, wegschicken
2. entlassen, auflösen
3. wegschicken, weggehen lassen
4. entlassen
5. freilassen, entlassen
6. fallen lassen, wegwerfen
7. verlieren, aufgeben
8. ungenutzt lassen

1. ausschicken, wegschicken, entsenden, umherschicken; ***litteras ad amicos d.*** Briefe an die Freunde schicken; ***aciem oculorum in omnes partes d.*** überall umherblicken
2. *Versammlungen* entlassen, auflösen; ***senatum d.*** den Senat entlassen; ***convivium d.*** das Gastmahl beenden
3. *von sich* wegschicken, weggehen lassen, entlassen, verabschieden; ***legatos domum d.*** die Gesandten nach Hause schicken; ***scholam d.*** eine Schule schließen; ***uxorem e matrimonio d.*** die Gattin verstoßen, sich von seiner Frau scheiden lassen; ***creditorem d.*** JUR einen Gläubiger bezahlen; ***debitorem d.*** einen Schuldner entlassen, j-m die Schulden erlassen
4. *aus dem Dienst* entlassen
5. freilassen, entlassen, laufen lassen; ***damnatum impunitum d.*** einen Verurteilten ungestraft freilassen
6. fallen lassen, wegwerfen; ***librum e manibus d.*** das Buch aus der Hand legen; ***cibum ex ore d.*** eine Speise aus dem Mund fallen lassen
7. *fig etw* verlieren, aufgeben, auf *etw* verzichten, *aliquid*; ***victoriam d.*** auf den Sieg verzichten; ***oppugnationem d.*** die Belagerung aufheben; ***ius suum d.*** auf sein Recht verzichten; ***iracundiam rei publicae d.*** seinen Zorn dem Staat zuliebe aufgeben; ***aliquid oblivione d.*** sich etw aus dem Kopf schlagen, etw vergessen
8. ***occasionem d.*** eine Gelegenheit ungenutzt lassen

dim-minuō ⟨minuī, minūtum, minuere 3.⟩ (*altl.*) = ***diminuo***

dī-moveō ⟨mōvī, mōtum, movēre 2.⟩
1. auseinander schieben, trennen, zerteilen; ***aquam corpore d.*** das Wasser mit dem Körper durchfurchen; ***terram aratro d.*** den Boden durchpflügen; ***turbam d.*** eine Schar zerteilen; ***ora d.*** den Mund öffnen
2. von *etw* losmachen, entfernen, vertreiben, *de re/a re/re*; *fig* abtrünnig machen

Dīnarchus ⟨ī⟩ *m attischer Redner, geb. 361 v. Chr., Zeitgenosse u. Nachfolger des Demosthenes*

Dindyma ⟨ōrum⟩ *n Berg in Phrygien bei Pessinus, wo Kybele verehrt wurde*

Dindymēnē ⟨ēs⟩ *f* (Ov., Verg.) = Kybele

Dindymos *u.* **Dindymus** ⟨ī⟩ *m* = ***Dindyma***

dīnōscō ⟨nōvī, -, nōscere 3.⟩ = ***dignosco***

dī-nōtō ⟨āvī, ātum, āre 1.⟩ unterscheiden
dīnumerātiō ⟨ōnis⟩ *f* ||dinumero|| Aufzählung
dī-numerō ⟨āvī, ātum, āre 1.⟩ abzählen, aufzählen, auszahlen; berechnen
Diō ⟨ōnis⟩ *m* = ***Dion***
diōbolāris ⟨e⟩ *Adj* ||griech. Fw.|| für zwei Obolen käuflich; ***scortum diobolare*** Plaut. Zweigroschenhure
Dioclētiānus ⟨ī⟩ *m C. Valerius D., röm. Kaiser (284–305 n. Chr.), Neuordner des Reiches, dankte 305 freiwillig ab, lebte in Salona bis 316, letzte u. sehr blutige Christenverfolgung*
Diodōros ⟨ī⟩ *m*
1. *dialektischer Philos. aus Karien, um 300 v. Chr.*
2. *peripatetischer Philos. aus Tyros, um 100 v. Chr.*
3. *griech. Historiker aus Sizilien, Zeitgenosse des Kaisers Augustus*
dioecēsis ⟨is⟩ *f* ||griech. Fw.||
1. Verwaltungsbezirk *innerhalb einer Provinz*, Distrikt
2. *(spätl., eccl.)* Diözese, Bistum
dioecētēs ⟨ae⟩ *m* ||griech. Fw.|| Verwalter der königlichen Einkünfte
Diogenēs ⟨is⟩ *m*
1. *Kyniker aus Sinope, 404–323 v. Chr.*
2. *Stoiker, Schüler des Chrysipp, 155 v. Chr. Mitglied der Philosophengesandtschaft in Rom*
Diomēdēs ⟨is⟩ *m Sohn des Tydeus, trojanischer Held, sagenhafter Gründer von Arpi in Apulien*
Diomēdēus ⟨a, um⟩ *Adj* des Diomedes, zu Diomedes gehörig; ***aves Diomedeae*** Vögel des Diomedes, *Gefährten des Diomedes, die wegen ihrer Trauer um ihn in Reiher verwandelt wurden*
Diōn ⟨ōnis⟩ *m von Syrakus, 409–354 v. Chr., Schwager des jüngeren Dionysios, Schwiegersohn des älteren Dionysios, Verehrer Platos. Sein Versuch dessen Idealstaat in Syrakus zu verwirklichen scheiterte*
Diōna ⟨ae⟩ *f Titanin, Tochter des Okeanos (Oceanus), von Zeus Mutter der Aphrodite, später mit Aphrodite gleichgesetzt, bei den Römern als Mutter der Venus Stammmutter des Iulischen Geschlechts; auch* = Venus
Diōnaeus ⟨a, um⟩ *Adj* der Dione, zu Dione gehörig; ***mater Dionaea*** = Venus; ***Caesar D.*** Caesar als Nachkomme des Aeneas; ***antrum Dionaeum*** der Venus heilige Höhle
Diōnē ⟨ēs⟩ *f* = ***Diona***
Dionȳsia ⟨ōrum⟩ *n* ||Dionysos|| Bacchusfest
Dionȳsios *u.* **Dionȳsius**[1] ⟨ī⟩ *m*
1. *häufiger griech. Vorname, Name zahlreicher Personen des politischen u. kulturellen Lebens der Antike u. Spätantike, bes bekannt die Herrscher von Syrakus, Dionysios der Ältere, gest. 367 v. Chr., u. Dionysios der Jüngere, 343 v. Chr. vertrieben*
2. ***Dionysius Exiguus*** *skythischer Mönch, 5./6. Jh. n Chr., in Rom lebend, setzte das Jahr 754 ab urbe condita gleich mit dem Geburtsjahr Christi u. wurde so der Schöpfer der chr. Zeitrechnung*
Dionȳsius[2] ⟨a, um⟩ *Adj* des Dionysos, zu Dionysos gehörig
Dionȳsos *u.* **Dionȳsus** ⟨ī⟩ *m Sohn des Zeus u. der Thebanerin Semele, griech. Gott des Weines, in Rom als Bacchus od Liber übernommen*
diōta ⟨ae⟩ *f* ||griech. Fw.|| Hor. zweihenkeliger Weinkrug
Dīphilus ⟨ī⟩ *m Dichter der neuen attischen Komödie, geb. um 350 v. Chr., Zeitgenosse u. Freund von Menander u. Philon, Vorbild des Plautus*
diplōma ⟨atis⟩ *n* ||griech. Fw.||
1. Urkunde *auf zwei zusammengelegten Blättern*
2. Begnadigungsschreiben; Bürgerrechtsurkunde
3. *in der republikanischen Zeit vom Senat ausgestellter* Reisepass *für Reisen in die Provinz*
4. *(nachkl.) allg.* Diplom, Ernennungsurkunde, Beglaubigungsurkunde; Patent
dipsas ⟨adis⟩ *f* ||griech. Fw.|| Mart. *poet eine Giftschlange, deren Biss heftigen Durst auslöste*
diptychum ⟨ī⟩ *n* ||griech. Fw.||
1. Schreibtafel, *zusammenklappbar*; *(eccl.)* Verzeichnis, ***episcoporum*** der Bischöfe
2. *(mlat.)* zweiflügeliger Altar
Dipylon ⟨ī⟩ *n Doppeltor im NW Athens*
dipyros *Gen* ⟨on⟩ *Adj* ||griech. Fw.|| Mart. zweimal gebrannt
dīra ⟨ōrum⟩ *n* = ***dirae 1***
dīrae ⟨ārum⟩ *f* ||dirus||
1. unheilvolle Vorzeichen
2. Verwünschungen, Flüche, Fluchformeln
Dīrae ⟨ārum⟩ *f* Erinnyen, Furien
Dircaeus ⟨a, um⟩ *Adj* der → Dirce, zur Dirce gehörig; *auch* thebanisch
Dircē ⟨ēs⟩ *f Quelle im W von Theben*
dīrēctiō ⟨ōnis⟩ *f* ||dirigo||
1. Richtung
2. MATH, ARCH Gerade, gerade Linie
3. *(spätl.)* Gerechtigkeit; Aufrichtigkeit
dīrēctōrium ⟨ī⟩ *n* ||dirigo||
1. *(spätl.)* vorgeschriebener Reiseweg
2. *(mlat.)* Kalendarium *in der katholischen Liturgie mit Anweisungen für die Messe*
3. *(mlat.)* Vorstand, leitende Behörde
dīrēctus[1] ⟨a, um⟩ *Adj, Adv* ⟨dīrēctē⟩ *u.* ⟨dīrēctō⟩ ||dirigo||
1. in gerader Richtung, gerade
2. waagrecht, horizontal
3. senkrecht, aufrecht
4. *fig* direkt = geradeaus, ohne Umschweife
dī-rēctus[2] ⟨a, um⟩ *PPP* → ***dirigo***
dīr-ēmī → ***dirimo***
dīrēmptus[1] ⟨ūs⟩ *m* ||dirimo|| Trennung
dīr-ēmptus[2] ⟨a, um⟩ *PPP* → ***dirimo***
dīreptiō ⟨ōnis⟩ *f* ||diripio|| Ausplünderung, Raub
dīreptor ⟨ōris⟩ *m* ||diripio|| Plünderer
dī-reptus ⟨a, um⟩ *PPP* → ***diripio***
dī-rēxī → ***dirigo***
dir-ibeō ⟨ibuī, ibitum, ibēre 2.⟩ ||dis-[1], habeo|| sondern, sortieren, ***tabellas*** die Stimmtäfelchen
diribitiō ⟨ōnis⟩ *f* ||diribeo|| Sortierung; ***d. tabellarum*** Sortierung (und Zählung) der Stimmtäfelchen
diribitor ⟨ōris⟩ *m* ||diribeo|| Sortierer, Zähler der Stimmtäfelchen
diribitōrium ⟨ī⟩ *n* ||diribitor|| Suet. *Gebäude in Rom, urspr. zur Sortierung u. Zählung der Stimmtäfelchen, später zur Ausgabe von Geschenken*
dī-rigēscō ⟨riguī, -, rigēscere 3.⟩ = ***derigesco***
dī-rigō ⟨rēxī, rēctum, rigere 3.⟩ ||dis-[1], rego||
1. gerade richten, gerade machen, in gerader Linie aufstellen; ***flumina d.*** Flüsse regulieren; ***vicos d.***

gerade Straßen bauen; ***frontem d.*** die Front begradigen; ***finem d.*** die Grenze regulieren; ***arbores in quincuncem d.*** Cic. Bäume nach dem Schachbrettmuster pflanzen; ***contra d.*** *abs* sich dagegen aufstellen
2. *nach einem Ziel* hinwenden, hinlenken; ***cursum ad litora d.*** Kurs auf die Küste nehmen; ***cogitationes ad aliquid d.*** *fig* die Gedanken auf etw richten
3. MIL *Geschosse* abschießen, schleudern; ***hastam in aliquem d.*** eine Lanze gegen j-n schleudern
4. eine Richtung nehmen; sich erstrecken; ***planities hinc dirigens*** die sich von hier ausdehnende Ebene
5. einrichten, bestimmen, bemessen, *ad aliquid / auch re* nach etw; ***vitam ad rationis normam d.*** das Leben nach den Regeln der Vernunft einrichten; ***officium utilitate d.*** seine Verpflichtung nach der Zweckmäßigkeit ausrichten

► **dīr-imō** ⟨ēmī, ēmptum, imere 3.⟩ ||dis-[1], emo||
1. auseinander nehmen, trennen, sondern, scheiden; Tac. *von Personen* verfeinden; ***urbs flumine dirempta*** durch den Fluss geteilte Stadt
2. *fig* unterbrechen, stören, vereiteln; ***actionem meam nox diremit*** die Nacht unterbrach meine Tätigkeit
3. *fig* aufheben, abbrechen; ***veterem coniunctionem d.*** eine alte Verbindung abbrechen; ***certamen / controversiam d.*** einen Streit beilegen, einen Streit schlichten

► **dī-ripiō** ⟨ripuī, reptum, ripere 3.⟩ ||dis-[1], rapio||
1. *(nachkl.) poet* auseinander reißen, zerreißen
2. plündern, ausplündern, berauben; ***provinciam d.*** eine Provinz ausplündern
3. (raubend) wegschleppen, rauben; ***frumenta ex horreis d.*** die Getreidevorräte aus den Scheunen wegschleppen
4. *(nachkl.) poet* wegreißen, herabreißen, entreißen; ***ferrum a latere d.*** das Schwert von der Seite reißen; ***ensem vaginā d.*** das Schwert aus der Scheide reißen; ***insigne ex capite d.*** das Diadem vom Kopf reißen

dīritās ⟨ātis⟩ *f* ||dirus||
1. *(nachkl.) poet* schreckliches Unglück, grausiges Schicksal
2. *fig* grausige Härte, Grausamkeit

dī-rumpō ⟨rūpī, ruptum, rumpere 3.⟩
1. zerreißen, zerbrechen, zerschlagen; ***homo diruptus*** gebrechlicher Mensch
2. ***se d.*** sich die Lunge aus dem Hals schreien; ***dirupi me paene in iudicio*** Cic. ich habe mich in dem Prozess beinahe heiser geschrien
3. *Passiv u.* ***se d.*** *vor Ärger, Neid od Verdruss* zerplatzen, zerbersten
4. gewaltsam abbrechen, auflösen, ***amicitiam*** eine Freundschaft

dī-ruō ⟨ruī, rutum, ruere 3.⟩ niederreißen, einreißen, zerstören; ***urbem d.*** eine Stadt zerstören; ***arbusta d.*** Baumpflanzungen entwurzeln; ***agmina d.*** eine Marschkolonne zersprengen; ***aere dirui*** einen Abzug am Sold erleiden; ***aere dirutus*** bankrott

► **dīrus** ⟨a, um⟩ *Adj*
1. Unglück verheißend, Unglück verkündend, unheilvoll; ***preces dirae*** Verwünschungen; ***religio dira loci*** Verg. heiliges Schauern vor einem Ort; ***dirae sorores*** die Erinnyen, die Furien; ***omen dirum*** böses Vorzeichen
2. *fig* grässlich, schrecklich; ***dira fremere*** furchtbar knirschen

dīs[1] *Gen* ⟨dītis⟩ *Adj m u. f, Komp* ⟨dītior, ius⟩, *Sup* ⟨dītissimus, a, um⟩, *(klass.) nur Sup* = ***dives***

dis-[2] *Präf, dis- vor c, p, t, s; di- vor den übrigen Konsonanten und vor sc, sp, st; dir- vor r u. Vokalen*
1. *Ausdruck der Trennung od Entfernung* zer-, ver-, fort-, weg-, auseinander; ***dis-currere*** weglaufen
2. *Verneinung* un-; ***dis-similis*** un-ähnlich
3. *Verstärkung, meist umgangssprachlich* ganz, völlig; ***dis-taedet*** ganz überdrüssig sein

Dīs ⟨Dītis⟩ *m* ||*Übersetzung des griech.* Pluto|| Pluto, *Gott der Unterwelt*; Verg. *meton* Unterwelt; *(mlat.)* Teufel, Antichrist

dis-calceātus ⟨a, um⟩ *Adj* ||dis-[1], *PPP von* calceo|| Plaut. ohne Schuhe, barfuß

discantus ⟨i⟩ *m (mlat.)* hohe Gegenstimme *zum cantus firmus*; Sopran

dis-caveō ⟨-, -, ēre 2.⟩ Plaut. sich sehr hüten, *re* vor etw

dis-cēdō ⟨cessī, cessum, cēdere 3.⟩

1. auseinander gehen, sich trennen
2. zerfallen
3. sich j-s Meinung anschließen
4. fortgehen, weggehen
5. abmarschieren
6. sich trennen
7. hervorgehen, davonkommen
8. abweichen
9. schwinden, verschwinden

1. auseinander gehen, sich trennen; ***in duas partes d.*** sich in zwei Teile teilen; ***terra discedit*** die Erde öffnet sich; ***hostes discedunt*** die Feinde zerstreuen sich
2. *(vkl., nachkl.)* GRAM in *etw* zerfallen, ***in tres partes*** in drei Teile
3. ***in sententiam alicuius d.*** sich j-s Meinung anschließen *bei Abstimmungen*
4. fortgehen, weggehen, sich entfernen, scheiden; ***de convivio d.*** vom Gastmahl weggehen; ***a Caesare d.*** von Caesar weggehen; ***a Gallia / ex Gallia d.*** Gallien verlassen; ***ab armis d.*** die Waffen niederlegen; ***a bello d.*** den Kriegsschauplatz verlassen
5. MIL abmarschieren, ***ex hibernis*** aus den Winterquartieren
6. *feindlich* von *j-m* abfallen, sich von *j-m* trennen, ***a duce*** vom Feldherrn; ***uxor a marito discedit*** die Gattin trennt sich vom Gatten
7. hervorgehen, davonkommen; ***superior discedit*** er geht als Sieger hervor; ***alicuius iniuria impunita discedit*** j-s Unrecht bleibt unbestraft
8. *fig* von *etw* abweichen; ***a proposito d.*** vom Thema abschweifen; ***a se d.*** sich selbst aufgeben, außer sich geraten
9. *von Leblosem* schwinden, verschwinden; ***e memoria d.*** aus dem Gedächtnis schwinden

discentēs ⟨ium⟩ *m* ||disco|| die Schüler, die Lehrlinge

disceptātiō ⟨ōnis⟩ *f* ||discepto||
1. Erörterung, Debatte, Verhandlung, *alicuius rei*

cum aliquo über etw mit j-m
2. (*nachkl.*) richterliche Entscheidung, Urteil
3. Streitfrage, Streitpunkt
disceptātor ⟨ōris⟩ *m* ||discepto|| Schiedsrichter, Vermittler
disceptātrīx ⟨īcis⟩ *f* ||disceptator|| Schiedsrichterin, Vermittlerin
dis-ceptō ⟨āvī, ātum, āre 1.⟩ ||dis-[1], *Intens von* capio||
1. debattieren, verhandeln, *cum aliquo* mit j-m, *inter se* untereinander, ***de controversiis*** über strittige Punkte
2. *eine Streitsache* untersuchen, ins Reine bringen, entscheiden
3. Richter sein, Schiedsricher sein; *etw* schlichten, beilegen
4. *fig* von *etw* abhängen, auf *etw* beruhen, *re*; ***in uno proelio fortuna populi Romani disceptat*** von einer einzigen Schlacht hängt das Schicksal des römischen Volkes ab
▶ **dis-cernō** ⟨crēvī, crētum, cernere 3.⟩
1. (*unkl.*) absondern, trennen, scheiden; ***telas auro d.*** Goldfäden durch das Gewebe ziehen; ***litem arvis d.*** den Streit von den Gebieten fern halten; ***sedes discreta*** abgelegener Sitz
2. *fig* unterscheiden; ***alba et atra d. non posse*** schwarz und weiß nicht unterscheiden können
3. entscheiden, beurteilen, *aliquid* etw, + *indir Fragesatz*
dis-cerpō ⟨cerpsī, cerptum, cerpere 3.⟩ ||dis-[1], carpo||
1. zerpflücken, zerstückeln
2. *von den Winden* zerstreuen, vernichten
3. RHET *in der Rede* zerstückeln, zerlegen, *mit Worten* schmähen
dis-cessī → ***discedo***
discessiō ⟨ōnis⟩ *f* ||discedo||
1. (*vkl., nachkl.*) das Auseinandergehen, Trennung; ***d. plebis a patribus*** Trennung der Plebejer von den Patriziern
2. Tac. MIL Abmarsch
3. POL Abstimmung *im Senat durch eine Art Hammelsprung*; ***discessionem facere*** eine Abstimmung vornehmen; ***d. fit*** es wird abgestimmt
dis-cessum *PPP* → ***discedo***
discessus ⟨ūs⟩ *m* ||discedo||
1. das Auseinandergehen, Trennung; ***d. caeli*** Wetterleuchten
2. das Weggehen, Trennung, das Scheiden; *euph* Verbannung; ***d. e vita*** Tod
dis-cīdī[1] → ***discido***
di-scidī[2] → ***discindo***
discidium ⟨ī⟩ *n* ||discindo||
1. Trennung, Auflösung; ***d. coniugis*** Trennung von der Ehefrau; ***d. tuum*** Trennung von dir
2. Trennung *eines Liebespaares*, Ehescheidung; Zerwürfnis; ***d. civile*** innenpolitisches Zerwürfnis; ***d. belli*** kriegerische Auseinandersetzung
dis-cīdō ⟨cīdī, cīsum, cīdere 3.⟩ ||dis-[1], caedo|| (Ter., Lucr.) zerhauen
discinctus ⟨a, um⟩ *Adj* ||discingo||
1. ungegürtet; MIL entwaffnet; ***tunicatus et d.*** in der Tunika und ohne Waffen *als Zeichen der Trauer*; ***centuriones discincti*** Hauptleute ohne Wehrgehenk *als Zeichen militärischen Strafe*
2. *fig* ungebunden, locker, leichtfertig; ***nepos d.*** leichtfertiger Enkel; ***otium discinctum*** ungebundene Freizeit
di-scindō ⟨scidī, scissum, scindere 3.⟩ zerspalten, zerreißen, zerschneiden; ***tunicam d.*** die Tunika aufreißen, die Tunika zerreißen; ***amicitiam d.*** *fig* eine Freundschaft plötzlich abbrechen
dis-cingō ⟨cīnxī, cinctum, cingere 3.⟩ losgürten, aufgürten; *fig* entwaffnen; *Passiv* sich entgürten lassen, sich *etw* entreißen lassen
▶ **disciplīna** ⟨ae⟩ *f* ||discipulus||
1. schulmäßiger Unterricht, Unterweisung, Lehre; ***alicui puerum in disciplinam tradere*** j-m einen Knaben zum Unterricht übergeben
2. Kenntnis, Wissen, Bildung, Kunst
3. Lehrmethode, System; ***Stoicorum d.*** Schule der Stoa
4. Unterrichtsfach, wissenschaftliches Fach; *Pl* Wissenschaften; ***d. iuris civilis*** Rechtswissenschaft; ***d. dicendi*** Rhetorik; ***d. magorum*** Zauberkunst
5. Unterrichtsanstalt, Schule, *bes* Philosophenschule
6. Erziehung, Zucht, Disziplin
7. Lebensweise, Grundsätze; ***maiorum d.*** Grundsätze der Vorfahren
8. Ordnung, Einrichtung; ***d. sacrifidandi*** liturgischer Ritus; ***d. civitatis*** Staatsverfassung
discipula ⟨ae⟩ *f* ||discipulus|| (*vkl., nachkl.*) Schülerin
▶ **discipulus** ⟨ī⟩ *m* ||capio|| Schüler
di-scissus ⟨a, um⟩ *PPP* → ***discindo***
dis-cīsus ⟨a, um⟩ *PPP* → ***discido***
dis-clūdō ⟨clūsī, clūsum, clūdere 3.⟩ ||dis-[1], claudo|| voneinander abschließen, auseinander halten, trennen
▶ **discō** ⟨didicī, -, discere 3.⟩
1. lernen, kennen lernen; *Perf* verstehen, wissen, kennen, *aliquid* etw, + *Inf* / + *AcI* / + *indir Fragesatz*; ***rem ex testibus d.*** die Sache von Zeugen erfahren; ***saltare d.*** tanzen lernen; ***fidibus canere d.*** das Saitenspiel lernen
2. untersuchen, erforschen; *etw* studieren; *von Anwälten* sich *über eine Sache* instruieren lassen, ***causam*** über den Fall
discobolos ⟨ī⟩ *m* ||griech. Fw.|| (*nachkl.*) Diskuswerfer *als Bildwerk*
dis-color *Gen* ⟨ōris⟩ *Adj* verschiedenfarbig, bunt; *fig* verschieden(artig), unähnlich, ungleich, *alicui / alicui rei* j-m / einer Sache
dis-condūcō ⟨-, -, ere 3.⟩ Plaut. nicht zuträglich sein, schaden
dis-conveniō ⟨-, -, īre 4.⟩ (*nachkl.*) *poet* nicht übereinstimmen, schlecht passen; ***disconvenit*** *unpers* es besteht keine Übereinstimmung
discordābilis ⟨e⟩ *Adj* ||discordo|| nicht übereinstimmend
▶ **discordia** ⟨ae⟩ *f* ||discors||
1. Uneinigkeit, Zwietracht, Streit
2. Tac. Meuterei
3. *meton* Gegenstand des Streites
Discordia ⟨ae⟩ *f* Verg. *Göttin des Streites*; ***D. demens*** die kopflose Discordia
discordiōsus ⟨a, um⟩ *Adj* ||discordia|| (Sall., *spätl.*)

streitsüchtig
dis-cordō ⟨āvī, ātum, āre 1.⟩ ||*Denom von* discors||
1. uneins sein, in Streit leben
2. Tac. meutern
3. *fig* nicht übereinstimmen, abweichen

D

dis-cors *Gen* ⟨cordis⟩ *Adj* ||dis-[1], cor||
1. *von Personen* uneins, zwieträchtig; *von Sachen* feindlich, widerstrebend, unharmonisch
2. Tac. MIL meuternd, **3.** *fig* nicht übereinstimmend, ungleich, verschieden; ***fetus d.*** Zwitter
discrepantia ⟨ae⟩ *f u.* (*nachkl.*) **discrepātiō** ⟨ōnis⟩ *f* ||discrepo|| Disharmonie, Widerspruch, Uneinigkeit, *alicuius rei* in etw
dis-crepitō ⟨-, -, āre 1.⟩ ||*Intens von* discrepo|| Lucr. völlig verschieden sein
▶ **dis-crepō** ⟨āvī, -, āre 1.⟩
1. *von Musikinstrumenten* nicht übereinstimmen, nicht harmonieren
2. *fig* nicht übereinstimmen, verschieden sein, in der Meinung abweichen, im Widerspruch stehen; *von Sachen* strittig sein, unentschieden sein
3. ***discrepat*** *unpers* man ist uneins, man streitet, *de re* über etw, + *AcI* / + *indir Fragesatz*, *quin* dass
discrētim *Adv* ||discerno|| (*nachkl.*) abgesondert, getrennt
▶ **di-scrībō** ⟨scrīpsī, scrīptum, scrībere 3.⟩
1. einteilen, abteilen, ordnen, *aliquid in aliquid* etw in etw; ***annum in duodecim menses d.*** das Jahr in zwölf Monate einteilen; ***milites in legiones d.*** die Soldaten in Legionen einteilen; ***ea pars, quae prima discripta est*** der Teil, der bei der Gliederung zum ersten gemacht worden ist
2. (Ter., Liv.) zuteilen, verteilen, anweisen, *alicui aliquid* j-m etw; ***d. duodena in singulos homines iugera*** den einzelnen Personen je zwölf Joch zuweisen
3. = ***describo***
dis-crīmen ⟨inis⟩ *n*
1. Scheidelinie, Scheidewand; ***compositum d.*** Scheitel, gescheiteltes Haar; ***parvum d. leti*** die schmale Grenze zum Tod
2. Abstand, Entfernung; MUS Intervall; ***septem discrimina vocum pulsare*** Verg. die siebensaitige Leier schlagen
3. (*nachkl.*) Zwischenraum; ***discrimina agminum*** Zwischenraum zwischen den Abteilungen
4. *fig* Unterschied; *meton* Unterscheidungsvermögen; ***d. inter bonos et malos*** Unterschied zwischen Guten und Bösen; ***non est in vulgo d.*** die Masse besitzt kein Unterscheidungsvermögen
5. *fig* Entscheidung; ***d. summae rei*** Hauptentscheidung; ***d. belli*** Entscheidung des Krieges; ***in discrimine esse / versari*** der Entscheidung unterliegen; ***in discrimen venire*** zur Entscheidung kommen; ***in discrimen adducere / deducere / vocare*** zur Entscheidung kommen lassen
6. *fig* entscheidender Augenblick, Wendepunkt; ***in ultimo discrimine vitae esse*** in den letzten Zügen liegen; ***ad ipsum d. eius temporis*** gerade in jenem kritischen Augenblick
7. *fig* höchste Gefahr, Risiko, Not; ***rem in discrimen dare*** etw riskieren; ***in discrimen vocari / in summo discrimine esse*** auf dem Spiel stehen
8. *fig* Spannung; ***in summo discrimine esse*** aufs Äußerste gespannt sein, + *indir Fragesatz*
9. *fig* Ausschlag; Mittel zur Entscheidung; ***discrimen dare*** den Ausschlag geben
discrīminō ⟨āvī, ātum, āre 1.⟩ ||*Denom von* discrimen|| trennen, scheiden; durchschneiden; (*nachkl.*) *fig geistig* unterscheiden
di-scrīpsī → ***discribo***
discrīptiō ⟨ōnis⟩ *f* ||discribo|| Einteilung, Verteilung, Gliederung
discrīptus[1] ⟨a, um⟩ *Adj* = ***descriptus***
di-scrīptus[2] ⟨a, um⟩ *PPP* → ***discribo***
dis-cruciō ⟨āvī, ātum, āre 1.⟩ (zer)martern, quälen; *Passiv u.* ***se d.*** sich ängstigen
dis-cumbō ⟨cubuī, cubitum, cumbere 3.⟩
1. sich niederlegen
2. sich zu Tisch legen; ***discumbitur*** man geht zu Tisch
3. sich schlafen legen
dis-cupiō ⟨cupīvī, cupītum, cupere 3.⟩ sehnlich wünschen, begehren, + *Inf*
dis-currō ⟨(cu)currī, cursum, currere 3.⟩
1. auseinander laufen, auseinander reiten, auseinander fahren, sich zerstreuen
2. (*nachkl.*) *poet* hin und her laufen, reiten, fahren; *von Sachen* sich verbreiten
discursātiō ⟨ōnis⟩ *f* ||discurso|| (*nachkl.*) das Hin- und Herlaufen
dis-cursō ⟨-, -, āre 1.⟩ ||*Intens von* discurro|| hin und her laufen
dis-cursum *PPP* → ***discurro***
discursus ⟨ūs⟩ *m* ||discurro|| (*nachkl.*) *poet* das Auseinanderlaufen, das Hin- und Herlaufen, -fahren, -reiten; *Pl* Schlangenlinien, Zickzacklinien; MIL Streifzug
discus ⟨ī⟩ *m* ||griech. Fw.||
1. Diskus, Wurfscheibe *aus Stein od Bronze*
2. (*nachkl.*) *meton* Teller, Platte
dis-cussī → ***discutio***
discussiō ⟨ōnis⟩ *f* ||discutio||
1. Erschütterung, das Heraustreiben
2. ***d. seminis*** Samenerguss
3. (*spätl.*) *fig* Untersuchung, Prüfung, Streit
dis-cutiō ⟨cussī, cussum, cutere 3.⟩ ||dis-[1], quatio||
1. zerschlagen, zerschmettern, zertrümmern
2. (*nachkl.*) *poet* auseinander jagen, verjagen, verscheuchen, ***umbras*** die Schatten, ***nives*** die Schneemassen; ***discussā nive*** nachdem der Schnee geschmolzen war
3. *fig* hintertreiben, vernichten, beseitigen, vereiteln; ***res est discussa*** die Sache zerschlug sich
4. (*spätl.*) erörtern, diskutieren
disertus ⟨a, um⟩ *Adj*, *Adv* ⟨disertē⟩ *u.* ⟨disertim⟩ ||dissero[2]||
1. *von Personen* (rede)gewandt, beredt; ***orator d.*** gewandter Redner
2. *von der Rede* wohlgeordnet, klar, deutlich, bestimmt
▶ **dis-iciō** ⟨iēcī, iectum, icere 3.⟩ ||dis-[1], iacio||
1. zerstören, zertrümmern, zerstückeln, zerreißen
2. auseinander treiben, zerstreuen, zersprengen, verscheuchen; ***capillos d.*** die Haare zerraufen; ***disiecta comas*** mit zerrauftem Haar
3. (*nachkl.*) *fig* zunichte machen, vereiteln, hintertreiben; ***pacem d.*** den Frieden stören; ***rem familia-***

rem d. das Vermögen verschwenden
disiectō ⟨-, -, āre 1.⟩ ||*Intens von* disicio|| Lucr. zersprengen, zerstreuen
disiectus[1] ⟨a, um⟩ *Adj* ||disicio|| zerstreut; ***manus disiecta*** zerstreute Schar; ***aedificia disiecta*** verstreut liegende Gebäude; ***urbs disiecta*** ausgedehnte Stadt; ***harenae disiectae*** Flugsand
disiectus[2] ⟨ūs⟩ *m* ||disicio|| Lucr. das Zerstreuen
dis-iectus[3] ⟨a, um⟩ *PPP* → ***disicio***
disiūnctiō ⟨ōnis⟩ *f* ||disiungo||
1. Scheidung, Trennung
2. *fig* Verschiedenheit, Ungleichheit, Abweichung
3. PHIL Gegensatz, ausschließende Schlussform, ausschließende Satzform *mit aut-aut*
4. RHET Asyndeton, *Aneinanderreihung von Begriffen od Sätzen ohne Verbindung*
disiūnctus[1] ⟨a, um⟩ *Adj, Adv* ⟨disiūnctē⟩ ||disiungo||
1. getrennt, entlegen, fern; ***mores a scelere disiuncti*** Verhaltensweisen fern von jedem Verbrechen
2. *fig* abweichend, verschieden, entgegengesetzt, disjunktiv
3. RHET unzusammenhängend
dis-iūnctus[2] ⟨a, um⟩ *PPP* → ***disiungo***
dis-iungō ⟨iūnxī, iūnctum, iungere 3.⟩
1. losbinden, abspannen, ***iumenta*** die Zugtiere
2. *allg. u. fig* trennen, scheiden, entfernen, entfremden, *aliquem ab aliquo* j-n von j-m; ***se a corpore d.*** Selbstmord begehen
3. unterscheiden; ***insaniam a furore d.*** unsinniges Benehmen von Raserei unterscheiden
dis-marītus ⟨ī⟩ *m* Plaut. Gatte zweier Frauen
dis-pālēscō ⟨-, -, ēscere 3.⟩ ||*Inkoh von* dispalor|| Plaut. weithin bekannt werden
dis-pālor ⟨pālātus sum, pālārī 1.⟩ (*unkl.*) überall umherschweifen
dis-pandō ⟨pandī, pānsum, pandere 3.⟩ (*nachkl.*) *poet* ausspannen, ausbreiten
dis-pār *Gen* ⟨paris⟩ *Adj* ungleich, verschieden, unähnlich, *abs od alicui / alicuius* j-m, *alicui rei / alicuius rei* einer Sache; ***proelium d.*** Kampf ungleicher Waffengattungen; ***d. sui*** Cic. sich ungleich; ***colores dispares*** kontrastierende Farben
disparātum ⟨ī⟩ *n* ||disparo|| kontradiktorischer Gegensatz, sich ausschließender Gegensatz
dis-parilis ⟨e⟩ *Adj, Adv* ⟨dispariliter⟩ ungleich, verschieden
dis-parō ⟨āvī, ātum, āre 1.⟩ absondern, trennen
dis-partiō ⟨iī⟩ *u.* ⟨īvī, ītum, īre 4.⟩ *u.* **dis-partior** ⟨-, īrī 4.⟩ = ***dispertio***
dispectus[1] ⟨ūs⟩ *m* ||dispicio|| Sen. allseitige Erwägung, allgemeine Berücksichtigung
di-spectus[2] ⟨a, um⟩ *PPP* → ***dispicio***
dis-pellō ⟨pulī, pulsum, pellere 3.⟩ auseinander treiben, zerstreuen, *auch fig*; ***metum d.*** die Furcht zerstreuen
dispendium ⟨ī⟩ *n* ||dispendo[1]|| (*unkl.*) Einbuße an Geld, überflüssiger Aufwand; *fig* Verlust, Schaden; ***d. morae*** Zeitverlust
dis-pendō[1] ⟨-, pēnsum, pendere 3.⟩ verteilend abwiegen; (*spätl.*) *fig* austeilen
dis-pendō[2] ⟨-, pessum, pendere 3.⟩ *u.* **dispennō** ⟨-, -, ere 3.⟩ = ***dispando***
dispēnsātiō ⟨ōnis⟩ *f* ||dispenso||
1. genaue Verteilung, gleichmäßige Verteilung
2. Verwaltung, Bewirtschaftung
3. *meton* Amt des Schatzmeisters
4. (*mlat.*) Dispens, Sündenerlass
dispēnsātor ⟨ōris⟩ *m* ||dispenso|| Verwalter, Wirtschafter; Schatzmeister, Kassierer
dispensatorium ⟨i⟩ *n* ||dispensatorius|| (*nlat.*) Arzneibuch *mit Vorschriften für die Bereitung der Medikamente*
dispēnsātōrius ⟨a, um⟩ *Adj* ||dispensator|| (*spätl.*) zur Verwaltung gehörig
dispēnsō ⟨āvī, ātum, āre 1.⟩ ||*Intens von* dispendo[1]||
1. *richtig* verteilen, austeilen
2. sorgsam einteilen, ordnen, regulieren; verwalten
3. (*mlat.*) *von einer Verpflichtung* befreien
4. (*nlat.*) Arzneien herstellen
dis-percutiō ⟨-, -, ere 3.⟩ Plaut. zerschmettern
dis-perdō ⟨perdidī, perditum, perdere 3.⟩ ganz zugrunde richten, verderben, *Passiv meist ersetzt durch dispereo*
dis-pereō ⟨periī, -, perīre 0.⟩ ganz zugrunde gehen, verloren gehen; ***dispeream, ni*** ich will des Todes sein, wenn nicht; ***disperii*** Com. mit mir ist es aus
► **di-spergō** ⟨spersī, spersum, spergere 3.⟩ ||dis-[1], spargo||
1. (*nachkl.*) *poet* zerstreuen, ausstreuen, *Flüssiges* verspritzen
2. verbreiten, ausbreiten, ***rumores*** Gerüchte
dispersiō ⟨ōnis⟩ *f* ||dispergo|| Zerstörung
dispersus[1] ⟨a, um⟩ *Adj, Adv* ⟨dispersē⟩ *u.* ⟨dispersim⟩ ||dispergo|| zerstreut, versprengt, vereinzelt, hier und da
dispersus[2] *nur Abl* ⟨ū⟩ *m* ||dispergo|| Zerstreuung
di-spersus[3] ⟨a, um⟩ *PPP* → ***dispergo***
dis-pertiō ⟨īvī⟩ *u.* ⟨iī, ītum, īre 4.⟩ *u.* **dis-pertior** ⟨-, -, īrī 4.⟩ ||dis-[1], partio||
1. zerteilen, zerlegen, verteilen; ***tempora voluptatis laborisque d.*** seine Zeit streng in Erholung und Arbeit einteilen; ***exercitum per urbem d.*** das Heer über die Stadt verteilen
2. zuteilen, *alicui aliquid* j-m etw
3. Plaut. *Passiv* auseinander gehen
dispertītiō ⟨ōnis⟩ *f* Zerteilung
dis-pessus ⟨a, um⟩ *PPP* → ***dispendo***[1]
dī-spiciō ⟨spexī, spectum, spicere 3.⟩ ||dis-[1], specio||
I *v/i*
1. die Augen öffnen, sehen, wieder sehen können; umherspähen
2. Lucr. sich umsehen
II *v/t*
1. deutlich erblicken, wahrnehmen
2. geistig erkennen, durchschauen, einsehen, ausfindig machen, ermitteln
displicentia ⟨ae⟩ *f* ||displiceo|| Sen. Unzufriedenheit, ***sui*** mit sich selbst
dis-pliceō ⟨plicuī, plicitum, plicēre 2.⟩ ||dis-[1], placeo|| missfallen, *alicui* j-m, *+ Inf / + AcI*; ***alicui displicet de re*** j-d ist mit etw nicht einverstanden; ***sibi d.*** missvergnügt sein, unpässlich sein
dis-plōdō ⟨plōsī, plōsum, plōdere 3.⟩ ||dis-[1], plaudo|| (*vkl.*) *poet* auseinander schlagen, zersprengen; *Passiv* platzen
dis-poliō ⟨īvī, ītum, īre 4.⟩ glätten, polieren; ***virgis***

D

dispoliet dorsum meum Plaut. er wird meinen Rücken mit Ruten verprügeln

▸ **dis-pōnō** ⟨posuī, positum, pōnere 3.⟩

1. an verschiedenen Orten aufstellen, planmäßig aufstellen, in einer bestimmten Ordnung aufstellen, verteilen; ***vigilias per urbem d.*** die Wachen über die Stadt verteilen; ***tormenta in muris d.*** Geschütze auf den Mauern verteilt aufstellen

2. ordnen, in Ordnung bringen; ***Homeri libros antea confusos d.*** die zuvor ungeordneten Bücher Homers ordnen

3. RHET, LIT geordnet darstellen, gegliedert darstellen

dispositiō ⟨ōnis⟩ *f* ||dispono|| planmäßige Anordnung, kunstgerechte Gliederung, Disposition

dispositūra ⟨ae⟩ *f* ||dispono|| Lucr. Stellung

dispositus[1] ⟨a, um⟩ *Adj, Adv* ⟨dispositē⟩ ||dispono|| wohlgeordnet

dispositus[2] ⟨ūs⟩ *m* ||dispono|| Tac. rechte Anordnung

dis-positus[3] ⟨a, um⟩ *PPP* → ***dispono***

dis-posuī → ***dispono***

dis-pudet ⟨uit, -, ēre 2.⟩ *unpers* es beschämt *j-n*, *jd* schämt sich sehr, *aliquem*, + *Inf*

dis-pulī → ***dispello***

dispulsus ⟨a, um⟩ *PPP* → ***dispello***

dis-pungō ⟨pūnxī, pūnctum, pungere 3.⟩ *(nachkl.)* Punkt für Punkt durchgehen, prüfen

disputābilis ⟨e⟩ *Adj* ||disputo|| Sen. worüber sich viel sagen lässt

disputātiō ⟨ōnis⟩ *f* ||disputo|| wissenschaftliche Untersuchung, philosophisches Streitgespräch

disputātiuncula ⟨ae⟩ *f* ||*Dim von* disputatio|| *(nachkl.)* kurze Abhandlung

disputātor ⟨ōris⟩ *m* ||disputo|| gründlicher Denker, Diskussionsredner

disputātrīx

I *Gen* ⟨īcis⟩ *Adj f* ||disputator|| im Disputieren bestehend

II ⟨īcis⟩ *f* Dialektik

▸ **dis-putō** ⟨āvī, ātum, āre 1.⟩

1. Plaut. ins Reine bringen, genau berechnen

2. umfassend wissenschaftlich erörtern, diskutieren, untersuchen, disputieren, *abs od de re* über etw, *in v/t Konstruktionen fast nur mit Neutra*, + *AcI* / + *indir Fragesatz*; ***multa d.*** vieles erörtern; ***haec d.*** dieses erörtern; ***in utramque partem/in contrarias partes d.*** für und wider erörtern; ***in alicuius sententiam d.*** für j-s Meinung sprechen; ***in nullam partem d.*** für keine Meinung sprechen

dis-quīrō ⟨-, -, ere 3.⟩ ||dis-[1], quaero|| (Hor., *spätl.*) untersuchen

disquīsītiō ⟨ōnis⟩ *f* ||disquiro|| Untersuchung *bes vor Gericht*

dis-rumpō ⟨rūpī, ruptum, rumpere 3.⟩ = ***dirumpo***

dis-saepiō ⟨saepsī, saeptum, saepīre 4.⟩ trennen, abschließen, *aliquid re* etw durch etw

dissaeptiō ⟨ōnis⟩ *f* ||dissaepio|| *(nachkl.)* Trennung, Abtrennung durch eine Zwischenwand

dissaeptum ⟨ī⟩ *n* ||dissaepio|| Lucr. Zwischenwand

dis-sāviō ⟨-, -, āre 1.⟩ *u.* **dis-sāvior** ⟨-, ārī 1.⟩ (Quint., Cic.) abküssen

dis-secō ⟨secuī, sectum, secāre 1.⟩ *(nachkl.)* zerschneiden; ***serrā d.*** zersägen

dis-sēdī → ***dissideo*** *u.* → ***dissido***

dis-sēminō ⟨āvī, ātum, āre 1.⟩ aussäen; *fig* verbreiten, ***famam*** ein Gerücht

dis-sēnsī → ***dissentio***

dissēnsiō ⟨ōnis⟩ *f* ||dissentio||

1. Meinungsverschiedenheit

2. Uneinigkeit, Zwietracht, Spaltung; ***d. civilis*** Bürgerkrieg

3. *fig* Widerspruch, Unvereinbarkeit; ***d. utilium cum honestis*** Unvereinbarkeit vom Nützlichen mit dem sittlich Erlaubten

dis-sēnsum *PPP* → ***dissentio***

dissēnsus ⟨ūs⟩ *m* = ***dissensio***

dissentāneus ⟨a, um⟩ *Adj* ||dissentio|| nicht übereinstimmend, *alicui rei* mit etw

▸ **dis-sentiō** ⟨sēnsī, sēnsum, sentīre 4.⟩

1. verschiedener Meinung sein, nicht beistimmen; ***condicionibus d.*** nicht in die Bedingungen einwilligen; ***d. sibi in re*** nicht konsequent in etw bleiben

2. feindlich gesinnt sein, streiten

3. *fig* abweichen, im Widerspruch stehen, *a re* von etw, *cum re* mit etw; ***a more maiorum d.*** im Widerspruch zur Sitte der Väter stehen

dis-serēnāscit ⟨serēnāvit, -, serēnāscere 3.⟩ ||dis-[1], serenus|| *unpers* Liv. es wird heiter

dis-serō[1] ⟨sēvī, situm, serere 3.⟩ *(vkl.)* in Abständen aussäen, in Zwischenräumen einpflanzen

▸ **dis-serō**[2] ⟨seruī, sertum, serere 3.⟩ auseinander setzen, erörtern, einen Vortrag halten, *abs od de re* über etw, *aliquid* etw, + *AcI* / + *indir Fragesatz*; ***d. seditiosa*** aufrührerische Reden halten; ***disseritur inter eos*** *unpers* Lucr. eine Besprechung findet zwischen ihnen statt

dis-serpō ⟨-, -, ere 3.⟩ Lucr. unmerklich sich ausbreiten

dissertātiō ⟨ōnis⟩ *f* ||disserto||

1. *(nachkl.)* Erörterung

2. *(nlat.)* Dissertation, *wissenschaftliche Abhandlung zur Erlangung der Doktorwürde*

dissertiō ⟨ōnis⟩ *f* ||dissero[2]|| allmähliche Auflösung

dis-sertō ⟨āvī, ātum, āre 1.⟩ ||*Intens von* dissero[2]|| *(vkl., nachkl.)* gründlich erörtern

dis-sertus ⟨a, um⟩ *PPP* → ***dissero***[2]

dis-seruī → ***dissero***[2]

dis-sēvī → ***dissero***[1]

dissiciō ⟨iēcī, iectum, icere 3.⟩ = ***disicio***

dissidēns *Gen* ⟨entis⟩ *Adj* ||dissideo|| widerspenstig, gegnerisch

dis-sideō ⟨sēdī, -, sidēre 2.⟩ ||dis-[1], sedeo||

1. schief sitzen; ***toga dissidet impar*** Hor. die Toga sitzt schief

2. entfernt sein, getrennt sitzen, getrennt liegen; ***d. sceptris nostris*** fern unserer Herrschaft liegen

3. *fig* uneinig sein, im Streit liegen; ***a se ipso d.*** mit sich selbst uneins sein; ***d. plebi*** mit dem Volk uneins sein; ***d. in Arminium ac Segestem*** in die Parteien des Arminius und des Segestes zerfallen sein

4. *von Sachen* widersprechen, widerstreben, zu *etw* nicht passen, *a re/cum re* einer Sache, zu etw; ***temeritas dissidet a sapientia*** Tollkühnheit passt nicht zur Weisheit

dis-sīdō ⟨sēdī, -, sīdere 3.⟩

1. *poet* sich getrennt lagern

2. *fig* in Feindschaft geraten, *ab aliquo* mit j-m

dissīgnātiō ⟨ōnis⟩ *f* = ***designatio***
dissīgnātor ⟨ōris⟩ *m* ||dissigno|| (*unkl.*)
1. Platzanweiser im Theater
2. Anordner, Anführer des Leichenzuges
dis-sīgnō ⟨āvī, ātum, āre 1.⟩ einrichten, anordnen; Hor. *pej* anstiften
dis-siliō ⟨siluī, sultum, silīre 4.⟩ ||dis-[1], salio|| (*nachkl.*) *poet* auseinander springen, zerspringen, bersten; *fig* sich auflösen, zerrinnen
▶ **dis-similis** ⟨e⟩ *Adj*, *Adv* ⟨dissimiliter⟩ unähnlich, ungleichartig, verschieden
dissimilitūdō ⟨inis⟩ *f* ||dissimilis|| Unähnlichkeit, Verschiedenheit
dissimulābiliter *Adv* ||dissimulo|| Plaut. unbemerkt
dissimulanter *Adv* ||dissimulo|| insgeheim, unbemerkt; ***non d.*** unverhohlen
dissimulantia ⟨ae⟩ *f* ||dissimulo|| Verstellung
dissimulātiō ⟨ōnis⟩ *f* ||dissimulo||
1. Tac. Unkenntlichmachung, Maskierung
2. *fig* Verstellung
3. Plin. absichtliches Übersehen
dissimulātor ⟨ōris⟩ *m* ||dissimulo|| (*nachkl.*) *poet* Verleugner, Heuchler; ***simulator ac d.*** Meister der Verstellung
▶ **dis-simulō** ⟨āvī, ātum, āre 1.⟩
I *v/t*
1. Ov. unkenntlich machen, verstecken, verbergen
2. *fig* verbergen, verhehlen, verheimlichen, verleugnen; ***se d.*** eine andere Gestalt annehmen, seine wirkliche Gestalt unter einer fremden verbergen
3. (*nachkl.*) absichtlich übersehen, ignorieren
II *v/i fig* sich verstellen, sich unwissend stellen, *abs od de re* in Bezug auf etw; ***non d.*** kein Blatt vor den Mund nehmen
dissipābilis ⟨e⟩ *Adj* ||dissipo|| zerteilbar
dissipātiō ⟨ōnis⟩ *f* ||dissipo||
1. Zerstreuung, Zersplitterung
2. RHET Zerlegung eines Begriffes
dissipātus ⟨a, um⟩ *Adj* ||dissipo|| zerstreut, versprengt; zusammenhangslos; ***orator in instruendo d.*** Redner, der den Stoff nicht ordnet
▶ **dis-sipō** ⟨āvī, ātum, āre 1.⟩
1. auseinander werfen, zerstreuen, verteilen, ausbreiten
2. *feindlich od gewaltsam* zerstreuen, auseinander treiben
3. zerstören, zertrümmern
4. *fig Gerüchte* verbreiten
5. *fig* verschleudern, vergeuden, ***patrimonium*** das väterliche Erbe
dis-situs ⟨a, um⟩ *PPP* → ***dissero***[1]
dissociābilis ⟨e⟩ *Adj* ||dissocio||
1. (*nachkl.*) *poet* unvereinbar, nicht zusammenfügbar
2. (*nachkl.*) *poet* trennend, scheidend
dissociātiō ⟨ōnis⟩ *f* ||dissocio|| (*nachkl.*) Trennung
dis-sociō ⟨āvī, ātum, āre 1.⟩
1. *poet örtl.* trennen, scheiden
2. *fig* trennen; entfremden, entzweien; ***amicitias d.*** Freundschaften auflösen; ***dissociatus*** allein lebend
dissolūbilis ⟨e⟩ *Adj* ||dissolvo|| auflösbar, zerlegbar
dissolūtiō ⟨ōnis⟩ *f* ||dissolvo||
1. Auflösung, Zerfall
2. Aufhebung, Abschaffung, ***legum*** der Gesetze
3. Zerstreuung, Widerlegung, ***criminum*** der Vorwürfe
4. Schwäche, Energielosigkeit
5. RHET Asyndeton, *Aneinanderreihung von Begriffen od Sätzen ohne Bindewörter*
dissolūtum ⟨ī⟩ *n* ||dissolutus|| Asyndeton, *Aneinanderreihung von Begriffen od Sätzen ohne Bindewörter*
dissolūtus ⟨a, um⟩ *Adj* ||dissolvo||
1. aufgelöst, gelockert, locker
2. *von der Rede* ungebunden, regellos
3. *vom Charakter* energielos, ohne Schwung, nachlässig, gleichgültig; locker, leichtsinnig, ausschweifend, liederlich
dis-solvō ⟨solvī, solūtum, solvere 3.⟩
1. auflösen, zerlegen, lockern; ***pontem d.*** eine Brücke abbrechen; ***membra d.*** Gliedmaßen ausrenken; ***aes d.*** Erz schmelzen; *Passiv* aus den Fugen gehen
2. *fig* abschaffen, aufheben; ***societatem d.*** eine Gemeinschaft auflösen; ***leges d.*** Gesetze außer Kraft setzen
3. *fig* widerlegen, entkräften, ***crimina*** Vorwürfe; ***utrumque dissolvitur*** beides lässt sich widerlegen
4. loslösen, frei machen, befreien; ***dissolvi me*** ich bin fertig; ***d. pro sua parte*** sich für seinen Teil aus etw lösen = sich vergleichen; *Passiv* sich losmachen, loskommen
5. bezahlen, abzahlen, *alicui aliquid* j-m etw
dis-sonus ⟨a, um⟩ *Adj*
1. verschieden tönend, unharmonisch, verworren
2. (*nachkl.*) *fig* nicht übereinstimmend, abweichend, verschieden, *re* durch etw, in etw, an etw; ***d. a re Romana*** von der römischen Art abweichend
dis-sors *Gen* ⟨sortis⟩ *Adj* Ov. nicht gemeinsam, *ab aliquo* mit j-m
dis-stimulō ⟨-, -, āre 1.⟩ Plaut. *fig* zugrunde richten
dis-suādeō ⟨suāsī, suāsum, suādēre 2.⟩ abraten, *alicui aliquid* j-m von etw, + *Inf* / + *AcI*, *ne* dass
dissuāsiō ⟨ōnis⟩ *f* ||dissuadeo|| das Abraten, Gegenrede; ***d. rogationis*** Rede gegen einen Antrag
dissuāsor ⟨ōris⟩ *m* ||dissuadeo|| der von *etw* abrät, Redner gegen *etw*, *alicuius rei*; ***d. legis*** Redner gegen das Gesetz
dis-suāviō ⟨-, -, āre 1.⟩ = ***dissavio***
dis-suāvior ⟨-, ārī 1.⟩ = ***dissavior***
dis-sultō ⟨-, -, āre 1.⟩ ||*Intens von* dissilio||
1. *poet* auseinander springen, zerspringen, bersten; *fig* sich überallhin verbreiten
2. *poet* abspringen, abprallen
dis-sultus ⟨a, um⟩ *PPP* → ***dissilio***
dis-suō ⟨suī, sūtum, suere 3.⟩
1. Ov. weit öffnen, ***tunicam*** die Tunika
2. allmählich auflösen, ***amicitiam*** eine Freundschaft
dissupō ⟨āvī, ātum, āre 1.⟩ (*altl.*) = ***dissipo***
dis-taedet ⟨-, -, ēre 2.⟩ *unpers* Com. ganz überdrüssig sein; ***me distaedet tui*** ich bin deiner überdrüssig, ich habe dich satt
distantia ⟨ae⟩ *f* ||disto||
1. (*nachkl.*) Abstand, Entfernung
2. *fig* Verschiedenheit

D

dis-tendō ⟨tendī, tentum⟩ *u.* ⟨tēnsum, tendere 3.⟩
1. auseinander spannen, ausdehnen, ausstrecken
2. *poet* anfüllen, ***cellas nectare*** die Waben mit Nektar
3. MIL getrennt halten; ***copias hostium d.*** die Truppen der Feinde auseinander halten
4. (*nachkl.*) *fig* zerteilen, verteilen, zerstreuen

distentus[1] ⟨a, um⟩ *Adj* ||distendo|| (*nachkl.*) *poet* ganz angefüllt, strotzend; ***distentae lacte capellae*** die von Milch strotzenden Ziegen

distentus[2] ⟨a, um⟩ *Adj* ||distineo|| vielfach beschäftigt, in Atem gehalten, *re* durch etw, *de re* wegen etw

dis-tentus[3] ⟨a, um⟩ *PPP* → ***distendo*** *u.* → ***distineo***

dis-terminō ⟨āvī, ātum, āre 1.⟩ (*nachkl.*) *poet* abgrenzen, scheiden

distichon *u.* **distichum** ⟨ī⟩ *n* ||griech. Fw.|| (*nachkl.*) *poet* Distichon, *zweizeiliger Vers, bes Hexameter + Pentameter*

distīnctiō ⟨ōnis⟩ *f* ||distinguo||
1. Absonderung, Unterscheidung; ***veri a falso d.*** Unterscheidung zwischen Wahrem und Falschem
2. Unterschied, Verschiedenheit, ***vocum*** der Töne
3. RHET Einschnitt, Pause *in der Rede*
4. (*spätl.*) Zierde, Schmuck; ***d. honosque civitatis*** Plin. ehrenvolle Zierde des Staates

distīnctus[1] ⟨ūs⟩ *m* ||distinguo|| Tac. *poet* Abwechslung in der Farbe; Zeichnung

distīnctus[2] ⟨a, um⟩ *Adj, Adv* ⟨distīnctē⟩ ||distinguo||
1. streng gesondert, abgeteilt, unterschieden
2. (*nachkl.*) *poet* bunt, mannigfaltig
3. RHET deutlich, bestimmt, klar; ***distincte dicere*** deutlich sprechen

di-stīnctus[3] ⟨a, um⟩ *PPP* → ***distinguo***

dis-tineō ⟨tinuī, tentum, tinēre 2.⟩ ||dis-[1], teneo||
1. auseinander halten, trennen, spalten; ***senatum d.*** *fig* den Senat in zwei Parteien spalten
2. an der Konzentrierung hindern, *bes* MIL; ***copias hostium d.*** die Truppen der Feinde auseinander halten; ***munitionibus distineri*** auf den Schanzwerken verteilt sein
3. *fig j-s* Aufmerksamkeit vielfältig beanspruchen, *aliquem*
4. *allg.* verzögern, verhindern

di-stinguō ⟨stīnxī, stīnctum, stinguere 3.⟩
1. verschieden färben, bunt bemalen; ***autumnus lividos racemos distinguet*** Hor. der Herbst wird die Weintrauben bläulich färben; ***nigram in medio frontem distinctus ab albo*** Ov. mit einer Blässe mitten auf der schwarzen Stirn
2. *fig* verzieren, schmücken; ***caelum stellis d.*** den Himmel mit Sternen schmücken; ***vestem auro d.*** das Kleid mit Gold besetzen; ***pinnae fastigium muri distinguunt*** Zinnen schmücken die Mauerkrone; ***orationem verborum insignibus d.*** eine Rede durch treffende Wortwahl schmücken
3. *fig* deutlich absondern, trennen, unterscheiden; ***fortes ignavosque d.*** die Tapferen und die Feigen abteilen
4. GRAM mit Satzzeichen versehen, Interpunktion machen

► **di-stō** ⟨-, -, stāre 1.⟩
1. *örtl.* auseinander stehen, getrennt sein; ***longe a maris d.*** weit vom Meer entfernt sein
2. (*nachkl.*) *fig zeitl.* auseinander liegen; ***multum aetate d.*** im Alter weit auseinander liegen
3. *fig* sich unterscheiden, *inter se* untereinander, *a re/alicui rei* von etw
4. ***distat*** *unpers fig* es ist ein Unterschied, + *indir Fragesatz*

dis-torqueō ⟨torsī, tortum, torquēre 2.⟩ (*unkl.*) verdrehen; *fig* martern, quälen

distortiō ⟨ōnis⟩ *f* ||distorqueo|| Verdrehung, Verzerrung, Verrenkung

distortus ⟨a, um⟩ *Adj* ||distorqueo|| verdreht, verrenkt, verzerrt, verwachsen; *fig* verschroben

distractiō ⟨ōnis⟩ *f* ||distraho|| Trennung, Zwiespalt, Zerwürfnis

distractus[1] ⟨a, um⟩ *Adj* ||distraho|| zerteilt, zerstreut

dis-tractus[2] ⟨a, um⟩ *PPP* → ***distraho***

dis-trahō ⟨trāxī, tractum, trahere 3.⟩
1. auseinander ziehen, auseinander reißen, zerreißen, zerstreuen; ***acies distrahitur*** die Schlachtordnung dehnt sich
2. ***famā d.*** Tac. *fig* in Verruf bringen
3. (*nachkl.*) *Güter od Waren einzeln* verkaufen
4. GRAM *Wörter* ungebunden aussprechen, den Hiat zulassen
5. *Verbindungen* auflösen; ***controversias d.*** Streitigkeiten schlichten
6. entzweien; *Passiv* sich entzweien
7. hintertreiben, vereiteln
8. *fig* schwankend machen, verunsichern; ***aliquem in deliberando d.*** j-n in der Überlegung unsicher machen; ***rem publicam d.*** den Staat in Parteien spalten; ***in contrarias sententias distrahi*** zwischen verschiedenen Meinungen schwanken; ***distrahi*** in Zweifel geraten, mit sich nicht einig sein
9. *fig* losreißen, (gewaltsam) trennen; ***aliquem a complexu suorum d.*** j-n von den Seinen trennen; ***sapientiam a virtute d.*** die Weisheit von der Tugend trennen

► **dis-tribuō** ⟨tribuī, tribūtum, tribuere 3.⟩
1. verteilen, austeilen, zuteilen, *alicui aliquid* j-m etw; ***praedam militibus d.*** die Beute unter den Soldaten verteilen; ***milites in legiones d.*** die Soldaten auf die Legionen verteilen
2. einteilen; logisch einteilen, ordnen; ***causam in crimen et in audaciam d.*** die Anklage in Verbrechen und bloße Dreistigkeit teilen

distribūtiō ⟨ōnis⟩ *f* ||distribuo||
1. Verteilung; Aufteilung eines Begriffes
2. *log.* Einteilung

distribūtus[1] ⟨a, um⟩ *Adj, Adv* ⟨distribūtē⟩ ||distribuo|| eingeteilt, abteilungsweise; in logischer Ordnung; ***distribute scribere*** mit klarer Gliederung schreiben

dis-tribūtus[2] ⟨a, um⟩ *PPP* → ***distribuo***

districtus[1] ⟨ūs⟩ *m* ||distringo|| (*spätl.*) Umgebung einer Stadt, Bezirk

districtus[2] ⟨a, um⟩ *Adj* ||distringo||
1. vielseitig beschäftigt, gebunden; verhindert
2. = ***destrictus***

dis-truncō ⟨-, -, āre 1.⟩ Plaut. auseinander hauen

dis-tulī → ***differo***

disturbātiō ⟨ōnis⟩ *f* ||disturbo|| Zerstörung

dis-turbō ⟨āvī, ātum, āre 1.⟩
1. auseinander treiben, auseinander jagen
2. *fig* zertrümmern, zerstören; zersprengen, vernichten
3. *fig* hintertreiben

disyllabus ⟨a, um⟩ *Adj* ||griech. Fw.|| Quint. zweisilbig

dīte *n zu ditis* → ***dis***[2]

dītēscō ⟨-, -, ēscere 3.⟩ ||*Inkoh zu* dis[2]|| *(spätl.) poet* reich werden

dīthyrambicus ⟨a, um⟩ *Adj* ||griech. Fw.|| dithyrambisch; → ***dithyrambus***

dīthyrambus ⟨ī⟩ *m* ||griech. Fw.|| Dithyrambus, lyrisches Preislied *urspr. zu Ehren des Dionysos / Bacchus, später auch anderer Götter*

dītiae ⟨ārum⟩ *f (altl.)* = ***divitiae***

ditiō ⟨ōnis⟩ *f* = ***dicio***

dītior ⟨ius⟩ *Adj Komp* → ***dis***[2]

dītis ⟨e⟩ *Adj* = ***dis***[2]

dītissimus ⟨a, um⟩ *Adj Sup* → ***dis***[2]

dītō ⟨āvī, ātum, āre 1.⟩ ||*Denom von* dis[2]|| *(unkl.)* bereichern; *Passiv* reich werden; ***socios praemiis belli d.*** die Bundesgenossen durch die Erträge des Krieges reich machen

diū[1] *Adv* ||dies|| *(altl.)* bei Tag; ***noctu diuque*** bei Tag und Nacht

▶ **diū**[2] *Adv* ||diu[1]|| lang, lange Zeit, seit langer Zeit; ***diutius*** *Komp* länger, allzu lange; ***diutissime*** *Sup* am längsten, sehr lange; ***quam diutissime*** möglichst lange

dīum ⟨ī⟩ *n* ||dius[2]|| Himmelsraum; ***sub dio / sub diu*** unter freiem Himmel

diurna ⟨ōrum⟩ *n* ||diurnus|| Tageschronik, Amtsblatt, Zeitung

diurnum ⟨ī⟩ *n* ||diurnus||
1. *(erg.* ***frumentum****)* Sen. Tagesration
2. *(erg.* ***commentariolum****)* *(spätl.)* Tagebuch, Journal; *das von Sklaven geführte* Haushaltsbuch

diurnus ⟨a, um⟩ *Adj* ||diu[1]||
1. zum Tag gehörig, bei Tag, Tage…; ***iter diurnum*** Marsch bei Tag; ***opus diurnum*** Tagewerk; ***currus d.*** Sonnenwagen
2. zu einem Tag gehörig, einen Tag dauernd, täglich, Tages…; ***cibus d.*** Tagesration

dius[1] *Adv* ||dies|| Plaut. bei Tag

dīus[2] ⟨a, um⟩ *Adj* himmlisch, göttlich, herrlich

diūtinus *u.* **diutinus** ⟨a, um⟩ *Adj, Adv* ⟨diūtinē / diutinē⟩ *u.* ⟨diūtinō / diutinō⟩ ||diu[2]|| langwierig, lange dauernd

diuturnitās ⟨ātis⟩ *f* ||diuturnus|| lange Dauer, Länge, Länge der Zeit, dauernder Besitz

diuturnus ⟨a, um⟩ *Adj* ||diu[2]|| lange dauernd, anhaltend, lange; langlebig

dīva ⟨ae⟩ *f* ||divus||
1. Göttin
2. *poet* Geliebte, Angebetete
3. *(nlat.)* gefeierte Sängerin, gefeierte Schauspielerin

dī-vāricō ⟨āvī, ātum, āre 1.⟩ auseinander spreizen, *j-m* die Arme und Beine ausspreizen, *aliquem*

dī-vellō ⟨vellī⟩ *u.* ⟨vulsī / volsī, vulsum, vellere 3.⟩
1. *(nachkl.) poet* auseinander reißen; zerreißen, aufreißen
2. *fig* zerreißen, gewaltsam trennen, aufheben; ***somnum d.*** den Schlaf stören; ***divelli dolore*** vom Schmerz zerrissen werden
3. losreißen, wegreißen; ***liberos a complexu parentium d.*** die Kinder aus den Armen der Eltern reißen; *Passiv u.* ***se d.*** sich losreißen; ***a voluptate se d.*** sich vom Genuss losreißen

dī-vendō ⟨vendidī, venditum, vendere 3.⟩ einzeln verkaufen, einzeln versteigern

dī-verberō ⟨āvī, ātum, āre 1.⟩ *(nachkl.) poet* auseinander schlagen, zerhauen; ***fluctūs d.*** die Fluten zerteilen; ***auras d.*** die Lüfte durchschneiden

dī-verbium ⟨ī⟩ *n* ||dis-[1], verbum|| *(nachkl.)* Dialog *in einem Bühnenstück*; ↔ ***canticum***

dīversitās ⟨ātis⟩ *f* ||diversus|| *(nachkl.)*
1. Verschiedenheit, Unterschied, ***ingeniorum*** der Begabungen
2. Unterscheidungszeichen
3. Gegensatz, Widerspruch

dīversor ⟨ōris⟩ *m* = ***deversor***

dīversōrium ⟨ī⟩ *n* = ***deversorium***

dīversum ⟨ī⟩ *n* ||diversus|| Gegenpartei; ***e diverso*** im Gegenteil

dīversus ⟨a, um⟩ *Adj, Adv* ⟨dīversē⟩ ||diverto||

1. abgekehrt
2. entgegengesetzt, (völlig) verschieden
3. feindlich, gegnerisch
4. nach verschiedenen Seiten gewandt, nach verschiedenen Richtungen gewandt
5. abgelegen, fern
6. verstreut, vereinzelt
7. uneinig, zerstritten

1. nach der entgegengesetzten Seite gekehrt, abgekehrt, gegenüberliegend; ***diversa petere*** die entgegengesetzte Richtung einschlagen; ***in diversa / in diversum*** nach der entgegengesetzten Richtung; ***e diverso a re / alicui rei*** von der entgegengesetzten Seite von etw, auf der entgegengesetzten Seite von etw; ***e diverso hostibus*** den Feinden gegenüber
2. *fig* entgegengesetzt, (völlig) verschieden; ***in diversa mutare aliquem*** j-n völlig umstimmen; ***per diversa*** aus ganz verschiedenen Gründen; ***diverse dicere*** bald so, bald anders sprechen
3. *(nachkl.)* feindlich, gegnerisch; ***acies diversa*** feindliche Front; ***factio diversa*** Gegenpartei
4. nach verschiedenen Seiten gewandt, nach verschiedenen Richtungen gewandt; ***diversi abierunt*** sie gingen in verschiedenen Richtungen auseinander; ***in diversum*** in verschiedene Richtungen
5. *(nachkl.) poet* abgelegen, fern; ***diversa oppida*** entlegene Städte
6. verstreut, vereinzelt, jeder für sich; ***legati diversi bellum gerunt*** die Gesandten führen jeder für sich Krieg
7. *(nachkl.) poet von Personen* uneinig, zerstritten; unschlüssig

dīverticulum ⟨ī⟩ *n* = ***deverticulum***

dīvertium ⟨ī⟩ *n* = ***divortium***

dī-vertō ⟨vertī, versum, vertere 3.⟩ *(vkl., nachkl.)* auseinander gehen; *fig* verschieden sein

▶ **dīves** *Gen* ⟨itis⟩ *Adj*
1. *von Personen* reich; *von Sachen* reichlich; ***homo***

d. reicher Mann; ***terra d.*** fruchtbares Stück Land
2. *fig* kostbar, prächtig; ***cultus d.*** prunkvolle Kleidung

dī-vexō ⟨āvī, ātum, āre 1.⟩ (*vkl.*) auseinander zerren; *fig* misshandeln, zerstören

Dīviciācus ⟨ī⟩ *m*
1. *Fürst der Äduer, Freund Caesars u. Gegner des eigenen Bruders Dumnorix*
2. *König der Suessionen*

dīvidendus ⟨ī⟩ *m* ||divido|| (*erg.* ***numerus***) (*spätl.*) MATH Dividend; Zähler *im Bruchterm*; ↔ ***divisor***

dīvidia ⟨ae⟩ *f* ||divido|| (*unkl.*) Zerwürfnis, Kummer

dī-vidō ⟨vīsī, vīsum, videre 3.⟩

1. trennen, scheiden
2. unterscheiden
3. (zer)teilen, zerlegen
4. planmäßig einteilen
5. verteilen, aufteilen

1. *mehrere Ganze voneinander* trennen, scheiden, (ab)sondern; ***urbis partes viis d.*** die Stadtteile durch Straßen trennen; ***filium ab uxore d.*** den Sohn von der Gattin trennen
2. *fig* unterscheiden; ***legem bonam a mala d.*** ein gutes Gesetz von einem schlechten unterscheiden; ***dignitatem ordinum d.*** im Rang der Stände einen Unterschied machen
3. *ein Ganzes* (zer)teilen, zerlegen; ***marmor cuneis d.*** den Marmor mit Keilen zerlegen; ***panem gladio d.*** das Brot mit dem Schwert teilen; ***muros d.*** Mauern brechen; ***gemma dividit aurum*** der Edelstein ist in Gold gefasst; ***amnis dividit insulam*** ein Fluss teilt die Insel; ***populum in duas partes d.*** POL das Volk in zwei Parteien spalten
4. planmäßig einteilen; ***omnia temporibus d.*** alles nach Zeitabständen einteilen; ***exercitum in tres partes d.*** das Heer in drei Teile einteilen
5. verteilen, aufteilen, austeilen, zuteilen; ***exercitum in hiberna d.*** das Heer in die Winterlager aufteilen; ***praedam militibus d.*** die Beute unter den Soldaten verteilen; ***carmina citharā d.*** Lieder auf der Leier vortragen

dīviduus ⟨a, um⟩ *Adj* ||divido||
1. teilbar; ***corpus dividuum*** teilbarer Körper; ↔ ***individuus***
2. (*unkl.*) geteilt, getrennt; ***talentum dividuum*** ein halbes Talent

dīvīna ⟨ae⟩ *f* ||divinus|| Seherin

dīvīnātiō ⟨ōnis⟩ *f* ||divino||
1. Sehergabe; Ahnung, Vermutung
2. JUR Bestimmung des Anklägers *aus der Zahl der Bewerber*

dīvīnitās ⟨ātis⟩ *f* ||divinus||
1. göttliche Natur, göttliches Wesen
2. göttliche Weisheit
3. *fig* übermenschliche Vollkommenheit, unübertreffliche Meisterschaft

dīvīnitus *Adv* ||divinus||
1. von Gott her, durch göttliche Fügung; durch göttliche Eingebung
2. *fig* himmlisch, vortrefflich, herrlich

dīvīnō ⟨āvī, ātum, āre 1.⟩ ||*Denom von* divinus|| weissagen, prophezeien; ahnen, erraten, *aliquid* etw, *de re* über etw, + *AcI* / + *indir Fragesatz*

dīvīnum ⟨ī⟩ *n* ||divinus|| Gottesdienst, Opfer

▶ **dīvīnus**
I ⟨a, um⟩ *Adj*, *Adv* ⟨dīvīnē⟩ ||divus||
1. göttlich; ***animi divini sunt*** die Seelen sind göttlichen Ursprungs; ***tela divina*** Geschosse des Gottes; ***scelus divinum*** Frevel gegen die Götter; ***ius divinum*** von Gott gesetztes Recht; ***res divina*** Gottesdienst; ***res divinae*** Physik, Metaphysik, *auch* Naturrecht; ***litterae divinae*** (*mlat.*) Theologie, Bibel
2. von Gott erfüllt, von Gott begeistert, inspiriert, prophetisch; ***mens divina*** von Gott erfüllter Verstand; ***poeta d.*** von Gott inspirierter Dichter; ***carmen divinum*** prophetisches Lied
3. *fig* göttlich = übernatürlich, übermenschlich, vortrefflich, erhaben, genial; ***homo in dicendo d.*** gottbegnadeter Redner
II ⟨ī⟩ *m*
1. Seher, Prophet, *auch* Traumdeuter
2. (*mlat.*) Theologe

dī-vīsī → ***divido***

dīvīsiō ⟨ōnis⟩ *f* ||divido||
1. Teilung, ***regni*** des Reiches
2. (*spätl.*) MATH Teilung, Division
3. RHET, PHIL Einteilung, Gliederung, Disposition
4. Verteilung, ***agrorum*** des Ackerlandes

dīvīsor ⟨ōris⟩ *m* ||divido||
1. (*nachkl.*) Verteiler
2. Verteiler des Ackerlandes *unter die Kolonisten od Veteranen*
3. Geldverteiler *bes zu Bestechungszwecken*
4. MATH Teiler, Divisor; Nenner *im Bruchterm*; ↔ ***dividendus***

dīvīsus[1] *nur Dat* ⟨uī⟩ *m* ||divido|| (*nachkl.*) das Teilen; ***facilis divisui*** leicht teilbar; ***divisui esse*** verteilt werden

dīvīsus[2] ⟨a, um⟩ *Adj* ||divido|| Lucr. geteilt, getrennt

dī-vīsus[3] ⟨a, um⟩ *PPP* → ***divido***

Dīvitiācus ⟨ī⟩ *m* = ***Diviciacus***

▶ **dīvitiae** ⟨ārum⟩ *f* ||dives||
1. Reichtum, großer Besitz, Schätze, Kostbarkeiten, Kleinodien
2. *fig* Fülle, Fruchtbarkeit; ***d. aquarum*** Wasserreichtum

Dīvodūrum ⟨ī⟩ *n Hauptstadt der Mediomatriker in Gallia Belgica, später Mediomatrica, dann Mettis, heute Metz*

dī-volgō ⟨āvī, ātum, āre 1.⟩ = ***divulgo***

dīvorsus ⟨a, um⟩ *Adj* = ***diversus***

dīvortium ⟨ī⟩ *n* ||divorto||
1. Scheidung, Trennung
2. *meton* Wasserscheide, Wegscheide
3. Grenze; ***d. inter Europam Asiamque*** Grenze zwischen Europa und Asien, = *Hellespont*
4. *fig* Ehescheidung, *nicht als Rechtsgeschäft, sondern als freiwillige Vereinbarung*; ***divortium facere cum uxore*** sich von seiner Frau scheiden lassen
5. *fig* Bruch, Trennung *einer engen Verbundenheit*

dī-vortō ⟨vortī, -, vortere 3.⟩ = ***diverto***

dīvulgātus ⟨a, um⟩ *Adj* ||divulgo|| (*nachkl.*) gewöhnlich, weit verbreitet

dī-vulgō ⟨āvī, ātum, āre 1.⟩ bekannt machen, veröffentlichen; preisgeben; ***librum d.*** ein Buch veröf-

fentlichen
dīvulsiō ⟨ōnis⟩ *f* ||divulgo|| Sen. Trennung, das Zerreißen
dīvum ⟨ī⟩ *n* ||divus|| freier Himmel; *nur* ***sub divo*** unter freiem Himmel; ***sub divum rapere*** ans Licht ziehen
dīvus
I ⟨a, um⟩ *Adj* ||deus|| göttlich, himmlisch; vergöttlicht, unter die Götter erhoben, *Beiname der röm. Kaiser nach deren Tod.*
II ⟨ī⟩ *m* Gott
dīxī → ***dico²***
dō ⟨dedī, datum, dare 1.⟩

1. geben, (dar)reichen
2. weihen, opfern
3. (be)zahlen, entrichten
4. stellen
5. geben wollen, anbieten
6. übertragen, anweisen
7. widmen
8. gewähren, bewilligen
9. zulassen, stattgeben
10. zugestehen, einräumen
11. zu Gefallen tun
12. bestimmen, nennen
13. zuschreiben
14. geben, sehen lassen
15. geben
16. hervorbringen
17. geben, veranstalten
18. richten
19. sich begeben, kommen

1. geben, (dar)reichen, spenden, übergeben, aushändigen, überlassen, preisgeben, *alicui aliquid* j-m etw; ***puero donum d.*** dem Knaben ein Geschenk geben; ***amico dextram d.*** dem Freund die Rechte reichen; ***alicui civitatem d.*** j-m das Bürgerrecht verleihen; ***alicui oscula d.*** j-m Küsse geben; ***ius iurandum d.*** einen Eid leisten; ***filiam in matrimonium d.*** die Tochter verheiraten; ***alicui aliquid dono/muneri d.*** j-m etw zum Geschenk machen; ***militibus urbem diripiendam d.*** den Soldaten die Stadt zur Plünderung überlassen; ***nuntio epistulam/litteras d.*** dem Boten einen Brief zur Zustellung übergeben; ***alicui epistulam d.*** j-m einen Brief schreiben; ***alicui manūs d.*** j-m die Hände zur Fesselung hinhalten, sich j-m ergeben; ***alicui cervices d.*** sich j-m unterwerfen; ***equo frena/habenas d.*** dem Pferd die Zügel schießen lassen, das Pferd galoppieren lassen; ***hostibus terga d.*** vor den Feinden fliehen
2. *(nachkl.) poet den Göttern* geben = weihen, opfern; ***patriae sanguinem d.*** *fig* dem Vaterland ein Blutopfer bringen
3. *Geld* geben = (be)zahlen, entrichten; *eine Buße* leisten = bestraft werden; ***alicui poenas d. alicuius rei*** j-m für etw Strafe zahlen; ***pecuniam d.*** Geld bezahlen
4. *Geiseln, Truppen od Zeugen* stellen; ***obsides d.*** Geiseln stellen; ***copias d.*** Truppen stellen
5. Liv. geben wollen, anbieten, *nur Präs u. Imperf*; ***alicui ducentos equites d.*** j-m zweihundert Reiter anbieten
6. übertragen, anweisen, erteilen; ***alicui negotium d.*** j-m ein Geschäft übertragen; ***alicui provinciam d.*** j-m die Verwaltung einer Provinz übertragen; ***alicui bellum gerendum d.*** j-m die Führung des Krieges übertragen
7. widmen, *alicui aliquid* j-m etw; ***annos studiis d.*** Jahre den Studien widmen; ***d. operam alicui rei*** auf etw Mühe verwenden, *ut/ne*; ***se d. alicui rei*** sich einer Sache widmen; ***se d. in sermonem*** sich auf ein Gespräch einlassen
8. gewähren, bewilligen, gestatten, einräumen, *alicui aliquid* j-m etw, *ut/ne/ + Inf*; ***d. petentibus aditum*** den Bittstellern Zutritt gewähren; ***alicui veniam d.*** j-m Verzeihung gewähren, j-m Erlaubnis geben; ***alicui tempus d.*** j-m Zeit lassen; ***alicui locum d.*** j-m Platz machen; ***da nobis abire*** gestatte uns wegzugehen
9. JUR zulassen, stattgeben; ***iudicium d.*** einen Prozess zulassen *vonseiten des Prätors*; ***iura d.*** Recht sprechen; ***litem secundum eam partem d.*** den Prozess zugunsten dieser Partei entscheiden
10. zugestehen, einräumen, *bes als* PHIL *aliquid* etw, + *AcI*; ***do mortem malum esse*** ich gestehe zu, dass der Tod ein Übel ist
11. *j-m etw* zu Gefallen tun, *alicui aliquid*; um *einer Sache* willen *etw* tun, *alicui rei aliquid*; ***aliquid famae d.*** etw für den guten Ruf tun; ***aliquem alicui d.*** j-n aus Rücksicht auf j-n begnadigen
12. bestimmen, nennen, *alicui aliquid* j-m etw, + *indir Fragesatz, Passiv + NcI*; ***alicui diem colloquio d.*** j-m einen Termin für ein Gespräch nennen; ***alicui condiciones d.*** j-m die Bedingungen vorgeben; ***nomen d.*** sich (freiwillig) melden
13. zuschreiben; als *etw* auslegen; ***alicui aliquid laudi d.*** j-m etw als Vorzug auslegen; ***alicui aliquid crimini d.*** j-m etw zum Vorwurf machen
14. *ein Zeichen* geben, sehen lassen, hören lassen; ***lacrimas d.*** Tränen fließen lassen
15. *zum Beweis od als Beleg* geben; ***aliquid alicui documento d.*** j-m etw zum Beweis vorlegen
16. hervorbringen; *fig* bewirken, machen; ***segetes frumenta dant*** die Felder bringen Getreide hervor; ***cuneum d.*** einen Keil bilden; ***ruinam d.*** einstürzen; ***aliquem ferocem d.*** j-n wild machen
17. *Spiele* geben, veranstalten; ***ludos populo d.*** Spiele für das Volk veranstalten; ***fabulam d.*** ein Schauspiel aufführen lassen
18. *irgendwohin od* zu *etw* bringen, richten, werfen; ***aliquem ad terram d.*** j-n zu Boden schleudern; ***legiones in fugam d.*** die Legionen in die Flucht schlagen; ***vela in altum d.*** in See stechen; ***aliquem ad iniurias d.*** j-n bloßstellen; ***bracchia cervici d.*** die Arme um den Nacken schlingen; ***aliquem catenis d.*** j-n in Ketten legen; ***calculum d.*** *im Brettspiel* einen Stein ziehen
19. *Passiv u.* ***se d.*** sich begeben, kommen, sich werfen; sich willig zeigen, sich fügen; *auch* sich hingeben; ***in viam se d.*** sich auf den Weg machen; ***populo se d.*** sich dem Volk zeigen; ***se facilem d.*** sich gefällig zeigen; ***prout res se dat*** wie es sich so gibt; ***iudices se dant*** die Richter zeigen sich willig

► **doceō** ⟨docuī, doctum, docēre 2.⟩

D

1. lehren, unterrichten
2. benachrichtigen, in Kenntnis setzen
3. zeigen, darlegen
4. offiziell unterrichten
5. einüben, aufführen (lassen)
6. Unterricht erteilen, Vorträge halten

1. lehren, unterrichten, unterweisen, *aliquem* j-n, + *AcI* / + *indir Fragesatz*; ***adulescentulos d.*** die jungen Leute unterrichten; ***aves d.*** Vögel abrichten; ***d. aliquem aliquid*** j-n etw lehren; ***d. aliquem re*** j-n in etw unterrichten; ***d. aliquem fidibus*** j-n im Saitenspiel unterrichten; ***aliquem armis d.*** j-n im Fechten unterweisen; ***d. aliquem de re*** j-n über etw belehren, ***d. aliquem Latine loqui*** j-n Latein lehren; *Passiv meist* → ***disco***
2. benachrichtigen, in Kenntnis setzen, *aliquem aliquid / de re* j-n von etw, + *AcI* / + *indir Fragesatz*; ***d. aliquem de adventu suo*** j-n von seiner Ankunft unterrichten; *Passiv* Mitteilung erhalten
3. zeigen, darlegen, auseinander setzen, berichten, *abs od aliquid* etw, + *AcI*; ***ut supra docuimus*** wie wir oben dargestellt haben, *in Texten*
4. offiziell unterrichten, *aliquem aliquid* j-n von etw; ***iudicem causam / de causa d.*** den Richter vom Prozessgegenstand unterrichten
5. *ein Drama* einüben, aufführen (lassen)
6. Unterricht erteilen, Vorträge halten, ***Romae*** in Rom, ***mercede*** gegen Honorar

dochmius ⟨ī⟩ *m* ||griech. Fw.|| *Versfuß*, ∪– –∪–

docilis ⟨e⟩ *Adj* ||doceo||
1. gelehrig, gewandt, *ad aliquid / alicuius rei / re* zu etw, für etw
2. Prop. leicht begreiflich

docilitās ⟨ātis⟩ *f* ||docilis||
1. Gelehrigkeit, Empfänglichkeit, *ad aliquid* für etw
2. ***d. animi*** Milde, Sanftmut

docimen ⟨inis⟩ *n u.* **docimentum** ⟨ī⟩ *n* = ***documen(tum)***

doctor ⟨ōris⟩ *m* ||doceo||
1. Lehrer, Lehrmeister; ***d. armorum*** Fechtmeister; ***d. sapientiae*** Lehrer der Weisheit; ***d. gentium*** Lehrer der Heiden, = *Apostel Paulus*
2. (*mlat.*, *nlat.*) Universitätslehrer, Gelehrter; Doktor, *akademischer Grad*

▶ **doctrīna** ⟨ae⟩ *f* ||doctor||
1. Belehrung, Unterricht, Unterweisung, *alicuius rei* in etw
2. *meton* Lehrfach, Wissenschaft, Kunst; *Pl* Wissenschaften
3. Gelehrsamkeit, wissenschaftliche Bildung; philosophische Grundsätze; ***omni doctrinā ornatus*** rundum gebildet

doctus[1] ⟨a, um⟩ *PPP* → ***doceo***

▶ **doctus**[2]
I ⟨a, um⟩ *Adj*, *Adv* ⟨doctē⟩ ||doceo||
1. gelehrt, geschult, wissenschaftlich gebildet, *re* in etw, *auch aliquid / alicuius rei / in re / ad aliquid* / + *Inf*; ***d. litteris Graecis*** in der griechischen Sprache und Literatur gebildet
2. *durch Erfahrung* geübt, geschickt, klug
II ⟨ī⟩ *m* Gelehrter; ***doctissimi*** die größten Gelehrten

▶ **documen** ⟨inis⟩ *n* Liv. *u.* **documentum** ⟨ī⟩ *n* ||doceo||
1. Lehre, Belehrung, *bes* Warnung, *alicuius rei* vor etw; ***d. periculi*** Warnung vor einer Gefahr
2. warnendes Beispiel, Beweis, Probe; ***d. eloquentiae*** Beweis von Beredsamkeit

Dōdōna ⟨ae⟩ *f*
1. *Stadt im NW von Epirus mit berühmtem Zeusheiligtum u. Orakel, heute Dodoni*
2. *meton* der Eichenhain von Dodona
3. *meton* die Priesterschaft von Dodona

Dōdōnaeus ⟨a, um⟩, *f auch* **Dōdōnis** ⟨idis⟩ *Adj* aus Dodona, zu Dodona gehörig

dōdrāns ⟨antis⟩ *m* ||de, quadrans||
1. drei Viertel *eines Ganzen*; ***heres ex dodrante*** *Erbe von drei Vierteln eines Vermögens*; ***solvere dodrantem*** drei Viertel der Schulden bezahlen
2. 3/4 As
3. (*nachkl.*) 3/4 Fuß
4. (*unkl.*) 3/4 Morgen
5. (*nachkl.*) Dreiviertelstunde

dōdrantālis ⟨e⟩ *Adj* ||dodrans|| neun Zoll betragend = eine Spanne betragend

dōdrantārius ⟨a, um⟩ *Adj* ||dodrans|| um drei Viertel ermäßigt; ***tabulae dodrantariae*** Schuldbücher, in denen drei Viertel der Schulden getilgt sind

dogma ⟨atis⟩ *n* ||griech. Fw.||
1. PHIL Lehrsatz
2. *verbindlicher* Glaubenssatz *der katholischen Kirche*

Dolābella ⟨ae⟩ *m Beiname in der röm. gens Cornelia*, ***P. Cornelius Dolabella*** Schwiegersohn Ciceros

dolābra ⟨ae⟩ *f* ||dolo[1]|| Brechaxt, Spitzhacke

dolenter *Adv* ||doleo|| schmerzlich

▶ **doleō** ⟨uī, itūrus, ēre 2.⟩
1. *körperlich* schmerzen, weh tun; ***pes dolet*** der Fuß schmerzt; ***oculi mihi dolent*** die Augen tun mir weh
2. *fig* schmerzen, weh tun, betrüben; ***dolet mihi, quod*** es tut mir Leid, dass
3. *seelischen* Schmerz empfinden, bedauern, ärgerlich sein, *abs od aliquid / re / de re / ex re* über etw, *quod* dass, + *AcI*; ***tacui, cum dolerem*** ich schwieg, während ich litt; ***d. pro re*** schmerzlich besorgt sein um etw; ***numquam doliturus*** unempfindlich

dōliāris ⟨e⟩ *Adj* ||dolium|| Plaut. dick wie ein Fass

dōliolum ⟨ī⟩ *n* ||*Dim von* dolium|| (*vkl.*, *nachkl.*) Fässchen

dolitūrus ⟨a, um⟩ *Part Fut* → ***doleo***

dōlium ⟨ī⟩ *n* ||dolo[1]|| Fass, Weinfass *aus Holz od Ton zum Gären des Weins*; ***in pertussum ingerimus dicta dolium*** *Sprichwort* wir gießen Worte in das durchlöcherte (Danaiden-)Fass = wir reden umsonst

dolō[1] ⟨āvī, ātum, āre 1.⟩
1. mit der Axt bearbeiten, zimmern, behauen, zuhauen
2. *fig* roh herausarbeiten
3. *poet* durchprügeln
4. *obszön* mit *einer Frau* schlafen

dolō[2] ⟨ōnis⟩ *m* ||griech. Fw.||
1. Dolch, Stilett; *meton* Stachel *der Fliege*
2. Vordersegel *des Schiffes*

Dolōn ⟨ōnis⟩, *Akk* **ōna** *m trojanischer Späher im Lager der Griechen, von Odysseus getötet*
Dolopes ⟨um⟩ *m* die Doloper, *Volk in Thessalien*
Dolopia ⟨ae⟩ *f* Land der Doloper
▶ **dolor** ⟨ōris⟩ *m* ||doleo||
1. *körperlicher* Schmerz; ***d. dentium*** Zahnweh; ***d. articulorum*** Rheuma
2. *seelischer* Schmerz, Kummer, Ärger, Erbitterung, Unwille, Leidenschaft, *alicuius rei / ex re* über etw; ***alicui dolori esse*** j-m Kummer machen
3. *meton* Gegenstand des Kummers
4. Äußerung des Ärgers
5. Pein, Qual, Kränkung
6. RHET wehmütiger Ton der Rede, *auch* leidenschaftlicher Vortrag, Pathos
dolōrōsus ⟨a, um⟩ *Adj* ||dolor||
1. schmerzhaft
2. schmerzensreich; ***mater dolorosa*** (*mlat.*) schmerzhafte Mutter Maria, *Bild in der chr. Frömmigkeit, vielfach künstlerisch u. musikalisch gestaltet*
dolōsus ⟨a, um⟩ *Adj*, *Adv* ⟨dolōsē⟩ ||dolus|| trügerisch, (arg)listig, tückisch, listenreich
▶ **dolus** ⟨ī⟩ *m*
1. Trug, Betrug, Arglist, Täuschung; ***dolo / per dolum*** hinterlistigerweise
2. *meton* Täuschungsmittel *wie Netze od Irrgänge*
3. JUR arglistige Täuschung, Betrug; ***d. directus*** (*nlat.*) Vorsatz; ***d. eventualis*** (*nlat.*) bedingter Vorsatz
domābilis ⟨e⟩ *Adj* ||domo|| *poet* bezwingbar, überwindlich
domestica ⟨ōrum⟩ *n* ||domesticus||
1. einheimische Erzeugnisse
2. einheimische Beispiele
domesticātim *Adv* ||domesticus|| Suet. in Privathäusern
▶ **domesticus**
I ⟨a, um⟩ *Adj* ||domus||
1. häuslich, des Hauses, Haus…, Familien…; ***usus d.*** familiärer Umgang; ***difficultates domesticae*** familiäre Schwierigkeiten; ***homo d.*** Mitglied der Familie, Freund der Familie; ***tempus domesticum*** im Haus verbrachte Zeit
2. privat, persönlich, eigen, eigentümlich; ***res domesticae*** Privatangelegenheiten
3. einheimisch, heimatlich, national; ***bellum domesticum*** Bürgerkrieg; ***mos d.*** heimische Sitte; ***hostis d.*** Feind im eigenen Lager; ***crudelitas domestica*** Grausamkeit gegen die Mitbürger; ***Furiae domesticae*** Cic. die Furien in der eigenen Brust, die Wut in der eigenen Brust
II ⟨ī⟩ *m* Familienmitglied, Freund der Familie; *Pl* Familie, Hausgesinde, Dienstboten
domicella ⟨ae⟩ *f* (*mlat.*) junge Herrin, junges Mädchen; Jungfrau Maria
domicēnium ⟨ī⟩ *n* ||domus, cena|| Mart. Mahlzeit zu Hause
▶ **domicilium** ⟨ī⟩ *n* ||domo, colo|| Wohnung, Wohnsitz, Wohnort; Haus, Palast; Sitz
▶ **domina** ⟨ae⟩ *f* ||dominus||
1. Herrin im Haus; Hausfrau
2. Herrin, Gebieterin; ***iustitia d. virtutum*** Gerechtigkeit, die Herrin der Tugenden
3. (*nachkl., spätl.*) Dame des kaiserlichen Hauses
4. *poet* Geliebte
5. ***d. Urbs*** Herrin der Welt, *Umschreibung für Rom*
domināns ⟨antis⟩
I *Adj* ||*PPr von* dominor|| herrschend
II *m* (*nachkl.*) Gebieter, Despot
▶ **dominātiō** ⟨ōnis⟩ *f* ||dominor||
1. Herrschaft, *alicuius* j-s *od* über j-n, *alicuius rei* einer Sache *od* über etw
2. Alleinherrschaft, Gewaltherrschaft
3. *Pl meton* die Herrscher, die Herren
dominātor ⟨ōris⟩ *m* ||dominor|| Beherrscher
dominātrīx ⟨īcis⟩ *f* ||dominator|| Beherrscherin
▶ **dominātus** ⟨ūs⟩ *m* ||dominor||
1. = ***dominatio***
2. (*nachkl., spätl.*) Dominat, *absolutes röm. Kaisertum seit Diocletian*; ↔ ***principatus***
dominica ⟨ae⟩ *f* ||dominicus|| (*eccl.*) Tag des Herrn, Sonntag; ***d. in palmis*** Palmsonntag
dominicus ⟨a, um⟩ *Adj* ||dominus||
1. (*nachkl.*) herrschaftlich, kaiserlich
2. (*eccl.*) des Herrn; ***dies dominica*** Sonntag; ***cena dominica*** Abendmahl; ***oratio dominica*** Vaterunser; ***corpus dominicum*** Hostie
dominium ⟨ī⟩ *n* ||dominus|| (*nachkl.*)
1. Eigentum, Eigentumsrecht
2. Herrschaft, Gewalt
3. *Pl meton* die Herrscher, die Gebieter
4. Gastmahl, Gelage
▶ **dominor** ⟨ātus sum, ārī 1.⟩ ||*Denom von* dominus||
1. Herr sein, herrschen; die größte Kraft zeigen, die größte Geltung haben; *auch pej* den Herrn spielen, tyrannisieren; *von Pflanzen* wuchern
2. (*spätl.*) *p* beherrscht werden
▶ **dominus**
I ⟨a, um⟩ *Adj* ||domus|| herrschaftlich, des Herrn
II ⟨ī⟩ *m*
1. Hausherr, Herr; *Pl* Herrschaft des Hauses
2. Plaut. Sohn des Hauses
3. Eigentümer, Besitzer, Inhaber
4. Veranstalter *eines Schauspiels*; Gastgeber
5. Gebieter, Chef; Despot; ***d. vitae necisque*** Herr über Leben und Tod
6. (*nachkl., spätl.*) *Titel* Herr; = Kaiser; ***d. et deus*** Herr und Gott
7. *fig* Geliebter, Gatte
8. (*eccl.*) Gott, *bes* Christus
9. (*mlat.*) Lehnsherr
domiō ⟨-, ītum, īre 4.⟩ ||*Scherzbildung zu* domi|| Plaut. ***domi domitus sum*** ich habe zu Hause gehaust
domi-porta ⟨ae⟩ *f* ||domus, porto|| *poet* Hausträgerin = Schnecke
Domitiānus[1] ⟨ī⟩ *m T. Flavius Domitianus, röm. Kaiser (81–96 n. Chr.), ermordet*
Domitiānus[2]
I ⟨a, um⟩ *Adj* des Domitius
II ⟨ī⟩ *m* Soldat des Domitius, *bes des Domitius Calvinus, eines Legaten Caesars*
Domitius ⟨a, um⟩
I *Name einer pleb., seit Augustus patriz. gens mit den Familien der Ahenobarbi u. Calvini.*
II *Adj* des Domitius; ***via Domitia*** *vom Konsul des Jahres 122 v. Chr., Cn. Domitius Ahenobarbus,*

D

nach seinem Sieg über die Allobroger in Gallia Narbonensis entlang der Mittelmeerküste von Spanien bis zum heutigen Nizza erbaute Straße

domitō ⟨-, -, āre 1.⟩ ||*Intens von* domo|| (*nachkl.*) *poet* bezähmen, bändigen

domitor ⟨ōris⟩ *m* ||domo|| Bändiger, Bezwinger, Überwinder

domitrīx ⟨īcis⟩ *f* ||domitor|| (*nachkl.*) *poet* Bändigerin, Überwinderin

domitus[1] ⟨a, um⟩ *PPP* → ***domo***

domitus[2] *Abl* ⟨ū⟩ *m* ||domo|| Zähmung, Bändigung

domna ⟨ae⟩ *f* = ***domina***

domnus ⟨ī⟩ *m* = ***dominus***

► **domō** ⟨uī, itum, āre 1.⟩ ||domus||

1. zähmen, bändigen; *bes* dressieren, abrichten; ***beluas d.*** wilde Tiere bändigen; ***equos d.*** Pferde zureiten

2. *fig* überwältigen, bezwingen, überwinden, zügeln; ***gentes d.*** Völker bezwingen; ***terram rastris d.*** das Land urbar machen; ***arborem d.*** einen Baum veredeln; ***uvas prelo d.*** Trauben keltern; ***carnem d.*** Fleisch gar kochen; ***ulmum vi flexam in burim d.*** Verg. einen gewaltsam gebogenen Ulmenstamm zum Pflug formen

domu-itiō ⟨ōnis⟩ *f* ||domus, itio|| *poet* Heimkehr

domus ⟨ūs⟩ *f*

1. Haus *als Wohnung u. Sitz der Familie*, Wohnung, Wohnsitz, Behausung, Aufenthalt; ***d. regia*** Königspalast; ***domo alicuius uti*** bei j-m Wohnung nehmen, sich bei j-m einmieten

2. Behausung *von Tieren*, Nest, Höhle; ***d. cornea*** Schale der Schildkröte

3. *meton* Hausgemeinschaft, Familie; *bes* Philosophenschule; ***mea tota d. te salutat*** mein ganzes Haus grüßt dich; ***d. Socratica*** die Sokratische Schule

4. Haushalt, Hauswesen

5. Heimat, Vaterland, Vaterstadt

6. *adv Wendungen*: ***domum/domos*** nach Hause, in die Heimat; ***omnes domos suas discedunt*** alle begeben sich nach Hause; ***aliquem domum abducere*** j-n auf seine Seite ziehen; ***domo*** von zu Hause, aus der Heimat; ***domi/domui*** zu Hause, daheim, in der Heimat; ***meae domi*** bei mir zu Hause; ***domi Caesaris*** im Hause Caesars; ***domi bellique/domi belloque*** in Frieden und Krieg

domūsiō ⟨ōnis⟩ *f* ||domus, uti|| Hausgebrauch

dōnābilis ⟨e⟩ *Adj* ||dono|| Plaut. beschenkenswert

dōnārium ⟨ī⟩ *n* ||donum|| (*nachkl.*)

1. Weihegeschenk

2. Opferaltar, Tempel

dōnātiō ⟨ōnis⟩ *f* ||dono|| Schenkung, Gabe, Ehrengeschenk

dōnātīvum ⟨ī⟩ *n* ||donatus, *PPP von* dono|| Geldgeschenk *des Kaisers an die Soldaten*

dōnātor ⟨ōris⟩ *m* ||dono|| (*nachkl.*) Schenker, Stifter

Dōnātus ⟨ī⟩ *m Aelius Donatus, lat. Grammatiker um 350 n Chr., Lehrer des Hieronymus, Verfasser einer lat. Grammatik, die während des ganzen MA verwendet wurde*

► **dōnec** *u.* **dōnicum** (*vkl., nachkl.*) *u.* **dōnique** Lucr. *Konj*

1. + *Ind* solange als; ***donec eris felix, multos numerabis amicos*** solange du glücklich bist, wirst du viele Freunde haben

2. + *Ind u. Konjkt* so lange bis, bis dass, bis endlich

► **dōnō** ⟨āvī, ātum, āre 1.⟩ ||*Denom von* donum||

1. schenken, verschenken, *alicui aliquid* j-m etw; ***praedam militibus d.*** den Soldaten die Beute schenken; ***deis d.*** den Göttern opfern

2. verleihen, überlassen, *aliquid* etw, + *Inf*; ***alicui immortalitatem d.*** j-m Unsterblichkeit verleihen

3. *j-m* zuliebe *etw* aufgeben, opfern, *alicui aliquid*; ***inimicitias rei publicae d.*** dem Vaterland zuliebe die persönlichen Feindschaften aufgeben

4. *eine Schuld* erlassen; ***alicui aes alienum d.*** j-m die Schulden erlassen; ***alicui causam d.*** j-m den Prozess erlassen

5. *j-n j-m* zuliebe begnadigen, *aliquem alicui*; ***patrem filio d.*** den Vater dem Sohn zuliebe begnadigen

6. beschenken, *aliquem re* j-n mit etw; ***non donatus*** unbeschenkt

7. (*mlat.*) geben; verzeihen

► **dōnum** ⟨ī⟩ *n* ||do||

1. Gabe, Geschenk; ***alicui donum dare*** j-m ein Geschenk geben; ***alicui aliquid dono dare*** j-m etw zum Geschenk machen

2. Weihegeschenk, Opfergabe

Donūsa ⟨ae⟩ *f Insel in der Ägäis, ö. von Naxos, in der Kaiserzeit Verbannungsort, heute Denoússa*

dorcas ⟨adis⟩ *f* ||griech. Fw.|| *poet* Reh, Gazelle; *Kosename für ein Mädchen* Rehlein

Dōrēs ⟨um⟩ *m* die Dorer, *ein Hauptstamm der Griechen*

Dōricus ⟨a, um⟩ *Adj* dorisch; *poet auch* = griechisch; ernst, gemessen; ***aedes Dorica*** Haus im dorischen Stil

Dōriēnsēs ⟨ium⟩ *m* die Dorer

Dōris[1] *Gen* ⟨idis⟩ *Adj f* dorisch; *poet auch* = griechisch; ernst, gemessen

Dōris[2] ⟨idis⟩ *u.* ⟨idos⟩ *f Tochter des Okeanos (Oceanus) u. der Thetis, Gattin des Nereus, Mutter der 50 Nereiden*; *meton* Meer

Dōrius ⟨a, um⟩ *Adj* ||Dores|| dorisch; *poet auch* = griechisch; ernst, gemessen

► **dormiō** ⟨īvi, ītum, īre 4.⟩

1. schlafen; ***dormitum (ab)ire/se conferre*** schlafen gehen; ***non omnibus dormio*** ich übe nicht gegen alle die gleiche Nachsicht

2. *fig* untätig, unbekümmert sein

dormītātor ⟨ōris⟩ *m* ||dormito|| Plaut. Träumer

dormītō ⟨āvi, -, āre 1.⟩ ||*Intens von* dormio||

1. schläfrig sein, einschlafen wollen

2. *fig* schlafen = gedankenlos sein, sich gehen lassen

3. Ov. *fig* dem Erlöschen nahe sein; ***dormitante lucernā*** beim Erlöschen der Lampe

dormītor ⟨ōris⟩ *m* ||dormio|| Mart. Schläfer

dormītōrium ⟨ī⟩ *n* ||dormitorius|| Schlafzimmer; (*mlat.*) Schlafraum der Mönche

dormītōrius ⟨a, um⟩ *Adj* ||dormitor|| zum Schlaf(en) gehörig, Schlaf…

dorsum ⟨ī⟩ *n u.* **dorsus** ⟨ī⟩ *m*

1. Rücken *der Lasttiere, selten des Menschen*

2. *meton alles* Rückenähnliche, flach Erhöhte; *beim Pflug* Rücken des Scharbaums; Bergrücken; (*nachkl.*) *poet* Riff; ***d. vadi*** Sandbank; ***d. saxeum***

Steindamm
doryphoros *u.* **doryphorus** ⟨ī⟩ *m* ||griech. Fw.||
1. Speerträger
2. (*nachkl.*) Leibwächter; *Pl* Leibwache *der persischen Könige*
3. *Statue griech. Künstler, bes die des Polyklet mit mustergültiger Darstellung von Stand- u. Spielbein*
dōs ⟨dōtis⟩ *f* ||do||
1. Mitgift, Aussteuer
2. *fig* Gabe; *auch* Begabung, Talent, ***ingenii*** des Geistes
dosis ⟨is⟩ *f* (*nlat.*) Menge der Arzneigabe
Dossennus ⟨ī⟩ *m* (Hor., Sen.) *burleske antike Figur, bucklig-pfiffiger u. gefräßiger Typ der Komödie*
dōtālis ⟨e⟩ *Adj* ||dos|| zur Mitgift gehörig, als Mitgift; ***agri dotales*** die als Mitgift gegebenen Felder
dotātus ⟨a, um⟩ *Adj* ||doto|| reichlich ausgestattet, reich; ***dotatissimā formā*** *fig* von vollendeter Schönheit
dōtō ⟨āvī, ātum, āre 1.⟩ ||dos|| (*nachkl.*) *poet* eine Aussteuer geben, ***filiam*** der Tochter
drachma *u.* (*altl.*) **drachuma** ⟨ae⟩ *f* ||griech. Fw.|| Drachme, *griech. Silbermünze, im Wert dem röm. Denar vergleichbar*
drach(u)missō ⟨-, -, āre 1.⟩ ||drachma|| Plaut. für eine Drachme arbeiten
dracō ⟨ōnis⟩ *m* ||griech. Lw.||
1. Schlange, Drache
2. Drache *als Gestirn*
Dracō ⟨ōnis⟩ *m athenischer Aristokrat, der 621 v. Chr. das Strafrecht verschärfte u. schriftl. festlegte*
dracōni-gena ⟨ae⟩ *Adj m u. f* ||draco, gigno|| schlangengeboren, drachengeboren; ***d. urbs*** die drachengeborene Stadt, = Theben, *weil von den Männern erbaut, die aus den von Kadmos gesäten Drachenzähnen entstanden waren*
drāma ⟨atis⟩ *n* ||griech. Fw.|| (*spätl.*) Schauspiel, Drama
Drancae *u.* **Drangae** ⟨ārum⟩ *m Volk im altpersischen Reich mit der von Alexander dem Großen eroberten Hauptstadt Prophthasia im heutigen Afghanistan*
drāpeta ⟨ae⟩ *m* ||griech. Fw.|| Plaut. entlaufener Sklave
draucus ⟨ī⟩ *m* ||gall. Fw.|| Mart. Lustknabe
Dravus ⟨ī⟩ *m Fluss in Pannonien, heute Drau*
Drepana ⟨ōrum⟩ *n* = ***Drepanum***
Drepanitānus
I ⟨a, um⟩ *Adj* aus Drepanum, zu Drepanum gehörig
II ⟨ī⟩ *m* Einwohner von Drepanum
Drepanum ⟨ī⟩ *n Stadt an der Westküste Siziliens, heute Trapani*
drindriō ⟨-, -, āre 1.⟩ (*spätl.*) *vom Wiesel* fiepen
dromas ⟨adis⟩ *m* ||griech. Fw.|| (*nachkl.*) Dromedar
Dromos ⟨ī⟩ *m Ebene um Sparta, wo die Jugend den Lauf trainierte*
drōpax ⟨acis⟩ *m* ||griech. Fw.|| Pechpflaster, Enthaarungsmittel
Druentia ⟨ae⟩ *m Nebenfluss der Rhône, heute Durance*
Druidae ⟨ārum⟩ *m u.* **Druidēs** ⟨um⟩ *m* die Druiden, *kelt. Priester*
Drūsiānus ⟨a, um⟩ *Adj* des Drusus, zu Drusus gehörig; ***fossa Drusiana*** Kanal des Drusus *zwischen Rhein u. Yssel*; → ***Drusus*** *3*
Drūsilla ⟨ae⟩ *f Frauenname in der Familie der Drusi*; → ***Drusus***
Drūsus ⟨ī⟩ *m Beiname in der gens Livia u. gens Claudia*; → ***Livius*** *u.* → ***Claudius***
1. ***M. Livius Drusus*** *Gegner des C. Gracchus*
2. ***M. Livius Drusus*** *Sohn von 1., Volkstribun 91 v. Chr.*
3. ***Claudius Nero Drusus*** *meist nur Drusus genannt, Stiefsohn des Augustus, Statthalter in Germanien, gest. 9 v. Chr.*
Dryas ⟨adis⟩ *f* ||griech. Fw.|| *meist Pl* Baumnymphe
Dryopes ⟨um⟩ *m Stamm, urspr. in Thessalien, dann in der Peloponnes*
duālis ⟨e⟩ *Adj* ||duo|| (*nachkl.*) zwei enthaltend
dubia ⟨ōrum⟩ *n* ||dubius|| gefährliche Lage, missliche Lage
dubietās ⟨ātis⟩ *f* (*spätl.*) = ***dubitatio***
Dūbis ⟨is⟩ *m Nebenfluss des Arar* (*Saône*), *heute Doubs*
dubitābilis ⟨e⟩ *Adj* ||dubito|| (Ov., *spätl.*) zweifelhaft
dubitanter *Adv* ||dubitans, *PPr von* dubito||
1. zweifelhaft
2. zaudernd, mit Bedenken
dubitātiō ⟨ōnis⟩ *f* ||dubito||
1. Zweifel, Ungewissheit, *alicuius alicuius rei* j-s an etw, j-s in etw; ***d. est*** + *indir Fragesatz* es besteht Zweifel, ob; ***dubitationem habere*** bezweifelt werden (können); ***dubitationem afferre*** Zweifel verursachen
2. Unschlüssigkeit, das Zaudern, Bedenken, *alicuius rei* hinsichtlich einer Sache, wegen etw
► **dubitō** ⟨āvī, ātum, āre 1.⟩ ||dubius||
1. an *etw* zweifeln, *etw* bezweifeln, *abs od de re*, + *Akk, meist nur Neutra*; ***de hac re dubitatur*** daran zweifelt man; ***id d.*** das bezweifeln; ***non d., quin*** nicht daran zweifeln, dass
2. erwägen, überlegen
3. Bedenken tragen, schwanken, zögern, *abs od* + *Inf*
dubium ⟨ī⟩ *n* ||dubius|| Zweifel, Gefahr, gefährliche Lage; ***sine dubio*** ohne (jeden) Zweifel; ***in dubio esse*** zweifelhaft sein, auf dem Spiel stehen; ***in dubium venire*** zweifelhaft werden; ***in dubium vocare aliquid*** etw bezweifeln, etw aufs Spiel setzen; ***in dubio ponere aliquid*** etw bezweifeln; ***in dubium venit de re*** man bekommt Bedenken in Bezug auf etw
► **dubius** ⟨a, um⟩ *Adj, Adv* ⟨dubiē⟩ ||duo||
1. schwankend *im Entschluss od in der Überzeugung*, ungewiss, unschlüssig; ***aliquem/alicuius animum dubium facere*** j-n ins Wanken bringen; ***vitae d.*** am Leben (ver)zweifelnd; ***d. inter spem metumque*** zwischen Hoffnung und Angst schwankend; ***d. esse*** zweifeln, schwanken
2. zweifelhaft, unentschieden, ungewiss, unsicher, strittig, zweideutig; ***eventus d.*** ungewisser Erfolg; ***caelum dubium*** trüber Himmel; ***lux dubia*** Zwielicht; ***cena dubia*** reiches Mahl, *bei dem man nicht weiß, was man zuerst essen soll*; ***haud/non d.*** nicht zweifelhaft = ganz sicher
3. bedenklich, misslich, gefährlich; ***res dubiae*** missliche Lage; ***mons ascensu d.*** Berg mit gefährlichem Anstieg

ducālis ⟨e⟩ *Adj* ||dux|| zum Feldherrn gehörig
ducātus ⟨ūs⟩ *m* ||dux|| (*nachkl.*) Feldherrnwürde, Feldherrnamt, Kommando
ducēnārius ⟨a, um⟩ *Adj* ||duceni|| zweihundert enthaltend; ***procurator d.*** Verwaltungsbeamter mit einem Gehalt von 200 000 Sesterzen
ducēnī ⟨ae, a⟩ *Num distr je zweihundert* (*spätl.*) *poet* zweihundert (auf einmal)
ducentēsima ⟨ae⟩ *f* ||ducenti|| (*erg.* ***pars***) Abgabe von 1/200, Steuer von 1/2 %
ducentēsimus ⟨a, um⟩ *Num ord* ||ducenti|| der zweihundertste
▶ **du-centī** ⟨ae, a⟩ *Num card* ||duo, centum|| zweihundert; *fig* unzählige
ducentiē(n)s *Num adv* ||ducenti|| zweihundertmal; Catul. „tausendmal"
ducissa ⟨ae⟩ *f* (*mlat.*) Herzogin
dūcō ⟨dūxī, ductum, dūcere 3.⟩

1. ziehen, hinter sich herziehen
2. herausziehen
3. einziehen, einatmen
4. an sich ziehen, anziehen
5. verziehen, verzerren
6. bilden, formen
7. in die Länge ziehen, hinziehen
8. führen
9. wegführen, hinführen
10. leiten
11. abführen
12. aufführen
13. führen
14. herbeiführen
15. ableiten, herleiten
16. mit sich führen, mitbringen
17. verführen, verleiten
18. an der Nase herumführen, irreführen
19. berechnen, schätzen
20. hinzurechnen
21. Rücksicht nehmen
22. meinen, glauben

1. ziehen, hinter sich herziehen, (*klass.*) *selten*, ***carros*** Lastwagen; *Passiv* gezogen werden, fahren
2. herausziehen, ***sortem*** ein Los aus der Urne; ***ferrum vaginā*** das Schwert aus der Scheide; ***fletum d.*** *fig* schluchzen; ***verba d.*** Worte herausstoßen
3. einziehen, einatmen; *auch* einschlürfen; ***aera spiritu d.*** Lüfte mit dem Atem einziehen; ***nectaris sucos d.*** die Säfte des Nektars schlürfen
4. an sich ziehen, anziehen; *fig* an sich bringen, annehmen, bekommen; ***arcum d.*** den Bogen spannen; ***ubera d.*** an den Eutern saugen, melken; ***remos d.*** rudern; ***frena manu d.*** zügeln, bremsen; ***colorem d.*** Farbe bekommen; ***pallorem d.*** erblassen; ***animos d.*** die Aufmerksamkeit fesseln
5. verziehen, verzerren, ***vultum*** das Gesicht
6. bilden, formen, gestalten; schaffen; ***lineam d.*** eine Linie ziehen; ***litteras in pulvere d.*** Buchstaben in den Staub schreiben; ***orbem d.*** einen Kreis ziehen; ***alicui alapam d.*** *fig* j-m eine Ohrfeige geben; ***filum d.*** einen Faden spinnen; ***vivos d. de marmore vultūs*** lebendige Gesichter aus dem Marmor formen; ***murum d.*** eine Mauer ziehen; ***viam d.*** einen Weg ziehen
7. *fig* in die Länge ziehen, hinziehen, verschleppen; ***bellum d.*** einen Krieg in die Länge ziehen; ***vitam longius d.*** das Leben verlängern; ***res longius ducitur*** die Sache zieht sich länger hin
8. führen, ***puerum*** einen Knaben, ***equum*** ein Pferd am Zügel
9. wegführen, hinführen; *eine Frau* heimführen, heiraten; ***aliquem secum hinc domum d.*** j-n mit sich von hier nach Hause führen; ***venatum d. invitatos canes*** unwillige Hunde zum Jagen führen; ***virginem uxorem/in matrimonium d.*** ein Mädchen heiraten; ***se d.*** sich fortschleichen, sich drücken
10. *wohin* leiten; ***aquam ex montibus in agros d.*** Wasser aus den Bergen auf die Felder leiten
11. abführen; ***aliquem in carcerem d.*** j-n ins Gefängnis abführen
12. aufführen; ***alicui pompam d.*** für j-n einen Festzug aufführen
13. *von Leblosem wohin* führen; ***iter in urbem ducit*** der Weg führt in die Stadt
14. herbeiführen; *fig* verursachen
15. *fig* ableiten, herleiten, *aliquid a re/re/ex re* etw von etw; ***genus ab aliquo d.*** das Geschlecht von j-m herleiten
16. mit sich führen, mitbringen; MIL anführen, kommandieren; *vom Feldherrn* marschieren, ziehen, rücken; ***aliquem comitem d.*** j-n als Begleiter mitnehmen; ***exercitum in fines Suessionum d.*** MIL das Heer in das Gebiet der Suessionen marschieren lassen; ***contra hostem d.*** gegen den Feind ziehen; ***agmen d.*** den Vortrab bilden
17. *fig* verführen, verleiten; antreiben, veranlassen; ***quo quemque ducebat voluntas*** wohin jeden der eigene Wille trieb; ***gloriā duci*** sich vom Ehrgeiz leiten lassen
18. an der Nase herumführen, irreführen, betrügen
19. berechnen, schätzen, veranschlagen; ***aliquid parvi d.*** etw gering schätzen; ***oratores in ratione non d.*** die Redner nicht mitrechnen
20. hinzurechnen; ***aliquem in hostes d.*** j-n zu seinen Feinden zählen
21. ***rationem d.*** auf *j-n/etw* Rücksicht nehmen, *etw* ins Auge fassen, *alicuius/alicuius rei*; ***rationem officii d.*** Rücksicht auf das Amt nehmen; ***suam rationem d.*** an den eigenen Vorteil denken
22. meinen, glauben; für *etw* halten, + *dopp. Akk*; *Passiv* gelten für *etw*; ***aliquem victorem d.*** j-n für den Sieger halten; ***aliquid pro nihilo d.*** etw für nichts achten; ***se regem esse ducebat*** er hielt sich für den König; ***aliquid turpe d.*** etw für schändlich halten; ***aliquid alicui laudi d.*** etw j-m zum Lob anrechnen; ***aliquid despectui d.*** etw für verachtenswert halten; ***aliquid pluris d.*** etw höher achten; ***miles poenā dignus ducitur*** der Soldat wird einer Bestrafung für würdig erachtet; ***aliquid continentis ducit*** etw gilt als Genügsamkeit
ductilis ⟨e⟩ *Adj* ||duco|| Mart. künstlich geleitet; ***ductile flumen aquae*** künstlicher Wasserlauf = Aquädukt; Kanal
ductim *Adv* ||ductus, *PPP von* duco|| Plaut. in vollen Zügen
ductitō ⟨āvī, ātum, āre 1.⟩ ||*Intens von* ducto||

1. heimführen, heiraten
2. *fig* anführen, betrügen

ductō ⟨āvī, ātum, āre 1.⟩ ||*Intens von* duco|| (*vkl., nachkl.*)
1. mit sich führen; ***equites in exercitu*** Reiter in seinem Heer haben
2. ***restim d.*** = ***cordacem ducere*** einen Kordax tanzen
3. *eine Konkubine* heimführen
4. MIL marschieren lassen
5. Sall. anführen, befehligen
6. *fig* anführen, in die Irre führen, zum Besten halten

ductor ⟨ōris⟩ *m* ||duco||
1. (*nachkl.*) *poet* Führer; ***d. itineris*** Wegführer
2. MIL Anführer, Heerführer; *poet auch* Fürst

ductus[1] ⟨a, um⟩ *PPP* → ***duco***

ductus[2] ⟨ūs⟩ *m* ||duco||
1. das Ziehen, das Aufführen, ***muri*** einer Mauer
2. Richtung, Zug; ***d. oris*** Gesichtszüge; ***ductūs litterarum*** Schriftzüge
3. innerer Zusammenhang *eines Theaterstücks*
4. MIL Führung, Kommando
5. (*nlat.*) MED Ausführungsgang *einer Drüse*

▶ **dū-dum** *Adv*
1. seit längerer Zeit, lange, längst; ***iam dudum*** schon längst; *poet auch* sofort, doch endlich
2. vor einer Weile, neulich; ***iam dudum*** jetzt eben

Duēlius ⟨a, um⟩ = ***Duilius***

duellātor ⟨ōris⟩ *m* (*altl.*) = ***bellator***

duellicus ⟨a, um⟩ *Adj* (*altl.*) = ***bellicus***

Duellius ⟨a, um⟩ = ***Duilius***

duellum ⟨ī⟩ *n*
1. (*altl.*) *poet u. in Gesetzesformeln* = ***bellum***
2. (*mlat.*) Zweikampf, Duell

Duīl(l)ius ⟨a, um⟩ *Name einer pleb. gens*; ***C. Duillius*** *Konsul 260 v. Chr., bei Mylae Sieger über Karthago*

duim, duis, duit, duint (*altl.*) *Konjkt Präs von* ***do***

dulce ⟨is⟩ *n* ||dulcis|| Süßigkeit; *Pl* Süßigkeiten

dulcēdō ⟨inis⟩ *f* ||dulcis||
1. (*nachkl.*) *poet* Süße, Süßigkeit, süßer Geschmack
2. *fig* Reiz, Lieblichkeit, Zauber; *meton* Lust, Trieb, Verlangen, Sinneslust

dulcēscō ⟨-, -, ēscere 3.⟩ ||*Inkoh zu* dulcis|| süß werden; ***uva dulcescit*** die Traube wird süß

dulciārius ⟨a, um⟩ *Adj* ||dulcis|| Kuchen…, Zucker…; ***pistor d.*** Zuckerbäcker, Konditor

dulciculus ⟨a, um⟩ *Adj* ||*Dim von* dulcis|| süßlich, lieblich; ***caseus d.*** „süßes Käschen", *hum Kosewort*

dulci-fer ⟨fera, ferum⟩ *Adj* ||dulcis, fero|| (*vkl.*) süß

▶ **dulcis** ⟨e⟩ *Adj, Adv* ⟨dulce⟩ *u.* ⟨dulciter⟩
1. *vom Geschmack* süß; ***aqua d.*** Süßwasser
2. *fig von Personen u. Sachen* angenehm, lieblich, anziehend; ***dulce auditu*** angenehm zu hören
3. *fig* lieb, geliebt, liebenswürdig

dulcitūdō ⟨ōnis⟩ *f* ||dulcis|| Süßigkeit

Dulgubniī ⟨ōrum⟩ *m germ. Stamm um das heutige Paderborn u. Bad Pyrmont*

dūlicē *Adv* ||griech. Fw., lat. Adv.-Endung|| Plaut. wie ein frecher Sklave

Dūlichia ⟨ae⟩ *f u.* **Dūlichium** ⟨ī⟩ *n Insel sö. von Ithaka*

Dūlichius ⟨a, um⟩ *Adj* zu Dulichia gehörig, von Dulichia, *auch* des Odysseus, zu Odysseus gehörig

dum
I *Adv nachgestellt*
1. noch; ***nondum*** noch nicht; ***nullusdum*** noch keiner; ***vixdum*** kaum noch; ***nihildum*** noch nichts; ***neque dum satis*** und noch nicht genug; ***nedum*** geschweige denn
2. *nach Imp* doch; ***agedum / agitedum*** los doch; ***adesdum*** bleib doch; ***dicdum*** sag doch
3. unterdessen; ***ne dum*** damit nicht unterdessen

II *Konj*
1. *zeitl.* während, + *Ind Präs*; ***dum haec geruntur*** während dies geschieht
2. solange als, + *Ind aller Tempora*; ***dum spiro, spero*** solange ich atme, hoffe ich; ***haec faciebam, dum licebat*** dies tat ich, solange es erlaubt war; ***dum civitas erit, leges fient*** solange es einen Staat geben wird, wird es Gesetze geben
3. *zeitl.* so lange bis, bis, + *Ind. / bei finalem Nebensinn + Konjkt*; ***exspectabat, dum defluat amnis*** er wartete so lange, bis der Strom abfließen sollte
4. *in bedingten Wunschsätzen* wenn nur, wenn bloß, + *Konjkt*; ***oderint, dum metuant*** mögen sie (mich) hassen, wenn sie (mich) nur fürchten; ***dumne / dum … ne*** wenn nur nicht; ***dummodo ne*** wenn nur ja nicht
5. (*mlat.*) weil ja, während doch, + *Konjkt*

dūmētum ⟨ī⟩ *n* ||dumus|| wilde Hecke, Dickicht, Gestrüpp, *auch fig*; ***Stoicorum dumeta*** *fig* die abstrusen Lehren der Stoiker

▶ **dum-modō** *Konj* ||*verstärktes* dum|| wenn nur, wenn bloß, sofern nur, + *Konjkt*; ***dummodo ne*** wenn nur nicht

Dumnorīx ⟨īgis⟩ *m Bruder u. Gegner des Römerfreundes Diviciacus, Feind Caesars*

dūmōsus ⟨a, um⟩ *Adj* ||dumus|| *poet* mit Gestrüpp bewachsen

dum-taxat *Adv* ||taxo||
1. genau genommen, recht betrachtet
2. höchstens, lediglich; ***potestatem habere annuam dumtaxat*** eine höchstens einjährige Macht haben; ***non dumtaxat … sed etiam*** nicht nur … sondern auch
3. wenigstens, mindestens, wenn auch nur; ***sint ista pulcheriora, dumtaxat aspectu*** diese da mögen hübscher sein, wenigstens dem Ansehen nach
4. (*nachkl.*) *poet* natürlich

dūmus ⟨ī⟩ *m* Gestrüpp, Gebüsch, *oft Pl*

▶ **duo** ⟨ae, o⟩ *Num card zwei, beide, die beiden auch* = ***ambo*** *u.* = ***uterque***

duo-deciē(n)s *Num adv* ||duodecim|| zwölfmal

duo-decim *indekl Num card* zwölf

duo-decimus ⟨a, um⟩ *Num ord* ||duodecim|| der zwölfte

duo-dēnī ⟨ae, a⟩ *Num distr* ||duodecim||
1. je zwölf
2. *poet* zwölf zusammen, zwölf auf einmal

duo-et-vicēsimānī ⟨ōrum⟩ *m* Tac. Soldaten der 22. Legion

duo-virī ⟨ōrum⟩ *m* = ***duumviri***

dupla ⟨ae⟩ *f* ||duplus|| (*erg.* ***pecunia***) doppelter Preis

▶ **du-plex**
I *Gen* ⟨icis⟩ *Adj, Adv* ⟨dupliciter⟩
1. doppelt, doppelt gefaltet, doppelt faltbar

D

2. zweifach vorhanden, doppelt vorhanden, in zwei Teile zerfallend, geteilt; ***ficus d.*** gespaltene Feige; ***ius d.*** Brühe aus mehreren Bestandteilen
3. *poet* beide, *im Pl u. Sg*; ***duplices palmae*** beide Hände; ***duplices proles*** beide Söhne; ***Latonae d. genus*** beide Kinder der Latona
4. doppelt so groß, doppelt so viel; ***stipendium d.*** doppelter Sold; ***frumentum d.*** doppelte Ration
5. *fig* zweideutig, doppeldeutig, doppelzüngig, falsch
II ⟨icis⟩ *n* das Doppelte

duplicārius
I ⟨a, um⟩ *Adj* ||duplex|| (*vkl., nachkl.*) doppelten Sold und doppelte Ration erhaltend
II ⟨ī⟩ *m* (*vkl., nachkl.*) Gefreiter

duplicātiō ⟨ōnis⟩ *f* ||duplico|| Verdoppelung

duplicō ⟨āvī, ātum, āre 1.⟩ ||*Denom von* duplex||
1. zusammenfalten, krümmen; ***duplicat virum hasta dolore*** Verg. die Lanze lässt den Mann vor Schmerz sich krümmen
2. verdoppeln, ***numerum patrum*** die Zahl der Senatoren, ***legionibus stipendium*** den Legionen den Sold
3. RHET *ein Wort* doppelt setzen, unmittelbar wiederholen; *ein Wort* durch Zusammensetzung bilden
4. *fig* vergrößern, vermehren, erhöhen; ***imperium Romanum d.*** das Römische Reich vergrößern; ***gloriam d.*** den Ruhm mehren

dupliō ⟨ōnis⟩ *f* ||duplus|| (*nachkl., spätl.*) das Doppelte, doppelter Ersatz *als Strafe*

duplum ⟨ī⟩ *n* ||duplus|| das Doppelte; ***poenam dupli subire*** doppelte Strafe auf sich nehmen

du-plus ⟨a, um⟩ *Adj* ||duo|| zweifach, doppelt so groß

dupondiārius ⟨a, um⟩ *Adj* ||dupondius|| Petr. zwei As wert

du-pondius ⟨ī⟩ *m* ||duo, pondus|| Zweiasmünze

dūra ⟨ōrum⟩ *n* ||durus|| bedrängte Lage, Not, Elend

dūrābilis ⟨e⟩ *Adj* ||duro|| dauerhaft, dauernd haltbar

dūracinus ⟨a, um⟩ *Adj* ||durus, acinus|| (*vkl., nachkl.*) hartschalig

dūrāmen ⟨inis⟩ *n* ||duro|| (*nachkl.*) *poet* Verhärtung

dūrāmentum ⟨ī⟩ *n* ||duro|| (*nachkl.*) Dauerhaftigkeit

dūrateus ⟨a, um⟩ *Adj* ||griech. Fw.|| Lucr. hölzern

dūrēscō ⟨dūruī, -, dūrēscere 3.⟩ ||*Inkoh zu* durus|| hart werden, steif werden, sich verhärten, sich versteifen; Quint. *fig* verknöchern, *re* durch etw; ***frigore d.*** gefrieren; ***situ d.*** durch Brachliegen neue Kraft bekommen

dureta ⟨ae⟩ *f* ||spanisches Fw.|| Suet. Sitzbadewanne aus Holz

dūritās ⟨ātis⟩ *f* ||durus|| Härte, Unfreundlichkeit

dūriter *Adv* → ***durus***

dūritia ⟨ae⟩ *f u.* **dūritiēs** ⟨ēī⟩ *f* ||durus||
1. *poet* Härte, ***ferri*** des Eisens
2. *fig* Abhärtung, strenge Lebensweise
3. Hartherzigkeit, Gefühllosigkeit, Strenge
4. (*nachkl.*) Druck, drückende Last, Beschwerden; ***d. legum*** Last der Gesetze

dūriusculus ⟨a, um⟩ *Adj* ||*Dim von* durus|| Plin. ein wenig hart, etwas steif

dūrō ⟨āvī, ātum, āre 1.⟩ ||*Denom von* durus||
I *v/t*
1. härten, hart machen, ***hastas igne*** die Lanzenspitzen im Feuer; ***lac d.*** Milch zum Gerinnen bringen; ***pelle cortice d.*** ein Fell gerben
2. trocknen, dörren, rösten; ***pisces sole d.*** Fische in der Sonne dörren
3. *fig* abhärten, stählen; *pej* abstumpfen, unempfindlich machen; ***exercitum d.*** das Heer an Strapazen gewöhnen; ***se d. labore*** sich durch Anstrengung abhärten
4. aushalten, ertragen, ***laborem*** harte Arbeit
II *v/i*
1. hart werden, sich verhärten, *ad aliquid / contra aliquid* gegen etw
2. trocken werden, austrocknen; ***durat solum*** der Boden trocknet aus
3. ausdauern; ***d. nequeo in his aedibus*** ich kann es in diesem Haus nicht aushalten; ***vinum durat per annos*** der Wein hält sich über Jahre
4. fortdauern, bestehen, bleiben; ***bellum durat*** der Krieg dauert an

Dūrocortorum ⟨ī⟩ *n Hauptstadt der Remer, später Remi, heute Reims*

Durrachium ⟨ī⟩ *n* = ***Dyrr(h)achium***

dūruī → ***duresco***

dūrus ⟨a, um⟩ *Adj, Adv* ⟨dūrē⟩ *u.* ⟨dūriter⟩

1. hart
2. hart, herb
3. rau, schwerfällig
4. unschön, steif
5. roh, ungebildet
6. körperlich abgehärtet, hart
7. unempfindlich, gefühllos
8. rau, unfreundlich
9. beschwerlich, mühsam

1. hart; ***ferrum durum*** hartes Eisen; ***ovum durum*** hart gekochtes Ei; ***collis d.*** steiniger Hügel
2. *fig für Sinne u. Gefühle* hart, herb; hart klingend
3. rau, schwerfällig; ***compositio dura*** schwerfällige Wortstellung
4. unschön, steif; ***signa dura*** plumpe Statuen
5. *fig* roh, ungebildet, ***poeta d. et rusticus*** roher und ungebildeter Dichter; ***dure dicere*** vulgär sprechen; ***vultu duro*** mit unverschämter Miene
6. körperlich abgehärtet, hart, ausdauernd; ***durum a stirpe genus*** ein von Haus aus hartes Geschlecht
7. *pej* unempfindlich, gefühllos, hartherzig; ***iudex d.*** gnadenloser Richter; ***imperium durum*** schonungslose Herrschaft; ***pater d.*** knausriger Vater
8. *von Klima u. Wetter* rau, unfreundlich, streng; ***hiems dura*** strenger Winter
9. *von Zuständen u. Verhältnissen* beschwerlich, mühsam, drückend; misslich, gefährlich, ungünstig, unglücklich; ***servitus dura*** drückende Knechtschaft; ***cura dura*** drückende Sorge; ***plaga dura cultu*** eine nur schwer zu behandelnde Wunde; ***durum est*** + *Inf* es ist ein schweres Stück Arbeit zu …; ***tempora rei publicae dura*** für den Staat gefährliche Zeiten

duumvirātus ⟨ūs⟩ *m* ||duumviri|| (*nachkl.*) Duumvirat, Zweimänner-Herrschaft

duumvirī ⟨ōrum⟩ *m* ||duo, vir||
1. Duumvirn, Kommission von zwei Männern; *in*

Rom: ***d. perduellionis*** zwei Untersuchungsrichter bei Hochverrat; ***d. navales*** Liv. Zweimannbehörde zur Überwachung der Flottenausrüstung; ***d. aedi faciendae*** Zweimannbehörde für den Tempelbau; ***d. sacrorum/sacris faciundis*** Zweimannbehörde zur Aufsicht über die Sibyllinischen Bücher, *bestand seit 367 v. Chr aus zehn, seit Sulla aus 15 Männern*; → ***decemviri*** *u.* ***quindecimviri***
2. *in den Munizipien u. Kolonien*: ***d.*** **(*iuri dicundo*)** oberste Behörde, Bürgermeister

▶ **dux** ⟨ducis⟩ *m u. f* ||duco||
1. Führer, Führerin, Leiter, Leiterin *von Menschen u. Tieren*; ***dux gregis*** Hirte, Leittier
2. ***dux viae*** Wegweiser
3. Wagenlenker
4. *fig* Anführer, Leiter; *pej* Rädelsführer; ***aliquo duce*** unter j-s Führung; ***dis ducibus*** unter der Führung der Götter; ***naturā duce*** unter Führung der Natur
5. MIL Anführer, Feldherr, Befehlshaber; POL Haupt, Vorstand *einer Partei*
6. *poet* Herrscher, Fürst, Kaiser
7. (*mlat.*) Graf, Herzog; *Pl* die Großen des Reiches

dūxī → ***duco***

Dymās ⟨mantis⟩, *Akk* ⟨mantida⟩ *m Vater der Hekabe* (*Hecuba*)

Dȳmē ⟨ēs⟩ *f alte Stadt im NW Achaias, beim heutigen Kato-Achaia*

dynamis ⟨is⟩, *Akk* ⟨in⟩ *f* ||griech. Fw.|| Plaut. Menge

dynastēs ⟨ae⟩ *m* ||griech. Fw.|| Machthaber, Herrscher, Vasallenfürst; *Pl* einflussreiche Männer

Dyrr(h)achīnus
I ⟨a, um⟩ *Adj* aus Dyrrhachium, zu Dyrrhachium gehörig
II ⟨ī⟩ *m* Einwohner von Dyrrhachium

Dyrr(h)achium ⟨ī⟩ *n Küstenstadt in Illyrien, früher Epidamnos, im Gebiet des heutigen Albanien, heute Durres*

E

ē[1] ex

I
1. aus-, heraus-
2. empor-, er-
3. völlig, ganz
4. sehr, ziemlich
5. ent-, ver-
6. ehemalig, Ex-
II
1. aus, aus … heraus
2. von, aus
3. von, aus
4. von … an, seit
5. unmittelbar nach, sogleich nach
6. von … her
7. aus, von
8. von, unter
9. aus, von
10. aus, wegen
11. von, aus
12. gemäß, zufolge

I *Präf*
1. aus-, heraus-; ***ex-ire*** herausgehen, herauskommen
2. empor-, er-; ***ex-struere*** errichten
3. völlig, ganz; ***e-vitare*** ganz meiden; ***ef-ficere*** vollenden, ganz ausführen
4. sehr, ziemlich; ***e-durus*** ziemlich hart
5. ent-, ver-; ***ex-armare*** entwaffnen; ***ex-arescere*** ver-trocknen, ver-siegen
6. (*spätl.*) *vor Titeln* ehemalig, Ex-; ***ex-consul*** gewesener Konsul, Ex-Konsul
II *Präp + Abl*
1. *örtl.* aus, aus … heraus; von … herab, von … hinab, von … herauf, von … hinauf; von … her; ***venire ex urbe*** aus der Stadt kommen; ***extorquere arma ex manibus*** die Waffen aus den Händen entwinden; ***deponere ex memoria*** aus dem Gedächtnis tilgen; ***exire e vita*** sterben; ***impetum facere ex superiore loco*** einen Angriff machen von einem höher gelegenen Ort aus
2. *bei Verben des Nehmens u. Vernehmens* von, aus; ***pecuniam sumere ex aerario*** Geld aus der Staatskasse nehmen; ***aliquid accipere ex amicis*** etw von den Freunden erfahren; ***aliquid intellegere ex sermone*** etw dem Gespräch entnehmen
3. *Angabe des Ausgangspunktes einer Handlung* von, aus, auf, von … herab; ***pugnare ex equo*** zu Pferd kämpfen; ***causam dicere ex carcere*** seine Sache aus dem Gefängnis heraus betreiben; ***Rhenus oritur ex Alpibus*** der Rhein entspringt in den Alpen; ***ex ea parte est Hibernia*** auf dieser Seite liegt Hibernia (= Irland); ***ex omnibus partibus pugnatur*** auf allen Seiten wird gekämpft; ***malum ex arbore pendet*** der Apfel hängt am Baum; ***aliquid suspendere ex quercu*** etw an der Eiche aufhängen; ***laborare ex pedibus*** an den Füßen leiden; ***victoriam reportare ex hostibus*** einen Sieg erringen über die Feinde; ***ex itinere*** auf dem Marsch, unterwegs; ***ex fuga*** auf der Flucht
4. *zeitl.* von … an, seit; ***ex eo die*** von diesem Tag an; ***ex adulescentia*** seit der Jugend; *auf die Zukunft gerichtet*: ***hunc iudicem ex calendis Martiis non habebimus*** diesen Richter werden wir vom 1. März an nicht mehr haben
5. *zeitl.* unmittelbar nach, sogleich nach; ***ex praetura urbem relinquere*** unmittelbar nach der Prätur die Stadt verlassen; ***ex intervallo*** nach einiger Zeit
6. *zeitl., zur Angabe des Ursprungs in früherer Zeit* von … her; ***ceteri ex veteribus bellis agro multati*** die Übrigen, die von früheren Kriegen her mit dem Verlust ihres Ackerlandes bestraft waren

7. *Bezeichnung der Herkunft od der Abstammung* aus, von, von … aus, vonseiten; ***ex improbo patre natus*** Kind von einem bösen Vater; ***esse ex Ithaca*** aus Ithaka stammen; ***soror ex matre*** Cousine mütterlicherseits
8. *partitiv* von, unter; ***unus ex multis*** einer von vielen; ***pars ex Rheno*** Rheinarm
9. *Bezeichnung des Stoffes* aus, von; ***statua ex marmore*** Statue aus Marmor; ***homo totus ex fraude factus*** *fig* ein betrügerischer Mensch durch und durch; ***domum ex aerario aedificare*** ein Haus aus Staatsmitteln bauen
10. *Angabe der Ursache* aus, wegen, infolge von, durch, an; ***ex vulnere aeger*** krank aufgrund einer Wunde; ***ex re publica clarus*** berühmt wegen seiner Verdienste um den Staat; ***flumen ex nivibus creverat*** der Fluss war wegen der Schneeschmelze angeschwollen; ***nominare aliquid ex re*** etw nach etw benennen; ***quibus ex rebus fit*** daher kommt es; ***nobilitas ex virtute*** Verdienstadel; ***timor ex imperatore*** Angst vor dem Feldherrn; ***ex eo quod*** deshalb weil
11. *Bezeichnung des Übergangs* von, aus; ***amicus ex hoste factus est*** aus dem Feind ist ein Freund geworden
12. *Angabe der Regel od des Standpunktes* gemäß, zufolge, kraft, nach, in Hinsicht auf; ***consilium capere ex loci natura*** einen Plan fassen entsprechend der natürlichen Beschaffenheit des Geländes; ***ex tempore*** den Umständen entsprechend; (*nlat.*) aus dem Stegreif; ***ex libidine*** nach Belieben; ***ex ordine*** der Reihe nach; ***e sententia*** nach Wunsch; ***ex usu esse*** von Vorteil sein; ***e re alicuius esse*** zu j-s Besten sein; ***ex ratione alicuius rei*** mit Rücksicht auf etw
13. *in adv Wendungen*: ***e/ex contrario*** im Gegenteil; ***ex composito*** verabredungsgemäß; ***ex improviso/ex inopinato*** unversehens, unvermutet; ***e vestigio*** sogleich; ***ex professo*** ausdrücklich; ***ex memoria*** auswendig, aus dem Gedächtnis; ***ex animo*** von Herzen, aufrichtig; ***ex parte*** teilweise; ***magna ex parte*** zum großen Teil; ***ex voto*** aufgrund eines Gelübdes; ***ex nunc*** von jetzt an

E e² *Abk*
1. = ***emeritus*** ausgedient
2. = ***evocatus*** aufgerufen, vorgeladen
3. *e. c.* = ***exempli causā*** (*nlat.*) beispielhalber
4. *e. g.* = ***exempli gratiā*** (*nlat.*) zum Beispiel
5. *e. o.* = ***ex officio*** (*nlat.*) amtlich, von Amts wegen, offiziell
6. *E. Q. R.* = ***eques Romanus*** römischer Ritter *als Titel*

eā *Adv* ||*Abl f von* is|| dort, da

eādem *Adv* ||*Abl f von* idem||
1. (*erg.* ***viā***) ebenda
2. (*erg.* ***opere***) ebenso
3. zugleich; ***eadem … eadem*** Plaut. bald … bald

eampse Plaut. = ***eam ipsam***; → ***ipse***

eā-propter Plaut. = ***propterea***

eāpse Plaut. = ***eā ipsā***; → ***ipse***

eā-tenus *Adv* ||*Abl f von* is|| so weit, insoweit, insofern, nur so weit; ***eatenus quoad/qua*** so weit als; ***eatenus, ut*** so weit, dass

ebenum ⟨ī⟩ *n* ||ebenus|| (*nachkl.*) *poet* Ebenholz

ebenus ⟨ī⟩ *f* ||griech.-ägyptisches Fw.|| (*nachkl.*) Ebenholzbaum; *meton* Gestell aus Ebenholz

ē-bibō ⟨bibī, -, bibere 3.⟩ (*unkl.*) austrinken, leeren; *fig* vertrinken, verprassen; durch Trinken vergessen; ***Nestoris annos e.*** so viele Becher trinken, wie Nestor Jahre gelebt hat

ē-bītō ⟨-, -, ere 3.⟩ Plaut. ausgehen, außer Haus gehen

ē-blandior ⟨ītus sum, īrī 4.⟩ erschmeicheln, durch Schmeicheln gewinnen, *aliquid* etw, *ut*; ***eblanditus*** durch Schmeichelei gewonnen

Ebora ⟨ae⟩ *f Stadt in Lusitania, heute Evora in Portugal*

eboreus ⟨a, um⟩ *Adj* ||ebur|| (*nachkl.*) aus Elfenbein

ēbrietās ⟨ātis⟩ *f* ||ebrius|| Trunkenheit, Rausch

ēbriolus ⟨a, um⟩ *Adj* ||*Dim von* ebrius|| Plaut. angetrunken, beschwipst

ēbriōsitās ⟨ātis⟩ *f* ||ebriosus|| Trunksucht

ēbriōsus
I ⟨a, um⟩ *Adj* ||ebrius||
1. betrunken, berauscht, *re* durch etw
2. *fig* saftreich
II ⟨ī⟩ *m* Trunkenbold

ēbrius
I ⟨a, um⟩ *Adj*
1. betrunken, berauscht, *re* von etw, durch etw
2. *fig* im Rausch gesprochen; frei; taumelnd; ***verba ebria*** Tib. freie Worte; ***vestigia ebria*** taumelnde Schritte
3. *fig* übersatt; ***saturitas ebria*** Übersättigung
4. *fig* überreichlich; ***cena ebria*** reichliche Mahlzeit
5. *fig* gesättigt, getränkt, *re* von etw; ***lana ebria*** getränkte Wolle
6. betäubt, *re* von etw, ***curis*** von Sorgen
II ⟨ī⟩ *m* Betrunkener

ē-bulliō ⟨īvī⟩ *u.* ⟨iī, -, īre 4.⟩ ||bulla||
I *v/i* (*nachkl.*) hervorsprudeln
II *v/t*
1. hervorsprudeln; ***animam e.*** den Geist aufgeben, sterben
2. *fig* den Mund voll nehmen, prahlen, *aliquid* mit etw

ebulum ⟨ī⟩ *n* (*unkl.*) Zwergholunder

ebur ⟨oris⟩ *n*
1. luv. Elefant
2. Elfenbein; *meton* Elfenbeinschnitzerei, Elfenbeinbild, Elfenbeinflöte, Elfenbeinsessel

eburātus ⟨a, um⟩ *Adj* ||ebur|| Plaut. mit Elfenbein ausgelegt

eburneolus ⟨a, um⟩ *Adj* ||*Dim von* eburneus|| (niedlich) aus Elfenbein; ***eburneola fistula*** niedliche Pfeife aus Elfenbein

eburneus *u.* **eburnus** ⟨a, um⟩ *Adj* ||ebur||
1. elfenbeinern
2. *meton* mit Elfenbein ausgelegt; *poet* weiß wie Elfenbein

Eburōnēs ⟨um⟩ *m germ. Stamm in Belgien, Hauptstadt Atuatuca*

Eburōvīcēs ⟨um⟩ *m Stamm der Aulerci in Gallia Celtica, um Mediolanum, dem heutigen Evreux, in der Normandie*

ec¹- *Präf* = ***e²***, ***ex***

ec² *Pronominalpartikel* → ***ecce***, → ***ecquis***, → ***ecquando***

ē-castor *Interj* Com. bei Kastor, *Beteuerungsformel*
ecbasis ⟨is⟩ *f* ||griech. Fw.|| *(spätl.)* das Entkommen, die Flucht; ***E. captivi*** *(mlat.)* Flucht des Gefangenen, *Titel des ältesten mittelalterlichen Tierepos, um 940 in Toul in lat. Hexametern aufgezeichnet, Vorbild von „Reineke Fuchs"*
Ecbatana ⟨ōrum⟩ *n Hauptstadt von Medien, heute Hamadan*
eccam = ***ecce eam***; → ***ecce***
▶ **ec-ce** *Interj* siehe!, sieh da!, *allein stehend od mit ganzem Satz, + Nom / + Akk*; ***revocabat, et, ecce, Cleanthum respicit*** er rief von Neuem, und, siehe da, er drehte sich nach Cleanthes um; ***ecce tuae litterae*** da ist ja ein Brief von dir; ***ecce me*** da bin ich; ***ecce video senem, quem quaero*** sieh da, ich sehe den Greis, den ich suche; ***ecce tibi nuntius*** da kommt (dir) auf einmal die Nachricht; ***ecce homo*** *(nlat.)* seht, welch ein Mensch!, *Christus mit der Dornenkrone, häufige Leidensdarstellung seit 1450*
ecce-re *Adv* fürwahr!, da haben wir's!
eccillam = ***ecce illam***; → ***ecce***
ecclēsia ⟨ae⟩ *f* ||griech. Fw.||
1. Plin. *griech.* Volksversammlung
2. *(eccl.)* Kirche, *als Gemeinde, Institution u. Gebäude*; ***e. maior*** *(mlat.)* Hauptkirche, Dom
ecclēsiasticus ⟨a, um⟩ *Adj* ||griech. Fw.|| *(eccl.)* kirchlich; *als Buchtitel* das Buch Jesus Sirach
eccōs = ***ecce eos***; → ***ecce***
eccum = ***ecce eum***; → ***ecce***
ecdicus ⟨ī⟩ *m* ||griech. Fw.|| Staatsanwalt; *lat.* → ***cognitor***
ec-dūrus ⟨a, um⟩ *Adj* = ***edurus***
ecf... = ***eff...***
echenēis ⟨nēidis⟩ *f* ||griech. Fw.|| *(nachkl.) poet* „Schiffhalter", *Fisch, der sich angeblich an Schiffen festsaugt u. sie aufhält*
echidna ⟨ae⟩ *f* ||griech. Fw.|| Ov. Natter, Schlange, *bes Attribut der Erinnyen*
Echidna ⟨ae⟩ *f Meerungeheuer mit dem Oberkörper einer schönen jungen Frau u. dem Unterkörper einer Riesenschlange, Mutter des Cerberus, der Hydra u. anderer Ungeheuer*
Echidnēus ⟨a, um⟩ *Adj* zur Echidna gehörig, der Echidna; ***E. canis*** Cerberus
Echīnades ⟨um⟩ *f* Echinaden, *Inselgruppe vor der Küste Akarnaniens*
echīnus ⟨ī⟩ *m* ||griech. Fw.|| *(unkl.)*
1. Seeigel
2. Vitr. ARCH Echinus, *wulstartiger Bestandteil des dorischen Säulenkapitells unterhalb der Deckplatte*
3. Spülnapf
Echīōn ⟨onis⟩ *m einer der fünf überlebenden Bewaffneten aus der Drachensaat des Cadmus, Vater des Pentheus u. Miterbauer von Theben*
Echīonidēs ⟨ae⟩ *m* Nachkomme des Echion, = Pentheus
Echīonius ⟨a, um⟩ *Adj* des Echion, zu Echion gehörig; *auch* thebanisch, böotisch
ēchō ⟨ūs⟩ *f* ||griech. Fw.|| Widerhall, Echo
Ēchō ⟨ūs⟩ *f eine Waldnymphe*
ēchoicus ⟨a, um⟩ *Adj* ||echo|| *(spätl.)* widerhallend; ***versūs echoici*** Echoverse, *Gedicht mit wie Echo wirkenden Silben als Stilmittel*
eclīpsis ⟨is⟩ *f* ||griech. Fw.|| *(nachkl.)* das Ausbleiben; ***e.*** ***(solis)*** Sonnenfinsternis; ***e.*** ***(lunae)*** Mondfinsternis
ecloga ⟨ae⟩ *f* ||griech. Fw.|| *(vkl., nachkl.)* auserlesenes Schriftstück, kleines Gedicht; Ekloge, Hirtengedicht
eclogāriī ⟨ōrum⟩ *m* ||eclogarius|| ausgewählte Stellen zum Vorlesen
eclogārius ⟨a, um⟩ *Adj* ||ecloga|| zur Auswahl gehörig
ec-quandō *Adv*
1. *im dir u. indir Fragesatz* wann wohl jemals?
2. wohl jemals; ***ecquando nisi*** wohl jemals außer
ecquī[1] ⟨ecqua⟩ *u.* ⟨ecquae, ecquod⟩ *Interrogpr. adj dir* etwa irgendein?, wohl irgendein?; *indir* ob wohl einer; ***ecqui est iudex, qui istud credat?*** gibt es wohl einen Richter, der dies glaubte?
ecquī[2] *Adv* ||ecquis|| *dir* denn etwa?, denn wohl?; warum wohl?; *indir* ob wohl, ob etwa
ecquid *Adv* ||equis|| *im Fragesatz dir* denn etwa?, denn wohl?, warum wohl?; *indir* ob wohl, ob etwa; ***ecquid animadvertis horum silentium?*** bemerkst du wohl deren Schweigen?
ecquis ⟨ecquid⟩ *Interrogpr. subst, selten adj, dir* etwa jemand, wohl jemand?; *indir* ob wohl jemand; ***ecquid interest inter haec edicta?*** was ist denn der Unterschied zwischen diesen Aussagen?
ecquō *Adv* ||ecquis|| wohin wohl?
ecstasis ⟨is⟩ *f* ||griech. Fw.|| *(eccl.)* Verzückung, Ekstase
ectypus ⟨a, um⟩ *Adj* ||griech. Fw.|| *(nachkl.)* herausgeschnitten, erhaben (gearbeitet)
eculeus ⟨ī⟩ *m* ||*Dim von* equus|| Pferdchen, Fohlen; *meton* hölzernes Folterpferd
ecus ⟨ī⟩ *m* = ***equus***
ed. *Abk* = ***edidit*** er hat herausgegeben; → ***edo***[2]
edācitās ⟨ātis⟩ *f* ||edax|| Gefräßigkeit
edāx *Gen* ⟨ācis⟩ *Adj* ||edo[1]|| gefräßig; nagend, verzehrend
edd. *Abk* = ***ediderunt*** sie haben herausgegeben; → ***edo***[2]
ē-dentō ⟨āvī, ātum, āre 1.⟩ ||dens|| Plaut. zahnlos machen
ēdentula ⟨ae⟩ *f* ||edentulus|| Plaut. zahnlose Alte
ēdentulus ⟨a, um⟩ *Adj* ||*Dim von* edens|| Plaut. zahnlos, alt
edepol *Interj* Com. bei Pollux!, bei Gott!, *Schwurformel*
edera ⟨ae⟩ *f* = ***hedera***
Edessa ⟨ae⟩ *f*
1. *alte Hauptstadt Makedoniens, heute Edessa, slawisch Vódena, ca. 70 km w. von Saloniki*
2. *Stadt in Mesopotamien, auch Antiochia genannt, heute Urfa od Orfa in der Türkei*
Edessaeus ⟨a, um⟩ *Adj* aus Edessa, zu Edessa gehörig
ēdī → ***edo***[1]
▶ **ē-dīcō** ⟨dīxī, dictum, dīcere 3.⟩
1. aussagen, verkünden, veröffentlichen
2. öffentlich ankündigen, amtlich ankündigen, festsetzen, verordnen, *ut / ne* dass / das nicht; ***e. de re*** Verfügungen treffen über etw
ēdictiō ⟨ōnis⟩ *f* ||edico|| Bekanntmachung
ēdictō ⟨āvī, ātum, āre 1.⟩ ||*Intens von* edico|| Com.

offen heraussagen

▶ **ēdictum** ⟨ī⟩ *n* ||edico||
1. Sen. Ausspruch, Satz
2. öffentliche Bekanntmachung, Verordnung, Verfügung
3. Nep. zensorisches Edikt
4. *(nachkl.) poet* Anschlag für öffentliche Spiele

ē-dictus ⟨a, um⟩ *PPP* → ***edico***

ē-didī → ***edo***

edim *(altl.)* = ***edam***; → ***edo***[1]

ē-discō ⟨didicī, -, discere 3.⟩ auswendig lernen, genau lernen, kennen lernen, *aliquid* etw, + *Inf*; *Perf* wissen, kennen

ē-disserō ⟨disseruī, dissertum, disserere 3.⟩ ausführlich besprechen, erörtern, vortragen, *alicui aliquid* j-m etw, + *indir Fragesatz*

ēdissertō ⟨āvī, ātum, āre 1.⟩ ||*Intens von* edissero|| *(vkl., nachkl.)* = ***edissero***

ēditīcius ⟨a, um⟩ *Adj* ||editus, *PPP von* edo[2]|| vorgeschlagen; ***iudices editicii*** vorgeschlagene Richter

ēditiō ⟨ōnis⟩ *f* ||edo[2]||
1. Herausgabe *einer Schrift*, Ausgabe *eines Buches*
2. Angabe, Bericht
3. JUR Vorschlag, ***tribuum*** der Tribus, *aus denen die Richter gewählt od ausgelost wurden*

ēditor ⟨ōris⟩ *m* ||edo[2]|| *(spätl.)*
1. *poet* Erzeuger
2. *poet* Veranstalter *eines öffentlichen Schauspiels*

ēditum ⟨ī⟩ *n* ||editus|| *(nachkl.)* Anhöhe

ēditus[1] ⟨a, um⟩ *Adj* ||edo[2]|| hoch emporragend, hoch; ***collis ex planitie e.*** aus der Ebene aufragender Hügel; ***conclave editum*** Zimmer im Obergeschoss

ē-ditus[2] ⟨a, um⟩ *PPP* → ***edo***[2]

ē-dīxī → ***edico***

▶ **edō**[1] ⟨ēdī, ēsum, edere 3.⟩ essen, verzehren, genießen; *von Tieren* fressen, abweiden; *von Leblosem* zernagen, zerstören, an *etw* nagen, *aliquid*; ***penuria edendi*** Mangel an Speisen; *Kurzformen*: ***ēsse*** zu essen; ***ēst*** er isst; ***ēssem*** ich würde essen

ē-dō[2] ⟨ēdidī, ēditum, ēdere 3.⟩

> **1.** herausgeben, von sich geben
> **2.** aushauchen
> **3.** gebären, zur Welt bringen
> **4.** herausgeben, veröffentlichen
> **5.** verbreiten
> **6.** ausgeben
> **7.** angeben, vorschlagen
> **8.** angeben, nennen
> **9.** verkünden
> **10.** verursachen, bewirken
> **11.** herausheben, in die Höhe heben

1. herausgeben, von sich geben, zum Vorschein bringen; ***Maeander editur in sinum maris*** der Maeander ergießt sich in den Golf
2. aushauchen; *Töne* ausstoßen, hören lassen; ***animam/vitae spiritum e.*** sterben; ***hinnitūs e.*** wiehern
3. gebären, zur Welt bringen; *vom Mann* zeugen; *von Leblosem* hervorbringen
4. *Schriften* herausgeben, veröffentlichen, ***librum*** ein Buch; ***edidit/ediderunt*** er hat herausgegeben/sie haben herausgegeben, *auf Buchtiteln zur Angabe des bzw. der Herausgeber*
5. *Gerüchte* verbreiten, ***in vulgūs*** in der Menge
6. ausgeben, *Befehle* erlassen
7. JUR, POL angeben, vorschlagen
8. angeben, nennen; verraten, *alicui aliquid* j-m etw, + *AcI* / + *indir Fragesatz*; ***consilia hostium e.*** Pläne der Feinde verraten; ***bella e.*** Kriege besingen
9. verkünden, ***oraculum*** ein Orakel
10. *fig* verursachen, bewirken, verrichten, verüben; ***ruinas e.*** Verwüstungen anrichten; ***proelium e.*** eine Schlacht liefern; ***annuam operam e.*** ein Jahr dienen; ***exemplum e. in aliquem*** an j-m ein Exempel statuieren; ***ludos e.*** Spiele veranstalten; ***gladiatores e.*** Gladiatoren auftreten lassen
11. herausheben, in die Höhe heben; ***corpus super equum e.*** Tib. sich aufs Pferd schwingen

ē-doceō ⟨docuī, doctum, docēre 2.⟩
1. gründlich lehren, genau berichten, *auch von Leblosem*, *aliquem aliquid* j-n etw, *auch aliquem* + *Inf* / + *AcI* / + *indir Fragesatz*, *ut* dass; ***pueros linguam Latinam e.*** die Jungen die lateinische Sprache lehren; ***ratio edocet, ut*** die Vernunft lehrt, dass; ***fama satis edocuerat*** das Gerücht hatte hinreichend genau berichtet, + *AcI*
2. benachrichtigen, in Kenntnis setzen, *aliquem aliquid/de re* j-n von etw, j-n über etw, + *AcI* / + *indir Fragesatz*; ***edoctus*** genau unterrichtet, *aliquid/in re/de re* in etw, von etw, über etw, + *AcI* / + *indir Fragesatz*; ***edoctus omnia per legatos*** durch Gesandte von allem gut unterrichtet

ē-dolō ⟨āvī, ātum, āre 1.⟩
1. *(nachkl.)* zurechtzimmern
2. vollenden, fertig machen

ē-domō ⟨uī, itum, āre 1.⟩ völlig bezähmen, bezwingen

Ēdōnī ⟨ōrum⟩ *m thrakischer Stamm am Strymon, bekannt durch seinen orgiastischen Bacchuskult*

Ēdōnis ⟨idis⟩ *f* Bacchantin, *adj* edonisch, *auch* thrakisch

Ēdōnus ⟨a, um⟩ *Adj* edonisch, *auch* thrakisch

ē-dormiō ⟨īvī, ītum, īre 4.⟩
I *v/i* ausschlafen
II *v/t etw* verschlafen; durch Schlaf vertreiben, schlafend verbringen; ***Ilionam e.*** Hor. seinen Rausch in der Rolle der Iliona ausschlafen

ēdormīscō ⟨-, -, īscere 3.⟩ ||*Inkoh von* edormio|| Com.
I *v/i* ausschlafen
II *v/t etw* verschlafen

ēducātiō ⟨ōnis⟩ *f* ||educo|| Erziehung, das Aufziehen, das Großziehen

ēducātor ⟨ōris⟩ *m* ||educo|| Erzieher; Tac. Hofmeister

ēducātrīx ⟨īcis⟩ *f* ||educator|| Erzieherin, *auch fig*

▶ **ē-ducō**[1] ⟨āvī, ātum, āre 1.⟩
1. *physisch von Mensch u. Tier* aufziehen, großziehen, ernähren; ***filium e.*** den Sohn großziehen; ***canem e.*** einen Hund aufziehen; ***eloquentiam e.*** die Beredsamkeit pflegen; *Passiv* aufwachsen
2. *geistig* erziehen; ***aliquem liberaliter e.*** j-n anständig erziehen

ē-dūcō[2] ⟨dūxī, ductum, dūcere 3.⟩

1. herausziehen
2. herausführen, hinausführen
3. mitnehmen
4. vor Gericht ziehen
5. ausrücken lassen
6. emporführen, in die Höhe ziehen
7. rühmen
8. errichten
9. großziehen
10. verbringen, zubringen

1. herausziehen, ***gladium e vagina*** das Schwert aus der Scheide; ***sortem e.*** ein Los ziehen
2. herausführen, hinausführen, ***omnes suos secum*** alle Seinen mit sich; ***lacum e.*** einen See ableiten; ***uxorem ex urbe rus e.*** die Ehefrau aus der Stadt aufs Land hinausbringen
3. mitnehmen; ***naves ex Sicilia e.*** die Schiffe aus Sizilien mitnehmen
4. vor Gericht ziehen
5. *Truppen* ausrücken lassen; *abs vom Feldherrn* mit dem Heer ausrücken; ***exercitum e castris e.*** das Heer aus dem Lager ausrücken lassen; ***copias ex navibus/ex classe e.*** die Truppen von Bord gehen lassen; ***naves ex portu e.*** die Schiffe auslaufen lassen
6. emporführen, in die Höhe ziehen; ***aliquem superas sub auras e.*** j-n in die Lüfte emporheben
7. *fig* rühmen; ***aliquem in astra e.*** j-n zu den Sternen erheben
8. *(nachkl.) poet Bauten* errichten; ***turrim sub astra e.*** einen Turm bis zu den Sternen bauen
9. *fig* großziehen; ***filium a parvulo e.*** einen Sohn von klein auf großziehen
10. *Zeit* verbringen, zubringen; verleben

edūlia ⟨ium⟩ *n* ||edulis|| Esswaren
edūlis ⟨e⟩ *Adj* ||edo[1]|| *(nachkl.) poet* essbar
ē-dūrō ⟨-, -, āre 1.⟩
I *v/t (nachkl.)* abhärten
II *v/i (nachkl.)* fortdauern
ēdūrus ⟨a, um⟩ *Adj* ||eduro|| ziemlich hart; *fig* unbarmherzig
ē-dūxī → ***educo[2]***
Ēetiōn ⟨ōnis⟩ *m Vater der Andromache, Herrscher über Theben*
Ēetiōnēus ⟨a, um⟩ *Adj* zu Eetion gehörig, des Eetion
effāfilātus ⟨a, um⟩ *PPP* → ***exfafillo***
ef-farciō ⟨-, fertum, farcīre 4.⟩ voll stopfen, ausfüllen
effātum ⟨ī⟩ *n* ||effor||
1. Ausspruch; Prophezeiung
2. PHIL Satz, Behauptung
ef-fēcī → ***efficio***
effectiō ⟨ōnis⟩ *f* ||efficio||
1. Ausübung; ***recta e.*** gute Tat
2. wirkende Kraft
effectīvus ⟨a, um⟩ *Adj* ||effectus, *PPP von* efficio|| Quint. bewirkend
effector ⟨ōris⟩ *m* ||efficio|| Schöpfer, Urheber, Ursache
effectrīx ⟨īcis⟩ *f* ||effector|| Schöpferin, Urheberin; ***e. vis*** bildende Kraft
effectus[1] ⟨a, um⟩ *Adj* ||efficio|| *(nachkl.)* verarbeitet, entwickelt; ↔ ***incohatus***
effectus[2] ⟨ūs⟩ *m* ||efficio||
1. Ausführung, Vollendung, ***operis*** eines Werkes; ***aliquid ad effectum adducere*** etw verwirklichen; ***in effectu esse*** auf einer Tätigkeit beruhen; Liv. bald vollendet sein, im Bau sein; ***etiam sine effectu*** auch ohne zur Tat zu werden
2. Liv. Ausführbarkeit
3. Wirksamkeit; Quint. *meton* wirksame Kräfte, wirksame Substanzen; ***e. herbarum*** Wirksamkeit der Kräuter
4. Wirkung, Erfolg; ***sine ullo effectu*** ohne dass etw dabei herauskommt
ef-fectus[3] ⟨a, um⟩ *PPP* → ***efficio***
effēminātus ⟨a, um⟩ *Adj, Adv* ⟨effēminātē⟩ ||effemino|| weichlich, weibisch
ef-fēminō ⟨āvī, ātum, āre 1.⟩ ||femina||
1. weibliches Geschlecht beilegen, *aliquid* einer Sache
2. verweichlichen; ***ad effeminandum pertinere*** zur Verweichlichung beitragen
efferātus ⟨a, um⟩ *Adj* ||effero[1]|| verwildert, grimmig
efferbuī → ***effervesco***
ef-ferciō ⟨fersī, fertum, fercīre 4.⟩ = ***effarcio***
efferitās ⟨ātis⟩ *f* ||efferus|| *(spätl.) poet* Wildheit, Rohheit
ef-ferō[1] ⟨āvī, ātum, āre 1.⟩ ||*Denom von* ferus|| wild machen, verwildern, *oft fig*; ***mores e.*** die Sitten verwildern lassen; ***terra efferatur*** das Land wird unwirtlich
ef-ferō[2] ⟨extulī, ēlātum, efferre 0.⟩

1. heraustragen, herausbringen
2. zu Grabe tragen
3. (Früchte) tragen
4. ausdrücken, aussprechen
5. fortführen, fortreißen
6. hinreißen, fortreißen
7. emporheben, in die Höhe heben
8. erheben, erhöhen
9. erhöhen, preisen

1. heraustragen, herausbringen, herausheben, wegtragen, wegbringen, entfernen; ***cibaria sibi domo e.*** Vorräte für sich von zu Hause mitnehmen; ***pedem portā e.*** vor die Tür treten; ***laborem e.*** Mühe aufwenden; ***se e. tectis*** das Haus verlassen; ***signa / arma e.*** MIL ausrücken
2. zu Grabe tragen, ***publice*** auf Staatskosten
3. *fig vom Boden* (Früchte) tragen; *abs* Ertrag bringen; ***fruges e.*** Früchte hervorbringen
4. *mündlich* ausdrücken, aussprechen; ***clandestina e.*** Geheimnisse ausplaudern; ***famam e. in vulgūs*** ein Gerücht in der Menge verbreiten
5. fortführen, fortreißen, über das Ziel hinaus führen; *fig* hinreißen; ***Furium cursus longius extulit*** der Ritt führte den Furius zu weit fort
6. *fig vom Affekt* hinreißen, fortreißen; *Passiv* sich hinreißen lassen; ***dolor aliquem effert*** der Schmerz reißt j-n hin; ***efferri iracundiā*** vom Zorn hingerissen werden
7. emporheben, in die Höhe heben; *Passiv u.* ***se e.*** *fig* emporsteigen, zum Vorschein kommen; ***brac-***

E

chia e. die Arme heben; ***palmas caelo e.*** die Hände zum Himmel heben; ***equus se effert*** das Pferd bäumt sich auf; ***pulverem e.*** Staub aufwirbeln; ***turrim in altitudinem e.*** einen Turm aufbauen
8. erheben, erhöhen; *fig* hochmütig machen; *Passiv u.* ***se e.*** hochmütig werden; ***aliquem in summum imperium e.*** j-n ins höchste Amt erheben; ***victoriā efferri*** durch seinen Sieg übermütig werden
9. *mit Worten* erhöhen, preisen; ***aliquem laudibus e.*** j-n rühmen

ef-fersī → ***effercio***

effertus ⟨a, um⟩ *Adj* ||effarcio|| (*vkl.*) *poet* voll gestopft

ef-ferus ⟨a, um⟩ *Adj von Personen u. Sachen* wild, roh, verwildert

ef-fervēscō ⟨ferbuī⟩ *u.* ⟨fervī, -, fervēscere 3.⟩ siedend aufwallen, sieden; emporflackern; *fig* aufbrausen

ef-fervō ⟨-, -, ere 3.⟩ (*nachkl.*)
1. = ***effervesco***
2. *fig* herausbrausen; hervorströmen, ausschwärmen; ***Aetna effervet*** der Ätna bricht aus; ***apes effervent*** die Bienen schwärmen aus

ef-fētus ⟨a, um⟩ *Adj* (*nachkl.*) durch viele Geburten erschöpft; *fig* erschöpft, geschwächt, kraftlos, *re* durch etw; ***agri effeti*** ausgelaugte Äcker; ***annis e.*** durch die Jahre erschöpft; ***e. alicuius rei*** für etw unempfänglich

efficācitās ⟨ātis⟩ *f* ||efficax|| Wirksamkeit, Erfolg

efficāx *Gen* ⟨ācis⟩ *Adj, Adv* ⟨efficāciter⟩ ||efficio|| (*nachkl.*) *poet von Personen u. Sachen* wirksam, erfolgreich, nachhaltig, *ad aliquid/in aliquid/alicui rei* zu etw, auf etw, *in re* bei etw; *von Personen* praktisch; ***preces efficaces*** nachhaltige Bitten; ***Hercules e.*** der tatenreiche Herkules; ***parum e.*** unpraktisch

efficiēns *Gen* ⟨entis⟩ *Adj, Adv* ⟨efficienter⟩ ||efficio|| bewirkend, wirksam; ***causa e.*** Entstehungsgrund

efficientia[1] ⟨ium⟩ *n* Quint. bewirkende Dinge

efficientia[2] ⟨ae⟩ *f* ||efficiens|| Wirksamkeit

ef-ficiō ⟨fēcī, fectum, ficere 3.⟩ ||facio||

> **1.** hervorbringen
> **2.** zustande bringen, bilden
> **3.** aufbringen
> **4.** machen
> **5.** zustande bringen, fertig bringen
> **6.** beweisen, schließen,

1. hervorbringen; *fig von Zahlen* ausmachen, betragen; *Passiv* herauskommen; ***ager plurimum efficit*** der Acker bringt sehr hohen Ertrag; ***ager cum octavo efficit*** der Acker bringt achtfachen Ertrag; ***maior aliquanto summa efficitur*** es kommt eine etwas höhere Summe heraus
2. *konkr.* zustande bringen, bilden, schaffen, bauen, herstellen; ***pontem e.*** eine Brücke bauen; ***unam legionem ex duabus e.*** aus zwei Legionen eine bilden
3. *Notwendiges* aufbringen, ***pecuniam*** Geld
4. zu *etw* machen, + *dopp. Akk*; ***aliquem meliorem e.*** j-n besser machen; ***aliquem consulem e.*** j-n zum Konsul machen
5. *abstrakt* zustande bringen, fertig bringen, durchsetzen, vollenden, bewirken, *aliquid* etw, *ut/ne* dass/dass nicht; ***magnas rerum commutationes e.*** große Veränderungen bewirken; ***maleficia in eorum coniugibus e.*** Böses an deren Ehefrauen verüben; ***aliquid ab aliquo e.*** etw von j-m erlangen; ***effici non potest, quin eos oderim*** es ist nicht möglich, dass ich sie nicht hasse = ich muss sie hassen
6. PHIL beweisen, schließen, + *AcI*, *ut* dass; ***ex quo efficitur*** da-raus folgt

effigia ⟨ae⟩ *f* (*altl.*) *u.* **effigiēs** ⟨ēī⟩ *f* ||effingo||
1. Nachbildung, Bild, Bildnis
2. Schattenbild, Traumbild
3. *dem Original entsprechende* Gestalt, Erscheinung, Figur; ***e. humana*** menschliche Gestalt
4. *fig* Abbild, Ebenbild; ***e. patris*** Ebenbild des Vaters
5. Fantasiebild, Ideal; Verwirklichung eines Ideals; ***e. iusti imperii*** Ideal einer gerechten Herrschaft

ef-fingō ⟨fīnxī, fictum, fingere 3.⟩
1. über *etw* hinstreichen, *etw* streicheln, *aliquid*; ***manūs alicuius e.*** j-s Hände streicheln
2. abwischen, wegwischen; ***sanguinem e foro e.*** das Blut vom Forum abwischen
3. bildend schaffen, ausprägen, nachbilden; ***aliquem cerā e.*** j-n in Wachs nachbilden
4. *fig* nachahmen, ausdrücken, darstellen; *in Worten* schildern; in Bilder kleiden

ef-fīō → ***efficio***

efflāgitātiō ⟨ōnis⟩ *f* ||efflagito|| dringendes Verlangen, ungestümes Fordern, *alicuius alicuius rei/ad aliquid* j-s nach etw

efflāgitātus *nur Abl* ⟨ū⟩ *m* = ***efflagitatio***; ***efflāgitātū*** auf Verlangen

ef-flāgitō ⟨āvī, ātum, āre 1.⟩ dringend verlangen, ungestüm fordern, *aliquid ab aliquo* etw von j-m, ***alicuius misericordiam*** j-s Mitgefühl; ***aliquem e., ut/ne*** j-n dringend auffordern, dass/dass nicht

efflātus ⟨ūs⟩ *m* ||efflo|| Sen. das Aufkommen eines Windes

ef-fleō ⟨ēvī, ētum, ēre 2.⟩ Quint. sich ausweinen, ***oculos*** die Augen

efflīctim *Adv* ||effligo|| (*vkl., nachkl.*) heftig

ef-flīctō ⟨āvī, ātum, āre 1.⟩ ||*Intens von* effligo|| Plaut. totschlagen

ef-flīgō ⟨flīxī, flīctum, flīgere 3.⟩ totschlagen, umbringen

ef-flō ⟨āvī, ātum, āre 1.⟩
1. ausblasen, aushauchen; *abs* sterben; ***animam e.*** sterben
2. ausdünsten; ***colorem e.*** die Farbe verlieren
3. *poet* aussprühen

ef-flōrēscō ⟨flōruī, -, flōrēscere 3.⟩ erblühen, hervorsprießen; *fig* aufblühen; ***e. ex re*** aus etw entstehen; ***utilitas ex amicitias efflorescit*** das Glück ist die Frucht der Freundschaft; ***e. ad aliquid*** sich zu etw entwickeln

ef-fluō ⟨flūxī, -, fluere 3.⟩
1. herausfließen, entströmen; ***vita unā cum sanguine effluit*** mit dem Blut entströmt das Leben; ***e. in mare*** ins Meer münden
2. *fig* überfließen
3. (*nachkl.*) *fig* den Händen entfallen, entgleiten, herausfallen; ***urnae manibus effluunt*** die Krüge

entgleiten den Händen
4. *fig* in die Öffentlichkeit dringen, bekannt werden
5. *fig* vergessen werden; verschwinden, vergehen, sich verlieren; *Perf* dahin sein, verloren sein; ***ex animo e.*** dem Gedächtnis entfallen; ***tempus effluit*** die Zeit verrinnt

effluvium ⟨ī⟩ *n* ||effluo|| (*nachkl.*) Ausfluss

ef-fōcō ⟨-, -, āre 1.⟩ = ***offoco***

ef-fodiō ⟨fōdī, fossum, fodere 3.⟩
1. ausgraben, aufgraben; ***oculos alicui e.*** j-m die Augen ausstechen; ***portum e.*** ein Hafenbecken ausheben
2. (*nachkl.*) umgraben, umwühlen, durchwühlen; ***agrum e.*** einen Acker umgraben; ***domos e.*** Häuser durchwühlen

ef-for ⟨fātus sum, fārī 1.⟩
1. aussprechen, (aus)sagen; ***nefanda e.*** Unaussprechliches aussprechen
2. *Augurensprache* weihen *durch heilige Formeln*; ***locum templo e.*** einen Ort für einen Tempel bestimmen; ***effatus*** geweiht
3. PHIL als Lehrsatz aussprechen, formulieren; ***quod ita effabimur*** was wir so formulieren wollen

effrāctārius ⟨ī⟩ *m* ||effringo|| Sen. Einbrecher

ef-frāctus ⟨a, um⟩ *PPP* → ***effringo***

ef-frēgī → ***effringo***

ef-frēnātiō ⟨ōnis⟩ *f* ||frenum|| Zügellosigkeit

ef-frēnātus ⟨a, um⟩ *Adj* ||frenum||
1. Liv. abgezäumt, ohne Sattel
2. *fig von Personen u. Sachen* zügellos

ef-frēnus ⟨a, um⟩ *Adj* (*nachkl.*) = ***effrenatus***

ef-fricō ⟨(frixī, fricātum), fricāre 1.⟩ (*nachkl.*) abreiben

ef-fringō ⟨frēgī, frāctum, fringere 3.⟩ ||frango|| aufbrechen; zerschmettern; ***carcerem e.*** das Gefängnis aufbrechen; ***cerebrum e.*** den Schädel zerschmettern

▶ **ef-fugiō** ⟨fūgī, fugitūrus, fugere 3.⟩
I *v/i* aus *etw* entfliehen, entkommen, ***ex vinculis*** aus dem Gefängnis
II *v/t* vor *etw* fliehen, *etw* vermeiden, *einer Sache* entgehen, *aliquid, ne/quin* dass; ***insidias e.*** Nachstellungen entfliehen; ***equitatum Caesaris e.*** vor Caesars Reiterei fliehen, Caesars Reiterei entkommen; ***me effugit*** *unpers* es entgeht mir, ich beachte nicht; ***nihil te effugiet*** du wirst nichts vergessen

effugium ⟨ī⟩ *n* ||effugio||
1. *poet* das Entfliehen, Flucht
2. *meton* Ausweg; Mittel zur Flucht, Gelegenheit zur Flucht, *alicuius rei* einer Sache *od* durch etw; ***e. sanguinis*** Abfluss des Blutes; ***effugium alicui dare*** j-m Gelegenheit zur Flucht geben

ef-fulgeō ⟨fulsī, -, fulgēre 2.⟩ (*nachkl.*) *poet* hervorleuchten, hervorschimmern; ***e. auro*** von Gold erglänzen

ef-fultus ⟨a, um⟩ *Adj* ||fulcio|| gestützt, liegend, *re* auf etw; ***foliis e.*** auf Laub liegend

ef-fundō ⟨fūdī, fūsum, fundere 3.⟩

> **1.** ausgießen, verschütten
> **2.** ausschütten
> **3.** aussenden, hinaussenden
> **4.** loslassen, freilassen
> **5.** aushauchen
> **6.** werfen, fortschleudern
> **7.** niederwerfen, hinstrecken
> **8.** verschleudern, vergeuden

1. *Flüssiges* ausgießen, verschütten; ***vinum in barathrum e.*** Wein in den Ausguss schütten; ***e. lacrimas*** Tränen vergießen; *Passiv u.* ***se e.*** sich ergießen, sich entladen; ***Tiberis super ripas effusus*** der Tiber, der über seine Ufer getreten ist
2. *Festes* ausschütten; ***nummorum saccos e.*** Säcke mit Münzen ausleeren
3. aussenden, hinaussenden, hinaustreiben; ***omnem equitatum e.*** die ganze Reiterei aussenden; ***currūs in hostes e.*** die Wagen gegen die Feinde anstürmen lassen; *Passiv u.* ***se e.*** sich ergießen, hinausströmen, hinauseilen; ***obviam se e.*** entgegeneilen
4. loslassen, freilassen; ***sinum togae e.*** den Bausch der Toga entfalten; ***irarum habenas e.*** dem Zorn freien Lauf lassen; *Passiv u.* ***se e.*** sich ganz hingeben, *in re* einer Sache; ***se e. in libidine*** seiner Leidenschaft freien Lauf lassen
5. aushauchen, ***animam/vitam*** das Leben
6. werfen, fortschleudern; ***tela e.*** Geschosse schleudern; ***tuba sonum effundit*** die Tuba schmettert; ***sonus in coronam effunditur*** der Schall dringt in die Menge; ***fruges e.*** reichlich Früchte spenden; ***omne odium e. in aliquem*** seinen ganzen Hass gegen j-n austoben; ***questūs e.*** Klagen ausstoßen
7. niederwerfen, hinstrecken; ***aliquem harenā e.*** j-n in den Sand werfen; ***currum e.*** den Wagen umstürzen
8. *Besitz* verschleudern, vergeuden; ***reditūs publicos in dies festos e.*** die öffentlichen Einkünfte für Festtage verschleudern; ***gratiam e.*** die Gunst verscherzen

effūsiō ⟨ōnis⟩ *f* ||effundo||
1. das Ausgießen, Erguss; ***e. atramenti*** das Verschütten von Tinte
2. *fig von Lebewesen* das Herausströmen; ***hominum e. ex oppidis*** das Herausströmen der Menschen aus den Städten
3. *fig* Verschwendung; maßlose Sucht; ***e. pecuniarum*** Geldverschwendung; ***e. aliquid faciendi*** Sucht etw zu tun
4. *fig* Ausgelassenheit; ***e. animi in laetitia*** Cic. Ausgelassenheit des Herzens in Fröhlichkeit

▶ **effūsus**[1] ⟨a, um⟩ *Adj*, *Adv* ⟨effūsē⟩ ||effundo||
1. (*nachkl.*) *poet* weit ausgedehnt, weit; *Adv* weit und breit, weithin; ***loca effusa*** ausgedehnte Örtlichkeiten; ***agrum effuse vastare*** das Ackerland weithin verwüsten
2. MIL *von Truppen* zerstreut, ungeordnet; ***agmen effusum*** aufgelöste Marschordnung; ***fuga effusa*** wilde Flucht
3. (*nachkl.*) *poet* losgelassen, aufgelöst; ***comae effusae*** wallendes Haar; ***habenae effusae*** losgelassene Zügel; ***cursu effuso*** in gestrecktem Lauf
4. Quint. *fig vom Ausdruck* weitläufig
5. *fig* verschwenderisch, *re/in re* in etw; ***effuse donare*** verschwenderisch schenken

E

6. *fig* übertrieben; ***effuse exsultare*** überschwänglich jubeln

ef-fūsus² ⟨a, um⟩ *PPP* → ***effundo***

ef-fūtiō ⟨īvī⟩ *u.* ⟨iī, ītum, īre 4.⟩ ||fundo|| herausschwatzen, in den Tag hinein schwatzen; Ter. *Geheimnisse* ausplaudern

ef-futuō ⟨futuī, futūtum, futuere 3.⟩
1. durch Unzucht erschöpfen; ***effutata latera*** Catul. erschöpfte Lenden
2. durch Unzucht verschwenden

E

ē-gelidus ⟨a, um⟩ *Adj* (*nachkl.*)
1. *poet* lau, warm
2. kühl

egēns
I *Gen* ⟨entis⟩ *Adj* ||egeo|| *einer Sache* bedürftig, arm *an etw*, ärmlich, *abs od alicuius rei*; ***omnium rerum e.*** alle Dinge entbehrend
II ⟨entis⟩ *m* armer Teufel

egēnus
I ⟨a, um⟩ *Adj* ||egeo|| *einer Sache* bedürftig, arm *an etw*, *alicuius rei / re*; *abs* alle Dinge entbehrend; ***omnium e.*** ohne jegliche Hilfe; ***res egena*** missliche Lage
II ⟨ī⟩ *m* der Arme

► **egeō** ⟨uī, -, ēre 2.⟩
1. Mangel leiden, Not leiden, darben, *abs*
2. nötig haben, *alicuius rei / re* etw; ***consilii / consilio e.*** Rat brauchen
3. entbehren, *alicuius rei / re* etw; ***auctoritate e.*** ohne Einfluss sein
4. *poet etw* vermissen, nach *etw* verlangen, *alicuius rei / re*; ***pane e.*** nach Brot verlangen

Ēgeria ⟨ae⟩ *f Gattin u. Beraterin Numas, wurde nach dessen Tod in eine Quelle verwandelt, in Rom verehrt im Hain der Diana bei Aricia u. vor der Porta Capena*

ēgerō¹ ⟨ōnis⟩ *m* ||egero¹|| Lucr. der etw wegschafft

ē-gerō² ⟨gessī, gestum, gerere 3.⟩
1. hinaustragen, hinausbringen, heraustragen, fortschaffen; ***nivem e.*** den Schnee wegräumen; ***humum e.*** Erdreich wegschaufeln; ***fluctūs e.*** die Fluten ausschöpfen; ***pecuniam ex aerario e.*** Geld aus der Staatskasse wegschaffen
2. ausspeien; ***aquam vomitu e.*** Wasser ausspeien; *Passiv* münden, sich ergießen
3. *fig* vertreiben, verscheuchen; ***dolorem lacrimis e.*** den Schmerz mit Tränen vertreiben; ***noctem e.*** die Nacht verbringen
4. *fig* entleeren, *aliquid re* etw von etw

► **ēgestās** ⟨ātis⟩ *f* ||egeo||
1. bittere Armut, Not
2. Mangel, *alicuius rei* an etw, ***animi*** an Charakter

ēgestiō ⟨ōnis⟩ *f* ||egero¹||
1. (*nachkl.*) das Wegschaffen, Plünderung
2. MED Stuhlgang

ēgestus ⟨ūs⟩ *m* ||egero¹|| Sen. Stuhlgang

ēgī → ***ago***

ē-gignō ⟨-, -, ere 3.⟩ Lucr. hervorbringen; *Passiv* hervorwachsen

egō *u.* **ego** *Gen* ⟨meī⟩, *Dat* ⟨mihi *u.* mihī⟩, *Akk* ⟨mē⟩, *Abl* ⟨mē⟩ *pers Pr der 1. Person Sg*
1. ich
2. *meton* ***ad me*** in mein Haus, zu meiner Familie; ***a me*** aus meinem Haus, aus meiner Tasche; ***a me solvere*** aus meiner Tasche zahlen

ē-gredior ⟨gressus sum, gredī 3.⟩ ||gradior||
I *v/i*
1. herausgehen, hinausgehen, hinauskommen, sich entfernen; ***obviam e.*** entgegenkommen; ***ordine e.*** MIL aus dem Glied treten; ***ad portam e.*** zum Tor hinausgehen
2. *von Truppen* ausrücken, abziehen, ***castris / ex castris*** aus dem Lager
3. SCHIFF aussteigen, landen; absegeln
4. *fig* abschweifen, ***a proposito*** vom Thema
5. (*nachkl.*) *poet* hinaufsteigen, ***ad summum montis*** auf den Gipfel des Berges
II *v/t*
1. (*nachkl.*) verlassen, ***urbem*** die Stadt
2. überschreiten, *auch fig*, ***flumen*** den Fluss; ***praeturam e.*** *fig* über die Prätur hinauskommen

ēgregium ⟨ī⟩ *n* ||egregius|| rühmliche Tat, Ruhm; *Pl* Vorzüge, Tugenden

► **ē-gregius** ⟨a, um⟩ *Adj*, *Adv* ⟨ēgregiē⟩ ||ex, grex||
1. auserlesen, hervorragend, ausgezeichnet; ***vir e.*** ausgezeichneter Mann; ***virtus egregia*** außergewöhnliche Tüchtigkeit
2. (*nachkl.*) ehrenvoll, rühmlich; *Adv* mit Ehren

ēgressiō ⟨ōnis⟩ *f* ||egredior|| (*nachkl.*) das Herausgehen; *fig* Abschweifung vom Thema

ēgressus¹ ⟨ūs⟩ *m* ||egredior||
1. das Herausgehen, Ausgang, das Erscheinen in der Öffentlichkeit; Tac. *meton* aus dem Haus gehende Leute
2. SCHIFF das Auslaufen *von Schiffen*; Landung *von Schiffen*; das Anlandgehen; MIL Abmarsch; ***e. ventorum*** das Entweichen von Winden
3. (*nachkl.*) Ausgang *als Ort*; *von Flüssen* Mündung
4. (*nachkl.*) RHET Abschweifung *vom Thema*

ē-gressus² ⟨a, um⟩ *PPerf* → ***egredior***

ē-gurgitō ⟨-, -, āre 1.⟩ ||gurges|| Plaut. herausschütten

ehem *Interj* Com. ha!, sieh da!

ēheu *Interj* (*unkl.*) o!, ach!, wehe!

eho(dum) *Interj* Com. he!, heda!, hör mal!

ei *Interj* (*vkl.*) *poet* wehe!; ***ei mihi = vae mihi*** weh mir

eia *Interj* Com.
1. ei!; ***eia vero*** ei der Tausend!
2. wohlan!, frischauf!

eiaculatio ⟨onis⟩ *f* (*nlat.*) MED Samenerguss

ē-iaculor ⟨ātus sum, ārī 1.⟩ (*nachkl.*) *poet* herauswerfen, herausschleudern; ***se eiaculari*** emporschießen

ē-iciō ⟨iēcī, iectum, icere 3.⟩ ||iacio||
1. herauswerfen, hinauswerfen, ausstoßen, vertreiben, verdrängen, verbannen, *ab loco / ex loco / de loco* von einem Ort; ***uxorem e.*** die Ehefrau verstoßen; ***cadaver e.*** die Leiche den Hunden und Vögeln zum Fraß vorwerfen; ***vocem e.*** ein Wort hervorstoßen; ***linguam e.*** die Zunge herausstrecken; ***superstitionem e.*** den Aberglauben ausrotten; ***se e.*** hinauseilen; ***voluptates se eiciunt*** *fig* die Leidenschaften brechen hervor
2. von sich geben, ausspeien; ***mare eicit beluam*** das Meer gebiert ein Ungeheuer; ***e. sentinam huius urbis*** den Auswurf dieser Stadt ausstoßen
3. SCHIFF *rasch* anlegen, landen; *Passiv* stranden; ***navis eiecta in litore*** an der Küste gestrandetes Schiff

4. *einen Schauspieler* auspfeifen; *Passiv* durchfallen
5. verwerfen, abweisen
eid. *Abk (Inschrift)* = ***eidus*** = ***Idus*** die Iden
ē-iēcī → ***eicio***
ēiectāmentum ⟨ī⟩ *n* ||eiecto|| *(nachkl.)* Auswurf
ēiectiō ⟨ōnis⟩ *f* ||*Intens von* eicio|| Vertreibung, Verbannung
ēiectō ⟨-, -, āre 3.⟩ ||*Intens von* eicio|| *poet* auswerfen, herauswerfen; ausspeien
ēiectum ⟨ī⟩ *n* ||eiectus, *PPP von* eicio|| Plin. ARCH Vorsprung
ēiectus[1] ⟨a, um⟩ *Adj* ||eicio|| schiffbrüchig
ēiectus[2] ⟨ūs⟩ *m* Lucr. das Hervorstoßen *des Atems*
ē-iectus[3] ⟨a, um⟩ *PPP* → ***eicio***
ēier… = ***eiur…***
ēiulātiō ⟨ōnis⟩ *f u.* **ēiulātus** ⟨ūs⟩ *m* ||eiulo|| lautes Geheul, Wehgeschrei
ēiulō ⟨āvī, ātum, āre 1.⟩ aufheulen, wehklagen
ēiūrātiō ⟨ōnis⟩ *f* ||eiuro|| *(nachkl.)* das feierliche Entsagen, feierliche Amtsniederlegung
ē-iūrō ⟨āvī, ātum, āre 1.⟩
1. *etw* abschwören, sich sichtlich von *etw* lossagen, *etw* förmlich ablehnen, *aliquid*; ***bonam copiam e.*** sich für bankrott erklären; ***iudicem e.*** einen Richter als befangen ablehnen
2. *(nachkl.) ein Amt* feierlich ablegen
3. *fig* sich förmlich lossagen, *aliquid* von etw, ***patriam*** vom Vaterland
ēiusdem-modī ||idem, modus|| von derselben Art, so beschaffen
ēius-modī ||is, modus|| derart(ig), so beschaffen, solcher; so; ***res rusticae eiusmodi sunt, ut*** die Landwirtschaft ist von der Art, dass
ē-lābor ⟨lāpsus sum, lābī 3.⟩
1. herausgleiten, herausschlüpfen; herabgleiten; ***animal ex utero elabitur*** das Lebewesen gleitet aus dem Mutterleib
2. *von Sachen* unbemerkt entgleiten, entfallen; ***sica e manu / manu elapsa est*** der Dolch entglitt der Hand
3. *(nachkl.)* MED *von Gliedern* verrenkt werden
4. fliehend entrinnen, entkommen, *abs od alicui / alicui rei* j-m / einer Sache, *ex re / de re* aus einer Sache; ***e proelio e.*** aus der Schlacht entkommen; ***omni suspicione e.*** jedem Verdacht entkommen; ***rei publicae status elapsus est e manibus*** die Lage des Staates ist ein Spielball des Zufalls geworden
5. *fig* schwinden, vergehen, aufhören; vergessen werden; ***e memoria e.*** dem Gedächtnis entfallen
6. *fig* ohne Strafe davonkommen; ***ex iudicio e.*** vor Gericht straflos davonkommen
7. *(nachkl.) fig* geraten, *in aliquid* in etw, ***in servitutem*** in die Sklaverei
8. Verg. emporgleiten, hinaufschlagen; ***ignis frondes elapsus in altas est*** das Feuer schlug zum hohen Laub empor
ēlabōrātus ⟨a, um⟩ *Adj* ||elaboro|| sorgfältig ausgearbeitet; *meton* gekünstelt; *von Personen* gründlich gebildet, *in re* in etw
ē-labōrō ⟨āvī, ātum, āre 1.⟩
I *v/t (nachkl.) poet* sorgfältig ausarbeiten, ausführen
II *v/i* sich eifrig bemühen, sich anstrengen, *abs od in re / aliquid* in etw, *ut / ne* dass / dass nicht, + *Inf*, ***in litteris*** in den Wissenschaften
ē-lāmentābilis ⟨e⟩ *Adj* kläglich
ē-languēscō ⟨languī, -, languēscere 3.⟩ *(vkl., nachkl.) von Personen u. Sachen* erschlaffen, ermatten; *fig* ins Stocken geraten; ***arbor languescit*** der Baum geht ein
ē-largior ⟨ītus sum, īrī 4.⟩ Pers. spenden, vergeuden
ēlātiō ⟨ōnis⟩ *f* ||effero[2]||
1. *(nachkl.)* das Hinaustragen, Erhebung
2. *fig* Aufschwung, Schwung, ***orationis*** der Rede
3. *fig* Überordnung
ē-lātrō ⟨-, -, āre 1.⟩ *(spätl.) poet* herausbellen, herauspoltern
ēlātus[1] ⟨a, um⟩ *Adj, Adv* ⟨ēlātē⟩ ||effero[2]||
1. *(nachkl.)* hochgehoben, hoch
2. Quint. *vom Ton* hoch
3. RHET erhaben, pathetisch
4. *(nachkl.)* stolz, übermütig
ē-lātus[2] ⟨a, um⟩ *PPP* → ***effero***[2]
Elaver ⟨eris⟩ *m linker Nebenfluss des Liger, heute Allier*
ēlavō ⟨āvī, ātum, āre 1.⟩ = ***eluo***
Elea ⟨ae⟩ *f lat. Velia, Stadt in Unteritalien, 40 km s. von Paestum, dort Ruinen von Velia; Geburtsort der Philos. Parmenides u. Zenon, Sitz der Eleatischen Schule*
Eleātēs ⟨ae⟩ *m* Einwohner von Elea
Eleāticus ⟨a, um⟩ *Adj* eleatisch, zu Elea gehörig, aus Elea
ēlecebra ⟨ae⟩ *f* ||elicio|| *von einer Prostituierten* „Entlockerin" *des Geldes*
ēlēctilis ⟨e⟩ *Adj* ||eligo|| *(vkl., nachkl.)* auserlesen
ēlēctiō ⟨ōnis⟩ *f* ||eligo|| Auswahl, Wahl; MIL Aushebung von Soldaten; *(spätl.)* Kaiserwahl; ***electiones vitiatarum*** Entscheidungen vergewaltigter Mädchen *zwischen der Hinrichtung des Vergewaltigers u. der Heirat mit ihm*
ēlectō[1] ⟨āvī, ātum, āre 1.⟩ ||*Intens von* elicio|| Plaut. herauslocken
ēlēctō[2] ⟨āvī, ātum, āre 1.⟩ ||*Intens von* eligo|| Plaut. auswählen
elector ⟨oris⟩ *m (mlat.)* Wähler, Kurfürst
Ēlectra ⟨ae⟩ *f*
1. *Tochter des Atlas, von Jupiter Mutter des Dardanus*
2. *Tochter des Agamemnon, Schwester des Orest u. der Iphigenie, Gattin des Pylades*
ēlectrum ⟨ī⟩ *n* ||griech. Fw.||
1. *poet* Bernstein; *Pl meton* Bernsteintropfen
2. Verg. Elektron, *Legierung von drei bis vier Teilen Gold u. einem Teil Silber*
ēlectuārium ⟨ī⟩ *n* ||elicio|| *(spätl.) ein Medikament*
ēlēctus[1] ⟨a, um⟩ *Adj, Adv* ⟨ēlēctē⟩ ||eligo|| auserlesen, ausgesucht; *Adv* mit Auswahl
ēlēctus[2] ⟨ūs⟩ *m* ||eligo|| Ov. Wahl
ē-lēctus[3] ⟨a, um⟩ *PPP* → ***eligo***
eleēmosyna ⟨ae⟩ *f* ||griech. Fw.|| Mitleid, Erbarmen; *(eccl.)* Almosen
► **ēlegāns** *Gen* ⟨antis⟩ *Adj, Adv* ⟨ēleganter⟩ ||eligo||
1. *von Personen* wählerisch, *auch pej*; geschmackvoll, fein, kunstsinnig, elegant, gebildet; ***ēlegantēs*** feine Leute, gebildete Redner
2. *von Sachen* geschmackvoll, fein, geschickt,

gründlich; logisch; ***artes elegantes*** feine Künste; ***eleganter scribere*** geschmackvoll schreiben; ***eleganter Latine loqui*** gewandt lateinisch sprechen

ēlegantia ⟨ae⟩ *f* ||elegans||
1. feiner Geschmack, Kunstsinn, feines Benehmen, gute Manieren
2. Feinheit *im Ausdruck*; wissenschaftliche Genauigkeit, Gründlichkeit
3. RHET Korrektheit, logische Richtigkeit

elegē(i)a ⟨ae⟩ *f* ||griech. Fw.|| *(nachkl.) poet* elegisches Gedicht

elegēon *u.* **elegēum** ⟨ī⟩ *n* ||griech. Fw.|| *(nachkl.) poet* elegisches Gedicht

elegī[1] ⟨ōrum⟩ *m* ||griech. Fw.|| elegische Verse, *Verbindung von Hexameter u. Pentameter*; Elegie

ē-lēgī[2] → ***eligo***

elegīa ⟨ae⟩ *f* = ***elegeia***

ē-lēgō ⟨āvī, -, āre 1.⟩ *(nachkl.)* testamentarisch vermachen

Eleléides ⟨um⟩ *f* ||Eleleus|| Bacchantinnen

Eleleus ⟨eī⟩ *m* der Jubelnde, *Beiname des Bacchus*

elementārius ⟨a, um⟩ *Adj* ||elementum|| *(nachkl.)* zu den Anfangsgründen gehörig

► **elementum** ⟨ī⟩ *n*
1. *Pl* Buchstaben, Alphabet
2. PHIL Urstoff, Element
3. *Pl* Anfänge, Anfangsgründe, Grundlehren; ***pueros elementa docere*** die Knaben die Grundbegriffe *im Lesen u. Schreiben* lehren; ***decem elementa Aristotelis*** die zehn Kategorien des Aristoteles
4. *Pl fig* Anfänge; ***elementa Romae*** die Anfänge Roms
5. ***prima elementa*** Quint. *meton* die Elementarschüler

elēmosyna ⟨ae⟩ *f* = ***eleemosyna***

elenchus ⟨ī⟩ *m* ||griech. Fw.|| *(nachkl.)*
1. *poet* Tropfenperle, *birnenförmiges Ohrgehänge der röm. Damen*
2. *poet* Register, Katalog

elephantus ⟨ī⟩ *m u. (nachkl.)* **elephās** ⟨antis⟩ *m* ||griech. Fw.||
1. Elefant
2. *meton* Elfenbein
3. Lucr. Elephantiasis, *Krankheit*

Ēlēus
I ⟨a, um⟩ *Adj* aus Elis, elisch, olympisch
II ⟨ī⟩ *m* Einwohner von Elis

Eleusīn ⟨īnis⟩ *f* Eleusis, *Heiligtum u. Mittelpunkt des Demeterkultes, nw. von Athen, Ort u. Name erhalten*

Eleusīnius ⟨a, um⟩ *Adj* eleusinisch, aus Eleusis, zu Eleusis gehörig

Eleutheria ⟨ōrum⟩ *n* Plaut. die Eleutherien, *Fest der Befreiung zur Erinnerung an den Sieg der Griechen über die Perser bei Plataeae 479 v. Chr., alljährlich zu Ehren des Zeus begangen*

ēlevātiō ⟨ōnis⟩ *f* ||elevo|| das Aufheben; Quint. *fig* ironische Lobeserhebung, Verhöhnung

ē-levō ⟨āvī, ātum, āre 1.⟩
1. aufheben, emporheben, aufrichten
2. *fig* mindern, erleichtern, mildern; schwächen; ***aegritudinem e.*** Kummer lindern; ***suspiciones e.*** Verdächtigungen abschwächen; ***index indiciumque levabatur*** Anzeiger und Anzeige verloren an Glaubwürdigkeit
3. *fig* verkleinern, herabsetzen

Ēlias ⟨adis⟩ *Adj f* aus Elis, elisch, olympisch

ē-liciō ⟨licuī, licitum, licere 3.⟩
1. herauslocken, hervorlocken, herbeilocken; ***hostem ex paludibus e.*** den Feind aus den Sümpfen herauslocken
2. *durch Zauberformeln* herbeirufen, herzaubern, herabzaubern; ***inferorum animas e.*** die Seelen der Unterirdischen herbeirufen
3. *fig* verlocken, reizen, *aliquem ad aliquid* j-n zu etw; ***aliquem ad disputandum*** j-n zum Diskutieren
4. *fig* zutage fördern, hervorbringen; ***ferrum e terrae cavernis e.*** das Eisen aus dem Innern der Erde fördern
5. *fig* entlocken, abgewinnen, abnötigen, ***alicui responsum*** j-m eine Antwort
6. *fig* ermitteln, erforschen, ***causam alicuius rei*** die Ursache von etw

Ēlicius ⟨a, um⟩ *Adj* der im Blitz Herniederfahrende, *Beiname des Jupiter*

ē-līdō ⟨līsī, līsum, līdere 3.⟩ ||laedo||
1. herausschlagen, herausstoßen, heraustreiben; ***morbum nervis e.*** die Krankheit aus dem Körper treiben; ***oculi elisi*** hervortretende Augen; ***imago retrorsum eliditur*** Lucr. das Bild wird zurückgeworfen
2. Gell. GRAM *durch Synkope* ausstoßen, elidieren, ***litteras*** Buchstaben
3. zerschlagen, zerschmettern, zermalmen, zerquetschen; *fig* vernichten; ***naves tempestate e.*** Schiffe durch einen Sturm zerschmettern; ***fauces alicuius e.*** j-n erwürgen; ***omnes nervos virtutis e.*** alle Ansätze der Tugend abtöten; ***aegritudine elidi*** vor Kummer umkommen

► **ē-ligō** ⟨lēgī, lēctum, ligere 3.⟩ ||lego[2]||
1. *(vkl., nachkl.)* ausjäten, ausraufen, ***herbas steriles*** Unkräuter; ***stirpes superstitionis e.*** *fig* die Wurzeln des Aberglaubens ausrotten
2. *fig* aussuchen, auswählen, *alicui aliquid* j-m etw, *ex re / de re / re* aus etw, *aliquid ad aliquid / alicui rei* etw für etw; ***milites e.*** Soldaten auswählen; ***sibi sedem e.*** sich einen Wohnsitz aussuchen; ***ex omnibus legionibus fortissimos viros e.*** aus allen Legionen die tapfersten Männer aussuchen; ***aliquem legatum e.*** j-n als Gesandten auswählen

ē-līminō ⟨āvī, ātum, āre 1.⟩ ||limen|| *(vkl.)*
1. *poet* über die Schwelle setzen, aus dem Haus treiben
2. *fig* ausplaudern

ē-līmō ⟨āvī, ātum, āre 1.⟩ ausfeilen, kunstvoll bearbeiten; *fig* geistig ausarbeiten; ***catenas ex aere e.*** Ketten aus Erz arbeiten; ***rationes e.*** Grundsätze ausarbeiten

ē-linguis ⟨e⟩ *Adj* ||lingua|| sprachlos, stumm; *fig* nicht redegewandt

ē-linguō ⟨āvī, -, āre 1.⟩ ||ex, *Denom von* lingua|| Plaut. die Zunge abschneiden, *aliquem* j-m

ē-liquō ⟨-, ātum, āre 1.⟩ *(nachkl.) poet* filtern, durchseihen; *fig* lispeln

Ēlis ⟨idis⟩ *f westlichste Landschaft der Peloponnes mit gleichnamiger Hauptstadt, Ruinen von Elis / Ilis 12 km nö. von Gastúni*

ē-līsī → ***elido***

ēlīsiō ⟨ōnis⟩ *f* ||elido|| (*nachkl.*)
1. das Herausstoßen, das Herauspressen
2. GRAM Elision
Elissa ⟨ae⟩ *f anderer Name der Königin Dido von Karthago*
ē-līsus ⟨a, um⟩ *PPP* → ***elido***
Ēlius ⟨a, um⟩ *Adj u.* ⟨ī⟩ *m* = ***Eleus***
ē-lix ⟨icis⟩ *m* ||liqueo|| (*nachkl.*) *poet* Wasserfurche *in den Kornfeldern zur Ableitung des Wassers*
ēlixus ⟨a, um⟩ *Adj* ||liqueo|| (*unkl.*) gekocht; *fig* stark schwitzend
ellam = ***em illam***; → ***em***
ellebor… = ***hellebor…***
ellīpsis ⟨is⟩, *Akk* ***in*** *f* ||griech. Fw.|| Quint. GRAM Auslassung *eines Wortes*, Ellipse
ellops ⟨opis⟩ *m* = ***helops***
elluātiō ⟨ōnis⟩ *f* = ***helluatio***
ellum = ***em illum***; → ***em***
elluō ⟨ōnis⟩ *m* = ***helluo***
elluor ⟨ātus sum, ārī 1.⟩ = ***helluor***
ē-locō ⟨āvī, ātum, āre 1.⟩ verpachten; ***e. gentem*** ein Volk zinspflichtig machen
ēlocūtiō ⟨ōnis⟩ *f* ||eloquor|| rednerischer Ausdruck, Diktion, Stil
ēlocūtōria ⟨ae⟩ *f* ||elocutorius|| Redekunst
ēlocūtōrius ⟨a, um⟩ *Adj* ||eloquor|| Quint. den Stil betreffend
ēlocūtrīx ⟨īcis⟩ *f* ||eloquor|| Quint. Redekunst
ēlogium ⟨ī⟩ *n* ||griech. Lw.||
1. Spruch, (rühmende) Inschrift *auf Grabsteinen*; Plaut. *auch pej* Schmähschrift
2. Zusatz *im Testament*, Klausel, Kodizill
3. (*nachkl.*) Schuldregister *eines Verbrechers*; (*eccl.*) Sündenregister
elops ⟨opis⟩ *m* = ***helops***
► **ēloquēns**
I *Gen* ⟨entis⟩ *Adj*, *Adv* ⟨ēloquenter⟩ ||eloquor|| beredt, wer alle Eigenschaften des vollkommenen Redners besitzt, → ***disertus***, ***facundus.***
II ⟨entis⟩ *m* vollkommener Redner
ēloquentia ⟨ae⟩ *f* ||eloquens||
1. Beredsamkeit; ***e. est copiose loquens sapientia*** Cic. Beredsamkeit ist die gedankenreich redende Weisheit
2. (*mlat.*) Kunst lateinisch zu reden und zu schreiben; ***vulgaris e.*** das Dichten in der Muttersprache
ēloquium ⟨ī⟩ *n* ||eloquor|| (*nachkl.*)
1. = ***elocutio***
2. = ***eloquentia***
ē-loquor ⟨locūtus sum, loquī 3.⟩ aussprechen, äußern; RHET vortragen, ausdrücken; ***cogitata praeclare e.*** Gedanken klar ausdrücken
ēlōtum *PPP* = ***elautum***; → ***eluo***
ēlūcēns *Gen* ⟨entis⟩ *Adj* ||eluceo|| (*vkl.*) herausleuchtend, hervorleuchtend
ē-lūceō ⟨lūxī, -, lūcēre 2.⟩ hervorleuchten, hervorglänzen; *fig von Personen u. Sachen* in die Augen fallen, sichtbar werden, sich auszeichnen; ***inter ceteros e.*** die Übrigen überstrahlen
ēluctābilis ⟨e⟩ *Adj* ||eluctor|| Sen. überwindbar
ē-luctor ⟨ātus sum, ārī 1.⟩
I *v/i* (*nachkl.*) sich hervorringen, sich herausringen, mit Mühe hervordringen; ***verba eluctantur*** Worte dringen mit Mühe hervor
II *v/t* sich aus *etw* herausarbeiten, *etw* mit Mühe überwinden, *aliquid*; ***difficultates e.*** Schwierigkeiten mit Mühe überwinden
ē-lūcubrō ⟨āvī, ātum, āre 1.⟩ *u.* **ē-lūcubror** ⟨ātus sum, ārī 1.⟩ bei Licht ausarbeiten, bei Licht schreiben
ē-lūdificor ⟨ātus sum, ārī 1.⟩ Plaut. zum Besten halten
ē-lūdō ⟨lūsī, lūsum, lūdere 3.⟩
I *v/i*
1. spielend heraustreten, heranplätschern
2. *Fechtersprache* einem Hieb ausweichen, einen Hieb parieren; *allg.* ausweichen
II *v/t*
1. (*vkl., nachkl.*) *j-m etw* abgewinnen, *aliquem aliquid*; *j-n* im Spiel besiegen; ***aliquem e. anulum*** j-m einen Ring abgewinnen; ***militem in alea e.*** einen Soldaten im Würfelspiel besiegen
2. (*nachkl.*) *poet* ausweichen, entgehen, *aliquid* einer Sache; ***hastas e.*** den Lanzen ausweichen
3. mit *j-m* sein Spiel treiben, *j-n* verspotten, verhöhnen, *aliquem*; ***paucitatem hostium e.*** die geringe Anzahl der Feinde verhöhnen; ***Cynicum e.*** den Kyniker abfertigen
4. vereiteln; hintertreiben; ***e. alicuius gloriam*** j-s Ruhm vereiteln
ē-lūgeō ⟨lūxī, -, lūgēre 2.⟩
I *v/i* die übliche Zeit trauern
II *v/t* die übliche Zeit betrauern, *aliquem* jdn
ē-lumbis ⟨e⟩ *Adj* ||lumbus|| (*nachkl.*) lendenlahm; lahm; *fig von der Rede* schleppend
ē-luō
I ⟨luī, lūtum, luere 3.⟩ ||luo|| *v/t*
1. auswaschen, abwaschen, reinigen, ***corpus*** den Körper; ***sanguinem e.*** das Blut abwaschen
2. *fig* tilgen, entfernen, ***maculas*** die Makel; ***amicitias e.*** Freundschaften allmählich auflösen
II ⟨lāvī, lautum, luere 3.⟩ ||lavo|| *v/i* Plaut.
1. (sich) baden
2. Schiffbruch erleiden
3. sich durch Verschwendung ruinieren
ēlūtus[1] ⟨a, um⟩ *Adj* ||eluo|| (*nachkl.*) *poet* saftlos, kraftlos
ē-lūtus[2] ⟨a, um⟩ *PPP* → ***eluo***
ēluviēs ⟨ēī⟩ *f* ||eluo||
1. (*nachkl.*) *poet* Überschwemmung, Überflutung, ***maris*** durch das Meer
2. Wellengrab, Grab
3. Abwasser
4. Lache, Pfütze
5. ausgespülte Schlucht
ēluviō ⟨ōnis⟩ *f* ||eluo|| Überschwemmung, *alicuius rei* von etw *od* durch etw, ***terrarum*** der Landschaft, ***aquarum*** durch Wassermassen
Ēlysium ⟨ī⟩ *n* MYTH *Wohnsitz der Seligen*
Ēlysius ⟨a, um⟩ *Adj* elysisch
em *Interj* da!, sieh da!, da haben wir's!; ***em illum*** da ist er!; ***em illam*** da ist sie!
em. *Abk* (*nlat.*) = ***emeritus***; → ***emereor***
ē-macerō ⟨-, ātum, āre 1.⟩ (*nachkl.*) ausmergeln
emācitās ⟨ātis⟩ *f* ||emax|| (*nachkl.*) Kaufsucht
ēmancipātiō ⟨ōnis⟩ *f* ||emancipo||
1. JUR Entlassung *eines Sohnes* aus der väterlichen Gewalt

2. JUR Abtretung von Grundstücken, ***per aes et libram*** durch förmliche Übergabe und in Gegenwart von fünf Zeugen
ē-mancipō ⟨āvī, ātum, āre 1.⟩
1. (*nachkl.*) JUR einen Sohn für selbstständig erklären
2. JUR ein Kind aus seiner Gewalt entlassen und einem anderen überlassen
3. (*nachkl.*) JUR abtreten; *fig* überlassen, abtreten, *alicui aliquid* j-m etw
ē-mancō ⟨āvī, -, āre 1.⟩ Sen. verstümmeln
ē-maneō ⟨mānsī, mānsum, manēre 2.⟩ (*nachkl.*) *poet* ausbleiben
ē-mānō ⟨āvī, ātum, āre 1.⟩
1. (*nachkl.*) *poet* herausfließen
2. *fig von Personen u. Sachen* entspringen, hervorgehen, entstehen
3. sich verbreiten, bekannt werden; ***emanat*** *unpers* (*nachkl.*) es wird bekannt, + *AcI*
ē-marcēscō ⟨marcuī, -, marcēscere 3.⟩ (*nachkl.*) dahinschwinden
Ēmathia ⟨ae⟩ *f alter Name für* Südmakedonien, Nordthessalien; *poet* = Makedonien, Thessalien
Ēmathides ⟨um⟩ *f* die Pieriden, die Töchter des Pieros, die Musen
Ēmathis ⟨idis⟩ *f u.* **Ēmathius** ⟨a, um⟩ *Adj* (süd)makedonisch, (nord)thessalisch
ē-mātūrēscō ⟨mātūruī, -, mātūrēscere 3.⟩ (*nachkl.*) *poet* völlig reif werden; *fig* sich mildern, nachlassen; ***ira ematurescit*** der Zorn lässt nach
emāx *Gen* ⟨ācis⟩ *Adj* ||emo|| kauflustig, kaufsüchtig
emblēma ⟨atis⟩ *n* ||griech. Fw.||
1. (*nachkl.*) Einlegearbeit, Mosaik
2. Quint. RHET Einschiebsel *in einer Rede*
3. Relief *an Gefäßen*
embolium ⟨ī⟩ *n* ||griech. Fw.|| pantomimisches Zwischenspiel, Intermezzo; *Pl* Streitereien unter Liebenden
embolus ⟨ī⟩ *m* ||griech. Fw.||
1. Kolben *im Wasserdruckwerk*
2. (*nlat.*) verschleppter Fremdkörper in der Blutbahn
ēmendābilis ⟨e⟩ *Adj* ||emendo|| (*nachkl.*) verbesserbar
ēmendātiō ⟨ōnis⟩ *f* ||emendo|| Verbesserung; (*nachkl.*) Besserung
ēmendātor ⟨ōris⟩ *m* ||emendo|| Verbesserer; Sittenrichter
ēmendātrīx ⟨īcis⟩ *f* ||emendator|| Verbesserin
ēmendātus ⟨a, um⟩ *Adj*, *Adv* ⟨ēmendātē⟩ ||emendo|| *von Personen u. Sachen* fehlerfrei, korrekt
ē-mendīcō ⟨-, -, āre 1.⟩ (*nachkl.*) erbetteln
▶ **ē-mendō** ⟨āvī, ātum, āre 1.⟩ ||*Denom von* mendum|| von Fehlern befreien, verbessern, vervollkommnen; ***e. alicuius libros*** j-s Bücher verbessern; ***e. civitatem*** die Bürgerschaft bessern
ē-mentior ⟨mentītus sum, mentīrī 4.⟩ erlügen, erdichten, vorgeben; ***e. aliquem auctorem alicuius rei*** j-n fälschlich als Urheber von etw angeben; ***e. aliquem*** gegen j-n eine Lüge erfinden; ***ementitus*** *auch p* erlogen
ē-mentus ⟨a, um⟩ *PPerf* → ***eminiscor***
ē-mercor ⟨ātus sum, ārī 1.⟩ (*nachkl.*) erkaufen; bestechen; ***aditum principis e.*** den Zugang zum Fürsten erkaufen
ē-mereō ⟨meruī, meritum, merēre 2.⟩ *u.* **ē-mereor** ⟨meritus sum, merērī 2.⟩
1. verdienen, sich Verdienste erwerben
2. MIL ausdienen, seinen Dienst ableisten
ē-mergō ⟨mersī, mersum, mergere 3.⟩
I *v/t poet* auftauchen lassen, emporheben; *Passiv u.* ***se e.*** auftauchen, emporkommen, zum Vorschein kommen; ***se e. ex malis*** *fig* sich aus dem Unglück hocharbeiten; ***animum ab admiratione e.*** Liv. sich vom Staunen erholen
II *v/i*
1. auftauchen; ***equus ex flumine emergit*** das Pferd taucht aus dem Fluss auf
2. sichtbar werden, sich zeigen; entstehen; *von Gestirnen* aufgehen; ***res emergit*** die Sache wird klar
3. sich emporarbeiten, sich herausarbeiten, sich aufraffen, aufleben, sich erholen, *abs od ex re/de re* von etw, aus etw
ēmeritus
I ⟨a, um⟩ *Adj* ||emereo/emereor||
1. ausgedient; alt geworden, unbrauchbar geworden; ***rogus e.*** ausgebrannter Scheiterhaufen
2. beendigt, zu Ende gegangen
3. (*nlat.*) emeritiert, im Ruhestand, *von Hochschullehrern u. Geistlichen.*
II ⟨ī⟩ *m*
1. verdienter Mann
2. MIL Veteran, ausgedienter Soldat
3. (*nlat.*) Hochschullehrer im Ruhestand, Geistlicher im Ruhestand
ē-mētior ⟨mēnsus sum, mētīrī 4.⟩
1. (*nachkl.*) *poet* ausmessen, abmessen
2. *fig einen Raum* durchwandern, durchziehen; ***tempus e.*** eine Zeit durchleben; ***emensus*** *auch p* durchschritten; ***toto spatio emenso*** nach Durchschreiten des ganzen Raumes; ***e. aliquem*** j-n überleben
3. *fig* zumessen, zuteilen, zukommen lassen, *alicui aliquid* j-m etw; ***voluntatem tibi emetior*** ich werde es dir gegenüber nicht an gutem Willen fehlen lassen
ē-metō ⟨(messuī), messum, metere 3.⟩ *poet* abmähen
ēmī → ***emo***
ē-micō ⟨uī⟩ *u.* ⟨āvī, ātum, āre 1.⟩ (*nachkl.*)
1. *poet* hervorzucken, hervorblitzen, hervorschießen, hervorspringen; ***fulgur emicat*** ein Blitz zuckt hervor; ***sanguis emicat*** das Blut spritzt heraus; ***cor emicat*** das Herz schlägt; ***flamma ex oculis emicat*** Feuer sprüht aus den Augen; ***telum e nervo emicat*** der Pfeil schnellt von der Sehne
2. *fig* hervorragen, emporragen, hervorleuchten; ***vir magnitudine animi emicat*** ein Mann ragt hervor durch Großherzigkeit
ē-migrō ⟨āvī, ātum, āre 1.⟩ auswandern, ausziehen; ***domo e.*** die Heimat verlassen; ***e vita e.*** aus dem Leben scheiden, sterben
ēmīna ⟨ae⟩ *f* = ***hemina***
ēminātiō ⟨ōnis⟩ *f* ||eminor|| Androhung
ēminēns
I *Gen* ⟨entis⟩ *Adj* ||emineo||
1. hervorragend, vorspringend, scharf hervortretend

2. *fig von Personen u. Sachen* ausgezeichnet, glänzend; ***oratores eminentes*** hervorragende Redner
II ⟨entis⟩ *n* Vorsprung
ēminentēs ⟨ium⟩ *m* ||eminens|| hervorragende Persönlichkeiten
ēminentia[1] ⟨ium⟩ *n* ||eminens|| Glanzpartien *in einer Rede*
ēminentia[2] ⟨ae⟩ *f* ||eminens||
1. das Hervorragen, Erhöhung; ***eminentiam habere*** körperlich hervortreten
2. *Malerei* Licht(partien)
3. *meton* hervorragendes Talent
4. *(mlat.)* Erhabenheit, Hoheit
5. *(nlat.)* Eminenz, *Titel der Kardinäle*
▶ **ē-mineō** ⟨uī, -, ēre 2.⟩ ||minae||
1. herausragen, hervorragen, vorspringen; ***e. inter ceteros*** unter den Übrigen herausragen
2. *fig* hervortreten, sichtbar werden, sichtbar sein, sich zeigen; ***vox eminet*** die Stimme klingt heraus
3. *fig von Personen u. Sachen* sich auszeichnen, sich hervortun, *re* durch etw, *in re* in etw
ē-miniscor ⟨mentus sum, minīscī 3.⟩ ||memini|| *(unkl.)* aussinnen
ē-minor ⟨ātus sum, ārī 1.⟩ Plaut. drohend aussprechen
ē-minus *Adv* ||manus|| von fern, aus der Ferne; in der Ferne, fern; ***e. pugnare*** MIL in Schussweite kämpfen; ↔ ***comminus***
ē-mīror ⟨ātus sum, ārī 1.⟩ *poet* sich über *etw* verwundern, *etw* anstaunen, *aliquid*
ēmissārium ⟨ī⟩ *n* ||emissus, *PPP von* emitto|| Abzugsgraben, Kanal
ēmissārius ⟨ī⟩ *m* ||emissus, *PPP von* emitto|| Sendbote, Späher, Spion; ***equus e.*** Zuchthengst
ēmissīcius ⟨a, um⟩ *Adj* ||emissus, *PPP von* emitto|| Plaut. spähend; ***oculus e.*** spähendes Auge
ēmissiō ⟨ōnis⟩ *f* ||emitto||
1. das Schleudern, das Werfen, Wurf; ***e. lapidum*** das Werfen von Steinen
2. das Loslassen, das Laufenlassen; ***e. serpentis*** das Loslassen einer Schlange
ēmissus ⟨ūs⟩ *m* ||emitto|| Lucr. das Entsenden
ē-mittō ⟨mīsī, missum, mittere 3.⟩
1. aussenden; MIL ausrücken lassen; ***servum e.*** einen Diener aussenden; ***cohortes ex statione pabulatum e.*** Kohorten aus dem Standquartier zum Futterholen ausschicken
2. *Geschosse* abschießen, werfen, schleudern; ***hastam in fines alicuius e.*** eine Lanze in j-s Gebiet werfen; ***aculeum in aliquem e.*** *fig* j-n stechen
3. *Flüssiges* ablaufen lassen; ***lacrimas e.*** Tränen vergießen
4. *Schriften* herausgeben
5. *Töne* ausstoßen; ***vocem e.*** die Stimme hören lassen
6. ***animam e.*** den Geist aufgeben
7. *Personen* ausstoßen, verjagen; ***aliquem ex urbe e.*** j-n aus der Stadt jagen
8. loslassen, freilassen; ***servum e.*** einen Sklaven freilassen; ***aliquem ex vinculis/e carcere e.*** j-n aus dem Gefängnis entlassen
9. *Sklaven* freigeben; ***servum e manu e.*** einen Sklaven aus seiner Gewalt geben; ***debitorem librā et aere liberatum e.*** einen Schuldner förmlich freigeben
10. fallen lassen, loslassen; ***arma e manu e.*** Waffen aus der Hand fallen lassen
▶ **emō** ⟨ēmī, ēmptum, emere 3.⟩
1. kaufen, durch Kauf erwerben; ***domum de vicino/a vicino e.*** ein Haus vom Nachbarn kaufen; ***aliquid grandi pecuniā/magno e.*** etw zu einem hohen Preis kaufen; ***e. parvo*** billig kaufen; ***minoris e.*** billiger kaufen; ***pluris e.*** teurer kaufen
2. pachten
3. *fig* erkaufen, bestechen; ***civitates aut vicerat Philippus aut emerat*** Sen. Philipp hatte die Städte entweder besiegt oder bestochen
4. *fig* erkaufen, gewinnen; ***nocet empta dolore voluptas*** Hor. mit Schmerz erkauftes Vergnügen ist schädlich
ē-moderor ⟨-, ārī 1.⟩ *poet* mäßigen
ē-modulor ⟨-, ārī 1.⟩ Ov. besingen, feiern
ēmolimentum ⟨ī⟩ *n* = ***emolumentum***
ē-mōlior ⟨mōlītus sum, mōlīrī 4.⟩
1. Plaut. zustande bringen
2. Sen. aufwühlen, in Bewegung bringen
ē-molliō ⟨īvī, ītum, īre 4.⟩ *(nachkl.)*
1. erweichen, schlaff machen
2. *fig* mildern, ***mores*** die Sitten
3. *pej* schwächen, verweichlichen, ***exercitum*** das Heer
ēmolumentum ⟨ī⟩ *n* Vorteil, Nutzen, Gewinn; ***alicui emolumento esse*** j-m von Nutzen sein
ē-moneō ⟨-, -, ēre 2.⟩ ermahnen, auffordern
ē-morior ⟨mortuus sum, morī 3.⟩ *von Personen u. Sachen* absterben, dahinscheiden; *fig* vergehen, verlöschen
ēmortuālis ⟨ae⟩ *f* ||emortuus, *PPerf von* emorior|| Plaut. Sterbe…; ***dies e.*** Sterbetag
ē-moveō ⟨mōvī, mōtum, movēre 2.⟩ *(nachkl.)* hinausschaffen, wegschaffen, entfernen; ***multitudinem e foro e.*** die Masse vom Forum wegschaffen; ***curas dictis e.*** Sorgen durch Worte verscheuchen; ***culpas e.*** Schuld tilgen; ***postes cardine e.*** die Tür aus den Angeln heben; ***mens emota*** verrückter Verstand; ***articulum e.*** ein Gelenk ausrenken
Empedoclēs ⟨is⟩ *m griech. Philos. aus Akragas (Agrigent), um 450 v. Chr.*
emphasis ⟨eos, *Akk* im, *Abl* ī⟩ *f* ||griech. Fw.|| Kraft des Ausdrucks, Emphase
empīricī ⟨ōrum⟩ *m* ||griech. Fw.|| die Empiriker, empirisch heilende Ärzte
empīricus ⟨a, um⟩ *Adj* ||griech. Fw.|| der Erfahrung folgend
emplastrum ⟨ī⟩ *n* ||griech. Fw.|| *(vkl., nachkl.)* MED Pflaster
Emporiae ⟨ārum⟩ *f Stadt in Hispania Tarraconensis, heute Ampurias bei Gerona, mit bedeutenden Ausgrabungen*
emporium ⟨ī⟩ *n* ||griech. Fw.|| Handelsplatz, Markt
emporos ⟨ī⟩ *m* ||griech. Fw.|| Großkaufmann, *Komödie des Philemon*
ēmpta ⟨ae⟩ *f* ||emptus, *PPP von* emo|| (gekaufte) Sklavin
ēmptīcius ⟨a, um⟩ *Adj* ||emptus, *PPP von* emo|| *(vkl., nachkl.)* gekauft
ēmptiō ⟨ōnis⟩ *f* ||emo|| Kauf, Ankauf; ***emptionem facere*** einen Kauf abschließen

E

ēmptitō ⟨āvī, ātum, āre 1.⟩ ||*Intens von* emo|| (*vkl., nachkl.*) aufkaufen; *fig* durch Bestechung erwerben
ēmptor ⟨ōris⟩ *m* ||emo|| Käufer
ēmptum ⟨ī⟩ *n* ||emptus, *PPP von* emo|| Kauf, Kaufvertrag; ***ex empto*** gemäß dem Kaufvertrag
ēmptus ⟨a, um⟩ *PPP* → ***emo***
ē-mūgiō ⟨-, -, īre 4.⟩ herausbrüllen, *auch vom Redner*
ē-mulgeō ⟨-, mulsum, mulgēre 2.⟩ (*nachkl.*) ausmelken; *fig* ausschöpfen
ēmūnctiō ⟨ōnis⟩ *f* ||emungo|| Quint. das Naseputzen
ēmūnctus ⟨a, um⟩ *Adj* ||emungo|| (*nachkl.*) *poet* ausgeschnäuzt; scharf witternd; ***homo emunctae naris*** gewitzter Kopf
ē-mundō ⟨āvī, ātum, āre 1.⟩ (*nachkl.*) gründlich reinigen
ē-mungō ⟨mūnxī, mūnctum, mungere 3.⟩ (*unkl.*)
1. *Passiv u.* ***se e.*** sich die Nase putzen
2. *fig* betrügen, *aliquem re* j-n um etw
ē-mūniō ⟨īvī⟩ *u.* ⟨iī, ītum, īre 4.⟩ (*nachkl.*)
1. aufbauen, ***murum*** eine Mauer
2. stark befestigen, ***locum*** einen Ort
3. gangbar machen; ***postes obice e.*** Türen versperren; ***silvas et paludes e.*** Wälder und Sümpfe mit Wegen versehen
ē-mūnxī → ***emungo***
ēmussitātus ⟨a, um⟩ *Adj* ||amussis|| Plaut. genau abgemessen, tadellos
ēmūtātiō ⟨ōnis⟩ *f* ||emuto|| Quint. Umänderung
ē-mūtō ⟨-, ātum, āre 1.⟩ (*nachkl.*) *poet* umändern
ēn *Interj*
1. *hinweisend* siehe!, sieh da!, da hast du!, da habt ihr!, + *Nom* / + *Akk*; ***en causa*** / ***en causam*** das ist der Grund; ***en ego*** da bin ich!; ***en cui tu liberos committas*** sieh, wem du die Kinder anvertraust
2. (*nachkl.*) *auffordernd* wohlan, + *Imp*; ***en accipe et age*** so nimm und handle
3. *dir u. indir fragend* wohl?, etwa?, ob wohl?, ob etwa?; ***en umquam?*** ob wohl irgendwann?
ēnarrābilis ⟨e⟩ *Adj* ||enarro|| (*nachkl.*) *poet* erzählbar
ēnarrātiō ⟨ōnis⟩ *f* ||enarro||
1. ***syllabarum e.*** das Skandieren
2. Erklärung, Auslegung, Interpretation *eines Textes*
ē-narrō ⟨āvī, ātum, āre 1.⟩ bis zum Ende erzählen ausführlich erzählen, beschreiben, *alicui aliquid* j-m etw; (*nachkl.*) interpretieren
ē-nāscor ⟨nātus sum, nāscī 1.⟩ herauswachsen, hervorwachsen; (*nachkl.*) *fig* entstehen
ē-natō ⟨āvī, ātum, āre 1.⟩
1. (*nachkl.*) *poet* herausschwimmen, sich schwimmend retten, ***ex naufragio e.*** aus dem Schiffbruch, ***in terram*** an Land
2. *fig* sich heraushelfen *aus einer misslichen Lage*
ē-nāvigō ⟨āvī, ātum, āre 1.⟩
I *v/i* (*nachkl.*) absegeln, hinausfahren
II *v/t* (*nachkl.*) *poet* durchfahren, befahren, ***sinum*** die Meerenge
encaustus ⟨a, um⟩ *Adj* ||griech. Fw.|| Mart. eingebrannt, enkaustisch, *antikes Malverfahren mit durch Wachs gebundenen Farben, die heiß aufgetragen oder durch einen heißen Spachtel mit dem Malgrund verschmolzen wurden*
Enceladus ⟨ī⟩ *m Gigant, von Jupiter getötet u. unter dem Ätna begraben*
encomium ⟨i⟩ *n* (*mlat.*) Loblied, Lobrede
encyclios ⟨on⟩ *Adj* ||griech. Fw.|| Verg. einen Kreis bildend; ***e. (omnium doctrinarum) disciplina*** umfassende (enzyklopädische) Bildung
endo *Präp* (*altl.*) in; ***endo caelo locare*** in den Himmel versetzen
endo-plōrō ⟨-, -, āre 1.⟩ (*altl.*) = ***imploro***
endromis ⟨idis *Akk, auch* ida⟩ *u.* ⟨idam⟩, *Akk Pl* ⟨idas⟩ *f* ||griech. Fw.|| *poet* warmer Überwurf aus Wolle
Endymiōn ⟨ōnis⟩ *m Geliebter der Selene / Luna, von ihr in ewigen Schlaf versetzt*
ē-necō ⟨necuī (necāvī), nectum, necāre 1.⟩ (*vkl., nachkl.*) langsam umbringen, zu Tode quälen
ēnectus ⟨a, um⟩ *PPP* fast getötet, zu Tode erschöpft, *re* durch etw
ēnervātus ⟨a, um⟩ *Adj* ||enervo|| kraftlos, weichlich, matt
ēnervis ⟨e⟩ *Adj* ||enervo|| (*nachkl.*) entnervt, unmännlich; *fig* kraftlos, matt
ē-nervō ⟨āvī, ātum, āre 1.⟩ ||ex, *Denom von* nervus|| entnerven, entkräften, lähmen
Engonasi(n) *indekl m* ||griech. Fw.|| der Kniende, *als Sternbild*, später Herkules genannt
ēnicō ⟨nicuī, nictum, nicāre 1.⟩ (*altl.*) = ***eneco***
► **e-nim** ||nam||
I *Adv bekräftigend* in der Tat, sicherlich, *auch iron*; ***at enim*** / ***sed enim*** aber freilich; ***quia enim*** Com. weil ja, weil wirklich
II *Konj nie am Satzanfang, meist nach dem ersten Wort des Satzes*
1. *erklärend* nämlich
2. *begründend* denn
3. zum Beispiel
4. *bei Erwiderungen* ja, denn
5. ***quid enim?*** was denn?, wieso?
enim-vērō *Adv* (ja) wahrhaftig, in der Tat; *iron* (aber) freilich
Enīpeus ⟨eī⟩ *u.* ⟨eos⟩ *m*
1. *rechter Nebenfluss des Peneios in Thessalien, heute Tsanarlis, im Mythos Flussgott*
2. *rechter Nebenfluss des Alpheios, w. von Olympia einmündend, heute Lestenitsa*
ē-niteō ⟨uī, -, ēre 2.⟩ (*nachkl.*) *poet* hervorleuchten, strahlen, (*klass.*) *nur fig*; ***Catonis virtus in bello enituit*** *fig* die Tapferkeit des Cato leuchtete im Krieg
ēnitēscō ⟨nituī, -, nitēscere 3.⟩ ||*Inkoh von* eniteo|| (*unkl.*) = ***eniteo***
ē-nītor ⟨nīsus sum⟩ *u.* ⟨nīxus sum, nītī 3.⟩
I *v/i*
1. (*unkl.*) emporstreben, sich herausarbeiten, sich emporarbeiten, ***in verticem montis*** zum Gipfel des Berges
2. *fig* sich anstrengen, sich bemühen, streben, *ad aliquid* nach etw, *ut* / *ne* / + *Inf*; ***ad dicendum e.*** sich um Beredsamkeit bemühen; ***enixum est*** es wurde darauf hingearbeitet
II *v/t*
1. (*unkl.*) gebären, *von Tieren* werfen; ***enixus*** *auch p* geboren
2. ersteigen

3. *fig* erstreben, erreichen
ē-nituī → ***eniteo*** *u.* → ***enitesco***
ē-nīxus ⟨a, um⟩ *Adj, Adv* ⟨ēnīxē⟩ ||enitor|| angestrengt, eifrig
Enna ⟨ae⟩ *f* → ***Henna***
Ennaeus ⟨a, um⟩ *Adj* → ***Henna***
Ennēnsis ⟨e⟩ *Adj* → ***Henna***
Ennius ⟨ī⟩ *m Quintus Ennius aus Rudiae in Kalabrien, 239–169 v. Chr., Schöpfer des röm. Epos (Annales = Geschichte Roms von Aeneas bis zu seiner Zeit in Hexametern), Verfasser auch von Komödien, Tragödien u. saturae*
ennosigaeus ⟨ī⟩ *m* ||griech. Fw.|| Erderschütterer, *Beiname des Poseidon / Neptun*
ē-nō ⟨āvī, ātum, āre 1.⟩
1. herausschwimmen; (*vkl., nachkl.*) durch Schwimmen sich retten
2. *fig* entfliegen
ēnōdātiō ⟨ōnis⟩ *f* ||enodo|| „Auflösung eines Knotens", Entwicklung, Erklärung
ēnōdātus ⟨a, um⟩ *Adj, Adv* ⟨ēnōdātē⟩ ||enodo|| deutlich, ausführlich
ēnōdis ⟨e⟩ *Adj* ||enodo|| (*nachkl.*) *poet* ohne Knoten, glatt; *fig* geglättet
ē-nōdō ⟨āvī, ātum, āre 1.⟩
1. (*vkl., nachkl.*) einen Knoten lösen
2. *fig* entwirren; etymologisch erklären
ē-nōrmis ⟨e⟩ *Adj, Adv* ⟨ēnōrmiter⟩ ||ex, norma|| (*nachkl.*)
1. unregelmäßig
2. übermäßig groß, ungeheuer
ēnōrmitās ⟨ātis⟩ *f* ||enormis|| (*nachkl.*)
1. Unregelmäßigkeit
2. übermäßig, ungeheuer
e-nōs ||*Akk von* nos|| (*altl.*) = ***nos***
ē-nōtēscō ⟨nōtuī, -, nōtēscere 3.⟩ (*nachkl.*) allgemein bekannt werden
ē-notō ⟨āvī, ātum, āre 1.⟩ (*nachkl.*) aufzeichnen
ēns
I *Gen* ⟨entis⟩ *PPr* ||esse|| seiend
II ⟨entis⟩ *n u. Pl* PHIL das Seiende; ***ens reale*** (*mlat.*) das wirklich Existierende; ***ens realissimum*** (*mlat.*) Gott als höchste Wirklichkeit
ēnsiculus ⟨ī⟩ *m* ||*Dim von* ensis|| Plaut. kleines Schwert
ēnsi-fer ⟨fera, ferum⟩ *Adj* ||ensis, fero|| *u.* **ēnsi-ger** ⟨gera, gerum⟩ *Adj* ||ensis, gero|| *poet* schwerttragend, schwertführend
▶ **ēnsis** ⟨is⟩ *m* (*unkl.*) zweischneidiges Langschwert
enterocēlē ⟨ēs⟩ *f* ||griech. Fw.|| (*nachkl.*, Mart.) Darmbruch
enterocēlicus ⟨a, um⟩ *Adj* mit einem Darmbruch
entheātus *u.* **entheus** ⟨a, um⟩ *Adj* ||griech. Fw.|| Mart. (gott)begeistert; begeisternd
enthȳmēma ⟨atis⟩ *n* ||griech. Fw.|| bündiger Gedanke; *log.* Enthymem, abgekürzter Schluss, Schlussfolge aus dem Gegenteil
entia ⟨ium⟩ *n* → ***ens***
entitas ⟨atis⟩ *f* (*mlat.*) Wesen *eines Dinges*
ē-nūbō ⟨nūpsī, nuptum, nūbere 3.⟩ Liv. *aus einem Stand in einen anderen od aus einer Stadt* herausheiraten, wegheiraten, *von Frauen*; ***e patribus e.*** aus dem Patrizierstand herausheiraten
ēnucleātus ⟨a, um⟩ *Adj, Adv* ⟨ēnucleātē⟩ ||enucleo|| bündig, klar und deutlich, rein sachlich
ē-nucleō ⟨āvī, ātum, āre 1.⟩ ||ex, *Denom von* nucleus||
1. (*nachkl.*) entkernen
2. *fig* genau erläutern, sorgfältig behandeln; ***suffragia e.*** die Stimmen voller Überzeugung abgeben
3. *fig* austüfteln, spitzfindig ausführen
ēnumerātiō ⟨ōnis⟩ *f* ||enumero||
1. Aufzählung
2. RHET zusammenfassende Wiederholung, Rekapitulation
▶ **ē-numerō** ⟨āvī, ātum, āre 1.⟩
1. ausrechnen, berechnen
2. aufzählen
ēnūntiātiō ⟨ōnis⟩ *f* ||enuntio|| Aussage; Satz
ēnūntiātīvus ⟨a, um⟩ *Adj* ||enuntiatus, *PPP von* enuntio|| zur Aussage gehörig, ausgesagt
ēnūntiātrix ⟨īcis⟩ *f* ||enuntio|| Quint. die mit Worten *etw* aussagt; ***ars e.*** die Kunst, mit Worten etw auszusagen
ēnūntiātum ⟨ī⟩ *n* ||enuntio|| Satz
▶ **ē-nūntiō** ⟨āvī, ātum, āre 1.⟩
1. *Geheimes* ausplaudern, verraten
2. aussagen, aussprechen, ***aliquid verbis*** etw mit Worten
ēnuptiō ⟨ōnis⟩ *f* ||enubo|| Liv. das Wegheiraten *einer Frau*
ē-nūtriō ⟨īvī, ītum, īre 4.⟩ (*nachkl.*) *poet* ernähren, großziehen
▶ **eō**[1] *Adv* ||*Abl von* is||
1. *örtl.* daselbst, dort; bis zu dem Punkt, so weit; (noch) dazu; ***res erat eo iam loci, ut*** *fig* die Sache war schon so weit gekommen, dass
2. dahin, dorthin, hierher; ***eo venire*** dorthin kommen, hierher kommen; ***rem eo adducere*** etw so weit bringen; ***eo accedit, quod / ut*** dazu kommt, dass
3. *zeitl.* so lange; ***eo, dum / quoad / donec*** so lange bis
4. *kausal* deswegen, deshalb, darum, *quod / quia* weil, *ut / quo* damit + *Konjkt*; ***haec eo feci, ut tibi probarer*** dies tat ich deshalb, um mich bei dir beliebt zu machen
5. ***eo*** + *Komp* desto, umso; ***eo magis*** umso mehr; ***eo minus*** umso weniger; ***quo … eo*** je … desto
eō[2] ⟨iī⟩ *u.* ⟨īvī, ītum, īre 0.⟩

1. gehen, kommen
2. marschieren, ziehen
3. wandern, reisen
4. losgehen
5. gehen
6. übergehen
7. vonstatten gehen, verlaufen
8. vergehen
9. dauern

1. gehen, kommen; ***pedibus ire*** zu Fuß gehen; ***eodem itinere ire*** auf dem gleichen Weg gehen; ***sacris ire*** vom Opfer kommen; ***iter ire*** einen Weg gehen; ***infitias ire*** leugnen; ***suppetias ire*** zu Hilfe kommen; ***exsequias / pompam funeris alicui ire*** an j-s Begräbnis teilnehmen; ***ex curia ire*** aus der Kurie kommen; ***in Capitolium ire*** auf das Capitol gehen;

in ius ire vor Gericht gehen; ***ad arma ire*** zu den Waffen greifen; ***cubitum/dormitum ire*** schlafen gehen; ***venatum ire*** auf die Jagd gehen; ***itur*** man geht; ***itum est*** man ist gegangen; ***subsidio ire*** zu Hilfe kommen; ***viro ire*** zum Mann gehen
2. MIL marschieren, ziehen; ***maximis itineribus ire*** in Eilmärschen marschieren; ***in ordines ire*** sich in Reih und Glied stellen
3. wandern, reisen, fahren; ***equo ire*** reiten; ***curru ire*** im Wagen fahren; ***in viscera terrae ire*** in das Innere der Erde eindringen; ***pedibus in alicuius sententiam ire*** *fig* j-s Meinung beitreten *im Senat*; ***in alia omnia ire*** für die entgegengesetzte Meinung stimmen; ***in duplum ire*** noch einmal so viel Strafe zahlen; ***per exempla cognata ire*** bekannte Beispiele nachahmen
4. auf *etw* losgehen, *ad aliquid/in aliquid/contra aliquid*; an *etw* gehen, *in aliquid*; ***alicui obviam ire*** j-m entgegengehen; ***in consilium ire*** zur Beratung gehen; ***in suffragium ire*** zur Abstimmung schreiten; ***praeceps in causam ire*** sich kopfüber in die Sache stürzen; ***in scelus ire*** ein Verbrechen begehen; ***se remque publicam perditum ire*** auf das eigene und des Staates Verderben ausgehen; ***in lacrimas ire*** in Tränen ausbrechen
5. gehen; fließen; fliegen; ***astra per caelum eunt*** die Gestirne ziehen am Himmel entlang; ***telum longius it*** das Geschoss fliegt weiter; ***hasta per corpus it*** die Lanze dringt in den Körper ein; ***fumus in auras it*** Rauch steigt in die Lüfte empor; ***sanguis naribus it*** Blut strömt aus der Nase; ***funis retro it*** Hor. das Seil *des Lastaufzuges* rollt zurück; ***pugna ad pedes it*** man beginnt zu Fuß zu kämpfen
6. (*nachkl.*) *poet* in *etw* übergehen, zu *etw* werden, *in aliquid*; ***odia in perniciem ibunt*** der Hass wird in Vernichtung übergehen
7. vonstatten gehen, verlaufen; ***valetudo it in melius*** die Gesundheit bessert sich
8. (*unkl.*) vergehen; ***it dies*** der Tag vergeht; ***mores eunt praecipites*** die guten Sitten verfallen
9. dauern; ***si non tanta quies iret*** wenn nicht solche Ruhe herrschte
10. ***iri*** + *Supin* werden = *Inf Fut*; ***vos laudatum iri spero*** ich hoffe, dass man euch loben wird

▸ **eōdem** *Adv* ||*Abl von* idem||
1. ebendahin, an dieselbe Stelle; ebendazu
2. ebendort, an derselben Stelle, an einem Punkt; noch in derselben Lage; ebenso

eo ipso (*mlat.*) ebendadurch, von selbst, selbstverständlich

eōpse *Adv* Plaut. = ***eo ipso***

Ēōs *u.* **Eōs** *indekl f* ||griech. Fw.|| Morgenröte, *lat. Aurora*

Ēōus *u.* **Eōus** ⟨a, um⟩ *Adj* morgendlich, in der Frühe; östlich, morgenländisch

Ēōus *u.* **Eōus** ⟨ī⟩ *m* Morgenstern; Orient, die Orientalen

Epamīnōndās ⟨ae⟩ *m berühmter Feldherr der Thebaner, Sieger bei Leuktra 371 v. Chr., gefallen bei Mantinea 362 v. Chr.*

epaphaeresis ⟨is⟩ *f* ||griech. Fw.|| Mart. wiederholtes Wegnehmen

ē-pāstus ⟨a, um⟩ *Adj* ||ex, *PPerf p von* pascor|| Ov. aufgefressen

Epēus ⟨ī⟩ *m Erbauer des Trojanischen Pferdes*

ephēbus ⟨ī⟩ *m* ||griech. Fw.|| Ephebe, junger Mann *von 16 bis 20 Jahren*

ephēmeris ⟨idis⟩ *u.* ⟨idos⟩ *f* ||griech. Fw.|| Tagebuch, Wirtschaftsbuch

Ephesius
I ⟨a, um⟩ *Adj* aus Ephesus, zu Ephesus gehörig
II ⟨ī⟩ *m* Epheser, Einwohner von Ephesus

Ephesos *u.* **Ephesus** ⟨ī⟩ *f Hafenstadt in Ionien mit Tempel der Artemis, einem der sieben Weltwunder, in frühchr. Zeit Bischofssitz, der Überlieferung nach Sitz des Apostels Johannes; heute Efes/Selçuk, s. von Izmir, mit einem großen Ruinenfeld*

ephippiātus ⟨a, um⟩ *Adj* ||griech. Fw.|| auf einem gesattelten Pferd reitend

ephippium ⟨ī⟩ *n* ||griech. Fw.|| Reitdecke, Sattel

ephorus ⟨ī⟩ *m* ||griech. Fw.|| Ephor, *einer der fünf höchsten Beamten in Sparta*

Ephorus ⟨ī⟩ *m aus Kyme im kleinasiatischen Äolis, um 340 v. Chr., schrieb die erste Universalgeschichte der Griechen*

Ephyra ⟨ae⟩ *f alter Name für Korinth*

Ephyraeus ⟨a, um⟩ *Adj* korinthisch

Ephyrē ⟨ēs⟩ *f* = ***Ephyra***

Ephyrēius ⟨a, um⟩ *Adj* = ***Ephyraeus***

epibata ⟨ae⟩ *m* ||griech. Fw.|| Schiffssoldat

Epicharmus ⟨ī⟩ *m Komödiendichter, ca. 525–450 v. Chr., in Syrakus*

epichīrēma ⟨atis⟩ *n* ||griech. Fw.|| Quint. RHET nicht ganz korrekter Syllogismus

epichysis ⟨is⟩ *f* ||griech. Fw.|| (*vkl.*) Gefäß *zum Eingießen*, Kanne

epicī ⟨ōrum⟩ *m* ||griech. Fw.|| epische Dichter

Epiclērus ⟨is⟩ *f* ||griech. Fw.|| mit Rudern versehen

epicōpus ⟨a, um⟩ *Adj* ||griech. Fw.|| mit Rudern versehen

Epicratēs ⟨is⟩ *m* der Übergewaltige, *Spitzname des Pompeius*

epicrocus ⟨a, um⟩ *Adj* ||griech. Fw.|| (*vkl.*) mit feinen Einschlagfäden; *fig* fadenscheinig; dünn, *hum von der Suppe*

Epicūrēus
I ⟨a, um⟩ *Adj* ||Epicurus|| epikureisch, des Epikur
II ⟨ī⟩ *m* Epikureer, Anhänger des Epikur

Epicūrus ⟨ī⟩ *m* Epikur, *Philos. aus Samos, 342–270 v. Chr., seit 323 in Athen, Gründer der epikureischen Schule*

epicus ⟨a, um⟩ *Adj* ||griech. Fw.|| episch

Epidamnos *u.* **Epidamnus** ⟨ī⟩ *f Stadt im griech. Illyrien, später Dyrrhachium, heute Durres*

Epidaurius
I ⟨a, um⟩ *Adj* aus Epidaurus, zu Epidaurus gehörig
II ⟨ī⟩ *m* Einwohner von Epidaurus; = Äskulap

Epidauros *u.* **Epidaurus** ⟨ī⟩ *f berühmter Kurort an der Ostküste von Argolis, Kultstätte des Asklepios (Äskulap), besterhaltenes antikes Theater*

epidermis ⟨idis⟩ *f* ||griech. Fw.|| (*spätl.*) (mehrschichtige) Oberhaut

epidīcticus ⟨a, um⟩ *Adj* ||griech. Fw.|| Prunk…; ***epidictica oratio*** Prunkrede

epidīpnis ⟨idis⟩ *f* ||griech. Fw.|| (Petr., Mart.) Nachtisch, Dessert

Epigonī ⟨ōrum⟩ *m* ||griech. Fw.|| die Nachgeborenen, die Epigonen, Söhne der „Sieben gegen The-

ben", *Titel einer Tragödie von Aischylos, von Accius ins Lat. übersetzt*
epigramma ⟨atis⟩ *n* ||griech. Fw.||
1. Inschrift, Aufschrift *auf Statuen u. Weihegeschenken od Grabsteinen*
2. Sinngedicht, Epigramm
epigrus ⟨ī⟩ *m* ||griech. Fw.|| (*nachkl.*) hölzerner Nagel
epilēpsia ⟨ae⟩ *f* ||griech. Fw.|| Fallsucht, Epilepsie; *lat. morbus comitialis*
epilogus ⟨ī⟩ *m* ||griech. Fw.|| Schluss einer Rede, Nachwort, Epilog
epimēnia ⟨ōrum⟩ *n* ||griech. Fw.|| Iuv. monatliche Sachleistung *für den Lebensunterhalt von Sklaven*
Epimētheūs ⟨eī⟩ *m Bruder des Prometheus, wörtlich der „Nachüberlegende", Ehemann der Pandora*
Epimēthis ⟨idis⟩ *f* Tochter des Epimetheus, = Pyrrha
epinīcia ⟨ōrum⟩ *n* ||griech. Fw.|| Suet. Siegeslieder
epiphanīa ⟨ae⟩ *f u.* ⟨ōrum⟩ *n* ||griech. Fw.|| (*spätl.*) (Fest der) Erscheinung (Christi)
epiphōnēma ⟨atis⟩ *n* ||griech. Fw.|| (*nachkl.*) Ausruf
epiphora ⟨ae⟩ *f* ||griech. Fw.|| (*nachkl.*) Schnupfen, Katarrh, *lat. destillatio*
epiraedium *u.* **epirēdium** ⟨ī⟩ *n* (*nachkl.*) *poet* Zugriemen *an der Kutsche*
Ēpīrēnsis ⟨e⟩ *Adj* aus Epiros, zu Epiros gehörig
Ēpīros ⟨ī⟩ *f Landschaft in Griechenland, zwischen Makedonien u. Thessalien am Ionischen Meer, heute zum großen Teil albanisches Staatsgebiet*
Ēpīrōtēs ⟨ae⟩ *m* Einwohner von Epiros
Ēpīrōticus ⟨a, um⟩ *Adj* aus Epiros, zu Epiros gehörig
Ēpīrus ⟨ī⟩ *f* = ***Epiros***
episcopus ⟨ī⟩ *m* ||griech. Fw.|| Aufseher; (*eccl.*) Bischof
epistola ⟨ae⟩ *f* = ***epistula***
epistolāris ⟨e⟩ *Adj* ||epistola|| zum Brief gehörig; ***chartae epistolares*** Briefpapier
epistolium ⟨ī⟩ *n* ||griech. Fw.|| (*nachkl.*) *poet* Briefchen
► **epistula** ⟨ae⟩ *f* ||griech. Fw.||
1. Sendung, Zusendung; ***litteras tuas pluribus epistulis accepi*** deine Briefe habe ich in mehreren Sendungen empfangen
2. (*nachkl.*) *auch Pl* Brief; ***epistularum commercium*** Briefwechsel; ***scriba ab epistulis*** Geheimschreiber
3. (*nachkl.*) kaiserlicher Erlass
epistȳlium ⟨ī⟩ *n* ||griech. Fw.|| (*vkl., nachkl.*) *auf den Säulen ruhender und den Oberbau tragender* Querbalken, Architrav
epitaphium ⟨ī⟩ *n* ||griech. Fw.|| (*Inschrift*) Grabschrift, Gedenktafel *für einen Verstorbenen*
epitaphius ⟨ī⟩ *m* ||griech. Fw.|| Leichenrede
epithalamium ⟨ī⟩ *n* ||griech. Fw.|| Quint. Brautlied
epithēca ⟨ae⟩ *f* ||griech. Fw.|| Plaut. Zusatz, Zugabe
epitheton ⟨ī⟩ *n* ||griech. Fw.|| Quint. Beiwort, Attribut
epi-togium ⟨ī⟩ *n* ||*griech. Fw.*, toga|| Quint. Oberkleid über der Toga
epitoma ⟨ae⟩ *f u.* **epitomē** ⟨ēs⟩ *f* ||griech. Fw.|| Auszug aus einem Schriftstück, Abriss
epitonion ⟨ī⟩ *n* ||griech. Fw.|| (*vkl., nachkl.*) Hahn, Verschluss *an einer Röhre*
Epitrepontes *m* das Schiedsgericht, *Titel einer Komödie des Menander*
epitȳrum ⟨ī⟩ *n* ||griech. Fw.|| (*vkl., nachkl.*) Olivensalat
epodes ⟨um⟩ *m* (*nachkl.*) *poet eine Art Seefisch*
epōdos *u.* **epōdus** ⟨ī⟩ *m* ||griech. Fw.||
1. kürzerer Vers, *als Schluss eines längeren, von Horaz in den Epoden nach griech. Vorbild verwendet*
2. Epode, *Gedichtform mit abwechselnd längeren u. kürzeren Versen, von Horaz nach dem Vorbild des Archilochos in die röm. Literatur eingeführt*
Epona ⟨ae⟩ *f* ||gall. Fw.|| (*nachkl.*) *poet* Göttin der Pferde und Esel
epops ⟨epopis⟩ *m* ||griech. Fw.|| *poet* Wiedehopf
Eporedia ⟨ae⟩ *f röm. Kolonie im transpadanischen Gallien, 100 v. Chr. gegründet, heute Ivrea*
epos *indekl n poet* Heldengedicht, Epos
ē-pōtō ⟨pōtāvi, pōtum, pōtāre 1.⟩
1. austrinken; (*klass.*) *nur* **ēpōtus** ⟨a, um⟩ *PPP* ausgetrunken
2. *poet von Leblosem* aussaugen, einsaugen
3. Plaut. versaufen, vertrinken
► **epulae** ⟨ārum⟩ *f*
1. Gerichte, Speisen
2. Mahl, Mahlzeit, *auch* Festmahl
3. *fig* Genuss, Augenweide; ***dare epulas oculis*** den Augen einen Genuss bieten
epulāris ⟨e⟩ *Adj* ||epulae|| beim Essen, bei Tisch; ***sacrum epulare*** mit einem Essen verbundenes Opfer
epulātiō ⟨ōnis⟩ *f* ||epulor|| Festessen
epulō ⟨ōnis⟩ *f* ||epulum||
1. Ordner des Festmahls, *seit 198 v. Chr. tresviri epulones, seit Caesar decemviri epulones, ein Priesterkollegium von 3 bis 10 Mitgliedern zur Ausrichtung des Festmahls, das mit öffentlichen Spielen verbunden war*
2. *pej* Fresser
epulor ⟨ātus sum, ārī 1.⟩ ||epulae||
I *v/i* speisen
II *v/t* (*nachkl.*) *poet* verspeisen, verzehren
epulum ⟨ī⟩ *n* Festmahl
equa ⟨ae⟩ *f* ||equus|| Stute; ***equae pullus*** Fohlen
► **eques** ⟨itis⟩ *m u. f* ||equus||
1. Reiter, Reiterin; MIL Soldat zu Pferd; *Pl* Reiterei
2. POL Ritter; *Pl* Ritterstand, *der zweite der drei Stände in Rom*; Oberschicht; *meton* Klasse der Gebildeten
► **equester**
I ⟨tris, tre⟩ *Adj* ||eques||
1. die Reiterei betreffend, beritten, zu Pferd, Reiter…; ***proelium equestre*** Reiterkampf
2. ritterlich, Ritter…; ***ordo e.*** Ritterstand
II ⟨tris⟩ *m* Ritter
equestris ⟨e⟩ *Adj* = ***equester***
► **e-quidem** *Adv* ||*verstärktes* quidem|| allerdings, in der Tat, freilich, ich meinerseits
equīle ⟨is⟩ *n* ||equus|| (*vkl., nachkl.*) Pferdestall
equīnus ⟨ae⟩ *f* ||equus|| vom Pferd, Pferde…; ***saeta equina*** Pferdehaar
equir(r)ia ⟨ōrum⟩ *u.* ⟨ium⟩ *n* ||equus, curro|| (*vkl., nachkl.*) Pferderennen *in Rom zu Ehren des Mars am 27. Februar u. 14. März*

equitābilis ⟨e⟩ *Adj* ||equito|| (*nachkl.*) für Reiterei geeignet
► **equitātus** ⟨ūs⟩ *m* ||equito|| (*nachkl.*)
1. das Reiten; MIL Reiterei
2. *meton* Ritterschaft, Ritterstand
equitō ⟨āvī, ātum, āre 1.⟩ ||equus||
1. reiten; MIL als Reiter dienen
2. *fig vom Wind* daherstürmen
3. plänkeln

E

equola ⟨ae⟩ *f* ||*Dim von* equa|| (*vkl.*) kleine Stute, *fig von einer Frau*
equuleus ⟨ī⟩ *m* = ***eculeus***
► **equus** ⟨ī⟩ *m*
1. Pferd, Ross; ***equo vehi*** reiten; ***ex equo pugnare*** zu Pferd kämpfen; ***equo merere*** bei der Reiterei dienen; ***aliquem in equum rescribere*** j-n zur Reiterei versetzen, j-n in den Ritterstand erheben; ***e. Troianus*** das Trojanische Pferd; *fig auch* Verschwörung
2. Hengst
3. ***e. bipes*** Seepferd
4. *Pl* Gespann; Kampfwagen
5. *Pl* Reiterei; ***equi virique/equi viri*** Reiterei und Fußvolk; ***equis viris*** mit aller Macht
Equus Tuticus *m kleiner Ort nö. von Benevent, heute Castel Franco*
ēr ⟨ēris⟩ *m* Plaut. Igel
era ⟨ae⟩ *f* ||erus|| (*vkl.*) *poet* Hausherrin, Herrin; *bes* Geliebte; ***era maior*** Frau des Hauses; ***era minor*** Tochter des Hauses
ē-rādīcō ⟨āvī, ātum, āre 1.⟩ ||ex, radix|| Com. mit der Wurzel ausreißen; ausrotten
ē-rādō ⟨rāsī, rāsum, rādere 3.⟩
1. auskratzen, abkratzen; ***aliquem albo senatorio e.*** j-n aus der Senatorenliste streichen
2. rasieren
3. *fig* vertilgen, aus der Erinnerung streichen
eranus ⟨ī⟩ *m* ||griech. Fw.|| (*nachkl.*) Armenkasse, Wohltätigkeitsverein
Erasīnus ⟨ī⟩ *m Name verschiedener Wasserläufe; u. a. Fluss in Argolis auf der Peloponnes, galt als unterirdischer Abfluss des Stymphalischen Sees;* → ***Stymphalus***
Eratō ⟨ūs⟩ *f*
1. *Muse der lyrischen Dichtung, bes des Liebesgedichtes*
2. Verg. Muse
Eratosthenēs ⟨is⟩ *m griech. Gelehrter, 275–194 v. Chr., Leiter der alexandrinischen Bibliothek*
ērcīscō ⟨-, -, īscere 3.⟩ = ***hercisco***
erctum ⟨ī⟩ *n* = ***herctum***
Erebus ⟨ī⟩ *m*
1. *Sohn des Chaos u. der Nyx (= Nox), Gott der unterirdischen Finsternis*
2. *meton* Unterwelt, Totenreich
3. (*mlat.*) Hölle
Erechtheus ⟨eī⟩ *m* MYTH *König von Athen, von Athene aufgezogen, Erbauer der schon bei Homer genannten festen Burg Athens, des Erechtheions*
Erechthēus ⟨a, um⟩ *Adj* des Erechtheus, zu Erechtheus gehörig
Erechthīdae ⟨ārum⟩ *f* die Nachkommen des Erechtheus
Erechthis ⟨idis⟩ *f* Tochter des Erechtheus, = Oreithyia, Prokris
ērēctiō ⟨ōnis⟩ *f* ||erigo|| (*nachkl.*) Aufstellung, Aufrichtung
ērēctus[1] ⟨a, um⟩ *Adj*, *Adv* ⟨ērēctē⟩ ||erigo||
1. in die Höhe gerichtet, emporstehend, aufrecht
2. *fig* erhaben, hochherzig; *pej* hochmütig
3. *fig* erwartungsvoll, aufmerksam
4. *fig* mutig, entschlossen
ē-rēctus[2] ⟨a, um⟩ *PPP* → ***erigo***
erēmīta ⟨ae⟩ *m* ||griech. Fw.|| Einsiedler, Eremit
ē-rēpō ⟨rēpsī, (rēptum), rēpere 3.⟩
I *v/i* (*unkl.*) herauskriechen, hervorkriechen, emporkriechen
II *v/t*
1. durchkriechen, ***agrum*** das Feld
2. erklettern, ***montes*** Berge
ēreptiō ⟨ōnis⟩ *f* ||eripio|| das Entreißen, Raub
ēreptor ⟨ōris⟩ *m* ||eripio|| Räuber
ē-reptus ⟨a, um⟩ *PPP* → ***eripio***
ērēs ⟨ēdis⟩ *m u. f* = ***heres***
Eretria ⟨ae⟩ *f Stadt auf Euböa, heute Erítria*
Eretriacus *u.* **Eretricus** ⟨a, um⟩ *u.* **Eretriēnsis** ⟨e⟩ *Adj* aus Eretria, zu Eretria gehörig
Eretriēnsis ⟨is⟩ *m* Einwohner von Eretria
ē-rēxī → ***erigo***
► **ergā** *Präp + Akk*
1. *örtl.* gegenüber
2. *freundlich u. feindlich* gegen, gegenüber; ***fides erga populum*** die Treue zum eigenen Volk; ***crudelitas erga nobiles*** Grausamkeit gegen die Adligen
ergastērium ⟨ī⟩ *n* ||griech. Fw.|| (*nachkl.*) Werkstätte
ergastulum ⟨ī⟩ *n* ||griech. Fw.||
1. Arbeitshaus, Zuchthaus *für Sklaven u. nicht zahlungsfähige Schuldner*
2. (*nachkl.*) Sträfling
► **ergō**
I *Präp + Gen, nachgestellt* wegen, um … willen; aufgrund von; ***honoris ergo*** um der Ehre willen
II *Adv*
1. folglich, also, daher, deshalb
2. *in Fragen* also = denn; ***quid ergo*** was also?
3. *in Aufforderungen* also = denn, so … denn, nun
4. *bei Wiederaufnahme eines unterbrochenen Gedankenganges* also = wie gesagt
erīcē ⟨ēs⟩ *f* ||griech. Fw.|| (*nachkl.*) Heidekraut, Erika
Erichthonius ⟨ī⟩ *m*
1. *attischer Heros, vielfach mit Erechtheus gleichgesetzt, Erfinder des Ackerbaus u. des Viergespanns*
2. *troischer Heros, Sohn des Dardanos, Vater des Tros*
Erichthonius ⟨a, um⟩ *Adj* des Erichthonius, zu Erichthonius gehörig
ērīcius ⟨ī⟩ *m* ||er||
1. (*vkl., nachkl.*) Igel
2. *fig* spanischer Reiter, *Balken mit eisernen Spitzen, ein Foltergerät*
Eridanus ⟨ī⟩ *m* MYTH *Fluss im äußersten W, später poet als alter Name des Padus* = Po
eri-fuga ⟨ae⟩ *m* ||erus, fugio|| *poet* seinem Herrn Entlaufener
► **ē-rigō** ⟨rēxī, rēctum, rigere 3.⟩ ||rego||
1. aufrichten, emporheben; ***hominem e.*** dem Menschen einen aufrechten Gang geben; ***aures e.*** die

Ohren spitzen; *Passiv u.* ***se e.*** sich aufrichten, aufsteigen, emporsteigen
2. *Bauten* errichten, aufführen; ***turres e.*** Türme bauen
3. *(nachkl.)* MIL hinaufrücken lassen; ***aciem in adversum collem e.*** das Heer den Hügel hinaufrücken lassen
4. *fig geistig* erregen, spannen; ***paenitentiam e.*** die Scham hervorbrechen lassen; ***animum ad audiendum e.*** seine Aufmerksamkeit auf das Zuhören richten
5. aufmerksam machen, ***auditorem*** den Hörer
6. aufrichten, ermutigen; ***animum e.*** die Stimmung heben; *Passiv u.* ***se e.*** wieder Mut fassen

Ērigonē ⟨ēs⟩ *f Tochter des Atheners Ikaros, die sich aus Kummer über die Ermordung des Vaters erhängte u. als Gestirn Virgo/Jungfrau unter die Sterne versetzt wurde*

Ērigonēius ⟨a, um⟩ *Adj* der Erigone, zu Erigone gehörig

erīlis ⟨e⟩ *Adj* ||erus, era|| *(vkl.) poet* des Hausherrn, der Hausherrin; ***filia e.*** Tochter des Hauses; ***pensum erile*** Maß der Hausarbeit

Ērinna ⟨ae⟩ *f u.* **Ērinnē** ⟨ēs⟩ *f griech. Dichterin auf der Insel Delos um die Mitte des 4. Jh. v. Chr.*

Erīnys ⟨yos⟩ *f* Rachegöttin, Erinnye, *bes* Kriegsfurie; *fig* Verderben, Fluch, Geißel; Wut

Eriphȳla ⟨ae⟩ *f u.* **Eriphȳlē** ⟨ēs⟩ *f Gattin des Sehers Amphiaraos, den sie zur Teilnahme am Zug der Sieben gegen Theben veranlasste, obwohl dieser seinen Tod vorhersah; später vom eigenen Sohn Alkmaion (Alcmaeon) getötet*

ē-ripiō ⟨ripuī, reptum, ripere 3.⟩ ||rapio||

> **1.** herausreißen, herausziehen
> **2.** entreißen
> **3.** rauben, gewaltsam wegnehmen
> **4.** wegnehmen
> **5.** dahinraffen
> **6.** retten

1. herausreißen, herausziehen, wegreißen, *aliquid ex re/de re/re* etw aus etw; ***ensem vaginā e.*** das Schwert aus der Scheide ziehen; ***vocem ab ore loquentis e.*** selbst sogleich das Wort ergreifen
2. entreißen, *alicui aliquid* j-m etw
3. rauben, gewaltsam wegnehmen, widerrechtlich wegnehmen; ***hereditatem ab aliquo e.*** j-m das Erbe rauben; ***virginem ab aliquo e.*** eine junge Frau von j-m entführen; ***se alicui e.*** sich j-m entziehen
4. wegnehmen; ***e. alicui timorem*** j-m die Angst nehmen; ***se e.*** verloren gehen
5. *vom Tod* dahinraffen; ***aliquem de sinu civitatis e.*** j-n aus der Gemeinschaft dahinraffen; ***Scipio ereptus tamen vivit*** dahingerafft lebt Scipio dennoch
6. vor *etw* retten, aus *etw* befreien, vor *etw* bewahren, *ex re/a re/re/alicui rei*; ***e. aliquem ex manibus hostium*** j-n aus den Händen der Feinde retten; ***eripi praesenti periculo*** vor der unmittelbar drohenden Gefahr bewahrt werden; ***se eripuit, ne causam diceret*** er entzog sich dem Prozess; ***eripe fugam*** Verg. fliehe, solange es möglich ist

ē-rōdō ⟨rōsī, rōsum, rōdere 3.⟩ abnagen; *(nachkl.) fig* zerfressen

ērogātiō ⟨ōnis⟩ *f* ||erogo|| Ausgabe, Auszahlung; ***e. pecuniae*** Geldausgabe; ***necessitas erogationum*** Tac. notwendige Ausgaben

ē-rogitō ⟨-, -, āre 1.⟩ *(vkl., nachkl.)* ausfragen, erforschen, *ex aliquo* j-n, + *indir Fragesatz*

ē-rogō ⟨āvī, ātum, āre 1.⟩
1. ausgeben, *in aliquid* für etw
2. eintreiben, ***tributa*** Abgaben

errābundus ⟨a, um⟩ *Adj* ||erro[1]|| *(nachkl.) poet von Personen u. Sachen* umherirrend, umherschweifend

errāticus ⟨a, um⟩ *Adj* ||erratus, *PPP von* erro[1]|| umherirrend, unstet; *fig* sich nach allen Seiten schlängelnd; ***homo e.*** Vagabund

errātiō ⟨ōnis⟩ *f* ||erro[1]|| Verirrung, Abweichung

errātor ⟨ōris⟩ *m* ||erro[1]|| *poet* der Umherirrende

errātum ⟨ī⟩ *n* ||erro[1]|| Irrtum, Verirrung, Fehler; *Pl (nlat.)* die Druckfehler; Druckfehlerverzeichnis

errātus ⟨ūs⟩ *m* ||erro[1]|| *poet* Irrfahrt, *meist Pl*

errō[1] ⟨āvī, ātum, āre 1.⟩
I *v/i*
1. umherirren, umherschweifen; ***stellae errantes*** Planeten
2. *fig* sich überall verbreiten
3. *fig* schwanken, unstet sein; ***oculi errantes*** unstete Augen
4. sich verirren; ***erranti viam monstrare*** dem Verirrten den Weg zeigen; ***viā e.*** vom Weg abkommen
5. *fig* sich irren, irren, im Irrtum sein; *auch moralisch* sich verfehlen, *re/in re* in etw, + *n eines Pron*; ***hoc erras*** darin irrst du dich; ***tempora e.*** *poet* sich in der Zeitrechnung irren; ***e. humanum est*** Irren ist menschlich
II *v/t poet* irrend durchstreifen, ***litora e.*** die Küstenregion; ***erratae terrae*** durchirrte Länder

errō[2] ⟨ōnis⟩ *m* ||erro[1]|| *(nachkl.) poet* Landstreicher, Vagabund; *fig* untreuer Liebhaber

errōneus ⟨a, um⟩ *Adj* ||erro[2]|| *(nachkl.)* sich herumtreibend

► **error** ⟨ōris⟩ *m* ||erro[1]||
1. das Umherirren, Irrfahrt, ***pelagi*** auf dem Meer
2. Ov. Irrgang *des Labyrinths*; *(nachkl.) poet* Windung *eines Flusses*; ***errorem volvere*** im Zickzack fließen
3. Lucr. unstete Bewegung *der Atome*
4. *fig* Ungewissheit, Zweifel, das Schwanken, *alicuius rei* in etw, + *indir Fragesatz*; ***errorem facere alicui*** j-n irremachen
5. das Abirren, das Abweichen vom rechten Weg; ***e. viae*** das Verfehlen des Weges
6. Fehlschuss, Fehlwurf
7. *fig* Irrtum, falsche Auffassung, Missverständnis, Täuschung, *alicuius* j-s, *alicuius rei* einer Sache, in etw, über etw; ***in errore perseverare*** im Irrtum verharren; ***errore duci*** vom Irrtum geleitet werden; ***per errorem*** aus Irrtum; ***e. opinionis*** irrige Meinung
8. Täuschung, Verblendung, Wahn; *poet* Liebeswahn
9. Missgriff, Versehen, Fehler, sprachlicher Fehler
10. sittliche Verirrung, Vergehen

Error ⟨ōris⟩ *m* Dämon der Verblendung

ē-rubēscō ⟨rubuī, -, rubēscere 3.⟩

I *v/i* erröten, rot werden; *fig* schamrot werden, sich schämen, *abs od re/in re* über etw; ***ērubēscendus*** dessen man sich schämen muss; ***amores erubescendi*** Liebschaften, derer man sich schämen muss
II *v/t* scheuen, achten; ***iura fidemque e.*** Recht und Vertrauen achten

ērūca ⟨ae⟩ *f*
1. (*nachkl.*) Raupe, Kohlraupe
2. Senfkohl

ē-rūctō ⟨āvī, ātum, āre 1.⟩
1. (aus)rülpsen, ausspeien, *abs od aliquid* etw; ***sermonibus caedem eructant*** sie drohen mit Mord
2. (*nachkl.*) *poet* ausstoßen, auswerfen; ***Aetna scopulos eructans*** der Steine auswerfende Ätna

► **ē-rudiō** ⟨īvī⟩ *u.* ⟨iī, ītum, īre 4.⟩ ||rudis|| unterrichten, belehren, erziehen, (aus)bilden, *aliquem re/in re* j-n in etw, *ad aliquid* zu etw; ***e. filium doctrinis*** den Sohn in der Wissenschaft unterweisen; ***e. aliquem de re*** j-n über etw aufklären

ērudītiō ⟨ōnis⟩ *f* ||erudio|| Unterricht, Ausbildung; *meton* Bildung, Gelehrsamkeit

ērudītulus ⟨a, um⟩ *Adj* ||*Dim von* eruditus|| Catul. angelernt

ērudītus
I ⟨a, um⟩ *Adj*, *Adv* ⟨ērudītē⟩ ||erudio|| gebildet, gelehrt; ***saecula erudita*** aufgeklärte Zeitalter
II ⟨ī⟩ *m* Experte

ē-ruī → ***eruo***

► **ē-rumpō** ⟨rūpī, ruptum, rumpere 3.⟩

I
1. hervorbrechen lassen, herausbrechen lassen
2. herausstürzen, hervorbrechen
3. ausschütten, auslassen
II
1. herausbrechen, hervorbrechen
2. einen Ausfall machen
3. plötzlich ausbrechen, losbrechen
4. plötzlich übergehen
5. abschweifen

I *v/t*
1. hervorbrechen lassen, herausbrechen lassen; ***terra fontibus dulces liquores erumpit*** die Erde lässt durch Quellen Süßwasser heraussprudeln
2. ***se e.*** herausstürzen, hervorbrechen; *fig* endlich zu *etw* führen, *ad aliquid*; ***portis foras se e.*** durch die Tür nach außen stürzen; ***ad bellum se e.*** schließlich zum Krieg führen
3. *fig Gefühle* ausschütten, auslassen; ***iram e. in aliquem*** seinen Zorn auslassen an j-m
II *v/i*
1. herausbrechen, hervorbrechen, hervorstürmen; ***ex latebris ab oppido e.*** aus den Schlupfwinkeln von der Stadt her hervorstürmen
2. MIL einen Ausfall machen
3. *von Zuständen* plötzlich ausbrechen, losbrechen; ***ex avaritia erumpit audacia*** aus der Habsucht entspringt Frechheit; ***vitia alicuius in amicos erumpunt*** j-s Laster brechen gegen die Freunde durch
4. *fig* plötzlich in *etw* übergehen, ausschlagen, ausarten, *ad aliquid/in aliquid*; (*unkl.*) *von Personen* in *etw* ausbrechen; ***in minas e.*** in Drohungen ausbrechen
5. Quint. RHET plötzlich von *etw* ablenken, abschweifen

ē-ruō ⟨ruī, rutum (ru(i)tūrus), ruere 3.⟩
1. ausgraben, herausscharren, ***aurum terrā*** Gold aus der Erde; ***pinum radicibus e.*** eine Pinie mit den Wurzeln ausgraben
2. (*nachkl.*) aufgraben, aufwühlen; ***aquam remis e.*** Wasser mit den Rudern aufwühlen
3. aufstöbern; *fig* ausfindig machen, ermitteln, *aliquid re/ex re* etw aus etw, + *indir Fragesatz*; ***memoriam rei ex annalium vetustate e.*** die Erinnerung an etw aus alten Jahrbüchern aufstöbern
4. (*nachkl.*) *poet* ausreißen, entwurzeln; ***alicui oculos e.*** j-m die Augen herausreißen
5. herausreißen, *aliquem re* j-n aus etw, ***aliquem difficultate pecuniaria*** j-n aus einer finanziellen Schwierigkeit; ***hoc mihi erui non potest*** das lasse ich mir nicht ausreden
6. (*nachkl.*) *poet* von Grund auf zerstören, verheeren, umstürzen, beseitigen; ***civitatem e.*** eine Stadt zerstören; ***memoriam e.*** das Andenken beseitigen

ē-rūpī → ***erumpo***

ēruptiō ⟨ōnis⟩ *f* Ausbruch; MIL Ausfall; ***e. Aetnae*** Ausbruch des Ätna; ***vitiorum e.*** *fig* Ausbruch der Laster; ***eruptionem facere*** MIL einen Ausfall machen

ē-ruptus ⟨a, um⟩ *PPP* → ***eruo***

erus ⟨ī⟩ *m*
1. Hausherr, Herr
2. *fig* Gebieter, Beherrscher, Eigentümer

ē-rutus ⟨a, um⟩ *PPP* → ***eruo***

ervum ⟨ī⟩ *n* Erve, *eine mit der Erbse verwandte Hülsenfrucht*; ***tenui ervo*** Hor. bei schmaler Kost

Erycīna ⟨ae⟩ *f* ||Eryx|| = Aphrodite/Venus

Erycīnus ⟨a, um⟩ *Adj* vom Eryx, zum Eryx gehörig; aus Eryx, zu Eryx gehörig

Erycus mōns → ***Eryx***

Erymanthis *Gen* ⟨idis⟩ *Adj f u.* **Erymanthius** ⟨a, um⟩ *Adj* erymanthisch; → ***Erymanthus*** *1*

Erymanthus ⟨ī⟩ *m*
1. *Gebirge in Arkadien, an der Grenze zu Elis, wo Herkules den Erymanthischen Eber tötete*
2. *Nebenfluss des Alpheios*

Erysichthōn ⟨onis⟩ *m Sohn des thessalischen Königs Triopas; fällte in einem der Demeter heiligen Hain Bäume u. wurde dafür mit ewigem Heißhunger bestraft*

Erythēa ⟨ae⟩ *f sagenhafte Insel im Golf von Gadeira, auf der Geryon hauste*

Erythēis ⟨idis⟩ *f* (*erg.* ***praeda***) = die entführten Rinder des Herkules

erythīnus ⟨ī⟩ *m* ||griech. Fw.|| (*nachkl.*) *poet* rote Meerbarbe

Erythrae ⟨ārum⟩ *f alte Stadt in Böotien gegenüber Chios, heute Elevtherai*

Erythraea ⟨ae⟩ *f* (*erg.* ***terra***) das Gebiet von Erythrae

Erythraeus ⟨a, um⟩ *Adj* aus Erythrae, zu Erythrae gehörig

Erythraeus[1] ⟨ī⟩ *m* Einwohner von Erythrae

Erythraeus[2] ⟨a, um⟩ *Adj* MYTH des Erythrus, *eines Königs im S Asiens*; ***mare Erythraeum*** *der Indische Ozean mit dem Arabischen u. dem Persischen Golf*

Eryx ⟨ycis⟩ *m*
1. *Berg (auch Erycus mons) u. Stadt an der Nordwestküste von Sizilien mit altem Aphrodite-Kult, heute Monte San Giuliano u. Stadt San Giuliano*
2. MYTH *Heros des Ortes, Sohn der Venus u. Bruder des Aeneas, von Herkules erschlagen*
ēsca ⟨ae⟩ *f* ||edo[1]|| Essen, Speise, Gericht; Futter, Nahrung; Lockspeise, Köder; ***voluptas e. malorum*** *fig* das Vergnügen, die Lockspeise der Übel
ēscāria ⟨ōrum⟩ *n* ||escarius|| Essgeschirr
ēscārius ⟨a, um⟩ *Adj* Ess…; ***vincla escaria*** Köderhaken
ē-scendō ⟨scendī, scēnsum, scendere 3.⟩ ||scando||
I *v/i* emporsteigen; ***in currum e.*** in den Wagen steigen; ***in navem e.*** sich einschiffen
II *v/t* (*nachkl.*) besteigen, ***equum*** ein Pferd
ēscēnsiō ⟨ōnis⟩ *f* ||escendo|| (*nachkl.*) Landung
ēscēnsus[1] *nur Abl* ⟨ū⟩ *m* ||escendo|| (*nachkl.*) das Ersteigen
ē-scēnsus[2] ⟨a, um⟩ *PPP* → ***escendo***
eschatocollion ⟨ī⟩ *n* ||griech. Fw.|| Mart. letzte Seite *einer Schrift*
escit ||*altl. Inkoh zu* est|| er ist (vorhanden); Lucr. = ***erit***; → ***sum***
ēsculenta ⟨ōrum⟩ *n* ||esculentus|| Speisen
ēsculentus ⟨a, um⟩ *Adj* ||esca|| essbar
ēsculētum ⟨ī⟩ *n* = ***aesculetum***
ēsculeus ⟨a, um⟩ *Adj* = ***aesculeus***
ēsculus ⟨ī⟩ *f* = ***aesculus***
escunt ||*altl. Inkoh zu* sunt|| sie sind (vorhanden); Lucr. = ***erunt***; → ***sum***
ēsiliō ⟨siluī, sultum, silīre 4.⟩ = ***exsilio***
ēsitō ⟨āvī, -, āre 1.⟩ ||*Freq zu* edo[1]|| (*vkl., nachkl.*) essen, zu essen pflegen
Esquiliae ⟨ārum⟩ *f* Esquilin, *größter Hügel von Rom, Begräbnis- u. Richtplatz*
Esquiliārius *u.* **Esquilīnus** *u.* **Esquilius** ⟨a, um⟩ *Adj* des Esquilin, zum Esquilin gehörig
esse → ***sum***
esseda ⟨ae⟩ *f u. Pl* = ***essedum***
essedārius ⟨ī⟩ *m* ||essedum|| Wagenkämpfer, *gall. u. brit. Krieger, röm. Gladiator*
essedum ⟨ī⟩ *n* [*kelt. Fw.*] *zweirädriger* Streitwagen *der Gallier u. Britannier, in Rom auch bei Gladiatorenkämpfen verwendet*; Reisewagen
essentia ⟨ae⟩ *f* ||esse|| Wesen einer Sache; (*nlat.*) PHIL das Sosein; → ***exsistentia***; konzentrierter Auszug, Essenz
essitō ⟨āvī, ātum, āre 1.⟩ = ***esito***
essur… = ***esur…***
ēstrīx ⟨īcis⟩ *f* = ***ambestrix***
ēstur = ***editur***; → ***edo***[1]
ēsūdō ⟨āvī, ātum, āre 1.⟩ = ***exsudo***
ēsuriālis ⟨e⟩ *Adj* ||esurio[1]|| Plaut. Hunger…
ēsuriō[1] ⟨īvī⟩ *u.* ⟨iī, itūrus, īre 4.⟩ ||*Desid von* edo[1]|| essen wollen, hungrig sein, hungern; (*vkl.*) *auch* Hunger leiden; *fig* begierig sein, verlangen, *aliquid* nach etw
ēsuriō[2] ⟨ōnis⟩ *m* ||esurio[1]|| Plaut. Hungerleider
ēsurītiō ⟨ōnis⟩ *f* ||esurio[1]|| (*nachkl.*) *poet* das Hungern, das Hungerleiden
ēsurītor ⟨ōris⟩ *m* ||esurio[1]|| Mart. Hungerleider
ēsus ⟨a, um⟩ *PPP* → ***edo***[1]
et
I *Adv*
1. *hinzufügend od vergleichend* auch, gleichfalls; = ***quoque***
2. *steigernd* sogar, selbst; = ***etiam***; ***timeo Danaos, et dona ferentes*** ich fürchte die Danaer, selbst wenn sie Geschenke bringen
II *Konj zur Verbindung von Begriffen u. Sätzen*
1. und, und auch, und ferner, und zugleich, und noch außerdem, *im Deutschen nach multi, pauci, unus nicht übersetzt, im Hendiadyoin durch attributive Wendungen wiedergegeben*; ***multae et magnae difficultates*** viele große Schwierigkeiten; ***unus et perangustus*** ein einziger sehr enger Zugang; ***ardor et impetus*** hitziger Angriff; ***ratio et cogitatio*** vernünftiges Denken; ***clamor et admiratio*** laute Bewunderung; ***poscere et flagitare*** entschieden verlangen; ***relinquere et deserere*** treulos verlassen; ***aequus et par*** vollkommen gleich
2. und somit, und so (denn), und daher, und folglich, und nun
3. *kurz abschließend* und überhaupt, kurz; ***Chrysippus et Stoici*** Chrysipp und die Stoiker überhaupt
4. *erklärend* und zwar, nämlich, das heißt; ***errabas et vehementer errabas*** du irrtest, und zwar irrtest du gewaltig; = ***et quidem***
5. *bestätigend* und wirklich, und in der Tat, und allerdings; = ***et vero, et profecto***
6. *kontrastierend* und doch, und dabei, und trotzdem; = ***et tamen***; ***et quisquam dubitabit, quin*** und da will noch jemand zweifeln, dass
7. *advers nach Verneinungen* sondern; = ***sed***
8. *im Syllogismus* nun aber; = ***atqui***
9. wie, als *nach Ausdrücken der Gleichheit u. Ähnlichkeit statt des häufigeren ac*; ***aeque amicos et nosmet ipsos amemus*** wir sollen unsere Freunde ebenso wie uns selbst lieben
10. (*vkl., nachkl.*) als, da *nach vorausgehendem nondum, iam, vix u. Ä. statt des* (*klass.*) *cum inversum*; ***vix prima inceperat aestas et Anchises dare vela iubebat*** der Frühling hatte kaum begonnen, als Anchises befahl abzusegeln
11. *Wendungen*: ***et non*** und nicht, ↔ *neque, Verneinung eines einzelnen Begriffs*; ***et … et*** sowohl … als auch, teils … teils; ***-que … et / et … -que*** sowohl … als auch; ***et … neque*** einerseits (wohl) … andererseits nicht; ***neque … et*** einerseits nicht … andererseits, nicht nur nicht … sondern (auch)
et-enim *Konj* (*klass.*) *nur am Satzanfang, poet auch nachgestellt*
1. nämlich, denn; ja auch, außerdem ja, ferner
2. und allerdings
Eteoclēs ⟨is⟩ *u.* ⟨eos⟩ *m Sohn des Ödipus, Bruder des Polyneikes*
etēsiae ⟨ārum⟩ *m* ||griech. Fw.|| Passatwinde, *die vor allem im Ägäischen Meer z. Zt. der Hundstage mehrere Wochen lang aus dem N wehen*
etēsius ⟨a, um⟩ *Adj* ||griech. Fw.|| Lucr. jährlich
ēthica ⟨ae⟩ *f u.* **ēthicē** ⟨ēs⟩ *f* ||griech. Fw.|| Ethik, Moralphilosophie
ēthicus ⟨a, um⟩ *Adj, Adv* ⟨ēthicōs⟩ ||griech. Fw.|| ethisch, sittlich, moralisch
ēthologia ⟨ae⟩ *f* ||griech. Fw.|| (*nachkl.*) Charakterdarstellung, Sittenschilderung

ēthologus ⟨ī⟩ *m* ||griech. Fw.|| Charakterdarsteller; Possenreißer

► **etiam** ||et, iam||

I *Adv*

1. *zeitl.* noch, noch immer; ***etiam nunc / nunc etiam*** auch jetzt noch; ***etiam tum / tum etiam*** auch damals noch; ***non etiam / nondum etiam*** immer noch nicht; ***vixdum etiam*** auch jetzt kaum

2. noch einmal, wieder; ***dic etiam clarius*** sprich noch einmal deutlicher; ***etiam atque etiam*** immer wieder

3. *in Antworten* ja, allerdings; ***aut etiam aut non*** entweder ja oder nein

II *Konj*

1. *steigernd* auch, sogar, selbst, auch noch, *vor od hinter dem betonten Wort stehend*; ***atque etiam*** und sogar; ***quin etiam*** ja sogar; ***etiam non*** auch nicht

2. *beim Komp* noch; ***etiam maior*** noch größer

3. *in unwilligen Fragen* noch obendrein, gar, auch noch; ***etiam rides?*** lachst du auch noch?

4. *vermehrend* ferner, außerdem, überdies, dazu; ***accedit etiam*** außerdem kommt noch dazu

5. ***non solum … sed etiam*** nicht nur … sondern auch; ***non modo … verum etiam*** nicht nur … sondern auch

etiam-dum *Adv* Com. auch jetzt noch

etiam-num *u.* **etiam-nunc** *Adv*

1. auch jetzt noch, noch immer; damals noch; ***nullus etiamnunc*** noch keiner; ***nihil etiamnunc*** nichts weiter

2. (*nachkl.*) ferner, außerdem

3. Plaut. nochmals, noch mehr

► **etiam-sī** *Konj* auch wenn, wenn auch, + *Konjkt* / + *Ind*; indessen, gleichwohl

etiam-tum *u.* **etiam-tunc** *Adv*

1. damals noch, immer noch

2. Ter. damals erst

Etrūria ⟨ae⟩ *f* Etrurien, *Landschaft nw. von Rom, am Tyrrhenischen Meer, im N bis zum Arno, im O u. S bis zum Tiber*

Etrūscus ⟨a, um⟩ *Adj* etruskisch

Etrūscus ⟨ī⟩ *m* Etrusker

► **et-sī** *Konj* wenn auch, wenn schon, obgleich, + *Konjkt* / + *Ind*; indessen, gleichwohl, jedoch

etymologia ⟨ae⟩ *f* ||griech. Fw.|| (*vkl., nachkl.*) Ableitung eines Wortes, Etymologie

e͡u *Interj* ||griech. Fw.|| (Com., Hor.) gut!, schön!, vortrefflich!

e͡uān *Interj* ||griech. Fw.||

1. (*vkl., nachkl.*) *Jubelruf der Bacchantinnen*

2. = Bacchus

Euander ⟨drī⟩ *m u.* **Euandrus** ⟨ī⟩ *m Sohn des Hermes / Merkur u. der Seherin Carmenta, führte von Pallantion in Arkadien eine Kolonie nach Italien u. gründete Pallanteum in der Gegend des späteren Rom*

e͡uangel… = ***evangel…***

e͡uāns *Gen* ⟨antis⟩ *Adj* ||griech. Fw.|| (*nachkl.*) *poet* Jubelrufe ausstoßend; ***orgia e.*** unter Jubelrufen Orgien feiernd

e͡uax *Interj* juchhe!

Euboia ⟨ae⟩ *f Insel an der Ostküste Mittelgriechenlands, Name erhalten*

Euboicus ⟨a, um⟩ *Adj* euböisch; Euböa gegenüber liebend; kumäisch; ***urbs Euboica*** euböische Stadt, = Cumae; ***carmen euboicum*** Spruch der Sibylle von Cumae

e͡ucharistia ⟨ae⟩ *f* ||griech. Fw.|| Tert. Danksagung; (*eccl.*) heiliges Abendmahl, Eucharistie; Hostie

Euclīdēs ⟨is⟩ *m*

1. *Anhänger des Sokrates u. Gründer der Philosophenschule der Megariker*

2. *berühmter Mathematiker in Alexandria um 300 v. Chr.; sein Lehrbuch Stoicheia (Elemente) wirkte bis in die Neuzeit nach*

eudaemōn *Gen* ⟨onis⟩ *Adj* ||griech. Fw.|| glücklich, glückselig, reich, fruchtbar

euge (*vkl., nachkl.*) *u.* Ter. **eugē** *u.* Plaut. **eugepae** *Interj* ||griech. Fw.|| = ***eu***

e͡uhān *Interj* = ***euan***

e͡uhāns *Gen* ⟨antis⟩ *Adj* = ***euans***

Euhēmerus ⟨ī⟩ *m griech. Philos. aus Messene, um 300 v. Chr.; deutete die Gottheiten, soweit es sich nicht um personifizierte Naturkräfte handelte, als Menschen, die nur wegen ihrer hohen Verdienste als Götter verehrt wurden*

Euhias ⟨adis⟩ *f poet* Bacchantin

Euhius ⟨ī⟩ *m poet Beiname des Bacchus*

e͡uhoe *Interj* = ***euoe***

Euias ⟨adis⟩ *f* = ***Euhias***

Euius ⟨ī⟩ *m* = ***Euhius***

eulogia ⟨ae⟩ *f* ||griech. Fw.|| Geschenk; gesegnetes Brot

Eumenēs ⟨is⟩ *m*

1. *Feldherr Alexanders des Großen*

2. *Name zweier Könige von Pergamon*

Eumenides ⟨um⟩ *f* die gnädigen Göttinnen, *euph Bezeichnung der Erinnyen / Furien*

Eumolpidae ⟨ārum⟩ *m* ||Eumolpus|| *Priesterfamilie in Athen*

Eumolpus ⟨ī⟩ *m* MYTH *Stifter der Mysterien der Demeter in Eleusis*

eumpse (*altl.*) = ***eum ipsum***; → ***is*** *u.* → ***ipse***

eunūchus ⟨ī⟩ *m* ||griech. Fw.|| Kastrat, Eunuch; *Titel einer Komödie des Terenz*; (*mlat.*) Kämmerer *am Hof von Byzanz*

e͡uoe *Interj* ||griech. Fw.|| (*nachkl.*) *poet* juchhe!, *Jubelruf der Bacchantinnen*

Euphorbus ⟨ī⟩ *m Trojaner; in seiner Gestalt wollte Pythagoras gemäß seiner Seelenwanderungslehre den Trojanischen Krieg erlebt haben*

Euphoriōn ⟨ōnis⟩ *m aus Chalkis, um 250 v. Chr., hellenistischer Dichter u. Bibliothekar bei Antiochus dem Großen*

Euphrātēs ⟨is⟩ *u.* ⟨ī⟩, *Akk* **em** *u.* **ēn**, *Abl* **e** *m* Euphrat

Eupolis ⟨idis, *Akk* im⟩ *u.* **in**, *Abl* **ī** *u.* **ide** *m Dichter der älteren attischen Komödie, um 425 v. Chr.*

Eurīpidēs ⟨is⟩ *m athenischer Tragiker, 480–406 v. Chr.*

Eurīpidēus ⟨a, um⟩ *Adj* des Euripides, zu Euripides gehörig

eurīpos *u.* **eurīpus** ⟨ī⟩ *m* ||griech. Fw.||

1. Meerenge, *bes* **Eurīpus** ⟨ī⟩ *m Meerenge zwischen Euböa u. dem Festland*

2. Wassergraben, Kanal; (*nachkl.*) Graben *um den Zirkus*

Eurōpa ⟨ae⟩ *f Tochter des phönikischen Königs Agenor, von Zeus in Gestalt eines Stieres von Sidon nach Kreta entführt; nach ihr wurde der Erdteil Europa benannt*
Eurōpaeus ⟨a, um⟩ *Adj* zu Europa gehörig, europäisch
Eurōpē ⟨ēs⟩ *f* = ***Europa***
Eurōtās ⟨ae⟩ *m Hauptfluss der lakonischen Ebene um Sparta, Name erhalten*
eurōus ⟨a, um⟩ *Adj* ||eurus|| Verg. südöstlich, östlich
eurus ⟨ī⟩ *m* ||griech. Fw.|| Südostwind, Ostwind; Sturmwind
Eurydicē ⟨ēs⟩ *f Gattin des Orpheus, durch einen Schlangenbiss getötet. Als sich Orpheus, der sie mit Plutos Einwilligung aus der Unterwelt zurückholen wollte, gegen das Verbot nach ihr umsah, musste sie endgültig in der Unterwelt bleiben*
Eurystheus ⟨eī⟩ *m* MYTH *König von Mykene, der dem Herkules auf Heras Befehl hin die zwölf Arbeiten auferlegte*
euschēmē *Adv* ||griech. Fw.|| Plaut. mit allem Anstand
Euterpē ⟨ēs⟩ *f Muse der Tonkunst, mit einer Flöte dargestellt*
Eutrapelus ⟨ī⟩ *m* ||griech. Fw.|| der Gewandte, der Witzige, *Beiname des röm. Ritters Passiv Volumnius*
euxīnus ⟨a, um⟩ *Adj* ||griech. Fw.|| gastfreundlich; ***Pontus Euxinus*** das Schwarze Meer
► **ē-vādō** ⟨vāsī, vāsum, vādere 3.⟩

I
1. herausgehen, hervorgehen
2. hinaufsteigen, emporklimmen
3. entkommen, entgehen
4. ablaufen, ausschlagen
5. hervorgehen
II
1. passieren
2. ersteigen, erklimmen
3. entkommen, entgehen

I *v/i*
1. herausgehen, hervorgehen, hervorkommen; ***in terram e.*** landen; ***in mare e.*** münden
2. hinaufsteigen, emporklimmen; ***adverso colle e.*** den Hügel gerade hinanstürmen
3. entkommen, entgehen, entrinnen, *ab aliquo* j-m, *ex re / re / alicui rei* einer Sache; ***ab iniustis iudicibus e.*** ungerechten Richtern entgehen; ***ex morbo e.*** einer Krankheit entgehen; ***periculo e.*** einer Gefahr entrinnen
4. *fig von Sachen* ablaufen, ausschlagen, ausfallen, enden, in Erfüllung gehen; ***somnium verum evasit*** der Traum hat sich erfüllt; ***aliquid alicui bene evadit*** etw geht für j-n gut aus
5. *von Personen* als *jd / etw* hervorgehen, sich zu *etw / j-m* entwickeln; ***aliquis orator evadit*** j-d entwickelt sich zum Redner
II *v/t*
1. über *etw* hinausgehen, *einen Raum* passieren, *aliquid*; ***totum spatium e.*** den ganzen Raum durchfliegen; ***tot urbes e.*** so viele Städte passieren
2. ersteigen, erklimmen, ***gradūs altos*** hohe Stufen
3. entkommen, entgehen, entfliehen, *aliquid* einer Sache, ***insidias*** den Nachstellungen
ēvagātiō ⟨ōnis⟩ *f* ||evagor|| (*nachkl.*) Ausbreitung
ē-vāgīnō ⟨āvī, ātum, āre 1.⟩ ||ex, vagina|| aus der Scheide ziehen, ***gladium*** das Schwert
ē-vagor ⟨ātus sum, ārī 1.⟩
I *v/i*
1. (*nachkl.*) umherschweifen; Liv. MIL ausschwärmen
2. sich ausbreiten, um sich greifen
3. *vom Thema* abschweifen
II *v/t* überschreiten, ***ordinem rectum*** Ov. das rechte Maß
ē-valēscō ⟨valuī, -, valēscere 3.⟩ (*nachkl.*)
1. *poet* erstarken
2. *fig poet* sich steigern, wachsen, *in aliquid* zu etw
3. *poet* zur Geltung gelangen
4. *poet* imstande sein, + *Inf*
ē-validus ⟨a, um⟩ *Adj* (*nachkl.*) *poet* ganz stark
ē-vānēscō ⟨vānuī, -, vānēscere 3.⟩ verschwinden, vergehen, sich verlieren; ***memoria evanescit*** *fig* das Andenken schwindet; ***vinum evanescit*** Wein verdunstet; ***e. in auras*** sich in Luft auflösen
ēvangelicus ⟨a, um⟩ *Adj* ||griech. Fw.|| (*eccl.*) zum Evangelium gehörig
ēvangelista ⟨ae⟩ *m* ||griech. Fw.|| (*eccl.*) Evangelist, *Verfasser eines der vier zum NT gehörenden Evangelien, Matthäus, Marcus, Lukas u. Johannes*
ēvangelium ⟨ī⟩ *n* ||griech. Fw.|| (*eccl.*) Frohbotschaft, Evangelium, *eine der vier Schriften des NT über Leben u. Lehre Jesu Christi*; (*mlat.*) Evangelienbuch
ēvānidus ⟨a, um⟩ *Adj* ||evanesco|| (*nachkl.*) *poet* (ent)schwindend, verlöschend, vergehend; *von Personen* hinfällig
ē-vānuī → ***evanesco***
ēvapōrātiō ⟨ōnis⟩ *f* ||vapor|| Ausdünstung
ē-vāsī → ***evado***
ē-vāstō ⟨āvī, ātum, āre 1.⟩ (*nachkl.*) völlig verwüsten
ē-vāsum *PPP* → ***evado***
ē-vehō ⟨vēxī, vectum, vehere 3.⟩
1. hinausführen, hinausbringen, hinausschaffen; ***classem in altum e.*** die Flotte in See stechen lassen
2. (*nachkl.*) *poet* emporführen, emporbringen; ***aliquem ad consulatum e.*** j-n zum Konsulat bringen; *Passiv* hinauffahren, hinaufreiten; ***per auras evehi*** sich durch die Lüfte emporschwingen
3. (*nachkl.*) *Passiv* hinausfahren, hinaussegeln, hinausreiten; *von Flüssen* abfließen; ***ex portu evehi*** aus dem Hafen auslaufen; ***amnis ad mare evehitur*** der Fluss fließt zum Meer
4. *Passiv feindlich* losreiten, losfahren, *in aliquem* gegen j-n, *in aliquid* gegen etw; von *irgendwo* ausgehen; ***eloquentia ex Piraeo evecta est*** die Beredsamkeit ging von Piraeus aus
5. *Passiv* (*nachkl.*) über *etw* hinausgehen; ***fama insulas evehitur*** das Gerücht dringt über die Inseln hinaus
6. *Passiv* überschreiten, übersteigen; ***opes privatum modum evehuntur*** das Vermögen überschreitet das private Maß
7. *Passiv* sich hinreißen lassen, zu weit gehen; ***spe vanā evehi*** sich von einer eitlen Hoffnung verleiten lassen

E

ē-vellō ⟨vellī⟩ *u.* ⟨vulsī, vulsum, vellere 3.⟩ herausreißen, ausreißen; abreißen, losreißen; *fig* vernichten, vertilgen, beseitigen; ***poma ex arboribus e.*** Obst von den Bäumen pflücken; ***suspicionem ex animo e.*** *fig* den Verdacht aus den Gedanken beseitigen; ***consules ex fastis e.*** Konsuln aus dem Verzeichnis tilgen

E

► **ē-veniō** ⟨vēnī, ventum, venīre 4.⟩
1. (*unkl.*) herauskommen, hervorkommen
2. *fig* sich ereignen, eintreten; ***evenit, ut*** *unpers* es geschieht, dass
3. *fig* eintreffen, in Erfüllung gehen; ***res praedicta evenit*** das vorausgesagte Ereignis trat ein
4. *fig* zufallen, zuteil werden, ***sorte*** durch das Los
5. *fig* ausfallen, ablaufen, ausgehen, enden; ***bene e.*** gut ausgehen
6. (*mlat.*) werden; = ***fio***

ē-ventilō ⟨āvī, ātum, āre 1.⟩ durch Schwingen reinigen

ēventum ⟨ī⟩ ||evenio||
1. Ausgang, Erfolg, Ergebnis
2. Ereignis, Begebenheit
3. Lucr. das durch Zufall Eingetretene

► **ēventus**[1] ⟨ūs⟩ *m* ||evenio||
1. Ausgang, Entscheidung, Ergebnis; ***bonus e.*** guter Ausgang
2. guter Ausgang, Erfolg; ***nec e. defuit*** und es fehlte nicht der Erfolg
3. (*nachkl.*) *poet* schlimmer Ausgang, Katastrophe
4. Vorfall, Ereignis
5. Schicksal, Los; *Pl* Wechselfälle
6. ***Bonus Eventus*** (*vkl., nachkl., Inschrift*) *ländliche* Gottheit des Gedeihens der Feldfrüchte, *später* Gottheit des Erfolgs

ē-ventus[2] ⟨a, um⟩ *PPP* → ***evenio***

ē-verberō ⟨āvī, ātum, āre 1.⟩ (*nachkl.*)
1. *poet* aufpeitschen, ***mare remis*** das Meer mit den Rudern
2. heftig schlagen, zerschlagen; abschütteln; ***cineres alis e.*** die Asche von den Flügeln abschütteln

ē-vergō ⟨-, -, ere 3.⟩ Liv. hervorsprudeln lassen

ēverriculum ⟨ī⟩ *n* ||everro|| Kehrbesen, *auch fig, Anspielung auf Verres*

ē-verrō ⟨verrī, versum, verrere 3.⟩
1. (*vkl., nachkl.*) auskehren, ausfegen
2. *fig* ausplündern

ēversiō ⟨ōnis⟩ *f* ||everto|| das Umwerfen, Zerstörung; *fig* Umsturz, Zerrüttung

ēversor ⟨ōris⟩ *m* ||everto|| Zerstörer

ē-versus ⟨a, um⟩ *PPP* → ***everto*** *u.* → ***everro***

► **ē-vertō** ⟨vertī, versum, vertere 3.⟩
1. Com. *poet* umkehren, umdrehen; aufwühlen; ***cervices e.*** den Hals verdrehen; ***aequora e.*** die Fluten aufwühlen
2. umwerfen, umstürzen, ***statuam*** ein Standbild; ***arborem e.*** einen Baum fällen
3. zerstören, niederreißen, ***domum*** ein Haus
4. *fig* zugrunde richten, zerrütten, ***civitatem*** die Stadt, ***amicitiam*** eine Freundschaft; ***aratores e.*** die Domänenpächter finanziell ruinieren
5. hinaustreiben, vertreiben, *aliquem re* j-n aus etw; ***e. aliquem sedibus*** j-n von Haus und Hof vertreiben; ***aliquem bonis e.*** j-n um sein Vermögen bringen

ēvestīgātus ⟨a, um⟩ *Adj* ||ex, vestigo|| (*nachkl.*) *poet* aufgespürt, erforscht

ēvidēns *Gen* ⟨entis⟩ *Adj, Adv* ⟨ēvidenter⟩ ||ex, video||
1. sichtbar
2. *fig* augenscheinlich, einleuchtend, offenbar
3. (*nachkl.*) *fig* hervorragend, glänzend; auffallend

ēvidentia ⟨ae⟩ *f* ||evidens||
1. (*nachkl.*) Ersichtlichkeit
2. Eindeutigkeit, Klarheit
3. RHET Veranschaulichung, Evidenz

ē-vigilō ⟨āvī, ātum, āre 1.⟩
I *v/i*
1. (*nachkl.*) aufwachen, erwachen
2. wach bleiben, unermüdlich tätig sein
II *v/t*
1. Tib. durchwachen, ***noctem*** die Nacht
2. bei Nacht sorgfältig ausarbeiten; ***consilia evigilata cogitationibus*** wohl durchdachte Pläne

ē-vīlēscō ⟨vīluī, -, vīlēscere 3.⟩ ||vilis|| (*nachkl.*) wertlos werden

ē-vinciō ⟨vinxī, vinctum, vincīre 4.⟩ (*nachkl.*)
1. *poet* binden, fesseln
2. *poet* umbinden, umwinden, *aliquid re* etw mit etw

ē-vincō ⟨vīcī, victum, vincere 3.⟩ (*nachkl.*)
1. *poet* völlig besiegen; ***angusta e.*** bedenkliche Lagen glücklich überstehen
2. *fig von Örtlichkeiten* über *etw* hinausgelangen, *etw* gewaltsam durchbrechen, *aliquid*; ***Charybdim remis e.*** über die Charybdis hinausrudern
3. *fig* überreden, bewegen, erweichen; *Passiv* sich erweichen lassen; ***lacrimis ad miserationem evinci*** sich durch Tränen zu Mitleid bewegen lassen
4. *fig* (siegreich) durchsetzen, es dahin bringen, *ut/ne*
5. *fig* unumstößlich darlegen, beweisen, + *AcI*
6. JUR gerichtlich wieder erlangen

ē-virō ⟨āvī, ātum, āre 1.⟩ ||vir|| (*unkl.*) entmannen, entkräften

ē-vīscerō ⟨(āvī), ātum, āre 1.⟩ ||viscera|| (*unkl.*) zerfleischen, zerreißen; *fig* auswaschen; ***terras e.*** Böden auswaschen

ēvītābilis ⟨e⟩ *Adj* ||evito[1]|| (*nachkl.*) *poet* vermeidbar, entrinnbar

ēvītātiō ⟨ōnis⟩ *f* ||evito[1]|| (*nachkl.*) das Vermeiden

ē-vītō[1] ⟨āvī, ātum, āre 1.⟩ *etw* vermeiden, *einer Sache* ausweichen, entgehen, *aliquid*; ***suspicionem e.*** *fig* den Verdacht vermeiden;

ē-vītō[2] ⟨āvī, ātum, āre 1.⟩ ||ex, *Denom von* vita|| (*unkl.*) das Leben rauben, *aliquem* j-m

ēvocātī ⟨ōrum⟩ *m* ||evocatus, *PPP von* evoco|| Veteranen, *die in Notzeiten wieder aufgeboten wurden*

ēvocātiō ⟨ōnis⟩ *f* ||evoco|| (*unkl.*) Aufruf, *bes* Vorladung eines Schuldners

ēvocātor ⟨ōris⟩ *m* ||evoco|| Aufwiegler

► **ē-vocō** ⟨āvī, ātum, āre 1.⟩
1. herausrufen, herbeirufen
2. RELIG *Tote* aus der Unterwelt hervorrufen, aus dem Grab erwecken
3. MIL zum Kampf herausfordern
4. RELIG *die Gottheit aus einer belagerten Stadt* herausrufen; ***deus evocatus sacratis sibi finibus*** der aus seinem heiligen Bezirk herausgerufene Gott

5. *amtlich* zu sich berufen, vorladen
6. *Soldaten* ausheben; abkommandieren, *irgendwohin* beordern
7. zu *etw* erheben, berufen; ***aliquem ad honorem e.*** j-n in ein Ehrenamt berufen
8. *fig* hervorrufen, erwecken, erregen; ***alicui risum e.*** j-m ein Lächeln abnötigen
9. zu *etw* verlocken; ***cupiditas multos longius evocavit*** die Gier lockte viele zu weit weg

ēvoe *Interj* = ***euoe***

ē-volō ⟨āvī, ātum, āre 1.⟩
1. hervorfliegen, *bes* aus dem Nest ausfliegen, wegfliegen
2. entfliehen, enteilen; ***e poena e.*** der Strafe entgehen
3. hervorbrechen, hervorstürzen, eilen; ***hostes ex omnibus partibus silvae evolant*** die Feinde stürzen aus allen Teilen des Waldes hervor
4. emporfliegen, sich emporschwingen

ēvolūtiō ⟨ōnis⟩ *f* ||evolvo|| das Aufschlagen *eines Buches* = das Lesen

ē-volvō ⟨volvī, volūtum, volvere 3.⟩
1. herauswälzen, hinauswälzen, hervorwälzen, hervorrollen; (von sich) abwälzen; *von Gewässern* entströmen lassen
2. *Passiv u.* ***se e.*** sich hinauswälzen, hinausrollen; *von Gewässern* entströmen; sich herauswickeln, sich heraushelfen, *ex re / re* aus etw; ***evolvi integumentis dissimulationis*** entlarvt werden
3. vertreiben, verdrängen, ***aliquem sede patriā*** j-n vom väterlichen Sitz
4. *vom Rauch* aufwirbeln lassen; *Passiv* aufsteigen
5. *Spindeln* abspinnen
6. Plaut. auftreiben, ***argentum*** Geld
7. auseinander rollen, aufrollen; *ein Buch* aufschlagen, öffnen; *fig* lesen, studieren
8. *fig* entwickeln, deutlich machen, enthüllen, darstellen, schildern; *(nachkl.)* überdenken, überlegen; ***exitum criminis e.*** den Ausgang des Verbrechens ermitteln

ē-vomō ⟨vomuī, vomitum, vomere 3.⟩ ausspeien, von sich geben; *fig* ausstoßen, ausschütten; *Worte* ausstoßen

ē-vortō ⟨vortī, vorsum, vortere 3.⟩ = ***everto***

ē-vulgō ⟨āvī, ātum, āre 1.⟩ *(nachkl.)* veröffentlichen, bekannt machen, *aliquid* etw, + *AcI*; preisgeben, ***pudorem*** das Schamgefühl

ēvulsiō ⟨ōnis⟩ *f* ||evello|| das Herausreißen; ***e. dentis*** das Zahnziehen

ex *Präf u. Präp* = ***e²***

ex-acerbō ⟨āvī, ātum, āre 1.⟩ *(nachkl.)* bitter treffen, erbittern, aufbringen, erzürnen, *aliquem / alicuius animum re* j-n durch etw, *aliquem in aliquem* j-n gegen j-n; ***hostes contumeliis e.*** die Feinde mit Schmähungen erzürnen

exāctiō ⟨ōnis⟩ *f* ||exigo||
1. Vertreibung
2. Eintreibung, Erhebung, ***pecuniarum*** von Geldern
3. Besteuerung
4. Steuer, Einnahme; Abgabe
5. Beaufsichtigung, Leitung *durch die Behörde*, ***operum publicorum*** von öffentlichen Bauten

exāctor ⟨ōris⟩ *m* ||exigo||
1. Liv. Vertreiber, ***regum*** der Könige
2. Eintreiber, Einkassierer, *bes* Steuereintreiber
3. *(nachkl.)* Aufseher; Vollstrecker, *alicuius rei* einer Sache

exāctus¹ ⟨a, um⟩ *Adj, Adv* ⟨exāctē⟩ ||exigo|| *von Personen u. Sachen* genau, pünktlich; ***vir e.*** zuverlässiger Mann; *Sup* vollkommen, *alicuius rei* in etw

exāctus² ⟨ūs⟩ *m* ||exigo|| Quint. Vertrieb, Verkauf

ex-āctus³ ⟨a, um⟩ *PPP* → ***exigo***

ex-acuō ⟨acuī, acūtum, acuere 3.⟩
1. *(nachkl.)* schärfen, wetzen, zuspitzen; ***vim oculorum et ingenii aciem e.*** *fig* Augen und Verstand schärfen
2. aufreizen, aufstacheln, antreiben, *aliquem ad aliquid / in aliquid* j-n zu etw; ***palatum e.*** den Appetit anregen

exadversum *u.* **exadversus** *u.* **exadvorsum**
I *Adv* (Com., *nachkl.*) genau gegenüber, *abs od alicui rei* einer Sache
II *Präp + Akk* gegenüber; ***eum locum exadversum*** diesem Ort gegenüber

exaedificātiō ⟨ōnis⟩ *f* ||exaedifico||
1. *(nachkl.)* Erbauung *eines Gebäudes*
2. *fig* Aufbau, ***historiae*** der Geschichte

ex-aedificō ⟨āvī, ātum, āre 1.⟩
1. ausbauen, aufbauen; *fig ein Werk* vollenden; ***ignaviam e.*** sein Lotterleben fortführen
2. Plaut. *im Wortspiel mit ex aedibus* hinausbefördern

exaequātiō ⟨ōnis⟩ *f* ||exaequo|| *(nachkl.)* das Einebnen; *fig* Gleichstellung

ex-aequō ⟨āvī, ātum, āre 1.⟩
1. *(nachkl.)* einebnen, gleichmachen; ***periculum e.*** die Gefahr gleich verteilen; ***tumulos tumulis e.*** Haufen auf Haufen türmen
2. *fig* auf die gleiche Stufe stellen; ***facta dictis e.*** Taten angemessen darstellen
3. gleichstellen, vergleichen, *aliquem alicui / cum aliquo* j-n mit j-m; ***bonis exaequari*** den Guten gleichkommen
4. *poet j-m* gleichkommen, *j-n* erreichen, *aliquem*; ***Sabinas e.*** den Sabinerinnen gleichkommen

exaeresimus ⟨a, um⟩ *Adj* = ***exhaeresimus***

ex-aestuō ⟨āvī, ātum, āre 1.⟩
I *v/i* aufwallen, aufbrausen; *vom Meer* wogen; *vor Hitze* erglühen; *fig von Leidenschaften* entbrennen, aufbrausen; ***ignis exaestuat*** das Liebesfeuer entbrennt
II *v/t* Lucr. aufbrausend ausströmen lassen

exaggerātiō ⟨ōnis⟩ *f* ||exaggero||
1. *(nachkl.)* Aufhäufung, Häufung
2. *fig* Erhebung, ***animi*** des Geistes

ex-aggerō ⟨āvī, ātum, āre 1.⟩
1. aufdämmen, mit Dammerde auffüllen
2. aufhäufen, vermehren, ***rem familiarem*** das Vermögen; ***mortem morti e.*** Tod auf Tod häufen
3. vergrößern, steigern; ***alicuius iuventam honoribus e.*** j-n in seiner Jugend zu hohen Ehren bringen
4. *fig durch Worte* vergrößern, rühmend darstellen; *pej* auf Kosten der Wahrheit erheben, übertreiben
5. RHET erhöhen; ***orationem e.*** seiner Rede größeren Schwung geben
6. *fig geistig* erheben

exagitātor ⟨ōris⟩ *m* ||exagito|| Tadler

E

▶ **ex-agitō** ⟨āvī, ātum, āre 1.⟩
1. *poet* aufscheuchen
2. *fig* umhertreiben, hetzen, verfolgen
3. *fig* aufrütteln, wecken
4. *fig, pej* beunruhigen, quälen, verfolgen; nicht ruhen lassen; vielfach besprechen
5. *fig mit Worten* scharf angreifen, geißeln, tadeln, verspotten, laut missbilligen
6. *fig* aufwiegeln, reizen; *eine Leidenschaft* erregen
exagōga ⟨ae⟩ *f* ||griech. Fw.|| Plaut. Ausfuhr, Transport
ex-albēscō ⟨albuī, -, albēscere 3.⟩
1. Gell. weiß werden
2. *fig* erbleichen, erblassen
exālō ⟨āvī, ātum, āre 1.⟩ = ***exhalo***
ex-ambulō ⟨-, -, āre 1.⟩ Plaut. herausspazieren, hinausgehen
▶ **exāmen** ⟨inis⟩ *n* ||ex, ago||
1. Schwarm *von Insekten*; Schwarm, Haufe, Menge; ***e. apium*** Bienenschwarm
2. (*nachkl.*) *poet* Zünglein an der Waage
3. *meton* Untersuchung, Prüfung
4. (*mlat.*) Urteil, Gottesurteil
exāminātiō ⟨ōnis⟩ *f* ||examino|| das Abwiegen; *fig* Prüfung, Untersuchung
exāminātor ⟨ōris⟩ *m* ||examino|| (*spätl.*) Prüfer
exāminō ⟨āvī, ātum, āre 1.⟩ ||*Denom von* examen|| *auf der Waage* abwiegen; *fig* abwägen, untersuchen, prüfen; ***aliquid paribus ponderibus e.*** etw mit gleichen Gewichten abwiegen; ***verborum pondera e.*** das Gewicht von Worten abwägen
ex-amussim *Adv* ||amussis|| genau, pünktlich
ex-anclō ⟨āvī, ātum, āre 1.⟩ ||ex, *griech. Lw.*||
1. (*vkl.*) ausschöpfen, austrinken
2. *fig* bis ans Ende aushalten, bis zum Ende ertragen
exanguis ⟨e⟩ *Adj* = ***exsanguis***
exanimālis ⟨e⟩ *Adj* ||exanimo||
1. tot, entseelt
2. tödlich
exanimātiō ⟨ōnis⟩ *f* ||exanimo|| Besinnungslosigkeit, Beklemmung, Angst
ex-animis ⟨e⟩ *Adj* ||exanimo||
1. *von Personen u. Sachen* leblos, entseelt, tot
2. *fig* entsetzt, betäubt
ex-animō ⟨āvī, ātum, āre 1.⟩
1. *poet* luftleer machen, ***folles*** Bälle
2. den Atem nehmen; *Passiv* außer Atem kommen; ***exanimatus currit*** außer Atem (gekommen) rennt er
3. *meton* töten, umbringen; ***servum verberibus e.*** einen Sklaven zu Tode prügeln
4. *fig* aus der Fassung bringen, erschrecken, entmutigen
ex-animus ⟨a, um⟩ *Adj* = ***exanimis***
ex-ante *Präp + Akk* von ... an; ***exante diem*** von dem Tag an
exantlō ⟨āvī, ātum, āre 1.⟩ = ***exanclo***
▶ **ex-ārdēscō** ⟨ārsī, ārsum, ārdēscere 3.⟩
1. *von Stoffen* sich entzünden, sich erhitzen; *auch* erglühen; ***pro patria e.*** *fig* sich für die Heimat opfern
2. *fig von Personen* entbrennen, erglühen, ergriffen werden; ***(amore) e. in aliquem*** in Liebe zu j-m entbrennen
3. *fig von Zuständen* entbrennen, ausbrechen, auflodern; ***bellum exardescit*** ein Krieg entbrennt
4. Suet. *fig von Preisen* steigen, anziehen
ex-ārēscō ⟨āruī, -, ārēscere 3.⟩ vertrocknen, versiegen; verschwinden, sich verlieren; ***vetus urbanitas exarescit*** der alte Anstand schwindet
ex-armō ⟨āvī, ātum, āre 1.⟩
1. (*nachkl.*) entwaffnen; ***navem e.*** ein Schiff abtakeln
2. (*nachkl.*) *fig* entkräften, ***accusationem*** eine Anklage
ex-arō ⟨āvī, ātum, āre 1.⟩
1. herauspflügen, ausgraben; *fig* durch Ackerbau gewinnen, ***multum frumenti*** viel Getreide
2. (*unkl.*) aufpflügen, durchfurchen; ***frontem rugis e.*** das Gesicht mit Runzeln überziehen
3. *fig* auf die Wachstafel schreiben; entwerfen, konzipieren
ex-ārsī → ***exardesco***
ex-asciō ⟨(āvī), ātum, āre 1.⟩ ||ex, *Denom von* ascia|| Plaut. *mit der Axt* sorgfältig behauen; *fig* ausklügeln, genau durchdenken
ex-asperō ⟨āvī, ātum, āre 1.⟩ (*nachkl.*)
1. MED rau machen, entzünden, angreifen; ***fauces exasperatae*** entzündeter Hals
2. *das Meer* aufwühlen
3. *dem Ton nach* rau machen; ***tussis vocem exasperat*** der Husten macht die Stimme rau
4. *fig eine Person* roh machen, verwildern lassen; *Passiv* verwildern
5. *fig durch Worte* in ein schlechtes Licht rücken
6. *fig* erbittern, aufreizen, aufhetzen
ex-auctōrō ⟨āvī, ātum, āre 1.⟩
1. verabschieden, entlassen, ***militem*** einen Soldaten; ***se e.*** den Dienst quittieren
2. *pej* abschieben
ex-audiō ⟨īvī, ītum, īre 4.⟩
1. heraushören; deutlich hören, vernehmen; *Passiv* zu Ohren kommen, gehört werden; ***alicuius vocem e.*** j-s Stimme hören
2. (*nachkl.*) *poet j-n* erhören, *j-m* Gehör schenken; *auch j-m* gehorchen, auf *j-n* hören, *aliquem*; *Passiv* Gehör finden
ex-augeō ⟨-, -, ēre 2.⟩ (*unkl.*) stark vermehren, verstärken
exaugurātiō ⟨ōnis⟩ *f* ||exauguro|| Liv. Aufhebung einer Weihe, Profanierung
ex-augurō ⟨-, -, āre 1.⟩ (*vkl., nachkl.*) die Weihe *einer Sache* aufheben, *etw* profanieren, *aliquid*
ex-auspicō ⟨āvī, ātum, āre 1.⟩ Plaut. glücklich herauskommen, ***ex vinculis*** aus dem Gefängnis
ex-ballistō ⟨-, -, āre 1.⟩ ||ex, *Denom von* ballista|| Plaut. über den Haufen schießen; *fig* zum Besten halten
ex-bibō ⟨bibī, -, bibere 3.⟩ = ***ebibo***
exc. *Abk* (*nlat.*) = ***excudit*** hat es gestochen; → ***excudo***
ex-caecō ⟨āvī, ātum, āre 1.⟩
1. blenden
2. Ov. *fig Flüsse od Quellen* verstopfen
excalceātī ⟨ōrum⟩ *m* ||excalceo|| mimische Schauspieler *in Sandalen statt auf Kothurn*
ex-calceō *u.* **ex-calciō** ⟨āvī, ātum, āre 1.⟩ „entschu-

hen"; *Passiv u.* ***pedes e.*** die Schuhe ausziehen
excandēscentia ⟨ae⟩ *f* ||excandescens, *PPr von* excandesco|| Jähzorn
ex-candēscō ⟨canduī, -, candēscere 3.⟩ *(vkl., nachkl.)* erglühen; *fig* aufbrausen, in Jähzorn geraten
ex-cantō ⟨āvī, ātum, āre 1.⟩ herauszaubern, hervorzaubern, herabzaubern
ex-carnificō ⟨āvī, ātum, āre 1.⟩ zu Tode foltern; *(vkl., nachkl.)* auf die Folter spannen
excavātiō ⟨ōnis⟩ *f* ||excavo|| *(nachkl.)* Aushöhlung
ex-cavō ⟨āvī, ātum, āre 1.⟩ aushöhlen; *auch* mit Knaben Unzucht treiben
ex-cēdō ⟨cessī, cessum, cēdere 3.⟩

> **I**
> **1.** herausgehen, hinausgehen
> **2.** scheiden, weichen
> **3.** fallen
> **4.** übergehen
> **5.** abschweifen
> **6.** vordringen
> **II**
> **1.** räumen, verlassen
> **2.** überschreiten
> **3.** überschreiten

I *v/i*
1. herausgehen, hinausgehen, weggehen, sich entfernen, auswandern
2. *fig* scheiden, weichen, *abs od ex re* aus etw, *re* von etw, aus etw; *(nachkl.)* verschwinden; Tac. sterben; ***ex acie e.*** aus der Schlacht entkommen; ***ex proelio e.*** den Kampf aufgeben; ***loco e.*** die Stellung aufgeben; ***possessione e.*** den Besitz aufgeben; ***e pueris e.*** dem Knabenalter entwachsen; ***vita / e vita e.*** sterben
3. Liv. *in eine Zeit* fallen, ***in annum insequentem*** ins darauf folgende Jahr
4. in *etw* übergehen, *in aliquid*; ***res in altercationem excedit*** die Sache geht in einen Wortwechsel über; ***res ad patres excessit*** die Angelegenheit verbreitete sich zu den Patriziern
5. *vom Thema* abschweifen
6. *von Personen* vordringen; *von Sachen* hervortreten, hervorragen, sich erheben, *ultra aliquid* über etw hinaus
II *v/t*
1. räumen, verlassen, ***urbem*** die Stadt
2. überschreiten, ***fines provinciae*** die Grenzen der Provinz, ***alveum Tiberis*** das Bett des Tiber
3. *fig Maß u. Zeit* überschreiten, ***modum*** das Maß
excellēns *Gen* ⟨entis⟩ *Adj, Adv* ⟨excellenter⟩ ||excello||
1. emporragend, herausragend
2. *fig von Personen u. Sachen* ausgezeichnet, vorzüglich, vortrefflich, prächtig; ***res excellenter gestae*** hervorragende Leistungen; ***dux e.*** ausgezeichneter Heerführer
excellentia ⟨ae⟩ *f* ||excellens||
1. *meton* herausragende Stellung; *Pl* hervorragende Persönlichkeiten
2. *fig* Erhabenheit; Vorzüglichkeit, Vorzüge, *alicuius* j-s *od* vor j-m, *alicuius rei* in etw; ***e. reliquarum animantium*** Vorzüge vor den übrigen Lebewesen; ***propter / per excellentiam*** vorzugsweise
3. *(mlat.)* Exzellenz, *Titel für hoch gestellte Personen in Staat u. Kirche*
► **ex-celleō** ⟨uī, -, ēre 2⟩ *u.* **ex-cellō** ⟨-, -, ere 3.⟩ hervorragen, herausragen, sich auszeichnen, *re* durch etw, *in re* in etw, *alicui* vor j-m; ***e. in omni genere artium*** in allen Sparten der Kunst herausragen; ***ceteris / praeter ceteros / super ceteros e.*** sich vor den Übrigen hervortun
excelsitās ⟨ātis⟩ *f* ||excelsus|| Erhabenheit
excelsum ⟨ī⟩ *n* ||excelsus||
1. Höhe; hoch gelegener Punkt, hoher Standpunkt; ***ab excelso aspicere aliquid*** etw von einem hoch gelegenen Standpunkt aus betrachten
2. *fig* hoher Rang, Würde
excelsus ⟨a, um⟩ *Adj, Adv* ⟨excelsē⟩ ||excello||
1. emporragend, aufragend, hervorragend
2. *fig* ausgezeichnet, glänzend
3. RHET erhaben; ***excelse dicere*** in erhabenem Stil reden
ex-cēpī → ***excipio***
exceptiō ⟨ōnis⟩ *f* ||excipio||
1. Ausnahme, Einschränkung, Klausel; ***sine ulla exceptione*** ohne jede Ausnahme, unbedingt
2. JUR Einwand, Protest *des Beklagten gegen den Kläger*
exceptiuncula ⟨ae⟩ *f* ||*Dim von* exceptio|| Sen. kleine Einschränkung
ex-ceptō ⟨-, -, āre 1.⟩ ||*Intens von* excipio||
1. herausnehmen, ***mullos de piscina*** Meerbarben aus dem Fischteich
2. auffangen
3. zu sich hinaufziehen, emporheben
4. einatmen, ***leves auras*** milde Lüfte
ex-ceptus ⟨a, um⟩ *PPP* → ***excipio***
ex-cernō ⟨crēvī, crētum, cernere 3.⟩ *(nachkl.) poet* aussondern, ***aliquem ex numero captivorum*** j-n aus der Zahl der Gefangenen
ex-cerpō ⟨cerpsī, cerptum, cerpere 3.⟩ ||carpo||
1. *(nachkl.) poet* herauspflücken, herausnehmen; ***semina pomis e.*** die Kerne aus dem Obst nehmen
2. *fig* auslesen, auswählen, *aliquid ex re* etw aus etw; Quint. als vorzüglich hervorheben
3. *fig* einen schriftlichen Auszug machen, exzerpieren; ***aliquid ex libro e.*** etw aus einem Buch exzerpieren
4. *fig* streichen, ausstreichen, weglassen
ex-cessī → ***excedo***
excessus[1] ⟨ūs⟩ *m* ||excedo||
1. Weggang, Abzug, das Scheiden; ***e. vitae / e vita*** Tod
2. RHET Abschweifung *vom Thema*
3. *(spätl.)* ***e. mentis*** *fig* Ekstase, Vision
4. *(mlat.)* Frevel, Sünde; Exzess
ex-cessus[2] ⟨a, um⟩ *PPP* → ***excedo***
excetra ⟨ae⟩ *f* ||etrusk.-griech. Fw.|| Schlange; *fig als Schimpfwort* durchtriebenes Weib
ex-cidī[1] → ***excido***[1]
ex-cīdī[2] → ***excido***[2]
excidiō ⟨ōnis⟩ *f* ||exscindo|| *u.* **excīdiō** ⟨ōnis⟩ *f* ||excido[2]|| Plaut. Zerstörung
excidium ⟨ī⟩ *n* ||exscindo|| *(unkl.)* Zerstörung, Vernichtung, Untergang, Fall; *Pl* Trümmer, Ruinen

E

ex-cidō¹ ⟨cidī, -, cidere 3.⟩ ||cado||

1. herausfallen, herabfallen
2. aus der Urne herauskommen
3. sterben
4. entschlüpfen, entwischen
5. entfallen, vergessen werden
6. entschwinden, verloren gehen
7. ausgehen
8. absinken, herabsinken
9. verlieren, einbüßen

1. herausfallen, herabfallen, *abs od ex re* aus etw, *de re / a re / re* von etw (herab); ***e. alicui*** j-m ausfallen, j-m entfallen; ***cornua cervis exciderunt*** den Hirschen fiel das Geweih ab
2. Liv. *vom Los* aus der Urne herauskommen; ***nomen alicuius sorte excidit*** das Los fällt auf j-s Namen
3. Prop. sterben
4. *fig* entschlüpfen, entwischen; ***verbum alicui / ex ore alicuius excidit*** j-m entschlüpft ein Wort; ***libellum me invito excidit*** das Büchlein kommt gegen meinen Willen heraus
5. *fig dem Gedächtnis* entfallen, vergessen werden; ***de memoria alicuius / ex animo alicuius e.*** j-m entfallen; ***excidit, ut optarem*** ich vergaß zu wünschen; ***excidens*** vergesslich
6. entschwinden, verloren gehen, untergehen; ***excidit spes*** die Hoffnung schwindet
7. Quint. RHET, LIT auf *etw* ausgehen; ***versus in breves syllabas excidit*** der Vers geht auf kurze Silben aus
8. absinken, herabsinken, ausarten; ***libertas in vitium excidit*** die Freiheit artet ins Laster aus
9. (*unkl.*) verlieren, einbüßen, *re* etw; ***vitā e.*** das Leben verlieren

ex-cīdō² ⟨cīdī, cīsum, cīdere 3.⟩ ||caedo||
1. aushauen, heraushauen, herausschneiden, herausbrechen; abschlagen, abschneiden; ***arborem e.*** einen Baum fällen; ***portas e.*** die Türen einschlagen
2. herausbrechen, herausschneiden, *aliquid ex re / re* etw aus etw; ***lapides e terra e.*** Steine aus der Erde herausbrechen; ***alicui linguam e.*** j-m die Zunge herausschneiden
3. (*nachkl.*) *poet* kastrieren
4. aushöhlen; ***rupem in antrum e.*** den Felsen zu einer Höhle aushauen
5. vernichten, zerstören, ausrotten
6. *fig* entfernen, vertilgen; ***aliquem numero civium e.*** j-n aus der Menge der Bürger ausstoßen

ex-cieō ⟨-, citum, ciēre 2.⟩ (*vkl.*)
1. in Bewegung setzen, aufscheuchen; herausrufen; abberufen, *aliquem a re* j-n von etw
2. kommen lassen, rufen; *vor Gericht* vorladen
3. *eine Menge* zu *etw* aufrufen, aufbieten, zu Hilfe rufen; ***reges bello e.*** die Könige zum Krieg aufrufen
4. *fig von Leblosem* hervorlocken, erregen, verursachen, erzeugen; ***lacrimas alicui e.*** j-m Tränen entlocken; ***terrorem e.*** Schrecken verursachen
5. *fig* aufschrecken, erschrecken, zu *etw* anregen, aufrütteln; ***hostes ad dimicandum e.*** die Feinde zum Kampf anregen
6. aufwecken; *Passiv* aufwachen

excindō ⟨cidī, cissum, cindere 3.⟩ = ***exscindo***
ex-ciō ⟨cīvī⟩ *u.* ⟨ciī, cītum, cīre 4.⟩ = ***excieo***
ex-cipiō ⟨cēpī, ceptum, cipere 3.⟩ ||capio||

1. herausnehmen
2. ausnehmen, eine Ausnahme machen
3. als Bedingung festsetzen
4. befreien
5. auffangen, abfangen
6. abwehren, abhalten
7. abfangen, aufgreifen
8. treffen
9. überfallen, angreifen
10. vernehmen, hören
11. wahrnehmen
12. nachschreiben, mitschreiben
13. auf sich nehmen, übernehmen
14. empfangen, aufnehmen
15. bei sich aufnehmen, beherbergen
16. beanspruchen
17. auslegen, auffassen
18. bevorstehen
19. fortsetzen, fortführen
20. sich unmittelbar anschließen
21. ablösen

1. herausnehmen; ***natantes e mari e.*** die Schwimmenden aus dem Meer fischen; ***laticem e.*** eine Flüssigkeit schöpfen
2. *fig etw* ausnehmen, eine Ausnahme mit *etw* machen, *aliquid / aliquem / ne / quominus*; ***clipeum sorti e.*** den Schild von der Verlosung ausnehmen; ***excepto, quod*** mit Ausnahme, dass
3. *fig etw* als Bedingung festsetzen, *etw* ausbedingen; gerichtlich einen Einwand erheben *bezüglich einer Sache*, *aliquid*; ***lex excepit, ut / ne*** das Gesetz stellt die Bedingung, dass / dass nicht
4. *fig* befreien, *re* von etw, ***aliquem servitute*** j-n von der Sklaverei
5. auffangen, abfangen; ***sanguinem paterā e.*** das Blut in einer Schale auffangen; ***porticus arcton excipit*** die Säulenhalle liegt nach Norden; ***se pedibus / in pedibus e.*** sich aufrecht halten; ***se poplitibus e.*** auf die Knie fallen; ***aprum venabulo e.*** einen Eber mit dem Jagdspieß abfangen; ***tela e.*** Geschosse (mit dem Schild) abfangen
6. abwehren, abhalten; abstützen, unterstützen; ***vim fluminis e.*** die Gewalt des Flusses brechen; ***aliquem manibus e.*** j-n mit den Händen stützen; ***vestem regalem e.*** die Schleppe tragen
7. *feindlich* abfangen, aufgreifen, gefangen nehmen
8. (*nachkl.*) *poet* treffen; ***aves e.*** Vögel im Flug erlegen
9. überfallen, angreifen; *fig* erhaschen; ***laudem e.*** Lob finden
10. *mit den Ohren* vernehmen, hören; *pej* aufschnappen, belauschen; ***alicuius sermonem e.*** j-s Gespräch belauschen
11. *mit den Augen* wahrnehmen, ***vestigia*** Fußspuren
12. Suet. nachschreiben, mitschreiben; ***orationem***

notis e. eine Rede stenografieren, eine Rede mitschreiben
13. auf sich nehmen, übernehmen, sich aufbürden; *fig* aushalten, erdulden; ***equus regem tergo excipiebat*** das Pferd ließ den König aufsitzen; ***rem publicam e.*** die Verteidigung des Staates übernehmen; ***partes e.*** eine Rolle übernehmen; ***alicuius inimicitias e.*** sich j-s Feindschaft zuziehen
14. empfangen, aufnehmen; ***aliquem plausu e.*** j-n mit Beifall empfangen; ***aliquem clipeo e.*** j-n auf den Schild nehmen
15. *gastlich* bei sich aufnehmen, beherbergen; ***aliquem hospitio e.*** j-n als Gast aufnehmen
16. (*nachkl.*) *poet von Zuständen* beanspruchen; ***dolor aliquem excipit*** der Schmerz nimmt j-n in Anspruch
17. auslegen, auffassen; ***sententiam gravius e.*** eine Meinung gewichtiger auslegen
18. *j-m* bevorstehen, *j-n* erwarten, *j-m* begegnen, *aliquem*; ***bellum grave excipit*** ein schwerer Krieg steht bevor
19. fortsetzen, fortführen, ***proelium dubium*** ein Gefecht mit ungewissem Ausgang
20. sich unmittelbar an *etw* anschließen, auf *etw* folgen, *aliquid*; ***aestas hiemem excipit*** der Sommer folgt auf den Winter; ***Herculis vitam immortalitas excepit*** die Unsterblichkeit folgte unmittelbar auf das Leben des Herkules
21. *j-n* ablösen, *bes* nach *j-m* das Wort ergreifen, *j-m* erwidern, *aliquem*; ***hunc excepit Labienus*** diesem erwiderte Labienus

excīsiō ⟨ōnis⟩ *f* ||excido[2]|| Zerstörung

ex-cīsus ⟨a, um⟩ *PPP* → ***excido[2]***

excitātus ⟨a, um⟩ *Adj, Adv* ⟨excitātē⟩ ||excito|| heftig, stark, lebhaft

ex-citō ⟨āvī, ātum, āre 1.⟩

1. aufscheuchen, herausjagen
2. (auf)wecken
3. aufschrecken
4. herausrufen, herbeirufen
5. hervorrufen, verursachen
6. aufstehen lassen, sich erheben lassen
7. errichten
8. entfachen
9. aufrichten, trösten

1. aufscheuchen, herausjagen, ***cervum*** einen Hirsch
2. (auf)wecken, ***dormientem*** einen Schlafenden; ***memoriam flagitii e.*** *fig* die Erinnerung an eine Schandtat wecken
3. *einen Wachenden* aufschrecken, ***nuntio*** durch eine Nachricht; ***vigiles e.*** (*nachkl.*) die Wachen alarmieren
4. herausrufen, herbeirufen; ***aliquem testem e.*** JUR j-n als Zeugen aufrufen; ***testem ex annalium monumentis e.*** einen Zeugen aus der Geschichte aufbieten
5. hervorrufen, verursachen, *aliquid alicui* etw bei j-m; ***risum e.*** Gelächter hervorrufen; ***e. fletum etiam inimicis*** auch bei den Feinden Rührung verursachen
6. aufstehen lassen, sich erheben lassen; *Passiv* aufstehen; ***legatos e.*** die Gesandten aufstehen lassen; ***e. pulverem*** Staub aufwirbeln; ***sarmenta excitantur*** die Reben schießen in die Höhe; ***excitata fortuna*** *fig* das steigende Glück
7. *Gebäude* errichten, ***turres*** Türme
8. *Feuer* entfachen; *fig Leidenschaften* erregen, anfachen; ***incendium e.*** einen Brand legen; ***bellum e.*** einen Krieg entfachen; ***iram e.*** Zorn erregen
9. aufrichten, trösten, ermuntern, ***afflictos*** die Bedrängten

exclāmātiō ⟨ōnis⟩ *f* ||exclamo|| Tac. Ausruf; Ausspruch

ex-clāmō ⟨āvī, ātum, āre 1.⟩
I *v/i* laut (auf)schreien; *bes* laut applaudieren; ***maius e.*** lauter schreien; ***alicui e.*** j-m zurufen
II *v/t*
1. laut ausrufen, + *AcI*, *ut/ne* dass/dass nicht, + *indir Fragesatz*
2. (*unkl.*) laut beim Namen nennen; ***Ciceronem e.*** in den Ruf „Cicero" ausbrechen
3. (*nachkl.*) laut vortragen, ***cantica*** Lieder

ex-clūdō ⟨clūsī, clūsum, clūdere 3.⟩ ||claudo||
1. ausschließen, aussperren, nicht einlassen
2. (*nachkl.*) *einen Ort* trennen, absondern
3. *fig* fern halten, abhalten; ausschließen = nicht zu *etw* kommen lassen; ***aliquem colloquio e.*** j-n von einem Gespräch ausschließen; ***filium ab hereditate e.*** den Sohn enterben
4. *fig* beseitigen, verhindern, unmöglich machen; ***omne discrimen e.*** jeden Unterschied aufheben
5. *fig* von *etw* abschneiden, an *etw* hindern, *re/a re*; ***aliquem reditu in Asiam e.*** j-n vom Rückzug nach Asien abschneiden
6. heraussehen lassen, herausstrecken; ***exclusis auribus*** mit unbedeckten Ohren
7. ausbrüten, ***pullos ex ovis*** Junge aus Eiern; *Passiv* ausschlüpfen

exclūsiō ⟨ōnis⟩ *f* ||excludo|| Ter. Ausschluss, Abweisung

ex-clūsus ⟨a, um⟩ *PPP* → ***excludo***

excōgitātiō ⟨ōnis⟩ *f* ||excogito|| das Ausdenken, das Ersinnen; *meton* Erfindungsgabe

excōgitātor ⟨ōris⟩ *m* ||excogito|| Quint. der sich *etw* ausdenkt

excōgitātus ⟨a, um⟩ *Adj* ||excogito|| Suet. ausgesucht, vorzüglich

ex-cōgitō ⟨āvī, ātum, āre 1.⟩ ausdenken, ersinnen, erfinden, ergründen, *abs od aliquid* etw, *aliquid ad aliquid* etw zu etw, etw für etw, + *indir Fragesatz*; ***novam rationem e.*** eine neue Methode ausdenken; ***omnia e.*** alles Mögliche erfinden; ***ad avaritiam e.*** zur Befriedigung der Habgier ersinnen; ***multa urbibus tuendis e.*** viel zum Schutz der Städte ausdenken

ex-colō ⟨coluī, cultum, colere 3.⟩
1. (*unkl.*) sorgfältig bebauen, bearbeiten, ***agrum*** einen Acker
2. (aus)schmücken, verfeinern; ***parietes marmoribus e.*** die Wände mit Marmorplatten verkleiden; ***hirsutas genas e.*** die struppigen Wangen rasieren
3. *fig geistig od ethisch* bilden, veredeln, verfeinern; ***animum pueri e.*** den Charakter des Jungen bilden
4. (*nachkl.*) *fig* erhöhen, zu Ansehen bringen

E

5. *fig* verehren, anbeten
excommūnicātiō ⟨ōnis⟩ *f* ||excommunico|| *(eccl.)* Ausschluss aus der Kirche, Kirchenbann
ex-commūnicō ⟨-, -, āre 1.⟩ *(eccl.)* in den Kirchenbann setzen, exkommunizieren
ex-concinnō ⟨āvī, ātum, āre 1.⟩ Plaut. hübsch herrichten
ex-cōnsul ⟨is⟩ *m* gewesener Konsul, ehemaliger Konsul
ex-coquō ⟨coxī, coctum, coquere 3.⟩
1. *(unkl.)* herauskochen, herausschmelzen; ***vitium metallis e.*** Schlacken ausscheiden
2. *(unkl.)* auskochen; ***harenas in vitrum e.*** Sand zu Glas schmelzen
3. *(unkl.)* austrocknen, ***terram*** das Erdreich
4. Plaut. aussinnen
5. Sen. ängstigen
ex-cors *Gen* ⟨cordis⟩ *Adj* ||cor|| *von Personen u. Sachen* unverständig, einfältig, dumm
excrēmentum ⟨ī⟩ *n* ||excerno|| Ausscheidung, Auswurf; Kot, Exkrement; ***e. oris*** Speichel
excreō ⟨āvī, ātum, āre 1.⟩ = ***exscreo***
ex-crēscō ⟨crēvī, crētum, crēscere 3.⟩ herauswachsen, aufwachsen, emporwachsen; *fig* überhand nehmen
excruciābilis ⟨e⟩ *Adj* ||excrucio|| Plaut. die Folter verdienend
ex-cruciō ⟨āvī, ātum, āre 1.⟩ martern, foltern, *körperlich* plagen, peinigen; *fig seelisch* peinigen, quälen, ängstigen; ***sese e. animi*** sich in der Seele quälen
excubiae ⟨ārum⟩ *f* ||excubo||
1. außerehelicher Geschlechtsverkehr, „Seitensprung"
2. das Wachen, das Wachehalten, Wachsamkeit, ***canum*** der Hunde; ***excubias agere alicui*** bei j-m Wache halten
3. *meton* Wachposten, Wache
excubitor ⟨ōris⟩ *m* ||excubo|| Wächter; MIL Wachposten
excubitrīx ⟨īcis⟩ *f* ||excubitor|| Sen. Wächterin
excubitus ⟨ūs⟩ *m* ||excubo|| *(nachkl.)* Wache
ex-cubō ⟨cubuī, cubitum, cubāre 1.⟩ draußen lagern, auswärts schlafen; MIL Wache halten; *fig* wachsam sein, besorgt sein; *(eccl.)* die Nachtwachen halten *im Kloster*
ex-cūdō ⟨cūdī, cūsum, cūdere 3.⟩
1. *(nachkl.) poet* herausschlagen, *aliquid ex re* etw aus etw, ***scintillam silici*** einen Funken aus einem Feuerstein
2. *fig* ausbrüten
3. schmieden; *fig* kunstvoll gestalten, verfertigen, meißeln, prägen; ***excudit*** *(nlat.)* hat es gestochen, *Vermerk auf Kupferstichen, Holzschnitten u. Ä. hinter dem Namen des Künstlers*
4. *schriftl.* ausarbeiten
ex-culcō ⟨āvī, ātum, āre 1.⟩
1. *etw* austreten, heraustreiben; ***furfures e.*** die Hülsen *von Getreide od Hülsenfrüchten* austreten
2. festtreten, fest (ein)stampfen
ex-cūrātus ⟨a, um⟩ *Adj* ||curo|| gut gepflegt, gut zubereitet; ***victus e.*** leckeres Essen
ex-currō ⟨(cu)currī, cursum, currere 3.⟩
I *v/i*
1. hinauslaufen, herauslaufen, herausstürmen, hervorlaufen; ***campus in quo e. virtus potest*** *fig* das Gebiet, auf dem die Tapferkeit sich zeigen kann
2. einen Ausflug machen, eine Reise machen
3. Quint. RHET *vom Redner* schnell auf die Zuhörer zulaufen
4. MIL hervorbrechen, einen Ausfall machen; ***in fines alicuius e.*** in j-s Gebiet einfallen
5. *(nachkl.)* entspringen; ***fons excurrit*** eine Quelle entspringt
6. RHET abschweifen
7. Quint. *von Versen* ausgehen, auslauten, ***in quattuor syllabas*** auf vier Silben
8. *(nachkl.) poet von Örtlichkeiten* vorspringen, sich erstrecken
II *v/t* (Ter., *spätl.*) durchlaufen, ***spatium*** einen Raum
excursiō ⟨ōnis⟩ *f* ||excurro||
1. das rasche Zuschreiten *des Redners auf die Zuhörer*
2. *(nachkl.)* Ausflug *aufs Land*, Abstecher
3. MIL Ausfall; Einfall, Streifzug, Angriff
4. Quint. RHET Abschweifung
5. Spielraum
excursor ⟨ōris⟩ *m* ||excurro|| Kundschafter
ex-cursum *PPP* → ***excurro***
excursus ⟨ūs⟩ *m* ||excurro||
1. *(nachkl.)* das Auslaufen, ***navium*** von Schiffen
2. Verg. das Ausschwärmen *von Bienen*
3. Plin. Ausfluss, ***fontis*** einer Quelle
4. MIL Ausfall, Überfall, Streifzug
5. *(nachkl.)* das Abschweifen *des Redners*
excūsābilis ⟨a, um⟩ *Adj* ||excuso|| *(nachkl.) poet* entschuldbar, verzeihlich
excūsātiō ⟨ōnis⟩ *f* ||excuso||
1. Entschuldigung, Rechtfertigung; *Pl* Entschuldigungsgründe; ***excusationem accipere*** eine Entschuldigung gelten lassen
2. Entschuldigung als Ausrede, Vorwand
3. Ablehnung, Weigerung, *alicuius* j-s, *alicuius rei* einer Sache
excūsātus ⟨a, um⟩ *Adj*, *Adv* ⟨excūsātē⟩ ||excuso|| *(nachkl.)* entschuldigt, gerechtfertigt; ***excusatius*** *Adv Komp* mit besserer Entschuldigung
► **ex-cūsō** ⟨āvī, ātum, āre 1.⟩ ||ex, *Denom von* causa||
1. entschuldigen, rechtfertigen, *aliquid alicui / apud aliquem* etw bei j-m, *aliquem de re* j-n wegen etw, + *AcI*, *Passiv* + *NcI*
2. als Entschuldigungsgrund anführen, *alicui* bei j-m, *quod* / + *AcI*; sich entschuldigen, *abs*
3. *(nachkl.)* mit Entschuldigungsgründen ablehnen, abschlagen; *Passiv u.* ***se e.*** sich entziehen, *alicui rei* einer Sache
excūsor ⟨ōris⟩ *m* ||excudo|| Quint. Kupferschmied
excussus ⟨a, um⟩ *Adj*, *Adv* ⟨excussē⟩ ||excutio||
1. ausgestreckt, straff; *Adv* mit ausgestrecktem Arm, mit voller Kraft
2. wohlerwogen
ex-cutiō ⟨cussī, cussum, cutere 3.⟩ ||quatio||
1. herabschütteln, abschütteln
2. herausstoßen, herausschlagen
3. abschütteln = hinauswerfen, hinausstoßen
4. heraustreiben, herauspressen

5. entreißen
6. schleudern, abschießen
7. vertreiben, verstoßen
8. heftig hin und her bewegen, schütteln
9. schüttelnd entfalten
10. durchsuchen, genau untersuchen

1. herabschütteln, abschütteln, durch Schütteln entfernen; ***poma e.*** Obst herabschütteln; ***amplexūs e.*** eine Umarmung abschütteln
2. herausstoßen, herausschlagen, herausreißen; ***alicui oculum e.*** j-m das Auge herausreißen
3. abschütteln = hinauswerfen, hinausstoßen, hinabwerfen, hinabstoßen, hinabreißen, herunterschlagen, herunterstürzen; *Passiv* herausfallen, herabfallen, herabstürzen; ***equitem equus excutit*** das Pferd wirft den Reiter ab; ***onus visceribus e.*** ein Kind abtreiben; ***magister curru excutitur*** der Anführer fällt vom Wagen
4. heraustreiben, herauspressen; *fig* entlocken, *alicui aliquid* j-m etw; ***sudorem e.*** den Schweiß heraustreiben; ***alicui risum e.*** j-m ein Lächeln entlocken
5. entreißen, *alicui aliquid* j-m etw; berauben, *aliquem re* j-n einer Sache; ***agnum dentibus lupi*** ein Lamm den Zähnen des Wolfes; ***alicui sensum e.*** j-m die Besinnung rauben; ***navis excussa magistro*** Schiff, dem der Steuermann geraubt wurde
6. (*nachkl.*) MIL schleudern, abschießen, ***tela*** Geschosse
7. (*unkl.*) vertreiben, verstoßen, verlassen, *meist fig*; ***se e.*** sich packen; ***Senecam e.*** Seneca aus der Lektüre streichen; ***Iunonem e.*** den Rat der Juno ausschlagen; ***foedus e.*** einen Vertrag umstoßen; ***metum de corde e.*** die Angst aus dem Herzen verbannen; ***somno excuti*** aus dem Schlaf gerissen werden, aus dem Schlaf auffahren
8. heftig hin und her bewegen, schütteln; *Kleider* klopfen, vom Staub reinigen; ***comas e.*** die Haare schütteln; ***nubes excussae*** vom Sturm heftig bewegte Wolken
9. schüttelnd entfalten, *bes ein Kleid*; ausbreiten, ausstrecken; ***rudentes e.*** Taue ausrollen
10. durchsuchen, genau untersuchen, prüfen; ***e. unumquemque eorum*** jeden Einzelnen von ihnen ins Verhör nehmen

ex-dorsuō ⟨-, -, āre 1.⟩ ||ex, *Denom von* dorsum|| (*vkl., nachkl.*) entgräten

exe... *auch* = **exse...**

ex-edō ⟨ēdī, ēsum, edere 3.⟩
1. aufessen, verzehren; ***tute hoc intristi, tibi omne exedendum est*** was du dir eingebrockt hast, musst du auch auslöffeln; ***aliquem e.*** *fig* j-s Vermögen durchbringen
2. *von Leblosem* zerfressen, zernagen; *fig* zerstören, aufreiben; ***vetustas posteriores partes versiculi exedit*** das hohe Alter hat die hinteren Teile der Zeile ausgelöscht; ***e. animum cogitationibus*** den Geist mit (trüben) Gedanken quälen

exedra ⟨ae⟩ *f* ||griech. Fw.|| *in griech. Gymnasien Ausbuchtung mit Sitzplätzen; in röm. Privathäusern ähnlich gebautes* Gesellschaftszimmer, Rotunde; (*eccl.*) Apsis

exedrium ⟨ī⟩ *n* ||griech. Fw.|| Nische mit Sitzplätzen, kleine Rotunde

ex-efficiō ⟨effēcī, effectum, efficere 3.⟩ Plaut. ganz vollenden

ex-ēgī → ***exigo***

ex-ēmī → ***eximo***

exemplar *u.* Lucr. **exemplāre** ⟨āris⟩ *n* ||exemplaris||
1. Abschrift, Kopie; ***e. Graecum*** Abschrift eines griechischen Klassikers
2. Abbild, Ebenbild
3. Vorbild, Muster, Ideal; ***e. vitae morumque*** Ideal der Lebensführung und der Sitten; ***ad exemplar alicuius*** nach j-s Art

exemplārēs ⟨ium⟩ *m* ||exemplaris|| Abschriften, Kopien

exemplāris ⟨e⟩ *Adj* ||exemplum|| (*nachkl.*) als Abschrift dienend

exemplum ⟨ī⟩ *n* ||eximo||

1. Abbild, Muster
2. Abschrift, Kopie
3. Konzept
4. Kopie, Nachbildung
5. Wortlaut, Inhalt
6. Vorbild, Beispiel
7. Präzedenzfall
8. Verfahren, Maßregel
9. gutes Beispiel
10. warnendes Beispiel
11. Beispiel

1. Abbild, Muster, Probe, ***purpurae*** von Purpurfarbe
2. Abschrift, Kopie; ***aliquid pluribus exemplis scribere*** etw in mehreren Abschriften anfertigen
3. Konzept *zu einer Schrift*
4. Kopie, Nachbildung *in der Kunst*, *auch* Ebenbild, Porträt
5. *meton* Wortlaut, Inhalt; ***litterae allatae sunt eodem exemplo*** die überbrachten Schriftstücke haben denselben Inhalt
6. Vorbild, Beispiel, Ideal; ***e. virtutis*** Vorbild der Tugend; ***in exemplo esse*** als Vorbild dienen; ***exemplum edere/prodere/dare*** ein Beispiel geben; ***exemplum capere de aliquo/ab aliquo*** *od* ***exemplum sibi petere ex aliquo/ab aliquo*** sich ein Beispiel an j-m nehmen; ***exempli causā*** um ein Beispiel zu geben; ***hoc exemplo*** auf dieses Beispiel hin
7. Präzedenzfall; ***nullo exemplo*** ohne Präzedenzfall; ***huius urbis iura et exempla*** die Rechtsbestimmungen und Präzedenzfälle dieser Stadt
8. Verfahren, Maßregel, Vorgang, Norm, Art und Weise; ***more et exemplo populi Romani*** nach Sitte und Brauch des römischen Volkes; ***omnes eodem exemplo vivunt*** alle leben auf die gleiche Weise; ***exemplo nubis*** wie eine Wolke
9. gutes Beispiel; schlechtes Beispiel; ***alicui exemplo esse*** j-m als Beispiel dienen
10. warnendes Beispiel; exemplarische Strafe; ***exemplum edere/statuere in aliquem*** ein Beispiel statuieren an j-m, j-n exemplarisch bestrafen; ***exemplo esse*** als Warnung dienen
11. Beispiel *zur Erläuterung*; ***exemplum afferre/proferre*** ein Beispiel anführen; ***exemplo uti*** ein

Beispiel gebrauchen; ***exempli causā / gratiā*** beispielsweise, zum Beispiel

ex-ēmptus ⟨a, um⟩ *PPP* → ***eximo***

exenterō ⟨āvī, ātum, āre 1.⟩ ||griech. Fw.|| (*vkl., nachkl.*)

1. *ein Tier* ausweiden

2. *fig hum* ausleeren, ***alicuius marsuppium*** j-s Geldbeutel

3. Plaut. *fig* martern, quälen

ex-eō ⟨iī⟩ *u.* ⟨īvī, itum, īre 0.⟩

I
1. herausgehen, hinausgehen
2. herausströmen, herausfließen
3. verlassen
4. hervorgehen, zum Vorschein kommen
5. ablaufen, zu Ende gehen
6. emporsteigen, emporragen
7. bekannt werden, sich verbreiten
II
1. überschreiten
2. ausweichen, entgehen

I *v/i*

1. herausgehen, hinausgehen, ausziehen, weggehen, sich entfernen; MIL abmarschieren; *von Schiffen* auslaufen; ***praedatum e.*** auf Beute ausgehen; ***obviam e.*** entgegenkommen; ***naves exeunt*** Schiffe laufen aus

2. *von Flüssigkeiten* herausströmen, herausfließen; *von Gewässern* entspringen, austreten, münden; *von Gewächsen* hervorwachsen, ausschlagen; *vom Los* aus der Urne herauskommen; *von Personen* durch das Los gewählt werden

3. *fig* aus *etw* heraustreten, *etw* verlassen, aufgeben, *ex re / de re / re*; ***ex / de vita e.*** sterben; ***e patriciis e.*** aus dem Patrizierstand ausscheiden; ***aere alieno e.*** aus den Schulden herauskommen; ***e potestate / de potestate (mentis) e.*** den Verstand verlieren; ***servitio e.*** der Sklaverei entgehen; ***memoriā e.*** vergessen werden

4. *in Kunst u. Literatur als Ergebnis* hervorgehen, zum Vorschein kommen

5. *von der Zeit* ablaufen, zu Ende gehen; ***hieme exeunte*** am Ende des Winters; ***e. in Maias Calendas*** auf die Kalenden des Mai fallen

6. (*nachkl.*) *poet* emporsteigen, emporragen; ***exiit ad caelum arbos*** der Baum ragte zum Himmel empor

7. bekannt werden, sich verbreiten; ***fama exit*** das Gerücht verbreitet sich, + *AcI*

II *v/t*

1. überschreiten, ***limen*** eine Grenze, ***modum*** das Maß

2. ausweichen, entgehen, *aliquid* einer Sache; ***vim viribus e.*** Gewalt mit Gewalt brechen

exeq... = ***exseq...***

exequatur (*nlat.*) ||exsequor|| = ***exsequatur*** er vollziehe, er führe aus; POL Bestätigung *eines ausländischen Konsuls*

ex-erceō ⟨uī, itum, ēre 2.⟩ ||arceo||

1. umhertreiben, in rastlose Bewegung versetzen
2. bearbeiten, pflügen
3. intensiv beschäftigen, in Atem halten
4. beunruhigen, quälen
5. üben, ausbilden
6. ausbilden
7. betreiben, verrichten
8. fühlen lassen
9. handhaben, anwenden

1. umhertreiben, in rastlose Bewegung versetzen; ***turbinem e.*** einen Kreisel treiben; ***aquas e.*** Wasser strömen lassen; ***undas e.*** Wogen aufwühlen; *Passiv* sich tummeln, umherstreifen, *von Gewässern* strömen

2. (*nachkl.*) *poet Land* bearbeiten, pflügen

3. intensiv beschäftigen, in Atem halten, *aliquem re* j-n mit etw; ***famulas longo penso e.*** Verg. die Mägde mit einem langen Tagewerk belasten

4. beunruhigen, quälen, *re* durch etw, mit etw, *de re* bezüglich einer Sache; ***ambitio animos hominum exercet*** der Ehrgeiz beherrscht die Menschen; ***exerceri pradio*** sich mit dem Landgut plagen

5. üben, ausbilden, *aliquem re / in re* j-n in etw; *Passiv u.* ***se e.*** sich üben; ***corpus e.*** den Körper trainieren; ***aliquem e. in his dictionibus*** j-n in diesen Vortragsweisen ausbilden

6. MIL *Soldaten* ausbilden; ***copias e.*** Truppen ausbilden

7. *etw* betreiben, verrichten, *eine gewerbliche Tätigkeit* ausüben; ***e. diem*** sein Tagewerk vollbringen; ***artem e.*** eine Kunst ausüben; ***ius civile e.*** sich mit bürgerlichem Recht befassen; ***medicinam e.*** die Heilkunst ausüben; ***iudicium e.*** Gericht halten; ***quaestionem e.*** eine Untersuchung anstellen; ***inimicitias e. cum aliquo*** mit j-m verfeindet sein; ***pacem e.*** Frieden halten; ***cantūs e.*** Gesänge ertönen lassen

8. fühlen lassen; ***odium in aliquem e.*** Hass gegen j-n auslassen; ***crudelitatem etiam in mortuo e.*** Grausamkeit auch noch gegen den Toten walten lassen

9. handhaben, anwenden; *Land* bestellen, bebauen; *Bergwerke* ausbeuten; ***ferrum e.*** Eisen schmieden; ***hymenaeos e.*** Hochzeit feiern; ***legem e.*** ein Gesetz geltend machen; ***cauponam e.*** eine Schenke betreiben

▶ **exercitātiō** ⟨ōnis⟩ *f* ||exercito||

1. Übung, *alicuius* j-s, *alicuius rei* einer Sache *od* in einer Sache, *in re* in einer Sache; ***e. iuventutis*** Übung der Jugend; ***e. corporis*** Übung des Körpers

2. Geübtheit, Gewandtheit; ***e. iuris civilis*** Beschlagenheit im bürgerlichen Recht; ***e. in armis*** Gewandtheit im Waffenhandwerk

3. Ausübung, *alicuius rei* einer Sache

exercitātrīx ⟨īcis⟩ *f* ||exercito|| Quint. Gymnastik, Sport

exercitātus ⟨a, um⟩ *Adj*, *Adv* ⟨exercitātē⟩ ||exercito||

1. *geistig u. körperlich* geübt, geschult, erfahren; ***exercitus in proeliis e.*** kampferprobtes Heer

2. *von Personen u. Sachen* hart geprüft, hart geplagt; ***vir curis e.*** von Sorgen gequälter Mann; ***Syrtes noto exercitatae*** die vom Südwind gepeitschten Syrten

exercitium 〈ī〉 *n* ||exerceo||
1. eifrige Beschäftigung, militärische Übung
2. *(mlat.)* Übungsaufgabe; *Pl* geistliche Übungen

exercitō 〈āvī, ātum, āre 1.〉 ||*Intens von* exerceo|| *(nachkl.)*
1. anhaltend üben
2. ausüben

exercitor 〈ōris〉 *m* ||exerceo|| *(vkl., nachkl.)* Sportlehrer, Trainer

exercitus[1] 〈a, um〉 *Adj*, *Adv nur Komp* ***exercitius*** ||exerceo||
1. *(nachkl.) poet* geübt, geschult, *re* durch etw, *ad aliquid* zu etw, + *Inf*
2. *von Personen* geplagt, hart mitgenommen; *von Sachen* mühevoll, schwierig, *re* durch etw

▶ **exercitus**[2] 〈ūs〉 *m* ||exerceo||
1. Plaut. Übung
2. MIL geübte Mannschaft, Heer; *Pl* Truppen; ***e. pedester*** Fußvolk; ***e. terrestris*** Landheer; ***e. navalis*** Marine
3. MIL Fußvolk, Infanterie, Landheer; ***e. perditorum civium*** Bande von verkommenen Bürgern; ***e. corvorum*** Schar von Raben

exēsor 〈ōris〉 *m* ||exedo|| Lucr. Zerstörer

exēsus 〈a, um〉 *Adj* ||exedo|| *poet* zernagt, verwittert, zerklüftet

ex-fāfillō 〈-, -, āre 1.〉 Plaut. aus dem Gewand herausstrecken, bis zur Brust entblößen; *nur in*: ***exfafillato bracchio*** Plaut. mit bis zur Brust entblößtem Arm

ex-fodiō 〈fōdī, fossum, fodere 3.〉 = ***effodio***

exfr... = ***effr...***

ex-futuō 〈futuī, futūtum, futere 3.〉 = ***effutuo***

ex-gignō 〈-, -, ere 3.〉 = ***egigno***

exhaerēd... = ***exhered...***

exhaeresimus 〈a, um〉 *Adj* ||griech. Fw.|| ausschaltbar; ***dies e.*** Schalttag

exhālātiō 〈ōnis〉 *f* ||exhalo|| Ausdünstung

ex-hālō 〈āvī, ātum, āre 1.〉
I *v/t*
1. ausdünsten, aushauchen, ***nebulas*** Nebel; ***crapulam e.*** nüchtern werden
2. ausatmen; ***animam / vitam e.*** sterben
II *v/i* Ov. heraufwehen, ***de vallibus*** von den Tälern

▶ **ex-hauriō** 〈hausī, haustum, haurīre 4.〉
1. herausschöpfen
2. herausheben, herausgraben, fortschaffen; ***praedam ex agris e.*** Beute aus den Feldern fortschaffen
3. *fig* nehmen, entziehen, wegnehmen, *alicui aliquid* j-m etw; ***dolorem alicui e.*** j-m den Schmerz nehmen; ***e. sibi vitam manu*** sich das Leben nehmen
4. ausschöpfen, (aus)leeren, austrinken; ***poculum e.*** einen Becher leeren; ***ubera e.*** die Euter ausmelken
5. *fig* erschöpfen, arm machen, aussaugen, ausbeuten
6. *fig* vollenden, durchführen; durchmachen, überstehen; ***mandata e.*** Aufträge ausführen; ***aes alienum e.*** Schulden abtragen; ***omnes casūs e.*** alle Wechselfälle durchmachen; ***aspera belli e.*** die Strapazen des Krieges durchstehen

exhedra 〈ae〉 *f* = ***exedra***

exhedrium 〈ī〉 *n* = ***exedrium***

exhērēdātiō 〈ōnis〉 *f* ||exheredo|| Quint. Enterbung

ex-hērēdō 〈āvī, ātum, āre 1.〉 ||ex, heres|| enterben

exhērēs *Gen* 〈ēdis〉 *Adj* ||exheredo|| enterbt, von der Erbschaft ausgeschlossen, *abs od alicuius rei* einer Sache; ***e. paternorum bonorum*** von der Erbschaft der väterlichen Güter ausgeschlossen; ***exheredem aliquem facere vitae suae*** Plaut. *hum* j-m das Lebenslicht ausblasen

ex-hibeō 〈hibuī, hibitum, hibēre 2.〉 ||habeo||

1. herausholen, herbeischaffen
2. herausgeben, ausliefern
3. darbieten, vorführen
4. verwirklichen, ausüben
5. verursachen, bereiten
6. erhalten, unterhalten

1. herausholen, herbeischaffen; herbeibringen; *bes* JUR vor Gericht schaffen; ***testem e.*** einen Zeugen stellen
2. herausgeben, ausliefern, *bes etw Verstecktes od widerrechtlich Angeeignetes*; ***omnia integra e.*** alles unversehrt herausgeben; ***accipere formulam ad exhibendum*** die formelle Aufforderung zur Herausgabe erhalten
3. *fig* darbieten, vorführen, sehen lassen, erscheinen lassen, zeigen, erkennen lassen; ***populo Romano philosophiam e.*** dem römischen Volk die Philosophie nahe bringen; ***linguam paternam e.*** Ov. die böse Zunge des Vaters erkennen lassen; ***dea Pallada exhibuit*** die Göttin gab sich als Pallas zu erkennen; ***e. veritatem*** die Wahrheit ermitteln; ***se auctorem e.*** als Autor auftreten
4. *fig* verwirklichen, ausüben, beweisen, erweisen; ***imperium e.*** den Oberbefehl ausüben; ***promissa exhibent fidem*** die Versprechungen erfüllen sich; ***se tribunum e.*** sich als Tribun erweisen
5. *fig* verursachen, bereiten, machen, ***molestiam*** Unbehagen; ***vias tutas e.*** die Wege sichern
6. *fig in der Existenz* erhalten, unterhalten, *aliquem* jdn

ex-hilarō 〈āvī, ātum, āre 1.〉 aufheitern, heiter stimmen; *Passiv* heiteres Aussehen bekommen; ***miraris exhilaratam esse servitutem nostram*** Cic. du wunderst dich, dass unsere Knechtschaft ein so fröhliches Antlitz bekommen hat

exhodium 〈ī〉 *n* = ***exodium***

ex-horrēscō 〈horruī, -, horrēscere 3.〉 erschauern, sich entsetzen, *abs od in aliquo* vor j-m, *aliquid* vor etw

exhortātiō 〈ōnis〉 *f* ||exhortor|| Ermunterung, Ermahnung

exhortātīvus 〈a, um〉 *Adj* ||exhortatus, *PPerf von* exhortor|| Quint. ermunternd

ex-hortor 〈ātus sum, ārī 1.〉
1. *(nachkl.) poet* ermuntern, aufmuntern, ermahnen, ermutigen, anfeuern, *aliquem* j-n
2. *pej* aufreizen, aufhetzen, *aliquem in aliquem* j-n gegen jdn

exi... = ***exsi...***

exibeo 〈ibuī, ibitum, ibēre〉 = ***exhibeo***

exico 〈exicuī, exictum, exicere 3.〉 = ***exseco***

ex-igō 〈ēgī, āctum, igere 3.〉 ||ago||

1. heraustreiben, hinaustreiben

E

2. schwingen
3. ganz hineinstoßen, durchstoßen
4. vertreiben, verkaufen
5. eintreiben, einkassieren
6. fordern, verlangen
7. wissen wollen
8. abmessen, genau abwiegen
9. untersuchen, prüfen
10. beraten, überlegen
11. ausführen, fertigbringen
12. verleben, verbringen
13. festsetzen, bestimmen

1. heraustreiben, hinaustreiben, vertreiben; ***reges e.*** Könige vertreiben; ***aquas e.*** Fluten ins Meer ergießen; ***otium e.*** Ruhe stören
2. Ov. *ein Schwert* schwingen
3. *poet eine Waffe* ganz hineinstoßen, durchstoßen; ***ensem per medium iuvenem*** ein Schwert mitten durch den jungen Mann stoßen
4. (*nachkl.*) *poet Waren* vertreiben, verkaufen, ***fructūs agrorum*** Feldfrüchte
5. *schuldige Gelder* eintreiben, einkassieren; ***pecunias a civitatibus e.*** Geld von den Städten eintreiben; ***supplicium ab aliquo/de aliquo/alicui e.*** an j-m die Todesstrafe vollziehen; ***pedites e.*** Fußsoldaten gewaltsam anwerben
6. fordern, verlangen, *aliquid ab aliquo/de aliquo* etw von j-m, *ut* dass; ***a teste veritatem e.*** vom Zeugen die Wahrheit verlangen; ***promissum e.*** die Erfüllung eines Versprechens fordern; ***viam e.*** den Bau einer Straße fordern
7. (*nachkl.*) *poet etw* wissen wollen, nach *etw* fragen, *aliquid*; ***rei causam e.*** nach der Ursache von etw fragen
8. (*nachkl.*) *poet* abmessen, genau abwiegen; ***columnas ad perpendiculum e.*** Säulen lotrecht abmessen
9. *fig* untersuchen, prüfen, *aliquid ad aliquid* etw an etw, etw nach etw; ***ius ad veritatem e.*** das Recht nach der Wahrheit beurteilen; ***exacta referre*** das Ergebnis mitteilen
10. (*nachkl.*) *poet* beraten, überlegen, erwägen, ***talia secum*** solches bei sich
11. (*nachkl.*) *poet* ausführen, fertigbringen, vollenden; ***e. monumentum*** Hor. ein Denkmal errichten
12. *fig eine Zeit* verleben, verbringen; *Passiv* vergehen, ablaufen; ***diem supremum e.*** seinen letzten Tag verleben = sterben; ***temporibus exactis*** nach Ablauf der Fristen
13. *fig* festsetzen, bestimmen, einrichten, *aliquid ad aliquid* etw nach etw; ***non satis exactum est*** es ist nicht genau ausgemacht, es steht nicht fest, + *indir Fragesatz*

exiguitās ⟨ātis⟩ *f* ||exiguus||
1. Kleinheit, Enge, räumliche Beschränktheit
2. *fig* Geringfügigkeit, geringe Zahl; ***e. temporis*** Kürze der Zeit; ***e. fisci*** Dürftigkeit der Staatsgelder

exiguum ⟨ī⟩ *n* ||exiguus|| ein Geringes, ein Weniges

▶ **exiguus** ⟨a, um⟩ *Adj, Adv* ⟨exiguē⟩ ||exiguo||
1. klein, gering *an Größe, Umfang, Länge*; knapp, unansehnlich, eng, kurz, beschränkt, unbedeutend
2. mager, hager, schmächtig
3. *von der Zeit* kurz; ***dies exigua*** kurze Frist
4. *quantitativ* gering, unbedeutend, spärlich, wenig, dürftig; ***frumentum exigue triginta dierum habere*** einen Getreidevorrat für knapp 30 Tage haben; ***exigue dicere de re*** mit wenigen Worten über etw sprechen
5. *qualitativ* gering, unbedeutend, schwach, unwirklich, belanglos; ***vox exigua*** dünne Stimme

ex-iī → ***exeo***

exīlis ⟨e⟩ *Adj, Adv* ⟨exīliter⟩ mager, dünn, dürr, schmächtig; *fig* gehaltlos, kümmerlich, armselig; ***ager e.*** magerer Acker; ***res exiles*** beschränkte Mittel; ***legiones exiles*** nicht vollzählige Legionen; ***verba exiliter exanimata*** nur gelispelte Worte; ***oratio e.*** schwache Rede

exīlitās ⟨ātis⟩ *f* ||exilis||
1. Quint. Feinheit des Tons, Diskant
2. Trockenheit *einer Rede*

▶ **exilium** ⟨ī⟩ *n* ||exul||
1. Verbannung; ***aliquem exilio multare*** j-n mit Verbannung bestrafen; ***in exilium ire*** ins Exil gehen; ***in exilium mittere*** ins Exil schicken
2. Verbannungsort, Zufluchtstätte
3. Tac. *meton* die Verbannten
4. (*mlat.*) Ausland, Fremde

exim *Adv* = ***exinde***

▶ **eximius** ⟨a, um⟩ *Adj, Adv* ⟨eximiē⟩ ||eximo||
1. ausgenommen; ***tu unus e. es*** du bist die einzige Ausnahme
2. ausnehmend, besonders, außerordentlich vortrefflich; ***eximiae virtutes*** außergewöhnliche Vorzüge

ex-imō ⟨ēmī, ēmptum, imere 3.⟩ ||emo||

1. herausnehmen, wegnehmen
2. wegnehmen, ausstreichen
3. ausnehmen, ausscheiden
4. befreien
5. verbrauchen, verschleppen
6. entfernen, beseitigen

1. herausnehmen, wegnehmen, *ex re/de re/re* aus etw, von etw, *alicui aliquid* j-m etw; ***anulum digito e.*** einen Ring vom Finger ziehen; ***amicitiam ex rerum natura e.*** die Freundschaft aus den natürlichen Gegebenheiten herausnehmen
2. *aus einer Zahl od Liste* wegnehmen, ausstreichen, *ex re/de re/re* aus etw, von etw; ***memori aevo e.*** aus dem Andenken der Nachwelt streichen
3. ausnehmen, ausscheiden; ***se hominibus e.*** sich von den Menschen absondern
4. von *etw* losmachen, befreien, *einer Sache* entziehen, entheben, *re/de re/ex re/alicui rei*; ***aliquem ex culpa e.*** j-n von Schuld befreien; ***aliquem e. crimini*** j-n von einem Vorwurf befreien; ***aliquem in libertatem e.*** j-n in Freiheit setzen
5. *Zeit* verbrauchen, verschleppen; ***dicendi tempus calumniā e.*** die Redezeit mit Schmähungen vertun
6. *etw Unangenehmes* entfernen, beseitigen; ***famem epulis e.*** den Hunger mit Speisen stillen; ***labem e.*** eine Schande tilgen; ***alicui non eximitur, quin*** Tac. j-d lässt es sich nicht ausreden, dass

exin *Adv* = ***exinde***

ex-ināniō ⟨īvī, ītum, īre 4.⟩ ||inanis|| ausleeren, entladen, *re* von etw; ***navem e.*** ein Schiff entladen; ***e. aciem*** die Schlachtreihe entblößen; ***regionem frumento e.*** eine Gegend ausplündern
ex-inde *Adv*
1. (Plaut., Tac.) *örtl.* daher, von da aus
2. *zeitl.* hierauf, alsdann, sodann, nachher
3. (*nachkl.*) *zeitl.* von da an, seither
4. *folgernd* infolgedessen, daher
exinterō ⟨āvī, ātum, āre 1.⟩ = ***exentero***
ex-īre → ***exeo***
existentia ⟨ae⟩ *f* = ***exsistentia***
exīstimantēs ⟨ium⟩ *m* ||existimans, *PPr von* existimo|| die Kunstrichter, die Kritiker
exīstimātiō ⟨ōnis⟩ *f* ||existimo||
1. Beurteilung, Urteil, Meinung, *alicuius de aliquo* j-s über j-n
2. (guter) Ruf, guter Name; ***alicuius existimationem violare/laedere/offendere*** j-s guten Ruf schädigen
3. *des Geschäftslebens* Kredit
exīstimātor ⟨ōris⟩ *m* ||existimo|| Beurteiler, Kritiker; Kenner, Sachverständiger
▶ **ex-īstimō** ⟨āvī, ātum, āre 1.⟩ ||aestimo||
1. genau abschätzen, schätzen, veranschlagen; ***magni e.*** hoch schätzen; ***parvi e.*** gering schätzen; ***pluris e.*** höher schätzen; ***minoris e.*** geringer schätzen
2. beurteilen, für *etw* halten, + *dopp. Akk*; ***aliquem hostem e.*** j-n für einen Feind halten; ***aliquem in hostium numero e.*** j-n zu seinen Feinden zählen; *Passiv* als *etw* gelten
3. entscheiden, (be)urteilen, *abs od de re* über etw, *ex re* nach etw; ***ex eventu de consilio alicuius e.*** j-s Plan nach dem Erfolg beurteilen
4. *als Sachkundiger* der Meinung sein, meinen, glauben, + *Adv* / + *Pron* / + *AcI*, *Passiv* + *NcI*
existō ⟨extitī, -, existere 3⟩ = ***exsistere***
exitiābilis *u.* **exitiālis** ⟨e⟩ *Adj* ||exitium|| *von Personen u. Sachen* unheilvoll, verderblich, *alicui* für j-n; ***tyrannus e.*** Unheil bringender Tyrann; ***bellum exitiabile*** unheilvoller Krieg
exitiō ⟨ōnis⟩ *f* ||exeo|| Plaut. das Herauskommen, Ausgang
exitiōsus ⟨a, um⟩ *Adj* ||exitium|| *von Personen u. Sachen* unheilvoll, verderblich
▶ **exitium** ⟨ī⟩ *n* ||exeo||
1. Plaut. Ausgang
2. Plaut. das Entkommen
3. *fig von Personen u. Sachen* schlimmer Ausgang, Untergang, Verderben, Vernichtung, Sturz; *Pl* schwere Unglücksfälle, schwere Leiden; ***e. tyranni*** Sturz des Tyrannen
4. Verderber, Zerstörer; ***Achilles Troiae e.*** Achill, der Zerstörer Trojas
ex-itum *PPP* → ***exeo***
▶ **exitus** ⟨ūs⟩ *m* ||exeo||
1. das Herausgehen, das Hinausgehen, Ausgang
2. *meton* Möglichkeit hinauszugehen; Ausgangspunkt, Ausweg; ***angustus portarum e.*** enger Ausgang durch die Türen
3. *fig* Veranlassung; ***multos exitūs alicui dare ad aliquid*** j-m viele Veranlassungen geben zu etw
4. *fig* Ausgang, Schluss, Ende; ***e. belli*** Ausgang des Krieges; ***ad exitum spei pervenire*** das Ziel seiner Hoffnung erreichen
5. Lebensende, Tod, Untergang
6. guter Ausgang, Erfolg, Ergebnis, Resultat; ***e. acta probat*** der Zweck heiligt die Mittel
exlecebra ⟨ae⟩ *f* = ***elecebra***
ex-lēx *Gen* ⟨lēgis⟩ *Adj* ||lex|| *von Personen* an kein Gesetz gebunden
ex-līdō ⟨līsī, līsum, līdere 3.⟩ = ***elido***
ex-loquor ⟨locūtus sum, loquī 3.⟩ = ***eloquor***
ex-moveō ⟨mōvī, mōtum, movēre 2.⟩ = ***emoveo***
ex-obsecrō ⟨-, -, āre 1.⟩ Plaut. inständig anflehen, *ut*
ex-oculō ⟨āvī, ātum, āre 1.⟩ ||oculus|| (*vkl., nachkl.*) *j-n* des Augenlichtes berauben, *aliquem*
exodium ⟨ī⟩ *n* ||griech. Fw.|| (*vkl., nachkl.*) Ausgang, Schluss, Ende; scherzhaftes Nachspiel *in den Atellanen*; = Atellane, *altröm. volkstümliches Lustspiel*
ex-olēscō ⟨olēvī⟩, **(olētum), olēscere 3.** ||olo||
1. heranwachsen
2. vergehen, verschwinden, außer Gebrauch kommen, aus der Mode kommen
exolētus
I ⟨a, um⟩ *Adj* ||exolesco||
1. erwachsen, reif; *obszön* zur Unzucht reif, liederlich, käuflich
2. veraltet
II ⟨ī⟩ *m* Lustknabe
ex-olō ⟨āvī, ātum, āre 1.⟩ = ***exulo***
exolvō ⟨exolvī, exolūtum, exolvere 3.⟩ = ***exsolvo***
ex-onerō ⟨āvī, ātum, āre 1.⟩
1. (*unkl.*) entlasten
2. ausladen, entladen, ***navem*** ein Schiff
3. *fig j-n* fortschaffen, sich *j-s/einer Sache* entledigen, *aliquem/aliquid*; ***exoneratur laborum meorum pars*** mir wird ein Teil meiner Mühen abgenommen
4. erleichtern, befreien, *re* von etw; ***conscientiam suam e.*** sein Gewissen erleichtern; ***se e.*** sich eines Geheimnisses entledigen
exoptābilis ⟨e⟩ *Adj* ||exopto|| (*vkl.*) *poet* wünschenswert
exoptātus ⟨a, um⟩ *Adj* ||exopto|| erwünscht, lieb, willkommen
ex-optō ⟨āvī, ātum, āre 1.⟩
1. Plaut. aussersehen, auswählen
2. herbeiwünschen, ersehnen, ***alicuius adventum*** j-s Ankunft
exōrābilis ⟨e⟩ *Adj* ||exoro|| leicht zu erbitten, nachgiebig
exōrābulum ⟨ī⟩ *n* ||exoro|| (*vkl., nachkl.*) Bitte
exōrātor ⟨ōris⟩ *m* ||exoro||
1. (Ter., *nachkl.*) Bittsteller
2. (*mlat.*) Fürsprecher
exorbeō ⟨orbuī⟩ *u. selten* ***orpsī, -, orbēre 2.*** = ***exsorbeo***
exorcismus ⟨ī⟩ *m* ||griech. Fw.|| Tert. Beschwörung der bösen Geister; (*eccl.*) Austreibung des Teufels, Exorzismus
exorcizō ⟨āvī, ātum, āre 1.⟩ ||griech. Fw.|| (*spätl.*) böse Geister austreiben; (*eccl.*) den Teufel austreiben
ex-ōrdior ⟨ōrsus sum, ōrdīrī 4.⟩
1. *ein Gewebe* anfangen, anzetteln
2. *fig* anfangen, beginnen, anfangen zu reden, *a re* mit etw, *aliquid a re* etw mit etw

E

exōrdium ⟨ī⟩ *n* ||exordior||
1. Quint. Anfang *eines Gewebes*, der Zettel, *Längsfäden eines Gewebes*
2. *fig* Anfang, Beginn; RHET Einleitung *einer Rede*

ex-orior ⟨ortus sum, orīrī 4.⟩
1. (*nachkl.*) sich erheben, aufstehen; *feindlich von Personen* hervorbrechen, hervorkommen
2. *von Gestirnen* aufgehen
3. *fig plötzlich, unvermutet, mit Gewalt* hervorbrechen; ***ventus a mari exoritur*** ein Wind steigt vom Meer herauf
4. *fig von Personen* auftreten, zum Vorschein kommen, erscheinen
5. wieder hochkommen, sich erholen
6. *von Sachen u. abstr.* auftauchen, eintreten, entstehen; ***fama exoritur*** ein Gerücht entsteht
7. entstehen, entspringen, herrühren, *ab aliquo* von j-m, *ex re* aus etw, von etw

exōrnātiō ⟨ōnis⟩ *f* ||exorno||
1. Ausschmückung, Verzierung
2. RHET Redeschmuck
3. RHET Prunkrede

exōrnātor ⟨ōris⟩ *m* ||exorno|| Ausschmücker; RHET glänzender Redner

exōrnātulus ⟨a, um⟩ *Adj* ||*Dim von* exornatus, *PPP von* exorno|| Plaut. reich geschmückt

ex-ōrnō ⟨āvī, ātum, āre 1.⟩
1. (*vkl.*, *nachkl.*) ausrüsten, ausstatten, ausstaffieren, versehen, *re* mit etw
2. ordnen, anordnen, zurüsten, herrichten; *abs* Anordnungen treffen; ***convivium e.*** ein Gastmahl ausrichten; ***aciem e.*** die Schlachtordnung aufstellen; ***providenter pro rei copia e.*** vorsorglich für den Vorrat Anordnungen treffen
3. ausschmücken, verzieren, *re* durch etw, mit etw; ***servum veste regia e.*** einen Sklaven mit königlichem Ornat schmücken
4. verherrlichen

ex-ōrō ⟨āvī, ātum, āre 1.⟩
1. anflehen, durch Bitten bewegen, durch Bitten erweichen, *ut/ne*, *verneint mit quin*; durch Bitten abbringen, *aliquem a re* j-n von etw
2. *poet* sich *etw* erbitten, erflehen, *aliquid*, *ut*; ***pacem deorum e.*** den Frieden der Götter erflehen

exors *Gen* ⟨ortis⟩ *Adj* = ***exsors***

exōrsa ⟨ōrum⟩ *n* ||exordior|| das Beginnen, Einleitungen

exōrsus ⟨ūs⟩ *m* ||exordior|| Beginn, Anfang; ***e. orationis*** erster Teil einer Rede

exortus ⟨ī⟩ *m* ||exorior|| (*nachkl.*)
1. Aufgang *bes eines Gestirns*; ***e. solis*** Sonnenaufgang
2. *fig* Erhebung auf den Thron
3. Ursprung, ***Danuvii*** der Donau

ex-os *Gen* ⟨ossis⟩ *Adj* Lucr. knochenlos

ex-ōsculor ⟨ātus sum, ārī 1.⟩ (*nachkl.*) abküssen, innig küssen; *fig* mit Lob überhäufen

exossātus ⟨a, um⟩ *Adj* ||exosso|| biegsam

ex-ossō ⟨āvī, ātum, āre 1.⟩ ||exos|| (*vkl.*) *poet* entgräten, die Knochen herausnehmen

exōstra ⟨ae⟩ *f* ||griech. Fw.|| Rollmaschine *im Theater, durch die das Innere des Hauses sichtbar gemacht wurde*; ***in exostra*** auf offener Bühne, vor aller Augen

ex-ōsus ⟨a, um⟩ *Adj* ||odi|| (*nachkl.*)
1. *poet* grimmig hassend, voll Hass
2. *poet* verhasst, *alicui* j-m

exōticum ⟨ī⟩ *n* ||griech. Fw.|| ausländisches Gewand

exōticus ⟨a, um⟩ *Adj* ||griech. Fw.|| (*vkl.*, *nachkl.*) ausländisch; ***Graecia exotica*** Großgriechenland

ex-pallēscō ⟨palluī, -, pallēscere 3.⟩ ganz erblassen, erbleichen; vor *etw* zurückschrecken, *aliquid*

ex-palliātus ⟨a, um⟩ *Adj* Plaut. des Mantels beraubt

ex-pallidus ⟨a, um⟩ *Adj* Suet. sehr bleich

ex-palpō ⟨-, -, āre 1.⟩ *u.* **ex-palpor** ⟨-, ārī 1.⟩ Com. schmeichelnd erbitten; schmeicheln

ex-pandō ⟨pandī, passum⟩ *u.* ⟨pānsum, pandere 3.⟩
1. (*nachkl.*) ausspannen, ausbreiten; ***fores e.*** die Türen weit öffnen; *Passiv u.* ***se e.*** sich ausbreiten
2. Lucr. ausführlich darlegen

ex-papillātus ⟨a, um⟩ *Adj* Plaut. bis an die Brust entblößt; → ***exfafillo***

expatior ⟨ātus sum, ārī 1.⟩ = ***exspatior***

ex-patrō ⟨āvī, ātum, āre 1.⟩ Catul. verhuren, vergeuden

ex-paveō ⟨-, -, ēre 2.⟩ entsetzt sein

ex-pavēscō ⟨pāvī, -, pavēscere 3.⟩ ||*Inkoh von* expaveo|| sich entsetzen, *abs od aliquid / ad aliquid* vor etw

expectātiō ⟨ōnis⟩ *f* = ***exspectatio***

expectō ⟨āvī, ātum, āre 1.⟩ = ***exspecto***

expectorantia ⟨orum⟩ *n* ||expectoro|| (*nlat.*) den Auswurf fördernde Mittel

ex-pectorō ⟨-, -, āre 1.⟩ (*vkl.*) *poet* aus dem Herzen reißen; ***expectorans*** (*nachkl.*) den Auswurf fördernd

ex-pecūliātus ⟨a, um⟩ *Adj* Plaut. des Vermögens beraubt

ex-pediō ⟨īvī⟩ *u.* ⟨iī, ītum, īre 4.⟩ ||*Denom von* pes||

I
1. losbinden, losmachen
2. befreien
3. schleudern
4. abstreifen
5. erledigen, besorgen
6. ausfindig machen, ermöglichen
7. entwickeln, darlegen
8. herbeischaffen, instand setzen
9. zum Kampf bereitmachen
10. sich entwickeln, ablaufen

II
1. sich bereitmachen
2. sich entwickeln, ablaufen
3. zuträglich sein, förderlich sein

I *v/t*
1. losbinden, losmachen, lösen, ***se ex laqueis*** sich aus den Schlingen; ***subtemen e.*** einen Faden abwickeln
2. *fig* von *etw* freimachen, befreien, vor *etw* retten, *re / a re*; ***terram ab omni occupatione e.*** das Land von jeder Belagerung befreien; ***aliquem aere alieno e.*** j-n von Schulden befreien; *Passiv u.* ***se e.*** sich herausarbeiten, entkommen
3. schleudern, ***discum*** den Diskus
4. *Lästiges* abstreifen, *Schwieriges* überwinden
5. *Geschäfte* erledigen, besorgen; ***rem frumenta-***

riam e. die Verproviantierung ordnen; ***nomina sua e.*** seine Schulden bezahlen
6. ausfindig machen, ermöglichen, ***iter fugae*** einen Fluchtweg; ***sibi locum e.*** sich Raum schaffen
7. (*unkl.*) *schriftlich, mündlich* entwickeln, darlegen, berichten, *aliquid* etw, *de re* über etw, + *indir Fragesatz*
8. herbeischaffen, instand setzen; ***Cererem canistris e.*** Brot aus Körben herbeischaffen
9. MIL zum Kampf bereitmachen; ***legiones ad pugnam e.*** Legionen zum Kampf fertig machen; ***classem e.*** die Flotte segelfertig machen
10. ***se e.*** Plaut. sich entwickeln, ablaufen
II *v/i*
1. Tac. sich bereitmachen
2. Plaut. sich entwickeln, ablaufen
3. zuträglich sein, förderlich sein, zustatten kommen, nützen, *alicui* j-m; ***expedit*** *unpers* es nützt, + *Inf* / + *AcI*, *ut* dass; ***hoc expedit*** dies ist förderlich

expedītiō ⟨ōnis⟩ *f* ||expedio|| Feldzug, Unternehmen *gegen den Feind*

▶ **expedītus**
I ⟨a, um⟩ *Adj*, *Adv* ⟨expedītē⟩ ||expedio||
1. *von Personen* leicht bekleidet, leicht bewaffnet, mit leichtem Gepäck
2. kampfbereit, einsatzbereit; schlagfertig
3. unbehindert, ungebunden
4. rüstig, geschwind; bereit, fertig, *ad aliquid* zu etw
5. *von Sachen* unbehindert, bequem, leicht; ***senatūs consultum expeditum*** unbeanstandeter Senatsbeschluss; ***aliquid in expedito habere*** etw in Bereitschaft haben; ***in expedito esse*** leicht sein; ***nomen expeditum*** sicherer Schuldposten; ***victoria expedita*** entschiedener Sieg; ***pecunia expeditissima*** flüssiges Geld; ***expeditum est*** *unpers* es ist leicht, + *Inf*
II ⟨ī⟩ *m*
1. Leichtbewaffneter, leicht bewaffneter Soldat
2. rüstiger Fußgänger

▶ **ex-pellō** ⟨pulī, pulsum, pellere 3.⟩

1. herauswerfen, hinauswerfen
2. ans Land werfen, auswerfen
3. verbannen
4. verstoßen, verjagen
5. vertreiben, verscheuchen

1. herauswerfen, hinauswerfen, wegtreiben, wegjagen, wegstoßen, hinausstoßen; *fig* vertreiben, verjagen, *ex re / re / selten a re* aus etw, von etw; berauben, *aliquem re* j-n einer Sache; ***segetem ex radicibus e.*** die Saat mit der Wurzel ausreißen; ***regem regno e.*** den König vom Thron vertreiben; ***aliquem vitā e.*** j-m das Leben nehmen; ***aliquem in provinciam e.*** j-n zum Rückzug in die Provinz zwingen; ***se in auras e.*** sich ans Licht der Welt drängen
2. ans Land werfen, auswerfen; ***mare classem in litus expellit*** das Meer wirft die Flotte an die Küste; ***mare margaritas expellit*** das Meer wirft Perlen aus; *Passiv* Schiffbruch erleiden
3. *fig* verbannen, ***aliquem civitate*** j-n aus der Bürgerschaft
4. *aus der Familie od Ehe* verstoßen, verjagen; ***uxorem e matrimonio e.*** die Ehefrau aus der Ehe verstoßen
5. *fig Stimmungen od Zustände* vertreiben, verscheuchen, beseitigen; ***famem e.*** die Hungersnot beseitigen; ***omnem dubitationem e.*** jeden Zweifel beseitigen; ***alicuius rei memoriam e.*** etw vergessen machen; ***somnum e.*** den Schlaf verscheuchen

E

ex-pendō ⟨pendī, pēnsum, pendere 3.⟩
1. abwiegen; ***expendantur, non numerentur pecuniae*** die Gelder sollen gewogen und nicht gezählt werden
2. *fig geistig* abwägen, erwägen, prüfen, beurteilen; ***testem e.*** einen Zeugen prüfen; ***ire expenso gradu*** mit gemessenem Schritt gehen; ***causam meritis e.*** Ov. den Streit nach Verdiensten schlichten
3. *Geld* auszahlen, bezahlen, ausgeben
4. (*nachkl.*) *poet* ausleihen; ***pecunias sine fenore expensas ferre*** Geld ohne Zinsen ausleihen; ***alicui legionem expensam ferre*** *fig* j-m eine Legion überlassen
5. *fig Strafe* erleiden, erdulden, büßen, *alicuius rei* für etw; ***scelus e.*** für den Frevel büßen

expēnsum ⟨ī⟩ *n* ||expensus|| Ausgabe; ***codex accepti et expensi*** Kassenbuch für Einnahmen und Ausgaben

expēnsus ⟨a, um⟩ *Adj* ||expendo|| ausgezahlt; ***alicui aliquid expensum ferre*** etw für j-n als ausbezahlt eintragen = etw für j-n verbuchen

expergē-faciō ⟨fēcī, factum, facere 3.⟩, *Passiv* ⟨expergē-fīō, factus sum, fierī⟩ ||expergo[1]||
1. (*nachkl.*) aufwecken, erwecken; *Passiv* aufwachen
2. *aus der Ruhe od aus einem Taumel* aufwecken, ermuntern; ***se e.*** zur Besinnung kommen
3. *poet* ins Leben rufen, hervorlocken, entlocken; ***flagitium e.*** eine Schandtat begehen

ex-pergīscor ⟨perrēctus sum⟩ / *PPerf auch* ***pergītus, pergīscī 3.*** ||*Inkoh von* expergo[1]|| aufwachen, erwachen; *aus Untätigkeit od einem Taumel* erwachen; ***experrecta nobilitas*** der aus seiner Teilnahmslosigkeit erwachte Adel; ***expergitus*** erwacht

ex-pergō[1] ⟨pergī, -, pergere 3.⟩ (*spätl.*) aufwecken, wecken

ex-pergō[2] ⟨expersī, expersum, expergere 3.⟩ = ***exspergo***

experiēns *Gen* ⟨entis⟩ *Adj* ||experior||
1. unternehmend, tätig, geschäftig
2. ausdauernd
3. gewöhnt, *alicuius rei* an etw; ***e. laborum*** gewöhnt an Arbeiten

experientia ⟨ae⟩ *f* ||experiens||
1. Versuch, Probe
2. (*nachkl.*) *meton* Erfahrung; ***multarum rerum e.*** vielseitige Erfahrung

experīmentum ⟨ī⟩ *n* ||experior||
1. (*nachkl.*) Versuch, Probe; *meton* Versuchsobjekt; ***experimentis cognoscere aliquid*** etw durch Versuche erkennen
2. Beweismittel, Erfahrungsbeweis; Erfahrung; ***e. proeliorum*** Erfahrung aus früheren Schlachten

▶ **ex-perior** ⟨pertus sum, perīrī 4.⟩

1. einen Versuch machen
2. versuchen, erproben

3. sich messen
4. streiten
5. riskieren
6. kennen lernen, an sich erfahren
7. erfahren, erleiden

E

1. einen Versuch machen, *abs*
2. versuchen, erproben, prüfen, *abs od aliquem / aliquid* j-n / etw, + *indir Fragesatz*; ***e. amicos*** die Freunde prüfen; ***e. vim veneni in servo*** am Sklaven die Stärke des Giftes erproben; ***e. vires suas cum aliquo*** seine Kräfte gegen j-n erproben
3. sich *im Kampf* messen, *aliquem* mit j-m, *inter se* untereinander
4. *vor Gericht* streiten, *abs od cum aliquo* mit j-m, *de re* über etw
5. *fig etw* riskieren, es auf *etw* ankommen lassen, *aliquid*; ***e. omnia de pace*** alle Mittel für den Frieden versuchen; ***rei eventum e.*** etw abwartend versuchen; ***licentiam e.*** sich eine Freiheit erlauben; ***imperium e.*** die Herrschaft aufs Spiel setzen; ***libertatem e.*** die Freiheit genießen; ***spem e.*** sich der Hoffnung hingeben; ***iudicium populi Romani e.*** es auf die Entscheidung des römischen Volkes ankommen lassen
6. *meton durch eigene Erfahrung* kennen lernen, an sich erfahren, erleben, *abs od aliquid* etw, *aliquid in re* etw an etw, + *dopp. Akk* / + *AcI* / + *indir Fragesatz*; ***experiendo cognoscere*** durch Erfahrung kennen lernen; ***expertus scio*** ich weiß aus eigener Erfahrung; ***de me experior*** ich sehe es an mir; ***aliquem fortem inimicum e.*** j-n als mächtigen Feind kennen lernen
7. *Unangenehmes* erfahren, erleiden, bestehen; ***accusandi molestiam e.*** den Ärger der Anklageführung erfahren

ex-perrēctus ⟨a, um⟩ *PPerf* → ***expergiscor***

▶ **ex-pers** *Gen* ⟨pertis⟩ *Adj* ||pars||
1. ohne Anteil, unbeteiligt, *alicuius rei / re* an etw
2. *fig* frei, ledig, *alicuius rei* von etw; ***rationis e.*** unvernünftig; ***litterarum Graecarum e.*** des Griechischen unkundig; ***viri e.*** *von der Frau* unverheiratet

expertus[1] ⟨a, um⟩ *Adj* ||experior||
1. erfahren, *alicuius rei / re* in etw
2. *von Personen u. Sachen* erprobt, bewährt

ex-pertus[2] ⟨a, um⟩ *PPerf* → ***experior***

expetendus ⟨a, um⟩ *Adj* ||expeto|| erstrebenswert, wünschenswert

expetēns *Gen* ⟨entis⟩ *Adj* ||expeto|| begehrlich, lüstern

expetessō ⟨-, -, ere 3.⟩ ||*Intens von* expeto|| Plaut. begehren, verlangen

expetibilis ⟨e⟩ *Adj* ||expeto|| Sen. wünschbar, erstrebbar

▶ **ex-petō** ⟨petīvī, petītum, petere 3.⟩
I *v/t*
1. erstreben, zu erreichen suchen, aufsuchen
2. *fig etw* verlangen, erstreben, begehren, nach *etw* streben, *aliquid*; ***pecuniam e.*** nach Geld streben; ***sibi e. aliquam*** um eine Frau freien; ***auxilium e. ab aliquo*** von j-m Hilfe erbitten; ***poenas alicuius rei ab aliquo e.*** j-n für etw bestrafen, an j-m für etw Rache nehmen
3. dauern; ausreichen; ***aetatem e.*** Plaut. ewig dauern
II *v/i* widerfahren, treffen; ***omnes clades belli in eum expetunt*** alle Leiden des Krieges treffen ihn

expiātiō ⟨ōnis⟩ *f* ||expio|| Sühne, Sühnung

expīlātiō ⟨ōnis⟩ *f* ||expilo[1]|| Ausplünderung, Beraubung

expīlātor ⟨ōris⟩ *m* ||expilo[1]|| Plünderer

ex-pīlō[1] ⟨āvī, ātum, āre 1.⟩ ausplündern, berauben; ***genis e. oculos*** Ov. *fig* die Augen aus den Höhlen reißen

ex-pilō[2] ⟨āvī, ātum, āre 1.⟩ (*vkl.*) (die Haare) ausraufen

ex-pingō ⟨pīnxī, pictum, pingere 3.⟩
1. (*nachkl.*) *poet* schminken
2. anschaulich schildern

ex-piō ⟨āvī, ātum, āre 1.⟩
1. *etw durch Schuld Beflecktes* reinigen, sühnen; ***forum a sceleris vestigiis e.*** das Forum von den Spuren des Verbrechens reinigen
2. *ein Unrecht* wieder gutmachen, sühnen, büßen, strafen; ***tua scelera dei in nostros milites expiaverunt*** deine Verbrechen ließen die Götter unsere Soldaten büßen; ***poenas e.*** durch Verbüßen der Strafe sich von der Schuld reinigen
3. *ein böses Vorzeichen* durch Sühne unschädlich machen
4. *göttlichen Zorn* durch Sühneopfer versöhnen, befriedigen; ***poenis manes mortuorum e.*** durch Strafen die Manen der Toten versöhnen; ***dolor expiatur*** der Schmerz kühlt sich ab

expīr… = ***exspir…***

ex-piscor ⟨ātus sum, ārī 1.⟩ ||piscis|| herausfischen; *nur fig* ausforschen, ausfragen; ***nihil e.*** nicht weiter forschen

explānābilis ⟨e⟩ *Adj* ||explano|| Sen. deutlich

explānātiō ⟨ōnis⟩ *f* ||explano||
1. Verdeutlichung
2. Auslegung, Erklärung, Deutung
3. deutliche Aussprache

explānātor ⟨ōris⟩ *m* ||explano|| Ausleger, Erklärer

explānātus ⟨a, um⟩ *Adj* ||explano||
1. geebnet, glatt
2. *fig* deutlich; ***rem explanate definire*** etw klar bezeichnen

ex-plānō ⟨āvī, ātum, āre 1.⟩
1. ebnen, eben ausbreiten
2. *fig* verdeutlichen, erläutern, in klarer Übersicht darlegen
3. Plin. deutlich aussprechen

ex-plaudō ⟨plausī, plausum, plaudere 3.⟩ = ***explodo***

explēmentum ⟨ī⟩ *n* ||expleo||
1. Ausfüllmittel, Auffüllmittel
2. (Plaut., *nachkl.*) Sättigungsmittel, Futter

▶ **ex-pleō** ⟨plēvī, plētum, plēre 2.⟩

1. ausfüllen, voll füllen
2. voll erreichen
3. vervollständigen, ergänzen
4. sättigen, erfüllen
5. zustande bringen, ausführen
6. erfüllen
7. vollenden, überstehen

1. ausfüllen, voll füllen, anfüllen; ***cavernas e.*** Höhlen ausfüllen; ***paludem cratibus atque aggere e.*** einen Sumpf durch Reisigbündel und einen Damm auffüllen; ***bovem frondibus e.*** ein Rind mit Laub sättigen
2. *Maße u. Zahlen* voll erreichen; ***copiae explent quattuor milia*** die Truppen umfassen viertausend; ***quadraginta annos/quadragesimum annum e.*** volle vierzig Jahre erreichen; ***centurias/tribūs e.*** die volle Anzahl der Stimmen erreichen
3. *Unvollständiges* vervollständigen, ergänzen; ***e., quod deest*** ergänzen was fehlt
4. *Leidenschaften od Wünsche* sättigen, erfüllen, befriedigen, stillen; ***libidinem e.*** eine Leidenschaft befriedigen; ***sitim e.*** Durst stillen; ***dolorem lacrimis e.*** den Schmerz durch Tränen dämpfen; (***tuendo***) ***expleri*** sich satt sehen
5. zustande bringen, ausführen; ***vitam beatam e.*** ein glückliches Leben führen; ***damnationem e.*** JUR die Verurteilung durch Vervollständigung der Zahl der Richter ermöglichen
6. *Pflichten od Aufgaben* erfüllen; ***mortalitatem e.*** sein Los als Sterblicher erfüllen
7. (*nachkl.*) *eine Zeit* vollenden, überstehen; ***supremum diem e.*** seinen letzten Tag vollenden = sterben

explētiō ⟨ōnis⟩ *f* ||expleo|| Vervollständigung

explētus[1] ⟨a, um⟩ *Adj* ||expleo|| vollständig, vollkommen; ***e. omnibus suis partibus*** rundum vollkommen

ex-plētus[2] ⟨a, um⟩ *PPP* → ***expleo***

ex-plēvī → ***expleo***

explicātiō ⟨ōnis⟩ *f* ||explico||
1. das Aufrollen, ***rudentis*** eines Seils
2. Entwicklung, Erklärung, Auslegung, Deutung; ***e. vocabuli ac nominis*** etymologische Erklärung
3. *meton* Fähigkeit des Erklärens

explicātor ⟨ōris⟩ *m* ||explico|| Erklärer

explicātrīx ⟨īcis⟩ *f* ||explicator|| Erklärerin

explicātus[1] ⟨ūs⟩ *m* ||explico|| Erörterung, Lösung

explicātus[2] ⟨a, um⟩ *Adj, Adv* ⟨explicātē⟩ ||explico||
1. geordnet, geregelt
2. deutlich, klar, sicher

explicit (liber) (*spätl., mlat., nlat.*) das Buch ist zu Ende, das Buch hört auf, *Schlussbemerkung in antiken u. mittelalterlichen Handschriften*

explicitus ⟨a, um⟩ *Adj, Adv* ⟨explicitē⟩ ||explico|| leicht auszuführen; *Adv* (*mlat., nlat.*) ausdrücklich, deutlich

ex-plicō ⟨āvī⟩ *u.* ⟨uī, ātum⟩ *u.* ⟨itum, āre 1.⟩
1. entfalten, aufrollen, ausbreiten; ***vestem e.*** ein Kleid ausbreiten; ***librum e.*** ein Buch aufschlagen; ***frontem e.*** die Stirn glätten; ***intelligentiam suam e.*** seinen Verstand entfalten
2. herauswickeln, loswickeln; ***se ex laqueis e.*** sich aus den Schlingen wickeln
3. *örtl.* ausdehnen, ausbreiten; MIL ausschwärmen lassen; ***forum usque ad atrium Libertatis e.*** Cic. das Forum bis zum Tempel der Libertas ausdehnen
4. *fig Verworrenes* entwirren, in Ordnung bringen, ***negotia*** die Geschäfte
5. *fig Schwieriges* glücklich durchführen; ***solutionem e.*** eine Schuld abtragen; ***sumptūs e.*** Aufwendungen bestreiten
6. *fig* erlösen, befreien, retten; ***Siciliam multis cinctam periculis e.*** das von vielen Gefahren umzingelte Sizilien befreien; ***se istinc e.*** sich aus der Affäre ziehen
7. *fig* erklären, darlegen; ***res gestas e.*** Taten erzählen; ***alicui scholam aliquam e.*** j-m einen kunstgerechten Vortrag halten; ***Graecas orationes e.*** griechische Reden in freier Übersetzung wiedergeben

ex-plōdō ⟨plōsī, plōsum, plōdere 3.⟩ ||plaudo||
1. (*nachkl.*) *poet* schlagend forttreiben
2. auspfeifen, auszischen; missbilligen

explōrātiō ⟨ōnis⟩ *f* ||exploro|| Erkundigung, Erforschung; Spionage

explōrātor ⟨ōris⟩ *m* ||exploro||
1. (*unkl.*) Kundschafter, Späher, Spion
2. MIL *meist Pl* Spähtrupp, Aufklärungstruppen
3. ***exploratores viae*** Vorreiter *im Gefolge des Kaisers, die bei dessen Reisen für die vorherige Beseitigung von Hindernissen zu sorgen hatten*

explōrātōrius ⟨a, um⟩ *Adj* ||explorator|| (*nachkl.*) zum Kundschafter gehörig; ***corona exploratoria*** Suet. Kranz für gute Aufklärung, *von Caligula gestifteter Orden*

explōrātus ⟨a, um⟩ *Adj, Adv* ⟨explōrātē⟩ ||exploro|| gewiss, sicher, ausgemacht, zuverlässig, stichhaltig; ***mihi exploratum est*** für mich steht fest; ***aliquid pro explorato habere*** etw für sicher halten

► **ex-plōrō** ⟨āvī, ātum, āre 1.⟩
1. ausspähen; *bes* MIL auskundschaften, aufklären; ausfindig machen; ***idoneum castris locum e.*** einen für das Lager geeigneten Platz ausfindig machen; ***explorato*** nachdem man Kundschaft eingezogen hatte
2. *fig* ausforschen, erforschen, ermitteln, *aliquid* etw, + *AcI* / + *indir Fragesatz*; ***alicuius consilia e.*** j-s Pläne ausforschen; ***e. fugam*** eine Gelegenheit zur Flucht ausfindig machen; ***e. de voluntate alicuius*** über j-s Absicht Nachforschungen anstellen
3. (*nachkl.*) *poet das Wesen einer Sache* untersuchen, prüfen, erproben; ***e. epulas gustu*** die Speisen auf ihren Geschmack hin prüfen

explōsī → ***explodo***

explōsiō ⟨ōnis⟩ *f* ||explodo|| das Auszischen, das Auspfeifen

explōsus ⟨a, um⟩ *PPP* → ***explodo***

ex-poliō[1] ⟨īvī, itum, īre 4.⟩
1. (*unkl.*) glätten, polieren
2. *fig* ausbilden, verfeinern
3. RHET glätten, verfeinern, ausschmücken

ex-poliō[2] ⟨āvī, ātum, āre 1.⟩ = ***exspolio***

expolītiō ⟨ōnis⟩ *f* ||expolio[1]||
1. das Glätten, das Anstreichen *eines Haues*
2. RHET Ausschmückung *der Rede*

expolītus ⟨a, um⟩ *Adj* ||expolio[1]||
1. glatt, blank
2. ausgebildet, verfeinert

ex-pōnō ⟨posuī, positum, pōnere 3.⟩

1. herausstellen, hinausstellen
2. öffentlich ausstellen, zur Schau stellen
3. vor Augen stellen
4. aussetzen
5. an Land setzen, ausschiffen
6. zur Verfügung stellen

7. preisgeben **8.** auseinandersetzen **9.** darlegen, darstellen

1. herausstellen, hinausstellen, hinaussetzen, offen hinstellen; ***scalas e.*** Schiffstreppen auslegen; ***herbam in sole e.*** Gras in der Sonne auslegen; ***aliquem orbe e.*** j-n aus dem Kreis ausstoßen
2. öffentlich ausstellen, zur Schau stellen; ***rem venditioni e.*** eine Sache zum Verkauf ausstellen
3. vor Augen stellen; ***vitam iuventuti ad imitandum e.*** der Jugend das Leben zum Vorbild vor Augen halten; ***praemium e.*** eine Belohnung aussetzen
4. (*vkl., nachkl.*) *Kinder* aussetzen, ***pueros in proxima alluvie*** Kinder in der nächstgelegenen Lache
5. SCHIFF an Land setzen, ausschiffen, ausladen; ***milites (ex) navibus e.*** Soldaten aus Schiffen an Land setzen; ***copias in Africa e.*** Truppen in Afrika ausschiffen; ***in litus e.*** an der Küste an Land setzen; *Passiv* landen
6. zur Verfügung stellen, ***alicui magnam pecuniam*** j-m eine große Geldsumme
7. preisgeben, ***provinciam barbaris e.*** die Provinz den Barbaren preisgeben; ***expositum esse*** ausgeliefert sein, preisgegeben sein; ***alicui ad praedandum expositum esse*** j-m zur Plünderung überlassen sein
8. auseinandersetzen
9. darlegen, darstellen, mitteilen, erörtern, *abs od alicui aliquid* j-m etw; ***sicuti exposui*** wie ich dargelegt habe; ***rem breviter e.*** die Sache kurz darstellen

ex-porgō Com. *u.* **ex-porrigō** ⟨porrēxī, porrēctum, por(ri)gere 3.⟩
1. Pers. hervorstrecken; ***labellum e.*** die Lippen schürzen
2. (*unkl.*) ausdehnen, ausbreiten, *bes* MIL; ***munitiones e.*** Befestigungen ausdehnen
3. glätten; ***frontem e.*** die Stirn glätten, freundlich sein

exportātiō ⟨ōnis⟩ *f* ||exporto||
1. Ausfuhr, Export
2. Sen. Verbannung

ex-portō ⟨āvī, ātum, āre 1.⟩
1. hinaustragen, fortschaffen, *aliquem / aliquid* j-n / etw, *ex re / re* aus etw, ***sua omnia*** alle seine Habe
2. *Waren* ausführen; ↔ ***importo***
3. verbannen, ***in ultimas terras*** in die fernsten Länder

ex-poscō ⟨poposcī, -, poscere 3.⟩
1. dringend fordern, ungeduldig fordern, verlangen, erbitten, *aliquid ab aliquo* etw von j-m, *auch mit n eines Pron aliquid aliquem* etw von j-m, *ut / ne*
2. *poet von Sachen* erfordern; ***opes e. magnas*** große Mittel erfordern
3. (*nachkl.*) *j-s* Auslieferung verlangen, *aliquem*; ***Hannibalem e.*** die Auslieferung Hannibals verlangen
4. RELIG *von den Göttern* erbitten, erflehen; ***e. pacem a deis*** den Frieden von den Göttern erflehen; ***e. pacem Teucris*** Frieden erflehen für die Trojaner

expositīcius ⟨a, um⟩ *Adj* ||expositus, *PPP von* expono|| Plaut. ausgesetzt

expositiō ⟨ōnis⟩ *f* ||expono||
1. Aussetzung *eines Kindes*
2. Darlegung, Schilderung, Entwicklung, Definition
3. (*eccl.*) Auslegung, Erklärung

expositus[1] ⟨a, um⟩ *Adj, Adv* ⟨expositē⟩ ||expono||
1. *poet* offen, frei daliegend
2. bloßgestellt, preisgegeben
3. öffentlich zugänglich
4. (*nachkl.*) *poet* allgemein verständlich, alltäglich, nahe liegend
5. (*nachkl.*) *poet* leutselig

ex-positus[2] ⟨a, um⟩ *PPP* → ***expono***

expostulātiō ⟨ōnis⟩ *f* ||expostulo||
1. Verlangen, Forderung
2. Beschwerde, Vorwurf, *cum aliquo* gegen jdn

ex-postulō ⟨āvī, ātum, āre 1.⟩
1. dringend verlangen, dringend fordern, *aliquid ab aliquo* etw von j-m, *ut / ne / + AcI*; ***primas sibi partes e.*** die ersten Teile für sich fordern
2. *j-s* Auslieferung verlangen, *aliquem*
3. sich beschweren, zur Rede stellen, *abs od cum aliquo aliquem* bei j-m über j-n, *cum aliquo aliquid / de re* bei j-m über etw, *+ AcI / + indir Fragesatz*

ex-posuī → ***expono***

expōtō ⟨āvī, ātum, āre 1.⟩ = ***epoto***

expressī → ***exprimo***

expressus[1] ⟨a, um⟩ *Adj, Adv* ⟨expressē⟩ ||exprimo||
1. herausgepresst
2. deutlich ausgesprochen; ***expressis verbis*** (*mlat.*) mit ausdrücklichen Worten, ausdrücklich
3. deutlich, anschaulich, handgreiflich; ***expressa sceleris vestigia*** deutliche Spuren des Verbrechens

ex-pressus[2] ⟨a, um⟩ *PPP* → ***exprimo***

exprētus ⟨a, um⟩ *Adj* Plaut. = ***expressus***[2]

ex-primō ⟨pressī, pressum, primere 3.⟩ ||premo||

1. ausdrücken, auspressen **2.** herausdrücken, herauspressen **3.** emportreiben, in die Höhe heben **4.** deutlich aussprechen **5.** erpressen, erzwingen **6.** abbilden, gestalten **7.** nachahmen **8.** wiedergeben, schildern

1. (*nachkl.*) *poet* ausdrücken, auspressen; ***spongiam e.*** einen Schwamm ausdrücken; ***nasum e.*** sich die Nase putzen
2. herausdrücken, herauspressen, *aliquid ex re* etw aus etw, ***sucum e semine*** den Saft aus einem Samenkorn; ***spiritum e.*** sich erhängen
3. emportreiben, in die Höhe heben; ***agger turres expresserat*** der Wall hatte die Türme erhöht
4. deutlich aussprechen, ***verba*** die Worte
5. *fig* erpressen, erzwingen; ***veritatem tormentis e.*** die Wahrheit durch Folter erpressen; ***e. nummos ab amico blanditiis*** dem Freund mit Schmeicheleien Geld abnötigen; ***alicui laetitiam e.*** j-m Fröhlichkeit entlocken
6. (*unkl.*) *künstlerisch* abbilden, gestalten, darstellen; ***simulacra ex auro e.*** Statuen aus Gold formen;

e. imaginem in cera ein Bild aus Wachs formen; ***vestis singulos artūs exprimit*** das Kleid lässt die einzelnen Glieder hervortreten
7. *fig* nachahmen; ***oratorem imitando e.*** den Redner genau nachahmen
8. *mit Worten* wiedergeben, schildern; übersetzen; ***verbum e verbo e.*** Wort für Wort wiedergeben; ***aliquid Latine uno verbo e.*** etw auf lateinisch in einem Wort ausdrücken
exprobrātiō ⟨ōnis⟩ *f* ||exprobro|| (*vkl., nachkl.*) das Vorwerfen, Vorwurf
exprobrātor ⟨ōris⟩ *m* ||exprobro|| (*nachkl.*) Tadler
exprobrātrīx ⟨īcis⟩ *m* ||exprobrator|| Tadlerin; ***memoria e.*** Sen. das tadelnde Gedächtnis
ex-probrō ⟨āvī, ātum, āre 1.⟩ ||ex, *Denom von* probrum|| Vorwürfe machen, vorwerfen, *alicui aliquid* j-m etw, *alicui de re* j-m wegen etw, + *AcI*
ex-prōmō ⟨prōmpsī, prōmptum, prōmere 3.⟩
1. (*vkl., nachkl.*) hervorholen, hervorbringen, hervornehmen; ***omnes apparatūs supplicii e.*** alle Folterwerkzeuge hervorholen
2. *poet Töne* ausstoßen, hervorstoßen
3. *fig* an den Tag legen, deutlich zeigen, bestätigen, *aliquid* etw, *aliquid in aliquem / in aliquo* etw gegen j-n, *in re* gegen etw; ***suum odium e.*** seinen Hass deutlich zeigen; ***crudelitatem in inimico e.*** Grausamkeit gegenüber dem Feind an den Tag legen
4. *mit Worten* darlegen, vortragen, *aliquid* etw, + *AcI* / + *indir Fragesatz*, ***causas belli*** die Gründe des Krieges
5. exprōmptus ⟨a, um⟩ *Adj* Ter. bereit, bei der Hand
expudōrātus ⟨a, um⟩ *Adj* ||pudor|| unverschämt, schamlos
expūgnābilis ⟨e⟩ *Adj* ||expugno|| (*nachkl.*) *poet* einnehmbar; ***urbs e.*** einnehmbare Stadt
expūgnātiō ⟨ōnis⟩ *f* ||expugno|| Eroberung, Einnahme; *fig* Überfall
expūgnātor ⟨ōris⟩ *m* ||expugno|| Eroberer; ***e. pudicitiae*** *fig* Verführer
expūgnāx *Gen* ⟨ācis⟩ *Adj* ||expugno|| bezwingend, wirksam
▶ **ex-pūgnō** ⟨āvī, ātum, āre 1.⟩
1. erstürmen, erobern, einnehmen, ***oppidum vi / per vim*** eine Festung mit Gewalt
2. *Belagerte* zur Übergabe zwingen, überwältigen, besiegen, unterwerfen, unterjochen; vergewaltigen
3. *fig* überwinden, brechen, vernichten; ***animum e.*** sich selbst bezwingen; ***decus muliebre e.*** eine Frau vergewaltigen
4. erzwingen, erpressen; ***sibi legationem e.*** sich eine Gesandtschaft erkämpfen; ***coepta e.*** das Begonnene durchsetzen
5. Ov. *fig mit Worten* angreifen
ex-pulī → ***expello***
expulsī ⟨ōrum⟩ *m* ||expello|| die Verbannten
expulsiō ⟨ōnis⟩ *f* ||expello|| Vertreibung, Austreibung
ex-pulsō ⟨(āvī)⟩, ⟨ātum, āre 1.⟩ ||*Intens von* expello|| Mart. forttreiben; ***pilam e.*** den Ball (ab)schlagen
expulsor ⟨ōris⟩ *m* ||expello|| Vertreiber, *alicuius* j-s, *alicuius rei* aus etw; ***e. tyrannorum*** Befreier von den Tyrannen
ex-pulsus ⟨a, um⟩ *PPP* → ***expello***
expultrīx ⟨īcis⟩ *f* ||expello|| Vertreiberin; ***e. vitiorum*** Vertreiberin der Laster
ex-pungō ⟨pūnxī, pūnctum, pungere 3.⟩ (*unkl.*)
1. ausstreichen, ***nomen*** den Namen *aus dem Schuldbuch*
2. aus dem Dienst entlassen
3. aus dem Weg schaffen, wegräumen
4. *fig* aufheben, ausgleichen, tilgen; ***munus munere e.*** ein Geschenk durch ein Geschenk ausgleichen
5. *ein Verzeichnis* prüfend durchgehen, revidieren, *zur Tilgung der Namen Unwürdiger u. Toter*
expuō ⟨expuī, expūtum, expuere 3.⟩ = ***exspuo***
expūrgātiō ⟨ōnis⟩ *f* ||expurgo|| Plaut. Rechtfertigung, Entschuldigung
ex-pūrgō ⟨āvī, ātum, āre 1.⟩
1. (*nachkl.*) reinigen, säubern; ***e. aliquem*** j-n heilen; ***sermonem e.*** *fig* die Sprache reinigen
2. (*vkl., nachkl.*) rechtfertigen, entschuldigen
expūrigātiō ⟨ōnis⟩ *f* = ***expurgatio***
expūrigō ⟨āvī, ātum, āre 1.⟩ = ***expurgo***
ex-pūtēscō ⟨-, -, ēscere 3.⟩ Plaut. verfaulen
ex-putō ⟨āvī, ātum, āre 1.⟩
1. (*nachkl.*) ausputzen, beschneiden
2. (*unkl.*) erwägen, ergründen, *aliquid* etw, *auch* + *indir Fragesatz*
▶ **ex-quīrō** ⟨quīsīvī, quīsītum, quīrere 3.⟩ ||quaero||
1. heraussuchen, auswählen, aussuchen; ***verba per sonum e.*** Worte nach dem Klang auswählen
2. durchsuchen, ***omnia terrā marique*** alles zu Wasser und zu Land
3. *fig* untersuchen, prüfen
4. *fig* erforschen, ergründen, ***verum*** die Wahrheit; ***sententias e.*** Meinungen abfragen
5. verlangen, erbitten, ***alicuius consilium*** j-s Rat
6. exquīsīta ⟨ōrum⟩ *n* Erkundigungen
exquīsītus ⟨a, um⟩ *Adj*, *Adv* ⟨exquīsītē⟩ auserlesen, ausgezeichnet; sorgfältig, tief, durchdacht; ***rationes exquisitae*** scharfsinnige Gründe; ***munditia exquisita*** gesuchte Eleganz
exrādīcitus *Adv* ||radix|| Plaut. mitsamt der Wurzel
ex-sacrificō ⟨-, -, āre 1.⟩ *poet* ein Opfer darbringen, *re* mit etw
ex-saeviō ⟨-, -, īre 4.⟩ Liv. austoben
exsanguis ⟨e⟩ *Adj*
1. blutlos, ohne Blut
2. *fig* leblos, ohnmächtig
3. kraftlos, erschöpft, matt
4. entseelt, tot, *re* durch etw, von etw
5. blass, totenblass, fahl; *poet* blass machend;
ex-saniō ⟨-, -, āre 1.⟩ ||sanies|| (*nachkl.*) von Eiter reinigen, von Jauche reinigen
ex-sarciō ⟨-, sartūrus, sarcīre 4.⟩ (*unkl.*) ausflicken; *fig* ersetzen, erstatten
ex-satiō ⟨āvī, ātum, āre 1.⟩ (*nachkl.*) = ***exsaturo***
exsaturābilis ⟨e⟩ *Adj* ||exsaturo|| Verg. zu sättigen; ***non e.*** unersättlich
ex-saturō ⟨āvī, ātum, āre 1.⟩
1. *poet* völlig sättigen, ***aliquem vino ciboque*** j-n mit Wein und Essen
2. *fig* völlig befriedigen, stillen, *aliquem / aliquid* j-n / etw, *re* durch etw
ex-scendō ⟨scendī, scēnsum, scendere 3.⟩ = ***escendo***

E

exscēnsiō ⟨ōnis⟩ *f* = ***escensio***
exscēnsus ⟨a, um⟩ *PPP* → ***escendo***
ex-scindō ⟨scidī, scissum, scindere 3.⟩ ausreißen; *fig* ausrotten, zerstören
ex-screō ⟨āvī, ātum, āre 1.⟩ (*nachkl.*) *poet* sich räuspern
ex-scrībō ⟨scrīpsī, scrīptum, scrībere 3.⟩
1. abschreiben; (*nachkl.*) abzeichnen, abmalen
2. aufschreiben, aufzeichnen
ex-sculpō ⟨sculpsī, sculptum, sculpere 3.⟩
1. ausmeißeln, *mit dem Grabstichel* ausstechen, *mit dem Messer* ausschnitzen; ***simulacrum e quercu e.*** ein Bild aus Eichenholz schnitzen
2. Nep. wegmeißeln, auskratzen, beseitigen, ***versūs*** Verse
3. *fig durch Fragen* herauspressen, ***verum ex aliquo*** aus j-m die Wahrheit
ex-secō ⟨secuī, sectum, secāre 1.⟩
1. herausschneiden, ausschneiden, wegschneiden, ***linguam*** die Zunge; ***aliquem e.*** j-n aus dem Mutterleib herausschneiden
2. entmannen, kastrieren, *aliquem* j-n; ***testes e.*** entmannen
3. herausschinden, herausschlagen; ***quinas capiti mercedes exsecat*** er schindet fünf Prozent *monatlich* aus dem Kapital heraus
execrābilis ⟨e⟩ *Adj*, *Adv* ⟨execrābiliter⟩ ||execror||
1. fluchwürdig, verflucht, verwünscht
2. verfluchend; ***carmen exsecrabile*** Verwünschungsformel
execrātiō ⟨ōnis⟩ *f* ||exsecror||
1. Verfluchung, Verwünschung, *alicuius* j-s *od* durch j-n
2. (*mlat.*) kirchliche Verfluchung
ex-secrātus ⟨a, um⟩ *Adj* ||exsecror *u.* exsecro|| verflucht, verwünscht, *alicui* von j-m; ***columna exsecrata*** Säule des Fluchs
ex-secrō ⟨āvī, ātum, āre 1.⟩ (*vkl., mlat.*) *u.* **ex-secror** ⟨ātus sum, ārī 1.⟩
I *v/t* verfluchen, verwünschen; Hor. feierlich schwören *unter Verwünschungen.*
II *v/i* fluchen, Flüche ausstoßen, Verwünschungen ausstoßen, *in aliquem* gegen j-n, *ut*
exsectiō ⟨ōnis⟩ *f* ||exseco|| das Ausschneiden, das Abschneiden
exsecūtiō ⟨ōnis⟩ *f* ||exsequor|| (*nachkl.*)
1. Ausführung, Vollzug, Vollstreckung
2. rechtliche Verfolgung, Gerichtsbarkeit, *alicuius rei* in etw
3. Verwaltung, vollziehende Gewalt, ***Syriae*** in Syrien
exsecūtor ⟨ōris⟩ *m* ||exsequor|| (*nachkl.*) Vollstrecker, Rächer
ex-secūtus ⟨a, um⟩ *PPerf* → ***exsequor***
exsequiae ⟨ārum⟩ *f* ||exsequor||
1. Leichenbegängnis, Leichenfeier, Bestattung; ***exsequias alicuius prosequi/alicui ire*** j-n zu Grabe geleiten
2. *meton* Leiche, sterbliche Überreste
exsequiālis ⟨e⟩ *Adj* ||exsequiae|| Leichen…; ***carmen exsequiale*** Totenlied
▶ **ex-sequor** ⟨secūtus sum, sequī 3.⟩
1. (*unkl.*) zu Grabe geleiten
2. (*nachkl.*) *feindlich* verfolgen, ***ferro ignique*** mit Feuer und Schwert
3. (*nachkl.*) gerichtlich verfolgen, rächen, ahnden, strafen; ***violata iura e.*** die Verletzung der Rechte ahnden
4. *fig einer Sache* nachgehen, *etw* erstreben, *aliquid*
5. *fig sein Recht* geltend machen; ***ius suum armis e.*** sein Recht mit Waffengewalt geltend machen
6. Liv. *fig* zu ermitteln suchen, erforschen, *aliquid* etw, + *indir Fragesatz*; ***aliquid quaerendo e.*** etw durch Befragen zu ermitteln suchen
7. Catul. *fig einer Partei* anhängen
8. bis zum Abschluss fortsetzen, ausführen, vollziehen; ***pompas e.*** Leichenfeiern begehen; ***mortem e.*** sich selbst töten
9. *fig* ausführlich berichten, beschreiben, *aliquid* etw, + *indir Fragesatz*, ***aliquid verbis*** etw mit Worten
10. *fig* erdulden, ertragen, ***fatum Pompei unā*** gemeinsam das Schicksal des Pompeius
ex-serciō ⟨-, sertūrus, sercīre 4.⟩ = ***exsarcio***
ex-serō ⟨seruī, sertum, serere 3.⟩
1. (*nachkl.*) *poet* herausstrecken, hervorstrecken, emporheben, *aliquid ex re/re* etw aus etw; ***enses e.*** die Schwerter emporheben; ***e. linguam*** die Zunge herausstrecken
2. *Körperteile* entblößen, ***umeros*** die Schultern
3. *fig* losmachen, erlösen, befreien, *aliquem re.* j-n von etw; ***aliquem vinculis e.*** j-n aus dem Gefängnis befreien; ***e. aliquem aere alieno*** j-n von der Schuldenlast befreien
4. (*nachkl.*) *poet* offenbaren, zeigen, fühlen lassen; ***haec exserit narratio*** das zeigt die Erzählung; ***e. principem*** seine Macht als Fürst zeigen
ex-sertō ⟨-, -, āre 1.⟩ ||*Iterat von* exsero|| (*nachkl.*) *poet* wiederholt hervorstrecken
ex-sībilō ⟨āvī, ātum, āre 1.⟩
1. auszischen, auspfeifen
2. (*nachkl.*) *poet* hervorzischen, ***dirum quiddam*** Sen. etw Schreckliches
exsiccātus ⟨a, um⟩ *Adj* ||exsicco|| vertrocknet
ex-siccō ⟨āvī, ātum, āre 1.⟩ austrocknen, ausdörren; ausleeren
ex-sicō ⟨sicuī, sictum, sicāre 1.⟩ = ***exseco***
ex-signō ⟨āvī, ātum, āre 1.⟩ (*vkl., nachkl.*) Punkt für Punkt aufzeichnen, aufschreiben
ex-siliō ⟨siluī⟩ *u.* ⟨silīvī⟩ *u.* ***siliī, sultum, silīre 4.*** ||salio||
1. herausspringen, hinausspringen; ***piscis e mari exsilit*** der Fisch springt aus dem Meer hervor, ***oculi exsiliunt*** die Augen treten hervor
2. Com. nach vorn springen
3. aufspringen, emporspringen, *abs od de re/ex re/re* von etw, aus etw, ***ex sella*** aus dem Sessel; ***arbor ad caelum exsilit*** *fig* ein Baum wächst zum Himmel
exsilium ⟨ī⟩ *n* = ***exilium***
ex-siluī → ***exsilio***
exsistentia ⟨ae⟩ *f* ||exsisto|| (*eccl.*) das Dasein, Existenz; PHIL das bloße Dasein ↔ *Sosein*; → ***essentia***
▶ **ex-sistō** ⟨stitī, -, sistere 3.⟩
1. herausgehen, hervorgehen, hervortreten, hervorkommen, *abs od ex re/a re/de re/re* von etw, aus etw, ***e latebris*** aus den Schlupfwinkeln; ***ab inferis***

e. von den Toten auferstehen; ***de terra e.*** sich vom Boden erheben
2. auftauchen, emportauchen; ***armati terrā exsistunt*** Bewaffnete tauchen aus der Erde auf
3. (*nachkl.*) MIL hervorbrechen
4. hervorkommen, entstehen
5. *von Personen* auftreten, erscheinen, sich zeigen, werden; ***aliquis exsistit crudelis in aliquem*** j-d erweist sich grausam gegen j-n; ***ex amicis inimici exsistunt*** aus Freunden werden Feinde
6. *von Sachen od Zuständen* eintreten, aufkommen, werden; ***ex luxuria avaritia exsistit*** aus dem Überfluss entsteht Habsucht; ***aliquid verum exsistit*** etw stellt sich als wahr heraus; *Perf auch* vorhanden sein, stattfinden; ***exstiti*** *oft* = ***fui***
7. *log.* sich ergeben; ***ex quo exsistit, ut*** daraus ergibt sich, dass; ***exsistit illud*** es ergibt sich jenes, *ut* / + *AcI*

exsolētus ⟨a, um⟩ *Adj* = ***exoletus***

exsolō ⟨āvī, ātum, āre 1.⟩ = ***exulo***

exsolūtiō ⟨ōnis⟩ *f* ||exsolvo|| (*nachkl.*) Befreiung, Erlösung

ex-solvō ⟨solvī, solūtum, solvere 3.⟩
1. lösen, losmachen, ***vincula*** Fesseln; ***nexum e.*** einen Knoten entwirren; ***famem e.*** Hunger vertreiben; ***obsidium e.*** die Belagerung aufheben
2. (*nachkl.*) öffnen; ***alvus exsoluta*** Durchfall
3. auflösen, erklären; ***e. nobis, quare*** Lucr. uns erklären, warum
4. *fig* erlösen, befreien, *aliquem re* j-n von etw, ***plebem aere alieno*** das Volk von den Schulden
5. *Schulden od Verpflichtungen* bezahlen, abtragen; ***stipendium praeteritum e.*** den rückständigen Sold zahlen
6. aufheben, ***certamen*** Streit
7. leisten, erfüllen; ***promissum*** ein Versprechen einlösen; ***gratiam e.*** Dank abstatten; ***beneficia e.*** Wohltaten vergelten; ***poenas e.*** büßen

ex-somnis ⟨e⟩ *Adj* ||somnus|| (*nachkl.*) *poet* schlaflos, wach

ex-sorbeō ⟨sorbuī (sorpsī), -, sorbēre 2.⟩
1. ausschlürfen, einsaugen; ***vestis sanguinem exsorbuit*** das Kleid saugte das Blut auf
2. *fig* verschlucken, verschlingen, auskosten; ***multorum difficultatem e.*** Cic. den Eigensinn vieler verwinden
3. Iuv. aussaugen, entkräften

ex-sors *Gen* ⟨sortis⟩ *Adj* (*nachkl.*)
1. *poet* ohne Los = ohne Anteil an *etw*, *einer Sache* beraubt, von *etw* ausgeschlossen, *alicuius rei*; ***e. secandi*** unfähig zu schneiden
2. *poet* dem allgemeinen Los nicht unterworfen, auserlesen, außergewöhnlich; ***honores exsortes*** außergewöhnliche Ehren

ex-spargō ⟨sparsī, sparsum, spargere 3.⟩ = ***exspergo***

ex-spatior ⟨ātus sum, ārī 1.⟩ (*nachkl.*)
1. *poet* von der Bahn abkommen, sich ausbreiten; ***exspatiata flumina*** über die Ufer getretene Flüsse
2. *fig* vom Thema abschweifen

exspectātiō ⟨ōnis⟩ *f* ||exspecto|| Erwartung, Spannung, Neugierde; *pej* Furcht, Angst; ***e. visendi Alcibiadis*** Angst den Alkibiades zu sehen; ***e. de sermone*** Angst vor dem Gespräch; ***in exspectatione alicuius rei esse*** auf etw gespannt sein; ***exspectationem sui facere*** Neugierde auf sich erregen; ***praeter/contra omnium exspectationem*** gegen die Erwartung aller; ***in exspectationem esse*** erwartet werden, in Aussicht sehen

exspectātus ⟨a, um⟩ *Adj* ||exspecto|| erwartet, willkommen, erwünscht

► **ex-spectō** ⟨āvī, ātum, āre 1.⟩
I *v/t*
1. *j-n/etw* erwarten, auf *j-n/etw* warten, *einer Sache* entgegensehen, nach *etw* ausschauen, *aliquem/aliquid*; ***auxilia Germanorum e.*** auf die Hilfstruppen der Germanen warten; ***legatos e.*** die Gesandten erwarten; ***ventum secundum e.*** auf günstigen Wind warten; ***cenantes comites e.*** abwarten, bis die Gefährten mit dem Essen fertig sind
2. (*nachkl.*) *poet* voraussehen, erfordern, verlangen; ***oleae falcem rastrosque exspectant*** die Ölbäume verlangen nach Messer und Hacken
3. erhoffen, ersehnen, wünschen, ***alicuius auxilium*** j-s Hilfe
4. (*nachkl.*) bevorstehen, *aliquem* j-m; ***aliquem exspectat fatum*** j-m steht der Tod bevor
5. (*mlat.*) wollen
II *v/i* warten, harren, abwarten, *meist mit dum/quoad/donec* bis, *si* ob, *ut*, *nach verneintem Verb quin* dass, + *indir Fragesatz*; ***paucos dies e.*** wenige Tage warten; ***rusticus exspectat, dum defluat amnis*** Ov. der Bauer wartet, bis der Fluss abfließt; ***Carthagine e.*** sich in Karthago aufhalten

ex-spergō ⟨spersī, spersum, spergere 3.⟩ ||spargo|| *poet* über und über bespritzen; zersprengen, zerstreuen, versprühen

ex-spēs *indekl Adj* (*unkl.*) ohne Hoffnung, hoffnungslos, *alicuius rei* auf etw; ***vitae e.*** ohne Hoffnung auf das Leben

exspīrātiō ⟨ōnis⟩ *f* ||exspiro|| Ausdünstung, ***terrae*** der Erde

ex-spīrō ⟨āvī, ātum, āre 1.⟩
I *v/t* (*nachkl.*) *poet* aushauchen, ausspeien, ***flammam*** eine Flamme; ***e. animam*** den Geist aufgeben, sterben
II *v/i*
1. (*nachkl.*) *poet* sterben; vergehen; in Vergessenheit geraten
2. (*nachkl.*) *poet* (keuchend) herausfahren; ***vis ventorum exspirat*** die Wucht der Winde bricht los

ex-splendēscō ⟨splenduī, -, splendēscere 3.⟩ hervorleuchten; *fig* sich glänzend hervortun

ex-spoliō ⟨āvī, ātum, āre 1.⟩ ausplündern, gänzlich berauben, *aliquem re* j-n einer Sache

ex-sprētus ⟨a, um⟩ *Adj* = ***expretus***

ex-spuō ⟨spuī, spūtum, spuere 3.⟩ ausspeien; *fig* von sich geben, loslassen; ***miseriam ex animo e.*** den Jammer aus dem Herzen verbannen

exstasis ⟨is⟩ *f* = ***ecstasis***

ex-sternō ⟨āvī, ātum, āre 1.⟩ *poet* aus der Fassung bringen, heftig erschrecken, scheu machen, ***equos*** die Pferde; *Passiv* scheu werden, aus der Fassung geraten

ex-stīllēscō ⟨-, -, ēscere 3.⟩ ||*Inkoh von* exstillo|| *poet* zu triefen beginnen, ausfließen

ex-stīllō ⟨āvī, ātum, āre 1.⟩ (*vkl.*, *nachkl.*) stark triefen; ***e. lacrimis*** in Tränen zerfließen

E

E

exstimulātor ⟨ōris⟩ *m* ||exstimulo|| Tac. Aufwiegler, Rädelsführer
ex-stimulō ⟨āvī, ātum, āre 1.⟩ *(nachkl.) poet* aufstacheln, aufhetzen, aufwiegeln
exstīnctiō ⟨ōnis⟩ *f* ||exstinguo|| das Auslöschen; *fig* Vernichtung, Zerstörung
exstīnctor ⟨ōris⟩ *m* ||exstinguo|| Vernichter, Zerstörer, Unterdrücker
▶ **ex-stinguō** ⟨stīnxī, stīnctum, stinguere 3.⟩
1. auslöschen, löschen, ***incendium aquā*** den Brand mit Wasser; ***sitim e.*** den Durst löschen; *Passiv* erlöschen
2. *(nachkl.)* austrocknen, aufsaugen
3. *(vkl., nachkl.)* umbringen, töten, ***multos ferro*** viele mit dem Schwert; *Passiv* umkommen, zugrunde gehen; ***exstinctus*** tot
4. vertilgen, vernichten, unterdrücken, ***invidiam*** die Missgunst; *Passiv* zugrunde gehen, untergehen
5. in Vergessenheit bringen, ***crimina sua e.*** seine Verbrechen; *Passiv* in Vergessenheit geraten, verstummen
ex-stirpō ⟨āvī, ātum, āre 1.⟩ ||stirps|| *(nachkl.) poet* ausrotten; ***arbores e.*** Bäume entwurzeln; ***humanitatem ex animo e.*** *fig* alle Menschlichkeit aus dem Geist austilgen
ex-stitī → ***exsisto***
ex-stō ⟨-, -, āre 1.⟩
1. *von Personen u. Sachen* herausstehen, hervorstehen, hervorragen, *ex re / de re / re* aus etw; ***milites exstant ex aqua*** die Soldaten ragen aus dem Wasser heraus; ***cervi summis vix cornibus ex nive exstant*** die Hirsche ragen mit den Spitzen ihres Geweihes kaum aus dem Schnee heraus; ***signa exstantia*** erhaben gearbeitete Siegel
2. *fig von Sachen, seltener von Personen* sich deutlich zeigen, auffallen, vorhanden sein, existieren; ***exstat*** es stellt sich klar heraus, *+ AcI / + indir Fragesatz*
3. *fig* noch vorhanden sein, noch existieren; ***domina exstat*** die Herrin lebt noch
4. *(mlat.)* = ***sum***; → ***esse***
exstrūctiō ⟨ōnis⟩ *f* ||exstruo|| Errichtung; Bau
ex-struō ⟨strūxī, strūctum, struere 3.⟩
1. aufhäufen, auftürmen, ***acervum librorum*** einen Haufen von Büchern, ***rogum*** einen Scheiterhaufen; ***e. divitias*** *fig* Reichtümer anhäufen
2. beladen, ***mensam epulis*** den Tisch mit Speisen; ***mensa exstructa*** reich gedeckte Tafel; ***focum lignis e.*** Holz auf dem Herd aufschichten
3. *einen Bau* in die Höhe ziehen, aufbauen, errichten, *auch fig*; ***villa turribus exstructa*** mit Türmen überbautes Landhaus; ***mare e.*** im Meer Bauten errichten
exsuctus ⟨a, um⟩ *Adj* ||exsugo|| ausgemergelt
exsūcus ⟨a, um⟩ *Adj (nachkl.)* saftlos
ex-sūdō ⟨āvī, ātum, āre 1.⟩
I *v/i (nachkl.) poet* abfließen
II *v/t (nachkl.) poet* ausschwitzen; im Schweiß des Angesichts durchführen, ***certamen*** einen Wettkampf
ex-sūgō ⟨sūxī, sūctum, sūgere 3.⟩ *(unkl.)* aussaugen
exsul ⟨ulis⟩ = ***exul***
exsulō ⟨āvī, ātum, āre 1.⟩ = ***exulo***
exsultābundus ⟨a, um⟩ *Adj* ||exsulto|| *(nachkl.)* jubelnd, jauchzend
exsultāns *Gen* ⟨antis⟩ *Adj, Adv* ⟨exsultanter⟩ ||exsulto|| *(nachkl.)*
1. hüpfend *von Wörtern, die aus kurzen Silben bestehen*
2. ausgelassen, maßlos
exsultātiō ⟨ōnis⟩ *f* ||exsulto|| Fröhlichkeit, Jubel, Jauchzen; *(nachkl.)* übermütiges Betragen
exsultim *Adv* ||exsulto|| Hor. in ausgelassenen Sprüngen
▶ **ex-sultō** ⟨āvī, ātum, āre 1.⟩ ||salto||
1. hoch aufspringen; ***equus ferocitate exsultat*** das Pferd bäumt sich vor Ungestüm
2. *poet von Gewässern* aufbrausen, emporstrudeln
3. Quint. hüpfen
4. sich ausgelassen tummeln; *fig* sich seinem Schwung überlassen
5. jubeln, jauchzen, *abs od re* infolge einer Sache, vor etw, wegen etw, *in re / re* über etw, bei etw, ***victoriā*** über den Sieg, ***gaudio*** vor Freude, ***alterius ruinis*** über den Untergang des anderen
6. *pej* leidenschaftlich sein, übermütig sein, prahlen, sich trotzig verhalten, *von Gefühlen u. Personen*
ex-sultus ⟨a, um⟩ *PPP* → ***exsilio***
exsuperābilis ⟨e⟩ *Adj* ||exsupero|| *poet* überwindbar; ***non e.*** unbezwingbar
exsuperantia ⟨ae⟩ *f* ||exsuperans, *PPr von* exsupero|| das Hervorragen; *fig* Vorzüglichkeit
ex-superō ⟨āvī, ātum, āre 1.⟩ *(nachkl.)*
I *v/i*
1. sich hoch erheben, emporsteigen; ***violentia alicuius exsuperat*** j-s Gewalttätigkeit flammt auf
2. *fig* hervorragen, *abs od re* durch etw, ***virtute*** durch Tüchtigkeit
3. *im Kampf* die Oberhand behalten
II *v/t*
1. überragen
2. überschreiten, übersteigen, passieren
3. *fig etw* übersteigen, *etw* übertreffen, über *etw* hinausgehen, *aliquid*; ***summum Iovem e.*** Jupiters Macht übersteigen; ***Tarquinios superbiā e.*** die Tarquinier an Hochmut übertreffen
4. *fig* überwinden, bewältigen
5. *zeitl.* überleben, überdauern
ex-surdō ⟨-, ātum, āre 1.⟩ ||surdus|| *(nachkl.) poet* taub machen; *fig* betäuben, abstumpfen
ex-surgō ⟨surrēxī, surrēctum, surgere 3.⟩
1. sich erheben, aufstehen, sich aufrichten; MIL sich aus kniender Stellung erheben; aufsteigen; ***in collem e.*** den Hügel hinaufrücken
2. *(nachkl.) fig feindlich* sich erheben, sich empören, *contra aliquid / adversus aliquid* gegen etw; ***plebs exsurgit*** das Volk erhebt sich
3. *fig* sich erholen, wieder zu Kräften kommen wieder zu Ansehen kommen
exsuscitātiō ⟨ōnis⟩ *f* ||exsuscito|| Ermutigung, Ermunterung
ex-suscitō ⟨āvī, ātum, āre 1.⟩
1. *einen Schlafenden* wecken, aufwecken
2. *poet* anfachen, ***flammas*** Flammen
3. *geistig* erregen; ***se e.*** sich aufraffen
exta ⟨ōrum⟩ *n* ||exseco||
1. die (edleren) Eingeweide *der Opfertiere, aus de-*

nen geweissagt wurde: *Herz*, *Lunge*, *Leber*; ***exta deo dare*** die Eingeweide dem Gott opfern; ***e. laeta*** Glück verkündende Eingeweide
2. Com. *meton* Opfermahl

ex-tābēscō ⟨tābuī, -, tābēscere 3.⟩
1. (*nachkl.*) *poet* sich gänzlich abzehren
2. *fig* nach und nach verschwinden, sich verlieren; ***opiniones vetustate extabescunt*** die Meinungen schwinden mit dem Alter

extāris ⟨e⟩ *Adj* ||exta|| Plaut. zum Kochen der Eingeweide dienlich

ex-templō *Adv* ||ex, templum|| sofort, augenblicklich

extemporālis ⟨e⟩ *Adj* ||ex, tempus|| (*nachkl.*) *poet* aus dem Stegreif, unvorbereitet, Stegreif…; ***rhetor e.*** Stegreifredner

extemporālitās ⟨ātis⟩ *f* ||extemporalis|| Suet. Fähigkeit zur Stegreifrede, Fähigkeit zur Stegreifdichtung

extempulō *Adv* Plaut. = ***extemplo***

ex-tendō ⟨tendī, tentum⟩ *u.* ⟨tēnsum, tendere 3.⟩
1. ausdehnen, ausspannen, ausstrecken; zu Boden strecken; *Passiv* sich ausstrecken, lang hingestreckt daliegen; ***pennas e.*** die Flügel ausspannen
2. *poet* ausbreiten, verbreiten; ***nomen in ultimas oras e.*** den Namen verbreiten bis an die äußersten Grenzen; *Passiv* sich ausbreiten; ***ignis per latos campos extenditur*** das Feuer verbreitet sich über die weiten Felder
3. sich erstrecken lassen, verlängern; ***fenus in usuras e.*** ausgeliehenes Kapital durch Zinsen vergrößern
4. *zeitl.* hinziehen, verlängern; ***ab hora tertia ad noctem pugnam e.*** die Schlacht von der dritten Stunde bis in die Nacht hinziehen; ***curas in annum venientem e.*** seine Sorgen sich in das folgende Jahr hinziehen lassen
5. (*nachkl.*) *poet* erweitern, vergrößern, *auch fig*; ***agrum e.*** das Feld vergrößern; ***cupiditas gloriae extenditur*** der Ehrgeiz wächst
6. anspannen, anstrengen; ***se magnis itineribus e.*** in Gewaltmärschen vorrücken; ***itinera extenta*** weite Märsche

extenterō ⟨āvī, ātum, āre 1.⟩ = ***exentero***

extentō[1] ⟨āvī, ātum, āre 1.⟩ ||*Intens von* extendo|| (Lucr., *spätl.*) ausdehnen, ausstrecken

extentō[2] ⟨āvī, ātum, āre 1.⟩ Plaut. versuchen, erproben

extentus[1] ⟨a, um⟩ *Adj*, *Adv* ⟨extentē⟩ ||extendo|| ausgedehnt, weitläufig; *zeitl.* fern

ex-tentus[2] ⟨a, um⟩ *PPP* → ***extendo***

extenuātiō ⟨ōnis⟩ *f* ||extenuo||
1. (*nachkl.*) Verdünnung, ***aeris*** der Luft
2. RHET Verkleinerung

extenuātus ⟨a, um⟩ *Adj* ||extenuo|| gering, schwach, zusammengeschmolzen

ex-tenuō ⟨āvī, ātum, āre 1.⟩
1. dünn machen, verdünnen, kleiner machen; ***cibum dentibus e.*** die Nahrung mit den Zähnen zerkleinern; *Passiv* dünn werden, sich verdünnen, zerfließen; ***extenuari in aquas*** zu Wasser zerfließen
2. (*nachkl.*) MIL auseinander ziehen
3. *fig* verkleinern, vermindern, schwächen, einschränken; *fig in der Darstellung* verkleinern, schmälern, herabsetzen; ***sumptūs e.*** die Aufwendungen einschränken; ***bellicas laudes e.*** den Kriegsruhm schmälern; ***censum e.*** das Vermögen zu niedrig angeben

exter ⟨era, erum⟩ *Adj u.* **exterus** ⟨a, um⟩ *Adj*, *Komp* ***exterior, ius***, *Sup* ***extrēmus*** *u.* ***extimus, a, um***
1. ausländisch, auswärtig; ***nationes/gentes exterae*** ausländische Völker
2. *Komp* der äußere, weiter draußen liegend, auf der Außenseite (befindlich), nach außen zu gelegen; ***exteriorem ire alicui*** zu j-s Linken gehen
3. *Sup örtl.* der äußerste, der entfernteste; *zeitl.* der letzte; *graduell* der äußerste, der größte, der geringste, der ärgste; ***extrema manus non accessit operi*** die letzte Hand fehlt dem Werk; ***extremi digiti*** Fingerspitzen; ***extremum periculum*** größte Gefahr, höchste Gefahr; ***auxilium extremum*** letztes Mittel; ***extrema spes*** letzte Hoffnung, geringste Hoffnung; ***perventum est ad extrema*** es kam zum Äußersten; ***ad extremum*** für den äußersten Fall; ***res publica in extremo sita est*** der Staat befindet sich in höchster Gefahr

ex-terebrō ⟨(āvī), ātum, āre 1.⟩
1. herausbohren
2. Plaut. erzwingen, *ut*

ex-tergeō ⟨tersī, tersum, tergēre 2.⟩
1. (*vkl.*, *nachkl.*) auswischen, abwischen
2. *fig* ausfegen, ausplündern

exterī ⟨ōrum⟩ *m* ||exterus|| die Fremden, Ausländer

► **exterior** ⟨ius⟩ *Adj Komp* → ***exter***

ex-terminō ⟨āvī, ātum, āre 1.⟩
1. über die Grenzen treiben, vertreiben, verjagen; verbannen, *aliquem ab aliquo* j-n von j-m, *aliquem ex re/de re/re* j-n aus etw, j-n von etw
2. *fig* entfernen, abweisen; ***auctoritatem e.*** das Ansehen beseitigen

externa ⟨ōrum⟩ *n* ||externus||
1. die äußeren Erscheinungen
2. die auswärtigen Dinge, Ausland, Fremdes, fremde Beispiele, Fremdartiges

► **externus**
I ⟨a, um⟩ *Adj* ||exter||
1. *aus der Sicht des Einzelnen* der äußere, äußerlich; ***res externa*** die Dinge, die die Außenwelt gewährt
2. *aus der Sicht der Gemeinschaft* ausländisch, auswärtig, fremd, fremdartig; ***bellum externum*** Krieg im Ausland; ***victoria externa*** Sieg über ausländische Feinde; ***amor e.*** Liebe zu einer Ausländerin, Liebe zu einem Ausländer
II ⟨ī⟩ *m* Fremder, Ausländer

ex-terō ⟨trīvī, trītum, terere 3.⟩ (*unkl.*)
1. herausreiben; ***ignis extritus*** entfachtes Feuer
2. zerreiben; *fig* zertreten, zermalmen, zerquetschen

► **ex-terreō** ⟨uī, itum, ēre 2.⟩
1. aufschrecken, aufscheuchen
2. *j-n* erschrecken, einschüchtern, *re* durch etw; ***e. ad aliquid*** durch Einschüchterung zu etw bringen

exterritus ⟨a, um⟩ *PPP* erschreckt, verblüfft, bestürzt

extersus ⟨ūs⟩ *m* ||extergeo|| Plaut. das Auswischen

exterus ⟨a, um⟩ *Adj* = ***exter***

ex-texō ⟨-, -, ere 3.⟩ Plaut. *ein Gewebe* auftrennen;

hum j-m Geld abnehmen, *j-n* schröpfen, *aliquem*
exti... *auch* = ***exsti...***
ex-timēscō ⟨timuī, -, timēscere 3.⟩ ||*Inkoh von* timeo|| Angst bekommen, besorgt sein, sich sehr fürchten, *v/i u. v/t*; ***equi sibilis extimescunt*** die Pferde werden scheu durch das Pfeifen; ***tyrannum e.*** sich vor dem Tyrannen fürchten

E

extimus ⟨a, um⟩ *Adj Sup* → ***exter***
exti-spex ⟨icis⟩ *m* ||exta, specio|| Eingeweideschauer, Zeichendeuter; = ***haruspex***
extispicium ⟨ī⟩ *n* ||extispex|| (*nachkl.*) Eingeweideschau, Opferschau; = ***haruspicina***
extō ⟨-, -, āre 1.⟩ = ***exsto***
▸ **ex-tollō** ⟨extulī (*selten* exsustulī), -, extollere 3.⟩
1. (*unkl.*) herausnehmen, heraussetzen; ***pedem domo e.*** den Fuß vor das Haus setzen
2. emporheben, aufheben, erheben, ***caput*** den Kopf; ***alte pugionem e.*** den Dolch hoch erheben
3. *fig mit Worten* lobend erheben, preisen, rühmen; ***aliquem in caelum e.*** j-n in den Himmel heben
4. aufrichten, aufbauen, ermutigen; *pej* überheblich machen, *aliquem / animum alicuius* j-n; ***se magis e.*** nach Höherem streben
5. Tac. verschönern, ***hortos magnificentiā*** die Gärten durch Pracht
6. Plaut. verschieben, ***res serias in alium diem*** die ernsten Dinge auf einen anderen Tag
ex-torqueō ⟨torsī, tortum, torquēre 2.⟩
1. herausdrehen, herauswinden, entwinden, *aliquid alicui* etw j-m, ***gladium e / de manibus alicuius*** das Schwert aus j-s Händen
2. *ein Glied* ausrenken, verrenken; (Ter., Liv.) foltern
3. *fig* entwinden, entreißen, gewaltsam entziehen, wegnehmen, *alicui aliquid* j-m etw; ***victoriam hosti e.*** dem Feind den Sieg entreißen; ***frumentum e. ab aliquo*** j-m Getreide wegnehmen; ***e. decem talenta*** zehn Talente erpressen; ***alicui errorem e.*** j-m einen Irrtum nehmen
extorris ⟨e⟩ *Adj* landesflüchtig, heimatlos, verbannt, *abs od + Abl*; ***patriā e.*** aus der Heimat verbannt
extortor ⟨ōris⟩ *m* ||extorqueo|| Ter. Erpresser
▸ **extrā**
I *Adv* ||exter||
1. außen, außerhalb; ***in corpore et extra*** im Körper und außerhalb; ***extra excedere*** hinausragen; ***quae extra sunt*** Außenwelt
2. ***extra quam*** außer; ***extra quam si*** außer wenn; ***extra quam qui eorum*** ausgenommen die von ihnen, die
3. außerdem, überdies
II *Präp + Akk*
1. außerhalb, vor; ***extra portam*** vor der Tür; ***extra provinciam*** außerhalb der Provinz; ***extra coniurationem*** der Verschwörung fern
2. aus … hinaus, über … hinaus; ***progredi extra munitiones*** aus den Festungsanlagen hinausgehen
3. außer = ausgenommen, mit Ausnahme von; ***omnes extra ducem*** alle außer dem Feldherrn
4. über … hinaus, ohne *etw*, gegen *etw*, frei von *etw*; ***extra iocum*** ohne Scherz; ***extra modum*** über die Maßen; ***extra ordinem*** außer der Reihe, über das gewöhnliche Maß hinaus, gegen jede Ordnung
extractum ⟨ī⟩ *n* ||extraho|| (*mlat.*) Auszug *des Wesentlichen*, Extrakt; ***e. carnis*** (*nlat.*) Fleischextrakt
ex-trahō ⟨trāxī, tractum, trahere 3.⟩
1. herausziehen, herausreißen, *aliquid ex re / re* etw aus etw; ***telum e corpore e.*** die Waffe aus dem Körper herausziehen; ***errorem stirpitus e.*** *fig* eine Irrlehre ganz ausrotten
2. (*nachkl.*) *poet* herausführen, hervorführen, hervorlocken, herausnötigen; ***aliquem rure in urbem e.*** j-n vom Land in die Stadt locken; ***scelera in lucem e.*** *fig* Verbrechen ans Licht ziehen
3. *fig* befreien, retten, ***urbem ex periculis*** die Stadt aus den Gefahren
4. in die Länge ziehen, aufschieben, hinziehen; ***bellum in tertium annum e.*** den Krieg ins dritte Jahr ziehen
5. *Zeit* nutzlos verbringen; (*unkl.*) hinbringen, zubringen, ***triduum disputationibus*** drei Tage mit Verhandlungen
6. *j-n* hinhalten
extrāneus
I ⟨a, um⟩ *Adj* ||extra||
1. außen befindlich, der äußere, äußerlich, von außen kommend
2. ausländisch, auswärtig, fremd
II ⟨ī⟩ *m* (*nachkl.*) Ausländer, Fremdling
extrā-ōrdināriī ⟨ōrum⟩ *m* ||extraordinarius|| Elitetruppe, *ausgewählte Formation, die im Lager neben der porta praetoria ihre Zelte hatte*
extrā-ōrdinārius
I ⟨a, um⟩ *Adj* ||extra, ordo||
1. außerordentlich, außergewöhnlich; ***pecuniae extraordinariae*** Gelder, die nicht aus gewöhnlichen Einkünften stammen
2. MIL auserlesen
II ⟨ī⟩ *m* (*nlat.*) außerordentlicher Professor
extrēmī ⟨ōrum⟩ *m* ||extremus|| Nachhut
extrēmitās ⟨ātis⟩ *f* ||extremus||
1. das Äußerste, äußerer Umkreis; ***e. mundi*** der äußere Umkreis der Welt; ***e. lacūs*** Einfassung des Sees
2. äußerste Grenze
3. GEOM Fläche
4. RHET Extreme, äußerste Gegensätze
5. GRAM Endung
extrēmō *u.* **extrēmum**[1] *Adv* ||extremus|| endlich, zuletzt, zum letzten Mal; ***ad extremum*** bis zuletzt, am Ende, schließlich
extrēmum[2] ⟨ī⟩ *n* ||extremus||
1. Ende, äußerster Punkt; ***ab extremo ordiri*** von hinten anfangen; ***e. habere*** ein Ende haben; ***in extremo erat*** am Schluss des Briefes stand
2. *Pl poet* Lebensende, Tod
▸ **extrēmus** ⟨a, um⟩ *Adj Sup* → ***exter***
ex-trīcō ⟨āvī, ātum, āre 1.⟩ ||ex, *Denom von* tricae||
1. herauswickeln, herauswinden; *Passiv* sich herauswickeln; ***cerva plagis extricta*** aus dem Netz befreite Hirschkuh
2. *fig* mit Mühe ausfindig machen, auftreiben, beschaffen
extrīn-secus *Adv* ||exter||
1. von außen; ***bellum extrinsecus imminens*** von außen drohender Krieg
2. an der Außenseite, auf der Außenseite; ***colum-***

na extrinsecus inaurata an der Außenseite vergoldete Säule
3. Eutr. außerdem
ex-trūdō ⟨trūsī, trūsum, trūdere 3.⟩
1. hinausstoßen, hinaustreiben, zurückdrängen; ***aliquem domo e.*** j-n aus dem Haus treiben; ***mare aggere e.*** das Meer durch einen Damm zurückdrängen
2. sich vom Hals schaffen, ***merces*** Waren
3. Lucr. verdrängen
ex-truō ⟨trūxī, trūctum, truere 3.⟩ = ***exstruo***
ex-tūberō ⟨āvī, ātum, āre 1.⟩ ||tuber[1]|| (*nachkl.*) emporwölben
extudī → ***extundo***
extulī → ***effero*** *u.* → ***extollo***
extume-factus ⟨a, um⟩ *Adj* ||extumeo, facio|| aufgeschwollen
ex-tumeō ⟨-, -, ēre 2.⟩ Plaut. aufschwellen
extumus ⟨a, um⟩ *Adj Sup* = ***extimus***; → ***exter***
ex-tundō ⟨tudī⟩, ***(tūsum), tundere 3.*** (*unkl.*)
1. herausschlagen, *in Metall* treiben, in Relief bilden; ***ancilia e.*** Schilde treiben
2. mühsam zustande bringen, erfinden; verschaffen, erringen; ***alicui honorem e.*** j-m Ehre erringen
3. herauspressen; *fig* abnötigen
4. vertreiben
5. zerschlagen; ***calcibus frontem e.*** mit den Hufen die Stirn einschlagen
ex-turbō ⟨āvī, ātum, āre 1.⟩ gewaltsam hinausjagen, vertreiben, *aliquem ex re/re* j-n aus etw, ***hostem*** den Feind; ***Octaviam e.*** Octavia verstoßen; ***spem pacis e.*** *fig* die Hoffnung auf Frieden vereiteln; ***mentem alicuius e.*** j-n aus der Fassung bringen
ex-ūberō ⟨āvī, ātum, āre 1.⟩
1. *von Gewässern* reichlich hervorströmen, sprudeln, aufwallen
2. reichlich vorhanden sein, wuchern
3. von *etw* überströmen, an *etw* Überfluss haben, *re*
exuī → ***exuo***
▶ **exul**
I *Gen* ⟨exulis⟩ *Adj*
1. verbannt, landesflüchtig, ausgewandert, heimatlos
2. *fig* von *etw* ausgeschlossen, ohne *etw*, *alicuius rei.*
II ⟨exulis⟩ *m u. f* der Verbannte, die Verbannte
exulcerātiō ⟨ōnis⟩ *f* ||exulcero|| (*nachkl.*) das Aufreißen (und Eitern) einer Wunde
ex-ulcerō ⟨āvī, ātum, āre 1.⟩ ||ulcus||
1. (*nachkl.*) zum Eitern bringen
2. *fig* verschlimmern; verbittern
3. *fig* erbittern, aufbringen, *aliquem/alicuius animum* j-n, *re* durch etw
exulō ⟨āvī, ātum, āre 1.⟩ ||exul||
1. verbannt sein, im Ausland leben
2. *fig* ausgeschlossen sein; ***domo exulo*** ich darf nicht nach Hause; ***res publica exulat*** der Staat besteht nicht mehr
3. als Verbannter umherirren
4. (*mlat.*) eine Auslandsreise machen
exultābundus ⟨a, um⟩ *Adj* = ***exsultabundus***
exultātiō ⟨ōnis⟩ *f* = ***exsultatio***
exultim *Adv* = ***exsultim***
exultō ⟨āvī, ātum, āre 1.⟩ = ***exsulto***
exululātus ⟨a, um⟩ *Adj* ||exululo||
1. durch Heulen gefeiert; mit Heulen gerufen, mit Heulen geweckt
2. aufheulend
ex-ululō ⟨āvī, ātum, āre 1.⟩ *poet* aufheulen
ex-ūnctus ⟨a, um⟩ *PPP* → ***exunguo***
exundātiō ⟨ōnis⟩ *f* ||exundo|| (*nachkl.*) Überschwemmung
ex-undō ⟨āvī, ātum, āre 1.⟩ (*nachkl.*)
1. *poet* hinausfluten; ***in litora e.*** ans Ufer angeschwemmt werden
2. überströmen; *fig* reichlich vorhanden sein
ex-ung(u)ō ⟨-, ūnctum, ung(u)ere 3.⟩ *u.* **ex-ung(u)or** ⟨-, unguī 3.⟩ Plaut. durch Salben verschmieren, mit Salben sein Vermögen durchbringen
ex-uō ⟨uī, ūtum, uere 3.⟩

1. ausziehen, herausziehen
2. ausziehen, ablegen
3. ablegen, aufgeben
4. ausziehen, entkleiden
5. berauben

1. ausziehen, herausziehen, *aliquem ex re/de re* j-n aus etw; ***se ex laqueis e.*** sich von den Fesseln losmachen; ***hordea de palea e.*** Gerste von der Spreu trennen; ***hominem ex homine e.*** alles menschliche Gefühl verleugnen; ***mihi ex animo exui non potest*** ich lasse mir den Glauben nicht nehmen, + *AcI*
2. ausziehen, ablegen, *aliquid re* etw von etw, ***vestem*** ein Kleid; ***sibi vincula e.*** sich die Fesseln abstreifen; ***ensem umero e.*** das Schwert von der Schulter nehmen
3. *fig etw* ablegen, aufgeben, beseitigen, sich *einer Sache* entledigen, *aliquid*; ***amicitiam e.*** eine Freundschaft aufgeben; ***promissa e.*** Versprechen nicht halten; ***fidem e.*** die Treue brechen; ***patriam e.*** sich von der Heimat lossagen
4. ausziehen, entkleiden, entblößen; ***lacertos e.*** die Arme entblößen
5. *fig j-n* berauben; *j-n* zwingen *etw* im Stich zu lassen, *aliquem re*; ***hostem armis e.*** den Feind zwingen die Waffen wegzuwerfen; ***se iugo e.*** sich des Jochs entledigen; ***se monstris e.*** die unnatürliche Gestalt ablegen; *Passiv* sich entkleiden; ***exui cornua*** die Hörner verlieren
ex-urgeō ⟨-, -, ēre 2.⟩ Plaut. ausdrücken, auspressen
ex-ūrō ⟨ussī, ustum, ūrere 3.⟩
1. (*vkl.*) *poet* herausbrennen, tilgen; ***scelus exuritur igni*** der Frevel wird durch Feuer getilgt
2. völlig verbrennen, einäschern, ***oppida*** Städte; ***aliquem vivum e.*** j-n lebendig verbrennen
3. (*nachkl.*) *fig* austrocknen, ausdörren; *vom Durst* brennend quälen
4. erhitzen; *fig* zur Liebe entflammen
5. wegätzen, zerfressen; ***venenum exurit ferrum*** das Gift zerfrisst das Eisen
6. *von Sorgen* zermürben
exustiō ⟨ōnis⟩ *f* ||exuro|| Verbrennung, Brand
ex-ūtus ⟨a, um⟩ *PPP* → ***exuo***
exuviae ⟨ārum⟩ *f u.* **exuvium** ⟨ī⟩ *n* ||exuo||
1. abgezogene Haut, abgelegte Haut *der Tiere*; ***exuviae serpentis*** Schlangenhaut; ***exuvias ponere*** sich häuten
2. *vom Menschen* Kleidung, *auch* Haar

3. *dem Feind ausgezogene* Rüstung; Beute; ***ornatus exuviis alicuius*** mit j-s Waffenrüstung geschmückt; ***exuviae nauticae*** erbeutete Schiffsschnäbel

F

F *Abk*
1. = ***filius*** Sohn; *bes in Grabinschriften*
2. = ***fecit*** gemacht hat es + *Name*
3. = ***fidelis*** treu *als Beiname von Legionen*; ***F. F.*** = ***Flavia fidelis*** die treue flavische Legion
4. = ***felix*** glücklich *als Beiname von Legionen*
5. ***F. C.*** = ***faciundum curavit*** machen ließ es + *Name*
Fab. *Abk* = ***Fabiā (tribu)*** aus der fabischen Tribus
faba ⟨ae⟩ *f* Bohne, Feldbohne; Mart. *meton* Bohnenbrei
fabālis ⟨e⟩ *Adj* ||faba|| *(vkl.) poet* von Bohnen, Bohnen…
Fabaris ⟨is, *Akk* im⟩, *Abl ī m* Verg. *Nebenfluss des Tiber, heute Farfa*
fābella ⟨ae⟩ *f* ||*Dim von* fabula||
1. kleine Erzählung, Märchen
2. kleines Schauspiel
► **faber**[1] ⟨brī⟩ *m*
1. Handwerker, Künstler, *meist durch Attribut näher bestimmt*; ***f. tignarius*** Zimmermann; ***f. ferrarius*** Schmied; ***f. aerarius*** Kupferschmied; ***f. marmoris*** Steinmetz, Bildhauer; ***f. eboris*** Elfenbeinschnitzer; ***suae quisque fortunae f. est*** jeder ist seines Glückes Schmied
2. *Pl* die Bauhandwerker; MIL Pioniere; ***praefectus fabrum*** Werkmeister, Feldzeugmeister
3. Ov. Sonnenfisch
faber[2] ⟨bra, brum⟩ *Adj, Adv* ⟨fabrē⟩ ||faber[1]|| kunstfertig, meisterhaft, geschickt
Fabiānī ⟨ōrum⟩ *m* Soldaten des Fabius
Fabiānus ⟨a, um⟩ *Adj* des Fabius, zu Fabius gehörig, fabisch
Fabius ⟨a, um⟩ *Name einer uralten patriz. gens, 477 v. Chr. im Kampf gegen Veii bis auf einen Knaben am Cremera vernichtet*
1. ***Q. Fabius Maximus Cunctator*** *Gegner Hannibals, gest. 203 v. Chr.*
2. ***Q. Fabius Maximus Pictor*** *geb. um 250 v. Chr., Verfasser des ersten röm. Geschichtswerkes in griech. Sprache*
3. ***Q. Fabius Maximus Allobrogicus*** *Konsul 121 v. Chr., Besieger der Allobroger*
fabrē *Adv* → ***faber***[2]
fabrē-faciō ⟨fēcī, factum, facere 3.⟩, *Passiv* ⟨fabrē-fīō, factus sum, fierī⟩ kunstvoll verfertigen, geschickt bearbeiten
fabrica ⟨ae⟩ *f* ||faber||
1. Werkstätte *eines faber, bes* Schmiede
2. Kunst, Handwerk, Kunsthandwerk *eines faber*; *bes* Baukunst
3. *meton* Ausübung eines Handwerks, Ausübung einer Kunst
4. *(nachkl.)* Kunstfertigkeit, Geschicklichkeit
5. kunstvolle Verarbeitung, Bearbeitung
6. Com. *fig* Kunstgriff, List
7. *(mlat.)* Bauhütte
fabricātiō ⟨ōnis⟩ *f* ||fabricor||
1. *(nachkl.)* das Bauen
2. kunstvoller Bau, ***hominis*** des menschlichen Körpers
3. Kunstgriff, künstliche Veränderung, kunstvolle Gestaltung
fabricātor ⟨ōris⟩ *m* ||fabricor||
1. Bildner; Werkmeister
2. *fig* Urheber; Ursache
Fabriciānus ⟨a, um⟩ *Adj* des Fabricius, zu Fabricius gehörig
Fabricius ⟨a, um⟩ *Name einer röm. gens*
1. ***Q. Fabricius Luscīnus*** *Sieger über Pyrrhus, Inbild altröm. Redlichkeit u. Unbestechlichkeit*
2. ***pons Fabricius*** *Brücke über den Tiber, urspr. aus Holz, seit 62 v. Chr. aus Stein*
► **fabricō** ⟨āvī, ātum, āre 1.⟩ *u.* **fabricor** ⟨ātus sum, ārī 1.⟩ ||*Denom von* fabrica||
1. verfertigen, herstellen, *bes* schmieden, zimmern, bauen; ***fabricatus*** *auch p* hergestellt, geschmiedet, gezimmert
2. *fig* bilden, bereiten; ***verba f.*** neue Wörter bilden
3. Sen. *fig pej* Böses ersinnen
fabrīlia ⟨ium⟩ *n* ||fabrilis|| Schmiedearbeiten, Bildwerke
fabrīlis ⟨e⟩ *Adj* ||faber[1]|| des Künstlers, des Handwerkers, Künstler…, Schmiede…; ***opera fabrilia*** Schmiedearbeiten; ***follis f.*** Blasebalg
fabula[1] ⟨ae⟩ *f* ||*Dim von* faba|| Plaut. kleine Bohne
fābula[2] ⟨ae⟩ *f*
1. Gerede der Leute, Tagesgespräch; ***fabulam esse*** Tagesgespräch sein; ***fabulam fieri*** Tagesgespräch werden
2. *meton* Gegenstand des Geredes, Stoff zu Gerede; ***lupus in fabulā*** wenn man vom Wolf spricht (kommt er)
3. Unterhaltung; ***tempus fabulis conterere*** die Zeit mit Unterhaltung vertreiben
4. *meton* erdichtete Erzählung, Geschichte; ***f. nutricularum*** Quint. Ammenmärchen
5. äsopische Fabel
6. Märchen, Mythos, Sage; *Pl* Mythologie; ***fabulae ferunt / fabulae produnt / in fabulis est*** die Sage berichtet; ***fabulae Manes*** das nichtige Reich der Schatten
7. Gegenstand der Dichtung, Stoff
8. *meton* Drama, dramatische Dichtung, Schauspiel, Theaterstück; ***fabulam agere*** ein Stück aufführen; ***fabulam dare*** ein Stück zur Aufführung bringen; ***fabulam edere*** ein Stück aufführen lassen
9. Heldengedicht, Epos

10. *umgangssprachlich* dummes Geschwätz; Komödie; ***quae haec est f.?*** Com. was ist hier los?; ***fabulae!*** dummes Zeug!
11. ***f. docet*** (*mlat.*) die Geschichte lehrt, die Moral von der Geschichte ist

fābulāris ⟨e⟩ *Adj* ||fabula[2]|| (*nachkl.*) sagenhaft, Sagen…; ***historia f.*** Heroengeschichte

fābulātor ⟨ōris⟩ *m* ||fabulor|| (*nachkl.*) Erzähler, Fabeldichter

fābulō ⟨-, -, āre 1.⟩ Plaut. *u.* **fābulor** ⟨ātus sum, ārī 1.⟩ ||*Denom von* fabula[2]|| (*nachkl.*) plaudern, schwatzen, sich unterhalten; *pej* schwätzen, *cum aliquo* mit j-m, *inter se* untereinander, *de re* über etw

fābulōsus ⟨a, um⟩ *Adj, Adv* ⟨fābulōsē⟩ ||fabula[2]|| (*nachkl.*)
1. sagenreich, durch Sagen berühmt; ***Charybdis fabulosa*** die durch Sagen berühmte Charybdis
2. die Sagen liebend
3. *fig* wunderbar, unglaublich; ***fabulosa et immania*** Plin. unerhörte Entsetzlichkeiten

facessō ⟨facessīvī⟩ *u.* ⟨facessī, facessītum, facessere 3.⟩ ||*Intens von* facio||
I *v/t* (*vkl.*) *poet* ausrichten, ausführen; *pej* bereiten, schaffen, verursachen; ***iussa f.*** Befehle ausführen; ***praecepta f.*** Vorschriften befolgen; ***alicui negotium f.*** j-m Schwierigkeiten machen
II *v/i* sich entfernen; (*nachkl.*) beiseite gesetzt werden; ***ex urbe f.*** sich aus der Stadt entfernen; ***amicitia facessit*** die Freundschaft wird vernachlässigt

facētia ⟨ae⟩ *f* ||facetus||
1. Scherz, Witz
2. *Pl* humorvolle Einfälle, witzige Bemerkungen; beißender Witz, Sticheleien

facētum ⟨ī⟩ *n* ||facetus|| Hor. Anmut, Grazie

facētus ⟨a, um⟩ *Adj, Adv* ⟨facētē⟩ ||fax||
1. fein, zierlich, anmutig, elegant, graziös *im Äußeren u. im Benehmen*
2. *poet* freundlich, artig
3. witzig, launig, geistreich; ***aliquid facete dicere*** etw geistreich sagen

▶ **faciēs** ⟨ēī⟩ *f* ||facio||
1. *von Personen u. Sachen, konkr. u. abstr.* äußere Erscheinung, das Äußere, Figur, Form; ***f. grata*** angenehme Erscheinung
2. (*unkl.*) Art, Beschaffenheit; ***in hederae faciem*** nach Art des Efeus
3. (*nachkl.*) äußerer Schein ↔ *Wirklichkeit*; ***publici consilii facie*** unter dem Schein einer öffentlichen Sitzung
4. Gesicht, Antlitz; ***f. homini tantum est, ceteris animantibus os*** nur der Mensch hat ein Gesicht, die übrigen Lebewesen haben ein Maul; ***aliquem nosse de facie*** j-n vom Gesicht her kennen
5. *poet* schönes Gesicht
6. *poet* Schönheit, Anmut
7. ***f. Hippocratica*** (*mlat.*) hippokratisches Gesicht, Gesichtsausdruck der Sterbenden *nach der Beschreibung im Corpus Hippocraticum*

facile *Adv* ||facilis||
1. leicht, mühelos, bequem; ***aliquid facile ediscere*** etw leicht lernen
2. sicher, unstreitig; ***facile notus*** wohlbekannt; ***facile omnibus antecellere*** mühelos alle übertreffen; ***facile mille homines*** gut und gern tausend Menschen; + *Negation* ***non/haud facile*** schwerlich, kaum
3. bereitwillig, gern; ***facile credere alicui*** j-m bereitwillig glauben
4. angenehm, behaglich; ***facile vivere*** angenehm leben

facilis ⟨e⟩ *Adj, Adv* → ***facile u. faciliter***
1. *meist von Sachen* leicht *zu tun*, mühelos; ***ascensus f.*** müheloser Aufstieg; ***humus f.*** leicht zu bestellender Boden; ***f. somnus*** schnell kommender Schlaf; ***facile ad credendum*** leicht zu glauben; ***facile dictu*** leicht zu sagen; ***f. corrumpi*** leicht zu bestechen; ***ei erat facillimum, ut procederet*** für ihn war es sehr leicht vorzurücken; ***in facili esse*** leicht sein; ***e facili*** mit Leichtigkeit
2. *meist von Personen* gewandt, geschickt; ***f. ad dicendum*** gewandt im Reden; ***f. in inventione*** geschickt im Finden; ***f. victū*** den Lebensunterhalt leicht findend; ***manus f.*** geschickte Hand; ***oculi faciles*** muntere Augen; ***cera f.*** geschmeidiges Wachs
3. willig, umgänglich, freundlich, gefällig, nachgiebig, gütig, *re/in re* in etw; ***f. ad aliquid/in aliquid/alicui rei*** zu etw bereit; ***f. sermone*** freundlich im Gespräch; ***f. ad concedendum*** kompromissbereit; ***dii faciles ad tua vota*** die deinen Gelübden gnädigen Götter
4. (*mlat.*) leicht empfänglich, *ad aliquid* für etw
5. ***facile ut*** (*mlat.*) vielleicht, dass

facilitās ⟨ātis⟩ *f* ||facilis||
1. (*nachkl.*) Leichtigkeit *in der Durchführung*; Zugänglichkeit, Passierbarkeit *eines Ortes*
2. (*nachkl.*) Gewandtheit, Fertigkeit, mühelose Auffassungsgabe; RHET Gewandtheit, Geläufigkeit; *meton* das leicht Hingeschriebene; ***f. oris*** Geläufigkeit in der Aussprache
3. Trieb, Neigung, Anlage, *alicuius rei* zu etw
4. Zugänglichkeit, Freundlichkeit, Gutmütigkeit, Gefälligkeit, Duldsamkeit, Nachsicht; *pej* Willfährigkeit, Leichtsinn, *alicuius alicuius rei/in re* j-s in etw

faciliter *Adv* = ***facile***

facinerōsus *u.* **facinorōsus**
I ⟨a, um⟩ *Adj* ||facinus|| *von Personen u. Sachen* verbrecherisch, ruchlos, lasterhaft
II ⟨ī⟩ *m* Verbrecher

▶ **facinus** ⟨oris⟩ *n* ||facio||
1. (auffallende) Tat, Handlung
2. Untat, Verbrechen; ***facinus facere/committere*** ein Verbrechen begehen
3. Lucr. *meton* verbrecherische Absicht, verbrecherische Gesinnung
4. *meton* Werkzeug des Verbrechens, *z. B.* Giftbecher
5. *meton* Verbrecher; ***catervas omnium facinorum circum se habere*** Haufen von verbrecherischem Gesindel um sich haben
6. Com. Prachtstück; Ding, Sache; Umstand

faciō ⟨fēcī, factum, facere 3.⟩

I
1. tun, machen
2. anfangen
3. machen, erzeugen
4. abfassen, verfassen

5. prägen
6. bearbeiten, verarbeiten
7. auf die Beine bringen
8. auftreiben
9. zurücklegen
10. zubringen, vollenden
11. tun, machen
12. veranstalten, feiern
13. sagen, reden
14. erheben
15. liefern
16. betreiben, ausüben
17. (er)leiden
18. verursachen, hervorrufen
19. verschaffen, gewähren
II
1. ernennen
2. redend einführen, handelnd darstellen
3. zu Eigentum machen
4. schätzen, achten
5. bewirken
6. mach, dass
7. es ist mir unmöglich
8. den Fall setzen, annehmen
9. sich irgendwohin auf den Weg machen
III
1. tun, handeln
2. Feldarbeit verrichten
3. = caco
4. = futuo
5. verfahren, sich benehmen
6. es halten
7. opfern
8. dienen, nützen

I *v/t*
1. tun, machen, *abs od + Pron im Akk / + Adv*; ***hoc perfacile est factu*** das ist leicht zu machen; ***quid faciam?*** was soll ich tun?; ***nihil feci, quod me paeniteat*** ich habe nichts getan, was ich bereuen müsste; ***multa iocose f.*** vieles im Scherz tun; ***si quid es facturus*** wenn du etw gegen mich ausrichten willst
2. *etw* mit *j-m / einer Sache* anfangen, *alicui / alicui rei*; ***quid facies huic homini?*** was wirst du mit diesem Menschen anfangen?; ***nescit, quid faciat auro / de praeda*** er weiß nicht, was er mit dem Gold / mit der Beute anfangen soll
3. machen, erzeugen, anfertigen, bauen, anlegen, errichten; ***scuta ex cortice f.*** Schilde aus Rinde anfertigen; ***aes alienum f.*** Schulden machen; ***anulum regi f.*** dem König einen Ring anfertigen; ***sibi viam f.*** sich einen Weg bahnen; ***olivetum f.*** einen Olivenhain anlegen; ***pontem in flumine f.*** eine Brücke über den Fluss schlagen; ***castra f.*** ein Lager aufschlagen
4. *Schriften* abfassen, verfassen, schreiben; ***litteras ad aliquem f.*** einen Brief an j-n schreiben; ***versūs f.*** Verse dichten
5. *Geld* prägen
6. *Stoffe* bearbeiten, verarbeiten, ***ebur*** Elfenbein
7. *Soldaten* auf die Beine bringen
8. *Geld* auftreiben; erwerben, verdienen, gewinnen; ***rem f.*** ein Vermögen verdienen; ***stipendium f.*** Sold verdienen = Kriegsdienst tun
9. (*nachkl.*) *eine Strecke* zurücklegen
10. (*nachkl.*) *Zeit* zubringen, vollenden
11. tun, machen, ausführen, zustande bringen, leisten; ***exempla in aliquem f.*** ein Exempel an j-m statuieren; ***gratulationem f.*** Glückwünsche abstatten; ***deditionem f.*** sich ergeben; ***opus f.*** Feldarbeit verrichten; ***facinus f.*** ein Verbrechen begehen; ***imperata f.*** Befehle ausführen; ***promissa f.*** Versprechen erfüllen; ***vota f.*** Gelübde ablegen; ***sumptum f.*** Aufwand machen; ***iudicium f.*** ein Urteil abgeben, Gericht halten; ***iter f.*** eine Reise unternehmen, marschieren, seinen Weg nehmen; ***mentionem f. de re / alicuius rei*** etw erwähnen; ***insidias alicui f.*** j-m einen Hinterhalt bereiten; ***vim f. alicui*** j-m Gewalt antun; ***alicui iniuriam f.*** j-m Unrecht zufügen
12. *Feste, Opfer* veranstalten, feiern
13. *Worte* sagen, reden; ***verba f.*** eine Rede halten
14. *Geschrei* erheben
15. *Schlachten* liefern
16. *Geschäfte od Berufe* betreiben, ausüben; ***argentariam f.*** ein Bankgeschäft betreiben
17. *Schaden, Schiffbruch* (er)leiden; ***vitae finem f.*** den Tod finden; ***iacturam f.*** über Bord werfen, aufopfern
18. *Zustände, Verhältnisse* verursachen, hervorrufen, bewirken, *auch Gefühle*; *Freundschaft, Bündnisse* schließen; ***finem rei f.*** einer Sache ein Ende machen; ***desiderium f. alicui*** j-m ein Verlangen einflößen; ***admirationem f.*** Bewunderung erregen; ***fidem f.*** Gewissheit verschaffen; ***bellum f.*** einen Krieg beginnen, *auch* Krieg führen; ***fugam alicuius f.*** j-n in die Flucht schlagen; ***foedus f.*** einen Vertrag schließen
19. verschaffen, gewähren, verleihen, geben, *alicui aliquid* j-m etw; ***delicti gratiam f.*** Verzeihung für ein Vergehen gewähren; ***transitum f.*** den Durchzug gestatten; ***orationi audientiam f.*** der Rede Gehör verschaffen; ***alicui negotia f.*** j-m Schwierigkeiten machen; ***alicui copiam alicuius rei f.*** j-m Gelegenheit zu etw geben
II *Wendungen*:
1. + *dopp. Akk* zu *etw* machen, zu *etw* ernennen, zu *etw* erwählen; ***aliquem oratorem f.*** j-n zu einem Redner machen, aus j-m einen Redner machen; ***aliquem testem f.*** j-n zum Zeugen nehmen; ***aliquem certiorem f. de re*** j-n über etw benachrichtigen; ***aliquem avem f.*** j-n in einen Vogel verwandeln; ***alicuius iniurias irritas f.*** j-s Gewalttaten vereiteln; ***aliquid reliquum f.*** etw übrig lassen; ***aliquid missum f.*** etw aufgeben; ***aliquid palam f.*** etw offenbar machen; ***se locupletum f.*** sich als reich ausgeben
2. *in einer Schrift od bildlichen Darstellung* redend einführen, handelnd darstellen, tun lassen, sagen lassen; ***Homerus Polyphemum cum ariete colloquentem facit*** Homer lässt Polyphem mit dem Widder sprechen
3. + *Gen* zu *j-s* Eigentum machen; ***tota Asia populi Romani facta est*** ganz Asien wurde zum Eigentum des römischen Volkes gemacht; ***aliquid suae dicionis / suae potestatis / sui arbitrii f.*** etw in seine Gewalt bringen; ***aliquem sui iuris f.*** j-n sich untertan machen; ***optionem Carthaginiensium f.*** die

Wahl den Karthagern überlassen; ***terram suam f.*** das Land zu seinem Eigentum machen
4. + *Gen / pro re* schätzen, achten; ***aliquid magni f.*** etw sehr schätzen; ***aliquid pro nihilo f.*** etw nicht achten; ***aliquid lucri f.*** etw als Gewinn ansehen; ***rem aequi bonique f.*** mit etw zufrieden sein
5. + *ut* / + *Konjkt / ne* / + *AcI* bewirken, dafür sorgen, sich dazu entschließen, verschulden, *dass*; ***fecisti, ne cui iniuria inferretur*** du hast dafür gesorgt, dass niemandem Unrecht getan wurde
6. ***fac*** **(*ut*)** mach, dass, *formelhaft zur Verstärkung des Imp, verneint mit ne*; ***fac*** **(*ut*)** ***venias*** mach, dass du kommst; ***fac sciam*** lass mich ja wissen; ***fac, ne quid omittas*** unterlasse ja nichts
7. ***f. non possum, ut*** es ist mir unmöglich, *etw zu tun*; ***f. non possum, quin*** ich muss unbedingt
8. + *AcI* den Fall setzen, annehmen, voraussetzen; *auch* sich stellen, als ob; ***fac ita esse*** gesetzt den Fall, es sei so; ***faciamus deos non esse*** nehmen wir an, es gebe keine Götter; ***facio me alias res agere*** ich stelle mich, als würde ich andere Dinge tun
9. **(*se*)** ***f. aliquo*** (*nachkl.*) sich irgendwohin auf den Weg machen; ***homo coepit ad stelas f.*** der Mensch begann sich auf den Weg zu den Stelen zu machen
III *v/i*
1. tun, handeln, tätig sein
2. Ter. Feldarbeit verrichten
3. = ***caco***
4. = ***futuo***
5. *irgendwie* verfahren, sich benehmen; ***benigne alicui f.*** j-m wohl tun; ***e re publica f.*** im Sinne des Staates verfahren
6. es mit *j-m* halten, auf *j-s* Seite stehen, *j-s* Partei ergreifen, *cum aliquo / ab aliquo*; ***hoc facit a me*** dies spricht für mich; ***f. contra / adversus aliquem*** gegen j-n Partei ergreifen
7. opfern, *abs od alicui* j-m, *re* mit etw
8. (*nachkl.*) *poet* dienen, nützen, passen, wohl bekommen; MED gut anschlagen, *alicui* j-m, *alicui rei* zu etw, für etw, *ad aliquid* zu etw; ***aqua mihi non facit*** das Wasser tut mir nicht gut; ***dura corona capiti meo non facit*** der harte Kranz tut meinem Kopf nicht gut

facteon *indekl* = ***faciendum***; → ***facio***

▶ **factiō** ⟨ōnis⟩ *f* ||facio||
1. das Tun, das Handeln
2. *meton* Recht *etw zu tun*; ***f. testamenti*** Recht ein Testament zu machen
3. POL Umtriebe, Parteiwesen
4. *meton* Partei; *pej* Rotte, Clique
5. (*nachkl.*) Verschwörung, Aufstand
6. Renngesellschaft *der Wagenrennen im Zirkus, von denen es vier nach Farben benannte gab, die albata, russata, veneta u. prasina*

factiōsus
I ⟨a, um⟩ *Adj* ||factio||
1. Plaut. zum Handeln aufgelegt; ***linguā f.*** mit der Zunge schnell bereit, schlagfertig
2. parteiisch, herrschsüchtig
3. mit großem Anhang, einflussreich
II ⟨ī⟩ *m* Parteiführer; Parteigänger

factitātus ⟨a, um⟩ *Adj* ||factito|| gewöhnlich, üblich, herkömmlich

factitō ⟨āvī, ātum, āre 1.⟩ ||*Iterat von* facio|| gewöhnlich machen, gewerbsmäßig betreiben

factō ⟨-, -, āre 1.⟩ ||*Intens von* facio|| Plaut. machen, verrichten

factor ⟨ōris⟩ *m* ||facio|| (*vkl., nachkl.*)
1. Verfertiger; ***f. pilae*** Plaut. der den zugespielten Ball schlägt
2. (*mlat.*) Schöpfer, Gott

▶ **factum** ⟨ī⟩ *n* ||facio||
1. *vollendete* Tat, Handlung, Werk; Tatsache, + *Adj od Adv*; ***dicta factaque*** Worte und Taten; ***f. meum*** meine Tat; ***f. pulcherrimum*** sehr schöne Tat; ***bene f.*** gute Tat
2. Vorfall, Ereignis, Geschichte; ***bonum f.*** (*vkl., nachkl.*) zum allgemeinen Wohl!; Glück auf! *Eingangsformel von Edikten u. Dekreten*
3. ***de facto*** (*mlat.*) tatsächlich

factus[1] ⟨a, um⟩ *PPP* → ***facio***; *PPerf* → ***fio***

factus[2] ⟨a, um⟩ *Adj* ||facio||
1. Plaut. geschehen; ***factius nihilo facit*** er macht es um nichts geschehener = es nützt ihm nichts
2. *von Personen* geschaffen, *ad aliquid / alicui rei* zu etw, für etw; ***amori f.*** für die Liebe geschaffen
3. gebildet; ***homo ad unguem f.*** Hor. vollkommen gebildeter Mensch
4. *von Sachen* kunstvoll gearbeitet; kunstvoll, kunstgerecht; ***argentum*** **(*fabre-*)*****factum*** kunstvoll gearbeitetes Silber; ***oratio facta*** kunstgerechte Rede

facula ⟨ae⟩ *f* ||*Dim von* fax|| (*vkl.*) Kienspan, kleine Fackel

▶ **facultās** ⟨ātis⟩ *f*
1. Möglichkeit, Gelegenheit, *abs od alicuius rei / auch ad aliquid* zu etw, *ut* dass; ***f. rei bene gerendae*** Möglichkeit etw gut auszuführen; ***f. est, ut*** es besteht die Möglichkeit, dass; ***f. offertur*** es bietet sich die Gelegenheit
2. Erlaubnis, ***itineris faciendi*** eine Reise zu machen
3. Kraft, körperliche Kraft; geistige Kraft, Fähigkeit; Geschicklichkeit; Talent; Rednertalent, Beredsamkeit, *alicuius rei, selten in re* in etw, zu etw
4. Aufgabe; *von Sachen* Verwendbarkeit
5. (vorhandener) Vorrat, Fülle, *alicuius rei* von etw
6. *Pl* die Hilfsmittel, Hilfsquellen; Geldmittel, Vermögen
7. (*mlat.*) Fakultät, *einem Fach zugeordneter Teil einer Hochschule*; ***f. docendi*** Lehrbefähigung *an einer höheren Schule od Universität*

fācundia ⟨ae⟩ *f* ||facundus|| (*unkl.*)
1. Redegabe, Beredsamkeit
2. *konkr.* Redner

fācunditās ⟨ātis⟩ *f* ||facundus|| Plaut. Zungenfertigkeit

fācundus ⟨a, um⟩ *Adj, Adv* ⟨fācunde⟩ ||for|| (*unkl.*) redegewandt, beredt; zungenfertig; *von Sachen auch* geläufig

faeceus ⟨a, um⟩ *Adj* ||faex|| Plaut. *fig* unflätig, unsauber

faec(u)la ⟨ae⟩ *f* ||*Dim von* faex|| (*nachkl.*) *poet* Weinsteinsalz *als Arznei od Würzmittel*

faelēs *u.* **faelis** ⟨is⟩ *f* = ***feles***

faen... = ***fen...***

Faesulae ⟨arum⟩ *f Stadt nö. von Florentia, heute Fiesole*

F

Faesulānus ⟨a, um⟩ *Adj* aus Faesulae, zu Faesulae gehörig
Faesulānus ⟨ī⟩ *m* Einwohner von Faesulae
faex ⟨faecis⟩ *f*
1. *(nachkl.) poet* Bodensatz gegorener Flüssigkeiten; Hefe, *bes* Weinhefe, *auch als Schminke verwendet*
2. *fig, pej* Abschaum
3. ***dies sine faece*** Mart. *fig* wolkenloser Tag
4. Mart. *fig* Boden einer Kassette
5. *(nachkl.) poet* Weinstein, Weinsteinsalz
6. Bodensatz *trockener Gegenstände*
fāgineus *u.* **fāginus** ⟨a, um⟩ *Adj* ||fagus|| buchen, aus Buchenholz
fāgus ⟨ī⟩ *f* Buche; *meton* Buchenholz
faida ⟨ae⟩ *f* ||germ.|| *(mlat.)* Fehde
fala ⟨ae⟩ *f*
1. *(vkl.)* Belagerungssturm
2. Iuv. Säule *aus Holz an der spina des Circus zur Aufnahme der ova*
falārica ⟨ae⟩ *f* ||fala|| *(unkl.)*
1. Wurfspeer *mit langer eiserner Spitze*
2. Brandpfeil
falcārius ⟨ī⟩ *m* ||falx|| Sichelmacher, Sichelschmied; ***inter falcarios*** in der Sichelmacherstraße
falcātus ⟨a, um⟩ *Adj* ||falx||
1. *(nachkl.)* mit Sicheln versehen, Sichel…; ***currus f.*** Sichelwagen
2. *meton* sichelförmig, gekrümmt
falci-fer ⟨fera, ferum⟩ *Adj* ||falx, fero|| sicheltragend; ***deus f.*** sicheltragender Gott = Saturn; ***currus f.*** Sichelwagen
falcō ⟨ōnis⟩ *f (spätl.)* Falke
falconarius ⟨i⟩ *m (mlat.)* Falkner
falerae ⟨ārum⟩ *f* = ***phalerae***
Faleriī ⟨ōrum⟩ *m Stadt der Falisker, im S. Etruriens, heute Civita Castellana*
Falernum ⟨ī⟩ *n*
1. *(erg.* ***vinum****)* Falernerwein
2. *(erg.* ***praedium****)* falernisches Landgut *des Pompeius*
Falernus ⟨a, um⟩ *Adj* falernisch; ***F. ager*** *Gebiet im NW Kampaniens, berühmt durch seinen hervorragenden Wein*
Faliscum ⟨ī⟩ *n* ||Faliscus|| Gebiet von Falerii
Faliscus
I ⟨a, um⟩ *Adj* aus Falerii, zu Falerii gehörig
II ⟨ī⟩ *m* Einwohner von Falerii
fallācia ⟨ae⟩ *f* ||fallax|| Täuschung, Betrug, Intrige; *Pl* Verstellungskünste
fallāci-loquus ⟨a, um⟩ *Adj* ||fallax, loquor|| betrügerisch redend
fallāx *Gen* ⟨ācis⟩ *Adj, Adv* ⟨fallāciter⟩ *von Personen u. Sachen* betrügerisch, täuschend, verschlagen
fallō ⟨fefellī, -, fallere 3.⟩ *(falsus gewöhnlich Adj, PPP durch deceptus ersetzt)*

> **1.** zu Fall bringen, ausgleiten lassen
> **2.** täuschen, betrügen
> **3.** nicht leisten, nicht erfüllen
> **4.** täuschend nachmachen, nachahmen
> **5.** unwirksam machen, unkenntlich machen
> **6.** entgehen, verborgen bleiben

1. *(nachkl.) poet* zu Fall bringen, ausgleiten lassen; ***glacies fallit pedes*** das Eis lässt die Füße ausgleiten
2. *fig* täuschen, betrügen, hintergehen; ***fallendo nocere*** durch Betrug Schaden zufügen; ***murus fallit*** die Mauer gewährt keinen Schutz; ***spem alicuius f.*** j-n in seiner Hoffnung täuschen; ***dies me fallit*** ich täusche mich im Tag; ***me fallit*** ich täusche mich, ich weiß nicht; *Passiv* sich täuschen, sich irren; ***nisi fallor*** wenn ich mich nicht irre; ***nisi me omnia fallunt / nisi totā re fallor*** wenn mich nicht alles täuscht
3. nicht leisten, nicht erfüllen, versagen; ***promissum f.*** ein Versprechen nicht erfüllen; ***fidem f.*** die Treue brechen
4. täuschend nachmachen, nachahmen
5. unwirksam machen, unkenntlich machen, unfühlbar machen, verkürzen; ***horas sermonibus f.*** die Stunden durch Gespräche vertreiben
6. *j-s Aufmerksamkeit* entgehen, verborgen bleiben, unbemerkt bleiben, *abs od aliquem*; ***aetas fallit*** die Zeit vergeht unbemerkt; ***Pan te fefellit vocans*** Pan lockte dich heimlich; ***hostis fallit incedens*** der Feind kommt unbemerkt heran; ***nequiquam fallis dea*** vergeblich versuchst du deine Gottheit zu verbergen; ***fallit me*** es entgeht mir, es bleibt mir verborgen, + *AcI*
falsārius ⟨ī⟩ *m* ||falsus|| *(vkl., nachkl.)* Fälscher, *bes eines Testaments*
falsi-dicus ⟨a, um⟩ *Adj* ||falsus, dico|| *(unkl.)* verlogen
falsi-ficus ⟨a, um⟩ *Adj* ||falsus, facio|| Plaut. falsch handelnd
falsi-iūrius ⟨a, um⟩ *Adj* ||falsus, iuro|| Plaut. falsch schwörend
falsi-locus *u.* **falsi-loquus** ⟨a, um⟩ *Adj* ||falsus, loquor|| *(vkl., nachkl.)* verlogen, *alicuius rei* in Bezug auf etw
falsimōnia ⟨ae⟩ *f* ||falsus|| Plaut. Betrügerei
falsi-parēns *Gen* ⟨entis⟩ *Adj* Catul. einen erdichteten Vater habend; ***f. Amphitryoniades*** der fälschlich Sohn des Amphitryon Genannte
falsō *Adv* → ***falsus***
falsum ⟨ī⟩ *n* ||falsus||
1. Unwahrheit, Lüge, Irrtum; ***falsum sentire*** falsche Gedanken hegen
2. Fälschung, Betrug, Heuchelei
▶ **falsus**
I ⟨a, um⟩ *Adj, Adv* ⟨falsō⟩ *u.* ⟨falsē⟩ ||fallo||
1. *(vkl., nachkl.)* sich irrend; ***f. es*** du irrst
2. irrig, nichtig, unbegründet; ***falsa spes*** unbegründete Hoffnung
3. falsch, gefälscht; ***litterae falsae*** gefälschte Briefe
4. *von Sachen* unecht, nachgemacht, nicht wirklich; ***crines falsae*** falsche Haare
5. *von Personen* untergeschoben; ***testis f.*** untergeschobener Zeuge
6. täuschend, betrügerisch, verlogen, heuchlerisch; ***testis f.*** verlogener Zeuge; ***imago falsa*** Trugbild; ***falsa avis*** trügerisches Vorzeichen
7. *Adv* fälschlich, irrtümlich; *als abgekürzter Satz* falsch!; ***falso respondere*** falsch antworten
II ⟨ī⟩ *m* Lügner, Betrüger
falx ⟨falcis⟩ *f*

1. Sichel, Sense
2. (*unkl.*) Winzermesser, Gartenmesser
3. (Gell., Lucr.) Sichel am Streitwagen
4. MIL Mauerhaken

▶ **fāma** ⟨ae⟩ *f* ||for||
1. Gerede der Leute, Gerücht, Sage; geschichtliche Überlieferung, Tradition; ***f. incerta*** ungewisse Überlieferung; ***f. victoriae/de victoria*** die Kunde vom Sieg; ***f. est*** es geht das Gerücht, + *AcI*; ***aliquid famā accipere*** etw durch Hörensagen erfahren
2. öffentliche Meinung, Volksstimme
3. Ruf, Leumund; ***bona f.*** guter Ruf
4. guter Ruf, Ruhm, Berühmtheit; ***posteritas famaque*** Ruhm bei der Nachwelt; ***alicuius famam laedere*** j-s guten Ruf schädigen; ***famae parcere*** sich den guten Ruf erhalten
5. schlechter Ruf; ***f. atque invidia*** gehässige Nachrede

Fāma ⟨ae⟩ *f Göttin des Gerüchts, Tochter der Terra*

famēlicus
I ⟨a, um⟩ *Adj* ||fames|| (*unkl.*) hungrig, verhungert
II ⟨ī⟩ *m* Hungerleider

▶ **famēs** ⟨is⟩ *f*
1. Hunger; ***fame interire*** verhungern; ***famem tolerare/perferre*** den Hunger ertragen
2. Hungersnot
3. *fig* Dürftigkeit, Armut *im Ausdruck*
4. *poet* Heißhunger, heftiges Verlangen, Gier, *alicuius rei* nach etw, ***auri*** nach Gold

Famēs ⟨is⟩ *f* (Verg., Ov.) *personifizierter* Dämon des Hungers

fāmigerātiō ⟨ōnis⟩ *f* ||fama, gero|| Plaut. Geschwätz der Leute

fāmigerātor ⟨ōris⟩ *m* ||fama, gero|| Plaut. Schwätzer

▶ **familia** ⟨ae⟩ *f*
1. Hausgemeinschaft, *alle zu einem Hauswesen gehörenden u. der Gewalt des Hausherrn unterstehenden Mitglieder der Hausgemeinschaft, Herrschaft u. Diener zusammen*; ***pater familiās/familiae*** Hausherr; ***mater familiās/familiae*** Hausfrau; ***filius familiās/familiae*** Sohn des Hauses, *der noch nicht volljährig ist*; ***filia familiās/familiae*** Tochter des Hauses, *die noch nicht volljährig ist*
2. Gesinde, Sklaven, leibeigene Dienerschaft
3. Hörige *eines Mächtigen od eines Tempels*
4. Familie = Zweig, Linie *einer gens*
5. (*nachkl.*) = ***gens***
6. Truppe, Bande *bes der Gladiatoren*
7. *fig auf einen Stifter zurückgehende* Philosophenschule, Sekte; ***tota Peripateticorum f.*** die ganze Schule der Peripatetiker
8. Vermögen, Besitz; ***familiam herciscere*** das Familienerbe teilen

▶ **familiāris**
I ⟨e⟩ *Adj, Adv* ⟨familiāriter⟩ ||familia||
1. (*vkl., nachkl.*) zum Gesinde gehörig, Sklaven…
2. häuslich, Haus…; ***copiae familiares*** Vermögen
3. zur Familie gehörig, Familien…; ***res familiares*** Familienangelegenheiten, Privatvermögen; ***pecuniae familiares*** Privatvermögen
4. *fig von Personen* vertraut
5. *von Sachen* vertraut, vertraulich, freundlich; ***familiariter uti aliquo*** mit j-m freundschaftlichen Umgang haben; ***f. esse*** sich wie zu Hause fühlen; ***aliquid alicui familiare est*** Plin. etw ist bei j-m Brauch
6. *Eingeweideschau* einheimisch; ***pars f.*** der für den eigenen Staat geltende Teil der Leber; ***fissum familiare*** Einschnitt an dem auf den Staat bezüglichen Teil des Leberlappens
II ⟨is⟩ *m*
1. Sklave, Diener
2. Vertrauter, Freund; ***familiarissimus Caesaris*** der beste Freund Caesars

familiāritās ⟨ātis⟩ *f* ||familiaris|| vertrauter Umgang, enge Freundschaft; (*nachkl.*) *meton* vertraute Freunde des Hauses, Hausfreunde

fāmōsa ⟨ae⟩ *f* ||famosus|| *poet* Dirne, Prostituierte

fāmōsus ⟨a, um⟩ *Adj, Adv* ⟨fāmōsē⟩ ||fama||
1. (*nachkl.*) *poet* berühmt, ruhmvoll
2. berüchtigt, verrufen
3. (*nachkl.*) *poet* ehrenrührig, verleumderisch; ***libellus f.*** Schmähschrift, Pamphlet

famul (*altl.*) = ***famulus***

famula ⟨ae⟩ *f* ||famulus|| Dienerin, Sklavin, *auch* Tempeldienerin; ***virtus f. fortunae est*** *fig* die Tugend ist die Dienerin des Glücks

famulāris ⟨e⟩ *Adj* ||famulus|| eines Sklaven, Sklaven…; ***vestis f.*** Sklaventracht; ***iura famularia dare*** Sklavenrechte geben = zu Sklaven machen

famulātus ⟨ūs⟩ *m* ||famulor|| Dienstbarkeit, Knechtschaft

famulitium ⟨ī⟩ *n* ||famulus||
1. das Dienen
2. *meton* Dienerschaft

famulor ⟨ātus sum, ārī 1.⟩ ||famulus|| dienen, *abs od alicui/alicui rei* j-m/einer Sache

▶ **famulus** ⟨ī⟩ *m*
1. Diener, Sklave; *Pl* Gesinde; Gehilfe, Geselle, Begleiter; *auch adj* dienend; ***f. Volcani*** Gehilfe des Vulcan, Kyklop
2. (*nlat.*) Student, der einem Hochschullehrer assistiert, *bes* im Krankenhaus tätiger Medizinstudent

fānāticus ⟨a, um⟩ *Adj* ||fanatus, *PPerf von* fanor|| *von Personen u. Sachen* von einer Gottheit in Raserei versetzt, begeistert, rasend, enthusiastisch; ***Galli fanatici*** Kybelepriester; ***error f.*** Wahnsinn

fandum ⟨ī⟩ *n* ||for|| Recht

fandus ⟨a, um⟩ *Ger* → ***for***

Fanniānus ⟨a, um⟩ *Adj* des Fannius, zu Fannius gehörig

Fannius ⟨a, um⟩ *Name einer pleb. gens*

fānor ⟨fānātus sum, ārī 1.⟩ ||fanum|| Sen. umherrasen

fantas… = ***phantas…***

▶ **fānum** ⟨ī⟩ *n* ||for|| Heiligtum, Tempel, geweihter Ort

Fānum ⟨ī⟩ *n vollständig Fanum Fortunae, Küstenstadt in Umbrien, heute Fano an der Adria*

far ⟨farris⟩ *n*
1. Dinkel, Spelt, *Weizenart u. Brotkorn der Römer*
2. *meton* Schrot, Mehl, *bes* Opferschrot, Opfermehl
3. *meton* aus Dinkel Gebackenes, Brot; ***una farris libra*** ein Pfund Brot

farcīmen ⟨inis⟩ *n* ||farcio|| (*vkl., nachkl.*) Wurst

farciō ⟨farsī, fartum, farcīre 4.⟩ (voll) stopfen, füllen, *aliquid re* etw mit etw; ***se f.*** sich voll stopfen,

F

sich voll fressen

Farfarus ⟨ī⟩ *m* = ***Fabaris***

farferum ⟨ī⟩ *n* Plaut. Huflattich

farīna ⟨ae⟩ *f* ||far|| Mehl; ***aliquis est farinae nostrae*** j-d ist von unserer Art

farmac… = ***pharmac…***

farrāgō ⟨inis⟩ *f* ||far|| Mischfutter; *fig* vermischter Inhalt; Bagatelle

farrāta ⟨ōrum⟩ *n* ||farratus|| Mehlspeise

farrātus ⟨a, um⟩ *Adj* ||far|| aus Getreide gemacht, mit Brei gefüllt

F

fars ⟨fartis⟩ *f* ||farcio|| Com. Füllung; ***fartim facere ex hostibus*** Plaut. aus den Feinden Hackfleisch machen

farsī → ***farcio***

fartim *Adv* ||farcio|| gestopft, voll, dicht

fartis ⟨is⟩ *f* = ***fars***

fartor ⟨ōris⟩ *m* ||farcio|| *(unkl.)* Geflügelmäster, Geflügelhändler

fartus ⟨a, um⟩ *PPP* → ***farcio***

▶ **fās** *indekl n* ||for||

1. göttliches Recht, göttliches Gebot, heilige Ordnung; ***contra ius fasque*** gegen menschliches und göttliches Recht; ↔ ***nefas***

2. das sittlich Gute, das Erlaubte; ***aliquid fas non putare*** etw für nicht erlaubt halten; ***ultra fas*** mehr als billig; ***per omne fas et nefas*** im Guten und Bösen; ***fas est*** es ist erlaubt, man darf, es ist möglich, *alicui* j-m, + *Inf* / + *AcI*

3. Schicksal, Verhängnis

Fās *indekl n (nachkl.) das personifizierte* göttliche Recht

fasceola ⟨ae⟩ *f* = ***fasciola***

fascia ⟨ae⟩ *f* ||fascis||

1. Binde, Band

2. Schenkelbinde

3. *Pl* Leibgurt, Leibschurz

4. Schuhband

5. Büstenhalter

6. Kopfbinde, Diadem

7. Gurt; ***f. lecti cubicularis*** Bettgurt

8. Plaut. Wickelbinden *der Säuglinge*

fasciātim *Adv* ||fascis|| Quint. bündelweise

fasciculus ⟨ī⟩ *m* ||*Dim von* fascis|| Bündelchen, Päckchen; ***f. epistolarum*** Bündelchen von Briefen; ***f. florum*** Blumenstrauß

fascinātiō ⟨ōnis⟩ *f* ||fascino|| *(nachkl.)* Verzauberung, Behexung

fascinō ⟨āvī, ātum, āre 1.⟩ ||fascinum|| behexen, verhexen; *(mlat.)* betören, verführen

fascinum ⟨ī⟩ *n u.* **fascinus** ⟨ī⟩ *m*

1. Behexung, Verhexung

2. *(nachkl.) poet* das männliche Glied, *Amulett in Form des männlichen Gliedes gegen Verzauberung*

fasciō ⟨āvī, ātum, āre 1.⟩ ||fascia|| *(nachkl.) poet* umwinden, einwickeln

fasciola ⟨ae⟩ *f* ||*Dim von* fascia|| kleine Binde, *bes* Schenkelbinde

▶ **fascis** ⟨is⟩ *m*

1. *(unkl.)* Bündel, Paket

2. *(unkl.)* Bürde, Last, *bes* Kriegsgepäck

3. *Pl* die Rutenbündel *mit eingestecktem Beil, Symbol der staatlichen Macht über Leben u. Tod, von Liktoren den Konsuln vorangetragen*; ***fasces et secures habere*** sich Rutenbündel und Beile vorantragen lassen; ***fasces submittere/demittere alicui*** die Rutenbündel vor j-m senken

4. Plaut. *meton* Konsulat, Konsulargewalt; *(nachkl.)* höchste Ehrenstellen, hohe Ämter, hohe Würden; ***fasces corripere*** die Konsulargewalt an sich reißen

fasēlus ⟨ī⟩ *m u. f* = ***phaselus***

fasma ⟨atis⟩ *n* = ***phasma***

fassus ⟨a, um⟩ *PPerf* → ***fateor***

fāstī ⟨ōrum⟩ *m* ||fastus[2]||

1. Gerichtstage

2. *meton* Verzeichnis der Gerichtstage, *305 v. Chr. von Cn. Flavius veröffentlicht*

3. Kalender, *Verzeichnis der dies fasti u. dies nefasti*; die Fasten, *poet Festkalender Ovids*

4. Jahrbücher der Geschichte

5. Konsularfasten, *Verzeichnis der höchsten Behörden jedes Jahres, von 508 bis 354 v. Chr., meist fasti consulares od wegen ihres Aufbewahrungsortes auch fasti Capitolini genannt*

fastīdiō ⟨īvī, ītum, īre 4.⟩ ||*Denom von* fastidium||

1. *(unkl.) physisch* Widerwillen empfinden, Ekel empfinden, *aliquid* vor etw, ***vinum*** vor Wein

2. *fig* verschmähen, als unter seiner Würde betrachten, *aliquid/aliquem* etw/j-n, *(nachkl.)* + *Inf* / + *AcI*; ***amicitiam alicuius f.*** j-s Freundschaft verschmähen; ***f. in re*** etw auszusetzen haben an etw

3. vornehm tun, sich brüsten

fastīdiōsus ⟨a, um⟩ *Adj, Adv* ⟨fastīdiōsē⟩ ||fastidium||

1. *(vkl.)* voll Ekel, voll Widerwillen

2. *fig etw* zurückweisend, *einer Sache* überdrüssig, *alicuius rei*

3. widerwillig, ärgerlich

4. wählerisch, heikel, spröde, verwöhnt; dünkelhaft, aufgeblasen

5. Ekel erregend, widerwärtig

▶ **fastīdium** ⟨ī⟩ *n* ||fastus[1], taedio||

1. Ekel, Überdruss, *alicuius rei* an etw, gegen etw; ***f. cibi*** Appetitlosigkeit

2. *fig geistige* Abneigung, Geringschätzung, *alicuius* j-s *od* gegen j-n, *alicuius rei* gegen etw; ***fastidio esse alicui*** j-m zuwider sein

3. verwöhnter Geschmack

4. Dünkel, Blasiertheit

5. Nörgelei, Pedanterie

fastīgātus ⟨a, um⟩ *Adj, Adv* ⟨fastīgātē⟩

1. ansteigend

2. *(nachkl.)* in eine Spitze auslaufend; ***collis in acutum cacumen f.*** in einen spitzen Gipfel auslaufender Hügel

3. schräg abfallend; ***collis leniter f.*** flach abfallender Hügel

fastīgium ⟨ī⟩ *n*

1. *nach unten* Abdachung, Senkung, Neigung, Gefälle; *auch* Tiefe, Grund; ***tenui fastigio*** in mäßiger Abdachung, in stumpfem Winkel; ***f. scrobium*** Tiefe der Gruben

2. *nach oben* Steigung, Erhebung; ***f. altius terrae*** ziemlich bedeutendes Hochland

3. Giebel, Giebelfeld, *bes* Vordergiebel; ***operi f. imponere*** ein Werk vollenden

4. Tempel

5. (*nachkl.*) Gipfel, Höhepunkt; ***f. montis*** Gipfel des Berges
6. Oberfläche, Niveau; ***f. aquae*** Wasserspiegel
7. *fig* hohe Stellung, Würde, ***mortale*** eines Menschen
8. Hauptpunkt; ***summa sequar fastigia rerum*** nur das Wichtigste will ich berühren

fastōsus ⟨a, um⟩ *Adj* ||fastus[1]||
1. (Mart., Petr.) voll stolzer Kälte, spröde
2. Mart. *fig* köstlich, prächtig

fāstus[1] ⟨ūs⟩ *m* Dünkel, Stolz, Hochmut, stolze Verachtung, *alicuius* j-s, *erga aliquid* gegen etw

fāstus[2] ⟨a, um⟩ *Adj* ||fas|| *nur mit dies verbunden, meist Pl*; ***dies fasti*** Gerichtstage, *an denen der Prätor gemäß göttlichem Recht Gericht halten durfte*; → ***fasti***

Fāta ⟨ōrum⟩ *n* ||fatum|| Schicksalsgöttinnen, die Parzen

▶ **fātālis** ⟨e⟩ *Adj, Adv* ⟨fātāliter⟩ ||fatum||
1. vom Geschick bestimmt, *ad aliquid* zu etw; ***hora f.*** Schicksalsstunde
2. des Schicksals, Schicksals…; ***libri fatales*** die Sibyllinischen Bücher; ***deae fatales*** die Parzen; ***responsum fatale*** Schicksalsspruch
3. *pej* verhängnisvoll, verderblich, tödlich; ***dies f.*** Todestag

▶ **fateor** ⟨fassus sum, fatērī 2.⟩ ||for||
1. eingestehen, bekennen, *alicui aliquid* j-m etw, + *Inf* / + *AcI* / + *indir Fragesatz*
2. *fig* zeigen, verraten, zu erkennen geben, ***iram vultu*** den Zorn durch den Gesichtsausdruck; ***f. deam*** sich als Göttin zu erkennen geben

fāti-canus *u.* **fāti-cinus** ⟨a, um⟩ *Adj* ||fatum, cano|| Ov. schicksalskündend, weissagend

fāti-dicus
I ⟨a, um⟩ *Adj* ||fatum, dico[2]|| weissagend
II ⟨ī⟩ *m* Wahrsager

fāti-fer ⟨fera, ferum⟩ *Adj* ||fatum, fero|| todbringend, tödlich

fatīgātiō ⟨ōnis⟩ *f* ||fatigo|| (*nachkl.*)
1. Ermüdung, *alicuius* j-s, *alicuius rei* infolge von etw; ***f. continui laboris*** Ermüdung infolge der ständigen Arbeit
2. Neckerei

▶ **fatīgō** ⟨āvī, ātum, āre 1.⟩ ||ago||
1. (*nachkl.*) *poet* abhetzen
2. *körperlich u. geistig* müde machen, ermüden, ***itinere*** durch den Marsch; ***dentem in dente f.*** den Zahn unaufhörlich am Zahn reiben
3. hart mitnehmen, quälen, ***fame*** durch Hunger; ***terga iuvencorum hastā f.*** die Zugtiere mit der Lanze anstacheln; ***silvas f.*** die Wälder unaufhörlich durchjagen; ***messes f.*** (das Unkraut) nicht aufkommen lassen; ***remigio diem noctemque f.*** Tag und Nacht unablässig rudern; ***Martem f.*** zum Kampf drängen
4. (*nachkl.*) *poet durch Bitten* bestürmen, mürbe machen

fāti-loqua ⟨ae⟩ *f* ||fatum, loquor|| Liv. Wahrsagerin

fatim = ***affatim***

fatīscō ⟨-, -, īscere 3.⟩ *u.* **fatīscor** ⟨-, īscī 3.⟩ ||fatigo|| (*unkl.*)
1. Risse bekommen, bersten; ***ianua fatiscit*** die Tür öffnet sich
2. *fig* erschlaffen, ermüden; ***seditio fatiscit / fatiscitur*** der Aufruhr legt sich

fatua ⟨ae⟩ *f* ||fatuus|| (*nachkl.*) *poet* Närrin

fatuitās ⟨ātis⟩ *f* ||fatuus|| Albernheit, Einfalt

▶ **fātum** ⟨ī⟩ *n* ||for||
1. Götterspruch, Weissagung; ***sic erat in fatis*** so stand es im Buch des Schicksals
2. Verg. Götterwille
3. *fig* Weltordnung, *allg.* Schicksal
4. Schicksal *des Einzelnen*, Geschick, Verhängnis, Bestimmung; ***fata novissima*** die letzten Augenblicke; ***fato cedere / concedere / obire / fungi / perfungi*** eines natürlichen Todes sterben; ***fata alicuius proferre*** j-s Leben verlängern; ***fata iubent*** das Schicksal gebietet, + *AcI*; ***alicuius / alicui f. est*** j-m ist es vom Schicksal bestimmt, + *AcI*, *ut* dass
5. Unheil, Verderben; ***fata Troiae*** Untergang Trojas

fatuor[1] ⟨-, ārī 1.⟩ ||fatuus|| Sen. albern schwätzen

fātuor[2] ⟨-, ārī 1.⟩ (*nachkl.*) begeistert sein

fātus ⟨a, um⟩ *PPerf* → ***for***

fatuus
I ⟨a, um⟩ *Adj*
1. *von Personen u. Sachen* albern, einfältig, töricht; fade; ***puer f.*** einfältiger Knabe; ***litterae fatuae*** alberner Brief
2. *dem Geschmack nach* fade
II ⟨ī⟩ *m* (*nachkl.*) *poet* Narr

▶ **faucēs** ⟨ium⟩ *f, Sg nur Abl* ***fauce***
1. (*unkl.*) Rachen, Schlund, Kehle, Hals; ***os devoratum fauce lupi haerebat*** der verschlungene Knochen blieb im Rachen des Wolfes stecken
2. *fig* Heißhunger
3. *fig* Rachen, Schlund; ***aliquem ex faucibus belli eripere*** j-n dem Rachen des Krieges entreißen; ***aliquem faucibus urgere*** j-m im Nacken sitzen; ***f. defensionis premere*** die Verteidigung unmöglich machen; ***aliquis faucibus premitur*** j-m sitzt das Messer an der Kehle
4. enger Eingang, enger Zugang
5. Vitr. ARCH schmaler Gang
6. Engpass, Schlucht
7. Flussmündung
8. Landenge; Meerenge
9. Kluft, Höhle, Tiefe, *bes* Krater

Fauna ⟨ae⟩ *f Frau od Schwester des Faunus, seit dem 18. Jh. allegorisches Titelstichwort auf Lehrbüchern der Zoologie, danach synonym für* Tierwelt

Faunī ⟨ōrum⟩ *m nackte Walddämonen in Bocksgestalt*

Faunus ⟨ī⟩ *m sagenhafter König von Latium, Vater des Latinus, nach seinem Tod als weissagender Gott des Feldes u. des Waldes verehrt, später mit dem griech. Pan gleichgesetzt*

Fausta ⟨ae⟩ *f Tochter des Diktators Sulla, Zwillingsschwester des L. Cornelius Sulla Faustus*; → ***Faustus***

Faustitās ⟨ātis⟩ *f* ||faustus|| *Göttin der Fruchtbarkeit*

Faustulus ⟨ī⟩ *m* MYTH *Hirte des Amulius, Pflegevater von Romulus u. Remus*

▶ **faustus** ⟨a, um⟩ *Adj, Adv* ⟨faustē⟩ ||faveo|| beglückend, günstig, gesegnet, *alicui* für j-n; ***dies f.*** glücklicher Tag

Faustus ⟨ī⟩ *m* ||faustus|| *röm. Beiname*; ***L. Cornelius***

Sulla Faustus *Sohn des Diktators Sulla*
fautor ⟨ōris⟩ *m* ||faveo|| Gönner, Beschützer, *auch* bezahlter Beifallklatscher *im Theater*
fautrīx ⟨īcis⟩ *f* ||fautor|| Gönnerin, Beschützerin; *adj* gewogen, günstig
fautum *PPP* → ***faveo***
faux ⟨cis⟩ *f Sg* → ***fauces***
favea ⟨ae⟩ *f* ||faveo|| Plaut. Lieblingssklavin
▶ **faveō** ⟨fāvī, fautum, favēre 2.⟩
1. für *j-n* günstig sein, *j-m* gewogen sein, *j-n* begünstigen, *alicui*; ***di faveant*** die Götter mögen gnädig sein; ***venti faventes*** günstige Winde; ***favet illi virgini*** er hat eine Neigung für jenes Mädchen; ***orationi alicuius f.*** j-s Rede nicht übel nehmen
2. ***linguā / ore f.*** RELIG mit dem Mund *einer Sache* gewogen sein = andächtig schweigen; still sein, schweigen
3. Beifall klatschen; ***turba faventium*** die Schar der Beifall Klatschenden
4. *poet* begehren, wünschen, + *Inf* / + *AcI*; ***faveant di, ut / ne*** gebe es der Himmel, dass / dass nicht
favilla ⟨ae⟩ *f* ||foveo|| *(unkl.)* (glimmende) Asche; *fig* Funke, Ursprung; ***haec est venturi prima f. mali*** Prop. das ist der Ursprung künftigen Unglücks
favitor ⟨ōris⟩ *m (altl.)* = ***fautor***
favōnius ⟨ī⟩ *m* ||foveo|| der laue Westwind, Zephir
▶ **favor** ⟨ōris⟩ *m* ||faveo||
1. Gunst, Begünstigung, Anerkennung; *pej* Protektion
2. Beifall, Applaus
3. *poet* andächtige Stille, Andacht
favōrābilis ⟨e⟩ *Adj, Adv* ⟨favōrābiliter⟩ ||favor|| *(nachkl.)*
1. begünstigt, beliebt
2. empfehlend, einnehmend, gewinnend; *Adv* mit Beifall
favus ⟨ī⟩ *m* Honigwabe, Honigscheibe; Honigkuchen; *meton* Honig
▶ **fax** ⟨facis⟩ *f*
1. Fackel, *meist aus Kienholz, zum Leuchten u. zum Anzünden*; ***collucentes faces*** Fackelzug; ***facem praeferre alicui*** j-m die Fackel vorantragen; ***facem praeferre ad libidinem*** j-n verleiten, j-n verführen
2. Fackel *als Attribut der Furien u. des Cupido*
3. Hochzeitsfackel; *meton* Hochzeit, Vermählung
4. Leichenfackel; ***utraque fax*** Hochzeits- und Leichenfackel
5. feurige Lufterscheinung; Sternschnuppe, Meteor; ***stella facem ducens*** Komet
6. Licht der Gestirne
7. *fig* Flamme, Glut, Feuer, *meist Pl*; Liebesglut; Zornesglut; ***faces dicendi*** flammende Beredsamkeit; ***omnes faces invidiae alicuius subicere*** die Glut des Hasses gegen j-d auf jede Weise schüren
8. *fig* Qual; ***faces dolorum*** brennende Schmerzen
faxim = ***fecerim***; → ***facio***
faxō = ***fecero***; → ***facio***
febrārius ⟨a, um⟩ *Adj* = ***februarius***
febricitō ⟨āvī, ātum, āre 1.⟩ ||febris|| *(nachkl.)* fiebern
febricula ⟨ae⟩ *f* ||*Dim von* febris|| leichtes Fieber, Fieberanfall
febrīculōsus ⟨a, um⟩ *Adj* ||febricula|| *(nachkl.) poet* fiebrig

▶ **febris** ⟨is, *Akk* im⟩ *u.* ⟨em⟩, *Abl* ⟨ī *u.* e⟩ *f* Fieber, Fieberanfall
Febris ⟨is⟩ *f* Göttin des Fiebers *mit Tempel auf dem Palatin*
februārius ⟨a, um⟩ *Adj* ||februum|| zur Reinigung gehörig
Februārius ⟨ī⟩ *m* Reinigungsmonat, Februar, *bis 450 v. Chr. letzter, später zweiter Monat des Jahres, in dem die Reinigungs- u. Sühneriten vollzogen wurden*; *adj* zum Februar gehörig
februum ⟨ī⟩ *n, meist Pl*
1. RELIG Reinigungs- und Sühnemittel
2. Reinigungs- und Sühnefest, *jährlich im Februar gefeiert*
fec. *Abk (nlat.)* = ***fecit*** gemacht hat es, *häufiger Zusatz zur Signatur des bildenden Künstlers*
fēcī → ***facio***
fēcunditās ⟨ātis⟩ *f* ||fecundus||
1. Fruchtbarkeit, ***mulieris*** der Frau, ***terrae*** der Erde, ***animi*** des Geistes
2. *(spätl.)* reicher Vorrat, Fülle
Fēcunditās ⟨ātis⟩ *f* Göttin der Fruchtbarkeit
fēcundō ⟨āvī, ātum, āre 1.⟩ ||*Denom von* fecundus|| befruchten
fēcundus ⟨a, um⟩ *Adj, Adv* ⟨fēcundē⟩
1. *von Lebewesen u. Pflanzen, der Erde u. a.* fruchtbar, *alicuius rei / re* an etw; ***provincia fecunda annonae*** an Getreide reiche Provinz
2. *fig* reich, *alicuius rei / re* an etw; ***seges fecunda*** reiche Saat; ***ingenium fecundum*** erfinderischer Geist; ***saecula culpae fecunda*** an Schuld reiche Jahrhunderte
3. *fig* reichlich, üppig, voll; ***quaestus f.*** satter Gewinn; ***fons f.*** wasserreiche Quelle
4. befruchtend; ***imbres fecundi*** fruchtbar machende Regengüsse; ***fecundae verbera dextrae*** die die Frauen *angeblich* fruchtbar machenden Schläge *der luperci*
fefellī → ***fallo***
fel ⟨fellis⟩ *n*
1. Gallenblase, Galle *von Mensch u. Tier*
2. Ov. galliger Saft; Schlangengift, Gift
3. *fig* Galle = Bitterkeit, Gehässigkeit; Zorn
fēlātor ⟨ōris⟩ *m* = ***fellator***
fēlātrīx ⟨īcis⟩ *f* = ***fellatrix***
fēlēs ⟨is⟩ *f* Katze, Marder, Iltis; *fig* Räuber; ***f. virginalis*** Plaut. Mädchenräuber
felicātus ⟨a, um⟩ *Adj* = ***filicatus***
fēlīcitās ⟨ātis⟩ *f* ||felix||
1. *(nachkl.)* Fruchtbarkeit, ***terrae*** der Erde
2. *fig* Glück, Glückseligkeit; *meton* Gefühl des Glücks
3. glücklicher Erfolg, Segen
Fēlīcitās ⟨ātis⟩ *f* Göttin des Glücks *mit Tempel auf dem Esquilin*
fēlis ⟨is⟩ *f* = ***feles***
fēlīx[1] *Gen* ⟨īcis⟩ *Adj, Adv* ⟨fēlīciter⟩
1. *(nachkl.) poet* fruchtbar, ergiebig; ***regio f.*** fruchtbare Gegend; ***poma felicia*** köstliches Obst
2. *fig* glücklich, vom Glück begünstigt, *von Personen u. Sachen, bezogen auf das äußere Glück, in re* in etw, *re* durch etw, in etw, *alicuius rei* in Bezug auf etw; ***Sulla Felix*** Sulla der Glückliche; ***feliciter*** *als Zuruf* Glück auf!

3. beglückend, Glück bringend, günstig; ***quod f. fortunatumque sit*** was Glück und Segen bringe!
felix[2] ⟨icis⟩ *f* = ***filix***
fēllātor ⟨ōris⟩ *m* ||fello|| Mart. *obszön* Sauger
fēllātrīx ⟨īcis⟩ *f* ||fellator|| *obszön* Saugerin
fēl(l)ō ⟨āvī, ātum, āre 1.⟩ saugen; (Catul., Mart.) *auch obszön*
Felsina ⟨ae⟩ *f etrusk. Name für Bononia, heute Bologna*
fēmella ⟨ae⟩ *f* ||*Dim von* femina|| Catul. Dämchen
▶ **fēmina** ⟨ae⟩ *f*
1. Frau *als Geschlechtsbezeichnung*; *von Tieren* Weibchen; ***canis f.*** Hündin; *adj* weiblich
2. *pej* weibischer Mensch
3. Quint. GRAM das weibliche Geschlecht
4. ***tornus f.*** ARCH Zapfenpfanne; ***cardo f.*** ARCH der obere, hohle Teil der Türangel
fēminal ⟨ālis⟩ *n* ||femina|| *(nachkl.)* weibliche Scham
feminālia ⟨ium⟩ *n* ||feminis, *Gen von* femur|| Suet. Schutzbinden um die Oberschenkel, Unterhosen
fēmineus ⟨a, um⟩ *Adj* ||femina||
1. weiblich, Frauen…; ***vox feminea*** weibliche Stimme
2. von Frauen herrührend; ***ululatus f.*** Frauengejammer
3. Frauen betreffend; ***venus feminea / amor f.*** Liebe zu einer Frau; ***poena feminea*** an einer Frau vollzogene Strafe; ***Marte femineo cadere*** durch die Hand einer Frau fallen
4. weibisch, unmännlich
fēminīnus ⟨a, um⟩ *Adj* ||femina|| *(vkl., nachkl.)* GRAM weiblich; ***genus femininum*** weibliches Geschlecht
femur ⟨minis⟩ *u.* ⟨moris⟩ *n* Oberschenkel, Schenkel
fēnebris ⟨e⟩ *Adj* ||fenus|| *(nachkl.)* die Zinsen betreffend, die Schulden betreffend; ***lex f.*** Zinsgesetz; ***res f.*** Schuldenwesen; ***malum fenebre*** Wucher; ***pecunia f.*** auf Zinsen ausgeliehenes Geld
fēnerātiō ⟨ōnis⟩ *f* ||fenero|| Wucher
fēnerātō *Adv* ||feneratus, *PPP von* fenero|| Plaut. mit Wucherzinsen, zu *j-s* großen Schaden
fēnerātor ⟨ōris⟩ *m* ||fenero|| Geldverleiher; *pej* Wucherer
fēnerō ⟨āvī, ātum, āre 1.⟩ *u.* **fēneror** ⟨ātus sum, ārī 1.⟩ ||fenus||
1. gegen Zinsen ausleihen, ***pecuniam binis centesimis*** Geld zu 2% monatlich = zu 24% jährlich
2. Wucher treiben
3. *(unkl.)* Gewinn bringen
fenestella ⟨ae⟩ *f* ||*Dim von* fenestra|| *(nachkl.) poet* Fensterchen, Pförtchen
Fenestella ⟨ae⟩ *f kleines Tor in Rom, wahrscheinlich auf dem Palatin*
▶ **fenestra** ⟨ae⟩ *f*
1. Luke, Maueröffnung, Fenster
2. Schießscharte
3. *fig* Gelegenheit, Weg *zu etw*
fēneus ⟨a, um⟩ *Adj* ||fenum|| *(nachkl.)* aus Heu; ***homines fenei*** Strohmänner
fēniculārius ⟨a, um⟩ *Adj* ||feniculum|| Fenchel…
fēniculum ⟨ī⟩ *n* ||fenum|| *(vkl., nachkl.)* Fenchel
fēnīlia ⟨ium⟩ *n* ||fenum|| Heuboden
fēnum ⟨ī⟩ *n* Heu; ***fenum edere*** Heu fressen = dumm wie ein Ochse sein; ***fenum in cornu habere*** Heu auf den Hörnern haben = bösartig sein, *wie die Stiere, deren Hörner mit Heu verbunden wurden*
fēnus ⟨oris⟩ *n*
1. Zinsen; ***alicui pecuniam sine fenore credere*** j-m Geld ohne Zinsen leihen; ***alicui pecuniam fenori / fenore dare*** j-m Geld gegen Zinsen leihen; ***iniquissimo fenore versuram facere*** eine Anleihe gegen übermäßige Zinsen aufnehmen
2. *(nachkl.) meton durch Zinsen anwachsende* Schulden, Schuldenlast; ***fenore obrui*** von der Schuldenlast erdrückt werden
3. *(vkl., nachkl.) gegen Zins ausgeliehenes* Kapital; ***f. in agris collocare*** Kapital in Grundstücken anlegen
4. das Ausleihen von Geld gegen Zinsen; *pej* Wucher(geschäft); ***fenore lacerare homines*** Menschen durch Zinsen zugrunde richten
fēnusculum ⟨ī⟩ *n* ||*Dim von* fenus|| Plaut. *iron* hübsche Zinsen
fera ⟨ae⟩ *f* ||ferus|| wildes Tier, Wild
Fērālia ⟨ium⟩ *n* ||feralis|| Totenfest, *in Rom am 21. Februar gefeiert*; *allg.* Leichenbestattung, Totenkult
fērālis ⟨e⟩ *Adj*
1. *(nachkl.) poet* zu den Toten gehörig, Toten…, Leichen…; ***carmen ferale*** Totengesang; ***reliquiae ferales*** Asche
2. (Ov., *nachkl.*) todbringend, verderblich, schrecklich, finster
ferāx *Gen* ⟨ācis⟩ *Adj*, *Adv* ⟨ferāciter⟩ ||fero|| fruchtbar, ergiebig; ***ager f.*** fruchtbarer Acker; ***terra arborum f.*** an Bäumen reiches Land; ***locus de officiis f.*** *fig* an Pflichten reiches Gebiet
ferbuī → ***ferveo***
ferctum ⟨ī⟩ *n* = ***fertum***
ferculum ⟨ī⟩ *n* ||fero||
1. Tragegestell, Tragbahre
2. *(nachkl.) poet* Tablett; *meton* Gang, Gericht *innerhalb einer Mahlzeit*
▶ **ferē** *u. (altl.) auch* **fere** *Adv, dem Bezugswort nachgestellt*
1. so ziemlich, etwa, fast, beinahe, *bes bei Zahlenangaben*; ***centum fere pedites*** fast hundert Fußsoldaten; ***eodem fere tempore*** fast zur gleichen Zeit; ***nemo fere*** so gut wie niemand
2. in der Regel, meistens, gewöhnlich; ***itinera nocte fere faciemus*** Märsche werden wir in der Regel nur nachts machen; ***non fere*** nur ausnahmsweise
ferentārius ⟨ī⟩ *m* ||ferio|| *(unkl.) meist berittener u. leicht bewaffneter* Wurfschütze; Plaut. *hum* Helfer in der Not
Ferentīna ⟨ae⟩ *f* ||Ferentinum|| *latinische Göttin*
Ferentīna aqua *f Quelle am Rand der Albanerberge, Ort von latinischen Bundesversammlungen*
Ferentīnās
I *Gen* ⟨ātis⟩ *Adj* aus Ferentinum, zu Ferentinum gehörig
II ⟨ātis⟩ *m* Einwohner von Ferentinum
Ferentīnum ⟨ī⟩ *n*
1. *Stadt in Latium an der via Latina, heute Ferentino*
2. *Gegend am Westfuß der Albanerberge mit heiligem Hain der Ferentina*
3. = ***Ferentium***
Ferentium ⟨ī⟩ *n Stadt in Etrurien, Geburtsort des*

F

Kaisers Otho, heute Ferento

Feretrius ⟨ī⟩ *m Beiname des Jupiter, wohl* „der Schleuderer" *des Blitzes od des silex, dessen steinernen Symbols, dem die spolia opima dargebracht wurden; ihm war angeblich der älteste, schon von Romulus erbaute Tempel Roms geweiht*

feretrum ⟨ī⟩ *n* ||griech. Lw.|| (*vkl.*) *poet* Trage, Bahre, Totenbahre

▶ **fēriae** ⟨ārum⟩ *f*

1. geschäftsfreie Tage, Feiertage; ***f. forenses*** Gerichtsferien; ***f. Latinae*** Bundesfest, Bundesversammlung der Latiner

2. *meton* Ruhe, Frieden

3. Plaut. *hum* Hungerferien, das Fasten

4. (*mlat.*) *Sg* Markt, Wochentag

fēriātus ⟨a, um⟩ *Adj* ||ferior||

1. feiernd, müßig

2. (*nachkl.*) festlich

fericulum ⟨ī⟩ *n* = ***ferculum***

ferīna ⟨ae⟩ *f* ||ferinus|| Wildbret

ferīnus ⟨a, um⟩ *Adj* ||fera|| (*nachkl.*) *poet* von wilden Tieren, an wilden Tieren, des Wildes; ***caro ferina*** Wildbret; ***caedes ferina*** Weidwerk, Jagd

▶ **feriō** ⟨-, -, īre 4.⟩

1. schlagen, stoßen, stechen, treffen; ***contra f.*** seinerseits wieder zuschlagen; ***aliquem sagittā f.*** j-n mit dem Pfeil treffen; ***murum ariete f.*** die Mauer mit dem Rammbock erschüttern; ***frontem f.*** sich vor die Stirn schlagen; ***caper cornu ferit*** der Bock stößt mit dem Horn; ***uvas pede f.*** die Weintrauben mit den Füßen treten; ***venam f.*** die Ader öffnen; ***carmina f.*** Lieder zur Laute singen; ***verba palato f.*** Worte im Gaumen hervorbringen; ***clamor ferit aethera*** *fig* das Geschrei dringt zum Himmel; ***sidera f.*** bis zu den Gestirnen reichen; ***aliquid ferit oculos*** etw macht Eindruck auf die Augen

2. (*nachkl., Inschrift*) schlagen = prägen, ***nummos*** Münzen

3. schlachten; ***foedus f.*** ein Bündnis schließen *unter Schlachtung eines Opfertiers*

4. erlegen, töten; ***aliquem securi f.*** j-n mit dem Beil hinrichten, j-n enthaupten

5. (Com., Prop.) prellen, betrügen, *aliquem re* j-n um etw

fērior ⟨ātus sum, ārī 1.⟩ ||*Denom von* feriae|| (*vkl., spätl.*) feiern, untätig sein

feritās ⟨ātis⟩ *f* ||ferus|| *von Menschen, Tieren u. Sachen* Wildheit, Rohheit, Grausamkeit

fermē *Adv* = ***fere***

fermentum ⟨ī⟩ *n*

1. (*nachkl.*) Gärung

2. Plaut. *fig* Erbitterung, Zorn, Wut

3. (*nachkl.*) Gärungsmittel, Sauerteig; ***panis nullo fermento*** ungesäuertes Brot

4. gegorenes Getränk, Malz, Malzbier

ferō ⟨tulī, lātum, ferre 0.⟩

1. tragen
2. davontragen, gewinnen
3. ertragen, erdulden
4. herumtragen
5. verbreiten, überall erzählen
6. rühmen
7. allgemein bezeichnen
8. vor sich hertragen, zur Schau tragen
9. forttragen, wegtragen
10. erbeuten, rauben
11. bringen
12. darbringen, entrichten
13. darbringen, weihen
14. antragen, anbieten
15. einbringen
16. hervorbringen, erzeugen
17. hinterbringen, melden
18. mit sich bringen, erfordern
19. eintragen, verbuchen
20. in Bewegung bringen, hintragen
21. sich rasch bewegen, eilen

1. tragen *konkr. u. fig*; ***onus umeris f.*** eine Last auf den Schultern tragen; ***rami poma ferentes*** Obst tragende Äste; ***arma / signa f. in hostem*** den Feind angreifen; ***aliquem f.*** mit j-m schwanger gehen; *Passiv* sich tragen lassen; ***cognomen f.*** *fig* den Beinamen führen; ***aliquem (in) oculis f.*** *fig* j-n wie seinen Augapfel lieben

2. davontragen, gewinnen, erhalten; ***laudem f.*** Ruhm ernten; ***veniam f.*** Verzeihung erlangen; ***suffragia f.*** Stimmen erhalten; ***gaudia f.*** Genuss empfinden; ***damna f.*** Schaden erleiden; ***repulsam f.*** bei der Bewerbung durchfallen

3. ertragen, erdulden, aushalten; ***frigus f.*** Kälte ertragen; ***aliquid aegre f.*** sich über etw ärgern, etw übel nehmen; ***vinum vetustatem fert*** der Wein hält sich; ***non ferendus*** unerträglich, unausstehlich, unzulässig; ***loco ignominiae f.*** als Schande aufnehmen

4. herumtragen; *Passiv* herumgehen

5. *fig* verbreiten, überall erzählen; ***vera f.*** die Wahrheit verbreiten; ***sicut fama fert*** wie die Rede geht; ***fama fertur*** es geht das Gerücht; ***ut Graeci ferunt*** wie die Griechen berichten; ***ferunt / fertur*** man berichtet, + *AcI*

6. *fig* rühmen; ***aliquid laudibus f.*** etw rühmen

7. *fig* allgemein als *j-n* bezeichnen, für *etw* ausgeben; ***se consulem f.*** für einen Konsul gelten wollen

8. ***prae se f.*** vor sich hertragen, zur Schau tragen, öffentlich zeigen; ***pugionem prae se f.*** einen Dolch offen tragen; ***dolorem aperte prae se f.*** seinen Schmerz offen zeigen

9. forttragen, wegtragen, wegschaffen, mitnehmen; ***spem tui f.*** *fig* von dir hoffen; ***imagines ex re f.*** RHET Bilder von etw entlehnen; ***ne id quidem tacitum a Turno tuli*** *fig* nicht einmal dazu hat Turnus mir gegenüber geschwiegen

10. erbeuten, rauben, entführen; ***partem praedae f.*** einen Teil der Beute wegtragen; ***f. et agere*** ganz ausplündern

11. bringen, ***alicui epistulam*** j-m einen Brief; ***auxilium f.*** Hilfe bringen; ***alicui fidem f.*** j-m Glauben schenken; ***matri complexum f.*** die Mutter umarmen; ***vim alicui f.*** j-m Gewalt antun; ***omnia sub auras f.*** alles ans Tageslicht bringen

12. darbringen, entrichten; ***tributum alicui f.*** j-m Abgaben entrichten; ***suprema f. cineri alicuius*** j-m die letzte Ehre erweisen

13. *Opfer* darbringen, weihen; ***tura altaribus f.*** den

Altären Weihrauch darbringen
14. antragen, anbieten, ***condicionem*** eine Bedingung
15. POL *od* JUR einbringen; ***legem f.*** einen Gesetzesantrag einbringen; ***suffragium f.*** seine Stimme abgeben; ***rogationem f.*** einen Antrag einbringen; ***f. ad populum de re*** etw beim Volk beantragen; ***iudicem f.*** einen Richter vorschlagen; ***iudicem f. alicui*** Liv. j-m einen Richter vorschlagen, j-n anklagen
16. hervorbringen, erzeugen; ***ager fruges fert*** das Feld trägt Früchte; ***Graecia multos viros tulit*** *fig* Griechenland brachte viele Männer hervor
17. hinterbringen, melden, berichten; ***fama mihi tulit te venisse*** ein Gerücht berichtete mir von deiner Ankunft; ***quid fert iste tumultus?*** was soll dieser Lärm?
18. mit sich bringen, erfordern; ***natura fert, ut*** die Natur verlangt, dass; ***mea opinia fert ita*** meine Meinung verlangt es so; ***res hoc fert*** die Angelegenheit erfordert dies
19. *im Rechnungsbuch* eintragen, verbuchen, ***acceptum et expensum*** Einnahmen und Ausgaben
20. in Bewegung bringen, hintragen, hinführen, fortreißen, hinreißen; ***pedem domum f.*** nach Hause gehen; ***quocumque pedes ferunt*** wohin auch die Füße tragen; ***manūs caelo f.*** die Hände zum Himmel emporstrecken; ***ventus ferens*** günstiger Fahrtwind; ***pedem retro f.*** zurückgehen; ***gradūs ingentes f.*** große Schritte machen; ***equi ferentes*** durchgehende Pferde
21. *Passiv u.* ***se f.*** sich rasch bewegen, eilen, stürzen, fortstürmen; fliegen, fahren, sich schwingen, sich senken; ***se f. obviam alicui*** j-m entgegeneilen; ***equo ferri*** reiten; ***pennā ferri*** fliegen; ***omni cogitatione ferri in aliquid*** alle seine Gedanken auf etw richten; ***flumine ferri*** flussabwärts treiben; ***Rhenus citatus fertur*** der Rhein fließt schnell; ***ore se f.*** sich brüsten; ***se suasorem f.*** öffentlich als Fürsprecher auftreten

ferōcia ⟨ae⟩ *f u.* **ferōcitās** ⟨ātis⟩ *f* ||ferox||
1. *von Mensch u. Tier u. abstr.* wilder Mut, trotziger Mut, Kampflust, Unerschrockenheit; ***f. iuvenum*** Unerschrockenheit der Jugend; ***f. equi*** Wildheit des Pferdes; ***f. animi*** wilder Mut
2. *pej* Zügellosigkeit, Wildheit

ferōculus ⟨a, um⟩ *Adj* ||*Dim von* ferox|| (*vkl., nachkl.*) wild, unbändig

Fērōnia ⟨ae⟩ *f altital. Erd- u. Totengottheit*

▶ **ferōx** *Gen* ⟨ōcis⟩ *Adj, Adv* ⟨ferōciter⟩ ||ferus||
1. (*nachkl.*) *poet* mutig, unerschrocken
2. *pej* wild, trotzig, zügellos, *re* durch etw, mit etw, in etw, über etw, *alicuius rei* in etw, in Bezug auf etw, *alicui* gegen j-n; ***aetas f. currit*** die Zeit enteilt unaufhaltsam

ferrāmentum ⟨ī⟩ *n* ||ferrum|| eisernes Werkzeug; *Pl auch* Waffen

ferrāria ⟨ae⟩ *f* ||ferrarius|| Eisengrube, Eisenbergwerk

ferrārius
I ⟨a, um⟩ *Adj* ||ferrum|| zum Eisen gehörig, Eisen…
II ⟨ī⟩ *m* (*nachkl.*) Schmied

ferrātī ⟨ōrum⟩ *m* ||ferratus|| Geharnischte

ferrātilis ⟨e⟩ *Adj* ||ferrum|| mit Eisen versehen; ***genus feratile*** gefesselte Sklaven

ferrātus ⟨a, um⟩ *Adj* ||ferrum|| (*unkl.*)
1. mit Eisen beschlagen; ***hasta ferrata*** mit Eisen beschlagene Lanze
2. eisenhaltig; ***aquae ferratae*** eisenhaltige Gewässer
3. eisern, aus Eisen; ***obices ferratae portarum*** eiserne Türriegel

ferre → ***fero***

ferreus ⟨a, um⟩ *Adj* ||ferrum||
1. eisern, aus Eisen; ***imber f.*** Geschosshagel; ***manus ferrea*** Enterhaken
2. (*nachkl.*) *fig* unerschütterlich, fest, stark; ***corpus animusque Catonis f.*** der eisenharte Körper und Geist Catos; ***somnus f.*** Todesschlaf
3. *fig* hart, gefühllos, grausam; ***proles ferrea*** eisernes Zeitalter
4. RHET hart *im Ausdruck*, unbeholfen

ferri-crepīnus ⟨a, um⟩ *Adj* ||ferrum, crepo|| Plaut. eisenklirrend; ***insulae ferricrepinae*** *hum* Gefängnis

ferri-terium ⟨ī⟩ *n* ||ferrum, tero|| „Eisenreibwerk", *hum für* Arbeitslager

ferri-terus ⟨a, um⟩ *Adj* ||ferrum, tero|| *u.* **ferri-trībāx** *Gen* ⟨ācis⟩ *Adj* ||ferrum, *griech. Fw.*|| Plaut. „Eisen abreibend" = gefesselt, *vom Sklaven*

ferrūgineus *u.* **ferrūginus** ⟨a, um⟩ *Adj* ||ferrugo|| rostfarbig, dunkel, schwärzlich

ferrūgō ⟨inis⟩ *f* ||ferrum|| Eisenrost; *meton* dunkle Farbe; Schwärze, *bes* Purpurfarbe

▶ **ferrum** ⟨ī⟩ *n*
1. Eisen *als Rohstoff u. Material*
2. *meton* eisernes Gerät, Ketten, Beil, Messer, Pflug(schar), Eisenpanzer, Pfeilspitze, Lanzenspitze
3. eiserne Waffe, Schwert, Spieß, Speer, Dolch; ***ferro ignique fines vastare*** ein Gebiet mit Feuer und Schwert verwüsten
4. *fig* Waffengewalt; ***ferro / cum ferro*** mit bewaffneter Hand
5. *fig* Gefühllosigkeit, Härte des Herzens
6. *poet* eisernes Zeitalter

ferrūminō ⟨āvī, ātum, āre 1.⟩ (*nachkl.*) zusammenkitten, zusammenleimen, zusammenlöten; ***labra in labris f.*** Plaut. *fig* Lippen an Lippen kleben = küssen

▶ **fertilis** ⟨e⟩ *Adj, Adv* ⟨fertiliter⟩ ||fero||
1. tragfähig, fruchtbar, ergiebig, (*klass.*) *nur von Sachen, alicuius rei / re* an etw, *alicui* für j-n
2. *poet* befruchtend, Segen spendend

fertilitās ⟨ātis⟩ *f* ||fertilis|| Fruchtbarkeit, Ergiebigkeit, ***agrorum*** der Äcker; ***f. frugum*** Ergiebigkeit an Feldfrüchten

fertum ⟨ī⟩ *n* Opferkuchen *aus Gerstenschrot, Öl u. Honig*

ferula ⟨ae⟩ *f* (*nachkl.*)
1. *poet* Pfriemenkraut, *eine Staudenpflanze mit knotigem Stängel u. einem Mark, in dem sich Feuer glühend erhalten ließ; damit stahl Prometheus das Feuer aus dem Himmel*
2. *meton* Stab, Stock *als Stütze, Züchtigungsmittel u. als chirurgische Schiene*
3. Ferula, *der gerade, mit einem Kreuz abschließende Hirtenstab des Papstes*

ferūminō ⟨āvī, ātum, āre 1.⟩ = ***ferrumino***

▶ **ferus**

F

I ⟨a, um⟩ *Adj*
1. wild, ungezähmt; *von Pflanzen* wild wachsend
2. *fig* wild, roh, ungeschlacht; hart, gefühllos, grausam
II ⟨ī⟩ *m* wildes Tier, Wild

fervē-faciō ⟨fēcī, factum, facere 3.⟩ ||ferveo|| heiß machen, glühend machen

fervēns *Gen* ⟨entis⟩ *Adj*, *Adv* ⟨ferventer⟩ = ***fervidus***

► **ferveō** ⟨ferbuī, -, fervēre 2.⟩
1. (*unkl.*) *von Flüssigem* sieden, kochen
2. *poet* aufwallen, (auf)brausen, branden, toben
3. *von Festem* glühen, brennen
4. hervorschwärmen, umherschwärmen; ***apes de bove fervunt*** Bienen schwärmen aus dem Rind hervor
5. *fig in Leidenschaft* glühen, brennen, *re/a re* durch etw, von etw; ***aliquis avaritiā fervet*** j-d brennt vor Habsucht; ***animus fervebat ab ira*** er glühte vor Zorn
6. *fig* eifrig betrieben werden, mit Feuer betrieben werden

fervēscō ⟨-, -, ēscere 3.⟩ ||*Inkoh von* ferveo|| (*unkl.*) sich erhitzen, glühend werden

fervidus ⟨a, um⟩ *Adj* ||ferveo||
1. kochend, siedend, wogend, brausend, brandend, gärend; ***aqua fervida*** kochendes Wasser; ***aequor fervidum*** brandendes Meer
2. glühend, siedend heiß, brennend
3. *fig* hitzig, heißblütig, leidenschaftlich; *pej* wütend

fervō ⟨fervī, -, fervere 3.⟩ = ***ferveo***

fervor ⟨ōris⟩ *m* ||ferveo||
1. das Sieden, das Kochen, das Wogen, das Brausen; ***f. maris*** das Wogen des Meeres
2. kochende Hitze, Glut, *bes* Sonnenglut; ***f. solis*** Sonnenhitze, Sonnenglut
3. *fig* Leidenschaft, Feuer

Fescennia ⟨ae⟩ *f u.* **Fescennium** ⟨ī⟩ *n etrusk. Stadt n von Falerii*

Fescennīnus ⟨a, um⟩ *Adj* aus Fescennia, zu Fescennia gehörig; ***Fescennini versūs/Fescennina carmina*** (Liv., Hor.) Verse aus Fescennia, *improvisierte Neck- u. Spottgedichte bäuerlich-derber Prägung in dialogischer Form, vorgetragen bei Festen, bes bei Hochzeiten*

► **fessus** ⟨a, um⟩ *Adj* ||fatiscor|| müde, matt, erschöpft, *re/de re* durch etw, *auch* einer Sache müde; ***miles f.*** erschöpfter Soldat; ***aetas fessa*** Altersschwäche; ***navis fessa*** morsches Schiff; ***res fessae*** missliche Verhältnisse; ***f. de itinere*** müde vom Marschieren; ***f. vivendo*** lebensmüde; ***f. ab undis*** ermüdet von den Wellen; ***f. rerum*** müde von den Umständen

festīnābundus ⟨a, um⟩ *Adj* ||festino|| eilend, eilfertig

festīnanter *Adv* ||festinans, *PPr von* festino|| (*nachkl.*) eilends, hastig, übereilt

festīnātiō ⟨ōnis⟩ *f* ||festino|| Eile, Hast, Ungeduld, Eilfertigkeit, *alicuius* j-s, *alicuius rei* in etw, bei etw; *Pl* eilige Fälle

festīnātō *Adv* (*nachkl.*) = ***festinanter***

► **festīnō** ⟨āvī, ātum, āre 1.⟩
I *v/i von Personen u. Sachen* eilen, sich beeilen; *pej* sich übereilen; ***milites festinant*** die Soldaten eilen; ***oratio ad aliquid festinat*** die Rede eilt auf etw zu
II *v/t* (*nachkl.*) *etw* beschleunigen, sich mit *etw* beeilen, *etw* eilends tun, *aliquid*; ***f. iter*** den Marsch beschleunigen; ***f. alicui mortem*** j-s Tod beschleunigen; ***non festinantur virgines*** die Mädchen werden nicht zu früh verheiratet; ***vestes f.*** die Kleider eilends anlegen

festīnus ⟨a, um⟩ *Adj* ||festino|| *poet* eilends, hastig, eilfertig

fēstīvitās ⟨ātis⟩ *f* ||festivus||
1. (*vkl., nachkl.*) Heiterkeit, Fröhlichkeit, Vergnügen; ***mea f.*** Plaut. meine Wonne, *Kosewort*
2. Witz, Humor, gute Laune
3. RHET Redeschmuck, Ausschmückung
4. (*spätl.*) Festlichkeit

fēstīvus ⟨a, um⟩ *Adj*, *Adv* ⟨fēstīvē⟩ ||festus||
1. (*vkl.*) festlich, feierlich gestimmt
2. heiter, fröhlich, lustig; ***convivium festivum*** fröhliches Gastmahl
3. *von Personen u. Sachen* scherzhaft, witzig, launig; ***homo f.*** witziger Mensch; ***sermo f.*** launige Rede
4. *von Personen* gemütlich, angenehm
5. hübsch, niedlich, nett, *auch iron von Personen u. Sachen*; ***femina festiva*** nette Dame; ***festiva copia librorum*** hübsche Anzahl von Büchern

fēstra ⟨ae⟩ *f* = ***fenestra***

festūca ⟨ae⟩ *f*
1. (*vkl., nachkl.*) Grashalm, Halm
2. Plaut. Stäbchen *des Prätors, mit dem er einen Sklaven zum Zeichen der Freilassung schlug*
3. Ramme

fēstum ⟨ī⟩ *n* ||festus|| Festtag, Fest, Feiertag

► **fēstus** ⟨a, um⟩ *Adj*
1. festlich, feierlich, Fest…, Feier…; ***dies f.*** Festtag; ***diem festum agere*** einen Festtag begehen
2. zum Fest gehörig
3. *poet* festlich geschmückt; ***domus festa*** festlich geschmücktes Haus

Fēstus ⟨ī⟩ *m vollständig S. Pompeius Festus, röm. Grammatiker des 2. Jh. n Chr., Verfasser eines Auszugs aus einem Glossar der augusteischen Zeit; Auszüge durch Paulus Diaconus erhalten*

fēta ⟨ae⟩ *f* ||fetus[1]|| Muttertier

fēteō ⟨-, -, ēre 2.⟩ = ***foeteō***

Fētiālēs ⟨ium⟩ *m* die Fetialen, *Kollegium von 20 Priestern, die für die Sicherung der völkerrechtlichen Beziehungen zuständig waren, v. a. Bündnisse zu schließen u. Kriegserklärungen abzugeben hatten*

fētiālis
I ⟨e⟩ *Adj* ||Fetiales|| zu den Fetialen gehörig
II ⟨is⟩ *m* Kriegsherold

fētidus ⟨a, um⟩ *Adj* = ***foetidus***

fētor ⟨ōris⟩ *m* = ***foetor***

fētūra ⟨ae⟩ *f* ||fetus[2]|| Fortpflanzung, Zeugung, Zucht; (*nachkl.*) *meton* Jungvieh, Nachwuchs

fētus[1] ⟨a, um⟩ *Adj*
1. (*nachkl.*) *poet* befruchtet, schwanger, trächtig
2. *fig* bestellt; ***ager f.*** bestellter Acker
3. *fig* fruchtbar, ergiebig; ***terra frugibus feta*** an Früchten reiches Land
4. ***feta*** die geboren hat, die Junge geworfen hat; ***femina feta*** Wöchnerin; ***lupa feta*** Wolfsmutter

fētus² ⟨ūs⟩ *m*
1. Geburtsvorgang, das Gebären, Geburt, das Werfen; *Pl* Zeugungsvorgänge
2. *von der Erde* Fruchtbarkeit
3. *meton* Wachstum
4. Erzeugnis, Ertrag
5. *von Pflanzen* Trieb, Spross, *auch* Frucht, Saat; ***f. nucis*** Pfropfreis der Walnuss
6. *von Tieren u. Menschen* Kind, Spross, Junges; *Pl* junge Brut; ***f. cervae*** Kitz; ***f. suis*** Ferkel, Frischling
7. *fig* Frucht, Ertrag; ***f. oratorum*** Zuwachs an Rednern; ***f. animi*** Cic. Geistesfrucht
feudalis ⟨e⟩ *Adj (mlat.)* Lehns…
feudum ⟨i⟩ *n (mlat.)* Lehen; Dienst
fiat ||fio|| *(mlat.) auf Rezepten* es werde bereitet
fiber ⟨fibrī⟩ *m* Biber
fibra ⟨ae⟩ *f*
1. Faser *von Pflanzen*; ***f. radicis*** Wurzelfaser
2. Lappen *an den Eingeweiden wie Leber u. Lunge*; *Pl* Eingeweide
Fibrēnus ⟨ī⟩ *f Flüsschen in Latium bei Arpinum, Nebenfluss des Liris, heute Febrino*
fībula ⟨ae⟩ *f*
1. ARCH Klammer, Bolzen
2. *(unkl.) in der Kleidung* Fibel, Spange, Schnalle
3. (Mart., Iuv.) Infibulationsring *durch die männnliche Vorhaut um Geschlechtsverkehr zu verhindern*
Fīcāna ⟨ae⟩ *f Stadt zwischen Rom u. Ostia, heute Tenuta*
fīcēdula ⟨ae⟩ *f* ||ficus|| Feigendrossel, *eine Grasmückenart*
fīcētum ⟨ī⟩ *n* ||ficus|| *(unkl.)*
1. Feigenpflanzung
2. *fig* Feigwarzen, Kondylome, *spitze Hautwucherungen bes an After u. Genitalien*
fīcōsus ⟨a, um⟩ *Adj* ||ficus|| *poet* voller Feigwarzen
fictile ⟨is⟩ *n* ||fictilis|| *(nachkl.)* Geschirr aus Ton, Tongefäß
fictilis ⟨e⟩ *Adj* ||fingo|| aus Ton
fictiō ⟨ōnis⟩ *f* ||fingo|| *(nachkl.)*
1. Bildung, Gestaltung
2. RHET Bildung, Umbildung *eines Wortes*
3. Personifikation
4. Erdichtung, Fiktion, erdichteter Fall
fictor ⟨ōris⟩ *m* ||fingo||
1. Bildhauer
2. Opferkuchenbäcker
3. Schöpfer, Urheber; ***f. fandi*** Verg. Lügenmeister
fictrīx ⟨īcis⟩ *f* ||fictor|| Bildnerin, Gestalterin
fictum ⟨ī⟩ *n* ||fictus²|| Erdichtung, Trug, Lüge, Märchen
fictūra ⟨ae⟩ *f (vkl., nachkl.)* Bildung, *bes* Wortbildung, Erdichtung, Gestaltung
fictus¹ ⟨a, um⟩ *PPP* → ***fingo***
fictus²
I ⟨a, um⟩ *Adj, Adv* ⟨fictē⟩ ||fingo||
1. gebildet, geformt, gestaltet; ***signum ex auro fictum*** aus Gold geformtes Bild
2. erdichtet, erlogen, erheuchelt; *Adv* zum Schein
3. lügnerisch, falsch
II ⟨ī⟩ *m* Hor. Heuchler
fīcula ⟨ae⟩ *f* ||*Dim von* ficus|| Plaut. kleine Feige
Fīculea ⟨ae⟩ *f Stadt nö. von Rom, zum heutigen Stadtgebiet Roms gehörend*
Fīculēnsis ⟨e⟩ *Adj* aus Ficulea, zu Ficulea gehörig; ***via Ficulensis*** *alter Name für via Nomentana*
fīculnus ⟨a, um⟩ *Adj* ||ficula|| *(unkl.)* vom Feigenbaum, Feigen…
fīcus ⟨ī⟩ *u.* ⟨ūs⟩
I *f*
1. Feigenbaum
2. *(vkl.)* Feige; ***f. prima*** die erste Feige = Reifezeit der Feigen, Herbstanfang
3. *(vkl.) hum* Gesäß
II *m* Feigwarze, Kondylom, *spitze Hautwucherung, bes an After u. Genitalien*
fidei-commissum ⟨ī⟩ *n* ||fides¹, commissum, *PPP von* committo|| Fideikommiss, *testamentarische Verfügung, durch die ein Erblasser eine gesetzlich zugelassene Person als Erben einsetzt im Vertrauen darauf, dass diese das Erbe einer bestimmten gesetzlich nicht zugelassenen Person übergibt*
fideiussor ⟨ōris⟩ *m* ||fides¹, iubeo|| Bürge
fidēle *Adv* → ***fidelis***
fidēlia ⟨ae⟩ *f (unkl.)* Gefäß *aus Ton od Glas*, Topf, *bes* Tünchgefäß, Malerkübel; ***duo parietes de eadem fidelia dealbare*** zwei Fliegen mit einer Klappe schlagen
fidēlis
I ⟨e⟩ *Adj, Adv* ⟨fidēliter⟩ *u.* ⟨fidēle⟩ ||fides¹||
1. *von Lebewesen u. abstr.* treu, getreu, zuverlässig, aufrichtig, anhänglich, *alicui* j-m, *in aliquem* gegen j-n, *auch in aliquo / alicuius* j-m; ***coniux f.*** treue Ehefrau; ***canis f.*** treuer Hund
2. *von Sachen* sicher, fest, haltbar, dauerhaft
3. *(mlat.)* rechtgläubig
II ⟨is⟩ *m*
1. Getreuer, Vertrauter
2. *(mlat.)* Vasall
3. *(mlat.)* Christ
fidēlitās ⟨ātis⟩ *f* ||fidelis||
1. Treue, Pflichttreue, Zuverlässigkeit
2. *(mlat.)* Lehnstreue, Treueeid
Fīdēna ⟨ae⟩ *f u.* **Fīdēnae** ⟨ārum⟩ *f Stadt n von Rom, am linken Tiberufer, heute im Stadtgebiet von Rom liegend*
Fīdēnās *Gen* ⟨ātis⟩ *Adj* aus Fidenae, zu Fidenae gehörig
Fīdēnātēs ⟨ium⟩ *m* die Einwohner von Fidenae
fīdēns *Gen* ⟨entis⟩ *Adj, Adv* ⟨fīdenter⟩ ||fido|| zuversichtlich, getrost, beherzt, entschlossen; ***f. animi*** zuversichtlich im Herzen
fīdentia ⟨ae⟩ *f* ||fidens|| Selbstvertrauen, Zuversicht
fidēs¹ ⟨eī⟩ *f* ||fido||
1. Glaube, Vertrauen, Zutrauen, *das jd hegt*; ***alicui fidem dare*** j-m Glauben schenken; ***alicui f. fit*** j-m wird glaubhaft; ***fidem facere alicui*** Glauben erwecken bei j-m, j-n überzeugen; ***cum fide*** vertrauensvoll
2. Treue, Pflichttreue, Ehrlichkeit, Redlichkeit, Gewissenhaftigkeit, *in aliquem / erga aliquem* gegen j-n, *alicuius rei* in etw; ***f. rerum et verborum*** Ehrlichkeit in Wort und Tat; ***cum fide / cum bona fide*** gewissenhaft; ***(ex) bona fide*** auf Treu und Glauben; ***de mala fide*** wegen Veruntreuung; ***in fide manere*** treu bleiben
3. Schutz, Obhut, Beistand; ***in fidem alicuius venire / se conferre / se permittere*** sich unter j-s Schutz

stellen; ***in alicuius fide esse*** unter j-s Schutz stehen; ***in fidem et potestatem alicuius se permittere*** sich auf Gnade und Ungnade j-m ergeben
4. Ehrenwort, feierliche Zusage, Eid, Schwur, Versprechen; ***alicui fidem dare*** j-m sein Wort geben; ***fidem dare et accipere*** sich gegenseitig das Wort geben; ***fidem conservare*** sein Wort halten; ***fidem exsolvere*** sein Wort einlösen; ***fidem mutare / violare*** sein Wort brechen; ***fidem interponere / fidem suam obligare*** sein Wort verpfänden; ***fide meā*** auf mein Wort; ***per fidem*** auf treulose Weise
5. (*spätl., eccl.*) RELIG der christliche Glaube
6. Beglaubigung, Bestätigung, Garantie, Beweis; ***alicui fidem alicuius rei addere*** j-m etw bestätigen, j-m etw beglaubigen; ***f. alicuius rei penes aliquem est*** j-d hat etw zu bestätigen, j-d hat etw zu verantworten; ***tum manifesta est f.*** da bestätigt es sich offen; ***ad fidem alicuius rei*** zum Beweis einer Sache; ***dictis fidem addere*** die Worte in Erfüllung gehen lassen
7. Gewissheit, Zuverlässigkeit; ***librum ad historiae fidem scribere*** ein Buch der historischen Wahrheit gemäß schreiben; ***fidem reportare*** zuverlässige Nachricht bringen
8. Sicherheit, Unverletzlichkeit, *die jd genießt*, persönliche Sicherheit; ***f. pacis*** garantierter Friede; ***alicui fidem dare*** j-m freies Geleit geben
9. Glaubwürdigkeit; ***orationi fidem afferre*** der Rede Glaubwürdigkeit geben; ***fidem orationis imminuere*** die Glaubwürdigkeit einer Rede vermindern; ***res fidem habet*** die Sache ist glaubwürdig; ***res fide maior est*** die Sache ist unglaublich
10. Vertrauen, *das jd genießt*, Glaube, Kredit, *bes in Geldangelegenheiten*; ***aliquis fidem habet*** j-d besitzt Kredit; ***f. alicuius concidit*** j-s Kredit sinkt; ***homo sine re et fide*** Mensch ohne Geld und ohne Kredit
11. (*mlat.*) das christliche Glaubensbekenntnis

fidēs[2] ⟨is⟩ *f* ||griech. Fw.||
1. Darmsaite, Saite *eines Musikinstruments*
2. *Pl* Saiteninstrument, Lyra; Saitenspiel; ***fidibus canere*** ein Saiteninstrument spielen, die Laute schlagen

Fidēs ⟨is⟩ *f* (*unkl.*) Leier *als Gestirn*

fidī → ***findo***

fidi-cen ⟨inis⟩ *m* ||fides[2], cano|| Lautenspieler; lyrischer Dichter

fidicina ⟨ae⟩ *f* ||fidicen|| Com. Lautenspielerin

fidicinius ⟨a, um⟩ *Adj* ||fidicen|| Plaut. des Lautenspielers; ***ludus f.*** Musikschule

fidicula ⟨ae⟩ *f* ||*Dim von* fides[2]||
1. kleine Laute
2. (*nachkl.*) Folterwerkzeug aus Stricken, *mit denen dem Delinquenten die Glieder aus den Gelenken gerissen wurden*

fidis ⟨is⟩ *f* = ***fides***[2]

Fidis ⟨is⟩ *f* = ***Fides***; → ***fides***[2]

Fidius ⟨ī⟩ *m vollständig Dius Fidius*, Gott der Treue, *mit dem sabinischen Gott Semo Sancus, später mit Herkules gleichgesetzt*; ***per Deum Fidium*** beim allwissenden Gott, *Beteuerungsformel*; ***me Dius F. (iuvet)*** so wahr mir Gott helfe

fīdō ⟨fīsus sum, fīdere 3.⟩ *j-m* trauen, vertrauen, sich auf *j-n* verlassen, *alicui*; zuverlässig glauben, + *AcI*; sich trauen, wagen, + *Inf*

▶ **fīdūcia** ⟨ae⟩ *f* ||fido||
1. Vertrauen, zuversichtlicher Glaube, *abs od alicuius rei* zu etw, an etw, auf etw; ***f. sui / rerum suarum*** Selbstvertrauen
2. Selbstgefühl, Mut
3. (*vkl., nachkl.*) Zuverlässigkeit
4. JUR Überlassung *eines Eigentums* auf Treu und Glauben *durch Scheinverkauf*; Verpfändung; ***formula fiduciae*** Verpfändung
5. *meton durch Scheinverkauf* anvertrautes Gut, Unterpfand; ***iudicium fiduciae*** Prozess wegen Vorenthaltung des Anvertrauen
6. Eigentumssicherheit, Absicherung durch eine Hypothek
7. *fig* Sicherheit, Bürgschaft

fīdūciārius ⟨a, um⟩ *Adj* ||fiducia|| auf Treu und Glauben anvertraut; ***operam fiduciariam habere*** ein kommissarisches Amt haben

▶ **fīdus** ⟨a, um⟩ *Adj*, *Adv* ⟨fīdē⟩ ||fido||
1. *von Lebewesen u. abstr.* treu, zuverlässig, aufrichtig, anhänglich
2. *von Sachen* sicher, fest; haltbar, dauerhaft, *alicuius rei* für etw, gegen etw; ***statio male fida carinis*** unsicherer Ankerplatz für die Schiffe; ***mons nivibus f.*** Tac. Berg, auf dem dauernd Schnee liegt

fierī → ***fio***

figlīnus ⟨a, um⟩ *Adj* = ***figulus***

fīgmentum ⟨ī⟩ *n* ||fingo|| Erfindung; Bildung *von Wörtern*

fīgō ⟨fīxī, fīxum, fīgere 3.⟩

1. (an)heften, befestigen
2. öffentlich anschlagen
3. aufhängen, weihen
4. aufrichten, errichten
5. fest einprägen
6. hineinschlagen, hineinstoßen
7. fest auf etw richten
8. durchbohren, erlegen
9. treffen, verletzen

1. (an)heften, befestigen, fest anschlagen, fest anschmieden, *in re / in rem / ad rem / alicuius rei / re*; *Passiv* fest haften (bleiben); ***hominem in cruce / in crucem / cruci f.*** einen Menschen ans Kreuz schlagen; ***arborem cacumine montis f.*** einen Baum auf dem Gipfel des Berges einpflanzen; ***aliquis fixus manet*** j-d bleibt wie angewurzelt stehen; ***fixus in silentium*** in Schweigen versunken; ***fixum esse*** unumstößlich sein
2. *zur Bekanntmachung* öffentlich anschlagen; ***leges f.*** Gesetze anschlagen
3. *als Trophäe od Weihegeschenk* aufhängen, weihen, *alicui aliquid* j-m etw; ***arma postibus / in postibus f.*** Waffen an den Pfosten aufhängen
4. *Bauwerke* aufrichten, errichten, *alicui* für j-n; ***crucem in illo loco f.*** ein Kreuz an jenem Ort errichten; ***domos f.*** sich häuslich niederlassen; ***modum f. alicui rei*** einer Sache ein Ziel setzen
5. *fig* fest einprägen, ***aliquid penitus in animo*** etw tief im Geist
6. *etw Spitzes* hineinschlagen, hineinstoßen, hineinbohren, *aliquid in re / re* etw in etw; ***mucronem***

in hoste f. den Dolch in den Feind bohren; ***in lumina figi*** in die Augen gestochen werden; ***virus in venas f.*** Gift in die Adern spritzen
7. fest auf *etw* richten, heften, *in re / in rem / re*; ***oculos in terram f.*** die Augen auf den Boden richten; ***mentem f. in re*** seine Aufmerksamkeit auf etw richten
8. durchbohren, erlegen, treffen; ***hominem telo f.*** einen Menschen mit einem Geschoss durchbohren
9. *fig mit Worten* treffen, verletzen; ***aliquem maledictis f.*** j-n mit Schmähungen verletzen

figulāris ⟨e⟩ *Adj* ||figulus|| (*vkl., nachkl.*) Töpfer…; ***rota f.*** Töpferscheibe
figulus ⟨ī⟩ *m* ||fingo|| (*unkl.*) Töpfer
Figulus ⟨ī⟩ *m röm. Beiname*; → ***Nigidius***
▶ **figūra** ⟨ae⟩ *f* ||fingo||
1. äußere Gestalt, äußere Form, Äußeres, Figur; ***f. hominis / humana*** menschliche Gestalt; ***f. formae*** Bildung der Gestalt
2. schöne Gestalt, Schönheit
3. Gebilde, Bild = bildliche Darstellung; ***f. fictilis*** Tonfigur
4. Schatten *eines Verstorbenen*
5. Sen. PHIL Urbild, Idee; ***figurae Epicuri*** Lucr. = Atome
6. Art und Weise, Charakter, Gestaltung, Beschaffenheit; ***f. vocis*** Charakter der Stimme
7. Redefigur; *auch* Anspielung, Ironie
8. (*mlat.*) Symbol

figūrātiō ⟨ōnis⟩ *f* ||figura|| (*nachkl.*) Gestaltung, Einbildung, Vorstellung
figūrō ⟨āvī, ātum, āre 1.⟩ ||figura||
1. gestalten, formen, bilden, ***mundum*** die Welt; ***anūs in volucres f.*** alte Frauen in Vögel verwandeln
2. (*nachkl.*) *fig* sich ausmalen *in der Fantasie*; ***animo inanes species f.*** sich im Geist Wahngestalten vorstellen
3. RHET mit Redefiguren ausschmücken

fīlātim *Adv* ||filum|| Lucr. fadenweise
filex ⟨icis⟩ *f* = ***filix***
▶ **fīlia** ⟨ae⟩ *f* ||filius|| Tochter; *poet* Spross; ***filiis et filiabus*** Söhnen und Töchtern
filicātus ⟨a, um⟩ *Adj* ||filix|| mit Farnkrautmuster verziert, kunstvoll gearbeitet
fīliola ⟨ae⟩ *f* ||*Dim von* filia|| Töchterchen; *iron.-pejor.* weibischer Mensch
fīliolus ⟨ī⟩ *m* ||*Dim von* filius|| Söhnchen
▶ **fīlius** ⟨ī⟩ *m* ||felo|| Sohn; Spross, Sprössling; ***regis f.*** Prinz; ***fortunae f.*** Glückskind; ***terrae f.*** Mensch unbekannter Herkunft, hergelaufener Mensch; ***mi fili*** *Vok* mein Sohn!
filix ⟨icis⟩ *f* (*nachkl.*) Farnkraut, Unkraut, *auch Schimpfwort*; Pers. männliche Schamhaare
filtrum ⟨ī⟩ *n* (*mlat.*) Durchseihgerät *aus Filz*, Filter
fīlum ⟨ī⟩ *n*
1. Faden, Garn; ***velamina filo pleno*** grobe Decken; ***tenui filo pendēre*** an einem seidenen Faden hängen
2. Lebensfaden, *den die Parzen für die Menschen spinnen*
3. Staubfaden
4. Faser *von Pflanzen*
5. Gespinst, Gewebe
6. Ov. Saite
7. (*unkl.*) *fig* äußere Gestalt
8. RHET Art und Weise, Form; ***uberius f.*** ausführlichere Behandlung

fimbria ⟨ae⟩ *f* Franse, Troddel; *Pl* Gekräusel
Fimbria ⟨ae⟩ *f röm. Beiname*; → ***Flavius***
fimbriātus ⟨a, um⟩ *Adj* ||fimbria|| (*vkl., nachkl.*) mit Fransen (versehen)
fimum ⟨ī⟩ *n u.* **fimus** ⟨ī⟩ *m* (*nachkl.*) Dünger, Mist; Kot, Unrat
fīnālis ⟨e⟩ *Adj* ||finis|| (*spätl.*) End…; endgültig
findō ⟨fidī, fissum, findere 3.⟩
1. spalten, zerspalten, zerteilen, sprengen; ***lignum f.*** Holz spalten; ***agrum sarculo f.*** den Acker umbrechen
2. durchfurchen, durchströmen, durchsegeln, durchfliegen; ***terras vomere f.*** das Erdreich mit dem Pflug durchfurchen; ***freta maris classe f.*** die Flut des Meeres mit der Flotte durchsegeln
3. *Passiv u.* ***se f.*** sich spalten, sich teilen, bersten, zerplatzen; ***via se findit in ambas partes*** der Weg gabelt sich in zwei Richtungen; ***findor*** Plaut. ich möchte platzen (vor Ärger)

fingō ⟨fīnxī, fictum, fingere 3.⟩

1. streicheln, streichelnd berühren
2. bilden, formen
3. bauen, darstellen
4. ordnen, frisieren
5. gestalten
6. dressieren, zähmen
7. umbilden, umwandeln
8. sich einbilden
9. ersinnen, erdichten
10. sinnen

1. streicheln, streichelnd berühren; ***manūs aegras manibus amicis f.*** kranke Hände mit liebenden Händen streicheln
2. bilden, formen, gestalten, *aliquem / aliquid* j-n / etw, *aliquid de re / ex re* etw aus etw, *aliquid in aliquid* etw zu etw, etw nach etw; ***aliquid cerā / ex cera f.*** etw aus Wachs formen; ***pocula de humo f.*** Becher aus Ton fertigen; ***in artūs f.*** zu Gliedern formen
3. bauen, darstellen; künstlerisch gestalten; ***aves nidos fingunt*** die Vögel bauen Nester; ***Alexander a Lysippo fingi volebat*** Alexander wollte von Lysipp dargestellt werden; ***carmina f.*** Lieder dichten; ***ars fingendi*** Bildhauerkunst
4. *poet das Haar* ordnen, frisieren; *allg.* zurechtmachen, einrichten, schmücken; ***se alicui f.*** sich für j-n zurechtmachen; ***vultum f.*** Ov. sein Gesicht verstellen; ***vitem putando f.*** einen Weinstock beschneiden
5. *fig* gestalten, *durch Unterricht* bilden, ausbilden; ***sui cuique mores fingunt fortunam*** jeder ist seines Glückes Schmied; ***se f. ad aliquid*** sich nach etw richten; ***animos audientium f.*** die Hörer beeinflussen
6. *fig von Tieren* dressieren, zähmen
7. *fig* umbilden, umwandeln, neu schaffen; zu *etw* machen, + *dopp. Akk*; ***vitam f.*** sein Leben ändern; ***aliquem miserum f.*** j-n arm machen; ***se pavidum f.*** sich feige stellen

F

8. sich *etw* einbilden, sich *etw* vorstellen; ***suā naturā ceteros f.*** die Übrigen nach seinem eigenen Wesen beurteilen; ***finge*** stell dir vor, + *AcI*
9. ersinnen, erdichten; ***crimina in aliquem f.*** Vorwürfe gegen j-n ersinnen
10. auf *etw* sinnen, *aliquid*; ***profectionem f.*** an die Abreise denken

fīniēns ⟨entis⟩ *m* ||finio|| (*erg.* ***orbis***) Gesichtskreis, Horizont

▸ **fīniō** ⟨īvī, ītum, īre 4.⟩ ||*Denom von* finis||
I *v/t*
1. begrenzen, ***alicuius imperium*** j-s Herrschaftsbereich
2. *fig einer Sache* Grenzen setzen, *etw* einschränken, beschränken, *aliquid*; ***cupiditates f.*** die Begierden einschränken
3. festsetzen, bestimmen, *aliquid re* etw durch etw, etw nach etw; ***diem f.*** einen Termin bestimmen
4. PHIL definieren, logisch abgrenzen
5. beenden, ***vitam*** das Leben; ***sitim f.*** den Durst stillen; *Passiv* aufhören
6. RHET periodisch abschließen
II *v/i* (*nachkl.*)
1. zu reden aufhören, schließen
2. enden = sterben

fīnis ⟨is, *Abl* e⟩ *u.* *ī m u. f*
1. Grenze, Grenzlinie; ***fines propagare/proferre*** Grenzen hinausschieben; ***fines terminare*** Grenzen bestimmen; ***fines violare*** Grenzen verletzen; ***quem ad finem?*** wie weit?, wie lange?; ***usque ad eum finem*** bis so weit, so lange; ***fine alicuius rei*** bis an etw
2. *Pl meton* Gebiet, Land; Grundstücke, Grundbesitz; ***primi/extremi fines*** äußerstes Grenzgebiet; ***dominos finibus pellere*** die Besitzer von ihrem Grund vertreiben
3. *fig* Schranke, Einschränkung, Maß und Ziel; ***f. humanae naturae*** Grenze der menschlichen Natur; ***sine ullo fine*** unbegrenzt
4. Ziel; *fig* Zweck; Absicht; ***domūs f. est usus*** Cic. der Zweck des Hauses ist der Gebrauch; ***ad eum finem*** zu diesem Zweck; ***eā fini, ut*** in der Absicht, dass
5. Quint. Definition, Erklärung
6. das Höchste, Höhepunkt, Gipfel, Vollendung; ***f. bonorum*** höchstes Gut; ***f. honorum*** Gipfel der Ämterlaufbahn
7. *zeitl.* Ende, Ausgang, Schluss; ***aliquid ad finem adducere*** etw zu Ende führen; ***finem capere/in fine esse*** zu Ende sein; ***finem facere alicuius rei/alicui rei*** einer Sache ein Ende machen
8. (*nachkl.*) *poet* Lebensende, Tod
9. (*nlat.*) Schlussvermerk *in Druckwerken*

fīnītē *Adv* → ***finitus***

fīnitimī ⟨ōrum⟩ *m* ||finitimus|| Grenznachbarn

▸ **fīnitimus** ⟨a, um⟩ *Adj* ||finis||
1. angrenzend, benachbart; ***bellum finitimum*** Krieg in der Nachbarschaft
2. *fig* nahe stehend, verwandt, *alicui/alicui rei* j-m/einer Sache; ***metus aegritudini f. est*** die Angst ist der Krankheit sehr ähnlich

fīnītiō ⟨ōnis⟩ *f* ||finio|| (*nachkl.*)
1. Begrenzung
2. *fig* Erklärung, Definition

fīnītīvus ⟨a, um⟩ *Adj* ||finitus, *PPP von* finio|| Quint. auf Bestimmung beruhend, auf Erklärung beruhend

fīnītor ⟨ōris⟩ *m* ||finio||
1. Feldmesser, Geometer; Plaut. *auch hum vom Prologsprecher*
2. Sen. Horizont

fīnitumus ⟨a, um⟩ *Adj* = ***finitimus***

fīnītus ⟨a, um⟩ *Adj, Adv* ⟨fīnītē⟩ ||finio||
1. begrenzt, bestimmt, beschränkt; *Adv* mit Einschränkung, mäßig
2. beendet

fīnxī → ***fingo***

fīō ⟨factus sum, fierī 0.⟩

1. werden, entstehen
2. geschehen, entstehen
3. herauskommen, betragen
4. folgen, hervorgehen
5. gemacht werden
6. werden
7. Eigentum werden
8. ernannt werden
9. geschätzt werden
10. geopfert werden

1. werden, entstehen, geboren werden; ***homo f. non potest formosior*** der Mensch kann nicht schöner geschaffen werden
2. *von Zuständen u. Ereignissen* geschehen, entstehen, sich ereignen, stattfinden, eintreffen, zustoßen; ***clamor fit*** es entsteht ein Geschrei; ***magna fit lapidatio*** es fällt ein schwerer Hagel von Steinen; ***fit commutatio rerum*** es tritt eine Veränderung der Verhältnisse ein; ***fit mihi timor*** mich überkommt Furcht; ***quid fiet mihi/de me?*** was soll aus mir werden?; ***si quid mihi fiat*** wenn mir etw zustoßen sollte; ***ut fit*** wie es so geschieht; ***quo facto*** nachdem dies geschehen war = hierauf, infolgedessen, deshalb, trotzdem; ***fit, ut*** es ereignet sich, dass; ***bene fit, ut*** es trifft sich gut, dass; ***f. potest, ut*** es ist möglich, dass; ***f. non potest, quin/ut non*** es ist notwendig, dass; es muss, notwendigerweise, durchaus; ***f. aliter non potest, quam ut*** es ist notwendig, dass
3. (*nachkl.*) MATH herauskommen, betragen; ***quid fit?*** was kommt heraus?
4. *log.* folgen, hervorgehen; ***ita fit, ut*** daraus folgt, dass
5. *als Passiv von facere* gemacht werden; ***pons fit*** eine Brücke wird gebaut; ***alicui statua fit*** j-m wird ein Denkmal errichtet; ***potestas fit*** die Erlaubnis wird gegeben
6. zu *etw* werden; ***aliquis amicus fit*** j-d wird ein Freund
7. *j-s* Eigentum werden; ***haec domus patris fit*** dieses Haus wird Eigentum des Vaters
8. zu *etw* ernannt werden; ***aliquis consul fit*** j-d wird Konsul
9. geschätzt werden; ***aliquis ab aliquo magni fit*** j-d wird von j-m hoch geschätzt
10. geopfert werden; ***pro populo fit*** für das Volk wird geopfert; ***unā hostiā fit*** es wird nur ein Tier geopfert

firmāmen ⟨inis⟩ *n* Ov. = ***firmamentum***
firmāmentum ⟨ī⟩ *n* ||firmo||
1. Befestigung, Stütze; ***alicui firmamento esse*** j-m als Stütze dienen
2. *fig* Stärke, ***rei publicae*** des Staates
3. Stütze einer Beweisführung, Hauptbeweis, Hauptpunkt
4. (*spätl., eccl.*) Himmelsgewölbe, Firmament
Firmānus
I ⟨a, um⟩ *Adj* aus Firmum, zu Firmum gehörig
II ⟨ī⟩ *m* Einwohner von Firmum
firmātor ⟨ōris⟩ *m* ||firmus|| (*nachkl.*) Befestiger, ***paci*** des Friedens
firmitās ⟨ātis⟩ *f* ||firmus|| Festigkeit, Stärke, Kraft, Dauerhaftigkeit, Standhaftigkeit, Ausdauer
firmiter *Adv* → ***firmus***
firmitūdō ⟨inis⟩ *f* = ***firmitas***
▶ **firmō** ⟨āvī, ātum, āre 1.⟩ ||*Denom von* firmus||
1. befestigen, fest machen, ***aestuaria aggeribus*** die Buchten durch Dämme
2. sichern; *allg.* dauerhaft machen, fest machen; ***turres praesidiis f.*** die Türme durch Besatzungen sichern; ***gradum f.*** festen Fuß fassen; ***rem publicam f.*** den Staat festigen; ***concordiam et pacem f.*** Eintracht und Frieden stärken; ***civitates obsidibus f.*** sich der Treue der Staaten durch Geiseln versichern
3. *Körper u. Geist* stärken, kräftigen; *Passiv* stark werden; ***aetas firmata*** Mannesalter
4. *fig* ermutigen, ermuntern; *Passiv* sich fassen, sich aufraffen; ***firmatus animo/animi*** im Herzen fest entschlossen
5. *eine Behauptung od ein Versprechen* bekräftigen, bestätigen; ***f. aliquid iure iurando*** etw eidlich bekräftigen
6. fest behaupten, + *AcI*
7. dartun, beweisen; ***naturam fati ex divinationis ratione f.*** das Wesen des Schicksals aus der Sicht der Weissagung beweisen
Firmum ⟨ī⟩ *n Stadt im Picenum, s. von Ancona, 8 km von der Küste entfernt, heute Fermo*
▶ **firmus** ⟨a, um⟩ *Adj, Adv* ⟨firmē⟩ *u.* ⟨firmiter⟩
1. fest, stark, kräftig; fest gefügt; gesund *von Personen u. Sachen, ad aliquid* zu etw, in Beziehung auf etw, *in re* in etw, *a re* vonseiten einer Sache, *contra aliquid/adversus aliquid/alicui rei* gegen etw; ***vir f.*** starker Mann; ***ordines firmi*** fest geschlossene Reihen; ***vinum firmum*** haltbarer Wein; ***f. ad dimicandum*** tüchtig im Kampf; ***f. ab equitatu*** stark vonseiten der Reiterei
2. *fig geistig* fest, beharrlich, konsequent; ***accusator f.*** beharrlicher Ankläger
3. zuverlässig, vertrauenswürdig, sicher, bestimmt; ***consilium firmum*** vertrauenswürdiger Rat; ***litterae firmae*** Briefe mit sicheren Nachrichten; ***candidatus f.*** Amtsbewerber mit guten Erfolgsaussichten
fiscālis ⟨ae⟩ *f* ||fiscus|| (*nachkl.*) zur Staatskasse gehörig, fiskalisch
fiscella ⟨ae⟩ *f* ||fiscus|| geflochtenes Körbchen
fiscina ⟨ae⟩ *f* ||fiscus|| geflochtener Korb, Obstkorb
fiscus ⟨ī⟩ *m*
1. (*nachkl.*) geflochtener Korb, (*klass.*) *nur* Geldkorb, Kasse
2. Iuv. *meton* Geld
3. *z. Zt. der Republik* Staatskasse; Staatsgelder
4. *in der Kaiserzeit* kaiserliche Privatkasse
5. (*mlat.*) königliche Domäne
fissilis ⟨e⟩ *Adj* ||findo|| spaltbar; gespalten; ***fissile caput*** Plaut. gespaltener Kopf = Loch im Kopf
fissiō ⟨ōnis⟩ *f* ||findo|| das Spalten, das Zerschlagen
fissum ⟨ī⟩ *n* ||findo|| Spalt, Einschnitt, *bes in Leber u. Lunge*
fissus ⟨a, um⟩ *PPP* → ***findo***
fistūca ⟨ae⟩ *f* = ***festuca***
fistula ⟨ae⟩ *f*
1. Rohr, Röhre, *bes in Wasserleitungen*
2. *Gegenstand aus einem Rohrstängel*: Hirtenpfeife; Schreibfeder, Griffel
3. (*vkl., nachkl.*) MED Fistel, *röhrenförmige Verbindung zwischen einem Organ u. der Körperoberfläche od einem anderen Organ*; ***f. puris*** Eiterbeule
fistulātor ⟨ōris⟩ *m* ||fistula|| Pfeifer, *der dem Redner auf der Flöte die richtige Tonhöhe angab*
fistulātus ⟨a, um⟩ *Adj* ||fistulo|| Suet. mit Röhren versehen, hohl
fistulō ⟨-, -, āre 1.⟩ *u.* **fistulor** ⟨-, ārī 1.⟩ ||*Denom von* fistula|| (*spätl.*) auf der Hirtenflöte blasen
fistulōsus ⟨a, um⟩ *Adj* ||fistula|| (*vkl., nachkl.*) porös, durchlässig
fīsus ⟨a, um⟩ *PPerf* → ***fido***
fītilla ⟨ae⟩ *f* (*nachkl.*) Opferbrei
fīxī → ***figo***
fīxus[1] ⟨a, um⟩ *Adj, Adv* ⟨fīxē⟩ ||figo|| fest, bleibend, unabänderlich, bestimmt; ***fixum est*** es ist fest beschlossen, + *AcI*
fīxus[2] ⟨ūs⟩ *m* ||figo|| (*nachkl.*) das Einschlagen
fīxus[3] ⟨a, um⟩ *PPP* → ***figo***
flābelli-fera ⟨ae⟩ *f* ||flabellum, fero|| Plaut. Fächerträgerin
flābellulum ⟨ī⟩ *n* ||*Dim von* flabellum|| Ter. kleiner Fächer
flābellum ⟨ī⟩ *n* ||*Dim von* flabrum|| (*vkl.*) *poet* Fächer, Wedel; ***f. caudae pavonis*** Rad des Pfaues; ***f. seditionis*** Anheizer des Aufruhrs
flābilis ⟨e⟩ *Adj* ||flo|| luftförmig
flābrum ⟨ī⟩ *n* ||flo|| (*spätl.*) *poet meist Pl* das Wehen; wehende Winde
flacceō ⟨-, -, ēre 2.⟩ ||*Denom von* flaccus|| schlaff sein, matt sein; *fig* die Flügel hängen lassen, nachlassen
flaccēscō ⟨-, -, ēscere 3.⟩ ||*Inkoh von* flacceo|| (*spätl.*) erschlaffen, ermatten
flaccidus ⟨a, um⟩ *Adj* ||flaccus|| (*nachkl.*) *poet* matt, kraftlos
flaccus ⟨a, um⟩ *Adj* (*vkl.*) schlaff, matt; schlappohrig
Flaccus ⟨a, um⟩ *röm. Beiname*; *am bekanntesten Quintus Horatius Flaccus*; → ***Horatius***
flagellō ⟨āvī, ātum, āre 1.⟩ ||*Denom von* flagellum|| (*nachkl.*) *poet* peitschen, schlagen, geißeln, *aliquem re* j-n mit etw, *in aliquid* auf etw
flagellum ⟨ī⟩ *n* ||*Dim von* flagrum||
1. Peitsche, Knute, Geißel; ***flagello insonare*** mit der Peitsche knallen
2. Verg. Wurfriemen am Wurfspieß
3. Pers. Stock *zum Antreiben des Kreisels*
4. Ov. Fangarme *des Polypen*
flāgitātiō ⟨ōnis⟩ *f* ||flagito|| ungestüme Forderung,

F

dringende Mahnung

flāgitātor ⟨ōris⟩ *m* ||flagito|| Forderer, Mahner

flāgitiōsus ⟨a, um⟩ *Adj*, *Adv* ⟨flāgitiōsē⟩ ||flagitium|| schändlich, schmählich, schimpflich, *alicui* für j-n; ausschweifend *von Personen u. Sachen*

▶ **flāgitium** ⟨ī⟩ *n* ||flagito||
1. ehrlose Handlung, Schandtat
2. Ausschweifung, wüstes Leben
3. Tac. Verletzung der militärischen Ehre
4. *Pl* schmähliche Behauptungen, schändliche Äußerungen
5. Lasterhaftigkeit
6. Schande, Schimpf; ***aliquid f. putare*** etw für eine Schande halten
7. (*vkl., nachkl.*) *meton* Schandkerl; ***catervas flagitiorum circum se habere*** Haufen von Schandkerlen um sich haben

flāgitō ⟨āvī, ātum, āre 1.⟩
1. Plaut. öffentlich ausrufen lassen
2. leidenschaftlich fordern, dringend verlangen, *aliquid ab aliquo / aliquem* etw von j-m; ***posco atque flagito*** ich fordere und verlange; ***f. Aeduos frumentum*** von den Äduern die Lieferung von Getreide fordern; ***f. praemium a civibus*** von den Bürgern Belohnung verlangen
3. *von abstr. Subj.* dringend erfordern, notwendig machen; ***res severitatem flagitat*** die Angelegenheit erfordert Srenge
4. zu wissen verlangen; ***crimen ab adversario f.*** den Vorwurf vom Gegner wissen wollen, + *indir Fragesatz*
5. *j-s* Auslieferung verlangen, *aliquem*
6. vor Gericht fordern, belangen
7. *j-m* unsittliche Anträge machen, sich an *j-m* vergreifen wollen, *aliquem*

flagrāns *Gen* ⟨antis⟩ *Adj*, *Adv* ⟨flagranter⟩ ||flagro||
1. (*nachkl.*) *poet* brennend, flammend
2. *fig* leuchtend, funkelnd, strahlend, *re* von etw
3. *fig vor Leidenschaft* glühend, heftig, leidenschaftlich, erregt

flagrantia ⟨ae⟩ *f* ||flagro||
1. Glut, ***oculorum*** der Augen
2. *fig* glühende Liebe
3. ***flagitii f.*** Plaut. *als Schimpfwort* Schandkerl

flagri-triba ⟨ae⟩ *f* ||flagro, *griech. Fw.*|| Plaut. „Peitschenabnutzer", häufig geprügelter Sklave

▶ **flagrō** ⟨āvī, ātum, āre 1.⟩
1. brennen, lodern
2. *fig* glänzen, funkeln
3. *fig* lodern, *vor Leidenschaft*, glühen, entbrannt sein, *von Personen u. Sachen*; ***f. amore*** vor Liebe entbrannt sein; ***studio litterarum f.*** vor Eifer für die Wissenschaft brennen; ***infamiā f.*** ganz verrufen sein; ***inopiā f.*** schwer von Armut heimgesucht werden; ***bellum flagrat*** der Krieg tobt; ***convivia flagrant stupris flagitiisque*** bei den Gelagen herrschen Unzucht und schändliche Lüste

flagrum ⟨ī⟩ *n* (*vkl., nachkl.*) Peitsche, Knute, Geißel

flāmen[1] ⟨inis⟩ *m* Flamen, Priester *einer bestimmten Gottheit*; *es gab drei maiores flamines aus patriz. u. zwölf flamines minores aus pleb. Stand für niedere Gottheiten; auch göttlich verehrte Kaiser*

flāmen[2] ⟨inis⟩ *n* ||flo|| (*vkl.*)
1. das Wehen *des Windes*
2. Wind, Luftzug
3. das Blasen auf der Flöte; *Pl* Flötentöne

Flāminiānus ⟨a, um⟩ *Adj* des Flaminius, zu Flaminius gehörig

flāminica ⟨ae⟩ *f* ||flamen[1]|| (*nachkl.*) *poet* Ehefrau eines Flamen, *bes des flamen Dialis*

Flāminīnus ⟨ī⟩ *m* → ***Quinctius***

flāminium ⟨ī⟩ *n* ||flamen[1]|| Amt eines Flamen

Flāminius ⟨a, um⟩ *Name einer pleb. gens; am bekanntesten **C. Flaminius**, Vorkämpfer der plebs, legte als Zensor 220 v. Chr. die via Flaminia von Rom nach Ariminum an, fiel 217 v. Chr. als Konsul am Trasumener See*

▶ **flamma** ⟨ae⟩ *f*
1. Flamme, loderndes Feuer; ***flammam concipere*** Feuer fangen; ***flammā ferroque*** mit Feuer und Schwert
2. *meton* Fackel
3. Blitz; Stern, Sternschnuppe; Hitze, Glut, Licht, Schein, *auch fig*, *bes auch* Hitze *des Fiebers od der Leidenschaft*; ***f. gulae*** Heißhunger
4. *poet* Eifersucht
5. *fig* Liebesglut; *meton* Geliebte
6. *fig* höchste Gefahr, Verderben; *meton* Verderber

flamm(e)ārius ⟨ī⟩ *m* Plaut. ||flammeum|| Weber von Brautschleiern

flammeolum ⟨ī⟩ *n* ||*Dim von* flammeum|| Iuv. kleiner Brautschleier

flammēscō ⟨-, -, ēscere 3.⟩ ||*Inkoh zu* flamma|| Lucr. feurig werden

flammeum ⟨ī⟩ *n* ||flammeus|| (*unkl.*) roter Brautschleier *der Römerin*; feuerrote Farbe

flammeus ⟨a, um⟩ *Adj* ||flamma|| flammend, feurig; (*nachkl.*) feuerrot glänzend

flammi-fer ⟨fera, ferum⟩ *Adj* ||flamma, fero|| (*nachkl.*) *poet* Flammen tragend, flammend, brennend, feurig, heiß

flammō ⟨āvī, ātum, āre 1.⟩ ||*Denom von* flamma|| (*nachkl.*)
I *v/i nur* ***flammans*** flammend, brennend
II *v/t* anzünden, verbrennen; *fig* entflammen, entzünden, erhitzen; ***flammatus*** *auch* feuerrot

flammula ⟨ae⟩ *f* ||*Dim von* flamma|| Flämmchen

flāmōnium ⟨ī⟩ *n* = ***flaminium***

flascō ⟨ōnis⟩ *m* ||germ. Fw.|| (*spätl.*) Weinflasche

flātus ⟨ūs⟩ *m* ||flo||
1. (*nachkl.*) das Blasen, das Wehen *des Windes*; Wind, Sturm; ***f. fortunae*** *fig* Hauch des Glücks
2. (*nachkl.*) MED (lautlose) Blähung
3. Atmung, das Schnauben; *meton* Atem; ***f. equorum*** das Schnauben der Pferde
4. das Blasen der Flöte, Flötenspiel
5. *meton* Aufgeblasenheit, Hochmut

flāvēns *Gen* ⟨entis⟩ *Adj* = ***flavus***

flāveō ⟨-, -, ēre 2.⟩ ||*Denom von* flavus|| (*nachkl.*) goldgelb sein

flāvēscō ⟨-, -, ēscere 3.⟩ ||*Inkoh von* flaveo|| gelb werden, sich gelb färben, sich blond färben

Flāviānus ⟨a, um⟩ *Adj* des Flavius, zu Flavius gehörig

Flāvius ⟨a, um⟩ *Name einer röm., urspr. sabinischen gens*
1. ***Cn. Flavius*** *urspr. Sekretär des Appius Caecus (312 v. Chr.), 304 v. Chr. kurulischer Ädil, gab*

den ersten röm. Kalender heraus u. veröffentlichte zuerst die röm. Prozessformen (ius civile Flavianum)
2. ***C. Flavius Fimbria*** *Konsul 104 v. Chr.*
3. ***C. Flavius Fimbria*** *Anhänger von Marius u. Cinna, Selbstmord 85 v. Chr.*
4. ***T. Flavius Vespasianus*** *Kaiser 69–79 n. Chr.*
5. *gleichnamiger Sohn von 4., Kaiser Titus, 79–81 n. Chr.*
6. ***T. Flavius Domitianus*** *Bruder von 5., Kaiser 81–96 n. Chr.*

▶ **flāvus**
I ⟨a, um⟩ *Adj (spätl.)* gelb *in allen Schattierungen*; ***color f.*** helle Hautfarbe
II ⟨ī⟩ *m* Golddenar

flēbilis ⟨e⟩ *Adj, Adv* ⟨flēbiliter⟩ ||fleo||
1. beweinenswert, jammervoll
2. Tränen verursachend, schmerzlich
3. *von Personen* weinend, jammernd; *von Sachen* kläglich, rührend

flectō ⟨flexī, flexum, flectere 3.⟩
I *v/t*
1. biegen, beugen, krümmen, ***membra*** Glieder; ***arcum f.*** einen Bogen spannen; ***ulmum in burim f.*** eine Ulme zum Krummholz biegen; ***in anguem se f.*** zu einer sich windenden Schlange werden
2. *fig j-n/etw* verändern, umwandeln, *einer Sache* eine andere Richtung geben, *aliquem/aliquid*; ***iter/viam f.*** die Richtung ändern; ***aliquem f. a re*** j-n von etw abbringen; ***fatum f.*** das Schicksal abwenden; ***vocem f.*** die Stimme modulieren
3. GRAM *Wörter* beugen, flektieren; *(nachkl.)* formen, bilden
4. *geistig* umstimmen, rühren, geneigt machen, *ad aliquid* für etw; ***mentes hominum oratione f.*** die Menschen durch eine Rede umstimmen
5. umsegeln, ***promontorium*** das Vorgebirge
6. drehen, wenden; *fig* auf *etw* beziehen, deuten; ***equos f.*** die Pferde wenden; ***currum de foro in Capitolium f.*** den Wagen vom Forum zum Kapitol lenken; ***versūs in Tiberium f.*** Verse auf Tiberius beziehen
II *v/i (nachkl.)*
1. sich *wohin* wenden, zu *etw* wenden, marschieren, ziehen
2. umkehren

flēmina ⟨um⟩ *n* ||griech. Lw.|| (Plaut., *nachkl.*) Krampfadern

▶ **fleō** ⟨flēvī, flētum, flēre 2.⟩
I *v/i*
1. weinen, klagen, *abs od de re* über etw, *alicui* vor j-m
2. Suet. *von Pferden* wiehern
3. *von Leblosem* tränen, träufeln
II *v/t*
1. beweinen, beklagen, *aliquem/aliquid* j-n/etw, + *AcI*; ***casum rei publicae f.*** den Verfall des Staates beklagen
2. *fig* unter Tränen vortragen
3. weinend bitten

▶ **flētus** ⟨ūs⟩ *m* ||fleo||
1. das Weinen, das Wehklagen, Jammer; ***magno fletu*** unter vielen Tränen; ***ad fletum movere alicui*** j-n zu Tränen rühren
2. Rührung
3. *meton* Tränen, Tränenstrom; ***fletum abstergere*** Tränen abwischen

flēvī → ***fleo***

Flēvō ⟨ōnis⟩ *m See im NW von Germanien, heute Zuidersee*

Flēvum ⟨ī⟩ *n Kastell der Römer an der heutigen Zuidersee, von den Friesen belagert*

flex-animus ⟨a, um⟩ *Adj* ||flecto||
1. *poet* herzerweichend
2. *poet* gerührt

flexī → ***flecto***

flexibilis ⟨a, um⟩ *Adj* ||flecto||
1. biegsam, elastisch, geschmeidig
2. *fig* lenksam, gefügig
3. *pej* unbeständig

flexilis ⟨e⟩ *Adj* = ***flexibilis***

flexi-loquus ⟨a, um⟩ *Adj* ||flexus[2], loquor|| zweideutig (redend)

flexiō ⟨ōnis⟩ *f* ||flecto||
1. Biegung, Krümmung
2. *Pl fig* krumme Wege, Ausflüchte
3. Modulation *der Stimme*

flexi-pēs *Gen* ⟨pedis⟩ *Adj* ||flexus[2]|| Ov. krummfüßig, sich rankend

flexuōsus ⟨a, um⟩ *Adj, Adv* ⟨flexuōsē⟩ ||flexus[2]|| voller Krümmungen, gewunden

flexūra ⟨ae⟩ *f* ||flecto|| *(nachkl.) poet* Krümmung, Biegung

flexus[1] ⟨a, um⟩ *PPP* → ***flecto***

flexus[2] ⟨a, um⟩ *Adj* ||flecto||
1. gebogen, gekrümmt; geflochten, gekräuselt
2. *fig vom Ton* weich; ***sonus f.*** Mollton

flexus[3] ⟨ūs⟩ *m* ||flecto||
1. Biegung, Krümmung, Windung; ***f. vallium*** Windung der Täler; ***f. capillorum*** das Kräuseln der Haare
2. Seitenweg, Umweg
3. Biegung, Kurve *im Zirkus um die meta*
4. Wendung, das Ausweichen *des Körpers*
5. *fig* Wendung, Übergang, Modifikation; Quint. Modulation *der Stimme*
6. *meton* Wendepunkt; ***f. rerum publicarum*** politische Wende; ***f. aetatis*** Lebenswende; ***f. autumni*** Spätherbst
7. Quint. GRAM Flexion, Flexionsform
8. *Pl* RHET Wendungen *des Redners*; ***mille flexūs et artes*** tausend Wendungen und Kunstgriffe

flīctus ⟨ūs⟩ *m* ||fligo|| *(vkl.)* das Anschlagen, Anprall

flīgō ⟨-, -, ere 3.⟩ *(vkl.)* schlagen, zu Boden schlagen

flō ⟨āvī, ātum, āre 1.⟩
I *v/i* blasen, wehen, *mit dem Mund* blasen; ***ventus flat*** der Wind weht; ***simul f. sorbereque haud facile factu*** zu gleicher Zeit blasen und schlürfen ist nicht leicht = *etw Unmögliches.*
II *v/t*
1. *(vkl.) poet* (hervor)blasen; ***flammam f.*** eine Flamme (blasend) entfachen
2. hervorwehen; ***pulvis vento flatus*** vom Wind aufgewirbelter Staub
3. *die Flöte* blasen
4. *mit dem Blasebalg blasend Metalle* schmelzen; *Geld* gießen

floccus ⟨ī⟩ *m (vkl., nachkl.)* Flocke, Faser; *fig* Kleinigkeit; ***non flocci facio/pendo aliquid*** etw ist mir gleichgültig

Flōra ⟨ae⟩ *f Göttin der Blumen u. des Frühlings, Tempel in der Nähe des Circus maximus*

Flōrālia ⟨ium⟩ *u.* ⟨iōrum⟩ *n* Floralien, *Fest der Flora vom 28. April bis zum 3. Mai*

Flōrālis ⟨e⟩ *Adj* zu Flora gehörig

floreat ||floreo|| *(mlat.)* er (sie, es) blühe

flōrēns *Gen* ⟨entis⟩ *Adj, Adv* ⟨flōrenter⟩ ||floreo||
1. blühend, *meist* = glänzend ausgestattet, *re* mit etw; ***aetate f.*** in blühendem Alter; ***opibus f.*** glänzend ausgestattet mit Mitteln
2. jugendlich blühend
3. mächtig, angesehen, einflussreich; ***rebus florentissimis*** zur Zeit des höchsten Glanzes; ***oratio f.*** blumenreiche Rede

Flōrentia ⟨ae⟩ *f Stadt am Arno, heute Florenz*

Flōrentīnus ⟨a, um⟩ *Adj* aus Florentia, zu Florentia gehörig

Flōrentīnus ⟨ī⟩ *m* Einwohner von Florentia

florenus ⟨i⟩ *m (mlat.) zuerst 1252 in Florenz geprägte Goldmünze, dann nach seinem Muster in Deutschland geprägter Gulden*

flōreō ⟨uī, -, ēre 2.⟩ ||*Denom von* flos||
1. *von Pflanzen* blühen; ***arbor floret*** der Baum blüht; ***floret annus*** es ist Blütezeit
2. *(nachkl.) fig* prangen, glänzen, schimmern, strotzen, *re* von etw; ***ager autumno floret*** der Acker strotzt im Herbst
3. *fig* angesehen sein, mächtig sein, auf der Höhe des Glücks stehen; ***in re militari f.*** als Feldherr glänzen
4. *fig* sich hervortun, sich auszeichnen; in reichem Maß besitzen, *re* etw; ***aetate ac viribus f.*** in der Blüte seiner Jahre und Kräfte stehen; ***genae florentes*** die ersten Barthaare

flōrēscō ⟨-, -, ēscere 3.⟩ ||*Inkoh von* floreo|| aufblühen, erblühen; in glänzende Verhältnisse kommen

flōreus ⟨a, um⟩ *Adj* ||flos||
1. aus Blumen bestehend
2. blumig, blumenreich

flōridulus ⟨a, um⟩ *Adj* ||*Dim von* floridus|| Catul. schön blühend

flōridus ⟨a, um⟩ *Adj, Adv* ⟨flōridē⟩ ||flos||
1. blühend; *subst* ***florida et varia*** Cic. bunte Blumenfülle
2. blühend, in Jugendfrische; ***aetas florida*** blühendes Alter
3. blühend, blumig; ***oratio florida*** blumige Rede
4. *(vkl.) poet* aus Blumen (bestehend), blumenreich

flōri-fer ⟨fera, ferum⟩ *Adj* ||flos, fero|| *u.* **flōri-ger** ⟨gera, gerum⟩ *Adj* ||flos, gero|| *(nachkl.) poet* Blumen tragend

flōri-legus ⟨a, um⟩ *Adj* ||flos, lego[2]|| Ov. Blütenstaub sammelnd, Honig sammelnd

florinus ⟨i⟩ *m (mlat.)* = ***florenus***

flōrus ⟨a, um⟩ *Adj* rotgelb, goldgelb; blond

Flōrus ⟨ī⟩ *m vollständig Passiv Annius Florus, Verfasser eines Auszugs aus der röm. Geschichte von Livius, vielleicht identisch mit dem gleichnamigen Dichter u. Redner, der unter Hadrian lebte*

► **flōs** ⟨flōris⟩ *m*
1. Blüte, Blume
2. *meton* Blütenstaub, Honig; ***apis fert collectos flores*** die Biene bringt den gesammelten Blütenstaub
3. *fig* blühender Zustand, Blütezeit, Glanzzeit; Höhepunkt
4. *fig* Jugendblüte, Jugendkraft, Jugendfrische
5. *fig* Jungfräulichkeit, Unberührtheit
6. *meton* junge Mannschaft, Kern, ***nobilitatis*** des Adels
7. *fig* bester Teil, Schmuck, Zierde, Krone; *Pl* Glanzpunkte; ***f. dignitatis*** ausgezeichnete Würde
8. *fig* die ersten zarten Barthaare, Flaum

flōsculus ⟨ī⟩ *m* ||*Dim von* flos||
1. Blümchen, kleine Blüte
2. *fig* Zierde, Schmuck; RHET schmückender Ausdruck, schöne Redewendung
3. Sen. *aus einer Schrift exzerpierte* Sentenz

flūcti-fragus ⟨a, um⟩ *Adj* ||fluctus, frango|| Wellen brechend

flūcti-ger ⟨gera, gerum⟩ *Adj* ||fluctus, gero|| Wellen ertragend

flūcti-sonus ⟨a, um⟩ *Adj* ||fluctus, sono|| wellenrauschend, tosend

flūctuātiō ⟨ōnis⟩ *f* ||fluctuo|| unruhige Bewegung; *fig* schwankende Stimmung, wechselnde Stimmung

flūctuō ⟨āvī, ātum, āre 1.⟩ *u.* **flūctuor** ⟨ātus sum, ārī 1.⟩ ||*Denom von* fluctus||
1. *(nachkl.) poet* wogen, wallen, fluten; ***turba fluctuans*** wogende Menge
2. *fig von Leidenschaften* aufbrausen, unruhig sein, bewegt sein; ***irā f.*** vor Zorn aufbrausen
3. in der See treiben; *fig* schwanken, unschlüssig sein, wanken; ***f. inter spem metumque*** zwischen Hoffnung und Angst schwanken

flūctuōsus ⟨a, um⟩ *Adj* ||fluctus|| *(vkl., nachkl.)* wogend, stürmisch

► **flūctus** ⟨ūs⟩ *m* ||fluo||
1. Lucr. das Fluten, das Wogen, Strömung; hochgehende Woge, Flut; ***fluctūs sedare*** die Wogen glätten; ***excitare fluctūs in simpulo*** einen Sturm im Wasserglas verursachen, viel Lärm um nichts machen
2. *fig meist Pl* Unruhen, Gefahren; ***fluctūs civiles*** politische Unruhen; ***fluctūs contionum*** stürmische Versammlungen; ***emergere e fluctibus servitutis*** sich aus dem Strudel der Sklaverei erheben

fluēns *Gen* ⟨entis⟩ *Adj, Adv* ⟨fluenter⟩ ||fluo||
1. fließend; *von festen Gegenständen* triefend
2. schlaff (herabhängend); ***buccae fluentes*** Hängebacken
3. *fig* gleichmäßig dahinfließend, gleichförmig; ***oratio f.*** gleichförmige Rede
4. *fig* einförmig, eintönig

fluenti-sonus ⟨a, um⟩ *Adj* ||fluentum, sono|| Catul. von Wogen umbraust

fluentum ⟨ī⟩ *n* ||fluens|| *(nachkl.) poet* Strömung, Flut

fluidus ⟨a, um⟩ *Adj* ||fluo|| *(nachkl.)*
1. fließend, flüssig; *von festen Gegenständen* triefend
2. *von Gewändern* herabwallend
3. schlaff, schlotternd
4. erschlaffend

fluitō ⟨āvī, ātum, āre 1.⟩ ||*Intens von* fluo||
1. *von Flüssigkeiten* hin und her fließen, wogen; *von beweglichen Dingen* wallen, flattern, schlaff herabhängen
2. *von festen Dingen* mit den Wellen treiben
3. wanken, schwanken
4. *fig geistig* schwanken, wankend werden, *re* durch etw, in etw; ***socius fluitat*** der Bundesgenosse schwankt

► **flūmen** ⟨inis⟩ *n* ||fluo||
1. fließendes Wasser, Strömung, Flut; ***secundo flumine*** stromabwärts; ***adverso flumine*** stromaufwärts
2. *meton* Fluss, Strom
3. *fig* Strom = flüssige Masse, ***sanguinis*** von Blut
4. *meton* Gegend an einem Fluss
5. Flussgott
6. *fig* reiche Fülle, ***ingenii*** des Geistes
7. *fig* Redefluss; ***f. inanium verborum*** leerer Wortschwall

Flūmentāna porta *f Flusstor in der Servianischen Mauer, das aus der Stadt auf das Marsfeld führte*; *hum* Landgut vor dem Flusstor

flūmineus ⟨a, um⟩ *Adj* ||flumen|| im Fluss befindlich, am Fluss lebend; ***avis fluminea*** Flussvogel

fluō ⟨flūxī⟩, **(*flūxum*), *fluere 3.***
1. fließen, strömen, rinnen; ***Rhodanus fluit*** die Rhône fließt
2. triefen, nass sein, *re* von etw; *fig* reich sein, *re* an etw; ***corpus sudore fluit*** der Körper trieft von Schweiß
3. *von festen Gegenständen* hervorströmen, herabfallen, herabwallen; ***fluunt viscera*** die Eingeweide quellen heraus; ***rami fluunt*** die Zweige wuchern; ***comae fluentes*** herabwallende Haare; ***fluent arma de manibus*** die Waffen werden aus den Händen gleiten; ***poma fluunt*** die Äpfel fallen nach und nach ab
4. *von Menschenmassen* strömen, sich ergießen; ***turba fluit castris*** Verg. die Schar strömte aus dem Lager
5. *fig* entstehen, ausgehen, *a re / ex re* von etw; ***haec ex eodem fonte fluxerunt*** dies kam aus derselben Quelle
6. *fig von Lehren, Zuständen* sich ausbreiten, um sich greifen; ***Pythagorae doctrina late longeque fluxit*** die Lehre des Pythagoras verbreitete sich weit und breit
7. *fig* dahinfließen, dahinströmen; ***oratio libere fluit*** die Rede fließt frei dahin; ***cuncta fluunt*** alles fließt, alles ist in ewigem Wechsel
8. *fig* vonstatten gehen; ***res ad voluntatem alicuius fluunt*** die Dinge gehen nach j-s Willen vonstatten
9. *fig* auf *etw* hinauslaufen; ***res fluit ad interregnum*** die Angelegenheit läuft auf eine Zwischenregierung hinaus
10. *zeitl.* vergehen, dahinfließen; zerfließen; sich verlieren
11. *fig* ermüden, erschlaffen; ***vires lassitudine fluunt*** die Kräfte schwinden vor Ermüdung
12. *fig* niedersinken; ***moriens ad terram fluit*** sterbend sinkt er zu Boden

fluor ⟨ōris⟩ *m* ||fluo|| (*nachkl.*) Strömung, Ausfluss, *bes* MED

flūtō ⟨-, -, āre 1.⟩ = ***fluito***

fluviālis ⟨e⟩ *Adj u.* **fluviatilis** ⟨e⟩ *Adj* ||fluvius|| in Flüssen, an Flüssen (befindlich, wachsend, lebend), Fluss…; ***piscis f.*** Flussfisch

fluvidus ⟨a, um⟩ *Adj* = ***fluidus***

fluvius ⟨ī⟩ *m* ||fluo||
1. (*nachkl.*) Fluss, Strom, *nur geographisch*; ***Rhenus f.*** der Rhein
2. *meton* Flusswasser, Strömung; Flussgott

flūxī → ***fluo***

flūxus[1] ⟨a, um⟩ *Adj, Adv* ⟨flūxē⟩ ||fluo||
1. (*nachkl.*) fließend, flüssig
2. (*nachkl.*) *poet* herabwallend, flatternd; schlaff (herabhängend)
3. *fig* haltlos, charakterlos, schwankend, unsicher
4. zerfallend, verfallend; ***muri fluxi*** verfallende Mauern; ***res fluxae*** zerrüttete Verhältnisse; ***studia fluxa*** erfolglose Bestrebungen

flūxus[2] ⟨ūs⟩ *m* ||fluo|| (*nachkl.*) das Fließen; ***f. sanguinis*** das Verbluten

fōcāle ⟨is⟩ *n* ||faux|| (*nachkl.*) *poet* Halstuch, Halsbinde

focil(l)ō ⟨āvī, ātum, āre 1.⟩ *u.* **foculō** ⟨-, -, āre 1.⟩ ||foveo|| *durch Wärme* wieder beleben

foculum ⟨ī⟩ *n* ||foveo|| Plaut. hitzefestes Geschirr *zum Aufwärmen der Speisen*; Mittel zum Aufwärmen

foculus ⟨ī⟩ *m* ||*Dim von* focus|| kleine Opferpfanne, kleiner Opferherd; kleiner Herd; Herdfeuer

► **focus** ⟨ī⟩ *m*
1. (*unkl.*) Pfanne, Opferpfanne; Brandaltar; ***dis tura in focos dare*** den Göttern Weihrauch in die Opferpfannen legen
2. Feuerstätte *des Hauses*, Herd, *bes im Atrium*; ***ad focum sedere*** beim Herd sitzen
3. (Prop., *spätl.*) *meton* Feuer, Glut
4. Verg. Brandstätte des Scheiterhaufens
5. *fig* Haus und Hof, Heim, Familie; ***arae focique*** die Heiligtümer der Tempel und Häuser

fōdī → ***fodio***

fodicō ⟨-, -, āre 1.⟩ ||*Intens von* fodio||
1. (*nachkl.*) stechen, stoßen, ***latus*** in die Seite
2. *fig* beunruhigen, kränken

fodīna ⟨ae⟩ *f* ||fodio|| (*nachkl.*) Grube, Bergwerk

► **fodiō** ⟨fōdī, fossum, fodere 3.⟩
1. graben, durch Graben fertig stellen, ***puteum*** eine Grube
2. aufgraben, umgraben, ***terram*** die Erde; ***murum f.*** eine Mauer untergraben
3. ausgraben, ***argentum*** Silber
4. durchbohren
5. stechen, ausstechen; ***lumina f.*** die Augen ausstechen; ***dolor fodit*** der Schmerz wühlt

foecund… = ***fecund…***

foederātī ⟨ōrum⟩ *m* ||foederatus|| die Verbündeten

foederātus ⟨a, um⟩ *Adj* ||foedus[2]|| verbündet

foedi-fragus ⟨a, um⟩ *Adj* ||foedus[2], frango|| vertragsbrüchig

foeditās ⟨ātis⟩ *f* ||foedus[1]|| Hässlichkeit; Schändlichkeit; ***f. vestitūs*** Hässlichkeit der Kleidung; ***f. animi*** Niederträchtigkeit

foedō ⟨āvī, ātum, āre 1.⟩ ||*Denom von* foedus[1]||
1. (*unkl.*) verunstalten, entstellen; verwüsten; ***agros f.*** die Felder verwüsten; ***aliquem verberibus***

f. j-n durch Schläge übel zurichten; ***crines f.*** die Haare zerraufen; ***aliquem unguibus f.*** j-n zerkratzen; ***volucres ferro f.*** Vögel mit dem Schwert töten
2. besudeln; *fig* schänden, beflecken; ***annus multiplici clade foedatus*** von vielfältigem Unglück beflecktes Jahr

▶ **foedus**[1] ⟨a, um⟩ *Adj, Adv* ⟨foedē⟩ *von Personen u. Sachen* hässlich *physisch u. fig*; scheußlich, abscheulich, grässlich, schändlich, schmählich

▶ **foedus**[2] ⟨eris⟩ *n*
1. Staatsvertrag, Bündnis; friedliches Einvernehmen; *Pl* Bündnistafeln; ***foedus facere/icere/ferire/pangere*** einen Vertrag schließen; ***foedus frangere/violare/rumpere*** einen Vertrag brechen; ***ex foedere*** kraft des Bündnisses
2. *selten* Vertrag, Übereinkunft *zwischen Einzelnen*; ***f. scelerum*** Übereinkunft zu Verbrechen; ***f. coniug(i)ale/thalami/lecti*** Ehevertrag; ***foedera caelestia*** Ehen der Götter; ***non aequo foedere amantes*** unglücklich Liebende
3. *meton* Bestimmung, Gesetz, Anordnung
4. *meton* Verheißung, Zusage

foen... = ***fen...***

foenīcopterus ⟨ī⟩ *m* = ***phoenicopterus***

foeteō ⟨-, -, ēre 2.⟩ (*vkl., nachkl.*) stinken, übel riechen, Ekel verursachen; ***foetet tuus mihi sermo*** *fig* deine Rede ekelt mich an

foetidus ⟨a, um⟩ *Adj* ||foeteo|| übel riechend, stinkend

foetor ⟨ōris⟩ *m* ||foeteo|| Gestank

foetus[1] ⟨a, um⟩ *Adj* = ***fetus***[1]

foetus[2] ⟨ūs⟩ *m* = ***fetus***[2]

foliātum ⟨ī⟩ *n* ||foliatus|| (*erg* ***unguentum***) wohlriechende Salbe, Parfüm

foliātus ⟨a, um⟩ *Adj* ||folium|| aus (wohlriechenden) Blättern gemacht

▶ **folium** ⟨ī⟩ *n* Blatt *einer Pflanze*; *Pl poet* Laub, Kranz

folliculus ⟨ī⟩ *m* ||*Dim von* follis||
1. kleiner Ledersack, Schlauch
2. Suet. Luftball
3. (*vkl., nachkl.*) Hülle, Hülse

follis ⟨is⟩ *m*
1. Ledersack
2. Plaut. Übungsball *der Faustkämpfer*
3. Luftballon, Ballon
4. lederner Blasebalg; Iuv. *fig* Lunge
5. (*unkl.*) lederner Geldbeutel
6. (*spätl.*) Follis, *kleine versilberte Bronzemünze von geringem Wert*

follītim = ***follitum***; → ***follitus***

follītus ⟨a, um⟩ *Adj* ||follis|| Plaut. mit einem Geldsack versehen

fōmentum ⟨ī⟩ *n* ||foveo||
1. (*nachkl.*) *poet* Wundverband, *kalter od warmer* Umschlag
2. Linderungsmittel, ***dolorum*** für Schmerzen
3. ***frigida curarum fomenta*** Hor. *fig* die kalten Umschläge der Sorgen, *die den Geist für Höheres unempfänglich machen*

fōmes ⟨itis⟩ *m* ||foveo|| (*nachkl.*) *poet* Zündstoff, Zunder

▶ **fōns** ⟨fontis⟩ *m*
1. Quelle; Quellwasser, Wasser; ***ignes fontibus restinguere*** Feuer mit Wasser löschen
2. *fig* Quelle, Ursprung, Ursache, Anfang
3. (*mlat.*) Taufe; ***f. sacer*** heilige Quelle = Taufe

Fōns ⟨Fontis⟩ *m* Quellgott

fontānus ⟨a, um⟩ *Adj* ||fons|| (*nachkl.*) *poet* Quell...; ***unda fontana*** Quellwasser

Fontēiānus ⟨a, um⟩ *Adj* des Fonteius, zu Fonteius gehörig

Fontēius ⟨a, um⟩ *Name einer pleb. gens*; ***M. Fonteius*** *Legat Sullas 69 v. Chr., von Cicero verteidigt*

fonticulus ⟨ī⟩ *m* ||*Dim von* fons|| (*nachkl.*) *poet* kleine Quelle, Brünnlein

Fontinālia ⟨ium⟩ *n* ||Fontinalis|| Fest des Quellgottes *am 13. Oktober*

Fontinālis ⟨e⟩ *Adj* ||Fons|| dem Quellgott geweiht

▶ **for** ⟨fātus sum, fārī 1.⟩ sprechen, sagen, verkünden, erzählen; besingen; weissagen, *abs od aliquid* etw, *alicui/ad aliquem* j-m, + *indir Fragesatz*; ***fando audire*** vom Hörensagen wissen; ***fandus*** sagbar sein = erlaubt sein; ***non fandus*** unaussprechlich

forābilis ⟨e⟩ *Adj* ||foro|| (*nachkl.*) *poet* durchbohrbar, verwundbar

forāmen ⟨inis⟩ *n* ||foro|| Bohrloch; Loch, Öffnung, Gang; ***tibiae f.*** Loch in der Flöte

▶ **forās** *Adv*
1. vor die Tür, heraus, hinaus; ***aliquem foras mittere*** j-n hinausschicken
2. ***i/vade foras, uxor*** (Plaut., Mart.) geh hinaus, Frau, *Scheidungsformel*
3. in die Öffentlichkeit; ***aliquid foras efferre*** etw bekannt machen
4. *vulg* draußen, auswärts; = ***foris***

for-ceps ⟨cipis⟩ *m u. f* ||capio|| (*unkl.*) Feuerzange, Zange *als Werkzeug, Marterwerkzeug u.* (*zahn*)*ärztliches Instrument*

forda ⟨ae⟩ *f* ||fordus|| trächtige Kuh

fordeum ⟨ī⟩ *n* = ***hordeum***

fordus ⟨a, um⟩ *Adj* ||fero|| (*unkl.*) trächtig

fore forem → ***fuo***

forēnsia ⟨ium⟩ *n* ||forensis|| Suet. Prunkgewänder

forēnsis
I ⟨e⟩ *Adj* ||forum||
1. zum Markt gehörig, Markt...; ***turba f.*** Gesindel auf dem Markt, Marktschreier
2. öffentlich; ***vestitus f.*** Ausgehanzug, Staatskleid
3. gerichtlich, Gerichts...; ***feriae forenses*** Gerichtsferien
II ⟨is⟩ *m* (*vkl., nachkl.*) öffentlicher Redner, Rechtsanwalt

Forentum ⟨ī⟩ *n Stadt in Apulien, heute Forenzo*

forfex ⟨icis⟩ *m u. f* ||forceps|| (*nachkl.*) *poet* Zange, Friseurschere

forica ⟨ae⟩ *f* Iuv. öffentliche Toilette

▶ **foris**[1] ⟨is⟩ *f*
1. Türflügel, einflügelige Tür; *Pl* Tür *eines Hauses od Zimmers*, die Türflügel; ***fores aperire*** die Tür(en) öffnen; ***fores claudere*** die Tür(en) schließen; ***f. crepuit/fores crepuerunt*** Com. die Tür hat geknarrt = es kommt j-d heraus
2. *fig* Zugang, Eingang, *alicuius rei* zu etw, in etw

▶ **forīs**[2] *Adv*
1. von draußen, von außen her
2. draußen, vor der Tür; bei anderen Leuten; auswärts; ***foris cenare*** außer Haus essen

3. außerhalb des Senats
4. im Ausland
5. im Lager, im Krieg
6. in den Händen anderer = verschuldet

fōrma ⟨ae⟩ *f*
1. Form, Gestalt, Figur, das Äußere; ***f. hominis*** Gestalt des Menschen; ***f. navis*** Form des Schiffes
2. Gesicht; ***f. reliquiaque figura*** das Gesicht und die übrige Gestalt
3. schöne Gestalt, Schönheit; ***puer formā excellens*** Junge von außergewöhnlicher Schönheit; ***formas mulierum describere*** die Schönheit der Frauen beschreiben
4. Bild, Abbild, ***deorum*** der Götter
5. Letter, Type, Zeichen *von Buchstaben*; ***unius et viginti formae litterarum*** einundzwanzig Buchstaben
6. MATH Figur
7. Umriss *einer Zeichnung*; ***formas in pulvere describere*** Figuren in den Staub schreiben
8. Entwurf, Fassung *eines Schriftstücks*, ***senatūs consulti*** eines Senatsbeschlusses; ***f. philosophorum*** Abriss des Systems der Philosophie
9. *poet* Erscheinung, Vision; ***f. ferarum*** Tierkreis; ***f. magnorum luporum*** Werwölfe
10. Modell, Gussform, Leisten, Prägestempel; ***f. sutorum*** Schusterleisten; ***f. nummi*** Münzprägestempel
11. RHET Redefigur
12. GRAM Flexionsform
13. Art, Beschaffenheit, Charakter; ***f. insolitae pugnae*** ungewohnte Kampfweise; ***f. vitae*** Lebensweise; ***f. rei publicae*** Verfassung des Staates; ***in provinciae formam redigere*** zur Provinz machen
14. Ideal, Bild, Vorstellung; ***f. beatae vitae*** das Ideal eines glücklichen Lebens
15. Spezies, Art; ↔ ***genus***

fōrmālis ⟨e⟩ *Adj* ||forma|| *(nachkl.)* förmlich, an eine Form gebunden, an ein Formular gebunden; ***epistula f.*** Verfügung *des Landesherren*

formaliter *Adv (mlat.)* förmlich, in aller Form

fōrmāmentum ⟨ī⟩ *n* Lucr. = ***formatio***

fōrmātiō ⟨ōnis⟩ *f* ||formo|| *(nachkl.)* Gestaltung, Bildung; ***f. columnarum*** Gestaltung der Säulen; ***f. morum*** *fig* Charakterbildung

fōrmātor ⟨ōris⟩ *m* ||formo|| *(nachkl.)* Bildner, Former

fōrmātūra ⟨ae⟩ *f* Lucr. = ***formatio***

Formiae ⟨ārum⟩ *f Stadt in Latium, an der via Appia, bekannt als Weinort, heute Formia am Golf von Gaeta*

Formiānum ⟨ī⟩ *n Ciceros Landgut bei Formiae*

Formiānus ⟨a, um⟩ *Adj* aus Formiae, zu Formiae gehörig

Formiānus ⟨ī⟩ *m* Einwohner von Formiae

formīca ⟨ae⟩ *f* Ameise

formīcīnus ⟨a, um⟩ *Adj* ||formica|| Plaut. Ameisen…

formīdābilis ⟨e⟩ *Adj* ||formido¹|| *(nachkl.) poet* furchtbar, grausig

formīdō¹ ⟨āvī, ātum, āre 1.⟩ ||*Denom von* formido²|| Grausen empfinden, sich fürchten, sich entsetzen, *aliquem/aliquid* vor j-m/vor etw; ***formidātus*** gefürchtet, *alicui* von j-m, *re/de re* durch etw, wegen etw; ***aquae formidatae*** Wasserscheu

▶ **formīdō²** ⟨inis⟩ *f*
1. Grauen, Angst, Entsetzen, Furcht, Grausen, *alicuius* j-s *od* vor j-m, *alicuius rei* vor etw; ***f. bonorum hominum tyranni*** die Angst der guten Menschen vor dem Tyrannen
2. religiöse Ehrfurcht, heiliger Schauer
3. *meton* Schreckbild; Wildscheuche, Vogelscheuche

▶ **formīdolōsus** *u.* **formīdulōsus** ⟨a, um⟩ *Adj, Adv* ⟨formīdolōsē⟩ *u.* ⟨formīdulōsē⟩ ||formido²||
1. *von Personen u. Sachen* Furcht erregend, furchtbar, grausam, *alicui* für j-n
2. *(vkl., nachkl.)* ängstlich, scheu, furchtsam, *alicuius* vor j-m

▶ **fōrmō** ⟨āvī, ātum, āre 1.⟩ ||*Denom von* forma||
1. *einen Stoff* formen, gestalten, bilden, *aliquid in aliquid* etw zu etw; ***capillos f.*** Haare ordnen; ***signum in muliebrem figuram f.*** eine Statue als Frau formen
2. *(nachkl.) poet* einrichten, ordnen, ***regnum*** die Herrschaft
3. *durch Unterricht od Gewöhnung* bilden, veredeln, unterweisen, anleiten, abrichten, *aliquem/aliquid* j-n/etw, *ad aliquid/in aliquid* zu etw; ***boves ad usum agrestem f.*** Rinder zu Zugtieren abrichten
4. verfertigen, bauen, herstellen, ***classem*** eine Flotte; ***gaudia tacita mente f.*** sich verborgene Freuden vorstellen; ***novam personam f.*** eine neue Figur schaffen *im Schauspiel*
5. Quint. *Worte mit der Zunge* formen, aussprechen; ***verba recte f.*** Worte richtig aussprechen

fōrmō(n)sitās ⟨ātis⟩ *f* ||formo(n)sus|| Formvollendung, Schönheit

▶ **fōrmō(n)sus** ⟨a, um⟩ *Adj, Adv* ⟨fōrmō(n)sē⟩ ||forma|| schön, wohlgestaltet; ***virgo formosa*** schönes Mädchen

fōrmula ⟨ae⟩ *f* ||*Dim von* forma||
1. Form, Gestalt; Schönheit
2. Regel, Vorschrift, Verordnung; Richtschnur, Norm, Schema, Grundsatz, Maßstab; ***ad Stoicorum formulam vivere*** nach der Lehre der Stoiker leben
3. herkömmliche Zustände, herkömmliche Beschaffenheit
4. Vertrag(sbestimmung); ***ex formula*** vertragsgemäß; ***in sociorum formulam referre*** unter den üblichen Bedingungen als Bundesgenossen aufnehmen
5. Liv. *zensorisches* Steuerformular, Tarif, Taxe; ***censum agere ex formula*** tarifgemäß den Zensus abhalten
6. JUR Rechtsformel; Klageformel; gerichtliches Verfahren; ***f. sponsionis*** Vertragsformel; ***formulā cadere/excidere*** den Prozess verlieren
7. *(mlat.)* Glaubensformel

fōrmulārius ⟨ī⟩ *m* ||formula|| Quint. Kenner der Rechtsformeln, Rechtsanwalt

Fornācālia ⟨ium⟩ *n* ||Fornax|| Fest zu Ehren der Göttin der Backöfen *u. zum Dank für das neue Getreide, von Numa eingesetzt, im Februar gefeiert*

fornācālis ⟨e⟩ *Adj* ||fornax|| *(unkl.)* zu den Öfen gehörig, zu den Backöfen gehörig

fornācula ⟨ae⟩ *f* ||*Dim von* fornax|| *(nachkl.)* kleiner

F

Ofen; luv. *fig vom Kopf des Tiberius*

fornāx ⟨ācis⟩ *f* Ofen, Backofen; Kalkofen; Schmelzofen; Esse *des Gottes Vulcan*, Feuerschlund *des Ätna*

Fornāx ⟨ācis⟩ *f* Ofengöttin

fornicātiō[1] ⟨ōnis⟩ *f* ||fornix|| *(nachkl.)* ARCH Wölbung, Schwibbogen, *frei stehender Bogen zwischen zwei Wänden*

fornicātiō[2] ⟨ōnis⟩ *f* ||fornico|| *(eccl.)* Unzucht, Hurerei

fornicātus ⟨a, um⟩ *Adj* ||fornix|| gewölbt; ***via fornicata*** Schwibbogenstraße, *bedeckte Straße von der Stadt zum Marsfeld*

fornicō ⟨-, -, āre 1.⟩ *u.* **fornicor** ⟨-, ārī 1.⟩ ||fornix|| *(eccl.)* Unzucht treiben, Ehebruch begehen

fornix ⟨icis⟩ *m*

1. Wölbung, Gewölbe

2. Schwibbogen, *frei stehender Bogen zwischen zwei Wänden*

3. Ehrenbogen; ***f. Fabii*** *Ehrenbogen des Q. Fabius Maximus Allobrogicus, auf der via sacra errichtet*

4. Liv. MIL überwölbte Ausfallspforte

5. überwölbter Weg

6. unterirdisches Gewölbe, Kellergewölbe, Bordell

7. Suet. = ***pathicus***

8. *(nlat.)* MED gewölbeartiger Körperteil, *bes* Scheidengewölbe

forō ⟨āvī, ātum, āre 1.⟩ *(vkl., nachkl.)* (durch)bohren

Forōiūliēnsis ⟨e⟩ *Adj* aus Forum Iulii, zu Forum Iulii gehörig; → ***forum***

forpex ⟨icis⟩ *m* ||forceps|| *(unkl.)* Feuerzange

▶ **fors**

I *nur Nom u. Abl Sg* ***forte*** *f* blinder Zufall; ***ut fors fert*** wie es der Zufall mit sich bringt; ***forte fortunā*** zur guten Stunde; ***forte*** zufällig, von ungefähr, *nach si, sin, nisi, ne* vielleicht, etwa, möglicherweise; ***forte temere*** auf gut Glück; ***si forte*** günstigstenfalls, eventuell

II *Adv* vielleicht; ***fors et*** vielleicht auch

Fors ⟨Fortis⟩ *f* ||fors|| Schicksalsgöttin; ***Fors Fortuna*** Glücksgöttin

fors-an *Adv* = ***forsitan***

forsit *Adv* = ***forsitan***

▶ **forsitan** *Adv* ||fors, an|| vielleicht, möglicherweise + *Ind* / + *Konjkt, auch ohne Verb*; ***spe forsitan recuperandae libertatis*** vielleicht in der Hoffnung auf Wiedererlangung der Freiheit

▶ **fortasse** *u.* *(selten)* **fortassis** *Adv* ||fors||

1. vielleicht, vermutlich, hoffentlich, *meist* + *Ind, auch ohne Verb*; ***fretus fortasse familiaritate sua*** vielleicht im Vertrauen auf seine Freundschaft

2. *bei Zahlen* ungefähr, etwa; ***sextā fortasse horā*** etwa um die sechste Stunde

forte *Adv* → ***fors*** *u.* → ***fortis***

fortia ⟨ium⟩ *n* ||fortis|| Heldentaten

forticulus ⟨a, um⟩ *Adj* ||*Dim von* fortis|| ziemlich mutig

▶ **fortis**

I ⟨e⟩ *Adj, Adv* ⟨fortiter⟩ *u.* *(mlat.)* ⟨forte⟩

1. *physisch* stark, kräftig, rüstig, tüchtig; ***filia f.*** gesunde Tochter; ***loris fortiter uti*** die Zügel straffer ziehen; ***fortius curare*** mit stärkeren Mitteln behandeln

2. dauerhaft, fest; ***pons f.*** feste Brücke

3. *(nachkl.)* stark, mächtig, einflussreich; ***oppidum forte*** mächtige Stadt

4. *fig geistig* stark, tapfer, mutig, beherzt, energisch, heldenhaft, ehrenhaft; Mut verratend *von Personen, Eigenschaften u. Sachen, ad aliquid* zu etw, in Bezug auf etw, *contra aliquid* gegen etw, *alicui* gegen j-n, + *Inf*; ***vir f.*** mutiger Mann; ***arma fortia*** heldenhafte Waffen; ***f. manu*** persönlich tapfer

5. *pej* gewaltsam

6. ***fortiter*** *u.* ***forte*** *(mlat.)* stark, sehr

II ⟨is⟩ *m* der Tapfere; ***fortes fortuna adiuvat*** den Tüchtigen hilft das Glück = wer wagt, gewinnt

▶ **fortitūdō** ⟨inis⟩ *f* ||fortis||

1. Stärke, Körperkraft

2. Mut, Tapferkeit, Unerschrockenheit, Energie; *Pl* tapfere Taten, Beweise von Tapferkeit

fortuīta ⟨ōrum⟩ *n* ||fortuitus|| Zufälligkeiten

fortuītū *m* ||*Abl zu* fortuitus|| *(spätl.)* = ***fortuito***; → ***fortuitus***

▶ **fortuītus** ⟨a, um⟩ *Adj, Adv* ⟨fortuītō⟩ ||fors|| durch Zufall veranlasst, planlos; ***bonum fortuitum*** unverdientes Gut; ***malum fortuitum*** unverschuldetes Unglück; ***oratio fortuita*** Rede aus dem Stegreif; *Adv* zufälligerweise

fortūna ⟨ae⟩ *f* ||fors||

1. Schicksal, Glück, Zufall, Geschick *als überirdische Macht, die nach persönlicher Gunst od Ungunst die menschlichen Angelegenheiten bestimmt*; ***f. caeca est*** das Schicksal ist blind; ***f. in omni re dominatur*** das Schicksal herrscht in allen Dingen

2. Geschick, Los; Glück, Unglück; *Pl* glückliche Umstände, Glücksfälle, unglückliche Umstände, Unglücksfälle; ***f. altera*** das wechselnde Glück; ***f. utraque*** Glück und Unglück; ***per fortunas provide*** = um Himmels willen

3. *von Sachen* Glück, glücklicher Verlauf, glücklicher Ausgang, Erfolg; ***f. belli*** Kriegsglück

4. äußere Lage, Stand, Herkunft, Lebensstellung; *Pl* Hab und Gut, Vermögen; ***ad beate vivendum nihil opus est fortunis*** zum glücklichen Leben bedarf es keines Vermögens

Fortūna ⟨ae⟩ *f* Schicksalsgöttin, Glücksgöttin *mit alten Kulten in Latium u. Rom, z. B. als Fortuna Primigenia in Praeneste; seit dem 1. Jh. v. Chr. wurde Fortuna der griech. Tyche gleichgesetzt*; ***Fortuna populi Romani / urbis Romae*** Schutzgöttin des römischen Volkes / Roms; ***Fortunae filius*** Glückskind

fortūnātus

I ⟨a, um⟩ *Adj, Adv* ⟨fortūnātē⟩ ||fortuno||

1. beglückt, äußerlich glücklich; ***mors fortunata*** seliger Tod; ***insulae fortunatae*** Inseln der Seligen

2. begütert, wohlhabend

II ⟨ī⟩ *m*

1. Glückskind

2. reicher Mann

fortūnō ⟨āvī, ātum, āre 1.⟩ ||*Denom von* fortuna|| beglücken, segnen

foruli ⟨ōrum⟩ *m* ||*Dim von* forus|| *(nachkl.) poet* Büchergestell, Bücherschrank

Foruli ⟨ōrum⟩ *m Stadt im Sabinerland, an der via Saleria, heute Civitatomassa bei L'Aquila*

forum ⟨ī⟩ *n*

1. freier Platz vor dem Grab

2. öffentlicher Platz
3. Marktflecken, Handelsplatz
4. Kreisstadt
5. Geschäftsleben, Verkehr
6. öffentliches Leben, Staatsgeschäfte
7. Gerichtsverhandlungen, Prozesse
8. Gerichtstag

1. (*vkl.*) freier Platz vor dem Grab
2. öffentlicher Platz *einer Stadt*, Marktplatz, Markt; ***f.*** **(*Romanum*)** *Platz zwischen Kapitol u. Palatin, auf dem n Teil, dem comitium, wurden die Volksversammlungen abgehalten; andere fora in Rom*: ***f. bovarium*** Rindermarkt, Viehmarkt *zwischen Circus maximus u. Tiber*; ***f. (h)olitorium*** Gemüsemarkt *zwischen Kapitol u. Tiber*; ***f. pisca(to)rium*** Fischmarkt *unweit des Vestatempels*; ***f. coquinum*** Plaut. Köchemarkt, *auf dem man Köche mieten konnte*; ***f. cuppedinis*** Naschmarkt *an der via sacra*; *die Zahl der fora wuchs mit der Stadt, bes in der Kaiserzeit*
3. *außerhalb Roms* Marktflecken, Handelsplatz; *daher viele Ortsnamen*: ***F. Appii*** *an der via Appia beim heute Latina*; ***F. Aurelii*** *beim heutigen Montalto di Castro*; ***F. Cornelii*** *an der via Aemilia, heute Imola*; ***F. Gallorum*** *an der via Aemilia, heute Castelfranco bei Bologna*; ***F. Iulii/F. Iulium*** *sw. von Nizza, von Caesar angelegt, heute Fréjus*
4. Kreisstadt *in der Provinz*
5. Geschäftsleben, Verkehr; Geldgeschäfte, Wechselgeschäfte; ***in foro versari*** Geldgeschäfte betreiben, *von Sachen* auf dem Geldmarkt üblich sein; ***foro cedere*** bankrott werden; ***verba de foro arripere*** Worte von der Straße aufgreifen
6. öffentliches Leben, Staatsgeschäfte; ***in foro esse*** am öffentlichen Leben teilnehmen; ***foro carere/de foro decedere*** sich vom öffentlichen Leben zurückziehen
7. Gerichtsverhandlungen, Prozesse; ***forum non attingere*** nicht als Redner vor Gericht auftreten; ***forum indicere*** Ort und Zeit für die Gerichtsverhandlung bestimmen
8. *außerhalb Roms* Gerichtstag; ***forum agere*** Gerichtstag halten

forus ⟨ī⟩ *m*
1. (*vkl., nachkl.*) Schiffsgang *zwischen den Ruderbänken*
2. Liv. *Pl* Sitzreihen, Zuschauerplätze *im Theater u. im Zirkus*
3. Verg. *Pl* Gänge *zwischen den Zellen des Bienenstocks*; *fig* Zellen
4. ***f. aleatorius*** Suet. Spielbrett

Fōsī ⟨ōrum⟩ *m germ. Stamm beim heutigen Hildesheim*

▶ **fossa** ⟨ae⟩ *f* ||fodio||
1. Graben, Abzugsgraben, Kanal, *auch Pl nur ein Graben*
2. (*nachkl.*) *poet* Grube, Loch
3. (*vkl.*) *poet* Mauerfurche *als Umriss einer zu gründenden Stadt*
4. Flussbett
5. weibliche Scham
6. After *bei Homosexuellen*

fossiō ⟨ōnis⟩ *f* ||fodio|| das Umgraben, ***agri*** des Feldes

fossor ⟨ōris⟩ *m* ||fodio|| Landmann, Winzer; *fig* grober, ungebildeter Mensch

fossūra ⟨ae⟩ *f* ||fodio|| (*nachkl.*) das Graben; *meton* der Graben

fossus ⟨a, um⟩ *PPP* → ***fodio***

fōtus ⟨a, um⟩ *PPP* → ***foveo***

fovea ⟨ae⟩ *f* Grube; Fallgrube *zum Fangen von Tieren*

foveō ⟨fōvī, fōtum, fovēre 2.⟩
1. warm halten, erwärmen; ***gallinae pullos pennis fovent*** die Hühner wärmen ihre Küken mit den Federn; ***aras ignibus f.*** Opferfeuer auf den Altären unterhalten; ***aliquem gremio/sinu f.*** j-n liebevoll auf den Schoß nehmen
2. (*nachkl.*) *poet* warm baden *bes zur Heilung*; ***f. corpus in unda*** den Körper im Wasser warm baden
3. ***amplexu f.*** Verg. umarmen
4. pflegen; ***se luxu f.*** es sich gut gehen lassen
5. *Örtlichkeiten* nicht verlassen, sich ständig *irgendwo* aufhalten; ***progeniem nidosque f.*** die Brut und das Nest hüten
6. (*nachkl.*) *poet* begünstigen, unterstützen, fördern; ***Caesaris in nos amorem f.*** die Liebe Caesars zu uns fördern; ***spem f.*** die Hoffnung aufrecht erhalten; ***bella f.*** Kriege in die Länge ziehen

frāctiō ⟨ōnis⟩ *f* ||frango|| (*spätl., eccl.*) Bruch, das Brechen; ***f. panis*** das Brechen des Brotes

frāctūra ⟨ae⟩ *f* ||frango|| (*vkl., spätl.*) das Zerbrechen; MED Knochenbruch, Fraktur

frāctus[1] ⟨a, um⟩ *PPP* → ***frango***

frāctus[2] ⟨a, um⟩ *Adj* ||frango||
1. schwach, matt, kraftlos
2. weichlich

▶ **fragilis** ⟨e⟩ *Adj, Adv* ⟨fragiliter⟩ ||frango||
1. (*nachkl.*) *poet* zerbrechlich, brüchig, morsch
2. *fig* gebrechlich, hinfällig; schwach, kraftlos
3. *meton* knatternd, prasselnd, knackend *beim Brennen*

fragilitās ⟨ātis⟩ *f* ||fragilis||
1. (*nachkl., spätl.*) Zerbrechlichkeit
2. *fig* Hinfälligkeit, Schwäche

fragmen ⟨inis⟩ *n* (*nachkl.*) = ***fragmentum***

fragmentum ⟨ī⟩ *n* ||frango|| Bruchstück, Splitter, Brocken; (*nachkl.*) Reisig; *Pl* Trümmer

fragor ⟨ōris⟩ *m* ||frango||
1. Lucr. das Zerbrechen
2. das Krachen, das Prasseln, Getöse, Lärm; ***f. caeli*** Donner, Wolkenbruch; ***f. aridus*** das Knacken des dürren Holzes
3. (*nachkl.*) *fig* lauter Beifall

fragōsa ⟨ōrum⟩ *n* ||fragosus|| Unebenheiten

fragōsus ⟨a, um⟩ *Adj, Adv* ⟨fragōsē⟩ ||fragor|| (*nachkl.*)
1. brüchig, zerbröckelt; *fig* uneben, rau, holprig
2. tosend, brausend

fragrāns *Gen* ⟨antis⟩ *Adj, Adv* ⟨fragranter⟩ ||fragro|| wohlriechend, duftend

fragrantia ⟨ae⟩ *f* ||fragrans|| (*nachkl.*) Wohlgeruch

fragrō ⟨-, -, āre 1.⟩ (*nachkl.*) *poet* duften, stark riechen

frāgum ⟨ī⟩ *n* (*nachkl.*) *poet* Erdbeere

framea ⟨ae⟩ *f* ||germ. Fw.||

1. Wurfspieß der Germanen
2. (*spätl., eccl.*) Flammenschwert

frangō ⟨frēgī, frāctum, frangere 3.⟩

1. brechen, zerbrechen
2. mahlen
3. brechen
4. beugen, entmutigen
5. schwächen, entkräften
6. kürzen
7. bändigen, bezähmen
8. rühren, erweichen

F

1. brechen, zerbrechen, zertrümmern, zerschmettern, zerstückeln; *Passiv* (zer)brechen, zerschellen; ***f. consulis fasces*** die Rutenbündel des Konsuls brechen; ***brachium f.*** den Arm brechen; ***ianuam f.*** die Tür aufbrechen; ***navem f.*** Schiffbruch erleiden; ***fluctus frangitur a saxo*** die Flut bricht sich am Felsen; ***fractae naves*** Schiffbruch; ***fracti sonitūs tubarum*** dumpfer Klang der Trompeten
2. *Getreide* mahlen, *Früchte* zerquetschen; ***cererem machina frangit*** die Mühle mahlt das Getreide
3. *fig Verträge u. Ä.* brechen; ***foedus f.*** den Vertrag brechen; ***dignitatem suam f.*** seine Würde verletzen; ***mandata f.*** Aufträge nicht richtig ausrichten
4. *fig* beugen, entmutigen, demütigen; ***aliquem contumeliā f.*** j-n durch eine Beleidigung demütigen
5. *fig* schwächen, entkräften, lähmen; *Passiv u.* ***se f.*** nachlassen, sich verlieren; ***alicuius consilia f.*** j-s Pläne vereiteln; ***Graeciae nomen frangitur*** Griechenlands Name verliert an Geltung
6. *fig Zeit* kürzen
7. *fig* bändigen, bezähmen, überwinden; ***nationes f.*** Völker überwinden; ***libidines f.*** Leidenschaften bezähmen
8. *fig* rühren, erweichen, bewegen, erschüttern; ***virum f.*** den Mann rühren

▶ **frāter** ⟨tris⟩ *m*

1. Bruder; ***f. geminus/gemellus*** Zwillingsbruder; ***fratres (gemini)*** die Zeussöhne Kastor und Pollux; *Pl (nachkl.) auch* Geschwister
2. Cousin *von väterlicher u. mütterlicher Seite*
3. Neffe; Schwager; Blutsverwandter; Stammesverwandter, Mitbürger; ***Suessones fratres Remorum*** die Suessonen, Verwandte der Remer
4. *als Kosewort* lieber Freund; Plaut. Geliebter
5. ***libri fratres*** Bücher vom gleichen Verfasser
6. *Ehrentitel* Bundesgenosse; ***Aedui fratres saepe a senatu appellati*** die Äduer, die vom Senat oft Bundesgenossen genannt wurden
7. (*mlat.*) Ordensbruder; *Pl* Klosterbrüder

frāterculō ⟨-, -, āre 1.⟩ ||*Denom von* fraterculus|| als Brüder heranwachsen

frāterculus ⟨ī⟩ *m* ||*Dim von* frater|| Brüderchen, *auch als Kosewort*

frāternitās ⟨ātis⟩ *f* ||frater|| (*nachkl.*) Brüderlichkeit, Bruderschaft

frāternus ⟨a, um⟩ *Adj, Adv* ⟨frāternē⟩ ||frater||

1. brüderlich, des Bruders, der Brüder, Bruder…; ***amor f.*** Liebe des Bruders, Liebe zum Bruder
2. *allg.* verwandtschaftlich, vetterlich; ***caedes fraterna*** Verwandtenmord
3. *fig* innig befreundet; ***fraterne amari ab aliquo*** von j-m innig geliebt werden

frātri-cīda ⟨ae⟩ *m* ||frater, caedo|| Brudermörder

fraudātiō ⟨ōnis⟩ *f* ||fraudo|| Betrügerei

fraudātor ⟨ōris⟩ *m* ||fraudo|| Betrüger

fraudō ⟨āvī, ātum, āre 1.⟩ ||*Denom von* fraus||

1. betrügen, hintergehen, übervorteilen; ***f. milites praedā*** die Soldaten um die Beute betrügen
2. unterschlagen, ***stipendium*** den Sold; ***fraudata restituere*** unterschlagenes Geld zurückgeben; ***nuptias f.*** die Heirat nicht genehmigen

fraudulenter *Adv* → ***fraudulentus***

fraudulentia ⟨ae⟩ *f* ||fraudulentus|| Plaut. betrügerischer Sinn, Neigung zum Betrügen

fraudulentus ⟨a, um⟩ *Adj, Adv* ⟨fraudulenter⟩ ||fraus|| betrügerisch, arglistig; ***dux f.*** arglistiger Anführer; ***venditio fraudulenta*** betrügerischer Verkauf

▶ **fraus** ⟨fraudis⟩ *f*

1. Betrug, Täuschung, Hinterlist, Tücke; ***per fraudem agere*** betrügerisch handeln; ***sine fraude*** ehrlich; ***fraudem facere senatūs consulto*** einen Senatsbeschluss hinterlistig umgehen; ***f. alicuius*** Betrug von j-m, Betrug an j-m
2. Com. *meton* Betrüger
3. Selbsttäuschung, Irrtum
4. Schaden, Nachteil, Beeinträchtigung, *bes* JUR; ***alicui fraudi esse*** j-m schaden; ***sine fraude esse*** ohne Schaden sein, ohne Strafe sein
5. Verbrechen, Frevel

frausus ⟨a, um⟩ *Adj* ||fraudo|| Plaut. der betrogen hat

fraxineus *u.* **fraxinus**[1] ⟨a, um⟩ *Adj* ||fraxinus[2]|| (*nachkl.*) *poet* aus Eschenholz

fraxinus[2] ⟨ī⟩ *f* (*nachkl.*) *poet* Esche; *meton* Speer aus Eschenholz

Fregellae ⟨ārum⟩ *f Stadt der Volsker am Liris, 328 v. Chr. von Rom kolonisiert, 125 v. Chr. von den Römern zerstört*

Fregellānus ⟨a, um⟩ *Adj* aus Fregellae, zu Fregellae gehörig

Fregellānus ⟨ī⟩ *m* Einwohner von Fregellae

Fregēnae ⟨ārum⟩ *f Bürgerkolonie n von Ostia, 245 v. Chr. gegründet, heute Maccarese*

frēgī → ***frango***

fremebundus ⟨a, um⟩ *Adj* ||fremo|| (*nachkl.*) *vor Wut* schnaubend, rauschend

fremidus ⟨a, um⟩ *Adj* ||fremo|| Ov. tobend

▶ **fremitus** ⟨ūs⟩ *m* ||fremo|| *auch Pl* dumpfes Getöse, Lärm, Toben, Rauschen, Brausen, Brummen, Schnauben, Summen, Gemurmel; ***f. militum*** das Murren der Soldaten; ***f. maris*** das Brausen des Meeres

▶ **fremō** ⟨uī, itum, ere 3.⟩

I *v/i* dumpf tosen, dröhnen, lärmen, toben, rauschen, brausen, schnauben, summen, brummen, murmeln, *manchmal auch* jauchzen; ***fremunt milites*** die Soldaten murren

II *v/t poet* erschallen lassen, äußern; Liv. murmelnd erklären, laut klagen, *aliquid* etw, + *AcI*; ***arma f.*** laut nach Waffen verlangen

fremor ⟨ōris⟩ *m* ||fremo|| das Murmeln, Stimmengewirr

fremuī → ***fremo***

frēnātor ⟨ōris⟩ *m* ||freno|| Lenker, ***equorum*** der Pferde
frendeō ⟨-, -, ēre 2.⟩ *(spätl.) u.* **frendō** ⟨-, frē(n)sum, frendere 3.⟩
I *v/i* mit den Zähnen knirschen, + *AcI*
II *v/t (vkl., nachkl.)* zermalmen, zermahlen, zerreiben
frenēticus ⟨a, um⟩ *Adj* = ***phreneticus***
frēnī ⟨ōrum⟩ *m* → ***frenum***
frēnō ⟨āvī, ātum, āre 1.⟩ ||*Denom von* frenum||
1. *(nachkl.) poet* aufzäumen, ***equos*** die Pferde; ***equites frenati*** Reiter mit aufgezäumten Pferden
2. *fig* im Zaum halten, lenken, regieren
3. zügeln, bändigen, ***furorem legibus*** die Raserei durch Gesetze, ***voluptates temperantiā*** die Lüste durch Mäßigung
Frentānī ⟨ōrum⟩ *m samnitisches Volk an der sö. Adria, am Frento*
Frentānus ⟨a, um⟩ *Adj* frentanisch
▶ **frēnum** ⟨ī⟩ *n, Pl auch* ⟨frēnī, ōrum⟩ *m*
1. Zaum, Zügel, Gebiss *im Maul des Pferdes*; ***frenum retinere/inhibere/ducere*** die Zügel anziehen, die Zügel straffen; ***frena mittere*** die Zügel loslassen; ***frenum accipere/frenos recipere*** sich den Zügel gefallen lassen = sich fügen; ***frenum/frenos mordere*** *fig* die Zähne zeigen
2. *fig* Steuer *des Schiffes*, Regierung *des Staates*
3. *(nachkl.)* Band; MED Bändchen, Vorhautbändchen
▶ **frequēns** *Gen* ⟨entis⟩ *Adj, Adv* ⟨frequenter⟩
1. häufig, zahlreich, in Menge anwesend; ***cives frequentes in forum convenerunt*** die Bürger kamen zahlreich zum Forum; ***senatus f.*** gut besuchter Senat, beschlussfähiger Senat; ***legatio f.*** aus vielen Personen bestehende Gesandtschaft
2. dicht bevölkert, viel besucht, belebt; ***theatrum f.*** gut besuchtes Theater
3. ausgefüllt, reich versehen, *alicuius rei/re* mit etw; ***loca custodiis frequentia*** dicht mit Wachen besetztes Gelände; ***mons silvae f.*** dicht bewaldeter Berg
4. häufig anwesend; ***aliquis est f. Romae*** j-d ist oft in Rom; ***conviva f.*** fast täglicher Gast; ***frequentem esse in re*** etw häufig tun
5. *zeitl. von Sachen* häufig, wiederholt, gewöhnlich, zahlreich; ***honores frequentes*** zahlreiche Ehrungen
6. *Adv* oft, häufig
frequentātiō ⟨ōnis⟩ *f* ||frequento||
1. Häufung, häufiger Gebrauch
2. Zusammenfassung der Hauptpunkte *einer Rede*
frequentātīvus ⟨a, um⟩ *Adj* ||frequento|| Gell. eine Wiederholung ausdrückend; ***verba frequentativa*** Verben zum Ausdruck von häufigen Handlungen
▶ **frequentia** ⟨ae⟩ *f* ||frequens||
1. *von Personen* zahlreiche Versammlung, großer Andrang, große Menge
2. *von Sachen* Häufigkeit; Menge, Masse
frequentō ⟨āvī, ātum, āre 1.⟩ ||*Denom von* frequens||
1. zahlreich besuchen, in großer Menge besuchen, oft aufsuchen; regelmäßig besuchen; ***Marium f.*** dem Marius scharenweise zuströmen; ***Bacchum f.*** den Bacchus umschwärmen
2. Plaut. häufig bei sich sehen
3. *Feste* in Scharen feiern; mitfeiern, mit seiner Gegenwart beehren
4. zahlreich versammeln, in großer Anzahl zusammenbringen
5. *Örtlichkeiten* bevölkern, mit Menschen besetzen, beleben; ***solitudinem Italiae f.*** die Einöden Italiens bevölkern; ***contionem legibus agrariis f.*** durch Einbringung der Ackergesetze einen starken Besuch der Versammlung bewirken
6. oft tun, häufig gebrauchen; „***Hymenaee***" ***frequentant*** sie rufen immer wieder „Hymenaeus"
frēsus ⟨a, um⟩ *PPP* → ***frendo***
fretēnsis ⟨e⟩ *Adj* ||fretum|| zur Meerenge gehörig; ***mare fretense*** Cic. Meerenge von Sizilien
▶ **fretum** ⟨ī⟩ *n* ||ferveo||
1. Meerenge, Kanal; ***nostri maris et Oceani f.*** Straße von Gibraltar; ***f. (Siculum/Siciliense/Siciliae)*** Straße von Messina
2. *(unkl.)* Meer, Meeresflut, *oft Pl*
3. Brandung, Strömung
4. Lucr. *Pl fig* Jahresströmung *als Übergangszeit von der Kälte zur Wärme*
5. *(nachkl.) fig* das Überschäumen, ***adulescentiae*** der Jugend
fretus[1] ⟨ūs⟩ *m* = ***fretum***
frētus[2] ⟨a, um⟩ *Adj* vertrauend, im Vertrauen; *pej* pochend, trotzend, *re/sehr selten alicui rei* auf etw, *auch* + *AcI*; ***f. multitudine militum*** im Vertrauen auf die Zahl der Soldaten; ***discordiae hostium f.*** vertrauend auf die Zwietracht der Feinde
fricō ⟨fricuī, frictum⟩ *u.* ⟨fricātum, fricāre 1.⟩ *(unkl.)* reiben, abreiben, kratzen, ***costas arbore*** die Rippen am Baum
frīctus ⟨a, um⟩ *PPP* → ***frigo***
frīgefactō ⟨-, -, āre 1.⟩ kühlen
frīgeō ⟨(frīxī), -, frīgēre 2.⟩
1. *(unkl.)* kalt sein, erstarrt sein, frieren; *auch poet* tot sein
2. schlaff sein, matt sein, gleichgültig sein, untätig sein; *von Leblosem auch* stocken, machtlos sein
3. *von Personen u. Sachen* mit Kälte aufgenommen werden, unbeachtet bleiben, *ad aliquem* vor j-m, bei j-m; ***prima contio Pompei frigebat*** die erste Versammlung des Pompeius verlief unbeachtet
frīgerō ⟨-, -, āre 1.⟩ ||*Denom von* frigus|| Catul. kühlen, erfrischen
frīgēscō ⟨-, -, ēscere 3.⟩ ||*Inkoh von* frigeo|| erkalten, kalt werden, frösteln; *fig* erstarren, erschlaffen
frīgidārium ⟨ī⟩ *n* ||frigidarius||
1. Abkühlraum *in den röm. Thermen*
2. Kühlraum *für Speisen*
frīgidārius ⟨a, um⟩ *Adj* ||frigidus|| abkühlend, zum Kaltbaden bestimmt
frīgide-factō ⟨-, -, āre 1.⟩ ||frigidus|| Plaut. (ab)kühlen
frīgidulus ⟨a, um⟩ *Adj* ||*Dim von* frigidus|| ein bisschen kalt; *fig* etwas matt
▶ **frīgidus** ⟨a, um⟩ *Adj, Adv* ⟨frīgidē⟩ ||frigeo||
1. kalt, kühl, rostig; *auch* erstarrt = tot; ***annus f.*** kalte Jahreszeit = Winter
2. *(nachkl.) poet* Kälte bringend, eisig; *fig* Schauer erregend, schauerlich
3. *fig* kalt, ohne Feuer, schlaff, lässig, lau, stumpf, *in aliquid/alicui rei* zu etw, für etw; ***f. in dicendo*** ohne Feuer im Reden; ***f. in Venerem*** ohne Leiden-

schaft für die Liebe

frīgō ⟨frīxī, frīctum⟩ *u.* ⟨frīxum, frīgere 3.⟩ (*vkl., nachkl.*) backen, rösten, dörren

frīgus ⟨oris⟩ *n* ||frigeo||
1. Kälte, Frost *als Temperatur*; ***frigora caloresque vitare*** Frost und Hitze meiden; ***picta Spartani frigora saxi*** der bunte, kalte Estrich
2. *poet* Kühlung, angenehme Frische; *Pl* kaltes Wetter, kalte Tage; ***propter frigora frumenta matura non erant*** wegen der kühlen Witterung war das Getreide nicht reif
3. Winterkälte, Winter; ***frigore/frigoribus*** im Winter
4. *fig* Kälte des Todes, Tod; ***f. letale*** Tod
5. *fig* eisiger Schrecken, Schauer, Entsetzen
6. *meton* kaltes Land; ***f. non habitabile*** Ov. unbewohnbares kaltes Land
7. *fig* Kälte *als Eigenschaft*; Lauheit, Lässigkeit
8. *fig* üble Aufnahme, Ungnade
9. *fig von Sachen* Fadheit, Kraftlosigkeit, ***argumentorum*** der Beweise

friguttiō ⟨-, -, īre 4.⟩ (*unkl.*) zwitschern, lispeln, stottern

fringillus ⟨ī⟩ *m* (*vkl.*) *poet* Fink, Spatz

friō ⟨(āvī), ātum, āre 1.⟩ (*unkl.*) zerreiben, zerbröckeln

Frīsiī ⟨ōrum⟩ *m* die Friesen, *westgerm. Volk*

Frīsius ⟨a, um⟩ *Adj* friesisch

frit *indekl n* (*vkl.*) kleines Korn, Körnchen

frītilla ⟨ae⟩ *f* = ***fitilla***

fritillus ⟨ī⟩ *m* (*nachkl.*) *poet* Würfelbecher

fritinniō ⟨-, -, īre 4.⟩ (*unkl.*) zwitschern; *fig* quietschen

frīvola ⟨ōrum⟩ *n* ||frivolus|| (*nachkl.*)
1. *poet* armseliger Hausrat
2. *poet* nichts sagende Worte; Kleinigkeiten

frīvolus ⟨a, um⟩ *Adj* (*nachkl.*) *poet* armselig; läppisch, albern

frīxī → ***frigo*** *u.* → ***frigeo***

frondātor ⟨ōris⟩ *m* ||frons[1]|| Verg. Baumscherer; Winzer

frondeō ⟨-, -, ēre 2.⟩ ||*Denom von* frons[1]|| (*nachkl.*) *poet* belaubt sein, grünen; ***aurum frondens*** goldener Zweig

frondēscō ⟨-, -, ēscere 3.⟩ ||*Inkoh von* frondeo|| sich belauben, ausschlagen; ***arbores frondescunt*** die Bäume schlagen aus

frondeus ⟨a, um⟩ *Adj* ||frons[1]|| *poet* belaubt; ***tecta frondea*** Laubdächer = belaubte Bäume; ***cuspis frondea*** Zahnstocher aus Holz

frondi-fer ⟨fera, ferum⟩ *Adj* ||frons[1], fero|| (*vkl.*) *poet* belaubt

frondōsus ⟨a, um⟩ *Adj* ||frons[1]|| (*unkl.*) reich belaubt

▶ **frōns[1]** ⟨frondis⟩ *f*
1. Laub, Laubwerk; ***f. nigra*** Nadeln
2. (*nachkl.*) *Pl meton* belaubte Bäume
3. *meton* Laubkranz, *bes* Lorbeerkranz; ***f. funerea*** Totenkranz *aus Zypressenzweigen*

frōns[2] ⟨frontis⟩ *f*
1. Stirn *von Mensch u. Tier*; ***adversis frontibus*** Stirn gegen Stirn; ***frontem contrahere*** die Stirn runzeln; ***frontem remittere*** die Stirn glätten
2. Gesichtsausdruck; ***verissimā fronte*** mit aufrichtigstem Gesicht; ***pristina f.*** früherer Ernst; ***f. proterva*** freche Stirn, Frechheit; ***f. urbana*** Dreistigkeit des Städters; ***salvā fronte*** ohne Scham
3. *fig* Stirnseite, Vorderseite, Front; ***f. aedium*** Fassade; ***a fronte/in fronte*** von vorne; ***dextrā fronte*** auf dem rechten Flügel
4. GEOM Breitseite *einer Fläche*, Breite; ***mille pedes in fronte*** tausend Fuß breit
5. (*nachkl.*) *poet* Außenrand *einer Buchrolle*; ***frontes geminae*** die beiden äußeren Ränder; ***frontes pumice polire*** die Außenseiten mit einem Bimsstein glätten
6. Ov. erste Seite *einer Buchrolle*; ***versūs in prima fronte libelli praeponere*** Verse auf die erste Seite des Buches setzen
7. (*nachkl.*) *poet* das Äußere, der erste Anblick, Schein; ***utrum fronte an mente*** ob nur zum Schein oder wirklich; ***primā fronte multos decepit*** durch den ersten Schein hat er viele getäuscht

frontālia ⟨ium⟩ *n* ||frons[2]|| (*nachkl.*) Stirnschmuck *der Pferde*

Frontīnus ⟨ī⟩ *m vollständig S. Iulius Frontinus, Feldherr in Britannien u. Germanien, 97 n Chr. Direktor der röm. Wasserversorgung, 100 n Chr. Konsul, 101 n Chr. Prokonsul in Britannien, Verfasser eines Werkes über Wasserleitungen u. eines Buches über Feldmesskunst*

frontō ⟨ōnis⟩ *m* ||frons[2]|| der Breitstirnige

Frontō ⟨ōnis⟩ *m Beiname des M. Cornelius Fronto, Redner, Konsul 143 n Chr., Erzieher Marc Aurels*

fructa ⟨orum⟩ *n* (*mlat.*) Gutserzeugnisse

frūctuārius ⟨a, um⟩ *Adj* ||fructus|| (*unkl.*) fruchtbringend; ***ager f.*** Pachtzins einbringender Acker

frūctuōsus ⟨a, um⟩ *Adj, Adv* ⟨frūctuōsē⟩ ||fructus|| fruchtbar, ertragreich; *fig* einträglich, nützlich, ergiebig

frūctus ⟨ūs⟩ *m* ||fruor||
1. Nutznießung, Nutzung; ***f. animi*** *fig* geistiger Genuss; ***fructum capere ex re*** Genuss von etw haben
2. *konkr.* Ertrag; *Pl* Erzeugnisse *von Feld, Viehzucht u. Bergwerk*; ***fruges reliquique fructūs*** die Feldfrüchte und die übrigen Erträge; ***fructūs metallorum*** die Erträge der Bergwerke; ***fructūs ex arboribus*** Erträge der Obstbäume; ***fructum edere*** Ertrag geben
3. *konkr.* Kapitalzinsen, Renten
4. *fig* Gewinn, Erfolg, Nutzen, Vorteil; ***f. laborum*** Erfolg der Arbeiten; ***fructum capere*** Nutzen ziehen; ***fructum ferre*** Gewinn bringen

frūgālis ⟨e⟩ *Adj* ||frux||
1. (*nachkl.*) Frucht…; ***maturitas f.*** Fruchtreife
2. tauglich, ordnungsliebend, besonnen, solide, (*klass.*) *nur Komp*

frūgālitās ⟨ātis⟩ *f* ||frugalis||
1. (*nachkl.*) Vorrat an Früchten
2. Wirtschaftlichkeit, Ordnungsliebe, Sparsamkeit, Besonnenheit, solides Leben
3. RHET strenges Maßhalten, ***eloquentiae*** in der Rede

▶ **frūgēs** ⟨um⟩ *f* → ***frux***

frūgī *indekl* ||frux|| *adj gebraucht* wirtschaftlich, ordnungsliebend, sparsam, besonnen, solide; ***atrium f.*** einfaches Atrium

Frūgī *röm. Beiname*; → ***Calpurnius***

frūgi-fer ⟨fera, ferum⟩ *Adj u.* Lucr. **frūgi-ferēns** *Gen* ⟨entis⟩ *Adj* ||frux, fero|| fruchttragend, fruchtbar, ergiebig, (*klass.*) *nur vom Boden*; *fig* nutzbringend, *re* an etw; ***numen frugifera*** fruchtbringende Gottheit, = Ceres

frūgi-legus ⟨a, um⟩ *Adj* ||frux, lego[2]|| Ov. Früchte sammelnd

frūgi-parus ⟨a, um⟩ *Adj* ||frux, pario|| Lucr. fruchtbringend

frūmentāria ⟨ae⟩ *f* ||frumentarius|| (*erg.* ***actio***) Getreideverhandlung

frūmentārius

I ⟨a, um⟩ *Adj* ||frumentum||

1. den Proviant betreffend, die Versorgung betreffend, Getreide…, Korn…; ***navis frumentaria*** Getreideschiff; ***lex frumentaria*** Getreidegesetz; ***quaestus f.*** Getreidehandel; ***res frumentaria*** Verpflegung

2. getreidereich; ***provincia frumentaria*** getreidereiche Provinz

II ⟨ī⟩ *m*

1. Getreidehändler; *Pl* MIL Proviantkolonne

2. *seit Hadrian* Geheimagent, Polizeispitzel

frūmentātiō ⟨ōnis⟩ *f* ||frumentor||

1. das Getreideholen, Versorgung, Verproviantierung; *Pl* Proviantkolonnen

2. Getreideausgabe, Getreidespende

frūmentātor ⟨ōris⟩ *m* ||frumentor|| Liv. Getreidehändler, Getreidelieferant; MIL für die Versorgung zuständiger Offizier

frūmentor ⟨ātus sum, ārī 1.⟩ ||*Denom von* frumentum|| Getreide holen, Proviant holen, Futter holen; ***milites frumentatum mittere*** Soldaten zum Getreideholen schicken

▶ **frūmentum** ⟨ī⟩ *n* ||fruor||

1. Getreide *sowohl Saat als auch geerntetes Korn*, *bes* Korn; ***alicui frumentum imperare*** j-m die Lieferung von Getreide auferlegen

2. *Pl meton* Getreidearten; Getreidekörner

3. Versorgung mit Getreide, Proviant

frūnīscor ⟨frūnītus sum, frūnīscī 3.⟩ (*vkl., nachkl.*) genießen, *aliquid / re* etw

▶ **fruor** ⟨frūctus sum⟩ *u.* ⟨fruitus sum, fruī 3.⟩

1. *etw* genießen, sich an *etw* erfreuen, *re* (/(*altl.*)) *aliquid*; ***victoriā f.*** den Sieg genießen; ***amicitiae recordatione f.*** sich mit Vergnügen an die Freundschaft erinnern; ***in voluptatibus fruendis*** im Genuss der Vergnügungen; ***ad voluptates fruendas*** zum Genuss der Vergnügungen

2. den Umgang genießen, *aliquo* mit j-m; ***Attico f.*** den Umgang mit Atticus genießen

3. JUR die Nutznießung haben, *re* von etw; ***agrum fruendum locare*** ein Feld zum Nießbrauch verpachten; ***certis fundis f.*** vertraglich gesicherte Grundstücke nutzen

Frusinās

I *Gen* ⟨ātis⟩ *Adj* aus Frusino, zu Frusino *gehörig*.

II ⟨ātis⟩ *m* Einwohner von Frusino

Frusinō ⟨ōnis⟩ *m Stadt der Volsker od Herniker an der via Latina, sö. von Rom, heute Frosinone*

frustil(l)ātim *Adv* ||frustum|| Com. brockenweise, stückweise

▶ **frūstrā** *Adv*

1. (*vkl., nachkl.*) irrtümlich; ***frustra esse*** sich getäuscht sehen; ***frustra habere aliquem*** j-n in seiner Erwartung täuschen

2. vergeblich, nutzlos, umsonst; ***legati frustra discesserunt*** die Gesandten zogen ab ohne etw ausgerichtet zu haben; ***aliquid frustra habere*** etw vernachlässigen; ***frustra esse*** misslingen

3. zwecklos, grundlos; ***tempus frustra conterere*** Zeit zwecklos verstreichen lassen

frūstrāmen ⟨inis⟩ *f* ||frustro|| Lucr. Täuschung

frūstrātiō ⟨ōnis⟩ *f* ||frustro|| (*unkl.*)

1. Täuschung, Irreführung, Vorspiegelung

2. Vereitelung, *bes* das Hinhalten, absichtliche Verzögerung

frūstrātus ⟨ūs⟩ *m* ||frustro|| Täuschung; ***frustratui habere aliquem*** j-n zum Besten halten

frūstrō ⟨āvī, ātum, āre 1.⟩ ||frustra|| (*vkl., nachkl.*) hintergehen, täuschen, irreführen, hinhalten; *Passiv* Liv. vom Auge getäuscht werden = das Ziel verfehlen, danebenschießen

frūstror ⟨ātus sum, ārī 1.⟩ ||frustra||

1. = ***frustro***; ***spes me frustratur*** die Hoffnung täuscht mich

2. (*nachkl.*) *poet* vereiteln; ***improbas spes hominum d.*** die schändlichen Hoffnungen der Menschen vereiteln

frustulentus ⟨a, um⟩ *Adj* ||frustum|| voll von (Fleisch-)Stückchen; ***aqua frustulenta*** Plaut. Fleischbrühe

frustum ⟨ī⟩ *n*

1. Brocken, Bissen, Stückchen; *Pl* Fleischstückchen; ***f. pueri*** Plaut. du halbe Portion!

2. *Pl* allzu kleine Teile *in der log. Gliederung*

frutex ⟨icis⟩ *m*

1. (*unkl.*) Strauch, Busch, *meist Pl*; Strauchwerk, Gebüsch

2. Suet. Stammende mit frischen Trieben

3. (*vkl., nachkl.*) *Schimpfwort* Klotz, Dummkopf

fruticētum ⟨ī⟩ *n* ||frutex|| Gesträuch, Gebüsch

fruticō ⟨āvī, ātum, āre 1.⟩ (*nachkl.*) *u.* **fruticor** ⟨-, ārī 1.⟩ ||frutex|| (Zweige) treiben, ausschlagen

fruticōsus ⟨a, um⟩ *Adj* ||frutex|| (*nachkl.*)

1. voll Gebüsch

2. buschig; ***vimina fruticosa*** Weidengebüsch

▶ **frūx** ⟨frūgis⟩ *f* ||fruor||

1. Frucht *der Erde*; *meist Pl* Feldfrüchte, Hülsenfrüchte, Getreide; ***fruges medicatae*** Zauberkräuter; ***f. tosta*** Brot

2. *meton* Mehl, Opferschrot

3. *Sg u. Pl fig* Ertrag, Nutzen, Wert; ***fruges industriae*** Früchte des Fleißes; ***carmina expertia frugis*** Hor. Gedichte ohne lehrreichen Inhalt

4. *fig* moralische Tauglichkeit; ***ad bonam frugem se recipere*** sich bessern, vernünftiger werden

5. *Dat, adj gebraucht* = ***frugi***

fū *Interj* Plaut. pfui!

fuam fuās fuat … → ***fuo***

fūcina ⟨ōrum⟩ *n* ||fucus|| mit pflanzlichen Mitteln gefärbte Stoffe, *statt mit Purpur*

Fūcinus lacus *m größter in den Abruzzen gelegener See, gefürchtet wegen seiner Überschwemmungen; Versuche von Caesar u. Claudius den See abzuleiten schlugen fehl; heute Lago di Celano*

fūcō ⟨āvī, ātum, āre 1.⟩ ||*Denom von* fucus[1]||

1. (*nachkl.*) *poet* färben

2. schminken; ***colorem stercore crocodili f.*** Schminke aus Krokodilmist auftragen
3. *fig* aufputzen, (ver)fälschen

fūcōsus ⟨a, um⟩ *Adj* ||fucus[1]|| geschminkt; *fig* verfälscht, unecht, Schein...; ***amicitia fucosa*** vorgetäuschte Freundschaft

fūcus[1] ⟨ī⟩ *m* ||griech. Lw.||
1. (*nachkl.*) pflanzlicher Farbstoff
2. *meton* roter Farbstoff; Purpur; Verg. *rötliches* Bienenwachs; (*nachkl.*) rote Schminke
3. *fig falscher* Aufputz, Schein, Falschheit; ***fucum facere alicui*** j-n täuschen

fūcus[2] ⟨ī⟩ *m* (*unkl.*) Drohne

fūdī → ***fundo[2]***

fūfae *Interj* ||fu|| Plaut. pfui!

Fūfius ⟨a, um⟩ *Name einer pleb. gens*; ***Q. Fufius Calenus*** *Volkstribun 61 v. Chr., Legat Caesars*

► **fuga** ⟨ae⟩ *f*
1. Flucht, Entrinnen, *alicuius* j-s; ***f. Italiae*** Flucht durch Italien; ***fugā salutem petere*** sein Heil in der Flucht suchen; ***fugam alicuius facere*** *selten*: j-s Flucht verursachen, j-n in die Flucht schlagen, *meist*: die Flucht ergreifen; ***fugam capere/fugam petere/fugae se dare/fugae se mandare*** die Flucht ergreifen; ***in fuga/ex fuga*** auf der Flucht
2. *meton* Gelegenheit zur Flucht; Fluchtmittel, Fluchtweg; (*nachkl.*) Verwirrung bei der Flucht; ***alicui fugam claudere*** j-m den Fluchtweg abschneiden
3. (freiwillige) Verbannung, Exil; Ov. Verbannungsort
4. *fig* Scheu, Abneigung, *alicuius rei* vor etw, gegen etw; ***f. laborum*** Arbeitsscheu; ***f. dolorum*** Schmerzempfindlichkeit
5. *meton* Schnelligkeit, Eile, rascher Lauf; ***f. temporum*** das Dahineilen der Zeit; ***fugā*** in Eile

fugāx *Gen* ⟨ācis⟩ *Adj* ||fugio||
1. *von Personen u. Tieren* flüchtig, zum Fliehen geneigt, schnell fliehend, scheu; ***f. alicuius rei*** vor etw fliehend, etw vermeidend, etw verschmähend; ***f. ambitionis*** Ehrgeiz vermeidend
2. *poet* vor Männern fliehend, spröde
3. *fig* vergänglich

fūgī → ***fugio***

fugiēns *Gen* ⟨entis⟩ *Adj* ||fugio|| fliehend, *alicuius rei* vor etw; ***f. laboris*** arbeitsscheu

fugiō ⟨fūgī, fugitum, fugere 3.⟩

I
1. fliehen, entfliehen
2. forteilen, enteilen
3. in die Verbannung gehen
4. (ent)schwinden, vergehen

II
1. fliehen
2. entfliehen, entgehen
3. meiden, vermeiden
4. verschmähen, ablehnen
5. entgehen, unbekannt bleiben

I *v/i*
1. fliehen, entfliehen, entlaufen, entkommen; ***a crudelissimo hoste f.*** vor dem äußerst grausamen Feind fliehen; ***ex oppido f.*** aus der Stadt fliehen; ***ad aliquem f.*** zu j-m fliehen; ***a turpitudine f.*** sich von der Schändlichkeit fern halten
2. forteilen, enteilen, *auch von Sachen, z. B. Schiffen, Wagen, Wolken, Geschossen, Flüssen*; dem Blick enteilen, zurückweichen
3. (landes)flüchtig werden, in die Verbannung gehen; ***e patria f.*** aus der Heimat in die Verbannung gehen
4. *fig* (ent)schwinden, vergehen; ***tempus fugit*** die Zeit enteilt; ***vires fugiunt*** die Kräfte schwinden; ***vinum fugiens*** nicht lagerfähiger Wein; ***mensis fugit*** der Monat geht zu Ende; ***oculi fugiunt*** die Augen brechen

II *v/t*
1. fliehen, *aliquem/aliquid* vor j-m/vor etw
2. entfliehen, entgehen, entrinnen, *aliquem/aliquid* j-m/einer Sache; ***manūs avidas heredis f.*** den gierigen Händen des Erben entrinnen; ***vox fugit Moerim*** dem Moeris versagt die Stimme
3. *fig* meiden, vermeiden, ***conspectum multitudinis*** den Anblick der Menge
4. verschmähen, ablehnen, nicht mögen, *aliquem* j-n, + *Inf*; ***aliquem iudicem f.*** j-n als Richer ablehnen; ***iudicium senatūs f.*** das Urteil des Senats verwerfen
5. *j-s Wahrnehmung od Aufmerksamkeit* entgehen, unbekannt bleiben, unbemerkt bleiben, *aliquem/aliquid* j-m/einer Sache; ***aliquid alicuius scientiam fugit*** j-s Kenntnis entgeht etw; ***fugit aliquem*** + *Inf*/ + *AcI* j-m entgeht, dass, + *indir Fragesatz* j-m entgeht, ob; ***fūgit aliquem*** j-d hat vergessen, + *AcI*

fugitāns *Gen* ⟨antis⟩ *Adj* ||fugito|| (Ter., *spätl.*) fliehend, scheu; ***f. est litium*** Prozessieren ist ihm verhasst

► **fugitīvus**
I ⟨a, um⟩ *Adj* ||fugito|| flüchtig geworden, entflohen; ***servus f.*** entflohener Sklave; ***f. a iure et legibus*** außerhalb von Recht und Gesetz
II ⟨ī⟩ *m* Ausreißer, entflohener Sklave

fugitō ⟨āvī, ātum, āre 1.⟩ ||*Intens von* fugio||
I *v/i* (Ter., *spätl.*) eilig fliehen
II *v/t*
1. *fig* vermeiden, scheuen
2. (Ter., Lucr.) *fig* sich scheuen, + *Inf*

fugitor ⟨ōris⟩ *m* ||fugio|| Plaut. Ausreißer, Flüchtling

fugitum *PPP* → ***fugio***

► **fugō** ⟨āvī, ātum, āre 1.⟩ ||*Denom von* fuga||
1. in die Flucht schlagen; ***f. et fundere*** völlig schlagen
2. vertreiben, verjagen, verscheuchen, ***nubes*** Wolken
3. in die Verbannung treiben

fuī → ***sum*** *u.* → ***fuo***

fulcīmen ⟨inis⟩ *n* ||fulcio|| Ov. Pfeiler, Stütze

fulciō ⟨fulsī, fultum, fulcīre 4.⟩
1. stützen, emporhalten; ***caelum vertice f.*** den Himmel mit dem Nacken stützen; ***fultus re*** auf etw gestützt, auf etw lehnend, auf etw stehend
2. *poet* befestigen, verwahren, versperren; festtreten; ***ianuam serā f.*** die Tür mit einem Querbalken verrammeln; ***f. pedibus pruinas*** den Schnee mit den Füßen festtreten
3. *fig* aufrecht erhalten, nicht sinken lassen, unterstützen; ***rem publicam labentem f.*** den schwanken-

den Staat unterstützen; ***aliquem litteris f.*** j-n durch Briefe bestärken

fulci-pedia ⟨ae⟩ *f* ||fulcio, pes|| Petr. Trampel

fulcrum ⟨ī⟩ *n* ||fulcio|| (*spätl.*) *poet* Gestell des Bettes, Gestell des Speisesofas; Bett, Speisesofa

fulgēns *Gen* ⟨entis⟩ *Adj*, *Adv* ⟨fulgenter⟩ ||fulgeo|| (*nachkl.*) glänzend, strahlend, *auch fig*

► **fulgeō** ⟨fulsī, -, fulgēre 2.⟩

1. blitzen, *auch fig von einem Redner*; ***caelo fulgente*** wenn es blitzt; ***fulget*** es blitzt

2. *fig* glänzen, strahlen, funkeln, schimmern; ***aliquis fulget armis*** j-d funkelt vor Waffen

3. *vor anderen* glänzen, sich hervortun, *re* durch etw; ***f. in aliquo*** in j-m sich auf glänzende Weise zeigen; ***fulgebat iam in adulescentulo indoles virtutis*** Nep. schon in dem Jüngling zeigte sich strahlend die angeborene Tüchtigkeit

fulgētrum ⟨ī⟩ *n* ||fulgeo|| (*nachkl.*) Wetterleuchten

fulgidus ⟨a, um⟩ *Adj* ||fulgeo|| *poet* blitzend, schimmernd

fulgō ⟨-, -, ere 3.⟩ = ***fulgeo***

fulgor ⟨ōris⟩ *m* ||fulgeo||

1. das Blitzen, Blitz, Wetterleuchten; = ***fulgur***

2. heller Glanz, das Leuchten, Schimmer

3. *fig* Glanz, Ruhm, Auszeichnung

fulgur ⟨uris, *Abl auch* ere⟩ *n* ||fulgeo||

1. Blitz, Wetterleuchten; einschlagender Blitz; = ***fulmen***[1]

2. *fig* Glanz, Schimmer, das Funkeln

fulgurālis ⟨e⟩ *Adj* ||fulgur|| die Blitze betreffend; ***libri fulgurales*** Bücher über die Deutung und Sühnung der Blitze

fulgurāta ⟨ōrum⟩ *n* ||fulguratus|| vom Blitz getroffene Gegenstände

fulgurātiō ⟨ōnis⟩ *f* ||fulguro|| Sen. Wetterleuchten

fulgurātor ⟨ōris⟩ *m* ||fulguro||

1. (*vkl., Inschrift*) der Blitzeschleuderer

2. Blitze schleudernder Priester

fulgurātus ⟨a, um⟩ *Adj* ||fulguro|| Sen. vom Blitz getroffen

fulgurītus ⟨a, um⟩ *Adj* ||fulgur|| (*vkl., nachkl.*) vom Blitz getroffen

fulgurō ⟨āvī, ātum, āre 1.⟩ ||*Denom von* fulgur|| (*unkl.*) blitzen, *fig auch vom Redner u. von der Rede*; ***love tonante et fulgurante*** wenn es blitzt und donnert

fulica ⟨ae⟩ *f* (*nachkl.*) *poet* Wasserhuhn, Blässhuhn

fūlīgō ⟨inis⟩ *f*

1. Ruß, ***lucubrationum*** der Lampe bei den nächtlichen Studien

2. Iuv. Augenbrauenfarbe

fulix ⟨icis⟩ *f* = ***fulica***

fullō ⟨ōnis⟩ *f* (*vkl., nachkl.*) Tuchwalker, *auch obszön*

fullōnia ⟨ae⟩ *f* ||fullonius|| Tuchwalkerhandwerk

fullōnius ⟨a, um⟩ *Adj* ||fullo|| (*vkl., nachkl.*) zum Tuchwalker gehörig, *auch obszön*

► **fulmen**[1] ⟨inis⟩ *n* ||fulgeo||

1. Blitz, Blitzschlag, leuchtender Blitz; ***Iuppiter fulmina iacit*** Jupiter schleudert Blitze; ***fulmine percuti*** vom Blitz getroffen werden

2. Ov. *fig* feuriger Hauch, glühender Atem

3. *fig* zerschmetternder Schlag, unwiderstehliche Kraft; ***f. fortunae*** Schicksalsschlag

4. *fig* harte Strafe

5. *meton* starker Kriegsheld; ***duo fulmina imperii nostri*** die zwei starken Kriegshelden unseres Reiches

fulmen[2] ⟨inis⟩ *n* ||fulcio|| *fig* Stütze

fulmenta ⟨ae⟩ *f* ||fulcio|| (*nachkl.*) Stütze; Plaut. Schuhabsatz

fulminātiō ⟨ōnis⟩ *f* ||fulmino|| Sen. das Blitzeschleudern, Blitz

fulmineus ⟨a, um⟩ *Adj* ||fulmen[1]||

1. *poet* Blitz…; ***ictus f.*** Blitzschlag

2. *fig* mörderisch, vernichtend

fulminō ⟨āvī, ātum, āre 1.⟩ ||*Denom von* fulmen||

I *v/i* blitzen, wie ein Unwetter toben; ***fulminat*** es blitzt

II *v/t* mit dem Blitz treffen, *auch fig*

fulsī → ***fulcio*** *u.* → ***fulgeo***

fultūra ⟨ae⟩ *f* ||fulcio|| (*nachkl.*) *poet* Stütze; *fig* Stärkung *des Leibes durch Speise*

fultus ⟨a, um⟩ *PPP* → ***fulcio***

Fulviaster ⟨strī⟩ *m* ein zweiter Fulvius *im Lügen*

Fulvius ⟨a, um⟩ *Name einer pleb. gens aus Tusculum*

1. ***M. Fulvius Nobilior*** *besiegte als Konsul 189 v. Chr. den Ätolischen Bund; Kunstliebhaber u. Gönner des Ennius*

2. ***M. Fulvius Flaccus*** *Konsul 125 v. Chr., Anhänger der Gracchen*

3. ***M. Fulvius Bombalio*** *Vater der Fulvia, der Todfeindin Ciceros*

fulvor ⟨ōris⟩ *m* ||fulvus|| Catul. das Rotgelb

fulvus ⟨a, um⟩ *Adj* (*nachkl.*) *poet* braungelb, rotgelb, bräunlich, blond; funkelnd

fūmārium ⟨ī⟩ *n* ||fumus|| (*nachkl.*) *poet* Rauchkammer

fūmeus ⟨a, um⟩ *Adj* ||fumus|| *poet* rauchig, in Rauch aufbewahrt

fūmidus ⟨a, um⟩ *Adj* ||fumus|| *u.* **fūmi-fer** ⟨fera, ferum⟩ *Adj* ||fumus, fero|| *poet* Rauch bringend, rauchend, dampfend

fūmificō ⟨-, -, āre 1.⟩ ||*Denom von* fumificus|| räuchern

fūmi-ficus ⟨a, um⟩ *Adj* ||fumus, facio|| (*vkl.*) *poet* Rauch machend, rauchend, dampfend

fūmigō ⟨āvī, ātum, āre 1.⟩ ||fumus, agere||

I *v/i* rauchen

II *v/t* räuchern

fūmō ⟨āvī, ātum, āre 1.⟩ ||*Denom von* fumus|| rauchen, dampfen, qualmen, *re* von etw; ***arae sacrificiis fumant*** die Altäre rauchen von den Opfergaben; ***domus fumabat*** der Schornstein rauchte; ***campi pulvere fumant*** *fig* die Felder stauben

fūmōsus ⟨a, um⟩ *Adj* ||fumus||

1. (*vkl.*) *poet* voll Rauch, dampfend, qualmend

2. verräuchert, rauchgeschwärzt, rußig; ***imagines fumosae*** rauchgeschwärzte Ahnenbilder

► **fūmus** ⟨ī⟩ *m*

1. Rauch, Dampf, Qualm; *Pl* Rauchwolken, Dampfwolken, Nebel; ***fumo atque ignibus significare*** Rauch- und Feuerzeichen geben

2. Plaut. *fig* dummes Geschwätz, Unsinn

3. *Redensarten*: ***fumum vendere*** Rauch verkaufen = mit leeren Vorspiegelungen abspeisen; ***aliquid in fumum et cinerem vertere*** etw in Rauch aufgehen

F

lassen, etw verprassen; ***flamma fumo proxima est*** wo Rauch ist, ist auch Feuer
4. ***fumi Massiliae*** Mart. *meton* geräucherter Wein aus Massilia

fūnāle ⟨is⟩ *n* ||funalis||
1. Liv. Strick, Schnur *an der Schleuder*
2. Pechfackel, Wachsfackel; Kerzenleuchter, Kronleuchter

fūnālis ⟨e⟩ *Adj* ||funis||
1. zum Seil gehörig, zum Strick gehörig; aus einem Seil gemacht; ***cereus f.*** Wachsfackel
2. an der Leine gehend; ***equus f.*** Handpferd

fūn-ambulus ⟨ī⟩ *m* ||funis, ambulo|| (*vkl., nachkl.*) Seiltänzer

fūnctī ⟨ōrum⟩ *m* ||fungor|| die Vollendeten, die Toten; = ***defuncti***

fūnctiō ⟨ōnis⟩ *f* ||fungor|| Verrichtung, Besorgung

fūnctus ⟨a, um⟩ *PPerf* → ***fungor***

funda ⟨ae⟩ *f*
1. Schleuder; ***lapides fundā mittere*** Steine mit der Schleuder werfen
2. *meton* geschleudertes Geschoss, Schleuderstein
3. Verg. *fig trichterförmiges, mit Bleikugeln beschwertes* Wurfnetz *zum Fischen*
4. (Plaut., *spätl.*) Geldsäckchen, Geldbeutel

fundāmen ⟨inis⟩ *n* ||fundo[1]|| (*spätl.*) *poet* Grundlage

▶ **fundāmentum** ⟨ī⟩ *n* ||fundo[1]|| Unterbau, Grund, Fundament; *fig* Grundlage, Grund; ***fundamentum iacere alicui rei/alicuius rei*** den Grundstein legen zu etw; ***pietas f. est omnium virtutum*** die Gottesfurcht ist die Grundlage aller Tugenden

Fundānus
I ⟨a, um⟩ *Adj* aus Fundi, zu Fundi gehörig
II ⟨ī⟩ *m* Einwohner von Fundi

fundātor ⟨ōris⟩ *m* ||fundo[1]|| (*nachkl.*) *poet* Gründer

fundātus ⟨a, um⟩ *Adj* ||fundo[1]|| fest gegründet

Fundī ⟨ōrum⟩ *m Stadt im S Latiums, an der via Appia, heute Fondi*

funditō ⟨-, -, āre 1.⟩ ||*Intens von* fundo[2]|| (*vkl., nachkl.*) hinschleudern, niederstrecken; *fig* über die Lippen kommen lassen

funditor ⟨ōris⟩ *m* ||funda|| Schleuderer

funditus *Adv* ||fundus||
1. von Grund auf; *fig* gänzlich, völlig
2. Lucr. im Grunde, in der Tiefe; Catul. im Innersten

fundō[1] ⟨āvī, ātum, āre 1.⟩ ||*Denom von* fundus||
1. (*vkl.*) *poet* mit einem Boden versehen; ***robora fundatura naves*** Eichenholz für den Boden der Schiffe
2. *fig* gründen, begründen; ***urbem f.*** eine Stadt gründen; ***navem ancorā f.*** ein Schiff mit dem Anker am Grund festmachen
3. *fig* festigen, befestigen, sichern; ***pecuniam villis f.*** Geld in Landhäusern anlegen

fundō[2] ⟨fūdī, fūsum, fundere 3.⟩

1. (aus)gießen, ausfließen lassen
2. ausschütten, ausstreuen
3. flüssig machen, schmelzen
4. schleudern
5. im Überfluss strömen lassen, vergeuden
6. benetzen
7. ausströmen lassen
8. hören lassen
9. hervorbringen, erzeugen
10. ausbreiten, verbreiten
11. vertreiben
12. niederwerfen, zu Boden strecken

1. *Flüssiges* (aus)gießen, ausfließen lassen, vergießen; ***sanguinem/fletūs f.*** Blut/Tränen vergießen; *Passiv* sich ergießen, fließen, strömen
2. *Festes* ausschütten, ausstreuen; ***segetem in Tiberim f.*** Liv. die Saat in den Tiber schütten; ***nuces f.*** Nüsse ausschütten; ***homines per agros fusi*** über die Felder verstreute Menschen; ***crines fusi*** herabwallende Haare
3. *fig Festes* flüssig machen, schmelzen; *aus Erz* gießen; ***aera f.*** Erz schmelzen
4. *fig Geschosse* schleudern; ***tela in hostes f.*** Geschosse gegen die Feinde schleudern; ***convicia f. in aliquem*** *fig* Beschimpfungen über j-n ausgießen
5. *fig* im Überfluss strömen lassen, vergeuden, verschwenden, ***opes*** Geldmittel
6. Tib. *fig* benetzen, ***tempora multo mero*** die Schläfen mit viel Wein
7. ausströmen lassen
8. hören lassen, ***sonos*** Töne
9. hervorbringen, erzeugen, gebären; ***terra fruges fundit*** die Erde bringt Früchte hervor; ***ex utero f.*** gebären
10. ausbreiten, verbreiten; *fig* ausführlich darstellen; *Passiv u.* ***se f.*** sich ausbreiten, sich ausdehnen; ***vitis in omnes partes se fundit*** der Weinstock breitet sich nach allen Seiten aus
11. *feindlich* vertreiben; ***hostes fugare atque f.*** die Feinde völlig schlagen; ***fusus*** besiegt
12. (*nachkl.*) *poet* niederwerfen, zu Boden strecken; *Passiv* sich niederlegen, sich lagern

▶ **fundus** ⟨ī⟩ *m*
1. Grund, Boden *eines Gefäßes od Gegenstandes*; ***f. armarii*** Boden eines Schrankes; ***f. maris*** Meeresgrund; ***fundo*** von Grund auf; ***f. collis*** Grundfläche eines Hügels
2. *fig* Maß und Ziel, Grenze; ***largitio fundum non habet*** die Freigebigkeit hat keine Grenze
3. JUR Autorität; ***fundum fieri legis/legi*** ein Gesetz bestätigen
4. *meton* Grundstück, Landgut; Grundbesitz
5. Mart. *meton* Trinkgefäß, Becher

fūnebria ⟨ium⟩ *n* ||funebris|| Leichenbegängnis

fūnebris ⟨e⟩ *Adj u.* **fūnereus** ⟨a, um⟩ *Adj* ||funus||
1. zum Leichenbegängnis gehörig, Leichen…, Toten…; ***frons f.*** Totenkranz *aus Zypressenzweigen*; ***epulum funebre*** Leichenmahl
2. *fig* todbringend; ***sacra funebria*** Menschenopfer; ***bubo f.*** todverkündender Uhu
3. verderblich, unheilvoll

fūnerō ⟨āvī, ātum, āre 1.⟩ ||funus|| (*nachkl.*)
1. *poet* bestatten
2. *poet* töten

fūnēstō ⟨āvī, ātum, āre 1.⟩ ||*Denom von* funestus|| *durch Blutvergießen* beflecken, entweihen, ***templa hostiis humanis*** die Tempel durch Menschenopfer

fūnestus ⟨a, um⟩ *Adj* ||funus||
1. (*nachkl.*) *poet* durch eine Leiche befleckt

2. Liv. in Trauer versetzt
3. *poet* tödlich, mörderisch, blutdürstig
4. trauervoll, unheilvoll, unselig, *alicui/alicui rei* für j-n/für etw

fungīnus ⟨a, um⟩ *Adj* ||fungus|| Plaut. von Pilzen, Pilz…

▸ **fungor** ⟨fūnctus sum, fungī 3.⟩
1. verwalten, verrichten, besorgen, ausführen, vollbringen, *re/aliquid* etw; ***munere f.*** ein Amt verwalten; ***honoribus f.*** Ehrenämter bekleiden; ***sacris f.*** Opfer darbringen; ***dapibus f.*** Mahl halten, das Mahl beenden; ***lacrimis f.*** weinen; ***sepulcro f.*** begraben; ***morte/vitā f.*** sterben; ***Nestor ter aevo functus*** Nestor, der drei Menschenalter sah; ***stipendio functum esse*** ausgedient haben; ***f. militare munus*** eine militärische Aufgabe erfüllen; ***virtute f.*** Tüchtigkeit an den Tag legen; ***gaudio f.*** Freude bezeigen
2. (*nachkl.*) *pej* erleiden, überstehen, *re/aliquid* etw; ***laboribus f.*** Strapazen überstehen; ***fato f.*** den Tod erleiden
3. *von Personen u. Sachen* erlangen, finden, *re/aliquid* etw; ***fato suo fungi*** sein Lebensziel erreichen

fungus ⟨ī⟩ *m* ||griech. Lw.||
1. Pilz; Plaut. *als Schimpfwort* Dummkopf
2. Lichtschnuppe *am Docht der Öllampe*

fūniculus ⟨ī⟩ *m* ||*Dim von* funis|| dünnes Seil, Schnur

fūnis ⟨is⟩ *m* Seil, Tau, Strick, Leine; ***f. ancorarius*** Ankertau; ***per extentum funem ire*** als Seiltänzer auftreten; ***funem ducere*** befehlen, herrschen; ***funem sequi*** gehorchen, dienen; ***funem reducere*** seine Meinung ändern; ***ne currente retro f. eat rotā*** Hor. damit der Spieß sich nicht umdreht

▸ **fūnus** ⟨eris⟩ *n*
1. Leichenbegängnis, Bestattung, Leichenfeier, Leichenzug; ***paterno funeri iusta solvere*** dem Vater die letzte Ehre erweisen; ***f. ducitur*** der Leichenzug setzt sich in Bewegung
2. *Pl* Gebräuche bei der Leichenfeier; *poet* großes Sterben
3. *meton* Totenbahre
4. *meton* Leiche, Leichnam, *auch* Tierleiche
5. *Pl* die Schatten der Toten, die Manen
6. Tod; Totschlag, Mord; ***sub ipsum funus*** schon dem Tod nah; ***funera edere*** morden; ***genti funera movere*** ein Blutbad anrichten
7. *fig von Sachen* Grab, Untergang, Verderben; ***lacrimosa funera Troiae*** der viel beweinte Untergang Trojas
8. *meton* Zerstörer, ***rei publicae*** des Staates

▸ **fuō** ⟨fuī, futūrus, fore 0.⟩
1. (*vkl., nachkl.*) werden, (*klass.*) *nur fore*; *auch* geschehen werden
2. sein *als Ergänzung zu esse*
3. *Konjkt Imperf* ***forem, fores … = essem, esses …***; Plaut. *auch* = ***fuissem, fuisses …***
4. *Konjkt Präs* ***fuam, fuas … = sim, sis …***
5. *Inf Fut* ***fore = futurum esse***
6. ***futurus*** zukünftig
7. ***fore*** (*mlat.*) = ***esse***; → ***sum***; = ***fieri***

▸ **fūr** ⟨fūris⟩ *m u. f* Dieb, Diebin; *als Schimpfwort* Schurke, Spitzbube

fūrātim *Adv* ||fur|| Plaut. diebischerweise

fūrāx *Gen* ⟨ācis⟩ *Adj, Adv* ⟨fūrāciter⟩ ||furor²|| diebisch; ***homo f.*** diebischer Mensch

furca ⟨ae⟩ *f*
1. zweizackige Gabel, Heugabel, Mistgabel; ***furcā expellere*** *fig* mit aller Gewalt austreiben
2. gabelförmiger Stützpfahl
3. Gabelholz, Halsblock, *bei Auspeitschung u. Kreuzigung von Sklaven u. Verbrechern benutzt*; ***ire sub furcam*** in Knechtschaft geraten
4. Plaut. Trageholz, Tragegerät *für Lasten*

F

furci-fer ⟨ferī⟩ *m* ||furca, fero|| „Gabelholzträger", *Schimpfwort für Sklaven, etwa* Galgenstrick

furcifera ⟨ae⟩ *f* ||furcifer|| Petr. männliches Glied, Penis

furcilla ⟨ae⟩ *f* ||*Dim von* furca|| kleine Gabel, Heugabel; Stützstange

furcillō ⟨-, -, āre 1.⟩ ||*Denom von* furcilla|| Plaut. mit der Gabel bearbeiten

furcula ⟨ae⟩ *f* ||*Dim von* furca|| gabelförmiger Stützpfahl; *Pl meton* gabelförmiger Engpass; ***Furculae Caudinae*** das kaudinische Joch, *Niederlage der Römer im zweiten Samniterkrieg unter den Konsuln T. Venturius u. Spurius Postumius, 321 v. Chr.*

furenter *Adv* ||furo|| rasend, wütend

furfur ⟨furis⟩ *m* (*unkl.*) Kleie

furia ⟨ae⟩ *f* ||furo||
1. Wut, Raserei, Wahnsinn; ***furias concipere*** in Wut geraten
2. Liebeswut, Liebesleidenschaft; Brunst
3. Verzückung, Begeisterung
4. *meton von Personen* fluchbeladener Mensch, böser Dämon

Furia ⟨ae⟩ *f* Furie, Rachegöttin; *Pl* Furien, Rachegöttinnen, *mit den griech. Erinnyen verschmolzen, den Töchtern der Erde od der Nacht, den unterirdischen Rächerinnen allen Unrechts, bes der Frevel gegen die Bande des Blutes, alicuius* für j-n *od* gegen j-n; ***Furiae sororis*** die Furien, die das an der Schwester begangene Verbrechen bestrafen; die Furien, die das von der Schwester begangene Verbrechen bestrafen

furiālis ⟨e⟩ *Adj, Adv* ⟨furiāliter⟩ ||furia||
1. wütend, wahnsinnig, (bacchantisch) begeistert; ***malum furiale*** entsetzliches Unglück
2. in Raserei versetzend
3. zu den Furien gehörig, Furien…

Fūriānī ⟨ōrum⟩ *m* Soldaten des Camillus; → ***Furius***

furiātus ⟨a, um⟩ *Adj* = ***furiosus***

furibundus ⟨a, um⟩ *Adj* ||furo|| wütend, rasend; begeistert

Furīna ⟨ae⟩ *f röm. Göttin unbekannter Funktion, schon z. Zt. des M. T. Varro kaum mehr bekannt, doch war ihr ein Hain mit Heiligtum auf dem Ianiculus geweiht, Fest am 25. Juli; von Cicero fälschlich mit den Furien in Verbindung gebracht*

fūrīnus ⟨a, um⟩ *Adj* ||fur|| Plaut. Diebes…

furiō ⟨āvī, ātum, āre 1.⟩ ||*Denom von* furia|| wütend machen, rasend machen

furiōsus ⟨a, um⟩ *Adj, Adv* ⟨furiōsē⟩ ||furia|| wütend, rasend, leidenschaftlich; ***mulier furiosa*** leidenschaftliche Frau; ***cupiditas furiosa*** rasende Begierde

Fūrius ⟨a, um⟩ *Name einer patriz. gens*; ***M. Furius***

Camillus *Eroberer von Veii 396 v. Chr. u. Falerii 394 v. Chr., Sieger über die Gallier 390 v. Chr.*
furnāria ⟨ae⟩ *f* ||furnus|| Bäckerei
furnus ⟨ī⟩ *m* (*unkl.*) Ofen, *bes* Backofen, Backhaus
► **furō** ⟨-, -, furere 3.⟩
1. (*nachkl.*) *poet* dahinstürmen, sich stürzen; *fig* wüten, rasen, toben, *abs od re* vor etw, durch etw, von etw, + *Inf* / + *AcI*, ***libidinibus*** vor Leidenschaften; ***furorem f.*** die Wut austoben; ***id f.*** darüber toben; ***in aliquem / contra aliquid f.*** gegen j-n / gegen etw rasen; ***Clodius furebat se vexatum esse*** Clodius war wütend darüber, dass er angegriffen worden war; ***Tydides furit te reperire*** Tydides sucht dich mit rasender Wut
2. (*nachkl.*) *fig* rasend verliebt sein, *aliquo / in aliquo* in j-n
3. *fig prophetisch od bacchantisch* begeistert sein, entzückt sein, schwärmen
► **furor**[1] ⟨ōris⟩ *m* ||furo||
1. Wut, Raserei, Wahnsinn, blinde Leidenschaft, Verblendung; *Pl* Wutausbrüche, Zornesausbrüche
2. *meton* Kampfwut
3. Erbitterung, Grimm
4. Liebeswahn(sinn), Geilheit; *meton* Geliebte; *Pl* Liebesgeschichten
5. (*nachkl.*) Gier *nach Besitz*
6. *prophetische od bacchantische* Begeisterung; ***sine furore poeta esse non potest*** ohne Begeisterung kann man nicht Dichter sein
fūror[2] ⟨ātus sum, ārī 1.⟩ ||*Denom von* fur||
1. stehlen, heimlich entwenden, *abs od alicui / ab aliquo aliquid* j-m etw
2. *fig* erschleichen; ***alicuius speciem f.*** heimlich j-s Gestalt annehmen
3. (*nachkl.*) *poet* entziehen, *alicui aliquid* j-m etw; ***patri equos f.*** die Pferde vor dem Vater verbergen
4. Tac. *poet* Handstreiche ausführen
Furor ⟨ōris⟩ *m* Rachegeist, Schreckgespenst; Furor, *personifizierte Kampfwut, im Gefolge des Mars*
Furrīna ⟨ae⟩ *f* = ***Furina***
fūrti-ficus ⟨a, um⟩ *Adj* ||furtum, facio|| Plaut. diebisch
fūrtim *Adv* ||fur|| verstohlen, heimlich, unversehens
fūrtīvus ⟨a, um⟩ *Adj, Adv* ⟨fūrtīvē⟩ ||furtum||
1. (*unkl.*) gestohlen, entwendet
2. *fig* verstohlen, heimlich; ***victoria furtiva*** erschlichener Sieg; ***vir f.*** heimlicher Liebhaber
fūrtum ⟨ī⟩ *n* ||fur||
1. Diebstahl; ***furtum facere*** einen Diebstahl verüben
2. *meton* gestohlenes Gut, Raub; ***furtum ligurrire*** heimlich naschen
3. Heimlichkeit, heimliche Liebschaft, heimliche Verabredung; ***f. tori*** Ehebruch
4. Hinterlist, Gaunerei; *Pl* Schliche; ***furto*** heimlich, verstohlen
5. MIL Handstreich, Kriegslist
6. geheimer Vorwand
fūrtus ⟨ūs⟩ *m* ||fur|| luv. Diebstahl
fūrunculus[1] ⟨ī⟩ *m* ||*Dim von* fur|| kleiner Dieb, elender Spitzbub
fūrunculus[2] ⟨ī⟩ *m* MED akutes eitriges Geschwür
furvus ⟨a, um⟩ *Adj* (*nachkl.*) *poet* dunkel, schwarz, finster; ***equus f.*** Rappe; ***alae furvae*** die Flügel des Schlafes
fuscina ⟨ae⟩ *f* Dreizack
fuscō ⟨āvī, ātum, āre 1.⟩ ||*Denom von* fuscus|| (*nachkl.*) *poet* schwärzen, bräunen
fuscus ⟨a, um⟩ *Adj*
1. dunkel, schwärzlich, schwarzbraun, schwarzgelb, schwarzgrau; ***lanterna fusca*** undurchsichtige Laterne
2. *vom Ton* dumpf, heiser; ***vox fusca*** heisere Stimme
fūsilis ⟨e⟩ *Adj* ||fundo[2]|| geschmolzen, gegossen, flüssig
fūsiō ⟨ōnis⟩ *f* ||fundo[2]|| Ausguss, Ausfluss; *fig* Verbreitung
fūstis ⟨is, *Abl* e⟩ *u.* ***ī f*** Stock, Prügel; *Pl* Knüppelholz; ***aliquem fusti male percutere*** j-n böse verprügeln
fūsti-tudīnus ⟨a, um⟩ *Adj* ||fustis, tundo|| Plaut. mit dem Stock schlagend; ***insula fustitudina*** *hum* Arbeitshaus
fūstuārium ⟨ī⟩ *n* ||fustis|| MIL das Totprügeln *als Strafe für Fahnenflucht u. Ä*
fūsus[1] ⟨ī⟩ *m* (*nachkl.*) *poet* Spindel *bes der Parzen*
fūsus[2] ⟨a, um⟩ *Adj, Adv* ⟨fūsē⟩ ||fundo[2]||
1. lang hingestreckt
2. *von Sachen* ausgedehnt
3. *von Haar u. Kleidung* wallend, fliegend; ***toga fusa*** übermäßig weite Toga
4. *von der Rede* ruhig, gleichmäßig; *von Personen u. Sachen* ausführlich, weitläufig, redselig
fūsus[3] ⟨a, um⟩ *PPP* → ***fundo***[2]
fūtātim *Adv* Plaut. reichlich, häufig
fūtilis
I ⟨e⟩ *Adj, Adv* ⟨fūtile⟩
1. durchlässig; ***canis f.*** nicht stubenreiner Hund; ***glacies f.*** zerbrechliches Eis
2. *fig von Personen u. Sachen* unzuverlässig, nichtig, wertlos, vergeblich; *Adv* eitel, unnütz
II ⟨is⟩ *m* unzuverlässiger Mensch
fūtilitās ⟨ātis⟩ *f* Nichtigkeit, leeres Geschwätz
fūttilis ⟨e⟩ *Adj u.* ⟨is⟩ *m* = ***futilis***
fūttilitās ⟨ātis⟩ *f* = ***futilitas***
futuō ⟨futuī, futūtum, futuere 3.⟩ *vulg* Geschlechtsverkehr haben, *aliquam* mit einer Frau
futūrus ⟨a, um⟩ *Part Fut* → ***fuo***
futūtiō ⟨ōnis⟩ *f* ||futuo|| Geschlechtsverkehr
futūtor ⟨ōris⟩ *m* ||futuo|| Mart. Beischläfer
futūtrīx ⟨trīcis⟩ *f* ||fututor|| Mart. lesbische Frau, *auch adj* lüstern, geil

G

G g *erst 234 v. Chr. ins röm. Alphabet aufgenommener Buchstabe, vorher durch C wiedergegeben: cratia → gratia; Abk:*
1. = ***Gaius***
2. *nach Legionszahlen* = ***Gallica*** gallisch, = ***Gemina*** Doppel…
3. ***G. I.*** = ***Germania inferior*** Niedergermanien; → ***Germania***
4. ***G. L.*** = ***Genio loci*** dem Schutzgeist des Ortes
5. ***G. P. R. F.*** = ***Genio populi Romani feliciter*** *Beschwörungsformel, etwa* Heil dir, Römisches Volk
6. ***G. S.*** = ***Germania Superior*** Obergermanien; → ***Germania***

Gabalī ⟨ōrum⟩ *m kelt. Stamm in den Cevennen*

gabata ⟨ae⟩ *f* ||orient. Fw.|| Mart. Schale, Schüssel

Gabiī ⟨ōrum⟩ *m Stadt ö. von Rom, an der via Praenestina, früh verfallen, unbedeutende Ruinen*

Gabīnius ⟨a, um⟩ *Name einer pleb. gens;* ***A. Gabinius*** *Volkstribun 67 v. Chr.;* ***lex Gabinia*** Gabinischer Gesetzesantrag, *Antrag auf Übertragung des Oberbefehls gegen die Seeräuber an Pompeius*

Gabīnus
I ⟨a, um⟩ *Adj* aus Gabii, zu Gabii gehörig; ***via Gabina*** Straße nach Gabii
II ⟨ī⟩ *m* Einwohner von Gabii

Gādēs ⟨ium⟩ *f alte phönikische Stadt im SW von Spanien, heute Cádiz*

Gādītānae ⟨ārum⟩ *f* Tänzerinnen aus Gades

Gādītānus ⟨a, um⟩ *Adj* aus Gades, zu Gades gehörig

Gādītānus ⟨ī⟩ *m* Einwohner von Gades

gaesum ⟨ī⟩ *n [gall. Fw.] schwerer* Wurfspieß *der Gallier*

Gaetūlī ⟨ōrum⟩ *m Nomadenvolk in Nordafrika, zwischen Kleiner Syrte u. Atlantischem Ozean*

Gaetūlus ⟨a, um⟩ *Adj poet* afrikanisch

Gaia ⟨ae⟩ *f* Quint. *Bezeichnung für* Braut *bei Hochzeiten*

Gaiānus ⟨a, um⟩ *Adj* des Gaius, zu Gaius gehörig

Gaius ⟨ī⟩ *m*
1. *röm. Vorname, abgek C., auch G., Vok Gai*
2. Quint. *Bezeichnung für* Bräutigam *bei Hochzeiten*
3. *Jurist, wahrscheinlich z. Zt. der Kaiser Hadrian u. Marc Aurel, Verfasser einer bis ins MA. u. in die Neuzeit bedeutenden Sammlung von Rechtsvorschriften*
4. *bei nachaugusteischen Historikern* = Kaiser Caligula

Galaesus ⟨ī⟩ *m kleiner Fluss bei Tarent*

Galatae ⟨ārum⟩ *m* die Galater, *um 275 v. Chr. nach Kleinasien eingewanderte Gallier;* → ***Galatia***

Galatēa ⟨ae⟩ *f Nereide, von Polyphem vergeblich umworben*

Galatia ⟨ae⟩ *f* ||Galatae|| Galatien, *Landschaft ö. des Halys bis an die Grenzen von Pamphylien u. Kilikien, seit 25 v. Chr. röm. Provinz*

galba ⟨ae⟩ ||gall. Lw.||
I *f* Suet. Larve des Eschenspinners, *die sich in den Eschenstamm bohrt.*
II *m* Suet. Schmerbauch

Galba ⟨ae⟩ *m Beiname der gens Sulpicia;* ***Sergius Sulpicius Galba*** *röm. Kaiser 68–69 n. Chr.*

galbaneus ⟨a, um⟩ *Adj* ||galbanum|| aus Galban, von Galban

galbanum ⟨ī⟩ *n* ||semitisch-griech. Lw.|| Galban, *wohlriechendes Harz*

galbeum ⟨ī⟩ *n u.* **galbeus** ⟨ī⟩ *m* (*vkl., nachkl.*) mit Heilmitteln getränkte Binde

Galbiānī ⟨ōrum⟩ *m* die Anhänger des Galba

galbinātus ⟨a, um⟩ *Adj* ||galbinus|| Mart. modisch gekleidet, wie eine Frau gekleidet

galbinum ⟨ī⟩ *n* ||galbinus|| grüngelbes Modegewand *für Männer*

galbinus ⟨a, um⟩ *Adj* ||gall. Lw.|| (*nachkl.*) *poet* grüngelb; *fig* modisch, weichlich

galbulus ⟨ī⟩ *m* (*nachkl.*) *poet Vogel mit grüngelbem Gefieder, vielleicht* Goldammer

galea ⟨ae⟩ *f* ||griech. Lw.|| Lederhelm, *mit Metall beschlagen*

galeātus ⟨a, um⟩ *Adj* ||galea|| mit Helm; ***Minerva galeata*** die helmgeschmückte Minerva

Galēnus ⟨ī⟩ *m aus Pergamon, Leibarzt des Kaisers Marc Aurel, Autorität des Altertums, gest. um 200 n. Chr.*

galeō ⟨āvī, ātum, āre 1.⟩ ||*Denom von* galea|| (*nachkl.*) den Helm aufsetzen, mit dem Helm bedecken

galeōtae ⟨ārum⟩ *m* Wahrsager *in Sizilien*

galēriculum ⟨ī⟩ *n* ||*Dim von* galerum|| (*nachkl.*) *poet* kleine Fellkappe, kleine Perücke

galērītus ⟨a, um⟩ *Adj* ||galerum|| (*unkl.*) mit einer Fellkappe bedeckt

galērum ⟨ī⟩ *n u.* **galērus** ⟨ī⟩ *m* ||griech. Fw.|| Pelzkappe; *fig* Perücke

Galilaea ⟨ae⟩ *f Landschaft im N von Palästina*

Galilaeī ⟨ōrum⟩ *m* die Galiläer, die Einwohner von Galiläa

galla ⟨ae⟩ *f* Gallapfel

Galla[1] ⟨ae⟩ *f* ||Gallus|| Gallierin

Galla[2] ⟨ae⟩ *f* ||Gallus|| *hum* Priester der Kybele, *da diese Priester entmannt waren*

Gallaecī ⟨ōrum⟩ *m* die Einwohner von Gallaecia

Gallaecia ⟨ae⟩ *f Landschaft im NW Spaniens, heute Galicia*

Gallī[1] ⟨ōrum⟩ *m* die Gallier, *lat. Gesamtname aller kelt. Stämme, bes im heutigen Frankreich, Belgien u. Oberitalien*

Gallī[2] ⟨ōrum⟩ *m* die Priester der Kybele, *die entmannt waren*

Gallia ⟨ae⟩ *f* ||Galli[1]|| Gallien; ***G. cisalpina / citerior*** das diesseitige Gallien, *von Rom aus gesehen diesseits der Alpen* = Oberitalien, *zerfiel in zwei Teile:* ***G. cispadana*** das Gallien diesseits des Po; ***G. transpadana*** das Gallien jenseits des Po; ***G. transalpina / ulterior*** das jenseitige Gallien, *von Rom aus gesehen jenseits der Alpen*; ***G. Belgica*** *NO Galliens*; ***G. Celtica / Lugdunensis*** *Landschaft zwischen Loire, Seine u. Marne*; ***G. Narbonensis / Provincia*** *Landschaft an der unteren Rhône, heute Provence*

galliambicus ⟨a, um⟩ *Adj* ||galliambus|| galliambisch; ***metrum galliambicum*** galliambisches Versmaß, *katalektischer ionischer Tetrameter, von Catull verwendet*

galliambos *u.* **galliambus** ⟨ī⟩ *m* ||Galli[2], iambus|| *(nachkl.) poet* Galliambus, *von den Priestern beim Kybelekult gesungenes Lied*

gallica ⟨ae⟩ *f* ||Galli[1]|| gallische Holzsandale

Gallicānus ⟨a, um⟩ *Adj* ||Galli[1], Gallia|| mit Gallien (zufällig) zusammenhängend, mit den Galliern (zufällig) zusammenhängend; ***legiones Gallicanae*** die in Gallien liegenden Legionen

Gallicus[1] ⟨a, um⟩ *Adj* ||Galli[1]|| gallisch; ***ager G.*** gallisches Gebiet, *Küstenstreifen an der Adria mit der Hauptstadt Sena Gallica*

Gallicus[2] ⟨a, um⟩ *Adj* ||Galli[2]|| zu den Galli gehörig; ***turba Gallica*** Schar der Isispriester, *deren Kult dem der Kybele glich*

gallīna ⟨ae⟩ *f* ||gallus|| Henne, Huhn; *(Pl) Kosewort*; ***ad gallinas*** *(nachkl.)* Hühnerhof, *Landgut bei Rom*

gallīnāceus ⟨a, um⟩ *Adj* ||gallina|| Hühner...; ***gallus g.*** Haushahn

gallīnārius
I ⟨a, um⟩ *Adj* ||gallina|| für die Hühner, Hühner...
II ⟨ī⟩ *m* Hühnerwärter

Gallo-graecī ⟨ōrum⟩ *m* = ***Galatae***

Gallo-graecia ⟨ae⟩ *f* = ***Galatia***

gallus ⟨ī⟩ *m* Hahn, Haushahn; ***g. in suo sterquilino plurimum potest*** Sen. *Sprichwort* auf seinem Misthaufen ist jeder Hahn am stärksten, jeder ist Herr in seinem Haus

Gallus[1]
I ⟨a, um⟩ *Adj* gallisch; → ***Galli***[1]
II ⟨ī⟩ *m* Gallier; → ***Galli***[1]

Gallus[2] ⟨ī⟩ *m* Kybelepriester; → ***Galli***[2]

Gallus[3] ⟨ī⟩ *m röm. Beiname*; ***C. od Cn. Gallus*** *aus Forum Iulii, 69–26 v. Chr., galt als Schöpfer der röm. Elegie*

gamēliōn ⟨ōnis⟩ *m* ||griech. Fw.|| *siebter Monat des attischen Kalenders, etwa Januar / Februar entsprechend*

gānea ⟨ae⟩ *f vulg* Kneipe; Bordell; *meton* Schlemmerei

gāneō ⟨ōnis⟩ *f* ||ganea|| Schlemmer, Prasser

gāneum ⟨ī⟩ *n* = ***ganea***

gangaba ⟨ae⟩ *m* ||persisches Lw.|| Curt. Lastenträger

Gangaridae ⟨ārum⟩ *m u.* **Gangarides** ⟨um⟩, *Akk* ***ās*** *m Volk an der Mündung des Ganges*

Gangēs ⟨is⟩ *m Hauptfluss Indiens*

Gangēticus ⟨a, um⟩ *Adj, auch* **Gangētis** ⟨idis⟩ *Adj f* vom Ganges; *poet* indisch

ganniō ⟨-, -, īre 4.⟩ *(unkl.) von Hunden* kläffen; *von Menschen* keifen

gannītus ⟨ūs⟩ *m* ||gannio|| *(nachkl.) von Hunden* Gekläff; *von Menschen* das Keifen

Ganymēdēs ⟨is⟩ *auch* ⟨ī⟩, *Akk auch* ⟨ēn⟩ *m Sohn des Tros, von Zeus in Gestalt eines Adlers in den Olymp entführt, dort zu seinem Mundschenk erhoben*

Ganymēdēus ⟨a, um⟩ *Adj* des Ganymedes

Garamantes ⟨um⟩ *m* die Garamanten, *Volk im Innern Afrikas, Hauptstadt Garamal im heutigen Libyen*

Garamantis ⟨idis⟩ *Adj f* zu den Garamanten gehörig, *auch* afrikanisch, libysch

garriō ⟨īvī⟩ *u.* ⟨iī, ītum, īre 4.⟩
I *v/i*
1. schwatzen, plaudern, *meist pej*
2. *von Tieren* quaken, zwitschern
II *v/t* (her)plappern; ***fabellas g.*** Geschichten zum Besten geben

garrulitās ⟨ātis⟩ *f* ||garrulus|| *(nachkl.) poet* Geschwätzigkeit, *auch von Tieren*

garrulus
I ⟨a, um⟩ *Adj* ||garrio|| *(unkl.)* geschwätzig, schwatzhaft, *fast immer pej*; ***hora garrula*** Plauderstunde
II ⟨ī⟩ *m* Schwätzer

garum ⟨ī⟩ *n* ||griech. Fw.|| *(nachkl.) poet* pikante Fischsoße

Garumna ⟨ae⟩ *m Hauptstrom Aquitaniens, heute Garonne*

Garumnī ⟨ōrum⟩ *m Stämme an der Garumna*

gastrum ⟨ī⟩ *n* Petr.
1. bauchiges Gefäß
2. Bauch wie eine Amphore

▶ **gaudeō** ⟨gāvīsus sum, gaudēre 2.⟩
1. sich (innerlich) freuen, *abs od re / selten de re* über etw, *+ Akk nur bei neutralem Pron, + AcI / + Inf / + Part*; ***g. in se / in sinu*** sich ins Fäustchen lachen; ***ingenio suo g.*** sich seinem Hang nach Herzenslust überlassen; ***id g.*** sich darüber freuen; ***dolorem alicuius g.*** Schadenfreude über j-s Schmerz empfinden; ***gaudeo scribens*** ich schreibe mit Herzenslust; ***gaudet potitus*** er freut sich über den Raub; ***beneficia accipere gaudes*** über den Empfang von Wohltaten freust du dich; ↔ ***laetari***
2. gegrüßt sein *Begrüßungsformel*; ***Celso g. refer*** grüße den Celsus
3. *von leblosen Subj.* lieben, gern haben, gern hören, gern sehen, *re* etw; ***scaena gaudet miraculis*** das Theater liebt die Wunder

gaudimōnium ⟨ī⟩ *n* ||gaudeo|| Petr. Freude

▶ **gaudium** ⟨ī⟩ *n* ||gaudeo||
1. innere Freude; ***gaudio exsultare*** vor Freude jubeln; ↔ ***laetitia***
2. Vergnügen, Genuss; ***gaudia corporis*** körperliche Genüsse
3. *meton* Gegenstand der Freude, Liebling, *meist Pl*

Gaugamēla ⟨ōrum⟩ *n Ort in Assyrien zwischen Ninive u. Arbela, bekannt durch den Sieg Alexanders des Großen 331 v. Chr. über Darius*

gaulus ⟨ī⟩ *m* ||griech. Fw.|| Plaut. ovales Trinkgefäß

Gaurus ⟨ī⟩ *m Gebirgszug ö. von Cumae, heute Monte Gauro*
gausapa ⟨ae⟩ *f* ||griech. Fw.||
1. Fries, *flauschiges Wollgewebe*
2. *meton* Abwischtuch; Tafeltuch
3. Gewand
gausapātus ⟨a, um⟩ *Adj* ||gausapa|| (*nachkl.*) mit Fries bekleidet; zottig
gausape ⟨is⟩ *n u.* **gausapēs** ⟨is⟩ *m* = ***gausapa***
gausapina ⟨ae⟩ *f* ||gausapinus|| Gewand aus Fries
gausapinus ⟨a, um⟩ *Adj* ||gausapa|| (Mart., Petr.) aus Fries, aus zottigem Wolltuch
gausapum ⟨ī⟩ *n* = ***gausapa***
gāvīsus ⟨a, um⟩ *PPerf* → ***gaudeo***
gaza ⟨ae⟩ *f* ||persisch-griech. Fw.||
1. Schatz, Schatzkammer *orient. Fürsten*; ***g. Persica*** persische Schatzkammer
2. *Pl* Kleinodien; Reichtum, Vermögen
3. *poet* ländlicher Besitz, Vorrat
Gaza ⟨ae⟩ *f Hafenstadt in Palästina, sw von Jerusalem*
gehenna ⟨ae⟩ *f* (*eccl.*) Hölle
Gela ⟨ae⟩ *f dorische Stadt an der Südwestküste Siziliens*
Gelās ⟨ae⟩ *m Fluss in Sizilien*
gelasīnus ⟨ī⟩ *m* ||griech. Fw.|| Mart. Grübchen in der Wange
Gelduba ⟨ae⟩ *f Kastell in Germania inferior, heute Gellep bei Krefeld*
Gelēnsēs ⟨ium⟩ *m* die Einwohner von Gela
gelida ⟨ae⟩ *f* ||gelidus|| Hor. kaltes Wasser
▶ **gelidus** ⟨a, um⟩ *Adj, Adv* ⟨gelidē⟩ ||gelu||
1. eiskalt, eisig; kalt, kühl; ***umor g.*** Eis; *Adv* mit kühler Ruhe
2. *poet* kalt machend, starr; ***terror g.*** starrer Schrecken
Gellius ⟨a, um⟩ *Name einer röm. gens*; ***A. Gellius*** *röm. Schriftsteller des 2. Jh. n Chr., Verfasser der „Noctes Atticae" (Attische Nächte), wertvoll v. a. wegen zahlreicher Zitate aus verlorenen Werken*
gelō ⟨āvī, ātum, āre 1.⟩ ||*Denom von* gelu|| (*nachkl.*) *poet* zum Gefrieren bringen; ***gelatus*** gefroren, eiskalt
Gelōus ⟨a, um⟩ *Adj* aus Gela, zu Gela gehörig
gelū ⟨ūs⟩ *n u.* **gelum** ⟨ī⟩ *n*
1. Frost
2. *meton* Eisdecke, gefrorener Schnee
3. (*nachkl.*) *fig* Erstarrung, Kälte
gemebundus ⟨a, um⟩ *Adj* ||gemo|| Ov. seufzend, stöhnend
gemelli-para ⟨ae⟩ *f* ||gemellus, pario|| Ov. Mutter von Zwillingen
gemellus ⟨a, um⟩ *Adj* ||*Dim von* geminus||
1. = ***geminus***; ***legio gemella*** Doppellegion
2. wie Zwillinge ähnlich
geminātiō ⟨ōnis⟩ *f* ||gemino|| Verdoppelung, ***verborum*** von Wörtern
geminō ⟨āvī, ātum, āre 1.⟩ ||*Denom von* geminus||
I *v/t*
1. verdoppeln, ***mercedem*** den Lohn; ***geminatus*** verdoppelt, doppelt; ***victoria geminata*** Doppelsieg
2. wiederholen, unmittelbar aneinander reihen; ***consulatūs geminati*** die unmittelbar aufeinander folgenden Konsulate
3. (*nachkl.*) *poet* zu einem Paar vereinigen, paaren; *Passiv* sich paaren, *alicui* mit j-m; ***agni tigribus geminantur*** Lämmer paaren sich mit Tigern
II *v/i* Lucr. doppelt vorhanden sein
▶ **geminus**
I ⟨a, um⟩ *Adj, Adv* ⟨geminē⟩
1. Zwillings…; ***frater g.*** Zwillingsbruder
2. *fig* doppelt, zweifach, beide, ein Paar, Doppel…; ***portae geminae*** Doppeltür
3. Ov. doppelt gestaltet, mit zwei Gestalten
4. *wie Zwillinge* ähnlich, gleich
II ⟨ī⟩ *m*
1. Zwilling, Zwillingsbruder; *Pl* Zwillinge; ***Gemini*** Zwillinge *als Gestirn*
2. (*spätl.*) *Pl* die Hoden
▶ **gemitus** ⟨ūs⟩ *m* ||gemo||
1. das Seufzen, das Stöhnen, das Ächzen, das Wehklagen; ***g. ereptae virginis*** Wehklage des entführten Mädchens
2. *poet von Tieren u. Sachen* Getöse, Gebrüll, das Dröhnen; ***g. maris*** das Tosen des Meeres
3. Verg. *meton* Betrübnis, Trauer, *alicuius rei* über etw
▶ **gemma** ⟨ae⟩ *f*
1. Knospe, Auge *einer Pflanze*
2. Edelstein, Gemme; Perle
3. Verg. mit Edelsteinen besetzter Becher, aus einem Halbedelstein gefertigter Becher
4. Ov. Siegel, Siegelring; ***gemmam imprimere*** das Siegel einprägen
5. Ov. Auge *im Pfauenschwanz*
gemmātus ⟨a, um⟩ *Adj* ||gemma|| (*nachkl.*) *poet* mit Edelsteinen besetzt, mit Perlen besetzt
gemmeus ⟨a, um⟩ *Adj* ||gemma||
1. aus Edelsteinen
2. (*unkl.*) *poet* mit Edelsteinen geschmückt
3. (*nachkl.*) *poet* wie Edelsteine glänzend
gemmi-fer ⟨fera, ferum⟩ *Adj* ||gemma, fero||
1. Perlen mit sich führend
2. mit Edelsteinen geschmückt, mit Perlen geschmückt
gemmō ⟨āvī, ātum, āre 1.⟩ ||*Denom von* gemma||
1. Knospen treiben
2. mit Edelsteinen besetzt sein, wie Edelsteine funkeln
▶ **gemō** ⟨uī, itum, ere 3.⟩
I *v/i*
1. stöhnen, seufzen
2. (*nachkl.*) *von Tieren* krächzen, brüllen, wiehern, girren
3. (*nachkl.*) *von Sachen* sausen, tosen, dröhnen, knarren
II *v/t etw* beklagen, *etw* betrauern, über *etw* seufzen, *aliquid* / *aliquem*; ***hic status gemitur*** dieser Zustand wird beklagt
Gemōniae ⟨ārum⟩ *f* (*erg.* ***scālae***) *Treppe vom Kerker zum Kapitol, über die der Henker die Leichen der Hingerichteten schleifte u. in den Tiber warf; genauer Verlauf unbekannt, da keine Überreste*
gemuī → ***gemo***
▶ **gena** ⟨ae⟩ *f*
1. Wange, Backe
2. (*nachkl.*) *meton* Augenhöhle, Auge
Genaunī ⟨ōrum⟩ *m Stamm in Raetien*

Genava ⟨ae⟩ *f Grenzstadt der Allobroger zu den Helvetiern, heute Genf*
geneālogia ⟨ae⟩ *f* ||griech. Fw.|| (*spätl.*) Geschlecht, Sippe; Abstammung
geneālogus ⟨ī⟩ *m* ||griech. Fw.|| Verfasser von Stammbäumen, Genealoge
▶ **gener** ⟨erī⟩ *m*
1. Schwiegersohn; Verlobter der Tochter, Liebhaber der Tochter
2. (*nachkl.*) Schwager
3. (*spätl.*) Mann der Enkelin, Mann der Urenkelin
generale ⟨is⟩ *n* (*mlat.*) Universität
generālis
I ⟨e⟩ *Adj*, *Adv* ⟨generāliter⟩ ||genus||
1. zum Geschlecht gehörig, zur Gattung gehörig, Gattungs…
2. allgemein, die ganze Gattung betreffend; *Adv* im Allgemeinen, überhaupt
3. öffentlich
II ⟨is⟩ *f* (*mlat.*) Dirne, Prostituierte
generāscō ⟨-, -, āscere 3.⟩ ||*Inkoh von* genero|| Lucr. erzeugt werden; sich der Gattung des Erzeugers anpassen
generātim *Adv* ||genus||
1. klassenweise, nach Gattungen
2. im Allgemeinen, überhaupt
generātiō ⟨ōnis⟩ *f* ||genero|| (*nachkl., spätl.*)
1. Zeugungsfähigkeit
2. Generation, Menschenalter
3. ***g. aequivoca / spontanea*** (*nlat.*) Urzeugung
generātor ⟨ōris⟩ *m* ||genero|| Erzeuger, Schöpfer; Stammvater, Ahnherr
▶ **generō** ⟨āvī, ātum, āre 1.⟩ ||*Denom von* genus||
1. erzeugen, erschaffen, hervorbringen; *Passiv* abstammen; ***deus hominem generavit*** Cic. Gott erschuf den Menschen; ***generatus*** entsprossen, Sprössling, *ab aliquo / aliquo* j-s
2. (*nachkl.*) *fig* geistig schaffen, erfinden
▶ **generōsus** ⟨a, um⟩ *Adj*, *Adv* ⟨generōsē⟩ ||genus||
1. *von Personen* adelig, aus edlem Geschlecht, vornehm; *von Tieren u. Pflanzen* von edler Rasse, von edler Art, vorzüglich; ***atrium generosum*** ahnenreiches Atrium; ***insula metallis generosa*** eine wegen ihrer Bergwerke gepriesene Insel
2. *fig von der Gesinnung* edelmütig, hochherzig
genesis ⟨is, *Akk* im⟩ *u.* ⟨in⟩, *Abl* ⟨ī⟩ *f* ||griech. Fw.||
1. *poet* Schöpfung, *Name des 1. Buches Mose*
2. *poet* Konstellation, Horoskop
genesta ⟨ae⟩ *f* = ***genista***
genethliacon ⟨ī⟩ *n* ||genethliacus|| Geburtstagsgedicht
genethliacus
I ⟨a, um⟩ *Adj* ||griech. Fw.|| (*unkl.*) zur Geburt gehörig, zum Geburtstag gehörig
II ⟨ī⟩ *m* Horoskopsteller
genetīvus ⟨a, um⟩ *Adj* ||gigno|| (*nachkl.*) *poet* angeboren, ursprünglich; ***nomen genetivum*** Stammname; ***nota genetiva*** Muttermal; ***casus g.*** GRAM Genetiv
genetrīx ⟨īcis⟩ *f* ||genitor|| (*nachkl.*) *poet* Erzeugerin, Mutter; Schöpferin; ***Venus g.*** Mutter Venus *als Ahnfrau der Julier*; ***g. magna deum*** = Kybele; ***g. frugum*** = Ceres
geniālis
I ⟨e⟩ *Adj*, *Adv* ⟨geniāliter⟩ ||genius||
1. dem Genius heilig, *bes* hochzeitlich, ehelich; ***lectus g.*** Ehebett
2. (*nachkl.*) *poet* den Genius erfreuend; fröhlich, festlich; ***tori geniales*** die Festkissen; ***festum genialiter agere*** ein Fest fröhlich feiern
II ⟨is⟩ *m* (*erg.* ***torus***) Liv. Ehebett
geniculātus ⟨a, um⟩ *Adj* ||genu|| mit Knoten versehen, knotig
genista ⟨ae⟩ *f* (*nachkl.*) *poet* Ginster
genitābilis ⟨a, um⟩ *Adj* ||gigno|| (*unkl.*) die Zeugung fördernd, befruchtend
genitāle ⟨is⟩ *n* ||genitalis|| männliches Glied, *auch* Geschlechtsteile; *Pl* Geschlechtsteile
genitālis ⟨e⟩ *Adj*, *Adv* ⟨genitāliter⟩ ||gigno|| zur Zeugung gehörend, erzeugend, befruchtend; zur Geburt gehörig, Geburts…; ***semina genitalia*** befruchtende Samen; ***vis g.*** Zeugungskraft; ***membra genitalia*** Geschlechtsteile; ***dies g.*** Geburtstag
Genitālis ⟨is⟩ *f* Geburtsgöttin, *Beiname der Diana*
genitīvus ⟨a, um⟩ *Adj* = ***genetivus***
▶ **genitor** ⟨ōris⟩ *m* ||gigno|| Erzeuger, Vater; Schöpfer, Urheber, Gründer
genitūra ⟨ae⟩ *f* ||gigno|| (*nachkl.*) Zeugung; Geburtsstunde; Stand der Gestirne bei der Geburt
genitus ⟨a, um⟩ *PPP* → ***gigno***
genius ⟨ī⟩ *m* ||gigno||
1. Genius, *urspr. Symbol der männlichen Zeugungskraft, dann Verkörperung der männlichen Kraft*; Schutzgeist des Mannes, *der ihn durch das ganze Leben begleitet u. seine Freuden u. Sorgen mit ihm teilt, bei ihm schwor man, ihm opferte man, bes am Geburtstag u. am Hochzeitstag*; ***genio indulgere / genio bona multa facere*** sich etw gönnen; ***genium vino curare*** Wein genießen; ***genium suum defraudare / belligerare cum genio*** sich das Beste versagen
2. Schutzgeist *von Verträgen, Völkern, Staaten, Familien, Legionen u. anderer gesellschaftlicher u. staatlicher Gruppen, auch von Orten*; ***g. loci*** Schutzgeist eines Ortes
3. Dämon *eines jeden Menschen*
4. Tac. Gönner, Gastgeber
genō ⟨genuī, genitum, genere 3.⟩ (*altl.*) = ***gigno***
gēns ⟨gentis⟩ *f* ||gigno||
1. Stamm, Geschlecht, Sippe, Verband mehrerer Familien, *urspr. nur von den Patriziern*; ***sine gente*** von niedrigem Stand, ohne Ahnen; ***patres maiorum gentium*** Senatoren aus patrizischen Familien; ***patres minorum gentium*** Senatoren aus plebejischen Familien; ***di maiorum gentium*** höhere Götter; ***di minorum gentium*** niedere Götter
2. *meton* Abkömmling, Spross; ***deum g.*** Spross der Götter, = Aeneas
3. *selten* = ***genus***
4. *von Tieren* Gattung, Art; ***g. apum*** Bienenschwarm, Bienenvolk; ***umida g. ponti*** = Robben
5. *fig* Volk, Stamm; ***gentes ac nationes*** Stämme und Völker; ***ius gentium*** Völkerrecht; ***gentium*** in aller Welt; ***longe gentium*** in weiter Ferne
6. Gemeinde
7. Landschaft, Gegend; ***Cataonia, quae gens iacet supra Ciliciam*** Kataonien, eine Landschaft, die oberhalb von Kilikien liegt

8. (*spätl.*) *Pl* Ausland; Barbaren
9. (*eccl.*) *auch Pl* die nichtchristlichen Völker, die Heiden

gentiāna ⟨ae⟩ *f* (*nachkl.*) Enzian

genticus ⟨a, um⟩ *Adj* ||gens|| Tac. einem Volk eigen, national

gentīlicius ⟨a, um⟩ *Adj* ||gentilis||
1. zu einer gens gehörig; (*nachkl.*) Volks…, national; ***sacrificia gentilicia*** die dem Stamm eigenen Opfer
2. (*spätl.*) heidnisch

gentīlis
I ⟨e⟩ *Adj* ||gens||
1. zur gleichen Sippe gehörig; Geschlechts…
2. (*nachkl.*) aus demselben Stamm, zum selben Volk gehörig, national
3. (*spätl.*) nicht römisch, barbarisch
4. (*eccl.*) nicht christlich, heidnisch
II ⟨is⟩ *m*
1. Angehöriger der gleichen Sippe, Verwandter
2. Gell. Landsmann
3. (*spätl.*) *Pl* Barbaren; Nichtrömer
4. (*eccl.*) *Pl* Heiden

gentīlitās ⟨ātis⟩ *f* ||gentilis||
1. Sippenverwandtschaft; (*nachkl.*) die Gentilen; *Pl* Gentilverbände
2. (*spätl.*) Zugehörigkeit zu einem Volk, Nationalität
3. (*eccl.*) Heidentum; *meton* antike Religion; die Heiden

genū ⟨ūs⟩ *n*
1. Knie; ***genūs orbis*** Kniescheibe; ***ad genua alicuius procumbere*** j-m zu Füßen fallen; ***genua submittere/ponere/flectere alicui*** vor j-m das Knie beugen; ***aliquem ad genua admittere*** j-n zum Fußfall zulassen
2. Knie = Kräfte; ***dum genua virent*** solange die Kräfte nicht schwinden

Genua ⟨ae⟩ *f Hafen- u. Handelsstadt in Ligurien*

genuāle ⟨is⟩ *n* ||genu|| Ov. Kniebinde

genuī → ***gigno***

genuīnus[1] ⟨a, um⟩ *Adj*, *Adv* ⟨genuīnē⟩ ||gigno|| angeboren, natürlich; Gell. *fig* unverfälscht, echt

genuīnus[2]
I ⟨a, um⟩ *Adj* ||gena|| zu den Wangen gehörig; ***dens g.*** Backenzahn
II ⟨ī⟩ *m* Backenzahn

genus[1] ⟨eris⟩ *n* ||gigno||
1. Geburt, Abstammung, Herkunft; ***nobile g.*** edle Abstammung; ***avus paterno genere/materno genere*** Großvater väterlicherseits/mütterlicherseits; ***genus trahere/ducere ab aliquo*** von j-m abstammen
2. hohe Geburt, Adel
3. Stamm, Volk, Nation; ***g. bellicosum*** kriegerischer Stamm
4. Familie, Haus; ***auctores generis mei*** meine Ahnen
5. *poet* Nachkommenschaft; *vom Einzelnen* Kind, Sohn, Enkel
6. (natürliches) Geschlecht; ***g. virile*** männliches Geschlecht; ***g. muliebre*** weibliches Geschlecht
7. (*nachkl.*) grammatisches Geschlecht; ***g. masculinum*** männliches Geschlecht; ***g. femininum*** weibliches Geschlecht; ***g. neutrum*** sächliches Geschlecht
8. *kollektiv* Art, Gattung, Gesamtheit; *von Menschen* Rasse, Schlag, Kaste, Stand, Zunft; *pej* Sippe, Sorte; *von Tieren* Rasse; ↔ ***forma***; *von Sachen* Art; ***alia id g.*** anderes Derartiges; ***genere non numero*** qualitativ, nicht quantitativ
9. Fach
10. Gattungsbegriff, allgemeiner Fall; Gattung, Hauptabteilung
11. *fig* Art und Weise, Verfahrensweise, Beschaffenheit, Wesen; ***novum et inauditum g.*** neue und unerhörte Verfahrensweise; ***alio genere*** auf andere Weise; ***uno genere*** auf gleiche Weise; ***g. argumentandi*** Art und Weise der Beweisführung; ***g. dicendi*** Ausdrucksweise, Redeweise, Stil, Sprache; ***g. vitae/vivendi*** Lebensweise
12. *fig* Hinsicht, Beziehung, Verhältnis, Lage; ***in omni genere*** in jeder Hinsicht, in jeder Beziehung

genus[2] ⟨ūs⟩ *m u. n* = ***genu***

geōgraphia ⟨ae⟩ *f* ||griech. Fw.|| Erdbeschreibung, Geographie

geōmetrēs ⟨ae⟩ *m* ||griech. Fw.|| Feldmesser, Landmesser; Mathematiker

geōmetria ⟨ae⟩ *f* ||griech. Fw.|| Feldmesskunst; Geometrie, Mathematik

geōmetrica ⟨ōrum⟩ *n* Geometrie

geōmetricus ⟨a, um⟩ *Adj*, *Adv* ⟨geōmetricē⟩ ||griech. Fw.|| geometrisch; ***rationes geometricae*** geometrische Beweise

Geōrgica ⟨ōrum⟩ *n* ||georgicus|| *Lehrgedicht Vergils über den Landbau*

geōrgicus ⟨a, um⟩ *Adj* ||griech. Fw.|| (*nachkl.*) *poet* den Landbau betreffend, landwirtschaftlich

Geraesticus portus *m Hafen von Teos, sw. von Smyrna in Kleinasien*

Gergovia ⟨ae⟩ *f Stadt der Arverner, von Caesar 52 v. Chr. erfolglos belagert, heute Gergovie, s. von Clermont-Ferrand*

germāna ⟨ae⟩ *f* ||germanus|| (*vkl.*) leibliche Schwester

Germānī ⟨ōrum⟩ *m* Germanen

Germānia ⟨ae⟩ *f* Germanien, *Sammelbegriff für das Gebiet rechts des Rheins u. n des Limes*; *Pl* Ober- und Niedergermanien; Germanien, *röm. Provinz links des Rheins, ab 90 n Chr. eingeteilt in **G. inferior*** Niedergermanien, *Gebiet am w. Niederrhein, u. **G. superior*** Obergermanien, *Gebiet am w. Oberrhein*

Germāniciānus ⟨a, um⟩ *Adj* in Germanien stationiert

Germānicus ⟨a, um⟩ *Adj* germanisch

Germānicus ⟨ī⟩ *m Ehrenname für siegreiche Kriegführung in Germanien, bes des Drusus Claudius Nero, des Bruders des Tiberius*

germānitās ⟨ātis⟩ *f* ||germanus||
1. Bruderschaft, Schwesternschaft, Geschwisterschaft; ***stuprum germanitatis*** Inzest
2. Liv. *fig* gemeinsame Abstammung, nahe Verwandtschaft von Städten

germānus ⟨a, um⟩ *Adj*, *Adv* ⟨germānē⟩ ||germen||
1. *von Geschwistern od Stiefgeschwistern* leiblich, echt, recht; ***frater g.*** leiblicher Bruder; ***soror germana*** leibliche Schwester

2. (*vkl.*) *fig* brüderlich, schwesterlich, geschwisterlich
3. *fig* echt, wahr, wirklich; ***ironia germana*** reine Ironie; ***iustitia germana*** wirkliche Gerechtigkeit; ***germane rescribere*** aufrichtig aufschreiben

Germānus ⟨ī⟩ *m* ||Germani||
1. Germane
2. (*erg.* ***nummus***) luv. *Goldmünze mit Kopf des Domitian*

germen ⟨inis⟩ *n* ||gigno||
1. Leibesfrucht; Abkömmling; Geschlecht, Stamm
2. *von Pflanzen* Keim, Auge, Knospe, Zweig; *fig* Keim

G

germinō ⟨āvī, ātum, āre 1.⟩ ||*Denom von* germen|| (*nachkl.*) *poet* keimen, hervorsprossen, ausschlagen

gerō ⟨gessī, gestum, gerere 3.⟩

1. tragen, herbeitragen
2. an sich tragen, mit sich führen
3. zeigen, an den Tag legen
4. in sich tragen, hegen
5. auf sich tragen, hervorbringen
6. sich betragen, sich benehmen
7. ausführen, vollziehen
8. führen
9. bekleiden
10. leiten, verwalten
11. machen
12. eine Tat vollbringen
13. verbringen, verleben

1. tragen, herbeitragen, herbeibringen, hintragen; ***saxa in muros gerunt*** Liv. sie tragen Steine auf die Mauern
2. (*unkl.*) an sich tragen, mit sich führen, *bes Kleidung, Schmuck, Waffen*; ***vestem g.*** ein Kleid tragen; ***galeam in capite g.*** einen Helm auf dem Kopf tragen
3. zeigen, an den Tag legen; ***personam alicuius g.*** j-s Rolle spielen; ***regem g.*** sich benehmen wie ein König; ***prae se g.*** *fig* offen tragen, an den Tag legen; ***animum altum prae se g.*** edle Gesinnung an den Tag legen
4. *fig* in sich tragen, hegen, nähren, empfinden; ***aimum fortem g.*** ein tapferes Herz in sich tragen; ***curam pro aliquo g.*** um j-n besorgt sein; ***amicitiam cum aliquo g.*** für j-n Freundschaft empfinden; ***odium g. in aliquem*** gegen j-n Hass nähren; ***aliter atque animo g.*** anders als nach der Neigung des Herzens handeln
5. *poet* auf sich tragen, hervorbringen; ***terra urbes silvasque gerit*** die Erde trägt Städte und Wälder; ***silva frondes gerit*** der Wald trägt Laub
6. ***se g.*** sich betragen, sich benehmen, sich zeigen, + *Adv*; ***se fortiter g.*** sich tapfer zeigen; ***se pro cive g.*** sich wie ein Bürger benehmen; ***se medium g.*** sich neutral verhalten; ***se dis minorem g.*** sich den Göttern unterordnen
7. ausführen, vollziehen, ausüben, verrichten, besorgen, betreiben; ***g. labores in foro*** öffentliche Tätigkeiten ausüben; ***g. aliquid in colloquio*** etw im Gespräch verhandeln; ***spes gerendi*** Hoffnung etw auszuführen; *Passiv* geschehen, sich zutragen; ***quid negotii geritur?*** was geht vor?; ***dum haec geruntur*** während dieser Vorgänge
8. *Krieg* führen; ***bellum g. cum aliquo*** mit j-m Krieg führen; ***bellum g. contra aliquem*** gegen j-n Krieg führen
9. *Ämter* bekleiden; ***magistratūs g.*** Ämter bekleiden; ***imperia g.*** den Oberbefehl führen
10. leiten, verwalten; ***rem publicam g.*** den Staat leiten, den Staat regieren, für den Staat kämpfen; ***comitia g.*** Wahlen leiten
11. *Geschäfte* machen, *Geschäfte* führen; ***negotium bene g.*** ein Geschäft gut führen; ***negotii gerentes*** Geschäftsleute
12. ***rem g.*** eine Tat vollbringen; handeln; *vom Feldherrn* kommandieren, das Kommando haben; *von Soldaten* kämpfen; ***res gesta*** Vorfall, Ereignis; ***his rebus gestis*** nach diesen Vorfällen; ***res gestae Romanorum*** Taten der Römer, Geschichte der Römer; ***rem bene g.*** eine Sache gut ausführen, ein gutes Geschäft machen, sein Vermögen gut verwalten, siegreich sein
13. *Zeit* verbringen, verleben; ***tempus primae adulescentiae g.*** die Zeit der ersten Jugend verbringen; ***sexagesimum aetatis annum g.*** im 60. Lebensjahr stehen

geronticōs *Adv* ||griech. Lw.|| Sen. nach Greisenart

gerra[1] ⟨ae⟩ *f* ||griech. Fw.|| (*unkl.*) Rutengeflecht; *Pl* Possen, Lappalien

gerra[2] ⟨ae⟩ *f* = ***guerra***

gerrēs ⟨is⟩ *m* (*nachkl.*) *poet minderwertiger Seefisch*

gerrīnum ⟨ī⟩ *n* ||gerrae|| Plaut. Narrenkleid

gerrō ⟨ōnis⟩ *m* ||gerrae|| Ter. Possenreißer

geruli-figulus ⟨ī⟩ *m* ||gerulus, figulus|| Plaut. Helfershelfer

gerulus
I ⟨a, um⟩ *Adj* ||gero|| (*unkl.*) tragend
II ⟨ī⟩ *m* Träger, Bote

gerūsia ⟨ae⟩ *f* ||griech. Fw.|| Altersheim *für verdiente Bürger in griech. Städten*; *urspr.* Rat der Alten, Rathaus

Gēryōn ⟨ōnis⟩ *m u.* **Gēryonēs** ⟨ae⟩ *m dreileibiger Riese u. König auf der hispanischen Insel Erythea, Besitzer großer Rinderherden, die Herkules raubte*

Gesoriacus portus *m Hafenort in der n Picardie, heute Boulogne-sur-mer*

gessī → ***gero***

gesta ⟨ōrum⟩ *n* ||gero||
1. Vorfälle, Ereignisse
2. (*mlat.*) Tatenberichte; ***g. Romanorum*** Taten der Römer, *lat. geschriebene moralisierende Novellen- u. Anekdotensammlung des 13. u. 14. Jh.*

gestāmen ⟨inis⟩ *n* ||gero|| (*nachkl.*)
1. Last, Bürde, Kleidung, Schmuck, Bewaffnung
2. *meton* Trage, Bahre; Sänfte

gestātiō ⟨ōnis⟩ *f* ||gesto||
1. (*spätl.*) das Tragen
2. (*nachkl.*) Ausfahrt; *meton* Promenade, Allee, Reitbahn

gestātor ⟨ōris⟩ *m* ||gesto||
1. Träger
2. der Ausgefahrene, Reisender

gestātōrius ⟨a, um⟩ *Adj* ||gesto|| (*nachkl.*) zum Tragen dienend; ***sella gestatoria*** Sänfte

gesticulātiō ⟨ōnis⟩ *f* ||gesticulor|| pantomimische

Bewegung, ausdrucksvolle Bewegung, Geste

gesticulor ⟨ātus sum, ārī 1.⟩ ||gestus|| *(nachkl.)*
I *v/i* gestikulieren
II *v/t* pantomimisch ausdrücken, durch Gesten ausdrücken

gestiō[1] ⟨ōnis⟩ *f* ||gero|| Ausführung, ***negotii*** eines Geschäfts

gestiō[2] ⟨īvī⟩ *u.* ⟨iī, ītum, īre 4.⟩
I *v/i*
1. ||gestus[2]|| Gell. gestikulieren
2. ||gero|| ausgelassen sein, frohlocken, übermütig sein
II *v/t* ||gero|| heftig verlangen, sehnsüchtig wünschen, *aliquid* etw, + *Inf* / + *AcI*

gestitō ⟨-, -, āre 1.⟩ ||*Freq von* gesto|| zu tragen pflegen

gestō ⟨āvī, ātum, āre 1.⟩ ||*Intens von* gero||
I *v/t*
1. tragen, fahren; ***puerum in manibus g.*** den Jungen auf den Händen tragen; ***g. regem (in) lecticā*** den König in der Sänfte tragen; ***(partum) in utero g.*** schwanger sein; ***g. aliquem in sinu/in oculis*** Com. *fig* j-n abgöttisch lieben; *Passiv (nachkl.)* sich tragen lassen, fahren; ***gestari equo*** reiten
2. *Kleidung, Schmuck, Waffen* an sich tragen, mit sich führen
3. *(vkl., nachkl.)* herbeischaffen, ***irritamenta gulae ex Italia*** Gaumenfreuden aus Italien
4. als Neuigkeit hinterbringen
II *v/i* Suet. sich tragen lassen, sich fahren lassen

gestor ⟨ōris⟩ *m* ||gero|| Plaut. Zuträger, Neuigkeitskrämer

gestus[1] ⟨a, um⟩ *PPP* → ***gero***

gestus[2] ⟨ūs⟩ *m* ||gero||
1. Haltung, Bewegung; ***g. edendi*** Haltung beim Essen; ***g. avium*** das Schwingen der Vögel *beim Flug*
2. Gebärdenspiel, Gestikulation; ***gestum agere*** gestikulieren

Geta ⟨ae⟩ *m* Gete, *auch röm. Beiname, Beiname des jüngeren Sohnes von Septimius Severus, 189–212 n. Chr.*

Getae ⟨ārum⟩ *m* die Geten, *thrakisches Reitervolk im NO des heutigen Bulgarien u. der rumänischen Dobrudscha bis in den S der Ukraine*

Getēs ⟨ae⟩ *m* = ***Geta***

Geticus ⟨a, um⟩ *Adj* zu den Geten gehörig, getisch

geuma ⟨atis⟩ *n* ||griech. Fw.|| Plaut. Kostprobe

gibba ⟨ae⟩ *f* ||gibbus|| *(nachkl.)* Buckel, Höcker

gibber[1] ⟨era, erum⟩ *Adj* ||gibbus|| *(vkl., nachkl.)* buckelig

gibber[2] ⟨eris⟩ *m u. n* ||gibbus|| *(vkl., nachkl.)* Buckel, Höcker

gibbus ⟨ī⟩ *m* Buckel, Rundung; Geschwulst

Giganteus ⟨a, um⟩ *Adj* ||Gigas|| zu den Giganten gehörig, der Giganten, gigantisch, riesig

Gigās ⟨antis⟩, *Pl* ⟨Gigantes, um⟩ *m schlangenfüßige Riesen, Söhne der Gaia (Erde); ihr Sturm auf den Himmel wurde von Zeus u. den übrigen Göttern abgewehrt in der Gigantomachie, dargestellt auf dem Fries des Pergamonaltares*

gignentia ⟨ium⟩ *n* ||gigno|| Gewächse, Geschöpfe

▶ **gignō** ⟨genuī, genitum, gignere 3.⟩
1. (er)zeugen, gebären; *Passiv* erzeugt werden, geboren werden; ***Iuppiter Herculem genuit*** Jupiter zeugte den Herkules; ***deus animum ex sua divinitate genuit*** Cic. Gott schuf die Seele aus seinem göttlichen Wesen; ***pisces ova gignunt*** Fische legen Eier; ***genitus*** *j-m* entsprossen, *j-s* Sohn
2. *von Sachen, bes von der Erde u. von Pflanzen* hervorbringen; *Passiv* entstehen, wachsen; ***terra omnia gignit*** die Erde bringt alles hervor; ***quae in terris gignuntur*** was in den Ländern wächst
3. bewirken, verursachen, herbeiführen; *Passiv* entstehen

gilvus ⟨a, um⟩ *Adj* ||gall. Lw.|| *(unkl.)* gelb, honiggelb, *nur von Pferden*

gingīva ⟨ae⟩ *f (nachkl.) poet* Zahnfleisch, *auch Pl*

ginnus ⟨ī⟩ *m (nachkl.,* Mart.) kleiner, verkrüppelter Maulesel

girrēs ⟨is⟩ *m* = ***gerres***

glabellus ⟨a, um⟩ *Adj* ||*Dim von* glaber|| *(nachkl.)* glatt (rasiert), unbehaart

glaber ⟨bra, brum⟩ *Adj (unkl.)* glatt, kahl

glabrāria ⟨ae⟩ *f* ||glaber|| Mart. *mit hum Doppelbedeutung von einer Frau*
1. glatt geschorene Sklaven liebend
2. *fig* des Vermögens beraubt

glabrī ⟨ōrum⟩ *m* ||glaber|| (Sen., Catul.) enthaarte Sklaven, Lustknaben

glaciālis ⟨e⟩ *Adj* ||glacies|| *(nachkl.) poet* eisig, eiskalt

▶ **glaciēs** ⟨ēī⟩ *f (nachkl.)*
1. Eis; *meton* Kälte; ***g. lubrica*** Glatteis; *Pl* Eisfelder
2. *fig* Sprödigkeit, Härte

glaciō ⟨āvī, ātum, āre 1.⟩ ||*Denom von* glacies|| *(nachkl.) poet* in Eis verwandeln

gladiātor ⟨ōris⟩ *m* ||gladius||
1. Gladiator, Schwertkämpfer, Fechter, *meist Sklaven, Kriegsgefangene u. Verbrecher, in Fechterschulen ausgebildet*
2. *pej u. Schimpfwort* Bandit
3. *Pl meton* Gladiatorenkämpfe, Gladiatorenspiele; ***gladiatoribus*** bei den Gladiatorenspielen

gladiātōrium ⟨ī⟩ *n* ||gladiatorius|| Liv. Handgeld *für Freie, die sich als Gladiatoren anwerben ließen*

gladiātōrius ⟨a, um⟩ *Adj* ||gladiator|| der Gladiatoren, Gladiatoren…; bei Gladiatorenspielen; ***familia gladiatoria*** Fechtergruppe, Gladiatorenbande; ***locus g.*** Schauplatz bei den Gladiatorenspielen

gladiātūra ⟨ae⟩ *f* ||gladiator|| Tac. Gladiatorenkampf

gladiolus ⟨ī⟩ *m* ||*Dim von* gladius|| *(nachkl.)* kleines Schwert

▶ **gladium** ⟨ī⟩ *n u.* **gladius** ⟨ī⟩ *m*
1. *kurzes zweischneidiges* Schwert *als Hieb- u. Stichwaffe*; ***gladium stringere/destringere/educere*** das Schwert ziehen; ***gladium condere*** das Schwert einstecken; ***ignem gladio scrutari*** mit dem Schwert im Feuer stochern = Öl ins Feuer gießen
2. *allg.* Waffe, *meist fig*; ***plumbeo gladio iugulari*** mit schwachen Beweisen widerlegt werden
3. *meton* Mord(tat), Gladiatorenkampf; ***locare ad gladium*** zum Gladiatorenkampf aufstellen

glaeba ⟨ae⟩ *f*
1. Erdscholle, Erdklumpen
2. *(nachkl.) meton* Acker, Feld, Boden

3. (*nachkl.*) *meton* Klumpen, Stück, Stückchen
glaebula ⟨ae⟩ *f* ||*Dim von* glaeba||
1. Stückchen Acker
2. kleiner Klumpen
glaesum ⟨ī⟩ *n* ||germ. Fw.|| (*nachkl.*) Bernstein
glandi-fer ⟨fera, ferum⟩ *Adj* ||glans, fero|| Eicheln tragend
glandiōnida ⟨ae⟩ *m* = ***glandium***
glandium ⟨ī⟩ *n* ||glans|| (*vkl., nachkl.*) Drüsenstück *vom Schweinehals, als Leckerbissen geschätzt*
glandulae ⟨ārum⟩ *f* ||*Dim von* glans||
1. (*nachkl.*) Mandeln, Drüsen am Hals
2. Mart. = ***glandium***

G

glāns ⟨glandis⟩ *f*
1. Kernfrucht, *bes* (essbare) Eichel
2. *fig eichelförmige* Schleuderkugel *aus Ton od Blei*
3. (*nachkl.*) MED Eichel *am männlichen Glied*
glārea ⟨ae⟩ *f* Kies, grober Sand, Schotter
glāreōsus ⟨a, um⟩ *Adj* ||glarea|| (*vkl., nachkl.*) voller Sand, voller Kies
glaucina ⟨ōrum⟩ *n* ||griech. Fw.|| Mart. Salbe aus Schöllkraut
glaucōma ⟨atis⟩ *n u.* (*altl.*) **glaucūma** ⟨ae⟩ *f* ||griech. Fw.||
1. (*nachkl.*) MED grüner Star
2. Plaut. *fig* blauer Dunst, Trübung des Blickes
glaucus ⟨a, um⟩ *Adj* ||griech. Fw.|| blaugrau, graugrün, grünlich, bläulich; *poet* leuchtend, funkelnd
Glaucus ⟨ī⟩ *m Fischer auf Euböa; vom Genuss von Kräutern berauscht sprang er ins Meer, wurde von Okeanos (Oceanus) u. Thetis in einen Meergott verwandelt u. mit der Sehergabe ausgestattet*
glēba ⟨ae⟩ *f* = ***glaeba***
glēbula ⟨ae⟩ *f* = ***glaebula***
glēsum ⟨ī⟩ *n* = ***glaesum***
glīs ⟨glīris⟩ *m* (*unkl.*) Haselmaus; Siebenschläfer
glīscō ⟨-, -, īscere 3.⟩
1. aufflammen, erglimmen; ***ignis gliscit oleo*** das Feuer flammt durch Öl auf
2. *fig* entbrennen, ***invidiā*** vor Neid
3. allmählich zunehmen, allmählich wachsen, überhand nehmen
globōsus ⟨a, um⟩ *Adj* ||globus|| kugelförmig, rund
▶ **globus** ⟨ī⟩ *m*
1. Kugel, Ball
2. Feuerkugel, Meteor
3. Klumpen, ***sanguinis*** von Blut
4. (*nachkl.*) Haufe, Schar, Rotte; POL Verein, Klub; *pej* Clique
glomerāmen ⟨inis⟩ *n* ||glomero|| zusammengeballtes Kügelchen; Lucr. *Pl* kugelförmige Atome
glomerō ⟨āvī, ātum, āre 1.⟩ ||*Denom von* glomus|| (*unkl.*)
1. zu einem Knäuel zusammenballen, aufwickeln; *Passiv* sich zusammenballen; ***aliquid re g.*** etw mit etw dicht vermengen; ***annus (se) glomerans*** Kreislauf des Jahres
2. *fig* zusammendrängen, zusammenhäufen, verdichten; *Passiv* sich zusammendrängen
glomus ⟨eris⟩ *n* (*vkl.*) Knäuel; ***g. lanae*** Wollknäuel
▶ **glōria** ⟨ae⟩ *f*
1. Ruhm, Ehre, Anerkennung, *alicuius* j-s *od* bei j-m, *alicuius rei* von etw, in etw, wegen etw; ***alicui gloriae esse*** j-m zur Ehre gereichen; ***g. posteritatis*** Ruhm bei der Nachwelt
2. *meton* Gegenstand des Ruhmes, Zierde, Stolz; ***g. frontis*** stolzer Stirnschmuck
3. (*vkl., nachkl.*) *Pl* Ruhmestaten, Heldentaten
4. Ruhmsucht, Ehrgeiz; *pej* Prahlerei; ***gloriā duci*** von Ehrgeiz getrieben werden
5. ***gloria in excelsis Deo*** (*mlat.*) Ehre sei Gott in der Höhe; ***ad maiorem Dei gloriam*** (*nlat.*) zur größeren Ehre Gottes, *Wahlspruch der Jesuiten*
glōriātiō ⟨ōnis⟩ *f* ||glorior|| Prahlerei
glōrificātiō ⟨ōnis⟩ *f* ||glorifico|| (*eccl.*) Verherrlichung
glōri-ficō ⟨āvī, ātum, āre 1.⟩ ||gloria, facio|| (*eccl.*) rühmen, verherrlichen
glōriōla ⟨ae⟩ *f* ||*Dim von* gloria|| ein bisschen Ruhm
▶ **glōrior** ⟨ātus sum, ārī 1.⟩ ||*Denom von* gloria|| sich rühmen, sich brüsten, prahlen, *abs od re* einer Sache, wegen etw, mit etw; ***victoriā suā g.*** sich mit seinem Sieg brüsten; ***g. ad amicos*** sich vor Freunden rühmen; ***gloriandus*** rühmenswert
glōriōsus ⟨a, um⟩ *Adj, Adv* ⟨glōriōsē⟩ ||gloria||
1. ruhmvoll, rühmlich, *alicui* für j-n; ***mors gloriosa*** ruhmvoller Tod
2. ruhmsüchtig, ehrgeizig
3. prahlerisch; ***Miles Gloriosus*** Der aufschneiderische Soldat, *Titel einer Komödie des Plautus*
glōssa ⟨ae⟩ *f* ||griech. Fw.||
1. (*spätl.*) = ***glossema***
2. (*mlat.*) Erklärung einer Textstelle, Kommentar
glōssārium ⟨ī⟩ *n* ||griech. Fw.|| Gell. Wörterbuch *mit Erklärung fremder u. ungebräuchlicher Wörter,* Glossar
glossator ⟨oris⟩ *m* (*mlat.*) Verfasser von Glossen
glōssēma ⟨atis⟩, *Gen Pl* ⟨atum *u.* atōrum⟩ *n* ||griech. Fw.|| der Erklärung bedürftiges Wort; Worterklärung
glūbō ⟨glūpsī, glūptum, glūbere 3.⟩ (*vkl.*) *poet* abschälen, herausschälen; *fig* berauben, *aliquid / aliquem* etw / j-n; ***ramos g.*** Zweige abschälen
glūten ⟨inis⟩ *n* (*unkl.*) Leim
glūtinātor ⟨ōris⟩ *m* ||glutino|| Buchbinder
glūtinō ⟨āvī, ātum, āre 1.⟩ ||gluten||
1. leimen, zusammenleimen
2. MED fest verheilen lassen; *Passiv* fest verheilen
glūtinum ⟨ī⟩ *n* = ***gluten***
glūtiō *u.* **gluttiō** ⟨īvī⟩ *u.* ⟨iī, ītum, īre 4.⟩ (*unkl.*) hinunterschlürfen
Glycera ⟨ae⟩ *f Name einer Hetäre, bes Geliebte des Menander; bei Horaz u. Tibull Name von fingierten Geliebten*
Gnaeus ⟨ī⟩ *m röm. Vorname, abgek Cn.*
gnāritās ⟨ātis⟩ *f* ||gnarus|| Kenntnis; ***g. locorum*** Ortskenntnis
gnāruris ⟨e⟩ *Adj* (*altl.*) = ***gnarus***
gnārus ⟨a, um⟩ *Adj*
1. kundig, erfahren, bekannt, *alicuius rei* in etw, mit etw; ***g. rei publicae*** erfahren in der Politik
2. (*nachkl.*) bekannt, *alicui* j-m
Gnathō ⟨ōnis⟩ *m Name eines Schmarotzers bei Terenz, daher überhaupt* Schmarotzer
Gnātia ⟨ae⟩ *f Hafenstadt in Apulien*
gnātus ⟨a, um⟩ *Adj* = ***natus***
gnāvus ⟨a, um⟩ *Adj* = ***navus***
Gnidius *u.* **Gnidus** ⟨ī⟩ *m* = ***Cnidos***

gnōmē ⟨ēs⟩ *f* ||griech. Fw.|| (*nachkl.*) Sinnspruch
gnōmōn ⟨onis⟩ *m* ||griech. Fw.|| (*nachkl.*) Zeiger der Sonnenuhr
Gnōsiacus ⟨a, um⟩ *Adj* aus Gnosos, zu Gnosos gehörig, kretisch
Gnōsias ⟨adis⟩ *f u.* **Gnōsis** ⟨idis⟩ *f* ||Gnosos|| Kreterin
Gnōsius
I ⟨a, um⟩ *Adj* aus Gnosos, zu Gnosos gehörig, kretisch
II ⟨ī⟩ *m* Einwohner von Gnosos
Gnōs(s)os *u.* **Gnōssus** ⟨ī⟩ *f Stadt auf Kreta, Residenz des Königs Minos*
gnōsticī ⟨ōrum⟩ *m* ||griech. Fw.|| Gnostiker, *Anhänger der im 1. Jh. n Chr. entstandenen Bewegung der Gnosis*
Gnōsus ⟨ī⟩ *f* = ***Gnossus***
gōbiō ⟨ōnis⟩ *m u.* **gōbius** ⟨ī⟩ *m* ||griech. Fw.|| Gründling, *bis zu 15 cm langer Fisch der Karpfenfamilie*
Golgī ⟨ōrum⟩ *m Hauptstätte des Aphroditekultes auf Zypern, Ruinen an der Ostküste der Insel*
Gomphēnsēs ⟨ium⟩ *m* Einwohner von Gomphi
Gomphī ⟨ōrum⟩ *m Stadt in Thessalien, geringe Ruinen beim heutigen Muzaki*
gonger ⟨grī⟩ *m* = ***conger***
gonorrhoea ⟨ae⟩ *f* ||griech. Fw.|| Gonorrhoe, Tripper, *eine Geschlechtskrankheit*
Gordium ⟨ī⟩ *n Hauptstadt des Königs Gordius von Phyrgien, bedeutendes Ruinenfeld bei Polatli, sw. von Ankara*
Gordius ⟨ī⟩ *m sagenhafter König von Phrygien, bekannt durch den so genannten Gordischen Knoten, den er um das Joch seines Wagens geschlungen hatte und den Alexander der Große löste, indem er ihn mit dem Schwert durchtrennte*
Gordyaeī ⟨ōrum⟩ *m* die Einwohner von Gordyaia
Gordyaeī montēs *m* Berge von Gordyaia, *Gebirgslandschaft am Oberlauf des Tigris, dem heutigen kurdischen Gebirge entsprechend*
Gorgiās ⟨ae⟩ *m aus Leontini in Sizilien, Schüler des Empedokles, Sophist, seit 427 v. Chr. Lehrer der Redekunst in Athen*
Gorgō ⟨onis⟩ *u.* ⟨ūs⟩ *f, meist Pl* ***Gorgones, um*** *f die drei schlangenhaarigen Töchter des Phorkys; die schrecklichste, die gleichzeitig als einzige sterblich war, war Medusa. Der Anblick ihres Kopfes verwandelte in Stein; Perseus schlug ihr den Kopf ab, aus dem Blut entstand das geflügelte Pferd Pegasus; den abgeschlagenen Kopf der Medusa trug Athene auf ihrem Brustpanzer od Schild*
Gorgobina ⟨ae⟩ *f Stadt der ausgewanderten gall. Bojer im Gebiet der Äduer, beim heutigen La Guerche-sur-l'Aubois bei Nevers-sur-Loire*
Gorgones ⟨um⟩ *f* → ***Gorgo***
Gorgoneus ⟨a, um⟩ *Adj* ||Gorgo|| Gorgonen…; ***equus G.*** Gorgonenpferd, = Pegasus; ***lacus G.*** Gorgonensee, *durch den Hufschlag des Pegasus entstandene Quelle*; → ***Hippocrene***
Gortӯn ⟨ynos⟩ *f u.* **Gortӯna** ⟨ae⟩ *f Stadt im S Kretas, bereits von Homer genannt, in röm. Zeit Hauptstadt der Provinz Kreta, früh Bischofssitz, ausgedehnte Ruinen beim Dorf Mitropolis, inschriftlich erhaltene alte Gesetze*
Gortӯniacus *u.* **Gortӯnius** ⟨a, um⟩ *Adj* aus Gortyna, zu Gortyna gehörig
Gortӯnius ⟨ī⟩ *m* Einwohner von Gortyna
gōrӯtus ⟨ī⟩ *m* = ***corytus***
Gotīnī ⟨ōrum⟩ *m kelt. Stamm im Bergland zwischen Markomannen u. Quaden*
Gotōnēs ⟨um⟩ *m germ. Volk an der unteren Weichsel*
grabātus ⟨ī⟩ *m* ||makedonisches Lw.|| niedriges Ruhebett, *bes für Kranke*
Gracchānus ⟨a, um⟩ *Adj* ||Gracchus|| gracchisch, der Gracchen
Gracchus ⟨ī⟩ *m Beiname der gens Sempronia*; → ***Sempronius***; *bekannt v. a. die beiden Gracchen, Söhne der Cornelia, bekannt als Agrarreformer*: ***Tiberius Sempronius Gracchus*** *133 v. Chr. erschlagen*; ***C. Sempronius Gracchus*** *121 v. Chr. getötet*
gracilis ⟨e⟩ *Adj, Adv* ⟨graciliter⟩ (*unkl.*)
1. *von Menschen, Tieren u. Sachen* schlank, dünn; *pej* schmächtig, hager, dürr; ***vox g.*** dünne Stimme
2. *fig* knapp, dürftig
3. *von der Rede* einfach, schlicht
gracilitās ⟨ātis⟩ *f* ||gracilis||
1. Schlankheit; *pej* Magerkeit
2. Quint. RHET Schlichtheit, Einfachheit
grāculus ⟨ī⟩ *m* (*unkl.*) Dohle
gradārius ⟨a, um⟩ *Adj* ||gradus|| (*vkl., nachkl.*) Schritt für Schritt gehend, im Schritt
gradātim *Adv* ||gradus||
1. schrittweise
2. *fig* stufenweise, nach und nach
gradātiō ⟨ōnis⟩ *f* ||gradus||
1. Vitr. Errichtung von Stufen, Stufe
2. Steigerung *als Redefigur*
gradātus ⟨a, um⟩ *Adj* ||gradus|| (*nachkl.*) abgestuft
gradior ⟨gressus sum, gradī 3.⟩ schreiten, einhergehen; *poet* fahren
Grādīvus ⟨ī⟩ *m* (*nachkl.*) *Beiname des Mars*
gradus ⟨ūs⟩ *m* ||gradior||
1. Schritt, Tritt; ***suspenso gradu*** auf den Zehen; ***gradum facere*** einen Schritt tun; ***gradum ferre*** den Schritt lenken; ***gradum proferre*** vorwärts gehen; ***gradum referre*** zurück gehen; ***gradum sistere/sustinere*** stehen bleiben; ***gradum corripere*** den Schritt beschleunigen; ***gradu addere*** einen Schritt rasch nach dem anderen tun; ***pleno gradu*** im Sturmschritt; ***gradum conferre*** zu kämpfen anfangen, *auch* zum Gespräch zusammenkommen; ***gradum inferre in hostes*** gegen den Feind vorrücken; ***gradum facere ex aedilitate ad censuram*** *fig* den Schritt vom Ädilenamt zum Zensorenamt machen; ***primus g. imperii*** der erste Schritt zur Ausbreitung der Herrschaft
2. *poet* das Nahen, ***mortis*** des Todes
3. (*nachkl.*) *poet von Fechtern u. Kriegern* Kampfstellung; Stellung, Standpunkt; ***de gradu pugnare*** stehenden Fußes kämpfen; ***de gradu deicere*** aus seiner Stellung verdrängen, aus der Fassung bringen
4. *meton* Stufe, Sprosse; *Pl* Treppe, Leiter
5. (*nachkl.*) stufenförmige Sitzreihe *im Theater*, Tribüne
6. (*nachkl.*) Haarflechte
7. MUS Tonstufe

8. *fig* Grad *von Verwandtschaften, Reihenfolgen, Alters- u. Zeitstufen*; ***heres tertio gradu*** Erbe dritten Ranges; ***g. aetatis*** Altersstufe; ***gradibus/per gradūs*** stufenweise
9. *fig* Rang, Würde; ***g. senatorius*** Senatorenrang

Graeca ⟨ae⟩ *f* ||Graecus|| Griechin

Graecānicus ⟨a, um⟩ *Adj* ||Graeci|| nach Art der Griechen

Graecē *Adv* → ***Graecus***

Graecī ⟨ōrum⟩ *m* die Griechen

Graecia ⟨ae⟩ *f*
1. Griechenland *im engeren Sinn, aber auch alles von Griechen bewohnte Land, bes Kleinasien*; ***Magna G.*** Großgriechenland, *bes Unteritalien u. Sizilien*
2. *meton* die Griechen

graecissō ⟨-, -, āre 1.⟩ ||griech. Fw.|| griechische Art nachahmen

graecor ⟨ātus sum, ārī 1.⟩ ||Graecus|| *(nachkl.) pej* nach griechischer Art leben

Graecostasis ⟨is⟩ *f* ||griech. Fw.|| Griechenstand, *offene Halle in der Nähe der Kurie, wo griech. od andere ausländische Gesandte die Entscheidungen des Senats abwarteten*

Graeculus
I ⟨a, um⟩ *Adj* ||*Dim von* Graecus|| griechisch, *meist pej od iron*; ***negotium Graeculum*** ein echt griechisches Geschäft, ein erbärmliches Geschäft
II ⟨ī⟩ *m* „Griechlein", *meist pej od iron*

Graecum ⟨ī⟩ *n* ||Graecus|| das Griechische, die griechische Sprache

Graecus
I ⟨a, um⟩ *Adj, Adv* ⟨Graecē⟩ griechisch; ***Graece scribere*** griechisch schreiben
II ⟨ī⟩ *m* Grieche

Grāī *u.* **Grāiī** ⟨ōrum⟩ *u.* ⟨um⟩ *m (altl.)* = ***Graeci***

Grāiocelī ⟨ōrum⟩ *m Bergvolk in der Gegend des Mont-Cenis mit der Hauptstadt Ocelum*

Grāiu-gena ⟨ae⟩ *m* ||Graius[1], gigno|| Grieche von Geburt

Grāius[1] ⟨a, um⟩ *Adj* = ***Graecus I***

Grāius[2] ⟨a, um⟩ *Adj* grajisch; ***Alpes Graiae*** die grajischen Alpen *s. des Mont-Cenis*; → ***Graeoceli***

grallātor ⟨ōris⟩ *m (vkl., nachkl.)* Stelzenläufer

grāma ⟨ae⟩ *f* Plaut. Augenbutter, *cremeartige Absonderung aus dem Auge*

grāmen ⟨inis⟩ *n (nachkl.)*
1. Gras; Grünfutter; Rasen; *Pl* Wiesen; ***graminis herba*** Grashalm
2. Weide
3. Pflanze, Kraut; *pej* Unkraut; ***gramina mala*** Giftpflanzen

grāmineus ⟨a, um⟩ *Adj* ||gramen||
1. *(nachkl.) poet* mit Gras bewachsen; aus Gras; ***campus g.*** mit Gras bewachsenes Feld; ***sedile gramineum*** Rasenbank
2. aus Rohr; ***hasta graminea*** Lanze aus Bambusrohr

grammatica ⟨ae⟩ *f u.* **grammatica** ⟨ōrum⟩ *n u.* **grammaticē** ⟨ēs⟩ *f* Grammatik, Philologie

grammaticus
I ⟨a, um⟩ *Adj, Adv* ⟨grammaticē⟩ ||griech. Fw.|| grammatisch, sprachwissenschaftlich; ***grammatice scribere*** nach den Regeln der Grammatik schreiben
II ⟨ī⟩ *m* Sprachkundiger, Sprachgelehrter, Philologe, *auch* Kritiker

grammatista ⟨ae⟩ *m* ||griech. Fw.|| Elementarlehrer

grānārium ⟨ī⟩ *n* ||granum|| Kornboden, Speicher, *meist Pl*

grand-aevus ⟨a, um⟩ *Adj* ||grandis, aevum|| *(unkl.)* hochbetagt

grandēscō ⟨-, -, ēscere 3.⟩ ||*Inkoh von* grandis|| *(nachkl.) poet* groß werden, wachsen

grandiculus ⟨a, um⟩ *Adj* ||*Dim von* grandis|| Com. ziemlich groß, ziemlich erwachsen

grandi-fer ⟨fera, ferum⟩ *Adj* ||grandis, fero|| sehr einträglich

grandi-loquus
I ⟨a, um⟩ *Adj* ||grandis, loquor||
1. großsprecherisch
2. *von der Rede* erhaben, feierlich
II ⟨ī⟩ *m* Prahler

grandinat ⟨āvit, -, āre 1.⟩ ||grando|| *unpers (vkl., nachkl.)* es hagelt

grandiō ⟨-, -, īre 4.⟩ ||grandis|| *(vkl.)* vergrößern

► **grandis** ⟨e⟩ *Adj, Adv* ⟨granditer⟩
1. groß, kolossal, gewaltig; ***saxum grande*** riesiger Felsen; ***frumenta grandia*** großkörniges Getreide
2. *von Lebewesen* erwachsen
3. *fig* bejahrt; ***aetas g.*** hohes Alter
4. *an Zahl od Inhalt* zahlreich, bedeutend, umfangreich
5. *fig* bedeutend, wichtig, gewaltig; ***exemplum grande*** überzeugendes Beispiel

grandi-scāpius ⟨a, um⟩ *Adj* ||grandis, scapus|| Sen. großstämmig

granditās ⟨ātis⟩ *f* ||grandis|| Größe; *fig* Erhabenheit

grandō ⟨inis⟩ *f* Hagel; *Pl* Hagelwetter

Grānīcus ⟨ī⟩ *m Fluss in Kleinasien*

grāni-fer ⟨fera, ferum⟩ *Adj* ||granum, fero|| Ov. Körner schleppend

grānum ⟨ī⟩ *n*
1. Korn, Kern; ***cum grano salis*** *(nlat.)* mit einem Körnchen Salz, mit etw Witz, nicht ganz wörtlich gemeint
2. *fig* Beere

graphiārium ⟨ī⟩ *n* ||graphiarius|| Mart. Griffelbüchse

graphiārius ⟨a, um⟩ *Adj* ||graphium|| Suet. zum Schreibgriffel gehörig

graphicus ⟨a, um⟩ *Adj, Adv* ⟨graphicē⟩ ||griech. Fw.||
1. *(nachkl.) poet* malerisch
2. *von Personen* leibhaftig

graphium ⟨ī⟩ *n* ||griech. Fw.|| *(nachkl.) poet* Schreibstift, Griffel

grassātor ⟨ōris⟩ *m* ||grassor||
1. Gell. Müßiggänger, Nachtschwärmer
2. Wegelagerer, Bandit

grassātūra ⟨ae⟩ *f* ||grassor|| *(nachkl.)*
1. nächtliches Herumschwärmen
2. Banditentum

grassor ⟨ātus sum, ārī 1.⟩ ||*Intens von* gradior|| *(unkl.)*
1. rüstig losschreiten, dahinschreiten; ***milites recto limite grassantur*** die Soldaten schreiten geradeaus dahin
2. sich herumtreiben, *bes nachts*

3. *j-n* angreifen, auf *etw* erpicht sein, *in aliquem / in aliquid*; ***ad gloriam viā virtutis g.*** auf dem Weg der Tugend nach Ruhm streben
4. zu Werke gehen, verfahren, *meist pej*, *in aliquem* gegen j-n, mit j-m; ***iure, non vi g.*** den Weg des Rechts, nicht der Gewalt verfolgen
5. hart zu Werke gehen, wüten, *adversus aliquem / in aliquem / in aliquo* gegen j-n, *in aliquid* gegen etw

grātēs *f* ||gratus|| *Pl nur Nom u. Akk* Dank; ***summas grates agere / dicere*** innigsten Dank sagen; ***grates superis decernere*** den Göttern ein Dankfest beschließen

grātia ⟨ae⟩ *f* ||gratus||

1. Anmut, Liebreiz
2. Gunst
3. Freundschaft, Liebe
4. Gefälligkeit, Gunst
5. Freude, Lust
6. aus Rücksicht auf
7. Dank, Erkenntlichkeit

1. (*nachkl.*) *poet* Anmut, Liebreiz, Liebenswürdigkeit, Charme, Grazie
2. Gunst, *in der jd steht*, Beliebtheit, Einfluss, Geltung, Ansehen; ***homo summā gratiā*** Mensch von höchstem Ansehen; ***gratiā plurimum posse / valere*** sehr viel vermögen; ***alicui gratiā est apud aliquem / cum aliquo*** j-d ist bei j-m sehr beliebt; ***in gratia ponere*** beliebt machen; ***gratiam inire / parere ab aliquo / apud aliquem / ad aliquem / alicuius*** sich j-s Gunst erwerben
3. Freundschaft, Liebe, gutes Einvernehmen; ***esse in gratiā cum aliquo*** mit j-m in gutem Einvernehmen sein; ***in gratiam redire cum aliquo*** sich mit j-m wieder aussöhnen; ***cum bona gratia*** in aller Güte; ***cum mala gratia*** in Hass
4. Gefälligkeit, Gunst, Gnade, *die jd anderen erweist*; *pej* Parteilichkeit; ***gratiam exercere*** Gunst erweisen; ***gratiae causā*** aus Gunst, aus Gefälligkeit, aus Höflichkeit, aus persönlichen Rücksichten; ***gratiam alicuius rei facere alicui*** j-m in einer Sache Gnade erweisen; ***gratiam dicendi facere*** das Wort gestatten; ***gratiam iuris iurandi facere alicui*** j-n in Gnaden vom Eid entbinden; ***gratiam delicti facere*** Gnade vor Recht ergehen lassen
5. Freude, Lust, *alicuius rei* an etw; ***g. armorum*** Freude an Waffen
6. ***gratiā*** *nachgestellt* aus Rücksicht auf *j-n / etw*, *j-m / einer Sache* zuliebe, um *j-s* willen, *alicuius / alicuius rei*; ***amicitiae gratiā*** um der Freundschaft willen; ***meā gratiā*** um meinetwillen
7. Dank, Erkenntlichkeit, *pro re / alicuius rei* für etw; ***gratiam habere alicui pro re*** j-m dankbar sein für etw; ***gratiam referre alicui pro re*** durch die Tat sich j-m dankbar erweisen, *auch* durch die Tat Vergeltung an j-m üben; ***gratiam debere alicui*** j-m Dank schulden
8. ***Dei gratia*** (*Abl*) (*mlat.*) von Gottes Gnaden

Grātia ⟨ae⟩ *f* Göttin der Anmut; *Pl* die Grazien, *Töchter des Zeus: Aglaie, Euphrosyne, Thalia, Begleiterinnen der Aphrodite / Venus*

Grātidius ⟨a, um⟩ *Name einer röm. gens*; ***Gratidia*** *Großmutter Ciceros*

grātificātiō ⟨ōnis⟩ *f* ||gratificor|| Gefälligkeit; *meton* Schenkung, Landanweisung

grāti-ficor ⟨ātus sum, ārī 1.⟩ ||gratus, facio||
I *v/i* sich gefällig erweisen, *alicui / alicui rei* j-m / einer Sache; ***de re g.*** von etw gerne geben; ***nihil g.*** sich in nichts gefällig erweisen
II *v/t* freudig darbringen, gewähren, (auf)opfern, *aliquid alicui / alicui rei* etw j-m / einer Sache

grātiīs *Adv* = ***gratis***

grātiōsus
I ⟨a, um⟩ *Adj* ||gratia||
1. *von Personen* Gunst erweisend, gefällig, freundlich, *in re* in etw, bei etw
2. (*nachkl.*) *von Sachen* aus Gnade gegeben
3. *von Personen u. Sachen* Gunst genießend, beliebt, angesehen, einflussreich, *alicui / apud aliquem* bei j-m
II ⟨ī⟩ *m* Günstling

grātīs *Adv* ||gratia|| unentgeltlich, umsonst, gratis

grātor ⟨ātus sum, ārī 1.⟩ (*nachkl.*) = ***gratulor***

grātuītus ⟨a, um⟩ *Adj*, *Adv* ⟨grātuītō⟩ ||gratis|| *von Sachen, selten von Personen* umsonst, unentgeltlich, uneigennützig; ***amicitia gratuita*** uneigennützige Freundschaft; ***milites gratuiti*** Freiwillige; ***comitia gratuita*** Wahl ohne gekaufte Stimmen; *Adv* umsonst, ohne Vorteil

grātulābundus ⟨a, um⟩ *Adj* ||gratulor|| (*nachkl.*) *poet* beglückwünschend

grātulātiō ⟨ōnis⟩ *f* ||gratulor||
1. an den Tag gelegte Freude; ***cum summa gratulatione civium*** zur größten Freude der Bürger
2. Glückwunsch; ***mutuā gratulatione fungi*** sich gegenseitig beglückwünschen
3. zuteil gewordener Glückwunsch
4. *meton* Freude *über eigenes Glück*, Siegesfreude; Ehrentag, Freudentag; *Pl* Freudenfeste
5. freudige Danksagung, öffentliches Dankfest

grātulātor ⟨ōris⟩ *m* ||gratulor|| Mart. Gratulant

► **grātulor** ⟨ātus sum, ārī 1.⟩
1. seine freudige Teilnahme ausdrücken, Glück wünschen, *abs od inter se* untereinander, *alicui aliquid* j-m zu etw, *alicui de re* j-m wegen etw, *alicui in re* j-m bei etw, *quod / cum* dass, + *AcI* / + *Akk des PPP*; ***in hoc / qua in re tibi gratulor*** dazu gratuliere ich dir; ***Brutus Ciceroni recuperatam libertatem gratulatus est*** Brutus gratulierte dem Cicero zur wiedererlangten Freiheit
2. (*unkl.*) freudig danken, *alicui* j-m

► **grātus** ⟨a, um⟩ *Adj*, *Adv* ⟨grātē⟩
1. *poet* anmutig, lieblich, hold; ***Venus grata*** die liebliche Venus; ***carmen gratum*** hübsches Gedicht
2. *fig* freundlich gesinnt, *abs od alicui* j-m; *Adv* mit Vergnügen, gern
3. dankenswert, erwünscht, willkommen, lieb, teuer; ***ista veritas etiamsi iucunda non est, mihi tamen grata est*** wenn diese Wahrheit auch nicht angenehm ist, ist sie mir dennoch wertvoll; ***gratum / gratius / gratissimum alicui (aliquid) facere*** j-m einen Gefallen / einen größeren Gefallen / einen sehr großen Gefallen tun; ***gratae in vulgus leges*** dem Volk willkommene Gesetze
4. dankbar, erkenntlich; ***homo g.*** dankbarer Mensch; ***memoria grata*** dankbare Erinnerung; ***male g.*** undankbar

Graupius mōns *m Gebirge od Berg in Kaledonien, dem heutigen Schottland*
gravāmen ⟨inis⟩ *n* ||gravo|| (*spätl.*) Beschwerlichkeit, drückende Last; (*nlat.*) *Pl* Beschwerden
gravanter *Adv* (*nachkl.*) = ***gravate***
grāvāstellus ⟨ī⟩ *m* = ***ravistellus***
gravātē (Lucr., Liv.) *u.* **gravātim** *Adv* ||gravatus, *PPerf von* gravor|| ungern; ***haud gravatim*** ohne viele Umstände
gravēdinōsus ⟨a, um⟩ *Adj* ||gravedo|| verschnupft
gravēdō ⟨inis⟩ *f* ||gravis|| fest sitzender Schnupfen
grave-olēns *Gen* ⟨entis⟩ *Adj auch getrennt* Verg. stark riechend, übel riechend

G

gravēscō ⟨-, -, ēscere 3.⟩ ||*Inkoh zu* gravis|| (*nachkl.*) *poet* schwer werden; *fig* sich verschlimmern; ***fetu g.*** von Früchten strotzen; ***valetudo gravescit*** der Gesundheitszustand verschlechtert sich
gravia ⟨ōrum⟩ *n* ||gravis|| hartes Geschick, harte Strafe
gravida ⟨ae⟩ *f* ||gravidus|| schwangere Frau
graviditās ⟨ātis⟩ *f* ||gravidus|| Schwangerschaft
gravīdō[1] ⟨ōnis⟩ *f* = ***gravedo***
gravidō[2] ⟨āvī, ātum, āre 1.⟩ ||gravis|| (*vkl., nachkl.*) schwängern; *fig* befruchten; ***terra gravidata seminibus*** von Samen befruchtete Erde
gravidus ⟨a, um⟩ *Adj* ||gravis||
1. schwanger; *von Tieren* trächtig
2. *fig* voll beladen, reich, *re* an etw; ***nubes gravida*** regenschwere Wolke
gravis ⟨e⟩ *Adj*, *Adv* ⟨graviter⟩

1. schwer
2. groß, stark
3. drückend, lästig
4. schwer zu tragen, schlimm
5. schwer, heftig
6. widerlich, ekelhaft
7. tief, dumpf
8. ungesund, gefährlich
9. gewichtig, wichtig
10. angesehen, (ehr)würdig
11. erhaben, feierlich
12. ernst, charakterfest
13. schwer beladen
14. hoch betagt
15. schwerfällig, ungelenk
16. schwanger
17. verdrießlich, mürrisch

1. schwer *von Gewicht*, wuchtig; ***onus grave*** schwere Last; ***pretium grave*** hoher Preis; ***terra g.*** fetter Boden, schwerer Boden; ***cibus g.*** schwer verdauliche Speise
2. *poet von Personen* groß, stark
3. *fig*, *pej* drückend, lästig, beschwerlich; ***labor g.*** beschwerliche Arbeit; ***senectus g.*** mühevolles Greisenalter; ***grave dictu*** unangenehm zu sagen
4. *fig* schwer zu tragen, schlimm, traurig, schmerzlich, hart, streng; ***superbia g.*** schwer zu ertragender Hochmut; ***graviter consulere / vindicare in aliquem*** hart gegen j-n verfahren
5. *fig* schwer, heftig; ***tempestas g.*** schweres Gewitter, ***graviter ferire aliquem*** j-n heftig schlagen; ***vulnus grave*** schwere Wunde
6. *fig* widerlich, ekelhaft; *vom Geruch* stark, stinkend; ***odor g.*** übler Geruch; ***graviter olere*** übel riechen
7. *fig von der Stimme od vom Ton* tief, dumpf, Bass…; ***vox g.*** tiefe Stimme; ***graviter sonare*** dumpf klingen, dumpf tönen
8. *fig* ungesund, gefährlich; ***anni tempus grave*** ungesunde Jahreszeit; ***caelum grave*** ungesundes Klima
9. *fig* gewichtig, wichtig, bedeutsam, gewaltig; ***testis g.*** wichtiger Zeuge; ***argumentum grave*** wichtiges Beweismittel; ***testimonium grave*** schwer belastende Zeugenaussage; ***gravissime iudicare de aliquo*** von j-m eine sehr hohe Meinung haben
10. *fig von Personen* angesehen, (ehr)würdig, einflussreich; ***homo et aetate et meritis g.*** ein nach Alter und Verdienst angesehener Mann
11. *fig von Sachen* erhaben, feierlich, majestätisch; RHET nachdrücklich, wirksam; ***oratio g.*** eindringliche Rede
12. *fig* ernst, charakterfest, gesetzt, streng, besonnen; ***consul g.*** besonnener Konsul; ***omnes gravioris aetatis*** alle Bejahrten
13. schwer beladen, *re* mit etw; ***miles armis g.*** schwer bewaffneter Soldat; ***vino g.*** vom Wein betrunken
14. (*nachkl.*) *poet* hoch betagt
15. (*nachkl.*) schwerfällig, ungelenk
16. schwanger
17. verdrießlich, mürrisch; *Adv* ungern; ***aliquid graviter ferre*** über etw ungehalten sein, *auch quod / + AcI*
Graviscae ⟨ārum⟩ *f sumpfiger Ort s. von Tarquinii, bekannt durch guten Wein*
► **gravitās** ⟨ātis⟩ *f* ||gravis||
1. Schwere, Gewicht, Last, *auch fig*
2. *pej* Druck, Belastung, Beschwerlichkeit, Widrigkeit
3. Härte, Strenge
4. Schwangerschaft
5. Ungesundheit, schädlicher Einfluss
6. Schwerfälligkeit, Mattigkeit
7. Bedeutung, Größe, Ansehen, Kraft, Nachdruck; Wirkung
8. *vom Charakter* sittlicher Ernst, Würde, Erhabenheit, Feierlichkeit
gravō ⟨āvī, ātum, āre 1.⟩ ||*Denom von* gravis|| (*nachkl.*)
1. beschweren, beladen, belasten
2. *fig* erschweren, verschlimmern, ***invidiam alicuius*** j-s Neid
3. belästigen, bedrücken; ***re gravatus*** von etw beschwert, durch etw belastet; ***gravata ebrietate mens*** von Trunkenheit umnebelter Geist
gravor ⟨ātus sum, ārī 1.⟩ ||gravo||
I *v/i*
1. sich beschwert fühlen, verdrießlich sein, *abs od re* durch etw; ***militiā g.*** nicht gern Soldat sein
2. sich weigern, Schwierigkeiten machen, *abs od + Inf*; ***primo g. coepit*** anfänglich begann er Schwierigkeiten zu machen
II *v/t* (*unkl.*) verweigern, ungern übernehmen, ungern ertragen; ***aspectum civium g.*** den Anblick der Bürger lästig finden

gregālēs ⟨ium⟩ *m* ||gregalis|| Kameraden; *pej* Spießgesellen
gregālis ⟨e⟩ *Adj* ||grex||
1. (*nachkl.*) zur Herde gehörig, zum Haufen gehörig
2. von gewöhnlicher Sorte, einfach; ***miles g.*** einfacher Soldat
3. zum gleichen Haufen gehörend
gregārius ⟨a, um⟩ *Adj* ||grex|| (*nachkl.*) zur Herde gehörig; *fig* zu den gemeinen Soldaten gehörig
gregātim *Adv* ||grex|| herdenweise, scharenweise, haufenweise
▶ **gremium** ⟨ī⟩ *n*
1. Schoß; ***in gremio alicuius iacēre*** sich an j-n schmiegen
2. *fig* Schoß *als Ort der Ruhe u. Geborgenheit*; ***rem in deorum gremiis ponere*** etw den Göttern überlassen
3. *fig* Innerstes, Herz *einer Sache*; ***medio Graeciae gremio*** mitten in Griechenland
4. (*eccl.*) Bündel, *bes* Garbe
gressus[1] ⟨a, um⟩ *PPerf* → ***gradior***
gressus[2] ⟨ūs⟩ *m* ||gradior|| (*nachkl.*)
1. das Schreiten, Schritt, Gang; ***gressum anteferre*** vorausgehen; ***gressum inferre*** hineingehen; ***gressum comprimere*** stehen bleiben
2. *fig* Fahrt des Schiffes; *Pl* Gang *der Rede*
▶ **grex** ⟨gregis⟩ *m*, Lucr. *u.* (*spätl.*) *auch f*
1. Herde, *bes von Kleinvieh*; ***g. suillus*** Schweineherde; ***g. bovillus*** Rinderherde; ***g. cervorum*** Rudel Hirsche; ***g. avium*** Vogelschwarm
2. *fig* Schar, Kreis, Rotte; *pej* gemeiner Haufe
3. *fig* geschlossene Gesellschaft; POL Klub; PHIL Sekte, Schule
4. Menge *von Leblosem*, ***virgarum*** von Ruten
grillō ⟨-, -, āre 1.⟩ ||gryllus|| zirpen, *von der Grille*
grōma ⟨ae⟩ *f* ||griech. Fw.|| Feldmessinstrument
grōmāticī ⟨ōrum⟩ *m* ||gromaticus|| die Feldmesser
grōmāticus ⟨a, um⟩ *Adj* ||griech. Fw.|| das Feldmessen betreffend
Grudiī ⟨ōrum⟩ *m Volk in Gallia Belgica, in der Gegend des heutigen Oudenarde*
gruis ⟨is⟩ *f* Phaedr. = ***grus***
grummus *u.* **grūmus** ⟨ī⟩ *m* (*nachkl.*) *poet* Erdhaufen, Erdhügel
grundiō ⟨iī, ītum, īre 4.⟩ grunzen
grundītus ⟨ūs⟩ *m* ||grundio|| das Grunzen
grunniō ⟨iī, ītum, īre 4.⟩ = ***grundio***
grunnītus ⟨ūs⟩ *m* = ***grunditus***
grūs ⟨gruis⟩ *f u. m* Kranich
gryllus ⟨ī⟩ *m* Grille
Grӯnīa ⟨ae⟩ *f äolische Hafenstadt*
grӯps ⟨grӯpis⟩ *u.* ⟨grӯphis⟩ *f* ||griech. Fw.|| (*nachkl.*) Greif, *ein Fabelwesen mit Löwenleib, Adlerkopf u. Flügeln*
gubernābilis ⟨e⟩ *Adj* ||guberno|| Sen. lenkbar, leitbar
gubernāclum *u.* **gubernāculum** ⟨ī⟩ *n* ||guberno||
1. Steuerruder
2. *fig* Lenkung, Regierung, (*klass.*) *meist Pl*
gubernātiō ⟨ōnis⟩ *f* ||guberno|| Steuerung; *fig* Lenkung, Leitung, Regierung
gubernātor ⟨ōris⟩ *m* ||guberno|| Steuermann; *fig* Lenker, Leiter
gubernātrīx ⟨īcis⟩ *f* ||gubernator|| Lenkerin
▶ **gubernō** ⟨āvī, ātum, āre 1.⟩ ||griech. Lw.|| steuern, das Steuerruder führen; *fig* lenken, leiten, regieren
gubernum ⟨ī⟩ *n* Lucr. *nur Pl* = ***gubernaculum***
guerra ⟨ae⟩ *f* ||germ.|| (*mlat.*) Streit, Krieg
gugga ||punisches Wort|| *nur in der Form* ***guggast homo*** Plaut. *genaue Bedeutung unbekannt, vermutlich ein Begriff des Missbrauchs*
▶ **gula** ⟨ae⟩ *f* Speiseröhre, Schlund, Kehle; *meton* Schlemmerei; ***gulam obtorquere*** die Kehle zuschnüren; ***g. Cerberi*** (*mlat.*) Höllenschlund
gulōsus ⟨a, um⟩ *Adj* ||gula|| genusssüchtig; *fig* wählerisch; ***lector g.*** literarischer Feinschmecker
gum… = ***gym…***
gumia ⟨ae⟩ *f* (*nachkl.*) *poet* Schlemmer, Leckermaul
gun… = ***gyn…***
gurdus ⟨a, um⟩ *Adj* Quint. dumm, tölpelhaft
gurges ⟨itis⟩ *m*
1. Strudel, Wirbel, reißende Strömung
2. *poet* Meer, Flut, tiefes Wasser
3. *poet* verschlingender Abgrund, Schlund
4. *meton* Fresssucht; *von Personen* Schlemmer, Prasser
gurguliō ⟨ōnis⟩ *f*
1. Schlund, Kehle
2. Plaut. *fig* Rausch
3. = ***curculio***
gurguliōnius ⟨a, um⟩ *Adj* ||gurgulio|| Plaut.
1. zum Schlund gehörig
2. zum Rausch gehörig; ***campi gurgulionii*** Zecherei, Trinkerei
gurgustium ⟨ī⟩ *n* ||gurges|| ärmliche Wohnung, dunkle Kneipe
gūrus ⟨ī⟩ *m* = ***gyrus***
gustātōrium ⟨ī⟩ *n* ||gusto|| (*nachkl.*) Essgeschirr, Schüssel
gustātus ⟨ūs⟩ *m* ||gusto||
1. Geschmackssinn, Geschmack, *den jd hat*
2. Geschmack *einer Sache*; ***g. acerbus*** bitterer Geschmack
gustō ⟨āvī, ātum, āre 1.⟩ kosten, schmecken, *von einer Sache* ein Weniges genießen, abschmecken; *meton* einen Imbiss nehmen; *fig* zu schmecken bekommen, erproben, kennen lernen, versuchen
gustus ⟨ūs⟩ *m* ||gusto|| (*nachkl.*)
1. *poet* das Kosten, das Probieren, das Abschmecken; *fig* Kostprobe, Vorgeschmack; *meton* Vorspeise
2. Geschmack *von etw*
gutta ⟨ae⟩ *f*
1. Tropfen; ***g. cavat lapidem*** steter Tropfen höhlt den Stein
2. *fig* tropfenartiger Fleck am Tierkörper, *z. B. an Schlangen*
3. ARCH Tropfen *als Zierrat am Kapitell einer Säule od am Grundbalken eines Frieses*
4. Plaut. ein bisschen; ***g. certi consilii*** ein bisschen von einem guten Rat
guttātim *Adv* ||gutta|| tropfenweise
guttātus ⟨a, um⟩ *Adj* ||gutta|| (*spätl.*) gesprenkelt; ***Numidicae guttatae*** Mart. Perlhühner
guttula ⟨ae⟩ *f* ||*Dim von* gutta|| Plaut. Tröpfchen
guttur ⟨uris⟩ *n* (*unkl.*) Gurgel, Kehle; *fig* Schlemmerei; ***g. inferior*** = After; ***guttur alicuius frangere***

G

j-m das Genick brechen

gūtus ⟨ī⟩ *m* ||griech. Lw.|| (*unkl.*) Krug *mit engem Hals u. kleiner Öffnung, zum Salben mit Öl, auch für kultische Zwecke*

Gyaros *u.* **Gyarus** ⟨ī⟩ *f kleine Kykladeninsel in der Ägäis, zur Kaiserzeit Verbannungsort, heute Jura*

Gyās *u.* **Gyēs** ⟨ae⟩ *m ein hundertarmiger Riese*

Gȳgēs ⟨is⟩ *u.* ⟨ae⟩ *m* MYTH *König von Lydien, um 700 v. Chr.; Besitzer eines Ringes, der ihn unsichtbar machte*

gymnasiarchus ⟨ī⟩ *m* ||griech. Fw.|| Vorsteher einer Sportschule

gymnasium ⟨ī⟩ *n* ||griech. Fw.|| Gymnasium, öffentlicher Sportplatz, Schule für Leibesübungen, Ringschule, *später auch Mittelpunkt des geistigen Lebens, Versammlungsort der Philos. u. Rhetoren*

H

gymnasticus ⟨a, um⟩ *Adj* ||griech. Fw.|| Plaut. gymnastisch, turnerisch

gymnicus ⟨a, um⟩ *Adj* ||griech. Fw.|| = ***gymnasticus***

gynaecēum *u.* **gynaecīum** ⟨ī⟩ *n u.* **gynaecōnītis** ⟨idis⟩ *f* ||griech. Fw.|| Frauenwohnung, *der innere Teil des griech. Hauses*

gypsātus ⟨a, um⟩ *Adj* ||gypso|| mit Gips überzogen; ***pes g.*** Sklavenfuß

gypsō ⟨āvī, ātum, āre 1.⟩ ||*Denom von* gypsum|| mit Gips überziehen

gypsum ⟨ī⟩ *n* ||griech. Fw.|| (*unkl.*, luv.) Gips; *meton* Gipsbild

gȳrō ⟨āvī, ātum, āre 1.⟩ ||gyrus||

I *v/t* umgeben

II *v/i* sich (im Kreis) drehen

gȳro-vagus ⟨a, um⟩ *Adj* ||gyrus|| (*eccl.*) *von Mönchen* herumgehend, umherwandernd

Gyrtōn ⟨ōnis⟩ *f Stadt in Thessalien bei Larissa, Spuren beim heutigen Bakrena bei Larissa*

gȳrus ⟨ī⟩ *m* ||griech. Fw.||

1. Kreislinie; *fig* Kreisbewegung, Ring, Windung; ***gyros trahere*** sich winden; ***gyros ducere*** kreisen

2. *Reitkunst* Volte; ***in gyros ire/gyrum capere*** im Kreis laufen

3. Prop. *meton* Reitbahn; ***gyrum equo pulsare*** das Pferd in der Reitbahn tummeln; ***in gyrum rationis duci*** sich von der Vernunft leiten lassen,

4. *fig von der Zeit* Lauf, Kreislauf

Gythēum *u.* **Gythium** *u.* **Gythīum** ⟨ī⟩ *n Stadt u. Hafen in Lakonien, Hafen von Sparta, heute Marathonisi*

H

H h *Abk*

1. = ***hic***[1] *u. oblique Fälle* dieser

2. = ***hastata*** (*erg.* ***cohors***) mit Lanzen bewaffnete Kohorte

3. = ***heres*** Erbe

4. = ***hora*** Stunde

5. *H. C.* = ***Hispania citerior*** das diesseitige Spanien; → ***Hispania***

6. *h. c.* (*nlat.*) = ***honoris causa*** ehrenhalber

7. *h. e.* = ***hoc est*** das heißt

8. *H. E. T.* = ***heres ex testamento*** testamentarisch bestimmter Erbe

9. *H. H.* = ***heredes*** die Erben

10. *h. l.* = ***hoc loco*** (*nlat.*) an diesem Ort

11. *h. m.* = ***huius mensis*** (*nlat.*) dieses Monats

12. *H. S.* = ***hic situs est*** hier liegt

13. *HS.* = ***sestertius*** Sesterz

14. *H. S. S.* = ***hic siti sunt*** hier liegen

► **habēna** ⟨ae⟩ *f* ||habeo||

1. *poet* Riemen, Schleuderriemen, Schleuder

2. Schnur der Peitsche; Peitsche, Knute

3. Zügel; ***habenas effundere/laxare/(im)mittere*** die Zügel schießen lassen; ***habenas premere/adducere*** die Zügel anziehen

4. Plaut. *fig* Lenkung, Leitung, Regierung

habeō ⟨uī, itum, ēre 2.⟩

1. halten, in der Hand halten
2. an sich haben, an sich tragen
3. behalten, bewahren
4. beinhalten
5. halten, vortragen
6. abhalten, veranstalten
7. erhalten
8. behandeln,
9. für etw halten
10. sich verhalten, sich befinden
11. Vermögen haben
12. haben, besitzen
13. zur Frau haben
14. bewohnen
15. halten, züchten
16. zu erdulden haben, erleiden
17. geistig haben = wissen, kennen
18. als etw haben
19. ergriffen haben, beherrschen
20. in sich haben, umfassen
21. haben
22. vermögen, können,
23. bei sich haben, um sich haben
24. mit sich bringen, zur Folge haben
25. müssen,

1. halten, in der Hand halten, *bes von Örtlichkeiten* gefangen halten, umschließen, beherbergen; ***iaculum manibus h.*** einen Wurfspieß in den Händen halten; ***aliquem in custodia h.*** j-n in Gewahrsam halten

2. an sich haben, an sich tragen; ***tunicam h.*** eine Tunika tragen

3. behalten, bewahren; ***aliquid sibi h.*** etw für sich behalten; ***res tuas tibi habe*** *Ehescheidungsformel* behalte dein Eigentum für dich; ***coniugem suas***

res sibi h. iussit er ließ sich von seiner Frau scheiden; ***aliquid secum h.*** etw geheim halten
4. *von Schriften* beinhalten
5. *Reden* halten, vortragen; ***dialogum h.*** einen Dialog schreiben; ***verba h.*** Worte sprechen
6. abhalten, veranstalten; verrichten; *Zeit* verbringen, verleben; ***contionem h.*** eine Versammlung abhalten; ***gratulationem h.*** Dank abstatten; ***iter h.*** marschieren; ***alicui honores h.*** j-m Ehren erweisen; ***rationem h.*** berechnen, kalkulieren; ***adulescentiam h.*** die Jugend verbringen
7. erhalten, *in einem Zustand* halten; ***aliquem sollicitum h.*** j-n in Aufregung halten; ***aliquem suspectum h.*** j-n in Verdacht haben; ***mare infestum h.*** das Meer unsicher machen; *PPP zum Ausdruck eines dauernden Zustandes*: ***portas clausas h.*** die Türen geschlossen halten; ***aliquem perspectum h.*** j-n durchschaut haben; ***vectigalia redempta h.*** die Abgaben gepachtet haben
8. behandeln, + *Adv od adv Ausdruck*; ***aliquem bene h.*** j-n gut behandeln; ***aliquem male h.*** j-n ausschelten
9. für *etw* halten, + *dopp. Akk*, *pro re* für etw, *Gen pretii*, + *Dat*; *häufig Passiv* für *etw* gehalten werden; ***deos aeternos et beatos h.*** die Götter für glücklich und ewig halten; ***aliquem in summis ducibus h.*** j-n zu den obersten Anführern zählen; ***aliquid magni h.*** etw für teuer halten; ***aliquem pro amico h.*** j-n für einen Freund halten; ***aliquid religioni h.*** sich aus etw ein Gewissen machen; ***duritiam voluptati h.*** Anstrengungen als ein Vergnügen betrachten; ***aliquem ludibrio h.*** j-n zum Besten halten; ***aliquis magnae habetur auctoritatis*** j-d gilt als Mann von größtem Ansehen; ***satis h.*** sich begnügen, + *Inf*; ***parum h.*** nicht damit zufrieden sein, + *Inf*
10. ***se h.*** sich verhalten, sich befinden; ***quoquo modo res se habet*** wie immer die Sache sich verhält; ***se graviter h.*** schwer krank sein
11. *abs* Vermögen haben; ***habet in Bruttiis*** er hat Besitz im Bruttierland; ***in nummis h.*** Barvermögen haben; ***h. in praediis urbanis*** Grundstücke in der Stadt haben
12. haben, besitzen; ***rem h.*** Vermögen besitzen
13. zur Frau haben
14. (*nachkl.*) *poet* bewohnen; *auch* beherrschen; MIL besetzt halten; *abs* wohnen; ***Romam a principio reges habuerunt*** über Rom herrschten am Anfang Könige
15. *Vieh* halten, züchten; ***pecora habens*** Viehzüchter
16. zu erdulden haben, erleiden; ***febrim h.*** Fieber haben; ***vulnus h.*** verwundet sein; ***suspicionem adulterii h.*** im Verdacht des Ehebruchs stehen; ***iudicium h.*** angeklagt sein
17. geistig haben = wissen, kennen; ***consilia nostra habet*** er kennt unsere Pläne; ***tantum habeto*** so viel sollst du wissen; ***non habeo, quo me recipiam*** ich weiß nicht, wohin ich mich zurückziehen soll; ***sic h.*** überzeugt sein, *abs od* + *AcI*
18. als *etw* haben, zu *etw* haben, an *j-m etw* haben, + *dopp. Akk*; ***aliquem collegam h.*** j-n als Amtsgenossen haben
19. *fig von Zuständen u. Gefühlen* ergriffen haben, beherrschen; ***aliquem somnus habet*** j-d schläft
20. in sich haben, umfassen; ***ea regio montes non habet*** diese Gegend hat keine Berge; ***virtus hoc habet, ut*** die Tugend besitzt die Eigentümlichkeit, dass; ***aliquid (in) animo h.*** etw im Sinn haben, etw wollen, + *Inf*; ***aliquem in animo h.*** an j-n denken
21. haben *als nachdrückliche Umschreibung eines Verbs*; ***odium in aliquem h.*** gegen j-n Hass empfinden
22. vermögen, können, + *Inf*; ***haec habeo dicere*** das kann ich sagen
23. bei sich haben, um sich haben; ***duos servos secum h.*** zwei Sklaven bei sich haben; ***fluvium a dextra h.*** den Fluss zu seiner Rechten haben
24. *fig* mit sich bringen, zur Folge haben, verursachen; ***aliquid magnam admirationem habet*** etw erregt große Bewunderung
25. (*nachkl.*) müssen, + *Ger*; ***habeo respondendum*** ich muss antworten
26. (*mlat.*) *zur Umschreibung des Futurs*; ***dicere habemus*** = ***dicemus*** wir werden sagen
27. (*eccl.*) müssen; ***cantare habes*** du musst singen
28. ***omne h.*** (*mlat.*) die ganze Habe

habilis ⟨e⟩ *Adj*, *Adv* ⟨habiliter⟩ ||habeo||
1. handlich, leicht zu handhaben; leicht, bequem, elastisch, *ad aliquid / alicui rei* zu etw, für etw, *re* durch etw, wegen etw; ***calceus h. ad pedem*** ein für den Fuß bequemer Schuh
2. *fig* passend, geeignet, tauglich, *von Personen u. Sachen*, *in re* in etw, *alicui* für jdn

habilitās ⟨ātis⟩ *f* ||habilis|| Geschicklichkeit

habitābilis ⟨e⟩ *Adj* ||habito|| bewohnbar

habitātiō ⟨ōnis⟩ *f* ||habito||
1. Wohnung
2. Suet. *meton* Hausmiete

habitātor ⟨ōris⟩ *m* ||habito||
1. Bewohner, Mieter
2. Einwohner *eines Landes*

► **habitō** ⟨āvī, ātum, āre 1.⟩ ||*Freq von* habeo||
I *v/t* bewohnen; *Passiv* als Wohnsitz dienen
II *v/i*
1. wohnen; ***in luna habitari*** *unpers* auf dem Mond gebe es Bewohner
2. *fig* heimisch sein, stets sein, stets bleiben; sich eifrig *mit etw* beschäftigen; ***quies habitat*** es herrscht Ruhe; ***oculi mei in vultu alicuius habitant*** meine Augen ruhen stets auf j-s Gesicht

habitūdō ⟨inis⟩ *f* ||habeo|| (*vkl.*, *nachkl.*) Äußeres, Gestalt

habituriō ⟨-, -, īre 4.⟩ ||*Desid von* habeo|| Plaut. haben wollen, begehren

habitus[1] ⟨ūs⟩ *m* ||habeo||
1. (*nachkl.*) Haltung, Stellung *des Körpers*
2. Aussehen, äußere Erscheinung, Gestalt
3. Kleidung, Tracht; ***suo habitu vitam degere*** in der eigenen Haut stecken
4. Stimmung, Zustand, Befinden, *körperlich u. geistig*
5. Eigentümlichkeit, Eigenschaft
6. (*nachkl.*) Verhalten, Gesinnung
7. (*mlat.*) ***habitum mutare*** ins Kloster gehen

habitus[2] ⟨a, um⟩ *Adj* ||habeo|| Com. wohlgenährt, beleibt

habroton… = ***abroton…***

hāc *Adv* ||hic[1]|| (*erg.* ***viā*** *od* ***parte***) auf diesem Weg,

H

auf dieser Seite, hier; ***hac … hac/illac*** (*nachkl.*) *poet* hier … dort; ***hac atque illac*** Ter. überall

hāc-tenus *Adv*

1. (*nachkl.*) *poet örtl.* bis hierher, bis dahin, so weit

2. (*nachkl.*) *poet zeitl.* bis jetzt, bis zu diesem Zeitpunkt

3. *in Rede od Schrift abschließend od abbrechend* so weit, bis hierher; genug davon

4. *fig* bis zu dem Grad, zu diesem Zweck; *beschränkend* insoweit, nur in der Beziehung, *quatenus/quoad/qua/quod* als

Hadria ⟨ae⟩

I *m poet* das Adriatische Meer

II *f*

1. *Stadt in Picenum, h. Atri, n von Pescara*

2. *Stadt n der Pomündung, h. Adria*

Hadriānus[1] ⟨a, um⟩ *Adj* zu Hadria gehörig, aus Hadria

Hadriānus[2] ⟨ī⟩ *m* Einwohner von Hadria

Hadriānus[3] ⟨ī⟩ *m Publius Aelius Hadrianus, geb. 76 n Chr., Kaiser 117-138 n. Chr.*; ***villa Hadriani*** Villa des Hadrian, *große Villenanlage, Ruinenfeld bei Tivoli*; ***Mausoleum Hadriani*** Mausoleum des Hadrian, *h. Engelsburg in Rom*

Hadrūmētum ⟨ī⟩ *n* = ***Adrumetum***

haedilia ⟨ae⟩ *f* ||haedus|| Hor. Geißlein, Zicklein

haedillus ⟨ī⟩ *m* ||*Dim von* haedus|| Plaut. Böcklein, *Kosewort*

haedīnus ⟨a, um⟩ *Adj* ||haedus|| von jungen Ziegenböcken

Haeduī ⟨ōrum⟩ *m* = ***Aedui***

haedulus ⟨ī⟩ *m* ||*Dim von* haedus|| Iuv. Ziegenböckchen

haedus ⟨ī⟩ *m* Böckchen, junger Ziegenbock; *Pl* (*nachkl.*) *fig zwei Sterne im Sternbild des Fuhrmanns, mit deren Aufgang im Oktober die Herbststürme beginnen*

Haemonia ⟨ae⟩ *f alter Name für Thessalien*

Haemonis ⟨idis⟩ *f* Thessalierin

Haemonius ⟨a, um⟩ *Adj* thessalisch; ***iuvenis H.*** thessalischer Jüngling, = Iason; ***puer/heros H.*** thessalischer Knabe/Held, = Achill; ***artes Haemonii*** Zauberkünste; ***culter h.*** Zaubermesser *der Medea*; ***puppis Haemonia*** thessalisches Schiff, = Argo

Haemos *u.* **Haemus** ⟨ī⟩ *m* Balkan *im N Thrakiens*

haereō ⟨haesī, haesum, haerēre 2.⟩

> **1.** hängen bleiben, haften
> **2.** festsitzen, sich aufhalten
> **3.** fest hängen
> **4.** sich anhängen, ein Anhängsel sein
> **5.** stehen bleiben
> **6.** stocken, stecken bleiben

1. hängen bleiben, haften, kleben, sitzen bleiben; ***hasta haeret*** die Lanze bleibt hängen; ***hic terminus haeret*** dieses Ziel steht fest; ***in equo h.*** sattelfest sein; ***in oculis h.*** immer vor Augen schweben; ***in criminibus h.*** sich in Verbrechen verstricken; ***in luto h.*** in der Tinte sitzen; ***in poena h.*** endlich von der Strafe ereilt werden; ***osculo alicuius h.*** an j-s Mund mit Küssen hängen; ***haeret in alicuius mente*** j-d hat den festen Glauben, + *AcI*

2. *fig* festsitzen, sich aufhalten, verweilen

3. *fig* fest an *j-m/etw* hängen, an *etw* festhalten, nicht von *j-m/etw* loskommen, *alicui/aliquo u. in re/alicui rei/re*; ***h. in eadem sententia*** in derselben Meinung verharren; ***h. in tergo alicuius*** j-m im Nacken sitzen; ***alicui/lateri alicuius h.*** j-m nicht von der Seite weichen; ***proposito h.*** eng mit der Handlung des Dramas zusammenhängen

4. *fig* sich anhängen, ein Anhängsel sein

5. *fig wie gebannt od wie angewurzelt* stehen bleiben; ***lingua metu haeret*** die Stimme stockt vor Angst; ***animo h.*** staunen; ***hic aqua haeret*** hier hapert es

6. *fig* stocken, stecken bleiben, aufhören; ratlos sein; ***haereo, quid faciam*** ich schwanke, was ich tun soll

haerēscō ⟨-, -, ēscere 3.⟩ ||*Inkoh von* haereo|| Lucr. hängen bleiben, stecken bleiben

haeresis ⟨is⟩ *u.* ⟨eos⟩ *f* ||griech. Fw.||

1. Lehre, Dogma

2. Philosophenschule, Sekte

3. (*spätl., eccl.*) *von der rechten Lehre abweichende* Lehre, Irrlehre; Sekte

haereticus

I ⟨a, um⟩ *Adj* ||griech. Fw.|| (*eccl.*) ketzerisch

II ⟨ī⟩ *m* ||griech. Fw.|| (*eccl.*) Irrlehrer, Ketzer

haesī → ***haereo***

haesitābundus ⟨a, um⟩ *Adj* ||haesito|| Plin. verlegen stotternd

haesitantia ⟨ae⟩ *f* ||haesito|| das Stocken; ***h. linguae*** das Stottern

haesitātiō ⟨ōnis⟩ *f* ||haesito|| das Stocken *in der Rede*, das Stottern; *fig* Unentschlossenheit

haesitātor ⟨ōris⟩ *m* ||haesito|| Phaedr. Unentschlossener

haesitō ⟨āvī, ātum, āre 1.⟩ ||*Intens von* haereo||

1. festhängen, festsitzen, stecken bleiben, *auch fig*

2. *fig* stottern

3. *fig* unschlüssig sein, verlegen sein, schwanken, zaudern; ***cum haesitaret Catilina*** als Catilina nicht mit der Sprache heraus wollte; ***h. de re*** (*nachkl.*) über etw hin und her beraten

haesus ⟨a, um⟩ *PPP* → ***haereo***

hahae *u.* **hahahae** *Interj des Lachens* Com. haha!

halagora ⟨ās⟩ *f* ||griech. Fw.|| Plaut. Salzmarkt

halcēdō ⟨inis⟩ *f* = ***alcedo***

halcyōn ⟨onis⟩ *f* = ***alcyon***

hālēc ⟨ēcis⟩ *n* = ***allec***

haliaeetos *u.* **haliaeetus** *u.* **haliāetos** *u.* **haliāetus** ⟨ī⟩ *m* ||griech. Fw.|| (*nachkl.*) *poet* Seeadler, Fischadler

Halicarnassēnsis ⟨e⟩ *Adj* aus Halicarnassos, zu Halicarnassos gehörig

Halicarnasseûs ⟨eī⟩ *m* Einwohner von Halicarnassos

Halicarnassius ⟨a, um⟩ *Adj* aus Halicarnassos, zu Halicarnassos gehörig

Halicarnassos *u.* **Halicarnassus** *u.* **Halicarnāsus** ⟨ī⟩ *f dorische Siedlung u. Hafenstadt an der Südwestspitze Kleinasiens, in der Landschaft Karien, h. Bodrum*; *Geburtsort Herodots u. des Dichters Kallimachos*; *Residenz des Tyrannen Mausolos, dessen um 350 v. Chr. in Halicarnassos erbautes Grabmal Vorbild u. Bezeichnung für diese Schöpfungen der Architektur wurde*; *das Mausoleum ge-*

hörte zu den Sieben Weltwundern

halieutica ⟨ōn⟩ *n* ||griech. Fw.|| *Lehrgedicht Ovids über den Fischfang*

halieuticus ⟨a, um⟩ *Adj* ||griech. Fw.|| *(nachkl.)* zum Fischen gehörig

hālitus ⟨ūs⟩ *m* ||halo|| *(nachkl.) poet* Hauch, Atem; Dunst, Dampf

hallēc *u.* **hallēx**[1] ⟨ēcis⟩ *n* → ***allec***

hallex[2] ⟨icis⟩ *m*

1. = ***allex***[1]

2. *(nlat.)* MED die große Zehe

hallūc... = ***aluc...***

hallux ⟨ucis⟩ *m* = ***hallex***[2] *2*

hālō ⟨āvī, ātum, āre 1.⟩

I *v/i* hauchen, wehen; duften, *re* von etw

II *v/t* anhauchen, ausdünsten

halophanta ⟨ae⟩ *m* ||griech. Fw.|| Com. Halunke, Gauner

halōs ⟨ō⟩, *Akk* ***ō*** *m* ||griech. Fw.|| Hof *um Sonne od Mond*

halōsis *Akk* ***in*** *f* ||griech. Fw.|| Eroberung

haltēres ⟨um⟩, *Akk* ⟨ēras⟩ *m* ||griech. Fw.|| Mart. Hanteln

Halys ⟨yos⟩ *m größter Fluss Kleinasiens, h. Kisil-Irmak*

hama ⟨ae⟩ *f* ||griech. Fw.|| *(nachkl.) poet* Feuereimer

hamadryas ⟨adis⟩, *Dat Pl* ⟨asin⟩, *Akk Pl* ⟨adas⟩ *f* ||griech. Fw.|| Baumnymphe, *die mit dem Baum lebt u. stirbt*

hāmātilis ⟨e⟩ *Adj* Plaut. mit Angeln; ***piscatus h.*** das Angeln

hāmātus ⟨a, um⟩ *Adj*

1. Ov. mit Haken versehen; ***hamata lorica*** *(mlat.)* Kettenhemd; ***sentis h.*** stacheliger Dornenstrauch

2. hakenförmig, gekrümmt

3. Plin. *fig* eigennützig; ***munera hamata*** Köder

Hamilcar ⟨aris⟩ *m Hamilcar Barca(s), Vater des Hannibal, karthagischer Heerführer, gest. 228 v. Chr.*

hāmiōta ⟨ae⟩ *m* ||hamus|| *(vkl.)* Angler

Hammōn ⟨ōnis⟩ *m ägyptisch Amun, Gott von Theben in Oberägypten, später widderköpfiger libysch-ägyptischer Orakelgott, von den Griechen als Zeus Ammon, von den Römern als Jupiter Hammon verehrt*

Hammōniī ⟨ōrum⟩ *m* Bewohner der Oase Hammonium

Hammōnium ⟨ī⟩ *n Oase mit Heiligtum des Hammon, h. Schiwah*

hāmulus ⟨ī⟩ *m* ||*Dim von* hamus|| Plaut. kleiner Haken, *(nachkl.) als chirurgisches Instrument*; ***h. piscarius*** Angel

hāmus ⟨ī⟩ *m*

1. Haken; Verg. *Pl* Ringelhaken *des Kettenpanzers*

2. *poet* Widerhaken, Angelhaken; Hor. *meton* Köder

3. Ov. gekrümmter Bügel des Schwertgriffs

4. Ov. Krallen *des Habichts*

5. Ov. Dorn, Stachel *eines Strauchs*

Hannibal ⟨alis⟩ *m karthagischer Feldherr, 247–183 v. Chr.*; ***alter h.*** ein zweiter Hannibal = ein Todfeind der Römer; ***h. ad portas*** Hannibal vor den Toren, *Schreckensruf im 2. Punischen Krieg, zitiert in größter Not*

hapalopsis ⟨idis⟩ *f* ||griech. Fw.|| Plaut. *erdichteter Name eines Gewürzes*

haphē ⟨ēs⟩ *f* ||griech. Fw.|| (Mart., Suet.) feiner Sand, *mit dem sich die Ringer bestreuten um besser zufassen zu können*; Sen. Staub

hapsis ⟨īdis⟩ *f* = ***absis***

hara ⟨ae⟩ *f* Stall, *bes* Schweinestall; Plaut. *Schimpfwort*

harēn... = ***aren...***

hariola ⟨ae⟩ *f* ||hariolus|| Plaut. Wahrsagerin

hariolātiō ⟨ōnis⟩ *f* ||hariolor|| *(vkl., nachkl.)* Wahrsagung

hariolor ⟨ātus sum, ārī 1.⟩ ||hariolus|| wahrsagen; Com. *pej* faseln

hariolus ⟨ī⟩ *m* Wahrsager

harispex ⟨spicis⟩ *m* = ***haruspex***

Harmodius ⟨ī⟩ *m einer der Mörder des Hipparch*; Tyrannenmörder

harmonia ⟨ae⟩ *f* ||griech. Fw.||

1. Einklang, Harmonie *in der Musik*; Lucr. Einklang *zwischen Seele u. Geist*

2. Sphärenharmonie

Harmonia ⟨ae⟩ *f Tochter des Ares u. der Aphrodite, Gattin des Kadmos; erhielt zur Hochzeit von den Göttern ein von Hephaistos gefertigtes Halsband, das jedem späteren Besitzer Verderben brachte*

harpa ⟨ae⟩ *f* ||germ. Lw.|| *(spätl.)* Harfe

harpagō[1] ⟨ōnis⟩ *m* ||griech. Fw.|| Hakenstange *zum Einreißen von Mauern*; Enterhaken; Plaut. *Schimpfwort*

harpagō[2] ⟨āvī, ātum, āre 1.⟩ ||griech. Fw.|| Plaut. rauben

harpastum ⟨ī⟩ *n* ||griech. Fw.|| kleiner fester Fangball

harpax *Gen* ⟨agis⟩, *Akk* ⟨aga⟩ *Adj* ||griech. Fw.|| räuberisch

harpē ⟨ēs⟩ *f* ||griech. Fw.|| *(nachkl.) poet* Sichelschwert

Harpocratēs ⟨is⟩ *m aus Ägypten in Rom aufgenommene Gottheit, Genius des Schweigens*; ***aliquem Harpocratem reddere*** Catul. j-n zum Schweigen verpflichten

Harpȳia ⟨ae⟩ *f*

1. Harpyie, *Menschen raubender Sturmdämon, Fabelwesen, halb Frau u. halb Vogel*; *Pl gefräßige Ungeheuer, Verkörperung des alles dahinraffenden Hungers*

2. *Hund des Aktaion (Actaeon)*

Harūdēs ⟨um⟩ *m germ. Volk zwischen Neckar u. Bodensee*

hārunc Com. = ***harum***; → ***hic***[1]

harundi-fer ⟨fera, ferum⟩ *Adj* ||harundo, fero|| Ov. Schilf tragend

harundinētum ⟨ī⟩ *n* ||harundo|| *(vkl., nachkl.)* Röhricht

harundineus ⟨a, um⟩ *Adj* ||harundo|| *(unkl.)* mit Schilf bewachsen; ***silva harundinea*** Röhricht; ***carmen harundineum*** Hirtenlied

harundinōsus ⟨a, um⟩ *Adj* ||harundo|| Catul. schilfreich

harundō ⟨inis⟩ *f (unkl.)*

1. Schilfrohr, Bambus(rohr)

2. Rohrkranz

3. Rohrpfeife, Hirtenflöte, Schalmei

H

4. Pfeilschaft
5. Leimrute *zum Vogelfang*
6. Angelrute
7. Rohrbündel *als Vogelscheuche*
8. Steckenpferd
9. Kamm *des Webstuhls*
10. MED Schiene *des Chirurgen*
11. Schreibfeder; *fig* Stil

haru-spex ⟨spicis⟩ *m* ||specio|| Opferschauer, Eingeweideschauer, *der aus den Eingeweiden der Opfertiere weissagte*, Wahrsager, Seher

haruspica ⟨ae⟩ *f* ||haruspex|| Plaut. Opferschauerin, Wahrsagerin

haruspicīna ⟨ae⟩ *f* ||haruspicinus|| Opferschau

haruspicīnus ⟨a, um⟩ *Adj* ||haruspex|| die Opferschau betreffend

H

haruspicium ⟨ī⟩ *n* ||haruspex|| *(nachkl.) poet* (Kunst der) Opferschau

Hasdrubal ⟨is⟩ *m*
1. *karthagischer Heerführer, Schwiegersohn des Hamilcar Barcas*
2. *karthagischer Heerführer, Bruder Hannibals, gefallen 207 v. Chr. am Metaurus*

hasta ⟨ae⟩ *f*
1. Stange, Pfahl, Schaft
2. Spieß, Speer, Lanze, *mit Eisen beschlagene Wurfwaffe der Reiterei u. der Fußsoldaten*; ***hastam abicere*** die Lanze wegwerfen = aufgeben
3. ***h. pura*** *(nachkl.) poet* Lanze ohne Eisenspitze, *Auszeichnung für Tapferkeit*
4. ***h. recurva*** Ov. Haarpfeil *zum Ordnen des Haares der Braut*
5. Zepter *als Attribut von Göttern, Priestern u. Königen*
6. *meton* Auktion, *auch* Verpachtung *von Staatseinkünften*; ***h. Pompei*** Versteigerung der Güter des Pompeius; ***hastam ponere*** eine Auktion abhalten; ***sub hasta vendere/hastae subicere*** versteigern; ***ius hastae*** Auktionsrecht; ***ad hastam publicam accedere*** an einer öffentlichen Versteigerung teilnehmen; ***hastam centumviralem cogere*** das Zentumviralgericht einberufen
7. *fig* männliches Glied

hastātus
I ⟨a, um⟩ *Adj* ||hasta|| Tac. mit einem Speer bewaffnet
II ⟨ī⟩ *m (nachkl.)* Speerträger, Lanzenreiter; *Pl* Hastaten, Soldaten des ersten Gliedes; ***primus h.*** die erste Kompanie des ersten Gliedes, der Zenturio des ersten Manipels der Hastaten

hastīle ⟨is⟩ *n* ||hasta||
1. *(nachkl.) poet* Stange, Pfahl
2. Lanzenschaft, Schaft des Wurfspießes; Wurfspieß, Speer
3. *meton* Ast, Zweig; ***myrtus densis hastilibus horrida*** durch dichte Zweige struppige Myrte

hastiludium ⟨i⟩ *n (mlat.)* Turnier

hastula ⟨ae⟩ *f* Splitter, Span

Hatria ⟨ae⟩ *f u. m* = ***Hadria***

hau[1] *Interj* au

▶ **hau**[2] *(altl. u. vor Kons.) u.* **haud** *Adv* nicht, nicht gerade, *verneint meist nur einen einzelnen Begriff, bes um diesen in sein Gegenteil zu verwandeln (Litotes)*; ***haud facile*** sehr schwierig

haud-dum *Adv (nachkl.)* noch nicht *sowohl von der Gegenwart wie von der Vergangenheit*

haud-quāquam *Adv* keineswegs, durchaus nicht; ***haudquaquam dubius*** keineswegs zweifelhaft

hauriō ⟨hausī, haustum, haurīre 4.⟩

1. schöpfen, herausschöpfen
2. vergießen, ausströmen lassen
3. nehmen, entnehmen
4. heraufholen, (auf)sammeln
5. einsaugen, einziehen
6. austrinken, leeren
7. verschlingen, in die Tiefe ziehen
8. genießen
9. verwunden, durchbohren
10. in sich aufnehmen, erfassen
11. vollenden

1. *Flüssigkeit* schöpfen, herausschöpfen, ***aquam galeā*** Wasser mit dem Helm
2. *Blut* vergießen, ausströmen lassen
3. *fig* nehmen, entnehmen, entlehnen; ***sumptum ex aerario h.*** Geld aus der Staatskasse nehmen; ***terram h.*** Erde aufwerfen; ***aliquid ex vano h.*** etw aus unsicherer Quelle nehmen
4. *poet* heraufholen, (auf)sammeln; ***pulverem palmis h.*** Staub mit Palmzweigen aufwedeln; ***suspiratūs h.*** tief aufseufzen
5. *Flüssigkeit* einsaugen, einziehen, trinken; ***vinum h.*** Wein trinken; ***lucem h.*** *fig* das Tageslicht erblicken, geboren werden
6. *ein gefülltes Gefäß* austrinken, leeren
7. *(nachkl.) fig* verschlingen, in die Tiefe ziehen; *poet* verzehren, entkräften; *Besitz* durchbringen; *Passiv* versinken; ***arbores in profundum h.*** Bäume in der Tiefe versinken lassen; ***provincias h.*** Provinzen aussaugen
8. *Freude* genießen; *Schmerz* empfinden, erdulden
9. *(nachkl.) poet Körperteile* verwunden, durchbohren; ***pavor haurit corda*** *fig* Angst peinigt die Herzen
10. *mit dem Geist od mit den Sinnen* in sich aufnehmen, erfassen, gründlich kennen lernen; ***strepitum h.*** Lärm vernehmen; ***aliquid cogitatione h.*** etw gedanklich aufnehmen
11. *(nachkl.) poet* vollenden; ***sol medium orbem hausit*** die Sonne hat ihren halben Umlauf vollendet

hausciō = ***haud scio***

hausī → ***haurio***

haustrum ⟨ī⟩ *n* ||haurio|| Lucr. Schöpfrad

haustus[1] ⟨a, um⟩ *PPP* → ***haurio***

haustus[2] ⟨ūs⟩ *m* ||haurio||
1. das Schöpfen, das Wasserschöpfen
2. JUR Schöpfrecht, Recht der Quellenbenutzung
3. *meton* Geschöpftes; ***h. aquarum*** geschöpftes Wasser
4. *fig* das Einatmen, ***caeli*** von Luft
5. *(nachkl.) poet* das Trinken, Schluck

haut *Adv* = ***haud***

haut... = ***haud...***

havē *Interj* = ***ave***

haveō[1] ⟨-, -, ēre 2.⟩ = ***aveo***[1]

haveō[2] ⟨-, -, ēre 2.⟩ = ***aveo***[2]

Heautontīmōrūmenos ⟨ī⟩ *m* ||griech. Verbform|| Der Selbstpeiniger, *Titel einer Komödie des Terenz*

hebdomada ⟨ae⟩ *f* (*mlat.*) Woche
hebdomas ⟨adis⟩, *Akk* ⟨ada⟩ *f* ||griech. Fw.|| Anzahl von sieben Tagen; der siebte Tag *bei Krankheiten*; ***quarta h.*** der achtundzwanzigste Tag
Hēbē ⟨ēs⟩ *f* MYTH *griech. Göttin der Jugend, Tochter der Hera, Gattin des Herkules*; *lat.* = ***Iuventa***
heben… = ***eben…***
hebeō ⟨-, -, ēre 2.⟩ ||hebes|| (*nachkl.*) *poet* stumpf sein; *fig* matt sein, träge sein, nicht mehr tätig sein; ***sanguis hebet*** das Blut stockt
hebes *Gen* ⟨etis⟩ *Adj*
1. stumpf, abgestumpft
2. *fig von Sinnen, Empfinden, Geisteskräften* stumpf, schwach; *allg. von Personen u. Sachen* matt, träge, schwerfällig; ***os h.*** appetitloser Mund; ***dolor h.*** kalte Teilnahme; ***rhetorica h.*** oberflächliche Redekunst
3. *fig* stumpfsinnig, blöde, dumm; ***h. in suo negotio*** dumm in seinem Geschäft
hebēscō ⟨-, -, ēscere 3.⟩ ||*Inkoh von* hebeo|| stumpf werden; *fig* ermatten, erlahmen; ***sidera hebescunt*** die Sterne verblassen
hebetātiō ⟨ōnis⟩ *f* ||hebeto|| (*nachkl.*) Abstumpfung
hebetō ⟨āvī, ātum, āre 1.⟩ ||*Denom von* hebes|| (*nachkl.*) *poet* stumpf machen; *fig* abstumpfen, schwächen; ***sidera h.*** die Gestirne verdunkeln
Hebraeus ⟨a, um⟩ *Adj* (*vkl.*) hebräisch, jüdisch
Hebrus ⟨ī⟩ *m*
1. *Hauptfluss Thrakiens, h. Maritza, entspringt im Rilagebirge u. mündet s. von Hadrianopel in die Ägäis*
2. *meton* Thrakien
Hecabē ⟨ēs⟩ *f* = ***Hecuba***
Hecata ⟨ae⟩ *f u.* **Hecatē** ⟨ēs⟩ *f* MYTH *alte unterirdische dreigestaltige Göttin der Jagd, der Wege u. der Zauberei, teils mit Artemis / Diana, teils mit Persephone / Proserpina gleichgesetzt*
Hecatēis *Gen* ⟨idis⟩ *u.* ⟨idos⟩ *Adj f u.* **Hecatēius** ⟨a, um⟩ *Adj* zur Hekate gehörig; ***carmina Hecateia*** Zaubersprüche
hecatombē ⟨ēs⟩, *Akk* ⟨ēn⟩ *f* ||griech. Fw.|| (*unkl.*) Opfer von 100 Rindern; großes öffentliches Opfer; große Zahl von Opfern
Hector ⟨oris⟩ *m Sohn des Priamus u. der Hekabe (Hecuba), Gatte der Andromache, Held von Troja, von Achill im Zweikampf getötet*
Hectoreus ⟨a, um⟩ *Adj* des Hektor; Verg. troisch
Hecuba ⟨ae⟩ *f Gattin des Priamus, Mutter von 19 Söhnen, darunter Hektor u. Paris, nach dem Fall Trojas Sklavin des Odysseus*; Mart. alte garstige Frau
Hecyra ⟨ae⟩ *f* Die Schwiegermutter, *Titel einer Komödie des Terenz*
hedera ⟨ae⟩ *f* Efeu; *Pl* Efeuranken, *dem Bacchus heilig, auch dem Apollo u. den Musen geweiht*
hederi-ger ⟨gera, gerum⟩ *Adj* ||hedera, gero|| Catul. Efeu tragend
hederōsus ⟨a, um⟩ *Adj* ||hedera|| Prop. reich an Efeu
hēdychrum ⟨ī⟩ *n* ||griech. Fw.|| Balsam, Parfüm
hei *Interj* = ***ei***
heia *Interj* = ***eia***
heic *Adv* (*altl.*) = ***hic²***
hēiul… = ***eiul…***

helciārius ⟨ī⟩ *m* ||griech.-lat. Bildung|| Mart. Treidler, *Gespann, das Schiffe flussaufwärts zog*
Helena ⟨ae⟩ *f u.* **Helenē** ⟨ēs⟩ *f* MYTH *Tochter des Zeus u. der Leda, Gattin des Menelaos, von Paris nach Troja entführt, was dem Mythos nach der Anlass zum Trojanischen Krieg wurde*
Hēliades ⟨um⟩ *f* MYTH *die drei Töchter des Helios / Sol, Schwestern des Phaeton, ihre Tränen wurden in Bernstein verwandelt, sie selbst in Pappeln*; ***lacrimae Heliadum*** Bernstein; ***nemus Heliadum*** Pappelhain
helica ⟨ae⟩ *f* ||griech. Fw.|| Gewinde des Schneckenhauses
Helicē ⟨ēs⟩ *f* der Große Bär; Sen. *meton* Norden
Helicōn ⟨ōnis⟩ *m* MYTH *Bergzug in Böotien, den Musen heilig*; Ov. *meton* Dichtkunst
Helicōniades ⟨um⟩ *f* die Musen
Helicōnius ⟨a, um⟩ *Adj* des Helikon, zum Helikon gehörig
hēliocamīnus ⟨ī⟩ *m* ||griech. Fw.|| (*nachkl.*) Zimmer zur Sonnenseite
Hēliopolis ⟨is⟩ *f*
1. *Stadt in Ägypten, geringe Reste nö. von Kairo*
2. *Stadt in Coelesyrien, h. Baalbek, n von Damaskus, mit zahlreichen Ruinen*
hēliotropium ⟨ī⟩ *n* ||griech. Fw.|| (*spätl.*)
1. Sonnenwendblume, Heliotrop, *Blume, die sich ständig zur Sonne wendet*
2. Bandjaspis, *Halbedelstein*
Hellānīcus ⟨ī⟩ *m Prosaschriftsteller aus Mytilene auf Lesbos, um 450 v. Chr.*
Hellas ⟨ados⟩ *u.* ⟨adis⟩ *f der klassische u. seit 1833 wieder übliche Name für Griechenland*
Hellē ⟨ēs⟩ *f* MYTH *Tochter des Athamas u. der Nephele, floh mit ihrem Bruder Phrixos auf einem Widder mit goldenem Vlies (Fell) vor ihrer Stiefmutter Ino u. ertrank in einer Meerenge, die nach ihr „Hellespont" genannt wurde*
helleborōsus ⟨a, um⟩ *Adj* ||helleborus|| der viel Nieswurz braucht, nicht ganz bei Verstand
helleborum ⟨ī⟩ *n u.* **helleborus** ⟨ī⟩ *m* Nieswurz, *Hahnenfußgewächs, im Altertum Heilmittel gegen Epilepsie u. Geisteskrankheit, Brechmittel*
Hellēspontiacus ⟨a, um⟩ *Adj* ||Hellespontus|| des Hellespont, zum Hellespont gehörig
Hellēspontius
I ⟨a, um⟩ *Adj* ||Hellespontus|| des Hellespont, zum Hellespont gehörig
II ⟨ī⟩ *m* Anwohner des Hellespont
Hellēspontus ⟨ī⟩ *m* Hellespont, *h. Dardanellen*; → ***Helle***
helluātiō ⟨ōnis⟩ *f* ||helluor|| Schlemmerei
helluō ⟨ōnis⟩ *m* Schlemmer, Prasser, Verprasser
helluor ⟨ātus sum, ārī 1.⟩ ||*Denom von* helluo|| schlemmen, schwelgen, prassen, *abs u. re* in etw
helops ⟨opis⟩ *m* ||griech. Fw.|| *eine Art* Stör
Hēlōtae ⟨ārum⟩ *m* = ***Hilotae***
hēlu… = ***hellu…***
helvella ⟨ae⟩ *f* Küchenkraut, Grünzeug
Helvēticus ⟨a, um⟩ *Adj* ||Helvetii|| helvetisch
Helvētiī ⟨ōrum⟩ *m* die Helvetier, *kelt. Volk in der heutigen Schweiz*
Helvētius ⟨a, um⟩ *Adj* helvetisch
Helviī ⟨ōrum⟩ *m Stamm in der Provinz Gallien, am rechten Rhôneufer*

Helvius ⟨a, um⟩ *Name einer pleb. gens*
hem *Interj* hm!, ei!, o!
hēmerodromus ⟨ī⟩ *m* ||griech. Fw.|| (*nachkl.*) Eilbote, Kurier
hēmicillus ⟨ī⟩ *m* ||griech. Fw.|| Halbesel, *Schimpfwort*
hēmicrānia ⟨ae⟩ *f* ||griech. Fw.|| (*nachkl.*) halbseitiger Kopfschmerz, Migräne
hēmicyclium ⟨ī⟩ *n* ||griech. Fw.||
1. (*nachkl.*) Halbkreis
2. (halbrunder) Lehnsessel; (*nachkl.*) (halbrunde) Gartenbank
hēmīna ⟨ae⟩ *f* ||griech. Fw.|| (*unkl.*) Becher, halber Sextarius, Viertel, *Hohlmaß von ca. 0,25 l*
hēmīnārium ⟨ī⟩ *n* ||hemina|| Quint. Geschenk vom Maß einer hemina
H
hēmistichium ⟨ī⟩ *n* ||griech. Fw.|| (*nachkl.*) Halbvers
hēmitritaeos *u.* **hēmitritaeus**
I ⟨ī⟩ *m* ||griech. Fw.|| (2 1/2 Tage dauerndes) Wechselfieber
II ⟨a, um⟩ *Adj* am Wechselfieber leidend
hendecasyllabus ⟨ī⟩ *m* ||griech. Fw.|| (*nachkl.*) *poet* elfsilbiger Vers
Henetī ⟨ōrum⟩ *m* = ***Veneti***
Henna ⟨ae⟩ *f alte Stadt im Zentrum Siziliens, wichtiger Kultort der Demeter/Ceres, h. Enna*
Hennaeus ⟨a, um⟩ *Adj* aus Henna, zu Henna gehörig
Hennēnsēs ⟨ium⟩ *m* die Einwohner von Henna
Hennēnsis ⟨e⟩ *Adj* aus Henna, zu Henna gehörig
hēpatiārius ⟨a, um⟩ *Adj* ||griech. Fw.|| Plaut. die Leber betreffend
heptēris ⟨is⟩ *f* ||griech. Lw.|| (*nachkl.*) Siebenruderer, Siebendecker
hera ⟨ae⟩ *f* = ***era***
Hēraclēa ⟨ae⟩ *f Name von ca. zehn antiken Städten*
1. *Hafenstadt in Unteritalien, h. Policoro*
2. ***H. Minoa*** *auf Sizilien bei Agrigent, h. Ereclea Minoa*
3. ***H. Pontica*** *am Schwarzen Meer, h. Ereglia*
4. ***H. Trachinia*** *w. der Thermopylen, geringe Reste*
5. ***H. Sintica*** *am Strymon, Ruinen bei Nigrita*
Hēracleēnsis ⟨e⟩ *Adj* aus Heraclea, zu Heraclea gehörig
Hēracleēnsis ⟨is⟩ *m* Einwohner von Heraclea
Hēracleōtēs *Gen* ⟨ae⟩ *Adj* aus Heraclea, zu Heraclea gehörig
Hēracleōtēs ⟨ae⟩ *m* Einwohner von Heraclea
Hēraclīa ⟨ae⟩ *f* = ***Heraclea***
Hēraclīdēs ⟨ae⟩ *m aus Heraclea Pontica, griech. Philos. um 340 v. Chr., Schüler des Plato u. des Aristoteles, Vorbild Ciceros*
Hēraclītus ⟨ī⟩ *m aus Ephesus, Philos. der Ionischen Schule, um 500 v. Chr.*
Hēraea ⟨ōrum⟩ *n* Fest der Hera
► **herba** ⟨ae⟩ *f*
1. Halm, Stängel, Spross
2. *Sg u. Pl* junges Gras, Rasen; *Pl* Grasweide, Anger
3. *Sg u. Pl* junge Saat; ***frumenta in herbis sunt*** das Getreide steht (schon) auf dem Halm
4. Kraut, Pflanze; Küchenkraut; Heilkraut; ***vulnus herbis curare*** die Wunde mit Kräutern behandeln
5. (*nachkl.*) *poet* Unkraut
6. (*nachkl.*) *poet* Zauberkraut; ***herbae Hecataeae*** Zauberkräuter
herbārium ⟨ī⟩ *n* ||herbarius|| Pflanzenbuch, Kräuterbuch; (*nlat.*) Sammlung (gepresster) getrockneter Pflanzen
herbārius
I ⟨a, um⟩ *Adj* ||herba|| Kräuter…
II ⟨ī⟩ *m* Botaniker
herbēscō ⟨-, -, ēscere 3.⟩ ||*Denom von* herba|| Halme treiben, hervorsprießen
herbeus ⟨a, um⟩ *Adj* ||herba|| Plaut. grasgrün; grün unterlaufen
herbidus ⟨a, um⟩ *Adj* ||herba|| (*unkl.*) grasreich, Gras…
herbi-fer ⟨fera, ferum⟩ *Adj* ||herba, fero|| (*nachkl.*) *poet* grasreich, kräuterreich
herbi-gradus ⟨a, um⟩ *Adj* ||herba, gradior|| *poet* im Gras sich bewegend, im Gras kriechend, *von der Schnecke*
herbōsus ⟨a, um⟩ *Adj* ||herba|| (*vkl., nachkl.*) grasreich, kräuterreich
herbula ⟨ae⟩ *f* ||*Dim von* herba|| Kräutlein, Pflänzchen
hercēus ⟨a, um⟩ *Adj* ||griech. Fw.|| (*nachkl.*) *poet* zum Vorhof gehörig; ***Iuppiter h.*** der Haus und Hof beschützende Jupiter, *Beiname des Jupiter*
hercīscō ⟨-, -, īscere 3.⟩ das Erbe verteilen; ***herciscunda familia*** Aufteilung des Familienerbes
hercīus ⟨a, um⟩ *Adj* = ***herceus***
hercle → ***Hercules***
herctum ⟨ī⟩ *n* Teilung des Erbes; ***herctum ciere*** das Erbe teilen
Herculānēnsis ⟨e⟩ *Adj* aus Herculaneum, zu Herculaneum gehörig; *subst* ***in Herculānēnsi*** im Gebiet von Herculaneum
Herculāneum ⟨ī⟩ *n Stadt in Kampanien, 79 n Chr. durch den Ausbruch des Vesuv von Schlamm begraben, bedeutende Fundstelle für Zeugnisse antiken Lebens*
Herculāneus ⟨a, um⟩ *Adj* aus Herculaneum, zu Herculaneum gehörig
Herculēs ⟨is⟩ *u.* ⟨ī⟩ *m* MYTH Herkules, Herakles, *Sohn des Zeus u. der Alkmene (Alcmena), der Gattin des Amphytrion; berühmtester Held der griech. Mythologie, Ideal der männlichen Kraft u. Tugend;* ***hercle*** *u.* ***mehercle*** beim Herkules!, wahrhaftig!, *nur von Männern gebrauchte Beteuerungsformel*
Herculeus ⟨a, um⟩ *Adj* des Herkules, zu Herkules gehörig; ***urbs Herculea*** von Herkules erbaute Stadt, *Herculaneum in Kampanien*
Hercȳnia silva *f Gesamtheit der Mittelgebirge vom Rhein bis zu den Karpaten*
here *Adv* = ***heri***
hērēditārius ⟨a, um⟩ *Adj* ||hereditas||
1. erbschaftlich, Erbschafts…
2. erblich, ererbt, geerbt, *auch fig*; ***cognomen hereditarium*** ererbter Beiname
hērēditās ⟨ātis⟩ *f* ||heres||
1. *abstr.* das Erben
2. *konkr.* das Erbe; ***hereditatem adire/cernere*** ein Erbe antreten; ***h. sine sacris*** Plaut. Vorteil ohne Mühe
hērēdium ⟨ī⟩ *n* ||heres|| (*vkl., nachkl.*) Erbgut
Herennius ⟨a, um⟩ *röm. Gentilname;* ***Auctor ad***

Herrenium *anonymer Verfasser eines unter den Werken Ciceros überlieferten Lehrbuchs der Rhetorik, das einem Herennius gewidmet ist, entstanden ca. 85 v. Chr.*

▶ **hērēs** ⟨ēdis⟩ *m u. f*
1. Erbe, Erbin; ***heredem aliquem facere/scribere/testamento instituere*** j-n zum Erben einsetzen; ***h. ex asse*** Universalerbe; ***h. ex dimidia parte*** Erbe zur Hälfte; ***h. ex dodrante*** Dreiviertelerbe
2. *fig* Nachfolger
3. Plaut. *hum* Besitzer, Herr
4. *poet* Nachwuchs; ***geminus h.*** zwei Nachwachsende, *von den Köpfen der Hydra*

▶ **herī** *Adv* gestern; *(nachkl.) poet* neulich

heri-fuga ⟨ae⟩ *m =* ***erifuga***

herīlis ⟨e⟩ *Adj =* ***erilis***

Hermae ⟨ārum⟩ *f* die Hermen, *dem Götterboten u. Beschützer der Wege Hermes geweihte viereckige Pfeiler in den griech. Städten auf den Straßen u. auf Plätzen*

Hermaeum ⟨ī⟩ *n*
1. *Pavillon im kaiserlichen Garten*
2. *Küstenort in Böotien gegenüber Euböa*

Hermagorās ⟨ae⟩ *m griech. Rhetor in Rom, 1. Jh. v. Chr., Begründer eines besonderen rhetorischen Systems*

Hermagorēī ⟨ōrum⟩ *m* die Schüler des Hermagoras

Hermaphrodītus ⟨ī⟩ *m Sohn des Hermes u. der Aphrodite, der mit der Quellnymphe Salmakis zu einem einzigen Leib verwuchs (Mannfrau)*; Zwitter

Herm-athēna ⟨ae⟩ *f Doppelbüste von Hermes u. Athene*

Hermēraclēs ⟨is⟩ *m Doppelbüste von Hermes u. Herakles/Herkules*

Hermēs ⟨ae⟩ *m Sg von* ***Hermae***

Herminonēs ⟨um⟩ *m einer der drei germ. Urstämme, an der mittleren Elbe*

Hermionē ⟨ēs⟩ *f*
1. *Tochter des Menelaos u. der Helena*
2. *Küstenstadt im S von Argolis, h. Kastri*

Hermionicus ⟨a, um⟩ *Adj* aus Hermione, zu Hermione gehörig

Hermundūrī ⟨ōrum⟩ *m germ. Volk im Gebiet von Franken u. Thüringen*

Hermus ⟨ī⟩ *m Gold führender Fluss im W Kleinasiens*

hernia ⟨ae⟩ *f (nachkl.) poet* Nabelbruch, Leistenbruch

Hernicī ⟨ōrum⟩ *m Stamm im mittleren Latium, Hauptstadt Anagnia an der via Latina*

Hernicus ⟨a, um⟩ *Adj* zu den Hernici gehörig

herniōsus ⟨a, um⟩ *Adj* ||hernia|| *(nachkl.) poet* an einem Bruch leidend

Hērō ⟨ūs⟩ *f Priesterin der Aphrodite in Sestos am Westufer des Hellespont, Geliebte des Leander von Abydos*

hērōa ⟨ōrum⟩ *n* ||herous|| epische Gedichte

Hērōdēs ⟨is⟩ *m Name mehrerer jüdischer Fürsten, bes Herodes der Große, König von Judäa 37–4 v. Chr.*

Hērodotus ⟨ī⟩ *m aus Halikarnass, um 484–424 v. Chr., „Vater" der griech. Geschichtsschreibung*

hērōicus ⟨a, um⟩ *Adj* ||griech. Fw.||
1. heroisch, mythisch
2. *(nachkl.) meton* episch; ***tempora heroica*** Zeiten der Sage

hērōīnē ⟨ēs⟩, *Nom Pl* ⟨ae⟩ *f u.* **hērōis** ⟨idis⟩ *f* ||griech. Fw.|| Halbgöttin, Heroine; ***Heroides*** Heroinenbriefe Ovids

hērōs ⟨ōis⟩ *m* ||griech. Fw.|| Heros, Halbgott; *fig* Held, Ehrenmann

hērōus
I ⟨a, um⟩ *Adj* ||griech. Fw.||
1. = ***heroicus***
2. episch; ***versus h.*** daktylischer Hexameter
II ⟨ī⟩ *m* epischer Vers, Hexameter

hērūca ⟨ae⟩ *f =* ***eruca***

herus ⟨ī⟩ *m =* ***erus***

Hēsiodēus *u.* **Hēsiodīus** ⟨a, um⟩ *Adj* ||Hesiodus|| des Hesiod, zu Hesiod gehörig

Hēsiodus ⟨ī⟩ *m epischer Dichter aus Askra in Böotien, um 700 v. Chr.*

Hēsiona ⟨ae⟩ *f u.* **Hēsionē** ⟨ēs⟩ *f Tochter des Troerkönigs Laomedon, Gattin des Telamon*

Hesperia ⟨ae⟩ *f* ||Hesperus|| Abendland

Hesperides ⟨um⟩ *f* die Hesperiden, *Töchter der Nacht, die auf einer Insel des Okeanos (Oceanus) den Baum mit den goldenen Äpfeln bewachen*

Hesperis *Gen* ⟨idis⟩ *Adj f u.* **Hesperius** ⟨a, um⟩ *Adj* abendlich, abendländisch, westlich

Hesperos *u.* **Hesperus** ⟨ī⟩ *m* Abendstern

hesternus ⟨a, um⟩ *Adj* ||heri|| gestrig, von gestern; ***hesterno (die)*** gestern

hetaeria ⟨ae⟩ *f* ||griech. Fw.|| *(nachkl.)* Geheimbund, Verein

hetaericē ⟨ēs⟩ *f* ||griech. Fw.|| Nep. Garde zu Pferd

heu *Interj =* ***eheu***

heureta *u.* **heuretēs** ⟨ae⟩ *m* ||griech. Fw.|| Plaut. Erfinder

heūs *Interj* he!, heda!, *Zuruf*

hexaclīnon ⟨ī⟩ *n* ||griech. Fw.|| Mart. sechssitziges Sofa

hexameter
I ⟨tra, trum⟩ *Adj* ||griech. Fw.|| METR sechsfüßig
II ⟨trī⟩ *m (nachkl.)* METR daktylischer Hexameter

hexaphoron ⟨ī⟩ *n* ||griech. Fw.|| Mart. von sechs Mann getragene Sänfte

hexapylon ⟨ī⟩ *n* ||griech. Fw.|| Liv. Tor mit sechs Durchlässen

hexēris ⟨is⟩ *f* ||griech. Fw.|| Liv. Sechsruderer, Sechsdecker

hiātus ⟨ūs⟩ *m* ||hio||
1. Öffnung, Kluft, Schlund
2. geöffneter Mund; *poet* Rachen *von Tieren*
3. *meton* RHET Hiat, Zusammentreffen zweier Vokale
4. *meton* pomphafte Ankündigung, Aufschneiderei
5. *(nachkl.) meton* das Schnappen, Gier, *alicuius rei* nach etw

Hibēr ⟨ēris⟩ *m* Iberer

Hibēria ⟨ae⟩ *f (nachkl.)*
1. Land der Iberer, *der Anwohner des Hiberus*
2. *Landschaft s. des Kaukasus, h. Georgien*

Hibēricus ⟨a, um⟩ *Adj* iberisch; spanisch

hīberna ⟨ōrum⟩ *n* ||hibernus|| Winterlager, Winterquartier; Aufenthalt im Winterlager; *poet* Winterzeit; ***hibernis peractis*** nach dem Winter

hībernāculum ⟨ī⟩ *n* ||hiberno|| (*nachkl.*) Winterzelt, Winterwohnung; *Pl* Winterlager, Winterquartier; = ***hiberna***
Hibernia ⟨ae⟩ *f* Irland
hībernō ⟨āvī, ātum, āre 1.⟩ ||*Denom von* hibernus|| überwintern; in Winterquartieren liegen
hībernum[1] *Adv* ||hibernus|| Plaut. heftig
hībernum[2] ⟨ī⟩ *n* ||hibernus|| Plaut. Sturm
▶ **hībernus** ⟨a, um⟩ *Adj*
1. winterlich, Winter…; ***annus h.*** Winterzeit; ***legio hiberna*** Legion, die in den Winterquartieren liegt
2. *poet* stürmisch, rau, kalt
Hibērus[1]
I ⟨a, um⟩ *Adj* ||Hiberia *1.*|| iberisch; spanisch; ***h. piscis*** Makrele
II ⟨ī⟩ *m* Iberer; = ***Hiber***
Hibērus[2] ⟨ī⟩ *m* Einwohner von Hiberia; → ***Hiberia*** 2
Hibērus[3] ⟨ī⟩ *m* Ebro
hibiscum ⟨ī⟩ *n u.* **hibiscus** ⟨ī⟩ *f* Hibiscus, *eine Malvenart*
hic[1] ⟨haec, hoc⟩ *dem Pr, adj u. subst*
1. *örtl.* dieser, diese, dieses; hier anwesend, mein, unser, *das heißt dem Sprechenden in Raum, Zeit od Vorstellung am nächsten*; ***hic locus*** diese Stelle, wo ich bin; ***hic M. Antonius*** der hier anwesende M. Antonius; ***per hanc dextram*** bei meiner Rechten; ***haec*** die Zustände unseres Staates, Weltall
2. *zeitl.* jetzig, heutig; ***hic dies*** dieser heutige Tag; ***hoc triduo*** in den letzten drei Tagen; ***haec*** die jetzigen Zustände
3. der in der Rede stehende, der vorliegende, der uns beschäftigende
4. *bei Subst. statt des Gen*; ***hic dolor*** der Schmerz darüber; ***hic timor*** die Furcht davor
5. ***hic … ille*** der eine … der andere, dieser … jener, der Letztere … der Erstere; *aber*: ***cave Catoni anteponas Socratem***; ***huius enim facta, illius dicta laudantur*** stelle nicht Sokrates über Cato; gerühmt werden die Taten des Ersteren (= Cato) und die Worte des Letzteren (= Sokrates)
6. *zurückweisend* dieser; ***hi Catilinae proximi familiaresque sunt*** diese sind Catilinas Verwandte und Freunde
7. *vorausweisend* folgender; ***eius belli causa haec fuit*** die Ursache dieses Krieges war folgende
8. ein solcher; ***ne fueris hic tu*** werde du nicht ein solcher
9. ***hoc*** *Nom u. Akk* (nur) so viel; ***hoc constat*** so viel steht fest; ***hoc honoris*** dieser Grad der Ehre; ***hoc terrae*** dieses Stück Land; ***hoc ad te litteram dedi*** diesen Wisch von einem Brief habe ich dir geschickt; ***quid hoc hominis est*** was ist das für ein Mensch; ***hoc commodi est, quod*** das Gute dabei ist, dass; ***hoc noctis*** zu dieser Nachtzeit
10. ***hoc est*** das heißt; ***honor amplissimus, hoc est consulatus*** das mächtigste Amt, das heißt das Konsulat
11. ***hōc*** *n Abl* desto, umso; ***hoc maior*** umso größer; ***quo … hoc*** je … desto
12. ***hōc*** *n Abl* dadurch; deshalb, deswegen, *quod*
13. ***hōc*** = ***huc***
14. (*mlat.*) der, die, das
15. (*mlat.*) irdisch
16. ***haec et haec*** (*mlat.*) alles Mögliche
17. ***ad hoc*** (*mlat.*) (eigens) zu diesem Zweck
▶ **hīc**[2] *Adv* ||hic[1]||
1. *örtl.* hier, an dieser Stelle, in dieser Gegend, *wo der Sprecher sich befindet*; ***hic … illic/hic … hic*** hier … dort, an einem Ort … an einem anderen Ort
2. *zeitl.* jetzt, nunmehr, da nun, hierauf; ***hic illi flentes rogare coeperunt*** hierauf begannen jene weinend zu bitten
3. *fig* hierbei, bei dieser Gelegenheit, unter solchen Umständen, bei alledem, und doch
4. (*mlat.*) auf Erden
hīce ⟨haece, hōce⟩ *dem Pr, verstärktes* → ***hic***[1]
Hicetās ⟨ae⟩ *m Pythagoreer aus Syrakus, soll als Erster die Kreisbewegung der Erde erkannt haben*
hīcine ⟨haecine, hōcine⟩ *Interrogpr., verstärkt fragend* = ***hic***[1] + ***ne***[4]
hiemālis ⟨e⟩ *Adj* ||hiems|| winterlich, Winter…; stürmisch; ***vis h.*** Winterkälte
hiemō ⟨āvī, ātum, āre 1.⟩ ||*Denom von* hiems||
1. (*unkl.*) *poet* überwintern; MIL in die Winterquartiere ziehen, im Winterquartier liegen
2. (*nachkl.*) *poet* stürmen; ***mare hiemat*** das Meer stürmt
Hiempsal ⟨alis⟩ *m numidischer Königsname*
1. *Sohn des Micipsa, Enkel des Masinissa*
2. *Freund des Pompeius*
▶ **hiems** ⟨hiemis⟩ *f*
1. Winter
2. *meton* Kälte, Frost; ***h. amoris mutati*** das Erkalten der Liebe
3. *synekd.* Jahr; ***plures hiemes*** mehrere Jahre
4. Unwetter, Sturm, Regen; Regenzeit
Hierō(n) ⟨ōnis⟩ *m syrakusanischer Königsname*
1. ***Hieron I.*** *477–466 v. Chr., Förderer der griech. Dichter Pindar, Simonides u. Aischylos*
2. ***Hieron II.*** *269–214 v. Chr., im 2. Punischen Krieg erst Gegner, dann Verbündeter der Römer*
hieronīcae ⟨ārum⟩ *m* ||griech. Fw.|| Suet. die Sieger in heiligen Festspielen
Hierōnicus ⟨a, um⟩ *Adj* des Hieron, zu Hieron gehörig
Hierosolyma ⟨ōrum⟩ *n u.* ⟨ae⟩ *f* Jerusalem, *Hauptstadt Judäas, 70 n Chr. von Kaiser Titus erobert u. zerstört*
Hierosolymārius ⟨a, um⟩ *Adj* aus Jerusalem, zu Jerusalem gehörig; *Spottname für Pompeius*: Held von Jerusalem
Hierosolymitānus ⟨a, um⟩ *Adj* aus Jerusalem, zu Jerusalem gehörig
hietō ⟨-, -, āre 1.⟩ ||*Intens von* hio|| Com. den Mund aufsperren, gähnen, gaffen
▶ **hilaris** ⟨e⟩ *Adj, Adv* ⟨hilariter⟩ = ***hilarus***
hilaritās ⟨ātis⟩ *f u.* **hilaritūdō** ⟨inis⟩ *f* ||hilaris|| Plaut. Heiterkeit, Fröhlichkeit, Frohsinn
hilarō ⟨āvī, ātum, āre 1.⟩ ||*Denom von* hilarus|| erheitern, aufheitern, ***convivas*** die Gäste
hilarulus ⟨a, um⟩ *Adj* ||*Dim von* hilarus|| recht heiter
▶ **hilarus** ⟨a, um⟩ *Adj, Adv* ⟨hilarē⟩ ||griech. Fw.|| heiter, fröhlich; ***homo h.*** fröhlicher Mensch; ***vultus h.*** fröhliche Miene; ***hilare vivere*** fröhlich leben
hīlla ⟨ae⟩ *f* ||*Dim von* hira|| (*unkl.*) *meist Pl* die kleinen Därme, Eingeweide; *meton* Würstchen
Hīlōtae ⟨ārum⟩ *m* ||griech. Fw.|| Heloten, Leibeige-

H

ne, spartanische Staatssklaven

hīlum ⟨ī⟩ *n* (*nachkl.*) Fäserchen, *meist + Negation*; *fig* etw Geringes; ***non h.*** nicht das Geringste

Hilur... = ***Illyr...***

Hīmera ⟨ae⟩

I *m Name zweier Flüsse auf Sizilien, h. Fiume Grande u. Fiume Salso, galten im Altertum als Mittellinie von Sizilien.*

II *f auch* **Himera** ⟨ōrum⟩ *n Stadt an der Nordküste Siziliens, von den Karthagern 409 v. Chr. zerstört, Reste bei Termini Imarese, ö. von Palermo*

▶ **hinc** *Adv* ||hic[1]||

1. *örtl.* von hier, von hier aus, aus dieser Gegend; hier, an dieser Stelle, auf dieser Seite; ***hinc incipiam*** hier will ich beginnen

2. *zeitl.* von jetzt an, hierauf, dann, darauf

3. *fig* infolgedessen, daher, aus diesem Grund

hinniō ⟨īvī⟩ *u.* ⟨iī, -, īre 4.⟩ (*nachkl.*) *poet* wiehern

hinnītus ⟨ūs⟩ *m* ||hinnio|| das Wiehern

hinnuleus ⟨ī⟩ *m* ||griech. Lw.|| (*unkl.*)

1. Mauleselfüllen

2. *männliches* Hirschkalb, junger Rehbock

hinnulus ⟨ī⟩ *m* ||*Dim von* hinnus|| (*vkl., nachkl.*) junger Maulesel

hinnus ⟨ī⟩ *m* ||griech. Fw.|| (*unkl.*) Maulesel

hīnuleus ⟨ī⟩ *m* = ***hinnuleus***

hiō ⟨āvī, ātum, āre 1.⟩

I *v/i*

1. offen stehen, klaffen, gähnen

2. (*nachkl.*) *von Menschen u. Tieren* den Mund öffnen, den Rachen aufsperren, den Schnabel aufsperren

3. *poet vor Staunen* gaffen, staunen, *ad aliquid* über etw

4. schnappen, lechzen, gierig trachten, *aliquid* nach etw

5. *von der Rede* zusammenhangslos sein, lückenhaft sein; Quint. *bes* den Hiat zulassen

II *v/t* mit geöffnetem Mund hervorbringen, herausschreien; ***carmen h.*** ein Lied zart ertönen lassen

hippagōgoe ⟨ōn⟩, *Akk* ⟨ūs⟩ *f* ||griech. Fw.|| Liv. Pferdetransportschiffe

Hipparchus ⟨ī⟩ *m*

1. *Sohn des Peisistratos (Pisistratus), zusammen mit seinem Bruder Hippias Herrscher von Athen, 514 v. Chr. ermordet*

2. *Mathematiker u. Astronom aus Nicäa, um 160 v. Chr.*

Hippō ⟨ōnis⟩ *m Name mehrerer Städte*

1. ***H. Regius*** *Handelsstadt an der Küste Numidiens, zeitweise Residenz der Könige von Numidien, seit 259 n Chr. Bischofssitz, h. Ruinenstätte bei Bone, Algerien.*

2. ***H. Diarrhytus*** *Stadt w. von Utica, h. Bizerte in Tunesien*

hippocentaurus ⟨ī⟩ *m* ||griech. Fw.|| Kentaur, *Fabelwesen mit dem Oberkörper eines Menschen und dem Unterkörper eines Pferdes*

Hippocratēs ⟨is⟩ *m von Kos, berühmtester Arzt des Altertums, ca. 460–366 v. Chr.*

Hippocraticus ⟨a, um⟩ *Adj* hippokratisch, des Hippokrates; ***Hippocraticum iusiurandum*** hippokratischer Eid, *Eid Leben zu erhalten*; ***corpus Hippocraticum*** *Sammlung von 53 Schriften aus der Ärzteschule von Kos u. Knidos*

Hippocrēnē ⟨ēs⟩ *f Musenquelle am Helikon in Böotien, durch den Hufschlag des Pegasus entstanden*

Hippodamē ⟨ēs⟩ *f u.* **Hippodamēa** *u.* **Hippodamīa** ⟨ae⟩ *f*

1. *Tochter des Oinomaos von Pisa, Gattin des Pelops, Mutter des Atreus u. des Thyestes*

2. *Gattin des Peirithoos (Pirithous)*

hippodamus ⟨ī⟩ *m* ||griech. Fw.|| Mart. Rossebändiger; Reiter

hippodromos *u.* **hippodromus** ⟨ī⟩ *m* ||griech. Fw.|| (*unkl.*) Pferderennbahn, Zirkus

Hippolytē ⟨ēs⟩ *f Königin der Amazonen, Tochter des Ares, Gattin des Theseus, Mutter des Hippolytos*

Hippolytus ⟨ī⟩ *m Sohn des Theseus, wies die Liebe seiner Stiefmutter Phaedra zurück u. wurde deswegen von dieser verleumdet; von den eigenen Pferden zu Tode geschleift, von Asklepios wieder zum Leben erweckt u. nach Latium gebracht; dort als Gott Virbius im Hain der Diana von Aricia verehrt*

hippomanes ⟨is⟩ *n* ||griech. Fw.||

1. (*nachkl.*) Brunstschleim *der Stuten, als Zaubermittel für Liebestränke benutzt*

2. Verg. Auswuchs *auf der Stirn neugeborener Füllen, als Zaubermittel für Liebestränke benutzt*

Hippōnactēī ⟨ōrum⟩ *m* ||Hipponacteus|| Hinkiamben

Hippōnactēus ⟨a, um⟩ *Adj* des Hipponax, zu Hipponax gehörig; *fig* beißend, Spott…

Hippōnax ⟨actis⟩ *m aus Ephesus, um 540 v. Chr., Verfasser von Spottgedichten, Erfinder des Hinkiambus*; → ***choliambus***

hippopērae ⟨ārum⟩ *f* ||griech. Fw.|| Sen. Packsattel *des Reiters*

hippopotamus ⟨ī⟩ *m* ||griech. Fw.|| (*nachkl.*) Flusspferd, Nilpferd

hippotoxota ⟨ae⟩ *m* ||griech. Fw.|| berittener Bogenschütze; *Pl* leichte Kavallerie

hippūros *u.* **hippūrus** ⟨ī⟩ *m* ||griech. Fw.|| *Fisch, vielleicht* Goldkarpfen

hīr *indekl n* (*vkl.*) *poet* die hohle Hand

hīra ⟨ae⟩ *f* (*vkl., nachkl.*) leerer Darm; *Pl* Eingeweide

hircīnus ⟨a, um⟩ *Adj* ||hircus|| vom Bock, bocksledern, Bocks…; wie ein Bock stinkend

hircosalius ⟨ī⟩ *m* ||hircus, salio|| Plaut. springender Bock

hircōsī ⟨ōrum⟩ *m* ||hircosus|| Stinkböcke

hircōsus ⟨a, um⟩ *Adj* ||hircus|| (*unkl.*) stinkend wie ein Bock

hircus ⟨ī⟩ *m* (*unkl.*) Ziegenbock; *meton* Bocksgestank; *fig Schimpfwort* geiler Bock; ***mulgere hircos*** Unmögliches tun, töricht handeln

hirnea ⟨ae⟩ *f* (*vkl.*) Kanne, Krug

hirniōsus ⟨a, um⟩ *Adj* = ***herniosus***

Hirpīnī ⟨ōrum⟩ *m samnitisches Volk in Unteritalien*

Hirpīnus ⟨a, um⟩ *Adj* zu den Hirpini gehörig, *auch röm. Beiname*

hirqu... = ***hirc...***

hirsūtus ⟨a, um⟩ *Adj* stachelig, borstig, struppig, rau; (*nachkl.*) *fig* roh, ungebildet, schmucklos

Hirtiānus *u.* **Hirtīnus** ⟨a, um⟩ *Adj* des Hirtius, zu Hirtius gehörig

Hirtius ⟨ī⟩ *m röm. Gentilname*; ***A. Hirtius*** *Legat Caesars u. Freund Ciceros; siegte als Konsul 43 v. Chr. bei Mutina, fiel aber in der Schlacht; Verfasser des 8. Buches von Caesars De bello Gallico*
hirtus ⟨a, um⟩ *Adj* = ***hirsutus***
hirūdō ⟨inis⟩ *f* (*unkl.*) Blutegel; *fig* Blutsauger
hirundinīnus ⟨a, um⟩ *Adj* ||hirundo|| (*unkl.*) Schwalben…
hirundō ⟨inis⟩ *f* (*unkl.*) Schwalbe; Plaut. *Kosewort*
hīscō ⟨-, -, ere 3.⟩ ||*Inkoh von* hio||
I *v/i*
1. (*vkl.*) *poet* sich öffnen, klaffen
2. den Mund auftun, mucksen
II *v/t poet* sagen, vorbringen; ***h. reges*** Könige besingen

H

Hispaliēnsēs ⟨ium⟩ *m* die Einwohner von Hispalis
Hispalis ⟨is⟩ *f Handelsstadt in Hispania Baetica, h. Sevilla*
Hispānia ⟨ae⟩ *f* Spanien, *die ganze pyrenäische Halbinsel*; ***(duae) Hispaniae*** die zwei spanischen Provinzen, *Hispania citerior / Tarraconensis u. Hispania ulterior / Lusitania et Baetica*
Hispānicus ⟨a, um⟩ *Adj* spanisch, aus Spanien stammend, aus Spaniern bestehend
Hispāniēnsis ⟨e⟩ *Adj* spanisch, zufällig mit Spanien zusammenhängend, in Spanien stationiert; ***legio h.*** in Spanien stationierte Legion; ***bellum Hispaniense*** Krieg in Spanien
Hispānus ⟨a, um⟩ *Adj* spanisch, aus Spanien stammend, aus Spaniern bestehend
Hispānus ⟨ī⟩ *m* Spanier
hispidus ⟨a, um⟩ *Adj* (*nachkl.*) *poet* rau, struppig; ***ager h.*** mit Unkraut überzogener Acker
hister ⟨trī⟩ *m* = ***histrio***
Hister ⟨trī⟩ *m* die untere Donau *mit Mündungsgebiet*
▶ **historia** ⟨ae⟩ *f* ||griech. Fw.||
1. Untersuchung, Forschung
2. Kenntnis, Wissen; ***nihil historiā dignum*** nichts Wissenswertes
3. Geschichte = Geschichtsforschung, Geschichtsschreibung, geschichtliche Kenntnis, geschichtliche Darstellung; ***fides historiae*** geschichtliche Wahrheit
4. Geschichte = Geschichtswerk; ***h. Augusta*** (*spätl.*) Sammlung von Biografien der römischen Kaiser *von Hadrian bis Numerianus*
5. Bericht, Erzählung, *bes* Reisebeschreibung
6. *meton* Gegenstand der Erzählung
7. geschichtlich beglaubigte Erzählung, Anekdote; *auch* Sage, Mythos; *Pl* Mythologie
historiālis ⟨e⟩ *Adj* ||historia|| zur Geschichte gehörig, geschichtlich
historicē ⟨ēs⟩ *f* ||griech. Fw.|| Quint. Erklärung der Schriftsteller
historicus
I ⟨a, um⟩ *Adj*, *Adv* ⟨historicē⟩ ||griech. Fw.|| geschichtlich; ***genus historicum*** geschichtlicher Stil
II ⟨ī⟩ *m* Geschichtsforscher, Historiker
historiographus ⟨ī⟩ *m* ||griech. Fw.|| (*spätl.*) Geschichtsschreiber
historiola ⟨ae⟩ *f* (*mlat.*) kleine Geschichte
Histrī ⟨ōrum⟩ *m* = ***Histriani***; → ***Histria***
Histria ⟨ae⟩ *f* Istrien, *Halbinsel im N der Adria*
Histriānī ⟨ōrum⟩ *m* die Einwohner von Istrien
histricus ⟨a, um⟩ *Adj* ||hister|| Plaut. zu den Schauspielern gehörig; ***imperator h.*** Schauspieldirektor; ***imperium histricum*** Theaterdirektion
Histricus ⟨a, um⟩ *Adj* istrisch
histriō ⟨ōnis⟩ *m* Schauspieler; (*mlat.*) Gaukler, Spielmann
histriōnālis ⟨e⟩ *Adj* ||histrio|| Tac. schauspielerisch, Schauspieler…
histriōnia ⟨ae⟩ *f* ||histrio|| (*vkl., nachkl.*) Schauspielkunst
hiulcō ⟨-, ātum, āre 1.⟩ ||*Denom von* hiulcus|| *poet* spalten, aufreißen
hiulcus ⟨a, um⟩ *Adj*, *Adv* ⟨hiulcē⟩ ||hio||
1. *poet* klaffend, rissig
2. Plaut. *fig* lechzend, gierig
3. *von der Rede* unzusammenhängend; durch häufigen Hiat gestört
hōc
I *Adv* (*unkl.*) = ***huc***
II → ***hic***[1]
▶ **ho-diē** *Adv* ||dies||
1. an diesem Tag, h.; ***hodie mane*** h. Morgen
2. *fig* heutzutage, in unserer Zeit
3. noch h., noch heutzutage; ***hodieque*** und noch h., auch h. noch
4. sogleich, auf der Stelle
5. *bei Drohungen u. Verwünschungen* je, jemals; ***si sensero hodie*** wenn ich jemals merke
hodiernum ⟨ī⟩ *n* ||hodiernus|| das Heute
hodiernus ⟨a, um⟩ *Adj* ||hodie||
1. heutig
2. jetzig
hol… = ***ol…***
Homēriacus *u.* **Homēricus** ⟨a, um⟩ *Adj* ||Homerus|| homerisch, des Homer
Homērida ⟨ae⟩ *m* = ***Homeronida***
Homērius ⟨a, um⟩ *Adj* = ***Homericus***
Homērōnida ⟨ae⟩ *m* ||griech. Fw.|| Plaut. Nachahmer Homers
Homērus ⟨ī⟩ *m* Homer, *griech. Dichter des 8. Jh. v. Chr.; Werke sind Ilias u. Odyssee*
homi-cīda ⟨ae⟩ *m u. f* ||homo, caedo|| Mörder, Mörderin; *adj* Männer mordend
homicīdium ⟨ī⟩ *n* ||homicida|| Mord, Tötung eines Menschen
homīlia ⟨ae⟩ *f* ||griech. Fw.||
1. Rede vor dem Volk
2. (*eccl.*) Auslegung der Bibel, Predigt
homō ⟨inis⟩ *m*
1. Mensch *als Gattungsbegriff*, ↔ *Götter u. Tiere*; ***genus hominum*** Menschengeschlecht; ***rex hominum deumque*** König der Menschen und Götter; ***h. servus*** Sklavenseele; ***paucorum hominum esse*** nur mit wenigen Menschen verkehren; ***numquam inter homines fuisse*** nie mit Menschen umgegangen sein; ***cum inter homines esset*** zu Lebzeiten; ***hominem exuere*** die Menschengestalt ablegen
2. Mensch *als Träger von menschlichen Eigenschaften*; guter Mensch, schwacher Mensch; ***hominem ex homine tollere*** j-m das nehmen, was ihn zum Menschen macht
3. *in der Anrede* guter Mensch, Freund
4. Ehemann

5. Mann *in gesellschaftlicher u. politischer Hinsicht*; ***h. novus*** Mann ohne Ahnen; (*nlat.*) Neuling, Emporkömmling; ***h. de plebe*** Mann aus dem Volk; ***h. Romanus*** Römer
6. Bewohner
7. Sklave
8. *statt eines Pron* der eben Genannte; ich
9. *Pl* Leute, Angehörige, Personal; Kolonisten mit ihren Familien; Soldaten, Fußvolk; ***mille homines*** tausend Mann
10. Mart. Manneskraft, Zeugungskraft
11. (*mlat.*) Lehnsmann

homoeomeria ⟨ae⟩ *f* ||griech. Fw.|| Lucr. Ähnlichkeit *der Teile*

homoeoteleuton ⟨ī⟩ *n* ||griech. Fw.|| ähnlich klingender Ausgang *aufeinander folgender Glieder*, Reim

homōnyma ⟨ōrum⟩ *n* ||griech. Fw.|| Quint. gleich lautende Wörter *mit verschiedener Bedeutung*

homullus ⟨ī⟩ *m* ||*Dim von* homo|| Menschlein, Schwächling

homunciō ⟨ōnis⟩ *m u.* **homunculus** ⟨ī⟩ *m* ||*Dim von* homo|| Menschlein, schwaches Geschöpf

Homunculus ⟨i⟩ *m* (*nlat.*) Retortenmensch

honestāmentum ⟨ī⟩ *n* ||honesto|| (*nachkl.*) Schmuck, Zierde

► **honestās** ⟨ātis⟩ *f* ||honestus||
1. Ehre, Ansehen, guter Name
2. *Pl* Auszeichnungen; *meton* angesehene Personen, Honoratioren
3. Ehrbarkeit, Anständigkeit; sittliche Unbescholtenheit, Tugend, Schamgefühl
4. *von Sachen* Schönheit, Zierde

honestī ⟨ōrum⟩ *m* ||honestus|| Männer aus gutem Haus

honestō ⟨āvī, ātum, āre 1.⟩ ||honestus|| ehren, auszeichnen, zieren, schmücken, adeln

honestum ⟨ī⟩ *n* ||honestus|| etwas Schönes

► **honestus** ⟨a, um⟩ *Adj, Adv* ⟨honestē⟩ ||honos||
1. in Ehren stehend, geehrt, angesehen, achtbar *von Personen u. Sachen, bes Familie u. Stand*; ***honesto loco natus*** von vornehmer Abstammung
2. Ehren bringend, Ehre verdienend, ehrenvoll, ehrenhaft; ***vita honeste acta*** ehrenhaft verbrachtes Leben; ***nomen honestum*** ehrenvoller Name; ***divitiae honestae*** in Ehren erworbener Reichtum, zum anständigen Leben ausreichende Mittel; ***honestum factum*** ehrenhafte Tat; ***honestum est*** es macht Ehre, es bringt Ehre
3. *von Sachen* schön, hübsch, wohlgestaltet, edel

honor ⟨ōris⟩ *m*
1. Ehre, *die j-m erwiesen wird*, Ehrbezeigung, Auszeichnung, Anerkennung; ***h. aetatis*** dem Alter gebührend; ***alicui honorem afferre*** j-m Ehre erweisen; ***honorem praefari/dicere*** „mit Verlaub" sagen, *um einen anstößigen Ausdruck zu entschuldigen*; ***aliquid facere honoris alicuius causā/in honorem alicuius*** etw zu Ehren von j-m tun
2. Hochachtung, Verehrung, Scheu
3. *meton* Ehrenamt; ***h. regni*** Königswürde; ***honoris gradus*** Ehrenstufe
4. (*nachkl.*) Ehrentitel
5. Ehrensold, Ehrengeschenk, Honorar; ***medico honorem habere*** den Arzt honorieren
6. Kompliment
7. (*nachkl.*) *poet* Opfer, Opfergabe, Ehrenfest; *auch* Totenfest; ***honores mactare*** Opfertiere schlachten; ***honorem Baccho dicere*** dem Bacchus ein Loblied singen
8. Ehre, *in der jd steht*, Ansehen, Berühmtheit, Ruhm, Glanz; ***h. pugnae*** Kriegsruhm; ***honori esse alicui*** j-m Ehre bringen; ***aliquid in honorem adducere*** etw zu Ehren bringen
9. *meton* Ehre bringender Gegenstand; Zierde, Schönheit, Reiz; ***h. silvarum*** = Laubschmuck; ***h. ruris*** = Früchte
10. (*mlat.*) Lehen
11. (*mlat.*) Fürstenwürde

Honor ⟨ōris⟩ *m* Gott der Ehre, *oft mit Virtus verbunden, ihre Tempel standen in Rom nebeneinander vor der porta Capena*

honōrābilis ⟨e⟩ *Adj* ||honoro|| ehrenvoll, ehrenhaft

honōrārium ⟨ī⟩ *n* ||honorarius|| Ehrengeschenk; ***h. decurionatūs*** Abgabe an den Fiskus für die Ratsherrenwürde

honōrārius ⟨a, um⟩ *Adj* ||honor|| ehrenhalber geschehend, ehrenhalber gegeben, ehrenhalber gewählt, Ehren…

honōrātus
I ⟨a, um⟩ *Adj, Adv* ⟨honōrātē⟩ ||honoro||
1. geehrt, geachtet, angesehen; mit einem Ehrenamt versehen; ***senectus honorata*** ehrenvolles Greisenalter
2. *von Sachen* ehrenvoll; ***militia honorata*** ehrenvoller Kriegsdienst
II ⟨ī⟩ *m* Würdenträger

honōri-ficus ⟨a, um⟩ *Adj, Adv* ⟨honōrificē⟩ ||honor, facio|| Ehre bringend, Ehre schaffend, ehrenvoll, *alicui* für jdn

Honōrius ⟨ī⟩ *m Sohn des Kaisers Theodosius I., Herrscher des Weström. Reiches 395–423 n. Chr.*

honōrō ⟨āvī, ātum, āre 1.⟩ ||*Denom von* honor|| (*nachkl.*) *poet* ehren, auszeichnen; verherrlichen; ***aliquem sellā curuli h.*** j-n in ein kurulisches Amt berufen

honōrus ⟨a, um⟩ *Adj* ||honor|| (*nachkl.*) *poet* ehrenvoll, ansehnlich

► **honōs** ⟨ōris⟩ *m* = ***honor***

hoplomachus ⟨ī⟩ *m* ||griech. Fw.|| (*nachkl.*) schwerbewaffneter Gladiator

► **hōra** ⟨ae⟩ *f* ||griech. Lw.||
1. Tageszeit, Stunde *als Zeiteinheit = 12. Teil der Zeit von Sonnenaufgang bis Sonnenuntergang, jahreszeitlich verschieden, jedoch war die sechste Stunde des Tages immer mit dem Mittag, die sechste Stunde der Nacht mit Mitternacht identisch*; ***h. quarta*** etwa 10 Uhr; ***quota h. est?*** wie viel Uhr ist es?; ***in hora*** innerhalb einer Stunde; ***in horam vivere*** in den Tag hineinleben; ***in horas/in horam*** von Stunde zu Stunde, stündlich; ***horae canonicae*** (*mlat.*) die Horen, die Gebetsstunden *der Geistlichen u. Mönche*; ***ab hora ad horam*** (*mlat.*) einmal am Tag
2. *poet* Zeitabschnitt, Zeit, Jahreszeit

Hōrae ⟨ārum⟩ *f* MYTH die Horen, *die drei Töchter des Zeus u. der Themis, Göttinnen des Wachstums, Blühens, Reifens in der Natur u. der Jahreszeiten*

hōraeos *u.* **hōraeus** ⟨a, um⟩ *Adj* ||griech. Fw.|| Plaut.

rechtzeitig eingesalzen, mariniert

Horātius ⟨a, um⟩ *röm. Gentilname*

1. *nach altröm. Sage wurde der Streit zwischen Rom u. Alba Longa über die Vorherrschaft entschieden durch den Sieg der drei röm. Horatier über die drei albanischen Curatier*

2. ***P. Horatius Cocles*** *widersetzte sich vor einer Tiberbrücke allein den Etruskern unter Porsenna u. verschaffte so den Römern Zeit die Brücke niederzureißen, Vorbild altröm. virtus*

3. ***Q. Horatius Flaccus****, 65–8 v. Chr., größter Lyriker Roms, einer der Hauptvertreter der augusteischen Klassik, Verfasser von Oden u. Epoden, Satiren u. Briefen*

hordeāceus *u.* **hordeācius** ⟨a, um⟩ *Adj* ||hordeum|| (*vkl., nachkl.*) aus Gerste, Gersten…

hordeārius ⟨a, um⟩ *Adj* ||hordeum||

1. zur Gerste gehörig

2. Suet. gerstenähnlich = aufgebläht

hordēia ⟨ae⟩ *f* Plaut. *unbekannter Fisch*

hordēius ⟨a, um⟩ *Adj* Plaut. = ***hordeaceus***

hordeum ⟨ī⟩ *n* Gerste

hōria *u.* **hōriola** ⟨ae⟩ *f* (*vkl., nachkl.*) Fischerkahn

horizōn ⟨ontis⟩, *Akk* ⟨ontem *u.* onta⟩ *m* ||griech. Fw.|| (*nachkl.*) Gesichtskreis, Horizont

hōrnōtinus ⟨a, um⟩ *Adj* ||hornus|| diesjährig, heurig

hōrnus ⟨a, um⟩ *Adj, Adv* ⟨hornō⟩ (*vkl.*) *poet* diesjährig, heurig; *Adv* heuer, in diesem Jahr

hōrologium ⟨ī⟩ *n* ||griech. Fw.|| Uhr, Sonnenuhr, Wasseruhr

horrendus ⟨a, um⟩ *Adj* ||horreo||

1. (*nachkl.*) *poet* schrecklich

2. Verg. erstaunlich, bewundernswert

▶ **horreō** ⟨uī, -, ēre 2.⟩

I *v/i*

1. starren, starr sein, sich sträuben, *re* von etw; ***comae horrent*** die Haare sträuben sich; ***verba minis horrent*** die Worte strotzen von Drohungen; ***mare fluctibus h.*** das Meer wogt stürmisch; ***horrens*** starrend, stachelich, struppig; ***umbra horrens*** düsterer Schatten

2. *vor Frost* schaudern, zittern, frieren; *vor Furcht* schaudern, beben, sich entsetzen

II *v/t*

1. zurückschaudern, *aliquem/aliquid* vor j-m/vor etw, + *Inf/* + *indir Fragesatz*; ***h. crudelitatem*** vor der Grausamkeit zurückschaudern

2. anstaunen

horrēscō ⟨horruī, -, horrēscere 3.⟩ ||*Inkoh von* horreo||

I *v/i*

1. starr werden, erstarren, sich sträuben; wogen, aufwallen

2. *fig* schaudern, zittern

II *v/t* schaudern, *aliquem/aliquid* vor j-m/vor etw, + *Inf/* + *Part*; ***horresco referens*** Verg. schaudernd erzähle ich

horreum ⟨ī⟩ *n* Vorratskammer; Scheune, Speicher, Lager

horribilis ⟨e⟩ *Adj, Adv* ⟨horribiliter⟩ ||horreo||

1. schauerlich, schrecklich, *alicui* für j-n; ***horribile dictu*** schrecklich zu sagen

2. erstaunlich; Plaut. ehrwürdig; ***secretum horribile*** ehrwürdiges Geheimnis

horridulus ⟨a, um⟩ *Adj* ||*Dim von* horridus||

1. (*vkl.*) starrend, strotzend, straff

2. Mart. struppig

3. *fig* schmucklos, ungehobelt, ungefeilt

4. Pers. vor Kälte schaudernd

▶ **horridus** ⟨a, um⟩ *Adj, Adv* ⟨horridē⟩ ||horreo||

1. starrend, struppig, rau; ***sus h.*** borstiges Schwein; ***mare horridum*** wild tobendes Meer; ***campus h.*** nicht kultiviertes Feld; ***silva dumis horrida*** mit Gestrüpp dicht bewachsener Wald

2. *fig äußerlich* ungeschmückt; wild, roh, ungebildet; ***miles h.*** wilder Soldat; ***horride vivere*** ein ungeregeltes Leben führen

3. *fig lobend* schmucklos, einfach, schlicht

4. *fig vor Kälte* schaudernd, zitternd; *von Sachen* schaurig, eiskalt; ***December h.*** eiskalter Dezember

5. *fig* schauderhaft, entsetzlich, grausig; ***aspectus h.*** grausiger Anblick; ***procella horrida*** schrecklicher Sturm

horri-fer ⟨fera, ferum⟩ *Adj* ||horreo, fero|| schaurig, eiskalt; *fig* schrecklich; ***Erinys horrifera*** schreckliche Rachegöttin

horrificō ⟨āvī, ātum, āre 1.⟩ ||*Denom von* horrificus|| (*nachkl.*)

1. rau machen, uneben machen; ***mare h.*** das Meer aufwallen lassen

2. *j-n* erschrecken, *j-m* Schauder einflößen, *aliquem*

horri-ficus ⟨a, um⟩ *Adj* (*nachkl.*) = ***horribilis***

horri-sonus ⟨a, um⟩ *Adj* ||horreo, sono|| *poet* schrecklich tönend, grauenvoll kreischend, schaurig brausend

▶ **horror** ⟨ōris⟩ *m* ||horreo||

1. (*nachkl.*) Rauheit; ***h. dicendi*** *fig* raue Sprache

2. Schauer *vor Frost od Kälte*; *ebenso* Fieberschauer, Schüttelfrost; ***frigidus h. membra quatit*** kalter Schauer lässt die Glieder zittern

3. *fig* Schauder, Grausen, Entsetzen

4. *poet* Wonneschauer; ***divina voluptas atque h.*** Lucr. göttliches Vergnügen und wonniger Schauer

5. (*nachkl.*) religiöse Scheu, frommer Schauder, Ehrfurcht

6. ***h. vacui*** (*nlat.*) Abscheu vor dem leeren Raum

horruī → ***horreo*** *u.* → ***horresco***

hōrsum *Adv* ||huc, versum|| Com. hierher

hortāmen ⟨inis⟩ *n* ||hortor|| (*nachkl.*) *poet* Ermunterung, Ermunterungsmittel

hortāmentum ⟨ī⟩ *n* = ***hortamen***

hortātiō ⟨ōnis⟩ *f* ||hortor|| Ermunterung, Ermahnung, *alicuius* j-s, *alicuius rei* zu etw; ***contiones hortationesque*** anfeuernde Ansprachen

hortātīvus ⟨a, um⟩ *Adj* ||hortor|| Quint. der Ermunterung dienlich

hortātor ⟨ōris⟩ *m* ||hortor||

1. Mahner, Anreger, Ermunterer, *alicuius* j-s, *alicuius rei* zu etw; ***aliquo hortatore*** auf j-s Anregung

2. *poet* Rudermeister

hortātrīx ⟨īcis⟩ *f* ||hortator|| (*unkl.*) Mahnerin

hortātus ⟨ūs⟩ *m* = ***hortatio***

hortēnsia ⟨ōrum⟩ *n* ||hortensius|| Gartengewächse, Gartenfrüchte

Hortēnsiāna ⟨ōrum⟩ *n* ||Hortensianus|| *Ciceros philosophische Schrift „Hortensius"*

Hortēnsiānus ⟨a, um⟩ *Adj* des Hortensius, zu Hortensius gehörig

hortēnsius ⟨a, um⟩ *Adj* ||hortus|| zum Garten gehörig

Hortēnsius ⟨a, um⟩ *röm. Gentilname, berühmtester Vertreter* ***Q. Hortensius Hortalus****, 114–50 v. Chr., röm. Staatsmann u. neben Cicero berühmtester Redner der Zeit, 69 v. Chr. Konsul, u. a. Verteidiger des Verres u. so Gegner Ciceros, mit dem er sich aussöhnte u. anfreundete; Cicero widmete ihm eine viel beachtete, aber verlorene Schrift „Hortensius"*

▶ **hortō** ⟨āvī, ātum, āre 1.⟩ *u.* **hortor** ⟨ātus sum, ārī 1.⟩
1. ermuntern, ermahnen, antreiben, anfeuern, *aliquem ad rem / in aliquid / aliquid* j-n zu etw, *de re* in Bezug auf etw, *meist ut / ne* dass / dass nicht, + *Konjkt* / + *Inf* / + *AcI*; ***h. pacem*** zum Frieden mahnen; ***hoc vos hortor*** dazu ermahne ich euch
2. MIL *Soldaten* anfeuern, zum Kampf ermutigen
3. *von Sachen* auffordern, veranlassen, *ad aliquid* zu etw; ***tempus me ad hoc consilium hortatur*** die Zeit veranlasst mich zu diesem Entschluss

hortulus ⟨ī⟩ *m* ||*Dim von* hortus|| Gärtchen; *Pl* kleiner Park, Lustgarten; ***collis hortulorum*** *der spätere mons Pincius, h. Monte Pincio*

▶ **hortus** ⟨ī⟩ *m* Garten, *bes* Gemüsegarten; Park; *meton* Gartengewächs

▶ **hospes** ⟨itis⟩ *m* (*selten f*)
1. Gastfreund, Gast
2. Gastfreund, Gastgeber; *adj* gastfreundlich
3. Fremder, Fremdling; *adj* in *etw* fremd, unerfahren, mit *etw* unbekannt, *in re / alicuius rei*

hospita ⟨ae⟩ *f* ||hospitus||
1. weiblicher Gast
2. Wirtin
3. Fremde

hospitāle ⟨is⟩ *n* ||hospitalis||
1. Gästezimmer; *Pl* Gastwohnung, Gästehaus
2. (*mlat.*) Krankenhaus, Armenhaus, Herberge

hospitālis ⟨e⟩ *Adj, Adv* ⟨hospitāliter⟩ ||hospes||
1. zum Gast gehörig, zum Gastfreund gehörig, des Gastfreundes; ***cubiculum hospitale*** Gästezimmer; ***beneficia hospitalia*** Wohltaten für den Gast
2. gastlich, gastfreundlich

hospitālitās ⟨ātis⟩ *f* ||hospes|| Gastlichkeit, Gastfreundlichkeit

hospitium ⟨ī⟩ *n* ||hospes||
1. Gastfreundschaft, *auch* POL
2. *meton* Gastfreunde
3. *meton* gastliche Aufnahme, Bewirtung; ***aliquem hospitio invitare*** j-n als Gast einladen
4. gastliches Haus, Quartier, Herberge
5. (*nachkl.*) *für Tiere* Lager
6. Plaut. *hum* Einkehr, Bleibe

hospitor ⟨-, ārī 1.⟩ ||hospes|| (*nachkl.*) als Gast einkehren; *fig* sich aufhalten

hospitus ⟨a, um⟩ *Adj, nur Sg f u. Pl n* ||hospes||
1. fremd; ***navis hospita*** fremdes Schiff
2. gastfreundlich, freundlich aufgenommen
3. freundlich aufnehmend; ***unda gelu concreta plaustris hospita*** die zu Eis gefrorene und Wagen tragende Woge

hostia ⟨ae⟩ *f*
1. Opfertier, Schlachtopfer; ***h. humana*** Menschenopfer
2. (*mlat.*) Hostie

hostiātus ⟨a, um⟩ *Adj* ||hostia|| Plaut. mit Opfertieren versehen

hosticum ⟨ī⟩ *n* ||hosticus|| Feindesland

hosticus ⟨a, um⟩ *Adj* ||hostis||
1. Plaut. fremd, ausländisch
2. (*unkl.*) feindlich, dem Feind gehörig, des Feindes

hosti-ficus ⟨a, um⟩ *Adj, Adv* ⟨hostificē⟩ ||hostis, facio|| feindselig, feindlich

hostīlia ⟨ōrum⟩ *n* ||hostilis|| Feindseligkeiten

▶ **hostīlis** ⟨e⟩ *Adj, Adv* ⟨hostīliter⟩ ||hostis||
1. feindlich, dem Feind gehörig; ***condiciones hostiles*** mit dem Feind vereinbarte Bedingungen; ***metus h.*** Furcht vor dem Feind; ***bella hostilia*** Kriege mit auswärtigen Feinden
2. feindselig

Hostīlius ⟨a, um⟩ *röm. Gentilname*; ***Tullus Hostilius*** *der dritte röm. König*

hostīmentum ⟨ī⟩ *n* ||hostio|| (*vkl.*) Vergeltung

hostiō ⟨-, -, īre 4.⟩ (*vkl.*) vergelten; ***h. contra*** zurückschlagen

▶ **hostis** ⟨is⟩ *m u. f*
1. (*vkl.*) Fremder, Fremde, Fremdling
2. Feind, Staatsfeind, Landesfeind, Feind in einem auswärtigen Krieg, Feindin; ↔ ***inimicus***
3. *fig* erbitterter Feind, persönlicher Feind, Gegner, Widersacher, *auch Prozessgegner*; ***h. patriae*** Hochverräter; ***h. veritatis*** *Feind der Wahrheit*
4. Rivale, Nebenbuhler

huba ⟨ae⟩ *f* ||germ.|| (*mlat.*) Hufe, *germ. Landmaß*

hūc *Adv* ||hic[1]||
1. *örtl.* hierher, *an den Ort des Sprechenden, selten in historischer Erzählung* dorthin; ***huc et huc*** hierhin und dorthin, hin und her
2. *fig* hierzu, dazu, bis zu diesem Punkt, so weit; für diesen Zweck; ***huc accedit*** dazu kommt; ***huc arrogantiae venit*** so weit kam es im Hochmut; ***hucine?*** bis hierher?, so weit?; ***hucusque*** (*nachkl.*) bis hierher, so weit

hui *Interj* hui!, ei!, ach was! *zum Ausdruck des Staunens, der Ironie od des Spotts*

hūiusce-modī *u.* **hūius-modī** ||hic[1], modus|| dieser Art, derartig

hūmāna ⟨ōrum⟩ *n* ||humanus|| menschliche Dinge, Menschliches, Irdisches, Menschenschicksal; ***omnia divina et humana violare*** alles göttliche und menschliche Recht verletzen

▶ **hūmānitās** ⟨ātis⟩ *f* ||humanus||
1. Menschlichkeit, menschliche Würde
2. Menschlichkeit, Milde, Humanität, Freundlichkeit, Höflichkeit
3. edle Bildung, allgemeine Bildung; Geistesbildung, Herzensbildung, Sinn für Anstand, feiner Geschmack, liebenswürdiges Benehmen

hūmānitus *Adv* ||humanus||
1. auf menschliche Art; ***si quid mihi humanitus accidisset*** wenn mir etw Menschliches zugestoßen wäre = wenn ich gestorben wäre
2. Com. menschlich, freundlich; ***non humanitus*** unmenschlich

▶ **hūmānus** ⟨a, um⟩ *Adj, Adv* ⟨hūmānē⟩ *u.* ⟨hūmāniter⟩
1. menschlich, den Menschen betreffend, Menschen…; ***facies humana*** menschliches Gesicht; ***genus humanum*** Menschengeschlecht; ***hostia huma-***

na Menschenopfer; ***scelus humanum*** Verbrechen gegen die Menschen; ***audacia non humana*** übermenschliche Kühnheit; ***aliquid humaniter facere*** etw wie Menschen machen; ***humane vivere*** sein Leben genießen
2. *von Personen u. Sachen* menschenwürdig, gebildet, edel, kultiviert; ***adulescens h.*** höflicher junger Mann; ***voluptas humana*** menschenwürdiges Vergnügen; ***humane commodus*** hübsch bequem, *iron* höchst unbequem
3. menschenfreundlich, mild, human, höflich
4. gelassen, ruhig, ergeben, gleichmütig; ***aliquid humane/humaniter ferre*** etw gelassen tragen
5. ***humana militia*** (*mlat.*) die streitende Christenheit

humātiō ⟨ōnis⟩ *f* ||humo|| Beerdigung, Begräbnis
hūmectō ⟨āvī, ātum, āre 1.⟩ = ***umecto***
hūmeō ⟨-, -, ēre 2.⟩ = ***umeo***
humerus ⟨ī⟩ *m* = ***umerus***
hūmēscō ⟨-, -, ēscere 3.⟩ = ***umesco***
hūmidus ⟨a, um⟩ *Adj* = ***umidus***
hūmi-fer ⟨fera, ferum⟩ *Adv* = ***umifer***

▶ **humilis** ⟨e⟩ *Adj, Adv* ⟨humiliter⟩ ||humus||
1. *von Wuchs u. Statur* niedrig, klein
2. (*nachkl.*) *von Örtlichkeiten* niedrig, tief gelegen; flach, seicht
3. *fig von Stand, Rang, Ansehen* niedrig, gering, unbedeutend; ***aliquem humiliorem redigere*** j-n erniedrigen
4. *von Sachen* alltäglich, dürftig, ärmlich
5. *von der Rede* schmucklos, schwunglos, gewöhnlich
6. *von der Gesinnung* kleinlich, gemein
7. *von der Stimmung* kleinmütig, feig, verzagt; kriecherisch; (*eccl.*) demütig; ***pavor h.*** entmutigende Furcht

humilitās ⟨ātis⟩ *f* ||humilis||
1. Niedrigkeit, kleiner Wuchs, unansehnliche Statur; ***h. siderum*** niedriger Stand der Gestirne
2. *fig* niedriger gesellschaftlicher Stand, niedere Herkunft
3. geringe Bedeutung, Schwäche, Ohnmacht, Erniedrigung
4. Niedergeschlagenheit, Verzagtheit, Kleinmut; Unterwürfigkeit, Selbsterniedrigung
5. (*spätl., eccl.*) Demut, Bescheidenheit

humō ⟨āvī, ātum, āre 1.⟩ ||humus|| beerdigen; Nep. *fig* bestatten *d. h. verbrennen u. die Asche in eine Urne legen*

▶ **hūmor** ⟨ōris⟩ *m* → ***umor***

▶ **humus** ⟨ī⟩ *f*
1. Erdboden, Erde, Boden; ***mortuos tegit h. iniecta*** die Toten bedeckt die aufgeworfene Erde; ***humum ore mordere*** *umgangssprachlich* ins Gras beißen
2. Boden *in Bezug auf Fruchtbarkeit*; Ackerland, Grund und Boden
3. Fußboden; ***h. lutulenta vino*** vom Wein beschmutzter Boden
4. *meton.* Gegend, Land; ***h. grata Minervae*** das der Minerva liebe Land, = Attika
5. *fig* das Niedrige, das Gemeine; ***humum vitare*** das Niedrige meiden
6. ***humi*** auf dem Boden, *auch* auf die Erde, zu Boden; ***humi iacēre*** auf dem Boden liegen; ***humi ponere*** auf den Boden legen
7. ***humo*** vom Boden, aus der Erde; auf dem Boden, auf der Erde; in der Erde; ***homines humo excitati*** die aus der Erde erweckten Menschen; ***humo fumare*** von Grund auf rauchen, aus Schutt und Asche rauchen

Hyacinthia ⟨ōrum⟩ *n* ||griech. Fw.|| die Hyazinthien, *dreitägiges Fest in Sparta im Juli zu Ehren des Hyacinthus u. des Apollo mit Totenopfern u. Wettspielen*; → ***Hyacinthus***
hyacinthinus ⟨a, um⟩ *Adj* ||griech. Fw.|| Hyazinthen…; → ***hyacinthus***
Hyacinthos *u.* **Hyacinthus** ⟨ī⟩ *m junger Mann aus Sparta, von Apollo geliebt u. von diesem durch einen unglücklichen Diskuswurf getötet*; *aus seinem Blut entspross die gleichnamige Blume*; → ***hyacinthus***
hyacinthus ⟨ī⟩ *m* ||griech. Fw.|| (*nachkl.*) *poet* Hyazinthe, *nicht gleichzusetzen mit unserer Hyazinthe, im Altertum eine violettblaue Schwertlilie od Gartenrittersporn*
Hyades ⟨um⟩ *f* MYTH die Hyaden, *im Mythos die Töchter des Atlas u. die Schwestern der Plejaden*; *aus sieben Sternen bestehendes Sternbild im Kopf des Stiers u. in der Nachbarschaft des Orion*; *im Altertum als Regensterne bezeichnet, da ihr Untergang Mitte November die Regenzeit ankündigt*
hyaena ⟨ae⟩ *f* ||griech. Fw.|| (*nachkl.*) *poet* Hyäne
hyalus ⟨ī⟩ *m* ||griech. Fw.||
1. Verg. Glas; ***color hyali*** glasgrüne Farbe
2. (*mlat.*) Trinkglas

Hybla ⟨ae⟩ *f Stadt auf Sizilien, bekannt durch ihren Honig*
Hyblaeus ⟨a, um⟩ *Adj* aus Hybla, zu Hybla gehörig
Hyblē ⟨ēs⟩ *f* = ***Hybla***
Hyblēnsēs ⟨ium⟩ *m* die Einwohner von Hybla
hybrida ⟨ae⟩ *m u. f* ||griech. Fw.|| Suet. Mischling; Bastard
Hybrida ⟨ae⟩ *m u. f röm. Beiname*
Hydaspēs ⟨is⟩ *m der westlichste Fluss des Fünfstromlandes, h. Dschilam in Pakistan*; *Entscheidungsschlacht zwischen Alexander dem Großen u. Poros*; *Gründung der Stadt Bukephala*
hydra ⟨ae⟩ *f* ||griech. Fw.||
1. Wasserschlange; Schlange
2. ***Hydra Lernea*** Hydra vom See Lerna, *von Herkules erlegt*

Hydra ⟨ae⟩ *f* MYTH *Ungeheuer mit 50 Köpfen, Mutter des Cerberus*
Hydra ⟨ae⟩ *f* Schlange *als Gestirn*
hydraulēs ⟨ae⟩ *m* ||griech. Fw.|| (*nachkl.*) Wasserorgelspieler
hydraulicus ⟨a, um⟩ *Adj* ||griech. Fw.|| (*nachkl.*) durch Wasser getrieben, hydraulisch; ***organa hydraulica*** Wasserorgeln
hydraulus ⟨ī⟩ *m* ||griech. Fw.|| Wasserorgel, *bei der die Luftzufuhr durch Wasserdruck erzeugt wurde*; *Vorläuferin der Pfeifenorgel*
hydria ⟨ae⟩ *f* ||griech. Fw.|| Wasserkrug; Topf, Krug, Urne
hydrocēlē ⟨ēs⟩ *f* ||griech. Fw.|| Mart. Hodenbruch
hydrochoos *u.* **hydrochous** ⟨ī⟩ *n* Catul. Wassermann *als Gestirn*
hydrōpicus ⟨a, um⟩ *Adj* ||griech. Fw.|| (*nachkl.*) *poet*

wassersüchtig
hydrōps ⟨ōpis⟩ *m* ||griech. Fw.|| *(nachkl.) poet* Wassersucht
Hydrūntum ⟨ī⟩ *n u.* **Hydrūs** ⟨ūntis⟩ *m Stadt an der Ostküste Kalabriens, h. Otranto*
hydrus ⟨ī⟩ *m* ||griech. Fw.|| *(nachkl.) poet* Wasserschlange; Schlange, *bes in den Haaren der Erinnyen/Furien u. der Medusa*
Hygīa ⟨ae⟩ *f Göttin der Gesundheit*
Hylās ⟨ae⟩ *m junger Begleiter des Herkules auf der Argonautenfahrt; beim Wasserschöpfen in Mysien von Quellnymphen wegen seiner Schönheit in die Tiefe gezogen*
hȳlē ⟨ēs⟩ *f* ||griech. Fw.|| Suet. Materie, Stoff; *fig* schriftliche Materialien
hymēn ⟨enis⟩ *m* ||griech. Fw.|| Häutchen; MED Jungfernhäutchen
Hymēn ⟨enis⟩ *m* Gott der Ehe, Hochzeitsgott, *Sohn des Apollo u. einer Muse, dargestellt mit Fackel u. Brautschleier*; *meton* Hochzeitslied
hȳmenaeos *u.* **hȳmenaeus** ⟨ī⟩ *m* ||griech. Fw.||
1. Brautlied, Hochzeitsgesang
2. *meton* Hochzeitsfeier, Vermählung; *bei Tieren* Begattung
Hȳmenaeos *u.* **Hȳmenaeus** ⟨ī⟩ *m* = ***Hymen***
Hymēttius ⟨a, um⟩ *Adj* des Hymettus, zum Hymettus gehörig
Hymēttos *u.* **Hymēttus** ⟨ī⟩ *m Berg im SO von Athen, berühmt durch Marmor, Honig u. Thymian, h. Immitos*
hymnus ⟨ī⟩ *m* ||griech. Fw.|| Lobgesang auf eine Gottheit, Lobgesang, Hymne; *(eccl.)* geistliches Lied
Hypanis ⟨is⟩ *m Fluss in der Ukraine, h. Bug*
hyperbaton ⟨ī⟩ *n* RHET künstliche Änderung der normalen Wortfolge *zur Hervorhebung*, Hyperbaton; *lat.* = ***transgressio***
hyperbolē ⟨ēs⟩ *f* ||griech. Fw.|| RHET Übertreibung *als Stilmittel*; ***luce clarius*** heller als Licht; *lat.* = ***superlatio***
Hyperboreī ⟨ōrum⟩ *m* die Hyperboreer, *nach griech. Vorstellung ein im hohen Norden lebendes glückliches Volk, das sich dem Dienst Apollos widmete*
Hyperboreus ⟨a, um⟩ *Adj* zu den Hyperboreern gehörig; *auch* nördlich
Hyperīdēs ⟨is⟩ *m athen. Redner, Zeitgenosse des Demosthenes u. Anhänger der makedonienfeindlichen Partei; 322 v. Chr. auf Befehl des Antipater hingerichtet*
Hyperīōn ⟨onis⟩ *m*
1. *Sohn des Uranos u. der Erdmutter Gaia, Titan, Vater des Helios/Sol, der Selene/Luna u. der Eos/Aurora*
2. der Sonnengott = Sohn des Hyperion
Hyperm(n)ēstra ⟨ae⟩ *f u.* **Hyperm(n)ēstrē** ⟨ēs⟩ *f jüngste der Danaiden, die als Einzige ihren Ehemann nicht tötete u. so das Geschlecht des Danaos fortsetzte, Stammmutter berühmter Heroen*
hypocauston *u.* **hypocaustum** ⟨ī⟩ *n* ||griech. Fw.|| Heizgewölbe unter dem Fußboden, Fußbodenheizung
hypocrisis ⟨is⟩ *f* ||griech. Fw.|| *(eccl.)* Heuchelei
hypocrita *u.* **hypocritēs** ⟨ae⟩ *m* ||griech. Fw.|| Mime, *der die Worte eines Schauspielers mit Gebärden begleitete*
hypodidascalus ⟨ī⟩ *m* ||griech. Fw.|| Unterlehrer, Assistent
hypomnēma ⟨atis⟩ *n* ||griech. Fw.|| *(unkl.)* Notiz, schriftliche Gedächtnisstütze
hypothēca ⟨ae⟩ *f* ||griech. Fw.|| Unterpfand, Pfand, Hypothek
Hyrcānī ⟨ōrum⟩ *m* die Einwohner von Hyrcania
Hyrcānia ⟨ae⟩ *f Landschaft des Perserreiches, sö. des Kaspischen Meeres*
Hyrcānius *u.* **Hyrcānus** ⟨a, um⟩ *Adj* aus Hyrcania, zu Hyrcania gehörig; ***mare Hyrcanum*** Kaspisches Meer
Hystaspēs ⟨is⟩ *u.* ⟨ī⟩ *m persischer Name, z. B. Vater des Darius I., daher Darius Hystaspis*
hystericus ⟨a, um⟩ *Adj* ||griech. Fw.|| Mart. hysterisch

I

i I
I *röm. Zahlzeichen für 1.*
II *Abk*
1. ***i. f.*** *(mlat.)* = ***ipse fecit*** hat es selbst gemacht, *auf Kunstwerken + Name des Künstlers*
2. ***I. heute F. C.*** = ***ipsius heres faciundum curavit*** er machte sich zu seinem eigenen Erben
3. ***I. R.*** *(nlat.)* = ***Imperator Rex*** Kaiser und König
Iacchus ⟨ī⟩ *m* ||griech. Fw.||
1. *Kultname des Gottes in den Eleusinischen Mysterien*
2. *meton* Wein
iaceō ⟨uī, itūrus, ēre 2.⟩ ||iacio||

1. liegen, daliegen
2. liegen, ruhen
3. krank daliegen, krank sein
4. zu Tisch liegen
5. zu Boden gestreckt daliegen, auf dem Boden liegen
6. tot daliegen, unbegraben daliegen
7. liegen bleiben, untätig sich aufhalten
8. liegen, gelegen sein
9. wohnen
10. in Trümmern liegen
11. nachschleppen
12. gesenkt sein
13. liegen
14. mutlos sein, niedergeschlagen sein

15. machtlos sein, ohnmächtig sein
16. brach liegen, unbeachtet sein
17. aufhören, ins Stocken geraten
18. ungebraucht sein, unbenutzt sein
19. niedrig stehen

1. liegen, daliegen; ***ad pedes alicuius/alicui i.*** j-m zu Füßen liegen; ***nix iacet*** Schnee liegt
2. liegen, ruhen, schlafen; ***i. ad quartam horam*** bis 10 Uhr schlafen
3. krank daliegen, krank sein; ***iacet sine spe*** er liegt krank da ohne Hoffnung
4. zu Tisch liegen; ***in conviviis i.*** bei Gelagen zu Tisch liegen
5. zu Boden gestreckt daliegen, auf dem Boden liegen, zu Boden geschlagen sein; ***per me iacet inclitus Hector*** durch mich liegt der berühmte Hektor da
6. tot daliegen, unbegraben daliegen, gefallen sein; ***iacentes*** Gefallene
7. *von Reisenden* liegen bleiben, untätig sich aufhalten; ***Brundisii i.*** sich in Brundisium aufhalten
8. *geographisch* liegen, gelegen sein, sich erstrecken; *poet* flach daliegen, frei daliegen; tief liegen, unten liegen, unter *etw* stehen
9. *von Völkern* wohnen
10. *poet von Bauten od Städten* in Trümmern liegen; ***iacet Ilion ingens*** das gewaltige Troja liegt in Trümmern
11. *fig von Kleidern* nachschleppen
12. *fig von Augen u. Blick* gesenkt sein; ***oculi iacent*** die Augen fallen zu
13. *fig in einem Zustand* liegen, in *etw* versunken sein; ***in amore i.*** in Liebe versunken sein
14. *fig* mutlos sein, niedergeschlagen sein; ***iacentes militum animos extollere*** die mutlosen Soldaten aufrichten
15. *fig* machtlos sein, ohnmächtig sein, ohne Einfluss sein; ***ratio iacet*** die Vernunft ist machtlos
16. *fig von Leblosem* brach liegen, unbeachtet sein, verachtet sein; ***studia iacent*** die Bemühungen werden nicht beachtet
17. *fig* aufhören, ins Stocken geraten
18. *fig* ungebraucht sein, unbenutzt sein
19. *fig dem Wert nach* niedrig stehen; ***pretia praediorum iacent*** die Preise für Landgüter sind niedrig

iaciō ⟨iēcī, iactum, iacere 3.⟩
1. werfen, schleudern, ***saxa*** Steine; ***lapides de muro in hostes i.*** Steine von der Mauer herab auf die Feinde werfen
2. hinabwerfen, hinabstürzen; ***se in profundum i.*** sich in die Tiefe stürzen
3. auswerfen, ***ancoram*** den Anker
4. wegwerfen, ausstreuen; ***arma i.*** die Waffen wegwerfen; ***semina i.*** Samen ausstreuen, säen; ***oscula i.*** Kusshände zuwerfen
5. *fig Drohungen* ausstoßen, schleudern; ***verba superba i.*** hochmütige Reden führen
6. *fig Äußerungen* fallen lassen, vorbringen; ***suspicionem i.*** einen Verdacht äußern
7. aufwerfen, durch Aufwerfen bilden, errichten, bauen; ***aggerem i.*** einen Damm aufwerfen; ***fundamenta urbi i.*** den Grund für eine Stadt legen; ***salutem in arte i.*** seine Hoffnung auf die Kunst setzen

iactāns *Gen* ⟨antis⟩ *Adj*, *Adv* ⟨iactanter⟩ ||iacto|| prahlerisch, überheblich

iactantia ⟨ae⟩ *f* ||iactans|| *(nachkl.)*
1. das Anpreisen; ***i. sui*** Selbstverherrlichung
2. das Gerühmtwerden, das Gepriesenwerden, (gewollter) Beifall

iactātiō ⟨ōnis⟩ *f* ||iacto||
1. das Hin- und Herwerfen, das Schütteln, Erschütterung; ***i. pennarum*** das Schwingen der Flügel
2. gestikulierende Bewegung *des Redners*
3. *(nachkl.)* Prahlerei, ***virtutis*** mit der Tüchtigkeit
4. das Hin- und Hergeworfenwerden, Erschütterung, das Wanken; ***i. navis*** das Schwanken des Schiffes
5. (seelische) Erregung, Regung; ***i. animi*** seelische Erregung, *auch* Wankelmut
6. gezollter Beifall, gespendetes Lob; ***iactationem habere in populo*** die Zustimmung des Volkes haben

iactātor ⟨ōris⟩ *m* ||iacto|| Prahler, *alicuius rei* mit etw

iactātus ⟨ūs⟩ *m* ||iacto|| *(nachkl.) poet* das Hin- und Herwerfen, das Schütteln, Erschütterung

iactitō ⟨āvī, ātum, āre 1.⟩ ||*Intens von* iacto|| *(nachkl.) poet* öffentlich vortragen, ***ridicula*** Lächerlichkeiten

iactō ⟨āvī, ātum, āre 1.⟩ ||*Intens u. Freq von* iacio||

1. wiederholt werfen, mit Kraft werfen
2. auswerfen, wegwerfen
3. ausstoßen, vorbringen
4. wiederholt zur Sprache bringen
5. immer im Munde führen
6. sich rühmen, sich brüsten
7. hin und her werfen, hin und her schütteln
8. gestikulierend bewegen, rhythmisch bewegen
9. sich viel beschäftigen

1. wiederholt werfen, mit Kraft werfen, hastig schleudern; ***fulmina i.*** Blitze schleudern; ***basia i.*** Kusshände zuwerfen
2. *(unkl.)* auswerfen, wegwerfen, zuwerfen; ***arma i.*** die Waffen wegwerfen; ***i. frusta*** Brocken zuwerfen; ***i. semina*** Samen auswerfen, säen; ***i. odorem late*** Geruch weit verbreiten
3. *Worte od Drohungen* ausstoßen, vorbringen; ***minas i.*** Drohungen ausstoßen
4. wiederholt zur Sprache bringen, ***rem in sermonibus*** eine Angelegenheit in Gesprächen; ***fabulā iactaris in urbe*** du bist das Stadtgespräch
5. *etw* immer im Munde führen, mit *etw* prahlen, auf *etw* pochen, *aliquid*; ***i. gratiam urbanam*** prahlen mit seiner Beliebtheit in der Stadt
6. ***se i.*** sich rühmen, sich brüsten, *abs od in re/de re* wegen etw; ***se i. alicui*** sich gegenüber j-m brüsten; ***se i. magnifice*** sich selbstbewusst benehmen
7. hin und her werfen, hin und her schütteln; *fig* übel mitnehmen, quälen, beunruhigen; ***i. cervicem*** den Kopf schütteln; ***crines i.*** die Haare flattern lassen; ***aestu febrique iactari*** von Fieberhitze geschüttelt werden; ***opiniones se iactantes*** sich durchkreuzende Meinungen
8. gestikulierend bewegen, rhythmisch bewegen,

manūs die Hände

9. *Passiv u.* ***se i.*** *fig* sich viel beschäftigen, *in re / re* mit etw

▶ **iactūra** ⟨ae⟩ *f* ||iacio||

1. das Abwerfen *von Ladung zur Vermeidung eines Schiffbruchs*; ***navem iacturā servare*** das Schiff durch Abwerfen von Ladung retten

2. *fig* Aufopferung *von etw Wertvollem*, Einbuße, Verlust; ***alicuius rei iacturam facere / accipere / pati*** den Verlust von etw erleiden, etw verlieren

3. *meton* Aufwand, Geldopfer, Opfer, Kosten

iactus[1] ⟨a, um⟩ *PPP* → ***iacio***

iactus[2] ⟨ūs⟩ *m* ||iacio||

1. das Werfen, das Schleudern

2. *(nachkl.) poet* Wurf *im Würfelspiel*

3. *(nachkl.)* MIL Schussweite; ***intra teli iactum*** innerhalb der Schussweite

iaculābilis ⟨e⟩ *Adj* ||iaculor|| *poet* zum Werfen geeignet, Wurf…

iaculātiō ⟨ōnis⟩ *f* ||iaculor|| *(nachkl.)* das Werfen, Wurf

iaculātor ⟨ōris⟩ *m* ||iaculor|| *(unkl.)*

1. Schleuderer, *re* mit etw

2. MIL Speerschütze

iaculātrīx ⟨īcis⟩ *f* ||iaculator|| Schleuderin; *Diana als* Jägerin

iaculor ⟨ātus sum, ārī 1.⟩ ||*Denom von* iaculum||

I *v/i* den Speer werfen, den Wurfspieß schleudern; ***probris in aliquem i.*** *(nachkl.) fig* mit Beschimpfungen gegen j-n losziehen

II *v/t (nachkl.)*

1. werfen, schleudern, *aliquid in aliquem / alicui* etw gegen j-n; ***ignem in hostes i.*** Feuer auf die Feinde schleudern; ***ignem puppibus i.*** Feuer auf die Schiffe schleudern

2. ***se i.*** sich stürzen

3. auf *etw* schießen, *etw / j-n* erlegen, *aliquid / aliquem*; ***cervos i.*** Hirsche erlegen; ***arces sacras i.*** die heiligen Burgen mit dem Blitz treffen

4. *fig* jagen, streben, *aliquid* nach etw

iaculum ⟨ī⟩ *n* ||iacio|| Wurfspieß, Speer; Ov. *fig* Wurfnetz

iaculus ⟨a, um⟩ *Adj* ||iacio|| Plaut. zum Werfen geeignet, Wurf…; ***rete iaculum*** Wurfnetz

iāientāculum ⟨ī⟩ *n* = ***ientaculum***

iāiūnus ⟨a, um⟩ *Adj* = ***ieiunus***

iam *Adv*

1. *zeitl. von Vergangenheit, Gegenwart u. Zukunft* schon, bereits; schon jetzt, eben jetzt, soeben, gerade; ***multi iam anni sunt / erant*** schon viele Jahre sind es / waren es; ***pater iam nunc redibit*** der Vater wird schon jetzt zurückkommen; ***iam tum*** schon damals; ***cum iam*** als eben, als gerade

2. nun, nunmehr, von nun an; ***sed iam age*** nun handle endlich

3. sogleich, augenblicklich, schleunigst; ***id tu iam intelleges, cum domum veneris*** das wirst du sogleich begreifen, wenn du nach Hause kommst; ***iamiam*** jeden Augenblick, im nächsten Moment; ***iamiam intellego, quid dicas*** jetzt begreife ich, was du sagst

4. ***iam … iam*** bald … bald; = ***tum … tum***

5. ***non iam / nihil iam / nemo iam*** nicht mehr, nicht länger; jetzt noch nicht; ***nihil iam spero*** nichts mehr hoffe ich; ***iam nequeo*** ich kann nicht mehr; ***vix iam*** kaum mehr, kaum noch

6. *weiterführend* nunmehr, ferner, weiter; *steigernd* vollends, nun gar, sogar, wirklich; ***videte iam cetera*** seht nun weiter das Übrige; ***venio iam ad aliam rem*** ich komme nun zu einer anderen Sache; ***iam primum*** zuerst, erstens; ***iam vero*** sogar, wirklich; ***iam ut*** gesetzt, dass nun

7. *im Syllogismus* nun aber; = ***atqui***

iambēus *u.* **iambicus** ⟨a, um⟩ *Adj* ||griech. Fw.|| *(nachkl.) poet* jambisch

iambus ⟨ī⟩ *m* ||griech. Fw.||

1. Iambus, *Versfuß*, ∪–

2. jambischer Vers, jambisches Gedicht, Spottgedicht, Schmähgedicht

Iānālis ⟨e⟩ *Adj* ||Ianus|| des Janus, zu Janus gehörig

Iāniculum ⟨ī⟩ *n u.* **mōns Iāniculus** *dem Gott Janus geweihter Hügel Roms am rechten Ufer des Tiber*

Iāni-gena ⟨ae⟩ *m u. f* ||Ianus, gigno|| von Janus geboren, Sohn des Janus, Tochter des Janus

iānitor ⟨ōris⟩ *m* ||ianus|| Türhüter, Pförtner; *(mlat.)* Küster; ***caelestis aulae i.*** Türhüter des himmlischen Palastes = Janus

iānitrīx ⟨īcis⟩ *f* ||ianitor|| *(vkl., nachkl.)* Pförtnerin

ianthina ⟨ōrum⟩ *n* ||ianthinus|| Mart. violette Kleider

ianthinus ⟨a, um⟩ *Adj* ||griech. Fw.|| veilchenfarbig, violett

iantō ⟨āvī, ātum, āre 1.⟩ = ***iento***

▶ **iānua** ⟨ae⟩ *f* ||ianus||

1. Tür, Haustür; ***ianuam aperire*** die Tür öffnen; ***ianuam claudere*** die Tür schließen

2. *fig* Eingang, Zugang, *alicuius rei* zu etw; ***i. Asiae*** Zugang zu Asien; ***hac ianuā ingressus sum in causam*** durch diesen Einstieg bin ich die Sache angegangen

Iānuālis ⟨e⟩ *Adj* ||Ianus|| des Janus, zu Janus gehörig

Iānuārius

I ⟨a, um⟩ *Adj* ||Ianus||

1. dem Janus gehörig; dem Janus geweiht

2. zum Januar gehörig

II ⟨ī⟩ *m* Januar

iānus ⟨ī⟩ *m*

1. bedeckter Durchgang, Torbogen

2. Janusbogen, *von Numa angelegter Durchgang im N des Forum Romanum, mit nach O u. W offenen Eingängen, mit einer Statue des Janus geschmückt u. daher als Tempel bezeichnet; wurde in Friedenszeiten geschlossen, vor Augustus einmal, unter Augustus dreimal*

3. *Pl* Bögen, Torhallen, *die drei überdeckten Hallen am Forum, i. summus, i. medius u. i. imus*

Iānus ⟨ī⟩ *m altital. Gott des Ein- u. Ausgangs, dargestellt mit einem nach vorn u. einem nach hinten gerichteten Gesicht*

Īapetīonidēs ⟨ae⟩ *m* Nachkomme des Iapetus

Īapetus ⟨ī⟩ *m Sohn des Uranos u. der Gaia, Vater von Prometheus, Epimetheus u. Atlas*

Iāpudes *u.* **Iāpydes** ⟨um⟩ *m Stamm im NW Illyriens*

Iāpygia ⟨ae⟩ *f* ||Iapyx[1]|| Südapulien, *Landschaft , in die Iapyx übersiedelte*

Iāpygius ⟨a, um⟩ *Adj* ||Iapyx[1]|| des Iapyx; südapulisch

Iāpyx[1] ⟨ygis⟩ *m*

1. *Sohn des Kreters Daedalus, der nach Italien über-*

siedelte
2. Südapulier, *bes* = Daunus
3. *Nordwestwind, günstig für die Überfahrt von Süditalien nach Griechenland*
4. *auch adj übersetzt* japygisch, südapulisch; = ***Iapygius***
Iāpyx[2] ⟨ygis⟩ *m Trojaner, von Apollo mit der Gabe der Heilkunst ausgestattet, rettete dem verwundeten Aeneas mit der Hilfe von Venus das Leben*
Iāsō(n) ⟨onis⟩ *m Anführer der Argonauten*
Iāsonius ⟨a, um⟩ *Adj* des Iason, zu Iason gehörig
iaspis ⟨idis⟩ *f* ||griech. Fw.|| *(nachkl.)* Jaspis, *Halbedelstein*
iātralīptēs ⟨ae⟩ *m* ||griech. Fw.|| Plin. Badearzt
Iāzyges ⟨um⟩ *m sarmatisches Volk an der unteren Donau*
ib. *u.* **ibd.** *Abk* = ***ibidem*** an derselben Stelle
Ibēr ⟨ēris⟩ *m* = ***Hiber***
Ibēricus ⟨a, um⟩ *Adj* = ***Hibericus***
Ibērus ⟨ī⟩ *m* = ***Hiberus***
▸ **ibī** *Adv*
1. *örtl.* da, dort; ***ubi … ibi*** wo … da
2. *zeitl.* da, damals, dann; ***ibi demum*** dann erst; ***ibi vero*** dann vollends
3. *fig* dabei, darin, in diesem Punkt, bei dieser Gelegenheit; ***illi ibi sunt*** jene sind dabei, jene sind damit beschäftigt
ibī-dem *Adv* ebenda, an derselben Stelle, ebendahin; *fig* ebendarin, bei derselben Gelegenheit
ībis ⟨is⟩ *u.* ⟨idis⟩ *f* ||griech. Fw.|| Ibis, *Wasservogel*
ibiscum ⟨ī⟩ *n* = ***hibiscum***
ibrida ⟨ae⟩ *f* = ***hybrida***
ībus → ***is***
Ībycus ⟨ī⟩ *m griech. Lyriker aus Regium, 6. Jh. v. Chr., lebte am Hof des Polykrates von Samos*
Īcaria ⟨ae⟩ *f* ||Icarus|| *Insel in der Ägäis w. von Samos*
Īcarius[1]
I ⟨a, um⟩ *Adj* des Icarus, zu Icarus gehörig; ***mare Icarium*** Meer des Icarus
II ⟨ī⟩ *m*
1. *Vater der Penelope*
2. = ***Icarus***
Īcarus ⟨ī⟩ *m*
1. *Sohn des Daedalus, versuchte mit seinem Vater mithilfe von Flügeln von Kreta zu fliehen, stürzte dabei ins Meer und ertrank*
2. *Athener, nahm Dionysos / Bacchus freundlich auf u. wurde mit der Rebe u. Kenntnis des Weinbaus belohnt; die berauschten Bauern hielten sich für vergiftet u. erschlugen ihn; von Zeus als Bootes unter die Sterne versetzt*
īcas ⟨adis⟩ *f* ||griech. Fw.|| der 20. Tag *jeden Monats, zu Ehren des Epikur gefeiert*
iccircō *Adv* = ***idcirco***
ichneumōn ⟨onis⟩ *m* ||griech. Fw.|| (Plin., Cic.) Pharaonenratte, *Raubtier in Ägypten*
īcī → ***ico***
▸ **īcō** ⟨īcī, ictum, īcere 3.⟩
1. schlagen, stoßen; ***aliquem fulmine i.*** j-n mit dem Blitz treffen
2. ***foedus i.*** ein Bündnis schließen *unter Schlachtung eines Opfertieres*
īconicus ⟨a, um⟩ *Adj* ||griech. Fw.|| Suet. nach dem Leben dargestellt
īconismus ⟨ī⟩ *m* ||griech. Fw.|| Abbildung, getreue Darstellung
ictericus ⟨a, um⟩ *Adj* ||griech. Fw.|| *(nachkl.) poet* gelbsüchtig
ictis ⟨idis⟩, *Akk* ⟨ictim⟩, *Akk Pl* ⟨ictidas⟩ *f* ||griech. Fw.|| Frettchen
ictus[1] ⟨a, um⟩ *Adj* ||ico|| schwer getroffen, schwer betroffen, beunruhigt; ***caput ictum*** berauschter Kopf; ***vix i. aer*** kaum bewegte Luft
▸ **ictus**[2] ⟨ūs⟩ *m* ||ico||
1. Stoß, Hieb, Schlag, Stich, Wurf; Ruderschlag, Biss, Verwundung, Sturz; ***falsus i.*** Fehlstoß; ***certus i.*** Treffer; ***sine ictu*** ohne zu treffen; ***ictibus*** stoßweise; ***i. solis*** Sonnenstrahl
2. Anschlag *von Saiteninstrumenten*, das Schlagen des Taktes; Takt
3. ***i. seminis*** Lucr. Samenerguss, Ejakulation
4. *fig* Schlag, Streich, Schicksalsschlag, *auch* starker Reiz
5. MIL feindlicher Angriff, Ansturm; ***sub ictum dari*** den feindlichen Angriffen ausgesetzt sein
id. *Abk*
1. = ***īdem*** derselbe
2. = ***idem*** dasselbe
Īda ⟨ae⟩ *f*
1. *Waldgebirge im SO der Troas, Ort des Parisurteils, heute Kazdag*
2. *Gebirgszug auf Kreta, wo Zeus aufgezogen worden sein soll, heute Psiloritis*
Īdaeus ⟨a, um⟩ *Adj* des Ida, zum Ida gehörig; *meist* phrygisch, troisch
Īdaeus ⟨a, um⟩ *Adj* des Ida, zum Ida gehörig
Īdalia ⟨ae⟩ *f* Gegend um → Idalium
Īdaliē ⟨ēs⟩ *f* Aphrodite von Idalium
Īdalium ⟨ī⟩ *n Bergzug u. Stadt auf Zypern, Hauptsitz des Aphroditekultes, Ruinen bei Dali, zwischen Larnaka u. Nikosia*
Īdalius ⟨a, um⟩ *Adj* von Idalium, zu Idalium gehörig
id-circō *Adv* darum, deshalb; ***tacetis idcirco, quia periculum vitatis*** ihr schweigt deshalb, weil ihr die Gefahr meidet
Īdē ⟨ēs⟩ *f* = ***Ida***
▸ **īdem** ⟨eadem, idem⟩ *Deter Pron, subst u. adj gebraucht*
1. derselbe, ebenderselbe, der nämliche, der gleiche; ***amicus est alter idem*** ein Freund ist das zweite Selbst; ***idem velle atque idem nolle*** das Gleiche wollen und nicht wollen; ***sub eodem tecto*** unter demselben Dach; ***unus atque idem*** nur einer, und zwar immer derselbe; ***idem ac / atque / et / qui*** derselbe wie, *selten + ut / quam / quasi, (unkl.) + cum / + Dat*
2. *wenn demselben Subj. ein anderes Prädikat beigegeben wird* zugleich, gleichfalls, auch, ebenso; ***stulti iidem miseri sunt*** die Dummen sind auch armselig
3. *beim Gegensatz* dennoch, gleichwohl; ***multi, qui vulnera fortiter acceperunt, iidem dolorem morbis ferre non possunt*** viele, die Wunden tapfer hingenommen haben, können dennoch den Schmerz einer Krankheit nicht ertragen
identidem *Adv* ||idem|| immer wieder, zum wiederholten Mal
▸ **id-eō** *Adv* deswegen, darum, daher

IDIB. *Abk* = ***Idibus*** an den Iden; → ***Idus***
idiōma ⟨matis⟩ *n* ||griech. Fw.|| *(spätl.)* das Eigentümliche im Ausdruck; *(mlat.)* Mundart, Sprache
idiōta *u.* **idiōtēs** ⟨ae⟩ *m* ||griech. Fw.|| unwissender Mensch, ungebildeter Mensch, Stümper
Idistavīsō campus *m Ebene am rechten Ufer der Weser, wo Germanicus den Arminius 16 n Chr. besiegte, genaue Lage unbekannt*
īdōlum ⟨ī⟩ *n* ||griech. Fw.||
1. Bild, Schattenbild, Gespenst
2. PHIL Bild in der Seele, Vorstellung
3. *(eccl.)* Götzenbild
Īdomeneūs ⟨eī⟩ *u.* ⟨eos⟩ *m Sohn des Deucalion, Enkel des Minos, König in Kreta, Held der Griechen vor Troja*
▶ **idōneus** ⟨a, um⟩ *Adj, Adv* ⟨idōneē⟩
1. passend, geeignet, geschickt, tauglich, fähig, *abs od alicui rei / ad aliquid* zu etw, + *Inf / qui* + *Konjkt*; ***dux i.*** fähiger Feldherr; ***auctor i.*** zuverlässiger Gewährsmann; ***ventus i.*** günstiger Wind; ***locus castris i.*** für das Lager geeigneter Platz
2. für *etw* empfänglich, *einer Sache* würdig, *re*, + *Inf / qui* + *Konjkt*
3. straffällig; ***digni et idonei*** Strafwürdige und Straffällige
īdos *indekl n* ||griech. Fw.|| Sen. Aussehen, Gestalt; Bild
▶ **Īdūs** ⟨uum⟩ *f* die Iden, *Datum der Monatsmitte*; *in den Monaten März, Mai, Juli u. Oktober am 15., in den übrigen Monaten am 13. Tag*
īdyllium ⟨ī⟩ *n* ||griech. Fw.|| kleines Gedicht, *oft bukolischen Charakters*, Idylle
iēcī → ***iacio***
iecur ⟨iecoris⟩ *n* Leber, *bes wichtiges Organ für die Eingeweideschau, nach antiker Auffassung Sitz der Affekte u. der sinnlichen Liebe*
iecusculum ⟨ī⟩ *n* ||*Dim von* iecur|| kleine Leber
iēientāculum ⟨ī⟩ *n* = ***ientaculum***
iēiūnicōsus ⟨a, um⟩ *Adj* ||ieiunium|| Plaut. ganz nüchtern, hungrig
iēiūnitās ⟨ātis⟩ *f* ||ieiunus||
1. *(vkl., nachkl.)* Nüchternheit
2. *fig* Trockenheit *in der Rede*; Mangel an Kenntnissen
iēiūnium ⟨ī⟩ *n* ||ieiunus||
1. das Fasten, Fastenzeit; ***ieiunium ponere*** das Fasten beenden; ***ieiunium solvere*** das Fasten unterbrechen
2. *meton* Hunger
3. *meton* Magerkeit, Unterernährung, *bes bei Tieren*
iēiūnus ⟨a, um⟩ *Adj, Adv* ⟨iēiūnē⟩
1. nüchtern, mit leerem Magen, hungrig, durstig; ***homo i.*** nüchterner Mensch; ***stomachus i.*** leerer Magen
2. *fig vom Feld* mager, dürr, trocken
3. nach *etw* hungrig, nach *etw* verlangend, *etw* nicht habend, *alicuius rei*; ***aures huius orationis ieiunae*** durch diese Rede unbefriedigte Ohren
4. *fig von der Rede u. vom Redner* trocken, fad
ientāculum ⟨ī⟩ *n* ||iento|| (erstes) Frühstück, Morgenimbiss
ientō ⟨āvī, ātum, āre 1.⟩ frühstücken, den Morgenimbiss einnehmen

▶ **igitur** *Konj, meist nachgestellt*
1. *schlussfolgernd* also, somit, daher, demnach
2. *bei Aufforderungen* also, so … denn
3. also, wie gesagt *zur Wiederaufnahme eines durch eine Zwischenbemerkung unterbrochenen Gedankens*
4. *zusammenfassend* also, kurz, mit einem Wort
▶ **ī-gnārus** ⟨a, um⟩ *Adj* ||in-², gnarus||
1. unkundig, unwissend, unerfahren, *abs od alicuius rei / de re* in einer Sache, bezüglich einer Sache, + *AcI* / + *indir Frgs*; *abs* ohne etw zu wissen, ahnungslos; ***legum i.*** ohne Kenntnis der Gesetze; ***i. orationis faciendae*** unerfahren darin, eine Rede zu halten; ***i. ante malorum*** nicht an die Übel denkend; ***omnibus ignaris*** ohne dass j-d etw ahnte; ***fors ignara*** blinder Zufall
2. *(nachkl.)* unbekannt, fremd; ***regio hostibus ignara*** den Feinden unbekannte Gegend
▶ **īgnāvia** ⟨ae⟩ *f* ||ignavus|| Trägheit, Lässigkeit, Mangel an Energie; Feigheit; ***i. est contraria fortitudini*** Feigheit ist das Gegenteil von Tapferkeit
▶ **ī-gnāvus**
I ⟨a, um⟩ *Adj, Adv* ⟨īgnāvē⟩ *u.* ⟨īgnāviter⟩
1. träge, untätig, schlaff, lässig, matt, untüchtig, ohne Energie, *ad aliquid / alicuius rei* zu etw; ***homo i.*** träger Mensch; ***gravitas ignava*** unbewegliche Last; ***nemus ignavum*** unfruchtbarer Hain; ***palatum ignavum*** sprachloser Gaumen; ***letum ignavum*** ruhmloser Tod
2. feige, mutlos; ***animus i.*** feige Gesinnung
II ⟨ī⟩ *m* Feigling
ignēscō ⟨-, -, ēscere 3.⟩ ||*Inkoh zu* ignis|| sich entzünden, in Brand geraten; *poet von Leidenschaften* entbrennen; ***ira ignescit*** der Zorn entbrennt
igneus ⟨a, um⟩ *Adj* ||ignis||
1. feurig, brennend, flammend; ***sidera ignea*** glühende Sterne; ***Chimaera ignea*** Feuer schnaubende Chimaera; ***aestas ignea*** sengende Hitze
2. *(nachkl.) fig, poet* feuerfarbig, glänzend
3. *fig* hitzig, glühend
4. *fig* blitzschnell
igniculus ⟨ī⟩ *m* ||*Dim von* ignis||
1. *(nachkl.)* Flämmchen, Feuerchen, Funke
2. *Pl fig* erste Anfänge, Keime
3. *fig* Heftigkeit; ***i. desiderii*** heiße Sehnsucht
igni-fer ⟨fera, ferum⟩ *Adj* ||ignis, fero|| *poet* Feuer tragend, feurig
igni-gena ⟨ae⟩ *m* ||ignis, gigno|| feuergeboren; ***Bacchus i.*** Ov. der feuergeborene Bacchus
igni-pēs *Gen* ⟨pedis⟩ *Adj* ||ignis|| *poet* feuerfüßig, schnell
igni-potēns *Gen* ⟨entis⟩ *Adj* ||ignis|| das Feuer beherrschend
ignis ⟨is⟩, *Abl* ⟨igne⟩ *u.* ⟨ignī⟩ *m*
1. Feuer; ***ignem facere / accendere*** Feuer machen; ***ignem restinguere*** das Feuer löschen; ***ignem concipere / comprehendere*** Feuer fangen; ***aliquem aquā et igni interdicere*** j-m Feuer und Wasser versagen = j-n ächten
2. Wachfeuer, Herdfeuer, Opferfeuer, Feuer des Scheiterhaufens; ***ignibus significationem facere*** durch Feuer Signale geben; ***aliquem igni cremare*** j-n verbrennen
3. Brand; ***domibus ignem inferre*** Häuser in Brand

I

stecken; ***ferro ignique vastare*** mit Feuer und Schwert verwüsten
4. Feuerbrand; Fackel; *fig* Verderben; ***parvus hic i. magnum incendium exsuscitabit*** Liv. dieses kleine Feuer (= der junge Hannibal) wird einen großen Brand entfachen
5. *Pl* Brände *zur Folterung*
6. Blitz
7. Stern, Gestirn
8. ***sacer i.*** *poet* Antoniusfeuer, *Krankheit mit bösartigen Geschwüren*
9. feurige Farbe, Röte, Feuerglanz, Glut, Schein, Schimmer, Funkeln, *bes* Sternenglanz, Fackelschein
10. *poet* Glut, Hitze; ***i. solis*** Sonnenhitze
11. *fig* Feuer, Feuer der Leidenschaft, Zornesglut, Wut; Glut der Begeisterung, Liebesglut, glühende Liebe; *meton* Geliebte
12. *(mlat.)* Höllenfeuer

I

ignītus ⟨a, um⟩ *Adj* ||ignis|| feurig, glühend
▶ **ī-gnōbilis** ⟨e⟩ *Adj*, *Adv* ⟨īgnōbiliter⟩ ||in-², nobilis|| *von Personen u. Sachen* unbekannt, unbedeutend, nicht berühmt, von niederer Herkunft, gewöhnlich; ***ignobili loco natus*** von unbedeutender Herkunft
īgnōbilitās ⟨ātis⟩ *f* ||ignobilis|| Ruhmlosigkeit, niedere Herkunft, niederer gesellschaftlicher Stand
▶ **īgnōminia** ⟨ae⟩ *f* ||in-², nomen|| Schimpf, Beschimpfung, Schande, Schmach, Kränkung, *alicuius* j-s *od* für j-n, *alicuius rei* wegen einer Sache; ***aliquem ignominiā afficere*** j-m Schimpf und Schande zufügen, *bes als zensorische Maßnahme durch Aberkennung od Schmälerung der bürgerlichen Rechte*; → ***infamia***
īgnōminiōsus ⟨a, um⟩ *Adj*, *Adv* ⟨īgnōminiōsē⟩ ||ignominia||
1. schimpflich, ehrenrührig
2. *von Personen* durch öffentliche Beschimpfung getroffen, entehrt
īgnōrābilis ⟨e⟩ *Adj*, *Adv* ⟨īgnōrābiliter⟩ ||ignoro|| unbekannt
īgnōrantia ⟨ae⟩ *f* ||ignorans|| Unkenntnis, Unwissenheit *als dauernder Zustand*
īgnōrātiō ⟨ōnis⟩ *f* ||ignoro||
1. Unkenntnis, Unwissenheit
2. fehlendes Bewusstsein, Unfreiwilligkeit
īgnōrātus ⟨a, um⟩ *Adj* ||ignoro||
1. unbekannt, unerkannt, *ab aliquo* j-m, von j-m; ***ars ignorata*** Unkenntnis der Kunst
2. (Sall., Tac.) unbemerkt
3. unbewusst, unfreiwillig
4. unverschuldet
▶ **īgnōrō** ⟨āvī, ātum, āre 1.⟩ ||*Denom von* ignarus||
1. unkundig sein, unwissend sein, nicht kennen, nicht wissen, *abs od aliquem / aliquid* j-n / etw, *de aliquo* über j-n, *+ AcI / + indir Fragesatz*; *Passiv* unbekannt bleiben, unbemerkt bleiben; ***Lucullum i.*** den Charakter des Lucullus nicht kennen
2. ***non i.*** sehr wohl wissen
3. nicht kennen wollen, verleugnen, ignorieren
īgnōscēns *Gen* ⟨entis⟩ *Adj* ||ignosco|| Ter. versöhnlich, verzeihend
▶ **ī-gnōscō** ⟨gnōvī, gnōtum, gnōscere 3.⟩ *j-m* verzeihen, mit *j-m* Nachsicht haben, *auch j-n* begnadigen, *j-n* für schuldlos erklären, *alicui*; ***alicui omnia i.*** j-m alles verzeihen; ***ignosco, quod non fecisti*** ich verzeihe, dass du nicht gehandelt hast; ***i. non possum, si quis stulte facit*** ich kann nicht verzeihen, wenn j-d töricht handelt; ***ignoscendus*** verzeihlich
ī-gnōtus[1] ⟨a, um⟩ *PPP* → ***ignosco***
▶ **ī-gnōtus**[2]
I ⟨a, um⟩ *Adj* ||in-², notus||
1. *von Personen u. Sachen* unbekannt, fremd; ***i. in populo*** beim Volk unbekannt
2. unbemerkt, ungewohnt, unerhört
3. *selten* von niederer Herkunft, ohne bekannte Ahnen
4. unkundig
II ⟨ī⟩ *m*
1. Fremder, Unbekannter; ***noti ignotique*** Bekannte und Unbekannte
2. Mensch von niederer Herkunft, Mensch ohne bekannte Ahnen
3. Unkundiger, Unwissender; ***ignotis aliquid notum facere*** den Unwissenden etw bekannt machen
ī-gnōvī → ***ignosco***
Iguvīnātes ⟨ium⟩ *m u.* **Iguvīnī** ⟨ōrum⟩ *m* die Einwohner von Iguvium
Iguvīnus ⟨a, um⟩ *Adj* aus Iguvium, zu Iguvium gehörig
Iguvium ⟨ī⟩ *n alte Stadt in Umbrien, heute Gubbio*
iī → ***eo²***
īle ⟨is⟩ *n* Schambereich, Genitalbereich
Ilerda ⟨ae⟩ *f Stadt in Hispania Tarraconensis, Hauptstadt der Ilergetes; heute Lerida*
Ilergaonēs ⟨um⟩ *m u.* **Ilergavonēnsēs** ⟨ium⟩ *m Volk in Hispania Tarraconensis*
Ilergētes ⟨um⟩ *m Volk in Hispania Tarraconensis*
īleum ⟨ī⟩ *n* = ***ile***
īlex ⟨icis⟩ *f* Steineiche, Eiche; *meton* Eichel
īlia ⟨ium⟩ *n* Catul. Unterleib; Eingeweide, Magen; Schambereich; ***ilia ducere*** schwer atmen, tief atmen, keuchen
Īlia ⟨ae⟩ *f* ||Ilium|| Troerin, Trojanerin, *bes* Rhea Silvia, *die Stammmutter Roms*
Īliacus ⟨a, um⟩ *Adj* ||Ilium|| troisch, trojanisch
Īliadēs[1] ⟨ae⟩ *m* ||Ilium|| Troer, = Ganymedes
Īliadēs[2] ⟨ae⟩ *m* ||Ilia|| Sohn der Ilia, = Romulus, Remus
Īlias
I *Gen* ⟨adis⟩ *Adj f* ||Ilium|| troisch, trojanisch
II ⟨adis⟩ *f*
1. Troerin, Trojanerin
2. die Ilias *des Homer, das Epos vom Trojanischen Krieg*
īlicet *Adv* ||ire licet||
1. Com. lasst uns gehen!, es ist vorbei, es ist aus, es ist zu spät, weg damit
2. *poet* sogleich, sofort, auf der Stelle
īlicētum ⟨ī⟩ *n* ||ilex|| Mart. Eichenwald
▶ **īlicō** *Adv* ||in¹, locus||
1. Com. *örtl.* an dem Ort, an der Stelle, dort
2. *zeitl.* auf der Stelle, sofort, sogleich
Īliēnsēs[1] ⟨ium⟩ *m Volk auf Sardinien*
Īliēnsēs[2] ⟨ium⟩ *m* ||Ilium|| die Troer, die Trojaner
īlignus ⟨a, um⟩ *Adj* ||ilex|| (Com., Hor.) von der Steineiche, Eichen…
Īliī ⟨ōrum⟩ *m* ||Ilium|| die Troer, die Trojaner

Īlion ⟨ī⟩ *n* = ***Ilium***
Īliona ⟨ae⟩ *f*
1. = ***Ilione***
2. = ***Hecuba***
Īlionē ⟨ēs⟩ *f älteste Tochter des Priamus, Titel eines Dramas des Pacuvius*
Īlios ⟨ī⟩ *f* = ***Ilium***
Īlīthȳia ⟨ae⟩ *f griech. Göttin der Geburtshilfe, Tochter des Zeus u. der Hera*
Iliturgī ⟨ōrum⟩ *m Stadt in Hispania Baetica, heute Andújar*
Iliturgitānī ⟨ōrum⟩ *m* die Einwohner von Iliturgi
īlium ⟨ī⟩ *n* = ***ile***
Īlium ⟨ī⟩ *n poet Name des homerischen Troja, gegründet von Tros u. seinem Sohn Ilos*
Īlius ⟨a, um⟩ *Adj* ilisch, troisch, trojanisch
illā *Adv* → ***ille***
il-labefactus ⟨a, um⟩ *Adj* ||in²-, *PPP von* labefacio|| *poet* unerschüttert, unerschütterlich
il-lābor ⟨lāpsus sum, lābī 3.⟩
1. hineingleiten, hineinschlüpfen, hineinsinken, sich einschleichen, *abs od in aliquid / ad aliquid* in etw, bei etw, *auch alicui rei* in etw; ***in hominum animos i.*** sich in die Herzen der Menschen einschleichen; ***i. urbi*** sich in die Stadt schleichen
2. einstürzen
il-labōrātus ⟨a, um⟩ *Adj* ||in-², *PPP von* laboro|| (*nachkl.*)
1. unbearbeitet
2. ungezwungen, mühelos
il-labōrō ⟨-, -, āre 1.⟩ Tac. sich abmühen, *re* bei etw, ***domibus*** beim Bau der Häuser
illāc *Adv* ||illic||
1. auf jener Seite, dort
2. dorthin; ***illac facere*** Cic. zu jener Partei gehören
il-lacessītus ⟨a, um⟩ *Adj* Tac. ungereizt, unangefochten
il-lacrimābilis ⟨e⟩ *Adj*
1. unbeweint
2. ohne Tränen, unerbittlich, ungerührt
il-lacrimō ⟨āvī, ātum, āre 1.⟩ *u.* **il-lacrimor** ⟨ātus sum, ārī 1.⟩
1. über *etw* weinen, *etw* beweinen, *abs od aliquid / alicui rei*; ***i. alicuius mortem / morti*** über j-s Tod weinen
2. Hor. dazu weinen
il-laesus ⟨a, um⟩ *Adj* ||in-², *PPP von* laedo|| (*nachkl.*) *poet* unverletzt, unangefochten
il-laetābilis ⟨e⟩ *Adj poet* unerfreulich, traurig
il-laqueō ⟨āvī, ātum, āre 1.⟩ ||in¹, laqueus||
1. verstricken, umgarnen, *aliquem re* j-n mit etw
2. zum Treuebruch verführen
il-lātus ⟨a, um⟩ *PPP* → ***infero***
il-laudātus ⟨a, um⟩ *Adj* (*unkl.*) *poet* ungelobt, ruhmlos; fluchwürdig
il-lautus ⟨a, um⟩ *Adj* = ***illutus***
ille ⟨illa, illud⟩ *dem Pr, subst u. adj*
1. *örtl.* jener; ***ille locus*** jener Ort
2. *örtl.* dort befindlich, dort gelegen, entlegen, abwesend; dort, da; ***illa ripa*** das jenseitige Ufer; ***ille exercitus*** das feindliche Heer
3. *zeitl.* damalig, vergangen, früher; ***illi consules*** die damaligen Konsuln; ***ex illo*** seitdem; ***qua illa scelera vidistis?*** was habt ihr damals für Verbrechen gesehen?
4. *zurückverweisend* früher erwähnt, schon erwähnt; ***ille alter filius*** der bereits erwähnte zweite Sohn
5. *statt eines Gen* ***illa fama*** die Kunde davon; ***ille dolor*** der Schmerz darüber
6. *hervorhebend* jener bekannte, jener berühmte; *pej* jener berüchtigte; ***magnus ille Alexander*** jener berühmte Alexander; ***hic ille est*** das ist der bekannte; ***illud Socratis*** jener berühmte Ausspruch des Sokrates; ***illud Homeri*** jenes bekannte Werk des Homer
7. ***hic … ille*** dieser … jener, der Erstere … der Letztere, der eine … der andere; ***ille et ille*** der oder der
8. folgender; ***hoc quidem durum et acerbum est, illud vero ferri non potest*** das ist zwar hart und bitter, das Folgende aber ist unerträglich
9. *zur Verstärkung des Subj. in Verbindung mit quidem* freilich, allerdings; ***severitas habet illa quidem gravitate, sed …*** die Strenge hat freilich ihre Bedeutung, aber …
10. ***illā*** *Adv* (*erg.* ***viā / parte***) (*unkl.*) dort, auf jener Seite, *auch* dorthin
11. ***illō*** *Adv* dorthin; *fig* dahin, zu jener Sache
12. ***illud*** so viel, nur so viel; ***illud constat*** so viel steht fest
illecebra ⟨ae⟩ *f* ||illicio||
1. Verlockung, Verführung, Anreiz, Reiz, *alicuius* j-s, *alicuius rei* von etw, zu etw
2. *meton* Gabe der Verführung; Plaut. Lockvogel
illecebrōsus ⟨a, um⟩ *Adj, Adv* ⟨illecebrōsē⟩ ||illecebra|| (*vkl., nachkl.*) verführerisch
illectus¹ ⟨a, um⟩ *Adj* ||illicio|| angelockt
illectus² ⟨ūs⟩ *m* ||illicio|| Plaut. Lockung
il-lectus³ ⟨a, um⟩ *PPP* → ***illicio***
il-lēctus⁴ ⟨a, um⟩ *Adj* ||in-², *PPP von* lego²|| ungelesen
il-lepidus ⟨a, um⟩ *Adj, Adv* ⟨illepidē⟩ (*unkl.*) unfein, abgeschmackt, witzlos
il-lēvī → ***illino***
illex ⟨icis⟩ *m u. f* ||illicio|| (*vkl., nachkl.*) Verführer, Verführerin, Lockvogel
il-lēxī → ***illicio***
illī *Adv* ||ille|| Com. dort; *fig* dabei, in jener Sache
il-lībātus ⟨a, um⟩ *Adj* ||in-², *PPP von* libo|| unvermindert, ungeschwächt, ungeschmälert, unverletzt
il-līberālis ⟨e⟩ *Adj, Adv* ⟨illīberāliter⟩
1. eines freien Mannes unwürdig, unanständig; ***homo i.*** gemeiner Mensch; ***iocandi genus illiberale*** unanständige Art zu scherzen
2. unhöflich, ungefällig, *in aliquem* gegen j-n
3. Liv. knauserig
illīberālitās ⟨ātis⟩ *f* ||illiberalis||
1. unedles Benehmen, ungezogenes Benehmen
2. mangelnde Gefälligkeit
3. (*vkl., nachkl.*) Knauserei
▶ **illīc¹** ⟨illaec, illūc⟩ *dem Pr* ||ille, ce|| jener da; ***illīcne?*** jener da?
illīc² *Adv* ||illic¹||
1. an jenem Ort, dort, da; *fig* in jener Welt, im Jenseits
2. (*nachkl.*) *poet* auf jener Seite, bei jenem Menschen
3. (*vkl., nachkl.*) in jener Sache, bei jener Gelegen-

heit
il-liciō ⟨lēxī, lectum, licere 3.⟩ anlocken, herbeilocken; *pej* verlocken, verführen, *aliquem re* j-n mit etw, *aliquem ad aliquid / in aliquid* j-n zu etw, *ut* dass, + *Konjkt* / + *Inf*
illicita ⟨ōrum⟩ *n* ||illicitus|| Unerlaubtes
il-licitātor ⟨ōris⟩ *m* Scheinbieter, Scheinkäufer, *der nur zum Schein bietet um den Preis hochzutreiben*
il-licitus ⟨a, um⟩ *Adj, Adv* ⟨illicitē⟩ (*nachkl.*) unerlaubt, unzulässig
illicō *Adv* = ***ilico***
il-līdō ⟨līsī, līsum, līdere 3.⟩ ||in[1], laedo||
1. (*vkl.*) *poet* hineinschlagen, hineinstoßen, *alicui rei / in aliquid* in etw; ***navis in proximum vadum illiditur*** das Schiff wird in die nächste Untiefe getrieben
2. (*nachkl.*) *poet* anschlagen, anstoßen, *aliquid alicui rei / ad rem* etw an etw; ***caput foribus i.*** den Kopf an die Tür schlagen; ***saxibus illidi*** auf Felsen geraten
3. zerschlagen, zerschmettern; ***serpentem i.*** eine Schlange zerschmettern
il-ligō ⟨āvī, ātum, āre 1.⟩
1. anbinden, anknüpfen, festbinden, befestigen; ***manūs post tergum i.*** die Hände hinter dem Rücken festbinden; ***iuga tauris i.*** den Stieren die Joche auflegen; ***aratra iuvencis i.*** junge Stiere vor die Pflüge spannen; ***sententiam verbis i.*** *fig* seine Meinung in Worte fassen
2. *fig* an *etw* binden, fesseln, ketten; verpflichten; ***se foedere cum Romanis i.*** sich den Römern vertraglich verpflichten
3. *fig* verwickeln, verstricken, umgarnen, an der freien Bewegung hindern, hemmen; ***illigatus praedā*** Tac. beladen mit Beute; ***illigari angustis disputationibus*** in kleinlichen Untersuchungen befangen sein
illim *Adv* ||ille||
1. *örtl.* von da, von dort
2. Sall. *zeitl.* von da an
il-līmis ⟨e⟩ *Adj* ||limus[1]|| schlammfrei; ***fons i.*** reine Quelle
illinc *Adv* ||ille||
1. *örtl.* von jener Seite her, von dort; auf jener Seite, dort; ***illinc … hinc*** dort … hier
2. *zeitl.* seit jener Zeit, seit damals
3. ***illinc facere*** *fig* zu jener Partei gehören
il-linō ⟨lēvī, litum, linere 3.⟩
1. (*nachkl.*) *poet* aufstreichen, streichend auftragen, auf *etw* streichen, *aliquid alicui rei* etw auf etw; ***collyria oculis i.*** Augensalbe auf die Augen streichen; ***aliquid chartis i.*** etw auf das Papier schmieren; ***nives agris i.*** die Felder mit Schnee bedecken
2. bestreichen, überziehen, *aliquid re* etw mit etw; ***pocula ceris i.*** Becher mit Wachs überziehen
il-liquēfactus ⟨a, um⟩ *Adj* flüssig gemacht, geschmolzen, in Fluss gebracht
il-līsī → ***illido***
il-līsus ⟨a, um⟩ *PPP* → ***illido***
il-litterātus
I ⟨a, um⟩ *Adj* ungelehrt, ohne wissenschaftliche Bildung, ohne Sprach- und Literaturkenntnisse; unwissenschaftlich
II ⟨i⟩ *m* (*mlat.*) Laie
illō → ***ille***
illōc *Adv* = ***illuc²***
il-locābilis ⟨e⟩ *Adj* ||in-[2], loco|| Plaut. nicht an den Mann zu bringen, nicht zu verheiraten
il-lōtus ⟨a, um⟩ *Adj* = ***illutus***
illūc¹ → ***illic¹***
illūc² *Adv* ||illic[1]||
1. *örtl.* dorthin, dahin, an jenen Ort, in jene Gegend; ***huc (et) illuc / illuc et illuc*** hierhin und dorthin, nach allen Seiten
2. in jene Welt, ins Jenseits
3. (*vkl., nachkl.*) *zeitl.* bis dahin
4. *fig* dahin, dorthin; zu jenem, zu jenen; zu jenem Punkt, zu jener Sache; ***illuc facere*** zu jener Partei halten; ***illuc redeamus*** kommen wir zu jenem Thema zurück
il-lūceō ⟨-, -, ēre 2.⟩ (*vkl., spätl.*) auf *etw* leuchten, *alicui rei*
il-lūcēscō ⟨lūxī, -, lūcēscere 3.⟩
I *v/i*
1. zu leuchten beginnen; ***dies illucescit*** der Tag bricht an; ***illucescit*** es wird Tag, es wird hell
2. *fig* hervorleuchten, wie ein Licht leuchten, sich zeigen; ***vox consulis populo Romano in tenebris illuxit*** die Stimme des Konsuls leuchtete dem römischen Volk in der trüben Lage
II *v/t* bescheinen, *aliquem* jdn
▶ **il-lūdō** ⟨lūsī, lūsum, lūdere 3.⟩
1. umspielen, *alicui rei* etw; ***palla talis illudit*** das Gewand umspielt die Fußknöchel
2. spielend hinschreiben; ***chartis i.*** Hor. spielend zu Papier bringen
3. *fig* mit *j-m / etw* spielen, sein Spiel mit *j-m / etw* treiben, *j-n* verspotten, *j-n* verhöhnen, *alicui / aliquem / in aliquem / alicui rei / aliquid*; *abs* spotten; *Passiv* verspottet werden; ***alicuius dignitati i.*** j-s Würde verspotten
4. *fig* täuschen, betrügen, *aliquem / alicui*; *abs* sein täuschendes Spiel treiben
5. *fig j-m* übel mitspielen, sich an *j-m* vergreifen, *etw* mutwillig beschädigen, *alicui / alicui rei u. aliquem / aliquid*; ***pecuniae i.*** Geld durchbringen; ***corpus alicuius i.*** j-n vergewaltigen
illūmināte *Adv* ||illuminatus, *PPP von* illumino|| klar, erleuchtet
il-lūminō ⟨āvī, ātum, āre 1.⟩ ||lumen|| erleuchten, erhellen; *fig* schmücken, verherrlichen; (*nachkl.*) *poet* ins rechte Licht setzen, aufklären; ***orationem sententiis i.*** eine Rede mit Zitaten schmücken
il-lūnis ⟨e⟩ *Adj* ||in-[2], luna|| (*nachkl.*) ohne Mondschein; ***nox i.*** mondlose Nacht
Illuricus ⟨a, um⟩ *Adj* = ***Illyricus***; → ***Illyria***
Illuriī ⟨ōrum⟩ *m* = ***Illyrii***, → ***Illyria***
il-lūsī → ***illudo***
illūsiō ⟨ōnis⟩ *f* ||illudo|| RHET Spott, Ironie *als Figur*
illūstrāmenta ⟨ōrum⟩ *n* ||illustro|| Quint. Verschönerungsmittel
illūstrātiō ⟨ōnis⟩ *f* ||illustro|| RHET Anschaulichkeit, anschauliche Darstellung
▶ **illūstris** ⟨e⟩ *Adj, Adv nur Komp* ⟨illūstrius⟩
1. erleuchtet, hell, licht, strahlend
2. *fig für den Verstand* einleuchtend, deutlich, klar, anschaulich, offenbar; ***illustrius dicere de re*** über etw deutlicher sprechen

3. *fig* glänzend, hervorstechend, auffallend
4. *fig* berühmt, allgemein bekannt, ausgezeichnet, hervorragend; *pej* berüchtigt; ***de viris illustribus*** Über berühmte Männer, *Titel eines Werkes von Nepos*
5. *fig* vornehm, angesehen, aus edlem Geschlecht
▸ **il-lūstrō** ⟨āvī, ātum, āre 1.⟩
1. erleuchten, erhellen, beleuchten; ***candelabri templum fulgore i.*** den Tempel mit dem Schein des Leuchters erhellen
2. *fig* ans Licht bringen, aufdecken, offenbaren; *Passiv* ans Licht kommen
3. *fig* anschaulich machen, erklären; ***philosophiam Latinis litteris i.*** die Philosophie in lateinischen Schriften erläutern
4. *fig* Glanz verleihen, verherrlichen, feiern; *Passiv* gefeiert werden, zu hohem Ruhm gelangen
il-lūsus ⟨a, um⟩ *PPP* → ***illudo***
illūti(bi)lis ⟨e⟩ *Adj* ||in-², -luo¹|| Plaut. durch Waschen nicht zu beseitigen
il-lūtus ⟨a, um⟩ *Adj* ||in-², -luo¹||
1. (*vkl., nachkl.*) ungewaschen, unrein, schmutzig; *fig* unanständig
2. Verg. nicht abgewaschen; ***sudor i.*** nicht abgewaschener Schweiß
il-luviēs ⟨ēī⟩ *f* ||in-², lavo|| (*unkl.*)
1. Schmutz *an Mensch u. Tier*
2. Überschwemmung; *meton* überströmendes Wasser; Morast, aufgeweichter Boden
Illyria ⟨ae⟩ *f u.* **Illyricum** ⟨ī⟩ *n* Illyrien, *9 n Chr. von den Römern unterworfen u. in die Provinzen Dalmatia u. Pannonia aufgeteilt*
Illyricus ⟨a, um⟩ *Adj* illyrisch
Illyriī ⟨ōrum⟩ *m indogerm. Volk, zu dem Griechen u. Römer nur die Bewohner ö. der Adria rechneten*
Illyris ⟨idis⟩ *f* Illyrien
Illyris *Gen* ⟨idis⟩ *Adj f u.* **Illyrius** ⟨a, um⟩ *Adj* illyrisch
Īlōtae ⟨ārum⟩ *m* = ***Hilotae***
Īlus ⟨ī⟩ *m*
1. *Sohn des Tros, Vater des Laomedon, König von Troja*
2. = ***Iulus***
Ilva ⟨ae⟩ *f Insel an der Küste vor Etrurien, heute Elba*
imāginārius ⟨a, um⟩ *Adj* ||imaginor|| (*nachkl.*)
1. zum Bild gehörig, Bilder…; ***pictor i.*** Porträtmaler
2. scheinbar, Schein…
imāginātiō ⟨ōnis⟩ *f* ||imaginor|| (*nachkl.*) Einbildung, Vorstellung, Phantom, Traum
imāginor ⟨ātus sum, ārī 1.⟩ ||*Denom von* imago|| (*nachkl.*) sich einbilden, sich vorstellen, träumen
imāginōsus ⟨a, um⟩ *Adj* ||imago|| Catul. voller Einbildung, voller Fantasie
imāgō ⟨inis⟩ *f*
1. Bild, Bildnis, Abbildung *als Plastik u. Gemälde*, Statue, Büste, Porträt; *meton* Kopie, Faksimile; ***i. ficta*** Büste; ***i. picta*** Porträt; ***i. avi*** Porträt des Großvaters
2. Ahnenbild, Wachsmaske *der Vorfahren*; ***ius imaginum*** Gesetz über die Ahnenbilder, *Gesetz, das bestimmte, welche Ahnenbilder im Atrium aufgestellt werden durften*
3. Ebenbild, Abbild
4. Schatten, Schattenbild; ***imagines mortuorum*** die Schatten der Toten
5. Traumbild; Trugbild, Phantom
6. *mit u. ohne* ***voce*** Echo
7. Vorspiegelung, Vorwand; ***aliquem imagine pacis decipere*** j-n durch die Vorspiegelung des Friedens täuschen
8. Erscheinung, Anblick, ***insepultorum*** der Unbestatteten
9. RHET Gleichnis, Vergleich, bildliche Darstellung, Parabel; ***hac ego compellor imagine*** Hor. mit diesem Gleichnis werde ich angemahnt
10. PHIL Vorstellung, vorgestelltes Bild; Begriff
11. Gedanke, *alicuius / alicuius rei* an j-n / an etw; ***i. poenae*** Gedanke an die Strafe; ***tua i.*** der Gedanke an dich
imāguncula ⟨ae⟩ *f* ||*Dim von* imago|| Bildchen
imbēcillis ⟨e⟩ *Adj* = ***imbecillus***
imbēcillitās ⟨ātis⟩ *f* ||imbecillus||
1. Schwäche *im physischen Sinn, aber auch von Sachen*, ***corporis*** des Körpers, ***materiae*** des Bauholzes
2. Kränklichkeit, Krankheit
3. *fig* Haltlosigkeit, Mangel an Energie, Antriebsschwäche; *meton* Gefühl der Schwäche
▸ **im-bēcillus** ⟨a, um⟩ *Adj, Adv nur im Komp* ***imbēcillius***
1. schwach, schwächlich, kraftlos, gebrechlich; ***senex i.*** schwacher Greis; ***aetas imbecilla*** kraftloses Zeitalter; ***medicina imbecilla*** unwirksame Medizin
2. kränklich
3. *fig* geistig haltlos, charakterlich haltlos, ohnmächtig, unselbstständig, schwankend; ***imbecillius assentiri*** auf weniger entschiedene Weise zustimmen
▸ **im-bellis** ⟨e⟩ *Adj* ||bellum||
1. unkriegerisch, dem Krieg abgeneigt, zum Krieg untauglich; ***telum imbelle*** kraftloses Geschoss
2. feige; ***res imbelles*** feiges Benehmen
3. friedlich, ruhig, still; wehrlos
▸ **imber** ⟨imbris⟩ *m*
1. Regenguss, Platzregen, Regen; ***i. lapidum*** Steinregen; ***i. tortus*** Hagel; *Pl* Regentropfen, Regenströme
2. *poet* Unwetter, Gewitter
3. (*nachkl.*) *meton* Regenwasser *zur Bewässerung*, *allg.* Wasser
im-berbis ⟨e⟩ *Adj u.* **imberbus** ⟨a, um⟩ *Adj* ||in-², barba|| bartlos
im-bibō ⟨bibī, -, bibere 3.⟩ (*nachkl.*) in sich hineintrinken; *fig* sich aneignen, fassen; sich *etw* vornehmen; ***i. animo malam opinionem de aliquo*** von j-m eine schlechte Meinung bekommen
im-bītō ⟨-, -, ere 3.⟩ Plaut. hineingehen
imbrex ⟨icis⟩ *f u. m* ||imber|| (*unkl.*)
1. Hohlziegel *zur Ableitung von Wasser*; *meton* Dach aus Hohlziegeln
2. *fig* Beifallklatschen *mit hohlen Händen*
3. Rippenstück; ***i. porci*** Schweinerippchen
imbricus ⟨a, um⟩ *Adj u.* **imbri-fer** ⟨fera, ferum⟩ *Adj* ||imber, fero|| Regen bringend, regnerisch
im-buō ⟨uī, ūtum, uere 3.⟩
1. benetzen, befeuchten, tränken, eintauchen, *ali-*

quid re etw mit etw, etw in etw
2. erfüllen, *re* mit etw, ***pectora pietate*** die Herzen mit Frömmigkeit
3. *pej* beflecken, besudeln, vergiften; ***gladium scelere i.*** das Schwert durch ein Verbrechen beflecken
4. an *etw* gewöhnen, mit *etw* vertraut machen, *re*; heranbilden, *ad aliquid* zu etw, + *Inf*; *Passiv u.* ***se i.*** sich gewöhnen
5. einweihen = beginnen, zuerst kennen lernen; ***terras vomere i.*** das Land zum ersten Mal pflügen; ***exemplum i.*** das erste Beispiel geben

imitābilis ⟨e⟩ *Adj* ||imitor|| leicht nachzuahmen; ***non i.*** unnachahmlich

imitāmen ⟨inis⟩ *n u.* **imitāmentum** ⟨ī⟩ *n* = ***imitatio***

imitātiō ⟨ōnis⟩ *f* ||imitor||
1. *abstr.* Nachahmung; *pej* Nachäffung, *alicuius / alicuius rei* von j-m / von etw
2. (*nachkl.*) *abstr.* Nachahmungstrieb
3. (*nachkl.*) *konkr.* Nachahmung, Kopie, *auch* Übersetzung

I

imitātor ⟨ōris⟩ *m* ||imitor|| Nachahmer; *pej* Nachäffer

imitātrīx ⟨īcis⟩ *f* ||imitator|| Nachahmerin

▶ **imitor** ⟨ātus sum, ārī 1.⟩ *PPerf auch p*
1. nachahmen; *pej* nachäffen, *aliquem in re* j-n in etw
2. nachahmend darstellen, nachbilden; ***alicuius chirographum i.*** j-s Handschrift nachahmen
3. *von Leblosem* gleichkommen, ähnlich sein, *aliquid* einer Sache; ***umor potest i. sudorem*** Feuchtigkeit kann dem Schweiß ähnlich sein; ***imitans / imitatus*** ähnlich; ***imitans / imitatus metas*** kegelförmig; ***imitans lunam*** mondförmig
4. *poet* ersetzen, *aliquid re* etw durch etw, ***ferrum sudibus*** das Schwert durch Knüttel; ***pocula vitea acidis sorbis i.*** Wein durch bittere Vogelbeeren ersetzen
5. übersetzen
6. im Geist Vorhandenes darstellen; ***gaudium i.*** Freude zeigen; ***aliquid penicillo i.*** etw mit dem Pinsel darstellen

im-maculātus ⟨a, um⟩ *Adj* ||in-², *PPP von* maculo|| unbefleckt

im-madēscō ⟨maduī, -, madēscō 3.⟩ nass werden, feucht werden

▶ **im-mānis** ⟨e⟩ *Adj*, *Adv* ⟨immāne⟩ *u.* ⟨immāniter⟩ ||manes||
1. übermäßig groß, ungeheuer, riesig, gewaltig; ***corpus immane*** Riesenleib; ***belua i.*** ungeheures Tier; ***praeda i.*** ungeheuer große Beute; ***immane quantum discrepare*** ungeheuer weit abweichen
2. *von Menschen* unmenschlich, grausam, teuflisch; *von Tieren* wild; *von Sachen* entsetzlich, furchtbar

immānitās ⟨ātis⟩ *f* ||immanis||
1. (*nachkl.*) ungeheure Größe
2. *von Wesen u. Charakter* Unmenschlichkeit, Entsetzlichkeit, Wildheit, Rohheit; ***i. verborum*** ungeheuerliche Neuerung im Sprachgebrauch
3. *meton* Scheusal, Unmensch; ***in hac immanitate versari*** unter solchen Unmenschen leben

im-mānsuētus ⟨a, um⟩ *Adj* ungezähmt, unbändig, roh, wild; ***gens immansueta*** wildes Volk; ***ventus i.*** stürmischer Wind

immātūritās ⟨ātis⟩ *f* ||immaturus||
1. (*nachkl.*) Unreife
2. *fig* Voreiligkeit

im-mātūrus ⟨a, um⟩ *Adj*
1. (*nachkl.*) unreif; noch nicht erwachsen; ***uva immatura*** unreife Traube; ***puella immatura*** noch nicht erwachsenes Mädchen
2. *fig* vorzeitig, zu früh erfolgt; ***mors immatura*** zu früher Tod

im-mediātus ⟨a, um⟩ *Adj* ||in-², medius|| unvermittelt; (*mlat.*) unmittelbar

im-medicābilis ⟨e⟩ *Adj poet* unheilbar; ***telum immedicabile*** Geschoss, das eine unheilbare Wunde verursacht

im-mēiō ⟨-, -, ere 3.⟩ hineinurinieren; ***vulvae i.*** Pers. *fig* Geschlechtsverkehr haben

im-memor *Gen* ⟨oris⟩ *Adj*
1. vergesslich; ***ingenium i.*** Vergesslichkeit
2. undankbar; gefühllos, pflichtvergessen
3. *etw* nicht bedenkend, um *etw* unbekümmert, ohne Rücksicht auf *etw*, *alicuius rei*; ***i. dignitatis suae*** ohne Rücksicht auf seine Würde

im-memorābilis ⟨e⟩ *Adj*
1. Plaut. nicht erwähnenswert
2. Lucr. unermesslich
3. Plaut. schweigsam

im-memorātus ⟨a, um⟩ *Adj poet* unerwähnt, neu, unbekannt

im-mēnsitās ⟨ātis⟩ *f* ||immensus|| Unermesslichkeit, unermessliche Größe

immēnsum ⟨ī⟩ *n* ||immensus|| das Unermessliche, unermesslicher Raum; ***in / ad i.*** ins Unendliche, ungeheuer

▶ **im-mēnsus** ⟨a, um⟩ *Adj* ||in-², *PPerf von* metior|| unermesslich, ungeheuer, unendlich

im-merēns *Gen* ⟨entis⟩ *Adj* (*unkl.*) nicht verdienend, unschuldig

im-mergō ⟨mersī, mersum, mergere 3.⟩
1. eintauchen, untertauchen, versenken, *aliquem / aliquid in aliquid / alicui rei / re* j-n / etw in etw; ***i. se alto*** in die Tiefe tauchen
2. *fig* versenken, tief hineinstecken; ***manum in ōs leonis i.*** die Hand tief in den Rachen des Löwen stecken; *Passiv u.* ***se i.*** sich einschleichen, eindringen; ***se i. in consuetudinem alicuius*** sich bei j-m einschleichen

im-meritus ⟨a, um⟩ *Adj*, *Adv* ⟨immeritō⟩ ||in-², mereor, mereo||
1. der *etw* nicht verdient hat, + *Inf*; unschuldig
2. unverdient; ***triumphus i.*** unverdienter Triumph; ***immerito*** ohne Verdienst, mit Unrecht; ***haud immerito*** mit Recht

im-mersābilis ⟨e⟩ *Adj* ||in-², merso|| Hor. unversenkbar, *re* durch etw, in etw

immētātus ⟨a, um⟩ *Adj* ||in-², meto²|| Hor. unvermessen; ***iugera immetata*** unvermessene Ackerflächen

im-migrō ⟨āvī, ātum, āre 1.⟩ einwandern, einziehen; ***avaritia in rem publicam immigrat*** *fig* die Habsucht zieht in den Staat ein

imminentia ⟨ium⟩ *n* ||immineo|| drohende Zukunft

▶ **im-mineō** ⟨-, -, ēre 2.⟩
1. hereinragen, herüberragen, sich hinneigen, *alicui rei* über etw; ***luna imminet*** der Mond steht hoch;

pinus villae imminet eine Pinie ragt über das Landhaus
2. *von Örtlichkeiten* über *etw* emporragen, *einen Ort* beherrschen, dicht an *etw* stoßen, *alicui rei*; ***montes itineri imminent*** die Berge überragen den Weg; ***carcer imminens foro*** das Gefängnis dicht am Forum
3. *fig j-m* im Nacken sitzen, *j-n* hart bedrängen; *j-m* drohend gegenüberstehen, an *j-n* herandrängen, *alicui*; ***hostes nobis imminent*** die Feinde stehen uns drohend gegenüber; ***fortuna nobis imminet*** das Schicksal verfolgt uns
4. nach *etw* trachten, streben, auf *etw* lauern, *alicui rei*; ***in occasionem exercitūs opprimendi i.*** auf eine Gelegenheit zur Vernichtung des Heeres lauern; ***deditioni i.*** zur Übergabe geneigt sein
5. *vom Unglück* über *j-m* schweben, *j-m* nahe bevorstehen, *j-m* drohen, *j-n* bedrohen, *alicui / alicui rei*; ***mors cotidie imminet*** täglich droht der Tod; ***princeps imminens*** der künftige Fürst

im-minuō ⟨minuī, minūtum, minuere 3.⟩
1. vermindern, verkleinern, schmälern; ***membris imminutus*** verkrüppeltes Glied
2. *fig* schwächen, entkräften, beschränken; ***libertatem i.*** die Freiheit einschränken; ***pacem i.*** den Frieden stören
3. ***i. aliquem*** j-n geringschätzig behandeln

imminūtiō ⟨ōnis⟩ *f* ||imminuo||
1. Verminderung, Verkleinerung; ***i. corporis*** Verkrüppelung
2. *fig* Schmälerung, Beeinträchtigung
3. RHET scheinbar verkleinernder Ausdruck *zum Zweck der Vergrößerung*, Litotes

im-misceō ⟨miscuī, mixtum, miscēre 2.⟩ (*nachkl.*)
1. einmischen, hineinmischen; einreihen, einflechten, verbinden, verknüpfen, *alicui / alicui rei* mit j-m / mit etw; ***pedites equitibus i.*** die Fußsoldaten unter die Reiterei mischen; ***ima summis i.*** das Unterste mit dem Obersten verbinden; ***manūs manibus i.*** ins Handgemenge kommen; *Passiv u.* ***se i.*** sich in *etw* mischen, in *etw* verschwinden, *alicui rei*; ***nocti i.*** in der Nacht verschwinden
2. *fig* verflechten, verbinden, vereinigen, *aliquid alicui rei / cum re* etw mit etw; ***vitia virtutibus i.*** Fehler mit Vorzügen verbinden
3. *Passiv u.* ***se i.*** an *etw* teilnehmen, sich in *etw* einmischen, sich auf *etw* einlassen, in *etw* verwickelt werden, *alicui rei*

im-miserābilis ⟨e⟩ *Adj* Hor. erbarmungslos, ohne Erbarmen

im-misericors *Gen* ⟨cordis⟩ *Adj*, *Adv* ⟨immisericorditer⟩ unbarmherzig

immissiō ⟨ōnis⟩ *f* ||immitto||
1. (*spätl.*) das Einführen
2. das Wachsenlassen, ***sarmentorum*** der Pfropfreiser

immissus ⟨a, um⟩ *Adj* ||immitto|| *vom Haar* lang herabwallend, herabhängend

im-mītis ⟨e⟩ *Adj* (*nachkl.*) herb, unreif; *fig* unsanft, streng, hart; ***caedes i.*** unmenschliches Morden; ***sanguis i.*** grausam vergossenes Blut

im-mittō ⟨mīsī, missum, mittere 3.⟩

1. hineinschicken, hineinsenden
2. vorgehen lassen, vorrücken lassen
3. hineinleiten
4. schießen lassen
5. hineinschleudern, abschießen
6. in den Besitz einsetzen
7. hineintreiben, einsetzen
8. loslassen, aufhetzen
9. zufügen, antun wollen
10. wachsen lassen, emporschießen lassen

1. hineinschicken, hineinsenden, hineinlassen, *in aliquid / alicui rei* in etw, *ad aliquid* zu etw; ***aliquem in urbem i.*** j-n in die Stadt schicken; ***corpus in undas i.*** sich in die Wellen stürzen; ***collum in laqueum i.*** den Hals in die Schlinge stecken
2. MIL vorgehen lassen, vorrücken lassen; ***equitatum in hostes i.*** die Reiterei gegen die Feinde schicken; ***navem in terram i.*** das Schiff auf das Land auflaufen lassen; *Passiv u.* ***se i.*** sich hineinstürzen; ***se in medios hostes i.*** sich mitten unter die Feinde werfen
3. *Wasser* hineinleiten, ***aquam canalibus*** Wasser in die Rohre
4. *die Zügel* schießen lassen; ***habenas equo i.*** einem Pferd die Zügel schießen lassen; ***classi i.*** mit vollen Segeln fahren
5. *Geschosse* hineinschleudern, abschießen; ***tela tormentis i.*** Geschosse mit Geschützen schleudern; ***ignes in silvas i.*** Brandfackeln in die Wälder schießen
6. JUR in den Besitz *von etw* einsetzen *aus der Sicht des Prätors*
7. hineintreiben, einsetzen, *aliquid in aliquid / alicui rei* etw in etw; *fig* einfließen lassen, sich entschlüpfen lassen; ***tigna in flumen i.*** Pfähle in den Fluss rammen; ***feraces plantae immittuntur*** wilde Reiser werden eingepfropft
8. *feindlich* loslassen, aufhetzen, *aliquem alicui* j-n gegen j-n; ***canes i.*** die Hunde loslassen; ***servos in rem publicam i.*** die Sklaven gegen den Staat aufhetzen
9. zufügen, antun wollen, *aliquid alicui / in aliquem* etw j-m
10. (*nachkl.*) wachsen lassen, emporschießen lassen, ***vitem*** den Weinstock; *Passiv* aufwachsen

▶ **immō** *Adv*, *oft verstärkt durch vero*, *etiam*, *magis*, *potius*
1. *bestätigend* aber ja, gewiss doch, allerdings
2. *ablehnend*, *verneinend* nein, im Gegenteil, keineswegs; ***silebitne? immo vero obsecrabit*** wird er schweigen? Keineswegs, er wird beschwören
3. *steigernd* ja sogar

im-mōbilis ⟨a, um⟩ *Adj*
1. unbeweglich; ***terra i.*** unbewegliche Erde
2. *fig* unerschütterlich, unempfindlich, *re* durch etw, für etw; ***i. lacrimis*** nicht durch Tränen zu rühren
3. *fig* untätig, ruhig

immōbilitās ⟨ātis⟩ *f* ||immobilis|| (*nachkl.*) Unbeweglichkeit

immoderātiō ⟨ōnis⟩ *f* ||immoderatus|| Maßlosigkeit, Unmäßigkeit

im-moderātus ⟨a, um⟩ *Adj*, *Adv* ⟨immoderātē⟩

I

1. unermesslich, unendlich
2. *fig* maßlos, übertrieben, zügellos; ***tempestas immoderata*** ungeheures Unwetter

immodestia ⟨ae⟩ *f* ||immodestus|| (*vkl., nachkl.*) Maßlosigkeit, Unbescheidenheit, ungebührliches Benehmen; MIL Ungehorsam, Disziplinlosigkeit

im-modestus ⟨a, um⟩ *Adj, Adv* ⟨immodestē⟩
1. unmäßig, maßlos
2. *fig* unbescheiden, ungebührlich, frech

im-modicus ⟨a, um⟩ *Adj, Adv* ⟨immodicē⟩ übermäßig groß, übermäßig lang; *fig* maßlos, zügellos, übertrieben, *in re / alicuius rei* in etw, bei etw

im-modulātus ⟨a, um⟩ *Adj* Hor. unmelodisch

im-moenis ⟨e⟩ *Adj* Plaut. = ***immunis***

immolātiō ⟨ōnis⟩ *f* ||immolo|| Opfer, Opferung; *Pl* Opferhandlungen; ***immolationes infandae*** Zauberopfer

immolātor ⟨ōris⟩ *m* ||immolo|| Opfernder

im-mōlītus ⟨a, um⟩ *Adj* (*nachkl.*) hineingebaut, *in aliquid* in etw, auf etw

► **im-molō** ⟨āvī, ātum, āre 1.⟩ ||in[1], *Denom von* mola|| feierlich opfern; *fig* hinopfern, töten; ***Iovi i.*** dem Jupiter opfern

im-morior ⟨mortuus sum, morī 3.⟩ in / auf / über *etw* sterben, *alicui rei*; ***sorori i.*** auf der Leiche der Schwester sterben; ***studiis i.*** sich totarbeiten

im-moror ⟨ātus sum, ārī 1.⟩ (*nachkl.*) sich bei *etw* aufhalten, bei *etw* verweilen, *alicui rei / in re*

im-morsus ⟨a, um⟩ *Adj* ||in[1], mordeo||
1. derb gebissen
2. *fig* gebeizt, gereizt; ***stomachus i.*** gereizter Magen

► **im-mortālis**
I ⟨e⟩ *Adj, Adv* ⟨immortāliter⟩
1. unsterblich
2. *fig* unvergänglich, unvergesslich, unauslöschlich; ***immortales gratias agere alicui*** j-m überschwänglich danken
3. Prop. glückselig wie die Götter, selig
II ⟨is⟩ *m* Unsterblicher, Gott; *Pl* Götter, *bes* die Unsterblichen, *persische Elitetruppe von 10 000 Mann, die immer auf dieser Zahl gehalten wurde*

immortālitās ⟨ātis⟩ *f* ||immortalis||
1. Unsterblichkeit
2. *meton* der unsterbliche Teil des Menschen, Seele; Vergötterung
3. *fig* Unvergänglichkeit, unsterblicher Ruhm
4. Com. höchstes Glück, Glückseligkeit

im-mōtus ⟨a, um⟩ *Adj* ||in-[2], *PPP von* moveo|| (*unkl.*)
1. unbewegt; unbeweglich, ruhig; ***dies i.*** windstiller Tag; ***i. a re*** vor etw geschützt
2. *fig* ungestört; ***pax immota*** ungestörter Friede
3. unerschütterlich, sicher, fest
4. unerschüttert, ungerührt; ***animus i.*** ungerührter Geist

im-mūgiō ⟨iī, -, īre 4.⟩ darin brüllen, dazu brüllen; ***Aetna cavernis immugit*** Verg. der Ätna dröhnt in seinem Innern

im-mulgeō ⟨-, -, ēre 2.⟩ hineinmelken, *aliquid alicui rei* etw in etw

immunditia ⟨ae⟩ *f* ||immundus|| (*vkl., nachkl.*) Unreinlichkeit; (*mlat.*) Unanständigkeit

im-mundus ⟨a, um⟩ *Adj, Adv* ⟨immundē⟩ unsauber, unrein, schmutzig, ekelhaft, widrig; *fig* unzüchtig

im-mūniō ⟨īvī, -, īre 4.⟩ hineinbauen; ***praesidium immunivit*** Tac. er ließ in ihrem Gebiet ein Kastell anlegen

► **im-mūnis** ⟨e⟩ *Adj* ||in-[2], munus||
1. frei von Leistungen *bes gegenüber dem Staat, meist abs od alicuius rei / re / a re* von etw
2. abgabenfrei, steuerfrei, nicht tributpflichtig, *alicuius rei* von etw
3. (*nachkl.*) *fig* frei von Beiträgen, zu einem gemeinsamen Mahl nichts beisteuernd, ohne Geschenke zu geben, schmarotzend
4. (*nachkl.*) frei von öffentlichen Diensten, *bes von Kriegsdienst u. Ämtern*
5. *meton* pflichtvergessen
6. (*nachkl.*) *poet* frei, befreit, verschont, unberührt, rein, *alicuius rei* von etw; ***terra i.*** unbebautes Land

immūnitās ⟨ātis⟩ *f* ||immunis||
1. das Freisein von Leistungen, das Freisein von Diensten, *alicuius* j-s, *alicuius rei* von etw
2. *fig* Vergünstigung, Privileg
3. *fig* das Befreitsein, *alicuius rei* von etw

im-mūnītus ⟨a, um⟩ *Adj* (*nachkl.*)
1. *poet von Städten* unbefestigt, ohne Mauern
2. *poet von Straßen* ungepflastert

im-murmurō ⟨-, -, āre 1.⟩ (*nachkl.*) *poet* hineinmurmeln, hineinrauschen, *abs od alicui rei* in etw

immūtābilis[1] ⟨e⟩ *Adj* ||immuto|| Plaut. verändert

im-mūtābilis[2] ⟨e⟩ *Adj* unveränderlich

immūtābilitās ⟨ātis⟩ *f* ||immutabilis[2]|| Unveränderlichkeit

immūtātiō ⟨ōnis⟩ *f* ||immuto|| Veränderung, Vertauschung; RHET Metonymie; ***i. verborum*** Vertauschung der Wörter

immūtātus[1] ⟨a, um⟩ *PPP* → ***immuto***

im-mūtātus[2] ⟨a, um⟩ *Adj* ||in-[2], *PPP von* muto|| unverändert

im-mūtēscō ⟨mūtuī, -, mūtēscere 3.⟩ (*nachkl.*) *poet* verstummen

im-mūtō ⟨āvī, ātum, āre 1.⟩
1. verändern, umwandeln, umgestalten; *pej* verschlechtern
2. RHET metonymisch gebrauchen, *aliquid pro re* etw statt etw; ***Africam pro Afris i.*** Afrika für Afrikaner sagen
3. RHET allegorisch gebrauchen; ***oratio immutata*** allegorischer Sprachgebrauch, Allegorie

im-mūtuī → ***immutesco***

imp. *Abk* (*nlat.*) = ***imprimatur*** es soll gedruckt werden; → ***imprimo***

IMP. *Abk*
1. = ***imperium*** Befehl; Herrschaft; Reich
2. = ***imperator*** Feldherr; Kaiser

im-pācātus ⟨a, um⟩ *Adj* (*nachkl.*) *poet* unfriedlich, unruhig

im-pāctus ⟨a, um⟩ *PPP* → ***impingo***

im-pār *Gen* ⟨paris⟩ *Adj, Adv* ⟨impariter⟩
1. ungleich, verschieden *nach Größe, Zahl od Zeitdauer, re* an etw
2. ungleichartig, verschieden; ***acer coloribus i.*** verschiedenfarbiger Ahorn
3. *von Zahlen* ungerade; ***ludere par impar*** Gerade und Ungerade spielen; ***modi impares / versūs im-***

pariter iuncti elegisches Distichon
4. *von der Toga* schief sitzend
5. *nach Kraft u. Bedeutung* ungleich, nicht gewachsen, nachstehend, schwächer, unterlegen, *alicui/alicui rei* j-m/einer Sache, *in re* in etw, an etw; *selten* überlegen
6. *fig von Personen u. Sachen* nicht ebenbürtig

im-parātus ⟨a, um⟩ *Adj* unvorbereitet, ungerüstet, wehrlos; ***i. re*** mit etw nicht versehen

impartiō ⟨īvī⟩ *u.* ⟨iī, ītum, īre 4.⟩ *u.* **impartior** ⟨-, īrī 4.⟩ = ***impertio***

im-pāstus ⟨a, um⟩ *Adj* ||in-², *PPP von* pasco|| *poet* ungefüttert, hungrig; gefräßig

im-patibilis ⟨e⟩ *Adj* = ***impetibilis***

im-patiēns *Gen* ⟨entis⟩ *Adj, Adv* ⟨impatienter⟩ (*nachkl.*)
1. unfähig *etw* zu ertragen, *einer Sache* nicht mächtig, *einer Sache* nicht gewachsen, *alicuius rei*; ***i. viri*** männerfeindlich
2. ungeduldig, unbeherrscht, *abs*
3. PHIL leidenschaftslos, *abs*

impatientia ⟨ae⟩ *f* ||impatiens|| (*nachkl.*)
1. Unfähigkeit *etw* zu ertragen, *alicuius rei*
2. Ungeduld, *alicuius rei* bei etw; Schwäche
3. PHIL das Freisein von Leidenschaft

im-pavidus ⟨a, um⟩ *Adj, Adv* ⟨impavidē⟩ unerschrocken, furchtlos

▶ **impedīmentum** ⟨ī⟩ *n* ||impedio||
1. Hindernis, *alicuius rei* einer Sache *od* bei etw, für etw; ***alicui impedimento esse ad aliquid*** j-m hinderlich sein in Bezug auf etw
2. *Pl* Gepäck, Reisegepäck; MIL Tross *einschließlich der Lasttiere u. Knechte*, Packpferde

▶ **im-pediō** ⟨īvī⟩ *u.* ⟨iī, ītum, īre 4.⟩
1. (*unkl.*) umwickeln, umflechten, festhalten; ***i. aliquem complexu*** j-n umarmen; ***i. caput myrto*** das Haupt mit einem Myrtenkranz umflechten; ***orbes orbibus i.*** ineinander verschlungene Kreise bilden
2. *Örtlichkeiten* unzugänglich machen, (ver)sperren
3. verwickeln, verwirren; ***mentem alicuius doloribus i.*** j-n seelisch quälen, j-n seelisch foltern
4. *fig* aufhalten, verhindern, behindern, hemmen, zurückhalten, abhalten; ***nihil me impedit*** nichts steht mir im Weg; ***se i. a suo munere*** sich in seiner Tätigkeit stören lassen

impedītiō ⟨ōnis⟩ *f* ||impedio|| Verhinderung, Hemmung

impedītus ⟨a, um⟩ *Adj* ||impedio||
1. gehindert, gehemmt, aufgehalten, *bes* in seinen Bestrebungen gehemmt, ***inopiā*** durch Not
2. *von Örtlichkeiten* gesperrt, versperrt, unwegsam, unzugänglich, unwegsam; ***flumen impeditum*** schwer überquerbarer Fluss
3. *fig* schwer bepackt, schwerfällig; MIL nicht kampfbereit; ***oratio impedita*** RHET schwerfällige Rede
4. schwierig, beschwerlich, *alicui* für j-n, *ad aliquid* in Bezug auf etw; ***impedita rei publicae tempora*** schwierige Zeiten für den Staat

im-pēgī → ***impingo***

▶ **im-pellō** ⟨pulī, pulsum, pellere 3.⟩
1. anstoßen, stoßen, schlagen, treffen; ***aliquem gladio i.*** j-n mit dem Schwert treffen
2. stoßend bewegen, fortstoßen, forttreiben, antreiben, jagen, schütteln, schwingen; ***navem remis i.*** das Schiff mit Rudern vorwärts bewegen; ***sagittam nervo i.*** den Pfeil abschießen; ***aliquem in hunc casum i.*** j-n in diese Lage bringen
3. (*nachkl.*) *einen Feind* zum Weichen bringen
4. *j-m* den letzten Stoß geben, *j-n* zu Fall bringen, *aliquem*; ***praecipitantem i.*** einen Unglücklichen noch unglücklicher machen
5. *fig* antreiben, veranlassen, bewegen, verleiten; *Passiv* sich verleiten lassen; ***irā impulsus*** aus Zorn

▶ **im-pendeō** ⟨-, -, ēre 2.⟩
1. herüberhängen, über *etw* hängen, über *etw* schweben, *abs od alicui rei*; ***saxum Tantalo impendet*** ein Felsen hängt drohend über Tantalus
2. *fig von Übeln od Gefahren* über *j-s Haupt* schweben, *j-m* drohend bevorstehen, *j-m* drohen, *alicui/in aliquem*; ***bellum a Parthis impendebat*** es drohte ein Krieg von den Parthern

im-pendī → ***impendo***

impendiō *Adv* ||impendium|| *beim Komp* bedeutend, bei Weitem; ***impendio magis*** weit mehr

impendiōsus ⟨a, um⟩ *Adj* ||impendium|| Plaut. großen Aufwand machend, aufwendig

impendium ⟨ī⟩ *n* ||impendo||
1. Aufwand, Kosten, Unkosten
2. (*nachkl.*) Verlust, Schaden, Einbuße
3. die auf einem Darlehen lastenden Unkosten = Zinsen

▶ **im-pendō** ⟨pendī, pēnsum, pendere 3.⟩
1. *Kosten od Geld* aufwenden, verwenden; *Geld* ausgeben; ***pecuniam i. in res vanas*** Geld ausgeben für wertlose Dinge
2. *fig Mühe od Zeit* aufwenden, *in aliquid/ad aliquid/alicui rei* für etw

im-penetrābilis ⟨e⟩ *Adj* (*nachkl.*)
1. undurchdringlich, *alicui rei/adversus aliquid* für etw
2. *fig* unüberwindlich; ***pudicitia i.*** unüberwindliches Schamgefühl

impēnsa ⟨ae⟩ *f* (*erg.* ***pecunia***)
1. Aufwand, Kosten, Unkosten, *alicuius rei* einer Sache, an etw, für etw; ***impensā alicuius*** auf j-s Kosten
2. (*nachkl.*) *fig* Aufopferung, Verwendung; ***meis impensis*** auf Kosten meines guten Namens

impēnsus[2] ⟨a, um⟩ *Adj, Adv* ⟨impēnsē⟩ ||impendo||
1. *vom Preis* teuer, kostspielig, hoch; ***impenso vendere aliquid*** etw teuer verkaufen; ***impensius*** mit größerem Aufwand
2. *fig* reichlich, bedeutend; inständig, heftig, dringend; ***amor i.*** feurige Liebe; ***voluntas impensa*** entschiedener Wunsch; ***impense cupere*** heftig begehren; ***nunc ego facio id impensius*** jetzt betreibe ich dies umso entschiedener; ***impense improbus*** sehr unredlich

im-pēnsus[1] ⟨a, um⟩ *PPP* → ***impendo***

▶ **imperātor** ⟨ōris⟩ *m* ||impero||
1. Gebieter, Herr, Herrscher
2. MIL Oberfeldherr, Oberkommandierender *einer Aufgabe mit eigener Verantwortung, dem das imperium übertragen ist*
3. siegreicher Feldherr, *Ehrentitel*; ***Cn. Pompeius i.*** der siegreiche Feldherr Cn. Pompeius

4. Allherrscher, *Beiname Jupiters*
5. *(nachkl.) seit Caesar Titel der röm. Herrscher, dem Namen in der Regel vorangestellt; abs* römischer Kaiser; ***i. Augustus*** Kaiser Augustus
6. ***Imperator Rex*** *(nlat.)* Kaiser und König

imperātōrius ⟨a, um⟩ *Adj* ||imperator||
1. zum Feldherrn gehörig, Feldherrn…; ***forma imperatoria*** imponierende Gestalt; ***laus imperatoria*** Feldherrnruhm
2. *(nachkl.)* kaiserlich

imperātrīx ⟨īcis⟩ *f* ||imperator|| Gebieterin, Befehlshaberin

imperātum ⟨ī⟩ *n* ||impero|| Befehl, Auftrag, Order

im-perceptus ⟨a, um⟩ *Adj* ||in-^{2}, *PPP von* percipio||
1. *(nachkl.) poet* undurchschaut, unentdeckt
2. unbegreiflich

im-percō ⟨-, -, ere 3.⟩ ||in^{1}, parco|| schonen, *alicui* j-n; *abs* sich schonen

im-percussus ⟨a, um⟩ *Adj* ||in-^{2}, *PPP von* percutio|| Ov. geräuschlos

im-perditus ⟨a, um⟩ *Adj* ||in-^{2}, *PPP von* perdo|| *poet* noch verschont, nicht zugrunde gerichtet

im-perfectus ⟨a, um⟩ *Adj, Adv* ⟨imperfectē⟩ ||in-^{2}, *PPP von* perficio||
1. unvollendet, unvollständig, unvollkommen
2. *(nachkl.) poet* unverdaut; ***cibus i.*** unverdaute Speise; ***verba imperfecta*** *fig* unverdaute Worte
3. Sen. sittlich unvollkommen

im-perfossus ⟨a, um⟩ *Adj* ||in-^{2}, *PPP von* perfodio|| Ov. nicht durchbohrt

imperiālis ⟨e⟩ *Adj* ||imperium|| *(spätl.)* kaiserlich, Kaiser…

imperiōsus ⟨a, um⟩ *Adj, Adv* ⟨imperiōsē⟩ ||imperium||
1. gebietend, herrschend, mächtig; ***sibi i.*** sich selbst beherrschend
2. *pej* herrisch, tyrannisch, despotisch, hart; ***aequor imperiosum*** stürmisches Meer

imperītia ⟨ae⟩ *f* ||imperitus|| *(nachkl.)* Unerfahrenheit, Ungeschick

imperitō ⟨āvī, ātum, āre 1.⟩ ||*Intens von* impero||
I *v/i*
1. *j-m* gebieten, *j-m* befehlen, über *j-n* herrschen, *j-n* kommandieren, *alicui*
2. *(mlat.)* Kaiser sein
II *v/t* befehlen, verlangen; ***aequam rem i.*** eine gerechte Sache befehlen

▶ **im-perītus**
I ⟨a, um⟩ *Adj, Adv* ⟨imperītē⟩ unerfahren, unkundig, ungeschickt, einfältig, *alicuius rei / in re* in etw, mit etw; ***iuris civilis i.*** im bürgerlichen Recht unkundig; ***imperite dicere*** unklug reden
II ⟨ī⟩ *m* Laie; *pej* Pfuscher

imperium ⟨ī⟩ *n* ||impero||
1. Befehl, Auftrag, Vorschrift; ***i. decumarum*** Auflage des Zehnten; ***imperium accipere*** einen Befehl erhalten; ***imperium abnuere*** einen Befehl verweigern; ***ad imperium*** auf Befehl
2. Macht zu befehlen, Recht zu befehlen, Gewalt, *alicuius* j-s *od* über j-n, *in aliquem* über j-n; ***i. custodiae*** Befehlsgewalt über die Gefängnisse; ***i. in suos*** Macht über die Angehörigen; ***summum / summa imperii*** höchste Gewalt
3. höchste Gewalt im Staat, Herrschaft, Regierung, Hegemonie, *alicuius* j-s *od* über j-n; *Pl* Hoheitsrechte, Herrschertaten; ***i. orbis terrarum*** Weltherrschaft; ***imperio potiri*** sich der Herrschaft bemächtigen; ***de imperio decertare*** um die Macht streiten; ***aliquem sub imperium alicuius redigere*** j-n in j-s Gewalt bringen; ***in imperio esse*** herrschen; ***imperio alicuius*** unter j-s Regierung; ***novis imperiis studere*** nach Veränderung der Herrschaft streben
4. Amtsgewalt, Staatsamt; MIL Oberbefehl, Kommando; ***imperia magistratūsque*** Militär- und Zivilbehörden, Würden in Krieg und Frieden, Ämter in Krieg und Frieden
5. *meton* Behörde; Befehlshaber; Beamter
6. Amtsführung; Amtsdauer, Amtsjahr; ***haec gesta sunt in meo imperio*** dies geschah in meinem Amtsjahr
7. Herrschaftsgebiet, Reich, Staat
8. *(mlat.)* Kaisertum; Reichsoberhaupt

im-periūrātus ⟨a, um⟩ *Adj* ||in-^{2}, *PPP von* periuro|| Ov. bei dem man keinen Meineid zu schwören wagt

im-permissus ⟨a, um⟩ *Adj* ||in-^{2}, *PPP von* permitto|| Hor. unerlaubt

im-perō ⟨āvī, ātum, āre 1.⟩ ||in^{1}, paro^{2}||
1. befehlen, gebieten, *ut / ne* dass / dass nicht, *+ Konjkt / + AcI / + Inf / + indir Fragesatz*; ***aliquo imperante*** auf j-s Befehl; ***ad imperandum vocari*** zum Befehlsempfang gerufen werden; ***ancillae cenam i.*** der Magd die Besorgung der Mahlzeit auftragen; ***pontem fieri imperat*** er befiehlt den Bau einer Brücke; ***imperat, quas adeat civitates*** er befiehlt, zu welchen Städten er sich begeben soll
2. eine Leistung auferlegen, eine Lieferung auferlegen, zu stellen befehlen; ***alicui obsides i.*** j-m die Stellung von Geiseln befehlen
3. über *j-n* herrschen, *j-m* befehlen, den Oberbefehl haben, das Kommando haben; *(nachkl.)* römischer Kaiser sein; *abs od alicui / alicui rei*; ***arvis i.*** die Felder bearbeiten; ***Pompeio imperante*** unter dem Befehl des Pompeius; ***sibi ipsi i.*** *fig* sich selbst beherrschen

im-perpetuus ⟨a, um⟩ *Adj* Sen. unbeständig

im-perspicuus ⟨a, um⟩ *Adj* Plin. undurchschaubar, versteckt

im-perterritus ⟨a, um⟩ *Adj* ||in-^{2}, *PPP von* perterreo|| *poet* unerschrocken

im-pertiō ⟨īvī⟩ *u.* ⟨iī, ītum, īre 4.⟩ *u.* **im-pertior** ⟨-, īrī 4.⟩ ||in^{1}, partio, partior||
1. zuteilen, seinen Anteil geben, schenken, widmen, *alicui aliquid* j-m etw, *de re* von etw; ***i. alicui salutem*** j-n grüßen lassen; ***i. se talem alicui*** sich j-m so zeigen
2. *(vkl., nachkl.)* ausrüsten, *aliquem re* j-n mit etw; ***aetatem puerilem doctrinis i.*** das zarte Alter mit Wissen bekannt machen

impertīta ⟨ōrum⟩ *n* Liv. Vergünstigungen, Zugeständnisse

im-perturbātus ⟨a, um⟩ *Adj* *(nachkl.) poet* ungestört, ruhig

im-pervius ⟨a, um⟩ *Adj* *(nachkl.) poet* unwegsam, unpassierbar; ***lapis ignibus i.*** feuerfester Stein

impete → ***impetus***

im-petibilis ⟨e⟩ *Adj* ||in-^{2}, patibilis|| unerträglich

impetīgō ⟨inis⟩ *f* ||impeto|| *(nachkl.)* chronischer Hautausschlag mit Pustelbildung, Räude

im-petō ⟨-, -, ere 3.⟩ (*unkl.*) anfallen, angreifen, beschuldigen

impetrābilis ⟨e⟩ *Adj* ||impetro|| (*unkl.*)
1. leicht erreichbar, leicht zu erlangen
2. leicht erreichend; überzeugend; günstig

impetrātiō ⟨ōnis⟩ *f* ||impetro|| Auswirkung, Vergünstigung

impetriō ⟨īvī, ītum, īre 4.⟩ (durch günstige Vorzeichen) zu erlangen suchen

▶ **im-petrō** ⟨āvī, ātum, āre 1.⟩
1. ausführen, zustande bringen
2. erreichen, erlangen, erwirken, durchsetzen; ***i. de re*** in Bezug auf etw das Gewünschte erlangen / Gehör finden / Erfolg haben; ***i. de indutiis*** bezüglich des Waffenstillstands Erfolg haben; ***ab animo i.*** es über sich bringen, *ut / ne* dass / dass nicht, + *Inf* / + *AcI*

▶ **impetus** ⟨ūs⟩ *u. poet* ⟨is⟩, *Abl* ⟨e⟩ *m* ||impeto||
1. das Vorwärtsdrängen, Anlauf, Ansturm, Wucht, Schwung; ***i. militum*** ungestümer Angriff der Soldaten; ***i. navis*** schnelle Fahrt des Schiffes; ***i. caeli*** rascher Umlauf der Himmelskörper; ***i. fluminis*** starke Strömung des Flusses; ***impetum capere*** einen Anlauf nehmen
2. feindliches Anrennen, Angriff, Überfall; ***primus i.*** erster Angriff; ***i. nocturnus*** nächtlicher Überfall; ***dare impetum in aliquem*** auf j-n einen Angriff machen, j-n angreifen; ***impetum alicuius ferre / sustinere*** j-s Angriff standhalten
3. *fig* Ungestüm, Heftigkeit; Begeisterung, heftiges Verlangen, Begierde, Drang, Eifer; ***i. mihi est*** es drängt mich, es treibt mich, + *Inf*
4. *fig* Aufwallung *des Gemüts*, Leidenschaft, Leidenschaftlichkeit; ***i. gaudentium*** Freudenrausch
5. (*nachkl.*) *meton* rascher Entschluss, Laune; ***i. regis occidendi*** Entschluss den König zu töten
6. Schwung, ***orationis*** der Rede

im-pexus ⟨a, um⟩ *Adj* ||in-², *PPP von* pecto|| (*nachkl.*) *poet* ungekämmt, struppig, wirr; *fig* schmucklos, rau

impietās ⟨ātis⟩ *f* ||impius|| Pflichtvergessenheit, Ruchlosigkeit, Gottlosigkeit, Mangel an Ehrfurcht, *in aliquem* gegenüber j-m; ***i. in principem*** (*nachkl.*) Majestätsbeleidigung

im-piger ⟨gra, grum⟩ *Adj*, *Adv* ⟨impigrē⟩ unverdrossen, rastlos, rüstig, unermüdlich; ***iuvenis i.*** unermüdlicher junger Mann; ***ingenium impigrum*** rastloser Geist; ***i. ad labores belli*** unermüdlich in den Strapazen des Krieges

impigritās ⟨ātis⟩ *f* ||impiger|| Unverdrossenheit

im-pingō ⟨pēgī, pāctum, pingere 3.⟩ ||in¹, pango||
1. hineinschlagen, einschlagen, an *etw / j-n* schlagen, gegen *etw* schlagen, mit *etw* schlagen, mit *etw* stoßen, *alicui / alicui rei*; ***alicui fustem i.*** j-n mit dem Stock schlagen; ***alicui calcem i.*** j-m einen Fußtritt geben; ***impingi saxis*** auf Felsen auflaufen; ***alicui compedes i.*** j-m Fesseln anlegen; ***alicui dicam i.*** Ter. *fig* j-m einen Prozess anhängen; ***alicui titulum i.*** j-m ein Täfelchen anheften, *von Sklaven*
2. (*nachkl.*) *poet wohin* treiben, jagen; ***hostes i. litoribus*** die Feinde zur Küste jagen; *Passiv* auf *etw* stoßen
3. *fig* aufdrängen, aufnötigen; ***alicui calicem mulsi i.*** j-m einen Becher Honigwein vor die Nase halten

im-pinguō ⟨āvī, ātum, āre 1.⟩ ||in¹, pinguis||
I *v/t* fett machen
II *v/i* fett werden

im-piō ⟨āvī, ātum, āre 1.⟩ ||impius|| (*vkl., nachkl.*) mit Schuld beflecken; ***se i.*** sündigen

▶ **im-pius**
I ⟨a, um⟩ *Adj*, *Adv* ⟨impiē⟩ pflichtvergessen, gewissenlos, unehrerbietig, gottlos, ruchlos; ***turba impia*** ruchloses Gesindel; ***dii impii*** Götter, die bei Zauberei und Verwünschungen gerufen werden; ***impie dicere*** gottlos reden
II ⟨ī⟩ *m* Frevler, Bösewicht, Verräter

im-plācābilis ⟨e⟩ *Adj* unversöhnlich, unerbittlich, *abs od alicui / in aliquem* gegenüber j-m

im-plācātus ⟨a, um⟩ *Adj*
1. *poet* unbesänftigt
2. *poet* unversöhnlich; ***gula implacata*** unersättlicher Schlund

im-placidus ⟨a, um⟩ *Adj poet* unsanft, kriegerisch, wild

im-plectō ⟨-, plexum, plectere 3.⟩ hineinflechten, einflechten, verflechten, *aliquid re* etw mit etw; ***implexae crinibus angues Eumenides*** Verg. Rachegöttinnen mit ins Haar eingeflochtenen Schlangen; ***implexus luctu*** in Trauer verloren

im-pleō ⟨ēvī, ētum, ēre 2.⟩

> **1.** anfüllen, erfüllen
> **2.** anfüllen
> **3.** sättigen, stillen
> **4.** befruchten, schwängern
> **5.** vollzählig machen, vollständig machen
> **6.** ganz anfüllen, vollenden
> **7.** ausfüllen
> **8.** vollbringen, ausführen

1. anfüllen, erfüllen, voll gießen, voll schütten, *oft fig*; ***fossam i.*** einen Graben voll schütten; ***aures alicuius i.*** j-m in den Ohren liegen; ***i. aliquem*** j-n ganz in Anspruch nehmen
2. anfüllen, *aliquid re / alicuius rei / de re* etw mit etw, ***poculum vino*** einen Becher mit Wein; ***vela ventis i.*** die Segel vom Wind schwellen lassen; ***i. animum spe*** *fig* das Herz mit Hoffnung erfüllen
3. (*nachkl.*) sättigen, stillen, *bes* befriedigen; *Passiv* sich sättigen; ***se i. sanguine alicuius*** *fig* sich an j-s Blut sättigen; ***dolorem suum lacrimis i.*** seinen Schmerz mit Tränen stillen
4. befruchten, schwängern; ***Thetidem Achille i.*** Thetis zur Mutter des Achill machen
5. (*nachkl.*) *poet* vollzählig machen, vollständig machen, ergänzen; ***cohortes i.*** die Kohorten auffüllen; ***luna orbem implet / luna impletur*** es wird Vollmond
6. *ein Maß od eine Zeit* ganz anfüllen, vollenden; ***quadraginta annos i.*** vierzig Jahre vollenden; ***i. finem vitae*** sterben
7. (*nachkl.*) *ein Amt od eine Stelle* ausfüllen, *j-n* in seinem Amt vertreten
8. *fig* vollbringen, ausführen; ***promittit quod non possit i.*** er verspricht, was er nicht vollbringen kann; ***fata i.*** die Prophezeiung erfüllen; ***partes i.*** seine Pflicht erfüllen

implicātiō ⟨ōnis⟩ *f* ||implico||

1. Verflechtung, ***nervorum*** der Nerven
2. Einfügung, ***locorum communium*** von Gemeinplätzen
3. Verwirrung, ***rei familiaris*** des Familienbesitzes

implicātus ⟨a, um⟩ *Adj* ||implico|| verwickelt, verworren; *fig* verschlossen

implicīscor ⟨-, īscī 3.⟩ Plaut. sich verwirren, in Verwirrung geraten

implicitē *Adv* ||implicitus, *PPP von* implico||
1. verwickelt, verworren
2. (*mlat.*) mit inbegriffen, einschließlich

implicitō ⟨āvī, ātum, āre 1.⟩ ||*Intens von* implico|| Plin. verwickeln; ***delphinus varios orbes implicat*** der Delfin schwimmt in vielfältigen Kreisen

im-plicō ⟨āvī⟩ *u.* ⟨uī, ātum⟩ *u.* ***itum, āre 1.***
1. einwickeln, verwickeln, verflechten; ***ordines stipitum inter se i.*** die Pfahlreihen miteinander verflechten; ***aliquem in laqueis i.*** j-n in Schlingen verwickeln; ***se dextrae alicuius i.*** sich an j-s rechte Seite anschmiegen
2. eng verbinden, unzertrennlich verknüpfen, *aliquid cum re / alicui rei* etw mit etw; ***fidem cum pecuniis i.*** die Treue an Geld binden, die Treue von Geld abhängig machen; ***impudentia inscientiā implicata*** Unverschämtheit verbunden mit Unwissenheit
3. *in einen Zustand* verwickeln, verstricken, *aliquem re* j-n in etw; *Passiv* in *etw* verwickelt werden, in *etw* verstrickt werden, in *etw* geraten, sich auf *etw* einlassen, *re*; ***implicari aliquo genere vitae*** sich an einen Lebensberuf binden; ***familiaritatibus implicari*** freundschaftliche Verbindungen anknüpfen; ***morbo / in morbum implicitus*** krank; ***tantis rebus implicatus*** in so großer Verlegenheit
4. verwirren; ***tanti errores nos implicant*** so viele Irrlehren verwirren uns
5. um *etw* wickeln; ***bracchia collo alicuius i.*** die Arme um j-s Hals schlingen
6. umfassen, umschlingen; ***crines auro i.*** Verg. die Haare mit Gold umwinden

implōrātiō ⟨ōnis⟩ *f* ||imploro|| das Anflehen, Hilferuf

► **im-plōrō** ⟨āvī, ātum, āre 1.⟩
1. *unter Tränen* rufen, ***nomen filii*** den Namen des Sohnes
2. anflehen, anrufen, *aliquem aliquid* j-n um etw, ***deos*** die Götter; ***Romanos auxilium i.*** die Römer um Hilfe anrufen; ***leges i.*** sich auf die Gesetze berufen
3. erflehen, erbitten, *aliquid alicui* etw für j-n, *ab aliquo* von j-m, *ut / ne*, ***caelestes aquas*** Hor. Wasser vom Himmel; ***auxilium urbi*** Hilfe für die Stadt

im-plūmis ⟨e⟩ *Adj* ||in-[2], pluma|| ungefiedert, kahl, nackt

im-pluō ⟨uī, -, ere 3.⟩ (*unkl.*) hineinregnen, herabregnen, *alicui rei* auf etw; ***silvis i.*** auf die Wälder herabregnen; ***alicui impluit malum*** *hum* es regnet Hiebe für jdn

impluviātus ⟨a, um⟩ *Adj* ||impluvium||
1. Plaut. viereckig *wie das impluvium*
2. regengrau

impluvium ⟨ī⟩ *n* Impluvium, *Auffangbecken für Regenwasser im röm. Haus, von einem Säulengang umschlossen*

im-polītus ⟨a, um⟩ *Adj*, *Adv* ⟨impolītē⟩
1. (*nachkl.*) ungeglättet, unbehauen; ***lapis i.*** unbehauener Stein
2. *fig* ungefeilt, ungeschliffen, schmucklos; unvollendet; ***oratio impolita*** nicht ausgefeilte Rede; ***orator i.*** unausgebildeter Redner; ***res impolita*** unvollendete Sache

im-pollūtus ⟨a, um⟩ *Adj* (*unkl.*) unbefleckt

im-pōnō ⟨posuī, positum, pōnere 3.⟩

1. setzen, legen
2. verladen, einschiffen
3. anstellen
4. aufsetzen
5. aufbürden
6. hintergehen, täuschen
7. ansetzen, anlegen
8. aufwenden
9. anlegen
10. beilegen
11. antun, zufügen
12. ein Ziel setzen, ein Ende setzen

1. in / an / auf *etw* setzen, stellen, legen, hineinlegen, *in aliquid / in re / alicui rei*; ***dextram in alicuius caput i.*** die Rechte auf j-s Haupt legen; ***mortuum in rogum i.*** den Toten auf den Scheiterhaufen legen; ***aliquem in perditam causam i.*** j-n in eine verlorene Sache hineinziehen; ***in agro Samnitium coloniam i.*** eine Kolonie ins Gebiet der Samniter legen; ***alicui coronam i.*** j-m eine Krone aufsetzen; ***dona aris i.*** die Gaben auf die Altäre legen; ***aliquem caelo i.*** j-n in den Himmel versetzen
2. *Personen u. Sachen* verladen, einschiffen, *abs od in naves*; ***exercitum Brundisii i.*** das Heer in Brundisium einschiffen
3. als *etw* einsetzen, anstellen; ***aliquem custodem in hortis i.*** j-n als Wächter in den Gärten einsetzen; ***Atheniensibus triginta viros i.*** die Dreißig (= Tyrannen) über die Athener setzen; ***nullo quasi imposito*** als ob niemand eingesetzt wäre
4. aufsetzen, *aliquid alicui / alicui rei* etw j-m / einer Sache; ***victori coronam i.*** dem Sieger den Kranz aufsetzen; ***operi fastigium i.*** dem Werk die Krone aufsetzen, das Werk zum Abschluss bringen
5. *fig* aufbürden, *alicui aliquid* j-m etw, ***alicui laborem*** j-m eine Arbeit, ***bovi onus*** dem Ochsen eine Last, ***populo tributa*** dem Volk Abgaben; ***alicui impositum est*** j-m ist es auferlegt, + *Inf*
6. *fig* hintergehen, täuschen, *alicui* jdn; ***res mihi imposuit*** die Sache täuschte mich; ***sibi i.*** sich täuschen
7. (*nachkl.*) ansetzen, anlegen; anbringen; ***claves portis i.*** die Schlüssel in die Türen stecken; ***supremam manum alicui rei i.*** an etw letzte Hand anlegen; ***turres super aggeres i.*** Türme auf die Dämme setzen
8. *fig Geld* aufwenden, *alicui rei* für etw
9. *fig Zügel* anlegen; ***frenos i. alicui*** j-m Zügel anlegen
10. *fig j-m einen Namen* beilegen; ***labori nomen inertiae i.*** die Arbeit Trägheit nennen
11. *fig Böses* antun, zufügen; ***alicui vulnus i.*** j-m eine Wunde zufügen

12. finem / modum i. Liv. *fig* ein Ziel setzen, ein Ende setzen, *alicui rei* einer Sache

im-portō ⟨āvī, ātum, āre 1.⟩
1. *Fremdes aus dem Ausland* einführen, ***vinum ad se*** Wein zu sich
2. *fig Schlimmes* zufügen, verursachen, *alicui* j-m; ***suspicionem i.*** Verdacht erregen

importūnitās ⟨ātis⟩ *f* ||importunus|| Schroffheit, Rücksichtslosigkeit, ***hominis*** eines Menschen; ***i. sceleris*** Brutalität eines Verbrechens

im-portūnus ⟨a, um⟩ *Adj, Adv* ⟨importūnē⟩
1. *von Örtlichkeiten* unzugänglich, *alicui rei* für etw, zu etw
2. *von der Zeit* ungünstig
3. (*nachkl.*) *fig* ungelegen, lästig, beschwerlich, misslich; ***importunum est*** es ist beschwerlich, + *Inf*
4. *von Personen u. ihrem Benehmen* rücksichtslos, unverschämt, zudringlich, frech

im-portuōsus ⟨a, um⟩ *Adj* (*nachkl.*) ohne Hafen

im-pos *Gen* ⟨potis⟩ *Adj* ||potis|| (*nachkl.*) nicht mächtig, ***animi*** des Verstandes

im-positus ⟨a, um⟩ *PPP* → ***impono***

im-possibilis ⟨e⟩ *Adj* (*nachkl.*) unmöglich

impostor ⟨ōris⟩ *m* ||impono|| (*spätl.*) Betrüger; ***impostores (docti)*** (*nlat.*) Gelehrte, die Fälschungen produzieren

im-posuī → ***impono***

▶ **im-potēns**
I *Gen* ⟨entis⟩ *Adj, Adv* ⟨impotenter⟩
1. ohnmächtig, schwach, machtlos
2. nicht mächtig, nicht Herr, *alicuius rei* einer Sache; ***i. irae*** nicht Herr seines Zorns; ***elephanti impotentius regebantur*** die Elefanten ließen sich kaum noch lenken
3. seiner selbst nicht mächtig, zügellos, leidenschaftlich, ungestüm, maßlos, *alicui* gegen j-n; ***Aquilo i.*** der rasende Aquilo; ***i. militibus*** despotisch gegen die Soldaten
II ⟨entis⟩ *m* der Schwache

impotentia ⟨ae⟩ *f* ||impotens||
1. Unvermögen, Dürftigkeit; (*nlat.*) Impotenz
2. Zügellosigkeit, Despotismus

impraesentiārum *Adv* ||in praesentia rerum|| (*unkl.*) für jetzt, zunächst

im-prānsus ⟨a, um⟩ *Adj* (*vkl.*) *poet* ohne Frühstück, nüchtern

imprecātiō ⟨ōnis⟩ *f* ||imprecor|| (*nachkl.*) Verfluchung

im-precor ⟨ātus sum, ārī 1.⟩ (*nachkl.*) *poet* anwünschen; ***alicui bene i.*** j-m Gutes anwünschen

im-pressī → ***imprimo***

impressiō ⟨ōnis⟩ *f* ||imprimo||
1. (*nachkl.*) das Eindrücken, Abdruck *in Wachs o. Ä.*
2. RHET Artikulation; *Pl* Hebungen und Senkungen
3. *Pl* PHIL Eindrücke *der Erscheinungen auf der Seele*
4. (*vkl., nachkl.*) MIL das Eindringen, Überfall

impressum *n* ||imprimo|| (*nlat.*) Impressum, *in Druckschriften kurze Angabe über Herausgeber, Verlag, Erscheinungsort u. Erscheinungszeit*

im-pressus ⟨a, um⟩ *PPP* → ***imprimo***

▶ **imprīmīs** *Adv* ||in primis|| in erster Linie, besonders; ***doctus imprimis*** gelehrt wie wenige

im-primō ⟨pressī, pressum, primere 3.⟩ ||premere||
1. eindrücken, hineindrücken, einprägen, abdrücken; *Passiv* Eindrücke erhalten; ***pollicem i.*** den Daumen eindrücken; ***hastam i.*** die Lanze aufstützen; ***sulcum i.*** die Furche ziehen; ***sigillum in cera i.*** das Siegel ins Wachs drücken; ***aratrum muris i.*** den Pflug über die Mauern ziehen; ***aliquid memoriae i.*** etw dem Gedächtnis einprägen; ***speciem in animo i.*** PHIL ein Bild dem Geist einprägen; ***animus quasi cera imprimitur*** die Seele erhält Eindrücke wie das Wachs
2. mit einem eingedrückten Zeichen versehen; ***totam Italiam vestigiis flagitiorum i.*** ganz Italien mit den Spuren seiner Schandtaten zeichnen, in ganz Italien die Spuren seiner Schandtaten hinterlassen; ***libros i.*** (*nlat.*) Bücher drucken; ***imprimatur*** (*nlat.*) Druckerlaubnis

im-probābilis ⟨e⟩ *Adj, Adv* ⟨improbābiliter⟩ (*nachkl.*) nicht zu billigen, verwerflich

improbātiō ⟨ōnis⟩ *f* ||improbo|| Missbilligung, *alicuius* j-s *od* vonseiten j-s

improbitās ⟨ātis⟩ *f* ||improbus|| Schlechtigkeit, Unredlichkeit, Frechheit

im-probō ⟨āvī, ātum, āre 1.⟩ missbilligen, verwerfen, tadeln; ***testem i.*** j-n als Zeugen ablehnen; ***consilium i.*** einen Plan missbilligen

improbulus ⟨a, um⟩ *Adj* ||*Dim von* improbus|| Iuv. etwas dreist

▶ **im-probus**
I ⟨a, um⟩ *Adj, Adv* ⟨improbē⟩
1. von schlechter Beschaffenheit, unbrauchbar
2. moralisch schlecht, böse, unredlich, boshaft, nichtswürdig; ***homo i.*** böser Mensch; ***factum improbum*** schlechte Tat; ***improbe facere*** ruchlos handeln
3. maßlos, übertrieben, übermäßig, unsinnig; ***labor i.*** übermäßige Mühe
4. *fig* unverschämt, zudringlich, frech, dreist; *von Tieren auch* gefräßig, unersättlich, gierig; ***puer i.*** frecher Knabe, = Amor; ***fortuna improba*** launisches Glück
5. unanständig, schamlos; ***carmina improba*** unanständige Verse
II ⟨ī⟩ *m* Bösewicht, Schuft, Verräter

im-prōcērus ⟨a, um⟩ *Adj* (*nachkl.*) von niedrigem Wuchs, unansehnlich

im-prōdictus ⟨a, um⟩ *Adj* ||in-², *PPP von* dico|| nicht verschoben, nicht verlegt; ***dies improdicta*** nicht verschobener Termin

im-professus ⟨a, um⟩ *Adj* ||in-², *PPerf von* profiteor|| (*nachkl.*)
1. der sich nicht bekannt hat
2. beim Zoll nicht angegeben

im-prōmptus ⟨a, um⟩ *Adj* (*nachkl.*) nicht rasch, nicht schlagfertig

im-properātus ⟨a, um⟩ *Adj* Verg. unbeschleunigt, langsam

impropria ⟨ōrum⟩ *n* ||improprius|| unpassende Ausdrücke

im-proprius ⟨a, um⟩ *Adj, Adv* ⟨impropriē⟩ unpassend

im-prosper(us) ⟨era, erum⟩ *Adj, Adv* ⟨improsperē⟩ (*nachkl.*) unheilvoll, unglücklich

im-prōvidus ⟨a, um⟩ *Adj*

1. (*nachkl.*) nicht voraussehend, nichts ahnend, *alicuius rei* etw, von etw; ***improvidi hostes*** ahnungslose Feinde; ***certaminis i.*** ahnungslos in Bezug auf den Kampf
2. *Adv* ⟨imprōvidē⟩ unvorsichtig, unbekümmert, *alicuius rei* um etw, wegen etw; ***i. futuri*** unbekümmert um die Zukunft

imprōvīsum ⟨ī⟩ *n* ||improvisus|| unerwartetes Ereignis; *Pl* unvorhergesehene Fälle; ***(de/ex) improviso*** unversehens, unerwartet

▶ **im-prōvīsus** ⟨a, um⟩ *Adj*, *Adv* ⟨imprōvīsō⟩ ||in-[2], *PPP von* provideo|| unvorhergesehen, unvermutet, urplötzlich

im-prūdēns
I *Gen* ⟨entis⟩ *Adj*, *Adv* ⟨imprūdenter⟩
1. ahnungslos; ***hostes imprudentes aggredi*** ahnungslose Feinde angreifen; ***aliquo imprudente*** ohne j-s Wissen, ohne j-s Vermuten
2. unabsichtlich; ***i. hoc feci*** das habe ich unabsichtlich getan
3. *einer Sache* unkundig, in *etw* unerfahren, *alicuius rei*; ***legis i.*** des Gesetzes unkundig; ***i. maris*** in der Seefahrt unerfahren
4. (*unkl.*) unklug, unverständig, unvorsichtig
II ⟨entis⟩ *m* der Unverständige

imprūdentia ⟨ae⟩ *f* ||imprudens||
1. Ahnungslosigkeit
2. Unabsichtlichkeit; ***per imprudentiam*** unversehens, unabsichtlich
3. Unkenntnis, *alicuius rei* von etw; Unklugheit
4. Unachtsamkeit, Unvorsichtigkeit, Übereilung

impūberēs ⟨um⟩ *m u.* **impūbēs**[1] ⟨ium⟩ *m* ||impubes[2]|| Kinder, Jungen

im-pūbēs[2] *Gen* ⟨eris⟩ *Adj u.* **im-pūbis** ⟨e⟩ *Adj* noch nicht erwachsen, unreif, jugendlich; ***corpus impube*** unreifer Körper; ***gena impubes*** bartlose Wange

▶ **im-pudēns** *Gen* ⟨entis⟩ *Adj*, *Adv* ⟨impudenter⟩ schamlos, unverschämt; ***homo i.*** unverschämter Mensch; ***mendacium i.*** schamlose Lüge; ***impudenter loqui*** unanständig reden; ***pecunia i.*** unanständig viel Geld

impudentia ⟨ae⟩ *f* ||impudens|| Schamlosigkeit, Unverschämtheit, Frechheit

impudīcitia ⟨ae⟩ *f* ||impudicus|| Unzüchtigkeit, Unzucht, *bes* Unzucht mit Jungen, Päderastie

im-pudīcus ⟨a, um⟩ *Adj*, *Adv* ⟨impudīcē⟩ unzüchtig, *bes von Päderasten*

impūgnātiō ⟨ōnis⟩ *f* ||impugno|| Bestürmung

im-pūgnō ⟨āvī, ātum, āre 1.⟩ angreifen, bestürmen; *fig* bekämpfen, anfeinden, *bes mit Worten* angreifen, kritisieren

im-pulī → ***impello***

impulsiō ⟨ōnis⟩ *f* ||impello|| Anregung

impulsor ⟨ōris⟩ *m* ||impello|| Antreiber, Anreger; ***aliquo impulsore*** auf j-s Anregung

impulsus[1] ⟨ūs⟩ *m* ||impello|| äußerer Anstoß, Anregung von außen; *fig* Antrieb, Anregung, plötzlicher Einfall; ***i. deorum*** Anregung durch die Götter

im-pulsus[2] ⟨a, um⟩ *PPP* → ***impello***

▶ **im-pūne** *Adv*
1. ungestraft, straflos; ***impune esse/abire*** ungestraft bleiben, straflos ausgehen
2. ohne Schaden, ohne Gefahr; ***impune in otio esse*** ohne Gefahr in Ruhe leben

impūnitās ⟨ātis⟩ *f* ||impune||
1. Straflosigkeit
2. *fig* Ungebundenheit, Zügellosigkeit

impūnītus ⟨a, um⟩ *Adj*, *Adv* ⟨impūnītē⟩ ||in-[2], *PPP von* punio||
1. ungestraft, straflos; ***iniuria impunita*** ungestraftes Unrecht
2. *fig* ungebunden, zügellos; ***libertas impunita*** zügellose Freiheit; ***mendacium impunitum*** freche Lüge

impūrātus ⟨a, um⟩ *Adj* ||impurus|| Com. schmutzig, schuftig; ***ille i.*** jener Schuft

impūritās ⟨ātis⟩ *f u.* **impūritia** ⟨ae⟩ *f* ||impurus|| Lasterhaftigkeit, Unanständigkeit

im-pūrus ⟨a, um⟩ *Adj*, *Adv* ⟨impūrē⟩
1. (*nachkl.*) *poet* unrein, schmutzig
2. *fig moralisch* schmutzig, lasterhaft, gemein, abscheulich, *bes* unzüchtig, wollüstig

imputātor ⟨ōris⟩ *m* ||imputo|| Sen. der Selbstgerechte, *der mit seinen guten Taten prahlt*

im-putātus ⟨a, um⟩ *Adj* ||in-[2], *PPP von* puto|| (*nachkl.*) *poet* unbeschnitten, ungepflegt; ***vinea imputata*** verwahrloster Weinstock

im-putō ⟨āvī, ātum, āre 1.⟩ (*nachkl.*)
1. anrechnen, in Rechnung bringen
2. Mart. *meton* schenken, widmen, *alicui aliquid* j-m etw
3. *fig als Schuld od Verdienst* anrechnen, zuschreiben; ***equis natum i.*** den Pferden den Tod des Sohnes zuschreiben; ***alicui beneficium i.*** j-m als Wohltat anrechnen

īmulus ⟨a, um⟩ *Adj* ||*Dim von* imus|| Catul. ganz unten, zuunterst

īmum ⟨ī⟩ *n* ||imus||
1. das Unterste, Tiefe, Grund, Boden; Unterwelt; ***summa et ima miscere*** das Oberste mit dem Untersten mischen; ***ab imo/ex imo*** von unten an, zuunterst
2. Ende, Schluss; ***ad imum*** bis zum Ende, zuletzt noch

▶ **īmus** ⟨a, um⟩ *Adj*
1. *örtl.* unterster, tiefster, *meist partitiv* = der unterste Teil, Grund, Boden, Tiefe; ***in imo mari*** in der Tiefe des Meeres; ***cauda ima*** Schwanzende; ***dolium imum*** Boden des Fasses; ***ad manes imos*** tief hinab zu den Manen
2. *zeitl.* letzter; ***mensis i.*** letzter Monat
3. *nach Rang od Reihenfolge* unterster, niedrigster; ***insignes et imi*** Hoch und Niedrig

in[1]

I
1. in, an
2. ein-, hinein-
II
1. in, in … hinein
2. in … hinein, bis in … hinein
3. auf, für
4. in, nach
5. in
6. in, zu
7. zu, für
8. in, zu
9. gegen, mit Rücksicht auf

10. in, nach
III
1. in, an, auf
2. innerhalb
3. in
4. in, innerhalb
5. zur Zeit von, bei Gelegenheit von
6. in, an
7. in Betreff, bezüglich
8. unter, zu

I *Präf, il- vor l; m- vor b, p, m; ir- vor r; i- vor gn; sonst in-*
1. *Ortsangabe* in, an, auf, bei; ***in-stare*** in *etw* stehen; ***in-sideo*** in *etw* sitzen, auf *etw* sitzen
2. *Richtungsangabe bei Verben der Bewegung* ein-, hinein-; ***in-ire*** hinein-gehen; ***in-vadere*** eindringen; ***in-serere***[1] ein-reihen; ***in-serere***[2] ein-pflanzen
II *Präp + Akk*
1. *örtl. auf die Frage „wohin?", immer bei Verben der Bewegung* in, in … hinein, in … hinauf, auf, auf … hinauf, in … hinab, nach, zu; ***in urbem redire*** in die Stadt zurückkehren; ***abicere in mare*** ins Meer werfen; ***in Asiam proficisci*** nach Asien aufbrechen; ***advenire in insulam*** auf der Insel ankommen; ***convenire in oppidum*** in der Stadt zusammentreffen; ***se abdere in silvas*** sich in den Wäldern verstecken; ***adventus in castra*** Ankunft im Lager; ***iter in Hispaniam*** Weg nach Spanien; ***in ius vocare*** *fig* vor Gericht zitieren; ***aliquem accipere in civitatem*** j-m die Staatsbürgerschaft verleihen; ***in invidiam alicuius incidere*** bei j-m verhasst werden; ***in suspicionem venire*** in Verdacht geraten; ***in potestatem senatūs esse = venisse et in potestate senatūs esse*** sich in der Gewalt des Senats befinden; ***alicui in mentem est*** es fällt j-m ein; ***ut in funebrem pompam*** wie bei der Bestattung; ***in medium relinquere*** unentschieden lassen
2. *zeitl.* in … hinein, bis in … hinein; ***bellum in hiemem ducere*** den Krieg in den Winter hineinziehen, bis in den Winter hinein Krieg führen; ***dormire in multum diem*** bis in den hellen Tag hinein schlafen
3. *zeitl.* auf, für; ***in annum*** für ein Jahr; ***aliquid in multos annos praedicere*** etw auf viele Jahre voraussagen; ***in futurum*** für die Zukunft; ***in tempus*** für den Augenblick; ***in dies*** von Tag zu Tag; ***in diem*** nur für einen Tag, nur für heute, von Tag zu Tag, alle Tage, auf den bestimmten Tag; ***in diem vivere*** in den Tag hinein leben
4. *Ausdehnung* in, nach; ***sex pedes in longitudinem*** sechs Fuß lang; ***crescere in latum*** in die Breite wachsen; ***in rectum*** geradeaus; ***in omnes partes*** nach allen Richtungen; ***in utramque partem disputare*** *fig* das Für und Wider diskutieren; ***in maius*** mit Übertreibung
5. *Einteilung* in; ***Gallia est divisa in partes tres*** Gallien ist in drei Teile eingeteilt; ***agrum in iugera dena discribere*** das Ackerland in je zehn Morgen aufteilen
6. *Wandel* in, zu; ***redigere aliquem in avem*** j-n in einen Vogel verwandeln
7. *Zweck od Absicht* zu, für, wegen; ***legionem in praesidium mittere*** eine Legion als Besatzung schicken; ***in auxilium vocare*** zu Hilfe rufen; ***ad praetorem in ius adire*** den Prätor um Rechtshilfe bitten; ***in eam sententiam loqui*** in dieser Absicht reden; ***tres viros in consilium dare*** drei Männer als Beiräte geben; ***in mea vulnera pugno*** ich trachte nach meinem eigenen Leid; ***mittere aliquem in imperium magnum*** j-n schicken um ein großes Reich zu erwerben; ***in hoc/in haec/in id*** dafür, dazu, deswegen
8. *Wirkung od Ergebnis* in, zu; ***in incertum*** aufs Ungewisse
9. *freundlich u. feindlich Gesinnung* gegen, mit Rücksicht auf; ***liberalis in milites*** freigebig gegen die Soldaten; ***saevire in aliquem*** gegen j-n wüten; ***orationem habere in aliquem*** auf j-n eine Rede halten, gegen j-n eine Rede halten; ***legem scribere in aliquid*** ein Gesetz erlassen gegen etw
10. *Art u. Weise* in, nach, gemäß, auf, wie; ***villae in urbium modum*** Landhäuser nach Art von Städten; ***mirum in modum*** auf wunderbare Weise; ***pax convenit in has condiciones*** der Friede kommt unter folgenden Bedingungen zustande; ***in patrum morem*** nach Sitte der Väter; ***in vicem*** wechselweise; ***in rem esse*** förderlich sein; ***in numerum ludere*** nach dem Takt spielen; ***in quantum*** inwieweit; ***in tantum*** insoweit; ***in faciem hederae*** efeuähnlich; ***in plumam*** wie ein Gefieder; ***in barbarum*** nach Art eines Barbaren
III *Präp + Abl*
1. *örtl. auf die Frage „wo?" (Ruhelage), auch bei Verben wie ponere, locare, collocare u. Ä., nach denen im Deutschen mit „wohin?" gefragt wird* in, an, auf; ***in urbe vivere*** in der Stadt leben; ***anulum in digito habere*** einen Ring am Finger haben; ***navem tenere in ancoris*** das Schiff vor Anker halten; ***in barbaris*** bei den Barbaren; ***aliquid in mensa ponere*** etw auf den Tisch stellen; ***pontem facere in flumine*** eine Brücke über den Fluss bauen; ***navigare in Italia*** an der Küste Italiens segeln
2. *örtl.* innerhalb; ***in tribus milibus*** innerhalb von drei Meilen, auf drei Meilen
3. *meist von der Kleidung* in; ***in veste domestica sedere*** in Hauskleidung dasitzen
4. *zeitl.* in, innerhalb, im Verlauf von, während; ***in multis annis*** im Verlauf vieler Jahre; ***in sex mensibus*** innerhalb von sechs Monaten; ***in die*** während des Tages; ***ter in anno*** dreimal jährlich; ***in pueritia*** in der Jugend
5. *Zeitumstände* zur Zeit von, bei Gelegenheit von; ***in bello*** in Kriegszeiten; ***in fame*** zur Zeit der Hungersnot; ***in tempore venire*** zur rechten Zeit kommen; ***in praesentia*** unter den gegenwärtigen Umständen
6. *Umstände u. Verhältnisse* in, an, bei, unter; ***in rebus adversis*** im Unglück; ***in ridendo*** beim Lachen, lachend; ***aliquam in matrimonio habere*** j-n zur Frau haben; ***hac in re/in hoc*** hierin, hierbei; ***in eo est, ut*** es steht so, dass; ***in summis honoribus esse*** in höchsten Ehren stehen; ***in eadem pulchritudine esse*** ebenso schön sein; ***in vitio esse*** fehlerhaft sein, unrecht sein
7. *Angabe der Beziehung* in Betreff, bezüglich, hinsichtlich, an, bei, gegen; ***audax in convocandis ho-***

minibus kühn beim Zusammenrufen von Menschen; ***laudare aliquem in re*** j-n bezüglich einer Sache loben

8. *Zugehörigkeit* unter, zu, *selten* zugleich mit; ***aliquem in amicis numerare*** j-n zu seinen Freunden zählen

in-[2] *Präf, il- vor l; im- vor b, p, m; ir- vor r; i- vor gn; sonst in-*, nicht, ohne, un- *zum Ausdruck der Verneinung, meist vor Adj u. Adv, selten vor Subst.*; ***il-licitus*** unerlaubt; ***im-mensus*** un-ermesslich; ***ir-reparabilis*** un-wiederbringlich; ***in-nocens*** un-schuldig; ***i-gnotus*** un-bekannt; ***im-potens*** ohn-mächtig

in-accessus ⟨a, um⟩ *Adj* ||in-[2], *PPP von* accedo|| *poet* unzugänglich, *alicui rei* für etw; ***inaccessa mapalium*** *subst* unzugängliche Behausungen

in-acēscō ⟨acuī, -, acēscere 3.⟩ *(nachkl.) poet* sauer werden; *fig* verdrießen, *alicui* jdn

Īnachidēs ⟨ae⟩ *m* Nachkomme des Inachus, = Epaphos *als Enkel*, = Perseus *als Argiver*

Īnachis ⟨idis⟩ *u.* ⟨idos⟩ *f* Nachkomme des Inachus, = Io

Īnachis *Gen* ⟨idis⟩ *Adj f u.* **Īnachius** ⟨a, um⟩ *Adj* von Inachus stammend, argivisch, griechisch

Īnachus ⟨ī⟩ *m* MYTH *Hauptfluss von Argos, heute Panitsa; im Mythos Flussgott, Sohn des Okeanos (Oceanus) u. der Thetis, erster König von Argos, Vater der Io*

in-ads… = ***in-ass…***

in-adt… = ***in-att…***

in-adustus ⟨a, um⟩ *Adj poet* nicht angebrannt, nicht versengt

in-aedificō ⟨āvī, ātum, āre 1.⟩

1. anbauen, erbauen, aufbauen, *alicui rei / in re / in rem* in etw, an etw, bei etw; ***sacellum in domo i.*** eine kleine Kapelle im Haus aufbauen

2. zubauen, verbauen, verbarrikadieren

in-aequābilis ⟨e⟩ *Adj, Adv* ⟨inaequābiliter⟩

1. *(vkl., nachkl.)* ungleich, uneben

2. *fig* ungleichmäßig, ungleichförmig

in-aequālis ⟨e⟩ *Adj, Adv* ⟨inaequāliter⟩

1. *(nachkl.) poet* uneben, schief; ***mensa i.*** wackliger Tisch

2. *poet* uneben machend; ***tonsor i.*** Haarschneider, der Stufen schneidet; ***procella i.*** das Meer aufwühlender Sturm

3. *fig* ungleich groß; ***calices inaequales*** bald volle, bald halb volle Becher

4. *(nachkl.) fig* wechselnd, wechselvoll, veränderlich, unbeständig

inaequālitās ⟨ātis⟩ *f* ||inaequalis|| *(vkl., nachkl.)* Ungleichheit, Unähnlichkeit

in-aequātus ⟨a, um⟩ *Adj* ||in-[2], *PPP von* aequo|| Tib. ungleich

in-aequō ⟨-, -, āre 1.⟩ eben machen, gleich machen

in-aequus ⟨a, um⟩ *Adj* = ***iniquus***

in-aestimābilis ⟨e⟩ *Adj, Adv* ⟨inaestimābiliter⟩

1. *(nachkl.)* nicht schätzbar, unberechenbar; ***animus multitudinis i.*** unberechenbare Stimmung der Masse

2. *(nachkl.)* unschätzbar, außerordentlich, unvergleichlich

3. PHIL wertlos, nicht beachtenswert

in-aestuō ⟨-, -, āre 1.⟩ (Hor., *spätl.*) aufbrausen, *alicui rei* in etw

in-affectātus ⟨a, um⟩ *Adj* ||in-[2], *PPP von* affecto|| *(nachkl.)* ungekünstelt

in-agitābilis ⟨e⟩ *Adj* ||in-[2], agito|| Sen. bewegungsunfähig

in-agitātus ⟨a, um⟩ *Adj* ||in-[2], *PPP von* agito|| Sen. unbewegt; *fig* nicht beunruhigt

inalpīnī ⟨ōrum⟩ *m* ||inalpinus|| die Alpenbewohner, Alpenvölker

in-alpīnus ⟨a, um⟩ *Adj* ||in[1], Alpes|| *(unkl.)* in den Alpen wohnend

in-amābilis ⟨e⟩ *Adj (unkl.)* nicht liebenswürdig, verhasst; ***regnum inamabile*** verhasstes Reich = Unterwelt; ***palus inamabilis*** verhasster Fluss = Styx

in-amārēscō ⟨-, -, ēscere 3.⟩ Hor. bitter werden; anekeln

in-ambitiōsus ⟨a, um⟩ *Adj* nicht ehrgeizig, anspruchslos

inambulātiō ⟨ōnis⟩ *f* ||inambulo|| Catul. das Auf-und-ab-Gehen, das Hin-und-her-Schaukeln

in-ambulō ⟨āvī, ātum, āre 1.⟩ auf und ab gehen, spazieren gehen

in-amoenus ⟨a, um⟩ *Adj (nachkl.) poet* unerfreulich, reizlos

ināne ⟨is⟩ *n* ||inanis||

1. der leere Raum

2. Unwesentliches

inānes ⟨um⟩ *m* ||inanis|| eitle Narren

inānia ⟨ium⟩ *m* ||inanis|| Nichtigkeiten

ināniae ⟨ārum⟩ *f* ||inanis|| Plaut. Leere

ināni-logista ⟨ae⟩ *m* ||inanis, *griech. Fw.*|| Plaut. Phrasendrescher

ināni-loquus ⟨a, um⟩ *Adj* ||inanis, loquor|| Plaut. vergeblich redend

in-animālis ⟨e⟩ *Adj (nachkl.)* = ***inanimus***

inānimentum ⟨ī⟩ *n* ||inanis|| Plaut. Leere

ināniō ⟨īvī, ītum, īre 4.⟩ ||*Denom von* inanis|| *(nachkl.) poet* leer machen

► **in-ānis** ⟨e⟩ *Adj, Adv* ⟨ināniter⟩

1. leer, inhaltslos; ***vas inane*** leeres Gefäß; ***litterae inanes*** inhaltsloser Brief; ***navis i.*** unbeladenes Schiff, unbemanntes Schiff; ***equus i.*** Pferd ohne Reiter; ***regna inania*** Reich der körperlosen Schatten, Unterwelt; ***corpus inane*** toter Körper; ***laeva i.*** linke Hand ohne goldenen Ring; ***lumina inania*** blinde Augen; ***vulnus i.*** klaffende Wunde; ***i. ab aliquo / a re*** ohne j-n / ohne etw

2. *poet* mit leerem Magen, hungrig, nüchtern

3. mit leeren Händen; ***legati inanes ad regem reverterunt*** die Gesandten kehrten mit leeren Händen zum König zurück

4. arm, unbemittelt; ***civitas i.*** ausgeplünderte Stadt

5. *fig* leer, gehaltlos, wertlos, nichts sagend

6. *fig* eitel, nichtig, unnütz; vergeblich, erfolglos

7. *fig* eingebildet, selbstgefällig, prahlerisch; ***inaniter loqui*** prahlerisch reden

inānitās ⟨ātis⟩ *f* ||inanis||

1. leerer Raum

2. *fig* Eitelkeit, Nichtigkeit

in-arātus ⟨a, um⟩ *Adj* ||in-[2], *PPP von* aro|| *poet* ungepflügt, brach (liegend)

in-ārdēscō ⟨ārsī, -, ārdēscere 3.⟩

1. sich einbrennen, *alicui rei* in etw

2. sich entzünden, erglühen, *re* durch etw, von etw; *fig* leidenschaftlich entbrennen

in-ārēscō ⟨āruī, -, ārēscere 3.⟩ (*vkl., nachkl.*) austrocknen, vertrocknen, versiegen, *auch fig*
Īnarimē ⟨ēs⟩ *f* = ***Aenaria***
in-artificiālis ⟨e⟩ *Adj, Adv* ⟨inartificiāliter⟩ Quint. nicht kunstgerecht
in-ascēnsus ⟨a, um⟩ *Adj* ||in-², *PPP von* ascendo|| Plin. nicht bestiegen, nicht betreten
in-assuētus ⟨a, um⟩ *Adj poet* ungewohnt, ungewöhnlich
in-attenuātus ⟨a, um⟩ *Adj* ||in-², *PPP von* attenuo|| Ov. ungeschwächt
in-audāx *Gen* ⟨ācis⟩ *Adj* Hor. zaghaft
in-audiō ⟨īvī⟩ *u.* ⟨iī, ītum, īre 4.⟩ hören, vernehmen, gelegentlich erfahren
in-audītus ⟨a, um⟩ *Adj* ||in-², *PPP von* audio||
1. ungehört, bis jetzt noch unbekannt, *alicui* von j-m/j-m; ***nemini i.*** jedem zu Ohren gekommen
2. *fig* unerhört, beispiellos
3. (*nachkl.*) JUR unverhört; ***aliquem inauditum punire*** j-n ohne Vernehmung bestrafen
in-augurō ⟨āvī, ātum, āre 1.⟩
I *v/i* (*vkl., nachkl.*) Augurien anstellen; ***inaugurato*** nach Anstellen der Augurien, unter Anstellen der Augurien
II *v/t* (durch Augurien) feierlich einweihen, weihen; ***templum i.*** einen Tempel weihen; ***flaminem i.*** einen Priester einführen
in-aurēs ⟨ium⟩ *f* (*vkl., nachkl.*) Ohrgehänge, Ohrklips
in-aurō ⟨āvī, ātum, āre 1.⟩ ||aurum||
1. vergolden
2. *hum* in Gold fassen, überaus reich machen
in-auspicātus ⟨a, um⟩ *Adj, Adv* ⟨inauspicātō⟩ (*nachkl.*) *poet* ohne Auspizien (angenommen)
in-ausus ⟨a, um⟩ *Adj* ||in-², *PPP von* audeo|| (*nachkl.*) *poet* ungewagt, unversucht, *alicui* von j-m; ***nil inausum linquere*** nichts unversucht lassen
inb… = ***imb…***
inbeneficio ⟨avi, atum, are 1.⟩ (*mlat.*) zu Lehen geben, belehnen
inc. *Abk* (*nlat.*) = ***incidit*** hat eingeschnitten, hat gestochen, *auf Kupferstichen, + Name des Stechers*; → ***incido²***
in-caeduus ⟨a, um⟩ *Adj* ||caedo|| *poet* ungehauen, nicht abgeholzt; ***silva incaedua*** nicht abgeholzter Wald
in-calēscō ⟨caluī, -, calēscere 3.⟩
1. warm werden, heiß werden; ***toga lacrimis incaluit*** die Toga wurde von heißen Tränen benetzt
2. *fig* erglühen, entbrennen, gereizt werden, begeistert werden, *re* durch etw, in etw, *alicui* für j-n, *ad aliquid* zu etw, für etw; ***vino incalesci*** vom Wein erhitzt werden
in-calfaciō ⟨-, -, ere 3.⟩ *poet* erwärmen
in-callidus ⟨a, um⟩ *Adj, Adv* ⟨incallidē⟩ unklug, nicht weltklug
in-candēscō ⟨canduī, -, candēscere 3.⟩ (*nachkl.*)
1. weiß werden
2. erglühen, sich entzünden
in-cānēscō ⟨cānuī, -, cānēscere 3.⟩ weißgrau schimmern
incantatrix ⟨icis⟩ *f* (*mlat.*) Zauberin, Hexe
in-cantō ⟨āvī, ātum, āre 1.⟩ (*unkl.*)
1. eine Zauberformel gegen *j-n* hersagen, *aliquem*
2. durch Zaubersprüche weihen
incānus ⟨a, um⟩ *Adj* ||incanesco|| (*nachkl.*) *poet* ganz grau
incappo ⟨avi, atum, are 1.⟩ (*mlat.*) mit einem Kapuzenmantel versehen
incarnātiō ⟨ōnis⟩ *f* ||incarno|| Fleischwerdung, Menschwerdung; ***i. Christi*** (*eccl.*) Menschwerdung Christi
in-carnātus ⟨a, um⟩ *Adj* ||incarno|| (*eccl.*) Mensch geworden, geboren
in-carnō ⟨āvī, ātum, āre 1.⟩ ||in¹, caro¹|| (*eccl.*) zu Fleisch machen
incassum = ***in cassum***; → ***cassus***
in-castīgātus ⟨a, um⟩ *Adj* ||in-², *PPP von* castigo|| Hor. ungezüchtigt, ungetadelt
in-cautus ⟨a, um⟩ *Adj, Adv* ⟨incautē⟩
1. unvorsichtig, unbedacht, sorglos, *ab aliquo* vor j-m, gegen j-n, um j-n, *ad aliquid* in Bezug auf etw; (*nachkl.*) unbekümmert, *alicuius rei* um etw
2. (*nachkl.*) unbehütet, ungesichert, unsicher, *alicui* von j-m
3. unvermutet
▶ **in-cēdō** ⟨cessī, cessum, cēdere 3.⟩
I *v/i*
1. einherschreiten, einhergehen, *bes um gesehen zu werden*; ***superbus i.*** daherstolzieren; ***equis i.*** einherreiten; ***proprius i.*** näher treten
2. MIL heranrücken, heranmarschieren
3. *von Zuständen* auftreten, eintreten, hereinbrechen, um sich greifen; ***pestilentia in castra incessit*** die Seuche brach über das Lager herein
4. *von Gerüchten* auftreten, sich verbreiten
5. *von Gefühlen* befallen, ergreifen, *alicui* j-n; *abs* aufkommen, eintreten; ***cura omnium animis incedit*** Sorge befällt alle
II *v/t*
1. betreten, beschreiten
2. *von Zuständen* befallen, überkommen; sich ausbreiten, *aliquem* bei j-m, unter j-m; ***seditio legiones incedit*** ein Aufstand breitet sich unter den Legionen aus
in-celebrātus ⟨a, um⟩ *Adj* ||in-², *PPP von* celebro|| (*unkl.*) unveröffentlicht
in-cēnātus ⟨a, um⟩ *Adj* ||in-², *PPerf von* ceno|| (*vkl.*) hungrig, der noch nicht gegessen hat
in-cendī → ***incendo***
incendiārius ⟨ī⟩ *m* ||incendium|| (*nachkl.*) Brandstifter, Mordbrenner
▶ **incendium** ⟨ī⟩ *n* ||incendo||
1. Brandstiftung; Brand, Feuersbrunst; ***incendium facere/excitare*** einen Brand entfachen
2. *meton* Fackel
3. *fig von Leidenschaften* Feuer, Glut, *bes* Liebesglut
4. *fig* äußerste Gefahr, Verderben, Vernichtung, Untergang; ***i. belli*** Gräuel des Krieges; ***i. urbis*** Untergang der Stadt
▶ **in-cendō** ⟨cendī, cēnsum, cendere 3.⟩
1. anzünden, in Brand stecken, *auch* verbrennen; *Passiv* in Brand geraten; ***aram i.*** den Altar anzünden, Feuer auf dem Altar entzünden
2. erleuchten, erhellen; ***luna inceditur radiis solis*** der Mond wird durch die Sonnenstrahlen erleuchtet

I

3. *fig* entzünden, entflammen, in Wut versetzen; *Passiv* entbrennen; ***iram i.*** den Zorn erregen; ***equum calcaribus i.*** ein Pferd anspornen; ***incensus*** entflammt
4. aufhetzen, reizen, *in aliquem* gegen j-n
5. (*unkl.*) steigern, vergrößern, ***vires*** die Kräfte
6. (*nachkl.*) *poet* erfüllen, *re* mit etw; ***caelum clamore i.*** den Himmel mit Geschrei erfüllen

in-cēnō ⟨-, -, āre 1.⟩ (*nachkl.*) darin speisen

incēnsiō ⟨ōnis⟩ *f* ||incendo|| Brand, Brandstiftung, Einäscherung

incēnsus[1] ⟨a, um⟩ *Adj* ||incendo|| entbrannt, heiß; *fig* feurig, begeistert

in-cēnsus[2]
I ⟨a, um⟩ *Adj* ||in-[2], *PPP von* censeo|| vom Zensor nicht abgeschätzt
II ⟨ī⟩ *m* vom Zensor nicht Abgeschätzter

in-cēnsus[3] ⟨a, um⟩ *PPP* → ***incendo***

I

in-cēpī → ***incipio***

inceptiō ⟨ōnis⟩ *f* ||incipio||
1. das Anfangen, Anfang, Beginn
2. Ter. Vorhaben

in-ceptō ⟨āvī, -, āre 1.⟩ ||*Intens von* incipio||
I *v/t etw* beginnen, anfangen
II *v/i* Streit anfangen, *cum aliquo* mit j-m

inceptor ⟨ōris⟩ *m* ||incipio|| Ter. der *etw* beginnt

▶ **inceptum** ⟨ī⟩ *n u.* (*nachkl.*) **inceptus**[1] ⟨ūs⟩ *m* ||incipio||
1. Anfang, Beginn; ***ab incepto*** von Anfang an
2. *meton* Vorhaben, Unternehmen

in-ceptus[2] ⟨a, um⟩ *PPP* → ***incipio***

in-cernō ⟨crēvī, crētum, cernere 3.⟩ (*unkl.*) darüber streuen

in-cērō ⟨āvī, ātum, āre 1.⟩ ||in[1], cera|| (*nachkl.*) mit Wachs überziehen; ***genua deorum i.*** *hum* die Knie der Götter schmierig machen *durch Berühren u. Küssen* = inbrünstig zu den Göttern flehen

in-certō[1] ⟨-, -, āre 1.⟩ ||*Denom von* incertus|| (*vkl.*) ungewiss machen, verunsichern

incertō[2] *Adv* → ***incertus***

incertum ⟨ī⟩ *n* ||incertus|| Ungewissheit, Unsicherheit; *Pl* Wechselfälle; ***aliquid in incerto relinquere*** etw ungewiss lassen; ***aliquid ad incertum revocare*** etw infrage stellen; ***in incerto esse*** in Ungewissheit sein; ***in incerto habere*** unentschlossen sein

incertus ⟨a, um⟩ *Adj, Adv* ⟨incertē⟩ *u.* ⟨incertō⟩
1. ungewiss, unsicher, unentschieden, unzuverlässig; ***luna incerta*** trüber Mond; ***vultus i.*** verstörte Miene; ***sol i.*** unbeständiger Sonnenschein; ***menses incerti*** veränderliche Monate
2. unklar, schwer zu unterscheiden
3. *von Personen* unschlüssig, ratlos, nicht sicher wissend, schwankend, unkundig, *alicuius rei* etw, einer Sache, + *indir Fragesatz*; ***sententiae i.*** in seiner Meinung schwankend

in-cessī → ***incedo*** *u.* → ***incesso***

in-cessō ⟨cessī, -, cessere 3.⟩ ||*Intens von* incedo|| (*nachkl.*) *poet j-n* angreifen, *j-n* anfallen, auf *j-n/etw* losgehen, *aliquem/aliquid*; *fig mit Worten* angreifen, schmähen, anklagen, bedrohen

in-cessum *PPP* → ***incedo***

incessus ⟨ūs⟩ *m* ||incedo||
1. das Einherschreiten, Gangart, Gang; ***incessu erectus*** mit aufrechtem Gang
2. Tac. feindliches Vordringen, Einfall *in ein Land*; *meton* Marschroute
3. Tac. Eingang, Zugang

incesti-ficus ⟨a, um⟩ *Adj* ||incestus[1], facio|| Sen. sich befleckend, eine böse Tat begehend

incestō ⟨āvī, ātum, āre 1.⟩ ||*Denom von* incestus|| (*unkl.*) beflecken, verunreinigen, *bes sexuell*

incestum ⟨ī⟩ *n* ||incestus|| Unzucht, Blutschande; ***incestum facere/committere alicuius*** Unzucht begehen mit j-m; ***incesto liberare*** von der Blutschande freisprechen

incestus[1] ⟨ūs⟩ *m* ||in-[2], careo||
1. Geschlechtsverkehr mit Vestalinnen
2. Blutschande

▶ **in-cestus**[2]
I ⟨a, um⟩ *Adj, Adv* ⟨incestē⟩ ||in-[2], castus||
1. *moralisch od* RELIG befleckt
2. unzüchtig, blutschänderisch
II ⟨ī⟩ *m* Frevler

inchoō ⟨āvī, ātum, āre 1.⟩ = ***incoho***

in-cidō ⟨cidī, -, cidere 3.⟩ ||in[1], cado||

1. hinfallen
2. fallen
3. (absichtlich) sich hineinstürzen
4. überfallen, angreifen
5. befallen
6. geraten
7. vorfallen, sich zutragen

1. hinfallen, in *etw* fallen, auf *etw* fallen, *abs od in aliquid/alicui rei/aliquem*; ***tela incidunt*** Geschosse schlagen ein, Geschosse treffen
2. *in eine Zeit* fallen, ***in hunc diem*** auf diesen Tag
3. (absichtlich) sich in *etw* hineinstürzen; *von Flüssen* sich ergießen, *alicui rei* in etw
4. überfallen, angreifen, *alicui/in aliquem* j-n; ***ultimis i.*** die Letzten überfallen; ***in hostem i.*** den Feind angreifen
5. *von Zuständen od Übeln j-n* befallen, *j-n* überkommen, *j-m* begegnen, *j-m* widerfahren, *alicui/in aliquem*; ***terror incidit exercitui*** Schrecken befällt das Heer; ***pestilentia in urbem incidit*** eine Seuche kommt über die Stadt; ***i. aliquem*** j-n ergreifen
6. *fig unfreiwillig* in *etw* geraten, auf *etw* stoßen, *in aliquem/in aliquid*; ***in manūs latronum i.*** Räubern in die Hände fallen; ***in Caesarem i.*** auf Caesar stoßen; ***in alienum i.*** an den Unrechten kommen; ***in morbum i.*** krank werden; ***in suspicionem i.*** in Verdacht geraten; ***ad aliquid faciendum i.*** auf etw verfallen; ***in mentionem alicuius rei i.*** auf etw zu sprechen kommen; ***in sermonem hominum i.*** ins Gerede der Leute kommen; ***in sermonem i.*** auf den Gegenstand zu sprechen kommen; ***incidit alicui in mentem*** es fällt j-m ein
7. vorfallen, sich zutragen, sich ereignen; ***mentio incidit de uxoribus*** das Gespräch kam auf die Frauen; ***casus incidit*** es ereignete sich der Fall; ***forte incidit, ut*** zufällig traf es sich, dass

in-cīdō[2] ⟨cīdī, cīsum, cīdere 3.⟩ ||in[1], caedo||
1. *etw* einschneiden, Einschnitte in *etw* machen, *aliquid*; ***manum i.*** in die Hand schneiden; ***pulmo incisus*** Lunge mit einem Einschnitt

2. *mit Werkzeugen* einhauen, eingraben, eingravieren, *aliquid in aliquid/in re* etw in etw; ***leges in aes i.*** Gesetze in Erz einmeißeln; ***nomina in tabula i.*** Namen in eine Tafel eingravieren; ***amores arboribus i.*** Liebesworte in die Bäume schneiden
3. (aus)schneiden; ***dentes i.*** Zähne *in die Säge* schneiden; ***alicui pennas i.*** j-m die Flügel stutzen
4. beschneiden, ***vites*** die Weinstöcke
5. zerschneiden, durchschneiden, ***funem*** ein Seil
6. teilen, absetzen
7. unterbrechen, abbrechen; ***alicui sermonem i.*** j-m das Wort abschneiden; ***novas lites i.*** neue Streitigkeiten verhüten
8. (*nachkl.*) wegnehmen, rauben, ***omnem spem*** alle Hoffnung

incīle ⟨is⟩ *m* (*unkl.*) Abzugskanal, Abzugsgraben, *auch fig*

incīlō ⟨-, -, āre 1.⟩ schelten, tadeln

in-cingō ⟨cinxī, cinctum, cingere 3.⟩ (*nachkl.*)
1. umgürten, *aliquem re* j-n mit etw; *Passiv* sich umgürten, sich bekränzen
2. *fig* umgeben, umschließen, *aliquem/aliquid re* j-n/etw mit etw; ***urbem moenibus i.*** die Stadt mit Mauern umschließen

in-cinō ⟨-, -, ere 3.⟩ ||cano|| (*unkl.*) ertönen lassen, anstimmen

▶ **in-cipiō** ⟨cēpī, ceptum, cipere 3.⟩
I *v/i* seinen Anfang nehmen, beginnen, begonnen werden, eröffnet werden, *a re/re* mit etw; anfangen zu reden, *a re* mit etw, bei etw
II *v/t* anfangen, beginnen, unternehmen, ***oppugnationem*** eine Belagerung

incipissō ⟨-, -, ere 3.⟩ ||*Intens von* incipio|| Plaut. eifrig beginnen

incīsē *u.* **incīsim** *Adv* ||incido²|| RHET abgehackt, kurz gegliedert

incīsiō ⟨ōnis⟩ *f u.* **incīsum** ⟨ī⟩ *n* ||incido²|| RHET Abschnitt, Glied *einer Periode*

in-cīsus ⟨a, um⟩ *PPP* → ***incido²***

incitāmentum ⟨ī⟩ *n* ||incito|| Anreiz, Reizmittel; *fig* Antrieb, Triebfeder, Ansporn; (*nachkl.*) *meton* Anstifter, Anstifterin, *alicuius rei* einer Sache, zu etw, *ad aliquid* zu etw

incitātiō ⟨ōnis⟩ *f* ||incito||
1. Anregung, Erregung
2. schnelle Bewegung, Schwung; innerer Trieb, Drang

incitātus ⟨a, um⟩ *Adj, Adv* ⟨incitātē⟩ ||incito||
1. angetrieben; *allg.* schnell, rasch, lebhaft; MIL im Sturmschritt; ***milites incitati fugā*** Soldaten in eiliger Flucht
2. *fig* erregt, aufgebracht

▶ **in-citō** ⟨āvī, ātum, āre 1.⟩
1. antreiben, in schnelle Bewegung versetzen, beschleunigen; ***equum calcaribus i.*** das Pferd mit Sporen antreiben; *Passiv u.* ***se i.*** vorwärts eilen, stürzen
2. *fig* antreiben, anspornen, anfeuern, reizen, *aliquem in aliquid/ad aliquid* j-n zu etw; ***mentem alicuius ad spem praedae i.*** j-n zur Hoffnung auf Beute bringen
3. *pej* aufregen, aufwiegeln, aufreizen, *aliquem in aliquem/contra aliquem* j-n gegen j-n
4. vergrößern, steigern; ***eloquendi celeritatem i.*** das Tempo der Rede steigern; ***poenas i.*** Strafen verschärfen

in-citus¹ ⟨a, um⟩ *Adj* ||in¹, cieo|| stark bewegt, schnell

in-citus² ⟨a, um⟩ *Adj* ||in-², *PPP von* cieo|| (*vkl.*) *poet* unbewegt; ***aliquem ad incitas (calces) redigere*** j-n schachmatt setzen *im Brettspiel*, j-n in höchste Verlegenheit bringen

in-cīvīlis ⟨e⟩ *Adj, Adv* ⟨incīvīliter⟩ ungebührlich, hart, tyrannisch

in-clāmitō ⟨-, -, āre 1.⟩ ||*Intens von* inclamo|| Plaut. anschreien

in-clāmō ⟨āvī, ātum, āre 1.⟩ *v/t u. v/i* laut rufen, schreien, anrufen, anschreien, um Hilfe (an)rufen, *abs od aliquem* j-n, alicui j-m, *ut/ne* dass, dass nicht, + *indir Fragesatz*

in-clārēscō ⟨clāruī, -, clārēscere 3.⟩ bekannt werden, berühmt werden

in-clēmēns *Gen* ⟨entis⟩ *Adj, Adv* ⟨inclēmenter⟩ (*vkl., nachkl.*) hart, schonungslos; ***dictator i.*** harter Diktator; ***verbum i.*** schonungsloses Wort

inclēmentia ⟨ae⟩ *f* ||inclemens|| (*nachkl.*) *poet* Härte, Unerbittlichkeit, Schonungslosigkeit; ***i. caeli*** raues Klima

inclīnābilis ⟨e⟩ *Adj* ||inclinis|| Sen. sich leicht neigend; ***animus in pravum i.*** leicht zum Bösen geneigter Geist

inclīnātiō ⟨ōnis⟩ *f* ||inclinis||
1. Neigung, Biegung, Krümmung, das Sichbücken
2. ***i. vocis*** RHET das Heben und Senken der Stimme
3. *fig* Zuneigung, *ad aliquem/in aliquem* zu j-m
4. Veränderung, Wechsel, Wendung; Tac. veränderte Stimmung; ***i. rerum*** Änderung der Verhältnisse

inclīnātus ⟨a, um⟩ *Adj* ||inclino||
1. geneigt, sich neigend; ***dies i.*** zu Ende gehender Tag
2. *von der Stimme* tief, hohl, *auch* wechselnd
3. *fig* abwärts gehend, sinkend, gesunken
4. (*nachkl.*) zu *etw/j-m* geneigt, *j-m* zugetan, *j-m/einer Sache* günstig gestimmt, *ad aliquem/ad aliquid/in aliquid*

in-clīnō ⟨āvī, ātum, āre 1.⟩

I
1. neigen, beugen
2. zum Geschlechtsverkehr hinlegen
3. hinneigen, hinwenden
4. zum Sinken bringen, zu Fall bringen
5. den Ausschlag geben, die entscheidende Wendung geben
II
1. sich neigen
2. ins Wanken kommen, weichen
3. sich hinneigen, geneigt sein
4. sinken, sich zum Schlechten wenden

I *v/t*
1. (*nachkl.*) neigen, beugen, (abwärts) biegen; ***genua i.*** die Knie beugen; ***mālum i.*** den Mast niederlegen
2. zum Geschlechtsverkehr hinlegen
3. *fig* hinneigen, hinwenden, lenken; ***omnem culpam in aliquem i.*** alle Schuld auf j-n schieben; ***onera a pauperibus in divites i.*** die Lasten von den Ar-

men auf die Reichen wälzen
4. *fig* zum Sinken bringen, zu Fall bringen, beeinträchtigen; ***fraus rem inclinat*** der Betrug bringt die Sache zu Fall
5. *fig* den Ausschlag geben, die entscheidende Wendung geben, *aliquid* einer Sache
II *v/i, Passiv u.* ***se i.***
1. sich neigen; ***fretum aestū inclinatur*** die Strömung geht in der Meerenge abwärts
2. ins Wanken kommen, weichen; ***acies inclinat(ur)*** die Schlachtordnung kommt ins Wanken
3. *fig* sich hinneigen, geneigt sein; ***animus in hanc sententiam inclinatur*** zu der Meinung neigen; ***sententiae inclinant eo, ut*** die Stimmung ist dafür, dass
4. *fig* sinken, sich zum Schlechten wenden; ***res inclinata est*** die Sache ist halb verloren; ***fortuna inclinata est*** das Glück hat sich gewendet

inclitus ⟨a, um⟩ *Adj* = ***inclutus***

▶ **in-clūdō** ⟨clūsī, clūsum, clūdere 3.⟩ ||claudo||
1. einschließen, einsperren, *in rem / in re / re / alicui rei* in etw; umschließen, einengen; umringen, umgeben; ***consulem in carcerem / in carcere i.*** den Konsul ins Gefängnis sperren; ***animus in corpore inclusus*** die im Körper eingeschlossene Seele; ***aliquem angustiis temporis i.*** j-n in Zeitnot bringen
2. in *etw* einfügen, fassen, hineinbringen; ***ebur auro i.*** Elfenbein mit Gold durchwirken; ***germen i.*** einen Zweig aufpfropfen; ***aliquid in formam rei i.*** etw der Idee einer Sache anpassen
3. verschließen, versperren; *fig* hemmen; ***alicui viam i.*** j-m den Weg versperren
4. *(nachkl.) fig* schließen = beenden
5. *Passiv (mlat.)* Nonne werden

inclusa ⟨ae⟩ *f (mlat.)* Nonne

inclūsiō ⟨ōnis⟩ *f* ||includo|| Einschließung

inclusive *Adv (mlat.)* einschließlich

in-clūsus ⟨a, um⟩ *PPP* → ***includo***

in-clutus ⟨a, um⟩ *Adj* ||in[1], clueo|| *(unkl.)* viel genannt, berühmt

in-coāctus ⟨a, um⟩ *Adj (nachkl.)* ungezwungen

incoctus[1] ⟨a, um⟩ *Adj* ||incoquo|| *poet* eingekocht, gefärbt

in-coctus[2] ⟨a, um⟩ *Adj* ||in-[2], *PPP von* coquo|| Plaut. ungekocht

in-cōgitābilis ⟨e⟩ *Adj* Plaut. *u.* **incōgitāns** *Gen* ⟨antis⟩ *Adj* ||cogito|| Ter. unbedacht, unbesonnen

incōgitantia ⟨ae⟩ *f* ||incogitans|| Plaut. Unbedachtheit

in-cōgitātus ⟨a, um⟩ *Adj*
1. Plaut. unbedacht
2. Sen. unüberlegt
3. undenkbar

in-cōgitō ⟨-, -, āre 1.⟩ Hor. sich *etw* gegen *j-n* ausdenken, *aliquid alicui*; ***fraudem socio i.*** sich einen Betrug gegen den Gefährten ausdenken

in-cognitus ⟨a, um⟩ *Adj*
1. *von Personen u. Sachen* unbekannt; ***incognita pro cognitis habere*** Unbekanntes für bekannt halten
2. nicht erkennbar, *bes* PHIL
3. JUR nicht untersucht; ***incognitā causā*** ohne gerichtliche Untersuchung
4. Liv. nicht (als Eigentum) anerkannt; ***incognita*** von niemandem als Eigentum beanspruchte Dinge

incohātus ⟨a, um⟩ *Adj* ||incoho|| angefangen, unvollendet, unvollständig; ***opus incohatum*** unvollendetes Werk; ***quaestio incohata*** offene Frage

▶ **in-cohō** ⟨āvī, ātum, āre 1.⟩
1. (nur) anfangen, (bloß) beginnen, *ohne zu vollenden*; einleiten; ***luna incohatur*** es ist Neumond; ***aras i.*** Altäre errichten, Altäre weihen
2. *fig* zu beschreiben beginnen, zu reden anfangen
3. Tac. *fig im Senat* zur Sprache bringen, *abs od de re* etw

▶ **incola** ⟨ae⟩ *m u. f* ||incolo|| *von Menschen u. Tieren* Einwohner, Bewohner; POL nicht eingebürgerter Bewohner; *adj* einheimisch

incolentēs ⟨ium⟩ *m* ||incolo|| *(nachkl.)* die Einwohner

▶ **in-colō** ⟨coluī, cultum, colere 3.⟩
I *v/t* bewohnen
II *v/i* wohnen, sesshaft sein, *nur mit Präp cis, trans, inter, prope / + Adv*; ***cis Rhenum i.*** diesseits des Rheins wohnen

▶ **in-columis** ⟨e⟩ *Adj von Personen u. Sachen* unversehrt, unverletzt, wohlbehalten

incolumitās ⟨ātis⟩ *f* ||incolumis|| Unversehrtheit, Wohlbefinden, Sicherheit

in-comitātus ⟨a, um⟩ *Adj* ||in-[2], *PPP von* comito|| *(unkl.)* ohne Geleit, unbegleitet

in-comitiō ⟨-, -, āre 1.⟩ ||in[1], comitium|| Plaut. vor die Komitien zwingen; *fig* öffentlich beschimpfen

in-commendātus ⟨a, um⟩ *Adj* ||in-[2], *PPP von* commendo|| Ov. nicht zur Schonung empfohlen; ***tellus imcommendata*** die den Winden preisgegebene Erde

incommodesticus ⟨a, um⟩ *Adj* Plaut. lästig

incommoditās ⟨ātis⟩ *f* ||incommodus||
1. Unbequemlichkeit
2. Plaut. Unhöflichkeit
3. Ter. Nachteil, Schaden

incommodō ⟨āvī, ātum, āre 1.⟩ ||*Denom von* incommodus|| beschwerlich fallen, *abs od alicui* j-m

▶ **incommodum** ⟨ī⟩ *n* ||incommodus||
1. Unbequemlichkeit, Unannehmlichkeit, ***loci*** des Ortes; ***incommodo tuo*** sodass es dir unangenehm wäre
2. Schaden, Nachteil, Unglück, Not; MIL Niederlage, Schlappe; ***incommodo alicuius*** zu j-s Schaden; ***multis incommodis affici*** viele Nachteile erleiden

in-commodus ⟨a, um⟩ *Adj, Adv* ⟨incommodē⟩
1. unbequem, unangenehm, lästig, beschwerlich; ***valetudo incommoda*** Unpässlichkeit; ***incommode venire*** zur Unzeit kommen
2. unfreundlich, *meist von Personen, re* durch etw, in etw, *alicui* gegen jdn

in-commūtābilis ⟨e⟩ *Adj, Adv* ⟨incommūtābiliter⟩ unveränderlich

in-comparābilis ⟨e⟩ *Adj (nachkl.)* unvergleichlich

in-compertus ⟨a, um⟩ *Adj* ||in-[2], *PPP von* comperio|| *(nachkl.)* unerforscht, unsicher

in-compositus ⟨a, um⟩ *Adj, Adv* ⟨incompositē⟩
1. ungeordnet; ***agmen incompositum*** ungeordnete Marschkolonne; ***gladiator i.*** Gladiator in falscher Stellung; ***pes. i.*** stolpernder Fuß
2. kunstlos, plump; ***versus i.*** holperiger Vers

in-comprehēnsibilis ⟨e⟩ *Adj* unfassbar; unendlich

in-cōmptus ⟨a, um⟩ *Adj*

1. ungepflegt; ***ungues incompti*** ungeschnittene Nägel
2. ungekämmt; ***capilli incompti*** ungekämmte Haare
3. *fig* kunstlos, schlicht, einfach; Tac. *vom Charakter* schlicht

in-concessus ⟨a, um⟩ *Adj* ||in-², *PPP von* concedo||
1. unerlaubt, verboten
2. versagt, unmöglich *alicui* j-m

in-conciliō ⟨āvī, -, āre 1.⟩ Plaut.
1. verführen, ins Unglück bringen
2. betrügerisch an sich bringen

in-concinnus ⟨a, um⟩ *Adj, Adv* ⟨inconcinnē⟩ *u.* ⟨inconcinniter⟩ unharmonisch, plump, ungereimt

in-concussus ⟨a, um⟩ *Adj* ||in-², *PPP von* concutio|| (*nachkl.*) unerschüttert; unerschütterlich

in-conditus ⟨a, um⟩ *Adj, Adv* ⟨inconditē⟩ ||in-², *PPP von* condo||
1. ungeordnet
2. einfach, schlicht
3. kunstlos, plump; ***inconditum dicendi genus*** plumpe Art zu reden
4. (*nachkl.*) *von Personen* ungebildet, roh

in-cōnfūsus ⟨a, um⟩ *Adj* ||in-², *PPP von* confundo|| (*nachkl.*) nicht verwirrt; *fig* nicht außer Fassung

in-congruēns *Gen* ⟨entis⟩ *Adj* ungereimt, inkonsequent

incōnsequentia ⟨ae⟩ *f* Quint. mangelnde Folgerichtigkeit, Inkonsequenz

incōnsīderantia ⟨ae⟩ *f* Unbesonnenheit, Verblendung

in-cōnsīderātus ⟨a, um⟩ *Adj, Adv* ⟨incōnsīderātē⟩
1. *von Sachen* unüberlegt, übereilt
2. von Personen unbesonnen

in-cōnsōlābilis ⟨e⟩ *Adj* (*nachkl.*) *poet* untröstlich; ***vulnus i.*** durch keinen Trost heilbare Wunde

in-cōnstāns *Gen* ⟨antis⟩ *Adj, Adv* ⟨incōnstanter⟩ unbeständig; nicht folgerichig

incōnstantia ⟨ae⟩ *f* ||inconstans|| Unbeständigkeit, mangelnde Folgerichtigkeit, Inkonsequenz

in-cōnsultus[1] ⟨a, um⟩ *Adj* ||in-², *PPP von* consulo||
1. (*nachkl.*) unbefragt; ***senatus i.*** nicht befragter Senat
2. *poet* unberaten, ratlos
3. *von Personen u. Sachen* unüberlegt, unbesonnen

in-cōnsultus[2] *Abl* ⟨ū⟩ *m* ||in-², consulo|| Plaut. das Nichtbefragen; ***meo inconsulto*** ohne mich befragt zu haben

in-cōnsūmptus ⟨a, um⟩ *Adj* ||in-², *PPP von* consumo|| Ov. unverbraucht; *fig* unvergänglich, ewig

in-contāminātus ⟨a, um⟩ *Adj* ||in-², *PPP von* contamino|| (*vkl., nachkl.*) unbefleckt, rein

in-contentus ⟨a, um⟩ *Adj* ||in-², *PPP von* contendo|| ungespannt; ***fides incontenta*** ungespannte Saite

in-continēns *Gen* ⟨entis⟩ *Adj, Adv* ⟨incontinenter⟩ nicht enthaltsam, ungenügsam, unmäßig; frech; lüstern

incontinentia ⟨ae⟩ *f* ||incontinens|| Ungenügsamkeit, Begehrlichkeit

in-conveniēns *Gen* ⟨entis⟩ *Adj* (*unkl.*) nicht übereinstimmend, unähnlich

in-coquō ⟨coxī, coctum, coquere 3.⟩ (*nachkl.*)
1. in *etw* hineinkochen
2. in kochende Flüssigkeit eintauchen, färben; ***vellera incocta rubores*** (*griech. Akk*) mit Purpur gefärbte Wolle
3. kochen, braten

in-corporālis ⟨e⟩ *Adj* (*nachkl.*) unkörperlich

in-corrēctus ⟨a, um⟩ *Adj* ||in-², *PPP von* corrigo|| Ov. unverbessert

in-corruptus ⟨a, um⟩ *Adj, Adv* ⟨incorruptē⟩ ||in-², *PPP von* corrumpo||
1. unverdorben, unversehrt; ***sucus i.*** reiner Saft; ***virgo incorrupta*** unbescholtene Jungfrau
2. unverfälscht, echt, lauter
3. unbefangen, aufrichtig
4. unbestechlich, unbestochen; ***testis i.*** unbestochener Zeuge

in-crassō ⟨āvī, ātum, āre 1.⟩ ||in¹, crassus|| (*eccl.*)
I *v/t* fett machen
II *v/i* fett werden

in-crēb(r)ēscō ⟨crēb(r)uī, -, crēb(r)ēscere 3.⟩ häufig werden, zunehmen, überhand nehmen, sich verbreiten; ***increbruit proverbio*** es wurde sprichwörtlich

in-crēbrō ⟨āvī, ātum, āre 1.⟩ ||creber|| Plaut. häufig tun

incrēdibilia ⟨ōrum⟩ *n* ||incredibilis|| (*nachkl.*) unglaubwürdige Dinge

▶ **in-crēdibilis** ⟨e⟩ *Adj, Adv* ⟨incrēdibiliter⟩
1. unglaublich; ***incredibile est*** es ist unglaublich, + *AcI* / + *indir Fragesatz*; ***incredibile auditū*** unglaublich zu hören
2. *fig* außerordentlich, erstaunlich; ***incredibile quantum*** ganz außerordentlich
3. Plaut. unglaubwürdig, unzuverlässig
4. (*eccl.*) ungläubig

in-crēdulus ⟨a, um⟩ *Adj* (*nachkl.*) *poet* ungläubig

incrēmentum ⟨ī⟩ *n* ||incresco||
1. Wachstum
2. Zuwachs, Vermehrung; *auch* Zins; ***in incremento esse*** wachsen, zunehmen; ***i. afferre alicui rei*** etw vermehren
3. (*nachkl.*) Nachwuchs, Ergänzung
4. (*nachkl.*) *fig* Stamm, Same
5. *poet* Nachwuchs, Spross

increpitō ⟨āvī, ātum, āre 1.⟩ ||*Intens von* increpo||
I *v/i* laut rufen, zurufen; ***alicui i.*** j-n anfahren, j-n schelten
II *v/t*
1. schelten, laut tadeln, verhöhnen, *aliquem / aliquid* j-n / etw
2. *poet* vorwerfen, *alicui aliquid* j-m etw, *quod* weil, dass

in-crepō ⟨uī⟩ *u.* ⟨āvī, itum⟩ *u.* ⟨ātum, āre 1.⟩
I *v/i*
1. rauschen, sausen, rasseln, klappern, lärmen, krachen; ***corvorum exercitus increpat*** die Schar der Raben krächzt
2. laut zurufen, zuschreien
3. *fig* laut werden, sich regen; ***suspicio increpat*** der Verdacht kommt auf; ***quidquid increpuit*** bei dem geringsten Geräusch
II *v/t*
1. (*nachkl.*) ertönen lassen, erschallen lassen; ***manūs i.*** Beifall klatschen; ***alicui aliquid i.*** j-m etw zurufen
2. hart anfahren, schelten, verhöhnen, *aliquem ali-*

I

cuius rei j-n wegen etw, + *dopp. Akk*
3. unter lauten Schmähungen vorwerfen, tadeln; ***i. aliquid in aliquem*** etw scheltend gegen j-n äußern
4. beklagen, bejammern
5. ermuntern, antreiben; ***boves stimulo i.*** die Rinder mit der Stachelpeitsche antreiben

in-crēscō ⟨crēvī, -, crēscere 3.⟩ *(nachkl.)*
1. einwachsen, anwachsen, in *etw* wachsen, an *etw* wachsen, *abs od alicui rei* in etw, an etw
2. emporwachsen, aufwachsen; ***seges iaculis increvit*** die Saat schoss auf zu Lanzen
3. *fig* zunehmen, anwachsen; *von Personen* mächtiger werden; ***flumina increscunt*** die Flüsse schwellen an

in-crētus ⟨a, um⟩ *PPP* → ***incerno***

in-cruentātus ⟨a, um⟩ *Adj* ||in-², *PPP von* cruento|| *(nachkl.) poet* unblutig, nicht mit Blut befleckt

in-cruentus ⟨a, um⟩ *Adj (nachkl.)* unblutig, ohne Blutvergießen; *von Personen* unverwundet, ohne Verlust; ***exercitus i.*** Heer ohne Verlust

incrustātiō ⟨ōnis⟩ *f* ||incrusto|| *(nachkl.)* Marmorverkleidung *der Wände*

in-crustō ⟨āvī, ātum, āre 1.⟩ ||in¹, *Denom von* crusta||
1. beschmutzen
2. *Wände* mit Marmor verkleiden

incubitō ⟨āvī, ātum, āre 1.⟩ ||*Intens von* incubo|| *(vkl.) poet* bebrüten

in-cubitus ⟨a, um⟩ *PPP* → ***incubo*** *u.* → ***incumbo***

in-cubō ⟨uī⟩ *u.* ⟨āvī, itum⟩ *u.* ⟨ātum, āre 1.⟩
1. in *etw* liegen, auf *etw* liegen, *alicui rei*, ***cortici*** auf Rinde; ***ovis/nido i.*** brüten; ***nox mari incubat*** die Nacht liegt über dem Meer
2. *an einem Ort* sich aufhalten
3. *an einem heiligen Ort od im Tempel* zum wahrsagenden Schlaf sich hinlegen
4. geizig bewachen, sorgsam bewachen, eifrig hüten, *alicui rei* etw
5. Sen. *fig* über *etw* brüten, *einer Sache* nachhängen, *alicui rei*

incubuī → ***incubo*** *u.* → ***incumbo***

incubus ⟨ī⟩ *m* ||incubo|| *(spätl.)* Alp, nächtlicher Dämon

in-cūdō ⟨cūdī, cūsum, cūdere 3.⟩ schmieden, bearbeiten; ***lapis incusus*** geschärfter Stein *als Werkzeug*

in-culcō ⟨āvī, ātum, āre 1.⟩ ||in¹, calco||
1. *(nachkl.)* fest eintreten, einstampfen
2. *fig in eine Rede od einen Text* einschalten, einflicken; *bes pej* hineinstopfen; ***inculcatus*** mit vielen Einschüben
3. *fig* einschärfen, fest einprägen, einbläuen; ***aliquid memoriae i.*** etw dem Gedächtnis einprägen
4. *fig* aufdrängen, aufnötigen; ***se auribus alicuius i.*** j-m in den Ohren liegen

in-culpātus ⟨a, um⟩ *Adj* ||in-², *PPP von* culpo|| *(nachkl.) poet* unbescholten, untadelig

inculta ⟨ōrum⟩ *n* ||incultus|| öde Stätten

in-cultus¹ ⟨a, um⟩ *Adj, Adv* ⟨incultē⟩ ||in-², *PPP von* colo||
1. unbebaut, öde; ***agri inculti*** brachliegende Felder; ***via inculta*** ungebahnter Weg
2. *fig* ungeordnet, schmucklos, einfach; ***versūs inculti*** nicht ausgefeilte Verse; ***inculte dicere*** einfach sprechen
3. *fig äußerlich* ungepflegt, vernachlässigt
4. *fig* ungebildet, roh, *re* in etw; ***homo i.*** ungebildeter Mensch

in-cultus² ⟨ūs⟩ *m (nachkl.)*
1. *äußerliche* Vernachlässigung, Mangel an Pflege, Unsauberkeit
2. Mangel an Bildung

in-cultus³ ⟨a, um⟩ *PPP* → ***incolo***

in-cumbō ⟨cubuī, cubitum, cumbere 3.⟩
1. sich an *etw* legen, sich auf *etw* legen, sich auf *etw* lehnen, stützen; ***remis i.*** sich in die Riemen legen, schnell rudern; ***in gladium i.*** sich in das Schwert stürzen; ***loco i.*** auf der Stelle hinsinken
2. *(nachkl.) feindlich* sich auf *j-n* stürzen, auf *j-n* losgehen, eindringen, *abs od in aliquem / in aliquid*
3. auf *etw* hereinstürzen, über *etw* hereinstürzen, hereinbrechen, *in aliquid / alicui rei*
4. sich über *etw* neigen, beugen; ***lecto i.*** sich über das Bett beugen; ***i. super aliquem*** sich über j-n beugen
5. *fig* sich *einer Sache* widmen, sich auf *etw* verlegen; ***omni studio in / ad bellum i.*** sich mit allem Eifer dem Krieg widmen; ***i. rogandis legibus*** sich um die Gesetzesanträge kümmern; ***in alicuius cupiditatem i.*** j-s ehrgeizige Wünsche unterstützen
6. auf *j-m* schwer lasten, *j-n* schwer treffen, *in aliquem / alicui*
7. den Ausschlag geben, *alicui rei* einer Sache

incūnābula ⟨ōrum⟩ *n*
1. Windeln, Wickelbänder
2. *fig* Wiege; *(nachkl.)* erste Kindheit; Geburtsort; Ursprung

in-cūrātus ⟨a, um⟩ *Adj* ||in-², *PPP von* curo|| Hor. ungeheilt; unheilbar

in-cūria ⟨ae⟩ *f* ||in-², cura||
1. Mangel an Sorgfalt, Leichtsinn, *alicuius* j-s, *alicuius rei* in etw, bei etw
2. Mangel an Pflege

incūriōsus ⟨a, um⟩ *Adj, Adv* ⟨incūriōsē⟩ ||incuria|| *(nachkl.)*
1. sorglos, nachlässig, gleichgültig, *abs od in re / alicuius rei / alicui rei* in etw, bei etw; ***castra incuriose ponere*** das Lager leichtfertig aufstellen
2. vernachlässigt, nachlässig behandelt; ***historia incuriosa*** oberflächliche Geschichtsschreibung

in-currō ⟨currī⟩ *u.* ⟨cucurrī, cursum, currere 3.⟩
1. in *etw* hineinlaufen, gegen *etw* rennen; Ov. *von Flüssen* dahinströmen; ***in columnas i.*** mit dem Kopf gegen die Wand rennen
2. MIL gegen *j-n* anstürmen, *j-n* angreifen, *abs od in aliquem / alicui / aliquem*; *fig* mit Worten angreifen; *auch* einen Einfall machen, einfallen
3. *j-m* begegnen, auf *j-n* stoßen; ***in oculos i.*** *fig* zu Gesicht kommen, in die Augen fallen
4. *beim Lesen* auf *etw* stoßen; auf *etw* zu sprechen kommen, *in aliquid*; ***in memorabilia i.*** auf Denkwürdigkeiten zu sprechen kommen
5. *örtl.* in *etw* hineinreichen, an *etw* stoßen; ***agri incurrunt in publicum Cumanum*** die Felder stoßen an das Land von Cumae
6. *in einen Zustand* geraten, verfallen; ***in morbum i.*** krank werden; ***in hominum facetorum urbanitatem i.*** sich dem Witz der Spötter aussetzen

7. *von Zeit u. Ereignissen* eintreffen, eintreten
8. *in eine Zeit* fallen, *auch* mitwirken; ***in eum diem i.*** auf diesen Tag treffen
9. (be)treffen, *in aliquem* jdn

incursiō ⟨ōnis⟩ *f* ||incurro||
1. Anlauf, Andrang, Anprall
2. *feindlich* Angriff, Einfall, Streifzug

incursitō ⟨-, -, āre 1.⟩ ||*Intens von* incurro||
1. *absichtlich* auf *j-n* losgehen
2. *zufällig* gegen *j-n* anrennen
3. *fig* anstoßen

incursō ⟨āvī, ātum, āre 1.⟩ ||*Intens von* incurro||
1. (*nachkl.*) *poet zufällig* auf *j-n / etw* stoßen, *alicui / alicui rei*; ***rupibus i.*** auf Felsen stoßen
2. *fig* sich aufdrängen
3. (*vkl., nachkl.*) *absichtlich* in *etw* einfallen, gegen *j-n* anstürmen, auf *etw* eindringen; ***agmen incursatur ab equitibus*** der Heereszug wird von Reitern überfallen
4. befallen; ***dolor in aliquem incursat*** ein Schmerz befällt j-n
5. sich vergreifen, *in aliquem* an j-m

in-cursum *PPP* → ***incurro***

incursus ⟨ūs⟩ *m* ||incurro||
1. (*nachkl.*) *poet* Andrang, Ansturm
2. *von Tieren u. Menschen* Angriff
3. *fig* Anlauf, Plan

in-curvō ⟨āvī, ātum, āre 1.⟩ ||curvus||
1. krümmen, biegen; *Passiv* gebückt gehen
2. Sen. *fig* niederbeugen, niederdrücken

incurvus ⟨a, um⟩ *Adj* ||incurvo|| gekrümmt, gebogen; gebückt

incūs ⟨ūdis⟩ *f* ||incudo|| Amboss, *auch fig*; ***eandem incudem tundere*** immer dasselbe tun; ***iuvenes in studiorum incude positi*** Jugendliche in der Ausbildung

incūsātiō ⟨ōnis⟩ *f* ||incuso|| Beschuldigung

incūsō ⟨āvī, ātum, āre 1.⟩ *j-n* beschuldigen, anklagen, sich über *j-n / etw* beklagen, *aliquem, alicuius rei / ob aliquid* wegen etw, *auch quod / ut* dass, + *AcI*

in-cussī → ***incutio***

incussus[1] *Abl* ⟨ū⟩ *m* ||incutio|| (*nachkl.*) das Anschlagen, ***armorum*** der Waffen

in-cussus[2] ⟨a, um⟩ *PPP* → ***incutio***

in-custōdītus ⟨a, um⟩ *Adj* ||in-[2], *PPP von* custodio|| (*nachkl.*)
1. unbewacht, unbehütet; ***obsides incustoditi*** unbewachte Geiseln; ***amor i.*** nicht geheim gehaltene Liebe
2. unvorsichtig

incūsus ⟨a, um⟩ *PPP* → ***incudo***

in-cutiō ⟨cussī, cussum, cutere 3.⟩ ||quatio||
1. (*nachkl.*) *poet* an *etw* anschlagen, gegen *etw* schlagen, (an)stoßen, *aliquid in rem / alicui rei* etw gegen etw, etw an etw; ***scipionem in caput i.*** einen Stab an den Kopf schlagen
2. (*nachkl.*) (hin)schleudern, (hin)werfen; ***nuntium alicui i.*** Liv. j-m eine Nachricht hinschleudern
3. *fig* einjagen, einflößen; ***alicui timorem i.*** j-m Furcht einjagen; ***minas i.*** Drohungen äußern; ***i. vim ventis*** den Winden Kraft verleihen

indāgātiō ⟨ōnis⟩ *f* ||indago[1]|| Erforschung, ***veri*** der Wahrheit

indāgātor ⟨ōris⟩ *m* ||indago[1]|| (*vkl., nachkl.*) Erforscher

indāgātrix ⟨īcis⟩ *f* ||indagator|| Erforscherin

indāgō[1] ⟨āvī, ātum, āre 1.⟩ ||indago[2]|| aufspüren; *fig* erforschen, entdecken

indāgō[2] ⟨inis⟩ *f* ||ago|| Umzingelung *des Wildes*, Kesseltreiben, Treibjagd

ind-audiō ⟨īvī, ītum, īre 4.⟩ = ***inaudio***

▶ **in-de** *Adv* ||is, de||
1. *örtl.* von da, von dort; ***inde in urbem rediit*** von dort kehrte er in die Stadt zurück
2. *örtl.* von dieser Seite
3. *örtl.* daher, daraus, davon; ***aquam inde haurire*** Wasser von dort schöpfen
4. *zeitl.* von da an, seitdem, hierauf, dann; ***iam inde a principio*** schon von Anfang an; ***inde a teneris*** von zarter Jugend an
5. *kausal* daher, deshalb; ***inde fit, ut*** daher kommt es, dass

in-dēbitus ⟨a, um⟩ *Adj poet* nicht gebührend, unverdient

indecēns *Gen* ⟨entis⟩ *Adj, Adv* ⟨indecenter⟩ ||indeceo|| (*nachkl.*) *poet* unschicklich, unanständig; hässlich

indecentia ⟨ae⟩ *f* ||indecens|| (*nachkl.*) Unschicklichkeit

in-deceō ⟨-, -, ēre 2.⟩ Plin. übel anstehen, *aliquem* j-m

in-dēclīnābilis ⟨e, um⟩ *Adj*
1. (*nachkl.*) unbeugsam, fest
2. GRAM undeklinierbar

in-dēclīnātus ⟨a, um⟩ *Adj* ||in-[2], *PPP von* declino|| *poet* unverändert, treu

indecōra ⟨ae⟩ *f* ||indecorus|| hässliche Frau

in-decoris ⟨e⟩ *Adj* ||in-[2], decus|| *poet* unrühmlich, schmählich, *alicui* für jdn

in-decorō ⟨-, -, āre 1.⟩ ||indecoris|| Hor. entstellen, schänden

in-decōrus ⟨a, um⟩ *Adj, Adv* ⟨indecōrē⟩
1. unschön, hässlich
2. *fig sittlich* unanständig, unrühmlich, *alicui* für jdn

in-dēfatīgābilis ⟨e⟩ *Adj* ||in-[2], defatigo|| Sen. unermüdlich

in-dēfatīgātus ⟨a, um⟩ *Adj* ||in-[2], *PPP von* defatigo|| Sen. nicht ermüdet

in-dēfēnsus ⟨a, um⟩ *Adj* ||in-[2], *PPP von* defendo|| (*nachkl.*) unverteidigt, unbeschützt

in-dēfessus ⟨a, um⟩ *Adj* (*nachkl.*) *poet* nicht ermüdet; unermüdlich

in-dēflētus ⟨a, um⟩ *Adj* ||in-[2], *PPP* von defleo|| Ov. unbeweint

in-dēflexus ⟨a, um⟩ *Adj* ||in-[2], *PPP von* deflecto|| (*vkl., nachkl.*) ungebeugt; ungeschwächt

in-dēiectus ⟨a, um⟩ *Adj* ||in-[2], *PPP von* deicio|| Ov. nicht niedergeworfen

in-dēlēbilis ⟨e⟩ *Adj* (*nachkl.*) *poet* unvernichtbar, unvergänglich

in-dēlībātus ⟨a, um⟩ *Adj* ||in-[2], *PPP von* delibo|| *poet* ungeschmälert, unberührt

in-demnātus ⟨a, um⟩ *Adj* ||in-[2], *PPP von* damno|| unverurteilt, ohne Urteilsspruch

in-demnis ⟨e⟩ *Adj* ||in-[2], damnum|| (*nachkl.*) schadlos, ohne Schaden

in-dēplōrātus ⟨a, um⟩ *Adj* ||in-[2], *PPP von* deploro||

Ov. unbeweint

in-dēprāvātus ⟨a, um⟩ *Adj* ||in-[2], *PPP von* depravo|| Sen. unverdorben

in-dēprehēnsibilis ⟨e⟩ *Adj* ||in-[2], deprehendo|| (*nachkl.*) unbemerkbar

in-dēprēnsus ⟨a, um⟩ *Adj* ||in-[2], *PPP von* deprehendo|| *poet* unfassbar, unbegreiflich

ind-eptus ⟨a, um⟩ *PPerf* → ***indipiscor***

in-dēsertus ⟨a, um⟩ *Adj* Ov. nie verlassen = unvergänglich

in-dēstrictus ⟨a, um⟩ *Adj* ||in-[2], *PPP von* destringo|| Ov. ungestreift, unverletzt

in-dētōnsus ⟨a, um⟩ *Adj* ||in-[2], *PPP von* detondo|| Ov. ungeschoren, mit wallendem Haar

in-dēvītātus ⟨a, um⟩ *Adj* ||in-[2], *PPP von* devito|| Ov. unvermeidlich, unausweichlich

index ⟨icis⟩ *m u. f* ||indico[1]||
1. Entdecker, Entdeckerin
2. Anzeiger, Anzeigerin; *pej* Verräter, Verräterin, Denunziant, Denunziantin, Spion, Spionin; *adj* anzeigend, verratend
3. Plin. Fachmann, Fachfrau
4. *meton von Sachen* Anzeige, Anzeichen, Kennzeichen, Beweis; Zeigefinger
5. Titel *eines Schriftwerkes*, Aufschrift *eines Gemäldes*
6. kurzer Inhalt, Zusammenfassung
7. (*vkl., nachkl.*) Verzeichnis, Etikett, Register, Katalog
8. Prüfstein
9. (*nlat.*) Verzeichnis *der Bücher, deren Lektüre den Katholiken aufgrund einer päpstlichen Entscheidung verboten ist*

India ⟨ae⟩ *f* Indien, *bes* Vorderindien, *Land am Indus u. Ganges*

indicātiō ⟨ōnis⟩ *f* ||indico[1]|| (*vkl., nachkl.*) Preisangabe, Wertangabe

in-dīcēns *Gen* ⟨entis⟩ *Adj* ||in-[2], *PPr von* dico[2]|| (*vkl., nachkl.*) nichts sagend; ***me indicente*** ohne dass ich es sage, ohne mein Geheiß, ohne meine Warnung

► **indicium** ⟨ī⟩ *n* ||index||
1. Anzeige, Angabe, Aussage *bes vor Gericht*; *pej* Verrat, Denunziation
2. *meton* Protokoll *über gemachte Angaben*; ***commutare indicium*** das Protokoll fälschen
3. Erlaubnis zur Aussage, Erlaubnis Angaben zu machen
4. Prämie für Denunziation; ***partem indicii accipere*** seinen Anteil an der Denunziationsprämie erhalten
5. *fig* Kennzeichen, Merkmal, Beweis *für etw bisher Unbekanntes*; ***i. sceleris*** Beweis für ein Verbrechen; ***indicio esse alicuius rei/alicui rei/de re*** zum Beweis für etw dienen
6. Suet. Denkmal

► **indicō**[1] ⟨āvī, ātum, āre 1.⟩
1. *Verborgenes* anzeigen, angeben, aussagen; *pej* denunzieren; ***se i.*** sich verraten; ***vultus indicat mores*** das Gesicht verrät den Charakter; ***i. aliquid lacrimis*** etw durch Tränen verraten; ***i. de re*** über etw Aufschluss geben
2. den Preis angeben, den Wert angeben

► **in-dīcō**[2] ⟨dīxī, dictum, dīcere 3.⟩
1. ansagen, ankündigen, öffentlich bekannt geben, bestimmen; ***diem comitiis i.*** den Termin für die Komitien bekannt geben; ***exercitum Pisas i.*** das Heer nach Pisae beordern; ***bellum i.*** den Krieg erklären
2. (*nachkl.*) *Leistungen od Abgaben* auferlegen

indictiō ⟨ōnis⟩ *f* ||indico[2]||
1. Ankündigung, *kaiserliche* Verfügung *einer Auflage*
2. *meton* außerordentliche Steuer
3. (*spätl.*) Indiktion, *Zeitraum von 15 Jahren, der auf einer Grundsteuerperiode des gleichen Zeitraums beruhte*

indictus[1] ⟨a, um⟩ *PPP* → ***indico***[2]

in-dictus[2] ⟨a, um⟩ *Adj* ||in-[2], *PPP von* dico[2]||
1. ungesagt, noch nicht gesagt, ungenannt
2. JUR unverhört; ***indictā causā*** ohne Verhör, ohne Verteidigung

Indicus ⟨a, um⟩ *Adj* ||India|| indisch; ***dentes Indici*** Elfenbein; ***conchae Indicae*** Perlen;

indi-dem *Adv* ebendaher; *fig* von derselben Person, aus derselben Quelle; ***scelus indidem ortum*** Verbrechen, das aus derselben Sache entstanden ist

in-didī → ***indo***

in-differēns *Gen* ⟨entis⟩ *Adj, Adv* ⟨indifferenter⟩
1. ohne Unterscheidung
2. gleichgültig; *bes stoischer* weder gut noch böse

indifferentia ⟨ae⟩ *f* ||indifferens|| (*nachkl.*) das Nichtverschiedensein, Gleichheit

indi-gena
I *Gen* ⟨ae⟩ *Adj* ||indu, geno|| von Menschen u. Tieren eingeboren, einheimisch
II ⟨ae⟩ *m* Eingeborener

indigēns
I *Gen* ⟨entis⟩ *Adj* ||indigeo||
1. Not leidend, bedürftig
2. unvollständig, unzulänglich
II ⟨entis⟩ *m* Notleidender, Bedürftiger

indigentia ⟨ae⟩ *f* ||indigens||
1. Bedürfnis, Not
2. unersättliches Verlangen

ind-igeō ⟨uī, -, ēre 2.⟩ ||indu, egeo||
1. Mangel haben, *re* an etw
2. nötig haben, brauchen, *alicuius rei/re* etw; *abs* bedürftig sein; ***cibo i.*** Nahrung brauchen
3. nach *etw* verlangen, *etw* vermissen, *alicuius rei*

indiges[1]
I *Gen* ⟨etis⟩ *Adj* (*nachkl.*) eingeboren, heimisch; ***patrii dii indigetes*** die einheimischen Götter
II ⟨etis⟩ *m* einheimischer Heros, Stammvater

indiges[2] *Gen* ⟨is⟩ *Adj* ||indigeo|| (*vkl.*) bedürftig

in-dīgestus ⟨a, um⟩ *Adj, Adv* ⟨indīgestē⟩ ||in-[2], *PPP von* digero|| (*nachkl.*) *poet* ungeordnet; ***indigesta moles*** ungeordnete Masse

indīgna ⟨ōrum⟩ *n* ||indignus|| unverdientes Schicksal, unverdiente Strafe

indīgnābundus ⟨a, um⟩ *Adj* ||indignor|| (*nachkl.*) voller Unwillen, entrüstet

indīgnandus ⟨a, um⟩ *Adj* ||indignor|| worüber *jd* entrüstet sein muss, *j-s* Entrüstung verdienend, *alicui*

indīgnāns *Gen* ⟨antis⟩ *Adj, Adv* ⟨indīgnanter⟩ ||indignor|| (*nachkl.*) *poet von Personen u. Sachen* unwillig, entrüstet, ungeduldig

indīgnātiō ⟨ōnis⟩ *f* ||indignor||

1. Unwille, Entrüstung; ***indignationem movere*** Unwillen erregen
2. *meton* Äußerung des Unwillens
3. *meton* RHET Erregung des Unwillens
4. Quint. Unwillen Erregendes, Unanständigkeit

indīgnātiuncula ⟨ae⟩ *f* ||*Dim von* indignatio|| Plin. Anflug von Entrüstung

indīgnitās ⟨ātis⟩ *f* ||indignus||
1. *von Personen* Niederträchtigkeit, empörendes Benehmen
2. unwürdige Behandlung, Zurücksetzung
3. *von Sachen* Unwürdiges, Empörendes; Schmach, Schande
4. *meton* Unwille, Entrüstung, *alicuius* j-s, *alicuius rei* über etw

▶ **in-dīgnor** ⟨ātus sum, ārī 1.⟩ ||*Denom von* indignus|| *etw* als unwürdig empfinden, für empörend halten, sich über *etw* entrüsten, sich über *etw* empören, *aliquid / selten de re, + AcI, quod* dass

▶ **in-dīgnus** ⟨a, um⟩ *Adj, Adv* ⟨indīgnē⟩
1. unwürdig, *etw* nicht verdienend; ungeeignet, unberechtigt; ungeziemend, unverdient, *abs od aliquo / alicuius* j-m, für j-n, *re / alicuius rei* einer Sache, für etw; ***dignos indignosque laudare*** Würdige und Unwürdige loben; ***indigna poena*** unverdiente Strafe; ***poeta i.*** unfähiger Dichter; ***amor i.*** unverdiente Liebe; ***scripta indigna*** gehaltlose Schriften; ***hiems indigna*** allzu harter Winter; ***indignum est*** es ist eine Ungerechtigkeit, es ziemt sich nicht, *+ Inf / + AcI*; ***indignum cive Romano*** eines römischen Bürgers unwürdig; ***magnorum haud indignum avorum*** großer Vorfahren wohl würdig; ***indignum relatu*** des Berichtes nicht wert
2. unschuldig, nicht straffällig
3. *pej* schmachvoll, empörend, schändlich
4. ***indigne ferre*** *meton etw* mit Unwillen tragen, entrüstet sein über *etw, aliquid, + AcI, quod* dass

indigus ⟨a, um⟩ *Adj* ||indigeo|| *(nachkl.)* bedürftig, *abs od alicuius rei* einer Sache

in-dīligēns *Gen* ⟨entis⟩ *Adj, Adv* ⟨indīligenter⟩ nachlässig, unpünktlich, mit wenig Sorgfalt; *bes* Com. leichtsinnig

indīligentia ⟨ae⟩ *f* ||indiligens|| Nachlässigkeit, Sorglosigkeit

ind-ipīscor ⟨eptus sum, ipīscī 3.⟩ ||indu, apiscor|| *(unkl.)* erreichen, erlangen, *alicuius rei* etw

in-dīreptus ⟨a, um⟩ *Adj* ||in-[2], *PPP von* diripio|| ungeplündert, nicht ausgeplündert

in-disciplīnātus ⟨a, um⟩ *Adj* ||in-[2], disciplina|| *(eccl.)* zuchtlos, liederlich

in-discrētus ⟨a, um⟩ *Adj* ||in-[2], *PPP von* discerno||
1. ungetrennt; unzertrennlich; ***voces indiscretae*** Stimmengewirr
2. nicht unterscheidbar, *alicui* für j-n
3. ohne Unterschied, einerlei, gleichgültig

in-disertus ⟨a, um⟩ *Adj, Adv* ⟨indisertē⟩ unberedt, wortarm

in-dispositus ⟨a, um⟩ *Adj, Adv* ⟨indispositē⟩ ||in-[2], *PPP von* dispono|| *(nachkl.)* ungeordnet, unordentlich

in-dissolūbilis ⟨e⟩ *Adj von Personen u. Sachen* unauflöslich

in-dissolūtus ⟨a, um⟩ *Adj* ||in-[2], *PPP von* dissolvo|| nicht aufgelöst

in-distīnctus ⟨a, um⟩ *Adj, Adv* ⟨indistīnctē⟩ *(nachkl.) poet* nicht unterschieden, verworren, unklar

in-ditus ⟨a, um⟩ *PPP* → ***indo***

indīviduum ⟨ī⟩ *n* ||individuus|| Atom; *(mlat.)* Einzelding; *später* Einzelwesen, Individuum

in-dīviduus ⟨a, um⟩ *Adj*
1. *(nachkl.)* ungeteilt; *fig* gleichmäßig
2. *(nachkl.)* unzertrennlich
3. unteilbar, untrennbar

in-dīvīsus ⟨a, um⟩ *Adj* ||in-[2], *PPP von* divido|| ungeteilt; ***pro indiviso*** zu gleichen Teilen, gleichmäßig

in-dīxī → ***indico²***

in-dō ⟨didī, ditum, dere 3.⟩
1. hineintun, hineinsetzen, hineinlegen, hineinstellen; ***potioni venenum i.*** dem Getränk Gift beimischen
2. einführen, ***novos ritūs*** neue Bräuche
3. *Affekte u. a.* verursachen, einflößen, *alicui aliquid* j-m etw; ***hostibus pavorem i.*** den Feinden Furcht einjagen
4. an *etw* legen, auf *etw* legen, beigeben, *in aliquid / alicui rei*; ***ignem in aram i.*** Feuer auf dem Altar anfachen; ***castella rupibus i.*** Festungen auf den Felsen erbauen; ***alicui custodes i.*** j-m Wachen beigeben
5. *Namen* beilegen; ***alicui cognomen ex victoria i.*** j-m einen Beinamen aufgrund des Sieges beilegen

in-docilis ⟨e⟩ *Adj*
1. ungelehrig, keine Lehre annehmend
2. *(nachkl.) poet* ungebildet, unwissend, unkundig; unerfahren
3. *von Sachen* unlehrbar; ***disciplina usūs i.*** Kenntnis der Praxis, die nicht gelehrt werden kann
4. ungelernt, kunstlos, einfach

in-doctus
I ⟨a, um⟩ *Adj, Adv* ⟨indoctē⟩ ungelehrt, ungebildet; *von Sachen auch* ungeschickt, roh
II ⟨ī⟩ *m* Ungebildeter, Laie, Pfuscher

indolentia ⟨ae⟩ *f* ||in-[2], doleo|| Unempfindlichkeit gegen Schmerz

indolēs ⟨is⟩ *f* ||indu, alo||
1. natürliche Beschaffenheit, ***arboris*** eines Baumes
2. *zur Entwicklung fähige* Anlage, Begabung, Talent, *bes* angeborener Charakter; ***i. ad dicendum*** Rednertalent

in-dolēscō ⟨uī, -, ēscere 3.⟩ ||in-[1], *Inkoh von* doleo||
I *v/i* *(nachkl.)* Schmerz empfinden, weh tun; ***oculi indolescunt*** die Augen tun weh
II *v/t*
1. schmerzlich empfinden; ***tactum hominis velut vulnera i.*** die Berührung eines Menschen wie Wunden schmerzlich empfinden
2. sich betrüben, *abs od aliquid / re* über etw, *+ AcI, quod* dass

indolōria ⟨ae⟩ *f* = ***indolentia***

in-doluī → ***indolesco***

in-domābilis ⟨e⟩ *Adj* Plaut. unbezähmbar

in-domitus ⟨a, um⟩ *Adj* ||in-[2], *PPP von* domo||
1. *von Menschen u. Tieren* ungezähmt, ungebändigt, wild; ***ager i.*** unbebautes Feld
2. *fig* unbezwungen; ***gentes indomitae*** unbezwungene Völker

3. (*nachkl.*) *poet* unbezwinglich, unüberwindlich, unbändig

in-dormiō ⟨īvī, ītum, īre 4.⟩

1. (*nachkl.*) *poet* auf *etw* schlafen, *alicui rei*

2. *fig etw* verschlafen, *etw* nachlässig betreiben, *alicui rei*; ***tempori i.*** den rechten Zeitpunkt verschlafen; ***i. in isto homine colendo*** die rechte Gelegenheit zur Verehrung dieses Menschen verschlafen

in-dōtātus ⟨a, um⟩ *Adj*

1. (*unkl.*) unausgestattet, ohne Mitgift, arm

2. *fig* arm, ohne Mitgift der Beredsamkeit

3. Ov. *fig* ohne Totengaben

indu *Präp mit Abl* (*altl.*) = ***endo***

in-dubitābilis ⟨e⟩ *Adj* (*nachkl.*) unzweifelhaft

in-dubitātus ⟨a, um⟩ *Adj*, *Adv* ⟨indubitātē⟩ ||in-², *PPP von* dubito|| unzweifelhaft, außer Zweifel

in-dubitō ⟨-, -, āre 1.⟩ zweifeln, *alicui rei* an etw

in-dubius ⟨a, um⟩ *Adj* (*nachkl.*) unzweifelhaft

in-dūcō ⟨dūxī, ductum, dūcere 3.⟩

1. anziehen
2. überziehen
3. durchstreichen
4. hineinführen, einführen
5. anführen
6. öffentlich auftreten lassen, aufführen
7. einführen, aufbringen
8. redend einführen, handelnd einführen
9. bewegen, veranlassen
10. es über sich bringen, sich entschließen
11. in das Rechnungsbuch eintragen, verrechnen

1. über *etw* ziehen; *Kleider od Waffen* anziehen; ***novum tectorium i.*** frische Tünche auftragen; ***caliginem i.*** Finsternis ringsum verbreiten; ***cortex inductus*** darüber wachsende Rinde; ***favilla inducta*** bedeckende Asche; ***pontem i. flumini*** eine Brücke über den Fluss schlagen; ***umbram terris i.*** Schatten über die Erde verbreiten; ***i. sibi calceos*** sich Schuhe anziehen; ***tunicam i.*** die Tunika anlegen

2. überziehen, *re* mit etw; ***scuta pellibus i.*** die Schilde mit Fellen überziehen

3. *Geschriebenes* durchstreichen; *fig* aufheben, rückgängig machen; ***nomina i.*** Schuldposten streichen

4. hineinführen, einführen; ***legatos in regiam i.*** Gesandte in den Palast führen; ***discordiam in civitatem i.*** *fig* Zwietracht in die Stadt bringen

5. MIL anführen; *als Ehefrau* heimführen; *als Zeugen od Beklagten* zum Verhör führen

6. öffentlich auftreten lassen, aufführen; ***comoediam i.*** ein Lustspiel aufführen; ***elephantos in circum i.*** Elefanten in den Zirkus bringen; ***rationem Epicuri i.*** die Lehre Epikurs (öffentlich) vortragen

7. *fig Neues* einführen, aufbringen; ***novum morem in rem publicam i.*** eine neue Sitte im Staat einführen

8. *in einem Theaterstück* redend einführen, handelnd einführen, reden lassen, handeln lassen; ***Tiresiam deplorantem caecitatem suam i.*** den Tiresias seine Blindheit beklagen lassen

9. bewegen, veranlassen; *pej* verleiten, verführen, *ad aliquid / in aliquid* zu etw; *auch* täuschen, hintergehen; ***ad bellum i.*** zum Krieg verleiten; ***inductus re*** aus etw, infolge einer Sache; ***cupiditate inductus*** aus Gier

10. (***in***) ***animum i.*** es über sich bringen, sich entschließen, den Entschluss fassen, *aliquid* zu etw, + *Inf*; + *AcI* = sich zu dem Glauben entschließen, sich überzeugen

11. in das Rechnungsbuch eintragen, verrechnen; ***pecuniam in rationes i.*** eine Geldsumme verrechnen; ***agrum alicui ingenti pecuniā i.*** j-m ein Feld für eine ungeheure Summe anrechnen

inductiō ⟨ōnis⟩ *f* ||induco||

1. Einführung, Zuleitung; ***i. aquarum*** Bewässerung, Wasserversorgung

2. ***i. personarum*** RHET Einführung sprechender Personen

3. das Auftreten(lassen) im Zirkus; ***i. iuvenum armatorum*** das Auftreten bewaffneter junger Männer

4. Verleitung, *alicuius rei* zu etw; ***i. erroris*** Irreführung

5. Neigung, Hinneigung; ***i. animi*** Zug des Herzens

6. fester Vorsatz, Entschluss

7. PHIL, RHET Induktion(sbeweis) *von Einzelbeispielen zum Allgemeinen*; ↔ ***deductio***

inductor ⟨ōris⟩ *m* ||induco|| „Einführer"; ***inductores nostri tergi*** Plaut. die uns Schläge überziehen

inductus¹ *Abl* ⟨ū⟩ *m* ||induco|| Antrieb; ***huius persuasu et inductu*** durch dessen Überredung und Antrieb

inductus² ⟨a, um⟩ *Adj* ||induco|| Plin. eingeführt, fremd; ↔ ***patrius***

in-ductus³ ⟨a, um⟩ *PPP* → ***induco***

indūcula ⟨ae⟩ *f* ||induo|| Plaut. Unterkleid der Frau

indu-gredior ⟨-, gredī 3.⟩ = ***ingredior***

induī → ***induo***

indulgēns *Gen* ⟨entis⟩ *Adj*, *Adv* ⟨indulgenter⟩ ||indulgeo|| *von Personen u. Sachen* nachsichtig, gütig, gnädig

indulgentia ⟨ae⟩ *f* ||indulgens||

1. Nachsicht, Güte, Gnade, *alicuius* j-s, gegen j-n, *in aliquem* gegen j-n; ***i. fortunae*** *fig* Güte des Schicksals; ***i. caeli*** Milde des Klimas

2. (*eccl.*) Ablass

3. (*mlat.*) *auch* Lossprechung vom Bann

indulgentiarius ⟨i⟩ *m* (*mlat.*) Ablasshändler

► **indulgeō** ⟨dulsī, dultum, dulgēre 2.⟩

I *v/i*

1. nachsichtig sein, *j-m* gewogen sein, *j-m* geneigt sein, *j-m* gefällig sein, *j-m* nachgeben, *aus Güte od Schwäche j-n* begünstigen, *alicui / alicui rei*; ***Aeduorum civitati i.*** dem Stamm der Äduer gewogen sein; ***i. sibi animo*** sich gehen lassen, sich (zu) viel herausnehmen

2. *einer Sache* nachhängen, sich hingeben, *alicui rei*; ***aleae i.*** ein Spieler sein

3. für *etw* sorgen, *etw* pflegen, *alicui rei*; ***i. valetudini*** für die Gesundheit sorgen; ***sibi i.*** sich gütlich tun

II *v/t* (*nachkl.*) *aus Gunst od Schwäche* gewähren, bewilligen, gestatten, *alicui aliquid* j-m etw; ***solacium i.*** Trost spenden

indūmentum ⟨ī⟩ *n* ||induo||

1. (*spätl.*) Anzug, Kleidung

2. Sen. *fig* Brühe; ***i. boletorum*** Champignonsoße

induō ⟨uī, ūtum, uere 3.⟩

1. anziehen, anlegen
2. sich etw anziehen
3. sich hüllen
4. sich hineinstürzen, hineinfallen
5. umgeben, bedecken
6. beilegen
7. annehmen, sich aneignen
8. sich einlassen

1. anziehen, anlegen, *Kleidung, Waffen, Schmuck*; ***i. vestem*** ein Kleid anziehen; ***galeam i.*** einen Helm aufsetzen; ***sibi anulum i.*** sich einen Ring anstecken; ***beluae formam hominis i.*** einem wilden Tier die Gestalt eines Menschen überstreifen; ***arbor se induit*** der Baum kleidet sich mit Obst
2. *Passiv* sich *etw* anziehen, *re/rem*; ***indutus*** bekleidet
3. ***se i.*** sich hüllen; *fig* sich verwickeln, hineingeraten, *in aliquid* in etw; ***arbor se in florem induit*** der Baum hüllt sich in Blüte; ***se i. in laqueos*** sich in Schlingen verwickeln
4. ***se i.*** sich hineinstürzen, hineinfallen, hängen bleiben, *re* in etw, an etw; ***mucrone se i.*** sich ins Schwert stürzen; ***se i. confessione suā*** sich in seinem eigenen Geständnis fangen
5. *fig* umgeben, bedecken, versehen, *aliquid re* etw mit etw; ***dii specie humanā induti*** Götter in Menschengestalt
6. *fig* beilegen; ***sibi cognomen i.*** sich einen Beinamen zulegen; ***alicui speciem latronis i.*** j-m die Erscheinung eines Räubers geben
7. *fig auch* ***sibi i.*** annehmen, sich aneignen; ***personam iudicis i.*** die Rolle des Richters spielen
8. *fig* sich einlassen, *aliquid* auf etw; ***hostilia adversus aliquem i.*** sich auf Feindseligkeiten gegen j-n einlassen; ***munia ducis i.*** die Pflichten des Anführers übernehmen

indu-pediō ⟨īvī, ītum, īre 4.⟩ Lucr. = ***impedio***

induperātor ⟨ōris⟩ *m* (*altl.*) = ***imperator***

in-dūrēscō ⟨dūruī, -, dūrēscere 3.⟩ (*nachkl.*) *poet* hart werden, sich verhärten; *fig* sich abhärten; *Perf* unerschütterlich zu *j-m* stehen, *pro aliquo*; fest bleiben, *abs*; ***saxo i.*** zu Stein erhärten; ***corpus usū indurescit*** durch Übung wird der Körper hart; ***miles induruerat pro Vitello*** der Soldat stand unerschütterlich zu Vitellus

in-dūrō ⟨āvī, ātum, āre 1.⟩ (*nachkl.*) *poet* hart machen; *fig* härten, stählen, *aliquid re* etw durch etw; ***nives i.*** den Schnee hart werden lassen; ***ora cornū i.*** das Gesicht zu Horn verhärten

Indus
I ⟨a, um⟩ *Adj* indisch; → ***India***
II ⟨ī⟩ *m*
1. Inder, *auch* Äthiopier, Araber, *bes* indischer Elefantenführer; → ***India***
2. *Hauptfluss Indiens*

indusiārius ⟨ī⟩ *m* ||indusium|| Plaut. Hersteller von Übertuniken

indusiātus ⟨a, um⟩ *Adj* ||indusium|| (Plaut., *nachkl.*) mit einer Übertunika bekleidet

indusium ⟨ī⟩ *n* Übertunika

▶ **industria** ⟨ae⟩ *f* ||industrius|| eifrige Tätigkeit, Beharrlichkeit, Fleiß, Unternehmungsgeist, *alicuius rei / in re* in etw, bei etw; (***de / ex***) ***industriā*** absichtlich; ***sine industria*** unabsichtlich

industrius ⟨a, um⟩ *Adj, Adv* ⟨industriē⟩ fleißig, tätig, beharrlich *in der Arbeit*

▶ **indūtiae** ⟨ārum⟩ *f* Waffenstillstand; (*vkl., nachkl.*) *fig* Stillstand, Ruhe; ***i. trium dierum*** dreitägiger Waffenstillstand; ***per indutias*** während des Waffenstillstands

indūtus[1] ⟨a, um⟩ *PPP* → ***induo***

indūtus[2] *nur Dat Sg* ⟨uī⟩ *u. Abl Pl* ⟨ibus⟩ *m* ||induo|| (*vkl., nachkl.*) das Anziehen eines Kleides; *konkr.* Anzug, Kleidung

induviae ⟨ārum⟩ *f* ||induo|| (*vkl., nachkl.*) Kleidung

in-dūxī → ***induco***

in-ēbriō ⟨āvī, ātum, āre 1.⟩ ||in-[1], ebrius|| (*nachkl.*) betrunken machen, berauschen; ***aurem i.*** Iuv. *fig* die Ohren voll schwatzen

in-edia ⟨ae⟩ *f* ||edo[1]|| das Nichtessen, das Hungern, das Fasten, *freiwillig od gezwungen*

in-ēditus ⟨a, um⟩ *Adj* ||in-[2], *PPP von* edo[2]|| Ov. noch nicht herausgegeben; ***cura inedita*** noch nicht herausgegebene Schriften

in-efficāx *Gen* ⟨ācis⟩ *Adj* (*nachkl.*) unwirksam, schwach

in-ēlabōrātus ⟨a, um⟩ *Adj* ||in-[2], *PPP von* elaboro|| Sen. nicht ausgearbeitet

in-ēlegāns *Gen* ⟨antis⟩ *Adj, Adv* ⟨inēleganter⟩ unfein, geschmacklos; ***ineleganter dividere*** unlogisch teilen

in-ēluctābilis ⟨e⟩ *Adj* (*nachkl.*) *poet* unabwendbar, unvermeidlich; ***fatum ineluctabile*** unentrinnbares Schicksal

in-ēmendābilis ⟨e⟩ *Adj* (*nachkl.*) unverbesserlich, unheilbar

in-ēmorior ⟨-, ēmorī 3.⟩ Hor. bei *etw* sterben, *alicui rei*

in-ēmptus ⟨a, um⟩ *Adj* ||in-[2], *PPP von* emo|| (*nachkl.*) *poet* ungekauft; ***consulatus i.*** nicht erkauftes Konsulat; ***corpus inemptum*** Leiche ohne Lösegeld

in-ēnarrābilis ⟨e⟩ *Adj* (*nachkl.*) unbeschreiblich, unerklärlich

in-ēnōdābilis ⟨e⟩ *Adj* ||enodo|| unlösbar; *fig* unerklärlich

in-eō ⟨iī⟩ *u.* ⟨īvī, itum, īre 0.⟩
I *v/i*
1. *örtl.* hineingehen, einziehen; ***in urbem i.*** in die Stadt einziehen
2. *zeitl.* anfangen, beginnen; ***vere ineunte*** bei Frühlingsbeginn ***iniens aetas*** Jugend; ***ab ineunte aetate*** vom Eintritt ins bürgerliche Leben an
II *v/t*
1. *örtl.* betreten, ***cubile*** das Schlafzimmer; ***convivia i.*** Gastmähler besuchen; ***somnum i.*** *fig* einschlafen; ***viam i.*** *fig* einen Weg einschlagen; ***Hispania a Romanis inita est*** Spanien wurde von den Römern betreten
2. *von Tieren* bespringen, ***vaccam*** eine Kuh
3. *von einer Zeit* beginnen; ***initā aestate*** nach Sommeranfang
4. *eine Tätigkeit* antreten, übernehmen; ***magistratum i.*** ein Amt antreten
5. *Geschäfte od Verträge* abschließen, eingehen,

cum aliquo mit j-m
6. *Entschlüsse* fassen; *Pläne* schmieden, *alicuius rei* von etw, *de re* bezüglich einer Sache; ***rationem i.*** eine Maßregel ergreifen; ***numerum i.*** eine Zählung vornehmen
7. ***gratiam i.*** Gnade finden, sich beliebt machen, *ab aliquo / apud aliquem / ad aliquem* bei j-m

ineptī ⟨ōrum⟩ *m* ||ineptus|| Leute mit schlechtem Geschmack, Pedanten

ineptia ⟨ae⟩ *f selten u.* **ineptiae** ⟨ārum⟩ *f* ||ineptus|| Albernheit, Geschwätz, Unsinn; *beim Schreiben* Affektiertheit, Geschmacklosigkeit

ineptiō ⟨-, -, īre 4.⟩ ||*Denom von* ineptus|| (*vkl.*) *poet* albern reden, albern handeln

▶ **in-eptus** ⟨a, um⟩ *Adj, Adv* ⟨ineptē⟩ ||aptus||
1. Hor. unbrauchbar, untauglich
2. *fig meist von Sachen* unpassend, ungereimt
3. *fig meist von Personen* läppisch, albern, töricht; ***inepte disserere*** albern daherschwatzen

in-equitābilis ⟨e⟩ *Adj* Curt. für Reiterei ungeeignet; ***campi inequitabiles*** für die Reiterei ungeeignetes Gelände

in-ermis ⟨e⟩ *Adj u.* **in-ermus** ⟨a, um⟩ *Adj* ||in-², arma|| unbewaffnet, wehrlos; schutzlos; ***miles i.*** Soldat ohne Waffen; ***legatus i.*** Gesandter ohne Heer; ***senectus i.*** *fig* kinderloses Alter; ***carmen inerme*** *fig* niemanden verletzendes Gedicht; ***i. in philosophia*** *fig* in der Philosophie nicht sehr bewandert

in-errāns *Gen* ⟨antis⟩ *Adj* ||in-², *PPr von* erro|| nicht (umher)irrend; ***stella i.*** Fixstern

in-errō ⟨-, -, āre 1.⟩ umherirren, *alicui rei* in etw, an etw, auf etw; ***montibus i.*** in den Bergen umherirren; ***oculis i.*** *fig* vor Augen schweben

▶ **in-ers** *Gen* ⟨ertis⟩ *Adj* ||in-², ars||
1. ungeschickt, unfähig, nutzlos; ***versus i.*** kunstloser Vers
2. *von Personen u. Sachen* untätig, träge, schlaff, kraftlos; ***aqua i.*** stehendes Wasser; ***glaeba i.*** unfruchtbare Scholle; ***voces inertes*** nichtiges Geschwätz; ***horae inertes*** Mußestunden
3. unnütz, bedeutungslos; ***querelae inertes*** unnütze Streitereien
4. *meton* träge machend, erschlaffend; ***somnus i.*** träge machender Schlaf
5. (*meist nachkl.*) *poet* mutlos, schüchtern, feige; ***mors i.*** ruhmloser Tod

inertia ⟨ae⟩ *f* ||iners||
1. Ungeschicklichkeit
2. Untätigkeit, Trägheit, Verdrossenheit; ***i. laboris*** Unlust an der Arbeit
3. Feigheit

in-ērudītus ⟨a, um⟩ *Adj, Adv* ⟨inērudītē⟩ *von Personen u. Sachen* ungebildet, unwissenschaftlich, roh

in-ēscō ⟨āvī, ātum, āre 1.⟩ ||in¹, *Denom von* esca|| (*vkl., nachkl.*) ködern; *fig* verführerisch anlocken

in-esse → ***insum***

in-euschēmē *Adv* ||in-², *griech. Fw., lat. Endung*|| Plaut. ohne Anstand

in-ēvectus ⟨a, um⟩ *Adj* ||in¹, *PPerf von* evehor|| Verg. hinaufgefahren, hinaufgestiegen

in-ēvītābilis ⟨e⟩ *Adj* (*nachkl.*) *poet* unvermeidlich, unausweichbar

in-ēvolūtus ⟨a, um⟩ *Adj* ||in-², *PPP von* evolvo|| Mart. unaufgerollt; ***liber i.*** ungeöffnetes Buch

in-excitābilis ⟨e⟩ *Adj* ||in-², excito|| Sen. unerweckbar; ***somnus i.*** tiefer Schlaf

in-excītus ⟨a, um⟩ *Adj* ||in-², *PPP von* excio|| *poet* nicht aufgeregt, friedlich

in-excūsābilis ⟨e⟩ *Adj* (*nachkl.*) *poet* unentschuldbar

in-excussus ⟨a, um⟩ *Adj* ||in-², *PPP von* excutio|| Verg. unerschüttert, unerschrocken

in-exercitātus ⟨a, um⟩ *Adj*
1. (*nachkl.*) unbeschäftigt
2. ungeübt, *ad aliquid* zu etw

in-exhaustus ⟨a, um⟩ *Adj* ||in-², *PPP von* exhaurio||
1. (*nachkl.*) unerschöpft, ungeschwächt
2. unerschöpflich

in-exōrābilis ⟨e⟩ *Adj* unerbittlich, *in aliquem / adversus aliquem* gegen j-n, *alicui rei* für etw; ***iudex i.*** unerbittlicher Richter; ***odium inexorabile*** unversöhnlicher Hass; ***fatum inexorabile*** unabwendbares Schicksal

in-expedītus ⟨a, um⟩ *Adj* (*nachkl.*) verwickelt

in-experrēctus ⟨a, um⟩ *Adj* ||in-², *PPerf von* expergiscor||
1. Ov. nicht erwacht
2. unerweckbar

in-expertus ⟨a, um⟩ *Adj* (*nachkl.*)
1. in *etw* unerfahren, mit *etw* unbekannt, *eine Sache* noch nicht gewöhnt, *abs od alicui rei / alicuius rei*
2. *von Sachen* unversucht, unerprobt, unbewährt, *re* in etw; ***bellis i.*** in Kriegen unerprobt
3. unbekannt

in-expiābilis ⟨e⟩ *Adj* ||in-², expio||
1. unsühnbar
2. unversöhnlich; *fig* nicht austilgbar

in-explēbilis ⟨e⟩ *Adj* unersättlich, *meist fig*, *alicuius rei* in etw

in-explētus ⟨a, um⟩ *Adj* ||in-², *PPP von* expleo||
1. ungesättigt
2. unersättlich, maßlos; ***i. lacrimans*** unaufhörlich weinend

in-explicābilis ⟨e⟩ *Adj, Adv* ⟨inexplicābiliter⟩
1. unentwirrbar, unauflöslich
2. *fig* unausführbar; ***via i.*** ungangbarer Weg; ***morbus i.*** unheilbare Krankheit; ***bellum inexplicabile*** endloser Krieg
3. unerforschlich, unerklärbar

in-explicitus ⟨a, um⟩ *Adj* ||in-², *PPP von* explico|| *poet* unerklärlich

in-explōrātus ⟨a, um⟩ *Adj* (*nachkl.*) unerkundet, nicht untersucht, unbekannt; ***inexplōrātō proficisci*** Liv. abmarschieren ohne vorherige Erkundung

in-expūgnābilis ⟨e⟩ *Adj*
1. (*nachkl.*) *von Personen u. Sachen* uneinnehmbar, unüberwindlich; ***via i.*** ungangbarer Weg; ***gramen inexplicabile*** unausrottbare Pflanze
2. *von Personen* unerschütterlich, fest

in-exspectātus ⟨a, um⟩ *Adj* unerwartet

in-exstīnctus ⟨a, um⟩ *Adj* ||in-², *PPP von* exstinguo||
1. Ov. unausgelöscht
2. *fig* unauslöschlich, unstillbar, unersättlich; ***libido inexstincta*** unstillbare Begierde; ***nomen inexstinctum*** unvergänglicher Name

in-exsuperābilis ⟨e⟩ *Adj* (*nachkl.*)

1. unübersteigbar, unersteigbar
2. *fig* unüberwindlich
3. *fig* unübertrefflich

in-extrīcābilis ⟨e⟩ *Adj, Adv* ⟨inextrīcābiliter⟩ ||in-², extrico|| (*unkl.*) unentwirrbar

īn-fabrē *Adv* ||in-², faber²|| (*unkl.*) ungeschickt, unkünstlerisch

īn-fabricātus ⟨a, um⟩ *Adj* ||in-², *PPP von* fabrico|| (*nachkl.*) *poet* unbearbeitet, roh

īnfacētiae ⟨ārum⟩ *f* ||infacetus|| Catul. Geschmacklosigkeiten

īn-facētus ⟨a, um⟩ *Adj, Adv* ⟨infacētē⟩ witzlos, geschmacklos, plump; ***homo i.*** geschmackloser Mensch; ***mendacium infacetum*** plumpe Lüge

īn-fācundus ⟨a, um⟩ *Adj* (*nachkl.*) sprachlich nicht gewandt

▶ **īnfāmia** ⟨ae⟩ *f* ||infamis||
1. übler Ruf, Schimpf, Schande, Schmach, *alicuius* j-s, *alicuius rei* einer Sache *od* wegen etw; ***i. pecuniae*** Schande der Geldgier
2. Verlust der bürgerlichen Rechte
3. Ov. *meton* Schandfleck; ***nostri i. saeculi*** Schandfleck unseres Jahrhunderts

▶ **īn-fāmis** ⟨e⟩ *Adj* ||in-², fama||
1. *von Personen u. Sachen* verrufen, berüchtigt, übel; ***domus i.*** verrufenes Haus; ***carmen infame*** Zauberformel; ***digitus i.*** Mittelfinger
2. *meton* schlechten Ruf bringend, entehrend

īn-fāmō ⟨āvī, ātum, āre 1.⟩
1. in üblen Ruf bringen, in Schande bringen, *aliquem re* j-n durch etw
2. (*nachkl.*) verdächtigen, verleumden

īn-fandus ⟨a, um⟩ *Adj* ||in-², *Ger von* for||
1. unsagbar, unsäglich, unerhört
2. *pej* abscheulich, entsetzlich, ruchlos; ***infanda*** Untaten; ***infandi*** Ruchlose
3. ***infandum!*** o Schande!, o Gräuel!

▶ **īn-fāns**
I *Gen* ⟨antis⟩ *Adj* ||in-², *PPr von* for||
1. stumm
2. noch nicht sprechend, lallend, stammelnd
3. unberedt, ohne Redegabe
4. sehr jung, noch klein
5. kindlich, kindgemäß
6. *fig* kindisch, läppisch
II ⟨antis⟩ *m u. f*
1. kleines Kind *bis etwa zum siebenten Lebensjahr*; (*spätl.*) Kind im Mutterleib
2. (*mlat.*) Page; Prinz; Chorknabe

īnfantārius ⟨a, um⟩ *Adj* ||infans|| Mart. kinderlieb

īnfantia ⟨ae⟩ *f* ||infans||
1. Lucr. Unvermögen zu sprechen
2. *meton* Mangel an Redegabe
3. (*nachkl.*) Kindheit, Jugend
4. (*nachkl.*) kindisches Wesen

īnfantīlis ⟨e⟩ *Adj* ||infans|| (*nachkl.*)
1. kindlich
2. noch klein

īn-farciō ⟨farsī, farsum, farcīre 4.⟩ = ***infercio***

īn-fatīgābilis ⟨e⟩ *Adj* ||in-², fatigo|| (*nachkl.*) unermüdlich

īn-fatuō ⟨āvī, ātum, āre 1.⟩ ||in¹, fatuus|| betören

īn-faustus ⟨a, um⟩ *Adj* (*nachkl.*)
1. unheilvoll, Unglück bringend
2. nicht vom Glück begünstigt, ***bellis*** in seinen Kriegen

īnfēcī → ***inficio***

īnfector ⟨ōris⟩ *m* ||inficio|| Färber

īnfectus¹ ⟨a, um⟩ *Adj* ||inficio|| gefärbt

īn-fectus² ⟨a, um⟩ *Adj* ||in-², *PPP von* facio||
1. ungetan, ungeschehen; ***aliquid pro infecto habere*** etw für ungeschehen halten; ***aliquid infectum reddere*** etw rückgängig machen; ***facta atque infecta*** Dichtung und Wahrheit
2. (*nachkl.*) unvollendet, nicht ausgeführt, unfertig; ***infectā re*** unverrichteter Dinge; ***infectā pace*** ohne Friedensschluss; ***infecto bello*** ohne den Krieg fortzusetzen
3. (*nachkl.*) unausführbar, unmöglich, *alicui* für j-n
4. (*nachkl.*) *poet* unbearbeitet, ungeprägt, roh; ***aurum infectum*** ungeprägtes Gold; ***argentum infectum*** Silber in Barren

īnfēcunditās ⟨ātis⟩ *f* ||infecundus|| (*nachkl.*) Unfruchtbarkeit

īn-fēcundus ⟨a, um⟩ *Adj, Adv* ⟨īnfēcundē⟩ (*nachkl.*) *poet* unfruchtbar, *auch fig*

īnfēlīcitās ⟨ātis⟩ *f* ||infelix||
1. Quint. Unfruchtbarkeit
2. *fig* Unglück, Elend

īnfēlīc(it)ō ⟨-, -, āre 1.⟩ ||infelix|| Com. unglücklich machen, strafen

īn-fēlīx
I *Gen* ⟨īcis⟩ *Adj, Adv* ⟨īnfēlīciter⟩
1. (*vkl.*) *poet* unfruchtbar, unergiebig; ***arbor i.*** Galgen
2. *von Personen u. Sachen* unglückselig, elend
II ⟨īcis⟩ *m* der Unglückliche

īnfēnsō ⟨-, -, āre 1.⟩ ||*Denom von* infensus|| Tac. feindselig behandeln, beunruhigen; zürnen, erbittert sein; ***dii infensantes*** Tac. zürnende Götter

īnfēnsus ⟨a, um⟩ *Adj, Adv* ⟨īnfēnsē⟩ feindlich *der Gesinnung nach*, feindselig, gehässig, aufgebracht; ***hostis i.*** erbitterter Feind; ***valetudo infensa*** schlechte Gesundheit; ***servitium infensum*** drückende Sklaverei

īnferbuī → ***infervesco***

īn-ferciō ⟨fersī, fersum, fercīre 4.⟩ ||in¹ farcio|| hineinstopfen; ***verba i.*** Wörter einflicken

īnferī ⟨ōrum⟩ *u.* ⟨um⟩ *m* ||inferus|| die Verstorbenen; ***descendere ad inferos*** in die Unterwelt hinabsteigen; ***apud inferos*** in die Unterwelt

īnferiae ⟨ārum⟩ *f* Totenopfer

▶ **īnferior** ⟨īnferius⟩ *Adj Komp* → ***inferus***

īnferius *Adv Komp* → ***infra***

īnferna ⟨ōrum⟩ *n* ||infernus|| (*nachkl.*) *poet* Unterwelt; (*eccl.*) Hölle

īnfernālis ⟨e⟩ *Adj* ||infernus||
1. unterirdisch
2. (*mlat.*) teuflisch, höllisch

īnfernus
I ⟨a, um⟩ *Adj, Adv* ⟨īnfernē⟩ ||inferus||
1. unten befindlich, der untere
2. (*nachkl.*) *poet* unterirdisch, unter der Erde befindlich
3. zur Unterwelt gehörig, der Unterwelt entstiegen; ***gurges inferna*** unter der Erde befindlicher Strudel; ***tenebrae infernae*** unterirdische Finsternis; ***rex i.*** König der Unterwelt, = Pluto; ***Iuno infer-***

na die Juno der Unterwelt, = Proserpina; ***palus inferna*** Fluss der Unterwelt, = Styx; ***lacus i.*** See zur Unterwelt, = Avernersee
II ⟨ī⟩ *m*
1. (*spätl.*) Hölle
2. (*mlat.*) Teufel
3. *Pl* = ***inferi***

īn-ferō ⟨intulī, illātum, īnferre 0.⟩

1. hineintragen, hineinschaffen
2. an etw legen
3. beisetzen, bestatten
4. darbringen, opfern
5. aufstellen
6. vorbringen, äußern
7. zufügen, verursachen
8. Krieg beginnen
9. sich begeben, sich stürzen
10. erregen, einjagen
11. folgern, schließen

1. hineintragen, hineinschaffen, hineinsetzen, hineinwerfen; ***ligna in ignem i.*** Holz ins Feuer werfen; ***Graecas litteras in Latium i.*** die griechischen Schriften in Latium einführen; ***fontes urbi i.*** Wasser in die Stadt hineinleiten; ***imperium i.*** den Oberbefehl übertragen; ***manūs i. alicui/in aliquem*** Hand an j-n legen; ***gressum i. alicui*** auf j-n losgehen
2. an *etw* legen, auf *etw* legen, setzen, stellen; ***scalas ad moenia i.*** Leitern an die Mauern legen; ***aliquem in scopulum i.*** j-n an die Klippe treiben
3. *Tote* beisetzen, bestatten, ***sepulcro*** im Grab
4. *Opfer* darbringen, opfern; ***honores Anchisae i.*** dem Anchises ein Ehrenfest widmen
5. *Rechnungen* aufstellen; ***rationibus/in rationes i.*** Rechnungen aufstellen, Rechnungen eintragen; ***sumptum civibus i.*** den Aufwand den Bürgern in Rechnung stellen
6. *in der Rede* vorbringen, äußern, *auch* vorgeben, anführen; ***crimina i.*** Vorwürfe erheben; ***mentionem alicuius rei i.*** etw erwähnen; ***sermonem i. de re*** die Rede auf etw bringen; ***alicui causam belli i.*** gegen j-n einen Grund zum Krieg suchen
7. *Böses* zufügen, verursachen, *aliquid alicui/ad aliquem* etw j-m; ***alicui dolorem i.*** j-m Schmerz zufügen
8. MIL ***bellum/arma i.*** Krieg beginnen, *alicui* mit j-m; ***bellum i. in aliquid*** den Krieg irgendwohin verlegen; ***signa/aquilam/vexillum i.*** angreifen, *alicui/in aliquem/adversus aliquem* j-n; ***signa i. urbi/in urbem*** eine Stadt angreifen
9. *Passiv u.* ***se i.*** sich begeben, sich stürzen, eindringen, *in aliquid/alicui rei* in etw; ***foribus se i.*** zur Tür hineingehen; ***se i. in urbem*** sich in die Stadt begeben; ***se in medios enses i.*** sich mitten in die Schwerter stürzen; ***se i. in vitae discrimen*** sein Leben aufs Spiel setzen; ***se i. alicui*** sich j-m nähern; ***se i. socium*** sich als Gefährte anschließen
10. *Gefühle* erregen, einjagen, einflößen, zufügen, *aliquid alicui/in aliquem* etw j-m; herbeiführen, verursachen; ***terrorem exercitui/in exercitum i.*** dem Heer Schrecken einflößen
11. RHET folgern, schließen; ***deinde infertur*** schließlich wird gefolgert

īn-fersī → ***infercio***

īn-fersum *PPP* → ***infercio***

īnferus ⟨a, um, *Komp* īnferior, ius, *Sup* īnfimus, a, um⟩ *Adj*
I *Positiv*
1. unten befindlich, der untere; ***mare inferum*** das Tyrrhenische Meer
2. unterirdisch; ***dii inferi*** die Götter der Unterwelt
II *Komp*
1. *örtl.* tiefer gelegen, niedriger gelegen; ***pars i.*** unterer Teil, tiefer gelegener Teil; ***locus i.*** Senke im Gelände; ***ex inferiore loco dicere*** nicht auf der Rednerbühne sprechen; ***labrum inferius*** Unterlippe; ***in inferius ferri*** tiefer sinken
2. *zeitl.* später, jünger
3. *an Zahl, Kraft od Rang* geringer, schwächer, nachgeordnet; ***ordines inferiores*** untere Ränge, niedrigere Dienstgrade; ***inferiorem esse in dicendo*** im Reden unterlegen sein; ***acie/proelio inferiorem discedere*** eine Schlacht verlieren
III *Sup*
1. *örtl.* unterster, tiefster, *oft partitiv* der untere Teil, das untere Ende; ***ab infimo solo*** unten vom Boden an; ***auricula infima*** Ohrläppchen; ***infimus mons*** Fuß des Berges; ***ara infima*** der unterste Teil des Altars; ***in infimo mari*** auf dem Meeresgrund; ***ab infimo*** von ganz unten
2. *dem Rang, dem Wert od der Beschaffenheit nach* unterster, geringster, schlechtester; ***homo infimo loco natus*** Mann einfachster Herkunft; ***nemo infimus*** keiner, auch der Geringste nicht

īn-fervēscō ⟨ferbuī, -, fervēscere 3.⟩ (*unkl.*) zu sieden beginnen, aufbrausen

īnfesta ⟨ōrum⟩ *n* ||infestus|| Gefahren, Unglück

īnfestō ⟨āvī, ātum, āre 1.⟩ ||*Denom von* infestus|| (*nachkl.*) *poet* beunruhigen, unsicher machen, gefährden, angreifen

► **īn-festus** ⟨a, um⟩ *Adj*, *Adv* ⟨īnfestē⟩
1. beunruhigt, bedroht, gefährdet, unsicher; ***vita infesta*** gefährdetes Leben; ***regio a Samnitibus infesta*** von den Samnitern bedrohte Gegend; ***aliquid infestum facere/reddere/habere*** etw unsicher machen
2. beunruhigend, bedrohlich, feindselig, feindlich, aufsässig, *alicui/in aliquem* gegen j-n; ***provincia infesta*** aufsässige Provinz; ***oculi infesti*** feindselige Augen; ***vulnus infestum*** tödliche Wunde
3. MIL kampfbereit, schlagfertig; ***mucrone infesto*** mit gezücktem Dolch; ***infesto agmine proficisci*** in Angriffskolonnen marschieren

īnficētiae ⟨ārum⟩ *f* = ***infacetiae***

īnficētus ⟨a, um⟩ *Adj* = ***infacetus***

īn-ficiō ⟨fēcī, fectum, ficere 3.⟩ ||in[1], facio||
1. (*nachkl.*) versetzen, vermischen, *mit einer Flüssigkeit* tränken, benetzen, *aliquid re* etw mit etw
2. *fig* einweihen, mit *etw* bekannt machen; ***puerum artibus i.*** einen Jungen in die Künste einführen
3. färben, bemalen; ***arma sanguine i.*** die Waffen mit Blut röten; ***pallor ora inficit*** Blässe überzieht das Gesicht; ***fumus diem inficit*** Rauch verdunkelt den Tag
4. (*nachkl.*) *poet* vergiften; ***Allecto Gorgoneis infecta venenis*** Allecto, erfüllt von gorgonischen

Giften
5. *fig* vergiften, verpesten, beflecken, durch Berührung entweihen; ***hoc quod infectum est*** die jetzige Ansteckung = der bereits angerichtete Schaden; ***scelus infectum*** Schandfleck der Sünde

īn-fidēlis ⟨e⟩ *Adj, Adv* ⟨īnfidēliter⟩
1. untreu, treulos, unehrlich, *alicui* j-m, gegen j-n
2. *(eccl., mlat.)* ungläubig, heidnisch

īnfidēlitās ⟨ātis⟩ *f* ||infidelis||
1. Untreue, Treulosigkeit, Unzuverlässigkeit
2. *(eccl.)* Unglaube

īn-fīdus ⟨a, um⟩ *Adj* treulos, unzuverlässig, unsicher, *re* durch etw, von etw, in etw, *alicui* gegen j-n; ***amicus i.*** unzuverlässiger Freund; ***pax infida*** unsicherer Friede; ***portus i.*** tückischer Hafen

īn-fīgō ⟨fīxī, fīxum, fīgere 3.⟩
1. hineinheften, hineinbohren, hineinstoßen, hineinschlagen; *Passiv* eindringen, stecken bleiben; ***signum (terrae) i.*** das Feldzeichen in die Erde stoßen; ***gladium hosti in pectus i.*** das Schwert dem Feind in die Brust stoßen; ***hominem scopulo i.*** einen Menschen an die Klippe schleudern
2. *fig* einprägen, befestigen; ***animum in patriae salute i.*** seine Aufmerksamkeit auf das Wohl der Heimat richten

īnfimās *u.* **īnfimātis** ⟨mātis⟩ *m* ||infimus|| Plaut. Angehöriger der untersten Schicht

▶ **īnfimus** ⟨a, um⟩ *Adj Sup* → ***inferus***

īn-findō ⟨fidī, fissum, findere 3.⟩ *poet* einschneiden; ***sulcos mari i.*** das Meer durchfurchen

īnfīnitās ⟨ātis⟩ *f* ||in-[2], finis|| Unendlichkeit, unendliche Weite; Weltall

īn-fīnītiō ⟨ōnis⟩ *f* Unendlichkeit

īn-fīnītum ⟨ī⟩ *n* ||infinitus|| das Unendliche, das Unermessliche

▶ **īn-fīnītus** ⟨a, um⟩ *Adj, Adv* ⟨īnfīnītē⟩
1. *örtl.* grenzenlos, unendlich
2. *zeitl.* zeitlos, unaufhörlich; ***tempus infinitum*** Ewigkeit
3. zahllos, unendlich viel
4. *dem Grad nach* unermesslich, unbeschränkt; *Adv* grenzenlos, bis ins Unendliche
5. PHIL, RHET allgemein, allgemein gültig, abstrakt; ***coniunctiones infinitae*** unbestimmte Aussagen; ***infinite referre de re*** in allgemeiner Form über etw berichten
6. ***verbum infinitum/modus i.*** GRAM Infinitiv

īnfirmātiō ⟨ōnis⟩ *f* ||infirmo||
1. Widerlegung
2. Ungültigmachung

īnfirmitās ⟨ātis⟩ *f* ||infirmus||
1. *psychische* Schwäche, Ohnmacht, Gebrechlichkeit
2. *(nachkl.)* Krankheit
3. *meton* das schwache Geschlecht, *Frauen od Kinder*
4. *fig* geistige Schwäche; Mangel an Talent
5. *fig* Charakterschwäche, Unzuverlässigkeit; Unselbstständigkeit

īnfirmō ⟨āvī, ātum, āre 1.⟩ ||*Denom von* infirmus||
1. *(nachkl.)* schwächen, entkräften
2. *fig* erschüttern, ***fidem testium*** Glaubwürdigkeit der Zeugen
3. *fig* widerlegen
4. für ungültig erklären, ***legem*** ein Gesetz

▶ **īn-firmus** ⟨a, um⟩ *Adj, Adv* ⟨īnfirmē⟩
1. schwach, kraftlos, ohnmächtig, *physisch od an Zahl, Umfang, Größe*, *re* durch etw, an etw, *ex re* infolge einer Sache
2. *(nachkl.)* unpässlich, angegriffen, abgespannt, krank
3. *fig* geistig schwach, mutlos, unselbstständig
4. *fig moralisch* unzuverlässig, haltlos
5. *poet* abergläubisch
6. gering, unbedeutend, wertlos, ungültig; ***senatūs consultum infirmum*** ungültiger Senatsbeschluss

īn-fit *od* **īn-fīt** *(unkl.)* er fängt an, *re* mit etw, + *Inf*

īnfitiae *Akk* ⟨ās⟩ *(vkl., nachkl.)* das Leugnen; *nur in Verbindung* ***infitias ire*** ableugnen (wollen), in Abrede stellen; ***non infitias ire*** zugestehen, anerkennen, *abs od aliquid* etw, + *AcI*

īnfitiālis ⟨e⟩ *Adj* ||infitiae|| ablehnend

īnfitiātiō ⟨ōnis⟩ *f* ||infitior|| das Leugnen, ***alicuius rei*** von etw

īnfitiātor ⟨ōris⟩ *m* ||infitior|| „Ableugner", der vor Gericht Ausflüchte macht *um sich der Verurteilung zu entziehen*

īnfitior ⟨ātus sum, ārī 1.⟩ ||infitiae|| leugnen, in Abrede stellen, nicht anerkennen

īnfīxum ⟨ī⟩ *n* ||infigo|| Tac. fester Entschluss

īnflammātiō ⟨ōnis⟩ *f* ||inflammo|| das Anzünden, Brandstiftung, Brand, Brandfackel; *fig* Glut, Erregung

▶ **īn-flammō** ⟨āvī, ātum, āre 1.⟩
1. in Brand setzen, anzünden; ***urbem i.*** die Stadt anzünden
2. *fig* entflammen, entzünden, erregen, reizen, anfeuern, *aliquem in aliquem* j-n gegen j-n; ***cives i.*** die Bürger anfeuern; ***i. alicuius animum*** j-n erregen, j-s Geist erregen; ***odium i.*** Hass erregen
3. *fig* in feuriger Rede sprechen, *aliquid* über etw

īnflātiō ⟨ōnis⟩ *f* ||inflo|| das Aufblähen, Blähung, *auch als* MED ; ***inflationem habere*** eine Blähung verursachen; ***i. praecordiorum*** Suet. Brustfellentzündung

īnflātus[1] ⟨a, um⟩ *Adj, Adv* ⟨īnflātē⟩ ||inflo||
1. aufgeblasen, geschwollen, strotzend; ***amnis i.*** angeschwollener Strom
2. *fig* stolz
3. *fig* zornig, aufgebracht, erregt, *re* durch etw, über etw
4. übertrieben; *(nachkl.)* RHET schwülstig

īnflātus[2] ⟨ūs⟩ *m* ||inflo||
1. das Blasen, ***tibicinis*** der Flöte
2. *fig* Anhauch, Eingebung

īn-flectō ⟨flexī, flexum, flectere 3.⟩
1. (einwärts) beugen, biegen, krümmen; *Passiv u.* ***se i.*** sich biegen, sich krümmen; ***bacillum i.*** ein Stäbchen biegen; ***oculos alicuius i.*** *fig* j-s Augen auf sich ziehen
2. *fig die Stimme* modulieren; ***sonus inflexus*** herabgestimmter Ton, milderer Ton der Rede, mittlere Tonart
3. *fig das Recht* beugen, verdrehen
4. *fig* ändern, verändern, ***cursum*** die Richtung; ***suum nomen e Graeco i.*** seinen Namen aus dem Griechischen ableiten
5. *fig den Sinn* rühren, bewegen; ***sensūs alicuius/***

I

aliquem precibus i. j-n durch Bitten bewegen; *Passiv* sich rühren lassen
īn-flētus ⟨a, um⟩ *Adj* ||in-², *PPP von* fleo|| *poet* unbeweint
īn-flexibilis ⟨e⟩ *Adj* (*nachkl.*) *poet* unbeugsam
īnflexiō ⟨ōnis⟩ *f* ||inflecto||
1. das Biegen, das Beugen; ***i. laterum*** Haltung
2. Windung, die Ranken
3. GRAM Abwandlung, Umbildung, ***verborum*** von Worten
īnflexus ⟨ūs⟩ *m* ||inflecto|| Biegung, Krümmung; *fig* Veränderung
īn-flīgō ⟨flīxī, flīctum, flīgere 3.⟩
1. hineinschlagen, schlagen, stoßen, schleudern, *alicui rei / in aliquid* in etw, an etw, auf etw
2. *durch Schlagen* zufügen, beibringen
3. zufügen, antun
īn-flō ⟨āvī, ātum, āre 1.⟩
1. (*vkl., nachkl.*) hineinblasen; ***aquam in ōs i.*** Wasser ins Gesicht blasen
2. aufblasen, blähen, anschwellen lassen; ***buccas alicui i.*** die Backen gegen j-n aufblasen; ***inflatus*** angeschwollen, aufgedunsen
3. *ein Instrument* blasen; ***tibicen i.*** Flöte blasen
4. *einen Ton* blasen; ***paulo inflavit vehementius*** *fig* er schlug einen volleren Ton an *in der Darstellung*
5. *fig* aufblähen, überheblich machen; ***victoriā inflari*** vom Sieg überheblich werden
6. durch Blasen entfachen; *fig* ermutigen, anfeuern, mit Selbstvertrauen erfüllen, begeistern; ***alicuius spem mendaciis i.*** j-s Hoffnung durch Lügen steigern
īn-fluō ⟨flūxī, flūxum, fluere 3.⟩
1. hineinfließen, hineinströmen, sich ergießen, *abs od in aliquid / alicui rei* in etw; ***Rhenus in Oceanum influit*** der Rhein fließt in den Ozean
2. *fig von Personen in großer Zahl* eindringen
3. *fig* unbemerkt eindringen, sich einschleichen
īn-fodiō ⟨fōdī, fossum, fodere 3.⟩ eingraben, vergraben; ***taleas in terram i.*** Setzreiser in die Erde eingraben; ***corpora terrae i.*** Tote beerdigen
īnfōrmātiō ⟨ōnis⟩ *f* ||informo||
1. PHIL Vorstellung, Begriff, im Geist vorhandene Vorstellung; gewonnene Vorstellung
2. Erläuterung, Deutung
3. (*eccl.*) Unterweisung, Belehrung
īn-fōrmis ⟨e⟩ *Adj* ||in-², forma|| (*unkl.*)
1. ungestaltet, formlos
2. *von Personen u. Sachen* unschön, hässlich
īn-fōrmō ⟨āvī, ātum, āre 1.⟩
1. (*nachkl.*) *poet* formen, bilden, gestalten; ***clipeum i.*** einen Schild formen
2. *fig* gut organisieren; ***animus a natura bene informatus*** von der Natur gut organisierter Geist
3. ein Bild entwerfen, eine Vorstellung entwerfen, *aliquem / aliquid* von j-m / von etw; darstellen, schildern
4. *fig* im Geist sich vorstellen, sich denken; ***informatum esse*** als Idee vorhanden sein
5. heranbilden, ausbilden, unterrichten
īn-forō ⟨-, -, āre 1.⟩ ||in¹, forum|| Plaut. vor Gericht verklagen
īn-fortūnātus ⟨a, um⟩ *Adj von Personen* unglücklich
īn-fortūnium ⟨ī⟩ *n* ||in-², fortuna|| (*unkl.*) Unglück, *bes* Züchtigung, Prügel
▶ **īnfrā**
I *Adv, Komp* ⟨inferius⟩ ||inferus||
1. *örtl.* unten, unterhalb, darunter; ***infra descendere*** tief hinabsteigen
2. *poet* in der Unterwelt
3. *in Schriften u. Reden* weiter unten, nachher
4. *zeitl.* später
5. *fig vom Rang her* unterhalb, im Rang tiefer
6. *Komp* weiter unten, niedriger, tiefer, zu tief
II *Präp + Akk*
1. *örtl.* unter, unterhalb; ***infra eum locum*** unter diesem Ort; ***infra aliquem cubare*** *bei Tisch* zu j-s Rechten liegen
2. *zeitl.* nach, später als, nachfolgend
3. *fig nach Größe, Rang, Wert* geringer als, nachstehend; ***aliquem infra se esse arbitrari*** j-n für geringer als sich halten
īn-frāctiō ⟨ōnis⟩ *f* ||infringo|| das Zerbrechen; ***i. animi*** Niedergeschlagenheit
īnfrāctus ⟨a, um⟩ *Adj* ||infringo||
1. gebrochen, zerbrochen
2. Ov. gebogen, gekrümmt
3. *fig* entkräftet, geschwächt; entmutigt, niedergebeugt, niedergeschlagen
4. RHET abgehackt, abgerissen; ***infracta loqui*** Cic. in abgehackten Sätzen sprechen
īn-fragilis ⟨e⟩ *Adj* (*nachkl.*) *poet* ungeschwächt
īn-frēgī → ***infringo***
īn-fremō ⟨uī, -, ere 3.⟩ brummen; knirschen; grunzen; schnauben
īn-frēnātus[1] ⟨a, um⟩ *PPP* → ***infreno***
īn-frēnātus[2] ⟨a, um⟩ *Adj* ||in-², *PPP von* freno|| (*nachkl.*) ungezäumt, ohne Zaum; ***equites infrenati*** Reiter auf ungezäumten Pferden
īn-frendeō ⟨-, -, ēre 2.⟩ *u.* **īnfrendō** ⟨-, -, ere 3.⟩ (*nachkl.*) knirschen, ***dentibus*** mit den Zähnen
īn-frēnis ⟨e⟩ *Adj* = ***infrenatus²***
īn-frēnō ⟨āvī, ātum, āre 1.⟩ (*nachkl.*) aufzäumen, anschirren; *fig* in Zaum halten, bändigen
īn-frēnus ⟨a, um⟩ *Adj* = ***infrenatus²***
īn-frequēns *Gen* ⟨entis⟩ *Adj*
1. *der Zahl nach* nicht häufig, nicht zahlreich, in geringer Zahl versammelt, in geringer Zahl anwesend, schwach besucht; ***senatus i.*** nicht beschlussfähiger Senat
2. *von Örtlichkeiten* dünn bevölkert, wenig besucht; ***infrequentissima urbis*** die einsamsten Teile der Stadt
3. *von Personen* selten erscheinend, nicht oft erscheinend, lässig, *alicuius rei* in etw; ***i. deorum cultor*** nachlässiger Verehrer der Götter; ***i. rei militaris*** nachlässig im soldatischen Dienst; ***i. militia*** Plaut. *hum* Dienst bei der Hetäre
īnfrequentia ⟨ae⟩ *f* ||infrequens||
1. geringe Anzahl, geringe Besucherzahl, geringe Beteiligung
2. Tac. *von Örtlichkeiten* Einsamkeit, Öde
īn-frīgidō ⟨āvī, ātum, āre 1.⟩
I *v/t* abkühlen
II *v/i* abkühlen, kalt werden
īn-fringō ⟨frēgī, frāctum, fringere 3.⟩ ||in¹, frango||
1. umbrechen, (mitten) einknicken, zerbrechen, ab-

brechen, zerknicken; ***i. vestes*** Kleider zerreißen; ***remus infractus*** im Wasser gebrochen aussehendes Ruder *durch Lichtbrechung*
2. *fig* schwächen, entkräften, lähmen, vereiteln; ***vim militum i.*** die Kraft der Soldaten brechen; ***potentiam consulis i.*** die Macht des Konsuls untergraben; ***tributa i.*** die Steuern senken
3. (*vkl.*) *poet* an *etw* zerschlagen; ***liminibus lumbos i.*** sich die Lenden an der Schwelle wund reiben
4. RHET *den Rhythmus od den Fortgang einer Rede* abbrechen, unterbrechen

īn-frōns *Gen* ⟨ondis⟩ *Adj* Ov. unbelaubt, ohne Baum und Strauch; ***ager i.*** baumloses Feld

īn-frūctuōsus ⟨a, um⟩ *Adj* (*nachkl.*) unfruchtbar; *fig* erfolglos, unnütz

īn-frūnītus ⟨a, um⟩ *Adj* ||in-², *PPerf von* fruniscor|| (*unkl.*) ungenießbar; albern

īn-fūcātus ⟨a, um⟩ *Adj* geschminkt; *fig* übertüncht

īnfula ⟨ae⟩ *f*
1. Inful, *weiße Kopfbinde mit scharlachrotem Streifen, um die Stirn gebunden; Kopfschmuck der Priester, Vestalinnen, Schutzflehenden u. Opfertiere, später auch der Kaiser u. hohen Beamten*; *fig* Ehrenzeichen
2. (*mlat.*) Mitra; Papstkrone

īnfulātus ⟨a, um⟩ *Adj* ||infula|| (*nachkl.*) mit der Inful geschmückt

īn-fulciō ⟨fulsī, fultum, fulcīre 4.⟩ hineinstopfen; *fig* einfügen; ***alicui cibum i.*** j-m Essen hineinstopfen; ***omnibus locis hoc verbum i.*** an allen Stellen dieses Wort einfügen

īn-fundō ⟨fūdī, fūsum, fundere 3.⟩
1. hineingießen, eingießen, einschütten, in *etw* gießen, auf *etw* gießen, schütten, *in aliquid / alicui rei*; ***nix infusa*** gefallener Schnee; ***alicui vinum i.*** j-m Wein einschenken; ***umeris capillos infusa*** mit vom Haar umwallten Schultern
2. *fig* hineinströmen lassen, eindringen lassen, Eingang verschaffen, verbreiten, *in aliquid* in etw; ***vitia in civitatem i.*** die Laster in die Stadt eindringen lassen; *Passiv* hineinströmen, sich ergießen; ***infusus populus*** zahlreich versammeltes Volk
3. (*nachkl.*) *poet* hingießen, hinschütten, hinstrecken, *alicui* auf etw, über etw; ***collo mariti infusa*** den Gatten umschlingend

īn-fuscō ⟨āvī, ātum, āre 1.⟩
1. *poet* schwärzen, dunkel färben; ***barba infuscat pectus*** der Bart bedeckt die Brust
2. *fig* trüben, verdunkeln, verderben, entstellen, beflecken; ***gloriam saevitiā i.*** den Ruhm durch Grausamkeit trüben
3. (*nachkl.*) klanglich dämpfen; ***vox naturā infuscata*** eine von Natur belegte Stimme
4. sprachlich entstellen, verderben

infusum ⟨i⟩ *n* (*nlat.*) Aufguss

Ingaevonēs ⟨um⟩ *m germ. Stamm an der Nordsee*

Ingaunī ⟨ōrum⟩ *m ligurischer Stamm*

in-gemēscō ⟨gemuī, -, gemēscere 3.⟩ = ***ingemisco***

in-geminō ⟨āvī, ātum, āre 1.⟩
I *v/t* verdoppeln, wiederholen, vermehren, *bes* wiederholt ausrufen
II *v/i* sich verdoppeln, sich wiederholen, sich vermehren; ***hastis i.*** Speer auf Speer werfen

in-gemīscō ⟨gemuī, -, gemīscere 3.⟩ ||*Inkoh von* ingemo||
I *v/i* aufseufzen, über *etw* seufzen, stöhnen, *abs od in re / ad aliquid / alicui rei / re* bei etw, über etw; ***aratro i.*** unter dem Pflug stöhnen; ***i. morte / morti alicuius*** über j-s Tod jammern
II *v/t* laut bedauern, bejammern, *aliquem / aliquid* j-n / etw, + *AcI*; ***alicuius interitum i.*** j-s Untergang bejammern

in-gemō ⟨-, -, ere 3.⟩ = ***ingemisco***

ingemuī → ***ingemisco***

in-generō ⟨āvī, ātum, āre 1.⟩ einpflanzen, schaffen; ***mores hominibus i.*** den Menschen Sitten einpflanzen; ***ingenerātus*** angeboren, *alicui* j-m

ingeniarius ⟨i⟩ *m* (*mlat.*) Festungsbaumeister

ingeniātus ⟨a, um⟩ *Adj* ||ingenium|| (*vkl., nachkl.*) von Natur beschaffen

ingenierius ⟨ī⟩ *m* = ***ingeniarius***

ingeniōsus ⟨a, um⟩ *Adj, Adv* ⟨ingeniōsē⟩ ||ingenium||
1. von Natur geeignet, *ad aliquid / alicui rei* zu etw; ***ager ad segetes i.*** für die Saat geeigneter Acker
2. *von Personen u. abstr.* geistreich, erfinderisch, talentiert, scharfsinnig, pfiffig; ***poeta i.*** talentierter Dichter; ***defensio ingeniosa*** scharfsinnige Verteidigung

ingenita ⟨ōrum⟩ *n* ||ingigno|| angeborene Vorzüge

ingenitus ⟨a, um⟩ *PPP* → ***ingigno***

ingenium ⟨ī⟩ *n* ||ingigno||
1. *von Menschen u. Tieren* Naturanlage, natürliche Begabung, geistige Anlagen
2. Charakter, Naturell, Gemütsart, Sinnesart, Temperament; ***i. mobile*** unsteter Charakter
3. (*nachkl.*) *poet* angeborener Mut, Energie, Entschlossenheit
4. natürlicher Verstand, Scharfsinn, Intelligenz, Begabung; ***ingenii acumen*** Scharfsinn; ***extremi ingenii esse*** ein Dummkopf sein
5. geistige Beweglichkeit, Fantasie
6. schöpferischer Geist, Genie, Talent; ***homines magnis ingeniis praediti*** große Geister; ***natura et i.*** natürliches Talent; ***ingenii sollertia*** gewandter Geist; ***ingenii monumentum*** Geistesprodukt
7. *von Personen* Genie, geistreicher Mensch
8. kluger Einfall, geistreiche Erfindung; *pej* Intrige
9. natürliche Beschaffenheit, ***loci*** des Ortes
10. (*mlat.*) Technik, komplizierte Maschine, Kriegsgerät, Geschütz

in-gēns *Gen* ⟨entis⟩ *Adj* ungeheuer groß, riesig, gewaltig, außerordentlich, *re* durch etw, an etw, in etw; ***numerus i.*** ungeheuer große Zahl; ***i. viribus*** gewaltig an Kraft

ingenuitās ⟨ātis⟩ *f* ||ingenuus||
1. Stand eines Freigeborenen, edle Geburt
2. *meton* Wesen eines Freigeborenen, Freimut, Aufrichtigkeit, offener Charakter

► **ingenuus**
I ⟨a, um⟩ *Adj, Adv* ⟨ingenuē⟩ ||ingigno||
1. *poet* einheimisch
2. (*vkl.*) *poet* angeboren, natürlich; ***indoles ingenuae*** angeborene Anlagen
3. von freien Eltern geboren
4. *meton* eines freien Mannes würdig, edel, anständig, standesgemäß, aufrichtig
5. *poet* überfein, verzärtelt, schwächlich

I

II ⟨ī⟩ *m* der Freie
in-gerō ⟨gessī, gestum, gerere 3.⟩
1. (*unkl.*) hineinbringen, hineintragen, hineinwerfen, hineingießen, hineinschütten, *alicui rei / in aliquid* in etw; ***lapides i.*** Steine hineinwerfen; ***aquam in salinas i.*** Wasser in die Salzlager gießen; ***se omnium oculis i.*** sich allen zeigen
2. (*unkl.*) *Worte* ausstoßen, zurufen; in Worten vorbringen, anführen; ***convicia in aliquem i.*** Schmähungen gegen j-n ausstoßen
3. antun, zufügen, *alicui aliquid* j-m etw; ***osculum alicui i.*** j-m einen Kuss geben
4. aufdrängen, aufnötigen; ***alicui medicum i.*** j-m einen Arzt aufnötigen; ***alicui aliquem iudicem i.*** j-m j-n als Richter aufdrängen
in-gignō ⟨genuī, genitum, gignere 3.⟩ einpflanzen; ***homini cupiditatem veri videndi i.*** einem Menschen das Verlangen die Wahrheit zu sehen einpflanzen; ***ingenitus*** angeboren
in-glōriōsus ⟨a, um⟩ *Adj* (*vkl., nachkl.*) unrühmlich, *alicuius rei* in etw
in-glōrius ⟨a, um⟩ *Adj* ||in-², gloria|| unrühmlich, ruhmlos, *alicuius rei* in etw; ***homo i.*** ruhmloser Mensch
in-gluviēs ⟨ēī⟩ *f* ||in¹, gula||
1. (*nachkl.*) *poet* Kropf *der Vögel*; *allg.* Schlund, Kehle
2. *meton* Gefräßigkeit; *fig* Unersättlichkeit
ingrāti-ficus ⟨a, um⟩ *Adj* ||ingratus, facio|| (*vkl.*) undankbar
in-grātiīs *u.* **in-grātīs** *Adv* wider Willen, ungern
ingrātitūdō ⟨inis⟩ *f* ||ingratus|| (*nachkl.*) Undankbarkeit
in-grātus
I ⟨a, um⟩ *Adj, Adv* ⟨ingrātē⟩
1. *von Personen u. Sachen* unangenehm, unlieb, unwillkommen, zuwider, unerfreulich, lästig; ***alicui non i.*** bei j-m wohlgelitten; ***ingrate*** ungern
2. undankbar, unerkenntlich, *in aliquem / adversus aliquem* gegen j-n, *alicui rei* für etw; ***homo i.*** undankbarer Mensch; ***ingratē aliquid ferre*** sich für etw undankbar zeigen
3. *von Sachen* nicht mit Dank aufgenommen; nicht nützlich; nicht lohnend
II ⟨ī⟩ *m* der Undankbare
in-gravēscō ⟨-, -, ēscere 3.⟩
1. (*nachkl.*) *poet* schwerer werden, *bes* schwanger werden
2. *fig* schwerfälliger werden, sich beschwert fühlen
3. *fig* ernsthafter werden
4. *fig pej* drückender werden, lästiger werden, schlimmer werden, ernster werden, sich verschlimmern, zunehmen, steigen; ***morbus ingravescit*** die Krankheit verschlimmert sich
5. *fig von Personen* kränker werden
6. *fig* es immer ärger treiben
in-gravō ⟨āvī, ātum, āre 1.⟩ (*nachkl.*) beschweren, belasten; *fig* verschlimmern, steigern
► **in-gredior** ⟨gressus sum, gredī 3.⟩ ||in¹, gradior||
I *v/t*
1. einherschreiten, einhergehen, marschieren; ***vestigiis patris i.*** in die Fußstapfen des Vaters treten; ***proelii vestigiis i.*** den Sieg ausnützen
2. hineingehen, eintreten, einrücken, einziehen; *fig* in *etw* eintreten, *etw* anfangen, *etw* beginnen, sich auf *etw* einlassen, sich *einer Sache* zuwenden, auf *etw* zu sprechen kommen, *abs od intra aliquid / in aliquid / alicuius rei* in etw; ***i. in rem publicam*** beginnen sich dem Staatsdienst zu widmen; ***i. ad aliquid*** zu etw entschlossen sein
3. zu reden beginnen
II *v/t*
1. betreten, ***domum*** ein Haus; ***i. mare*** in See stechen; ***aethera pennis i.*** die Luft durchfliegen; ***iter / viam i.*** einen Weg einschlagen
2. *feindlich j-n* angreifen, auf *j-n* losgehen, *aliquem*
3. anfangen, beginnen, *aliquid* etw, + *Inf*; ***disputationem i.*** eine Diskussion beginnen; ***consulatum i.*** das Konsulat antreten; ***periculum i.*** eine Gefahr auf sich nehmen; ***i. dicere*** zu sprechen beginnen
ingressiō ⟨ōnis⟩ *f* = ***ingressus***[1]
ingressus[2] ⟨a, um⟩ *PPerf* → ***ingredior***
in-gressus[1] ⟨ūs⟩ *m* ||ingredior||
1. das Einherschreiten, Gang; *fig* Gang der Rede; *meton* freie Bewegung; ***ingressū prohiberi*** keinen freien Schritt tun können
2. Eintritt, Einzug, Zugang, *in aliquid / alicuius rei* in etw, zu etw; ***i. fori*** Zugang zum Markt
3. (*nachkl.*) *feindlich* Einfall
4. (*nachkl.*) *poet* Anfang, Beginn; ***ingressum capere*** seinen Anfang nehmen
in-gruō ⟨gruī, -, gruere 3.⟩ (*unkl.*) auf *j-n / etw* hereinstürzen, losbrechen; *fig j-n* befallen, bedrängen, *abs od in aliquem / alicui rei*; ***morbus ingruit*** eine Krankheit bricht aus
inguen ⟨inguinis⟩ *n*
1. (*nachkl.*) *meist Pl* die Weichen
2. *poet* Unterleib; *Pl* Geschlechtsteile, *auch* männliches Glied; *fig Sg* Brunft
3. Geschwulst *in der Leistengegend*
in-gurgitō ⟨āvī, ātum, āre 1.⟩ ||in¹, gurges||
1. (*vkl., nachkl.*) in einen Strudel hinabstürzen, in die Tiefe hinabstürzen
2. *Passiv u.* ***se i.*** sich stürzen; ***se in flagitia i.*** sich in den Strudel des Lasters stürzen; ***se in copias alicuius i.*** in j-s Reichtum schwelgen
3. sich voll fressen und saufen, *abs*
in-gustātus ⟨a, um⟩ *Adj* ||in-², *PPP von* gusto|| Hor. noch nie (vorher) gekostet, noch nie genossen
in-habilis ⟨e⟩ *Adj*
1. schwer zu handhaben, unhandlich, plump, unbequem
2. *von Personen u. Sachen fig* untauglich, ungeschickt, unfähig, *alicui* für j-n, *ad aliquid / alicui rei* für etw; ***asinus oneri ferendo i.*** ein zum Lastentragen untauglicher Esel
in-habitābilis ⟨e⟩ *Adj* unbewohnbar
inhabitantēs ⟨ium⟩ *m* ||inhabito|| die Einwohner, die Bewohner
in-habitō ⟨āvī, ātum, āre 1.⟩ (*nachkl.*) *poet*
I *v/t* bewohnen
II *v/i* wohnen
in-haereō ⟨haesī, -, haerēre 2.⟩
1. in *etw* festhalten, an *etw* festhalten, festhängen, haften, kleben, stecken bleiben, angewachsen sein; ***lingua haeret*** die Zunge ist angewachsen
2. *fig* festsitzen; ***malum in visceribus inhaeret*** das Übel sitzt in den Eingeweiden fest; ***i. tergo fugien-***

tis dem Fliehenden im Nacken sitzen; ***oculis alicuius i.*** j-m immer vor Augen schweben; ***alicui i.*** j-m treu ergeben sein
3. *fig* begründet sein, seine Wurzeln haben, *in re* in etw; ***i. in nervis*** im innersten Wesen einer Sache begründet sein

inhaerēscō ⟨haesī, haesūrus, haerēscere 3.⟩ = ***inhaereo***

in-haesī → ***inhaereo*** *u.* → ***inhaeresco***

inhaesūrus ⟨a, um⟩ *Part Fut* → ***inhaeresco***

in-hālō ⟨āvī, ātum, āre 1.⟩
1. zuhauchen, anhauchen
2. *(nlat.)* MED einatmen, inhalieren

in-hibeō ⟨uī, itum, ēre 2.⟩ ||in[1], habeo||
1. zurückhalten, anhalten, ***socios*** die Gefährten
2. SCHIFF *ein Schiff* rückwärts rudern; zu rudern aufhören
3. *fig* aufhalten, hemmen, hindern; ***aliquem loqui volentem i.*** j-n, der sprechen will, nicht zu Wort kommen lassen; ***cursum i.*** Halt machen; ***spem i.*** die Hoffnung dämpfen; ***cruorem i.*** das Blut stillen
4. anwenden, gebrauchen, ausüben, *alicui / in aliquem* gegen j-n; ***imperium in deditos i.*** Gewalt gegen die Unterworfenen anwenden

inhibitiō ⟨ōnis⟩ *f* ||inhibeo|| das Hemmen; ***i. remigum*** das Rückwärtsrudern

in-hiō ⟨āvī, ātum, āre 1.⟩
1. den Mund aufsperren, gaffen
2. schnappen, *alicui rei* nach etw, ***uberibus lupinis*** nach den Zitzen der Wölfin
3. *fig* gierig nach *etw* trachten, auf *etw* begierig lauern, *alicui rei / aliquid*; ***alicuius opibus i.*** nach j-s Schätzen trachten
4. auf *etw* neugierig hinstarren, *etw* angaffen, *alicui rei / aliquid*

inhonestō ⟨-, -, āre 1.⟩ ||*Denom von* inhonestus|| Ov. entehren, schänden

in-honestus ⟨a, um⟩ *Adj, Adv* ⟨inhonestē⟩
1. *von Personen u. Sachen* unsittlich, unanständig, schändlich, schmutzig; ***inhonestum factu*** schändlich zu tun
2. *von Personen u. Sachen* ehrlos, unrühmlich
3. *von Stand u. Rang* niedrig, gering
4. *(vkl.) poet äußerlich* hässlich, garstig; ***vulnus inhonestum*** hässliche Wunde

in-honōrātus ⟨a, um⟩ *Adj*
1. ohne Ehrenamt, nicht angesehen
2. ohne Ehrengabe; ***inhonoratum aliquem dimittere*** ohne Ehrengabe j-n entlassen

in-honōrificus ⟨a, um⟩ *Adj* Sen. ehrenrührig

in-honōrus ⟨a, um⟩ *Adj (nachkl.) poet* ungeziert, ungeputzt

in-horreō ⟨-, -, ēre 2.⟩ *(nachkl.) von etw* starren

inhorrēscō ⟨horruī, -, horrēscere 3.⟩ ||*Inkoh von* inhorreo||
1. erstarren, emporstarren, sich sträuben
2. aufwogen, sich kräuseln, erheben, erzittern, *bes vom Meer*
3. *fig vor Furcht od Schrecken* erschauern, erstarren, zusammenschrecken

in-hospitālis ⟨e⟩ *Adj (unkl.)* ungastlich

inhospitālitās ⟨ātis⟩ *f* ||inhospitalis|| Ungastlichkeit

in-hospitus ⟨a, um⟩ *Adj (nachkl.)* = ***inhospitalis***

inhūmānitās ⟨ātis⟩ *f* ||inhumanus||
1. Unmenschlichkeit, Grausamkeit, Rohheit
2. Mangel an Bildung
3. Unhöflichkeit, Unfreundlichkeit, Mangel an Lebensart, Lieblosigkeit
4. Knauserei, Geiz

in-hūmānus ⟨a, um⟩ *Adj, Adv* ⟨inhūmānē⟩ *u.* ⟨inhūmāniter⟩
1. unmenschlich, grausam, gefühllos, barbarisch
2. ungebildet, unkultiviert
3. unhöflich, unfreundlich, rücksichtslos

in-humātus ⟨a, um⟩ *Adj* ||in-[2], *PPP von* humo|| unbestattet, unbegraben

in-ibī *Adv*
1. *örtl.* dort, gerade da
2. *zeitl.* schon nahe daran, vor der Tür stehend
3. *von der Anzahl* darin, darunter

in-iciō ⟨iēcī, iectum, icere 3.⟩ ||in[1], iacio||

1. hineinwerfen
2. einflößen, einjagen
3. verursachen, bewirken
4. ins Gespräch bringen, in die Rede einfließen lassen
5. auf etw werfen
6. überwerfen, anziehen
7. anlegen
8. gewaltsam Hand an j-n legen, j-n vor Gericht laden

1. hineinwerfen, in *etw* werfen, hineinstürzen, hineinlegen, hineinbringen, hineinschaffen, *in aliquid / alicui rei*; ***se i.*** sich in *etw* werfen, sich in *etw* stürzen
2. *fig Gefühle* einflößen, einjagen; ***alicui terrorem i.*** j-m Schrecken einjagen; ***alicui spem i.*** j-m Hoffnung einflößen
3. *fig* verursachen, bewirken; ***tumultum i.*** einen Aufruhr verursachen
4. *fig* ins Gespräch bringen, in die Rede einfließen lassen, erwähnen; ***aliquid in sermone i.*** etw im Gespräch erwähnen; ***alicui nomen alicuius i.*** j-m gegenüber j-s Namen erwähnen
5. auf *etw* werfen, über *etw* werfen, *alicui rei*; ***manūs ferreas i.*** Enterhaken anlegen; ***flumini pontem i.*** eine Brücke über den Fluss schlagen; ***alicui terram i.*** j-n beerdigen
6. *Kleider* überwerfen, anziehen; ***sibi vestem i.*** sich ein Kleid anziehen
7. *Fesseln* anlegen
8. ***manum i. alicui*** gewaltsam Hand an j-n legen, j-n vor Gericht laden, j-n vor Gericht schleppen, sich j-s bemächtigen; j-m Einhalt gebieten; ***manum i. alicui rei*** etw als Eigentum in Besitz nehmen, etw für sein Eigentum erklären, Besitz von etw ergreifen

iniectiō ⟨ōnis⟩ *f* ||inicio||
1. das Anlegen; ***i. manūs*** gewaltsame Besitzergreifung
2. MED Spritze, Injektion, *bes* Einlauf

iniectus[1] ⟨ūs⟩ *m* ||inicio|| das Hineinwerfen, das Daraufwerfen

in-iectus[2] ⟨a, um⟩ *PPP* → ***inicio***

in-iī → ***ineo***

inimīca ⟨ae⟩ *f* ||inimicus|| Feindin

inimīcitia ⟨ae⟩ *f u. Pl* **inimīcitiae** ⟨ārum⟩ *f* Feindschaft, Gegnerschaft *im Privaten*, feindliches Verhalten
inimīcō ⟨āvī, ātum, āre 1.⟩ ||*Denom von* inimicus|| (*nachkl.*) *poet* verfeinden, entzweien, ***urbes*** Städte
▶ **in-imīcus**
I ⟨a, um⟩ *Adj, Adv* ⟨inimīcē⟩ ||in-², amicus||
1. *von Personen u. Sachen, bes im Privatbereich* feindlich, feindselig, abgeneigt, *alicui* j-m, gegen j-n
2. *von Sachen* ungünstig, widrig, nachteilig, verhängnisvoll, *alicui/alicui rei* für j-n/für etw
3. nicht beliebt, verhasst; ***nomen inimicum*** verhasster Name
II ⟨ī⟩ *m* persönlicher Feind; ***inimicissimus*** größter Feind, Todfeind; ↔ ***hostis***
in-imitābilis ⟨e⟩ *Adj* (*nachkl.*) unnachahmlich
in-intellegēns *Gen* ⟨entis⟩ *Adj* unverständig, ohne Vernunft
inīqua ⟨ae⟩ *f* ||iniquus|| Feindin
inīquitās ⟨ātis⟩ *f* ||iniquus||
1. Unebenheit *des Bodens*, Ungleichheit *der Lage*
2. *fig* Ungleichheit
3. *fig* Schwierigkeit, Ungunst, Misslichkeit
4. *fig* Ungerechtigkeit, Härte, Unbilligkeit
▶ **in-īquus**
I ⟨a, um⟩ *Adj, Adv* ⟨inīquē⟩ ||in-², aequus||
1. uneben, ungleich, abschüssig, ansteigend
2. *vom Kampf* ungleich
3. *fig* ungünstig, unbequem, nachteilig, beschwerlich, schwierig; *von der Zeit* ungelegen; *vom Ort* ungünstig, *alicui* für j-n
4. (*nachkl.*) *fig* übermäßig, zu groß, zu stark; ***sol i.*** zu große Sonnenhitze; ***hiems iniqua*** strenger Winter; ***spatia iniqua*** zu enge Räume; ***pondus iniquum*** zu schweres Gewicht
5. *fig* ungerecht, unbillig; ***iudex i.*** ungerechter Richter; ***per aequa et iniqua*** durch billige und unbillige Zugeständnisse, so oder so
6. *fig* abgeneigt, feindlich, gehässig; neidisch
7. *fig* nicht gelassen, unwillig, missgestimmt, ungeduldig, *alicuius rei* bei etw, über etw; ***animo iniquissimo*** mit größtem Widerwillen
II ⟨ī⟩ *m* Feind, Gegner, Widersacher; ***aequi et iniqui*** Freunde und Feinde
in-īre → ***ineo***
initiālis ⟨e⟩ *Adj* ||initium|| (*nachkl.*) anfänglich
initiāmenta ⟨ōrum⟩ *n u.* **initiātiō** ⟨ōnis⟩ *f* ||initio|| Einweihung in einen Geheimkult
initiō ⟨āvī, ātum, āre 1.⟩ ||*Denom von* initium||
1. einweihen *in einen Geheimkult od in Mysterien*, einführen, *re* in etw; ***aliquam Bacchis i.*** eine Frau in den Bacchuskult einweihen
2. *fig* einführen; ***puerum i.*** einen Jungen in die Bürgerliste eintragen lassen; ***aliis studiis initiari*** andere Wissenschaften lernen
▶ **initium** ⟨ī⟩ *n* ||ineo||
1. *örtl. u. zeitl.* Eingang, Anfang, Beginn; *Pl* Anfänge, Ursprung, Herkunft; ***i. silvae*** Beginn des Waldes; ***i. veris*** Frühlingsanfang; ***i. Remorum*** Beginn des Gebietes der Remer; ***initium alicuius rei ducere a re/ex re*** etw mit etw beginnen lassen, etw von etw ausgehen lassen; ***i. alicuius rei oritur/nascitur/proficiscitur a re*** etw nimmt seinen Anfang mit etw, etw geht von etw aus; ***initio*** am Anfang, anfangs; ***ab initio*** von Anfang an
2. *Pl physikalisch* Grundstoffe, Elemente; *meton* Anfangsgründe *einer Wissenschaft*; PHIL Prinzip; ***i. cognoscendi*** Erkennungsprinzip
3. Auspizien, *mit denen man alles begann*
4. (*nachkl.*) Regierungsantritt
5. (Einführung in einen) Geheimkult, Mysterien; *meton* Kultgeräte der Mysterien
initus¹ ⟨ūs⟩ *m* ||ineo||
1. das Herankommen; Ankunft
2. *fig* Anfang, Beginn
3. Begattung; *fig* Liebe
in-itus² ⟨a, um⟩ *PPP* → ***ineo***
iniūcunditās ⟨ātis⟩ *f* ||iniucundus|| Unannehmlichkeit
in-iūcundus ⟨a, um⟩ *Adj, Adv* ⟨iniūcundē⟩ *von Personen u. Sachen* unangenehm, unerfreulich; unfreundlich
in-iūdicātus ⟨a, um⟩ *Adj* ||in-², *PPP von* iudico|| (*vkl., nachkl.*) unentschieden
in-iungō ⟨iūnxī, iūnctum, iungere 3.⟩
1. (*nachkl.*) einfügen
2. anschließen, anfügen; ***aggeres muro i.*** Liv. die Dämme mit der Mauer verbinden; ***tecta muro iniuncta*** Dächer, die bis an die Mauer reichen
3. (*unkl.*) zufügen, antun, ***alicui iniuriam*** j-m ein Unrecht
4. auferlegen, ***alicui onus*** j-m eine Last
in-iūrātus ⟨a, um⟩ *Adj* unvereidigt
▶ **iniūria** ⟨ae⟩ *f* ||iniurius||
1. *zugefügtes od erlittenes* Unrecht, Rechtsverletzung, Ungerechtigkeit, *alicuius* j-s *od* gegen j-n, *alicuius re* von etw *od* in etw bestehend; ***i. legatorum violatorum*** das Unrecht der Verletzung der Gesandten; ***iniuriam accipere*** Unrecht erleiden; ***iniuriam facere*** Unrecht zufügen; ***iniuriam decernere*** ein ungerechtes Urteil fällen; ***haud iniuriā*** nicht ohne Grund; ***per iniuriam*** widerrechtlich
2. Gewalttat, *alicuius* j-s *od* gegen j-n, ***Verris*** des Verres, ***sociorum*** gegen die Bundesgenossen
3. Vergewaltigung; Verführung
4. *fig* Schaden, Verletzung
5. Beleidigung, Kränkung, Beschimpfung; ***actio iniuriarum*** Beleidigungsklage
6. Liv. *meton* mit Unrecht erworbenes Eigentum, widerrechtlicher Besitz
7. (*nachkl.*) *poet* Rache für erlittenes Unrecht, Strafe, *alicuius rei* für etw, *alicuius* an j-m; ***iniuriam exercere*** Rache üben
iniūriōsus ⟨a, um⟩ *Adj, Adv* ⟨iniūriōsē⟩ ||iniuria|| ungerecht, widerrechtlich (handelnd), *in aliquem* gegen j-n; ***venti iniuriosi*** mutwillige Winde
in-iūrius *u.* **iniūrus** ⟨a, um⟩ *Adj* ||in-², ius|| *von Personen u. Sachen* ungerecht
in-iussū *Abl Sg* ||in-², iussus²|| ohne Befehl, ohne Auftrag, *alicuius* von j-m
in-iussus ⟨a, um⟩ *Adj* ||in-², *PPP von* iubeo|| aus freien Stücken
iniūstitia ⟨ae⟩ *f* ||iniustus|| Ungerechtigkeit, ungerechtes Vorgehen, ungerechte Härte
iniūstum ⟨ī⟩ *n* ||iniustus|| Ungerechtigkeit
in-iūstus ⟨a, um⟩ *Adj, Adv* ⟨iniūstē⟩
1. *von Personen u. Sachen* widerrechtlich, unge-

recht; ***regna iniusta*** unrechtmäßig erworbene Reiche
2. *fig von Sachen* hart, drückend
inl… = ***ill…***
inm… = ***imm…***
in-nābilis ⟨e⟩ *Adj* ||in-^{2}, no|| Ov. undurchschwimmbar; ***unda i.*** Woge, auf der man nicht schwimmen kann
in-nāscor ⟨nātus sum, nāscī 3.⟩ *naturgemäß* in *etw* wachsen, auf *etw* wachsen, *alicui rei / in re*; ***murex innatus*** angewachsene Purpurschnecke
in-natō ⟨āvī, ātum, āre 1.⟩
1. hineinschwimmen
2. *fig* hineinströmen, sich ergießen, *in aliquid / aliquid / alicui rei* in etw
3. auf *etw* schwimmen, in *etw* schwimmen, fahren, *etw* befahren, *alicui rei / aliquid*; ***folia innatantia*** obenauf schwimmende Blätter; ***innatans*** oberflächlich
innātus ⟨a, um⟩ *Adj* ||innascor|| angeboren, natürlich
in-nāvigābilis ⟨e⟩ *Adj* ||in-^{2}, navigo|| *(nachkl.)* nicht mit Schiffen zu befahren
in-nectō ⟨nexuī, nexum, nectere 3.⟩
1. umschlingen, umbinden, *aliquid re* etw mit etw; ***colla auro i.*** ein goldenes Collier umlegen; ***aliquid alicui rei i.*** etw um etw schlingen
2. verknüpfen, verbinden, ***ramos inter se*** Zweige miteinander; ***causas morandi i.*** die Gründe für die Verzögerung nacheinander vorbringen
3. verwickeln, verstricken, *aliquem alicui rei* j-n in etw
in-nītor ⟨nīxus sum⟩ *u.* ⟨nīsus sum, nītī 3.⟩
1. sich auf *etw* stützen, sich an *etw* lehnen, sich auf *etw* stemmen, *re / in aliquid / alicui rei*
2. *(nachkl.) fig* auf *etw* beruhen, *re / in aliquid / alicui rei*; ***columnis i.*** auf Säulen ruhen; ***alis i.*** auf Flügeln schweben
in-nō ⟨āvī, ātum, āre 1.⟩
1. hineinschwimmen, *aliquid* in etw
2. befahren
3. auf *etw* schwimmen, auf *etw* fahren, *alicui rei*
4. obenauf schwimmen
5. dahinströmen, ***Maricae litoribus*** an Maricas Ufern
► **in-nocēns** *Gen* ⟨entis⟩ *Adj, Adv* ⟨innocenter⟩ ||in-^{2}, *PPr von* noceo||
1. unschädlich, harmlos
2. unschuldig, schuldlos
3. rechtschaffen, unbescholten, uneigennützig
innocentia ⟨ae⟩ *f* ||innocens||
1. Harmlosigkeit, Unschädlichkeit
2. Schuldlosigkeit
3. Rechtschaffenheit, Unbescholtenheit, *bes* Uneigennützigkeit
4. *meton* die Unschuldigen
in-nocuus ⟨a, um⟩ *Adj, Adv* ⟨innocuē⟩ ||in-^{2}, noceo||
1. unschädlich
2. unschuldig
3. rechtschaffen
4. unbeschädigt, unangefochten
in-nōtēscō ⟨nōtuī, -, nōtēscere 3.⟩ *(nachkl.) poet* bekannt werden
in-novō ⟨āvī, ātum, āre 1.⟩ erneuern; ***se i.*** *fig* sich von Neuem einer Sache hingeben
in-noxius ⟨a, um⟩ *Adj, Adv* ⟨innoxiē⟩ *(unkl.)*
1. *von Personen u. Sachen* unschädlich, harmlos
2. unschuldig, schuldlos, rechtschaffen, *alicuius rei* einer Sache, an etw; ***causa innoxia*** Sache der Unschuldigen
3. *von Personen u. Sachen* unbeschädigt, unverletzt; ungefährdet
4. unverschuldet, unverdient
in-nūbilus ⟨a, um⟩ *Adj* Lucr. unbewölkt
in-nūbis ⟨e⟩ *Adj* ||in-^{2}, nubes|| *poet* wolkenlos, heiter
in-nūbō ⟨nūpsī, nuptum, nūbere 3.⟩ *(nachkl.) poet von einer Frau* (in eine Familie) einheiraten; ***quo i.*** in welche Familie einheiraten; ***i. thalamis nostris*** *(Dat!)* als Ehefrau an meine Stelle treten
in-nubus ⟨a, um⟩ *Adj* ||in-^{2}, nubo|| unverheiratet, ledig; *fig* jungfräulich
in-numerābilis ⟨e⟩ *Adj, Adv* ⟨innumerābiliter⟩ *von Personen u. Sachen, im Sg u. Pl* unzählig, zahllos, massenhaft, unendlich; ***innumerabiles homines*** unzählige Menschen; ***i. pecunia*** unendlich viel Geld; ***innumerabiliter*** unzählige Male, auf unzählige Arten
innumerābilitās ⟨ātis⟩ *f* ||innumerabilis|| Unzählbarkeit, unzählige Menge, ***atomorum*** von Atomen
in-numerālis ⟨e⟩ *Adj* ||in-^{2}, numerus|| Lucr. unzählig
in-numerus ⟨a, um⟩ *Adj (unkl.)* = ***innumerabilis***
in-nuō ⟨nuī, -, nuere 3.⟩ *(vkl., nachkl.)* zuwinken, *abs od alicui* j-m
innupta ⟨ae⟩ *f* ||innuptus|| Jungfrau
in-nuptus ⟨a, um⟩ *Adj* ||in-^{2}, *PPP von* nubo||
1. unverheiratet
2. *fig* unglücklich; ***innuptae nuptiae*** unglückliche Ehe, *eigentlich* Ehe, die keine ist
in-nūtriō ⟨īvī, ītum, īre 4.⟩ *(nachkl.)* bei *etw* aufziehen, *alicui rei*; *Passiv* bei / auf / in / unter *etw* aufwachsen; ***mari innutriri*** am Meer aufwachsen
Īnō ⟨ūs⟩ *u.* ⟨ōnis⟩ *f* MYTH *Tochter des Kadmos, Stiefmutter des Phrixos u. der Helle, von Hera mit Wahnsinn geschlagen, stürzte sich ins Meer u. wurde zur Meergöttin Leukothea*
in-oblītus ⟨a, um⟩ *Adj* ||in-^{2}, *PPerf von* obliviscor|| Ov. nicht vergessend
in-obrutus ⟨a, um⟩ *Adj* ||in-^{2}, *PPP von* obruo|| nicht überschüttet, nicht verschlungen
in-obsequēns *Gen* ⟨entis⟩ *Adj (nachkl.) poet* ungehorsam
in-observābilis ⟨e⟩ *Adj (nachkl.) poet* unmerklich
in-observantia ⟨ae⟩ *f (nachkl.)*
1. Unachtsamkeit
2. Unregelmäßigkeit, Unordnung
in-observātus ⟨a, um⟩ *Adj* ||in-^{2}, *PPP von* observo|| *(nachkl.) poet* unbeobachtet
in-offēnsus ⟨a, um⟩ *Adj, Adv* ⟨inoffēnsē⟩ *(nachkl.)*
1. unangestoßen, unberührt; ***meta inoffensa*** unberührte Zielsäule *im Zirkus*
2. *fig* ungehindert, ungestört; ***mare inoffensum*** klippenloses Meer; ***cursus honorum i.*** ununterbrochene Ämterlaufbahn
in-officiōsus ⟨a, um⟩ *Adj* pflichtwidrig; lieblos; *von Personen* ungefällig
in-olēns *Gen* ⟨entis⟩ *Adj* Lucr. geruchlos

I

in-olēscō ⟨olēvī, olitum, olēscere 3.⟩ ||in[1], *Inkoh von* olo|| in *etw* (hinein)wachsen, mit *etw* verwachsen, *abs od alicui rei*

in-ōminātus ⟨a, um⟩ *Adj* ||in[1], omen|| Hor. fluchbeladen

in-opertus ⟨a, um⟩ *Adj* (*nachkl.*) unverhüllt

▶ **inopia** ⟨ae⟩ *f* ||inops||
1. Mittellosigkeit, Mangel, Armut, Not, *alicuius rei* an etw; ***i. cibi*** Mangel an Nahrung; ***i. consilii*** Ratlosigkeit
2. Mangel an Nahrungsmitteln, Hungersnot
3. geringe Zahl, geringe Menge; ***i. iuniorum*** geringe Zahl an jungen Leuten
4. Hilflosigkeit, Verlegenheit
5. *meton* ratlose Leute, hilflose Personen
6. RHET Armut an Gedanken

▶ **in-opīnāns** *Gen* ⟨antis⟩ *Adj*, *Adv* ⟨inopīnanter⟩ ||in-[2], *PPr von* opinor|| nichts ahnend, ahnungslos; ***aliquem inopinantem aggredi*** j-n unvermutet angreifen; ***aliquo inopinante*** wider j-s Vermuten

inopīnātum ⟨ī⟩ *n* ||inopinatus|| Unvermutetes; ***ex inopinato*** unversehens

in-opīnātus ⟨a, um⟩ *Adj*, *Adv* ⟨inopīnātō⟩ ||in-[2], *PPerf von* opinor||
1. = ***inopinans***
2. unvermutet, unverhofft, unerwartet; ***bellum alicui inopinatum*** für j-n unerwarteter Krieg

in-opīnus ⟨a, um⟩ *Adj* ||opinor|| (*nachkl.*) *poet* unvermutet

inopiōsus ⟨a, um⟩ *Adj* ||inopia|| Plaut. bedürftig, ***consilii*** des Rates

in-ops
I *Gen* ⟨opis⟩ *Adj*
1. (*nachkl.*) machtlos, nicht in der Lage, ohnmächtig, *+ Inf*
2. hilflos, ratlos; ***milites inopes a duce reliciti*** die hilflos von ihrem Anführer verlassenen Soldaten
3. mittellos, arm, bedürftig, dürftig, *abs od alicuius rei/re/a re* einer Sache, an etw; ***aerarium i.*** leere Staatskasse; ***somni i.*** schlaflos; ***mentis i.*** ohne Verstand; ***verborum/verbis i.*** ohne Worte, sprachlos; ***amicorum/ab amicis i.*** ohne Freunde
4. *von Sachen* arm an Worten, arm an Gedanken; dürftig, armselig, gehaltlos; ***oratio i.*** dürftige Rede
II ⟨opis⟩ *m* der Machtlose

in-optātus ⟨a, um⟩ *Adj* Sen. unerwünscht

in-ōrātus ⟨a, um⟩ *Adj* ||in-[2], *PPP von* oro|| (*vkl., spätl.*) nicht vorgetragen; ***inoratā re*** ohne dass die Angelegenheit vorgetragen war

inōrdinātum ⟨ī⟩ *n* ||inordinatus|| Unordnung

in-ōrdinātus ⟨a, um⟩ *Adj*, *Adv* ⟨inōrdinātē⟩ ||in-[2], *PPP von* ordino|| ungeordnet; ***exercitus i.*** nicht in Reih und Glied aufgestelltes Heer

in-ōrnātus ⟨a, um⟩ *Adj*, *Adv* ⟨inōrnātē⟩ ||in-[2], *PPP von* orno|| schmucklos, schlicht, einfach; Hor. ungepriesen

in-ōtiōsus ⟨a, um⟩ *Adj* viel beschäftigt

Īnōus ⟨a, um⟩ *Adj* der Ino, zu Ino gehörig

inp... = *imp...*

inquam ⟨inquis, inquit, inquiunt⟩; *Fut* ⟨inquiēs, inquiet⟩; *Perf* ⟨inquiī⟩ *Defektivum*
1. sage ich, sagte ich; antworte ich, entgegne ich, rufe ich, *nur in der wörtlichen Rede u. immer dazwischengestellt*
2. *bei nachdrücklicher Wiederholung eines Wortes* ich sage, ich betone es, ich wiederhole es; *selten bei Wiederaufnahme des Satzanfangs od des ganzen Gedankens* (*bes nach Parenthese*) *od bei Zusammenfassung*
3. ***inquies/inquit*** sagt man, wird man sagen, heißt es, *bei der Einführung eines voraussichtlichen Einwurfs*

in-quiēs *Gen* ⟨ētis⟩ *Adj* = ***inquietus***

inquiētō ⟨āvī, ātum, āre 1.⟩ ||*Denom von* inquietus|| (*nachkl.*) beunruhigen, behelligen; erschweren

in-quiētus ⟨a, um⟩ *Adj von Personen u. Sachen* unruhig; ***urbs actionibus inquieta*** durch ihre Betriebsamkeit unruhige Stadt

inquilīnus ⟨ī⟩ *m* ||in[1], colo||
1. Insasse, Mieter
2. eingewanderter Bürger
3. Mitbewohner *in einem fremden Haus*, Hausgenosse

inquinātus ⟨a, um⟩ *Adj*, *Adv* ⟨inquinātē⟩ ||inquino|| beschmutzt, schmutzig, unrein; ***aqua cadaveribus inquinata*** durch Leichen verunreinigtes Wasser; ***vita flagitiis inquinata*** durch Schandtaten beflecktes Leben; ***inquinate loqui*** fehlerhaft sprechen

in-quinō ⟨āvī, ātum, āre 1.⟩
1. überstreichen, übertünchen, ***parietem*** eine Wand
2. verunreinigen, beschmutzen
3. *fig* beflecken, besudeln, beschimpfen, verunglimpfen; ***famam alicuius i.*** j-s Ruf beflecken

▶ **in-quīrō** ⟨quīsīvī, quīsītum, quīrere 3.⟩ ||in[1], quaero||
1. *j-n* aufsuchen, nach *etw* suchen, *aliquem/aliquid*
2. untersuchen, erforschen, nachforschen, *in aliquem* in Bezug auf j-n, *de re* bezüglich einer Sache, *+ indir Fragesatz*
3. JUR Beweismittel für die Klage sammeln, beschaffen, *abs od in aliquem* gegen j-n; ***inquisito*** (*mlat.*) nach erfolgter Untersuchung

inquīsītiō ⟨ōnis⟩ *f* ||inquiro||
1. (*vkl., nachkl.*) das Aufsuchen, ***militum*** der Soldaten
2. PHIL Untersuchung, Erforschung, ***veri*** der Wahrheit
3. JUR Untersuchung der nötigen Beweismittel zur Klage, *alicuius* gegen jdn

inquīsītor ⟨ōris⟩ *m* ||inquiro||
1. (*nachkl.*) *poet* Spitzel, Spion
2. PHIL Forscher, Erforscher
3. JUR Kläger; Staatsanwalt; Untersuchungsrichter

in-quīsītus[1] ⟨a, um⟩ *PPP* → ***inquiro***

in-quīsītus[2] ⟨a, um⟩ *Adj* ||in-[2], *PPP von* quaero|| Plaut. nicht untersucht

in-quīsīvī → ***inquiro***

inquit → ***inquam***

inr... = *irr...*

īn-saepiō ⟨-, saeptum, saepīre 4.⟩ Sen. einzäunen

īn-salūber ⟨bris, bre⟩ *Adj u.* **īnsalūbris** ⟨e⟩ *Adj*, *Adv* ⟨īnsalūbriter⟩ (*nachkl.*) ungesund

īn-salūtātus ⟨a, um⟩ *Adj* ||in-[2], *PPP von* saluto|| (*nachkl.*) *poet* ungegrüßt, ohne Abschiedsgruß; ***inque salutatam linquo*** Verg. und ich lasse sie ohne Abschiedsgruß zurück

īn-sānābilis ⟨e⟩ *Adj* unheilbar; *fig* unverbesserlich, unvermeidlich

īnsānī ⟨ōrum⟩ *m* ||insanus|| die Irren
īnsānia ⟨ae⟩ *f* ||insanus||
1. Wahnsinn, Raserei, *alicuius rei* einer Sache, in etw, bei etw; ***i. belli*** Wahnsinn des Krieges
2. tolles Treiben, exzentrisches Wesen; *Pl* tolle Streiche
3. dichterische Begeisterung, Verzückung
4. unsinnige Übertreibung, Verschwendung, *alicuius rei* in etw, auf etw
īnsāniō ⟨īvī⟩ *u.* ⟨iī, ītum, īre 4.⟩ ||*Denom von* insanus|| wahnsinnig sein, toll sein, rasen, außer sich sein, *auch von Sachen*; begeistert sein, schwärmen, *in re* in etw, bei etw; ***mare insanit*** das Meer tobt; ***in aliquem i.*** rasend hinter j-m her sein, sein Vermögen an j-n verschwenden; ***i. in aliquid*** auf etw versessen sein; ***errorem similem i.*** auf ähnliche Weise toll sein; ***emendo i.*** vor Kauflust verrückt sein; ***seros amores i.*** in später Liebe brennen; ***sollemnia i.*** ein gewöhnlicher Narr sein
īnsānitās ⟨ātis⟩ *f* ||insanus|| ungesunder Zustand, krankhafter Zustand
► **īn-sānus** ⟨a, um⟩ *Adj*, *Adv* ⟨īnsānē⟩
1. wahnsinnig *als krankhafter Zustand*
2. *fig* verrückt, toll, von Leidenschaft beherrscht, unvernünftig
3. *von Sachen* rasend, tobend
4. verzückt, begeistert
5. unsinnig groß, übertrieben groß
6. (*nachkl.*) toll machend, wahnsinnig machend; ***fames insana*** zum Wahnsinn treibender Hunger
īn-satiābilis ⟨e⟩ *Adj*, *Adv* ⟨īnsatiābiliter⟩
1. unersättlich: ***lupus i.*** unersättlicher Wolf; ***cupiditas i.*** unersättliche Begierde; ***re i.*** durch etw nicht befriedigt
2. nicht sättigend, keinen Überdruss verursachend
īn-satietās ⟨ātis⟩ *f* Plaut. Unersättlichkeit
īn-saturābilis ⟨e⟩ *Adj*, *Adv* ⟨īnsaturābiliter⟩ ||saturo|| unersättlich
īn-scendō ⟨scendī, scēnsum, scendere 3.⟩ ||scando||
I *v/i* hineinsteigen, hinaufsteigen
II *v/t* (*vkl., nachkl.*)
1. besteigen, ***equum*** ein Pferd, ***scaenam*** die Bühne
2. *fig* bespringen, begatten
īnscēnsiō ⟨ōnis⟩ *f* ||inscendo|| das Besteigen, das Einsteigen; ***i. in naves*** das Betreten der Schiffe
īnscēnsus ⟨ūs⟩ *m* ||inscendo|| (*nachkl.*) das Bespringen, ***equae*** einer Stute
īn-sciēns *Gen* ⟨entis⟩ *Adj*, *Adv* ⟨īnscienter⟩
1. nicht wissend; ***aliquo insciente*** ohne j-s Wissen
2. unverständig, einfältig
3. Ter. ungeschickt
4. unabsichtlich; ***inscienter contra foedera facere*** unabsichtlich gegen die Bündnisse handeln
īnscientia ⟨ae⟩ *f* ||insciens||
1. Unkenntnis; ***i. rerum*** Mangel an Weltkenntnis
2. Unverstand
3. PHIL das Nichtwissen
īnscītia ⟨ae⟩ *f* ||inscitus||
1. Ungeschicklichkeit, Unfähigkeit, Unverstand *als Dauerzustand*, *alicuius rei* in etw, in Bezug auf etw
2. (*vkl.*) Unkenntnis, Mangel an Verständnis, *alicuius rei* einer Sache, in Bezug auf etw; = ***inscientia***
īnscītiōrēs ⟨um⟩ *m* ||inscitus|| Ignoranten
īn-scītus ⟨a, um⟩ *Adj*, *Adv* ⟨īnscītē⟩
1. ungeschickt, unverständig
2. (*nachkl.*) unkundig, unwissend
► **īn-scius**
I ⟨a, um⟩ *Adj*, *Adv* ⟨īnsciē⟩
1. unwissend, ohne Kenntnis, *stets pej*, *alicuius rei* einer Sache; ***medicus i.*** unwissender Arzt; ***i. culpae*** sich keiner Schuld bewusst, frei von Schuld
2. ohne es zu wissen, unbewusst, absichtslos; ***aliquo inscio*** ohne j-s Wissen; ***haud i.*** wohl wissend
II ⟨ī⟩ *m* Laie, Uneingeweihter
īn-scrībō ⟨scrīpsī, scrīptum, scrībere 3.⟩
1. schreiben, als Inschrift setzen, in *etw* schreiben, auf *etw* schreiben, *in re / alicui rei*; ***nomen in statua / statuae i.*** den Namen auf eine Statue schreiben
2. zuschreiben, beilegen, *alicui aliquid* j-m etw
3. als Urheber bezeichnen, als Vorwand gebrauchen
4. mit einer Aufschrift versehen, mit einer Inschrift versehen; ***columnas litteris i.*** auf Säulen eine Inschrift setzen
5. *einen Brief* adressieren, ***epistulam patri*** einen Brief an den Vater
6. *ein Buch* betiteln; ***liber inscribitur*** das Buch hat den Titel; ***librum alicui i.*** j-m ein Buch widmen
7. (*nachkl.*) kenntlich machen, deutlich bezeichnen
8. brandmarken
īnscrīptiō ⟨ōnis⟩ *f* ||inscribo||
1. das Aufschreiben, das Daraufschreiben
2. Aufschrift, Titel
3. Brandmarkung
īn-scrīptus ⟨a, um⟩ *Adj* ||in-[2], *PPP von* scribo||
1. ungeschrieben
2. nicht im Gesetz erwähnt
īn-sculpō ⟨sculpsī, sculptum, sculpere 3.⟩ eingraben, einschnitzen, einmeißeln, *aliquid alicui rei / in re* etw in etw; *fig* tief einprägen; ***aliquid in animo i.*** etw im Innern fest einprägen
īn-secābilis ⟨e⟩ *Adj* ||seco|| (*nachkl.*) unzerschneidbar, unteilbar; ***corpora insecabilia*** Atome
īnsecō[1] *Perf* ***īnsexit*** *Defektivum* ||insequo|| (*altl.*) ansagen
īn-secō[2] ⟨secuī, sectum, secāre 1.⟩ einschneiden, aufschlitzen, zerschneiden, durchschneiden
īnsecta ⟨ōrum⟩ *n* ||inseco[1]|| Insekten
īnsectātiō ⟨ōnis⟩ *f* ||insector||
1. Verfolgung, *alicuius* j-s, ***hostium*** der Feinde
2. *fig* Verhöhnung; *Pl* Spottreden
īnsectātor ⟨ōris⟩ *m* ||insector|| (*nachkl.*)
1. Verfolger, Gegner
2. *fig* Kritiker, Eiferer, *alicuius rei* einer Sache, gegen etw
īn-sector ⟨ātus sum, ārī 1.⟩ ||*Intens von* insequor||
1. dauernd verfolgen, intensiv verfolgen; ***i. herbam rastris*** Unkraut mit der Harke gründlich ausjäten
2. *fig* bedrängen, verhöhnen, verunglimpfen
īn-secūtus ⟨a, um⟩ *PPerf* → ***insequor***
īnsēdābiliter *Adv* ||in-[2], sedo|| Lucr. unstillbar
īn-sēdī → ***insideo*** *u.* → ***insido***
īn-segestus ⟨a, um⟩ *Adj* ||in-[2], seges|| Plaut. ungesät
īn-senēscō ⟨senuī, -, senēscere 3.⟩ in *etw* alt werden, bei *etw* alt werden, *alicui rei*, ***libris*** bei seinen Büchern
īn-sēnsilis ⟨e⟩ *Adj* Lucr. empfindungslos
īn-sēparābilis ⟨e⟩ *Adj* ||in-[2], separo|| (*nachkl.*) un-

I

zertrennlich

īn-sepultus ⟨a, um⟩ *Adj* ||in-[2], *PPP von* sepelio|| unbestattet, ohne Begräbnis; ***sepultura insepulta*** Begräbnis, das eigentlich keines ist, unseliges Begräbnis

▶ **īn-sequor** ⟨secūtus sum, sequī 3.⟩
1. auf dem Fuß nachfolgen, unmittelbar folgen, *örtl., zeitl. u. der Reihenfolge nach, abs od aliquem / aliquid* j-m / einer Sache; ***verba insequentia*** die folgenden Worte; ***aliquid oculis i.*** etw mit den Augen verfolgen
2. *feindlich* verfolgen, ***hostem*** den Feind
3. *fig* angreifen, *bes* verhöhnen
4. *eine Tätigkeit* fortsetzen
5. sich bemühen, sich daranmachen, *ut* dass, *+ Inf*
6. ereilen, erreichen; ***aliquem mors insequitur*** j-n ereilt der Tod

▶ **īn-serō[1]** ⟨sēvī, situm, serere 3.⟩
1. (*unkl.*) einsäen, einpflanzen, dazwischenpflanzen
2. aufpfropfen, ***vitem*** eine Weinrebe; ***pirus insita*** veredelter Birnbaum
3. *fig* einverleiben, vereinigen; ***aliquem in Catilinos i.*** j-n in die Familie der Catilini adoptieren
4. *fig* geistig einpflanzen, einprägen; ***alicui novas opiniones i.*** j-m neue Ansichten einprägen

īn-serō[2] ⟨seruī, sertum, serere 3.⟩
1. einfügen, hineinstecken, hineinbringen, *aliquid in aliquid / alicui rei* etw in etw; ***telum i.*** eine Lanze hineinstoßen; ***fenestras i.*** Fenster in die Wand einlassen; ***bracchia i.*** die Arme hineinzwängen; ***oculos in alicuius pectora i.*** den Blick in j-s Inneres dringen lassen; ***pellem auro i.*** den Schild mit Gold belegen
2. (*nachkl.*) *Webersprache* den Einschlag durch den Aufzug schießen
3. (*nachkl.*) *fig* einflechten, einschalten, *bes in der Rede*; ***iocos historiae i.*** scherzhafte Anekdoten in die Geschichtsschreibung einflechten; ***nomen famae i.*** den Namen berühmt machen
4. ***se i.*** sich einmischen, *abs od in aliquid / alicui rei* in etw; ***fortunae se i.*** sich in eine höhere Stellung hineindrängen
5. einreihen, beigesellen, aufnehmen; ***Caesarem stellis i.*** den Kaiser unter die Sterne versetzen

īnsertō ⟨āvī, ātum, āre 1.⟩ ||*Intens von* insero[2]|| (*nachkl.*) hineinstecken, ***sinistram clipeo*** die Linke in den Schild

īnsertus ⟨a, um⟩ *PPP* → ***insero[2]***

īnseruī → ***insero[2]***

īn-serviō ⟨īvī, ītum, īre 4.⟩
1. *als Untertan* dienstbar sein
2. *fig* dienen, zu Willen sein, sich fügen, nachgeben, *alicui / aliquem* j-m; ***temporibus i.*** sich den Zeitumständen fügen; ***i. amantem*** einem Geliebten zu Willen sein
3. *meton einer Sache* ergeben sein, hingegeben sein, *etw* eifrig betreiben, *alicui rei*; ***suis commodis i.*** seiner Bequemlichkeit hingegeben sein

īn-sessum ⟨a, um⟩ *PPP* → ***insideo*** *u.* → ***insido***

īn-sēvī → ***insero***

īn-sībilō ⟨-, -, āre 1.⟩ hineinpfeifen, hineinsausen, *alicui rei* in etw

īn-sideō ⟨sēdī, sessum, sidēre 2.⟩ ||in[1], sedeo||
I *v/i*
1. in *od* auf *etw* sitzen, liegen, *in re / alicui rei*; ***equo i.*** auf dem Pferd sitzen; ***insidens capulo manus*** fest am Griff liegende Hand
2. in *etw* fest sitzen, haften, herrschen, *in re / alicui rei* in etw, *in aliquo* in j-m
3. *irgendwo* seinen Wohnsitz haben, sesshaft sein
II *v/t*
1. (*nachkl.*) MIL besetzt halten, ***locum*** einen Ort
2. Tac. bewohnen

▶ **īnsidiae** ⟨ārum⟩ *f* ||insideo||
1. Hinterhalt, *als Ort oder Truppe*; ***locus ad insidias aptus*** für einen Hinterhalt geeigneter Ort; ***alicui insidias ponere*** j-m einen Hinterhalt stellen
2. *fig* Nachstellung, Hinterlist, heimtückischer Anschlag, Attentat, Falle, Tücke, Heimtücke, *alicuius* j-s, gegen j-n, ***alicuius rei*** in Bezug auf eine Sache; ***in insidias incidere*** in eine Falle geraten; ***i. caedis*** Todesfalle; ***per insidias / (ex) insidiis*** hinterlistigerweise
3. Überlistung, *die jd erleidet*

īnsidiātor ⟨ōris⟩ *m* ||insidior|| Soldat im Hinterhalt; Wegelagerer, Bandit; Hor. Erbschleicher

īn-sidior ⟨ātus sum, ārī 1.⟩ ||*Denom von* insidiae||
1. im Hinterhalt liegen, *abs*; im Hinterhalt auflauern, *alicui* j-m
2. *fig* nach dem Leben trachten, *abs od alicui / aliquem* j-m
3. nachstellen, auflauern, *alicui* j-m; ***Piraeo i.*** einen Handstreich gegen Piraeus beabsichtigen

īnsidiōsus ⟨a, um⟩ *Adj, Adv* ⟨īnsidiōsē⟩ ||insidiae|| *von Personen u. Sachen* hinterlistig, tückisch, *von Sachen auch* gefährlich

▶ **īn-sīdō** ⟨sēdī, sessum, sīdere 3.⟩
I *v/i*
1. sich setzen, sich niederlassen, *in re / alicui rei* auf etw; ***in dorso equi / dorso equi i.*** sich auf den Rücken des Pferdes setzen
2. (*nachkl.*) MIL *irgendwo* in Stellung gehen; sich als Ansiedler niederlassen
3. *fig* sich festsetzen, sich einprägen; ***insedit oratio in memoria / memoriae*** die Rede haftet im Gedächtnis
II *v/t* besetzen, ***Capitolium*** das Kapitol

▶ **īnsīgne** ⟨is⟩ *n* ||insignis||
1. Kennzeichen, Abzeichen, Wahrzeichen; ***i. veri*** Kriterium der Wahrheit
2. Abzeichen *eines Amtes od Standes*, Ehrenzeichen, Zierrat, Auszeichnung; ***i. regni*** Krone; ***i. militare / militiae*** Dienstauszeichnung
3. Wappen, Flagge; ***navem ex insigni cognoscere*** das Schiff an seiner Flagge erkennen
4. Zierde, Schmuck; *Pl* Prachtstücke; ***i verborum*** Glanzpunkte
5. Signal; ***i. nocturnum*** nächtliches Signal

īn-sīgniō ⟨īvī, ītum, īre 4.⟩ ||in[1], signum||
1. (*nachkl.*) *poet* ausprägen, einprägen
2. kenntlich machen, bezeichnen
3. auszeichnen, zieren, herausputzen

▶ **īnsīgnis** ⟨e⟩ *Adj, Adv* ⟨īnsīgniter⟩
1. *von Personen u. Sachen* gekennzeichnet, kenntlich, auffallend; geschmückt, geziert, gebrandmarkt
2. *fig* auffallend, hervorstechend, ausgezeichnet,

außerordentlich, glänzend; *pej* anstößig; ***Homerus i.*** der gefeierte Homer

īnsīgnītus[1] ⟨a, um⟩ *Adj, Adv* ⟨īnsīgnītē⟩ ||insignio||

1. kenntlich, deutlich, charakteristisch, *re/a re* durch etw; ***insignitae notae veritatis*** deutliche Zeichen der Wahrheit

2. *fig* auffallend, ausgezeichnet, außerordentlich, beispiellos, *von Sachen u. Personen, meist pej*; ***insignite improbus*** beispiellos verrucht

īn-sīgnītus[2] ⟨a, um⟩ *Adj* ||in[1], signum|| (*vkl.*) mit einer Fahne

īnsile ⟨is⟩ *n* Lucr. Teil des Webstuhls

īn-siliō ⟨siluī⟩ *u.* ⟨silīvī, -, silīre 4.⟩ ||salio|| hineinspringen; (*spätl.*) *von Tieren* bespringen, begatten

īnsimulātiō ⟨ōnis⟩ *f* ||insimulo|| Beschuldigung, Anklage, *alicuius alicuius rei* j-s wegen einer Sache

īn-simulō ⟨āvī, ātum, āre 1.⟩ *fälschlich od irrtümlich* beschuldigen, verdächtigen, *meist außergerichtlich, alicuius rei* einer Sache; ***i. aliquem proditionis*** j-n des Verrats verdächtigen

īn-sincērus ⟨a, um⟩ *Adj* (*spätl.*) *poet* unrein, verdorben

īnsinuātiō ⟨ōnis⟩ *f* ||insinuo|| eindringlicher Eingang *einer Rede, bes* Empfehlung

īn-sinuō ⟨āvī, ātum, āre 1.⟩ ||in[1], sinus||

I *v/t* in den Bausch der Toga stecken; *fig in eine Lücke* eindringen lassen; ***opes alicuius insinuantur alicui*** j-s Vermögen fällt j-m zu; ***mores feris gentibus insinuantur*** Sitten werden den wilden Völkern beigebracht

II *v/i, Passiv u.* ***se i.***

1. sich hineindrängen, eindringen, *abs od in aliquid/alicui rei/inter aliquid* in etw; ***inter equitum turmas i.*** in die Reiterschwadronen eindringen

2. *fig* sich einschmeicheln, sich einschleichen, *alicui* bei j-m, *in aliquid* in etw; ***cunctis pavor insinuat*** alle überkommt Furcht; ***i. plebi*** sich beim Volk einschmeicheln; ***se i. in alicuius familiaritatem*** sich bei j-m einschmeicheln; ***se i. in sermonem alicuius*** sich auf feine Art in ein Gespräch mit j-m einlassen; ***se i. in antiquam philosophiam*** sich in die alte Philosophie einleben

īn-sipiēns

I *Gen* ⟨entis⟩ *Adj, Adv* ⟨īnsipienter⟩ ||sapiens|| unverständig, töricht, albern

II ⟨entis⟩ *m* Narr

īnsipientia ⟨ae⟩ *f* ||insipiens|| Dummheit

īn-sistō ⟨stitī, -, sistere 3.⟩

> **1.** sich stellen, hintreten
> **2.** auftreten, Fuß fassen
> **3.** betreten
> **4.** einschlagen, eifrig betreiben
> **5.** verfolgen
> **6.** stehen bleiben, Halt machen
> **7.** eine Pause machen
> **8.** verharren, beharren
> **9.** zweifeln

1. sich stellen, hintreten, *in re/alicui rei* in etw, auf etw; ***iacentibus i.*** auf die Gefallenen treten; ***i. ramis*** sich auf Zweigen niederlassen; ***alicuius vestigiis i.*** in j-s Fußstapfen treten

2. auftreten, Fuß fassen; ***digitis i.*** sich auf die Zehen stellen

3. (*vkl., nachkl.*) betreten, *einen Weg* einschlagen; ***i. viam*** einen Weg einschlagen; ***vestigia pedum primis plantis i.*** die ersten Schritte machen

4. *fig ein Verfahren* einschlagen, eifrig betreiben, sich *einer Aufgabe* unterziehen, *aliquid/alicui rei*; sich *einer Sache* zuwenden, sich auf *etw* verlegen, *in aliquid/ad aliquid*; ***i. rationem pugnae*** eine Art des Kampfes einschlagen; ***i. spei*** sich der Hoffnung hingeben; ***sic institit ore*** so begann er zu sprechen; ***in exitium insistitur*** man besteht auf der Vernichtung

5. (*nachkl.*) *j-n* verfolgen, *j-m* nachsetzen, *alicui*

6. stehen bleiben, Halt machen

7. *in der Rede* eine Pause machen; ***orator paululum institit*** der Redner machte eine kleine Pause

8. verharren, beharren, *alicui rei/in re* bei etw, in etw

9. zweifeln, *in re* an etw

īnsitīcius ⟨a, um⟩ *Adj* ||insero[1]|| (*vkl., nachkl.*) (aus dem Ausland zu uns) verpflanzt, ausländisch

īnsitiō ⟨ōnis⟩ *f* ||insero[1]|| das Pfropfen; *Pl* Arten des Pfropfens; *meton* Zeit des Pfropfens

īnsitīvus ⟨a, um⟩ *Adj* ||insero[1]||

1. Hor. gepfropft, veredelt; ***pirus insitiva*** veredelter Birnbaum

2. *fig* von auswärts eingeführt, fremd; ***disciplina insitiva*** fremde Lebensweise

3. *fig* unecht; ***liberi insitivi*** durch Adoption angenommene Kinder

īnsitor ⟨ōris⟩ *m* ||insero[1]|| (*nachkl.*) *poet* Gärtner

īnsitus[1] ⟨a, um⟩ *Adj* ||insero[1]|| angeboren, angestammt, eingewurzelt, eigen; *fig* in der Sache liegend

īn-situs[2] ⟨a, um⟩ *PPP* → ***insero[1]***

īn-sociābilis ⟨e⟩ *Adj* (*nachkl.*) unvereinbar, unverträglich

īn-sōlābiliter *Adv* ||in-[2], solor|| *poet* untröstlich

► **īn-solēns** *Gen* ⟨entis⟩ *Adj, Adv* ⟨īnsolenter⟩ ||in-[2], *PPr von* soleo||

1. an *etw* nicht gewöhnt, in *etw* ein Neuling, *alicuius rei/in re*; ***i. infamiae*** an Schande nicht gewöhnt; ***i. in dicendo*** nicht redegewandt; ***aliquis i. emiratur*** j-d staunt fassungslos

2. ungewöhnlich, auffallend

3. übertrieben, unmäßig, zügellos, verschwenderisch; ***insolenter abuti re*** etw schamlos missbrauchen

4. keck, frech, dreist, unverschämt

5. gegen die Gewohnheit, ungewöhnlich; ***insolenter evenit*** es kommt selten vor

īnsolentia ⟨ae⟩ *f* ||insolens||

1. Ungewohntheit; ***i. rerum secundarum*** ungewöhnliches Glück

2. Ungewöhnlichkeit, Neuheit

3. auffallendes Wesen, auffallendes Benehmen, *bes* Affektiertheit

4. Übertreibung, Verschwendung

5. Unverschämtheit, Rücksichtslosigkeit

īn-solēscō ⟨-, -, ēscere 3.⟩ ||*Inkoh zu* insolens|| (*nachkl.*) übermütig werden, überheblich werden

īn-solidus ⟨a, um⟩ *Adj* Ov. haltlos, schwach

īn-solitus ⟨a, um⟩ *Adj*

1. an *etw* nicht gewöhnt, mit *etw* nicht vertraut, *ali-*

cuius rei / ad aliquid; ***exercitus ad laborem i.*** nicht an Strapazen gewöhntes Heer; ***aliquem insolitum cogere*** j-n gegen seine Gewohnheit zwingen
2. *von Sachen* ungewohnt, unbekannt, befremdlich; ***loquacitas mihi insolita*** eine mir ungewohnte Geschwätzigkeit
3. ungewöhnlich = selten
īn-solūbilis ⟨e⟩ *Adj*
1. *(spätl.)* unauflöslich; ***vinculum insolubile*** unauflösbare Fessel
2. *(nachkl.) fig* unbezahlbar
3. *fig* unwiderlegbar
īnsomnia ⟨ae⟩ *f* ||insomnis|| Schlaflosigkeit; *meton* schlaflose Nacht
īn-somnis ⟨e⟩ *Adj* ||in-[2], somnus|| *(nachkl.) poet* schlaflos; ***nox i.*** durchwachte Nacht
īnsomnium[1] ⟨ī⟩ *n* ||insomnis|| *(nachkl.)* = ***insomnia***
īn-somnium[2] ⟨ī⟩ *n* ||in[1], somnium|| *(nachkl.)* Traum, Traumbild
īn-sonō ⟨sonuī, sonitum, sonāre 1.⟩
I *v/i* dabei ertönen, erschallen, sich hören lassen, erdröhnen, rauschen, brausen, schwirren; *abs* = laut husten; ***unda insonat*** die Woge braust; ***flagello i.*** mit der Peitsche knallen
II *v/t* ertönen lassen, erschallen lassen; ***verbera i.*** Verg. die Peitsche knallen lassen
īn-sōns *Gen* ⟨ontis⟩ *Adj (unkl.)*
1. unschuldig
2. *fig* unschädlich, ohne zu schaden
īn-sōpītus ⟨a, um⟩ *Adj u.* **īn-sopor** *Gen* ⟨ōris⟩ *Adj poet* schlaflos, stets wach
īnspectiō ⟨ōnis⟩ *f* ||inspicio|| *(nachkl.)*
1. Durchsicht, Prüfung
2. Überlegung
īn-spectō ⟨āvī, ātum, āre 1.⟩ ||*Intens von* inspicio||
I *v/i* zuschauen, zusehen; ***inspectante aliquo*** vor j-s Augen
II *v/t* erblicken
īnspector ⟨ōris⟩ *m* ||inspicio||
1. Betrachter
2. *(spätl.)* Prüfer *der Felder zu Steuerzwecken*
īnspectus[1] ⟨a, um⟩ *PPP* → ***inspicio***
īnspectus[2] ⟨ūs⟩ *m* ||inspicio|| *(nachkl.)* Betrachtung
īn-spērāns *Gen* ⟨antis⟩ *Adj* ||in-[2], *PPr von* spero|| nicht hoffend, wider Erwarten; ***insperanti mihi accidit*** wider Erwarten geschah mir
īn-spērātus ⟨a, um⟩ *Adj, Adv* ⟨īnspērātō⟩ ||in-[2], *PPP von* spero|| unverhofft, unerwartet, unvermutet; ***ex insperato*** unvermutet
īn-spergō ⟨spersī, spersum, spergere 3.⟩ ||in[1], spargo|| daraufstreuen, daraufspritzen; ***naevi in corpore inspersi*** auf dem Körper befindliche Muttermale
īn-spiciō ⟨spexī, spectum, spicere 3.⟩ ||specio||
1. hineinsehen, hineinblicken, *aliquid / in aliquid* in etw; ***in speculum i.*** in den Spiegel schauen
2. *etw Geschriebenes* nachlesen
3. besichtigen, in Augenschein nehmen; sehen, wahrnehmen
4. mustern, inspizieren, ***milites*** Soldaten
5. *fig geistig* betrachten, prüfen, erwägen; ***aliquem a puero i.*** j-s Leben von Jugend auf prüfen
īn-spīcō ⟨-, -, āre 1.⟩ ||in[1], *Denom von* spica|| Verg. zuspitzen, rings einschneiden
īnspīrātiō ⟨ōnis⟩ *f* ||in[1], spiro|| *(spätl.)* das Einhauchen; Eingebung; ***i. divina*** göttliche Eingebung
īn-spīrō ⟨āvī, ātum, āre 1.⟩
I *v/i* hineinblasen, in *etw* blasen, auf *etw* blasen, *alicui rei.*
II *v/t*
1. einhauchen; *fig* einflößen, eingeben; ***animam i.*** die Seele einhauchen; ***venenum i.*** Gift einflößen; ***fortitudinem i.*** Tapferkeit einflößen
2. *durch Anblasen* entfachen
3. begeistern, ***vatem*** den Seher
īn-spoliātus ⟨a, um⟩ *Adj (nachkl.) poet* nicht beraubt, vor Plünderung bewahrt
īn-spuō ⟨spuī, spūtum, spuere 3.⟩ *(nachkl.)* hineinspucken
īn-spurcō ⟨āvī, ātum, āre 1.⟩ Sen. besudeln
īn-spūtō ⟨-, -, āre 1.⟩ Plaut. anspucken
īn-stabilis ⟨e⟩ *Adj*
1. zum Stehen ungeeignet, nicht betretbar
2. *(nachkl.)* nicht fest stehend, schwankend, haltlos; ***hostis i.*** nicht standhaltender Feind; ***gradus i.*** unsicherer Schritt
3. *fig* unstet, unbeständig, veränderlich
īnstāns
I *Gen* ⟨antis⟩ *Adj, Adv* ⟨īnstanter⟩ ||insto||
1. unmittelbar bevorstehend, drohend; ***periculum i.*** drohende Gefahr
2. gegenwärtig; ***tempus i.*** gegenwärtiger Zeitpunkt
3. dringend, heftig; ***sibi i.*** vorwärts eilend
II ⟨antis⟩ *n u.* **īnstantia**[1] ⟨ium⟩ *n* gegenwärtige Lage
īnstantia[2] ⟨ae⟩ *f* ||instans||
1. *(nachkl.)* das Drängen; *fig* Heftigkeit *der Rede*, eifriger Fleiß; *(mlat.)* beharrliche Verfolgung *einer Rechtssache*
2. unmittelbare Nähe, Gegenwart
īnstar *indekl n*
1. Verg. Gehalt, Betrag, Gestalt, Aussehen; ***quantum instar in ipso!*** welch auffallende Erscheinung er selbst!
2. *mit Gen eines Subst.* Gehalt *von etw, auch* nach Art von, gerade wie, gleich wie, so viel wie, so gut wie, statt, anstatt; ***alicuius / alicuius rei instar esse / habere / obtinere*** das Aussehen haben von j-m / etw, die Größe haben von j-m / etw, die Bedeutung haben von j-m / etw, so gut sein wie j-d / etw, so viel gelten wie j-d / etw; ***equus montis instar*** ein Pferd wie ein Berg; ***epistula voluminis instar*** ein Brief vom Umfang eines Buches; ***hos dies instar vitae esse puto*** diese Tage achte ich einem ganzen Leben gleich
3. *bei Zahlenangaben* ungefähr; ***milites duarum instar legionum*** Soldaten von etwa zwei Legionen
īn-stātūrus ⟨a, um⟩ *Part Fut* → ***insto***
īnstaurātiō ⟨ōnis⟩ *f* ||instauro|| Erneuerung, Wiederholung
īnstaurātīvus ⟨a, um⟩ *Adj* ||instauro|| erneuert, wiederholt
īn-staurō ⟨āvī, ātum, āre 1.⟩
1. anstellen, ins Werk setzen, veranstalten; ***sacrum diis i.*** für die Götter ein Opferfest veranstalten
2. erneut veranstalten, erneuern, ***ludos*** Spiele
3. *allg.* erneuern, wiederholen
4. wiederherstellen, auffrischen

īn-sternō ⟨strāvī, strātum, sternere 3.⟩
1. darüber ausbreiten; ***pulpita tignis i.*** eine Bretterbühne aufschlagen
2. bedecken, überdecken; *Passiv* sich bedecken; ***se pelle leonis i.*** sich mit einem Löwenfell umhüllen
īnstīgātor ⟨ōris⟩ *m* ||instigo|| Antreiber, Aufwiegler
īnstīgātrīx ⟨īcis⟩ *f* ||instigator|| Aufwieglerin
in-stīgō ⟨āvī, ātum, āre 1.⟩ antreiben, anspornen; aufreizen, aufhetzen; ***Romanos in Hannibalem i.*** die Römer gegen Hannibal aufhetzen; ***i. iram*** Zorn erregen
in-stīllō ⟨āvī, ātum, āre 1.⟩
1. hineinträufeln, daraufträufeln; *fig* einflüstern, beibringen; ***oleum lumini i.*** Öl ins Feuer träufeln
2. *etw* benetzen, auf *etw* tropfen, *aliquid*; ***guttae instillant saxa*** die Tropfen fallen auf die Felsen
īnstimulātor ⟨ōris⟩ *m* ||instimulo|| Anstifter, *alicuius rei* zu etw
in-stimulō ⟨-, -, āre 1.⟩ *fig* anreizen, anspornen
īnstīnctor ⟨ōris⟩ *m* Anstifter, *alicuius rei* zu etw
īnstīnctus[1] ⟨ūs⟩ *m* ||instinguo|| Anreiz, Anregung, Antrieb, Eingebung; ***divino instinctu*** auf göttliche Eingebung; ***i. naturae*** (*mlat.*) Naturtrieb
in-stīnctus[2] ⟨a, um⟩ *PPP* → ***instinguo***
in-stinguō ⟨stīnxī, stīnctum, stinguere 3.⟩ anreizen, antreiben, anfeuern, begeistern; ***instinctus furore*** aus Wut
in-stipulor ⟨ātus sum, ārī 1.⟩ Plaut. festsetzen, sich ausbedingen
īnstita ⟨ae⟩ *f* ||insto|| (*nachkl.*) in Falten gelegter Besatz *an der Tunika einer vornehmen verheirateten Dame*; *meton* vornehme römische Dame
in-stitī → ***īnsisto*** *u.* → ***īnsto***
īnstitiō ⟨ōnis⟩ *f* ||insto|| Stillstand
īnstitor ⟨ōris⟩ *m* ||insto|| (*nachkl.*) *poet* Krämer, Trödler, Hausierer
īnstitōrium ⟨ī⟩ *n* ||institor|| Suet. Krämerladen
in-stituō ⟨uī, ūtum, uere 3.⟩ ||in[1], statuo||

> **1.** hinstellen, hineinstellen
> **2.** errichten, erbauen
> **3.** zu etw bestellen
> **4.** veranstalten, unternehmen
> **5.** anfangen, beginnen
> **6.** einführen, einsetzen
> **7.** ordnen, organisieren
> **8.** ausbilden, unterrichten

1. hinstellen, hineinstellen, hinbringen; ***vestigia i. pedis*** fest auftreten; ***argumenta in pectus i.*** *fig* Beweisgründe erwägen; ***aliquid in animum i.*** *fig* sich etw in den Kopf setzen; ***aliquem in animum i.*** *fig* j-n ins Herz schließen
2. errichten, erbauen, anlegen; ***turres i.*** Türme bauen; ***pontem i.*** eine Brücke schlagen; ***fossas i.*** Gräben anlegen; ***templum Phoebo i.*** dem Phoebus einen Tempel errichten; ***codicem i.*** ein Rechnungsbuch anlegen; ***milites i.*** Truppen aufstellen
3. zu *etw* bestellen, als *etw* anstellen, als *etw* einsetzen; ***aliquem testem i.*** j-n als Zeugen bestellen; ***liberis aliquem tutorem i.*** j-n als Vormund für die Kinder einsetzen
4. *fig* veranstalten, unternehmen; ***delectum i.*** eine Wahl veranstalten; ***quaestionem i.*** eine Untersuchung anstellen; ***amicitiam cum aliquo i.*** mit j-m Freundschaft schließen; ***condiciones i.*** Bedingungen aufstellen
5. *fig* anfangen, beginnen, sich entschließen, beabsichtigen, + *Inf*; ***i. historias scribere*** sich zur Geschichtsschreibung entschließen
6. *Neues* einführen, einsetzen; festsetzen, bestimmen; ***i. dies festos*** Festtage einführen; ***institutum est, ut*** es ist üblich, dass
7. *Vorhandenes* ordnen, organisieren, regulieren; ***civitatis mores i.*** die Bräuche der Stadt pflegen; ***familia bene instituta*** gut gezogenes Personal
8. ausbilden, unterrichten, *re* in etw, *ad aliquid* zu etw, + *Inf* / + *AcI*; ***pueros litteris Graecis i.*** die Jugend in der griechischen Sprache unterrichten; ***elephantos i.*** Elefanten abrichten
īnstitūtiō ⟨ōnis⟩ *f* ||instituo||
1. Einrichtung; ***institutionem suam conservare*** seinen Gewohnheiten treu bleiben
2. Anweisung, Unterweisung, Unterricht; *meton* Unterrichtsmethode
Īnstitūtiōnēs ⟨um⟩ *f* (*spätl.*) *Titel kurz gefasster Rechtssysteme, bes die in vier Büchern von einer Kommission Justinians verfassten Institutionen, die als Einführung in die Rechtswissenschaft den ersten Teil des Corpus iuris civilis bilden*
īnstitūtor ⟨ōris⟩ *m* ||instituo||
1. Betreiber; Unternehmer
2. (*spätl.*) Unterweiser, Lehrer
► **īnstitūtum** ⟨ī⟩ *n* ||instituo||
1. Einrichtung, Herkommen, Brauch, Gewohnheit; ***ex instituto*** dem Herkommen gemäß; ***instituto suo*** nach seiner bisherigen Gewohnheit
2. Unternehmen, Vorhaben, Absicht, Plan
3. Anweisung, Unterweisung, Unterricht; *Pl* Lehrmeinungen, Grundsätze, Unterrichtsmethoden
4. (*nachkl.*) Verordnung, Anordnung
in-stitūtus ⟨a, um⟩ *PPP* → ***instituo***
► **in-stō** ⟨stitī, stātūrus, stāre 1.⟩
1. in *etw* stehen, auf *etw* stehen, stehen bleiben, sich festsetzen, *re* / *in re*; ***iugis i.*** die Höhen besetzen; ***rectam instas viam*** Plaut. du bist auf dem rechten Weg
2. andrängen, nachsetzen
3. auf *j-n* eindringen, *j-m* hart zusetzen, *alicui* / *aliquem*; ***vestigiis i.*** auf dem Fuß folgen
4. mit Bitten *od* Forderungen bestürmen, *abs od alicui* j-n, *ut*
5. *fig* in der Nähe sein, drohend bevorstehen, drohen; ***hiems instat*** der Winter steht bevor
6. *etw* eifrig betreiben, auf *etw* bestehen, *alicui rei* / *aliquid*, *ut*
7. fortfahren, sich beeilen, + *Inf*
in-strātus[1] ⟨a, um⟩ *PPP* → ***insterno***
in-strātus[2] ⟨a, um⟩ *Adj* ||in-[2], *PPP von* sterno|| Verg. unbedeckt
in-strēnuus ⟨a, um⟩ *Adj*, *Adv* ⟨īnstrēnuē⟩
1. untätig, lässig
2. (*nachkl.*) unentschlossen, feig
in-strepō ⟨uī, itum, ere 3.⟩ (*nachkl.*) ächzen, knarren
in-stringō ⟨strīnxī, strictum, stringere 3.⟩ (*nachkl.*) *poet* umbinden, umfassen; ***gemmis i.*** mit Edelsteinen einfassen

īnstrūctiō ⟨ōnis⟩ *f* ||instruo||
1. das Ordnen, das Aufstellen, ***militum*** der Soldaten
2. (*nachkl.*) Errichtung, Bau

īnstrūctor ⟨ōris⟩ *m* ||instruo|| Ordner

īnstrūctus[1] ⟨ūs⟩ *m* ||instruo|| Ausstattung, Rüstzeug

īnstrūctus[2] ⟨a, um⟩ *Adj, Adv im Komp* ***īnstrūctius*** ||instruo||
1. aufgestellt, geordnet
2. (gut) gerüstet, gut ausgerüstet; ***aedes instructa*** möbliertes Haus
3. *fig* ausgerüstet, versehen, *re* mit etw; ***vitiis instructior*** reicher an Lastern
4. *fig* unterrichtet, unterwiesen, ***his rebus*** in diesen Dingen

īn-strūctus[3] ⟨a, um⟩ *PPP* → ***instruo***

▶ **īnstrūmentum** ⟨ī⟩ *n* ||instruo||
1. Gerät(e), Werkzeug(e), Handwerkszeug; Rüstzeug
2. Reisegeräte
3. Hausgerät, Inventar
4. Kleidung, Schmuck
5. (*nachkl.*) Schmuck an Büchern
6. *fig* Beweismittel; Urkunde, Zeugnis, *alicuius rei* für etw
7. *fig* Hilfsmittel, Requisiten
8. Vorrat

īn-struō ⟨strūxī, strūctum, struere 3.⟩

1. hineinbauen, einfügen
2. aufbauen, erbauen
3. geordnet aufstellen, ordnen
4. anstellen, vorbereiten
5. ausstatten, herstellen
6. ausrüsten, versehen
7. mit Kenntnissen ausrüsten
8. unterrichten

1. hineinbauen, einfügen, darauflegen; ***contabulationem in parietes i.*** Balken in die Wände einbauen
2. aufbauen, erbauen, errichten, anlegen; ***aggerem i.*** einen Damm errichten; ***tuguria conchis i.*** Hütten aus Muscheln bauen
3. *fig* geordnet aufstellen, ordnen, *meist* MIL; ***copias i.*** Truppen ordnen
4. *fig* anstellen, vorbereiten; ***aliquem ad caedem i.*** j-n zum Mord anstellen
5. ausstatten, herstellen, herrichten, einrichten, veranstalten; ***convivium i.*** ein Gastmahl veranstalten; ***classem i.*** eine Flotte bemannen; ***agrum i.*** ein Feld mit dem notwendigen Gerät bestücken; ***i. accusationem*** *fig* die zur Klage nötigen Beweise herbeischaffen
6. ausrüsten, versehen, ausstatten, *re* mit etw; ***amicum consiliis i.*** den Freund mit Ratschlägen bedenken; ***se i. ad iudicium*** sich auf eine Gerichtssitzung vorbereiten
7. mit Kenntnissen ausrüsten; ***aliquem artibus i.*** j-n in den Künsten ausbilden; ***aliquem in iure civili i.*** j-n im bürgerlichen Recht unterweisen
8. (*unkl.*) unterrichten, *aliquem* j-n, + *indir Fragesatz*

īnsuāsum ⟨ī⟩ *n* → ***suasum***

īn-suāvis ⟨e⟩ *Adj* unangenehm, ohne Reiz; Hor. ungefällig

Īnsubrēs ⟨um⟩ *u.* ⟨ium⟩ *m kelt. Stamm in Oberitalien mit Hauptstadt Mediolanum*

īn-sūdō ⟨-, -, āre 1.⟩ bei *etw* schwitzen, *alicui rei*

īnsuē-factus ⟨a, um⟩ *Adj* daran gewöhnt, dazu abgerichtet

īn-suēscō ⟨suēvī, suētum, suēscere 3.⟩
I *v/i* sich gewöhnen, *ad aliquid / alicui rei* an etw, *auch* + *Inf*
II *v/t* gewöhnen, *aliquem* j-n; ***ita insuetus sum*** Hor. ich bin es so gewöhnt

īn-suētus[1] ⟨a, um⟩ *Adj*
1. an *etw* nicht gewöhnt, in *etw* ungeübt, *abs od alicuius rei / ad aliquid / alicui rei*; ***laboris i.*** an Strapazen nicht gewöhnt
2. (*nachkl.*) ungewöhnlich, fremd; ***iter insuetum*** unbekannter Weg; ***insueta rudere*** ungewöhnlich brüllen

īn-suētus[2] ⟨a, um⟩ *PPP* → ***insuesco***

▶ **īnsula** ⟨ae⟩ *f*
1. Insel; ***insulae fortunatorum*** Inseln der Seligen
2. *Stadtteil von Syrakus*
3. *fig* großes Haus, einzeln stehendes Mietshaus, *auch* Häuserblock

īnsulānus ⟨ī⟩ *m* ||insula|| Inselbewohner

īnsulārēs ⟨ium⟩ *m* ||insularis|| die Bewohner eines Mietshauses

īnsulāris ⟨e⟩ *Adj* ||insula|| (*spätl.*) Insel…

īnsulsitās ⟨ātis⟩ *f* ||insulsus|| Geschmacklosigkeit; (*nachkl.*) Ungeschliffenheit; ***i. villae*** geschmacklose Anlage eines Landhauses

īn-sulsus ⟨a, um⟩ *Adj, Adv* ⟨īnsulsē⟩ ||in-[2], salsus||
1. (*nachkl.*) ungesalzen, ohne Geschmack
2. *fig* geschmacklos, ohne Witz, fade, albern; ***insulse dicere*** albern daherreden; ***gula insulsa*** Gaumen, der an faden Gerichten Geschmack findet

īnsultātiō ⟨ōnis⟩ *f* ||insulto|| (*nachkl.*)
1. RHET Anlauf
2. Verhöhnung

īn-sultō ⟨āvī, ātum, āre 1.⟩ ||*Intens von* insilio||
1. hineinspringen, *alicui rei* in etw; ***aquis i.*** ins Wasser springen
2. herumspringen, sich tummeln, tanzen; *vom Pferd* stampfen, *alicui rei* in etw, auf etw; ***aliquid i.*** etw in wildem Taumel durchtanzen
3. *fig* verhöhnen, verspotten, *aliquem / alicui* j-n, *in aliquid* etw; höhnen, frohlocken, *abs*; ***casibus alicuius i.*** über j-s Unglücksfälle spotten

īnsultūra ⟨ae⟩ *f* ||insulto|| Plaut. das Aufspringen auf das Pferd

▶ **īn-sum** ⟨īnfuī, -, inesse 0.⟩
1. in / auf / bei / an *etw* sein, sich befinden
2. *fig* innewohnen, anhaften, *oft* = besitzen, haben, *in aliquo / alicui* j-m, in j-m, *in re / alicui rei* einer Sache, in etw

īn-sūmō ⟨sūmpsī, sūmptum, sūmere 3.⟩ aufwenden, verwenden, anwenden, *in aliquid / in re / alicui rei* auf etw; ***paucos dies reficiendae classi i.*** wenige Tage aufwenden für die Überholung der Flotte

īn-suō ⟨suī, sūtum, suere 3.⟩ einnähen, hineinnähen, einsticken, *in aliquid / alicui rei* in etw; ***aurum vestibus i.*** Gold in Kleider einsticken

īn-super

I *Adv*
1. oben darauf, oben darüber
2. von oben her
3. *fig* noch obendrein
II *Präp + Akk* (*vkl.*, *nachkl.*) = ***super***

īn-superābilis ⟨e⟩ *Adj*
1. unübersteigbar, ungangbar
2. *fig* unüberwindlich; ***valetudo i.*** unheilbare Krankheit; ***fatum insuperabile*** unentrinnbares Schicksal

īn-surgō ⟨surrēxī, surrēctum, surgere 3.⟩
1. sich erheben, sich aufrichten, aufstehen; ***equus insurgit*** das Pferd steht auf; ***remis i.*** sich mit Macht in die Riemen legen; ***collis insurgit*** der Hügel steigt an
2. *fig* sich erheben, *alicui* gegen j-n
3. *fig* aufstreben, mächtiger werden, wachsen; *poet* einen höheren Schwung nehmen

īn-susurrō ⟨āvī, ātum, āre 1.⟩ einflüstern, zuflüstern

in-tābēscō ⟨tābuī, -, tābēscere 3.⟩ schmelzen; *fig* sich verzehren, vergehen

in-tāctilis ⟨e⟩ *Adj* Lucr. unberührbar, unfühlbar

in-tāctus[1] ⟨a, um⟩ *Adj* ||in-[2], *PPP von* tango|| (*unkl.*)
1. *von Personen u. Sachen* unberührt, unangetastet; *von geistigen Stoffen* noch unbehandelt; ***boves intacti*** vom Joch noch unberührte Rinder; ***Britannus i.*** unbezwungener Britannier; ***bellum intactum trahere*** den Krieg ohne Entscheidung hinziehen; ***puella intacta*** jungfräuliches Mädchen
2. noch kräftig, noch frisch
3. unantastbar
4. unversehrt, unverletzt, unverwundet; ***vires intactae*** ungeschmälerte Kräfte
5. verschont (geblieben), *re/a re* von etw; ***homo infamiā i.*** von Schande verschonter Mann; ***animus religione i.*** für religiöse Gefühle unzugänglicher Geist
6. unversucht; ***nihil intactum relinquere*** nichts unversucht lassen; ***honor i.*** noch nicht angetretenes Ehrenamt

in-tāctus[2] ⟨ūs⟩ *m* Lucr. Unberührbarkeit

in-tāminātus ⟨a, um⟩ *Adj* Hor. unbefleckt, fleckenlos

in-tēctus[1] ⟨a, um⟩ *PPP* → ***intego***

in-tēctus[2] ⟨a, um⟩ *Adj*
1. ungedeckt, unbedeckt; ***domus intecta*** Haus ohne Dach
2. unbekleidet, nackt
3. *fig* offenherzig, aufrichtig, *alicui* gegen jdn

integellus ⟨a, um⟩ *Adj* ||*Dim von* integer|| ziemlich unangetastet

in-teger ⟨gra, grum⟩ *Adj*, *Adv* ⟨integrē⟩ ||in-[2], tango||
1. unversehrt, unverletzt, unbeschädigt, unverwundet; ***signum integrum*** unberührtes Siegel; ***loca integra*** von der Plünderung verschonte Orte; ***gens a cladibus belli integra*** von den Gräueln des Krieges verschont gebliebener Stamm
2. unverletzlich, unantastbar; ***de/ab/ex integro*** von Neuem
3. *von Speisen u. a.* frisch; unvermischt, rein; ***vinum integrum*** unvermischter Wein
4. ungeschwächt, bei voller Kraft, frisch, gesund, *alicui rei* in Bezug auf etw; *auch* nüchtern; *von Frauen* unberührt, keusch; ***corpus integrum*** gesunder Körper; ***valetudo integra*** blühende Gesundheit; ***sanguis i.*** jugendfrisches Blut
5. unvermindert, ungeschmälert, unverkürzt, ungeschwächt, unverändert, vollständig, noch ganz voll; ***fines integri*** vollständiges Gebiet; ***annus i.*** volles Jahr; ***existimatio integra*** ungetrübt guter Ruf; ***rebus integris*** als alles noch gut stand
6. noch unerledigt, unentschieden; ***offensiones integrae*** nicht beigelegte Zwistigkeiten; ***alicui causam integram reservare*** für j-n die Sache in der Schwebe halten
7. geistig gesund, vernünftig, vorurteilsfrei, unbefangen, leidenschaftslos, unparteiisch
8. *moralisch* unverdorben, unbescholten, sittenrein, lauter, unschuldig, *bes* unbestechlich, uneigennützig; ***integrum se servare*** sich von Schuld freihalten; ***i. a coniuratione*** unschuldig an der Verschwörung

integimentum ⟨ī⟩ *n* = ***integumentum***

in-tegō ⟨tēxī, tēctum, tegere 3.⟩ bedecken, überdecken; Liv. *fig* schützen

integrāscō ⟨-, -, āscere 3.⟩ ||*Denom von* integer|| Ter. sich erneuern

integrātiō ⟨ōnis⟩ *f* ||integro|| (Ter., *spätl.*) Erneuerung, Wiederherstellung

integrī ⟨ōrum⟩ *m* ||integer|| gesunde Leute; *bes* MIL frische Truppen

integritās ⟨ātis⟩ *f* ||integer||
1. körperliche Unversehrtheit; ***i. virginalis*** Jungfräulichkeit
2. geistige Frische
3. Gesundheit
4. sittliche Lauterkeit, Unbescholtenheit, Uneigennützigkeit; *bes* Reinheit, Keuschheit

integrō ⟨āvī, ātum, āre 1.⟩ ||*Denom von* integer||
1. wiederherstellen; ***artum elapsum i.*** ein Glied wieder einrenken
2. ergänzen
3. *geistig* auffrischen
4. erneuern, wieder aufnehmen

integrum ⟨ī⟩ *n* ||integer||
1. unverletzter Rechtszustand, früherer Zustand
2. freie Hand, volle Handlungsfreiheit; ***res/de re in integro est*** die Sache ist noch unerledigt; ***haec non iam in integro nobis sunt*** das können wir nicht mehr ungeschehen machen; ***alicui integrum non est*** es steht nicht mehr in j-s Gewalt, + *Inf/ut*

integumentum ⟨ī⟩ *n* ||intego||
1. (*nachkl.*) Decke, Hülle
2. *fig* Hülle, Maske; Schutz, Schirm; ständiger Begleiter

intellēctuālis ⟨e⟩ *Adj*, *Adv* ⟨intellēctuāliter⟩ ||intellectus|| (*spätl.*) geistig

intellēctus[1] ⟨ūs⟩ *m* ||intellego||
1. das Wahrnehmen, das Erkennen, das Empfinden
2. Erkenntnis, Verständnis, Vorstellung, Idee
3. das Verstandenwerden, Sinn, Bedeutung, Begriff; ***intellectum habere*** verstanden werden; ***intellectu carere*** unverständlich sein

intel-lēctus[2] ⟨a, um⟩ *PPP* → ***intellego***

intellegēns
I *Gen* ⟨entis⟩ *Adj*, *Adv* ⟨intellegenter⟩ ||intellego||
1. einsichtig, verständig, kundig; ***orator i.*** kundiger

I

Redner; ***iudicium i.*** kluges Urteil
2. sich auf *etw* verstehend, sachverständig, kunstverständig; ***dicendi i. existimator*** ein wortkundiger Kritiker
II ⟨entis⟩ *m* Kenner, Sachverständiger

intellegentia ⟨ae⟩ *f* ||intellego||
1. Verstand, Einsicht, Erkenntnisvermögen; ***i. communis/popularis*** gesunder Menschenverstand; ***res intellegentiam alicuius fugit*** etw übersteigt j-s Fassungskraft; ***res in intellegentiam alicuius cadit*** etw ist j-m verständlich
2. Kenntnis, Verständnis, Kennerschaft, *bes* Kunstverstand, Geschmack, *alicuius rei/in re* von etw, in etw; ***i. iuris civilis*** Kompetenz im bürgerlichen Recht; ***i. in rusticis rebus*** landwirtschaftliche Sachkenntnisse
3. *meton* Begriff, Vorstellung, Idee, *meist Pl*, *alicuius rei* von etw

intellegibilis ⟨e⟩ *Adj* ||intellego|| *(nachkl.)* verständlich, begreiflich, denkbar

intel-legō ⟨lēxī⟩ *u.* ⟨lēgī, lēctum, legere 3.⟩ ||inter, legō[2]||
1. wahrnehmen, erkennen, empfinden, fühlen *mit Sinnen u. Verstand*, *abs od aliquid* etw, + *AcI* / + *indir Fragesatz*, *Passiv* + *NcI*; ***ex litteris tuis intellegi potest/intellegendum est*** aus deinem Brief lässt sich erkennen
2. *rein geistig* einsehen, verstehen, erkennen, begreifen, *auch* wissen; ***intellegendi auctor*** Meister im Denken; ***res est difficilis intellectu*** die Sache ist schwer zu begreifen; ***ex se intellegitur*** es versteht sich von selbst; ***intellego, quid loquar*** ich weiß genau, was ich sage
3. sich auf *etw* verstehen, Verständnis für *etw* haben; *abs* Kenner sein, Sachverständiger sein
4. *(nachkl.)* ***i. aliquem*** j-s Charakter verstehen, j-n richtig zu beurteilen wissen
5. sich *etw* denken, sich *etw unter etw* vorstellen, + *dopp. Akk*; ***quem intellegimus sapientem?*** wen stellen wir uns unter einem Weisen vor?

intellig... = ***intelleg...***

Intemeliī ⟨ōrum⟩ *m ligurischer Stamm um Album Intemelium, heute Ventimiglia*

in-temerātus ⟨a, um⟩ *Adj* ||in-[2], *PPP von* temero|| *(nachkl.) poet* unbefleckt, unverletzt, nicht entweiht; ***vinum intemeratum*** unvermischter Wein

in-temperāns *Gen* ⟨antis⟩ *Adj*, *Adv* ⟨intemperanter⟩ maßlos, zügellos, leidenschaftlich, frech; ***homo i.*** zügelloser Mensch; ***animus i.*** leidenschaftliches Wesen

intemperantia ⟨ae⟩ *f* ||intemperans|| Maßlosigkeit, Zügellosigkeit; *meton* Sittenlosigkeit; ***i. civitatis*** Anarchie

in-temperātus ⟨a, um⟩ *Adj*, *Adv* ⟨intemperātē⟩ unmäßig, übertrieben; ***intemperatā nocte*** mitten in der Nacht

intemperiae ⟨ārum⟩ *f* *(vkl., nachkl.)*
1. Unwetter
2. *fig* Tollheit, Unsinn

in-temperiēs ⟨ēī⟩ *f*
1. Übermaß, ***solis*** der Sonnenwärme, ***aquarum*** an Regen; ***i. ebrietatis*** übermäßige Trunkenheit
2. *(nachkl.)* unbeständige Witterung, schlechtes Wetter; Plaut. *fig* Unwetter = Unglück; ***i. caeli*** ungesundes Klima
3. *fig* Zügellosigkeit, aufsässiges Wesen

in-tempestīvus ⟨a, um⟩ *Adj*, *Adv* ⟨intempestīvē⟩ unzeitig, ungelegen, unpassend; ***epistula intempestiva*** Brief zur Unzeit; ***intempestive agere*** nicht zeitgemäß handeln

in-tempestus ⟨a, um⟩ *Adj* ||tempus||
1. ***intempesta nox*** dunkle Nacht, Mitternacht; Verg. *als Person* die dunkle Nacht, *Mutter der Furien*
2. Verg. ungesund

in-temptātus ⟨a, um⟩ *Adj* ||in-[2], *PPP von* tempto|| *(nachkl.) poet* unangetastet, unberührt; *fig* unversucht; *von Personen* undurchschaut; ***nil intemptatum relinquere*** nichts unversucht lassen

in-tendō ⟨tendī, tentum, tendere 3.⟩

1. (an)spannen, straffen
2. überspannen, überziehen
3. anspannen, anstrengen
4. vermehren, verstärken
5. ausspannen, ausstrecken
6. richten, lenken
7. legen, fügen
8. auf etw richten
9. gegen j-n richten
10. sich wenden, gehen
11. zielen, streben
12. anstreben, beabsichtigen
13. behaupten, versichern

1. (an)spannen, straffen; ***arcum i.*** den Bogen spannen; ***venti vela intendunt*** die Winde blähen die Segel
2. überspannen, überziehen, *aliquid re* etw mit etw; ***bracchia duro tergo i.*** die Arme mit hartem Leder umwinden; ***locum sertis i.*** den Ort mit Gewinden bekränzen
3. *fig* anspannen, anstrengen, ***animum*** den Geist
4. vermehren, verstärken, steigern; ***officia i.*** den Diensteifer verstärken; ***tenebrae se intendunt*** die Dunkelheit nimmt zu
5. ausspannen, ausstrecken; ***dexteram ad statuam i.*** die Rechte nach der Statue ausstrecken; ***bracchia remis i.*** die Arme zum Rudern strecken
6. *irgendwohin* richten, lenken; *bes Geschosse* abschießen; *eine Waffe* ziehen; ***oculos in vultum legentis i.*** die Augen auf das Gesicht des Lesers richten; ***iter in Italiam i.*** die Marschrichtung auf Italien lenken
7. *(nachkl.)* legen, fügen, *aliquid alicui rei* etw an etw; ***telum nervo i.*** den Pfeil an die Sehne legen; ***bracchia ventis i.*** die Segelstangen nach dem Wind drehen; ***nubes se intendunt (caelo)*** Wolken überziehen den Himmel; ***numeros nervis i.*** die Saiten melodisch stimmen
8. *fig Aufmerksamkeit* auf *etw* richten, lenken, *ad aliquid/in aliquid/alicui rei*; ***curam in suos i.*** Sorge auf die Seinen richten; ***litem i.*** einen Streit entfachen; ***dolum i.*** einen Betrug anzetteln
9. *feindlich* gegen *j-n* richten, *in aliquem*
10. sich wenden, gehen, ziehen; ***eo i.*** dorthin gehen
11. *fig wohin* zielen, streben; ***alicuius dicta huc/eo intendunt*** j-s Worte zielen dorthin

12. anstreben, beabsichtigen
13. behaupten, versichern, zu beweisen suchen
intēnsiō ⟨ōnis⟩ *f* ||intendo|| Spannung
intentātiō ⟨ōnis⟩ *f* ||intento|| Sen. das Ausstrecken *nach etw*
intentātus[1] ⟨a, um⟩ *PPP* → ***intento***
in-tentātus[2] ⟨a, um⟩ *Adj* = ***intemptatus***
intentiō ⟨ōnis⟩ *f* ||intendo||
1. das Gespanntsein, Spannung
2. Anstrengung, Bemühung
3. MUS Spannung *des Tones*, Stimmung
4. Vorhaben, Absicht
5. Hebung, Steigerung
6. Aufmerksamkeit, Sorge, Sorgfalt, *abs od alicuius rei* auf etw; gerichtlicher Angriff, Anklage
intentō ⟨āvī, ātum, āre 1.⟩ ||*Intens von* intendo||
1. drohend ausstrecken, *eine Waffe* ziehen; ***gladium in consulem i.*** das Schwert gegen den Konsul ziehen
2. *fig* androhen, bedrohen, *aliquid alicui* j-m etw, j-n mit etw; ***arma Latinis i.*** die Latiner mit der Waffe bedrohen
3. (*nachkl.*) mit einer gerichtlichen Anklage drohen
intentus[1] ⟨ūs⟩ *m* ||intendo|| das Ausstrecken
▶ **intentus**[2] ⟨a, um⟩ *Adj, Adv* ⟨intentē⟩ ||intendo||
1. angespannt, gespannt
2. *fig* groß, heftig, stark
3. gespannt, voll Erwartung, aufmerksam, *in aliquid / ad aliquid* auf etw
4. eifrig mit *etw* beschäftigt, auf *etw* bedacht, *alicui rei / ad aliquid / re*; ***muniendis castris i.*** mit der Befestigung des Lagers beschäftigt
5. (*nachkl.*) schlagfertig, kampfbereit
6. (*nachkl.*) *poet* angestrengt, eifrig, rastlos
7. streng; ***disciplina intenta*** strenge Erziehung
in-tentus[3] ⟨a, um⟩ *PPP* → ***intendo***
in-tepeō ⟨-, -, ēre 2.⟩ *poet* lau sein
intepēscō ⟨tepuī, -, tepēscere 3.⟩ ||*Inkoh von* intepeo|| (*nachkl.*) *poet* warm werden
inter

I
1. zwischen (hinein)
2. mitten (drinnen)
3. hin und wieder, von Zeit zu Zeit
4. unter-, zugrunde
II
1. inmitten, mitten in
2. zwischen
3. während, innerhalb
4. unter, zwischen

I *Präf*
1. zwischen (hinein); ***inter-mittere*** dazwischen schicken
2. mitten (drinnen); ***inter-esse*** dazwischen sein; ***inter-ea*** unterdessen
3. hin und wieder, von Zeit zu Zeit; ***inter-visere*** von Zeit zu Zeit besuchen
4. unter-, zugrunde, nieder-; ***inter-ire*** unter-gehen; ***inter-ficere*** zugrunde richten, töten
II *Präp + Akk*
1. *örtl.* inmitten, mitten in, zwischen, unter; *nach Verben der Bewegung* mitten hinein; ***inter urbem et Tiberim*** zwischen der Stadt und dem Tiber; ***inter planitiem*** mitten in der Ebene; ***inter equites pugnare*** in der Reiterei kämpfen; ***inter medios hostes se conicere*** sich mitten unter die Feinde stürzen; ***inter falcarios*** in der Sichelmacherstraße; ***inter sicarios accusare*** wegen Meuchelmordes anklagen
2. *zeitl.* zwischen; ***inter horam tertiam et quartam*** zwischen der dritten und der vierten Stunde
3. *zeitl.* während, innerhalb; ***inter noctem*** während der Nacht; ***inter haec negotia*** im Laufe dieser Geschäfte; ***inter arma regum*** bei den kriegerischen Unternehmungen der Könige; ***inter verba*** mitten im Redefluss
4. *fig* unter, zwischen; ***inter homines esse*** auf Erden leben; ***inter feras esse*** unter wilden Tieren leben; ***peritissimus inter duces*** der erfahrenste unter den Feldherren; ***bona dividere inter cives*** die Güter unter den Bürgern verteilen; ***iudicare inter sententias*** entscheiden zwischen den Meinungen; ***ira fuit inter Hectorem et Achillem*** Erbitterung herrschte zwischen Hektor und Achill; ***inter vilia*** in ärmlichen Verhältnissen; ***inter haec parata*** während dieser Vorbereitungen; ***inter haec*** inzwischen, unterdessen; ***inter hominem et beluam hoc interest*** zwischen Mensch und Tier besteht folgender Unterschied; ***discrimen est inter*** es besteht ein Unterschied zwischen; ***inter spem et metum haesitare*** zwischen Hoffnung und Angst schwanken; ***eminere / praestare inter ceteros*** unter den Übrigen herausragen; ***inter paucos*** unter wenigen, wie nur wenige, ganz besonders; ***insignis inter omnes*** ausgezeichnet unter allen = hervorragend wie nur wenige; ***inter cetera / cuncta / omnia*** vor allem, besonders; ***inter nos*** unter uns; ***inter se*** untereinander, einander, gegenseitig; ***amamus inter nos*** wir lieben einander; ***inter se colloqui*** miteinander sprechen; ***haud procul inter se (ab)esse*** nicht weit voneinander entfernt sein
inter-aestuō ⟨-, -, āre 1.⟩ (*nachkl.*) an Krämpfen leiden; asthmatisch sein
interāmenta ⟨ōrum⟩ *n* Liv. inneres Holzwerk eines Schiffes
Inter-amna ⟨ae⟩ *f*
1. *Stadt in Umbrien, heute Terni*
2. *Stadt der Volsker im s. Latium am Fluss Liri, heute Pignataro*
Interamnās *Gen* ⟨ātis⟩ *Adj* aus Interamna, zu Interamna gehörig
Interamnās ⟨ātis⟩ *m* Bewohner von Interamna
inter-aptus ⟨a, um⟩ *Adj* Lucr. miteinander verbunden
inter-ārēscō ⟨-, -, ēscere 3.⟩ vertrocknen, versiegen
inter-bibō ⟨-, -, ere 3.⟩ austrinken
inter-bītō ⟨-, -, ere 3.⟩ Plaut. untergehen
intercalāris ⟨e⟩ *Adj u.* **intercalārius** ⟨a, um⟩ *Adj* ||intercalo|| eingeschaltet; ***mensis i.*** Schaltmonat, *vor Caesars Kalenderreform alle zwei Jahre zwischen dem 23. u. 24. Februar eingeschoben*; ***intercalares Kalendae priores*** der erste Tag des ersten der Schaltmonate, *die 46 v. Chr. zusätzlich eingeschoben wurden*
▶ **inter-calō** ⟨āvī, ātum, āre 1.⟩
1. (durch Ausrufen) einen Schalttag einschieben,

einschalten; ***intercalatur*** eine Einschaltung findet statt
2. Liv. *fig* aufschieben, ***poenam*** eine Strafe

intercapēdō ⟨inis⟩ *f* ||intercipio|| Unterbrechung

▶ **inter-cēdō** ⟨cessī, cessum, cēdere 3.⟩
1. dazwischenkommen, dazwischengehen, dazwischen einherschreiten
2. dazwischen liegen, dazwischen sich erstrecken; ***palus intercedit*** ein Sumpf liegt dazwischen
3. *zeitl.* dazwischen vergehen; *Perf* dazwischen liegen; ***nox intercessit*** eine Nacht liegt dazwischen
4. *von Ereignissen* dazwischenkommen, dazwischen eintreten
5. *von Personen* hindernd dazwischentreten, sich widersetzen, Einspruch erheben, Veto einlegen, protestieren, *alicui/alicui rei* gegen j-n/gegen etw; ***interceditur*** es wird Einspruch erhoben, es steht etw im Weg
6. *als Vermittler* eintreten, sich ins Mittel legen, *abs od pro aliquo* für j-n
7. sich verbürgen, *pro aliquo* für j-n; ***magnam pecuniam i. pro aliquo*** sich mit einer hohen Geldsumme für j-n verbürgen
8. *fig von Sachen* mit im Spiel sein
9. *fig von Verhältnissen* bestehen, stattfinden, herrschen; ***inter aliquos amicitia intercedit*** zwischen einigen besteht Freundschaft

inter-cēpī → ***intercipio***

interceptiō ⟨ōnis⟩ *f* ||intercipio|| Wegnahme

interceptor ⟨ōris⟩ *m* ||intercipio|| (*nachkl.*) der *etw* unterschlägt, *alicuius rei*

inter-ceptus ⟨a, um⟩ *PPP* → ***intercipio***

inter-cessī → ***intercedo***

intercessiō ⟨ōnis⟩ *f* ||intercedo||
1. Gell. das Dazwischentreten, das Dazukommen
2. Einspruch, Protest
3. Vermittlung, *bes* Bürgschaft, Kaution

intercessor ⟨ōris⟩ *m* ||intercedo||
1. der Protestierende, der Einspruch Erhebende
2. Vermittler
3. Bürge

inter-cessum *PPP* → ***intercedo***

inter-cīdō[1] ⟨cīdī, cīsum, cīdere 3.⟩ ||caedo||
1. in der Mitte durchschneiden, in der Mitte durchgraben, in der Mitte durchstechen; ***pontem i.*** eine Brücke abbrechen; ***colles vallibus intercisi*** von Tälern durchschnittene Hügel; ***valles spatio intercisae*** durch einen Zwischenraum getrennte Täler
2. (*nachkl.*) *aus einem Ganzen* herausschneiden, *bes* aus einem Rechnungsbuch Blätter herausschneiden und es so verfälschen; ***commentarios i.*** Kommentare fälschen

inter-cidō[2] ⟨cidī, -, cidere 3.⟩ ||cado||
1. dazwischenfallen; ***tela intercidunt*** es regnet Geschosse
2. *fig* dazwischen vorfallen, sich dazwischen zutragen
3. verloren gehen, zugrunde gehen, umkommen, abhanden kommen, außer Gebrauch kommen; ***claves portarum intercidunt*** die Türschlüssel gehen verloren
4. (dem Gedächtnis) entfallen, vergessen werden, *mit u. ohne* ***memoriā***

inter-cinō ⟨-, -, ere 3.⟩ ||cano|| dazwischensingen

inter-cipiō ⟨cēpī, ceptum, cipere 3.⟩ ||capio||
1. mitten auf dem Weg abfangen, gefangen nehmen, *auch* unterschlagen; ***commeatūs i.*** Transporte abfangen; ***hastam i.*** von der einem anderen zugedachten Lanze getroffen werden; ***venenum i.*** das für einen anderen bestimmte Gift erhalten; ***a suis interceptus*** von den Seinen abgeschnitten
2. (*nachkl.*) *fig* in der Mitte unterbrechen, abschneiden; ***viam i.*** einen Weg abschneiden, einen Weg versperren
3. *fig* entreißen, rauben, *aliquid alicui/ab aliquo* etw j-m
4. *fig* vor der Zeit wegraffen, unverhofft wegraffen, umbringen; ***Cerem i.*** die Saat vernichten

intercīsē *Adv* ||intercisus, *PPP von* intercido[1]|| unterbrochen, nicht zusammenhängend; ***intercise dicere*** abgehackt sprechen

inter-cīsus ⟨a, um⟩ *PPP* → ***intercido***[1]

▶ **inter-clūdō** ⟨clūsī, clūsum, clūdere 3.⟩ ||claudo||
1. versperren, verlegen, abschneiden, *alicui aliquid* j-m etw; ***alicui viam i.*** j-m den Weg abschneiden
2. einschließen, *re* durch etw; ***aliquem angustiis i.*** j-n durch enges Gelände einschließen
3. abschneiden, trennen, *aliquem ab aliquo* j-n von j-m, *re* von etw; ***hostem commeatū i.*** den Feind vom Nachschub abschneiden
4. *fig* hindern; ***intercludor dolore, quominus ad te scribam*** ich werde vom Schmerz daran gehindert, dir zu schreiben

interclūsiō ⟨ōnis⟩ *f* ||intercludo|| Absperrung, Hemmung; RHET Einschub, Parenthese

inter-clūsus ⟨a, um⟩ *PPP* → ***intercludo***

inter-columnium ⟨ī⟩ *n* ||columna|| Abstand zwischen Säulen

inter-currō ⟨(cu)currī, cursum, currere 3.⟩
1. dazwischenlaufen, sich dazwischenwerfen
2. *fig* sich ins Mittel legen
3. *fig* sich einmischen, dazukommen, *alicui rei* zu etw
4. Liv. *fig* in der Zwischenzeit *irgendwohin* eilen

intercursō ⟨-, -, āre 1.⟩ ||*Intens von* intercurro||
1. (*nachkl.*) dazwischenlaufen, sich dazwischenwerfen
2. dazwischen liegen

intercursus *Abl* ⟨ū⟩ *m* ||intercurro|| schnelles Dazwischentreten

inter-cus *Gen* ⟨cutis⟩ *Adj* unter der Haut befindlich; ***aqua i.*** Wassersucht

▶ **inter-dīcō** ⟨dīxī, dictum, dīcere 3.⟩
1. untersagen, verbieten, *alicui re/aliquid* j-m etw, *ne/ut non/ + Inf/ + AcI*; ***Romanis omni Galliā i.*** den Römern den Aufenthalt in ganz Gallien verbieten; ***alicui aliquo i.*** j-m den Umgang mit j-m verbieten; ***alicui domo i.*** j-m das Haus verbieten
2. ***alicui aquā et igni i.*** j-n ächten; ***sacrificiis i. alicui*** j-n vom Gottesdienst ausschließen
3. *vom Prätor* gebieten, verbieten, verordnen, befehlen; ***i. de re, ut*** in einer Sache verfügen, dass
4. *allg.* verfügen, befehlen, einschärfen, *alicui* j-m, *ut*

interdictiō ⟨ōnis⟩ *f* ||interdico|| (*nachkl.*) Verbot; ***i. aquae et ignis*** verschärfte Form der Verbannung

interdictum ⟨ī⟩ *n* ||interdico||
1. Verbot, Einspruch, *alicuius alicuius rei/de re* j-s

von etw, j-s in Bezug auf etw
2. einstweilige Verfügung des Prätors, Interdikt
inter-dictus ⟨a, um⟩ *PPP* → ***interdico***
▶ **inter-diū** *u.* (*vkl., nachkl.*) **interdius** *Adv* bei Tag, über den Tag
inter-dīxī → ***interdico***
inter-dō ⟨-, datum, dare 1.⟩ Lucr. dazwischengeben, verteilen
interductus ⟨ūs⟩ *m* Trennungszeichen, Interpunktion
▶ **inter-dum** *Adv* manchmal, mitunter, zuweilen; ***interdum ... interdum/saepe/modo*** bald ... bald
inter-duō ⟨-, -, āre 1.⟩ Plaut. dafür geben; ***floccum non interduim*** darauf gebe ich keinen Pfifferling
▶ **inter-eā** *Adv* ||*Abl Sg f von* is||
1. *zeitl.* unterdessen, inzwischen
2. indessen, jedoch; ***cum interea*** während doch
inter-ēmī → ***interimo***
inter-emō ⟨ēmī, ēmptum, emere 3.⟩ = ***interimo***
interēmptor ⟨ōris⟩ *m* ||interimo|| (*nachkl.*) Mörder
inter-ēmptus ⟨a, um⟩ *PPP* → ***interimo***
▶ **inter-eō** ⟨iī, itūrus, īre 0.⟩ zugrunde gehen, umkommen, sterben, verloren gehen, verschwinden; ***usus tormentorum interit*** der Einsatz von schweren Geschützen wird vereitelt; ***i. ab aliquo*** von j-m getötet werden; ***interearn si*** ich will des Todes sein, wenn
inter-equitō ⟨-, -, āre 1.⟩ dazwischenreiten, *abs od aliquid* zwischen etw
inter-esse → ***intersum***
inter-est → ***intersum***
interfātiō ⟨ōnis⟩ *f* ||interfor|| das Dazwischenreden, das Ins-Wort-Fallen, Unterbrechung *einer Rede*
inter-fēcī → ***interficio***
interfectiō ⟨ōnis⟩ *f* ||interficio|| (*unkl.*) Ermordung
interfector ⟨ōris⟩ *m* ||interficio|| Mörder
interfectrīx ⟨īcis⟩ *f* ||interfector|| Mörderin
▶ **inter-ficiō** ⟨fēcī, fectum, ficere 3.⟩ ||facio||
1. niedermachen, töten, umbringen, ermorden; ***aliquem manu sua i.*** j-n eigenhändig töten; ***veneno i.*** mit Gift töten
2. vernichten, zugrunde richten, aufreiben
3. (*vkl., nachkl.*) berauben, *aliquem re* j-n einer Sache; ***aliquem vitā i.*** j-n töten
inter-fīō ⟨-, fierī 0.⟩ ||*Passiv zu* interficio|| umkommen, zugrunde gehen
inter-fluō ⟨flūxī, -, fluere 3.⟩ dazwischen fließen, zwischen *etw* fließen, durch *etw* fließen, *abs od aliquid* zwischen etw; ***i. Naupactum et Patras*** zwischen Naupactus und Patrae fließen
inter-fodiō ⟨-, fossum, fodere 3.⟩ Lucr. untergraben, durchbohren
inter-for ⟨fātus sum, fārī 1.⟩ dazwischenreden, ins Wort fallen
inter-fugiō ⟨-, -, ere 3.⟩ Lucr. dazwischen fliehen
inter-fuī → ***intersum***
inter-fūsus ⟨a, um⟩ *Adj* ||inter, *PPP von* fundo|| dazwischen fließend, *abs od aliquid* zwischen etw; ***genas maculis i.*** die Wangen (mit Blut) befleckt
inter-iaceō ⟨-, -, ēre 2.⟩ dazwischen liegen; ***campus Tiberi ac montibus interiacens*** zwischen Tiber und Gebirge liegende Ebene
inter-iaciō ⟨iēcī, iectum, iacere 3.⟩ = ***intericio***
inter-ibī *Adv* unterdessen
inter-iciō ⟨iēcī, iectum, icere 3.⟩ ||iacio||
1. *örtl.* dazwischenwerfen, dazwischenlegen, dazwischenstellen, dazwischensetzen, einfügen; dazwischenpflanzen; *Passiv* dazwischentreten; *Passiv Perf* dazwischen liegen; ***nasus oculis interiectus est*** die Nase liegt zwischen den Augen
2. einmischen, einmengen
3. *zeitl.* einschieben, einfügen; ***librum i.*** in der Zwischenzeit ein Buch schreiben
interiectiō ⟨ōnis⟩ *f* ||intericio|| (*nachkl.*)
1. RHET Einschaltung
2. RHET Einschub, Parenthese
3. GRAM Interjektion, Ausrufewort, Empfindungswort
interiectus[1] ⟨ūs⟩ *m* ||intericio||
1. das Dazwischentreten; ***i. terrae*** das Dazwischentreten der Erde *zwischen Sonne u. Mond*
2. Tac. *zeitl.* eingetretener Verlauf; Zwischenzeit, gewährte Frist; ***i. noctis*** Einbruch der Nacht; ***i. paucorum dierum*** Frist von wenigen Tagen
inter-iectus[2] ⟨a, um⟩ *Adj* ||intericio||
1. dazwischen liegend, dazwischen befindlich; *fig* in der Mitte stehend; ***longo spatio navigationis interiecto*** auf einem langen Weg zur See; ***spatio mediocri interiecto*** in geringer Entfernung
2. *zeitl.* nach Verlauf *einer Zeit*; ***interiecto anno*** nach einem Jahr dazwischen; ***intervallibus aequalibus interiectis*** in gleichen Zwischenräumen; ***brevi spatio interiecto*** nach kurzer Zeit; ***longā interiectā morā*** nachdem eine lange Zeit verstrichen war
inter-iectus[3] ⟨a, um⟩ *PPP* → ***intericio***
inter-iī → ***intereo***
▶ **inter-im** *Adv*
1. unterdessen, inzwischen
2. einstweilen, vorläufig
3. (*nachkl.*) bisweilen = ***interdum***; ***interim ... interim*** bald ... bald
4. (*meist vkl., nachkl.*) bei alledem, jedoch, doch
inter-imō ⟨ēmī, ēmptum, imere 3.⟩ ||emo||
1. aus dem Weg räumen, töten, beseitigen
2. *fig* mit Todesangst erfüllen
3. *fig* zugrunde richten, beseitigen
interior ⟨ius⟩ *Adj im Komp, Adv* ⟨interius⟩
1. der innere, mehr nach innen gelegen, im Innern befindlich, von innen stammend; ***vestis i.*** Unterkleid; ***fossa i.*** der Stadt näherer Graben; ***portus i.*** innerer Teil des Hafens; ***i. epistula*** Mitte des Briefes; ***nota i. Falerni*** tiefer im Keller aufbewahrter Falernerwein, älterer Jahrgang Falernerwein
2. dem Mittelpunkt näher, dem Ziel näher; ***rota i.*** inneres Rad, der Zielsäule näheres Rad; ***i. ictibus*** innerhalb der Schussweite; zu nahe um verwundet zu werden = außerhalb der Schussweite
3. *geographischer* mehr im Innern des Landes gelegen, im Binnenland gelegen
4. *fig* enger, vertrauter, inniger; ***consilia interiora*** geheime Pläne; ***interius est eiusdem esse civitatis*** von derselben Stadt zu sein verbindet enger
5. tiefer gehend; ***i. vis vocabuli*** tieferer Sinn eines Wortes
6. **interiōra** ⟨um⟩ *n* das Innere, die inneren Teile; ***i. corporis*** das Innere des Körpers, die Eingeweide
7. **interiōrēs** ⟨um⟩ *m* die Feinde in der Stadt; die

Bewohner des Binnenlandes

inter-īre → ***intereo***

interitiō ⟨ōnis⟩ *f* ||intereo|| Untergang, Tod

interitūrus ⟨a, um⟩ *Part Fut* → ***intereo***

▶ **interitus** ⟨ūs⟩ *m* ||intereo|| Untergang, Vernichtung; ***i. optimatium*** Sturz der Optimaten

inter-iungō ⟨iūnxī, iūnctum, iungere 3.⟩

1. (untereinander) verbinden, miteinander verbinden

2. *Zugtiere zwischendurch* ausspannen, rasten lassen; *abs* rasten

interius[1] → ***interior***

interius[2] *Adv im Komp* ||intra|| weiter drinnen; ***oratio insistit interius*** die Rede hört mitten drin auf

inter-lābor ⟨lāpsus sum, lābī 3.⟩ *auch getrennt* dazwischen dahingleiten, dazwischen fließen; ***inter labuntur aquae*** dazwischen fließen die Flüsse

inter-lateō ⟨-, -, ēre 2.⟩ Sen. dazwischen verborgen sein

inter-legō ⟨-, -, ere 3.⟩ *poet* hier und da abbrechen, ***frondes*** Blätter

inter-linō ⟨lēvī, litum, linere 3.⟩

1. (*nachkl.*) in den Zwischenräumen bestreichen; kitten

2. *Urkunden durch Streichen von Wörtern* fälschen

interlocūtiō ⟨ōnis⟩ *f* ||interloquor|| Einspruch, Einwurf, *bes vor Gericht*

inter-loquor ⟨locūtus sum, loquī 3.⟩ (*vkl., nachkl.*) dazwischenreden, *j-m* ins Wort fallen, *j-n* unterbrechen, *abs od alicui*; JUR einen Einwurf machen

inter-lūceō ⟨lūxī, -, lūcēre 2.⟩ (*unkl.*)

1. dazwischen hervorschimmern; ***noctu interlucet*** es wird plötzlich hell und wieder dunkel

2. durchsichtig sein

3. sich deutlich zeigen; ***aliquid interlucet inter*** ein klarer Unterschied tritt hervor zwischen

inter-lūnium ⟨ī⟩ *n* (*nachkl.*) ||luna|| *poet* Neumond, Mondwechsel

inter-luō ⟨-, -, luere 3.⟩ (*vkl., nachkl.*) zwischen *etw* fließen

intermēnstruum ⟨ī⟩ *n* ||intermenstruus|| Neumond, Mondwechsel

inter-mēnstruus ⟨a, um⟩ *Adj* zwischen zwei Monaten; ***tempus intermenstruum*** Zeit des Mondwechsels

interminātus[1] ⟨a, um⟩ *Adj* ||interminor|| versagt

in-terminātus[2] ⟨a, um⟩ *Adj* ||in-[2], *PPP von* termino|| unbegrenzt

inter-minor ⟨ātus sum, ārī 1.⟩

1. androhen

2. unter Drohungen untersagen

inter-misceō ⟨miscuī, mixtum, miscēre 2.⟩ beimischen, daruntermischen, dazwischenstecken, *alicui rei* einer Sache, unter etw; ***aliquid re i.*** etw mit etw vermischen; ***turbam indignorum dignis i.*** Würdige und Unwürdige vermischen

inter-mīsī → ***intermitto***

intermissiō ⟨ōnis⟩ *f* ||intermitto|| das Nachlassen, Unterbrechung; Verfall; ***i. officii*** Unterlassung einer Pflicht; ***i. epistularum*** Unterbrechung des Briefwechsels

inter-mittō ⟨mīsī, missum, mittere 3.⟩

I

1. dazwischentreten lassen
2. dazwischen offen lassen, leer lassen
3. unterbrechen, zeitweilig ruhen lassen
4. verstreichen lassen, vorbeigehen lassen
5. zeitweilig unbesetzt lassen
II zeitweilig nachlassen, aussetzen

I *v/t*

1. dazwischentreten lassen; *Passiv* dazwischen liegen; ***valle intermissā*** da ein Tal dazwischen lag; ***nocte intermissā*** da die Nacht inzwischen hereingebrochen war

2. *einen Raum* dazwischen offen lassen, leer lassen; ***mediocribus spatiis intermissis*** in mäßigen Abständen; ***hoc spatio intermisso*** in dieser Entfernung; ***opus est intermissum*** das Werk hat eine Lücke; ***aliquid intermittitur re/a re*** etw wird von etw freigelassen

3. *fig* unterbrechen, zeitweilig ruhen lassen; ***libertatem i.*** das freie Wort zeitweilig unterdrücken; *Passiv* zeitweilig nachlassen, ruhen; ***ventus intermittitur*** der Wind legt sich

4. *eine Zeit* verstreichen lassen, vorbeigehen lassen; ***spatio intermisso*** nach Verlauf von einiger Zeit; ***brevi tempore intermisso*** nach kurzer Frist; ***nulla pars nocturni temporis ad laborem intermittitur*** jede Stunde der Nacht wird ununterbrochen zur Arbeit genutzt

5. *ein Amt* zeitweilig unbesetzt lassen; ***intermissis magistratibus*** Caes. nachdem die Ämter zeitweilig unbesetzt gewesen waren

II *v/i* zeitweilig nachlassen, aussetzen, eine Pause machen; ***hostes non intermittunt subeuntes*** die Feinde rücken unaufhörlich heran

inter-morior ⟨mortuus sum, morī 3.⟩

1. (*nachkl.*) unbemerkt hinsterben; *fig* allmählich verschwinden, zugrunde gehen, erlöschen; ***intermortuus*** (wie) abgestorben, (wie) tot

2. Liv. ohnmächtig werden

inter-mundia ⟨ōrum⟩ *n* ||mundus|| zwischen den Welten liegende Räume, *die nach Epikurs Ansicht von den Göttern bewohnt wurden*

inter-mūrālis ⟨e⟩ *Adj* Liv. zwischen den Mauern befindlich

interna ⟨ōrum⟩ *n* ||internus|| innere Angelegenheiten

inter-nātus ⟨a, um⟩ *Adj* ||nascor|| (*nachkl.*) dazwischen gewachsen, *alicui rei* zwischen etw; ***herbae saxis internatae*** Kräuter zwischen den Felsen

interneciō ⟨ōnis⟩ *f* ||interneco|| das Niedermetzeln, Vernichtung *eines Heeres od Volkes*; Untergang; ***ad internecionem caedi/deleri*** vernichtend geschlagen werden

internecīvus ⟨a, um⟩ *Adj* ||interneco|| mörderisch, vernichtend

inter-necō ⟨(āvī), ātum, āre 1.⟩ (*vkl., nachkl.*) hinmorden, vernichten

inter-nectō ⟨-, -, ere 3.⟩ *poet* verknüpfen; ***crinem auro i.*** das Haar mit Gold verflechten

interniciō ⟨ōnis⟩ *f* = ***internecio***

inter-niteō ⟨-, -, ēre 2.⟩ (*nachkl.*) dazwischen hervorleuchten, hindurchscheinen; ***sidera internitent*** die Gestirne leuchten hervor

inter-nōdium ⟨ī⟩ *n* ||nodus|| Raum zwischen zwei Gelenken, Raum zwischen zwei Knoten; ***i. crurum*** Schenkelröhren
inter-nōscō ⟨nōvī, -, nōscere 3.⟩ voneinander unterscheiden, ***geminos*** Zwillinge
internūntia ⟨ae⟩ *f* ||internuntius|| Unterhändlerin, Vermittlerin
inter-nūntiō ⟨-, -, āre 1.⟩ Liv. Boten austauschen
internūntius ⟨ī⟩ *m* ||internuntio|| Unterhändler, Vermittler
internus ⟨a, um⟩ *Adj*, *Adv* ⟨internē⟩ ||inter|| *(nachkl.) poet* der innere, im Innern befindlich, einheimisch, inländisch; ***discordiae internae*** innere Wirren
in-terō ⟨trīvī, trītum, terere 3.⟩ hineinreiben, einbrocken, *auch fig*
inter-ōscitō ⟨-, -, āre 1.⟩ Ter. unterdessen gähnen
interpellātiō ⟨ōnis⟩ *f* ||interpello|| Unterbrechung *in der Rede*; *allg.* Störung
interpellātor ⟨ōris⟩ *m* ||interpello|| der *eine Rede* stört, Zwischenrufer
inter-pellō ⟨āvī, ātum, āre 1.⟩
1. *j-m* in die Rede fallen, *j-n* unterbrechen, *aliquem*; dazwischenreden, Einspruch erheben
2. einwenden
3. mit Bitten bestürmen, mit Fragen bestürmen
4. *allg.* störend unterbrechen, stören; aufhalten, hemmen; ***victoriam i.*** den Sieg vereiteln; ***saxum alveum amnis interpellat*** ein Felsen sperrt das Flussbett
5. *(spätl.)* unsittliche Anträge machen, ***mulierem*** einer Frau
interpolātiō ⟨ōnis⟩ *f* ||interpolo||
1. *(nachkl.)* Umgestaltung, eingefügte Veränderung
2. *(eccl.)* Täuschung
3. *(mlat.)* Verfälschung *eines Textes* durch Einschaltung *von Wörtern, Sätzen od Abschnitten*
interpolātor ⟨ōris⟩ *m* *(spätl., eccl.)* Verfälscher, Verderber
interpolis ⟨e⟩ *Adj* ||interpolo|| *(vkl., nachkl.)* neu hergerichtet, auf jung zurechtgemacht, aufpoliert
inter-polō ⟨āvī, ātum, āre 1.⟩
1. neu herrichten, *bes Kleider* auffrischen
2. *fig* betrügerisch ausstaffieren, verfälschen, *bes Texte*
inter-pōnō ⟨posuī, positum, pōnere 3.⟩

1. dazwischenstellen, dazwischenlegen
2. einschieben, einschalten
3. einschieben
4. unterschieben
5. dazwischen eintreten lassen
6. hinzuziehen, einschalten
7. eintreten lassen, geltend machen
8. vorschützen, anführen
9. als Pfand einsetzen

1. dazwischenstellen, dazwischenlegen, dazwischensetzen, *aliquid alicui rei / inter aliquid* etw zwischen etw; ***auxilia equitatui i.*** Hilfstruppen in die Reiterei einsetzen
2. einschieben, einschalten; ***menses intercalarios i.*** Schaltmonate einschieben
3. *in der Rede* einschieben, ***nullum verbum*** kein einziges Wort
4. unterschieben; verfälschen; ***falsas tabulas i.*** falsche Verzeichnisse unterschieben
5. *eine Zeit* dazwischen eintreten lassen, ***spatium ad recreandos animos*** eine Zeit zur Erholung; *Passiv* dazwischen eintreten, dazwischen liegen; ***paucis diebus interpositis*** nach Verlauf weniger Tage; ***hoc spatio interposito*** mittlerweile
6. *als Helfer od Vermittler* hinzuziehen, einschalten; ***aliquem testem i.*** j-n als Zeugen zuziehen; ***se i.*** sich einmischen, *abs od alicui rei / in aliquid* in etw; ***se i. audaciae alicuius*** sich j-s Frechheit widersetzen, *quominus / ne*
7. *fig* eintreten lassen, geltend machen, einsetzen; ***auctoritatem suam i.*** sein Ansehen geltend machen; ***decretum i.*** eine Entscheidung treffen; ***pactiones i.*** Verträge anknüpfen; ***moram i.*** eine Verzögerung verursachen
8. *Gründe* vorschützen, anführen; ***causā interpositā*** unter dem Vorwand
9. als Pfand einsetzen; ***fidem suam i. in aliquid / in re*** sein Ehrenwort auf etw geben
interpositiō ⟨ōnis⟩ *f* ||interpono||
1. Vitr. das Dazwischensetzen, ***columnarum*** von Säulen
2. das Einschieben, das Einschalten
3. *meton* Einschub, *bes* Parenthese
interpositus *Abl* ⟨ū⟩ *m* ||interpono|| das Dazwischentreten
interpres ⟨pretis⟩ *m u. f*
1. Vermittler, Vermittlerin; ***aliquo interprete*** durch j-s Vermittlung; ***linguā interprete*** mittels der Sprache
2. Dolmetscher, Dolmetscherin; ***per interpretem*** durch Dolmetscher
3. Ausleger, Deuter, Interpret, Auslegerin, Deuterin, Interpretin; ***i. poetarum*** Deuter der Dichter; ***i. caeli*** Sterndeuter, Astrologe
4. Übersetzer, Übersetzerin
inter-pressī → ***interprimo***
inter-pressus ⟨a, um⟩ *PPP* → ***interprimo***
interpretātiō ⟨ōnis⟩ *f* ||interpretor||
1. Erklärung, Deutung; *fig* Beurteilung; Entscheidung; ***i. iuris*** Auslegung des Rechtes
2. Übersetzung, *auch* das Übersetzte
► **inter-pretor** ⟨ātus sum, ārī 1.⟩ ||*Denom von* interpres||
I *v/i* Plaut. den Mittler abgeben, zu Hilfe kommen
II *v/t*
1. erklären, deuten, auslegen; + *AcI* = zur Erklärung sagen, die Erklärung abgeben; ***i. de re*** eine Erklärung von etw geben; ***aliquid ex re i.*** aus etw auf etw schließen; ***consilium ex necessitate i.*** aus der Notwendigkeit auf den Vorsatz schließen
2. übersetzen
3. verstehen, begreifen, auffassen; ***aliquem i.*** j-s Charakter begreifen, j-s Handlungsweise begreifen
4. *irgendwie* beurteilen; für *etw* ansehen, + *dopp. Akk*; in *etw* hineinlegen; ***alicuius felicitatem grato animo i.*** j-s Erfolg freudig anerkennen; ***sapientiam eam i.*** unter Weisheit etw Derartiges verstehen
5. Liv. sich bestimmt ausdrücken über *etw*, entscheiden über *etw*, + *indir Fragesatz*

inter-primō ⟨pressī, pressum, primere⟩ ||premo|| Plaut. eindrücken, zerdrücken

interpūncta ⟨ōrum⟩ *n* ||interpungo|| Abteilungen; ***i. verborum*** kleinere Pausen; ***i. argumentorum*** Absätze

interpūnctiō ⟨ōnis⟩ *f* ||interpungo|| Trennung *der Wörter* durch Punkte

inter-pūnctus ⟨a, um⟩ *Adj* ||interpungo|| abgeteilt, unterschieden

inter-pungō ⟨pūnxī, pūnctum, pungere 3.⟩ *Wörter* durch Punkte trennen

inter-quiēscō ⟨quiēvī, -, quiēscere 3.⟩ dazwischen ausruhen, eine Pause machen

inter-rēgnum ⟨ī⟩ *n* Zwischenregierung, Interregnum, *in der Königszeit nach dem Tod eines Königs, in der Republik nach dem Tod od dem Ausscheiden eines Konsuls*

inter-rēx ⟨rēgis⟩ *m* Zwischenkönig, Reichsverwalter; → ***interregnum***

in-territus ⟨a, um⟩ *Adj* ||in-², *PPP von* terreo|| *(nachkl.) poet* unerschrocken, furchtlos, *alicuius rei* vor etw; ***i. leti*** ohne Furcht vor dem Tod; ***i. ad omnia*** unerschrocken in Bezug auf alles

interrogātiō ⟨ōnis⟩ *f* ||interrogo||
1. Frage, Befragung
2. JUR Verhör
3. Sen. Kontrakt
4. PHIL Schlussfolgerung, Syllogismus
5. Quint. Frage *als Redefigur*

interrogātiuncula ⟨ae⟩ *f* ||*Dim von* interrogatio||
1. kurze Frage, unbedeutende Frage, *bes des Richters od Dialektikers*; ***interrogatiunculae angustae*** peinliche Fragen
2. Schlussfolgerung

inter-rogātum ⟨ī⟩ *n* ||interrogo|| Frage; ***ad interrogata respondere*** auf Fragen antworten

▶ **inter-rogō** ⟨āvī, ātum, āre 1.⟩
1. fragen, befragen, *aliquem de re/aliquid* j-n etw, j-n nach etw; ***senatorem sententiam i.*** einen Senator nach seiner Meinung fragen
2. JUR verhören, *aliquem de re* j-n in Bezug auf etw
3. JUR gerichtlich belangen, einfordern, anklagen; ***aliquem legibus i.*** j-n nach den Gesetzen belangen; ***aliquem legibus ambitūs i.*** j-n gerichtlich belangen wegen Amtserschleichung
4. Sen. PHIL eine Schlussfolgerung ziehen

inter-rumpō ⟨rūpī, ruptum, rumpere 3.⟩
1. auseinander reißen, zerreißen, mitten abbrechen; ***pontem i.*** eine Brücke abbrechen; ***venas i.*** Adern öffnen
2. *fig Reden od Handlungen* abbrechen, unterbrechen; *allg.* stören
3. *fig* trennen, isolieren; ***ignes interrupti*** vereinzelte Feuer

interruptē *Adv* ||interruptus, *PPP von* interrumpo|| mit Unterbrechungen

interruptiō ⟨ōnis⟩ *f* ||interrumpo|| Quint. das Abbrechen, *bes in der Rede*; *(spätl.)* Unterbrechung

inter-saepiō ⟨saepsī, saeptum, saepīre 4.⟩
1. verstopfen, verwahren
2. absperren, abschneiden; ***urbem vallo ab arce i.*** die Stadt durch einen Wall von der Burg abschneiden; ***Romanis conspectum exercitūs i.*** den Römern den Blick auf das Heer versperren

inter-scindō ⟨scidī, scissum, scindere 3.⟩ auseinanderreißen, einreißen, abbrechen; *fig* trennen; ***aggerem i.*** einen Damm einreißen; ***venas i.*** Adern öffnen

inter-scrībō ⟨scrīpsī, scrīptum, scrībere 3.⟩ *(nachkl.)* dazwischenschreiben; durch Zusätze verbessern

inter-secō ⟨secuī, sectum, secāre 1.⟩ *(spätl.)* auseinander schneiden

inter-serō¹ ⟨sēvī, situm, serere 3.⟩ *(nachkl.) poet* dazwischensäen, dazwischenpflanzen, *aliquid alicui rei* etw zwischen etw

inter-serō² ⟨-, -, ere 3.⟩ einfügen, einschieben; ***causam i.*** als Grund anführen

inter-sistō ⟨stitī, -, sistere 3.⟩ Quint. mitten innehalten, absetzen, *vom Redner u. von der Rede*

inter-situs ⟨a, um⟩ *Adj (nachkl.) poet* dazwischen liegend

interspīrātiō ⟨ōnis⟩ *f* Atempause

inter-sternō ⟨strāvī, strātum, sternere 3.⟩ *(nachkl.)* dazwischenstreuen, dazwischenstreichen, dazwischenlegen

inter-stīnctus ⟨a, um⟩ *Adj (nachkl.)* hier und da besetzt, *re* mit etw

inter-stinguō ⟨-, stīnctum, stinguere 3.⟩ Lucr. auslöschen; *Passiv* erlöschen

inter-stringō ⟨-, -, ere 3.⟩ Plaut. zuschnüren

inter-sum ⟨fuī, -, esse 0.⟩
1. *örtl. u. zeitl.* dazwischen sein, dazwischen liegen, sich dazwischen befinden; ***fluvius inter eas civitates interest*** der Fluss liegt zwischen diesen Stämmen
2. sich unterscheiden, *ab aliquo/a re* von j-m/von etw, *in re* in etw, bei etw; ***interest*** es ist ein Unterschied *zwischen/in/bei*
3. dabei sein bei *etw*, teilnehmen an *etw*, *alicui rei/in re*
4. ***interest*** es ist daran gelegen, es liegt daran, es ist von Interesse, es ist von Wichtigkeit, es ist von Bedeutung, *alicuius* für j-n, + *Pron der Sache, an der j-m liegt/ + Inf/ + AcI, ut/ne* dass/dass nicht, *in re* bei etw, *ad aliquid/alicuius rei* in Rücksicht auf etw, für etw; ***meā interest*** mir liegt daran

inter-texō ⟨texuī, textum, texere 3.⟩ *(nachkl.)*
1. *poet* dazwischen einweben, dazwischen einflechten, *aliquid alicui rei* etw einer Sache
2. *poet* durchweben, *aliquid re* etw mit etw

inter-trahō ⟨trāxī, tractum, trahere 3.⟩ entziehen, *alicui aliquid* j-m etw

inter-trīmentum ⟨ī⟩ *n* ||tero|| Abrieb *von einem Metall*, Abnützung; *fig* Verlust, Schaden

inter-turbō ⟨-, -, āre 1.⟩ (Com., *nachkl.*) Verwirrung stiften, Unruhe stiften

inter-utrāsque *Adv* Lucr. zwischen beiden hin, zwischen beiden durch

▶ **inter-vallum** ⟨ī⟩ *n* ||vallus||
1. *örtl.* Zwischenraum, Entfernung, Abstand; ***ex intervallo*** von fern
2. *zeitl.* Zwischenzeit, Pause, Frist; ***ex tanto intervallo*** nach so langer Zeit; ***ex intervallo*** nach geraumer Zeit; ***per intervalla*** zeitweilig; ***sine intervallo*** ohne abzusetzen; ***intervallo dicere*** mit Pausen sprechen
3. Unterschied, *inter* zwischen
4. MUS Intervall

inter-vellō ⟨vellī⟩ *u.* ⟨vulsī, vulsum, vellere 3.⟩ *(nachkl.)*
1. mitten herausreißen
2. hier und da ausrupfen
► **inter-veniō** ⟨vēnī, ventum, venīre 4.⟩
1. dazwischenkommen, dazwischentreten, *mittlerweile* eintreten, *abs od alicui / alicui rei* j-m, bei j-m, *alicui rei* einer Sache, bei einer Sache; ***i. alicuius orationi*** mitten unter j-s Rede eintreten; ***plangor verbo intervenit*** nach jedem Wort schlug sie sich an die Brust; *Perf* zwischen mehreren bestehen
2. *durch sein Eintreten* unterbrechen, stören, hindern, *alicui rei / aliquid* etw; in den Weg treten, widerfahren, *alicui* j-m; ***hiems rebus gerendis intervenit*** der Winter unterbricht die notwendigen Arbeiten
3. *vermittelnd od hindernd* eintreten, einschreiten, *abs od alicui rei* in Bezug auf etw
interventor ⟨ōris⟩ *m* ||intervenio|| störender Besucher
inter-ventum *PPP* → ***intervenio***
interventus ⟨ūs⟩ *m* ||intervenio||
1. das Dazwischenkommen
2. *(nachkl.)* Vermittlung, Beistand
inter-vertō ⟨vertī, versum, vertere 3.⟩
1. unterschlagen, entziehen
2. *(nachkl.)* verschwenden, durchbringen
3. übergehen, ***aedilitatem*** das Amt des Ädils
4. Plaut. *j-n* um *etw* bringen, *aliquem re*
inter-vīsō ⟨vīsī, vīsum, vīsere 3.⟩
1. von Zeit zu Zeit nach *etw* sehen, *abs od + indir Fragesatz*; ***domum i.*** von Zeit zu Zeit nach Hause gehen und nachsehen
2. von Zeit zu Zeit besuchen, *aliquem* jdn
inter-volitō ⟨-, -, āre 1.⟩ Liv. dazwischen umherfliegen
inter-vomō ⟨-, -, ere 3.⟩ Lucr. dazwischen ergießen, dazwischen von sich geben
inter-vortō ⟨vortī, vorsum, vortere⟩ *(altl.)* = ***interverto***
in-testābilis[1] ⟨e⟩ *Adj* ||testor||
1. unfähig Zeuge zu sein, unfähig zu einem Testament
2. *fig* ehrlos, infam, verabscheuungswürdig
in-testābilis[2] ⟨e⟩ *Adj* ||testis[2]|| zeugungsunfähig, *auch im Doppelsinn zu intestabilis*[1] *verwendet*
in-testātus[1] ⟨a, um⟩ *Adj* ||testor||
1. ohne Testament; ***intestato mori*** sterben ohne ein Testament gemacht zu haben
2. Plaut. nicht durch Zeugen überführt
in-testātus[2] ⟨a, um⟩ *Adj* Plaut. = ***intestabilis***[2]
intestīnum ⟨ī⟩ *n* ||intestinus||
1. Innereien, Darm; *Pl* Eingeweide *in der Bauchhöhle*
2. *Pl* Plaut. Einlegearbeit *des Kunsttischlers*
► **intestīnus** ⟨a, um⟩ *Adj* ||intus|| innerlich, im Innern befindlich, *in der Einzelperson, in Familie od Staat*; *bes* im Innern der Seele, subjektiv; von innen stammend, *bes* einheimisch
in-texō ⟨texuī, textum, texere 3.⟩
1. einweben, hineinweben, *aliquid alicui rei* etw in etw; ***aurum vestibus i.*** Gold in die Kleider weben
2. *fig* verweben, verflechten, einfügen, *bes in die Rede, aliquid alicui rei / in re* etw in etw, etw mit etw
3. *fig* redend einführen
4. *(nachkl.) poet* umflechten, umweben, umkleiden, umgeben; ***hastas floribus i.*** Lanzen mit Blumen umflechten
intibum ⟨ī⟩ *n* ||griech. Lw.|| *(nachkl.) poet* wilde Zichorie, Endivie
► **intimus**
I ⟨a, um⟩ *Adj im Sup, Adv* ⟨intimē⟩ ||inter||
1. der innerste; ***intima Macedonia*** der innerste Teil Makedoniens; ***intima spelunca*** der tiefste Teil des Kellers; ***angulus i.*** der geheimste Winkel
2. *fig* am tiefsten eindringend, gründlich; ***disputatio intima*** erschöpfende Erörterung; ***philosophia intima*** das Wesentliche der Philosophie
3. der geheimste
4. der wirksamste
5. der vertrauteste, eng befreundet; ***amicus i.*** engster Freund, Busenfreund; ***intime*** herzlichst; ***intime uti aliquo*** sehr engen Umgang mit j-m haben
II ⟨ī⟩ *m* Busenfreund
in-tingō ⟨tīnxī, tīnctum, tingere 3.⟩ *(unkl.)* eintauchen, ***calamum*** die Schreibfeder
in-tolerābilis ⟨e⟩ *Adj, Adv* ⟨intolerābiliter⟩
1. Liv. unwiderstehlich
2. *von Personen u. Sachen* unerträglich, *auch fig, alicui* für jdn
in-tolerandus ⟨a, um⟩ *Adj* = ***intolerabilis***
in-tolerāns *Gen* ⟨antis⟩ *Adj, Adv* ⟨intoleranter⟩
1. unfähig *etw* zu ertragen; unduldsam gegenüber *einer Sache, alicuius rei*; ***i. aequalium*** unduldsam gegenüber Altersgenossen
2. unerträglich, *alicui* für j-n
3. *Adv* unmäßig, maßlos; ***intoleranter gloriari*** maßlos prahlen
intolerantia ⟨ae⟩ *f* ||intolerans||
1. Unerträglichkeit
2. maßloses Benehmen
3. *(spätl.)* Unduldsamkeit
in-tonō ⟨tonuī, tonātum, tonāre 1.⟩
I *v/i*
1. *poet* losdonnern, laut donnern; ***Fortuna intonat*** Fortuna grollt; ***intonat*** es donnert
2. *fig* sich donnernd vernehmen lassen, laut ertönen, dröhnen, krachen, rasseln, rauschen, tosen; ***vox tribuni intonat*** die Stimme des Tribunen ertönt laut
II *v/t*
1. laut ertönen lassen; Prop. auf der Laute besingen
2. *Passiv* sausend herniederfahren; ***Eois intonata fluctibus hiems*** Hor. aus den östlichen Fluten donnernder Wintersturm
in-tōnsus ⟨a, um⟩ *Adj* ||in-[2], *PPP von* tondeo||
1. ungeschoren, mit langem Haar, mit langem Bart; ***i. comas*** *griech. Akk* mit ungeschorenem Haar
2. *fig von Bäumen* dicht belaubt; *von Bergen* dicht bewaldet
in-torqueō ⟨torsī, tortum, torquēre 2.⟩
1. hineindrehen, einflechten, *aliquid alicui rei* etw in etw; ***angues capillis i.*** Schlangen ins Haar einflechten
2. hineinbohren, *aliquid alicui rei* etw in etw; ***hastam tergo i.*** die Lanze in den Rücken bohren
3. *allg.* flechten, winden, wickeln; ***capilli intorti*** ge-

kräuselte Haare; ***oculos i.*** die Augen rollen
4. schwingen, schleudern; ***iaculum alicui i.*** ein Geschoss gegen j-n schleudern
5. drehen, herumdrehen, verdrehen; ***mentum dicendo i.*** das Kinn beim Sprechen schief ziehen; ***mores i.*** *fig* die Sitten verderben

► **intrā**
I *Adv* innerhalb, inwendig
II *Präp + Akk*
1. *zeitl.* innerhalb, im Bereich von, *bes* diesseits; ***intra parietes*** innerhalb der Mauern; ***intra se*** in seinem Innern, bei sich; ***intra montem*** diesseits des Berges
2. *bei Verben der Bewegung auch auf die Frage „wohin?"* in … hinein; ***intra munitiones se recipere*** sich in die Festung zurückziehen; ***abdere ferrum intra vestes*** einen Dolch unter den Kleidern verbergen; ***intra fossam legiones reducere*** die Legionen hinter den Graben zurückführen
3. *zeitl.* innerhalb, binnen, während, vor Ablauf; ***intra decem annos*** innerhalb von zehn Jahren; ***intra decimum diem, quam venerat*** innerhalb von zehn Tagen nach seiner Ankunft
4. *bei Zahl-, Maß- od Grenzangaben* innerhalb, innerhalb der Schranken; ***intra modum*** innerhalb des rechten Maßes; ***intra fortunam manere*** innerhalb seines Standes bleiben
5. unter, weniger als; ***intra centum*** weniger als hundert
6. ***intra muros*** *(mlat.)* nicht öffentlich, geheim

intrābilis ⟨e⟩ *Adj* ||intro[2]|| Liv. zugänglich

in-tractābilis ⟨e⟩ *Adj (nachkl.) poet* schwer zu behandeln; ungestüm, wild, rau

in-tractātus ⟨a, um⟩ *Adj* ||in-[2], *PPP von* tracto||
1. nicht behandelt; ***equus i.*** nicht zugerittenes Pferd
2. unversucht; ***scelus intractatum*** nicht versuchtes Verbrechen

in-trācursus ⟨a, um⟩ *Adj* ||in-[2], *PPP von* tra(ns)-curro|| Sen. (noch) nicht durchlaufen

in-tremīscō ⟨tremuī, -, tremīscere 3.⟩ ||Inkoh|| *u.* **in-tremō** ⟨-, -, ere 3.⟩ *(nachkl.) poet* erzittern, erbeben; ***genua intremiscunt timore*** die Knie zittern vor Angst

in-trepidus ⟨a, um⟩ *Adj, Adv* ⟨intrepidē⟩ unerschrocken, unverzagt, *alicui* gegen j-n; ***intrepide se recipere*** sich in Ruhe und Ordnung zurückziehen

in-tribuō ⟨-, -, ere 3.⟩ besteuern

in-trīcō ⟨āvī, ātum, āre 1.⟩ ||in[1], tricae|| in Verlegenheit bringen

intrīn-secus *Adv*
1. inwendig, im Inneren
2. Suet. einwärts, nach innen

in-trītus ⟨a, um⟩ *Adj* noch ungeschwächt

intrō[1] *Adv* hinein, herein

► **in-trō[2]** ⟨āvī, ātum, āre 1.⟩ ||*Denom von* intra||
I *v/i*
1. eintreten, hineingehen, *auch fig bes von Zuständen u. Verhältnissen*; ***dolor intrat*** Schmerz tritt ein; ***in possessionem i.*** in den Besitz treten
2. *fig geistig* eindringen, *in aliquid* in etw, ***in rerum naturam*** in das Wesen der Dinge; ***i. in alicuius familiaritatem*** sich mit j-m auf vertrauten Fuß stellen; ***magis i.*** tiefer eindringen; ***in suum animum i.*** in sich gehen
II *v/t*
1. betreten; MIL einrücken, eindringen, *aliquid* in etw; ***urbem i.*** die Stadt betreten, in die Stadt einrücken; ***domus intrata est*** das Haus wurde betreten
2. *fig von Gefühlen* ergreifen, befallen, *aliquem / animum alicuius* j-n
3. Mart. durchstechen, ***aprum*** einen Eber

intrō-dūcō ⟨dūxī, ductum, dūcere 3.⟩
1. hineinführen, einführen; ***copias i.*** Truppen einrücken lassen
2. *fig* einführen, vorlassen; ***philosophiam Graecam in Italiam i.*** die griechische Philosophie in Italien einführen
3. *fig* einführen, anordnen
4. *fig in der Rede* vorführen, anführen
5. *fig* einen Satz als Behauptung aufstellen, behaupten, erklären

intrōductiō ⟨ōnis⟩ *f* ||introduco|| das Einführen, Zuführung

► **intro-eō** ⟨iī, itum, īre 0.⟩
I *v/i* hineingehen, eintreten; MIL einziehen, einrücken
II *v/t* betreten

intro-ferō ⟨tulī, -, ferre 0.⟩ hineinbringen, hineintragen

intrō-gredior ⟨gressus sum, gredī 3.⟩ ||gradior|| *(nachkl.) poet* hineingehen, eintreten

intro-iī → ***introeo***

intro-itum *PPP* → ***introeo***

introitus ⟨ūs⟩ *m* ||introeo||
1. das Eintreten, Eintritt, Einzug, Einmarsch; *von Schiffen* das Einlaufen, ***in portum*** in den Hafen
2. *fig* Anfang, Vorspiel; Einleitung
3. Plin. Antritt *eines Amtes*
4. Eingang *als Ort*, Zugang, Öffnung
5. *(mlat.)* Eingangsgebet, Eingangsgesang
6. *(mlat.)* Eintrittsgeld

intrō-mittō ⟨mīsī, missum, mittere 3.⟩ hineinschicken, einmarschieren lassen, einlassen, vorlassen, *auch fig*; ***voluptates i.*** Vergnügungen einlassen

intrōrsum *u.* **intrōrsus** *Adv*
1. nach innen, hinein, ins Innere; landeinwärts
2. *(nachkl.) poet* innerlich, inwendig, drinnen

intrō-rumpō ⟨rūpī, ruptum, rumpere 3.⟩ hereinbrechen, einbrechen; ***hostes eā introruperunt*** die Feinde brachen dort ein

intrōspectō ⟨-, -, āre 1.⟩ ||*Intens von* introspicio|| Plaut. hineinschauen

intrō-spiciō ⟨spexī, spectum, spicere 3.⟩ ||specio||
1. in *etw* hineinschauen, in *etw* hineinblicken; auf *etw* hinschauen, auf *etw* hinblicken; *etw* beschauen, *etw* besichtigen, *aliquid*
2. *fig* prüfend betrachten, mustern

intrōsum *Adv* Lucr. = ***introrsum***

intrō-tulī → ***introfero***

intrō-vocō ⟨-, -, āre 1.⟩ hereinrufen

intubum ⟨ī⟩ *n* = ***intibum***

► **in-tueor** ⟨tuitus sum, tuērī 2.⟩
1. hinschauen, hinblicken; anschauen, anblicken, ansehen, aufmerksam betrachten; *auch* erblicken, sehen, *in aliquid* auf etw, *aliquid* etw; ***deos patrios***

i. die heimischen Götter ansehen; ***terram i.*** zu Boden sehen
2. Plin. *geographischer* nach *etw* liegen, *aliquid*; ***cubiculum montes intuitur*** das Schlafzimmer liegt zum Gebirge hin
3. bewundernd auf *j-n* sehen, *j-n* anstaunen, *aliquem*; ***Pompeium sicut aliquem de caelo delapsum i.*** den Pompeius wie j-n, der vom Himmel gefallen ist, anstaunen
4. *geistig* betrachten, erwägen
5. berücksichtigen, beachten, ***voluntatem audientium*** den Willen der Zuhörer

in-tulī → ***infero***

in-tumēscō ⟨tumuī, -, tumēscere 3.⟩ *(nachkl.)*
1. anschwellen
2. *fig* sich aufblasen, sich aufblähen, ***superbiā*** vor Hochmut
3. *fig* zornig werden, *alicui* auf j-n
4. *fig* zunehmen, wachsen

in-tumulātus ⟨a, um⟩ *Adj* ||in-^{2}, *PPP von* tumulo|| Ov. unbeerdigt, unbestattet

intumus ⟨a, um⟩ *Adj (altl.)* = ***intimus***

in-tuor ⟨tuitus sum, tuī 3.⟩ = ***intueor***

in-turbātus ⟨a, um⟩ *Adj* Plaut. nicht bestürzt

in-turbidus ⟨a, um⟩ *Adj* Tac.
1. nicht beunruhigt, ruhig
2. friedfertig

► **intus** *Adv*
1. *(vkl., nachkl.)* von drinnen, von innen
2. innen, drinnen, inwendig; ***extra et intus*** außen und innen
3. daheim, zu Hause; *auch* in der Stadt, im Lager
4. *fig* im Innern, im Herzen
5. *(nachkl.) poet* nach innen, hinein; ***intus aliquem ducere*** j-n hineinführen

in-tūtus ⟨a, um⟩ *Adj (nachkl.)*
1. ungeschützt, unverwahrt, schutzlos; ***intuta moenium*** *subst* schwache Stellen der Mauern
2. unzuverlässig, unsicher

inula ⟨ae⟩ *f* ||griech. Lw.|| *(nachkl.) poet* Alant, *Arznei- u. Gewürzpflanze, Korbblütler*

īnuleus ⟨ī⟩ *m* → ***hinnuleus***

in-ultus ⟨a, um⟩ *Adj* ||in-^{2}, *PPerf von* ulciscor||
1. ungerächt; ***cives inulti perierunt*** die Bürger gingen ungerächt zugrunde
2. ungestraft, straflos; ***aliquem inultum esse pati / sinere*** j-n ungestraft lassen; ***odium inultum*** unbefriedigte Rachsucht

in-umbrō ⟨āvī, ātum, āre 1.⟩
I *v/t (unkl.)* beschatten, verdunkeln; *fig* in den Schatten stellen
II *v/i (unkl.)* dunkeln, dunkel werden; ***inumbrante vesperā*** in der Abenddämmerung

inundātiō ⟨ōnis⟩ *f* ||inundo|| *(nachkl.)* Überschwemmung

in-undō ⟨āvī, ātum, āre 1.⟩
I *v/t*
1. überschwemmen, überfluten, ***campum*** das Feld; ***Cimbri Italiam inundaverunt*** *fig* die Kimbern überschwemmten Italien
2. Überschwemmungen anrichten, herbeiströmen, *abs*
II *v/i* überfließen, *re* von etw, ***sanguine*** von Blut

in-ungō ⟨ūnxī, ūnctum, ungere 3.⟩ *u.* **in-unguō** ⟨ūnxī, ūnctum, unguere 3.⟩ einsalben, einreiben, bestreichen; *Passiv* sich salben; ***inuncta conchis*** Bohnen in Öl

in-urbānus ⟨a, um⟩ *Adj, Adv* ⟨inurbānē⟩
1. unstädtisch; unfein, ungebildet
2. ungefällig
3. geschmacklos

in-urgeō ⟨ursī, -, urgēre 2.⟩ *u.* **in-urgueō** ⟨ursī, -, urguēre 2.⟩ Lucr. eindringen

in-ūrō ⟨ussī, ustum, ūrere 3.⟩
1. *(nachkl.) poet* einbrennen, *aliquid alicui rei* etw einer Sache
2. *fig* kennzeichnen; *pej* brandmarken, *aliquem / aliquid re* j-n / etw mit etw
3. *fig* tief eindrücken, einprägen, anhängen; verursachen, zufügen; ***alicui famam superbiae i.*** j-m den Ruf des Hochmutes anhängen; ***dolorem i.*** Schmerz zufügen
4. *(nachkl.) fig* anbrennen, erhitzen
5. Quint. mit dem Brenneisen brennen = frisieren
6. ***calamistris i.*** *fig* mit erkünsteltem Redeschmuck aufputzen

in-ūsitātus ⟨a, um⟩ *Adj, Adv* ⟨inūsitātē⟩ ungebräuchlich, ungewöhnlich = noch neu, selten, *alicui* für jdn

in-ūtilis ⟨e⟩ *Adj, Adv* ⟨inūtiliter⟩
1. *von Personen u. Sachen* unnütz, unbrauchbar, untauglich, *alicui rei / ad rem* für etw; ***corpus inutile*** kampfunfähiger Körper
2. nachteilig, schädlich, verderblich, *alicui* für jdn

inūtilitās ⟨ātis⟩ *f* ||inutilis||
1. Lucr. Unbrauchbarkeit
2. Schädlichkeit, Verderblichkeit

Inuus ⟨ī⟩ *m urspr. selbstständiger Gott, später dem Gott Pan als Befruchter der Herden gleichgesetzt*; ***Inui Castrum*** *alte Küstenstadt in Latium in der Nähe der Tibermündung*

in-vādō ⟨vāsī, vāsum, vādere 3.⟩

1. gewaltsam hineingehen, eindringen
2. betreten
3. kühn unternehmen, angehen
4. angreifen
5. anfahren, zur Rede stellen
6. überkommen, überfallen
7. raubend überfallen, raubend an sich reißen
8. stürmisch umarmen

1. gewaltsam hineingehen, eindringen, *in aliquid / aliquid* in etw; ***in urbem cum exercitu i.*** in die Stadt mit einem Heer eindringen; ***ignis invadit*** das Feuer dringt ein
2. *einen Ort* betreten, *an einen Ort* gelangen, *aliquid*; ***urbem i.*** die Stadt betreten, in die Stadt gelangen
3. *(nachkl.) poet* kühn unternehmen, angehen; ***proelium i.*** eine Schlacht führen
4. auf *j-n / etw* losgehen, *j-n* angreifen, *in aliquem / in aliquid u. aliquem / aliquid*; ***hostes i.*** die Feinde angreifen; ***in collum alicuius i.*** j-m stürmisch um den Hals fallen
5. *(nachkl.) mit Worten* anfahren, zur Rede stellen; ***aliquem minaciter i.*** j-n unter Drohungen zur Rede stellen

6. *von Affekten od Krankheiten* überkommen, überfallen, *in aliquem/aliquem/alicui* j-n, *in aliquid/aliquid* etw; *abs* = hereinbrechen, sich verbreiten; ***pestis invadit in aliquem*** j-n befällt eine Krankheit; ***aliquem metus invadit*** j-n befällt Angst; ***terror invadit*** Schrecken verbreitet sich
7. raubend überfallen, raubend an sich reißen; angreifen, *in aliquid/aliquid* etw; ***in alicuius praedia i.*** j-s Güter überfallen; ***in Marii nomen i.*** sich den Namen des Marius anmaßen; ***consulatum i.*** das Konsulat an sich reißen
8. Petr. stürmisch umarmen, ***aliquem basiolis*** j-n unter Küssen

in-valēscō ⟨valuī, -, valēscere 3.⟩ *(nachkl.)* erstarken, die Oberhand gewinnen; ***verba temporibus invalescunt*** die Wörter kommen mit der Zeit in Gebrauch

in-validus
I ⟨a, um⟩ *Adj* kraftlos, schwach, kränklich; *fig* zu schwach zum Widerstand; ***homo senectā ad munera corporis i.*** ein Mann, durch das Alter zu schwach für körperliche Arbeiten
II ⟨ī⟩ *m* Schwacher, Kranker

in-vāsī → ***invado***

invāsiō ⟨ōnis⟩ *f* ||invado|| *(spätl.)* Angriff, Einfall; Vergewaltigung; gewaltsame Besitznahme

invāsor ⟨ōris⟩ *m* ||invado|| *(spätl.)* Angreifer, Eroberer

in-vāsus ⟨a, um⟩ *PPP* → ***invado***

invectīcius ⟨a, um⟩ *Adj* ||inveho|| *(nachkl.)* eingeführt, nicht heimisch; *fig* seicht

invectiō ⟨ōnis⟩ *f* ||inveho||
1. Einfuhr *von Waren*, Import
2. Einfahrt

invectīvae ⟨ārum⟩ *f* ||invectivus|| Schmähreden, *von Ciceros Reden gegen Catilina*

invectīvus ⟨a, um⟩ *Adj* ||invehor|| schmähend

in-vehō ⟨vēxī, vectum, vehere 3.⟩

1. hineinführen, heranführen
2. einführen, importieren
3. verursachen
4. hineinfahren, hineinreiten
5. angreifen
6. angreifen, sich gegen

1. hineinführen, heranführen, heranfahren, hineinbringen, hineintragen; ***frumenta i.*** Getreide (in die Scheunen) einfahren; ***Euphrates novos agros invehit*** der Euphrat schwemmt neues Land an; ***pecuniam in aerarium i.*** Geld in die Staatskasse bringen; ***mare opes litoribus invehit*** das Meer wirft Schätze an die Küsten; ***bellum i. totam in Asiam*** Krieg über ganz Asien bringen
2. einführen, importieren; ***vinum in Galliam i.*** Wein nach Gallien einführen
3. *fig* über *j-n* bringen, *j-m* verursachen, *j-m* zufügen, *alicui*; *Passiv* hereinbrechen; ***divitiae avaritiam invehit*** Reichtum verursacht Habsucht
4. *Passiv u.* ***se i.*** hineinfahren, hineinreiten, hineinfließen, hineinfliegen, + *Abl des Mittels*, *in aliquid/aliquid/alicui rei* in etw; *von Flüssen* einherfließen, heranströmen; ***curru invehi*** auf dem Wagen hineinfahren; ***equo invehi*** hineinreiten; ***invehi in portum*** in den Hafen einlaufen; ***moenia triumpho i.*** triumphierend in die Stadt einziehen
5. *feindlich* auf *j-n/etw* losgehen, auf *j-n* eindringen, *j-n* angreifen, *aliquem/in aliquem/alicui rei*
6. *fig mit Worten j-n/etw* angreifen, sich gegen *j-n/etw* ereifern, *in aliquem/in aliquid*; ***i. multis verbis in perfidiam alicuius*** wortreich j-s Ruchlosigkeit angreifen; ***nonnulla i.*** vielfach sich ereifern

in-vendibilis ⟨e⟩ *Adj* Plaut. unverkäuflich

in-veniō ⟨vēnī, ventum, venīre 4.⟩
1. auf *etw* kommen, *etw* vorfinden, *etw* auffinden, *meist zufällig*; ***amicum in provincia i.*** den Freund in der Provinz auffinden; ***argenti venas i.*** auf Silberadern stoßen; *Passiv* gefunden werden, sich zeigen, erscheinen
2. *beim Lesen* auf *etw* stoßen; ***apud auctores invenio*** + *AcI* bei den Schriftstellern finde ich, dass
3. *irgendwie* finden, + *dopp. Akk*, *im Passiv* + *dopp. Nom*; ***aliquem fidum i.*** j-n zuverlässig finden
4. *zufällig od gelegentlich* bekommen, gewinnen, erwerben, erlangen, sich zuziehen; ***emptorem i.*** einen Käufer finden; ***nomen ex re i.*** von etw einen Namen bekommen; ***mortem manu hostium i.*** durch Feindeshand sterben
5. ausfindig machen, ermitteln, erfahren, entdecken, erfinden, ersinnen; ***coniurationem i.*** eine Verschwörung entdecken; ***viam i.*** Mittel und Wege finden; ***inventum est*** man fand, man fand heraus
6. bewerkstelligen, ermöglichen, schaffen; ***ferro viam i.*** sich mit dem Schwert den Weg bahnen
7. *Passiv u.* ***se i.*** sich dareinfinden

inventārium ⟨ī⟩ *n* ||invenio|| *(spätl.)* Vermögensverzeichnis, Nachlassverzeichnis

inventiō ⟨ōnis⟩ *f* ||invenio||
1. das Finden, das Auffinden
2. das Finden *durch Nachdenken*, das Erfinden; RHET Erfindung
3. *meton* Erfindungsgabe
4. *(nachkl.) konkr.* Erfindung = das Erfundene

inventiuncula ⟨ae⟩ *f* ||*Dim von* inventio|| Quint. wertlose Erfindung

inventor ⟨ōris⟩ *m* ||invenio|| Erfinder, Begründer, Urheber; ***i. scelerum*** Anstifter zu Verbrechen

inventrīx ⟨īcis⟩ *f* ||inventor|| Schöpferin

inventum ⟨ī⟩ *n* ||invenio||
1. Erfindung, Entdeckung; *Pl* Lehren, Ansichten
2. *Pl* das Erworbene

in-ventus ⟨a, um⟩ *PPP* → ***invenio***

in-venustus ⟨a, um⟩ *Adj*, *Adv* ⟨invenustē⟩
1. ohne Anmut
2. Ter. unglücklich in der Liebe

in-verēcundus ⟨a, um⟩ *Adj*, *Adv* ⟨inverēcundē⟩ *(unkl.)* unverschämt, schamlos, rücksichtslos; ***i. deus*** schamloser Gott, = Bacchus, *weil er alles ausplaudert*

in-vergō ⟨-, -, ere 3.⟩ *poet*, RELIG daraufgießen, *aliquid alicui rei* etw auf etw

inversiō ⟨ōnis⟩ *f* ||inverto||
1. Quint. Umstellung, ***verborum*** von Wörtern
2. *fig* Ironie, versteckter Spott
3. Quint. Allegorie

in-vertō ⟨vertī, versum, vertere 3.⟩
1. umwenden, umkehren, umdrehen; ***annus inversus*** sich dem Ende näherndes Jahr

2. *poet* umpflügen; *vom Wind* aufwühlen; umstülpen, einschenken, *alicui rei* in etw; ***solum vomere i.*** den Boden umpflügen
3. *fig* verdrehen, verschlechtern, verderben
4. *fig* übel deuten; ironisch gebrauchen
5. (*nachkl.*) *fig* verändern, umgestalten, *bes* mit anderen Worten ausdrücken

in-vesperāscit ⟨-, -, āscere 3.⟩ Liv. es wird Abend

investīgātiō ⟨ōnis⟩ *f* ||investigo|| Erforschung

investīgātor ⟨ōris⟩ *m* ||investigo|| Erforscher, Aufspürer

► **in-vestīgō** ⟨āvī, ātum, āre 1.⟩ aufspüren; *fig* auskundschaften, erkunden, erforschen, ausfindig machen; ***i. de aliquo*** nach j-m Nachforschungen anstellen

in-vestiō ⟨(ivī), ītum, īre 4.⟩ (*nachkl.*) bekleiden

investitura ⟨ae⟩ *f* (*mlat.*) Investitur, *feierliche Einsetzung eines Bischofs*

inveterāscō ⟨veterāvī, -, veterāscere 3.⟩ ||*Inkoh von* invetero||
1. *von Personen u. Sachen* alt werden
2. *fig* sich einnisten, sich einbürgern, sich eingewöhnen; ***macula inveterascit in nomine alicuius*** ein Makel verbindet sich mit j-s Namen; ***inveteravit, ut*** es ist herkömmlich, dass; ***honor huic urbi inveteravit*** die Ehre ist mit dieser Stadt verwachsen
3. veralten = auf die lange Bank geschoben werden

inveterātiō ⟨ōnis⟩ *f* ||invetero|| Einwurzelung, Verwurzelung; *meton* eingewurzelter Fehler

inveterātus ⟨a, um⟩ *Adj* ||invetero|| alt, eingewurzelt, altgewohnt

in-veterāvī → ***inveterāsco*** *u.* → ***invetero***

in-veterō ⟨āvī, ātum, āre 1.⟩ ||vetus|| *etw* alt machen, *einer Sache* Dauer verleihen, *aliquid*; *Passiv* alt werden, einwurzeln, sich festsetzen

invia ⟨ōrum⟩ *n* ||invius|| unwegsames Gelände

► **in-vicem** *Adv*, *auch getrennt*
1. abwechselnd, wechselweise; ***defatigatis invicem integri succedunt*** den Erschöpften rücken jeweils Ausgeruhte nach
2. (*nachkl.*) einander, einer den anderen, gegenseitig, auf beiden Seiten; ***invicem se occidere*** sich gegenseitig töten
3. (*nachkl.*) *poet* umgekehrt, andererseits, dagegen, meinerseits, deinerseits *usw.*; ***requiescat tandem Italia, uratur invicem Africa*** Liv. möge Italien endlich Ruhe haben, Afrika dagegen brennen

in-victus ⟨a, um⟩ *Adj* ||in-², *PPP von* vinco|| *von Personen u. Sachen* unbesiegbar, unüberwindlich; unerbittlich, unwiderlegbar, *ad aliquid / in aliquid* in Bezug auf etw, für etw, *adversus aliquid* gegenüber etw; ***fides invicta*** unerschütterliche Treue; ***invicta sibi quaedam facere*** sich gewisse unüberwindliche Schranken setzen; ***ab hoste i.*** vom Feind unbesiegt; ***i. adversus libidines*** unüberwindlich gegenüber Leidenschaften

invidendus ⟨a, um⟩ *Adj* ||invideo|| (*nachkl.*) *poet* beneidenswert

invidēns ⟨entis⟩ *m* ||invideo|| Neider

invidentia ⟨ae⟩ *f* ||invidens|| PHIL Neid

► **in-videō** ⟨vīdī, vīsum, vidēre 2.⟩
1. *j-n* um *etw* beneiden, *j-m etw* missgönnen, *alicui alicui rei / alicuius alicui rei / alicui in re / alicui aliquid / alicui re / alicui alicuius rei, quod / ut / ne* dass / dass nicht, *alicui* + *Infl* + *AcI*; ***i. divitiis alicuius*** j-n um seinen Reichtum beneiden; ***alicui in purpura i.*** j-n um seinen Purpur beneiden; ***alicui invidetur*** j-d wird beneidet; ***invideor*** ich werde beneidet
2. aus Neid vorenthalten, verweigern, entziehen, *alicui aliquid* j-m etw, + *Infl* + *AcI*
3. (*vkl.*, Catul.) mit bösem Blick ansehen, durch böse Blicke Unheil bringen

invidia ⟨ae⟩ *f* ||invideo||
1. Neid, *den jd hegt*, Missgunst, Eifersucht; ***deorum invidiam movere*** den Neid der Götter erregen; ***absit verbo i.*** mit Verlaub gesagt
2. *meton* Neider, neidische Person
3. Grund zum Neid; ***quae tandem i. est?*** welchen Grund zum Neid gibt es denn eigentlich?
4. Neid, *der gegen j-n gehegt wird*, Hass, Missgunst, Unzufriedenheit *mit j-m*, *alicuius* j-s, bei j-m, *alicuius rei* wegen etw; ***in invidia esse / invidiam habere*** verhasst sein; ***aliquem in invidiam vocare / adducere*** j-n verhasst machen; ***invidiā premi / ardere*** angefeindet werden; ***in invidiam venire / incidere*** verhasst werden; ***hoc ei magnae invidiae erat*** das wurde ihm sehr übel genommen; ***i. decemviralis*** Hass gegen die Dezemviren
5. das Gehässige, *auch* Anfeindung, üble Nachrede, Vorwurf, *alicuius rei* von etw, wegen etw
6. *meton* Gegenstand des Neides; ***invidiae aut pestilentiae possessores*** die Besitzer von beneideten oder ungesunden Grundstücken

Invidia ⟨ae⟩ *f* Dämon des Neides, *von den Furien in die Unterwelt gestoßen*

invidiōsus ⟨a, um⟩ *Adj*, *Adv* ⟨invidiōsē⟩
1. neidisch, missgünstig; Ov. gehässig
2. beneidet, beneidenswert, *alicui* für j-n
3. Hass erregend, Unwillen erregend, blamierend, *alicui / in aliquem* gegen j-n; ***crimen invidiosum*** blamierender Vorwurf
4. verhasst, missliebig, widerwärtig, verrufen, *a re* infolge von etw

invidus
I ⟨a, um⟩ *Adj* ||invideo|| neidisch, missgünstig; eifersüchtig, *alicui / alicui rei* auf j-n / auf etw; ***nox coeptis nostris invida*** eine für unser Vorhaben ungünstige Nacht
II ⟨ī⟩ *m*
1. Neider
2. (*mlat.*) Teufel

in-vigilō ⟨āvī, ātum, āre 1.⟩
1. (*nachkl.*) *poet* wachen, *alicui rei* bei etw, in etw, über etw; ***malis i.*** bei der Krankheit wachen
2. *fig etw* überwachen, auf *etw* bedacht sein, *alicui rei*

in-violābilis ⟨e⟩ *Adj* (*nachkl.*) *poet* unverletzlich

in-violātus ⟨a, um⟩ *Adj*, *Adv* ⟨inviolātē⟩ ||in-², *PPP von* violo||
1. *von Personen u. Sachen* unverletzt, unversehrt, ungekränkt; ***nuntius i.*** unverletzter Bote; ***amicitiā inviolatā*** ohne die Freundschaft zu verletzen
2. unverletzlich, immun; ***tribunus plebis i.*** durch Immunität geschützter Volkstribun

in-vīsitātus ⟨a, um⟩ *Adj* ||in-², *PPP von* visito||
1. Quint. unbesucht
2. noch nie gesehen, unbekannt, ganz neu, selten

in-vīsō ⟨vīsī, (vīsum), vīsere 3.⟩

1. nach *etw* sehen, *etw* besichtigen, *etw* beaufsichtigen, *aliquid*
2. besuchen, aufsuchen
3. Catul. erblicken

▶ **invīsus**[1] ⟨a, um⟩ *Adj* ||invideo||
1. verhasst; hassenswert; ***cypressi invisi*** verhasste Zypressen; ***aliquem invisum habere*** j-n hassen; ***dis hominibusque invisum*** Göttern und Menschen verhasst
2. *j-n* hassend, *j-m* feindlich gesinnt, *j-m* grollend, *alicui*

in-vīsus[2] ⟨a, um⟩ *Adj* ||in-², *PPP von* video|| noch nie gesehen

in-vīsus[3] ⟨a, um⟩ *PPP* → ***invideo***

invītāmentum ⟨ī⟩ *n* ||invito|| Lockmittel, Reiz, *alicuius rei* einer Sache, zu etw

invītātiō ⟨ōnis⟩ *f* ||invito|| Einladung; *fig* Aufforderung, *alicuius* j-s *od* an j-n, *alicuius rei / ad aliquid* zu etw

invītātor ⟨ōris⟩ *m* ||invito|| Mart. Einlader, *Angestellter, der zu Gelagen einladen musste*

invītātus *nur Abl Sg* ⟨u⟩ *m* = ***invitatio***

▶ **in-vītō** ⟨āvī, ātum, āre 1.⟩
1. einladen, ***amicum ad cenam*** den Freund zum Abendessen
2. bewirten, verpflegen, ***aliquem liberaliter*** j-n großzügig; ***se i.*** es sich gut schmecken lassen, sich gütlich tun
3. *fig* auffordern, *aliquem ad aliquid / in aliquid* j-n zu etw; ***aliquem ad dimicandum i.*** j-n zum Kampf auffordern
4. *fig* reizen, verlocken, verleiten; ***i. militem praemiis ad proditionem*** den Soldaten durch Belohnungen zum Verrat verleiten

▶ **in-vītus** ⟨a, um⟩ *Adj, Adv* ⟨invītē⟩ *u.* (*altl.*) ***invītō*** *von Personen u. Sachen* unfreiwillig, wider Willen, ungern; *poet* erzwungen, ungern geleistet; ***magister hoc i. fecit*** der Lehrer tat dies unfreiwillig; ***aliquo invito*** gegen j-s Willen; ***parentibus invitissimis*** ganz gegen den Willen der Eltern

in-vius ⟨a, um⟩ *Adj* ||in-², via|| (*nachkl.*) *poet* unwegsam, ungangbar, *auch* unzugänglich, *alicui* für j-n; ***via virtuti invia*** ein für die Tugend nicht gangbarer Weg

invocātiō ⟨ōnis⟩ *f* ||invoco|| (*nachkl.*) Anrufung

in-vocātus[1] ⟨a, um⟩ *PPP* → ***invoco***

in-vocātus[2] ⟨a, um⟩ *Adj* ||in-², *PPP von* voco|| nicht gerufen, nicht eingeladen, ungerufen

in-vocō ⟨āvī, ātum, āre 1.⟩
1. anrufen, zu Hilfe rufen, *aliquem alicui / adversus aliquem* j-n gegen j-n; ***deos testes i.*** die Götter als Zeugen anrufen
2. (*vkl., nachkl.*) benennen, nennen; ***aliquem dominum i.*** j-n Herr nennen

involātus ⟨ūs⟩ *m* ||involo|| Flug

involitō ⟨-, -, āre 1.⟩ ||*Intens von* involo|| auf *etw* flattern, über *etw* flattern, *alicuius rei*

in-volō ⟨āvī, ātum, āre 1.⟩
1. (*vkl., nachkl.*) hineinfliegen
2. *feindlich* sich stürzen, *aliquid* auf etw; sich stürmisch bemächtigen, *in aliquid / aliquid* einer Sache; ***castra i.*** sich auf das Lager stürzen; ***cupido animos involat*** die Begierde ergreift die Seelen; ***i. in possessionem vacuam*** sich eines herrenlosen Besitzes bemächtigen

involūcre ⟨is⟩ *n* ||involvo|| Plaut. Hülle, *bes* Frisiermantel

involūcrum ⟨ī⟩ *n* ||involvo||
1. Hülle, Decke; Plaut. *auch* Serviette
2. *fig* Fülle

involūtus ⟨a, um⟩ *Adj* ||involvo|| in Dunkel gehüllt, schwer verständlich

in-volvō ⟨volvī, volūtum, volvere 3.⟩
1. hineinwälzen, hinaufwälzen, hinaufrollen; ***i. cupas*** Fässer daraufrollen; ***silvas i.*** Wälder mitreißen; *Passiv* niederstürzen, *alicui rei* auf etw, *fig* sich einschleichen, eindringen
2. einwickeln, einhüllen, verhüllen; ***vera obscuris verbis i.*** die Wahrheit in dunkle Worte hüllen; ***bellum pacis nomine i.*** den Krieg unter dem Wort Frieden verstecken; ***se i. laqueis interrogationis*** sich in den Schlingen der Befragung verstricken; ***se i. litteris*** sich in die Wissenschaft vergraben; *Passiv* sich hüllen

involvulus ⟨ī⟩ *m* ||involvo|| Plaut. Wickelspinner, *kleiner Schmetterling*

in-vulnerābilis ⟨e⟩ *Adj* ||vulnero|| Sen. unverwundbar

in-vulnerātus ⟨a, um⟩ *Adj* ||in-², *PPP von* vulnero|| unverwundet

iō *Interj des Schmerzes* o!, ach!; *auch der Freude* juchhe!; ***io triumphe!*** auf zum Triumph!

Īō ⟨ūs⟩ *u.* ⟨ōnis⟩ *f Tochter des argivischen Königs Inachos, Geliebte des Zeus, von Hera in eine Kuh verwandelt, von Argos bewacht, floh von einer Bremse gejagt nach Ägypten, wo sie wieder Menschengestalt erhielt u. als Isis verehrt wurde*

Iōannēs ⟨is⟩ *m* = ***Iohannes***

iocātiō ⟨ōnis⟩ *f* ||iocor|| Scherz

iocator ⟨oris⟩ *m* (*mlat.*) Gaukler, Spielmann

iocineris → ***iocur***

iocor ⟨ātus sum, ārī 1.⟩ ||*Denom von* iocus||
I *v/i* scherzen, spaßen, schäkern, *in re* bei etw; ***i. in aliquid*** scherzend auf etw anspielen
II *v/t* scherzend sagen, spottend vorbringen

iocōsus ⟨a, um⟩ *Adj, Adv* ⟨iocōsē⟩ ||iocus|| *von Personen u. Sachen* scherzhaft, neckisch

ioculāria ⟨ōrum⟩ *n* ||iocularis|| *poet* Späße

ioculāris ⟨e⟩ *Adj, Adv* ⟨ioculāriter⟩ ||ioculus|| *von Sachen* scherzhaft, possierlich

ioculārius ⟨a, um⟩ *Adj* ||ioculus|| Ter. spaßhaft

ioculātor ⟨ōris⟩ *m* ||ioculor|| Witzbold, Spaßmacher; ***scenici ioculatores*** (*spätl.*) Mimen

ioculor ⟨-, ārī 1.⟩ ||*Denom von* ioculus|| Liv. = ***iocor***

ioculus ⟨ī⟩ *m* ||*Dim von* iocus|| Plaut. kleiner Scherz, Witz

iocur ⟨iocineris⟩ *n* = ***iecur***

▶ **iocus** ⟨ī⟩ *m, Pl* ***iocī, ōrum*** *m u.* ***ioca, ōrum*** *n*
1. Scherz, Spaß; ***ioca atque seria*** Heiteres und Ernstes; ***alicui iocos dare / movere*** j-n belustigen; ***per iocum / ioco*** im Scherz; ***extra iocum / remoto ioco*** Spaß beiseite
2. *meton* Gegenstand des Scherzes
3. *fig* Spiel, Zeitvertreib
4. *meton* scherzhaftes Gedicht, Scherzlied
5. Ov. *fig* Liebesspiel, Tändelei
6. *fig* Kinderspiel, Kleinigkeit; ***quibus ius iurandum i. est*** für die der Eid eine Kleinigkeit ist

locus ⟨ī⟩ *m* Gott des Witzes
Iōhannēs ⟨is⟩ *m Name mehrerer biblischer Gestalten*; ***Iohannes Baptista*** Johannes der Täufer; ***Iohannes Evangelista*** der Evangelist Johannes
Iōlciacus ⟨a, um⟩ *Adj* aus Iolcos, zu Iolcos gehörig
Iōlcos *u.* **Iōlcus** ⟨ī⟩ *f alte Stadt in Thessalien, Ausgangspunkt der Argonautenfahrt, heute Teil der Stadt Bolos*
Iōnes ⟨um⟩ *m* die Ionier, *einer der vier Hauptstämme der Griechen*
Iōnia ⟨ae⟩ *f* Ionien, *Landschaft an der Westküste Kleinasiens*
Iōniacus *u.* **Iōnicus** *u.* **Iōnius**[1] *u.* **Īonius**[1] ⟨a, um⟩ *Adj* ionisch
Iōnius[2] *u.* **Īonius**[2] ⟨a, um⟩ *Adj* zu Io gehörig, der Io
Iordānēs ⟨is⟩ *m* Jordan, *Fluss in Palästina*
iōta *indekl n* Jota, *griech. Buchstabe, auch Zahlzeichen*; Mart. Strich
Iovis → ***Iuppiter***; *(mlat.) auch Nom* = ***Iuppiter***
Īphigenīa ⟨ae⟩ *f Tochter des Agamemnon*
ipse ⟨a, um⟩, *Gen* ⟨ipsīus⟩, *Dat* ⟨ipsī⟩ *dem Pr, subst u. adj gebraucht*
1. selbst, persönlich, leibhaftig; ***rex ipse aderit*** der König wird persönlich anwesend sein; ***veritas se ipsa defendit*** die Wahrheit verteidigt sich selbst; ***Lentulum omnibus ac mihi ipsi antepono*** den Lentulus ziehe ich allen und auch mir selbst vor
2. *zur Hervorhebung der Bedeutung einer Person* er = Herr, Hausherr, Meister, Gebieter, Hauptperson, Autorität; Herrin, Hausherrin, Gebieterin; ***lora ipse tenebat*** die Zügel hielt der Herr selbst; ***suam norat ipsam*** er kannte seine Herrin; ***ipse dixit*** der Meister hat es gesagt
3. *zur Umschreibung des Besitzverhältnisses* eigen; ***mea ipsius domus*** mein eigenes Haus; ***nostra ipsorum decreta*** unsere eigenen Beschlüsse; ***illi homines ipsorum linguā Celtae appellantur*** jene Menschen nennen sich in ihrer eigenen Sprache Kelten
4. von selbst, aus freien Stücken, freiwillig; ***res ipsa se aperuit*** die Sache wurde ganz von selbst offenbar; ***ipse per se*** ganz aus eigenem Antrieb
5. schon allein, schon an sich, schon, gerade; ***saepe metus ipse affert calamitatem*** oft führt allein schon die Furcht zum Unheil
6. *steigernd* selbst, sogar; ***ipsa virtus contemnitur*** selbst die Tugend wird verachtet
7. gerade, genau, eigentlich; ***triginta dies ipsos Athenis fui*** genau 30 Tage war ich in Athen; ***sub ipso vallo*** dicht unter dem Wall; ***sub ipso monte*** direkt am Fuß des Berges; ***post ipsum proelium*** unmittelbar nach der Schlacht; ***nunc dicam de accusatione ipsa*** nun will ich über die eigentliche Anklage sprechen; ***nunc ipsum*** gerade jetzt; ***tum ipsum*** gerade damals; ***sub ipsa profectione*** im Augenblick der Abfahrt; ***vita ipsa*** das nackte Leben; ***ad ipsum mane*** bis zum hellen Tag
8. ***ipse/ipse quoque/et ipse/atque ipse*** gleichfalls, ebenfalls, *zur Anreihung eines weiteren Subj. an dasselbe Prädikat*; ***frater meus Romae est, ego ipse quoque Romam proficiscar*** mein Bruder ist in Rom und ich werde ebenfalls nach Rom aufbrechen
īr *indekl n* = ***hir***

▶ **īra** ⟨ae⟩ *f*
1. Zorn, Erbitterung, Wut; *Pl* Wutausbrüche, Äußerungen von Zorn; ***aliquid per iram facere*** etw im Zorn tun; ***irā commotus/impulsus/inflammatus*** wutentbrannt; ***alicui irae esse*** j-m verhasst sein; ***ira in Romanos*** Zorn gegen die Römer; ***ira fugae*** Wut über die Flucht; ***ira sua*** Zorn gegen sich; ***ira paterna*** Wut gegen den Vater
2. Heftigkeit; ***ira belli*** Wüten des Kriegs
3. Ov. *meton* Ursache des Zorns, Grund zum Zorn
4. heftige Begierde
5. *(nachkl.)* Kampfeswut
▶ **īrācundia** ⟨ae⟩ *f* ||iracundus||
1. Neigung zum Zorn, Jähzorn, hitziges Temperament
2. Zornesausbruch, *alicuius rei* über etw
īrācundus ⟨a, um⟩ *Adj, Adv* ⟨īrācundē⟩ ||ira|| jähzornig, aufbrausend, hitzig, *in aliquem/adversus aliquem* gegen jdn
▶ **īrāscor** ⟨-, īrāscī 3.⟩ ||*Inkoh zu* ira|| zürnen, zornig werden; zornig sein, *abs od alicui/alicui rei* gegen j-n/gegen etw; ***montibus i.*** gegen die Berge wüten; ***taurus in cornua irascitur*** der Stier stößt wütend mit den Hörnern
▶ **īrātus** ⟨a, um⟩ *Adj, Adv* ⟨īrātē⟩ ||ira|| *von Personen u. Sachen* erzürnt, zornig; ***deus i.*** erzürnter Gott; ***mare iratum*** stürmisches Meer; ***preces iratae*** Flüche; ***venter i.*** hungriger Magen
▶ **īre** → ***eo***[2]
īrim *Abl Sg von* ***er***
Īris ⟨idis⟩ *f Göttin des Regenbogens, Götterbotin*
īrōnīa ⟨ae⟩ *f* ||griech. Fw.|| feiner Spott, Ironie, *auch* RHET
īrōnicus ⟨a, um⟩ *Adj, Adv* ⟨īrōnicē⟩ ||griech. Fw.|| *(spätl.)* spöttisch, ironisch
Īros ⟨ī⟩ *m* = ***Irus***
irquus ⟨ī⟩ *m* = ***hircus***
ir-rāsus ⟨a, um⟩ *Adj* ||in-[2], *PPP von* rado|| Plaut. ungeschoren
ir-rationālis ⟨e⟩ *Adj (nachkl.)*
1. unvernünftig
2. mechanisch
ir-raucēscō ⟨rausī, -, raucēscere 3.⟩ ||in[1], raucus|| heiser werden
irrefrāgābilis ⟨e⟩ *Adj (spätl.)* ohne Widerspruch
ir-religātus ⟨a, um⟩ *Adj* ||in-[2], *PPP von* religo|| nicht zurückgebunden; ***Ariadne irreligata comas*** Ariadne mit nicht zurückgebundenem Haar
ir-religiōsus ⟨a, um⟩ *Adj, Adv* ⟨irreligiōsē⟩ *(nachkl.)* gottlos
ir-remeābilis ⟨e⟩ *Adj* ||in-[2], remeo|| keine Rückkehr gewährend, unauflösbar; ***unda i.*** die Rückkehr verwehrende Woge
ir-remediābilis ⟨e⟩ *Adj* ||in-[2], remedium|| *(nachkl.)* unheilbar, unversöhnlich
ir-reparābilis ⟨e⟩ *Adj (nachkl.) poet* unwiederbringlich, unersetzlich
ir-repertus ⟨a, um⟩ *Adj* ||in-[2], *PPP von* reperio|| *poet* nicht (auf)gefunden, nicht entdeckt
ir-rēpō ⟨rēpsī, rēptum, rēpere 3.⟩
1. in *etw* hineinkriechen, hineinschleichen, in *etw* kriechen, auf *etw* kriechen, *in aliquid/aliquid/alicui rei*
2. *fig* sich einschleichen, sich einnisten, *in aliquid/*

aliquid/alicui rei in etw; ***i. in mentes hominum*** sich in den Köpfen der Menschen einnisten; ***in testamentum locupletium i.*** in die Testamente der Reichen eingeschmuggelt werden
3. Tac. *fig* Einfluss gewinnen, sich beliebt machen
ir-reprehēnsus ⟨a, um⟩ *Adj* ||in-², *PPP von* reprehendo|| Ov. untadelig
ir-requiētus ⟨a, um⟩ *Adj* (*nachkl.*) *poet* rastlos, unablässig
ir-resectus ⟨a, um⟩ *Adj* ||in-², *PPP von* reseco|| Hor. unbeschnitten
ir-resolūtus ⟨a, um⟩ *Adj* ||in-², *PPP von* resolvo|| Ov. unaufgelöst; ***vincula irresoluta*** unaufgelöste Fesseln
ir-rētiō ⟨īvī, ītum, īre 4.⟩ ||in¹, rete||
1. (*nachkl.*) *poet* im Netz fangen
2. *fig* fangen, verwickeln; ***se i. erroribus*** sich in Irrtümern verstricken
ir-retortus ⟨a, um⟩ *Adj* ||in-², *PPP von* retorqueo|| Hor. nicht zurückgewandt
ir-reverēns *Gen* ⟨entis⟩ *Adj*, *Adv* ⟨irreverenter⟩ (*nachkl.*) unehrerbietig, gleichgültig, *alicui rei* gegen etw
irreverentia ⟨ae⟩ *f* ||irreverens|| Mangel an Ehrfurcht, Unbescheidenheit, *alicui rei* gegen etw
ir-revocābilis ⟨e⟩ *Adj*, *Adv* ⟨irrevocābiliter⟩
1. unwiderruflich
2. unveränderlich
3. unversöhnlich
ir-revocātus ⟨a, um⟩ *Adj* ||in-², *PPP von* revoco|| *poet* nicht wieder aufgefordert
ir-rīdeō ⟨rīsī, rīsum, rīdēre 2.⟩
I *v/i* bei *etw* lachen, spotten
II *v/t* verlachen, verspotten
ir-rīdiculē *Adv* ohne Witz
irrīdiculum ⟨ī⟩ *n* ||irrideo|| Plaut. Spott, Gespött
irrigātiō ⟨ōnis⟩ *f* ||irrigo|| Bewässerung
ir-rigō ⟨āvī, ātum, āre 1.⟩
1. (*vkl.*) *poet eine Flüssigkeit irgendwohin* leiten
2. bewässern, überschwemmen
3. (*nachkl.*) *fig* erfrischen, ***fessos artūs*** die müden Glieder
4. ***i. plagis aliquem*** Plaut. *hum* j-n verprügeln
irriguus ⟨a, um⟩ *Adj* ||irrigo||
1. bewässernd; ***fons irrigua*** bewässernde Quelle
2. bewässert, feucht; ***corpus mero irriguum habere*** sich die Kehle mit Wein spülen
irrīsiō ⟨ōnis⟩ *f* = ***irrisus***
irrīsor ⟨ōris⟩ *m* ||irrideo|| Spötter, Lästermaul
irrīsus ⟨ūs⟩ *m* ||irrideo|| Verspottung, Verhöhnung, Hohn; ***irrisui esse alicui*** j-m zum Gespött dienen; ***ab irrisu linguam exserere*** zum Spott die Zunge herausstrecken
irrītābilis ⟨e⟩ *Adj* ||irrito|| reizbar, leicht erregbar
irrītāmen ⟨inis⟩ *n u.* **irrītāmentum** ⟨ī⟩ *n* Reizmittel; *fig* Verlockung, *alicuius rei* von etw *od* zu etw
irrītātiō ⟨ōnis⟩ *f* ||irrito||
1. Reizung, Anreiz
2. Verlockung
3. Liv. Erbitterung
irrītātor ⟨ōris⟩ *m* ||irritor|| (*nachkl.*) der reizt, der Anreiz gibt
irritō¹ ⟨-, -, āre 1.⟩ ||*Denom von* irritus|| ungültig machen, brechen, ***pactum*** einen Vertrag
▶ **ir-rītō²** ⟨āvī, ātum, āre 1.⟩
1. (*nachkl.*) reizen; *fig* erregen; ***tussim i.*** Husten verursachen
2. *fig zum Zorn od zu einer Leidenschaft* reizen, anregen, *auch geistig* anregen; ***aliquem ad iram i.*** j-n zum Zorn reizen
3. erbittern, aufbringen, *aliquem in aliquem* j-n gegen j-n
4. *einen Zustand* gewaltsam herbeiführen, provozieren
irritum ⟨ī⟩ *n* ||irritus|| das Misslingen; ***aliquid ad irritum redigere*** etw vereiteln; ***ad irritum/in irritum cadere*** fehlschlagen
▶ **ir-ritus** ⟨a, um⟩ *Adj* ||ratus||
1. ungültig; ***testamentum irritum*** ungültiges Testament
2. *fig von Sachen* vergeblich, ohne Erfolg, unwirksam; ***remedium irritum*** unwirksames Heilmittel; ***ictus i.*** Fehlschlag
3. *fig von Personen* nichts ausrichtend, ohne Erfolg; ***legati irriti redierunt*** die Gesandten kehrten unverrichteter Dinge zurück; ***i. alicuius rei*** unglücklich in etw, getäuscht in etw
irrogātiō ⟨ōnis⟩ *f* ||irrogo|| Auferlegung, ***poenae*** einer Strafe
ir-rogō ⟨āvī, ātum, āre 1.⟩
1. *etw* gegen *j-n* beim Volk beantragen, *aliquid alicui*, ***legem*** ein Gesetz; ***lex irrogata*** Ausnahmegesetz
2. *Strafen* mit Genehmigung des Volkes auferlegen, ***alicui supplicium*** j-m die Todesstrafe
3. (*nachkl.*) *poet* auferlegen, zuerkennen
ir-rōrō ⟨āvī, ātum, āre 1.⟩
I *v/t*
1. betauen, benetzen, besprengen; Regen bringen; ***crinem aquis i.*** das Haar mit Wasser benetzen; ***Africus irrorat*** der Südwestwind bringt Regen
2. *fig* träufeln, *aliquid alicui rei* etw auf etw
II *v/i* tropfen; ***lacrimae foliis irrorant*** Tränen fallen wie Tautropfen auf die Blätter
ir-rūctō ⟨-, -, āre⟩ Plaut. hineinrülpsen
irrumātiō ⟨ōnis⟩ *f* ||irrumo|| Catul. Oralverkehr
irrumātor ⟨ōris⟩ *m* ||irrumo|| der Oralverkehr betreibt
ir-rumō ⟨-, ātum, āre 1.⟩ (Catul., Mart.) Oralverkehr betreiben
▶ **ir-rumpō** ⟨rūpī, ruptum, rumpere 3.⟩
1. hineinbrechen, einbrechen, eindringen, hineinstürmen; *fig* eindringen; ***in medios hostes i.*** mitten unter die Feinde stürmen
2. *fig* sich hindernd in *etw* eindrängen, *etw* gewaltsam unterbrechen, *in aliquid*
ir-ruō ⟨ruī, -, ruere 3.⟩ in *etw* hineinstürzen, eindringen, auf *j-n/etw* losstürzen, *in aliquem/in aliquid*; *fig* sich in *etw* hineindrängen
ir-rūpī → ***irrumpo***
irruptiō ⟨ōnis⟩ *f* ||irrumpo|| Einfall, Einbruch
ir-ruptum *PPP* → ***irrumpo***
irruptus ⟨a, um⟩ *Adj* ||in-², *PPP von* irrumpo|| nicht zerrissen, unzerreißbar
Īrus ⟨ī⟩ *m bei Homer Bettler aus Ithaka*; *meton* Bettler
▶ **is** ⟨ea, id⟩, *Gen* ⟨eius⟩, *Dat* ⟨eī⟩ *dem Pr u. pers Pr*, *subst u. adj gebraucht*

1. derselbe, dieselbe, dasselbe; dieser, diese, dieses; der, die, das; er, sie, es, *auf Genanntes od Angedeutetes zurückweisend*; ***apud Helvetios longe nobilissimus fuit Orgetorix*; *is coniurationem fecit*** bei den Helvetiern war der weitaus Edelste Orgetorix; dieser machte eine Verschwörung
2. ein solcher, ein derartiger, *auf folgenden Konsekutivsatz hinweisend*; ***ea est gens Romana, quae victa quiescere nesciat*** das römische Volk ist von der Art, dass es besiegt niemals ruhen kann
3. ***is, qui*** derjenige, welcher; ***Caesar legatos misit ad eas civitates, quas superioribus annis superaverat*** Caesar schickte Gesandte zu denjenigen Städten, die er in den vorigen Jahren erobert hatte; ***eo … quo*** je … desto
4. *als Ersatz eines Gen* ***is numerus*** = ***numerus eorum*** deren Zahl; ***is metus*** die Furcht davor; ***ea mentio*** die Erwähnung dieser Sache
5. ***isque/et is/atque is*** und zwar, und noch dazu; *verneint* ***nec is*** und zwar nicht; ***unam rem explicabo eamque maximam*** eine Sache will ich erklären und zwar die wichtigste
6. ***id quod*** was *in erklärenden Zusätzen*
7. ***id est*** das heißt *zur Erklärung eines vorhergehenden Subst.*; ***mollitia animi, id est laborum fuga*** Verweichlichung, das heißt die Scheu vor Mühen
8. + *Gen* ⟨id hostium⟩ eine solche Zahl von Feinden; ***id honoris*** ein solches Maß an Ehre; ***id aetatis esse*** in dem Alter stehen; ***id temporis*** zu dieser Zeit; ***ad id loci*** bis dahin
9. ***ad id*** bis jetzt; ***in id*** dazu, deswegen; ***ex eo*** darauf; ***eo*** dadurch; ***in eo est, ut*** die Sache steht auf dem Punkt, dass
10. ***eius*** sein, ihr; ***Caesar eiusque amicus*** Caesar und sein Freund

Isara ⟨ae⟩ *m Nebenfluss der Rhône, heute Isère*
Isaurī ⟨ōrum⟩ *m* die Einwohner von Isauria
Isauria ⟨ae⟩ *f Landschaft in Kleinasien, von Pompeius 63 v. Chr. mit der Provinz Cilicia vereinigt*
Isauricus *u.* **Isaurus** ⟨a, um⟩ *Adj* aus Isauria, zu Isauria gehörig
īselasticum ⟨ī⟩ *n* ||griech. Fw.|| (kaiserliches) Geschenk für den einziehenden Sieger
īselasticus ⟨a, um⟩ *Adj* ||griech. Fw.|| (*nachkl.*) zum Einzug gehörig; ***iselasticum certamen*** Wettkampf zu Ehren des einziehenden Siegers
Īseon *u.* **Īsēum** ⟨ī⟩ *n* Tempel der Isis
Īsis ⟨idis⟩ *u.* ⟨is⟩ *f altägypt. Göttin, Schwester u. Gattin von Osiris, von den Griechen mit Io gleichgesetzt*
Ismēnis ⟨idis⟩ *f* ||Ismenos|| Thebanerin
Ismēnius ⟨a, um⟩ *Adj* des Ismenos, zum Ismenos gehörig; *poet* thebanisch
Ismēnos *u.* **Ismēnus** ⟨ī⟩ *m Fluss, der durch Theben fließt*
Īsocratēs ⟨is⟩ *u.* ⟨ī⟩ *m berühmter athenischer Redner, 436–338 v. Chr., Schüler des Gorgias*
Īsocratēus *u.* **Īsocratīus** ⟨a, um⟩ *Adj* des Isokrates, zu Isokrates gehörig
issa = ***ipsa***; → ***ipse***
Issa ⟨ae⟩ *f Insel vor der dalmatinischen Küste, heute Lissa*
Issaeī ⟨ōrum⟩ *m* die Einwohner von Issa
Issaeus *u.* **Issaicus** ⟨a, um⟩ *Adj* aus Issa, zu Issa gehörig
isse = ***ipse***
Issēnsēs ⟨ium⟩ *m* die Einwohner von Issa
Issēnsis ⟨e⟩ *Adj* aus Issa, zu Issa gehörig
Issus ⟨ī⟩ *f Stadt in Kilikien, berühmt durch den Sieg Alexanders des Großen über Darius III. 333 v. Chr.*
istāc *Adv* ||*Abl Sg f von* istic[1]|| Com. bis dorthin
istāc-tenus *Adv* Plaut. bis dorthin
Istaevonēs ⟨um⟩ *m westgerm. Stammesverband*
▶ **iste** ⟨ista, istud⟩ *dem Pr, adj u. subst*
1. dieser da; jener dort; dein; euer
2. *in Briefen, Reden, Dialogen auf Örtlichkeiten od Verhältnisse beim Partner deutend* dortig; ***iste locus*** der Ort, wo du bist; ***istae res*** die Verhältnisse bei euch; ***ista arma*** die Waffen, die du trägst; ***Plato iste*** der eben von dir genannte Plato
3. *mit verächtlichem od iron Nebensinn* der da, ein solcher; ***istae copiae*** diese lächerlichen Truppen
ister ⟨trī⟩ *m* Pantomime
Ister ⟨trī⟩ *m* = ***Hister***
Isthmia ⟨ōrum⟩ *n* ||Isthmius|| die Isthmischen Spiele, *alle zwei Jahre zu Ehren des Poseidon/Neptun*
Isthmius ⟨a, um⟩ *Adj* ||Isthmos|| zur Landenge gehörig
Isthmos *u.* **Isthmus** ⟨ī⟩ *m* Landenge, *bes* Landenge von Korinth
istī *Adv* ||iste|| Plaut. dort
istic[1] ⟨istaec, istoc⟩ *u.* ⟨istuc⟩ ||*verstärktes* iste|| = ***iste***
istīc[2] *Adv* ||istic[1]||
1. dort, da, an jener Stelle, *wo du bist od wo ihr seid*, bei dir, bei euch
2. *fig* hierbei, dabei, bei dieser Gelegenheit; ***istic esse*** ganz Ohr sein
istim *Adv* = ***istinc***
istīmodī (*altl.*) = ***istiusmodi***
istinc *Adv* ||istim, -ce||
1. von dort, *wo du bist*, von deiner Seite, von eurer Seite
2. (*vkl.*) *fig* davon weg; ***istinc auferre*** davon wegnehmen
3. (*nachkl.*) von dannen, fort von hier; ***ilico istinc!*** schnell fort von hier!
istīus-modī von solcher Art, so beschaffen
istō(c) *Adv* ||*Abl Sg m von* iste *bzw.* istic[1]||
1. dorthin, dahin, *wo du bist od wo ihr seid*
2. ***istō*** da hinein
3. ***istōc*** (*vkl., nachkl.*) von dannen
istōrsum *Adv* Ter. dorthin gewandt
Istrī ⟨ōrum⟩ *m* = ***Histri***
Istria ⟨ae⟩ *f* = ***Histria***
istuc[1] → ***istic***
istūc[2] *Adv* ||iste||
1. dahin, dorthin, *wo du bist od wo ihr seid*, auf deine Seite, auf eure Seite
2. Com. *fig* zu der Sache, dazu
Istvaeonēs ⟨um⟩ *m* = ***Istaevones***
▶ **ita** *Adv*
1. *qualitativ* so, auf diese Weise; ***res ita evenit, ut dixi*** die Sache hat sich so zugetragen, wie ich gesagt habe
2. *vergleichend* ***ita … ut*** so … wie; ***ut … ita*** wie … so, zwar … aber, wenngleich … so doch, wie … so

auch, sowohl … als auch; ***ut quisque*** + *Sup* … ***ita*** + *Sup* je + *Komp* … desto + *Komp*; ***ut quisque amplissimus est ita plurimos amicos habet*** je angesehener einer ist, desto mehr Freunde hat er
3. *beschwörend* ***ita … ut*** so wahr … wie, so wahr ich wünsche, dass … so gewiss
4. *fragend* ***itane/itane est*** also wirklich? ***itane vero/tandem?*** ist es denn wirklich so?; ***quid ita?*** wieso?, inwiefern?, *auch fragend*
5. also, folgendermaßen; ***orator ita dixit*** der Redner sprach folgendermaßen, *meist* + *AcI*
6. *antwortend* ***ita/ita est/ita vero est*** so ist es, ja, jawohl, allerdings; ***ita non/non est ita*** nein
7. *zusammenfassend* unter solchen Umständen, infolgedessen, demnach, daher; *in Schlusssätzen* folglich; ***pater aegrotare coepit et ita mortuus est*** der Vater begann zu kränkeln und ist daher gestorben; ***ita fit, ut*** so kommt es, dass, *in Schlussfolgerungen*
8. *log. u. zeitl. folgend* da, dann, erst dann, so
9. *einschränkend* ***ita … ut/si*** unter der Bedingung, dass, unter der Voraussetzung, dass; *verneint* ***ita … ut non/ne tamen*** nur insofern, dass; nur insoweit, als
10. *graduell* so sehr, in solchem Grad, dermaßen; ***ita non*** so wenig; ***ita raro, ut*** so selten, dass; ***non ita/haud ita/non ita valde*** nicht eben, nicht gerade, nicht sonderlich; ***non ita multo post*** nicht eben viel später

Italia ⟨ae⟩ *f* Italien; *meton* die Bewohner von Italien

Italica[1] ⟨ae⟩ *f Name der Stadt Corfinium während des Bundesgenossenkrieges*

Italica[2] ⟨ae⟩ *f Stadt in Hispania Baetica, 206 v. Chr. von Passiv Cornelius Scipio als Veteranensiedlung gegründet, Heimat der Kaiser Trajan und Hadrian*

Italicēnsis ⟨e⟩ *Adj* aus Italica, zu Italica gehörig

Italicēnsis ⟨is⟩ *m* Einwohner von Italica

Italicus ⟨a, um⟩ *Adj* ||Italia|| italisch, zu Italien gehörig; ***bellum Italicum*** Bundesgenossenkrieg

Italis ⟨idis⟩ *f* ||Italia|| Italerin, Italikerin

Italus
I ⟨a, um⟩ *Adj* ||Italia|| italisch, zu Italien gehörig
II ⟨ī⟩ *m* Italer, Italiker; *Pl* die eingeborenen Bewohner von Italien

▶ **ita-que**
I *Adv* und so; ***dixerat et itaque fecit*** er hatte es gesagt und machte es so
II *Konj* daher, deshalb, also; wie gesagt, *immer am Satzanfang*

▶ **item** *Adv*
1. *vergleichend* ebenso, auf gleiche Weise, *allein stehend od korrespondierend mit ut, quemadmodum* wie, *quasi* wie wenn; ***et item/itemque*** und ebenfalls, und auch
2. gleichfalls, ebenfalls, auch, *bei gleichem Präd. für verschiedene Subj.*
3. *anreihend* ebenso, gleichermaßen, auch; ***solis defectiones item lunae praedicuntur*** Sonnenfinsternisse werden ebenso vorausgesagt wie Mondfinsternisse
4. (*vkl.*) von der Art, dergleichen; ***lapides substernendi sunt aut quid item*** es müssen Steine oder etw dergleichen untergelegt werden

iter ⟨itineris⟩ *n* ||ire||
1. *abstr.* das Gehen, die Art zu gehen, Gang
2. Reise, Marsch, Fahrt, *auch* Flug; *von Flüssen* Lauf; ***iter facere*** eine Reise machen, einen Weg nehmen, reisen, marschieren; ***iter habere*** auf dem Weg sein, eine Reise vorhaben; ***iter Romam*** Reise nach Rom; ***iter Asiae/in Asiam*** Reise nach Asien; ***ex itinere*** auf dem Marsch, während der Reise, unterwegs
3. Tagesmarsch *zur Angabe der Wegstrecke*; ***iter paucorum dierum*** wenige Tagesmärsche; ***iter iustum*** normaler Tagesmarsch; ***iter magnum*** Eilmarsch
4. *meton* das Recht irgendwo zu gehen, Durchgang, freie Passage, Durchgangsrecht; ***iter per provinciam dare*** das Durchzugsrecht durch die Provinz geben
5. *konkr.* Weg, Straße, Bahn; Liv. Straße *in der Stadt*; ***iter angustum*** enger Weg; ***iter facile*** einfacher Weg; ***iter facere*** einen Weg bahnen
6. *fig* Weg, ***ad civitatem*** zum Bürgerrecht
7. *fig* Gang, Fortgang
8. *fig* Art und Weise, Verfahren, Methode, Mittel und Wege, *auch* Ausweg; ***nova itinera eloquentiae*** neue Wege in der Redekunst

iterātiō ⟨ōnis⟩ *f* ||itero|| Wiederholung, *bes* RHET

iterātō *Adv* = ***iterum***

iterō ⟨āvī, ātum, āre 1.⟩ ||*Denom von* iterum||
1. zum zweiten Mal tun, zum zweiten Mal vornehmen, wiederholen; *Passiv* sich wiederholen; ***voces i.*** Worte nachsprechen; ***aequor i.*** das Meer aufs Neue befahren; ***cursūs i.*** die Wege wieder aufnehmen; ***tumulum i.*** den Hügel wieder aufrichten; ***ianua nullis iterata*** die von niemandem wieder durchschrittene Pforte
2. nochmals pflügen
3. (*spätl.*) zweimal beschlafen
4. wiederholen; ***fortunam questibus i.*** das Schicksal zweimal beklagen
5. RHET *Worte od Wendungen* öfter wiederholen

▶ **iterum** *Adv*
1. zum zweiten Mal, abermals, wiederum; ***semel atque iterum/semel iterumque*** zu wiederholten Malen; ***semel … iterum … tertio*** erstens … zweitens … drittens
2. (*nachkl.*) andererseits, dagegen

Ithaca ⟨ae⟩ *f u.* **Ithacē** ⟨ēs⟩ *f* MYTH Ithaka, *Insel im Ionischen Meer, Heim des Odysseus (Ulixes), heute Ithaki*

Ithacēnsis ⟨e⟩ *Adj* aus Ithaka, zu Ithaka gehörig

Ithacēnsis ⟨is⟩ *m* Einwohner von Ithaka

Ithacus ⟨a, um⟩ *Adj* aus Ithaka, zu Ithaka gehörig

Ithacus ⟨ī⟩ *m* Einwohner von Ithaka

itidem *Adv* ebenso, gleichfalls

itiner ⟨eris⟩ *n* (*altl.*) = ***iter***

itinerārium ⟨ī⟩ *n* ||itinerarius|| Straßen- und Stationenverzeichnis *der Kaiserzeit*

itinerārius ⟨a, um⟩ *Adj* ||iter|| (*spätl.*) zur Reise gehörig

itiō ⟨ōnis⟩ *f* ||eo²|| das Gehen, Gang, Reise; ***domum i.*** das Nachhausegehen

Itius portus *m Hafen der Moriner im N Galliens, Ausgangspunkt von Caesars Expedition nach Britannien*

itō ⟨-, -, āre 1.⟩ ||*Intens von* eo²|| gehen

itum *PPP* → ***eo***^{2}
Itūraeī ⟨ōrum⟩ *m Stamm in Ituraea im NO Palästinas, bekannt als Bogenschützen u. Räuber*
Itūraeus ⟨a, um⟩ *Adj* zu den Ituraei gehörig
itus ⟨ūs⟩ *m* ||eo^2|| das Gehen, Gang; ***itus et reditus*** Hin- und Rückreise
Itylus ⟨ī⟩ *m u.* **Itys** ⟨yis⟩ *u.* ⟨yos⟩ *m Sohn des Tereus, von seiner eigenen Mutter Prokne getötet u. dem Vater zum Mahl vorgesetzt*
iuba ⟨ae⟩ *f*
1. Mähne *des Löwen, hum von buschigem Haar*
2. *meton* Kamm *am Kopf einer Schlange*
3. *meton* Helmbusch *aus Pferdehaaren*
Iuba ⟨ae⟩ *m Könige von Numidien;* ***Iuba I.*** *Anhänger des Pompeius, von Caesar 46 v. Chr. geschlagen, tötete sich selbst;* ***Iuba II.*** *Sohn von Iuba I., erhielt von Augustus das väterliche Reich zurück, Verfasser von historischen Schriften*
iubar ⟨aris⟩ *n poet* strahlender Glanz, helles Licht; *meton* Stern, *bes* Morgenstern, Sonne
iubātus ⟨a, um⟩ *Adj* ||iuba|| (*unkl.*) mit einer Mähne versehen, mit einem Kamm versehen
iubeō ⟨iussī, iussum, iubēre 2.⟩

1. befehlen, verordnen
2. j-n grüßen lassen, von j-m Abschied nehmen
3. beschließen, genehmigen
4. zu etw wählen
5. ärztlich verordnen

1. befehlen, verordnen, gebieten, verlangen, auffordern, *aliquem/alicui* j-n, j-m, + *AcI*; ***lex aut iubet aut vetat*** das Gesetz befiehlt oder verbietet; ***Caesar castra munire iussit*** Caesar befahl das Lager zu befestigen; ***Caesar captivos vinciri iussit*** Caesar ließ die Gefangenen fesseln; ***iubeor*** mir wird befohlen, ich soll; ***Decemviri libros Sibyllinos inspicere iussi sunt*** die Dezemviren wurden beauftragt die Sibyllinischen Bücher zu befragen; ***Decius in castra duci iussus est*** es wurde befohlen, Decius ins Lager zu führen
2. ***aliquem salvere/salvum esse i.*** j-n grüßen lassen, von j-m Abschied nehmen
3. POL *formelhaft* beschließen, genehmigen, einführen, offiziell anordnen; ***legem i.*** ein Gesetz beschließen; ***senatus dictatorem dici iussit*** der Senat ordnete die Ernennung eines Diktators an
4. zu *etw* wählen, zu *etw* erklären, + *Akk* / + *dopp. Akk*; ***aliquem imperatorem i.*** j-n zum Befehlshaber ernennen
5. MED ärztlich verordnen; ***aegrotus, qui vinum sumere iussus sit*** Kranker, dem der Genuss von Wein verordnet sei
iūbilaeum ⟨ī⟩ *n* ||hebr. Fw.|| (*spätl.*) Jubelzeit, Jubelfeier
iūbilō ⟨āvī, ātum, āre 1.⟩ (*vkl., spätl.*) jauchzen, frohlocken, laut und wild lärmen
iūcunditās ⟨ātis⟩ *f* ||iucundus||
1. Annehmlichkeit, das Anziehende; ***dare se iucunditati*** sich dem Vergnügen hingeben
2. *von Personen* Liebenswürdigkeit, gute Laune, Frohsinn, Charme
3. Beliebtheit; *Pl* Gefälligkeiten
► **iūcundus** ⟨a, um⟩ *Adj Adv* ⟨iūcundē⟩ ||iuvo||
1. erfreulich, angenehm, ansprechend; ***iucunde vivere*** angenehm leben; ***iucundius bibere*** mit größerem Genuss trinken
2. *von Personen* liebenswürdig, jovial, heiter; ***iucunde esse*** bei Stimmung sein
3. beliebt, *alicui* bei j-m; ***populo i. esse*** beim Volk beliebt sein
Iūdaea ⟨ae⟩ *f* Judäa, *im weiteren Sinn ganz* Palästina
Iūdaeus ⟨ī⟩ *m* Jude
Iūdaicus ⟨a, um⟩ *Adj* jüdisch
iūdex ⟨icis⟩ *m selten f*
1. Richter; ***iudicem alicui dare*** für j-n einen Richter bestellen, *vonseiten des Prätors*; ***iudicem alicui ferre*** j-m einen Richter vorschlagen, *vonseiten des Klägers*; ***iudicem dicere*** angeben, wen man als Richter haben will; ***i. vitae necisque*** Richter über Leben und Tod; ***te iudice*** vor deinem Richterstuhl
2. Liv. Schiedsrichter; *fig* Beurteiler, Kenner, Kritiker
3. (*mlat.*) Amtmann; Verwalter; Stadtrichter
iūdicātiō ⟨ōnis⟩ *f* ||iudico||
1. richterliche Untersuchung
2. Urteil, Spruch
iūdicātrīx ⟨īcis⟩ *f* Quint. Richterin; *adj* beurteilend
iūdicātum ⟨ī⟩ *n* ||iudico|| richterliches Urteil, Urteilsspruch; *meton* gerichtlich festgesetzte Summe
iūdicātus ⟨ūs⟩ *m* ||iudico|| Richteramt
iūdiciālis ⟨e⟩ *Adj* ||iudicium|| gerichtlich, Gerichts…; ***iudiciale genus dicendi*** Gerichtsrede
iūdiciārius ⟨a, um⟩ *Adj* ||iudicium|| gerichtlich, Gerichts…; ***controversiae iudiciariae*** Streitigkeiten über das Gerichtsverfahren; ***lex iudiciaria*** Gesetz über Gerichtsstand und -verfahren
iūdicium ⟨ī⟩ *n*

1. gerichtliche Untersuchung, Gerichtsverhandlung
2. Gericht, Gerichtsstätte
3. Gerichtshof, Richterkollegium
4. Gerichtsverfassung, Gerichtsbarkeit
5. Prozess, Rechtsstreit
6. richterliches Urteil, Richterspruch
7. Urteil, Meinung
8. Urteilskraft, Urteilsvermögen
9. Einsicht, Geschmack
10. Überlegung
11. Gottesurteil

1. JUR gerichtliche Untersuchung, Gerichtsverhandlung, *alicuius rei/de re* wegen etw; ***i. publicum*** Strafverfahren; ***i. privatum*** Zivilverfahren; ***iudicium facere/exercere*** Gericht halten; ***aliquem in iudicium addicere/deducere/vocare*** j-n verklagen; ***iudicium dare/reddere*** eine Verhandlung zulassen *vom Prätor*
2. *meton* Gericht, Gerichtsstätte, Gerichtsort; ***in iudicium venire*** vor Gericht erscheinen; ***in iudicio*** vor Gericht
3. Gerichtshof, Richterkollegium; ***iudicium sortiri*** das Richterkollegium durch das Los bestimmen; ***iudicium pecuniā temptare*** die Richter zu kaufen versuchen
4. *Pl* Gerichtsverfassung, Gerichtsbarkeit, Rechtspflege; Richteramt; Quint. Gerichtsreden

I

5. Prozess, Rechtsstreit; ***iudicium habere*** einen Prozess haben, angeklagt sein; ***iudicium vincere*** einen Prozess gewinnen; ***i. capitis*** Kapitalprozess, Prozess über Leben und Tod
6. richterliches Urteil, Richterspruch, Entscheidung, *alicuius rei / de re* über etw; ***iudicium de aliquo facere / dicere*** ein Urteil über j-n fällen; ***i. voluntatis*** vom eigenen Willen getroffene Entscheidung
7. *fig* Urteil, Meinung, Überzeugung, *auch* freier Entschluss, *alicuius rei / de re* über etw; ***suo iudicio uti*** seiner Überzeugung folgen; ***iudicio*** aus Überzeugung; ***omnium iudicio*** nach allgemeinem Urteil; ***meo iudicio*** meiner Ansicht nach
8. *fig* Urteilskraft, Urteilsvermögen; ***iudicium habere*** urteilsfähig sein
9. *fig* Einsicht, Geschmack; ***homo in omni iudicio elegantissimus*** Mann von erlesenstem Geschmack; ***magni iudicii esse*** viel Geschmack haben
10. *fig* Überlegung; ***iudicio aliquid facere*** etw mit Vorbedacht tun, etw absichtlich tun
11. (*mlat.*) Gottesurteil; das Jüngste Gericht

iūdicō ⟨āvī, ātum, āre 1.⟩ ||*Denom von* iudex||

I
1. gerichtlich untersuchen, Recht sprechen
2. entscheiden, verurteilen
3. glauben, meinen
4. beurteilen, schätzen
5. für etw halten
6. öffentlich für etw erklären
II über etw urteilen

I *v/t*
1. gerichtlich untersuchen, Recht sprechen, Richter sein, *abs od aliquid* etw, über etw; ***verum i.*** ein richtiges Urteil fällen; ***rem / res i.*** das Richteramt ausüben; ***aliquid contra aliquem i.*** j-n in etw verurteilen; ***alicui perduellionem / perduellionis i.*** j-n wegen Hochverrats verurteilen; ***alicui vel capitis vel pecuniae i.*** j-n zum Tod oder zu einer Geldstrafe verurteilen; ***iudicavit dotem deberi*** er entschied, dass eine Mitgift geschuldet werde
2. entscheiden, verurteilen; ***lites i.*** Streitfälle entscheiden; ***res iudicata*** abgeurteilte Sache, Präzedenzfall
3. glauben, meinen, der Ansicht sein, + *dopp. Akk* / + *AcI*
4. *fig* beurteilen, schätzen, *aliquem / aliquid re / ex re* j-n / etw nach etw; ***ex quo iudicari potest*** man kann daraus schließen; ***aliquem ex ingenio suo i.*** j-n nach seiner Begabung beurteilen
5. *fig* für *etw* halten, + *dopp. Akk*; ***aliquem idoneum i.*** j-n für geeignet halten
6. *fig* öffentlich für *etw* erklären, + *dopp. Akk*; ***aliquem hostem i.*** j-n zu einem Feind des Vaterlandes erklären
II *v/i fig* über *etw* urteilen, über *etw* entscheiden, *de re*; ***recte i.*** richtig entscheiden; ***ex aliquo de ceteris i.*** von j-m auf die Übrigen schließen; ***sibi ipsi i.*** sich eigenmächtig selbst ein Urteil anmaßen

iugālēs ⟨ium⟩ *n* ||iugalis|| Gespann; ***iugales gemini*** Zweigespann

iugālis ⟨e⟩ *Adj* ||iugum||
1. im Joch gehend, Joch…, Zug…; ***equus i.*** Zugpferd
2. *fig* ehelich, Ehe…, Hochzeits…, Braut…; ***vinculum iugale*** Ehebund; ***nox i.*** Hochzeitsnacht
3. ***os iugale*** Jochbein

iugārius ⟨a, um⟩ *Adj* = ***iugalis***; ***vicus i.*** *Stadtviertel in Rom s. des Kapitols, benannt nach der Ehestifterin Juno, die dort ein Heiligtum hatte*

iugātiō ⟨ōnis⟩ *f* ||iugo|| das Anbinden der Reben an eine Stütze

iūgerum ⟨ī⟩ *n* ein Morgen Land, = *1/4 Hektar = 2500 Quadratmeter*

iūgis ⟨e⟩ *Adj* ||iungo||
1. zusammengespannt; ***iuge auspicium*** vereintes Auspicium, *wenn die Ochsen, die bei einer Auspizienfahrt zusammengespannt waren, vor dem Wagen misteten u. damit das Auspicium störten*
2. (*nachkl., spätl.*) beständig, fortdauernd; *vom Quellwasser* immer sprudelnd

iū-glāns ⟨andis⟩ *f* ||Iovis glans|| Walnuss; Walnussbaum

iugō ⟨āvī, ātum, āre 1.⟩ ||*Denom von* iugum|| (*vkl., nachkl.*) jochartig verbinden; (*klass.*) *nur fig* verbinden, verknüpfen, ehelich verbinden, verheiraten, *aliquem / aliquam alicui* j-n mit j-m

iugōsus ⟨a, um⟩ *Adj* ||iugum|| Ov. gebirgig

iugulae ⟨ārum⟩ *f* (*vkl.*) Sterngürtel *des Orion*

iugulātiō ⟨ōnis⟩ *f* ||iugulo|| (*nachkl.*) das Erdolchen

iugulō ⟨āvī, ātum, āre 1.⟩ ||*Denom von* iugulum||
1. die Kehle durchschneiden, schlachten; ***suem i.*** ein Schwein schlachten; ***pecudes i. in flammam*** Vieh geschlachtet den Flammen weihen
2. erdolchen, ermorden, *hinterlistig u. heimlich*; *abs* = morden, Morde begehen
3. *fig* vernichten, verderben, stürzen, zuschanden machen; ***aliquem factis decretisque i.*** j-n mit Taten und Verordnungen stürzen; ***curas mero i.*** den Kummer mit Wein ertränken

iugulum ⟨ī⟩ *n u.* **iugulus** ⟨ī⟩ *m* ||iungo||
1. (*nachkl.*) Schlüsselbein
2. Kehle; ***alicuius iugulum petere*** j-n erstechen wollen; ***alicui iugulum dareofferre / porrigere*** sich von j-m töten lassen
3. (*nachkl.*) *fig* Hauptsache; ***i. causae*** Hauptpunkte

iugum ⟨ī⟩ *n* ||iungo||
1. Joch, *Querbalken an der Deichsel, zum Anspannen der Zugtiere*; ***iugum tauris imponere*** den Stieren das Joch auflegen; ***iugum tauris solvere*** den Stieren das Joch abnehmen
2. *meton* Gespann; Paar; ***multis iugis arare*** mit vielen Gespannen pflügen
3. *fig* Joch; Ehejoch; Sklavenjoch; ***iugum exuere*** das Joch abschütteln; ***iugo premere*** unterdrücken, unterjochen
4. *fig* freundschaftliche Beziehung, Liebesgemeinschaft; Eifer, Pflicht; ***iugum pariter ferre*** die Mühen des Lebens zu gleichen Teilen tragen
5. *fig* Querholz, Querbalken *zur Verbindung mehrerer Dinge*; MIL Joch, *das aus drei Lanzen gebildet wurde u. unter dem der besiegte Feind hindurchkriechen musste*; ***exercitum sub iugum mittere*** das Heer unter das Joch schicken
6. Querholz an der Waage, *allg.* Waage, *auch als*

Gestirn
7. Ov. Webebaum, *Teil des Webstuhls*; ***tela iugo vincta est*** das Gewebe ist an den Baum gebunden
8. Verg. Ruderbank; ***per longa iuga sedere*** auf langen Ruderbänken sitzen
9. *fig* Gebirgszug, Kamm, Bergrücken, Bergkette; Berg, Anhöhe; ***i. Alpium*** Liv. die Gebirgskette der Alpen

Iugurtha ⟨ae⟩ *m Alleinherrscher Numidiens, im Krieg mit Rom (112–106 v. Chr.) zunächst siegreich, von Marius besiegt, an die Römer ausgeliefert u. 104 v. Chr. hingerichtet*

Iugurthīnus ⟨a, um⟩ *Adj* des Iugurtha, zu Iugurtha gehörig

Iūlēus ⟨a, um⟩ *Adj*
1. des Iulus; ***mons I.*** Albanergebirge
2. des Iulius Caesar
3. des Augustus
4. kaiserlich; ***habenae Iuleae*** die römische Herrschaft

Iūlia ⟨ae⟩ *f*

Iūliānus[1] ⟨ī⟩ *m röm. Vorname, auch Name einiger Kaiser*; ***Flavius Claudius Iulianus***, *genannt* ***Apostata*** *röm. Kaiser 361–363 n. Chr.*

Iūliānus[2] ⟨a, um⟩ *Adj* des Iulius, zu Iulius gehörig

Iūlius ⟨a, um⟩ *Name einer patriz. gens*; *berühmtester Vertreter Iulius Caesar*; → ***Caesar***; ***mensis I.*** der Monat Juli; ***Portus I.*** *Kriegshafen s. von Cumae*

Iūlus ⟨ī⟩ *m*
1. MYTH *Sohn des Aeneas, Stammvater der gens Iulia*
2. = ***Caesar***

► **iūmentum** ⟨ī⟩ *n* Zugtier, Lasttier; ***iumenta iuncta*** Zweigespann

iunceus ⟨a, um⟩ *Adj* ||iuncus|| *(unkl.)* aus Binsen, Binsen…; *fig* gertenschlank

iuncōsus ⟨a, um⟩ *Adj* ||iuncus|| *(nachkl.) poet* voller Binsen; ***litora iuncosa*** mit Binsen bewachsene Küsten

iūnctim *Adv* ||iunctus||
1. vereint, beisammen
2. *(nachkl.)* unmittelbar nacheinander

iūnctiō ⟨ōnis⟩ *f* ||iungo|| Verbindung, ***verborum*** von Wörtern

iūnctūra ⟨ae⟩ *f* ||iungo||
1. Verbindung, Band; Querband, Riegel, Fuge, Gelenk; Naht; ***laterum i.*** Gürtelschnalle
2. Ov. Verwandtschaft
3. GRAM, RHET Zusammensetzung *eines Wortes*, Verbindung *der Wörter*

iūnctus[1] ⟨a, um⟩ *PPP* → ***iungo***

iūnctus[2] ⟨a, um⟩ *Adj, Adv* → ***iūnctim*** ||iungo||
1. zusammengefügt, vereinigt, vereint; ***oratio iuncta*** gut gefügte Rede
2. *(nachkl.) poet* angrenzend, benachbart; ***Italia Dalmatis iuncta*** der an Dalmatien angrenzende Teil Italiens; ***arctos aquilonibus iuncta*** Nordpol
3. *(nachkl.) poet* verwandt, befreundet, vertraut; ***iunctissimi*** Tac. die nächsten Verwandten

iuncus ⟨ī⟩ *m (nachkl.) poet* Binse

iungō ⟨iūnxī, iūnctum, iungere 3.⟩

1. ins Joch spannen
2. bespannen
3. anschließen, anfügen
4. verbinden, vereinigen
5. zusammenführen
6. ehelich verbinden, verheiraten
7. zusammensetzen, durch Zusammensetzung bilden
8. durch Verbindung zustande bringen

1. *Tiere* ins Joch spannen; ***i. tauros ad currum/curru*** *(Dat)* Stiere vor den Wagen spannen; ***iuncti leones*** Löwengespann; ***iumenta iuncta*** Zweigespann
2. *einen Wagen* bespannen; ***currum albis equis i.*** einen Wagen mit weißen Pferden bespannen
3. *fig* anschließen, anfügen, *aliquid ad aliquid/alicui rei* etw an etw, *se ad aliquem/alicui* sich j-m
4. *fig von Personen u. Sachen* verbinden, vereinigen, zusammenfügen; ***manūs/dextras i.*** sich begrüßen; ***oscula i.*** sich küssen; ***corpora i.*** sich liebend vereinen, miteinander schlafen; ***urbem i.*** die Stadtteile verbinden; ***fenestras i.*** die Fenster schließen; ***dolorem cum aliquo i.*** den Schmerz mit j-m teilen; ***consuetudines cum aliquo i.*** Gewohnheiten mit j-m teilen; ***cursum equis i.*** mit den Pferden Schritt halten; *Passiv* sich verbinden, sich vereinigen; ***iungi foedere*** sich vertraglich verbinden
5. *(nachkl.)* MIL *Truppen* zusammenführen
6. *(nachkl.) poet* ehelich verbinden, verheiraten, *aliquem cum aliquo/alicui* j-n mit j-m; ***impari iungi*** nicht standesgemäß heiraten
7. GRAM *Wörter* zusammensetzen, durch Zusammensetzung bilden; Quint. RHET *Wörter* durch eine rhythmische Klausel verbinden
8. *(nachkl.) poet* durch Verbindung zustande bringen

Iūniānus ⟨a, um⟩ *Adj* des Iunius, zu Iunius gehörig

► **iūnior** ⟨ius⟩ *Adj im Komp* → ***iuvenis***

iūniōrēs ⟨um⟩ *m* ||iunior|| junge Mannschaft, jüngere Altersklasse;

iūniperus ⟨ī⟩ *f (unkl.)* Wacholder, Wacholderstrauch

Iūnius ⟨a, um⟩
1. *Name einer patriz. gens, 509 v. Chr. ausgestorben*; *später Name einer vornehmen pleb. gens*; → ***Brutus***, → ***Iuvenalis***
2. *(erg.* ***mensis****)* Juni

Iūnō ⟨ōnis⟩ *f* MYTH *Göttin der Geburt, der Fruchtbarkeit u. der Ehe, später mit der griech. Hera gleichgesetzt u. als Schwester u. Gattin Jupiters verehrt*; *Feindin der Troer u. des Aeneas*

Iūnōnālis ⟨e⟩ *Adj* zu Juno gehörig, der Juno geweiht; ***mensis I.*** der Monat Juni

Iūnōnicola ⟨ae⟩ *m u. f* Verehrer der Juno, Verehrerin der Juno

Iūnōnigena ⟨ae⟩ *m* Sohn der Juno, = Vulcan

Iūnōnius ⟨a, um⟩ *Adj* zu Juno gehörig, der Juno geweiht; ***menis I.*** der Monat Juni

iūnxī → ***iungo***

Iūpiter *u.* **Iuppiter** ⟨Iovis⟩ *m*
1. MYTH *älteste u. höchste Gottheit der Römer, Gott des himmlischen Lichtes, Sohn des Saturn u. der Rhea, Bruder von Neptun u. Pluto, Bruder u. Gatte der Juno, später mit dem griech. Gott Zeus gleich-*

gesetzt, heilig waren ihm Adler u. Eiche
2. *meton* Himmel, Luft, Klima; *auch* Regen, Hagel; ***sub love*** unter freiem Himmel; ***sub love frigido*** in kaltem Klima
3. *der Planet* Jupiter

Iūra ⟨ae⟩ *m auch* **Iūra mōns** *m* Juragebirge, *Grenze zwischen den Sequanern u. Helvetiern, heute Schweizer Jura*

iūrātor ⟨ōris⟩ *m* ||iuro|| (*vkl., nachkl.*) vereidigter Begutachter, *bes Gehilfe des Zensors*

iūrātus
I ⟨a, um⟩ *Adj* ||iuro|| vereidigt; ***iudex i.*** vereidigter Richter
II ⟨ī⟩ *m* (*mlat.*) Geschworener; Schöffe; Stadtrat

iūre-cōnsultus ⟨a, um⟩ *Adj* = ***consultus¹***

iūrgium ⟨ī⟩ *n* ||iurgo|| Wortwechsel, Streit, Zank; Streit vor Gericht, Prozess; *Pl* Vorwürfe

iūrgō ⟨āvī, ātum, āre 1.⟩
1. einen Rechtsstreit führen, prozessieren, *adversus aliquem* gegen j-n
2. *fig* zanken, streiten
3. *fig* ausschelten, ***aliquem verbis*** j-n mit Worten

iūridiciālis ⟨e⟩ *Adj* ||iuridicus|| rechtlich, gerichtlich

iūri-dicus
I ⟨a, um⟩ *Adj* ||ius², dico|| (*nachkl.*) Recht sprechend
II ⟨ī⟩ *m* Richter

iūris-dictiō ⟨ōnis⟩ *f*
1. Zivilgerichtsbarkeit
2. (*nachkl.*) *meton* Gerichtsbezirk

iūris-prūdentia ⟨ae⟩ *f* Rechtswissenschaft

iurista ⟨ae⟩ *m* (*mlat.*) Jurist

▶ **iūrō** ⟨āvī, ātum, āre 1.⟩ ||*Denom von* ius²||
I *v/i*
1. schwören, einen Eid ablegen; ***iurantia verba*** Worte des Schwurs; ***i. per deos*** bei den Göttern schwören; ***i. in verba alicuius*** schwören auf die von j-m vorgesprochene Eidesformel; ***i. in verba magistri*** auf den Lehrer schwören, dem Lehrer blind folgen
2. ***i. in aliquid*** *poet* sich zu etw verschwören; ***i. in aliquem*** sich gegen j-n verschwören
II *v/t*
1. durch Schwur bekräftigen, eidlich aussagen, geloben, versprechen; ***ius iurandum i.*** einen Eid leisten; ***falsum/falsa i.*** falsch schwören; ***id in litem i.*** das zugunsten seines Prozesses beschwören
2. unter Eid *j-n* zum Zeugen der Wahrheit anrufen, bei *j-m/etw* schwören, *aliquem/aliquid*; ***Iovem lapidem i.*** beim Jupiterstein schwören; ***arae iurandae*** Altäre, an denen geschworen werden muss; ***palus dis iuranda i.*** der Styx, bei dem die Götter schwören müssen
3. (*unkl.*) abschwören; ***calumniam i.*** schwören, dass man nicht böswillig klagt

iūror ⟨ātus sum, ārī 1.⟩ ||*Denom von* ius²|| schwören; ***Regulus iuratus missus est ad senatum*** nachdem Regulus geschworen hatte, wurde er zum Senat geschickt

iūs¹ ⟨iūris⟩ *n* Brühe, Tunke, Suppe; *bewusst zweideutig*: ***ius Verrinum*** Rechtsprechung des Verres/Schweinebrühe

iūs² ⟨iūris⟩ *n*
1. Recht; ***ius et fas*** menschliches und göttliches Recht; ***iura dare/condere*** eine Verfassung geben
2. Recht *als Rechtsnormen einer Art*; ***ius gentium*** Völkerrecht; ***ius hospitii*** Gastrecht; ***ius civile*** bürgerliches Recht; ***ius publicum*** Staatsrecht, Strafrecht; ***ius humanum/hominum*** Naturrecht
3. Recht *als Gegenstand richterlicher Entscheidung*; ***summum ius*** strengstes Recht; ***summo iure agere*** nach den Buchstaben des Gesetzes verfahren; ***iure uti*** nach der Strenge des Gesetzes verfahren; ***ius dicere/reddere*** Recht sprechen; ***ius petere*** sich Recht sprechen lassen; ***iura dare alicui*** j-m Rechtssprüche erteilen; ***ius/de iure respondere alicui*** j-m Rechtsbelehrung erteilen, j-m Rechtsbescheide erteilen
4. *meton* Gericht *als Gerichtsstätte*; ***in ius ire/ius adire*** vor Gericht gehen; ***aliquem in ius vocare*** j-n vor Gericht bringen
5. Recht, Befugnis, Berechtigung, Anspruch; ***suum ius armis exsequi*** sein Recht mit Waffengewalt geltend machen; ***nullum ius*** Rechtlosigkeit; ***iura communia*** gleiches Recht; ***iure*** mit Recht; ***iure meritoque/iusto iure*** mit vollem Recht; ***ius legis*** durch das Gesetz gewährte Berechtigung; ***ius imperii*** Hoheitsrecht; ***ius civium*** Bürgerrecht; ***ius dicendi*** das Recht zu sprechen; ***ius est*** es ist rechtens; + *Inf*, *ut* dass
6. Vorrecht, Privileg; ***ius metallorum*** Recht zum Anlegen eines Bergwerks; ***ius trium liberorum*** Vorrechte der Väter von drei oder mehr ehelichen Söhnen
7. Gewalt, Macht; ***alicui ius de aliquo dare*** j-m die Gewalt über j-n geben; ***sui iuris esse*** sein eigener Herr sein

▶ **iūs iūrandum** ⟨iūris iūrandī⟩ *n* Eid, Schwur; ***ius iurandum alicui dare*** j-m einen Eid leisten; ***ius iurandum violare*** einen Eid brechen

iussī → ***iubeo***

▶ **iussum** ⟨ī⟩ *n* ||iubeo||
1. Befehl, Geheiß
2. Ov. ärztliche Verordnung
3. Volksbeschluss, Verordnung

iussus¹ ⟨a, um⟩ *PPP* → ***iubeo***

iussus² *nur Abl Sg* ⟨ū⟩ *m* ||iubeo|| ***iussū alicuius*** auf j-s Befehl

iūsta ⟨ōrum⟩ *n* ||iustus|| das Gebührende; herkömmliche Gebräuche, Förmlichkeiten; *bes* die letzten Ehren *bei Totenbestattungen*; Totenopfer, Totenfeiern

iūstificātiō ⟨ōnis⟩ *f* ||iustifico|| (*eccl.*) Rechtfertigung

iūstificātus ⟨a, um⟩ *Adj* ||iustifico|| (*eccl.*) gerechtfertigt

iūstificō ⟨āvī, ātum, āre 1.⟩ ||*Denom von* iustificus|| (*eccl.*)
1. recht handeln
2. rechtfertigen

iūsti-ficus ⟨a, um⟩ *Adj* ||iustus, facio|| Catul. recht handelnd

Iūstīniānus ⟨ī⟩ *m oström. Kaiser 527 bis 565 n. Chr.; kodifizierte das röm. Recht im Codex Iustiniani*

Iūstīnus ⟨ī⟩ *m*
1. *röm. Kaiser*: **Iustinus I.** *518 bis 527 n. Chr.*; **Iustinus II.** *565–578 n. Chr.*
2. *röm. Geschichtsschreiber des 2. od 3. Jh. n. Chr.*

▶ **iūstitia** ⟨ae⟩ *f* ||iustus||

1. Gerechtigkeit
2. Gerechtigkeitsgefühl
3. gerechtes Verfahren

Iūstitia ⟨ae⟩ *f* Göttin der Gerechtigkeit, *der griech. Dike entsprechend*

iūstitium ⟨ī⟩ *n* ||ius, sto||
1. Einstellung aller Rechtsgeschäfte, Stillstand der Gerichte
2. Liv. *fig* Stillstand; ***i. omnium rerum*** Stillstand aller Geschäfte
3. (*nachkl.*) Landestrauer

iūstum ⟨ī⟩ *n* ||iustus|| Gerechtigkeit

▶ **iūstus** ⟨a, um⟩ *Adj Adv* ⟨iūstē⟩
1. *von Personen u. Sachen* gerecht; Gerechtigkeit übend, *in aliquem* gegen j-n; ***vir i.*** gerechter Mann; ***imperium iustum*** gerechte Herrschaft
2. rechtmäßig, gesetzmäßig, recht; ***uxor iusta*** rechtmäßige Ehefrau; ***hostis i.*** Feind, der das Recht hat Krieg zu führen
3. gebührend, herkömmlich, wohl begründet; ***triumphus i.*** verdienter Triumph; ***causa iusta*** triftiger Grund
4. (formal) richtig, förmlich, ordentlich, vollständig; ***iter iustum*** normaler Tagesmarsch; ***exercitus i.*** vollzähliges Heer; ***plus iusto*** mehr als recht, über Gebühr

Iūturna ⟨ae⟩ *f Quellnymphe, Schwester des Turnus*

iūtus ⟨a, um⟩ *PPP* → ***iuvo***

iuvātūrus ⟨a, um⟩ *Part Fut* → ***iuvo***

Iuvāvum ⟨ī⟩ *n röm. Stadt im Noricum an der Stelle des heutigen Salzburg*

iuvenālia ⟨ium⟩ *n* ||iuvenalis|| *von Nero geschaffene Spiele, urspr. Theaterspiele*

iuvenālis ⟨e⟩ *Adj, Adv* ⟨iuvenāliter⟩ (*nachkl.*) *poet* = ***iuvenilis***; ***ludi iuvenales*** = ***iuvenalia***

Iuvenālis ⟨is⟩ *m röm. Beiname*; ***D. Iunius Iuvenalis*** *röm. Satiriker, ca. 60–140 n. Chr.*

iuvenca ⟨ae⟩ *f* ||iuvencus|| (*vkl.*)
1. *poet* junge Kuh, Färse
2. *fig* junges Mädchen

iuvencus
I ⟨a, um⟩ *Adj* (*unkl.*) jung
II ⟨ī⟩ *m*
1. junger Stier
2. *fig* junger Mann

iuvenēscō ⟨-, -, ēscere 3.⟩ ||*Inkoh von* iuvenis|| (*nachkl.*)
1. *poet* zu einem jungen Mann heranwachsen; *auch von Tieren* heranwachsen
2. wieder jung werden, sich verjüngen

iuvenīlis ⟨e⟩ *Adj* ||iuvenis|| jugendlich, rüstig

▶ **iuvenis**
I ⟨is⟩ *Adj, Komp* ***iūnior, ius*** *u.* ***iuvenior, ius*** jung, jugendlich; ***anni iuvenes*** Jugendjahre
II ⟨is⟩
1. *m* junger Mann *von ca. 20 bis 45 Jahren, auch* = ***adulescens***; Sohn; ***iuvenes utriusque sexūs*** Suet. junge Leute beiderlei Geschlechts
2. *f poet* junges Mädchen

iuvenīx ⟨īcis⟩ *f* ||iuvenis|| Plaut. junge Kuh, Färse

iuvenor ⟨ātus sum, ārī 1.⟩ ||*Denom von* iuvenis|| Hor. den jungen Mann spielen, tändeln

iuventa ⟨ae⟩ *f* ||iuvenis|| (*nachkl.*)
1. Jugend, Jugendzeit, Jugendalter; ***a iuventa*** von Jugend auf; ***iuventam ruri agere*** die Jugendzeit auf dem Land verbringen
2. *meton* Jugendkraft, Jugendfrische
3. *meton* Jugend = junge Leute
4. *meton* erstes Barthaar, Flaum

Iuventa ⟨ae⟩ *f* Göttin der Jugend

iuventās ⟨ātis⟩ *f* ||iuvenis|| = ***iuventa***

▶ **iuventūs** ⟨ūtis⟩ *f* ||iuvenis||
1. Jugend, Jugendzeit, Jugendalter, *ca. 25–45 Jahre*
2. *meton* Jugend = junge Leute; junge Mannschaft, waffenfähige Mannschaft *von 18 bis 45 Jahren*; ***patriam iuventute orbare*** dem Vaterland die Jugend rauben

▶ **iuvō** ⟨iūvī, iūtum / iuvātūrus, iuvāre 1.⟩
1. *j-n* unterstützen, *j-m* helfen, *j-n* fördern, *aliquem*, *in re* bei etw, *re* mit etw, durch etw; ***iuvor*** ich werde unterstützt, mir wird geholfen; ***onera alicuius i.*** j-s Last erleichtern; ***deo iuvante*** mit Gottes Hilfe; ***i. ad aliquid*** zu etw beitragen; ***quid iuvat?*** was hilft es?, was nützt es?, + *Inf* / + *AcI*
2. erfreuen, erheitern; ***iuvat aliquem*** es freut j-n, es erfreut j-n, es macht j-m Spaß, + *Inf* / + *AcI*

▶ **iuxtā**
I *Adv*
1. dicht daneben, nahe dabei, *auf die Frage „wo?“, selten „wohin?“*
2. (*meist vkl., nachkl.*) *fig* auf gleiche Art, gleichmäßig, ebenso, ebenso viel, ebenso sehr, ohne Unterschied; ***plebi patribusque iuxta carus*** bei Volk und Senat gleichermaßen beliebt; ***iuxta mecum omnes intellegitis*** ihr begreift ebenso gut wie ich
II *Präp + Akk*
1. dicht neben, dicht bei; *selten auf die Frage „wohin?“* = bis dicht in die Nähe; ***iuxta viam*** dicht neben dem Weg; ***provehi Ceraunia iuxta*** bis in die Nähe des Ceraunia
2. (*nachkl.*) *von Zeit, Rang, Reihenfolge* unmittelbar nach, nächst
3. Tac. unmittelbar vor, gegen; ***iuxta finem vitae*** unmittelbar vor dem Lebensende
4. Tac. *bei Annäherung u. Ähnlichkeit* nahe an, nahezu, beinahe; ***iuxta aliquid esse*** einer Sache nahe stehen; ***iuxta seditionem ventum est*** es kam beinahe zu einem Aufstand

iuxtim *Adv* (*nachkl.*) *poet* in der Nähe, daneben

Ixīōn ⟨onis⟩ *m König der Lapithen in Thessalien, stellte Hera nach u. wurde in der Unterwelt auf ein sich ständig drehendes feuriges Rad geschmiedet*

Ixīonidēs ⟨ae⟩ *m* Nachkomme des Ixion

Ixīonius ⟨a, um⟩ *Adj* des Ixion, zu Ixion gehörig

I

J

Siehe unter i.

Bis zur frühen Neuzeit wurde der Laut j im Lateinischen durch den Buchstaben I (I, i) wiedergegeben.

K

K *Abk* = ***Kaesō** röm. Vorname*

Kal. *Abk* = ***Kalendae*** = ***Calendae*** die Kalenden

Karthāg... = ***Carthag...***

koppa *griech. Buchstabe, Zahlzeichen für 90*

L

L l *Abk*

1. = ***Lucius***

2. *als Zahlzeichen* = *50*

3. = ***libra** röm.* Pfund, *als Gewichtsbezeichnung*

4. ***l. a.*** *Abk (mlat.)* = ***lege artis*** nach den Regeln der (ärztlichen) Kunst

5. ***L. A. M.*** *Abk (mlat.)* = ***liberalium artium magister*** *akademischer Grad*; → ***liberalis***

6. ***l. c.*** *Abk (nlat.)* = ***loco citato*** am angegebenen Ort

7. ***l. s.*** *Abk (mlat.)* = ***loco sigilli*** anstelle eines Siegels

8. ***L. S.*** *Abk (mlat.)* = ***lectori salutem*** dem Leser einen Gruß

labarum ⟨ī⟩ *n (spätl.) röm. Kriegsfahne, von Konstantin dem Großen mit dem Christogramm geschmückt u. zur Fahne des Kaisers u. des Reichs erhoben*

labāscō ⟨-, -, āscere 3.⟩ ||*Inkoh von* labo|| *(vkl.) poet* ins Wanken kommen; *fig* nachgeben

labea ⟨ae⟩ *f (altl., spätl.) vulg* = ***labium***

Labeātēs ⟨ium⟩ *u.* ⟨um⟩ *m Volk n von Makedonien*

lābēcula ⟨ae⟩ *f* ||*Dim von* labes|| Fleckchen; *fig* kleiner Schandfleck

labe-faciō ⟨fēcī, factum, facere 3.⟩, *Passiv* ⟨labe-fīō, factus sum, fierī⟩

1. erschüttern, wankend machen; ***iaculum l.*** das Wurfnetz lockern; ***ossa l.*** Knochen erweichen

2. *fig* zugrunde richten, stürmen

3. *fig in der Gesinnung* erschüttern

labefactātiō ⟨ōnis⟩ *f* ||labefacto|| *(nachkl.)* Erschütterung

labefactō ⟨āvī, ātum, āre 1.⟩ ||*Intens von* labefacio||

1. wankend machen, erschüttern; *Passiv* wanken, schwanken; ***onus gravidi ventris l.*** abtreiben; ***chartam a vinclis l.*** ein Buch öffnen

2. *fig* zugrunde richten, untergraben, schädigen

3. *(vkl.) fig in der Gesinnung* wankend machen

labellum[1] ⟨ī⟩ *n* ||*Dim von* labrum[1]|| kleine Lippe, *bei* Plaut. *auch Kosewort*

lābellum[2] ⟨ī⟩ *n* ||*Dim von* labrum[2]|| kleines Opferbecken

Labeō ⟨ōnis⟩ *m röm. Beiname*; ***Q. Antistius Labeo*** *berühmter Jurist der augusteischen Zeit*

labeōsus ⟨a, um⟩ *Adj* ||labeo|| Lucr. mit dicken Lippen

Laberius ⟨a, um⟩ *Name einer pleb. gens*; ***Decius Laberius** röm. Ritter u. Mimendichter, Zeitgenosse Caesars*

lābēs ⟨is⟩ *f* ||labor[1]||

1. Fall, Sturz; ***l. terrae*** Erdrutsch; ***labem facere*** fallen, stürzen

2. *fig* Untergang, Verderben; *meton auch* verderbliche Person, verderbliche Sache, *auch* Missgriff

3. entstellender Fleck, Schmutzfleck; *fig* Schandfleck, Schande, Schmach; *meton von Personen* Schandstück, Schandkerl

Labiēnus ⟨ī⟩ *m Beiname des T. Attius Labienus*

labium ⟨ī⟩ *n* (*vkl., nachkl.*) = ***labrum***[1]

labō ⟨āvī, ātum, āre 1.⟩ ||*Intens von* labor[1]||

1. wanken, schwanken, dem Fall nahe sein; ***acies labat*** die Front wankt; ***littera labat*** die Hand (-schrift) zittert

2. *fig* wanken, dem Untergang nahe sein; ***res publica labat*** der Staat wankt; ***memoria labat*** die Erinnerung trügt

3. *fig von Personen u. Stimmungen* schwanken, unsicher sein, unzuverlässig sein

lābor[1] ⟨lāpsus sum, lābī 3.⟩

1. sich senken, sinken
2. hinabgleiten, herabgleiten
3. dahingleiten, dahinschweben
4. entgleiten, entschlüpfen
5. sterben
6. entfallen, in Vergessenheit geraten
7. verrinnen, vergehen
8. ausgleiten, straucheln
9. straucheln, fallen
10. dem Fall nahe sein
11. allmählich geraten, allmählich verfallen

1. (*nachkl.*) *poet* sich senken, sinken, einsinken; *fig* sinken, verfallen; ***mores magis magisque labuntur*** die Sitten verfallen mehr und mehr; ***lapsum genus*** Verfall des Volkes; ***lapsis rebus*** im Unglück

2. *fig* hinabgleiten, herabgleiten, herabschweben, herabsinken, herabfallen; ***deus pennis per auras labitur*** der Gott schwebt mit Flügeln durch die Lüfte; ***lacrimae genis/in genas labuntur*** Tränen rinnen die Wangen herab

3. dahingleiten, dahinschweben, dahinfliegen, dahinfließen; ***amnis labitur*** der Strom fließt dahin; ***anguis circum tempora labitur*** die Schlange schlängelt sich um die Schläfen; ***venenum in viscera labitur*** Gift dringt in die Eingeweide ein; ***orator longius labitur*** *fig* der Redner schweift ab

4. (*nachkl.*) *poet* entgleiten, entschlüpfen, entschwinden, *auch fig*; ***manus in vanum labitur*** die Hand schlägt in die Luft; ***recto itinere l.*** vom rechten Weg abkommen; ***mente l.*** den Verstand verlieren

5. *fig* sterben

6. *fig* entfallen, in Vergessenheit geraten

7. *fig von der Zeit* verrinnen, vergehen

8. (*nachkl.*) *poet* ausgleiten, straucheln

9. *fig geistig od moralisch* straucheln, fallen, fehlen, sich irren, sich vergehen, *abs od in re* in etw, bei etw, *re/per rem* durch etw; ***hac spe lapsus*** in der Hoffnung getäuscht

10. *fig* dem Fall nahe sein

11. *fig in einen Zustand* allmählich geraten, allmählich verfallen, sich hinneigen, *ad aliquid/in aliquid* zu etw, in etw

labor[2] ⟨ōris⟩ *m* ||labo||

1. Arbeit, Anstrengung, Mühe; ***l. corporis et animi*** körperliche und geistige Arbeit; ***res erat magnis laboris*** es war ein großes Stück Arbeit; ***fugiens laboris*** arbeitsscheu; ***alicui laborem imponere*** j-m Anstrengung auferlegen; ***cum labore*** mit Mühe; ***sine labore*** mühelos

2. Ergebnis der Arbeit; Leistung; Geschäft, Beruf; ***l. boum*** bestelltes Feld; ***multorum mensium l.*** Ertrag vieler Monate

3. Beschwerlichkeit, Strapaze; *bes* anstrengender Marsch, Feldarbeit, Kampfspiel, Kampf; Unternehmung, Tat; ***per laborem*** unter Strapazen

4. Arbeitskraft, Arbeitsfähigkeit, Ausdauer; ***homo magni laboris summaeque industriae*** Mann von großer Arbeitskraft und höchstem Fleiß; ***magni formica laboris*** Hor. arbeitsame Ameise

5. Not, Unglück, Plage, Mühsal; ***l. solis*** Sonnenfinsternis; ***l. lunae*** Mondfinsternis; ***l. Troiae*** = Zerstörung Trojas

6. Schmerz, Kummer, Krankheit; ***l. Lucinae*** Wehen

laboratorium ⟨ī⟩ *n* (*mlat.*) Arbeitsstätte, Forschungsstätte *zunächst für alchimistische Versuche*

labōri-fer ⟨fera, ferum⟩ *Adj* ||labor[2], fero|| Anstrengungen ertragend, Mühen ertragend

labōriōsus ⟨a, um⟩ *Adj, Adv* ⟨labōriōsē⟩ ||labor[2]||

1. *von Sachen* mühsam, beschwerlich

2. *von Personen u. Sachen* geplagt, sich abmühend

3. *von Personen* arbeitsam

► **labōrō** ⟨āvī, ātum, āre 1.⟩ ||labor[2]||

I
1. arbeiten, sich anstrengen
2. leiden, bedrückt sein
II bearbeiten, verfertigen

I *v/i*

1. arbeiten, sich anstrengen, *abs od alicui* für j-n, *pro re* für etw; + *Inf* sich darum kümmern, begierig sein; ***l. in re*** mit etw beschäftigt sein; ***id. l.*** darauf hinarbeiten, *ut/ne* dass/dass nicht; ***ut honore dignus essem laboravi*** ich habe darauf hingearbeitet, der Ehre würdig zu sein

2. leiden, bedrückt sein, sich in Gefahr befinden, in Not sein, Schwierigkeiten haben, *abs od re* an etw, von etw, für etw *vom Übel, ex re/a re* an etw *für den leidenden Körperteil oder die Ursache des Leidens*; ***silvae laborant*** die Wälder beugen sich unter der Schneelast; ***utero l.*** schmerzhafte Wehen haben; ***fame l.*** Hunger leiden; ***ex capite l.*** Kopfschmerzen haben; ***ab aere alieno l.*** unter Schulden leiden; ***l. de aliquo/pro aliquo*** wegen j-s in Sorge sein; ***l. in re*** mit etw in Bedrängnis sein; ***laborant duae in uno*** zwei Frauen sind in einen Mann verliebt

II *v/t* (*nachkl.*) *poet* bearbeiten, verfertigen; ***frumentum l.*** Getreide anbauen; ***vestes auro l.*** Kleider mit Gold durchwirken

labōs ⟨ōris⟩ *m* = ***labor***[2]

Labōs ⟨ōris⟩ *m* ||labor[2]|| Dämon der Mühsal, Dämon der Not *in der Unterwelt*

labrum[1] ⟨ī⟩ *n*

1. Lippe; ***aliquid primis labris attingere/gustare*** etw nur oberflächlich kennen lernen

2. *fig* Rand *eines Gefäßes od Grabens*; ***a labris*** am Rand

lābrum[2] ⟨ī⟩ *n*

1. Becken, Wanne; Badewanne; *meton* Bad; ***labra Dianae*** Waldteich

2. Kufe, Bottich *zum Austreten der Trauben*

labrusca ūva/vītis *f* wilde Rebe, wilder Wein

labruscum ⟨ī⟩ *n* Frucht des wilden Weines

labyrinthēus ⟨a, um⟩ *Adj* ||labyrinthus|| des Labyrinths, zu einem Labyrinth gehörig
labyrinthos *u.* **labyrinthus** ⟨ī⟩ *m* ||griech. Fw.|| (Verg., Ov.) Labyrinth, *bes das von Daedalus in Gnossos auf Kreta errichtete Gebäude mit vielen Gängen*
▶ **lac** ⟨lactis⟩ *n*
1. Milch; ***lacte vivere*** von Milch leben
2. Milchsaft *von Pflanzen*; ***lac veneni*** Saft von Giftpflanzen
3. Ov. *meton* Milchfarbe
Lacaena ⟨ae⟩ *f* Lakonierin, Spartanerin, *bes Helena*; *adj* spartanisch
Lacedaemōn ⟨onis⟩ *f* Sparta, *Hauptstadt von Lakonien*
Lacedaemonius ⟨a, um⟩ *Adj* spartanisch, lakonisch
Lacedaemonius ⟨ī⟩ *m* Spartaner, Lakonier
lacer ⟨era, erum⟩ *Adj* (*nachkl.*)
1. zerfetzt, zerrissen, zerfleischt, verstümmelt; ***currus l.*** zerbrochener Wagen
2. zerfleischend
lacerātiō ⟨ōnis⟩ *f* ||lacero|| Zerfleischung, Zersplitterung, Verstümmelung
lacerna ⟨ae⟩ *f* mantelartiger Überwurf *zum Schutz gegen Kälte u. Regen, oft mit Kapuze*
lacernātus ⟨a, um⟩ *Adj* ||lacerna|| mit einem Überwurf bekleidet
▶ **lacerō** ⟨āvī, ātum, āre 1.⟩ ||*Denom von* lacer||
1. zerfleischen, zerreißen, zertrümmern, zerstören; ***alicuius corpus l.*** j-s Körper zerfleischen; ***cornua l.*** Hörner zerbrechen; ***pontem l.*** eine Brücke zerstören; ***crines/capillos l.*** Haare zerzausen; ***laceratus comas*** sich die Haare raufend
2. (*nachkl.*) *fig* verhunzen, zerstückeln
3. *fig* mit Worten verunglimpfen, schelten, schmähen; ***haec te lacerat oratio*** diese Rede verletzt dich
4. *fig* vergeuden, verschleudern, durchbringen
lacerta ⟨ae⟩ *f* ||lacertus||
1. Eidechse
2. Bastardmakrele, *ein der Makrele ähnlicher Fisch*
lacertōsus ⟨a, um⟩ *Adj* ||lacertus|| muskulös
lacertus ⟨ī⟩ *m*
1. Muskel des Oberarmes, muskulöser Oberarm; Arm; *meist Pl* Muskeln; ***bracchia et lacerti*** Ober- und Unterarme
2. Ov. Schere *des Skorpions*
3. *Pl fig* Kraft, Stärke; Kraft der Rede
4. (*nachkl.*) = ***lacerta***
▶ **lacessō** ⟨īvī⟩ *u.* ⟨iī, ītum, ĕre 4.⟩
1. reizen, herausfordern, necken, *oft fig*; ***aliquem iniuriā l.*** j-n durch Ungerechtigkeit reizen; ***ventos ictibus l.*** Hiebe in die Luft tun; ***aera sole lacessita*** von der Sonne bestrahlte Metalle
2. *herausfordernd* beginnen, erregen, versuchen; ***arma l.*** die Waffen ergreifen
lachanizō ⟨-, -, āre 1.⟩ ||griech. Fw.|| Suet. = ***langueo***
Lachesis ⟨is⟩ *f eine der drei Moiren/Parzen*
lacinia ⟨ae⟩ *f* Zipfel *an Kleidungsstücken*; ***laciniā obtinere aliquid*** *fig* etw nur mit Not festhalten
Lacīnium ⟨ī⟩ *n Halbinsel an der Ostküste von Bruttium, sö. von Kroton mit einem Tempel der Iuno Lacinia, von dem noch eine Säule erhalten ist*
Lacīnius ⟨a, um⟩ *Adj* zu Lacinium gehörig; ***diva Lacinia*** *meton* Tempel der Iuno Lacinia
Lacō *u.* **Lacōn** ⟨ōnis⟩ *m* Lakonier, Lakedaemonier, Spartaner
Lacōnica ⟨ae⟩ *f u.* **Lacōnicē** ⟨ēs⟩ *f* Lakonien, *Landschaft auf der Peloponnes*
Lacōnicum ⟨ī⟩ *n* Schwitzbad, *Teil eines öffentlichen Bades*; Plaut. lakonisches Gewand
Lacōnicus ⟨a, um⟩ *Adj u.* **Lacōnis** *Gen* ⟨idis⟩ *Adj f* lakonisch, spartanisch
▶ **lacrima** ⟨ae⟩ *f* ||griech. Lw.||
1. Träne, *alicuius/alicuius rei* um jdn, um etw; ***lacrimas profundere/effundere*** Tränen vergießen; ***hinc illae lacrimae*** Ter. daher diese Tränen = da liegt der Hund begraben
2. (*nachkl.*) *fig* Tropfen; ausgeschwitzte Flüssigkeit, Harztropfen, Harz; ***lacrimae turis*** Weihrauchkörner; ***lacrimae Heliadum*** Bernstein
3. (*vkl.*) *fig* Tropfen des männlichen Samens
4. ***Lacrimae Christi*** (*mlat.*) „Christustränen", *urspr. Wein von den Hängen des Vesuv*
lacrimābilis ⟨e⟩ *Adj* ||lacrimo|| (*nachkl.*)
1. *poet* beweinenswert
2. *poet* kläglich
lacrimābundus ⟨a, um⟩ *Adj* ||lacrimo|| (*nachkl.*) weinend
lacrimō ⟨āvī, ātum, āre 1.⟩ ||*Denom von* lacrima|| weinen, Tränen vergießen; *fig von Pflanzen* Tropfen absondern, träufeln
lacrimōsus ⟨a, um⟩ *Adj* ||lacrima|| (*nachkl.*) *poet* tränenreich, *auch* viel beweint, jammervoll, kläglich; ***carmen lacrimosum*** Trauergesang; ***fumus l.*** Tränen erregender Rauch
lacrimula ⟨ae⟩ *f* ||*Dim von* lacrima|| Tränchen; ***l. falsa*** Ter. Krokodilsträne
lacrum... (*altl.*) = ***lacrim...***
Lactantius ⟨ī⟩ *m* ***L. Cae(ci)lius Firmianus Lactantius*** *berühmter Kirchenschriftsteller um 300 n. Chr., „Cicero Christianus"*
lacte ⟨is⟩ *n* (*altl.*) = ***lac***
lactēns *Gen* ⟨entis⟩ *Adj* ||lac||
1. saugend; ***annus l.*** das noch ganz junge Jahr
2. *von Pflanzen* milchig, saftig
3. **lactentēs** ⟨ium⟩ *m* Säuglinge
4. **lactentēs** ⟨ium⟩ *f erg.* ***hostiae*** noch säugende Tiere
lacteolus ⟨a, um⟩ *Adj* ||*Dim von* lacteus|| milchweiß; ***puellae lacteolae*** Catul. zarte Mädchen
lactēs ⟨ium⟩ *f* ||lac||
1. (*nachkl.*) „Milch", Samenflüssigkeit der Fische
2. *poet* Eingeweide der Tiere, Gekröse
lactēscō ⟨-, -, ēscere 3.⟩ ||lac|| zu Milch werden, in Milch übergehen
lacteus ⟨a, um⟩ *Adj* ||lac||
1. milchig; ***umor l.*** Milch
2. Verg. voll von Milch, strotzend von Milch
3. Mart. saugend, Milch trinkend
4. *meton* milchweiß; Quint. ganz rein
lactitō ⟨-, -, āre 1.⟩ ||*Intens von* lacto[1]|| Mart. säugen
▶ **lactō**[1] ⟨āvī, ātum, āre 1.⟩ ||lac|| (*nachkl.*)
1. Milch geben; ***ubera lactantia*** Euter, die Milch geben
2. Milch saugen; ***vitulus lactat*** das Kalb saugt Milch
3. aus Milch bestehen; ***metae lactantes*** Käse
lactō[2] ⟨āvī, ātum, āre 1.⟩ (*vkl.*) an sich locken, be-

trügen
lactūca ⟨ae⟩ *f* ||lac|| (*nachkl.*) *poet* Kopfsalat, Lattich
lactūcula ⟨ae⟩ *f* ||*Dim von* lactuca|| zarter Kopfsalat
lacūna ⟨ae⟩ *f* ||lacus||
1. (*unkl.*) Loch, Vertiefung, Grube; Ov. Grübchen
2. (*nachkl.*) *poet* Tiefe, Abgrund
3. *poet* Lache, Tümpel; Teich, See
4. *fig* Ausfall, Lücke, Verlust, Mangel
5. ***l. maris*** (*mlat.*) Lagune
lacūnar ⟨āris⟩ *n* ||lacuna|| getäfelte Decke *des Zimmers*, Kassettendecke
lacūnō ⟨āvī, ātum, āre 1.⟩ ||*Denom von* lacuna|| (*nachkl.*) *poet* vertiefen, mit einer Kassettendecke schmücken
lacūnōsus ⟨a, um⟩ *Adj* ||lacuna|| lückenhaft
▶ **lacus** ⟨ūs⟩ *m*
1. See, Teich; Lache, Sumpf; *poet* Wasser, Gewässer; Flussbett; ***l. altus*** tiefe Flut
2. Bassin, Wasserbecken; Brunnen
3. Trog, Bottich, Kübel, Wanne, Kufe
4. Verg. Löschtrog, Kühltrog *der Schmiede*
laecasīn *indekl* ||griech. Fw.|| Plaut. *vulg.-obszön* lecken; ***laecasin dico frigori*** ich schere mich nicht um die Kälte
▶ **laedō** ⟨laesī, laesum, laedere 3.⟩
1. *poet* verletzen, beschädigen; ***collum zonā l.*** sich erhängen
2. *fig* verletzen, schädigen, kränken, beleidigen; lästig fallen, betrüben; ***pudorem l.*** das Schamgefühl verletzen; ***famam l.*** den Ruf schädigen; ***via laedit*** der Weg ist beschwerlich, der Weg ist langweilig
Laelius ⟨ī⟩ *m Name einer pleb. gens*; ***C. Laelius Sapiens*** *Freund des jüngeren Scipio, Titelfigur von Ciceros Schrift „De amicitia"*
laena ⟨ae⟩ *f* ||griech. Lw.|| langer Wollmantel
Lāertēs ⟨ae⟩ *u.* ⟨is⟩ *m Vater des Odysseus*
Lāertiadēs ⟨ae⟩ *m* Nachkomme des Laertes, = Odysseus
Lāertius ⟨a, um⟩ *Adj* des Laertes, zu Laertes gehörig
laesī → ***laedo***
laesiō ⟨ōnis⟩ *f* ||laedo|| Verletzung; RHET absichtliches Reizen *des Gegners*
Laestrȳgones ⟨um⟩ *m Menschen fressendes Riesenvolk im fernen W od N, bei Ovid bei Formiae in Latium*
Laestrȳgonius ⟨a, um⟩ *Adj* zu den Laestrygonen gehörig; ***amphora Laestrygonia*** Krug mit formianischem Wein
laesūra ⟨ae⟩ *f* ||laedo|| Verletzung; *fig* Schädigung, Beeinträchtigung
laesus ⟨a, um⟩ *PPP* → ***laedo***
laetābilis ⟨e⟩ *Adj* ||laetor|| erfreulich
laetātiō ⟨ōnis⟩ *f* ||laetor|| Jubel
laetificō ⟨āvī, ātum, āre 1.⟩ ||*Denom von* laetificus||
1. erfreuen
2. befruchten, fruchtbar machen; ***Indus aquā agros laetificat*** der Indus macht die Felder fruchtbar durch sein Wasser
laeti-ficus ⟨a, um⟩ *Adj* ||laetus, facio|| *poet* erfreulich
▶ **laetitia** ⟨ae⟩ *f* ||laetus||
1. laute, lebhafte Freude, Jubel, Fröhlichkeit, *alicuius rei* über etw; ***l. victoriae*** Freude über den Sieg; ***gaudium atque laetitiam agere*** sich der Freude und Fröhlichkeit hingeben
2. (*nachkl.*) *meton* erfreulicher Anblick, Anmut, Schönheit
3. (*nachkl.*) Fruchtbarkeit, üppiger Wuchs
Laetitia ⟨ae⟩ *f* Dämon der Freude
▶ **laetor** ⟨ātus sum, ārī 1.⟩ ||*Denom von* laetus|| sich freuen, fröhlich sein, seine Freude zeigen; ***laetanti animo*** fröhlichen Herzens; ***laetantia loca*** blühende Fluren; ***id laetor*** darüber freue ich mich; ***non longum laetabere*** deine Freude wird nicht lange dauern; ***laetandus*** erfreulich
▶ **laetus** ⟨a, um⟩ *Adj*, *Adv* ⟨laetē⟩
1. erfreut, froh, fröhlich, *re / de re / alicuius rei / ob aliquid* über etw; mit Freuden, willig, gerne; ***homo l.*** fröhlicher Mensch; ***pecus l.*** munteres Vieh; ***sonus l.*** Jubelruf; ***sedes laeti*** Wohnsitze der Seligen; ***laetissimis animis excipi*** mit größter Freude aufgenommen werden
2. erfreulich, erfreuend, beglückend; ***Venus laeta*** gnädige Venus; ***exta laeta*** Eingeweide von glücklicher Vorbedeutung *bei der Eingeweideschau*; ***nomen militibus laetum*** für die Soldaten Glück verheißender Name
3. fruchtbar, üppig, blühend, herrlich; ***segetes laetae*** üppige Saaten; ***tellus laeta*** fetter Boden; ***res laeta*** blühendes Glück; ***l. alicuius rei / re*** reich an etw
4. *von Tieren* wohlgenährt, gesund, gemästet, feist
5. *vom Redner u. der Rede, vom Dichter* blühend, eine reiche Fülle zeigend
laeva ⟨ae⟩ *f* ||laevus|| linke Hand, die Linke, linke Seite; ***ad laevam*** zur Linken; ***dextrā laevāque*** rechts und links
laevum ⟨ī⟩ *n* ||laevus|| linke Seite, linker Flügel; *Pl* linke Seite, links gelegene Gegend; ***laeva tenere*** sich links halten
laevus ⟨a, um⟩ *Adj*, *Adv* ⟨laevē⟩
1. linker, links, links liegend; ***laeva manus*** linke Hand; ***amnis l.*** linke Seite des Flusses; ***a parte laeva*** auf der linken Seite
2. *fig* linkisch, ungeschickt, unbesonnen; ***homo l.*** ungeschickter Mensch; ***tempus laevum*** Unzeit; ***non l.*** gewandt
3. *bei Blickrichtung nach S war O u. somit links die Glück verheißende Richtung, daher* glücklich, Glück bringend, Glück verheißend; ***numina laeva*** gnädige Götter
4. *nach griech. Vorbild bei Blickrichtung nach O war links der N, daher* Unheil bringend, ungünstig, unglücklich; ***numina laeva*** feindliche Götter
lagalōpēx ⟨ecis⟩ *f* ||griech. Fw.|| *ein Vogel*
laganum ⟨ī⟩ *n* ||griech. Fw.|| Hor. *poet* fladenartiger Kuchen, *in Öl gebacken, Kranken- u. Armenkost*
lagēna ⟨ae⟩ *f* = ***lagona***
lagēos ⟨ī⟩ *f* ||griech. Fw.|| (*nachkl.*) Hasenwein, *Wein einer griech. Rebsorte, prickelnder, leichter Weißwein*
lagoena ⟨ae⟩ *f* = ***lagona***
lagōis ⟨idis⟩ *f* ||griech. Fw.|| Hor. Schneehuhn, *eine Delikatesse*
lagōna *u.* **lagūna** ⟨ae⟩ *f* ||griech. Fw.|| Henkelgefäß *mit weitem Bauch u. dünnem Hals aus Ton od Glas*,

bes Weinflasche, Weinkrug
laguncula ⟨ae⟩ *f* ||*Dim von* lagona|| (*nachkl.*) Fläschchen
Lāiadēs ⟨ae⟩ *m* Nachkomme des Laius, = Oedipus
lāicālis ⟨e⟩ *Adj* ||laicus|| (*eccl.*) zum Laien gehörig, Laien…
lāicus
I ⟨a, um⟩ *Adj* (*mlat.*) weltlich
II ⟨ī⟩ *m*
1. (*eccl.*) Laie, *d. heute nicht Priester*
2. (*mlat.*) Laienbruder
Lāis ⟨idis⟩ *u.* ⟨idos⟩ *f Name zweier berühmter Hetären in Korinth*
Lāius ⟨ī⟩ *m Vater des Oedipus, Gatte der Iokaste, König von Theben*
lalīsiō ⟨ōnis⟩ *f* Mart. Fohlen des Waldesels
lāma ⟨ae⟩ *f poet* Sumpf, Morast
lamberō ⟨-, -, āre 1.⟩ ||lambo|| (be)lecken; ***meo me ludo lamberas*** du zahlst mir mit gleicher Münze
lambitus ⟨ūs⟩ *m* ||lambo|| (*spätl.*) das Lecken
lambō ⟨lambī, lambitum, lambere 3.⟩
I *v/i* lecken
II *v/t*
1. lecken, belecken; ***lupa linguā pueros lambit*** die Wölfin beleckt die Knaben mit ihrer Zunge
2. (*nachkl.*) *fig von Sachen* züngelnd berühren, leicht berühren, umzüngeln; *vom Fluss* bespülen
lāmella ⟨ae⟩ *f* ||*Dim von* lamina|| (*nachkl.*) Metallblättchen
lāmenta ⟨ōrum⟩ *n* das Jammern, das Wehklagen
lāmentābilis ⟨e⟩ *Adj* ||lamentor||
1. *poet* beklagenswert
2. jammernd, kläglich; ***funus l.*** mit Trauerklagen verbundene Leichenfeier
lāmentārius ⟨a, um⟩ *Adj* ||lamentor|| Plaut. Klagen erregend
lāmentātiō ⟨ōnis⟩ *f* ||lamentor|| das Wehklagen
lāmentor ⟨ātus sum, ārī 1.⟩ ||*Denom von* lamentum||
I *v/i* laut wehklagen, jammern, *in re* bei etw
II *v/t* laut beklagen
lāmentum ⟨ī⟩ *n* = ***lamenta***
lamia ⟨ae⟩ *f* ||griech. Fw.|| (*nachkl.*) *poet* Vampir, *meist Pl*
Lamia ⟨ae⟩ *m Beiname in der gens Aelia*; → ***Aelius***
Lamiānus ⟨a, um⟩ *Adj* des Lamia, zu Lamia gehörig
lāmina ⟨ae⟩ *f*
1. dünne Platte *aus Metall od Holz*; Blatt, Blech, Brett; ***l. fulva*** Goldblech; ***in lamina scribere*** auf Erztafeln schreiben
2. Curt. Brustplatte *für Pferde*
3. Eisenklammer
4. (*nachkl.*) *poet* Schwertklinge
5. Hor. *verächtlich* Blech = Geld
6. Ov. noch weiche Nussschale
lamirus ⟨ī⟩ *m* = ***lamyrus***
lammina *u.* **lamna** ⟨ae⟩ *f* = ***lamina***
lampada ⟨ae⟩ *f u.* **lampas** ⟨adis⟩ *f* ||griech. Fw.|| Fackel, Leuchte, Leuchter; *meton* Glanz, Schimmer, Licht, Sonnenstrahl, Tageslicht; Sen. Meteor
Lampsacēnus
I ⟨a, um⟩ *Adj* aus Lampsacum, zu Lampsacum gehörig
II ⟨ī⟩ *m* Einwohner von Lampsacum
Lampsacum ⟨ī⟩ *n u.* **Lampsacus** ⟨ī⟩ *f Stadt an der Ostküste des Hellespont, heute Lapseki*
Lamus ⟨ī⟩ *m* MYTH *König der Laestrygonen, Gründer der Stadt Formiae in Latium*
lamyrus ⟨ī⟩ *m* (*nachkl.*) *poet unbekannter Seefisch*
▶ **lāna** ⟨ae⟩ *f*
1. Wolle; ***rixari de lana caprina*** um Ziegenwolle streiten = um eine Nichtigkeit streiten
2. *meton* aus Wolle Gefertigtes, Wollkleid, Wollstoff, Wollfaden
3. *meton* das Wollspinnen
4. *fig* Wollenes, Wollähnliches *an Früchten u. Pflanzen*; Baumwolle
5. ***lanae vellera per caelum*** Verg. *fig* Schäfchenwolken am Himmel
lānārius ⟨ī⟩ *m* ||lana|| (*vkl., nachkl.*) Wollarbeiter
lānātae ⟨ārum⟩ *f* ||lanatus|| die Wollträger = Schafe
lānātus ⟨a, um⟩ *Adj* ||lana|| (*nachkl.*) *poet* Wolle tragend, mit Wolle bekleidet, wollig
lancea ⟨ae⟩ *f* ||kelt. Fw.|| (*nachkl.*) Lanze, Speer
lancinō ⟨āvī, ātum, āre 1.⟩ ||lacer|| zerfleischen; *fig* verspeisen, verprassen
lāneus ⟨a, um⟩ *Adj* ||lana|| Catul. *fig* weich wie Wolle
Langobardī ⟨ōrum⟩ *m germ. Volk an der Unterelbe, wanderten später über Ungarn nach Norditalien*
langue-faciō ⟨-, -, facere 3.⟩ ||langueo, facio|| einschläfern, beruhigen
languēns *Gen* ⟨entis⟩ *Adj* ||langueo|| matt, schlaff
langueō ⟨guī, -, guēre 2.⟩ *von Personen u. Sachen* matt sein, schlaff sein, abgespannt sein; *fig* untätig sein, gleichgültig sein, erschlaffen, die Flügel hängen lassen; langweilig sein, *re* durch etw, *in re* in etw, *de re / ex re* infolge einer Sache; ***homo languet*** der Mensch ist müde; ***amor languet*** die Liebe ist erkaltet; ***flos languet*** die Blume ist welk
languēscō ⟨guī, -, guēscere 3.⟩ ||*Inkoh von* langueo|| matt werden, schlaff werden, träge werden; ***flos languescit*** die Blume verwelkt; ***luna languescit*** der Mond verdunkelt sich; ***favor languescit*** die Gunst erkaltet
languī → ***langueo*** *u.* → ***languesco***
languidulus ⟨a, um⟩ *Adj* ||*Dim von* languidus|| schon welk; Catul. *fig* wohlig matt
▶ **languidus** ⟨a, um⟩ *Adj, Adv* ⟨languidē⟩ ||langueo|| *von Personen u. Sachen* matt, schlaff, träge; *fig* untätig, gleichgültig; ***animus l.*** träger Geist; ***flumen languidum*** langsam fließender Fluss; ***ventus l.*** sanfter Wind; ***vinum languidum*** milder Wein; ***quies languida*** einschläfernde Ruhe
languor ⟨ōris⟩ *m* ||langueo|| Mattigkeit, Schlaffheit; Erschlaffung, Entkräftung; *fig* Trägheit, Untätigkeit, Lässigkeit, Gleichgültigkeit, Sorglosigkeit; Langeweile; Hor. Schwermut; ***l. aquosus*** kraftlos machende Wassersucht
laniātiō ⟨ōnis⟩ *f* Sen. *u.* **laniātus** ⟨ūs⟩ *m* ||lanio|| Zerfleischung; *Pl* Menge blutiger Wunden
laniēna ⟨ae⟩ *f* (*vkl., nachkl.*) Fleischerladen
lānificium ⟨ī⟩ *n* ||lanificus|| (*nachkl.*) Wollarbeit
lāni-ficus ⟨a, um⟩ *Adj* ||lana, facio|| Wolle verarbeitend, Wolle spinnend, Wolle webend; ***ars lanifica*** Webkunst; ***sorores lanificae*** die Parzen
lāni-ger
I ⟨gera, gerum⟩ *Adj* ||lana, gero|| Wolle tragend, wollig
II ⟨gerī⟩ *m* Widder, Lamm

L

laniō[1] ⟨āvī, ātum, āre 1.⟩ zerfleischen, zerstückeln, zerfetzen, in Stücke reißen; ***genas l.*** die Wangen zerkratzen; ***carmina l.*** *fig* Gedichte verreißen; ***vestem a corpore l.*** die Kleidung vom Körper reißen; ***genas manu laniatus*** *Passiv + griech. Akk* sich die Wangen mit der Hand zerkratzend

laniō[2] ⟨ōnis⟩ *f* ||lanio[1]|| *(nachkl.)* Fleischer, Schlachter; *(spätl.) fig* Henker

laniōnius ⟨a, um⟩ *Adj* ||lanio[2]|| Suet. Fleischer…; Henkers…

lāni-pēs *Gen* ⟨pedis⟩ *Adj* ||lana|| *(nachkl.)* die Füße mit Wolle umwickelt

lanista ⟨ae⟩ *m* Gladiatorenmeister; *pej* Aufwiegler; ***lanistā Cicerone*** von Cicero aufgehetzt

lānitium ⟨ī⟩ *n* ||lana|| Ertrag an Wolle, Wolle

lanius ⟨ī⟩ *m* ||etrusk. Fw.||
1. *(unkl.)* Fleischer
2. Plaut. *fig* Opferschlächter; Schinder, Henker

lanterna ⟨ae⟩ *f* ||griech. Lw.|| Laterne, Lampe

lanternārius ⟨ī⟩ *m* ||lanterna|| Laternenträger; *fig* Spießgeselle

lantgravius ⟨i⟩ *m (mlat.)* Landgraf

lānūgō ⟨inis⟩ *f* ||lana|| *(nachkl.)*
1. Wolliges, Wolle *an Textilien, Früchten od Kräutern*
2. erster Bartflaum
3. *(mlat.)* MED Wollhaarflaum *des menschlichen Fetus*

Lānuvinum ⟨ī⟩ *n* Landgut bei Lanuvium

Lānuvinus
I a, um *Adj* aus Lanuvium, zu Lanuvium gehörig
II ⟨ī⟩ *m* Einwohner von Lanuvium

Lānuvium ⟨ī⟩ *n alte latinische Stadt am Südhang der Albanerberge*

lanx ⟨lancis⟩ *f* Schüssel, Schale; Waagschale

Lāocoōn ⟨ontis⟩ *m Priester des Apollo in Troja, der die Trojaner vor dem hölzernen Pferd warnte; wurde von zwei Schlangen getötet, davon antike Skulptur aus dem 1. Jh. v. Chr., 1506 in Rom gefunden*

Lāodicēa ⟨ae⟩ *f Stadt in Kleinasien*

Lāodicēnī ⟨ōrum⟩ *m* die Einwohner von Laodicea

Lāomedōn ⟨ontis⟩ *m Vater des Priamus*

Lāomedontēus ⟨a, um⟩ *Adj* des Laomedon, zu Laomedon gehörig

Lāomedontiadēs ⟨ae⟩ *m* Nachkomme des Laomedon, = Priamus; *Pl* die Trojaner

Lāomedontius ⟨a, um⟩ *Adj* des Laomedon, zu Laomedon gehörig

lapathum ⟨ī⟩ *n u.* **lapathus** ⟨ī⟩ *m u. f* ||griech. Fw.|| *(nachkl.) poet* Sauerampfer

lapi-cīda ⟨ae⟩ *m* ||lapis, caedo|| *(vkl., nachkl.)* Steinmetz

lapicīdīnae ⟨ārum⟩ *f* ||lapicida|| Steinbrüche, *bes als Strafort*

lapidārius ⟨a, um⟩ *Adj* ||lapis|| *(vkl., nachkl.)* Stein…; ***latomiae lapidariae*** Steinbrüche

lapidātiō ⟨ōnis⟩ *f* ||lapido|| Steinwürfe; Steinigung; ***magna l.*** Hagel von Steinen

lapidātor ⟨ōris⟩ *m* ||lapido|| Steinschleuderer

lapideus ⟨a, um⟩ *Adj* ||lapis|| steinern, Stein…; Plaut. versteinert

lapidō ⟨āvī, ātum, āre 1.⟩ ||lapis|| *(nachkl.)*
I *v/t j-n* steinigen, nach *j-m / etw* mit Steinen werfen, *aliquem / aliquid.*
II *v/i u. unpers* ***lapidat*** es regnet Steine

lapidōsus ⟨a, um⟩ *Adj* ||lapis|| *(unkl.)*
1. steinig, voller Steine
2. hart wie Stein

lapillus ⟨ī⟩ *m* ||*Dim von* lapis||
1. Steinchen, Kiesel
2. Marmorstückchen *für ein Mosaik*
3. Edelstein, *auch* Perle; Plaut. Geschmeide; ***lapilli nivei viridesque*** Hor. Perlen und Smaragde
4. Stimmstein; ***lapilli nivei atrique*** Ov. Stimmsteine zum Abstimmen über Leben und Tod

▶ **lapis** ⟨idis⟩ *m u. (vkl.) auch f*
1. Stein *als Stoff, ↔ Holz, Metall*; ***l. quadratus*** Quader; ***l. vivus*** Feuerstein; ***l. ardeus*** Meteor; ***l. bibulus*** Bimsstein
2. *poet* Marmor; ***lapides varii*** bunte Mosaiksteinchen
3. *meton* aus Stein Gefertigtes; *(nachkl.)* Tisch, Tischplatte; Meilenstein; Grenzstein; ***ad quintum lapidem*** beim fünften Meilenstein; ***l. sacer*** Grenzstein; ***l. ultimus*** Grabstein
4. Steintritt, *Standplatz des Ausrufers beim Sklavenverkauf*; ***tribunos de lapide emere*** *fig* Tribunen bestechen
5. *poet* Edelstein, *auch* Perle
6. *(vkl.) fig* Stein = dummer Mensch, gefühlloser Mensch, Klotz
7. ***Iuppiter lapis*** Donnerkeil, *den man beim Schwur als Symbol in der Hand hielt*; ***Iovem lapidem iurare*** beim Donnerkeil schwören
8. ***l. niger*** *(mlat.)* schwarzer Stein *auf dem Forum Romanum, unter dem ein Monument mit der ältesten röm. Inschrift entdeckt wurde*
9. ***l. lazuli*** *(mlat.)* Lasurstein, *dunkelblauer Halbedelstein*

Lapithae ⟨ārum⟩ *m* MYTH die Lapithen, *Bergvolk um den Olymp, bekannt durch ihren Kampf gegen die Kentauren*

Lapithēs ⟨ae⟩ *m* Lapithe

lappa ⟨ae⟩ *f (nachkl.) poet* Klette

lapsi ⟨orum⟩ *m* ||labor[1]|| *(mlat.)* Abgefallene, *d. heute Christen, die in den Verfolgungen seit Decius ihrem Glauben untreu geworden waren*

lāpsiō ⟨ōnis⟩ *f* ||labor[1]|| *(nachkl.) poet* das Abgleiten; *fig* Neigung zum Schlimmen

lāpsō ⟨-, -, āre 1.⟩ ||*Intens von* labor[1]|| *(nachkl.) poet* wiederholt ausgleiten, wiederholt wanken

lāpsus[1] ⟨a, um⟩ *PPerf* → ***labor***[1]

▶ **lāpsus**[2] ⟨ūs⟩ *m* ||labor[1]||
1. das Gleiten, gleichmäßige Bewegung, Flug, Lauf *der Flüsse u. Gestirne*, das Schlüpfen *der Schlangen*, das Ranken *der Reben*, das Rollen *der Räder*, das Schwimmen
2. Fall, Sturz; ***l. terrae*** Erdrutsch
3. *fig* Fehltritt, Verstoß, Vergehen; ***multi populares lapsūs*** viele Verstöße gegen die Volksgunst
4. ***l. calami*** *(mlat.)* Schreibfehler; ***l. linguae*** *(mlat.)* Versprecher

laquear *u.* **laqueāre** ⟨āris⟩ *n (nachkl.)* = ***lacunar***; *meist Pl*

laqueātus ⟨a, um⟩ *Adj* getäfelt, mit einer Kassettendecke versehen

laqueus ⟨ī⟩ *m* Strick, Schlinge, Fessel; *fig* Fallstrick, Falle; ***laqueo gulam frangere alicuius*** j-n erdros-

L

seln; ***Stoicorum laquei*** Trugschlüsse der Stoiker

Lār ⟨Laris⟩ *m*
1. *meist Pl* die Laren, Hausgötter, *Schutzgötter des Hauses, in den Kreis der Götter aufgenommene Verstorbene; neben den Lares privati gab es auch Lares publici/urbani, die den Staat beschützten u. zu denen auch Romulus u. Remus sowie Acca Larentia gehörten;* ↔ ***lemures***
2. *meton* Haus, Haushalt, Wohnung, Herd, Wohnsitz; ***l. certus*** fester Wohnsitz; ***sine lare*** ohne eigenen Herd
3. *meton* Nest *der Vögel*, Stock der Bienen
4. Hor. *meton* philosophische Schule, philosophische Sekte

lārdum ⟨ī⟩ *n* = ***laridum***

Lārentālia ⟨ium⟩ *n Fest der* → *Acca Larentia, der Ziehmutter von Romulus u. Remus, am 23. Dezember*

largi-ficus ⟨a, um⟩ *Adj* ||largus, facio|| Lucr. reichlich

largi-fluus ⟨a, um⟩ *Adj* ||largus, fluo|| Liv. reichlich fließend

largi-loquus ⟨a, um⟩ *Adj* ||largus, loquor|| Plaut. geschwätzig

▶ **largior** ⟨ītus sum, īrī 4.⟩ ||*Denom von* largus||
1. reichlich geben, reichlich schenken, großzügig austeilen, freigebig spenden, *meist aus eigennützigen Gründen od zu politischen Zwecken;* ***bona ex alieno/de alieno l.*** reiche Spenden aus fremdem Vermögen verteilen
2. *pej* bestechen
3. *fig* gewähren, einräumen, gestatten, zugestehen; ***alicui civitatem l.*** j-m das Bürgerrecht gewähren; ***honores l.*** Ehren erweisen; ***iniurias l.*** Unrecht verzeihen

largitās ⟨ātis⟩ *f* ||largus|| Freigebigkeit

largiter *Adv* → ***largus***

▶ **largītiō** ⟨ōnis⟩ *f* ||largus||
1. reichliches Geben, reichliches Schenken *aus eigennützigen Absichten, alicuius* j-s *od* an j-n, *in aliquem* an j-n
2. Freigebigkeit *gegen das Volk wie Spiele, Spenden von Getreide, Öl u. a.;* reiche Schenkung, Spende
3. Bestechung
4. Verleihung; ***l. civitatis*** Verleihung des Bürgerrechts
5. (*nachkl.*) Kasse des Kaisers für Spenden

largītor ⟨ōris⟩ *m* ||largior||
1. (*nachkl.*) Spender; *adj* freigebig
2. *pej* „Spendierer", Bestecher

▶ **largus** ⟨a, um⟩ *Adj, Adv* ⟨largē⟩ *u.* largiter
1. *von Personen* freigebig, *re* mit etw; ***vir l. animo*** Mann von freigebigem Charakter
2. *von Sachen* ergiebig, reichlich, viel; ***large procedere*** weit vorrücken; ***largiter posse*** viel vermögen
3. reich, *alicuius rei* an etw

lāridum ⟨ī⟩ *n* (*unkl.*) Speck

larifuga ⟨ae⟩ *m* ||lar, fugio|| Petr. Herumtreiber

Lārīnās
I *Gen* ⟨ātis⟩ aus Larinum, zu Larinum gehörig
II ⟨ātis⟩ *m* Einwohner von Larinum

Lārīnum ⟨ī⟩ *n Stadt in Samnium, heute Larino*

Lārīs(s)a ⟨ae⟩ *f*
1. *Stadt in Thessalien, heute Larissa*
2. *Stadt im NO Griechenlands, n des Malischen Meerbusens*
3. *Burg von Argos mit Tempel des Zeus Larisaios*

Lārīs(s)aeī ⟨ōrum⟩ *m* die Einwohner von Larisa

Lārīs(s)aeus ⟨a, um⟩ *Adj* aus Larisa, zu Larisa gehörig

Lārīs(s)ēnsēs ⟨ium⟩ *m* die Einwohner von Larisa

Lārius (lacus) *m See in Oberitalien, heute Comer See*

larix ⟨icis⟩ *f* (*nachkl.*) Lärche

lars ⟨lartis⟩ *m* ||etrusk. Fw.|| Herr, Fürst, *etrusk. Titel od Beiname;* ***l. Tolumnius*** *König von Veii*

lārua ⟨ae⟩ *f* (*altl.*) = ***larva***

lāruālis ⟨e⟩ *Adj* (*altl.*) = ***larvalis***

lāruātus ⟨a, um⟩ *Adj* (*altl.*) = ***larvatus***

lārva ⟨ae⟩ *f*
1. (*vkl., nachkl.*) Gespenst, böser Geist *eines Verstorbenen;* Gerippe; *als Schimpfwort* Fratzengesicht
2. (*nachkl.*) *meton* Larve, Maske *des Schauspielers*

lārvālis ⟨e⟩ *Adj* ||larva|| (*nachkl.*) *poet* gespenstisch

lārvātus ⟨a, um⟩ *Adj* ||larva|| (*vkl.*) *poet* behext

lasanum ⟨ī⟩ *n* ||griech. Fw.|| (*nachkl.*) *poet* Nachtgeschirr; Hor. Kochgeschirr

lāsar... = ***laser...***

lascīvia ⟨ae⟩ *f* ||lascivus||
1. Lustigkeit, Fröhlichkeit, Ausgelassenheit
2. (*nachkl.*) *pej* Zügellosigkeit, Ausschweifung, unsittliches Leben
3. Geziertheit *des Stils od Ausdrucks*

lascīvībundus ⟨a, um⟩ *Adj* ||lascivio|| Plaut. voller Mutwillen

lascīviō ⟨iī, ītum, īre 4.⟩ ||lascivus||
1. ausgelassen sein, schäkern; ***fugā l.*** munter davonhüpfen
2. zügellos sein, überheblich sein

lascīvus ***a, um*** *Adj, Adv* ⟨lascīvē⟩
1. *poet* lustig, fröhlich, ausgelassen, schäkernd; ***puella lasciva*** kokettes Mädchen; ***hedera lasciva*** üppig rankender Efeu
2. *pej* ungebunden, zügellos, ausschweifend, wollüstig, geil, schlüpfrig
3. (*nachkl.*) *von der Rede* geziert *im Ausdruck,* überladen

lāser ⟨eris⟩ *n* Saft der Sirpepflanze, *im Altertum als Arznei u. Gewürz verwendet*

lāserpīci-fer ⟨fera, ferum⟩ *Adj* ||laserpicium, fero|| Catul. Laserpicium tragend

lāserpīcium ⟨ī⟩ *n* (*vkl., nachkl.*)
1. Saft der Sirpepflanze, *im Altertum als Arznei u. Gewürz verwendet*
2. Sirpepflanze

Lasēs ⟨um⟩ *m* = ***Lares***; → ***Lar***

lasserpīci-fer ⟨fera, ferum⟩ *Adj* = ***laserpicifer***

lasserpīcium ⟨ī⟩ *n* = ***laserpicium***

lassitūdō ⟨inis⟩ *f* ||lassus|| Ermüdung, Ermattung, Müdigkeit

lassō ⟨āvī, ātum, āre 1.⟩ ||*Denom von* lassus|| müde machen, matt machen, ermüden; *Passiv* müde werden, ermatten

lassulus ⟨a, um⟩ *Adj* ||*Dim von* lassus|| Catul. todmüde

lassus ⟨a, um⟩ *Adj* (*unkl.*) *von Personen u. Sachen* müde, matt, erschöpft; ***stomachus l.*** schwacher Magen; ***ōs lassum*** lechzender Mund; ***res lassa***

missliche Lage; ***lumina lassa*** brechende Augen

lastaurus ⟨ī⟩ *m* ||griech. Fw.|| Suet. liederlicher Mensch, unzüchtiger Mensch

lāta ⟨ōrum⟩ *n* ||latus[1]|| breite Aussprache

latebra ⟨ae⟩ *f* ||lateo||
1. das Verborgensein, Verborgenheit
2. Schlupfwinkel, Versteck, *alicuius rei* von etw *od* in etw; ***l. ferarum*** Schlupfwinkel des Wildes; ***l. silvarum*** Versteck in den Wäldern; ***l. animae*** geheimer Sitz des Lebens
3. *fig* Zuflucht, Zufluchtsort
4. *fig* Ausflucht, Entschuldigung, Hintertür; ***l. mendacii*** Ausflucht durch eine Lüge

latebricola ⟨ae⟩ *f* ||latebra, colo|| Plaut. Besucher dunkler Kneipen

latebrōsus ⟨a, um⟩ *Adj*, *Adv* ⟨latebrōsē⟩ ||latebra|| (*unkl.*) voller Schlupfwinkel; versteckt; ***loca latebrosa*** Bordelle; ***pumex l.*** poröser Bimsstein

latēns *Gen* ⟨entis⟩ *Adj*, *Adv* ⟨latenter⟩ ||lateo|| verborgen, unsichtbar, heimlich

▶ **lateō** ⟨uī, -, ēre 2.⟩
1. verborgen, sein, sich verborgen halten; ***abditum l.*** verborgen und versteckt sein
2. im Stillen leben, zurückgezogen leben
3. *fig* sicher sein, geborgen sein
4. *fig* unbekannt bleiben, ein Geheimnis sein, ein Geheimnis bleiben, *aliquem* j-m; ***res Hannibalem latuit*** die Sache blieb dem Hannibal verborgen; ***latet*** es ist unbekannt, *alicui / aliquem* j-m, + *indir Fragesatz* / + *AcI*

later ⟨eris⟩ *m* Ziegel(stein), *an der Sonne getrocknet*; ↔ ***testa***

laterāmen ⟨inis⟩ *n* Lucr. Seitenwände

Laterānus ⟨ī⟩ *m röm. Beiname*; ***aedes Lateranae*** *Gebäude auf dem Caelius, das den Plautii Laterani gehörte, wurde von Kaiser Konstantin dem Großen dem Bischof von Rom geschenkt, heute Il Laterano*

laterculus ⟨ī⟩ *m* ||*Dim von* later||
1. Ziegel(stein)
2. (*vkl.*) Eierkuchen

laterīcium ⟨ī⟩ *n* ||latericius|| Ziegelbau

laterīcius ⟨a, um⟩ *Adj* ||later|| aus Ziegeln gemacht, Ziegel…

latericulus ⟨ī⟩ *m* = ***laterculus***

latēscō ⟨-, -, ēscere 3.⟩ ||*Inkoh von* lateo|| *poet* sich verbergen

latex ⟨icis⟩ *m* ||griech. Fw.|| (*nachkl.*) *poet* Flüssigkeit, Saft, *oft Pl*; Wasser, Fluss; ***occulti latices*** Liv. verborgene Wasseradern; ***l. meri*** Wein; ***Palladii latices*** Öl; ***l. absinthii*** Wermut

Latiālis ⟨e⟩ *Adj* (*nachkl.*) aus Latium, zu Latium gehörig; ***Iuppiter Latialis*** *Jupiter als Beschützer des Latinerbundes*

Latiar ⟨āris⟩ *n* Fest des Iuppiter Latiaris; → ***Latialis***

Latiāris ⟨e⟩ *Adj* = ***Latialis***

latibulum ⟨ī⟩ *n* ||lateo|| Schlupfwinkel, Versteck

lāti-clāvius
I ⟨a, um⟩ *Adj* ||latus[2], clavus|| (*nachkl.*) mit einem breiten Purpurstreifen versehen, *an der Tunika zum Zeichen der Senatorenwürde.*
II ⟨ī⟩ *m* Senator, Patrizier

lātifundium ⟨ī⟩ *n* ||latus[2], fundus|| großer Landbesitz

Latīna ⟨ae⟩ *f* ||Latium|| Latinerin, latinische Frau, latinisches Mädchen

Latīniēnsis
I ⟨e⟩ *Adj* latinisch, aus Latium, zu Latium gehörig
II ⟨is⟩ *m* Latiner, Einwohner von Latium

Latīnitās ⟨ātis⟩ *f* ||Latium||
1. reiner lateinischer Ausdruck, gute lateinische Sprache, gute Latinität
2. das latinische Recht *der latinischen Gemeinden (Selbstverwaltung, Steuerfreiheit), Zwischenstufe zwischen dem Recht des röm. Bürgers u. dem des Nichtbürgers*

Latīnus
I ⟨a, um⟩ *Adj*
1. latinisch, aus Latium, zu Latium gehörig; *auch* lateinisch, römisch; ***convertere in Latinum*** ins Lateinische übersetzen; ***diligenter Latine loqui*** ein gewähltes Latein sprechen
2. gut lateinisch, korrekt
3. *fig* deutlich, ernstlich, ehrlich
II ⟨ī⟩ *m*
1. Latiner, Einwohner von Latium
2. MYTH *König von Laurentum, nahm den dort landenden Aeneas auf u. gab ihm seine Tochter Lavinia zur Frau*
3. MYTH *König von Alba Longa*

lātiō ⟨ōnis⟩ *f* ||latus[1]|| das Bringen; ***l. auxilii*** Hilfeleistung; ***l. legis*** Gesetzesvorschlag, Gesetzesantrag; ***l. suffragii*** Stimmrecht

latitātiō ⟨ōnis⟩ *f* ||latito|| Quint. das Sich-versteckt-Halten

latitō ⟨āvī, ātum, āre 1.⟩ ||*Intens von* lateo|| sich versteckt halten, *bes um nicht vor Gericht erscheinen zu müssen*

lātitūdō ⟨inis⟩ *f* ||latus[2]||
1. Breite; ***mille passūs in latitudinem patere*** sich tausend Schritte in der Breite erstrecken
2. *fig* breite Aussprache
3. Plin. Fülle des Ausdrucks

Latium ⟨ī⟩ *n Landschaft um Rom, Mutterland Roms*; *poet* Rom, Römisches Reich; *meton* die Latiner

Latius ⟨a, um⟩ *Adj* latinisch, aus Latium, zu Latium gehörig

Lātō ⟨ūs⟩ *f* = ***Latona***

Lātōia ⟨ae⟩ *f* Tochter der Lato, = Diana

Lātōis *Gen* ⟨idis⟩ *Adj f* der Lato, zu Lato gehörig

Lātōis ⟨idis⟩ *u.* ⟨idos⟩ *f* Tochter der Lato, = Diana

Lātōius ⟨a, um⟩ *Adj* der Lato, zu Lato gehörig

Lātōius ⟨ī⟩ *m* Sohn der Lato, = Apollo

lātomiae ⟨ārum⟩ *f* = ***lautumiae***

Lātōna ⟨ae⟩ *f Mutter des Apollo u. der Artemis / Diana*

Lātōnigena ⟨ae⟩ *m u. f* Kind der Latona, = Apollo *bzw.* Diana

Lātōnius ⟨a, um⟩ *Adj* der Latona, zu Latona gehörig

lātor ⟨ōris⟩ *m* ||latus[1]||
1. Antragsteller
2. (*mlat.*) Überbringer; ***l. legis*** Überbringer des Gesetzes, = Moses

Lātōus
I ⟨a, um⟩ *Adj* der → Lato, zu Lato gehörig
II ⟨ī⟩ *m* = Apollo

lātrātor ⟨ōris⟩ *m* ||latro[1]|| (*nachkl.*) *poet* Beller =

L

Hund; *fig* Maulheld
lātrātus ⟨ūs⟩ *m* ||latro[1]|| (*unkl.*) das Bellen; *fig* Gekläff, Gezänk
lātrīna ⟨ae⟩ *f* ||lavo|| (*vkl., nachkl.*) Abort, Kloake
lātrō[1] ⟨āvī, ātum, āre 1.⟩
I *v/i*
1. bellen, kläffen
2. *fig* schimpfen, zanken, poltern, keifen, *bes von schlechten Rednern*
3. (*nachkl.*) *poet von Sachen* lärmen, heulen; *vom Magen* knurren
II *v/t*
1. anbellen
2. beschimpfen
3. herausknurren, *aliquid* etw
4. Lucr. ungestüm fordern
▶ **latrō**[2] ⟨ōnis⟩ *m* ||griech. Lw.||
1. (*vkl.*) angestellter Diener, Söldner
2. Soldat, Bauer, *Stein im Brettspiel*
3. Straßenräuber, Wegelagerer, Bandit, *alicuius* bei j-m, für j-n, *alicuius rei* in etw, auf etw
4. (*nachkl.*) Freibeuter, Freischärler
5. Verg. *im Hinterhalt lauernder* Jäger
▶ **latrōcinium** ⟨ī⟩ *n* ||latro[2]||
1. Räuberei, Straßenräuberei, Piraterie, *alicuius rei* in etw, auf etw
2. Raubzug, Beutezug
3. Spitzbüberei
4. *meton* Räuberbande, Raubgesindel
5. Ov. Brettspiel
latrōcinor ⟨ātus sum, ārī 1.⟩ ||latro[2]||
1. Plaut. Kriegsdienste leisten
2. Straßenraub treiben, Seeräuberei treiben
latrunculārius ⟨a, um⟩ *Adj* ||latrunculus|| Sen. zum Brettspiel gehörig; ***tabula latruncularia*** Spielbrett
latrunculus ⟨ī⟩ *m* ||*Dim von* latro[2]||
1. Straßenräuber, elender Bandit
2. (*vkl., nachkl.*) *fig* Stein *im Brettspiel*
lātumiae ⟨ārum⟩ *f* = ***lautumiae***
lātūra ⟨ae⟩ *f* ||latus[1]|| (*nachkl.*) das Tragen von Lasten
lātus[1] ⟨a, um⟩ *PPP* → ***fero***
▶ **lātus**[2] ⟨a, um⟩ *Adj, Adv* ⟨lātē⟩
1. breit; ***agger trecentos pedes l.*** dreihundert Fuß breiter Damm
2. ausgedehnt, weit, groß, geräumig, umfangreich
3. *fig von der Aussprache* breit; *von der Rede* weitschweifig, ausführlich
4. *Adv* weit, breit, weit und breit; ***late vagari*** weit umherschweifen; ***vallis late patens*** weit offenes Tal; ***longe lateque*** weit und breit; ***quam latissime*** so weit wie möglich
5. *Adv fig von der Rede* weitläufig, ausführlich; ***fuse lateque dicere de re*** lang und breit über etw reden
6. (*nachkl.*) *Adv fig* reichlich, stark; ***opibus latius uti*** allzu verschwenderisch mit dem Reichtum umgehen
latus[3] ⟨eris⟩ *n*
1. Seite *des Körpers*; ***a latere/in latus*** seitwärts; ***dolor lateris*** Seitenstechen; ***lateri alicuius (ad-) haerere*** j-m nicht von der Seite weichen, j-m im Nacken sitzen; ***alicui latus dare*** sich bei j-m eine Blöße geben, sich bei j-m bloßstellen; ***latus alicuius/alicui tegere*** j-s Seite decken, j-n begleiten; ***artifices lateris*** die Balletttänzer
2. Nähe, Umgebung = die Vertrauten; ***a latere alicuius esse*** j-s nächste Umgebung bilden; ***nonnulli a latere tyranni*** einige aus der Umgebung des Tyrannen
3. Verwandtschaft, Seitenlinie
4. Nachbarschaft, Nähe; ***hostes a latere*** Feinde an den Grenzen
5. Brust, Lunge *als Sitz der Kraft u. der Stimme*; ***legem bonis lateribus suadere*** aus voller Brust zu einem Gesetz raten
6. (*nachkl.*) *poet* Seite = Körper, Leib; ***hoc l.*** = ich; ***latus in arenā deponere*** sich im Sand niederlegen
7. *von Sachen* Seite, Seitenfläche, Flanke; ***dextrum l. castrorum*** rechte Seite des Lagers; ***l. navis*** Breitseite des Schiffes, Planken des Schiffes; ***in omne latus*** nach allen Richtungen; ***l. mundi*** Zone der Erde
8. MIL Flanke *eines Heeres*; ***hostem aperto latere aggredi*** den Feind an der offenen Flanke angreifen; ***ab latere/ex latere*** von der Flanke her, in der Flanke, auf der Flanke
9. (*nachkl.*) MATH Seite; ***triangulum aequis lateribus constituere*** ein gleichseitiges Dreieck zeichnen
latusculum ⟨ī⟩ *n* ||*Dim von* latus[3]|| *poet* kleine Seite
laudābilis ⟨e⟩ *Adj, Adv* ⟨laudābiliter⟩ ||laudo|| lobenswert, rühmenswert
laudātiō ⟨ōnis⟩ *f* ||laudo||
1. Lob, Lobrede, *alicuius* j-s *od* auf j-n; ***l. funebris*** Leichenrede
2. entlastendes Zeugnis *vor Gericht*
3. Dankadresse *der Bewohner einer Provinz für einen Statthalter an den Senat*
laudātīva ⟨ae⟩ *f* ||laudativus|| Quint. Gattung der Lobreden
laudātīvus ⟨a, um⟩ *Adj* ||laudo|| (*nachkl.*) lobend
laudātor ⟨ōris⟩ *m* ||laudo||
1. Lobredner; *pej* Lobhudler
2. JUR Entlastungszeuge *vor Gericht*
3. (*nachkl.*) Leichenredner
laudātrīx ⟨īcis⟩ *f* ||laudator|| Lobrednerin
laudātus ⟨a, um⟩ *Adj* ||laudo|| gepriesen, gerühmt, ausgezeichnet, *alicui* von j-m, *re* wegen etw; schön; ***dux cunctis l.*** von allen gerühmter Feldherr
laudicēnus ⟨ī⟩ *m* ||laudo, cena|| Plin. Schmarotzer, Lobredner auf eine Mahlzeit, *um eingeladen zu werden, im Wortspiel mit Laodiceni, die Bewohner von Laodicea*
▶ **laudō** ⟨āvī, ātum, āre 1.⟩ ||*Denom von* laus||
1. loben, rühmen, preisen, *alicuius aliquid/aliquem propter aliquid* j-n wegen etw; ***l. sapientiam Socratis*** Sokrates wegen seiner Weisheit rühmen
2. gutheißen, billigen
3. verherrlichen
4. eine Leichenrede halten, *aliquem* j-m
5. *vor Gericht* entlasten
6. lobend erwähnen, anführen, nennen, zitieren; ***aliquem auctorem l.*** j-n als Verfasser nennen
▶ **laurea** ⟨ae⟩ *f*
1. Lorbeer, Lorbeerbaum
2. *meton* Lorbeerkranz, Lorbeerzweig, *Schmuck Apollos u. seiner Priester, der Dichter, Triumphato-*

ren u. Ahnenbilder
3. *meton* Triumph, Sieg, Ruhm; ***laureae cupidus*** begierig nach Ruhm
laureātus ⟨a, um⟩ *Adj* ||laurea|| mit Lorbeer bekränzt, mit Lorbeer umwunden, mit Lorbeer geschmückt; **(*litterae*) *laureatae*** Siegesbericht
Laurēns *Gen* ⟨entis⟩ *Adj* aus Laurentum, zu Laurentum gehörig
Laurentēs ⟨ium⟩ *u.* ⟨um⟩ *m* die Einwohner von Laurentum
Laurentīnus *u.* **Laurentius** ⟨a, um⟩ *Adj* aus Laurentum, zu Laurentum gehörig
Laurentum ⟨ī⟩ *n alte Stadt in Latium, sö. von Ostia*
laureola ⟨ae⟩ *f* = ***laurea***
laureus ⟨a, um⟩ *Adj* ||laurus|| Lorbeer…; ***corona laurea*** Lorbeerkranz
lauri-comus ⟨a, um⟩ *Adj* ||laurus, coma|| Lucr. mit Lorbeer belaubt
lauri-ger ⟨gera, gerum⟩ *Adj* ||laurus, gero|| *poet* lorbeerbekränzt
► **laurus** ⟨ī⟩ *u.* ⟨ūs⟩ *f* = ***laurea***
► **laus** ⟨laudis⟩ *f*
1. Lob, Ruhm, Anerkennung, *bes* Kriegsruhm; ***laudis avidus / cupidus*** begierig nach Ruhm; ***laudem ferre*** Lob ernten; ***laudem habere*** Lob verdienen; ***laudem victoriae habere*** wegen des Sieges berühmt sein; ***laudem de aliquo habere*** sich des Sieges über j-n rühmen können; ***laudi esse*** löblich sein; ***hoc in laude tua pono*** das rechne ich dir als Lob an
2. Lobspruch, Lobrede; ***aliquid laudibus (ef)ferre/ extollere*** etw preisen; ***laudes et gratias agere alicui*** j-m Lob und Dank sagen; ***habere laudes de aliquo*** eine Lobrede auf j-n halten
3. Curt. Ruhmsucht
4. *meton* rühmliche Tat, Vorzug; ***laudes Herculis*** die großen Taten des Herkules
5. *(mlat.) Pl* Lobgesang; Gebet nach der Messe; ***laudes divinae*** *(mlat.)* Gottesdienst
lautia ⟨ōrum⟩ *n (nachkl.)* öffentliche Bewirtung *von fremden Gästen in Rom*; ***locus lautiaque*** Unterkunft und Verpflegung
lautitia ⟨ae⟩ *f* ||lautus|| Pracht, Eleganz, luxuriöses Leben
lautumiae ⟨ārum⟩ *f* ||griech. Fw.|| Steinbrüche, *oft als Strafort*; Gefängnis *am Forum*
lautus[1] ⟨a, um⟩ *PPP* → ***lavo***
lautus[2] ⟨a, um⟩ *Adj, Adv* ⟨lautē⟩ ||lavo|| *(vkl.)* sauber, adrett; *von Sachen* stattlich, elegant, ansehnlich; Com. köstlich; *von Personen* vornehm, fein; ***laute vivere*** standesgemäß leben
lavābrum ⟨ī⟩ *n* ||lavo|| Lucr. Badewanne
lavācrum ⟨ī⟩ *n* ||lavo|| *(nachkl.)* das Badezimmer, Bad; *(spätl.)* Taufe
lavātiō ⟨ōnis⟩ *f* ||lavo||
1. das Waschen, Bad
2. *meton* Badewasser; *(nachkl.)* Badegeschirr; *(nachkl.)* Badezimmer
Laverna ⟨ae⟩ *f altröm. Gottheit, als Unterweltsgottheit verehrt, später Schutzgöttin der Diebe*
Lāvīnia ⟨ae⟩ *f* MYTH *Tochter des Königs der Laurenter, zweite Gattin des Aeneas*
Lāvīnium ⟨ī⟩ *n von Aeneas zu Ehren von Lavinia erbaute Stadt in Latium, s. von Rom, dort Ausgrabungen*
Lāvīnius *u.* **Lāvīnus** ⟨a, um⟩ *Adj* aus Lavinium, zu Lavinium gehörig
► **lavō** ⟨lāvī, lautum⟩ *u.* ⟨lōtum⟩ *u.* ⟨lavātum, lavāre 1.⟩
I *v/t*
1. waschen, baden; ***manūs l.*** die Hände waschen
2. *fig* benetzen, begießen, befeuchten, bespülen; ***pannos l.*** die Gewänder abspülen
3. *fig* wegwaschen, wegspülen; ***mala vino l.*** das Unglück mit Wein vertreiben
II *v/i u. Passiv* sich waschen, baden; ***lavatum ire*** baden gehen
laxāmentum ⟨ī⟩ *n* ||laxo|| Erleichterung, Milderung, Erholung, Rücksicht
laxitās ⟨ātis⟩ *f* ||laxus||
1. Geräumigkeit, Weite
2. *(nachkl.) fig* Gelassenheit, Ruhe
laxō ⟨āvī, ātum, āre 1.⟩ ||*Denom von* laxus||
1. *(nachkl.) poet* schlaff machen, lockern, lösen; *Passiv* schlaff werden; ***habenis laxatis*** mit gelockerten Zügeln; ***viam l.*** einen Weg öffnen; ***humus laxatur*** das Erdreich taut auf
2. erweitern, ausdehnen, dehnen; ***ordines l.*** die Schlachtordnung auseinander ziehen; ***laxatae custodiae*** einzeln stehende Posten; ***foros l.*** auf dem Verdeck Platz machen
3. *zeitl.* verlängern, ausdehnen
4. *fig* nachlassen, mildern, erleichtern, mäßigen; ***annonam l.*** den Getreidepreis ermäßigen; ***spiritum l.*** den Mut sinken lassen
5. *(nachkl.) fig* nachlässig(er) betreiben
6. *fig* sich erholen lassen, beruhigen, befreien
laxus ⟨a, um⟩ *Adj, Adv* ⟨laxē⟩ ||langueo||
1. *(nachkl.) poet* schlaff, locker, lose; ***calceus l.*** zu großer Schuh; ***ianua laxa*** offene Tür
2. *fig* zwanglos, ohne Einschränkung, frei; ***laxius vivere*** freier leben; ***annona laxior*** niedrigerer Getreidepreis
3. *örtl.* weit, weitläufig, geräumig, ausgedehnt
4. *zeitl.* lang; ***diem laxius proferre*** den Termin weiter hinausschieben; ***pecuniam laxius curare*** Geld nicht auf einmal auszahlen, Geld nach und nach auszahlen
lb. *Abk (nlat.)* = ***libra*** Pfund
lea ⟨ae⟩ *f* = ***leaena***
leaena ⟨ae⟩ *f* ||griech. Fw.|| Löwin; *poet auch* Löwe
Lēander ⟨drī⟩ *m Geliebter der Hero*
lebēs ⟨ētis *Akk Pl, auch* lebētas⟩ *m* ||griech. Fw.|| *poet* Metallbecken, Kessel, *Siegespreis od Ehrengabe*; *auch* Waschbecken
lectīca ⟨ae⟩ *f* ||lectus[1]|| Tragebett, Sänfte; Totenbahre; Prunkbett
lectīcāriola ⟨ae⟩ *f* ||*Dim von* lecticarius|| Mart. Geliebte eines Sänftenträgers
lectīcārius ⟨ī⟩ *m* ||lectica|| Sänftenträger
lectīcula ⟨ae⟩ *f* ||*Dim von* lectica||
1. kleine Sänfte
2. Suet. Ruhebett; ***l. lucubratoria*** Liege zum Arbeiten und Studieren
3. Nep. Totenbahre
lecticulus ⟨ī⟩ *m* ||*Dim von* lectulus|| Catul. Bett, Lotterbett
lēctiō ⟨ōnis⟩ *f* ||lego[2]||

1. (*nachkl.*) das Sammeln
2. Auswahl, Auslese; Dichtung
3. das Lesen, das Durchlesen, ***libri*** eines Buches
4. Lektüre, Studium
5. *meton* Lektüre = das Gelesene, Lesestoff, Text; Gell. *Pl als Buchtitel* Erklärungen *älterer Ausdrücke*
6. das Vorlesen
7. Liv. das Verlesen der Senatorenliste *durch den Zensor*

lectisterniātor ⟨ōris⟩ *m* ||lectisternium|| Plaut. Saaldiener, *der die Polster der Speisesofas zurechtlegt*

lecti-sternium ⟨ī⟩ *n* ||lectus, sterno|| Göttermahl, *kultische Götterbewirtung, wobei die Bilder der zu ehrenden Götter auf die Kissen gelegt wurden, in Rom 399 v. Chr. aus Anlass einer Seuche eingeführt*

lēctitō ⟨āvī, ātum, āre 1.⟩ ||*Freq von* lego||
1. aufmerksam lesen, oft lesen
2. Plin. vorlesen

lēctiuncula ⟨ae⟩ *f* ||*Dim von* lectio|| leichte Lektüre, flüchtiges Lesen

lēctor ⟨ōris⟩ *m* ||lego[2]||
1. Leser *eines Buches*
2. Vorleser, *meist ein zum Vorlesen angestellter Sklave*

lectulus ⟨ī⟩ *m* ||*Dim von* lectus[1]||
1. Bett; ***l. obscenus*** Bett einer Prostituierten
2. Brautbett, Ehebett
3. Liege zum Schreiben und Studieren
4. Speisesofa
5. Tac. Totenbahre; Paradebett

▶ **lectus[1]** ⟨ī⟩ *m*
1. Bett, Schlafstätte; ***l. caelebs*** Bett eines Junggesellen; ***lecto teneri/in lecto esse*** das Bett hüten
2. Brautbett, Ehebett
3. Liege *zum Lesen, Schreiben u. Ä.*
4. (*nachkl.*) Totenbett; Paradebett

lēctus[2] ⟨a, um⟩ *Adj, Adv* ⟨lēctē⟩ ||lego[2]|| ausgewählt, ausgesucht; *fig* ausgezeichnet, erlesen

lēctus[3] ⟨a, um⟩ *PPP* → ***lego[2]***

Lēda ⟨ae⟩ *f Gattin des spartanischen Königs Tyndareos, Geliebte des Zeus; bekannt u. vielfach dargestellt ist ihre Begegnung mit Zeus in Gestalt eines Schwanes; Mutter der Helena, Clytaemnestra* (*Clytaemestra*) *u. der Dioskuren*

Lēdaeus ⟨a, um⟩ *Adj* von Leda stammend; *auch* spartanisch; ***dii Ledaei*** die Dioskuren

Lēdē ⟨ēs⟩ *f* = ***Leda***

lēgālis ⟨e⟩ *Adj* ||lex|| (*spätl.*) gesetzlich; (*eccl.*) den göttlichen Gesetzen gemäß, fromm

lēgātārius ⟨a, um⟩ *Adj* ||legatum|| (*spätl.*) im Testament bedacht

▶ **lēgātiō** ⟨ōnis⟩ *f* ||lego[1]||
1. Gesandtschaft; Amt eines Gesandten; ***legationem suscipere*** eine Gesandtschaft übernehmen; ***l. libera*** freie Gesandtschaft, Wahlgesandtschaft, *einem Senator vom Senat bewilligte Gesandtschaft in eine Provinz zu privaten Zwecken mit den Rechten wirklicher Gesandter*
2. *meton* Gesandtschaft, Auftrag für einen Gesandten; Antwort, die ein Gesandter zurückbringt, Gesandtschaftsbericht; ***legationem referre/renuntiare*** einen Gesandtschaftsauftrag eröffnen, Bericht erstatten
3. *meton* Gesandte, Personal einer fremden Gesandtschaft
4. Stelle eines Gesandten *beim Feldherrn od Statthalter einer Provinz*, Stelle eines Unterfeldherrn

lēgātor ⟨ōris⟩ *m* ||lego[1]|| Suet. Erblasser

lēgātōrius ⟨a, um⟩ *Adj* ||legatus|| eines Legaten, zu einem Gesandten gehörig

lēgātum ⟨ī⟩ *n* ||lego[1]|| Vermächtnis *im Testament*

▶ **lēgātus** ⟨ī⟩ *m* ||lego[1]||
1. Gesandter, Botschafter; ***legatos mittere ad aliquem*** Gesandte zu j-m schicken
2. MIL Unterfeldherr, *vom Senat ernannt, erhielt vom Oberfeldherrn seinen Wirkungskreis, alicuius* j-s, *alicui* bei j-m; ***l. pro praetore*** mit einem selbstständigen Kommando betrauter Legat
3. Unterstatthalter, *oberster Mitarbeiter u. Stellvertreter eines Statthalters*
4. *in der Kaiserzeit* Statthalter *in einer kaiserlichen Provinz*
5. Suet. Befehlshaber einer einzelnen Legion
6. (*mlat.*) päpstlicher Gesandter *meist in besonderer Mission*

legenda ⟨ae⟩ *f* (*mlat.*) Heiligenerzählung; ***L. aurea*** *wichtigste spätmittelalterliche Legendensammlung*

lēge-rupa ⟨ae⟩ *m* = ***legirupa***

lēge-rupiō ⟨ōnis⟩ *f* = ***legirupio***

lēgī → ***lego[2]***

lēgi-fer ⟨fera, ferum⟩ *Adj* ||lex, fero|| (*nachkl.*) *poet* Gesetze gebend

▶ **legiō** ⟨ōnis⟩ *f* ||lego[2]||
1. Legion, *taktisch selbstständige Heereseinheit von 4200–6000 Mann, in republikanischer Zeit in 30 Manipel u. in Schlachtaufstellung nach Altersklassen in hastati, principes u. triarii sowie 1200 velites eingeteilt; seit Marius 10 Kohorten = 30 Manipel = 60 Zenturien, dazu 300 Reiter*
2. (*unkl.*) *nicht röm.* Heer, Heerhaufen
3. Plaut. *fig* Hilfsmittel

legiōnāriī ⟨ōrum⟩ *m* ||legionarius|| Legionstruppen

legiōnārius ⟨a, um⟩ *Adj* ||legio|| zur Legion gehörig, Legions…

lēgi-rupa ⟨ae⟩ *m* ||lex, rumpo|| Plaut. Gesetzesbrecher

lēgi-rupiō ⟨ōnis⟩ *f* ||lex, rumpo|| Plaut. Gesetzesverletzung, Gesetzesübertretung

▶ **lēgitimus** *u.* (*altl.*) **lēgitumus** ⟨a, um⟩ *Adj, Adv* ⟨lēgitimē⟩ ||lex||
1. gesetzmäßig, gesetzlich, legitim; ***liberi legitimi*** eheliche Kinder, ***aetas legitima*** gesetzliches Alter *für etw*; ***legitima quaedam*** gewisse gesetzliche Formalitäten
2. zum Gesetz gehörig, Gesetzes…; ***quaestiones legitimae*** Ermittlungen aufgrund eines Gesetzes
3. gebührend, recht, echt; ***sonus l.*** richtiger Ton

legiuncula ⟨ae⟩ *f* ||*Dim von* legio|| Liv. armselige Legion

lēgō[1] ⟨āvī, ātum, āre 1.⟩ ||lex||
1. als Gesandten abschicken, abordnen
2. zum Legaten ernennen; ***legari ab aliquo*** sich von j-m zu Legaten machen lassen; ***aliquem alicui l.*** j-n j-m als obersten Mitarbeiter beigeben, j-n j-m als Stellvertreter beigeben
3. durch ein Testament letztwillig verfügen, verma-

chen; ***aliquid ab aliquo l.*** etw festsetzen, was von einem bestimmten Erben ausbezahlt werden soll

legō² ⟨lēgī, lēctum, legere 3.⟩

1. zusammenlesen, auflesen
2. auslesen, auswählen
3. lesen, durchlesen
4. vorlesen, verlesen
5. eine Vorlesung halten
6. aufwickeln
7. küssend auffangen
8. belauschen
9. mustern
10. folgen, verfolgen
11. hinsegeln
12. durchfahren, durchwandern

1. zusammenlesen, auflesen, sammeln; ***olivas de ramis l.*** Oliven von den Zweigen pflücken; ***alicui capillos l.*** j-m die Haare ausraufen
2. auslesen, auswählen; *pej* stehlen, sich widerrechtlich aneignen; ***iudices l.*** Richter auswählen; ***aliquem in senatum l.*** j-n in den Senat wählen; ***milites l.*** Soldaten ausheben; ***vir virum legit*** jeder wählt sich seinen Mann
3. lesen, durchlesen; ***librum l.*** ein Buch lesen; ***legimus apud scriptorem*** man liest bei einem Schriftsteller; ***Homerum l.*** Homer lesen = die Gesänge Homers lesen
4. vorlesen, verlesen; ***senatum l.*** die Senatorenliste verlesen; ***princeps in senatu lectus est*** er ist als Erster auf der Senatorenliste verlesen worden
5. (*vkl., nachkl.*) eine Vorlesung halten; ***l. apud aliquem*** bei j-m eine Vorlesung hören
6. aufwickeln; aufspulen; aufrollen; *von den Segeln* einziehen; ***fila / stamina l.*** Fäden aufwickeln; ***extrema fila l.*** die letzten Lebensfäden aufspulen; ***funem l.*** ein Seil aufrollen
7. *Atem* küssend auffangen
8. *Gespräche* belauschen
9. mustern
10. folgen, verfolgen; ***vestigia alicuius l.*** j-s Spuren folgen; ***orbes tortos l.*** verschlungene Nebenwege gehen
11. hinsegeln, an *etw* vorbeisegeln, *etw* umsegeln, umfahren; ***promunturium l.*** ein Vorgebirge umsegeln; ***vada l.*** Untiefen vorsichtig umfahren
12. *Orte* durchfahren, durchwandern

lēgulēius ⟨ī⟩ *m* ||lex|| Gesetzeskrämer, trockener Jurist

legūmen ⟨inis⟩ *n* ||lego²|| Hülsenfrucht, *bes* Bohne, Erbse

Lemannus lacus *m* Genfer See

lembunculus ⟨ī⟩ *m* = ***lenunculus²***

lembus ⟨ī⟩ *m* ||griech. Fw.|| (*unkl.*) Kahn; Kutter, Jacht

lēmma ⟨atis⟩ *n* ||griech. Fw.||
1. (*nachkl.*) *poet* Stoff *einer Schrift*
2. Überschrift
3. Gedicht, *bes* Epigramm

Lēmnias ⟨adis⟩ *f* Einwohner von Lemnos

Lēmni-cola ⟨ae⟩ *m* ||Lemnos, colo|| Ov. Bewohner von Lemnos, = Hephaistos / Vulcan

Lēmniēnsis ⟨e⟩ *Adj* von Lemnos, zu Lemnos gehörig; ***Lemniense furtum*** der Diebstahl von Lemnos = *die Entwendung des Feuers durch Prometheus*

lēmniscātus ⟨a, um⟩ *Adj* ||lemniscus|| mit Bändern geschmückt; ***palma lemniscata*** *fig* Siegerpreis *fig für einen Mord*

lēmniscus ⟨ī⟩ *m* ||griech. Fw.|| (*unkl.*) Kranzbinde, Schleife

Lēmnius
I ⟨a, um⟩ *Adj* von Lemnos, zu Lemnos gehörig; ***pater L.*** Vater von Lemnos, = Hephaistos / Vulcan
II ⟨ī⟩ *m* Einwohner von Lemnos

Lēmnos *u.* **Lēmnus** ⟨ī⟩ *f vulkanische Insel im N der Ägäis, dem Hephaistos / Vulcan heilig*

Lemovīcēs ⟨um⟩ *m kelt. Stamm in Aquitanien mit der Hauptstadt Augustoritum (später civitas Lemovicum, heute Limoges)*

lemurēs ⟨um⟩ *m* (*unkl.*) Gespenster der Seelen der Toten, Nachtgeister, Spukgeister; ↔ ***Lar***

Lemuria ⟨ōrum⟩ *n* Lemurenfest *vom 9.–12. Mai um die Gespenster zu versöhnen u. aus dem Haus zu bannen*

lēna ⟨ae⟩ *f* Plaut. Kupplerin; *adj* lockend, reizend

Lēnaeus
I ⟨a, um⟩ *Adj* ||griech. Fw.|| *poet* bacchisch; ***pater L.*** = Bacchus; ***Lenaei latices*** Wein
II ⟨ī⟩ *m* Bacchus

lēnīmen ⟨inis⟩ *n u.* **lēnīmentum** ⟨ī⟩ *n* ||lenio|| Linderungsmittel, Beruhigungsmittel

▶ **lēniō** ⟨īvī⟩ *u.* ⟨iī, ītum, īre 4.⟩ ||*Denom von* lenis||
I *v/t* lindern, mildern, mäßigen; *fig* besänftigen, begütigen, beschwichtigen; nachgiebig stimmen; ***tigres l.*** Tiger zähmen
II *v/i* Plaut. sich besänftigen, sich mildern; ***dum irae leniunt*** während sich der Zorn legt

▶ **lēnis** ⟨e⟩ *Adj, Adv* ⟨lēniter⟩
1. gelinde, sanft, mild; ***ventus l.*** leichter Wind; ***fastigium lene*** sanft ansteigende Anhöhe
2. langsam, langsam fließend; *fig* langsam wirkend; ***gradus l.*** gemächlicher Schritt; ***venenum lene*** schleichendes Gift
3. *fig von Charakter u. Geist* ruhig, gelassen, gemäßigt; ***deus l.*** gnädiger Gott; ***verba lenia*** gemäßigte Worte; ***leniter alloqui aliquem*** j-n schonend ansprechen; ***lenius agere*** nicht entschieden genug auftreten

lēnitās ⟨ātis⟩ *f* ||lenis|| Sanftheit, Milde; Gelassenheit, Ruhe, Güte; Langsamkeit; ***l. legum*** Milde der Gesetze; ***l. fluminis*** Trägheit des Flusses

lēnitūdō ⟨inis⟩ *f* = ***lenitas***

lēnō ⟨ōnis⟩ *m* ||lena|| Kuppler, Zuhälter; *fig* Verführer

lēnōcinium ⟨ī⟩ *n* ||lena||
1. Kuppelei, Zuhälterei; *meton* Kuppellohn
2. *fig* Lockmittel, verführerischer Reiz; (*nachkl.*) lockende Schmeichelei

lēnōcinor ⟨ātus sum, ārī 1.⟩ ||leno||
1. *fig j-m* in widerlicher Weise schmeicheln; *j-m* zu Willen sein, *j-n* locken, *alicui*
2. (*nachkl.*) verschönern, fördern, *alicui rei* etw; ***insitae ferocitati arte l.*** die angeborene Wildheit durch Kunst mildern

lēnōnius ⟨a, um⟩ *Adj* ||leno|| (*vkl., nachkl.*) zur Kuppelei gehörig; ***aedes lenoniae*** Bordell

lēns ⟨lentis⟩ *f* (*vkl., nachkl.*) Linse

lentēscō ⟨-, -, ēscere 3.⟩ ||lentus|| (*nachkl.*) *poet* zäh werden, klebrig werden; *fig* nachlassen; ***lentescunt curae*** Ov. die Sorgen lassen nach

lentīsci-fer ⟨fera, ferum⟩ *Adj* ||lentiscus, fero|| Ov. Mastixbäume tragend

lentīscum ⟨ī⟩ *n u.* **lentīscus** ⟨ī⟩ *f* (*unkl.*) Mastixbaum, *Baum im Mittelmeerraum, dessen Harz zur Mundhygiene benutzt wurde*; Zahnstocher aus Mastixholz

lentitūdō ⟨inis⟩ *f* ||lentus||
1. Vitr. Zähigkeit, Biegsamkeit
2. (*nachkl.*) Langsamkeit, Mangel an Bewegung; RHET steifer Stil, lahmer Vortrag
3. Gleichgültigkeit, Phlegma

lentō ⟨āvī, ātum, āre 1.⟩ ||*Denom von* lentus|| *poet* biegsam machen, biegen, krümmen

Lentulitās ⟨ātis⟩ *f* ||Lentulus|| *hum* der alte Adel der Lentuli

lentulus ⟨a, um⟩ *Adj* ||*Dim von* lentus|| ziemlich zäh; *fig* etwas langsam, *bes im Bezahlen*

Lentulus ⟨ī⟩ *m Beiname in der gens Cornelia*; → ***Cornelius***

lentus ⟨a, um⟩ *Adj, Adv* ⟨lentē⟩

1. zäh, klebrig
2. fest zusammenhaltend
3. biegsam, geschmeidig
4. langsam
5. lang dauernd, anhaltend
6. langsam wirkend
7. schleppend, steif
8. langsam, gemächlich
9. gleichgültig, lau
10. unbeugsam, eigensinnig

1. zäh, klebrig
2. *poet* fest zusammenhaltend; ***lenta pituita*** zäher Schleim; ***bracchia lenta*** fest umschlungen haltende Arme, fest an den Körper gezogene Arme
3. biegsam, geschmeidig, flexibel; ***habenae lentae*** dehnbare Zügel; ***verbera lenta*** Schläge mit geschmeidigen Ruten; ***umor l.*** geschmeidig machende Feuchtigkeit
4. *fig* langsam *in der Bewegung*, träge; ***lentiore spem facere*** die Erfüllung der Hoffnung verzögern; ***marmor l.*** ruhiges Meer, unbewegliches Meer; ***carbones lenti*** langsam brennende Kohlen
5. *zeitl.* lang dauernd, anhaltend; ***lentius spe*** länger als man hoffte; ***l. abesto*** bleib lange weg
6. *fig* langsam wirkend; ***venenum lentum*** schleichendes Gift
7. RHET *von Stil u. Vortrag* schleppend, steif
8. *fig* langsam, gemächlich, ruhig, bedächtig, geduldig; ***l. in umbra*** behaglich im Schatten hingestreckt
9. *fig pej* gleichgültig, lau, phlegmatisch; ***lente dicere*** gleichgültig sprechen
10. (*nachkl.*) *fig* unbeugsam, eigensinnig, starrköpfig

lēnullus ⟨ī⟩ *m* ||*Dim von* leno|| Plaut. Kuppler

lēnunculus[1] ⟨ī⟩ *m* ||*Dim von* leno|| Plaut. Kuppler

lēnunculus[2] ⟨ī⟩ *m* Barke, Kahn

▸ **leō** ⟨ōnis⟩ *m* ||griech. Lw.|| Löwe, *auch als Gestirn*

Leōnida *u.* **Leōnidās** ⟨ae⟩ *m König von Sparta, fiel als Verteidiger der Thermopylen gegen Xerxes 480 v. Chr.*

leōnīnus ⟨a, um⟩ *Adj* ||leo|| eines Löwen, Löwen…; ***cavum leoninum*** Löwenhöhle

Leontīnī ⟨ōrum⟩ *m Stadt auf Sizilien nw. von Syrakus, heute Lentini*

Leontīnus ⟨a, um⟩ *Adj* aus Leontini, zu Leontini gehörig

Leontīnus ⟨ī⟩ *m* Einwohner von Leontini

lepas ⟨adis⟩ *f* = ***lopas***

▸ **lepidus** ⟨a, um⟩ *Adj, Adv* ⟨lepidē⟩ niedlich, lieblich, nett, anmutig; *iron u. pej* weichlich, zierlich; witzig, launig, geistreich; ***puella lepida*** hübsches Mädchen; ***dictum lepidum*** Witz

Lepidus ⟨ī⟩ *m Beiname in der gens Aemilia*; → ***Aemilius***; ***M. Aemilius Lepidus*** *schloss nach Caesars Ermordung mit Antonius u. Octavian das zweite Triumvirat (43 v. Chr.), starb 13 v. Chr.*

Lepontiī ⟨ōrum⟩ *m Volk in den Zentralalpen, dem heutigen Tessin*

lepōs ⟨ōris⟩ *m* Feinheit, Anmut, das Gefällige *in Benehmen u. Ausdruck*, Charme; geistreicher Witz, Humor

lepra ⟨ae⟩ *f* ||griech. Fw.|| (*nachkl.*) Aussatz

leprōsus ⟨a, um⟩ *Adj* ||lepra|| (*spätl., eccl.*) aussätzig

Leptīnus ⟨a, um⟩ *Adj* aus Leptis Magna, zu Leptis Magna gehörig

Leptis Magna *f alte phönikische Kolonie in Nordafrika, seit Kaiser Trajan röm. Kolonie, Geburtsort des Kaisers Septimius Severus; Ausgrabungen u. Ruinen ö. von Tripolis*

Leptis Minor *f Stadt in Nordafrika, heute Lemta, bedeutende Ruinen*

Leptitānī ⟨ōrum⟩ *m* die Einwohner von Leptis Magna

lepus ⟨oris⟩ *m* ||iber. Wort|| Hase, *auch als Kosewort, (klass.) nur als Sternbild*; ***mi l.*** mein Häschen

lepusculus ⟨ī⟩ *m* ||*Dim von* lepus|| Häschen

Lerna ⟨ae⟩ *f See, Fluss u. Ort s. von Argos, in der Sage Ort, wo Herkules die Hydra tötete*

Lernaeus ⟨a, um⟩ *Adj* aus Lerna, zu Lerna gehörig

Lernēs ⟨ēs⟩ *f* = ***Lerna***

Lesbiacus ⟨a, um⟩ *Adj* aus Lesbos, zu Lesbos gehörig

Lesbias ⟨adis⟩ *u.* **Lesbis** ⟨idis⟩
I *Adj f* aus Lesbos, lesbisch
II *f* Einwohnerin von Lesbos, Lesbierin

Lesbius ⟨a, um⟩ *Adj* aus Lesbos, lesbisch

Lesbos ⟨ī⟩ *f äolische Insel vor der ionischen Küste, s. von Troas, Geburtsort des Arion, des Alkaios u. der Sappho*

Lesbōus ⟨a, um⟩ *Adj* aus Lesbos, lesbisch

Lesbus ⟨ī⟩ *f* = ***Lesbos***

lessus *nur Akk* ⟨um⟩ *m* (*altl.*) Totenklage

lētālia ⟨ōrum⟩ *n* ||letalis|| tödliche Mittel

lētālis ⟨e⟩ *Adj* ||letum|| (*nachkl.*) *poet* tödlich, todbringend, todverkündend; ***sonus l.*** todverkündender Ruf der Eule

Lēthaeus ⟨a, um⟩ *Adj* (Verg., Ov.) zur → Lethe gehörig, zur Unterwelt gehörig; Vergessen bringend, einschläfernd; ***somnus L.*** todbringender Schlaf

lēthargicus ⟨a, um⟩ *Adj* ||griech. Fw.|| (*nachkl.*) *poet* schlafsüchtig

lēthargus ⟨ī⟩ *m* ||griech. Fw.|| (*nachkl.*) *poet* Schlafsucht

Lēthē ⟨ēs⟩ *f Strom in der Unterwelt, aus dem die Toten Vergessen alles Vergangenen tranken*

lēti-fer ⟨fera, ferum⟩ *Adj (nachkl.)* = ***letalis***

lētō ⟨āvī, ātum, āre 1.⟩ ||*Denom von* letum|| töten

Lētō ⟨ūs⟩ *f* = ***Lato***

Lētōis ⟨idis⟩ *f* = ***Latois***; → ***Lato***

Lētōius ⟨a, um⟩ *Adj* = ***Latoius***; → ***Lato***

▶ **lētum** ⟨ī⟩ *n (altl.) poet* Tod; *fig* Untergang, Vernichtung

Lētum ⟨ī⟩ *n Dämon der Unterwelt*

Leucadia ⟨ae⟩ *f Insel u. deren im N liegende Hauptstadt vor der Küste Akarnaniens, wurde lange als das homerische Ithaka angesehen*

Leucadius ⟨a, um⟩ *Adj* aus Leucadia, zu Leucadia gehörig

Leucadius ⟨ī⟩ *m* Einwohner von Leucadia

Leucas[1] ⟨adis⟩ *f* = ***Leucadia***

Leucas[2] ⟨adis⟩ *f* = ***Leucatas***

leucaspis *Gen* ⟨idis⟩ *Adj* ||griech. Fw.|| *(nachkl.)* mit weißen Schilden; ***phalanx l.*** Schlachtreihe mit weißen Schilden

Leucātās *u.* **Leucātēs** ⟨ae⟩ *m Vorgebirge im S der Insel Leukas mit einem Apollotempel*

Leuconicum ⟨ī⟩ *n* Mart. leukonische Wolle *als Kissenfüllung, benannt nach dem Stamm der Leuci zwischen Maas u. Mosel*

leuconotus ⟨ī⟩ *m* ||griech. Fw.|| *(nachkl.)* heller, trockener Südwestwind

leucophaeātus ⟨a, um⟩ *Adj* ||griech. Stamm, lat. Endung|| Mart. aschgrau gekleidet

Leucothea ⟨ae⟩ *f u.* **Leucotheē** ⟨ēs⟩ *f Kultname der Meeresgöttin Ino*

Leuctra ⟨ōrum⟩ *n Ort in Böotien, sw. von Theben, bekannt durch den Sieg des Epaminondas über die Spartaner 371 v. Chr.*

Leuctricus ⟨a, um⟩ *Adj* aus Leuctra, zu Leuctra gehörig

levāmen ⟨inis⟩ *n u.* **levāmentum** ⟨ī⟩ *n* ||levo[2]|| Linderungsmittel, Erleichterung; *fig* Trost = Tröster

levātiō ⟨ōnis⟩ *f* ||levo[2]||

1. Vitr. das Hochheben

2. *fig* Erleichterung, Linderung; Verminderung, Verringerung

lēve ⟨is⟩ *n* ||levis[1]|| Hor. glatte Oberfläche

lēvī → ***lino***

leviculus ⟨a, um⟩ *Adj* ||*Dim von* levis[2]|| ziemlich leicht; *(nachkl.) fig* ziemlich unbedeutend

levidēnsis ⟨e⟩ *Adj* ||levis[2]||

1. *(spätl.)* leicht gewebt, dünn

2. *fig* geringfügig; ***munusculum levidense*** Cic. kleines, unbedeutendes Geschenk

levi-fidus ***a, um*** *Adj* ||levis[2], fides[1]|| Plaut. nicht ganz glaubwürdig

levi-pēs *Gen* ⟨pedis⟩ *Adj* ||levis[2]|| *(vkl.) poet* leichtfüßig

lēvis[1] ⟨e⟩ *Adj*

1. glatt, geglättet; ***hircus l.*** glatthaariger Ziegenbock

2. *(nachkl.) poet* blank, glatt poliert

3. glatt, schlüpfrig

4. unbehaart, bartlos; kahlköpfig

5. jugendlich, zart, *auch* geputzt

6. *von der Rede* geschliffen, fließend; ***levia sectari*** Hor. nach Glätte streben

levis[2] ⟨e⟩ *Adj, Adv* ⟨leviter⟩

1. leicht *von Gewicht*; ***pondus leve*** leichtes Gewicht; ***armatura l.*** leichte Bewaffnung; ***pila levius cadunt*** die Wurfspieße fallen mit geringerer Kraft; ***leviter ferre*** willig tragen

2. MIL leicht bewaffnet

3. leicht *im Gehalt*; mager, leicht bekömmlich, leicht verdaulich; ***terra l.*** magerer Boden; ***populi leves*** körperlose Schatten

4. *(nachkl.) fig* schnell, flüchtig; ***cervus l.*** schneller Hirsch; ***agmen l.*** leicht beweglicher Heereszug

5. *fig* mild, sanft, schwach; ***imperium leve*** milde Herrschaft; ***verba leviora*** sanftere Worte; ***levissime dicere*** den mildesten Ausdruck benutzen; ***leviter dolere*** maßvollen Schmerz empfinden; ***alicui l.*** j-m milde gesinnt

6. *fig* unbedeutend, unerheblich, geringfügig; ***auctor l.*** unbedeutender Schriftsteller; ***cura l.*** kleine Sorge, geringe Sorge; ***l. pugna*** unbedeutender Kampf; ***munimentum leve*** leicht befestigtes Lager; ***auditio/rumor l.*** unverbürgtes Gerücht; ***pecunia alicui levissima est*** Geld spielt bei j-m gar keine Rolle; ***leviter curare*** sich wenig kümmern; ***aliquid in levi habere*** etwas für eine Kleinigkeit achten

7. *fig von Personen u. Sachen* leichtsinnig, wankelmütig, ohne Charakter, haltlos, unzuverlässig; ***homo l.*** leichtfertiger Mensch; ***amicitia l.*** Freundschaft mit leichtfertigen Menschen; ***leviter significare*** oberflächlich andeuten

levi-somnus ⟨a, um⟩ *Adj* ||levis[2]|| Lucr. mit leichtem Schlaf

lēvitās[1] ⟨ātis⟩ *f* ||levis[1]|| Glätte; RHET fließender Ausdruck, Ungezwungenheit

levitās[2] ⟨ātis⟩ *f* ||levis[2]||

1. Leichtigkeit *des Gewichtes*

2. *poet* Beweglichkeit, Geschwindigkeit

3. *fig* Leichtfertigkeit, Oberflächlichkeit; ***levitates amatoriae*** Leichtfertigkeit in der Liebe; ***levitates comicae*** leichtfertige Streiche in der Komödie

4. *fig vom Charakter* Leichtsinn, Charakterlosigkeit, Haltlosigkeit, würdeloses Benehmen

5. *fig von Sachen* Nichtigkeit, Unhaltbarkeit; ***l. opinionis*** Unhaltbarkeit einer Meinung

lēvō[1] ⟨āvī, ātum, āre 1.⟩ ||*Denom von* levis[1]|| glätten, polieren; *in der Rede od beim Schreiben* feilen; ***corpus l.*** sich enthaaren

levō[2] ⟨āvī, ātum, āre 1.⟩ ||*Denom von* levis[2]||

1. leichter machen, erleichtern
2. leichter machen, erträglich machen
3. befreien, erlösen
4. verringern, mindern
5. wegnehmen, abnehmen
6. in die Höhe heben, erheben
7. aufrichten, stärken

1. *(nachkl.) poet* leichter machen, erleichtern; ***naves l.*** Schiffe entladen; ***aliquem onere l.*** j-m eine Last abnehmen; ***colla serpentem l.*** vom Drachenwagen herabsteigen; ***aliquam l.*** eine Frau entbinden; *Passiv* entbunden werden

2. *fig* leichter machen, erträglich machen, mildern, lindern; ***alicuius metum l.*** j-s Angst mindern; ***do-***

lorem consolando l. durch Trösten den Schmerz lindern, ***viam sermone l.*** durch Gespräch den Weg verkürzen; ***omen l.*** das böse Vorzeichen entkräften; ***annonam l.*** den Getreidepreis senken
3. befreien, erlösen, *re* von etw; ***se l. aere alieno*** sich von Schulden befreien; ***nemus fronde levatur*** der Wald entlaubt sich
4. *etw Gutes* verringern, mindern, schwächen; ***alicuius auctoritatem l.*** j-s Ansehen schwächen
5. wegnehmen, abnehmen; ***capiti decus l.*** den Kopfschmuck abnehmen
6. in die Höhe heben, erheben, aufrichten; ***saucium l.*** einen Verwundeten aufrichten; *Passiv u.* ***se l.*** sich erheben; ***se pennis l.*** auffliegen
7. *fig* aufrichten, stärken, erfrischen, ermutigen; ***adventus tuus me levabit*** deine Ankunft wird mich aufrichten; ***luctu alicuius levari*** sich an j-s Trauer weiden

lēvor ⟨ōris⟩ *m* ||levis[1]|| Glätte; ***l. vocis*** Glätte des Ausdrucks

lēx ⟨lēgis⟩ *f* ||lego[2]||

1. juristische Formel
2. Vertrag
3. Bedingung, Bestimmung
4. Gesetzesvorschlag, Gesetzesantrag
5. Gesetz, gesetzliche Verordnung
6. Verfassung
7. geschriebenes Recht
8. einzelne Bestimmungen
9. Regel, Vorschrift
10. Gewohnheit, Art
11. Art und Weise, Beschaffenheit
12. Regelmäßigkeit, Ordnung
13. die Heilige Schrift

1. juristische Formel *für ein Geschäft*
2. Vertrag; ***l. mancipii*** Kaufvertrag; ***l. operi faciundo*** Bauvertrag
3. Bedingung, Bestimmung, Vertragspunkt; Friedensbedingung, Bedingung; ***legem accipere*** eine Bedingung annehmen; ***leges pacis alicui dicere/scribere*** j-m die Friedensbedingungen diktieren
4. Gesetzesvorschlag, Gesetzesantrag; ***legem ferre/rogare*** ein Gesetz einbringen, ein Gesetz beantragen, *ut/ne* dass/dass nicht; ***legem perferre*** ein Gesetz durchbringen; ***legem promulgare*** ein Gesetz durch Anschlag öffentlich bekannt machen; ***legem sciscere/iubere*** ein Gesetz genehmigen; ***legem antiquare/repudiare*** einen Gesetzesvorschlag verwerfen, einen Gesetzesvorschlag ablehnen
5. Gesetz, gesetzliche Verordnung; Volksbeschluss; ***poena legis*** gesetzlich vorgeschriebene Strafe; ***legem abrogare*** ein Gesetz abschaffen; ***lege uti*** den Schutz der Gesetze genießen, *auch* gesetzlich verfahren; ***lege/legibus/ex lege/ex legibus*** gesetzmäßig
6. *Pl* Verfassung; ***leges libertasque*** republikanische Verfassung
7. *Pl* geschriebenes Recht
8. *Pl* einzelne Bestimmungen *eines Gesetzes*
9. Regel, Vorschrift, Bestimmung *einer Kunst, Wissenschaft u. a.*; ***l. fati*** Schicksalsbestimmung; ***legem alicui statuere*** für j-n etw als Regel aufstellen
10. Gewohnheit, Art, *nach der jd lebt*
11. Art und Weise, Beschaffenheit
12. Regelmäßigkeit, Ordnung; ***sine lege*** ungeordnet, regellos
13. (*mlat.*) die Heilige Schrift; das Alte Testament
14. ***lege artis*** (*mlat.*) nach den Regeln der (ärztlichen) Kunst

lexis ⟨eos⟩ *f* ||griech. Fw.|| *poet* Wort, Ausdrucksweise

lībāmen ⟨inis⟩ *n* ||libo|| Opfer, Opfergabe; ***prima libamina*** die von der Stirn des Opfertieres abgeschnittenen Haare

lībāmentum ⟨ī⟩ *n* ||libo||
1. Spende, Opfer, Opfergabe
2. Sen. *fig* Kostprobe; *Pl* Sammlung von Lesestücken

Libanus ⟨ī⟩ *m* Libanon, *Gebirge in Syrien*

lībārius ⟨ī⟩ *m* ||libo|| Kuchenbäcker, Kuchenverkäufer

lībātiō ⟨ōnis⟩ *f* ||libo|| Trankopfer, *Ausschütten von Wein od Wasser*

lībella ⟨ae⟩ *f* ||*Dim von* libra||
1. *röm. Silbermünze im Wert von 1/10 Denar*; ***heres ex libella*** Erbe eines Zehntels
2. kleine Münze; ***ad libellam*** auf Heller und Pfennig, genau
3. (*nachkl.*) Lucr. Wasserwaage

libellus ⟨ī⟩ *m* ||*Dim von* liber[1]||
1. kleine Schrift, Büchlein; *Pl* Buchladen
2. Verzeichnis
3. Notizbuch, Merkbuch, Register
4. Brief, Schreiben
5. Programm *für eine Theatervorstellung*, Theaterzettel
6. öffentliche Bekanntmachung, Aushang, Plakat; ***libellos deicere*** die Anschläge abnehmen = die Beschlagnahmung aufheben

► **libēns** *Gen* ⟨entis⟩ *Adj, Adv* ⟨libenter⟩ ||libet|| gern, willig, freudig; ungeniert; ***libenter esse*** guter Laune sein

libentia ⟨ae⟩ *f* ||libens|| (*vkl., nachkl.*) Fröhlichkeit, Vergnügen, sinnliche Lust

Libentia ⟨ae⟩ *f* = Venus

Libentīna ⟨ae⟩ *f* = ***Lubentina***

► **liber[1]** ⟨brī⟩ *m*
1. Bast, *Schicht zwischen Stamm u. Rinde des Baumes, auf der man in ältesten Zeiten schrieb*
2. *meton* Buch, Schrift; ***Platonis libri*** Platos Schriften; ***libri carminum*** Zauberbücher
3. (*nachkl.*) *meton* Schreiben, Brief, Bericht; Verfügung, Erlass
4. *meton* Verzeichnis, Register, Katalog
5. Quint. *meton* Rede, Gedicht, Komödie
6. *Pl* Religionsbücher; Auguralbücher; Rechtsbücher; ***libri Sibyllini*** die Sibyllinischen Bücher

līber[2]

I ⟨era, erum⟩ *Adj, Adv* ⟨līberē⟩
1. *von Personen u. Sachen* frei, ungebunden, ohne Fesseln; *Adv auch* freiwillig; ***sapiens semper est l.*** der Weise ist immer frei; ***pes l.*** ungefesselter Fuß; ***campus l.*** offenes Gelände; ***aequor liberum*** offenes Meer; ***mandata libera*** uneingeschränkte Vollmacht; ***custodia libera*** freie Haft *im Haus eines an-*

gesehenen Bürgers; ***conclave liberum*** beliebiges Zimmer; ***libera mendacio uti*** frischweg lügen; ***fenus liberum*** durch kein Gesetz beschränkter Wucherzins
2. frei von *etw*, ohne *etw*, *a re / re / alicuius rei*, *ab aliquo* von j-m; ***l. fati*** an keinen Schicksalsspruch gebunden
3. freimütig, ungezwungen, offen, unbefangen; *pej* dreist, rücksichtslos
4. sorgenfrei, frei von Geschäften, unverpfändet, steuerfrei, dienstfrei, frei von Bewohnern; ***lectulus l.*** Bett eines Junggesellen
5. politisch frei, frei geboren; unabhängig, selbstständig; ***civitas libera*** freie Stadt
6. *fig* zügellos, ausschweifend; ***Cupido l.*** der schamlose Cupido; ***libere vivere*** ausschweifend leben
II ⟨erī⟩ *m*
1. der Freie, Freigeborener
2. *Pl* ***līberī, ōrum*** *u.* ***um*** *m* die frei geborenen Kinder, Kinder; ***coniuges ac liberi*** Frauen und Kinder
Līber[3] ⟨Līberī⟩ *m* ||liber[3]|| *altital. Gott der Zeugung u. des Wachstums, später mit Bacchus / Dionysos gleichgesetzt*; Gott des Weines; *meton* Wein, Kraft des Weines
Lībera ⟨ae⟩ *f* ||Liber[3]||
1. = Proserpina, *Tochter der Ceres u. Schwester des Liber*
2. = Ariadne *als Ehefrau des Bacchus*
Līberālia ⟨ium⟩ *n* ||Liber[3], Libera|| Fest des Bacchus *sowie der Ceres u. Libera, am 17. März, an dem die jungen Männer die toga virilis empfingen*
▶ **līberālis** ⟨e⟩ *Adj*, *Adv* ⟨līberāliter⟩ ||liber[2]||
1. die Freiheit betreffend; ***causa l.*** Prozess um Freiheitsrechte; ***nuptiae liberales*** Ehe zwischen Freien
2. eines freien Mannes würdig, edel, anständig; vornehm, standesgemäß; ***artes liberales / doctrinae liberales / studia liberalia*** Künste und Wissenschaften, die einem Freien zukommen, *anfangs 9, seit 400 n Chr. 7 artes liberales*: *Grammatik*, *Rhetorik*, *Dialektik* (= *trivium*); *Arithmetik*, *Geometrie*, *Musik*, *Astronomie* (= *quadrivium*)
3. gütig, freundlich, höflich, zuvorkommend
4. freigebig, großzügig, *in aliquem* gegen j-n
5. *von Sachen* reichlich, stattlich; ***epulae liberales*** üppige Mahlzeit; ***liberalius se indulgere*** sich reichlichere Genüsse gestatten
līberālitās ⟨ātis⟩ *f* ||liberalis||
1. eines freien Mannes würdige Denk- und Handlungsweise, Güte, edle Gesinnung, Höflichkeit
2. Freigebigkeit
3. *meton* Schenkung
līberātiō ⟨ōnis⟩ *f* ||libero|| Befreiung, *akt. u. p*; *bes gerichtlicher* Freispruch, *alicuius rei* von etw
līberātor ⟨ōris⟩ *m* ||libero|| Befreier; *adj* befreiend
▶ **līberī** ⟨ōrum⟩ *u.* ⟨um⟩ *m* → ***liber***[2]
▶ **līberō** ⟨āvī, ātum, āre 1.⟩ ||*Denom von* liber[2]||
1. befreien, freilassen *aus Sklaverei od Gefangenschaft*; ***servum l.*** einen Sklaven freilassen; ***ensem vaginā l.*** das Schwert ziehen
2. befreien, *ex re* aus etw, *a re / re* von etw; ***multos ex incommodis l.*** viele aus ihrer unbequemen Lage befreien; ***patriam a tyranno l.*** das Vaterland vom Tyrannen befreien; ***l. se a Venere*** sich von der Verpflichtung gegenüber Venus lösen
3. *fig* abgabenfrei machen
4. *fig* aufheben; ***obsidionem urbis l.*** die Belagerung der Stadt aufheben
5. ***l. fidem*** *fig* sein Wort einlösen; ***nomina l.*** *fig* die Schulden tilgen
6. *fig von Örtlichkeiten* von der Verbauung der Aussicht befreien; ***templa l.*** Tempel aus einer Verbauung lösen
7. JUR freisprechen, *aliquem re / alicuius rei* j-n von etw; ***aliquem voti l.*** j-n von seinem Gelübde entbinden
liberta ⟨ae⟩ *f* ||libertus|| Freigelassene
lībertās ⟨ātis⟩ *f* ||liber[2]||
1. Freiheit, Selbstständigkeit, Unabhängigkeit *von jeglicher Behinderung*; Erlaubnis, *alicuius* j-s, *alicuius rei* in etw
2. bürgerliche Freiheit *des Einzelnen*, ↔ *Sklaverei*, *Knechtschaft*; ***libertate uti*** frei sein; ***servos ad libertatem vocare*** den Sklaven die Freiheit verheißen; ***aliquem e servitute in libertatem vindicare*** j-n aus der Knechtschaft befreien
3. politische Freiheit *eines Volkes od Staates*, ↔ *monarchische Verfassung od fremde Oberherrschaft*; republikanische Verfassung, Volkssouveränität, Autonomie
4. Freiheitssinn
5. Freimütigkeit, Unerschrockenheit
6. Missbrauch der Freiheit, Zügellosigkeit, Ausschweifung; ***nimia l.*** allzu große Freiheit; ***l. vitae*** ungebundenes Leben
Lībertās ⟨ātis⟩ *f* Göttin der Freiheit, *in Rom in mehreren Tempeln verehrt*
lībertīna ⟨ae⟩ *f* ||libertinus|| Freigelassene
lībertīnus
I ⟨a, um⟩ *Adj* ||libertus|| frei gelassen
II ⟨ī⟩ *m* Freigelassener, Sohn eines Freigelassenen
▶ **lībertus** ⟨ī⟩ *m* ||liber[2]|| Freigelassener *von j-m*, *daher immer + Gen od poss Pr*; ***Tiro l. Ciceronis*** Tiro, der Freigelassene des Cicero
▶ **libet** ⟨libuit⟩ *u.* ⟨libitum est, libēre 2.⟩ *unpers* es beliebt, es gefällt, *alicui* j-m, + *Inf*; ***mihi libet*** ich will, ich mag; ***mihi libet plura scribere*** ich will mehr schreiben
libīdinor ⟨ātus sum, ārī 1.⟩ ||libido|| (*nachkl.*) *poet* brünstig sein, geil sein
libīdinōsus ⟨a, um⟩ *Adj*, *Adv* ⟨libīdinōsē⟩ ||libido||
1. genusssüchtig, wollüstig, ausschweifend, geil
2. willkürlich, launenhaft, zügellos
libīdō ⟨inis⟩ *f* ||libet||
1. Begierde, Lust, Verlangen, Trieb, Sucht, *alicuius rei* nach etw, zu etw, an etw; *abs* Leidenschaft; ***l. sanguinis*** Blutdurst; ***l. in armis*** Vergnügen an Waffen; ***l. est = libet***
2. sinnliche Lust, Wollust, Genusssucht, Ausschweifung, Lüsternheit; *Pl* Lüste, Sinnlichkeit, Obszönitäten; ***libidini esse alicui*** j-m zur Befriedigung der Lust dienen
3. Willkür, bloße Laune, Zügellosigkeit; *Pl* Willkürlichkeiten; ***ad libidinem / ex libidine*** nach Laune, nach Belieben
4. (*nlat.*) MED Trieb, Geschlechtstrieb; Grundantrieb der allgemeinen Lebenskraft
libita ⟨ōrum⟩ *n* ||libet|| Belieben

Libitīna ⟨ae⟩ *f*
1. *röm. Totengöttin, die die Erfüllung der Begräbnispflichten überwachte; ihr war ein Hain geweiht*
2. *meton* Ausstattung für das Begräbnis
3. Hor. *meton* Tod
libitīnārius ⟨ī⟩ *m* ||Libitina|| (*nachkl.*) Begräbnisunternehmer
libitus ⟨ūs⟩ *m* ||libet|| (*spätl.*) Gelüste; ***ad libitum*** (*mlat.*) nach Belieben
▶ **lībō** ⟨āvī, ātum, āre 1.⟩
1. *einem Gott* ein Trankopfer darbringen; ***altaria pateris l.*** die Altäre durch Ausgießen aus den Schalen benetzen; ***lovi l.*** dem Jupiter ein Trankopfer bringen
2. *allg.* opfern, *bes unblutige Gaben*
3. ein wenig wegnehmen, entnehmen, *ex re/a re* von etw
4. (*nachkl.*) *poet* leicht berühren; ***cibos digitis l.*** die Speisen mit den Fingern leicht berühren; ***l. oscula natae*** den Mund der Tochter leicht küssen
5. (*unkl.*) kosten, nippen, naschen; ***artes l.*** die Künste oberflächlich kennen lernen; ***iecur l.*** die Leber fressen
6. (*nachkl.*) *poet* mindern, schwächen; ***virginitatem l.*** die Jungfernschaft rauben
lībra ⟨ae⟩ *f*
1. Waage, *bes auch zum Abwiegen des Geldes*; ***per aes et libram/aere et librā*** JUR rechtsgültiger Kauf, *wobei der Käufer mit einem Geldstück an die Waage schlug*; ***testamentum sine libra et tabulis facere*** Cic. ohne Beachtung der gesetzlichen Form ein Testament machen; ***librā et aere liberatum emittere*** Liv. den aus der Hand des Gläubigers Befreiten durch Schenkung entlassen
2. Wasserwaage; ***ad libram*** in gleicher Höhe; ***turres ad libram facere*** Türme in gleicher Höhe erbauen
3. Pfund, = *327,45 g*; ***corona aurea librarum quinque*** goldener Kranz von 5 Pfund
4. Liv. Gleichgewicht
5. Waage *als Sternbild*
6. (*mlat.*) *karolingisches* Silberpfund
lībrālis ⟨e⟩ *Adj* ||libra|| (*nachkl.*) ein Pfund schwer
lībrāmentum ⟨ī⟩ *n* ||libro||
1. (*nachkl.*) Gewicht, Gewichtsstück; ***l. plumbi*** Bleigewicht
2. Gefälle *des Wassers*
3. Tac. *meton* Schwungriemen
4. MATH waagrechte Fläche
lībrāria ⟨ae⟩ *f* ||libra|| luv. Werkmeisterin, *die den Sklavinnen die Wolle zuwog*
librāriolus ⟨ī⟩ *m* ||*Dim von* librarius|| armseliger Bücherabschreiber, Kopist; ***librarioli Latini*** dürftige lateinische Literatur
librārium ⟨ī⟩ *n* ||librarius|| Bücherkasten, Bücherschrank
librārius
I ⟨a, um⟩ *Adj* ||liber[1]|| zu den Büchern gehörig, Buch…, Bücher…; ***scriba l.*** Buchhalter; ***scriptor l.*** Kopist; ***magister l.*** Schreiblehrer, Elementarlehrer
II ⟨ī⟩ *m* Kopist, Schreiber, Sekretär; Buchhändler
lībrātor ⟨ōris⟩ *m* ||libro||
1. Fachmann für die Wasserwaage
2. MIL Steinschleuderer, Wurfschütze
lībrātus ⟨a, um⟩ *Adj* ||libro|| kräftig geschwungen, wuchtig
lībrīlis ⟨e⟩ *Adj* ||libra|| ein Pfund schwer; ***funda l.*** Caes. Schleuder für schwere Steine
lībrītor ⟨ōris⟩ *m* (*nachkl.*) = ***librator*** *2*
lībrō ⟨āvī, ātum, āre 1.⟩ ||*Denom von* libra||
1. im Gleichgewicht halten, in der Schwebe halten; *Passiv* sich in der Schwebe halten; ***geminas libravit in alas suum corpus*** Ov. er verteilte das Körpergewicht auf die beiden Flügel
2. (*nachkl.*) *poet balancierend* schwingen, schleudern; ***se/corpus l.*** sich schwingen, fliegen; ***corpus in herba l.*** *poet* sich im Gras ausstrecken
lībum ⟨ī⟩ *n* ||libo|| *sakrales Wort* Opferkuchen, Fladen, vor allem an Geburtstagen den Göttern geopfert
Liburnī ⟨ōrum⟩ *m* die Liburner, *bekannt durch ihre schnellen Seeräuberschiffe, die als Modell für die röm. Kriegsschiffe dienten*
Liburnia ⟨ae⟩ *f Landschaft im N Dalmatiens*
Liburnicus *u.* **Liburnus** ⟨a, um⟩ *Adj* zu den Liburnern gehörig; (***navis***) ***Liburna*** Liburnerjacht
Libya ⟨ae⟩ *f* Libyen
1. *in ältester Zeit Name des bekannten* Afrika
2. Nordküste Afrikas
Libycus ⟨a, um⟩ *Adj* libysch, afrikanisch
Libyē ⟨ēs⟩ *f* = ***Libya***
Libys *Gen* ⟨yos⟩ *Adj* libysch, afrikanisch
Libys ⟨yos⟩ *m* Libyer
Libyssa ⟨ae⟩ *Adj f u.* **Libystis** ⟨idis⟩ *Adj f* libysch, afrikanisch
Libyus ⟨a, um⟩ *Adj* libysch, afrikanisch
licēns *Gen* ⟨entis⟩ *Adj*, *Adv* ⟨licenter⟩ ||licet|| frei, ungebunden; *Adv* nach freiem Belieben *pej* willkürlich, zügellos, frech
▶ **licentia** ⟨ae⟩ *f* ||licens||
1. Freiheit = Ungebundenheit; Macht, Vorrecht; ***aliis alia l. est*** den einen ist dies, den anderen das erlaubt; ***l. regni*** Herrschergewalt; ***l. vitae et necis*** Macht über Leben und Tod
2. Freiheit, *die man von anderen erhält*, Erlaubnis, Vollmacht
3. *von Personen u. Sachen* Freiheit, *die man sich selbst nimmt*, Willkür, Zügellosigkeit, Übermut, Frechheit; ***l. tyranni*** Willkür des Tyrannen; ***l. nocturni temporis*** durch die Nacht begünstigte Zügellosigkeit; ***l. vocis et linguae*** freche Anmaßung in Ton und Sprache
Licentia ⟨ae⟩ *f* Göttin der Zügellosigkeit, *griech. Hybris*
licentiōsus ⟨a, um⟩ *Adj* ||licentia|| (*nachkl.*) willkürlich, ausschweifend
liceō ⟨uī, -, ēre 2.⟩
1. zum Verkauf stehen, angeboten werden; Hor. gelten, wert sein
2. (*nachkl.*) *poet eine Ware* anbieten
liceor ⟨licitus sum, licērī 2.⟩ ||liceo|| *in der Auktion* bieten; einen Preis aussetzen, *aliquid* auf etw, + *Gen od Abl zur Angabe des Preises*; ***ad nutum licentium*** auf den Wink der Meistbietenden; ***contra l.*** überbieten
▶ **licet** ⟨licuit⟩ *u.* ⟨licitum est, licēre 2.⟩ ||liceo||
I es steht frei, es ist erlaubt, man darf, man kann, es ist möglich, *abs od + Inf/ + AcI, als Subj. nur n ei-*

nes Pron od Adj, selten + Konjkt; ***dum licet*** solange man kann; ***per me licet*** meinetwegen; ***hoc licet*** das ist erlaubt; ***tibi liceat narres*** du magst erzählen; ***licet adspicias*** du kannst sehen

II *Konj + Konjkt* wenn auch, zugegeben dass, *poet auch ohne finites Verb bei Adj u. Part*; ***fremant omnes licet, dicam quod sentio*** mögen alle murren, ich werde sagen, was ich denke; ***quamvis licet*** wenn auch noch so sehr; ***quamvis licet insectemur Stoicos, metuo, ne soli philosophi sint*** Cic. mögen wir die Stoiker auch noch so schmähen, ich fürchte, sie sind die einzigen Philosophen

līchēn ⟨ēnis⟩ *m* ||griech. Fw.|| *(nachkl.) poet* Flechte

Licinius ⟨a, um⟩ *Name einer pleb. gens etrusk. Herkunft*

1. ***L. Licinius Crassus*** *140–91 v. Chr., Staatsmann u. bedeutender Redner*

2. ***M. Licinius Crassus Dives*** *115–53 v. Chr., Anhänger Sullas, siegreich im Krieg gegen Spartacus, mit Pompeius u. Caesar erstes Triumvirat 60 v. Chr., bei Carrhae 53 v. Chr. von den Parthern geschlagen u. durch Verrat von ihnen ermordet*

3. ***L. Licinius Lucullus Ponticus*** *106–56 v. Chr., Feldherr im Bundesgenossenkrieg u. gegen Mithridates u. Tigranes, bekannt durch seinen Reichtum, sanierte die durch Wucher ruinierte Provinz Asien, musste sein Kommando an Pompeius abgeben, starb im Wahnsinn*

4. ***L. Licinius Murena*** *Feldherr im Krieg gegen Mithridates 63 v. Chr., designierter Konsul, wegen Bestechung angeklagt, von Cicero mit Erfolg verteidigt (Oratio pro Murena)*

5. ***A. Licinius Archias*** → ***Archias***

licitātiō ⟨ōnis⟩ *f* ||licitor|| das Bieten *bei Auktionen*, Gebot

licitātor ⟨ōris⟩ *m* ||licitor|| Bieter *bei Auktionen*

licitor ⟨ātus sum, ārī 1.⟩ ||*Intens von* liceor|| *(vkl., nachkl.)* = ***liceor***

licitus ⟨a, um⟩ *Adj* ||licet|| erlaubt, vergönnt

līcium ⟨ī⟩ *n (nachkl.) Webkunst* Ende des alten Gewebes, *Querfäden, an die die Fäden des neuen Aufzugs (Längsfäden) geknüpft wurden*; Faden, *auch* Band; ***licia telae addere/licia telis annectere*** ein Webstück beginnen

▸ **līctor** ⟨ōris⟩ *m* Liktor, öffentlicher Diener *der höheren Magistrate, die bei öffentlichen Auftritten die Symbole der Amtswürde, die fasces, ihren Herren vorantrugen u. ihre Befehle ausführten; der Diktator hatte 24, der Konsul 12, der Prätor 6, der kaiserliche Legat 5 Liktoren, der flamen Dialis sowie jede Vestalin hatten je einen Liktor ohne fasces*; ***primus/proximus l.*** der dem Beamten unmittelbar vorangehende Liktor, dienstältester Liktor; ***proxumus l. Iugurthae*** Iugurthas treuester Leibwächter

licuī → ***liceo*** *u.* → ***liqueo*** *u.* → ***liquesco***

līdō ⟨-, -, ere 3.⟩ Lucr. → ***laedo***

liēn ⟨ēnis⟩ *m (vkl., nachkl.)* Milz

liēnōsus ⟨a, um⟩ *Adj* ||lien|| *(vkl., nachkl.)* milzkrank

ligāmen ⟨inis⟩ *n u.* **ligāmentum** ⟨ī⟩ *n* ||ligo²|| *(nachkl.) poet* Band, Binde, Verband

Ligāriānus ⟨a, um⟩ *Adj* des Ligarius, zu Ligarius gehörig

Ligārius ⟨a, um⟩ *röm. Gentilname*; ***Q. Ligarius*** *Parteigänger des Pompeius, von Cicero erfolgreich verteidigt*

Liger ⟨eris, *Akk* im⟩ *u.* ⟨em⟩ *m* die Loire

lignārius

I ⟨a, um⟩ *Adj* ||lignum|| *(nachkl.)* zum Holz gehörig

II ⟨ī⟩ *m* Holzhändler, Holzarbeiter; ***inter lignarios*** auf dem Holzmarkt, in der Holzmarktstraße

lignātiō ⟨ōnis⟩ *f* ||lignor|| das Holzfällen, das Holzholen

lignātor ⟨ōris⟩ *m* ||lignor|| Holzfäller

ligneolus ⟨a, um⟩ *Adj* ||*Dim von* ligneus|| fein aus Holz gearbeitet

ligneus ⟨a, um⟩ *Adj* ||lignum||

1. aus Holz, hölzern, Holz…; ***equus l.*** hölzernes Pferd

2. Plaut. *meton* auf eine Holztafel geschrieben

3. *fig* hölzern, trocken, dürr

lignor ⟨ātus sum, ārī 1.⟩ ||*Denom von* lignum|| Holz holen; Plaut. züchtigen

lignum ⟨ī⟩ *n*

1. Holz *als Stoff*; ***calcei ex ligno facti*** Holzschuhe

2. Stück Holz, Scheit; *Pl* Brennholz; ***ligna in silvam ferre*** Holz in den Wald tragen = etw Überflüssiges tun

3. Hor. *meton* Baum

4. *(nachkl.) meton* aus Holz Gefertigtes, Schaft eines Speeres, Schreibtafel, Holzpuppe; Trojanisches Pferd; ***mobile l.*** Marionette

ligō¹ ⟨ōnis⟩ *m* Tac. Hacke *zum Auflockern der Erde*

▸ **ligō²** ⟨āvī, ātum, āre 1.⟩ *(nachkl.)*

1. binden, ***manūs post tergum*** die Hände hinter den Rücken

2. anbinden, festbinden; ***mulam l.*** eine Mauleselin anschirren; ***pisces in glacie ligati*** im Eis festgefrorene Fische

3. ein Band um *etw* schlingen, *etw* umschlingen, *aliquid*; ***vulnera veste l.*** eine Wunde mit Stoff verbinden; ***guttura laqueo l.*** die Kehle mit einer Schlinge zusammenschnüren

4. *fig* durch ein Band verbinden, vereinigen, *auch fig*

5. durch Vereinigung zustande bringen, knüpfen, schließen; ***pacta l.*** Verträge schließen

ligula¹ ⟨ae⟩ *f (nachkl.) poet* Löffel

ligula² ⟨ae⟩ *f*

1. = ***lingula¹***

2. *(mlat.)* Zünglein, Zipfel

Ligur ⟨uris⟩ *m u. f, Pl* **Ligures** ⟨um⟩ *m* Ligurer, *nichtindogermanischer Stamm in Westeuropa, in historischer Zeit auf das Küstengebiet Oberitaliens zurückgedrängt, galten als schlau u. betrügerisch*

Liguria ⟨ae⟩ *f* Land der Ligurer

ligur(r)iō ⟨īvī⟩ *u.* ⟨iī, ītum, īre 4.⟩

1. *lüstern od naschhaft* an *etw* lecken, *etw* belecken, *aliquid*; ***furta l.*** heimlich naschen

2. auf *etw* lüstern sein, nach *etw* begierig sein, *aliquid*

ligurrītiō ⟨ōnis⟩ *f* ||ligurrio|| Naschhaftigkeit *des Feinschmeckers*

Ligus

I *Gen* ⟨uris⟩ *Adj* ligurisch; → ***Ligur***

II ⟨uris⟩ *m u. f* = ***Ligur***

Ligusticus *u.* **Ligustīnus** ⟨a, um⟩ *Adj* ||Ligus|| ligurisch

L

ligustrum ⟨ī⟩ *n* *(nachkl.)* Liguster, Rainweide

līlium ⟨ī⟩ *n*
1. *(unkl.)* Lilie; ***l. album*** weiße Lilie
2. MIL Lilie, *trichterförmige Fallgrube mit spitzen Pfählen in der Mitte als Verschanzung*

Lilybaeon *u.* **Lilybaeum** ⟨ī⟩ *n Westspitze Siziliens u. Stadt auf Sizilien, punisch, seit 241 v. Chr. röm., heute Marsala, unbedeutende Reste*

Lilybēius *u.* **Lilybītānus** ⟨a, um⟩ *Adj* aus Lilybaeum, zu Lilybaeum gehörig

līma ⟨ae⟩ *f* *(unkl.)* Feile; *meton* künstlerische Ausarbeitung *einer Schrift*; ***ultima l. scriptis deest*** die letzte Ausarbeitung fehlt den Schriften

līmātulus ⟨a, um⟩ *Adj* ||*Dim von* limatus|| gefeilt; *fig* = ***limatus***

līmātus ⟨a, um⟩ *Adj* ||limo[1]|| gefeilt; *(klass.) nur fig* fein, ausgefeilt, verfeinert, sorgfältig ausgearbeitet; ***oratio limata*** ausgefeilte Rede

limbulārius ⟨ī⟩ *m* ||limbus|| Plaut. Bordürenmacher

limbus ⟨ī⟩ *m*
1. *(vkl.) poet* Bordüre, Saum *an einem Kleid od Gewebe*
2. *(eccl.)* Vorhölle, *Ort der vorchristlichen Gerechten in der Unterwelt*

▶ **līmen** ⟨inis⟩ *n*
1. Schwelle, Türschwelle; *allg.* Eingang; ***custos ad limina*** Türhüter
2. *(nachkl.) poet* Haus, Wohnung; Gemach, Vorzimmer; ***l. sacrum*** Tempel; ***l. regis/regum*** Königspalast
3. Verg. Schranken *in der Rennbahn*
4. *(nachkl.) fig* Eingang, Anfang
5. *fig* Grenze, Ende

▶ **līmes** ⟨itis⟩ *m*
1. Rain *als Ackergrenze*, Grenze, Furche, Scheidelinie, Grenzzeichen; ***saxum agro limitem ponere*** einen Felsen als Grenzstein in den Acker setzen
2. *bestimmte, genau festgelegte* Grenze *zwischen zwei Ländern, bes* befestigte Grenze, Grenzwall, Limes, Reichsgrenze
3. *fig* Unterschied
4. schmaler Weg, Pfad, Steig, Feldweg, Fußweg; ***eundem limitem agere*** dieselben Mittel gebrauchen; ***l. fluminis*** Flussbett; ***sectus l.*** Tierkreis; ***l. curvus*** Regenbogen

līmō ⟨āvī, ātum, āre 1.⟩ ||*Denom von* lima||
1. *(nachkl.)* feilen, glätten, polieren, abschleifen; ***cornu l.*** das Horn wetzen; ***caput cum aliquo l.*** Plaut. *hum* sich mit j-m küssen
2. *fig* feilen, glätten, verbessern, *bes Schriftwerke*
3. *fig* genau erforschen, *bes* philosophisch untersuchen, philosophisch behandeln; ***veritatem l.*** den Begriff der Wahrheit philosophisch untersuchen
4. *fig* abfeilen = vermindern, schmälern, beschränken; ***alicuius commoda l.*** j-s Vorteile mindern; ***l. aliquid de re/de aliquo*** etw von etw/von j-m wegnehmen; ***se l. ad aliquid*** sich auf etw beschränken

līmō[2] ⟨-, -, āre 1.⟩ ||*Denom von* limus[1]|| Plaut. mit Straßenkot bespritzen

līmōsus ⟨a, um⟩ *Adj* ||limus[1]|| *(nachkl.) poet* schlammig

limpidus ⟨a, um⟩ *Adj von Flüssigkeiten* klar, hell; ***aqua limpida*** klares Wasser

līmulus ⟨a, um⟩ *Adj* ||*Dim von* limus[2]|| Plaut. schielend; ***oculis limulis*** mit koketten Blicken

līmus[1] ⟨ī⟩ *m* Schlamm; Lehm, Ton; Schmutz; Bodensatz des Weines; Mist; ***l. malorum*** Bodensatz der Übel; ***ad limum*** bis auf den Grund (des Wassers)

līmus[2] ⟨a, um⟩ *Adj* *(unkl.)* schielend

līmus[3] ⟨ī⟩ *m* Verg. *mit Purpurstreifen besetzter* Schurz *der Opferdiener*

līnārius ⟨ī⟩ *m* ||linum|| Plaut. Leinenweber

līnctus ⟨a, um⟩ *PPP* → ***lingo***

līnea ⟨ae⟩ *f* ||linum||
1. Richtschnur, Richtmaß *der Maurer u. Zimmerleute*; ***ad lineam/rectis lineis*** senkrecht
2. Linie, Strich
3. Plaut. Skizze, Entwurf
4. Linie *am Ende der Rennbahn*
5. *fig* Grenzlinie, Ziel, Schranke; ***lineas transire*** die Schranken überschreiten
6. *(unkl.)* Einschnitt *zwischen den Sitzreihen im Theater*
7. Plaut. Angelschnur
8. *Pl (nachkl.)* Netz
9. *(mlat.)* leinenes Untergewand

līneāmentum ⟨ī⟩ *n* ||linea||
1. Linie, Strich, *auch* MATH
2. *Pl* Umrisse, Skizze, Grundriss
3. *Pl* Umrisse des Körpers, äußere Gestalt; *(nachkl.)* Gesichtszüge
4. RHET, LIT bloße Skizze *einer Schrift*

līneāris ⟨e⟩ *Adj* ||linea|| *(nachkl.)* Linien…; ***l. ratio*** Geometrie; ***l. probatio*** mathematischer Beweis

līneō ⟨āvī, ātum, āre 1.⟩ ||*Denom von* linea|| *(vkl., nachkl.)* nach dem Lot ausrichten

līneus ⟨a, um⟩ *Adj* ||linum|| leinen, aus Leinen, aus Flachs

lingō ⟨līnxī, līnctum, lingere 3.⟩ *(unkl.)* lecken, belecken

Lingones ⟨um⟩, *Akk* ⟨as⟩ *m kelt. Stamm in Gallien, Hauptstadt Andematunnum, später Lingones, heute Langres*

▶ **lingua** ⟨ae⟩ *f*
1. Zunge *bei Menschen u. Tieren*
2. *meton* Zunge = Rede, Redegabe; Ausspruch, Worte; *poet* Laut, Ton, Gesang; ***linguam moderari*** seine Rede mäßigen; ***linguam tenere*** schweigen; ***l. volucrum*** Gesang der Vögel
3. *(vkl., nachkl.) meton, pej* böse Zunge, Lästerzunge; Geschwätzigkeit
4. Sprache ↔ *andere Sprachen*; ***l. Graeca*** die griechische Sprache; ***utraque l.*** Griechisch und Latein
5. Mundart, Dialekt
6. *(nachkl.) poet* Landzunge, Vorgebirge

linguārium ⟨ī⟩ *n* ||lingua|| Sen. „Zungenzoll", *Strafe für dummes Reden*

linguāx *Gen* ⟨ācis⟩ *Adj* ||lingua|| Gell. geschwätzig

lingula[1] ⟨ae⟩ *f* ||*Dim von* lingua||
1. Landzunge
2. *(nachkl.) poet* Schuhriemen
3. Plaut. *Schimpfwort* Schlappschwanz

lingula[2] ⟨ae⟩ *f* = ***ligula***[1]

lingulāca ⟨ae⟩ *m u. f* ||lingula[1]|| *(vkl.)* Plappermaul; *adj* geschwätzig

līnia ⟨ae⟩ *f* = ***linea***

līnia… = ***linea…***

līni-ger ⟨gera, gerum⟩ *Adj* ||linum, gero|| *poet* Leinen tragend, in Leinen gekleidet

linō ⟨lēvī⟩ *u.* ⟨līvī, litum, linere 3.⟩ *(nachkl.)*
1. bestreichen, beschmieren, *aliquid re* etw mit etw; ***cerā spiramenta l.*** die Röhren mit Wachs bestreichen; ***vinum pice l.*** Hor. Wein mit Pech versiegeln; ***alicui labra l.*** jdn hintergehen
2. überziehen, bedecken; ***tectum auro l.*** das Dach mit Gold überziehen
3. besudeln, beschmutzen; ***ora luto l.*** das Gesicht mit Dreck beschmutzen
4. *auf der Wachstafel* ausstreichen

Linos *u.* **Linus** ⟨ī⟩ *m Sohn des Apollo, griech. Sänger der Heroenzeit, Lehrer des Orpheus u. Herkules*

► **linquō** ⟨līquī, -, linquere 3.⟩
I *v/t*
1. hinterlassen, + *dopp. Akk*; *in einem Zustand* lassen; ***aliquid intactum l.*** etw unberührt lassen
2. verlassen, ***urbem l.*** die Stadt verlassen; ***lumen l.*** sterben
3. im Stich lassen
4. loslassen
5. *poet* überlassen, *alicui aliquid* j-m etw; ***promissa procellis l.*** Versprechen nicht halten
6. unterlassen, lassen, vermeiden, scheuen
7. ***liquitur*** Lucr. es bleibt übrig, *ut* dass
II *v/i u. Passiv* vergehen, schwinden, *bes* ohnmächtig werden; ***animus linquit*** die Besinnung schwindet; ***linquentem animum revocare*** sich von der Ohnmacht erholen

linteātus ⟨a, um⟩ *Adj* ||linteum|| *(nachkl.)* in Leinen gekleidet

linteō ⟨ōnis⟩ *m* ||linteum|| *(vkl., nachkl.)* Leinenweber

linteolum ⟨ī⟩ *n* ||*Dim von* linteum|| *(vkl., nachkl.)* leinenes Tüchlein

linter ⟨tris⟩ *f u. m*
1. Kahn; ***flumen iunctis lintribus transire*** den Fluss mit zusammengebundenen Kähnen überqueren; ***in liquidā nat tibi l. aquā*** Tib. du hast jetzt eine gute Gelegenheit; ***navigat hinc aliā iam mihi l. aquā*** Ov. ich gehe jetzt zu Neuem über
2. *(vkl.) poet* Trog, Mulde

linteum ⟨ī⟩ *n* ||linteus||
1. Leinwand, Leintuch, Laken
2. *meton* Segel; ***lintea ventis dare*** die Segel setzen
3. Mart. Vorhang
4. *(spätl.)* Lendenschurz

linteus ⟨a, um⟩ *Adj* ||linum|| aus Leinen, Leinwand…; ***librum linteum*** auf Leinwand geschriebenes Buch

lintriculus ⟨ī⟩ *m* ||*Dim von* linter|| kleiner Kahn

līnum ⟨ī⟩ *n*
1. Lein, Flachs; Flachsstängel
2. aus Flachs Gefertigtes, Garn, Faden, Schnur, Bindfaden, Angelschnur, Schnur zum Zubinden von Briefen; Ov. Seil, Tau
3. Leinen, Leinwand, Leintuch, *bes zum Durchseihen von Wein*
4. Netz, Garn; Jagdnetz, Fischnetz

līnxī → ***lingo***

Lipara ⟨ae⟩ *f größte der Liparischen Inseln n von Sizilien, heute Lipari*; *Pl* die Liparischen Inseln

Liparaeus ⟨a, um⟩ *Adj* aus Lipara, zu Lipara gehörig, zu den Liparischen Inseln gehörig

Liparē ⟨ēs⟩ *f* = ***Lipara***

Liparēnsis ⟨e⟩ *Adj* aus Lipara, zu Lipara gehörig, zu den Liparischen Inseln gehörig

Liparēnsis ⟨is⟩ *m* Bewohner von Lipara, Bewohner der Liparischen Inseln

lippiō ⟨īvī, ītum, īre 4.⟩ ||*Denom von* lippus|| triefäugig sein, entzündete Augen haben; Plaut. *fig* brennen; ***lippiunt fauces fame*** die Kehlen brennen vor Hunger

lippitūdō ⟨inis⟩ *f* ||lippus|| Augenkrankheit, Augenentzündung

lippus ⟨a, um⟩ *Adj*
1. triefäugig, augenkrank
2. *fig* blödsinnig
3. *meton* saftig; ***ficus lippa*** saftige Feige

Liq. *Abk (nlat.)* = ***Liquor*** flüssiges Arzneimittel

liquē-faciō ⟨fēcī, factum 3.⟩ ||liqueo||
1. *(nachkl.)* flüssig machen, schmelzen, auflösen; ***ceram l.*** Wachs schmelzen
2. *fig* entnerven, schwächen; ***voluptatibus liquefactus*** durch Sinneslüste geschwächt
3. **liquēfactus** ⟨a, um⟩ *Adj* geschmolzen, flüssig, aufgelöst; geronnen, in Fäulnis geraten; ***saxa liquefacta*** Lava; ***viscera liquefacta*** in Fäulnis geratene Eingeweide

liqueō ⟨liquī⟩ *u.* ⟨licuī, -, liquēre 2.⟩
1. flüssig sein, klar sein; ***liquens*** flüssig, klar, hell; ***campi liquentes*** Wasserfläche(n); ***fluvius liquens*** sanft dahinfließender Fluss
2. *fig* klar sein, deutlich sein; ***liquet*** es ist klar, *alicui* j-m, + *AcI* / + *indir Fragesatz*; ***liquet*** JUR die Sache ist klar, die Sache ist spruchreif

liquēscō ⟨licuī, -, liquēscere 3.⟩ ||*Inkoh von* liqueo||
1. *(nachkl.) poet* flüssig werden, schmelzen; *vom Wasser auch* klar werden, hell werden
2. Ov. verwesen
3. *fig* vergehen; entkräftet werden, weichlich werden

līquī¹ → ***linquo***

liquī² → ***liqueo***

liquidiusculus ⟨a, um⟩ *Adj* ||*Dim von* liquidior, *Komp von* liquidus|| Plaut. etwas sanfter

liquidum ⟨ī⟩ *n* ||liquidus||
1. Flüssigkeit, *bes* Wasser, Getränk
2. *(nachkl.)* Gewissheit; ***ad liquidum perducere*** zu klarer Vorstellung bringen

► **liquidus** ⟨a, um⟩ *Adj*, *Adv* ⟨liquidē⟩ *u.* ⟨liquidō⟩
1. flüssig, fließend, dünn, *auch fig*; ***plumbum liquidum*** flüssiges Blei; ***nymphae liquidae*** Quellnymphen; ***odores liquidi*** duftende Salben
2. klar, hell, durchsichtig; ***aqua liquida*** klares Wasser; ***caelum liquidum*** heiterer Himmel; ***iter liquidum*** Bahn durch die Luft
3. *fig* ungetrübt, lauter; ***mens liquida*** heitere Stimmung
4. rein, unvermischt; ***Falernum liquidum*** echter Falernerwein; ***vox liquida*** reiner Ton
5. *fig* klar, deutlich, gewiss, bestimmt
6. *Adv* ⟨liquide⟩ *(nachkl.)* rein, klar, hell; unbedenklich, zuversichtlich
7. *Adv* ⟨liquido⟩ mit Gewissheit, unbedenklich

liquō ⟨āvī, ātum, āre 1.⟩ ||liqueo|| *(nachkl.)*
1. flüssig machen, schmelzen; ***aes l.*** Erz schmelzen

2. klären, durchseihen; ***vinum l.*** Wein durchseihen
3. *fig von unnötigen Worten* reinigen

liquor¹ ⟨ōris⟩ *m* ||liqueo||
1. flüssiger Zustand, Klarheit, Durchsichtigkeit
2. Flüssigkeit; Saft, Schleim; Wasser, Meer; *Pl* Gewässer

līquor² ⟨-, -, līquī 3.⟩ ||liqueo|| *(unkl.)* flüssig sein, fließen, rinnen; *fig* vergehen; ***glacies liquitur*** Eis schmilzt; ***in lacrimas l.*** in Tränen zerfließen; ***liquuntur res*** die Dinge vergehen

Liquor ⟨oris⟩ *m (nlat.)* flüssiges Arzneimittel; ***L. cerebro-spinalis*** Gehirn-Rückenmarks-Flüssigkeit

Līris ⟨is⟩ *m Fluss im S Latiums, heute Oberlauf Liri, Unterlauf Garigliano*

▶ **līs** ⟨lītis⟩ *f*
1. Streit, Zank, Zwist; ***lites sedare/componere*** Streitigkeiten beilegen
2. Rechtsstreit, Prozess; ***lis privata*** Privatprozess; ***lis capitis*** Kapitalprozess; ***decemviri (st)litibus iudicandis*** Zehnmännergremium in Prozessen über Bürgerrecht und Freiheit; ***litem orare*** einen Prozess führen; ***litem amittere/perdere*** einen Prozess verlieren; ***litem obtinere*** einen Prozess gewinnen; ***litem dare secundum aliquem*** einen Prozess zu j-s Gunsten entscheiden
3. Streitgegenstand, Streitsache; ***litem in suam rem vertere*** (als Richter) den Streitgegenstand selbst behalten; ***litem lite resolvere*** eine Streitsache durch eine andere Streitsache erklären wollen; ***litem aestimare*** die Entschädigungssumme festsetzen; ***litem aestimatam solvere*** die festgesetzte Streitsumme bezahlen

Lissus ⟨ī⟩ *f Stadt im S Dalmatiens, heute Lesh in Albanien*

Litāna silva *f Wald in Gallia cisalpina, vermutlich n von Bologna, 216 v. Chr. vernichtende Niederlage der Römer durch die Gallier*

litanīa ⟨ae⟩ *f* ||griech. Fw.||
1. *(spätl.)* Bittgesang zu Gott
2. *(mlat.)* Litanei, *gesprochenes od gesungenes* Wechselgebet; Bußprozession

litātiō ⟨ōnis⟩ *f* ||lito|| das Opfern mit günstigen Vorzeichen, das glückliche Opfern

lītera ⟨ae⟩ *f* = ***littera***

Līternum ⟨ī⟩ *n Stadt in Kampanien an der Mündung des Liternus, n von Cumae, bekannt als letzter Aufenthaltsort des Scipio Maior Africanus*

liti-cen ⟨inis⟩ *m* ||lituus, cano|| Bläser des Signalhorns

lītigātor ⟨ōris⟩ *m* ||litigo|| Prozessführender

lītigātus *Abl* ⟨ū⟩ *m* ||litigo|| *(nachkl.)* Streit, Prozess

lītigiōsus ⟨a, um⟩ *Adj* ||litigo||
1. zänkisch; ***forum litigiosum*** Forum voller Prozesse
2. streitig; ***praediolum litigiosum*** streitiges kleines Landgut
3. prozesssüchtig

lītigium ⟨ī⟩ *n* ||litigo|| *(vkl., nachkl.)* kleiner Streit, Zank

lītigō ⟨āvī, ātum, āre 1.⟩ ||lis, ago|| streiten, zanken, prozessieren

litō ⟨āvī, ātum, āre 1.⟩
I *v/i*
1. opfern und dabei ein günstiges Vorzeichen erhalten; ***non auspicato nec litato*** ohne Durchführung der Auspizien und ohne durch Opfer ein günstiges Vorzeichen erhalten zu haben
2. *(nachkl.) poet vom Opfer* guten Ausgang versprechen; ***victima non litat*** das Opfertier verspricht keinen guten Ausgang
II *v/t (nachkl.)*
1. glücklich opfern
2. opfern, weihen
3. durch Opfer besänftigen
4. sühnen, rächen

lītorālis ⟨e⟩ *Adj* = ***litoreus***

lītoreus ⟨a, um⟩ *Adj* ||litus|| *poet* Ufer…, Strand…; ***aves litoreae*** Strandvögel

littera ⟨ae⟩ *f* ||lino||

1. Buchstabe
2. Alphabet
3. Handschrift
4. Geschriebenes, schriftliche Aufzeichnungen
5. Brief, Schreiben
6. schriftliche Aufforderung, Verfügung
7. schriftlicher Bericht
8. Vertrag, Schuldverschreibung
9. Grabinschrift
10. amtliches Schreiben, (offizielles) Schreiben
11. Schriften, Schriftdenkmäler
12. Wissenschaft(en)
13. gelehrte Kenntnisse, wissenschaftliche Bildung
14. Schriftstellerei

1. Buchstabe; ***l. grandis*** Großbuchstabe; ***l. maxima*** Unzialbuchstabe; ***l. salutaris*** Heil versprechender Buchstabe, *A = absolvo*; ***l. tristis*** Unheil bringender Buchstabe, *C = condemno*; ***nullam litteram ad aliquem mittere*** an j-n keine Zeile schreiben; ***litteris parcere*** das Papier sparen; ***litteras discere apud aliquem*** bei j-m lesen lernen; ***ad litteram*** buchstäblich
2. *Pl* Alphabet, *auch* Schrift; ***litterarum ordine*** in alphabetischer Reihenfolge; ***litteras nescire*** nicht schreiben können
3. *Pl* Handschrift; ***litterae fratris*** Handschrift des Bruders
4. *Pl* Geschriebenes, schriftliche Aufzeichnungen; ***aliquid litteris mandare*** etw schriftlich aufzeichnen; ***litteris confisus*** im Vertrauen auf die schriftliche Fassung; ***litteris/per litteras*** schriftlich
5. *Pl* Brief, Schreiben, *auch* Briefe; ***litteras alicui dare*** einen Brief/Briefe einem Boten zum Überbringen geben; ***litteras dare ad aliquem*** einen Brief/Briefe an j-n schreiben; ***litteras reddere alicui*** einen Brief/Briefe dem Empfänger aushändigen; ***litteras alicuius/ab aliquo accipere*** von j-m einen Brief/Briefe erhalten
6. *Pl* schriftliche Aufforderung, Verfügung, Befehl; ***litteras mittere, ut*** einen Befehl schicken, dass
7. *Pl* schriftlicher Bericht; ***litterae victrices*** Siegesmeldung
8. *Pl* Vertrag, Schuldverschreibung, Kaufvertrag; Rechnungsbücher, Listen
9. *Pl* Ov. Grabinschrift
10. *Pl* amtliches Schreiben, (offizielles) Schreiben;

Akte(n), Dokument(e), Urkunde(n), Protokoll(e); Diplom; ***litteras publicas corrumpere*** Urkunden fälschen; ***de litteris corruptis accusare*** wegen Urkundenfälschung anklagen
11. *Pl* Schriften, Schriftdenkmäler, Literatur; ***ex litteris discere*** aus Büchern lernen
12. *Pl* Wissenschaft(en)
13. *Pl* gelehrte Kenntnisse, wissenschaftliche Bildung, literarische Bildung, *bes* Belesenheit; ***litteras nescire*** ohne wissenschaftliche Bildung sein
14. *Pl* Schriftstellerei

litterārius ⟨a, um⟩ *Adj* ||littera|| (*vkl., nachkl.*) zum Lesen gehörig, zum Schreiben gehörig, Elementar…; ***magister l.*** Elementarlehrer

litterātor ⟨ōris⟩ *m* ||littera||
1. Elementarlehrer
2. Sprachgelehrter, Grammatiker
3. Halbgebildeter

litterātōria ⟨ae⟩ *f* ||litteratorius|| Grammatik

litterātōrius ⟨a, um⟩ *Adj* ||litterator|| grammatisch

litterātūra ⟨ae⟩ *f* ||litterae||
1. Buchstabenschrift
2. das Geschriebene
3. Tac. Alphabet
4. (*nachkl.*) Grammatik; Sprachunterricht
5. (*mlat.*) Brief; wissenschaftliche Bildung

litterātus
I ⟨a, um⟩ *Adj, Adv* ⟨litterātē⟩ ||littera||
1. (*vkl., nachkl.*) mit Buchstaben bezeichnet, gebrandmarkt
2. schriftkundig, gelehrt, gebildet; *von Sachen* den gelehrten Studien gewidmet, den Wissenschaften gewidmet; ***l. Graecis et Latinis*** in der griechischen und lateinischen Literatur bewandert; ***homines litterati*** Schriftstellerwelt, Gelehrtenstaat; ***otium litteratum*** gelehrte Muße; ***litterate dicta*** geistreiche Einfälle
3. *Adv* mit deutlichen Buchstaben, deutlich
4. *Adv* buchstäblich, wörtlich
5. (*mlat.*) akademisch gebildet
II ⟨ī⟩ *m*
1. Gelehrter
2. (*mlat.*) Student, Akademiker

litterula ⟨ae⟩ *f* ||*Dim von* littera||
1. (kleiner) Buchstabe
2. *Pl* Briefchen
3. *Pl* einige Gelehrsamkeit in Literatur, etwas Schriftstellerei; etwas wissenschaftliche Bildung; ***l. Graecae*** ein bisschen Griechisch

littus ⟨oris⟩ *n* = ***litus***

litum *PPP* → ***lino***

litūra ⟨ae⟩ *f* ||lino||
1. das Ausstreichen *auf der Wachstafel mit dem breiten Ende des Griffels*
2. Korrektur, Verbesserung
3. Tränenfleck; Makel

▸ **lītus** ⟨oris⟩ *n*
1. Meeresufer, Küste, Strand; ***litus arare*** den Strand pflügen = sich vergeblich mühen; ***arenas in litus fundere*** Sand auf den Strand schütten = etw Unnützes tun; ***omnia litora*** alle Punkte der Küste
2. *poet* Ufer *eines Gewässers*
3. *poet* Küstengegend
4. Suet. Landungsplatz

lituus ⟨ī⟩ *m*
1. Krummstab *des Auguren zum Abzeichnen des templum*
2. MIL Signalhorn *der Reiterei, gerade u. am unteren Ende gebogen, mit hellem schrillem Ton*
3. *meton* das Signal
4. *von Personen* Veranlasser
5. (*mlat.*) Bischofsstab

līveō ⟨-, -, ēre 2.⟩
1. bleifarben sein, bläulich sein, dunkel sein, *bes durch Drücken od Stoßen*
2. *fig* neidisch sein

līvēscō ⟨-, -, ēscere 3.⟩ ||*Inkoh von* liveo|| Lucr.
1. bläulich werden
2. *fig* neidisch werden

līvī → ***lino***

Līviānus ⟨a, um⟩ *Adj* des Livius, zu Livius gehörig

līvidulus ⟨a, um⟩ *Adj* ||*Dim von* lividus|| Iuv. ein wenig neidisch

līvidus ⟨a, um⟩ *Adj* ||liveo|| (*nachkl.*)
1. *poet* bleifarben, bläulich, blau gedrückt, blau geschlagen
2. *fig* neidisch

Līvius ⟨a, um⟩ *röm. Gentilname*
1. ***M. Livius Salinator***, *um 254–200 v. Chr., zweimal Konsul, schlug 207 v. Chr. zusammen mit C. Claudius Nero den Hasdrubal am Metaurus*
2. ***M. Livius Drusus*** → ***Drusus***
3. ***Livia Drusilla*** → ***Drusus***
4. ***Livia*** *Schwester des Germanicus*
5. ***Livius Andronicus*** *gefangener Grieche aus Tarent, dann freigelassen, ältester röm. Dichter, Übersetzer der Odyssee Homers („Odusia")*
6. ***T. Livius Patavinus*** *59 v. Chr. bis 17 n Chr., größter röm. Historiker, röm. Geschichte „Ab urbe condita" von der Erbauung Roms bis zum Tod des Drusus 9 n. Chr.; von den 142 Büchern sind 35 erhalten (1–10, 21–45)*

Līvius ⟨a, um⟩ *Adj* des Livius, zu Livius gehörig

līvor ⟨ōris⟩ *m* ||liveo||
1. bläuliche Farbe, blauer Fleck am Körper *durch Druck, Stoß od Schlag*
2. *fig* blasser Neid

lixa ⟨ae⟩ *m* (*nachkl.*) Marketender; *Pl* (Liv., Tac., Sall.) der gesamte Tross

locālis ⟨e⟩ *Adj, Adv* ⟨locāle⟩ ||locus|| (*vkl., spätl.*) örtlich; ***casus l.*** (*mlat.*) Lokativ

locārius ⟨ī⟩ *m* ||locus|| Mart. Vermieter *von Theaterplätzen*

locātiō ⟨ōnis⟩ *f* ||loco||
1. Quint. Stellung, ***verborum*** der Wörter
2. Verpachtung, Vermietung; *meton* Pachtvertrag; ***locationem inducere*** einen Pachtvertrag für ungültig erklären

locātor ⟨ōris⟩ *m* ||loco|| Vermieter, Verpächter

locātum ⟨ī⟩ *n* ||loco|| Vermietung, Verpachtung

locellus ⟨ī⟩ *m* ||*Dim von* locus|| Kästchen

locitō ⟨-, -, āre 1.⟩ ||*Intens von* loco|| Ter. verpachten

▸ **locō** ⟨āvī, ātum, āre 1.⟩ ||*Denom von* locus||

1. stellen, legen
2. stellen, setzen
3. unterbringen

1. stellen, legen, setzen, aufstellen, hinsetzen, *in re / re* wohin, *immer auf die Frage „wo?"*; gründen, erbauen, errichten; ***aliquem primum l.*** j-n an die Spitze stellen; ***se medium l.*** sich in die Mitte stellen; ***viros sedili l.*** Männer auf dem Stuhl Platz nehmen lassen; ***membra tergo l.*** sich auf den Rücken des Pferdes setzen; ***fundamenta alicuius rei l.*** den Grund zu etw legen; ***castra l.*** ein Lager aufschlagen; ***coloniam idoneo loco l.*** eine Kolonie an einem geeigneten Ort ansiedeln
2. *fig* stellen, setzen; ***omnem operam in litteris l.*** alle Mühe auf die Wissenschaft verwenden; ***aliquem in parte regni l.*** j-n Anteil an der Herrschaft geben; ***virtutem ita / eo loco l., ut*** die Tugend so hoch schätzen, dass; ***locatum esse in re*** auf etw beruhen
3. unterbringen; ***virginem in matrimonium l.*** ein Mädchen verheiraten; ***milites novis hibernaculis l.*** die Soldaten in neuen Winterlagern einquartieren; ***pecuniam l.*** Geld auf Zins anlegen, Geld gegen Zinsen ausleihen; ***domum l.*** ein Haus vermieten; ***fundum alicui l.*** j-m ein Grundstück verpachten; ***statuam faciendam l.*** die Anfertigung einer Statue in Auftrag geben

Locrēnsēs ⟨ium⟩ *m*
1. die Einwohner von Locri
2. die Einwohner von Locris

L

Locrī[1] ⟨ōrum⟩ *m Stadt im S Italiens, Kolonie der Lokrer*

Locrī[2] ⟨ōrum⟩ *m*
1. die Einwohner von Locri
2. die Einwohner von Locris, die Lokrer

Locris ⟨idis⟩ *u.* idos *f Landschaft in Mittelgriechenland*

loculāmentum ⟨ī⟩ *n* ||loculus|| (*nachkl.*) Regal, Bücherbrett; Büchse

loculus ⟨ī⟩ *m* ||*Dim von* locus||
1. Plaut. Plätzchen, kleines Zimmer
2. kleines Kästchen, Büchse *für Schmuck u. Geld*; Schatulle; ***loculi peculiares*** Privatkasse
3. Hor. Kästchen *für die Rechensteine u. andere Schulutensilien*
4. (*nachkl.*) Sarg

▶ **locu-plēs** ⟨ētis⟩ *m* ||locus, pleo||
1. *von Personen u. Sachen* begütert, wohlhabend, reich
2. *fig* reich ausgestattet, ergiebig, *re* an etw; ***annus frugibus l.*** fruchtbares Jahr
3. *von Personen* glaubwürdig, zuverlässig; ***auctor l.*** zuverlässiger Gewährsmann

locuplētātor ⟨ōris⟩ *m* ||locupleto|| Eutr. der bereichert

locuplētō ⟨āvī, ātum, āre 1.⟩ ||*Denom von* locuples|| bereichern; *fig* reichlich ausstatten, *aliquem / aliquid re* j-n / etw mit etw *Passiv* sich bereichern; ***natura ipsa sapientem locupletat*** die Natur selbst stattet den Weisen reichlich aus

locus ⟨ī⟩ *m*

1. Ort, Platz
2. rechter Ort, rechte Stelle
3. angewiesener Ort, angewiesener Platz
4. ständiger Aufenthaltsort, Wohnort
5. Gut, Grundstück
6. Ort, Ortschaft
7. Abschnitt
8. Stelle
9. Rang
10. Zeit, Zeitraum
11. günstiger Zeitpunkt
12. Gelegenheit, Möglichkeit
13. Lage, Zustand

1. Ort, Platz, Stelle; *Pl* ***loca, ōrum*** *n*, *selten* ***locī, ōrum*** *m*; ***loca luminis*** Augenhöhlen; ***suis locis*** an günstigen Punkten, an geeigneten Punkten; ***in unum locum convenire*** an einer Stelle zusammenkommen; ***loca superiora*** höher gelegene Orte, Anhöhen; ***l. superior*** *oft* = Rednerbühne; ***dicere ex superiore loco*** *vom Redner od vom Richter* von oben her sprechen; ***loca communia*** öffentliche Orte, öffentliche Plätze (*Markt, Theater usw.*); ***ubicumque loci*** überall
2. *örtl.* rechter Ort, rechte Stelle, *bes* Körperstelle, an der ein Schlag tödlich ist; ***non est hic l., ut loquamur*** hier ist nicht der rechte Ort um zu sprechen; ***locum non percutere*** die richtige Stelle nicht treffen
3. angewiesener Ort, angewiesener Platz, Posten, Stellung, *bes* MIL *u. Gladiatorensprache*; ***locum capere*** Stellung nehmen; ***suo loco pugnare*** in günstiger Stellung kämpfen; ***suis locis uti*** eine günstige Stellung haben
4. ständiger Aufenthaltsort, Wohnort, Wohnsitz; ***loca et lautia*** Wohnung und Verpflegung; ***loca tacentia*** Unterwelt
5. Gut, Grundstück, Acker
6. Ort, Ortschaft; Gelände, Gegend; ***l. munitus*** befestigter Platz; ***natura loci*** Beschaffenheit des Geländes; ***l. aequus*** ebenes Gelände; ***l. iniquus*** abschüssiges Gelände; ***loca patentia*** offenes Gelände; ***deus loci*** einheimischer Gott
7. LIT Stelle *in Büchern*, Abschnitt, Kapitel *einer Darstellung*; Gegenstand der Untersuchung, Punkt; *Pl* ***locī, ōrum*** *m* Hauptlehren, Hauptstücke *einer Wissenschaft*, Sätze, Beweisquellen; ***multos locos poetarum discere*** viele Stellen aus den Dichtern auswendig lernen; ***loci communes*** rednerische Gemeinplätze
8. Stelle *in einer Reihenfolge*, Punkt *in der Aufzählung*; ***principem locum tenere*** den ersten Platz einnehmen; ***primo loco*** an erster Stelle; ***priore loco dicere*** zuerst sprechen; ***superiore loco dicere*** später sprechen; ***nunc meus l. est*** jetzt bin ich an der Reihe; ***sententiae loco disserere*** in der Reihenfolge der Abstimmung sprechen
9. Rang; Herkunft; Ansehen, Stellung, Würde; Stelle, Posten; ***humili loco natus*** von einfacher Herkunft; ***quem locum apud regem obtines?*** welchen Rang hast du beim König inne?; ***tenere oratorum locum*** einen Namen unter den Rednern haben
10. (*vkl., nachkl.*) Zeit, Zeitraum; ***interea loci*** inzwischen; ***postea loci*** hinterdrein; ***ad id locorum / ad locum*** sogleich
11. günstiger Zeitpunkt; ***loco / in loco*** zur rechten Zeit

12. Gelegenheit, Möglichkeit, Veranlassung, *abs od alicuius rei / alicui rei / ad aliquid* zu etw; ***ad fugam l.*** Gelegenheit zur Flucht; ***locum morti invenire*** einen Ort zum Sterben finden; ***locum mendacio facere*** Veranlassung zur Lüge geben; ***misericordiae locum relinquere*** Mitleid walten lassen; ***res locum habet*** eine Sache findet statt
13. Lage, Zustand, Umstände, Beziehung, Hinsicht; ***hoc loco*** in dieser Beziehung; ***nullo loco*** unter keinen Umständen
14. ***loco*** (*nlat.*) *kaufmännisch* hier, greifbar, lieferbar; ***loco citato*** (*nlat.*) an der angeführten Stelle
15. ***loco / in loco*** wie, ganz wie, als, anstatt + *Gen* / + *Pron*; ***parentis loco colere aliquem*** j-n wie einen Vater lieben; ***praedae loco habere aliquid*** etw als Beute betrachten

lōcusta *u.* **locusta** ⟨ae⟩ *f* (*vkl., nachkl.*) Heuschrecke

Locusta ⟨ae⟩ *f berüchtigte Giftmischerin z. Zt. Neros*

locūtiō ⟨ōnis⟩ *f* ||loquor||
1. das Sprechen
2. Sprache, *bes* Aussprache
3. *Pl* (*nachkl.*) Redensarten

Locūtius ⟨ī⟩ *m* → ***Aius***

locūtus ⟨a, um⟩ *PPerf* → ***loquor***

lōdīcula ⟨ae⟩ *f* ||*Dim von* lodix|| (*nachkl.*) kleine gewebte Decke

lōdīx ⟨īcis⟩ *f* ||kelt. Fw.|| (*nachkl.*) *poet* gewebte Decke

lo͡edus ⟨ī⟩ *m* (*altl.*) = ***ludus***

logēum ⟨ī⟩ *n* ||griech. Fw.|| Archiv

logica ⟨ōrum⟩ *n u.* **logica** ⟨ae⟩ *f u.* **logicē** ⟨ēs⟩ *f* ||griech. Fw.|| Logik

logicus ⟨a, um⟩ *Adj* ||griech. Fw.|| das Wort betreffend, die Vernunft betreffend, den Verstand betreffend, logisch, vernünftig

logium ⟨ī⟩ *n* = ***logeum***

logos *u.* **logus** ⟨ī⟩ *m* ||griech. Fw.||
1. Com. Wort; *Pl* leere Worte, dummes Zeug
2. Scherzrede, Wortspiel
3. *Pl* (*nachkl.*) Fabeln

lōlīgō ⟨inis⟩ *f* = ***lolligo***

lolium ⟨ī⟩ *n* (Verg., Hor.) Schwindelhafer, *haferartiges Unkraut, galt als schädlich für die Augen*

Lolliānus ⟨a, um⟩ *Adj* des Lollius, zu Lollius gehörig

lollīgō ⟨inis⟩ *f* Tintenfisch

lollīguncula ⟨ae⟩ *f* ||*Dim von* lolligo|| Plaut. kleiner Tintenfisch

Lollius ⟨a, um⟩ *röm. Gentilname*; ***M. Lollius Paullinus*** *als Legat 16 v. Chr. von den Germanen am Rhein geschlagen*

lōmentum ⟨ī⟩ *n* ||lavo|| Waschmittel, Paste

Londinium ⟨ī⟩ *n das heutige London*

longa ⟨ae⟩ *f* ||longus|| Länge = lange Silbe

long-aevus ⟨a, um⟩ *Adj* ||longus, aevum|| (*nachkl.*) *poet* hochbetagt, bejahrt

▶ **longē** *Adv* ||longus||
1. *örtl.* weit, fern, weithin; ***longe abesse*** weit entfernt sein; ***longe gradi*** weit ausschreiten; ***longe lateque*** weit und breit; ***longe a castris*** weit vom Lager entfernt
2. von Weitem, von fern, *meist fig*; ***longe venire*** von weit her kommen; ***principia alicuius rei longe repetere*** die Anfänge von etw von weit her holen
3. (*nachkl.*) *steigernd* weitaus, bei Weitem, *meist beim Sup sowie bei Verben u. Adj der Verschiedenheit*; ***longe maximus*** bei Weitem der Größte; ***longe melior*** weitaus besser; ***longe alius*** ein ganz anderer
4. *fig* weitläufig, ausführlich; ***longius dicere*** ausführlicher sprechen
5. *zeitl.* lange; ***non longius triduo abesse*** nicht länger als drei Tage abwesend sein

longinqua ⟨ōrum⟩ *n* ||longinquus|| weite Strecken; entfernte Punkte

longinquī ⟨ōrum⟩ *m* ||longinquus|| fern stehende Personen

longinquitās ⟨ātis⟩ *f* ||longinquus||
1. *örtl.* Länge, Weite
2. *örtl.* Entfernung, Abgelegenheit
3. *zeitl.* lange Dauer, *bes* Langwierigkeit

▶ **longinquus** ⟨a, um⟩ *Adj, Adv* ⟨longinquē⟩ ||longus||
1. *örtl.* lang, weit; ***amnis l.*** Strom mit langem Lauf
2. (weit) entfernt, entlegen, fern stehend; ***legatio longinqua*** Gesandtschaft in ferne Gegenden; ***cura longinqua*** Sorge um fern liegende Dinge
3. auswärtig, fremd; ***ex longinquo*** aus der Ferne
4. *zeitl.* lang dauernd, langwierig; ***longinquiore tempore*** in längerer Zeit
5. *zeitl.* fern; ***longinquum tempus*** ferne Zeit

Longīnus ⟨ī⟩ *m Beiname in der gens Cassia*; → ***Cassius***

longiter *Adv* Lucr. = ***longe***

longitūdō ⟨inis⟩ *f* ||longus||
1. *örtl.* Länge; ***in longitudinem*** in die Länge, der Länge nach
2. *zeitl.* lange Dauer

longiusculus ⟨a, um⟩ *Adj* ||*Dim von* longior|| ziemlich lang

Longobardī ⟨ōrum⟩ *m* = ***Langobardi***

longulus ⟨a, um⟩ *Adj, Adv* ⟨longulē⟩ ||*Dim von* longus|| ziemlich lang, ziemlich weit

longum ⟨ī⟩ *n* ||longus|| lange Zeit; ***ex longo*** seit langer Zeit; ***in longum sufficere*** für lange Zeit ausreichen

longurius ⟨ī⟩ *m* ||longus|| lange Stange, lange Latte

longus ⟨a, um⟩ *Adj, Adv* → ***longē*** *u.* → ***longiter***

1. lang, groß
2. geräumig, ausgedehnt
3. (weit) entfernt, entlegen
4. weitläufig
5. lang, lang dauernd
6. lang, gedehnt

1. *örtl.* lang, groß, *auch* hoch gewachsen; ***navis longa*** Kriegsschiff, ↔ *rundbauchiges Handelsschiff*; ***antrum longum*** tiefe Höhle; ***exilia longa*** weite Irrfahrten; ***gradūs longi*** lange Reihe von Stufen; ***longa manus regis*** *fig* weit reichende Hand des Königs; ***longum clamare*** laut schreien; ***ratis centum pedes longa*** hundert Fuß langes Floß; ***homo l.*** hoch gewachsener Mensch
2. *poet* geräumig, ausgedehnt, weit; ***caelum longum*** weiter Himmel; ***ululatus l.*** *fig* weithin hörba-

res Geschrei
3. (*nachkl.*) *poet* (weit) entfernt, entlegen; ***longa a domo militia*** Kriegsdienst weitab der Heimat
4. weitläufig; ***longum est*** + *Inf* es würde zu weit führen; ***ne longum faciam/fiat*** um mich kurz zu fassen
5. *zeitl.* lang, lang dauernd; *pej* langwierig, langweilig; ***tempus longum*** lange Zeit; ***dies longior*** längere Frist, späterer Termin; ***morbus l.*** chronische Krankheit; ***mors longa*** langsamer Tod; ***l. spe*** *von Personen* der noch lange zu leben hofft; ***nihil est longius quam*** nichts ist langweiliger als, + *Inf*; ***alicui nihil longius est/videtur quam ut/quam dum*** j-d kann die Zeit nicht erwarten, bis, + *Konjkt*
6. METR *von der Silbe* lang, gedehnt

lopas ⟨adis⟩, *Akk Pl* ***adas*** *f* ||griech. Fw.|| Napfschnecke

loquācitās ⟨ātis⟩ *f* ||loquax|| Geschwätzigkeit

loquāculus ⟨a, um⟩ *Adj* ||*Dim von* loquax|| Lucr. ein wenig geschwätzig

loquāx *Gen* ⟨ācis⟩ *Adj*, *Adv* ⟨loquāciter⟩ ||loquor|| geschwätzig, redselig; ***ranae loquaces*** stets quakende Frösche; ***epistula l.*** wortreicher Brief; ***testudo l.*** tonreiche Laute; ***lympha l.*** plätscherndes Wasser; ***oculi loquaces*** ausdrucksvolle Augen

loquēla *u.* **loquella** ⟨ae⟩ *f* ||loquor|| Rede, *gesprochenes* Wort; *meton* Art zu reden, Sprache

loquentia ⟨ae⟩ *f* ||loquor|| (*nachkl.*) Zungenfertigkeit

loquitor ⟨ātus sum, ārī 1.⟩ ||*Intens von* loquor|| (*vkl., nachkl.*) sprechen

▶ **loquor** ⟨locūtus sum, loquī 3.⟩
I *v/i* sprechen, reden; *von Sachen* deutlich zeigen; ***homines l. possunt, pecudes non item*** die Menschen können sprechen, die Tiere nicht; ***aliter loquimini ac sentitis*** ihr sprecht anders, als ihr denkt; ***male l.*** nachteilig sprechen; ***materia loquendi*** Gesprächsstoff; ***finem loquendi facere*** das Gespräch beenden; ***digitis nutuque l.*** mit Gestikulation reden; ***pinus loquitur*** die Pinie rauscht sanft; ***ut consuetudo loquitur*** wie man gewöhnlich sagt; ***l. pro aliquo*** zu j-s Verteidigung sprechen, in j-s Namen sprechen, an j-s Stelle das Wort führen
II *v/t*
1. sagen, sprechen; ***pauca l.*** wenig sagen; ***vulgo/omnes loquuntur*** es geht allgemein das Gerede, + *AcI*
2. besprechen; ***quid turres loquar*** was soll ich von den Türmen sprechen
3. ständig von *j-m/etw* sprechen, *aliquem/aliquid*; ***nihil nisi l. exercitūs*** nur von den Truppen reden
4. aussprechen, melden; ***furta l.*** Heimlichkeiten ausplaudern
5. rühmen, besingen

lōrāmentum ⟨ī⟩ *n* ||lorum|| (*Iust.*) Riemenwerk

lōrārius ⟨a, um⟩ *Adj* ||lorum|| (*vkl., nachkl.*) Zuchtmeister *der Sklaven*

lōrātus ⟨a, um⟩ *Adj* ||lorum|| mit Riemen gebunden

lōreus ⟨a, um⟩ *Adj* ||lorum|| (*vkl., nachkl.*) aus Riemen

lōrīca ⟨ae⟩ *f* ||lorum||
1. Panzer, *meist aus Leder u. mit Erzstreifen od Erzringen bestückt*
2. *fig* Brustwehr an Mauern

lōrīcātus ⟨a, um⟩ *Adj* ||lorica|| (*vkl., nachkl.*) gepanzert, Panzer…

lōrīcula ⟨ae⟩ *f* ||*Dim von* lorica|| (*nachkl.*) kleine Brustwehr

lōri-pēs ⟨pedis⟩ *m* ||lorum|| (*vkl., nachkl.*) „Riemenbein"; *adj* humpelnd, lahmend

lōrum ⟨ī⟩ *n*
1. Lederriemen
2. *meton* Zügel; ***equum loro ducere*** das Pferd am Zügel führen; ***lora dare*** die Zügel schießen lassen; ***media inter lora*** mitten im Fahren
3. *meton* Peitsche, Geißel
4. Mart. *meton* Gürtel der Venus
5. (*nachkl.*) *meton, poet* Kapsel mit Amulett

lōtium ⟨ī⟩ *n* ||lavo|| (*vkl., nachkl.*) Urin

lōtos ⟨ī⟩ ||griech. Fw.||
I *f*
1. Lotus; Lotusfrucht
2. Ov. Flöte *aus Lotusholz*
3. Verg. Steinklee
II *m ital.* Dattelpflaume

lōtum *PPP* = ***lautum***; → ***lavo***

lōtus ⟨ī⟩ *f u. m* = ***lotos***

Lua ⟨ae⟩ *f röm. Göttin, der man die erbeuteten Waffen weihte, indem man diese verbrannte*

lubēns *Gen* ⟨enter⟩ *Adj* = ***libens***

Lūbentīna ⟨ae⟩ *f Beiname der Venus als Göttin der sinnlichen Lust*

lubet = ***libet***

lubīdō ⟨inis⟩ *f* = ***libido***

lūbricō ⟨āvī, ātum, āre 1.⟩ ||*Denom von* lubricus|| (*nachkl.*) *poet* schlüpfrig machen, glatt machen

lūbricum ⟨ī⟩ *n* ||lubricus||
1. Schlüpfrigkeit; *Pl* schlüpfrige Stellen; ***lubrico itinerum*** auf schlüpfrigen Wegen; ***lubrico paludum*** auf schlüpfrigem Sumpfboden
2. Unsicherheit

lūbricus ⟨a, um⟩ *Adj*
1. (*unkl.*) schlüpfrig, glatt; ***glacies lubrica*** glattes Eis; ***anguis l.*** schlüpfrige Schlange; ***conchylia lubrica*** schleimige Purpurschnecke
2. *fig* leicht beweglich, flüchtig; ***fortuna lubrica*** unstetes Glück
3. unsicher, gefährlich, verführerisch; ***aetas puerilis lubrica*** unsicheres Knabenalter; ***vulgus lubricum*** schwankende Masse
4. Verg. betrügerisch

Lūca[1] ⟨ae⟩ *f Stadt im N Etruriens, heute Lucca*

Lūca[2] **bōs** ⟨Lūcae bovis⟩ *m* (Plaut., Lucr.) lukanischer Ochse = Elefant

Lūcānī ⟨ōrum⟩ *m* die Einwohner von Lucania

Lūcānia ⟨ae⟩ *f Landschaft an der Westseite Unteritaliens*

lūcānica ⟨ae⟩ *f* ||Lucania|| Rauchwurst

Lūcānicus *u.* **Lucānus** ⟨a, um⟩ *Adj* aus Lucania, zu Lucania gehörig

lūcar ⟨āris⟩ *n* ||lucus|| (*nachkl.*) Forststeuer, *verwendet zur Bezahlung der Schauspieler, daher* Tac. Gage für die Schauspieler

lucellum ⟨ī⟩ *n* ||*Dim von* lucrum|| kleiner Gewinn

Lūcēnsis
I ⟨e⟩ *Adj* aus Luca, zu Luca gehörig
II ⟨is⟩ *m* Einwohner von Luca

lūceō ⟨lūxī, -, lūcēre 2.⟩

L

I *v/i* leuchten, hell sein; *fig* klar sein, deutlich sein; ***lucet*** es ist Tag
II *v/t* (*vkl.*) leuchten lassen

Lūcerēs ⟨um⟩ *m*
1. *die Angehörigen einer der drei ältesten Tribus in Rom neben den Ramnes u. Tities, etrusk. Herkunft*
2. *die Angehörigen der gleichnamigen Ritterzenturie*

Lūceria ⟨ae⟩ *f Stadt in Apulien, heute Lucera*

lucerna ⟨ae⟩ *f* ||luceo||
1. Öllampe, Leuchte *aus Ton od Erz*; *poet* = Kerze
2. *Pl meton* Nachtarbeit
3. *Pl* nächtliches Gelage

lūcēscō ⟨lūxī, -, lūcēscere 3.⟩ ||*Inkoh von* luceo|| zu leuchten anfangen; ***sol lucescit*** die Sonne geht auf; ***Nonae lucescent*** die Nonen brechen an; ***lucescit*** es wird Tag

lūcī → ***lux***

lūcidus ⟨a, um⟩ *Adj, Adv* ⟨lūcidē⟩ ||lux|| (*nachkl.*)
1. leuchtend hell, strahlend, glänzend
2. *von Personen u. Sachen* deutlich, klar; ***verbum lucide definire*** ein Wort klar definieren

lūci-fer ⟨fera, ferum⟩ *Adj* ||lux, fero||
1. (*vkl.*) *poet* Licht bringend, Licht tragend; ***pars lunae lucifera*** leuchtender Teil des Mondes
2. ans Licht bringend; ***Diana Lucifera*** ans Licht bringende Diana, *als Geburtsgöttin angerufen*

Lūcifer ⟨ferī⟩ *m* ||lucifer||
1. Morgenstern, Planet Venus, *im Mythos Sohn der Aurora*
2. *meton, poet* Tag
3. (*mlat.*) Luzifer, *Beiname des Teufels, des von Gott abgefallenen Engels*

lūci-fuga ⟨ae⟩ *m* ||lux, fugio|| (*nachkl.*) Nachtschwärmer

lūci-fugus ⟨a, um⟩ *Adj* ||lux, fugio|| lichtscheu; *fig* menschenscheu, *auch subst*

Lūcīliānus ⟨a, um⟩ *Adj* des Lucilius, zu Lucilius gehörig

Lūcīlius ⟨a, um⟩ *röm. Gentilname*; ***C. Lucilius*** *etwa 180–103 v. Chr., aus Suessa Aurunca, Freund des jüngeren Scipio, Begründer der röm. Satire*

Lūcīna ⟨ae⟩ *f*
1. *Geburtsgöttin, Erscheinungsform der Juno, von den Dichtern mit Artemis / Diana gleichgesetzt*
2. *meton* das Gebären, Geburt, *auch von Tieren*
3. = ***Hecate*** *als Urheberin schwerer Träume*

lūcīscō ⟨lūxī, -, lūcīscere 3.⟩ = ***lucesco***

Lūcius ⟨ī⟩ *m röm. Vorname*

lucmō(n) ⟨ōnis⟩ *m* = ***lucumo***

lucrātīvus ⟨a, um⟩ *Adj* ||lucrum|| Gewinn bringend; gewonnen

Lucrētia ⟨ae⟩ *f Gattin des Tarquinius Collatinus*

Lucrētius ⟨a, um⟩ *röm. Gentilname*
1. ***Spurius Lucretius Tricipitinus*** *röm. Senator*
2. ***Titus Lucretius Carus*** *98 od 97–55 v. Chr., röm. Dichter, Verfasser des* PHIL*Lehrgedichtes „De rerum natura"*

lucri-fer ⟨fera, ferum⟩ *Adj* ||lucrum, fero|| Plaut. Gewinn bringend

lucrificābilis ⟨e⟩ *Adj* ||lucrum, facio|| Plaut. Gewinn bringend

lucri-fuga ⟨ae⟩ *m* ||lucrum, fugio|| Plaut. der vor dem Gewinn flieht

Lucrīnēnsis ⟨e⟩ *Adj u.* **Lucrīnus**[1] ⟨a, um⟩ *Adj* ||Lucrinus[2]|| zum Lukrinersee gehörig

Lucrīnus[2] **(lacus)** *m* Lukrinersee *bei Baiae, reich an Fischen u. Austern*

lucri-peta ⟨ae⟩ *m* ||lucrum, peto|| Plaut. Gewinnsüchtiger

lucrō ⟨āvī, ātum, āre 1.⟩ *u.* **lucror** ⟨ātus sum, ārī 1.⟩ ||lucrum|| gewinnen, profitieren, *auch pej*; erlangen, bekommen

lucrōsus ⟨a, um⟩ *Adj* ||lucrum|| (*nachkl.*) *poet* Gewinn bringend, vorteilhaft

▶ **lucrum** ⟨ī⟩ *n*
1. Gewinn, Vorteil, Profit; ***alicui lucro / in lucro esse*** für j-n von Vorteil sein; ***in lucro / in lucris ponere*** als Gewinn rechnen; ***ad lucrum revocare aliquid*** sich etw zunutze machen; ***de lucro vivere*** von der Gnade anderer leben
2. *meton* Gewinnsucht
3. *meton durch Gewinn erlangter* Reichtum

luctāmen ⟨inis⟩ *n* ||luctor|| (*nachkl.*)
1. *poet* Ringkampf
2. Verg. *fig* Anstrengung, Bemühung

luctātiō ⟨ōnis⟩ *f* ||luctor||
1. das Ringen, Ringkampf
2. *fig* das Ankämpfen *gegen Schwierigkeiten*, Kampf
3. *fig* Wortstreit, Disput

luctātor ⟨ōris⟩ *m* ||luctor|| (*unkl.*) Ringer, *hum auch vom Wein*

lūcti-fer ⟨fera, ferum⟩ *Adj* ||luctus, fero|| Traurigkeit bringend, Traurigkeit verkündend, traurig

lūcti-ficus ⟨a, um⟩ *Adj* ||luctus, facio|| Unglück bringend, verderblich

lūcti-sonus ⟨a, um⟩ *Adj* ||luctus, sono|| Ov. traurig klingend

luctō ⟨āvī, ātum, āre 1.⟩ (*altl.*) *u.* **luctor** ⟨ātus sum, ārī 1.⟩
1. ringen, als Ringer kämpfen; ***luctando exerceri*** sich im Ringkampf trainieren
2. *fig gegen Schwierigkeiten od Widerstände* kämpfen, sich abmühen, sich anstrengen, *cum aliquo* mit j-m, *cum re / alicui rei* gegen etw, *re* mit etw; ***fluctibus l.*** gegen die Fluten kämpfen
3. (*nachkl.*) *poet* innerlich mit sich kämpfen
4. *poet* sich widersetzen, widerstreben

lūctuōsus ⟨a, um⟩ *Adj, Adv* ⟨lūctuōsē⟩ ||luctus||
1. jammervoll, unheilvoll, traurig, *alicui* für j-n
2. schwer geprüft, voll Trauer

lūctus[1] ⟨a, um⟩ *PPP* → ***lugeo***

▶ **lūctus**[2] ⟨ūs⟩ *m* ||lugeo||
1. Trauer, *alicuius* j-s *od* wegen j-s, um j-n, über j-n, ***amissae sororis*** über den Verlust der Schwester; ***l. domesticus*** Familientrauer
2. *meton* Trauerfall
3. *meton* Äußerung der Trauer; Totenklage
4. *meton* Trauerkleidung; ***in luctu esse*** Trauerkleider angelegt haben
5. Anlass zur Trauer

Lūctus ⟨ūs⟩ *m* Verg. Gott der Trauer

lūcubrātiō ⟨ōnis⟩ *f* ||lucubro|| Nachtarbeit, *konkr. u. abstr.*; ***l. anicularum*** Cic. Geschwätz der alten Frauen beim Spinnen

lūcubrātōrius ⟨a, um⟩ *Adj* ||lucubro|| Suet. zum Studium bei Nacht dienlich

lūcubrō ⟨āvī, ātum, āre 1.⟩
I *v/i* bei Licht arbeiten, bei Nacht arbeiten
II *v/t* bei Licht ausarbeiten
lūculentus ⟨a, um⟩ *Adj, Adv* ⟨lūculentē⟩ *u.* ⟨lūculenter⟩ ||lux||
1. hell, hübsch hell
2. *fig von Personen u. Sachen* stattlich, ansehnlich, tüchtig; RHET treffend; ***luculente scribere*** treffend schreiben
Lūcullēus *u.* **Lūculliānus** ⟨a, um⟩ *Adj* des Lucullus, zu Lucullus gehörig
Lūcullus ⟨ī⟩ *m Beiname in der gens Licinia*; → ***Licinius***
lūculus ⟨ī⟩ *m* ||*Dim von* lucus|| Suet. kleiner Hain, Wäldchen
Lucumō ⟨ōnis⟩ *m hoher etrusk. Adeliger, von den Römern fälschlich als Eigenname aufgefasst*
lucūna ⟨ae⟩ *f* = ***lacuna***
lūcus[1] ⟨ī⟩ *m* ||luceo||
1. einer Gottheit geweihter Hain
2. *poet* Wald, Gebüsch, *auch öfter Ortsname, z. B.* ***Lucus Augusti*** *heute Lugo in Spanien*
lūcus[2] *nur Abl* ⟨ū⟩ *m* ||luceo|| (*vkl.*) Licht
lūcusta ⟨ae⟩ *f* = ***locusta***
lūdia ⟨ae⟩ *f* ||ludius||
1. Tänzerin *auf der Bühne*
2. Frau eines Fechters
► **lūdibrium** ⟨ī⟩ *n* ||ludus||
1. Spielerei, Kurzweil, Spielzeug, Spielball; Possenspiel
2. (*nachkl.*) Blendwerk, Täuschung; ***l. oculorum*** optische Täuschung
3. *meton* Spott, Hohn, *alicuius rei* über etw, wegen etw; *Pl* Arten des Hohnes; ***alicui ludibrio esse*** j-m als Spielball dienen; ***ludibrio habere aliquem*** j-n zum Besten halten; ***per ludibrium*** spöttisch
4. (*nachkl.*) Entehrung
lūdibundus ⟨a, um⟩ *Adj* ||ludo||
1. lustig, guter Dinge
2. *fig* mühelos, ohne Gefahr; unbemerkt
lūdicer ⟨cra, crum⟩ *Adj* = ***ludicrus***
lūdicrum ⟨ī⟩ *n* ||ludicrus||
1. Scherz, Tändelei, Kinderei, *auch* Spielzeug
2. Schauspiel, Festspiel; ***l. Olympiorum*** Olympische Spiele
lūdicrus ⟨cra, crum⟩ *Adj* ||ludus||
1. kurzweilig, spaßhaft; ***ars ludicra*** Tanzkunst; ***certamen ludicrum*** Kampfspiel; ***res ludicra*** Tändelei; ***praemia ludicra*** Gewinne im Wettkampf
2. schauspielerisch, zum Schauspieler gehörig; ***ars ludicra*** Schauspielkunst
lūdificābilis ⟨e⟩ *Adj* ||ludificor|| Plaut. foppend, voll Übermut
lūdificātiō ⟨ōnis⟩ *f* ||ludificor|| das Necken; Täuschung
lūdificātor ⟨ōris⟩ *m* ||ludificor|| Spötter
lūdificātus ⟨ūs⟩ *m* ||ludificor|| Fopperei, Gespött
lūdificō ⟨āvī, ātum, āre 1.⟩ *u.* **lūdificor** ⟨ātus sum, ārī 1.⟩ ||ludus, facio||
1. necken, verspotten, foppen, zum Besten halten; *abs* Possen treiben; ***hostem l.*** Liv. den Feind an der Nase herumführen
2. *nur* ***ludificor*** Liv. mit List hintertreiben, vereiteln
lūdī-magister ⟨trī⟩ *m* Schulmeister
lūdiō ⟨ōnis⟩ *m* (*nachkl.*) *u.* **lūdius** ⟨ī⟩ *m* ||ludus||
1. Komödiant, Possenreißer, (pantomimischer) Tänzer
2. *nur* ***ludius*** luv. = ***gladiator***
lūdō ⟨lūsī, lūsum, lūdere 3.⟩
I *v/i*
1. spielen, sich durch ein Spiel belustigen, *re* mit etw, um etw; ***pilā l.*** mit dem Ball spielen; ***duodecim scriptis l.*** auf dem Zwölffelderbrett spielen; ***magnā pecuniā l.*** hoch spielen
2. tanzen, *auch von Sachen*; ***in numerum l.*** nach dem Takt tanzen; ***iubae ludunt*** die Helmbusche flattern
3. körperliche Übungen machen
4. spielen *als Schauspieler*, in einem Schauspiel auftreten
5. scherzen, spaßen, sich belustigen, sich zum Zeitvertreib beschäftigen, *re* mit etw; ***arma ad ludendum sumere*** zum Spaß Waffen ergreifen; ***ludens*** im Scherz; ***versu Syracosio l.*** scherzhafte Lieder in Theokrits Ton versuchen
6. flirten, *in aliqua* mit einem Mädchen
II *v/t*
1. spielen; ***proelia latronum l.*** Schach spielen; ***l. par impar*** Gerade-Ungerade spielen
2. spielen, treiben, ohne Anstrengung betreiben; ***carmina l.*** spielend dichten; ***opus l.*** Häuschen bauen
3. *j-n* necken, *j-n* zum Besten halten, über *j-n* scherzen, *aliquem*
4. hintergehen, täuschen; *Passiv* sich täuschen
lūdus ⟨ī⟩ *m*
1. Spiel *als Zeitvertreib od körperliche Übung*; ***l. campestris*** Spiel auf dem Marsfeld; ***l. militaris*** Spiel der Soldaten, *bes* Waffenübungen
2. Kriegsspiel, öffentliches Schauspiel; *meton* Schauspiel, Satire; *meist Pl* öffentliche Spiele, Schauspiele, Wettkämpfe; ***ludi votivi*** gelobte Spiele; ***ludis*** bei den Spielen, zur Zeit der Spiele; ***ludos facere*** Spiele veranstalten
3. Spiel, Kurzweil, Spaß; *meton* Gegenstand des Scherzes, Gegenstand des Spottes; ***ludo aetatis frui*** die Freuden der Jugend genießen; ***l. Fortunae*** Laune des Schicksals; ***per ludum*** im Scherz; ***amoto ludo*** Scherz beiseite
4. Kinderspiel = Kleinigkeit; ***l. est illa perdiscere*** dies zu lernen ist ein Kinderspiel; ***per ludum*** spielend, ohne Mühe
5. Schule; Gladiatorenschule; Elementarschule; ***l. fidicinus*** Musikschule; ***ludum habere/exercere*** Schule halten; ***magister ludi*** Schulmeister
6. (*mlat.*) geistliches Drama
luēlla ⟨ae⟩ *f* ||luo[2]|| Lucr. Buße, Strafe
luēs ⟨is⟩ *f* ||luo[2]||
1. (*unkl.*) ansteckende Krankheit, Seuche, Pest; *meton* Stoff der Ansteckung, Schlangengift
2. *fig* Pest = Schandmensch, *Schimpfwort*
3. (*nachkl.*) *fig* Unheil, Verderben, Unglücksschlag
4. (*nlat.*) MED = Syphilis
Lugdūnēnsis
I ⟨e⟩ *Adj* aus Lugdunum, zu Lugdunum gehörig
II ⟨is⟩ *m* Einwohner von Lugdunum
Lugdūnum ⟨ī⟩ *n Name mehrerer kelt. Städte in Gallien, bes das heutige Lyon*

▶ **lūgeō** ⟨lūxī, lūctum, lūgēre 2.⟩
I *v/i* trauern, (äußerlich) Trauer zeigen; ***lugentes*** die Trauernden; ***senatus luget*** der Senat hat Trauerkleidung angelegt
II *v/t* betrauern, *aliquem/aliquid* j-n/etw, + *AcI*; ***fratrem mortuum l.*** den toten Bruder betrauern

lūgubria ⟨ōrum⟩ *n* ||lugubris|| Trauerkleider

lūgubris ⟨e⟩ *Adj*, *Adv* ⟨lūgubriter⟩ ||lugeo||
1. zur Trauer gehörig, Trauer…; ***lamentatio l.*** Totenklage; ***sagum lugubre*** gewöhnliches Oberkleid
2. (*nachkl.*) *poet* in Trauer befindlich, trauernd
3. *fig* traurig, unheilvoll, Unheil verkündend
4. trauervoll, kläglich

luī → ***luo***^{2}

luitūrus ⟨a, um⟩ *Part Fut* → ***luo***^{2}

lumbi-fragium ⟨ī⟩ *n* ||lumbus, frango|| zerschlagene Lenden; ***lumbifragium auferes*** Plaut. du wirst als Krüppel weggehen

lumbrīcus ⟨ī⟩ *m* (*vkl., nachkl.*)
1. Spulwurm
2. Regenwurm; *auch als Schimpfwort für einen Emporkömmling* Wurm

lumbus ⟨ī⟩ *m* (*unkl.*) Lende, *auch* Schamteile

lūmen ⟨inis⟩ *n*
1. Lichtkörper, Lichtquelle, Leuchte, Lampe, brennende Kerze, Fackel; Wachfeuer; ***l. diurnum*** Leuchte des Tages = Sonne; ***l. caeli/mundi*** Leuchte des Himmels = Sonne, Mond; ***lumen accendere*** Licht anzünden; ***lumen exstinguere*** das Licht löschen; ***ad lumina*** bei Licht
2. Licht, ausgestrahlte Helligkeit; ***aliquid collocare in bono lumine*** etw in ein vorteilhaftes Licht rücken; ***l. solis*** Sonnenlicht
3. Tageslicht; *meton* Tag; ***l. obscurum*** Zwielicht; ***luminibus alicuius obstruere*** j-m das Licht verbauen; ***lumine quarto*** am vierten Tag
4. *poet* Lebenslicht, Leben; ***sub luminis oras partu ēdere*** zur Welt bringen
5. Augenlicht, Sehkraft; *meton* Auge; ***loca luminis*** Augenhöhlen; ***supremum l.*** das Brechen der Augen
6. Lichtöffnung, Fenster
7. *fig* Glanz, Helligkeit
8. *fig* Glanzpunkt, Schmuck, Zierde; leuchtendes Vorbild; ***l. civitatis*** Zierde des Staates; ***lumina ducum*** edelste Anführer
9. *fig* geistige Klarheit, klare Einsicht; ***lumen adhibere alicui rei*** Licht in etw bringen, Klarheit über etw verbreiten
10. RHET Glanzpunkt der Beweisführung, Hauptpunkt der Beweisführung; *Pl* Tropen, Figuren; Vorzüge eines guten Stils; ***l. litterarum*** glanzvolle Darstellung in der Literatur
11. Rettung, Heil; Retter, Helfer
12. ***lumina ecclesiae*** (*mlat.*) Kirchenväter

lūmināria ⟨ium⟩ *n* ||lumen|| Fensterläden

lūminōsus ⟨a, um⟩ *Adj* ||lumen|| (*nachkl.*) hell; *fig* hervorstechend

▶ **lūna** ⟨ae⟩ *f*
1. Mond; *meton* Mondnacht; ***l. crescit*** der Mond nimmt zu; ***luna decrescit*** der Mond nimmt ab; ***l. deficit*** der Mond verfinstert sich; ***quarta l.*** der vierte Tag nach Neumond; ***per lunam/ad lunam*** bei Mondschein
2. *poet* Monat; *Pl* Mondphasen
3. *meton* mondförmige Figur, *bes* halbmondförmiges Abzeichen *der patriz. Senatoren*

Lūna ⟨ae⟩ *f* Mondgöttin, *später mit Artemis/Diana gleichgesetzt*

lūnāris ⟨e⟩ *Adj* ||luna|| zum Mond gehörig, Mond…, *bes* mondförmig; ***cursus l.*** Mondbahn

lūnātus ⟨a, um⟩ *Adj* ||luno|| halbmondförmig, sichelförmig; ***pellis lunata*** Schuh mit einem halbmondförmigen Abzeichen *der patriz. Senatoren*

lūnō ⟨āvī, ātum, āre 1.⟩ ||*Denom von* luna|| (*nachkl.*) halbmondförmig krümmen

lunter ⟨tris⟩ *m u. f* = ***linter***

luntriculus ⟨ī⟩ *m* = ***lintriculus***

lūnula ⟨ae⟩ *f* ||*Dim von* luna|| Plaut. halbmondförmiges Halsband

▶ **luō**^{2} ⟨luī, luitūrus, luere 3.⟩
1. büßen, abbüßen, sühnen; ***foedus l.*** die Verletzung des Vertrags sühnen; ***stuprum morte l.*** den Ehebruch mit dem Tod büßen
2. (*nachkl.*) *poet* durch Buße abwenden
3. (*nachkl.*) bezahlen, ***aes alienum*** Schulden
4. ***l. poenam/poenas*** Strafe erleiden, *alicuius* für j-n, *alicuius rei* für etw

-luō^{1} ⟨-luī, -lūtum, -luere 3.⟩ *nur in den Zusammensetzungen von lavo*^{1} *gebräuchlich*; → ***lavo***^{1}

lupa ⟨ae⟩ *f* ||lupus||
1. (*nachkl.*) *poet* Wölfin
2. *fig* öffentliche Prostituierte

lupānar ⟨āris⟩ *n* ||lupa|| (*unkl.*) Bordell, *fig als Schimpfwort*

lupātus ⟨a, um⟩ *Adj* ||lupus|| (*nachkl.*) *poet* mit Wolfszähnen versehen = mit spitzen Stacheln versehen; ***frena lupata*** Wolfsgebiss

Lupercal ⟨ālis⟩ *n* ||Lupercus|| *Grotte am Palatin, wo der Sage nach die Wölfin Romulus u. Remus säugte*

Lupercālia ⟨ium⟩ *n* Fest des Lupercus, *am 15. Februar; die Priester liefen nur mit einem Fellschurz bekleidet um den Palatin u. schlugen mit Riemen auf entgegenkommende Frauen ein, was Segen für die Ehe bringen sollte*

Lupercālis ⟨e⟩ *Adj* des Lupercus, zu Lupercus gehörig

Lupercī ⟨ōrum⟩ *m* die Priester des Lupercus

Lupercus ⟨ī⟩ *m altröm. Hirten- u. Fruchtbarkeitsgott, dem Faunus gleichgesetzt*

Lupia ⟨ae⟩ *f rechter Nebenfluss des Rheins, heute Lippe*

lupīllus ⟨ī⟩ *m* ||*Dim von* lupinus|| Plaut. kleine Wolfsbohne, Lupine

lupīnum ⟨ī⟩ *n* = ***lupinus II***

lupīnus
I ⟨a, um⟩ *Adj* vom Wolf, des Wolfs, der Wölfin, Wolfs…
II ⟨ī⟩ *m* Lupine, Wolfsbohne, *als Viehfutter u. Spielgeld benutzt*; ***aera lupinis distant*** das Echte unterscheidet sich vom Falschen

lupor ⟨-, ārī 1.⟩ ||lupa|| (*vkl.*) mit Straßendirnen Unzucht treiben

▶ **lupus** ⟨ī⟩ *m*
1. Wolf, *dem Mars heilig*; *Redewendungen*: ***l. in fabula*** = der Wolf kommt, wenn man von ihm spricht; ***ovem lupo committere*** = den Bock zum Gärtner machen; ***l. non curat numerum*** = der Wolf frisst

L

auch die gezählten Schafe; ***l. ultro fugiat oves*** = mag auch die ganze Natur sich umkehren; ***lupi Moerim videre priores*** = ich schweige, *weil nach altem Volksglauben derjenige die Stimme verlor, der einem Wolf begegnete u. von diesem zuerst gesehen wurde*; ***hac urget l., hac canis*** = vom Regen in die Traufe kommen
2. (*unkl.*) Seebarsch
3. Liv. *meton* Feuerhaken, Raubhaken
4. *poet* Wolfsgebiss eines Pferdezaums

lurcinābundus ⟨a, um⟩ *Adj* ||lurcor|| (*vkl.*) fressend

lurcō ⟨ōnis⟩ *m* (*vkl., nachkl.*) Schlemmer, Wüstling

lūridus ⟨a, um⟩ *Adj* (*nachkl.*) *poet* blassgelb, leichenblass, fahl; blass machend

lūror ⟨ōris⟩ *m* (*nachkl.*) *poet* Leichenblässe

lus-cinia ⟨ae⟩ *f* (*vkl.*) *u.* **lusciniola** ⟨ae⟩ *f* (*vkl.*) *u.* **lus-cinius** ⟨ī⟩ *m* (*nachkl.*) *poet* Nachtigall

luscītiōsus ⟨a, um⟩ *Adj* ||luscus|| nachtblind, halb blind

luscus ⟨a, um⟩ *Adj*
1. Iuv. ein Auge zudrückend *beim Zielen, blinzelnd*
2. einäugig
3. Mart. halb blind

lūsī → ***ludo***

lūsiō ⟨ōnis⟩ *f* ||ludo|| das Spielen, Spiel

Lūsitānia ⟨ae⟩ *f sw. Teil der Iberischen Halbinsel; ungefähr dem heutigen Portugal entsprechend*

Lūsitānus ⟨a, um⟩ *Adj* aus Lusitania, lusitanisch

Lūsitānus ⟨ī⟩ *m* Einwohner von Lusitania

lūsitō ⟨āvī, ātum, āre 1.⟩ ||*Intens von* ludo||
1. (*vkl., nachkl.*) spielen
2. Tert. scherzen, schäkern

lūsor ⟨ōris⟩ *m* ||ludo||
1. Spieler
2. ***l. tenerorum amorum*** Dichter tändelnder Liebeslieder
3. Plaut. Spötter

lūsōriae ⟨ārum⟩ *f* ||lusorius|| (*erg.* ***naves***) Sen. Lustjachten

lūsōrius ⟨a, um⟩ *Adj* ||lusor|| (*nachkl.*)
1. zum Spiel gehörig
2. kurzweilig
3. nichtig, ungültig

lustra ⟨ae⟩ *f* = ***lustrum¹***

lūstrālis ⟨e⟩ *Adj* ||lustrum²||
1. zum Sühneopfer gehörig; ***sacrificium lustrale*** Sühneopfer, Reinigungsopfer; ***aqua l.*** Weihwasser
2. alle fünf Jahre geschehend

lūstrātiō ⟨ōnis⟩ *f* ||lustro||
1. (*nachkl.*) Sühneopfer, Sühnung
2. Liv. Musterung
3. Durchwanderung, Reise, *alicuius rei* durch etw; ***l. municipiorum*** Reise durch die Landstädte

lūstricus ⟨a, um⟩ *Adj* (*nachkl.*) Reinigungs…; ***dies l.*** Lustraltag, Namenstag, *8. od 9. Tag nach der Geburt, an dem das Kind durch Opfer gereinigt wurde u. seinen Namen erhielt*

► **lūstrō** ⟨āvī, ātum, āre 1.⟩ ||*Denom von* lustrum||
1. beleuchten, erhellen
2. reinigen, durch Reinigungsopfer sühnen; *Passiv* sich reinigen; ***lustrari Iovi*** dem Jupiter ein Reinigungsopfer bringen
3. mustern, ***exercitum*** das Heer, *verbunden mit einem Reinigungsopfer*
4. umgeben, umkreisen, umtanzen; ***ignem in equis l.*** den Scheiterhaufen zu Pferd umkreisen
5. *poet* genau besichtigen, genau betrachten; ***l. aliquem*** *auch* nach j-m spähen
6. *geistig* erwägen, prüfen
7. durchwandern, bereisen, besuchen
8. *fig* durchmachen, bestehen; ***pericula l.*** Gefahren bestehen

lustror ⟨ātus sum, ārī 1.⟩ ||lustrum¹|| (*vkl.*) sich in Bordellen herumtreiben

lustrum¹ ⟨ī⟩ *n*
1. (*vkl.*) Morast, Pfütze
2. *poet* Wildlager, Höhle des Wildes; Wald, Wildnis
3. *fig* Bordell
4. *Pl meton* wüstes Leben, ausschweifendes Leben

► **lūstrum²** ⟨ī⟩ *n*
1. Reinigungsopfer, Sühneopfer, *bes* großes Sühneopfer *der Zensoren alle fünf Jahre zum Abschluss ihrer Amtszeit auf dem Marsfeld mit Opferung eines Schweines, Widders u. Stieres*; ***lustrum perficere*** die Zensur beenden; ***sub lustro*** am Ende der Zensur
2. *meton* Zeitraum von fünf Jahren, *bes auch als* Pachtzeit, Steuerperiode
3. *in der Kaiserzeit alle fünf Jahre abgehaltenes kapitolinisches Fest mit Spielen u. Wettkämpfen*

lūsus¹ ⟨a, um⟩ *PPP* → ***ludo***

lūsus² ⟨ūs⟩ *m* ||ludo|| das Spielen, Spiel; Spielerei; Kurzweil, Scherze; Liebesspiel, Tändelei; ***l. trigon*** Ballspiel; ***l. bacchantium*** Bacchantenfest; ***per lusum*** zum Zeitvertreib

Lutātius ⟨a, um⟩ *Name einer pleb. gens, bekannt u. a.* ***Lutatius Catulus****, mit Marius Sieger über die Kimbern bei Vercellae 101 v. Chr.*

lūteolus ⟨a, um⟩ *Adj* ||*Dim von* luteus²|| (*nachkl.*) *poet* gelblich, gelb

lūtēr ⟨ēris⟩ *m* (*eccl.*) Gefäß, Becken

Lūtētia ⟨ae⟩ *f Hauptstadt des gall. Stammes der Parisii, deshalb auch Lutetia Parisiorum, heute Paris*

luteus¹ ⟨a, um⟩ *Adj* ||lutum¹||
1. schlammig, lehmig; ***opus luteum*** Nest
2. aus Ton
3. mit Kot beschmutzt, schmutzig
4. *fig* wertlos, geringfügig, nichtswürdig; ***negotium luteum*** Bagatelle

lūteus² ⟨a, um⟩ *Adj* ||lutum²|| (*unkl.*) goldgelb, rötlich gelb, gelb, rosarot, rosenfarbig

lutitō ⟨-, -, āre 1.⟩ ||*Intens von* luto|| Plaut. besudeln

lutō ⟨āvī, ātum, āre 1.⟩ ||*Denom von* lutum¹|| (*vkl.*) *poet mit Salben* beschmieren

lutōsus ⟨a, um⟩ *Adj* ||lutum¹|| (*vkl., nachkl.*) lehmig, schmutzig

lutulentus ⟨a, um⟩ *Adj* ||lutum¹|| schlammig, schmierig; Mart. mit Salben beschmiert; *fig* unrein, hässlich

lutum¹ ⟨ī⟩ *n*
1. Kot, Dreck, Schlamm, *fig auch als Schimpfwort*; ***in luto esse/haesitare*** (Plaut., Ter.) in der Tinte sitzen; ***pro luto esse*** einen Dreck wert sein
2. Lehm; ***contabulationem luto consternere*** eine Balkenlage mit Lehm bedecken

lūtum² ⟨ī⟩ *n*
1. (*nachkl.*) *poet* Gelbkraut, *wohlriechende Gartenpflanze, auch Kraut zum Gelbfärben*

2. *meton* gelbe Farbe, Blässe

▶ **lūx** ⟨lūcis⟩ *f*

1. Licht, *das von einer Lichtquelle ausgestrahlt wird,* Helligkeit, *auch* Glanz, Schimmer *von Metallen u. glänzenden Gegenständen*

2. Tageslicht, Sonnenlicht, heller Tag; Tag *als Zeitabschnitt*; ***lux meridiana*** Mittagslicht; ***multā luce*** hoch am Tag; ***luce clarior*** sonnenklar; ***luce ortā*** nach Tagesanbruch; ***sub lucem*** gegen Tagesanbruch; ***ante lucem*** vor Tagesanbruch; ***primā luce*** bei Tagesanbruch; ***in lucem*** bis zum hellen Morgen; ***luce/luci*** am hellen Tag; ***omni luce*** täglich; ***luci*** (*altl.*) am hellen Tag

3. Licht *der Sterne*

4. Lebenslicht, Leben; ***lux aeterna*** ewiges Leben; ***lux ultima*** Tod

5. *poet* Augenlicht; ***damnum lucis ademptae*** Verlust des Augenlichtes

6. *fig* Licht des Geistes, Klarheit, Aufklärung, Deutlichkeit

7. *fig* (Licht der) Öffentlichkeit, *auch* Ruhm, Glanzpunkt, Mittelpunkt; ***lucem splendoremque fugere*** vor Ruhm und Glanz fliehen

8. Rettung, Heil, *auch als Kosewort* Leben

lūxī → ***luceo*** *u.* → ***lucesco*** *u.* → ***lugeo***

luxō ⟨āvī, ātum, āre 1.⟩ ||luxus²|| (*vkl., nachkl.*) verrenken

luxor ⟨-, -, ārī 1.⟩ ||*Denom von* luxus¹|| Plaut. schwelgen

▶ **luxuria** ⟨ae⟩ *f u.* **luxuriēs** ⟨ēī⟩ *f* ||luxus¹||

1. *von Pflanzen u. Boden* Üppigkeit, üppiges Wachstum; ***in herbis inest l.*** in den Kräutern ist üppiges Wachstum

2. *fig von der Rede* Überfülle

3. *fig* Prunksucht, Genusssucht, Schwelgerei; *bes* Weichheit des Flötenspiels; *meton* verschwenderische Gesellschaft

4. Zügellosigkeit *bei der Machtausübung*

5. Com. Begierde, Geilheit, Schlüpfrigkeit

luxuriō ⟨āvī, ātum, āre 1.⟩ *u.* **luxurior** ⟨ātus sum, ārī 1.⟩ ||luxus¹|| (Liv., Ov.)

1. üppig sein, geil sein, üppig wachsen

2. *fig* üppig strotzen, schwellen, *re* durch etw

3. *von Personen u. Sachen* mutwillig sein, ausgelassen sein, ausschweifen, ausarten, *re* durch etw, infolge von etw; ***laetitia luxuriat*** die Fröhlichkeit steigt zu Kopf

4. *poet von Tieren* lustig umherspringen

luxuriōsus ⟨a, um⟩ *Adj Adv* ⟨luxuriōsē⟩ ||luxuria||

1. üppig wachsend

2. *fig* üppig, schwelgerisch, ausschweifend, wollüstig

3. übertrieben, mutwillig, übermütig

▶ **luxus¹** ⟨ūs⟩ *m*

1. (*nachkl.*) *poet* Fruchtbarkeit

2. (*nachkl.*) *fig* Ausschweifung, Liederlichkeit, Geilheit

3. übermäßiger Aufwand, Prunk, Pracht

luxus² ⟨a, um⟩ *Adj* ||luctor|| (*vkl., nachkl.*) verrenkt

Lyaeus ⟨ī⟩ *m Beiname des Bacchus*; = Wein; *adj* ***latex L.*** Verg. = Wein

Lycaeus

I ⟨ī⟩ *m Gebirge im SW Arkadiens, dem Zeus u. Pan heilig.*

II ⟨a, um⟩ *Adj* aus Lycaeus, zu Lycaeus gehörig

Lycambēs ⟨ae⟩ *m aus Paros, Vater der Neobule, verweigerte diese dem Dichter Archilochos, der ihn dafür mit seinen Spottversen zum Selbstmord trieb*

Lycēum ⟨ī⟩ *n*

1. *das dem Apollon Lykeios geweihte Gymnasion im N Athens, Lehrstätte des Aristoteles*

2. *Gymnasium im Tusculanum Ciceros*

3. (*nlat.*) *von den Humanisten als Ehrenname verwendet für die* Universität

lychnobius ⟨ī⟩ *m* ||griech. Fw.|| Sen. Nachtschwärmer

lychnūchus ⟨ī⟩ *m* ||griech. Fw.|| Lichthalter, Leuchte, Leuchter, Lampe, Licht; = ***lucerna***

Lycia ⟨ae⟩ *f Landschaft im SW Kleinasiens*;

Lycīum ⟨ī⟩ *n* = ***Lyceum***

Lycius ⟨a, um⟩ *Adj* aus Lycia, zu Lycia gehörig

Lycūrgus ⟨ī⟩ *m berühmter Gesetzgeber der Spartaner, soll um 820 v. Chr. seinem Volk eine Verfassung gegeben haben*

Lȳdia ⟨ae⟩ *f* Lydien, *Landschaft an der Westküste Kleinasiens, Hauptstadt Sardes*

Lȳdius *u.* **Lȳdus** ⟨a, um⟩ *Adj* lydisch; *poet auch* etruskisch

Lȳdus ⟨ī⟩ *m* Lyder; *poet auch* Etrusker, *da nach der Sage eine Schar Lyder nach Etrurien gewandert war*

lygdos ⟨ī⟩ *f* ||griech. Fw.|| weißer Marmor *von der Insel Paros*

Lygii ⟨ōrum⟩ *m Stamm der Sueben*

lympha ⟨ae⟩ *f* ||griech. Lw.||

1. klares Wasser, *bes* Flusswasser, Quellwasser; *Pl* Quellnymphen; ***l. sacra*** (*mlat.*) Taufwasser

2. (*nlat.*) Lymphe, Gewebsflüssigkeit; Impfstoff

lymphāticus ⟨a, um⟩ *Adj* ||griech. Lw.|| (*vkl., nachkl.*) *u.* **lymphātus** ⟨a, um⟩ *Adj* wahnsinnig, wie besessen, außer sich vor Schrecken; ***pavor l.*** panischer Schrecken; ***nummus l.*** Plaut. wahnsinnige Münze, *die sich nicht im Geldbeutel halten will*

Lyncēstae ⟨ārum⟩ *m Volk im SW von Makedonien*

Lyncēstius ⟨a, um⟩ *Adj* zu den Lyncestae gehörig; ***Lyncestius amnis*** Fluss bei den Lyncestae, *dessen Wasser betrunken machte*

Lynceus ⟨eī⟩ *m Argonaut, bekannt durch sein scharfes Auge*

Lyncēus ⟨a, um⟩ *Adj* scharfsichtig

Lyncīdēs ⟨ae⟩ *m* Nachkomme des Lynceus, = Perseus

lynx ⟨lyncis⟩ *m u. f* ||griech. Fw.|| (Hor., Ov.) Luchs

lyra ⟨ae⟩ *f* ||griech. Fw.||

1. Leier, Laute, *meist siebensaitiges Instrument, von Hermes/Merkur erfunden, dem Apollo geschenkt*

2. *meton* lyrische Dichtung; Gesang, Gesangsweise

3. Leier *als Sternbild*

lyrica ⟨ōrum⟩ *n* ||lyricus|| Oden

lyricus

I ⟨a, um⟩ *Adj* ||griech. Fw.|| (*nachkl.*) *poet* zur Leier gehörig, lyrisch

II ⟨ī⟩ *m* lyrischer Dichter

lyristēs ⟨ae⟩ *m* ||griech. Fw.|| (*nachkl.*) Lautenspieler

Lyrnēsos ⟨ī⟩ *f Stadt in der Troas, Geburtsort der Briseis*

Lȳsander ⟨drī⟩ *m spartanischer Feldherr, eroberte*

404 v. Chr. Athen
Lȳsiās ⟨ae⟩ *m athenischer Redner z. Zt. des Sokrates*
Lȳsimachus ⟨ī⟩ *m Feldherr Alexanders des Großen*
Lȳsippus ⟨ī⟩ *m Bildhauer u. Erzgießer aus Sikyon z. Zt. Alexanders des Großen*

M

m M *Abk*
1. = ***Marcus***
2. = ***mille*** *Zahlzeichen für 1000*
3. ***M'.*** = ***Manius***
4. ***m. p.*** *Abk* (*mlat.*) = ***manu propria*** mit eigener Hand
Macareus ⟨eī⟩ *m Gefährte des Odysseus*
maccis ⟨idis⟩ *f* Plaut. *erfundener Gewürzname*
Macedō *Gen* ⟨onis⟩ *Adj* ||Macedones|| *nur bei Personen* makedonisch
Macedones ⟨um⟩ *m* die Makedonier
Macedonia ⟨ae⟩ *f* Makedonien, *Landschaft in N Griechenlands*
Macedonicus ⟨a, um⟩ *Adj, auch als Beiname u.* **Macedonius** ⟨a, um⟩ *Adj* makedonisch; ***legiones Macedonicae*** römische Legionen in Makedonien
macellārius ⟨ī⟩ *m* ||macellum|| (*vkl., nachkl.*) Fleischwarenhändler
macellum ⟨ī⟩ *n u.* **macellus** ⟨ī⟩ *m* ||griech. Fw.|| Fleischmarkt, Marktplatz
maceō ⟨-, -, ēre 2.⟩ ||macer|| Plaut. mager sein
macer ⟨cra, crum⟩ *Adj von Menschen u. Tieren* mager, dünn, *immer pej*; *fig vom Boden* unergiebig; dünn; abgehärmt; ***libellus m.*** dünnes Büchlein
Macer ⟨crī⟩ *m röm. Beiname*
1. ***C. Licinius Macer*** *Geschichtsschreiber um 70 v. Chr.*
2. ***Aemilius Macer*** *Freund Vergils u. Ovids*
macēra ⟨ae⟩ *f* = ***machaera***
māceria ⟨ae⟩ *f* Umfriedung, Mauer, Zaun, Lehmwand; MIL eilig aufgeworfene Verschanzung
mācerō ⟨āvī, ātum, āre 1.⟩
1. mürbe machen, einweichen, wässern
2. *fig körperlich* entkräften, schwächen
3. *geistig* quälen
macēscō ⟨-, -, ēscere 3.⟩ ||*Inkoh von* maceo|| (*vkl., nachkl.*) abmagern
machaera ⟨ae⟩ *f* ||griech. Fw.|| Schwert, Weidmesser; Plaut. *hum* männliches Glied
machaerophorus ⟨ī⟩ *m* ||griech. Fw.|| Schwertträger, Trabant
Machāōn ⟨onis⟩ *m Sohn des Asklepios, berühmter Arzt vor Troja*
Machāonius ⟨a, um⟩ *Adj* des Machaon, zu Machaon gehörig
► **māchina** ⟨ae⟩ *f* ||griech. Lw.||
1. Maschine, Werkzeug *zum Heben, Werfen, Vorwärtsbewegen u. Ä.*; ***m. navalis*** Schiffsmaschine *um Schiffe ins Wasser zu ziehen*; ***omnes machinas adhibere*** *fig* alle Hebel in Bewegung setzen
2. Winde, Rolle, Hebel
3. Belagerungsmaschine
4. Gerüst *zum Ausstellen der verkäuflichen Sklaven*
5. (*nachkl.*) Bau, Werk; ***m. belli*** Kriegsgerät
6. *fig* Kunstgriff, List
māchināmentum ⟨ī⟩ *n* ||machinor||
1. Maschine
2. Marterwerkzeug
3. Gabelarm *am Geschütz*
māchinātiō ⟨ōnis⟩ *f* ||machinor|| (*nachkl.*)
1. Mechanismus, mechanisches Getriebe *zum Bewegen*
2. Maschine
3. Kunstgriff, List
māchinātor ⟨ōris⟩ *m* ||machinor||
1. (*nachkl.*) Maschinenbauer, Techniker, Ingenieur, Baumeister; ***machinatore aliquo*** unter j-s baulicher Leitung
2. *fig* Anstifter; ***m. scelerum*** Anstifter zu bösen Taten
māchinātrīx ⟨īcis⟩ *f* ||machinator|| Sen. *fig* Anstifterin
māchinor ⟨ātus sum, ārī 1.⟩ ||*Denom von* machina||
1. künstlich bewerkstelligen
2. ersinnen, kunstvoll verfertigen
3. heimlich (Böses) ersinnen, im Schilde führen, *aliquid alicui / in aliquem* etw gegen jdn
māchinōsus ⟨a, um⟩ *Adj* ||machina|| Suet. kunstvoll zusammengefügt
maciēs ⟨ēī⟩ *f* ||macer|| Magerkeit, Dürre, (*nachkl.*) *fig auch von der Rede*
macilentus ⟨a, um⟩ *Adj* ||maceo|| (*vkl., nachkl.*) abgemagert
macrēscō ⟨macruī, -, macrēscere 3.⟩ ||*Inkoh von* maceo|| (*unkl.*) mager werden, abmagern
macritūdō ⟨inis⟩ *f* ||macer|| Plaut. Magerkeit
Macrobius ⟨ī⟩ *m lat. Schriftsteller um 400 n. Chr.*
macrochīr ⟨īris⟩ *m* ||griech. Fw.|| „*Langhand*", *Beiname des Perserkönigs Artaxerxes I*
macrocollum ⟨ī⟩ *n* ||griech. Fw.|| großformatiges Papier, gutes Papier
macruī → ***macresco***
mactābilis ⟨e⟩ *Adj* ||macto|| Lucr. tödlich
mactātor ⟨ōris⟩ *m* ||macto|| *poet* Schlächter, Mörder
mactātus *Abl* ⟨ū⟩ *m* ||macto|| Lucr. das Opfern, das Schlachten
macte → ***mactus***
mactō ⟨āvī, ātum, āre 1.⟩ ||*Denom von* mactus||
1. verherrlichen, ehrenvoll beschenken
2. *Opfersprache*: *einen Gott durch ein Opfer* ehren, versöhnen; ***deos extis m.*** die Götter durch Opferung der Eingeweide versöhnen
3. (*nachkl.*) *poet ein Tier* opfern, als Opfer schlachten
4. *fig wie ein Opfertier* schlachten, als Totenopfer

weihen
5. *fig durch etw Übles* opfern, zugrunde richten, vernichten
mactus ⟨a, um⟩ *Adj*
1. verherrlicht *fast nur im erstarrten Vok* ***macte***; ***macte virtute (esto)*** Heil deinem Heldenmut!
2. Lucr. = ***mactatus***; getroffen wie ein Opfertier
macula ⟨ae⟩ *f*
1. Fleck, Flecken, Punkt; entstellendes Mal; ***maculas auferre de vestibus*** Flecken von den Kleidern entfernen
2. *fig* bewohnter Fleck, bewohnter Ort
3. *fig* Schandfleck, Makel
4. Hor. *fig* Fehler in der Darstellung
5. Masche *in Strickereien u. Netzen*
6. *m. lutea* (*nlat.*) der gelbe Fleck *auf der Netzhaut des Auges*
maculō ⟨āvī, ātum, āre 1.⟩ ||*Denom von* macula||
1. (*unkl.*) beflecken, beschmutzen
2. *fig* entehren, schänden
maculōsus ⟨a, um⟩ *Adj* ||macula||
1. (*unkl.*) gefleckt, voller Flecken; bunt; ***fulgor m.*** schillernder Glanz
2. befleckt, beschmutzt
3. *fig* entehrt, mit Schmach beladen, berüchtigt; ***nefas maculosum*** unnatürliche Laster
made-faciō ⟨fēcī, factum, facere⟩, *Passiv* ⟨madefīō, factus sum, fierī 3.⟩ ||madeo|| nass machen, befeuchten, tränken; Plaut. *fig* betrunken machen; ***madefactus re*** von etw triefend, mit etw gefärbt
madefactō ⟨-, -, āre 1.⟩ ||*Intens von* madefacio|| Plaut. befeuchten
madeō ⟨uī, -, ēre 2.⟩
1. nass sein, triefen, *re* von etw; ***nix madet*** der Schnee schmilzt; ***madens*** = ***madidus***, *auch* betrunken
2. (*vkl.*) *poet* überströmen, übervoll sein
madēscō ⟨maduī, -, madēscere 3.⟩ ||*Inkoh von* madeo|| (*nachkl.*) *poet* nass werden, triefen, *re* von etw
madidus ⟨a, um⟩ *Adj*, *Adv* ⟨madidē⟩ ||madeo||
1. nass, feucht, triefend; salbentriefend; ***fossa madida*** wasserreicher Graben; ***glebae auro madidae*** golddurchzogene Klumpen
2. (*vkl., nachkl.*) *von Speisen* mürbe, gar; ***(vino) m.*** (*unkl.*) betrunken
3. Mart. *fig* voll, erfüllt, *re* von etw
mador ⟨ōris⟩ *m* ||madeo|| (*nachkl.*) Nässe
maduī → ***madeo*** *u.* → ***madesco***
madulsa ⟨ae⟩ *f* ||madeo|| Plaut. Rausch
Madӯtos ⟨ī⟩ *f Stadt bei Sestos auf der Chersones, heute Maydos*
Maeander ⟨drī⟩ *m*
1. *Fluss im SW von Kleinasien, heute Menderes, bekannt wegen seiner vielen Windungen*
2. *meton* Windung, Umweg; *poet* Besatz *des Gewandes mit einem verschlungenen Muster*
3. RHET Umschweife, gewundene Redeweise
Maeandrius ⟨a, um⟩ *Adj* des Maeander, zum Maeander gehörig
Maeandros *u.* **Maeandrus** ⟨ī⟩ *m* = ***Maeander***
Maecēnās ⟨ātis⟩, *Gen Pl* ⟨um⟩ *m*; ***C. Cilnius Maecenas*** *aus altem etrusk. Adel, röm. Ritter, Vertrauter des Augustus, Gönner der Dichter, bes des Horaz u. Vergil, gest. 8 v. Chr.; als Gattungsname auch Beschützer u. Gönner der Kunst u. Wissenschaften, seit Martial, auch als Schimpfwort*
Maecēnātiānus ⟨a, um⟩ *Adj* des Maecenas, zu Maecenas gehörig
Maedī ⟨ōrum⟩ *m thrakischer Stamm*
maena ⟨ae⟩ *f* ||griech. Fw.|| Sardelle
Maenala ⟨ōrum⟩ *n Gebirgszug u. Stadt in Arkadien; Lage des Hauptortes nicht genau bekannt, keine Überreste*
Maenalis ⟨idis⟩ *Adj f u.* **Maenalius** ⟨a, um⟩ *Adj* aus Maenala, zu Maenala gehörig, *auch* arkadisch; ***versus Maenalii*** arkadische Hirtenlieder; ***ursa / arctos Maenalia*** die arkadische Bärin, = Kallisto
Maenalos *u.* **Maenalus** ⟨ī⟩ *m* = ***Maenala***
maenas ⟨adis⟩ *f* ||griech. Fw.|| *poet* Mänade, Bacchantin, *auch* Seherin, Priesterin *der Kybele od des Priapos*
maeniānum ⟨ī⟩ *n* ||Maenius|| Balkon
Maenius ⟨a, um⟩ *röm. Gentilname*; ***C. Maenius*** *Konsul 338 v. Chr., Sieg über Antium, Beendigung des Latinerkrieges; brachte als Zensor 318 v. Chr. Balkone an den Häusern um das Forum an (? maenianum)*; ***columna Maenia*** Säule des Maenius, *auf dem Forum dem Maenius zu Ehren aufgestellt wegen seines Sieges über Antium*
Maeonia ⟨ae⟩ *f ältester Name für* Lydien, *auch* Etrurien
Maeonidēs ⟨ae⟩ *m* Lyder, *bes* Homer, *da angeblich in Lydien geboren; poet auch* Etrusker, *da diese der Überlieferung nach aus Lydien ausgewandert waren*
Maeonius ⟨a, um⟩ *Adj* lydisch, *auch* etruskisch; homerisch; episch, heroisch
Maeōtae ⟨ārum⟩ *m skythisches Volk am Asowschen Meer*
Maeōtidae ⟨ārum⟩ *m* die Anwohner des Asowschen Meeres
Maeōtis *Gen* ⟨idis⟩ *u.* ⟨idos⟩ *Adj f u.* **Maeōtius** ⟨a, um⟩ *Adj* zu den Maeotae gehörig; ***Maeotis (palus)*** Asowsches Meer
▶ **maereō** ⟨uī, -, ēre 2.⟩
I *v/i* trauern, sich grämen, *sibi* für sich, bei sich
II *v/t* betrauern; wehmütig ausrufen; ***mortem filii m.*** den Tod des Sohnes betrauern
▶ **maeror** ⟨ōris⟩ *m* ||maereo|| Trauer, Gram, Wehmut, *alicuius* j-s, *alicuius rei* über etw, bei etw
maestitia ⟨ae⟩ *f* ||maestus|| Traurigkeit, Wehmut, Schwermut, Niedergeschlagenheit; ***orationis m.*** düstere Stimmung der Rede
maestitūdō ⟨inis⟩ *f* ||maestus|| (Com., *nachkl.*) = ***maestitia***
▶ **maestus** ⟨a, um⟩ *Adj*, *Adv* ⟨maestē⟩ *u.* ⟨maestiter⟩
1. traurig, niedergeschlagen, wehmütig, schwermütig, *re* durch etw, über etw; ***orator m.*** düsterer Redner
2. *poet* Trauer verkündend, Trauer…, klagend, jammernd; ***clamor m.*** Jammergeschrei; ***quaerela maesta*** Klageruf
3. Trauer bringend; gefährlich, Unheil bringend
māgālia ⟨ium⟩ *n* ||punisches Fw.|| (*nachkl.*) = ***mapalia***
mage *Adv* (*vkl., nachkl.*) = ***magis***
Magetobriga ⟨ae⟩ *f* = ***Admagetobriga***

M

magicus ⟨a, um⟩ *Adj* ||griech. Fw.|| *(nachkl.) poet* Zauber…, magisch; ***lingua magica*** zaubermächtige Sprache; ***deus m.*** Gott, der bei Zaubereien angerufen wird; ***ōs magicum*** beschwörende Rede

magis *Adv* ||magnus||
1. *bei Adj u. Adv* mehr, in höherem Grad, *meist + quam, zur Umschreibung des Komp, meist wenn die Adj u. Adv keinen Komparativ bilden*; ***magis necessarius*** nötiger
2. *bei Verben oft* stärker, heftiger, besser, leichter *u. Ä.*; ***magis intellegere*** besser verstehen; ***rem magis admirari quam probare*** eine Sache mehr bewundern als billigen
3. *bei Subst.* mehr, in höherem Ausmaß; ***magis vir*** ein Mann im höheren Sinn des Wortes
4. ***non magis … quam*** ebenso sehr … wie, nicht nur … sondern auch, *wenn beide Glieder bejahenden Sinn haben*; ebenso wenig … wie, *wenn beide Glieder einen verneinenden Sinn haben*; nicht sowohl … als vielmehr, *wenn das Erste als weniger bedeutend dargestellt wird*
5. ***eo/hoc/tanto magis*** desto mehr, umso mehr, mit folgendem *quod/quo/quoniam/si/ut/ne*; ***neque eo magis*** und um nichts mehr = aber ebenso wenig, und dennoch nicht
6. ***quo magis … eo (magis)*** je mehr … desto (mehr); ***quo minus … eo magis*** je weniger … desto mehr; ***tam magis … quam magis*** umso mehr … je mehr
7. ***impendio magis*** bedeutend mehr; ***multo magis*** viel mehr; ***nihilo magis*** ebenso wenig; ***solito magis*** mehr als gewöhnlich; ***magis magisque/magis et magis/magis ac magis/magis magis*** immer mehr; ***in dies magis/cotidie magis*** täglich mehr; ***magis minusve*** mehr oder weniger
8. eher, lieber, vielmehr; ***magis est, ut/quod … quam ut/quod*** es ist eher Ursache da, zu … als zu…

M

▶ **magister** ⟨trī⟩ *m*
1. Aufseher, Meister, Vorsteher; ***m. equitum*** Reiteroberst; ***m. navis*** Kapitän, *auch* Schiffseigner, Steuermann; ***m. sacrorum*** Oberpriester; ***m. militiae*** Heerführer; ***m. morum*** Sittenwächter; ***m. elephanti*** Elefantenlenker; ***m. cenandi*** Vorsitzender des Festmahls, Symposiarch, Präside; ***m. societatis*** Direktor einer Steuerpachtgesellschaft, Verwalter; ***m. mensae*** *(mlat.)* Truchsess; ***m. sapientium*** Meister der Weisen = Aristoteles
2. Lehrer, Lehrmeister; ***primi magistri*** *(mlat.)* die Elementarlehrer
3. *fig* Führer, Berater, Ratgeber
4. *(mlat.)* Magister, *akademischer Grad*

magisterium ⟨ī⟩ *n* ||magister||
1. Amt eines Vorstehers, Aufsicht, Leitung, Vorsitz; ***m. morum*** Sittenaufsicht = Zensur; ***m. sacerdotii*** Amt des Oberpriesters
2. (Plaut., *spätl.*) Lehramt, Erzieheramt
3. Plaut. Unterricht, Lehrer
4. *(mlat.)* Magisterwürde

magistra ⟨ae⟩ *f* ||magister||
1. *(vkl.)* Leiterin, Vorsteherin
2. *fig* Lehrerin, Lehrmeisterin; Schule; ***arte magistrā*** mithilfe der Kunst

▶ **magistrātus** ⟨ūs⟩ *m* ||magister||
1. öffentliches Amt; ***magistratūs et imperia*** Zivil- und Militärämter, Beamten- und Offiziersstellen
2. *meton* (Staats-)Beamter, Magistrat; ***aliquo magistratū*** unter j-s Amtsführung
3. *Pl* Behörde, Obrigkeit, Kabinett

magmentārius ⟨a, um⟩ *Adj* als Opfergabe geweiht

magnanimitās ⟨ātis⟩ *f* ||magnanimus|| Hochherzigkeit, Großmut

magn-animus ⟨a, um⟩ *Adj* ||magnus|| hochherzig; mutig

Magnēs
I *Gen* ⟨ētis⟩ *Adj* magnesisch, von Magnesia; ***(lapis) Magnēs*** Magnet, Magnetstein
II ⟨ētis⟩ *m* Einwohner von Magnesia;

Magnēsia ⟨ae⟩ *f*
1. *Landschaft entlang der Ostküste von Thessalien mit Vorkommen von Magnetsteinen*
2. *Stadt am Maeander im SW Kleinasiens; Gründung der Magnesier*
3. *Stadt am Sipylos in Lydien*

Magnēsius ⟨a, um⟩ *Adj* magnesisch, von Magnesia; ***saxum Magnesium*** Magnet

Magnēssa ⟨ae⟩ *f u.* **Magnētis** ⟨idis⟩ *f* Einwohnerin von Magnesia

magni-dicus ⟨a, um⟩ *Adj* ||magnus, dico[2]|| *(vkl., nachkl.)* prahlend

magnificentia ⟨ae⟩ *f* ||magnificus||
1. Großartigkeit, Pracht; ***m. liberalitatis*** glänzende Freigebigkeit
2. *meton* Prachtliebe, Prunkliebe
3. Erhabenheit, Hoheit; Pathos
4. Hochherzigkeit
5. *pej* Prahlerei
6. *(mlat.)* *Titel* Hoheit

magnificō ⟨āvī, ātum, āre 1.⟩ ||magnificus|| (Com., *nachkl.*) hoch schätzen; *fig* rühmen; ***Magnificat*** *(mlat.) Preislied der katholischen Kirche, liturgischer Gesang*

▶ **magni-ficus** ⟨a, um⟩ *Adj, Adv* ⟨magnificē⟩ *u.* ⟨magnificenter⟩ ||magnus, facio||
1. großartig, prachtvoll, prächtig, glänzend; ***factum magnificum*** Großtat
2. *von Personen* prachtliebend
3. *von der Rede* schmuckreich, pathetisch
4. *vom Charakter* hochherzig, großmütig
5. *pej* prahlerisch, hochtrabend, selbstbewusst

magniloquentia ⟨ae⟩ *f* ||magniloquus|| erhabene Sprache, pathetischer Ausdruck; *(nachkl.) pej* Prahlerei

magni-loquus ⟨a, um⟩ *Adj* ||magnus, loquor|| *(nachkl.) poet* erhaben, pathetisch; *meist pej* prahlerisch

▶ **magnitūdō** ⟨inis⟩ *f* ||magnus||
1. Größe; großer Umfang, Weite, Höhe, Länge, Körpergröße; große Menge, hoher Betrag; ***m. itineris*** Länge des Weges; ***m. aquae/fluminis*** hoher Wasserstand
2. Stärke, Kraft, Gewalt; ***m. poenae*** Härte der Strafe; ***m. vulneris*** Gefährlichkeit der Wunde
3. *fig* Bedeutung, Wichtigkeit, Gewicht
4. *fig* hohe Stellung, Erhabenheit, Ansehen, Macht

▶ **magnō opere** *od* **māgnopere** *Sup* ***maximopere*** *u.* ***maximō opere*** *Adv*
1. in hohem Grad, überaus, sehr, ganz, besonders,

nur bei Verben u. adj Part; ***magnopere laudans*** in höchsten Tönen lobend
2. ***non magnopere*** nicht erheblich, nicht sonderlich, *fast nur beim Verb*; ***nullā magnopere clade acceptā*** ohne erheblichen Verlust

magnus ⟨a, um, *Komp* māior, māius, *Sup* maximus, a, um⟩ *Adj*
1. groß *in der Ausdehnung*; geräumig, umfangreich, weit, hoch, lang, breit, stattlich; ***epistula magna*** langer Brief; ***aquae magnae*** große Wassermassen, stürmische Wassermassen
2. groß *an Zahl, Menge, Gewicht*; beträchtlich, viel, bedeutend, volkreich; ***populus m.*** zahlreich versammeltes Volk; ***pecunia magna*** beträchtliche Geldsumme; ***magnā parte/magnam partem*** großenteils; ***magni aestimare*** hoch schätzen; ***magni esse*** viel gelten
3. *zeitl.* lang, beträchtlich; ***annus m.*** das große Weltjahr, *die Umlaufzeit aller sieben Planeten von einer bestimmten Konstellation bis zur gleichen, ca. 26 000 Jahre*
4. *zeitl.* alt; ***magno natu*** bejahrt, betagt; ***filius maximus natus*** ältester Sohn; ***maior patria*** frühere Heimat
5. *fig* stark, kräftig, gewaltig; ***offensio magna*** schwere Beleidigung; ***vinculum magnum*** enges Band; ***usus m./consuetudo magna*** lebhafter Verkehr; ***argumentum magnum*** schlagender Beweis; ***casus m.*** reiner Zufall; ***opinio magna*** hohe Meinung; ***preces magnae*** dringende Bitten; ***suspicio magna*** dringender Verdacht
6. *fig von Bedeutung, Geltung* hoch, ansehnlich, bedeutend, beträchtlich, wichtig; ***labor m.*** schwierige Arbeit; ***iactura magna*** schwerer Verlust; ***causa magna*** wichtige Ursache; ***ratio magna*** triftiger Grund; ***scientia magna*** umfassende Kenntnisse; ***magnum est*** es ist eine große Aufgabe; ***maximum est*** es ist die Hauptsache, + *Inf*; ***quod maius est*** was noch mehr sagen will; ***in maius augere*** übertreiben
7. *fig vom Rang* hoch stehend, mächtig, erhaben, *daher der Beiname* ***Magnus*** der Große; ***invidiā maior*** über den Neid erhaben
8. *fig von der Gesinnung* hochherzig, edel; *pejor.* hochfahrend, stolz, vermessen; ***ingenium magnum*** hohe Begabung; ***vir m.*** edler Mensch
9. *fig* übertrieben; zu streng
10. ***maior domus*** (*mlat.*) Hausmeier; ***maior villae*** (*mlat.*) Gutsverwalter, Gutspächter

Māgō ⟨ōnis⟩ *m Name eines vornehmen karthagischen Geschlechts, u. a. jüngster Bruder Hannibals*

Magontiăcum ⟨ī⟩ *n* = ***Mogontiacum***

magūdaris ⟨is⟩ *f* ||griech. Fw.|| Stängel der Pflanze Siphion; → ***laserpicium***

magus ⟨ī⟩ *m* ||griech.-orient. Fw.||
1. Magier, *Angehöriger einer persischen Priesterkaste*
2. (persischer) Weiser, Wahrsager
3. *pej* Zauberer, Gaukler; *adj* Zauber…, magisch
4. ***magi ex oriente*** (*eccl.*) die Weisen aus dem Morgenland

magydaris ⟨is⟩ *f* = ***magudaris***

Maharbal ⟨alis⟩ *m punischer Reiteroberst in der Schlacht bei Cannae, der Hannibal vergeblich geraten haben soll sofort gegen Rom zu ziehen*

Māia ⟨ae⟩ *f Tochter des Atlas, von Zeus Mutter des Hermes / Merkur, eine der Plejaden*

māiālis ⟨is⟩ *m* (*nachkl.*) kastrierter Eber, *fig auch als Schimpfwort*

▶ **māiestās** ⟨ātis⟩ *f* ||maius; → maior||
1. Erhabenheit, Würde, Größe, Hoheit, Ansehen, Glanz
2. Hoheit *des Staates, in der Republik des Volkes, in der Monarchie des Fürsten od Kaisers*; Nep. Vorherrschaft; ***crimen laesae maiestatis*** Verbrechen der Majestätsbeleidigung
3. Majestätsbeleidigung, *auch* Gesetz wegen Majestätsbeleidigung, Hochverrat
4. *Titel eines Kaisers od Königs* Majestät
5. ***Maiestas Domini*** *Kunstgeschichte* der thronende Christ, *v. a. in der Romanik häufiges Motiv*

▶ **māior** ⟨māius⟩ *Adj Komp* → ***magnus***

māiōrēs ⟨um⟩ *m* ||*Komp von* magnus||
1. die älteren Leute, die Alten; Liv. = der Senat
2. Vorfahren, Ahnen

Māius ⟨a, um⟩ *Adj* des Mai, zum Mai gehörig; ***(mensis) M.*** Mai

māiusculus ⟨a, um⟩ *Adj* ||*Dim von* maius; → maior||
1. etwas groß
2. etwas größer, etwas älter

māla ⟨ae⟩ *f* (*unkl.*) Kinnbacken, Kinnlade; *fig* Wange, Backe, *meist Pl*; *Pl* Rachen *von Menschen u. Tieren*

mālabathron ⟨ī⟩ *n* = ***malobathron***

malacia ⟨ae⟩ *f* ||griech. Fw.|| Windstille auf dem Meer, Meeresstille

malacissō ⟨-, -, āre 1.⟩ ||griech. Fw.|| Plaut. geschmeidig machen

malacus ⟨a, um⟩ *Adj* ||griech. Fw.|| (*vkl.*) weich, gelenkig; *fig* üppig

malaxō ⟨āvī, ātum, āre 1.⟩ ||griech. Fw.|| (*nachkl.*) geschmeidig machen

male *Komp* ⟨pēius⟩, *Sup* ⟨pessimē⟩ *u.* (*altl.*) ⟨pessumē⟩ *Adv* ||malus[1]||
1. schlecht, schlimm, übel, böse; verkehrt, treulos; *auch* zu Unrecht, ohne Grund; ***male dicere/loqui*** verleumden; ***male facere alicui*** j-m Unrecht tun; ***male velle alicui*** j-m feindlich gesinnt sein; ***male esse*** schlecht stehen; ***male alicui est*** j-m geht es schlecht; ***aliquem male habere*** j-n belästigen; ***male alicui accidit*** j-m ergeht es schlecht; ***male accipere aliquem*** j-m übel mitspielen; ***male audire ab aliquo*** in schlechtem Ruf bei j-m stehen; ***male mereri de aliquo*** j-m schlechte Dienste leisten; ***male agitur cum aliquo*** j-d ist schlimm dran
2. *vom Erfolg* unglücklich, ungünstig, erfolglos, vergeblich; ***male mori*** schmerzvoll sterben; ***male vendere*** zu billig verkaufen; ***male emere*** zu teuer kaufen
3. zur Unzeit, am falschen Ort
4. zu viel, zu sehr, allzu; ***male parvus*** verteufelt klein
5. zu wenig, nicht recht, kaum noch; ***male scire aliquid*** sich zu wenig auskennen in etw; ***male prudens*** unklug; ***male gratus*** undankbar; ***male parens*** ungehorsam; ***male fidus*** unzuverlässig
6. *bei pej Ausdrücken* heftig, sehr; ***male raucus*** ganz heiser

M

Malea *u.* **Malēa** ⟨ae⟩ *f u.* **Maleae** ⟨ārum⟩ *f* Verg. *äußerste Südostspitze der Peloponnes, galt als sehr gefährlich für die Seefahrt*
male-dicāx *Gen* ⟨ācis⟩ *Adj, auch getrennt* (*vkl., nachkl.*) schmähsüchtig
maledīcēns *Gen* ⟨entis⟩ *Adj* ||maledico|| schmähsüchtig
male-dīcō ⟨dīxī, dictum, dīcere 3.⟩ schmähen, lästern, *abs od alicui* j-n, über jdn
maledictiō ⟨ōnis⟩ *f* ||maledico|| Schmähung
maledictum ⟨ī⟩ *n* ||maledico|| Schmähung, üble Nachrede
maledicus ⟨a, um⟩ *Adj, Adv* ⟨maledicē⟩ ||male, dico²|| schmähsüchtig, verleumderisch
male-faciō ⟨fēcī, factum, facere 3.⟩ (Com., *nachkl.*) Böses zufügen
malefactor ⟨ōris⟩ *m* ||malefacio|| (*vkl., nachkl.*) Übeltäter
malefactum ⟨ī⟩ *n* ||malefacio|| Übeltat
malefica ⟨ōrum⟩ *n* ||maleficus|| Zaubermittel
maleficium ⟨ī⟩ *n* ||maleficus||
1. Übeltat, Frevel, Verbrechen
2. Feindseligkeit, zugefügter Schaden; ***sine maleficio*** ohne irgendeinen Schaden zu tun; ***maleficii causā*** in böser Absicht
3. (*nachkl.*) Betrug
4. *Pl* (*nachkl.*) Zaubermittel
male-ficus
I ⟨a, um, *Komp* maleficentior, ius, *Sup* maleficentissimus, a, um⟩ *Adj, Adv* ⟨maleficē⟩ ||male, facio||
1. übel handelnd, boshaft, gottlos
2. missgünstig, feindselig
3. schädlich; ***animalia malefici generis*** Lebewesen der schädlichen Art
4. Zauber…
II ⟨ī⟩ *m* Übeltäter, Verbrecher
Malepartus (*mlat.*) *in der Fabel die Raubburg des Fuchses*
male-suādus ⟨a, um⟩ *Adj* ||suadeo|| (*vkl.*) *poet* übel ratend, verführerisch
Maleventum ⟨ī⟩ *n alter Name für Beneventum*
male-volēns *Gen* ⟨entis⟩ *Adj* ||volo²|| (*vkl.*) neidisch, missgünstig
malevolentia ⟨ae⟩ *f* ||malevolens|| Übelwollen, Missgunst, Neid, Hass, Schadenfreude
male-volus
I ⟨a, um⟩, *Sup* ***malevolentissimus, a, um*** *Adj* ||volo²|| übel wollend, missgünstig, neidisch, schadenfroh, *alicui / in aliquem* gegen j-n
II ⟨ī⟩ *m* Neider
Māliacus sinus *m* Golf von Mali, *gegenüber der Insel Euböa u. ö. der Stadt Lamia*
māli-fer ⟨fera, ferum⟩ *Adj* ||malum¹, fero|| Verg. Äpfel tragend, obstreich
malific… = ***malefic…***
malīgnitās ⟨ātis⟩ *f* ||malignus||
1. Missgunst, Bosheit
2. Knauserei, *alicuius* j-s, *alicuius rei* bei etw
malīgnus ⟨a, um⟩ *Adj, Adv* ⟨malīgnē⟩ (*unkl.*) ||malus¹||
1. böswillig, missgünstig, neidisch
2. schädlich, verderblich
3. unfruchtbar
4. *von Personen* knauserig
5. *von Personen* kalt, spröde
6. *von Sachen* spärlich, kärglich
7. ***spiritus m.*** (*mlat.*) Teufel
malitia ⟨ae⟩ *f* ||malus¹||
1. Schlechtigkeit, Bosheit
2. Hinterlist, Schikane
3. *hum* Schalkhaftigkeit
malitiōsus ⟨a, um⟩ *Adj, Adv* ⟨malitiōsē⟩ ||malitia|| boshaft, hinterlistig
malivolentia ⟨ae⟩ *f* = ***malevolentia***
malivolus ⟨a, um⟩ *Adj* = ***malevolus***
mālle → ***malo***
malleātor ⟨ōris⟩ *m* ||malleus|| Mart. der pocht, der schlägt
malleolus ⟨ī⟩ *m* ||*Dim von* malleus||
1. Setzling *einer Pflanze*
2. Brandpfeil
malleus ⟨ī⟩ *m* (*unkl.*) Hammer, Schlegel
▶ **mālō** ⟨māluī, -, mālle 0.⟩
1. lieber wollen, vorziehen
2. ***alicui m.*** j-m gewogener sein; ***alicui aliquid m.*** j-m etw lieber gönnen
mālobathron *u.* **mālubathrum** ⟨ī⟩ *n* ||griech. Fw.|| indisches Zimtöl, kostbares Salböl
māluī → ***malo***
mālum¹ ⟨ī⟩ *n* ||griech. Lw.||
1. Apfel; ***ab ovo usque ad mala*** von der Vorspeise bis zur Nachspeise; ***m. discordiae*** *fig* Zankapfel
2. Ter. Quitte; Granatapfel; Zitrone; *Pl* Obst
▶ **malum²** ⟨ī⟩ *n* ||malus¹||
1. Übel
2. Fehler, Gebrechen, Mangel, Unvollkommenheit, Krankheit; ***bona aut mala*** Vorzüge oder Fehler
3. Unglück, Unheil, Unfall, Leiden
4. Gefahr; Schaden, Nachteil
5. Strafe, Züchtigung
6. Beleidigung, Schimpfwort
7. Schlechtigkeit, Untat, Laster
8. *Ausdruck des Unwillens* zum Henker!, zum Teufel!
malus¹ ⟨a, um, *Komp* pēior, pēius, *Sup* pessimus, a, um⟩ *Adj, Adv* → ***male***
1. schlecht, böse, nichtswürdig, übel gesinnt, schlimm, arg; ***dolo malo*** in böser Absicht
2. unehrlich, unredlich, unzuverlässig, hinterlistig; ***ambitio mala*** falscher Ehrgeiz; ***malā fide agere cum aliquo*** mit j-m unredlich verfahren
3. POL schlecht, übel gesinnt = zur Gegenpartei gehörig; demagogisch, demokratisch
4. *äußerlich od physisch, auch geschäftlich* schlecht = untüchtig, untauglich, unbrauchbar, mangelhaft, *alicui rei* zu etw; ***m. militiae*** untauglich für den Kriegsdienst; ***pudor m.*** falsche Scham
5. (*unkl.*) *körperlich* unschön, hässlich
6. mutlos, feige
7. (*unkl.*) gering, wertlos; ***peioribus ortus*** von niedrigeren Ahnen abstammend
8. *von Wirkungen, Verhältnissen u. Zuständen* übel, schlimm, ungünstig; ***valetudo mala*** schlechtes Befinden; ***nuntius m.*** schlimme Nachricht; ***in peiorem partem mutari*** sich zum Schlimmen wenden; ***in peius ruere*** sich verschlimmern; ***malam opinionem habere de aliquo*** eine schlechte Meinung ha-

ben von j-m
9. schädlich, verderblich, gefährlich; ***gramina / herba mala*** giftige Pflanzen; ***ora mala*** ungesunde Gegend; ***avis / ales mala*** unheilvoller Vogel
10. schimpflich, schändlich, *auch* schmähend; ***lustra mala*** verrufenes Bordell
11. unglücklich, traurig, unselig; ***mala res*** Züchtigung, Strafe, üble Lage, Unglück, Leiden
mālus[2] ⟨ī⟩ *f* ||malum[1]|| Apfelbaum, Obstbaum
mālus[3] ⟨ī⟩ *m*
1. Mastbaum, Mast
2. *aufrecht stehender* Eckbalken *der Tür*
3. Mast zum Tragen des Zeltdaches
malva ⟨ae⟩ *f* Malve
Mām. *Abk* = ***Mamercus***
Māmercus ⟨ī⟩ *m*
1. MYTH *Sohn des Mars u. der Silvia*
2. *Tyrann von Katana auf Sizilien um 340 v. Chr.*
3. *Vorname u. Beiname in der gens Aemilia, die Mars als Stammvater sah*; → ***Aemilius***
Māmers ⟨ertis⟩ *m* = ***Mars***
Māmertīnī ⟨ōrum⟩ *m kampanische Söldner, die sich 282 v. Chr. der Stadt Messana bemächtigten u. einen Räuberstaat gründeten*
Māmertīnus ⟨a, um⟩ *Adj* des Mars, zu Mars gehörig
mamilla ⟨ae⟩ *f* ||*Dim von* mamma|| Brustwarze, Brust; *von Tieren* Zitze, *auch Kosewort*
mamillāre ⟨is⟩ *n* ||mamilla|| Mart. Büstenhalter
mamma ⟨ae⟩ *f* ||Lallwort|| Busen; *von Tieren* Euter, Zitze; (*vkl., nachkl.*) *fig* Mama, Mutter
mammeātus ⟨a, um⟩ *Adj* ||mamma|| Plaut. vollbusig; ***amica mammeata*** Busenfreundin
mammicula ⟨ae⟩ *f* ||*Dim von* mamma|| Plaut. niedliches Brüstchen
mammium ⟨ī⟩ *n* Plaut. Brüstchen *als Kosewort*
mammōna *u.* **mammōnās** ⟨ae⟩ *m* ||semitisches Fw.|| (*eccl.*) Reichtum, Geld, Mammon
mammōsus ⟨a, um⟩ *Adj* ||mamma|| (*unkl.*) vollbusig
Māmurius Veturius ⟨ī⟩ *m etrusk. Bronzekünstler, Verfertiger der ancilia*; → ***ancile***
Māmurra ⟨ae⟩ *m röm. Ritter, im Heer Caesars in Gallien praefectus fabrum*
mānābilis ⟨e⟩ *Adj* ||mano|| einströmend, einfließend
manceps ⟨ipis⟩ *u.* (*altl.*) ***upis*** *m* ||manus, capio||
1. Aufkäufer von Staatsgütern, *alicuius* von j-s Gütern
2. Pächter öffentlicher Abgaben, Steuerpächter
3. (*nachkl.*) Unternehmer öffentlicher Leistungen
4. Plaut. Bürge
▶ **mancipium** ⟨ī⟩ *n* ||manceps||
1. JUR Eigentumserwerb *durch Handauflegen in Gegenwart von fünf Zeugen*; ***mancipio dare / accipere*** in aller Form verkaufen / kaufen; ***lex mancipi(i)*** Kaufvertrag; ***ius mancipii*** Kaufrecht
2. *meton* Eigentum, Besitz, Eigentumsrecht; ***ius mancipii*** volles Eigentumsrecht; ***sui mancipii esse*** sein eigener Herr sein
3. *meton* (gekaufter) Sklave, *auch* Sklavin
mancipō ⟨āvī, ātum, āre 1.⟩ ||manceps|| (*unkl.*) zu Eigen geben, in aller Form verkaufen; *fig* hingeben; ***saginae mancipatus*** der Fresslust hingegeben
mancupium ⟨ī⟩ *n* = ***mancipium***
mancupō ⟨āvī, ātum, āre 1.⟩ = ***mancipo***
mancus ⟨a, um⟩ *Adj* ||manus||
1. verstümmelt, verkrüppelt
2. *fig* schwach, ohnmächtig; ***m. alicui rei*** für etw untüchtig
3. *von Sachen* unvollständig, mangelhaft
mandātor ⟨ōris⟩ *m* ||mando[1]|| (*nachkl.*) Auftraggeber; Anstifter
▶ **mandātum** ⟨ī⟩ *n* ||mando[1]||
1. Auftrag, Weisung, Befehl; ***litterae mandataque*** schriftliche und mündliche Befehle
2. *in der Kaiserzeit* Befehl des Kaisers, Mandat
3. *poet* anvertrauter Gegenstand, ausgehändigtes Paket
4. JUR Übernahme der unentgeltlichen Ausführung eines Geschäftes; Geschäftsauftrag; ***iudicium mandati*** Urteil wegen nicht erfüllten Geschäftsauftrags
mandātus ⟨ūs⟩ *m* = ***mandatum***; *nur Abl Sing.* ***mandātū*** im Auftrag, *alicuius* j-s
Mandēla ⟨ae⟩ *f Ort in der Nähe des Sabinergutes des Horaz*
▶ **mandō**[1] ⟨āvī, ātum, āre 1.⟩
1. anvertrauen, überliefern, überlassen; ***filiam viro m.*** die Tochter einem Mann zur Frau geben; ***aliquid litteris m.*** etw schriftlich aufzeichnen; ***carmina foliis m.*** Gedichte zu Papier bringen; ***fruges vetustati m.*** Früchte alt werden lassen; ***corpus terrae m.*** eine Leiche begraben; ***memoriae m.*** auswendig lernen
2. *fig* auftragen
3. anweisen, verordnen, befehlen, *aliquid alicui / alicui de re* j-m etw; ***aliquid ad aliquem m.*** etw an j-n bestellen, j-n von etw benachrichtigen lassen
mandō[2] ⟨mandī, mānsum, mandere 3.⟩
1. *etw* kauen, in *etw* beißen, *aliquid*; ***humum m.*** ins Gras beißen; ***omnia minima m.*** alles ganz klein kauen
2. (*vkl., nachkl.*) essen, verzehren, zerfleischen
mandra ⟨ae⟩ *f* ||griech. Fw.||
1. Zug aneinander gekoppelter Saumtiere
2. *im Brettspiel* geschlossene Reihe der niederen Figuren, *vergleichbar mit den Bauern des Schachspiels*
Mandūbiī ⟨ōrum⟩ *m kelt. Stamm mit der Hauptstadt Alesia w. von Dijon*
mandūcō ⟨āvī, ātum, āre 1.⟩ *u.* **mandūcor** ⟨ātus sum, ārī 1.⟩ ||*Denom von* manducus|| (*vkl., nachkl.*) kauen, kauend essen
mandūcus ⟨ī⟩ *m* ||mando[2]|| Plaut. Vielfraß, *komische Figur bei öffentlichen Umzügen u. in Komödien mit weit geöffnetem Mund u. klappernden Zähnen*
▶ **māne**
I *n indekl, nur im Nom Akk u. Abl Sing.* Morgen, Frühe; ***mane est*** es ist noch früh; ***multo mane*** frühmorgens; ***ad ipsum mane*** bis zum hellen Morgen
II *Adv* am Morgen, frühmorgens; ***hodie mane*** heute früh; ***bene mane*** sehr früh
▶ **maneō** ⟨mānsī, mānsum, manēre 2.⟩
I *v/i*
1. bleiben, verbleiben, verweilen, *bes* übernachten; ***in vita m.*** am Leben bleiben; ***m. in loco*** die Stellung behaupten; ***m. dum*** bleiben bis; ***manetur*** man bleibt; ***maneatur*** man bleibe

2. *von Sachen u. Zuständen* fortbestehen, noch vorhanden sein, *bes* ungestört bleiben, feststehen; ***m. alicui*** j-m verbleiben; ***exercitus integer mansit*** das Heer blieb unversehrt; ***maneat*** es muss dabei bleiben, + *AcI*; ***manens/mansurus*** dauernd, beständig
3. *von Personen* fest bei *etw* bleiben; in *etw* verharren, *in re/re*; ***promissis m.*** zu seinen Versprechen stehen
4. sicher beschieden sein, *alicui* j-m
II *v/t*
1. *j-n* erwarten, abwarten, *etw* abwarten, auf *j-n* warten, *aliquem/aliquid*
2. *von Übeln* unausweichlich bevorstehen, *aliquem* j-m; ***mors te manet*** der Tod steht dir bevor
3. *(mlat.)* wohnen; = ***esse***
▸ **mānēs** ⟨ium⟩ *m*
1. die Manen, *göttlich verehrte* Seelen der Toten
2. *(nachkl.) meton* Leichnam
3. die unterirdischen Götter, die unterirdischen Mächte, Unterwelt
4. Dämon, Genius *eines Menschen*; ***quisque suos patimur manes*** wir büßen alle nach unserem Wesen
mangō ⟨ōnis⟩ *m (nachkl.)*
1. betrügerischer Händler
2. Sklavenhändler
mangōnicus ⟨a, um⟩ *Adj* ||mango|| *(nachkl.)* eines betrügerischen Händlers, zu einem betrügerischen Händler gehörig

M

mānī *Lokativ* = ***mane***
manibiae ⟨ārum⟩ *f* = ***manubiae***
manica ⟨ae⟩ *f* ||manus||
1. langer Ärmel *der Tunika, der auch die Hand bedeckte*
2. *(vkl.) poet* Handfessel
3. *(mlat.)* Handschuh; Manschette
manicātus ⟨a, um⟩ *Adj* ||manica|| mit langen Ärmeln
manicula ⟨ae⟩ *f* ||*Dim von* manus|| *(vkl., nachkl.)* Händchen
manifestārius ⟨a, um⟩ *Adj* ||manifestus||
1. *von Sachen* handgreiflich
2. *von Personen* auf frischer Tat ertappt
manifestātiō ⟨ōnis⟩ *f* ||manifesto[2]|| *(eccl.)* Offenbarung
manifestō[1] *Adv* → ***manifestus***
manifestō[2] ⟨āvī, ātum, āre 1.⟩ ||*Denom von* manifestus|| *(nachkl.) poet* offenbaren, an den Tag legen; *Passiv* sichtbar sein
manifestus ⟨a, um⟩ *Adj, Adv* ⟨manifestē⟩ *u.* ⟨manifestō⟩
1. *(unkl.) von Personen bei etw* ertappt, erwischt, *einer Sache* überführt, *etw* sichtbar verratend, *alicuius rei*, + *Inf*; ***aliquem sceleris manifestum habere*** j-n eines Verbrechens überführen; ***m. vitae*** sichtbar noch lebend; ***aliquis dissentire m. est*** j-d ist offensichtlich anderer Meinung
2. *von Sachen* augenscheinlich, offenbar; ***forma manifesta*** deutlich ausgeprägte Gestalt; ***manifesto deprehendere*** auf frischer Tat ertappen
Mānīlius ⟨a, um⟩ *röm. Gentilname, bekannt* ***C. Manilius*** *Volkstribun 66 v. Chr., Initiator der lex Manilia, durch die dem Pompeius der Oberbefehl im Krieg gegen Mithridates übertragen wurde*
maniplāris ⟨e⟩ *Adj* = ***manipularis***
maniplus ⟨ī⟩ *m* → ***manipulus***
manipretium ⟨ī⟩ *n* = ***manupretium***
manipulāris
I ⟨e⟩ *Adj* ||manipulus|| zu einem Manipel gehörig, der einfachen Soldaten; ***iudex m.*** aus den einfachen Soldaten erwählter Richter
II ⟨is⟩ *m* einfacher Soldat, Gemeiner; ***meus m.*** mein (Kriegs-) Kamerad
manipulārius
I ⟨a, um⟩ *Adj* = ***manipularis I***
II ⟨ī⟩ *m* = ***manipularis II***
manipulātim *Adv* ||manipulus|| *(vkl., nachkl.)* manipelweise, in kleineren Haufen
mani-pulus ⟨ī⟩ *m* ||manus||
1. *(unkl.)* Hand voll, Bündel
2. *fig* Manipel, *Drittel einer Kohorte*; Haufe, Schar
Mānius ⟨ī⟩ *m röm. Vorname, abgek M'.*
Manliānum ⟨ī⟩ *n Landgut Ciceros*
Manliānus ⟨a, um⟩ *Adj* des Manlius, zu Manlius gehörig; ***imperia Manliana*** strenge Befehle
Manlius ⟨a, um⟩ *röm. Gentilname*
1. ***M. Manlius Capitolinus*** *Konsul 392 v. Chr., Retter des Kapitols beim Gallierüberfall, 384 v. Chr. des Hochverrats angeklagt u. vom Tarpejischen Felsen gestürzt*
2. ***L. Manlius Capitolinus*** *Diktator 263 v. Chr.*
3. ***T. Manlius Capitolinus*** *Sohn von 2., Beiname Torquatus, Diktator, ließ 340 v. Chr. seinen eigenen Sohn trotz Gelingens des Unternehmens wegen Ungehorsams hinrichten*
mannulus ⟨ī⟩ *m* ||*Dim von* mannus|| *(nachkl.) poet* kleines Pony
mannus ⟨ī⟩ *m (nachkl.) poet* gallisches Pony
Mannus ⟨ī⟩ *m erster Mensch in der germ. Sage*
▸ **mānō** ⟨āvī, ātum, āre 1.⟩
I *v/i*
1. *(nachkl.) poet* fließen, strömen, rinnen, sich ergießen; ***m. pleno de pectore*** *fig* vergessen werden
2. triefen, *re* von etw
3. *fig* entsprießen, entspringen, herrühren, *ex re/a re* von etw
4. *fig* sich verbreiten; ***fama manat per urbem*** das Gerücht verbreitet sich in der Stadt
II *v/t (nachkl.) poet* ausströmen lassen, vergießen; ***lacrimas m.*** Tränen vergießen
mānsī → ***maneo***
mānsiō ⟨ōnis⟩ *f* ||maneo||
1. das Verbleiben, Aufenthalt
2. *(nachkl.) meton* Nachtquartier, Station; Tagesreise
3. *(mlat.)* Wohnung
mānsitō ⟨āvī, ātum, āre 1.⟩ ||*Intens von* maneo|| *(nachkl.)* sich aufhalten, wohnen
mānstrūga ⟨ae⟩ *f* = ***mastruca***
mānsuē-faciō ⟨fēcī, factum, facere 3.⟩, *Passiv* ⟨mānsuefīō, factus sum, fierī⟩ ||mansues, facio||
1. *Tiere* zähmen, bändigen; *Passiv* zahm werden
2. *(nachkl.) fig Menschen* besänftigen
3. *fig Menschen* kultivieren, bilden
mānsuēs *Gen* ⟨is⟩ *u.* ⟨ētis⟩ *Adj* ||manus, suesco|| *(vkl., nachkl.)* an die Hand gewöhnt, zahm
mānsuēscō ⟨suēvī, suētum, suēscere 3.⟩ ||mansue-

tus||
I *v/i* (*nachkl.*) zahm werden; *fig* sanft werden, milder werden
II *v/t* (*nachkl.*) zähmen
▶ **mānsuētūdō** ⟨inis⟩ *f* ||mansuetus||
1. *von Tieren* Zahmheit
2. *fig* Sanftmut, Milde, *in aliquem* gegen j-n; Zivilisation; Eutr. *auch kaiserlicher Titel*; ***m. tua*** Euer Gnaden
mānsuētus ⟨a, um⟩ *Adj*, *Adv* ⟨mānsuētē⟩ ||manus, suetus||
1. (*vkl., nachkl.*) *von Tieren* gezähmt, zahm; ***sus m.*** Hausschwein
2. *von Personen u. Sachen* sanft, mild, gelassen; harmlos
mānsum ⟨a, um⟩ *PPP* → ***maneo***
mānsūrus ⟨a, um⟩ *Part Fut* → ***maneo***
mānsus ⟨a, um⟩ *PPP* → ***mando²***
man-tēle ⟨is⟩ *n u.* **man-tēlium** ⟨ī⟩ *n* ||manus|| (*unkl.*) Handtuch, Serviette; (*spätl.*) Tischtuch
mantellum *u.* **mantēlum** ⟨ī⟩ *n* Plaut. Hülle, Decke
mantica ⟨ae⟩ *f* (*unkl.*) Ranzen, Rucksack
manticulātor ⟨ōris⟩ *m* Betrüger
mantīle ⟨is⟩ *n* = ***mantele***
Mantinēa ⟨ae⟩ *f Stadt im ö. Arkadien, Tod des Epaminondas 362 v. Chr., heute Mandinia n von Tripolis mit zahlreichen Ausgrabungen*
mantīsa ⟨ae⟩ *f* (*vkl., nachkl.*) Zugabe; Profit
mantiscinor ⟨ātus sum, ārī 1.⟩ Plaut. wahrsagen, weissagen
mantissa ⟨ae⟩ *f* = ***mantisa***
mantō ⟨-, -, āre⟩ ||*Freq von* maneo|| Com.
I *v/i* warten
II *v/t* auf *j-n* warten, *aliquem*
Mantō ⟨ūs⟩ *f*
1. *Seherin, Tochter des Sehers Teiresias*
2. *weissagende Nymphe, Mutter des Ocnus, des Erbauers von Mantua*
Mantua ⟨ae⟩ *f Stadt am Mincius, Heimat des Vergil*
manuāle ⟨is⟩ *n* ||manualis|| Buchfutteral; Plaut. Handbücher
manuālis ⟨e⟩ *Adj* ||manus|| (*nachkl.*) eine Hand füllend; mit der Hand geworfen
manubiae ⟨ārum⟩ *f* ||manus, habeo||
1. (*vkl., nachkl.*) Kriegsbeute; Erlös vom Verkauf der Kriegsbeute; Beutegelder
2. Raubanteil, Beute, ungesetzlicher Gewinn, *bes von Beamten*
3. *Sg Augurensprache* Blitzschlag, Donnerschlag
manubiālis ⟨e⟩ *Adj* ||manubiae|| Suet. Beute…; ***pecunia m.*** erbeutetes Geld
manubiārius ⟨a, um⟩ *Adj* ||manubiae|| Plaut. Beute bringend; ***amicus m.*** ein Freund, der Vorteil bringt
manubrium ⟨ī⟩ *n* ||manus|| Griff, Stiel; ***exemi e manu istis manubrium*** Plaut. *fig* ich habe ihnen das Heft aus der Hand genommen
manufest… = ***manifest…***
manuleārius ⟨ī⟩ *m* ||manuleus|| Manschettenmacher
manuleātus ⟨a, um⟩ *Adj* ||manuleus|| (Plaut., *nachkl.*) mit langen Ärmeln
manuleus ⟨ī⟩ *m* ||manus|| *die Hand bedeckender* Tunikaärmel, Manschette
manūmissiō ⟨ōnis⟩ *f* ||manumitto||
1. Freilassung *des Sklaven durch den Herrn*
2. *fig* Erlass der Strafe, Verzeihung
manū-mittō ⟨mīsī, missum, mittere 3.⟩ ||manus|| *einen Sklaven* freilassen
manu-pretium ⟨ī⟩ *n* ||manus|| Arbeitslohn, Macherlohn; *fig* Lohn, Entgelt
manus ⟨ūs⟩ *f*

1. Hand
2. bewaffnete Hand
3. persönliche Tapferkeit, Stärke
4. Handgemenge, Kampf
5. Gewalttätigkeit, Gewalttat
6. Gewalt, Macht
7. Gewalt des Vaters über die Kinder und Sklaven
8. schaffende Hand = Arbeit, Tätigkeit
9. Menschenarbeit
10. Arbeit = Werk, Kunstwerk
11. Handschrift
12. Wurf
13. Hieb, Stich
14. Hand voll, Schar
15. Dienerschaft
16. Handwerksleute, Arbeiter beim Bau
17. Enterhaken
18. Urkunde, Eid

1. Hand, *auch* Arm; (*nachkl.*) *bei Tieren* Tatze; *fig beim Elefant* Rüssel; *oft Pl*; ***in manum/in manus sumere*** in die Hand nehmen; ***manu aliquem ducere*** j-n an der Hand führen; ***aliquem in manus accipere*** j-n auf die Arme nehmen; ***manibus alicuius excipi*** j-m in die Arme sinken; ***manūs tollere*** die Hände über dem Kopf zusammenschlagen; ***meā manu*** eigenhändig; ***alicuius rei causā ne manum quidem vertere*** keinen Finger für etw rühren; ***manūs dare/dedere*** sich fesseln lassen; *fig* sich für besiegt erklären, nachgeben; ***aliquem in manibus habere*** j-n auf Händen tragen, j-n wert halten; ***in manibus esse*** in aller Händen sein, allgemein bekannt sein, gegenwärtig sein, jetzt vorgehen, in j-s Händen liegen; ***ad manum esse*** zur Hand sein; ***ad manum habere*** zur Hand haben; ***ad manum accedere*** an j-n herankommen; *von Tieren* aus der Hand fressen; ***inter manus*** durch Handreichung, auf den Händen, in den Händen; ***inter manus esse*** auf der Hand liegen; ***de manu facere*** mit eigener Hand machen; ***per manum tradere aliquid*** etw von Hand zu Hand weitergeben, etw von Geschlecht zu Geschlecht weitergeben, etw durch Vererbung weitergeben; ***manu*** mit bloßen Händen; ***manu tenere*** *fig* bestimmt wissen; ***manibus teneri*** augenscheinlich sein
2. bewaffnete Hand; ***manum/manūs conferre/conserere*** handgreiflich werden; ***militibus manu consulere*** den Soldaten durch persönliches Mitkämpfen helfen; ***manu iter facere*** mit dem Schwert in der Hand den Weg bahnen
3. *meton* persönliche Tapferkeit, Stärke; ***manu fortis/promptus*** persönlich tapfer; *Pl* tapfere Taten
4. Handgemenge, Kampf, *Sg u. Pl*; ***ad manum/in manus venire/accedere*** handgreiflich werden; ***res ad manus venit*** es kommt zum offenen Kampf; ***proelium in manibus facere*** im Handgemenge

kämpfen; ***aequā manu/ aequis manibus discedere*** ohne Entscheidung auseinander gehen
5. Gewalttätigkeit, Gewalttat, *Sg u. Pl*; ***per manus*** mit Gewalt
6. Gewalt, Macht, Entscheidung, *Sg u. Pl*; ***aliquid in manu alicuius ponere*** etw j-s Entscheidung überlassen; ***in alicuius manu esse*** in j-s Gewalt sein, j-m untertan sein
7. Gewalt des Vaters über die Kinder und Sklaven; Gewalt des Familienoberhaupts über die Ehefrau
8. schaffende Hand = Arbeit, Tätigkeit; ***usu manuque*** durch tätige Arbeit; ***manum ultimam/ manum summam imponere alicui rei*** letzte Hand an etw legen; ***manūs pretium*** Arbeitslohn, Lohn, Entgelt
9. Menschenarbeit; ***manu*** von Menschenhand, künstlich
10. Arbeit = Werk, Kunstwerk
11. Handschrift; Stil *des bildenden Künstlers*; ***ad meam manum redii*** nun schreibe ich selbst
12. Wurf *beim Würfelspiel*
13. Quint. Hieb, Stich, Stoß *beim Fechten*
14. Hand voll, Schar; *pej* Bande, Rotte; MIL bewaffnete Mannschaft
15. *poet* Dienerschaft
16. *Pl* Handwerksleute, Arbeiter beim Bau
17. *fig* Enterhaken
18. (*mlat.*) Urkunde, Eid; Handfeste, *schriftl. Versicherung mit eigenhändiger Unterschrift*; ***manu quartā se expurgare*** sich mit drei Eideshelfern rein waschen

M

mapālia ⟨ium⟩ *n* (*unkl.*) Hütten, Nomadenzelte; *meton* Barackendörfer; *fig* unnütze Dinge, dummes Zeug

mappa ⟨ae⟩ *f* ||punisches Fw.|| Serviette, Mundtuch, Wischtuch; *im Zirkus* Flagge, Signaltuch; ***m. mundi*** (*mlat.*) Weltkarte, Landkarte

Maracanda ⟨ae⟩ *f Ort am Rand des iranischen Hochlands, heute Samarkand in Usbekistan*

Marathōn ⟨ōnis⟩ *m u. f Ort an der Ostküste Attikas, berühmt durch den Sieg der Griechen über die Perser 490 v. Chr.; daher Marathonlauf, von Marathon nach Athen 42 km*

Marathōnius ⟨a, um⟩ *Adj* aus Marathon, zu Marathon gehörig

marathrum ⟨ī *Akk Pl, auch* ōs⟩ *n* ||griech. Fw.|| (*nachkl.*) *poet* Fenchel

marca ⟨ae⟩ *f* (*mlat.*) Mark; Pfund

Mārcellēa *od* **Mārcellia** ⟨ōrum⟩ *f* Fest zu Ehren der Familie des Marcellus, des Patrons von Sizilien; → ***Marcellus 1***

Mārcelliānus ⟨a, um⟩ *Adj* des Marcellus, zu Marcellus gehörig

Mārcellus ⟨ī⟩ *m röm. Beiname*
1. ***M. Claudius Marcellus*** *Eroberer von Syrakus 212 v. Chr., 208 v. Chr. im Kampf gegen Hannibal gefallen, Patron von Sizilien*
2. ***M. Claudius Marcellus*** *Gegner Caesars, von Caesar begnadigt, dafür Ciceros Dankrede Pro Marcello, 45 v. Chr. ermordet*
3. ***M. Claudius Marcellus*** *Neffe u. Adoptivsohn des Augustus, Ehemann der Iulia; zu seinen Ehren von Augustus das theatrum Marcelli 17–13 v. Chr. auf dem forum holitorum erbaut*

marceō ⟨-, -, ēre 2.⟩ (*nachkl.*) welk sein, schlaff sein, matt sein; ***pavore m.*** vor Furcht gelähmt sein

marcēscō ⟨marcuī, -, marcēscere 3.⟩ ||*Inkoh von* marceo|| (*nachkl.*) *poet* welk werden, schlaff werden, erschlaffen; ***vino m.*** Katzenjammer haben

marchio ⟨onis⟩ *m* (*mlat.*) Markgraf

marcidus ⟨a, um⟩ *Adj* ||marceo|| (*nachkl.*) *poet, meist fig von Personen u. Sachen* schlaff, matt, entnervt; ***vigiliis m.*** von Nachtwachen ermüdet

Mārcius ⟨a, um⟩ *röm. Gentilname*
1. ***Ancus Marcius*** *nach der Sage der 4. König Roms*
2. ***Cn. Marcius Coriolanus*** *Eroberer der Volskerstadt Corioli 493 v. Chr., sagenhafter Held der röm. Frühzeit*
3. ***Q. Marcius Rex*** *legte als Prätor 144 v. Chr. die aqua Marcia von Tibur nach Rom an*

Marcodūrum ⟨ī⟩ *n Ort der Ubier*

Marcomanī *u.* **Marcomannī** ⟨ōrum⟩ *m* die Markomannen, *suebisches Volk zwischen Main u. Donau, von Marbod ca. 8 v. Chr. ins spätere Böhmen geführt, von wo sie z. Zt. von Marc Aurel 166–180 n Chr. in das Röm. Reich einbrachen*

Marcomannicus ⟨a, um⟩ *Adj* markomannisch

marcor ⟨ōris⟩ *m* ||marceo|| (*nachkl.*) Welkheit; *fig* Schlaffheit, Untätigkeit

Mārcus ⟨ī⟩ *m röm. Vorname, abgek M.*

Mardonius ⟨ī⟩ *m persischer Feldherr, Schwiegersohn des Darius, Führer des ersten Zuges der Perser gegen Griechenland 492 v. Chr., fiel 479 v. Chr. bei Plataeae*

▶ **mare** ⟨is⟩ *n*
1. Meer, die See; ***m. magnum*** hochgehendes Meer, Ozean; ***m. nostrum*** Mittelmeer; ***m. superum*** Adria; ***m. inferum*** Tyrrhenisches Meer; ***m. externum*** Atlantischer Ozean; ***m. angustum*** Meerenge; ***secundo mari*** am Meer entlang; ***mari uti*** das Meer befahren; ***terrā marique*** zu Wasser und zu Land; ***aquas in mare fundere*** Wasser ins Meer gießen = etw ganz Unnötiges tun; ***maria montesque polliceri*** goldene Berge versprechen; ***maria omnia caelo miscere*** = Himmel und Erde in Bewegung setzen
2. (*nachkl.*) *meton* Meerwasser, Seewasser
3. *meton* Meeresstrand

Marea ⟨ae⟩ *f See u. Stadt w. von Alexandria, berühmt durch den Wein, der dort wuchs*

Mareōticum ⟨ī⟩ *n* mareotischer Wein

Mareōticus ⟨a, um⟩ *Adj u.* **Mareōtis** *Gen* ⟨idis⟩ *Adj f* aus Marea, zu Marea gehörig

marescalcus ⟨i⟩ *m* (*mlat.*) Pferdeknecht; Marschall

margarīta ⟨ae⟩ *f u.* **margarītum** ⟨ī⟩ *n* ||griech. Fw.|| Perle

marginō ⟨āvī, ātum, āre 1.⟩ ||*Denom von* margo|| (*nachkl.*) einrahmen, einfassen

margō ⟨inis⟩ *f* Rand, Einfassung; *fig* Grenze, Mark; ***ad marginem*** an den Rand, *Bemerkung in Schriftstücken*

Mariānus ⟨a, um⟩ *Adj* des Marius, zu Marius gehörig

Marīca ⟨ae⟩ *f altital. Nymphe, in Minturnae am unteren Liris verehrt*

marīnus ⟨a, um⟩ *Adj* ||mare|| = ***maritimus***; ***Venus marina*** die dem Meer entstiegene Venus; ***ros m.*** Rosmarin

marisca ⟨ae⟩ *f* ||mariscus||

1. Feige minderer Qualität
2. Feigwarze

mariscus ⟨a, um⟩ *Adj* von der größeren, schlechteren Art

marīta ⟨ae⟩ *f* ||maritus|| Ehefrau, Gattin

marītālis ⟨e⟩ *Adj* ||maritus|| (*nachkl.*) *poet* ehelich, Ehe…

maritima ⟨ōrum⟩ *n* ||maritimus|| Küstenlandschaften

maritimus ⟨a, um⟩ *Adj* ||mare|| zum Meer gehörig, im Meer, am Meer, Meer…, See…, Küsten…; ***regio maritima*** Küstenland; ***officium maritimum*** Oberbefehl zur See, Vormacht zur See; ***res maritima*** Seewesen; ***bellum maritimum*** Seekrieg, *bes* Krieg gegen Seeräuber

marītō ⟨āvī, ātum, āre 1.⟩ ||*Denom von* maritus|| (*unkl.*)
1. verheiraten, ***filiam*** die Tochter
2. *fig einen Baum mit einer Rebe* verbinden

maritumus ⟨a, um⟩ *Adj* (*altl.*) = ***maritimus***

▶ **marītus**
I ⟨a, um⟩ *Adj* (*unkl.*) ehelich, verheiratet; *meton bes von Bäumen* angebunden; ***domūs maritae*** Häuser von Eheleuten; ***lex marita*** Ehegesetz; ***Venus marita*** eheliche Liebe; ***torus m.*** Ehebett; ***caedes marita*** Mord am eigenen Ehemann
II ⟨ī⟩ *m* Ehemann, Gatte; *Pl* Eheleute

Marius ⟨a, um⟩ *Name einer pleb. gens*; ***C. Marius*** *156–86 v. Chr., Sieger über Iugurtha 106 v. Chr., über die Teutonen 102 v. Chr. u. über die Kimbern 101 v. Chr., siebenmal Konsul, Gegner Sullas*

Marius ⟨a, um⟩ *Adj* des Marius, zu Marius gehörig

▶ **marmor** ⟨oris⟩ *n* ||griech. Fw.||
1. Marmor, *allg.* Stein
2. *meton* Marmorart; Marmorblock; Marmordenkmal; Kunstwerk aus Marmor; Meilenstein aus Marmor; Fußboden aus Marmor; Gebäude aus Marmor; *Pl* Marmorsteinbrüche
3. *poet* glänzende Meeresfläche

marmorārius ⟨ī⟩ *m* ||marmor|| (*nachkl.*) Marmorarbeiter

marmoreus ⟨a, um⟩ *Adj* ||marmor||
1. aus Marmor, Marmor…
2. *fig, poet* marmorweiß, marmorglänzend, marmorschimmernd

Marō ⟨ōnis⟩ *m röm. Beiname*; → ***Vergilius***; *Pl* Mart. = große Dichter

Maroboduus ⟨ī⟩ *m* Marbod, *König der Markomannen, von Markomannenfürsten vertrieben; Tiberius wies ihm Ravenna als Aufenthaltsort zu, gest. 37 n. Chr.*

Marōnēa ⟨ae⟩ *f Küstenstadt in Thrakien, durch Wein berühmt, heute Marónia mit Ausgrabungen*

Marōnēus ⟨a, um⟩ *Adj* aus Maronea, zu Maronea gehörig

Marōnīa ⟨ae⟩ *f* = ***Maronea***

marra ⟨ae⟩ *f* ||semitisches Fw.|| (*nachkl.*) *poet* Hacke *zum Jäten*

Mārs ⟨Mārtis⟩ *m*
1. MYTH *röm. Gott, urspr. Wettergott, dem der Frühlingsmonat März (Martius) geweiht war, später ganz mit Ares als Kriegsgott gleichgesetzt; als Vater des Romulus Stammvater des röm. Volkes; Tempel auf dem forum Augusti*
2. *meton* Krieg, Kampf, Schlacht; ***M. apertus*** offene Feldschlacht; ***M. femineus*** Kampf mit einer Frau; ***M. Hectoreus*** Kampf mit Hektor; ***M. alienus*** Kampf mit einem fremden Volk; ***M. parentalis*** Kampf zu Ehren des toten Vaters; ***collato Marte*** im Handgemenge; ***Martem accendere*** zum Kampf anfeuern; ***Martem invadere*** einen Kampf beginnen; ***M. forensis*** *fig* Rechtsstreit
3. Kampfart; ***aequo Marte*** unter gleichen Kampfverhältnissen
4. Tapferkeit; ***M. patrius*** vom Vater ererbte Tapferkeit; ***alicui Marte secundum esse*** j-m an Tapferkeit nachstehen
5. der Planet Mars

marscalcus ⟨ī⟩ *m* (*mlat.*) = ***marescalcus***

Mārsī¹ ⟨ōrum⟩ *m sabellisches Volk am lacus Fucinus, galten als Zauberer, die Schlangenbisse heilen konnten*

Marsī² ⟨ōrum⟩ *m germ. Volk zwischen Lippe u. Ruhr*

Mārsicus ⟨a, um⟩ *Adj* ||Marsi¹|| der Marser, zu den Marsern gehörig

marsūpium *u.* **marsuppium** ⟨ī⟩ *n* ||griech. Lw.|| (*vkl., nachkl.*) Geldbeutel

Mārsus
I ⟨a, um⟩ *Adj* ||Marsi¹|| zu den Marsern gehörig; ***duellum Marsum*** Bundesgenossenkrieg
II ⟨ī⟩ *m röm. Beiname*; ***Domitius Marsus*** *röm. Dichter der augusteischen Zeit, Freund von Vergil u. Horaz*

Marsya *u.* **Marsyās** ⟨ae⟩ *m Satyr aus Phrygien, hob die von Athene erfundene, aber wegen der beim Spiel entstehenden Verzerrung des Gesichtes wieder weggeworfene Flöte auf u. spielte meisterhaft auf ihr, forderte Apollo zu einem Wettkampf zwischen Flöte u. Kithara auf, verlor ihn aber u. wurde von Apollo lebendig gehäutet*

Mārtiālis ⟨e⟩ *Adj* ||Martius||
1. zum Mars gehörig, des Mars; ***flamen M.*** Marspriester
2. zur Martischen Legion gehörig
3. *röm. Beiname*; ***M. Valerius Martialis*** *bedeutender röm. Dichter, 40 n Chr. in Bilbilis in Spanien geb., lebte von 64 n Chr. bis kurz vor seinem Tod in Rom, gest. um 100 n Chr. in seiner span. Heimat*

Mārti-cola ⟨ae⟩ *m* ||Mars, colo|| Ov. Verehrer des Mars

Mārti-gena ⟨ae⟩ *m* ||Mars, gigno|| Ov. Nachkomme des Mars

Mārtius ⟨a, um⟩ *Adj* ||Mars||
1. dem Mars geweiht, dem Mars gehörig, des Mars; des März; ***mensis M.*** Monat März; ***proles Martiae*** Nachkommen des Mars = Romulus und Remus; ***campus M.*** Marsfeld bei Rom; ***gramen Martium*** Gras des Marsfeldes
2. (*nachkl.*) *meton* kriegerisch
3. *meton* zum Planeten Mars gehörig

martyr ⟨yris⟩ *m u. f* ||griech. Fw.|| (*eccl.*) Zeuge, *bes* Blutzeuge, Märtyrer, Märtyrerin

martyrium ⟨ī⟩ *n* ||griech. Fw.|| (*eccl.*) Zeugnis, *bes* Blutzeugnis, Martertod, Martyrium

mās
I *Gen* ⟨maris⟩ *Adj* männlich; *fig* mannhaft, kräftig, stark; ***vitellus mas*** Eidotter, aus dem ein Männ-

chen hervorgeht
II ⟨maris⟩ *m* Mann; *von Tieren* Männchen; *poet* Junge, Sohn
masculīnus ⟨a, um⟩ *Adj* ||masculus|| männlich; *bes* GRAM männlich
masculus
I ⟨a, um⟩ *Adj* ||*Dim von* mas||
1. männlich
2. *fig* mannhaft, mutig, energisch; ***tura mascula*** Tropfweihrauch, *die beste Sorte.*
II ⟨ī⟩ *m* Mann, Männchen
Masinissa ⟨ae⟩ *m König in Numidien, Verbündeter der Römer, Großvater des Iugurtha*
massa ⟨ae⟩ *f* ||griech. Fw.|| geknetete Masse, Teig, Klumpen; glühende Eisenmasse; ***m. lactis alligati*** Käse
Massagetae ⟨ārum⟩ *m kriegerisches Nomadenvolk zwischen Kaspischem Meer u. Aralsee*
Massica ⟨ōrum⟩ *n* Gegend um den Massicus
Massicum ⟨ī⟩ *n* ||Massicus|| Massikerwein
Massicus (mons) *m Berg zwischen Latium u. Kampanien, berühmt wegen seines guten Weines*
Massilia ⟨ae⟩ *f Stadt an der Südostküste Galliens, Kolonie der Phokäer, heute Marseille*
Massiliēnsis ⟨e⟩ *Adj* aus Massilia, zu Massilia gehörig
Massiliēnsis ⟨is⟩ *m* Einwohner von Massilia
Massinissa ⟨ae⟩ *m* = ***Masinissa***
Massȳlī ⟨ōrum⟩ *m Bewohner des ö. Numidien*
Massȳlus ⟨a, um⟩ *Adj* zu den Massyli gehörig, *auch* numidisch
mastīgia ⟨ae⟩ *m* ||griech. Fw.|| Com. der dauernd Prügel bekommt, Taugenichts
mastrūca ⟨ae⟩ *f* Schafspelz, *allg.* Pelz, *bei* Plaut. *Schimpfwort*
mastrūcātus ⟨a, um⟩ *Adj* ||mastruca|| einen Pelz tragend
māsturbātor ⟨ōris⟩ *m* ||masturbor|| Mart. Masturbator
māsturbor ⟨-, -, ārī 1.⟩ masturbieren
matara ⟨ae⟩ *f (nachkl.) u.* **mataris** ⟨is⟩ *f* ||kelt. Fw.|| gallischer Wurfspieß
matella ⟨ae⟩ *f u.* **matelliō** ⟨ōnis⟩ *f* Topf, *bes* Nachtgeschirr; *meton* Allerweltshure
▶ **māter** ⟨tris⟩ *f*
1. Mutter, *alicuius* j-s; ***mater familiae/familias*** Hausfrau; ***soror ex matre*** Schwester mütterlicherseits; ***matrem esse/fieri de aliquo*** von j-m schwanger sein; ***matrem facere*** schwängern; ***prima m./vetus m.*** *(mlat.)* erste Mutter/alte Mutter, = Eva; ***m. dolorosa*** *(mlat.)* schmerzensreiche Mutter, *Maria im Schmerz um das Leiden u. den Tod ihres Sohnes Jesus, häufiges Motiv in der bildenden Kunst*
2. *von Tieren* Muttertier; ***m. equorum*** Stute
3. *von Pflanzen* Mutterstamm, Mutterstock
4. *poet* Ehefrau, Frau
5. *meton* Mutterliebe, Mutterherz
6. *fig Ehrenname für ältere Frau u. von Göttinnen*; ***Magna Mater*** = Kybele; *spöttisch in der Anrede* ***o mater*** gute Alte
7. *(unkl.)* Mutterstadt, Stammland, alte Heimat
8. *fig* Schöpferin, Urheberin, Quelle; ***m. frugum*** Schöpferin der Früchte, = Ceres; ***m. florum*** Schöpferin der Blumen, = Flora; ***m. amorum*** Urheberin der Liebe, = Venus
mātercula ⟨ae⟩ *f* ||*Dim von* mater|| Mütterchen, *oft als Kosewort*
▶ **māteria** ⟨ae⟩ *f* ||mater||
1. Materie, Stoff, Grundstoff, Material; ***pocula eiusdem materiae*** Becher aus gleichem Material
2. Brennstoff
3. Baumaterial, Nutzholz, Bauholz; ***m. navalis*** Schiffsbauholz; ***materiam caedere*** Bauholz fällen
4. Balken
5. Stammholz, Stamm
6. *(nachkl.) poet* Vorräte, Lebensmittel; ***m. ficti*** *fig* Vorrat an erdichteten Vorwänden
7. *fig* Nahrung
8. *fig geistiger od künstlerischer* Stoff, Gegenstand; *wissenschaftliche* Materialien; ***m. crescit alicui*** j-m wächst der Stoff unter den Händen; ***pro materia*** der Sache gemäß
9. Quelle, Ursache, Veranlassung; ***m. seditionis*** Ursache eines Aufstandes; ***materiam dare/praebere alicui rei*** Anlass zu etw geben
10. Anlage, Befähigung, Talent, *alicuius rei/ad aliquid* zu etw; ***m. Catonis*** Anlage zu einem Cato; ***materiā alicuius perire*** durch j-s unempfindlichen Charakter zugrunde gehen
māteriālis ⟨e⟩ *Adj* ||materia|| *(spätl.)* materiell; *(mlat.)* weltlich
māteriārius ⟨ī⟩ *m* ||materia|| Plaut. Bauholzhändler
māteriēs ⟨ēī⟩ *f* = ***materia***
māteriō ⟨-, ātum, āre 1.⟩ ||*Denom von* materia|| aus Holz bauen; ***aedes male materiatae*** Gebäude aus schlechtem Holz, baufälliges Gebäude
māterior ⟨-, ārī 1.⟩ ||*Denom von* materia|| Holz fällen, Holz herbeischaffen
materis ⟨is⟩ *f* = ***mataris***; → ***matara***
māternus ⟨a, um⟩ *Adj* ||mater|| mütterlich, von mütterlicher Seite, Mutter…; ***res materna*** Erbteil von der Mutter; ***origo materna*** Herkunft mütterlicherseits; ***arma materna*** von der Mutter Venus geschenkte Waffen
mātertera ⟨ae⟩ *f* ||mater|| Schwester der Mutter, Tante
mathēmatica ⟨ae⟩ *f u.* **mathēmaticē** ⟨ēs⟩ *f* ||griech. Fw.|| Mathematik; Suet. Astrologie
mathēmaticus
I ⟨a, um⟩ *Adj* ||griech. Fw.|| mathematisch
II ⟨ī⟩ *m* Mathematiker; *(nachkl.)* Astrologe, Sterndeuter
Mātrae ⟨ārum⟩ *f* = ***Matronae***
Mātrālia ⟨ium⟩ *n* ||mater|| Fest zu Ehren der Mater Matuta, *in Rom am 11. Juni*
Mātrēs ⟨um⟩ *f* = ***Matronae***
mātri-cīda ⟨ae⟩ *m* ||mater, caedo|| Muttermörder
mātricīdium ⟨ī⟩ *n* ||matricida|| Muttermord
mātrimōniālis ⟨e⟩ *Adj* ||matrimonium|| *(nachkl.)* ehelich, Ehe…
▶ **mātrimōnium** ⟨ī⟩ *n* ||mater||
1. Ehe; ***aliquam in matrimonium ducere*** eine Frau heiraten; ***aliquam in matrimonio habere*** j-n zur Frau haben; ***matrimonium alicuius tenere*** j-s Ehefrau sein; ***filiam alicui in matrimonium dare/in matrimonio collocare*** j-m die Tochter zur Frau geben; ***aliquam secum/sibi matrimonio iungere*** eine Frau heiraten

2. *Pl* Tac. *meton* Ehefrauen
mātrīmus ⟨a, um⟩ *Adj* ||mater|| dessen Mutter noch lebt
mātrīx ⟨īcis⟩ *f* ||mater|| (*vkl., nachkl.*)
1. Muttertier, Zuchttier
2. *fig* Stamm, aus dem die Zweige kommen
3. *fig* Gebärmutter
4. (*spätl.*) Verzeichnis, Matrikel
▶ **mātrōna** ⟨ae⟩ *f* ||mater|| Frau gehobenen Standes, vornehme Dame; *als Beiname der Juno* Herrin, Gebieterin; Gattin, Ehefrau
Mātrona ⟨ae⟩ *f Nebenfluss des Sequana, heute Marne*
Mātrōnae ⟨ārum⟩ *f in Gallien, Germanien, Britannien u. Oberitalien verehrte Schutzgöttinnen eines Ortes*
mātrōnālis ⟨e⟩ *Adj* ||matrona|| einer Ehefrau zukommend, Frauen…, Matronen…; ***feriae Matronales*** Matronalien, *Fest der Frauen am 1. März zu Ehren der Iuno Lucina, der Beschützerin der Ehe*
mattea ⟨ae⟩ *f* ||griech. Fw.|| (*nachkl.*) *poet* Leckerbissen
Mattiacī ⟨ōrum⟩ *m germ. Volk am Rhein*
Mattiacus ⟨a, um⟩ *Adj* zu den Mattiaci gehörig; ***fontes Mattiaci/aquae Mattiacae*** *das heutige Wiesbaden*
Mattium ⟨ī⟩ *n Hauptstadt der Mattiaci*
matula ⟨ae⟩ *f* (*vkl.*) Topf, *bes* Nachtgeschirr, *bei Plautus auch Schimpfwort*
mātūrātē *Adv* ||maturatus, *PPP von* maturo|| Plaut. schleunig
mātūrēscō ⟨mātūruī, -, mātūrēscere 3.⟩ ||*Inkoh von* maturo|| reif werden, reifen; *fig* heranwachsen, sich entwickeln; (*nachkl.*) sich geistig immer mehr entwickeln; ***nubilibus annis m.*** zum heiratsfähigen Alter heranwachsen
mātūritās ⟨ātis⟩ *f* ||maturus||
1. Reife
2. *fig* völlige Entwicklung, Höhepunkt, Vollendung; reifes Urteil; ***m. temporum*** Höhepunkt der Not
3. rechte Zeit, richtiger Zeitpunkt; ***m. temporum*** regelmäßiger Eintritt der Zeiten
▶ **mātūrō** ⟨āvī, ātum, āre 1.⟩ ||maturus||
I *v/t*
1. reif machen, zur Reife bringen; *Passiv* reif werden, reifen
2. *fig* zur rechten Zeit verrichten; ***multa m. datur*** Verg. vieles wird rechtzeitig zu tun gegeben
3. beschleunigen, schnell zur Ausführung bringen; ***necem m.*** schnellen Tod bringen
II *v/i* sich beeilen, *auch* sich übereilen, *ad aliquid* zu einem Zweck, + *Inf*; ***maturato opus est*** Eile ist nötig
mātūruī → ***maturesco***
▶ **mātūrus** ⟨a, um⟩ *Adj, Adv* ⟨mātūrē⟩
1. *von Früchten* reif
2. *dem Alter nach* reif, erwachsen, mannbar, *alicui* für j-n, *alicui rei* zu etw, für etw; *auch* im hohen Alter; ***aetas matura*** Mannesalter
3. reif, entwickelt, ausgebildet, *zu seiner Bestimmung* tauglich, geeignet, auf dem Höhepunkt stehend; hochschwanger; ***causa belli matura*** schon gültiger Grund zum Krieg; ***missio matura*** bevorstehende Entlassung; ***lux matura*** volles Licht; ***omnia matura sunt*** alles ist zur Ernte reif; ***m. animo et aevo*** reif an Einsicht und Jahren; ***m. animi*** reif an Verstand
4. rechtzeitig; ***tempus maturum videtur*** es scheint an der Zeit; ***satis mature*** noch zeitig genug
5. frühzeitig, früh, schleunig, bald; ***biduo maturius*** zwei Tage zu früh; ***mature facto opus est*** rasches Handeln ist nötig
6. zu früh, frühzeitig; ***mors matura*** zu früher Tod
Mātūta ⟨ae⟩ *f Beiname verschiedener Göttinnen in Latium*; ***Mater Matuta*** Mutter, die Gutes getan hat, Heilgöttin, *od Göttin der Frühe, Göttin der Morgenhelle, aber auch der Reife u. daher auch Geburtsgöttin*
mātūtīnus ⟨a, um⟩ *Adj, Adv* ⟨mātūtīnē⟩ ||Matuta|| morgendlich, Morgen…; ***pruina matutina*** morgendlicher Reif; ***pater m.*** = Ianus *als Gott des anbrechenden Tages*; ***equi matutini*** die Pferde der Aurora; ***ales m.*** Morgenvogel = Hahn; (***hora***) ***matutina*** (*mlat.*) Morgenstunde, Mette
Mauretānia ⟨ae⟩ *f westlichste Landschaft der Nordküste Afrikas, heute etwa Marokko*
Maurī ⟨ōrum⟩ *m* die Mauren, *berühmt als Reiter u. Bogenschützen*
Mauritānia ⟨ae⟩ *f* = ***Mauretania***
Maurus ⟨a, um⟩ *Adj* maurisch, *allg.* afrikanisch, punisch
Maurūsiī ⟨ōrum⟩ *m* = ***Mauri***
Maurūsius ⟨a, um⟩ *Adj* maurisch, *allg.* afrikanisch, punisch
Mausōlēum ⟨ī⟩ *n* ||Mausolus|| *das Grabmal des Mausolos, eines der 7 Weltwunder*
Mausōlus ⟨ī⟩ *m Tyrann von Halikarnass um 360 v. Chr.; seine Gattin Artemisia errichtete ihm ein prächtiges Grabmal*
māvolō *Konjkt* ***māvelim*** = ***malo***
Māvors ⟨ortis⟩ *m* = ***Mars***
Māvortius ⟨a, um⟩ *Adj* = ***Martius***
Māxentius ⟨ī⟩ *m röm. Kaiser 306–312 n. Chr.*
maxilla ⟨ae⟩ *f* ||*Dim von* mala|| Kinnbacken, Kinn
▶ **maximē** *Adv* ||*Sup zum Komp* magis||
1. am meisten, im höchsten Grad, *bes zur Umschreibung fehlender Supl.-Formen*; ***maxime idoneus*** am geeignetsten; *oft bei Verben* ***maxime colere aliquem*** j-n am meisten verehren; ***multo maxime*** bei Weitem am meisten; ***vel maxime*** am allermeisten; ***quam maxime*** möglichst, so weit wie möglich
2. *zur Bildung des Elativs* sehr, überaus; ***maxime confidere alicui*** j-m sehr vertrauen
3. *zur Hervorhebung eines Begriffs* besonders, hauptsächlich, in erster Linie; ***cum … tum maxime*** sowohl … als besonders; ***et maxime/maximeque*** und namentlich
4. am liebsten; ***aliquem maxime vivum capere*** j-n am liebsten lebend gefangen nehmen
5. gerade, eben; ***cum maxime*** gerade jetzt, gerade damals; ***nunc cum maxime*** nun mehr denn je
6. im Ganzen, ungefähr; ***hoc maxime modo*** ungefähr auf diese Weise
7. *in Antworten* jawohl, sehr gern
maximitās ⟨ātis⟩ *f* ||maximus|| *poet* Größe
maximopere *Adv* → ***magnopere***

maximus ⟨a, um⟩ *Adj Sup* → ***magnus***
Maximus ⟨ī⟩ *m Beiname der Fabier*; → ***Fabius***; *Pl* Männer wie Q. Fabius Maximus
maxumē *Adv* = ***maxime***
maxumus ⟨a, um⟩ *Adj* = ***maximus***
māzonomus ⟨ī⟩ *m* ||griech. Fw.|| *(vkl.) korbartig geformte* Schüssel für Speisen
mē *pers Pr Akk* → ***ego***
meātus ⟨ūs⟩ *m* ||meo|| *(nachkl.)*
1. das Gehen, Gang, Bewegung, Lauf, Flug, Strömung; ***m. spiritūs*** das Atemholen
2. *meton* Weg, Bahn; *von Flüssen* Mündung, Arm; ***meatūs caeli*** Bahnen der Gestirne
mē-castor Com. beim Kastor! *Schwurformel*
mēchanica
I ⟨ae⟩ *f* ||mechanicus|| Mechanik
II ⟨ōrum⟩ *n* Kunstwerke
mēchanicus
I ⟨a, um⟩ *Adj* ||griech. Fw.|| *(nachkl.)* zur Mechanik gehörig
II ⟨ī⟩ *m* Mechaniker
mēd = ***me***; → ***ego***
meddix ⟨icis⟩ *m* = ***medix***
Mēdēa ⟨ae⟩ *f Tochter des Königs Aietes von Kolchis, Zauberin, mit deren Hilfe sich Iason des goldenen Vlieses bemächtigte; sie folgte Iason nach Griechenland; als dieser ihr die korinthische Königstochter Krëusa vorzog, tötete sie diese u. die eigenen mit Iason gezeugten Kinder u. floh nach Korinth, kehrte später nach Kolchis zurück*; ***M. Palatina*** = Clodia
medēla ⟨ae⟩ *f* ||medeor|| *(nachkl.)* Heilung, Heilmittel; *fig* Abhilfe
medeor ⟨-, ērī 2.⟩ heilen; *fig* helfen, abhelfen, vorbeugen, *alicui rei* einer Sache; ***medens*** Arzt
Mēdī ⟨ōrum⟩ *m* ||Media|| die Meder, die Einwohner von Medien; *auch* die Perser, die Parther, die Assyrer
Mēdia ⟨ae⟩ *f* Medien, *asiatische Landschaft s. u. sw. des Kaspischen Meeres, Hauptstadt Ekbatana (h. Hamadan)*
mediastrīnus ⟨ī m⟩ ||medius|| *(vkl., nachkl.)* Hausknecht, Badediener
Mēdica ⟨ae⟩ *f* ||Media|| *(erg.* ***herba****)* *(unkl.)* aus Medien eingeführter Klee, Luzerne
medicābilis ⟨e⟩ *Adj* ||medicor|| *(nachkl.) poet* heilbar
medicāmen ⟨inis⟩ *n u.* **medicāmentum** ⟨ī⟩ *n* ||medicor||
1. Heilmittel, Medikament, Arznei, Medizin; Pflaster, Salbe; ***alicui medicamentum dare ad aliquid*** j-m ein Medikament geben für etw / gegen etw
2. *(nachkl.)* Giftmittel, Gifttrank, Gift
3. Abtreibungsmittel; ***medicamentis partum adigere*** abtreiben
4. Zaubermittel, Zaubertrank; ***m. amatorium*** Liebestrank
5. Schönheitsmittel
6. *fig* Hilfsmittel, Mittel, *alicuius rei* für etw, gegen etw
medicātus[1] ⟨a, um⟩ *Adj* ||medico|| *(nachkl.)* heilkräftig
medicātus[2] ⟨ūs⟩ *m* ||medicor|| *poet* Zaubermittel
medicīna ⟨ae⟩ *f* ||medicinus||
1. Heilkunst
2. Plaut. Quacksalberbude, ärztliches Sprechzimmer, Klinik
3. Heilmittel, Arznei, Medizin; Verschönerungsmittel; *fig* Hilfsmittel, Heilmittel, *alicuius rei* gegen etw, für etw
▶ **medicīnus** ⟨a, um⟩ *Adj* ||medicus[2]|| zur Heilkunst gehörig, zum Arzt gehörig
medicō ⟨āvī, ātum, āre 1.⟩ ||*Denom von* medicus|| *(nachkl.) poet*
1. *mit irgendeinem Kräutersaft od Ä.* versetzen, vermischen, anmachen, zubereiten; ***potio medicata*** Heiltrank, Mixtur; ***sedes medicatae*** mit Säften besprengte Stellen
2. färben
3. mit Heilkräften versehen, mit Zauberkräften versehen, bezaubern; ***virga medicata*** Zauberstab; ***fruges medicatae*** Zauberkräuter; ***somnus medicatus*** durch Zauberei verursachter Schlaf
medicor ⟨ātus sum, ārī 1.⟩ ||*Denom von* medicus|| *(unkl.)* heilen, *auch fig*, *alicui* j-n, *aliquid* etw
▶ **medicus**
I ⟨a, um⟩ *Adj* ||medeor|| heilsam, Heil…; ***ars medica*** Heilkunst
II ⟨ī⟩ *m* Arzt
Mēdicus ⟨a, um⟩ *Adj* ||Media|| medisch; *auch* persisch, assyrisch; ***flumen Medicum*** assyrischer Fluss = Euphrat
medietās ⟨ātis⟩ *f* ||medius|| Mitte, Mittelstellung; *(nachkl.)* Hälfte; ***ex medietate*** zur Hälfte
medimnum ⟨ī⟩ *n u. (vkl., nachkl.)* **medimnus** ⟨ī⟩ *m* ||griech. Fw.|| attischer Scheffel, *Hohlmaß von etwa 52 l, 6 röm. Scheffel*
▶ **mediocris** ⟨e⟩ *Adj, Adv* ⟨mediocriter⟩ ||medius||
1. mittelmäßig, die Mitte haltend; ***statura m.*** mittlere Größe; *Adv* so ziemlich, leidlich
2. *pej* nur mäßig, nur unbedeutend; *vom Stand* niedrig, gewöhnlich; *Adv* nur wenig, in geringem Grad; ***orator m.*** nur mäßiger Redner; ***ingenium mediocre*** mittelmäßige Begabung; ***non m.*** groß, bedeutend; ***mediocria gerere*** nichts von Bedeutung tun; ***familia m.*** Familie von niedrigem Stand
3. gemäßigt, genügsam, gelassen; ***non m.*** nicht hoch strebend; ***aliquid mediocriter ferre*** etw gelassen tragen
mediocritās ⟨ātis⟩ *f* ||mediocris||
1. Mittelmäßigkeit, Unbedeutendheit
2. Mittelweg, Mäßigung, *alicuius rei / in re* in etw; ***mediocritatem tenere*** einen mittleren Weg halten; ***aurea m.*** Hor. goldener Mittelweg
3. *Pl* gemäßigte Leidenschaften
4. Quint. RHET mittlere Schreibart
Mediōlānēnsis
I ⟨e⟩ *Adj* aus Mediolanum, zu Mediolanum gehörig
II ⟨ī⟩ *m* Einwohner von Mediolanum
Mediōlānium *u.* **Mediōlānum** ⟨ī⟩ *n Stadt in Gallia transpadana, heute Mailand*
Mediomatricī ⟨ōrum⟩ *m gall. Stamm um das heutige Metz*
medioximus *u.* **medioxumus** ⟨a, um⟩ *Adj* ||*Sup zu* mediocris|| Plaut. der mittelste
meditābundus ⟨a, um⟩ *Adj* ||meditor|| *(Iust.)* eifrig sinnend, *aliquid* auf etw

meditāmentum ⟨ī⟩ *n* ||meditor|| das Sinnen *auf etw*; *Pl* Vorübungen, ***belli*** auf den Krieg
meditātiō ⟨ōnis⟩ *f* ||meditor||
1. das Nachdenken, *alicuius rei* über etw
2. Vorbereitung, *alicuius rei* auf etw
3. *fig* Vorübung, Vorstudium
meditātus ⟨a, um⟩ *Adj*, *Adv* ⟨meditātē⟩ ||meditor|| überlegt, überdacht; ***commentatio meditata*** sorgfältig ausgearbeitete Abhandlung
mediterrānea ⟨ōrum⟩ *n* ||mediterraneus|| (*nachkl.*) Landesinneres, Binnenland
medi-terrāneus ⟨a, um⟩ *Adj* ||medius, terra|| binnenländisch, fern vom Meer
▶ **meditor** ⟨ātus sum, ārī 1.⟩
1. über *etw* nachdenken, über *etw* nachsinnen, *etw* überlegen, auf *etw* sinnen, auf *etw* bedacht sein, *aliquid / de re / ad aliquid*, + *indir Fragesatz*; mit dem Gedanken umgehen, + *Inf*
2. sich vorbereiten, sich üben, Vorübungen machen, *abs od ad aliquid* auf etw, für etw
meditullium ⟨ī⟩ *n* ||medius|| (*unkl.*) Binnenland; Mitte, Mittelpunkt
medium ⟨ī⟩ *n* ||medius||
1. Mitte; ***sarcinas in medium conicere*** das Gepäck in die Mitte werfen; ***m. diei*** Mitte des Tages
2. Öffentlichkeit, Publikum; *fig* tägliches Leben, menschliche Gesellschaft; ***verba e medio sumere*** seine Worte aus dem Publikum nehmen; ***aliquid in medium proferre*** etw an die Öffentlichkeit bringen; ***aliquem in medium vocare*** j-n vor Gericht bringen; ***in medium venire / procedere*** sich öffentlich zeigen, vor Gericht auftreten; ***tabulae sunt in medio*** die Listen liegen zu jedermanns Einsicht vor; ***aliquid in medio / in medium relinquere*** etw unentschieden lassen; ***de medio recedere*** aus dem Weg räumen, abschaffen; ***se e medio amovere*** sich aus dem öffentlichen Leben zurückziehen
3. Gemeinwohl; ***in medium laborare*** für das Gemeinwohl arbeiten; ***res cedit in medium*** etw verfällt dem öffentlichen Besitz; ***aliquid in medium dare*** etw zum allgemeinen Gebrauch geben
4. (*vkl., nachkl.*) Hälfte
medius ⟨a, um⟩ *Adj*

1. der mittlere, dazwischen liegend
2. der mittlere, dazwischen liegend
3. in der Mitte stehend, die Mitte haltend
4. mittelmäßig, ziemlich
5. neutral, unparteiisch
6. zweideutig, doppeldeutig
7. vermittelnd, eine Mittlerrolle einnehmend
8. dazwischenkommend, störend
9. halb, zur Hälfte

1. *örtl.* der mittlere, dazwischen liegend, dazwischen stehend; ***locus m.*** Mittelpunkt; ***ignes medii*** in der Mitte des Altars brennende Opferfeuer; ***insula media / media insula*** in der Mitte gelegene Insel, der mittlere Teil der Insel; ***per mediam insulam*** mitten durch die Insel; ***in medio foro*** mitten auf dem Markt; ***per medios hostes*** mitten durch die Feinde; ***in medios hostes*** mitten unter die Feinde; ***hoc est ex medio iure*** dies gehört zum Kern des Rechts; ***in medio dolore*** in tiefstem Schmerz
2. *zeitl.* der mittlere, dazwischen liegend; ***tempus medium*** Zwischenzeit; ***vix quinque horis mediis*** kaum fünf Stunden später; ***medium esse*** dazwischenfallen; ***mediā aestate*** mitten im Sommer; ***media nox*** Mitternacht; ***m. dies*** Mittag; ***anni medii temporis*** die mittleren Lebensjahre; ***media aetas*** Mannesalter; ***mediae pruinae*** Mitte des Winters; ***in pace media*** im tiefsten Frieden
3. *fig* in der Mitte stehend, die Mitte haltend; weder gut noch böse; ***pacis mediumque belli esse*** zwischen Krieg und Frieden stehen
4. *fig* mittelmäßig, ziemlich, gewöhnlich; ***gratia non media*** außerordentliche Beliebtheit
5. *fig* neutral, unparteiisch; ***medium se gerere*** neutral bleiben; ***res publica media est*** der Staat ist Gemeingut
6. *fig* zweideutig, doppeldeutig; ***responsum medium*** zweideutige Antwort
7. *poet* vermittelnd, eine Mittlerrolle einnehmend; ***medium paci se offerre*** sich als Mittler für den Frieden anbieten; ***m. fratris et sororis*** eine Vermittlerrolle zwischen Bruder und Schwester einnehmend
8. *fig* dazwischenkommend, störend; ***aliquis m. occurrit*** j-d kommt dazwischen
9. (*nachkl.*) *fig* halb, zur Hälfte; ***media pars*** Hälfte; ***medio cursu*** auf halbem Weg
mēdius Fidius → ***Fidius***
medīx ⟨icis⟩ *m*, *meist* **medix tuticus** Bundesoberhaupt *der Osker*
medulla ⟨ae⟩ *f*
1. (*nachkl.*) *poet* Mark *der Knochen u. Pflanzen, meist Pl*
2. *fig* das Innerste, Herz; ***alicui inclusum esse medullis*** j-m am Herzen liegen
3. (*vkl., nachkl.*) *fig* Kern = das Beste
medullitus *Adv* ||medulla|| (*vkl., nachkl.*) bis ins Mark, herzlich; ***medullitus amare*** von Herzen lieben
medullula ⟨ae⟩ *f* ||*Dim von* medulla|| Catul. zartes Mark
medus ⟨ī⟩ *m* ||germ. Fw.|| Honigwein, Met
Mēdus ⟨a, um⟩ *Adj* ||Media|| medisch, aus Medien; *auch* persisch, assyrisch
Medūsa ⟨ae⟩ *f* → ***Gorgo***
Medūsaeus ⟨a, um⟩ *Adj* zur Medusa gehörig; ***M. equus*** Pferd der Medusa = Pegasus; ***M. fons*** Quelle der Medusa = Hippokrene
mefītis ⟨is⟩ *f* = ***mephitis***
Megaera ⟨ae⟩ *f eine der Erinnyen / Furien*; (*spätl.*) Megäre, böse Frau
Megalē ⟨ēs⟩ *f* die Große Göttermutter Kybele, *Magna Mater, Kult 204 v. Chr. in Rom eingeführt*
Megalēnsia ⟨ium⟩ *n* Fest der Megale, *am 4. April*
Megalē polis *u.* **Megalo-polis** ⟨is⟩ *f Stadt im S Arkadiens, Heimat des Geschichtsschreibers Polybios, heute ein kleiner Ort gleichen Namens mit Ruinen*
Megalopolitānus ⟨a, um⟩ *Adj* aus Megalopolis, zu Megalopolis gehörig
Megalopolitānus ⟨ī⟩ *m* Einwohner von Megalopolis
Megara ⟨ōrum⟩ *n u.* **Megara** ⟨ae⟩ *f Stadt w. von Athen, Geburtsort des Philos. Euklid, Ort u. Name*

M

erhalten, nur spärliche antike Reste
Megarēnsis ⟨is⟩ *m u.* **Megareus** ⟨eī⟩ *u.* ⟨eos⟩ *m* Einwohner von Megara
Megarēus ⟨a, um⟩ *Adj* aus Megara, zu Megara gehörig
Megaricī ⟨ōrum⟩ *m* die Anhänger Euklids
Megaricus ⟨a, um⟩ *Adj* aus Megara, zu Megara gehörig
megistānes ⟨um⟩, *Akk* **as** *m* ||griech. Fw.|| *(nachkl.)* die Würdenträger, die Magnaten
meherc(u)le *u.* **mehercul****ēs** *Interj* beim Herkules!; → ***Hercules***
mēiō ⟨-, -, ere 3.⟩ urinieren, *fig vom angeschlagenen Nachtgeschirr, auch in sexueller Bedeutung*
► **mel** ⟨mellis⟩ *n* ||griech. Fw.|| Honig; ***melle dulcior*** honigsüß; *fig* Süßigkeit, Süßes, Liebliches, *auch* Kosewort; ***mella Falerno diluta*** Honigwein
Mela ⟨ae⟩ *m röm. Beiname*; ***Pomponius Mela*** *1. Jh. n Chr., Verfasser eines Lehrbuches der Geographie*
Melampūs ⟨podis⟩ *m ältester Seher u. Arzt*
melancholicus ⟨a, um⟩ *Adj* ||griech. Fw.|| schwermütig, melancholisch
melandryum ⟨ī⟩ *n* ||griech. Fw.|| *(unkl.)* Stück eingesalzener Thunfisch
melanūrus ⟨ī⟩ *m* ||griech. Fw.|| Schwarzschwanz, *kleiner Seefisch*
Melās ⟨anis⟩ *m Name mehrerer Flüsse*
melculum ⟨ī⟩ *n* ||*Dim von* mel|| Plaut. „Honigpüppchen", *Kosewort*
Meldī ⟨ōrum⟩ *m Volk in Gallien*
Meleager *u.* **Meleagros** ⟨grī⟩ *m Besieger des Kalydonischen Ebers*
mēlēs *u.* **mēlis** ⟨is⟩ *f (unkl.)* Marder, Dachs
Meliboea ⟨ae⟩ *f Stadt an der Ostküste Magnesias, Geburtsort des Philoktet*
Meliboeus ⟨a, um⟩ *Adj* aus Meliboea, zu Meliboea gehörig; ***M. dux*** Anführer aus Meliboea = Philoktet
Melicerta *u.* **Melicertēs** ⟨ae⟩ *m Meeresgott*
melicus ⟨a, um⟩ *Adj* ||griech. Fw.||
1. *poet* musikalisch
2. lyrisch
melilōton ⟨ī⟩ *n u.* **melilōtos** ⟨ī⟩ *m u.* **melilōtum** ⟨ī⟩ *n* ||griech. Fw.|| *(nachkl.) poet* Honigklee, Steinklee
melimēlum ⟨ī⟩ *n* ||griech. Fw.|| *(unkl.)* in Honig eingelegtes Obst, *bes* Quitten
mēlīna ⟨ae⟩ *f* = ***mellina***
mēlīnum ⟨ī⟩ *n* ||Melos|| *(vkl., nachkl.)*
1. Farbstoff
2. Schminke
► **melior** ⟨melius⟩ *Adj Komp* → ***bonus***
melisphyllum ⟨ī⟩ *n u. (mlat.)* **melissa** ⟨ae⟩ *f u.* **melissophyllon** ⟨ī⟩ *n* ||griech. Lw.|| Melisse
Melissus ⟨ī⟩ *m vollständig* ***Maecēnās Melissus*** *Freigelassener des Maecenas, Schriftsteller*
Melita ⟨ae⟩ *f u.* **Melitē** ⟨ēs⟩ *f* Malta
Melitēnsia ⟨ōrum⟩ *n* maltesische Decken, maltesische Teppiche
Melitēnsis ⟨e⟩ *Adj* maltesisch, von Malta
melius
I *Adj Komp n* → ***bonus.***
II *Adv Komp* → ***bene***
Mēlius ⟨a, um⟩ *Adj* aus Melos, zu Melos gehörig
meliusculus ⟨a, um⟩ *Adj, Adv* ⟨meliusculē⟩ ||*Dim von* melior|| *(vkl., nachkl.)* ein wenig besser
mella ⟨ae⟩ *f*
1. ||mel|| Plaut. Honiggetränk
2. *(spätl.)* syrische Bohne
melliculus ⟨a, um⟩ *Adj* ||mel|| Plaut. honigsüß
melli-fer ⟨fera, ferum⟩ *Adj* ||mel, fero|| Honig (ein)-tragend
mellīla ⟨ae⟩ *f* ||mellina[1]|| Plaut. „Honigpüppchen", *Kosewort*
mellīna[1] ⟨ae⟩ *f* ||mel|| Plaut. Honigwein
mellīna[2] ⟨ae⟩ *f* ||meles|| Plaut. Sack aus Marderfell
mellīnia ⟨ae⟩ *f* ||mel|| Plaut. Süßigkeit
mellītus ⟨a, um⟩ *Adj* ||mel|| *(unkl.)* mit Honig versüßt, Honig…; *fig* süß, allerliebst
mēlō ⟨ōnis⟩ *f* ||griech. Fw.|| *(spätl.) eine Art* Melone
melōdia ⟨ae⟩ *f* ||griech. Fw.|| *(spätl.)* Melodie, Lied
Melodūnum ⟨ī⟩ *n gall. Stadt im Land der Senonen, heute Melun*
melos *Dat u. Abl Sg* ⟨o⟩, *Akk Sg* ⟨os *u.* um⟩, *Nom Pl* ⟨e⟩ *n* ||griech. Fw.|| Gesang, Lied
Mēlos ⟨ī⟩ *f Kykladeninsel mit Hauptstadt gleichen Namens, Name erhalten, geringe Überreste, Fundstelle der Venus von Milo*
Melpomenē ⟨ēs⟩ *f Muse der Tragödie*
membrāna ⟨ae⟩ *f* ||membrum||
1. Häutchen, zarte (innere) Haut *tierischer Organe u. von Pflanzen*
2. Schlangenhaut
3. *meton aus Tierhaut gefertigtes* Pergament; *Pl* Pergamentblätter
4. Lucr. Oberfläche
membrāneus ⟨a, um⟩ *Adj* ||membrana|| *(nachkl.) poet* aus Pergament
membrānula ⟨ae⟩ *f* ||*Dim von* membrana|| (dünnes) Pergament; *meton* Pergamentschrift
membrātim *Adv* ||membrum||
1. gliedweise
2. stückweise, einzeln, nach und nach; RHET in kleinen Abschnitten
► **membrum** ⟨ī⟩ *n*
1. Glied *als Körperteil*; *Pl* Glieder, Gliedmaßen; ***artus membrorum*** Bau der Glieder
2. *Pl männliche od weibliche* Genitalien; *Sg* männliches Glied
3. Teil, Glied *eines organischen Ganzen*; ***philosophiae membra*** Bereiche der Philosophie
4. Teilnehmer *einer Gesellschaft*
5. Raum, Zimmer
6. RHET Teil einer Rede, Satzglied, Abschnitt
mē-met → ***ego*** *u.* → ***met***
► **meminī** *Inf* ⟨meminisse 0.⟩ *Defect.*
1. sich erinnern, *alicuius* an j-n; ***ut memini*** soweit ich mich erinnere; ***m. sui*** an sich denken; ***m. aliquem*** sich noch auf j-n besinnen
2. daran denken, + *Inf* etw zu tun, *ut* dass; ***memento*** denk daran, gedenke
3. *mündlich, schriftlich* erwähnen, *alicuius / de aliquo* j-n, *alicuius rei* etw
Memmiadēs ⟨ae⟩ *m* ein → Memmius, ein Memmiade
Memmiānus ⟨a, um⟩ *Adj* des Memmius, zu Memmius gehörig
Memmius ⟨a, um⟩ *Adj röm. Gentilname*; ***C. Memmius*** *Prätor 58 v. Chr., Freund Ciceros u. des Dich-*

M

ters Lukrez

Memnōn ⟨onis⟩ *m* MYTH *Sohn der Eos / Aurora, König der Äthiopier, von Achill getötet; seine Gefährten wurden wegen großer Trauer in Vögel verwandelt*

Memnonides ⟨um⟩ *m* die memnonischen Vögel

Memnonis *Gen* ⟨idis⟩ *Adj f u.* **Memnonius** ⟨a, um⟩ *Adj* des Memnon, morgenländisch; ***aves Memnoniae*** die memnonischen Vögel

▶ **memor** *Gen* ⟨oris⟩ *Adj, Adv* ⟨memoriter⟩

1. sich an *j-n / etw* erinnernd, *einer Sache* eingedenk; *auch von Sachen etw* berücksichtigend, mit Rücksicht auf *etw, abs od alicuius / alicuius rei*; ***m. sui*** seiner Würde eingedenk; ***vox m. libertatis*** die noch Freiheitssinn atmende Stimme; ***exemplum parum m. legum humanarum*** unmenschliches Beispiel; ***pectus m.*** treues Gedächtnis; ***m. aevum*** Erinnerung bei der Nachwelt

2. dankbar, erkenntlich, *abs od in aliquem* gegen j-n; ***m. in bene meritos*** erkenntlich gegen verdiente Menschen

3. (*nachkl.*) *pej* unversöhnlich

4. vorsorgend, bedachtsam

5. mit gutem Gedächtnis

6. (*nachkl.*) *poet* erinnernd, mahnend, *abs od alicuius rei* an etw

7. *Adv* auswendig, mit gutem Gedächtnis

memorābilis ⟨e⟩ *Adj* ||memoro||

1. Com. denkbar

2. erwähnenswert, denkwürdig, merkwürdig

3. *poet* berühmt, gepriesen

memorandum ⟨ī⟩ *n* ||memorandus|| (*nlat.*) (diplomatische) Denkschrift

memorandus ⟨a, um⟩ *Adj* (*unkl.*) erwähnenswert, merkwürdig

memorātor ⟨ōris⟩ *m* ||memoro|| (*unkl.*) Erzähler

memorātus[1] ⟨a, um⟩ *Adj* ||memoro|| (*nachkl.*) berühmt, merkwürdig

memorātus[2] ⟨ūs⟩ *m* ||memoro|| Erwähnung, Erzählung

memoria ⟨ae⟩ *f* ||memor||

1. Gedächtnis, Erinnerungsvermögen; ***memoriā vigere*** ein gutes Gedächtnis haben; ***memoriae studere*** sein Gedächtnis üben; ***aliquid memoriā complecti / tenere*** etw im Gedächtnis behalten; ***aliquid memoriā repetere*** sich etw ins Gedächtnis zurückrufen; ***aliquid memoriae mandare*** sich etw merken; ***ex memoriā deponere aliquid*** etw vergessen; ***ex memoria*** aus dem Kopf

2. Erinnerung, Andenken, Gedenken, *alicuius* j-s *od* an j-n, *alicuius rei* an etw; ***post hominum memoriam*** seit Menschengedenken; ***memoriam alicuius rei excitare / referre / retinere / repetere*** sich etw ins Gedächtnis zurückrufen; ***m. rei excidit / abiit / abolevit*** etw ist vergessen worden

3. Tac. Bewusstsein

4. Zeit; ***patrum memoriā*** zur Zeit der Väter; ***meā memoriā*** zu meiner Zeit; ***paulo supra hanc memoriam*** kurz vor unserer Zeit

5. Überlieferung, Nachricht, Kunde, Zeugnis, *alicuius rei* von etw; ***aliquid memoriā prodere*** etw durch mündliche Überlieferung weitergeben; ***memoriā ac litteris*** mündlich und schriftlich

6. schriftliche Aufzeichnung; ***m. rerum gestarum*** Geschichtsschreibung; ***memoriae prodere / tradere aliquid*** etw schriftlich aufzeichnen, etw schriftlich der Nachwelt überliefern; ***memoriae prodendus*** der Aufzeichnung wert

7. Geschichte *als Überlieferung*, geschichtlicher Bericht; ***omnis rerum m.*** Weltgeschichte

memoriālis ⟨e⟩ *Adj* ||memoria|| (*nachkl.*) zum Gedächtnis gehörig; ***libellus m.*** Denkschrift

memoriola ⟨ae⟩ *f* ||*Dim von* memoria|| schwaches Gedächtnis

memoriter *Adv* → ***memor***

▶ **memorō** ⟨āvī, ātum, āre 1.⟩ ||*Denom von* memor||

1. Tac. erinnern, mahnen, *aliquid* an etw

2. erwähnen, berichten, erzählen; rühmen, preisen; ***incredibile est memoratu*** es klingt unglaublich

Memphis ⟨idis⟩ *f eine der Hauptstädte des alten Ägypten, s. des Nildeltas*

Memphītēs ⟨ae⟩ *Adj m u.* **Memphīticus** ⟨a, um⟩ *Adj u.* **Memphītis** ⟨idis⟩ *u.* ⟨idos⟩ *Adj f* aus Memphis, zu Memphis gehörig, *auch* ägyptisch

Menander ⟨drī⟩ *m 342–290 v. Chr., bedeutendster Vertreter der neueren attischen Komödie, Vorbild des Plautus u. Terenz*

Menandrēus ⟨a, um⟩ *Adj* des Menander, zu Menander gehörig

Menandrus ⟨drī⟩ *m* = ***Menander***

Menapiī ⟨ōrum⟩ *m Volk in Gallia Belgica an der Nordsee w. der Schelde, Hauptort Castellum Menapiorum, heute Cassel in Nordostfrankreich*

menda ⟨ae⟩ *f* (*nachkl.*) = ***mendum***

mendāci-locus *u.* **mendāci-loquus** ⟨a, um⟩ *Adj* ||mendacium, loquor|| lügenhaft

mendācium ⟨ī⟩ *n* ||mendax||

1. Lüge; ***onerare aliquem mendaciis*** j-m die Hucke voll lügen

2. *fig* Sinnestäuschung

3. Erdichtung, Fiktion

mendāciunculum ⟨ī⟩ *n* ||*Dim von* mendacium|| kleine Lüge

mendāx

I *Gen* ⟨ācis⟩ *Adj* ||mendum||

1. lügnerisch, lügenhaft, unwahr

2. *fig* täuschend, (be)trügerisch; ***forma m.*** Truggestalt

3. *fig* erlogen, erdichtet

4. *fig* unverdient

5. *fig* nachgemacht

II ⟨ācis⟩ *m* Lügner

mendīcābulum ⟨ī⟩ *n* ||mendico|| (*vkl., nachkl.*) Bettler

mendīcantēs ⟨ium⟩ *m* ||mendico|| die Bettler; (*mlat.*) Bettelmönche

mendīcātiō ⟨ōnis⟩ *f* ||mendico|| Sen. das Betteln, ***vitae*** um das Leben

mendīcitās ⟨ātis⟩ *f* ||mendicus|| Bettelarmut, Bettelstab

mendīcō ⟨āvī, ātum, āre 1.⟩ *u.* **mendīcor** ⟨ātus sum, ārī 1.⟩ ||*Denom von* mendicus||

I *v/i* (*unkl.*) betteln

II *v/t* erbetteln; ***cibus mendicatus*** Bettelbrot

mendīculus ⟨a, um⟩ *Adj* ||*Dim von* mendicus|| Plaut. bettlerisch, Bettler…

mendīcus

I ⟨a, um⟩ *Adj, Adv* ⟨mendīcē⟩ ||mendum||

1. bettelarm

M

2. Mart. *fig von Sachen* erbettelt
3. *fig von Sachen* armselig, ärmlich
II ⟨ī⟩ *m* Bettler; Ter. Lump; *Pl* Hor. bettelnde Kybelepriester
mendōsus ⟨a, um⟩ *Adj, Adv* ⟨mendōsē⟩ ||mendum||
1. fehlerhaft, verkehrt
2. oft Fehler machend, *in re* in etw, bei etw
3. ***mendosa cantilena*** *(mlat.)* Schelmenliedchen
mendum ⟨ī⟩ *n (nachkl.) poet* Sprachfehler, Rechenfehler, Schreibfehler; *allg.* Versehen; *poet* körperliches Gebrechen
Menelāēus ⟨a, um⟩ *Adj* des Menelaus, zu Menelaus gehörig
Menelāus ⟨ī⟩ *m Sohn des Atreus, jüngerer Bruder des Agamemnon, Gatte der Helena, König von Sparta*
Menēni(ān)us ⟨a, um⟩ *Adj* des Menenius, zu Menenius gehörig
Menēnius ⟨a, um⟩ *Adj Name einer patriz. gens in Rom*
Menippus ⟨ī⟩ *m um 270 v. Chr., kynischer Philos. aus Gadara in Syrien, Verfasser beißender Satiren*
Menoetiadēs ⟨ae⟩ *m* Nachkomme des Menoetius, = Patroklos
Menoetius ⟨ī⟩ *m Vater des Patroklos*
mēns ⟨mentis⟩ *f*
1. das Denken, Denkvermögen, Verstand; ***m. et ratio*** Verstand und Vernunft; ***m. et animus*** Verstand und Gemüt; ***mente complecti/comprehendere aliquid*** etw verstandesmäßig begreifen; ***suae/sanae mentis esse*** bei gesundem Verstand sein; ***mentis inops/mente captus*** verrückt
2. Einsicht, Besinnung; ***m. alicui excidit*** j-d verliert die Besinnung; ***sine ulla mente*** ohne jede Einsicht
3. Denkweise, Gesinnung, Gemüt, Charakter, Herz; *oft zur Umschreibung einer Person*: ***Gallorum mentes*** = die Gallier; ***civium mentes*** = die Bürger; ***hoc nostrae mentis est*** das entspricht unserem Charakter; ***m. animi*** Gesinnung des Herzens; ***m. cuiusque is est quisque*** die Denkart ist das Ich eines jeden
4. Gewissen
5. Mut, Zorn, Leidenschaft; ***mentem deponere*** den Mut sinken lassen
6. *fig* Seele, Geist, inneres Wesen; ***m. publica*** Staatsweisheit
7. Gedanke, Vorstellung; ***alicui mentem inicere*** j-m einen Gedanken eingeben; ***in mentem mihi venit*** mir kommt in den Sinn, ich erinnere mich, mir fällt ein, *aliquid/alicuius rei/de re* etw, an etw
8. Meinung, Ansicht; ***mihi longe alia mens est*** ich bin ganz anderer Ansicht; ***mentem alicuius sanare*** j-n umstimmen
9. Absicht, Plan, Entschluss; ***hac/eā mente*** in dieser Absicht
Mēns ⟨Mentis⟩ *f* Gottheit der Besinnung(skraft)
▶ **mēnsa** ⟨ae⟩ *f*
1. Tisch, Tafel, Esstisch; ***mensas cibis onerare*** die Tische mit den Speisen beladen; ***aliquid mensis imponere*** etw auftischen
2. Essen, Mahlzeit, Gericht; ***secunda m.*** Nachtisch, Nachspeise; ***apud/super mensam*** bei Tisch
3. Opfertisch, Altar
4. Verkaufstisch *bes der Fisch- u. Fleischhändler*
5. Wechseltisch; ***m. publica*** öffentliche Bank
6. *(mlat.)* Mittagstisch der Studenten, Speisesaal
mēnsārius ⟨ī⟩ *m* ||mensa|| Geldwechsler, Bankier, *bes* öffentlicher Bankier zur Geldbeschaffung *im 2. Punischen Krieg*
mēnsiō ⟨ōnis⟩ *f* ||metior|| Messung; ***m. vocum*** Silbenmaß
▶ **mēnsis** ⟨is⟩ *m* Monat; *(nachkl.)* MED *meist Pl* Monatsblutung, Menstruation
mēnsor ⟨ōris⟩ *m* ||metior|| *(unkl.)* Vermesser, *bes* Feldmesser; Baumeister
mēnstruālis ⟨e⟩ *Adj* ||menstruus|| *(vkl., nachkl.)* monatlich, für einen Monat
mēnstruō ⟨-, -, āre 1.⟩ ||menstruus|| *(spätl.)* die Monatsblutung haben, menstruieren
mēnstruum ⟨ī⟩ *n* ||menstruus||
1. monatliche Amtsverrichtung, Monatsdienst
2. *(erg.* ***frumentum****)* Liv. Lebensmittel für einen Monat
mēnstruus ⟨a, um⟩ *Adj* ||mensis||
1. monatlich
2. einen Monat dauernd, für einen Monat berechnet
mēnsula ⟨ae⟩ *f* ||*Dim von* mensa|| *(vkl., nachkl.)* Tischchen
mēnsūra ⟨ae⟩ *f* ||metior||
1. das Messen, Messung; ***m. ex aqua*** Messung mit der Wasseruhr; ***sub aurium mensuram cadere*** vom Ohr (ab)gemessen werden können
2. Maß, *mit dem man misst*
3. Maß *als Ergebnis der Messung*; Größe, Umfang, Länge, Dicke; ***m. itinerum*** Wegmaß; ***m. bibendi*** Dauer des Trinkens; ***m. posterior*** Länge der Hinterfüße; ***m. verborum*** Quantität der Wörter; ***m. legati*** *(nachkl.) fig* Charakter des Gesandten, Würde des Gesandten
mēnsus ⟨a, um⟩ *PPerf* → ***metior***
menta *u.* **mentha** ⟨ae⟩ *f* ||griech. Fw.|| Minze
mentiēns ⟨entis⟩ *m* ||mentior|| PHIL Trugschluss
mentiō ⟨ōnis⟩ *f* ||mens, memini||
1. Erwähnung, Erinnerung, *alicuius* j-s, an j-n, *alicuius rei* einer Sache, an etw; ***incidit de uxoribus m.*** das Gespräch kam auf die Frauen
2. Anregung, Vorschlag; ***mentionem alicuius rei/de re facere/agitare*** etw zur Sprache bringen
▶ **mentior** ⟨mentītus sum, mentīrī 4.⟩
I *v/i*
1. lügen, ein Lügner sein; ***aperte m.*** offen lügen
2. zum Lügner werden, sein Wort nicht halten
3. *poet* frei erfinden, dichten
4. Plaut. sich täuschen, sich irren
II *v/t*
1. fälschlich vorbringen, erdichten; ***mentitus*** erlogen, erdichtet, nachgemacht, trügerisch; ***spem m.*** die Hoffnung täuschen
2. fälschlich vorgeben, vorspiegeln; + *dopp. Akk* sich fälschlich für j-n ausgeben
3. *(nachkl.)* fälschlich sich aneignen; treulos versprechen; ***sacra m.*** *vom Trojanischen Pferd* sich fälschlich für ein Weihegeschenk ausgeben
Mentor ⟨ōris⟩ *m*
1. *berühmter Künstler für getriebene Arbeiten, um 350 v. Chr.*
2. *meton, poet* Silbergefäß, Silberschale *in getriebe-*

ner Arbeit

Mentoreus ⟨a, um⟩ *Adj* des Mentor, zu Mentor gehörig

mentula ⟨ae⟩ *f* männliches Glied, Penis, Phallus

mentulātus ⟨a, um⟩ *Adj* ||mentula|| mit einem großen Glied

mentum ⟨ī⟩ *n* Kinn; *meton* Kinnbart, Bart

meō ⟨āvī, ātum, āre 1.⟩ *(nachkl.)* gehen, wandern, ziehen, strömen, sich bewegen, *fast nur von Leblosem*; ***amnis meat*** der Fluss strömt dahin

mephītis ⟨is⟩ *f* ||oskisches Fw.|| *(unkl.)* schädliche Ausdünstung der Erde

Mephītis ⟨is⟩ *f Gottheit der giftigen Dünste, Schutzgottheit gegen die giftigen Dünste*

merāc(u)lus *u.* **merācus** ⟨a, um⟩ *Adj* ||merus|| *(vkl., nachkl.)* ziemlich unvermischt, ziemlich unverfälscht, ziemlich rein, *auch fig*

mercābilis ⟨e⟩ *Adj* ||mercor|| Ov. käuflich

▶ **mercātor** ⟨ōris⟩ *m* ||mercor||

1. Kaufmann

2. Aufkäufer

mercātōrius ⟨a, um⟩ *Adj* ||mercator|| des Kaufmanns, Handels…; ***navis mercatoria*** Handelsschiff

mercātūra ⟨ae⟩ *f* ||mercor|| Handel, Großhandel, *auch* Einkauf; *Pl* Handelsgeschäfte; ***m. quaedam utilitatum*** so eine Art Handel um seines Vorteils willen

mercātus ⟨ūs⟩ *m* ||mercor||

1. Handel

2. Markt, Jahrmarkt

mercēdārius ⟨ī⟩ *m* ||merces|| Sen. Lohngeber, Arbeitgeber

mercē-dōnius mēnsis *m* ||merces|| Schaltmonat

mercēdula ⟨ae⟩ *f* ||*Dim von* merces||

1. armseliger Lohn

2. *Pl* geringe Einkünfte, erbärmliche Pachtgelder

mercēn(n)ārius

I ⟨a, um⟩ *Adj* ||merces|| um Lohn gedungen, um Sold gedungen, gemietet, bezahlt, bestochen; ***miles m.*** Söldner; ***arma mercenaria*** Waffen, die man um Sold ergreift

II ⟨ī⟩ *m* Lohnarbeiter, Tagelöhner; Söldner

▶ **mercēs** ⟨ēdis⟩ *f* ||merx||

1. Lohn, Preis, Sold, *alicuius rei* für etw; ***milites mercede conducere*** Söldner anwerben; ***sine mercede*** umsonst

2. *pej* Bestechungsgeld

3. Verdienst, *auch Pl*

4. Lehrgeld, Honorar, Gehalt, Gage

5. Lehrgeld = Strafe, Schaden, *alicuius rei* für etw; ***mercede suorum*** zum Nachteil der Seinen

6. Miete, Pacht, Einkünfte *aus Pacht u. Vermietung*; *Pl auch* Zinsen aus einem Kapital

7. Hor. Bedingung

mercimōnium ⟨ī⟩ *n* ||merx|| *(vkl., nachkl.)* Ware

mercor ⟨ātus sum, ārī 1.⟩ ||*Denom von* merx||

I *v/i (vkl., nachkl.)* Handel treiben

II *v/t* erhandeln, kaufen, erkaufen, *auch fig*; ***m. aliquid magno/magnā pecuniā*** etw teuer kaufen; ***mercatus*** *PPerf auch p Bedeutung* erkauft

Mercuriālēs ⟨ium⟩ *m* ||Mercurialis|| Kollegium der Kaufleute *in Rom*

Mercuriālis ⟨e⟩ *Adj* ||Mercurius|| des Merkur, zum Merkur gehörig; ***viri Mercuriales*** Glückskinder, *bes die Dichter als Günstlinge des Merkur*

Mercurius ⟨ī⟩ *m*

1. *Gott des Handels, später Götterbote, Seelenführer, dem griech. Hermes gleichgesetzt, Sohn des Jupiter u. der Maia, körperlich u. geistig gewandter Jüngling, mit Flügeln an den Füßen u. einem Heroldstab dargestellt*

2. ***Mercurii Aqua*** *Quelle an der via Appia*; ***Mercurii promunturium*** *Ostspitze des Golfs von Karthago, heute Kap Bon*; ***Mercurii stella*** Planet Merkur

merda ⟨ae⟩ *f poet* Kot, Exkremente

merenda ⟨ae⟩ *f* ||mereo|| *(vkl., nachkl.)* Vesperbrot

merēns *Gen* ⟨entis⟩ *Adj* ||mereo|| *(nachkl.) poet* es verdienend, würdig; *pej* schuldig

mereō ⟨uī, itum, ēre 2.⟩ *u.* **mereor** ⟨itus sum, ērī 2.⟩

1. verdienen, erwerben, gewinnen, *auch fig*; ***magnam pecuniam m.*** viel Geld verdienen; ***alicui aliquid m.*** j-m etw einbringen; ***quid mereas/merearis/merere velis, ut*** welcher Preis könnte dich wohl dazu bewegen, dass

2. *(nachkl.)* durch Prostitution verdienen

3. ***(stipendia) m.*** MIL durch Kriegsdienst Sold verdienen, Kriegsdienst leisten, als Soldat dienen; ***triplex m.*** dreifachen Sold erhalten; ***equo/equis m.*** als Reiter dienen; ***pedibus m.*** als Fußsoldat dienen

4. *etw* beanspruchen können, *einer Sache* würdig sein, *abs od aliquid/ut/ + Inf/ + AcI*

5. *pej* verschulden, verwirken, sich zuziehen; ***gravius m.*** sich eine härtere Strafe zuziehen; ***scelus m.*** ein Verbrechen verüben, ein Verbrechen auf sich laden

6. *meist Deponens* sich Verdienste erwerben, sich verdient machen, *de aliquo/de re* um j-n/um etw, *in re* in etw, bei etw; ***bene m.*** sich wohl verdient machen; ***meritus de aliquo*** j-s Wohltäter

meretrīcium ⟨ī⟩ *n* ||meretricius|| Suet. Prostitution

meretrīcius ⟨a, um⟩ *Adj* ||meretrix|| zu einer Dirne gehörig; ***quaestus m.*** Erwerb durch Prostitution

meretrīcula ⟨ae⟩ *f* ||*Dim von* meretrix|| kleine Dirne, elende Dirne

meretrīx ⟨īcis⟩ *f* ||mereo|| Freudenmädchen, Dirne, Hetäre

mergae ⟨ārum⟩ *f* Plaut. zweizackige Getreidegabel

merges ⟨itis⟩ *f* ||mergae|| *(nachkl.) poet* Ährenbündel, Getreidegarbe

▶ **mergō** ⟨mersī, mersum, mergere 3.⟩

I *v/t*

1. eintauchen, untertauchen, versenken, *aliquem/aliquid in re/in rem* j-n/etw in etw; *Schiffe* in den Grund bohren; *Lebendes* ertränken; *Passiv* versenkt werden, sinken; ***se in flumen m.*** im Fluss untertauchen

2. *(nachkl.) poet* hineinstecken, hineinsenken; *Passiv von Gestirnen* untergehen; ***caput in terram effossam m.*** den Kopf in den Graben stecken

3. *(nachkl.) poet* verbergen, verstecken; ***pandere res altā terrā et caligine mersas*** Dinge ausbreiten, die tief in der Erde und im Nebel verborgen sind

4. *(nachkl.) fig* versenken, stürzen, *bes* ins Verderben stürzen; ***se m./mergi in voluptates*** sich ins Vergnügen stürzen; ***mersus vino somnoque*** in Schlaf und Trunkenheit versunken; ***mersae res*** versunkener Zustand, bodenlose Not; ***usurae mergunt sortem*** die Zinsen verschlingen das Kapital

II *v/i* versinken, untertauchen
mergus ⟨ī⟩ *m* ||mergo|| (*unkl.*) Taucher, *Wasservogel*
merīdiānus ⟨a, um⟩ *Adj* ||meridies||
1. Mittags…; ***tempus meridianum*** Mittagszeit; ***circulus m.*** Mittagslinie, Äquator
2. im Süden gelegen, südlich
merīdiātiō ⟨ōnis⟩ *f* ||meridio|| Mittagsruhe, Mittagsschläfchen
merīdiēs ⟨ēī⟩ *m*
1. Mittag, Mittagszeit
2. *meton* Süden; ***ad meridiem spectare*** nach Süden hin liegen; ***a meridie*** auf der Südseite
merīdiō ⟨āvī, ātum, āre 1.⟩ ||meridies|| (*nachkl.*) *poet* Mittagsruhe halten
Mēriones ⟨ae⟩ *m Held der Griechen vor Troja*
meritō[1] ⟨āvī, ātum, āre 1.⟩ ||*Intens von* mereo|| verdienen, einbringen, ***sestertios*** Sesterzen
▶ **meritō**[2] *Adv* ||meritus|| verdientermaßen, mit Recht
meritōria ⟨ōrum⟩ *n* ||meritorius|| Mietwohnung
meritōrium ⟨ī⟩ *n* ||meritorius|| Bordell
meritōrius ⟨a, um⟩ *Adj* ||mereo||
1. (*nachkl.*) womit man Geld verdient, was Geld kostet, gemietet, bezahlt, Miet…, Lohn…; ***reda meritoria*** Mietwagen
2. unzüchtig; ***pueri meritorii*** Lustknaben; ***scortum meritorium*** Dirne
▶ **meritum** ⟨ī⟩ *n* ||mereo||
1. (*vkl., nachkl.*) Verdienst, Lohn, verdiente Belohnung; *pej* verdiente Strafe
2. Verdienst, Würdigkeit; *von Sachen* Bedeutung, Wert
3. Wohltat, Gefälligkeit, *in aliquem/erga aliquem* gegen j-n
4. *pej* Schuld, Verschulden; ***nullo meo merito*** ohne mein Verschulden
meritus ⟨a, um⟩ *Adj* ||mereo, mereor||
1. es verdient habend, würdig; *pej* schuldig, straffällig
2. verdient, wohlverdient, gebührend
Merō ⟨ōnis⟩ *m* Suet. der unvermischten Wein trinkt, Säufer, *Spottname des Kaisers Tiberius*
mero-bibus ⟨a, um⟩ *Adj* ||merum, bibo|| Plaut. unvermischten Wein trinkend
merops ⟨opis⟩ *m* ||griech. Fw.|| Verg. Specht
Merops ⟨opis⟩ *m König der Äthiopier*
mers (*altl.*) = ***merx***
mersī → ***mergo***
mersō ⟨āvī, ātum, āre 1.⟩ (*nachkl.*) = ***mergo***
mersus ⟨a, um⟩ *PPP* → ***mergo***
mertō ⟨-, -, āre 1.⟩ (*altl.*) = ***merso***
merula ⟨ae⟩ *f*
1. Amsel
2. (*unkl.*) Meeramsel, *ein Fisch*
meruleus ⟨a, um⟩ *Adj* ||merula|| Plaut. schwarz wie eine Amsel
merum ⟨ī⟩ *n* ||merus|| unvermischter Wein, *allg.* Wein
merus ⟨a, um⟩ *Adj*
1. unvermischt, lauter, rein; ***libertas mera*** *fig* unbeschränkte Freiheit
2. *meton* echt, wahr, unverfälscht
3. weiter nichts als; ***sermo m.*** bloß Gerede; ***merum bellum loqui*** nur von Krieg reden
4. unbedeckt, bloß; ***pes m.*** unbedeckter Fuß
▶ **merx** ⟨mercis⟩ *f* Ware, Sache, Ding; ***merces mutare*** Tauschhandel treiben; ***merces femineae*** weibliche Schmuckstücke
mesochorus ⟨ī⟩ *m* ||griech. Fw.|| Chorführer; Führer der bezahlten Beifallklatscher, Claqueur
Mesopotamia ⟨ae⟩ *f* Mesopotamien, Zweistromland, *Land zwischen Euphrat u. Tigris*
mēsor ⟨ōris⟩ *m* = ***mensor***
Messāl(l)a ⟨ae⟩ *m röm. Beiname in der gens Valeria*; → ***Valerius***
Messāl(l)īna ⟨ae⟩ *f dritte Ehefrau des Kaisers Claudius, bekannt wegen ihres schamlosen Lebenswandels; Claudius ließ sie 48 n Chr. töten*
Messāl(l)īnus ⟨a, um⟩ *Adj* des Messala, zu Messala gehörig
Messāna ⟨ae⟩ *f Stadt auf Sizilien, heute Messina*
Messānius ⟨a, um⟩ *Adj* aus Messana, zu Messana gehörig
Messēna ⟨ae⟩ *f u.* **Messēnē** ⟨ēs⟩ *f Hauptstadt der Landschaft Messenien im SW der Peloponnes, Name erhalten, bedeutende Überreste*
Messēnius[1] ⟨a, um⟩ *Adj* aus Messena, zu Messena gehörig
Messēnius[2] ⟨ī⟩ *m* Einwohner von Messena
Messēnius[3] ⟨a, um⟩ *Adj* = ***Messanius***; → ***Messana***
messis ⟨is⟩ *f* ||meto[1]||
1. Ernte; Verg. Honigernte
2. *meton* Erntezeit; Jahr
3. Ernteertrag, *auch fig*; Getreide; ***m. Sullani temporis*** Ertrag der sullanischen Zeit, *d. i. der Proskriptionen*
messor ⟨ōris⟩ *m* ||meto[1]|| Schnitter, *auch fig*
messōrius ⟨a, um⟩ *Adj* ||messor|| Schnitter…
messus ⟨a, um⟩ *PPP* → ***meto***[1]
-met *Suffix zur Hervorhebung eines pers Pr od poss Pr*; ***egomet*** ich selbst
▶ **mēta** ⟨ae⟩ *f*
1. Kegel, Pyramide
2. Säule *an beiden Enden des Zirkus, die umfahren werden musste, auch fig*; ***interiorem metam curru tenere*** in der Rede nicht abschweifen; ***ad metas haerere*** zu Fall kommen, scheitern
3. Rennbahn
4. *fig* vorspringender Ort, den man umfährt
5. Liv. Wendepunkt; ***m. solis*** Wendepunkt der Sonne
6. Ziel, Grenze, Ende; ***metae rerum*** Grenzen der römischen Herrschaft; ***nox mediam caeli metam contigerat*** es war Mitternacht; ***utraque m.*** Ausgangs- und Endpunkt
7. ***Meta sudans*** Sen. Springbrunnen *vor dem Amphitheater in Rom*
metalēpsis ⟨is, *Akk* im, *Abl* ī⟩ *f* ||griech. Fw.|| Quint. doppelte Metonymie (*z. B. messis: Ernte → Erntezeit → Jahr*)
▶ **metallum** ⟨ī⟩ *n* ||griech. Fw.|| (*unkl.*)
1. Metall, *bes* Gold, Silber; Geld
2. *meton* Grube, Bergwerk; (*nachkl.*) *auch* Steinbruch
metamorphōsis ⟨is⟩ *f* ||griech. Fw.||
1. Verwandlung *einer Gestalt*
2. *Pl* ***Metamorphōsēs, eōn*** *f Titel eines Werkes von Ovid u. eines Romans von Apuleius*

metaphora ⟨ae⟩ *f* ||griech. Fw.] [griech. Fw.|| Bedeutungsübertragung, Metapher

metaplasmus ⟨ī⟩ *m* ||griech. Fw.|| Umbildung, Umformung, *bes* GRAM *Ableitung von Flexionsformen u. Ableitung der Formen von einem anderen Stamm, z. B. fero, tuli, latum*

metathesis *f* ||griech. Fw.|| (*spätl.*) GRAM Buchstabenumstellung, Lautumstellung

mētātor ⟨ōris⟩ *m* ||metor|| Vermesser

Metaurus ⟨ī⟩ *m Fluss in Umbrien, bekannt durch die Schlacht 207 v. Chr., in der die Römer über Hasdrubal siegten; heute Metauro*

Metellus ⟨ī⟩ *m röm. Beiname in der gens Caecilia*; → ***Caecilius***

methodicē ⟨ēs⟩ *f* ||griech. Fw.|| Quint. GRAM der methodische Teil *der Grammatik*, Methodik

methodos *u.* **methodus** ⟨ī⟩ *f* ||griech. Fw.|| nach festen Regeln geordnetes wissenschaftliches Verfahren, Methode

Mēthymna ⟨ae⟩ *f Stadt auf der Insel Lesbos, Geburtsort des Arion; heute Mithymna*

Mēthymnaeus ⟨a, um⟩ *Adj u.* **Mēthymnias** *Gen* ⟨adis⟩ *Adj f* aus Methymna, zu Methymna gehörig

metīculōsus ⟨a, um⟩ *Adj* ||metus||
1. furchtsam
2. fürchterlich

▸ **mētior** ⟨mēnsus sum, mētīrī 4.⟩
1. messen, ausmessen, vermessen; ***agrum m.*** ein Feld vermessen; ***nummos m.*** Münzen in Scheffeln messen = sehr reich sein; ***annum m.*** ein Jahr in Monate einteilen
2. zumessen, zuteilen; ***militibus frumentum m.*** den Soldaten das Getreide zuteilen
3. (*nachkl.*) durchmessen, durchwandern, durchfahren
4. *geistig* ermessen, beurteilen, schätzen; ***omnia voluptate m.*** alles nach dem sinnlichen Vergnügen beurteilen

metō[1] ⟨(messem fēcī), messum, metere 3.⟩
1. mähen, abmähen; ***metentes*** die Mäher; ***pabula falce m.*** Futter mit der Sichel mähen
2. ernten, abernten; ***flores m.*** Blüten aussaugen
3. *fig* abhauen, abpflücken
4. *fig* niederhauen, niedermetzeln; ***aliquem gladio m.*** j-n mit dem Schwert niederhauen

mētō[2] ⟨-, -, āre 1.⟩ = ***metor***

Metō(n) ⟨ōnis⟩ *m Astronom in Athen, um 440 v. Chr.*

metōposcopus ⟨ī⟩ *m* ||griech. Fw.|| Suet. „Stirnbeschauer", *der das Schicksal eines Menschen von seiner Stirn abliest*

mētor ⟨ātus sum, ārī 1.⟩ ||*Denom von* meta|| ein Ziel abstecken, einen Raum abgrenzen, *allg.* messen, ausmessen; *fig* durchwandern; ***metatus*** *PPerf auch passiv* abgesteckt

metrēta ⟨ae⟩ *f* ||griech. Fw.|| (*unkl.*)
1. Tonne, *Maß für Schiffsladungen*
2. Ölgefäß, Weingefäß

metricus ⟨a, um⟩ *Adj* ||griech. Fw.|| (*nachkl.*) metrisch

mētropolis *Akk* ⟨im⟩ *f* ||griech. Fw.||
1. (*spätl.*) Mutterstadt; Hauptstadt *einer Provinz*
2. (*mlat.*) Sitz eines Erzbischofs

mētropolīta ⟨ae⟩ *m* ||griech. Fw.|| (*spätl.*) Metropolit, Erzbischof

▸ **metrum** ⟨ī⟩ *n* ||griech. Fw.|| (*unkl.*) Versmaß, Silbenmaß

Mettius *u.* **Mettus** ⟨a, um⟩ *Adj Name eines sagenhaften sabinischen Geschlechtes;* ***Mettius Curtius*** *ließ sich z. Zt. des Romulus in Rom nieder;* ***Mettius Fufetius*** *letzter Diktator von Alba Longa*

metūculōsus ⟨a, um⟩ *Adj* = ***meticulosus***

metuī → ***metuo***

mētula ⟨ae⟩ *f* ||*Dim von* meta|| kleine Pyramide

▸ **metuō** ⟨uī, -, ere 3.⟩ ||*Denom von* metus||
I *v/i* sich fürchten, furchtsam sein, *alicui / de aliquo* um j-n, für j-n, *ab aliquo* vor j-m, *alicui rei / de re* um etw, für etw; (*nachkl.*) sich scheuen, Bedenken haben, *+ Inf*; *+ indir Fragesatz* = mit Besorgnis erwarten; ***de vita m.*** um sein Leben fürchten; ***m. dimicare*** sich scheuen zu kämpfen
II *v/t*
1. fürchten, befürchten, sich fürchten, *aliquem / aliquid* j-n / etw, vor j-m / vor etw, *aliquid ab aliquo / ex aliquo* etw vonseiten j-s; ***insidias ab hostibus m.*** einen Hinterhalt vonseiten der Feinde fürchten; ***metuens*** fürchtend, scheuend, *aliquem / aliquid* j-n / etw; ***metuens deorum*** gottesfürchtig; ***metuendus*** furchtbar, Furcht erregend, *alicuius rei* in Bezug auf etw; ***metuendus belli*** Furcht erregend im Kampf
2. Ehrfurcht haben, *aliquem* vor j-m; ***patrem m.*** Ehrfurcht vor dem Vater haben
3. sich hüten, *aliquem / aliquid* vor j-m / vor etw

metus ⟨ūs⟩ *m*
1. Furcht, Besorgnis, *alicuius* j-s *od* vor j-m, *ab aliquo / ex aliquo* vor j-m, um j-n, *de aliquo* für j-n, um j-n, *alicuius rei / a re* vor etw, um etw, *de re / pro re* für etw, um etw; ***m. hostilis*** Furcht vor dem Feind; ***m. alienus*** Furcht vor anderen; ***m. Parthicus*** Furcht vor einem Krieg mit den Parthern; ***is m.*** die Furcht davor; ***m. est*** es ist zu befürchten, *ne / + AcI*; ***in metu esse / metum habere*** Furcht verursachen, gefürchtet werden, *selten* in Furcht sein, Furcht haben
2. *Pl* Besorgnisse, Befürchtungen, Arten der Furcht, Äußerungen der Furcht
3. Ehrfurcht, religiöse Scheu
4. (*nachkl.*) *meton* Gegenstand der Furcht
5. kritische Lage, bedenklicher Zustand; *Pl* Rufe der Angst

▸ **meus** ⟨a, um⟩ *poss Pr der 1. Person Sg*
I *adj*
1. mein; ***amicus meus*** mein Freund, ein Freund von mir; ***domus mea*** mein Haus; ***epistulae meae*** meine Briefe, Briefe von mir; ***amor meus*** meine Liebe *od* Liebe zu mir; ***iniuria mea*** von mir verübtes Unrecht *od* mir zugefügtes Unrecht
2. mein lieber *als Ausdruck besonderer Verbundenheit*; ***Titus meus*** mein lieber Titus; ***mi Tite*** *Vok* mein lieber Titus
II *subst*
1. ***meus*** *in der Anrede* mein Lieber; ***mea*** meine Liebe
2. ***mei*** die Meinen, meine Angehörigen, meine Freunde
3. ***mea*** mein Eigentum, meine Habe, meine Interessen; ***omnia mea mecum porto*** ich trage meine ganze Habe bei mir

4. ***meum*** meine Angelegenheit, meine Pflicht, meine Gewohnheit; ***de meo dabo*** ich will aus meinen Mitteln geben

Mēvānia ⟨ae⟩ *f Stadt in Umbrien, heute Bevagna*

Mez(z)entius ⟨ī⟩ *m Tyrann in Etrurien, von dort vertrieben, floh zum König Turnus*

mī

1. → ***meus***

2. = ***mihi***

mia ⟨ae⟩ *f* ||griech. Fw.|| Lucr. eine; ***Charitōn mia*** eine der Grazien

mīca ⟨ae⟩ *f*

1. Körnchen, Krümel; ***m. salis*** ein bisschen Salz, *fig* ein bisschen Verstand

2. Sen. *Name eines kleinen Speisezimmers*

mīcārius ⟨a, um⟩ *Adj* ||mica|| Krümel sammelnd

Micipsa ⟨ae⟩ *m König von Numidien, Sohn des Masinissa*

micō ⟨uī, -, āre 1.⟩

1. zucken, zittern, zappeln, züngeln; ***arteriae micant*** die Adern pulsieren; ***cor micat*** das Herz klopft; ***equus auribus micat*** das Pferd spitzt die Ohren; ***digitis m.*** das Fingerspiel spielen; ***dignus est, quicum in tenebris mices*** er ist würdig mit ihm im Dunkeln das Fingerspiel zu spielen, *von einem sehr ehrlichen Menschen*

2. *(nachkl.) poet* flimmern, schimmern, blitzen, funkeln

mictum *PPP* → ***mingo***

micturiō ⟨-, -, īre 4.⟩ ||*Desid von* mingo|| Wasser lassen (gehen), austreten

Mida *(unkl.) u.* **Midās** ⟨ae⟩ *m* MYTH *König von Phrygien, berühmt durch seinen Reichtum*

migdilix Plaut. *Bedeutung unklar, vielleicht* zweisprachig

migrātiō ⟨ōnis⟩ *f* ||migro|| Wanderung, Auswanderung, Umzug, *auch vom Tod*; RHET, GRAM. Übergang eines Wortes *in eine andere, übertragene Bedeutung*

▶ **migrō** ⟨āvī, ātum, āre 1.⟩

I *v/i*

1. wandern, auswandern, ausziehen, übersiedeln; ***ex vita / de vita m.*** *fig* aus dem Leben scheiden, sterben

2. *(nachkl.) poet* sich verändern; ***in colorem marmoreum m.*** in Marmorfarbe übergehen

II *v/t*

1. wegbringen, fortschaffen; ***res migratu difficiles*** schwer zu transportierende Dinge

2. *fig* übertreten, verletzen, ***ius*** das Recht

Mīlaniōn ⟨ōnis⟩ *m Gatte der Atalante, die er im Wettlauf durch eine List besiegt hatte*

mīle *Num card* = ***mille***

▶ **mīles** ⟨itis⟩

I *m*

1. Soldat, Krieger; *Pl* Truppen

2. Fußsoldat

3. gewöhnlicher Soldat, *auch* Kamerad; ***milites centuriones*** Soldaten und Offiziere

4. Ov. *fig* Stein auf dem Spielbrett

II *f fig* Begleiterin; ***m. nova*** Ov. Neuling

Mīlēsius

I ⟨a, um⟩ *Adj* ||Miletus|| aus Milet, zu Milet gehörig; *auch* schlüpfrig; ***Milesia crimina*** Ov. milesische Laster

II ⟨ī⟩ *m* Einwohner von Milet

Mīlētis *Gen* ⟨idis⟩ *Adj f* ||Miletus|| aus Milet, zu Milet gehörig; *auch* schlüpfrig

Mīlētus ⟨ī⟩ *f ionische Handelsstadt an der Westküste Kleinasiens, Geburtsort des Thales, im Altertum von hoher kultureller, politischer u. wirtschaftlicher Bedeutung; bedeutende Überreste der röm. Stadt*

mīlia → ***mille***

mīliārium[1] ⟨ī⟩ *n* = ***milliarium***

miliārium[2] ⟨ī⟩ *n* ||miliarius[2]|| hohes, hirseförmiges Gefäß, Badekanne

mīliārius[1] ⟨a, um⟩ *Adj* = ***milliarius***

miliārius[2] ⟨a, um⟩ *Adj* ||milium|| *(nachkl.)* Hirse…, zur Hirse gehörig

mīliē(n)s *Adv* = ***Milliens***

mīlitāria ⟨ium⟩ *n* ||militaris|| militärische Übungen

▶ **mīlitāris**

I ⟨e⟩ *Adj, Adv* ⟨mīlitāriter⟩ ||miles||

1. soldatisch, kriegerisch, Soldaten…, Kriegs…; ***instrumenta militaria*** Kriegsgeräte; ***arma militaria*** reguläre Waffen; ***signa militaria*** Feldzeichen; ***aetas m.*** wehrfähiges Alter; ***disciplina m.*** Kriegszucht; *Adv* nach Soldatenart

2. kriegserfahren

II ⟨is⟩ *m* = ***miles***

mīlitārius ⟨a, um⟩ *Adj* ||miles|| Soldaten…

▶ **mīlitia** ⟨ae⟩ *f* ||miles||

1. Kriegsdienst, Waffendienst; ***militiae*** im Krieg; *Pl* verschiedene Arten von Kriegsdiensten

2. die Soldaten

3. *(nachkl.)* Feldzug

4. *fig* Dienst, *allg. u. iron*

5. *(mlat.)* Hofdienst

6. *(mlat.)* Ritterschaft

mīlitō ⟨āvī, ātum, āre 1.⟩ ||*Denom von* miles||

1. Kriegsdienste leisten, Soldat sein; ***sub signis alicuius m.*** unter j-s Fahne Soldat sein; ***bellum m.*** den Krieg mitmachen; ***militantes*** Soldaten, Krieger

2. *(nachkl.) allg.* Dienste leisten, dienen

3. *(mlat.)* Lehnsdienste leisten

milium ⟨ī⟩ *n (unkl.)* Hirse

▶ **mīlle** *indekl Num card*

I *adj tausend, unzählige*; ***mille pedites*** tausend Fußsoldaten

II *subst* ein Tausend; *Pl n* ***mīlia*** Tausende, je tausend Einheiten, + *Gen*; ***duo milia militum*** zweitausend Soldaten; ***mille passuum*** tausend Doppelschritte = eine Meile = *1,5 km*; ***milia frumenti centum*** Hor. hunderttausend Scheffel Getreide

mīllē(n)simum *Adv* ||millesimus|| zum tausendsten Mal

mīllē(n)simus ⟨a, um⟩ *Num ord* der tausendste

mīlliārium ⟨ī⟩ *n* Meilenstein; ***m. aureum*** (Tac., Suet.) „goldener Meilenstein", *von Augustus auf dem Forum errichtete Säule, die die Namen der wichtigsten Orte an den hier auslaufenden Straßen u. deren Entfernung von Rom angab*

mīlliārius ⟨a, um⟩ *Adj* ||mille|| *(vkl., nachkl.)* tausend Stück enthaltend

mīlliē(n)s *Adv* ||mille||

1. tausend Mal; *fig* unzählige Male

2. *(erg.* ***sestertium****)* hundert Millionen Sesterzen

Milō[1] ⟨ōnis⟩ *m Athlet aus Kroton, um 520 v. Chr.*

Milō[2] ⟨ōnis⟩ *m röm. Beiname*; ***T. Annius Milo*** *zusammen mit Passiv Clodius 57 v. Chr. Volkstribun, später dessen Gegner u. Mörder, von Cicero verteidigt, nach Massilia verbannt*
Milōn ⟨ōnis⟩ *m* = ***Milo***[1]
Milōniāna ⟨ae⟩ *f* (*erg.* ***oratio***) *Ciceros* Rede für Milo; → ***Milo***[2]
Milōniānus ⟨a, um⟩ *Adj* des Milo, zu Milo gehörig; → ***Milo***[2]
Miltiadēs ⟨is⟩ *u.* ⟨ī⟩ *m Sohn des Kimon, athenischer Feldherr, Sieger von Marathon 490 v. Chr.*
mīluīna ⟨ae⟩ *f* ||miluinus|| (*erg.* ***fames***) Plaut. Heißhunger
mīluīnus ⟨a, um⟩ *Adj* ||miluus||
1. zum Falken gehörig, falkenartig
2. *fig* räuberisch, diebisch
mīluus ⟨ī⟩ *m*
1. Gabelweihe, Taubenfalke, *fig von einem habgierigen Menschen*
2. Hor. Meerweihe, *ein Raubfisch*
3. Ov. *Stern in der Nähe des Großen Bären*
mīlvīna ⟨ae⟩ *f* = ***miluina***
mīlvīnus ⟨a, um⟩ *Adj* = ***miluinus***
mīlvus ⟨ī⟩ *m* = ***miluus***
mīma ⟨ae⟩ *f* ||mimus|| Schauspielerin
mīmiambī ⟨ōrum⟩ *m* ||griech. Fw.|| (*nachkl.*) *poet* Mimiamben, *kleine Dramen in Iamben od Choliamben*
mīmicus ⟨a, um⟩ *Adj, Adv* ⟨mīmicē⟩ ||griech. Fw.||
1. schauspielerisch, komödiantisch
2. (*nachkl.*) *fig* affektiert, Schein…
Mimnermus ⟨ī⟩ *m griech. Elegiendichter um 620 v. Chr.*
mīmographus ⟨ī⟩ *m* ||griech. Fw.|| (*nachkl.*) Verfasser mimischer Gedichte
mīmula ⟨ae⟩ *f* ||*Dim von* mima|| (kleine) Schauspielerin
mīmus ⟨ī⟩ *m* ||griech. Fw.||
1. Schauspieler im Mimus, Possenreißer
2. das mimische Schauspiel, Mimus, Posse *aus dem einfachen Volksleben, meist derb u. anstößig, mit Tanz u. Flötenspiel, ohne Masken*
3. *fig* Possenspiel, Farce; ***m. vitae humanae*** das Possenspiel des menschlichen Lebens
4. (*mlat.*) Spielmann
mina ⟨ae⟩ *f* ||griech. Fw.|| Mine, *griech. Münze = 100 Drachmen*
mināciae ⟨ārum⟩ *f* ||minax|| Plaut. Drohungen
▶ **minae** ⟨ārum⟩ *f*
1. (*nachkl.*) Zinnen
2. *fig* Drohungen; ***m. murorum*** drohender Bau; ***m. mali*** drohende Anzeichen
3. Hor. Gewissensbisse
minanter *Adv* ||minor[1]|| Ov. drohend
minātiō ⟨ōnis⟩ *f* ||minor[1]|| Drohung
mināx *Gen* ⟨ācis⟩ *Adj, Adv* ⟨mināciter⟩ ||minor[1]||
1. Verg. emporragend
2. *fig* drohend
Mincius ⟨ī⟩ *f schilfreicher Fluss in Oberitalien bei Mantua, heute Mincio*
mīnctum *PPP* → ***mingo***
mineō ⟨-, -, ēre 2.⟩ Lucr. ragen
Minerva ⟨ae⟩ *f*
1. MYTH *Tochter Jupiters, urspr. sabinische Göttin des Handwerks u. der Kunstfertigkeit, später mit der griech. Göttin Athene gleichgesetzt u. damit Göttin der Weisheit, Wissenschaft u. Künste, Beschützerin der Städte im Frieden, der Gewerbe u. der weiblichen Handarbeiten, aber auch des Krieges*; ***invitā Minervā*** ohne Berufung; ***crassā / pingui Minervā*** ohne feinere Bildung
2. *meton* Wollarbeit, *bes Spinnen u. Weben*
3. *meton* Ölbaum, Olive; Öl
Minervae arx *f* = ***Minervium***
Minervae prōmunturium *n Halbinsel s. von Neapel*
Minervium ⟨ī⟩ *n Stadt u. Burg in Kalabrien, mit einem alten Tempel der Minerva*
mingō ⟨mīnxī, mīnctum⟩ *u.* ⟨mictum, mingere 3.⟩ Harn lassen
miniātulus ⟨a, um⟩ *Adj* ||*Dim von* miniatus|| zinnoberrot; ***cerula miniatula*** Rotstift
miniātus ⟨a, um⟩ *Adj* ||minium|| zinnoberrot, rot; ***cerula miniata*** Rotstift
▶ **minimē** *Adv Sup* → ***parum***
minimum
I ⟨ī⟩ *n* ||*Sup von* parvus|| sehr Weniges
II *Adv*
1. am wenigsten, sehr wenig
2. (*nachkl.*) *zeitl.* sehr kurze Zeit, sehr selten
▶ **minimus** ⟨a, um⟩ *Adj Sup* → ***parvus***
minīnus ⟨a, um⟩ *Adj* ||mina|| Plaut. eine Mine kostend; *im Wortspiel mit minus*[2]: kahl, dürftig
▶ **minister** ⟨trī⟩ *m* ||minus[1]||
1. Diener, Untergebener; Helfer, Gehilfe; *pej* Helfershelfer, Werkzeug; ***ales fulminis m.*** der Adler, der Träger des Blitzes; ***legum m.*** Vollstrecker der Gesetze; ***sermonum m.*** Unterhändler; ***alicui ministro esse*** j-m zu Diensten sein; ***ministro aliquo*** mit j-s Hilfe; ***m. sceleris*** Werkzeug des Verbrechens
2. (*mlat.*) Hofbeamter
ministeriālis
I ⟨e⟩ *Adj* ||ministerium|| (*spätl.*) den Dienst beim Kaiser betreffend
II ⟨is⟩ *m* (*mlat.*) unfreier Dienstmann; Ministeriale, *Angehöriger des Dienstadels*
▶ **ministerium** ⟨ī⟩ *n* ||minister|| (*nachkl.*)
1. Dienstleistung, Dienst, Amt, Geschäfte *von Untergebenen, auch von Tieren*; ***m. iumentorum*** Arbeit der Zugtiere; ***m. nauticum*** Matrosendienst; ***m. sceleris*** Ausführung eines Verbrechens, Beihilfe zu einem Verbrechen
2. *meton* Gehilfe; Dienerschaft
3. (*mlat.*) Hilfsgerät; Amtsbezirk; Gottesdienst, Messe
ministra ⟨ae⟩ *f* ||minister|| Dienerin, Gehilfin
ministrātor ⟨ōris⟩ *m* ||ministro||
1. Diener *bei Tisch*; (*mlat.*) Mundschenk
2. Beistand, Ratgeber *bes in Rechtssachen*, Advokat
ministrātrīx ⟨īcis⟩ *f* ||ministrator|| Gehilfin
ministrō ⟨āvī, ātum, āre 1.⟩ ||*Denom von* minister||
1. *j-n / etw* bedienen, *j-m* aufwarten, *bes bei Tisch, abs od alicui / alicui rei*; ***ministratur*** es wird bedient; ***velis m.*** das Segelwerk bedienen
2. *Speisen* auftragen, *Wein* kredenzen, *alicui aliquid* j-m etw
3. verschaffen, schenken, *alicui aliquid* j-m etw

M

4. (*unkl.*) ausführen, besorgen; versehen, *aliquid re* etw mit etw; ***iussa medicorum m.*** die Anordnungen der Ärzte ausführen; ***naves velis m.*** Schiffe mit Segeln ausstatten
5. (*mlat.*) Messdiener sein

minitābundus ⟨a, um⟩ *Adj* ||minitor|| (*nachkl.*) unter Drohungen, drohend

minitō ⟨-, -, āre 1.⟩ *u.* **minitor** ⟨ātus sum, ārī 1.⟩ ||*Intens von* minor[1]|| drohen, androhen

minium ⟨ī⟩ *n* (*nachkl.*) Menniger, Zinnober, *rote Farbe*

minō ⟨āvī, ātum, āre 1.⟩ Sen. *durch Schreien od Prügeln* antreiben

Mīnōis ⟨idis⟩ *f* Tochter des Minos, = Ariadne

Mīnōius ⟨a, um⟩ *Adj* des Minos, zu Minos gehörig, *auch* kretisch

▶ **minor[1]** ⟨ātus sum, ārī 1.⟩ ||*Denom von* minae||
1. Verg. hochragen
2. drohen, androhen, *alicui aliquid* j-m etw, *alicui re* j-m mit etw, + *Inf* / + *AcI*, *ut* dass; *abs* Drohungen ausstoßen, zu fallen drohen
3. *poet* prahlend verheißen, erwarten lassen
4. Hor. bedrohen

▶ **minor[2]** ⟨minus⟩ *Adj Komp* → ***parvus***

minōrātus ⟨a, um⟩ *Adj* verkleinert

minōrēs ⟨um⟩ *m* ||minor[2]||
1. die Jüngeren, junge Leute, *auch* Nachwelt
2. untere Stände, *auch* Untergebene

minoritae ⟨arum⟩ *m* (*mlat.*) „mindere Brüder", Minoriten, *gemäßigte Richtung der Franziskaner*

Mīnōs ⟨ōis⟩ *m* MYTH *König von Kreta, wegen seiner Gerechtigkeit nach seinem Tod mit seinem Bruder Rhadamanthys Richter in der Unterwelt; Gatte der Pasiphae u. Vater der Ariadne*

Mīnōtaurus ⟨ī⟩ *m* MYTH *Ungeheuer, halb Mensch, halb Stier, Sohn der Pasiphae u. eines Stiers; Minos sperrte ihn in das Labyrinth, Theseus drang mit der Hilfe von Ariadne dort ein u. tötete ihn*

Mīnōus ⟨a, um⟩ *Adj* des Minos, zu Minos gehörig, *auch* kretisch

Minturnae ⟨ārum⟩ *f Stadt im S von Latium an der Mündung des Liris; Reste bei Marina di Lago di Patria nw. von Neapel*

Minturnēnsis ⟨e⟩ *Adj* aus Minturnae, zu Minturnae gehörig

Minucius ⟨a, um⟩ *Name einer röm. gens*
1. ***Minucia*** *Vestalin, wegen Verletzung des Keuschheitsgebotes 337 v. Chr. lebendig begraben*
2. ***M. Minucius Felix*** *Schriftsteller u. Vertreter des Christentums im 3. Jh. n. Chr.*

minuō ⟨uī, ūtum, uere 3.⟩
1. *poet* zerkleinern, spalten; ***ligna m.*** Holz spalten
2. verkleinern, vermindern; ***multitudinem m.*** die Volksmenge vermindern; *Passiv u.* ***se m.*** abnehmen, nachlassen, fallen; ***minuente aestu*** bei eintretender Ebbe
3. *fig etw* schwächen, verringern, schmälern, beschränken, *einer Sache* Einhalt tun, *aliquid*; ***alicuius gloriam m.*** j-s Ruhm schmälern; ***controversiam m.*** einen Streit mildern; ***opinionem m.*** ein Vorurteil bekämpfen; ***aliquem m.*** j-n entmutigen

minus[1] *Adj Komp n* → ***parvus***

minus[2] *Komp* → ***parum***

minus[3] ⟨a, um⟩ *Adj* (*vkl.*) am Bauch kahl

minusculus ⟨a, um⟩ *Adj* ||*Dim des Komp von* minus[1]|| ziemlich klein, etwas kurz

minūtal ⟨ālis⟩ *n* ||minutus|| (Iuv., Mart.) Ragout

minūtātim *Adv* ||minutus|| stückweise, nach und nach

minūtia ⟨ae⟩ *f* ||minutus|| (*nachkl.*) Kleinheit, geringe Größe

minūtulus ⟨a, um⟩ *Adj* ||*Dim von* minutus|| (*vkl.*, *nachkl.*) ganz klein

minūtus[1] ⟨a, um⟩ *PPP* → ***minuo***

minūtus[2] ⟨a, um⟩ *Adj*, *Adv* ⟨minūtē⟩ ||minuo||
1. zerstückelt; *Adv* detailliert; *Komp* zu speziell
2. verkleinert, winzig; ***litterae minutae*** kleine Schrift
3. *fig* unbedeutend, geringfügig; ***genus sermonis minutum*** niedere Redegattung; ***plebes minutae*** die kleinen Leute; ***res minuta*** Kleinigkeit; ***causa minuta*** Bagatellsache
4. kleinlich

mīnxī → ***mingo***

Minyae ⟨ārum⟩ *m* die Minyer, *Volk in Böotien, Hauptstadt Orchomenos*; *poet* die Argonauten

Minyās ⟨ae⟩ *m* MYTH *König von Orchomenos u. Stammheros der Minyer*

Minyēias ⟨adis⟩ *f u.* **Minyēis** ⟨idis⟩ *f* Tochter des Minyas

Minyēius ⟨a, um⟩ *Adj* des Minyas, zu Minyas gehörig

mīrābilia ⟨ium⟩ *n* ||mirabilis||
1. wunderliche Ansichten
2. (*mlat.*) Wundertaten

mīrābilis ⟨e⟩ *Adj*, *Adv* ⟨mīrābiliter⟩ ||miror||
1. wunderlich, sonderbar; ***mirabile est*** es ist merkwürdig, + *Inf* / + *AcI*
2. bewundernswert, außerordentlich; *von Personen* verehrungswürdig; ***mirabilem in modum*** auf wunderbare Weise; ***mirabile auditu*** erstaunlich zu hören

mīrābundus ⟨a, um⟩ *Adj* ||miror|| (*nachkl.*) voll Verwunderung

▶ **mīrāculum** ⟨ī⟩ *n* ||miror||
1. Wunder, Wunderding; *Pl* Zauberkünste; ***m. magnitudinis*** Wunder an Größe; ***alicui miraculo esse*** für j-n Anlass zur Bewunderung sein
2. das Wunderbare, das Auffallende; ***m. victoriae*** das Wunderbare an einem Sieg

mīrandus ⟨a, um⟩ *Adj* ||miror|| wunderbar, bewundernswert

mīrātiō ⟨ōnis⟩ *f* ||miror|| Verwunderung

mīrātor ⟨ōris⟩ *m* ||miror|| (*nachkl.*) *poet* Bewunderer

mīrātrīx ⟨īcis⟩ *f* ||mirator|| Bewunderin; *adj* bewundernd, sich wundernd

mīri-ficus ⟨a, um⟩ *Adj*, *Adv* ⟨mīrificē⟩ ||mirus, facio|| = ***mirabilis***

mīrimodīs *Adv* ||mirus, modus|| auf erstaunliche Art

mirmillō ⟨ōnis⟩ *m* = ***murmillo***

▶ **mīror** ⟨ātus sum, ārī 1.⟩ ||*Denom von* mirus||
1. sich wundern, staunen, *abs od aliquem / aliquid* über j-n / über etw, + *AcI* / + *indir Fragesatz* / *quod* / *si*; ***miratus*** verwundert
2. verwundert fragen, gern wissen wollen, + *indir Fragesatz*; ***m., quo id evadat*** verwundert fragen, wohin das führen soll
3. *etw Großartiges* bewundern, anstaunen, *bes* be-

wundernd verehren, *aliquem / aliquid* j-n / etw, *aliquem alicuius rei* j-n wegen etw

▶ **mīrus** ⟨a, um⟩ *Adj, Adv* ⟨mīre⟩

1. wunderbar, erstaunlich, auffallend, *auch* wunderlich, sonderlich; ***mirum in modum*** auf erstaunliche Weise; ***mirum non est*** es ist nicht verwunderlich; ***mirum est, ut*** + *Konjkt* es ist erstaunlich, dass; ***animalia miris modis*** sonderbare Gestalten

2. *besondere Verbindungen*: ***mirum quantum / mirum quam / mire quam*** *Adv* außerordentlich; ***mirum quantum inimicus erat*** er war außerordentlich feindselig; ***mirum, ni / nisi*** es sollte mich wundern, wenn nicht; höchstwahrscheinlich; ***mirum, ni domi est*** ich wette, er ist zu Hause; ***mirum*** *Ausruf* o Wunder!; ***quid mirum*** was Wunder?, natürlich

mīs (*altl.*) = ***meis*** *Dat Pl von* ***meus***

Mīsargyridēs ⟨ae⟩ *m* [*hum Bildung aus dem Griech.*] Plaut. Geldverächter, Silberfeind, *Name eines Wucherers in der Komödie „Mostellaria"*

miscellānea ⟨ōrum⟩ *n* ||miscellus||

1. Iuv. Mischgericht, *geringste Gladiatorenkost*

2. Tert. vermischte Schriften, Schriften verschiedenen Inhalts

miscellus ⟨a, um⟩ *Adj* ||misceo|| (*vkl., nachkl.*) gemischt

misceō ⟨miscuī, mixtum⟩ *u.* ⟨mistum, miscēre 2.⟩

1. mischen, vermischen
2. vereinigen, verbinden
3. in j-n / etw verwandelt werden, die Gestalt von j-m / etw annehmen
4. durch Mischung zubereiten
5. durcheinander bringen, verwirren
6. überall erfüllen

1. mischen, vermischen, *oft fig, aliquid re / cum re / alicui rei* etw mit etw; *Passiv* vermischt werden, sich vermischen; ***res diversissimas m.*** verschiedenste Dinge vermischen; ***Graeca verbis Latinis m.*** griechische Wörter mit lateinischen Wörtern vermischen; ***vina cum Styge miscenda bibas*** du sollst sterben

2. vereinigen, verbinden, verschmelzen; ***utile dulci m.*** das Nützliche mit dem Angenehmen verbinden; ***aliquem dis superis m.*** j-n den unsterblichen Göttern zugesellen; ***circa regem misceri*** sich um den König scharen; ***mixta corpora*** aneinander geschmiegte Körper; ***dextras m.*** einander die Rechte geben; ***manūs m.*** miteinander kämpfen; ***vulnera inter se m.*** sich gegenseitig verwunden; ***corpus cum aliquā m.*** mit einer Frau schlafen; ***se m. / misceri alicui*** Geschlechtsverkehr mit j-m haben

3. ***misceri aliquo / re*** in j-n / etw verwandelt werden, die Gestalt von j-m / etw annehmen

4. durch Mischung zubereiten; *fig durch Mischung* erzeugen, erregen; ***his mixtum ius est*** aus Folgendem ist die Soße gemischt; ***aconita mixta*** Gifttränke aus Eisenhut; ***mixtus matre Sabellā*** entsprossen von einer sabinischen Mutter

5. *fig* durcheinander bringen, verwirren, umwälzen, aufregen; ***m. integram aciem*** Liv. die noch wohl geordnete Schlachtreihe durcheinander bringen; ***caelum terramque m.*** Himmel und Erde aufrühren; ***plura m.*** mehr Unordnung erregen

6. (*nachkl.*) *fig* überall erfüllen, *aliquid re* etw mit etw

misellus ⟨a, um⟩ *Adj* ||*Dim von* miser|| recht unglücklich, elend, erbärmlich

Mīsēna ⟨ōrum⟩ *n Vorgebirge u. Stadt in Kampanien bei Baiae, benannt nach dem Grab des Misenus, das sich dort befand;* → ***Misenus²****; Stationsort der röm. Flotte, heute Cap di Miseno*

Mīsēnsis ⟨e⟩ *Adj* aus Misena, zu Misena gehörig

Mīsēnum ⟨ī⟩ *n* (*erg.* ***promunturium***) *u.* **Mīsēnus¹** ⟨ī⟩ *m* (*erg.* ***mons***) = ***Misena***

Mīsēnus²

I ⟨ī⟩ *m Signalbläser, Begleiter des Aeneas.*

II ⟨a, um⟩ *Adj* des Misenus, zu Misenus gehörig

▶ **miser** ⟨era, erum⟩ *Adj, Adv* ⟨miserē⟩ *u.* ⟨miseriter⟩

1. elend, unglücklich, *auch* töricht, verblendet; ***o me miserum*** o ich Unglücklicher!; ***habere aliquem miserrimum*** j-n sehr plagen, *alicuius rei* wegen einer Sache

2. *von Sachen* jämmerlich, erbärmlich, ärmlich; ***condicio misera*** erbärmliche Lage; ***praeda misera*** ärmliche Beute; ***mors misera*** bitterer Tod; ***misere vivere*** erbärmlich leben; ***miserum est*** es ist ein Elend, + *Inf*; ***miserum*** *Ausruf* entsetzlich!, wie schmerzlich!, *alicui* für j-n

3. (*nachkl.*) *poet* krank, leidend

4. Ter. *moralisch* nichtswürdig, abscheulich

5. *poet von Gefühlen* leidenschaftlich, heftig

6. unglücklich machend, quälend; ***tumultus mentis m.*** quälende Sorge

▶ **miserābilis** ⟨e⟩ *Adj, Adv* ⟨miserābiliter⟩ ||miseror||

1. *von Personen u. Sachen* beklagenswert, elend; ***pater m.*** beklagenswerter Vater; ***aspectus m.*** jämmerlicher Anblick

2. jammernd, klagend; ***carmen miserabile*** Klagelied

miserandus ⟨a, um⟩ *Adj* ||miseror|| beklagenswert

miserātiō ⟨ōnis⟩ *f* ||miseror||

1. Mitgefühl, Bedauern

2. *meton*, RHET rührender Vortrag, ergreifende Schilderung

▶ **misereō** ⟨uī, itum, ēre 2.⟩ (*vkl.*) *u.* **misereor** ⟨itus sum, ērī 2.⟩ sich *j-s / einer Sache* erbarmen, *j-n / etw* bemitleiden, *abs u. alicuius / alicuius rei*; ***miserēre*** erbarme dich!

miserēscō ⟨-, -, ēscere 3⟩ ||*Inkoh von* misereo|| *poet* Mitleid haben, *alicuius* mit j-m; ***miserescit me alicuius*** es tut mir Leid um jdn

miseret ⟨-, -, ēre 2.⟩ *u.* **miserētur** ⟨-, ērī 2.⟩ ||misereo, misereor|| *me alicuius / alicuius rei* ich bedauere j-n / etw

miseria ⟨ae⟩ *f* ||miser||

1. Elend, Unglück, Not; *Pl* Leiden; ***miseriae esse*** Unglück bringen

2. (*vkl., nachkl.*) Mühseligkeit, Beschwernis

3. Angst, Ängstlichkeit

Miseria ⟨ae⟩ *f personifiziert* das Elend, *Tochter des Erebus u. der Nox*

▶ **misericordia** ⟨ae⟩ *f* ||misericors||

1. Mitleid, Mitgefühl, Barmherzigkeit, *abs od alicuius* j-s *od* mit j-m, gegen j-n, *alicuius rei* mit etw; ***m. alicuius populi*** j-s Mitleid mit dem Volk

2. *meton* das Jammern
3. das Bemitleidetwerden, erfahrenes Mitgefühl, *auch* bemitleidenswerter Zustand; ***magnam misericordiam habere*** großes Mitleid verdienen; ***aliquid magnā cum misericordiā pronuntiare*** unter lebhafter Erweckung der Teilnahme etw ausrufen

Misericordia ⟨ae⟩ *f* Mitleid *als Gottheit*

miseri-cors *Gen* ⟨cordis⟩ *Adj* ||miser, cor|| mitleidig, barmherzig, *in aliquem / in aliquo* gegen jdn

miseriter *Adv* → ***miser***

miseritus *PPerf* → ***misereor***

▶ **miseror** ⟨ātus sum, ārī 1.⟩ ||*Denom von* miser|| beklagen, bejammern; (*nachkl.*) bemitleiden; ***alicuius fortunam m.*** j-s Schicksal beklagen

mīsī → ***mitto***

missa ⟨ae⟩ *f* ||mitto||
1. (*spätl.*) Entlassung, Verabschiedung
2. (*eccl.*) Messe, *Gottesdienst der katholischen Kirche, entstanden aus der urspr. Schluss- u. Entlassungsformel nach einem Gottesdienst, die auf die gesamte Feier übertragen wurde*; ***missa sollemnis*** (*mlat.*) feierliches Hochamt

missale ⟨is⟩ *n* (*mlat.*) Messbuch

missīcius ⟨a, um⟩ *Adj* ||mitto|| (*unkl.*) entlassen, abgedankt

missiculō ⟨-, -, āre 1.⟩ ||mitto|| Plaut. oft schicken

Missi dominici *m* → ***missus***[3]

missile ⟨is⟩ *n* ||missilis|| Geschoss, *meist Pl*; ***missilibus pugnare*** mit Wurfgeschossen kämpfen

missilis ⟨e⟩ *Adj* ||mitto|| (*nachkl.*) *poet* werfbar, Wurf…

missiō ⟨ōnis⟩ *f* ||mitto||
1. das Abschicken, Sendung; ***m. legatorum*** das Schicken von Gesandten
2. Entlassung, Freilassung *eines Gefangenen*; Dienstentlassung, Abschied eines Beamten, Abschied eines Soldaten
3. *Gladiatorensprache* Befreiung eines Gladiators *vom Kampf für einen Tag, daher* Gnade; ***sine missione*** (Liv., Suet.) auf Leben und Tod
4. ***m. sanguinis*** (*nachkl.*) Aderlass
5. Schluss

missitō ⟨āvī, ātum, āre 1.⟩ ||*Iterat von* mitto|| (*vkl., nachkl.*) wiederholt schicken

missor ⟨ōris⟩ *m* ||mitto|| *poet* Schütze

missus[1] ⟨a, um⟩ *PPP* → ***mitto***

missus[2] ⟨ūs⟩ *m* ||mitto||
1. das Schicken, Sendung, Auftrag; ***missu alicuius*** in j-s Auftrag
2. (*nachkl.*) *poet* Wurf, Schuss
3. (*nachkl.*) Gang *der Gladiatoren*, Rennen *der Rennwagen*

missus[3] ⟨ī⟩ *m* (*mlat.*) Bote, Gesandter, Legat; Engel; ***Missi dominici*** Königsboten

mistum *PPP* → ***misceo***

mitella ⟨ae⟩ *f* ||*Dim von* mitra|| (*nachkl.*)
1. *seidene* Kopfbinde *von Frauen, später von Freudenmädchen u. Modegecken*
2. MED Armtragetuch

mitellīta cēna ⟨ae⟩ *f* ||mitella|| Suet. Gastmahl, *bei dem seidene Kopfbinden ausgeteilt wurden, was sehr kostenaufwendig war*

mītēscō ⟨-, -, ēscere 3.⟩ ||*Inkoh zu* mitis||
1. mild werden, reif werden *von Früchten*; weich werden, den herben Geschmack verlieren
2. *fig* sich mildern, nachlassen, *von Kälte u. Ä., auch von Abstraktem*
3. zahm werden, friedlich werden; ***m. malis hominum*** bei den Leiden der Menschen Erbarmen fühlen

Mithraeum ⟨ī⟩ *n* Kultraum des Mithras, *Reste in fast allen Provinzen aufgefunden, in Rom in der Kirche San Clemente erhalten*

Mithrās *u.* **Mithrēs** ⟨ae⟩ *m altpersischer Licht- u. Sonnengott; mit den röm. Legionen gelangte der Mithraskult in alle Provinzen, wo er sich mit den Landesreligionen vermischte*

Mithridātēs ⟨is⟩ *m Name der Könige von Pontos*; ***Mithridates VI. Eupator*** *ca. 132–163 v. Chr., erbitterter Feind der Römer, gegen die er drei Kriege führte (89–84, 83–81, 74–64 v. Chr.), zuletzt von Pompeius besiegt u. durch Selbstmord gestorben*

Mithridātēus *u.* **Mithridāticus** ⟨a, um⟩ *Adj* des Mithridates, zu Mithridates gehörig

mīti-ficō ⟨āvī, ātum, āre 1.⟩ ||mitis, facio|| weich machen; verdauen; ***cibum m.*** Essen verdauen

mītigātiō ⟨ōnis⟩ *f* ||mitigo|| Milderung, Besänftigung

mītigō ⟨āvī, ātum, āre 1.⟩ ||mitis||
1. reif machen, *Früchte* weich machen; auflockern; ***cibum m.*** Essen weich kochen; ***agrum m.*** das Feld auflockern
2. *fig Zustände u. Affekte* mildern, lindern, mäßigen; *Passiv* milder werden; ***frigus m.*** die Kälte mildern; ***legis acerbitatem m.*** die Härte des Gesetzes mildern
3. *Tiere* zähmen; *fig geistig* besänftigen, beschwichtigen, versöhnen; ***aures elephantorum ad sonum m.*** die Ohren der Elefanten an den Klang gewöhnen; ***aliquem in aliquem / alicui m.*** j-n mit j-m versöhnen

▶ **mītis** ⟨e⟩ *Adj, Adv* ⟨mīte⟩
1. mild, weich; *bes von Früchten* süß, reif; *vom Boden* locker; *vom Klima* mild
2. *von Zuständen u. Affekten* sanft, mild, zärtlich
3. mild gestimmt, mild gesinnt, sanft, ruhig, gnädig, friedlich, zahm, *in aliquem / alicui* gegen j-n, *aliquid* in Bezug auf etw

mītīscō ⟨-, -, īscere 3.⟩ = ***mitescere***

mitra ⟨ae⟩ *f* ||griech. Fw.||
1. Kopfbinde, Turban *der Orientalen, in Griechenland u. Rom nur von Frauen u. Modegecken getragen*
2. (*mlat.*) Bischofshut

mitrātus ⟨a, um⟩ *Adj* ||mitra|| (*nachkl.*) mit Mitra

mittō ⟨mīsī, missum, mittere 3.⟩

1. werfen, schleudern
2. schicken, senden
3. geleiten
4. bereiten
5. liefern, stellen
6. sagen lassen, melden
7. entsenden, von sich ausgehen lassen
8. fortlassen, entlassen
9. aufheben
10. entlassen
11. aus dem Dienst entlassen
12. freilassen, freigeben

13. loslassen, aufgeben
14. mit Stillschweigen übergehen
15. Blut abzapfen, einen Aderlass vornehmen
16. setzen, stellen

1. werfen, schleudern, schießen, stoßen, stürzen, *auch fig*; ***lapides fundā m.*** Steine mit der Schleuder schießen; ***tesseram m.*** würfeln; ***corpus saltu ad terram m.*** auf den Erdboden hinabspringen; ***panem cani m.*** dem Hund Brot hinwerfen; ***arma m.*** die Waffen hinwerfen; ***aliquem in iambos m.*** j-n zu Schmähliedern hinreißen; ***aliquem in fabulas m.*** j-n ins Stadtgespräch bringen; ***aliquem in possessionem m.*** j-n in den Besitz einsetzen; *Passiv u.* ***se m.*** sich werfen, sich stürzen; ***vis aquae caelo mittitur*** eine Menge Wasser strömt vom Himmel herab; ***se in foedera m.*** sich in Verträge einlassen; ***se in aliquem m.*** *feindlich* sich auf j-n stürzen
2. schicken, senden, *aliquem* j-n, *aliquid ad aliquem* etw an j-n, *aliquid alicui* etw j-m, *aliquem de re* j-n wegen etw; ***aliquem ad mortem/neci m.*** j-n in den Tod schicken; ***exercitum sub iugum m.*** das Heer unter das Joch schicken; ***orbem sub leges m.*** den Erdkreis unterwerfen; ***iudices in consilium m.*** die Richter sich beraten lassen
3. geleiten
4. bereiten; einflößen, schenken, *alicui aliquid* j-m etw; *eine Schrift* widmen; ***librum ad aliquem m.*** j-m ein Buch widmen
5. *von Ländern od Völkern* liefern, stellen; ***India ebur mittit*** Indien liefert Elfenbein
6. *durch Boten od schriftl.* sagen lassen, melden, bestellen, *ad aliquem/alicui* j-m, + *AcI*, *ut/ne* dass/dass nicht, + *Konjkt*; ***epistulam ad aliquem m.*** einen Brief an j-n schreiben; ***alicui salutem m.*** j-m einen Gruß schicken
7. *fig* entsenden, von sich ausgehen lassen, von sich ausströmen lassen; von sich geben, hören lassen, äußern; ***oratio ex ore alicuius mitti videtur*** die Rede scheint aus j-s Mund zu kommen
8. fortlassen, entlassen; ***mitte me*** lass mich los; ***equos m.*** die Pferde laufen lassen; ***naves m.*** die Schiffe treiben lassen; ***quadrigas m.*** die Viergespanne aus den Schranken lassen
9. *Versammlungen* aufheben
10. *aus einem Verhältnis* entlassen; Ter. *seiner Verlobten* aufsagen, sich von seiner Ehefrau scheiden lassen
11. aus dem Dienst entlassen
12. freilassen, freigeben
13. loslassen, aufgeben; ***certamen m.*** den Kampf beenden; ***misso officio*** ohne Rücksicht auf die Pflicht, + *Inf*
14. *in der Rede* mit Stillschweigen übergehen; ***m. quod*** den Umstand übergehen, dass
15. ***sanguinem m.*** *(nachkl.)* MED Blut abzapfen, einen Aderlass vornehmen, *(klass.) nur fig*
16. *(mlat.)* setzen, stellen, legen

mītulus ⟨ī⟩ *m* ||griech. Fw.|| *(unkl.)* essbare Miesmuschel

mixcix ⟨icis⟩ *m* Petr. Mensch mit einer schwankenden Meinung

mixtim *Adv* ||misceo|| Lucr. vermischt

mixtum *PPP* → ***misceo***

mixtūra ⟨ae⟩ *f* ||misceo|| *(unkl.)* Vermischung, Vereinigung; Begattung

Mnēmonides ⟨um⟩ *f Töchter der Mnemone od Mnemosyne* = Musen

Mnēmosynē ⟨ēs⟩ *f* MYTH *Göttin des Gedächtnisses, von Zeus Mutter der Musen*

mnēmosynum ⟨ī⟩ *n* ||griech. Fw.|| Catul. Andenken, Souvenir

▶ **mōbilis** ⟨e⟩ *Adj, Adv* ⟨mōbiliter⟩ ||moveo||
1. beweglich, biegsam; schnell, flink; ***nervis alienis mobile lignum*** Hampelmann, Marionette; ***horae mobiles*** flüchtige Stunden, vergängliche Stunden
2. *fig* leicht erregbar
3. *fig* wechselnd, schwankend, launenhaft, *in aliquem* gegenüber j-m, *in re* in etw, bei etw

mōbilitās ⟨ātis⟩ *f* ||mobilis||
1. *von Personen u. Sachen* Beweglichkeit, Schnelligkeit, Gewandtheit
2. *fig* Unbeständigkeit, Wankelmut

mōbilitō ⟨-, -, āre 1.⟩ (Com., Lucr.) beweglich machen, lebendig machen

moderābilis ⟨e⟩ *Adj* ||moderor|| Ov. gemäßigt

moderāmen ⟨inis⟩ *n* ||moderor|| *(nachkl.)*
1. Lenkungsmittel, *bes* Steuerruder
2. *fig* Lenkung; ***m. equorum*** Lenkung der Pferde; ***m. rei publicae*** Regierung des Staates

moderāmentum ⟨ī⟩ *n* ||moderor|| *(nachkl.)* Lenkungsmittel; Längenmessung

moderanter *Adv* ||moderor|| Lucr. mit Mäßigung

moderātim *Adv* ||moderatus|| Lucr. gemäßigt, allmählich

moderātiō ⟨ōnis⟩ *f* ||moderor||
1. das Zügeln, das Beherrschen; ***m. cupiditatum*** das Zügeln der Leidenschaften
2. Leitung, Herrschaft, *alicuius rei/in aliquid* von etw, über etw; ***m. rei publicae*** Leitung des Staates
3. Mäßigung, das Maßhalten, taktvolles Benehmen; Milde, Schonung; Selbstbeherrschung; harmonische Abmessung, *alicuius* j-s, *in re* in etw, bei etw
4. Mäßigung, rechtes Maß, richtige Beschaffenheit, Harmonie; ***m. caeli*** gemäßigtes Klima; ***m. vocis*** Artikulation der Stimme; ***m. numerorum ac pedum*** rhythmisches und metrisches Gesetz

moderātor ⟨ōris⟩ *m* ||moderor||
1. Leiter, Lenker, Anführer; ***m. harundinis*** Fischer; ***m. exercitūs*** Anführer des Heeres
2. *(nachkl.) poet* der Mäßigende, der das gehörige Maß Anwendende, Helfer, *alicuius rei* bei etw

moderātrīx ⟨īcis⟩ *f* ||moderator||
1. Lenkerin, Beherrscherin
2. die Mäßigung übt; ***m. commotionum*** die alle Erregungen mäßigt

▶ **moderātus** ⟨a, um⟩ *Adj, Adv* ⟨moderātē⟩ ||moderor||
1. *von Sachen* gemäßigt, maßvoll
2. *von Personen* besonnen, ruhig

modernus ⟨a, um⟩ *Adj* ||modo|| *(spätl.)* neu, jetzig

moderō ⟨āvī, ātum, 1.⟩ *(altl.)* = ***moderor***

▶ **moderor** ⟨ātus sum, ārī 1.⟩ ||*Denom von* modus||
1. mäßigen, im Zaum halten, zügeln, *alicui/alicui rei, selten aliquem/aliquid* j-n/etw; *abs* die rechte Mitte halten; ***m. linguae*** die Zunge im Zaum hal-

M

ten; ***cursui navium m.*** langsamer segeln; ***animos in rebus secundis m.*** die Menschen im Glück mäßigen; ***equum frenis m.*** das Pferd zügeln
2. lenken, leiten, handhaben, *abs od aliquem* j-n, *aliquid/alicui rei* etw; ***frena imperii m.*** die Zügel der Herrschaft in der Hand halten
3. ausrichten, einrichten, bestimmen, *aliquid re/ex re* etw nach etw; ***consilia non voluptate, sed officio m.*** seine Pläne nicht nach seinem Vergnügen, sondern nach der Pflicht ausrichten

► **modestia** ⟨ae⟩ *f* ||modestus||
1. Mäßigung, Besonnenheit, Milde, Schonung
2. Bescheidenheit, Anspruchslosigkeit, *bes* Loyalität
3. williger Gehorsam, Unterordnung
4. Wohlverhalten, Anstand, Ehrbarkeit
5. PHIL Zeitgemäßheit
6. Milde, gemäßigte Beschaffenheit; ***m. caeli*** Milde des Klimas

► **modestus** ⟨a, um⟩ *Adj, Adv* ⟨modestē⟩ ||modus||
1. gemäßigt, maßvoll, besonnen
2. bescheiden, anspruchslos
3. gesetzlich, loyal
4. gehorsam
5. anständig, ehrbar

modiālis ⟨e⟩ *Adj* ||modius|| Plaut. einen Scheffel fassend

► **modicus** ⟨a, um⟩ *Adj, Adv* ⟨modicē⟩ ||modus||
1. das Maß einhaltend, mäßig; ***modice vinosus*** kein großer Weintrinker; ***modice locuples*** ziemlich wohlhabend; ***modice se recipere*** sich in gemäßigtem Schritt zurückziehen
2. mittelmäßig; ***dicendi genus modicum*** mittlere Redegattung
3. angemessen, passend, standesgemäß
4. unbedeutend, klein, gering, *alicui rei* in Bezug auf etw; ***fossa modica*** Graben von geringer Tiefe; ***cibus m.*** schmale Kost; ***m. virium*** gering an Kräften
5. besonnen, gelassen, ruhig, *re/alicuius rei* in etw
6. bescheiden, anspruchslos
7. loyal

modificātiō ⟨ōnis⟩ *f* ||modifico|| *(nachkl.)* richtige Abmessung

modi-ficō ⟨āvī, ātum, āre 1.⟩ ||modus, facio||
1. abmessen
2. umformen

modius ⟨ī⟩ *m* ||modus|| Scheffel, *röm. Getreidemaß von ca. 8 l*; ***pleno modio*** reichlich

modo
I *Adv* ||modus||
1. *zeitl.* eben, eben noch, eben erst, vor Kurzem; ***milites modo conscripti*** eben erst ausgehobene Soldaten; ***ex tanto modo regno*** aus einem eben noch großen Reich
2. *zeitl.* sogleich, gleich nachher, bald darauf; ***modo ... modo*** bald ... bald; ***modo ... tum*** erst ... dann
3. *modal* nur, bloß; ***res delectationem modo habet, non salutem*** die Sache bringt nur Unterhaltung, nicht Rettung
4. *besondere Verbindungen*: ***si modo*** + *Ind* wenn überhaupt, vorausgesetzt nur, dass; ***modo ut/ne*** + *Konjkt* nur vorausgesetzt, dass/dass nicht; ***modo non*** fast, beinahe; ***non modo ... sed etiam/verum etiam*** nicht nur ... sondern auch; ***non modo ... sed*** nicht nur ... nein sogar, ich will nicht sagen ... sondern (auch) nur; ***non modo non ... sed etiam*** nicht nur nicht ... sondern sogar; ***non modo non ... sed ne ... quidem*** nicht nur nicht ... sondern nicht einmal
II *Konj* + *Konjkt* wenn nur; ***modo Iuppiter adsit*** Verg. wenn nur Jupiter beisteht

modulāmen ⟨inis⟩ *n* = ***modulatio***

modulātiō ⟨ōnis⟩ *f* ||modulor|| *(nachkl.)* Takt, Rhythmus

modulātor ⟨ōris⟩ *m* ||modulor|| Hor. Musiker

modulātus ⟨a, um⟩ *Adj, Adv* ⟨modulātē⟩ ||modulor|| im Takt, rhythmisch, melodisch

modulor ⟨ātus sum, ārī 1.⟩ ||*Denom von* modulus||
1. nach dem Takt abmessen, den Takt schlagen; ***sonum vocis pulsu pedum m.*** Liv. zum Klang der Stimme mit den Füßen den Takt schlagen
2. *(nachkl.) poet* im richtigen Takt singen, im richtigen Takt spielen; ***carmina avenā m.*** Verg. die Lieder mit der Flöte begleiten

modulus ⟨ī⟩ *m* ||*Dim von* modus|| Maß; Maßstab; ***homo moduli bipedalis*** Männchen von zwei Fuß

modus ⟨ī⟩ *m*
1. Maß, rechtes Maß, passendes Maß, Normalmaß; Größe, Länge, Umfang; ***m. pomorum*** Menge von Obst
2. Maßstab, *(klass.) nur fig*
3. *fig* Stellung, Rang
4. Ebenmaß
5. Zeitmaß, Takt, Rhythmus; Melodie, Tonart, *meist Pl*; Musik; ***modos dicere*** ein Lied anstimmen
6. *fig* Ziel, Grenze, Beschränkung, *alicuius rei* einer Sache, in etw; ***supra modum*** über Gebühr; ***sine modo*** maßlos; ***modum habere/adhibere*** Maß halten, sich beschränken; ***modum facere/statuere/constituere/imponere/ponere*** ein Ziel setzen, eine Schranke setzen, ein Ende machen
7. Maßhalten, Mäßigung
8. *(meist nachkl.)* Vorschrift, Regel; ***in modum venti*** je nachdem wie der Wind geht
9. Art, Weise, Form *einer Handlung*; ***m. belli*** Wendung des Krieges; ***m. vitae*** Lebensweise; ***modo/in modum*** in der Weise, nach der Art, *alicuius/alicuius rei* von j-m, von etw; ***oratoris modo*** als Wortführer; ***modo pecorum*** wie Hasen, wie Schafe; ***hoc modo/ad hunc modum/in hunc modum*** auf diese Weise, folgendermaßen; ***mirum in modum*** wunderbarerweise; ***maiorem in modum*** in höherem Grad; ***nullo modo*** keineswegs, keinesfalls; ***aliquo modo*** einigermaßen; ***quodam modo*** gewissermaßen; ***multis modis*** vielfach; ***quibus modis*** durch welche Mittel; ***m. procedendi*** *(mlat.)* Verfahrensweise; ***m. vivendi*** *(nlat.)* erträgliche Form des (Zusammen-)Lebens
10. *(vkl., nachkl.)* GRAM Form des Verbums, Modus; ***m. fatendi*** Indikativ; ***m. faciendi*** Aktiv; ***m. patiendi*** Passiv
11. *(mlat.)* nach Art der Sequenzen durchkomponiertes Lied

moecha ⟨ae⟩ *f* ||moechus|| *poet* Ehebrecherin; Dirne, Straßenmädchen, *auch adj*

moechissō ⟨-, -, āre 1.⟩ ||griech. Fw.|| Plaut. *mit j-m* Ehebruch treiben; *j-n* vergewaltigen, *aliquam*

moechor ⟨ātus sum, ārī 1.⟩ ||*Denom von* moechus|| (Catul., Hor., Mart.) Ehebruch treiben

moechus ⟨ī⟩ *m* ||griech. Fw.|| Ehebrecher; „Hausfreund"

▶ **moenia**[1] ⟨ium⟩ *n*
1. Ringmauer(n), Stadtmauer(n); Festungswerk, *auch* freier Platz; Schutzwehr
2. die Gebäude einer Stadt *innerhalb der Mauern*; Stadt, Stadtteile
3. Gebäude, Haus, Palast; *allg.* Mauern, Wände

moenia[2] ⟨ium⟩ *n (altl.)* = ***munia***

moenīmentum ⟨ī⟩ *n (altl.)* = ***munimentum***

moeniō ⟨īvī, ītum, īre 4.⟩ = ***munio***

Moenus ⟨ī⟩ *m* Main

moerus ⟨ī⟩ *m (altl.)* = ***murus***

Moesī ⟨ōrum⟩ *m* die Einwohner der Provinz → Moesia

Moesia ⟨ae⟩ *f röm. Provinz an der unteren Donau*

Moesiacus ⟨a, um⟩ *Adj* aus der Provinz Moesia, zu Moesia gehörig

Mogontiācum ⟨ī⟩ *n u.* **Mogontiācus** ⟨ī⟩ *f röm. Standlager, unter Augustus am linken Rheinufer u. gegenüber der Einmündung des Mains errichtet, später Hauptquartier von Germania superior, heute Mainz*

mola ⟨ae⟩ *f* ||molo||
1. Mühlstein; *Pl* Mühle
2. *meton* Schrot, Schrotmehl, Opferschrot *zum Bestreuen der Opfertiere*; ***mola salsa*** Schrot und Salzlake

Mola ⟨ae⟩ *f* Plaut. Mühlgöttin

molāris
I ⟨e⟩ *Adj* ||mola|| *(nachkl.)* Mühlstein…, so groß wie ein Mühlstein, zum Mahlen geeignet
II ⟨is⟩ *m (erg.* ***lapis****)*
1. Mühlstein
2. *fig* großer Stein, Felsblock
3. *fig* Backenzahn

▶ **mōlēs** ⟨is⟩ *f*
1. *(nachkl.) poet* Masse, Last, Wucht, Schwere
2. Koloss, Ungetüm, Untier; große Maschine; ***urbem molibus oppugnare*** eine Stadt mit Maschinen belagern
3. gewaltige Holzmasse, gewaltige Steinmasse; Steindamm, Mole; Grundbau aus Stein; Klippe; Sandbank
4. Riesenbau; ***m. equi*** Riesenbau des Trojanischen Pferdes; ***m. pinea*** Flotte von großen Schiffen
5. *(nachkl.)* sich türmende Wogenmasse
6. *fig* Heeresmasse, Heeresmacht
7. *fig* Schwere, Größe, Stärke, Wucht; ***m. pugnae*** Kampfgewühl
8. *(nachkl.) fig* Anstrengung, Mühe; ***tantae molis erat*** so große Mühe kostete es, + *Inf*

molestia ⟨ae⟩ *f* ||molestus||
1. Beschwerlichkeit, Beschwernis, Belästigung, *akt. u. p*; ***alicui molestiam exhibere*** j-m Beschwerden verursachen; ***sine molestia tua*** ohne dich zu belästigen; ***m. navigandi*** Seekrankheit
2. Unlust, Verdruss, Ärger; ***molestiā affici*** sich ärgern, Mitgefühl haben
3. das Gezwungene, das Affektierte im Ausdruck; ***elegantia sine molestia*** feine Art ohne Künstelei

▶ **molestus** ⟨a, um⟩ *Adj, Adv* ⟨molestē⟩ ||moles||
1. beschwerlich, lästig, peinlich; *von Personen auch* zudringlich, aufdringlich; ***nomen molestum*** schwer auszusprechender Name
2. verdrießlich; *Adv* ungern; ***moleste ferre aliquid*** über etw unwillig sein
3. gezwungen, affektiert *im Ausdruck*

mōlīmen ⟨inis⟩ *n (nachkl.) u.* **mōlīmentum** ⟨ī⟩ *n* ||molior||
1. Bemühung, Anstrengung; Umständlichkeit; Hor. wichtigtuerische Miene; ***res est parvi molimenti*** die Sache erfordert nur geringe Anstrengung; ***adminicula parvi molimenti*** Maschinen von geringer Kraft; ***m. rerum*** Staatsumwälzung
2. *meton* gewaltiger Bau; ***molimine vasto*** Ov. von riesigem Ausmaß

mōlior ⟨ītus sum, īrī 4.⟩ ||moles||

> I
> 1. fortbewegen, von der Stelle bewegen
> 2. schwingen, schleudern
> 3. untergraben
> 4. lichten
> 5. ins Werk setzen, bauen
> 6. verursachen, erzeugen
> 7. unternehmen, beabsichtigen
> II sich in Bewegung setzen, sich rühren

I *v/t*
1. *eine Last* fortbewegen, von der Stelle bewegen; ***montes sede suā m.*** Berge versetzen; ***corpus ex somno m.*** den Körper aus dem Schlaf reißen; ***terram aratro m.*** Erde mit dem Pflug umwühlen; ***fundamenta ab imo m.*** Fundamente von Grund auf einreißen; ***sabulum aegre m.*** sich mühsam durch den Sand fortarbeiten
2. *poet* schwingen, schleudern; ***habenas m.*** lenken
3. *fig* untergraben
4. *(nachkl.) den Anker* lichten; *einen Verschluss* sprengen
5. *fig etw Großes* ins Werk setzen, bauen, ausführen; ***muros m.*** Mauern erbauen; ***locum m.*** einen Ort mit Gebäuden versehen; ***iter m.*** den Weg fortsetzen; ***viam m.*** den Weg bahnen; ***laborem m.*** eine mühevolle Arbeit vollbringen
6. *fig Zustände, Abstraktes* verursachen, erzeugen, bereiten; ***animum belli m.*** j-n zum Krieg bestimmen
7. unternehmen, beabsichtigen, planen; ***multa in rem publicam m.*** vieles gegen den Staat unternehmen; ***bellum Antipatro m.*** einen Krieg gegen Antipater planen
II *v/i* sich in Bewegung setzen, sich rühren, aufbrechen, sich abmühen; ***hinc m.*** von hier aufbrechen; ***de occupando regno m.*** sich abmühen um die Macht zu gewinnen; ***m. adversum fortunam*** gegen das Schicksal ankämpfen; ***in insulam m.*** sich an die Insel heranarbeiten

mōlītiō ⟨ōnis⟩ *f* ||molior||
1. *(nachkl.)* das Niederreißen, Verschiebung
2. Zurüstung

mōlītor ⟨ōris⟩ *m* ||molior|| Unternehmer, Erbauer, Schöpfer, Initiator, Rädelsführer

mōlītrīx ⟨īcis⟩ *f* ||molitor|| Suet. Rädelsführerin

mollēscō ⟨-, -, ēscere 3.⟩ ||mollis|| *(nachkl.)*

M

1. weich werden
2. *fig* sanft werden, veredelt werden
3. *fig* verweichlicht werden, erschlaffen

mollicellus *u.* **molliculus** ⟨a, um⟩ *Adj* ||*Dim von* mollis|| recht zart, zärtlich

mollīmentum ⟨ī⟩ *n* ||mollio|| Linderungsmittel

▶ **molliō** ⟨īvī⟩ *u.* ⟨iī, ītum, īre 4.⟩ ||*Denom von* mollis||
1. weich machen, erweichen, geschmeidig machen; ***herbas flammā m.*** Gemüse weich kochen; ***agros m.*** Felder auflockern; ***lanam trahendo m.*** Wolle spinnen
2. *fig* mildern; veredeln; ***fructūs feros m.*** wilde Früchte veredeln; ***poenam m.*** die Strafe erleichtern; ***clivum m.*** eine Steigung mindern
3. *fig* verweichlichen
4. *fig* besänftigen, mäßigen, bändigen, zähmen

molli-pēs *Gen* ⟨pedis⟩ *Adj* ||mollis|| weichfüßig, langsam

mollis ⟨e⟩ *Adj*
1. weich, mürbe, locker, zart; ***solum molle*** lockerer Boden; ***muscus m.*** weiches Moos; ***pratum molle*** grasreiche Wiese
2. *fig* biegsam, gelenkig, elastisch; ***capilli molles*** wallende Haare; ***aurum molle*** geschmeidige Goldfäden
3. sanft, mild, zart, *sinnlich u. geistig*; sanft sich bewegend, ruhig; mild *für das Gefühl od den Geschmack*; behaglich, angenehm; ***aurae molles*** sanft wehende Winde; ***molles morsiunculae*** zarte Bisse; ***vinum molle*** milder Wein; ***umbra m.*** angenehmer Schatten
4. sanft ansteigend; sanft abfallend
5. *von künstlerischem Schaffen u. Kunstwerken* weich, zart; *poet*, RHET weich, fließend; ***oratio m.*** fließende Rede; ***sermo m.*** sanft einschmeichelndes Gespräch
6. *innerlich u. geistig* sanft, gelinde, freundlich, gelassen, ruhig, leidenschaftslos; ***mollissimā viā consequi aliquid*** etw auf die schonendste Weise verfolgen; ***rem in mollius referre*** etw sanfter darstellen; ***molliter ferre*** mit Ergebenheit tragen; ***versūs molles*** rührende Verse
7. leicht empfänglich für Eindrücke, empfindlich, sentimental, nachgiebig; zart fühlend, *ad aliquid / in aliquid* für etw; ***auriculae molles*** den Schmeicheleien leicht zugängliche Ohren
8. *pej* weichlich, schwach, schlaff, energielos; furchtsam, feige; unzüchtig

mollitia ⟨ae⟩ *f u.* **mollitiēs** ⟨ēī⟩ *f* ||mollis||
1. Geschmeidigkeit, Biegsamkeit, Beweglichkeit
2. *fig* Zartheit, Empfindsamkeit, Zärtlichkeit, Sanftmut
3. *pej* Weichlichkeit, Schwäche, Mangel an Energie; ***m. frontis*** Mangel an Zuversicht
4. *pej* Üppigkeit, Wollust; ***in mollitiis aetatulam agere*** seine Jugend in Ausschweifungen vertun

mollitūdō ⟨inis⟩ *f* ||mollis|| Weichheit; (*nachkl.*) Zartheit; ***m. humanitatis*** Sanftmut

molō ⟨uī, itum, ere 3.⟩
1. mahlen; ***cibaria molita*** Mehl
2. = ***futuo***

Molō ⟨ōnis⟩ *m* → ***Apollonius***

moloc(h)inārius ⟨ī⟩ *m* Plaut. Schneider von Malvenkleidern *mit Stoff aus Malvenfasern*

Molossī ⟨ōrum⟩ *m* die Einwohner von Molossis

Molossis ⟨idis⟩ *f Landschaft um Dodona in Epirus*

Molossus ⟨a, um⟩ *Adj* aus Molossis, zu Molossis gehörig

mōly ⟨yos⟩ *n* ||griech. Fw.|| (Ov., *nachkl.*) Moly, *Wunderkraut gegen Verzauberung*

mōmen ⟨inis⟩ *n* ||moveo|| Bewegung; Anstoß

mōmentōsus ⟨a, um⟩ *Adj* ||momentum|| Quint. nur augenblicklich

mōmentum ⟨ī⟩ *n* ||moveo||
1. (*nachkl.*) Gewicht *bei der Waagschale*
2. bewegender Druck, Stoß, Ruck; Anstoß, Anlass, Impuls
3. *fig* Kraftaufwand, Nachhilfe
4. *fig* Beweggrund, Ursache
5. *fig* Wichtigkeit, Bedeutung, Wert, Wirkung; *meton* ausschlaggebende Sache, ausschlaggebende Person; ***magni momenti esse*** große Bedeutung haben; ***consultatio levioris momenti*** minder wichtige Erwägung; ***momentum habere / afferre ad aliquid*** entscheidend sein für etw; ***momentum facere ad aliquid / in re*** Einfluss ausüben auf etw / bei etw; ***parvum m.*** ein Weniges, das den Ausschlag gibt; ***argumentorum momenta*** entscheidende Beweise; ***aliquis magnum in omnia m. est*** j-d ist ausschlaggebend für alles
6. Bewegung *als physikalisches Phänomen*; ***momenta sua sustentare*** immer währende Bewegung haben
7. (*nachkl.*) Bewegung des Züngleins an der Waage, Ausschlag; (*klass.*) *nur fig* Entscheidung
8. *fig* Veränderung, Wechsel
9. *zeitl.* Verlauf, Umlauf; ***m. leonis*** Kreisumlauf des Gestirns des Löwen
10. *zeitl.* Zeitraum, Periode, Stadium
11. *zeitl.* schneller Verlauf, Augenblick, Moment; ***m. occasionis*** günstiger Augenblick; ***momento (temporis)*** im Nu

momordī → ***mordeo***

Mona ⟨ae⟩ *f*
1. *Insel zwischen Britannien u. Irland, heute Isle of Man*
2. *Insel nahe der Nordwestküste von Wales, heute Anglesey*

monacha ⟨ae⟩ *f* ||griech. Fw.|| (*eccl.*) Nonne

monachus ⟨ī⟩ *m* ||griech. Fw.|| (*eccl.*) Mönch

monarchia ⟨ae⟩ *f* ||griech. Fw.|| (*spätl.*) Alleinherrschaft, Monarchie

monastērium ⟨ī⟩ *n* ||griech. Fw.|| (*eccl.*) Kloster; (*mlat.*) Stiftskirche; Münster, Dom

monaulos *u.* **monaulus** ⟨ī⟩ *m* ||griech. Fw.|| (*nachkl.*) *poet* einfache Flöte

monēdula ⟨ae⟩ *f* Dohle, *bei* Plaut. *Kosewort*

▶ **moneō** ⟨uī, itum, ēre 2.⟩
1. erinnern, mahnen, aufmerksam machen, *aliquem de re / alicuius rei* j-n an etw, j-n auf etw, + *AcI / + indir Fragesatz*; ***id moneo*** daran erinnere ich
2. ermahnen, ermuntern, auffordern; warnen, *ut / ne* dass / dass nicht, + *Inf*
3. eingeben, vorsagen; ***vatem m.*** den Seher begeistern
4. weissagen, vorhersagen, prophezeien

5. unterweisen, belehren
6. Tac. zurechtweisen, bestrafen

monēris ⟨is⟩ *f* ||griech. Fw.|| *(nachkl.)* Einruderer, Eindecker

monērula ⟨ae⟩ *f* = ***monedula***

Monēta ⟨ae⟩ *f*
1. = ***Mnemosyne***
2. *Beiname der auf dem Kapitol verehrten Juno; in ihrem Tempel befand sich die Münzprägestätte*
3. **monēta** ⟨ae⟩ *f* Münzprägestätte; *meton* geprägtes Geld; Gepräge, *auch fig*

monētālis
I ⟨e⟩ *Adj* ||moneta|| zur Münze gehörig
II ⟨is⟩ *m* Münzmeister; *fig* Geldmann, *hum vom Gläubiger, der sein Geld zurückfordert*

monīle ⟨is⟩ *n* Halsband, Collier

monimentum ⟨ī⟩ *n* = ***monumentum***

monita ⟨ōrum⟩ *n* ||moneo||
1. Erinnerungen, Ermahnungen
2. Prophezeiungen

monitiō ⟨ōnis⟩ *f* = ***monitus***

monitor ⟨ōris⟩ *m* ||moneo||
1. der erinnert, *alicuius rei* an etw
2. Rechtsberater
3. Mahner, Warner
4. = ***nomenclator***

monitōrius ⟨a, um⟩ *Adj* ||moneo|| Sen. mahnend, warnend

monitus ⟨ūs⟩ *m* ||moneo||
1. Erinnerung, Mahnung, Warnung
2. Weissagung, göttliche Eingebung, göttliche Warnung

Monoecus ⟨ī⟩ *m Beiname des Herkules*; ***arx Monoecī*** *f Vorgebirge an der ligurischen Küste*; ***portus Monoecī*** *m Hafen an der ligurischen Küste, heute Monaco*

monogamia ⟨ae⟩ *f* ||griech. Fw.|| *(eccl.)* Einehe

monogramma ⟨atis⟩ *n* ||griech. Fw.|| *(spätl.)* ein Buchstabe, der mehrere in sich fasst; Monogramm

monogrammos ⟨on⟩ *Adj* ||griech. Fw.|| nur aus Umrissen bestehend, nur skizziert; ***dii monogrammi*** Schattengötter

monopodium ⟨ī⟩ *n* ||griech. Fw.|| *(nachkl.)* Tischchen mit einem Fuß

monopōlium ⟨ī⟩ *n* ||griech. Fw.|| Alleinverkaufsrecht, Monopol

monopteros ⟨on⟩ *Adj* ||griech. Fw.|| Vitr. mit einer einzigen Säulenreihe

monosyllabum ⟨ī⟩ *n* ||griech. Fw.|| *(nachkl.) poet* einsilbiges Wort

monotropus ⟨ī⟩ *m* ||griech. Fw.|| Plaut. Einsiedler

▶ **mōns** ⟨montis⟩ *m*
1. Berg, Gebirge; ***m. Iura*** Jura; ***montes Pyrenaei*** Pyrenäen
2. *meton* Fels, Gestein; Felsstück; *Pl* Berghänge = Weinpflanzungen
3. *fig* Berg = hoch aufgetürmte Masse
4. ***m. pubis*** *(mlat.)* MED Schamberg

mōnstrābilis ⟨e⟩ *Adj* ||monstro|| Plin. bemerkenswert

mōnstrātiō ⟨ōnis⟩ *f* ||monstro|| *(vkl., nachkl.)* das Zeigen

mōnstrātor ⟨ōris⟩ *m* ||monstro||
1. *(nachkl.) poet* Wegweiser, Führer; ***m. urbium*** Stadtführer, Cicerone
2. *fig* Lehrer, Erfinder

mōnstrātus ⟨a, um⟩ *Adj* ||monstro||
1. hoch angesehen, *alicui* bei j-m
2. auffallend

▶ **mōnstrō** ⟨āvī, ātum, āre 1.⟩ ||*Denom von* monstrum||
1. zeigen, weisen; ***viam erranti m.*** dem Irrenden den Weg zeigen
2. *mit Worten* verordnen, vorschreiben, *alicui aliquid* j-m etw, + *Inf*
3. angeben, andeuten, bezeichnen; unterweisen, lehren
4. Tac. *wegen eines Vergehens gerichtlich* anzeigen

▶ **mōnstrum** ⟨ī⟩ *n* ||moneo||
1. Wahrzeichen, Wunderzeichen *der Götter als übernatürliche u. schreckliche Erscheinung*
2. *fig* Ungeheuer, Ungetüm; *vom Charakter* Scheusal
3. Ungeheuerlichkeit, unerhörte Tat, schreckliche Vorstellung
4. *(mlat.)* Gespenst

mōnstruōsus ⟨a, um⟩ *Adj, Adv* ⟨mōnstruōsē⟩ ||monstrum||
1. ungeheuerlich, unnatürlich
2. abenteuerlich, seltsam

montāna ⟨ōrum⟩ *n* ||montanus|| Gebirgsgegend

montānus
I ⟨a, um⟩ *Adj* ||mons||
1. auf Bergen befindlich, auf Bergen lebend, Berg…, Gebirgs…
2. gebirgig
II ⟨ī⟩ *m* Bergbewohner

monti-cola ⟨ae⟩ *m* ||mons, colo|| *poet* Bergbewohner

monti-fer ⟨fera, ferum⟩ *Adj* ||mons, fero|| Sen. bergtragend

monti-vagus ⟨a, um⟩ *Adj* ||mons|| die Berge durchstreifend

mont(u)ōsus ⟨a, um⟩ *Adj* ||mons|| bergig, gebirgig

▶ **monumentum** ⟨ī⟩ *n* ||moneo||
1. Denkmal, Andenken, *alicuius* j-s *od* an j-n, *alicuius rei* einer Sache *od* an etw; ***alicui monumento esse*** j-m zum Andenken dienen; ***monumenti causā*** zur Erinnerung, als Andenken
2. Votivgegenstand, Siegesdenkmal, Weihegeschenk
3. Grabmal, Gruft; Familienbegräbnis
4. Erkennungszeichen
5. *Pl fig* Urkunden, Akten; Memoiren; ***monumenta et litterae*** schriftliche Denkmäler; ***monumenta rerum (gestarum)*** Geschichtswerke; ***monumenta Germaniae historica*** *(nlat.) Quellensammlung zur Geschichte Deutschlands im Mittelalter*

mora[1] ⟨ae⟩ *f* ||griech. Fw.|| More, *Abteilung des spartanischen Heeres von 400 bis 900 Mann*

▶ **mora**[2] ⟨ae⟩ *f*
1. Aufenthalt, Verzögerung, Aufschub; ***m. fluminis*** durch den Fluss verursachte Verzögerung; ***m. dicendi*** weitläufige Reden; ***moram temporis quaerere, dum*** Zeit zu gewinnen suchen, bis; ***paululum morae habere, dum*** ein wenig warten müssen, bis; ***moras agitare / moram trahere*** länger zögern; ***nulla m. est*** es kann gleich geschehen; ***inter moras***

mittlerweile; ***m. longa est*** es würde zu lange aufhalten, + *Inf*; ***est aliquid in mora, quominus / ne*** etw verhindert, dass; ***nihil in mora habere, quominus*** nicht zögern zu
2. *meton* Rast, Rasttag; Pause *in der Rede*
3. (*nachkl.*) *poet* Zeitraum, Dauer; ***morā*** mit der Zeit, allmählich
4. (*nachkl.*) Hindernis, Hemmnis
5. (*mlat.*) METR Zeitdauer zur Aussprache einer kurzen Silbe

mōra[3] ⟨ae⟩ *f* ||morus|| Närrin

mōrālis ⟨e⟩ *Adj* ||mos|| (Cic., Tac.) moralisch, ethisch

morātor ⟨ōris⟩ *m* ||moror||
1. Zögerer, Bummler; (*nachkl.*) MIL Nachzügler, Marodeur
2. Verzögerer; *bes vor Gericht* Nebenkläger, Winkeladvokat; Lückenbüßer

morātus[1] ⟨a, um⟩ *PPerf* → ***moror***

mōrātus[2] ⟨a, um⟩ *Adj* ||mos||
1. *irgendwie* gesittet, *irgendwie* geartet; ***homo bene m.*** Mensch mit guten Sitten; ***venter male m.*** unersättlicher Bauch
2. ***fabula recte morata*** LIT Theaterstück mit richtig gezeichneten Charakteren
3. charaktervoll, charakteristisch; angemessen; ***narratio morata*** angemessene Erzählung

morbidus ⟨a, um⟩ *Adj* ||morbus||
1. (*vkl., nachkl.*) krank, siech
2. Lucr. krank machend, ungesund

morbōsus ⟨a, um⟩ *Adj* ||morbus|| (*unkl.*)
1. krank
2. = ***pathicus***

Morbōvia ⟨ae⟩ *f* ||morbus|| Suet. das „Krankenland"; ***abire Morboviam*** hingehen, wo der Pfeffer wächst

▶ **morbus** ⟨ī⟩ *m*
1. Krankheit, *körperlich u. geistig, auch fig*; ***m. caeli*** ungesundes Klima; ***m. difficilis*** schwer zu heilende Krankheit; ***m. comitialis*** Epilepsie; ***m. regius*** Gelbsucht
2. *geistig u. sittlich* Gemütskrankheit, (krankhafte) Leidenschaft, Verdruss, Kummer; Wollust; Sucht
3. *Pl* ***Morbi*** Verg. Krankheitsdämonen *der Unterwelt*

mordāx *Gen* ⟨ācis⟩ *Adj, Adv* ⟨mordāciter⟩ ||mordeo||
1. beißend, bissig, *auch von Sachen*; ***canis m.*** bissiger Hund; ***ferrum m.*** schneidende Axt; ***urtica m.*** stechende Brennnessel
2. *fig* bissig *mit Worten*; ***carmen m.*** bissiges Gedicht
3. *fig von Geschmack* bitter, scharf

▶ **mordeō** ⟨momordī, morsum, mordēre 2.⟩
1. beißen, stechen; kauen, benagen; ***canes mordunt*** Hunde beißen; ***pulex mordet*** der Floh sticht
2. *fig von Schnallen, Haken u. a.* ergreifen, fassen, zuhaken; ***fibula mordet vestem*** die Schnalle schließt das Kleid
3. *fig von Flüssen* bespülen
4. *fig von klimatischen Einflüssen* verletzen, brennen, beißen, sengen; ***frigora mordent*** die Kälte beißt; ***aestus mordet*** die Hitze sengt
5. *fig* durchhecheln, kränken, verletzen; ***epistulae mordent*** Briefe kränken; ***paupertas mordet*** Armut tut weh; ***conscientiā morderi*** Gewissensbisse haben

mordicus *Adv* ||mordeo|| beißend, mit den Zähnen; *fig* verbissen, hartnäckig; ***mordicus tenere aliquid*** etw / an etw hartnäckig festhalten

morētum ⟨ī⟩ *n poet* Kräuterkloß, im Mörser zubereitetes Gericht

▶ **moribundus** ⟨a, um⟩ *Adj* ||morior||
1. im Sterben liegend
2. sterblich
3. Catul. tödlich

mōri-gerō ⟨-, -, āre 1.⟩ Plaut. *u.* **mōri-geror** ⟨ātus sum, ārī 1.⟩ ||mos, gero|| zu Willen sein, *alicui / alicui rei* j-m / einer Sache

mōri-gerus ⟨a, um⟩ *Adj* ||mos, gero|| (*unkl.*) willfährig, *bes sexuell, abs od alicui in re* j-m in etw

Morinī ⟨ōrum⟩ *m belg. Volk an der Kanalküste*

mōriō ⟨ōnis⟩ *m* ||morus[2]|| (*nachkl.*) Narr, Hofnarr

▶ **morior** ⟨mortuus sum, moritūrus, morī 3.⟩
1. sterben, *re / ex re* an etw; *fig* sterblich verliebt sein; ***morbo m.*** an einer Krankheit sterben; ***ex vulnere / vulnere m.*** an einer Wunde sterben; ***moriar si / ni*** ich will des Todes sein, wenn / wenn nicht
2. *fig von Sachen* absterben, entschwinden, erlöschen; ***flamma moritur*** die Flamme erlischt; ***lumina moriuntur*** die Augen brechen; ***leges mortuae*** verschollene Gesetze
3. ***moriens*** sterbend, auf dem Sterbebett; ***voces morientes*** Worte eines Sterbenden
4. **moritūrus** ⟨a, um⟩ *Adj* dem Tod verfallen, dem Tod geweiht

mormyr ⟨yris⟩ *f* ||griech. Fw.|| (*nachkl.*) *poet unbekannter Seefisch*

▶ **mōrologus** ⟨a, um⟩ *Adj* ||griech. Fw.|| Plaut. dumm redend

▶ **moror**[1] ⟨ātus sum, ārī 1.⟩ ||*Denom von* mora[2]||

I
1. sich aufhalten, verweilen
2. zögern, säumen
II
1. aufhalten, hindern
2. *Formel*: ich halte euch nicht weiter auf
3. fesseln = unterhalten

I *v/i*
1. *eine Zeit lang* sich aufhalten, verweilen, *auch fig, in re* bei etw; auf sich warten lassen, ausbleiben; ***auxilia morantur*** die Hilfstruppen bleiben aus
2. zögern, säumen, *abs od + Inf, quin / quominus* dass / dass (nicht); ***morando*** allmählich
II *v/t*
1. aufhalten, hindern, hinhalten, hemmen, *quin / quominus* dass / dass (nicht); ***aliquem ab re m.*** j-n an etw hindern; ***nullo morante*** da niemand hinderte; ***ne multis morer*** um es kurz zu machen, kurz; ***Orcum m.*** den Tod warten lassen, weiterleben; ***alicui lucem arte m.*** j-m das Leben künstlich fristen
2. ***nihil moror*** (*nachkl.*) *Formel* ich halte euch nicht weiter auf, *vom Konsul im Senat u. vom Richter*; ich bin sogleich bereit, + *Inf*; meinetwegen mag, meinetwegen mögen, + *AcI*; ich mache mir nichts aus *j-m / etw*, ich will nichts wissen von *j-m / von etw, aliquem / aliquid*; ***nihil moror eos salvos esse*** mei-

netwegen mögen sie wohlbehalten sein; ***nihil moror istius modi clientes*** ich mache mir nichts aus derartigen Klienten
3. fesseln = unterhalten; ***carmina aures morantur*** die Lieder fesseln die Ohren
mōror[2] ⟨-, ārī 1.⟩ ||morus[2]|| (*vkl., nachkl.*) ein Narr sein
mōrōsitās ⟨ātis⟩ *f* ||morosus|| mürrisches Wesen, Eigensinn, Pedanterie
mōrōsus ⟨a, um⟩ *Adj, Adv* ⟨mōrōsē⟩ ||mos|| *von Personen u. Sachen* mürrisch, eigensinnig, pedantisch; (*nachkl.*) *fig von Sachen* hartnäckig
Morpheus ⟨eī⟩ *u.* ⟨eos⟩ *m* Gott der Träume, *Sohn des Schlafgottes Hypnos*
▶ **mors** ⟨mortis⟩ *f*
1. Tod; *Pl* Todesfälle, Todesarten; ***mortem alicui afferre/inferre*** *u.* ***alicui morti esse*** j-m den Tod bringen; ***mortem sibi consciscere*** sich den Tod geben; ***mortem expetere*** den Tod suchen; ***mortem obire*** eines natürlichen Todes sterben; ***mortem occumbere*** einen gewaltsamen Tod finden, *bes in der Schlacht*; ***mortem deprecari*** um sein Leben bitten; ***m. extrema/suprema*** die letzten Augenblicke
2. *meton* Leiche; ***campi morte conteguntur*** die Felder sind von Leichen übersät
3. *poet* durch Mord vergossenes Blut; ***ensem multā morte recepit*** Verg. er zog die blutige Waffe heraus
Mors ⟨Mortis⟩ *f* Gottheit des Todes, *Tochter des Erebus u. der Nox*
morsiuncula ⟨ae⟩ *f* ||*Dim von* morsus|| (*vkl., nachkl.*) Biss, *bes beim Küssen*
morsus[1] ⟨a, um⟩ *PPP* → ***mordeo***
morsus[2] ⟨ūs⟩ *m* ||mordeo||
1. Biss; das Beißen der Speise, das Essen
2. das Fassen, das Festhalten *einer Schnalle, eines Ankers*; ***m. uncus*** Verg. gebogener Zahn *des Ankers*; ***m. roboris*** Baumspalte, *die die Speerspitze festhält*
3. Mart. *fig* das Beißen, das Ätzen *als scharfe u. schmerzhafte Empfindung*; ***m. aceti*** Schärfe des Essigs
4. *fig* hämischer Angriff, Kränkung
5. Ärger, Verdruss, *alicuius rei* einer Sache *od* über etw
mortālia ⟨ium⟩ *n* ||mortalis|| Menschliches, Menschenschicksal
▶ **mortālis**
I ⟨e⟩ *Adj* ||mors||
1. *von Lebewesen* sterblich
2. *von Sachen* vergänglich; irdisch, menschlich; ***arma mortalia*** von Menschenhand verfertigte Waffen; ***cura m.*** Pflege des Menschen; ***vulnus m.*** von der Hand eines Menschen beigebrachte Wunde; ***malum mortale*** natürliches Übel
3. ***peccatum mortale*** (*eccl.*) Todsünde
II ⟨is⟩ *m* Sterblicher, Erdensohn
mortālitās ⟨ātis⟩ *f* ||mortalis||
1. Sterblichkeit; Vergänglichkeit
2. sterbliche Natur, *auch* menschliche Schwäche; ***mortalitatem explere*** das Zeitliche segnen
3. (*nachkl.*) die Menschen
mortārium ⟨ī⟩ *n* (*vkl., nachkl.*) Mörser
morticīnus ⟨a, um⟩ *Adj* ||mors|| abgestorben; *als Schimpfwort* Aas, Luder
morti-fer ⟨fera, ferum⟩ *Adj, Adv* ⟨mortiferē⟩ ||mors, fero||
1. todbringend, tödlich
2. **mortifera** ⟨ōrum⟩ *n* (*nachkl.*) todbringende Stoffe
morti-ferus ⟨a, um⟩ *Adj* = ***mortifer***
mortuālia ⟨ium⟩ *n* ||mortuus|| (*vkl.*) Totenlieder *der Klagefrauen*
morturiō ⟨-, -, īre 4.⟩ ||mors|| gern sterben wollen
▶ **mortuus**
I ⟨a, um⟩ *Adj* ||morior|| tot, nach dem Tod
II ⟨ī⟩ *m* Toter, Leiche; ***de mortuis nil nisi bene*** über Tote nur Gutes, *lat. Übersetzung eines alten griech. Sprichwortes*
mōrulus ⟨a, um⟩ *Adj* ||*Dim von* morus[1]|| Plaut. tiefschwarz
mōrum ⟨ī⟩ *n* ||griech. Fw.|| (*nachkl.*)
1. Maulbeere
2. Brombeere
mōrus[1] ⟨ī⟩ *f* ||morum|| (*nachkl.*) *poet* Maulbeerbaum
mōrus[2]
I ⟨a, um⟩ *Adj, Adv* ⟨mōrē⟩ ||griech. Fw.|| Plaut. albern, närrisch
II ⟨ī⟩ *m* Narr
mōs ⟨mōris⟩ *m*
1. Wille, Eigenwille; ***morem gerere alicui*** sich j-m fügen, j-m zu Willen sein
2. (*nachkl.*) *poet* Vorschrift, Gesetz, Regel; ***sine more*** zügellos; ***in morem*** regelmäßig
3. Sitte, Gewohnheit, Herkommen, Brauch; (*nachkl.*) *pej* Unsitte; ***mos maiorum*** Sitte der Väter; ***more/moribus/de more/ex more*** nach der Gewohnheit; ***in morem venire/vertere*** zur Gewohnheit werden; ***supra morem*** ungewöhnlich; ***more et exemplo*** nach dem herkömmlichen Verfahren; ***mos/moris est*** es ist Sitte, *ut* dass, + *Inf* / + *AcI*
4. Art und Weise, Beschaffenheit, Natur, Mode, Tracht; ***more/ad morem/in morem/in more alicuius*** nach j-s Art
5. *Pl* Sitten = Benehmen, Lebensart; ***praefectus morum*** Sittenrichter
6. *Pl* Gesinnung, Charakter; gute Sitten; schlechte Sitten; ***vir morum veterum*** Mann von alter Biederkeit; ***his moribus*** beim heutigen Zeitgeist
Mosa ⟨ae⟩ *m* Maas
Mosella ⟨ae⟩ *m* ||*Dim von* Mosa|| Mosel
Mōstellāria ⟨ae⟩ *f* „Gespensterkomödie", *Titel einer Komödie von Plautus*
mōtiō ⟨ōnis⟩ *f* ||moveo|| Bewegung; *fig* Gemütsbewegung, Erregung, Affekt
mōtiuncula ⟨ae⟩ *f* ||*Dim von* motio|| (*nachkl.*) leichter Fieberanfall
mōtō ⟨āvī, ātum, āre 1.⟩ ||*Intens von* moveo|| (*nachkl.*) *poet* hin- und herbewegen
mōtor ⟨ōris⟩ *m* ||moveo|| Mart. Beweger; ***m. cunarum*** der die Wiege schaukelt
mōtus[1] ⟨a, um⟩ *PPP* → ***moveo***
mōtus[2] ⟨ūs⟩ *m* ||moveo||
1. Bewegung *als Zustand*, das Sichbewegen, das Bewegtwerden; ***m. remorum*** Ruderschläge; ***m. oculorum*** Augenaufschlag; ***m. siderum*** Umlauf der Gestirne

2. Lauf, Gang, Wendung; ***se movere ad motūs fortunae*** sich wenden, wohin das Glück sich neigt = den Mantel nach dem Wind hängen
3. heftige Bewegung, Erschütterung; ***m. terrae*** Erdbeben; ***Austri m.*** das Toben des Südostwindes
4. *poet* Aufbruch, Abreise
5. Körperbewegung, Geste; Tanz; ***m. decens*** anmutige Bewegung; ***dare motum*** einen Tanz aufführen
6. *fig* Gemütsbewegung, Erregung, Leidenschaft
7. *fig* geistige Tätigkeit; *Pl* Regungen; ***m. celer cogitationis*** schneller Gedankenflug
8. *fig* Trieb, Antrieb, Begeisterung
9. POL Aufruhr, Aufstand, Erhebung; politische Umwälzung
10. Quint. RHET bildlicher Ausdruck

moveō ⟨mōvī, mōtum, movēre 2.⟩

I
1. fortbewegen, fortschaffen
2. vertreiben, verjagen
3. abbringen
4. bewegen, schütteln
5. herbeischaffen, holen
6. erwägen, bedenken
7. verändern
8. beeindrucken, beeinflussen
9. erschrecken, ängstigen
10. rühren
11. reizen, erzürnen
12. anregen, antreiben
13. hervorrufen, erzeugen
II
1. sich entfernen, abmarschieren
2. sich bewegen, tanzen

I *v/t*
1. fortbewegen, fortschaffen, entfernen, *aliquid loco / re / de re / ex re / a re in aliquid / ad aliquid* etw von woher nach wohin; ***mensam m.*** die Tafel aufheben; ***armenta stabulis m.*** Vieh aus dem Stall treiben; ***oculos a vultu alicuius m.*** die Augen von j-s Gesicht abwenden; ***castra m.*** das Lager abbrechen, aufbrechen; ***fluctibus moveri*** von den Fluten fortgetrieben werden; ***Martem in proelia m.*** mit Kriegsmacht zum Kampf ausziehen
2. vertreiben, verjagen, verstoßen, *re / ex re / de re* von etw, aus etw; ***aliquem senatu / de senatu m.*** j-n aus dem Senat ausstoßen; ***hostes statu m.*** die Feinde aus der Stellung werfen; ***aliquem loco m.*** j-n absetzen; ***verba loco m.*** Wörter ausstreichen
3. *fig* abbringen, ***aliquem de sententia*** j-n von seiner Meinung
4. *an derselben Stelle* bewegen, schütteln, schwingen, erschüttern; ***caput m.*** den Kopf schütteln; ***crines per aera m.*** die Haare durch die Luft flattern lassen; ***citharam m.*** die Laute schlagen; ***omnes terras, omnia maria m.*** Himmel und Erde in Bewegung setzen; ***bilem alicui m.*** = j-n zum Zorn reizen; ***agros m.*** Felder auflockern; ***limum m.*** den Schlamm aufwühlen; ***mare m.*** das Meer durchrudern; ***arma m.*** zu den Waffen greifen; ***alicuius fidem m.*** j-s Vertrauen erschüttern
5. herbeischaffen, holen; ***pecuniam ab aliquo m.*** von j-m Geld flüssig machen; ***arcana fatorum m.*** die Geheimnisse des Schicksals enthüllen
6. (*nachkl.*) *poet im Geiste* erwägen, bedenken, überlegen; ***eadem m.*** dieselben Pläne hegen
7. verändern; ***nihil motum ex antiquo*** keine Änderung am Hergebrachten
8. beeindrucken, beeinflussen; übel beeinflussen; angreifen; *Passiv* sich beeinflussen lassen, sich bestimmen lassen
9. erschrecken, ängstigen; *Passiv* sich fürchten, scheu werden
10. rühren; begeistern
11. reizen, erzürnen, erbittern; POL in Aufruhr versetzen, beunruhigen, empören; *Passiv* in Unruhe geraten, unruhig werden
12. anregen, antreiben, drängen; *Passiv* sich bestimmen lassen; ***se m. ad aliquid*** sich zu etw anschicken
13. *bes einen Zustand* hervorrufen, erzeugen, verursachen, anstiften; anfangen; anregen; in Gang bringen, zur Sprache bringen; ***risum m.*** sich lächerlich machen; ***cantūs m.*** Gesänge anstimmen; ***carmina a love m.*** Lieder mit Jupiter anfangen lassen; ***pugna se moverat*** die Schlacht war im Gange; ***historias m.*** Erzählungen vortragen

II *v/i, Passiv u.* ***se m.***
1. sich entfernen, abmarschieren; ***ex Biturigibus in Aeduos moveri*** aus dem Gebiet der Bituriger in das der Äduer marschieren; ***res moventes*** bewegliche Habe; ***in arma moveri*** zum Kampf ausrücken
2. sich bewegen, tanzen, hüpfen, wogen; ***pontus movetur*** das Meer wogt; ***vena moventur*** die Adern pulsieren; ***gemma de palmite movetur*** die Knospe entwickelt sich aus dem Zweig; ***Cyclopem moveri*** den Zyklopentanz aufführen; ***se in nullam / neutram partem m.*** sich für keine Partei entscheiden; ***terra movetur / movet*** die Erde bebt

► **mox** *Adv*
1. *von der Zukunft* bald, demnächst; *bes in indir Fragesatz* ob nicht bald; ***mox veniam*** bald werde ich kommen; ***quam mox*** wie bald; ***intentus quam mox signum daretur*** gespannt, ob nicht bald das Zeichen gegeben würde
2. (*nachkl.*) *von der Vergangenheit u. in Aufzählungen* bald darauf; ***mox deinde*** bald darauf; ***primo … mox*** zuerst … dann
3. (*mlat.*) sofort; ***mox ubi / ut*** sobald als

mucc… = muc…

Mūciānus ⟨a, um⟩ *Adj* des Mucius, zu Mucius gehörig

mūcidus ⟨a, um⟩ *Adj* ||mucus|| (*unkl.*)
1. schimmelig
2. schleimig, rotzig

Mūcius ⟨a, um⟩ *röm. Gentilname*; ***C. Mucius Scaevola*** *Held der röm. Frühzeit im Kampf gegen den Etruskerkönig Porsenna*

Mūcius ⟨a, um⟩ *Adj* des Mucius, zu Mucius gehörig

mucrō ⟨ōnis⟩ *f*
1. scharfe Spitze *einer Stichwaffe*; Dolch, Schwert, Degen, Messer, Klinge
2. *fig* Spitze, Schneide, Schärfe; (Lucr., *nachkl.*) Grenze, Ende; ***m. tribunicius*** Schärfe der Tribunenmacht

mūcus ⟨ī⟩ *m* (*unkl.*) Nasenschleim, Rotz

mūgil *u.* **mūgilis** ⟨is⟩ *m* (*nachkl.*) *poet* Meeräsche, *ein Seefisch*

mūgīnor ⟨-, ārī 1.⟩ ||mugio|| Com. laut murmeln; *fig* nachdenken, über *etw* brüten; zaudern

mūgiō ⟨īvī⟩ *u.* ⟨iī, ītum, īre 4.⟩
1. brüllen, *bes vom Rind*; ***mugientes*** Rinder
2. *fig* dröhnen, krachen, brausen; *von Trompeten* schmettern

mūgītus ⟨ūs⟩ *m* ||mugio||
1. (*nachkl.*) *poet* Gebrüll *der Rinder*
2. das Dröhnen

mūla ⟨ae⟩ *f* ||mulus|| Mauleselin; ***cum mula pepererit*** niemals, *da die Mauleselin unfruchtbar ist*

mulceō ⟨mulsī, mulsum, mulcēre 2.⟩
1. sanft streicheln, streicheln; belecken
2. *fig* sanft berühren; *vom Wind* fächeln, sanft bewegen
3. *fig* besänftigen, mildern, beschwichtigen; erfreuen, liebkosen, bezaubern; ***aliquem carmine m.*** j-n mit einem Lied erfreuen

Mulciber ⟨beris⟩ *u.* ⟨bris, *auch* berī⟩ *m* „Erweicher", „Schmelzer", *Beiname des Vulcan/Hephaistos*; *meton* Feuer

mulcō ⟨āvī, ātum, āre 1.⟩
1. (durch)prügeln, roh misshandeln; *fig* übel zurichten
2. Plaut. *ein Übel* wohl oder übel durchmachen

mulctra ⟨ae⟩ *f u.* **mulctrārium** *u.* **mulctrum** ⟨ī⟩ *n* ||mulgeo|| (*nachkl.*) *poet* Melkkübel; Ov. *fig* Milch

mulgeō ⟨mulsī, mulctum, mulgēre 2.⟩ (*nachkl.*) melken; ***hircos m.*** Böcke melken = Unmögliches tun

muliebria ⟨ium⟩ *n* ||muliebris|| weibliche Geschlechtsteile

▶ **muliebris** ⟨e⟩ *Adj*, *Adv* ⟨muliebriter⟩ ||mulier||
1. weiblich, Frauen…; ***vestis m.*** Frauenkleid; ***iniuria m.*** Unrecht, dem eine Frau ausgesetzt ist; ***certamen muliebre*** Streit um Frauen; ***muliebria pati*** sich wie eine Frau gebrauchen lassen
2. *fig* unmännlich, verweichlicht

muliebrōsus ⟨a, um⟩ *Adj* = ***mulierosus***

▶ **mulier** ⟨eris⟩ *f*
1. Frau; ***m. ancilla*** weiblicher Dienstbote
2. Ehefrau
3. Suet. *als Schimpfwort* Memme

mulierārius
I ⟨a, um⟩ *Adj* ||mulier|| zu einer Frau gehörig, von einer Frau gedungen
II ⟨ī⟩ *m* Catul. Schürzenjäger

muliercula ⟨ae⟩ *f* ||*Dim von* mulier||
1. kleine, schwache Frau
2. *pej* liederliches Frauenzimmer
3. *fig* Memme

mulierōsitās ⟨ātis⟩ *f* ||mulierosus|| zu große Liebe zu Frauen

mulierōsus ⟨a, um⟩ *Adj* ||mulier|| verrückt nach Frauen

mūlīnus ⟨a, um⟩ *Adj* ||mulus|| (*nachkl.*) *poet* Maultier…; *fig* stumpfsinnig

mūliō ⟨ōnis⟩ *m* ||mulus|| Maultiertreiber, *auch Schimpfwort*

mūliōnius ⟨a, um⟩ *Adj* ||mulio|| zum Maultiertreiber gehörig, eines Maultiertreibers

mullus ⟨ī⟩ *m* ||griech. Fw.|| Meerbarbe, *ein Seefisch*

mulsa ⟨ae⟩ *f* ||mulsus|| Plaut. Liebchen

mulsī → ***mulceo*** *u.* → ***mulgeo***

mulsum[1] ⟨ī⟩ *n* ||mulsus|| (erg ***vinum***) Honigwein

mulsum[2] *PPP* → ***mulceo***

mulsus ⟨a, um⟩ *Adj* (*vkl.*, *nachkl.*) mit Honig versüßt, honigsüß; lieblich

multa ⟨ae⟩ *f*
1. Strafe durch Abgabe *von etw, wie Vieh, Geld*; Geldstrafe; ***alicui multam dicere*** j-m eine Strafe auferlegen; ***multam petere*** eine Geldstrafe beim Volk beantragen
2. Plaut. *fig* Strafe durch Entbehrung

mult-angulus ⟨a, um⟩ *Adj* ||multus|| Lucr. vieleckig

multātīcius ⟨a, um⟩ *Adj* ||multa|| Liv. zur Strafe gehörig, Straf…, Buß…

multātiō ⟨ōnis⟩ *f* ||multo|| Bestrafung, ***bonorum*** am Besitz

multēsimus ⟨a, um⟩ *Adj* ||multus|| Lucr. nur einer von vielen; ***multesima pars*** nur ein Bruchteil

multi-bibus ⟨a, um⟩ *Adj* ||multus, bibo|| Plaut. viel trinkend, versoffen

multi-cavus ⟨a, um⟩ *Adj* ||multus, cavus|| Ov. mit vielen Löchern; ***pumex m.*** poröser Bimsstein

multīcia ⟨ōrum⟩ *n* ||multicius|| fein gewebte Gewänder

multīcius ⟨a, um⟩ *Adj* ||multus, licium|| fein gewebt

multifāriam *Adv* ||multus|| an vielen Orten, an vielen Stellen, an vielen Seiten

multi-fidus ⟨a, um⟩ *Adj* ||multus, findo|| (*nachkl.*) *poet* vielfach gespalten, vielarmig

multi-formis ⟨e⟩ *Adj* ||multus, forma|| vielgestaltig

multi-forus ⟨a, um⟩ *Adj* ||multus|| *poet* mit vielen Löchern

multi-generis ⟨e⟩ *Adj* Plaut. *u.* **multi-genus** ⟨a, um⟩ *Adj* ||multus, genus|| Lucr. vielfältig

multi-iugis ⟨e⟩ *Adj* (*nachkl.*) *u.* **multi-iugus** ⟨a, um⟩ *Adj* ||multus, iugum|| vielspännig; (*nachkl.*) vielfältig, zahlreich

multi-loquium ⟨ī⟩ *n* ||multus, loquor|| Plaut. Geschwätzigkeit

multi-loquus ⟨a, um⟩ *Adj* ||multus, loquor|| Plaut. geschwätzig

multi-modīs *Adv* ||multus, modus|| auf vielerlei Art, vielfältig

multi-modus ⟨a, um⟩ *Adj* ||multus|| (*eccl.*) vielfältig

multi-plex *Gen* ⟨icis⟩ *Adj*, *Adv* ⟨multipliciter⟩ ||multus||
1. vielschichtig, vielfach gewunden, aus vielen Schichten; ***vitis multiplici lapsu serpit*** der Weinstock schlängelt sich mit vielfachen Windungen empor; ***m. lorica*** Verg. Rüstung aus vielen Schichten
2. Liv. vielmal so groß
3. *fig* vielseitig, vielerlei, reichhaltig
4. *fig* vieldeutig, schwer zu ergründen
5. *fig* unbeständig, veränderlich; ***ingenium m.*** unbeständiger Geist

multiplicābilis ⟨e⟩ *Adj* ||multiplico|| *poet* vielfältig

multiplicātiō ⟨ōnis⟩ *f* ||multiplico|| (*nachkl.*) Vervielfältigung, Vermehrung

multiplicō ⟨āvī, ātum, āre 1.⟩ ||*Denom von* multiplex|| vervielfältigen, vergrößern, vermehren; ***usuras m.*** die Zinsen erhöhen

multi-potēns *Gen* ⟨entis⟩ *Adj* ||multus|| Plaut. sehr mächtig

M

multi-sonus ⟨a, um⟩ *Adj* ||multus|| vieltönig, wortreich

multitūdō ⟨inis⟩ *f* ||multus||
1. Menge, große Zahl; Übermacht; ***multitudine fretus*** im Vertrauen auf die Übermacht
2. Menschenmenge, Pöbel; einfache Soldaten; *Pl* Pöbelhaufen

multi-vagus ⟨a, um⟩ *Adj* ||multus|| viel umherschweifend, nomadisierend

multi-volus ⟨a, um⟩ *Adj* ||multus, volo|| Catul. viel begehrend

multō ⟨āvī, ātum, āre 1.⟩ ||*Denom von* multa|| strafen, bestrafen, *aliquem re* j-n mit etw, j-n um etw, *aliquid* etw; ***pecuniā m.*** mit einer Geldbuße bestrafen; ***exsilio m.*** mit der Verbannung bestrafen; ***multari alicui*** j-m eine Strafe zu zahlen schuldig sein

multum
I ⟨ī⟩ *n*; *Komp* ⟨plūs, plūris⟩ *n*; *Sup* ⟨plūrimum, ī⟩ *n* ||multus||
1. viel, großes Stück, große Menge; ***m. militum*** eine große Menge Soldaten; ***m. temporis*** viel Zeit; ***m. pecuniae*** viel Geld; ***ad multum diei*** bis weit in den Tag; ***multo*** um vieles, viel, bei Weitem, *meist beim Komp*; ***multo maior*** viel größer; ***multo aliter/secus*** ganz anders; ***multo ante*** viel früher; ***multo optimus*** bei Weitem am besten
2. *Komp* mehr, größerer Teil, größere Menge; ***plus valere*** mehr vermögen; ***plus minusve*** mehr oder weniger; ***plus aeque*** mehr als billig; ***pluris*** *Gen pretii* höher, teurer; ***pluris aestimare*** höher einschätzen
3. *Komp* sehr viel, das meiste, der größte Teil; ***quam plurimum*** möglichst viel; ***plurimi vendere*** sehr teuer verkaufen, zum höchsten Preis verkaufen
II *Adv*; *Komp* ⟨plūs⟩; *Sup* ⟨plūrimum⟩
1. sehr; *auch Akk Pl* ***multa*** sehr; ***multum adiuvare aliquem*** j-n sehr unterstützen; ***aliquem multum desiderare*** sich nach j-m sehr sehnen; ***non multum*** nicht sehr, nicht sonderlich; ***multum abesse*** viel abwesend sein; ***multum in venationibus esse*** viel auf der Jagd sein
2. *Komp* mehr, in höherem Grad; ***aliquem plus amare*** j-n mehr lieben; ***plus (quam) ducenti milites*** mehr als zweihundert Soldaten; ***plus quam triduo*** mehr als drei Tage
3. *Sup* sehr viel, am meisten, meistenteils, größtenteils; ***plurimum Romae vivere*** meistens in Rom leben

multus ⟨a, um⟩, *Komp* ⟨plūrēs, plūra⟩; *Sup* ⟨plūrimus, a, um⟩ *Adj*
1. viel *nach Menge u. Zahl*, zahlreich, reichlich, *meist Pl, Sg nur bei Stoffnamen u. Abstr.*; ***multi homines*** viele Menschen; ***multi amici mei*** viele von meinen Freunden; ***bene multi*** recht viele; ***minime multi*** ganz wenige; ***multa et gravia vulnera*** viele schwere Wunden; ***multi docti homines*** viele Gelehrte; ***multum aurum*** viel Gold; ***multum studium*** viel Eifer; ***m. miles/multi milites*** viele Soldaten
2. groß, stark, bedeutend; ***multum pretium*** hoher Preis; ***multi nominis esse*** sehr gefeiert sein; ***multa pax*** tiefer Frieden; ***m. risus*** inniges Lachen; ***m. amictus*** dichter Schleier; ***multā morte*** bei sicherem Tod; ***multum est*** es ist von Einfluss, es nützt sehr, + *Inf*
3. groß, weit; ***multa pars Europae*** großer Teil Europas; ***m. toro iacet*** er liegt lang ausgestreckt auf dem Bett
4. *zeitl.* vorgerückt, spät; ***multa nox*** tiefe Nacht; ***multo die*** spät am Tag; ***multa lux*** heller Tag; ***ad multum diem*** bis weit in den Tag hinein; ***multo mane*** am frühen Morgen
5. *von der Rede u. vom Redner* weitläufig, ausführlich
6. eifrig, unablässig, fleißig; *pej* aufdringlich, lästig; ***multa virtus*** häufig bewährte Tugend; ***multum est*** man hört es oft
7. *Komp* mehr, die Mehrzahl, die Mehrheit, *mit u. ohne quam*; ***plures quam quattuor senatores*** mehr als vier Senatoren; ***pluribus verbis*** wortreicher; (*unkl.*) *auch ohne komp. Sinn* → ***complures***
8. *Sup* sehr viel, der meiste; ***silva plurima*** sehr dichter Wald; ***amnis plurimus*** hoch angeschwollener Strom; ***plurimi*** die meisten, sehr viele, ***plurima rosa*** *poet* sehr viele Rosen
9. ***multa*** vieles, vielerlei; ***quid multis*** wozu viele Worte?; ***multi*** die Menge, die gewöhnlichen Redner

mūlus ⟨ī⟩ *m*
1. Maultier, *Kreuzung zwischen Eselhengst u. Pferdestute*
2. *fig* Packesel
3. *als Schimpfwort* Dummkopf

Mulvius pōns *m die nördlichste Tiberbrücke in Rom, über die die via Flaminia nach Etrurien führte*

Mummius ⟨a, um⟩ *Name einer röm. gens*; ***L. Mummius Achaicus*** *Eroberer u. Zerstörer Korinths (146 v. Chr.)*

Mūnātius ⟨a, um⟩ *Name einer röm. gens*; ***L. Munatius Plancus*** *Legat Caesars in Gallien, Freund Caesars u. Ciceros, später Anhänger des Antonius u. des Octavian, für den er 27 v. Chr. den Titel Augustus vorschlug*

Munda ⟨ae⟩ *f Stadt in Hispania Baetica, s. von Corduba, berühmt durch Caesars Sieg über Pompeius 45 v. Chr., heute Montilla*

mundānus
I ⟨a, um⟩ *Adj* ||mundus[2]|| (*mlat.*) weltlich, irdisch
II ⟨ī⟩ *m* Weltbürger

munditia ⟨ae⟩ *f* (*vkl., nachkl.*) *u.* **munditiēs** ⟨ēī⟩ *f* ||mundus[1]||
1. (*vkl.*) Sauberkeit, Reinheit, Reinlichkeit; *Pl* Aufräumarbeiten
2. Zierlichkeit, Feinheit, Eleganz
3. Eitelkeit, Prunksucht, Putzsucht
4. RHET Zierlichkeit im Ausdruck
5. feine Lebensart, Anstand

mundō ⟨āvī, ātum, āre 1.⟩ ||*Denom von* mundus[1]|| (*nachkl.*) *poet* reinigen, säubern; ***mensam m.*** den Tisch säubern

mundulus ⟨a, um⟩ *Adj, Adv* ⟨mundulē⟩ ||*Dim von* mundus[1]|| geputzt, galant, zierlich

mundus[1] ⟨a, um⟩ *Adj, Adv* ⟨mundē⟩ *u.* ⟨munditer⟩
1. (*unkl.*) sauber, reinlich, rein; ***liber pumice m.*** mit dem Bimsstein geglättetes Buch; ***in mundo esse/habere*** (*altl.*) in Bereitschaft sein/haben
2. *fig* zierlich, nett, fein, anständig, elegant

▶ **mundus[2]** ⟨ī⟩ *m*

M

1. (*vkl., nachkl.*) Putz, Toilettengeräte *der Frauen*
2. Welt, Weltall; *Pl* Weltkörper; ***m. triformis/triplex*** = Himmel, Erde und Meer
3. (Sternen-)Himmel
4. Welt, Erde; ***civis totius mundi*** Cic. Weltbürger
5. Menschheit, die Menschen
6. (*vkl., nachkl.*) der Mundus, *runde Opfergrube in Rom, die als Eingang zur Unterwelt den unterirdischen Göttern geweiht war u. nur dreimal im Jahr geöffnet wurde*
7. ***m. intelligibilis*** (*nlat.*) PHIL die geistige Welt (der Ideen), die Welt der Dinge an sich; (*nlat.*) PHIL die sinnlich wahrnehmbare Welt, die Welt der Erscheinungen

mūnerārius ⟨a, um⟩ *Adj* ||munus|| (*nachkl.*) Spender eines Gladiatorenspiels

mūneri-gerulus ⟨ī⟩ *m* ||munus, gero|| Plaut. Überbringer von Geschenken

mūnerō ⟨āvī, ātum, āre 1.⟩ *u.* **mūneror** ⟨ātus sum, ārī 1.⟩ ||*Denom von* munus||
1. schenken, *alicui aliquid* j-m etw
2. beschenken, *aliquem re* j-n mit etw

mūnia *n* (*klass.*) *nur Nom u. Akk* Leistungen, Amtspflichten, Berufsgeschäfte; ***belli pacisque munia*** Pflichten in Krieg und Frieden

mūni-ceps ⟨cipis⟩ *m u. f* ||munia, capio|| Bürger, Bürgerin eines Municipiums, Kleinstädter, Kleinstädterin, Mitbürger, Mitbürgerin; Landsmann, Landsmännin

mūnicipālis
I ⟨e⟩ *Adj* ||municipium||
1. zu einem Municipium gehörig, kleinstädtisch; ***dolor m.*** Schmerz der Bürger eines Municipiums
2. spießbürgerlich
II ⟨is⟩ *m* Kleinstädter

mūnicipātim *Av.* ||municipium|| municipienweise

▶ **mūnicipium** ⟨ī⟩ *n* ||municeps|| Landstadt, *bes ital.* Kleinstadt *mit eigener Verwaltung u. eigenen Gesetzen, aber mit röm. Bürgerrecht, teils mit, teils ohne Stimmrecht in Rom*

mūnificentia ⟨ae⟩ *f* ||munificus|| (*nachkl.*) Freigebigkeit, Gnadenakt, *in aliquem* gegen jdn

mūnificō ⟨āvī, ātum, āre 1.⟩ ||*Denom von* munificus|| Lucr. beschenken

mūni-ficus ⟨a, um⟩ *Adj, Adv* ⟨mūnificē⟩ ||munus, facio|| freigebig, mildtätig, *in aliquem* gegen j-n, *in re* in etw

mūnimen ⟨inis⟩ *n* (*spätl.*) *u.* **mūnīmentum** ⟨ī⟩ *n* ||munio|| Verschanzung; ***aliquid pro munimento habere*** in etw seine Sicherheit haben

▶ **mūniō** ⟨īvī⟩ *u.* ⟨iī, ītum, īre 4.⟩ ||*Denom von* moenia||
I *v/i* schanzen, mauern; ***muniendo fessus*** ermüdet von der Schanzarbeit; ***munientes*** Bauleute
II *v/t*
1. *Mauern* bauen, *Wege* anlegen, gangbar machen; ummauern, befestigen; ***castra vallo atque fossā m.*** das Lager mit Wall und Graben sichern
2. *fig* schützen, sichern; ***civitas iure munita*** durch das Recht geschützte Bürgerschaft

mūnis ⟨e⟩ *Adj* ||munus|| Plaut. gefällig, verbunden

mūnīta ⟨ōrum⟩ *n* ||munitus|| Lucr. ausgebauter Weg

▶ **mūnītiō** ⟨ōnis⟩ *f* ||munio||
1. *abstr.* Befestigung, Schanzarbeit; Gangbarmachung; ***m. viarum*** Wegebau; ***m. fluminum*** das Anlegen von Brücken
2. *konkr.* Befestigung, Schanze, Verteidigungslinie; *meton* Befestigungsmaterial; ***m. operis*** feste Schanze

mūnītō ⟨-, -, āre 1.⟩ ||*Intens von* munio|| *einen Weg* bahnen

mūnītor ⟨ōris⟩ *m* ||munio|| (*nachkl.*) *poet*
1. Erbauer, ***Troiae*** von Troja
2. Schanzarbeiter; MIL Pionier, Mineur

mūnītus ⟨a, um⟩ *Adj, Adv* ⟨mūnītē⟩ ||munio||
1. fest, befestigt; ***urbs munita*** feste Stadt
2. *fig* geschützt, sicher, *contra aliquid/re* vor etw, gegen etw

mūnus ⟨eris⟩ *n*
1. Aufgabe, Pflicht, Obliegenheit, Amt, Dienst, Dienstleistung, Posten, Stelle; ***m. servorum*** Sklavendienst; ***m. regis*** Aufgabe des Königs; ***m. militiae/militare*** Kriegsdienst; ***munera rei publicae*** politische Aufgaben; ***m. bestiae*** Bestimmung des Tieres
2. Leistung, Abgabe; ***alicui munus imponere*** j-m eine Aufgabe aufgeben; ***liber ab omni munere*** von jeder Verpflichtung frei
3. Gefälligkeit, Gunsterweis, Gnade; ***tui muneris sum*** ich bin ein Werk deiner Gnade; ***munere alicuius rei*** mithilfe einer Sache, mittels einer Sache
4. letzter Liebesdienst, Bestattung; ***suprema munera*** Verg. letzter Liebesdienst, letzte Ehre
5. Geschenk, Gabe, Gratifikation; ***aliquem muneribus cumulare*** j-n mit Geschenken überhäufen; ***nuptiale m.*** Hochzeitsgeschenk; ***libertatis m.*** Geschenk der Freiheit; ***m. a deis datum*** Geschenk der Götter; ***m. Veneris*** Geschenk der Venus = Schönheit; ***m. Bacchi*** Geschenk des Bacchus = Wein; ***m. Cereris*** Geschenk der Ceres = Brot
6. Opfer, Opfergabe, *bes* Totenopfer; ***munera templis ferre*** Opfer zum Tempel bringen
7. Geschenk eines Beamten an das Volk, Spiel, Festspiel, Gladiatorenspiel
8. (*nachkl.*) *meton* Festspielhaus, Theater
9. *fig* Prachtbau *des Weltalls*; ***moderator tanti operis et muneris*** Cic. Gestalter eines so großen Werkes und Baues

mūnusculum ⟨ī⟩ *n* ||*Dim von* munus|| kleines Geschenk; ***alieni facinoris m.*** lächerlicher Gewinn aus fremdem Verbrechen

mūraena ⟨ae⟩ *f* = ***murena***

mūrālis ⟨e⟩ *Adj* ||murus|| zur Mauer gehörig, Mauer…; ***falx m.*** Mauerhaken; ***corona m.*** Mauerkranz, *Tapferkeitsauszeichnung für den, der als Erster die feindliche Mauer erstiegen hatte*

mūrēna ⟨ae⟩ *f* ||griech. Fw.|| Muräne, *ein Seefisch*

Mūrēna ⟨ae⟩ *m röm. Beiname in der gens Licinia*; → ***Licinius***

mūrex ⟨icis⟩ *m*
1. (*nachkl.*) Purpurschnecke *mit stacheliger Schale*
2. *essbare* Stachelschnecke
3. (*nachkl.*) *meton* Purpurfarbe
4. *fig* Spitziges, Fußangel, Felsenriff
5. Schneckenschale als Tritonshorn

Murgantia ⟨ae⟩ *f*
1. *sehr alte Stadt im Innern Siziliens mit Ausgrabungen bei Aidone*

2. *Stadt in Samnium, genaue Lage nicht bekannt*
muria ⟨ae⟩ *f (unkl.)* Salzlake, Pökel
muriāticus ⟨a, um⟩ *Adj* ||muria|| eingepökelt
mūri-cīdus ⟨a, um⟩ *Adj* Plaut. schlapp, energielos
mūrīnus ⟨a, um⟩ *Adj* ||mus|| *(vkl., nachkl.)* von Mäusen, Mäuse…; ***pellis murina*** Marderfell
murmillō ⟨ōnis⟩ *m* Gladiator *mit gall. Helm, auf dessen Spitze sich als Abzeichen ein Fisch befand*
▸ **murmur** ⟨uris⟩ *n* das Murmeln, Gemurmel *sowohl des Beifalls als auch des Unwillens; fig* das Rauschen, das Brausen, das Tosen, das Summen
murmurātiō ⟨ōnis⟩ *f* ||murmuro|| *(nachkl.)* das Murren
murmurillum ⟨ī⟩ *n* Plaut. Gemurmel
murmurō ⟨āvī, ātum, āre 1.⟩ ||*Denom von* murmur|| murmeln, murren, brummen; *poet* rauschen, summen; ***intestina murmurant*** Plaut. der Magen knurrt
muro… = *myro…*
murra[1] ⟨ae⟩ *f poet* Flussspat, Achat, *woraus kostbare Gefäße gemacht wurden; meton* Murragefäß
murra[2] ⟨ae⟩ *f* ||griech. Lw.|| *(nachkl.) poet* Myrrhenbaum; *meton* Myrrhe, *Saft aus der Rinde des Myrrhenbaums als Würze u. Duftstoff*
murreus[1] ⟨a, um⟩ *Adj* ||murra[1]|| aus Flussspat, aus Achat
murreus[2] ⟨a, um⟩ *Adj* ||murra[2]|| mit Myrrhe parfümiert; myrrhefarben, dunkelgelb
murrh… = *murr…*
murrina ⟨ōrum⟩ *n* ||murrinus[1]|| Gefäße aus Achat
murrinum ⟨ī⟩ *n* ||murra[2]|| *(erg.* ***vinum****)* mit Myrrhe versetzter Wein
murrinus[1] ⟨a, um⟩ *Adj* ||murra[1]|| *(nachkl.) poet* aus Flussspat, aus Achat
murrinus[2] ⟨a, um⟩ *Adj* ||murra[2]|| aus Myrrhe bereitet, mit Myrrhe parfümiert
Murtēta ⟨ōrum⟩ *n* ||murtetum|| *Örtlichkeit bei Baiae mit Schwefelbädern*
murtētum ⟨ī⟩ *n* ||murtus|| Myrtengebüsch, Myrtenwäldchen
murteus ⟨a, um⟩ *Adj* ||murtus|| von Myrten; myrtenfarben, kastanienbraun
murtum ⟨ī⟩ *n* ||griech. Fw.|| Myrtenbeere
murtus ⟨ī⟩ *u.* ⟨ūs⟩ *f* ||griech. Fw.|| *(unkl.)* Myrte, *immergrüner Strauch, der Venus heilig; meton* Myrtenstab, Myrtenkranz, Myrtenhain; Speer aus Myrtenholz
▸ **mūrus** ⟨ī⟩ *m* Mauer, *bes* Stadtmauer, *auch* Erdwall, Damm; *meton* Stadt; *fig* Bollwerk, Schutzwehr; ***Achilles Graium m.*** Achill, der Schutz der Griechen
▸ **mūs** ⟨mūris⟩ *m* Maus, *auch* Ratte, Marder, *auch Kosewort;* ***mus rusticus*** Feldmaus
Mūs ⟨Mūris⟩ *m röm. Beiname in der gens Decia;* → ***Decius***
Mūsa ⟨ae⟩ *f* ||griech. Lw.||
1. MYTH Muse, *meist Pl, urspr. 3, später 9 weibliche Gestalten der griech. Mythologie, Töchter des Zeus u. der Mnemosyne, Schutzgöttinnen der Künste, von den Römern übernommen; später wurden den einzelnen Musen bestimmte Gebiete zugeordnet*
2. *meton* Musenkunst; Dichtung, Musik, Gesang, Lied
3. *meton* Künste, Wissenschaften, Gelehrsamkeit, Bildung; ***musae agrestiores*** Rechtswissenschaft und Beredsamkeit; ***musae mansuetiores*** Philosophie
mūsaeus ⟨a, um⟩ *Adj* ||Musa|| *(nachkl.) poet* dichterisch, musikalisch
Mūsaeus ⟨ī⟩ *m* MYTH *Sänger u. Seher in Attika*
musca ⟨ae⟩ *f*
1. Fliege
2. Plaut. *meton* ungebetener Gast; aufdringlicher Mensch
muscārium ⟨ī⟩ *n* ||musca|| *(nachkl.) poet* Fliegenwedel; Kleiderbürste
mūs-cipula ⟨ae⟩ *f u.* **mūs-cipulum** ⟨ī⟩ *n* ||mus, capio|| *(unkl.)*
1. Mausefalle; *(spätl.) fig* Fallstrick
2. *nur* ***muscipula*** *(mlat.)* Katze
muscōsus ⟨a, um⟩ *Adj* ||muscus|| moosig, bemoost
mūsculus ⟨ī⟩ *m* ||*Dim von* mus||
1. Mäuschen
2. *(nachkl.) fig* Muskel
3. MIL Minierdach, Schutzdach, *unter dem die Belagerer die feindlich Mauer untergruben*
4. *(vkl., nachkl.)* Miesmuschel
muscus ⟨ī⟩ *m (unkl.)* Moos
mūsēum ⟨ī⟩ *n* ||griech. Fw.|| *(vkl., nachkl.)* „Musenort", Akademie, Bibliothek, Institut, Museum
mūsica ⟨ae⟩ *f u.* **mūsica** ⟨ōrum⟩ *n u.* **mūsicē** ⟨ēs⟩ *f* ||griech. Lw.|| Musik, Tonkunst; *im weiteren Sinne* Poesie, Kunst, Wissenschaft, höhere Bildung; ***m. caelestis*** *(mlat.)* Sphärenmusik; ***m. sacra*** *(nlat.)* Kirchenmusik; ***m. viva*** *(nlat.)* moderne Musik *seit 1945*
mūsicus
I ⟨a, um⟩ *Adj, Adv* ⟨mūsicē⟩ ||griech. Lw.||
1. die Musik betreffend, musikalisch; *(vkl.)* dichterisch
2. *(nachkl.)* gelehrt, wissenschaftlich
II ⟨ī⟩ *m* Musiker, Tonkünstler
mūsīum ⟨ī⟩ *n* = ***museum***
mussitō ⟨āvī, ātum, āre 1.⟩ ||*Intens von* musso|| *(nachkl.)*
1. murmeln, leise vor sich hinsprechen
2. schweigend dulden
mussō ⟨āvī, ātum, āre 1.⟩ ||griech. Lw.|| *(nachkl.)* leise vor sich hinsprechen; *von Bienen* summen; *meton* sich bedenken, hinter dem Berg halten, schwanken, *abs od + Inf; von Tieren* Angst haben
mustāceum ⟨ī⟩ *n* ||mustum|| Hochzeitskuchen; ***laureolam in mustaceo quaerere*** versuchen einen leichten Sieg zu erringen
mūstēla ⟨ae⟩ *f* Wiesel
mūstēlīnus ⟨a, um⟩ *Adj* ||mustela|| *(vkl., nachkl.)* Wiesel…
mūstella ⟨ae⟩ *f* = ***mustela***
mūstellīnus ⟨a, um⟩ *Adj* = ***mustelinus***
musteus ⟨a, um⟩ *Adj* ||mustum|| *(vkl., nachkl.)* mostähnlich; *fig* neu, frisch
mustulentus ⟨a, um⟩ *Adj* ||mustum|| *(vkl., nachkl.)* mostreich
mustum ⟨ī⟩ *n u. Pl* ||mustus|| *(unkl.)* Most, junger Wein, *(klass.) nur fig; meton* Weinlese, Herbst
mustus ⟨a, um⟩ *Adj (vkl.)* jung, frisch, neu
mūtābilis ⟨e⟩ *Adj, Adv* ⟨mūtābiliter⟩ ||muto[1]|| *von Personen u. Sachen* veränderlich, launisch, unbe-

ständig

mūtābilitās ⟨ātis⟩ *f* ||mutabilis|| Veränderlichkeit

mūtātiō ⟨ōnis⟩ *f* ||muto[1]||

1. Veränderung, Umwandlung; ***m. locorum*** Ortswechsel; ***m. castrorum*** Verlegung des Lagers

2. POL Umwälzung, Umsturz; ***m. rerum*** Umsturz des Staates

3. Gegenseitigkeit, Austausch

4. RHET Vertauschung des Ausdrucks, Hypallage

mutilō ⟨āvī, ātum, āre 1.⟩ ||*Denom von* mutilus||

1. (*nachkl.*) *poet* verstümmeln

2. *fig* vermindern, verkleinern

mutilus ⟨a, um⟩ *Adj* verstümmelt, gestutzt, abgestumpft; *fig von der Rede* abgehackt

Mutina ⟨ae⟩ *f etrusk. Stadt in der Poebene an der via Aemilia, seit 183 v. Chr. röm. Kolonie, heute Modena*

Mutinēnsis ⟨e⟩ *Adj* aus Mutina, zu Mutina gehörig

mūtiō ⟨īvī, ītum, īre 4.⟩ = ***muttio***

mūtō[1] ⟨āvī, ātum, āre 1.⟩

I
1. wegbewegen, entfernen
2. wechseln, tauschen
3. eintauschen
4. ändern, umgestalten
5. verwandeln
6. umstimmen
7. verbessern
II sich ändern, umschlagen

I *v/i*

1. wegbewegen, entfernen, vertreiben; ***aliquem civitate m.*** j-n aus der Stadt jagen; ***m. arbores*** Bäume versetzen; *Passiv u.* ***se m.*** sich entfernen, wegschleichen, wegkommen, *re* von etw, aus etw

2. wechseln, tauschen, vertauschen, umtauschen; ***principem m.*** den Herrn wechseln; ***iumenta m.*** die Pferde wechseln; ***sedem/locum m.*** in die Verbannung gehen; ***orationem/genus eloquendi m.*** den Ausdruck wechseln, Abwechslung in die Rede bringen; ***res inter se m.*** Tauschhandel treiben; ***personam m.*** die Maske abwerfen = seine wahre Natur zeigen

3. eintauschen, *aliquid re* etw für etw; ***certa pro incertis m.*** Sicheres für Unsicheres eintauschen

4. ändern, umgestalten; ***vultum m.*** das Gesicht verziehen; ***testamentum m.*** das Testament ändern; ***fidem m.*** wortbrüchig werden; *Passiv* sich ändern; ***fortuna mutatur*** das Glück schlägt um

5. verwandeln; ***alite/in alitem mutatur*** er wird in einen Vogel verwandelt; ***mutatus ab aliquo*** von j-m verschieden; ***faciem mutatus*** im Gesicht verwandelt

6. umstimmen; ***ad misericordiam m.*** zum Mitleid umstimmen

7. verbessern; verschlechtern; ***vinum mutatur*** der Wein schlägt um, der Wein wird sauer; ***mutati in deterius principatūs initium*** Tac. der Anfang der zum Schlechten veränderten Herrschaft; ***aura mutata*** ungünstiger Wind

II *v/i* sich ändern, umschlagen; ***annona nihil mutavit*** der Getreidepreis hat sich nicht geändert; ***m. in aliquid*** in etw übergehen

mūtō[2] ⟨ōnis⟩ *m* (*nachkl.*) *poet* das männliche Glied, Penis

mūtōniātus ⟨a, um⟩ *Adj* ||mutonium|| Mart. mit einem großen Penis

mūtōnium ⟨ī⟩ *n* (*nachkl.*) = ***muto²***

muttiō ⟨īvī, ītum, īre 4.⟩ (*vkl., nachkl.*) mucksen, leise sprechen, kleinlaut sprechen

muttītiō ⟨ōnis⟩ *f* ||muttio|| Plaut. das Mucksen

muttō ⟨ōnis⟩ *m* = ***muto²***

mūtuātiō ⟨ōnis⟩ *f* ||mutuor|| Anleihe, das Borgen

mūtuitāns *Gen* ⟨antis⟩ *Adj* ||mutuor|| Plaut. der borgen will

mūtulus ⟨ī⟩ *m* = ***mitulus***

mūtūniātus ⟨a, um⟩ *Adj* = ***mutoniatus***

mūtūnicum ⟨ī⟩ *n* = ***mutonium***

mūtuō[1] *Adv* → ***mutuus***

mūtuō[2] ⟨āvī, ātum, āre 1.⟩ (*altl.*) *u.* **mūtuor** ⟨ātus sum, ārī 1.⟩ ||*Denom von* mutuus|| borgen, leihen, *aliquid ab aliquo* etw von j-m; *fig* entlehnen, *aliquid ab aliquo* etw von j-m, *aliquid a re/de re* etw von etw; ***m. domum*** ein Haus mieten; ***m. verbum a simili*** mit übertragenem Sinn sprechen, metaphorisch sprechen

▶ **mūtus** ⟨a, um⟩ *Adj von Lebewesen* sprachlos, schweigend, stumm; *von Sachen* still, lautlos; ***artes mutae*** Künste, über die man schweigt = Künste, die wenig Ruhm bringen; ***consonantes mutae*** GRAM die Mutae, Verschlusslaute, *b/p, d/t, g/c/k*

mūtuum ⟨ī⟩ *n* ||mutuus||

1. (*vkl., nachkl.*) Darlehen

2. Gegenseitigkeit; ***per mutua*** untereinander

▶ **mūtuus** ⟨a, um⟩ *Adj, Adv* ⟨mūtuō⟩ *u.* ⟨mūtuē⟩

1. geborgt, geliehen; ***pecuniam mutuam dare alicui*** j-m Geld leihen; ***pecuniam mutuam sumere ab aliquo*** von j-m Geld leihen; *Adv* leihweise

2. wechselseitig, gegenseitig, beiderseitig, *auch* gemeinsam; ***amor m.*** gegenseitige Liebe; ***mutua verba reddere*** Worte wechseln; ***aliquem mutuo diligere*** j-n wieder lieben; ***aestus maritimi mutuo accedentes et recedentes*** die Gezeiten des Meeres, die abwechselnd anstürmen und zurückfluten

Mycalē[1] ⟨ēs⟩ *f Vorgebirge in Kleinasien gegenüber der Insel Samos*

Mycalē[2] ⟨ēs⟩ *f thessalische Hexe*

Mycēna ⟨ae⟩ *f u.* **Mycēnae** ⟨ārum⟩ *f* Mykene, *sehr alte Stadt in der Argolis n von Argos, Königssitz der Atriden, ausgedehnte u. berühmte Ausgrabungen seit 1874 (Schliemann)*

Mycēnaeus ⟨a, um⟩ *Adj* mykenisch

Mycēnēnsēs ⟨ium⟩ *m* die Mykener

Mycēnis ⟨idis⟩ *f* Tochter Mykenes = Iphigenie

Myconos *u.* **Myconus** ⟨ī⟩ *f Kykladeninsel nö. von Delos*

mȳgalē ⟨ēs⟩ *f* ||griech. Fw.|| Spitzmaus

Mygdōn ⟨onis⟩ *m alter König der Phryger*; *nach ihm benannt*: **Mygdones** ⟨um⟩ *m urspr. thrakischer, nach Phrygien ausgewanderter Stamm*

Mygdonius ⟨a, um⟩ *Adj* = thrakisch, phrygisch

Mȳlae ⟨ārum⟩ *f Halbinsel u. Stadt an der Nordküste Siziliens, heute Milazzo*; *Sieg des Duilius 260 v. Chr. über die Karthager u. des Agrippa über den Sohn des Pompeius 36 v. Chr.*

myoparō ⟨ōnis⟩, *Akk Pl* ⟨ōnas⟩ *m* ||griech. Fw.|| leichtes Kaperschiff

M

mȳriada ⟨ae⟩ *f* ||griech. Fw.|| *(eccl.)* zehntausend; unendliche Menge
myrīca ⟨ae⟩ *f u.* **myrīcē** ⟨ēs⟩ *f* Tamariske, *immergrüner Strauch*
Myrmidones ⟨um⟩ *m Gefolgsleute des Achill in der homerischen Ilias*
myrmillō ⟨ōnis⟩ *m* = ***murmillo***
Myrō ⟨ōnis⟩ *m berühmter attischer Bronzegießer aus Eleutherai, um 460 v. Chr.*
myrobalanum ⟨ī⟩ *n* ||griech. Fw.|| Mart. Frucht der Behennuss; Parfüm aus der Frucht der Behennuss
myrobrechārius ⟨ī⟩ *m* ||griech. Fw. mit lat. Endung|| Plaut. Parfümhändler
myrobrechīs *nur Akk Pl Adj* ||griech. Fw.|| Suet. salbentriefend, parfümiert; ***cincinnos m. persequitur*** er betreibt parfümiertes Wortgekräusel, *zur Bezeichnung des manierierten Stils des Maecenas*
myropōla ⟨ae⟩ *m* ||griech. Fw.|| Com. Parfümeriehändler
myropōlium ⟨ī⟩ *n* ||griech. Fw.|| Plaut. Parfümladen
myrothēcium ⟨ī⟩ *n* ||griech. Fw.|| Plaut. Salbenbüchse
myrrh... = ***murr...***[2]
myrt... = ***murt...***
Myrtos ⟨ī⟩ *f kleine Insel an der Südspitze von Euböa*
Myrtōum mare *n Teil des Ägäischen Meeres zwischen Attika u. Kreta*
Mȳsia ⟨ae⟩ *f Landschaft in NO von Kleinasien zwischen Troas u. Lydien*
Mȳsius ⟨a, um⟩ *Adj* aus Mysia, zu Mysia gehörig
mystagōgus ⟨ī⟩ *m* ||griech. Fw.|| Fremdenführer *durch heilige Orte*
mystērium ⟨ī⟩ *n* ||griech. Fw.|| Geheimnis, *bes im kultisch-relig. Sinn*; *Pl* Geheimkult, Mysterien; *fig* geheime Künste, Geheimlehren
mystēs ⟨ae⟩ *m* ||griech. Fw.|| Priester bei den Mysterien; *Pl* Eingeweihte
mysticus ⟨a, um⟩ *Adj* ||griech. Fw.|| *poet* zu den Mysterien gehörig, geheimnisvoll
Mȳsus
I ⟨a, um⟩ *Adj* aus Mysia, zu Mysia gehörig
II ⟨ī⟩ *m* Einwohner von Mysia
Mytilēnae ⟨ārum⟩ *f Hauptstadt der Insel Lesbos, heute Mytilini*
Mytilēnaeus ⟨a, um⟩ *Adj* aus Mytilenae, zu Mytilenae gehörig
Mytilēnē ⟨ēs⟩ *f* = ***Mytilenae***
Mytilēnēnsis ⟨e⟩ *Adj* = ***Mytilenaeus***
mȳtilus ⟨ī⟩ *m* = ***mitulus***
myxa ⟨ae⟩ *f u.* **myxus** ⟨ī⟩ *m* ||griech. Fw.|| Mart. Lampendocht

N

N n *Abk*
1. = ***Numerius***
2. = ***nepos*** Enkel, Neffe
3. = ***Nonae*** die Nonen
4. *N. B.* *(nlat.)* = ***nota bene*** wohlgemerkt
5. *N. L.* = ***non liquet*** JUR die Sache ist nicht klar
Nabataeī ⟨ōrum⟩ *m arabisches Volk*
nablium ⟨ī⟩ *n [griech.-phönikisches Fw.] phönikisches Saiteninstrument*
nactus ⟨a, um⟩ *PPerf* → ***nanciscor***
nae *Partikel* = ***ne***[1]
naenia ⟨ae⟩ *f* = ***nenia***
Naeviānus ⟨a, um⟩ *Adj* des Naevius, zu Naevius gehörig
Naevius ⟨a, um⟩ *Name einer röm. gens*; ***Cn. Naevius*** *röm. Dramatiker u. Epiker, Schöpfer der fabula praetexta, Verfasser des ersten nationalröm. Epos „Bellum Poinicum", gest. 201 v. Chr. in Utica*
Naevius ⟨a, um⟩ *Adj* des Naevius, zu Naevius gehörig
naevulus ⟨ī⟩ *m* ||*Dim von* naevus|| kleines Muttermal
naevus ⟨ī⟩ *m* Muttermal
Nāias ⟨adis⟩ *f* ||griech. Name|| Wassernymphe, Najade; *allg.* Nymphe; *meton* Wasser
Nāicus ⟨a, um⟩ *Adj* ||Naias|| der Najaden, zu den Najaden gehörig
Nāis ⟨idis⟩ *f* = ***Naias***
▸ **nam**
I *Partikel der Versicherung* ja, wahrhaftig, allerdings; ***nam mehercule*** ja wahrhaftig
II *Konj*
1. *zur Erläuterung u. Begründung, meist am Anfang des Satzes, poet auch nachgestellt* denn; nämlich
2. zum Beispiel
3. *an ein anderes Wort angehängt, auch getrennt* denn, doch; ***quisnam?*** wer denn?; ***ubinam?*** wo denn?
Namnetēs ⟨um⟩ *m kelt. Volk in der Gegend des heutigen Nantes*
nam-que
I *Adv* wahrlich, freilich
II *Konj* denn; nämlich
▸ **nancīscor** ⟨nactus sum⟩ *u.* ⟨nānctus sum, nancīscī 3.⟩ zufällig erreichen, zufällig erlangen, bekommen, gewinnen; zufällig antreffen, finden; ***spatium n.*** Zeit gewinnen; ***spem morae n.*** Hoffnung auf Aufschub erlangen; ***febrim n.*** Fieber bekommen; ***maleficam naturam n.*** die Ungunst der Natur erfahren; ***nanctus*** *PPerf auch mit p Bedeutung* erreicht
nānus ⟨ī⟩ *m* ||griech. Fw.|| *(nachkl.) poet* Zwerg
Napaeae ⟨ārum⟩ *f* ||napaeus|| Nymphen der Waldtäler
napaeus ⟨a, um⟩ *Adj* ||griech. Fw.|| zum Waldtal gehörig
Nār ⟨Nāris⟩ *m schwefelhaltiger Nebenfluss des Tiber in Umbrien, heute Nera*
Nārbō ⟨ōnis⟩ *m u. f u.* **Nārbōna** ⟨ae⟩ *f Stadt in Gallia*

N

Narbonensis, heute Narbonne
Nārbōnēnsis ⟨e⟩ *Adj* aus Narbo, zu Narbo gehörig
narcissus ⟨ī⟩ *m* ||griech. Fw.|| *(nachkl.) poet* Narzisse
Narcissus ⟨ī⟩ *m*
1. *Sohn des böotischen Flussgottes Kephisos, verschmähte die Liebe der Echo u. verliebte sich in das eigene im Wasser gespiegelte Bild, wurde in die Blume Narzisse verwandelt*
2. *Freigelassener u. Günstling des Kaisers Claudius*
nardinum ⟨ī⟩ *n* ||nardinus|| Plaut. Nardenwein
nardinus ⟨a, um⟩ *Adj* ||griech. Fw.|| *(nachkl.)* aus Narden gemacht, Narden…
nardum ⟨ī⟩ *n u.* **nardus** ⟨ī⟩ *f* ||griech. Fw.|| *(nachkl.) poet* Narde, *aus Indien eingeführte Graspflanze, deren Saft ein kostbares Duftöl lieferte*; *meton* Nardenöl, Nardencreme
nāris ⟨is⟩ *f*
1. Nasenloch, Nase; *Pl* Nase, Nüstern; Geruchssinn; ***naribus uti*** die Nase rümpfen, spotten
2. *(nachkl.) fig* feine Nase, Scharfsinn, treffendes Urteil; ***homo emunctae naris*** Hor. Mann mit scharfem Verstand
narrābilis ⟨e⟩ *Adj* ||narro|| *poet* erzählbar
narrātiō ⟨ōnis⟩ *f* ||narratio|| Erzählung; Mitteilung in Erzählform; das Erzählte; RHET Darlegung des Sachverhalts
narrātiuncula ⟨ae⟩ *f* ||*Dim von* narratio|| *(nachkl.)* kleine Erzählung, Anekdote
narrātor ⟨ōris⟩ *m* ||narro|| Erzähler
narrātus ⟨ūs⟩ *m* ||narro|| *(nachkl.)* = ***narratio***
► **narrō** ⟨āvī, ātum, āre 1.⟩
1. erzählen, kundtun, berichten, mitteilen, *alicui* j-m, *aliquid* etw, *de re* über etw, + *AcI, im Passiv + NcI, + indir Fragesatz*
2. Nachrichten bringen; ***bene n.*** gute Nachricht bringen; ***male n.*** schlechte Nachricht bringen
3. erwähnen, nennen, sprechen, *aliquid* etw, von etw; ***Catulum et illa tempora n.*** den Catulus und jene Zeit erwähnen; ***filium narras mihi?*** sprichst du mir von meinem Sohn?; ***narra mihi*** sag mir einmal; ***narro tibi*** lass dir sagen
narthēcium ⟨ī⟩ *n* ||griech. Fw.|| Cremedose, Schminkkästchen
nārus ⟨a, um⟩ *Adj* = ***gnarus***
Nārycius ⟨a, um⟩ *Adj* aus Naryx, zu Naryx gehörig
Nārycum ⟨ī⟩ *n u.* **Nāryx** ⟨ycis⟩ *f*
1. *Stadt der Lokrer in Mittelgriechenland, keine Überreste*
2. *Kolonie der Lokrer in Bruttium*
nāscor ⟨nātus sum, nāscī 3.⟩

1. geboren werden, erzeugt werden
2. entstehen, entspringen
3. sich finden, vorkommen
4. geboren, entsprossen

1. *von Lebewesen* geboren werden, erzeugt werden, entstehen; ***n. in urbe*** in der Stadt Rom geboren werden; ***n. in litteris*** mit den Wissenschaften aufwachsen; ***in miseriam sempiternam n.*** zu ewigem Elend geboren werden
2. *fig von Sachen u. Abstr.* entstehen, entspringen, herrühren; *von Gestirnen* aufgehen; ***facinus e cupiditate nascitur*** das Verbrechen entsteht aus der Begierde; ***collis nascitur*** ein Hügel erhebt sich; ***luna nascitur*** der Mond geht auf; ***nascens luna*** Neumond; ***ventus nascitur*** ein Wind kommt auf; ***amnis nascitur*** ein Fluss entspringt; ***ex hoc nascitur, ut*** daraus folgt, dass
3. sich finden, vorkommen; ***ibi plumbum nascitur*** dort gibt es Bleivorkommen
4. *PPerf* geboren, entsprossen; geschaffen, bestimmt; geartet; alt; ***post hominum genus natum*** seit Menschengedenken; ***Romanus natus*** von Geburt Römer; ***sermo nobis natus*** unsere Muttersprache; ***imperio/ad imperandum natus*** zum Herrschen geboren; ***loca insidiis nata*** für einen Hinterhalt wie geschaffenes Gelände; ***pro re nata*** nach Beschaffenheit der Sache; ***triginta annos natus*** dreißig Jahre alt; ***maior/minor sexaginta annos natus*** älter/jünger als sechzig Jahre
Nāsīca ⟨ae⟩ *m röm. Beiname*; → ***Scipio***
Nāsō ⟨ōnis⟩ *m röm. Beiname*; → ***Ovidius***
Nāsos ⟨ī⟩ *f Stadtteil von Syrakus*; = ***Ortygia***
nassa ⟨ae⟩ *f* Fischreuse; *fig* Netz, Schlinge
nassiterna ⟨ae⟩ *f (vkl.)* Gießkanne
nāsturcium ⟨ī⟩ *n* ||nasus, torqueo|| Kresse
nāsum ⟨ī⟩ *n u.* **nāsus** ⟨ī⟩ *m (vkl.)*
1. Nase; *poet* Geruchssinn
2. *fig* feine Nase, scharfes Urteil
3. *fig* Nase *als Sitz des Spottes*; ***naso suspendere aliquem/aliquid*** über j-n/etw die Nase rümpfen, über j-n/etw spotten
4. Iuv. *fig* Tülle, Schnabel *eines Bechers*
Nāsus ⟨ī⟩ *m* = ***Nasos***
nāsūtus ⟨a, um⟩ *Adj, Adv* ⟨nasūtē⟩ ||nasus|| mit großer Nase; *fig* spöttisch
nāta ⟨ae⟩ *f* ||nascor|| Tochter
nātālicia ⟨ae⟩ *f* ||natalicius|| *(erg.* ***cena****)* Geburtstagsessen
nātālicius ⟨a, um⟩ *Adj* ||natalis|| zum Geburtstag gehörig, Geburtstags…, zur Geburtsstunde gehörig, Geburts…; ***praedicta natalicia*** Geburtskonstellation, Horoskop
nātālis
I ⟨e⟩ *Adj* ||natus[2]|| Geburts…; ***hora n.*** Geburtsstunde; ***humus n.*** Heimat; ***dies n.*** Geburtstag, Jahrestag
II ⟨is⟩ *m*
1. Geburtstag
2. *poet* Geburtsort
3. Geburtsgott, Geburtsgenius
4. *Pl (nachkl.) poet* Herkunft, Familie, sozialer Stand; ***natalium splendor*** Glanz der Herkunft
5. ***n. (dies) domini*** *(mlat.)* Weihnachten
natantēs ⟨ium⟩ *u.* ⟨um⟩ *m* ||nato|| Schwimmtiere
natātiō ⟨ōnis⟩ *f* ||nato|| das Schwimmen, Schwimmübung, *auch Pl*
natātor ⟨ōris⟩ *m* ||nato|| *(unkl.)* Schwimmer
► **nātiō** ⟨ōnis⟩ *f* ||nascor||
1. Geburt, Abstammung; ***natione Medus*** medischer Abstammung
2. Stamm, Volk, Nation; ***eiusdem nationis esse*** ein Landsmann sein
3. *fig* Gattung, Klasse, Art, Sippschaft, *oft iron*; ***n. Epicureorum*** die Sippschaft der Epikureer; ***rudis n.*** rauer Menschenschlag

4. *Pl* (*spätl., eccl.*) die Nichtchristen, die Heiden
Nātiō ⟨ōnis⟩ *f* Geburtsgöttin
natis ⟨is⟩ *f* (*vkl.*) *poet* Hinterbacke; *Pl* Gesäß
nātīvus ⟨a, um⟩ *Adj* ||natus[2]||
1. geboren, auf natürlichem Weg entstanden; ***verba nativa*** Stammwörter
2. angeboren, natürlich, ursprünglich; ***malum nativum*** Hunger; ***sermo n.*** Muttersprache
natō ⟨āvī, ātum, āre 1.⟩ ||*Freq von* no||
I *v/i*
1. *von Lebewesen u. Leblosem* schwimmen
2. *fig* überströmen, überfließen, triefen, voll sein; ***pavimenta vino natantia*** von Wein triefende Böden
3. wogen, wallen, schwanken; ***segetes natantes*** wogende Saaten; ***vestis natans*** wallendes Kleid
4. *von Personen* unsicher sein, schwanken
II *v/t* durchschwimmen, ***freta*** die Meerengen
natrix ⟨icis⟩ *f*
1. Wasserschlange; *fig* Schlange, Natter
2. *poet* männliches Glied, Penis
nātūra ⟨ae⟩ *f* ||nascor||
1. Geburt
2. Geschlechtsteil; *Pl* Genitalien
3. Natur, natürliche Beschaffenheit, Eigentümlichkeit; ***n. rerum*** Wesen des Ganzen; ***naturā*** von Natur aus
4. Gestalt, Wuchs, Äußeres; ***n. fluminis*** Richtung des Flusses
5. *geistig* Naturell, Temperament, Charakter, Sinnesart, Gesinnung; menschliche Natur; ***in naturam vertere*** zur zweiten Natur werden
6. Naturtrieb, natürliches Gefühl
7. Naturgesetz, Weltordnung, natürliche Möglichkeit; ***naturam vincere*** sich übermenschlich anstrengen; ***naturae satisfacere/concedere*** sterben; ***in rerum naturā est*** es ist möglich
8. Naturkraft, Schöpferkraft der Natur
9. Natur = Welt, Weltall; Schöpfung
10. Grundstoff, Element, Substanz, Stoff; ***duae naturae*** Erde und Wasser
11. Naturgebilde, Kreatur, Individuum, Ding; ***n. duplex*** Doppelgestalt; ***naturae rerum*** wirkliche Dinge
12. Organ
13. Lucr. Geschlecht, Gattung
nātūrālia ⟨ōrum⟩ *n* ||naturalis|| natürliche Dinge
▶ **nātūrālis** ⟨e⟩ *Adj*, *Adv* ⟨nātūrāliter⟩ ||natura||
1. natürlich, von der Natur geschaffen; ***portus n.*** natürlicher Hafen; ***lex n.*** Naturgesetz
2. leiblich; ***filius n.*** leiblicher Sohn
3. (*nachkl.*) außerehelich
4. natürlich, angeboren, naturgemäß
5. die Natur betreffend, Natur…; ***disputatio n.*** naturwissenschaftliche Erörterung
nātus[1] ⟨a, um⟩ *PPerf* → ***nascor***
nātus[2] ⟨ī⟩ *m* ||nascor|| Sohn; *Pl* Kinder; *auch von Tieren* die Jungen
▶ **nātus**[3] *Abl* ⟨ū⟩ *m* ||nascor|| Geburt; Alter; ***grandis natū*** hochbetagt; ***maior natū*** älter; ***maiores natū*** ältere Leute
nauarchus ⟨ī⟩ *m* ||griech. Fw.|| Kapitän
nauclēricus ⟨a, um⟩ *Adj* ||griech. Fw.|| des Schiffsherrn
nauclērus ⟨ī⟩ *m* ||griech. Fw.|| (*vkl., nachkl.*) Herr eines Schiffes
naucula ⟨ae⟩ *f* (*nachkl.*) = ***navicula***
nauculor ⟨-, ārī 1.⟩ ||*Denom von* naucula|| Mart. auf einem kleinen Schiff fahren
naucum ⟨ī⟩ *n* Nussschale, *nur in Redewendungen*: ***non nauci esse*** keinen Pfifferling wert sein; ***non nauci habere/facere*** gering schätzen; ***homo non nauci*** Taugenichts
nau-fragium ⟨ī⟩ *n* ||navis, frango||
1. Schiffbruch, ***naufragium facere*** Schiffbruch erleiden
2. *fig* Niederlage; ***n. maris*** Niederlage zur See
3. *fig* Zusammenbruch, Ruin, Elend, Verarmung
4. *Pl meton* Trümmer, Überreste
naufragus
I ⟨a, um⟩ *Adj* ||naufragium||
1. schiffbrüchig; *fig* ruiniert, verarmt
2. Schiffe zerstörend
II ⟨ī⟩ *m* Schiffbrüchiger
naulum ⟨ī⟩ *n* ||griech. Fw.|| (*nachkl.*) *poet* Fahrgeld, Frachtgeld
naumachia ⟨ae⟩ *f* ||griech. Fw.|| (*nachkl.*) *poet* Seegefecht *als Schauspiel*; Ort eines Seegefechts, *meist ein künstlicher Teich*
naumachiārius ⟨ī⟩ *m* ||naumachia|| Kämpfer in einem Seegefecht *als Schauspiel*
Naupactos *u.* **Naupactus** ⟨ī⟩ *f wichtige Hafenstadt in der Straße von Korinth*
nausea ⟨ae⟩ *f* ||griech. Fw.||
1. Seekrankheit; (*unkl.*) Übelkeit, Erbrechen
2. Sen. *fig* Ekel, Ekel erregende Langeweile
nauseābundus ⟨a, um⟩ *Adj* ||nausea|| Sen. seekrank; an verdorbenem Magen leidend
nauseātor ⟨ōris⟩ *m* ||nausea|| Sen. Seekranker
nauseō ⟨āvī, ātum, āre 1.⟩ ||*Denom von* nausea||
1. seekrank sein; sich erbrechen
2. Sen. *fig* sich ekeln
3. Phaedr. *fig* sich schlecht benehmen
nauseola ⟨ae⟩ *f* ||*Dim von* nausea|| kleine Übelkeit
nausi… = ***nause…***
▶ **nauta** ⟨ae⟩ *m* ||griech. Fw.||
1. Seemann, Matrose; Fischer; *Pl* Schiffsmannschaft
2. *poet* Schiffsherr, Reeder, Kaufmann
3. *poet* Schiffspassagier
nautea ⟨ae⟩ *f* ||griech. Fw.|| Plaut. Abwasser eines Schiffes
nauticus
I ⟨a, um⟩ *Adj* ||griech. Fw.|| seemännisch, See…; Schiffs…
II ⟨ī⟩ *m* (*nachkl.*) = ***nauta***
nāvāle ⟨is⟩ *n* ||navalis|| Standort der Schiffe, Hafen; *Pl* Schiffswerft, Dock; (*nachkl.*) Takelwerk
nāvālis ⟨e⟩ *Adj* ||navis|| zu Schiff, zur See, See…, Schiffs…; ***corona n.*** Schiffskrone, *Auszeichnung für einen Seesieg*; ***materia n.*** Schiffsbauholz
nāvē *Adv* → ***navus***
nāvicula ⟨ae⟩ *f* ||Demin. von navis|| kleines Schiff, Boot, Kahn
nāviculāria ⟨ae⟩ *f* ||navicularius|| Handelsschifffahrt, Reederei
nāviculārius
I ⟨a, um⟩ *Adj* ||navicula|| zum Schiffswesen gehörig

II ⟨ī⟩ *m* Reeder
nāvi-fragus ⟨a, um⟩ *Adj* ||navis, frango|| *poet* Schiffe zerstörend
nāvigābilis ⟨e⟩ *Adj* ||navigo|| *(nachkl.)* schiffbar
nāvigātiō ⟨ōnis⟩ *f* ||navigo|| Schifffahrt, *alicuius rei* auf etw; Seereise; *meton* Fahrgelegenheit; ***n. fluminis*** Schifffahrt auf einem Fluss
nāvigātor ⟨ōris⟩ *m* ||navigo|| Quint. Schiffer, Seefahrer
nāvi-ger ⟨gera, gerum⟩ *Adj* ||navis, gero|| Schiffe tragend, schiffbar
nāvigiolum ⟨ī⟩ *n* ||*Dim von* navigium|| *(unkl.)* = ***navicula***
nāvigium ⟨ī⟩ *n* ||navigo|| Schiff, Kahn, Floß
▶ **nāvigō** ⟨āvī, ātum, āre 1.⟩ ||navis, ago||
I *v/i*
1. zur See fahren, segeln, fahren; ***ex portu in Asiam n.*** aus dem Hafen nach Asien segeln
2. abfahren, in See stechen; schwimmen; Soldat zur See sein
II *v/t*
1. durchsegeln, durchfahren, ***maria*** die Meere
2. Sall. durch Seefahrt erwerben
▶ **nāvis** ⟨is⟩ *f*
1. Schiff; ***n. longa*** Kriegsschiff; ***n. oneraria*** Lastschiff; ***n. constrata*** Schiff mit Verdeck; ***n. praetoria*** Admiralsschiff, Kommandoschiff; ***navem deducere*** ein Schiff vom Stapel lassen; ***navem subducere*** ein Schiff an Land ziehen; ***navibus et quadrigis*** mit Schiffen und Quadrigen = mit allen Kräften; ***n. rei publicae*** *fig* Staatsschiff
2. *(mlat.)* Kirchenschiff, Langhaus *einer Kirche, das für das Volk bestimmt war*
nāvita ⟨ae⟩ *m* = ***nauta***
nāvitās ⟨ātis⟩ *f* ||navus|| Rührigkeit, Eifer, Emsigkeit
nāviter *Adv* → ***navus***
nāvō ⟨āvī, ātum, āre 1.⟩ ||*Denom von* navus|| eifrig betreiben, emsig verrichten; ***rem publicam n.*** dem Staat eifrig dienen; ***operam n.*** sich erfolgreich bemühen; ***operam/studium alicui n.*** j-m beistehen; ***alicui bellum n.*** j-m im Krieg Hilfe leisten
nāvus ⟨a, um⟩ *Adj, Adv* ⟨nāviter⟩ *u. selten* ***nāvē*** rührig, eifrig, emsig; *Adv* tüchtig, völlig; ***naviter impudens*** völlig unverschämt
Naxius ⟨a, um⟩ *Adj* aus Naxos, zu Naxos gehörig
Naxos *u.* **Naxus** ⟨ī⟩ *f größte, schon früh besiedelte, weinreiche Kykladeninsel, Kultstätte des Dionysos u. der Ariadne*
nē[1] *Partikel der Beteuerung, nur vor pers Pr u. dem Pr* fürwahr, wahrhaftig, ja, *häufig im Hauptsatz von konditionalen Gefügen*; ***ne ego ei non affuissem, nisi*** wirklich, ich hätte ihm nicht geholfen, wenn nicht
nē[2]
I *Adv*
1. nicht *in Aussagesätzen in Zusammensetzungen*; ***ne-quam*** nichts wert; ***ne-quiquam*** vergeblich
2. ***ne … quidem*** nicht einmal; *vergleichend* auch nicht; *im Gegensatz* keineswegs, durchaus nicht; ***ne in templis quidem*** nicht einmal in den Tempeln
3. *in Befehlssätzen* nicht, *in Gesetzestexten auch + Imp Fut, + Konjkt Präs od Konjkt Perf*; ***tu ne cede malis*** du aber weiche nicht dem Unglück; ***nocturna sacrificia ne sunto*** nächtliche Opfer sollen nicht stattfinden; ***ne laudaveris*** lobe nicht
4. *in Wunsch- u. Beteuerungssätzen* nicht, + *Konjkt*; ***ne venias*** komme (ja) nicht; ***ne vivam, si scio*** ich will des Todes sein, wenn ich weiß
5. *in Konzessivsatz* zugegeben, dass nicht; gesetzt, dass nicht, + *Konjkt*; ***ne sit sane summum malum dolor, malum certe est*** mag der Schmerz auch nicht (gerade) das größte Übel sein, ein Übel ist er sicherlich
II *Konj + Konjkt*
1. *in abhängigen Begehrsätzen* dass nicht; ***oro te, ne venias*** ich bitte dich, nicht zu kommen
2. *nach Ausdrücken der Furcht u. Besorgnis* dass; ***ne non*** dass nicht; ***timeo, ne hostis veniat*** ich fürchte, dass der Feind kommt; ***timeo, ne socii non veniant*** ich fürchte, dass die Bundesgenossen nicht kommen
3. *nach den Verben hindern, untersagen, sich hüten, sich weigern* dass *od übersetzt als Inf mit* zu, + *Konjkt*; ***plura ne scribam, dolore impedior*** ich werde durch den Schmerz gehindert mehr zu schreiben
4. *Finalsatz* dass nicht, damit nicht, um nicht, + *Konjkt*; ***nolo esse laudator, ne videar adulator*** ich will kein Lobredner sein um nicht als Schmeichler zu erscheinen
ne-[3] *unbetonte Wortverneinung*: ***nego*** ich verneine; ***neg-lego*** ich vernachlässige; ***ne-fas*** Unrecht
▶ **-ne**[4] *Fragepartikel, immer an das die Frage betonende Wort einer Satzfrage angehängt, meist nicht übersetzbar*
1. *in dir Fragen, wenn die Antwort unbestimmt ist*; ***totane urbs arsit?*** brannte etwa die ganze Stadt?
2. *in dir Fragen mit der erwarteten Antwort ja* = ***nonne***; ***videsne?*** siehst du etwa nicht?
3. *in dir Fragen mit der erwarteten Antwort nein* = ***num***
4. *allein stehend* ***egone?*** ich?, doch ich nicht?; ***itane?*** so?, also wirklich?; ***ain' tu?*** ist das dein Ernst?
5. *in indir Satzfragen* ob (nicht), ob etwa (nicht); ***Epaminondas quaesivit, salvusne esse clipeus*** Epaminondas fragte, ob sein Schild unversehrt sei
6. *in Alternativfragen* ***-ne … an/-ne*** = ***utrum … an***
7. ***-ne … an*** *u.* ***-ne … -ne*** *in dir Alternativfragen: 1. Glied unübersetzt, 2. u. eventuell folgende Glieder* oder
8. ***-ne … an/-ne … -ne/- … -ne*** *in indir Alternativfragen* ob … oder
9. ***-ne … necne/- … necne*** *in indir Alternativfragen* ob … oder nicht
Neāpolis ⟨is⟩ *f*
1. *Stadtteil von Syrakus*
2. *Hafenstadt in Kampanien am Westabhang des Vesuv, um 600 v. Chr. von Kyme aus gegründet, seit 326 v. Chr. mit Rom verbündet, heute Neapel*
Neāpolitānus ⟨a, um⟩ *Adj* aus Neapolis, zu Neapolis gehörig
Neāpolitānus ⟨ī⟩ *m* Einwohner von Neapolis
▶ **nebula** ⟨ae⟩ *f*
1. Dunst, Nebel
2. *poet* Rauch *des Feuers*
3. Wolke
4. *poet* Oblate; dünne Kleider; dünnes Blech

nebulō ⟨ōnis⟩ *m* ||nebula|| Windbeutel, Taugenichts; Schuft
nebulōsus ⟨a, um⟩ *Adj* ||nebula|| neblig, trüb, dunkel
▶ **nec** ||ne-³, -que||
I *Adv* (*altl.*) nicht; = ***non***
II *Konj* = ***neque***
nec-dum *Konj* und nicht, aber nicht, auch noch nicht
necessāria ⟨ōrum⟩ *m* ||necessarius|| eng Verbundenes
▶ **necessārius**
I ⟨a, um⟩ *Adj*, *Adv* ⟨necessāriō⟩ *u.* ⟨necessāriē⟩ ||necesse||
1. notwendig; unumgänglich, erforderlich; unvermeidlich, notgedrungen, *alicui* für j-n, *ad aliquid / alicui rei* zu etw, für etw; ***res ad vivendum necessariae*** lebensnotwendige Dinge; ***necessarium est*** es ist notwendig, man muss, + *Inf* / + *AcI* / *selten ut* dass; ***necessariae partes*** (*nachkl.*) Geschlechtsteile
2. dringend, zwingend; ***tempus necessarium*** drängende Umstände, Not; ***n. alicui*** j-m am Herzen liegend
3. *von Personen* eng verbunden, nahe stehend, verwandt, eng befreundet
4. *Adv* notgedrungen, unvermeidlich, unumstößlich
II ⟨ī⟩ *m* enger Verwandter
▶ **necesse** *Adj n* ||ne², cedo|| notwendig, *nur in Verbindungen*: ***necesse esse*** nötig sein, notwendig sein, *nur mit Pron als Subj.*, + *Inf* / + *AcI* / *selten ut* dass; ***quod necesse est*** was nötig ist; ***homini necesse est mori*** der Mensch muss sterben; ***necesse habere*** für notwendig halten, nötig haben, müssen, + *Inf*
▶ **necessitās** ⟨ātis⟩ *f* ||necesse||
1. Notwendigkeit, Unvermeidlichkeit, Zwang; ***necessitate coactus*** notgedrungen
2. unvermeidliche Folge
3. Verhängnis, Schicksal
4. Notdurft
5. Notlage, Not, Bedrängnis, Mühseligkeit; ***n. rei*** Mühseligkeit der Lage; ***in magna necessitate esse*** in großer Not sein
6. (*nachkl.*) Mangel, Armut, Hungersnot
7. *Pl* notwendige Bedürfnisse, nötige Ausgaben, nötige Leistungen, Lasten
8. verbindende Kraft, fesselnde Macht; *fig* enge Verbindung, nahes Verhältnis
▶ **necessitūdō** ⟨inis⟩ *f* ||necesse||
1. Notwendigkeit, Unvermeidlichkeit
2. (*nachkl.*) Notlage, Bedrängnis
3. enge Verbindung, Verwandtschaft, Freundschaft, Klientel; *Pl* freundschaftliche Beziehungen, geschäftliche Beziehungen; ***n. regni*** enge Verbindung mit der Herrscherfamilie; ***n. rerum*** Zusammenhang zwischen den Dingen
necessum esse *u.* **necessus esse** = ***necesse esse***; → ***necesse***
nec-legō ⟨lēxī, lēctum, legere 3.⟩ = ***neglego***
nec-ne *Konj* ||nec 2.|| *bei indir, sehr selten bei dir Alternativfragen* oder nicht?
nec-nōn = ***nec … non***; → ***neque***
▶ **necō** ⟨āvī, ātum, āre 1.⟩ gewaltsam töten, ermorden; (*vkl.*, *nachkl.*) *fig* vernichten; ***aliquem verberibus n.*** j-n totpeitschen
nec-opīnāns *Gen* ⟨antis⟩ *Adj auch getrennt* ||opinor|| nichts vermutend, ahnungslos
nec-opīnātus ⟨a, um⟩ *Adj*, *Adv* ⟨necopīnātō⟩ ||opinor|| unvermutet, unerwartet
nec-opīnus ⟨a, um⟩ *Adj*
1. = ***necopinans***
2. = ***necopinatus***
nectar ⟨aris⟩ *n* ||griech. Fw.||
1. Göttertrank, Nektar; Ov. Götterbalsam
2. *fig* Süße, Süßigkeit, Lieblichkeit; köstlicher Wein
nectareus ⟨a, um⟩ *Adj* ||nectar|| *poet* aus Nektar, süß wie Nektar
▶ **nectō** ⟨nexuī⟩ *u.* ⟨nexī, nexum, nectere 3.⟩
1. (ver)knüpfen, (ver)flechten, schlingen, *zu einem festen Ganzen* verbinden; ***flores n.*** Blumen zusammenbinden; ***laqueum n.*** eine Schlinge knüpfen; ***vincula gutturi n.*** einen Strick um die Kehle schlingen
2. *poet* umwinden, umschlingen; ***nector caput olivā*** ich umwinde mir den Kopf mit einem Ölzweig
3. JUR binden, fesseln, verhaften; ***n. aliquem (ob aes alienum)*** j-n in Schuldhaft nehmen
4. *fig* anknüpfen, anfügen
5. *fig* verknüpfen, verbinden; ***virtutes inter se nexae*** miteinander verflochtene Tugenden
6. (*nachkl.*) *fig* anzetteln, ersinnen
7. (*nachkl.*) *fig* verbinden, verpflichten
nē-cubī *Konj* + *Konjkt* ||ne², ubi|| damit nicht irgendwo
nē-cunde *Konj* + *Konjkt* ||ne², unde|| damit nicht irgendwoher
nē-dum ||ne²||
I (*altl.*) damit nicht inzwischen; = ***ne dum.***
II *Konj* + *Konjkt* / + *Ind* geschweige denn, dass
III *Adv in verkürzten Sätzen ohne Verb* geschweige (denn); *nach verneintem Satz* noch viel weniger; *nach bejahtem Satz* noch viel mehr
IV (*unkl.*) *am Satzanfang* nicht nur; = ***non solum***
ne-faciō ⟨-, -, ere 3.⟩ ||ne-³|| Plaut. anders handeln
nefandum ⟨ī⟩ *n* ||nefandus|| Frevel
ne-fandus ⟨a, um⟩ *Adj* ||ne-³, for|| unsäglich, ruchlos, abscheulich; ***lues nefandum*** unheilvolle Seuche
nefārium ⟨ī⟩ *n* ||nefarius|| = ***nefas***
▶ **nefārius**
I ⟨a, um⟩ *Adj*, *Adv* ⟨nefāriē⟩ ||nefas|| frevelhaft, gottlos
II ⟨ī⟩ *m* Frevler
▶ **ne-fās** *n indekl*, *nur Nom u. Akk Sg* ||ne-³||
1. Frevel *gegen Gott u. Religion*, Gottlosigkeit, Gräueltat, Ruchlosigkeit, Unrecht; ***n.!*** entsetzlich!, abscheulich!
2. *meton* Frevler, Scheusal
3. *auch adj übersetzt* unerlaubt; ***n. est*** es ist nicht erlaubt, man darf nicht
4. *auch adj übersetzt* unmöglich; ***aliquid corrigere n. est*** etw zu verbessern ist unmöglich
ne-fāstus ⟨a, um⟩ *Adj* ||ne-³||
1. RELIG verboten; ***dies n.*** gesperrter Tag, *an dem Markt, Gerichtssitzungen u. Komitien aus religiö-*

N

sen Gründen verboten waren
2. *fig* unheilvoll, Unglücks...
3. *fig von Handlungen* sündhaft
negantia ⟨ae⟩ *f* ||nego|| Verneinung
negātiō ⟨ōnis⟩ *f* ||nego|| Verneinung, das Leugnen
negitō ⟨āvī, ātum, āre 1.⟩ ||*Intens von* nego|| beharrlich leugnen, *abs od + AcI*
neglēctiō ⟨ōnis⟩ *f* ||neglego|| (*vkl., nachkl.*) Vernachlässigung, Gleichgültigkeit, *alicuius* j-s *od* gegen jdn
neglēctus[1] ⟨a, um⟩ *Adj* ||neglego|| (*vkl., nachkl.*) vernachlässigt, unbeachtet; ***capilli neglecti*** ungepflegte Haare
neglēctus[2] ⟨a, um⟩ *PPP* → ***neglego***
neglegēns *Gen* ⟨entis⟩ *Adj, Adv* ⟨neglegenter⟩
1. nachlässig, gleichgültig; rücksichtslos, *alicuius rei / in re* gegen etw, in etw, *in aliquem* gegen j-n; ***n. officii*** pflichtvergessen
2. verschwenderisch
neglegentia ⟨ae⟩ *f* ||neglegens||
1. Nachlässigkeit, *alicuius* j-s , *alicuius rei / in re* in etw, bei etw
2. Vernachlässigung, Geringschätzung, Gleichgültigkeit, *alicuius* gegen j-n, *alicuius rei* gegen etw; ***n. sui*** das Sichgehenlassen; ***n. epistularum*** kühle Zurückhaltung in Briefen
► **neg-legō** ⟨lēxī, lēctum, legere 3.⟩ ||nec, lego[2]||
1. *j-n / etw* vernachlässigen, sich um *j-n / etw* nicht kümmern, *aliquem / aliquid / selten de aliquo*; *+ Inf* versäumen; *+ AcI* gleichgültig ansehen
2. gering schätzen, ignorieren
3. übersehen, ungestraft lassen; *Passiv* ungestraft bleiben
► **negō** ⟨āvī, ātum, āre 1.⟩
I *v/i* nein sagen; eine abschlägige Antwort geben, *alicui* j-m; ***petitioni n.*** eine Bitte abschlagen
II *v/t*
1. verneinen, leugnen, bestreiten, *+ AcI, verneint auch mit quin, Passiv + NcI*; ***non n.*** offen zugestehen
2. abschlagen, verweigern, *alicui aliquid* j-m etw; ***se n. vinculis*** sich der Verhaftung entziehen; ***vela n. ventis*** die Segel einziehen; ***se n. alicui*** j-n abweisen
negōtiālis ⟨e⟩ *Adj* ||negotium|| geschäftlich; praktisch, pragmatisch; ***locus n.*** (*nachkl.*) öffentliche Tätigkeit
negōtiāns ⟨antis⟩ *m* ||negotior|| = ***negotiator***
negōtiātiō ⟨ōnis⟩ *f* ||negotior|| Großhandel, Bankgeschäft; *allg.* Handel
negōtiātor ⟨ōris⟩ *m* ||negotior|| Großhändler, *bes* Bankier; *allg.* Kaufmann, Händler
negōtiolum ⟨ī⟩ *n* ||*Dim von* negotium|| kleines Geschäft, Geschäftchen
► **negōtior** ⟨ātus sum, ārī 1.⟩ ||*Denom von* negotium|| Handelsgeschäfte im Großen betreiben, Geldgeschäfte im Großen betreiben; *allg.* Handel treiben
negōtiōsitās ⟨ātis⟩ *f* ||negotiosus|| Gell. Geschäftigkeit
negōtiōsus ⟨a, um⟩ *Adj* ||negotium|| tätig, geschäftig; *von Sachen auch* mühevoll; ***dies n.*** Tac. Alltag, Werktag
neg-ōtium ⟨ī⟩ *n* ||ne[2]||
1. Tätigkeit, Beschäftigung; ***quid est tibi hic negotii?*** was hast du hier zu tun?; ***in negotio esse*** beschäftigt sein; ***alicui n. est cum aliquo*** j-d hat mit j-m zu tun
2. einzelne Beschäftigung, Verrichtung, Auftrag, Aufgabe; ***alicui negotium mandare*** j-m einen Auftrag geben; ***infecto negotio*** unverrichteter Dinge
3. schwieriges Geschäft, Mühe; ***satis negotii habere in re*** genug zu tun haben mit etw; ***alicui n. est cum aliquo*** j-d hat seine Not mit j-m; ***nihil negotii habere*** Ruhe haben; ***magno negotio*** mit großer Schwierigkeit; ***sine negotio / nullo negotio*** ohne viele Umstände
4. Geschäfte, Obliegenheiten
5. Staatsgeschäft(e), Staatsdienst; ***in negotio*** im Staatsdienst
6. kriegerische Unternehmung, Kampf
7. Handelsgeschäft, Geldgeschäft; ***negotia gerentes*** Geschäftsleute
8. häusliche Angelegenheit; *Sg u. Pl* Hauswesen; ***negotium bene gerere*** gut wirtschaften
9. Angelegenheit; *Sg u. Pl* Verhältnisse, Umstände
10. *pej von Menschen* Stück, Wesen; ***Teucris illa lentum n. est*** Cic. jene Troerin ist ein langsames Stück
Nēlēius
I ⟨a, um⟩ *Adj* des Neleus, zu Neleus gehörig
II ⟨ī⟩ *m* Nachkomme des Neleus
Nēleus ⟨eī⟩ *m König von Pylos, Vater des Nestor*
Nēlēus ⟨a, um⟩ *Adj* des Neleus, zu Neleus gehörig
Nēlīdēs ⟨ae⟩ *m* Nachkomme des Neleus
Nemausus ⟨ī⟩ *f kelt. Siedlung im unteren Rhônetal, seit Augustus röm. Kolonie, heute Nîmes, mit bedeutenden antiken Denkmälern*
Nemea ⟨ae⟩ *f Landschaft u. Ort im N der Peloponnes, mit einem Hain des Zeus, wo alle zwei Jahre die Nemeischen Spiele (**Nemea, ōrum** n) gefeiert wurden; in der Nähe soll Herkules den Nemeischen Löwen getötet haben*
Nemeaeus ⟨a, um⟩ *Adj* nemeisch
Nemesis ⟨is⟩ *u.* ⟨eos⟩ *f* Göttin der Vergeltung
► **nēmō** ⟨nullius⟩ *indef Pr*
I *subst* niemand, keiner; ***nemo amicorum*** keiner der Freunde; ***nemo nostrum*** niemand von uns; ***nemo ex eis*** niemand von ihnen; ***nemo dives*** kein Reicher; ***nemo ignorat*** jeder weiß; ***non nemo*** mancher; ***nemo non*** jeder; ***nemo unus*** kein Einziger
II *adj nur bei Personen* kein; ***nemo hostis*** kein Feind
nemorālis ⟨e⟩ *Adj* ||nemus|| zum Hain gehörig, waldig
nemorēnsis ⟨e⟩ *Adj* ||nemus|| zum Hain gehörig, waldig; ***lacus n.*** Ov. zum Hain von Aricia gehöriger See, *s. des Albanersees, so benannt nach dem heiligen Hain der Diana, heute Lago di Nemi*; ***in Nemorensi*** auf dem Gebiet des Hains von Aricia
nemori-cultrīx ⟨īcis⟩ *f* ||nemus|| Phaedr. Waldbewohnerin; ***sus n.*** Wildschwein
nemori-vagus ⟨a, um⟩ *Adj* ||nemus|| Catul. im Wald umherschweifend
nemorōsus ⟨a, um⟩ *Adj* ||nemus|| (*nachkl.*) *poet* waldreich; baumreich, schattig
nempe *Adv* denn doch, doch wohl, doch sicherlich, offenbar, allerdings, *bes in Antworten auf eine Fra-*

N

ge; *oft iron* freilich, natürlich; ***quid volunt leges? nempe ut eis obtemperemus*** was wollen die Gesetze? Doch wohl, dass wir ihnen gehorchen

▸ **nemus** ⟨oris⟩ *n*
1. Hain, Wald *mit Lichtungen*
2. *einer Gottheit* geweihter Hain
3. *poet von den Bäumen im Innenhof des röm. Hauses* Park
4. Verg. Baumpflanzung; Weinpflanzung
5. sich waldartig ausbreitender Baum; ***ingens quercus, una nemus*** Ov. eine ungeheure Eiche, allein ein ganzer Wald

nēnia ⟨ae⟩ *f* ||griech. Fw.||
1. Leichengesang, Totenlied, *urspr. von den Verwandten, später von bezahlten Klagefrauen gesungen*; *allg.* Klagegesang, Trauergesang
2. Zauberlied, Zauberformel
3. Volkslied; Schlummerlied; Kinderlied
4. ***id fuit n. ludo*** Plaut. das war das Ende vom Lied

neō ⟨nēvī, nētum, nēre 2.⟩ (Verg., Ov.) spinnen, weben

neophytus ⟨ī⟩ *m* ||griech. Fw.|| Tert. Neubekehrter

Neoptolemus ⟨ī⟩ *m Sohn des Achill, auch Pyrrhos genannt*

neōtericī ⟨ōrum⟩ *m* ||griech. Fw.|| die Neoteriker, *röm. Dichterkreis des 1. Jh. v. Chr., der sich im Stil an die hellenistisch-alexandrinische Dichtung anschloss*; *Hauptvertreter war Catull*

nepa ⟨ae⟩ *f*
1. Skorpion *als Tier u. als Gestirn*
2. Krebs *als Tier u. als Gestirn*

nēpenthes *indekl n* ||griech. Fw.|| das die Sorgen vertreibt, *Beiname eines Krauts, das angeblich Sorgen vertrieb*

N

Nephelē ⟨ēs⟩ *f Mutter des Phrixos u. der Helle*

Nepheleïs ⟨idis⟩ *u.* ⟨idos⟩ *f* Tochter der Nephele

▸ **nepōs** ⟨ōtis⟩ *m*
1. Enkel; Nachkomme; (*nachkl.*) Neffe
2. Hor. *meton* Verschwender, Wüstling

Nepōs ⟨ōtis⟩ *m röm. Beiname*; ***Cornelius Nepos*** *ca 100–25 v. Chr., Freund von Cicero, Atticus u. Catull, Verfasser von Geschichtswerken, bes „De viribus illustribus" (Über berühmte Männer)*

nepōtātus ⟨ūs⟩ *m* ||nepotor|| (*nachkl.*) Schwelgerei

nepōtor ⟨-, ārī 1.⟩ ||*Denom von* nepos|| (*nachkl.*) verschwenden

nepōtulus ⟨ī⟩ *m* ||*Dim von* nepos|| Plaut. Enkelchen

neptis ⟨is⟩ *f* ||nepos|| Enkelin; (*spätl.*) Nichte; ***doctae neptes*** Ov. die Musen

Neptūnīnē ⟨ēs⟩ *f* ||Neptunus|| Tochter des Meeres, = Thetis

Neptūnius ⟨a, um⟩ *Adj* ||Neptunus|| des Neptun; ***moenia Neptunia*** Mauern des Neptun, = Troja, *das von Poseidon/Neptun befestigt worden war*; ***arva Neptunia*** die Gefilde des Neptun, = Meer; ***heros N.*** = Theseus, *als Sohn od Nachkomme des Poseidon/Neptun*; ***dux N.*** Sextus Pompeius, *der sich für einen Sohn Neptuns ausgab*

Neptūnus ⟨ī⟩ *m* Neptun, *urspr. Gott der Quellen u. Flüsse, durch Gleichsetzung mit dem griech. Poseidon Gott der Meere*; *Sohn des Kronos/Saturnus*; *meton* Meer;

nē-quam *indekl*, *Komp* ⟨nēquior, ius⟩, *Sup* ⟨nēquissimus, a, um⟩ *Adj*, *Adv* ⟨nēquiter⟩ ||ne[2]||
1. (*vkl.*) *poet von Sachen* nichts wert, wertlos
2. *von Personen* nichtswürdig; liederlich, leichtsinnig

▸ **nē-quāquam** *Adv* ||ne[2], quisquam|| keineswegs, durchaus nicht

▸ **ne-que** *Konj* ||ne[2]||
1. *bei Verneinung des ganzen Satzes* und nicht, auch nicht
2. *nach vorhergehender Verneinung* und, oder
3. *nach vorhergehender Bejahung* aber nicht, jedoch nicht; ***nostri hostem in fugam dederunt neque persequi potuerunt*** unsere Leute schlugen den Feind in die Flucht, konnten ihn aber nicht verfolgen
4. und zwar nicht; denn nicht; und demnach nicht; und wirklich nicht
5. und nicht einmal, und auch nicht; = ***(ac) ne quidem***
6. ***neque quisquam*** und niemand; ***neque quiddam*** und nichts; ***neque ullus*** und keiner; ***neque usquam*** und nirgends
7. ***neque is/neque id*** und zwar nicht
8. ***neque vero*** aber nicht; ***neque enim*** denn nicht; ***neque enim quisquam*** denn niemand; ***neque tamen*** und dennoch nicht; ***neque etiam*** und sogar nicht
9. ***neque … non*** und gewiss auch, und in der Tat; ***neque enim non*** denn wirklich, denn jedenfalls; ***neque tamen non*** dennoch aber
10. ***neque aut … aut*** *u.* ***neque vel … vel*** und weder … noch
11. ***neque … neque*** weder … noch, wie nicht … so auch nicht, so wenig … ebenso wenig; *auch* und weder … noch
12. ***neque … et/-que*** einerseits nicht … andererseits (aber), nicht … sondern vielmehr, zwar nicht … aber
13. ***et … neque*** einerseits … andererseits nicht, zwar … aber nicht

neque-dum *Konj* = ***necdum***

▸ **nequeō** ⟨ivī⟩ *u.* ⟨iī, itum, īre 0.⟩ nicht können

▸ **nē-quīquam** *Adv* ||ne[2] + *Abl* quīquam||
1. vergeblich, erfolglos, umsonst
2. ohne Grund, unnötigerweise

nēquiter *Adv* → ***nequam***

nēquitia ⟨ae⟩ *f u.* **nēquitiēs** ⟨ēī⟩ *f* ||nequam|| Nichtsnutzigkeit, Liederlichkeit, Schlechtigkeit; Üppigkeit; Liebesspiel

Nērēïnē ⟨ēs⟩ *f u.* **Nērēïs** ⟨idis⟩ *f* Nereide, Tochter des Nereus

Nērēius ⟨a, um⟩ *Adj* (Verg., Ov.) des Nereus, zu Nereus gehörig

Nēreus ⟨eī⟩ *u.* ⟨eos⟩ *m Meergott, Sohn des Okeanos (Oceanus) u. der Gaia, Vater von 50 Töchtern, den Nereiden*

Nērīnē ⟨ēs⟩ *f* Nereide, Tochter des Nereus

Nēritius
I ⟨a, um⟩ *Adj* ||Neritos|| dem Odysseus gehörig
II ⟨ī⟩ *m* = Odysseus

Nēritos *u.* **Nēritus** ⟨ī⟩
I *m Gebirge auf Ithaka.*
II *f kleine felsige Insel bei Ithaka*

Nerō ⟨ōnis⟩ *m Beiname in der gens Claudia*; → ***Claudius***

1. ***C. Claudius Nero*** *Sieger über Hasdrubal am Metaurus 207 v. Chr.*
2. ***Tib. Claudius Nero*** *erster Ehemann der Livia Drusilla; aus der Ehe stammen der Kaiser Tiberius u. Drusus, der Vater des Kaisers Claudius*
3. ***Tib. Claudius Nero*** *Kaiser 54–68 n. Chr.*
Nerōnēus ⟨a, um⟩ *Adj* des Nero, zu Nero gehörig
Nerōnia ⟨ōrum⟩ *n* Spiele zu Ehren des Nero
Nerōniānus *u.* **Nerōnius** ⟨a, um⟩ *Adj* des Nero, zu Nero gehörig
Nerthus ⟨ī⟩ *f germ. Fruchtbarkeitsgöttin*
Nerva ⟨ae⟩ *m röm. Beiname;* → ***Cocceius***
Nervicus ⟨a, um⟩ *Adj* ||Nervii|| der Nervier, zu den Nerviern gehörig
Nerviī ⟨ōrum⟩ *m* die Nervier, *belg. Stamm zwischen Schelde u. Sambre*
nervōsus ⟨a, um⟩ *Adj, Adv* ⟨nervōsē⟩ ||nervus||
1. *(nachkl.) poet* sehnig, muskulös
2. *fig* kraftvoll, *bes vom Redner u. der Rede*
nervulus ⟨ī⟩ *m* ||*Dim von* nervus|| *nur Pl* Glieder
▶ **nervus** ⟨ī⟩ *m*
1. Sehne, Muskel; *Pl* Glieder; Hor. männliches Glied
2. *meton* Darmsaite, Saite *eines Musikinstruments; Pl* Saiteninstrument; ***nervos pellere*** die Saiten schlagen
3. *Pl* Hor. Fäden, Drähte *von Marionetten*
4. *(nachkl.) poet* Sehne *des Bogens od der Wurfmaschine*
5. Riemen *zum Fesseln; meton* Fessel, Gefängnis
6. *Pl fig* Sehnen, Nerven; Stärke, Kraft, Energie, Schwung, *bes* Kraft der Rede; ***omnibus nervis contendere*** mit aller Kraft kämpfen; ***opes ac nervi*** Mittel und Macht
7. *Pl fig* Spannkraft, Haupttriebfeder, Seele, innerstes Wesen; ***nervi coniurationis*** Triebfeder der Verschwörung
8. ***n. rerum*** *(nlat.)* = Geld, *wohl studentische lat. Version eines Ausspruchs von Bion*
nesapius ⟨a, um⟩ *Adj* ||ne-³, sapio|| Petr. unwissend
▶ **ne-sciō** ⟨īvī⟩ *u.* ⟨iī, ītum, īre 4.⟩ ||ne-³||
1. nicht wissen, nicht kennen, *abs od aliquem* j-n, *aliquid / de re* etw, + *AcI* / + *indir Fragesatz;* ***nomen alicuius n.*** j-s Namen nicht kennen; ***nescio, quid dicam*** ich weiß nicht, was ich sagen soll; ***non n.*** sehr wohl wissen
2. nicht verstehen, nicht können; ***Graece loqui nescio*** ich kann kein Griechisch
3. ***nescio an*** + *Konjkt* ich weiß nicht, ob nicht; vielleicht, möglicherweise; ***nescio an non*** schwerlich
4. *eingeschoben ohne Einfluss auf die Konstruktion* ***nescio quis*** irgendwer; ***nescio qui*** irgendein; ***nescio quid*** irgendwas, *oft* unbedeutend *od* außerordentlich, merkwürdig; ***nescio quando*** irgendwann; ***nescio quomodo / quo pacto*** unwillkürlich, unbegreiflich, leider
▶ **ne-scius** ⟨a, um⟩ *Adj* ||ne-³, scio||
1. unwissend, ohne zu wissen, ohne zu ahnen, unkundig, *abs od alicuius rei / de re* etw, einer Sache, + *AcI* / + *indir Fragesatz;* ***non nescium esse*** sehr wohl wissen
2. *(nachkl.) poet* nicht imstande, unfähig, + *Inf* / + *Ger;* ***tolerandi n.*** nicht imstande etw zu ertragen
3. *poet* unempfindlich
4. *(unkl.)* unbekannt, unbewusst; ***non nescium habere*** sehr wohl wissen, + *AcI*
Nessēus ⟨a, um⟩ *Adj* des Nessus, zu Nessus gehörig
Nessus ⟨ī⟩ *m Kentaur, von Herkules getötet, als er Deianira, die Gattin des Herkules, vergewaltigen wollte; sterbend gab der Kentaur Deianira von seinem Blut als angeblichen Liebeszauber; das Hemd, das Deianira damit später tränkte, brachte Herkules den Tod*
Nestor ⟨ōris⟩ *m König von Pylos, greiser u. weiser Berater der Griechen vor Troja*
nētus ⟨a, um⟩ *PPP* → ***neo***
neu *Konj* → ***neve***
neuma ⟨ae⟩ *f (mlat.)* Neume, *mittelalterliches Notenzeichen, zunächst ohne Verwendung von Linien; Pl* Melodie
ne-uter ⟨utra, utrum⟩ ||ne³-, uter|| *pers Pr, stets dreisilbig gesprochen*
I *subst* keiner (von beiden); ***n. consulum*** keiner der (beiden) Konsuln; ***neutri*** keine von beiden Parteien; ***neutris auxilia mittere*** neutral bleiben
II *adj*
1. kein (von beiden); ***in neutram partem*** weder zum Schaden noch zum Nutzen
2. GRAM sächlichen Geschlechts
3. PHIL gleichgültig, weder gut noch böse
ne-utiquam *Adv auch getrennt* keineswegs, durchaus nicht
neutra ⟨ōrum⟩ *n* ||neuter|| sächliche Wörter
neutrālis ⟨e⟩ *Adj* ||neuter|| Quint. GRAM sächlich
neutrō *Adv* ||neuter|| *(vkl., nachkl.)* nach keiner der beiden Seiten
neutr-ubī *Adv* ||neuter|| *(vkl., nachkl.)* an keiner der beiden Stellen
▶ **nē-ve** *Konj*
1. *zur Einleitung des 2. Gliedes eines Aufforderungssatzes od Finalsatz* und nicht, oder nicht, noch; ***peto a te, ne abeas neve nos deseras*** ich verlange von dir, dass du weder weggehst noch uns verlässt
2. ***neve … neve*** damit weder … noch
nēvī → ***neo***
ne-vīs ne-vult → ***nolo***
▶ **nex** ⟨necis⟩ *f*
1. gewaltsamer Tod, Mord, Hinrichtung; ***necem sibi consciscere*** sich umbringen
2. *(nachkl.) poet* Tod
3. *meton* Blut des Ermordeten
nexī → ***necto***
nexilis ⟨e⟩ *Adj* ||necto|| *(vkl.) poet* zusammengeknüpft, verschlungen
nexuī → ***necto***
nexum ⟨ī⟩ *n* ||*PPP von* necto|| JUR feierliche Form des Darlehensvertrages, Darlehen; *meton* Schuldverbindlichkeit
nexus[1] ⟨ī⟩ *m* ||*PPP von* necto|| in Schuldhaft Befindlicher, Schuldknecht
nexus[2] ⟨ūs⟩ *m* ||necto||
1. Verknüpfung, Verschlingung; Umschlingung, Windung; ***n. bracchiorum*** Verschlingung der Arme; ***n. serpentis*** Umschlingung einer Schlange
2. *(nachkl.) fig* Verbindung, Verwicklung, Zusammenhang; ***n. causarum latentium*** Zusammenhang verborgener Ursachen

N

3. JUR Schuldverpflichtung, *auch* Kaufvertrag; (*nachkl.*) Verpflichtung; *meton* Schuldknechtschaft; ***nexu vinctus*** Schuldknecht

nexus[3] ⟨a, um⟩ *PPP* → ***necto***

▶ **nī**

I *Adv* nicht; ***quidni?*** wie nicht?, warum nicht?

II *Konj*

1. *final* dass nicht, damit nicht

2. *konditional* wenn nicht , *bes bei Drohungen, Wetten, Beteuerungen*; ***peream, ni ita est*** ich will des Todes sein, wenn es nicht so ist; ***mirum, ni domi esset*** ich müsste mich irren, wenn er nicht zu Hause wäre; er ist sicher zu Hause

Nīcaea ⟨ae⟩ *f*

1. *Stadt in Phrygien, bekannt durch das Konzil 325 n. Chr.*

2. *Stadt in Lokris nahe der Thermopylen*

3. *Stadt in Ligurien, heute Nizza*

Nīcaeēnsis[1] ⟨e⟩ *Adj* aus Nicaea, zu Nicaea gehörig

Nīcaeēnsis[2] ⟨is⟩ *m* Einwohner von Nicaea

Nīcaeus ⟨a, um⟩ *Adj* ||griech. Fw.|| Liv. der „Siegreiche", *Beiname des Jupiter*

Nīcander ⟨drī⟩ *m Dichter, Grammatiker u. Arzt, um 150 v. Chr.*

nīcātor ⟨ōris⟩ *m* ||griech. Fw.|| (*nachkl.*) Sieger; *Pl Beiname der Leibwache des Königs Perseus von Makedonien*

nīcētērium ⟨ī⟩ *n* ||griech. Fw.|| Iuv. Siegespreis

Nīcomēdēs ⟨is⟩ *m Name mehrerer Könige von Bithynien*

Nīcomēdīa ⟨ae⟩ *f Stadt in Bithynien, dort Plinius der Jüngere zeitweilig Statthalter*

Nīcopolis ⟨is⟩ *f Stadt in Arkadien, von Augustus zur Erinnerung an seinen Sieg erbaut an der Stelle seines Lagers vor der Schlacht bei Actium*

nictō ⟨-, -, āre 1.⟩ *u.* **nictor** ⟨-, ārī 1.⟩ (*unkl.*) mit den Augen zwinkern; *fig* zucken

nīdāmentum ⟨ī⟩ *n* ||nidus|| Plaut. Baustoff für das Nest

nīdi-ficus ⟨a, um⟩ *Adj* ||nidus, facio|| *poet* nistend

nīdor ⟨ōris⟩ *m* Bratenduft, Dunst; *pej* Gestank

nīdulus ⟨ī⟩ *m* ||*Dim von* nidus|| Nestchen, kleines Nest

▶ **nīdus** ⟨ī⟩ *m*

1. Nest, Horst

2. *meton* die Jungen im Nest, Brut

3. *fig* behaglicher Sitz

4. *poet* Felsennest

5. Mart. Bücherschrank

▶ **niger** ⟨gra, grum⟩ *Adj*

1. glänzend schwarz, dunkel(farbig); ***crinis n.*** schwarzes Haar; ***silva nigra*** Nadelwald

2. (*nachkl.*) *poet von Personen* sonnenverbrannt, gebräunt

3. Verg. dunkel, verdunkelnd

4. *fig, poet* unheilvoll, schrecklich

5. *fig, poet* tückisch, böse

Nigidius ⟨a, um⟩ *Name einer röm. gens*; ***P. Nigidius Figulus*** *Freund Ciceros, Grammatiker u. Philos.*

nigrāns *Gen* ⟨antis⟩ *Adj* ||nigro|| schwarz, dunkelfarbig

nigrēdō ⟨inis⟩ *f* ||niger|| Schwärze

nigrēscō ⟨nigruī, -, nigrēscere 3.⟩ ||niger|| (*unkl.*) schwarz werden

nigrō ⟨āvī, ātum, āre 1.⟩ ||*Denom von* niger|| *poet* schwarz sein

nigror ⟨ōris⟩ *m* ||niger|| (*unkl.*) Schwärze, Dunkelheit, Finsternis

nigruī → ***nigresco***

▶ **nihil** *u. im Vers auch* **nihīl**

I *indekl n, nur Nom u. Akk*

1. nichts; eine Null, etwas Bedeutungsloses; ***nihil quidquam*** gar nichts; ***nihil pecuniae*** kein Geld; ***virtute nihil est praestantius*** nichts ist vortrefflicher als die Tugend; ***nihil iustum*** nichts Gerechtes; ***nihil esse*** eine Null sein, nichts bedeuten

2. ***non nihil*** manches, einiges; ***non nihil temporis*** einige Zeit; ***nihil non*** alles

3. ***nihil nisi*** nichts als, nur; ***nihil aliud nisi*** nichts anderes als, nichts weiter als, *oft* nur, lediglich, bloß

4. ***hoc nihil ad me*** (***attinet***) dies geht mich nichts an; ***hoc nihil ad rem*** das tut nichts zur Sache

5. ***nihil est, quod/cur/quamobrem*** es besteht kein Grund, dass, + *Konjkt*

6. ***nihil minus*** *in Antworten* ganz und gar nicht

II *Adv*

1. in keiner Weise, in keiner Hinsicht; ***nihil te impedio*** ich hindere dich keineswegs

2. aus keiner Ursache; ***nihil nisi/nihil aliud nisi/nihil aliud quam*** aus keinem anderen Grund als

nihil-dum *Adv* noch nichts

nihilō-minus *Adv* → ***nihilum***

nihilum

I ⟨ī⟩ *n*

1. nichts, das Nichts; ***ad nihilum venire*** zunichte werden; ***ad nihilum redigere*** zunichte machen; ***in nihilum recidere/occidere*** in ein Nichts zerfallen

2. ***nihili*** für nichts; ***nihili facere*** für nichts schätzen; ***nihili esse*** nichts wert sein; ***homo nihili*** nichtswürdiger Mensch; ***homo nihili factus*** kastrierter Mann

3. ***nihilō*** für nichts, um nichts; ***nihilo emere*** um nichts kaufen; ***pro nihilo*** für nichts; ***ex nihilo oriri*** aus dem Nichts entstehen; ***de nihilo*** aus nichts, ohne Grund

4. ***nihilo minus/setius*** *Adv* nichtsdestoweniger, trotzdem

II *Adv* in keiner Beziehung, keineswegs

nīl (*unkl.*) = ***nihil***

Nīliacus *u.* **Nīlōticus** ⟨a, um⟩ *Adj u.* **Nīlōtis** *Gen* ⟨idis⟩ *Adj f* ||Nilus|| des Nil, *auch* ägyptisch

Nīlus ⟨ī⟩ *m*

1. Nil; *personifiziert* Gott des Nil

2. Wassergraben

nimbātus ⟨a, um⟩ *Adj* ||nimbus|| Plaut. in Nebel gehüllt

nimbi-fer ⟨fera, ferum⟩ *Adj* ||nimbus, fero|| (*vkl.*) *poet* wolkig, Regen bringend, stürmisch

nimbōsus ⟨a, um⟩ *Adj* ||nimbus|| (*nachkl.*) *poet* wolkig, Regen bringend, stürmisch

▶ **nimbus** ⟨ī⟩ *m*

1. Wolke, Gewölk, *bes* Nebel(hülle), *in die die Götter sich hüllen*

2. *poet* Staubwolke, Rauchwolke

3. Sturmwolke, Regenwolke

4. *meton* Platzregen, Unwetter, Orkan, Sturm

5. *fig* plötzliches Unglück

6. (*nachkl.*) *poet* große Menge, dichte Schar

nimietās ⟨ātis⟩ *f* ||nimius|| (*nachkl., spätl.*) Übermaß

nimiopere *Adv, auch getrennt* zu sehr, überaus
nī-mīrum *Adv* allerdings, freilich, ohne Zweifel, natürlich, *oft iron*
▶ **nimis** *Adv*
1. zu sehr, allzu, *bei Adj, Adv u. Verben*; ***nimis mollis*** zu weich; ***nimis saepe*** zu oft; ***nimis gaudere*** sich allzu sehr freuen
2. gar sehr, überaus; ***oculi nimis arguti*** überaus scharfe Augen
nimium ⟨ī⟩ *n* ||nimius|| das Zuviel, Übermaß; ***nimio*** + *Komp* bei Weitem; ***nimio plus*** allzu sehr
▶ **nimius** ⟨a, um⟩ *Adj*
1. zu groß, zu viel, übermäßig; *von Personen* maßlos, übermütig, *auch* zu mächtig, zu gewaltig, *in re / alicuius rei / re* in etw, bei etw
2. (Petr., Mart.) sehr groß, sehr viel
3. ***nimium quantum*** *Adv* außerordentlich
4. ***nimio / nimium*** = ***nimis***
ningit ⟨nīnxit, -, ningere 3.⟩ *(nachkl.) poet unpers* es schneit; *persön.* ***ningunt floribus rosarum*** Lucr. sie streuen Rosen
ninguis ⟨is⟩ *f (nachkl.)* = ***nix***
ninguit ⟨nīnxit, -, ninguere 3.⟩ = ***ningit***
Ninos *u.* **Ninus** ⟨ī⟩
I *m* MYTH *Gründer des assyrischen Reiches, Gatte der Semiramis.*
II *f* Ninive *am Tigris, alte Hauptstadt von Assyrien, 612 v. Chr. von Medern u. Babyloniern zerstört, Ruinen bei Mosul im Irak*
nīnxit → ***ning(u)it***
Nioba ⟨ae⟩ *f u.* **Niobē** ⟨ēs⟩ *f* MYTH *Tochter des Tantalus, wegen ihrer Überheblichkeit gegenüber Leto / Latona tötete Apollo ihre sechs Söhne, Artemis / Diana ihre sechs Töchter; sie selbst wurde in Stein verwandelt*
Niobēus ⟨a, um⟩ *Adj* der Niobe, zu Niobe gehörig
niptra ⟨ōrum⟩ *n* ||griech. Fw.|| Waschwasser, *Titel einer Tragödie des Pacuvius*
Nīsaeus ⟨a, um⟩ *Adj* von Nisos stammend; → ***Nisus*** *1*
Nīsēis ⟨idis⟩ *f* Tochter des Nisos, = Skylla; → ***Nisus*** *1*
Nīsēius ⟨a, um⟩ *Adj* von Nisos stammend; → ***Nisus*** *1*
▶ **ni-sī** *Konj*
1. wenn nicht, wofern nicht; *als Verneinung eines Satzes* außer wenn, es sei denn, dass
2. *bes nach Verneinungen* außer, als; ***nihil aliud nisi*** nichts anderes als; ***nihil nisi*** nichts außer; ***non … nisi / nisi … non*** nichts als, nur, bloß; ***nisi si*** außer wenn; ***nisi quod*** außer dass, nur dass
3. ***nisi forte*** es müsste denn sein, dass; ***nisi (vero)*** *iron* es müsste denn gar sein, dass
Nīsias ⟨adis⟩ *f* Tochter des Nisos, = Skylla; → ***Nisus*** *1*
nīsus[1] ⟨a, um⟩ *PPerf* → ***nitor***[2]
nīsus[2] ⟨ūs⟩ *m* ||nitor[2]||
1. das Anstemmen, festes Auftreten, Anstrengung
2. *(nachkl.)* das Hinaufklettern, das Emporsteigen
3. Schwung, Aufschwung, Flug; *von Sternen* Umschwung
4. *(nachkl.) poet* Geburtswehen, das Gebären, *Sg u. Pl*
5. Tac. Brechreiz
6. *(nachkl.) fig* Anlauf, Nachdruck; ***suo nisu*** aus eigenem Antrieb
Nīsus ⟨ī⟩ *m*
1. *König von Megara, Vater der Skylla, beide in Seevögel verwandelt*
2. *Troer, Freund des Euryalus*
nītēdula *u.* **nītēla** ⟨ae⟩ *f* Haselmaus
nitēns *Gen* ⟨entis⟩ *Adj* ||niteo||
1. *(nachkl.) poet* glänzend
2. *fig* prächtig, *von der Rede* glänzend; ***quā nulla nitentior femina*** die schönste Frau
▶ **niteō** ⟨uī, -, ēre 2.⟩
1. fett sein, fettig sein; *von Menschen u. Tieren* wohlgenährt sein, feist sein
2. *meton* glänzen, blinken, strahlen
3. *fig* glänzen, strahlen; schön aussehen; hervorstechen, auffallen
4. *fig* reichlich vorhanden sein, reichlichen Ertrag bringen; ***vectigal in pace nitet*** im Frieden ist das Steueraufkommen reichlich
nitēscō ⟨-, -, ēscere 3.⟩ ||*Inkoh von* niteo|| *(nachkl.) poet* fett werden; *meton u. fig* erglänzen, glänzend hervortreten
nitidiusculus ⟨a, um⟩ *Adj* ||*Dim von* nitidior, *Komp von* nitidus|| Plaut. schön glänzend
▶ **nitidus** ⟨a, um⟩ *Adj, Adv* ⟨nitidē⟩ ||niteo||
1. *(nachkl.) poet von Menschen u. Tieren* fett, wohlgenährt, feist
2. *meton* glänzend, schimmernd; ***dies n.*** sonniger Tag; ***coma nardo nitida*** von Nardenöl glänzendes Haar
3. *fig* glänzend, prächtig; stattlich, schön; üppig, strotzend; geschmackvoll
Nitiobrogēs ⟨um⟩ *m Volk im SW von Gallien an der Garonne; Hauptstadt Aginnum, heute Agen*
nitor[1] ⟨ōris⟩ *m* ||niteo||
1. Ter. Beleibtheit, Korpulenz
2. Glätte, Glanz, Schimmer
3. *fig* (blendende) Schönheit, Eleganz
4. Glanz; Ansehen; ***n. generis*** Ansehen des Geschlechtes
nītor[2] ⟨nīxus sum⟩ *u.* ⟨nīsus sum, nītī 3.⟩
1. sich stemmen, sich stützen, *abs od re / in re / in aliquid* auf etw; ***genibus n.*** knien; ***cubito n.*** sich auf den Ellenbogen stützen; ***n. in adversum / contra*** sich entgegenstemmen; ***nixae aere trabes*** durch eherne Säulen gestützt
2. *zu einer Bewegung* sich in die Höhe stemmen; sich aufrichten; ***serpentes nituntur*** die Schlangen fangen an zu kriechen
3. *von Kämpfenden* Fuß fassen, sich halten
4. emporklimmen, klettern; *von Fliegendem* schweben; ***gradibus n.*** die Stufen hinaufsteigen
5. vorwärts streben
6. Suet. sich anstrengen um seine Notdurft zu verrichten
7. *poet* in Wehen liegen
8. *fig* nach *etw* trachten, auf *etw* hinarbeiten, *in aliquid / ad aliquid*
9. *fig* auf *j-m / etw* beruhen, sich auf *j-n / etw* verlassen, *in aliquo / in re / re* auf etw
10. *fig* sich eifrig bemühen, sich anstrengen, streben; + *AcI* zu beweisen suchen, dass; ***contra verum n.*** gegen die Wahrheit ankämpfen

nitrātus ⟨a, um⟩ *Adj* ||nitrum|| (*nachkl.*) *poet* mit Natron vermischt
nitrum ⟨ī⟩ *n* ||griech. Fw.|| (*unkl.*) Laugensalz, Natron, Soda
nivālis ⟨e⟩ *Adj* ||nix|| (*nachkl.*)
1. *poet* Schnee…; ***ventus n.*** Schneesturm; ***aurae nivales*** Schneeluft
2. *poet* beschneit; *fig* schneeweiß; eiskalt
nivārius ⟨a, um⟩ *Adj* ||nix|| Mart. mit Schnee gefüllt; ***colum nivarium*** mit Schnee gefülltes Sieb *zum Seihen des Weines*
nivātus ⟨a, um⟩ *Adj* ||nix|| (*nachkl.*) mit Schnee gekühlt
nīve[1] *Konj* Lucr. = ***neve***
nī-ve[2] *Konj* oder wenn nicht
► **niveus** ⟨a, um⟩ *Adj* ||nix|| (*nachkl.*) *poet* Schnee…; *fig* schneeweiß; ***agger n.*** Schneehaufen
nivōsus ⟨a, um⟩ *Adj* ||nix|| (*nachkl.*) *poet* schneereich
► **nix** ⟨nivis⟩ *f*
1. Schnee; *meton meist Pl* Schneemassen; ***nix capitis*** schneeweißes Haar
2. *meton* Schneewasser
3. *meton* Schneekälte
Nīxī ⟨ōrum⟩ *m* ||nitor[2]|| Geburtsgottheiten, *deren kniende Statuen auf dem Kapitol in Rom standen*
nīxor ⟨-, ārī 1.⟩ ||*Intens von* nitor[2]|| = ***nitor***[2]
nīxus[1] ⟨a, um⟩ *PPerf* → ***nitor***[2]
nīxus[2] ⟨ūs⟩ *m* = ***nisus***[2]
nō ⟨nāvī, -, nāre 1.⟩
1. *von Lebendem u. Leblosem* schwimmen
2. *fig* segeln, hin und her wogen, fließen
► **nōbilis**
I ⟨e⟩ *Adj*, *Adv* ⟨nōbiliter⟩ ||(g)nosco||
1. (*vkl.*, *nachkl.*) erkennbar, kenntlich; ***gaudium nobile*** sichtbare Freude
2. *von Personen u. Sachen* bekannt
3. berühmt, gepriesen, gefeiert; *pej* berüchtigt, *re* durch etw, *in re* in etw, *ex re* wegen etw
4. adelig, edel, vornehm, von edler Herkunft
5. vortrefflich, vorzüglich; ***canis ad venandum n.*** vorzüglicher Jagdhund
II ⟨is⟩ *m* Adeliger, Aristokrat; *Pl* die Adeligen
► **nōbilitās** ⟨ātis⟩ *f* ||nobilis||
1. Berühmtheit, ***summorum virorum*** der höchstgestellten Männer
2. Adel, adelige Geburt, vornehmer Stand; *meton* der Adel = die Adeligen, die Aristokraten, *auch* ausländische Fürsten
3. Vorzüglichkeit
4. (*nachkl.*) *poet* edler Sinn
nōbilitō ⟨āvī, ātum, āre 1.⟩ ||nobilis||
1. (*nachkl.*) bekannt machen
2. berühmt machen, berüchtigt machen; *Passiv* berühmt werden
nocēns
I *Gen* ⟨entis⟩ *Adj*, *Adv* ⟨nocenter⟩ ||noceo||
1. schädlich, verderblich, *stets abs*
2. JUR schuldig, verbrecherisch; *von Sachen* ruchlos
II ⟨entis⟩ *m* Schuldiger, Übeltäter
► **noceō** ⟨uī, itum, ēre 2.⟩
1. schaden, *abs u. alicui / alicui rei* j-m / einer Sache; ***noxam n.*** eine böse Tat begehen
2. *von Sachen* schädlich sein, hinderlich sein
3. *j-m* eine Kränkung zufügen, sich vergreifen *an j-m, alicui*
nocīvus ⟨a, um⟩ *Adj* ||noceo|| (*nachkl.*) *poet* schädlich
Nocti-fer ⟨ferī⟩ *m* ||nox, fero|| *poet* Abendstern
noctilūca ⟨ae⟩ *f* ||nox, luceo|| (*vkl.*)
1. Laterne
2. *Beiname der Luna*
nocti-vagus ⟨a, um⟩ *Adj* ||nox|| (*nachkl.*) *poet* nachts umherschweifend
► **noctū** ||nox||
I *Abl* → ***nox***
II *Adv* nachts, bei Nacht
noctua ⟨ae⟩ *f* ||nox|| (*unkl.*) Nachteule, Käuzchen
noctuābundus ⟨a, um⟩ *Adj* ||nox|| zur Nachtzeit, zur Nachtzeit reisend
noctuīnus ⟨a, um⟩ *Adj* ||noctua|| Plaut. des Käuzchens
nocturnum ⟨i⟩ *n* ||nocturnus|| (*mlat.*) Nokturn, *liturgisches Nachtgebet*
nocturnus
I ⟨a, um⟩ *Adj* ||noctu|| nächtlich, bei Nacht, Nacht…; ***vigiliae nocturnae*** nächtliche Wachen; ***n. Bacchus*** der bei Nacht verehrte Bacchus
II **Nocturnus** ⟨ī⟩ *m* Plaut. Gott der Nacht
noctu-vigilus ⟨a, um⟩ *Adj* ||vigilo|| Plaut. bei Nacht wachend
nocuus ⟨a, um⟩ *Adj* ||noceo|| *poet* schädlich
nōdō ⟨āvī, ātum, āre 1.⟩ ||*Denom von* nodus|| (*nachkl.*) *poet* verknoten, zu einem Knoten zusammenknüpfen; ***crines nodantur in aurum*** Verg. die Haare sind mit einem Goldnetz zusammengefasst
nōdōsus ⟨a, um⟩ *Adj* ||nodus|| (*nachkl.*) *poet* knotig, knorrig; *von Personen* verschmitzt
nōdus ⟨ī⟩ *m* ||necto||
1. Knoten; ***nodum connectere*** einen Knoten machen; ***aliquem in nodum complecti*** j-n eng umschlingen
2. Gürtel
3. *meton* Haarknoten; ***crinem nodo substringere*** das Haar zu einem Knoten aufbinden
4. Knöchel, *allg.* Gelenk
5. Band *der Zunge*
6. Knoten, Knorren *am Holz*; Knospe *an der Pflanze*; Auge *am Zweig*
7. *fig* einigendes Band, Verbindung; Fessel
8. *fig* Verbindlichkeit, Eid
9. *fig* Verwicklung, Schwierigkeit; LIT Verwicklung *im Drama*
noenu' Lucr. = ***non***
noenum (*altl.*) = ***non***
nōla ⟨ae⟩ *f* ||*Scherzbildung zu* nolo|| Quint. die Spröde
Nōla ⟨ae⟩ *f Stadt in Kampanien, stand im 2. Punischen Krieg treu zu Rom, Sterbeort des Augustus*
Nōlānum ⟨ī⟩ *n* Gebiet von Nola
Nōlānus ⟨a, um⟩ *Adj* aus Nola, zu Nola gehörig
Nōlānus ⟨ī⟩ *m* Einwohner von Nola
► **nōlō** ⟨nōluī, -, nōlle 0.⟩
1. nicht wollen, sich weigern, *abs od aliquid* etw, + *Inf*; ***noli / nolito / nolite*** + *Inf* = *Umschreibung des verneinten Imp*; ***noli putare*** glaube nicht; ***nollem dixisse*** hätte ich doch nicht gesagt
2. ***alicui n.*** ein Vorurteil gegen j-n haben, eine Ab-

neigung gegen j-n haben

Nomas ⟨adis⟩ ||griech. Fw.||
I *m* Nomade; *Pl* Nomaden, wandernde Hirtenvölker, *bes* Numidier
II *f* Numidierin

nōmen ⟨inis⟩ *n*

1. Name
2. Wort, Ausdruck
3. Familienname
4. Titel
5. Geschlecht
6. berühmter Name, guter Ruf
7. bloßer Name, Schein
8. Name eines Schuldners

1. Name; ***alicui nomen dare*** j-m einen Namen geben; ***nomen accipere ab aliquo*** den Namen von j-m bekommen; ***alicui n. est Gaius/Gaio/Gai*** j-d heißt Gaius; ***dare/dicere alicui nomen Marcum/Marco*** j-m den Namen Marcus geben; ***nomen dare/edere/profiteri*** sich freiwillig melden, *bes zum Kriegsdienst*; ***ad nomen non respondere*** dem Aufruf keine Folge leisten; ***nomen accipere*** in die Wahlliste aufnehmen; ***nomen alicuius deferre*** j-n gerichtlich belangen, j-n anklagen; ***nomen recipere*** *vom Prätor* die Klage gegen *j-n* annehmen
2. Wort, Ausdruck; GRAM Nomen, Substantiv
3. Familienname; Gentilname; Vorname; Beiname
4. Titel; ***n. regium/regis*** Königstitel; ***n. imperatoris/imperii*** Feldherrntitel
5. Geschlecht; Volk; Nationalität; Person, Held; ***n. Nerviorum*** Volk der Nervier; ***n. Romanum*** Römertum; ***tanta nomina*** so große Männer
6. berühmter Name, guter Ruf, Ruhm; Rang, Würde; ***magnum n.*** großer Name; ***vulgus sine nomine*** der namenlose Pöbel
7. bloßer Name, Schein, Vorwand, Grund; ***honestis nominibus certare*** unter ehrenhaften Vorwänden kämpfen; ***per nomen militare*** unter dem Vorwand des Kriegszustandes
8. Name eines Schuldners *im Schuldbuch*; *meton* Schuldposten, Schuldverschreibung, Schulden; Schuldner; ***nomen facere in tabulas*** einen Schuldposten in das Schuldbuch eintragen; ***nomen solvere/exsolvere/dissolvere/expedire*** seine Schuld bezahlen; ***nomina exigere*** Gelder eintreiben; ***nomen in alium transcribere*** die Schuld auf einen anderen übertragen; ***pecunia mihi est in nominibus*** ich habe Geld ausstehen; ***uno nomine*** *fig* in einem Posten, auf einmal, in Bausch und Bogen; ***n. lentum*** schlechter Zahler
9. ***nomine*** mit Namen, namens; ***oppidum Remorum nomine Bibrax*** eine Stadt der Remer mit dem Namen Bibrax
10. ***nomine*** (bloß) dem Namen nach; ***notus mihi nomine tantum*** mir nur dem Namen nach bekannt
11. ***nomine*** in *j-s* Namen, in *j-s* Auftrag; ***senatūs nomine*** im Auftrag des Senats
12. ***nomine*** unter dem Namen; ***obsidum nomine*** als Geiseln
13. ***nomine*** aufgrund; ***rei publicae nomine*** mit Rücksicht auf den Staat; ***eo nomine*** deswegen
14. ***meo nomine*** ich meinerseits, für mich persönlich, aus privaten Rücksichten

nōmen-clātiō ⟨ōnis⟩ *f* ||calo[1]|| Benennung mit Namen

nōmen-clātor ⟨ōris⟩ *m* ||nomenclatio|| „Namensnenner", *Sklave, der seinem Herrn die Namen der ihm Begegnenden nennen musste*

nōmenclātūra ⟨ae⟩ *f* ||nomenclatio|| (*nachkl.*) Namensverzeichnis

nōmen-culātor ⟨ōris⟩ *m* = ***nomenclator***

Nōmentānum ⟨ī⟩ *n* Landgut bei Nomentum

Nōmentānus
I ⟨a, um⟩ *Adj* aus Nomentum, zu Nomentum gehörig
II ⟨ī⟩ *m* Einwohner von Nomentum

Nōmentum ⟨ī⟩ *n Stadt n von Rom, heute Mentana*

nōminātim *Adv* ||nomino|| namentlich, beim Namen, ausdrücklich

nōminātiō ⟨ōnis⟩ *f* ||nomino||
1. (*unkl.*) Nennung, Benennung
2. das Vorschlagen, Vorschlag *eines Kandidaten* für ein Amt

nōminātīvus
I ⟨a, um⟩ *Adj* ||nomino|| (*vkl., nachkl.*) zur Nennung gehörig; ***casus n.*** GRAM Nominativ
II ⟨ī⟩ *m* GRAM Nominativ

nōminitō ⟨āvī, ātum, āre 1.⟩ ||*Intens von* nomino|| Lucr. benennen, nennen

► **nōminō** ⟨āvī, ātum, āre 1.⟩ ||*Denom von* nomen||
1. benennen, bezeichnen, beim Namen rufen; *Passiv* heißen
2. namentlich anführen, namentlich erwähnen
3. rühmen
4. *für ein Amt* vorschlagen, ernennen; ***aliquem dictatorem n.*** j-n zum Diktator ernennen
5. (*nachkl.*) anklagen; ***aliquem inter coniuratores n.*** j-n als Verschwörer anklagen

Nomios *u.* **Nomius** ⟨ī⟩ *m* der „Hirt", *Beiname des Apollo, der die Herden des Admetos gehütet hatte*

nomisma ⟨atis⟩ *n* ||griech. Fw.||
1. Hor. Münze
2. Mart. Marke, *für die im Theater Wein ausgegeben wurde*

nomos *Akk* ⟨on⟩ *n* ||griech. Fw.|| Suet. Gesangsstück, Lied

nomus ⟨ī⟩ *m* ||griech. Fw.|| Plin. Region, Bezirk

► **nōn** *Adv*
1. nicht, *vor dem verneinten Wort, bei Verneinung des ganzen Satzes vor dem Verb*; *beim Sup* nicht eben, nicht gerade; ***filium tuum non vidi*** ich habe deinen Sohn nicht gesehen; ***nuntium non iucundum affers*** du bringst keine angenehme Nachricht; *bes in der Litotes*: ***non parvus*** sehr groß; ***non invitus*** sehr gern; ***homo non beatissimus*** nicht gerade sehr reicher Mensch
2. *Verbindungen*: ***non nemo*** mancher; ***nemo … non*** jeder; ***non nullus*** mancher; ***nullus … non*** jeder; ***non nihil*** etwas; ***nihil … non*** alles; ***non numquam*** zuweilen; ***numquam … non*** immer; ***non nusquam*** an manchen Orten; ***nusquam … non*** überall; ***nisi non/non … nisi*** nur, lediglich
3. *in der Frage bei Erwartung einer bejahenden Antwort* = ***nonne***
4. ***non possum non*** ich kann nicht umhin, ich muss, + *Inf*; ***non possum non te laudare*** ich muss

N

dich unbedingt loben
5. ***et non*** und nicht, *verneint ein einzelnes Wort*
6. ***ut non*** dass nicht, + *Konsekutivsatz*
7. ***ne non*** dass nicht *nach Verben des Fürchtens*
8. ***ac non/et non*** und nicht viel mehr; ***nec … non*** und gewiss auch
9. *in Antworten* nein, *fast immer mit Wiederholung des in der Frage betonten Wortes*

Non. *Abk* = ***Nonae*** die Nonen

nōna ⟨ae⟩ *f* ||nonus|| die neunte Stunde

Nōna ⟨ae⟩ *f* ||nonus|| MYTH *eine der Parzen, Göttin des für die Geburt entscheidenden 9. Monats*

Nōnae ⟨ārum⟩ *f* ||nonus|| die Nonen, *in den Monaten März, Mai, Juli, Oktober der 7. Tag, in den übrigen Monaten der 5. Tag des Monats*

nōnāgēnī ⟨ae, a⟩ *Num distr* ||nonaginta|| *(nachkl.)* je neunzig

nōnāgēsimus ⟨a, um⟩ *Num ord* ||nonaginta|| neunzigster

nōnāgiē(n)s *Num adv* ||nonaginta|| neunzigmal; ***nonagiens sestertium*** 9 Millionen Sesterzen

nōnāgintā *indekl Num card* neunzig

nōnānus
I ⟨a, um⟩ *Adj* ||nonus|| Tac. zur neunten Legion gehörig
II ⟨ī⟩ *m* Soldat der neunten Legion

nōnāria ⟨ae⟩ *f* ||nonarius|| *(erg.* ***meretrīx****)* öffentliche Dirne, *die erst nach der 9. Stunde ihrem Gewerbe nachgehen durfte*

nōnārius ⟨a, um⟩ *Adj* ||nonus|| zur neunten Stunde gehörig

▶ **nōn-dum** *Adv* noch nicht; ***nondum etiam*** noch immer nicht

nōngentī ⟨ae, a⟩ *Num card* neunhundert

nonna ⟨ae⟩ *f*
1. Kinderwärterin, Amme
2. *(eccl.)* Nonne, Klosterfrau

▶ **nōn-ne** *Fragepartikel*
1. *in der dir Frage* nicht?, etwa nicht? *bei Erwartung einer bejahenden Antwort*
2. *im indir Fragesatz* ob nicht

nōn-nēmō *auch getrennt* mancher; → ***nemo***

nōn-nihil *auch getrennt*
I etwas, einiges; → ***nihil.***
II *Adv* einigermaßen

▶ **nōn-nūllus** ⟨a, um⟩ *indef Pr*
I *adj* beträchtlich, ziemlich groß, ziemlich viel
II *subst* mancher, der eine und der andere, *meist Pl*; ***nonnulli*** einige, manche

nōn-numquam *Adv, auch getrennt* manchmal, zuweilen

nōnus ⟨a, um⟩ *Num ord* ||novem|| der neunte

Nōrēia ⟨ae⟩ *f Stadt in den Ostalpen, Niederlage der Römer 113 v. Chr. gegen die Kimbern, genaue Lage nicht bekannt*

Nōrica ⟨ae⟩ *f* Frau aus Noricum

Nōricum ⟨ī⟩ *n röm. Provinz zwischen Pannonien u. Raetien, ö. des Inn*

Nōricus ⟨a, um⟩ *Adj* aus Noricum, zu Noricum gehörig

nōrma ⟨ae⟩ *f* Winkelmaß; *fig* Richtschnur, Maßstab, Regel, Vorschrift

nōrmālis ⟨e⟩ *Adj* ||norma|| *(nachkl.)* nach dem Winkelmaß; ***angulus n.*** rechter Winkel

Nortia ⟨ae⟩ *f etrusk. Schicksalsgöttin*

▶ **nōs** *Gen* ⟨nostrī⟩ *u.* ⟨nostrum⟩ *u.* ⟨nostrōrum⟩, *Dat u. Abl* ⟨nōbīs⟩, *Akk* ⟨nōs⟩ *pers Pr* wir, *auch als Pl der Bescheidenheit*

nōscitō ⟨āvī, ātum, āre 1.⟩ ||*Intens von* nosco||
1. *(unkl.)* bemerken, wahrnehmen, erkennen
2. wieder erkennen
3. Plaut. betrachten, untersuchen

▶ **nōscō** ⟨nōvī, nōtum, nōscere 3.⟩
1. kennen lernen, erkennen, erfahren, *aliquem re/de re* j-n an etw, + *Inf/* + *indir Fragesatz*; *Perf* kennen, wissen, verstehen; *Passiv* erkannt werden, bekannt werden, *alicui* j-m
2. *bereits Bekanntes* wieder erkennen
3. anerkennen, gelten lassen
4. Tac. JUR *als Richter* untersuchen, erkennen

nōs-met *pers Pr, verstärktes nos*; → ***met***

▶ **noster** ⟨nostra, nostrum⟩ *poss Pr* ||nos||
I *adj*
1. *von Personen u. Sachen* unser, uns gehörig, *auch als Pl der Bescheidenheit*; *zeitl.* gegenwärtig; ***pater n.*** unser Vater; ***amicus n.*** unser Freund, ein Freund von uns; ***amor noster*** unsere Liebe, Liebe zu uns; ***orator n.*** unser Redner; der Redner, um den es gerade geht; ***memoria nostra*** die gegenwärtige Zeit
2. für uns günstig; ***loca nostra*** für uns günstiges Gelände
II *subst*
1. der Unsere, unser Angehöriger, unser Vertrauter, unser Landsmann
2. **nostra** ⟨ōrum⟩ *n* das Unsere, unser Eigentum, unser Vermögen

nostrās *Gen* ⟨ātis⟩ *Adj* ||noster|| aus unserem Land, inländisch, einheimisch; ***nostrates philosophi*** Cic. die Philosophen unseres Volkes

nota[1] ⟨ae⟩ *f* ||notus||
1. Zeichen, Kennzeichen, Merkmal; *bei Münzen* Gepräge; *(unkl.)* Vorzeichen, Wahrzeichen; ***notam ducere*** ein Zeichen machen *mit dem Finger auf dem Tisch*; ***n. genitiva*** Muttermal; ***notae sceleris*** *fig* Zeichen eines Verbrechens
2. Schriftzeichen, Buchstabe; Interpunktionszeichen; *(nachkl.)* Abkürzung, Chiffre; *Pl* Schrift, Brief, Inschrift; *(nachkl.)* Geheimschrift, Kurzschrift
3. Etikett *an Gefäßen*; *meton* Weinsorte; *fig* Qualität, Art
4. Brandmal; *fig* Schandfleck; ***notam inurere alicui*** j-m ein Mal einbrennen; ***notis compunctus*** tätowiert
5. zensorische Rüge; *meton* Herabsetzung; *fig* Schande, Beschimpfung
6. ehrender Beiname; ***notam trahere a re*** einen Beinamen von etw bekommen
7. Zeichen, Wink; ***notas reddere*** zuwinken

nōta[2] ⟨ae⟩ *f* ||notus|| Bekannte

nōta[3] ⟨ōrum⟩ *n* ||notus|| Bekanntes

notābilis ⟨e⟩ *Adj, Adv* ⟨notābiliter⟩ ||noto||
1. bemerkenswert, denkwürdig
2. *(nachkl.)* auffallend; *pej* berüchtigt
3. *(nachkl.)* *fig* bemerkbar, merklich

notārius ⟨ī⟩ *m* ||nota|| Stenograf; *(spätl., mlat.)* Schreiber; *(nlat.)* Notar

notātiō ⟨ōnis⟩ *f* ||noto||

1. Kennzeichnung, ***tabularum*** der Stimmtäfelchen; ***n. vitae*** Charakterisierung des Lebens
2. Erklärung der Herkunft eines Wortes, Etymologie
3. zensorische Rüge
4. Bemerkung, Beobachtung, Beachtung
5. Untersuchung bei der Wahl

notātus ⟨a, um⟩ *Adj* ||noto||
1. gekennzeichnet
2. bemerkbar

nōtēscō ⟨nōtuī, -, nōtēscere 3.⟩ ||*Inkoh zu* notus|| (*nachkl.*) *poet* bekannt werden

nothus
I ⟨a, um⟩ *Adj* ||griech. Fw.|| (*unkl.*)
1. unehelich, *Vater bekannt, Mutter Sklavin od Konkubine*
2. *fig* unecht, fremd, falsch
II ⟨ī⟩ *m* uneheliches Kind; *bei Tieren* Mischling

nōti-ficō ⟨-, -, āre 1.⟩ ||notus, facio|| *poet* bekannt machen; (*mlat.*) melden, anzeigen

nōtiō ⟨ōnis⟩ *f* ||nosco||
1. Plaut. das Kennenlernen; ***quid tibi hanc n. est?*** was hast du dich mit ihr bekannt zu machen?
2. offizielle Untersuchung; (zensorische) Rüge
3. Kenntnis, Begriff, Vorstellung, *alicuius* j-s *od* von j-m, *alicuius rei / de re* von etw; ***n. deorum*** Vorstellung von den Göttern; ***n. insita*** angeborener Begriff, Begriff a priori; ***verbo alia n. subiecta est*** dem Wort wurde ein anderer Sinn unterlegt

nōtitia ⟨ae⟩ *f u.* **nōtitiēs** ⟨ēī⟩ *f* ||notus||
1. (*nachkl.*) *poet* Bekanntheit; ***plus notitiae dare alicui*** j-n bekannter machen
2. (*nachkl.*) Ruf, Ruhm
3. Bekanntschaft mit *etw*, Kenntnis von *etw*, Wissen um *etw*, *alicuius rei*; ***n. locorum*** Ortskenntnis; ***notitiam feminae habere*** Geschlechtsverkehr mit einer Frau haben
4. Begriff, Vorstellung; ***n. rerum*** allgemeiner Begriff

notō ⟨āvī, ātum, āre 1.⟩ ||*Denom von* nota||
1. mit einem Kennzeichen versehen, kennzeichnen, bezeichnen; auszeichnen; ***n. chartam*** ein Blatt beschreiben; ***sentes crura notant*** Dornen ritzen die Beine; ***genas ungue n.*** die Wangen mit dem Fingernagel zerkratzen; ***tempora cursu lunae n.*** die Zeiten durch den Umlauf des Mondes bestimmen
2. schreiben, *bes mit Abkürzungen*; ***verba n.*** Wörter schreiben
3. schriftlich anmerken, aufzeichnen; ***legem n.*** ein Gesetz aufzeichnen
4. *mit Worten j-n / etw* bezeichnen, erwähnen, *auch* auf *j-n / etw* anspielen, *aliquem / aliquid*
5. *ein Wort* etymologisch erklären
6. *mit den Sinnen* wahrnehmen; ***cantūs avium n.*** den Gesang der Vögel hören; ***fumum n.*** Rauch riechen
7. *geistig* sich merken, sich einprägen; ***dicta mente n.*** die Worte im Geist festhalten
8. *vom Zensor* offiziell rügen; *allg.* tadeln, strafen, beschimpfen; ***aliquem furti nomine n.*** j-n wegen Diebstahls rügen; ***aliquem ignominiā n.*** j-n brandmarken

nōtor ⟨ōris⟩ *m* ||nosco|| (*nachkl.*) Kenner; Zeuge der Identität, Autorität

nōtōrius ⟨a, um⟩ *Adj* ||nosco|| (*spätl.*) anzeigend; (*mlat.*) offenkundig

nōtuī → ***notesco***

notus[1] ⟨ī⟩ *m* ||griech. Fw.|| (*nachkl.*) *poet* Südwind, *stürmisch u. Regen bringend*; *allg.* Sturmwind; *Pl* Sturm

▶ **nōtus**[2]
I ⟨a, um⟩ *Adj* ||nosco||
1. *von Personen u. Sachen* bekannt; ***vada nota*** bekannte Furten; ***aliquid notum habere*** etw kennen, etw wissen; ***notum est*** es ist bekannt
2. freundschaftlich, vertraut
3. *poet* gewohnt, gewöhnlich; ***carmen ex noto fictum*** Lied aus ganz gewöhnlichen Ausdrücken
4. (*nachkl.*) *poet* berühmt, angesehen; *pej* berüchtigt
5. *akt.* bekannt, *alicuius rei* mit etw; ***n. provinciae*** die Provinz kennend
II ⟨ī⟩ *m* Bekannter

nōtus[3] ⟨a, um⟩ *PPP* → ***nosco***

novācula ⟨ae⟩ *f* scharfes Messer, Rasiermesser, Schermesser; Mart. Dolch

Novaesium ⟨ī⟩ *m Militärlager am Niederrhein, heute Neuss*

novāle ⟨is⟩ *n u.* **novālis** ⟨is⟩ *f* ||novus|| (*unkl.*) Brachfeld, Neubruch; *allg.* Acker

novātrīx ⟨īcis⟩ *f* ||novo|| Erneuerin

novellae ⟨ārum⟩ *f* ||novellus|| junge Bäume, junge Weinstöcke

Novellae ⟨ārum⟩ *f* ||novellus|| (*erg.* ***leges***) Novellen, *Teil des Corpus Iuris Civilis, nach dem Codex Iustinianus entstanden*

novellō ⟨-, -, āre 1.⟩ ||*Denom von* novellus|| Suet. neue Weinstöcke setzen

novellus ⟨a, um⟩ *Adj* ||*Dim von* novus|| neu, jung, noch nicht ausgewachsen, noch nicht lange vorhanden; ***arbor novella*** junger Baum; ***oppida novella*** Liv. neu eroberte Städte

novem *indekl Num card neun*; ***decem novem*** Caes. *u.* ***decem et novem*** Liv. neunzehn

November
I ⟨bris, bre⟩ *Adj* ||novem|| zum Monat November gehörig; ***mensis N.*** November
II ⟨bris⟩ *m* November

novem-diālis *u.* **noven-diālis** ⟨e⟩ *Adj* ||novem, dies||
1. neuntägig
2. (*nachkl.*) *poet* am neunten Tage (stattfindend); (***sacrum***) ***novemdiale*** am neunten Tag *nach der Beisetzung einer Leiche* dargebrachtes Opfer; ***novemdiales pulveres*** Hor. neun Tage alte Asche = noch frische Asche; ***n. cena*** Tac. Leichenmahl

novēnī ⟨ae, a⟩ *Num distr* ||novem|| Tac. je neun

novēnsidēs *u.* **novēnsilēs dīvī** *m*
1. neu aufgenommene Götter
2. *sabinischer* Neungötterkreis

noverca ⟨ae⟩ *f* ||novus|| Stiefmutter

novercālis ⟨e⟩ *Adj* ||noverca|| (*nachkl.*) *poet* stiefmütterlich; *fig* lieblos, feindselig

novercor ⟨-, ārī 1.⟩ ||noverca|| sich wie eine Stiefmutter benehmen, *alicui* gegen jdn

nōvī → ***nosco***

novīcius
I ⟨a, um⟩ *Adj* ||novus|| noch neu im Haus
II ⟨ī⟩ *m*

N

1. Neuling
2. (*mlat.*) Novize, *Mönch während der Probezeit*
noviē(n)s *Adv* ||novem|| (*vkl., nachkl.*) neunmal
Noviodūnum ⟨ī⟩ *n Name mehrerer kelt. Orte*
1. *Stadt im Gebiet der Suessionen, beim heutigen Soissons, vermutlich identisch mit dem heutigen Pommiers*
2. *Stadt der Bituriger an der mittleren Loire*
3. *Stadt der Äduer, heute Nevers*
novitās ⟨ātis⟩ *f* ||novus||
1. Neuheit; ***gratia novitatis*** Reiz der Neuheit; ***n. anni*** Frühjahr, Jahresanfang
2. das Neue, das Ungewöhnliche; ***n. periculi*** neue Gefahr, ungewohnte Gefahr
3. neue Bekanntschaft, *meist Pl*
4. junger Adel
5. *Pl* (*mlat.*) Neuerscheinungen
novō ⟨āvī, ātum, āre 1.⟩ ||*Denom von* novus||
1. neu machen, erneuern; *Passiv* sich erneuern; ***vulnus n.*** eine Wunde wieder aufreißen; ***agrum n.*** einen Acker zweimal pflügen
2. erfrischen
3. neu schaffen, erfinden; ***tela n.*** neue Waffen schmieden; ***tecta n.*** neue Häuser bauen
4. eine neue Gestalt geben, verändern; ***fidem n.*** die Treue brechen
5. ***n.*** (***res***) die bestehende Verfassung stürzen
6. *poet* verwandeln, ***faciem*** das Gesicht
Novocōmēnsēs ⟨ium⟩ *m* die Bewohner von Novum → Comum
novum ⟨ī⟩ *n* ||novus|| Neuerung, neuer Vorfall, neue Einrichtung

N

novus ⟨a, um⟩ *Adj*, *Adv* ⟨novē⟩

1. neu, bisher nicht da gewesen
2. ungewöhnlich, sonderbar
3. unerfahren in
4. neu, verändert
5. der äußerste, der letzte
6. neuerdings, vor Kurzem

1. neu, bisher nicht da gewesen; ***amicus n.*** neuer Freund; (***miles***) ***n.*** Rekrut; ***maritus n.*** Bräutigam; ***legiones novae*** neu angeworbene Legionen; ***res nova*** Neuigkeit; ***aestas nova*** Frühsommer; ***frumentum novum*** frisch geerntetes Getreide; ***frons nova*** frischer Zweig; ***res novae*** Neuerungen, Revolutionen; ***homo n.*** Emporkömmling, Mann ohne Ahnen
2. ungewöhnlich, sonderbar, beispiellos; ***scelus novum*** ganz neue Art von Verbrechen; ***novum est, ut*** es ist ein ungewöhnlicher Fall, dass
3. unerfahren in *etw*, nicht vertraut mit *etw*, *re*; ***equus n.*** nicht zugerittenes Pferd
4. *bei Personen* neu, verändert; ***Camillus n.*** ein anderer Camillus
5. *Sup* der äußerste, der letzte, der hinterste; *zeitl.* der letzte, der jüngste; *fig* der äußerste, der höchste; ***agmen novissimum*** Nachhut; ***cauda novissima*** Spitze des Schwanzes; ***crura novissima*** unterster Teil der Beine; ***proelium novissimum*** das letzte Treffen
6. ***novissime*** *Adv* neuerdings, vor Kurzem, *bes bei Aufzählungen*; ***primum … deinde … novissime*** zuerst … dann … schließlich

▶ **nox** ⟨noctis⟩ *f*
1. Nacht, *auch* Abend; ***nocte/de nocte*** bei Nacht, nachts; ***diem noctemque/dies noctesque*** Tag und Nacht; ***primā nocte*** bei Einbruch der Nacht; ***mediā nocte*** um Mitternacht; ***sub noctem*** spätabends; ***de multa nocte*** in tiefer Nacht; ***ad multam noctem*** bis tief in die Nacht
2. *fig* Dunkelheit; ***versūs noctem habent*** die Verse sind dunkel
3. *fig* Todesnacht, Tod
4. *fig*, *poet* Blindheit
5. *fig* Nachtruhe, Schlaf; nächtliches Schwärmen; Beischlaf
6. *fig*, *poet* Unterwelt
7. *fig* Verblendung, Unverstand
8. *fig* unglückliche Lage, traurige Umstände; ***nox rei publicae offusa*** über den Staat hereingebrochenes Unglück
Nox ⟨Noctis⟩ *f* Göttin der Nacht, *Tochter des Chaos*
noxa ⟨ae⟩ *f* ||noceo||
1. (*nachkl.*) Schaden; ***alicui noxae esse*** j-m Schaden zufügen; ***noxam nocere*** eine böse Tat begehen
2. *meton* Schuld, Vergehen, Verbrechen; ***in noxa esse*** schuldig sein
3. Liv. Strafe
noxia ⟨ae⟩ *f* ||noxius|| Schuld, Vergehen; ***aliquid alicui noxiae est*** etw wird j-m als Schuld angerechnet, etw wird j-m zur Last gelegt
noxiōsus ⟨a, um⟩ *Adj* ||noxia|| (*nachkl.*)
1. schädlich
2. sündhaft, verschuldet
noxius
I ⟨a, um⟩ *Adj* ||noxa|| (*nachkl.*)
1. *poet* schädlich, verderblich
2. *poet* schuldig, straffällig
II ⟨ī⟩ *m* Übeltäter
nūbēcula ⟨ae⟩ *f* ||*Dim von* nubes|| (*nachkl.*) Wölkchen; ***n. frontis*** *fig* Wölkchen auf der Stirn
▶ **nūbēs** ⟨is⟩ *f*
1. Wolke, Gewölk, *bes* Regenwolke
2. *meton* Rauchwolke, Staubwolke
3. (*nachkl.*) *fig* dichte Schar, Menge, Schwarm; ***n. telorum*** Geschosshagel; ***n. belli*** Schlachtgetümmel
4. *fig*, *poet* Dunkel, Dunst, Nebel; *fig* Schleier, Hülle
5. Quint. *fig* dünnes, durchsichtiges Kleid
6. (*nachkl.*) *fig*, *poet* finsteres Aussehen, ernste Miene
7. *fig* traurige Lage, Unglück; ***n. belli*** Gewitterwolke des Krieges
8. Hor. *fig* inhaltsloser Schwulst
nūbi-fer ⟨fera, ferum⟩ *Adj* ||nubes, fero|| (*nachkl.*)
1. *poet* Wolken tragend
2. *poet* Wolken bringend
nūbi-gena ⟨ae⟩ *m u. f* ||nubes, gigno|| (Verg., Ov.) Wolkenkind, *bes Beiname der Kentauren, die Ixion mit einer Wolke gezeugt hatte*
nūbilis ⟨e⟩ *Adj* ||nubo|| heiratsfähig, geschlechtsreif
nūbilōsus ⟨a, um⟩ *Adj* ||nubilus|| (*nachkl.*) bewölkt, düster
nūbilum ⟨ī⟩ *n* ||nubilus|| Gewölk, trübes Wetter
nūbilus ⟨a, um⟩ *Adj* ||nubes|| (*nachkl.*) *poet*
1. wolkig, bewölkt, umwölkt; Wolken bringend

2. dunkel, trübe
3. *fig* finster, düster, traurig
4. *fig* ungünstig
5. *fig* unglücklich

nūbō ⟨nūpsī, nuptum, nūbere 3.⟩
1. *von der Frau* heiraten, sich verheiraten, *abs od alicui* j-n, mit j-m; ***in familiam n.*** in eine Familie einheiraten; ***aliquam nuptum dare/collocare alicui*** eine Frau mit j-m verheiraten; ***nupta alicui/cum aliquo*** mit j-m verheiratet; ***verba nupta*** unzüchtige Worte
2. (*spätl., eccl.*) *vom Mann* heiraten

nuci-frangibulum ⟨ī⟩ *n* ||nux, frango|| Plaut. Nussknacker

nuc(u)leus ⟨ī⟩ *m* ||nux|| Kern, *bes* Nusskern

nu-dius *Adv* ||dies|| es ist jetzt der … Tag, *stets mit einer Ordinalzahl*; ***nudius tertius*** vorgestern; ***nudius tertius decimus*** heute vor zwölf Tagen

▶ **nūdō** ⟨āvī, ātum, āre 1.⟩ ||*Denom von* nudus||
1. entblößen, entkleiden; ***Satyros agrestes n.*** ländliche Satyrn halbnackt auf die Bühne bringen
2. bloßlegen, enthüllen; ***gladium n.*** das Schwert ziehen; ***messes n.*** Getreide ausdreschen
3. MIL entblößen = unverteidigt lassen
4. *fig* berauben, plündern, *re* einer Sache; ***parietes ornamentis n.*** die Wände ihres Schmuckes berauben; ***aliquem n.*** j-n seiner Würde entkleiden
5. *fig* verraten, an den Tag bringen; ***alicui amorem n.*** j-m seine Liebe gestehen

nūdulus ⟨a, um⟩ *Adj* ||*Dim von* nudus|| nackt

▶ **nūdus** ⟨a, um⟩ *Adj*
1. nackt, bloß, entblößt, entkleidet; unbedeckt, kahl, unbesetzt; unbeerdigt; ***arbor nuda*** Baum ohne Laub; ***domus nuda*** leeres Haus; ***subsellia nuda*** unbesetzte Bänke, freie Bänke
2. (*nachkl.*) leicht bekleidet, bloß in der Tunika, leicht bewaffnet
3. unbewaffnet, ungedeckt, unbesetzt; ***nudo corpore pugnare*** ohne Schild kämpfen
4. *fig einer Sache* beraubt, leer von *etw*, ohne *etw*, *abs od re/alicuius rei/a re*; ***navis remigio nuda*** Schiff ohne Ruder
5. *fig* mittellos, dürftig, arm; hilflos, wehrlos
6. *fig* allein, nur, lediglich; ***hoc nudum relinquitur*** es bleibt die bloße Frage übrig
7. *fig* einfach, ungeschminkt; ***veritas nuda*** ungeschminkte Wahrheit; ***verba nuda*** Plin. schlüpfrige Wörter

nūgae ⟨ārum⟩ *f*
1. Possen, dummes Zeug, Lappalien; poetische Kleinigkeiten
2. *meton* Schwindler, Possenreißer

nūgāmenta ⟨ōrum⟩ *n* = ***nugae***

nūgātor ⟨ōris⟩ *m* ||nugor|| Schwätzer, Aufschneider, Maulheld

nūgātōrius ⟨a, um⟩ *Adj* ||nugator|| läppisch, wertlos, unnütz

nūgāx *Gen* ⟨ācis⟩ *Adj* ||nugor|| possierlich; ***nugacissume*** *Adv Sup* höchst kurzweilig

nūgi-gerulus ⟨ī⟩ *m* ||nugae|| Plaut. Schnickschnackkrämer; Lügenbold, Windbeutel

nūgi-vendus ⟨ī⟩ *m* ||nugae, vendo|| Plaut. Schnickschnackverkäufer

nūgor ⟨ātus sum, ārī 1.⟩ ||*Denom von* nugae||
1. Possen reißen, scherzen, dummes Zeug schwatzen, schäkern
2. Plaut. aufschneiden, schwindeln

nūllum ⟨ius⟩ *n* ||nullus|| = ***nihil***

▶ **nūllus**
I ⟨a, um⟩ *Adj*
1. kein, keinerlei
2. *bei einem Subst. im Abl* ohne; ***nullo ordine*** ohne Ordnung; ***nullo comite*** ohne Begleiter
3. *bes in der Umgangssprache* keineswegs, gar nicht; ***misericordia tibi nulla debetur*** du verdienst keineswegs Mitleid
4. *fig* unbedeutend, gering, nichts sagend, wertlos; ***nullum esse*** verloren sein, tot sein, zugrunde gegangen sein
II ⟨īus⟩ *m*
1. keiner, niemand
2. ***n. non*** jeder; ***non nullus*** mancher; ***n. unus*** kein Einzelner

nūllus-dum ⟨a, um⟩ *Adj* (*nachkl.*) (bis jetzt) noch keiner

▶ **num**
I *Adv* nun noch, jetzt, *nur noch in nunc, etiamnum, etiamnunc enthalten.*
II *Fragepartikel*
1. *im dir Fragesatz bei Erwartung einer verneinenden Antwort, verstärkt numquid u. numque*; denn, wohl, etwa, doch wohl nicht; ***num me reprehendere audes?*** wagst du etwa mich zu tadeln?
2. *im indir Fragesatz* ob (nicht), ob etwa (nicht); ***dic, num fidem ei habeas*** sag, ob du ihm etwa Glauben schenkst

Num. *Abk* = ***Numerius***

Numantia ⟨ae⟩ *f Stadt der Keltiberer in Hispania Tarraconensis, 133 v. Chr. von Scipio Africanus Numantinus erobert u. zerstört*

Numantīnus ⟨a, um⟩ *Adj* aus Numantia, zu Numantia gehörig

Numantīnus ⟨ī⟩ *m* Einwohner von Numantia

Numa Pompilius *m Sabiner, der Sage nach zweiter König von Rom, schuf zahlreiche Gesetze*

numella ⟨ae⟩ *f* (*vkl., nachkl.*) Halseisen *für Sklaven u. für Tiere*

▶ **nūmen** ⟨inis⟩ *n* ||nuo||
1. Wink, Wille, Geheiß
2. göttlicher Wille, Walten der Gottheit
3. *meton* Gott, Gottheit, göttliches Wesen
4. (*nachkl.*) *poet* Manen *geliebter Personen*
5. Orakel(spruch), *bes Pl*
6. (*nachkl.*) *poet von Menschen* Hoheit, Majestät, Schutzgeist, *bes der röm. Kaiser*

numerābilis ⟨e⟩ *Adj* ||numero|| (*nachkl.*) zählbar; leicht zählbar

numerātiō ⟨ōnis⟩ *f* ||numero|| (*nachkl.*) Auszahlung, Barzahlung

numerātum ⟨ī⟩ *n* ||numero|| bares Geld; ***numerato solvere*** bar bezahlen

numerātus ⟨a, um⟩ *Adj* ||numero|| bar; ***numeratam pecuniam habere*** bei Kasse sein

Numeriānus ⟨a, um⟩ *Adj* des Numerius, zu Numerius gehörig

Numerius ⟨ī⟩ *m röm. Vorname*

numerō[1] ⟨āvī, ātum, āre 1.⟩ ||*Denom von* numerus||
1. zählen; ***aliquid per digitos n.*** etw an den Fingern

N

abzählen; ***senatum n.*** den Senat auszählen um die Beschlussfähigkeit festzustellen
2. aufzählen, auszahlen; ***militum stipendium n.*** den Soldaten den Sold auszahlen
3. aufzählen, einzeln anführen; erzählen
4. zu *etw* zählen, unter *etw* rechnen, *aliquem / aliquid in aliquibus / inter aliquos / in re* j-n / etw unter j-n / etw; ***aliquem inter amicos n.*** j-n zu seinen Freunden zählen; ***facta in gloria n.*** das Verübte sich zum Ruhm rechnen
5. für *etw* halten, + *dopp. Akk*; ***aliquid in loco / in parte benificii n.*** etw als Wohltat anrechnen; ***aliquid nullo loco n.*** etw für nichts rechnen

numerō² *Adv* ||numerus|| Com.
1. alsbald, geschwind, rechtzeitig
2. zu früh

numerōsus ⟨a, um⟩ *Adj*, *Adv* ⟨numerōsē⟩ ||numerus||
1. (*nachkl.*) zahlreich, volkreich; ***civitas numerosa*** volkreiche Stadt
2. rhythmisch, im Takt; harmonisch; Ov. rhythmenreich

numerus ⟨ī⟩ *m*

1. Teil
2. Takt, Rhythmus
3. Takte
4. Versfuß, Vers
5. Gänge
6. Zahl, Anzahl
7. Arithmetik
8. Ordnung
9. Zwischenraum
10. Truppenabteilung
11. Verzeichnis, Liste
12. Rang, Geltung
13. Menge, Masse
14. bloße Zahl, Null
15. Numerus

1. Teil *eines Ganzen*, Bestandteil; ***numeris suis carere*** mangelhaft sein
2. Takt, Rhythmus; *in der Rede* rhythmischer Tonfall, Wohlklang, Harmonie; *fig* Takt *im Benehmen*; ***histrio extra numerum se movet*** der Schauspieler bewegt sich nicht im Takt; ***aliquid procedit in numerum*** etw geht in richtiger Weise vonstatten; ***nihil extra numeros facere*** nichts Taktloses tun
3. *Pl in der Musik* Takte; Melodie
4. METR Versfuß, Vers; *Pl* Versbau, Versmaß; ***numeri graves*** heroische Verse; ***numeri impares*** elegische Verse, Distichon
5. *Pl* (*nachkl.*) Gänge *des sportlichen Wettkampfes, auch sexuell*
6. Zahl, Anzahl, Menge; Klasse, Kategorie; ***numerum inire*** eine Zählung veranstalten; ***numerum deferre*** die Zahl angeben; ***numerum subtiliter exsequi*** die Zahl genau angeben; ***navis habet suum numerum*** das Schiff hat die gehörige Besatzung; ***numero*** der Zahl nach, im Ganzen; ***ad numerum*** vollzählig; ***ad numerum*** + *Gen* ungefähr, gegen; ***in civium numero esse*** zu den Bürgern gehören; ***aliquem (in) hostium numero dicere / habere*** j-n zu den Feinden rechnen; ***numero sapientium haberi*** unter die Weisen gezählt werden
7. *Pl meton* Arithmetik, *auch* Astrologie
8. Ov. *fig* Ordnung
9. *fig* Zwischenraum
10. (*nachkl.*) Truppenabteilung; Kohorte
11. *Pl* (*nachkl.*) *fig* Verzeichnis, Liste; MIL Stammrolle; Kanon der klassischen Schriftsteller
12. *meton* Rang, Geltung, Platz, Stelle; ***aliquem numero aliquo putare*** j-n achten, j-n schätzen; ***nullo in oratorum numero*** kein Redner von Bedeutung; ***in aliquo numero esse*** in einiger Ehre stehen; ***hunc in numerum non repono*** diesen beachte ich nicht weiter; ***(in) numero*** + *Gen* in der Eigenschaft, anstatt, für, als; ***militis numero*** als einfacher Soldat
13. *meton* Menge, Masse, Haufe, Vorrat
14. *meton, poet* bloße Zahl, Null
15. (*vkl., nachkl.*) *meton*, GRAM Numerus

Numida ⟨ae⟩ *m* Numider, Einwohner von Numidien, *bes* Iugurtha; *Pl* nomadisierende Berberstämme

Numidia ⟨ae⟩ *f Numidien, Landschaft Nordafrikas, heute Ostalgerien*

Numidicus ⟨a, um⟩ *Adj* numidisch

numisma ⟨atis⟩ *n* = ***nomisma***

Numitor ⟨ōris⟩ *m König von Alba Longa, Vater der Rea Silvia, Großvater von Romulus u. Remus*

nummārius ⟨a, um⟩ *Adj* ||nummus||
1. Geld…, Münz…; ***difficultas nummaria*** Geldverlegenheit; ***res nummaria*** Geldwesen, Münzwesen
2. *fig* bestechlich; bestochen; ***iudex n.*** bestechlicher Richter

nummātus ⟨a, um⟩ *Adj* ||nummus|| mit Geld versehen, reich

nummulāriolus *u.* **nummulārius** ⟨ī⟩ *m* ||nummulus|| Geldmakler; Münzprüfer

nummulus ⟨ī⟩ *m* ||*Dim von* nummus|| Geldstückchen; *auch pej* elendes Geld, schnödes Geld

▶ **nummus** ⟨ī⟩ *m*
1. Geldstück, Münze; *Pl* Barvermögen, bares Geld; ***in suis nummis versari / esse*** bares Vermögen haben
2. Geldkurs; ***n. iactatur*** der Geldkurs schwankt
3. Com. *bestimmte Münze, z. B.* Plaut. Didrachme; Ter. Drachme
4. *in Rom* Sesterz
5. *fig Bezeichnung einer Kleinigkeit* Groschen, Heller, Kreuzer; ***ad nummum convenit*** es stimmt auf Heller und Pfennig

num-ne *Fragepartikel* → ***num***

▶ **numquam** *Adv* niemals, nie; (*vkl., nachkl.*) *verstärkte Verneinung* sicherlich nicht

Numquam-ēripidēs ⟨ae⟩ *m* Plaut. *hum* Niemalslosslasser

num-quī *Adv* Plaut. wohl auf irgendeine Weise

num-quid *Fragepartikel* → ***num***

num-quid-nam *Fragepartikel*
1. *dir* irgendetwas?
2. *indir* ob (irgend)etwas

num-quis-nam *Fragepartikel* denn doch jemand?

▶ **nunc** *Adv*
1. *zeitl.* jetzt, nun, zum jetzigen Zeitpunkt, heutzutage; ***nunc ipsum*** eben jetzt; ***nunc cum maxime*** jetzt mehr denn je; ***etiam nunc / nunc etiam*** auch

jetzt noch, immer noch; ***nunc ... nunc*** bald ... bald
2. *fig* unter solchen Umständen, nun also, daher, *bes beim Imp*; ***comparate nunc*** vergleicht also
3. *advers meist* ***nunc autem/nunc vero*** nun aber, so aber, *oft nach dem Irrealis*
nunc-iam *Adv* Com. jetzt gleich
nunci-ne *u.* Ter. **nunc-ne** jetzt?
nun-cubī *Adv* (*vkl.*)
1. *dir* irgendwo?
2. *indir* ob irgendwo
nuncupātiō ⟨ōnis⟩ *f* ||nuncupo||
1. (*nachkl.*) das Aussprechen von Gelübden, das Darbringen von Gelübden
2. Einsetzung als Erbe
nuncupō ⟨āvī, ātum, āre 1.⟩
1. feierlich aussprechen; ankündigen, öffentlich erklären; ***vota n.*** Gelübde darbringen
2. (be)nennen; ernennen; ***aliquem heredem n.*** j-n zum Erben ernennen
nūndinae ⟨ārum⟩ *f* ||nundinus||
1. der an jedem neunten Tag abgehaltene Markt, Wochenmarkt
2. *meton allg.* Markt
3. *fig* Handel, Verkauf
nūndinālis ⟨e⟩ *Adj* ||nundinae|| Plaut. nur alle neun Tage gemietet
nūndinātiō ⟨ōnis⟩ *f* ||nundinor|| das Handeln, das Feilschen, *alicuius rei* mit etw *od* um etw
nūndinor ⟨ātus sum, ārī 1.⟩ ||*Denom von* nundinae||
I *v/i*
1. (*nachkl.*) handeln, feilschen
2. *hum irgendwo* verkehren
II *v/t* erschachern, *durch verwerfliche Mittel* erhandeln
nūndinum ⟨ī⟩ *n* ||nundinus|| (*erg.* ***tempus***) achttägige Woche; ***trīnum n.*** Zeitraum von drei achttägigen Wochen = gesetzliche Frist von drei Markttagen; ***comitia in trinum nundinum indicere*** die Komitien auf den dritten Markttag legen
nūn-dinus ⟨a, um⟩ *Adj* ||novem, dies|| neuntägig
nūntia ⟨ae⟩ *f* ||nuntius|| Botin, Verkünderin
nūntiātiō ⟨ōnis⟩ *f* ||nuntio|| RELIG Ankündigung eines Zeichens *durch den Augur*
▶ **nūntiō** ⟨āvī, ātum, āre 1.⟩ ||*Denom von* nuntius|| verkünden, melden, anzeigen; + *ut* dass, + *Konjkt* den Befehl überbringen, dass; ***nuntiato*** auf diese Nachricht
nūntium ⟨ī⟩ *n* ||nuntius|| Nachricht, Anzeige
▶ **nūntius**
I ⟨a, um⟩ *Adj* ||novus, venio|| verkündend, meldend, anzeigend, *alicuius rei* etw
II ⟨ī⟩ *m* Bote, Kurier; Botschaft, Nachricht, Auftrag; JUR Ehevertrag; Scheidungsvertrag; ***nuntium remittere alicui*** sich von j-m scheiden lassen
nuō ⟨nuī, nūtum, nuere 3.⟩ nicken, winken, *meist nur in Komposita gebräuchlich*
▶ **nū-per** *Adv*
1. neulich, jüngst, unlängst
2. ehemals, vor Zeiten
nūperus ⟨a, um⟩ *Adj* ||nuper|| neu, frisch gefangen, vor Kurzem gekauft
nūpsī → ***nubo***
nupta ⟨ae⟩ *f* ||nubo|| Ehefrau, Braut
▶ **nuptiae** ⟨ārum⟩ *f* ||nubo||
1. Hochzeit, *alicuius* j-s, mit j-m; ***mulier multarum nuptiarum*** oft verheiratete Frau
2. (Plaut., *spätl.*) nicht ehelicher Geschlechtsverkehr
nuptiālis ⟨e⟩ *Adj* ||nuptiae|| hochzeitlich, Hochzeits…, Ehe…; ***pactio n.*** Ehevertrag; ***tabulae nuptiales*** Eheurkunde
nuptu(e)ō ⟨-, -, tuīre 4.⟩ *u.* **nupturiō** ⟨īvī⟩ *u.* ⟨iī, ītum, īre 4.⟩ ||nubo|| (*nachkl.*) *poet* heiratslustig sein
nuptus ⟨a, um⟩ *PPP* → ***nubo***
Nūrsia ⟨ae⟩ *f sabinische Stadt, heute Norcia*
nurus ⟨ūs⟩ *f* Schwiegertochter; *allg.* junge Frau
▶ **nusquam** *Adv* ||usquam||
1. nirgends, an keinem Ort; ***nusquam esse*** nicht vorhanden sein; ***nusquam nisi in laude*** Cic. *fig* nur in ruhmvoller Anerkennung
2. (*vkl., nachkl.*) von nirgendwoher; ***auxilium nusquam nisi a Lacedaemoniis petere*** Hilfe nur von den Lakedaemoniern erbitten
3. *fig* bei keiner Gelegenheit
4. zu nichts; ***nusquam alio natum esse*** zu nichts anderem geboren sein
nūtātiō ⟨ōnis⟩ *f* ||nuto|| (*nachkl.*) das Schwanken
nūtō ⟨āvī, ātum, āre 1.⟩ ||*Freq von* nuo||
1. *mit dem Kopf* nicken, *bes als Zeichen des Schlafes*
2. (*nachkl.*) hin und her schwanken, sich auf und ab neigen, sich bewegen; ***urbs tanto discrimine nutat*** die Stadt schwebt in so großer Gefahr
3. (*nachkl.*) schwanken, wanken
4. im Urteil schwanken; (*nachkl.*) in der Treue wanken
nūtrīcātus ⟨ūs⟩ *m* ||nutricor|| (*vkl.*) das Säugen
nūtrīcium ⟨ī⟩ *n* Ernährung, Pflege
nūtrīcius ⟨ī⟩ *m* ||nutrix|| Erzieher, Hofmeister
nūtrīcō ⟨āvī, ātum, āre 1.⟩ (*vkl., nachkl.*) *u.* **nūtrīcor** ⟨ātus sum, ārī 1.⟩ säugen, ernähren, pflegen
nūtrīcula ⟨ae⟩ *f* ||*Dim von* nutrix|| Amme
nūtrīmen ⟨inis⟩ *n u.* **nūtrīmentum** ⟨ī⟩ *n* ||nutrio|| (*nachkl.*) *meist Pl* Nahrungsmittel, Nahrung; *Pl* Zucht, Pflege
nūtriō ⟨īvī⟩ *u.* ⟨iī, ītum, īre 4.⟩ (*nachkl.*) *u.* **nūtrior** ⟨ītus sum, īrī 4.⟩
1. (er)nähren, füttern; *Passiv* ernährt werden, sich nähren
2. säugen
3. aufziehen, großziehen; ***silvam n.*** einen Wald wachsen lassen
4. *fig* hegen, warten, gedeihen lassen; ***mens rite nutrita*** gebildeter Geist; ***Graeciam n.*** Liv. Griechenland schonend behandeln
nūtrītor ⟨ōris⟩ *m* ||nutrio|| (*nachkl.*) *poet* Ernährer, Erzieher
nūtrīx ⟨īcis⟩ *f* ||nutrio||
1. Ernährerin, Amme; *Pl* Catul. *meton* die weiblichen Brüste; ***Sicilia n. populi Romani*** *fig* Sizilien, die Kornkammer des römischen Volkes
2. *fig* Nährerin, Förderin
▶ **nūtus** ⟨ūs⟩ *m* ||nuo||
1. das Nicken, das Winken, Wink; ***nutū vocibusque hostes vocare*** die Feinde durch Winken und Zurufen reizen; ***nutū signisque loquuntur*** sie sprechen durch Winken und Zeichen
2. *fig* Wink, Wille, Befehl

3. (*nachkl.*) *fig* Zustimmung
4. Schwerkraft

nux ⟨nucis⟩ *f*
1. Nuss; (*nachkl.*) *allg.* Frucht mit harter Schale; ***nux cassa*** taube Nuss; *fig* Kleinigkeit
2. (*nachkl.*) *meton* Nussbaum; Verg. Mandelbaum

nycticorax ⟨acis⟩ *m* ||griech. Fw.|| (*eccl.*) Uhu

nympha ⟨ae⟩ *f u.* **nymphē** ⟨ēs⟩ *f* ||griech. Fw.||
1. Nymphe, *weibliche Gottheit niederen Ranges, Töchter des Zeus, Naturgottheiten der Quellen, Berge, Flüsse u. Wälder*; Mart. Seewasser
2. junge Frau, Braut

nymphaeum ⟨ī⟩ *n* ||griech. Fw.|| (den Nymphen geweihtes) Brunnenhaus, *urspr. mit einer Quelle verbunden, später prunkvolle Anlage*

Nȳsa ⟨ae⟩ *f* MYTH *Ort, an dem Dionysos / Bacchus von den Nymphen aufgezogen worden war, in hellenistischer Zeit nach Indien verlegt*

Nȳsaeus ⟨a, um⟩ *Adj u.* **Nȳsēis** *Gen* ⟨idis⟩ *Adj f*, zu Nysa gehörig, *auch* bacchisch

Nȳseus ⟨eī⟩ *m Beiname des Bacchus*

Nȳsias *Gen* ⟨adis⟩ *Adj f* zu Nysa gehörig, *auch* bacchisch

Nȳsigena ⟨ae⟩ *m u. f* in Nysa geboren

Nȳssa ⟨ae⟩ *f* = ***Nysa***

O

ō *Interj Ausruf starker Gefühlsäußerung, + Nom / + Akk / + Vok / selten + Gen*; ***o me miserum*** oh ich Armer; ***o fortunate adolescens*** oh glücklicher junger Mann; *in Wunschsätzen* ***o si*** oh wenn doch + *Konjkt*; *in Fragen* ***o quid agis?*** oh was tust du?

Ōariōn ⟨ōnis⟩ *m* Catul. = ***Orion***

ob[1]

> I entgegen, gegen … hin
> II
> 1. entgegen
> 2. gegenüber
> 3. für, als Entgelt für
> 4. wegen, um … willen

I *Präf, oc- vor c, of- vor f, verkürzt zu o-*: entgegen, gegen … hin; ***ob-ire*** entgegen-gehen
II *Präp + Akk*
1. *örtl. auf die Frage „wohin?"* entgegen, gegen … hin; ***ora obvertere ob ōs alicuius*** das Gesicht j-s Gesicht zuwenden
2. *örtl. auf die Frage „wo?"* gegenüber, vor; ***ob oculos versari*** vor Augen schweben
3. *fig zur Bezeichnung des Gegenwertes* für, als Entgelt für; ***pretium ob stultitiam ferre*** den Lohn für die Dummheit erhalten
4. *fig* wegen, um … willen; ***ob perfidiam tuam*** Plaut. wegen deiner Treulosigkeit; ***ob eam rem / quam ob rem*** wegen dieser Sache, daher, deshalb; ***ob id ipsum*** ebendeshalb; ***non ob aliud*** aus keinem anderen Grund; ***facere aliquid ob rem*** im Interesse der Sache etw tun, mit Erfolg für die Sache etw tun

ob.[2] *Abk (mlat.)* = ***obiit*** starb *Inschrift auf Grabsteinen*

obaerātī ⟨ōrum⟩ *m* ||obaeratus|| die Schuldner

ob-aerātus ⟨a, um⟩ *Adj* ||aes|| (*nachkl.*) verschuldet

ob-ambulō ⟨āvī, ātum, āre 1.⟩
1. Verg. entgegengehen
2. (*unkl.*) umherstreifen, spazieren gehen
3. (*unkl.*) umhergehen, *alicui rei / aliquid* vor etw, bei etw, an etw

ob-armō ⟨āvī, ātum, āre 1.⟩ (*nachkl.*) *poet* gegen den Feind bewaffnen, *aliquid re* etw mit etw

ob-arō ⟨āvī, ātum, āre 1.⟩ Liv. umpflügen

obba ⟨ae⟩ *f* (*unkl.*) größeres Tongefäß *mit breitem Boden*, kleineres Gefäß *mit weitem Bauch u. engem Hals*, Karaffe

Obba ⟨ae⟩ *f Stadt in Nordafrika*

ob-brūtēscō ⟨brūtuī, -, brūtēscere 3.⟩ ||*Inkoh zu* brutus|| Lucr. den Verstand verlieren, gefühllos werden

ob-dō ⟨didī, ditum, dere⟩ (*unkl.*)
1. entgegenstellen
2. *etw* vor *etw* legen, *aliquid alicui rei*; verschließen; ***pessulum foribus o.*** einen Riegel vor die Tür legen

ob-dormīscō ⟨dormīvī, -, dormīscere 3.⟩ einschlafen

ob-dūcō ⟨dūxī, ductum, dūcere 3.⟩
1. gegen *etw / j-n* führen; ***Curium o.*** den Curius als Amtsbewerber gegen andere vorschieben
2. *als Zulage* noch zugeben
3. davorziehen, davorlegen, *aliquid alicui rei* etw vor etw
4. über *etw* ziehen, *alicui rei*; ***vestem corpori o.*** ein Kleid über den Körper ziehen
5. überziehen, bedecken; ***cicatrix obducitur*** die Narbe verharscht; ***nocte obductā*** unter dem Schleier der Nacht
6. (*nachkl.*) *poet* zusammenziehen, runzeln; ***frontem o.*** die Stirn runzeln
7. hineinziehen, schlürfen; ***venenum o.*** Gift trinken

obductiō ⟨ōnis⟩ *f* ||obduco|| das Verhüllen, das Bedecken; ***o. capitis*** das Verhüllen des Kopfes

ob-ductō ⟨-, -, āre 1.⟩ ||*Intens von* obduco|| Plaut. herzuführen, herzubringen

obductus ⟨a, um⟩ *Adj* ||obduco|| umwölkt; vernarbt; ***dolor o.*** verhehlter Schmerz; ***vox uno sono obducta*** monotone Stimme

ob-dūrēscō ⟨dūruī, -, dūrēscere 3.⟩ ||*Inkoh von* obduro||
1. (*vkl., nachkl.*) hart werden, steif werden
2. *fig* gefühllos werden, unempfindlich werden, *abs od ad aliquid / contra aliquid / alicui rei* gegen etw

ob-dūrō ⟨āvī, ātum, āre 1.⟩ *v/i* hart sein, aushalten

obeliscus ⟨ī⟩ *m* ||griech. Fw.||

1. (*nachkl.*) spitze Säule, Obelisk
2. = ***obelus***

obelus ⟨ī⟩ *m* ||griech. Fw.|| (*spätl.*) *liegender* Spieß, *kritisches Zeichen für eine für falsch od schlecht gehaltene Textstelle*

▶ **ob-eō** ⟨iī⟩ *u.* ⟨īvī, ītum, īre 0.⟩

I
1. hingehen
2. entgegengehen, begegnen
3. untergehen
II
1. etw erreichen
2. begehen, besuchen
3. durchgehen
4. umgeben
5. antreten

I *v/i*
1. hingehen, *in aliquid* in etw, an etw, zu etw; ***o. in infera loca*** an tiefer gelegene Orte gehen
2. entgegengehen, begegnen; ***o. ad omnes hostium conatūs*** allen Unternehmungen der Feinde begegnen
3. *von Gestirnen* untergehen; (*nachkl.*) *fig von Personen* sterben
II *v/t*
1. an *etw* herangehen, *etw* erreichen, *aliquid*; ***flamma aliquid obit*** die Flamme erreicht etw
2. begehen, besuchen, durchwandern; ***vigilias o.*** die Wachen inspizieren; ***omnia curru o.*** alles mit dem Wagen umkreisen; ***omnia visu o.*** alles betrachten; ***comitia o.*** die Volksversammlung besuchen, an der Volksversammlung teilnehmen
3. *in der Rede* durchgehen
4. *poet* umgeben; ***mare terras obit*** das Meer umspült die Länder; ***ora pallor obit*** das Gesicht erbleicht
5. *fig poet etw* antreten, *etw* übernehmen, sich *einer Sache* unterziehen, *aliquid*; ***res suas o.*** seine Angelegenheiten wahrnehmen; ***diem o.*** einen Termin einhalten; ***locum et tempus o.*** Ort und Zeit abwarten; ***annum petitionis suae o.*** sich in dem gesetzlich bestimmten Lebensjahr um ein Amt bewerben; ***mortem o.*** eines natürlichen Todes sterben; ***morte obitā*** nach dem Tod

ob-equitō ⟨āvī, ātum, āre 1.⟩ (*nachkl.*) heranreiten, *alicui rei / aliquid* an etw; ***usque ad portam o.*** bis an das Tor heranreiten; ***agmini o.*** an der Marschkolonne entlangreiten

ob-errō ⟨āvī, ātum, āre 1.⟩ (*nachkl.*)
1. hin und her irren, umherirren, *abs od alicui rei* an etw
2. *fig* hin und her schweifen; ***chordā eādem o.*** auf die gleiche Saite fehlgreifen

obēsitās ⟨ātis⟩ *f* ||obesus|| (*nachkl.*) Wohlbeleibtheit

ob-esse → ***obsum***

ob-ēsus ⟨a, um⟩ *Adj* ||obedo|| (*nachkl.*)
1. abgezehrt, mager
2. fett, gemästet
3. aufgedunsen, geschwollen
4. *fig* unfein, dumm; ***iuvenis naris obesae*** junger Mann mit unempfindlicher Nase

obex ⟨icis⟩ *m u. f* ||obicio|| (*nachkl.*)
1. Querbalken, Riegel
2. Damm, Wall; ***o. saxi*** Felswand
3. Barrikade; *fig* Hindernis

obf… = ***off…***

ob-fuī → ***obsum***

ob-ganniō ⟨iī⟩ *u.* ⟨īvī, ītum, īre 4.⟩ (Plaut., *nachkl.*) vorschwatzen

ob-gerō ⟨gessī, gestum, gerere 3.⟩ (Plaut., *nachkl.*) darbringen, darbieten

ob-haereō ⟨-, -, ēre 2.⟩ Suet. stecken bleiben

ob-haerēscō ⟨haesī, haesum, haerēscere 3.⟩ ||*Inkoh von* obhaereo|| (*nachkl.*) *poet* festhängen, stecken bleiben; *fig* ans Herz wachsen

ob-iaceō ⟨uī, -, ēre 2.⟩ (*nachkl.*) gegenüberliegen, *abs od alicui rei* einer Sache

ob-iciō ⟨iēcī, iectum, icere 3.⟩ ||iacio||

1. entgegenstellen, entgegenwerfen
2. entgegnen, einwenden
3. preisgeben, bloßstellen
4. einjagen, einflößen
5. vorwerfen, hinwerfen
6. vorhalten, davorlegen
7. darbieten
8. zum Vorwurf machen

1. entgegenstellen, entgegenwerfen, *alicui aliquid* j-m etw; *Passiv* entgegentreten, sich zeigen; ***hosti pedites o.*** das Fußvolk dem Feind entgegenwerfen; ***se ad currum o.*** dem Gespann entgegenstürzen; ***oculis obici*** plötzlich erscheinen
2. *fig* entgegnen, einwenden
3. *fig* preisgeben, bloßstellen, *aliquem alicui* j-n j-m, *aliquid alicui rei* etw einer Sache; ***legatum barbaris o.*** den Gesandten den Barbaren preisgeben; ***se periculis o.*** sich den Gefahren preisgeben; ***caput o.*** den Kopf der Gefahr darbieten
4. *fig* einjagen, einflößen; verursachen, *alicui aliquid* j-m etw; ***alicui terrorem o.*** j-m einen Schrecken einjagen
5. vorwerfen, hinwerfen, vorhalten; ***corpus feris o.*** den Körper den wilden Tieren vorwerfen; ***praedam o. hosti*** die Beute dem Feind ausliefern; ***obiectus*** vor *etw* liegend, *auch* vorn befindlich; ***silva obiecta*** vor einem liegender Wald; ***insula portui obiecta*** dem Hafen vorgelagerte Insel
6. *zum Schutz* vorhalten, davorlegen, davorziehen; ***portam / fores o.*** die Tür zuwerfen; ***ericium portui o.*** dem Hafen ein Hindernis vorsetzen; ***navem submersam faucibus o.*** den Zugang durch ein versenktes Schiff sperren; ***noctem o. peccatis*** *fig* Dunkelheit über die Fehler breiten
7. darbieten, *alicui aliquid* j-m etw
8. *fig* zum Vorwurf machen, *alicui aliquid / de re od aliquid in aliquem* j-m etw, *quod* dass, + *AcI*; ***alicui o. de aliquo*** j-m Vorwürfe machen in Bezug auf j-n; ***alicui furtum o.*** j-m einen Diebstahl vorwerfen; ***alicui o. de morte Caesaris*** j-m Vorwürfe machen bezüglich des Todes von Caesar

obiectātiō ⟨ōnis⟩ *f* ||obicio|| Vorwurf

obiectō ⟨āvī, ātum, āre 1.⟩ ||*Intens von* obicio|| (*nachkl.*)
1. entgegenwerfen, entgegenhalten, *aliquid alicui rei* etw einer Sache

2. *fig* preisgeben, aussetzen
3. *fig* vorwerfen, vorhalten, *alicui aliquid* j-m etw, + *AcI*
obiectum ⟨ī⟩ *n* ||obicio|| Vorwurf
obiectus¹ ⟨a, um⟩ *PPP* → ***obicio***
obiectus² ⟨ūs⟩ *m* ||obicio||
1. das Entgegenstellen, das Vorschieben, ***plutei*** einer Schutzwand
2. (*nachkl.*) das Davorliegen; Vorsprung; ***o. montis*** davor liegendes Gebirge
obiex ⟨icis⟩ *m u. f* = ***obex***
ob-iī → ***obeo***
ob-īrāscor ⟨īrātus sum, īrāscī 3.⟩ (*nachkl.*) zornig werden, *alicui rei* über etw
obīrātiō ⟨ōnis⟩ *f* ||obirascor|| Zorn
obīrātus ⟨a, um⟩ *Adj* ||obirascor|| (*nachkl.*) zornig, *alicui* auf jdn
ob-īre → ***obeo***
obiter *Adv* ||ob|| (*nachkl.*)
1. obenhin
2. zufällig
3. nebenbei, gelegentlich
4. zugleich
obitus¹ ⟨ūs⟩ *m* ||obeo||
1. *von Gestirnen* Untergang
2. *fig* Vernichtung, ***Cimbrorum*** der Kimbern
3. *fig* das Hinscheiden, (natürlicher) Tod; *Pl* Todesqualen
4. (*vkl., nachkl.*) Besuch
ob-itus² ⟨a, um⟩ *PPP* → ***obeo***
obiūrgātiō ⟨ōnis⟩ *f* ||obiurgo|| Tadel, Verweis
obiūrgātor ⟨ōris⟩ *m* ||obiurgo|| Tadler
obiūrgātōrius ⟨a, um⟩ *Adj* ||obiurgator|| scheltend, tadelnd, Schelt…; ***epistula obiurgatoria*** brieflicher Tadel
obiūrgitō ⟨āvī, ātum, āre 1.⟩ ||*Intens von* obiurgo|| Plaut. tüchtig schelten
ob-iūrgō *u.* **ob-iūrigō** ⟨āvī, ātum, āre 1.⟩
1. tadeln, schelten, *aliquem/aliquid* j-n/etw, *aliquem de re/in re* j-n wegen etw, *quod*; tadelnd auffordern, *ut*
2. abmahnen; ***peccatis o.*** Plaut. durch Mahnen von Sünden abhalten wollen
3. (*nachkl.*) züchtigen, schlagen
ob-languēscō ⟨languī, -, languēscere 3.⟩ ||*Inkoh von* langueo|| matt werden
oblata ⟨ae⟩ *f* ||offero|| (*mlat.*) als Opfer dargebrachtes Abendmahlbrot, *bes* Hostie; Oblate
oblātrātrīx ⟨īcis⟩ *f* ||oblatro|| Plaut. kläffende Hündin, *Schimpfwort*
ob-lātrō ⟨-, -, āre 1.⟩ (*nachkl.*) anbellen, anfahren; vorwerfen
ob-lātus ⟨a, um⟩ *PPP* → ***offero***
oblectāmen ⟨inis⟩ *n* ||oblecto||
1. *poet* = ***oblectamentum***
2. Ov. Trost
oblectāmentum ⟨ī⟩ *n u.* **oblectātiō** ⟨ōnis⟩ *f* ||oblecto|| Vergnügen, angenehme Unterhaltung, Genuss, Lust
► **oblectō** ⟨āvī, ātum, āre 1.⟩
1. erfreuen, zerstreuen, belustigen, angenehm unterhalten; *Passiv* sich erfreuen
2. (*nachkl.*) *poet eine Zeit* angenehm verbringen
oblēnīmen ⟨inis⟩ *n* ||oblenio|| *poet* Beruhigungsmittel
ob-lēniō ⟨-, -, īre 4.⟩ (*nachkl.*) besänftigen
ob-lēvī → ***oblino***
oblīcus ⟨a, um⟩ *Adj* = ***obliquus***
ob-līdō ⟨līsī, līsum, līdere 3.⟩ ||laedo||
1. zusammendrücken
2. (*nachkl.*) zerquetschen, erwürgen
obligātiō ⟨ōnis⟩ *f* ||obligo||
1. das Gebundensein
2. JUR Verpflichtung, Verbindlichkeit; ***o. pecuniae*** finanzielle Verpflichtung
obligātus ⟨a, um⟩ *Adj* ||obligo||
1. verbunden
2. verpflichtet
3. verschuldet, mit Hypotheken belastet
4. geweiht
► **ob-ligō** ⟨āvī, ātum, āre 1.⟩
1. (*nachkl.*) *poet* binden, festbinden, anbinden
2. *fig* binden, einschränken; ***aliquem iudicio o.*** j-n durch richterliches Urteil binden
3. *fig eines Vergehens* schuldig machen; *Passiv u.* ***se o.*** sich schuldig machen, *re* einer Sache
4. verbinden, zubinden
5. *fig* verpflichten, *aliquem re* j-n durch etw, ***vadem tribus milibus aeris o.*** den Bürgen zur Zahlung von 3000 Assen verpflichten; ***sibi aliquem o.*** sich j-n verpflichten
6. *fig* verpfänden, als Pfand geben; geloben, feierlich versprechen
ob-līmō ⟨āvī, ātum, āre 1.⟩ ||limo²||
1. mit Schlamm überziehen
2. *fig* verschlemmen, verprassen
ob-linō ⟨lēvī, litum, linere 3.⟩
1. bestreichen, beschmieren, *aliquem re* j-n mit etw; ***oblitus faciem*** *griech. Akk* mit verschmiertem Gesicht
2. *fig* überladen, bedecken, *aliquid re* etw mit etw
3. Gell. *fig* ausstreichen
4. *fig* besudeln, beflecken
oblīquitās ⟨ātis⟩ *f* ||obliquus|| (*nachkl.*) schiefe Richtung, Winkel, Ecke
oblīquō ⟨āvī, ātum, āre 1.⟩ ||*Denom von* obliquus|| seitwärts richten, schräg richten, schief stellen; *fig* gemildert aussprechen
► **ob-līquus** ⟨a, um⟩ *Adj*
1. seitlich, schräg, schief, quer liegend, Seiten…, Quer…; ***iter obliquum*** Seitenweg; ***lux obliqua*** Ov. seitlich einfallendes Licht; ***obliquo monte decurrere*** den Berg auf einem Seitenweg hinabeilen; ***ex obliquo/ab obliquo*** von der Seite, seitwärts; ***per obliqua campi*** auf Seitenwegen
2. (*nachkl.*) *poet* gekrümmt, gewunden
3. schielend; *fig* scheel, neidisch
4. versteckt, verblümt; ***obliqua insectatio*** Tac. verdeckter Angriff
5. (*vkl., nachkl.*) GRAM abhängig, indirekt; ***oratio obliqua*** indirekte Rede
ob-līsī → ***oblido***
ob-līsus ⟨a, um⟩ *PPP* → ***oblido***
ob-litēscō ⟨lituī, -, litēscere 3.⟩ sich verbergen, sich verstecken, *a re* vor etw
ob-litterō ⟨āvī, ātum, āre 1.⟩ ||ob litteras (scribo)|| *nur fig* in Vergessenheit bringen, auslöschen; *Passiv* in Vergessenheit geraten

ob-lituī → ***oblitesco***
oblitus[1] ⟨a, um⟩ *PPP* → ***oblino***
oblītus[2] ⟨a, um⟩ *PPerf* → ***obliviscor***
oblīviō ⟨ōnis⟩ *f* ||obliviscor||
1. Vergessenheit, das Vergessen, *bes* Amnestie; ***in oblivionem alicuius rei adduci / venire*** etw vergessen; ***aliquem in oblivionem dare*** j-n in Vergessenheit geraten lassen; ***aliquem ab oblivione vindicare*** j-n der Vergessenheit entreißen; ***lex oblivionis*** Amnestiegesetz
2. *(nachkl.)* Vergesslichkeit
oblīviōsus ⟨a, um⟩ *Adj* ||oblivio||
1. vergesslich
2. Hor. Sorgen stillend
ob-līvīscor ⟨lītus sum, līvīscī 3.⟩
1. vergessen, *abs od alicuius* j-n, *alicuius rei / aliquid* etw, + *Inf* / + *AcI* / + *indir Fragesatz*
2. *fig* nicht beachten, *alicuius rei* etw; *von Sachen* nicht mehr haben; ***paterni generis o.*** das väterliche Geschlecht nicht mehr beachten; ***o. sui*** sich selbst untreu werden
oblīvium ⟨ī⟩ *n* ||obliviscor|| *(nachkl.) meist Pl* = ***oblivio***
ob-locō ⟨-, -, āre 1.⟩ *eine Arbeit* vergeben
oblocūtor ⟨ōris⟩ *m* ||obloquor|| Plaut. der „Widersprecher"; ***o. sum*** ich widerspreche
ob-longus ⟨a, um⟩ *Adj (vkl., nachkl.)* länglich
obloquium ⟨ī⟩ *n* ||obloquor||
1. Widerspruch
2. Beschimpfung
ob-loquor ⟨locūtus sum, loquī 3.⟩
1. widersprechen, *abs od alicui* j-m
2. Catul. schimpfen; *(nachkl.)* tadeln
3. *poet* dazu singen, dazu spielen; ***o. numeris septem discrimina vocum*** Verg. das Lied mit der siebensaitigen Leier begleiten
ob-luctor ⟨ātus sum, ārī 1.⟩ *(nachkl.) poet* gegen *etw* ankämpfen, *einer Sache* Widerstand leisten, *alicui rei*; ***flumini o.*** gegen den Fluss ankämpfen; ***genibus harenae o.*** sich mit den Knien auf den sandigen Boden stemmen
ob-lūdiō ⟨-, -, āre 1.⟩ ||ludo|| Plaut. scherzen
ob-mōlior ⟨ītus sum, īrī 4.⟩ *(nachkl.)*
1. vorschieben, ***truncos*** Baumstämme
2. verbarrikadieren
ob-murmurō ⟨āvī, ātum, āre 1.⟩ *(nachkl.)*
I *v/i* murren, *alicui rei* über etw
II *v/t* dabei murmeln, *aliquid* etw
ob-mūtēscō ⟨mūtuī, -, mūtēscere 3.⟩ ||*Inkoh zu* mutus|| verstummen, die Sprache verlieren; *fig* aufhören; ***dolor obmutescit*** der Schmerz lässt nach
ob-nātus ⟨a, um⟩ *Adj (nachkl.)* angewachsen, *alicui rei* an etw
ob-nītor ⟨nīxus sum, nītī 3.⟩ *(nachkl.) poet* sich dagegenstemmen, *alicui rei* gegen etw; *fig* Widerstand leisten, widerstreben, *alicui rei / contra aliquid* gegen etw; + *Inf* sich anstrengen
obnīxus ⟨a, um⟩ *Adj, Adv* ⟨obnīxē⟩ ||obnitor|| *(unkl.)* standhaft, beharrlich; + *Inf* fest entschlossen
obnoxiōsus ⟨a, um⟩ *Adj* ||obnoxius|| *(vkl.)* unterwürfig, gehorsam
► **ob-noxius** ⟨a, um⟩ *Adj, Adv* ⟨obnoxiē⟩ ||ob[1], noxa||
1. straffällig, einer Strafe verfallen, *alicuius rei* wegen etw; ***o. pecuniae debitae*** straffällig wegen Schulden
2. *einem Laster* ergeben, *eines Vergehens* schuldig, *einer Schuld* verfallen, *abs od alicui rei* einer Sache
3. unterworfen, untertan, knechtisch ergeben, *alicui / alicui rei* j-m / einer Sache
4. *einem Übel* ausgesetzt, preisgegeben; ***obnoxium est*** es ist bedenklich, es ist gefährlich, + *Inf*
5. unterwürfig, knechtisch, sklavisch, *abs*
6. in gedrückter Stimmung
7. schwach
8. *fig* verpflichtet, verbunden, *bes* zu Dank verpflichtet
ob-nūbilus ⟨a, um⟩ *Adj poet* umwölkt
ob-nūbō ⟨nūpsī, nuptum, nūbere 3.⟩ *(unkl.)* umhüllen, verschleiern; ***caput obnuptum*** verhülltes Haupt
obnūntiātiō ⟨ōnis⟩ *f* ||obnuntio|| RELIG Meldung böser Vorzeichen
ob-nūntiō ⟨āvī, ātum, āre 1.⟩
1. *(vkl., nachkl.)* Unangenehmes melden
2. RELIG böse Vorzeichen melden, Einspruch erheben, *alicui / alicui rei* gegen j-n / gegen etw
oboediēns
I *Gen* ⟨entis⟩ *Adj, Adv* ⟨oboedienter⟩ ||oboedio|| gehorsam, fügsam; ***ventri o.*** *pej* den Bedürfnissen des Bauches frönend
II ⟨entis⟩ *m* Untergebener
oboedientia ⟨ae⟩ *f* ||oboediens|| Gehorsam
► **ob-oediō** ⟨īvī, ītum, īre 4.⟩ ||audio||
1. Gehör schenken
2. gehorchen, *alicui / alicui rei* j-m / einer Sache
ob-oleō ⟨uī, -, ēre 2.⟩ *(vkl., nachkl.)* Geruch von sich geben, riechen, *aliquid* nach etw; ***alium o.*** nach Knoblauch riechen; ***oboluit huic marsuppium*** Plaut. sie roch den Geldbeutel
obolus ⟨ī⟩ *m* ||griech. Fw.|| *(vkl., nachkl.)* Obolus, *kleine griech. Münze = 1/6 einer Drachme*
ob-orior ⟨ortus sum, orīrī 4.⟩ sich erheben, aufstehen, sich zeigen, entstehen, losbrechen; ***alicui lacrimae oboriuntur*** j-m kommen die Tränen; ***lux libertatis oboritur*** *fig* das Licht der Freiheit geht auf
ob-rēpō ⟨rēpsī, rēptum, rēpere 3.⟩
1. *(unkl.)* herankriechen, heranschleichen
2. *fig* heranschleichen, *alicui / alicui rei* an j-n / an etw; ***ad honores o.*** Ehrenstellen erschleichen
3. überfallen, überraschen, *alicui* j-n
4. unbemerkt eindringen, *in aliquid* in etw
ob-rēptō ⟨āvī, ātum, āre 1.⟩ ||*Intens von* obrepo|| *(vkl., nachkl.)* beschleichen
ob-rētiō ⟨-, -, īre 4.⟩ ||ob[1], rete|| Lucr. ins Netz ziehen, verstricken
ob-rigēscō ⟨riguī, -, rigēscere⟩ erstarren
ob-rōdō ⟨rōsī, rōsum, rōdere 3.⟩ *(vkl., nachkl.)* benagen
obrogātiō ⟨ōnis⟩ *f* ||obrogo|| Änderungsvorschlag *zu einem Gesetz*
ob-rogō ⟨āvī, ātum, āre 1.⟩ *ganz od teilweise* aufheben, *alicui rei* etw, ***legi*** ein Gesetz
► **ob-ruō** ⟨ruī, rutum, ruere 3.⟩
1. überschütten *mit einer Masse, mit Wasser o. Ä.*; überdecken; vergraben, versenken; ***obrui undis*** von Wogen begraben werden; ***ventos otio o.*** *fig*

O

die Winde beruhigen
2. *fig* verhüllen, *bes* verdunkeln, vergessen machen
3. *fig* überladen; ***se vino epulisque o.*** sich überladen mit Wein und Essen
4. *fig* erdrücken, unterdrücken, überwältigen; vernichten; ***verbis o.*** mit Worten niederdonnern; ***risus testem obruit*** das Gelächter brachte den Zeugen aus der Fassung; ***obrui aere alieno*** in Schulden versinken
5. (*nachkl.*) *fig* verdunkeln = übertreffen; ***famam alicuius o.*** j-s Ruf übertreffen

obrussa ⟨ae⟩ *f* ||griech. Lw.|| Feuerprobe des Goldes; Sen. *fig* Prüfstein, Probe

ob-rutus ⟨a, um⟩ *PPP* → ***obruo***

ob-saepiō ⟨saepsī, saeptum, saepīre 4.⟩ (*vkl., nachkl.*) versperren, verschließen; ***alicui iter o.*** j-m den Weg versperren

ob-saturō ⟨-, -, āre 1.⟩ Ter. sättigen

obscaen... = ***obscen...***

ob-scaevō ⟨āvī, -, āre 1.⟩ ||ob[1], scaevus|| ein böses Vorzeichen melden

obscēnī ⟨ōrum⟩ *m* ||obscenus|| die Unzucht mit sich treiben lassen

obscēnitās ⟨ātis⟩ *f* ||obscenus|| Unanständigkeit, Anstößigkeit

obscēnum ⟨ī⟩ *n* ||obscenus|| Scham; *Pl* Geschlechtsteile; unzüchtige Handlungen; unzüchtige Worte

obs-cēnus ⟨a, um⟩ *Adj, Adv* ⟨obscēnē⟩
1. von böser Vorbedeutung, unheilvoll; ***volucris obscena*** Nachteule
2. (*nachkl.*) *poet* schmutzig, ekelhaft; ***fetus o.*** Missgeburt; ***vas obscenum*** Nachtgeschirr
3. *fig* unanständig, unzüchtig, unsittlich, anstößig, schamlos, zotig; ***versūs obsceni*** unanständige Verse; ***puellae obscenae*** die Straßenmädchen

O

obscoen... = ***obscen...***

obscurātiō ⟨ōnis⟩ *f* ||obscuro|| Verdunkelung, Verfinsterung; Dunkelheit; *Pl* unbemerkt bleibende Dinge

obscūritās ⟨ātis⟩ *f* ||obscurus||
1. (*nachkl.*) Dunkelheit; *fig* Verdunkelung
2. *fig* Unverständlichkeit, Unklarheit
3. Niedrigkeit *des Standes*, Unbekanntheit

obscūrō ⟨āvī, ātum, āre 1.⟩ ||*Denom von* obscurus||
1. verdunkeln, verfinstern; *Passiv* sich verfinstern
2. verhüllen, verbergen
3. *fig* undeutlich machen, unkenntlich machen; *in der Rede* verhüllen, undeutlich vortragen; ***o. litteras*** Buchstaben undeutlich aussprechen
4. *fig* in den Schatten stellen, zurückdrängen, in Vergessenheit bringen; *Passiv* in den Hintergrund treten, ohne Bedeutung sein; ***obscurata verba*** veraltete Wörter

obscūrum ⟨ī⟩ *n* ||obscurus|| das Dunkel, Finsternis, Schatten

► **obscūrus** ⟨a, um⟩ *Adj, Adv* ⟨obscūrē⟩
1. (*nachkl.*) *poet* dunkel, finster, ohne Licht; ***lux obscura / lumen obscurum*** Dämmerung; ***aqua obscura*** trübes Wasser
2. versteckt, verborgen, unbemerkt, heimlich, *auch* unkenntlich, verkappt; ***taberna obscura*** dunkle Kneipe; ***Pallas obscura*** verhüllte Pallas; ***aliquid non obscure ferre*** sich etw anmerken lassen
3. *fig von der Rede* undeutlich, unverständlich
4. *fig vom Charakter* verschlossen
5. *fig* unbekannt, nicht berühmt; ***obscuro loco natus*** von niederer Herkunft
6. *fig* unsicher, trübe; ***spes obscura*** unsichere Hoffnung

obsecrātiō ⟨ōnis⟩ *f* ||obsecro||
1. inständiges Bitten, Beschwörung
2. öffentlicher Bettag, Bußtag
3. feierliche Beteuerung

► **ob-secrō** ⟨āvī, ātum, āre 1.⟩ ||ob[1], sacer|| beschwören bei allem, was einem heilig ist; inständig bitten; anflehen, *auch* + *dopp. Akk*, *ut / ne* dass / dass nicht, + *Konjkt*; *eingeschoben*: ich bitte dich, hör mal; ***id unum te obsecro*** um dieses eine flehe ich dich an

ob-secundō ⟨āvī, ātum, āre 1.⟩ = ***obsequor***

ob-secūtus ⟨a, um⟩ *PPerf* → ***obsequor***

ob-sēdī → ***obsideo*** *u.* → ***obsido***

ob-sēpiō ⟨sēpsī, sēptum, sēpīre 4.⟩ = ***obsaepio***

obsequēla ⟨ae⟩ *f* (*unkl.*) = ***obsequium***

obsequēns *Gen* ⟨entis⟩ *Adj, Adv* ⟨obsequenter⟩ (*vkl., nachkl.*) willfährig, nachgiebig; *von Gottheiten* gnädig; ***aliquid obsequenter facere*** etw bereitwillig tun

obsequentia ⟨ae⟩ *f* = ***obsequium***

obsequium ⟨ī⟩ *n* ||obsequor||
1. Willfährigkeit, Nachgiebigkeit, Fügsamkeit, Gefälligkeit, Gehorsam; *pej* Kriecherei, *alicuius* j-s *od* gegen j-n, *in aliquem / erga aliquem* gegen j-n; ***o. alicuius plebis / erga plebem*** j-s Nachgiebigkeit gegen das Volk; ***o. ventris*** Schlemmerei; ***o. desiderii*** Erfüllung des Verlangten; ***iurare in alicuius obsequium*** j-m den Treueeid leisten
2. (*nachkl.*) *poet* Hingabe, Preisgabe; *Pl* Geschlechtsverkehr
3. (*nachkl.*) Gunstbezeigung, Gunsterweis
4. (*nachkl.*) militärischer Gehorsam

► **ob-sequor** ⟨secūtus sum, sequī 3.⟩
1. zu Willen sein, gefällig sein, nachgeben, gehorchen, *abs od alicui / alicui rei* j-m / einer Sache, *ut*
2. *einem Fürsten* huldigen
3. sich *einer Sache* hingeben, sich von *etw* leiten lassen, *alicui rei*; ***studiis suis o.*** sich seinen Studien widmen; ***irae o.*** sich vom Zorn leiten lassen

ob-serō[1] ⟨āvī, ātum, āre 1.⟩ ||ob[1], sera|| (*unkl.*) verriegeln, verschließen; ***fores o.*** die Tür verriegeln

ob-serō[2] ⟨sēvī, situm, serere 3.⟩
1. Plaut. säen, aussäen, ***frumentum*** Getreide; ***o. pugnos*** *hum* die Fäuste tanzen lassen, verprügeln; ***aerumnam o. in aliquem*** j-m Kummer bereiten
2. besäen, bepflanzen; ***terram frugibus o.*** die Erde mit Feldfrüchten bepflanzen

observābilis ⟨e⟩ *Adj* ||observo|| (*nachkl.*) bemerkbar

observāns *Gen* ⟨antis⟩ *Adj, Adv* ⟨observanter⟩ ||observo||
1. (*nachkl.*) beobachtend
2. hoch achtend, verehrend, *alicuius / alicuius rei* j-n / etw

observantia ⟨ae⟩ *f* ||observans||
1. (*nachkl.*) Beobachtung, Befolgung
2. Hochachtung, Verehrung, Ehrerbietung, *alicuius* j-s, *in aliquem* für j-n, gegen j-n
3. (*spätl.*) Befolgung; *bes* RELIG Regeln, Gebräuche;

Gottesdienst

observātiō ⟨ōnis⟩ *f* ||observo||
1. Beobachtung, Wahrnehmung, *bes* Gewissenhaftigkeit
2. (*nachkl.*) Einhaltung; *meton* Regel

observātor ⟨ōris⟩ *m* ||observo|| (*nachkl.*) Beobachter

observitō ⟨āvī, -, āre 1.⟩ ||*Intens von* observo|| eifrig beobachten, *aliquid* etw

▶ **observō** ⟨āvī, -, āre 1.⟩
1. *etw* aufmerksam beobachten, *aliquid*, *ut/ne* dass/dass nicht, + *indir Fragesatz*; berechnen; belauern
2. *poet* hüten, bewachen
3. *fig etw* beachten, *etw* befolgen, sich nach *etw* richten, *aliquid*; ***diem o.*** den Termin einhalten; ***observatum est, ut*** man achtete darauf, dass
4. *fig* hoch achten, verehren, schätzen; ***o. aliquem ut patrem*** j-n wie seinen Vater verehren

▶ **ob-ses** ⟨sidis⟩ *m u. f*
1. Geisel; ***alicui obsides imperare*** j-m die Stellung von Geiseln befehlen; ***obsides dare*** + *AcI* durch Stellung von Geiseln Sicherheit gewähren, dass
2. *fig* Bürge, Unterpfand, *alicuius rei* für etw

obsessiō ⟨ōnis⟩ *f* = ***obsidio***

obsessor ⟨ōris⟩ *m* ||obsideo||
1. (*vkl.*) *poet* Bewohner
2. Belagerer

ob-sessus ⟨a, um⟩ *PPP* → ***obsideo*** *u.* → ***obsido***

ob-sēvī → ***obsero***^{2}

▶ **ob-sideō** ⟨sēdī, sessum, sidēre 2.⟩ ||sedeo||
I *v/i* (*vkl., nachkl.*) *an einem Ort* sitzen, warten
II *v/t*
1. an *etw* sitzen, auf *etw* sitzen, *aliquid*
2. *einen Ort* besetzt halten
3. *fig* beherrschen, in seiner Gewalt haben
4. *fig* bedrängen, einengen, beschränken
5. einschließen, belagern, blockieren, überwachen
6. auf *etw* lauern, Zeit abpassen für *etw*, Gelegenheit abpassen für *etw*, *aliquid*

obsidiālis ⟨e⟩ *Adj* ||obsidium|| (*nachkl.*) zur Belagerung gehörig, Belagerungs…; ***corona o.*** Liv. Belagerungskranz, *Kriegsauszeichnung für die Befreiung eines eingeschlossenen Heeres*

obsidiō ⟨ōnis⟩ *f* ||obsideo||
1. Belagerung, Blockade, Belagerungszustand
2. Gefangenschaft
3. *fig* Bedrängnis

obsidiōnālis ⟨e⟩ *Adj* = ***obsidialis***

obsidium^{1} ⟨ī⟩ *n* ||obses|| Tac. Geiselhaft

obsidium^{2} ⟨ī⟩ *n* ||obsideo||
1. Einschließung, Blockade, Umzingelung
2. Plaut. Gefahr

ob-sīdō ⟨sēdī, sessum, sīdere 3.⟩
1. *einen Ort* besetzen, *bes* MIL; ***ianuam alicuius o.*** j-s Haustür umstellen
2. *poet* belagern, einschließen
3. Tib. *durch Kauf* in seinen Besitz bringen

obsīgnātor ⟨ōris⟩ *m* ||obsigno|| Besiegler *einer Urkunde*; Testamentszeuge

ob-sīgnō ⟨āvī, ātum, āre 1.⟩
1. versiegeln
2. untersiegeln, ***litteras publico signo*** ein Schriftstück mit dem Staatssiegel; ***tabellis obsignatis agere cum aliquo*** = in strengster Form mit j-m verhandeln
3. Lucr. eindrücken, einprägen

ob-sipō ⟨-, -, āre 1.⟩ Plaut. ins Gesicht spritzen; ***aquolam o.*** erfrischen, Mut machen

ob-sistō ⟨stitī, -, sistere 3.⟩
1. sich entgegenstellen; *Perf* entgegenstehen, *abs od alicui* j-m; ***o. famae alicuius*** j-s Ruf verdunkeln
2. *feindlich* sich *j-m* widersetzen, *j-n* bekämpfen, *abs od alicui*, *ne/quominus* dass, + *Inf*

obsitus ⟨a, um⟩ *Adj* ||obsero|| ganz bedeckt, voll, *re* von etw

obsolē-fīō ⟨factus sum, fierī 0.⟩ = ***obsolesco***

ob-solēscō ⟨solēvī, -, solēscere 3.⟩
1. sich abnutzen; *fig* veralten, Geltung verlieren, Ansehen verlieren, aus der Mode kommen
2. **obsolētus** ⟨a, um⟩ *Adj*, *Adv* ⟨obsolētē⟩ abgenutzt; *poet* verfallen, baufällig; schmutzig; alltäglich; veraltet

obsōnātor ⟨ōris⟩ *m* ||obsono^{2}|| (*vkl., nachkl.*) Einkäufer *für die Küche*

obsōnātus ⟨ūs⟩ *m* ||obsono^{2}|| Einkauf *für die Küche*

obsōnium ⟨ī⟩ *n* ||griech. Lw.|| Zukost; Gemüse, Obst; Fisch; *Pl meton* Fischspeisen

ob-sonō^{1} ⟨-, -, āre 1.⟩ Plaut. dreinreden

ob-sōnō^{2} ⟨āvī, ātum, āre 1.⟩ *u.* **ob-sōnor** ⟨ātus sum, ārī 1.⟩ ||griech. Lw.||
1. für die Küche als Zukost einkaufen; ***ambulando famem o.*** Cic. durch Spazierengehen Hunger als Zukost einkaufen
2. Ter. ein Gastmahl geben, speisen

ob-sorbeō ⟨uī, -, ēre 2.⟩ (*vkl., nachkl.*) gierig einschlürfen

obstāculum ⟨ī⟩ *n* ||obsto|| (*nachkl.*) Hindernis

obstantia ⟨ium⟩ *n* ||obsto|| Hindernisse

obstātūrus ⟨a, um⟩ *Part Fut* → ***obsto***

obstetrīx ⟨īcis⟩ *f* ||obsto|| (*unkl.*) Hebamme

obstinātiō ⟨ōnis⟩ *f* ||obstino|| Festigkeit, Beharrlichkeit; *pej* Starrsinn; ***sententiae o.*** Beharrlichkeit in den Grundsätzen; ***o. taciturna*** beharrliches Schweigen

obstinātus ⟨a, um⟩ *Adj*, *Adv* ⟨obstinātē⟩ ||obstino|| entschlossen, beharrlich; *pej* hartnäckig, stur, *ad aliquid/in aliquid* zu etw; ***certum et obstinatum est*** es ist fest beschlossen; ***obstinatum ad mortem esse*** zum Tod entschlossen sein; ***o. pro aliquo*** j-m treu ergeben

ob-stinō ⟨āvī, ātum, āre 1.⟩ (*unkl.*) auf *etw* bestehen, *etw* fest beschließen, *ad aliquid*, + *Inf*; ***o. mori*** fest beschließen zu sterben

ob-stipēscō ⟨stipuī, -, stipēscere 3.⟩ = ***obstupesco***

obstīpus ⟨a, um⟩ *Adj* ||stipo|| (*nachkl.*) seitwärts geneigt, rückwärts geneigt; *vom Kopf auch* eingezogen, geduckt

obstita ⟨ōrum⟩ *n* ||obsisto|| gegenüberstehende, vom Blitz getroffene Dinge

ob-stitī → ***obsisto*** *u.* → ***obsto***

▶ **ob-stō** ⟨stitī, stātūrus, stāre 1.⟩ entgegenstehen; *fig* widerstehen, hinderlich sein, *abs od alicui/alicui rei* j-m/einer Sache, *ne/quominus/verneint auch quin* dass; ***difficultates mihi obstant*** Schwierigkeiten stehen mir im Weg; ***Ilium diis obstitit*** Ilion war den Göttern verhasst

ob-strepō ⟨strepuī, strepitum, strepere 3.⟩

1. entgegentönen, entgegenrauschen, entgegenbrausen, entgegenlärmen; ***pluvia obstrepit*** der Regen plätschert; ***obstrepi re*** von etw umrauscht werden
2. übertönen, überschreien, *durch Geschrei od Lärm* unterbrechen; *Passiv* niedergeschrien werden; ***contio decemviro obstrepuit*** die Versammlung überschrie den Dezemvir
3. *fig j-n* stören, *j-m* hinderlich sein, *abs od alicui*; ***alicui litteris o.*** j-n mit Briefen belästigen

ob-strictus ⟨a, um⟩ *PPP* → ***obstringo***

ob-strigillō ⟨āvī, ātum, āre 1.⟩ (*vkl., nachkl.*) hinderlich sein, im Weg stehen

► **ob-stringō** ⟨strīnxī, strictum, stringere 3.⟩
1. (*unkl.*) vor *etw* binden; ***follem o. ob gulam*** Plaut. einen ledernen Geldsack vor die Kehle binden
2. (*unkl.*) zubinden, festbinden; ***ventos o.*** die Winde eingeschlossen halten
3. *fig moralisch* binden, verpflichten; ***cives legibus o.*** die Bürger durch Gesetze binden; ***fidem alicuius o.*** sich der Treue j-s versichern; ***fidem suam alicui o.*** sein Wort j-m verpfänden; ***fide obstrictum teneri*** durch Eid gebunden sein; ***aliquem obstrictum habere*** j-n sich verpflichtet haben; ***clementiam suam o. crebris orationibus*** sich in zahlreichen Reden zur Milde verpflichten; ***religione gentili obstringi*** nach fremdem Brauch schwören
4. *pej* verstricken, verwickeln; ***principem societate scelerum o.*** Tac. den Fürsten durch Teilnahme an Verbrechen binden

obstrūctiō ⟨ōnis⟩ *f* ||obstruo|| Einschließung

obs-trūdō ⟨trūsī, trūsum, trūdere 3.⟩ = ***obtrudo***

ob-struō ⟨strūxī, strūctum, struere 3.⟩
1. entgegenbauen, davor bauen; ***alicuius luminibus o.*** j-m die Fenster verbauen
2. versperren, verschließen, unzugänglich machen; ***flumina magnis operibus o.*** die Flüsse durch mächtige Schanzwerke versperren; ***alicuius aures o.*** j-s Ohren für Bitten verschließen

ob-stupefaciō ⟨fēcī, factum, facere 3.⟩ in Erstaunen versetzen, stutzig machen, betäuben, gefühllos machen; ***metus maerorem obstupefacit*** Liv. die Furcht stumpft die Trauer ab

ob-stupēscō ⟨stupuī, -, stupēscere 3.⟩ erstarren, betäubt werden, gefühllos werden; staunen, stutzen, sich entsetzen, *re* über etw

ob-stupidus ⟨a, um⟩ *Adj* (*vkl., nachkl.*) starr, betäubt

ob-sum ⟨fuī, -, esse 0.⟩ entgegen sein, hinderlich sein, schaden, *abs od alicui / alicui rei* j-m / einer Sache; ***non obest*** es schadet nicht, + *Inf*

ob-suō ⟨suī, sūtum, suere 3.⟩ (*nachkl.*) *poet* zunähen, annähen

ob-surdēscō ⟨surduī, -, surdēscere 3.⟩ ||*Inkoh zu* surdus|| taub werden; *fig von Personen* Mahnungen kein Gehör schenken

ob-taedēscit ⟨-, -, ēscere 3.⟩ *unpers* Plaut. es ekelt an

ob-tegō ⟨tēxī, tēctum, tegere 3.⟩
1. schützend bedecken; *fig* decken, schützen
2. verbergen; *fig* bemänteln, verschleiern; ***domum arboribus o.*** das Haus mit Bäumen umschatten; ***sui obtegens*** sich verstellend

obtemperātiō ⟨ōnis⟩ *f* ||obtempero|| Gehorsam, ***legibus*** gegenüber den Gesetzen

ob-temperō ⟨āvī, ātum, āre 1.⟩ *j-m / einer Sache* gehorchen, sich nach *j-m / etw* richten, *alicui / alicui rei*

ob-tendō ⟨tendī, tentum, tendere 3.⟩
1. davor spannen, davor ziehen, vorhalten, *aliquid alicui rei / ante aliquid* etw vor etw; ***sudarium ante faciem o.*** das Schweißtuch vor das Gesicht halten; ***obtentā nocte*** unter dem Mantel der Nacht; ***curis obtendit luxum*** Tac. *fig* er zog das Genussleben den Regierungsgeschäften vor
2. *Passiv* gegenüberliegen, *alicui rei* einer Sache; ***Britannia Germaniae obtenditur*** Britannien liegt Germanien gegenüber
3. (*nachkl.*) *fig* vorschützen, ***valetudinem corporis*** gesundheitliche Gründe
4. (*nachkl.*) *fig* verhüllen, einhüllen; ***natura alicuius quasi velis obtenditur*** j-s Wesen wird wie von Schleiern umhüllt

obtentus[2] ⟨ūs⟩ *m* ||obtendo|| (*nachkl.*)
1. Vorspann, Vordach
2. *fig* Verschleierung, Hülle; ***vitiis obtentui esse*** als Hülle für Laster dienen
3. *fig* Vorwand, Deckmantel; ***sub obtentu cognominis*** unter dem Deckmantel des Beinamens

ob-tentus[1] ⟨a, um⟩ *PPP* → ***obtendo*** *u.* → ***obtineo***

ob-terō ⟨trīvī, trītum, terere 3.⟩
1. zertreten, zerquetschen; ***equitatus hostem obterit*** die Reiterei reitet den Feind nieder
2. *fig* aufreiben, mit Füßen treten, vernichten
3. *fig* herabsetzen, schmälern; ***aliquem verbis o.*** j-n mit Worten herabsetzen

obtestātiō ⟨ōnis⟩ *f* ||obtestor||
1. Beschwörung *durch Anrufung einer Gottheit*; *meton* Beschwörungsformel
2. (*nachkl.*) inständiges Bitten

► **ob-testor** ⟨ātus sum, ārī 1.⟩
1. (*nachkl.*) zum Zeugen anrufen
2. feierlich beteuern
3. *unter Anrufung der Götter* beschwören, inständig bitten, *aliquem de re* j-n wegen etw, *ut / ne* dass / dass nicht, + *Konjkt*

ob-texō ⟨texuī, textum, texere 3.⟩ (*nachkl.*) *poet* darüber weben; *fig* überziehen, bedecken

obticentia ⟨ae⟩ *f* ||obticeo|| (*nachkl.*) das Schweigen; RHET Pause *als Stilmittel*

ob-ticeō ⟨-, -, ēre 2.⟩ ||taceo|| Ter. Schweigen halten

ob-ticēscō ⟨ticuī, -, ticēscere 3.⟩ ||*Inkoh von* obticeo|| (*unkl.*) verstummen

ob-tigī → ***obtingo***

► **ob-tineō** ⟨tinuī, tentum, tinēre 2.⟩ ||teneo||
I *v/t*
1. festhalten; ***obtine aurīs*** Plaut. halte mich bei den Ohren
2. innehaben, im Besitz haben, einnehmen; bewohnen; ***pristinam dignitatem o.*** die alte Würde innehaben; ***domum suam o.*** seine Heimat bewohnen; ***proverbii locum o.*** als Sprichwort gelten; ***numerum deorum o.*** zu den Göttern gehören; ***ea fama plerosque obtinet*** dieses Gerücht hat die meisten Anhänger
3. MIL besetzt halten; ***stationem o.*** Stellung bezogen haben
4. *ein Amt* innehaben, verwalten; ***exercitum o.*** ein Heer kommandieren
5. *Erstrebtes* erhalten, bekommen

6. festhalten, beibehalten, bewahren; ***veritatem o.*** der Wahrheit den Sieg verschaffen; ***legem o.*** ein Gesetz streng beachten
7. *gerichtlich* behaupten, durchsetzen
II *v/i* sich behaupten, sich durchsetzen
ob-tingō ⟨tigī, -, tingere 3.⟩ ||tango||
1. zuteil werden, zufallen, *bes* POL *vom Auslosen von Ämtern*
2. zustoßen
ob-torpēscō ⟨torpuī, -, torpēscere 3.⟩ erstarren, starr werden, gefühllos werden
ob-torqueō ⟨torsī, tortum, torquēre 2.⟩ herumdrehen, zusammendrehen; ***collum alicuius o.*** j-n würgen
obtrectātiō ⟨ōnis⟩ *f* ||obtrecto|| Eifersucht, Anfeindung
obtrectātor ⟨ōris⟩ *m* ||obtrecto|| Widersacher, Nebenbuhler
ob-trectō ⟨āvī, ātum, āre 1.⟩ ||tracto|| entgegenarbeiten, ankämpfen, *alicui / alicui rei* gegen j-n / gegen etw; *bes Verdienste* verkleinern, herabsetzen; ***alicuius laudibus o.*** j-s Verdienste herabsetzen
ob-trūdō ⟨trūsī, trūsum, trūdere 3.⟩
1. hineinstoßen
2. Plaut. verschlingen
3. aufdrängen, *alicui aliquid* j-m etw
ob-truncō ⟨āvī, ātum, āre 1.⟩ (*unkl.*) in Stücke hauen, niederhauen
ob-tudī → ***obtundo***
ob-tueor ⟨-, tuērī 2.⟩ *u.* **ob-tuor** ⟨-, tuī 3.⟩ Plaut. hinsehen, ansehen; erblicken
ob-tulī → ***offero***
ob-tundō ⟨tudī, tū(n)sum, tundere 3.⟩
1. (*nachkl., spätl.*) gegen *etw* schlagen, auf *etw* schlagen, *aliquid*
2. (*spätl.*) *poet durch Schlagen* stumpf machen; *fig* abstumpfen, betäuben, *bes* mildern, schwächen; ***aures o. alicui*** j-m in den Ohren liegen; ***vocem o.*** sich heiser schreien; ***aegritudinem o.*** Kummer mildern
3. *fig* belästigen, behelligen
obtūnsus ⟨a, um⟩ *Adj* = ***obtusus***
ob-turbō ⟨āvī, ātum, āre 1.⟩
1. (*nachkl.*) verwirren, in Unordnung bringen
2. (*vkl., nachkl.*) *fig* überschreien; *abs* dagegen lärmen
3. *fig seelisch* betäuben, ***aliquem*** j-s Schmerz
4. *fig* unterbrechen, stören
ob-turgēscō ⟨tursī, -, turgēscere 3.⟩ *poet* anschwellen
ob-tūrō ⟨āvī, ātum, āre 1.⟩ verstopfen; ***aures alicui o.*** j-n nicht hören wollen
ob-tursī → ***obturgesco***
obtūsus ⟨a, um⟩ *Adj* ||obtundo||
1. (*nachkl.*) *poet* abgestumpft, stumpf
2. *fig* betäubt, ermüdet
3. verdunkelt
4. Quint. heiser
5. schwach, matt; *fig* oberflächlich
6. *geistig* abgestumpft; Verg. verhärtet, gefühllos
7. dumm; ***quid potest dici obtusius?*** Cic. was kann Dümmeres gesagt werden?
obtūtus ⟨ūs⟩ *m* ||obtueor|| das Anschauen, das Hinsehen, Blick

ob-umbrō ⟨āvī, ātum, āre 1.⟩ (*nachkl.*)
1. beschatten, verdunkeln
2. *fig* verhüllen, verdecken; beschönigen
3. *fig* schützen
ob-uncus ⟨a, um⟩ *Adj poet* einwärts gebogen
ob-ustus ⟨a, um⟩ *Adj* ||ob[1], uro|| *poet* angebrannt; ***glaeba canenti semper obusta gelu*** Ov. vom weißen Frost immer angegriffenes Erdreich
ob-vāgiō ⟨-, -, īre 4.⟩ Plaut. vorwimmern
ob-vallō ⟨(āvī), ātum, āre 1.⟩ verschanzen, *auch fig*
ob-veniō ⟨vēnī, ventum, venīre 4.⟩
1. (*nachkl.*) *absichtlich* bei *etw* eintreffen, sich einfinden, ***pugnae*** bei der Schlacht
2. begegnen, eintreten, widerfahren
3. *fig* zuteil werden
ob-versor ⟨ātus sum, ārī 1.⟩
1. (*nachkl.*) sich vor *etw* herumtreiben, sich bei *etw* herumtreiben, sich zeigen, erscheinen, *alicui rei / in re*; ***in foro o.*** sich auf dem Forum zeigen
2. *fig* vorschweben, *abs od alicui / alicui rei* j-m / einer Sache
ob-vertō ⟨vertī, versum, vertere 3.⟩
1. entgegenwenden, zuwenden, zukehren; ***remos lateri o.*** Ov. die Ruder über den Bug legen
2. *Passiv* sich hinwenden, *bes* MIL; ***obverti in hostem*** Liv. Front machen gegen den Feind
3. *Passiv* seine Neigung zuwenden, seine Aufmerksamkeit zuwenden; entgegenkommen; ***ad sanguinem et caedes obverti*** Tac. sich dem Blutvergießen und Morden zuwenden
▶ **ob-viam** *Adv* ||ob[1], via||
1. entgegen, *freundl. u. feindlich*; ***obviam se dare*** begegnen, in den Weg treten; ***alicui obviam dari*** (*nachkl.*) j-m in den Wurf kommen
2. ***obviam ire*** *j-m* entgegentreten, sich *j-m* widersetzen, *einem Übel* abhelfen, *j-n* unterstützen, *alicui / alicui rei*
ob-vigilō ⟨āvī, ātum, āre 1.⟩ Plaut. wachsam sein
▶ **ob-vius**
I ⟨a, um⟩ *Adj* ||obviam||
1. begegnend, entgegenkommend; ***nullo obvio hoste*** ohne Widerstand des Feindes; ***litterae obviae*** Briefe, die unterwegs eintreffen; ***o. se dare*** begegnen, in den Weg treten
2. (*nachkl.*) *von Sachen* im Weg liegend; ***montes itineri obvii*** Nep. Berge im Weg
3. (*nachkl.*) *fig* ausgesetzt, preisgegeben
4. (*nachkl.*) *fig* in der Nähe; zur Hand
5. (*nachkl.*) freundlich, gefällig
II ⟨ī⟩ *m* der Begegnende
ob-volvō ⟨volvī, volūtum, volvere 3.⟩ einwickeln, verhüllen; *fig* bemänteln
ob-vortō ⟨vortī, vorsum, vortere 3.⟩ = ***obverto***
oc-caecō ⟨āvī, ātum, āre 1.⟩
1. (*nachkl.*) blenden; ***hostem pulvere effuso o.*** Liv. durch aufgewehten Staub den Feind blenden
2. (*vkl., nachkl.*) verdunkeln, verfinstern, dunkel machen; ***diem o.*** den Tag verdunkeln
3. *fig* unverständlich machen
4. *fig* verblenden
5. *fig* unsichtbar machen, verdecken; ***terra semen occaecat*** die Erde verbirgt den Samen
occallātus ⟨a, um⟩ *Adj* ||ob[1], callum|| Sen. dickhäutig; gefühllos

oc-callēscō ⟨calluī, -, callēscere 3.⟩ (*unkl.*) dickhäutig werden; *fig von Personen* gefühllos werden
oc-canō ⟨uī, -, ere 3.⟩ (*nachkl.*) dazublasen, dazwischenblasen
▶ **occāsiō** ⟨ōnis⟩ *f* ||occido[1]||
1. günstige Gelegenheit, Gunst der Umstände, *alicuius rei/ad aliquid* zu etw; ***per occasionem*** bei Gelegenheit; ***occasione datā/oblatā*** bei gegebener Gelegenheit
2. MIL Handstreich; ***occasionis est res*** es kommt nur auf einen Handstreich an
3. Quint. anständiger Vorwand
occāsiuncula ⟨ae⟩ *f* ||*Dim von* occasio|| Plaut. hübsche Gelegenheit
occāsus[1] ⟨a, um⟩ *PPP* → ***occido***[1]
▶ **occāsus**[2] ⟨ūs⟩ *m* ||occido[1]||
1. Untergang *der Gestirne*; *meton* Abend, Westen; ***solis occasu*** bei Sonnenuntergang
2. *fig* Verderben, Sturz, Fall; Ende; Nep. Tod
oc-cātiō ⟨ōnis⟩ *f* ||occo|| das Eggen
occātor ⟨ōris⟩ *m* ||occo|| der eggt
oc-cecinī → ***occino***
oc-cēdō ⟨cessī, cessum, cēdere 3.⟩ (*vkl.*) entgegentreten
oc-centō ⟨āvī, -, āre 1.⟩ ||ob[1], canto|| ein Ständchen bringen, ein Spottlied singen
oc-cēpī → ***occipio***
oc-ceptō ⟨āvī, -, āre 1.⟩ ||*Intens von* occipio|| Plaut. anfangen
oc-ceptus ⟨a, um⟩ *PPP* → ***occipio***
▶ **occidēns** ⟨entis⟩ *m* ||occido[1]|| (*erg.* ***sol***) Westen; (*nachkl.*) *meton* Abendland; ***ab oriente ad occidentem*** von Osten nach Westen
occidentālis ⟨e⟩ *Adj* ||occidens|| (*nachkl.*) westlich; ***ventus o.*** Abendwind
oc-cidī[1] → ***occido***[1]
oc-cīdī[2] → ***occido***[2]
occīdiō ⟨ōnis⟩ *f* ||occido[2]|| das Niedermetzeln, Vernichtung
▶ **oc-cidō**[1] ⟨cidī, cāsum, cidere 3.⟩ ||ob[1], cado||
1. (*vkl., nachkl.*) niederfallen, hinfallen
2. *fig von Gestirnen* untergehen; ***sol occidens*** Westen; ***vita occidens*** Lebensabend
3. *fig* niederfallen, umkommen, *bes* im Krieg fallen
4. *fig* untergehen, zugrunde gehen; ***occidi*** ich bin verloren!
▶ **oc-cīdō**[2] ⟨cīdī, cīsum, cīdere 3.⟩ ||ob[1], caedo||
1. (*vkl.*) zu Boden schlagen
2. totschlagen, töten, umbringen, *bes im Krieg*; *Passiv* im Kampf fallen; ***occisi*** die Gefallenen
3. *fig* (zu Tode) martern, quälen, peinigen; ***rogando o.*** Hor. j-n durch Fragen quälen; ***fabulans o.*** mit Geschwätz quälen
4. *fig* verderben, zugrunde richten
occiduus ⟨a, um⟩ *Adj* ||occido[1]||
1. untergehend; *meton* westlich; ***sol o.*** untergehende Sonne
2. dem Tod nahe
occillō ⟨-, -, āre 1.⟩ ||occo|| Plaut. zerschlagen
oc-cinō ⟨cinuī⟩ *u.* ⟨cecinī, -, cinere 3.⟩ ||ob[1], cano|| Liv. seine Stimme hören lassen, *bes von Weissagevögeln*; ***o. cornua tubasque*** Tac. die Hörner und Trompeten erschallen lassen
oc-cipiō ⟨cēpī, ceptum, cipere 3.⟩ ||ob[1], capio||
I *v/t* anfangen, unternehmen; ***magistratum o.*** ein Amt antreten
II *v/i* seinen Anfang nehmen; ***hiems occipit*** der Winter beginnt
occipitium ⟨ī⟩ *n* ||ob[1], caput|| (*vkl., nachkl.*) Hinterkopf
occīsiō ⟨ōnis⟩ *f* ||occido[2]|| Totschlag, Mord
occīsissumus ⟨a, um⟩ *Adj* ||occido[2]|| Plaut. ganz verloren
occīsor ⟨ōris⟩ *m* ||occido[2]|| Plaut. Mörder
oc-cīsus ⟨a, um⟩ *PPP* → ***occido***[2]
occlāmitō ⟨-, -, āre 1.⟩ Plaut. laut schreien
oc-clūdo ⟨clūsī, clūsum, clūdere 3.⟩ ||ob[1], claudo||
1. verschließen, (ab)schließen
2. einschließen, einsperren
3. Com. *fig* hemmen, zurückhalten
occō ⟨āvī, ātum, āre 1.⟩ (*unkl.*) eggen, das Feld bestellen
oc-cubō ⟨cubuī, cubitum, cubāre 1.⟩
1. Plaut. vor *etw* liegen, Wache stehen
2. (*nachkl.*) tot daliegen; ***umbris o.*** sterben
oc-cubuī → ***occubo*** *u.* → ***occumbo***
oc-culcō ⟨āvī, ātum, āre 1.⟩ ||ob[1], calco|| (*vkl., nachkl.*) niedertreten
oc-culō ⟨culuī, cultum, culere 3.⟩ ||ob[1], celo|| verdecken, verstecken; *fig* verheimlichen, geheim halten
occultātiō ⟨ōnis⟩ *f* ||occulto|| das Verbergen; *fig* das Verheimlichen; RHET das Übergehen
occultātor ⟨ōris⟩ *m* ||occulto|| der „Verberger"; ***latronum o.*** Schlupfwinkel der Räuber
▶ **oc-cultō** ⟨āvī, ātum, āre 1.⟩ ||*Intens von* occulo||
1. verbergen, versteckt halten, *aliquid re/in re* etw in etw; *Passiv* sich verborgen halten
2. *fig* verheimlichen, ***aliquem*** j-s Namen
occultum ⟨ī⟩ *n* ||occultus[2]||
1. Versteck; ***in occultum se abdere*** sich verbergen; ***in occulto/ex occulto/per occultum*** insgeheim
2. Geheimnis
▶ **occultus**[1] ⟨a, um⟩ *Adj, Adv* ⟨occultē⟩ ||occulo||
1. versteckt, verborgen, unbemerkt; ***febris occulta*** schleichendes Fieber; ***cupiditas occulta*** verborgene Begierde; ***occulte proficisci*** heimlich aufbrechen; ***occulte dicere*** sich dunkel ausdrücken
2. *von Personen u. Charakter* verschlossen
oc-cultus[2] ⟨a, um⟩ *PPP* → ***occulo***
oc-culuī → ***occulo***
oc-cumbō ⟨cubuī, cubitum, cumbere 3.⟩
1. sterben; ***ante annos suos o.*** vorzeitig sterben; ***mortem/morte/morti o.*** in den Tod gehen
2. unterliegen
3. *von Gestirnen* untergehen
occupātiō ⟨ōnis⟩ *f* ||occupo||
1. Besetzung, Einnahme
2. *fig* Beschäftigung, Inanspruchnahme; Behinderung, *alicuius rei* einer Sache, mit etw; ***o. ambitionis*** Bemühungen bei der Amtsbewerbung; ***o. urbis ac vitae*** Inanspruchnahme durch das öffentliche Leben; ***o. temporum*** Zeitumstände; ***o. rei publicae*** Staatsgeschäfte, Staatswirren
occupātus ⟨a, um⟩ *Adj* ||occupo|| *von Personen* beschäftigt, viel beschäftigt, *re/in re* mit etw
oc-cupō ⟨āvī, ātum, āre 1.⟩
1. einnehmen, besetzen

2. anfüllen
3. an sich reißen, sich aneignen
4. fassen, ergreifen
5. überfallen, angreifen
6. erlangen, gewinnen
7. erfassen, ergreifen
8. beschäftigen = fesseln, beherrschen
9. anlegen, ausleihen
10. hindern, stören
11. schleunig vollziehen, rasch ausführen
12. zuvorkommen

1. einnehmen, besetzen, *bes* MIL; *poet auch* ersteigen, erklimmen; ***currum o.*** einen Wagen besteigen
2. anfüllen, *re* mit etw; ***alicui ōs flammis o.*** j-m die Glut ins Gesicht schleudern
3. an sich reißen, sich aneignen; *Perf* in Besitz haben, innehaben; ***o. aliquem*** sich j-s bemächtigen, j-n für sich in Beschlag nehmen
4. fassen, ergreifen; ***aliquem amplexu o.*** j-n umarmen; ***feram o.*** Wild fangen; ***mors hominem occupat*** der Tod ereilt einen Menschen
5. (*nachkl.*) *poet* überfallen, angreifen, überrumpeln
6. *poet* erlangen, gewinnen; ***cibum o.*** Speise auftreiben
7. *von Gefühlen u. Zuständen* erfassen, ergreifen; ***nox occupat oculos*** die Nacht bedeckt die Augen; ***fama occupat aures*** das Gerücht erfüllt die Ohren
8. beschäftigen = fesseln, beherrschen
9. *Geld* anlegen, ausleihen
10. (*nachkl.*) hindern, stören
11. (*nachkl.*) *poet ein Geschäft* schleunig vollziehen, rasch ausführen; ***bellum facere o.*** sich beeilen einen Krieg zu führen
12. (*unkl.*) zuvorkommen, *aliquem/aliquid* j-m/einer Sache, + *Inf* mit etw; zuerst anreden; zuerst verrichten; ***occupor ab aliquo*** j-d kommt mir zuvor; ***aprum telo o.*** den Eber zuvor schießen; ***diem fati o.*** sich das Leben nehmen; ***gratiam alicuius o.*** j-s Gnade vorher suchen; ***aliquis ferire occupat*** j-d versucht den ersten Stoß zu tun

oc-currō ⟨currī⟩ *u.* ⟨cucurrī, cursum, currere 3.⟩

1. entgegenlaufen
2. angreifen
3. zu etw hinkommen
4. sich darbieten, sich zeigen
5. zu Hilfe kommen
6. entgegenarbeiten, zuvorkommen
7. entgegnen, einwenden

1. *j-m* entgegenlaufen, *j-m* entgegeneilen, *j-m* begegnen, auf *j-n* stoßen, *alicui*
2. *feindlich* auf *j-n* losgehen, *j-n* angreifen, *j-m* Widerstand leisten, *alicui/alicui rei*
3. zu *etw* hinkommen, bei *etw* eintreffen, *einer Sache* beiwohnen, in *etw* hineingeraten, *alicui rei/ad aliquid*; ***concilio/ad concilium o.*** der Versammlung beiwohnen; ***aliis rebus o.*** in andere Verhältnisse geraten
4. *fig* sich darbieten, sich zeigen, vorkommen, vor die Seele treten, einfallen, *alicui* j-m; **(*alicui*) *occurrit*** es drängt sich (j-m) der Gedanke auf, es fällt (j-m) ein
5. *fig* zu Hilfe kommen, *alicui* j-m
6. *fig* entgegenarbeiten, zuvorkommen, *bes* Einhalt tun; *alicui rei* einer Sache; ***discrepantiae o.*** ein Missverständnis lösen
7. *fig mit Worten* entgegnen, einwenden; ***occurritur alicui a quaerentibus*** es wird j-m mit der Frage entgegengetreten; ***occurrit illud*** mir tritt der Einwand entgegen, + *AcI*; ***quid occurrat, non videtis*** was eingewendet werden kann, seht ihr nicht

occursātiō ⟨ōnis⟩ *f* ||occurso|| freundliches Entgegenkommen, Glückwunsch

occursiō ⟨ōnis⟩ *f* ||occurro|| (*nachkl.*) Anfechtung, ***fortunae*** des Schicksals

occursō ⟨āvī, ātum, āre 1.⟩ ||*Intens von* occurro|| (*unkl.*)
I *v/i*
1. *j-m* begegnen, auf *j-n* stoßen, *alicui*
2. sich *feindlich* entgegenwerfen
3. heraneilen, herankommen, sich nähern
4. *fig* widerstreben, entgegenwirken
5. (***animo***) ***o.*** einfallen
II *v/t* überrennen; ***me occursant multae*** Plaut. mich überrennen viele Frauen

occursum *PPP* → ***occurro***

occursus ⟨ūs⟩ *m* ||occurro|| (*nachkl.*)
1. *poet* Begegnung, das Anstoßen, *alicuius rei* an etw, ***stipitis*** an einen Pfahl
2. *poet* das Herbeieilen

Ōceanītis ⟨idis⟩ *f* ||Oceanus|| Meernymphe

Ōceanus ⟨ī⟩ *m*
1. *Gott des die Erdscheibe umströmenden Wassers, des Weltmeeres, Gatte der Tethys, Vater der Meernymphen*
2. Weltmeer, Ozean, ↔ *Mittelmeer*; ***ostium Oceani*** Straße von Gibraltar

ocellātī ⟨ōrum⟩ *m* ||ocellatus|| die Spielsteinchen, *die wie die Würfel mit Augen (Punkten) versehen waren*

ocellātus ⟨a, um⟩ *Adj* ||ocellus|| (*vkl., nachkl.*) mit Augen versehen

ocellus ⟨ī⟩ *m* ||*Dim von* oculus||
1. (*vkl.*) *poet* Äuglein
2. *fig für etw Vortreffliches od Liebes* Augapfel, Perle, *bei* Plaut. *Kosewort*

Ocelum ⟨ī⟩ *n Stadt in Gallia citerior, heute Oulx*

ōcimum ⟨ī⟩ *n* ||griech. Fw.|| Basilikum

ōcior ⟨ius⟩ *Adj*
1. schneller, geschwinder
2. **ōciter** *Adv* schnell
3. **ōcius** *Adv* schneller, *auch* schleunigst, auf der Stelle; *fig* eher, leichter

ocli-ferius ⟨a, um⟩ *Adj* ||oculus, ferio|| Sen. augenfällig

Ocnus ⟨ī⟩ *m*
1. MYTH *Gründer von Mantua*
2. MYTH *Gestalt, die im Hades ständig ein Seil flicht, das eine Eselin am anderen Ende wieder auffrisst*

ocrea ⟨ae⟩ *f* (*unkl.*) Beinschiene

ocreātus ⟨a, um⟩ *Adj* ||ocrea|| (*nachkl.*) *poet* mit Beinschienen versehen

octaphoron ⟨ī⟩ *n* ||octaphoros|| von acht Sklaven getragene Sänfte

octaphoros ⟨on⟩ *Adj* ||griech. Fw.|| von acht Mann getragen

octāva ⟨ae⟩ *f* ||octavus||
1. (*erg.* ***pars***) (*nachkl.*) der achte Teil, Achtel
2. (*erg.* ***hora***) die achte Stunde

Octāvia ⟨ae⟩ *f Schwester des Octavianus, zuerst mit C. Marcellus, dann mit M. Antonius verheiratet, von ihm 32 v. Chr. verstoßen, gest. 11 v. Chr.*

Octāviānus
I ⟨a, um⟩ *Adj* des Octavius, zu Octavius gehörig
II ⟨ī⟩ *m* = ***Octavius*** 2

Octāvius ⟨a, um⟩
I *röm. Gentilname*
1. ***C. Octavius*** *61 v. Chr. Prätor, Vater des Augustus*
2. ***C. Octavius*** = *C. Iulius Caesar Octavianus, geb. 63 v. Chr., von Caesar adoptiert, 31 v. Chr.–14 n Chr. röm. Kaiser, genannt Augustus*
II *Adj* des Octavius, zu Octavius gehörig

octāvum
I *Adv* ||octavus|| zum achten Mal
II ⟨ī⟩ *n* (*erg.* ***granum***) das Achtfache, achtfacher Ertrag

octāvus
I ⟨a, um⟩ *Num ord* der achte; ***octava pars*** der achte Teil, ein Achtel
II ⟨ī⟩ *m* (*erg.* ***lapis***) (*nachkl.*) der achte Meilenstein *von Rom aus*

octiē(n)s *Num adv* ||octo|| achtmal

octingentēsimus ⟨a, um⟩ *Num ord* ||octingenti|| der achthundertste

octingentī ⟨ae, a⟩ *Num card* achthundert

octi-pēs *Gen* ⟨pedis⟩ *Adj poet* achtfüßig

octiplicātus ⟨a, um⟩ *Adj* = ***octuplicatus***

octō *indekl Num card* acht

Octōber ⟨bris, bre⟩ *Adj* ||octo|| des Oktobers, zum Oktober gehörig; ***mensis O.*** Monat Oktober; ***Kalendae Octobres*** die Kalenden des Oktober

octō-decim *indekl Num card* (*nachkl.*) achtzehn

Octodūrus ⟨ī⟩ *m Hauptort der Veragri im Wallis, beim heutigen Martigny*

octōgēnārius ⟨a, um⟩ *Adj* ||octogeni|| achtzig enthaltend; achtzigjährig

octōgēnī ⟨ae, a⟩ *Num distr* ||octoginta|| je achtzig

octōgē(n)simus ⟨a, um⟩ *Num ord* ||octoginta|| (*vkl., nachkl.*) der achtzigste

octōgiē(n)s *Num adv* ||octoginta|| achtzigmal

octōginta *indekl Num distr* achtzig

octō-iugis ⟨e⟩ *Adj* ||iugum|| (*nachkl.*) achtspännig; *verächtlich* acht Mann hoch

octōnārius ⟨a, um⟩ *Adj* ||octoni|| (*vkl., nachkl.*) aus acht bestehend; ***versus o.*** achtgliedriger Vers

octōnī ⟨ae, a⟩ *Num distr* ||octo|| je acht; *poet* acht auf einmal

octōphoron ⟨ī⟩ *n* = ***octaphoron***

octōphoros ⟨on⟩ *Adj* = ***octaphoros***

octuplicātus ⟨a, um⟩ *Adj* Liv. verachtfacht, achtmal mehr

octuplum ⟨ī⟩ *n* ||octuplus|| das Achtfache; ***poena octupli*** Strafe des Achtfachen

octuplus ⟨a, um⟩ *Adj* ||griech. Lw.|| achtfach

octussis ⟨is⟩ *m* ||octo, asses|| Hor. acht Asse

oculāris ⟨e⟩ *Adj u.* **oculārius** ⟨a, um⟩ *Adj* ||oculus|| zu den Augen gehörig, Augen…; ***medicina ocularis/ocularia*** Augenheilkunde

oculātus ⟨a, um⟩ *Adj* ||oculus|| (*vkl., nachkl.*)
1. mit Augen versehen, sehend; ***testis o.*** Augenzeuge
2. sichtbar, augenfällig

oculeus ⟨a, um⟩ *Adj* ||oculus|| Plaut. vieläugig

oculissimus ⟨a, um⟩ *Adj* ||oculus|| Plaut. lieb

▶ **oculus** ⟨ī⟩ *m*
1. Auge; ***oculorum acies*** Schärfe der Augen; ***oculos convertere in aliquid*** die Augen auf etw werfen; ***oculos deicere de aliquo/a re*** die Augen abwenden von j-m/von etw; ***oculos demittere*** die Augen niederschlagen; ***oculos circumferre*** umherblicken; ***aliquid ante oculos obversatur alicui*** j-m schwebt etw vor Augen; ***ante oculos/sub oculos/in oculis alicuius*** vor j-s Augen, in j-s Gegenwart; ***in oculis esse/vivere*** für alle sichtbar sein; ***in oculis alicuius/alicui esse*** bei j-m sehr beliebt sein; ***in oculos ferre/gestare aliquem*** j-n auf Händen tragen
2. *meton* Augenlicht, Sehkraft; ***oculos/lumina oculorum amittere/perdere*** das Augenlicht verlieren
3. (*nachkl.*) *fig von Pflanzen* Auge = Knospe
4. *fig* Perle = das Vorzüglichste *von etw*
5. *fig* Leuchte

ōdēum ⟨ī⟩ *n* ||griech. Fw.|| MUS *Gebäude für Wettkämpfe od Aufführungen*

▶ **ōdī** *Perf Inf* ⟨ōdisse, ōsūrus⟩ *Defektivum* hassen; nicht mögen, verschmähen, *auch* verwünschen

odiō ⟨-, -, īre 4.⟩ (*spätl.*) = ***odi***

odiōsicus ⟨a, um⟩ *Adj* Plaut. = ***odiosus***

▶ **odiōsus** ⟨a, um⟩ *Adj, Adv* ⟨odiōsē⟩ ||odium[1]|| verhasst, hassenswert, widerwärtig, lästig, abstoßend, *auch* langweilig, *alicui* j-m, für j-n; ***verba odiosa*** anstößige Worte

ōdisse → ***odi***

▶ **odium**[1] ⟨ī⟩ *n* ||odi||
1. Hass, Gehässigkeit, dauernde Erbitterung, Groll, Feindschaft, *alicuius* j-s *od* gegen j-n, *in aliquem/erga aliquem/adversus aliquem* gegen j-n; *auch p* das Verhasstsein; ***o. meum*** mein Hass *od* Hass gegen mich; ***o. defectionis*** Hass wegen des Abfallens; ***mihi o. est cum aliquo*** ich habe Feindschaft mit j-m; ***odio esse alicui/in odio esse alicui/in odio esse apud aliquem*** j-m verhasst sein; ***odium habere alicuius rei/in aliquem*** Hass hegen gegen etw/gegen j-n; ***in odium alicuius incurrere*** j-s Hass auf sich laden; ***vocare aliquem in odium*** j-n verhasst machen; ***magno odio in aliquem ferri*** j-n sehr hassen; ***odia alicuius in se convertere*** sich j-s Hass zuziehen
2. Abneigung, Widerwille, Antipathie; ***o. rerum suarum*** Unzufriedenheit mit den eigenen Verhältnissen
3. *meton* widerwärtiges Benehmen, Unausstehlichkeit
4. Gegenstand des Hasses, verhasste Person; ***o. hominis*** verhasster Mensch

ōdīum[2] ⟨ī⟩ *n* = ***odeum***

▶ **odor** ⟨ōris⟩ *m*
1. Geruch, *der von etw ausgeht*; ***suavis o.*** angenehmer Geruch
2. Geruchssinn, Witterung *der Tiere*
3. Plaut. *meton* wohlriechende Stoffe, Spezereien,

Räucherwerk, Salben; Zaubersalben
4. schlechter Geruch, Gestank, Qualm, Ausdünstung
5. *fig* Ahnung, Vermutung; ***o. alicuius rei est*** man munkelt von etw; ***suspicionis o.*** Hauch von Verdacht

odōrātiō ⟨ōnis⟩ *f* = ***odoratus***[1]

odōrātus[1] ⟨ūs⟩ *m* ||odoror||
1. das Riechen, Geruch
2. Geruchssinn

odōrātus[2] ⟨a, um⟩ *Adj* ||odor|| (*nachkl.*) *poet* wohlriechend, duftend

odōri-fer ⟨fera, ferum⟩ *Adj* ||odor, fero|| (*nachkl.*)
1. *poet* wohlriechend, duftend
2. *poet* Spezereien erzeugend

odōrō ⟨āvī, ātum, āre 1.⟩ ||*Denom von* odor|| (*nachkl.*) *poet* mit Duft erfüllen

odōror ⟨ātus sum, ārī 1.⟩ ||odoro||
1. an *etw* riechen, *etw* durch Riechen untersuchen, *aliquid*
2. (*nachkl.*) *poet* wittern
3. *fig* ausspüren, erforschen; ***o. ex aliquo*** j-m auf den Zahn fühlen
4. *fig* nach *etw* trachten, *aliquid*
5. *fig* nur riechen an *etw* = *etw* oberflächlich betrachten, *aliquid*

odōrus ⟨a, um⟩ *Adj* ||odor||
1. wohlriechend
2. witternd

odōs ⟨ōris⟩ *m* = ***odor***

Odyssēa *u.* **Odyssīa** ⟨ae⟩ *f* die Odyssee *Homers u. die lat. Bearbeitung durch Livius Andronicus*

oeconomia ⟨ae⟩ *f* ||griech. Fw.||
1. harmonische Gliederung *einer Rede od eines literarischen Werkes*
2. (*mlat.*) Verwaltung

oeconomicus
I ⟨a, um⟩ *Adj* ||griech. Fw.||
1. die Wirtschaft betreffend, den Haushalt betreffend
2. Quint. RHET richtig; ***oeconomica causae dispositio*** richtige Darstellung der Angelegenheit
II ⟨ī⟩ *m* der Haushalter, *Titel eines Werkes von Xenophon*

oeconomus ⟨ī⟩ *m* ||griech. Fw.|| (*spätl.*) Verwalter, Wirtschafter

Oedipodīonius ⟨a, um⟩ *Adj* des Oedipus, zu Oedipus gehörig

Oedipūs ⟨odis⟩ *u.* ⟨ī⟩ *m Sohn des Laios u. der Iokaste, König von Theben, tötete unwissentlich seinen Vater u. heiratete seine Mutter; Titel zweier Tragödien des Sophokles*

Oenēius ⟨a, um⟩ *Adj* des Oeneus, zu Oeneus gehörig

Oenēus ⟨eī⟩ *u.* ⟨eos⟩ *m* MYTH *König von Kalydon in Ätolien, Vater des Meleager u. des Tydeus*

Oenēus ⟨a, um⟩ *Adj* des Oeneus, zu Oeneus gehörig

Oenīdēs ⟨ae⟩ *m* Sohn des Oeneus, Nachkomme des Oeneus

Oenomaus ⟨ī⟩ *m* MYTH *König von Pisa in Elis, Vater der Hippodameia, Stammvater des Atridenhauses; Titel einer Tragödie des Accius*

oenophorum ⟨ī⟩ *n* ||griech. Fw.|| Plaut. Weinkrug

oenopōlium ⟨ī⟩ *n* ||griech. Fw.|| Weinschenke

Oenōtria ⟨ae⟩ *f anderer Name für Bruttium u. Lucania nach dem König Oenotrus; poet gleichbedeutend mit Italia*

Oenōtrius ⟨a, um⟩ *Adj* des Oenotrus, zu Oenotrus gehörig; italisch, römisch

Oenōtrus ⟨ī⟩ *m König der Sabiner*

oenus ⟨a, um⟩ *Num card* (*altl.*) = ***unus***

oestrus ⟨ī⟩ *m* ||griech. Fw.||
1. Sen. Pferdebremse, *ein für das Vieh lästiges Insekt*
2. *fig* Raserei, Begeisterung
3. (*eccl.*) sinnliche Leidenschaft

oesypum ⟨ī⟩ *n* ||griech. Fw.|| Ov. Heilmittel, Schönheitsmittel, *das aus ungewaschener Schafwolle gewonnen wurde*

Oeta ⟨ae⟩ *f Gebirge in Südthessalien, auf dem Herkules sich selbst verbrannt haben soll*

Oetaeus ⟨a, um⟩ *Adj* des Oeta, zum Oeta gehörig

Oetaeus ⟨ī⟩ *m* Ov. = Herkules, *wegen seines Todes auf dem Oeta.* **Oetē** ⟨ēs⟩ *f* = ***Oeta***

ofella ⟨ae⟩ *f* ||*Dim von* offa|| Mart. Bissen, Stückchen

offa ⟨ae⟩ *f* Bissen; Mehlkloß, Kloß; Geschwulst; Klumpen, formlose Masse

offātim *Adv* ||offa|| stückweise, bissenweise

of-fēcī → ***officio***

of-fectus ⟨a, um⟩ *PPP* → ***officio***

of-fendī → ***offendo***

offendiculum ⟨ī⟩ *n* ||offendo|| (*nachkl.*) Anstoß, Hindernis

of-fendō ⟨fendī, fēnsum, fendere 3.⟩

I
1. anstoßen, sich stoßen
2. verunglücken, einen Unfall erleiden
3. Anstoß erregen
4. Anstoß nehmen an
II
1. anstoßen
2. auf etw stoßen
3. verletzen, beleidigen

I *v/i*
1. anstoßen, sich stoßen, *in re/alicui rei* an etw; ***navis in scopulis offendit*** das Schiff stößt an die Klippen
2. verunglücken, einen Unfall erleiden, eine Niederlage erleiden; ***o. apud iudices*** verurteilt werden; ***offenditur*** man kommt zu Schaden; ***in exercitu offensum est*** das Heer ist zu Schaden gekommen
3. Anstoß erregen, *aliquid* in etw; ***nihil o.*** in nichts Anstoß erregen
4. Anstoß nehmen an *etw*, unzufrieden sein mit *etw*, *in aliquo/in re*; ***o. aliquid in aliquo*** an etw bei j-m Anstoß nehmen
II *v/t*
1. *etw* anstoßen; ***caput o.*** sich den Kopf anstoßen; ***scuta strepunt offensa*** die Schilde klirren beim Anstoßen; ***pes offensus*** strauchelnder Fuß; ***vocis offensa imago*** Widerhall, Echo
2. auf *etw* stoßen, *j-n* antreffen, *aliquid/aliquem*; ***multos inimicos apud inferos o.*** viele Feinde in der Unterwelt finden; ***aliquem imparatum o.*** j-n

unvorbereitet antreffen
3. verletzen, beleidigen; belästigen; *Passiv* an *etw* Anstoß nehmen, über *etw* unwillig sein, *re*/*in re*; ***animum in aliquo offendere*** sich durch j-n beleidigt fühlen
offēnsa ⟨ae⟩ *f* ||offendo||
1. (*nachkl.*) Unbequemlichkeit, unangenehmer Zufall
2. *fig* Anfall einer Krankheit, Unpässlichkeit
3. (*nachkl.*) *fig* Kränkung, Beleidigung
4. *fig* Ungnade, Ungunst, gespanntes Verhältnis, Unwille, *alicuius rei* wegen etw, über etw
offēnsātiō ⟨ōnis⟩ *f* ||offenso|| (*nachkl.*) das Anstoßen, Verstoß
offēnsātor ⟨ōris⟩ *m* ||offenso|| Quint. Nichtskönner, Stümper
offēnsiō ⟨ōnis⟩ *f* ||offendo||
1. das Anstoßen, *alicuius rei* an etw; *meton* Gegenstand, an den man anstoßen kann; Vorsprung
2. Erkrankung, Unpässlichkeit
3. Anstoß, *den jd gibt od nimmt*, Ärgernis; Missstimmung, Verdruss, Abneigung, Ungnade; ***o. populi*** Anstoß des Volkes *od* Anstoß beim Volk; ***offensionem habere ad aliquid*** Widerwillen gegen etw haben
4. Widerwärtigkeit, Unglück, Niederlage; ***o. belli*** Niederlage im Krieg; ***o. iudicii*** Niederlage vor Gericht
offēnsiuncula ⟨ae⟩ *f* ||*Dim von* offensio||
1. kleine Beleidigung
2. kleine Widerwärtigkeit
offēnsō ⟨-, -, āre 1.⟩ ||*Intens von* offendo|| (*unkl.*)
I *v/t* anstoßen; ***capita o.*** die Köpfe an die Wand stoßen
II *v/i in der Rede* stocken
offēnsum ⟨ī⟩ *n* ||offendo|| Verstoß
offēnsus[1] ⟨a, um⟩ *PPP* → ***offendo***
offēnsus[2] ⟨a, um⟩ *Adj* ||offendo||
1. gekränkt, aufgebracht, erzürnt, *alicui*/*in aliquem* gegen j-n, *re* durch etw, über etw; ***offensā in eum militum voluntate*** sooft die Stimmung der Soldaten gegen ihn gereizt war
2. verhasst, anstößig, zuwider, *alicui* j-m
offēnsus[3] ⟨ūs⟩ *m* ||offendo|| *poet* das Anstoßen; Anstoß, *konkr. u. fig*
► **of-ferō** ⟨obtulī, oblātum, offerre 0.⟩ ||ob[1], fero||
1. entgegenbringen, darstellen, zeigen; ***poenam oculis deorum o.*** die Strafe vor den Augen der Götter vollziehen; ***res oblata*** Erscheinung
2. *Passiv u.* ***se o.*** sich zeigen; ***offertur foedum omen*** es zeigt sich ein böses Vorzeichen
3. *Passiv u.* ***se o.*** entgegengehen, begegnen, *bes feindlich* entgegentreten, sich widersetzen
4. *fig* anbieten, darbieten, *alicui aliquid* j-m etw; ***se o.*** sich zur Verfügung stellen, *ad aliquid* zu etw, für etw; + *AcI Fut* sich anbieten etw zu tun
5. *fig* aussetzen, preisgeben, ausliefern, weihen; ***se o. morti*/*ad mortem*** sich dem Tod weihen
6. *fig* vorbringen; ***crimina o.*** Vorwürfe erheben
7. *fig* darbringen, erweisen, gewähren, zufügen, verursachen; ***alicui beneficium o.*** j-m einen Dienst erweisen
8. (*eccl.*) *fig* weihen, opfern
offerrūmentae ⟨ārum⟩ *f* Plaut. Geschenke; *hum* Schläge
offertōrium ⟨ī⟩ *n* ||offero|| (*eccl.*) Opferstätte; (*mlat.*) Opferung, Gebet zur Opferung *als Teil der Liturgie*
offerūmentae ⟨ārum⟩ *f* = ***offerrumentae***
officiālis
I ⟨e⟩ *Adj* ||officium|| (*spätl.*) Pflicht…, Amt…
II ⟨is⟩ *m* untergeordneter Beamter
officīna ⟨ae⟩ *f* Werkstätte, Fabrik; *fig* Schule; *meist pej* Brutstätte; ***o. dicendi*** Rednerschule
► **of-ficiō** ⟨fēcī, fectum, ficere 3.⟩ ||ob[1], facio||
1. in den Weg treten, den Weg versperren, *alicui* j-m; ***luminibus alicuius o.*** j-m die Sicht nehmen
2. *fig einer Sache* hinderlich sein, *etw* beeinträchtigen, *alicui rei*
officiōsus ⟨a, um⟩ *Adj*, *Adv* ⟨officiōsē⟩ ||officium|| diensteifrig, gefällig, willig, *in aliquem* gegen j-n; pflichtgemäß; ***homo o.*** gefälliger Mensch; ***labores officiosi*** pflichtgemäße Arbeiten
officium ⟨ī⟩ *n* ||ops, facio||
1. Dienstleistung, Dienst; ***o. servorum*** Dienst der Sklaven; ***o. divinum*** (*mlat.*) Gottesdienst; ***o. altaris*** (*mlat.*) Liturgie
2. Gefälligkeit, Liebesdienst, Höflichkeit, *alicuius* j-s, *alicuius rei* in etw, *in aliquem* gegen j-n; letzter Liebesdienst; *auch* Beischlaf; ***officia intendere*** den Diensteifer steigern
3. Ehrenbezeigung, Ehrendienst; ***officii causā*** ehrenhalber; ***alicui officium facere*/*praestare*** j-m seine Aufwartung machen
4. (*nachkl.*) offizielle Feier, Zeremonie; ***nuptiarum o.*** Suet. Hochzeitsfeier
5. Amt, Geschäft, Beruf; MIL Kommando; *Pl* Wirkungskreis; ***o. scribae*** Amt des Geheimschreibers; ***o. sacri*** Opferdienst; ***o. privatum*** Privatgeschäft; ***in officio esse*** seinen Dienst tun; ***o. maritimum*** Kommando zur See
6. moralische Pflicht, Verpflichtung, Schuldigkeit; ***officium servare*** seine Pflicht erfüllen; ***ab officio discedere*/*officium deserere*/*officio deesse*** seine Pflicht nicht erfüllen
7. *meton* Pflichterfüllung; Gehorsam
8. Pflichtgefühl
of-fīgō ⟨fīgī, fīxum, fīgere 3.⟩ (*unkl.*) einschlagen, befestigen
of-firmātus ⟨a, um⟩ *Adj*, *Adv* ⟨offirmātē⟩ ||offirmo|| (*vkl., nachkl.*) standhaft, fest; *pej* störrisch, eigensinnig, stur
of-firmō ⟨āvī, ātum, āre 1.⟩ (*unkl.*) fest machen, festigen; ***animum o.*** sich ein Herz fassen
offla ⟨ae⟩ *f* = ***offula***
of-flectō ⟨-, -, ere 3.⟩ Plaut. umlenken
of-fōcō ⟨āvī, ātum, āre 1.⟩ ||ob[1], faux|| (*nachkl.*) erwürgen, ersticken
of-frēnātus ⟨a, um⟩ *Adj* ||ob[1], *PPP von* freno|| (*vkl., nachkl.*) am Zaum geführt; ***offrenatum ductare*** *hum* an der Nase herumführen, täuschen
offūcia ⟨ae⟩ *f* ||ob[1], fucus|| Plaut. Schminke; Blendwerk, Täuschung
offula ⟨ae⟩ *f* ||*Dim von* offa|| (*nachkl.*) Stückchen, Bissen
of-fulgeō ⟨fulsī, -, fulgēre 2.⟩ (*nachkl.*) *poet* entgegenleuchten; ***nova lux oculis offulsit*** Verg. ein neues Licht strahlte den Augen entgegen
of-fundō ⟨fūdī, fūsum, fundere 3.⟩

1. hingießen, ausgießen, ausschütten
2. *fig* ausbreiten, verbreiten; *Passiv* sich ausbreiten, sich ergießen; ***si quid tenebrarum offundit exsilium*** wenn die Verbannung das Gemüt verfinstert; ***aer nobis offunditur*** Luft umgibt uns; ***religio animo offusa*** dem Herzen sich aufdrängende Scheu
3. bedecken, erfüllen, überstrahlen, *aliquid re* etw mit etw

og-gannio ⟨īvī⟩ *u.* ⟨iī, ītum, īre 4.⟩ = ***obgannio***
og-gerō ⟨gessī, gestum, gerere 3.⟩ = ***obgero***
ōh *Interj* = ***o***
ōhē *u.* **ohe** *Interj* (*vkl.*) *poet* halt!, halt ein!
oho *Interj* oho!
o͡iei *u.* **oiei** *Interj* Com. o weh!
Oīle͡us ⟨eī⟩ *u.* ⟨eos⟩ *m König der Lokrer, Vater des Kleinen Ajax*
Oīliadēs *u.* **Oīlīdēs** ⟨ae⟩ *m* Nachkomme des Oileus, = Ajax
olea ⟨ae⟩ *f* = ***oliva***
oleāginus ⟨a, um⟩ *Adj* ||olea|| vom Olivenbaum; ***virgula oleagina*** Olivenzweig
oleārius
I ⟨a, um⟩ *Adj* Öl…; ***vasa olearia*** Ölgefäße
II ⟨ī⟩ *m* Ölhändler
Ōlearos ⟨ī⟩ *f Kykladeninsel w. von Paros, heute Antiparo*
oleaster ⟨strī⟩ *m* ||olea|| wilder Olivenbaum
Ōlenius ⟨a, um⟩ *Adj*
1. aus Olenus, zu Olenus gehörig; → ***Olenus*** *1*
2. aus Olenus, zu Olenus gehörig; ätolisch; → ***Olenus*** *2*
olēns *Gen* ⟨entis⟩ *Adj* ||oleo|| duftend; *pej* stinkend
Ōlenus ⟨ī⟩ *f*
1. *Stadt in Achaia, genaue Lage nicht bekannt*
2. *Stadt in Ätolien, Lage unbekannt*
oleō ⟨uī, -, ēre 2.⟩
1. riechen, einen Geruch von sich geben, duften, *aliquid / re* nach etw; ***ceram o.*** nach Wachs riechen; ***nihil o.*** nach nichts riechen
2. *fig* verraten, erkennen lassen; ***nihil ex Academia olet*** es trägt keine Spur von der Akademie an sich
3. sich (durch seinen Geruch) bemerkbar machen, + *indir Fragesatz*; ***aurum huic olet*** Plaut. *fig* er riecht, dass ich Geld habe
olētum ⟨ī⟩ *n* ||oleo|| Kot, Exkremente
▶ **oleum** ⟨ī⟩ *n* ||griech. Lw.|| Öl, *bes* Olivenöl; ***oleum et operam perdere*** sich vergeblich abmühen; ***oleum camino addere*** Öl ins Feuer gießen; ***aliquid palaestrae et olei est*** etw verrät Schule und Feile, *bes von einer Rede*
ol-faciō ⟨fēcī, factum, facere 3.⟩ riechen; *fig* wittern, wahrnehmen
ol-factō ⟨āvī, ātum, āre 1.⟩ ||*Intens von* olfacio|| an *etw* riechen, *aliquid*
Ōliaros ⟨ī⟩ *f* = ***Olearos***
olidus ⟨a, um⟩ *Adj* ||oleo|| (*nachkl.*) *poet* riechend, stinkend
▶ **ōlim** *Adv*
1. einst, vor Zeiten, ehemals
2. (*unkl.*) längst, seit jeher
3. in ferner Zukunft, dereinst
4. *poet* manchmal, bisweilen, *auch* gewöhnlich
5. (*vkl.*) *poet* je, jemals, *in Fragesatz u. Konzessivsatz*; ***an quid est olim salute melius?*** was ist denn jemals besser als Gesundheit?
olitor ⟨ōris⟩ *m* ||olus|| Gemüsegärtner, Gemüsehändler
olitōrius ⟨a, um⟩ *Adj* ||olitor|| Kohl…, Gemüse…
olīva ⟨ae⟩ *f* ||griech. Lw.||
1. (*nachkl.*) *poet* Olive
2. Olivenbaum
3. Olivenzweig, Olivenkranz, Olivenstab *der Hirten*
olivētum ⟨ī⟩ *n* ||oliva|| Olivenpflanzung, Olivenhain, Olivengarten
olīvi-fer ⟨fera, ferum⟩ *Adj* ||oliva, fero|| Oliven tragend
olīvum ⟨ī⟩ *n* (*vkl.*) *poet* Olivenöl, *bes* Salböl, wohlriechendes Öl
ōlla ⟨ae⟩ *f* Topf, Kochtopf
ōllāris ⟨e⟩ *Adj* ||olla|| (*nachkl.*) *poet* Topf…; ***uvae ollares*** im Topf aufbewahrte Trauben
olle *u.* **ollus** ⟨a, um⟩ *dem Pr* (*altl.*) = ***ille***
olō ⟨uī, -, ere 3.⟩ = ***oleo***
olor ⟨ōris⟩ *m* Schwan
olōrīnus ⟨a, um⟩ *Adj* ||olor|| *poet* Schwanen…
olus ⟨eris⟩ *n* Grünzeug, Gemüse, *bes* Kohl, Rüben
olusculum ⟨ī⟩ *n* ||*Dim von* olus|| Gemüse, Kohl
Olympia ⟨ae⟩ *f dem Zeus heiliger Bezirk in Elis, Ort der alle 4 Jahre stattfindenden Olympischen Spiele zu Ehren des Zeus; seit 1874 Grabungen mit bedeutenden Funden*
Olympia ⟨ōrum⟩ *n* die Olympischen Spiele
Olympiacus ⟨a, um⟩ *Adj* olympisch
Olympias[1] ⟨adis⟩ *f* Olympiade, *Zeitraum von 4 Jahren zwischen 2 Olympischen Spielen, Olympiadenrechnung seit 776 v. Chr.*
Olympias[2] ⟨adis⟩ *f Gattin Philipps II. von Makedonien, Mutter Alexanders des Großen*
Olympicus ⟨a, um⟩ *Adj* aus Olympia, olympisch
Olympionīcēs ⟨ae⟩ *m* Olympiasieger
Olympium ⟨ī⟩ *n Tempel des Zeus u. Städtchen in Sizilien*
Olympius ⟨a, um⟩ *Adj* olympisch
Olympus ⟨ī⟩ *m*
1. *Bergzug im N Griechenlands, nach griech. Glauben Sitz der Götter*
2. *meton* Himmelsgewölbe
Olynthiī ⟨ōrum⟩ *m* die Einwohner von Olynthus
Olynthus ⟨ī⟩ *f Stadt auf Chalkidike, 348 v. Chr. von Philipp II. von Makedonien zerstört, 1928–1938 ausgegraben*
O. M. *Abk* = ***Optimus Maximus*** Größter und Bester, *Beiname Jupiters*
omāsum ⟨ī⟩ *n* (*nachkl.*) *poet* Rinderkaldaunen
▶ **ōmen** ⟨inis⟩ *n*
1. Vorzeichen, *bes* schlimmes Zeichen, drohendes Zeichen; ***o. triste*** ungünstiges Vorzeichen
2. guter Wunsch, Glückwunsch; ***aliquem votis ominibusque prosequi*** j-n mit allen guten und frommen Wünschen begleiten
3. Sen. Bedingung; ***eā lege atque omine*** nach diesem Gesetz und unter dieser Bedingung
4. Verg. *mit Auspizien verbundener* feierlicher Brauch, *bes* Hochzeit, Ehe
ōmentum ⟨ī⟩ *n* (*nachkl.*) *poet* Haut *im Innern des Körpers*; *meton* Fett; Eingeweide
ōminātor ⟨ōris⟩ *m* ||ominor|| Plaut. Wahrsager

O

ōminor ⟨ātus sum, ārī 1.⟩ ||*Denom von* omen||
1. weissagen, prophezeien, *alicui aliquid* j-m etw
2. Liv. ahnen
3. androhen, anwünschen; ***verba male ominata*** Worte mit böser Vorbedeutung
ōminōsus ⟨a, um⟩ *Adj, Adv* ⟨ōminōsē⟩ ||omen|| (*nachkl.*) unheilvoll
o-mīsī → ***omitto***
omissus ⟨a, um⟩ *Adj* ||omitto|| Ter. nachlässig
▶ **o-mittō** ⟨mīsī, missum, mittere 3.⟩
1. (*vkl., nachkl.*) fallen lassen, loslassen, wegwerfen; ***arma o.*** die Waffen fallen lassen; ***maritum o.*** den Gatten verlassen
2. *fig absichtlich* aufgeben, unterlassen, einstellen, unbeachtet lassen; + *Inf* aufhören, *dt. oft* nicht weiter; ***Scythos o.*** die Skythen in Ruhe lassen; ***occasionem o.*** eine Gelegenheit ungenutzt lassen; ***scelus impunitum o.*** ein Verbrechen ungestraft lassen; ***omnibus rebus omissis*** unter Hintansetzung alles anderen; ***o. lugere*** nicht weiter trauern
3. *in der Rede od Erzählung* übergehen, *aliquem* j-n, *aliquid / de re* etw, + *AcI* / + *indir Fragesatz*
omni-ciēns *Gen* ⟨entis⟩ *Adj* ||omnis, cieo|| Lucr. alles erregend
omni-gena ⟨ae⟩ *m u. f* ||omnis, gigno|| *poet* von allerlei Art, allerlei
omni-genus (*unkl.*) = ***omne genus*** (*Akk*) allerlei
omni-modīs *Adv* ||omnis, modus|| (*unkl.*) auf jede Weise
▶ **omnīnō** *Adv* ||omnis||
1. gänzlich, völlig, *meist nachgestellt*; ***laboribus omnino liberatus*** völlig frei von Arbeiten; ***egregius vir omnino*** ein ganz hervorragender Mensch; ***omnino aut magnā ex parte*** ganz oder großteils; ***non omino*** nicht ganz, *auch* gar nicht; ***omnino non*** durchaus nicht, überhaupt nicht; ***omnino nihil*** überhaupt nichts
2. allerdings, zwar, *einen Gegensatz einleitend*; ***pugnae omnino, sed cum adversario facili*** zwar Kämpfe, aber mit einem einfachen Gegner
3. im Ganzen, im Allgemeinen, überhaupt
4. *bei Zahlenangaben* insgesamt, *auch* überhaupt nur; ***octo omnino legiones*** acht Legionen insgesamt
5. *zur Betonung der Allgemeingültigkeit* überhaupt
6. nur = von allem anderen abgesehen; ***moleste fero, quod omnino respondere ausus es*** ich bin ungehalten, dass du überhaupt nur wagtest zu antworten
7. *zur Zusammenfassung* kurz, mit einem Wort
omni-parēns *Gen* ⟨entis⟩ *Adj* ||omnis, parens[2]|| alles gebärend, *subst* Allmutter
omni-potēns *Gen* ⟨entis⟩ *Adj* ||omnis|| (*unkl.*) allmächtig
▶ **omnis** ⟨e⟩ *indef Pr*
I *adj*
1. all, jeder; *Pl* alle; ***in omni re*** in jeder Sache; ***omnia maxima mala*** alle Übel, auch die größten
2. allerlei, jegliche Art von; ***omnia mala*** jegliche Art von Übeln
3. lauter, nichts als; ***omnes lecti*** lauter ausgewählte Leute
4. ganz, gesamt; ***omnis Gallia*** ganz Gallien; ***ex omnibus castris*** von allen Punkten des Lagers
II *subst* jeder; *Pl* alle, die Gesamtheit; ***ad unum omnes*** alle ohne Ausnahme; ***omnium opinio*** allgemeine Meinung; ***omnium divitissimus*** der Reichste von allen; ***inter omnes constat*** es ist allgemein bekannt; ***omne quod*** alles, was; ***in eo sunt omnia*** darauf beruht alles; ***cum eo mihi sunt omnia*** ich stehe mit ihm in bestem Einvernehmen; ***aliquis alicui omnia est*** j-d gilt j-m alles; ***alia omnia*** ganz das Gegenteil; ***ad omnia / per omnia / omnia*** in allen Beziehungen, in jeder Hinsicht
omni-tuēns *Gen* ⟨entis⟩ *Adj* ||omnis, tueor|| (*nachkl.*) *poet* alles sehend
omni-vagus ⟨a, um⟩ *Adj* ||omnis|| überall umherschweifend
omni-volus ⟨a, um⟩ *Adj* ||omnis, volus|| Catul. alles begehrend
Omphalē ⟨ēs⟩ *f* MYTH *Königin von Lydien, der Herkules ein Jahr in Frauenkleidung dienen musste*
onager ⟨grī⟩ *m* ||griech. Lw.||
1. (*unkl.*) Wildesel
2. (*nachkl.*) *röm.* Wurfgeschütz *für Steine*
onāgos ⟨ī⟩ *m* ||griech. Fw.|| Eseltreiber, *Titel einer Komödie des Demophilos, Vorlage der „Asinaria" des Plautus*
onagrus ⟨grī⟩ *m* = ***onager***
onerāria ⟨ae⟩ *f* ||onerarius|| Transportschiff, Frachtschiff
onerārius ⟨a, um⟩ *Adj* ||onus|| Last tragend, Fracht tragend, Last…, Fracht…; ***navis oneraria*** Lastschiff, Frachtschiff
▶ **onerō** ⟨āvī, ātum, āre 1.⟩ ||*Denom von* onus||
1. beladen, bepacken, beschweren; ***servos o.*** Sklaven bepacken; ***ventrem o.*** den Magen überladen; ***manum iaculis o.*** sich mit Wurfspießen bewaffnen; ***ossa aggere terrae o.*** die Gebeine mit einem Erdhügel bedecken
2. *fig* überhäufen, überschütten; (*nachkl.*) mit Vorwürfen überhäufen
3. *fig* belästigen
4. (*nachkl.*) *fig* erschweren, vergrößern; ***alicuius inopiam o.*** j-s Not vergrößern
5. *poet* reichlich laden, reichlich füllen, *aliquid re* etw in etw; ***dona o. canistris*** Geschenke aufhäufen in Körbchen
onerōsus ⟨a, um⟩ *Adj* ||onus|| (*nachkl.*) *poet* drückend, beschwerlich, lästig, *auch fig*
onocrotalus ⟨ī⟩ *m* ||griech. Fw.|| Mart. Pelikan
▶ **onus** ⟨eris⟩ *n*
1. Last; Gewicht; Bürde, Ladung, Fracht; ***o. ventris / uteri*** Fetus
2. *fig* Last, Mühe, schwierige Aufgabe; ***o. officii*** Last des Amtes; ***oneri esse alicui*** j-m beschwerlich fallen
3. *Pl* die Lasten = Abgaben, Steuern; Schulden; ***alicui onera graviora iniungere*** j-m (noch) schwerere Lasten aufbürden
onustus ⟨a, um⟩ *Adj* ||onus||
1. *von Personen u. Sachen* belastet, beladen, bepackt, beschwert; ***navis frumento onusta*** mit Getreide beladenes Schiff
2. *fig* voll, *re* von etw; ***pharetra telis onusta*** ein Köcher voller Pfeile
3. (*unkl.*) *fig geistig* bedrückt, *re* von etw
onyx ⟨ychis⟩ ||griech. Fw.||

1. *f* Onyx, *gelblicher, auch brauner od roter Halbedelstein, mit weißen Adern durchzogen, bevorzugt als Kamee verwendet*
2. *m* Onyx, *gelblicher Marmor*
3. *m u. f* Onyxgefäß, Salbenbüchschen aus Onyx, Cremedöschen aus Onyx
op. *Abk* (*nlat.*) = ***opus*** MUS Werk; ***op. posth.*** = ***opus posthumum*** (*fehlerhaft für postumum*) nach dem Tod des Künstlers veröffentlichtes Werk
opācitās ⟨ātis⟩ *f* ||opacus|| (*nachkl.*) Beschattung, Schatten
opācō ⟨āvī, ātum, āre 1.⟩ ||*Denom von* opacus|| beschatten, ***locum*** einen Platz
▸ **opācus** ⟨a, um⟩ *Adj* schattig; beschattet; Schatten spendend; (*nachkl.*) *fig* dunkel, finster; ***mundus o.*** Unterwelt; ***barba opaca*** dichter Bart; ***opaca locorum*** finstere Winkel
opella ⟨ae⟩ *f* ||*Dim von* opera|| *poet* (kleine) Arbeit; ***o. forensis*** Geschäft auf dem Forum
opera ⟨ae⟩ *f* ||opus||
1. Arbeit, Mühe, Tätigkeit; ***res est multae operae*** die Sache kostet viel Mühe; ***operam in re consumere/locare/ponere*** *u.* ***operam alicui rei tribuere*** Mühe verwenden auf etw; ***homines in operas mittere*** den Leuten Arbeit und Verdienst verschaffen; ***operam dare alicui rei*** Mühe auf etw verwenden, etw pflegen, darauf hinarbeiten, darauf sehen; ***liberis operam dare*** Kinder zeugen; ***funeri operam dare*** einem Begräbnis beiwohnen; ***tonsori operam dare*** sich rasieren lassen; ***deditā/datā operā*** absichtlich, vorsätzlich; ***operae pretium facere*** sich ein Verdienst erwerben; ***operae pretium est*** es ist der Mühe wert, + *Inf*; ***non operae est*** Liv. es lohnt sich nicht, + *Inf*; ***operā alicuius*** durch j-s Zutun, durch j-s Vermittlung, durch j-s Schuld; ***eādem operā*** zugleich
2. Bemühung *für andere*, Dienst, Dienstleistung, Hilfe, Unterstützung; *meton* Amt; ***in operis societatis*** im Dienst der Gesellschaft; ***o. forensis*** Verteidigung vor Gericht; ***operas reddere alicui*** j-m wieder Dienste leisten; ***operam fortium virorum ēdere*** sich als tapfere Männer erweisen; ***operam dare alicui*** j-m Dienste leisten, *vom Richter* j-s Sache untersuchen, j-s Sache schlichten; ***alicuius sermoni operam dare*** j-m aufmerksam zuhören; ***auctioni operam dare*** eine Versteigerung abhalten
3. *meton* Zeit, *die man auf etw verwendet*, Muße, Gelegenheit; ***est mihi o.*** ich habe Zeit, ich habe Lust, es passt mir gut, + *Inf*
4. *meton* Arbeiter, Tagelöhner; *pej* Helfershelfer; (*nachkl.*) Claqueur, *bezahlter Beifallklatscher im Theater*
operāria ⟨ae⟩ *f* ||operarius|| Arbeiterin, *bei* Plaut. *auch zweideutig von einer Hetäre*
operārius
I ⟨a, um⟩ *Adj* ||opera|| zur körperlichen Arbeit gehörig, für körperliche Arbeit geeignet
II ⟨ī⟩ *m* Arbeiter, Tagelöhner, Handlanger
operculum ⟨ī⟩ *n* ||operio|| Deckel
operīmentum ⟨ī⟩ *n* ||operio|| (*vkl., nachkl.*) Decke, Deckel
▸ **operiō** ⟨operuī, opertum, operīre 4.⟩
1. bedecken, zudecken, verhüllen, *aliquid re* etw mit etw; ***nox terram operit*** die Nacht verhüllt die Erde
2. Tac. begraben
3. *fig* überhäufen, beladen
4. *fig* verbergen, verhehlen; ***luctum o.*** die Trauer verbergen
operor ⟨ātus sum, ārī 1.⟩ ||*Denom von* opera *od* opus||
1. mit *etw* beschäftigt sein, *etw* verrichten, *etw* betreiben, *abs od alicui rei*; ***o. rei publicae*** für den Staat arbeiten; ***operantes*** Schanzarbeiter
2. RELIG der Gottheit dienen, opfern, *abs od alicui* j-m
3. *eine gottesdienstähnliche Handlung* ausführen; ***sacris o.*** einen Gottesdienst abhalten
operōsitās ⟨ātis⟩ *f* ||operosus|| Geschäftigkeit, übertriebene Sorgfalt
operōsus ⟨a, um⟩ *Adj, Adv* ⟨operōsē⟩ ||opera||
1. geschäftig, tätig; ***senectus operosa*** tätiges Greisenalter; ***herba operosa*** wirksames Heilkraut
2. mühsam, mühevoll, beschwerlich; ***ars operosa*** mühevolle Kunst; ***aes operosum*** kunstvoll gebildetes Erz
opertōrium ⟨ī⟩ *n* ||operio|| (*nachkl.*) Decke
opertum ⟨ī⟩ *n* ||operio|| geheimer Ort, verbotenes Heiligtum; Geheimnis, dunkler Orakelspruch; ***o. telluris*** Tiefe der Erde
opertus ⟨a, um⟩ *Adj* ||operio|| verborgen, geheim
operuī → ***operio***
▸ **opēs** ⟨um⟩ *f* → ***ops***
ophītēs ⟨ae⟩ *m* ||griech. Fw.|| (*nachkl.*) *poet* Marmor *mit schlangenartigen Flecken*
ophthalmiās ⟨ae⟩ *m* ||griech. Fw.|| Plaut. Neunauge, *ein Süßwasserfisch*
ophthalmicus
I ⟨a, um⟩ *Adj* ||griech. Fw.|| (*spätl.*) Augen…
II ⟨ī⟩ *m* Augenarzt
opicus ⟨a, um⟩ *Adj* (*unkl.*) bäurisch, ungebildet
opi-fer ⟨fera, ferum⟩ ||ops, fero|| Hilfe leistend, hilfreich
opi-fex ⟨icis⟩ *m* ||opus, facio||
1. Werkmeister, Urheber; ***o. mundi/rerum*** Schöpfer der Welt; ***o. verborum*** Wortbildner
2. Handwerker, bildender Künstler
opificīna ⟨ae⟩ *f* = ***officina***
opificium ⟨ī⟩ *n* (*vkl., spätl.*) (Verrichtung einer) Arbeit
ōpiliō ⟨ōnis⟩ *m* ||ovis, pello|| Schafhirt, Ziegenhirt
opīmitās ⟨ātis⟩ *f* ||opimus|| (*vkl., nachkl.*) Reichtum, Herrlichkeit
opīmus ⟨a, um⟩ *Adj, Adv* ⟨opīmē⟩
1. fett, feist
2. *von Feldern* fruchtbar
3. *fig von der Rede* überladen
4. *fig allg.* reich, bereichert; ***opus casibus opimum*** an Wechselfällen reiche Tätigkeit; ***praeda opima*** reiche Beute; ***accusatio opima*** einträgliche Anklage; ***cena opima*** leckeres Mahl; ***spolia opima*** Ehrenrüstung, *die der siegreiche Feldherr dem im Zweikampf besiegten Feind abgenommen hatte*
opīnābilis ⟨e⟩ *Adj* ||opinor|| vermutlich, eingebildet
opīnātiō ⟨ōnis⟩ *f* ||opinor|| Vermutung, Einbildung
opīnātor ⟨ōris⟩ *m* ||opinor|| der immer zu Vermutungen neigt
opīnātus[1] ⟨a, um⟩ *Adj* ||opinor|| eingebildet, schein-

O

bar
opīnātus[2] ⟨ūs⟩ *m* ||opinor|| Lucr. Vermutung
opīniō ⟨ōnis⟩ *f* ||opinor||
1. Meinung, subjektive Ansicht, Vermutung, Erwartung, Ahnung, *alicuius* j-s, *alicuius / de aliquo* von j-m, über j-n, *alicuius rei / de re* von etw, über etw; ***o. huius diei*** Meinung von dem Erfolg dieses Tages; ***o. trium legionum*** Hoffnung auf drei Legionen; ***opinionem timoris praebere*** die Vorstellung erwecken, als wären sie in Furcht; ***opinionem habere / in opinione esse*** der Meinung sein; ***contra opinionem / praeter opinionem*** wider Erwarten; ***opinione celerius*** schneller als erwartet
2. Einbildung, Wahn, Vorurteil; Glaube; ***in opinione versari*** auf Einbildung beruhen
3. hohe Meinung, *die jd hegt*
4. guter Ruf; ***summam iustitiae opinionem habere*** im Ruf der größten Gerechtigkeit stehen; ***opinionem capere*** sich einen guten Ruf erwerben
5. Gerücht, *alicuius rei* von etw; ***opinionem in vulgus ēdere*** ein Gerücht im Volk ausstreuen; ***o. exit*** das Gerücht verbreitet sich, + *AcI*
▶ **opīnō** ⟨-, -, āre 1.⟩ *(altl.) u.* **opīnor** ⟨ātus sum, ārī 1.⟩ meinen, vermuten, glauben, *abs od + AcI*; ***(ut) opinor*** *als Einschub* denke ich, vermutlich
opi-parus ⟨a, um⟩ *Adj, Adv* ⟨opiparē⟩ ||ops, paro[2]|| *(vkl., nachkl.)* prächtig, herrlich, reichlich, *(klass.) nur Adv*; ***opipare edere et bibere*** reichlich essen und trinken
opisthographus ⟨a, um⟩ *Adj* ||griech. Fw.|| *(nachkl.)* auf der Rückseite beschrieben
opitulor ⟨ātus sum, ārī 1.⟩ ||ops|| helfen, beistehen, *alicui* j-m; abhelfen, *alicui rei* einer Sache; ***inopiae plebis o.*** der Not des Volkes abhelfen
opium ⟨ī⟩ *n* ||griech. Fw.|| *(nachkl.)* Mohnsaft, Opium
opobalsamētum ⟨ī⟩ *n* ||opobalsamum|| Balsampflanzung
opobalsamum ⟨ī⟩ *n* ||griech. Fw.|| *(nachkl.) poet* Balsam
▶ **oportet** ⟨uit, -, ēre 2.⟩ *unpers* es gehört sich, es ist in Ordnung, es ist nötig, man muss, *abs od + Inf / + AcI / auch + Akk / + PPP*; ***aliquid actum oportuit*** Plaut. es müsste schon etw geschehen sein
oportūn… = ***opportun…***
op-pectō ⟨-, -, ere 3.⟩ Plaut. *hum* abnagen
op-pēdō ⟨-, -, ere 3.⟩ *poet* anfurzen; verhöhnen, beschimpfen, *alicui* jdn
op-pēgī → ***oppingo***
op-perior ⟨pertus sum, perīrī 4.⟩
I *v/i* warten, Halt machen, ***unum diem*** einen Tag
II *v/t (vkl., nachkl.)* erwarten, abwarten, *aliquem / aliquid* j-n / etw, *ut* dass, *dum* bis; ***opperiamur, dum exeat aliquis*** Plaut. warten wir, bis j-d hinausgeht
op-pessulātus ⟨a, um⟩ *Adj* ||ob[1], pessulus|| *(nachkl.)* verriegelt
op-petō ⟨īvī⟩ *u.* ⟨iī, ītum, ere 3.⟩ *(vkl., nachkl.) einer Sache* entgegengehen, *etw* erleiden, *aliquid*; ***mortem o.*** sterben
oppidānus
I ⟨a, um⟩ *Adj* ||oppidum|| städtisch, *bes* kleinstädtisch; ***oppidanum dicendi genus*** provinzielle Art zu sprechen
II ⟨ī⟩ *m* Städter
oppidātim *Adv* ||oppidum|| Suet. städteweise, in allen Städten
oppidō *Adv* sehr, äußerst, überaus
oppidulum ⟨ī⟩ *n* ||*Dim von* oppidum|| Städtchen
▶ **op-pidum** ⟨ī⟩ *n*
1. *(vkl.)* Schranken *im Zirkus*
2. MIL fester Platz, Festung, Befestigung
3. *meton* Stadt, *meist* kleinere Landstadt
op-pignerō ⟨āvī, ātum, āre 1.⟩ ||ob[1], pignus|| verpfänden, *aliquid pro re* etw für etw
op-pīlō ⟨āvī, ātum, āre 1.⟩ verrammeln, verschließen
op-pingō ⟨pēgī, -, pingere 3.⟩ ||ob[1], pango|| Plaut. aufdrücken, ***savium*** einen Kuss
op-pleō ⟨plēvī, plētum, plēre 2.⟩ (an)füllen; dicht bedecken; *fig* über und über erfüllen; ***nives omnia oppleverant*** Schnee hatte alles bedeckt; ***portum o.*** einen Hafen besetzen
op-plōrō ⟨-, -, āre 1.⟩ „entgegenweinen"; ***o. auribus meis*** mir die Ohren voll weinen
▶ **op-pōnō** ⟨posuī, positum, pōnere 3.⟩
1. entgegensetzen, entgegenstellen, entgegenlegen, entgegenhalten; als Gegensatz gegenüberstellen; *Passiv* entgegenstehen, gegenüberstehen, gegenüberliegen, im Gegensatz stehen, *alicui rei* zu etw; ***bracchia o.*** die Arme vorhalten; ***auriculam o.*** das Ohr hinhalten; ***stabula soli o.*** die Ställe nach Süden hin anlegen
2. *einer Gefahr* aussetzen, preisgeben; ***oppositum ad periculum*** der Gefahr ausgesetzt
3. *mit Worten* einwenden, dagegen anführen, dagegen vorbringen, entgegnen; entgegenhalten, vor Augen halten
4. *vergleichend* gegenüberstellen
5. JUR verpfänden, dagegensetzen, *auch beim Würfelspiel*
opportūna ⟨ōrum⟩ *m* ||opportunus|| MIL bedrohte Punkte
opportūnitās ⟨ātis⟩ *f* ||opportunus||
1. günstige Lage; *(nachkl.) meton* günstig gelegener Ort; ***o. loci*** günstige Lage des Ortes
2. *fig* gelegene Zeit, günstige Gelegenheit; ***o. temporis*** günstiger Augenblick; ***aliquā datā opportunitate*** bei günstiger Gelegenheit
3. Vorteil, Bequemlichkeit; ***o. belli*** militärischer Vorteil
4. günstige Anlage, ***corporis*** des Körpers
▶ **opportūnus** ⟨a, um⟩ *Adj, Adv* ⟨opportūnē⟩
1. *örtl.* günstig gelegen, bequem, geeignet, *alicui* für j-n, *alicui rei / ad aliquid* für etw, zu etw
2. *fig zeitl.* günstig, rechtzeitig
3. passend, geeignet, brauchbar, vorteilhaft, *alicui* für j-n, *re* durch etw, wegen etw, *alicui rei / ad aliquid* für etw, zu etw
4. *(vkl., nachkl.) von Personen* geschickt, gewandt
5. *(nachkl.) feindlich Angriffen* ausgesetzt, leicht anzugreifen; ***aliquis alicuius o. fit*** j-d bietet j-m eine Blöße
opposita ⟨ōrum⟩ *n* ||oppositus[2]|| PHIL Sätze, die miteinander im Widerspruch stehen
oppositiō ⟨ōnis⟩ *f* ||oppono|| *(spätl.)* entgegengesetzte Behauptung, Antithese
oppositus[1] ⟨a, um⟩ *PPP* → ***oppono***

oppositus[2] ⟨a, um⟩ *Adj* ||oppono|| entgegengestellt, gegenüberliegend

oppositus[3] ⟨ūs⟩ *m* ||oppono||
1. Entgegenstellung
2. das Entgegenstehen, das Vortreten

op-posuī → ***oppono***

op-pressī → ***opprimo***

oppressiō ⟨ōnis⟩ *f* ||opprimo||
1. Unterdrückung
2. Überrumpelung *eines Ortes*
3. Ter. Überfall *auf eine Person*, Gewalttätigkeit

oppressiuncula ⟨ae⟩ *f* ||*Dim von* oppressio|| das zärtliche Drücken, ***papillarum*** Plaut. der Brüste

oppressor ⟨ōris⟩ *m* ||opprimo|| Unterdrücker

oppressus *Abl* ⟨ū⟩ *m* ||opprimo|| Lucr. Druck

op-primō ⟨pressī, pressum, primere 3.⟩ ||ob[1], premo||
1. niederdrücken, zu Boden drücken; erdrücken, zerdrücken, verschütten; ***opprime ōs!*** halt den Mund!; ***vultum o.*** den Blick senken; ***ignem o.*** ein Feuer ersticken; ***litteras o.*** Buchstaben nicht aussprechen
2. *fig* unterdrücken, niederhalten, nicht aufkommen lassen; *ein Übel* vereiteln, unschädlich machen; verbergen, geheim halten; ***dolorem o.*** den Schmerz ersticken; ***insigne veri o.*** das Kriterium der Wahrheit geheim halten; ***infamiam o.*** die Schande vertuschen
3. niederdrücken, fast erdrücken; knechten; ***Athenas servitute oppressas tenere*** Athen in drückender Knechtschaft halten
4. überwältigen, vernichten, aufreiben; *Passiv* erliegen, unterliegen; ***insontem falso crimine o.*** einen Unschuldigen durch einen falschen Vorwurf vernichten
5. plötzlich überfallen; *fig* überraschen, *plötzlich* ereilen; *abs* herandrängen; ***luce oppressus*** vom Licht überrascht
6. aus der Fassung bringen

opprobrāmentum ⟨ī⟩ *n* ||opprobro|| Plaut. schimpflicher Vorwurf

op-probrium ⟨ī⟩ *n* ||ob[1], probrum|| Beschimpfung, Vorwurf; Schande; *meton von Personen* Schandfleck

op-probrō ⟨-, -, āre 1.⟩ ||probrum|| (*vkl., nachkl.*) schimpfend vorwerfen

oppūgnātiō ⟨ōnis⟩ *f* ||oppugno||
1. MIL Bestürmung, Sturmangriff
2. Belagerungsmethode, Belagerungskunst
3. JUR Anklage *vor Gericht*, Widerspruch, Berufung; ***iudicium sine oppugnatione*** Urteil ohne Widerspruch

oppūgnātor ⟨ōris⟩ *m* ||oppugno|| Belagerer, Angreifer

► **op-pūgnō** ⟨āvī, ātum, āre 1.⟩
1. angreifen, bekämpfen; *einen Ort* bestürmen, *auch fig*; ***aliquem pecuniā o.*** j-n zu bestechen versuchen
2. Plaut. *hum* mit den Fäusten bearbeiten

► **ops** ⟨opis⟩ *f*, *Pl* ***opēs, um*** *f*
1. (*altl.*) Bemühung, Dienst; ***opis pretium*** Lohn für die Mühe
2. *Sg u. Pl* körperliche Anstrengung, Kraft, Stärke, Vermögen, Können; ***non est opis meae*** es steht nicht in meiner Macht, + *Inf*; ***geminā ope currere*** mit doppelter Kraft laufen; ***omnibus opibus*** mit allen Kräften
3. Hilfe, Beistand, Schutz; ***ope alicuius*** mit j-s Hilfe
4. *Pl* Hilfsquellen, Mittel; Vermögen, Besitz, Reichtum, Geld; ***pro opibus*** nach Maßgabe des Vermögens
5. *Pl* Streitkräfte, Heer
6. *Pl* politische Macht, einflussreiche Stellung

Ops ⟨Opis⟩ *f röm., urspr. sabinische Göttin der Fruchtbarkeit der Felder; allg. Göttin, die Hilfe bringt, früh gleichgesetzt mit Rhea u. Saturnus als Gattin beigegeben*

opsc… = ***obsc…***

opsōn… = ***obson…***

opst… = ***obst…***

optābilis ⟨e⟩ *Adj*, *Adv* ⟨optābiliter⟩ ||opto|| wünschenswert, willkommen, *alicui* j-m, *ut* dass, + *Inf*

optandus ⟨a, um⟩ *Adj* ||opto|| wünschenswert

optātiō ⟨ōnis⟩ *f* ||opto|| Wunsch, *auch* RHET

optātum ⟨ī⟩ *n* ||opto|| Wunsch; frommer Wunsch, Träumerei; ***optato*** nach Wunsch

optātus ⟨a, um⟩ *Adj*, *Adv* ⟨optātē⟩ ||opto|| erwünscht, willkommen

opthalmi… → ***ophthalmi…***

opticē ⟨ēs⟩ *f* ||griech. Fw.|| Vitr. Optik

► **optimās**
I *Gen* ⟨ātis⟩ *Adj* ||optimus|| zu den Besten gehörig, vornehm, aristokratisch; ***status rei publicae o.*** Aristokratie
II ⟨ātis⟩ *m* Optimat, Aristokrat; *Pl* die Optimaten, Adelspartei, ↔ *Volkspartei*; (*mlat.*) die Großen des Reiches

optimus ⟨a, um⟩ *Adj*, *Adv* ⟨optimē⟩ *Sup* → ***bonus*** *u.* → ***bene***

optiō ⟨ōnis⟩
1. *f* freie Wahl, freier Wille, Wunsch, Belieben; ***optionem alicui dare/facere*** j-m seinen Willen erfüllen
2. *m* (*vkl., nachkl.*) Gehilfe, Assistent, *den man sich wählt*; *bes* MIL Vertreter *des Zenturio*, Adjutant, Feldwebel

optīvus ⟨a, um⟩ *Adj* ||opto|| (*nachkl.*) *poet* selbst gewählt, selbst gewünscht

► **optō** ⟨āvī, ātum, āre 1.⟩
1. wählen, aussuchen
2. wünschen, den Wunsch hegen, den Wunsch aussprechen, *aliquid ab aliquo* etw von j-m, *ut/ne* dass/dass nicht, + *Konjkt/* + *Inf/* + *AcI*; fromme Wünsche haben; ***o. alicui aliquid*** j-m etw anwünschen; ***optandus*** wünschenswert, *alicui* für jdn

optu… = ***obtu…***

optumās ⟨ātis⟩ = ***optimas***

optumus ⟨a, um⟩ *Adj* = ***optimus***

opulēns *Gen* ⟨entis⟩ *Adj* = ***opulentus***

opulenter *Adv* = ***opulente***; → ***opulentus***

opulentia ⟨ae⟩ *f* ||opulens|| (*vkl., nachkl.*)
1. Reichtum, Pracht; ***o. pacis*** Segen des Friedens
2. politische Macht, Einfluss

opulentitās ⟨ātis⟩ *f* Com. = ***opulentia***

opulentō ⟨-, -, āre 1.⟩ ||*Denom von* opulens|| (*vkl.*) *poet* reich machen, bereichern

► **opulentus** ⟨a, um⟩ *Adj*, *Adv* ⟨opulentē⟩ ||ops||

1. *von Personen u. Sachen* reich, wohlhabend, vermögend, *re/alicuius rei* an etw; ***o. voluptatibus*** schwelgend in Genüssen
2. reichlich vorhanden, glänzend, ansehnlich; ***dona opulentissima*** sehr reichliche Gaben
3. mächtig, einflussreich

opus ⟨eris⟩ *n*

1. Arbeit, Beschäftigung
2. Landarbeit
3. das Bauen, Bau
4. Bergbau
5. Weidwerk
6. Praxis des Arztes
7. Kampf, Kriegshandwerk
8. Beischlaf
9. Wirkung
10. einzelnes Werk, Tat
11. Aufgabe, Wirksamkeit
12. Mühe, Anstrengung
13. Menschenhand, Kunst
14. Ausführung, Stil
15. vollendetes Werk, fertige Arbeit

1. Arbeit, Beschäftigung, Berufstätigkeit, Tätigkeit; ***o. diurnum*** Tagewerk; ***opus facere*** arbeiten; ***in opere esse/versari*** tätig sein; ***res est magni operis*** eine Sache erfordert große Arbeit
2. Landarbeit
3. das Bauen, Bau; Schanzarbeit; ***opus facere*** bauen; ***opus fit*** es wird gebaut
4. (*nachkl.*) Bergbau
5. Hor. Weidwerk
6. (*vkl., nachkl.*) Praxis des Arztes; ***se ex opere recipere*** von der Praxis zurückkommen
7. *poet* Kampf, Kriegshandwerk
8. *poet* Beischlaf
9. *von Sachen* Wirkung
10. einzelnes Werk, Tat, Unternehmung
11. Aufgabe, Wirksamkeit, Leistung; ***aliquid mei operis est*** etw ist meine Aufgabe; ***operum hoc tuorum est*** das wäre eine Arbeit für dich
12. Mühe, Anstrengung; ***magno/maximo opere*** sehr; ***tanto opere*** so sehr; ***nimio opere*** zu sehr
13. Menschenhand, Kunst, ↔ *Natur*
14. *bei Kunstwerken* Ausführung, Stil, Kunst
15. vollendetes Werk, fertige Arbeit, Schöpfung, Erzeugnis; Bauwerk, Gebäude; Belagerungswerk, Schanze, Belagerungsmaschine, Damm; Werk der bildenden Kunst, Kunstwerk, *bes* Statue; literarisches Werk, Buch; ***o. Minervae*** Gewebe, Stickerei; ***opus facere*** ein Gebäude aufführen; ***o. Alexandrinum/sectile*** Fußbodenmosaik; ***o. caementicium/incertum*** Mauerwerk aus Bruchsteinen mit Mörtelguss; ***opera munitionesque*** Belagerungswerke und Verschanzungen; ***opera efficere*** Werke schaffen; ***o. posthumum*** (*fehlerhaft für postumum*) (*nlat.*) nachgelassenes Werk, *das erst nach dem Tod des Künstlers veröffentlicht wird*
16. ***opus est*** es ist notwendig, es ist erforderlich, es ist zweckmäßig, man braucht, *abs od alicui* für j-n, *meist unpers + Abl / + Gen für das Benötigte, + Inf / + AcI*; ***nobis opus est libris*** wir brauchen Bücher; ***mihi libri opus sunt*** ich brauche Bücher; ***si quid opus esse putaret*** nötigenfalls; ***quae opus sunt*** die Bedürfnisse, die nötigen Maßregeln

opusculum ⟨ī⟩ *n* ||*Dim von* opus|| kleines Werk; kleine Schrift; kleine Statue

ōra[1] ⟨ae⟩ *f* Tau, Schiffsseil; ***oras praecidere*** die Taue kappen

▶ **ōra**[2] ⟨ae⟩ *f* ||os||
1. Rand, Saum, Grenze; Verg. Flugloch eines Bienenstocks
2. Küste, Küstenlandschaft, Küstengegend
3. ferne Gegend, entlegener Landstrich, *allg.* Gegend; ***orae caelestes*** Himmelsräume; ***orae luminis*** Tageslicht, Sonnenlicht; ***evolvere oras belli*** den Schauplatz des Krieges enthüllen
4. Erdgürtel, Zone

▶ **ōrāclum** *u.* **ōrāculum** ⟨ī⟩ *n* ||oro||
1. Orakel, Orakelstätte; ***o. Delphicum*** Orakel von Delphi
2. Orakelspruch, Götterspruch; *fig* Weissagung
3. Spruch, Satz; ***oracula physicorum*** Sätze der Naturphilosophen

ōrārius ⟨a, um⟩ *Adj* ||ora[2]|| Plin. an der Küste befindlich; ***oraria navis*** Küstensegler

▶ **ōrātiō** ⟨ōnis⟩ *f* ||oro||
1. Rede, das Reden, das Sprechen, Sprache
2. Redeweise, Stil; ***utriusque orationis facultas*** Fertigkeiten in beiden Arten des Ausdrucks
3. Prosa
4. Stoff zum Reden; Äußerung, Behauptung, Worte; ***o. secunda*** schmeichelhafte Worte; ***hac oratione habitā*** nachdem er diese Worte gesprochen hatte; ***oratione*** der Aussage nach, dem Namen nach
5. Rede, Vortrag; ***o. perpetua*** zusammenhängende Rede; ***orationem habere/dicere de re*** eine Rede halten über etw; ***orationem facere/conficere*** eine Rede ausarbeiten
6. Gegenstand der Rede, Thema
7. Redegabe, Beredsamkeit; ***in eo est satis orationis*** er besitzt eine hinreichende Rednergabe
8. (Suet., Tac.) kaiserliche Kabinettsorder
9. (*eccl.*) Gebet, *bes* Vaterunser

ōrātiuncula ⟨ae⟩ *f* ||*Dim von* oratio|| kleine Rede, hübsche Rede

▶ **ōrātor** ⟨ōris⟩ *m* ||oro||
1. Sprecher *einer Gesandtschaft*, Unterhändler
2. Redner, Staatsmann
3. *Pl* Bittsteller

ōrātōria ⟨ae⟩ *f* ||oratorius|| (*erg.* ***ars***) (*nachkl.*) Redekunst, Rhetorik

ōrātōrium ⟨ī⟩ *n* ||oratorius|| Bethaus; (*nlat.*) Oratorium, *Musikstück für Solostimmen, Chor u. Orchester*

ōrātōrius ⟨a, um⟩ *Adj*, *Adv* ⟨ōrātōriē⟩ ||orator||
1. rednerisch, Redner…, den Regeln der Rhetorik entsprechend
2. (*eccl.*) zum Beten gehörig

ōrātrīx ⟨īcis⟩ *f* ||orator||
1. Fürsprecherin, Vermittlerin
2. Plaut. Bittstellerin
3. Quint. Rhetorik

ōrātum ⟨ī⟩ *n* ||oro|| Ter. Bitte

ōrātus ⟨ūs⟩ *m* ||oro|| das Bitten; ***oratu*** auf Bitten

orba ⟨ae⟩ *f* ||orbus|| Waise, Witwe

orbātiō ⟨ōnis⟩ *f* ||orbo|| Sen. Beraubung, Ausplünderung

orbātor ⟨ōris⟩ *m* ||orbo|| Ov. der *j-m* die Kinder raubt, der *j-m* die Eltern raubt; ***Achilles nostri o.*** Achill, der mich kinderlos gemacht hat

orbiculātus ⟨a, um⟩ *Adj* ||orbis|| kreisrund

Orbilius ⟨a, um⟩ *Name einer röm. gens*; ***Lucius Orbilius Pupillus*** *Grammatiker aus Benevent, Lehrer des Horaz in Rom*

orbis ⟨is⟩ *m*

1. Kreis, kreisrunde Linie; ***o. rotae*** die Felgen; ***o. muri*** Ringmauer; ***o. signifer*** Tierkreis; ***o. lacteus*** Milchstraße; ***orbes finientes*** Horizont

2. (*nachkl.*) kreisförmige Bewegung, Windung

3. kreisförmige Stellung; ***in orbem consistere/orbem colligere*** sich im Kreis aufstellen; ***orbem facere*** einen Kreis bilden

4. *fig* Kreislauf, Kreisbahn; Kreislauf *der Zeiten od Ereignisse*; Umschwung *im Staatsleben*

5. *in der Rede* Periode; ***o. orationis*** periodische Abrundung

6. Quint. der abgeschlossene Kreis der Wissenschaften, allgemeine Bildung

7. *meton* Scheibe, runde Fläche, Schild, Rad; ***o. mensae*** runde Tischplatte

8. *alles Scheibenförmige*: Sonne(nscheibe), Mond(-scheibe), Diskus(scheibe), Schild, Waagschale, Spiegel, runder Tisch, Handpauke

9. Rad, Glücksrad; ***circumagitur o.*** *fig* das Blatt wendet sich

10. Himmelsgewölbe, Himmel

11. Erdscheibe; ***o. terrae*** das Erdenrund, die ganze Erde; ***o. terrarum*** Erdkreis, *bes* das römische Weltreich, *meton* Menschengeschlecht

12. Gebiet, Land, Gegend; ***o. Eous*** Morgenland

orbita ⟨ae⟩ *f* ||orbis||

1. Wagengeleise, Bahn, Fahrbahn; *fig* Vorbild, Beispiel; ***o. lunaris*** Mondbahn

2. (*mlat.*) MED Augenhöhle

orbitās ⟨ātis⟩ *f* ||orbus||

1. Elternlosigkeit, Kinderlosigkeit; Verlust, *alicuius/alicuius rei* j-s/einer Sache; *fig* Mangel, *alicuius/alicuius rei* an j-m/an etw

2. Witwentum

orbitōsus ⟨a, um⟩ *Adj* ||orbita|| Verg. voller Wagengeleise

orbō ⟨āvī, ātum, āre 1.⟩ ||*Denom von* orbus||

1. zum Waisen machen; der Eltern berauben, der Kinder berauben, *aliquem aliquo* j-n einer Person; ***matrem filio o.*** die Mutter des Sohnes berauben, der Mutter den Sohn rauben

2. *fig* des Teuersten berauben, *aliquem/aliquid re* j-n/etw einer Sache; ***amicum omni spe o.*** den Freund jeder Hoffnung berauben, dem Freund jede Hoffnung rauben

Orbōna ⟨ae⟩ *f* Göttin der Kinderlosigkeit, *die von kinderlosen Eheleuten angerufen wurde, die Kinder haben wollten*

orbus

I ⟨a, um⟩ *Adj*

1. verwaist, *aliquo/ab aliquo/alicuius* von j-m; elternlos, kinderlos; verwitwet

2. *fig einer Sache* beraubt, verwaist, von *etw* entblößt, ohne *etw, re/a re/alicuius rei.*

II ⟨ī⟩ *m* Waise; ***orbi orbaeque*** Witwen und Waisen

orca ⟨ae⟩ *f* (*unkl.*) Tonne *zur Konservierung, bes von Salzfischen*

Orcades ⟨um⟩ *f Inselgruppe bei Schottland, heute Orkney-Inseln*

orchas ⟨adis⟩ *f* ||griech. Fw.|| Verg. eirunde Olive

orchēstra ⟨ae⟩ *f* ||griech. Fw.||

1. *der vornehmste, für Senatoren bestimmte Platz im Theater; in der späten Kaiserzeit Podium für Musiker, Tänzer u. a.*

2. *meton* Senat

Orchomenos ⟨ī⟩ *m u.* **Orchomenum** ⟨ī⟩ *n u.* **Orchomenus** ⟨ī⟩ *m*

1. *Stadt in Böotien, Ruinen beim heutigen Skripu nö. von Levadía*

2. *Stadt in Arkadien*

Orcīniānus ⟨a, um⟩ *Adj* ||Orcus|| Toten…; ***Orciniana sponda*** Mart. Totenbahre

Orcīnus *u.* **Orcīvus** ⟨a, um⟩ *Adj* ||Orcus|| (*nachkl.*) Toten…; ***Orcini senatores*** Suet. Senatoren, die nach Caesars Tod in den Senat kamen

Orcus ⟨ī⟩ *m*

1. (*nachkl.*) *poet* Unterwelt, Reich der Toten

2. *meton* Gott der Unterwelt = Pluto

3. (*unkl.*) Tod; ***Orcum morari*** den Tod warten lassen = weiterleben

ōrdia prīma *f* Lucr. = ***primordia***

ōrdinārius

I ⟨a, um⟩ *Adj* ||ordo|| (*nachkl.*)

1. ordentlich, regelmäßig, gewöhnlich

2. vorzüglich

II ⟨ī⟩ *m* (*nlat.*)

1. ordentlicher Inhaber *der Kirchengewalt nach katholischem Kirchenrecht*

2. *veraltet* Klassenlehrer *an höheren Schulen*

3. ordentlicher Professor

ōrdinātim *Adv* ||ordinatus||

1. nach der Reihe, reihenweise

2. MIL nach Gliedern, gliedweise

ōrdinātiō ⟨ōnis⟩ *f* ||ordino|| (*nachkl.*)

1. Ordnung, Regelung

2. Stellung *in einem Amt*

3. (*eccl.*) Priesterweihe, Bischofsweihe

4. (*nlat.*) ärztliche Verordnung

ōrdinātor ⟨ōris⟩ *m* ||ordino|| Ordner; Sen. JUR Einleiter eines Prozesses

ōrdinātus ⟨a, um⟩ *Adj, Adv* ⟨ōrdinātē⟩ ||ordino|| geordnet, regelmäßig, ordentlich

ōrdinō ⟨āvī, ātum, āre 1.⟩ ||ordo||

1. in Reih und Glied (auf)stellen, ordnen, aufstellen; ***arbustum sulcis o.*** eine Baumpflanzung in Reihen anlegen; ***magistratūs o.*** die Reihenfolge der Beamten festlegen

2. ordentlich einrichten, regeln, ordnen; ***annos o.*** seine Jahre zählen; ***res publicas o.*** die Geschichte des Staates darstellen

3. *Beamte* in ein Amt einsetzen, bestellen; ***aliquem in successionem regni o.*** j-n zur Thronfolge bestimmen

4. *ein Amt* vergeben

5. (*eccl.*) zum Priester weihen, *einen Priester* in sein Amt einsetzen

6. (*spätl.*) JUR abfassen, festlegen; ***testamentum o.*** ein Testament verfassen

7. ***militem o.*** (*mlat.*) zum Ritter schlagen

▶ **ōrdior** ⟨ōrsus sum, ōrdīrī 4.⟩
I *v/t* anfangen, beginnen, ***opus*** ein Werk; ***initium alicuius rei o.*** den Anfang von etw machen; ***reliquos o.*** die Lebensbeschreibungen der Übrigen beginnen
II *v/i u. abs* zu reden beginnen, reden, sprechen, sagen, *alicui* zu j-m; ***o. a re*** von etw ausgehen

ōrdō ⟨inis⟩ *m* ||ordior||
1. Reihe *gleichartiger Gegenstände*; Schicht, Lage; Sitzreihe, Bankreihe *im Theater*; ***in quattuordecim ordinibus sedere*** = Ritter sein
2. MIL Glied, Linie; ***ordinem observare*** Reih und Glied halten
3. *von Lebewesen* Abteilung, Schar, Zug; Zenturie, Kompanie; *meton* Zenturionenstelle; *meton* Zenturio; ***centuriones primorum ordinum*** Hauptleute der ersten Zenturien, Hauptleute erster Klasse; ***aliquem in ordinem cogere*** j-n degradieren, j-n demütigen, j-n hintansetzen; ***octavi ordines*** Zenturionen der achten Klasse
4. Quint. Kanon *der lesenswerten Schriftsteller*
5. Ordnung, gehörige Reihenfolge, Anordnung; ***o. rerum*** Ordnung der Dinge, Gang der Ereignisse; ***o. fatorum*** Gang des Schicksals; ***o. sanguinis*** Stammbaum; ***o. sceleris*** Hergang des Verbrechens; ***in ordinem se referre*** wieder in Ordnung kommen; ***ordine/in ordine/in ordinem*** der Reihe nach, ordnungsgemäß, nach Gebühr; ***ex ordine*** nach der Reihe und Ordnung, *auch* sogleich, sofort; ***extra ordinem*** außer der Reihe und Ordnung, *auch* über das gewöhnliche Maß, gegen jede Ordnung
6. Plaut. Verfassung, Zustand
7. (*mlat.*) Mönchsorden
8. *Pl* (*mlat.*) die Weihen, Weihestufen

orēas ⟨adis⟩ *f* ||griech. Fw.|| *poet* Bergnymphe

Orestēs ⟨ae⟩ *u.* ⟨is⟩ *m Sohn des Agamemnon u. der Klytaemnestra, Bruder der Iphigenie; tötete seine Mutter u. ihren Liebhaber um deren Mord an seinem Vater zu rächen*

Orestēus ⟨a, um⟩ *Adj* des Orest, zu Orest gehörig

orexis ⟨is⟩ *f* ||griech. Fw.|| Iuv. Verlangen, Appetit

organicus
I ⟨a, um⟩ *Adj* ||griech. Fw.|| musikalisch
II ⟨ī⟩ *m* Künstler im Saitenspiel, Musiker

organum ⟨ī⟩ *n* ||griech. Fw.|| (*nachkl.*) Werkzeug *jeder Art, bes u. meist Pl* Musikinstrumente; (*eccl.*) Orgel

Orgetorīx ⟨īgis⟩ *m helvetischer Anführer*

orgia ⟨ōrum⟩ *n* ||griech. Fw.|| die Orgien, *nächtlicher geheimer Dienst zu Ehren des Bacchus*; geheimer Dienst, Geheimnisse; ***o. Itala*** Geheimnisse der Liebe in lateinischer Sprache

orichalcum ⟨ī⟩ *n* ||griech. Fw.|| Messing

ōricilla ⟨ae⟩ *f* = ***auricula***

Ōricos ⟨ī⟩ *f Stadt in Epirus, gegenüber von Brundisium*

ōricula ⟨ae⟩ *f* = ***auricula***

Ōricum ⟨ī⟩ *n* = ***Oricos***

▶ **oriēns** ⟨entis⟩ *m* ||orior|| (*erg.* ***sol***)
1. Osten, Morgen *als Himmelsrichtung*
2. *meton* Morgenland, Orient

Oriēns ⟨entis⟩ *m meton* Sonnengott; ***Oriente primo*** bei Tagesanbruch

orientālēs ⟨ium⟩ *m* ||orientalis|| Orientalen

orientālis ⟨e⟩ *Adj* ||oriens|| morgenländisch, orientalisch

orīginālis ⟨e⟩ *Adj* ||origo|| (*nachkl.*) ursprünglich; (*mlat.*) ererbt; ***peccatum originale*** (*eccl.*) Erbsünde

orīginātiō ⟨ōnis⟩ *f* ||origo|| Quint. Wortableitung, Etymologie

▶ **orīgō** ⟨inis⟩ *f* ||orior||
1. Ursprung, *bes* Abstammung, Entstehung, Herkunft; ***originem ab aliquo trahere/ducere*** seine Abstammung von j-m herleiten
2. (*nachkl.*) *meton* Stamm, Familie; ***ab ultima origine stirpis Romanae*** aus einer uralten römischen Familie
3. *meton* Stammvater, Stammmutter; Ahnherr
4. Mutterstadt, Mutterland, Stammvolk, Stammsitz
5. ***Origines*** Ursprünge, *Titel eines Geschichtswerkes des älteren Cato*

Ōrīōn ⟨ōnis⟩ *m* MYTH *Jäger aus Böotien, von Eos/Aurora geliebt, von Artemis/Diana getötet, mit seinem Hund als Sternbild an den Himmel versetzt*

▶ **orior** ⟨ortus sum, orīrī 4.⟩
1. *von Personen* sich erheben
2. *von Gestirnen* aufgehen
3. entstehen, entspringen, ausbrechen, herrühren; ***bellum oritur*** ein Krieg bricht aus; ***cura apud aliquem oritur*** Sorge erwacht bei j-m
4. *von Personen* geboren werden, abstammen
5. *von Bäumen u. Früchten* wachsen
6. *örtl.* anfangen; *allg.* anfangen, beginnen; ***silva a finibus oritur*** der Wald fängt an den Grenzen an

oriundus ⟨a, um⟩ *Adj* ||orior|| (*unkl.*) abstammend, *ab aliquo* von j-m, *a re/ex re/re* von etw; ***o. ex Etruscis*** von den Etruskern abstammend

▶ **ōrnāmentum** ⟨ī⟩ *n* ||orno||
1. Ausrüstung; *Pl* Ausrüstungsgegenstände
2. Schmuck, Schmuckstück, Zierde, Geschmeide
3. *Pl* Schönheiten *der Rede*
4. *Pl* Ehrenzeichen, Insignien
5. äußere Ehre, Auszeichnung, Glanz

ōrnātrīx ⟨īcis⟩ *f* ||ornator|| (*nachkl.*) *poet* Friseurin

ōrnātus[1] ⟨a, um⟩ *Adj, Adv* ⟨ōrnātē⟩ ||orno||
1. ausgerüstet, versehen, *re* mit etw; ***equus o.*** aufgezäumtes Pferd; ***navia armis ornata*** mit Waffen ausgerüstete Schiffe
2. *fig* geschmackvoll, zierlich; ***ornate dicere*** geschmackvoll reden
3. *fig* rühmlich, ehrenvoll
4. *fig* geehrt, geachtet, *re* durch etw, wegen etw; ***civis ornatissimus*** hoch geehrter Bürger

▶ **ōrnātus**[2] ⟨ūs⟩ *m* ||orno||
1. Ausrüstung, Ausstattung; Ausschmückung; *allg.* Schmuck, Zierrat, *bes in der Rede*
2. *meton* kunstreich geordnete Welt
3. *meton* Anzug, Kleidung, Tracht, *auch* Rüstung
4. *meton* schönes Äußeres

▶ **ōrnō** ⟨āvī, ātum, āre 1.⟩
1. ausrüsten, ausstatten, zubereiten; ***naves o.*** Schiffe ausstatten; ***provinciam o.*** das Erforderliche für die Verwaltung der Provinz veranlassen
2. ausschmücken, zieren; ***poetam hederā o.*** den Dichter mit Efeu schmücken; ***capillos o.*** die Haare frisieren; ***hortos o.*** die Gartenanlagen verschönern
3. *fig* heben, fördern, *bes* ehren, auszeichnen, prei-

sen; ***civitatem omnibus rebus o.*** den Staat mit allen Mitteln fördern; ***aliquis imperator a senatu ornatur*** j-d wird vom Senat mit dem Imperatorentitel ausgezeichnet

ornus ⟨ī⟩ *f (nachkl.) poet* wilde Bergesche

▶ **ōrō** ⟨āvī, ātum, āre 1.⟩

1. reden, sprechen, *auch* beten; ***talibus dictis orabat*** so sprach er; ***orantes*** die Redner

2. verhandeln, vortragen; ***litem o.*** einen Prozess vor Gericht führen

3. bitten, ersuchen, *aliquid alicui / alicui rei* um etw für j-n / für etw, + *Inf* / + *AcI* / + *Konjkt*, *ut / ne* dass / dass nicht; ***principem orabat deligere senatores*** Tac. er bat den Fürsten Senatoren auszuwählen; ***oro te, mihi mitte …*** ich bitte dich, schicke mir …

4. *(eccl.)* beten; ***oremus*** lasst uns beten; ***ora et labora*** *(mlat.)* bete und arbeite, *alte Mönchsregel*; ***ora pro nobis*** *(mlat.)* bitte für uns, *Kurzgebet in der katholischen Liturgie*

Orontēs ⟨ae⟩ *u.* ⟨is⟩ *f Hauptstrom Syriens, im heutigen Libanon entspringend, heute Nahr el Assi*

Orontēus ⟨a, um⟩ *Adj* des Orontes, zum Orontes gehörig

Orpheus ⟨eī⟩ *u.* ⟨eos⟩ *m* MYTH *Sohn des Apollo u. der Kalliope, Gatte der Eurydike, Sänger*

Orphēus *u.* **Orphicus** ⟨a, um⟩ *Adj* des Orpheus, zu Orpheus gehörig

orphus ⟨ī⟩ *m* ||griech. Fw.|| Ov. Orfe, *ein Seefisch*

orropȳgium ⟨ī⟩ *n* = ***orthopygium***

ōrsa ⟨ōrum⟩ *n* ||ordior|| Anfang, Unternehmen; begonnene Rede, Worte

ōrsus[1] ⟨a, um⟩ *PPerf* → ***ordior***

ōrsus[2] ⟨ūs⟩ *m* ||ordior||

1. Zettel, *Anfang eines Gewebes*

2. *allg.* Anfang, Beginn; Unternehmen

orthodoxus ⟨a, um⟩ *Adj* ||griech. Fw.|| *(spätl.)* rechtgläubig

orthographia ⟨ae⟩ *f* ||griech. Fw.|| *(nachkl.)* Rechtschreibung

orthopȳgium ⟨ī⟩ *n* ||griech. Fw.|| Mart. Steiß *der Vögel*, Bürzel

▶ **ortus**[1] ⟨ūs⟩ *m* ||orior||

1. Aufgang *eines Gestirns, bes* Sonnenaufgang; *meton* Osten

2. *fig* Entstehung, Ursprung; ***o. fluminis*** Ursprung eines Flusses

3. *fig* Geburt, Herkunft; ***Cato ortu Tusculanus*** Cato, ein gebürtiger Tusculaner; ***ortum ducere ab aliquo*** von j-m abstammen; ***primo ortu*** gleich nach der Geburt

4. Lucr. das Wachsen *der Feldfrüchte*

ortus[2] ⟨ī⟩ *m* = ***hortus***

ortus[3] ⟨a, um⟩ *PPerf* → ***orior***

Ortygia ⟨ae⟩ *f u.* **Ortygiē** ⟨ēs⟩ *f*

1. *Stadtteil von Syrakus auf einer Insel*

2. *Hain bei Ephesus*

3. *alter Name der Insel Delos, Geburtsstätte der Artemis / Diana*

Ortygius ⟨a, um⟩ *Adj* von Ortygia

oryx ⟨ygis⟩ *m* ||griech. Fw.|| *(nachkl.) poet* wilde Ziege, Gazelle

orȳza ⟨ae⟩ *f* ||griech. Fw.|| *(nachkl.) poet* Reis

ōs[1] ⟨ōris⟩ *n*

1. Mund; Maul, Rachen; Schnabel

2. *(unkl.)* Sprache, Rede, Gerede; ***libero ore loqui*** mit Freimut sprechen; ***in hominum ora pervenire*** ins Gerede der Leute kommen; ***hominem ex tuo ore admiror*** nach deiner Schilderung bewundere ich diesen Menschen; ***uno ore*** einstimmig

3. *(nachkl.)* Aussprache

4. *(nachkl.)* Beredsamkeit

5. Gesicht, Miene; ***in ore sunt omnia*** alle Wirkung beruht auf dem Gesichtsausdruck; ***in os adversum*** gerade ins Gesicht

6. Augen, Gegenwart; ***in ore omnium versari*** sich öffentlich zeigen; ***ante os esse*** vor Augen sein

7. Aussehen, Gestalt

8. Vorderseite eines Kopfes

9. *fig* Maske

10. *fig* Rachen, Schlund

11. *fig* Öffnung, Spalt, Mündung, Eingang, Ausgang; Zugang, Pforte; Mündung; Quelle

12. *fig* freches Gesicht, Frechheit, Unverschämtheit

▶ **os**[2] ⟨ossis⟩ *n* Knochen, Bein; *Pl* Gebeine, Gerippe; *fig* das Innerste, Mark; ***os coxae*** *(mlat.)* Hüftbein; ***os ilium*** *(mlat.)* Darmbein; ***os occipitale*** *(mlat.)* Hinterhauptsbein; ***os pubis*** *(mlat.)* Schambein

os-cen ⟨cinis⟩ *m* ||cano|| Weissagevogel, *als solche galten Krähe, Rabe, Eule, Adler, in deren Geschrei man Vorzeichen sah*

Oscī ⟨ōrum⟩ *m Volk in Kampanien, Name geografisch unterschiedlich verwendet, vorwiegend von der oskischen Sprache, die durch Inschriften belegt ist*

ōscillātiō ⟨ōnis⟩ *f* ||oscillo|| Plaut. das Schaukeln

ōscillum ⟨ī⟩ *n* ||*Dim von* osculum|| kleine Abbildung des Bacchus, *zur Abwehr böser Geister in den Feldern aufgehängt*

ōscitanter *Adv* ||oscito|| schläfrig; *fig* teilnahmslos

ōscitātiō ⟨ōnis⟩ *f (nachkl.) poet* das Gähnen; Quint. *fig* matte Sprache

ōscitō ⟨-, -, āre 1.⟩ *u.* **ōscitor** ⟨-, ārī 1.⟩ ||os[1], cito||

1. den Mund aufsperren

2. schreien

3. gähnen; *fig* teilnahmslos sein

ōsculābundus ⟨a, um⟩ *Adj* ||osculor|| Suet. wiederholt küssend

ōsculātiō ⟨ōnis⟩ *f* ||osculor|| das Küssen

ōsculor ⟨ātus sum, ārī 1.⟩ ||*Denom von* osculum|| küssen, *inter se* einander; *fig* zärtlich lieben

▶ **ōsculum** ⟨ī⟩ *n* ||*Dim von* os[1]||

1. *(nachkl.) poet* Mündchen

2. *meton* Kuss

Oscus ⟨a, um⟩ *Adj* ||Osci|| oskisch; ***ludi Osci*** die Atellanen, *Volkspossen mit feststehenden Charaktertypen*

Osīris ⟨idis⟩ *u.* ⟨is⟩ *m Hauptgott der Ägypter, Gatte der Isis; Richter der Seelen in der Unterwelt*

ōsor ⟨ōris⟩ *m* ||odi|| Hasser; ***o. mulierum*** Plaut. Frauenfeind

Ossa ⟨ae⟩ *f (u. m) Gebirge im N Thessaliens, Nachbarberg des Olymp*

Ossaeus ⟨a, um⟩ *Adj* des Ossa, zum Ossa gehörig

osseus ⟨a, um⟩ *Adj* ||os[2]|| *(nachkl.) poet* knöchern, knochendürr, knochenhart

ossiculum ⟨ī⟩ *n* ||*Dim von* os[2]|| *(nachkl.)* Knöchelchen

ossi-fraga ⟨ae⟩ *f u.* **ossi-fragus** ⟨ī⟩ *m* ||os², frango|| (*nachkl.*) Knochenbrecher; *fig* Seeadler

▶ **os-tendō** ⟨tendī, tentum, tendere 3.⟩

1. (*vkl.*) entgegenstrecken, vorhalten

2. *fig* entgegenhalten

3. zeigen, sehen lasen; ***vocem o.*** die Stimme hören lassen; ***iambos Latio o.*** die Iamben in Rom einführen; *Passiv u.* ***se o.*** erscheinen, zutage treten

4. *fig* vor Augen halten, in Aussicht stellen, versprechen

5. *fig* einwendend entgegenhalten, einwenden

6. *fig* offenbaren, verraten, dartun

7. *fig* erklären, eröffnen, zu verstehen geben; ***ut ostendimus*** wie ich erzählt habe

ostentāneus ⟨a, um⟩ *Adj* ||ostento|| Sen. anzeigend; ***fulgura ostentanea*** auffallende Blitze

ostentātiō ⟨ōnis⟩ *f* ||ostento||

1. das Zeigen, das Offenbaren; ***o. saevitiae*** zur Schau getragene Wildheit

2. *fig* Prahlerei, Angeberei; ***o. ingenii*** Prahlerei mit der Begabung

3. *fig* Schein, Täuschung

ostentātor ⟨ōris⟩ *m* ||ostento||

1. der auf etw aufmerksam macht, *alicui alicuius rei* j-n auf etw

2. Prahler, Angeber, *alicuius rei* mit etw

▶ **ostentō** ⟨āvī, ātum, āre 1.⟩ ||*Intens von* ostendo||

1. wiederholt hinhalten, auffällig hinhalten, darbieten; zeigen, sehen lassen; ***iugula sua o.*** seine Kehle darbieten; ***se o.*** sich zeigen

2. *fig* vor Augen halten

3. *fig* an den Tag legen, offenbaren

4. *fig etw* zur Schau stellen, prahlen *mit etw, aliquid*; ***arma capta o.*** mit den erbeuteten Waffen prahlen

5. *fig* in Aussicht stellen, versprechen; androhen

6. *durch Beweise o. Ä.* dartun, erklären, + *AcI* / + *indir Fragesatz*

ostentuī *m* ||*Dat Sg von* ostentus; ostendo||

1. zur Schau, zur Schaustellung

2. zum klaren Beweis, ***esse*** dienen, + *AcI*

3. zum Schein; ***aliquid ostentui credere*** etw für eine Täuschung halten

ostentum ⟨ī⟩ *n* ||ostendo||

1. Anzeichen, Wunderzeichen

2. (*nachkl.*) *meton* Scheusal

ostentus ⟨a, um⟩ *PPP* → ***ostendo***

Ōstia ⟨ae⟩ *f u.* ***ōrum*** *n Hafenstadt Roms an der Tibermündung, heute Ostia antica mit bedeutenden Ausgrabungen*

ōstiārium ⟨ī⟩ *n* ||ostiarius|| (*erg.* ***tributum***) Türsteuer

ōstiārius

I ⟨a, um⟩ *Adj* ||ostium|| zur Tür gehörig

II ⟨ī⟩ *m* Pförtner

ōstiātim *Adv* ||ostium|| von Tür zu Tür, von Haus zu Haus

Ōstiēnsis ⟨e⟩ *Adj* aus Ostia, zu Ostia gehörig

▶ **ōstium** ⟨ī⟩ *n* ||os¹||

1. Tür, Pforte, Haustür; ***o. rectum*** Vordertür; ***o. posticum*** Hintertür

2. *fig* Eingang, Zugang; ***o. Oceani*** Straße von Gibraltar

3. Mündung *eines Flusses*

ostrea ⟨ae⟩ *f u.* **ostreum** ⟨ī⟩ *n* ||griech. Lw.|| (*vkl., nachkl.*) Auster, Muschel

ostreātus ⟨a, um⟩ *Adj* ||ostreum|| Plaut. gleichsam mit Austernschalen besetzt, grindig

ostreōsus ⟨a, um⟩ *Adj* ||ostrea|| austernreich

ostri-fer ⟨fera, ferum⟩ *Adj* ||ostreum, fero|| austernreich, muschelreich

ostrīnus ⟨a, um⟩ *Adj* ||griech. Fw.|| *poet* purpurn

ostriōsus ⟨a, um⟩ *Adj* = ***ostreosus***

ostrum ⟨ī⟩ *n* ||ostrinus|| (*nachkl.*)

1. Purpur, *Farbstoff von der Purpurschnecke*

2. *meton* Purpurgewand, Purpurdecke

ōsūrus ⟨a, um⟩ *Part Fut* → ***odi***

ōsus ⟨a, um⟩ *Adj* ||odi||

1. hassend

2. verhasst

Othō ⟨ōnis⟩ *m röm. Beiname*

1. ***L. Roscius Otho*** → ***Roscius***

2. ***M. Salvius Otho***, *geb. 32 n Chr., 69 n Chr. röm. Kaiser*

Othōniānus ⟨a, um⟩ *Adj* des Otho, zu Otho gehörig

ōtiolum ⟨ī⟩ *n* ||*Dim von* otium|| ein bisschen Muße, einige Mußestunden

ōtior ⟨ātus sum, ārī 1.⟩ ||*Denom von* otium|| Muße haben, faulenzen

▶ **ōtiōsus**

I ⟨a, um⟩ *Adj, Adv* ⟨ōtiōsē⟩ ||otium||

1. müßig, untätig, nicht beschäftigt, *alicuius rei* mit etw; *auch von Sachen* der Muße gewidmet, in Untätigkeit verbracht; *auch* überflüssig, nutzlos; *Adv auch* gemächlich, ohne Eile; ***otiosi urbani*** städtische Müßiggänger; ***senectus otiosa*** untätiges Greisenalter; ***pecunia otiosa*** Geld, das keine Zinsen bringt; ***alicui otiosum est*** j-d macht sich einen Zeitvertreib daraus, + *Inf*; ***quaestio otiosa*** nutzlose Frage

2. frei von einem Amt, ohne Staatsgeschäfte

3. für die Wissenschaften lebend, literarisch tätig

4. *von Personen u. Sachen* ruhig, friedlich; ***aliquem otiosum reddere*** j-n zur Ruhe bringen

5. sorglos, gleichgültig; neutral

6. (*nachkl.*) *vom Redner* weitschweifig

II ⟨ī⟩ *m*

1. friedlicher Bürger

2. der Neutrale

▶ **ōtium** ⟨ī⟩ *n*

1. Muße, Freiheit von Berufsgeschäften, Privatleben; ***otio frui*** Muße genießen; ***o. urbanum*** müßiges Städtchen

2. literarische Beschäftigung, wissenschaftliches Studium

3. ***otia mea*** Ov. *meton* Früchte meiner Muße

4. Müßiggang; ***otio languescere*** durch Müßiggang träge werden; ***otium sequi*** müßig sein

5. politische Ruhe, Ruhe und Frieden, ruhige Zeit; Neutralität; ***per otium*** während der Friedenszeit; ***res ad otium deducere*** die Angelegenheit friedlich beilegen; ***o. ab aliquo*** Ruhe vor j-m

ovarium ⟨i⟩ *n* (*mlat.*) Eierstock

ovātiō ⟨ōnis⟩ *f* ||ovo|| (*nachkl.*) kleiner Triumph, Ovation, *bei der der Feldherr mit einem Myrtenkranz geschmückt zu Fuß od zu Pferd in die Stadt einzog*

ovicula ⟨ae⟩ *f* ||*Dim von* ovis|| (*nachkl.*) Schäfchen

Ovidius ⟨a, um⟩ *röm. Gentilname*; ***Publius Ovidius Naso*** *neben Horaz u. Vergil größter Dichter der augusteischen Zeit, geb. 43 v. Chr. in Sulmo, 8 n Chr. von Augustus nach Tomi am Schwarzen Meer verbannt, dort 17 n Chr. gestorben*
ovīle ⟨is⟩ *n* ||ovilis|| Schafstall, Ziegenstall; *fig speziell eingezäunter* Abstimmungsplatz *auf dem Marsfeld*
ovīlis ⟨e⟩ *Adj* ||ovis|| zu Schafen gehörig, Schaf…
ovillus ⟨a, um⟩ *Adj* ||ovis|| (*vkl., nachkl.*) von Schafen, Schaf…; ***grex o.*** Schafherde
▸ **ovis** ⟨is⟩ *f* Schaf; *meton* (Schaf-)Wolle
ovō ⟨-, -, āre 1.⟩
1. (*unkl.*) jubeln, *re* über etw; ***victoriā o.*** über den Sieg jubeln; ***flamma ovat*** das Feuer prasselt
2. feierlich einziehen; → ***ovatio***
▸ **ōvum** ⟨ī⟩ *n* Ei; ***ovum parere/gignere*** ein Ei legen; ***ab ovo usque ad mala*** von der Vorspeise bis zum Nachtisch = während der ganzen Mahlzeit; ***septem ova*** sieben Eier, *zu Beginn eines Rennens im Zirkus waren sieben eiförmige Gegenstände aufgestellt, wovon nach jeder Runde eines weggenommen wurde um so die Runden zu zählen*
Ōxos *u.* **Ōxus** ⟨ī⟩ *m Fluss im Innern Asiens, heute Amu Darja, fließt in den Aralsee*
oxycomina ⟨ōrum⟩ *n* ||griech. Fw.|| Petr. in Salzlake eingelegte Oliven
oxygarum ⟨ī⟩ *n* ||griech. Fw.|| (*nachkl.*) *poet* Fischbrühe

P

P p *Abk*
1. = ***Publius***
2. (*mlat., nlat.*) = ***Papa*** Papst
3. (*mlat., nlat.*) = ***Pater*** Pater, Mönch
4. (*mlat., nlat.*) = ***Pastor*** Pfarrer, Bischof
5. (*mlat., nlat.*) = ***Pontifex*** Bischof, Papst
6. = ***pagina*** Seite
7. = ***pinxit*** hat gemalt, *gefolgt vom Namen des Künstlers auf Gemälden*
8. ***p. a.*** = ***per annum*** jährlich
9. ***p. a.*** = ***pro anno*** jährlich
10. ***P. C.*** = ***Patres Conscripti*** Senatoren
11. ***P. M.*** = ***Pontifex maximus*** *Oberhaupt des Prieserkollegiums*
12. ***P. R.*** = ***Populus Romanus*** das römische Volk
13. ***p. r. t.*** (*mlat.*) = ***pro rata temporis*** auf einen bestimmten Zeitraum bezogen
14. ***P. S.*** (*mlat.*) = ***postscriptum*** Nachschrift
15. ***P. T.*** (*mlat.*) = ***praemissis titulis*** mit vorausgeschickten Titeln
pābulātiō ⟨ōnis⟩ *f* ||pabulor|| Fütterung, das Futterholen, *bes* MIL
pābulātor ⟨ōris⟩ *m* ||pabulor|| Futterholer
pābulor ⟨ātus sum, ārī 1.⟩ ||*Denom von* pabulum|| Futter holen; Plaut. fischen gehen
▸ **pābulum** ⟨ī⟩ *n* Futter, *meist Pl*; Gras, Kräuter; *allg.* Nahrung; ***pabula caelestia*** Ambrosia
pācālis ⟨e⟩ *Adj* ||pax[1]|| friedlich; ***flammae pacales*** Ov. Opferbrand auf dem Altar der Friedensgöttin
pācātor ⟨ōris⟩ *m* ||paco|| (*nachkl.*) *poet* Friedensstifter, Friedensbringer
pācātum ⟨ī⟩ *n* ||pacatus|| (*nachkl.*)
1. Freundesland
2. *fig* friedliche Gesinnung
pācātus ⟨a, um⟩ *Adj*, *Adv* ⟨pācātē⟩ ||paco|| beruhigt, friedlich, in Frieden lebend, *alicui* gegenüber j-m
Pachȳnos ⟨ī⟩ *f u.* **Pachȳnum** ⟨ī⟩ *n u.* **Pachȳnus** ⟨ī⟩ *f Kap an der Südspitze Siziliens*
pāci-fer ⟨fera, ferum⟩ *Adj* ||pax[1], fero|| (*nachkl.*) *poet* Frieden bringend
pācificātiō ⟨ōnis⟩ *f* ||pacifico|| Befriedung, Friedensstiftung
pācificātor ⟨ōris⟩ *m* ||pacifico|| Friedensstifter
pācificātōrius ⟨a, um⟩ *Adj* ||pacificator|| den Frieden vermittelnd, Friedens…
pācificō ⟨āvī, ātum, āre 1.⟩ *u.* **pācificor** ⟨ātus sum, ārī 1.⟩ ||*Denom von* pacificus||
I *v/i* Frieden schließen, *cum aliquo* mit j-m
II *v/t* versöhnen, besänftigen
pāci-ficus ⟨a, um⟩ *Adj* ||pax[1], facio|| Frieden stiftend, friedfertig
pacīscor ⟨pactus sum, pacīscī 3.⟩
I *v/i* einen Vertrag schließen, sich einigen, sich verabreden
II *v/t*
1. verabreden, festsetzen, *aliquid cum aliquo* etw mit j-m; sich ausbedingen, *aliquid ab aliquo* etw von j-m, *ut/ne* dass/dass nicht
2. (*nachkl.*) *vom Mann* sich verloben, *aliquam* mit j-m; ***alicui pacta*** mit j-m verlobt
3. *poet* vertauschen, eintauschen
4. (*nachkl.*) *poet* sich verpflichten, + *Inf*
▸ **pācō** ⟨āvī, ātum, āre 1.⟩ ||*Denom von* pax[1]|| beruhigen, zur Ruhe bringen; unterwerfen; *fig* urbar machen; ***omni pacatā Galliā*** Caes. nach der Unterwerfung ganz Galliens
Pacorus ⟨ī⟩ *m Name parthischer Könige*
pacta ⟨ae⟩ *f* ||pactus[1]|| *poet* Verlobte, Braut
pactiō[1] ⟨ōnis⟩ *f* ||paciscor||
1. Übereinkommen, Vertrag, Vergleich, *de re/alicuius rei* über etw, *ut/ne* dass/dass nicht; MIL Kapitulation; *Pl* Vertragspunkte; ***sine ulla pactione*** ohne jede Bedingung
2. Kontrakt zwischen den Generalpächtern
3. Komplott
4. Versprechen
pāctiō[2] ⟨ōnis⟩ *f* ||pango|| Fügung, Formel
Pactōlis *Gen* ⟨idis⟩ *Adj* des Pactolus, zu Pactolus gehörig
Pactōlos *u.* **Pactōlus** ⟨ī⟩ *m Gold führender Fluss in Lydien, Symbol für Reichtum*

pactor ⟨ōris⟩ *m* ||paciscor|| Vermittler, Stifter

► **pactum** ⟨ī⟩ *n* ||paciscor||
1. = ***pactio***; ***pacta sunt servanda*** (*mlat.*) Verträge müssen eingehalten werden
2. Weise, Art, *nur Abl Sg*; ***alio pacto*** auf andere Weise; ***nullo pacto*** ganz und gar nicht; ***nescio quo pacto*** leider

pactus[1] ⟨a, um⟩ *PPerf* → ***paciscor***

pactus[2] ⟨a, um⟩ *Adj* ||paciscor|| verabredet, versprochen; ***pacto*** nach getroffener Verabredung

pāctus[3] ⟨a, um⟩ *PPP* → ***pango***

Pactyē ⟨ēs⟩ *f Stadt in Thrakien*

Pācuviānus ⟨a, um⟩ *Adj* des Pacuvius, zu Pacuvius gehörig

Pācuvius ⟨ī⟩ *m 220–130 v. Chr., bedeutender Tragödiendichter in Rom, Neffe des Ennius*

Padus ⟨ī⟩ *m Hauptfluss in Oberitalien, heute Po*

Paeān ⟨ānis⟩ *m*
1. *griech. Heilgott, urspr. selbstständig, dann mit Apollo gleichgesetzt*
2. **paeān** ⟨ānis⟩ *m* Päan, Hymnus *auf einen Gott, bes Apollo*; *allg.* Festgesang, Siegeslied, Siegesruf; Versfuß des Päan, *aus 3 Kürzen u. 1 Länge an beliebiger Stelle*

paedagōgīum ⟨ī⟩ *n* ||griech. Fw.|| (*nachkl.*) Pagenschule *für Sklavensöhne*; Verführung; *meton* Pagen

paedagōgus ⟨ī⟩ *m* ||griech. Fw.|| Hofmeister, *Sklave, der die Söhne des Herrn immer zu begleiten hatte*; Cic. *allg.* Erzieher; *auch* Zuchtmeister

paedīcātor ⟨ōris⟩ *m u.* **paedīcō**[1] ⟨ōnis⟩ *m* ||paedico[2]|| Knabenschänder

paedīcō[2] ⟨āvī, ātum, āre 1.⟩ ||griech. Fw.|| *poet* Unzucht mit Knaben treiben

paedor ⟨ōris⟩ *m* Schmutz

paegniārius ⟨ī⟩ *m* ||griech. Fw.|| zum Spiel gehörig, zum Scherz gehörig, Spiel…, Scherz…; ***gladiatores paegniarii*** Suet. zum Scherz fechtende Gladiatoren

paelex ⟨icis⟩ *f* Nebenfrau; Mätresse, Geliebte; Nebenbuhlerin; *auch* Lustknabe

paelicātus ⟨ūs⟩ *m* ||paelex|| wilde Ehe, Konkubinat

Paelīgnī ⟨ōrum⟩ *m Stamm in Mittelitalien im höchsten, daher kühlsten Teil der Apenninen*

Paelīgnus ⟨ī⟩ *m* zu den Paeligni gehörig, *auch* zauberkundig

► **paene** *Adv*
1. beinahe, fast, so gut wie; ***paene dicam*** fast möchte ich sagen; ***paene cecidi*** beinahe wäre ich gefallen; ***quam paene*** wie bald, wie leicht
2. völlig

paen-īnsula ⟨ae⟩ *f* (*nachkl.*) *poet* Halbinsel

paenitentia ⟨ae⟩ *f* ||paeniteo|| (*nachkl.*) *poet* Reue, Schamgefühl, *alicuius rei* wegen etw

► **paeniteō** ⟨uī, -, ēre 2.⟩ ||paene||
1. *persön. etw* bereuen, über *etw* Reue empfinden, *alicuius rei*; ***paenitendo*** durch Bereuen; ***paenitendus*** verwerflich
2. ***aliquem paenitet*** *unpers* es reut j-n, j-d bereut *etw*, j-d ärgert sich über *etw*, j-d ist unzufrieden mit *etw*, *alicuius rei*, + *Inf*, *quod* dass, + *indir Fragesatz*; ***aliquem paenitet sui*** j-d ärgert sich über sich; ***me paenitet vixisse*** ich bedauere gelebt zu haben; ***me paenitet, quod a me ipse descivi*** ich bedauere, dass ich mir selbst untreu wurde; ***me non paenitet*** ich bin nicht abgeneigt, ich bin zufrieden

paenitūdō ⟨inis⟩ *f* ||paeniteo|| (*nachkl.*) Reue

paenula ⟨ae⟩ *f* ||griech. Fw.|| Mantel mit Kapuze, *bes* Regenmantel, Reisemantel

paenulātus ⟨a, um⟩ *Adj* ||griech. Fw.|| mit einem Reisemantel bekleidet

paeōn ⟨ōnis⟩ *m* = ***paean***

Paeōn ⟨ōnis⟩ *m* = ***Paean***

Paeōnius ⟨a, um⟩ *Adj* des Apollo; ärztlich, der Ärzte; ***herba Paeonia*** Heilkraut

Paestānus
I ⟨a, um⟩ *Adj* aus Paestum, zu Paestum gehörig
II ⟨ī⟩ *m* Einwohner von Paestum

Paestum ⟨ī⟩ *n griech. Kolonie des 6. Jh. v. Chr. am Golf von Salerno; heute Pesto mit gut erhaltenen Tempeln*

paetulus ⟨a, um⟩ *Adj* (*vkl.*) = ***paetus***

paetus ⟨a, um⟩ *Adj* (*unkl.*) blinzelnd, leicht schielend, *bes* verliebt blickend

pag. *Abk* = ***pagina*** Seite

pāgānica ⟨ae⟩ *f* ||paganicus|| Mart. mit Federn ausgestopfter Ball

pāgānicus ⟨a, um⟩ *Adj* ||paganus||
1. ländlich, dörflich
2. (*eccl.*) heidnisch

pāgānismus ⟨ī⟩ *m* ||paganus|| (*spätl.*) Heidentum; (*mlat.*) heidnische Bestandteile im christlichen Glauben

pāgānus
I ⟨a, um⟩ *Adj* ||pagus||
1. (*nachkl.*) *poet* dörflich, ländlich, Dorf…
2. (*eccl.*) heidnisch
II ⟨ī⟩ *m*
1. Landbewohner
2. Zivilist
3. (*eccl.*) Heide

Pagasae ⟨ārum⟩ *f thessalische Hafenstadt am Golf von Pagasae, später in Demetrias aufgegangen*

Pagasaeus ⟨a, um⟩ *Adj* aus Pagasae, zu Pagasae gehörig; ***Pagasaea coniunx*** der Gatte aus Pagasae, = Alkestis; ***Pagasaea carina*** das Schiff aus Pagasae, = Argo

Pagasaeus ⟨ī⟩ *m* Mann aus Pagasae, = Iason

Pagasē ⟨ēs⟩ *f* = ***Pagasae***

pāgātim *Adv* ||pagus|| (*nachkl.*) dorfweise, von Dorf zu Dorf; ***quondam pagatim habitantes*** Liv. die einst in Dörfern hausenden Menschen

pāgella ⟨ae⟩ *f* = ***pagina***

pāgina ⟨ae⟩ *f*
1. Streifen vom Bast der Papyrusstaude, Blatt Papier
2. Seite *Papier od eines Buches*; Kolumne
3. (*nachkl.*) Seite *eines Magistratsverzeichnisses*
4. *meton* Geschriebenes, *bes* Gedicht
5. *meton* Platte *am Fuß von Statuen*
6. *meton* Liste *von Ehrenstellen*
7. (*mlat.*) Urkunde; ***p. sacra*** Heilige Schrift, Bibel

pāginula ⟨ae⟩ *f* = ***pagina***

pago ⟨avi, atum, are 1.⟩ (*mlat.*) bezahlen

pāgus ⟨ī⟩ *m* ||pango||
1. Gau, Bezirk, Kanton; *meton* Einwohnerschaft eines Bezirks
2. Bauerngemeinde, Dorf; *meton* Landvolk

pāla ⟨ae⟩ *f*

1. (*vkl., nachkl.*) Spaten
2. Fassung *eines Edelsteins*

Palaemōn ⟨onis⟩ *m*
1. *Meeresgott, vor seiner Verwandlung Melicerta genannt.*
2. ***Remius Palaemon*** *Verfasser der ersten ausführlichen lat. Grammatik, 1. Jh. n. Chr.*

Palae-polis ⟨is⟩ *f* ||griech. Fw.|| *wörtlich „Altstadt", älterer Teil von Neapel*

Palaepolītānī ⟨ōrum⟩ *m* die Einwohner von Palaepolis

Palaestē ⟨ēs⟩ *f Landeplatz im N von Epirus*

Palaestīna ⟨ae⟩ *f u.* **Palaestīnē** ⟨ēs⟩ *f urspr. Küstenstreifen am Mittelmeer, dann Name einer röm. Provinz*

Palaestīnus ⟨a, um⟩ *Adj* aus Palästina, *auch* syrisch

Palaestīnus ⟨ī⟩ *m* Einwohner von Palästina, *auch* Syrer

palaestra ⟨ae⟩ *f* ||griech. Fw.||
1. Ringplatz, Ringschule
2. *meton* Ringkampf
3. *fig* Schule *bes für Redner*
4. *fig* Übung, Bildung, *bes* Redeübung, Fertigkeit im Reden; Kunststück
5. *hum* Bordell

palaestrica ⟨ae⟩ *f* ||palaestricus|| Ringkunst

palaestricus
I ⟨a, um⟩ *Adj, Adv* ⟨palaestricē⟩ ||griech. Fw.|| zur Ringschule gehörig, in der Ringschule üblich; *Adv* wie in der Ringschule
II ⟨ī⟩ *m* Quint. Lehrer in der Ringschule

palaestrīta ⟨ae⟩ *m* ||griech. Fw.|| Ringer

► **palam**
I *Adv*
1. offen, öffentlich
2. offen, rückhaltlos
3. *fig* offenkundig, bekannt
II *Präp + Abl* vor, in Gegenwart von; ***palam populo*** vor dem Volk, in Anwesenheit des Volkes

Palamēdēs ⟨is⟩ *m Erfinder u. Künstler, begleitete Agamemnon nach Troja, von Odysseus getötet*

Palātīnus
I ⟨a, um⟩ *Adj*
1. des Palatium, palatinisch; ***Apollo P.*** der auf dem Palatium verehrte Apollo, *Tempel des Apollo mit einer von Augustus angelegten Bibliothek*
2. kaiserlich; ***domus Palatina*** kaiserliches Haus
3. (*mlat.*) fürstlich, königlich; ***p. comes*** Pfalzgraf; ***palatini ministri*** Hofgesinde, die Hofgesellschaft
II ⟨ī⟩ *m* (*mlat.*) Höfling

Palātium *u.* **Pālātium** ⟨ī⟩ *n*
1. der palatinische Hügel *in Rom*
2. (*nachkl.*) *meton* Palast, *bes der Wohnsitz des Augustus u. der folgenden Kaiser*; Residenz

palātum ⟨ī⟩ *n u.* **palātus** ⟨ī⟩ *m*
1. Gaumen *als Organ des Geschmacks u. der Rede*
2. *fig* Wölbung

palea ⟨ae⟩ *f* Spreu

palear ⟨āris⟩ *n* ||palea|| Ov. Wamme, *die vom Nacken des Rindes herabhängende Hautfalte*

Palēs ⟨is⟩ *f Schutzgöttin der Hirten*

Palīlia ⟨ium⟩ *n* die Palilien, *ländliches Hirtenfest am Gründungstag Roms, dem 21. April*

Palīlis ⟨e⟩ *Adj* der Pales geweiht

palimbacchīus pēs *m* (*nachkl.*) „umgekehrter Bacchius", *Versmaß*: ∪ – –

palimpsēstus ⟨ī⟩ *m* ||griech. Fw.|| Palimpsest, *abgeschabtes u. noch einmal benutztes Pergament*

palinōdia ⟨ae⟩ *f* häufig wiederholter Gesang

Palinūrus ⟨ī⟩ *m Steuermann des Aeneas, fiel schlafend ins Meer u. ertrank; nach ihm benannt ein Vorgebirge u. ein Hafen*

pālitor ⟨-, ārī 1.⟩ ||*Freq von* palor|| Plaut. umherschweifen

paliūrus ⟨ī⟩ *m u. f* Verg. Judendorn, Christdorn, *Strauch, für Hecken verwendet*

palla ⟨ae⟩ *f*
1. (Plaut., Hor.) *langes, faltenreiches Obergewand der Frauen u. Schauspieler*
2. Sen. *fig* Vorhang; ***p. pulverea*** *poet* Staubwolke

pallaca ⟨ae⟩ *f* ||griech. Fw.|| Suet. Konkubine

Palladium ⟨ī⟩ *n* ||*Pallas*[1]|| *das vom Himmel gefallene Bild der Pallas Athene in Troja, galt als Unterpfand der Sicherheit; von Odysseus entwendet; nach röm. Überlieferung im Vestatempel aufbewahrt u. dort verehrt*

Palladius ⟨a, um⟩ *Adj* ||Pallas[1]|| der Pallas geweiht; ***P. ramus*** Olivenzweig; ***silva Palladia*** Olivenwald

Pallantēum ⟨ī⟩ *n* ||Pallas[2]|| *von dem Ahnherrn Pallas gegründete Stadt in Arkadien, Name auf die von Euander erbaute Ansiedlung auf dem Aventin übertragen*

Pallantēus *u.* **Pallantius** ⟨a, um⟩ *Adj* ||Pallas[2]|| des Pallas, zu Pallas gehörig

Pallas[1] ⟨adis⟩ *u.* ⟨ados⟩ *f*
1. *Beiname der Athene/Minerva*; ***Palladis ars*** Kunstfertigkeit der Pallas, = das Spinnen, das Weben; ***Palladis arbor*** Baum der Pallas, = Olivenbaum; ***Palladis avis/ales*** Vogel der Pallas, = Eule
2. *meton* Olivenbaum, Olivenöl
3. Kunstfertigkeit

Pallās[2] ⟨antis⟩ *m* MYTH *Name verschiedener Personen*:
1. *Vater der Athene/Minerva*
2. *einer der Giganten*
3. *Ahnherr des Euander*
4. *Sohn des Euander*

pallēns *Gen* ⟨entis⟩ *Adj* ||palleo|| (*nachkl.*)
1. blass, bleich; *poet* hellgrün, schmutzig gelb
2. *meton* blass machend

palleō ⟨uī, -, ēre 2.⟩
1. blass sein; hellgrün sein, gelblich sein
2. sich entfärben
3. *fig* sich ängstigen, sich fürchten, *aliquid* vor etw, *alicui* für j-n, um jdn

pallēscō ⟨palluī, -, pallēscere 3.⟩ ||*Inkoh von* palleo|| (*nachkl.*)
1. erblassen, gelblich werden, *re* durch etw, von etw
2. *fig* ängstlich werden, in Furcht geraten, *aliquid* vor etw, über etw

palliātus ⟨a, um⟩ *Adj* ||pallium|| mit einem griechischen Mantel bekleidet; ***fabula palliata*** Schauspiel mit griechischem Stoff und griechischen Kostümen

pallidulus ⟨a, um⟩ *Adj* ||*Dim von* pallidus|| Catul. ziemlich blass, ziemlich bleich

pallidus ⟨a, um⟩ *Adj* ||palleo||
1. blass, bleich, *bes von der Unterwelt*; unscheinbar, hässlich

P

2. verliebt
3. *meton* bleich machend

palliolātim *Adv* ||palliolum|| Plaut. mit einem Mäntelchen

palliolātus ⟨a, um⟩ *Adj* ||palliolum|| *(nachkl.) poet* mit einer Kapuze

palliolum ⟨ī⟩ *n* ||*Dim von* pallium|| *griech.* Mäntelchen, *bes der Philos.*; *(nachkl.) poet* Kapuze

pallium ⟨ī⟩ *n*
1. Suet. *griech.* Mantel, Überwurf, *galt in Rom als nicht sehr seriös*; ***tunica proprior pallio*** das Hemd ist näher als der Rock
2. *(nachkl.) poet* Bettdecke; Vorhang
3. *(mlat.)* Krönungsmantel; Pallium, *liturgisches Würdezeichen des Papstes u. der Metropoliten*

pallor ⟨ōris⟩ *m* ||palleo||
1. Blässe, das Erblassen; Todesblässe, Leichenblässe; Unscheinbarkeit, hässliche Farbe
2. *meton* Furcht, Angst

Pallor ⟨ōris⟩ *m* Blässe, Angst *als Gottheit*

palluī → ***palleo*** *u.* → ***pallesco***

pallula ⟨ae⟩ *f* ||*Dim von* palla|| Plaut. Mäntelchen

▶ **palma**[1] ⟨ae⟩ *f*
1. flache Hand, Handfläche
2. *(nachkl.) poet* Ruder, Ruderblatt
3. Palme, Palmbaum; *meton* Palmzweig; ***in palmis*** *(mlat.)* am Palmsonntag
4. Dattel
5. *fig* Siegespreis; *meton* Sieg, Sieger
6. äußerer Zweig *eines Baumes*

palma[2] ⟨ae⟩ *f* Tib. = ***parma***

palmāris ⟨e⟩ *Adj* ||palma[1]|| der Siegespalme würdig, des Preises würdig

palmārium ⟨ī⟩ *n* ||palma[1]|| Ter. Hauptwerk, Meisterstück

palmātus ⟨a, um⟩ *Adj* ||palma[1]|| *(nachkl.) poet* mit gestickten Palmzweigen verziert

palmes ⟨itis⟩ *f* ||palma[1]|| Zweig; Weinrebe, Weinstock

palmētum ⟨ī⟩ *n* ||palma[1]|| Palmenhain

palmi-fer ⟨fera, ferum⟩ *Adj* ||palma[1], fero|| *poet* Palmen tragend, reich an Palmen

palmō ⟨-, -, āre 1.⟩ ||palma[1]|| Quint. die flache Hand als Zeichen eindrücken

palmōsus ⟨a, um⟩ *Adj* ||palma[1]|| Verg. reich an Palmen

palmula ⟨ae⟩ *f* ||*Dim von* palma[1]|| *(unkl.)*
1. Schaufel des Ruders; *allg.* Ruder
2. Palme, Palmzweig
3. Dattel

Palmȳra ⟨ae⟩ *f alte Handelsstadt nw. von Damaskus, schloss sich 14 n Chr. dem Röm. Reich an; bedeutende Ruinen aus der Kaiserzeit*

pālor ⟨ātus sum, ārī 1.⟩ *(nachkl.) poet* sich zerstreuen, umherirren; *fig* irren, schwanken; ***stellae palantes*** Planeten

palpātiō ⟨ōnis⟩ *f* ||palpo[1]|| Plaut. Zärtlichkeit

palpātor ⟨ōris⟩ *m* ||palpo[1]|| Plaut. Schmeichler

palpebra ⟨ae⟩ *f* ||palpo[1]|| Augenlid, *meist Pl*

palpitātiō ⟨ōnis⟩ *f* ||palpito|| das Zucken, das Blinzeln

palpitō ⟨āvī, ātum, āre 1.⟩ ||*Intens von* palpo[1]|| zucken, klopfen; ***cor palpitat*** das Herz klopft

palpō[1] ⟨āvī, ātum, āre 1.⟩ liebkosend streicheln; *fig j-m* schmeicheln, *j-n* liebkosen, *abs od alicui*

palpō[2] ⟨ōnis⟩ *m* ||palpo[1]|| Pers. Schmeichler

palpor ⟨ātus sum, ārī 1.⟩ = ***palpo***[1]

palpus ⟨ī⟩ *m* ||palpo[1]|| Plaut. das Streicheln

palūdāmentum ⟨ī⟩ *n*
1. Kriegsmantel, Feldherrnmantel
2. *meton* Krieg

palūdātus ⟨a, um⟩ *Adj* im Kriegsmantel, im Feldherrnmantel

palūdōsus ⟨a, um⟩ *Adj* ||palus[2]|| *poet* sumpfig

palumbēs *u.* **palumbis** ⟨is⟩ *m u. f u.* **palumbus** ⟨ī⟩ *m* Ringeltaube

pālus[1] ⟨ī⟩ *m* ||pango|| Pfahl

▶ **palūs**[2] ⟨ūdis⟩ *f*
1. Sumpf, Morast; *poet auch* See, Fluss
2. *meton* Sumpfrohr

palūster ⟨stris, stre⟩ *Adj* ||palus[2]|| sumpfig, Sumpf…; ***ranae palustres*** im Sumpf lebende Frösche

palūx ⟨ūcis⟩ *f* = ***balux***

pampineus ⟨a, um⟩ *Adj* ||pampinus|| *(nachkl.) poet* aus Weinlaub, mit Weinlaub umwunden; ***frondes pampineae*** Weinlaub; ***vitis pampinea*** rankende Weinrebe

pampinus ⟨ī⟩ *m* Weinranke, Weinlaub

Pān ⟨Pānos⟩ *u.* ⟨Pānis⟩, *Akk* ⟨Pāna⟩ *m*
1. *Wald- u. Hirtengott, Sohn des Hermes/Merkur, dargestellt mit Hörnern, Schwanz u. Bocksfüßen*
2. *Pl* dem Pan ähnliche Wald- und Feldgottheiten

panaca ⟨ae⟩ *f* ||kelt. Fw.|| Mart. Trinkgeschirr

panacēa ⟨ae⟩ *f* ||griech. Fw.|| Verg. *poet* Allheilkraut

Panaetius ⟨ī⟩ *m Stoiker aus Rhodos, um 150 v. Chr., in Rom u. Athen lebend, Freund des jüngeren Scipio u. des Laelius*

Panaetōlicus ⟨a, um⟩ *Adj* Liv. gesamtätolisch

panaricium ⟨ī⟩ *n* ||griech. Fw.|| *(nachkl.)* Nagelbettentzündung

pānāriolum ⟨ī⟩ *n* ||*Dim von* panarium|| Mart. Brotkörbchen

pānārium ⟨ī⟩ *n* ||panis|| *(vkl., nachkl.)* Brotkorb

Panathēnāicus ⟨ī⟩ *m* am Fest der Panathenäen gehaltene Rede auf Athen *im Jahr 339 v. Chr. von Isokrates*

panchrēstus ⟨a, um⟩ *Adj* ||griech. Fw.|| zu allem nützlich

pancratiastēs ⟨ae⟩ *m* ||griech. Fw.|| Allkämpfer, *Ring- u. Faustkämpfer*

pancraticē *Adv* ||pancratium|| Plaut. nach Art der Allkämpfer; ***pancratice valere*** kerngesund sein

pancration *u.* **pancratium** ⟨ī⟩ *n* ||griech. Fw.|| Allkampf, Faust- und Ringkampf

pandectae ⟨ārum⟩ *f* ||griech. Fw.|| = ***digesta***

pandiculor ⟨ātus sum, ārī 1.⟩ ||pando[1]|| Plaut. sich gähnend recken und strecken

Pandīōn ⟨onis⟩, *Akk* ***ona*** *m* MYTH *König von Athen*

pandō[1] ⟨āvī, ātum, āre 1.⟩ ||*Denom von* pandus|| biegen, krümmen; *Passiv* sich krümmen, sich beugen

▶ **pandō**[2] ⟨pandī, passum⟩ *u.* ⟨pānsum, pandere 3.⟩
1. ausbreiten, ausstrecken, ***manūs*** die Hände; ***capillus passus/crines passi*** aufgelöste Haare; ***longe lateque se p.*** weiten Einfluss gewinnen
2. *Passiv u.* ***se p.*** *(nachkl.)* sich ausbreiten, sich ausdehnen

3. *(unkl.)* zum Trocknen ausbreiten
4. *(unkl.)* öffnen, aufsperren, aufreißen; begehbar machen, *einen Weg* bahnen, *meist fig*; *Passiv* sich öffnen, sich auftun
5. offenbaren, kundtun, *alicui aliquid* j-m etw; ***rerum primordia pandam*** Lucr. ich will die Uranfänge der Dinge offenbaren

Pandōra ⟨ae⟩ *f* MYTH *Gestalt, nach Hesiod auf Befehl von Zeus von Hephaistos gestaltet u. mit großer Schönheit ausgestattet; als Frau des Epimetheus zu den Menschen geschickt als Rache für das von Prometheus gestohlene Feuer; öffnete die ihr von den Göttern mitgegebene Büchse, in der sich alle Leiden u. Übel befanden, die damit auf die Erde kamen*

Pandrosos ⟨ī⟩ *f* MYTH *Tochter des Kekrops*

pandus ⟨a, um⟩ *Adj* ||pando[1]|| einwärts gewölbt, gekrümmt, bauchig

pane ⟨is⟩ *n (altl.)* = ***panis***

panēgyricus ⟨ī⟩ *m* ||griech. Fw.|| Festrede zur Verherrlichung Athens *von Iskorates 380 v. Chr.*; Lobrede

Pangaea ⟨ōrum⟩ *n Gebirge an der Grenze von Makedonien zu Thrakien*

pangō ⟨pepigī⟩ *u. selten* ⟨pēgī/pānxī, pāctum, pangere 3.⟩
1. *(nachkl.)* einschlagen, befestigen; ***clavum p.*** einen Nagel einschlagen; ***colles p.*** die Hügel mit Weinstöcken bepflanzen
2. *fig* zusammenfügen; verfassen, abfassen, dichten; *abs* schriftstellern, dichten; ***versūs p.*** Lucr. Verse abfassen; ***de pangendo nihil fieri potest*** mit der Schriftstellerei kann es nichts werden
3. *fig* besingen
4. *fig* zustande bringen; ***prima per artem temptamenta alicuius p.*** zuvor j-s Herz schlau zu erforschen versuchen
5. *fig nur vom Perfektativstamm pepigisse* festsetzen, bestimmen; verabreden, *ut/ne* dass/dass nicht; versprechen, + *Inf*; ***foedus cum aliquo p.*** einen Vertrag mit j-m schließen; ***se alicui p.*** sich mit j-m verloben

Panhormus ⟨ī⟩ *m* = ***Panormus***

pāniceus ⟨a, um⟩ *Adj* ||panis|| Plaut. aus Brot gemacht

pāniculus ⟨ī⟩ *m* Schilf, Rohrbüschel

pānicum ⟨ī⟩ *n* Hirse

pānicus ⟨a, um⟩ *Adj* = ***paniceus***

pāni-ficium ⟨ī⟩ *n* ||panis, facio|| *(unkl.)* Backwerk, *bes* Opferkuchen

▶ **pānis** ⟨is⟩ *m* Brot; ***p. angelicus*** *(eccl.)* Manna, Abendmahlsbrot

Pāniscus ⟨ī⟩ *m* ||griech. Fw.|| (Cic., Suet.) kleiner Pan

panniculus ⟨ī⟩ *m* ||*Dim von* pannus|| *(nachkl.)* Tuchfetzen, Lumpen

Pannonia ⟨ae⟩ *f* Pannonien, *seit 9 n Chr. bis Ende des 4. Jh. röm. Provinz zwischen Ostalpen, Donau u. Save; Pannonia superior mit der Hauptstadt Vindobona* (Wien) *u. Pannonia inferior mit der Hauptstadt Aquincum (h. Stadtteil von Budapest)*

Pannonicus ⟨a, um⟩ *Adj* aus Pannonien, pannonisch

Pannoniī ⟨ōrum⟩ *m* die Einwohner von Pannonien, Pannonier

pannōsus ⟨a, um⟩ *Adj* ||pannus|| zerlumpt, zerrissen; *(nachkl.) fig* welk

pannūceus *u.* **pannūcius** ⟨a, um⟩ *Adj (nachkl.)* = ***pannosus***

pannus ⟨ī⟩ *m (unkl.)* Stück Tuch, Lappen, Lumpen, *auch* ärmliches Kleidungsstück, Gewand

Panormitānus ⟨a, um⟩ *Adj* aus Panormus, zu Panormus gehörig

Panormus ⟨ī⟩ *f Stadt an der Nordwestküste Siziliens, heute Palermo*

pānsa ⟨ae⟩ *f* ||pando[2]|| *(vkl.)* Plattfuß, *(klass.) nur als Beiname*

pānsum *PPP* → ***pando²***

pantex ⟨icis⟩ *m* Com. *poet* Wanst; *Pl* Gedärme

panthēra ⟨ae⟩ *f* Panther; ***confusa genus p. camelo*** = Giraffe

panthēreus ⟨a, um⟩ *Adj* ||panthera|| Verg. zum Panther gehörig

panthērinus ⟨a, um⟩ *Adj* ||panthera|| *(vkl., nachkl.)* gefleckt; *fig* braun und blau geschlagen

Panthēum ⟨ī⟩ *n* ||griech. Fw.|| Pantheon, *Tempel für alle Götter, größter antiker Kuppelbau in Rom; 27 v. Chr. erbaut, nach Brand von Kaiser Hadrian wiederhergestellt; heute Kirche S. Maria Rotonda*

Panthous ⟨ī⟩ *m trojanischer Apollopriester, Vater des trojanischen Helden Euphorbus*

pantomīmicus ⟨a, um⟩ *Adj* ||pantomimus|| pantomimisch

pantomīmus ⟨ī⟩ *m* ||griech. Fw.||
1. (Sen., Suet.) der Pantomime, Balletttänzer
2. die Pantomime, pantomimisches Stück

pantopōlium ⟨ī⟩ *n* ||griech. Fw.|| Plaut. Kaufhaus, Warenhaus

pāpa ⟨ae⟩ *u.* ⟨ātis⟩ *m* ||griech. Fw.|| *(eccl.)* Bischof; Papst

papae *Interj* = ***babae***

pāpās ⟨ātis⟩ *m* ||griech. Fw.|| Iuv. Erzieher

papāver ⟨eris⟩ *n (nachkl.)* Mohn; *Pl* Mohnkörner, Mohnpflanzen, Mohnköpfe

papāvereus ⟨a, um⟩ *Adj* Ov. des Mohnes, Mohn…

Paphius ⟨a, um⟩ *Adj* aus Paphus, *auch* zyprisch

Paphlagō(n) ⟨ōnis⟩ *m* Einwohner von Paphlagonia

Paphlagonia ⟨ae⟩ *f Landschaft an der Nordküste Kleinasiens*

Paphos *u.* **Paphus** ⟨ī⟩ *m Sohn des Pygmalion, sagenhafter Gründer von* **Paphus** ⟨ī⟩ *f, einer Seestadt auf Zypern mit altem Aphroditeheiligtum, Lage beim heutigen Kuklia*

pāpiliō ⟨ōnis⟩ *f*
1. *(nachkl.)* Schmetterling, Falter
2. *(spätl.) fig* Zelt

papilla ⟨ae⟩ *f* ||*Dim von* papula|| Brustwarze; Brust; ***papillae auratae*** goldene Kettchen, *die man um die Brüste legte*

Papīriānus ⟨a, um⟩ *Adj* des Papirius, zu Papirius gehörig

Papīrius ⟨a, um⟩
I *röm. Gentilname*
1. ***L. Papirius Cursor*** *Held des Samniterkrieges*
2. ***C. Papirius Carbo*** *Volkstribun u. Anhänger der Gracchen, als Konsul 120 v. Chr. Anhänger der Optimaten.*
II *Adj* des Papirius, zu Papirius gehörig

papista ⟨ae⟩ *f (mlat.)* Anhänger des Papstes

Pāpius ⟨a, um⟩ *röm. Gentilname; bekannt* ***M. Papius Mutilus*** *Konsul 9 n. Chr.; veranlasste zusammen mit seinem Kollegen Poppaeus das Gesetz gegen Kinderlosigkeit*
pappās ⟨ātis⟩ *m* = ***papas***
pappō ⟨-, -, āre 1.⟩ *(vkl.) poet* essen, „futtern"
pappus ⟨ī⟩ *m* liegender Pflanzensame
papula ⟨ae⟩ *f* (Verg., Sen.) Bläschen, Hitzebläschen; *(mlat.)* Blatter, Pestbeule
papȳri-fer ⟨fera, ferum⟩ *Adj* ||papyrus, fero|| Ov. Papyrusstauden tragend
papȳrus ⟨ī⟩ *m u. f* ||griech. Fw.|| *(nachkl.) poet* Papyrusstaude; *meton* Papier; Kleid aus Papyrusbast
pār
I *Gen* ⟨paris⟩ *Adj, Adv* → ***pariter***
1. gepaart, ähnlich
2. gleich, gleich groß *in Bezug auf Größe, Maß, Kraft u. Bedeutung*
3. *von Zahlen* gerade; ***ludere par impar*** Hor. Gleich-Ungleich spielen
4. unentschieden; ***pari proelio discedere*** im Kampf unentschieden auseinander gehen
5. *j-m / einer Sache* gewachsen, *alicui / alicui rei* j-m, *re* in etw
6. entsprechend, angemessen; ***oratio rebus par*** eine der Sache angemessene Rede; ***par est*** es ziemt sich, *abs od + AcI*
7. sich selbst gleich, gleichmäßig stark *in einer Eigenschaft.*
II ⟨paris⟩ *m u. f*
1. der Gleiche, die Gleiche; ***pares cum paribus facillime congregantur*** gleich und gleich gesellt sich gern
2. Genosse, Genossin; Altersgenosse; *auch* Gatte, Gattin
3. Gegner; ***habebo parem Hannibalem*** Liv. ich werde Hannibal als Gegner haben
III ⟨paris⟩ *n*
1. Gleiches, das Gleiche; ***par pari / pro pari referre*** Gleiches mit Gleichem vergelten; ***par pari respondere*** bar bezahlen; paria horum gleiche Vorgänge wie diese
2. *Sg u. Pl* das Paar; ***tria paria amicorum*** drei Freundespaare
parābilis ⟨e⟩ *Adj* ||paro²|| leicht zu beschaffen, leicht zu gewinnen
parabola ⟨ae⟩ *f u.* **parabolē** ⟨ēs⟩ *f* ||griech. Fw.|| Gleichnis; *(spätl.)* gleichnishafte Erzählung, Parabel
paraclētus ⟨ī⟩ *m* ||griech. Fw.|| *(eccl.)* Tröster, Beistand; *(mlat.)* Heiliger Geist
paradīgma ⟨atos⟩ *n* ||griech. Fw.|| *(spätl.)* RHET, GRAM Beispiel, Paradigma
paradīsus ⟨ī⟩ *m* ||griech. Fw.||
1. *(nachkl.)* Tiergarten, Park
2. *(eccl.)* Paradies
3. *(mlat.)* Vorhof *der altchr. Basilika*
paradoxa ⟨ōrum⟩ *n* ||griech. Fw.|| widersprüchliche Sätze; ***p. Stoicorum*** *Titel einer Schrift Ciceros gegen die Stoiker*
Paraetacēnē ⟨ēs⟩ *f Gebirgslandschaft in der iranischen Provinz Isfahan*
Paraetonium ⟨ī⟩ *n ehemalige Hauptstadt der Provinz Libya Inferior, heute Marsa Matruck*
Paraetonius ⟨a, um⟩ *Adj* aus Paraetonium, zu Paraetonium gehörig, *auch* ägyptisch, afrikanisch
paragraphus ⟨ī⟩ *f* ||griech. Fw.|| *(spätl.)* GRAM *Zeichen zur Trennung des Stoffes*
paralysis ⟨is⟩ *u.* ⟨eos⟩ *f* ||griech. Fw.|| (Petr., Suet.) MED Lähmung
paralyticus ⟨a, um⟩ *Adj* ||griech. Fw.|| *(nachkl.)* gelähmt
paramentum ⟨i⟩ *n (mlat.)* Zierstück; *meist Pl* Kirchenschmuck, Altargerät; liturgische Gewänder *der Geistlichen*
paranymphus ⟨ī⟩ *m* ||griech. Fw.|| *(spätl.)* Brautführer; *(mlat.)* Erzengel Michael
paraphrasis ⟨is⟩ *f (nachkl.)* RHET Umschreibung
parārius ⟨ī⟩ *m* ||paro²|| Sen. Unterhändler, Makler
parasceūē ⟨ēs⟩ *f* ||griech. Fw.|| Zurüstung; Rüsttag *der Juden, Tag vor dem Sabbat*; *(eccl.)* Karfreitag
parasīta ⟨ae⟩ *f* ||parasitus|| Hor. Schmarotzerin
parasītaster ⟨trī⟩ *m* ||parasitus|| Ter. elender Schmarotzer
parasītātiō ⟨ōnis⟩ *f* ||parasitor|| Plaut. das Schmarotzen
parasīticus ⟨a, um⟩ *Adj* ||parasitus|| Schmarotzer…
parasītor ⟨-, ārī 1.⟩ Plaut. schmarotzen
parasītus ⟨ī⟩ *m* ||parasitus|| ||griech. Fw.||
1. Tischgast
2. Schmarotzer, Mitesser, Parasit
parastichis ⟨idis⟩ *f* ||griech. Fw.|| *(nachkl.)* Akrostichon, *die Anfangsbuchstaben od -silben der Verszeilen eines Gedichtes ergeben ein Wort od einen Satz*
parātiō ⟨ōnis⟩ *f* ||paro²||
1. Vorbereitung
2. *fig* das Trachten, das Streben, *alicuius rei* nach etw
paratragoedō ⟨-, -, āre 1.⟩ ||griech. Fw.|| Plaut. *wie in der Tragödie* bombastisch reden
parātus¹ ⟨ūs⟩ *m* ||paro²||
1. Zurüstung, Veranstaltung
2. Kleidung, Tracht; Schmuck, Pracht
parātus² ⟨a, um⟩ *Adj, Adv* ⟨parātē⟩ ||paro²||
1. vorbereitet, gerüstet, bereit, fertig, *ad aliquid / in aliquid / alicui rei* zu etw, für etw; ***rictus p. in verba*** zum Sprechen bereiter Mund
2. zu *etw* entschlossen, auf *etw* gefasst, *ad aliquid / in aliquid / alicui rei*; schlagfertig; ***milites ad dimicandum parati*** zum Kampf entschlossene Soldaten
3. ausgerüstet, gut versehen, *re* mit etw; geübt, geschult; ***parate dicere*** gewandt reden; ***simulatione p.*** Meister der Verstellung; ***in iure p.*** in der Rechtskunde erfahren; ***exercitus p.*** schlagkräftiges Heer
4. leicht, bequem; ***victoria parata*** leichter Sieg
paraverēdus ⟨ī⟩ *m (spätl.)* Postpferd *auf Nebenlinien*
parazōnium ⟨ī⟩ *n* ||griech. Fw.|| Mart. kurzes Schwert, Dolch
Parca ⟨ae⟩ *f urspr. Geburtsgöttin, später der Moira gleichgesetzt,* Schicksalsgöttin, Parze
parce-prōmus ⟨a, um⟩ *Adj* ||parcus, promo|| Plaut. knickerig
parcitās ⟨ātis⟩ *f* ||parcus|| Sparsamkeit
► **parcō** ⟨pepercī⟩ *u.* ⟨parsī, parsūrus, parcere 3.⟩
1. sparen, sparsam umgehen, haushälterisch umgehen, *abs od alicui rei* mit etw, *aliquid* etw; ***p. viribus*** Kräfte sparen; ***labori alicuius p.*** j-m eine Anstren-

gung ersparen
2. Abstand nehmen von *etw*, *etw* unterlassen, *alicui rei*, *selten a re*; ***parce metu*** Verg. fürchte dich nicht; ***nullis verborum contumeliis p.*** nicht mit Lästerungen sparen
3. schonen, verschonen, *alicui / alicui rei* j-n / etw; ***vitae alicuius p.*** j-s Leben schonen
4. Rücksicht nehmen auf *etw*, *etw* berücksichtigen, *alicui / alicui rei*; ***alicuius oculis p.*** auf j-s Augen Rücksicht nehmen

▶ **parcus** ⟨a, um⟩ *Adj*, *Adv* ⟨parcē⟩ ||parco||
1. sparsam, haushälterisch; *pej* karg, knickerig, *alicuius rei* mit etw; ***p. donandi*** sparsam mit Geben
2. enthaltsam, genügsam, sich zurückhaltend, *alicuius rei / in re* in etw; ***verba parca*** schonende Worte; ***parce dicere*** sich zurückhaltend äußern
3. *im Ausdruck* sparsam, schlicht, knapp, wortkarg
4. *meton* nicht reichlich vorhanden, karg, spärlich, knapp; ***victus p.*** karger Lebensunterhalt; ***lintea parca vento dare*** nur selten Segel setzen

pardalis ⟨is⟩ *f* ||griech. Fw.|| Curt. Pantherweibchen

pardus ⟨ī⟩ *m* ||griech. Fw.|| Iuv. Panther

pārēns[1] *Gen* ⟨entis⟩ *Adj* ||pareo|| gehorsam

▶ **parēns**[2] ⟨entis⟩ *m u. f* ||pario||
1. Vater, Mutter; *Pl* Eltern
2. Vorfahr, Ahnherr; *Pl* Vorfahren
3. Vetter; *Pl* Verwandte
4. *fig* Schöpfer, Urheber, Erfinder; *von Leblosem u. Abstraktem* Quelle, Grund
5. Mutterland, Mutterstadt

parentālia ⟨ium⟩ *n* ||parentalis|| jährliche Totenfeier für Eltern oder Verwandte *am 21. Februar, auch Feralia genannt*

parentālis ⟨e⟩ *Adj* ||parens²||
1. elterlich, der Eltern
2. zur jährlichen Totenfeier für Eltern oder Verwandte gehörig

parenthesis ⟨is⟩ *f* ||griech. Fw.|| *(spätl.)* RHET Zwischensatz, Einschub, Parenthese

parenti-cīda ⟨ae⟩ *m* ||parens², caedo|| Plaut. Vatermörder, Verwandtenmörder

parentō ⟨āvī, ātum, āre 1.⟩ ||*Denom von* parens²||
1. das Totenopfer darbringen *für Eltern od Verwandte*
2. *fig j-n* rächen, *j-m* Genugtuung verschaffen, *j-n* versöhnen, *alicui*; ***sanguine fratri p.*** Sen. den Bruder rächen

▶ **pāreō** ⟨uī, itūrus, ēre 2.⟩
1. *(vkl.) poet* erscheinen, sich zeigen
2. *formelhaft* ***paret*** es zeigt sich, es steht fest, es ist erwiesen, + *AcI*
3. gehorchen, *alicui / alicui rei* j-m / einer Sache
4. untertan sein, unterworfen sein, dienen, *alicui / alicui rei* j-m / einer Sache
5. nachgeben, nachkommen, *alicui rei* einer Sache

parergon ⟨ī⟩ *n* ||griech. Fw.|| Vitr. Nebenwerk, Beiwerk

pariambus ⟨ī⟩ *m* ||griech. Fw.|| Quint. *Versfuß* ∪∪; = ***pyrr(h)ichius***

pāri-cīd… = ***parricid…***

▶ **paries** ⟨etis⟩ *m*
1. Wand, Mauer; ***intra parietes*** innerhalb der vier Wände, *auch* in einem Familienrat, auf gütlichem Weg; ***parietem ducere*** eine Wand ziehen
2. (Plaut., Hor.) *fig* Scheidewand, Trennwand

parietārius ⟨a, um⟩ *Adj* ||paries|| *(spätl.)* Wand…; ***pictor p.*** Wandmaler

parietinae ⟨ārum⟩ *f* ||paries|| altes Gemäuer, Ruinen

Parīlia ⟨ium⟩ *n* = ***Palilia***

parilis ⟨e⟩ *Adj* ||par|| gleich, gleichförmig

▶ **pariō** ⟨peperī, partum (paritūrus), parere 3.⟩
1. erzeugen, gebären, *fast nur von der Mutter, aliquem alicui* j-n j-m, *aliquem ex aliquo* j-n von j-m; ***gallina ovum parit*** das Huhn legt ein Ei
2. *fig* hervorbringen; ***terra fruges parit*** die Erde bringt Früchte hervor
3. *fig geistig* erfinden, erschaffen; ***nova verba p.*** neue Wörter schaffen
4. *fig* erwerben, gewinnen, (sich) verschaffen; ***amicos p.*** Freunde gewinnen; ***salutem p.*** Rettung finden
5. *fig* verursachen, sich zuziehen; ***suspicionem p.*** Verdacht erregen; ***alicui fiduciam p.*** j-m Vertrauen einflößen

Parion ⟨ī⟩ *n* = ***Parium***

Paris ⟨idis⟩ *m Sohn des Priamus, Entführer der Helena, vor Troja durch den Pfeil des Philoktet getötet*

Parīsii ⟨ōrum⟩ *m gall. Stamm an der mittleren Sequana, Hauptstadt Lutetia (Parisiorum)*

pariter *Adv* ||par||
1. in gleicher Weise, ebenso, *mit nachfolgendem ac / et / atque* wie; ***pariter errare*** ebenso irren; ***ultimi pariter propinquis*** die Entfernten wie die näher Stehenden; ***eum pariter odimus atque tu*** wir hassen ihn ebenso wie du; ***pariter ac si / ut si*** gleich als wenn, gleich als ob
2. ohne Unterschied; ***armatos et inermes pariter caedere*** Bewaffnete und Unbewaffnete ohne Unterschied niedermetzeln
3. gleichzeitig, zugleich, zusammen; ***regnum pariter cum vita amittere*** gleichzeitig mit der Herrschaft sein Leben verlieren

paritō ⟨-, -, āre 1.⟩ ||*Intens von* paro²|| Plaut. vorbereiten, sich anschicken, + *Inf*; beabsichtigen, *ut*

pāritor ⟨ōris⟩ *m* ||pareo|| *(spätl.)* Leibwächter, Diener

Parium ⟨ī⟩ *n Hafenstadt am Südufer des Marmarameeres, heute Kemér*

Parius
I ⟨a, um⟩ *Adj* aus Paros, zu Paros gehörig
II ⟨ī⟩ *m* Einwohner von Paros

parma ⟨ae⟩ *f (unkl.)* kleiner Rundschild *der Leichtbewaffneten u. Reiter*; *allg.* Schild; *meton* Gladiator

Parma ⟨ae⟩ *f Stadt in Oberitalien, Name erhalten*

parmātus
I ⟨a, um⟩ *Adj* ||parma|| mit dem Rundschild bewaffnet
II ⟨ī⟩ *m* Rundschildträger

Parmenidēs ⟨is⟩ *m Philos. aus Elea, um 450 v. Chr., Vertreter der Schule von Elea*

Parmeniō(n) ⟨ōnis⟩ *m Vertrauter u. General Alexanders des Großen*

Parmēnsis
I ⟨e⟩ *Adj* aus Parma, zu Parma gehörig
II ⟨is⟩ *m* Einwohner von Parma

parmula ⟨ae⟩ *f* Hor. Schildchen

parmulārius ⟨ī⟩ *m* ||parmula|| Suet. Anhänger der mit der parma kämpfenden Gladiatoren

P

Parnāsis *Gen* ⟨idis⟩ *Adj f* aus dem Parnassus, zum Parnassus gehörig

Parnās(s)ius ⟨a, um⟩ *Adj* aus dem Parnassus, zum Parnassus gehörig

Parnās(s)us ⟨ī⟩ *m Gebirge bei Delphi mit der kastalischen Quelle*

parō[1] ⟨āvī, ātum, āre 1.⟩ ||*Denom von* par||
1. Plaut. gleich schätzen
2. ***se cum aliquo p.*** sich mit j-m verständigen *in einer Angelegenheit*

► **parō**[2] ⟨āvī, ātum, āre 1.⟩ ||pario||
1. vorbereiten, besorgen, Vorkehrungen treffen, (aus)rüsten, *aliquid* etw *od* sich zu etw; ***alicui bellum p.*** gegen j-n einen Krieg vorbereiten; ***alicui insidias p.*** einen Hinterhalt gegen j-n vorbereiten; ***omnia ad defensionem p.*** alles für die Verteidigung vorbereiten
2. sich zu *etw* anschicken, *etw* im Sinn haben, *etw* beabsichtigen, + *Inf*, *ut* dass; ***proficisci p.*** beabsichtigen aufzubrechen
3. (sich) verschaffen, erwerben, gewinnen; ***pacem p.*** Frieden stiften; ***(sibi) ius p.*** sich Recht verschaffen
4. kaufen; ***hortos argento p.*** Gärten für Geld kaufen

parochia ⟨ae⟩ *f* ||griech. Fw.|| (*eccl.*) Amtsbezirk der Kirche; (*mlat.*) Pfarrei

parochus ⟨ī⟩ *m* Gastwirt *einer Station für reisende Staatsbeamte u. Diplomaten*; *allg.* Wirt, Gastgeber

paropsis ⟨idis⟩ *f* ||griech. Fw.|| (*nachkl.*) *poet* kleine Schüssel

Paros ⟨ī⟩ *f Kykladeninsel, Geburtsort des Dichters Archilochos, bekannt durch ihren Marmor, Name erhalten*

parra ⟨ae⟩ *f* Hor. Schleiereule, *deren Flug u. Geschrei als schlechte Vorzeichen galten*; ***malam parram pilare*** Petr. Pech haben

Parrhasia ⟨ae⟩ *f Landschaft u. Stadt im SW Arkadiens*

Parrhasis *Gen* ⟨idis⟩ *Adj f u.* **Parrhasius**[1] ⟨a, um⟩ *Adj* parrhasisch, arkadisch; ***Parrhasius rex*** der arkadische König, = Euander; ***Parrhasia virgo*** die arkadische Jungfrau, = Callisto; ***Parrhasia ursa*** (Ov., Verg.) *Sternbild* Großer Bär

Parrhasius[2] ⟨ī⟩ *m aus Ephesus stammender berühmter Maler, um 400 v. Chr.*

► **parri-cīda** ⟨ae⟩ *m* ||caedo||
1. Mörder eines Verwandten, *bes* Vatermörder
2. *fig* Mörder, Hochverräter; *allg.* Verräter, Verbrecher, ***p. patriae*** (Cic., Sall.) Hochverräter

parricīdālis ⟨e⟩ *Adj* ||parricida|| Petr. mörderisch, verrucht

parricīdātus ⟨ūs⟩ *m u.* **parricīdium** ⟨ī⟩ *n* ||parricida||
1. Mord an einem nahen Verwandten, *bes* Vatermord; Mord
2. *fig* Hochverrat, schweres Verbrechen

pars ⟨partis⟩ *f*

1. Teil, Abteilung
2. Geschlechtsteile
3. ein Teil, mehrere
4. großenteils
5. Anteil
6. Landesteil, Gebiet
7. Beziehung, Hinsicht
8. Art
9. Partei
10. Amt, Pflicht

1. Teil, Abteilung, Stück, Portion; ***p. (corporis)*** Körperteil; ***p. de nobis*** ein Teil von uns; ***p. ex illis*** ein Teil von jenen; ***magna / maior p.*** Mehrzahl, die meisten; ***p. praecipua*** Hauptteil; ***p. dimida*** Hälfte; ***tertia p.*** Drittel; ***duae partes*** zwei Drittel; ***tres partes*** drei Viertel; ***duabus partibus plus*** zweimal mehr; ***omnibus partibus maior*** unendlich viel größer
2. *Pl* Geschlechtsteile
3. *von Personen* ein Teil, mehrere; ***p. … p. …*** einige … andere …
4. *Wendungen*: ***magnam partem / magnā (ex) parte*** großenteils; ***maximam partem / maximā (ex) parte*** größtenteils; ***(ex) parte*** zum Teil, teils; ***ex aliqua parte / ex quadam parte*** einigermaßen; ***ne minimā quidem ex parte*** nicht im geringsten; ***nonnullā parte*** teilweise; ***omni ex parte*** völlig
5. Anteil, *alicuius rei* an etw; Geschäftsanteil; ***in parte alicuius rei esse*** an etw teilnehmen; ***in partem alicuius rei venire*** Anteil an etw bekommen; ***p. mea nulla est in re*** ich habe keinen Anteil an etw; ***in partem alicuius rei vocare*** j-n an etw teilnehmen lassen, j-n zu etw zuziehen; ***pro virili parte*** nach Kräften
6. Landesteil, Gebiet, Gegend; Richtung; ***ab / ex utraque parte*** rechts und links; ***omnibus (in) partibus*** überall; ***eā parte*** dort; ***qua ex parte*** wo; ***quam in partem*** wohin
7. *fig* Beziehung, Hinsicht; ***in utramque partem*** für beide Fälle; ***nullam in partem*** keinesfalls; ***in eam partem*** in der Beziehung, in der Absicht, deswegen; ***in omnes partes / omnibus partibus / omni ex parte*** in jeder Hinsicht, völlig; ***in utramque partem / in contrarias partes disputare*** für und wider erörtern
8. Art *einer Gattung*
9. Partei, *meist Pl*; ***partium studium*** Parteieifer; ***a parte alicuius esse*** auf j-s Seite stehen; ***nullius / neutrius partis esse*** neutral bleiben; ***aliarum partium esse*** einer anderen Partei angehören
10. Amt, Pflicht, Aufgabe; *Pl* Rolle *des Schauspielers*; ***partes implere*** seine Pflicht erfüllen; ***partes primae*** Hauptrolle; ***partes recipere*** eine Rolle übernehmen; ***alicuius partes agere*** j-s Rolle spielen

parsī → ***parco***

parsimōnia ⟨ae⟩ *f* ||parco|| Sparsamkeit, *alicuius* j-s, *alicuius rei* in etw; ***p. victūs*** einfache Lebensweise

parsūrus ⟨a, um⟩ *Part Fut* → ***parco***

Parthāon ⟨onis⟩ *m König von Kalydon*

Parthēnī ⟨ōrum⟩ *m Stamm in Dalmatien um Dyrrhachium*

partheniae ⟨ārum⟩ *m* ||griech. Fw.|| Jungfrauensöhne, *die sagenhaften Gründer von Tarent*

parthenicē ⟨ēs⟩ *f* ||griech. Fw.|| Catul. Jungfernkraut, *Pflanze*

Parthenius[1] ⟨ī⟩ *m*
1. (*erg.* ***mons***) *Gebirge zwischen Arkadien u. Argo-*

lis
2. (*erg.* ***saltus***) *berühmtes Tal in der Gegend von 1*
Parthenius[2] ⟨ī⟩ *m griech. Dichter*
Parthenopē ⟨ēs⟩ *f alter Name von Neapel*
Parthenopēius ⟨a, um⟩ *Adj* aus Parthenope, zu Parthenope gehörig
Parthī ⟨ōrum⟩ *m* die Parther, *skythisches Steppenvolk sö. des Kaspischen Meeres, ausgezeichnete Reiter u. Bogenschützen, als wild u. grausam bekannt*
Parthia ⟨ae⟩ *f Landschaft sö. des Kaspischen Meeres*
Parthicus *u.* **Parthus** ⟨a, um⟩ *Adj* parthisch
Parthyaeī ⟨ōrum⟩ *u.* ⟨um⟩ *m* = ***Parthi***
▶ **parti-ceps**
I *Gen* ⟨cipis⟩ *Adj* ||pars, capio|| an *etw* teilnehmend, *einer Sache* teilhaftig, *alicuius rei, alicui* mit j-m
II ⟨cipis⟩ *m* Teilnehmer, Genosse, Kamerad; ***p. coniurationis*** Beteiligter an einer Verschwörung
participō ⟨āvī, ātum, āre 1.⟩ ||*Denom von* particeps||
1. teilnehmen lassen, *aliquem alicuius rei* j-n an etw
2. (*vkl., nachkl.*) teilen, *aliquid cum aliquo* etw mit j-m; ***p. suas laudes cum Caesare*** seinen Ruhm mit Caesar teilen
3. *poet* teilhaben, *aliquid* an etw
particula ⟨ae⟩ *f* ||*Dim von* pars||
1. Teilchen, Stückchen, bisschen; ***ex aliqua particula*** einigermaßen
2. Quint. kleine Notiz
3. GRAM Partikel, *Wortart*
particulātim *Adv* ||particula|| (*unkl.*) stückweise
▶ **partim** *Adv* ||*erstarrter Akk Sg von* pars|| zum Teil, teils; ***partim fugientes interficiuntur, partim intercipiuntur*** die Fliehenden wurden zum Teil getötet, zum Teil abgefangen
partiō[1] ⟨ōnis⟩ *f* ||pario|| (*unkl.*) das Gebären
partiō[2] ⟨ivī⟩ *u.* ⟨iī, ītum, īre 4.⟩ (*altl.*) *u.* **partior** ⟨ītus sum, īrī 4.⟩ ||*Denom von* pars||
1. teilen, *ein Ganzes in Teile* zerlegen
2. einteilen, abteilen; ***aliquid in partes p.*** etw in Teile einteilen; ***genus in species p.*** eine Gattung in Arten unterteilen; ***partitis temporibus*** in regelmäßigem Wechsel
3. verteilen, austeilen, zuteilen, *aliquid inter se* etw untereinander; ***p. aliquid cum aliquo*** etw mit j-m teilen
4. seinen Teil bekommen, *aliquid* von etw; ***mercem p.*** seinen Teil vom Lohn bekommen
partītē *Adv* ||partior|| mit richtiger Einteilung
partītiō ⟨ōnis⟩ *f* ||partior||
1. Teilung, ***urbis et Italiae*** der Stadt (Rom) und Italiens
2. RHET Einteilung, Gliederung; ***p. artium*** Einteilung der Künste
3. Verteilung, ***praedae*** der Beute
partitūdō ⟨inis⟩ *f* ||pario|| (*vkl., spätl.*) das Gebären
partum ⟨ī⟩ *n* ||pario|| (*vkl., nachkl.*) Erworbenes, Vorrat; *meist Pl* erworbenes Vermögen
parturiō ⟨īvī, -, īre 4.⟩ ||*Desid von* pario||
I *v/i*
1. *von Menschen u. Tieren* gebären wollen
2. *fig* sich ängstigen
II *v/t*
1. gebären, *auch fig*; ***Notus parturit imbres*** der Südwind bringt Regen; ***arbor parturit*** der Baum schlägt aus, der Baum treibt aus
2. *fig* mit *etw* schwanger gehen, *etw* vorhaben, *aliquid*
partus[1] ⟨a, um⟩ *PPP* → ***pario***
partus[2] ⟨ūs⟩ *m* ||pario||
1. Geburt, Niederkunft; ***p. abiectus*** Fehlgeburt, Frühgeburt; *Pl* Geburtswehen
2. *meton* Geburtszeit; *von Fischen* Laichzeit; *vom Mann* Zeugung
3. *fig* Ursprung
4. *konkr.* Kind, Kinder; Junges, die Jungen; Brut; ***partum edere*** ein Kind zur Welt bringen; ***partum abigere*** abtreiben
parum ||*erstarrter Akk n von* parvus||
I *Subst., nur im Nom u. Akk Sg* zu wenig, nicht genug; ***parum sapientiae*** zu wenig Weisheit; ***aliquid parum facere*** etw als unwichtig betrachten; ***parum habere*** sich nicht damit begnügen, nicht damit zufrieden sein, + *Inf*; ***parum est*** es genügt nicht, + *Inf* / + *AcI*; ***minus*** etw Geringeres, weniger; ***minus valere*** weniger vermögen; ***minus auctoritatis*** weniger Einfluss
II *Komp* ⟨minus⟩, *Sup* ⟨minimē⟩ *Adv*
1. zu wenig, in zu geringem Maß; ***parum institutus*** zu wenig ausgebildet; ***parum firmus*** zu schwach; ***parum multi*** zu wenige; ***non parum / haud parum*** genug, ziemlich; ***non parum saepe*** oft genug, nicht zu selten
2. nicht sonderlich, nicht sehr; ***parum confidere alicui*** j-m nicht sonderlich vertrauen
3. *Komp* weniger, geringer; ***minus clarus*** weniger berühmt; ***plus minus*** mehr oder weniger, ungefähr; ***nihil minus*** ganz und gar nicht; ***minus (quam) ducenti milites*** weniger als zweihundert Soldaten, nicht ganz zweihundert Soldaten; ***uno minus teste habere*** einen Zeugen weniger haben; ***me minus uno*** außer mir allein, mich ausgenommen; ***multo minus*** viel weniger; ***eo minus*** desto weniger; ***quo minus*** je weniger, ***nihilo minus*** nichtsdestoweniger; ***non minus / haud minus*** nicht weniger, gleich viel, ebenso, ebenso sehr
4. *Komp* nicht sonderlich, nicht recht, nicht genug; ***minus diligenter*** nicht sonderlich gewissenhaft; ***minus intellegere*** nicht recht verstehen; ***si minus*** wenn nicht; ***sin minus*** wenn aber nicht, andernfalls
5. *Komp* zu wenig; ***minus dicere*** zu wenig sagen
parum-loquium ⟨ī⟩ *n* ||loquor|| Plaut. Wortkargheit
parum-per *Adv* auf kurze Zeit, auf einen Augenblick
Parus ⟨ī⟩ *f* = ***Paros***
parva ⟨ae⟩ *f* ||parvus|| kleines Mädchen
parvitās ⟨ātis⟩ *f* ||parvus|| Kleinheit, Winzigkeit, Nichtigkeit; ***mea p.*** (*nachkl.*) meine Wenigkeit, ich
parvulum[1] ⟨ī⟩ *n* ||parvulus|| Kleinigkeit; *Pl* Hor. beschränkte Verhältnisse
parvulum[2] *Adv* ||parvulus|| nur ein wenig
parvulus
I ⟨a, um⟩ *Adj* ||*Dim von* parvus||
1. sehr klein, unbedeutend; ***causa parvula*** Bagatellsache, Kleinigkeit
2. noch sehr jung; ***filius p.*** kleines Söhnchen; ***aetas parvula*** zartes Alter
3. noch zu jung, noch zu klein, *alicui rei* für etw
II ⟨ī⟩ *m* kleines Kind; ***a parvulo*** von klein auf

P

parvum ⟨ī⟩ *n* ||parvus|| ein Weniges, Kleinigkeit, geringes Vermögen; ***parvo contentus*** mit Wenigem zufrieden; ***parvo uti*** mit geringen Mitteln auskommen; ***aliquid parvi facere/aestimare*** etw gering schätzen; ***aliquid parvo emere*** etw billig kaufen

▸ **parvus**
I ⟨a, um⟩ *Komp* ⟨minor, us⟩, *Sup* ⟨minimus, a, um⟩ *Adj*
1. *örtl., Menge* klein, gering, unbeträchtlich; ***insula parva*** kleine Insel; ***numerus p.*** geringe Zahl; ***aula parva*** enger Hof
2. *zeitl.* kurz; ***tempus parvum*** kurze Zeit; ***parva noctis pars*** kurzer Teil der Nacht
3. *vom Alter* klein, jung; ***p. aetate/natu*** jung; ***minor natu*** jünger; ***natu minimus*** sehr jung; ***aliquot annis minor*** einige Jahre jünger; ***minor triginta annis*** jünger als dreißig Jahre
4. *vom Wert* gering, niedrig, unbedeutend; ***res parva*** unbedeutende Sache; ***detrimentum parvum*** geringer Schaden
5. *vom Ton* leise, schwach; ***voce parvā*** mit leiser Stimme, mit schwacher Stimme
6. bescheiden, demütig
II ⟨ī⟩ *m* kleiner Junge; ***a parvo/a parvis*** von Jugend an, von Kindheit an

Pasargadae ⟨ārum⟩ *f alte Hauptstadt Persiens, von Kyros II. um 550 v. Chr. gegründet, Krönungsort der persischen Könige, n von Persepolis in der Gegend des heutigen Schiras*

pasceolus ⟨ī⟩ *m* ||griech. Fw.|| Plaut. Geldsäckchen

pascha ⟨ae⟩ *f u.* ⟨atis⟩ *n* ||hebr. Fw.|| (*spätl., eccl.*) Passah; Osterfest; *fig* Osterlamm; ***in octavis paschae*** am Sonntag nach Ostern

▸ **pāscō** ⟨pāvī, pāstum, pāscere 3.⟩
1. *vom Hirten* das Vieh weiden, hüten; ***agnos p.*** Lämmer weiden
2. Viehzucht treiben
3. *Tiere* füttern, halten, aufziehen; ***tigres p.*** Hor. den Tigern zum Fraß dienen
4. Nahrung geben, füttern, *bes* bereichern, mästen; ***flammas p.*** *fig* die Flammen nähren; ***spem p.*** *fig* Hoffnung nähren, Hoffnung hegen
5. *fig* wachsen lassen; ***ager filicem pascit*** der Acker lässt Farnkraut wachsen; ***amorem p.*** Liebe wachsen lassen; ***flamma pascitur*** die Flamme wächst an; ***nummos alienos p.*** Schulden wachsen lassen
6. *fig* weiden = erfreuen; ***colores oculos pascunt*** die Farben erfreuen die Augen
7. *fig vom Vieh* abweiden lassen
8. *fig* fressen, verzehren

pāscor ⟨pāstus sum, pāscī 3.⟩ ||pasco||
I *v/i*
1. *vom Vieh* weiden, grasen, fressen, *abs*; ***si pulli non pascentur*** Liv. wenn die Weissagehühner nicht fressen wollen
2. *meist von Tieren* sich nähren, *re* von etw; ***boves frondibus pascuntur*** die Tiere nähren sich von Laub
3. *fig* sich weiden, seine Freude haben, *re* an etw; ***discordiis civium p.*** Cic. sich an der Uneinigkeit der Bürger erfreuen
II *v/t* (*nachkl.*) *poet* abweiden, ***silvas*** die Wälder

pāscua ⟨ōrum⟩ *n* ||pascuus|| Weide, Weideland, (*nachkl.*) *auch fig*

pāscuus ⟨a, um⟩ *Adj* ||pasco|| zur Weide gehörig, Weide…

Pāsiphaa ⟨ae⟩ *f u.* **Pāsiphaē** ⟨ēs⟩ *f Tochter des Helios/Sol, Gattin des Minos*

Pāsithea ⟨ae⟩ *f eine der drei Grazien*

passer ⟨eris⟩ *m*
1. Sperling, Spatz; ***p. marinus*** (*vkl., nachkl.*) Strauß
2. Hor. Flunder, *ein Seefisch*

passerculus ⟨ī⟩ *m* ||*Dim von* passer|| Plaut. Spätzchen, *Kosewort*

▸ **passim** *Adv* ||pando[2]||
1. weit und breit, nach allen Seiten, Schritt für Schritt
2. durcheinander, ohne Unterschied

passiō ⟨ōnis⟩ *f* ||patior||
1. (*vkl.*) Krankheit
2. (*spätl.*) Affekt, Leiden
3. (*eccl.*) Leidensgeschichte Christi, Passion

passum ⟨ī⟩ *n* ||pando[2]|| (*unkl.*) Wein aus getrockneten Trauben, Traubensekt

passus[1] ⟨a, um⟩ *PPP* → ***pando***

passus[2] ⟨a, um⟩ *Adj* ||pando[2]|| getrocknet; ***racemi passi*** Rosinen; ***lac passum*** Käse

passus[3] ⟨a, um⟩ *PPerf* → ***patior***

▸ **passus**[4] ⟨ūs⟩ *m* ||pando[2]||
1. *röm. Längenmaß* Klafter, *ca. 1,5 Meter*; ***mille passūs*** eine Meile, *ca. 1,5 km*; ***duo milia passuum*** zwei Meilen
2. Schritt, Tritt
3. *meton* Fußstapfe

pāstillus ⟨ī⟩ *m* ||*Dim von* panis|| (*nachkl.*) *poet* Kügelchen aus Mehl, Kaupastille

pāstiō ⟨ōnis⟩ *f* ||pascor|| Weide, Weideplatz

▸ **pāstor** ⟨ōris⟩ *m* ||pasco|| Hirt; (*eccl.*) Pfarrer, Bischof

pāstōrālis ⟨e⟩ *Adj u.* **pāstōricius** *u.* **pāstōrius** ⟨a, um⟩ *Adj* ||pastor||
1. Hirten…; ***pastoricia fistula*** Hirtenflöte
2. (*mlat.*) seelsorgerisch, geistlich

pāstus[1] ⟨a, um⟩ *PPP* → ***pasco***

pāstus[2] ⟨a, um⟩ *PPerf* → ***pascor***

pāstus[3] ⟨ūs⟩ *m* ||pasco||
1. Fütterung
2. *meton* Futter; Lucr. Nahrung *der Menschen*; ***p. animorum*** *fig* geistige Nahrung
3. Weide, Weideplatz

patagiārius ⟨ī⟩ *m* ||griech. Lw.|| Plaut. Bortenmacher

patagiātus ⟨a, um⟩ *Adj* ||griech. Fw.|| Plaut. mit einer Borte besetzt

Patara ⟨ōrum⟩ *n Hafenstadt an der Südwestküste Lykiens, mit Heiligtum u. Orakel des Apollo*

Patavīnitās ⟨ātis⟩ *f* ||Patavium|| (Liv., Suet.) Mundart der Pataviner

Patavīnus
I ⟨a, um⟩ *Adj* aus Patavium, zu Patavium gehörig
II ⟨ī⟩ *m* Einwohner von Patavium, Pataviner

Patavium ⟨ī⟩ *n Stadt in Venetien, Geburtsstadt des Titus Livius, heute Padua*

▸ **pate-faciō** ⟨fēcī, factum, facere 3.⟩, *Passiv* ⟨pate-fīō, factus sum, fierī 0.⟩ ||pateo||
1. weit öffnen, weit aufreißen; ***portam p.*** das Tor weit öffnen
2. zugänglich machen, bahnen; ***iter per Alpes p.***

den Weg durch die Alpen bahnen
3. öffnen, sichtbar machen
4. *fig* enthüllen, verraten, *alicui aliquid* j-m etw

patefactiō ⟨ōnis⟩ *f* ||patefacio|| Eröffnung, Enthüllung

pate-factus ⟨a, um⟩ *PPP* → ***patefacio***

pate-fēcī → ***patefacio***

patella ⟨ae⟩ *f* ||*Dim von* patera *od* patina|| flache Schale, *bes* Opferschale; ***edere de patella*** Cic. aus der Opferschale essen, *als Beispiel für einen Frevel gegen die Götter*

patellārius ⟨a, um⟩ *Adj* ||patella|| zur Opferschale gehörig; ***dii patellarii*** Laren und Penaten, *denen bei Festen Opferschalen vorgesetzt wurden*

patena ⟨ae⟩ *f* ||griech. Lw.|| *(nachkl.) poet* Krippe

patēns
I *Gen* ⟨entis⟩ *Adj, Adv* ⟨patenter⟩ ||pateo||
1. offen, frei, unversperrt, *alicui / alicui rei* für j-n / für etw; ***caelum p.*** freie Luft
2. Ov. *fig* offenbar, offenkundig
II ⟨entis⟩ *n* freier Raum, Bresche

▶ **pateō** ⟨uī, -, ēre 2.⟩
1. weit offen stehen, *alicui* j-m; ***vulnera patent*** Wunden klaffen; ***portus praedonibus patet*** der Hafen steht den Räubern offen
2. zugänglich sein, gangbar sein, *bes* freistehen, zu Gebote stehen; ***iter patet*** der Weg ist offen; ***patuit quibusdam fuga*** einigen stand die Flucht offen
3. *fig* bloßgestellt sein, ausgesetzt sein; ***morbis p.*** Krankheiten ausgesetzt sein
4. sichtbar sein; ***quae patent, quae nota sunt omnibus*** Cic. was allen sichtbar, allen bekannt ist
5. *fig* offenbar sein; ***patet*** es ist offenbar, es ist offenkundig, *+ AcI / + indir Fragesatz*
6. *örtl.* sich erstrecken, sich ausdehnen; ***campus tria milia passuum patet*** das Feld dehnt sich drei Meilen weit aus; ***late p.*** einen weiten Spielraum haben

▶ **pater** ⟨tris⟩ *m*
1. Vater; *(unkl.)* Ahnherr, Schwiegervater; *Pl* Väter, Eltern; ***p. familiae / familias*** Familienvater
2. *Pl* POL Senatoren, Senat; Patrizier; ***patres conscripti*** Senatoren
3. *fig* Schöpfer, Urheber, Gründer, Haupt *einer Schule*; ***Zeno pater Stoicorum*** Zeno, Haupt der Stoiker; ***p. cenae*** Gastgeber
4. ***p. patriae*** Vater des Vaterlandes, Retter des Vaterlandes, *Ehrentitel, dem Cicero verliehen, später von den meisten Kaisern geführter Titel*
5. *(eccl.)* Pater, *katholischer Ordensgeistlicher*; ***patres veteres*** Kirchenväter

patera ⟨ae⟩ *f* ||pateo|| flache Schale, *bes* Opferschale

paternum ⟨ī⟩ *n* ||paternus|| väterliches Erbgut

▶ **paternus** ⟨a, um⟩ *Adj* ||pater||
1. väterlich, des Vaters, vom Vater herstammend; ***avus p.*** Großvater väterlicherseits
2. *meton* vaterländisch, heimatlich; ***terra paterna*** Heimatland

patēscō ⟨patuī, -, patēscere 3.⟩ ||*Inkoh von* pateo||
1. sich öffnen; *fig* sichtbar werden, ans Licht kommen
2. *örtl.* sich erstrecken, sich ausdehnen

pathicus ⟨a, um⟩ *Adj* ||griech. Fw.|| für Unzucht zugänglich; ***liber p.*** Buch voller Zoten

patibilis ⟨e⟩ *Adj* ||patior||
1. erträglich
2. empfindsam; ***natura p.*** empfindsames Wesen

patibulātus ⟨a, um⟩ *Adj* ||patibulum|| Plaut. mit dem Halsblock beladen

patibulum ⟨ī⟩ *n* ||pateo||
1. Marterholz, Halsblock, *Balken um den Hals eines Sklaven od Verbrechers, um dessen Arme zu strecken, wurde bei zum Kreuzestod Verurteilten am senkrechten Balken hochgezogen u. bildete den Querbalken des Kreuzes*
2. *(mlat.)* Galgen, Kreuz

patiēns *Gen* ⟨entis⟩ *Adj, Adv* ⟨patienter⟩ ||patior||
1. *etw* ertragend, *etw* erduldend, gegen *etw* abgehärtet, *alicuius rei*; ***p. frigoris*** gegen Kälte abgehärtet; ***fluvius navium p.*** schiffbarer Fluss; ***campus vomeris p.*** leicht pflügbares Feld
2. geduldig, willig, *abs od ad aliquid* zu etw
3. *fig* fest, hart; ***saxo patientior*** härter als Felsen
4. *fig* enthaltsam, genügsam

▶ **patientia** ⟨ae⟩ *f* ||patiens||
1. das Ertragen, das Erdulden; ***p. famis*** das Ertragen von Hunger
2. Ausdauer, Abhärtung; ***p. laboris*** Ausdauer in Anstrengung
3. Geduld, Nachgiebigkeit; ***patientiā alicuius abuti*** j-s Geduld missbrauchen
4. *pej* sexuelle Hingabe
5. *(nachkl.)* Unterwürfigkeit
6. *(nachkl.)* Unempfindlichkeit, Gleichgültigkeit

patina ⟨ae⟩ *f* ||griech. Fw.|| Pfanne, Schüssel

patinārius
I ⟨a, um⟩ *Adj* ||patina|| Schüssel…; ***piscis p.*** Plaut. in der Schüssel mit Brühe gekochter Fisch
II ⟨ī⟩ *m* Suet. Fresssack

patiō ⟨-, -, ere 3.⟩ *(altl.)* = ***patior***

▶ **patior** ⟨passus sum, patī 3.⟩
1. ertragen, aushalten, (er)leiden, (er)dulden; ***dolorem p.*** Schmerz ertragen; ***iniusta imperia p.*** ungerechte Befehle erdulden; ***supplicium p.*** hingerichtet werden
2. *(unkl.)* *sexuell* sich hingeben, *aliquem / aliquid* j-m / einer Sache; ***Venerem p.*** sich der Liebe hingeben
3. *(vkl.) poet eine Zeit* unter Entbehrungen verbringen; *abs* in Not so hinleben
4. *fig* dulden, sich gefallen lassen, hinnehmen, *aliquid* etw, *ut* dass, *+ Inf*; ***mea dignitas non patitur, ut*** meine Würde duldet es nicht, dass
5. *fig etw* erfahren, von *etw* betroffen werden, *aliquid*; ***naufragium p.*** Schiffbruch erleiden
6. *(nachkl.)* hinnehmen, dulden, lassen, *+ dopp. Akk*; ***aliquem civem p.*** j-n als Bürger dulden; ***nihil intactum p.*** nichts unversucht lassen
7. Quint. GRAM passiven Sinn haben; ***patiendi modus*** Passiv
8. *(mlat.)* den Märtyrertod erleiden

Patrae ⟨ārum⟩ *f Küstenstadt im N Achaias, heute Patras*

patrātor ⟨ōris⟩ *m* ||patro|| *(nachkl.)* Vollstrecker; ***p. necis*** Tac. Mörder

patrātus ⟨a, um⟩ *PPP* → ***patro***

Patrēnsis
I ⟨e⟩ *Adj* aus Patrae, zu Patrae gehörig

P

II ⟨is⟩ *m* Einwohner von Patrae
▶ **patria** ⟨ae⟩ *f* ||patrius|| Vaterland, Vaterstadt, Heimat, Geburtsort; ***p. maior*** Mutterstadt
patriarcha *u.* **patriarchēs** ⟨ae⟩ *m* ||griech. Fw.||
1. *(eccl.)* Stammvater
2. *(mlat.)* Patriarch, *hoher Bischofstitel in der orthodoxen Kirche*; Erzbischof
patricē *Adv* Plaut. väterlich
patricia ⟨ae⟩ *f* ||patricius|| Patrizierin
patriciātus ⟨ūs⟩ *m* ||patricius|| Suet. Patrizierstand, Patriziat
patri-cīda ⟨ae⟩ *m* ||pater, caedo|| Vatermörder
▶ **patricius**
I ⟨a, um⟩ *Adj* ||pater|| patrizisch, adelig; ***p. magistratus*** Konsulat
II ⟨ī⟩ *m* Patrizier; *Pl* Patriziat, Geschlechteradel, *seit dem 4. Jh. n Chr. nur noch hoher Ehrentitel*
patrimōnium ⟨ī⟩ *n* ||pater|| väterliches Erbgut, *allg.* Vermögen; ***p. Petri*** *(mlat.)* Kirchenstaat
patrīmus ⟨a, um⟩ *Adj* ||pater|| mit noch lebendem Vater
patriōta ⟨ae⟩ *m* ||griech. Fw.|| *(spätl.)* Landsmann
patrissō ⟨-, -, āre 1.⟩ ||pater|| (Plaut., Ter.) nach dem Vater geraten
patrītus ⟨a, um⟩ *Adj* ||pater|| vom Vater ererbt; ***illa patrita et avita philosophia*** Cic. jene vom Vater und Großvater übernommene Philosophie
patrium ⟨ī⟩ *n* ||patrius|| *(erg.* ***nomen****)* „Vatername", Patronym
▶ **patrius** ⟨a, um⟩ *Adj, Adv* ⟨patriē⟩ ||pater||
1. väterlich; ***potestas patria*** väterliche Gewalt
2. angestammt, ererbt; ↔ ***inductus***; ***mos p.*** übernommene Sitte; ***res patria*** ererbtes Vermögen
3. vaterländisch, heimatlich; ***sermo p.*** Muttersprache; ***sepulcrum patrium*** Grab in der Heimat
patrō ⟨āvī, ātum, āre 1.⟩ vollbringen, ausführen, vollenden; ***pacem p.*** Frieden schließen; ***ius iurandum p.*** das Bündnis durch die erforderliche Eidesformel schließen; ***pater patratus*** Liv. Bundespriester, Vorsteher der Fetialen, *der bei Bündnissen die Eidesformel sprach*
patrōcinium ⟨ī⟩ *n* ||patrocinor||
1. Patronat, Schutz durch einen Patron
2. Verteidigung vor Gericht; *Pl meton* Schützlinge, Klienten
3. *fig* Schutz, Beistand
patrōcinor ⟨ātus sum, ārī 1.⟩ ||patronus|| *(vkl., nachkl.)* beschützen, beschirmen, *alicui/alicui rei* j-n/etw
Patroclos *u.* **Patroclus** ⟨ī⟩ *m Freund des Achill, von Hektor mit Apollos Hilfe getötet*
patrōna ⟨ae⟩ *f* ||patronus||
1. Beschützerin
2. Herrin *eines Freigelassenen*
patrōnus ⟨ī⟩ *m* ||pater||
1. Schutzherr *von Klienten, Gemeinden od Freigelassenen*
2. gerichtlicher Vertreter *des Klägers od Beklagten, allg.* Anwalt, Verteidiger
3. *fig* Verteidiger, Beschützer
4. *(mlat.)* Schutzheiliger *in der katholischen Kirche*
patruēlis
I ⟨e⟩ *Adj* ||patruus||
1. vom Bruder des Vaters stammend, *selten* von der Schwester des Vaters stammend
2. Ov. Vettern gehörig, Vettern…
II ⟨is⟩ *m* Vetter, Cousin *väterlicherseits*
patruus
I ⟨a, um⟩ *Adj* ||pater|| *poet* des Onkels, zum Onkel gehörig
II ⟨ī⟩ *m*
1. Onkel *väterlicherseits*; ***p. maior*** Großonkel
2. strenger Sittenrichter
patuī → ***pateo*** *u.* → ***patesco***
Patulcius ⟨ī⟩ *m Beiname des Janus*
patulus ⟨a, um⟩ *Adj* ||pateo||
1. offen stehend
2. allen zugänglich
3. weit ausgebreitet; ***arbor patula*** Baum mit ausladenden Ästen
pauci-loquium ⟨ī⟩ *n* ||paucus, loquor|| Plaut. Wortkargheit
paucitās ⟨ātis⟩ *f* ||paucus||
1. geringe Anzahl, geringe Truppenzahl
2. Beschränkung
paucula ⟨ōrum⟩ *n* ||pauculus|| ein paar Wörtchen
pauculus ⟨a, um⟩ *Adj* ||*Dim von* paucus|| *(nachkl.)* sehr wenig; *Pl* sehr wenige, ein paar
▶ **paucus** ⟨a, um⟩
I *Adj*
1. *(unkl.)* wenig, klein, gering; ***p. numerus*** kleine Zahl
2. *Pl* wenige, nur wenige; einige wenige; ***pauci amici*** nur wenige Freunde; ***pauciores*** geringere Anzahl
II *m Pl* die wenigen, wenige; die Oligarchen, die Optimaten, Optimatenpartei; ***pauci ordinis senatorii*** wenige aus dem Senatorenstand; ***disertus inter paucos*** beredt wie wenige; ***paucorum potentia*** Sall. die Macht der Oligarchen
III *n Pl* weniges, ein wenig; wenige Worte; ***ut in pauca conferam*** um mich kurz zu fassen; ***aliquid quam paucissimis absolvere*** etw in größtmöglicher Kürze abhandeln
▶ **paul(l)ātim** *Adv* ||paulus||
1. allmählich, nach und nach
2. einzeln, einer nach dem anderen
paul(l)īs-per *Adv* ein Weilchen, *abs od + dum/donec* bis
paul(l)ulum
I ⟨ī⟩ *n* ||paul(l)ulus|| ein wenig; ***p. operae*** ein bisschen Mühe
II *Adv* ein wenig; auf ein Weilchen; ***paululum respirare*** sich ein bisschen erholen
paul(l)ulus ⟨a, um⟩ *Adj* ||*Dim von* paulus|| *(vkl., nachkl.)* gering, klein; ***equi paulluli*** kleine Pferde
paul(l)um[1] *n Gen u. Dat ungebräuchlich* ||paul(l)us|| nur eine Kleinigkeit, (nur) eine kurze Strecke, (nur) ein Weilchen; ***paulum interest*** es ist nur ein kleiner Unterscheid; ***paulum deest*** nur wenig fehlt; ***paulo*** um ein weniges; ***paulo maior*** nur wenig größer; ***paulo ante*** kurz vorher; ***paulo post*** wenig später, kurz nachher
paul(l)um[2] *Adv* ||paul(l)us|| ein wenig, ein bisschen, nur wenig
paul(l)us ⟨a, um⟩ *Adj* klein, gering, wenig; ***p. sumptus*** geringer Aufwand
Paul(l)us ⟨ī⟩ *m Beiname in der gens Aemilia*; → ***Ae-***

milius
▶ **pauper**
I *Gen* ⟨eris⟩ *Adj*
1. arm, unbemittelt, *alicuius rei* an etw; ***vir p.*** armer Mann; ***p. amicorum*** arm an Freunden
2. (*unkl.*) *fig* ärmlich, armselig
II ⟨eris⟩ *m* der Arme
pauperculus ⟨a, um⟩ *Adj* ||*Dim von* pauper|| = ***pauper***
pauperiēs ⟨ēī⟩ *f* (*unkl.*) = ***paupertas***
pauperō ⟨-, -, āre 1.⟩ ||pauper|| (*vkl.*) *poet* arm machen; *j-n* um *etw* bringen, *j-n einer Sache* berauben, *aliquem re*
▶ **paupertās** ⟨ātis⟩ *f* ||pauper|| Armut, dürftiges Auskommen, Dürftigkeit, Not; ***p. verborum*** Armut des Ausdrucks
pausa ⟨ae⟩ *f* ||griech. Fw.|| (Plaut., Lucr.) Pause, Rast, Stillstand, Ende
Pausaniās ⟨ae⟩ *m spartanischer Feldherr, Sieger von Plataeae 479 v. Chr., als Verräter 467 v. Chr. gest.*
pausārius ⟨ī⟩ *m* ||pausa|| Sen. Ruderkommandant
pausea *u.* **pausia** ⟨ae⟩ *f* (*unkl.*) fleischige Olive
Pausiās ⟨ae⟩, *Akk* ⟨ān⟩ *m griech. Maler, 4. Jh. v. Chr.*
pausill... = ***pauxill...***
pauxillātim *Adv* ||pauxillus|| Plaut. allmählich
pauxillīsper *Adv* ||*Dim von* pauxillus|| Plaut. ein Weilchen
pauxillulum ⟨ī⟩ *n* ||pauxillulus|| ein bisschen
pauxillulus ⟨a, um⟩ *Adj* ||*Dim von* pauxillus|| ganz wenig
pauxillum *Adv* ||pauxillus|| ein wenig
pauxillus ⟨a, um⟩ *Adj* ||*Dim von* paul(l)us|| ganz wenig
pave-factus ⟨a, um⟩ *Adj poet* geängstigt, erschreckt
▶ **paveō** ⟨pāvī, -, pavēre 2.⟩
I *v/i* (*unkl.*) beben, zittern, sich ängstigen, *re* durch etw, infolge von etw, *ad aliquid* bei etw, vor etw; ***speque metuque pavent*** Ov. sie zittern vor Hoffnung und Angst; ***sibi pavens*** Tac. für sich besorgt; ***venae pavent*** *fig* die Adern schließen sich
II *v/t* beben, zittern, sich ängstigen, *aliquid* vor etw, *ne* dass; sich scheuen, + *Inf*; ***tristiorem casum p.*** vor einem schlimmeren Fall zittern; ***p. laedere maternas umbras*** Ov. sich scheuen die Schatten der Mutter zu kränken
pavēscō ⟨-, -, ēscere 3.⟩ ||*Inkoh von* paveo|| = ***paveo***
pāvī → ***pasco*** *u.* → ***paveo***
pavidus ⟨a, um⟩ *Adj, Adv* ⟨pavidē⟩ ||paveo|| (*nachkl.*)
1. *von Personen u. Sachen* zitternd, zaghaft, schüchtern
2. ängstigend, erschreckend; ***pavido clamore*** Liv. mit Furcht erregendem Geschrei
pavīmentātus ⟨a, um⟩ *Adj* ||pavimentum|| mit einem Estrich versehen
pavīmentum ⟨ī⟩ *n* ||pavio|| Estrich
paviō ⟨īvī, ītum, īre 4.⟩ schlagen, feststampfen; ***terram p.*** den Erdboden feststampfen
pavitō ⟨āvī, ātum, āre 1.⟩ ||*Intens von* paveo|| heftig beben, sich sehr ängstigen; Schüttelfrost haben
pāvō ⟨ōnis⟩ *m* Pfau, *der Juno heilig*
pāvōnīnus ⟨a, um⟩ *Adj* ||pavo|| vom Pfau, aus Pfauenschwänzen, aus Pfauenfedern; *fig* bunt, aus Zitrusholz
▶ **pavor** ⟨ōris⟩ *m* ||paveo||
1. Angst, Furcht, Zittern, Entsetzen, *alicuius rei* vor etw; ***p. capit aliquem, ne*** j-n befällt Furcht, dass
2. *poet* Spannung, ängstliche Erwartung
Pavor ⟨ōris⟩ *m* (*nachkl.*) Gottheit des Schreckens
pāvus ⟨ī⟩ *m* = ***pavo***
▶ **pāx**[1] ⟨pācis⟩ *f*
1. Friede, Friedensschluss, Zustand des Friedens, Friedenszeit, *cum aliquo / alicuius* mit j-m; ***pacem petere*** um Frieden bitten; ***pacem facere / componere / pangere cum aliquo*** mit j-m Frieden schließen; ***pax convenit cum aliquo*** es kommt zum Frieden mit j-m; ***in pace*** in Friedenszeiten
2. *Pl* Friedensschlüsse, friedliche Zustände
3. *von Leblosem* (Zustand der) Ruhe; ***ventorum paces*** Lucr. Windstille; ***pax pelagi*** ruhige See
4. Seelenruhe, Gemütsruhe; ***pace tuo dixerim*** nimm es mir nicht übel, sei über meine Worte nicht ungehalten
5. Beistand, Gunst, Gnade *der Götter*
pax[2] *Interj*
1. schwupp!
2. Ruhe!, still!, genug!
Pāx ⟨Pācis⟩ *f* Friedensgöttin, *dargestellt mit Ölzweig od Füllhorn*; ***Pax Augusta*** *Göttin des von Kaiser Augustus gebrachten Friedenszustandes*; ***Ara Pacis Augustae*** *Altar des augusteischen Friedens, Denkmal am Ostrand des Marsfeldes, 13 v. Chr. vom Senat gelobt, 9 n Chr. geweiht, 1938 wieder aufgebaut*
paxillus ⟨ī⟩ *m* ||*Dim von* palus[1]|| (*vkl., nachkl.*) kleiner Pfahl, Pflock
peccātor ⟨ōris⟩ *m* ||pecco|| (*eccl.*) Sünder
▶ **peccātum** ⟨ī⟩ *n u.* **peccātus** *Abl* ⟨ū⟩ *m* ||pecco|| Vergehen; Versehen, Fehler, Irrtum; (*eccl.*) Sünde; ***peccatum mortale*** (*mlat.*) Todsünde
▶ **peccō** ⟨āvī, ātum, āre 1.⟩
1. *poet* straucheln
2. sich versprechen
3. sündigen, moralisch falsch handeln, verkehrt machen, *re* durch etw, mit etw, *in aliquo* an j-m, *in re* in etw, an etw, bei etw, *in aliquem* gegen j-n, *in aliquid* gegen etw; *vom Wind* tückisch sein
4. sich vergreifen, *in aliquo* an j-m; ***p. in muliere*** Cic. sich an einer Frau vergreifen
pecorōsus ⟨a, um⟩ *Adj* ||pecus[1]|| reich an Vieh
pecten ⟨inis⟩ *m* ||pecto|| (*unkl.*)
1. Kamm; ***digiti pectine iuncti*** kammartig verschlungene Finger; ***deducere pectine crines*** mit dem Kamm durch das Haar fahren
2. *fig* Weberkamm
3. *fig* Rechen, Harke
4. *fig* Kammmuschel
5. MUS Plektron, Stöckchen *zum Schlagen der Saiten*
6. *meton* Lied; ***p. alternus*** elegisches Lied, Distichon
7. *fig* Schamhaare
pectō ⟨pexī, pexum, pectere 3.⟩ (*nachkl.*) kämmen, striegeln; *Wolle* krempeln; Plaut. *hum* prügeln
▶ **pectus** ⟨oris⟩ *n*
1. Brust; ***pectore nudo*** Caes. mit entblößter Brust; ***cicatrices adverso pectore*** Narben vorn auf der

Brust
2. Inneres; Herz, Mut, Gemüt; ***toto pectore amare*** von ganzem Herzen lieben; ***forti pectore*** mit Mut
3. Seele, Geist, Verstand, Einsicht; Gesinnung
4. Person; ***mortalia pectora*** die Sterblichen
5. Kehle

pectusculum ⟨ī⟩ *n* ||*Dim von* pectus|| kleine Brust

pecu *Dat u. Abl* ⟨ū⟩ *n* = ***pecus***[1]

pecūāria[1] ⟨ae⟩ *f* ||pecuarius|| Viehzucht

pecūāria[2] ⟨ōrum⟩ *n* ||pecuarius|| Viehherden

pecūārius
I ⟨a, um⟩ *Adj* ||pecu|| Vieh...; ***res pecuaria*** Viehzucht
II ⟨ī⟩ *m* Viehzüchter, Weidepächter

pecūlātor ⟨ōris⟩ *m* ||peculor|| Veruntreuer von Staatsgeldern

pecūlātus ⟨ūs⟩ *m* ||peculor|| Unterschlagung von Staatsgeldern

pecūliāris ⟨e⟩ *Adj*, *Adv* ⟨pecūliāriter⟩ ||peculium||
1. (*vkl., nachkl.*) zum Privatbesitz gehörig
2. *fig* eigentümlich, eigenartig; ***peculiaria huius urbis vitia*** Tac. die dieser Stadt eigentümlichen Laster
3. *fig* außerordentlich, ungewöhnlich

pecūliātus ⟨a, um⟩ *Adj* ||peculio|| (*unkl.*) begütert, vermögend

pecūliō ⟨āvī, ātum, āre 1.⟩ ||*Denom von* peculium|| mit Besitz ausstatten, beschenken

pecūliōsus ⟨a, um⟩ *Adj* ||peculium|| Plaut. begütert

pecūlium ⟨ī⟩ *n* ||pecu||
1. *aus Vieh bestehendes* Privatvermögen; Spargut, Eigentum
2. Sondergut des Sohnes; Sondergut der Tochter; Sondergut des Sklaven; Spargut
3. Sen. *fig schriftl.* Zugabe
4. Petr. *fig* das Patengeschenk = das männliche Glied

pecūlor ⟨ātus sum, ārī 1.⟩ ||depeculor|| (*nachkl.*) Unterschlagungen begehen, Staatsgelder veruntreuen

▶ **pecūnia** ⟨ae⟩ *f* ||pecu||
1. Eigentum, Vermögen; ***pecuniam facere*** Eigentum erwerben
2. Geld, Geldsumme; Geldwert; *Pl* Gelder, Geldsummen; ***magna pecunia / multum pecuniae*** viel Geld; ***praesens / numerata p.*** Bargeld; ***p. publica*** Staatseinkünfte; ***dies pecuniae*** Zahltag; ***pecuniam solvere*** bezahlen; ***pecunias accipere / capere*** Geld nehmen, sich bestechen lassen
3. (*nachkl.*) Münze, *bes* Kupfermünze

pecūniārius ⟨a, um⟩ *Adj* ||pecunia|| Geld...; ***res pecuniaria*** Geldgeschäft, Geld; ***inopia rei pecuniariae*** Geldmangel

pecūniōsus ⟨a, um⟩ *Adj* ||pecunia||
1. Nep. wohlhabend
2. Mart. Gewinn bringend

▶ **pecus**[1] ⟨oris⟩ *n*
1. Vieh, *bes* Kleinvieh; Schafe, Ziegen, Schweine, *auch von Seetieren, Robben, Bienen, Fischen, Wild u. a.*; Viehherde
2. *poet* Stück Vieh; *Pl* Weidevieh, Viehherden
3. *Schimpfwort* Vieh

pecus[2] ⟨udis⟩ *f* ||pecu||
1. einzelnes Stück Vieh, Haustier, *bes* Stück Kleinvieh; Schaf, Ziege, Schwein; *Pl* Weidevieh, Viehherden; Bienen; ***pecudes et bestiae*** zahme und wilde Tiere; ***pecudum more*** wie Schweine
2. *Schimpfwort* roher Mensch, einfältiger Mensch

pedālis ⟨e⟩ *Adj* ||pes|| einen Fuß lang, einen Fuß breit, einen Fuß dick

Pedānus
I ⟨a, um⟩ *Adj* aus Pedum, zu Pedum gehörig
II ⟨ī⟩ *m* Einwohner von Pedum

pedārius ⟨a, um⟩ *Adj* ||pes|| zum Fuß gehörig; ***(senator) p.*** Senator zweiten Ranges, *der noch kein kurulisches Amt innehatte u. daher kein eigenes Votum hatte*

pedātus[1] *Abl* ⟨ū⟩ *m* ||pes|| (*vkl.*) Angriff

pedātus[2] ⟨a, um⟩ *Adj* ||pes|| Suet. mit Füßen versehen; ***male p.*** schlecht zu Fuß

pedellus ⟨i⟩ *m* (*mlat.*) Gerichtsbote, Diener, Amtsgehilfe; Pedell, *Hausmeister einer Hochschule*

▶ **pedes** ⟨itis⟩ *m* ||pes||
1. (*nachkl.*) *poet* Fußgänger, zu Fuß
2. MIL Fußsoldat; *Pl* Fußvolk, Infanterie
3. Plebejer; ***equites peditesque*** Patrizier und Plebejer, Adel und Volk

▶ **pedester** ⟨tris, tre⟩ *Adj* ||pedes||
1. zu Fuß, Fuß...
2. Liv. MIL des Fußvolkes, dem Fußvolk eigen; ***exercitus p. / copiae pedestres*** Fußvolk
3. zu Lande, Land...; ***exercitus p. / copiae pedestres*** Landheer
4. (*nachkl.*) *fig* einfach, gewöhnlich; in Prosa; prosaisch

pede-temptim *u.* **pede-tentim** *Adv* ||pes, tempto||
1. *poet* Schritt für Schritt
2. *fig* vorsichtig, behutsam, bedächtig

pedica ⟨ae⟩ *f* (*unkl.*)
1. Fußfessel
2. Fußschlinge, Schlinge zum Vogelfang

pēdīcātor ⟨ōris⟩ *m u.* **pēdīcō**[1] ⟨ōnis⟩ *m* = ***paedicator***

pēdīcō[2] ⟨āvī, ātum, āre 1.⟩ = ***paedico***[2]

pēdis ⟨is⟩ *m u. f* (*vkl.*) Laus

pediseque ⟨ae⟩ *f* ||pedisequus|| Dienerin, Zofe

pedi-sequus ⟨ī⟩ *m* ||pes, sequor|| Diener, Lakai

peditāstellus ⟨ī⟩ *m* Plaut. gewöhnlicher Fußsoldat

peditātus ⟨ūs⟩ *m* ||pedes|| MIL Fußvolk, Infanterie; ***copiae peditatūs*** Truppen zu Fuß

pēditum ⟨ī⟩ *n* ||pedo|| Catul. Furz

Pedius ⟨a, um⟩ *röm. Gentilname*
1. ***Q. Pedius*** *mit Caesar verwandt, von diesem als Teilerbe eingesetzt*
2. ***Q. Pedius Poplicola*** *Redner*

pēdō ⟨pepēdī, pēditum, pēdere 3.⟩ *poet* furzen

Pedō ⟨ōnis⟩ *m* → ***Albinovanus***

pēdor ⟨ōris⟩ *m* = ***paedor***

pedum ⟨ī⟩ *n* ||pes|| Verg. Hirtenstab; (*mlat.*) Bischofsstab

Pedum ⟨ī⟩ *n Stadt in Latium, ö. von Rom*

Pēgasēus ⟨a, um⟩ *Adj* des Pegasus, zu Pegasus gehörig

Pēgasis
I *Gen* ⟨idis⟩ *Adj f* des Pegasus, zu Pegasus gehörig
II ⟨idis⟩ *f* Muse, Quellnymphe

Pēgasos *u.* **Pēgasus** ⟨ī⟩ *m geflügeltes Pferd des Bellerophon*

pēgī → ***pango***

P

pēgma ⟨atis⟩ *n* ||griech. Fw.||
1. Bücherbrett, Bücherfach
2. *(nachkl.) poet* Versenkung, Versenkungsmaschine *im Theater*

pēierātiuncula ⟨ae⟩ *f* ||peiero|| Plaut. kleiner Meineid

pē-ierō ⟨āvī, ātum, āre 1.⟩ ||periuro||
I *v/i* einen Meineid schwören, falsch schwören, meineidig sein
II *v/t* durch einen Meineid verletzen; ***ius peieratum*** Meineid

▶ **pēior** ⟨ius⟩ *Adj Komp von* ***malus***[1]

pelagius ⟨a, um⟩ *Adj* ||griech. Fw.|| *(unkl.)* Meer…, See…; ***pelagiae volucres*** Petr. Seevögel

Pelagones ⟨um⟩ *m Volk im n Makedonien*

▶ **pelagus** ⟨ī⟩ *n* ||griech. Fw.|| (Verg., Ov.) Meer, brausende Wassermasse

pēlamys ⟨ydis⟩ *f* ||griech. Fw.|| *(unkl.)* junger Thunfisch

Pelasgī ⟨ōrum⟩ *u.* ⟨um⟩ *m nach Herodot Ureinwohner Griechenlands; allg.* Griechen

Pelasgias *Gen* ⟨adis⟩ *Adj f u.* **Pelasgis** *Gen* ⟨idis⟩ *Adj f u.* **Pelasgus** ⟨a, um⟩ *Adj* pelasgisch, *allg.* griechisch

Pelethronius ⟨a, um⟩ *Adj* aus Pelethronion stammend, *einer Gegend in Thessalien; allg.* thessalisch

Pēleus ⟨eī⟩ *u.* ⟨eos⟩ *m König in Thessalien, Gatte der Nereide Thetis, Vater des Achilles*

pēlex ⟨icis⟩ *f* = ***paelex***

Pēliacus ⟨a, um⟩ *Adj* aus Pelion, zu Pelion gehörig; *allg.* thessalisch

Peliades ⟨um⟩ *f* ||Pelias[1]|| Töchter des Pelias

Peliās[1] ⟨ae⟩ *m König von Iolkos, Onkel des Iason, schickte diesen aus um das Goldene Vlies zu holen*

Pēlias[2] *Gen* ⟨adis⟩ *Adj f* aus Pelion, zu Pelion gehörig; *allg.* thessalisch

pelicānus ⟨ī⟩ *m* ||griech. Lw.|| *(eccl.)* Pelikan; ***pius p.*** *(mlat.)* = Christus

pēlicātus ⟨ūs⟩ *m* = ***paelicatus***

Pēlīdēs ⟨ae⟩ *m* Pelide, Sohn des Peleus, = Achill, Enkel des Peleus, = Neoptolemos

Pēlion ⟨ī⟩ *n u.* **Pēlios** *u.* **Pēlius** ⟨ī⟩ *m Gebirge auf der Halbinsel Magnesia*

Pella ⟨ae⟩ *f Hauptstadt von Makedonien, Geburtsort u. Residenz Alexanders des Großen*

pellācia ⟨ae⟩ *f* ||pellax|| Lucr. Lockung; Verführung

Pellaeus ⟨a, um⟩ *Adj* aus Pella, zu Pella gehörig, *auch* makedonisch, alexandrinisch, ägyptisch

pellāx *Gen* ⟨ācis⟩ *Adj* ||pellicio|| (Verg., *spätl.*) verführerisch, verschmitzt; ***p. Ulixes*** der schlaue Odysseus

Pellē ⟨ēs⟩ *f* = ***Pella***

pellecebrae ⟨ārum⟩ *f* ||pellicio|| Plaut. Verlockung, Verführung

pellēctiō ⟨ōnis⟩ *f* ||pellego|| das Durchlesen

pel-lectus ⟨a, um⟩ *PPP* → ***pellicio***

pel-legō ⟨lēgī, lēctum, legere 3.⟩ = ***perlego***

Pellēnaeī ⟨ōrum⟩ *m* die Einwohner von Pellene

Pellēnē ⟨ēs⟩ *f Stadt in Achaia*

Pellēnēnsis ⟨e⟩ *Adj* aus Pellene, zu Pellene gehörig

pelliceus ⟨a, um⟩ *Adj* = ***pellicius***

pellicia ⟨ae⟩ *f* ||pellicius|| *(mlat.)* Pelz, Pelzwerk, Pelzmantel

pel-liciō ⟨lēxī, lectum, licere 3.⟩ anlocken, verlocken; ***maiorem partem sententiarum p.*** *fig* die Mehrheit der Stimmen auf seine Seite bringen

pellicius ⟨a, um⟩ *Adj* ||pellis|| *(spätl.)* aus Fellen gemacht

pellicula ⟨ae⟩ *f* ||*Dim von* pellis||
1. kleines Fell, Häutchen; ***pelliculam curare*** es sich gut gehen lassen
2. Iuv. Vorhaut
3. *(vkl.)* = ***scortum***

pelliō ⟨ōnis⟩ *m* ||pellis|| (Plaut., *spätl.*) Kürschner

▶ **pellis** ⟨is⟩ *f*
1. Tierhaut, Fell, Pelz
2. menschliche Haut; ***in propria pelle non quiescere*** sich in seiner Haut nicht wohl fühlen
3. *fig* Hülle; ***pellem detrahere alicui*** j-m die Maske vom Gesicht reißen
4. *meton Produkte aus Tierhaut*: Lederdecke, Lederzelt, Lederschild, Pelzmütze, Schuh, Schuhriemen, Pergament; ***milites in pellibus habere*** Soldaten in Winterzelten halten; ***pes natat in pelle*** Ov. der Fuß schwimmt im Schuh = der Schuh ist zu groß

pellītus ⟨a, um⟩ *Adj* ||pellis|| mit einem Pelz bedeckt, mit Fell bekleidet; ***oves pellitae*** mit Pelz bedeckte Schafe *zur Schonung der kostbaren Wolle*

pellō ⟨pepulī, pulsum, pellere 3.⟩
1. *stoßend od schlagend* in Bewegung setzen; ***navigia contis p.*** Schiffe mit Stangen fortstoßen; ***sagittam p.*** einen Pfeil abschießen; ***nervos p.*** Saiten anschlagen; ***classica p.*** Trompeten ertönen lassen; ***initium sermonis p.*** ein neues Gespräch anregen
2. stoßen, schlagen, klopfen, treffen; ***fores p.*** an die Tür klopfen; ***terram pede p.*** mit dem Fuß auf den Boden stampfen
3. *fig geistig* treffen, bewegen, beeindrucken
4. verstoßen, vertreiben; ***aliquem in exsilium p.*** j-n in die Verbannung treiben; ***p. aliquem a re*** j-n von etw abhalten; ***frigus p.*** Kälte fern halten
5. *Feinde* zum Weichen bringen, schlagen; ***hostes pelluntur*** die Feinde werden zurückgeworfen; ***flumen p.*** *fig* den Fluss zurückdrängen
6. verbannen; ***aliquem patriā p.*** j-n aus dem Vaterland verbannen
7. *Durst* löschen, *Hunger* stillen

pel-lūceō ⟨lūxī, -, lūcēre 2.⟩ = ***perluceo***

Pelopēias *Gen* ⟨adis⟩ *Adj f u.* **Pelopēis** *Gen* ⟨idis⟩ *Adj f u.* **Pelopēius** *u.* **Pelopēus** ⟨a, um⟩ *Adj* des Pelops, zu Pelops gehörig, *auch* peloponnesisch; phrygisch

Pelopidae ⟨ārum⟩ *m* Nachkommen des Pelops

Peloponnēnsēs ⟨ium⟩ *m* ||Peloponnesus|| die Einwohner der Peloponnes

Peloponnēsiacus ⟨a, um⟩ *Adj* ||Peloponnesus|| peloponnesisch, zur Peloponnes gehörig

Peloponnēsiī ⟨ōrum⟩ *m* ||Peloponnesus|| die Peloponnesier, die Einwohner der Peloponnes

Peloponnēsius ⟨a, um⟩ *Adj* ||Peloponnesus|| peloponnesisch, zur Peloponnes gehörig

Peloponnēsus ⟨ī⟩ *f* Peloponnes, *s. Halbinsel Griechenlands*

Pelops ⟨opis⟩ *m Sohn des Tantalos, König von Elis u. Argos, Vater des Atreus u. des Thyestes*

pelōris ⟨idis⟩ *f* ||griech. Fw.|| *(unkl.)* Riesenmuschel

pelta ⟨ae⟩ *f* ||griech. Fw.|| *(nachkl.) poet* leichter,

halbmondförmiger Schild
peltastae ⟨ārum⟩ *m* ||griech. Fw.|| (*nachkl.*) mit der pelta ausgerüstete Soldaten, Leichtbewaffnete
peltātus ⟨a, um⟩ *Adj* ||pelta|| mit der pelta bewaffnet
pēlvis ⟨is⟩ *f*
1. (*vkl., nachkl.*) Schüssel, Becken
2. (*mlat.*) MED Becken
penārius ⟨a, um⟩ *Adj* ||penus|| Vorrats…; ***cella penaria*** Vorratskammer, *fig* Kornkammer
▶ **penātēs** ⟨ium⟩ *m* ||penes||
1. Penaten, Hausgötter, *Schutzgötter des Hauses u. der Familie, auch des Staates; ihre Bilder waren am Herd des Hauses aufgestellt*
2. *meton* Wohnung, Haus, Herd, Hof; ***penates tectaque relinquere*** Haus und Hof verlassen
penāti-ger ⟨gera, gerum⟩ *Adj* ||penates, gero|| Ov. die Penaten tragend
pendeō ⟨pependī, -, pendēre 2.⟩

1. hängen, herabhängen
2. aufgehängt sein, sich erhängt haben
3. schlaff herabhängen, schlaff herabwallen
4. schweben
5. wiegen, schwer sein
6. sich ständig aufhalten
7. abhängig sein
8. ergeben sein
9. unvollendet liegen bleiben
10. schwanken, unentschlossen sein
11. ungewiss sein, zweifelhaft sein

1. hängen, herabhängen, *in re / ex re / a re / de re / re* an etw, von etw herab; ***poma in arbore / ex arbore pendit*** der Apfel hängt am Baum; ***ab ore alicuius pendere*** *fig* j-m mit gespannter Aufmerksamkeit zuhören
2. *poet von Personen u. Sachen* aufgehängt sein, sich erhängt haben
3. (*nachkl.*) *poet von Kleidern, Körperteilen u. Ä.* schlaff herabhängen, schlaff herabwallen
4. (*nachkl.*) *poet von Personen u. Sachen* schweben; einzustürzen drohen; ***auriga pronus in verbera pendet*** der Wagenlenker beugt sich oben zum Schlag vorwärts
5. (*vkl., nachkl.*) wiegen, schwer sein
6. (*nachkl.*) sich ständig aufhalten
7. *fig* von *j-m / etw* abhängig sein, auf *j-m / etw* beruhen, *ex aliquo / ab aliquo / ex re / re / in re*; ***ex patre p.*** vom Vater abhängig sein; ***ex una origine p.*** von einer Familie abstammen
8. *fig j-m* ergeben sein, an *j-m* hängen, *ex aliquo / de aliquo*; ***amicus ex te pendet*** der Freund hängt an dir
9. (*nachkl.*) *fig* unvollendet liegen bleiben
10. *fig von Personen u. Sachen* schwanken, unentschlossen sein, *de aliquo* um j-s willen; ***animi / animo p.*** im Herzen unentschlossen sein
11. (*nachkl.*) *fig* ungewiss sein, zweifelhaft sein; ***reus pendet*** der Prozess des Angeklagten ist ungewiss
▶ **pendō** ⟨pependī, pēnsum, pendere 3.⟩
I *v/t*
1. (*vkl., nachkl.*) an die Waage hängen, abwiegen
2. erwägen, beurteilen, *aliquid ex re / re* etw nach etw
3. (*vkl.*) schätzen, achten, halten; ***aliquid magni p.*** etw hoch schätzen; ***aliquid nihili p.*** etw für nichts achten
4. *Geld* zahlen, bezahlen
5. *fig Strafe* erleiden, büßen, *alicuius rei* wegen etw, für etw; ***poenam / poenas alicui p.*** j-m Strafe zahlen; ***sanguine p.*** mit seinem Blut büßen
II *v/i* (*nachkl.*) wiegen, Gewicht haben, schwer sein
pendulus ⟨a, um⟩ *Adj* ||pendeo|| (*nachkl.*)
1. hängend, herabhängend, schwebend
2. *fig* schwankend, ungewiss
Pēnēia ⟨ae⟩ *f* Tochter des Peneus, = Daphne
Pēnēis *Gen* ⟨idis⟩ *Adj f u.* **Pēnēius** ⟨a, um⟩ *Adj* des Peneus, zu Peneus gehörig
Pēnelopa ⟨ae⟩ *f u.* **Pēnelopē** ⟨ēs⟩ *f Gattin des Odysseus, Mutter des Telemach*
Pēnelopēus ⟨a, um⟩ *Adj* der Penelope, zu Penelope gehörig
Pēnēos ⟨ī⟩ *m* = ***Peneus***
penes *Präp mit Akk*
1. im Besitz, in der Gewalt, in der Macht, *aliquem* j-s; ***penes aliquem est summum imperium*** die höchste Macht liegt bei j-m; ***penes se esse*** bei Sinnen sein
2. (*vkl., nachkl.*) aufseiten, *aliquem* j-s; ***culpa penes aliquem est*** die Schuld liegt bei j-m; ***penes rem publicam esse*** es mit dem Staat halten
Penestae ⟨ārum⟩ *m Volk in Illyrien*
pēnētica ⟨ae⟩ *f* ||griech. Fw.|| Hungerkur
penetrābilis ⟨e⟩ *Adj* ||penetro|| (*nachkl.*)
1. durchdringbar, erreichbar
2. durchdringend, durchbohrend; ***fulmen penetrabile*** zerschmetternder Blitz
penetrāle ⟨is⟩ *n* ||penetralis|| *meist Pl* das Innere *eines Hauses od Tempels*, innere Räume; Hauskapelle, Heiligtum; ***p. patrium*** Heiligtum des Vaterhauses; ***p. urbis*** Mittelpunkt der Stadt
penetrālis ⟨e⟩ *Adj* ||penetro|| innerlich, inwendig; ***signum penetrale*** Zeichen im Innern des Tempels; ***dii pentrales*** = die Penaten
▶ **penetrō** ⟨āvī, ātum, āre 1.⟩ ||penitus||
I *v/i* eindringen, hineindringen, hineinkommen, *allg.* vordringen, gelangen, *ad aliquem* zu j-m, *in aliquid / intra aliquid* in etw, *ad aliquid* bis zu etw
II *v/t* durchdringen, betreten, *aliquid* etw; ***aliquid animum alicuius alte penetrat*** *fig* etw macht einen tiefen Eindruck auf j-n; ***iter Lucullo penetratum*** der Weg, auf dem Lucullus vorgedrungen ist
Pēnēus ⟨ī⟩ *m Hauptfluss Thessaliens, als Flussgott Vater der Daphne*
Pēnēus ⟨a, um⟩ *Adj* des Peneus, zum Peneus gehörig
pēnicillum ⟨ī⟩ *n u.* **pēnicillus** ⟨ī⟩ *m* ||*Dim von* peniculus|| Pinsel; *meton* Malerei; *fig* Stil, stilistische Darstellung
pēniculus ⟨ī⟩ *m* ||*Dim von* penis|| Com. Bürste; Schwamm
Pēnīnus ⟨a, um⟩ *Adj* = ***Poeninus***
pēnis ⟨is⟩ *m*
1. (*vkl.*) Schwanz
2. männliches Glied; *meton* Unzucht
▶ **penitus**
I *Adv* ||penes||

1. bis ins Innerste, inwendig, tief hinein; ***argentum penitus abditum*** tief im Innern der Erde verborgenes Silber; ***causae penitus latentes*** in der Tiefe verborgene Ursachen; ***suspiria penitus trahere*** tief aufseufzen
2. *fig* weithin, fern; ***terrae penitus penitusque iacentes*** weiter und weiter sich erstreckende Länder
3. tief, fest, genau
4. *(unkl.)* innig, herzlich
5. von Grund auf, gänzlich, völlig; ***aliquid penitus abradere*** etw völlig abscheren
II ⟨a, um⟩ *Adj*, *Adv* ⟨penitē⟩ *(unkl.)* innerlich, inwendig

▶ **penna** ⟨ae⟩ *f*
1. Feder
2. *Pl u. Sg* Flügel, Gefieder; ***pennis se levare*** auffliegen; ***pennas vertere*** davonfliegen; ***pennas incidere*** die Flügel beschneiden; ***pennis decisis*** *fig* mit getäuschten Hoffnungen
3. *meton* das Fliegen, Flug
4. *poet* Feder am Pfeil, Pfeil

pennātus ⟨a, um⟩ *Adj* ||penna|| gefiedert, geflügelt; ***Fama pennata*** Verg. die geflügelte Fama

Pennīnus ⟨a, um⟩ *Adj* = ***Poeninus***

penni-pēs *Gen* ⟨pedis⟩ *Adj* = ***pinnipes***

penni-potēns ⟨entis⟩ *Adj* ||penna|| Lucr. geflügelt

pennipotentēs ⟨ium⟩ *f* Geflügel, Vögel

pennula ⟨ae⟩ *f* ||*Dim von* penna|| Flügelchen

pēnsilia ⟨ium⟩ *n* ||pensilis|| männliches Glied

pēnsilis ⟨e⟩ *Adj* ||pendeo|| *(unkl.)* aufgehängt, schwebend; ***uva p.*** hängend aufbewahrte Traube, getrocknete Traube; ***horti pensiles*** hängende Gärten

pēnsiō ⟨ōnis⟩ *f* ||pendo||
1. Zahlung; *meton* Rate *einer Zahlung*; ***p. praesens*** Barzahlung
2. Miete, Pachtzins

pēnsitō ⟨āvī, ātum, āre 1.⟩ ||*Intens von* penso||
1. *(nachkl.)* genau wiegen
2. *fig* reiflich überlegen, *aliquid* etw, + *indir Fragesatz*
3. bezahlen; *abs* steuerpflichtig sein

pēnsō ⟨āvī, ātum, āre 1.⟩ ||*Intens von* pendo|| *(nachkl.)*
1. abwiegen; ***Romanos scriptores eādem trutinā p.*** *fig* die römischen Schriftsteller mit demselben Maß messen
2. *fig* gegeneinander abwägen, vergleichen; ***res pensatae*** Dinge, die sich das Gleichgewicht halten
3. vergelten, entschädigen, bezahlen; *fig* büßen; ***benefacta maleficiis p.*** Gutes mit Bösem vergelten
4. *fig* erwägen, überlegen
5. *fig* beurteilen; ***vires hostium p.*** die Kräfte der Feinde beurteilen
6. *fig* ausgleichen, ersetzen
7. *(mlat.)* meinen; ***p. de re*** an etw denken

pēnsum ⟨ī⟩ *n* ||pendo||
1. *(vkl., nachkl.)* Wolle, *die den Sklavinnen jeden Tag zum Verarbeiten zugemessen wurde*, Tagewerk
2. *fig* Wollarbeit, gesponnenes Garn, gewebtes Garn
3. *fig* Aufgabe

pēnsus[1] ⟨a, um⟩ *PPP* → ***pendo***

pēnsus[2] ⟨a, um⟩ *Adj* ||pendo|| *(vkl., nachkl.)* *fig* wichtig, gewichtig; ***nihil pensi habeo/mihi est*** ich lege kein Gewicht darauf, ich nehme keine Rücksicht darauf

pentagōnium ⟨ī⟩ *n* ||griech. Fw.|| Fünfeck

pentameter ⟨trī⟩ *m* ||griech. Fw.|| Quint. Pentameter

pentēcostē ⟨ēs⟩ *f* ||griech. Fw.|| *(eccl.)* der 50. Tag nach Ostern, Pfingsten

Pentelicus ⟨a, um⟩ *Adj* aus pentelischem Marmor, *benannt nach dem mons Pentelicus, einem Gebirge in Attika*

pentēris ⟨idis⟩ *f* ||griech. Fw.|| *(nachkl.)* Schiff mit fünf Ruderreihen übereinander, Fünfdecker

Penthesilēa ⟨ae⟩ *f Königin der Amazonen, von Achill im Zweikampf besiegt*

Pentheus ⟨eī⟩ *u.* ⟨eos⟩ *m König von Theben, Gegner des Dionysoskultes, von der eigenen Mutter u. Bacchantinnen zerrissen*

Penthēus ⟨a, um⟩ *Adj* des Pentheus, zu Pentheus gehörig

penuārius ⟨a, um⟩ *Adj* = ***penarius***

penum ⟨ī⟩ *n* = ***penus***

pēnūria ⟨ae⟩ *f* Mangel, *alicuius rei* an etw

penus ⟨oris⟩ *n u.* **penus** ⟨ūs⟩ *u.* ⟨ī⟩ *m u. f* im Haus verwahrter Vorrat an Lebensmitteln, Mundvorrat

Peparēthus ⟨ī⟩ *f Insel n von Euböa, heute Skopelos*

pepēdī → ***pedo***

pependī → ***pendeo*** *u.* → ***pendo***

pepercī → ***parco***

peperī → ***pario***

pepigī → ***pango***

peplum ⟨ī⟩ *n* ||griech. Fw.|| weites Obergewand *der griech. Frauen*, Prachtgewand

pepulī → ***pello***

per

I
1. ringsum, umher
2. durch, hindurch
3. bis zum Ziel, hin-
4. über das Ziel hinaus, ver-
5. sehr
II hindurch
III
1. durch, hindurch
2. durch … hin, ringsum in
3. entlang
4. durch, hindurch
5. im Verlauf, während
6. nach Verlauf von
7. mittels, mithilfe von
8. für sich, selbstständig
9. bei, um … willen
10. wegen, infolge
11. unter dem Vorwand
12. mit Rücksicht auf, vor
13. mit, unter
14. einzeln

I *Präf*
1. ringsum, umher; ***per-equitare*** umher-reiten
2. durch, hindurch, zer-; ***per-agrare*** durch-wandern; ***per-fringere*** zer-brechen
3. bis zum Ziel, hin-, völlig; ***per-ficere*** voll-enden
4. über das Ziel hinaus, ver-; ***pel-licio*** ver-locken

P

5. sehr; ***per-magnus*** sehr groß; ***per-multi*** sehr viele
II *Suffix* hindurch; ***parum-per*** auf kurze Zeit
III *Präp mit Akk*
1. *örtl. zur Angabe des Durchgangs* durch, hindurch, über; ***flumen per urbem fluit*** der Fluss fließt durch die Stadt; ***pontem per Nilum facere*** eine Brücke über den Nil schlagen; ***per gradus deici*** die Stufen hinabstürzen; ***per munitiones se deicere*** sich über die Schanzen hinweg stürzen
2. *örtl. zur Angabe der Verbreitung* durch ... hin, ringsum in, ringsum auf; ***disponere per urbem*** über die Stadt verteilen; ***per orbem*** in der ganzen Welt; ***per silvas*** in den Wäldern hier und dort; ***per omnia*** ganz und gar; ***per manus tradere*** von Hand zu Hand gehen lassen
3. *örtl.* entlang; ***per flumina*** längs der Flüsse; ***per amnem*** den Fluss hinab
4. *zeitl.* durch, hindurch; ***per triennium*** drei Jahre hindurch
5. *zeitl.* im Verlauf, während, in, ***mortuos per indutias sepelire*** die Toten während des Waffenstillstands bestatten; ***per somnium*** im Traum
6. *zeitl.* nach Verlauf von
7. *instrumental* mittels, mithilfe von; ***certiorem fieri per nuntios*** durch Boten benachrichtigt werden; ***per internuntios agere cum aliquo*** durch Unterhändler mit j-m verhandeln
8. ***per se*** für sich, selbstständig; an und für sich, durch sich selbst, um seiner selbst willen; selbst, in eigener Person
9. *bei Schwüren u. Bitten* bei, um ... willen; ***per lovem*** bei Jupiter
10. *kausal* wegen, infolge, aus; ***per misericordiam*** aus Mitleid; ***per haec*** deswegen
11. *zur Angabe eines vorgeschützten Grundes* unter dem Vorwand; ***per fidem fallere aliquem*** j-n durch einen falschen Eid täuschen
12. mit Rücksicht auf, vor; ***per valetudinem non posse*** aus gesundheitlichen Gründen nicht können; ***per senatum*** weil der Senat es verhindert; ***per me*** (***licet***) meinetwegen; ***stat per me*** es liegt an mir; ***non stat per me, quominus*** es ist nicht meine Schuld, dass nicht
13. *modal* mit, unter, in; ***per vim*** mit Gewalt; ***per dolum*** durch List; ***per iocum*** im Scherz; ***per litteras*** schriftlich; ***per speciem*** unter dem Schein; ***per commodum*** gemächlich
14. (*mlat.*) *bei Personen* = ***a***[3]; ***per singulos*** einzeln

pēra ⟨ae⟩ *f* ||griech. Fw.|| (*spätl.*) Ranzen
per-absurdus ⟨a, um⟩ *Adj* ganz ungereimt
per-accomodātus ⟨a, um⟩ *Adj* sehr bequem, sehr gelegen, *auch getrennt*
per-ācer ⟨ācris, ācre⟩ *Adj* sehr scharf; ***peracre iudicium*** sehr scharfes Urteil
per-acerbus ⟨a, um⟩ *Adj*
1. sehr herb
2. Plin. sehr schmerzlich
per-acēscō ⟨acuī, -, acēscere 3.⟩ Plaut. sehr sauer werden, sehr ärgerlich werden
perāctiō ⟨ōnis⟩ *f* ||perago|| Beendigung; ***p. fabulae*** Schlussakt des Schauspiels
per-āctus ⟨a, um⟩ *PPP* → ***per-ago***
per-acūtus ⟨a, um⟩ *Adj, Adv* ⟨per-acūtē⟩
1. sehr hell, durchdringend
2. *geistig* sehr scharf, scharfsinnig
per-adulēscēns ⟨entis⟩ *m u.* **per-adulēscentulus** ⟨ī⟩ *m* ganz junger Mann
per-aequē *Adv* völlig gleich
per-agitō ⟨āvī, ātum, āre 1.⟩
1. umherjagen
2. Sen. *fig* aufstacheln
▶ **per-agō** ⟨ēgī, āctum, agere 3.⟩
1. (*nachkl.*) *poet* umhertreiben; ***pecora p.*** Vieh umhertreiben
2. *poet* durchbohren; ***latus ense p.*** die Seite mit dem Schwert durchbohren
3. durchführen, vollenden, beenden; ***concilium p.*** eine Versammlung abhalten; ***sol signa peragit*** die Sonne durchläuft die Sternbilder; ***hibernis peractis*** nach Ablauf des Winters
4. entkräften, zermürben; ums Leben bringen; *Passiv* sterben
5. (*nachkl.*) *eine Zeit* durchleben; ***otia p.*** in Frieden dahinleben
6. *ein Bühnenstück od eine Rolle* durchspielen
7. (*nachkl.*) *einen Prozess* zu Ende führen; *einen Angeklagten* zur Verurteilung bringen
8. (*nachkl.*) formulieren; *in der Rede* vortragen, besprechen, darstellen; ***querelas p.*** Klagen hören lassen
peragrātiō ⟨ōnis⟩ *f* ||peragro|| Durchwanderung
per-agrō ⟨āvī, ātum, āre 1.⟩
I *v/t* durchwandern, durchstreifen; ***agros p.*** die Felder durchstreifen; ***dicendo omnes latebras suspicionum p.*** Cic. in der Rede in alle Schlupfwinkel der Verdächtigungen eindringen
II *v/i* sich verbreiten, sich ausdehnen; ***fama peragrat*** ein Gerücht verbreitet sich
per-amāns *Gen* ⟨antis⟩ *Adj, Adv* ⟨peramanter⟩ sehr liebend, *alicuius* j-n; liebevoll
per-ambulō ⟨āvī, ātum, āre 1.⟩ (*unkl.*) durchwandern; ***crocum p.*** über die mit Safranessenz besprengte Bühne gehen; ***frigus artūs perambulat*** Ov. Kälte durchdringt die Glieder
per-amīcus ⟨a, um⟩ *Adj* (*nachkl.*) sehr freundschaftlich
per-amoenus ⟨a, um⟩ *Adj* Tac. sehr angenehm
per-amplus ⟨a, um⟩ *Adj* sehr groß, sehr geräumig
per-angustus ⟨a, um⟩ *Adj, Adv* ⟨perangustē⟩ sehr eng, sehr schmal
per-annō ⟨āvī, ātum, āre 1.⟩ Suet. ein Jahr leben
per-antīquus ⟨a, um⟩ *Adj* uralt
per-appositus ⟨a, um⟩ *Adj* sehr passend, sehr schicklich, *alicui* für jdn
per-arduus ⟨a, um⟩ *Adj* sehr schwierig
per-argūtus ⟨a, um⟩ *Adj* sehr scharfsinnig, sehr geistreich
per-armātus ⟨a, um⟩ *Adj* Curt. gut bewaffnet
per-arō ⟨āvī, ātum, āre 1.⟩ *poet* durchpflügen, durchfurchen; *fig mit dem Griffel auf die Wachstafel* schreiben, niederschreiben; durchsegeln
per-attentus ⟨a, um⟩ *Adj, Adv* ⟨perattentē⟩ sehr aufmerksam
pērātus ⟨a, um⟩ *Adj* ||pera|| Plaut. mit einem Ranzen
per-auriō ⟨īvī, ītum, īre 4.⟩ Plaut. durch das Ohr aufnehmen
per-bacchor ⟨ātus sum, ārī 1.⟩ durchschwärmen, ***multos dies*** viele Tage

per-bāsiō ⟨-, -, āre 1.⟩ Petr. der Reihe nach abküssen

per-beātus ⟨a, um⟩ *Adj* sehr glücklich

per-bellē *Adv* sehr fein, sehr hübsch

per-bene *Adv* sehr gut, sehr wohl

per-benevolus ⟨a, um⟩ *Adj* sehr wohlwollend, *alicui* j-m

per-benīgnē *Adv* sehr gütig

per-bibō ⟨bibī, -, bibere 3.⟩ (*unkl.*)
1. ganz aufsaugen
2. *fig geistig* ganz in sich aufnehmen

per-bītō ⟨-, -, ere 3.⟩ (*unkl.*)
1. hingehen
2. zugrunde gehen

per-blandus ⟨a, um⟩ *Adj* sehr einnehmend, sehr gewinnend

per-bonus ⟨a, um⟩ *Adj* sehr gut

per-brevis ⟨e⟩ *Adj, Adv* ⟨perbreviter⟩ sehr kurz; ***litterae perbreves*** sehr kurzer Brief; ***perbrevi*** (***tempore***) in sehr kurzer Zeit

perca ⟨ae⟩ *f* ||griech. Fw.|| (*nachkl.*) *poet* Barsch

per-calefaciō ⟨fēcī, factum, facere 3.⟩ durchhitzen, durchglühen

per-calefīō ⟨factus sum, fierī 0.⟩ durchhitzt werden, durchglüht werden

per-calēscō ⟨caluī, -, calēscere 3.⟩ *poet* ganz heiß werden

per-callēscō ⟨calluī, -, callēscere 3.⟩
1. ganz gefühllos werden, gleichgültig werden, unempfindlich werden
2. klug werden

per-cārus ⟨a, um⟩ *Adj*
1. sehr kostspielig
2. *fig* sehr lieb, sehr teuer

per-cautus ⟨a, um⟩ *Adj* sehr vorsichtig

per-celebrō ⟨āvī, ātum, āre 1.⟩ überall verbreiten; *Passiv* in aller Munde sein

per-celer ⟨eris, ere⟩ *Adj, Adv* ⟨perceleriter⟩ sehr schnell

▶ **per-cellō** ⟨culī, culsum, cellere 3.⟩
1. schlagen, stoßen, *aliquid* etw, an etw; treffen, *aliquid* etw; ***genu femur p.*** mit dem Knie gegen den Schenkel stoßen
2. niederwerfen, niederschlagen, zu Boden werfen; *Passiv* niedergeworfen werden, hart getroffen werden
3. *fig* zugrunde richten, zerrütten, mutlos machen
4. *fig* erschrecken, bestürzen; ***perculsus*** erschreckt, bestürzt, *auch* angetrieben, gereizt

per-cēnseō ⟨uī, -, ēre 2.⟩
1. (*vkl., nachkl.*) mustern, besichtigen; *fig* kritisieren
2. (*nachkl.*) *poet* durchwandern, durchreisen
3. aufzählen; ***promerita p.*** Cic. Verdienste auflisten
4. berechnen, überschlagen

per-cēpī → ***percipio***

percepta ⟨ōrum⟩ *n* ||percipio|| Lehr- und Grundsätze

perceptiō ⟨ōnis⟩ *f* ||percipio||
1. das Einsammeln, das Ernten
2. *fig* das Erfassen, das Begreifen, Erkenntnis; Begriff

per-ceptus ⟨a, um⟩ *PPP* → ***percipio***

per-cīdō ⟨cīdī, cīsum, cīdere 3.⟩ ||caedo|| (*unkl.*) zerschlagen; *obszön* mit Knaben Unzucht treiben; Oralverkehr treiben

per-cieō ⟨-, -, ciēre 2.⟩ *u.* **per-ciō** ⟨-, citum, cīre 4.⟩
1. in Bewegung setzen, erregen
2. Plaut. nennen; ***aliquem impudicum p.*** j-n unanständig nennen

▶ **per-cipiō** ⟨cēpī, ceptum, cipere 3.⟩ ||capio||
1. (*unkl.*) erfassen, ergreifen; ***auras p.*** Winde auffangen
2. *poet* in sich aufnehmen, annehmen
3. empfangen, bekommen, gewinnen; ***fructūs p.*** Früchte ernten
4. *fig* bemerken, wahrnehmen, empfinden; hören, vernehmen
5. *fig geistig* klar erfassen, begreifen, lernen; *Perf* kennen, wissen; ***omnium civium nomina p.*** die Namen aller Bürger genau kennen; ***nomen usu perceptum alicui est*** j-m ist der Name durch den Umgang geläufig; ***aliquid perceptum habere*** sich etw zu Eigen gemacht haben

per-cīsus ⟨a, um⟩ *PPP* → ***percido***

percitus[1] ⟨a, um⟩ *Adj* ||percio||
1. erregt, gereizt, aufgebracht
2. reizbar, hitzig

per-citus[2] ⟨a, um⟩ *PPP* → ***percieo***

per-cīvīlis ⟨e⟩ *Adj* Suet. sehr leutselig

per-colō[1] ⟨coluī, cultum, colere 3.⟩ (*unkl.*)
1. zu Ende führen; ***incohata p.*** Begonnenes zu Ende führen
2. sehr schmücken
3. sehr ehren, sehr feiern

per-cōlō[2] ⟨āvī, ātum, āre 1.⟩
1. (*vkl., nachkl.*) durchseihen, ***vinum*** den Wein
2. *fig* durchsickern lassen; *Passiv* durchsickern

per-colopō ⟨-, -, āre 1.⟩ ||per, colaphus|| Petr. ohrfeigen

per-cōmis ⟨e⟩ *Adj* überaus freundlich, überaus gefällig

per-commodus ⟨a, um⟩ *Adj, Adv* ⟨percommodē⟩ sehr bequem, sehr passend, *alicui/alicui rei* für j-n/für etw, *ad aliquid* zu etw

per-cōnor ⟨-, ārī 1.⟩ (*vkl., nachkl.*) versuchen

percontātiō ⟨ōnis⟩ *f* ||percontor||
1. Befragung, Erkundigung, Ermittlung; ***percontationem facere*** ein Verhör anstellen
2. RHET Frage *als Redefigur*

percontātor ⟨ōris⟩ *m* ||percontor|| Ausfrager, Ermittler

▶ **per-contor** ⟨ātus sum, ārī 1.⟩ sich erkundigen, nachforschen; fragen, *ab aliquo/ex aliquo/aliquem de re* j-n über etw, *aliquem aliquid* j-n etw, + *indir Fragesatz*

per-contumāx *Gen* ⟨ācis⟩ *Adj* Ter. sehr trotzig

per-copiōsus ⟨a, um⟩ *Adj* (*nachkl.*) sehr wortreich

per-coquō ⟨coxī, coctum, coquere 3.⟩ (*unkl.*)
1. gar kochen, backen
2. *fig* erhitzen
3. *fig* reif machen
4. *fig* schwärzen

per-crepō ⟨crepuī, -, crepāre 1.⟩ laut erschallen

per-crucior ⟨-, ārī 1.⟩ Plaut. sich zu Tode ängstigen

per-culī → ***percello***

per-culsus ⟨a, um⟩ *PPP* → ***percello***

per-cūnctor ⟨ātus sum, ārī 1.⟩ = ***percontor***

per-cupidus ⟨a, um⟩ *Adj* sehr geneigt, *alicuius* j-m

per-cupiō ⟨-, -, ere 3.⟩ (Com., *nachkl.*) sehr wünschen
per-cūriōsus ⟨a, um⟩ *Adj* sehr neugierig
per-cūrō ⟨āvī, ātum, āre 1.⟩ (*nachkl.*) völlig heilen, ausheilen; ***vulnus p.*** eine Wunde ausheilen
per-currō ⟨(cu)currī, cursum, currere 3.⟩
I *v/i* hinlaufen, eilen; ***per temonem p.*** über die Deichsel hinlaufen
II *v/t*
1. durchlaufen, durcheilen; ***pectine telas p.*** die Aufzüge des Gewebes mit dem Weberkamm durchschießen; ***metus pectus percurrit*** Furcht durchschauert die Brust; ***quaesturam, praeturam, consulatum p.*** die Quästur, die Prätur und das Konsulat der Reihe nach innehaben
2. *fig in der Rede* der Reihe nach aufzählen, anführen; flüchtig erwähnen
3. *fig mit dem Blick od in Gedanken* überfliegen; flüchtig durchsehen, flüchtig durchlesen; ***omnes causas percursas animo habere*** alle Rechtsfälle im Kopf haben
percursātiō ⟨ōnis⟩ *f* ||percurso|| Durchreise, Wanderung
percursiō ⟨ōnis⟩ *f* ||percurro||
1. flüchtige Erwähnung *in der Rede*
2. schnelles Überdenken
per-cursō ⟨āvī, ātum, āre 1.⟩ ||*Freq von* percurro|| (*nachkl.*)
I *v/t* durchstreifen
II *v/i* umherschweifen, *re* in etw
per-cursus ⟨a, um⟩ *PPP* → ***percurro***
per-cussī → ***percutio***
percussiō ⟨ōnis⟩ *f* ||percutio||
1. das Schlagen, Schlag; ***capitis p.*** Schlag an den Kopf; ***p. digitorum*** das Schnippen mit den Fingern
2. RHET, MUS Takt, das Taktschlagen; Tonfall
percussor ⟨ōris⟩ *m* ||percutio|| Mörder; ***p. veneficus*** Giftmörder
percussus[1] ⟨ūs⟩ *m* ||percutio|| Schlag, Stoß; *fig* Beleidigung
per-cussus[2] ⟨a, um⟩ *PPP* → ***percutio***
per-cutiō ⟨cussī, cussum, cutere 3.⟩ ||quatio||

1. durchbohren, durchstoßen
2. heftig erschüttern
3. schlagen, stoßen
4. schlagen
5. schlagen, prägen
6. verwunden
7. schmerzlich berühren, verletzen
8. totschlagen, ermorden
9. ein Bündnis durch Schlachtopfer besiegeln
10. erschüttern, rühren
11. hintergehen, betrügen

1. durchbohren, durchstoßen, *aliquem/aliquid re* j-n/etw mit etw
2. (*nachkl.*) *poet* heftig erschüttern; ***pennas p.*** die Flügel schwingen
3. schlagen, stoßen, treffen; ***Iuppiter aliquem fulmine percutit*** Jupiter trifft j-n mit dem Blitz; ***forem virgā p.*** mit der Rute an die Tür klopfen; ***pede terram p.*** mit dem Fuß auf den Boden stampfen; ***de caelo percuti*** vom Blitz getroffen werden; ***locum non p.*** den Nagel nicht auf den Kopf treffen; ***matres pectora percussae*** Mütter, die sich mit den Händen an die Brust schlagen
4. (*nachkl.*) *ein Instrument* schlagen; ***nervos p.*** die Saiten schlagen
5. (*nachkl.*) *Münzen* schlagen, prägen
6. (*nachkl.*) verwunden; ***percussus gladio bracchium*** mit dem Schwert am Arm verletzt
7. *seelisch* schmerzlich berühren, verletzen
8. totschlagen, ermorden, erstechen; *vom Scharfrichter* hinrichten, enthaupten; ***feras p.*** Wild schießen
9. ***foedus p.*** ein Bündnis durch Schlachtopfer besiegeln
10. *geistig* erschüttern, rühren, beeindrucken; ***amore percussus gravi*** von Liebe tief getroffen
11. hintergehen, betrügen, prellen
per-decōrus ⟨a, um⟩ *Adj* Plin. sehr anständig
per-dēlīrus ⟨a, um⟩ *Adj* Lucr. sehr unsinnig
per-depsō ⟨uī, -, ere 3.⟩ Catul. *j-n* durchkneten, mit *j-m* Geschlechtsverkehr haben, *aliquem*
per-didī → ***perdo***
per-difficilis ⟨e⟩ *Adj, Adv* ⟨perdifficiliter⟩ sehr schwer, sehr schwierig
per-dignus ⟨a, um⟩ *Adj* sehr würdig, *re* einer Sache; ***p. amicitiā*** der Freundschaft sehr würdig
per-dīligēns *Gen* ⟨entis⟩ *Adj, Adv* ⟨perdīligenter⟩ Cic. sehr sorgfältig, sehr pünktlich
per-dīscō ⟨didicī, -, dīscere 3.⟩ gründlich lernen, auswendig lernen; *Perf* genau verstehen
per-disertē *Adv* sehr beredt
perditor ⟨ōris⟩ *m* ||perdo|| Verderber, Zerstörer
▶ **perditus**[1] ⟨a, um⟩ *Adj, Adv* ⟨perditē⟩ ||perdo||
1. verloren, vernichtet; *vor Liebe* verblendet; ***luctu p.*** in tiefe Trauer versunken
2. hoffnungslos, verzweifelt, unglücklich; ***res perdita*** hoffnungslose Lage
3. *von Leidenschaften u. Zuständen* heillos, maßlos; ***perdita luxuria*** Nep. maßlose Verschwendungssucht
4. *sittlich* verkommen, verrucht, nichtswürdig; ***homines perditi*** Gesindel
perditus[2] ⟨ūs⟩ *m* ||perdo|| Plaut. Verlust
per-ditus[3] ⟨a, um⟩ *PPP* → ***perdo***
per-diū *Adv* langwierig
per-diuturnus ⟨a, um⟩ *Adj* sehr lange dauernd, sehr langwierig
per-dīves *Gen* ⟨itis⟩ *Adj* sehr reich
perdīx ⟨īcis⟩ *m u. f* ||griech. Lw.|| (*unkl.*) Rebhuhn
▶ **per-dō** ⟨didī, ditum, dere 3.⟩
1. zugrunde richten, verderben, vernichten; ruinieren, unglücklich machen
2. verschwenden, vergeuden; ***fortunas suas p.*** sein Vermögen verschwenden
3. verlieren, einbüßen; ***operam et oleum p.*** *fig* sich vergeblich abmühen; ***p. litem/causam*** einen Prozess verlieren
4. verspielen; ***multum in alea p.*** viel beim Würfelspiel verlieren
per-doceō ⟨docuī, doctum, docēre 2.⟩ ausführlich (be)lehren, gründlich (be)lehren, deutlich darlegen
perdoctus ⟨a, um⟩ *Adj, Adv* ⟨perdoctē⟩ ||perdoceo|| sehr gelehrt, sehr geschickt; ***docte p.*** gut abgerichtet

per-doleō ⟨uī, itum, ēre 2.⟩ (*vkl., nachkl.*) sehr schmerzen
perdolēscō ⟨doluī, -, dolēscere 3.⟩ ||*Inkoh von* perdoleo|| tief bedauern, sich sehr ärgern, + *AcI*
per-doluī → ***perdoleo*** *u.* → ***perdolesco***
per-domō ⟨uī, itum, āre 1.⟩ (*nachkl.*)
1. völlig (be)zähmen; ***tauros p.*** Stiere völlig zähmen
2. *fig* völlig unterwerfen, ***cives*** Bürger
per-dormīscō ⟨-, -, īscere 3.⟩ Plaut. durchschlafen
▶ **per-dūcō** ⟨dūxī, ductum, dūcere 3.⟩
1. *ans Ziel* hinführen, hinbringen, leiten, geleiten, *aliquem/aliquid ad aliquem/ad aliquid/in aliquid* j-n/etw zu j-m/zu etw; ***legatos ad Caesarem p.*** Gesandte zu Caesar führen; ***aliquem ad furorem p.*** *fig* j-n zum Wahnsinn bringen; ***aliquem ad summam dignitatem p.*** *fig* j-n zur höchsten Stellung erheben; ***rem ad extremum casum p.*** etw bis zum Äußersten bringen
2. *Mauern, Gräben, Bauten irgendwohin* führen, anlegen, *ad aliquid* bis zu etw; ***fossam ad montem p.*** den Graben bis zum Berg führen
3. *eine Frau j-m* zuführen, mit *j-m* verkuppeln, *alicui*
4. *fig* fortsetzen, hinziehen; ***rem ad Idus Maias p.*** eine Angelegenheit bis zu den Iden des Mai hinziehen
5. *fig* veranlassen, verleiten, verführen, *aliquem ad aliquid* j-n zu etw; ***aliquem ad suam sententiam p.*** j-n für seine Ansicht gewinnen; ***aliquem ad se/ad studium sui p.*** j-n auf seine Seite bringen
6. *poet* überziehen, einsalben
perductō ⟨āvī, ātum, āre 1.⟩ ||*Intens von* perduco|| Plaut. herumführen, verkuppeln
perductor ⟨ōris⟩ *m* ||perduco|| Fremdenführer; Cic. *pej* Zuhälter, Kuppler
per-ductus ⟨a, um⟩ *PPP* → ***perduco***
per-dūdum *Adv* Plaut. vor sehr langer Zeit
perduelliō ⟨ōnis⟩ *f* ||perduellis|| Hochverrat, Landesverrat
per-duellis ⟨is⟩ *m* ||duellum||
1. Krieg führender Feind; Landesfeind
2. Plaut. persönlicher Feind
perduim ⟨perduis …⟩ *alter Konjkt Präs* → ***perdo***
per-dūrō ⟨āvī, ātum, āre 1.⟩
1. ausdauern, aushalten
2. dauern, währen; ***longum in aevum p.*** eine lange Zeit dauern
per-dūxī → ***perduco***
Peredia ⟨ae⟩ *f* ||peredo|| *hum* Fressland
per-edō ⟨ēdī, ēsum, edere 3.⟩ *poet* ganz verzehren, zernagen
per-ēgī → ***perago***
per-egrē *Adv* Com.
1. in der Fremde, im Ausland, auswärts; ***peregre habitare*** im Ausland leben; ***animus p. est*** der Geist ist der Welt entrückt
2. (*vkl., nachkl.*) aus der Fremde
3. (*unkl.*) in die Fremde
peregrīna ⟨ae⟩ *f* ||peregrinus|| Fremde, Nichtbürgerin
peregrīnābundus ⟨a, um⟩ *Adj* ||peregrinor|| Liv. viel in der Fremde reisend
peregrīnātiō ⟨ōnis⟩ *f* ||peregrinor||
1. Aufenthalt im Ausland, Reise im Ausland
2. Plin. ausländischer Aufenthaltsort
3. (*mlat.*) Pilgerschaft, Pilgerpfad
peregrīnātor ⟨ōris⟩ *m* ||peregrinor|| Freund des Reisens
peregrīnitās ⟨ātis⟩ *f* ||peregrinus||
1. (*nachkl.*) rechtliche Stellung des Nichtbürgers
2. *fig* fremde Sitte; Quint. ausländischer Akzent
peregrīnor ⟨ātus sum, ārī 1.⟩ ||*Denom von* peregrinus||
1. in der Fremde sein, in der Fremde reisen
2. *fig* umherschweifen, wandern; ***aures vestrae peregrinantur*** Cic. eure Ohren sind woanders
3. *fig* fremd sein, unbekannt sein; ***philosophia Romae peregrinatur*** die Philosophie ist in Rom fremd
4. (*mlat.*) wallfahren
▶ **peregrīnus**
I ⟨a, um⟩ *Adj* ||peregre||
1. *von Personen u. Sachen* fremd, ausländisch; ***timor p.*** Furcht vor einem auswärtigen Feind; ***mors peregrina*** Tod in der Fremde; ***amores peregrini*** Liebschaften mit Ausländerinnen; ***iurisdictio peregrina*** Gerichtsbarkeit über Nichtbürger; ***volucris peregrina*** Zugvogel
2. *fig* unwissend, *re* in etw
II ⟨ī⟩ *m*
1. Fremder, Nichtbürger
2. (*mlat.*) Pilger; Kreuzfahrer
per-ēlegāns *Gen* ⟨antis⟩ *Adj, Adv* ⟨perēleganter⟩ sehr geschmackvoll, sehr gewählt, *bes im Ausdruck*
per-ēloquēns *Gen* ⟨entis⟩ *Adj* sehr beredt
per-ēmī → ***perimo***
per-emnis ⟨e⟩ *Adj* ||per, amnis|| den Flussübergang betreffend; ***auspicia peremnia*** Auspizien bei einem Flussübergang
perēmptālis ⟨e⟩ *Adj* ||perimo|| Sen. vernichtend; (eine Prophezeiung) aufhebend
perēmptor ⟨ōris⟩ *m* ||perimo|| (*nachkl.*) Mörder
per-ēmptus ⟨a, um⟩ *PPP* → ***perimo***
perendiē *Adv* ||dies|| übermorgen
perendinus ⟨a, um⟩ *Adj* ||dies|| übermorgig; ***die perendino*** Caes. übermorgen
Perenna ⟨ae⟩ *f* → ***Anna***
per-ennis ⟨e⟩ *Adj* ||annus||
1. (*nachkl.*) das ganze Jahr hindurch dauernd
2. *allg.* dauernd, beständig; nie versiegend; ***fama p.*** alte Sage
perenni-servus ⟨ī⟩ *m* Plaut. ewiger Sklave
perennitās ⟨ātis⟩ *f* ||perennis|| beständige Dauer; ***p. fontium*** Unversiegbarkeit der Quellen
perennitō ⟨-, -, āre 1.⟩ ||*Intens von* perenno|| Plaut. dauernd erhalten
perennō ⟨āvī, ātum, āre 1.⟩ ||per, annus, *erg.* durare|| (*nachkl.*) *poet* lange dauern, lange bestehen
▶ **per-eō** ⟨iī, itum, īre 0.⟩ (*vkl.*)
1. *von Personen u. Sachen* verloren gehen, verschwinden; ***urbes pereunt*** Städte gehen unter; ***nix perit*** Schnee schmilzt
2. *gewaltsam* ums Leben kommen, umkommen; ***perii*** ich bin verloren; ***peream, si/nisi*** ich will des Todes sein, wenn/wenn nicht
3. *von Leblosem* verloren gehen; JUR erlöschen; aufhören, abkommen; ***tempus perit*** Zeit verstreicht ungenützt; ***actiones et res pereunt*** Klagerecht und Anspruch erlöschen

4. unsterblich verliebt sein, *aliquem / aliquo* in jdn
per-equitō ⟨āvī, ātum, āre 1.⟩
I *v/t* (*nachkl.*) durchreiten, ***aciem*** die Schlachtreihe
II *v/i* umherreiten, ***per omnes partes*** überall
per-errō ⟨āvī, ātum, āre 1.⟩ (*nachkl.*) *poet* durchirren, durchstreifen; ***hedera truncum pererrat*** Plin. Efeu umschlingt den Baumstamm; ***aliquem totum luminibus p.*** j-n von Kopf bis Fuß mustern
per-ērudītus ⟨a, um⟩ *Adj* gut unterrichtet
per-excelsus ⟨a, um⟩ *Adj* hoch emporragend
per-exiguus ⟨a, um⟩ *Adj, Adv* ⟨perexiguē⟩ sehr klein, sehr wenig; kärglich; ***ignis p.*** ganz schwaches Feuer
per-expedītus ⟨a, um⟩ *Adj* sehr leicht (zu bewerkstelligen)
per-fabricō ⟨āvī, ātum, āre 1.⟩ Plaut. fertig zimmern; *fig* überlisten
per-facētus ⟨a, um⟩ *Adj, Adv* ⟨perfacētē⟩ sehr witzig
per-facilis ⟨e⟩ *Adj, Adv* ⟨perfacile⟩
1. sehr leicht, + *Inf* / + *Supin*; ***perfacile factu*** sehr leicht zu machen
2. *fig* sehr gefällig
3. *Adv* sehr leicht; Com. sehr gern
per-fācundus ⟨a, um⟩ *Adj* (*nachkl.*) sehr beredt
per-familiāris
I ⟨e⟩ *Adj* sehr vertraut, *alicui* j-m
II ⟨is⟩ *m* vertrauter Freund
per-fēcī → ***perficio***
perfectiō ⟨ōnis⟩ *f* ||perficio||
1. Vollendung
2. Vollkommenheit; ***p. atque absolutio optimi*** das Ziel idealer Vollkommenheit
perfector ⟨ōris⟩ *m* ||perficio|| Vollender
perfectum ⟨ī⟩ *n* ||perfectus|| Vollkommenheit; ***ultra perfectum*** über das Maß der Vollendung hinaus
perfectus[1] ⟨a, um⟩ *Adj, Adv* ⟨perfectē⟩ ||perficio|| vollendet, vollkommen; ***p. et absolutus*** absolut vollkommen
per-fectus[2] ⟨a, um⟩ *PPP* → ***perficio***
perferēns *Gen* ⟨entis⟩ *Adj* ||perfero|| geduldig im Ertragen
▶ **per-ferō** ⟨tulī, lātum, ferre 0.⟩
1. *bis zum Ziel* hintragen, hinbringen; *Passiv* hingelangen, (an-) kommen; ***sacra ad urbes p.*** Heiligtümer in die Städte bringen; ***hasta vires non perfert*** = die Lanze verliert die Kraft; ***lapis ictum non pertulit*** = der Stein kam nicht ans Ziel; ***se p.*** sich hinbegeben
2. überbringen, übergeben, *aliquid ad aliquem / alicui* etw j-m; ***alicui litteras p.*** j-m einen Brief überbringen
3. berichten, melden, hinterbringen; ***ad aliquem perfertur de re*** j-d erhält die Nachricht von etw
4. durchführen, vollenden, vollziehen; ***intrepidos vultūs p.*** bis zum Ende unerschrockene Mienen beibehalten; ***legem p.*** ein Gesetz durchsetzen; ***lex perfertur*** ein Gesetz geht durch
5. geduldig ertragen, erdulden
perfica ⟨ae⟩ *f* ||perficio|| Lucr. Vollenderin
▶ **per-ficiō** ⟨fēcī, fectum, ficere 3.⟩ ||facio||
1. vollenden, verfertigen, bauen; ***pontem p.*** eine Brücke bauen; ***Achillem citharā p.*** den Achill an der Leier vollkommen ausbilden
2. *abstr. Handlungen od Zustände* zustande bringen, verwirklichen; ***munus p.*** einen Auftrag ausführen; ***ratio perficiendi*** Ausführungsweise
3. *eine Zeit* durchleben, überdauern
4. beenden; abhalten, durchführen; ***bellum p.*** den Krieg beenden; ***comitia p.*** die Komitien abhalten
5. ausarbeiten, abfassen; ***commentarios p.*** Kommentare verfassen
6. durchsetzen, bewirken, erreichen, *ut / ne* dass / dass nicht, *verneint auch mit quominus* dass
per-fidēlis ⟨e⟩ *Adj* ganz zuverlässig
▶ **perfidia** ⟨ae⟩ *f* ||perfidus|| Treulosigkeit, Wortbrüchigkeit, *in aliquem* gegen jdn
perfidiōsus ⟨a, um⟩ *Adj, Adv* ⟨perfidiōsē⟩ = ***perfidus***
▶ **per-fidus** ⟨a, um⟩ *Adj, Adv* ⟨perfidē⟩
1. treulos, unredlich, wortbrüchig; ***amicus p.*** treuloser Freund
2. *von Sachen* unzuverlässig, unsicher
per-fīgō ⟨fīxī, fīxum, fīgere 3.⟩ durchbohren; ***perfixus*** Lucr. *fig* ergriffen, getroffen
perflābilis ⟨e⟩ *Adj* ||perflo|| dem Wind ausgesetzt, luftig
per-flāgitiōsus ⟨a, um⟩ *Adj* sehr lasterhaft
perflātus ⟨ūs⟩ *m* ||perflo|| (*nachkl.*) Luftzug
per-flō ⟨āvī, ātum, āre 1.⟩ (*unkl.*)
I *v/t* durchwehen, durchblasen
II *v/i* wehen; ***aura maris perflat*** Curt. der Seewind weht
per-flūctuō ⟨-, -, āre 1.⟩ Lucr. durchfluten
per-fluō ⟨flūxī, flūxum, fluere 3.⟩ (*unkl.*)
1. durchfließen; *von Gefäßen* auslaufen, undicht sein
2. hinfließen, münden
3. *fig* überfließen von *etw*, reich sein an *etw*, *re*
per-fodiō ⟨fōdī, fossum, fodere 3.⟩
1. durchgraben, durchstechen, *bes mit einer Waffe* durchbohren
2. graben, durchstechen; ***fretum manu p.*** Liv. den Kanal mit der Hand durchgraben
perforātor ⟨ōris⟩ *m* ||perforo|| Plaut. Einbrecher
per-forō ⟨āvī, ātum, āre 1.⟩
1. durchbohren, durchlöchern; ***scutum spiculis p.*** den Schild mit Wurfspießen durchbohren
2. *einen Gang od Öffnungen* durch Durchbrechen anlegen; ***Stabianum p.*** durch Anlegen von Lichtungen einen Ausblick auf das Landgut bei Stabiae gewinnen
per-fortiter *Adv* Ter. sehr tapfer
perfossor ⟨ōris⟩ *m* ||perfodio|| Plaut. Einbrecher
per-frāctus ⟨a, um⟩ *PPP* → ***perfringo***
per-frēgī → ***perfringo***
per-fremō ⟨-, -, ere 3.⟩ (*vkl.*) laut schnauben; laut einherrauschen
per-frequēns *Gen* ⟨entis⟩ *Adj* Liv. sehr besucht, sehr belebt
per-fricō ⟨fricuī, frictum⟩ *u.* ⟨fricātum, fricāre 1.⟩ stark reiben, stark frottieren; ***caput sinistrā manu p.*** sich den Kopf mit der linken Hand kratzen; ***ōs p.*** *fig* alle Scham ablegen
per-frīgē-faciō ⟨-, -, facere 3.⟩ Plaut. eiskalt machen; ***cor alicui p.*** j-m einen großen Schrecken einjagen
per-frīgēscō ⟨frīxī, -, frīgēscere 3.⟩ kalt werden, sich erkälten

per-frīgidus ⟨a, um⟩ *Adj* sehr kalt
per-fringō ⟨frēgī, frāctum, fringere 3.⟩ ||frango||
1. durchbrechen, ***hostium phalangem*** die Schlachtordnung der Feinde; ***domos p.*** in Häuser einbrechen; ***tempora p.*** die Schläfe durchbohren
2. *fig* sich Bahn brechen, sich Eingang verschaffen, *aliquid* durch etw; ***p. animos*** Menschen mächtig ergreifen
3. zerbrechen, zerschmettern, durchhauen; ***cervicem suam p.*** sich das Genick brechen
4. *fig* vereiteln, vernichten, umstürzen; ***senatūs decreta p.*** die Erlasse des Senats vereiteln; ***omnia repagula pudoris p.*** sich über alle Schranken der Scham hinwegsetzen
per-frīxī → ***perfrigesco***
per-fruor ⟨frūctus sum, fruī 3.⟩
1. ganz auskosten, genießen, *re* etw; ***vitā p.*** das Leben genießen; ***ad perfruendas voluptates*** zum Genießen der Vergnügungen
2. Ov. vollständig ausführen, *re* etw
perfuga ⟨ae⟩ *m* ||perfugio|| Überläufer, Flüchtling
▶ **per-fugiō** ⟨fūgī, -, fugere 3.⟩
1. fliehen, seine Zuflucht nehmen, *ad aliquem* zu j-m, bei j-m, *ad aliquid / in aliquid* zu etw, bei etw
2. als Überläufer fliehen, übergehen; ***perfugiunt*** es kommen Überläufer
perfugium ⟨ī⟩ *n* ||perfugio|| Zufluchtsort, Zuflucht, Asyl; MIL Rückzugspunkt; *fig* Ausflucht, *alicuius* j-s, *alicuius rei* einer Sache, für etw, gegen etw; ***p. hiemis*** Unterschlupf vor dem Winter
perfūnctiō ⟨ōnis⟩ *f* ||perfungor||
1. Verwaltung, Bekleidung *eines Amtes*
2. das Überstehen, ***laborum*** von Mühen
perfūnctōrius ⟨a, um⟩ *Adj* ||perfungor|| schlaff, nachlässig
per-fundō ⟨fūdī, fūsum, fundere 3.⟩
1. übergießen, überschütten, begießen, baden, salben, *meist fig*; *Passiv* übergossen werden, sich übergießen, baden; ***vestem ostro p.*** das Kleid mit Purpur färben; ***perfusus umeros oleo*** die Schultern mit Öl gesalbt; ***genas lacrimis perfusus*** die Wangen mit Tränen benetzt
2. (*nachkl.*) überschütten *mit trockenen Dingen*, bestreuen, bedecken; erfüllen; ***cubiculum perfusum sole*** von Sonne erfülltes Zimmer
3. *fig mit Gefühlen* überströmen, ganz erfüllen; ***aliquem horrore p.*** j-m einen Schrecken einjagen
per-fungor ⟨fūnctus sum, fungī 3.⟩
1. ganz verrichten, verwalten, *re* etw; ***munere p.*** ein Amt verwalten
2. überstehen, durchmachen, *re* etw; ***memoria perfuncti periculi*** Erinnerung an die überstandene Gefahr; ***perfunctus sum*** ich habe es überstanden, ich bin am Ende
3. (*unkl.*) genießen, *re* etw, ***epulis*** Speisen
per-furō ⟨-, -, ere 3.⟩ *poet* fort und fort wüten, umhertoben
perfūsōrius ⟨a, um⟩ *Adj* ||perfundo||
1. (*nachkl.*) oberflächlich, nicht gründlich
2. Suet. verwirrend, irreführend
Pergama ⟨ōrum⟩ *n* = ***Pergamum 2***
pergamēna ⟨ae⟩ *f* ||Pergamum|| Pergament
pergamen(t)um ⟨i⟩ *n* (*mlat.*) Pergament
Pergamēnus
I ⟨a, um⟩ *Adj* aus Pergamum, zu Pergamum gehörig; → ***Pergamum*** *2*; ***charta Pergamena*** Pergament
II ⟨ī⟩ *m* Einwohner von Pergamum; → ***Pergamum*** *2*
Pergameus ⟨a, um⟩ *Adj* trojanisch; → ***Pergamum*** *1*
Pergamum ⟨ī⟩ *n u.* **Pergamus** ⟨ī⟩ *f*
1. *die Burg von Troja.*
2. *Stadt in Großmysien, Hauptstadt des Pergamenischen Reiches, 133 v. Chr. von Attalos III. den Römern vermacht, heute Bergama, bedeutende Ausgrabungen (Pergamonaltar, seit 1929 in Berlin)*
per-gaudeō ⟨-, -, ēre 2.⟩ sich sehr freuen
per-gnōscō ⟨gnōvī, -, gnōscere 3.⟩ (*altl.*) = ***pernosco***
▶ **pergō** ⟨perrēxī, perrēctum, pergere 3.⟩
I *v/i*
1. eine Richtung weiter verfolgen, weitergehen, vorrücken; sich aufmachen, aufbrechen; ***perge!/ pergite!*** wohlan!, ans Werk
2. fortfahren, nicht ablassen, *abs od + Inf*; ***pergite, ut coepistis*** fahrt fort, wie ihr begonnen habt
3. in der Rede fortfahren, in der Rede weitergehen
II *v/t* ***iter p.*** den Weg fortsetzen, den Marsch fortsetzen
per-graecor ⟨-, ārī 1.⟩ Plaut. auf griechische Art zechen, in Saus und Braus leben
per-grandis ⟨e⟩ *Adj* sehr groß; ***p. natu*** sehr alt
per-graphicus ⟨a, um⟩ *Adj* Plaut. sehr schlau, sehr listig
per-grātus ⟨a, um⟩ *Adj* sehr angenehm, *auch getrennt*; ***pergratum alicui facere*** j-m einen großen Gefallen tun, *si / quod / ut*
per-gravis ⟨e⟩ *Adj, Adv* ⟨pergraviter⟩ sehr schwer, sehr wichtig, sehr gewichtig; *Adv* sehr heftig
pergula ⟨ae⟩ *f* (*unkl.*)
1. Vorbau
2. Sternwarte, Observatorium
3. Bordell
per-hauriō ⟨hausī, haustum, haurīre 4.⟩ (Plaut., *nachkl.*) ganz austrinken; ganz verschlingen
per-hibeō ⟨hibuī, hibitum, hibēre 2.⟩ ||habeo||
1. hinhalten, darbieten, als Rechtsbeistand aufbieten
2. erwähnen, erzählen; ***ut perhibent*** wie man erzählt
3. nennen, anführen, *aliquem* jdn
per-hīlum ⟨ī⟩ *n* Lucr. sehr wenig
per-honōrificus ⟨a, um⟩ *Adj, Adv* ⟨perhonōrificē⟩
1. sehr ehrenvoll
2. sehr ehrerbietig, *in aliquem* gegen jdn
per-horreō ⟨-, -, ēre 2.⟩ (*nachkl.*) *poet* sich heftig entsetzen, *aliquid* vor etw
perhorrēscō ⟨horruī, -, horrēscere 3.⟩ ||*Inkoh von* perhorreo||
I *v/i*
1. erschauern, erbeben; ***toto corpore p.*** am ganzen Körper erbeben
2. *von Gewässern* hoch aufschäumen; erbeben, erzittern
II *v/t* sich entsetzen, sich scheuen, zurückschrecken, *aliquem / aliquid* vor j-m / vor etw, *ne* dass, + *Inf*; ***navita Bosphorum perhorrescit*** Hor. vor dem Bosporus fürchtet sich der Seemann
per-horridus ⟨a, um⟩ *Adj* Liv. ganz starrend, sehr schauerlich

per-hūmānus ⟨a, um⟩ *Adj, Adv* ⟨perhūmāniter⟩ sehr freundlich, sehr höflich
per-iambus ⟨ī⟩ *m* Quint. = ***pariambus***
Periclēs ⟨is⟩ *u.* ⟨ī⟩ *m berühmter athenischer Staatsmann, 493–429 v. Chr.*
perīclitātiō ⟨ōnis⟩ *f* ||periclitor|| Versuch
perīclitor ⟨ātus sum, ārī 1.⟩
I *v/t* versuchen, erproben; ***fortunam belli p.*** das Glück des Krieges erproben; ***periclitatus*** *auch Passiv* versucht, erprobt; ***periclitati mores*** erprobte Sitten
II *v/i*
1. einen Versuch machen, *in re* an etw
2. gefährdet sein, bedroht sein, *re* durch etw, mit etw, *in re* bei etw; ***alicuius vita periclitatur*** j-s Leben ist in Gefahr
perīclum ⟨ī⟩ *n* = ***periculum***
▶ **perīculōsus** ⟨a, um⟩ *Adj, Adv* ⟨perīculōsē⟩ ||periculum|| gefährlich, *alicui / alicui rei* für j-n / für etw; ***iuxta periculoso*** da es gleich gefährlich war
▶ **perīculum** ⟨ī⟩ *n*
1. Versuch, Probe; ***periculum facere alicuius rei*** etw versuchen, etw probieren; ***periculum fortunae facere*** das Elend aus eigener Erfahrung kennen lernen; ***periculum alicuius facere*** sich mit j-m messen
2. Gefahr; Gefährdung; Risiko, Wagnis, *alicuius* j-s *od* durch j-n, *alicuius rei* einer Sache, für etw; ***periculo alicuius*** auf j-s Gefahr hin; ***periculo rei publicae*** unter Gefahr für den Staat; ***magno (cum) periculo*** unter großer Gefahr; ***res est magni periculi*** die Sache ist sehr gefährlich; ***periculum facere alicuius rei*** etw riskieren; ***in periculo esse / versari*** in Gefahr schweben; ***p. est, ne*** es ist zu befürchten, dass; ***p. in mora*** Gefahr liegt im Zögern
3. Anklage, Prozess; ***periculum alicui facessere*** j-n anklagen
4. *meton* Gerichtsprotokoll; Verurteilungsbeschluss
5. Quint. RHET das Gewagte *im Ausdruck*
per-idōneus ⟨a, um⟩ *Adj* sehr geeignet, sehr passend, *alicui rei / ad aliquid* zu etw
perierātiuncula ⟨ae⟩ *f* Plaut. = ***peieratiuncula***
perierō ⟨āvī, ātum, āre 1.⟩ = ***peiero***
per-iī → ***pereo***
Perillus ⟨ī⟩ *m Erzgießer aus Akragas (Agrigentum), fertigte für den Tyrannen Phalaris einen eisernen, innen hohlen Stier, in dem Verbrecher verbrannt werden sollten; wurde vom Tyrannen gezwungen als Erster in den Stier zu steigen u. kam darin um*
per-illūstris ⟨e⟩ *Adj*
1. Nep. sehr deutlich
2. sehr angesehen
per-imbēcillus ⟨a, um⟩ *Adj* sehr schwach
per-imō ⟨ēmī, ēmptum, imere 3.⟩ ||emo||
1. ganz wegnehmen; vernichten, zerstören; ***lunam p.*** den Mond verdunkeln
2. *(nachkl.)* töten; ***morte peremptus*** vom Tod dahingerafft
3. *fig* völlig vereiteln, ***reditum*** die Rückkehr
per-impedītus ⟨a, um⟩ *Adj (nachkl.)* sehr unwegsam
perinaeum ⟨ī⟩ *n (mlat.)* = ***perineum***
per-inānis ⟨e⟩ *Adj* Mart. ganz leer, wertlos
per-incertus ⟨a, um⟩ *Adj* Sall. ganz unsicher
per-incommodus ⟨a, um⟩ *Adj, Adv* ⟨perincommodē⟩ Liv. ganz ungelegen
▶ **per-inde** *Adv* auf gleiche Weise, in demselben Maß, in demselben Grad; ***ars operosa et perinde fructuosa*** ein kunstvolles und ebenso fruchtbares Handwerk; ***non perinde*** nicht in gleichem Maß; ***haud perinde … quam*** nicht sowohl … als vielmehr; ***haud perinde*** nicht gerade, nicht sonderlich; ***perinde ac / si / ut / quam*** ebenso wie, in demselben Maß wie, je nachdem; ***perinde ac si / quasi / tamquam (si) / quam si***, + *Konjkt* gleich als ob, gerade als ob, gerade wie wenn
per-indīgnē *Adv* ||dignus|| Suet. sehr unwillig
per-indulgēns ⟨entis⟩ *Adj* sehr nachsichtig, *in aliquem* gegen jdn
perineos ⟨ī⟩ *m u.* **perineum** ⟨ī⟩ *n (mlat.)* MED Damm
per-ineptus ⟨a, um⟩ *Adj* sehr unpassend
per-īnfāmis ⟨e⟩ *Adj (unkl.)* sehr übel, berüchtigt
per-īnfirmus ⟨a, um⟩ *Adj* sehr schwach
per-ingeniōsus ⟨a, um⟩ *Adj* sehr scharfsinnig, sehr witzig
per-ingrātus ⟨a, um⟩ *Adj* Sen. sehr undankbar
per-inīquus ⟨a, um⟩ *Adj*
1. sehr unangemessen
2. sehr ungehalten
per-īnsignis ⟨e⟩ *Adj* sehr auffallend
Perinthus ⟨ī⟩ *f thrakische Hafenstadt in der Propontis, später Heraklea, heute Eregli*
per-invalidus ⟨a, um⟩ *Adj* Curt. sehr schwach
per-invīsus ⟨a, um⟩ *Adj* sehr verhasst, *alicui* j-m
per-invītus ⟨a, um⟩ *Adj* sehr ungern
periodus ⟨ī⟩ *f* ||griech. Fw.|| *(nachkl.)* Satzgefüge, Periode
perior ⟨perītus sum, perīrī 4.⟩ Plaut. erfahren
Peripatēticus
I ⟨a, um⟩ *Adj* ||griech. Fw.|| peripatetisch, zum Peripatos gehörig
II ⟨ī⟩ *m* Peripatetiker, *Anhänger der Schule des Aristoteles*
peripetasma ⟨atis⟩ *n* ||griech. Fw.|| Teppich, Decke
Periphās ⟨antis⟩ *m attischer König der Urzeit, wegen seiner Gerechtigkeit wie Zeus verehrt, von diesem in einen Adler verwandelt*
periphrasis ⟨is⟩ *f* ||griech. Fw.|| *(nachkl.)* Umschreibung
peripteros ⟨on⟩ *n* ||griech. Fw.|| Vitr. ringsum geflügelt; ***aedes p.*** Tempel mit umlaufender Säulenreihe
per-īrātus ⟨a, um⟩ *Adj* sehr zornig, *alicui* auf jdn
per-īre → ***pereo***
periscelis ⟨idis⟩ *f* ||griech. Fw.|| *(nachkl.) poet* Knieband, Kniespange
peristasis ⟨is⟩ *f* ||griech. Fw.|| Thema *eines Vortrages*
peristrōma ⟨atos⟩ *n* ||griech. Fw.|| Teppich, Decke
peristȳlium *u.* **peristȳlum** ⟨ī⟩ *n* ||griech. Fw.|| offener Innenhof *des röm. Hauses mit Säulenumgang*, Peristyl
Pērithous ⟨ī⟩ *m* = ***Pirithous***
perītia ⟨ae⟩ *f* ||peritus|| *(nachkl.)* Erfahrung, Kenntnis, *alicui rei* von etw
peritum *PPP* → ***pereo***
▶ **perītus**

I ⟨a, um⟩ *Adj*, *Adv* ⟨perītē⟩ ||perior|| erfahren, kundig, bewandert, sachkundig, geschickt, gebildet, *abs od alicuius rei / re / in re* in etw, + *Inf*; ortskundig, landeskundig
II ⟨ī⟩ *m* Sachverständiger, Kunstverständiger
per-iūcundus ⟨a, um⟩ *Adj*, *Adv* ⟨periūcundē⟩ sehr angenehm; *Adv* mit großem Vergnügen, in guter Stimmung
periūriōsus ⟨a, um⟩ *Adj* ||periurium|| Plaut. meineidig
periūrium ⟨ī⟩ *n* ||periurus|| Meineid
per-iūrō ⟨āvī, ātum, āre 1.⟩ = ***peiero***
per-iūrus
I ⟨a, um⟩ *Adj* eidbrüchig, meineidig
II ⟨ī⟩ *m* Meineidiger
perl... *auch* = ***pell...***
per-lābor ⟨lāpsus sum, lābī 3.⟩
I *v/t etw* durcheilen, über *etw* hingleiten, *aliquid*; ***Neptunus summas perlabitur undas*** Neptun durchgleitet die Wellenberge
II *v/i* hineinschleichen, hineinkriechen, *in aliquid* in etw; unbemerkt gelangen, *ad aliquem* zu j-m
per-laetus ⟨a, um⟩ *Adj* Liv. sehr freudig
per-lātē *Adv* sehr weit; ***perlate patere*** einen sehr großen Umfang haben
per-lateō ⟨uī, -, ēre 2.⟩ Ov. immer verborgen bleiben
per-lātus ⟨a, um⟩ *PPP* → ***perfero***
per-lavō ⟨lāvī, -, lavāre 1.⟩ (Plaut., *spätl.*) ganz abwaschen, durchweichen
per-legō ⟨lēgī, lēctum, legere 3.⟩
1. *poet* genau betrachten, durchmustern; ***omnia oculis p.*** alles mit den Augen mustern
2. durchlesen, ***epistulam*** einen Brief
3. (*vkl.*, *nachkl.*) verlesen, ganz vorlesen; ***senatum p.*** die Senatorenliste verlesen
per-lepidē *Adv* Plaut. sehr fein
per-levis ⟨e⟩ *Adj*, *Adv* ⟨perleviter⟩ sehr leicht; *fig* sehr unbedeutend
per-libēns *Gen* ⟨entis⟩ *Adj*, *Adv* ⟨perlibenter⟩ sehr gern; ***me perlibente*** Cic. zu meinem Vergnügen
per-līberālis ⟨e⟩ *Adj*, *Adv* ⟨perlīberāliter⟩
1. sehr gütig
2. sehr gut erzogen
per-libet ⟨libuit, libēre 2.⟩ *unpers* Plaut. es beliebt, ich habe große Lust
per-librō ⟨āvī, ātum, āre 1.⟩ (*nachkl.*) gleichmachen
per-liciō ⟨lēxī, lectum, licere 3.⟩ = ***pellicio***
per-litō ⟨āvī, ātum, āre 1.⟩ Liv. unter ungünstigen Vorzeichen opfern, *alicui* j-m, *re* etw
per-longinquus ⟨a, um⟩ *Adj* Plaut. sehr langwierig
per-longus ⟨a, um⟩ *Adj*, *Adv* ⟨perlongē⟩
1. sehr lang
2. sehr langwierig
3. *Adv* sehr weit
per-lub... = ***perlib...***
perlūcēns *Gen* ⟨entis⟩ *Adj* ||perluceo|| durchsichtig
per-lūceō ⟨lūxī, -, lūcēre 2.⟩
1. durchscheinen, durchschimmern; ***ex re p.*** aus etw sichtbar sein
2. (*vkl.*, *nachkl.*) durchsichtig sein
perlūcidulus ⟨a, um⟩ *Adj* ||*Dim von* perlucidus|| Catul. ziemlich durchsichtig
perlūcidus ⟨a, um⟩ *Adj* ||perluceo|| durchsichtig; sehr hell
per-lūctuōsus ⟨a, um⟩ *Adj* sehr traurig
per-luō ⟨luī, lūtum, luere 3.⟩ ||lavo|| abspülen, abwaschen; *Passiv* baden
per-lūstrō ⟨āvī, ātum, āre 1.⟩
1. (*nachkl.*) durchstreifen, ***agros*** die Felder
2. *fig* (durch)mustern, genau betrachten; *geistig* erwägen
per-madefaciō ⟨fēcī, factum, facere 3.⟩ Plaut. durchweichen
per-madēscō ⟨maduī, -, madēscere 3.⟩ (*nachkl.*) ganz nass werden, durchweichen; *fig* erschlaffen
per-magnus ⟨a, um⟩ *Adj* sehr groß, sehr bedeutend; ***permagni interest*** es liegt sehr viel daran; ***permagno vendere*** sehr teuer verkaufen
per-male *Adv* sehr unglücklich
per-mānanter *Adv* ||permaneo|| Lucr. durchfließend, durchdringend
permānāscō ⟨-, -, āscere 3.⟩ ||*Inkoh von* permano|| Plaut. hinfließen; *fig* zu Ohren kommen, *ad aliquem* j-m
per-maneō ⟨mānsī, mānsūrus, manēre 2.⟩
1. verbleiben, ausharren; ***in armis p.*** unter Waffen bleiben
2. sich erhalten, fortdauern, fortbestehen; ***aquae permanent*** der Wasserstand hält an; ***diutissime impuberes permanserunt*** Caes. sie blieben sehr lange ohne sexuelle Erfahrung
3. in *etw* verharren, *einer Sache* treu bleiben, *in re*; ***in libertate p.*** an der Freiheit festhalten
per-mānō ⟨āvī, ātum, āre 1.⟩
1. Lucr. hindurchfließen; *fig* durchdringen; ***calor argentum permanat*** die Hitze durchdringt das Silber
2. hindurchfließen, sich ergießen; ***ad omnes partes p.*** in alle Richtungen sich ergießen
3. eindringen, sich verbreiten; ***ad sensum p.*** Eindruck machen
per-mānsī → ***permaneo***
permānsiō ⟨ōnis⟩ *f* ||permaneo|| das Verbleiben; *fig* das Verharren
per-marīnus ⟨a, um⟩ *Adj* über das Meer geleitend
per-matūrēscō ⟨matūruī, -, matūrēscere 3.⟩ (*nachkl.*) *poet* völlig reif werden
per-mediocris ⟨e⟩ *Adj* sehr mittelmäßig, sehr mäßig
per-meditātus ⟨a, um⟩ *Adj* Plaut. gut vorbereitet
per-meō ⟨āvī, ātum, āre 1.⟩ (*nachkl.*)
I *v/t* durchwandern, durchziehen; ***maria ac terras p.*** durch Meere und Länder ziehen
II *v/i* an ein Ziel gelangen; ***sagittae longius in hostes permeant*** Tac. die Pfeile gelangen weiter bis zu den Feinden
Permēssus ⟨ī⟩ *m Fluss in Böotien, dessen Quellen am Helikon den Musen heilig waren*
per-mētior ⟨mēnsus sum, mētīrī 4.⟩
1. ausmessen
2. (*unkl.*) *fig* durchwandern, durchfahren; durchleben; *PPerf auch P*
per-mingō ⟨mīnxī, -, mingere 3.⟩ (*vkl.*) anpissen; Hor. *meton Knaben* missbrauchen
per-mīrus ⟨a, um⟩ *Adj* sehr wunderbar; sehr verwunderlich, sehr merkwürdig
per-misceō ⟨miscuī, mixtum, miscēre 2.⟩
1. vermischen, durcheinander mengen, *aliquid cum re / re* etw mit etw; *Passiv* sich vermischen; ***sangui-***

nem vino p. Blut und Wein mischen
2. *fig* vereinen, verbinden, *cum re / alicui rei* mit etw; *Passiv* sich vereinen, handgreiflich werden, *alicui* mit j-m; ***permixtus alicuius consiliis*** in j-s Pläne verwickelt
3. *fig* verwirren, in Unordnung bringen; ***omnia p.*** alles drunter und drüber gehen lassen

per-mīsī → ***permitto***

permissiō ⟨ōnis⟩ *f* ||permitto||
1. *(nachkl.)* unbedingte Überlassung; MIL Kapitulation
2. RHET Überlassung der Entscheidung an Richter, Überlassung der Entscheidung an Gegner

permissum ⟨ī⟩ *n* ||permitto|| *(nachkl.) poet* Erlaubnis, Gunst

permissus[1] ⟨ūs⟩ *m* ||permitto|| Erlaubnis; ***permissū*** mit Erlaubnis

per-missus[2] ⟨a, um⟩ *PPP* → ***permitto***

permitiālis ⟨e⟩ *Adj* ||permities|| Lucr. Verderben; *meton* Verderber

permitiēs ⟨ēī⟩ *f* ||pernicies|| *(vkl.)* Verderben; *meton* Verführer

▶ **per-mittō** ⟨mīsī, missum, mittere 3.⟩
1. *(nachkl.)* schleudern, gehen lassen; ***habenas equo p.*** einem Pferd die Zügel schießen lassen; ***tela p.*** Geschosse schleudern; ***equi permittuntur*** Pferde sprengen heran; ***tribunatum p.*** dem Tribunat die Zügel schießen lassen = sich des Tribunats uneingeschränkt bedienen; ***se p.*** sich stürzen
2. *fig* überlassen, anvertrauen, *alicui aliquid* j-m etw; ***se alicui / fidei alicuius p.*** sich auf Gnade und Ungnade j-m ergeben
3. fahren lassen, opfern, *aliquid alicui* etw j-m zuliebe; ***inimicitias patribus conscriptis p.*** persönliche Feindschaften den Senatoren zuliebe aufgeben
4. erlauben, gestatten, *alicui aliquid* j-m etw + *Inf* / + *AcI*, *ut* dass; ***permittente senatu*** mit Erlaubnis des Senats; ***permittitur*** es ist erlaubt, man darf, + *Inf*, *ut* dass; ***permisso*** als ihm erlaubt worden war, da man durfte

permixtē *u.* **permixtim** *Adv* ||permisceo|| vermischt; Cic. RHET mit versetzten Wörtern

permixtiō ⟨ōnis⟩ *f* ||permisceo||
1. Vermischung, Verwirrung; ***p. terrae*** allgemeines Chaos
2. Mischung

per-mixtus ⟨a, um⟩ *PPP* → ***permisceo***

per-modestus ⟨a, um⟩ *Adj*, *Adv* ⟨permodestē⟩
1. sehr bescheiden, sehr schüchtern
2. Tac. *von Sachen* sehr gemäßigt, sehr maßvoll

per-modicus ⟨a, um⟩ *Adj*, *Adv* ⟨permodicē⟩ *(nachkl.)* sehr mäßig, sehr klein

per-molestus ⟨a, um⟩ *Adj*, *Adv* ⟨permolestē⟩ sehr beschwerlich; *Adv* mit großem Verdruss; ***permoleste ferre*** sehr übel nehmen

per-mollis ⟨e⟩ *Adj* Quint. sehr weich, sehr sanft

per-molō ⟨uī, -, ere 3.⟩ *poet* zermahlen; Hor. mit *j-m* schlafen, *aliquem*

permōtiō ⟨ōnis⟩ *f* ||permoveo|| Erregung, *bes* Gemütsbewegung

▶ **per-moveō** ⟨mōvī, mōtum, movēre 2.⟩
1. *(nachkl.) poet* bewegen, ***mare ventis*** das Meer durch Winde
2. *fig* bewegen, veranlassen, bestimmen; ***aliquem precibus p.*** j-n durch Bitten bewegen
3. *fig* aufregen, rühren, ergreifen, erschüttern, erbittern, *aliquem / animum alicuius / mentem alicuius* j-n; ***permoveri mente / animo*** den Mut sinken lassen; ***irā permotus*** aus Zorn
4. *(nachkl.) fig einen Affekt* erregen; ***invidiam p.*** Neid erregen

per-mulceō ⟨mulsī, mulsum, mulcēre 2.⟩
1. *(nachkl.)* streichen, streicheln; ***comas p.*** die Haare glatt streichen
2. *fig* sanft berühren; ***aram flatu p.*** den Altar umfächeln
3. *fig* beruhigen, besänftigen, *aliquem / animum alicuius* j-n
4. *fig* liebkosen

permultum[1] ⟨ī⟩ *n* ||permultus|| sehr viel; ***permulto certior*** bei Weitem sicherer, weit sicherer, sehr viel sicherer

permultum[2] *Adv* ||permultus|| sehr viel; ***p. interest*** es liegt sehr viel daran

per-multus ⟨a, um⟩ *Adj* sehr viel; ***permulti colles*** sehr viele Hügel

per-mūniō ⟨īvī, ītum, īre 4.⟩ *(nachkl.)*
1. völlig befestigen
2. die Befestigung vollenden

permūtātiō ⟨ōnis⟩ *f* ||permuto||
1. Veränderung, Wechsel; ***p. rerum*** Veränderung der Lage
2. Tausch, Umtausch, Austausch; ***p. captivorum*** Austausch von Gefangenen
3. Tauschhandel; Umsatz *von Geldern u. Wechseln*

per-mūtō ⟨āvī, ātum, āre 1.⟩
1. verändern, wechseln; ***p. vices stationum*** die Wachposten ablösen
2. vertauschen, umtauschen, *auch* eintauschen, *aliquid re / cum re* etw mit etw, etw gegen etw
3. *(nachkl.)* auswechseln, austauschen, loskaufen; ***captivos p.*** Gefangene austauschen; ***aliquem auro p.*** j-n für Gold loskaufen
4. *Geld* auf Wechsel nehmen, mit Wechsel bezahlen; ***pecuniam Athenas p.*** Geld in Wechseln nach Athen schicken

perna ⟨ae⟩ *f* *(vkl., nachkl.)* Hinterkeule *bes beim Schwein*, Schinken

per-necessārius
I ⟨a, um⟩ *Adj*
1. sehr notwendig
2. sehr nahe stehend
II ⟨ī⟩ *m* Vertrauter

per-necesse *Adv* unbedingt notwendig

per-negō ⟨āvī, ātum, āre 1.⟩
1. entschieden leugnen, + *AcI*
2. rundweg abschlagen

per-neō ⟨nēvī, nētum, nēre 2.⟩ *poet von den Parzen* abspinnen

perniciābilis ⟨e⟩ *Adj* ||pernicies|| *(nachkl.)* = ***perniciosus***

perniciālis ⟨e⟩ *Adj* ||pernicies|| *(nachkl.) poet* verderblich, tödlich

▶ **perniciēs** ⟨ēī⟩ *f* ||per, neco||
1. Untergang, Verderben, Vernichtung
2. *meton* Verderben bringender Mensch, Pest; ***Verres p. Siciliae*** Verres, die Pest Siziliens

perniciōsus ⟨a, um⟩ *Adj*, *Adv* ⟨perniciōsē⟩ ||perni-

P

cies|| verderblich, schädlich, lebensgefährlich, *alicui / alicui rei* für j-n / für etw; staatsgefährdend
pernīcitās ⟨ātis⟩ *f* ||pernix|| Schnelligkeit, Behändigkeit
per-niger ⟨gra, grum⟩ *Adj* Plaut. ganz schwarz
pernimium *Adv* ||pernimius|| gar zu viel
per-nimius ⟨a, um⟩ *Adj (spätl.)* gar zu groß
pernīx *Gen* ⟨īcis⟩ *Adj, Adv* ⟨pernīciter⟩
1. schnell, rasch, flink; ***perniciter equo desilire*** schnell vom Pferd springen
2. ausdauernd, beharrlich
per-nōbilis ⟨e⟩ *Adj* sehr bekannt, sehr berühmt
pernoctō ⟨āvī, ātum, āre 1.⟩ ||per, nox|| übernachten, die Nacht zubringen
pernōnidēs ⟨ae⟩ *m* ||perna|| *hum* „Schinkensohn"
per-nōscō ⟨nōvī, -, nōscere 3.⟩ genau kennen lernen, gründlich erforschen; genau prüfen; *Perf* genau kennen
per-nōtēscō ⟨nōtuī, -, nōtēscere 3.⟩ *(nachkl.)* überall bekannt werden; ***pernotescit*** es wird überall bekannt, + *AcI*
per-nōtus ⟨a, um⟩ *Adj* überall bekannt, genau bekannt
per-nox *Abl* nocte *Adj, nur Nom u. Abl Sg (nachkl.) poet* die Nacht hindurch (dauernd); ***luna p. erat*** der Mond schien die ganze Nacht; ***lunā pernocte*** in mondheller Nacht
per-numerō ⟨āvī, ātum, āre 1.⟩ *(unkl.)*
1. aufzählen
2. auszahlen
pērō ⟨ōnis⟩ *m (unkl.)* roher Lederstiefel *bes der Bauern u. Soldaten*
per-obscūrus ⟨a, um⟩ *Adj* sehr dunkel
per-odiōsus ⟨a, um⟩ *Adj* sehr verhasst, sehr zuwider
per-officiōsē *Adv* sehr gefällig
per-oleō ⟨uī, -, ēre 2.⟩ *(vkl.) poet* sehr übel riechen
pērōnātus ⟨a, um⟩ *Adj* ||pero|| Pers. Stiefel tragend
per-opportūnus ⟨a, um⟩ *Adj, Adv* ⟨peropportūnē⟩ sehr willkommen
per-optātus ⟨a, um⟩ *Adj (spätl.)* sehr erwünscht; *Adv* ganz nach Wunsch
per-opus *Adv* Ter. sehr nötig
perōrātiō ⟨ōnis⟩ *f* ||peroro||
1. Schluss der Rede, Epilog
2. Schlussrede
perōrnātus ⟨a, um⟩ *Adj* ||perorno|| besonders schön
per-ōrnō ⟨āvī, ātum, āre 1.⟩ Tac. ständig zieren
per-ōrō ⟨āvī, ātum, āre 1.⟩
1. die Rede beenden; ***breviter peroratur*** man tut die Sache mit kurzen Worten ab
2. die Schlussrede halten
3. *etw* vollständig erörtern, sich über *etw* aussprechen, *abs od aliquid / de re*; ***res illo die non perorata tur*** die Angelegenheit wird an jenem Tag nicht vollständig erörtert
per-ōsculor ⟨ātus sum, ārī 1.⟩ Mart. der Reihe nach küssen
per-ōsus ⟨a, um⟩ *Adj* ||odi|| *(unkl.) j-n / etw* sehr hassend, voll Hass gegen *j-n / etw, aliquem / aliquid*; ***exilium p.*** der Verbannung überdrüssig; ***lucem p.*** lebensmüde; ***p. sum nomen regium*** ich hasse den Königstitel
per-pācō ⟨āvī, ātum, āre 1.⟩ *(nachkl.)* völlig zur Ruhe bringen
per-parcē *Adv* Ter. sehr sparsam
per-parvulus ⟨a, um⟩ *Adj* sehr klein, sehr unbedeutend
perparvum ⟨ī⟩ *n* ||perparvus|| sehr wenig
per-parvus ⟨a, um⟩ *Adj* sehr klein, sehr unbedeutend
per-pāstus ⟨a, um⟩ *Adj* Phaedr. gut genährt
per-pauca ⟨ōrum⟩ *n* sehr weniges
per-paucī
I ⟨ae, a⟩ *Adj* sehr wenige; ***perpauci equites*** sehr wenige Reiter
II ⟨ōrum⟩ *m* sehr wenige Leute
per-paucul ī ⟨ae, a⟩ *Adj* sehr wenige, nur ein paar; ***perpauculi passūs*** nur ein paar Schritte
per-paul(l)ulum *u.* **per-paul(l)um** ⟨ī⟩ *n* ein klein wenig, (nur) sehr wenig, *alicuius rei* von etw
per-pauper *Gen* ⟨eris⟩ *Adj* ganz arm
per-pauxillum ⟨ī⟩ *n* Plaut. sehr wenig
per-pavefaciō ⟨fēcī, factum, facere 3.⟩ Plaut. sehr erschrecken
per-pellō ⟨pulī, pulsum, pellere 3.⟩
1. *(unkl.)* stark anstoßen
2. einen tiefen Eindruck machen, *aliquem* auf j-n
3. *(vkl., nachkl.)* eifrig betreiben, durchsetzen, bewirken, *aliquem ad aliquid* etw bei j-m, *aliquem ut / ne* bei j-m, dass / dass nicht, + *Inf*; ***aliquem ad societatem p.*** ein Bündnis bei j-m durchsetzen
perpendiculum ⟨ī⟩ *n* ||perpendo|| Bleilot, Richtblei; ***ad perpendiculum*** senkrecht, lotrecht
per-pendō ⟨pendī, pēnsum, pendere 3.⟩
1. *(nachkl.)* genau abwiegen
2. *fig* genau erwägen, gründlich untersuchen, *aliquid re / ad aliquid* etw nach etw, + *indir Fragesatz*
perperam *Adv*
1. unrichtig, falsch
2. *(nachkl.)* aus Versehen
perpes *Gen* ⟨petis⟩ *Adj (unkl.)* dauernd, ununterbrochen; ***perpeti nocte*** die ganze Nacht durch
perpessīcius ⟨a, um⟩ *Adj* ||perpetior|| Sen. geduldig
perpessiō ⟨ōnis⟩ *f* ||perpetior||
1. das Erdulden
2. Sen. Ausdauer
per-petior ⟨pessus sum, petī 3.⟩ ||patior||
1. erdulden, ertragen
2. *(unkl.)* sich überwinden, geschehen lassen, + *Inf* / + *AcI*
per-petītus ⟨a, um⟩ *Adj* Sen. entrückt, verklärt
per-petrō ⟨āvī, ātum, āre 1.⟩ ||patro|| *(vkl., nachkl.)* ganz zustande bringen, beenden, *aliquid* etw; es dahin bringen, *ut / ne* dass / dass nicht
perpetuālis ⟨e⟩ *Adj* ||perpetuus|| Quint. überall gültig, allgemein
perpetuārius ⟨a, um⟩ *Adj* ||perpetuus|| Sen. ständig unterwegs
perpetuitās ⟨ātis⟩ *f* ||perpetuus|| ununterbrochene Fortdauer, Stetigkeit, Zusammenhang; ***p. vitae*** das ganze Leben, *(mlat.)* das ewige Leben; ***ad perpetuitatem*** für immer
perpetuō[1] *Adv* ||perpetuus|| beständig, fortwährend
perpetuō[2] ⟨āvī, ātum, āre 1.⟩ ||*Denom von* perpetuus|| fortsetzen, ununterbrochen dauern lassen; ***p. verba*** unterbrochen reden
► **perpetuus** ⟨a, um⟩ *Adj, Adv* → ***perpetuō***

P

1. fortlaufend, ununterbrochen
2. ununterbrochen, beständig
3. lebenslänglich, auf Lebenszeit
4. ganz
5. allgemein gültig

1. *örtl.* fortlaufend, ununterbrochen, zusammenhängend; ***silvae continuae*** lückenlose Wälder; ***stationes perpetuae*** ununterbrochene Postenkette; ***trabes perpetuae*** durchlaufende Balken; ***perpetuae mensae*** Tische in langer Reihe; ***perpetuum bovis tergum*** nicht zerschnittene Haut des Rindes, ganze Haut des Rindes; ***carmen perpetuum*** einen ganzen Sagenkreis umfassendes Lied
2. *zeitl.* ununterbrochen, beständig, fortwährend, stetig, ewig; ***ignis Vestae p.*** das ewige Feuer der Vesta; ***questio perpetua*** ständiger Schwurgerichtshof; ***in perpetuum/in modum perpetuum*** auf ewig; ***sumptus p.*** laufende Ausgaben; ***fenus perpetuum*** regelmäßige Zinsen; ***vitā perpetuā*** das ganze Leben hindurch
3. *zeitl.* lebenslänglich, auf Lebenszeit; ***imperium perpetuum*** Kommando auf Lebenszeit
4. Ter. ganz; ***triduum perpetuum*** ganze drei Tage
5. allgemein gültig; ***edictum perpetuum*** allgemeiner Erlass

per-placeō ⟨-, -, ēre 2.⟩ sehr gefallen
perplexābilis ⟨e⟩ *Adj, Adv* ⟨perplexābiliter⟩ ||perplexor|| Plaut. verwirrend, doppeldeutig
perplexor ⟨-, ārī 1.⟩ ||*Denom von* perplexus|| Plaut. Verwirrung stiften
perplexus ⟨a, um⟩ *Adj, Adv* ⟨perplexē⟩ *u.* ⟨perplexim⟩
1. ineinander verflochten, ineinander verschlungen
2. *fig* verworren, mehrdeutig, undeutlich
perplicātus ⟨a, um⟩ *Adj* Lucr. verwickelt, verworren, *auch getrennt*
per-pluō ⟨-, -, pluere 3.⟩
1. (*vkl., nachkl.*) durchregnen, hindurchregnen
2. (Plaut., Quint.) den Regen durchlassen, *auch fig*
3. *fig* sich ergießen
per-poliō ⟨īvī⟩ *u.* ⟨iī, ītum, īre 4.⟩
1. (*nachkl.*) ganz glätten, *Wände* tünchen
2. *etw* feilen, *etw* glätten, an *etw* letzte Hand anlegen, *aliquid*
3. perpolītus ⟨a, um⟩ *Adj* verfeinert, fein gebildet
per-populor ⟨ātus sum, ārī 1.⟩ (*nachkl.*) ganz verwüsten, völlig ausplündern, *PPerf auch p*
perpōtātiō ⟨ōnis⟩ *f* ||perpoto|| Trinkgelage
per-pōtō ⟨āvī, ātum, āre 1.⟩
1. durchzechen
2. Lucr. austrinken
per-premō ⟨pressī, pressum, premere 3.⟩ *u.* **per-primō** ⟨pressī, pressum, primere 3.⟩ (*nachkl.*) *poet* ständig drücken; ***cubilia p.*** Hor. ständig im Bett liegen
per-properē *Adv* Plaut. sehr eilig
per-propinquus
I ⟨a, um⟩ *Adj* sehr nahe, nahe verwandt
II ⟨ī⟩ *m* naher Verwandter
per-prosperus ⟨a, um⟩ *Adj* Suet. sehr glücklich
per-prūrīscō ⟨-, -, īscere 3.⟩ (Plaut., *nachkl.*) sehr geil werden
per-pūgnāx *Gen* ⟨ācis⟩ *Adj* sehr streitsüchtig
per-pulcher ⟨chra, chrum⟩ *Adj* Ter. sehr schön
per-pulī → ***perpello***
per-pulsus ⟨a, um⟩ *PPP* → ***perpello***
per-pūrgō ⟨āvī, ātum, āre 1.⟩
1. völlig reinigen, *se re* sich durch etw
2. ins Reine bringen
3. gründlich widerlegen
perpusillum *Adv* ||perpusillus|| sehr wenig
per-pusillus ⟨a, um⟩ *Adj* sehr klein
per-putō ⟨-, -, āre 1.⟩ Plaut. auseinander setzen; ***alicui argumentum p.*** j-m den Inhalt auseinander setzen
per-quadrātus ⟨a, um⟩ *Adj* völlig quadratisch
per-quam *Adv* überaus, sehr, *bei Adj, Adv u. Verben*; ***perquam brevis*** sehr kurz
per-quīrō ⟨quīsīvī, quīsītum, quīrere 3.⟩ ||quaero|| genau erforschen, sich genau erkundigen
perquīsītē *Adv* ||perquisitus|| mit strenger Kritik, *auch* vielseitig
perquīsītor ⟨ōris⟩ *m* ||perquiro|| Besucher, ***auctionum*** von Versteigerungen
per-quīsītus ⟨a, um⟩ *PPP* → ***perquiro***
per-quīsīvī → ***perquiro***
per-rārus ⟨a, um⟩ *Adj, Adv* ⟨perrārō⟩ sehr selten
per-reconditus ⟨a, um⟩ *Adj* sehr verborgen
perrēctus ⟨a, um⟩ *PPP* → ***pergo***
per-rēpō ⟨rēpsī, -, rēpere 3.⟩ (*nachkl.*) *poet* hinkriechen, *aliquid* über etw
perrēptō ⟨āvī, ātum, āre 1.⟩ ||*Intens von* perrepo|| überall herumkriechen
perrēxī → ***pergo***
Perrhaebia ⟨ae⟩ *f Landschaft in Thessalien*
per-rīdiculus ⟨a, um⟩ *Adj, Adv* ⟨perrīdiculē⟩ sehr lächerlich
perrogātiō ⟨ōnis⟩ *f* ||perrogo|| Durchsetzung eines Gesetzes, Beschluss
per-rogō ⟨āvī, ātum, āre 1.⟩ (*nachkl.*) alle der Reihe nach fragen, *aliquid* wegen etw, nach etw; ***sententias p.*** alle nach ihrer Meinung fragen
per-rumpō ⟨rūpī, ruptum, rumpere 3.⟩
I *v/i* hindurchbrechen, einen Weg bahnen; ***p. per medios hostes*** sich einen Weg mitten durch die Feinde bahnen
II *v/t*
1. durchbrechen, zerteilen, aufreißen
2. gewaltsam eindringen, *aliquid* in etw; ***paludes p.*** in die Sümpfe eindringen; ***artūs p.*** Glieder durchbohren; ***aliquem p.*** sich zu j-m drängen
3. *fig* überwinden, vernichten; ***periculum p.*** einer Gefahr Herr werden; ***leges p.*** Gesetze mit Füßen treten; ***consilia alicuius p.*** j-s Pläne durchkreuzen
Persa ⟨ae⟩ *m* Perser; *poet* Parther
Persae ⟨ārum⟩ *m* die Perser; *poet* die Parther
► **per-saepe** *Adv* sehr oft, *auch getrennt*
per-salsus ⟨a, um⟩ *Adj, Adv* ⟨persalsē⟩ sehr witzig
persalūtātiō ⟨ōnis⟩ *f* ||persaluto|| allseitige Begrüßung
per-salūtō ⟨āvī, ātum, āre 1.⟩ Sen. der Reihe nach begrüßen
per-sānctē *Adv* (*vkl., nachkl.*) hoch und heilig; ***persancte iurare*** Suet. hoch und heilig schwören
per-sānō ⟨āvī, ātum, āre 1.⟩ (*nachkl.*) völlig heilen
per-sapiēns *Gen* ⟨entis⟩ *Adj, Adv* ⟨persapienter⟩

P

sehr weise

per-scienter *Adv* sehr klug

per-scindō ⟨scidī, scissum, scindere 3.⟩ (*nachkl.*) *poet* ganz zerreißen

per-scītus ⟨a, um⟩ *Adj* sehr treffend, *auch getrennt*

per-scrībō ⟨scrīpsī, scrīptum, scrībere 3.⟩

1. genau niederschreiben, sorgfältig aufzeichnen, *auch* zu Ende schreiben

2. *amtlich* protokollieren; ***iudicum dicta p.*** die Worte der Richter protokollieren

3. (ver)buchen

4. *Geld* anweisen; ***aliquid a quaestore p.*** etw durch eine Anweisung an den Quästor bezahlen

5. *schriftl.* ausführlich berichten, *alicui / ad aliquem* j-m, + *AcI*; ***omnia Romam ad suos p.*** alles den Seinen nach Rom melden; ***de suis rebus p.*** über seine Angelegenheiten ausführlich berichten

6. (*nachkl.*) ausschreiben; ***notata, non perscripta erat summa*** Suet. die Summe war nur in Zahlen angegeben, nicht ausgeschrieben

perscrīptiō ⟨ōnis⟩ *f* ||perscribo||

1. Niederschrift, Aufzeichnung

2. Protokoll

3. Eintragung in das Rechnungsbuch, Buchung

4. *meton* gebuchter Posten

5. Zahlungsanweisung

perscrīptor ⟨ōris⟩ *m* ||perscribo|| Buchhalter

perscrūtātiō ⟨ōnis⟩ *f* ||perscrutor|| (*nachkl.*) Durchsuchung

per-scrūtō ⟨āvī, ātum, āre 1.⟩ *u.* **per-scrūtor** ⟨ātus sum, ārī 1.⟩ durchsuchen; *fig* durchforschen, untersuchen

per-secō ⟨secuī, sectum, secāre 1.⟩

1. durchschneiden

2. *fig* genau erforschen

3. Liv. *fig* ausrotten

persector ⟨ātus sum, ārī 1.⟩ ||*Intens von* persequor|| (*vkl.*) *poet* eifrig verfolgen; *fig* eifrig nachgehen, eifrig nachforschen

persecūtiō ⟨ōnis⟩ *f* ||persequor||

1. (*nachkl.*) Verfolgung

2. gerichtliche Verfolgung; (*eccl.*) Verfolgung der Christen

per-secūtus ⟨a, um⟩ *PPerf* → ***persequor***

per-sedeō ⟨sēdī, sessum, sedēre 2.⟩ (*nachkl.*) ununterbrochen sitzen bleiben

per-sēdī → ***persedeo*** *u.* → ***persido***

per-sēgnis ⟨e⟩ *Adj* (*nachkl.*) sehr schwach

Persēius ⟨a, um⟩ *Adj* des Perseus, zu Perseus gehörig; → ***Perseus*** *1*

per-sentiō ⟨sēnsī, sēnsum, sentīre 4.⟩ tief fühlen, deutlich wahrnehmen, *aliquid* etw, + *AcI*

persentīscō ⟨-, -, īscere 3.⟩ (*vkl.*) = ***persentio***

Persephonē ⟨ēs⟩ *f* = ***Proserpina***; *meton* Tod

Persepolis ⟨is⟩ *f Hauptstadt von Persis, Residenz der persischen Könige, von Alexander dem Großen zerstört, Ruinen n von Schiras*

per-sequor ⟨secūtus sum, sequī 3.⟩

1. ständig nachfolgen
2. verfolgen
3. einholen, erreichen
4. bekämpfen
5. rächen, bestrafen
6. gerichtlich verfolgen
7. eifrig betreiben
8. nachahmen
9. durchforschen, durchsuchen
10. fortsetzen, zu Ende führen
11. darstellen, erzählen

1. *j-m* ständig nachfolgen, *j-m* nachgehen, *j-n* begleiten, *aliquem*; ***fugam alicuius p.*** j-m auf der Flucht folgen; ***vestigia muri p.*** dem Lauf der Mauer folgen

2. *feindlich* verfolgen; ***fugientes p.*** Caes. die Flüchtenden verfolgen

3. einholen, erreichen; ***mors et fugacem persequitur virum*** Hor. der Tod holt auch den Fliehenden ein

4. bekämpfen; ***aliquem bello p.*** j-n bekriegen

5. rächen, bestrafen; ***alicuius mortem p.*** j-s Tod rächen

6. gerichtlich verfolgen; gerichtlich zu erlangen suchen; ***ius suum p.*** sein Recht geltend machen; ***pecuniam ab aliquo p.*** Geld von j-m einklagen

7. eifrig betreiben; erstreben, sich verschaffen wollen, *aliquid* etw, + *indir Fragesatz* / + *Inf*; ***antiqua p.*** das Altertum eifrig studieren; ***otium p.*** Muße erstreben

8. nachahmen; ***exempla maiorum p.*** die Beispiele der Vorfahren nachahmen; ***Academiam p.*** sich zur Akademie bekennen

9. durchforschen, durchsuchen; ***ortūs animantium p.*** die Ursprünge der Lebewesen erforschen

10. fortsetzen, zu Ende führen, ausführen; ***studia usque ad senectutem p.*** seine Studien bis ins Alter fortführen; ***mandata p.*** Aufträge ausführen

11. darstellen, erzählen, aufzählen; protokollieren; ***aliquid scripturā p.*** etw schriftlich abhandeln

Persēs ⟨ae⟩ *m*

1. Perser

2. = ***Perseus*** *2*

per-sessum *PPP* → ***persedeo*** *u.* → ***persido***

Perseus ⟨eī⟩ *u.* ⟨eos⟩ *m*

1. *Sohn des Zeus u. der Danae, tötete die Medusa u. rettete Andromeda*

2. ***Perseus V.*** *letzter König von Makedonien, 168 v. Chr. bei Pydna von L. Aemilius Paullus besiegt*

Persēus ⟨a, um⟩ *Adj* des Perseus, zu Perseus gehörig; → ***Perseus*** *1*

persevērāns *Gen* ⟨antis⟩ *Adj*, *Adv* ⟨persevēranter⟩ ||persevero|| (*nachkl.*) beharrlich, ausdauernd, *alicuius rei* in etw

persevērantia ⟨ae⟩ *f* ||perseverans|| Beharrlichkeit, Ausdauer; *pej* Hartnäckigkeit; ***p. belli*** lange Dauer des Krieges

per-sevērō ⟨āvī, ātum, āre 1.⟩ ||severus||

I *v/i*

1. beharrlich bei *etw* verbleiben, auf *etw* bestehen, *re / in re*; ***navis perseverat*** das Schiff setzt die Fahrt fort; ***in ira p.*** im Zorn verharren

2. (*nachkl.*) *zeitl.* Bestand haben, lange anhalten; ***tremor terrae perseverabat*** das Erdbeben hielt lange an

II *v/t* bei *etw* verharren, *etw* fortsetzen, *aliquid*; beharrlich behaupten, + *AcI*; auf der Forderung be-

P

stehen, *ut*; ***p. cursum*** den Lauf fortsetzen

per-sevērus ⟨a, um⟩ *Adj, Adv* ⟨persevērē⟩ (*nachkl.*) sehr streng

Persia ⟨ae⟩ *f* Persien, *im engeren Sinn die Landschaft Persis am Persischen Golf*

Persicum ⟨ī⟩ *n* (*nachkl.*) Pfirsich

Persicus[1] ⟨a, um⟩ *Adj, Adv* ⟨Persicē⟩ persisch

Persicus[2] ⟨a, um⟩ *Adj* des Perseus, zu Perseus gehörig; → ***Perseus*** 2

per-sideō ⟨sēdī, sessum, sidēre 2.⟩ = ***persedeo***

per-sīdō ⟨sēdī, sessum, sīdere 3.⟩ sich ansetzen, eindringen

per-sīgnō ⟨āvī, ātum, āre 1.⟩ (*nachkl.*) genau aufzeichnen

per-similis ⟨e⟩ *Adj* sehr ähnlich, *alicuius / alicui* j-m, *alicuius rei / alicui rei* einer Sache

per-simplex *Gen* ⟨icis⟩ *Adj* sehr einfach; ***victus p.*** Tac. sehr einfache Lebensweise

Persis

I ⟨idis⟩ *f* Persien, *im engeren Sinn die Landschaft Persis am Persischen Golf.*

II *Gen* ⟨idis⟩ *Adj f* persisch

per-sistō ⟨stitī, -, sistere 3.⟩ (*nachkl.*) hartnäckig stehen bleiben, verharren; ***in eadem impudentia p.*** *fig* in derselben Unverschämtheit verharren

Persius ⟨a, um⟩ *röm. Gentilname*; ***A. Persius Flaccus*** *Satiriker in Rom, 34–62 n. Chr.*

persōlla ⟨ae⟩ *f* ||*Dim von* persona|| Plaut. Fratze

per-sōlus ⟨a, um⟩ *Adj* Plaut. ganz allein

per-solvō ⟨solvī, solūtum, solvere 3.⟩

1. völlig auflösen; deutlich erklären, *alicui aliquid* j-m etw

2. auszahlen, bezahlen; ***stipendium militibus p.*** den Soldaten den Sold ausbezahlen; ***aes alienum alienis nominibus p.*** die Schulden fremder Leute bezahlen

3. *fig* abtragen, erweisen; ***p. grates / gratiam alicui*** j-m Dank abstatten; ***vota p.*** Gelübde erfüllen; ***alicui iusta p.*** j-m die letzte Ehre erweisen; ***primae epistulae p.*** das Nötige auf den ersten Brief erwidern; ***alicui poenas p.*** j-m Buße tun, *auch* j-m eine Strafe auferlegen; ***poenas p.*** Strafe erleiden; ***capite p.*** mit dem Leben büßen

► **persōna** ⟨ae⟩ *f*

1. Maske, Larve; ***p. comica*** Komödienmaske; ***p. tragica*** Tragödienmaske

2. *meton* Rolle, Person *in einem Bühnenstück*

3. *fig* Rolle *im Leben*, Charakter, äußerer Stand, Würde; ***mutam personam praebere*** eine stumme Rolle spielen; ***personam deponere*** nicht mehr weiterspielen; ***alicuius personam ferre / gerere / tenere / sustinere*** j-s Rolle spielen, j-n vertreten; ***alicuius personā / in persona / ex persona / per personam facere aliquid*** in j-s Eigenschaft etw tun; ***p. civitatis*** Repräsentant des Staates; ***p. potestatis*** Amtsperson

4. Persönlichkeit, Individualität; ***de Catonis persona dicere*** über die Persönlichkeit Catos sprechen; ***p. secunda*** zweite Hauptperson

5. GRAM Person; ***p. prima*** erste Person

persōnālis ⟨e⟩ *Adj, Adv* ⟨persōnāliter⟩ ||persona|| (*spätl.*) persönlich

persōnātus ⟨a, um⟩ *Adj* ||persona|| maskiert, verkleidet, *auch fig*

per-sonō ⟨uī, -, āre 1.⟩

I *v/i*

1. widerhallen, laut erschallen; ***domus cantu personat*** das Haus hallt wider vom Gesang

2. seine Stimme erschallen lassen

3. *auf einem Instrument* spielen; ***citharā p.*** auf der Leier spielen

II *v/t*

1. (*nachkl.*) *poet* mit Tönen füllen; ***regna latratu p.*** die Reiche mit Gebell erfüllen; ***aurem alicui p.*** j-m ins Ohr flüstern

2. laut verkünden, laut rufen

3. (*nachkl.*) besingen

per-spargō ⟨sparsī, sparsum, spargere 3.⟩ = ***perspergo***

perspectē *Adv* ||perspectus|| Plaut. einsichtsvoll

perspectō ⟨āvī, ātum, āre 1.⟩ ||*Intens von* perspicio|| (*vkl., nachkl.*) genau ansehen, gründlich ansehen

perspectus[1] ⟨a, um⟩ *Adj* ||perspicio|| durchschaut, erkannt, bewährt

per-spectus[2] ⟨a, um⟩ *PPP* → ***perspicio***

per-speculor ⟨ātus sum, ārī 1.⟩ Suet. genau erforschen

per-spergō ⟨spersī, spersum, spergere 3.⟩ ||spargo|| (*vkl., nachkl.*) besprengen, bestreuen; ***lepore p. orationem*** die Rede mit Humor würzen

per-spexī → ***perspicio***

perspicāx *Gen* ⟨ācis⟩ *Adj* ||perspicio||

1. scharfsichtig

2. *fig* einsichtig

perspicientia ⟨ae⟩ *f* ||perspicio|| völlige Erkenntnis, Durchblick

► **per-spiciō** ⟨spexī, spectum, spicere 3.⟩

I *v/i* hindurchschauen, hineinsehen, *per aliquid* durch etw

II *v/t*

1. (*nachkl.*) deutlich sehen

2. besichtigen, mustern, untersuchen

3. prüfend durchlesen

4. *fig* durchschauen, genau erkennen, deutlich wahrnehmen, *+ AcI / + indir Fragesatz, im Passiv + NcI*; ***fraudem p.*** einen Betrug durchschauen; ***aliquid coniecturā p.*** etw erraten; ***aliquid perspectum habere*** etw völlig durchschaut haben, von etw völlig überzeugt sein

perspicuitās ⟨ātis⟩ *f* ||perspicuus|| Deutlichkeit

perspicuus ⟨a, um⟩ *Adj, Adv* ⟨perspicuē⟩ ||perspicio||

1. (*nachkl.*) *poet* durchsichtig

2. *fig* deutlich, offenbar

per-spissō *Adv* ||spissus|| Plaut. sehr langsam

per-sternō ⟨strāvī, strātum, sternere 3.⟩ (*nachkl.*) ganz pflastern; ***viam silice p.*** die Straße schottern

per-stimulō ⟨āvī, ātum, āre 1.⟩ Tac. ständig aufreizen

per-stitī → ***persisto*** *u.* → ***persto***

per-stō ⟨stitī, stātūrus, stāre 1.⟩

1. (*nachkl.*) *poet* feststehen, stehen bleiben

2. *fig* fortdauern, (unverändert) bleiben

3. *fig* bei *etw* fest bleiben, auf *etw* beharren, *in re / + Inf*; ***in sententia p.*** Cic. auf seiner Meinung beharren

per-strepō ⟨uī, -, ere 3.⟩ sehr lärmen

per-stringō ⟨strīnxī, strictum, stringere 3.⟩

1. (*vkl., nachkl.*) zusammenschnüren
2. streifen, oberflächlich berühren; ***solum aratro p.*** den Boden durchpflügen
3. *fig* unangenehm berühren, erschüttern, durchschaudern, *aliquem / animum alicuius* j-n
4. *fig* tadeln, verweisen, verspotten
5. *fig in der Rede* streifen, flüchtig besprechen
6. *fig* abstumpfen, betäuben

per-studiōsus ⟨a, um⟩ *Adj, Adv* ⟨perstudiōsē⟩ sehr eifrig, *alicuius rei* in etw; ***alicuius p.*** j-m sehr ergeben

▶ **per-suādeō** ⟨suāsī, suāsum, suādēre 2.⟩
1. überzeugen, *alicui de re* j-n von etw; ***mihi persuadetur*** ich werde überzeugt, ich lasse mich überzeugen; ***mihi persuasum est / mihi persuasi / mihi persuadeo*** ich bin überzeugt; ***mihi persuasissimum est*** ich bin vollkommen überzeugt
2. überreden, bewegen, *abs od alicui* j-n, *ut / ne* dass / dass nicht, + *Konjkt* / + *Inf* / + *AcI*; ***mihi persuadetur*** ich werde überredet, ich lasse mich überreden; ***mihi persuasum est / persuasus sum*** ich habe mich überreden lassen, ich bin entschlossen; ***persuasus mori*** entschlossen zu sterben

persuāsibilis ⟨e⟩ *Adj, Adv* ⟨persuasibiliter⟩ ||persuadeo|| (Quint., *spätl.*) leicht überzeugend

persuāsiō ⟨ōnis⟩ *f* ||persuadeo||
1. Überredung, Überzeugung
2. (*nachkl.*) *meton* Glaube, Einbildung, Vorurteil

persuāstrīx ⟨īcis⟩ *f* ||persuadeo|| Plaut. Verführerin

per-suāsum *PPP* → ***persuadeo***

persuāsus *Abl* ū *m* ||persuadeo|| Überredung

per-subtīlis ⟨e⟩ *Adj*
1. Lucr. sehr fein
2. *fig* sehr durchdacht

persultō ⟨āvī, ātum, āre 1.⟩ ||salto||
I *v/i* (*nachkl.*) umherspringen
II *v/t* (*nachkl.*) durchstreifen

per-taedet ⟨taesum est, taedēre 2.⟩ *unpers* Ekel empfinden, überdrüssig sein / werden, *aliquem alicuius rei* j-d einer Sache

pertaesus ⟨a, um⟩ *Adj* ||pertaedet|| (*nachkl.*) *einer Sache* überdrüssig, *alicuius rei / aliquid*

per-tego ⟨tēxī, tēctum, tegere 3.⟩ (*vkl., nachkl.*) ganz bedecken

per-temptō ⟨āvī, ātum, āre 1.⟩
1. (*nachkl.*) überall betasten
2. *fig* probieren, erforschen
3. *fig* überdenken
4. (*nachkl.*) *fig von Übeln od Affekten* durchzucken

per-tendō ⟨tendī, tentum⟩ *u.* ⟨tēnsum, tendere 3.⟩
1. (*unkl.*) durchzusetzen versuchen; ***pertendens animo*** mit hartnäckigem Sinn
2. eilen, *in aliquid / ad aliquid* in etw / zu etw

per-tentō ⟨āvī, ātum, āre 1.⟩ = ***pertempto***

per-tenuis ⟨e⟩ *Adj* sehr dünn; *fig* sehr schwach

per-terebrō ⟨āvī, ātum, āre 1.⟩ *mit dem Bohrer* durchbohren

per-tergeō ⟨tersī, tersum, tergēre 2.⟩ (*nachkl.*) *poet* abwischen; *fig* leicht berühren

perterre-faciō ⟨fēcī, factum, facere 3.⟩ ||perterreo|| (*vkl., nachkl.*) in Schrecken versetzen

▶ **per-terreō** ⟨uī, itum, ēre 2.⟩ heftig erschrecken, einschüchtern

perterri-crepus ⟨a, um⟩ *Adj* ||perterreo, crepo|| Lucr. schrecklich rauschend, schrecklich tönend

per-texō ⟨texuī, textum, texere 3.⟩ (*nachkl.*)
1. zu Ende weben
2. *fig* vollenden

pertica ⟨ae⟩ *f* (*unkl.*) Stange, Latte, *bes* Messlatte

perticātus ⟨a, um⟩ *Adj* ||pertica|| mit einer Stange versehen, an einer Stange befestigt

pertime-factus ⟨a, um⟩ *Adj* ||pertimeo, facio|| (*unkl.*) eingeschüchtert

per-timeō ⟨-, -, ēre 2.⟩ (*spätl.*) sich sehr fürchten

pertimēscō ⟨timuī, -, timēscere 3.⟩ ||*Inkoh von* pertimeo||
I *v/i* in große Furcht geraten, sich sehr fürchten, *de re* um etw, wegen etw, für etw
II *v/t* sehr fürchten, *aliquid* etw

pertinācia ⟨ae⟩ *f* ||pertinax|| Beharrlichkeit; *pej* Hartnäckigkeit, Starrsinn

per-tināx *Gen* ⟨ācis⟩ *Adj, Adv* ⟨pertināciter⟩ ||teneo||
1. (*nachkl.*) *poet* festhaltend
2. (*nachkl.*) lange anhaltend; *von Personen u. Sachen* beharrlich, ausdauernd, fest; *pej* hartnäckig, starrsinnig, unerbittlich, *in re / ad aliquid / adversus aliquid / in aliquid / alicuius rei* in etw; ***p. irae*** am Zorn festhaltend
3. Plaut. geizig

per-tineō ⟨uī, -, ēre 2.⟩ ||teneo||
1. sich erstrecken, sich ausdehnen, reichen, *ab re / ex re in aliquid / ad aliquid* von etw bis etw; ***pons ex oppido ad Helvetios pertinet*** die Brücke führt von der Stadt zu den Helvetiern; ***silva quinquaginta milia passuum pertinet*** der Wald erstreckt sich 50 Meilen weit
2. *fig* sich auf *j-n / etw* beziehen, *j-n / etw* betreffen, *j-n / etw* angehen, *ad aliquem / ad aliquid*; ***suspicio ad nos non pertinet*** der Verdacht trifft uns nicht; ***quod pertinet ad deos*** was die Götter betrifft; ***hoc eodem pertinet*** das bezieht sich auf dasselbe
3. *fig* zu *etw* dienen, für *etw* von Bedeutung sein, auf *etw* abzielen, *ad aliquid*; ***res ad luxuriam pertinentes*** Luxusartikel; ***quae ad effeminandos animos pertinent*** was zur Verweichlichung beiträgt; ***aliquid ad spem pertinet*** etw vermag Hoffnung zu erwecken; ***quae ad victum pertinent*** Lebensmittel; ***quo / quorsum pertinet?*** was für einen Sinn hat es?

per-tingō ⟨-, -, ere 3.⟩ ||tango|| (*nachkl.*) sich ausdehnen, sich erstrecken; ***collis in immensum pertingebat*** ein Hügel erstreckte sich in unendliche Weite

pertīsum *PPP* = ***pertaesum***; → ***pertaedet***

per-tolerō ⟨āvī, ātum, āre 1.⟩ (*vkl.*) *poet* geduldig ertragen

pertractātē *Adv* ||pertracto|| Plaut. abgedroschen

pertractātiō ⟨ōnis⟩ *f* ||pertracto|| Behandlung, Beschäftigung, *alicuius rei* mit etw; ***p. poetarum*** Beschäftigung mit Dichtern

per-tractō ⟨āvī, ātum, āre 1.⟩
1. überall betasten, überall befühlen
2. *fig* einwirken, *aliquid* auf etw; ***sensūs hominum p.*** auf die Sinne der Menschen einwirken

per-trahō ⟨trāxī, tractum, trahere 3.⟩ (*nachkl.*) *poet* an ein Ziel schleppen, *aliquem / aliquid ad aliquem / ad aliquid / in aliquid* j-n / etw zu j-m / zu etw; ***hostes in insidias p.*** die Feinde in einen Hinterhalt locken

P

per-trectō ⟨āvī, ātum, āre 1.⟩ = ***pertracto***

per-tribuō ⟨uī, -, ere 3.⟩ Plin. von allen Seiten erteilen

per-trīcōsus ⟨a, um⟩ *Adj* ||tricae|| Mart. sehr verwickelt

per-trīstis ⟨e⟩ *Adj*
1. *poet* sehr traurig
2. sehr mürrisch

per-trītus ⟨a, um⟩ *Adj* ||tero|| Sen. sehr abgenutzt; alltäglich

per-tudī → ***pertundo***

per-tulī → ***perfero***

per-tumultuōsē *Adv* sehr lärmend, in großer Aufregung

per-tundō ⟨tudī, tū(n)sum, tundere 3.⟩ (*unkl.*) durchstoßen, durchlöchern

pertūnsus ⟨a, um⟩ *Adj* mit einem Loch

perturbātiō ⟨ōnis⟩ *f* ||perturbo||
1. Verwirrung, Unordnung, Störung; ***p. caeli*** *fig* stürmisches Wetter
2. POL Umwälzung, Umsturz, Revolution, *auch Pl*; ***p. comitiorum*** stürmische Auftritte in der Volksversammlung
3. Leidenschaft, Affekt, Aufregung, Bestürzung

perturbātrīx ⟨īcis⟩ *f* ||perturbo|| „Verwirrerin"; ***p. omnium rerum*** die alles in Verwirrung bringt, *von der neueren Akademie*

perturbātus ⟨a, um⟩ *Adj, Adv* ⟨perturbātē⟩ ||perturbo||
1. verworren, wirr, stürmisch; ***perturbate dicere*** verworren reden
2. *fig* bestürzt, außer Fassung; ***vultus p.*** verstörte Miene

► **per-turbō** ⟨āvī, ātum, āre 1.⟩
1. ganz verwirren, in Unordnung bringen; *Passiv* in Unordnung geraten
2. *fig* stören; POL beunruhigen; ***aetatum ordinem p.*** die Zeitfolge durcheinander bringen; ***pactiones bellicas periurio p.*** die Kriegsbündnisse durch Meineid stören
3. *fig* aufregen, aus der Fassung bringen, *aliquem / animum alicuius* j-n; *Passiv* sich verblüffen lassen, *re* durch etw, *de re* wegen etw; *Passiv + indir Fragesatz* in der Bestürzung nicht wissen

per-turpis ⟨e⟩ *Adj* sehr unanständig, sehr hässlich

per-tūsus ⟨a, um⟩ *Adj* = ***pertunsus***; → ***pertundo***

pērula ⟨ae⟩ *f* ||*Dim von* pera|| (*vkl., nachkl.*) kleiner Ranzen

per-ungō ⟨ūnxī, ūnctum, ungere 3.⟩ bestreichen, einreiben, salben

per-urbānus ⟨a, um⟩ *Adj* sehr fein, sehr witzig; *pej* übertrieben höflich

per-urgeō ⟨ursī, -, urgēre 2.⟩ (*nachkl.*) *j-m* sehr zusetzen, *j-n* bedrängen, *aliquem*

per-ūrō ⟨ussi, ustum, ūrere 3.⟩
1. (*nachkl.*) *poet* ganz verbrennen, ganz versengen; ***agrum p.*** im Land sengen und brennen; ***terra gelu perusta*** vom Frost versengtes Land, gefrorenes Land; ***sole perustum*** von der Sonne verbrannt; ***perustus funibus latus*** (*griech. Akk*) Hor. die Seite von Stricken gezeichnet
2. wund drücken, wund reiben; entzünden
3. (*nachkl.*) brennend quälen; ***sitis saucios perurebat*** Curt. brennender Durst quälte die Verwundeten
4. *fig von Leidenschaften od Begierden* entflammen, quälen; (*nachkl.*) erhitzen, zornig machen, aufbringen; ***peruri inani gloriā*** vor Begierde nach eitlem Ruhm brennen

Perusia ⟨ae⟩ *f etrusk. Stadt ö. des Trasumener Sees, ab 310 v. Chr. röm., heute Perugia*

Perusīnus ⟨a, um⟩ *Adj* aus Perusia, zu Perusia gehörig

Perusīnus ⟨ī⟩ *m* Einwohner von Perusia

per-ūtilis ⟨e⟩ *Adj, Adv* ⟨perūtiliter⟩ sehr nützlich

per-vādō ⟨vāsī, vāsum, vādere 3.⟩
1. durch *etw* hindurchgehen, *etw* durchdringen, sich über *etw* verbreiten, in *etw* eindringen, *aliquid / per aliquid*; ***incendium per agros pervadit*** das Feuer verbreitet sich über die Felder; ***fama urbem pervadit*** das Gerücht verbreitet sich in der Stadt
2. bis zu *etw* gelangen, bis an *etw* kommen, *etw* erreichen, *ad aliquid / in aliquid*; ***fama in Asiam pervaserat*** Liv. das Gerücht war bis nach Asien gedrungen

pervagātus ⟨a, um⟩ *Adj* ||pervagor|| weit verbreitet, allgemein bekannt, allgemein; ***pars est pervagatior*** das Gebiet hat eine weitere Ausdehnung

per-vagor ⟨ātus sum, ārī 1.⟩
I *v/i*
1. umherschweifen, ***omnibus in locis*** an allen Orten
2. *fig* überall bekannt werden, allgemein werden
II *v/t*
1. durchziehen, durchschweifen
2. *fig* durchdringen, erfüllen; ***cupiditates hominum mentes pervagantur*** Begierden erfüllen die Sinne der Menschen

per-vagus ⟨a, um⟩ *Adj poet* überall umherschweifend

per-variē *Adv* sehr vielfältig

per-vāsī → ***pervado***

per-vāstō ⟨āvī, ātum, āre 1.⟩ (*nachkl.*) völlig verwüsten, verheeren

per-vāsus ⟨a, um⟩ *PPP* → ***pervado***

per-vehō ⟨vēxī, vectum, vehere 3.⟩
1. Liv. durchführen, (hin)durchfahren, *aliquem* j-n; *Passiv* durchfahren, befahren; ***pervehi fretum Siciliae p.*** über die Meerenge bei Sizilien fahren
2. (*nachkl.*) hinführen, hinfahren, *aliquem* j-n; *Passiv* hinfahren, hinsegeln, hinkommen

per-vellō ⟨vellī, -, vellere 3.⟩
1. (*unkl.*) stark rupfen, stark zupfen; *fig* reizen; ***stomachum p.*** Hor. den Magen reizen
2. *fig j-n* kränken, *j-m* wehtun, *aliquem*
3. *fig* scharf kritisieren, ***ius civile*** Cic. das bürgerliche Recht
4. Sen. *fig* aufrütteln

► **per-veniō** ⟨vēnī, ventum, venīre 4.⟩
1. an ein Ziel kommen, glücklich ankommen, *ad aliquem / in aliquem* bei j-m, *ad aliquid / in aliquid* bei etw; ***in urbem p.*** in der Stadt ankommen; ***ad urbem p.*** in die Nähe der Stadt gelangen; ***liber pervenit in manus alicuius*** das Buch kommt in j-s Hände
2. *fig in einen Zustand* kommen, geraten; ***in amicitiam alicuius p.*** in freundschaftliche Beziehungen zu j-m treten, j-s Freund werden; ***in odium alicuius***

p. bei j-m verhasst werden
3. *von Leblosem* zufallen, zuteil werden, *ad aliquem* j-m; ***hereditas ad filiam pervenit*** das Erbe fällt der Tochter zu
per-vēnor ⟨-, ārī 1.⟩ durchjagen, *auch fig*; ***totam urbem p.*** Plaut. die ganze Stadt durchjagen
per-ventum *PPP* → ***pervenio***
perversiō ⟨ōnis⟩ *f* ||perversus|| *(unkl.)* Verdrehung
perversitās ⟨ātis⟩ *f* ||perversus|| Verdrehtheit, Dummheit
perversus ⟨a, um⟩ *Adj, Adv* ⟨perversē⟩ ||perverto||
1. verkehrt, verdreht; ***oculi perversi*** schielende Augen; ***comas induit perversas*** sie setzte die Perücke verkehrt auf
2. *fig* falsch, widersinnig, dumm; schlecht, *auch* missgünstig; ***cachinnus p.*** Ov. albernes Lachen; ***perversa ingenia*** Plin. schlechte Charaktere, schlechte Menschen
per-vertō ⟨vertī, versum, vertere 3.⟩
1. umstoßen, umstürzen, umkehren, umwerfen; ***mensas p.*** Tische umstoßen
2. *fig* vernichten, zugrunde richten, verderben; ***mores p.*** die guten Sitten verderben; ***perverso more*** gegen die Sitte; ***perverso numine*** gegen den Willen der Götter
per-vesperī *Adv* sehr spät abends
pervestīgātiō ⟨ōnis⟩ *f* ||pervestigo|| Forschung
per-vestīgō ⟨āvī, ātum, āre 1.⟩
1. *vom Jagdhund* aufspüren
2. *fig etw* genau erforschen, *einer Sache* auf die Spur kommen, *aliquid*
per-vetus *Gen* ⟨veteris⟩ *Adj u.* **per-vetustus** ⟨a, um⟩ *Adj* sehr alt, uralt
per-viam *Adv* ||via|| zugänglich
pervicācia ⟨ae⟩ *f* ||pervicax|| *(vkl., nachkl.)* Beharrlichkeit; *pej* Hartnäckigkeit, Eigensinn
pervicax *Gen* ⟨ācis⟩ *Adj, Adv* ⟨pervicāciter⟩ *(nachkl.) poet von Personen u. Sachen* beharrlich, unermüdlich; *pej* hartnäckig, eigensinnig; vermessen, *alicuius rei* in etw; ***p. recti*** unermüdlich im Guten
per-videō ⟨vīdī, vīsum, vidēre 2.⟩
1. *(nachkl.) poet* überschauen, überblicken; genau sehen, genau betrachten
2. *fig* genau erkennen, gründlich untersuchen, *aliquid* etw, + *indir Fragesatz*
per-vigeō ⟨uī, -, ēre 2.⟩ Tac. sehr stark sein, großen Einfluss haben, *re* durch etw, in etw
pervigil *Gen* ⟨ilis⟩ *Adj* ||pervigilo|| *(nachkl.)*
1. sehr wachsam, stets wachend, schlaflos
2. durchwacht; ***nox p.*** durchwachte Nacht
pervigilātiō ⟨ōnis⟩ *f* ||pervigilo|| (religiöse) nächtliche Feier
pervigilia ⟨ae⟩ *f* ||pervigil|| nächtliches Wachen
pervigilium ⟨ī⟩ *n* ||pervigil|| *(nachkl.)*
1. Nachtwache
2. religiöse nächtliche Feier
per-vigilō ⟨āvī, ātum, āre 1.⟩ durchwachen; ***nox pervigilata*** durchwachte Nacht; ***Veneri p.*** im Dienst der Venus durchwachen
per-vīlis ⟨e⟩ *Adj (nachkl.)* sehr preiswert
per-vincō ⟨vīcī, victum, vincere 3.⟩
I *v/t*
1. *(unkl.)* völlig besiegen; *fig* übertreffen
2. *fig* mit Mühe bewegen, *aliquem* j-n, *ut/verneint auch quin*
3. erzwingen, durchsetzen, *aliquid* etw, *ut/ne* dass/dass nicht, *verneint auch quin* dass; Lucr. beweisen, nachweisen
II *v/i*
1. Tac. völlig siegen, entscheidend siegen
2. *fig* seine Meinung durchsetzen, Recht behalten
pervium ⟨ī⟩ *n* ||pervius|| Durchgang
per-vius ⟨a, um⟩ *Adj*
1. begehbar, *alicui/alicui rei* für j-n/für etw; ***transitiones perviae*** begehbare Durchgänge; ***tempora pervia facere*** die Schläfen durchbohren
2. (Plaut., *nachkl.*) *fig* offen, zugänglich
per-vīvō ⟨vīxī, vīctūrus, vīvere 3.⟩ *(vkl.)* weiterleben
per-volg… = ***pervulg…***
pervolitō ⟨āvī, ātum, āre 1.⟩ ||*Intens von* pervolo[1]|| *(nachkl.) fig etw* durchfliegen, in *etw* umherfliegen, *aliquid*
per-volō[1] ⟨āvī, ātum, āre 1.⟩
1. durchfliegen; *fig* durcheilen; ***sex milia passuum p.*** sechs Meilen im Flug zurücklegen
2. hinfliegen, hineilen
per-volō[2] ⟨voluī, -, velle 0.⟩ gern wollen, sehr wünschen, + *Inf* / + *Konjkt, auch getrennt*
pervolūtō ⟨āvī, ātum, āre 1.⟩ ||*Freq von* pervolvo|| genau studieren
per-volvō ⟨volvī, volūtum, volvere 3.⟩
1. *(vkl., nachkl.)* herumwälzen, ***aliquem in luto*** j-n im Schlamm
2. *fig* genau bekannt machen
3. Catul. genau durchlesen
pervors… = ***pervers…***
pervort… = ***pervert…***
pervulgātus ⟨a, um⟩ *Adj, Adv* ⟨pervulgātē⟩ ||pervulgo|| bekannt; gewöhnlich
per-vulgō ⟨āvī, ātum, āre 1.⟩
1. öffentlich bekannt machen, veröffentlichen
2. ***se p.*** *von Prostituierten* sich preisgeben
3. häufig betreten, durchlaufen
pēs ⟨pedis⟩ *m*
1. Fuß *eines Menschen od Tieres*; ***pedibus captus*** gelähmt; ***servus a pedibus*** Laufbursche; ***pedibus/pede*** *u. (nlat.)* ***per pedes*** zu Fuß; ***pedibus ire*** zu Fuß gehen; ***pedibus merere*** beim Fußvolk dienen; ***pedibus in sententiam alicuius ire*** j-s Meinung beitreten; ***ad pedes desilire*** vom Pferd springen; ***ad pedes descendere/degredi*** absitzen; ***equitem ad pedem deducere*** den Reiter absitzen lassen; ***pugna ad pedes venit*** es entsteht ein Kampf zu Fuß; ***pedem ferre*** gehen, kommen; ***pedem inferre*** eintreten; ***pedem efferre*** hinaustreten; ***pedem conferre*** zu kämpfen beginnen, angreifen; ***pede collato*** Mann gegen Mann; ***pedem referre/revocare*** zurückweichen, sich zurückziehen; ***pedem trahere*** hinken; ***ante pedes alicuius*** in j-s Gegenwart; ***sub pedibus alicuius esse*** in j-s Gewalt sein; ***sub pedibus esse*** nicht beachtet werden, überwunden sein; ***pede secundo*** *von Gottheiten* helfend, gnädig
2. *von Tieren* Huf; Kralle; *Pl* Fänge
3. Fuß *an Möbeln u. a.*; ***p. pernae*** Schinkenbein
4. *meton* Schritt, Tritt, Gang; *Pl* Wettlauf, Schnelligkeit der Füße; ***cito pede*** schnellen Schrittes

5. SCHIFF Tau, Leine, *womit das Segel an der Bordwand befestigt wird*; ***pedibus aequis/pede aequo navigare*** mit gleich gespannten Tauen segeln, mit vollem Wind segeln; ***pedem facere*** mit halbem Wind segeln
6. Fuß *als Längenmaß = 1/16 eines digitus = 296 mm*; ***non pedem ab aliquo discedere*** sich keinen Fuß breit von j-m entfernen; ***suo pede metiri*** nach seinem Maß messen
7. Versfuß; Versmaß; ***pes Archilochi*** archilochisches Versmaß

pessimissimus ⟨a, um⟩ *Adj Sup* → ***pessimus***

► **pessimus** ⟨a, um⟩ *Adj Sup* → ***malus***[1]

Pessinūntius ⟨a, um⟩ *Adj* aus Pessinus, zu Pessinus gehörig

Pessinūs ⟨ūntis⟩ *f u. m alte Stadt im Grenzgebiet zwischen Phrygien u. Galatien, Heiligtum der Kybele, Ruinenfeld*

pessulus ⟨ī⟩ *m* ||griech. Lw.|| (Com., *nachkl.*) Riegel

pessum *Adv* (*unkl.*) zu Boden; ***pessum ire*** *fig* zugrunde gehen, umkommen; ***pessum dare*** *fig* zugrunde richten; ***pessum dari*** *fig* herabsinken

pesti-fer ⟨fera, ferum⟩ *Adj, Adv* ⟨pestiferē⟩ ||pestis, fero|| Unheil bringend, unheilvoll, schädlich; ***p. ignis*** Ov. verderbliches Feuer

pestilēns *Gen* ⟨entis⟩ *Adj* ||pestis|| ungesund; *fig* verderblich, unheilvoll

pestilentia ⟨ae⟩ *f* ||pestilens||
1. Epidemie, Seuche, Pest, *auch fig*
2. ungesunde Luft, ungesunde Witterung; *meton* ungesunde Gegend

pestilitās ⟨ātis⟩ *f* Lucr. = ***pestilentia***

► **pestis** ⟨is⟩ *f*
1. Pest, Seuche; *meton* ungesunde Witterung
2. *fig* Unglück, Verderben, Untergang; *Pl* Gebrechen
3. *meton* Unheilstifter, Scheusal; Quelle des Unglücks

P

petasātus ⟨a, um⟩ *Adj* ||petasus|| mit Reisehut, reisefertig

petasō ⟨ōnis⟩ *m* Mart. Vorderschinken *vom Schwein*

petasunculus ⟨ī⟩ *m* ||*Dim von* petaso|| Iuv. kleiner Schinken

petasus ⟨ī⟩ *m* ||griech. Fw.|| (Plaut., *spätl.*) Reisehut

petauristārius ⟨ī⟩ *m* ||griech. Fw.|| Petr. Akrobat

petaurum ⟨ī⟩ *n* ||griech. Fw.|| (*nachkl.*) *poet* Sprungbrett *u. a. Geräte der Gaukler*

Petēlia ⟨ae⟩ *f Stadt im O von Bruttium*

petessō ⟨-, -, ere 3.⟩ ||*Intens von* peto|| erstreben; ***caelum p.*** den Himmel durchdringen

petilus ⟨a, um⟩ *Adj* ||peto|| Plaut. schmächtig, spärlich

► **petītiō** ⟨ōnis⟩ *f* ||peto||
1. *Fechtersprache* Angriff, Hieb, Stich; *meton* Angriffsweise
2. (*nachkl.*) das Ersuchen, das Bitten, *alicuius rei* um etw
3. Bewerbung, ***muneris*** um ein Amt
4. JUR gerichtlicher Anspruch, Klage; *meton* Anspruchsrecht
5. ***p. principii*** (*mlat.*) Beweisfehler, Benutzung eines unbewiesenen Satzes als Beweisgrund

petītor ⟨ōris⟩ *m* ||peto||
1. Bewerber *um ein Amt*
2. JUR Kläger *im Privatprozess*

petituriō ⟨-, -, īre 4.⟩ ||*Desid von* peto|| sich um ein Amt bewerben wollen

petītus ⟨ūs⟩ *m* ||peto||
1. das Sichneigen; ***terrae p. suavis*** Liv. sanftes Neigen zur Erde
2. (*nachkl.*) das Verlangen

petō ⟨petīvī⟩ *u.* ⟨petiī, petītum, petere 3.⟩

1. aufsuchen, ansteuern
2. angreifen
3. sich bittend an j-n wenden
4. zu erlangen suchen, begehren
5. fordern, verlangen
6. sich um etw bewerben
7. beanspruchen, gerichtlich einklagen
8. holen, entnehmen

1. *einen Ort* aufsuchen, ansteuern, zu *einem Ort* eilen, *aliquid*; ***calidiora loca p.*** wärmere Orte aufsuchen; ***continentem p.*** zum Festland steuern; ***caelum pennis p.*** zum Himmel emporfliegen; ***amnis campum petit*** der Fluss ergießt sich auf das Feld; ***mons astra petit*** der Berg ragt bis zu den Sternen empor; ***aliquem amplexu p.*** j-n umarmen; ***alium cursum p.*** eine andere Richtung einschlagen
2. angreifen; *fig* bedrohen; ***hostes armis p.*** die Feinde mit Waffen angreifen; ***aliquem bello p.*** j-n bekriegen; ***aliquem lapidibus p.*** mit Steinen nach j-m werfen; ***petor*** man hat es auf mich abgesehen; ***aliquis lege petitur*** ein Gesetz ist auf j-n gemünzt
3. sich bittend an *j-n* wenden, *aliquem*
4. zu erlangen suchen, begehren; ***salutem fugā p.*** sein Heil in der Flucht suchen
5. fordern, verlangen; erbitten, *aliquid ab aliquo/ex aliquo* j-n um etw, *aliquid alicui/pro aliquo* etw für j-n, *ut/ne* dass/dass nicht, + *Konjkt*/ + *Inf*; ***consilium ab amico p.*** sich Rat holen bei einem Freund; ***peto a te, ut mihi ignoscas*** ich bitte dich mir zu verzeihen
6. sich um *etw* bewerben, um *j-n* werben; ***consulatum p.*** sich um das Konsulat bewerben; ***virginem p.*** ein Mädchen zur Geliebten begehren; ***petentes*** die Bewerber; ***petor ab aliquo/alicui*** ich werde von j-m umworben
7. beanspruchen, gerichtlich einklagen, *aliquid ab aliquo* etw von j-m; ***poenas ab aliquo p.*** sich von j-m Genugtuung verschaffen, j-n bestrafen, *alicuius rei* für etw, wegen etw; ***is qui petit*** Kläger; ***is unde/a quo petitur*** Beklagter
8. holen, entnehmen; *fig* hernehmen, entnehmen, entlehnen; ***gemitūs alto de corde p.*** tief aufseufzen; ***exemplum alicuius rei ab aliquo p.*** sich in etw ein Beispiel an j-m nehmen; ***causam ex alto p.*** den Grund weit herholen

petorritum ⟨ī⟩ *n* ||gall. Fw.|| (*unkl.*) vierrädriger offener Wagen

petra ⟨ae⟩ *f* ||griech. Fw.|| (*vkl., nachkl.*) Fels, Stein

Petra ⟨ae⟩ *f Name mehrerer Städte u. Orte*

Petrīnum ⟨ī⟩ *n Landgut bei Sinuessa*

petrō ⟨ōnis⟩ *m* Plaut. alter Hammel

Petrōnius Arbiter *Günstling Neros, Verfasser des erotisch-satirischen Romanes „Satyricon" (oder*

„Satirae") mit der Cena Trimalchionis, z. T. erhalten, wichtige Quelle für Kenntnis des Vulgärlateins
petulāns *Gen* ⟨antis⟩ *Adj*, *Adv* ⟨petulanter⟩ ||peto|| *von Personen u. Sachen* ausgelassen, mutwillig, frech, frivol
petulantia ⟨ae⟩ *f* ||petulans|| Ausgelassenheit, Frechheit, Leichtfertigkeit
petulcus ⟨a, um⟩ *Adj* ||peto|| *(nachkl.) poet* zum Stoßen geneigt
petulus ⟨a, um⟩ *Adj* = ***petilus***
Peucetia ⟨ae⟩ *f Landschaft in Apulien*
Peucīnī ⟨ōrum⟩ *m germ. Stamm im Donaudelta*
pexātus ⟨a, um⟩ *Adj* ||pexus|| Mart. mit einem Kleid aus reiner Wolle
pexī → ***pecto***
pexus ⟨a, um⟩ *PPP* → ***pecto***
Phaeāces ⟨um⟩ *m* die Phäaken, *sagenhaftes Volk der homerischen Odyssee auf der Insel Scheria, als fröhliche Lebenskünstler bekannt*
Phaeācia ⟨ae⟩ *f* Phäakenland
Phaeācius *u.* **Phaeācus** ⟨a, um⟩ *Adj* Phäaken…, zu den Phäaken gehörig
Phaeāx ⟨ācis⟩ *m* Phäake
phaecasia ⟨ōrum⟩ *n* ||griech. Fw.|| weiße Schuhe, *urspr. liturgische Kleidung der Priester in Athen*
phaecasiātus ⟨a, um⟩ *Adj* mit weißen Schuhen
Phaedōn ⟨ōnis⟩ *m aus Elis, Anhänger des Sokrates; nach ihm ist ein Dialog von Plato über die Unsterblichkeit benannt*
Phaedra ⟨ae⟩ *f Tochter des Minos, Gattin des Theseus; liebte ihren Stiefsohn Hippolytos u. versuchte ihn zu verführen; ihre Liebe wurde zurückgewiesen u. schlug in Hass um; verleumdete ihren Stiefsohn bei seinem Vater u. beging Selbstmord*
Phaedrus ⟨ī⟩ *m*
1. *Schüler des Sokrates, Titel eines Dialogs von Plato*
2. *epikureischer Philos. in Athen, Freund des Atticus u. Ciceros*
3. *röm. Fabeldichter, Freigelassener des Augustus*
Phaethōn ⟨ontis⟩ *m*
1. *Beiname des Sonnengottes Helios/Sol*
2. *Sohn des Helios/Sol; bat seinen Vater den Sonnenwagen lenken zu dürfen; setzte dabei die Erde in Brand u. wurde von einem Blitz des Zeus erschlagen*
Phaethonteus ⟨a, um⟩ *Adj* des Phaethon, zu Phaethon gehörig
Phaethontiades ⟨um⟩ *f* Schwestern des Phaethon; = ***Heliades***
Phaethontis *Gen* ⟨idis⟩ *Adj f* des Phaethon, zu Phaethon gehörig; ***volucris Ph.*** Schwan; ***gutta Ph.*** Bernstein
phager ⟨grī⟩ *m* ||griech. Fw.|| *(nachkl.) unbekannter Seefisch, vielleicht* Seebrasse
phalanga ⟨ae⟩ *f* ||griech. Fw.|| Walze, Rolle
phalangītēs ⟨ae⟩ *m* ||griech. Fw.|| Soldat einer Phalanx, Schwerbewaffneter
phalanx ⟨angis⟩ *f* ||griech. Fw.|| MIL Phalanx; Verg. Schlachtreihe, Heer; *(nachkl.)* geschlossene Schlachtfront *der Athener u. Spartaner*; Schlachtordnung *der makedonischen Schwerbewaffneten*; *viereckige* Schlachtordnung *der Germanen u. Gallier*
phalārica ⟨ae⟩ *f* = ***falarica***
Phalaris ⟨idis⟩ *m Tyrann von Akragas (Agrigentum) auf Sizilien um 560 v. Chr., bekannt durch den von Perillus gefertigten Stier*
phalerae ⟨ārum⟩ *f* ||griech. Fw.||
1. *(nachkl.) poet* Schmuck für Pferde *an Stirn u. Brust*
2. militärische Auszeichnung, Orden, *auf der Brust getragen*
3. *fig* äußerlicher Schmuck
phalerātus ⟨a, um⟩ *Adj* ||phalerae||
1. mit Brustschmuck versehen
2. Ter. *fig* schön klingend
Phalēreus *u.* **Phalēreus** ⟨eī⟩ *u.* ⟨eos⟩ *m* Einwohner von Phalerum
Phalēricus ⟨a, um⟩ *Adj* aus Phalerum, zu Phalerum gehörig; ***Phalerico portu uti*** Nep. über den Hafen von Phalerum verfügen
Phalērum ⟨ī⟩ *n ältester Hafen von Athen, durch eine Mauer mit der Stadt verbunden*
Phanae ⟨ārum⟩ *f Südspitze von Chios*
Phanaeus ⟨a, um⟩ *Adj* von Phanae, zu Phanae gehörig; ***Ph. rex*** Verg. königlicher Wein von Phanae
phantasia ⟨ae⟩ *f* ||griech. Fw.|| *(nachkl.)* Gedanke, Einfall
phantasma ⟨atis⟩ *n* ||griech. Fw.|| *(nachkl., spätl.)* Gespenst, Trugbild
Phantasus ⟨ī⟩ *m Gott der Träume*
Phaōn ⟨ōnis⟩ *m*
1. *Fährmann aus Lesbos, verschmähte Sapphos Liebe*
2. hartherziger Geliebter
pharetra ⟨ae⟩ *f* ||griech. Fw.|| *(nachkl.) poet* Köcher
pharetrātus ⟨a, um⟩ *Adj* ||pharetra|| *poet* köchertragend; ***pharetrata virgo*** köchertragende Jungfrau, = Artemis/Diana; ***ph. puer*** köchertragender Knabe, = Eros/Amor
Pharītae ⟨ārum⟩ *m* die Einwohner von Pharus
Pharius ⟨a, um⟩ *Adj* aus Pharus, zu Pharus gehörig, *auch* ägyptisch
pharmacia ⟨ae⟩ *f* ||griech. Fw.|| *(mlat.)* Gebrauch von Heilmitteln, Gebrauch von Giften, Gebrauch von Zaubermitteln; Arznei
pharmacopōla ⟨ae⟩ *m* ||griech. Fw.|| Hor. Zaubertrankverkäufer, Quacksalber
pharmacus ⟨ī⟩ *m* ||griech. Fw.|| Petr. Giftmischer
Pharos ⟨ī⟩ *m* = ***Pharus***
Pharsālia ⟨ae⟩ *f* Gebiet von Pharsalos
Pharsālicus *u.* **Pharsālius** ⟨a, um⟩ *Adj* aus Pharsalos, zu Pharsalos gehörig
Pharsālos *u.* **Pharsālus** ⟨ī⟩ *f Stadt in Thesallien, dort Sieg Caesars über Pompeius 48 v. Chr., heute Farsala*
Pharus ⟨ī⟩ *m ehemals kleine Insel an der Hafeneinfahrt von Alexandria in Ägypten, von Alexander dem Großen durch einen Damm mit dem Festland verbunden; der an der Ostspitze stehende gleichnamige Signalturm, 279 v. Chr. vollendet, war eines der sieben Weltwunder*
Phasēlis ⟨idis⟩ *f Hafenstadt an der Ostküste Lykiens, Ruinenfeld*
phasēlos *u.* **phasēlus** ⟨ī⟩ *m u. f* ||griech. Fw.||
1. *(nachkl.) poet essbare* Schwertbohne
2. *fig* leichtes Schiff, Boot

Phāsiacus *u.* **Phāsiānus** ⟨a, um⟩ *Adj* ||Phasis|| phasisch, kolchisch
phāsiānus ⟨ī⟩ *m* ||Phasis|| *(erg.* ***gallus)*** Fasan
Phāsias *Gen* ⟨adis⟩ *Adj f* ||Phasis|| phasisch, kolchisch; *subst* Kolchierin, *bes* Medea
Phāsis
I ⟨idis⟩ *u.* ⟨idos⟩
1. *m Fluss in Kolchis, im Kaukasus entspringend*
2. *f griech. Handelskolonie an der Mündung des Flusses Phasis am Ostufer des Schwarzen Meeres, heute Poti in der Ukraine*
II *Gen* ⟨idis⟩ *Adj f* phasisch, kolchisch; *subst* Kolchierin, *bes* = Medea
phasma ⟨atis⟩ *n* ||griech. Fw.|| Erscheinung, Gespenst
Pheneus ⟨ī⟩ *f Stadt in Arkadien, Ruinen w. von Korinth*
phengītēs ⟨ae⟩ *m* ||griech. Fw.|| Suet. durchsichtiger Glimmerstein, *in der Antike als Fensterglas benutzt*
Pherae ⟨ārum⟩ *f*
1. *Stadt in Thessalien*
2. *Stadt in Messenien*
Pherecratēs ⟨is⟩ *m Dichter der älteren attischen Komödie*
Pherecratīus ⟨a, um⟩ *Adj* des Pherecrates, zu Pherecrates gehörig
Pherecȳdēs ⟨is⟩ *m*
1. *Philos., 6. Jh. v. Chr., Lehrer des Pythagoras*
2. *Genealoge aus Athen, 5. Jh. v. Chr.*
phiala ⟨ae⟩ *f* ||griech. Fw.|| *(nachkl.) poet* Trinkschale
Phīdiacus ⟨a, um⟩ *Adj* des Phidias, zu Phidias gehörig
Phīdiās ⟨ae⟩ *m größter Bildhauer u. Erzgießer Athens z. Zt. des Perikles*
Philadelphia ⟨ae⟩ *f Stadt in Lydien, Ruinen ö. von Izmir*
Philaenōrum Arae *Hafen am südlichsten Punkt der Großen Syrte*
philēma ⟨atis⟩ *n* ||griech. Fw.|| Lucr. Kuss
Philēmō(n) ⟨onis⟩ *m*
1. MYTH *Gestalt, armer Greis in Phrygien; er u. seine Gattin Baukis wurden wegen ihrer Gastfreundschaft von der Sintflut verschont*
2. *Dichter der neueren attischen Komödie*
Philētas ⟨ae⟩ *m griech. Elegiker, 4. Jh. v. Chr., Vorbild des Properz*
Philippēnsis ⟨e⟩ *Adj u.* **Philippēus**[1] ⟨a, um⟩ *Adj* aus Philippi, zu Philippi gehörig
Philippēus[2] ⟨a, um⟩ *Adj* des Philippus, zu Philippus gehörig
Philippī ⟨ōrum⟩ *m Stadt in Makedonien, urspr. Krenides, von Philipp II. besetzt u. umbenannt; 42 v. Chr. Schlacht des Marcus Antonius u. Octavianus gegen die Caesarmörder Brutus u. Cassius; frühes chr. Zentrum, antike u. frühchr. Reste, Name erhalten*
Philippicus ⟨a, um⟩ *Adj* des Philippus, zu Philippus gehörig; ***orationes Philippicae*** philippische Reden *des Demosthenes gegen Philipp II. u. Ciceros gegen Marcus Antonius*
Philippius ⟨a, um⟩ *Adj* aus Philippi, zu Philippi gehörig
Philippopolis ⟨eos⟩ *f Stadt in Thrakien, heute Plovdiv in Bulgarien*
Philippus ⟨ī⟩ *m Name makedonischer Könige; bes* ***Philippus II.*** *Vater Alexanders des Großen, regierte 359–336 v. Chr.;* ***Philippus V.*** *im Krieg gegen die Römer 197 v. Chr. bei Kynoskephalai besiegt*
Philistus ⟨ī⟩ *m Geschichtsschreiber in Syrakus, Zeitgenosse Dionysios' I., Nachahmer des Thukydides*
philitia ⟨ōrum⟩ *n* ||griech. Fw.|| gemeinsame Mahlzeiten *der Spartiaten*
Philō ⟨ōnis⟩ *m* = ***Philon***
Philoctēta ⟨ae⟩ *m* MYTH Philoktet, *Gefährte des Herkules, nahm am Krieg gegen Troja teil, wurde wegen eines eiternden Schlangenbisses auf Lemnos zurückgelassen u. im zehnten Jahr nachgeholt u. geheilt, tötete mit einem Pfeil des Herkules den Paris*
Philoctētaeus ⟨a, um⟩ *Adj* Ov. des Philoktet, zu Philoktet gehörig
Philoctētēs ⟨ae⟩ *m* = ***Philocteta***
Philodēmus ⟨ī⟩ *m Epikureer u. Epigrammdichter z. Zt. Ciceros*
Philolāus ⟨ī⟩ *m Pythagoreer aus Unteritalien, um 400 v. Chr.*
philologia ⟨ae⟩ *f* ||griech. Fw.||
1. Gelehrsamkeit, literarische Studien, wissenschaftliches Streben
2. Sen. Philologie
philologus ⟨ī⟩ *m* ||griech. Fw.||
1. Gelehrter, Literat
2. Philologe
Philomēla ⟨ae⟩ *f*
1. *Schwester der Prokne, von deren Gatten Tereus vergewaltigt, der ihr die Zunge herausschnitt; in eine Nachtigall verwandelt*
2. Verg. *meton* Nachtigall
Philomēliēnsēs ⟨ium⟩ *m* die Einwohner von Philomelium
Philomēlium ⟨ī⟩ *n Stadt in Phrygien*
Philōn ⟨ōnis⟩ *m*
1. *akademischer Philos. in Athen, um 75 v. Chr.*
2. *Architekt in Athen, um 300 v. Chr.*
philosopha ⟨ae⟩ *f* ||philosophus|| Philosophin
▶ **philosophia** ⟨ae⟩ *f* ||griech. Fw.||
1. Philosophie; *meton* philosophische Richtung, Teilbereich der Philosophie, philosophische Schule
2. Nep. philosophischer Gegenstand, philosophisches Problem
3. *Pl* philosophische Schulen, philosophische Richtungen
philosophor ⟨ātus sum, ārī 1.⟩ ||*Denom von* philosophus|| philosophieren, nachdenken, forschen
▶ **philosophus**
I ⟨a, um⟩ *Adj* ||griech. Fw.|| philosophisch
II ⟨ī⟩ *m* Philosoph; *(mlat.)* Gelehrter
philtrum ⟨ī⟩ *n* ||griech. Fw.|| *(nachkl.) poet* Liebestrank
philyra ⟨ae⟩ *f* ||griech. Fw.|| *(nachkl.) poet* Linde; Lindenbast
Philyra ⟨ae⟩ *f Nymphe, Tochter des Okeanos (Oceanus), von Saturnus Mutter des Kentauren Chiron, von Zeus in eine Linde verwandelt*
phīmus ⟨ī⟩ *m* ||griech. Fw.|| Hor. Würfelbecher
Phīnēius ⟨a, um⟩ *Adj* des Phineus, zu Phineus gehörig

P

Phīneus ⟨eī⟩ *u.* ⟨eos⟩ *m* MYTH *König in Thrakien, blendete seine Söhne u. wurde von den Göttern mit Blindheit bestraft*
Phīnēus ⟨a, um⟩ *Adj* des Phineus, zu Phineus gehörig
Phintiās ⟨ae⟩ *m Pythagoreer aus Syrakus, Freund des Damon*
Phlegethōn ⟨ontis⟩ *m* Feuerstrom, *Fluss in der Unterwelt*
Phlegethontis *Gen* ⟨idis⟩ *Adj f* des Phlegethon, zum Phlegethon gehörig
Phlegraeī campī
1. MYTH *Gegend auf Phlegra (später Pallene), einer der Halbinseln der Chalkidike, Ort der Schlacht zwischen Göttern u. Giganten*
2. *vulkanische Landschaft zwischen Neapel u. Cumae*
Phlegyās ⟨ae⟩ *m* MYTH *König der Lapithen, soll den Apollotempel in Delphi in Brand gesteckt haben u. büßte in der Unterwelt*
Phliūs ⟨ūntis⟩ *f Stadt auf der Peloponnes*
Phobētōr ⟨ōris⟩, *Akk* ⟨ora⟩ *m* MYTH *auch Icelos genannter Sohn des Hypnos, erscheint im Schlaf in Gestalt wilder Tiere*
phōca ⟨ae⟩ *f* ||griech. Fw.|| (*nachkl.*) *poet* Seehund, Robbe
Phōcaea ⟨ae⟩ *f ionische Seestadt gegenüber Lesbos, Mutterstadt von Massilia*
Phōcaeēnsēs ⟨ium⟩ *m u.* **Phōcaeī** ⟨ōrum⟩ *m* die Einwohner von Phocaea
Phōcaicus[1] ⟨a, um⟩ *Adj* aus Phocaea, zu Phocaea gehörig
Phōcaicus[2] ⟨a, um⟩ *Adj* aus Phocis, zu Phocis gehörig
Phōcēnsēs[1] ⟨ium⟩ *m* die Einwohner von Phocaea
Phōcēnsēs[2] ⟨ium⟩ *m* die Einwohner von Phocis
Phōcēus[1] ⟨a, um⟩ *Adj* aus Phocis, zu Phocis gehörig
Phōcēus[2] ⟨eī⟩ *u.* ⟨eos⟩ *m* Einwohner von Phocis
Phōciī ⟨ōrum⟩ *m* die Einwohner von Phocis
Phōcis ⟨idis⟩ *u.* ⟨idos⟩ *f Landschaft Mittelgriechenlands, mit dem Orakelort Delphi*
Phoebas ⟨adis⟩ *f* ||Phoebus|| Priesterin Apollos
Phoebē ⟨ēs⟩ *f*
1. MYTH *Beiname der Artemis / Diana als Mondgöttin*
2. *meton* Mondnacht
Phoebēius *u.* **Phoebēus** ⟨a, um⟩ *Adj* des Phoebus, zu Phoebus gehörig; ***lampas Phoebeia*** Sonne; ***ars Phoebeia*** Heilkunst; ***virgo Phoebeia*** = Daphne; ***ignes Phoebeii*** Sonnenstrahlen; ***sortes Phoebeiae*** Orakel
Phoebi-gena ⟨ae⟩ *m* Sohn des Phoebus, = Asklepios
phoebus ⟨a, um⟩ *Adj* ||griech. Fw.|| Plaut. rein, leuchtend
Phoebus ⟨ī⟩ *m*
1. *Kultname des Apollo als Sonnengott*
2. *meton* Sonne; ***sub utroque Phoebo*** im Osten und im Westen
3. *meton* Lorbeer
Phoenīca ⟨ae⟩ *f u.* **Phoenīcē** ⟨ēs⟩ *f* Phönikien, *mit den Hauptstädten Sidon u. Tyrus*
Phoenīces ⟨um⟩ *m* die Phöniker, die Punier, *berühmt durch Handel, Schifffahrt u. Purpurfärberei*
Phoenīcius ⟨a, um⟩ *Adj* phönikisch
phoenīcopterus ⟨ī⟩, *Gen Pl* ***ōrum*** *u.* ***um*** *m* (Sen., Suet.) Flamingo
Phoenissa ⟨ae⟩ *f* ||Phoenica|| Phönikerin, Punierin, *bes* = Dido
phoenīx ⟨īcis⟩ *m* (Sen., Tac.) Phönix, *ägyptischer Wundervogel, der nach einer Lebenszeit von 500 Jahren sich selbst verbrennt u. verjüngt wieder aufersteht, Symbol der ewigen Erneuerung*
Phoenīx ⟨īcis⟩ *m*
1. *Berater u. Freund des Achill*
2. *Sohn des Agenor, Bruder der Europa*
3. Phöniker, Punier; → ***Phoenica***
phōnascus ⟨ī⟩ *m* ||griech. Fw.|| Gesangs- und Deklamationslehrer
Phorcis *Gen* ⟨idis⟩ *u.* ⟨idos⟩ *Adj f* des Phorcus, zu Phorcus gehörig; *subst* = ***Phorcynis***
Phorcus ⟨ī⟩ *m Meeresgottheit, Vater der Gorgonen*
Phorcȳnis ⟨idis⟩ *u.* ⟨idos⟩ *f* Tochter des Phorcus, *eine der Gorgonen, bes* Medusa, *auch* Medusenhaupt
Phorcys ⟨cyis⟩ *m* = ***Phorcus***
Phormiō ⟨ōnis⟩ *m*
1. *Peripatetiker, der Hannibal Unterricht in Kriegskunst geben wollte, daher Bezeichnung für j-n, der über Dinge redet, von denen er nichts versteht*
2. *Titelfigur einer Komödie von Terenz*
Phraātēs ⟨is⟩ *m Name mehrerer Partherkönige*
phrasis ⟨is⟩ *f* ||griech. Fw.|| (*nachkl.*) rednerischer Ausdruck, Diktion
phrenēsis ⟨is⟩ *f* ||griech. Fw.|| (*nachkl.*) Wahnsinn, Geisteskrankheit
phrenēticus
I ⟨a, um⟩ *Adj* ||griech. Fw.|| (*nachkl.*) geisteskrank, wahnsinnig
II ⟨ī⟩ *m* Geisteskranker, Wahnsinniger
Phrixēus ⟨a, um⟩ *Adj* des Phrixos, zu Phrixos gehörig
Phrixos *u.* **Phrixus** ⟨ī⟩ *m Bruder der Helle*
Phryges ⟨um⟩ *m* ||Phrygia|| die Phrygier, *thrakisches Volk, um 1200 v. Chr. aus der Balkaninsel eingewandert, galten als Erfinder der Tuchstickerei*
Phrygia ⟨ae⟩ *f* Phrygien, *Landschaft in Kleinasien, Großphrygien im W Kleinasiens u. Kleinphrygien, die Südküste des Hellespont u. der Propontis, beide durch Mysia getrennt*
Phrygiae ⟨ārum⟩ *f* Trojanerinnen
phrygiō ⟨ōnis⟩ *m* Plaut. Tuchsticker, Goldsticker
Phrygius ⟨a, um⟩ *Adj* phrygisch, trojanisch, asiatisch, weichlich; ***Phrygia mater*** die phrygische Mutter, = Kybele; ***Ph. pastor*** der phrygische Hirte, = Paris; ***vestis Phrygia*** kunstvoll besticktes Kleid
Phrȳnē ⟨ēs⟩ *f*
1. *durch ihre Schönheit berühmte Hetäre in Athen, 4. Jh. v. Chr.*
2. Prostituierte
3. Kupplerin
Phryx ⟨Phrygis⟩ *m* ||Phrygia|| Phrygier, *auch* Trojaner, *bes* Aeneas; *auch* Priester der Kybele
Phthīa ⟨ae⟩ *f Stadt im S Thessaliens, Geburtsort des Achill*
Phthīas ⟨adis⟩ *f* Frau aus Phthia
Phthīōtēs ⟨ae⟩ *m* Mann aus Phthia
Phthīōticus ⟨a, um⟩ *Adj* aus Phthia, zu Phthia gehörig
Phthīōtis ⟨idis⟩ *f Landschaft , die man für das*

homerische Phthia hielt

phthisicus ⟨ī⟩ *m* ||griech. Fw.|| (*nachkl.*) Schwindsüchtiger

phthisis ⟨is⟩ *f* ||griech. Fw.|| (*nachkl.*) Schwindsucht

Phthīus ⟨a, um⟩ *Adj* aus Phthia, zu Phthia gehörig; ***rex Ph.*** König von Phthia, = Peleus; ***vir Ph.*** Mann aus Phthia, = Achill

phȳ *Interj* ||griech. Fw.|| Ter. pfui!

phylaca ⟨ae⟩ *f* ||griech. Fw.|| Plaut. Gefängnis

phylacista ⟨ae⟩ *m* ||griech. Fw.|| Plaut. Kerkermeister

phȳlarchus ⟨ī⟩ *m* ||griech. Fw.|| Stammesfürst

physica ⟨ae⟩ *f u.* **physica** ⟨ōrum⟩ *n* ||physicus|| Physik, Naturlehre, Naturphilosophie

physicus

I ⟨a, um⟩ *Adj*, *Adv* ⟨physicē⟩ ||griech. Fw.|| die Natur betreffend, physikalisch, physisch; *Adv* nach Art der Physiker

II ⟨ī⟩ *m* Physiker, Naturforscher, Naturphilosoph

physiognōmōn ⟨onis⟩ *n* ||griech. Fw.|| Beurteiler des Charakters aufgrund der Gesichtszüge, Kenner der Physiognomie

physiologia ⟨ae⟩ *f* ||griech. Fw.|| Naturkunde, Naturphilosophie

piābilis ⟨e⟩ *Adj* ||pio|| Ov. sühnbar

piāculāria ⟨ium⟩ *n* ||piacularis|| Liv. Sühneopfer

piāculāris ⟨e⟩ *Adj* ||piaculum|| sühnend, Sühne…

piāculum ⟨ī⟩ *n* ||pio||

1. Sühnemittel, *bes* Sühneopfer, *alicuius rei* für etw; *poet* Sühnegebet; Sühnung, *auch* Heilmittel

2. *meton* Sühne, Strafe; ***piaculum exigere ab aliquo*** von j-m Sühne fordern

3. Schuld, Vergehen; ***piaculum committere/mereri/sibi contrahere*** Schuld auf sich laden; ***p. est*** Plaut. es wäre eine Dummheit

piāmen ⟨inis⟩ *n u.* **piāmentum** ⟨ī⟩ *n* (*nachkl.*) = ***piaculum***

pīca ⟨ae⟩ *f* ||picus[1]|| (*unkl.*) Elster; ***p. pulvinaris*** Mart. „Sofaelster" = Klatschbase

picāria ⟨ae⟩ *f* ||pix|| Pechhütte, Teerofen

picātus ⟨a, um⟩ *Adj* ||pico|| (*nachkl.*) *poet* mit Pech bestrichen; nach Pech schmeckend

picea ⟨ae⟩ *f* ||piceus|| (*nachkl.*) *poet* Pechföhre, Kiefer

Pīcēns *Gen* ⟨entis⟩ *Adj* aus Picenum, zu Picenum gehörig

Pīcentēs ⟨ium⟩ *u.* ⟨um⟩ *m* die Einwohner von Picenum

Pīcēnum ⟨ī⟩ *n Landschaft in Italien am Adriatischen Meer s. von Ancona*

Pīcēnus ⟨a, um⟩ *Adj* aus Picenum, zu Picenum gehörig

piceus ⟨a, um⟩ *Adj* ||pix|| (*nachkl.*) *poet* aus Pech, Pech…; pechschwarz; ***flumen piceum*** rinnendes Pech; ***nubes piceae*** pechschwarze Wolken; ***lumen piceum*** qualmende Fackel

picō ⟨āvī, ātum, āre 1.⟩ ||*Denom von* pix|| mit Pech bestreichen, verpichen

Pictonēs ⟨um⟩ *m kelt. Stamm im heutigen Poitou*

pictor ⟨ōris⟩ *m* ||pingo|| Maler

Pictor ⟨ōris⟩ *m Beiname in der gens Fabia*; → ***Fabius***

pictūra ⟨ae⟩ *f* ||pingo||

1. Malerei; ***p.*** (***linearis***) (*nachkl.*) das Zeichnen; ***p.*** (***textilis***) das Sticken

2. Plaut. das Schminken

3. *meton* Gemälde; Zeichnung; Stickerei

4. *fig* Ausmalung in der Rede; Beschreibung

pictūrātus ⟨a, um⟩ *Adj* ||pictura|| Verg. mit Stickerei verziert, gestickt

pictus[1] ⟨a, um⟩ *PPP* → ***pingo***

pictus[2] ⟨a, um⟩ *Adj* ||pingo||

1. gemalt, gezeichnet; ***tabula picta*** Gemälde

2. bemalt, angestrichen

3. bunt, *bes* gefleckt, ***volucres pictae*** bunt gefiederte Vögel

4. (***acu***) ***p.*** gestickt, bunt durchwirkt; ***p. acu chlamydem*** (*griech. Akk*) in einem gestickten Mantel; ***p. acu tunicas*** (*griech. Akk*) in gestickter Tunika

5. RHET zierlich, kunstvoll gruppiert

6. bloß gemalt, scheinbar, leer

pīcus[1] ⟨ī⟩ *m* (*unkl.*) Specht

pīcus[2] ⟨ī⟩ *m* Plaut. Vogel Greif

Pīcus ⟨ī⟩ *m* MYTH *König, Sohn des Saturnus, Vater des Faunus, von Kirke in einen Specht verwandelt, weil er ihre Liebe verschmähte*

Pīeria ⟨ae⟩ *f makedonische Landschaft nö. vom Olymp, Heimat des Orpheus, Lieblingsort der Musen*

Pīeriae ⟨ārum⟩ *f* die Musen

Pīerides ⟨um⟩ *f* Töchter des Pierus, die Musen

Pīeros *u.* **Pīerus** ⟨ī⟩ *m* MYTH *Stammesheros von Pieria, gab seinen neun Töchtern die Namen der Musen od Vater der Musen; nach anderer Überlieferung unterlagen die Töchter im Wettstreit den Musen u. wurden in Elstern verwandelt*

▶ **pietās** ⟨ātis⟩ *f* ||pius||

1. fromme Gesinnung, dankbare Liebe, Pflichtgefühl; *gegen die Götter* Frömmigkeit; *gegen die Eltern* Liebe, Verehrung, Dankbarkeit; *gegen Freunde u. Wohltäter* Freundesliebe, Anhänglichkeit, Treue; *gegen das Vaterland* Vaterlandsliebe

2. Gerechtigkeit der Götter, Erbarmen

3. (*nachkl.*) *poet* Milde, Sanftmut, Barmherzigkeit

4. ***vestra p.*** (*mlat.*) *als Anrede* Euer Gnaden

Pietās ⟨ātis⟩ *f* Göttin der kindlichen Liebe und Ehrfurcht *mit zwei Tempeln in Rom*

pietāti-cultrīx *Gen* ⟨īcis⟩ *Adj* ||pietas, colo|| Petr. kinderlieb

piger ⟨pigra, pigrum⟩ *Adj*, *Adv* ⟨pigrē⟩ verdrossen, träge, faul; ***annus p.*** dahinschleichendes Jahr; ***campus/ager p.*** unfruchtbares Feld; ***frigus pigrum*** träge machender Frost; ***pigrae radices*** zähes Wurzelwerk; ***palus pigra*** stehendes Wasser; ***bellum pigrum*** lang dauernder Krieg; ***pectora pigra*** unempfindliches Gemüt

piget ⟨uit, -, ēre 2.⟩ ||piger|| *unpers*

1. es verdrießt, *aliquem alicuius rei* etw j-n; ***ad pigendum induci*** veranlasst werden Unlust zu empfinden

2. = ***paenitet***; ***verba pigenda*** Worte, die man bereuen muss

3. es erregt Scham; ***fateri pigebat*** man schämte sich zu sagen

pigmentārius ⟨ī⟩ *m* ||pigmentum|| Farbenhändler, Salbenhändler

pigmentum ⟨ī⟩ *n* ||pingo||

1. Farbe *zum Malen*; ***aliquem pingere pigmentis***

ulmeis Plaut. j-n grün und blau schlagen
2. (*vkl., nachkl.*) Schminke
3. *fig* Schmuck *der Rede*
pignerātor ⟨ōris⟩ *m* ||pigneror|| Pfandnehmer, Pfandleiher
pignerō ⟨āvī, ātum, āre 1.⟩ ||*Denom von* pignus|| (*nachkl.*) *poet* als Pfand geben, verpfänden, versetzen
pigneror ⟨ātus sum, ārī 1.⟩ ||*Denom von* pignus||
1. Ov. zum Pfand nehmen, als Pfand annehmen
2. sich aneignen, beanspruchen
► **pignus** ⟨oris⟩ *u.* ⟨eris⟩ *n*
1. Pfand, Unterpfand, *alicuius rei* für etw; ***aliquid pignori dare*** etw verpfänden; ***pignori esse*** verpfändet sein; ***pignora capere/auferre*** Pfänder nehmen *als Zwangsmittel um die Senatoren zum Erscheinen im Senat zu veranlassen*
2. (*nachkl.*) *poet* Hypothek; ***pignori accipere aliquid*** sich etw als Hypothek verschreiben lassen
3. (*nachkl.*) Geisel
4. (*nachkl.*) *poet* Wetteinsatz, Wettbetrag; ***pignore certare/contendere*** eine Wette abschließen
5. *fig* Bürgschaft, Garantie, Beweis
6. (*nachkl.*) *fig* Liebespfand; *Pl* teure Angehörige
pigrēscō ⟨-, -, ēscere 3.⟩ ||piger|| (*nachkl.*) träge werden, langsam werden
pigritia ⟨ae⟩ *f u.* **pigritiēs** ⟨ēī⟩ *f* ||piger|| Liv. Trägheit, Unlust, *abs od alicuius rei* zu etw
pigrō ⟨āvī, ātum, āre 1.⟩ *u.* **pigror** ⟨-, ārī 1.⟩ ||*Denom von* piger|| träge sein, säumen, + *Inf*
pīla¹ ⟨ae⟩ *f* ||pinso|| (*vkl.*) Mörser
pīla² ⟨ae⟩ *f*
1. Hor. Pfeiler, Säule, *bes vor dem Laden eines Buchhändlers mit Bücherverzeichnis*
2. (*nachkl.*) *poet* Steindamm, Mole
pila³ ⟨ae⟩ *f* ||pilus¹||
1. Ball *zum Spielen*; ***pilā ludere*** Ball spielen; ***mea p. est*** ich habe gewonnen; ***claudus pilam*** der Lahme mit dem Ball, *d. heute jd, der etw nicht richtig zu gebrauchen versteht*
2. *meton* Ballspiel
3. Stimmkügelchen *der Richter*
4. ***pilae Mattiacae*** Seifenkügelchen *zum Haarefärben*
5. Mart. Strohpuppe *zum Reizen der Stiere*
pīlānus ⟨ī⟩ *m* ||pilum|| (*vkl.*) *poet* = ***triarius***
pilārius ⟨ī⟩ *m* ||pila³|| Quint. Jongleur, Gaukler
pīlātus ⟨a, um⟩ *Adj* ||pilum|| mit einem Wurfspieß bewaffnet
Pīlātus ⟨ī⟩ *m* → ***Pontius***
pīleātus ⟨a, um⟩ *Adj* = ***pilleatus***
pīlentum ⟨ī⟩ *n* ||gall. Fw.|| vierrädriger Prachtwagen *für vornehme Frauen bei festlichen Angelegenheiten*
pīleolus ⟨ī⟩ *m* = ***pilleolus***
pīleum ⟨ī⟩ *n* = ***pilleum***
pīleus ⟨ī⟩ *m* = ***pilleus***
pili-crepus ⟨ī⟩ *m* ||pila³, crepo|| Sen. Ballspieler
pilleātus ⟨a, um⟩ *Adj* ||pilleus|| (*nachkl.*) *poet* mit einer Filzkappe geschmückt, *Zeichen der Freilassung, auch Kopfbedeckung der Römer bei festlichen Gastmählern, bes an den Saturnalien*; ***fratres pilleati*** Catul. Kastor und Pollux
pilleolus ⟨ī⟩ *m* ||*Dim von* pilleus|| (*nachkl.*) *poet* Käppchen
pilleum ⟨ī⟩ *n u.* **pilleus** ⟨ī⟩ *m* (*vkl., nachkl.*) Filzkappe, *Kopfbedeckung des freien Römers, meist nur bei feierlichen Gelegenheiten getragen*; ***servos ad pilleum vocare*** die Sklaven durch Aussicht auf Freilassung zum Aufruhr reizen
pilō ⟨āvī, ātum, āre 1.⟩ ||*Denom von* pilus¹||
1. Mart. die Haare ausrupfen, enthaaren, *auch* rupfen
2. (*spätl.*) *fig* berauben, plündern
pilōsus ⟨a, um⟩ *Adj* ||pilus¹|| (stark) behaart
pilula ⟨ae⟩ *f* ||*Dim von* pila³|| (*nachkl.*) Bällchen, Kügelchen; MED Pille
► **pīlum** ⟨ī⟩ *n*
1. (*vkl., nachkl.*) Mörserkeule, Stampfer
2. MIL Wurfspieß *des röm. Fußvolkes*; ***p. murale*** schwerer Wurfspieß *zur Verteidigung des Lagerwalles*; ***Pila Horatia*** *Stelle auf dem Forum Romanum*
Pīlumnus ⟨ī⟩ *m altital. Ehegott neben Picumus, nach Vergil Ahnherr des Turnus*
pilus¹ ⟨ī⟩ *m* ||pila³||
1. einzelnes Körperhaar *bei Mensch u. Tier*; ***munitae sunt palpebrae vallo pilorum*** die Augenlider sind geschützt durch einen Wall von Haaren
2. *fig* Faser, Geringstes, Kleinigkeit; ***ne pilo quidem minus*** um kein Haar weniger; ***pili non facere*** keinen Pfifferling dafür geben
pīlus² ⟨ī⟩ *m* ||primipilus|| Manipel der Triarier, *der erprobtesten Soldaten*; **(*centurio*) *primi pili*** der rangälteste Zenturio des ersten Manipels der Triarier
Pimpla ⟨ae⟩ *f Musenquelle in Pieria am Olymp*
Pimplēa ⟨ae⟩ *f u.* **Pimplēis** ⟨idis⟩ *f* Muse
Pimplēus ⟨a, um⟩ *Adj* der Pimpla, zu Pimpla gehörig
pīna ⟨ae⟩ *f* ||griech. Fw.|| Steckmuschel, *eine Art Miesmuschel*
pinacothēca ⟨ae⟩ *f u.* **pinacothēcē** ⟨ēs⟩ *f* ||griech. Fw.|| Petr. Gemäldegalerie
Pīnārius ⟨a, um⟩ *Adj Name einer alten ital. gens, die zusammen mit den Potitii bis 312 v. Chr. an der Ara maxima den Herkuleskult betreute*
pincerna ⟨ae⟩ *m* (*spätl.*) Kellner
Pindaricus ⟨a, um⟩ *Adj* ||Pindarus|| des Pindar, zu Pindar gehörig
Pindarus ⟨ī⟩ *m griech. Dichter, 522–442 v. Chr.*
Pindus ⟨ī⟩ *m griech. Gebirge zwischen Thessalien u. Epirus*
pīnētum ⟨ī⟩ *n* ||pinus|| (*nachkl.*) *poet* Fichtenwald
pīneus ⟨a, um⟩ *Adj* ||pinus|| Fichten…; ***ardor p.*** Feuer von Fichtenholz
► **pingō** ⟨pīnxī, pictum, pingere 3.⟩
1. bemalen, bestreichen; *Passiv* sich schminken
2. zeichnen, malen
3. färben, bunt machen; ***vaccinia luteolā calthā p.*** Hyazinthen in bunter Abwechslung unter gelbe Dotterblumen mischen
4. sticken; ***togam (acu) p.*** die Toga besticken
5. *fig* schmücken
6. RHET, LIT ausmalen, lebhaft schildern
pingue ⟨is⟩ *n* Fett *im Fleisch*
pinguēscō ⟨-, -, ēscere 3.⟩ ||*Inkoh von* pinguis|| (*nachkl.*) *poet* fett werden, sich mästen, gedüngt

P

werden
pinguiārius ⟨ī⟩ *m* ||pinguis|| Mart. Fettliebhaber
pinguiculus ⟨a, um⟩ *Adj* ||*Dim von* pinguis|| etwas fett
▶ **pinguis** ⟨e⟩ *Adj, Adv* ⟨pinguiter⟩
1. *von Lebewesen* wohlgenährt, fett
2. (*nachkl.*) *poet* fettig, ölig, harzig; ***ara p.*** vom Fett der Opfertiere triefender Altar
3. saftig, fleischig, dick; ***fici pingues*** saftige Feigen; ***caelum pingue*** dicke Luft
4. (*nachkl.*) *fig* fruchtbar, ergiebig, üppig; ***solum pingue*** fruchtbarer Boden, ***flumen pingue*** befruchtender Fluss; ***tilia p.*** honigreiche Linde
5. *fig* plump, schwerfällig; geistlos, stumpf; ***pingui Minervā*** mit hausbackenem Verstand, ohne feinere Bildung
6. *fig von der Rede* schwülstig; ***poetae pingue quiddam sonantes*** Cic. schwülstig klingende Dichter
7. (*nachkl.*) *fig von Zuständen* behaglich, ruhig
pinguitūdō ⟨inis⟩ *f* ||pinguis|| Quint. plumpe, derbe Aussprache
pīni-fer ⟨fera, ferum⟩ *Adj* ||pinus, fero|| *poet* Fichten tragend
pīni-ger ⟨gera, gerum⟩ *Adj* ||pinus, gero|| *poet* mit Fichten bekränzt
pinna ⟨ae⟩ *f*
1. = ***penna***
2. Flosse *von Fischen*; Flughaut *der Fledermäuse*
3. Zinne, Mauerkrone
pinnātus ⟨a, um⟩ *Adj* ||pinna|| befiedert, geflügelt
pinni-ger ⟨gera, gerum⟩ *Adj* ||pinna, gero||
1. geflügelt
2. Catul. mit Flossen
pinni-pēs *Gen* ⟨pedis⟩ *Adj* ||pinna|| Catul. mit Flügeln an den Füßen
pinni-rapus ⟨a, um⟩ *Adj* ||pinna, rapio|| Iuv. den Federschmuck raubend
pinnula ⟨ae⟩ *f* ||*Dim von* pinna|| Federchen; *Pl* Flügelchen
pīnotērēs ⟨ae⟩ *m* ||griech. Fw.|| kleiner Krebs *als Schmarotzer*
pīnsitō ⟨-, -, āre 1.⟩ ||*Freq von* pinso|| Plaut. zu stampfen pflegen
pīnsō ⟨pīnsuī, pistum, pīnsere 3.⟩ klein stampfen, zerstoßen; ***flagro p.*** geißeln
▶ **pīnus** ⟨ūs⟩ *u.* ⟨ī⟩ *f* (*nachkl.*)
1. Fichte, Kiefer, Föhre; Pinie
2. *meton* Fichtenholz, Schiffsbauholz; Schiff
3. *meton* Fackel
4. *meton* Fichtenkranz
pinx. *Abk* = ***pinxit*** hat (es) gemalt, *oft auf Gemälden u. Stichen neben dem Namen des Malers*
pīnxī → ***pingo***
piō ⟨āvī, ātum, āre 1.⟩ ||*Denom von* pius||
1. (*vkl.*) *poet* verehren; ***sacra p.*** Opfer verrichten
2. *durch ein Opfer* versöhnen
3. sühnen
4. (*nachkl.*) *poet* vergelten, wieder gutmachen; ***culpam morte p.*** Verg. die Schuld mit dem Tod bestrafen
piper ⟨eris⟩ *n* (*nachkl.*) Pfeffer
piperātus ⟨a, um⟩ *Adj* ||piper|| (*nachkl.*) gepfeffert; *fig* diebisch
pīpilō ⟨āvī, ātum, āre 1.⟩ Catul. piepen
pipinna ⟨ae⟩ *f* Mart. *Kindersprache* Penis
pīpiō ⟨-, -, āre 1.⟩ Catul. piepen
pīpulum ⟨ī⟩ *n* Plaut. das Lärmen, das Schimpfen; (*nachkl.*) das Wimmern
Pīraea ⟨ōrum⟩ *n u.* **Pīraeeus** ⟨eī⟩ *m u.* **Pīraeus** ⟨ī⟩ *m Stadtteil u. Hafen von Athen, unter Perikles durch die Langen Mauern mit der Stadt verbunden, 86 v. Chr. von Sulla zerstört*
Pīraeus ⟨a, um⟩ *Adj* des Piraeus, zu Piraeus gehörig
▶ **pīrāta** ⟨ae⟩ *m* ||griech. Fw.|| Seeräuber
pīrātica ⟨ōrum⟩ *n* ||piraticus|| Seeräuberei; ***piraticam facere*** Seeräuberei betreiben
pīrāticus ⟨a, um⟩ *Adj* ||pirata|| Seeräuber…, Piraten…
Pīrithous ⟨ī⟩ *m König der Lapithen, Gatte der Hippodameia, bei der Hochzeit Kampf mit den Kentauren, ging mit seinem Freund Theseus in die Unterwelt um Proserpina zu rauben, wurden beide dafür auf einen Stuhl des Vergessens gefesselt*
pirum ⟨ī⟩ *n* (*unkl.*) Birne
pirus ⟨ī⟩ *f* ||pirum|| Birnbaum
Pīrūstae ⟨ārum⟩ *m illyrischer Stamm*
Pīsa ⟨ae⟩ *f Stadt in Elis, in deren Nähe die Olympischen Spiele abgehalten wurden*
Pīsae ⟨ārum⟩ *f Stadt in Etrurien, heute Pisa*
Pīsaea ⟨ae⟩ *f* Frau aus Pisa, = Hippodameia
Pīsaeus ⟨a, um⟩ *Adj* aus Pisa, zu Pisa gehörig
Pīsānus
I ⟨a, um⟩ *Adj* aus Pisae, zu Pisae gehörig
II ⟨ī⟩ *m* Einwohner von Pisae
Pisaurum ⟨ī⟩ *n Stadt in Umbrien, heute Pesaro*
piscārius ⟨a, um⟩ *Adj* ||piscis|| Fisch…; ***forum piscarium*** Plaut. Fischmarkt
piscātor ⟨ōris⟩ *m* ||piscor||
1. Fischer
2. Com. Fischhändler
3. (*mlat.*) = Petrus; ***anulus piscatoris*** Siegelring des Papstes
piscātōrius ⟨a, um⟩ *Adj* ||piscator|| Fischer…; ***navis piscatoria*** Fischerkahn
piscātus ⟨ūs⟩ *m* ||piscor||
1. Fischfang
2. Plaut. *fig* Fang
3. Com. (*nachkl.*) *meton* Fische
pisciculus ⟨ī⟩ *m* ||*Dim von* piscis|| Fischlein
piscīna ⟨ae⟩ *f* ||piscis||
1. Fischteich
2. (*nachkl.*) Wasserbehälter, Badebecken
piscīnārius ⟨ī⟩ *m* ||piscina|| Fischteichbesitzer
▶ **piscis** ⟨is⟩ *m* Fisch; *Pl* Fische *als Sternbild*
piscor ⟨ātus sum, ārī 1.⟩ ||*Denom von* piscis||
1. fischen
2. ***p. in aere*** Plaut. sich vergebliche Mühe machen
piscōsus ⟨a, um⟩ *Adj* ||piscis|| (*nachkl.*) *poet* fischreich
pisculentus ⟨a, um⟩ *Adj* ||piscis|| (*vkl.*) fischreich
Pisida ⟨ae⟩ *m* Einwohner von Pisidia
Pisidia ⟨ae⟩ *f Landschaft im SW Kleinasiens*
Pisidicus ⟨a, um⟩ *Adj* aus Pisidia, zu Pisidia gehörig
Pīsistratidae ⟨ārum⟩ *m* die Söhne des Pisistratus, *Hippias u. Hipparch*
Pīsistratus ⟨ī⟩ *m Tyrann in Athen, 560–527 v. Chr.*
Pīsō ⟨ōnis⟩ *m Beiname in der gens Calpurnia;* → ***Calpurnius***

P

Pīsōniānus ⟨a, um⟩ *Adj* des Piso, zu Piso gehörig
pistillum ⟨ī⟩ *n* ||*Dim von* pilum|| (*vkl., nachkl.*) Mörserkeule, Stampfer
pistor ⟨ōris⟩ *m* ||pinso||
1. Müller, *der zugleich Bäcker war*
2. Bäcker, *auch Beiname Jupiters*
pistōr(i)ēnsis ⟨e⟩ *Adj* ||pistor|| zum Bäcker gehörig
Pistōriēnsis ⟨e⟩ *Adj* aus Pistorium, zu Pistorium gehörig
Pistōrium ⟨ī⟩ *n Stadt im N Etruriens, Niederlage Catilinas 62 v. Chr., heute Pistoia*
pistrīlla ⟨ae⟩ *f* ||pistrinum|| Ter. kleine Stampfmühle
pistrīnēnsis ⟨e⟩ *Adj* ||pistrinum|| Suet. Mühlen…
pistrīnum ⟨ī⟩ *n* Stampfmühle; ***cum aliquo in eodem pistrino vivere*** mit j-m am selben Strang ziehen
pistrīx ⟨īcis⟩ *f* ||pistor||
1. Bäckerin
2. = ***pristis***
pistus ⟨a, um⟩ *PPP* → ***pinso***
pisum ⟨ī⟩ *n* Erbse
Pitanē ⟨ēs⟩ *f Stadt in der Argolis, gegenüber von Lesbos*
pithēcium ⟨ī⟩ *n* ||griech. Fw.|| Plaut. Äffchen
Pithēcūsae ⟨ārum⟩ *f Inseln im Tyrrhenischen Meer, heute Ischia u. Procida*
pithiās ⟨ae⟩ *m* ||griech. Fw.|| Sen. Fassstern, *Komet mit der Form eines Fasses*
pittacium ⟨ī⟩ *n* ||griech. Fw.|| (*nachkl.*) *poet* Lederstückchen; Etikett *auf Weinflaschen*; Zettel
pītuīta ⟨ae⟩ *f* Schleim; Hor. *meton* Verschleimung, Schnupfen
pītuītōsus ⟨a, um⟩ *Adj* ||pituita|| verschleimt
pītvīta ⟨ae⟩ *f* = ***pituita***
▶ **pius** ⟨a, um⟩ *Adj, Adv* ⟨piē⟩
1. pflichtgemäß, richtig, angemessen
2. *gegen die Götter* fromm, gewissenhaft; ***bellum pie indicere*** mit gutem Gewissen den Krieg erklären
3. *gegen Eltern u. Angehörige* treu, ergeben, liebevoll, *in aliquem / erga aliquem* gegen j-n; ***amor p.*** zärtliche Liebe
4. *gegen das Vaterland* treu, ergeben, opferbereit
5. gerecht; *auch* mild, barmherzig
6. *von Handlungen, Zuständen od Sachen* gottgefällig, rechtmäßig, pflichtgemäß; ***far pium*** Opfermehl; ***manus pia*** reine Hand; ***iustum piumque*** Recht und Billigkeit
7. (*spätl.*) gütig, gnädig
8. *poet* lieb, teuer
pix ⟨picis⟩ *f* Pech, *auch* Teer; *Pl* Pechstücke, Pechmassen; ***pice linere*** mit Pech bestreichen, teeren
plācābilis ⟨e⟩ *Adj, Adv* ⟨plācābiliter⟩ ||placo||
1. versöhnlich, mild, *ad aliquid / alicui rei* für etw; ***p. ad preces alicuius*** zugänglich für j-s Bitten
2. (Ter., *spätl.*) versöhnend; ***placabilius est*** es versöhnt leichter
plācābilitās ⟨ātis⟩ *f* ||placabilis|| Versöhnlichkeit
plācāmen ⟨inis⟩ *n u.* **plācāmentum** ⟨ī⟩ *n* ||placo|| (*nachkl.*) Versöhnungsmittel, Besänftigungsmittel
plācātiō ⟨ōnis⟩ *f* ||placo|| Versöhnung, Beruhigung
plācātus ⟨a, um⟩ *Adj, Adv* ⟨plācātē⟩ ||placo||
1. versöhnt, *alicui / in aliquem* mit j-m
2. ruhig, gelassen, sanft; ***Venus placata*** die holde Venus; ***aliquid placate ferre*** etw gelassen ertragen

placenta ⟨ae⟩ *f* ||griech. Lw.||
1. Kuchen
2. (*mlat.*) MED Plazenta
Placentia ⟨ae⟩ *f Stadt am Po, heute Piacenza*
Placentīnus ⟨a, um⟩ *Adj* aus Placentia, zu Placentia gehörig
Placentīnus ⟨ī⟩ *m* Einwohner von Placentia
▶ **placeō** ⟨placuī⟩ *u.* ⟨placitus sum, placitum, placēre 2.⟩
1. *von Personen u. Sachen* gefallen, gefällig sein; ***sibi p.*** mit sich zufrieden sein; ***placens*** liebenswürdig, gefällig
2. *von Schauspielern u. Schauspielen* Gefallen finden, Beifall finden
3. **placet** *unpers* es gefällt, es beliebt; + *AcI* es ist j-s Meinung, es ist j-s Ansicht, man beschließt; ***si placet*** wenn's beliebt; ***si diis placet*** *iron* man sollte es kaum für möglich halten; ***mihi placet*** meine Meinung geht dahin, es ist mein Wille, + *Inf* / + *AcI*, *ut / ne* dass / dass nicht
placidulē *Adv* ||placidus|| Plaut. recht sanft
▶ **placidus** ⟨a, um⟩ *Adj, Adv* ⟨placidē⟩ ||placeo||
1. (*nachkl.*) *poet* flach, eben, glatt
2. *fig* sanft, ruhig, friedlich, gemütlich, still; ***amnis p.*** ruhiger Strom; ***ventus p.*** leichter Wind; ***quies placida*** behagliche Ruhe; ***collis placide acclivis*** sanft ansteigender Hügel
3. *von Göttern* huldvoll, gnädig
placitō ⟨-, -, āre 1.⟩ ||*Intens von* placeo|| Plaut. sehr gefallen
placitum ⟨ī⟩ *n* ||placitus|| (*nachkl.*) *poet* geäußerte Meinung
placitus ⟨a, um⟩ *Adj* ||placeo|| (*nachkl.*) *poet* gefallend, beliebt, angenehm, *alicui* j-m, bei j-m; ***locus ambobus p.*** bei beiden beliebter Ort
▶ **plācō** ⟨āvī, ātum, āre 1.⟩
1. *poet* ebnen, glätten; ***aequora p.*** das Meer glätten
2. *fig* beruhigen, beschwichtigen, begütigen; ***hominem p.*** einen Menschen beruhigen; ***iram p.*** Zorn besänftigen
3. *fig* versöhnen, *aliquem / animum alicuius* j-n, *alicui / in aliquem* mit j-m; ***civem rei publicae p.*** den Bürger mit dem Staat versöhnen; ***sibi ipse placatus*** mit sich selbst in Frieden; *Passiv* sich versöhnen, *alicui / in aliquem* mit j-m
placūsia ⟨ae⟩ *f* ||griech. Fw.|| Plaut. *ein Schalentier*
plāga[1] ⟨ae⟩ *f*
1. Schlag, Hieb, Stoß; Anstoß, Zusammenstoß *der Atome*; ***plagam ferre*** einen Schlag führen; ***oratio magnam plagam facit*** *fig* die Rede macht einen tiefen Eindruck
2. *meton* Wunde; *fig* Verlust, Unfall; ***plagam infligere / impondere alicui*** j-n verwunden
plaga[2] ⟨ae⟩ *f*
1. Netz, Garn, Schlinge *der Jäger*; ***plagas tendere*** Netze spannen
2. (*vkl.*) Teppich, Bettvorhang, Bettdecke
3. Raum, Fläche; Gegend; ***rectā plagā*** in gerader Richtung
4. (*nachkl.*) *poet* Zone; ***p. solis iniqui*** heiße Zone
5. (*nachkl.*) Bezirk
plagiāria ⟨ae⟩ *f* Verführerin, Straßenmädchen
plagiārius ⟨ī⟩ *m* Menschenräuber, Sklavenhändler; Mart. *fig* Plagiator

plāgi-ger ⟨gera, gerum⟩ *Adj u.* **plāgi-gerulus** ⟨a, um⟩ *Adj* ||plaga[1], gero|| Plaut. der Schläge bekommt
plāgi-patida ⟨ae⟩ *m* ||plaga[1], patior|| Plaut. der Schläge erduldet
plāgōsus ⟨a, um⟩ *Adj* ||plaga[1]|| *(nachkl.)*
1. prügelfreudig
2. mit Wunden bedeckt
plagula ⟨ae⟩ *f* ||*Dim von* plaga[2]|| *(vkl., nachkl.)*
1. Blatt, *d. heute die Hälfte der aus zwei Teilen zusammengenähten Toga*
2. Blatt Papier, Bogen
3. Teppich, Bettdecke, Vorhang
plagūsia ⟨ae⟩ *f* = ***placusia***
plānctus[1] ⟨a, um⟩ *PPP* → ***plango***
plānctus[2] ⟨ūs⟩ *m* ||plango|| *(nachkl.) poet* = ***plangor***
Plancus ⟨ī⟩ *m röm. Beiname in der gens Munatia;* → ***Munatius***
planēta ⟨ae⟩ *m* ||griech. Fw.|| *(spätl.)* Planet
plangō ⟨plānxī, plānctum, plangere 3.⟩
I *v/t*
1. mit Geräusch schlagen; ***volucris plangitur*** der Vogel schlägt mit den Flügeln, der Vogel flattert
2. *als Zeichen von Trauer* sich Brust und Arme schlagen
3. *meton* laut betrauern, *auch Passiv*
II *v/i (nachkl.)*
1. *von Schlägen* erdröhnen, brausen, rauschen, tosen
2. laut trauern, laut klagen, *auch P*
plangor ⟨ōris⟩ *m* ||plango||
1. lautes Klatschen, lautes Schlagen
2. lautes Trauern, Wehklagen; ***plangorem dare*** lautes Wehklagen erheben
planguncula ⟨ae⟩ *f* ||griech. Fw.|| Wachspüppchen
plāni-loquus ⟨a, um⟩ *Adj* ||planus[2], loquor|| Plaut. offen redend
plāni-pēs *Gen* ⟨pedis⟩ *Adj* ||planus[2]|| *(unkl.)* barfuß
plānitās ⟨ātis⟩ *f* ||planus[2]|| Tac. Deutlichkeit
plānitia ⟨ae⟩ *f u.* **plānitiēs** ⟨ēī⟩ *f* Fläche, Ebene, *auch* MATH
planta[1] ⟨ae⟩ *f* Setzling, Ableger, Pfropfreis; Plantage
▸ **planta[2]** ⟨ae⟩ *f (nachkl.) poet* Fußsohle, Fuß; ***vestigia plantis insistere*** Verg. Spuren mit den Fußsohlen eindrücken
plantāre ⟨is⟩ *n* ||planta[1]|| Setzling, Ableger; *Pl* Baumschule, Bäume, Pflanzen
plantō ⟨-, -, āre 1.⟩ pflanzen
plānum ⟨ī⟩ *n* ||planus[2]|| *(nachkl.) poet* Ebene, Fläche; ***in plano / de plano*** JUR auf ebener Erde, außergerichtlich
planus[1] ⟨ī⟩ *m* ||griech. Fw.|| Landstreicher, Abenteurer
▸ **plānus[2]** ⟨a, um⟩ *Adj, Adv* ⟨plānē⟩
1. flach, eben, platt, glatt; ***locus p.*** ebenes Gelände; ***planum corpus*** breit gedrückter Körper
2. *fig* deutlich, klar; ***aliquid planum facere*** etw klar machen
3. *Adv* deutlich, klar, ausdrücklich; ***plano dico*** ich sage ausdrücklich
4. *Adv* gänzlich, völlig; ***plane nihil*** gar nichts; ***plane eruditus*** hochgebildet; ***plane vir*** ein ganzer Mann
5. *Adv in Antworten* allerdings, gewiss

plānxī → ***plango***
plasma ⟨atis⟩ *n* ||griech. Fw.||
1. *(spätl.)* Gebilde, Geschöpf
2. *(nachkl.) poet* Tonwechsel, weibliche Modulation der Stimme
Plataeae ⟨ārum⟩ *f Stadt im S von Böotien, 479 v. Chr. Sieg der Griechen über die Perser*
Plataeēnsēs ⟨ium⟩ *m* die Einwohner von Plataeae
platalea ⟨ae⟩ *f* ||griech. Fw.|| Pelikan
platanōn ⟨ōnis⟩ *m* ||griech. Fw.|| *(nachkl.) poet* Platanenhain
platanus ⟨ī⟩ *u.* ⟨ūs⟩ *f* ||griech. Fw.|| Platane
platea *u.* **platēa** ⟨ae⟩ *f* ||griech. Fw.|| Straße, Gasse
Platō ⟨ōnis⟩ *m Philos. aus Athen, 427–347 v. Chr., Schüler des Sokrates, Lehrer des Aristoteles, Stifter der Akademie*
Platōnicī ⟨ōrum⟩ *m* die Anhänger Platos
Platōnicus ⟨a, um⟩ *Adj* platonisch, des Plato
▸ **plaudō** ⟨plausī, plausum, plaudere 3.⟩
I *v/t (nachkl.) poet* klopfen, klatschend schlagen, klatschend zusammenschlagen; ***colla equorum p.*** den Hals der Pferde klopfen; ***choreas pedibus p.*** den Reigen stampfen, die Füße zum Tanz schwingen
II *v/i*
1. klatschen, klappern, *re* mit etw; ***perdix plausit pennis*** Ov. das Rebhuhn schlug mit den Flügeln
2. Beifall spenden, *alicui / alicui rei* j-m / einer Sache, *sibi* sich selbst; ***aliquo plaudente*** unter j-s Beifall
plausibilis ⟨e⟩ *Adj* ||plaudo|| beifallswürdig
plausor ⟨ōris⟩ *m* ||plaudo|| *(nachkl.) poet* Beifallspender
plaustrum ⟨ī⟩ *n*
1. Lastwagen, Wagen
2. Ov. Wagen, Großer Bär *als Sternbild*
plausus[1] ⟨a, um⟩ *PPP* → ***plaudo***
plausus[2] ⟨ūs⟩ *m* ||plaudo||
1. das Klatschen
2. Beifall, das Beifallklatschen
Plautīnus ⟨a, um⟩ *Adj* des Plautus, zu Plautus gehörig
Plautus ⟨ī⟩ *m Terentius Maccius Plautus, röm. Lustspieldichter, 254–184 v. Chr., 20 Stücke erhalten*
plēbēcula ⟨ae⟩ *f* ||*Dim von* plebs|| Hor. Pöbel, Gesindel
plēbēia ⟨ae⟩ *f* ||plebeius|| Plebejerin
▸ **plēbēius**
I ⟨a, um⟩ *Adj* ||plebs||
1. plebejisch, bürgerlich; ***plebeiae leges*** Gesetze der Volkspartei
2. *pej* gemein, ordinär; ***panis p.*** gewöhnliches Brot
II ⟨ī⟩ *m* Plebejer
plēbēs ⟨eī⟩ *u.* ⟨ī⟩ *f* = ***plebs***
plēbi-cola ⟨ae⟩ *m* ||plebs, colo|| Volksfreund; *adj* volksfreundlich
plēbi-scītum ⟨ī⟩ *n* ||plebs, scitum|| Volksentscheid
▸ **plēbs** ⟨plēbis⟩ *f*
1. Bürgerklasse, die Plebejer, ↔ *Patrizier od Optimaten*; *poet* = ***populus***
2. *pej* Masse, Pöbel; ***deus de plebe*** Ov. Gott niederen Ranges
3. ***p. beata*** *(mlat.)* Schar der Seligen
plectilis ⟨e⟩ *Adj* ||plecto|| Plaut. geflochten
plectō ⟨plexī⟩ *u.* ⟨plexuī, plexum, plectere 3.⟩ *poet*

flechten

plector ⟨-, plectī 3.⟩
1. (*vkl.*) *poet* geschlagen werden, Prügel bekommen
2. *fig* büßen, leiden, *re* wegen etw, für etw; ***in suo vitio p.*** innerhalb seiner Schuld büßen; ***p. in re*** getadelt werden wegen etw

plēctrum ⟨ī⟩ *n* ||griech. Fw.||
1. Plektron, Schlegel
2. *meton* Leier, Zither; (lyrisches) Lied
3. Gesangsweise; ***p. maius*** voller Gesang; ***p. gravius*** höherer Schwung

Plēiades ⟨um⟩ *f* die Plejaden, *die sieben Töchter des Atlas u. der Pleione, die von Orion verfolgt u. von Zeus als Siebengestirn an den Himmel versetzt wurden; Aufgang Anfang des Sommers u. damit Beginn der Schifffahrt, Untergang Anfang des Winters u. Ende der Schifffahrt*

Plēias ⟨adis⟩ *f* Plejade; → ***Pleiades***

Plēiŏnē ⟨ēs⟩ *f Gattin des Atlas, Mutter der Plejaden*

Plēmyrium ⟨ī⟩ *n kleines Gebirge bei Syrakus*

plēnārius ⟨a, um⟩ *Adj* ||plenus|| (*eccl.*) vollständig, völlig

plēnitūdo ⟨inis⟩ *f* ||plenus|| (*spätl., eccl.*) Fülle, volles Maß

plēnus ⟨a, um⟩ *Adj*; *Adv* ⟨plēnē⟩

1. voll, angefüllt
2. gesättigt, befriedigt
3. beleibt, dick
4. schwanger
5. reichlich versehen, reichlich ausgestattet
6. inhaltsreich, ausführlich
7. vollständig, völlig
8. stark besucht, zahlreich besucht

1. voll, angefüllt, gefüllt, erfüllt, *alicuius rei / re* von etw, mit etw ***poculum vini plenum*** Becher voll Wein; ***amnis p.*** angeschwollener Strom; ***cera plena*** voll geschriebene Wachstafel; ***uber plenum*** strotzendes Euter; ***plenis velis*** mit vollen Segeln
2. gesättigt, befriedigt; *fig* übersättigt, überdrüssig
3. beleibt, dick; *fig von Tönen* volltönend; ***corpus plenum*** fülliger Leib
4. schwanger, *alicuius* von j-m; trächtig
5. *fig* reichlich versehen, reichlich ausgestattet, *alicuius rei / re* mit etw; reichlich, begütert; ***p. annis*** bejahrt; ***mensa plena*** reichlich gedeckter Tisch; ***verba plenissima*** Fülle von Worten; ***aliquid plenius perscribere*** etw übertrieben berichten
6. *fig* inhaltsreich, ausführlich; ***epistula plena*** ausführlicher Brief
7. vollständig, völlig, ganz; *von Worten* nicht abgekürzt; ***luna plena*** Vollmond; ***plene / ad plenum*** vollständig, völlig
8. (*nachkl.*) stark besucht, zahlreich besucht

plērumque
I ⟨plērīque⟩ *n* ||plerusque|| der größte Teil; ***p. noctis*** der größte Teil der Nacht
II *Adv* meistens, gewöhnlich

plērus ⟨a, um⟩ *Adj* (*altl.*) = ***plerusque***

► **plērus-que** ⟨plēraque, plērumque⟩ *Adj*
1. der größte Teil; ***pleraque oratio*** der größte Teil der Rede
2. *Pl* die meisten, die Mehrzahl, sehr viele, eine große Anzahl, *meist adj gebraucht, selten als Subst., mit Gen partitivus od mit ex*; ***plerique Belgae*** die meisten Belger; ***plerique fugientes perierunt*** die meisten kamen auf der Flucht um; ***plerique nostrorum*** die meisten der Unseren

Pleumoxiī ⟨ōrum⟩ *m kleiner belg. Stamm*

pleurītis ⟨idis⟩ *f* ||griech. Fw.|| Vitr. Seitenstechen; Rippenfellentzündung

Pleurōn ⟨ōnis⟩ *f Stadt in Ätolien*

plex(u)ī → ***plecto***

plexus ⟨a, um⟩ *PPP* → ***plecto***

Plīas ⟨ădis⟩ *f* = ***Pleias***

plicātrīx ⟨īcis⟩ *f* ||plico|| Plaut. Büglerin, Garderobenmädchen

plicō ⟨uī, ātum, āre 1.⟩ (*nachkl.*) *poet* zusammenfalten, zusammenrollen

Plīnius ⟨a, um⟩ *röm. Gentilname*
1. ***C. Plinius Secundus*** *der Ältere, Verfasser der Enzyklopädie Naturalis historia in 37 Büchern, beim Vesuvausbruch 79 n Chr. ums Leben gekommen*
2. ***C. Plinius Caecilius Secundus*** *der Jüngere, von seinem Onkel (? 1.) adoptiert, Statthalter von Bithynien, gest. 113 n Chr., erhalten zehn Bücher Briefe*

plinthus ⟨ī⟩ *f* ||griech. Fw.|| viereckige Abdeckplatte *der Säulen*

plōdō ⟨-, -, ere 3.⟩ = ***plaudo***

ploerēs ⟨ploera⟩ *Adj Komp* (*altl.*) = ***plures***; → ***multus***

plōrābundus ⟨a, um⟩ *Adj* ||ploro|| Plaut. jammernd

plōrātillum ⟨ī⟩ *n u.* **plōrātillus** ⟨ī⟩ *m* ||ploro|| Plaut. Heulerei

plōrātor ⟨ōris⟩ *m* ||ploro|| Mart. Schreihals; *adj* heulend

plōrātus ⟨ūs⟩ *m* ||ploro|| Geschrei, Wehklagen

plōrō ⟨āvī, ātum, āre 1.⟩
I *v/i* laut weinen, wehklagen, jammern
II *v/t* (*unkl.*) laut beklagen, *aliquem / aliquid* j-n / etw, + *AcI*

plōstellum ⟨ī⟩ *n* ||*Dim von* plostrum|| (*vkl.*) *poet* Wägelchen

plōstrum ⟨ī⟩ *n* = ***plaustrum***

ploxenum *u.* **ploxinum** ⟨ī⟩ *n* ||gall. Fw.|| (Catul., Quint.) Wagenkasten

pluit ⟨pluit, -, pluere 3.⟩ *unpers* es regnet, *re / rem* etw; *fig* es fällt in Massen herab; ***pluit lapidibus*** es regnet Steine; ***sanguine / sanguinem pluit*** es regnet Blut

plūma ⟨ae⟩ *f*
1. Flaumfeder; *Sg u. Pl* Flaum, zartes Gefieder
2. *meton* Federkissen, Bett
3. Flaum = erster Bart
4. Schuppen *am Panzer*

plūmātile ⟨is⟩ *n* ||pluma|| Plaut. Brokatkleid *im Muster von Flaumfedern*

plūmātus ⟨a, um⟩ *Adj* ||pluma|| (*nachkl.*)
1. *poet* flaumig, gefiedert
2. geschuppt; ***lorica plumata*** Schuppenpanzer

plumbeus ⟨a, um⟩ *Adj* ||plumbum||
1. (*unkl.*) aus Blei, bleiern; ***vas plumbeum*** Vase aus Blei
2. *fig* stumpf; stumpfsinnig, dumm; (*nachkl.*) gefühllos
3. (*vkl.*) *poet* bleischwer, drückend, lästig

plumbum ⟨ī⟩ *n*

1. Blei; ***p. album*** Zinn
2. *meton* Bleikugel; Bleiröhre; Bleistift, Bleifeder

plūmeus ⟨a, um⟩ *Adj* ||pluma||
1. aus Flaumfedern; ***torus p.*** Federbett
2. federleicht, zart

plūmi-pēs *Gen* ⟨pedis⟩ *Adj* ||pluma|| Catul. an den Füßen gefiedert

plūmōsus ⟨a, um⟩ *Adj* ||pluma|| (*nachkl.*) *poet* gefiedert, befiedert

pluō → ***pluit***

plūrālia ⟨ium⟩ *n* ||pluralis|| Quint. Nomina im Plural

plūrālis
I ⟨e⟩ *Adj*, *Adv* ⟨plūrāliter⟩ ||plus|| (*nachkl.*) im Plural
II ⟨is⟩ *m* Plural

▶ **plūrēs** ⟨plūra⟩ *Adj Komp* → ***multus***

plūriē(n)s *Adv* ||plus|| mehrfach, oftmals

plūri-fāriam *Adv* ||plus|| (*nachkl.*) an vielen Stellen

plūrimus ⟨a, um⟩ *Adj Sup* → ***multus***

▶ **plūs** ⟨plūris⟩ *n* → ***multum***

plūsculum
I ⟨ī⟩ *n* ||plusculus|| etwas mehr, *alicuius rei* von etw; ***p. negotii*** etwas mehr Arbeit; ***p. quam*** etwas mehr als
II *Adv* etwas mehr

plūsculus ⟨a, um⟩ *Adj* ||*Dim von* plus|| etwas mehr; ***plusculae noctes*** Apul. einige Nächte mehr

plus-scius ⟨a, um⟩ *Adj* ||plus, scio|| Petr. mehr wissend

pluteum ⟨ī⟩ *n u.* **pluteus** ⟨ī⟩ *m*
1. MIL Schutzwand, *auf Rädern beweglich, aus Weiden zur Deckung von schanzenden Soldaten*
2. *unbewegliche* Brustwehr *an Wällen, auf Türmen u. auf Schiffen*
3. (*nachkl.*) *poet* Wandbrett *an einem Speisesofa*, Speisesofa
4. Lesepult
5. Sockel
6. Totenbahre

Plūtō(n) ⟨ōnis⟩ *m Gott der Unterwelt, Sohn des Kronos, Gatte der Persephone/Proserpina*

Plūtōnia ⟨ōrum⟩ *n ungesunde Gegend in Asien, wo ein Tempel des Pluto gestanden haben soll*

Plūtōnius ⟨a, um⟩ *Adj* des Pluto, zu Pluto gehörig

Plūtus ⟨ī⟩ *m* Gott des Reichtums

pluvia ⟨ae⟩ *f* ||pluvius|| Regen; *Pl* Regenwetter, Regengüsse; *meton* Regenwasser

pluviālis ⟨e⟩ *Adj* ||pluvia|| (*nachkl.*) *poet* Regen…, Regen bringend; ***aquae pluviales*** Regenwasser; ***pluviales fungi*** Ov. durch den Regen gewachsene Pilze

pluvit ⟨plu(v)it, -, pluvere 3.⟩ = ***pluit***

pluvius ⟨a, um⟩ *Adj* ||pluit|| Regen…, regnerisch, Regen bringend; ***arcus p.*** Regenbogen; ***aurum pluvium*** Goldregen; ***rores pluvii*** Regenschauer; ***frigus pluvium*** kalter Regen; ***Iuppiter p.*** Jupiter, der regnen lässt

pōcillum ⟨ī⟩ *n* ||*Dim von* poculum|| (*vkl., nachkl.*) kleiner Becher

▶ **pōclum** *u.* **pōculum** ⟨ī⟩ *n*
1. Becher, Trinkgefäß, Pokal
2. *meton* Trank, *meist Pl*; ***ad pocula venire*** zum Gelage kommen; ***pocula amoris*** Liebestrank; ***pocula Acheloia*** Verg. Becher mit Wasser
3. Gifttrank; Zaubertrank; ***alicui poculum dare*** j-m den Giftbecher reichen; ***p. Circae*** Zaubertrank der Circe

podager ⟨grī⟩ *m* ||griech. Fw.|| (*vkl.*) *poet* Gichtkranker

podagra ⟨ae⟩ *f* ||griech. Fw.|| Fußgicht, Podagra

podagricus
I ⟨a, um⟩ *Adj* ||griech. Fw.|| (*nachkl.*) an Gicht leidend
II ⟨ī⟩ *m* Gichtkranker

podagrōsus ⟨a, um⟩ *Adj* ||podagra|| (*vkl.*) an Gicht leidend, gichtig

Podalīrius ⟨ī⟩ *m Sohn des Äskulap (Asclepius), Arzt der Griechen vor Troja*

pōdex ⟨icis⟩ *m poet* Gesäß

podium ⟨ī⟩ *n* ||griech. Fw.|| (*nachkl.*)
1. Trittbrett, Untergestell
2. Paneel, *untere Wandbekleidung*
3. Balkon *im Amphitheater od Zirkus*

Poeās ⟨antis⟩ *m Thessalier, Vater des Philoktet*

poecilē ⟨ēs⟩ *f* ||griech. Fw.|| Halle *mit Gemälden geschmückt*

poēma ⟨atis⟩ *n* ||griech. Fw.|| Gedicht, Dichtung

poēmatium ⟨ī⟩ *n* ||griech. Fw.|| (*nachkl.*) Gedichtchen

▶ **poena** ⟨ae⟩ *f* ||griech. Lw.||
1. Buße; ***poenas dare/solvere/pendere alicuius rei*** büßen für etw
2. Strafe, Rache; ***p. regis*** vom König verhängte Strafe *od* am König vollzogene Strafe; ***p. legum*** durch Gesetze bestimmte Strafe; ***p. capitis/vitae*** Todesstrafe; ***p. scelerum*** Strafe für die Verbrechen; ***poenas dare/reddere alicuius rei*** bestraft werden für etw; ***poenas dare alicui*** von j-m bestraft werden; ***poenas capere pro aliquo*** j-n rächen; ***poenas habere ab aliquo*** sich an j-m gerächt haben; ***poenae esse*** bestraft werden
3. (*nachkl.*) *poet* Beschwerlichkeit, Pein, Marter, Qual; ***aliquem per omnem poenam trahere*** j-n auf jede Weise peinigen

Poena ⟨ae⟩ *f* Rachegöttin

poenālis ⟨e⟩ *Adj* ||poena|| (*nachkl.*) zur Strafe gehörig/dienend; ***civitas alicui p.*** j-s Strafort

poenārius ⟨a, um⟩ *Adj* ||poena|| Quint. Straf…

Poenicus ⟨a, um⟩ *Adj* = ***Punicus***

Poenīnus ⟨a, um⟩ *Adj* penninisch; ***Alpes Poeninae*** die Alpen vom Großen St. Bernhard bis zum Gotthard; ***mons P.*** der Große St. Bernhard; ***iter Poeninum*** Straße über den Großen St. Bernhard

poeniō ⟨īvī⟩ *u.* ⟨iī, ītum, īre 4.⟩ *u.* **poenior** ⟨ītum, īrī 4.⟩ = ***punio***

poenitentia ⟨ae⟩ *f*
1. = ***paenitentia***
2. (*mlat.*) Buße; ***poenitentiam agere*** Buße tun; ***poenitentiam dare*** Buße auferlegen

poenitet = ***paenitet***; → ***paeniteo***

poenītiō ⟨ōnis⟩ *f* (*altl.*) = ***punitio***

Poenulus ⟨ī⟩ *m* ||Poenus|| Der junge Punier, *Titel einer Komödie des Plautus*

Poenus
I ⟨a, um⟩ *Adj* punisch, karthagisch, phönikisch
II ⟨ī⟩ *m* Punier, Karthager, *bes* = Hannibal; ***P. uterque*** die Punier in Afrika und Spanien

poēsis ⟨is⟩ *f* ||griech. Lw.|| Dichtung, Poesie; Dichtkunst

▶ **poēta** ⟨ae⟩ *m* ||griech. Lw.||
1. Dichter, Poet; ***p. laureatus*** lorbeergekrönter Dichter, *antiker Brauch der Dichterkrönung, seit dem Humanismus erneuert*
2. Plaut. *pej* Ränkeschmied, Spinner

poētica ⟨ae⟩ *f u.* **poēticē** ⟨ēs⟩ *f* ||griech. Lw.|| Dichtkunst

poēticus ⟨a, um⟩ *Adj, Adv* ⟨poēticē⟩ ||griech. Lw.|| dichterisch, Dichter…; ***ars poetica*** Dichtkunst

poētria ⟨ae⟩ *f* ||griech. Lw.|| Dichterin

pōgōniās ⟨ae⟩ *m* ||griech. Fw.|| (*nachkl.*) Bartstern

pol *u.* **pōl** *Interj* ||*Abk von* Pollux|| bei Pollux!, wahrhaftig!

Polemōn ⟨ōnis⟩ *m griech. Philos., um 300 v. Chr., Lehrer des Zenon;* → ***Zenon*** *2*

Polemōnēus ⟨a, um⟩ *Adj* des Polemon, zu Polemon gehörig

polenta ⟨ae⟩ *f* ||pollen|| (*unkl.*) Gerstengraupen, Gerstenmehl

polentārius ⟨a, um⟩ *Adj* ||polenta|| (*vkl., nachkl.*) Gerstengraupen…

poliō ⟨īvī, ītum, īre 4.⟩
1. glätten, polieren; ***libelli frontes pumice p.*** den Buchtitel mit Bimsstein glätten
2. tünchen, weißen
3. *fig* verfeinern, feilen; ***orationem p.*** an der Rede feilen

Pōliō ⟨ōnis⟩ *m* = ***Pollio***

polītīa ⟨ae⟩ *f* ||griech. Fw.|| Staatsverfassung, Staat, *Titel einer Schrift Platos*

polīticus ⟨a, um⟩ *Adj* ||griech. Fw.|| staatswissenschaftlich, politisch

polītūra ⟨ae⟩ *f* ||polio|| (*nachkl.*) Glättung, Vollendung

polītus ⟨a, um⟩ *Adj, Adv* ⟨polītē⟩ ||polio||
1. geglättet
2. getüncht
3. *fig* schön eingerichtet
4. *fig* gebildet, elegant, fein, *re* durch etw, in etw; ***polite scribere*** einen geschliffenen Stil schreiben

pollen ⟨inis⟩ *n* (*vkl., nachkl.*) sehr feines Mehl

pollēns *Gen* ⟨entis⟩ *Adj* ||polleo|| stark, mächtig, einflussreich; ***herbae pollentes*** wirksame Kräuter

pollenta ⟨ae⟩ *f* = ***polenta***

pollentārius ⟨a, um⟩ *Adj* = ***polentarius***

pollentia ⟨ae⟩ *f* ||pollens|| (*vkl.*) Stärke

Pollentia ⟨ae⟩ *f* Liv. Göttin der Macht

polleō ⟨-, -, ēre 2.⟩ (viel) vermögen, stark sein, Einfluss haben

pollex ⟨icis⟩ *m*
1. Daumen; ***digitus p.*** Daumen; ***pollices premere*** die Daumen drücken
2. *als Maß* = 1 Zoll, *ca. 2,5 cm*

▶ **pol-liceor** ⟨licitus sum, licērī 2.⟩
1. sich zu *etw* erbieten, *etw* versprechen, *abs od aliquid, + AcI;* ***bene/benigne p.*** schöne Versprechungen machen; ***alicui liberaliter p.*** j-m großzügige Versprechungen machen; ***alicui se ducem p.*** sich j-m als Führer anbieten
2. ankündigen
3. *vom Käufer* bieten

pollicitātiō ⟨ōnis⟩ *f* ||polliceor|| Versprechen, Verheißung

pollicitor ⟨ātus sum, ārī 1.⟩ ||*Freq von* polliceor|| (*vkl., nachkl.*) oft versprechen

pollicitum ⟨ī⟩ *n* ||polliceor|| (*nachkl.*) *poet* das Versprochene, Versprechen

pollicitus ⟨a, um⟩ *PPerf* → ***polliceor***

pollictor ⟨ōris⟩ *m* = ***pollinctor***

pollinārius ⟨a, um⟩ *Adj* ||pollen|| (*vkl., nachkl.*) Staubmehl…, Mehl…, Puder…

pollīnctor ⟨ōnis⟩ *m* ||pollingo|| (*vkl.*) *poet* Leichenwäscher

pollingō ⟨līnxī, līnctum, lingere 3.⟩ (*vkl., nachkl.*) Leichen waschen und salben

Pōlliō ⟨ōnis⟩ *m* → ***Asinius***

pol-lūceō ⟨lūxī, lūctum, lūcēre 2.⟩ (*vkl., nachkl.*)
1. als Speise vorsetzen; bewirten
2. als Opfer darbringen

pollūcibiliter *Adv* ||polluceo|| Plaut. wie ein Opfermahl, köstlich

pollūctum ⟨ī⟩ *n* ||polluceo|| dargebrachtes Opfer

pollūctūra ⟨ae⟩ *f* ||polluceo|| Plaut. köstliches Mahl

pol-lūctus ⟨a, um⟩ *PPP* → ***polluceo***

pol-luō ⟨luī, lūtum, luere 3.⟩
1. *poet* besudeln, beschmutzen
2. *fig* beflecken, entweihen, entehren
3. **pollūtus** ⟨a, um⟩ *Adj* (*nachkl.*) lasterhaft

Pollūx ⟨ūcis⟩ *m Sohn des Zeus/Jupiter od des Tyndareus u. der Leda, Bruder des Kastor;* ***uterque P.*** Kastor und Pollux

pol-lūxī → ***polluceo***

▶ **polus** ⟨ī⟩ *m* ||griech. Fw.|| Pol, Himmelsgewölbe, Himmel

Polybius ⟨ī⟩ *m griech. Geschichtsschreiber aus Megalopolis in Arkadien, um 201–120 v. Chr., kam 166 v. Chr. als Geisel nach Rom, gehörte zum Scipionenkreis*

Polyclētus *u.* **Polyclītus** ⟨ī⟩ *m berühmter griech. Bildhauer, um 430 v. Chr.*

Polycratēs ⟨is⟩ *m Tyrann auf Samos, um 530 v. Chr.*

Pōlydamās ⟨antos⟩, *Akk* ⟨anta⟩ *m trojanischer Held*

Polygnōtus ⟨ī⟩ *m berühmter griech. Maler auf Thasos, seit 463 v. Chr. in Athen*

Polyhymnia ⟨ae⟩ *f Muse des ernsten Gesanges*

Polymachaeroplāgidēs ⟨ae⟩ *m* Plaut. „Vielschwertschläger-Sohn", *hum Namensbildung für einen Soldaten*

polymyxos ⟨on⟩ *Adj* ||griech. Fw.|| Mart. mit vielen Dochten

polyphagus ⟨ī⟩ *m* ||griech. Fw.|| Suet. Vielfraß

Polyphēmos *u.* **Polyphēmus** ⟨ī⟩ *m einäugiger Kyklop, Sohn des Poseidon/Neptun*

Polyplūsius ⟨a, um⟩ *Adj* Plaut. *erdichteter griech. Familienname, etwa „Steinreich"*

pōlypōsus ⟨a, um⟩ *Adj* ||polypus|| Mart. an Polypen leidend

pōlypus ⟨ī⟩ *m* ||griech. Fw.||
1. (Meer-)Polyp
2. MED Polyp *in der Nase*

Polyxena ⟨ae⟩ *f Tochter des Priamus, Geliebte des Achill, von Neoptolemos geopfert*

pōmārium ⟨ī⟩ *n* ||pomarius|| Obstgarten

pōmārius
I ⟨a, um⟩ *Adj* ||pomum|| (*vkl.*) Obst…
II ⟨ī⟩ *m* (*nachkl.*) Obsthändler

pōmerīdiānus ⟨a, um⟩ *Adj* = ***postmeridianus***
pōmērium ⟨ī⟩ *n* ||post, murus|| Maueranger, *nicht bebauter Streifen entlang der Innen- u. Außenseite der röm. Stadtmauer*
Pōmētia ⟨ae⟩ *f u.* **Pōmētiī** ⟨ōrum⟩ *m alte, völlig verschwundene Stadt sw. von Rom, nach der die Pontinischen Sümpfe benannt sein sollen*; → ***Pomptinus***
pōmi-fer ⟨fera, ferum⟩ *Adj* ||pomum, fero|| Obst tragend, obstreich
pōmoerium ⟨ī⟩ *n* = ***pomerium***
Pōmōna ⟨ae⟩ *f* Obstgöttin
pōmōsus ⟨a, um⟩ *Adj* ||pomum|| obstreich
pompa ⟨ae⟩ *f* ||griech. Fw.||
1. Umzug, Festzug, Prozession *an Festen u. bei Spielen*
2. Leichenzug; ***p. funeris*** feierliches Trauergeleit, *bei dem die Ahnenbilder mitgeführt wurden*
3. *fig* Zug, Reihe *von Personen*, Parade
4. Mart. *fig* Hauptgang *eines Mahles*
5. *fig* Pracht, Prunk, Pomp, *bes* Prunkrede; ***in dicendo pompam adhibere*** prunkvoll reden
Pompēī ⟨ōrum⟩ *m Stadt sö. von Neapel, zusammen mit Herculaneum u. Stabiae 79 n Chr. beim Ausbruch des Vesuv verschüttet; seit 1748 u. 1860 Ausgrabungen mit wichtigen Funden*
Pompēiānum ⟨ī⟩ *n Landgut Ciceros bei Pompeji*
Pompēiānus[1] ⟨a, um⟩ *Adj* aus Pompeji, pompejanisch
Pompēiānus[2] ⟨ī⟩ *m* Pompejaner
Pompēiānus[3]
I ⟨a, um⟩ *Adj* des Pompeius, zu Pompeius gehörig
II ⟨ī⟩ *m* Anhänger des Pompeius
Pompēiī ⟨ōrum⟩ *m* = ***Pompei***
Pompēius ⟨iī⟩ *u.* ⟨ī⟩ *m Name einer pleb. gens*; ***Cn. Pompeius Magnus*** *röm. Feldherr u. Staatsmann, 106–48 v. Chr., Sieg über die Seeräuber u. über Mithridates, 60 v. Chr. erstes Triumvirat mit Caesar u. Crassus, ab 49 v. Chr. mit Caesar verfeindet, von diesem 48 v. Chr. bei Pharsalos besiegt, auf der Flucht nach Ägypten ermordet*
Pompilius ⟨a, um⟩ *Name einer röm. gens*; → ***Numa***
pompilus ⟨ī⟩ *m* ||griech. Fw.|| (*nachkl.*) *poet* Schiffe begleitender Seefisch
Pompōnius ⟨a, um⟩ *röm. Gentilname*; ***T. Pomponius Atticus*** → ***Atticus***
Pomptīnum ⟨ī⟩ *n* = ***ager Pomptinus***; → ***Pomptinus***
Pomptīnus ⟨a, um⟩ *Adj* pontinisch; ***ager P.*** *Sumpfgebiet in Latium*; ***paludes Pomptinae*** die Pontinischen Sümpfe *an der Küste Latiums zwischen Circei u. Tarracina*
pōmum ⟨ī⟩ *n*
1. Frucht; *Pl* Obst
2. (*unkl.*) Obstbaum
pōmus ⟨ī⟩ *f* ||pomum|| (*unkl.*) Obstbaum
ponderō ⟨āvī, ātum, āre 1.⟩ ||*Denom von* pondus||
1. (*unkl.*) abwiegen, das Gewicht feststellen
2. *fig* erwägen, beurteilen, *aliquid re / ex re* etw nach etw; ***omnia voluptatibus et doloribus p.*** alles nach Genüssen u. Schmerzen beurteilen
ponderōsus ⟨a, um⟩ *Adj* ||pondus||
1. (*vkl., nachkl.*) schwer, gewichtig
2. *fig* mit gewichtigem Inhalt
pondō *indekl* ||pondus||
1. (*vkl., nachkl.*) an Gewicht; ***corona aurea libram pondo*** goldene Krone von einem Pfund Gewicht
2. ein *röm.* Pfund = ***libra***; ***sex pondo et selibram habere*** Petr. sechseinhalb Pfund wiegen
► **pondus** ⟨eris⟩ *n* ||pendeo||
1. Gewicht *an der Waage*, Gewichtsstück; ***pondera iniqua*** falsche Gewichte
2. ein *röm.* Pfund, = *326 g*
3. *meton* Schwere, Gewicht, Masse, Wucht; ***saxa magni ponderis*** Felsen von großem Gewicht
4. schwerer Körper; *pej* Last, Bürde
5. Menge, Masse
6. Schwerkraft, Gleichgewicht
7. *fig* Gewicht *von Worten*; ***pondera rerum ipsa*** lediglich die gewichtigsten Gründe; ***verba sine pondere*** kraftlose Worte
8. *fig* Ansehen, Bedeutung, Autorität; Nachdruck, Eindruck; Festigkeit, Beständigkeit
9. Trittstein, Schrittstein *zum Überqueren der Straße*
pōne
I *Adv* hinten
II *Präp + Akk* hinter; ***vinctae pone tergum manūs*** Tac. hinter dem Rücken gefesselte Hände
pōnō ⟨posuī⟩ *u.* ⟨posīvī, positum⟩ *u.* ⟨postum, pōnere 3.⟩
I *v/t*
1. setzen, stellen, legen, *in re / in rem* in etw, auf etw; ***librum in mensa p.*** ein Buch auf den Tisch legen; ***se sub curru p.*** sich unter den Wagen legen
2. aufstellen, ***alicui statuas in foro*** j-m Statuen auf dem Forum
3. errichten, erbauen, anlegen; ***nidum p.*** ein Nest bauen; ***castra p.*** ein Lager aufschlagen
4. pflanzen; ***semina p.*** säen
5. *Speisen* vorsetzen
6. ablegen, weglegen, niederlegen; *als Weihegeschenk* niederlegen, weihen; ***arma p.*** die Waffen niederlegen; ***libros de manibus p.*** Bücher aus der Hand legen; ***calculum p.*** die Rechensteinchen aufs Brett setzen, eine Berechnung anstellen, *fig* in Betracht ziehen; ***barbam p.*** den Bart beschneiden; ***fratri capillos p.*** dem Bruder die Haare als Totenopfer weihen
7. senken, neigen; ***ancoras p.*** den Anker auswerfen; ***alicui genua p.*** vor j-m niederknien
8. *Mannschaften* verlegen; versetzen; ***aliquem in caelo p.*** j-n an den Himmel versetzen
9. *Tote* beisetzen, bestatten; (*nachkl.*) aufbahren
10. *Haare* ordnen
11. zurücklegen, hinterlegen; ***tabulas in aerario p.*** ein Dokument im Staatsarchiv hinterlegen
12. *Kapital* anlegen, ausleihen; ***pecuniam p.*** Geld anlegen
13. *von Frauen gebären*; *von Tieren* Junge werfen; ***ova p.*** Eier legen
14. beruhigen, glätten, besänftigen; ***venti se ponunt*** die Winde legen sich
15. *Preise od Belohnungen* aussetzen
16. *als Pfand* einsetzen, verpfänden, *bes beim Spiel*
17. einsetzen, bestellen, *aliquem aliquem* j-n als etw, j-n zu etw; ***aliquem custodem p.*** j-n als Wächter bestellen; ***alicui accusatorem p.*** für j-n einen Kläger bestellen

18. *bildlich* darstellen; ***totum p.*** ein Ganzes darstellen; ***Venerem p.*** ein Abbild der Venus formen
19. *fig* aufgeben, verlieren; ***vitam p.*** sterben; ***bellum p.*** den Krieg beenden; ***positis ambagibus*** ohne Umschweife; ***posito pudore*** ohne Scham
20. *fig* setzen, legen, bauen, *in re/in aliquo* auf etw/auf j-n; ***omnem spem in consule p.*** alle Hoffnung auf den Konsul setzen; ***tantum in ea arte p.*** so großes Gewicht auf diese Kunstfertigkeit legen
21. *fig in einen Zustand* versetzen; ***aliquem in magna gloria p.*** j-n hochberühmt machen; ***aliquem in culpa et suspicione p.*** j-n schuldig und verdächtig machen; ***in laude positum esse*** Ruhm haben
22. *fig* verwenden; ***omnem curam in salute patriae p.*** alle Sorge auf das Wohl der Heimat verwenden
23. *fig* festsetzen, bestimmen; ***praecepta p.*** Vorschriften aufstellen; ***finem p.*** ein Ende setzen; ***Olympidas p.*** eine Olympiade ansetzen
24. *fig* zu *etw* rechnen, zu *etw* zählen, als *etw* auslegen, als *etw* ansehen, *in re, + dopp. Akk*; ***mortem in malis p.*** den Tod zu den Übeln rechnen; ***aliquid in lucro p.*** etw als Gewinn betrachten; ***aliquid in dubio p.*** etw in Zweifel ziehen; ***aliquid haud in magno discrimine p.*** kein großes Gewicht auf etw legen; ***aliquem principem p.*** j-n für den Ersten ansehen
25. *fig* anführen, äußern, behaupten; ***pro certo p.*** als sicher hinstellen; ***exemplum ab re/ex re p.*** ein Beispiel von etw nehmen
26. *fig* als feststehend annehmen
27. *fig* (zur Besprechung) stellen; ***quaestionem p.*** eine Frage stellen
28. den Satz aufstellen, *+ AcI*
29. ***positum esse*** *fig* beruhen, *in re* auf etw; ***spes posita est in defensione*** die Hoffnung beruht auf der Verteidigung
II *v/i* sich legen; ***venti ponunt*** die Winde legen sich

▶ **pōns** ⟨pontis⟩ *m*
1. Brücke, Steg; *Pl* Tac. *auch* Brücke mit mehreren Bögen; ***p. sublicius*** Pfahlbrücke, *die den Ianiculum mons mit Rom verband*; ***p. navibus effectus*** Tac. Schiffsbrücke; ***pontem facere in flumine/per flumen*** *u.* ***flumen ponte iungere*** eine Brücke über den Fluss schlagen; ***pontem rescindere/interscindere/interrumpere/dissolvere*** die Brücke abreißen
2. (*nachkl.*) Knüppeldamm, Moorweg
3. *bewegliche* Schiffstreppe, Landesteg
4. Fallbrücke, *bes zwischen Mauer u. Belagerungsturm*
5. Plattform, Deck *auf Schiffen u. Türmen*
6. *Pl* Stege *zu den umzäunten Abstimmungsbereichen in den Volksversammlungen*
7. *Namensteil von Orten an Flussübergängen, z. B.* ***P. Campanus*** *Übergang der via Appia über den Fluss Savo bei Sinuessa*

ponticulus ⟨ī⟩ *m* ||*Dim von* pons|| kleine Brücke
Ponticus[1] ⟨ī⟩ *m röm. Dichter, Zeitgenosse von Ovid u. Properz*
Ponticus[2] ⟨a, um⟩ *Adj* aus Pontus, zu Pontus gehörig

▶ **ponti-fex** ⟨ficis⟩ *m*
1. Pontifex, Priester, *mit der Überwachung des Kultus betrauter* Oberpriester; ***collegium pontificum*** Priesterkollegium, *urspr. 4, seit Caesar 16 Mitglieder, dessen Präsident Pontifex maximus genannt wurde*; ***pontifices minores*** Gehilfen des Priesterkollegiums, Schreiber des Priesterkollegiums
2. (*mlat.*) Bischof, Papst; ***p. maximus*** Erzbischof, *seit dem 5. Jh. Ehrentitel des Papstes*

pontificālis ⟨e⟩ *Adj* ||pontifex|| oberpriesterlich, Priester…; (*mlat.*) bischöflich, päpstlich
pontificātus ⟨ūs⟩ *m* ||pontifex||
1. Würde eines Oberpriesters
2. (*mlat.*) Papstwürde, Pontifikat
3. (*mlat.*) Diözese, *Amtsgebiet eines Bischofs*
pontificius ⟨a, um⟩ *Adj* = ***pontificalis***
Pontius ⟨a, um⟩ *urspr. samnitischer, später röm. Gentilname*; ***C. Pontius*** *Anführer der Samniten bei Caudium, 321 v. Chr.*; ***Pontius Pilatus*** *kaiserlicher Prokurator von Judäa, Richter Jesu Christi*
pontō ⟨ōnis⟩ *m* ||pons|| Transportschiff, Floß; MIL Ponton, Brückenschiff
▶ **pontus** ⟨ī⟩ *m* ||griech. Fw.|| *poet* Meer, hohe See; *meton* Meeresflut, Meereswoge
Pontus ⟨ī⟩ *m*
1. das Schwarze Meer; ***P. Euxinus*** das Schwarze Meer
2. Landstriche um das Schwarze Meer, *bes das Reich des Mithridates*, Pontus, *nach dessen Unterwerfung röm. Provinz*
popa ⟨ae⟩ *m* ||etrusk. Fw.|| Opferdiener, Opferpriester; *pej* Fettwanst
popanum ⟨ī⟩ *n* ||griech. Fw.|| Iuv. Opferkuchen
popellus ⟨ī⟩ *m* ||*Dim von* populus[1]|| *poet* Pöbel
popīna ⟨ae⟩ *f* Garküche, Kneipe; *meton* Essen aus einer Kneipe
popīnō ⟨ōnis⟩ *m* ||popina|| Hor. Schlemmer
poples ⟨itis⟩ *m* Kniekehle; (*nachkl.*) *poet* Knie
Poplicola ⟨ae⟩ *m* (*altl.*) = ***Publicola***
poplus ⟨ī⟩ *m* (*altl.*) = ***populus***[1]
poposcī → ***posco***
Poppaeus ⟨a, um⟩ *röm. Gentilname*; ***Q. Poppaeus Sabinus*** *Konsul 9 n. Chr. ehrgeizige u. sittenlose Gattin des Otho, später des Nero*
poppysma ⟨atis⟩ *n* ||griech. Fw.|| das Schnalzen mit der Zunge *als Ausdruck des Beifalls*
populābilis ⟨e⟩ *Adj* ||populor|| Ov. zerstörbar
populābundus ⟨a, um⟩ *Adj* ||populor|| (*nachkl.*) auf Verwüstung bedacht
populārēs ⟨ium⟩ *m* ||popularis|| Demokraten, Mitglieder der Volkspartei; *pej* Demagogen; ↔ ***optimates*** *u.* → ***nobiles***

▶ **populāris**
I ⟨e⟩ *Adj*, *Adv* ⟨populāriter⟩ ||populus[1]||
1. das Volk betreffend, Volks…; ***iracundia p.*** Volkszorn; ***aura/ventus p.*** Gunst des Volkes; ***munus populare*** Geschenk an das Volk; ***civitas/res publica p.*** Demokratie
2. allgemein verbreitet, allgemein fasslich; ***populariter loqui*** volkstümlich sprechen
3. beim Volk beliebt
4. volksfreundlich, demokratisch; *pej* demagogisch, um die Gunst des Volkes buhlend
5. (*nachkl.*) *poet* zum gleichen Volk gehörig, einheimisch
II ⟨is⟩ *m* Landsmann, Mitbürger; (*vkl., nachkl.*) *fig* Standesgenosse; Gefährte, Teilnehmer

populāritās ⟨ātis⟩ *f* ||popularis||
1. Plaut. Landsmannschaft
2. (Tac., Suet.) volkstümliches Benehmen, Bestreben dem Volk zu gefallen, (Trachten nach) Popularität
populātiō ⟨ōnis⟩ *f* ||populor|| Verwüstung, Plünderung
populātor ⟨ōris⟩ *m* (*nachkl.*) *poet* Zerstörer, Plünderer
populātrīx ⟨īcis⟩ *f* ||populator|| *poet* Zerstörerin
pōpuleus ⟨a, um⟩ *Adj* ||populus²|| *poet* Pappel…; ***umbra populea*** Schatten der Pappel
pōpuli-fer ⟨fera, ferum⟩ *Adj* ||populus², fero|| Pappeln tragend, reich an Pappeln
populī-scītum ⟨ī⟩ *n* ||populus¹, scisco|| *auch getrennt* Volksbeschluss
pōpulnus ⟨a, um⟩ *Adj* ||populus²|| Plaut. aus Pappelholz
populō ⟨āvī, ātum, āre 1.⟩ *u.* **populor** ⟨ātus sum, ārī 1.⟩ ||*Denom von* populus¹||
1. verwüsten, zerstören; plündern; ***agros p.*** die Felder verwüsten; ***hamum p.*** den Köder wegnehmen
2. *fig* vertilgen, zerstören; ***aetas formam populabitur*** Ov. das Alter wird die Schönheit zerstören; ***tempora p.*** die Schläfen verstümmeln
Populōnia ⟨ae⟩ *f alte Hafenstadt in Etrurien, Ruine u. Nekropole nö. von Piombino*
populus¹ ⟨ī⟩ *m*
1. Volk, *das einen Staat bildet*
2. Bürgerschaft, Gemeinde; Stamm
3. *Pl* Untertanen
4. die Patrizier *in Rom in ältesten Zeiten im Gegensatz zu der rechtlosen plebs*
5. gesamtes Volk *von Rom*; ***senatus populusque Romanus*** Senat und Volk von Rom
6. die Plebejer
7. Menge, Leute, Bevölkerung, *bes der Hauptstadt*
8. Öffentlichkeit; Zuhörer, Zuschauer
9. Gemeinde, Staatskasse
10. (*spätl.*) Gemeinde, Laien; ***p. dei/Christianus*** (*mlat.*) Christenheit
pōpulus² ⟨ī⟩ *f* Pappel; ***p. alba*** Silberpappel
por- *nur als Präf* dar-, hin-, vor-
porca ⟨ae⟩ *f* ||porcus|| (weibliches) Schwein, Sau
porcella ⟨ae⟩ *f* ||*Dim von* porcula|| Plaut. Ferkelchen
porcellus ⟨ī⟩ *m* ||*Dim von* porculus|| (*unkl.*) Schweinchen, *bes* wildes Schweinchen, Frischling
porcīna ⟨ae⟩ *f* ||porcinus|| (*erg.* ***caro***) Plaut. Schweinefleisch
porcīnārius ⟨ī⟩ *m* ||porcina|| Plaut. Schweinefleischhändler
porcīnus ⟨a, um⟩ *Adj* ||porcus|| vom Schwein, Schweine…
Porcius ⟨a, um⟩ *röm. Gentilname*; → ***Cato***
porcula ⟨ae⟩ *f* ||*Dim von* porca|| Ferkel
porculus ⟨ī⟩ *m* ||*Dim von* porcus|| Ferkel
porcus ⟨ī⟩ *m*
1. zahmes Schwein, *bes* Ferkel; ***p. femina*** Mutterschwein
2. *fig* Schlemmer
3. (*vkl.*) (jungfräuliche) weibliche Scham
porēctus ⟨a, um⟩ *PPP* → ***poricio***
porgō ⟨-, -, ere 3.⟩ (*altl.*) = ***porrigo²***
poriciō ⟨-, porēctum, poricere 3.⟩ = ***porricio***

porphyrēticus *u.* **porphyrīticus** ⟨a, um⟩ *Adj* ||griech. Fw.|| (*nachkl.*) aus Porphyr, purpurrot
porrēctiō ⟨ōnis⟩ *f* ||porrigo²|| das Ausstrecken
porrēctus¹ ⟨a, um⟩ *PPP* → ***porricio*** *u.* → ***porrigo²***
porrēctus² ⟨a, um⟩ *Adj* ||porrigo²||
1. ausgestreckt, ausgedehnt, lang; flach, gerade
2. auf die Bahre hingestreckt = gestorben, tot
3. *fig* glatt, heiter; ***porrectiore fronte*** Plaut. mit heiterer Stirn
4. *zeitl.* lang
5. Quint. gedehnt
por-rēxī → ***porrigo²***
porriciō ⟨-, porrēctum, porricere 3.⟩ ||iacio|| als Opfer hinwerfen; ***inter caesa et porrecta*** zwischen Schlachten und dem Auslegen *auf dem Altar* = im letzten Augenblick
porrīgō¹ ⟨inis⟩ *f* (*nachkl.*) *poet* Kopfgrind, Schuppen
▶ **por-rigō²** ⟨rēxī, rēctum, rigere 3.⟩ ||rego||
1. ausstrecken, ausdehnen, ausbreiten; (*nachkl.*) MIL ausdehnen, *alicui* zu j-m; ***bracchium p.*** den Arm ausstrecken; ***manūs ad caelum/caelo p.*** die Hände zum Himmel emporstrecken; ***p. iugulum*** die Kehle darbieten; ***pocula p.*** die Becher erheben
2. *Passiv u.* ***se p.*** sich ausdehnen, sich erstrecken, reichen, liegen; *von Personen* sich der Länge nach hinlegen, sich ausstrecken; ***quo se tua porrigat ira*** Ov. wohin dein Zorn sich erstreckt
3. (*nachkl.*) *poet* niederstrecken, niederwerfen; ***hostem p.*** den Feind niederwerfen
4. (*nachkl.*) *zeitl.* verlängern, hinziehen, *auch* dehnen; ***syllabam p.*** eine Silbe dehnen
5. *poet* vergrößern, vermehren
6. darreichen, hinstrecken; *fig* gewähren, spenden; ***oscula p.*** Ov. Küsse geben; ***manūs p.*** die Hände reichen
Porrima ⟨ae⟩ *f Geburtsgöttin, eine der beiden Begleiterinnen der Carmenta*
▶ **porrō** *Adv*
1. (*nachkl.*) *örtl.* weiter = vorwärts, in die Ferne; ***armentum porro agere*** das Vieh vorwärts treiben
2. *örtl.* in der Ferne
3. *zeitl.* weiter, fernerhin
4. Ov. *zeitl.* früher
5. *fig* weiter, ferner, sodann; ***porro autem*** weiter aber *in der Rede od Beweisführung*; ***videte iam porro cetera*** seht nun das Weitere; ***age porro*** sehen wir weiter, lasst uns weitergehen
6. *im Untersatz von Syllogismen* nun aber
7. *steigernd* sogar
8. *im Gegensatz* andererseits, hingegen
porrum ⟨ī⟩ *n u.* **porrus** ⟨ī⟩ *m* (*unkl.*) Lauch, Porree
Porsēna *u.* **Porsenna** *u.* **Porsīna** *u.* **Porsinna** ⟨ae⟩ *m König von Clusium in Etrurien, belagerte nach der Sage 507 v. Chr. Rom um die vertriebenen Tarquinier zurückzuführen*
▶ **porta** ⟨ae⟩ *f*
1. Tor, *bes einer Stadt od eines Lagers*; Tür *in der Mauer*; ***p. praetoria*** Haupttor *im röm. Lager*; ***p. principalis*** Seitentor *im röm. Lager*; ***Porta Nigra*** schwarzes Tor, *monumentales röm. Stadttor in Trier aus dem 4. Jh. n. Chr.*
2. *Pl* Engpass

P

3. *fig* Eingang, Zugang; Ausgang
4. *Pl fig* Mittel, Wege
portātiō ⟨ōnis⟩ *f* ||porto|| (*nachkl.*) Transport
por-tendō ⟨tendī, tentum, tendere 3.⟩
1. *Zukünftiges* ankündigen, vorhersagen, prophezeien
2. *Passiv* (*vkl., nachkl.*) sich ankündigen, bevorstehen, sich zeigen
portenti-ficus ⟨a, um⟩ *Adj* ||portentum, facio|| Ov. *poet* grauenhaft wirkend
portentōsum ⟨ī⟩ *n* ||portentosus|| Missgeburt
portentōsus ⟨a, um⟩ *Adj* ||portentum|| außergewöhnlich, nicht natürlich zu erklären, unnatürlich, abenteuerlich
portentum[1] ⟨ī⟩ *n* ||portendo||
1. grauenhaftes Vorzeichen; ***portenta deum obstabant*** Verg. schreckliche Zeichen der Götter sprachen dagegen
2. Missgeburt, Scheusal, Ungeheuer; *fig* fantastisches Gebilde, Wundermärchen
por-tentum[2] *PPP* → ***portendo***
Porthāōn ⟨onis⟩ *m* = ***Parthaon***
porthmeus ⟨eī⟩ *u.* ⟨eos⟩ *m* ||griech. Fw.|| (*nachkl.*) Fährmann; *poet meist* Charon
porticula ⟨ae⟩ *f* ||*Dim von* porticus|| kleine Säulenhalle, kleine Galerie
▶ **porticus** ⟨ūs⟩ *f* ||porta||
1. Halle, Galerie, Säulenhalle, Säulengang
2. Gerichtshalle *des Praetors*
3. MIL Laufgang *für Schanzarbeiten*
4. *poet* Vorplatz *eines Zeltes*
portiō ⟨ōnis⟩ *f* ||pars||
1. (*nachkl.*) Anteil, Teil, *alicuius rei* an etw, von etw; ***regnum portionibus dividere*** die Herrschaft stückweise teilen
2. *fig* Verhältnis, Proportion; ***pro portione*** nach richtigem Verhältnis, nach Maßgabe
portisculus ⟨ī⟩ *m* ||porta, portus|| (*vkl.*) Hammer *des Rudermeisters zum Schlagen des Taktes*; *fig* Kommando
portitor ⟨ōris⟩ *m* ||porta, portus||
1. (*nachkl.*) Fährmann, *bes* Charon
2. Zöllner, Zolleinnehmer; *fig* Schnüffler
portitōrium ⟨ī⟩ *n* ||portitor|| (*spätl.*) Zollhaus
▶ **portō** ⟨āvī, ātum, āre 1.⟩
1. *eine Last* tragen, bringen, wegschaffen, herschaffen, transportieren; *Passiv* fahren, sich tragen lassen; ***onus umeribus p.*** Last auf den Schultern tragen; ***merces plaustris p.*** Waren in Karren transportieren
2. bei sich führen, mitnehmen; *von Schiffen* an Bord haben; ***penates secum p.*** die Penaten mit sich führen
3. (*unkl.*) mit sich bringen, überbringen
portōrium ⟨ī⟩ *n* ||portitor|| Einfuhrzoll, Ausfuhrzoll, Hafenzoll, Brückenzoll, Wegezoll, *allg.* Zoll, Steuer, *alicuius rei* von etw, für etw; ***p. transvectionis*** Durchgangszoll, Transitzoll
portula ⟨ae⟩ *f* ||*Dim von* porta|| Liv. Türchen
Portūnus ⟨ī⟩ *m Gott des röm. Tiberhafens*
portuōsus ⟨a, um⟩ *Adj* ||portus|| reich an Häfen; ***sinus p.*** eine Bucht mit vielen Häfen
▶ **portus** ⟨ūs⟩ *m* ||porta||
1. Hafen; ***p. Piraei*** Hafen von Piraeus; ***e portu proficisci/solvere*** aus dem Hafen auslaufen; ***in portu esse/navigare*** im sicheren Hafen sein; ***in portum invehi/portum capere*** in den Hafen einlaufen; ***in portu operam dare*** Zollbeamter sein
2. *poet* Flussmündung
3. *fig* Zufluchtsort, sicherer Hafen
pos- (*altl., vulg*) = ***post-***
pōsca ⟨ae⟩ *f* (Plaut., *nachkl.*) Essiggetränk, *Getränk der einfachen Leute*
poscaenium ⟨ī⟩ *n* ||post, scaena|| Lucr. Raum hinter der Bühne; ***poscaenia vitae*** die geheimen Handlungen der Menschen
▶ **poscō** ⟨poposcī, -, poscere 3.⟩
1. fordern, verlangen, *aliquid ab aliquo/aliquem* etw von j-m, *alicui* für j-n, *aliquem aliquem* j-n zu etw, j-n als etw, + *Inf/ut* dass; auffordern, + *AcI*; ***poscor aliquid*** man fordert etw von mir; ***Pelopidam imperatorem p.*** den Pelopidas als Feldherrn fordern
2. *fig von Sachen* erfordern; ***sic fata Iovis poscunt*** Verg. so erfordert es Jupiters Wille
3. nach *etw* forschen, nach *etw* fragen, *etw* zu wissen verlangen, *aliquid*, + *indir Fragesatz*; ***causas p.*** nach den Ursachen forschen
4. zum Kampf herausfordern; ***aliquem in proelia p.*** j-n zum Kampf herausfordern; ***poscunt maioribus poculis*** sie fordern einander mit größeren Bechern heraus
5. vor Gericht fordern; ***dictatorem reum p.*** den Diktator als Angeklagten vor Gericht fordern
6. *um ein Mädchen* anhalten; ***tuam sororem uxorem p.*** um deine Schwester anhalten
7. (*vkl., nachkl.*) rufen, anrufen, anflehen; ***tua numina posco*** Verg. um deinen Schutz flehe ich; ***poscor Olympo*** der Himmel ruft mich
Posīdōnius ⟨ī⟩ *m Philos. der mittleren Stoa, um 100 v. Chr., Einflüsse auf Cicero*
positiō ⟨ōnis⟩ *f* ||pono|| (*nachkl.*)
1. Stellung, Lage; *fig* Verfassung; ***p. caeli*** Klima; ***p. mentis*** Geistesverfassung; *Pl* Umstände
2. Aufgabe, Thema
3. METR Senkung
4. GRAM Endung
5. Längung bewirkende Stellung *einer kurzen Silbe vor mehreren Konsonanten*, Position
positor ⟨ōris⟩ *m* ||pono|| Ov. Erbauer
positūra ⟨ae⟩ *f* ||pono|| (*nachkl.*) Stellung, Lage; ***p. dei*** die der Welt von Gott gegebene Stellung
positus[1] ⟨a, um⟩ *PPP* → ***pono***
positus[2] ⟨ūs⟩ *m* ||pono||
1. (*nachkl.*) *poet* Stellung, Lage, Stand
2. Ov. Frisur; *Pl* Frisiermethoden
posmeridiānus ⟨a, um⟩ *Adj* = ***postmeridianus***
posse → ***possum***
pos-sēdī → ***possideo*** *u.* → ***possido***
▶ **possessiō** ⟨ōnis⟩ *f*
I ||possido|| Besitznahme, Besitzergreifung; ***in possessionem mittere*** Leute zur Besitznahme schicken
II ||possideo||
1. Besitz; ***p. rei publicae*** Leitung des Staates
2. *meton* Besitzung, Eigentum; ***p. urbana et rustica*** Besitz in der Stadt und auf dem Land
possessiuncula ⟨ae⟩ *f* ||*Dim von* possessio|| kleiner

P

Besitz

possessīvus ⟨a, um⟩ *Adj* ||possideo|| Quint. GRAM besitzanzeigend

possessor ⟨ōris⟩ *m* ||possideo||
1. Besitzer, Grundbesitzer
2. JUR Besitzer einer strittigen Sache, Beklagter

pos-sessus ⟨a, um⟩ *PPP* → **possideo** *u.* → **possido**

possibilis ⟨e⟩ *Adj* ||possum|| *(nachkl.)* möglich

▶ **pos-sideō** ⟨sēdī, sessum, sidēre 2.⟩ ||sedeo||
1. besitzen, innehaben; ***agros p.*** Felder besitzen; ***Parthos p.*** die Parther beherrschen; ***libido ingenium possidet*** die Leidenschaft beherrscht den Verstand; ***aliquis usu possidetur*** j-d lässt sich durch die lange Gewohnheit beherrschen
2. MIL *einen Ort* besetzt halten

pos-sīdō ⟨sēdī, sessum, sīdere 3.⟩ in Besitz nehmen, besetzen; ***bona p.*** Güter konfiszieren; ***p. totum hominem*** Cic. *fig* den ganzen Menschen in Beschlag nehmen; *Perf* in Besitz haben

possum ⟨potuī, -, posse 0.⟩
1. können, vermögen, imstande sein; ***responde nunc, si potes*** antworte jetzt, wenn du kannst; ***multa exempla proferre possum*** ich kann/könnte viele Beispiele anführen; ***fieri potest, ut*** es ist möglich, dass; ***fieri non potest, ut*** es ist unmöglich, dass; ***fieri non potest, ut non/quin*** es ist notwendig, dass; ***non possum non*** ich muss, + *Inf*; ***potest, ut*** es ist möglich, dass; ***qui potest?*** wie ist es möglich?; ***si potest*** wenn es möglich ist
2. es fertigbringen, sich dazu entschließen, + *Inf*
3. etwas vermögen, Einfluss haben, Fähigkeiten besitzen; ***multum p.*** viel vermögen; ***aliquid p.*** einige Fähigkeiten besitzen; ***qui non potest*** der nichts zu leisten vermag, der Unfähige; ***largiter apud aliquem p.*** viel bei j-m gelten; ***optime p.*** sehr gute Fähigkeiten haben
4. können, verstehen, *aliquid* etw, + *Inf*; ***non omnes omnia possumus*** wir können nicht alle alles
5. Mart. mit *j-m* schlafen, *aliquem*

post

I nach-, hintan-
II
1. hinten, zuletzt
2. nachher, danach
III
1. hinter
2. nach, seit
3. nächst

I *Präf* nach-, hintan-; ***post-ponere*** hintan-setzen
II *Adv*
1. *örtl.* hinten, zuletzt; ***post exsultare*** mit den Hinterbeinen hochspringen
2. *zeitl.* nachher, danach, später; ***paulo post*** wenig später; ***post futuri*** die in der Zukunft Lebenden
III *Präp + Akk*
1. *örtl.* hinter; ***post tergum*** hinter dem Rücken
2. *zeitl.* nach, seit; ***post horam decimam*** nach der zehnten Stunde; ***decimo anno post bellum initum*** Liv. im zehnten Jahr nach Kriegsbeginn; ***post Ciceronem consulem*** nach dem Konsulat des Cicero; ***post hominum memoriam*** seit Menschengedenken; ***post magnitudinem nominis Romani*** nach dem Rom groß geworden war; ***post omnia*** nach dem Verlust von allem; ***post Christum natum*** *(mlat.)* nach Christi Geburt; ***post festum*** *(mlat.)* nach dem Fest = zu spät, hinterher
3. *von Reihenfolge od Rang* nächst; nach, hinter; ***post hunc Apollinem colunt*** neben diesem verehren sie den Apollo; ***habere aliquid post aliquid*** etw zurückstellen hinter etw

poste *(altl.)* = **post**

▶ **post-eā** *Adv* ||post, *Abl Sg f von* is||
1. darauf, nachher, später; ***postea loci*** nachher; ***brevi postea*** kurz nachher; ***postea aliquanto*** etwas später
2. *in Übergängen* ferner, weiter, sodann; ***quid postea?*** was geschah weiter?, was soll daraus folgen?

posteā-quam *Konj* = **postquam**

posterī ⟨ōrum⟩ *u.* ⟨um⟩ *m* ||posterus|| die Nachkommen

▶ **posterior** ⟨ius⟩ *Adj Komp* → **posterus**

posteritās ⟨ātis⟩ *f* ||posterus||
1. Folgezeit, Zukunft; ***posteritatis rationem habere*** an die Zukunft denken; ***in posteritatem*** für die Zukunft, künftig
2. *meton* Nachwelt, Nachkommenschaft; ***posteritati servire*** nach Ruhm bei der Nachwelt streben

▶ **posterus** ⟨a, um, *Komp* posterior, ius, *Sup* postrēmus, a, um *u.* postumus, a, um⟩ *Adj* ||post||
1. nachfolgend, folgend, kommend; ***dies p.*** der folgende Tag; ***aetas postera*** Nachwelt; ***laus postera*** Ruhm bei der Nachwelt; ***postero die, quam profectus est, domum rediit*** am Tag nach der Abreise kehrte er nach Hause zurück; ***postero*** *Adv* am folgenden Tag
2. *Komp* der hintere, der letztere, der spätere, der folgende *von zwei*; ***tempus posterius/aetas posterior*** Folgezeit; ***posteriores oratores*** die zuletzt genannten Redner; ***tempore posterior*** der Zeit nach später; ***posterius*** *Adv* später
3. *Komp* schlechter, geringer, nachstehend
4. *Sup* ***postremus*** hinterster, letzter; ***acies postrema*** Hintertreffen; ***in postremo libro*** am Ende des Buches
5. *Sup* ***postremus*** *fig* geringster, schlechtester, äußerster; ***postremam fortunam pati*** das schlimmste Schicksal erleiden; ***hoc non in postremis*** ganz besonders
6. *Sup* ***postumus*** letzter, zuletzt geboren; JUR nachgeboren, nach dem Tod des Vaters geboren

post-ferō ⟨-, -, ferre 0.⟩ *(nachkl.)* nachsetzen, hintanstellen, *re* in etw

post-genitī ⟨ōrum⟩ *m* Hor. die Nachgeborenen, die Nachkommen; ***clarus postgenitis*** berühmt bei den Nachkommen

post-habeō ⟨uī, itum, ēre 2.⟩ nachsetzen, hintansetzen; ***omnibus rebus posthabitis*** Cic. unter Zurückstellung alles anderen

post-hāc *Adv* ||post, *Abl Sg von* hic[1]|| von jetzt an, später; *bei Vergangenheit* später

post-haec *Adv* *(nachkl.)* nachher, später

post-ibī Plaut. hernach, hierauf

postīculum ⟨ī⟩ *n* ||*Dim von* posticum|| Plaut. Hinterhaus

postīcum ⟨ī⟩ *n* ||posticus|| Hintertür, Hinterseite

postīcus ⟨a, um⟩ *Adj* (*unkl.*) hinten befindlich, Hinter…; ***posticae partes aedium*** Hinterhaus

post-id *Adv* Com. hernach

postid-eā *Adv* (Com., Catul.) = ***postea***

postilēna ⟨ae⟩ *f* Plaut. Schweifriemen *des Pferdegeschirrs*

postiliō ⟨ōnis⟩ *f* ||postulo|| RELIG Verlangen einer Gottheit ein vergessenes Opfer nachzuholen

post-illā(c) *Adv* Catul. nachher

▶ **postis** ⟨is⟩ *f*

1. Pfosten, Pfeiler, *bes* Türpfosten

2. Plaut. Tür, Pforte

post-līminium ⟨ī⟩ *n* ||limen|| Heimkehrrecht, *das Recht in die Heimat u. den früheren Rechtsstatus zurückzukehren*; ***postliminio*** nach dem Heimkehrrecht

post-merīdiānus ⟨a, um⟩ *Adj* Nachmittags…; ***tempus postmeridianum*** Cic. Nachmittagsstunde

post-modo *u.* **post-modum** *Adv* bald darauf

post-moerium ⟨ī⟩ *n* = ***pomerium***

post-partor ⟨ōris⟩ *m* ||pario|| Plaut. Nacherwerber; Nachkomme

post-pōnō ⟨posuī, positum, pōnere 3.⟩ nachstellen, hintansetzen; ***omnibus rebus postpositis*** mit Hintansetzung alles anderen

post-prīncipia ⟨ōrum⟩ *n* (*vkl.*) *poet* Fortgang

post-prīncipiō *Adv* (*vkl.*) in der Folgezeit, nachher

post-putō ⟨āvī, ātum, āre 1.⟩ Ter. hintansetzen, gering schätzen

▶ **post-quam** *Konj*

1. nachdem, als, *meist + Ind Perf; + Ind Plusquamperfekt im Anschluss an einen Abl der Zeitangabe u. bei der Bezeichnung des Resultats einer Handlung; + Ind Imperf bei in der Vergangenheit dauernden Zuständen*; ***Caesar, postquam … cognovit, castra posuit*** Caesar schlug ein Lager auf, nachdem er erkannt hatte …

2. seitdem, damals während, + *Ind Präs u. Impf*

▶ **postrēmō** *Adv* ||postremus|| zuletzt, schließlich, endlich, *bes in Aufzählungen*; *zusammenfassend* kurz, überhaupt

postrēmum *Adv* ||postremus|| zum letzten Mal

▶ **postrēmus** ⟨a, um⟩ *Adj Sup* → ***posterus***

postrī-diē *Adv* ||posterus, dies|| am folgenden Tag, tags darauf, *abs od + Akk*; ***postridie Idūs Decembres*** am Tag nach den Iden des Dezember; ***postridie eius diei*** am unmittelbar folgenden Tag

postrī-duō *Adv* Plaut. = ***postridie***

post-scrībō ⟨scrīpsī, -, scrībere 3.⟩ hinter *etw* schreiben, *alicui rei*; ***Tiberi nomen suo postscripserat*** Tac. sie hatte den Namen des Tiberius hinter den eigenen geschrieben

postulātīcius ⟨a, um⟩ *Adj* ||postulatus|| Sen. gefordert, verlangt

postulātiō ⟨ōnis⟩ *f* ||postulo||

1. Forderung, Verlangen, Gesuch, *alicuius rei* einer Sache, nach etw, um etw, wegen etw

2. Com. Klage, Beschwerde

3. JUR Antrag auf Klage *beim Prätor*; gerichtliche Klage

postulātor ⟨ōris⟩ *m* ||postulo|| Suet. Kläger

postulātum ⟨ī⟩ *n* ||postulo|| Forderung, Gesuch; ***postulata peragere*** Gesuche in bestimmten Formeln vollziehen

postulātus *Abl* ⟨ū⟩ *m* ||postulo|| Liv. Klage, Beschwerde vor Gericht

▶ **postulō** ⟨āvī, ātum, āre 1.⟩

1. fordern, verlangen, *aliquid alicui* etw für j-n, *aliquid ab aliquo / aliquem* etw von j-m, *ut / ne* dass / dass nicht, + *Konjkt* / + *AcI* / + *NcI*; ***non postulatus*** unaufgefordert; ***p. de re*** Forderungen stellen wegen einer Sache; ***a senatu de foedere p.*** beim Senat wegen des Bündnisses nachfragen; ***nihil praetorem p.*** vom Prätor nichts verlangen

2. begehren, Lust haben, wollen, + *Inf* / + *AcI*; ***dicendo vincere non postulo*** Cic. ich will nicht als Redner siegen

3. *fig* erfordern, *aliquid* etw, *ut / ne* dass / dass nicht, + *Inf*; ***maturius quam id tempus anni postulabat*** Caes. früher als es die Jahreszeit erforderte

4. JUR gerichtlich belangen, anklagen, *aliquem de re / alicuius rei / re* j-n wegen etw; ***aliquem de pecuniis repetundis p.*** j-n wegen Erpressung anklagen

5. JUR beantragen *vor Gericht*, ***iudicem*** einen Richter

Postumiānus ⟨a, um⟩ *Adj* des Postumius, zu Postumius gehörig

Postumius ⟨a, um⟩ *Name einer patriz. gens*

Postumius ⟨a, um⟩ *Adj* des Postumius, zu Postumius gehörig

postumus ⟨a, um⟩ *Adj Sup* → ***posterus***

Postumus ⟨ī⟩ *m*

1. *röm. Vorname od Beiname*

2. Ov. = ***Postumius***

Post-verta *u.* **Post-vorta** ⟨ae⟩ *f röm. Göttin*

posuī → ***pono***

pōtātiō ⟨ōnis⟩ *f* ||poto|| Plaut. Trinkgelage

pōtātor ⟨ōris⟩ *m* ||poto|| Plaut. Zecher, Trinker

pote → ***potis***

potēns *Gen* ⟨potentis⟩ *Adj, Adv* ⟨potenter⟩

1. (*vkl., nachkl.*) fähig, kundig

2. mächtig, einflussreich, gewaltig, *abs von Personen u. Staaten, re* durch etw; ***matrona p.*** im Haus gebietende Frau; ***natura p.*** die mächtige Natur

3. *von Sachen* kräftig, wirksam; ***votum p.*** erfolgreicher Wunsch

4. *von Personen* fähig, imstande, *alicuius rei / ad aliquid* zu etw; ***p. regni*** regierungsfähig; *Adv* nach Kräften

5. *etw* beherrschend, Herr von *etw*, *alicuius rei*; ***p. mentis*** bei Sinnen; ***sui p.*** sein eigener Herr, unabhängig, *auch* selbstbeherrscht; ***non p. sui erat*** er war außer sich

6. *poet* der *etw* erlangt hat; ***p. voti*** dem sein Wunsch erfüllt wurde; ***p. iussi*** der den Befehl vollzogen hat; ***promissi p. factus*** der sein Versprechen eingelöst hat

7. *fig* glücklich

8. ***potentem esse*** (*mlat.*) = ***posse***

potentātus ⟨ūs⟩ *m* ||potens|| Macht, Machtstellung, Herrschaft

▶ **potentia** ⟨ae⟩ *f* ||potens||

1. (*nachkl.*) *poet* Vermögen, Kraft, Stärke; Wirksamkeit, Wirkung

2. MIL, POL Machtstellung, Macht, Gewalt, Oberherrschaft, politischer Einfluss; ***p. singularis*** Alleinherrschaft; ***p. rerum*** Oberherrschaft

potērium ⟨ī⟩ *n* ||griech. Fw.|| Plaut. Becher

▶ **potesse** (*altl.*) = ***posse***
potestās ⟨ātis⟩ *f* ||potis||
1. Kraft, Macht, Gewalt, Wirksamkeit, Wirkung, Befugnis, *alicuius/alicuius rei* über j-n/über etw; ***p. vitae necisque*** Macht über Leben und Tod; ***in sua potestate esse*** sein eigener Herr sein; ***p. patris in filium*** Macht des Vaters über den Sohn; ***in potestate mentis esse*** seines Verstandes mächtig sein; ***exire ex potestate/de potestate (mentis)*** den Verstand verlieren; ***in alicuius potestate est, ut/ne*** j-d kann etw dafür tun, dass/dass nicht
2. POL Macht, Herrschaft; ***aliquem in potestatem/sub potestatem alicuius redigere*** j-n j-m unterwerfen; ***in alicuius potestate esse*** j-m unterworfen sein
3. (*nachkl.*) *konkr.* Machthaber, Könige
4. Amtsgewalt *bes von Zivilbeamten*; amtliche Stellung, Amt; ***p. perpetua*** lebenslängliche Stellung; ***aliquis nihil potestatis habet*** j-d hat nichts zu sagen; ***potestati praeesse/potestatem gerere/potestatem agere*** ein Amt bekleiden
5. *konkr.* Beamter, Behörde; ***imperia et potestates*** Militär- und Zivilbehörden
6. Möglichkeit, Gelegenheit, Erlaubnis, *bes* Vollmacht; ***p. omnium rerum*** unbeschränkte Vollmacht; ***alicui potestatem pugnandi facere*** j-m eine Schlacht anbieten; ***potestatem sui facere alicui*** sich j-m zur Verfügung stellen, sich mit j-m auf einen Kampf einlassen, j-m Audienz geben; ***p. certorum hominum mihi est*** ich kann zuverlässige Personen finden; ***p. est*** es ist gestattet, man kann, man darf, + *Inf*
pōtīcius ⟨ī⟩ *m* Plaut. Knabe, Junge
pōtiō[1] ⟨ōnis⟩ *f* ||poto||
1. das Trinken; ***cibus et p.*** Essen und Trinken
2. Gifttrank; (*vkl., nachkl.*) Arznei, Zaubertrank; *poet* Liebestrank
potiō[2] ⟨īvī, ītum, īre 4.⟩ ||potis|| in *j-s* Gewalt bringen, *alicuius*; *Passiv* in *j-s* Gewalt geraten
pōtiōnātus ⟨a, um⟩ *Adj* ||potio[1]|| Suet. mit einem Liebestrank im Leib
▶ **potior**[1] ⟨potius⟩ *Adj Komp* → ***potis***
▶ **potior**[2] ⟨ītus sum, īrī 4.⟩ ||*Denom von* potis||
1. *einer Sache* Herr werden, sich *einer Sache* bemächtigen, *etw* erlangen, *aliquid/re/alicuius rei*; ***summam imperii p.*** Nep. den Gipfel der Macht erlangen; ***auso p.*** ein Wagnis bestehen; ***voto p.*** das Gewünschte erreichen; ***non sum potiunda*** ich bin nicht zu gewinnen, ich bin nicht erreichbar
2. *einen Ort* erreichen
3. besitzen, innehaben, beherrschen, genießen, *re/alicuius rei* etw; *abs* die Oberhand haben; ***omni Numidiā potiebatur*** Sall. er beherrschte ganz Numidien; ***rerum p.*** im Besitz der Macht sein; ***hostes mari potiuntur*** die Feinde haben die Herrschaft zur See; ***qui potiuntur*** die Machthaber
▶ **potis** ⟨e, *Komp* potior, ius, *Sup* potissimus, a, um⟩ *Adj* ||griech. Fw.||
1. vermögend, mächtig; ***p. est*** er vermag, er kann; ***pote est*** es ist möglich
2. *Komp* vorzüglicher, besser, richtiger, *auch* tüchtiger, würdiger; ***multitudine potiores Graecis/quam Graeci*** den Griechen zahlenmäßig überlegen; ***mortem servitute potiorem ducere*** den Mord für besser als die Sklaverei halten, den Tod der Sklaverei vorziehen; ***potiora*** wichtigere Dinge; ***potius*** vielmehr, eher, lieber; ***haec non laudatio sed potius irrisio est*** das ist keine Lobrede, sondern eher eine Spottrede; ***potius quam/quam ut*** lieber als/als dass; ***vel potius/sive potius*** oder vielmehr; ***non potius … quam*** nicht (sowohl) … als vielmehr
3. *Sup* vorzüglichster, hauptsächlichster, wichtigster; ***causa potissima*** der wichtigste Grund; ***potissimum*** am wichtigsten, hauptsächlich, gerade; ***eo potissimum tempore*** gerade zu dieser Zeit
Potītius ⟨a, um⟩ *röm. Gentilname*; → ***Pinarius***
pōtitō ⟨āvī, ātum, āre 1.⟩ ||*Intens von* poto|| Plaut. (*nachkl.*) tüchtig trinken
potītus ⟨a, um⟩ *PPerf* → ***potior***[2]
▶ **pōtō** ⟨āvī, pōtum⟩ *u.* ⟨pōtātum, āre 1.⟩
1. viel trinken, kräftig trinken, saufen, *bes von Tieren, auch* zechen
2. *fig* einsaugen, aufnehmen; ***vellera fucum potant*** die Wolle nimmt die Farbe an
3. Plaut. sich antrinken
pōtor ⟨ōris⟩ *m* (*nachkl.*) *poet* Trinker, Säufer, Zecher; ***aquae p.*** Wassertrinker; ***p. Rhodani*** Anwohner der Rhône
pōtrīx ⟨īcis⟩ *f* ||potor|| Phaedr. Trinkerin, Säuferin
potuī → ***possum***
pōtulentum ⟨ī⟩ *n* ||potulentus|| Getränk
pōtulentus ⟨a, um⟩ *Adj* ||potus||
1. trinkbar
2. (*nachkl.*) betrunken
pōtus[1] ⟨a, um⟩ *Adj* ||poto||
1. ausgetrunken
2. der reichlich getrunken hat, angetrunken, berauscht
pōtus[2] ⟨ūs⟩ *m*
1. das Trinken
2. (*nachkl.*) Getränk
pr. *Abk* = ***pridie*** am Tag vorher
▶ **prae**
I *Präf*
1. vorn, an der Spitze; ***prae-sum*** ich bin an der Spitze; ***prae-acutus*** vorn zugespitzt
2. vor der Zeit, vorzeitig; ***praecox*** früh-reif
3. *örtl.* voraus; ***prae-mittere*** voraus-schicken
4. *steigernd* überaus, sehr; ***prae-dives*** überaus reich
II *Adv*
1. Com. voran, voraus; ***i prae*** geh voran
2. ***prae quam*** = ***praequam.***
III *Präp* + *Abl*
1. *örtl.* vor; ***prae se ferre/gerere*** vor sich tragen; *fig* zur Schau tragen, deutlich zeigen; ***prae se agere*** vor sich hertreiben
2. im Vergleich mit, gegenüber; ***prae omnibus*** mehr als alle
3. *kausal, v. a. hindernd* vor, wegen; ***prae lacrimis loqui non posse*** vor Tränen nicht sprechen können
prae-acūtus ⟨a, um⟩ *Adj* vorn zugespitzt
prae-altus ⟨a, um⟩ *Adj, Adv* ⟨praealtē⟩
1. sehr hoch
2. sehr tief
praebenda ⟨ōrum⟩ *n* ||praebeo||
1. das zustehende Verpflegungsgeld, das zustehende Kleidergeld

P

2. (*mlat.*) Pfründe, Einkünfte aus einem Kirchenamt

praebeō ⟨uī, itum, ēre 2.⟩

1. darreichen, hinhalten
2. gewähren, liefern
3. preisgeben, überlassen
4. verursachen, erregen
5. geschehen lassen, erlauben,
6. sehen lassen, zeigen
7. zeigen, beweisen

1. darreichen, hinhalten, *alicui aliquid* j-m etw; ***aures p. alicui*** j-m Gehör schenken; ***ōs p. ad contumeliam*** sich öffentlich beschimpfen lassen; ***terga p.*** fliehen
2. gewähren, liefern, zur Verfügung stellen; ***regi equites p.*** dem König Reiter stellen
3. preisgeben, überlassen; ***se telis hostium p.*** sich den Geschossen der Feinde aussetzen; ***se continendum p.*** sich festhalten lassen
4. *fig* verursachen, erregen, bewirken; ***speciem horribilem p.*** einen schrecklichen Anblick bieten; ***metum defectionis p.*** Angst vor dem Abfall erregen; ***risum p.*** Gelächter auslösen; ***suspicionem p.*** Verdacht erregen
5. geschehen lassen, erlauben, + *Inf*; ***praebuit ipsa rapi*** sie hat sich selbst entführen lassen
6. (*nachkl.*) sehen lassen, zeigen
7. zeigen, beweisen; ***(se) p.*** + *Akk* sich als etw/als j-d zeigen, *alicui* j-m, *in aliquem* gegen j-n, *in aliquo* bei j-m; ***se attentum auditorem p.*** sich als aufmerksamer Zuhörer erweisen; ***p. se misericordem in aliquem*** sich gegen j-n mitleidig zeigen; ***pari se virtute p.*** sich als an Vorzüglichkeit ebenbürtig erweisen

prae-bibō ⟨bibī, -, bibere 3.⟩ vortrinken, zutrinken, *alicui* j-m

praebita ⟨ōrum⟩ *n* ||praebeo|| Verpflegungsgeld, Kleidergeld

praebitiō ⟨ōnis⟩ *f* ||praebeo|| Darreichung, Lieferung; ***p. copiarum*** Lieferung von Lebensmitteln

praebitor ⟨ōris⟩ *m* ||praebeo|| Lieferant

prae-calidus ⟨a, um⟩ *Adj* (*nachkl.*) sehr warm

prae-calvus ⟨a, um⟩ *Adj* Suet. sehr kahl

praecantātiō ⟨ōnis⟩ *f* ||praecanto|| Quint. Bezauberung

praecantātrīx ⟨īcis⟩ *f* ||praecanto|| Plaut. Zauberin, weise Frau

prae-cantō ⟨āvī, ātum, āre 1.⟩ Petr. besprechen, bezaubern

praecantrīx ⟨īcis⟩ *f* = ***praecantatrix***

prae-cānus ⟨a, um⟩ *Adj* Hor. vorzeitig ergraut

prae-caveō ⟨cāvī, cautum, cavēre 2.⟩

I *v/i*
1. (*vkl., nachkl.*) sich hüten, *a re* vor etw; ***p. a rege*** sich vor dem König hüten
2. Vorsorge treffen; ***p., id ne accideret*** Vorsorge treffen, damit das nicht eintreffe

II *v/t etw* verhüten, *einer Sache* vorbeugen, *aliquid*; ***venenum p.*** dem Gift vorbeugen

prae-cēdō ⟨cessī, cessum, cēdere 3.⟩

I *v/i* vorangehen, vorhergehen; *von Sachen* vorangetragen werden; ***comitum praecesserat ordo*** Verg. die Schar der Begleiter war vorangegangen; ***faces praecedunt*** die Fackeln werden vorangetragen; ***tempora praecedentia*** vorhergehende Zeiten

II *v/t*
1. vorangehen, voranfahren, *aliquem/aliquid* j-m/einer Sache; ***p. classem*** der Flotte voransegeln
2. *fig* übertreffen, überholen; ***reliquos Gallos virtute p.*** die übrigen Gallier an Tüchtigkeit übertreffen

praecellēns *Gen* ⟨entis⟩ *Adj* ||praecello|| hervorragend, ausgezeichnet, vortrefflich

prae-cellō ⟨-, -, ere 3.⟩

I *v/t* übertreffen, *aliquem re* j-n an etw

II *v/i*
1. *j-s* Oberhaupt sein, *j-m* vorstehen, *alicui*; ***genti p.*** das Oberhaupt des Stammes sein
2. sich auszeichnen, hervorragen; ***p. per eloquentiam*** durch Beredsamkeit sich auszeichnen

prae-celsus ⟨a, um⟩ *Adj poet* sehr hoch, sehr schroff

praecentiō ⟨ōnis⟩ *f* ||praecino|| Musik, Vorspiel, *bes vor od beim Opfer*

prae-centō ⟨āvī, ātum, āre 1.⟩ ||canto|| vortragen

prae-cēpī → ***praecipio***

prae-ceps ⟨cipitis⟩ ||prae, caput||

I *Adj, Adv* ⟨praeceps⟩
1. mit dem Kopf voran, kopfüber; ***aliquem praecipitem de porticu in forum deicere*** j-n kopfüber von der Halle auf das Forum werfen
2. *von Örtlichkeiten* jäh, abschüssig, schroff, abfallend; ***saxa praecipitia*** schroffe Felsen; ***p. ac lubrica via vitae*** *fig* der abschüssige und gefährliche Weg durchs Leben; *Adv* jählings, in die Tiefe, in der Tiefe
3. gefährlich, ins Verderben stürzend; ***famam alicuius praeceps*** (*Adv*) ***dare*** j-s Ruf in jähe Gefahr bringen
4. (*nachkl.*) *poet* sich neigend, geneigt; ***sol p. in occasum*** die zum Untergang sich neigende Sonne
5. *fig zeitl.* sich neigend, zu Ende gehend; ***die iam praecipiti*** da der Tag sich schon neigt
6. *von Personen* geneigt; ***homo in iram p.*** ein zum Zorn neigender Mensch
7. Hals über Kopf, schleunigst; ***aliquis p. fugae se mandat*** j-d flieht Hals über Kopf; ***aliquem praecipitem agere*** j-n in eiliger Flucht vor sich hertreiben; ***fluvius p.*** reißender Fluss; ***p. Africus*** stürmischer Westsüdwestwind; ***remedium p.*** augenblicklich wirkendes Heilmittel
8. jählings, blindlings; ***aliquis p. cadit*** j-d stürzt blindlings ins Verderben
9. übereilt, voreilig, unbesonnen; besinnungslos

II *n*
1. (*nachkl.*) schroffer Abhang, Abgrund, jähe Tiefe; ***aliquid in praeceps rapere*** etw in die Tiefe reißen
2. Gefahr, Verderben; ***in praeceps dare*** ins Verderben stürzen; ***aegrum ex praecipiti levare*** einen Kranken aus Lebensgefahr retten

praeceptiō ⟨ōnis⟩ *f* ||praecipio||
1. Unterweisung, Vorschrift, Lehre
2. PHIL Vorstellung
3. Plin. JUR Vorauserbe, *ein der allg. Erbschaft vorgezogener Erbteil*

praeceptīvus ⟨a, um⟩ *Adj* ||praecipio|| vorschreibend, ratend

praeceptor ⟨ōris⟩ *m* ||praecipio|| Lehrer, *bes* PHIL *alicuius* j-s, *alicuius rei* in etw

praeceptrīx ⟨īcis⟩ *f* ||praeceptor|| Lehrerin, Erzieherin

▶ **praeceptum** ⟨ī⟩ *n* ||praecipio||
1. Vorschrift, Weisung, Befehl, Auftrag; ***praeceptum observare*** Caes. eine Vorschrift beachten; ***praeceptum dare/ponere in rem*** einen Auftrag geben zu etw
2. Rat, Warnung
3. Lehre, Regel; ***p. disserendi*** Logik

prae-ceptus ⟨a, um⟩ *PPP* → ***praecipio***

prae-cerpō ⟨cerpsī, cerptum, cerpere 3.⟩ ||carpo||
1. vor der Zeit pflücken, vor der Zeit ernten; ***messes p.*** Getreide vor der Zeit ernten
2. *fig* vorwegnehmen

praecessī → ***praecedo***

praecessum *PPP* → ***praecedo***

prae-cīdō ⟨cīdī, cīsum, cīdere 3.⟩ ||caedo||
1. vorn abschneiden, vorn abhauen; ***ancoras p.*** die Anker kappen; ***linguam alicui p.*** Plaut. *fig* j-m das Wort abschneiden
2. entfernen, nehmen; ***alicui spem p.*** j-m die Hoffnung nehmen
3. abschlagen, verweigern
4. sich kurz fassen, mitten im Reden abbrechen, *abs*; ***praecide*** mach es kurz
5. zerschneiden; *fig* schnell abbrechen; ***naves p.*** Schiffe unbrauchbar machen

praecīnctiō ⟨ōnis⟩ *f* ||praecingo|| Umfassungsmauer *der Amphitheater u. Theater, terrassenförmig ansteigend, mit umlaufendem Gang im Inneren als Zugang zu den Sitzen*

praecinctūra ⟨ae⟩ *f* ||praecingo|| Umgürtung

prae-cingō ⟨cinxī, cinctum, cingere 3.⟩
1. gürten, umgürten; *Passiv* sich gürten
2. (*nachkl.*) *fig* umgeben, umkränzen; ***cervix praecingitur auro*** Ov. der Nacken wird bekränzt mit Gold

P

prae-cinō ⟨cinuī⟩ *u.* ⟨cecinī, -, cinere 3.⟩ ||cano||
I *v/i*
1. vorspielen, ertönen, erklingen, *alicui rei* vor etw, bei etw; ***fides praecinunt*** die Laute klingt; ***sacrificiis p.*** bei den Opfern ertönen
2. Tib. eine Zauberformel hersagen
II *v/t* vorhersagen, weissagen

praecipes *Gen* ⟨is⟩ *Adj* = ***praeceps***

prae-cipiō ⟨cēpī, ceptum, cipere 3.⟩ ||capio||

1. vorher nehmen, vorher gewinnen
2. vorauserben
3. im Voraus genießen, im Voraus empfinden
4. vorgreifen
5. vorschreiben, befehlen
6. lehren

1. vorher nehmen, vorher gewinnen, vorwegnehmen; ***montem p.*** den Berg vorher besetzen; ***iter p.*** einen Vorsprung gewinnen, *auch* vor einem anderen abreisen; ***tempore praecepto*** wegen des zeitlichen Vorsprungs; ***bellum p.*** einen Krieg vorher anfangen; ***cantūs p.*** den Gesang als Vorsängerin anstimmen; ***aestus lac praecipit*** die Hitze trocknet die Milch vorher aus; ***seges praecipitur*** das Getreide wird zu rasch reif
2. (*nachkl.*) JUR vorauserben
3. im Voraus genießen, im Voraus empfinden; im Voraus kennen lernen, im Voraus erfahren; ***spem p.*** im Voraus hoffen
4. vorgreifen, *aliquid re* einer Sache mit etw; ***aliquid opinione/animo/cogitatione p.*** etw im Voraus vermuten, sich vorstellen; ***non praecipiam*** ich will nicht vorgreifen
5. vorschreiben, befehlen, *alicui aliquid/de re* j-m etw, *ut/ne* dass/dass nicht, + *Konjkt*/ + *Inf*/ + *AcI*/ + *indir Fragesatz*; *j-m* raten, *j-n* warnen, *alicui*
6. lehren, *abs od alicui aliquid/de re* j-n etw; ***praecipientes*** die Lehrer

praecipitanter *Adv* ||praecipio|| Lucr. Hals über Kopf

praecipitātiō ⟨ōnis⟩ *f* ||praecipio|| (*nachkl.*) das Herabstürzen

praecipitium ⟨ī⟩ *n* ||praeceps|| (*nachkl.*) abschüssige Stelle

praecipitō ⟨āvī, ātum, āre 1.⟩ ||praeceps||

I
1. kopfüber hinabwerfen, kopfüber hinabstürzen
2. stürzen, ins Verderben stürzen
3. übereilen, überstürzen
4. drängen,
II
1. sich kopfüber hinabstürzen, plötzlich hinabfallen
2. rasch eilen, geraten
3. zu Ende gehen
4. zugrunde gehen, sinken

I *v/t*
1. kopfüber hinabwerfen, kopfüber hinabstürzen, *aliquem/aliquid* j-n/etw, *de re/ex re*, von etw, *in aliquid* in etw; ***aliquem ex muro/de muro in fluvium p.*** j-n von der Mauer in den Fluss werfen; *Passiv u.* ***se p.*** sich hinabstürzen; *von Gestirnen* rasch untergehen; ***in flumen se p./praecipitari*** sich in den Fluss stürzen; ***lux praecipitatur aquis*** das Licht stürzt sich dem Wasser zu; ***praecipitatus*** zu Ende eilend, sinkend
2. *fig* stürzen, ins Verderben stürzen, vernichten, zugrunde richten; ***aliquem de altissimo dignitatis gradu p.*** j-n vom Höhepunkt des Ansehens herabstürzen
3. (*nachkl.*) *fig* übereilen, überstürzen; ***consilia p.*** Pläne übereilen; ***furor iraque mentem praecipitant*** Wut und Zorn reißen den Verstand mit
4. *fig* drängen, + *Inf* zu etw
II *v/i*
1. sich kopfüber hinabstürzen, plötzlich hinabfallen, *ex re/de re* von etw; ***praecipitantem impellere*** j-n während des Sturzes noch einen Stoß geben = einen Unglücklichen noch unglücklicher machen; ***nox caelo/de caelo praecipit*** die Nacht flieht schnell vom Himmel
2. *fig* rasch eilen, geraten, *in rem/ad rem* in etw; ***ad exitium p.*** ins Verderben stürzen
3. *fig* (*zeitl.*) zu Ende gehen; ***hiems praecipitat*** der Winter geht zu Ende
4. *fig* zugrunde gehen, sinken; ***praecipitanti rei pu-***

blicae subvenire dem vom Untergang bedrohten Staat zu Hilfe kommen

praecipuē *Adv* ||praecipuus|| vorzugsweise, besonders; ***praecipue cum*** zumal da

praecipuum ⟨ī⟩ *n* ||praecipuus|| Plaut. das Wichtigste, Vorzug; *Pl* PHIL Vorzügliches, *selbst nicht das Gute, aber dem Guten am nächsten*

▶ **praecipuus**

I ⟨a, um⟩ *Adj* ||praecipio||

1. ausschließlich, ein besonderer, eigentümlich, *alicui* für j-n; ***periculum praecipuum*** persönliche Gefahr; ***supplicium praecipuum*** besonders empfindliche Strafe

2. *von Personen u. Sachen* hervorragend, außerordentlich *im Guten u. Schlechten*; ***aliquem praecipuo honore habere*** Caes. j-n in besonderen Ehren halten

3. (*nachkl.*) besonders geeignet, *ad aliquid* zu etw; ***p. ad scelera*** großer Verbrecher

II ⟨ī⟩ *m*

1. (*nachkl.*) Hauptperson; *Pl* die Wichtigsten; ***p. amicorum*** der beste unter den Freunden

2. JUR Vorerbe, Vorauserbe

praecīsiō ⟨ōnis⟩ *f* ||praecido||

1. das Abschneiden

2. *meton* Abschnitt, Ausschnitt

3. RHET das Abbrechen *eines Gedankens*

praecīsus[1] ⟨a, um⟩ *Adj, Adv* ⟨praecīsē⟩ ||praecido||

1. (*nachkl.*) *poet* jäh, abschüssig; ***saxum praecisum*** abschüssiger Felsen

2. RHET abgebrochen, kurz, bündig; ***conclusio praecisa*** bündiger Schluss

3. *Adv* kurz, abgekürzt; schlechthin

prae-cīsus[2] ⟨a, um⟩ *PPP* → ***praecido***

praeclāra ⟨ōrum⟩ *n* ||praeclarus|| Kostbarkeiten

prae-clārus ⟨a, um⟩ *Adj, Adv* ⟨praeclārē⟩

1. sehr hell, sehr klar; *fig* sehr deutlich

2. *fig* glänzend, herrlich, vortrefflich, *in re / alicuius rei* in etw; ***praeclarum est*** es ist ehrenvoll; ***praeclarum in servis auxilium*** *iron* eine herrliche Hilfe an den Sklaven

3. *fig* angesehen, berühmt; Sall. *selten* berüchtigt

prae-clūdō ⟨clūsī, clūsum, clūdere 3.⟩ ||claudo|| zuschließen, verschließen; MIL versperren; ***vocem alicui p.*** j-m das Maul stopfen

praecō ⟨ōnis⟩ *m* Ausrufer, Herold; *fig* Lobredner; ***aliquid praeconi / sub praeconem subicere*** etw unter den Hammer bringen

prae-cōgitō ⟨āvī, ātum, āre 1.⟩ (*nachkl.*) vorher überdenken

prae-cognōscō ⟨cognōvī, cognitum, cognōscere⟩ (*unkl.*) vorher erfahren

prae-colō ⟨coluī, cultum, colere 3.⟩

1. vorher bearbeiten, vorbilden

2. vorschnell verehren

prae-compositus ⟨a, um⟩ *Adj* Ov. vorher einstudiert

praecōnium ⟨ī⟩ *n* ||praeconius||

1. Amt des öffentlichen Ausrufers; ***praeconium facere*** Ausrufer sein

2. (*nachkl.*) kräftige Stimme

3. öffentliche Bekanntmachung, Veröffentlichung

4. *fig* Verherrlichung, Lobpreis, *auch Pl*; Verkündigung

praecōnius ⟨a, um⟩ *Adj* ||praeco|| dem Ausrufer eigen, dem Herold eigen

prae-cōnsūmō ⟨sūmpsī, sūmptum, sūmere 3.⟩ Ov. vorher aufbrauchen; vorher aufreiben

prae-contrectō ⟨-, -, āre 1.⟩ Ov. vorher betasten; ***eam videndo p.*** sie mit Blicken verschlingen

prae-coquis ⟨e⟩ *Adj* = ***praecox***

prae-cordia ⟨ōrum⟩ *n* ||prae, cor||

1. Zwerchfell; Eingeweide, *bes* Magen

2. (*nachkl.*) Brusthöhle, Brust

3. *fig* Herz *als Sitz des Gefühls*; Gefühl, Gemüt; ***p. stolidae mentis*** törichter Sinn

prae-corrumpō ⟨rūpī, ruptum, rumpere 3.⟩ Ov. vorher bestechen; *fig* vorweg einnehmen *gegen jdn*

prae-cox *Gen* ⟨cocis⟩ *Adj* ||coquo||

1. (*nachkl.*) frühreif

2. (*nachkl.*) *fig* unzeitig, vorschnell

prae-cultus ⟨a, um⟩ *Adj* (*nachkl.*) *poet* sehr (aus)geschmückt

prae-cupidus ⟨a, um⟩ *Adj* ganz begierig; ***p. pretiosae supellectilis*** Suet. ganz gierig auf kostbaren Hausrat

prae-currō ⟨(cu)currī, cursum, currere 3.⟩

1. vorauslaufen, vorauseilen; ***equites praecurrunt*** Reiter reiten voran; ***eo fama praecurrerat*** dorthin war das Gerücht vorausgeeilt

2. *zeitl. fig* vorangehen, vorhergehen; ***certis rebus certa signa praecurrunt*** Cic. gewissen Dingen gehen bestimmte Zeichen voraus; ***aliquem aetate p.*** älter sein als j-d

3. *j-m* zuvorkommen, *j-n* überholen, *aliquem / alicui*

4. *fig* übertreffen, *aliquem / alicui* j-n; ***aliquem celeritate p.*** j-n an Schnelligkeit übertreffen

praecursiō ⟨ōnis⟩ *f* ||praecurro||

1. das Vorhergehen

2. Vorbereitung *der Zuhörer*

3. Plin. MIL Geplänkel

praecursor ⟨ōris⟩ *m* ||praecurro||

1. Vorläufer

2. vorauseilender Diener, *auch* Kundschafter

3. *Pl* Liv. MIL Vorhut

4. (*eccl.*) Vorläufer *Christi*, = Johannes

praecursōrius ⟨a, um⟩ *Adj* ||praecursor|| (*nachkl.*) vorauseilend; vorläufig

prae-cursus ⟨a, um⟩ *PPP* → ***praecurro***

prae-cutiō ⟨cussī, cussum, cutere 3.⟩ ||quatio|| Ov. (voraus)schwingen

▶ **praeda** ⟨ae⟩ *f*

1. Beute, Kriegsbeute, Jagdbeute, *auch Pl*; ***praedam agere*** Beutevieh wegtreiben; ***esse ex praeda*** ein Beutestück sein; ***praedae esse*** zur Beute werden, *auch* Beute einbringen; ***p. hostium*** von den Feinden gemachte Beute, *auch* den Feinden abgenommene Beute

2. = ***praedatio***

3. *meton* Raub, geraubtes Gut

4. *fig* Gewinn, Vorteil; ***magnas praedas facere*** großen Gewinn ziehen

5. Phaedr. unterschlagener Fund

praedābundus ⟨a, um⟩ *Adj* ||praedor|| (*nachkl.*) auf Beute ausgehend

prae-damnō ⟨āvī, ātum, āre 1.⟩ im Voraus verurteilen; ***spem p.*** die Hoffnung schon im Voraus aufgeben

P

praedātiō ⟨ōnis⟩ *f* ||praedor|| (*nachkl.*) das Beutemachen, das Rauben, das Plündern

praedātor
I ⟨ōris⟩ *m* ||praedor||
1. Plünderer; ***exercitus p.*** plünderndes Heer
2. Ov. *fig* Jäger
II *Gen* ⟨ōris⟩ *Adj* gewinnsüchtig

praedātōrius ⟨a, um⟩ *Adj* ||praedator|| Beute machend, räuberisch; ***navis praedatoria*** Seeräuberschiff

praedātus[1] ⟨a, um⟩ *Adj* ||praedo[2]|| Plaut. mit Beute versehen

praedātus[2] ⟨ūs⟩ *m* ||praedor|| Plaut. das Beutemachen, das Plündern

prae-dēlassō ⟨-, -, āre 1⟩ Ov. vorher schwächen

praedēstinātiō ⟨ōnis⟩ *f* ||praedestino|| (*eccl.*) Vorherbestimmung

prae-dēstinō ⟨āvī, ātum, āre 1.⟩ (*nachkl.*) *poet* im Voraus bestimmen, im Voraus zum Ziel setzen

praediātor ⟨ōris⟩ *m* ||praedium|| Aufkäufer *der an den Staat verpfändeten Grundstücke*, Grundstücksmakler, *auch* Grundstückssachverständiger

praediātōrius ⟨a, um⟩ *Adj* ||praediator|| die Pfändung von Gütern betreffend; ***ius praediatorium*** Pfandrecht

praedicābilis ⟨e⟩ *Adj* ||praedico[1]|| rühmenswert

praedicātiō ⟨ōnis⟩ *f* ||praedico[1]||
1. öffentliche Bekanntmachung *durch den praeco*
2. rühmende Erwähnung, *alicuius* j-s, *alicuius rei / de re* einer Sache
3. Aussage, *alicuius rei* über etw
4. (*eccl.*) Verkündigung *des Evangeliums*, Predigt

praedicātor ⟨ōris⟩ *m* ||praedico[1]||
1. (*nachkl.*) Ausrufer
2. *fig* Lobredner
3. (*eccl.*) Verkündiger des Evangeliums, Prediger; ***fratres praedicatores*** Dominikaner, *ein chr. Mönchsorden*

P

▶ **prae-dīcō**[1] ⟨āvī, ātum, āre 1.⟩
1. öffentlich ausrufen, bekannt machen
2. *fig* öffentlich erklären, ankündigen, nachdrücklich hervorheben
3. preisen, rühmen; ***aliquem liberatorem patriae p.*** j-n als Befreier des Vaterlandes preisen; ***p. de re*** viel Aufhebens um etw machen
4. (*eccl.*) *das Evangelium* verkünden, predigen

prae-dīcō[2] ⟨dīxī, dictum, dīcere 3.⟩
1. *schriftlich, mündlich* vorher bemerken, vorausschicken; ***praedictus*** vorher erwähnt, oben erwähnt
2. *Zukünftiges* voraussagen, vorhersagen, prophezeien; ***defectionem solis p.*** eine Sonnenfinsternis voraussagen
3. (*nachkl.*) vorher festsetzen, vorher bestimmen; ***reo diem p.*** den Termin für den Angeklagten vorher festsetzen
4. vorschreiben, einschärfen, warnen, *alicui aliquid* j-m etw, *ut / ne*

praedictiō ⟨ōnis⟩ *f* ||praedico[2]||
1. Quint. das Vorhersagen
2. Weissagung, Prophezeiung

praedictum ⟨ī⟩ *n* ||praedico[2]||
1. Voraussage
2. Weissagung
3. Befehl
4. Verabredung; ***ex praedicto*** Liv. aufgrund einer Verabredung

praediolum ⟨ī⟩ *n* ||*Dim von* praedium|| kleines Landgut

prae-discō ⟨didicī, -, discere 3.⟩ *etw* vorher lernen, sich vorher mit *etw* bekannt machen, *aliquid*

prae-dispositus ⟨a, um⟩ *Adj* (*nachkl.*) vorher hier und da aufgestellt

▶ **prae-ditus** ⟨a, um⟩ *Adj* begabt, versehen, ausgestattet; *pej* behaftet, *re* mit etw

praedium ⟨ī⟩ *n* Landgut, Gut, ländliche Besitzung; *allg.* Grundbesitz; ***p. urbanum*** Landgut im Stadtgebiet

prae-dīves *Gen* ⟨dīvitis⟩ *Adj* (*nachkl.*) *poet* sehr reich; ***p. cornu*** Ov. reich gefülltes Horn

prae-dīvīnō ⟨āvī, ātum, āre 1.⟩ (*vkl., nachkl.*) vorausahnen

▶ **praedō**[1] ⟨ōnis⟩ *m* ||praeda||
1. Plünderer, Räuber; ***p.*** (***maritimus***) Seeräuber; ***bellum praedonum*** Seeräuberkrieg
2. (Ov., Verg.) Entführer *einer Person*
3. Frevler, *alicuius rei* gegen etw

praedō[2] ⟨āvī, ātum, āre 1.⟩ ||*Denom von* praeda|| (*vkl., nachkl.*) rauben

prae-doceō ⟨docuī, doctum, docēre 2.⟩ (*nachkl.*) vorher unterrichten

prae-domō ⟨uī, -, āre 1.⟩ im Voraus bändigen

praedor ⟨ātus sum, ārī 1.⟩ ||*Denom von* praeda||
I *v/i* Beute machen, plündern; *fig* sich bereichern
II *v/t*
1. (*nachkl.*) *poet* ausplündern
2. erbeuten, rauben; ***aliquem p.*** an j-m einen Fang tun

prae-dūcō ⟨dūxī, ductum, dūcere 3.⟩ vor *etw* ziehen, *aliquid alicui rei* etw vor etw

prae-dulcis ⟨e⟩ *Adj* sehr süß; *fig* sehr lockend; *abwertend* süßlich; ***praedulce illud dicendi genus*** Quint. jene süßliche Art zu reden

prae-dūrus ⟨a, um⟩ *Adj* (*nachkl.*) *poet* sehr hart, sehr abgehärtet

prae-ēmineō ⟨-, -, ēre 2.⟩ (*nachkl.*) = ***praemineo***

prae-eō ⟨iī⟩ *u.* ⟨īvī, ītum, īre 0.⟩
1. vorausgehen, vorangehen, *abs od alicui / aliquem* j-m; ***aliquem / alicui Romam p.*** j-m nach Rom vorausgehen
2. *fig* vorsprechen, *bes eine Eidesformel*
3. (*nachkl.*) *fig* vorschreiben, verordnen

prae-esse → ***praesum***

praefātiō ⟨ōnis⟩ *f* ||praefor||
1. Einleitungsformel, Eingangsformel; ***p. sacrorum*** Einleitungsformel der Opferhandlung
2. (*nachkl.*) Vorwort, Vorrede, Einleitung
3. (*eccl.*) Praefation, Einleitung des Hochgebetes

prae-fēcī → ***praeficio***

praefectūra ⟨ae⟩ *f* ||praefectus[2]||
1. Amt des Vorstehers, Amt des Aufsehers, *bes im Staat*; ***p. morum*** Amt des Sittenrichters
2. Plaut. Richteramt
3. MIL Befehlshaberstelle, Kommando
4. höhere Offiziersstelle *in der Provinz*
5. (*nachkl.*) *meton* kaiserliche Provinzialverwaltung, Statthalterschaft
6. *meton ital.* Kreisstadt *unter röm. Verwaltung*

▶ **praefectus**[1] ⟨ī⟩ *m* ||praeficio||
1. Vorgesetzter, Vorsteher, Aufseher; Kommandant, Anführer, Befehlshaber; ***p. urbis/urbi*** Gouverneur von Rom; ***p. classis/classi*** Admiral; ***p. navis*** Kapitän; ***p. praetoriarum cohortium*** Befehlshaber der Prätorianer, Befehlshaber der kaiserlichen Leibwache; ***p. fabrum*** Werkmeister; ***p. custodum*** Wachkommandant; ***p. vigilum*** Feuerwehrkommandant; ***p. vehiculorum*** Chef der kaiserlichen Post
2. Offizier, *bes* Befehlshaber der bundesgenössischen Reiterei und Hilfstruppen
3. *außerhalb des röm. Staates* höherer Beamter, höherer Offizier, General, Statthalter; *bei den Persern* Satrap
4. (*mlat.*) Burggraf
5. ***p. aulae*** (*mlat.*) Hausmeier; ***p. chori*** (*mlat.*) Chorführer

prae-fectus[2] ⟨a, um⟩ *PPP* → ***praeficio***

prae-ferō ⟨tulī, lātum, ferre 0.⟩
1. vorantragen, voraustragen, *alicui aliquid* j-m etw; ***praetoribus fasces p.*** den Prätoren die Rutenbündel voraustragen
2. (*nachkl.*) vorn an sich tragen, zeigen
3. *fig* an den Tag legen, zeigen; ***iudicium p.*** ein Urteil äußern; ***amorem p.*** Liebe heucheln; ***opinio huius diei praefertur*** die Meinung von dem Erfolg dieses Tages äußert sich dahin
4. (*nachkl.*) *fig* vorschützen; ***officii titulum sceleri p.*** Pflichttreue als Aushängeschild für ein Verbrechen gebrauchen; ***speciem pietatis odio p.*** seinen Hass unter dem Schein der Ergebenheit verbergen
5. *fig* den Vorzug geben; ***se alicui p./alicui praeferri*** j-n überflügeln
6. (*nachkl.*) *fig* vorziehen, *aliquid alicui rei* etw einer Sache; ***mortem servituti p.*** Cic. den Tod der Knechtschaft vorziehen
7. (*nachkl.*) *zeitl. fig* vorwegnehmen
8. *Passiv* (*nachkl.*) vorbeieilen, vorbeifahren, vorbeireiten, vorbeiziehen, *abs od aliquid/praeter aliquid* an etw; ***castra sua p.*** am Lager vorbeieilen

prae-ferōx *Gen* ⟨ōcis⟩ *Adj* (*nachkl.*) sehr wild, sehr ungestüm

prae-ferrātus ⟨a, um⟩ *Adj* vorn mit Eisen beschlagen; *fig* in Ketten geschlagen

prae-fervidus ⟨a, um⟩ *Adj* (*vkl., nachkl.*) sehr heiß; *fig* glühend; ***irā p.*** vor Jähzorn glühend

prae-festīnō ⟨āvī, ātum, āre 1.⟩ (*vkl., nachkl.*)
1. sich übereilen
2. vorbeieilen, *aliquid* an etw

prae-fica ⟨ae⟩ *f* ||prae, facio|| (*vkl., nachkl.*) Klagefrau *bei Bestattungen*

prae-ficiō ⟨fēcī, fectum, ficere 3.⟩ ||facio||
1. an die Spitze von *etw* stellen, mit *etw* betrauen, mit *etw* beauftragen, *alicui rei*; ***aliquem classi p.*** j-n an die Spitze der Flotte stellen
2. *j-n* anstellen, *j-n* bestellen, *j-m* eine Offiziersstelle verleihen; ***certos homines p.*** zuverlässige Leute anstellen; ***aliquem in eo exercitu p.*** j-m in diesem Heer eine Offiziersstelle verleihen

prae-fīdēns *Gen* ⟨entis⟩ *Adj* zu sehr vertrauend

prae-fīgō ⟨fīxī, fīxum, fīgere 3.⟩
1. vorn anheften, vorn anschlagen, *aliquid alicui rei/in re/ad aliquid* etw an etw; ***sudes p.*** Pfähle vorn am Ufer einschlagen
2. vorn beschlagen, vorn versehen, *aliquid re* etw mit etw; ***asseres cuspidibus praefixi*** Caes. mit Spitzen beschlagene Stangen
3. Tib. durchbohren; ***stat latus praefixa veru*** sie steht, die Seite durchbohrt von einem Spieß

prae-fīniō ⟨īvī⟩ *u.* ⟨iī, ītum, īre 4.⟩ vorher bestimmen, vorher festsetzen, *auch* beschränken; ***diem p.*** den Termin vorher festsetzen; ***numero nusquam finito*** Liv. ohne zahlenmäßige Beschränkung

prae-fiscinē *u.* **prae-fiscinī** *Adv* ||fascinum|| (*vkl., nachkl.*) unberufen

prae-flōrō ⟨āvī, ātum, āre 1.⟩ ||flos|| vorher der Blüte berauben

prae-fluō ⟨-, -, ere 3.⟩ (*nachkl.*) *poet* vorbeifließen, *aliquid* an etw

prae-fōcō ⟨āvī, ātum, āre 1.⟩ ||fauces|| (*nachkl.*) *poet* ersticken, erwürgen

prae-fodiō ⟨fōdī, fossum, fodere 3.⟩
1. Verg. einen Graben ziehen, *aliquid* vor etw
2. Ov. vorher vergraben

prae-for ⟨fātus sum, fārī 0.⟩ *Defektivum*
1. RELIG als Eingangsformel vorausschicken, die Eingangsformel zum Opfer sprechen, *aliquid alicui rei* etw einer Sache, etw vor etw
2. (*nachkl.*) vorläufig erklären, + *AcI*
3. als Vorwort vorausschicken, als Entschuldigung vorausschicken; ***pauca praefatus de sua senectute*** nach wenigen Worten über sein hohes Alter
4. vorsprechen, vorbeten
5. *poet* vorher anrufen, ***divos*** die Götter
6. (*nachkl.*) *poet* vorhersagen, weissagen

prae-formīdō ⟨āvī, ātum, āre 1.⟩ (*nachkl.*) *poet* vor *etw* zurückschrecken

prae-fōrmō ⟨āvī, ātum, āre 1.⟩ Quint. vorher entwerfen; vorzeichnen, vorschreiben

praefrāctus[1] ⟨a, um⟩ *Adj, Adv* ⟨praefrāctē⟩ ||praefringo||
1. Sen. eckig
2. *fig* schroff *in der Schreibart; vom Charakter* rücksichtslos

prae-frāctus[2] ⟨a, um⟩ *PPP* → ***praefringo***

prae-frēgī → ***praefringo***

prae-frīgidus ⟨a, um⟩ *Adj* (*nachkl.*) *poet* sehr kalt

prae-fringō ⟨frēgī, frāctum, fringere 3.⟩ ||frango|| vorn abbrechen, oben abbrechen

prae-fuī → ***praesum***

prae-fulciō ⟨fulsī, fultum, fulcīre 4.⟩
1. Plaut. als Stütze gebrauchen
2. vorbauen, unterstützen

prae-fulgeō ⟨fulsī, -, fulgēre 2.⟩ (*nachkl.*)
1. *poet* hervorleuchten, hervorstrahlen
2. *fig* auffallen, sich auszeichnen

prae-gelidus ⟨a, um⟩ *Adj* (*nachkl.*) sehr kalt

prae-gestiō ⟨-, -, īre 4.⟩ sich lebhaft freuen, + *Inf*

praegnāns *Gen* ⟨antis⟩ *Adj u.* (*vkl., spätl.*) **praegnās** *Gen* ⟨ātis⟩ *Adj* ||(g)nascor||
1. schwanger; *von Tieren* trächtig
2. *fig* strotzend, voll
3. Plaut. *fig* derb

prae-gracilis ⟨e⟩ *Adj* Tac. sehr hager, sehr dürr

prae-grandis ⟨e⟩ *Adj* (*unkl.*) überaus groß; *fig* gewaltig

prae-gravis ⟨e⟩ *Adj* (*nachkl.*)

1. sehr schwer; ***currus crateris aureis p.*** schwer mit goldenen Mischgefäßen beladener Wagen
2. *fig* sehr schwerfällig
3. *fig* überladen
4. *fig* sehr lästig, *alicui* für jdn

prae-gravō ⟨āvī, ātum, āre 1.⟩ (*nachkl.*)
I *v/t*
1. sehr belasten, sehr beschweren; ***scuta telis p.*** die Schilde durch Geschosse sehr belasten
2. *fig* niederdrücken, belästigen
3. *fig* verdunkeln
II *v/i* überwiegen, das Übergewicht haben

prae-gredior ⟨gressus sum, gredī 3.⟩ ||gradior||
1. vorausgehen, vorausschreiten, vorausziehen, *abs od aliquem* j-m; ***lictores praegrediebantur*** die Liktoren gingen voraus; ***agmen p.*** dem Heer vorausgehen
2. (*nachkl.*) zuvorkommen, *aliquem* j-m
3. vorbeigehen, vorüberziehen, *aliquid* an etw; ***castra p.*** am Lager vorüberziehen

praegressiō ⟨ōnis⟩ *f* ||praegredior|| das Vorangehen; ***p. stellarum*** das Vorrücken der Sterne

praegressus[1] ⟨ūs⟩ *m* ||praegredior|| das Voranschreiten; *fig* Entwicklung; *Pl* Entwicklungsstufen

prae-gressus[2] ⟨a, um⟩ *PPerf* → ***praegredior***

praegustātor ⟨ōris⟩ *m* ||praegusto|| (*nachkl.*) *poet* Vorkoster *von Speisen u. Getränken*, (*klass.*) *nur fig*

prae-gustō ⟨āvī, ātum, āre 1.⟩ (*nachkl.*) *poet* vorkosten; vorher genießen, vorher zu sich nehmen; ***medicamina p.*** vorher Gegengifte zu sich nehmen

prae-hibeō ⟨uī, itum, ēre 2.⟩ Plaut. = ***praebeo***

prae-iaceō ⟨-, -, ēre 2.⟩ (*nachkl.*) *poet* vor *etw* liegen, *alicui rei / aliquid*

praeiūdicātum ⟨ī⟩ *n* ||praeiudico||
1. = ***praeiudicium***
2. Liv. im Voraus Entschiedenes; ***aliquid pro praeiudicato ferre*** etw im Voraus für entschieden halten

prae-iūdicium ⟨ī⟩ *n*
1. JUR Vorentscheidung, *die für die spätere Entscheidung als Norm gelten kann od muss, de re* über etw
2. Liv. *allg.* vorgefasstes Urteil, maßgebendes Beispiel, *bes* schlimmes Vorzeichen, trübe Aussichten; ***p. belli*** schlimmes Vorzeichen für den Krieg

prae-iūdicō ⟨āvī, ātum, āre 1.⟩ eine Vorentscheidung abgeben, im Voraus entscheiden; *fig* im Voraus urteilen, *de re* über etw; ***opinio praeiudicata*** vorgefasste Meinung

prae-iuvō ⟨iūvī, -, iuvāre 1.⟩ (*nachkl.*) vorher unterstützen

prae-lābor ⟨lāpsus sum, lābī 3.⟩
1. sich vorwärts bewegen, vorangleiten
2. vorbeigleiten, vorüberfahren, *abs od aliquid* an etw

prae-lambō ⟨-, -, ere 3.⟩ Hor. vorher belecken

praelatus[1] ⟨ī⟩ *m* (*mlat.*) *kirchlicher* Würdenträger, Prälat

prae-lātus[2] ⟨a, um⟩ *PPP* → ***praefero***

prae-lautus ⟨a, um⟩ *Adj* Suet. prachtliebend

prae-lēctiō ⟨ōnis⟩ *f* Quint. das Vorlesen

prae-legō ⟨lēgī, lēctum, legere 3.⟩ (*nachkl.*)
1. *erklärend* vorlesen; (*mlat.*) eine Vorlesung halten
2. vorüberfahren, vorübersegeln, *aliquid* an etw

prae-ligō ⟨āvī, ātum, āre 1.⟩
1. vorn anbinden, *aliquid alicui rei* etw an etw; ***fasces cornibus boum p.*** Liv. Bündel an den Hörnern der Rinder anbinden
2. (*nachkl.*) umbinden, *re* mit etw
3. zubinden; ***ōs folliculo p.*** Cic. den Mund mit einer Hülle zubinden; ***praeligatum pectus*** Plaut. *fig* verstocktes Herz

prae-longus ⟨a, um⟩ *Adj* (*nachkl.*) sehr lang

prae-loquor ⟨locūtus sum, loquī 3.⟩
1. Plaut. vor einem anderen reden, j-m das Wort nehmen
2. (*nachkl.*) einleitend sagen

prae-lūceō ⟨lūxī, -, lūcēre 2.⟩
I *v/i von Personen u. Sachen* vorleuchten, *alicui* j-m, *alicui rei* zu etw; ***servus praelucens*** vorausleuchtender Sklave; ***maioribus suis virtute sua p.*** *fig* seinen Vorfahren durch Tüchtigkeit den Weg zur Berühmtheit öffnen
II *v/t*
1. voranleuchten lassen; ***bonam spem in posterum p.*** gute Hoffnung in die Zukunft voranleuchten lassen = die Zukunft in hellem Licht erscheinen lassen
2. Hor. *fig* übertreffen, überstrahlen

prae-ludium ⟨ī⟩ *n* (*nlat.*) Vorspiel

prae-lūdō ⟨lūsī, -, lūdere 3.⟩ (*nachkl.*) vorspielen; proben

prae-lūsiō ⟨ōnis⟩ *f* ||praeludo|| Plin. Vorspiel

prae-lūstris ⟨e⟩ *Adj* Ov. sehr glänzend; *fig* sehr vornehm; allzu hoch

praemandātum ⟨ī⟩ *n* ||praemando|| Steckbrief; ***aliquem praemandatis requirere*** j-n steckbrieflich suchen

prae-mandō ⟨āvī, ātum, āre 1.⟩
1. im Voraus empfehlen
2. im Voraus auftragen; einen Steckbrief erlassen

prae-mātūrus ⟨a, um⟩ *Adj*, *Adv* ⟨praemātūrē⟩ (*unkl.*) vorzeitig, frühzeitig

prae-medicātus ⟨a, um⟩ *Adj* Ov. vorher mit Zaubermitteln versehen

praemeditātiō ⟨ōnis⟩ *f* ||praemeditor|| vorhergehende Überlegung

prae-meditor ⟨ātus sum, ārī 1.⟩ *etw* vorher bedenken, *etw* vorher erwägen, sich auf *etw* gefasst machen, *abs od aliquid*, + *AcI* / + *indir Fragesatz*, *PPerf auch p*

prae-mercor ⟨ātus sum, ārī 1.⟩ Plaut. vorher kaufen

prae-metuō ⟨-, -, ere 3.⟩
I *v/t* im Voraus fürchten, *aliquem / aliquid* j-n / etw
II *v/i* im Voraus in Furcht sein, *alicui* um j-n, um j-s willen

prae-mineō ⟨-, -, ēre 2.⟩ (*nachkl.*) hervorragen; *fig* überragen, *aliquem re* j-n durch etw, j-n an etw

praemior ⟨-, ārī 1.⟩ ||*Denom von* praemium|| Suet. sich eine Belohnung ausbedingen

prae-mittō ⟨mīsī, missum, mittere 3.⟩
1. vorausschicken
2. (*nachkl.*) RHET, LIT *in einer Rede od Schrift* vorausschicken
3. vorausmelden lassen, + *AcI*

► **praemium** ⟨ī⟩ *n* ||emo||
1. Vorteil, Vorrecht, *auch* Zierde, Schmuck; *Pl* Gaben, Schätze; ***p. scribae*** Rangabzeichen des Schreibers

2. Gunst; ***p. legis*** Gunst des Gesetzes
3. Lohn, Belohnung, Preis, Auszeichnung, *alicuius* j-s, *alicuius rei* an etw, in etw bestehend, für etw; ***praemio aliquem afficere/donare*** j-n belohnen
4. *iron* Strafe; ***cape praemia facti*** Ov. nimm den Lohn für deine Tat
5. *(nachkl.) poet* Gewinn, Beute
6. Verg. *meton* Heldentat

prae-modulor ⟨ātus sum, ārī 1.⟩ Quint. vorher abmessen

prae-molestia ⟨ae⟩ *f* Vorahnung des Verdrusses

prae-mōlior ⟨-, īrī 4.⟩ Liv. vorbereiten

prae-molliō ⟨īvī, ītum, īre 4.⟩ *(nachkl.)* vorher weich machen, vorher sanft machen

prae-mollis ⟨e⟩ *Adj (nachkl.)* sehr weich

prae-moneō ⟨uī, itum, ēre 2.⟩
1. vorher an *etw* erinnern, vorher *etw* mahnen, vorher vor *etw* warnen, *aliquid, ut/ne* dass/dass nicht, + *Konjkt, quod* dass
2. *(nachkl.) poet* vorhersagen, weissagen

praemonitus ⟨ūs⟩ *m* ||praemoneo|| Ov. Warnung; Weissagung

prae-mōnstrātor ⟨ōris⟩ *m* ||praemonstro|| Wegweiser

prae-mōnstrō ⟨āvī, ātum, āre 1.⟩
1. *(nachkl.) poet* vorher zeigen, vorher angeben
2. weissagen, ansagen

prae-mordeō ⟨mordī, morsum, mordēre 2.⟩ vorn abbeißen; *fig* abzwacken, *ex re* von etw

prae-morior ⟨mortuus sum, morī 3.⟩ *(nachkl.)* vorzeitig sterben; *von Leblosem* absterben

prae-morsus ⟨a, um⟩ *PPP* → ***praemordeo***

prae-mūniō ⟨īvī, ītum, īre 4.⟩
1. vorn befestigen, schützen; ***aditūs magnis operibus p.*** die Zugänge durch große Befestigungsanlagen schützen
2. vorbauen
3. *fig* vorausschicken, *alicui rei* einer Sache; vorschützen

praemūnītiō ⟨ōnis⟩ *f* ||praemunio|| RHET das Vorbauen; die Verwahrung *als Figur*

prae-narrō ⟨āvī, ātum, āre 1.⟩ Ter. vorher erzählen

prae-natō ⟨āvī, -, āre 1.⟩ *(nachkl.)*
1. *poet* voranschwimmen
2. *poet* vorüberschwimmen; *fig* vorüberfließen, *aliquid* an etw

prae-nāvigō ⟨āvī, ātum, āre 1.⟩ *(nachkl.)* vorbeisegeln, *aliquid* an etw; ***p. vitam*** Sen. *fig* am Leben vorbeisegeln

Praeneste ⟨is⟩ *n u. f Stadt in Latium, heute Palestrina*

Praenestīnus ⟨a, um⟩ *Adj* aus Praeneste, zu Praeneste gehörig

Praenestīnus ⟨ī⟩ *m* Einwohner von Praeneste

prae-niteō ⟨uī, -, ēre 2.⟩ *(nachkl.)* hervorstrahlen; überstrahlen, *alicui* jdn

prae-nōmen ⟨inis⟩ *n*
1. Vorname, *meist abgek*
2. Suet. Titel

prae-nōscō ⟨nōvī, nōtum, nōscere 3.⟩ vorher kennen lernen, vorher erfahren

prae-nōtiō ⟨ōnis⟩ *f* Vorbegriff, *alicuius rei* von etw

prae-nūbilus ⟨a, um⟩ *Adj* Ov. sehr dunkel

praenūntia ⟨ae⟩ *f* ||praenuntius|| Vorbote, Vorzeichen

prae-nūntiō ⟨āvī, ātum, āre 1.⟩ vorher verkünden, *aliquid/de re* etw, + *AcI*

praenūntius
I ⟨a, um⟩ *Adj* ||praenuntio|| *(nachkl.)* vorher verkündend, *alicuius rei* etw; ***praenuntia verba cladis*** Ov. die Niederlage im Voraus verkündende Worte
II ⟨ī⟩ *m* Vorbote, Vorzeichen

praeoccupātiō ⟨ōnis⟩ *f* ||praeoccupo|| frühere Besetzung, frühzeitige Besetzung *eines Ortes*

prae-occupō ⟨āvī, ātum, āre 1.⟩
1. MIL vorher besetzen, vorher einnehmen
2. *fig* im Voraus verpflichten, im Voraus gewinnen; ***animos militum timore p.*** die Soldaten durch Angst im Voraus lähmen; ***legatione praeoccupatus*** durch die Gesandtschaft gebunden
3. *j-n* überraschen, *j-m* zuvorzukommen versuchen, *aliquem*

prae-olō ⟨-, -, ere 3.⟩ im Voraus in die Nase steigen; ***mihi praeolit*** mir schwant, ich ahne

prae-optō ⟨āvī, ātum, āre 1.⟩
1. lieber wollen, *aliquid quam aliquid* etw als etw, + *Inf* / + *AcI*
2. vorziehen, *aliquem alicui* j-n j-m, *aliquid alicui rei* etw einer Sache

prae-pandō ⟨-, -, ere 3.⟩ *(nachkl.) poet* vorn ausbreiten, vorn öffnen, vorher ausbreiten, vorher öffnen

praeparātiō ⟨ōnis⟩ *f* ||praeparo|| Vorbereitung, Rüstung

praeparātum ⟨ī⟩ *n* ||praeparo|| Vorbereitung

► **prae-parō** ⟨āvī, ātum, āre 1.⟩ rüsten, vorbereiten, instand setzen, *aliquid ad aliquid/alicui rei* etw zu etw, etw für etw; + *Inf* sich vornehmen; ***hortos p.*** Gärten pflegen; ***insidias p.*** Intrigen anstiften; ***aditum spei p.*** Hoffnung anbahnen; ***orationem p.*** eine Rede einstudieren

praepedīmentum ⟨ī⟩ *n* ||praepedio|| Plaut. Hindernis

prae-pediō ⟨iī, ītum, īre 4.⟩ *(unkl.)*
1. vorn anbinden, vorn fesseln
2. *fig* hemmen, hindern, verhindern; ***se praedā p.*** sich durch Beutemachen aufhalten lassen; ***mentem alicuius p.*** j-n befangen machen; ***verba sua p.*** stottern; ***bonas artes p.*** gute Eigenschaften unwirksam machen

prae-pendeō ⟨pendī, -, pendēre 2.⟩ vorn herabhängen

prae-pes
I *Gen* ⟨petis⟩ *Adj*
1. RELIG vorausfliegend, günstig, Glück verkündend
2. schnell (fliegend); geflügelt
II ⟨petis⟩ *m u. f* Vogel; ***p. Iovis*** Ov. Vogel des Jupiter, = Adler; ***p. Medusaeus*** = Pegasus

prae-pilātus ⟨a, um⟩ *Adj* ||pila[3]|| *(nachkl.)* an der Spitze mit einem Knauf versehen

prae-pinguis ⟨e⟩ *Adj (nachkl.) poet* sehr fett; *fig* sehr derb, überaus derb

prae-polleō ⟨uī, -, ēre 2.⟩ *(nachkl.)* viel vermögen, das Übergewicht haben

prae-ponderō ⟨āvī, ātum, āre 1.⟩
I *v/i (nachkl.)* das Übergewicht haben
II *v/t* das Übergewicht geben; *Passiv* das Übergewicht bekommen

▶ **prae-pōnō** ⟨posuī, positum, pōnere 3.⟩
1. voransetzen, voranlegen, voranstellen, *aliquid alicui rei* etw einer Sache
2. *in der Darstellung* vorausschicken
3. an die Spitze stellen, zum Aufseher bestellen, zum Befehlshaber machen, *aliquem alicui rei / alicui* j-n von etw / j-n von j-m; ***aliquem p.*** j-m das Kommando übertragen; ***aliquem navibus p.*** j-n an die Spitze der Flotte stellen; ***praepositum esse*** kommandieren, befehlen
4. vorziehen, *aliquem alicui* j-n j-m, *aliquid alicui rei* etw einer Sache

prae-portō ⟨-, -, āre 1.⟩ vorantragen, zur Schau tragen

praepositiō ⟨ōnis⟩ *f* ||praepono||
1. Voranstellung
2. *fig* Vorzug
3. GRAM Präposition

praepositum ⟨ī⟩ *n* ||praepono|| das Vorzügliche; *Pl* bevorzugte Dinge, *die aber nicht als absolut gut zu verstehen sind*

praepositus[1] ⟨ī⟩ *m* = ***praefectus***

prae-positus[2] ⟨a, um⟩ *PPP* → ***praepono***

praeposīvī *Perf (altl.)* → ***praepono***

prae-posterō ⟨āvī, ātum, āre 1.⟩ ||*Denom von* praeposterus|| *(nachkl.)* umkehren

prae-posterus ⟨a, um⟩ *Adj, Adv* ⟨praeposterē⟩ *u.* ⟨praeposterō⟩ verkehrt; *meist fig* verfehlt, unrichtig, *bes* verkehrt handelnd

prae-posuī → ***praepono***

prae-potēns *Gen* ⟨entis⟩ *Adj*
1. sehr mächtig, sehr einflussreich
2. beherrschend
3. **praepotentēs** ⟨ium⟩ *m die* Mächtigen

praeproperanter *Adv* Lucr. sehr schnell

prae-properus ⟨a, um⟩ *Adj, Adv* ⟨praeproperē⟩
1. sehr eilig, sehr hastig
2. *(nachkl.) pej* voreilig

prae-pūtium ⟨ī⟩ *n (nachkl.) poet* Vorhaut, *auch Pl*

prae-quam *Adv* im Vergleich damit

prae-queror ⟨questus sum, querī 3.⟩ Ov. vorher klagen

prae-radiō ⟨āvī, ātum, āre 1.⟩ Ov. überstrahlen

prae-rapidus ⟨a, um⟩ *Adj (nachkl.) poet* sehr reißend; *fig* sehr hitzig, vorschnell

prae-reptus ⟨a, um⟩ *PPP* → ***praeripio***

prae-rigēscō ⟨riguī, -, rigēscere 3.⟩ Tac. vorn erfrieren

prae-rigidus ⟨a, um⟩ *Adj (nachkl.)* sehr starr

prae-ripiō ⟨ripuī, reptum, ripere 3.⟩ ||rapio||
1. *(unkl.)* wegreißen, entreißen, *alicui aliquid* j-m etw; ***immatura morte praereptus*** von einem zu frühen Tod weggerafft
2. *fig* wegschnappen, entziehen, *alicui aliquid* j-m etw; ***alicui laudem p.*** j-m den Ruhm wegschnappen
3. vor der Zeit an sich reißen
4. unversehens erhaschen
5. im Voraus vereiteln

prae-rōdō ⟨rōsī, rōsum, rōdere 3.⟩ *(nachkl.)* vorn abnagen

praerogātiō ⟨ōnis⟩ *f* ||praerogo|| Sen. Vorrecht

praerogātīva ⟨ae⟩ *f* ||praerogativus||
1. zuerst abstimmende Zenturie; ***sortitio praerogativae*** Cic. Auslosung der zuerst abstimmenden Zenturie
2. *fig* günstige Vorzeichen, Vorbedeutung; Vorzeichen
3. Liv. Vorwahl
4. *(nachkl., spätl.)* Vorrang, Vorrecht, Privileg

praerogātīvus ⟨a, um⟩ *Adj* ||praerogo|| zuerst abstimmend; ***tribus praerogativa*** Tribus, aus der die zuerst abstimmende Zenturie ausgelost wurde; ***omen praerogativum*** die Prärogativzenturie als Vorzeichen

prae-rumpō ⟨rūpī, ruptum, rumpere 3.⟩
1. vorn abbrechen, vorn abreißen; ***funis praerumpitur*** das Seil reißt vorn ab
2. *fig die Rede* abbrechen

praerupta ⟨ōrum⟩ *n* ||praeruptus|| *(nachkl.)* steile Hänge, schroffe Felsen

praeruptus ⟨a, um⟩ *Adj* ||praerumpo||
1. jäh, schroff, abschüssig
2. *fig* abstoßend, hart; ***homo p. animo*** hartherziger Mensch; ***audacia praerupta*** Tollkühnheit; ***dominatio praerupta*** unnahbare Herrschaft

praes ⟨praedis⟩ *m*
1. Bürge, *alicuius* j-s, für j-n; ***praedem esse pro aliquo*** für j-n bürgen
2. *meton* Vermögen des Bürgen

praesaepe ⟨is⟩ *n u. (altl.)* **praesaepis** ⟨is⟩ *f*
1. *(unkl.)* Krippe; *fig* Tisch, Nahrung
2. *(vkl.) poet* Stall
3. *Pl* liederliche Häuser, verrufene Kneipen
4. *poet* Bienenkorb

prae-saepiō ⟨saepsī, saeptum, saepīre 4.⟩ vorn versperren

praesaepium ⟨ī⟩ *n (vkl., nachkl.)* = ***praesaepe***

prae-sāgiō ⟨īvī, -, īre 4.⟩ *u.* **praesāgior** ⟨-, īrī 4.⟩
1. vorausahnen, vorher merken
2. *(spätl.)* voraussehen lassen, prophezeien

praesāgītiō ⟨ōnis⟩ *f* ||praesagio|| Ahnung; *meton* Ahnungsvermögen

praesāgium ⟨ī⟩ *n* ||praesagio||
1. *(nachkl.)* Ahnung, *alicuius rei* von etw
2. Weissagung, Prophezeiung; Vorzeichen; ***p. fatale*** Prophezeiung von seinem Schicksal

praesāgus ⟨a, um⟩ *Adj (nachkl.) poet* ahnend, weissagend

prae-sciō ⟨scīvī⟩ *u.* ⟨sciī, scītum, scīre 4.⟩ vorher wissen

prae-scīscō ⟨scīvī⟩ *u.* ⟨sciī, -, scīscere 3.⟩ vorher in Erfahrung bringen

prae-scius ⟨a, um⟩ *Adj (nachkl.)* vorher wissend, *alicuius rei* etw

prae-scīvī → ***praescisco***

prae-scrībō ⟨scrīpsī, scrīptum, scrībere 3.⟩
1. voranschreiben, schriftlich davorsetzen; ***diplomatibus principem p.*** Tac. den Urkunden den Namen des Kaisers voransetzen; ***auctoritates praescriptae*** die dem Senatsbeschluss zur Beurkundung vorangeschriebenen Senatorennamen
2. Tac. *fig* vorschieben, vorschützen, zum Vorwand nehmen
3. *(nachkl.) zur Nachahmung* vorzeichnen; ***formam futuri principatūs p.*** *fig* ein Bild des künftigen Kaisers entwerfen
4. diktieren, eingeben
5. vorschreiben, verordnen, *alicui aliquid / de re* j-m

etw, *ut/ne* dass/dass nicht, + *Inf* / + *indir Fragesatz*
6. Hor. ein Gutachten abgeben

praescrīptiō ⟨ōnis⟩ *f* ||praescribo||
1. das Voranschreiben; *meton* Vorwort, Überschrift, Titel, Eingang *einer Urkunde*
2. *fig* Vorwand
3. *fig* JUR Einwand, Klausel
4. *fig* Vorschrift, Verordnung
5. *fig* Vorherbestimmung; ***p. semihorae*** Cic. Beschränkung auf eine halbe Stunde

praescrīptum ⟨ī⟩ *n* ||praescribo||
1. Hor. vorgezeichnete Grenze
2. *fig* Vorschrift, Regel; ***ad praescriptum agere*** nach Vorschrift handeln

prae-scrīptus ⟨a, um⟩ *PPP* → ***praescribo***

prae-secō ⟨secuī, sectum, secāre 1.⟩ vorn abschneiden, ***crines*** die Haare; ***ad praesectum unguem*** Hor. ganz genau

prae-sēdī → ***praesideo***

praesegmen ⟨inis⟩ *n* ||praeseco|| (*vkl., spätl.*) das Abgeschnittene, Abfall

praesēns
I *Gen* ⟨entis⟩ *Adj* ||praesum||
1. persönlich (anwesend), leibhaftig, selbst; ***aliquis p. adest*** j-d ist persönlich anwesend; ***quaestionem habere de praesente*** über j-n in seiner Gegenwart eine Untersuchung anstellen; ***facundia p.*** Beredsamkeit eines Augenzeugen; ***aliquo praesente*** in j-s Gegenwart
2. gegenwärtig, jetzig, augenblicklich; ***perfugium p.*** Zuflucht für jetzt; ***in rem praesentem venire*** sich an Ort und Stelle begeben; ***in re praesenti*** an Ort und Stelle
3. augenblicklich eintretend, sofortig; ***diligentia p.*** sofortiges Einschreiten; ***decretum p.*** auf der Stelle gefasster Beschluss; ***pecunia p.*** bares Geld
4. schnell wirkend, wirksam, kräftig; ***memoria praesentior*** lebendigere Erinnerung
5. augenscheinlich, offenkundig; ***insidiae praesentes*** offenkundiger Hinterhalt
6. hilfreich, gnädig; ***tutela p.*** Hor. hilfreicher Schutz
7. dringend, dringlich; ***preces praesentes*** dringende Bitten
8. entschlossen, unerschrocken; ***animus p.*** Entschlossenheit, Unerschrockenheit
II ⟨entis⟩ *n* (*nachkl.*) Gegenwart, die gegenwärtigen Verhältnisse; ***in praesenti*** für jetzt, unter den gegenwärtigen Umständen

praesēnsiō ⟨ōnis⟩ *f* ||praesentio|| Vorempfindung, Ahnung; ***p. rerum futurarum*** Vorahnung von künftigen Dingen

praesentāneus ⟨a, um⟩ *Adj* ||praesens|| (*nachkl.*) schnell wirkend

praesentārius ⟨a, um⟩ *Adj* ||praesens||
1. (*vkl., spätl.*) gegenwärtig; ***aurum praesentarium*** bares Geld
2. (*nachkl.*) schnell wirkend

praesentia[1] ⟨ae⟩ *f* ||praesens||
1. Gegenwart, Anwesenheit; ***p. animi*** Geistesgegenwart; ***in praesentia*** augenblicklich, jetzt
2. Ov. unmittelbarer Eindruck, Wirkung

praesentia[2] ⟨ae⟩ *f* = ***praesens** II*

prae-sentiō ⟨sēnsī, sēnsum, sentīre 4.⟩ vorherempfinden, ahnen, *aliquid* etw, + *AcI*

praesentō ⟨-, -, āre 1.⟩ ||*Denom von* praesens|| (*nachkl., spätl.*)
1. gegenwärtig machen, zeigen; ***sese p. alicui*** sich j-m zeigen
2. überreichen

praesēpe ⟨is⟩ *n* = ***praesaepe***

praesēpis ⟨is⟩ *f* = ***praesaepis***

praesēpium ⟨ī⟩ *n* = ***praesaepium***

prae-sepultus ⟨a, um⟩ *Adj* ||sepelio|| (*nachkl.*) vorher begraben, vorher bestattet

► **praesertim** *Adv* ||prae, sero[1]|| *kausal* zumal, besonders, *bes mit cum, quod, si, qui*; ***praesertim cum*** zumal da

prae-serviō ⟨-, -, īre 4.⟩ (*vkl., nachkl.*) vorzugsweise dienen, *alicui* j-m

prae-ses
I *Gen* ⟨sidis⟩ *Adj* ||praesideo|| schützend; leitend, besorgend, *alicuius rei* etw
II ⟨sidis⟩ *m u. f*
1. Beschützer, Beschützerin, Vorgesetzter
2. Vorsteher; Unterfeldherr; ***p. belli*** = Minerva; ***p. provinciae*** Statthalter

praesidēns ⟨entis⟩ *m* ||praesideo|| Tac. Vorsitzender, Vorsteher

prae-sideō ⟨sēdī, sessum, sidēre 2.⟩ ||sedeo||
1. schützen, verteidigen, *alicui rei / aliquid* etw
2. die Oberaufsicht haben über *etw*, *etw* leiten, *etw* verwalten; MIL *etw* befehligen, *etw* kommandieren, *alicui rei / aliquid*; ***exercitui p.*** das Heer befehligen

praesidiārius ⟨a, um⟩ *Adj* ||praesidium|| (*nachkl.*) zum Schutz dienend, Besatzungs…

praesidium ⟨ī⟩ *n* ||praesideo||
1. Schutz, Hilfe, Beistand, *alicuius* j-s *od* für j-n; ***alicui praesidio esse*** j-m zum Schutz dienen; ***aliquem alicui praesidio mittere*** j-n j-m zu Hilfe schicken; ***praesidium sibi in fuga ponere*** sein Heil auf die Flucht setzen; ***praesidio alicuius rei*** im Vertrauen auf etw
2. *meton* Beschützer
3. Schutzmittel; Schutzwehr; Hilfsmittel
4. Deckung, Geleit, Eskorte; ***praesidium agitare*** die Deckung bilden
5. MIL Besatzung, Garnison; ***p. trium legionum*** aus drei Legionen bestehende Besatzung
6. MIL Posten, Bollwerk, Schanze; ***in praesidio esse*** auf Posten stehen; ***praesidio decedere / praesidium relinquere*** seinen Posten verlassen, desertieren

prae-sīgnificō ⟨-, -, āre 1.⟩ vorher anzeigen, *alicui aliquid* j-m etw

prae-sīgnis ⟨e⟩ *Adj poet* vor anderen ausgezeichnet

prae-sonō ⟨uī, -, āre 1.⟩ *poet* vorher ertönen

prae-spargō ⟨-, -, ere 3.⟩ Lucr. vorher bestreuen

praestābilis ⟨e⟩ *Adj* = ***praestans***

praestāns *Gen* ⟨antis⟩ *Adj*, *Adv* ⟨praestanter⟩ ||praesto[2]|| *von Personen u. Sachen* vorzüglich, vortrefflich, ausgezeichnet, *in re / alicuius rei* in etw, an etw

praestantia ⟨ae⟩ *f* ||praestans|| Vortrefflichkeit, Vorzüglichkeit, Vorzug, *alicuius rei* in etw

praestātiō ⟨ōnis⟩ *f* ||praesto[2]|| (*nachkl.*) Bürgschaft, Gewährleistung; ***ad praestationem scribere*** Sen. für die Wahrheit der Ausführungen bürgen

prae-sternō ⟨-, -, ere 3.⟩ (*vkl., nachkl.*) ausstreuen;

P

Plin. *fig* den Weg ebnen
prae-stes ⟨itis⟩ *m u. f* Ov. Schützer, Schützerin
praestīgia ⟨ae⟩ *f u.* **praestīgiae** ⟨ārum⟩ *f* Blendwerk, Gaukelei; ***praestigiae verborum*** leerer Wortschwall
praestīgiātor ⟨ōris⟩ *m* ||praestigiae|| (*vkl., nachkl.*) Gaukler, Betrüger
praestīgiātrīx ⟨īcis⟩ *f* ||praestigiator|| Plaut. Gauklerin, Betrügerin
prae-stinō ⟨āvī, ātum, āre 1.⟩ (*vkl., nachkl.*) kaufen
prae-stitī → ***praestō²***
praestituō ⟨stituī, stitūtum, stituere 3.⟩ ||statuo|| vorher festsetzen, vorschreiben; ***diem p.*** einen Termin vorher festsetzen
praestitus ⟨a, um⟩ *PPP* → ***praesto²***
praestō¹ *Adv* ||prae||
1. zugegen, anwesend, zu Diensten, bereit; ***praesto esse/adesse*** zu Diensten sein
2. *feindlich* entgegentretend
3. *fig* förderlich, dienlich, günstig; ***saluti tuae p.*** für dein Heil förderlich
prae-stō² ⟨stitī, stitum, stātūrus, stāre 1.⟩

I
1. übertreffen
2. es ist besser
II
1. verleihen, verschaffen
2. verrichten, leisten
3. erhalten
4. beibehalten, fortsetzen
5. an den Tag legen, zeigen
6. einstehen, sich verbürgen

I *v/i*
1. übertreffen, *alicui/aliquem* j-n, *alicui rei* etw; ***aequalibus suis p.*** seine Altersgenossen übertreffen; ***p. inter suos*** sich unter den Seinen auszeichnen
2. ***praestat*** *unpers* es ist besser, *alicui* für j-n, + *Inf*/ + *AcI*; ***mori praestat quam haec pati*** Cic. es ist besser, zu sterben, als dies zu erleiden
II *v/t*
1. verleihen, verschaffen, gewähren, *alicui aliquid* j-m etw; zahlen, entrichten; ***sententiam p.*** seine Stimme abgeben; ***terga p. hosti*** vor dem Feind fliehen; ***mare tutum p. alicui*** für j-n das Meer sicher machen
2. verrichten, leisten, erweisen; erfüllen, *alicui aliquid* j-m etw; ***regi iusta p.*** dem König die letzte Ehre erweisen; ***mobilitatem equitum p.*** ebenso beweglich wie Reiter sein; ***vicem alicuius p.*** j-s Stelle vertreten; ***fidem p.*** sein Wort halten
3. *in einem Zustand* erhalten; ***aliquem incolumem p.*** j-n unversehrt erhalten
4. beibehalten, fortsetzen; ***consuetudinem p.*** eine Gewohnheit beibehalten
5. an den Tag legen, zeigen, beweisen; ***magnam virtutem p.*** große Tüchtigkeit an den Tag legen; ***se p.*** sich *als etw* zeigen, sich *als etw* erweisen; ***se fortem p.*** sich als tapfer erweisen; ***se legatum diligentem p.*** sich als gewissenhafter Gesandter erweisen
6. einstehen, sich verbürgen, *aliquem/aliquid* für j-n/für etw, *alicui aliquid* j-m gegenüber für etw, *de aliquo/de re* wegen einer Sache, *ab aliquo* in j-s Namen, *a se* in seinem Namen; ***alicuius facta p.*** für j-s Taten einstehen
praestōlō ⟨-, -, āre 1.⟩ *u.* **praestōlor** ⟨ātus sum, ārī 1.⟩ bereitstehen; auf *j-n/etw* warten, *etw* erwarten, *alicui/alicui rei/aliquid*
prae-strangulō ⟨-, -, āre 1.⟩ erwürgen
praestrīg... (*altl.*) = ***praestig...***
prae-stringō ⟨strīnxī, strictum, stringere 3.⟩
1. (*nachkl.*) *poet* vorn zubinden, vorn zuschnüren; ***manūs vinculis secantibus p.*** Sen. die Hände mit schneidenden Fesseln binden
2. vorn streifen, vorn berühren
3. *fig* blenden, verdunkeln, abstumpfen; ***oculos p.*** die Augen blenden
prae-struō ⟨strūxī, strūctum, struere 3.⟩ (*nachkl.*)
1. vorn verbauen, vorn verrammeln
2. (als Schutz) vor sich aufbauen
3. vorbereiten, vorher zubereiten
praesul ⟨sulis⟩ *m* ||salio|| *u.* **praesultātor** ⟨ōris⟩ *m* ||praesulto|| Vortänzer *bei Spielen u. Festzügen*
prae-sultō ⟨-, -, āre 1.⟩ ||salto|| Liv. vorausspringen
► **prae-sum** ⟨fuī, -, esse 0.⟩
1. an der Spitze von *etw* stehen, *etw* leiten, *etw* verwalten, *etw* kommandieren, *alicui/alicui rei*; ***exercitui p.*** ein Heer befehligen; ***proviniciae p.*** eine Provinz verwalten; ***qui praesunt*** die Vorgesetzten, die Offiziere; ***rei frumentariae p.*** das Proviantwesen unter sich haben; ***potestati p.*** ein Amt bekleiden
2. Hauptperson sein, *alicui rei* von etw
3. Ov. schützen, *alicui rei* etw; ***moenibus urbis p.*** die Mauern der Stadt schützen
prae-sūmō ⟨sūmpsī, sūmptum, sūmere 3.⟩ (*nachkl.*)
1. vorher zu sich nehmen, vorher genießen
2. *fig* vorwegnehmen, im Voraus tun
3. *fig* vorher empfinden, im Voraus genießen
4. *fig* im Voraus vermuten, erwarten
5. *fig* im Voraus sich vorstellen
praesūmptiō ⟨ōnis⟩ *f* ||praesumo||
1. (*nachkl.*) Vorgenuss
2. RHET Vorwegnahme eines möglichen Einwandes
3. Vermutung, Erwartung, Hoffnung, *alicuius* j-s, *alicuius rei* von etw, auf etw
prae-suō ⟨suī, sūtum, suere 3.⟩ (*nachkl.*) *poet* vorn benähen, vorn bedecken; ***hasta foliis praesuta*** Ov. vorn umlaubte Lanze
prae-tegō ⟨tēxī, tēctum, tegere 3.⟩ (*nachkl.*) vorn bedecken
prae-temptō ⟨āvī, ātum, āre 1.⟩ (*nachkl.*) *poet* vorher untersuchen; *fig* vorher versuchen
prae-tendō ⟨tendī, tentum, tendere 3.⟩ (*nachkl.*)
1. hervorstrecken, ***bina cornua*** beide Hörner
2. vorstrecken, vor sich hinhalten; *fig* zur Schau tragen; ***coniugis taedas p.*** behaupten j-s wirklicher Gatte zu sein
3. *Passiv von Örtlichkeiten* vor *etw* sich erstrecken, vor *etw* gelegen sein, an *etw* gelegen sein, *abs od alicui rei*
4. (*nachkl.*) *poet zum Schutz vor etw* vorspannen, vorziehen, vorsetzen, bedecken, darüber decken, *alicui rei* vor etw; ***morti muros p.*** Mauern gegen den Tod ziehen
5. *fig* vorschützen, vorgeben, beschönigen, *alicui rei aliquid* etw mit etw; ***honesta nomina p.*** ehren-

hafte Namen vorgeben; ***legatorum decretum calumniae p.*** die böswillige Anklage der Gesandten mit einer Verordnung beschönigen

prae-tentō ⟨āvī, ātum, āre 1.⟩ = ***praetempto***

prae-tentus ⟨a, um⟩ *PPP* → ***praetendo***

prae-tenuis ⟨e⟩ *Adj* (*nachkl.*) sehr dünn, sehr fein

prae-tepēscō ⟨tepuī, -, tepēscere 3.⟩ Ov. vorher erglühen, vorher warm werden

praeter

I vorüber-, vorbei-
II
1. vorbei, vorüber
2. außer
3. mehr als
II
1. an … vorbei, an … vorüber
2. ausgenommen, mit Ausnahme von
3. nebst, neben
4. über … hinaus, gegen
5. mehr als, in höherem Grad als

I *Präf* vorüber-, vorbei-; ***praeter-ire*** vorüber-gehen; ***praeterducere*** vorbei-führen
II *Adv*
1. *örtl.* vorbei, vorüber, *nur in Zusammensetzungen erhalten, siehe I.*
2. (*nachkl.*) *poet* außer; ***nemo praeter armatus*** niemand außer einem Bewaffneten
3. ***praeter quam*** Com. mehr als
II *Präp mit Akk*
1. *örtl.* an … vorbei, an … vorüber, an … hin; ***copias praeter castra traducere*** die Truppen am Lager vorbeiführen
2. *fig* ausgenommen, mit Ausnahme von, mit Ausschluss von, *nach Verneinung auch* als; ***praeter haec*** = ***praeterea*** außerdem; ***nihil praeter unum dicere*** nichts als das eine sagen; ***nil praeter plorare*** nichts als jammern
3. nebst, neben, abgesehen von; ***praeter te alios decem adducemus*** neben dir werden wir zehn andere herbeiführen; ***nihil aliud fers praeter arcam*** abgesehen von der Kasse bringst du nichts anderes; ***praeter haec*** ohnedies; ***praeter id quod*** = ***praeterquam quod*** nichts außer dass
4. über … hinaus, gegen, wider; ***praeter modum*** übermäßig; ***praeter consuetudinem / solitum*** gegen die Gewohnheit; ***praeter exspectationem*** wider Erwarten
5. mehr als, in höherem Grad als; ***praeter ceteros florere*** mehr als die anderen sich auszeichnen

praeter-agō ⟨ēgī, āctum, agere 3.⟩ *poet* vorbeitreiben, *aliquem aliquid* j-n an etw; ***equum deversoria p.*** Hor. das Pferd an den Herbergen vorbeitreiben

praeter-bītō ⟨-, -, ere 3.⟩ Plaut. vorbeigehen, *abs od aliquid* an etw

praeter-dūcō ⟨dūxī, ductum, dūcere 3.⟩ Plaut. vorbeiführen

► **praeter-eā** *Adv* ||praeter, *Abl Sg f von* is||
1. weiter, ferner
2. außerdem
3. *zeitl.* auch in Zukunft, weiterhin

► **praeter-eō** ⟨iī⟩ *u.* ⟨īvī, itum, īre 4.⟩

I
1. vorbeigehen, vorbeiziehen
2. vergehen, verfließen
II
1. vorbeigehen, vorbeiziehen
2. entgehen, unbekannt sein
3. unerwähnt lassen, verschweigen
4. übergehen, unberücksichtigt lassen
5. übertreffen, überschreiten

I *v/i*
1. *örtl.* vorbeigehen, vorbeiziehen, vorbeifließen; ***praeteriens modo mihi dixit*** nur im Vorbeigehen sagte er mir
2. *zeitl.* vergehen, verfließen; ***tempus praeterit*** die Zeit vergeht
II *v/t*
1. *örtl.* vorbeigehen, vorbeiziehen, vorbeifließen, *aliquem / aliquid* an j-m / an etw, vor j-m / vor etw; ***amnis moenia praeterit*** der Strom fließt an der Mauer vorbei
2. entgehen, unbekannt sein, *aliquem* j-m; ***non me praeterit*** ich weiß wohl, + *AcI*; ***neminem praeterit*** es ist allgemein bekannt, + *AcI*
3. unerwähnt lassen, verschweigen, *aliquem* j-n, *aliquid / de re* etw, *quod*; ***non p. Hannibalem et Hamilcarem*** Hannibal und Hamilcar nicht unerwähnt lassen
4. übergehen, unberücksichtigt lassen, vergessen, unterlassen; ***p. aliquem silentio*** j-n stillschweigend übergehen; ***aliquis praeteritur*** j-d geht leer aus
5. (*unkl.*) übertreffen, überschreiten; ***virtus tua alios praeterit*** Ov. deine Tapferkeit übertrifft alle; ***iustum praeterit ira modum*** Ov. der Zorn überschreitet das rechte Maß

praeter-equitō ⟨-, -, āre 1.⟩ Liv. vorüberreiten

praeter-feror ⟨lātus sum, ferrī 0.⟩ (Liv., Lucr.) vorübereilen, *aliquid* an etw

praeter-fluō ⟨flūxī, -, fluere 3.⟩
1. (*nachkl.*) vorbeifließen, vorüberfließen, *abs od aliquid* an etw, ***moenia*** an der Mauer
2. *fig* aus dem Gedächtnis schwinden

praeter-gredior ⟨gressus sum, gredī 3.⟩ ||gradior|| vorüberziehen, *abs od aliquid* an etw, vor etw

praeter-hāc *Adv* ||praeter, *Abl Sg f von* hic[1]|| Com. weiterhin, außerdem

praeter-iī → ***praetereo***

praeter-īre → ***praetereo***

praeteritus[1] ⟨a, um⟩ *Adj* ||praetereo|| vergangen, früher; ***praeteriti viri*** verstorbene Männer

praeter-itus[2] ⟨a, um⟩ *PPP* → ***praetereo***

praeter-lābor ⟨lāpsus sum, lābī 3.⟩
1. (*nachkl.*) *poet* vorübergleiten, vorüberfahren, vorübersegeln, vorüberfließen, *abs od aliquid* an etw
2. *fig* entschlüpfen

praeter-lātus ⟨a, um⟩ *PPerf* → ***praeterferor***

praeter-meō ⟨-, -, āre 1.⟩ vorbeigehen

praetermissiō ⟨ōnis⟩ *f* ||praetermitto|| Weglassung, Unterlassung; ***p. aedilitatis*** Unterlassung der Bewerbung um das Ädilenamt

► **praeter-mittō** ⟨mīsī, missum, mittere 3.⟩
1. vorbeigehen lassen, vorbeilassen

P

2. *eine Gelegenheit* ungenutzt vorübergehen lassen
3. *Zeit* vergehen lassen, verstreichen lassen
4. unterlassen; ***scelus p.*** ein Verbrechen unterlassen
5. *in der Rede od schriftl.* übergehen, übersehen; ***silentio p.*** mit Stillschweigen übergehen
6. ungestraft lassen, ***ius gentium violatum*** die Verletzung des Völkerrechts

praeter-nāvigō ⟨-, -, āre 1.⟩ *(nachkl.)* mit dem Schiff vorbeifahren

prae-terō ⟨trīvī, -, terere 3.⟩ *(vkl., nachkl.)* vorn abreiben

praeter-propter *Adv, auch getrennt (vkl., nachkl.)* ungefähr, etwa

praeter-quam *Adv* ausgenommen, außer; ***omnes praeterquam pauci*** alle mit wenigen Ausnahmen; ***praeterquam quod*** abgesehen davon, dass

praetervectiō ⟨ōnis⟩ *f* ||praeterveho|| das Vorbeifahren; ***p. omnium*** Cic. eine Stelle, an der alle vorbeifahren müssen

praeter-vehor ⟨vectus sum, vehī 3.⟩ vorbeifahren, vorbeisegeln, vorbeireiten, vorbeiziehen, *aliquid* an etw, vor etw; *fig* vorübergehen, *aliquid* an etw; ***aliquid silentio p.*** etw mit Stillschweigen übergehen; ***oratio aures vestras praetervecta est*** die Rede ist euch entgangen

praeter-volitō ⟨āvī, ātum, āre 1.⟩ Phaedr. vorbeifliegen

praeter-volō ⟨āvī, ātum, āre 1.⟩
1. vorbeifliegen, *abs od aliquem / aliquid* an j-m / an etw; ***p. alicuius sensum*** *fig* von j-m überhört werden; ***litora p.*** schnell an der Küste vorüberfahren
2. *fig* schnell entschwinden
3. *fig* flüchtig hinweggehen, *aliquid* über etw

prae-texō ⟨texuī, textum, texere 3.⟩
1. *(nachkl.) poet* vorn anweben, verbrämen, säumen; ***toga purpurā praetexta*** Toga mit Purpurbesatz, *Toga der röm. Würdenträger u. der frei geborenen Jugendlichen*
2. *fig* umsäumen, besetzen; ***carmen primis litteris sententiā praetexitur*** das Gedicht enthält gleich im Anfang eine Sentenz
3. *fig* schmücken, zieren
4. *(nachkl.) poet* (vorn) bedecken, einfassen; ***nationes Rheno praetexuntur*** die Stämme ziehen sich das ganze Rheinufer entlang
5. *fig* bemänteln; ***hoc nomine praetexit culpam*** Verg. mit diesem Namen bemäntelt sie die Schuld
6. *fig* vorschützen, vorgeben

praetexta ⟨ae⟩ *f* ||praetexo||
1. Toga mit Purpurbesatz, *Toga der röm. Würdenträger u. der frei geborenen Jugendlichen*
2. die römische Tragödie, *mit röm. Stoff, begründet von Naevius*

praetextātus ⟨a, um⟩ *Adj* ||praetexta||
1. eine purpurverbrämte Toga tragend
2. unzüchtig; ***verba praetextata*** Suet. Zoten

praetextum ⟨ī⟩ *n (nachkl.)* = ***praetextus***[3]

praetextus[1] ⟨a, um⟩ *Adj* ||praetexo|| purpurverbrämt; ***toga praetexta*** = ***praetexta*** *1.*; ***fabula praetexta*** = ***praetexta*** *2*

praetextus[2] *Abl* ⟨ū⟩ *m* ||praetexo|| *(nachkl.)*
1. Schmuck, Zierde
2. Vorwand; ***sub praetextu alicuius rei*** unter dem Vorwand von etw

prae-textus[3] ⟨a, um⟩ *PPP* → ***praetexo***

prae-timeō ⟨uī, -, ēre 2.⟩ im Voraus fürchten

prae-tīnctus ⟨a, um⟩ *Adj* ||tingo|| vorher benetzt

praetor ⟨ōris⟩ *m*
1. Vorsteher, Anführer, Vorgesetzter, *urspr. Titel der röm. Konsuln u. des Diktators*; Bürgermeister *fremder Städte*; ***legatus pro praetore*** stellvertretender Legat, Unterfeldherr *mit dem imperium*
2. Prätor, *seit 367 v. Chr. wurde den beiden Konsuln ein praetor urbanus für die städtische Rechtsprechung zur Seite gestellt; ab 242 v. Chr. zusätzlich für Streitigkeiten zwischen Römern u. Fremden ein praetor peregrinus; mit der Zahl der Provinzen stieg deren Zahl bis auf 18 unter Nero; Dauer der Amtszeit ein Jahr, entweder in Rom od in den Provinzen, gingen nach Ablauf des Amtsjahres als Proprätoren od Statthalter in die Provinzen (pro praetore); auch* Proprätor
3. ***praetores aerarii*** die Leiter der Staatskasse, *von Augustus geschaffenes Amt, von Claudius ersetzt durch die* ***praetores fidei commissorum*** Prätoren für Fideikommiss
4. *bei nichtröm. Völkern* Heerführer; Statthalter, Satrap; ***p. navalis*** Admiral

praetōriānus ⟨a, um⟩ *Adj* ||praetorium||
1. zur kaiserlichen Leibwache gehörig; ***miles p.*** Prätorianer
2. zum praefectus praetorio gehörig, zum Befehlshaber der kaiserlichen Leibwache gehörig

praetōricius ⟨a, um⟩ *Adj* ||praetor|| Mart. prätorisch, vom Prätor verliehen

praetōrium ⟨ī⟩ *n* ||praetorius||
1. Prätorium, *Hauptplatz im Lager*
2. Feldherrnzelt, Hauptquartier
3. Liv. *meton* Kriegsrat im Feldherrnzelt
4. Amtswohnung des Provinzstatthalters
5. *(spätl.)* kaiserliche Leibwache, die Prätorianer
6. Palast, Herrenhaus
7. *(mlat.)* Rathaus
8. Verg. *fig* Zelle der Bienenkönigin

praetōrius
I ⟨a, um⟩ *Adj* ||praetor||
1. prätorisch, Prätor…, *auch* proprätorisch, des Proprätors, des Provinzstatthalters; ***comitia praetoria*** Wahl der Prätoren; ***potestas praetoria*** Amt des Prätors, Amt des Statthalters; ***cohors praetoria*** Gefolge des Statthalters
2. dem Feldherrn eigen, Feldherrn…; ***imperium praetorium*** Oberbefehl; ***navis praetoria*** Admiralschiff; ***porta praetoria*** Vordertor zum Lager; ***cohors praetoria*** Leibwache des Feldherrn, Leibwache des Kaisers
II ⟨ī⟩ *m* ehemaliger Prätor, Mann von prätorischem Rang

prae-torqueō ⟨torsī, tortum, torquēre 2.⟩ umdrehen

prae-tractō ⟨-, -, āre 1.⟩ Tac. vorher beraten

prae-trepidō ⟨-, -, āre 1.⟩ Catul. sehr eilfertig sein

prae-trepidus ⟨a, um⟩ *Adj* (Pers., Suet.) sehr zitternd, klopfend; *fig* sehr ängstlich

prae-truncō ⟨āvī, ātum, āre 1.⟩ vorn abhauen

prae-tulī → ***praefero***

praetūra ⟨ae⟩ *f* ||praetor||
1. Prätur, Amt des Prätors, Würde des Prätors *in*

Rom
2. Statthalterschaft *in der Provinz*
3. *bei nichtröm. Völkern* Feldherrnwürde, Heerführung
prae-umbrō ⟨-, -, āre 1.⟩ Tac. überschatten
prae-ustus ⟨a, um⟩ *Adj* vorn verbrannt
prae-ut *Adv* Plaut. wie, damit verglichen
prae-vādō ⟨-, -, ere 3.⟩ Sen. vorbeigehen, *aliquid* an etw; *fig* befreit werden, *aliquid* von etw
prae-valeō ⟨uī, -, ēre 2.⟩ *(nachkl.)*
1. sehr stark sein
2. *fig* sehr viel gelten, mehr gelten, das Übergewicht haben, den Vorrang haben; *bei Abstimmungen* die Mehrheit haben; ***sapientia praevalet virtute*** die Weisheit vermag mehr als die Tapferkeit
prae-valēscō ⟨valuī, -, valēscere 3.⟩ den Vorrang erhalten
prae-validus ⟨a, um⟩ *Adj (nachkl.)*
1. sehr stark, sehr mächtig; ***nomina praevalida*** bedeutende Namen
2. mehr geltend
3. zu stark; ***terra praevalida*** zu fruchtbares Land; ***vitia praevalida*** Laster, die überhand genommen haben
prae-vallō ⟨āvī, ātum, āre 1.⟩ *(nachkl.)* verbarrikadieren
praevāricātiō ⟨ōnis⟩ *f* ||praevaricor|| Pflichtverletzung
praevāricātor ⟨ōris⟩ *m* ||praevaricor|| untreuer Sachwalter, *bes* Anwalt, der die Gegenpartei begünstigt; ***p. Catilinae*** Scheinkläger gegen Catilina
prae-vāricor ⟨ātus sum, ārī 1.⟩ ||varico|| (Cic., Tac.) seine Pflicht verletzen, die Gegenpartei heimlich begünstigen, seinen Prozess unredlich führen
prae-vehor ⟨vectus sum, vehī 3.⟩ vorausfahren, vorausreiten, vorausströmen, *aliquid* einer Sache; vorüberfahren, vorüberreiten, vorüberströmen, *aliquid* an etw
prae-vēlōx *Gen* ⟨ōcis⟩ *Adj* sehr schnell; ***memoria p.*** Quint. sehr schnell auffassendes Gedächtnis
prae-veniō ⟨vēnī, ventum, venīre 4.⟩ *j-m* zuvorkommen, *j-n* überholen, *auch fig*; ***perfidiam p.*** einen Verrat vereiteln; ***aliquis/aliquid praevenitur*** man kommt j-m/einer Sache zuvor
prae-verrō ⟨-, -, ere 3.⟩ vorher fegen
prae-vertō ⟨vertī, versum, vertere 3.⟩
1. voranstellen, vorangehen lassen, vorziehen, *aliquid alicui rei* etw einer Sache; ***alia mihi praevertenda sunt*** Liv. ich muss anderes vorher erledigen; ***poculum p.*** Plaut. den Becher zuerst ergreifen
2. *(nachkl.) poet einer Sache* vorgehen, mehr gelten *als etw, abs od alicui rei*; ***pietas amori praevertit*** Frömmigkeit gilt mehr als Liebe
3. *(nachkl.) poet* vorangehen, voranlaufen
4. *einer Sache* zuvorkommen, *etw* überholen, *etw* übertreffen, *aliquid*; ***ventos cursu p.*** in seinem Lauf die Winde überholen
5. vereiteln, verhindern
6. Verg. überraschen, überrumpeln
prae-vertor ⟨-, vertī 3.⟩
1. sich zuvor *irgendwohin* begeben
2. sich zuerst *einer Sache* zuwenden, *etw* zuerst betreiben, *alicui rei/ad aliquid*
3. zuvorkommen, *aliquem/aliquid* j-m/einer Sache
4. vorziehen, *aliquid* etw
prae-videō ⟨vīdī, vīsum, vidēre 2.⟩ zuvor erblicken, früher erblicken; *fig Zukünftiges* voraussehen
prae-vitiō ⟨-, -, āre 1.⟩ vorher verderben; ***gurgitem p.*** vorher trüben
prae-vius ⟨a, um⟩ *Adj* Ov. vorausgehend
prae-volō ⟨āvī, ātum, āre 1.⟩ voranfliegen
praevort… *(altl.)* = ***praevert…***
prāgmaticus
I ⟨a, um⟩ *Adj* ||griech. Fw.||
1. erfahren, geschäftskundig, sachkundig
2. *(spätl.)* Zivilsachen betreffend
II ⟨ī⟩ *m* Rechtskundiger, *oft Berater von Rednern*; *(spätl.) allg.* Anwalt
prandeō ⟨prandī, prānsum, prandēre 2.⟩
I *v/i* frühstücken, zu Mittag essen; ***pransus*** *PPP auch akt.* der gefrühstückt hat; ***miles pransus*** Soldat, der gefrühstückt hat, marschfertiger Soldat; ***pransus potus*** voll gefressen und voll gesoffen
II *v/t* zum Frühstück verzehren; *allg.* genießen
prandium ⟨ī⟩ *n*
1. zweites Frühstück *gegen Mittag*
2. Mart. *allg.* Mahlzeit; ***ad prandium vocare*** zum Essen rufen
3. Plaut. Futter *von Tieren*
prānsitō ⟨-, -, āre⟩ ||*Intens von* prandeo|| zum Frühstück essen
prānsor ⟨ōris⟩ *m* ||prandeo|| Plaut. Frühstücksgast; *allg.* Gast
prānsōrius ⟨a, um⟩ *Adj* ||pransor|| beim Frühstück gebraucht
prānsus ⟨a, um⟩ *PPP* → ***prandeo***
prasinātus ⟨a, um⟩ *Adj* ||prasinus|| Petr. grün bekleidet
prasiniānus ⟨a, um⟩ *Adj* ||prasinus|| Petr. der der grünen Zirkuspartei anhängt
prasinus
I ⟨a, um⟩ *Adj* ||griech. Fw.|| *(nachkl.)* lauchgrün
II ⟨ī⟩ *m* Rennfahrer der grünen Zirkuspartei
prātēnsis ⟨e⟩ *Adj* ||pratum|| auf Wiesen wachsend, Wiesen…; ***pratenses fungi*** Hor. auf der Wiese wachsende Pilze
prātulum ⟨ī⟩ *n* ||*Dim von* pratum|| kleine Wiese
▶ **prātum** ⟨ī⟩ *n*
1. Wiese, Au; *(vkl., nachkl.) meton* Heu
2. *fig* Fläche, *bes* Fläche des Meeres
prāvitās ⟨ātis⟩ *f* ||pravus||
1. Krümmung, Verkrümmung, Verunstaltung; ***p. oris*** Cic. Verzerrung des Mundes, das Fratzenschneiden
2. *fig* Verkommenheit, Verworfenheit; *Pl* schlechte Eigenschaften
3. *fig* Verkehrtheit, Verschrobenheit
prāvum ⟨ī⟩ *n* = ***pravitas***
▶ **prāvus** ⟨a, um⟩ *Adj, Adv* ⟨prāvē⟩
1. Hor. krumm, schief, missgestaltet
2. verkehrt, verschroben; ***sententia prava*** verschrobene Meinung
3. *von Personen u. Sachen* unfähig, schlecht, schlimm; ***prave velle*** zu Unrecht wollen
prāxis ⟨is⟩ *f* ||griech. Fw.|| Petr. Verfahren; *(mlat.)* Amt
Prāxitelēs ⟨is⟩ *m griech. Bildhauer, 4. Jh. v. Chr., Schöpfer der Aphrodite von Knidos u. anderer be-*

rühmter Werke

Prāxitelius ⟨a, um⟩ *Adj* des Praxiteles, zu Praxiteles gehörig

precārius ⟨a, um⟩ *Adj, Adv* ⟨precāriō⟩ ||preces||
1. (nur) erbeten, erbettelt; ***victus p.*** Gnadenbrot; ***forma precaria*** Ov. geborgte Gestalt
2. auf Widerruf gewährt, unbeständig, unsicher, *auch* angemaßt; *(mlat.)* zu Lehen gegeben; ***malignum et precarium lumen*** Sen. ungesundes und unzureichendes Licht
3. *Adv* unter Bitten, aus Gnade
4. *Adv* widerruflich

precātiō ⟨ōnis⟩ *f* ||preces||
1. Bitte, Gebet
2. *(nachkl.)* Gebetsformel
3. *pej* Verwünschung

precātor ⟨ōris⟩ *m* ||precor|| (Com., *spätl.*) Bittsteller; Fürbitter

▶ **precēs** ⟨um⟩ *f*
1. Bitte, Ersuchen; Catul. Fürbitte; ***omnibus precibus orare*** auf jede Weise bitten
2. Gebet; ***preces et vota*** Gebet und Gelübde
3. *pej* Verwünschung, Fluch; ***precibus detestari*** verwünschen
4. Ov. Wunsch

preciae ⟨ārum⟩ *f (nachkl.) Name einer unbekannten Weinsorte*

▶ **precor** ⟨ātus sum, ārī 1.⟩ ||*Denom von* preces||
1. flehentlich bitten, beten, anrufen, anflehen, *aliquem / aliquid* j-n / etw, *aliquid ab aliquo* j-n um etw, *ut / ne* dass / dass nicht, + *Konjkt / + AcI*; ***verba precantia*** flehende Worte; ***parce, precor, mihi*** schone mich bitte; ***opem p.*** Hilfe erflehen; ***vitam p. ab aliquo*** j-n um sein Leben bitten; ***alicui p.*** sich j-m flehend nähern
2. beten; ***p. deos*** zu den Göttern beten
3. *j-m Gutes od Böses* wünschen; ***alicui bene p.*** j-m Gutes wünschen; ***alicui male p.*** j-m Böses wünschen
4. verwünschen, verfluchen, *alicui* jdn

P

▶ **pre-hendō** ⟨hendī, hēnsum, hendere 3.⟩
1. (an)fassen, ergreifen, nehmen; ***aliquem cursu p.*** j-n im Lauf einholen
2. anhalten *zu einem Gespräch*
3. erwischen, ertappen, *in re* bei etw; ***aliquem in furto p.*** j-n beim Diebstahl ertappen; ***servum speculatorem p.*** einen Sklaven als Spion erwischen
4. aufgreifen, verhaften; *von Tieren* fangen
5. *fig* in Besitz nehmen, einnehmen; erobern; erreichen; ***arcem p.*** die Burg einnehmen; ***oras Italiae p.*** die Küsten Italiens erreichen

prehēnsō ⟨āvī, ātum, āre 1.⟩ ||*Intens von* prehendo||
1. *(nachkl.) poet* anfassen, ergreifen; ***alicuius manūs p.*** j-s Hände ergreifen
2. anfassen *um mit ihm zu reden*
3. die Hand drücken, *aliquem* j-m; sich um ein Amt bewerben, um ein Amt bitten, *abs od aliquem* jdn

pre-hēnsus ⟨a, um⟩ *PPP* → ***prehendo***

prēlum ⟨ī⟩ *n (unkl.)* Presse *zum Plätten der Kleider*; Kelter *zum Pressen der Weintrauben*

premō ⟨pressī, pressum, premere 3.⟩

1. drücken, pressen
2. Geschlechtsverkehr haben
3. mit seinem Körpergewicht drücken
4. belasten, beschweren
5. bedecken
6. bedrängen
7. j-n verfolgen
8. streifen, berühren
9. eindrücken
10. durchbohren
11. fest aufdrücken
12. ausdrücken, auslöschen
13. niederdrücken, herabdrücken
14. herabsetzen, abwerten
15. unterdrücken
16. hemmen, bremsen
17. beschneiden
18. beherrschen
19. zusammendrücken
20. zusammenfassen, kurz fassen

1. drücken, pressen; ***natos ad pectora p.*** die Kinder an die Brust drücken; ***ora ore p.*** den Mund küssen; ***frena dente p.*** in die Zügel beißen; ***aliquid ore p.*** etw kauen, etw zerbeißen; ***frena p.*** die Zügel festhalten
2. *(nachkl.)* Geschlechtsverkehr haben, *aliquam* mit einer Frau; *von Tieren* bespringen; ***galli premunt gallinas*** Mart. die Hähne besteigen die Hühner
3. *(unkl.) etw* mit seinem Körpergewicht drücken, auf *etw* sitzen, auf *etw* liegen, auf *etw* treten, sich auf *etw* setzen, auf *etw* drücken, *etw* belasten, *aliquid*; ***solum p.*** den Boden betreten; ***ebur p.*** sich auf den Stuhl aus Elfenbein setzen; ***vestigia alicuius p.*** in j-s Fußstapfen treten; ***saltūs praesidiis p.*** die Wälder dicht mit Schutztruppen besetzen; ***locum p.*** *fig* einen Ort oft besuchen, nicht von einem Ort weichen
4. *(nachkl.) poet* belasten, beschweren; *fig* belästigen; ***trabes columnas premunt*** Hor. die Balken lasten auf den Säulen; ***naves p.*** Schiffe beladen
5. *(nachkl.) poet mit etw Drückendem* bedecken, *bes* begraben, verbergen; ***luna lumen premit*** der Mond verbirgt sein Licht, der Mond geht unter
6. bedrängen; ***exercitum p.*** das Heer bedrängen; ***aliquem verbo p.*** j-n auf das Wort festlegen; *Passiv* in Bedrängnis sein, in Not sein; ***re frumentariā p.*** an Proviant Not leiden
7. hinter *j-m* her sein, *j-n* verfolgen, *abs od aliquem*; ***cervum ad retia p.*** den Hirsch in die Netze jagen
8. streifen, berühren, stoßen; ***latus p.*** sich zur Seite halten; ***litus p.*** sich am Ufer halten
9. eindrücken; ***pedibus vestigia pressa*** Lucr. Fußspuren; ***vestigia per ignem p.*** das Feuer durchschreiten; ***hastam sub mentum p.*** die Lanze unter dem Kinn hineinstoßen
10. durchbohren, ***aliquem hastā*** j-n mit der Lanze
11. fest aufdrücken; ***cubitum p.*** den Ellbogen aufstützen
12. ausdrücken, auslöschen; auspressen, auslassen; ***ubera p.*** melken
13. niederdrücken, herabdrücken; zu Boden schlagen; *Passiv* sich senken; sinken; ***aulea premitur*** Hor. der Theatervorhang senkt sich

14. *fig durch Worte* herabsetzen, abwerten; ***famam alicuius p.*** j-s Ruf schmälern
15. unterdrücken; *fig* nicht aufkommen lassen; ***sermones vulgi p.*** das Gerede der Masse nicht aufkommen lassen
16. hemmen, bremsen; ***vestigia p.*** stehen bleiben; ***lucem p.*** das Licht nicht durchlassen; ***habenas p.*** die Zügel kurz halten
17. *Bäume* beschneiden
18. (*nachkl.*) *poet* beherrschen, POL niederhalten
19. (*nachkl.*) *poet* zusammendrücken; *Geöffnetes* schließen; ***collum laqueo p.*** den Hals mit der Schlinge zuschnüren
20. zusammenfassen, kurz fassen

prēndō ⟨prēndī, prēnsum, prēndere 3.⟩ = ***prehendo***

prēnsātiō ⟨ōnis⟩ *f* ||prenso|| Amtsbewerbung, Bewerbung

prēnsō ⟨āvī, ātum, āre 1.⟩ = ***prehenso***

presbyter ⟨erī⟩ *m* ||griech. Fw.|| (*eccl.*) Ältester, Priester

pressī → ***premo***

pressiō ⟨ōnis⟩ *f* ||premo||
1. Vitr. Druck
2. Absteifung; *meton* Stütze; *fig* Hebel, Winde; ***tectum pressionibus tollere*** das Dach mit Winden anheben

pressō ⟨āvī, ātum, āre 1.⟩ ||*Intens von* premo|| *poet* drücken, pressen; ***ubera (manibus) p.*** (Verg., Ov.) melken

pressūra ⟨ae⟩ *f* ||premo|| Druck; ***p. aquarum*** Wasserdruck

pressus[1] ⟨a, um⟩ *Adj, Adv* ⟨pressē⟩ ||premo||
1. gepresst, gedrückt, gedrängt, gehemmt, langsam; ***pede/gressu/gradu presso*** langsamen Schrittes
2. RHET *von Stimme u. Ausdruck* gedämpft, gemäßigt; *von der Aussprache* nicht zu breit; mit Ausdruck, wohlklingend
3. RHET knapp, kurz; genau, bestimmt; ***Thucydides verbis p.*** Cic. der im Ausdruck präzise Thukydides
4. *im Denken u. Handeln* zögernd, zurückhaltend

pressus[2] ⟨ūs⟩ *m* ||premo|| das Drücken, Druck; ***p. oris*** Druck der Lippen = Wohllaut der Aussprache

pressus[3] ⟨a, um⟩ *PPP* → ***premo***

prēstēr ⟨ēris⟩ *m* ||griech. Fw.|| Lucr. feuriger Wirbelwind

pretiōsus ⟨a, um⟩ *Adj, Adv* ⟨prētiōsē⟩ ||pretium||
1. kostbar, wertvoll, prächtig, von hohem Wert; ***equus p.*** wertvolles Pferd
2. (*unkl.*) kostspielig, teuer
3. Hor. verschwenderisch

pretium ⟨ī⟩ *n*
1. *für Waren u. Leistungen* Preis, Kaufpreis, Geldwert; ***in pretio esse/pretium habere*** einen Wert haben, einen Preis haben; ***in suo pretio esse*** einen angemessenen Preis haben; ***merces magni/parvi pretii*** teure/billige Ware; ***pretium facere*** *vom Verkäufer* einen Preis fordern, *vom Käufer* einen Preis bieten
2. *meton* Bezahlung, *bes* Lösegeld; ***captivos sine pretio remittere*** die Gefangenen ohne Lösegeld entlassen; ***pretio*** für Geld; ***magno pretio aliquid emere*** teuer kaufen; ***parvo pretio emere*** billig kaufen
3. Lohn, Sold, Belohnung, Vergeltung, *auch* Strafe, *alicuius rei* einer Sache, für etw; ***p. manūs*** Arbeitslohn; ***p. certaminis*** Siegespreis; ***(operae) p. est*** es ist der Mühe wert, + *Inf*; ***pretium alicuius rei facere*** Anerkennung für etw finden; ***operae pretium facere*** etw Lohnendes tun; ***ignaviae p.*** Strafe für die Feigheit; ***pretium ob stultitiam ferre*** den Preis für die Dummheit bezahlen
4. *pej* Bestechung

prex ⟨precis⟩ *f Sg von* ***preces***

Priamēis ⟨idis⟩ *f* Tochter des Priamus, = Kassandra

Priamēius ⟨a, um⟩ *Adj* des Priamus, zu Priamus gehörig

Priamidēs *u. im Vers auch* **Prīamidēs** ⟨ae⟩ *m* Nachkomme des Priamus

Priamus ⟨ī⟩ *m Sohn des Laomedon, letzter König von Troja, Gatte der Hekabe (Hecuba)*;

Priāpē(i)a ⟨ōrum⟩ *n Sammlung derb-erotischer lat. Gedichte unbekannter Verfasser aus augusteischer Zeit*

Priāpus ⟨ī⟩ *m*
1. *aus Kleinasien übernommener Gott der Fruchtbarkeit, dargestellt mit übergroßem Phallus; seine Figur wurde auch als Vogelscheuche aufgestellt*
2. *fig* männliches Glied; geiler Mensch; ***P. siligineus*** Backwerk in Phallusform

► **prīdem** *Adv*
1. längst, vor langer Zeit, seit langer Zeit; ***quam pridem*** wie lange ist es her, dass; ***iam pridem*** schon längst; ***non ita pridem*** vor gar nicht langer Zeit
2. unlängst, vor Kurzem, früher, sonst

prīdiānus ⟨a, um⟩ *Adj* ||pridie|| (*nachkl.*) gestrig

prī-diē *Adv* am Tag vor *etw*, tags zuvor, *aliquid/alicuius rei* vor etw; ***pridie Idūs Maias*** am Tag vor den Iden des Mai; ***pridie insidiarum*** am Tag vor dem Attentat; ***pridie quam Athenas veni*** am Tag bevor ich nach Athen kam

Priēnē ⟨ēs⟩ *f ionische Stadt n von Milet, berühmtes Atheneheiligtum, Ruinenstätte*

prīmae ⟨ārum⟩ *f* ||primus|| Hauptrolle; *fig* erste Stelle, erster Platz; Hauptpreis

prīm-aevus ⟨a, um⟩ *Adj* ||primus, aevum|| *von Personen u. Sachen* jugendlich; ***coniux primaeva*** jugendliche Gattin

prīmānī ⟨ōrum⟩ *m* ||primus|| (*nachkl.*) Soldaten der ersten Legion

prīmārius ⟨a, um⟩ *Adj* ||primus|| einer der Ersten, vornehm, vorzüglich

prīmās ⟨ātis⟩ *m* ||primus|| (*nachkl.*) der Erste, der Vornehmste; (*spätl.*) Dorfrichter, Rangältester; (*mlat.*) Edling, *Ehrentitel*

prīmātus ⟨ūs⟩ *m* ||primus|| (*vkl., nachkl., spätl.*) erste Stelle, Vorrang

prīmē *Adv* ||primus|| vorzüglich, besonders

Primigenia ⟨ae⟩ *f* ||primigenus|| *Beiname der Fortuna als Begleiterin ihrer Lieblinge von Geburt an*

prīmi-genius ⟨a, um⟩ *Adj* ||primus, gigno|| (*vkl., nachkl.*) ursprünglich, allererst

prīmi-genus ⟨a, um⟩ *Adj* Lucr. = ***primigenius***

prīmīpīlāris
I ⟨e⟩ *Adj* ||primipilus|| MIL zum ersten Manipel der Triarier gehörig
II ⟨is⟩ *m* ehemaliger Zenturio der ersten Manipel der Triarier

P

prīmīpīlus ⟨ī⟩ *m* ||primi pili|| Zenturio der ersten Manipels der Triarier, rangältester Hauptmann

prīmitiae ⟨ārum⟩ *f* ||primus|| *(nachkl.)*
1. Erstlinge, *bes der Früchte*
2. erster Ertrag; ***spolia et p.*** Erstlingsbeute
3. Verg. erste Waffentat

prīmitīvus ⟨a, um⟩ *Adj* ||primus|| *(nachkl.)* der Erste in seiner Art; ***primitiva ecclesia*** *(mlat.)* Urkirche

prīmitus *Adv* ||primus|| *(nachkl.)*
1. zum ersten Mal
2. zuerst

► **prīmō** *Adv* ||primus||
1. zum ersten Mal
2. *zeitl.* zuerst, anfänglich, anfangs; ***cum primo*** *(unkl.)* sobald als

prīmōgenita ⟨ōrum⟩ *n* ||primogenitas|| Recht der Erstgeburt

primogenitus ⟨a, um⟩ *Adj* ||primus, gigno|| erstgeboren

prīm-ōrdium ⟨ī⟩ *n* ||primus, ordior||
1. Uranfang, Ursprung, *meist Pl*; ***primordia Romanorum*** die Anfänge der römischen Herrschaft
2. Tac. Regierungsantritt

prīmōrēs ⟨um⟩ *m* ||primoris||
1. *(nachkl.)* die vordersten Reihen
2. *(nachkl.) fig* die Vordersten, die Ersten

prīmōris ⟨e⟩ *Adj meist Pl* ||primus||
1. *(unkl.)* der vorderste, der vorderste Teil, vorn; ***primores digiti*** Fingerspitzen; ***primoribus labris aliquid attingere/gustare*** *fig* etw nur obenhin berühren, sich nur oberflächlich mit etw beschäftigen
2. der vornehmste, der angesehenste

prīmulum *Adv* ||primulus|| ganz am Anfang, ganz zuerst

prīmulus ⟨a, um⟩ *Adj* ||*Dim von* primus|| Com. der erste

prīmum

I ⟨ī⟩ *n* ||primus||
1. Vortrab; *Pl* die vordersten Glieder *im Heer*; ***in primo ire*** vorn gehen; ***prima habere*** den ersten Platz haben; ***ad prima*** vorzüglich
2. Anfang, Beginn, *auch Pl*; ***in primo*** am Anfang, zuerst
3. *Pl* Vorsätze
4. *Pl* Urstoffe, Elemente

II *Adv*
1. zuerst, fürs Erste
2. zum ersten Mal; ***hoc primum*** jetzt zum ersten Mal
3. *in Aufzählungen* erstens
4. ***ubi primum/cum primum/ut primum/simulac primum/simul primum*** sobald als; ***quam primum*** möglichst bald

prīmum-dum *Adv* Plaut. fürs Erste

prīmus ⟨a, um⟩ *Adj*
1. *örtl.* der vorderste, *örtl., zeitl., in einer Ordnung* der erste; ***pedes primi*** Vorderfüße; ***Idūs primi*** die nächsten Iden; ***sol p.*** aufgehende Sonne; ***terra prima*** noch junges Land; ***p. quisque*** einer nach dem anderen, der Reihe nach
2. der erstbeste; ***primo quoque tempore*** bei der erstbesten Gelegenheit
3. zuerst, der vorderste Teil, Anfang, beginnend, vorn; ***agmen primum*** Vorhut; ***in prima provincia*** vorn in der Provinz; ***in prima epistula*** am Anfang des Briefes; ***primum saxum*** Rand des Felsens; ***primā luce*** bei Tagesanbruch; ***primā nocte*** bei Einbruch der Nacht; ***primo vere*** zu Beginn des Frühlings ***primo adventu*** gleich bei seiner Ankunft; ***prima sapientia*** Anfang der Weisheit
4. *fig von Personen u. Sachen* der vornehmste, der vorzüglichste, der angesehenste, der wichtigste

prīn-ceps

I *Gen* ⟨cipis⟩ *Adj*
1. *zeitl. od in einer Reihenfolge* der erste; ***Hannibal p. in proelium ibat*** Hannibal ging als Erster in die Schlacht; ***aliquis p. bellum facit*** j-d eröffnet den Krieg
2. *fig nach Rang u. Wert* der angesehenste, der vornehmste, der bedeutendste, Haupt…; ***principem aliquem ponere*** j-n obenan stellen, j-m den Vorrang geben; ***p. ad aliquid*** vorzüglich zu etw geeignet

II ⟨cipis⟩ *m*
1. Urheber, Begründer, Anstifter, *bes* Ratgeber; ***p. inveniendi*** der erste Erfinder; ***p. rogationis*** Antragsteller; ***p. nobilitati vestrae*** der Ahnherr eures Adels
2. Haupt, Hauptperson, Herr, Meister, Anführer
3. *Pl* die ersten Männer im Staat, die Vornehmsten, die Großen, die Mächtigen
4. ***p. iuventutis*** *in der Republik* Anführer der Ritterzenturien, *seit Augustus* Kronprinz, Prinz
5. *(nachkl.)* Herrscher, Fürst, Regent, Gebieter; *seit Augustus* Kaiser; ***uxor principis*** Kaiserin; ***feminae principes*** Frauen aus dem Kaiserhaus
6. *Pl* Soldaten der ersten Schlachtfront, *später* Soldaten der zweiten Schlachtfront; *Sg* Manipel der principes, Zenturio der principes
7. ***p. mundi*** *(mlat.)* Teufel

prīncipālis ⟨e⟩ *Adj, Adv* ⟨prīncipāliter⟩ ||princeps||
1. der erste, ursprünglich; *(nachkl.)* hauptsächlich, Haupt…
2. *(nachkl.)* fürstlich, kaiserlich
3. MIL zum Hauptplatz im Lager führend, Haupt…; ***via p.*** die breite Querstraße *im röm. Lager*; ***porta p.*** Seitentor *des Lagers*

► **prīncipātus** ⟨ūs⟩ *m* ||princeps||
1. erste Stelle, Vorrang, Vortritt; ***principatum sententiae habere*** seine Stimme zuerst abgeben können
2. oberste Stelle, *bes im Senat*; Befehlshaberstelle, Herrschaft, Vorherrschaft; ***totius Galliae principatum tenere*** die Vorherrschaft über ganz Gallien innehaben
3. *(spätl.)* Kaisertum, Prinzipat; *meton* Princeps, römischer Kaiser; ***p. Augusti*** Herrschaft des Augustus
4. PHIL oberster Grundsatz *des Handelns*
5. Anfang, Ursprung; ***aliquo temporis principatu*** zu irgendeinem Beginn der Zeit
6. *(mlat.)* Fürstentum

prīncipiālis ⟨e⟩ *Adj* ||principium|| Lucr. anfänglich, ursprünglich

► **prīncipium** ⟨ī⟩ *n* ||princeps||
1. Anfang, Beginn, Ursprung; ***principium ducere ab aliquo*** seine Abstammung von j-m ableiten; ***p. belli*** Beginn des Krieges

2. *meton* Anfänger, Urheber
3. *fig* Grund, Grundlage, *auch Pl*; ***principia iuris*** Grundlage des Rechtes; ***principia naturae/naturalia*** Grundtriebe; ***principia philosophiae*** Grundlehren der Philosophie
4. *fig* Grundstoff, Element
5. MIL Hauptplatz des römischen Lagers, Hauptquartier
6. *in der Volksversammlung* zuerst abstimmende Tribus, zuerst abstimmende Kurie
7. *Pl* (*nachkl.*) MIL Front, die vordersten Reihen
8. (*mlat.*) Prinzip

▶ **prior**
I ⟨ius⟩ *Adj Komp*
1. *örtl.* der vordere, der vorderste *von zwei*, Vorder…; ***pars p.*** der vordere Teil, Vorderteil
2. *zeitl.* der frühere, der erste *von zwei*, eher, früher
3. vorherig, vorausgehend; ***consul p.*** der vorherige Konsul; ***priore loco dicere*** zuerst sagen; ***filia p.*** die ältere Tochter; ***Dionysius p.*** Dionysius der Ältere; ***populus p.*** Volk der früheren Zeiten
4. *von Rang u. Wert* vorzüglicher, überlegen, höher stehend, wichtiger; ***nihil prius videtur quam*** nichts scheint wichtiger als, + *Inf*
II ⟨ōris⟩ *m*
1. *Pl* die Vorfahren
2. (*mlat.*) Prior, Abt, *Vorsteher eines Klosters*

Prīsciānus ⟨ī⟩ *m aus Caesarea in Mauretanien, um 500 n Chr., der letzte große lat. Grammatiker*

▶ **prīscus** ⟨a, um⟩ *Adj*, *Adv* ⟨prīscē⟩
1. *von Personen u. Sachen* sehr alt, uralt, altertümlich; *bes lobend* altehrwürdig; *tadelnd* altväterlich, altmodisch; ***Tarquinius p.*** Tarquinius der Ältere; ***virtus prisca*** die alte Sittenordnung
2. *poet* früher, ehemalig; ***prisca tempora*** frühere Zeiten, alte Zeiten
3. nach alter Art, streng, einfach; ***prisce agere*** ohne Umstände handeln

Prīscus ⟨ī⟩ *m röm. Beiname*; ***Qu. Servilius Priscus*** *Eroberer von Veii u. Fidenas*; ***C. Helvidius Priscus*** *stoischer Philos., gest. nach 70 n. Chr.*

▶ **prīstinus** ⟨a, um⟩ *Adj*
1. ehemalig, früher, alt, ↔ *Gegenwart*; ***in pristinum restituere*** in den früheren Zustand zurückversetzen
2. letztvergangen, gestrig; ***dies p.*** der gestrige Tag

pristis ⟨is⟩ *f* ||griech. Fw.||
1. Seeungeheuer, *bes* Wal, *auch als Gestirn*
2. Verg. *Name eines Schiffes*; *meton* schnelles Kriegsschiff

prius ||prior|| *Adv* eher, früher, vorher, zuerst; ***plebs montem sacrum prius, deinde Aventinum occupavit*** das Volk hat zuerst den heiligen Berg, dann den Aventin besetzt

▶ **prius-quam** *Konj*, *auch getrennt* eher als, ehe, bevor; ***priusquam ad causam redeo*** bevor ich zur Sache zurückkomme; ***prius … quam*** lieber … als, + *Konjkt*

prīvantia ⟨ōrum⟩ *n* ||privo|| *aus der Sprachwissenschaft* das Verneinende

▶ **prīvātim** *Adv* ||privatus||
1. als Privatmann, privat, für seine Person, in eigenem Namen; ***maximo privatim periculo*** unter größter persönlicher Gefahr; ↔ ***publice.***
2. Liv. zu Hause; ***privatim se tenere*** sich daheim aufhalten
3. aus eigenen Mitteln

prīvātiō ⟨ōnis⟩ *f* ||privo|| das Befreitsein, *alicuius rei* von etw

prīvātum ⟨ī⟩ *n* ||privatus|| eigenes Vermögen, Privatvermögen, Privatgebrauch, Privatbesitz; ***ex privato*** aus eigenen Mitteln, aus dem Haus; ***in privatum vendere*** zum Privatgebrauch verkaufen

▶ **prīvātus**
I ⟨a, um⟩ *Adj*
1. einer einzelnen Person gehörig, Privat…, persönlich, eigen; eigentümlich; eigenmächtig; ***res privatae*** Privatangelegenheiten, Privateigentum
2. *von Personen* ohne öffentliches Amt lebend, als Privatmann lebend
3. (*nachkl.*) nicht kaiserlich, nicht fürstlich; ***privati homines*** (*mlat.*) einfache Kriegsleute, Mannschaften
II ⟨ī⟩ *m* Privatmann, Person ohne öffentliches Amt, gewöhnlicher Bürger

Prīvernum ⟨ī⟩ *n Stadt in Latium, heute Priverno*

prīvīgna ⟨ae⟩ *f* ||privignus|| Stieftochter

prīvīgnus ⟨ī⟩ *m* ||privus, gigno|| Stiefsohn; *Pl* Stiefkinder

prīvi-lēgium ⟨ī⟩ *n* ||privus, lex|| Ausnahmegesetz; (*nachkl.*) Vorrecht, Privileg; ***p. aetatis*** Recht der Erstgeburt

▶ **prīvō** ⟨āvī, ātum, āre 1.⟩ ||*Denom von* privus||
1. berauben, *aliquem re* j-n einer Sache; ***aliquem p. somno*** j-n des Schlafes berauben, j-m den Schlaf rauben
2. *von einem Übel* befreien, *aliquem re* j-n von etw

prīvus ⟨a, um⟩ *Adj*
1. für sich bestehend, einzeln, je einer; ***privas verbenas secum ferre*** Liv. einzelne grüne Zweige mit sich tragen
2. (*unkl.*) eigen, besonders; seltsam; ***privis vocibus dicere*** Gell. mit besonderen Worten sagen
3. (*nachkl.*) frei von *etw*, ohne *etw*, *alicuius rei*; ***militiae p.*** frei vom Militärdienst

prō[1] *Interj der Klage u. der Verwunderung* o!, *meist in Beschwörungsformeln*, + *Vok* / + *Akk*; ***pro sancte Iuppiter*** o heiliger Jupiter; ***pro deum atque hominum fidem*** bei allem, was im Himmel und auf Erden heilig ist

prō[2]

I
1. vor-, her
2. vor-
3. für, zum Schutz
4. anstatt
II verhältnismäßig
III
1. vor
2. vorn auf, vorn an
3. für, zugunsten
4. für, statt
5. so gut wie, wie als
6. als Vergeltung für, als Bezahlung für
7. im Verhältnis zu, gemäß

I *Präf*, *auch pro-*

1. *örtl.* vor-, her, vorwärts-; ***promuntorium*** Vor-gebirge
2. *zeitl.* vor-; ***pro-videntia*** Voraus-sicht
3. für, zum Schutz; ***pro-tegere*** schützen
4. anstatt; ***pro-consul*** Statthalter
II *Adv* verhältnismäßig
III *Präp + Abl*
1. *örtl.* vor, *vor einem Gegenstand, den man im Rücken hat*; vor … hin, vor … her *bei Verben der Bewegung auf die Frage „wohin?"*; ***sedere pro aede Castoris*** vor dem Kastortempel sitzen *mit dem Rücken zum Tempel*
2. vorn auf, vorn an, vorn in; ***pro suggestu loqui*** auf der Rednerbühne sprechen; ***pro tectis*** vorn auf den Dächern stehend; ***pro contione*** vor der Volksversammlung, vor dem versammelten Heer
3. für, zugunsten, zum Schutz; ***pro patria pugnare*** für das Vaterland kämpfen; ***Ciceronis pro Milone oratio*** Ciceros Rede für Milo; ***aliquid pro aliquo est*** etw ist günstig für j-n; ***verba facere pro delicto*** zur Entschuldigung sprechen
4. *stellvertretend* für, statt, anstatt; ***unus pro cunctis*** einer für alle; ***quid pro triumpho datur*** Tac. was immer statt des Triumphes bewilligt wird; ***pro collegio respondere*** im Namen des Kollegiums antworten; ***pro consule*** Prokonsuls; ***Ciceronis pro praetore nomine*** im Namen des Proprätors Cicero
5. *bei Gleichheit* so gut wie, wie als; ***se pro cive gerere*** sich als Bürger benehmen; ***pro nihilo haberi*** für nichts geachtet werden; ***pro occiso relinqui*** als tot zurückgelassen werden; ***mora pro culpa est*** Verzögerung gilt als Schuld; ***pro hoste esse*** als Feind gelten; ***pro perfuga venire*** als (scheinbarer) Überläufer kommen; ***aliquid facere pro amico*** etw als Freund tun; ***pro certo scire*** als sicher wissen
6. als Vergeltung für, als Bezahlung für, zum Lohn für; ***huic pro eius virtute maiorem locum restituerat*** Caes. diesem hatte er für seine Tüchtigkeit den höheren Rang wiedergegeben; ***ulcisci aliquem pro scelere*** j-n für ein Verbrechen bestrafen
7. im Verhältnis zu, gemäß, nach, kraft; ***pro magnitudine periculi*** entsprechend der Größe der Gefahr; ***consilium pro tempore et pro re capere*** einen Beschluss nach Zeit und Umständen fassen; ***pro viribus*** nach Kräften; ***pro mea parte*** nach meinen Kräften; ***pro se quisque*** jeder nach seinen Kräften; ***pro portione/pro rata parte*** nach bestimmtem Verhältnis; ***pro eo quod*** im Verhältnis dazu, dass; dementsprechend, dass; ***pro eo ac/ut*** je nachdem
8. ***pro die*** (*mlat., nlat.*) pro Tag; ***pro domo*** (*mlat., nlat.*) in eigener Sache; ***pro forma*** (*mlat., nlat.*) der Form halber; ***pro memoria*** (*mlat., nlat.*) zum Gedächtnis; ***pro centum*** (*mlat., nlat.*) Prozent; ***pro mille*** (*mlat., nlat.*) Promille; ***pro dosi*** (*mlat., nlat.*) MED als Einzelgabe; ***pro rata temporis*** (*mlat., nlat.*) auf den Tag genau; ***pro tempore*** (*mlat., nlat.*) vorläufig

proāgorus ⟨ī⟩ *m* ||griech. Fw.|| der oberste Beamte *in einigen Städten Siziliens*

pro-auctor ⟨ōris⟩ *m* Suet. Stammvater

pro-avia ⟨ae⟩ *f* (Tac., Suet.) Urgroßmutter

proavītus ⟨a, um⟩ *Adj* ||proavus|| von den Vorfahren ererbt

pro-avus ⟨ī⟩ *m* Urgroßvater; Ahnherr, Vorfahr

probābilis ⟨e⟩ *Adj, Adv* ⟨probābiliter⟩ ||probo||
1. des Beifalls wert, tauglich, gut; ***tria civitatum genera probabilia*** Cic. drei annehmbare Staatsformen
2. glaubhaft, glaubwürdig; wahrscheinlich; ***causa p.*** Tac. glaubhafte Begründung

probābilitās ⟨ātis⟩ *f* ||probabilis|| Glaubhaftigkeit; Wahrscheinlichkeit

probātiō ⟨ōnis⟩ *f* ||probo||
1. Prüfung, Musterung, Besichtigung; ***athletarum p.*** Cic. Musterung der Athleten
2. Genehmigung
3. Schein der Wahrheit
4. (*nachkl.*) Beweis, Beleg; Beweisführung; PHIL logischer Beweis; ***levissimae probationes*** Sen. sehr oberflächliche Beweisführung

probātīvus ⟨a, um⟩ *Adj* ||probo|| Quint. den Beweis betreffend

probātor ⟨ōris⟩ *m* ||probo|| der *etw* billigt, Lobredner von *etw*, *alicuius rei*

probātus ⟨a, um⟩ *Adj* ||probo||
1. erprobt, bewährt; ***viri probati*** bewährte Männer; ***femina probata*** ehrbare Frau
2. angenehm, beliebt, *alicui* j-m, bei j-m; ***mihi ipse p.*** Tac. mit mir selbst im Reinen

prober ⟨bra, brum⟩ *Adj* (*altl.*) = ***probrosus***

prōbet Lucr. = ***prohibet***; → ***prohibeo***

probitās ⟨ātis⟩ *f* ||probus|| Rechtschaffenheit, Redlichkeit

problēma ⟨matis⟩ *n* ||griech. Fw.|| wissenschaftliche Aufgabenstellung, wissenschaftliche Fragestellung, Problem

probō ⟨āvī, ātum, āre 1.⟩
1. prüfen, untersuchen, besichtigen; (*nachkl.*) *Soldaten* mustern
2. (*unkl.*) nach *etw* beurteilen, *aliquid re / ex re / a re* etw nach etw
3. als tüchtig anerkennen, billigen, *aliquem / aliquid* j-n / etw, *+ AcI / + Inf / im Passiv + NcI*; anerkennen, bestätigen, genehmigen; ***aliquem iudicem p.*** j-n als Richter anerkennen
4. *j-m etw* als beifallswert erscheinen lassen, *j-n* mit *etw* zufrieden stellen, *alicui aliquid / de re*
5. *Passiv u.* ***se p.*** *j-s* Beifall gewinnen, sich bei *j-m* beliebt machen, *alicui*; ***filius parentibus minus probatur*** der Sohn missfällt den Eltern
6. glaubhaft machen, beweisen *durch Gründe od Beweise, abs od aliquid / alicui* etw j-m; ***alicui se memorem p.*** sich j-m als dankbar erweisen; ***aliquid pro vero probatur*** etw gilt als wahr
7. ***aliquem pro aliquo p.*** j-n als etw ausgeben, *+ AcI*
8. (*nachkl.*) durch Beweise überführen *als Täter*

proboscis ⟨idis⟩ *f* ||griech. Fw.|| (*unkl.*) Rüssel des Elefanten

probri-perlecebrae ⟨ārum⟩ *f* Plaut. Schmeichelkätzchen, Verführerin

probrōsus ⟨a, um⟩ *Adj, Adv* ⟨probrōsē⟩ ||probrum||
1. schändlich, entehrend; ***carmen probrosum*** Schmähgedicht
2. (*nachkl.*) schimpflich handelnd, lasterhaft

► **probrum** ⟨ī⟩ *n*
1. Beschimpfung, Schmähung, Beleidigung; ***probra iactare / iacere in aliquem*** j-n beschimpfen
2. Schande, Schmach; ***probro esse*** zur Schande ge-

P

reichen, ***aliquid probro habere*** etw für eine Schande halten
3. Schandtat
4. Ehebruch

▶ **probus** ⟨a, um⟩ *Adj, Adv* ⟨probē⟩
1. tüchtig, richtig, passend, gut; ***ingenium probum*** guter Kopf
2. echt, unverfälscht; ***argentum probum*** echtes Silber
3. *sittlich* rechtschaffen, ehrlich, anständig, bescheiden
4. *Adv in Antworten* recht so!; ***probissime*** sehr richtig

PROC. *Abk* = ***pro consule/pro consulibus*** anstelle des Konsuls/der Konsuln; → ***consul***

procācitās ⟨ātis⟩ *f* ||procax|| Zudringlichkeit, Frechheit

procāx *Gen* ⟨ācis⟩ *Adj, Adv* ⟨procāciter⟩ ||posco|| *von Personen u. Sachen* zudringlich, frech, unverschämt; ***sermo p.*** freche Rede

prō-cēdō ⟨cessī, cessum, cēdere 3.⟩
1. vorwärts schreiten, vorgehen, hervorkommen, *abs od ab re/de re/re* aus etw; ***ante portam p.*** vor die Tür treten; ***p. visum*** hinausgehen um zuzuschauen
2. MIL vorgehen, vorrücken, marschieren
3. öffentlich erscheinen, auftreten; ***in medium p.*** unter die Menge treten; ***in contionem p.*** in der Volksversammlung auftreten
4. *fig von der Zeit* fortschreiten, vorrücken, verstreichen
5. *fig* vorwärts kommen, zu Ehren emporsteigen
6. *fig* weitergehen, fortdauern
7. *fig* Fortschritte machen, tiefer eindringen, *in re/re* in etw; ***opere p.*** mit dem Bau vorankommen; ***puer aetate procedit*** der Junge wird älter
8. *fig* sich versteigen *bis zu einem Punkt*; ***eo magnitudinis p.*** sich bis zu dem Grad versteigen; ***quo illud procedit?*** wie weit geht dies?; ***liberius altiusque p.*** zu weit über das Thema hinausgehen
9. *fig* Erfolg haben, gelingen; zugute kommen, nützen, *alicui* j-m; ***si processit*** wenn es gut geht

procella ⟨ae⟩ *f* ||procello||
1. Sturm, Orkan, Unwetter
2. (*nachkl.*) stürmischer Angriff; ***equester p.*** stürmischer Angriff der Reiterei
3. *fig* Unruhe, Aufruhr

pro-cellō ⟨-, -, ere 3.⟩
1. darauf stürzen; ***se in mensam p.*** Plaut. sich auf den Tisch stürzen
2. ***se p.*** sich vordrängen

procellōsus ⟨a, um⟩ *Adj* ||procella|| (*nachkl.*) stürmisch, *auch* Sturm erregend

procer ⟨eris⟩ *m* einer der Vornehmen; *Pl* die Vornehmsten, Aristokratie

prōcēritās ⟨ātis⟩ *f* ||procerus|| Schlankheit, hoher Wuchs, Länge; ***p. arborum*** Cic. hoher Wuchs der Bäume

prō-cērus ⟨a, um⟩ *Adj, Adv* ⟨prōcērē⟩ ||cresco|| lang gewachsen, schlank gewachsen, hoch; ***syllabae procerae*** METR lange Silben

prō-cessī → ***procedo***

prōcessiō ⟨ōnis⟩ *f* ||procedo||
1. das Vorrücken des Heeres
2. (*spätl.*) feierlicher Umzug, RELIG Prozession

prō-cessum *PPP* → ***procedo***

prōcessus ⟨ūs⟩ *m* ||procedo||
1. (*nachkl.*) das Fortschreiten
2. Fortschritt, guter Fortgang, Wachstum; ***p. dicendi*** Cic. Fortschritt als Redner
3. (*nachkl.*) *poet* glücklicher Ausgang, Glück

Prochyta ⟨ae⟩ *f u.* **Prochytē** ⟨ēs⟩ *f kleine Insel vor Misenum in Kampanien, heute Procida*

prō-cidō ⟨cidī, -, cidere 3.⟩ ||cado|| (*nachkl.*) nach vorn niederfallen

prōcinctus ⟨ūs⟩ *m* das Bereitmachen zum Kampf; ***in procinctu*** in Kampfbereitschaft, schlagfertig, in Bereitschaft

prōclāmātiō ⟨ōnis⟩ *f* ||proclamo|| das Ausrufen, das Schreien

prōclāmātor ⟨ōris⟩ *m* ||proclamo|| = ***clamator***; Schreier; schlechter Sachwalter

prō-clāmō ⟨āvī, ātum, āre 1.⟩ schreien, laut rufen

prōclīnō ⟨āvī, ātum, āre 1.⟩ (*nachkl.*) *poet* vorwärts beugen, abwärts neigen; *Passiv* sich vorwärts neigen; ***proclinatus*** der Entscheidung nahe, auf abschüssiger Bahn

prō-clīvis ⟨e⟩ *Adj u.* **prō-clīvus** ⟨a, um⟩ *Adj, Adv* ⟨prōclīve⟩ *u.* ⟨prōclīvī⟩ ||pro², clivus||
1. (*nachkl.*) vorwärts geneigt, abschüssig, *auch fig*; ***per proclive/in proclive*** bergab, abwärts; ***proclivi currere*** rasch abwärts laufen
2. *fig* schwierig, dunkel, unklar
3. *fig* geneigt, bereit, *ad aliquid* zu etw
4. *fig* leicht (ausführbar); ***in proclivi esse*** leicht sein

prōclīvitās ⟨ātis⟩ *f* ||proclivis||
1. (*nachkl.*) abschüssige Lage, Abhang
2. *fig* Neigung, Geneigtheit, *ad aliquid* zu etw

Procnē ⟨ēs⟩ *f*
1. *die in eine Schwalbe verwandelte Schwester der Philomele*
2. Verg. *meton* Schwalbe

procoetōn ⟨ōnis⟩ *n* ||griech. Fw.|| Plin. Vorzimmer

▶ **prō-cōnsul** ⟨lis⟩ *m* ehemaliger Konsul, Prokonsul, Statthalter *einer Provinz nach seiner Amtszeit als Konsul*, Verwalter *einer senatorischen Provinz in der Kaiserzeit*

prōcōnsulāris
I ⟨e⟩ *Adj* ||proconsul|| (*nachkl.*) prokonsularisch; ***imago p.*** Liv. Schattenbild der konsularischen Gewalt; ***ius proconsulare*** Tac. Recht des Prokonsuls
II ⟨is⟩ *m* Prokonsul

prōcōnsulātus ⟨ūs⟩ *m* ||proconsul|| Prokonsulat, Amt des Prokonsuls, Würde des Prokonsuls; Statthalterschaft, Amt des Statthalters, Würde des Statthalters

procor ⟨-, ārī 1.⟩ ||*Denom von* procus|| fordern, verlangen

prōcrāstinātiō ⟨ōnis⟩ *f* ||procrastino|| Aufschub, Vertagung

prō-crāstinō ⟨āvī, ātum, āre 1.⟩ ||crastinus|| vertagen, aufschieben

prōcreātiō ⟨ōnis⟩ *f* ||procreo|| Zeugung

prōcreātor ⟨ōris⟩ *m* ||procreo|| Erzeuger; *fig* Schöpfer; *Pl* Eltern

prōcreātrīx ⟨īcis⟩ *f* ||procreator|| Urheberin, Mutter

prō-creō ⟨āvī, ātum, āre 1.⟩

1. zeugen, *ex aliqua / de aliqua* mit einer Frau
2. gebären
3. *fig* hervorbringen, schaffen
prō-crēscō ⟨-, -, ēscere 3.⟩ Lucr. hervorwachsen
Procris ⟨is⟩ *f attische Königstochter, wurde von ihrem Gatten auf der Jagd versehentlich getötet*
Procrūstēs ⟨ae⟩ *m* MYTH *Wegelagerer in Attika, der Reisende nach der Größe seines Folterbettes entweder streckte, wenn sie klein waren, oder ihnen Gliedmaßen abschlug, wenn sie groß waren; von Theseus getötet*
prō-cubō ⟨uī, -, āre 1.⟩ Verg. hingestreckt daliegen
pro-cubuī → ***procubo*** *u.* → ***procumbo***
prō-cūdō ⟨cūdī, cūsum, cūdere 3.⟩
1. (*nachkl.*) schmieden, hämmern; ***enses p.*** Schwerter schmieden
2. *fig* formen, bilden; Lucr. schaffen, hervorbringen; ersinnen; ***dolos p.*** Ränke schmieden
► **procul** *Adv*
1. in die Ferne
2. fern, in der Ferne, *ab re / re* von etw; ***flumen non procul est*** der Fluss ist nicht weit (entfernt); ***res haud procul seditione erat*** die Sache war nicht weit von einem Aufruhr entfernt; ***procul dubio*** ohne Zweifel; ***procul errare*** sehr irren; ***aliquid procul habere*** etw verachten, etw verabscheuen; ***haud procul est, quin*** es ist nahe daran, dass
3. aus der Ferne, von fern
4. *zeitl.* lange vor, + *Abl*; ***haud procul solis occasu*** Liv. nicht lange vor Sonnenuntergang
prōculcātiō ⟨ōnis⟩ *f* ||proculco|| (*nachkl.*) Zerschlagung, Zertrümmerung; ***p. regni*** Sen. Zerschlagung einer Herrschaft
prō-culcō ⟨āvī, ātum, āre 1.⟩ ||calco||
1. niedertreten, zertreten
2. *fig* erniedrigen
prō-cumbō ⟨cubuī, cubitum, cumbere 3.⟩
1. *von Personen* sich vorwärts legen, sich vorbeugen
2. *von Sachen* sich neigen, sich schräg stellen, sich abwärts hinziehen
3. sich lagern, sich legen; sich niederwerfen, niederfallen
4. sich bittend zu Füßen werfen, *alicui* j-m
5. *fig von Sachen* einstürzen; *vom Getreide* sich legen; ***agger in fossam procumbit*** der Wall stürzt in den Graben
6. *fig* sinken, in Verfall geraten
prōcūrātiō ⟨ōnis⟩ *f* ||procuro||
1. Besorgung, Versorgung *einer Sache*, Verwaltung; *abs* Staatsdienst
2. Amt eines kaiserlichen Prokurators, kaiserliche Finanzverwaltung
3. RELIG Sühnung, Sühneopfer; ***procurationes incesti*** Tac. Reinigungszeremonien wegen Blutschande
prōcūrātiuncula ⟨ae⟩ *f* ||*Dim von* procuratio|| Sen. Prokuratorenpöstchen
prōcūrātor ⟨ōris⟩ *m* ||procuro||
1. Verwalter, Vorsteher, *als Beamter*; ***p. aerarii*** Verwalter der Staatskasse; ***p. regni*** Reichsverwalter, Reichsverweser; ***p. ludi*** Vorsteher der kaiserlichen Gladiatorenschule
2. *im Privatleben* Stellvertreter, Hausverwalter, Gutsverwalter, Bevollmächtigter
3. *in der Kaiserzeit* kaiserlicher Prokurator *zur Erhebung der kaiserlichen Einkünfte*
prōcūrātrīx ⟨īcis⟩ *f* ||procurator|| Pflegerin
prō-cūrō ⟨āvī, ātum, āre 1.⟩
1. besorgen, verwalten
2. (*nachkl.*) *poet* kaiserlicher Prokurator sein, *abs*
3. pflegen, ***corpus*** den Körper
4. RELIG entsühnen
prō-currō ⟨(cu)currī, cursum, currere 3.⟩
1. hervorlaufen, hervorstürmen; MIL vorrücken, vorwärts stürmen
2. *vom Meer* vorwärts stürmen; (*nachkl.*) *von Örtlichkeiten* vorragen, sich erstrecken
prōcursātiō ⟨ōnis⟩ *f* ||procurso|| Liv. Geplänkel
prō-cursātor ⟨ōris⟩ *m* ||procurso|| *meist Pl* Plänkler
prōcursiō ⟨ōnis⟩ *f* ||procurro||
1. das rasche Vorschreiten des Redners auf die Zuhörer zu
2. Abschweifung
prōcursō ⟨-, -, āre 1.⟩ ||*Freq von* procurro|| (*nachkl.*) vorlaufen
prōcursum *PPP* → ***procurro***
prōcursus ⟨ūs⟩ *m* ||procurro|| (*nachkl.*) *poet* das Vorlaufen, das Vorstürmen
prōcurvus ⟨a, um⟩ *Adj* Verg. vorwärts gekrümmt
procus ⟨ī⟩ *m* Freier; *fig* Bewerber
Procyōn ⟨ōnis⟩ *m* ||griech. Fw.|| Kleiner Hund, *als Sternbild*
prōd-āctus ⟨a, um⟩ *PPP* → ***prodigo***
prōd-ambulō *u.* **prōdeambulō** ⟨-, -, āre 1.⟩ Ter. hervorspazieren
prōd-ēgī → ***prodigo***
► **prōd-eō** ⟨iī, itum, īre 0.⟩
1. hervorgehen, hervortreten, herauskommen, *bes* öffentlich auftreten; *von Schiffen* auslaufen
2. *fig* erscheinen, sich zeigen, auftreten
3. vorrücken, vordringen; ***p. volando*** vorwärts fliegen; ***extra modum p.*** *fig* das Maß überschreiten, *re* in etw
4. *fig von Örtlichkeiten* vortreten, vorragen, hervorragen
prōd-esse → ***prosum***
Prodicius ⟨a, um⟩ *Adj* des Prodicus, zu Prodicus gehörig
prō-dīcō ⟨dīxī, dictum, dīcere 3.⟩ *einen Termin* gerichtlich verschieben, verlegen
prō-dictātor ⟨ōris⟩ *m* Liv. stellvertretender Diktator
Prodicus ⟨ī⟩ *m Sophist z. Zt. des Sokrates*
prō-didī → ***prodo***
prōdigentia ⟨ae⟩ *f* ||prodigo|| Verschwendung
prōdigiālis ⟨e⟩ *Adj*, *Adv* ⟨prōdigiāliter⟩ ||prodigium||
1. Plaut. Ungünstiges abwehrend
2. (*nachkl.*) *poet* ungeheuerlich
prōdigiōsus ⟨a, um⟩ *Adj*, *Adv* ⟨prōdigiōsē⟩ ||prodigium|| (*nachkl.*) abenteuerlich, unnatürlich; ***prodigiosum dictu*** Tac. schauerlich zu sagen
► **prōdigium** ⟨ī⟩ *n* ||aio||
1. Wunderzeichen, unerklärliche Erscheinung, *meist Unglück verkündend*
2. Ungeheuerlichkeit, ungeheuerliches Ereignis
3. *von Menschen u. Tieren* Ungeheuer, Scheusal
prōd-igō ⟨ēgī, āctum, igere 3.⟩ ||ago||

1. (*vkl., nachkl.*) hervortreiben, ***sues*** Schweine
2. *fig* verschwenden, vertun

prōdigus ⟨a, um⟩ *Adj, Adv* ⟨prōdigē⟩ ||ago||
1. verschwenderisch, *re* mit etw; ***prodige vivere*** verschwenderisch leben
2. *von Sachen* reich, fruchtbar, *alicuius rei* an etw
3. leicht hingebend, leicht preisgebend, nicht achtend, *alicuius rei* etw; ***vitae p.*** sein Leben nicht achtend

prōditiō ⟨ōnis⟩ *f* ||prodo|| das Preisgeben, Verrat, *alicuius rei* einer Sache, an etw

prōditor ⟨ōris⟩ *m* ||prodo|| Verräter; *adj* verräterisch

▶ **prō-dō** ⟨didī, ditum, dere 3.⟩
1. weitergeben; ***genus a sanguine Teucri p.*** das Geschlecht aus dem Blut der Troer fortpflanzen
2. *fig* übergeben, überliefern, hinterlassen, *alicui aliquid* j-m etw; ***posteris p.*** der Nachwelt überliefern
3. *fig* überliefern, berichten, melden; ***memoriā proditum est*** die Sage hat sich erhalten; ***memoriā et litteris p.*** mündlich und schriftlich überliefern, + *AcI*
4. *poet* hervorbringen, zum Vorschein bringen
5. veröffentlichen, bekannt machen, verbreiten; ***exemplum p. in aliquo*** an j-m ein Beispiel statuieren
6. ernennen, wählen, *zu einem Amt*; ***aliquem interregem p.*** j-n zum Zwischenkönig ernennen
7. *Geheimnisse* verraten; ***cultu prodi*** durch die Kleidung verraten werden
8. ausliefern, preisgeben; ***fidem p.*** sein Wort brechen
9. (*vkl.*) *einen Termin* verschieben; ***nuptiis dies p.*** Ter. den Termin für die Hochzeit hinausschieben

prō-doceō ⟨-, -, ēre 2.⟩ Hor. laut lehren

prodromus ⟨ī⟩ *m* ||griech. Fw.||
1. Eilbote, Kurier
2. *Pl* Cic. *fig* Nordnordostwinde

▶ **prō-dūcō** ⟨dūxī, ductum, dūcere 3.⟩
1. vorführen, hervorführen, präsentieren; ***captivos p.*** Gefangene vorführen
2. öffentlich auftreten lassen, auf die Bühne bringen
3. *Truppen* ausrücken lassen
4. ausliefern
5. (*vkl.*) *poet* begleiten, geleiten
6. *fig* hervorbringen, zeugen, schaffen; großziehen, erziehen
7. weiter vorschieben, vorziehen
8. hervorlocken, verlocken; ***naves p.*** Schiffe herauslocken
9. *rangmäßig* befördern; erhöhen
10. *örtl.* weiter ausdehnen; ***aciem longius p.*** Caes. die Schlachtreihe weiter auseinander ziehen
11. *zeitl.* ausdehnen, hinauszögern; *in Aussprache u. Ausdruck* dehnen; ***rem in hiemem p.*** die Angelegenheit bis in den Winter hinauszögern; ***syllabam p.*** eine Silbe dehnen

prōducta ⟨ōrum⟩ *n* ||productus[2]|| Sen. vorzuziehende Dinge, schätzenswerte Dinge

prōductiō ⟨ōnis⟩ *f* ||produco||
1. Verlängerung, das Hinausschieben; ***p. verbi*** Verlängerung eines Wortes durch eine Silbe
2. Dehnung *durch Aussprache*

prōductō ⟨-, -, āre 1.⟩ ||*Intens von* produco|| Ter. hinziehen

prōductus[1] ⟨a, um⟩ *Adj* ||produco||
1. verlängert, ausgestreckt, gedehnt
2. *zeitl.* in die Länge gezogen

prō-ductus[2] ⟨a, um⟩ *PPP* → ***produco***

prō-dūxī → ***produco***

proēgmena ⟨ōrum⟩ *n* ||griech. Fw.|| PHIL vorzuziehende Dinge

proeliāris ⟨e⟩ *Adj* ||proelium|| (*vkl., nachkl.*) zur Schlacht gehörig

proeliātor ⟨ōris⟩ *m* ||proelior|| Tac. Kämpfer, Krieger

proelior ⟨ātus sum, ārī 1.⟩ ||*Denom von* proelium||
1. kämpfen, fechten, *vor Gericht* mit Worten streiten, wettstreiten
2. *fig* mit *j-m* schlafen

▶ **proelium** ⟨ī⟩ *n*
1. Kampf, Schlacht, Gefecht, *auch fig*; ***p. navale*** Seeschlacht; ***p. equestre*** Reiterkampf; ***proelium committere*** eine Schlacht liefern
2. Liv. Zweikampf
3. Angriff
4. Krieg
5. *Pl* die Kämpfer, die Krieger
6. *allg.* Streit, Konflikt

profānō ⟨āvī, ātum, āre 1.⟩ ||*Denom von* profanus|| entweihen, entheiligen

profānum ⟨ī⟩ *n* ||profanus|| weltlicher Besitz; ***in profano*** auf ungeweihtem Boden

▶ **pro-fānus** ⟨a, um⟩ *Adj*
1. ungeweiht, unheilig, profan
2. nicht eingeweiht *in einen Kult*
3. (*nachkl.*) unrein; ***animalia profana*** unreine Tiere
4. gottlos, ruchlos, *auch* Unheil verkündend
5. (*mlat.*) heidnisch

profatus *Abl* ⟨ū⟩ *m* ||profor|| (*nachkl.*) das Aussprechen

prō-fēcī → ***proficio***

profectiō ⟨ōnis⟩ *f* ||proficiscor||
1. Aufbruch, Abmarsch
2. *fig* Herkunft

▶ **profectō** *Adv* ||pro, factum|| sicherlich, wirklich; jedenfalls; unter allen Umständen

prō-fectum *PPP* → ***proficio***

pro-fectus[1] ⟨a, um⟩ *PPerf* → ***proficiscor***

prō-fectus[2] ⟨ūs⟩ *m* ||proficio|| (*vkl., nachkl.*) Fortschritt, Erfolg, Wirkung; ***sine profectu*** vergeblich; ***profectu carere*** erfolglos sein

prō-ferō ⟨tulī, lātum, ferre 0.⟩
1. hervortragen, hervorbringen, heraustragen, herbeiholen, hintragen; ***pecuniam p.*** Geld hergeben
2. vorstrecken, vorzeigen; ***e stagno caput p.*** Phaedr. den Kopf aus dem Teich strecken
3. *fig* öffentlich zeigen
4. *als Erfinder* hervorbringen, schaffen; ***nova rerum nomina p.*** Hor. für etw neue Namen schaffen
5. *fig* veröffentlichen, bekannt machen; ***ingenium p.*** Talent zeigen
6. *fig* vortragen, verkünden, aussprechen; ***sententiam p.*** Tac. seine Meinung aussprechen
7. vorwärtstragen, weitertragen; ***gradum p.*** weitergehen
8. *örtl.* weiter ausdehnen; *zeitl.* verlängern; ***impe-***

P

rium usque ad mare prolatum est Liv. das Herrschaftsgebiet wurde bis zum Meer ausgedehnt
9. *zeitl.* verschieben, aufschieben; ***exercitum p.*** die Versammlung des Heeres verschieben; ***res p.*** die öffentlichen Geschäfte vertagen = Gerichtsferien eintreten lassen; ***res prolatae*** Stillstand der öffentlichen Geschäfte, Eintritt der Gerichtsferien

professae ⟨ārum⟩ *f* ||professus²|| Dirnen, Prostituierte

professiō ⟨ōnis⟩ *f* ||profiteor||
1. (*unkl.*) öffentliche Erklärung, Äußerung
2. offizielle Erklärung, Angabe *vor einer Behörde*
3. *meton* Beruf, Geschäft, Betätigung; (*nachkl.*) Lehrstuhl; ***oratorum p.*** Tac. Berufsstand der Redner
4. Bekenntnis, Gelübde, Mönchsgelübde

professor ⟨ōris⟩ *m* ||profiteor|| (*nachkl.*) öffentlich angestellter Lehrer, Professor

professōrius ⟨a, um⟩ *Adj* ||professor|| (*nachkl.*) schulmeisterlich, Schulmeister…

professus¹ ⟨a, um⟩ *PPerf* → ***profiteor***

professus² ⟨a, um⟩ *Adj* ||profiteor|| zugestanden, offenkundig; ***ex professo*** vorsätzlich

pro-fēstus ⟨a, um⟩ *Adj* (*nachkl.*) *poet* nicht festlich, alltäglich; ***profestis lucibus et sacris*** Hor. an Werk- und Festtagen

► **prō-ficiō** ⟨fēcī, fectum, ficere 3.⟩ ||facio||
1. vorwärts kommen, fortschreiten
2. *fig* Fortschritte machen, gewinnen, *ad aliquid / in aliquid* in Bezug auf etw; ***p. aliquid in philosophia*** in der Philosophie Fortschritte machen; ***hoc tantum proficiunt*** Petr. nur dies erreichen sie
3. *von Leblosem* helfen, nützen, dienen; *von Heilmitteln* wirken; ***plurimum p.*** sehr viel helfen

► **proficīscor** ⟨fectus sum, ficīscī 3.⟩ ||*Inkoh von* proficio||
1. aufbrechen, abreisen, abfahren; *von Schiffen* absegeln; ***p. ad somnum / ad dormiendum*** schlafen gehen; ***venatum p.*** zur Jagd aufbrechen
2. MIL marschieren; ***in pugnam p.*** in den Kampf ziehen; ***alicui auxilio p.*** j-m zu Hilfe kommen
3. RHET fortfahren; übergehen, *ad aliquid* zu etw; ***p. ad reliqua*** Cic. zum Rest übergehen
4. von *etw* ausgehen, den Anfang von *etw* aus machen, *a re*
5. herrühren, herkommen, abstammen, *ab aliquo* von j-m, *a re / ex re* von einer Sache; ***profecti ab Aristotele*** die Schüler des Aristoteles, die Schule des Aristoteles

pro-fiteor ⟨fessus sum, fitērī 2.⟩ ||fateor||
1. offen bekennen, ***verum*** die Wahrheit; ***dolorem p.*** Schmerz äußern
2. öffentlich angeben, anmelden; (***nomen***) ***p.*** sich zum Kriegsdienst melden, sich als Bewerber melden; ***lenocinium p.*** (*nachkl.*) sich als Prostituierte beim Ädil registrieren lassen
3. als sein Fach angeben, *bes* Professor *eines Faches* sein; *abs* öffentlich angestellter Lehrer sein, Professor sein; ***se profiteri aliquem*** sich öffentlich für etw ausgeben; ***se amicum p.*** sich einen Freund nennen
4. versichern, versprechen, erwarten lassen; ***se adiutorem ad aliquid p.*** seinen Beistand zu etw anbieten; ***indicium p.*** erklären, dass man eine Aussage machen möchte; eine Anzeige machen
5. (*mlat.*) das Klostergelübde ablegen

prōflīgātor ⟨ōris⟩ *m* ||profligo|| (*nachkl.*) Verschwender

prōflīgātus ⟨a, um⟩ *Adj* ||profligo||
1. *von Personen* ruchlos
2. *von Alter u. Zeit* weit vorgerückt

prōflīgō ⟨āvī, ātum, āre 1.⟩
1. niederschlagen, überwältigen; ***copias hostium p.*** die Truppen der Feinde überwältigen
2. *fig* MIL stürzen, vernichten; ***rem publicam p.*** Cic. den Staat vernichten
3. *fig moralisch* erniedrigen, tief sinken lassen
4. *fig* niederdrücken
5. *fig* dem Ende nahe bringen, erledigen; ***bellum p.*** den Krieg beinahe vollenden

prō-flō ⟨āvī, ātum, āre 1.⟩ (*nachkl.*) hervorblasen, ***flammas*** Flammen; ***somnum p.*** schnarchen

prōfluēns
I *Gen* ⟨entis⟩ *Adj*, *Adv* ⟨prōfluenter⟩ ||profluo|| hervorfließend, hervorströmend; ruhig, gleichförmig; *Adv* in reichem Maß; ***in aquam profluentem*** Liv. ins strömende Wasser; ***p. sermo*** flüssige Redeweise
II ⟨entis⟩
1. *n* Redestrom
2. *f* fließendes Wasser

prōfluentia ⟨ae⟩ *f* ||profluens|| das Hervorströmen; *fig* Strom, Redefluss

prō-fluō ⟨flūxī, -, fluere 3.⟩
1. hervorfließen, hervorströmen; ***Mosa profluit ex monte Vogeso*** Caes. die Maas entspringt in den Vogesen
2. *fig* unbemerkt *irgendwohin* gelangen, gleiten; ***ad incognitas libidines p.*** Tac. sich noch nicht gekannten Lüsten hingeben

prōfluvium ⟨ī⟩ *n* ||profluo|| (*nachkl.*) das Hervorfließen; ***p. ventris*** Durchfall

pro-for ⟨fātus sum, fārī 1.⟩ (*vkl.*)
1. heraussagen, reden; ***paternum nomen p.*** den Namen des Vaters aussprechen
2. weissagen

► **pro-fugiō** ⟨fūgī, -, fugere 3.⟩
I *v/i* entfliehen, flüchten; ***noctuclam p.*** Sall. nachts heimlich entfliehen
II *v/t* fliehen, *aliquem / aliquid* vor j-m / vor etw; ***civium conspectum p.*** den Blick der Bürger meiden

profugus
I ⟨a, um⟩ *Adj* ||profugo||
1. flüchtig
2. verbannt
II ⟨ī⟩ *m*
1. Flüchtling
2. Verbannter
3. Abtrünniger *vom Glauben*

prō-fuī → ***prosum***

pro-fundō ⟨fūdī, fūsum, fundere 3.⟩
1. hingießen, vergießen, hervorströmen lassen; *Passiv u.* ***se p.*** sich ergießen, hervorströmen; ***lacrimas p.*** Tränen vergießen; ***omnes vires p.*** alle Kräfte aufbieten; ***multitudo sagittariorum se profudit*** Caes. die Schar der Bogenschützen schwärmte aus; ***se p. in questūs*** in Klagen ausbrechen; ***totum se in aliquem p.*** sich j-m ganz hinge-

P

ben
2. herabhängen lassen; *Passiv* herabhängen, üppig wachsen
3. *fig* aushauchen, ausstoßen
4. *fig* opfern, aufgeben, preisgeben; ***voces p.*** Schreie ausstoßen
5. *fig* verschwenden, vergeuden; ***pecuniam p.*** Geld verschwenden
6. niederstrecken, niederwerfen; ***somnus membras profundit*** Lucr. der Schlaf streckt die Glieder hin

profundum ⟨ī⟩ *n* ||profundus|| Tiefe, Abgrund, *bes* Meerestiefe, Meer; ***p. maris*** Tiefe des Meeres; ***p. camporum*** tief gelegene Felder; ***veritas in profundo demersa*** *fig* die in der Tiefe ruhende Wahrheit

▶ **profundus** ⟨a, um⟩ *Adj*
1. tief, bodenlos
2. tief; ***silvae profundae*** tiefe Wälder; ***profundae tenebrae*** tiefe Finsternis; ***profunda nox*** tiefe Nacht
3. dicht; ***grando profunda*** dichter Hagel
4. hoch; ***caelum profundum*** hoher Himmel
5. *fig* in der Unterwelt; ***manes profundi*** Verg. die Seelen in der Unterwelt
6. *fig* unermesslich, unersättlich; ***profundae libidines*** Cic. unersättliche Leidenschaften

profūsiō ⟨ōnis⟩ *f* ||profundo|| (*nachkl.*) Ausfluss; *fig* Verschwendung; ***p. sanguinis*** Ausfluss des Blutes

profūsus ⟨a, um⟩ *Adj, Adv* ⟨profūsē⟩ ||profundo||
1. (*vkl.*) herabhängend, lang
2. ausgelassen, unmäßig; ***hilaritas profusa*** ausgelassene Fröhlichkeit; ***profuse tendere in castra*** in wilder Flucht dem Lager zustreben
3. *von Personen* maßlos, verschwenderisch, freigebig; *von Sachen* kostspielig; ***nepos p.*** verschwenderischer Enkel; ***epulae profusae*** üppige Gastmähler

prō-gener ⟨erī⟩ *m* Sen. Gatte der Enkelin

prō-generō ⟨āvī, ātum, āre 1.⟩ (*nachkl.*) *poet* zeugen

▶ **prōgeniēs** ⟨ēī⟩ *f* ||progigno||
1. Abstammung, Geschlecht
2. *meton* Nachkommenschaft
3. Nachkomme, Spross; Ov. *fig* Werke eines Dichters

prōgenitor ⟨ōris⟩ *m* ||progigno|| (*unkl.*) Stammvater

prō-gignō ⟨genuī, genitum, gignere 3.⟩ zeugen, erzeugen; *von der Frau* gebären; *Passiv* entstehen

prō-gnāriter *Adv* ||gnarus|| (*vkl.*) klipp und klar; ***indicare pretium prognariter*** Plaut. den Preis klipp und klar nennen

prōgnātus ⟨a, um⟩ *Adj* erzeugt, geboren, entsprossen; ***ab aliquo/ex aliquo p.*** von j-m abstammend; ***semet prognati*** Sprösslinge seines Geschlechts

Prognē ⟨ēs⟩ *f* = ***Procne***

prognōstica ⟨ōrum⟩ *n* ||griech. Fw.|| Vorzeichen des Wetters, *Titel von Ciceros Übersetzung eines Gedichtes von Aratos*

programma ⟨atis⟩ *n* ||griech. Fw.|| (*spätl.*) Bekanntmachung, Edikt

▶ **prō-gredior** ⟨gressus sum, gredī 3.⟩ ||gradior||
1. herausschreiten, hervorschreiten, herausgehen, hervorgehen, auftreten; ***in publicum p.*** öffentlich auftreten, ausgehen
2. vorwärts gehen, *bes* MIL vorrücken, weitermarschieren; *von Schiffen* weitersegeln; vorgehen; zu *etw* schreiten, *ad aliquid*; sich zu *etw* versteigen, *in aliquid*
3. *fig in der Rede* fortschreiten, weiter ausholen; ***longius p. non posse*** kein Wort weiter vorbringen
4. *fig* Fortschritte machen, vorwärts kommen
5. *fig* zu weit gehen

prōgressiō ⟨ōnis⟩ *f* = ***progressus***; *fig* Fortschritt; RHET Steigerung *als Stilfigur*

prōgressus[1] ⟨ūs⟩ *m* ||progredior||
1. das Vorwärtschreiten, das Fortschreiten
2. MIL das Vorrücken
3. *fig* Anfang
4. *fig* Fortschritt, Entwicklung

prō-gressus[2] ⟨a, um⟩ *PPerf* → ***progredior***

progymnastēs ⟨ae⟩ *m* ||griech. Fw.|| Sen. Vorturner, Trainer

prōh *Interj* = ***pro***[1]

▶ **pro-hibeō** ⟨hibuī, hibitum, hibēre 2.⟩ ||habeo||
1. fern halten, abhalten, abwehren; MIL abschneiden, *ab re/re* von etw; ***praedones ab insula p.*** die Seeräuber von der Insel fern halten; ***aliquem oppido p.*** j-m den Zugang zur Stadt verwehren; ***aliquem senatu p.*** j-n aus dem Senat ausschließen; ***hostem aquā p.*** den Feind vom Wasser abschneiden
2. verhindern, hindern, *aliquem re/ab re* j-n an etw, *aliquem id* j-n daran, *ne/quominus* dass, *verneint mit quin* dass, + *Inf*/ + *AcI*; ***aditum p.*** den Zugang verhindern; ***p. aliquem (a) reditu*** j-n an der Rückkehr hindern
3. verbieten
4. schützen, bewahren, *aliquem/aliquid* j-n/etw, *ab re/re* vor etw, gegen etw; ***rem publicam a periculo p.*** den Staat vor der Gefahr schützen

prohibitiō ⟨ōnis⟩ *f* ||prohibeo|| Verbot; ***p. sceleris*** Caes. Verbot eines Verbrechens

▶ **prō-iciō** ⟨iēcī, iectum, icere 3.⟩ ||iacio||
1. vorwerfen, *alicui aliquid* j-m etw
2. vorstrecken, ausstrecken, vorhalten; *Passiv* vorragen, herausragen
3. hinauswerfen, wegjagen; verbannen; ***aliquem in insulam p.*** j-n auf eine Insel verbannen
4. (*nachkl.*) *poet* niederwerfen, hinwerfen, wegwerfen, ablegen; ***arma p.*** die Waffen niederlegen; ***lacrimas p.*** Tränen vergießen
5. ***se p.*** sich niederwerfen, sich stürzen; ***se ex navi p.*** über Bord springen; ***se in iudicium p.*** sich zu einem Prozess drängen
6. *fig etw* verschmähen, auf *etw* verzichten, *aliquid*
7. *fig* preisgeben; ***senatūs auctoritatem p.*** den Einfluss des Senats für nichts achten
8. ***se p. in aliquid*** sich zu etw erniedrigen
9. Tac. *zeitl.* hinziehen, hinhalten

prōiectīcius ⟨a, um⟩ *Adj* ||proiectus|| Plaut. ausgesetzt, preisgegeben

prōiectiō ⟨ōnis⟩ *f* ||proicio|| das Ausstrecken, ***brachii*** des Armes

prōiectus[1] ⟨a, um⟩ *Adj* ||proicio||
1. hervortretend, hervorspringend; ***saxa proiecta*** vorspringende Felsen
2. *fig* außerordentlich, unmäßig
3. neigend, *ad aliquid* zu etw
4. *nach vorn* hingestreckt, daliegend
5. (*nachkl.*) *fig* verachtet
6. Tac. *fig* niedergeschlagen

prōiectus[2] *Abl* ⟨ū⟩ *m* ||proicio|| ausgestreckte Lage
prō-iectus[3] ⟨a, um⟩ *PPP* → ***proicio***
► **proin** *u.* **pro-inde** *Adv*
1. demnach, daher, folglich
2. ebenso, auf gleiche Weise; ***proinde quasi/ac si*** gleich als ob, gerade wie wenn, + *Konjkt*
pro-lābor ⟨lāpsus sum, lābī 3.⟩
1. (*vkl.*) *poet* vorwärts gleiten, vorwärts schlüpfen; ***elephanti prolabebantur*** Liv. die Elefanten glitten vorwärts
2. vorwärts herabgleiten, vorwärts herabfallen
3. in *etw* verfallen, *in aliquid/ad aliquid* in etw; ***p. longior quam*** weitläufiger werden als
4. *von Bauten* einstürzen
5. *fig* irren, fehlen, *re* infolge einer Sache
6. *fig* sinken, verfallen, herunterkommen
prōlāpsiō ⟨ōnis⟩ *f* ||prolabor|| das Ausgleiten
prōlātiō ⟨ōnis⟩ *f* ||profero||
1. mündlicher Vortrag, Erwähnung; ***p. exemplorum*** Erwähnung von Beispielen
2. (*nachkl.*) das Ausweiten; ***p. finium*** das Ausweiten des Gebietes
3. *zeitl.* Verschiebung, Aufschub; ***p. diei*** das Aufschieben des Termins; ***p. rerum*** Gerichtsferien
prōlātō ⟨āvī, ātum, āre 1.⟩ ||*Intens von* profero||
1. (*nachkl.*) *poet* erweitern, vergrößern
2. *fig* aufschieben, verzögern, verschleppen
3. Tac. *fig* hinhalten, fristen; ***vitam p.*** sein Leben fristen
prō-lātus ⟨a, um⟩ *PPP* → ***profero***
prōlectō ⟨āvī, ātum, āre 1.⟩ ||*Intens von* prolicio|| verlocken, reizen
► **prōlēs** ⟨is⟩ *f* ||alo||
1. Sprössling; Nachkommenschaft; *von Tieren* Brut; *von Pflanzen* Schössling
2. junge Mannschaft; ***peditum equitumque p.*** Cic. Nachwuchs des Fußvolkes und der Reiterei
prōlētāriī ⟨ōrum⟩ *m* ||proletarius|| Angehörige der untersten Gesellschaftsklasse, *die kein Vermögen besaßen u. vom Kriegsdienst befreit waren*
prōlētārius ⟨a, um⟩ *Adj* ||proles||
1. zur untersten Gesellschaftsklasse gehörig
2. Plaut. *fig* niedrig, gewöhnlich
prō-liciō ⟨-, -, ere 3.⟩ (*unkl.*) anlocken, hervorlocken
pro-lixus ⟨a, um⟩ *Adj, Adv* ⟨prolixē⟩
1. (*nachkl.*) *poet* lang, wallend, herabwallend, herabfließend
2. *Adv* reichlich
3. geneigt, bereitwillig, gefällig; ***parum prolixe*** wenig zuversichtlich; ***p. in aliquem*** j-m sehr zugetan
4. *von Sachen* glücklich, günstig
prōlocūtor ⟨ōris⟩ *m* ||proloquor|| Quint. Redner; Sachwalter
prologūmenē lex Sen. Gesetz mit Vorwort
prōlogus ⟨ī⟩ *m* ||griech. Fw.|| (*vkl., nachkl.*) Vorrede, Vorwort, Prolog *eines Theaterstückes*; Sprecher des Prologs
prō-longō ⟨āvī, ātum, āre 1.⟩ ||longus|| (*eccl.*) verlängern
prō-loquor ⟨locūtus sum, loquī 3.⟩ aussprechen, sich äußern; weissagen, verkünden; ***p. in senatu*** im Senat reden
prō-lubium ⟨ī⟩ *n* ||lubet|| (*vkl., nachkl.*) Lust, Neigung; Vergnügen
prō-lūdō ⟨lūsī, lūsum, lūdere 3.⟩
1. ein Vorspiel machen; *fig* sich vorbereiten, ***ad pugnam*** zum Kampf
2. einen Vortrag einleiten, *re* mit etw
prō-luō ⟨luī, lūtum, luere 3.⟩ ||lavo||
1. hervorspülen, ausspülen
2. wegspülen
3. waschen, befeuchten; ***praecordia p.*** Hor. die Gedärme reinigen; ***pleno se p. auro*** den vollen Goldbecher austrinken
prōlūsiō ⟨ōnis⟩ *f* ||proludo|| Vorspiel, Vorübung, Probe
prōluviēs ⟨ēī⟩ *f* ||proluo||
1. Überschwemmung
2. (*nachkl.*) Unrat
prō-mercālis ⟨e⟩ *Adj* ||mercor|| (*nachkl.*) verkäuflich
prō-mereō ⟨uī, itum, ēre 2.⟩ *u.* **prō-mereor** ⟨itus sum, ērī 2.⟩
1. *etw* verdienen, sich einen Anspruch auf *etw* erwerben, *aliquid*
2. (*nachkl.*) *pej* verschulden, sich zuziehen; ***poenam p.*** sich eine Strafe zuziehen
3. (*nachkl.*) erwerben, erlangen
4. *meist Deponens* sich verdient machen; ***bene mereri de multis*** sich um vieles verdient machen
prōmeritum ⟨ī⟩ *n* ||promereo|| Verdienst, *alicuius in aliquem* j-s um j-n; Schuld
Promētheus ⟨eī⟩ *u.* ⟨eos⟩ *m Titan, schuf den Menschen u. stahl für ihn das Feuer aus dem Olymp, von Zeus zur Strafe an den Kaukasus geschmiedet, wo ein Adler seine immer nachwachsende Leber fraß, von Herkules befreit*
Promēthēus ⟨a, um⟩ *Adj* des Prometheus, zu Prometheus gehörig
Promēthiadēs *u.* **Promēthīdēs** ⟨ae⟩ *m* Nachkomme des Prometheus, = Deucalion
prōminēns
I *Gen* ⟨entis⟩ *Adj* ||promineo|| hervorragend
II ⟨entis⟩ *n* Vorsprung, Ausläufer
prō-mineō ⟨uī, -, ēre 2.⟩
1. (*nachkl.*) *poet* hervorragen, herausragen, hervortreten, vorspringen; ***coma in vultum prominet*** das Haar hängt ins Gesicht; ***pectore p.*** vorgebeugt sein
2. *fig* sich erstrecken
prōminulus ⟨a, um⟩ *Adj* ||promineo|| (*nachkl.*) hervorragend
prōmiscam *Adv* ||promiscus|| ohne Unterschied
► **prōmiscus** *u.* **prōmiscuus** ⟨a, um⟩ *Adj, Adv* ⟨prōmisc(u)ē⟩ ||pro, misceo||
1. gemischt, gemeinschaftlich, ohne Unterschied; ***conubia promiscua*** Mischehe *zwischen Patriziern u. Plebejern*; ***divina atque humana promiscua habere*** Sall. Göttliches und Menschliches für unterschiedslos halten; ***aliquid promiscuum/in promiscuo habere*** etw gemeinschaftlich besitzen; ***in promiscuo esse*** Gemeinschaftsgut sein, ohne Unterschied sein
2. *fig* gewöhnlich; ***conglobatur promiscua multitudo*** Tac. das gemeine Volk rottete sich zusammen
3. *Adv* ohne Unterschied
prō-mīsī → ***promitto***
prō-missiō ⟨ōnis⟩ *f* ||promitto|| Versprechen, *auch* RHET

prōmissor ⟨ōris⟩ *m* ||promitto|| der viel verspricht, Prahler, Großmaul
prōmissum ⟨ī⟩ *n* ||promitto|| Versprechen, Verheißung, Zusage
prōmissus[1] ⟨a, um⟩ *Adj* ||promitto||
1. *von Bart u. Haar* lang, lang herabhängend
2. Hor. viel versprechend
prō-missus[2] ⟨a, um⟩ *PPP* → ***promitto***
▸ **prō-mittō** ⟨mīsī, missum, mittere 3.⟩
1. (*nachkl.*) hervorfließen lassen; ***lacrimas p.*** Tränen vergießen
2. (lang) wachsen lassen; ***promissis capillis*** mit langen Haaren
3. *fig* versprechen, verheißen, zusichern, geloben; ***Iovi templum p.*** dem Jupiter einen Tempel geloben; ***sibi reditum p.*** sich Hoffnung auf Rückkehr machen; ***se ultorem p.*** mit Rache drohen, Rache schwören; ***damni infecti p.*** Ersatz für den angetanen Schaden versprechen
4. sich zum Essen ansagen, *ad aliquem* bei j-m; ***p. ad cenam*** eine Einladung zum Essen annehmen
5. *Zukünftiges* voraussagen
▸ **prōmō** ⟨prōmpsī, prōmptum, prōmere 3.⟩
1. hervornehmen, hervorholen
2. hervorbringen, herausbringen, ans Licht bringen, zeigen, offenbaren; ***sol diem promit*** die Sonne lässt den Tag erscheinen; ***clienti iura p.*** dem Klienten Rechtsbescheide geben; ***aliquid in publicum p.*** etw öffentlich bekannt machen; ***argumenta ex re p.*** einer Sache Beweismittel entnehmen
3. vortragen, erzählen; ***orationem p.*** eine Rede halten
prō-moneō ⟨uī, -, ēre 2.⟩ im Voraus warnen, im Voraus aufmerksam machen, ***aliquem de re*** j-n bezüglich einer Sache
prōmontōrium ⟨ī⟩ *n* = ***promunturium***
prōmōta ⟨ōrum⟩ *n* = ***proegmena***
prōmōtiō ⟨ōnis⟩ *f* ||promoveo||
1. Beförderung *zu einer Ehrenstelle*
2. (*mlat.*) Beförderung zur Doktorwürde, Promotion
prōmoveō ⟨mōvī, mōtum, movēre 2.⟩
1. vorwärts bewegen, vorschieben, vorrücken; ***castra p.*** Caes. das Lager vorverlegen
2. *Gebäude* verlängern
3. (*nachkl.*) *poet* erweitern, ausdehnen; ***se in latitudinem p.*** sich in die Breite ausdehnen
4. fördern, heben
5. *Personen* befördern, aufrücken lassen
6. Hor. hervorholen, offenbaren; ***arcana p.*** Hor. Geheimnisse offenbaren
prōmpsī → ***promo***
prōmpta ⟨ōrum⟩ *n* ||promptus|| das Offenkundige
prōmptō ⟨-, -, āre 1.⟩ ||*Intens von* promo|| Plaut. herausgeben
prōmptum ⟨ī⟩ *n* ||promptus|| Schlagfertigkeit
prōmptus[1] *Abl* ⟨ū⟩ *m* ||promo|| *nur in der Verbindung* in promptu + *Verb*
1. Sichtbarkeit; ***in promptu esse*** sichtbar sein, vor aller Augen liegen
2. Bereitschaft; ***in promptu esse*** bereit sein; ***in promptu est*** es ist leicht, + *Inf*
prōmptus[2] ⟨a, um⟩ *Adj*, *Adv* ⟨prōmptē⟩ ||promo||
1. sichtbar, offen; ***legionum studia prompta*** Tac. offenkundige Zuneigung der Legionen
2. bereit, fertig, bereitwillig, *ad aliquid / in aliquid / alicui rei / alicuius rei* zu etw, *alicui* für j-n
3. schlagfertig, entschlossen; ***linguā p.*** schlagfertig; ***p. belli*** gewandt im Krieg; ***manu p.*** persönlich tapfer
4. freimütig; ***promptius dicere*** allzu freimütig sprechen
5. leicht, bequem; ***promptum est*** es ist leicht, + *Inf*
prōmptus[3] ⟨a, um⟩ *PPP* → ***promo***
prōmulgātiō ⟨ōnis⟩ *f* ||promulgo|| öffentliche Bekanntmachung
prōmulgō ⟨āvī, ātum, āre 1.⟩ öffentlich anschlagen, ankündigen; ***legem / rogationem p.*** einen Gesetzesvorschlag allgemein bekannt machen
prōmulsidāre ⟨is⟩ *n* ||promulsis|| Petr. Tablett für die Vorspeisen
prō-mulsis ⟨idis⟩ *f* ||mulsum|| Vorspeise
prōmunturium ⟨ī⟩ *n* Liv. Vorsprung *eines Berges*; Vorgebirge
prōmus ⟨ī⟩ *m* ||promo|| Küchenmeister; Plaut. *fig* Hüter
prō-mūtuus ⟨a, um⟩ *Adj* vorgestreckt *als Darlehen*; ***vectigal promutuum*** Vorsteuer
prō-nāos *u.* **prō-nāus** ⟨ī⟩ *m* ||griech. Fw.|| Vitr. Vorhalle des Tempels, Pronaos
pro-nepōs ⟨ōtis⟩ *m* Urenkel
pro-neptis ⟨is⟩ *f* (*nachkl.*) *poet* Urenkelin
pronoea ⟨ae⟩ *f* ||griech. Fw.|| Vorsehung
prō-nōmen ⟨inis⟩ *n* (*vkl., nachkl.*) GRAM Fürwort, Pronomen
prō-nuba ⟨ae⟩ *f* ||nubo|| (*unkl.*) Brautjungfer, Brautführerin; *pej* Stifterin einer unglücklichen Ehe; ***Iuno pronuba*** Juno als Ehestifterin
prōnum ⟨ī⟩ *n* ||pronus||
1. das Abschüssige; ***nihil proni habere*** nichts haben, was nach unten zieht
2. Abhang
prōnūntiātiō ⟨ōnis⟩ *f* ||pronuntio||
1. öffentliche Bekanntmachung
2. Richterspruch
3. (*nachkl.*) Vortrag, Deklamation
4. *log.* Aussage
prōnūntiātor ⟨ōris⟩ *m* ||pronuntio|| Erzähler, Berichterstatter
prōnūntiātum ⟨ī⟩ *n* ||pronuntio|| *log.* Grundsatz
prō-nūntiō ⟨āvī, ātum, āre 1.⟩
1. öffentlich bekannt machen, ausrufen; ***per praeconem p.*** durch einen Herold bekannt machen; ***legem p.*** die Annahme eines Gesetzes bekannt machen; ***aliquem praetorem p.*** j-n als Prätor ausrufen
2. laut ankündigen, laut verkünden, *alicui aliquid* j-m etw
3. MIL einen Befehl ergehen lassen
4. berichten, erzählen
5. ***sententias p.*** *vom Konsul* die Meinungsäußerungen der Senatoren zusammenfassen und darüber abstimmen lassen
6. JUR *vom Richter* das Urteil fällen, entscheiden, *de aliquo* über j-n, *de re* über etw; ***tristiorem sententiam p.*** Suet. ein Todesurteil fällen
7. *beim Verkauf bekannte Fehler* angeben
8. RHET vortragen, deklamieren, *selten* schriftlich behandeln

P

prō-nūper *Adv* Plaut. erst kürzlich
prō-nurus ⟨ūs⟩ *f* Ov. Gattin des Enkels
► **prōnus** ⟨a, um⟩ *Adj*, *Adv* ⟨prōnē⟩
1. vorwärts geneigt, schräg; ***tigna prone adigere*** die Pfähle schräg einschlagen
2. (*nachkl.*) *poet* abstürzend, abschüssig; ***ultima prona via est*** Ov. am Ende ist der Weg abschüssig; ***sidus pronum*** untergehendes Gestirn
3. Hor. *von der Zeit* enteilend, flüchtig
4. *fig* geneigt, aufgelegt, *ad aliquid / in aliquid / alicui rei* zu etw
5. (*nachkl.*) *fig* gewogen, zugetan, *alicui / in aliquem* j-m; ***fortuna prona*** günstiges Schicksal
6. (*nachkl.*) *fig* leicht, bequem, *alicui* für j-n, *ad aliquid* in Bezug auf etw; ***iter ad honores pronum*** Tac. bequemer Weg zu den Ehrenämtern
prooemior ⟨-, ārī 1.⟩ ||*Denom von* prooemium|| Plin. *eine Rede* einleiten
prooemium ⟨ī⟩ *n* ||griech. Fw.|| Einleitung, Vorwort; Vorspiel
prōpāgātiō ⟨ōnis⟩ *f* ||propago[2]||
1. *von Pflanzen u. Personen* Fortpflanzung
2. Ausweitung; ***p. finium*** Ausweitung der Grenzen
3. Verlängerung
prōpāgātor ⟨ōris⟩ *m* ||propago[2]|| Verlängerer
► **prōpāgō**[1] ⟨inis⟩ *f* ||propago[2]||
1. Setzling, Ableger *von Pflanzen*
2. Nep. *fig* Sprössling, Kind
prō-pāgō[2] ⟨āvī, ātum, āre 1.⟩ ||pango||
1. *Pflanzen* fortpflanzen
2. *fig Familien od Namen* fortpflanzen
3. *zeitl.* verlängern; ***vitam p.*** das Leben verlängern
4. *örtl.* ausdehnen, erweitern; ***fines imperii p.*** die Grenzen des Reiches ausweiten
prō-palam *Adv*
1. öffentlich, vor aller Welt; ***bellum propalam minari*** Liv. öffentlich mit Krieg drohen
2. offenkundig
prōpatulum ⟨ī⟩ *n* ||propatulus|| freier Platz, offener Platz; ***in propatulo*** im Freien, im Vorhof, in der Öffentlichkeit; ***in propatulo habere*** öffentlich anbieten
prō-patulus ⟨a, um⟩ *Adj* nach vorn offen; ***in loco propatulo*** an einem vorn offenen Platz
prope
I *Adv*, *Komp* ⟨propius⟩, *Sup* ⟨proximē⟩ *u.* ⟨proxumē⟩
1. *örtl.* nahe, in der Nähe, *ab re / ad aliquid* von etw; ***prope esse*** nahe sein; ***propius accedere*** näher hinzutreten; ***proxime sequi*** unmittelbar folgen; ***propius abesse ab aliquo*** j-m näher stehen; ***prope a Sicilia*** nahe bei Sizilien; ***pro propius*** umso näher; ***propius firmare aliquid*** etw auf wirksamere Weise bekräftigen
2. (*vkl.*, *nachkl.*) *zeitl.* nahe bevorstehend; ***mors prope imminet*** der Tod steht nahe bevor; ***prope est, ut*** die Zeit ist nahe, dass
3. *zeitl.* kurz vorher, soeben; ***legiones proxime conscriptae*** soeben ausgehobene Legionen
4. *fig* beinahe, fast; ***prope nemo / nemo prope*** fast niemand, kaum jemand; ***his prope verbis*** mit ungefähr diesen Worten; ***prope dicam*** fast möchte ich sagen; ***prope est, ut*** es ist nahe daran, dass; es fehlt nicht viel, dass
5. gewissermaßen, sozusagen; ***iusti prope mater et aequi*** Hor. sozusagen Mutter des Gerechten und Billigen
6. *vom Rang* gleich nach; ***proxime ab aliquo*** gleich nach j-m
II *Präp + Akk*, *seltener* (*bei Komp u. Sup*) + *Dat*
1. *örtl.* nahe bei, in der Nähe von; ***prope castra*** in der Nähe des Lagers
2. *zeitl.* nahe an, gegen, um; ***prope Kalendas Sextiles*** um die Kalenden des Juli, gegen Anfang Juli; ***proxime*** sogleich nach; ***proxime solis occasum*** gleich nach Sonnenuntergang
3. (*nachkl.*) *fig* nicht weit von, beinahe zu; ***propius*** näher an, ähnlicher; ***proxime*** sehr nahe an, sehr ähnlich; ***res prope secessionem venit*** es kam beinahe zu einem Abfall; ***propius fidem est*** es verdient eher Glauben; ***propius virtutem*** der Tugend näher; ***proxime morem Romanum*** der Römerart sehr ähnlich
III *Adj Komp* ⟨propior, propius⟩, *Sup* ⟨proximus, a, um⟩
1. *Komp örtl.* näher, näher liegend, in größerer Nähe, *alicui rei / aliquid / a re* bei etw; ***propior urbi*** näher bei der Stadt
2. *Komp zeitl.* näher, *auch* später, jünger
3. *Komp fig* näher, näher kommend, ähnlicher; ***propior vero*** wahrscheinlicher; ***tauro formam propior*** einem Stier an Gestalt ähnlicher
4. *Komp fig* näher verwandt, näher angehend, näher befreundet, vertrauter, *alicui* j-m, mit j-m
5. *Komp* passender, geeigneter, bequemer
6. *Komp* wirksamer
7. *Sup örtl.* der nächste, sehr nah, *alicui / alicui rei* j-m / einer Sache; ***lictor proximus*** der zunächst gehende Liktor; ***in proximo litore*** ganz nahe am Ufer
8. *Sup zeitl.* der letzte, der vorige
9. *Sup zeitl.* der nächstfolgende
10. *Sup fig vom Rang* der nächste, *re* durch etw, an etw, nach etw
11. *Sup* nächstkommend, sehr ähnlich; ***vero / veris proximus*** der wahrscheinlichste; ***proximus ac / atque*** fast ganz so wie
12. *Sup fig* sehr nahe verwandt, am nächsten verwandt, *alicui* mit j-m; am nächsten stehend, *alicui / alicui rei* j-m / einer Sache
prope-diem *Adv* nächstens, demnächst
prō-pellō *u.* **pro-pellō** ⟨pulī, pulsum, pellere 3.⟩
1. vorwärts treiben, vorantreiben, fortstoßen, fortschleudern; ***navem remis p.*** ein Schiff mit Rudern vorwärts bewegen
2. (*vkl.*, *nachkl.*) *vom Vieh* vor sich hertreiben; ***pecus pastum p.*** das Vieh vor sich her auf die Weide treiben
3. vertreiben, in die Flucht schlagen; ***periculum p.*** die Gefahr vertreiben
4. *fig* antreiben, bewegen, *aliquem ad aliquid* j-n zu etw
prope-modo *u.* **prope-modum** *Adv* nahezu, beinahe, fast
prō-pendeō ⟨pendī, pēnsum, pendēre 2.⟩
1. (*vkl.*, *nachkl.*) hervorhängen, herabhängen
2. das Übergewicht haben; ***bona propendent*** *fig* das Gute überwiegt
3. *fig* sich neigen, *in aliquem / in aliquid* zu j-m / zu

etw; ***propendeat ad nos*** Cic. dass er sich uns zuneige
prōpēnsiō ⟨ōnis⟩ *f* ||propendeo|| Neigung, Hang, *ad aliquid* zu etw
prōpēnsus ⟨a, um⟩ *Adj, Adv* ⟨prōpēnsē⟩ ||propendeo||
1. *poet* herabhängend; ***labrum propensum*** herabhängende Lippe
2. *fig* geneigt, *ad aliquid / in aliquid* zu etw; ***ad misericordiam p.*** zu Mitleid neigend
3. *fig* schwer, gewichtig; wichtig
4. nahe kommend, sich nähernd, *ad aliquid* an etw
properanter *Adv* ||propero|| *(nachkl.) poet* eilends, eilig; ***properanter ire*** schnell gehen
properantia ⟨ae⟩ *f u.* **properātiō** ⟨ōnis⟩ *f* ||propero|| *(nachkl.)* Eile, Eilfertigkeit
properātō *Adv* = ***properanter***
properi-pēs *Gen* ⟨pedis⟩ *Adj* ||properus|| Catul. eilenden Fußes, schnell
▶ **properō** ⟨āvī, ātum, āre 1.⟩ ||*Denom von* properus||
I *v/t (unkl.)* beschleunigen, ***iter*** den Marsch; ***gloriam p.*** rasch Ruhm erringen; ***arma viro p.*** dem Mann eilig die Waffen bringen
II *v/i* eilen, sich beeilen; ***properato opus est*** Eile tut Not
Propertius ⟨ī⟩ *m **Sextus Propertius** aus Umbrien, ca. 47–15 v. Chr., berühmter Elegiker, zum Kreis des Maecenas gehörend; Mittelpunkt von 3 seiner 4 Bücher ist seine Liebe zu Cynthia (= Hostia)*
properus ⟨a, um⟩ *Adj, Adv* ⟨properē⟩ *u.* ⟨properiter⟩ *(unkl.)* eilig, schnell, *alicuius rei* in Bezug auf etw, + *Inf*
prō-pexus ⟨a, um⟩ *Adj* ||pecto|| *(nachkl.) poet von Bart u. Haaren* nach vorn gekämmt, herabhängend
prophēta *u.* **prophētēs** ⟨ae⟩ *m* ||griech. Fw.||
1. *(spätl.)* Weissager, Prophet
2. *(mlat.) auch* Psalmist
prophētīa ⟨ae⟩ *f* ||griech. Fw.|| *(eccl.)* Weissagung, Prophetie
prophēticus ⟨a, um⟩ *Adj, Adv* ⟨prophēticē⟩ *(eccl.)* prophetisch
prōpīn *indekl n* ||griech. Fw.|| (Mart., Petr.) Aperitif
propīnātiō ⟨ōnis⟩ *f* ||propino|| *(nachkl.)* das Zutrinken
propincus ⟨a, um⟩ *Adj* = ***propinquus***
pro-pīnō *u.* **prō-pīnō** ⟨āvī, ātum, āre 1.⟩ ||griech. Lw.||
1. zutrinken, *alicui* j-m
2. *(nachkl.) poet* zu trinken geben, *alicui aliquid* j-m etw; ***aliquem deridendum p.*** j-n dem Spott preisgeben
propinqua ⟨ae⟩ *f* ||propinquus|| Verwandte, Angehörige
propinquitās ⟨ātis⟩ *f* ||propinquus||
1. Nähe, *auch Pl*; ***ex propinquitate pugnare*** in der Nähe kämpfen
2. *fig* Verwandtschaft
propinquō ⟨āvī, ātum, āre 1.⟩ ||*Denom von* propinquus||
I *v/i*
1. sich nähern, *abs od alicui* j-m, *aliquid* einer Sache
2. *zeitl.* nahe bevorstehen
II *v/t* beschleunigen; ***tu rite propinques augurium*** Verg. erfülle rasch die Voraussage
propinquum ⟨ī⟩ *n* ||propinquus|| Nähe; ***in propinquo esse*** in der Nähe sein; ***ex propinquo cognoscere*** aus der Nähe kennen lernen; ***propinqua urbi*** Umgebung der Stadt
▶ **propinquus**
I ⟨a, um⟩ *Adj, Adv* ⟨propinquē⟩
1. *örtl.* nahe liegend, benachbart, *alicui rei* einer Sache
2. *zeitl.* nahe bevorstehend
3. *fig* nahe kommend, ähnlich, *alicui rei* einer Sache
4. verwandt, *alicui* mit j-m, *re* in etw
II ⟨ī⟩ *m* Verwandter, Angehöriger, naher Freund
propior ⟨propius⟩ *Adj Komp* → ***prope***
propitiō ⟨āvī, ātum, āre 1.⟩ ||*Denom von* propitius|| *(vkl., nachkl.)* versöhnen; ***adoratione deos p.*** die Götter durch Anbetung versöhnen
propitius ⟨a, um⟩ *Adj* geneigt, gewogen, günstig, gnädig
propius
I *Adv Komp* → ***prope***
II *Adj Komp* → ***propior***
propnigēum ⟨ī⟩ *n* ||griech. Fw.|| Heizraum des Bades, warmer Vorraum des Bades
propōla ⟨ae⟩ *m* ||griech. Fw.|| Krämer
prō-polluō ⟨-, -, ere 3.⟩ Quint. noch mehr beflecken
prō-pōnō ⟨posuī, positum, pōnere 3.⟩

1. öffentlich aufstellen, öffentlich hinstellen
2. zum Verkauf ausstellen
3. veröffentlichen, bekannt machen
4. (sich) vorstellen, (sich) vor Augen stellen
5. sich vornehmen, beschließen
6. versprechen, in Aussicht stellen
7. vorschlagen, zur Beratung vorlegen
8. vortragen
9. den Vordersatz eines Syllogismus bilden

1. öffentlich aufstellen, öffentlich hinstellen, ausstellen; ***imagines Neronis p.*** Tac. Bilder Neros öffentlich aufstellen; ***edictum p.*** einen Erlass öffentlich anschlagen
2. zum Verkauf ausstellen
3. veröffentlichen, bekannt machen; ***leges p.*** Gesetze bekannt machen
4. (sich) vorstellen, (sich) vor Augen stellen; ***sibi spem p.*** sich Hoffnung machen
5. sich vornehmen, beschließen; ***res proposita*** Vorhaben, Plan; ***propositum est alicui / alicui rei*** j-d / etw hat die Aufgabe, + *Inf / ut*
6. versprechen, in Aussicht stellen, *auch* androhen, *alicui aliquid* j-m etw; ***praemia proposuit*** Caes. er versprach Belohnung; *Passiv* in Aussicht stehen, vorschweben
7. vorschlagen, zur Beratung vorlegen
8. *in der Rede* auf *etw* aufmerksam machen, *etw* vorbringen, *etw* vortragen, *aliquid / auch de re*, + *AcI / + indir Fragesatz*; ***accusator vehementer proponit*** Cic. der Kläger trägt heftig vor; ***aliquid pro certo p.*** etw als sicher hinstellen
9. *log.* den Vordersatz eines Syllogismus bilden
Propontiacus ⟨a, um⟩ *Adj* zur → Propontis gehörig
Propontis ⟨idis⟩ *u.* ⟨idos⟩ *f das heutige Marmara-*

meer

prō-porrō *Adv* Lucr. weiter, wieder

prō-portiō ⟨ōnis⟩ *f* Verhältnis, Ebenmaß, Proportion

prōpositiō ⟨ōnis⟩ *f* ||propono||
1. Vorstellung, *alicuius* j-s, *alicuius rei* von etw; ***p. animi*** Vorstellung von der Seele
2. Thema; ***p. quid sis dicturus*** Cic. das Thema, über das du sprechen willst
3. Quint. Darlegung *einer Tatsache*
4. Vordersatz *eines Syllogismus*; ***p. maior*** Obersatz; ***p. minor*** Untersatz

prōpositum ⟨ī⟩ *n* ||propono||
1. Vorsatz, Plan, Zweck; ***p. assequi*** das Vorhaben erreichen; ***deterreri a proposito*** vom Plan abgeschreckt werden
2. Plin. Lebensplan, Lebensweise
3. Hor. Handlung, Tendenz *eines Dramas*
4. Hauptgegenstand *einer Darstellung*, Thema; ***ad propositum venire*** zum Thema kommen
5. These
6. Vordersatz *eines Syllogismus*

prōpositus[1] ⟨a, um⟩ *Adj* ||propono||
1. bloßgestellt, ausgesetzt, *alicui/alicui rei* j-m/einer Sache
2. bevorstehend, drohend

prō-positus[2] ⟨a, um⟩ *PPP* → ***propono***

prō-posuī → ***propono***

prō-praetor ⟨ōris⟩ *m* Proprätor, ehemaliger Prätor, Statthalter *einer Provinz*

propriē *Adv* ||proprius||
1. als ausschließliches Eigentum, jeder für seine Person
2. eigentümlich, charakteristisch; ***proprie communia dicere*** das Allgemeine individualisieren
3. ausschließlich, speziell
4. *vom sprachlichen Ausdruck* eigentlich, im eigentlichen Sinne
5. passend; ***aliquid proprie dicere*** etw passend sagen

proprietās ⟨ātis⟩ *f* ||proprius||
1. das Eigentümliche, eigentümliche Beschaffenheit, charakteristische Beschaffenheit; ***p. verborum*** eigene Bedeutung der Wörter
2. (*nachkl.*) *meton* besondere Art, Spezies
3. (*nachkl.*) Eigentumsrecht, Besitz

▶ **proprius** ⟨a, um⟩ *Adj*, *Adv* → ***propriē***
1. ausschließlich eigen, allein eigen; ***ager p.*** eigener Acker; ***aliquid proprium facere*** sich etw zu eigen machen; ***mea propria domus*** mein eigenes Haus; ***haec nostra propria sunt*** dies gehört uns, dies ist unser Eigentum
2. bleibend, beständig, *alicui* j-m, für j-n
3. charakteristisch, eigentümlich, wesentlich; ***proprium virtutis*** Sen. Wesen der Tugend; ***proprium est alicuius/alicuius rei*** es ist typisch für j-n/für etw, + *Inf*
4. ausschließlich, persönlich; *von Wörtern* eigentlich, spezifisch

▶ **propter**
I *Adv örtl.* nahe, in der Nähe, daneben; ***spelunca est propter*** die Kneipe ist in der Nähe
II *Präp mit Akk*
1. *örtl.* nahe bei, neben; ***propter viam*** neben dem Weg
2. *kausal* wegen, aus, durch; ***propter frigora*** wegen des kalten Klimas; ***propter metum*** aus Furcht
3. aus Veranlassung von, durch die Schuld von, durch das Verdienst von; ***propter hanc rem*** deshalb
4. aus Rücksicht auf; ***propter rem publicam*** mit Rücksicht auf den Staat

▶ **propter-eā** *Adv* deswegen, deshalb

proptervus ⟨a, um⟩ *Adj* = ***protervus***

prōpudiōsus ⟨a, um⟩ *Adj* ||propudium|| (*vkl.*, *nachkl.*) schamlos, unverschämt

prō-pudium ⟨ī⟩ *n* ||pudet||
1. (*vkl.*, *nachkl.*) Schandtat, Schamlosigkeit, Geilheit
2. *meton* Schandkerl

prōpūgnāculum ⟨ī⟩ *n* ||propugno||
1. Schutzwehr, Bollwerk, *auch fig*
2. *meton* Schutz
3. *meton* Verteidigungsgrund

prōpūgnātiō ⟨ōnis⟩ *f* ||propugno|| Verteidigung, *alicuius* j-s, *alicuius rei/pro re* einer Sache

prōpūgnātor ⟨ōris⟩ *m* ||propugno|| Verteidiger; *meton* Verfechter, Beschützer

prō-pūgnō ⟨āvī, ātum, āre 1.⟩
I *v/i*
1. zum Kampf vorrücken
2. für *j-n/etw* kämpfen, *j-n/etw* verteidigen, *pro aliquo/pro re*; ***pro alicuius salute p.*** für j-s Heil kämpfen
II *v/t* (*nachkl.*) verteidigen

prō-pulī → ***propello***

prōpulsātiō ⟨ōnis⟩ *f* ||propulso|| Abwehr

prōpulsō ⟨āvī, ātum, āre 1.⟩ ||*Intens von* propello||
1. zurückschlagen, abwehren; ***hostem p.*** den Feind zurückschlagen
2. *fig* abwehren, abwenden, *aliquid ab aliquo* etw von j-m; ***frigus p.*** Kälte abwehren

prōpulsus[1] *Abl* ⟨ū⟩ *m* ||propello|| Sen. Luftdruck

prō-pulsus[2] ⟨a, um⟩ *PPP* → ***propello***

propylaea ⟨ōrum⟩ *n* ||griech. Fw.|| die Propyläen, *Eingangstor u. -halle am Westaufgang zur Akropolis in Athen, unter Leitung des Phidias 437–431 v. Chr. erbaut, Nachbildung in München*

prō-quaestōre *Pl* ***prōquaestōribus*** *m* Proquästor, ehemaliger Quästor, *höherer Provinzialbeamter*

prō-quam *Konj* Lucr. nach dem Maß wie

prōra ⟨ae⟩ *f* ||griech. Lw.|| Vorderdeck, Bug; Schiff; ***p. et puppis*** erster und letzter Beweggrund

prō-rēpō ⟨rēpsī, rēptum, rēpere 3.⟩ hervorkriechen, hervorschleichen, fortkriechen, *ex re/re* aus etw

prōrēta ⟨ae⟩ *m* ||griech. Fw.|| Plaut. Oberbootsmann

prō-ripiō ⟨ripuī, reptum, ripere 3.⟩ ||rapio||
I *v/t* hervorreißen, fortreißen; ***se/pedes p.*** hervorstürzen; ***se alicui p.*** j-s Händen entrinnen
II *v/i* eilen; ***quo proripis?*** wohin eilst du?

prō-rītō ⟨-, -, āre 1.⟩ (*nachkl.*) anlocken

prōrogātiō ⟨ōnis⟩ *f* ||prorogo||
1. Liv. Verlängerung
2. Aufschub, ***diei*** des Termins

prōrogātīvus ⟨a, um⟩ *Adj* ||prorogo|| Sen. aufschiebbar

prōrogātor ⟨ōris⟩ *m* ||prorogo|| Petr. der auszahlt

prō-rogō ⟨āvī, ātum, āre 1.⟩
1. *durch Antrag beim Volk* verlängern; ***provinciam***

P

p. die Verwaltung der Provinz verlängern
2. aufschieben, ***paucos dies*** um wenige Tage
3. (*vkl.*) vorher auszahlen, vorschießen

prōrsa ⟨ae⟩ *f* ||prorsus[1]|| Prosa

prōrsum *Adv* = ***prorsus***[2]

prōrsus[1] ⟨a, um⟩ *Adj*
1. nach vorwärts gerichtet
2. (*nachkl.*) *fig* prosaisch, in Prosa

► **prōrsus**[2] *Adv*
1. (*vkl.*) vorwärts; ***res prorsus it*** *fig* die Sache geht voran
2. Ter. geradewegs
3. durchaus, völlig, ganz und gar; ***prorsus assentire*** ganz und gar zustimmen; ***non prorsus/nullo modo prorsus*** durchaus nicht, ganz und gar nicht
4. (*nachkl.*) *abschließend* kurz, mit einem Wort

prō-rumpō ⟨rūpī, ruptum, rumpere 3.⟩
I *v/i*
1. hervorbrechen, hervorstürzen; ***in medios hostes p.*** sich mitten unter die Feinde werfen
2. losbrechen, ausbrechen; ***eo p.*** sich so weit versteigen; ***pestis prorumpit*** eine Seuche bricht aus
3. herausdringen, nach außen dringen
II *v/t* hervorbrechen lassen; ***atram nubem p.*** Verg. eine dunkle Wolke ausstoßen; *Passiv u.* ***se p.*** hervorbrechen, hervorstürzen; ***proruptus*** hervorbrechend, hervordringend

prō-ruō ⟨ruī, rutum, ruere 3.⟩
I *v/i*
1. hervorstürzen, hervorstürmen
2. (*nachkl.*) niederstürzen, einstürzen; ***oppidum proruit terrae motu*** durch ein Erdbeben stürzt die Stadt zusammen
II *v/t*
1. (*vkl.*) hervorreißen; ***se foras p.*** hinausstürzen
2. umstürzen, einreißen, zerstören; *Passiv* einstürzen

prōsa ⟨ae⟩ *f* = ***prorsa***

prōsāpia ⟨ae⟩ *f* (*vkl., nachkl.*) Sippe, Geschlecht, Familie

proscaenium ⟨ī⟩ *n* ||griech. Lw.|| (*unkl.*) Vorbühne, Bühne

prō-scindō ⟨scidī, scissum, scindere 3.⟩ (*nachkl.*)
1. aufreißen, umbrechen, pflügen, durchfurchen; ***terram ferro p.*** die Erde mit dem Schwert aufreißen
2. *fig* abfällig kritisieren, verreißen

prō-scrībō ⟨scrīpsī, scrīptum, scrībere 3.⟩
1. öffentlich bekannt machen, ankündigen
2. öffentlich anbieten *zum Verkauf od zur Vermietung*
3. *Güter* öffentlich einziehen; *j-n* ächten

prōscrīptiō ⟨ōnis⟩ *f* ||proscribo||
1. öffentliches Verkaufsangebot
2. Ächtung; Beschlagnahme *von Gütern*; ***sub proscriptione*** zur Zeit der Proskriptionen

prōscrīpturiō ⟨-, -, īre 4.⟩ ||*Desid von* proscribo|| ächten wollen

prōscrīptus ⟨a, um⟩ *PPP* → ***proscribo***

prō-secō ⟨secuī, sectum, secāre 1.⟩ (*unkl.*)
1. vorn abschneiden, *bes die Opferteile*, opfern
2. *den Boden* aufbrechen, pflügen
3. **prōsecta** ⟨ōrum⟩ *n* Opferstücke

prōsecūtus ⟨a, um⟩ *PPerf* → ***prosequor***

prō-seda ⟨ae⟩ *f* ||sedeo|| öffentliche Dirne

prō-sēminō ⟨-, -, āre 1.⟩ aussäen; *fig* fortpflanzen

► **prō-sequor** ⟨secūtus sum, sequī 3.⟩
1. begleiten, geleiten; ***diem p.*** den Tag feierlich begehen
2. *beim Weggehen j-m etw* mit auf den Weg geben, *j-n* mit *etw* beschenken, *j-m etw* widmen, *aliquem re*; ***egredientem verbis p.*** dem Aufbrechenden eine glückliche Reise wünschen; ***aliquem lacrimis p.*** j-m Tränen nachweinen; ***alicuius nomen grato animo p.*** j-s Namen dankbar in Ehren halten; ***alicuius virtutem gratā memoriā p.*** den Verdiensten j-s dankbare Erinnerung bewahren
3. *mündlich, schriftlich* schildern
4. *feindlich* verfolgen

prō-serō[1] ⟨seruī, sertum, serere 3.⟩ Plaut. hervorstrecken

prō-serō[2] ⟨sēvī, satum, serere 3.⟩ durch Säen hervorbringen

Prōserpina ⟨ae⟩ *f Tochter der Demeter/Ceres, Gattin des Hades/Pluto, Herrin der Unterwelt, griech. Persephone*

prō-serpō ⟨-, -, ere 3.⟩ (*vkl., nachkl.*) hervorkriechen

proseucha ⟨ae⟩ *f* ||griech. Fw.|| Iuv. Gebetsort *der Juden*

prō-sicō ⟨secuī, sectum, sicāre 1.⟩ (*altl.*) = ***proseco***

prō-siliō ⟨siluī⟩ *u.* ⟨silīvī⟩ *u.* ***siliī, -, silīre 4.*** ||salio||
1. hervorspringen, hervorstürmen; aufspringen, *irgendwohin* springen, stürmen, rasch vordringen; ***ex tabernaculo p.*** aus dem Zelt stürmen; ***lacrimae prosiliunt*** Tränen quellen hervor; ***rivus e lapide prosilit*** ein Bach entspringt aus dem Felsen
2. (*vkl., nachkl.*) sich rasch an *etw* machen, *aliquid/ad aliquid*; ***amicum castigatum p.*** sich rasch daran machen, dem Freund den Kopf zu waschen

prosit ||*Konj. Präs von* prosum|| (*nlat.*) wohl bekomm's

prō-socer ⟨erī⟩ *m* (*nachkl.*) *poet* Großvater der Gattin

prosōpopoēia ⟨ae⟩ *f* ||griech. Fw.|| Quint. RHET Personifikation, *auch* erdichtete Rede einer abwesenden Person

prō-spectō ⟨āvī, ātum, āre 1.⟩
1. von fern ausschauen, in die Ferne ausschauen, *aliquid* nach etw, auf etw
2. (*nachkl.*) ausschauen, beobachten
3. (*nachkl.*) *poet* Aussicht haben; Aussicht gewähren, *aliquid* auf etw; ***locus longe prospectans*** Tac. Ort mit guter Aussicht; ***villa mare prospectat*** das Landhaus hat Aussicht auf das Meer

prōspectus[1] ⟨ūs⟩ *m* ||prospicio||
1. Fernsicht, Ausblick; ***p. maris*** Ausblick auf das Meer
2. *meton* Blick
3. Gesichtskreis; ***in prospectu esse*** von fern sichtbar sein
4. *meton* Anblick, Aussehen

prō-spectus[2] ⟨a, um⟩ *PPP* → ***prospicio***

prō-speculor ⟨ātus sum, ārī 1.⟩ (*nachkl.*)
I *v/i* in die Ferne schauen; Liv. MIL kundschaften
II *v/t* erwartungsvoll ausschauen, *aliquid* nach etw; ***adventum imperatoris p.*** Liv. die Ankunft des Feldherrn erwarten

► **prosper** ⟨era, erum⟩ *Adj* = ***prosperus***

prospera ⟨ōrum⟩ *n* ||prosperus|| Glück
prosperitās ⟨ātis⟩ *f* ||prosperus|| günstige Beschaffenheit, Gedeihen, Glück; *Pl* günstige Verhältnisse
prosperō ⟨-, -, āre 1.⟩ ||*Denom von* prosperus|| *etw* begünstigen, *einer Sache* Erfolg verleihen, *aliquid*
prosperus ⟨a, um⟩ *Adj, Adv* ⟨prosperē⟩ *u.* ⟨prosperiter⟩
1. glücklich, günstig
2. *poet* beglückend, *alicui* für j-n, *alicuius rei* in Bezug auf etw
prō-spexī → ***prospicio***
prōspicientia ⟨ae⟩ *f* ||prospicio|| Vorsicht, Vorsorge
► **prō-spiciō** ⟨spexī, spectum, spicere 3.⟩
I *v/i*
1. in die Ferne schauen, ausschauen; ***ex castris in urbem p.*** aus dem Lager in die Stadt schauen; ***alto p.*** von der hohen See aus (*Abl*) ausschauen, auf die hohe See (*Dat*) schauen; ***longe/multum p.*** eine weite Aussicht haben
2. (*nachkl.*) aufpassen, achtgeben
3. *fig* Vorsorge treffen, sorgen, *alicui/alicui rei* für j-n/für etw; ***liberis p.*** für die Kinder sorgen; ***p. malo*** dem Übel vorbeugen
II *v/t*
1. in der Ferne erblicken, vor sich sehen
2. (*nachkl.*) von fern mit ansehen
3. sich umblicken, *aliquid* nach etw
4. *von Örtlichkeiten* Aussicht gewähren, *aliquid* auf etw
5. *fig* vorhersehen; ***animo exitum p.*** im Geiste den Untergang vorhersehen
6. besorgen, beschaffen; ***qui sedem senectuti vestrae prospiciunt*** Liv. die euch einen Alterssitz verschaffen
prō-sternō ⟨strāvī, strātum, sternere 3.⟩
1. niederwerfen, niederstrecken; ***corpus humi p.*** den Körper auf den Boden hinstrecken; ***se p.*** *fig* sich demütigen
2. *fig* zugrunde richten, vernichten, *im Kampf* aufreiben; ***barbarorum vim p.*** die Streitmacht der Barbaren vernichten
3. (*nachkl.*) preisgeben, anbieten; ***p. sorores*** Suet. die Schwestern verkuppeln
prōstibilis
I ⟨e⟩ *Adj* ||prosto|| sich anbietend
II ⟨is⟩ *f* Plaut. Dirne
prōstibulum ⟨ī⟩ *n* ||prosto|| Plaut. Straßenmädchen, Dirne
prō-stitī → ***prosto***
prō-stituō ⟨stituī, stitūtum, stituere 3.⟩ ||statuo|| (*unkl.*) öffentlich preisgeben
prōstitūta ⟨ae⟩ *f* ||prostitutus|| (*nachkl.*) Prostituierte, Straßenmädchen
prōstitūtus ⟨a, um⟩ *Adj* ||prostituo|| öffentlich preisgegeben
prō-stō ⟨stitī, -, stāre 1.⟩
1. hervorragen; ***angelli paulum prostantes*** Lucr. ein wenig vorstehende Eckchen
2. Plaut. *vom Verkäufer* auf der Straße zum Verkauf anbieten
3. *von Waren* zum Verkauf stehen
4. *von Straßenmädchen* sich öffentlich anbieten
prostȳlos ⟨on⟩ *Adj* ||griech. Fw.|| mit Säulen an der Vorderseite

prō-subigō ⟨-, -, ere 3.⟩ Verg. vor sich aufwühlen
► **prō-sum** ⟨prōfuī, -, prōdesse 0.⟩
1. nützlich sein, hilfreich sein, nützen, helfen, *abs od alicui/alicui rei* j-m/einer Sache, *ad aliquid/in aliquid* zu etw, für etw, *in re* in etw, bei etw
2. (*nachkl.*) MED helfen
prōsus ⟨a, um⟩ *Adj* = ***prorsus***[1]
Prōtagorās ⟨ae⟩ *m griech. Sophist, Freund des Perikles, als Atheist aus Athen verbannt, auf der Überfahrt nach Sizilien um 412 v. Chr. ertrunken, Titel eines Dialoges von Plato*
prōtēctiō ⟨ōnis⟩ *f* ||protego||
1. Quint. Bedeckung, Verteidigung
2. (*mlat.*) Schutz
► **prō-tegō** ⟨tēxī, tēctum, tegere 3.⟩
1. vorn bedecken; ***tabernaculum hederā p.*** das Zelt mit Efeu bedecken
2. ein Wetterdach anbringen, *aliquid* an etw, auf etw
3. *fig* beschützen, beschirmen, *aliquem/aliquid* j-n/etw, *aliquid a re/ad aliquid* etw gegen etw, etw vor etw
4. verdecken, verbergen; ***fraudem audaciā p.*** Liv. den Betrug mit Frechheit vertuschen
prō-tēlō ⟨āvī, ātum, āre 1.⟩ ||protelum|| (*vkl., nachkl.*) vertreiben, fortjagen
prōtēlum ⟨ī⟩ *n* ||protendo|| (*unkl.*) Zugseil; *meton* ein Zug Ochsen; *fig* ununterbrochener Fortgang; ***protelo*** Catul. in einem Zug
prō-tendō ⟨tendī, tentum, tendere 3.⟩ (*nachkl.*) hervorstrecken, ausstrecken; *Passiv* sich erstrecken; ***filium p.*** Tac. seinen Sohn zeigen; ***temo protentus in octo pedes*** Verg. acht Fuß lange Deichsel
prō-tenus *Adv* = ***protinus***
prō-terō ⟨trīvī, trītum, terere 3.⟩
1. niedertreten, zertreten
2. *im Kampf* vernichten, aufreiben
3. mit Füßen treten, misshandeln; verachten
prō-terreō ⟨terruī, territum, terrēre 2.⟩ verscheuchen, verjagen
protervitās ⟨ātis⟩ *f* Frechheit, Mutwille; ***grata p.*** Hor. charmante Frechheit
protervus ⟨a, um⟩ *Adj, Adv* ⟨protervē⟩
1. ungestüm, heftig
2. frech, unverschämt; ***lingua proterva*** freche Zunge
3. keck, schelmisch
prō-testor ⟨ātus sum, ārī 1.⟩ (*spätl.*) öffentlich als Zeuge auftreten, beweisen, öffentlich aussagen
Prōteus ⟨eī⟩ *u.* ⟨eos⟩ *m vielgestaltiger, weissagender Meeresgott*
prō-tēxī → ***protego***
prothȳmē *Adv* ||griech. Fw.|| Plaut. mit Vergnügen
prothȳmia ⟨ae⟩ *f* ||griech. Fw.|| Geneigtheit
prōtinam *Adv* ||protinus||
1. vorwärts
2. sofort
► **prō-tinus** *Adv*
1. *örtl.* vorwärts, weiter fort
2. *örtl.* unmittelbar sich anschließend, zusammenhängend
3. *zeitl.* ununterbrochen, beständig
4. *zeitl.* unverzüglich, sofort; ***p. a re/de re*** gleich nach etw

P

5. *zeitl.* gleich anfangs
6. *zeitl.* ebenso weiter
prō-tollō ⟨-, -, ere 3.⟩ (*vkl., nachkl.*) hervorstrecken; *zeitl.* strecken, verlängern, hinausschieben
prōtoprāxia ⟨ae⟩ *f* ||griech. Fw.|| Liv. Vorrecht *bei Schuldforderungen*
prōtotomī ⟨ōrum⟩ *m* ||prototomus|| junge Kohlstängel
prōtotomus ⟨a, um⟩ *Adj* ||griech. Fw.|| vom ersten Schnitt, zart
prō-trahō ⟨trāxī, tractum, trahere 3.⟩
1. hervorziehen, hervorschleppen
2. *fig* drängen, *aliquem ad aliquid* j-n zu etw
3. *fig* ans Licht bringen, ans Licht zerren
4. Plaut. hinabziehen; *Passiv* hinabsinken
5. (*nachkl.*) *zeitl.* hinausziehen, verlängern; *Passiv* sich in die Länge ziehen; ***convivia saepe in primam lucem protraxit*** Suet. Gelage zog er häufig bis in den frühen Morgen hin
prō-trūdō ⟨trūsī, trūsum, trūdere 3.⟩
1. vorwärts stoßen; ***foras p.*** hinauswerfen
2. *zeitl.* hinausschieben; ***comitia in Ianuarium mensem p.*** Cic. die Versammlung auf Januar verschieben
prō-tulī → ***profero***
prō-turbō ⟨āvī, ātum, āre 1.⟩
1. vertreiben, verjagen
2. niederwerfen
pro-ut *Konj* so wie, je nachdem, + *Ind*; ***prout res postulat*** so wie die Sache es fordert
prō-vehō ⟨vēxī, vectum, vehere 3.⟩
1. (*nachkl.*) fortführen, vorwärts bringen, fortschaffen; ***saxa navi p.*** Felsbrocken auf dem Schiff wegbringen
2. *Passiv* fortfahren, wegfahren, wegreiten
3. (*nachkl.*) *von der Zeit* vorrücken; ***provectā nocte*** zu vorgerückter Nachtzeit; ***bellum longius provehitur*** der Krieg zieht sich weiter hinaus
4. *fig* zu weit führen, hinreißen, verleiten, *ad aliquid* zu etw, *ut* dass; *Passiv* zu weit gehen, sich hinreißen lassen, *in aliquid* zu etw; ***longius in amicitia provehi*** noch weiter in der Freundschaft gehen; ***quid ultra provehor?*** was rede ich noch weiter?
5. emporführen, emporbringen; *Passiv* emporkommen, aufsteigen
prō-veniō ⟨vēnī, ventum, venīre 4.⟩
1. (*vkl., nachkl.*) hervorkommen, hervortreten, auftreten
2. *fig von Pflanzen* hervorsprießen, hervorwachsen
3. (*vkl., nachkl.*) geboren werden; *fig* entstehen, auftreten
4. (*nachkl.*) vonstatten gehen; gut vonstatten gehen, gelingen
prōventus ⟨ūs⟩ *m* ||provenio||
1. (*nachkl.*) das Hervorkommen, das Hervorwachsen; Geburt
2. (*nachkl.*) Ertrag, Ernte
3. Fortgang, Erfolg
prōverbium ⟨ī⟩ *n* ||pro[2], verbum|| Sprichwort; ***ut est in proverbio*** wie das Sprichwort sagt; ***in proverbium/in proverbi consuetudinem venire*** sprichwörtlich werden; ***proverbi locum obtinere*** sprichwörtlich sein
prōvidēns *Gen* ⟨entis⟩ *Adj*, *Adv* ⟨prōvidenter⟩ ||provideo|| vorausschauend, vorsichtig, *alicuius rei* in etw, bei etw
prōvidentia ⟨ae⟩ *f* ||providens||
1. Voraussicht
2. *fig* Fürsorge, *alicuius rei* in etw, bei etw, für etw, gegen etw
3. Vorsicht
4. Vorsehung; ***p. deorum*** göttliche Vorsehung
► **prō-videō** ⟨vīdī, vīsum, vidēre 2.⟩
1. (*unkl.*) früher sehen
2. (*unkl.*) in der Ferne sehen, von fern sehen
3. voraussehen, vorauswissen; ***aliquid ratione p.*** etw vorausberechnen
4. Sorge tragen, Vorkehrungen treffen, *de re/alicui rei* in Bezug auf etw; *abs* vorsichtig sein; ***proviso*** mit Vorbedacht
5. vorsichtig handeln; ***consilia in posterum p.*** kluge Maßnahmen für die Zukunft treffen
prōvidum ⟨ī⟩ *n* ||providus|| von göttlicher Vorsehung zeugende Begebenheit
prōvidus ⟨a, um⟩ *Adj*, *Adv* ⟨prōvidē⟩ ||provideo||
1. voraussehend, die Zukunft kennend
2. *fig* vorsichtig, behutsam
3. *fig* vorsorgend, vorsorglich
► **prōvincia** ⟨ae⟩ *f*
1. Amt, amtlicher Wirkungskreis
2. Oberbefehl, Kommando; ***p. maritima*** Oberbefehl über die Flotte
3. Rechtsprechung; ***p. peregrina*** gerichtliche Zuständigkeit für die Fremden
4. *allg.* Geschäft, Dienst
5. Provinz, *unterworfenes Gebiet außerhalb Italiens*; ***civitatem in provinciae formam redigere*** einen Staat zur Provinz machen
6. *bei nichtröm. Völkern* Statthalterschaft, Satrapie; Landesteil
7. *meton* Verwaltung einer Provinz
8. (*mlat.*) Gebiet; Herzogtum, Grafschaft; Amtsbezirk eines Erzbischofs
prōvinciālis
I ⟨e⟩ *Adj* ||provincia|| zur Provinz gehörig, Provinz…; ***administratio p.*** Provinzverwaltung
II ⟨is⟩ *m* Mann aus der Provinz; *Pl* die Bewohner der Provinz
prōvinciātim *Adv* ||provincia|| Suet. nach Provinzen
prōvīsiō ⟨ōnis⟩ *f* ||provideo|| = ***providentia***
prōvīsō ⟨-, -, ere 3.⟩ ||*Intens von* provideo|| Com. nach *etw* sehen
prōvīsor ⟨ōris⟩ *m* ||provideo|| Hor. der *etw* im Voraus bedenkt; Tac. der *etw* voraussieht, *alicuius rei*
prōvīsus[1] ⟨ūs⟩ *m* ||provideo||
1. das Sehen in die Ferne; Sehkraft
2. *fig* → ***providentia***
prō-vīsus[2] ⟨a, um⟩ *PPP* → ***provideo***
prō-vīvō ⟨vīxī, -, vīvere 3.⟩ Tac. weiterleben
prōvocātiō ⟨ōnis⟩ *f* ||provoco||
1. (*nachkl.*) Herausforderung zum Kampf
2. JUR Berufung *auf eine höhere Instanz*; Anrufung; ***p. adversus magistratus ad populum*** Liv. Anrufung an das Volk gegen die Beamten; ***magistratūs sine provocatione*** Liv. Beamter, gegen den es keine Anrufung gibt; ***poena sine provocatione*** Strafe, gegen die man keine Berufung einlegen kann
prōvocātor ⟨ōris⟩ *m* ||provoco||

P

1. Herausforderer zum Kampf
2. *eine Art von Gladiatoren, die nicht aus dem Stand, sondern von der Seite angriffen*

▶ **prō-vocō** ⟨āvī, ātum, āre 1.⟩
1. hervorrufen, herausrufen
2. hervorkommen lassen, wecken
3. auffordern, anregen; erregen, hervorrufen
4. herausfordern, ***ad certamen*** zum Wettkampf; ***auras cursibus p.*** die Winde zum Wettlauf herausfordern
5. JUR Berufung einlegen, *eine höhere Instanz* anrufen; sich berufen, *ad aliquem* auf jdn

prō-volō ⟨āvī, ātum, āre 1.⟩ (*nachkl.*) hervorfliegen; (Caes., Liv.) *fig von Personen* hervorstürmen

prō-volvō ⟨volvī, volūtum, volvere 3.⟩
1. vorwärts wälzen, vorwärts rollen
2. *Passiv u.* ***se p.*** sich niederwerfen; ***ad pedes Caesaris provolvi*** zu Füßen Caesars niederfallen
3. *Passiv* vertrieben werden, ***fortunis*** aus seinem Besitz
4. *Passiv fig* herabsinken

prō-vomō ⟨-, -, ere 3.⟩ Lucr. hervorspeien

prō-vorsus *Adv* (*altl.*) = ***prorsus***[2]

prō-vulgō ⟨āvī, ātum, āre 1.⟩ Suet. öffentlich bekannt machen

prox *Interj* Plaut. mit Verlaub

proxenēta ⟨ae⟩ *m u.* **proxenētēs** ⟨ēs⟩ *m* ||griech. Fw.|| Sen. Agent, Makler

proximē *Adv Sup* → ***prope***

proximī ⟨ōrum⟩ *m* ||proximus||
1. die Nächsten, die nächsten Nachbarn
2. die nächsten Verwandten, Vertraute, Gefolge

proximitās ⟨ātis⟩ *f* ||proximus|| (*nachkl.*)
1. Nähe, Nachbarschaft
2. *fig* nahe Verwandtschaft; Ähnlichkeit

proximum ⟨ī⟩ *n* ||proximus||
1. Nachbarschaft, der nächste Punkt; das Nächstfolgende; ***proximum est, ut*** es folgt nun, dass
2. nächste Verwandtschaft

▶ **proximus** ⟨a, um⟩ *Adj Sup* → ***prope***

▶ **prūdēns** *Gen* ⟨entis⟩ *Adj, Adv* ⟨prūdenter⟩ ||providens||
1. wissentlich, absichtlich; ***p. et sciens hoc feci*** dies habe ich mit voller Absicht getan
2. in *etw* erfahren, *einer Sache* kundig, *alicuius rei*, *+ AcI / + Inf*; ***p. iuris civilis*** im bürgerlichen Recht erfahren
3. klug, einsichtsvoll, verständig

▶ **prūdentia** ⟨ae⟩ *f* ||prudens||
1. das Vorherwissen
2. Einsicht, Kenntnis, Wissen, Erfahrung, *alicuius rei* in etw, von etw
3. Klugheit, Umsicht, Lebensklugheit; *meton von Personen* der Weiseste
4. Curt. Spruchweisheit

pruīna ⟨ae⟩ *f* Reif, Frost; Schnee; *Pl meton* Winter; ***ad medias pruinas*** bis mitten in den Winter

pruīnōsus ⟨a, um⟩ *Adj* ||pruina|| (*nachkl.*) bereift

prūna ⟨ae⟩ *f* (*nachkl.*) glühende Kohle

prūniceus ⟨a, um⟩ *Adj* ||prunus|| Ov. aus Pflaumenholz

prūnum ⟨ī⟩ *n* ||griech. Lw.|| (*nachkl.*) Pflaume

prūnus ⟨ī⟩ *f* ||griech. Lw.|| (*nachkl.*) Pflaumenbaum

prūrīgō ⟨inis⟩ *f* ||prurio|| Iuv. Juckreiz; sexuelle Erregung; juckender Grind

prūriō ⟨-, -, īre 4.⟩ ||pruina|| (*vkl.*) *poet* jucken; geil sein; auf Kampf Lust haben

prūriōsus ⟨a, um⟩ *Adj* ||prurio|| *poet* geil

Prūsia *u.* **Prūsiās** ⟨ae⟩ *m König von Bithynien, Gastgeber des flüchtigen Hannibal, sollte diesen an die Römer ausliefern*

prytanēum ⟨ī⟩ *n* ||griech. Fw.|| Rathaus *der griech. Städte*

prytanis ⟨is⟩ *m* ||griech. Fw.|| höchster Beamter *in griech. Städten*

prytanīum ⟨ī⟩ *n* = ***prytaneum***

psallō ⟨psallī, -, psallere 3.⟩ ||griech. Fw.|| (*nachkl.*) *poet* die Zither spielen, mit Zitherbegleitung singen; (*eccl.*) Psalmen singen

psalmista ⟨ae⟩ *m* ||griech. Fw.|| Psalmist

psalmus ⟨ī⟩ *m* ||griech. Fw.|| (*eccl.*) Psalm

psaltērium ⟨ī⟩ *n* ||griech. Fw.||
1. zitherartiges Saiteninstrument
2. (*eccl.*) die Psalmen Davids

psaltēs ⟨ae⟩ *m* ||griech. Fw.|| (*vkl., nachkl.*) Zitherspieler

psaltria ⟨ae⟩ *f* ||griech. Fw.|| Zitherspielerin

psecas ⟨adis⟩ *f* ||griech. Fw.|| (*unkl.*) Friseuse

Psecas ⟨adis⟩ *f* (Ov., Iuv.) *geläufiger Name für Friseusen*

psēphisma ⟨atis⟩ *n* ||griech. Fw.||
1. POL Beschluss der *griech.* Volksversammlung
2. Plin. Dankbotschaft *einer griech. Stadt an den Kaiser*

pseudo- *Präf* ||griech. Fw.|| unecht, falsch

Pseudo-catō ⟨ōnis⟩ *m* falscher Cato, Pseudocato

Pseudolus ⟨ī⟩ *m* „Lügenmaul“, *Titel einer Komödie des Plautus*

pseudomenos ⟨ī⟩ *m* ||griech. Fw.|| Trugschluss, falscher Syllogismus

pseudothyrum ⟨ī⟩ *n* ||griech. Fw.|| Geheimtür; Cic. Hintertür

psīlocitharistēs ⟨ae⟩ *m* ||griech. Fw.|| Suet. Zitherspieler

psīlōthrum ⟨ī⟩ *n* ||griech. Fw.|| Mart. Mittel zum Enthaaren

psithia ⟨ae⟩ *f* ||psithius|| *Traubensorte, aus der v. a. Rosinen hergestellt wurden*

psithius ⟨a, um⟩ *Adj* ||griech. Fw.|| psithisch, *Name für eine Traubensorte, die bes zur Herstellung von Rosinen diente*; ***vinum psithium*** Rosinenwein

psittacus ⟨ī⟩ *m* ||griech. Fw.|| (*nachkl.*) *poet* Papagei

psȳchomantīum ⟨ī⟩ *n* ||griech. Fw.|| Totenbefragung, Totenorakel

psȳchrolūtēs ⟨ae⟩ *m* ||griech. Fw.|| Sen. der sich kalt wäscht, der kalt badet

-pte *Suff.* selbst, eigen, *nur an pers Pr u. poss Pr angehängt*; ***meāpte manu*** mit meiner eigenen Hand

Pthīa ⟨ae⟩ *f* = ***Phthia***

pthisicus ⟨ī⟩ *m* = ***phthisicus***

pthisis ⟨is⟩ *f* = ***phthisis***

ptisana ⟨ae⟩ *f* ||griech. Fw.|| (*nachkl.*) *poet* Gerstengrütze

ptisanārium ⟨ī⟩ *n* ||ptisana|| Hor. (*nachkl.*) *poet* Aufguss von Gerstengrütze, Aufguss von Reis

Ptolemaeus *u.* **Ptolomaeus** ⟨ī⟩ *m Name griech. Diadochenfürsten in Ägypten*

Ptolomaeus ⟨a, um⟩ *Adj* ptolemäisch, ägyptisch

Ptolomāis ⟨idis⟩ *f Name mehrerer Städte in Ägypten u. Phönikien*
pūbēns *Gen* ⟨entis⟩ *Adj* ||pubeo|| strotzend
pūberēs ⟨um⟩ *m* ||pubes²|| waffenfähige Mannschaft, waffenfähige Männer
► **pūbertās** ⟨ātis⟩ *f* ||pubes²||
1. (*nachkl.*) Geschlechtsreife
2. Tac. Manneskraft, Zeugungskraft
3. erstes Barthaar
pūbēs¹ ⟨is⟩ *f*
1. junge Mannschaft, waffenfähige Jugend
2. (*vkl.*) *poet* Männer, Leute, Volk
3. (*nachkl.*) *poet* Intimbereich, Schambereich
4. (*nachkl.*) *poet* Barthaare, Schamhaare
pūbēs² *Gen* ⟨eris⟩ *Adj*
1. *vom Mann* erwachsen, zeugungsfähig
2. (*nachkl.*) *fig* ausgewachsen; strotzend
pūbēscō ⟨pūbuī, -, pūbēscere 3.⟩ ||*Inkoh von* pubeo||
1. *vom Mann* geschlechtsreif werden
2. *fig* heranreifen, heranwachsen
3. *poet* behaart werden
pūblica ⟨ae⟩ *f* ||publicus|| Prostituierte
pūblicānus ⟨ī⟩ *m* ||publicus|| Steuerpächter *in den Provinzen*
pūblicātiō ⟨ōnis⟩ *f* ||publico|| Beschlagnahme
pūblicē *Adv* ||publicus||
1. öffentlich, von Staats wegen, im Namen des Staates, im Interesse des Staates, amtlich; ↔ ***privatim***
2. (*nachkl.*) auf Staatskosten
3. (*nachkl.*) allgemein, insgesamt
pūblicitus *Adv* ||publicus||
1. von Staats wegen
2. in der Öffentlichkeit
Pūblicius ⟨a, um⟩ *röm. Gentilname*; ***clivus P.*** Ov. Hauptaufgang zum Aventin
pūblicō ⟨āvī, ātum, āre 1.⟩ ||*Denom von* publicus||
1. für die Staatskasse einziehen, enteignen, konfiszieren; ***Ptolemaeum p.*** die Güter des Ptolemaeus konfiszieren
2. (*vkl., nachkl.*) öffentlich zugänglich machen; ***Aventinum p.*** den Aventin zum Anbau freigeben
3. preisgeben
4. öffentlich zeigen, öffentlich hören lassen
5. veröffentlichen, publizieren; ***ad publicandum*** (*mlat.*) zur Veröffentlichung
Pūbli-cola ⟨ae⟩ *m Beiname in der gens Valeria*; → ***Valerius***
pūblicum ⟨ī⟩ *n* ||publicus||
1. Staatsgebiet, Gemeindeland
2. Staatseigentum, Staatsvermögen, Staatskasse; ***aliquid in publicum emere*** etw auf Kosten des Staates kaufen
3. Staatseinkünfte, Steuern, Staatspacht; ***societates publicorum*** Gesellschaften der Steuerpächter
4. Staatsmagazin
5. Staat, Gemeinwesen; ***aliquid in publicum polliceri*** etw zum allgemeinen Nutzen versprechen
6. Öffentlichkeit; ***legem in publico/in publicum proponere*** ein Gesetz öffentlich bekannt machen; ***publico carere/se abstinere*** nicht ausgehen, zu Hause bleiben
► **pūblicus**
I ⟨a, um⟩ *Adj* ||populus||
1. öffentlich, staatlich, Volks…, Staats…; ***mensa publica*** Staatsbank; ***litterae publicae*** Staatsurkunden; ***iniuria publica*** Ungerechtigkeiten gegen den Staat; ***sollicitudo publica*** Besorgnis um den Staat; ***causa publica*** Liv. Prozess in Staatsangelegenheiten; ***bono publico*** zum Vorteil des Staates
2. auf Kosten des Staates stattfindend, im Namen des Staates stattfindend, vom Senat veranstaltet
3. allgemein, gewöhnlich; alltäglich; ***materies publica*** häufig behandelter Stoff
4. ***res publica*** → ***res.***
II ⟨ī⟩ *m* Staatssklave, niederer Beamter
Pūblilius ⟨a, um⟩ *röm. Gentilname*; ***Publilius Syrus*** *Freigelassener aus Syrien, Mimendichter des 1. Jh. v. Chr.*
Pūblius ⟨ī⟩ *m röm. Vorname, abgek P.*
pūbuī → ***pubesco***
pudendus ⟨a, um⟩ *Adj* ||pudeo|| dessen man sich schämen muss, schändlich; ***pars pudenda*** Schamteile
pudēns *Gen* ⟨entis⟩ *Adj, Adv* ⟨pudenter⟩ ||pudeo|| schamhaft; bescheiden, schüchtern; ***nihil p.*** ohne Schamgefühl
pudeō ⟨puduī, -, pudēre 2.⟩
I *v/i* sich schämen
II *v/t*
1. mit Scham erfüllen
2. ***me pudet*** ich schäme mich, *alicuius* vor j-m, *alicuius rei* wegen etw, + *Inf* / + *AcI* / + *Supin*; ***pudendo*** dadurch, dass man sich schämt
pudibundus ⟨a, um⟩ *Adj* ||pudeo|| (*nachkl.*) *poet*
1. verschämt
2. dessen man sich schämen muss
pudīcitia ⟨ae⟩ *f* ||pudicus|| Schamhaftigkeit, Keuschheit
Pudīcitia ⟨ae⟩ *f* Göttin der Schamhaftigkeit
► **pudīcus** ⟨a, um⟩ *Adj, Adv* ⟨pudīcē⟩ ||pudeo|| schamhaft, keusch
► **pudor** ⟨ōris⟩ *m* ||pudeo||
1. Scham, Ehrgefühl; Scheu, *alicuius rei* über etw, vor etw; Ehrfurcht, Rücksicht, *alicuius* vor j-m, gegenüber j-m; ***p. famae*** Scheu vor der Nachrede; ***p. est*** + *Inf* = ***pudet***; → ***pudeo***
2. Ehrgefühl, Ehrenhaftigkeit, Takt; ***homo summo pudore*** Mensch von höchstem Taktgefühl
3. Bescheidenheit; ***natura pudorque meus*** meine natürliche Schüchternheit
4. Schamhaftigkeit, Keuschheit
5. *meton* Ehre
6. *meton* Schamröte
7. *meton* Schmach, Schande; Schandfleck
► **puella** ⟨ae⟩ *f* ||puellus||
1. Mädchen
2. Tochter
3. junge Frau
4. Geliebte
puellāris ⟨e⟩ *Adj, Adv* ⟨puellāriter⟩ ||puella|| (*nachkl.*) mädchenhaft, Mädchen…, jugendlich
puellula ⟨ae⟩ *f* ||*Dim von* puella|| *poet* nettes junges Mädchen
puellus ⟨ī⟩ *m* ||*Dim von* puer|| (*unkl.*) kleiner Junge
► **puer** ⟨puerī⟩ *m*
1. Kind; ***a puero/a pueris*** von Kindheit an; ***ex pueris excedere*** den Kinderschuhen entwachsen

2. Knabe, Junge *bis zum Anlegen der toga virilis*
3. Sohn
4. *fig* Diener, Sklave; ***p. regius/nobilis*** Liv. Page

puera ⟨ae⟩ *f* ||puer|| (*vkl., nachkl.*) Mädchen

puerāscō ⟨-, -, āscere 3.⟩ ||*Inkoh von* puer|| Suet. in das Knabenalter treten

puerīlis ⟨e⟩ *Adj, Adv* ⟨puerīliter⟩ ||puer||
1. kindlich, jugendlich, Knaben…, Kinder…
2. kindisch, läppisch

puerīlitās ⟨ātis⟩ *f* ||puerilis|| (*vkl., nachkl.*)
1. Knabenalter
2. kindisches Betragen

► **pueritia** ⟨ae⟩ *f* ||puer|| Kindheit, Jugend

puer-pera ⟨ae⟩ *f* ||pario|| Wöchnerin

puerperium ⟨ī⟩ *n* ||puerpera|| (*vkl., nachkl.*) Niederkunft, Geburt; *Pl* Kindersegen

puerperus ⟨a, um⟩ *Adj* ||puerpera|| Ov. die Entbindung fördernd

puertia ⟨ae⟩ *f* = ***pueritia***

puerulus ⟨ī⟩ *m* ||*Dim von* puer||
1. Bürschchen; *iron* feines Bürschchen
2. *Pl* Unmündige

pūga ⟨ae⟩ *f* ||griech. Lw.|| Steiß

pugil ⟨ilis⟩ *m* Faustkämpfer, Boxer

pugilātōrius ⟨a, um⟩ *Adj* ||pugilatus|| von Faustkämpfern gebraucht; ***follis p.*** Übungsball für Faustkämpfer

pugilātus ⟨ūs⟩ *m* ||pugil|| Faustkampf

pugilicē *Adv* ||pugil|| nach Boxerart

pugillārēs ⟨ium⟩ *m u.* **pugillāria** ⟨ium⟩ *n* (*nachkl.*) *poet* Schreibtafel

pugillātōrius ⟨a, um⟩ *Adj* = ***pugilatorius***

pugillātus ⟨ūs⟩ *m* = ***pugilatus***

pūgiō ⟨ōnis⟩ *f* ||pungo|| Dolch

pūgiunculus ⟨ī⟩ *m* ||*Dim von* pugio|| kleiner Dolch

► **pūgna** ⟨ae⟩ *f* ||pugno||
1. Faustkampf, Schlägerei; Zweikampf, Kampfspiel, Wettkampf
2. MIL Kampf, Schlacht; Krieg; ***p. equestris*** Reiterschlacht; ***p. navalis*** Seeschlacht
3. MIL*meton* Schlachtreihe, Stellung; ***p. media*** mittlerer Teil der Schlachtordnung; ***pugnam mutare*** umkehren
4. *fig* lustiger Streich
5. Mart. *fig* Ringen im Bett
6. *fig* Wortgefecht

pūgnācitās ⟨ātis⟩ *f* ||pugnax|| (*nachkl.*) Kampfgier, Streitlust

pūgnāculum ⟨ī⟩ *n* ||pugno|| (*vkl., nachkl.*) Schanze, Bastion

pūgnātor ⟨ōris⟩ *m* ||pugno|| (*nachkl.*) *poet* Kämpfer, Streiter; ***iuvencus p.*** Kampfstier

pūgnātōrius ⟨a, um⟩ *Adj* ||pugnator|| (*nachkl.*) Fechter…; ***arma pugnatoria*** Suet. scharfe Waffen, echte Waffen

pūgnāx *Gen* ⟨ācis⟩ *Adj, Adv* ⟨pūgnāciter⟩ ||pugno||
1. kampflustig, kriegerisch; ***pugnacissimae gentes*** äußerst kriegerische Völker
2. *fig* streitlustig, polemisch
3. eigensinnig

pūgneus ⟨a, um⟩ *Adj* ||pugnus|| Plaut. Faust…

► **pūgnō** ⟨āvī, ātum, āre 1.⟩ ||*Denom von* pugnus||
1. kämpfen, fechten, streiten, *re* mit etw, *contra aliquem/in aliquem/adversus aliquem/alicui* gegen j-n, *pro aliquo/alicui* für j-n; ***pugnam p.*** eine Schlacht schlagen
2. *fig* im Streit liegen, uneinig sein, *cum aliquo/alicui* mit j-m; + *AcI* im Streit behaupten; *bes* widersprechen; ***equus habenis pugnat*** das Pferd zerrt am Zügel
3. kämpfen, sich bemühen, *in aliquid* um etw, *ut/ne* dass/dass nicht, + *Inf*/ + *AcI*

pūgnus ⟨ī⟩ *m*
1. (geballte) Faust
2. Faustschlag, Faustkampf
3. Sen. *meton* eine Hand voll

pulcer ⟨cra, crum⟩ *Adj* = ***pulcher***

pulchellus ⟨a, um⟩ *Adj* ||*Dim von* pulcher|| schön, hübsch, *meist iron*; ***p. puer*** Cic. hübsches Herrchen

► **pulcher** ⟨chra, chrum⟩ *Adj, Adv* ⟨pulchrē⟩
1. schön, reizend; ***homo p.*** stattlicher Mann
2. *fig* vortrefflich, herrlich, rühmlich; ***facinus pulchrum*** edle Tat; ***mors pulchra*** Verg. ehrenvoller Tod
3. *Adv* schön, ganz gut; ***pulchre dicere*** schön reden, gut reden
4. *Adv* teuer; billig; ***pulchre vendere*** teuer verkaufen; ***pulchre emere*** billig kaufen
5. *Adv* völlig

Pulcher ⟨chrī⟩ *m Beiname in der gens Claudia*; → ***Claudius***; ***Publius Clodius Pulcher*** *Tribun 58 v. Chr.*

pulchritūdō ⟨inis⟩ *f* ||pulcher||
1. Schönheit
2. *fig* Vortrefflichkeit, Pracht

pūlēium ⟨ī⟩ *n* Flohkraut, *eine Duftpflanze*; *fig* sanfte Tonart

pūlex ⟨icis⟩ *m* (*vkl., nachkl.*) Floh

pullārius ⟨ī⟩ *m* ||pullus[1]|| Hühnerwärter, *beauftragt die heiligen Hühner zu füttern*

pullātī ⟨ōrum⟩ *m* ||pullatus|| Leute in Arbeitskleidung, das einfache Volk

pullātus ⟨a, um⟩ *Adj* ||pullus[2]|| schwarz gekleidet

pullēiāceus ⟨a, um⟩ *Adj* ||pullus[2]|| schwarz

pullulō ⟨āvī, ātum, āre 1.⟩ ||pullus[1]||
1. (*nachkl.*) *poet* keimen
2. *fig* wuchern, um sich greifen
3. *fig* wimmeln, *re* von etw

pullum ⟨ī⟩ *n* ||pullus[2]|| dunkle Farbe, schwarzer Saum; *Pl* dunkle Kleidung

pullus[1]
I ⟨a, um⟩ *Adj* Plaut. jung
II ⟨ī⟩ *m* junges Tier; junges Huhn, Küken; ***p. milvinus*** Cic. Falkenbrut = habgieriger Mensch

pullus[2] ⟨a, um⟩ *Adj* dunkel, schwärzlich, *bes von Trauerkleidern u. der Arbeitskleidung des einfachen Volkes*

pulmentārium ⟨ī⟩ *n* ||pulmentum|| (*nachkl.*) = ***pulmentum***

pulmentum ⟨ī⟩ *n* (Hor., Sen., Iuv.) Fleischspeise, Fleischportion

pulmō ⟨ōnis⟩ *f* Lunge; *Pl* die Lungenflügel

pulmōneus ⟨a, um⟩ *Adj* ||pulmo|| Lungen…; ***vomitus p.*** Plaut. Auswurf der Lunge

pulpa ⟨ae⟩ *f* (*unkl.*) Fleisch; Fruchtfleisch

pulpāmen ⟨inis⟩ *n* Liv. *u.* **pulpāmentum** ⟨ī⟩ *n* ||pulpa|| Zukost, Fleisch; *fig* Leckerbissen, Würze

pulpitum ⟨ī⟩ *n* (*nachkl.*) *poet* Brettergerüst, Bühne,

Tribüne; *fig* Lehrstuhl

puls ⟨pultis⟩ *f* ||griech. Fw.|| dicker Brei, *Kost des einfachen Volkes, auch Nahrung der Weissagehühner*

pulsātiō ⟨ōnis⟩ *f* ||pulso||
1. das Schlagen, das Stoßen, das Klopfen; ***p. scutorum*** das Schlagen an die Schilde
2. *meton* die Prügel, Schläge, Misshandlung

► **pulsō** ⟨āvī, ātum, āre 1.⟩ ||*Intens von* pello||
1. heftig schlagen, stark schlagen, stark stoßen, klopfen, *aliquid* etw, an etw; ***ostium p.*** ans Tor klopfen; ***curru Olympum p.*** den Olymp mit dem Wagen durchfahren, ***pedibus spatium Olympi p.*** den Olymp durchlaufen; ***sagittam p.*** den Pfeil fortschnellen lassen; ***campus equis pulsatus*** von Pferden durchstampftes Feld
2. *meton* prügeln, schlagen, misshandeln
3. *fig* (geistig) erschüttern, bewegen, anregen, beeindrucken, beunruhigen

pulsus[1] ⟨a, um⟩ *PPP* → ***pello***

pulsus[2] ⟨ūs⟩ *m* ||pello||
1. Stoß, Schlag; ***p. remorum*** Ruderschlag; ***p. equorum*** Hufschlag; ***p. pedum*** Schritte; ***p. maris*** Brandung
2. *fig* Eindruck, Anregung

pultātiō ⟨ōnis⟩ *f* ||pulto|| Plaut. das Anklopfen

pulti-phagōnidēs ⟨ae⟩ *m* Plaut. *hum* Breiesser = Römer

pulti-phagus ⟨ī⟩ *m* Plaut. *hum* Breiesser = Römer

pultō ⟨-, -, āre 1.⟩ ||*Intens von* pello|| klopfen, stoßen, *aliquid* an etw

pulvereus ⟨a, um⟩ *Adj* ||pulvis|| aus Staub (bestehend), staubig, staubend, Staub…

pulverulentus ⟨a, um⟩ *Adj* ||pulvis||
1. staubig; ***via pulverulenta*** staubiger Weg
2. Ov. *fig* mühevoll

pulvīllus ⟨ī⟩ *m* ||*Dim von* pulvinus|| (*nachkl.*) *poet* kleines Kissen

pulvīnar ⟨āris⟩ *n* ||pulvinus||
1. Götterpolster *beim Göttermahl*
2. *meton* Tempel
3. *meton meist Pl* Göttermahl; = ***lectisternium***
4. *fig* Polstersitz *eines vergöttlichten Menschen, bes des röm. Kaisers*; göttliche Verehrung

pulvīnāris ⟨e⟩ *Adj* ||pulvinar|| Polster…; ***p. pica*** Petr. Klatschtante

pulvīnārium ⟨ī⟩ *n* ||pulvinus||
1. Götterpolster
2. Plaut. Ankerplatz

pulvīnus ⟨ī⟩ *m*
1. Kissen
2. (*nachkl.*) *fig* Gartenbeet

► **pulvis** ⟨eris⟩ *m* (*u. f*)
1. Staub, Staubwolke, Sand, Asche, *auch* Erde
2. Glasstaub, Sand, *in den die Mathematiker ihre Figuren zeichneten*; *meton* Mathematik
3. Staub des Ringplatzes, Staub der Rennbahn; *meton* Kampfplatz, Rennbahn; ***pulverem Olympicum colligere*** Hor. den Staub Olympias aufwirbeln
4. Asche, Staub der Toten; ***p. et umbra sumus*** Hor. Staub und Schatten sind wir
5. (*nachkl.*) *poet* Ton, Töpfererde
6. Tummelplatz *einer Tätigkeit*, Feld, Bahn; ***procedere in pulverem et solem*** öffentlich auftreten; ***producere aliquid in solem et pulverem*** etw ins wirkliche Leben führen; ***in suo pulvere*** auf eigener Bahn

pulvisculus ⟨ī⟩ *m* ||*Dim von* pulvis|| (*vkl., nachkl.*) Stäubchen; ***cum pulvisculo*** ganz und gar

pūmex ⟨icis⟩ *m* (*u. f*) Bimsstein *zum Glätten des Papyrus u. der Haut*; *allg.* poröser Stein, *bes* Lava

pūmiceus ⟨a, um⟩ *Adj* ||pumex||
1. *poet* aus Lava; ***fontes pumicei*** aus Bimsstein herausfließende Quellen
2. Plaut. trocken

pūmicō ⟨āvī, ātum, āre 1.⟩ ||*Denom von* pumex|| (*unkl.*) mit Bimsstein glätten; ***pumicatus*** geschniegelt

pūmicōsus ⟨a, um⟩ *Adj* ||pumex|| (*nachkl.*) bimssteinartig, porös

pūmiliō ⟨ōnis⟩ *m u. f* ||pumilus|| Zwerg, Zwergin

pūmilus ⟨ī⟩ *m* (*nachkl.*) *poet* Zwerg

pūnctim *Adv* ||pungo|| (*nachkl.*) stichweise, mit der Spitze

pūnctiō ⟨ōnis⟩ *f* ||pungo|| (*nachkl.*) das Stechen, Einstich, Stich

pūnctiuncula ⟨ae⟩ *f* ||*Dim von* punctio|| Sen. leiser Stich

puncto ⟨avi, atum, are 1.⟩ (*mlat.*) Einstiche machen, Punkte machen; ***punctatus*** gepunktet, gefleckt

pūnctum ⟨ī⟩ *n* ||pungo||
1. (*nachkl.*) Stich, *bes eines Insektes*
2. (*nachkl.*) Punkt *als Satzzeichen*; Punkt, Auge *des Würfels*
3. Punkt *bei Abstimmungen beim Namen eines Kandidaten*; Wahlstimme
4. *fig* Beifall; Urteil; ***punctum ferre*** Beifall erhalten
5. MATH Punkt

pūnctus[1] ⟨a, um⟩ *PPP* → ***pungo***

pūnctus[2] ⟨ūs⟩ *m* = ***punctum***

pungō ⟨pupugī, pūnctum, pungere 3.⟩
1. stechen
2. *fig* verletzen, kränken, *aliquem / animum alicuius* j-n; *abs* weh tun

Pūnicānus ⟨a, um⟩ *Adj* nach punischer Art gemacht; → ***Poenus***

Pūniceus *u.* **Pūnicus** ⟨a, um⟩ *Adj* punisch, karthagisch, phönikisch, *auch* purpurfarben, purpurrot; = ***Poenus***

► **pūniō** ⟨īvī, ītum, īre 4.⟩ *u.* **pūnior** ⟨ītus sum, īrī 4.⟩ ||*Denom von* poena||
1. bestrafen
2. Rache nehmen, *aliquem* an j-m

pūnītiō ⟨ōnis⟩ *f* ||punio|| Bestrafung, *aliquid* für etw

pūnītor ⟨ōris⟩ *m* ||punio||
1. Bestrafer, *alicuius* j-s
2. Rächer

pūpa ⟨ae⟩ *f* ||pupus||
1. Puppe
2. Mädchen

pūpilla ⟨ae⟩ *f* ||*Dim von* pupa||
1. verwaistes Mädchen
2. Pupille

pūpillāris ⟨e⟩ *Adj* ||pupillus|| (*nachkl.*) Waisen…; unmündig; kindlich; ***aetas p.*** unmündiges Alter

pūpillus ⟨ī⟩ *m* ||*Dim von* pupus|| Iuv. Waisenknabe, Mündel

puppis ⟨is⟩ *f*
1. Heck, hinteres Deck; ***puppes vertere*** die Schiffe wenden, fliehen
2. Plaut. *hum* Rücken
pupugī → ***pungo***
pūpula ⟨ae⟩ *f* ||*Dim von* pupa|| Pupille; Auge
pūpulus ⟨ī⟩ *m* ||*Dim von* pupus|| (*nachkl.*) *poet* Bübchen
pūpus ⟨ī⟩ *m* ||Lallwort|| (*vkl., nachkl.*) Bübchen
pūrgāmen ⟨inis⟩ *n u.* **pūrgāmentum** ⟨ī⟩ *n* ||purgo|| (*nachkl.*)
1. Schmutz, Unrat, Müll; *fig* Auswurf, Abschaum, Gesindel
2. Reinigungsmittel, Sühnemittel
pūrgātiō ⟨ōnis⟩ *f* ||purgo||
1. Reinigung; MED Abführung; ***p. cloacarum*** Plin. Reinigung der Kanäle
2. *fig* Rechtfertigung, Entschuldigung
pūrgātōrium ⟨ī⟩ *n* ||purgatorius|| (*eccl.*) Fegefeuer
pūrgātōrius ⟨a, um⟩ *Adj* ||purgo|| (*spätl.*) reinigend
pūrgitō ⟨-, -, āre 1.⟩ ||*Intens von* purgo|| Plaut. reinigen
▶ **pūrgō** ⟨āvī, ātum, āre 1.⟩ ||purus||
1. reinigen, säubern; ***nubes in aethera se purgat*** die Wolke löst sich auf
2. MED abführen
3. *fig* RELIG reinigen, sühnen
4. *fig* rechtfertigen, entschuldigen, *aliquem alicui* j-n bei j-m, j-n vor j-m, *aliquem de re/alicuius rei* j-n wegen etw; + *AcI* zur Entschuldigung anführen; ***p. aliquid*** etw rechtfertigen, sich gegen etw rechtfertigen
5. Tac. freisprechen, *aliquem de re/alicuius rei* j-n von etw
6. Suet. ins Reine bringen, berichtigen
pūrificātiō ⟨ōnis⟩ *f* ||purifico|| (*nachkl.*) *poet* Reinigung
pūrificō ⟨āvī, ātum, āre 1.⟩ (*nachkl.*) reinigen, säubern; ***se p.*** *fig* sich entsühnen
pūrigō ⟨āvī, ātum, āre 1.⟩ = ***purgo***
pūriter *Adv* (*vkl.*) → ***purus***
▶ **purpura** ⟨ae⟩ *f* ||griech. Lw.||
1. (*nachkl.*) Purpurschnecke
2. Purpurfarbe, Purpur
3. *meton* Purpurkleid, Amtstracht, *mit Purpurstreifen verbrämt*; Purpurdecke, Purpurwolle
4. *meton* Purpur tragender Beamter, Hofbeamter
5. (*nachkl.*) *meton* hohes Amt, Tyrannis, Kaiseramt, Herrschaft
6. *meton* Zeichen der Macht
purpurāscō ⟨-, -, āscere 3.⟩ ||purpura|| tiefrot werden
purpurātus
I ⟨a, um⟩ *Adj* ||purpura|| in Purpur gekleidet
II ⟨ī⟩ *m* hoher Beamter, Höfling
▶ **purpureus** ⟨a, um⟩ *Adj* ||griech. Lw.||
1. purpurn, rot
2. *meton* in Purpur kleidet, mit einer Purpurdecke geschmückt
3. *fig* strahlend, prächtig; ***ver purpureum*** Verg. strahlender Frühling
purpurissātus ⟨a, um⟩ *Adj* ||purpurissum|| mit Purpur gefärbt; rot geschminkt
purpurissum ⟨ī⟩ *n* ||griech. Lw.|| (Com., *nachkl., spätl.*) Purpurfarbe *zum Färben u. Schminken*
pūrulenta ⟨ōrum⟩ *n* ||purulentus|| noch rohe Fleischstücke
pūrulentus ⟨a, um⟩ *Adj, Adv* ⟨pūrulentē⟩ ||pus|| eitrig; ***vulnus purulentum*** Sen. eitrige Wunde
pūrus ⟨a, um⟩ *Adj, Adv* ⟨pūrē⟩ *u.* (*altl.*) ***pūriter***
1. rein, sauber, gereinigt
2. *von Örtlichkeiten* unbebaut, unbepflanzt
3. rituell rein; entsühnend, reinigend; ***locus p.*** nicht entweihter Ort; ***familia pura*** Cic. von der Trauer befreite Familie
4. rechtschaffen, ehrlich; keusch; ***libellum pure legere*** eine Schrift mit reinem Herzen lesen
5. klar, hell, heiter; ***sol p.*** strahlende Sonne
6. einfach, bloß; ***hasta pura*** Lanze ohne Eisenspitze; ***toga pura*** Toga ohne Purpurverzierung
7. RHET fehlerlos, korrekt, *auch* schlicht, einfach, natürlich
8. JUR unbedingt, ohne Vorbehalt; *fig* vollkommen, völlig
pūs ⟨pūris⟩ *n* (*nachkl.*) Eiter; Geifer; ***pus et venenum*** Gift und Galle
pusillus ⟨a, um⟩ *Adj*
1. klein, winzig
2. schwach
3. gering
4. kleinlich
pūsiō ⟨ōnis⟩ *m* kleiner Junge
pussula *u.* **pustula** ⟨ae⟩ *f*
1. Bläschen, Pustel
2. *fig* Bläschen *auf geschmolzenem Silber*, reines Silber
pustulātus ⟨a, um⟩ *Adj* ||pustula|| (*nachkl.*) mit Bläschen versehen; rein; ***argentum pustulatum*** reines Silber
puta *Adv* ||puta, *Imp von* puto|| (*nachkl.*) *poet* zum Beispiel, nämlich; ***ut puta*** wie zum Beispiel
putāmen ⟨inis⟩ *n* ||puto|| Schale; ***p. ovi*** Eierschale
putātiō ⟨ōnis⟩ *f* ||puto|| das Beschneiden *der Bäume*
putātor ⟨ōris⟩ *m* ||puto|| Verg. der die Bäume beschneidet
puteal ⟨ālis⟩ *n* ||putealis||
1. Brunneneinfassung
2. Blitzmal, *vom Blitz getroffener, geweihter Ort, brunnenähnlich ummauert*
puteālis ⟨e⟩ *Adj* ||puteus|| Brunnen…; ***nymphae puteales*** Brunnennymphen
puteārius ⟨ī⟩ *m* ||puteus|| (*nachkl.*) Brunnenbauer
pūteō ⟨uī, -, ēre 2.⟩ (*vkl.*) faulig riechen, stinken, *re* nach etw
Puteolānum ⟨ī⟩ *n Landgut Ciceros bei Puteoli*
Puteolānus
I ⟨a, um⟩ *Adj* aus Puteoli, zu Puteoli gehörig
II Einwohner von Puteoli
Puteolī ⟨ōrum⟩ *m Seestadt zwischen Neapel u. Cumae, heute Pozzuoli*
puter ⟨tris, tre⟩ *Adj*
1. faul, faulig
2. *fig* verfallen, morsch
3. *fig* mürbe, schlaff; ***oculi putres*** schmachtende Augen
pūtēscō ⟨pūtuī, -, pūtēscere 3.⟩ verfaulen, vermodern
puteus ⟨ī⟩ *m* (*unkl.*)

1. Grube
2. künstlicher Brunnen, Zisterne; Quelle
3. Plaut. unterirdisches Verlies

pūticius ⟨a, um⟩ *Adj* = ***poticius***

pūtidiusculus ⟨a, um⟩ *Adj* ||putidus|| etwas zudringlicher

pūtidulus ⟨a, um⟩ *Adj* ||*Dim von* putidus|| Mart. widerlich

pūtidus ⟨a, um⟩ *Adj, Adv* ⟨pūtidē⟩ ||puteo||
1. faul, modrig
2. *fig* welk, verlebt
3. widerlich, zudringlich
4. RHET geziert, affektiert

putillus ⟨ī⟩ *m* ||*Dim von* putus[1]|| kleiner Junge

pūtīscō ⟨pūtuī, -, pūtīscere 3.⟩ = ***putesco***

▶ **putō** ⟨āvī, ātum, āre 1.⟩
1. *j-n* für *j-n od etw* für *etw* halten, *aliquem pro aliquo, aliquid pro re od + dopp. Akk; Passiv* für *etw* gelten, *+ dopp. Nom*; ***nihilo p.*** für nichts halten; ***se beatum p.*** sich für glücklich halten
2. überlegen, erwägen
3. glauben, meinen, vermuten, *meist + Acl, im Passiv + Ncl.*; ***non putaram*** das hätte ich nicht geglaubt; ***deum p.*** an Gott glauben
4. *dem Wert nach* veranschlagen, schätzen, rechnen, *aliquid + Abl* etw mit etw
5. *fig* ins Reine bringen, ordnen; ***rationem p. cum aliquo*** mit j-m abrechnen
6. beschneiden, *von Bäumen u. Weinstöcken*; reinigen, putzen

pūtor ⟨ōris⟩ *m* ||puto|| (*unkl.*) Fäulnis, modriger Geruch, Gestank

putre-faciō ⟨fēcī, factum, facere 3.⟩ ||puter|| (*vkl., nachkl.*) in Fäulnis bringen, morsch machen; *Passiv* ***putrefieri*** verfaulen, verwesen

putrēscō ⟨-, -, ēscere 3.⟩ ||puter|| verfaulen, vermodern; Lucr. morsch werden

putridus ⟨a, um⟩ *Adj*
1. faul, verfault
2. morsch; locker
3. welk

putris ⟨e⟩ *Adj* Plin. = ***puter***

pūtuī → ***puteo*** *u.* → ***putesco***

putus[1] ⟨ī⟩ *m* Verg. Knabe

putus[2] ⟨a, um⟩ *Adj* ||puto||
1. (*vkl.*) rein; ***p. sychophanta*** ein echter Schmarotzer
2. *fig* glänzend

pxt. *Abk* = ***pinxit*** hat (es) gemalt, *mit dem Namen des Künstlers oft auf Gemälden zu finden*

pycta *u.* **pyctēs** ⟨ae⟩ *m* ||griech. Fw.|| (*nachkl.*) *poet* Faustkämpfer

Pydna ⟨ae⟩ *f Stadt im S Makedoniens, Sieg des Aemilius Paullus über Perseus 168 v. Chr.*

Pydnaeī ⟨ōrum⟩ *m* die Einwohner von Pydna

pyelus ⟨ī⟩ *f* ||griech. Fw.|| Plaut. Badewanne

pȳga ⟨ae⟩ *f* = ***puga***

pȳgargus ⟨ī⟩ *m* ||griech. Fw.|| (*nachkl.*) *poet* große Antilope

Pygmaeī ⟨ōrum⟩ *m* ||griech. Fw.|| MYTH die Pygmäen; Zwergvolk

Pygmaeus ⟨a, um⟩ *Adj* der Pygmäen, zu den Pygmäen gehörig; *fig* zwergenhaft

Pygmaliōn ⟨ōnis⟩ *m*
1. MYTH *König von Kypros, Bildhauer; auf seine Bitten verlieh Aphrodite einer von ihm geschaffenen Mädchenfigur Leben*
2. MYTH *Bruder der Dido*

Pyladēs ⟨ae⟩ *u.* ⟨is⟩ *m* MYTH *Neffe des Agamemnon, treuer Freund des Orest*

Pyladēus ⟨a, um⟩ *Adj* des Pylades, zu Pylades gehörig; ***amicitia Pyladea*** treue Freundschaft

pylae ⟨ārum⟩ *f* ||griech. Fw.|| Pass, Engpass, *bes* die Thermopylen

Pylius ⟨a, um⟩ *Adj* aus Pylos, zu Pylos gehörig; → ***Pylos*** *1*

Pylos *u.* **Pylus** ⟨ī⟩ *f*
1. *„Burg des Nestor" in Elis, Ausgrabungen, Fundort von Tontafeln mit Inschriften*
2. *Insel in Messenien, 425 v. Chr. von den Athenern besetzt*

pyra ⟨ae⟩ *f* ||griech. Fw.|| (*nachkl.*) *poet* Scheiterhaufen; *fig* Grabmal

pȳramis ⟨idis⟩ *f* ||griech. Fw.|| Pyramide

Pȳramus ⟨ī⟩ *m* MYTH *Liebhaber der Thisbe*

Pȳrēnaeus ⟨ī⟩ *m u.* **Pȳrēnaeus (saltus)** *m* die Pyrenäen

Pȳrēnē *u.* **Pyrēnē** ⟨ēs⟩ *f poet* die Pyrenäen

pyrethrum ⟨ī⟩ *n* ||griech. Fw.|| (*nachkl.*) *poet* Bertram, *eine Arzneipflanze*

pyrgus ⟨ī⟩ *m* ||griech. Fw.|| Würfelturm, *kleines hohles Gefäß, durch das die Würfel auf die Tischfläche fielen*

Pyriphlegethōn ⟨ontis⟩ *m* = ***Phlegethon***

pyrōpus ⟨ī⟩ *m* ||griech. Fw.|| (*nachkl.*) *poet* Goldbronze, *Mischung aus 3/4 Kupfer u. 1/4 Gold*

Pyrrha ⟨ae⟩ *f Gattin des Deucalion*

pyrr(h)icha ⟨ae⟩ *f* ||griech. Fw.|| (*nachkl.*) *dorischer Waffentanz*

pyrr(h)ichius ⟨a, um⟩ *Adj* Quint. pyrrichisch; (***pes***) ***Pyrr(h)ichius*** METR pyrrichischer Versfuß, ∪ ∪

Pyrrhō ⟨ōnis⟩ *m Philos. aus Elis, Zeitgenosse des Aristoteles, Gründer der Schule der Skeptiker*

Pyrrhōnēus ⟨a, um⟩ *Adj* des Pyrrho, zu Pyrrho gehörig

Pyrrhōnēus ⟨ī⟩ *m* Anhänger des Pyrrho, Skeptiker

Pyrrhus ⟨ī⟩ *m*
1. = ***Neoptolemus***
2. *König von Epiros, besiegte die Römer 279 v. Chr. bei Ausculum, von den Römern 275 v. Chr. bei Beneventum besiegt*

Pȳthagorās ⟨ae⟩ *m Philos. u. Mathematiker aus Samos, um 540 v. Chr., Gründer der pythagoreischen Schule in Croton (Unteritalien)*

Pȳthagorēa ⟨ōrum⟩ *n* Lehre des Pythagoras

Pȳthagorēus ⟨ī⟩ *m* Pythagoreer

Pȳthagorēus ⟨a, um⟩ *Adj* des Pythagoras, pythagoreisch

Pȳthagoricus ⟨a, um⟩ *Adj* des Pythagoras, pythagoreisch

Pythagoricus ⟨ī⟩ *m* Pythagoreer

pȳthaulēs ⟨ae⟩ *m* ||griech. Fw.|| Sen. Flötenspieler *im Theater*

Pȳtheās ⟨ae⟩ *m griech. Seefahrer u. Geograf aus Massilia, Zeitgenosse des Aristoteles*

Pȳthia[1] ⟨ae⟩ *f* ||Pytho|| *Apollopriesterin in Delphi, Sprecherin des Orakels*

Pȳthia[2] ⟨ōrum⟩ *n* ||Pytho|| die pythischen Spiele *zu*

Ehren des Apollo, alle acht, später alle vier Jahre aufgeführt
Pȳthias ⟨adis⟩ *f Sklavin in der röm. Komödie*
Pȳthicus *u.* **Pȳthius** ⟨a, um⟩ *Adj* ||Pytho|| pythisch, delphisch
Pȳthō ⟨ūs⟩ *f ältester Name für Delphi*
Pȳthōn ⟨ōnis⟩ *m der von Apollo in Delphi erlegte Drache*
pȳtisma ⟨atis⟩ *n* ||griech. Fw.|| (Iuv., Vitr.) bei der Weinprobe durch die Lippen ausgespritzter Wein
pȳtissō ⟨-, -, āre 1.⟩ ||griech. Fw.|| Ter. den Wein bei der Weinprobe durch die Lippen ausspritzen
pyxis ⟨idis⟩ *f* ||griech. Fw.|| (Sen., Ov.) kleine Büchse, Dose *für Arzneien u. Salben*

Q

Q q *Abk*
1. = ***Quintus***
2. = ***quaestor*** Quästor
3. = ***Quirites*** Quiriten
4. = ***-que*** und; ***S. P. Q. R.*** = ***Senatus Populusque Romanus*** Senat und Volk von Rom
5. ***Q. (B.) F. F. S.*** = ***quod (bonum) felix faustumque sit*** was (gut,) glücklich, günstig sein möge
6. ***q. d. b. v.*** = ***quod deus bene vertat*** was Gott zum Guten wenden möge
7. ***q. e. d.*** (*mlat.*) = ***quod erat demonstrandum*** MATH was zu beweisen war, *Schlusssatz bei Beweisen*
► **quā**[1] *Adv* ||*Abl Sg von* qui||
1. *interrogativ* wo?, wie?, auf welche Weise?, *auch im indir Fragesatz*; ***illuc qua veniam?*** wie soll ich dorthin kommen?
2. *relativ* wo, da wo; ***non quicquam, qua*** kein Punkt, wo
3. *relativ* wohin; ***ignarus, qua res inclinatura sit*** nicht wissend, wohin die Sache sich neigen werde; ***qua prospici poterat*** soweit man voraussehen konnte
4. *relativ* wie, auf welche Weise
5. so weit als; (*nachkl.*) *poet* insoweit, insofern
6. ***qua … qua*** teils … teils, sowohl … als auch
7. *enklitisch* irgendwo; ***si qua*** wenn irgendwo
8. *enklitisch* irgendwie, etwa; ***ne qua*** damit nicht etwa; ***si qua*** wenn etwa
qua[2] → ***quis*** *u.* → ***qui***[1]
quā-cumque *u.* **quā-cunque** *Adv* (*erg.* ***viā***)
1. wo nur immer, überall wo
2. *poet* wie auch immer, auf jede Weise
quādam-tenus *Adv, auch getrennt* (*nachkl.*)
1. bis zu einem gewissen Punkt; ***est quadam prodire tenus*** bis zu einem gewissen Punkt kann man vordringen
2. in gewisser Hinsicht, einigermaßen
Quadī ⟨ōrum⟩ *m germ. Stamm im heutigen Tschechien*
quadra ⟨ae⟩ *f* ||quadrus|| Viereck, Quader, viereckiges Stück, Scheibe; ***patulis nec parcere quadris*** Verg. und die flachen Scheiben nicht schonen
quadrāgēnārius ⟨a, um⟩ *Adj* ||quadrageni|| (*vkl., nachkl.*) vierzigjährig
quadrāgēnī ⟨ae, a⟩ *Num distr* ||quadraginta|| je vierzig
quadrage(n)sima ⟨ae⟩ *f* (*mlat.*) ||quadragesimus|| vierzigtägige Fastenzeit *vor Ostern*
quadrāgē(n)simus ⟨a, um⟩ *Num ord* ||quadraginta|| der vierzigste; ***quadragesima (pars)*** der vierzigste Teil, *v. a. als Abgabe od Steuer*
quadrāgiē(n)s *Num adv* ||quadraginta|| vierzigmal; ***quadragies (sestertium)*** vier Millionen Sesterze
quadrāginta *indekl Num card* ||quattuor|| vierzig
quadrāns *Gen* ⟨antis⟩ *m* ||quadro||
1. *als Münze* Viertelas, *das Eintrittsgeld für die öffentlichen Bäder, allg.* Heller; ***quadrante lavatum ire*** für ein Viertelas baden gehen
2. *als Maßeinheit* ein Viertel eines sextarius = 3 cyathi, *entspricht ca. 0,15 l*
3. Mart. Viertelpfund
quadrantal ⟨ālis⟩ *n* (*vkl., nachkl.*)
1. *Hohlmaß* = 1 Amphora, *entspricht ca. 26 l*
2. Gell. Würfel
quadrantārius ⟨a, um⟩ *Adj* ||quadrans||
1. auf ein Viertel ermäßigt; ***tabulae quadrantariae*** auf ein Viertel ermäßigte Schuldbücher *gemäß der lex Valeria de aere alieno aus dem Jahr 86 v. Chr.*
2. ein Viertelas kostend; ***quadrantaria illa permutatio*** Badegeldersatz *der Clodia*
quadrātum ⟨ī⟩ *n* ||quadratus||
1. Viereck, Quadrat; ***mutare quadrata rotundis*** von einem Extrem ins andere fallen
2. ASTRON Geviertschein, *ein Viertel des Tierkreises betragende Entfernung zwischen zwei Planeten*
quadrātūra ⟨a, um⟩ *Adj* ||quadro|| (*nachkl.*) Umwandlung in ein flächengleiches Quadrat; ***qu. circuli*** Quadratur des Kreises
► **quadrātus** ⟨a, um⟩ *Adj* ||quadro||
1. viereckig; ***littera quadrata*** Großbuchstabe
2. *fig* untersetzt, *auch* gut gebaut
quadri… *in Zusammensetzungen* = ***quattuor***
quadrī-duum ⟨ī⟩ *n* Zeitraum von vier Tagen, vier Tage
quadri-ennium ⟨ī⟩ *n* Zeitraum von vier Jahren, vier Jahre
quadri-fāriam *Adv* (*vkl., nachkl.*) in vier Teile, vierfach
quadri-fidus ⟨a, um⟩ *Adj* ||findo|| (*spätl.*) *poet* in vier Teile gespalten
quadrīgae ⟨ārum⟩ *f* Viergespann; *meton* vierspänniger Wagen; ***qu. falcatae*** Sichelwagen, Streitwagen; ***navibus atque quadrigis petere aliquid*** *fig* etw mit allen Mitteln zu erreichen versuchen
quadrīgālis ⟨e⟩ *Adj* ||quadrigae|| *poet* aus einem Viergespann
quadrīgārius
I ⟨a, um⟩ *Adj* ||quadrigae|| (*nachkl.*) zu einem Vier-

Q

gespann gehörig
II ⟨ī⟩ *m* Rennfahrer
quadrīgātus ⟨a, um⟩ *Adj* ||quadrigae|| mit der Prägung eines Viergespanns; ***nummus qu.*** Silberdenar
quadrīgulae ⟨ārum⟩ *f* ||*Dim von* quadrigae|| kleines Viergespann
quadriiugī ⟨ōrum⟩ *m* ||quadriiugus|| (*erg.* ***equi***) Viergespann
quadri-iugis ⟨e⟩ *Adj u.* **quadri-iugus** ⟨a, um⟩ *Adj* ||iugum|| vierspännig
quadri-lībris ⟨e⟩ *Adj* ||libra|| Plaut. vierpfündig
quadri-mēstris ⟨e⟩ *Adj* ||mensis|| (*vkl., nachkl.*) viermonatig
quadrīmulus ⟨a, um⟩ *Adj* ||*Dim von* quadrimus|| Plaut. vierjährig
quadrīmus ⟨a, um⟩ *Adj* ||quattuor, hiems|| vierjährig
quadringēnārius ⟨a, um⟩ *Adj* ||quadrigeni|| aus je vierhundert Mann bestehend
quadringēnī ⟨ae, a⟩ *Num distr* ||quadringenti|| (*nachkl.*) je vierhundert
quadringentēsimus ⟨a, um⟩ *Num ord* ||quadringenti|| der vierhundertste
quadringentī ⟨ae, a⟩ *Num card* ||quattuor, centum|| vierhundert
quadringentiē(n)s *Adv* ||quadringenti|| vierhundertmal; ***quadringenties sestertium*** 40 Millionen Sesterzen
quadrī-partītus ⟨a, um⟩ *Adj, Adv* ⟨quadrīpartītō⟩ ||partior|| in vier Teile geteilt, vierfach
quadri-pedāns ⟨antis⟩ *Adj u. Subst.* = ***quadrupedans***
quadrī-pertītus ⟨a, um⟩ *Adj* = ***quadripartitus***
quadri-pēs ⟨pedis⟩ *Adj u. Subst.* = ***quadrupes***
quadri-plex ⟨plicis⟩ *Adj u. Subst.* = ***quadruplex***
quadri-rēmis
I ⟨e⟩ *Adj* ||remus|| vierruderig, mit vier Ruderreihen
II ⟨is⟩ *f* Vierdecker, Schiff mit vier Ruderreihen
quadri-vium ⟨ī⟩ *n* ||via|| Wegkreuzung; (*spätl.*) Zusammenfassung von vier Wissenschaften, *Arithmetik, Musik, Geometrie, Astronomie*
quadrō ⟨āvī, ātum, āre 1.⟩ ||*Denom von* quadrus||
I *v/t* viereckig machen; vervollständigen, abschließen
II *v/i*
1. viereckig sein; *fig* gleichmäßig sein, passen; ***quadrat alicui*** es passt j-m, + *AcI*; ***quadrat*** es passt, *abs*
2. zutreffen, stimmen, richtig sein; passen, *ad aliquid / in aliquid* zu etw
quadru... = *auch* ***quadri...***
quadrum ⟨ī⟩ *n* ||quadrus||
1. Viereck
2. angemessene Form; ***in quadrum redigere*** in die richtige Form bringen
3. (*mlat.*) Quader, Grundstein
quadru-pedāns
I *Gen* ⟨pedantis⟩ *Adj* ||quadrupes|| auf vier Füßen gehend
II ⟨pedantis⟩ *m u. f* Rennpferd
quadru-pēs
I *Gen* ⟨pedis⟩ *Adj* vierfüßig; ***infans qu.*** auf Händen und Füßen gehendes Kind
II ⟨pedis⟩ *m u. f* Vierbeiner, *bes* Pferd
quadruplātor ⟨ōris⟩ *m* ||quadruplor||
1. der gewerbsmäßige Denunziant, *der ein Viertel der Strafgelder od des Vermögens erhält*
2. (*nachkl.*) bestechlicher Richter
quadru-plex
I *Gen* ⟨plicis⟩ *Adj* (*vkl., nachkl.*) vierfältig, vierfach
II ⟨plicis⟩ *n* das Vierfache
quadruplicō ⟨āvī, ātum, āre 1.⟩ ||quadruplex|| vervierfachen, vermehren
quadruplor ⟨-, ārī 1.⟩ ||quadruplus|| Plaut. denunzieren
quadruplum ⟨ī⟩ *n* ||quadruplus|| das Vierfache
quadru-plus ⟨a, um⟩ *Adj* (*nachkl.*) vierfach
quadrupul... = ***quadrupl...***
quadrus ⟨a, um⟩ *Adj* ||quattuor|| viereckig
quadruvium ⟨ī⟩ *n* = ***quadrivium***
quaeritō ⟨āvī, ātum, āre 1.⟩ ||*Intens von* quaero||
1. eifrig suchen
2. sich zu verschaffen suchen
3. eifrig fragen
4. erwerben, verdienen
quaerō ⟨quaesīvī⟩ *u.* ⟨quaesiī, quaesītum, quaerere 3.⟩

1. suchen, aufsuchen
2. vermissen
3. erfordern
4. zu erwerben suchen, sich zu verschaffen suchen
5. fragen, befragen
6. wissenschaftlich untersuchen
7. gerichtlich untersuchen, ein Verhör anstellen
8. verhandeln, beraten
9. nach etw trachten
10. sich bemühen

1. suchen, aufsuchen; ***portum qu.*** den Hafen anlaufen
2. *etw* vermissen, sich nach *etw* sehnen, *aliquid*
3. *fig von Sachen* erfordern
4. zu erwerben suchen, sich zu verschaffen suchen, erwerben, erlangen, gewinnen, *abs od aliquem / aliquid* j-n / etw, *aliquid alicui* etw für j-n, *aliquid alicui rei* etw für etw, etw zu etw, *aliquid ab aliquo* etw von j-m, *aliquid re / ex re* etw von etw; ***ignominiam alicui qu.*** j-n beschimpfen; ***venenum privigno qu.*** den Stiefsohn zu vergiften versuchen; ***quaesito opus est alicui*** j-d muss etw verdienen; ***iam diu nihil quaesierat*** er hatte schon lange nichts verdient
5. fragen, befragen, forschen, *abs od aliquid ab aliquo / de aliquo / ex aliquo* j-n um etw, j-n nach etw, + *indir Fragesatz*; ***si verum quaerimus*** aufrichtig gesprochen; ***quid quaeris? / noli quaerere*** was fragst du noch?, kurz und gut
6. wissenschaftlich untersuchen; ***mihi quaerendum esse visum est, quid esset, cur*** mir hat sich die Frage aufgedrängt, warum
7. gerichtlich untersuchen, ein Verhör anstellen; ***qu. de aliquo in aliquem*** j-n auf der Folter zu j-s Nachteil befragen; ***de servis in dominos qu.*** die Sklaven auf der Folter nach ihren Herren befragen
8. verhandeln, beraten, *aliquid / de re* über etw
9. (*meist nachkl.*) *poet* nach *etw* trachten, *etw* erstreben, *aliquid*, + *indir Fragesatz*; ***fugam qu.*** auf

Q

Flucht sinnen; ***mors quaesita*** absichtlich gesuchter Tod
10. sich bemühen, + *Inf*; ***cognoscere qu.*** zu erfahren suchen

quaesītiō ⟨ōnis⟩ *f* ||quaero||
1. das Suchen
2. Befragung unter Folter

quaesītor ⟨ōris⟩ *m* ||quaero|| Untersuchungsrichter

quaesītum ⟨ī⟩ *n* ||quaero||
1. Erwerb, Verdienst, erworbenes Gut
2. *poet* Frage

quaesītus[1] ⟨a, um⟩ *PPP* → ***quaero***

quaesītus[2] ⟨a, um⟩ *Adj* ||quaero||
1. gesucht, affektiert, geziert
2. ausgesucht, außerordentlich

quaesīvī → ***quaero***

quaes(s)ō ⟨-, -, ere 3.⟩
1. suchen, zu erlangen suchen, zu verschaffen suchen
2. fragen
3. bitten, erbitten, *aliquem* j-n, *ab aliquo* von j-m; ***dic, quaeso*** sag bitte; ***attendite quaeso diligenter*** passt bitte gut auf; ***quaeso, quid hoc est?*** *bei Fragen der Verwunderung* was, um Himmels willen, ist das?

quaesticulus ⟨ī⟩ *m* ||*Dim von* quaestus|| kleiner Gewinn

quaestiō ⟨ōnis⟩ *f* ||quaero||
1. das Suchen; ***tibi ne quaestioni essemus*** Plaut. dass du uns nicht suchen lässt
2. Frage, Befragung; Untersuchung; ***re quaestione captivorum explorare*** Caes. die Angelegenheit durch Befragung der Gefangenen erkunden; ***magna qu. est*** es fragt sich sehr
3. JUR gerichtliche Untersuchung, Vernehmung, Verhör, *auch* Folterung, *alicuius rei / de re* einer Sache, wegen einer Sache; ***qu. facinoris*** Vernehmung wegen des Verbrechens; ***quaestionem habere de aliquo / ex aliquo*** j-n verhören; ***quaestionem decernere alicui / ferre in aliquem*** eine gerichtliche Untersuchung gegen j-n beantragen
4. *meton* Untersuchungsakte, Untersuchungsprotokoll; *Pl* Untersuchungsergebnis
5. Gerichtshof; ***quaestiones perpetuae*** ständige Schwurgerichte, *149 v. Chr. durch die lex Calpurnia repetundarum für schwere Vergehen eingerichtet, unter Vorsitz des Prätors, aus jeweils 50 Geschworenen bestehend*
6. wissenschaftliche Frage, Thema, Problem, *alicuius rei / de re* nach etw, über etw; ***quaestionem explicare*** eine Frage lösen; ***quaestionem sustinere*** dem Stoff gewachsen sein
7. RHET strittiger rednerischer Stoff, Hauptpunkt einer strittigen Frage; ***qu. infinita*** Frage allgemeiner Art; ***qu. concreta*** konkreter Fall

quaestiuncula ⟨ae⟩ *f* ||*Dim von* quaestio|| kleine wissenschaftliche Frage, kleine Untersuchung

► **quaestor** ⟨ōris⟩ *m* ||quaero|| Quästor
1. *in der Zeit der Könige* Untersuchungsrichter, Blutrichter, *je zwei*
2. *in der Zeit der Republik* Finanzbeamter, Schatzmeister, *unterste Stufe der höheren Beamten, urspr. zwei, dann bis zu 20*
3. *in der Kaiserzeit* ***quaestores Caesaris / principis*** Geheimschreiber
4. (*mlat.*) Ablasshändler
5. (*nlat.*) Leiter der Universitätskasse

quaestōrium ⟨ī⟩ *n* ||quaestorius|| (*nachkl.*)
1. Zelt des Quästors *im Lager*
2. Amtsgebäude des Quästors *in der Provinz*

quaestōrius
I ⟨a, um⟩ *Adj* ||quaestor|| des Quästors, den Quästor betreffend; ***comitia quaestoria*** Komitien zur Wahl der Quästoren; ***aetas quaestoria*** das für die Quästur erforderliche Alter; ***porta quaestoria*** Hintertor *des Lagers in der Nähe des Quästorenzeltes.*
II ⟨ī⟩ *m* ehemaliger Quästor

quaestuāria ⟨ae⟩ *f* ||quaestuarius|| Sen. Dirne, Prostituierte

quaestuārius ⟨a, um⟩ *Adj* ||quaestus|| (*spätl.*) ein Gewerbe treibend

quaestuōsus ⟨a, um⟩ *Adj, Adv* ⟨quaestuōsē⟩ ||quaestus||
1. Gewinn bringend, einträglich
2. *von Personen* gewinnsüchtig; reich

quaestūra ⟨ae⟩ *f* ||quaestor||
1. Quästur, Amt des Quästors, Würde des Quästors
2. *meton* Kasse des Quästors
3. (*nlat.*) Quästur, *Universitätskasse, in die die Studiengebühren eingezahlt wurden*

► **quaestus** ⟨ūs⟩ *m* ||quaero||
1. Erwerb, dauernde Einnahmen, *bes aus kaufmännischer Tätigkeit*
2. *meton* Erwerbsart; Gewerbe, *bes* Gewerbe der Prostituierten; ***quaestu iudiciario pasci*** Cic. sich vom Beruf eines Richters ernähren
3. (*mlat.*) Handel

quālibet *Adv* ||*Abl f von* quilibet||
1. überall
2. auf jede beliebige Weise

► **quālis** ⟨e⟩ *Adj, Adv* → ***quāliter***
1. *interrogativ* wie beschaffen?, was für ein?; ***qualis est istorum oratio?*** von welcher Art ist deren Rede?
2. *relativ* welcherlei, welcher Art, wie, *mit u. ohne talis*; *bei Zitaten*, wie, wie zum Beispiel
3. *indef* irgendwie beschaffen

quālis-cumque ⟨quāle-cumque⟩ *Adj*
1. *relativ* wie beschaffen auch immer, *mit talis*
2. *indef* jeder ohne Unterschied; ***qu. locus*** jeder Ort ohne Unterschied

quālis-libet ⟨quāle-libet⟩ *Adj* von beliebiger Beschaffenheit, von beliebiger Art

quālis-nam ⟨quāle-nam⟩ *Adv* wie denn eigentlich beschaffen?

quālitās ⟨ātis⟩ *f* ||qualis|| Beschaffenheit, Eigenschaft

quāliter *Adv* ||qualis|| (*nachkl.*) *poet* wie

quāliter-cumque *Adv* ||qualiscumque|| (*nachkl.*) wie auch immer

quālubet *Adv* = ***qualibet***

quālum ⟨ī⟩ *n u.* **quālus** ⟨ī⟩ *m* geflochtener Korb, *bes* Wollkorb, Spinnkorb

► **quam** *Adv* ||*Akk Sg f von* qui[1]||
1. *interrogativ, ausrufend* wie sehr, wie; ***quam diu*** wie lange; ***quam nihil*** wie wenig
2. *beim Vergleich* wie, als; ***maior quam*** größer als;

nemo tam multa scripsit quam … niemand hat so viel geschrieben wie …; ***non tam … quam*** nicht so sehr … als vielmehr; ***proelium atrocius quam pro numero pugnantium*** eine im Verhältnis zur Zahl der Kämpfer heftigere Schlacht als erwartet; ***malo … quam*** ich will lieber … als; ***praestat … quam*** es ist besser … als; ***nihil aliud quam*** nichts anderes als; ***ante quam*** bevor; ***septimo die quam*** am siebten Tag als, am siebten Tag nachdem
3. möglichst, so … wie möglich, + *Sup*; ***quam optime*** möglichst gut; ***quam celerrime*** möglichst schnell, so schnell wie möglich; ***Caesar quam maximis potuit itineribus profectus est*** Caesar zog in möglichst großen Tagesmärschen; ***quam primum*** möglichst bald

quam-diū
I *Adv interrogativ* wie lange?, seit wie langer Zeit?
II *Konj* so lange als, so lange wie

quam-dūdum = ***quam dudum***

quam-libet *u.* **quam-lubet** *Adv (nachkl.)*
1. wie beliebt, ganz nach Belieben
2. so sehr auch, wenn auch noch so

quam-ob-rem *Adv*
1. *interrogativ* warum?, weshalb?, weswegen?
2. *relativ* weshalb, weswegen
3. *im relativen Anschluss* und deshalb, und daher

quam-prīmum *Adv* möglichst schnell, so bald wie möglich

▶ **quam-quam** *Konj*
1. obwohl, obgleich, + *Ind*
2. *im Hauptsatz* jedoch, indessen; ***quamquam quid loquor?*** freilich, was rede ich?
3. *beim Part u. Adj* obwohl, obgleich; ***arma quamquam vobis invisa*** die Waffen, obwohl sie euch verhasst sind

▶ **quam-vīs**
I *Adv* beliebig, *beim Adj u. Adv steigernd*; ***divitiae quamvis magnae*** noch so großer Reichtum; ***quamvis multi*** beliebig viele; ***quamvis pauci*** wenn auch noch so wenige; *gelegentlich mit Konjugation von velle*: ***facinus quam vultis improbum*** eine noch so schändliche Tat
II *Konj* mehr, wenn auch noch so sehr, wie sehr auch; mag auch, *(klass.)* + *Konjkt*, *(unkl.) u. poet auch* + *Ind*; ***avari indigent, quamvis divites sint*** die Geizigen leiden Not, wie reich sie auch sind; ***quamvis non*** so wenig auch, + *Konjkt*

quā-nam *Adv (nachkl.)*
1. wo denn?
2. wie denn?

▶ **quandō**
I *Adv*
1. *interrogativ* wann?, *in dir u. indir Fragesatz*
2. *indef nach si, nisi, ne, num, quo, cum* irgendwann, je, jemals, einmal
II *Konj* + *Ind*
1. *zeitl.* als, da; ***tum quando*** damals als
2. *kausal* weil ja, da ja doch

quando-cumque *u.* **quando-cunque** *Adv*
1. *relativ* wann auch immer, sooft nur
2. *indef* irgendwann einmal, *auch getrennt*

quandō-que
I *Adv* irgendwann einmal; ***ne quandoque hic ignis incendium ingens exsuscitet*** Liv. damit nicht irgendwann einmal dieses Feuer einen ungeheuren Brand entzündet
II *Konj*
1. *zeitl.* wann immer, sooft, sobald nur
2. *kausal* weil denn ja, da nun einmal
III = ***et quando***; → ***quando***

quandō-quidem *Konj* da nun einmal, da allerdings

quanquam *Konj* = ***quamquam***

quantillum ⟨ī⟩ *n* ||quantillus|| wie wenig

quantillus ⟨a, um⟩ *Adj* ||*Dim von* quantulus|| *interrogativ, relativ* wie klein, wie gering

quantitās ⟨ātis⟩ *f* ||quantus|| *(nachkl.)* Größe, Menge, Zahl

quantō → ***quantus***

quantō opere *u.* **quant-opere** *Adv*
1. *interrogativ* wie sehr?, in wie hohem Grad?, *in dir u. indir Fragesatz*
2. *relativ meist mit tantopere* so sehr wie

quantulus ⟨a, um⟩ *Adj* ||*Dim von* quantus||
1. *interrogativ, ausrufend* wie klein, wie gering, wie wenig, *in dir u. indir Fragesatz*
2. *relativ* wie wenig, so wenig wie; ***reddidit quantulum visum est*** er berichtete, wie wenig gesehen wurde

quantulus-cumque ⟨quantulacumque, quantulumcumque⟩ *Adj u.* **quantulus-cunque** ⟨quantulacunque, quantulum-cunque⟩ *Adj auch getrennt* wie wenig auch immer, wie klein auch immer, so wenig auch

quantum ⟨ī⟩ *n* ||quantus||
1. *interrogativ, ausrufend, relativ* wie viel, so viel; wie wenig, wie gering; ***quantum dabitis?*** wie viel werdet ihr geben?; ***quantum in me est*** soviel an mir liegt; ***quantum ad aliquem/ad aliquid*** was j-n/etw betrifft; ***in quantum*** inwieweit, soweit als; ***tantus videbor, in quantum …*** ich werde in der Größe erscheinen, bis zu welcher …
2. *Akk* soviel, insoweit, inwiefern; ***quantum fieri potest*** soviel getan werden kann; ***quantum maxime accelerare poterat*** so schnell er konnte
3. ***quanti*** wie teuer?, für wie viel?; ***quanti rem aestimas?*** Cic. wie hoch schätzt du die Sache? ***quanti erat, ut sineres?*** was wäre es denn so Großes gewesen, wenn du es gelassen hättest?; ***quanti quanti*** so hoch es auch sei
4. ***quanto*** wie viel, um wie viel, wie weit, wie sehr, *beim Komp u. ähnlichen Begriffen*; ***quanto maior hic ager est quam ille?*** um wie viel ist dieser Acker größer als jener?; ***quanto praestat*** um wie viel besser ist er!; ***quanto … tanto*** *(nachkl.)* in dem Maß … wie, + *Ind*; ***quanto intentus, tanto resolutus*** ebenso konzentriert wie zügellos; ***quanto*** (+ *Positiv/Komp*) ***… tanto*** (+ *Komp*) je … desto; ***quanto diutius considero, tanto obscurior res mihi videtur*** je länger ich die Sache anschaue, desto dunkler erscheint sie mir

quantum-vīs ||quantusvis||
I *Adv* sehr, gar sehr
II *Konj* so sehr auch, obwohl

▶ **quantus** ⟨a, um⟩ *Adj*
1. *interrogativ, ausrufend* wie groß, wie stark, wie lang, *auch* wie klein, wie gering, wie wenig; ***qu. vir!*** welch ein Mann!
2. *relativ* so groß wie, so viel wie, so lange als, *abs*

od mit tantus; in Verbindung mit posse u. Sup möglichst, größtmöglich; ***spatium quantum satis hastae*** eine so große Entfernung, wie für den Speerwurf genügt; ***est inter eos quanta maxima potest esse distantia*** zwischen ihnen besteht die denkbar größte Verschiedenheit

quantus-cumque ⟨quanta-cumque, quantum-cumque⟩ *Adj* wie groß auch immer, wie viel auch immer, *auch* wie wenig auch immer, wie klein auch immer; ***qu. sum ad iudicandum*** wie wenig ich auch zum Urteilen geeignet sein mag

quantus-libet ⟨quanta-libet, quantum-libet⟩ *Adj* (*nachkl.*) *poet* wie groß es beliebt, beliebig groß; ***quantumlibet intersit inter Romanos et Graecos*** welch noch so großer Unterschied zwischen Römern und Griechen sein mag

quantus-quantus ⟨quanta-quanta, quantum-quantum⟩ *Adj* Com. = ***quantuscumque***; → *auch* ***quantus*** *3*

quantus-vīs ⟨quanta-vīs, quantum-vīs⟩ *Adj* so groß du willst, so viel du willst, beliebig groß

quā-propter *Adv*
1. *interrogativ, relativ* weswegen
2. *im relativen Anschluss* und deswegen

quā-quā *Adv* ||*Abl Sg von* quisquis|| (*vkl., nachkl.*) wohin nur

quāque *Adv* ||*Abl Sg f von* quisque|| → ***usquequaque***

► **quā-rē** *Adv* ||*Abl Sg von* quae res||
1. *interrogativ* wodurch?, warum?, weshalb?, *in dir u. indir Fragesatz*
2. *relativ* weswegen, weshalb, wodurch, warum
3. *im relativen Anschluss* und daher, und deshalb

quārta ⟨ae⟩ *f* ||quartus||
1. (*erg.* ***hora***) die 4. Stunde
2. (*erg.* ***pars***) der 4. Teil

quārtadecumānī ⟨ōrum⟩ *m* ||quartus, decimus|| Soldaten der 14. Legion

quārtāna ⟨ae⟩ *f* ||quartanus|| (*erg.* ***febris***) Wechselfieber

quārtānī ⟨ōrum⟩ *m* ||quartanus|| Soldaten der 4. Legion

quārtānus ⟨a, um⟩ *Adj* ||quartus|| zum vierten Tag gehörig, viertägig, viertägig wiederkehrend; ***febris quartana*** Wechselfieber

quārtārius ⟨a, um⟩ *Adj* ||quartus|| Viertel *eines Maßes, bes des sextarius*

quārtō *u.* **quārtum** ||quartus|| zum vierten Mal

quārtus
I ⟨a, um⟩ *Num ord* der vierte
II ⟨ī⟩ *m*
1. (*erg.* ***liber***) das 4. Buch
2. (*erg.* ***lapis***) Meilenstein
3. (*erg.* ***pater***) Urgroßvater

► **qua-si**
I (*altl.*) = ***quam si*** als wenn
II *Konj*
1. + *Ind in Vergleichssätzen* gleich wie, wie; ***qui servit quasi ego servio?*** wer dient, wie ich diene?
2. + *Konjkt in hypothetischen Vergleichen* wie wenn, als ob; ***quasi vero*** gerade wie wenn; ***quasi vero me pudet*** gerade als ob ich mich schäme
III *Adv*
1. gleich wie, wie; ***quasi sedatus amnis fluit*** er fließt wie ein ruhiger Strom dahin
2. gewissermaßen; ***quasi corpus*** Scheinkörper
3. ungefähr, fast, *meist bei Zahlbegriffen*

quasillum ⟨ī⟩ *n u.* **quasillus** ⟨ī⟩ *m* ||*Dim von* qualum|| Spinnkörbchen; ***inter quasilla*** in der Spinnstube; ***scortum quasillo pressum*** Tib. eine Prostituierte, die sich beim Spinnen quält = eine gewöhnliche Dirne

quassātiō ⟨ōnis⟩ *f* ||quasso||. (*nachkl.*) heftiges Schütteln

quassō ⟨āvī, ātum, āre 1.⟩ ||*Intens von* quatio||
I *v/t* (*unkl.*)
1. heftig schütteln, erschüttern, hin und her schwingen
2. zerschlagen, zerschmettern
3. *von körperlichen Leiden* plagen, quälen
4. *fig* zerrütten, schwächen
II *v/i* rasseln, klappern; ***quassat caput*** der Kopf wackelt

quassus[1] *Abl* ⟨ū⟩ *m* ||quatio|| (*vkl.*) *poet* das Schütteln

quassus[2] ⟨a, um⟩ *Adj* ||quatio|| (*nachkl.*)
1. zerbrochen, beschädigt
2. zitternd, schwach
3. *fig* zerrüttet

quassus[3] ⟨a, um⟩ *PPP* → ***quatio***

quate-faciō ⟨fēcī, -, facere 3.⟩ ||quatio|| erschüttern; *fig j-s* Einfluss untergraben, *aliquem*

quā-tenus
I *Adv*
1. *interrogativ* wie weit?, bis wie weit?; *zeitl.* wie lange?, *nur in indir Fragesatz*
2. *relativ* so weit wie
3. *relativ* inwieweit, inwiefern
II *Konj* da ja, weil ja

quater *Num adv* ||quattuor|| viermal; ***quater decies*** vierzehnmal; ***terque quaterque beatus*** überglücklich

quaternī ⟨ae, a⟩ *Num distr* ||quattuor|| je vier, immer vier; ***centesimae quaternae*** vier Prozent monatlicher Zins

► **quatiō** ⟨-, quassum, quatere 3.⟩
1. schütteln, schwingen; ***caput qu.*** den Kopf schütteln
2. schlagen, stoßen, stampfen, erschüttern; ***fenestras iactibus qu.*** mit Steinchen an die Fenster werfen
3. *poet* jagen, treiben
4. schüttelnd beschädigen, zerschmettern; ***moenia ariete qu.*** die Mauern mit dem Sturmbock zerschmettern; ***naves quassae*** lecke Schiffe; ***cinnama quassa*** kleine Zimtstücke; ***faces quassae*** Stückchen Kienholz; ***vox quassa*** gebrochene Stimme
5. *fig* aus der Fassung bringen, erschüttern; ***tempora quassa mero*** vom Wein umnebelter Kopf
6. *fig* plagen, beunruhigen

► **quattuor** *indekl Num card* vier

quattuor-decim *indekl Num card* vierzehn

quattuorvirātus ⟨ūs⟩ *m* ||quattuorviri|| (*unkl.*) Amt der Viermänner

quattuor-virī ⟨ōrum⟩ *m* Viermänner, *in den Munizipien u. Kolonien die vier Ortsoberen, in Rom Behörde zur Aufsicht der Straßen*

▶ **-que** *Konj, enklitisch*
1. und *zur Verbindung zweier Begriffe zu einem zusammengehörigen Ganzen, wird an den jeweils letzten Begriff angehängt*; ***senatus populusque Romanus*** Senat und Volk von Rom; ***terrā marique*** zu Wasser und zu Land; ***dies noctesque*** Tag und Nacht
2. *nach multi, pauci u. Ä., im Deutschen unübersetzt*; ***multa graviaque vulnera*** viele schwere Wunden
3. *im Hendiadyoin*; ***tenebrae vinculaque*** dunkles Gefängnis; ***proditio ignaviaque*** feiger Verrat; ***legibus paremus oboedimusque*** den Gesetzen gehorchen wir unbedingt
4. und somit, und daher
5. und überhaupt, und schließlich, kurz; ***canes omnesque bestiae*** Hunde und überhaupt alle Tiere
6. *erklärend* und zwar, nämlich, das heißt; ***pervenerunt ad Rhenum finesque Germanorum*** sie kamen an den Rhein, das heißt zum Gebiet der Germanen
7. *als Gegensatz* und doch, und dabei; ***dives miserque*** reich und doch arm
8. *advers* aber; *nach Verneinung* sondern, vielmehr
9. *bei Zahlen* oder, bis; ***ter quaterque*** drei- oder viermal, drei- bis viermal
10. ***-que … -que*** sowohl … als auch, teils … teils; ***noctesque diesque*** sowohl Tage als auch Nächte

queentia ⟨ae⟩ *f* ||queo|| das Können

▶ **quem-ad-modum** *Adv, auch getrennt*
1. *interrogativ* auf welche Weise? wie?, *in dir u. indir Fragesatz*
2. *relativ* wie, sowie, *in Verbindung mit ita, item, sic, eodem modo u. Ä., stets mit eigenem Verb*; ***haec, quemadmodum exposui, ita gesta sunt*** dies ist so, wie ich dargestellt habe, auch geschehen
3. (*spätl.*) wie zum Beispiel

▶ **queō** ⟨quīvī⟩ *u.* ⟨quiī, quitum, quīre 0.⟩ können, imstande sein, vermögen, *meist in verneinten Sätzen*; ***aestimare non queo*** ich kann nicht glauben

quercētum ⟨ī⟩ *n* = ***querquetum***

querceus ⟨a, um⟩ *Adj* ||quercus|| von Eichen, Eichen…; ***coronae querceae*** Eichenlaubkränze, *als Belohnung für die Rettung von Bürgern im Krieg*

▶ **quercus** ⟨ūs⟩ *f*
1. Eiche, *dem Jupiter heilig*
2. *meton* Eichenlaub, Eichenlaubkranz
3. *meton* Eicheln

▶ **querēla** *u.* **querella** ⟨ae⟩ *f* ||queror||
1. Klage, *alicuius rei / de re* über etw; Klagelaut *der Tiere*; Klagelaut *der Flöte*
2. Beschwerde, *de re* über etw, *cum aliquo* bei j-m, vor j-m, gegen j-n; ***querelas apud aliquem de aliquo*** bei j-m Beschwerde führen über j-n
3. (*nachkl.*) *meton* Unpässlichkeit

queribundus ⟨a, um⟩ *Adj* ||queror|| klagend, jammernd

querimōnia ⟨ae⟩ *f* ||queror|| Klage, Beschwerde, *alicuius rei / de re* über etw; ***queremonias habere*** Beschwerde führen

queritor ⟨-, -, ārī 1.⟩ ||*Intens von* queror|| (*nachkl.*) heftig klagen

querneus *u.* **quernus** ⟨a, um⟩ *Adj* ||quercus|| von Eichen, Eichen…; ***glans quernea*** Eichel; ***corona quernea*** Eichenlaubkranz

▶ **queror** ⟨questus sum, querī 3.⟩
1. klagen, jammern, beklagen, *abs od aliquid / de re* etw, über etw; ***fatum suum qu.*** sein Schicksal beklagen
2. Klagetöne hören lassen, Klagen anstimmen; *von Tieren* zwitschern, girren, winseln, kreischen
3. sich beklagen, sich beschweren, *abs od aliquid / de re* über etw, *cum aliquo / alicui / apud aliquem* bei j-m, + *AcI*, *quod* dass; ***qu. cum fatis*** mit dem Schicksal hadern

querquētulānus ⟨a, um⟩ *Adj* ||querquetum|| (*vkl., nachkl.*) mit einem Eichenwäldchen; ***mons qu.*** *alter Name des mons Caelius*

querquētum ⟨ī⟩ *n* ||quercus|| (*vkl.*) Eichenwald

querulus ⟨a, um⟩ *Adj* ||queror|| (*nachkl.*)
1. klagend, kläglich wimmernd
2. sich beklagend

questiō ⟨ōnis⟩ *f* ||queror|| Klage

questus[1] ⟨a, um⟩ *PPerf* → ***queror***

questus[2] ⟨ūs⟩ *m* ||queror|| Klage, Wehklage, Klageruf *der Vögel*

quī[1] ⟨quae⟩ (*als indef Pr auch* ***qua***), ⟨quod⟩ *Pron, adj u. subst*
1. *interrogativ* welcher?, welche?, welches?, was für ein?; *subst* wer?, was?; ***quae est amicitia, si …?*** was ist das für eine Freundschaft, wenn …?
2. *ausrufend* welcher, welch ein; ***qui vir!*** welch ein Mann!
3. *relativ* der, die, das; welcher, welche, welches; *subst* wer, was; ***agri, quos coluimus*** die Felder, die wir bebaut haben
4. *relativ* derjenige, welcher, *statt is, qui*; ***sapienter cogitant, qui …*** weise überlegen die, welche …
5. *relativ* so viel als, wie viel
6. ***quod*** so viel, *alicuius rei* von etw, an etw; ***quod ubique fuerat navium*** sämtliche Schiffe; ***quod satis est militum*** hinreichende Anzahl Soldaten
7. *relativ* ***quo*** um wie viel, umso; ***quo … eo*** je … desto
8. *relativ, konsekutiv + Konjkt* sodass er; ***indignus es, cui fidem habeamus*** du bist nicht würdig, dass wir Vertrauen haben; ***nemo est, qui*** es gibt niemanden, der
9. *relativ, final* damit er; ***multi aliis eripiunt, quod aliis largiantur*** viele nehmen den einen etw weg, um es anderen zu schenken
10. *relativ, kausal* da er, weil er; *verstärkt* ***quippe qui / ut qui / utpote qui*** da er ja; ***praesertim qui / qui praesertim*** zumal da er
11. *relativ, konzessiv* obwohl er, da er doch; ***cur tibi invideam, qui omnibus rebus abundem?*** warum soll ich dich beneiden, da ich doch alles im Überfluss habe?
12. *relativ, beschränkend* soweit er; ***quod sciam*** soweit ich weiß; ***quod meminerim*** soviel ich mich erinnere; ***orationes Catonis, quas quidem legerim*** die Reden des Cato, soweit ich sie wenigstens gelesen habe
13. *im relativen Anschluss* und dieser, dieser nämlich
14. *indef, n Pl qua, selten quae* irgendein, irgendwelcher; *subst* irgendeiner, *meist in Nebensätzen, häufig enklitisch, bes mit si, nisi, ne, num, quo, quanto, cum, ubi*; ***cave, ne qua amicorum discidia***

fiant hüte dich, damit es nicht irgendwelche Zerwürfnisse zwischen den Freunden gibt; ***si quae contra naturam sunt*** wenn irgendetwas gegen die Natur ist

quī²

I ||*altl. Abl von* qui¹|| ***quicum*** mit dem, mit wem, *fast nur bei Angabe einer allg. bezeichneten Person.*

II *Adv* ||*erstarrter Abl von* qui¹||

1. *interrogativ* wie?, warum?, inwiefern?, *in dir u. indir Fragesatz*; ***qui fit, ut …?*** wie kommt es, dass …?

2. *interrogativ* wie hoch?, wie teuer?

3. *relativ* wodurch, womit; ***habeo, qui utar*** ich habe zu leben; ***Aristides, qui efferretur, vix reliquit*** Aristides hinterließ kaum die Mittel zur Bestattung

4. (*meist vkl.*) *indef* irgendwie

5. *in Verwünschungsformeln* wenn doch; ***qui dii illi irati sint*** wenn jenem doch die Götter zürnten!

► **quia** *Konj* ||*Akk Pl n von* quis||

1. *interrogativ* warum?; ***quianam?*** warum denn?

2. *kausal* weil, deshalb weil, *meist + Ind*; ***quia natura mutari non potest, idcirco …*** weil die Natur nicht verändert werden kann, deshalb …

3. ***non quia*** nicht weil, + *Ind*; nicht als ob, + *Konjkt*, *bei Angabe eines nur angenommenen Grundes*

4. ***quiane*** etwa weil?

5. ***quia enim*** Plaut. weil ja

6. (*mlat.*) seit; dass

quia-nam → ***quia***

quicquam → ***quisquam***

quicquid → ***quisquis***

quī-cum → ***qui²***

► **quī-cumque** ⟨quae-cumque, quod-cumque⟩ *rel Pr, adj u. subst*

1. wer auch immer, jeder der, jeder mögliche; ***quaecumque feram mortalia*** was ich noch Sterbliches an mir trage; ***quācumque ratione/quocumque modo*** auf jede Weise, unter allen Umständen; ***quodcumque*** alles was; ***hoc quodcumque vides*** das alles, was du siehst; ***quodcumque hoc regni*** dieses ganze Reich

2. = ***qualiscumque***

quī-cunque ⟨quae-cunque, quod-cunque⟩ *rel Pr* = ***quicumque***

► **quī-dam** ⟨quae-dam, quod-dam⟩ (*adj*) *u.* ⟨quid-dam⟩ (*subst*) *indef Pr, adj u. subst*

1. ein gewisser; irgendeiner; *Pl* gewisse, einige; ***scriptores quidam Romani*** gewisse römische Schriftsteller, einige römische Schriftsteller; ***quidam ex militibus*** manche von den Soldaten; ***quoddam verbum*** ein gewisses Wort; ***quiddam mali*** etwas Böses

2. gewissermaßen ein, sozusagen ein, *zur Milderung eines Ausdrucks*; ***tacitus quidam sermo*** eine Art stilles Gespräch

3. ganz, wahrhaftig, geradezu; ***incredibilis quaedam magnitudo ingenii*** eine geradezu unglaubliche Größe des Geistes

4. (*mlat.*) ein *als unbestimmter Artikel*

► **quidem** *Adv*

1. *bekräftigend* gewiss, sicherlich, gerade; ***qui quidem duo*** gerade diese beiden

2. *beschränkend* wenigstens, freilich, ja wenigstens, zum Beispiel; ***hoc quidem tempore*** zu dieser Zeit freilich

3. *advers* aber, freilich, allerdings; ***quidem … sed*** zwar … aber

4. *erklärend* nämlich, zwar; ***unā in domo et eā quidem angustā*** in einem einzigen Haus und noch dazu in einem engen

5. ***ne … quidem*** nicht einmal, auch nicht; ***ne isti quidem*** nicht einmal diese da

quid-nī *Adv* warum nicht, + *Konjkt*; *bekräftigend* gewiss, sicherlich, natürlich; ***quidni doleam?*** warum sollte ich nicht trauern?

quiēns *PPr* → ***queo***

quiēs ⟨ētis⟩ *f*

1. Ruhe, ↔ *Tätigkeit od Gefahr*, Erholung, *alicuius rei* einer Sache *od* die etw gewährt, *a re* von etw; ***qu. laborum*** Erholung von den Mühen; ***qu. senectutis*** Ruhe, die das Alter gewährt; ***quieti se dare*** sich der Ruhe hingeben; ***quietem capere*** Ruhe genießen

2. Lucr. Ruheplatz, Lager; ***intectae fronde quietes*** vom Laub bedeckte Ruheplätze

3. Schlaf; ***ire ad quietem*** schlafen gehen; ***secundum quietem/per quietem/in quiete*** im Schlaf

4. (*nachkl.*) *meton* Traum

5. (*nachkl.*) *meton* Todesschlaf, Tod

6. *meton* Schlafenszeit, Nacht

7. (*nachkl.*) *poet* das Schweigen, Stille, Ruhe

8. (*nachkl.*) Friede, ruhige politische Verhältnisse, Neutralität

9. (*nachkl.*) *poet* Gemütsruhe, Seelenruhe

► **quiēscō** ⟨quiēvī, quiētum, quiēscere 3.⟩ ||quies||

1. zur Ruhe kommen, ausruhen, *auch von Leblosem*; ***ager quiescit*** das Feld liegt brach

2. ruhig liegen, schlafen; *fig* im Grab ruhen

3. RHET innehalten, aufhören

4. *fig* sich ruhig verhalten, untätig sein; ***propriā pelle non qu.*** Hor. sich in seiner Haut nicht wohl fühlen

5. *fig* verstummen, schweigen

6. POL Frieden halten, neutral bleiben

7. *fig* Privatmann sein; sich von der Politik zurückziehen

8. *fig* zur Ruhe kommen, ungestört sein

9. Com. *fig* von *etw* ablassen, mit *etw* aufhören, + *Inf*

10. *fig* unbesorgt sein

11. (*mlat.*) sterben

quiētus ⟨a, um⟩ *Adj, Adv* ⟨quiētē⟩ ||quiesco||

1. *von Personen u. Sachen* ruhig, still; ***equus qu.*** ruhiges Pferd; ***amnis qu.*** ruhig dahinfließender Strom

2. Tac. schlafend

3. *fig* sich ruhig verhaltend

4. *fig* ohne Kampf, ohne Aufruhr, friedlich, ungestört

5. *fig* ruhig, neutral

6. *fig* ruhig, zurückgezogen, in Muße lebend; ***vita privata et quieta*** zurückgezogenes und ruhiges Leben

7. *fig geistig* ruhig, sanft, gelassen

8. *fig pej* energielos, kraftlos

quiēvī → ***quiesco***

quī-libet ⟨quae-libet, quod-libet⟩ (*adj*) *u.* ***quid-libet*** (*subst*) *indef Pr, adj u. subst* jeder beliebige, der erste beste, *auch mit pej Nebensinn*; ***qu. unus*** einer, wer er auch sei; ***quidlibet indutus*** in jedem beliebigen Gewand; ***quidlibet*** Hor. alles und jedes

quīn

I *Adv*

1. wie nicht, warum nicht, *auch als Aufforderung*; ***quin conscendimus equos*** lasst uns doch die Pferde besteigen

2. ja sogar, ja vielmehr, *häufig mit etiam*; ***multum scribo die, quin etiam noctibus*** ich schreibe viel am Tag, ja sogar in den Nächten

II *Konj + Konjkt*

1. *nach verneinten Ausdrücken* dass; ***non dubito, quin*** ich zweifle nicht, dass; ***non multum afuit, quin*** es fehlte nicht viel, dass; ***facere non possum / fieri non potest, quin verbis tuis fidem habeam*** ich muss deinen Worten unbedingt Glauben schenken

2. *für qui non, quae non, quod non nach verneintem Subj. des regierenden Satzes* jeder; ***nemo est, quin sciat*** es gibt niemanden, der nicht wüsste; jeder weiß

3. *konsekutiv für ut non* dass nicht, ohne dass, *bei verneintem Prädikat des regierenden Satzes*; ***numquam accedo, quin abs te abeam doctior*** ich komme niemals, ohne dass ich gelehrter von dir weggehe

4. ***non quin*** nicht als ob nicht

quī-nam ⟨quae-nam, quod-nam⟩ *Interrogpr., adj u. subst, in dir u. indir Fragesatz* welcher denn?, was für einer denn?

quīna-vīcēnāria (lex) ||quini viceni|| das „Fünfundzwanzig-Jahre-Gesetz", *das Verträge mit unter 25-Jährigen verbot*

Quinctiānus ⟨a, um⟩ *Adj* des Quinctius, zu Quinctius gehörig

Quīnctīlis ⟨e⟩ *Adj u.* **Quīnctīlis** ⟨is⟩ *m* = ***Quintilis***

Quīnctīlius ⟨a, um⟩ *Name einer patriz. gens*; → ***Varus***

Quīnctius ⟨a, um⟩ *röm. Gentilname*

1. → ***Cincinnatus***

2. ***T. Quinctius Flaminius*** *Sieger über Philipp V. von Makedonien 197 v. Chr.*

quīnc-ūnx ⟨ūncis⟩ *m* ||quinque uncio||

1. *als Münze* 5/12 As

2. *Hohlmaß* 5/12 des sextarius, = *0,225 l*

3. 1/5 einer Erbschaft

4. fünf Augen *auf dem Würfel*

5. *fig* Figur einer Würfelseite mit fünf Augen, Kreuzstellung, *bei Anpflanzungen, Pfählen in Gruben u. Ä*

quīncupedal ⟨ālis⟩ *n* ||quinque, pedalis|| Mart. Messstange von 5 Fuß Länge

quīndeciē(n)s *Num adv* ||quindecim|| fünfzehnmal

quīn-decim *indekl Num card* fünfzehn

quīndecim-prīmī ⟨ōrum⟩ *m* die 15 ersten Senatoren *eines Munizipiums*

quīndecimvirālis ⟨e⟩ *Adj* ||quindecimviri|| Tac. die Fünfzehnmänner betreffend

quīndecim-virī ⟨ōrum⟩ *m* die Fünfzehnmänner, *Kollegium von 15 Priestern, beauftragt mit der Aufsicht u. Befragung der Sibyllinischen Bücher*

quīngēnārius ⟨a, um⟩ *Adj* ||quingeni|| aus je 500 Mann bestehend

quīngēnī ⟨ae, a⟩ *Num distr* ||quingenti|| je fünfhundert

quīngentēsimus ⟨a, um⟩ *Num ord* der fünfhundertste

quīngentī ⟨ae, a⟩ *Num card* fünfhundert

quīngentiē(n)s *Num adv* ||quingenti|| Suet. fünfhundertmal

quīnī ⟨ae, a⟩ *Num distr* ||quinque||

1. je fünf; ***quini deni*** je fünfzehn

2. *poet* fünf

quīnquāgēnārius ⟨a, um⟩ *Adj* ||quinquageni|| (*vkl., nachkl.*) fünfzigjährig; fünfzig enthaltend

quīnquāgēnī ⟨ae, a⟩ *Num distr* ||quinquaginta||

1. je fünfzig

2. *poet* fünfzig

quīnquāgēsiē(n)s *Num adv* fünfzigmal

quīnquāgēsima ⟨ae⟩ *f* ||quinquagesimus|| (*erg.* ***pars***) ein Fünfzigstel; der Fünfzigste *als Abgabe*

quīnquāgēsimus ⟨a, um⟩ *Num ord* ||quinquaginta|| der fünfzigste

quīnquāgiē(n)s *Num adv* ||quinquaginta|| (*vkl.*) fünfzigmal

quīnquāginta *indekl Num card* fünfzig

quīnquātria ⟨ium⟩ *n u.* **quīnquātrūs** ⟨uum⟩ *f* ||quinque|| die Quinquatren, *Feste zu Ehren der Minerva*; ***quinquatrus maiores*** die großen Quinquatren *im März als Fest der Handwerker, Ärzte, Lehrer*; ***quinquatrus minores*** die kleinen Quinquatren *im Juni als Fest der Flötenbläser*

► **quīnque**[1] *indekl Num card* fünf; *fig* ein paar

quīnque[2] Plaut. = ***et quin***; → ***quin***

quīnquennālis ⟨e⟩ *Adj* ||quinquennis||

1. fünfjährig = alle vier Jahre gefeiert; alle vier Jahre stattfindend

2. (*vkl., nachkl.*) fünf Jahre dauernd

quīnqu-ennis ⟨e⟩ *Adj* ||quinque, annus||

1. fünf Jahre alt, fünfjährig

2. fünfjährig = alle vier Jahre gefeiert

quīnquennium ⟨ī⟩ *n* ||quinquennis|| Zeitraum von fünf Jahren, fünf Jahre

quīnque-partītus ⟨a, um⟩ *Adj* ||partior|| fünfteilig, fünffach

quīnque-pedal ⟨ālis⟩ *n* = ***quincupedal***

quīnque-pertītus ⟨a, um⟩ *Adj* = ***quinquepartitus***

quīnque-prīmī ⟨ōrum⟩ *m* die fünf ersten Senatoren *eines Munizipiums od einer Kolonie*

quīnque-rēmis

I ⟨e⟩ *Adj* ||remus|| mit fünf Ruderbänken

II ⟨is⟩ *f* Fünfruderer, Schiff mit fünf Ruderbänken

quīnquevirātus ⟨ūs⟩ *m* ||quinqueviri|| Fünfmänneramt

quīnque-virī ⟨ōrum⟩ *m* Fünfmänner, *Kollegium für bestimmte Aufgaben*

quīnquiē(n)s *Num adv* ||quinque|| fünfmal

quīnqui-plex *Gen* ⟨plicis⟩ *Adj* Mart. fünffältig

quīnquiplicō ⟨-, -, āre 1.⟩ ||quinquiplex|| Tac. verfünffachen

quīntadecimānī ⟨ōrum⟩ *m* Soldaten der fünfzehnten Legion

quīntāna ⟨ae⟩ *f* ||quintus|| (*erg.* ***via***) (*nachkl.*) *Querweg im röm. Lager, zugleich Markt- u. Handelsplatz im Lager*

quīntānī ⟨ōrum⟩ *m* ||quintus|| Tac. Soldaten der fünften Legion

Quīntiliānus ⟨a, um⟩ *röm. Beiname*; ***M. Fabius Quintilianus*** *aus Calagurris in Spanien, ca. 35–96*

n Chr., erster staatlich bezahlter Rhetoriklehrer in Rom, Verfasser von „De institutione oratoria“

Quīntīlis
I ⟨e⟩ *Adj* ||quintus|| zum fünften Monat gehörig, *später* zum Juli gehörig
II ⟨is⟩ *m* der fünfte Monat *des am 1. März beginnenden Jahres, später zu Ehren Caesars Iulius genannt*

Quīntīlius ⟨a, um⟩ = ***Quinctilius***

Quīntius ⟨a, um⟩ = ***Quinctius***

quīntus ⟨a, um⟩ *Num ord* ||quinque|| der fünfte; ***quintum*** fünfmal

Quīntus ⟨a⟩ *röm. Vorname, abgek Qu.*

quīntus-decimus ⟨a, um⟩ *Num ord* der fünfzehnte

quīpiam *Adv* ||quispiam|| Plaut. auf irgendeine Weise

► **quippe** *Adv*
1. freilich, natürlich, allerdings, ja, *im Antwortsatz als Begründung u. zur Einführung selbstständiger Sätze*
2. ***quippe qui*** der ja, da er ja, *(klass.) nur + Konjkt*; ***quippe qui quod/cum*** der ja doch; ***quippe ut*** da ja; ***quippe et/quippe etiam*** da ja auch; ***quippe quasi*** gleich als wenn nämlich; ***quippe secuturi*** da sie ja bereit waren sich zu fügen

quippiam → ***quispiam***

quippinī *Adv* ||quippe, ni|| *(vkl., nachkl.)* warum denn nicht?, selbstverständlich

quīre *Inf* → ***queo***

Quirīnālia ⟨ium⟩ *n* ||Quirinalis|| die Quirinalien, *Fest zu Ehren des Romulus am 17. Februar*

Quirīnālis ⟨e⟩ *Adj* des Quirinus, zu Quirinus gehörig; des Romulus, zu Romulus gehörig

Quirīnus
I ⟨a, um⟩ *Adj* des Quirinus, zu Quirinus gehörig; des Romulus, zu Romulus gehörig
II ⟨ī⟩ *m*
1. *alter röm. Gott, später Name des zum Gott erhobenen Romulus, des Gründers Roms, mit Kultstätte auf dem Quirinal*
2. *Beiname des vergöttlichten Romulus*
3. *Beiname des Janus*
4. *Beiname des Augustus*
5. ***populus Quirini*** römisches Volk; ***urbs Quirini*** Rom; ***collis Quirini*** Quirinal; ***Ianus Quirini*** Pforte des Kriegsgottes *im NO des Forum Romanum*

Quirīs ⟨ītis⟩ *m, meist Pl* **Quirītes** ⟨ium⟩ *u.* ⟨um⟩ *m*
1. *(nachkl.) poet* die Quiriten, *urspr. die Bewohner der sabinischen Stadt Cures*
2. die Quiriten, *die röm. Vollbürger*; ***populus Romanus Quiritesque/populus Romanus Quiritium*** römische Bürger, *als ehrenvolle Anrede der röm. Bürger im Frieden, bes in der Volksversammlung*; ***ius Quiritium*** römisches Vollbürgerrecht

quirītātiō ⟨ōnis⟩ *f u.* **quirītātus** ⟨ūs⟩ *m* ||quirito|| *(nachkl.)* Gejammer, Hilfeschrei, Angstschrei

quirītō ⟨-, -, āre 1.⟩
I *v/i* um Hilfe rufen, laut schreien
II *v/t* kreischend sagen, laut schreien

quirrītō ⟨-, -, āre 1.⟩ grunzen

quis ⟨quid⟩
I *Pron, subst u. adj*
1. *interrogativ* wer, was, *in dir u. indir Fragesatz*; ***quis Themistocle clarior?*** wer war berühmter als Themistokles?; ***quis tu?*** wer da?; ***quid est gloria?*** was ist Ruhm?; ***quid tibi vis?*** was willst du?; ***quid hoc rei est?*** was bedeutet das?; ***quid eius rei est?*** was ist an der Sache?; ***quid causae est?*** was geht hier vor?; ***considera, quis quem fraudavisse dicatur*** überlege, wer den anderen betrogen haben soll
2. *indef* irgendeiner, irgendjemand, irgendetwas, *meist subst, nach si, nisi, ne, num auch adj* = ***qui, qua/quae, quod***; ***dixerit quis*** es könnte j-d sagen; ***si quid accidat*** wenn etw passieren sollte; ***nisi quid auxilii sit*** wenn keine Hilfe zu finden sei
II *Adv* ⟨quid⟩
1. *interrogativ* was?, wozu?, warum?, *in dir u. indir Fragesatz*; ***quid verbis opus est?*** wozu bedarf es der Worte?; ***quaesivi, quid dubitaret*** ich habe gefragt, warum er zweifle
2. *zur Einleitung einer rhetorischen Frage* wie? ***quid ita?*** warum dies?, wieso?; ***quid deinde/quid tum/quid postea?*** was weiter?, was soll daraus folgen?; ***quid vero?*** wie?, ja noch mehr; ***quid? quod …*** was soll man dazu sagen, dass …?; ***quid? si …*** was soll man dazu sagen, wenn …?; ***quid enim?*** denn wie?

► **quis-nam** ⟨quidnam⟩ *Interrogpr.*
1. *dir* wer denn?, was denn?; ***quisnam igitur sanus?*** Hor. wer also ist bei Verstand?
2. *indir* etwa jemand, etwa etwas; ***quaerere incipimus, quisnam esset Verrucinus*** Cic. wir begannen zu ermitteln, wer denn Verrucinus sei

► **quis-piam** ⟨quae-piam, quidpiam/quippiam⟩ *(subst) u.* ***quodpiam/quoppiam*** *(adj)*
I *indef Pr, subst u. adj* jemand, irgendjemand, irgendein beliebiger; ***fortasse dixerit quispiam*** vielleicht könnte man sagen
II *Adv* ⟨quidpiam⟩ etwas, in irgendeiner Beziehung, irgendwie

► **quis-quam** ⟨quae-quam, quidquam/quicquam⟩ *indef Pr, subst u. adj* auch nur irgendjemand, irgendeiner, überhaupt einer; ***vix quisquam*** kaum einer; ***nec quisquam unus*** und kein Einziger; ***quisquam unus*** der Erstbeste; ***nihil quidquam*** durchaus nichts

► **quis-que** ⟨quae-que, quid-que⟩ *(subst) u.* ⟨quod-que⟩ *(adj) Pron, subst u. adj*
1. *indef* jeder, jeder einzelne; jeweilig, betreffend; ***suae quisque fortunae faber est*** jeder ist seines Glückes Schmied; ***qui cuique arti praesunt*** die Meister der betreffenden Künste; ***per se quisque*** jeder für seinen Teil, jeder nach Kräften; *bei Ordnungszahlen*: ***tertio quoque die*** an jedem dritten Tag; ***primo quoque tempore*** so bald wie möglich; ***primus quisque*** einer nach dem anderen; *beim Sup*: ***optimus quisque*** gerade die Besten; ***maximae cuique fortunae minimum credendum est*** je größer das Glück, desto wengier darf man ihm trauen; *beim Vergleich*: ***ut quisque*** (+ *Sup*) … ***ita*** (+ *Sup*) je … desto
2. = ***uterque***
3. *relativ* = ***quisquis*** *u.* = ***quicumque***

quisquilia ⟨ōrum⟩ *n (Pl) von Leblosem* Lappalien

quisquiliae ⟨ārum⟩ *f*
1. *(vkl., nachkl.)* Abfall, Kehricht
2. *fig* Auswurf, Abschaum

► **quis-quis** ⟨quidquid/quicquid⟩ *(subst) u.* ⟨quod-

quod⟩ *(adj)*
I *rel Pr, subst u. adj*
1. *subst* wer nur immer, was nur immer, jeder der, alles das; ***quisquis adest*** jeder Anwesende; ***quisquis ille est*** jener sei, wer er wolle; ***accusatorum quidquid erat*** die Ankläger, so viele sie waren; ***quidquid temporis intercedit*** jeder Augenblick des Wartens
2. *subst* jeder Einzelne
3. *adj* jeder beliebige, der erstbeste; ***quoquo modo*** unter allen Umständen
II *Adv* ⟨quidquid⟩ je weiter, je mehr; ***quidquid progredior*** je weiter ich voranschreite
quīvī → ***queo***
▶ **quī-vīs** ⟨quae-vīs, quid-vīs⟩ *(subst) u.* **quod-vīs** *(adj) indef Pr* jeder, den du willst, jeder beliebige, jeder mögliche; ***quāvis ratione*** auf jede beliebige Weise; ***quivis unus*** jeder Beliebige
quīvīscumque ⟨quavīscumque, quodvīscumque⟩ *rel Pr* wer es auch sei, jeder
quō ||*Abl von* quis *od* qui||
I *Adv*
1. *relativ* wodurch, woher, weswegen; ***id, quo vulgus maxime delectatur*** das, wodurch die Masse am meisten erfreut wird
2. *im relativen Anschluss* (und) dadurch, daher; ***quo factum est, ut*** dadurch geschah es, dass
3. um wie viel; *im relativen Anschluss* (und) um so viel; ***quo maior*** um wie viel größer; ***quo … eo/hoc*** je … desto
4. *interrogativ, örtl.* wohin?; ***quo fugiam?*** wohin soll ich fliehen?
5. *interrogativ, fig* bis zu welchem Grad?, wie weit?; ***nescitis, quo amentiae progressi sitis*** Liv. wisst ihr nicht, wie weit ihr in eurer Dummheit gegangen seid?
6. *interrogativ* wozu?, zu welchem Zweck?, *bes + Akk / + AcI*; ***quo valet responsum?*** worauf bezieht sich die Antwort?; ***quo tibi istud facere?*** was nützt es dir, das zu tun?
7. *relativ, örtl.* wohin; ***eo ibimus, quo iusseris*** wir werden dorthin gehen, wohin du befiehlst
8. *im relativen Anschluss* (und) dorthin; ***quo cum venisset*** als er dorthin gekommen war
9. *indef örtl.* irgendwohin
10. *indef modal* irgendwie; ***si quo usui esse posset*** Liv. wenn es irgendwie nützen könnte
II *Konj + Konjkt*
1. damit dadurch
2. *vor Komp* damit desto, damit umso
3. ***non quo*** nicht als ob, nicht als wenn
quo-ad
I *Adv*
1. *örtl. u. vom Grad* wie weit, so weit, inwiefern; ***quoad facere potui*** soweit ich es tun konnte; ***quoad longissime possum*** so weit wie möglich
2. *interrogativ, zeitl.* wie lange?; ***quoad exspectatis?*** wie lange wartet ihr?
3. *relativ* bis wohin?; ***dies quoad referret*** der Termin, bis zu dem er es zurückbringen sollte
II *Konj*
1. + *Ind* solange, so lange als; ***quoad potui*** solange ich konnte
2. + *Konjkt od Ind* bis, bis dass; ***quoad senatus dimissus est*** bis der Senat entlassen wurde
III *Präp + Akk (vkl., nachkl.)* hinsichtlich
quō-circa *Adv* daher, demzufolge, *poet auch getrennt*
quō-cumque *Adv* wohin nur immer, wohin es auch sei
quod[1] → ***qui***[1]
quod[2]
I *Adv*
1. soweit, inwiefern; ***quod potero*** soweit ich kann
2. Plaut. weshalb, warum; ***quod ad vos venio, hoc est*** warum ich zu euch komme, ist Folgendes; ***est, quod*** + *Konjkt* es liegt ein Grund vor, dass
3. *(vkl.) im relativen Anschluss* (und) deshalb, (und) darum
4. *mit Konj* also, nun; ***quod si*** wenn also, denn wenn, selbst wenn, wenn aber auch wirklich; ***quod nisi/ni*** wenn also nicht
II *Konj*
1. *kausal* weil, *meist + Ind bei tatsächlichem Grund, + Konjkt bei bloßer Annahme*; ***non quod*** + *Konjkt* nicht als ob, nicht wie wenn
2. die Tatsache, dass, *+ Ind, zum Ausdruck von Tatsachen, bes nach Demonstrativa u. beurteilenden Ausdrücken*; ***hoc unum in Alexandro vitupero, quod iracundus fuit*** dies eine tadle ich an Alexander, nämlich dass er jähzornig war; ***accedit, quod*** dazu kommt, dass; ***nisi quod*** außer dass; ***praeterquam quod*** abgesehen davon, dass; ***bene fit/accidit/evenit quod*** recht geschieht es, dass
3. was das betrifft, dass; wenn; ***quod me Agamemnonem aemulari putas, falleris*** wenn du glaubst, dass ich den Agamemnon nachahme, so irrst du
4. darüber dass, darum dass, weil *nach Verben der Gemütsbewegung, des Lobens u. Tadelns*; ***angit te, quod*** es bekümmert dich, dass
5. *(vkl.) poet* wenngleich, wenn auch, + *Ind*
6. *(unkl.)* seitdem dass, seit; ***tertius dies est, quod*** es ist der dritte Tag, seit
7. *in der Volkssprache u. (mlat.) statt AcI u. statt ut*
quōdam-modo *Adv* gewissermaßen; einigermaßen
▶ **quodsī** *u.* **quodetsī** *u.* **quodnisi** → ***quod***[2]
quoi̯ *(altl.)* = ***qui***[1]
quōiās *(altl.)* = ***cuias***
quōiātis *(altl.)* = ***cuiatis***; → ***cuias***
quōius ⟨a, um⟩ *Adj (altl.)* = ***cuius***
quoi̯vīs *(altl.)* = ***cuivis***; → ***quivis***
quō-libet *Adv (nachkl.) poet* wohin es beliebt, überallhin
quom = ***cum***[2]
▶ **quō-minus** *Konj + Konjkt*
1. dass nicht; ***per me stat/fit, quominus*** ich bin schuld daran, dass
2. dass *od als Inf übersetzt nach Verben des Hinderns u. Ä.*; ***senectus non impedit, quominus litterarum studia teneamus*** das Alter hindert uns nicht daran, am Studium der Wissenschaften festzuhalten
▶ **quō-modo**
I *Adv, auch getrennt*
1. *interrogativ* wie?, auf welche Weise?, *in dir u. indir Frgs*; ***nescio quomodo*** unwillkürlich, leider
2. *im Ausruf* wie; ***quomodo mortem filii tulit!*** wie er den Tod des Sohnes getragen hat!

3. *relativ* wie; ***quomodo nunc est*** wie es jetzt ist; ***quomodo ... sic/ita*** wie ... so
4. *im relativen Anschluss* auf diese Weise, so
II *Konj* (*mlat.*) dass

quōmodo-cumque *Adv*
1. *relativ* wie auch immer
2. (*vkl., nachkl.*) *indef* irgendwie, auf irgendeine Weise

quōmodo-nam *Adv interrogativ* wie denn?

quō-nam *Adv interrogativ* wohin denn?

▶ **quondam** *Adv*
1. einst
2. manchmal
3. *von der Zukunft* dereinst, künftig

▶ **quon-iam** *Konj + Ind*
1. *zeitl.* als nun, nachdem
2. *in der Überleitung* nachdem so, nachdem also
3. *kausal* weil ja, da ja; ***quoniam quidem*** weil ja doch

quōpiam *Adv* ||quispiam|| Com. irgendwohin

▶ **quoque**[1] *Adv* auch, und ebenso, *auf ein einzelnes Wort bezogen*; ***alteri quoque*** auch die anderen; ***non solum ... sed ... quoque*** nicht nur ... sondern auch; ***ut ... ita ... quoque*** wie ... so auch; ***ne ... quoque*** (*nachkl.*) = ***ne ... quidem*** nicht einmal

quōque[2] = ***et quo***

quōque-versus *Adv* = ***quoquoversus***

quō-quō *Adv* ||quisquis|| wohin nur immer

quōquōversum *u.* **quōquōversus** *Adv* nach allen Seiten

quōr (*altl.*) = ***cur***

quōrsum *u.* **quōrsus** *Adv interrogativ*
1. *örtl.* wohin?
2. *fig* wohin?; ***quorsum tendunt haec?*** wohin zielt dies?
3. *fig* wozu?, in welcher Absicht?; ***quorsum?*** Hor. wozu dies?

▶ **quot** *indekl*
1. *interrogativ, adj, selten subst* wie viele?; ***quot cives?*** wie viele Bürger?
2. *relativ* wie viele; ***tot ... quot*** so viele ... wie; ***toties ... quot*** so oft ... wie

▶ **quot-annīs** *Adv, auch getrennt* ||annus|| jährlich, alljährlich

quot-cumque *indekl relativ* wie viele auch immer; alle, die

quotēnī ⟨ae, a⟩ *Adj* ||quot|| wie viele jedes Mal

quotīd... = ***cot(t)id...***

▶ **quotiē(n)s** *Adv* ||quot||
1. *interrogativ* wie oft?; *auch im Ausruf* wie oft
2. *relativ* so oft wie

quotiē(n)s-cumque *Adv* sooft nur immer

quot-kalendīs *Adv* Plaut. allmonatlich, an jedem Monatsersten

quot-quot *indekl Adj* wie viele auch immer

quotumus ⟨a, um⟩ *Adj* ||quotus|| Plaut. der wievielte?

quotus ⟨a, um⟩ *Adj* ||quot|| der wievielte?, *in dir u. indir Fragesatz*; ***quota est hora?*** wie viel Uhr ist es?; ***quotus esse velis, rescribe*** schreibe, wie viele du mitbringen willst

quotus-cumque ⟨quota-cumque, quotum-cumque⟩ *Adj* Tib. der wievielte nur, so groß nur, so wenig nur

quotus-quisque ⟨quota-quisque, quotum-quisque⟩ *Adj* wie wenige; ***quotusquisque est/invenitur, qui*** + *Konjkt* wie wenige gibt es, die?

quō-ūsque *Adv*
1. *zeitl.* wie weit?; *fig* inwiefern?
2. Cic. *auch getrennt, zeitl.* wie lange (noch)?

quō-vīs *Adv* ||quivis|| Com. überallhin

qūr (*altl.*) = ***cur***

quum = ***cum***[2] *u.* = ***cum***[1]

R

R *Abk*
1. = ***Romanus***, römisch, Römer
2. = ***Rufus***
3. (*mlat.*) = ***responsorium*** Wiederholung beim Gottesdienst; Wechselgesang
4. (*nlat.*) = ***rarum*** Seltenheit; ***R. R.*** (*nlat.*) große Seltenheit; ***R. R. R.*** (*nlat.*) = ***rarissimum*** größte Seltenheit, *von Münz- u. Briefmarkenwerten*
5. ***R. I. P.*** = ***requiescat in pace*** er/sie ruhe in Frieden; = ***requiescent in pace*** sie mögen in Frieden ruhen; → ***requiesco***

rabidus ⟨a, um⟩ *Adj, Adv* ⟨rabidē⟩ ||rabies|| (*nachkl.*) *poet* rasend, ungestüm; ***leones rabidi*** rasende Löwen; ***lupa rabida*** reißende Wölfin; ***venti rabidi*** stürmische Winde

▶ **rabiēs** ⟨eī⟩ *u.* Lucr. ***ēs*** *f*
1. (*nachkl.*) *poet* Raserei, Wut; Tollwut *der Tiere*
2. (*nachkl.*) *fig* blinde Wut, Jähzorn, Ungestüm; heftige Gier; ***r. edendi*** Essgier; ***r. ventris*** Heißhunger
3. Kampfeswut; ***r. civica*** Wut des Bürgerkrieges
4. *fig* rasende Begeisterung

rabiō ⟨-, -, ere 3.⟩ ||rabies|| (*unkl.*) toben, wüten, rasen

rabiōsulus ⟨a, um⟩ *Adj* ||*Dim von* rabiosus|| etwas rasend, halb verrückt

rabiōsus ⟨a, um⟩ *Adj, Adv* ⟨rabiōsē⟩ ||rabies|| wütend, verrückt, rasend

Rabīrius ⟨a, um⟩ *röm. Gentilname, wohl etrusk. Herkunft*; **C. Rabirius** *röm. Ritter, bekannt durch eine erhaltene Verteidigungsrede Ciceros*

rabō ⟨ōnis⟩ *m* Plaut. = ***arrabo***

rabula ⟨ae⟩ *m* ||etrusk. Lw.|| Schreier, Rechtsverdreher

racēmi-fer ⟨fera, ferum⟩ *Adj* ||racemus, fero|| Ov.
1. Beeren tragend
2. mit Trauben bekränzt, *Bezeichnung für Bacchus*

racēmus ⟨ī⟩ *m* (*nachkl.*)
1. Kamm der Traube
2. *meton* Traube, Weintraube, Weinbeere, *meist Pl*

3. *meton* Traubensaft, Weinbeere, *meist Pl*
4. *meton* Traubensaft, Wein
radiātus ⟨a, um⟩ *Adj* ||radius|| mit Strahlen versehen, strahlend; ***corona radiata*** Strahlenkrone
rādīcāliter *Adv* ||radix|| *(eccl.)* = ***radicitus***
rādīcēscō ⟨-, -, ēscere 3.⟩ ||*Inkoh zu* radix|| Sen. Wurzeln schlagen
rādīcitus *Adv* ||radix|| mit der Wurzel, von der Wurzel her; *fig* von Grund auf, mit Stumpf und Stiel
rādīcula ⟨ae⟩ *f* ||*Dim von* radix|| Würzelchen
radiō ⟨-, -, āre 1.⟩ *u.* **radior** ⟨-, ārī 1.⟩ ||*Denom von* radius|| *(nachkl.)* *poet* strahlen, glänzen
radiōsus ⟨a, um⟩ *Adj* ||radius|| strahlend
► **radius** ⟨ī⟩ *m*
1. *(nachkl.)* Stab, Stecken
2. *(nachkl.)* Speiche, *technisch u. anatomisch*
3. Zeichenstift
4. ***r. virilis*** *(spätl.)* männliches Glied
5. *poet* Weberschiffchen
6. Stachel, *Pl* Sporen *von Tieren*
7. Verg. längliche Olive
8. Halbmesser des Kreises, Radius
9. Strahl *leuchtender Körper*
► **rādīx** ⟨īcis⟩ *f*
1. Wurzel *einer Pflanze*; ***radices agere*** Wurzeln schlagen
2. *(nachkl.)* *poet* Rettich, Radieschen
3. *meton* unterer Teil *eines Gegenstandes*, Fuß, Grund; ***r. montis*** Fuß des Berges
4. *fig* Ursprung, Quelle, Stamm; ***Marius ex iisdem quibus nos radicibus natus*** Cic. Marius, der von gleicher Herkunft ist wie wir
5. *Pl* fester Grund, Festigkeit
rādō ⟨rāsī, rāsum, rādere 3.⟩
1. kratzen, schaben
2. glätten, abreiben, abhobeln; *fig Literarisches* feilen
3. zerkratzen, verletzen
4. *Geschriebenes* auskratzen, ausstreichen
5. scheren, rasieren, schaben; Mart. *von einer Dirne* *j-n* ganz ausziehen
6. *etw* leicht berühren, an *etw* vorbeifahren, *etw* streifen, *aliquid*; ***Aquilo radit terras*** der Nordostwind streift über die Länder
raeda ⟨ae⟩ *f* ||gall. Fw.|| Reisewagen *mit vier Rädern u. Dach*
raedārius
I ⟨a, um⟩ *Adj* ||raeda|| zum Reisewagen gehörig
II ⟨ī⟩ *m* Kutscher
Raetī ⟨ōrum⟩ *m* die Raeter, *Volk in den n Alpen u. zwischen Rhein, Lech u. Donau*
Raetia ⟨ae⟩ *f* Raetien, *Stammland der Raeter, von Drusus u. Tiberius unterworfen, mit dem Land der Vindeliker zur röm. Provinz gemacht*
Raeticus *u.* **Raetius** *u.* **Raetus** ⟨a, um⟩ *Adj* raetisch
Raetus ⟨ī⟩ *m* Raeter
rāllus ⟨a, um⟩ *Adj* Plaut. glatt geschoren, glatt, dünn
rāmālia ⟨ium⟩ *n* ||ramus|| *poet* Reisig
rāmenta ⟨ae⟩ *f u.* **rāmentum** ⟨ī⟩ *n* *(unkl.)* Splitter; Stückchen, ein bisschen
rāmeus ⟨a, um⟩ *Adj* ||ramus|| Verg. von Zweigen; ***fragmenta ramea*** Reisig
rāmex ⟨icis⟩ *m* ||ramus|| MED Bruch, Hodenbruch
rāmicēs *u.* **rāmitēs** ⟨um⟩ *m* *(vkl.)* Lungengefäße
Ramnēnsēs *u.* **Ramnēs** ⟨ium⟩ *m*
1. *einer der drei Urtribus in Rom neben den Luceres u. Tities*
2. *die Angehörigen der ersten von Romulus gegründeten Ritterzenturien*
3. Hor. *fig* vornehme junge Herren
rāmōsus ⟨a, um⟩ *Adj* ||ramus|| *(nachkl.)* *poet* verzweigt, vielästig; ***ramosa cornua cervi*** vielendiges Geweih des Hirsches
rāmulus ⟨ī⟩ *m* ||*Dim von* ramus|| Zweiglein, *auch* Wurzeltrieb
► **rāmus** ⟨ī⟩ *m*
1. Ast, Zweig
2. *poet* Keule *des Herkules*
3. *Pl meton* Laub; Baum, Baumfrüchte
4. Sen. Flussarm
5. Linie, Zweig *der Verwandtschaft*
6. *(vkl., nachkl.)* männliches Glied
7. *(mlat.)* Arm des Kreuzes
8. ***rami palmarum*** *(mlat.)* Palmsonntag
rāna ⟨ae⟩ *f* Frosch; ***r. turpis*** Kröte; ***r. marina*** Seeteufel, *ein Meeresfisch*;
rancēns *Gen* ⟨entis⟩ *Adj* *(nachkl.)* *poet* stinkend
rancidulus ⟨a, um⟩ *Adj* ||*Dim von* rancidus|| etwas ranzig, stinkend; *fig* ekelhaft *zu hören*
rancidus ⟨a, um⟩ *Adj*, *Adv* ⟨rancidē⟩ stinkend, ranzig; *fig* ekelhaft
rānunculus ⟨ī⟩ *m* ||*Dim von* rana||
1. Fröschlein
2. *(nachkl.)* Hahnenfuß, *eine Pflanze*
Rapācēs ⟨ium⟩ *m* ||rapax|| die Unaufhaltsamen, *Beiname der 21. Legion*
rapācidēs ⟨ae⟩ *m* Plaut. ||rapax|| Räubersohn
rapācitās ⟨ātis⟩ *f* ||rapax|| Raubsucht, Räuberei
rapāx *Gen* ⟨rapācis⟩ *Adj* ||rapio||
1. *poet* reißend, unaufhaltsam; ***fluvius r.*** reißender Fluss; ***ignis r.*** verzehrendes Feuer
2. *fig* fähig sich *etw* anzueignen, *alicuius rei*
3. *fig von Personen, Tieren u. Sachen* raubgierig, räuberisch
raphanus ⟨ī⟩ *m* ||griech. Fw.|| *(unkl.)* Rettich
rapiditās ⟨ātis⟩ *f* ||rapidus|| reißende Schnelligkeit, ***fluminis*** eines Flusses
► **rapidus** ⟨a, um⟩ *Adj*, *Adv* ⟨rapidē⟩ ||rapio||
1. reißend, alles mit sich fortreißend, schnell, ungestüm; ***agmen rapidum*** schnell geführter Heereszug; ***venenum rapidum*** schnell wirkendes Gift
2. Liv. übereilt
3. *von Lebewesen* raubgierig, wild; *von Leblosem* verzehrend, versengend; ***aestus r.*** sengende Hitze
► **rapīna** ⟨ae⟩ *f* ||rapio||
1. Räuberei, Plünderung; ***rapinas facere*** Räubereien verüben
2. *meton* Fang, Raub, Beute
rapiō ⟨rapuī, raptum, rapere 3.⟩

1. heftig ergreifen, rasch erfassen
2. beschleunigen, eilig vollbringen
3. rasch aufnehmen, rasch annehmen
4. ausreißen, zerreißen
5. mit Gewalt fortreißen, wegreißen
6. vor Gericht schleppen, ins Gefängnis schleppen
7. hinraffen
8. schnell wegschaffen

9. forteilen, sich eilends wohin begeben
10. entreißen
11. als Beute fortschleppen, rauben
12. an sich reißen, sich gewaltsam aneignen
13. mit sich fortreißen, treiben

1. *(nachkl.) poet* heftig ergreifen, rasch erfassen; ***galeam tectis r.*** den Helm schnell aus dem Haus holen
2. *(nachkl.) fig* beschleunigen, eilig vollbringen, hastig zurücklegen; ***mortuum r.*** den Toten eiligst fortschaffen; ***silvas r.*** die Wälder schnell durcheilen
3. *fig* rasch aufnehmen, rasch annehmen, einsaugen; im Flug erobern; eilig genießen; rasch erblicken; ***flammas in fomite r.*** die Flammen schnell mit dem Zunder auffangen; ***incendia r.*** sich entzünden; ***occasionem de die r.*** die Gelegenheit, die der Tag bietet, eilig nutzen
4. ausreißen, zerreißen
5. mit Gewalt fortreißen, wegreißen, fortschleppen, hastig entführen; ***raptus Hector equis*** der von den Pferden mitgeschleifte Hektor
6. vor Gericht schleppen, ins Gefängnis schleppen; ***aliquem sponsorem Romam r.*** j-n als Bürgen nach Rom bringen
7. *von Krankheit u. Tod* hinraffen
8. schnell wegschaffen; ***Turno mille populos r.*** dem Turnus eilig tausend Leute zuführen
9. *Passiv u.* ***se r.*** forteilen, sich eilends wohin begeben; ***sublimis rapi*** durch die Lüfte enteilen
10. entreißen, *aliquid ab aliquo / alicui* etw j-m
11. als Beute fortschleppen, rauben, erbeuten; plündern, verwüsten; ***aliquem sublimen r.*** j-n hoch in die Lüfte entführen; ***villas r.*** Landhäuser plündern
12. *fig* an sich reißen, sich gewaltsam aneignen
13. *fig* mit sich fortreißen, treiben, drängen; zu *etw* verleiten, *ad aliquid / in aliquid / per aliquid*; ***auditorem in medias res r.*** den Hörer rasch mitten ins Geschehen versetzen; ***aliquem in invidiam r.*** j-n dem Neid preisgeben; ***aliquem in adversum r.*** j-n ins Verderben reißen; ***consilium alicuius in deteriorem partem r.*** j-s Rat ungünstig auslegen; ***rapi in errorem*** sich zum Irrtum verleiten lassen

rapsō ⟨-, ātum, āre 1.⟩ = ***rapto***

raptim *Adv* ||rapio|| eilends, hastig

raptiō ⟨ōnis⟩ *f* ||rapio|| Ter. Entführung

raptō ⟨āvī, ātum, āre 1.⟩ ||*Intens von* rapio||
1. gewaltsam fortschleppen, gewaltsam fortreißen, fortzerren; ***aliquem in crimina r.*** *fig* j-n zur Verantwortung ziehen
2. *(nachkl.) poet* rauben, plündern

raptor ⟨ōris⟩ *m* ||rapio|| Räuber, Entführer, Verführer; *auch adj* räuberisch; ***lupus r.*** räuberischer Wolf

raptum ⟨ī⟩ *n* ||rapio|| das Geraubte, Raub, Beute

raptus[1] ⟨a, um⟩ *PPP* → ***rapio***

raptus[2] ⟨ūs⟩ *m* ||rapio||
1. Ov. das Zerreißen, das Zerfleischen
2. Raub, Räuberei; ***r. frugum et pecorum*** Tac. Raub von Feldfrüchten und Vieh
3. Entführung

rapuī → ***rapio***

rāpulum ⟨ī⟩ *n* ||*Dim von* rapum|| kleine Rübe, kleiner Rettich

rāpum ⟨ī⟩ *n* Wurzelknolle, Rübe, Rettich

rārē-faciō ⟨fēcī, factum, facere 3.⟩ ||rarus|| Lucr. verdünnen, locker machen; *Passiv* locker werden

rārēscō ⟨-, -, ēscere 3.⟩ ||*Inkoh zu* rarus||
1. dünn werden, locker werden, sich auflösen; ***in aquas r.*** sich in Wasser auflösen
2. *fig* seltener werden; ***colles rarescunt*** die Hügel werden weniger

rāritās ⟨ātis⟩ *f* ||rarus||
1. Lockerheit, Durchlässigkeit, Weite
2. Seltenheit, geringe Zahl

▶ **rārus** ⟨a, um⟩ *Adj, Adv* ⟨rārē⟩ *u.* ⟨rārō⟩
1. *(nachkl.) poet* locker, dünn, lückenhaft, weit; ***umbra rara*** spärlicher Schatten; ***tunica rara*** Tunika aus dünnem Stoff; ***silva rara*** lichter Wald; ***retia rara*** weitmaschige Netze
2. vereinzelt; ***arbores rarae*** verstreut stehende Bäume
3. selten, spärlich, wenig; ***homo rari aditūs*** wenig zugänglicher Mensch; ***Caesar r. egressu*** Caesar, der selten ausgeht
4. *(nachkl.) poet* selten in seiner Art, ungewöhnlich, außerordentlich; ***quercus rara*** Eiche von seltener Pracht; ***indoles rarae*** außergewöhnliche Veranlagung

rāsī → ***rado***

rāsilis ⟨e⟩ *Adj* ||rado|| *(nachkl.) poet* glatt, poliert

rāsitō ⟨āvī, ātum, āre 1.⟩ ||*Intens von* rado|| *(nachkl.)* scheren, rasieren

rāstellus ⟨ī⟩ *m* ||*Dim von* raster|| *(vkl., nachkl.)* kleine Hacke

rāster ⟨trī⟩ *m (unkl.)* = ***rastrum***; ***mihi res ad rastros redit*** ich werde (wieder) zur Hacke greifen müssen = ich werde an den Bettelstab kommen

rāstrum ⟨ī⟩ *n (unkl.)* zweizinkige Hacke, mehrzinkige Hacke

rāsūra ⟨ae⟩ *f* ||rado|| *(nachkl.)* das Schaben, das Scheren, das Rasieren

rāsus ⟨a, um⟩ *PPP* → ***rado***

ratifico ⟨avi, atum, are 1.⟩ *(mlat.) einen Vertrag* ratifizieren, in Kraft setzen

ratiō ⟨ōnis⟩ *f* ||reor||

1. Rechnung, Berechnung
2. Rechenschaft
3. Verzeichnis, Liste
4. Summe, Zahl
5. geschäftlicher Umgang
6. Geldgeschäft
7. Angelegenheit, Sache
8. Verbindung, Beziehung
9. Kategorie, Gebiet
10. Erwägung, Berücksichtigung
11. Vorteil, Interesse
12. vernünftiges Denken, Überlegung
13. Vernunft, überlegener Geist
14. Methode
15. Denkart, Anschauungsweise
16. Beweggrund, Motiv
17. Beweisgrund
18. System
19. Theorie, theoretische Kenntnis

R

20. Lehrsatz, Grundsatz
21. Verfahren, Verhalten
22. Beschaffenheit, Zustand
23. Weg, Mittel

1. Rechnung, Berechnung; ***rationem inire*** eine Rechnung anstellen; ***rationem alicuius rei habere/inire*** etw berechnen; ***facilem rationem habere*** leicht zu berechnen sein; ***rationem conficere/computare/subducere*** eine Rechnung ausrechnen; ***in rationem inducere aliquid*** etw in Rechnung stellen; ***r. aeraria*** die Rechnung auf Kupferbasis; ***quantum in ratione est*** soviel sich berechnen lässt; ***petitionis tuae r. mihi semper fuit explorata*** *fig* ich war mir des Erfolgs deiner Bewerbung immer sicher
2. Rechenschaft, *oft fig*, *alicuius rei* über etw; ***rationem repetere ab aliquo*** Rechenschaft von j-m fordern; ***rationem reddere/persolvere alicui*** j-m Rechenschaft ablegen
3. Verzeichnis, Liste, Register
4. Summe, Zahl
5. geschäftlicher Umgang; ***alicui r./aliquid rationis cum aliquo est/intercedit*** j-d steht mit j-m in Geschäftsverbindung
6. Geldgeschäft; ***alicuius rationes explicare*** j-s Geldgeschäfte abwickeln; ***haec fides atque haec r. pecuniarum*** das hiesige Kredit- und Geldwesen
7. Angelegenheit, Sache; ***r. popularis*** Angelegenheit des Volkes; ***e ratione domestica esse*** dem Bereich der inneren Politik angehören
8. Verbindung, Beziehung; Verhältnis; Gesichtspunkt; ***rationem contrahere cum aliquo*** mit j-m in Verbindung treten; ***rationem habere cum aliquo*** mit j-m in Verbindung stehen, mit j-m zu tun haben; ***pacis r. est cum aliquo*** friedliche Beziehung mit j-m haben; ***pro ratione alicuius rei*** im Verhältnis zu etw; ***ex ratione annonae solvere*** nach dem Stand des Getreidepreises zahlen
9. Kategorie, Gebiet, Bereich; ***aliquid cadit in rationem utilitatis*** etw fällt in den Bereich der Nützlichkeit
10. Erwägung, Berücksichtigung, Beachtung, Sorge, *alicuius/alicuius rei* in Bezug auf j-n/etw, *ut* dass, + *indir Fragesatz* / + *AcI*; ***rationem habere/ducere alicuius rei*** auf j-n/etw Rücksicht nehmen; ***suam rationem ducere*** seinen Vorteil bedenken; ***sine ulla divina ratione*** ohne alle Rücksicht auf die Götter; ***est in aliquo r. rei publicae*** die Interessen des Staates sind j-m heilig; ***ad nostrorum annalium rationem*** in Hinblick auf unsere Geschichte
11. *Pl* Vorteil, Interesse
12. vernünftiges Denken, Überlegung; wissenschaftliches Problem; ***ratione/cum ratione*** mit Überlegung, mit Absicht; ***non sine summa ratione*** mit voller Überlegung; ***omnis opinio r. est*** alles Meinen ist Denken; ***in ratione versari*** Gegenstand der Überlegung sein; ***r. est*** + *Inf* es ist vernünftig
13. Vernunft, überlegener Geist; *von Sachen* das Vernünftige; ***nulla huiusce rei r. est*** diese Sache hat keinen Sinn
14. Methode; *Pl* Maßregeln Plan; ***ratione*** methodisch; ***r. et consilium*** planmäßige Überlegung; ***r. et distributio*** planmäßige Einteilung
15. Denkart, Anschauungsweise, Prinzip, Standpunkt; POL Richtung; *von Sachen* Tendenz; ***ab hac ratione dissentio*** mit diesem Standpunkt stimme ich nicht überein; ***una in causis r. est eius orationis, quae ad probandum argumentationem valet*** die zur Unterstützung der Beweisführung dienende Rede hat nur eine Tendenz
16. Beweggrund, Motiv; ***rationem reddere, cur*** den Grund angeben, warum; ***nullā ratione*** ohne allen Grund
17. Beweisgrund; Beweisführung; Schlussfolgerung; ***rationem concludere*** die Beweisführung abschließen
18. System, *bes* wissenschaftliches System, philosophisches System
19. Theorie, theoretische Kenntnis, wissenschaftliche Lehre, Wissenschaft, Schule; ***r. atque usus belli*** Theorie und Praxis des Krieges; ***sine ulla arte aut ratione*** ohne die Praxis und Theorie der Kunst zu kennen
20. Lehrsatz, Grundsatz, Meinung
21. Verfahren, Verhalten; ***omni ratione/omnibus rationibus*** auf jede Weise; ***qua ratione?*** wie?
22. Beschaffenheit, Zustand; ***r. pecuniarum*** finanzielle Verhältnisse; ***r. comitiorum*** Hergang bei den Komitien; ***r. Galliae*** die Lage Galliens
23. Weg, Mittel, Möglichkeit

ratiōcinātiō ⟨ōnis⟩ *f* ||ratiocinor||
1. vernünftige Überlegung, *bes* philosophischer Gedankengang
2. Schlussfolgerung

ratiōcinātīvus ⟨a, um⟩ *Adj* ||ratiocinor|| zur Schlussfolgerung gehörig

ratiōcinātor ⟨ōris⟩ *m* ||ratiocinor|| Rechnungsführer, Buchhalter; *fig* Berechner; ***boni ratiocinatores officiorum*** Cic. die ihre Pflichten gewissenhaft abwägen

ratiōcinor ⟨ātus sum, ārī 1.⟩ ||ratio||
1. berechnen, rechnen
2. (*unkl.*) *fig* überlegen, + *indir Fragesatz*; folgern, schließen, *abs od* + *indir Fragesatz*

ratiōnābilis ⟨e⟩ *Adj* ||ratio|| (*nachkl.*) vernünftig

ratiōnālis
I ⟨e⟩ *Adj*, *Adv* ⟨ratiōnāliter⟩ ||ratio||
1. Rechnungs…
2. syllogistisch, nach den Gesetzen der Schlussfolgerung
3. zur Vernunft gehörig; *Adv* vernünftig
II ⟨is⟩ *m* Rechnungsführer

ratiōnārium ⟨ī⟩ *n* ||ratio|| Suet. übersichtliches Verzeichnis; ***r. imperii*** Staatshaushaltsbuch

► **ratis** ⟨is⟩ *f* Floß, Kahn, Schiff; Fahrzeug; ***ratibus iungere flumen*** eine Schiffsbrücke über den Fluss schlagen

ratiuncula ⟨ae⟩ *f* ||*Dim von* ratio||
1. Com. kleine Rechnung
2. schwacher Grund
3. spitzfindiger Schluss

ratus[1] ⟨a, um⟩ *PPerf* → ***reor***

ratus[2] ⟨a, um⟩ *Adj* ||reor||
1. durch Rechnung bestimmt, berechnet; ***pro rata parte/pro rata*** verhältnismäßig; ***pro rata temporis***

R

(mlat.) auf den Tag genau
2. feststehend, sicher
3. gültig, rechtskräftig; in Erfüllung gehend; ***aliquid ratum habere/ducere/facere*** etw ratifizieren, etw in Kraft setzen; ***aliquid mihi ratum est*** ich genehmige etw; ***rata facere verba*** den Wunsch erfüllen
rauci-sonus ⟨a, um⟩ *Adj* ||raucus, sonus|| rau klingend, heiser klingend, dumpf tönend
raucus ⟨a, um⟩ *Adj, Adv* ⟨raucē⟩ heiser; *fig* dumpf tönend, dröhnend, kreischend, *bes von Tieren u. Blasinstrumenten*; ***postes rauci*** knarrende Tür
Raudius ⟨a, um⟩ *Adj* raudisch; ***Raudii campi*** raudische Ebene, *große Ebene bei Vercellae in Oberitalien, wo Marius 101 v. Chr. die Kimbern besiegte*
raudus ⟨eris⟩ *n (nachkl.)* rohes Erzstück; kleiner Geldbetrag
rausculum ⟨ī⟩ *n ||Dim von* raudus|| kleiner Betrag, kleine Schuld
Rauracī *u.* **Rauricī** ⟨ōrum⟩ *m kelt. Stamm um Basel, von Caesar besiegt*; ***Augusta Rauricorum*** *röm. Kolonie, heute Augst*
Ravenna ⟨ae⟩ *f Stadt an der Pomündung, Name erhalten*
Ravennās *Gen* ⟨ātis⟩ *Adj* aus Ravenna, zu Ravenna gehörig
Ravennās ⟨ātis⟩ *m* Einwohner von Ravenna
rāviō ⟨-, -, īre 4.⟩ ||ravis|| Plaut. sich heiser reden
ravis ⟨is⟩ *f* Plaut. Heiserkeit
rāvistellus ⟨ī⟩ *m* ||ravus|| Plaut. Graukopf
rāvus ⟨a, um⟩ *Adj* graugelb, fahl
re- *Präf, vor Vokalen red-*
1. zurück-; ***re-ducere*** zurückführen
2. wieder-; in den früheren Zustand, an die richtige Person; ***re-cognoscere*** wieder erkennen; ***re-stituere*** in den alten Stand zurückversetzen
3. entgegen-; ***re-sistere*** widerstehen
rea ⟨ae⟩ *f* ||reus|| Angeklagte
Rēa Ilia *od* **Rēa Silvia** ⟨ae⟩ *f Tochter des Albanerkönigs Numitor, Vestalin, von Mars Mutter von Romulus u. Remus*
realis ⟨e⟩ *Adj* ||res|| *(mlat.)* sachlich, wesentlich
reāpse *Adv* ||re ipsa|| in der Tat, in Wirklichkeit, wirklich
Reāte *n, nur Nom u. Akk alte Hauptstadt der Sabiner, heute Rieti*
Reātīnus ⟨a, um⟩ *Adj* aus Reate, zu Reate gehörig
Reātīnus ⟨ī⟩ *m* Einwohner von Reate
reātus ⟨ūs⟩ *m* ||reus|| Anklage(zu)stand, *auch* = ***reus***; *(spätl.)* Schuld
rebellātiō ⟨ōnis⟩ *f* ||rebello|| *(nachkl.)* = ***rebellio***
rebellātrīx *Gen* ⟨īcis⟩ *Adj* ||rebello|| den Krieg erneuernd, sich auflehnend, aufständisch
rebelles ⟨ium⟩ *m* ||rebellis|| Tac. die Aufständischen
► **rebelliō** ⟨ōnis⟩ *f* ||rebellis|| Erneuerung des Krieges *vonseiten der Besiegten*, Aufstand
rebellis ⟨e⟩ *Adj* ||rebello|| *(nachkl.)* aufständisch, rebellisch
re-bellō ⟨āvī, ātum, āre 1.⟩ *(nachkl.)* den Krieg erneuern, sich wieder erheben
re-bītō ⟨-, -, ere 3.⟩ Plaut. zurückkehren
re-boō ⟨-, -, āre 1.⟩ widerhallen; ***reboant silvae*** Echo hallt aus den Wäldern
rec. *Abk (mlat.)* = ***recipe*** nimm, *ärztliche Anweisung auf Rezepten*
re-calcitrō ⟨āvī, -, āre 1.⟩ *(nachkl.) poet von Pferden* nach hinten ausschlagen; *fig* sich nicht beikommen lassen
re-calefaciō ⟨fēcī, factum, facere 3.⟩ = ***recalfacio***
re-caleō ⟨-, -, ēre 2.⟩ Verg. *poet* wieder warm sein
re-calēscō ⟨caluī, -, calēscere 3.⟩ ||*Inkoh von* recaleo|| wieder warm werden
re-calfaciō ⟨fēcī, factum, facere 3.⟩ ||caleo|| wieder erwärmen; ***telum sanguine r.*** Ov. die Waffe durch Blut wieder erwärmen
re-calvus ⟨a, um⟩ *Adj* Plaut. mit hoher kahler Stirn
re-candēscō ⟨canduī, -, candēscere 3.⟩ wieder weiß werden; wieder (weiß) aufglühen
re-cantō ⟨-, -, āre 1.⟩
I *v/i* widerhallen
II *v/t*
1. widerrufen
2. wegzaubern
recāsūrus ⟨a, um⟩ *Part Fut* → ***recido***[1]
► **re-cēdō** ⟨cessī, cessum, cēdere 3.⟩
1. zurückweichen, sich zurückziehen, *abs od ab aliquo* von j-m, *a re/ex re/de re/re* von etw; ***in tergum r.*** rückwärts zurückweichen; ***a telo r.*** dem Geschoss ausweichen
2. *von Orten* zurücktreten; *Perf* entfernt liegen; ***longius a mari recedentia*** weiter vom Meer entfernt liegende Landstriche
3. zurücktreten, in den Hintergrund treten, *bes in der Malerei*
4. *(nachkl.) poet* weggehen, sich entfernen, entschwinden; ***r. in ventos*** sich in Luft auflösen
5. *fig* von *etw* abweichen, *etw* aufgeben, *a re/de re*; ***ab armis r.*** die Waffen niederlegen; ***a re publica r.*** sich von der Politik zurückziehen; ***a vita r.*** aus dem Leben scheiden, sich töten
6. *fig* verloren gehen, *ab aliquo* j-m
re-cellō ⟨-, -, ere 3.⟩ *(nachkl.) poet* zurückschnellen, zurückschlagen
recēns
I *Gen* ⟨entis⟩ *Adj, Adv* ⟨recenter⟩
1. soeben ankommend; ***r. Romā*** gerade aus Rom zurück
2. *fig* unmittelbar nach *etw*, frisch von *etw*, *a re/re*; ***Homerus r. ab illorum aetate fuit*** Homer lebte unmittelbar nach jenen; ***r. a vulnere*** mit frischer Wunde; ***r. a dolore*** noch schmerzbewegt; ***caede recentia vestigia*** noch frische Blutspuren; ***r. a partu*** eben geboren; ***r. victoriā*** gleich nach dem Sieg
3. *von den Kräften* frisch, ausgeruht, ungeschwächt; ***equi recentes*** ausgeruhte Pferde
4. *von Sachen* jung, neu, soeben entstanden; ***lac r.*** frische Milch; ***iniuria r.*** soeben zugefügtes Unrecht; ***anima r.*** eben vom Körper getrennte Seele; ***umbrae recentes*** Schatten von unlängst Verstorbenen
5. *von Personen* modern, der Neuzeit
II *Adv* eben erst, gerade; ***recens accepta calamitas*** soeben erlittene Niederlage; ***recentissime*** vor ganz kurzer Zeit
recēnseō ⟨cēnsuī, cēnsum⟩ *u.* ⟨cēnsītum, cēnsēre 2.⟩
1. durchzählen, mustern; ***exercitum r.*** das Heer mustern
2. *(nachkl.) vom Zensor* in die Liste eintragen

3. (*nachkl.*) *fig* in Gedanken durchgehen, durchdenken; *mit Worten* aufzählen
4. *von Gestirnen* die Bahn durchlaufen; ***signa recensuerat bis sol sua*** Ov. die Sonne hatte ihre Bahn zweimal durchlaufen

recēnsiō ⟨ōnis⟩ *f* ||recenseo||
1. Musterung *der Bürger durch den Zensor*, Volkszählung
2. Suet. berichtigende Durchsicht der Überlieferung *eines antiken Textes*

recēnsus ⟨ūs⟩ *m* ||recenseo|| Musterung *der Bürger durch den Zensor*

re-cēpī → ***recipio***

receptāculum ⟨ī⟩ *n* ||recepto||
1. Behälter, *alicuius rei / alicui rei* für etw
2. Magazin, Stapelplatz
3. *fig* Zufluchtsort, Sammelplatz; Abzugskanal *für Wasser*, ***alicui receptaculo esse*** j-m als Zufluchtsort dienen

receptiō ⟨ōnis⟩ *f* ||recipio|| (Plaut., *spätl.*) Aufnahme

receptō ⟨āvī, ātum, āre 1.⟩ ||*Intens von* recipio||
1. (*vkl.*) rasch zurückziehen; ***se r.*** sich zurückziehen
2. wieder aufnehmen
3. (*vkl., nachkl.*) oft bei sich aufnehmen

receptor ⟨ōris⟩ *m* ||recipio|| Tac.
1. Hehler
2. Wiedereroberer

receptrīx ⟨īcis⟩ *f* ||receptor|| Hehlerin

receptum ⟨ī⟩ *n* ||recipio|| Verpflichtung, Garantie

receptus[1] ⟨a, um⟩ *Adj* ||recipio|| (*nachkl.*) allgemein angenommen

receptus[2] ⟨ūs⟩ *m* ||recipio||
1. Rücknahme, das Zurücknehmen, das Zurückziehen
2. MIL Rückzug; ***receptui canere*** zum Rückzug blasen; ***cecinit receptui*** man gab das Signal zum Rückzug
3. *meton* Möglichkeit des Rückzugs
4. *fig* Zuflucht
5. Liv. *fig* Rücktritt

re-ceptus[3] ⟨a, um⟩ *PPP* → ***recipio***

re-cessī → ***recedo***

recessim *Adv* ||recedo|| Plaut. rückwärts

re-cessum *PPP* → ***recedo***

recessus ⟨ūs⟩ *m* ||recedo||
1. das Zurückgehen, das Zurückweichen; ***r. avium*** Rückkehr der Vögel; ***aestuum accessus et r.*** Flut und Ebbe
2. MIL Rückzug; *fig* das Zurückweichen, Abneigung
3. das Entweichen
4. *meton* Zurückgezogenheit, Einsamkeit
5. Tac. *meton* entfernte Lage; (Verg., Ov.) entlegener Ort; *pej* Schlupfwinkel, Versteck
6. *fig* Winkel, Falte
7. *fig bei Gemälden* Hintergrund; ***umbra aliqua et r.*** dunkler Hintergrund

re-charmidō ⟨-, -, āre 1.⟩ Plaut. den Namen Charmides wieder ablegen

re-cidī[1] → ***recido[1]***

re-cīdī[2] → ***recido[2]***

recidīvus ⟨a, um⟩ *Adj* ||recido[1]|| (*nachkl.*) *poet* rückfällig; *fig* wieder erstehend

re-cidō[1] ⟨cidī, cāsūrus, cidere 3.⟩ ||cado||
1. zurückfallen, zurückschnellen; ***ramus in oculum recidit*** der Zweig schnellt ins Auge
2. *fig von Personen* einen Rückfall erleiden, wieder in einen Zustand geraten
3. zurückfallen, *ad aliquem* an j-n; ***omnis potentatus ad Romulum recidit*** alle Macht fällt an Romulus zurück
4. auf *j-n* zurückfallen, *j-n* treffen, *ad aliquem / in aliquem*; ***poena recidit ad eum*** die Strafe trifft ihn ebenfalls
5. (*nachkl.*) *fig* herabsinken, verfallen; ***ad nihilum / ad nihil r.*** zunichte werden
6. hinfallen; ***humi recidens*** zu Boden fallend
7. *fig* in *etw* geraten, *einer Sache* anheimfallen, *in aliquid / ad aliquid*; ***ad ludibrium r.*** dem Gespött anheimfallen
8. *in eine Zeit* fallen
9. (*vkl., nachkl.*) *als Eigentum* zufallen, *ad aliquem* j-m

re-cīdō[2] ⟨cīdī, cīsum, cīdere 3.⟩ ||caedo||
1. (*nachkl.*) *poet* abhauen, abschneiden; ***sceptrum de stirpe recisum*** Verg. das vom Stamm gehauene Zepter
2. beschneiden, stutzen; *fig* beschränken, verkürzen
3. *fig* beseitigen

re-cingō ⟨cinxī, cinctum, cingere 3.⟩ (*spätl.*) entgürten, losgürten, lösen; *Passiv* sich ausziehen, *etw* ablegen; ***tunica recincta*** frei herabwallende Tunika; ***recingitur anguem*** (*griech. Akk*) sie legt die Schlange ab, *mit der sie gegürtet ist*

re-cinō ⟨-, -, ere 3.⟩ ||cano||
I *v/i* widerhallen; ***parra recinens*** krächzende Schleiereule
II *v/t*
1. widerhallen lassen, nachbeten; ***dictata r.*** Worte nachbeten
2. im Wechselgesang preisen

recipe (*mlat.*) → ***recipio***

reciper... = ***recuper...***

re-cipiō ⟨cēpī, ceptum, cipere 3.⟩ ||capio||

1. zurücknehmen, zurückziehen
2. zurücknehmen, zurückgehen lassen
3. sich zurückziehen, zurückgehen
4. wieder an sich ziehen
5. herabstimmen
6. zurückbehalten, sich vorbehalten
7. retten, befreien
8. wiedererhalten, wiedererobern
9. sich erholen, wieder Mut fassen
10. wieder an sich nehmen
11. annehmen, in sich aufnehmen
12. einnehmen, erobern
13. aufnehmen
14. an sich ziehen
15. aufnehmen
16. eine Klage zulassen
17. gestatten, gelten lassen
18. als Verpflichtung auf sich nehmen
19. zusagen

1. zurücknehmen, zurückziehen, zurückholen, zurückbringen, zurückführen; ***ensem r.*** das Schwert

wieder herausziehen; ***ad limina gressum r.*** zur Tür zurückgehen
2. zurücknehmen, zurückgehen lassen; ***signum recipiendi dare*** das Signal zum Rückzug geben
3. ***se r.*** sich zurückziehen, zurückgehen, zurückkehren; sich zurückwenden; ***se in castra r.*** sich ins Lager zurückziehen
4. wieder an sich ziehen
5. herabstimmen, ***vocem*** den Ton
6. *beim Kauf* zurückbehalten, sich vorbehalten, *sibi aliquid* sich etw
7. (*nachkl.*) *poet* retten, befreien, *aliquem ex re* j-n aus etw
8. wiedererhalten, wiedererobern; ***urbs antiquam frequentiam recepit*** die Stadt erlangte die alte Einwohnerzahl wieder; ***animum r.*** wieder zur Besinnung kommen, wieder Mut bekommen
9. ***se r.*** sich erholen, wieder Mut fassen, *ex re* von etw, nach etw
10. wieder an sich nehmen; wieder aufnehmen; ***reges r.*** die Könige im Staat wieder aufnehmen
11. annehmen, in sich aufnehmen; ***ferrum r.*** den Todesstoß empfangen; ***a latere tela r.*** den Geschossen ausgesetzt sein; ***detrimenta r.*** Niederlagen erleiden
12. einnehmen, erobern; *Geld* einnehmen; ***poenas ab aliquo r.*** j-n bestrafen
13. aufnehmen, ***aliquem urbe/in urbem*** j-n in der Stadt; ***r. aliquem sinu gremioque*** j-n mit offenen Armen aufnehmen; ***aliquem sessum r.*** j-n Platz nehmen lassen
14. *Truppen* an sich ziehen
15. *in einen Stand* aufnehmen, *aliquem in aliquid* j-n in etw; in den Kanon der Klassiker aufnehmen; ***in fidem r.*** in Schutz nehmen; ***in servitutem r.*** als Sklaven aufnehmen
16. *vom Prätor* eine Klage zulassen; ***nomen alicuius r.*** eine Klage gegen j-n zulassen; ***aliquem reum/inter reos r.*** j-n in den Anklagestand versetzen
17. gestatten, gelten lassen; ***timor recipit misericordiam*** die Furcht lässt Mitleid aufkommen
18. als Verpflichtung auf sich nehmen, übernehmen, *aliquid in se* etw auf sich
19. *etw* zusagen, *etw* versprechen, für *etw* bürgen, *aliquid/de re, + AcI*; ***alicui fidem r.*** j-m die heilige Versicherung geben
20. ***recipe*** (*mlat.*) nimm, *ärztliche Anweisung auf Rezepten*

reciprocō ⟨āvī, ātum, āre 1.⟩ ||*Denom von* reciprocus||
I *v/t*
1. hin und her bewegen; ***animam r.*** Liv. ein- und ausatmen
2. *Passiv* zurückfließen; in Wechselwirkung stehen
II *v/i* hin- und zurückfließen; ***fretum reciprocat*** die Strömung fließt hin und zurück; ***in reciprocando mari*** bei dem regelmäßigen Wechsel von Ebbe und Flut

reciprocus ⟨a, um⟩ *Adj, Adv* ⟨reciprocē⟩ auf dem gleichen Weg zurücktretend, zurückfließend; ***mare reciprocum*** Ebbe

recīsus[1] ⟨a, um⟩ *Adj* ||recido[2]|| abgekürzt, kurz gefasst

re-cīsus[2] ⟨a, um⟩ *PPP* → ***recido***[2]

recitātiō ⟨ōnis⟩ *f* ||recito||
1. das Verlesen *von Dokumenten*
2. (Plin., Tac.) Vortrag *literarischer Werke*

recitātor ⟨ōris⟩ *m* ||recito|| Vorleser *von Dokumenten od eigener Werke*

► **re-citō** ⟨āvī, ātum, āre 1.⟩
1. *Dokumente* vorlesen, verlesen, ***aliquid*** etw, *+ dopp. Akk / + indir Fragesatz*; ***senatum r.*** die Senatorenliste verlesen; ***epistulam saepe r.*** sich wiederholt auf einen Brief berufen; ***sacramentum r.*** die Eidesformel vorsprechen
2. (*eigene*) *Werke* vorlesen
3. *vom Schauspieler* vortragen, rezitieren

reclāmātiō ⟨ōnis⟩ *f* ||reclamo||
1. Zuruf; Missfallensäußerung, Widerspruch
2. (*mlat.*) Einspruch, Reklamation

reclāmitō ⟨-, -, āre 1.⟩ ||*Intens von* reclamo|| laut widersprechen; *fig* sich sträuben, *alicui rei* gegen etw

re-clāmō ⟨āvī, ātum, āre 1.⟩
1. dagegen schreien, laut zurufen, *abs od alicui* j-m, *+ AcI, ut/ne* dass/dass nicht
2. laut einwenden, laut Widerspruch erheben, *abs od alicui/alicui rei* gegen j-n/gegen etw
3. laut widerhallen

reclīnis ⟨e⟩ *Adj* ||reclino|| (*nachkl.*) *poet* zurückgelehnt, rückwärts gebogen, *re* mit etw

re-clīnō ⟨āvī, ātum, āre 1.⟩
I *v/t*
1. zurücklehnen, nach rückwärts biegen
2. ***r. in aliquem*** Sen. *fig* auf j-s Schultern legen
3. erfrischen
II *v/i* (*spätl.*) = ***concumbo***

re-clūdō ⟨clūsī, clūsum, clūdere 3.⟩ ||claudo|| (*unkl.*)
1. wieder aufschließen, erschließen, öffnen, eröffnen; ***portam r.*** die Tür öffnen; ***ensem r.*** *fig* das Schwert entblößen; ***iugulum mucrone r.*** die Kehle durchbohren; ***nebulas r.*** die Nebel zerstreuen; ***humum r.*** den Boden aufgraben
2. *fig* enthüllen, offenbaren
3. (*spätl.*) einschließen, *auch* verschließen; ***pecuniam in arcam r.*** Geld in der Kasse einschließen

recōgitō ⟨āvī, ātum, āre 1.⟩ (*vkl., nachkl.*)
1. bei sich überdenken
2. wieder an *etw* denken, *de re*

recognitiō ⟨ōnis⟩ *f* ||recognosco||
1. das Wiedererkennen; ***mutuā recognitione factā*** nach gegenseitigem Wiedererkennen
2. Besichtigung, Musterung; ***r. sui*** Selbstprüfung

re-cognōscō ⟨nōvī, nitum, nōscere 3.⟩
1. wieder erkennen, *aliquid re/ex re* etw an etw; ***res r.*** etw als sein Eigentum wieder erkennen
2. sich wieder erinnern, *abs od aliquid* an etw, *aliquem* an j-s Charakter
3. mustern, untersuchen, *bes Schriftstücke*; ***decretum r.*** einen Erlass prüfend durchsehen

re-colligō ⟨lēgī, lēctum, ligere 3.⟩ (*nachkl.*) wieder einsammeln, wiedergewinnen, wieder zusammenraffen; ***hastam r.*** die Lanze wieder ergreifen; ***se r.*** Ov. sich fassen, wieder Mut bekommen, sich von einer Krankheit erholen; ***actionem r.*** eine Handlung aus dem Gedächtnis niederschreiben

re-colō ⟨coluī, cultum, colere 3.⟩
1. wieder anbauen, wieder bearbeiten; ***terram r.*** das Land wieder bebauen

2. *fig* wieder besuchen
3. *fig* von Neuem pflegen
4. wiederherstellen, erneuern, ***imagines subversas*** die zerstörten Bilder
5. Tac. wieder schmücken, wieder bekleiden; ***adulescentulos paternis sacerdotiis r.*** Tac. die jungen Männer mit der Priesterwürde ihrer Väter bekleiden
6. nochmals überdenken

re-commentor ⟨ātus sum, ārī 1.⟩ Plaut. sich ins Gedächtnis zurückrufen
re-comminīscor ⟨-, minīscī 3.⟩ sich wieder erinnern
re-compōnō ⟨posuī, pōsitum, pōnere 3.⟩ (*nachkl.*) (wieder) ordnen; *fig* wieder besänftigen
reconciliātiō ⟨ōnis⟩ *f* ||reconcilio|| Wiederherstellung, *bes* Versöhnung
reconciliātor ⟨ōris⟩ *m* ||reconcilio|| der wiederherstellt, *alicuius rei* etw; ***r. pacis*** Friedensstifter
re-conciliō ⟨āvī, ātum, āre 1.⟩
1. wiederherstellen, ***concordiam*** die Eintracht
2. *Feindliches* wieder vereinen, versöhnen, *aliquem alicui / cum aliquo* j-n mit j-m; ***militum animos imperatori r.*** die Soldaten mit ihrem Feldherrn aussöhnen
3. wiedergewinnen, wieder verschaffen; ***Parum insulam oratione r.*** die Insel Paros durch Verhandlungen wiedergewinnen

re-concinnō ⟨-, -, āre 1.⟩ wieder zurechtmachen, wieder ausbessern
reconditus ⟨a, um⟩ *Adj* ||recondo||
1. versteckt, verborgen; ***aliquid reconditum habere*** etw versteckt halten
2. entfernt, entlegen
3. *fig* verborgen, geheim
4. *fig vom Charakter* zurückhaltend, verschlossen
5. Suet. *fig* veraltet

re-condō ⟨condidī, conditum, condere 3.⟩
1. *an seinen Ort* zurückbringen; ***gladium in vaginam r.*** das Schwert wieder in die Scheide stecken
2. ***oculos r.*** die Augen wieder schließen
3. aufbewahren, verwahren; ***verba alicuius r.*** *fig* j-s Worte im Gedächtnis bewahren
4. verstecken, verheimlichen; ***aliquid nube r.*** etw durch eine Wolke verhüllen
5. *eine Waffe* tief hineinstoßen

re-condūcō ⟨dūxī, ductum, dūcere 3.⟩ (*nachkl.*) gegen Entgelt mieten
re-cōnflō ⟨-, -, āre 1.⟩ Lucr. wieder anfachen
re-coquō ⟨coxī, coctum, coquere 3.⟩
1. wieder kochen, umkochen; durch Kochen verjüngen
2. (*nachkl.*) *fig* umschmelzen, umschmieden, läutern; *hum* verwandeln; ***scriba ex quinqueviro recoctus*** Hor. vom Fünfmann zum Schreiber verwandelt

recordātiō ⟨ōnis⟩ *f* ||recordor|| Erinnerung, *alicuius* j-s *od* an j-n, *alicuius rei* an etw
re-cordor ⟨ātus sum, ārī 1.⟩ ||cor||
1. sich an *etw* erinnern, *aliquid*
2. bedenken, beherzigen, *aliquid / alicuius rei / de re* etw, + *AcI* / + *indir Fragesatz*

re-corrigō ⟨corrēxī, -, corrigere 3.⟩ (*nachkl.*) wieder gerade richten, wieder aufrichten, verbessern
▶ **re-creō** ⟨āvī, ātum, āre 1.⟩
1. (*unkl.*) von Neuem schaffen, wiedererzeugen
2. *fig* wieder beleben, erfrischen; *Passiv u.* ***se r.*** sich erholen; ***e morbo recreari / se r.*** sich von der Krankheit erholen

re-crepō ⟨-, -, āre 1.⟩
I *v/i* widerhallen; immer wieder ertönen
II *v/t* widerhallen lassen

re-crēscō ⟨crēvī, crētum, crēscere 3.⟩ (*nachkl.*) *poet* wieder wachsen
recrūdēscō ⟨crūduī, -, crūdēscere 3.⟩
1. *von Wunden* wieder aufbrechen
2. (*nachkl.*) *fig* wieder ausbrechen, wieder entbrennen; ***pugna recrudescit*** der Kampf entbrennt von Neuem

rēctā *Adv* ||rectus|| (*erg* ***viā***) geradewegs
rēctē *Adv* ||rectus||
1. geradeaus
2. recht, richtig
3. günstig, gut, sicher, gefahrlos; ***recte procedit alicui*** j-d hat Erfolg
4. Plaut. *beim Verkauf* gut, teuer; ***recte vendere*** teuer verkaufen
5. *bei Antworten* richtig, gut; schon gut

rēctiō ⟨ōnis⟩ *f* ||rego|| Lenkung, Leitung, Regierung
rēctor ⟨ōris⟩ *m* ||rego|| Lenker, Leiter, *alicuius / alicui* j-s; ***r. navis*** Steuermann; ***r. equi*** Reiter; ***r. iuventae*** Erzieher; ***r. Syriae*** Statthalter von Syrien; ***r. copiis*** Feldherr
rēctrīx ⟨īcis⟩ *f* ||rector|| (*nachkl.*) Lenkerin, Leiterin
rēctum ⟨ī⟩ *n* ||rectus||
1. das Gute, das Tugendhafte
2. Mastdarm
3. das Rechte, das Richtige, das Vernünftige

rēctus[1] ⟨a, um⟩ *PPP* → ***rego***
▶ **rēctus**[2] ⟨a, um⟩ *Adj*, *Adv* → ***recte***
1. gerade; ***curvo dignoscere rectum*** Hor. das Gerade vom Krummen unterscheiden
2. in gerader Richtung, geradeaus; ***ostium rectum*** Vordertür; ***oculi recti / acies recta*** unverwandter Blick; ***rectā regione fluminis*** parallel zum Fluss; ***recto litore*** in gerader Richtung an der Küste entlang; ***pedes recti*** nach vorwärts gerichtete Füße; ***in rectum*** geradeaus; ***rectā fronte*** mit der Vorderseite geradeaus
3. aufrecht, senkrecht; ***saxa recta*** Liv. senkrechte Felsen; ***intestinum rectum*** Mastdarm
4. *fig* ungebeugt, ruhig
5. *fig* richtig, der Regel entsprechend, fehlerfrei; ***nomina recta*** sichere Schuldposten; ***rectum est*** es schickt sich, es gehört sich, + *Inf* / + *AcI*; ***rectius erit*** es wird richtiger sein, + *Inf*
6. *fig* schlicht, einfach
7. *fig* rechtschaffen, sittlich gut
8. Quint. MUS nicht von der Tonleiter abweichend
9. ***casus r.*** (*vkl.*, *nachkl.*) GRAM Nominativ

re-cubō ⟨uī, -, āre 1.⟩ auf dem Rücken liegen, ausruhen
re-cubuī → ***recubo*** *u.* → ***recumbo***
rēcula ⟨ae⟩ *f* ||*Dim von* res|| geringe Habe
recumbō ⟨cubuī, -, cumbere 3.⟩
1. *von Personen* sich zurücklehnen, sich niederlegen, *re / in re* auf etw, in etw; ***in herba r.*** sich ins Gras legen; ***qui proximus recumbat*** Tischnachbar
2. *von Leblosem* sich senken; ***nebulae campo re-***

cumbunt die Nebel senken sich auf das Feld
3. sich anlehnen, *alicui rei* an etw

recuperātiō ⟨ōnis⟩ *f* ||recupero|| Wiedererlangung; Wiedergutmachung; ***r. libertatis*** Wiedererlangung der Freiheit

recuperātor ⟨ōris⟩ *m* ||recupero||
1. Tac. Wiedereroberer
2. JUR Richter in Ersatzfragen; *Pl* Kollegium der Richter in Ersatzfragen, *Gremium mit 3 bis 5 Mitgliedern, die urspr. zwischenstaatliche Verfahren zur Wiedergutmachung von Kriegsschäden, später auch zivilrechtliche Verfahren mit dem Ziel der schnellen Erledigung durchführten*

recuperātōrius ⟨a, um⟩ *Adj* ||recuperator|| zum Gremium der recuperatores gehörig, zu den Richtern in Ersatzfragen gehörig

re-cuperō ⟨āvī, ātum, āre 1.⟩ wiedererlangen, zurückgewinnen; *j-s* Zuneigung wiedergewinnen, *aliquem*; ***rem publicam r.*** die Macht im Staat wiedererlangen; ***Pelopidam r.*** den Pelopidas aus der Gefangenschaft befreien

re-cūrō ⟨āvī, ātum, āre 1.⟩ Catul. wieder heilen

re-currō ⟨currī⟩ *u.* ⟨cucurrī, cursum, currere 3.⟩
1. *von Personen u. Sachen* zurücklaufen, zurückeilen, wiederkehren
2. *fig* auf *etw* zurückkommen
3. Quint. *fig* seine Zuflucht nehmen, *ad aliquem / ad aliquid* zu j-m / zu etw

recursō ⟨-, -, āre 1.⟩ ||*Intens von* recurro|| *(nachkl.) poet* zurücklaufen, zurückeilen, zurückkehren; ***cura recursat*** die Sorge erwacht von Neuem

re-cursum *PPP* → ***recurro***

recursus ⟨ūs⟩ *m* ||recurro|| *(nachkl.) poet* Rücklauf, Rückkehr, Rückfahrt; ***r. pelagi*** Ebbe

re-curvō ⟨āvī, ātum, āre 1.⟩ *(nachkl.) poet* zurückbeugen, rückwärts sich schlängeln; ***aquas in caput r.*** das Wasser zur Quelle zurückfließen lassen

recurvus ⟨a, um⟩ *Adj* ||recurvo|| *(nachkl.) poet* rückwärts gebogen; ***cornu recurvum*** nach hinten gebogenes Horn; ***recurva aera*** Angel

recūsātiō ⟨ōnis⟩ *f* ||recuso||
1. Ablehnung, Weigerung
2. JUR Einspruch, Protest, *auch als Teil der Verteidigungsrede*

▶ **re-cūsō** ⟨āvī, ātum, āre 1.⟩ ||*Denom von* causa||
1. *mit Gründen* zurückweisen, ablehnen, sich weigern, *abs od aliquid* etw, *de re* in Hinblick auf etw, + *Inf* / + *AcI*, *ne / quominus* dass, *nach Verneinung quin*
2. JUR Einspruch erheben, protestieren

re-cutiō ⟨cussī, cussum, cutere 3.⟩ ||quatio|| *(nachkl.) poet* zurückschlagen, erschüttern

re-cutītus ⟨a, um⟩ *Adj* ||cutis|| *(nachkl.) an der Vorhaut* beschnitten; *fig* glatt geschoren

rēda ⟨ae⟩ *f* = ***raeda***

red-āctus ⟨a, um⟩ *PPP* → ***redigo***

red-ambulō ⟨-, -, āre 1.⟩ Plaut. zurückkommen

red-amō ⟨-, -, āre 1.⟩ *j-n* wieder lieben, *j-s* Liebe erwidern, *aliquem*

red-ārdēscō ⟨-, -, ēscere 3.⟩ Ov. wieder auflodern

red-arguō ⟨arguī, argūtum, arguere 3.⟩ widerlegen, Lügen strafen

rēdārius ⟨ī⟩ *m* = ***raedarius***

red-auspicō ⟨-, -, āre 1.⟩ Plaut. *hum* zurückkehren

red-didī → ***reddo***

redditiō ⟨ōnis⟩ *f* ||reddo|| Quint. RHET Nachsatz

red-dō ⟨didī, ditum, dere 3.⟩

1. zurückstellen, zurückbringen
2. zurückgeben
3. wieder zum Vorschein bringen
4. vortragen, aufsagen
5. zurückgeben
6. als Gegenleistung geben, erstatten
7. ersetzen
8. vergelten
9. bezahlen
10. erfüllen
11. leiden, büßen
12. abliefern, zustellen
13. zugestehen, erteilen
14. von sich geben, ausstoßen
15. erwidern, antworten
16. nachahmen, nachbilden
17. übersetzen

1. zurückstellen, zurückbringen; *Passiv u.* ***se r.*** zurückkehren, *alicui rei* zu etw; ***oculis se r.*** sich wieder zeigen; ***Teucrum se iterum in arma r.*** sich den Waffen der Trojaner wieder entgegenstellen
2. zurückgeben, *alicui aliquid* j-m etw; ***terram naturae r.*** dem Land seine natürliche Gestalt wiedergeben; ***maioribus reddi*** durch den Tod zu seinen Vorfahren geschickt werden
3. *fig* wieder zum Vorschein bringen; ***quies mentem reddit*** die Ruhe bringt die Besinnung wieder; *Passiv* wieder zum Vorschein kommen
4. *aus dem Kopf* vortragen, aufsagen; berichten, erzählen; ***verba male r.*** die Wörter schlecht aussprechen
5. *in verändertem Zustand* zurückgeben, zu *etw* machen, + *dopp. Akk*; ***aliquem suum r.*** j-n zu seinem Anhänger machen
6. als Gegenleistung geben, erstatten, *alicui aliquid* j-m etw, *aliquid pro re* etw für etw; zum Dank erweisen; ***gratiam r.*** Dank abstatten; ***hanc vicem saevitiae r.*** die Grausamkeit so vergelten
7. ersetzen
8. vergelten, *alicui aliquid* j-m etw
9. bezahlen; ***debitum r.*** Schulden bezahlen
10. *Versprechen* erfüllen
11. *Strafe* leiden, büßen
12. abliefern, zustellen, übergeben, *alicui aliquid* j-m etw; zukommen lassen, gewähren; ***alicui rationem r.*** j-m Rechenschaft ablegen; ***ius / iura r.*** Recht sprechen; ***iudicium r.*** eine gerichtliche Untersuchung anstellen
13. zugestehen, erteilen, *alicui aliquid* j-m etw
14. von sich geben, ausstoßen; ***animam r.*** die Seele aushauchen, sterben
15. erwidern, antworten; ***mutua dicta r.*** Worte wechseln
16. *(nachkl.)* nachahmen, nachbilden, darstellen; ***fulgorem auri r.*** wie Gold glänzen; ***qui te nomine reddet*** der den gleichen Namen haben wird wie du
17. übersetzen

red-ēgī → ***redigo***

red-ēmī → ***redimo***

R

redēmptiō ⟨ōnis⟩ *f* ||redimo||
1. (*nachkl.*) Loskauf; ***r. captivorum*** Freikauf der Gefangenen; ***r. sacramenti*** Loskauf vom Kriegsdienst
2. Bestechung
3. Pacht
4. (*mlat.*) Erlösung; ***r. veniarum*** Ablasskauf
redēmptō ⟨-, -, āre 1.⟩ ||*Freq von* redimo|| Tac. loskaufen
redēmptor ⟨ōris⟩ *m* ||redimo||
1. Unternehmer; Lieferant
2. Pächter
3. der einen Gefangenen loskauft
4. (*eccl.*) Erlöser
redēmptūra ⟨ae⟩ *f* ||redimo|| Liv. Übernahme; Pachtung; ***redempturis augere patrimonia*** durch Staatsaufträge sein Vermögen vergrößern
redēmptus ⟨a, um⟩ *PPP* → ***redimo***
red-eō ⟨iī, itum, īre 0.⟩

1. zurückgehen, zurückkehren
2. wieder zu sich kommen
3. wieder zurückkommen
4. einkommen
5. gehen, kommen
6. anheimfallen

1. zurückgehen, zurückkehren, zurückkommen, heimkommen; *von Sachen* wiederkehren; ***in viam r.*** auf den rechten Weg zurückkehren; ***ad vestitum suum r.*** die Trauer ablegen; ***res redierunt*** die öffentlichen Verhandlungen haben wieder begonnen; ***astra redeunt*** die Sterne gehen wieder auf
2. ***ad se r.*** *fig* wieder zu sich kommen; ***in sese r.*** seine alte Gestalt wieder annehmen; ***ad officium r.*** sich wieder der Pflicht unterwerfen; ***in gratiam cum aliquo r.*** sich mit j-m aussöhnen; ***in memoriam r. alicuius/alicuius rei*** zurückdenken an j-n/an etw
3. *fig in der Rede* wieder zurückkommen, *ad aliquid/ad aliquem* auf etw/auf j-n
4. *von Erträgen* einkommen
5. *fig* gehen, kommen; ***ad gladios r.*** zu den Schwertern greifen; ***ad manus reditur*** es kommt zum Handgemenge; ***Caesar ad duas legiones redierat*** Caesar musste sich mit zwei Legionen begnügen; ***res in eum locum rediit, ut*** es kam dahin, dass; ***res ad interregnum rediit*** es kam zu einem Interregnum; ***omnia haec verba huc redeunt*** alle Worte laufen darauf hinaus
6. *j-m* anheimfallen, auf *j-n* übergehen, *ad aliquem*; ***res ad patres rediit*** die Regierung ging auf die Patrizier über
red-hālō ⟨-, -, āre 1.⟩ Lucr. zurückdampfen
red-hibeō ⟨uī, itum, ēre 2.⟩ ||habeo||
1. (*nachkl.*) wiedergeben, erstatten
2. *etw Mangelhaftes* zurückgeben
3. Plaut. *etw Mangelhaftes* zurücknehmen
redhibitiō ⟨ōnis⟩ *f* ||redhibeo|| (*nachkl.*)
1. Rückgabe *einer mangelhaften Ware*
2. Rücknahme *einer mangelhaften Ware*
red-igō ⟨ēgī, āctum, igere 3.⟩ ||ago||

1. zurücktreiben, zurückjagen
2. zurückbringen
3. eintreiben, einziehen
4. versetzen
5. in den Kanon der Klassiker aufnehmen
6. herabsetzen, beschränken

1. (*nachkl.*) *poet* zurücktreiben, zurückjagen, zurückbringen; ***hostem in castra r.*** den Feind ins Lager zurücktreiben
2. *fig* zurückbringen; ***aliquid in memoriam r. alicuius*** j-m etw ins Gedächtnis zurückrufen; ***homines in gratiam r.*** die Männer wieder aussöhnen
3. *Geld* eintreiben, einziehen, einnehmen; ***pecuniam in publicum r.*** den Erlös in die Staatskasse einzahlen; ***praeda ad quaestorem redacta est*** die Beute floss in die Kasse des Quästors; ***praedam in fiscum r.*** die Beute konfiszieren; ***aliquid penes aliquem r.*** etw in j-s Hände liefern
4. *in einen Zustand* versetzen, zu *etw* machen; ***Galliam sub potestatem/in potestatem r.*** Gallien in seine Gewalt bringen; ***Galliam in provinciam/in formam provinciae r.*** Gallien zur Provinz machen; ***aliquem ad bene dicendum r.*** j-n zum guten Sprechen zwingen; ***congeriem in membra r.*** die Masse gliedern; ***aliquid ad vanum/ad irritum r.*** etw vereiteln; ***aliquid ad certum r.*** etw zur Gewissheit erheben
5. Quint. in den Kanon der Klassiker aufnehmen
6. herabsetzen, beschränken, reduzieren; *Passiv* herunterkommen; ***ex sescentis ad tres senatores redegi*** von sechshundert auf drei Senatoren zurückgehen
red-iī → ***redeo***
redimentum ⟨ī⟩ *n* (*mlat.*) Heiratsbeschränkung *für Leibeigene*
redimīculum ⟨ī⟩ *n* ||redimio||
1. Schmuckband; Stirnband, Halskette
2. Plaut. Band, Bindemittel
redimiō ⟨iī, ītum, īre 4.⟩ umbinden, umwinden, bekränzen, *aliquem re* j-n mit etw; ***redimitus arundine crines*** das Haar mit Schilf bekränzt
▶ **red-imō** ⟨ēmī, ēmptum, imere 3.⟩ ||emo||
1. zurückkaufen, ***domum*** ein Haus
2. loskaufen; ***pecuniā se a iudicibus r.*** sich mit Geld vor Gericht loskaufen
3. *fig* abwenden, beseitigen
4. retten, erlösen; ***aliquem ab Acheronte sanguine suo*** j-n durch sein Blut vor der Unterwelt retten
5. erkaufen, kaufen; *fig* erlangen, gewinnen; ***pacem datis obsidibus r.*** den Frieden durch das Stellen von Geiseln erlangen
6. *öffentliche Einkünfte* pachten
7. *die Ausführung einer Arbeit* gegen Bezahlung übernehmen; ***fabricandam navem r.*** den Bau eines Schiffes gegen Bezahlung übernehmen
red-integrō ⟨āvī, ātum, āre 1.⟩
1. wieder ergänzen, ***deminutas copias*** die zusammengeschmolzenen Truppen
2. wiederherstellen, erneuern
3. *fig* wieder auffrischen, wieder beleben
red-ipīscor ⟨-, ipīscī 3.⟩ ||apiscor|| wiedererlangen
red-īre → ***redeo***
reditiō ⟨ōnis⟩ *f* ||redeo|| Rückkehr; ***domum r.*** Rück-

R

kehr nach Hause

red-itum *PPP* → ***redeo***

▶ **reditus** ⟨ūs⟩ *m* ||redeo||

1. Rückkehr, Heimkehr; *meton* Möglichkeit zur Rückkehr, Versuch der Rückkehr; ***reditu intercludi*** von der Rückkehr abgeschnitten werden

2. Kreislauf *der Gestirne*; ***annum solis reditu metiri*** das Jahr am Umlauf der Sonne messen

3. (*nachkl.*) Einkommen, Einkünfte; ***r. pecuniae*** Einkommen an Geld

redivia ⟨ae⟩ *f* = ***reduvia***

redivīvum ⟨ī⟩ *n* ||redivivus|| altes Baumaterial

redivīvus ⟨a, um⟩ *Adj*

1. *fig* wieder lebendig geworden; (*eccl.*) auferstanden

2. wieder benutzt, schon gebraucht

red-oleō ⟨uī, -, ēre 2.⟩ riechen, duften, *aliquid / re* nach etw, von etw; ***thymo r.*** nach Thymian duften

re-domitus ⟨a, um⟩ *Adj* ||domo|| wieder bezwungen

Rēdonēs ⟨um⟩ *m gall. Stamm in der Bretagne, in der Gegend des heutigen Rennes*

re-dōnō ⟨āvī, ātum, āre 1.⟩ wiederschenken; ***iras et invisum nepotem Marti redonabo*** Hor. ich will den Groll aufgeben und den einst gehassten Enkel dem Mars zuliebe begnadigen

re-dormiō ⟨-, -, īre 4.⟩ (*nachkl.*) wieder schlafen, noch einmal schlafen

▶ **re-dūcō** ⟨dūxī, ductum, dūcere 3.⟩

1. zurückziehen, zurückschieben

2. Lucr. einziehen; ***crebro auras naribus r.*** häufig die Luft mit der Nase einziehen

3. zurückführen, zurückbringen, zurückrufen; ***aestas reducitur*** der Sommer kehrt zurück; ***venatorem ex errore r.*** den Jäger aus der Irre auf den rechten Weg zurückbringen

4. MIL *Truppen* zurückziehen, zurückmarschieren lassen, sich zurückziehen lassen; ***exercitum Ephesum hiematum r.*** das Heer nach Ephesus in die Winterquartiere zurückmarschieren lassen

5. *einen Vertriebenen od Verbannten* wieder einsetzen; ***aliquem regem r.*** j-n wieder als König einsetzen

6. *eine verstoßene Frau* wieder zu sich nehmen

7. ***aliquem in gratiam r. cum aliquo*** *fig* j-n versöhnen mit j-m; ***aliquid in memoriam r.*** etw ins Gedächtnis zurückrufen

8. *fig* wieder einführen, ***morem*** einen Brauch

9. Ter. auf die rechte Bahn zurückbringen

10. ***in formam r. aliquid*** *poet* etw gestalten

reducta ⟨ōrum⟩ *n* ||reductus|| PHIL *der Stoiker* Zurückgewiesenes, Verwerfliches, *Dinge, die an sich kein Übel sind, diesem aber nahekommen*

reductiō ⟨ōnis⟩ *f* ||reduco|| Rückführung, Wiedereinsetzung

reductō ⟨-, -, āre 1.⟩ ||*Intens von* reduco|| (*spätl.*) zurückführen

reductor ⟨ōris⟩ *m* ||reduco|| (*nachkl.*) der zurückführt; Wiederhersteller

reductus[1] ⟨a, um⟩ *Adj* ||reduco||

1. zurückgezogen, entlegen; ***vallis reducta*** Hor. entlegenes Tal

2. ***reductiora*** Quint., *Malerei* die mehr in den Hintergrund tretenden Partien

3. ***r. utrimque*** Hor. von beiden Extremen gleich weit entfernt

re-ductus[2] ⟨a, um⟩ *PPP* → ***reduco***

red-uncus ⟨a, um⟩ *Adj* (*nachkl.*) *poet* einwärts gebogen, einwärts gekrümmt

redundanter *Adv* ||redundo|| Plin. allzu wortreich, weit ausholend

redundantia ⟨ae⟩ *f* ||redundo|| (*nachkl.*) Überfülle *des Ausdrucks*

redundātiō ⟨ōnis⟩ *f* ||redundo|| (*nachkl.*) Überfülle

red-undō ⟨āvī, ātum, āre 1.⟩

1. überfließen, überströmen, *re* von etw; ***r. sanguine*** bluttriefend; ***redundatus*** überströmend, zurückströmend

2. RHET überladen sein

3. *fig* hinüberströmen, hineinströmen; *fig* sich reichlich ergießen, einstürmen, *meist pej, ad aliquem / in aliquem / alicui* auf j-n; ***dolores in me meosque redundant*** die Schmerzen stürmen auf mich und die Meinen ein

4. *fig* in Fülle hervorgehen; ***reus ex ea causa redundat*** der Angeklagte geht aus diesem Prozess in vollem Maße schuldig hervor

5. *fig* im Überfluss vorhanden sein

6. *fig* Überfluss haben, *re* an etw

reduvia ⟨ae⟩ *f* Kleinigkeit

redux *Gen* ⟨ucis⟩ *Adj* ||reduco||

1. zurückführend

2. zurückgeführt, zurückkehrend; ***aliquis r. est domum*** j-d kehrt nach Hause zurück

re-dūxī → ***reduco***

re-fēcī → ***reficio***

refectiō ⟨ōnis⟩ *f* ||reficio|| (*nachkl.*)

1. Wiederherstellung

2. Erfrischung, Erholung

3. Mahlzeit

refector ⟨ōris⟩ *m* ||reficio|| Suet. Wiederhersteller

refectorium ⟨ī⟩ *n* (*mlat.*) Refektorium, *Speisesaal im Kloster*

refectōrius ⟨a, um⟩ *Adj* ||refector|| (*spätl.*) erfrischend

re-fectus ⟨a, um⟩ *PPP* → ***reficio***

re-fellō ⟨fellī, -, fellere 3.⟩ ||fallo|| widerlegen, als falsch zurückweisen

re-ferciō ⟨fersī, fertum, fercīre 4.⟩ ||farcio||

1. voll stopfen, anfüllen, *aliquid re* etw mit etw; ***aures sermonibus r.*** *fig* die Ohren mit Reden anfüllen

2. zusammenstopfen, anhäufen; ***multa in oratione r.*** vieles in einer Rede unterbringen

referiō ⟨-, -, īre 4.⟩ zurückschlagen; *Passiv* zurückstrahlen

re-ferō ⟨rettulī, rel(l)ātum, referre 0.⟩

1. zurücktragen, zurückbringen
2. heimbringen, davontragen
3. zurückwenden, zurückziehen
4. zurücklenken, wieder hinwenden
5. zurückführen
6. zurückerstatten
7. vergelten, erwidern
8. erwidern, entgegnen
9. wiederholen
10. widerhallen lassen
11. zurückbringen, erneuern

12. ins Gedächtnis zurückrufen
13. wiedergeben, widerspiegeln
14. überbringen, abliefern
15. entrichten
16. übertragen
17. überliefern, melden
18. zur Sprache bringen
19. einschreiben, eintragen
20. zu etw zählen

1. zurücktragen, zurückbringen, zurücktreiben; ***pecunias in templum r.*** Gelder in den Tempel zurückbringen; ***membra thalamo r.*** die Glieder ins Gemach zurücktragen; ***nullo referente*** ohne dass ihn j-d zurückholte; ***vinum r.*** Wein ausspucken
2. *als Fund od Beute* heimbringen, davontragen; melden, *alicui aliquid* j-m etw, + *AcI* / + *indir Fragesatz*; ***mille talenta in publicum r.*** tausend Talente in die Staatskasse bringen
3. zurückwenden, zurückziehen; ***aura refert talaria*** der Wind weht die Gewänder zurück; ***castra r.*** das Lager zurückverlegen; ***pedem r.*** / ***gradum r.*** / ***gradūs r.*** / ***vestigia r.*** / ***se r.*** / ***referri*** sich zurückziehen, zurückweichen, zurückkehren
4. *fig den Geist* zurücklenken, wieder hinwenden, richten, *ad aliquem* / *ad aliquid* auf j-n / auf etw
5. *fig* auf *j-n* / *etw* zurückführen, auf *j-n* / *etw* beziehen, nach *etw* beurteilen, *einer Sache* zuschreiben, *ad aliquem* / *ad aliquid*; ***omnia ad suum arbitrium*** alles von seinem Urteil abhängig machen; ***prospera ad fortunam r.*** glückliche Umstände dem Schicksal zuschreiben
6. *fig Schuldiges* zurückerstatten
7. *fig* vergelten, erwidern; ***alicui gratiam r.*** j-m Dank durch die Tat abstatten; ***parem gratiam*** / ***par pari r.*** Gleiches mit Gleichem vergelten
8. *fig* erwidern, entgegnen, *alicui aliquid* j-m etw; ***nec mutua nostris dicta refers*** du erwiderst nichts auf meine Worte
9. wiederholen; ***verba geminata r.*** die Gebetsformel nachsprechen; ***aliquem r.*** j-n wiederholt nennen
10. *Töne* widerhallen lassen; *Passiv* widerhallen
11. zurückbringen, erneuern, wiederherstellen; ***sermonem r.*** ein Gespräch wiedergeben; ***legem ad populum r.*** einen Gesetzesvorschlag erneut dem Volk vorlegen; ***rem iudicatam r.*** eine entschiedene Sache wieder vor Gericht bringen
12. (*nachkl.*) *poet etw* ins Gedächtnis zurückrufen, sich an *etw* erinnern, *aliquid*; ***aliquid mente r.*** etw überdenken; ***versum r.*** einen Vers zitieren
13. (*nachkl.*) *poet* wiedergeben, widerspiegeln; nachahmen; ***nomine avum r.*** den gleichen Namen wie der Großvater haben
14. überbringen, abliefern, darbringen, *aliquid alicui* / *ad aliquem* etw j-m; ***pecuniam populo r.*** Geld an die Staatskasse abliefern
15. (*nachkl.*) *poet* entrichten, ***aera ludibus*** das Schulgeld
16. übertragen, *aliquid ad aliquem* etw auf j-n, ***consulatum ad patrem r.*** das Konsulat auf den Vater übertragen
17. *schriftlich, mündlich* überliefern, melden, berichten, *aliquid alicui* / *ad aliquem* etw j-m, + *AcI* / + *indir Fragesatz*; ***aliquem in deorum numero r.*** j-n unter den Göttern aufführen; ***relata r.*** Erzähltes wieder erzählen; ***aliquem patrem r.*** j-n als Vater angeben
18. *amtlich* zur Sprache bringen; vorlegen, vortragen, Bericht erstatten, Antrag stellen, *abs od aliquid* / *de re ad aliquem* etw / bezüglich einer Sache bei j-m, *ut* dass, + *AcI* / + *indir Fragesatz*; ***aliquid ad consilium r.*** etw zur Entscheidung vor den Kriegsrat bringen
19. einschreiben, eintragen, registrieren, buchen; ***pecuniam operi publico r.*** Geld unter der Rubrik „für ein öffentliches Gebäude" eintragen; ***aliquem in proscriptos*** / ***inter proscriptos*** / ***in proscriptorum numerum r.*** j-n auf die Liste der Geächteten setzen; ***in reos r.*** j-n anklagen
20. zu *etw* zählen, *in aliquid* / *inter aliquid*

re-fersī → ***refercio***

▶ **rē-fert** ⟨rētulit, -, rēferre 0.⟩ ||res, fero|| *unpers* es liegt daran, es kommt darauf an; es macht einen Unterschied, *meā* / *tuā* … mir / dir …, *selten alicuius* / *alicui* ihm, + *Inf* / + *AcI* / + *indir Fragesatz*, *Grad des Interesses durch Gen pretii* / *Adv.* / *Neutra*; ***nostrum omnium magnopere refert pacem servari*** uns allen kommt es sehr darauf an, den Frieden zu erhalten; ***nihil refert*** es ist gleichgültig, es ist nicht von Belang; ***quid refert?*** was liegt daran?, + *indir Fragesatz*

refertus ⟨a, um⟩ *Adj* ||refercio|| voll gestopft, gedrängt, voll; ***r. donis fortunae*** voll mit Glücksgütern; ***mare praedonum refertum*** das Meer voller Seeräuber

re-ferveō ⟨-, -, ēre 2.⟩ siedend aufwallen

refervēscō ⟨-, -, ēscere 3.⟩ ||*Inkoh von* referveo|| siedend aufwallen

re-fībulō ⟨āvī, ātum, āre 1.⟩ ||fibula|| vom Infibulationsring befreien, *der zur Verhinderung des Geschlechtsverkehrs durch die Vorhaut gezogen war*

▶ **re-ficiō** ⟨fēcī, fectum, ficere 3.⟩ ||facio||
1. noch einmal machen, von Neuem anfertigen; ersetzen
2. *einen Beamten* wieder wählen; von Neuem ernennen
3. wiederherstellen; ***flammam r.*** das Feuer wieder anfachen
4. ergänzen, ***copias*** die Truppen
5. *fig* kräftigen, sich erholen lassen, *aliquem ex re* / *a re* j-n von etw, j-n nach etw
6. *Geld* herausschlagen, einnehmen; (*nachkl.*) *Kosten* ersetzen; ***impensas belli alio bello r.*** die Kriegsausgaben durch einen weiteren Krieg ersetzen
7. (*mlat.*) *j-n* bewirten; *Passiv u.* ***se r.*** essen

re-fīgō ⟨fīxī, fīxum, fīgere 3.⟩
1. losmachen, abreißen, wegreißen; ***clipeum r.*** den Schild abnehmen
2. *fig* abschaffen, aufheben, ***leges*** Gesetze
3. *fig* einpacken
4. Verg. wieder befestigen

re-fingō ⟨-, -, ere 3.⟩ Verg. wieder bilden, wieder formen

re-flāgitō ⟨-, -, āre 1.⟩ Catul. zurückfordern

reflātus ⟨ūs⟩ *m* ||reflo|| Gegenwind

re-flectō ⟨flexī, flexum, flectere 3.⟩

R

1. rückwärts biegen, rückwärts drehen, zurückwenden, umwenden; ***oculos r.*** umschauen; ***pedem r.*** zurückgehen; *Passiv* sich zurückbeugen; ***in ungues reflecti*** zurückgebogene Krallen bekommen
2. *fig* umstimmen; ***animum / mentem alicuius r.*** j-n besänftigen, *auch* an j-n zurückdenken
3. ***se r.*** Lucr. *fig* weichen

re-flō ⟨āvī, ātum, āre 1.⟩ entgegenwehen

re-fluō ⟨flūxī, flūxum, fluere 3.⟩ (*nachkl.*) *poet* zurückfließen, überfließen; ***Nilus refluit campis*** Verg. der Nil fließt von den Feldern zurück

refluus ⟨a, um⟩ *Adj* ||refluo|| (*nachkl.*) *poet* zurückfließend; *in Ebbe u. Flut* ab- und zuströmend

re-fōcil(l)ō ⟨āvī, ātum, āre 1.⟩ (*nachkl.*) wieder beleben, wieder erfrischen

refōrmātiō ⟨ōnis⟩ *f* ||reformo|| (*nachkl.*) Umgestaltung, Verbesserung

refōrmātor ⟨ōris⟩ *m* ||reformo|| Plaut. Umgestalter; Erneuerer

reformīdātiō ⟨ōnis⟩ *f* ||reformido|| das Zurückschaudern, Angst, Furcht

re-formīdō ⟨āvī, ātum, āre 1.⟩ vor *etw* zurückschaudern, *etw / j-n* fürchten, *etw* scheuen, *aliquem / aliquid*, + *Inf* / + *indir Fragesatz*, *ne* dass

re-fōrmō ⟨āvī, ātum, āre 1.⟩ (*nachkl.*)
1. umgestalten, verwandeln; verbessern; ***ora reformatus*** im Gesicht verjüngt
2. wiederherstellen

re-foveō ⟨fōvī, fōtum, fovēre 2.⟩ (*nachkl.*) *poet* wieder erwärmen; *fig* neu beleben, stärken, erfrischen

refrāctāriolus ⟨a, um⟩ *Adj* ||*Dim von* refractarius|| halsstarrig, ungebärdig; ***refractariolum iudicale dicendi genus*** Cic. die polternde Juristensprache

refrāctārius ⟨a, um⟩ *Adj* ||refractus|| widerspenstig

re-frāctus ⟨a, um⟩ *PPP* → ***refringo***

re-frāgor ⟨ātus sum, ārī 1.⟩
1. gegen *j-n / etw* stimmen, *alicui / alicui rei*, ***petitioni alicuius*** gegen j-s Bewerbung
2. (*nachkl.*) zu *etw* im Widerspruch stehen, *alicui rei*

re-frēgī → ***refringo***

refrēnātiō ⟨ōnis⟩ *f* ||refreno|| (Sen., *spätl.*) Zügelung

re-frēnō ⟨āvī, ātum, āre 1.⟩ (*nachkl.*)
1. mit dem Zügel zurückhalten, ***equos*** die Pferde
2. *fig* zügeln, beherrschen, ***libidines*** die Leidenschaften; ***aliquem ab re r.*** j-n von etw zurückhalten

re-fricō ⟨uī, ātūrus, āre 1.⟩

I *v/t*
1. wieder aufkratzen, wieder aufreißen, ***cicatricem*** die Narbe
2. *fig* erneuern; ***dolorem r.*** den Schmerz von Neuem erregen

II *v/i* wieder ausbrechen; ***lippitudo refricat*** Cic. die Augenentzündung bricht wieder aus

refrīgerātiō ⟨ōnis⟩ *f* ||frigus|| Abkühlung

re-frīgerō ⟨āvī, ātum, āre 1.⟩ ||*Denom von* frigus||
1. abkühlen, *aliquid* etw
2. *Passiv* sich abkühlen, erkalten; *fig* nachlassen

re-frīgēscō ⟨frīxī, -, frīgēscere 3.⟩
1. erkalten, sich abkühlen
2. *fig* erkalten, erlahmen, ins Stocken geraten; ***a iudiciis forum refrixit*** das Forum ist still geworden von Gerichtsverhandlungen; ***Scaurus refrixerat*** Scaurus hatte wenig Aussicht gewählt zu werden

re-fringō ⟨frēgī, frāctum, fringere 3.⟩ ||frango||
1. aufbrechen, sprengen, ***carcerem*** das Gefängnis; ***ramum r.*** einen Zweig abbrechen; ***vestes r.*** die Kleider aufreißen
2. *fig* brechen, hemmen, ***vim fluminis*** die Gewalt des Flusses; ***Achivos r.*** die Kraft der Achiver brechen

re-frīxī → ***refrigesco***

re-fugiō ⟨fūgī, fugitūrus, fugere 3.⟩

I *v/i*
1. zurückweichen, fliehen, ***ad suos*** zu den eigenen Leuten; ***sol medio orbe fugit*** die Sonne verschwindet zur Hälfte; ***mille fugit refugitque vias*** er flieht tausendfach hin und her; ***a consiliis r.*** von Plänen abgehen; ***a dicendo r.*** nicht über sich bringen zu sagen
2. *fig von Örtlichkeiten* zurücktreten, dem Blick entschwinden

II *v/t* vor *j-m / etw* fliehen, sich vor *j-m / etw* fürchten, *aliquem / aliquid*; sich sträuben, + *Inf*

refugium ⟨ī⟩ *n* ||refugio|| Zuflucht; Zufluchtsort

re-fugus ⟨a, um⟩ *Adj* (*nachkl.*) *poet von Personen u. Sachen* zurückfliehend, zurückweichend

re-fulgeō ⟨fulsī, -, fulgēre 2.⟩ (*nachkl.*) *poet* (zurück)schimmern, strahlen, glänzen, *re* durch etw, von etw; ***alicui r.*** j-m entgegenleuchten

re-fundō ⟨fūdī, fūsum, fundere 3.⟩
1. zurückgießen, zurückschütten
2. zurückschleudern
3. *Passiv* zurückströmen, sich ergießen; ***refusus Oceanus*** (Verg., Lucr.) der die Erde umfließende Ozean

refūtātiō ⟨ōnis⟩ *f u.* **refūtātus** *Abl* ⟨ū⟩ *m* ||refuto|| Widerlegung

re-fūtō ⟨āvī, ātum, āre 1.⟩
1. zurückschlagen, zurücktreiben; ***nationes bello r.*** Cic. die Stämme durch Krieg zurückschlagen
2. *fig* zurückweisen, abweisen, ***alicuius cupiditatem*** j-s Begehrlichkeit
3. widerlegen

regale ⟨is⟩ *n* ||regalis|| (*mlat.*) Königsgut, Königsrecht; Einkünfte des Königs; Reichskleinodien

regaliolus *ī m* ||*Dim von* regalis|| kleiner Vogel; Zaunkönig

rēgālis ⟨e⟩ *Adj*, *Adv* ⟨rēgāliter⟩ ||rex||
1. königlich, des Königs, eines Königs würdig; ***domus r.*** Haus von königlicher Pracht; ***scriptum regale*** von Königen handelnde Schrift; ***genus civitatis regale*** Monarchie; ***carmen regale*** Loblied auf Könige
2. *Adv* königlich, prächtig
3. *pej* herrisch, despotisch

re-gelō ⟨āvī, ātum, āre 1.⟩ (*nachkl.*) *poet* wieder auftauen, wieder erwärmen

re-gemō ⟨-, -, ere 3.⟩ *poet* aufseufzen

re-generō ⟨āvī, ātum, āre 1.⟩ (*spätl.*) von Neuem hervorbringen; ***regeneratus*** (*eccl.*) wiedergeboren, getauft

re-gerō ⟨gessī, gestum, gerere 3.⟩ (*unkl.*)
1. zurücktragen, zurückschaffen, zurückwerfen; ***invidiam r.*** Missgunst von sich abwälzen
2. *fig* zurückgeben, erwidern
3. aufschreiben, eintragen, ***in commentarios*** in die Aufzeichnungen
4. **regesta** ⟨ōrum⟩ *n* (*spätl.*) Register, Katalog

rēgia ⟨ae⟩ *f* ||regius||
1. Palast des Königs, Residenz
2. (*nachkl.*) Königszelt *im Lager*
3. (*nachkl.*) Hof, Hofstaat
4. (*nachkl.*) Königsfamilie, Königshaus, *auch* Königswürde
5. (*nachkl.*) *poet* Basilika, Säulenhalle

Rēgiēnsēs ⟨ium⟩ *m* die Einwohner von Regium Lepidum; → ***Regium 1***

rēgi-ficus ⟨a, um⟩ *Adj*, *Adv* ⟨rēgificē⟩ ||rex, facio|| (*nachkl.*) *poet* königlich, prächtig

re-gignō ⟨-, -, ere 3.⟩ Quint. wieder erzeugen, wiederherstellen

rēgiī ⟨ōrum⟩ *m* ||regius|| (*nachkl.*)
1. königliche Truppen
2. Hofleute

Rēgillēnsis ⟨e⟩ *Adj* zum Regillus gehörig, *Beiname in der gens Postumia u. Aemilia*; → ***Postumius*** *u.* → ***Aemilius***

rēgillus ⟨a, um⟩ *Adj* Plaut.
1. *Webersprache* mit senkrecht gezogenen Kettenfäden gewebt
2. *als Dim von regius hum* königlich, prächtig

Rēgillus ⟨ī⟩ *m See in Latium, ö. von Rom, Sieg der Römer über die Latiner 496 v. Chr.*

regimen ⟨inis⟩ *n* ||rego||
1. Lenkung, Leitung, Steuerung; *meton* Steuerruder; ***r. equitum*** Kommando über die Reiterei
2. *fig* Verwaltung, Regierung; ***r. totius magistratūs*** Leitung der ganzen Verwaltung
3. *fig* Lenker, Leiter

► **rēgīna** ⟨ae⟩ *f* ||rex||
1. Königin
2. (*nachkl.*) *fig* Königstochter, Prinzessin

Rēgīnus
I ⟨a, um⟩ *Adj* aus Regium, zu Regium gehörig; → ***Regium 2***
II ⟨ī⟩ *m* Einwohner von Regium

► **regiō** ⟨ōnis⟩ *f* ||rego||
1. Richtung, Linie; Lage; ***eandem regionem petere*** dieselbe Richtung einschlagen; ***rectā regione*** in gerader Richtung; ***rectā Danuvii regione*** parallel zur Donau; ***portae regione platearum patentes*** die gegen die Straßen der Stadt hin offenen Tore; ***de recta regione deflectere*** *fig* vom rechten Weg abweichen
2. ***e regione*** geradeaus, in gerader Richtung; gerade gegenüber, *alicuius / alicui* j-m, *alicuius rei / alicui rei* einer Sache; ***aciem e regione instruere*** die Schlachtreihe gerade gegenüber aufstellen
3. *fig* Grenzlinie, Grenze
4. *Augurensprache* Gesichtslinie, *die man sich am Himmel gezogen dachte*
5. *fig* Himmelsraum
6. Gegend; Landschaft, Landstrich; *fig* Gebiet, Bereich; ***r. inhabitabilis*** unbewohnbare Gegend; ***in quattuor regiones dividere Macedoniam*** Makedonien in vier Bereiche teilen
7. *fig* Stadtviertel, Stadtbezirk *der Stadt Rom*

Rēgion ⟨ī⟩ *n* = ***Regium***

regiōnātim *Adv* ||regio|| (*nachkl.*) bezirksweise

registrum ⟨i⟩ *n* (*mlat.*) Verzeichnis

Rēgium ⟨ī⟩ *n*
1. ***Regium Lepidum*** *Stadt zwischen Modena u. Parma, heute Reggio nell'Emilia*
2. *Stadt gegenüber von Messina, heute Reggio di Calabria*

► **rēgius** ⟨a, um⟩ *Adj* ||rex||
1. königlich; ***civitas regia*** Monarchie; ***exercitus r.*** Heer des Perserkönigs; ***bellum regium*** Krieg mit einem König
2. (*unkl.*) *fig* prächtig, vorzüglich, großmütig
3. zügellos; *fig* zügellos, herrisch, tyrannisch; ***more regio vivere*** zügellos leben; ***regiae moles*** Riesenbauten fürstlicher Schlösser; ***morbus r.*** Gelbsucht

re-glūtinō ⟨-, -, āre 1.⟩ Catul. wieder auflösen

rēgnātor ⟨ōris⟩ *m* ||regus|| Herrscher, Gebieter

rēgnātrīx ⟨īcis⟩ *f* ||regnator|| (*nachkl.*) Herrscherin, *oft attributiv*

► **rēgnō** ⟨āvī, ātum, āre 1.⟩ ||*Denom von* regnum||
I *v/i*
1. König sein, herrschen, *abs od in aliquem / alicuius* über j-n; ***Xerxe regnante*** unter der Regierung des Xerxes; ***regnatur*** eine Königsherrschaft besteht
2. *fig* herrschen; ***vivo et regno*** Hor. ich herrsche und fühle mich wie ein König
3. *von Leblosem* herrschen, die Oberhand haben; ***ignis per cacumina regnat*** das Feuer wütet über den Gipfeln
4. Alleinherrscher sein, den Herrn spielen; ***audaciā r.*** mit Dreistigkeit herrschen
II *v/t* (*nachkl.*) *poet* beherrschen; *Passiv* monarchisch regiert werden

► **rēgnum** ⟨ī⟩ *n* ||rex||
1. Königtum, Königsherrschaft; Königswürde
2. Herrschaft, Regierung; ***regnum firmare*** die Herrschaft festigen; ***regna vini sortiri*** den Vorsitz beim Trinkgelage auslosen
3. *pej* Gewaltherrschaft, Alleinherrschaft, Despotie; ***r. est dicere*** es wäre tyrannisch, zu sagen
4. *meton* Königreich, Reich; Schattenreich; ***cerea regna*** Bienenzellen
5. *meton* Königshaus, Herrscherfamilie; Residenz; ***necessitudines regni*** Verbindungen mit dem Königshaus
6. *fig* Eigentum, Gebiet; ***deserta regna pastorum*** Verg. die verlassenen Stätten der Hirten

► **regō** ⟨rēxī, rēctum, regere 3.⟩
1. (gerade) richten, lenken, leiten; ***equum r.*** das Pferd leiten; ***navem r.*** das Schiff steuern
2. abstecken, regulieren; ***fines / terminos r.*** Grenzen ziehen
3. *fig* regieren, beherrschen, ***rem publicam*** den Staat; ***valetudines principis r.*** Leibarzt des Fürsten sein; ***eo regente*** unter seiner Herrschaft; ***regens*** Herrscher; (*nlat.*) Vorsteher eines Priesterseminars
4. zurechtweisen, ***errantem*** einen Irrenden

re-gredior ⟨gressus sum, gredī 3.⟩ ||gradior|| zurückgehen, zurückkehren; MIL sich zurückziehen; ***r. in memoriam*** sich erinnern, + *AcI*

regressiō ⟨ōnis⟩ *f* ||regredior|| (*nachkl.*) Rückkehr; Quint. RHET Wiederholung *eines Wortes*

regressus[1] ⟨ūs⟩ *m* ||regredior||
1. Rückkehr, Heimkehr; MIL Rückzug; ***neque habet Fortuna regressum*** Verg. das Schicksal kann nicht rückgängig gemacht werden
2. (*nachkl.*) *fig* Rücktritt, Abkehr; ***r. ab ira*** Abkehr vom Zorn

R

3. Zuflucht, Rückhalt
4. (*spätl.*) JUR Regress, Ersatzanspruch
re-gressus[2] ⟨a, um⟩ *PPerf* → ***regredior***
► **rēgula** ⟨ae⟩ *f* ||rego||
1. Latte, Leiste, Schiene
2. Lineal
3. *fig* Richtschnur, Maßstab, Norm; ***lex est iuris atque iniuriae r.*** Cic. das Gesetz ist die Richtschnur von Recht und Unrecht
4. (*mlat.*) Ordensregel
rēgulus ⟨ī⟩ *m* ||*Dim von* rex|| (*nachkl.*) kleiner König, Häuptling, Fürst, Prinz
Rēgulus ⟨ī⟩ *m Beiname in der gens Atilia;* → ***Atilius****; bekannt* ***M. Atilius Regulus*** *Konsul 269 u. 256 v. Chr., röm. Feldherr im 1. Punischen Krieg, bei Tunes besiegt u. gefangen, nach der Legende 251 mit Friedensbotschaft von den Karthagern nach Rom gesandt; sprach gegen die Annahme des Friedens u. kehrte in die Gefangenschaft zurück*
re-gustō ⟨āvī, ātum, āre 1.⟩ (*nachkl.*) noch einmal kosten; auslecken; *fig* wieder genießen, wieder lesen
rē-iciō ⟨iēcī, iectum, icere 3.⟩ ||iacio||
1. zurückwerfen; ***scutum r.*** den Schild auf den Rücken werfen; ***fatigata membra r.*** die müden Glieder zurücksinken lassen; *Passiv u.* ***se r.*** niedersinken; ***in aliquem reici/se r.*** in j-s Arme sinken
2. wieder werfen
3. hinten hinstellen
4. *Kleider* zurückschlagen; ***clipeum r.*** den Schild zurückreißen
5. zurücktreiben, zurückjagen; MIL zurückwerfen
6. zurückstoßen, zurückdrängen; *fig* zurückweisen, abweisen; verschmähen; ***dona alicuius r.*** j-s Geschenke zurückweisen; ***petentem r.*** den Bewerber abweisen; ***iudices r.*** die Richter ablehnen
7. wegwerfen, wegstoßen, entfernen; *Kleidungsstücke* abwerfen
8. verweisen, *aliquem ad aliquid/in aliquid* jdn an etw; ***si huc te reicis*** wenn du dich dazu entschließt
9. *zeitl.* verschieben, aufschieben, *aliquid in aliquid* etw auf etw
rēiculus ⟨a, um⟩ *Adj* ||reicio||
1. (*vkl.*) ausgemerzt
2. unbrauchbar; Sen. *fig* nutzlos
rē-iēcī → ***reicio***
rēiecta ⟨ōrum⟩ *n* = ***reiectanea***
rēiectānea ⟨ōrum⟩ *n* ||reiectaneus|| PHIL *Stoa* Dinge, die zwar nicht böse, aber doch zurückzuweisen sind → ***apoproēgmena***
rēiectāneus ⟨a, um⟩ *Adj* ||reiectus|| verwerflich
rēiectiō ⟨ōnis⟩ *f* ||reicio||
1. Ablehnung
2. JUR Ablehnung eines ausgelosten Richters
3. RHET das Abwälzen, *in aliquem* auf jdn
rēiectō ⟨-, -, āre 1.⟩ ||*Intens von* reicio|| Lucr. zurückwerfen
rēiectus[1] ⟨a, um⟩ *Adj* ||reicio|| verwerflich
rē-iectus[2] ⟨a, um⟩ *PPP* → ***reicio***
re-lābor ⟨lāpsus, lābī 3.⟩ (*nachkl.*) zurückgleiten, zurücksinken, zurückfließen; *allg.* zurückkommen; ***furtim relabi*** unbemerkt zurückkommen; ***relapsi*** (*mlat.*) Rückfällige
re-languēscō ⟨languī, -, languēscere 3.⟩
1. erschlaffen, ermatten, erlahmen
2. *fig* nachlassen
relātiō ⟨ōnis⟩ *f* ||refero||
1. Quint. das Hinführen, ***r. crebra*** das wiederholte Hinführen der Hand zum Tintenfass
2. JUR das Zurückschieben *einer Beschuldigung auf den Ankläger*, Ablehnung
3. Sen. Vergeltung
4. RHET Wiederholung *eines Wortes als Redefigur*
5. (*nachkl.*) Bericht, Erzählung; Berichterstattung, Vortrag, Antrag; ***relationem egredi*** die Tagesordnung überschreiten
6. GRAM, PHIL Beziehung, Verhältnis
relātor ⟨ōris⟩ *m* ||refero|| (*unkl.*) Berichterstatter, Referent
relātus[1] ⟨ūs⟩ *m* ||refero|| (*nachkl.*) Vortrag, Berichterstattung, *de re/alicuius rei* einer Sache, über etw; Erzählung
re-lātus[2] ⟨a, um⟩ *PPP* → ***refero***
relaxātiō ⟨ōnis⟩ *f* ||relaxo|| Erleichterung, Erholung; Linderung
re-laxō ⟨āvī, ātum, āre 1.⟩
1. lockern, losmachen, lösen; ***spiramenta r.*** Luftlöcher öffnen
2. weit machen, erweitern; *Passiv* sich erweitern; ***oculi relaxantur*** Sen. die Augen weiten sich
3. *fig* abspannen, nachlassen; ***dolor relaxat*** der Schmerz lässt nach
4. *Passiv u.* ***se r.*** sich losmachen, *re/a re* von etw; nachlassen; ***insani relaxantur*** die Tobenden werden wieder vernünftig
5. erleichtern, lindern; ***severitatem r.*** die Strenge mäßigen; *Passiv u.* ***se r.*** sich erholen, *re/ex re* von etw
6. ***peccata r.*** (*mlat.*) Sünden vergeben
relēgātiō ⟨ōnis⟩ *f* ||relego|| JUR Verbannung, *mildeste Form ohne Verlust der Ehre u. des röm. Bürgerrechts*
re-lēgō[1] ⟨āvī, ātum, āre 1.⟩
1. wegschicken, entfernen; verbannen; → ***relegatio***
2. *fig* zurückweisen; ***milites relegati longe a ceteris*** von den Übrigen abgeschnittene Soldaten; ***terris gens relegata ultimis*** fern wohnendes Volk
3. *fig* zuschieben, zuschreiben, *aliquid alicui/in aliquem* etw j-m
re-legō[2] ⟨lēgī, lēctum, legere 3.⟩
1. wieder zusammenlesen, zusammennehmen; ***filum r.*** den Faden wieder aufwickeln
2. *fig* wieder durchreisen, ***Asiam*** Asien
3. *fig* wieder lesen, von Neuem lesen
4. wieder erwägen; ***relegunt suos sermone labores*** sie besprechen wieder ihre Leiden
re-lentēscō ⟨-, -, ēscere 3.⟩ Ov. wieder erschlaffen, wieder nachlassen
re-levō ⟨āvī, ātum, āre 1.⟩
1. wieder erheben, wieder aufrichten
2. *fig* erleichtern
3. *fig* lindern, mildern; kühlen
4. *fig* trösten, aufrichten; ***membra r.*** die Glieder ausruhen lassen; *Passiv* sich erholen
5. befreien, *aliquem re* j-n von etw; ***aliquem r. tertiā mercedum parte*** j-m ein Drittel des Pachtzinses erlassen
re-liceor ⟨-, ērī 2.⟩ unterbieten

R

relictiō ⟨ōnis⟩ *f* ||relinquo|| böswilliges Verlassen
re-lictus ⟨a, um⟩ *PPP* → ***relinquo***
relicu(u)s ⟨a, um⟩ *Adj* = ***reliquus***
religātiō ⟨ōnis⟩ *f* ||religo|| das Anbinden, ***vitium*** der Weinstöcke
religiō ⟨ōnis⟩ *f* ||relego[2] *od* religo||
1. Bedenken, Zweifel, Besorgnis
2. religiöse Bedenken, Skrupel, *alicuius* j-s, *alicuius rei* wegen einer Sache; ***aliquid alicui in religionem venit*** etw verursacht j-m Skrupel; ***alicui religioni est*** j-d macht sich ein Gewissen daraus, + *AcI*; ***aliquid religioni habere*** Bedenken haben wegen etw
3. Gewissenhaftigkeit, Genauigkeit, *alicuius* j-s, *alicuius rei* einer Sache *od* in etw, bei etw
4. religiöses Gefühl, Religiosität, Gottesfurcht, Frömmigkeit; ***aliquid in religionem vertere*** etw als göttliche Vorbedeutung ansehen
5. Aberglaube, abergläubische Scheu; *Pl* abergläubische Bedenken; ***perturbari religionibus et metu*** von abergläubischer Furcht verwirrt werden
6. Religion, Gottesverehrung, Glaube an Gott
7. Gottesdienst; *Pl* religiöse Einrichtungen, Bräuche, Kult; ***religiones nocturnae*** Nachtfeier (des Priapus); ***religiones interpretari*** Auskunft über religiöse Gebräuche geben
8. das Heilige; Heiligkeit *einer Person od Sache*
9. heilige Verpflichtung, Eid; ***nova r. iuris iurandi*** neue Eidesverpflichtung; ***conservare religionem*** seinen Eid halten
10. Heiligtum, Kultbild, Götterbild; Glaubenssatz; heiliges Amt; *Pl* Götterzeichen; ***r. domestica*** Hausheiligtum
11. Religionsfrevel, religiöse Schuld, Sünde; ***r. Clodiana*** von Clodius begangener Religionsfrevel
12. (*mlat.*) Mönchsorden, Nonnenorden; ***habitus religionis*** Mönchskutte
religiōsitās ⟨ātis⟩ *f* ||religiosus|| (*nachkl.*) Frömmigkeit, religiöse Haltung
religiōsus ⟨a, um⟩ *Adj*, *Adv* ⟨religiōsē⟩ ||religio||
1. bedenklich, *auch* unheilvoll
2. gewissenhaft, bedächtig
3. gottesfürchtig, fromm; ***religiose deos colere*** die Götter fromm verehren
4. *von Örtlichkeiten u. Gottheiten* heilig, ehrwürdig; ***templum sanctum et religiosum*** heiliger Tempel
5. (*nachkl.*) *poet* abergläubisch; scheinheilig
re-ligō ⟨āvī, ātum, āre 1.⟩
1. (*nachkl.*) *poet* zurückbinden, aufbinden, umbinden, *alicui* j-m zuliebe; ***manūs post terga r.*** die Hände hinter den Rücken binden; ***comam nodo r.*** das Haar zu einem Knoten aufbinden
2. anbinden, festbinden, *alicui rei / in re / ad aliquid* an etw; ***aliquem ad currum r.*** j-n an den Wagen binden
3. Catul. losbinden; ***religat iuga manu*** er löst das Joch mit der Hand
re-linō ⟨lēvī, litum, linere 3.⟩ (*vkl.*) *mit Pech Bestrichenes* öffnen; ***mella thesauris r.*** den Honig aus den Waben nehmen
re-linquō ⟨līquī, lictum, linquere 3.⟩

> **1.** zurücklassen, lassen
> **2.** zurücklassen
> **3.** hinterlassen
> **4.** übrig lassen
> **5.** überlassen
> **6.** verlassen
> **7.** aufgeben, vernachlässigen
> **8.** ungestraft lassen
> **9.** unerwähnt lassen, übergehen
> **10.** ins Kloster gehen

1. zurücklassen, lassen; ***fratrem in Gallia r.*** den Bruder in Gallien zurücklassen; ***equos r.*** von den Pferden steigen; ***arma r.*** die Waffen niederlegen; ***aliquem eloquentiā r.*** j-n bezüglich Redegewandtheit hinter sich lassen; *Passiv* zurückbleiben
2. *in einem Zustand* zurücklassen; ***aliquem insepultum r.*** j-n unbestattet lassen; ***copias sine imperio r.*** die Truppen ohne Führung zurücklassen; ***aliquid in medio r.*** etw unentschieden lassen; ***nihil inexpertum r.*** nichts unversucht lassen
3. *beim Tod* hinterlassen, ***aliquem heredem r.*** j-n als Erben, ***alicui regnum*** j-m die Herrschaft; ***vix reliquit unde efferretur*** Nep. er hinterließ kaum die Mittel für die Bestattung
4. übrig lassen, *alicui aliquid* j-m etw; *Passiv* übrig bleiben; ***fenestra in struendo r.*** die Fenster beim Bauen aussparen; ***pars vacat relicta*** ein Teil bleibt frei; ***relinquitur, ut*** es ist noch übrig, dass; ***nihil relinquitur nisi fuga*** es bleibt nichts übrig als die Flucht
5. *fig* überlassen, *alicui aliquid* j-m etw; ***sibi tempus r.*** sich Zeit lassen
6. verlassen, ***domum propinquosque*** Haus und Verwandtschaft; ***r. vitam / lucem / animam*** sterben; ***animus aliquem relinquit*** j-d verliert die Besinnung; ***consulem r.*** den Konsul im Stich lassen; ***signa r.*** desertieren
7. *fig* aufgeben, vernachlässigen; ***cultum agrorum r.*** die Felder nicht mehr bestellen; ***relictis omnibus rebus*** unter Hintansetzung von allem; ***aliquid pro relicto habere*** etw als überwundenen Standpunkt betrachten
8. ungestraft lassen, ***legatum interfectum*** den Mord am Gesandten
9. unerwähnt lassen, übergehen; ***hanc totam partem relinquam*** diesen ganzen Teil will ich unerwähnt lassen
10. ***mundum r.*** (*mlat.*) ins Kloster gehen
▶ **reliquiae** ⟨ārum⟩ *f* ||reliquus||
1. Überreste, Überbleibsel, Reste, Trümmer; ***r. cibi*** Exkremente
2. Speisereste
3. Gebeine *eines Toten*; Asche *eines Leichnams*
4. *fig* Hinterlassenschaft
5. (*eccl.*) Reliquien
reliquum ⟨ī⟩ *n* ||reliquus||
1. Rest, *ad aliquid* in Bezug auf etw; ***nihil reliqui sibi facere*** alles aufbieten, nichts unterlassen, nichts übrig lassen
2. Rückstand, Rest *einer Schuld*
▶ **reliquus** ⟨a, um⟩ *Adj* ||relinquo||
1. zurückgelassen, übrig geblieben, *ex re* von etw; ***copiae reliquae*** der Rest der Truppen; ***aliquid reliquum habere*** etw übrig haben; ***reliquum est, ut*** es

bleibt, dass
2. noch rückständig, ausstehend, unerledigt; ***quod reliquum restat persolvere*** Plaut. bezahlen, was noch aussteht
3. *zeitl.* künftig; ***in reliquum (tempus)*** für die Folgezeit
4. *Pl* die übrigen, die anderen
relligiō ⟨ōnis⟩ *f* = ***religio***
re-lūceō ⟨lūxī, -, lūcēre 2.⟩ *(nachkl.) poet* zurückleuchten, glänzen; ***illi ingens barba reluxit*** Verg. ihm stand der riesige Bart in Flammen
relūcēscō ⟨lūxī, -, lūcēscere 3.⟩ ||*Inkoh von* reluceo|| *(nachkl.) poet* wieder hell werden
re-luctor ⟨ātus sum, ārī 1.⟩ sich sträuben, sich widersetzen, *alicui / alicui rei* j-m / einer Sache
re-lūdō ⟨lūsī, -, lūdere 3.⟩ *(nachkl.) poet* scherzen, spotten
re-macrēscō ⟨macruī, -, macrēscere 3.⟩ Suet. wieder abmagern
re-maledīcō ⟨-, -, ere 3.⟩ (Suet., *eccl.*) wieder schimpfen
re-mandō[1] ⟨āvī, ātum, āre 1.⟩ *(spätl.)* erwidern, *alicui* j-m
re-mandō[2] ⟨-, -, ere 3.⟩ *(nachkl.)* wiederkäuen
re-maneō ⟨mānsī, mānsum, manēre 2.⟩
1. zurückbleiben, ***Romae*** in Rom
2. dauern, bleiben; *fig* noch vorhanden sein; ausharren; ***equi in eodem vestigio remanent*** Caes. die Pferde bleiben in der gleichen Spur
re-mānō ⟨-, -, āre 1.⟩ Lucr. wieder zurückfließen
remānsiō ⟨ōnis⟩ *f* ||remaneo|| das Zurückbleiben, das Verbleiben
remediābilis ⟨e⟩ *Adj* Sen. heilbar
▸ **re-medium** ⟨ī⟩ *n* ||medeor||
1. Heilmittel, Arznei, Medizin, *alicuius rei / ad aliquid* für etw
2. *fig* Heilmittel, Hilfsmittel, *alicuius rei / alicui rei / ad aliquid* für etw
re-meligō ⟨inis⟩ *f* Plaut. Verzögerung; *fig* säumige Frau
re-meō ⟨āvī, ātum, āre 1.⟩
I *v/i* zurückgehen, zurückkommen, ***in patriam*** in die Heimat; ***urbes r.*** zu den Städten zurückkehren
II *v/t* nochmals durchleben
re-mētior ⟨mēnsus sum, mētīrī 4.⟩ *(nachkl.)*
1. wieder messen, zurückmessen; ***astra (oculis) r.*** die Gestirne wieder beobachten
2. wieder durchwandern
3. *fig* wieder bedenken
4. ***vomitu r.*** Sen. erbrechen
5. erstatten, bezahlen
rēmex ⟨igis⟩ *m* ||remus, ago|| Ruderer; *Pl* Ruderknechte
Rēmī ⟨ōrum⟩ *m belg. Stamm zwischen Marne u. Aisne, Hauptstadt Durocortorum, heute Reims*
rēmigātiō ⟨ōnis⟩ *f* ||remigo|| das Rudern
rēmigium ⟨ī⟩ *n* ||remex||
1. *(unkl.)* das Rudern; ***remigio noctem diemque fatigare*** unermüdlich Tag und Nacht rudern
2. Ruderwerk; ***r. alarum*** Flügel
3. *(nachkl.) poet* die Ruderknechte
rēmigō ⟨āvī, ātum, āre 1.⟩ ||*Denom von* remex|| rudern; *fig* tätig sein
re-migrō ⟨āvī, ātum, āre 1.⟩ zurückwandern, zurückkehren; ausziehen
reminīscentia ⟨ae⟩ *f* ||reminiscor|| *(spätl.)* Rückerinnerung
▸ **re-minīscor** ⟨-, minīscī 3.⟩
1. sich erinnern, *abs od alicuius rei / aliquid* an etw, *aliquem* an j-n
2. *(nachkl.)* ausdenken, *aliquid* etw
3. bedenken
re-misceō ⟨miscuī, mixtum, miscēre 2.⟩ *(nachkl.) poet* (wieder) vermischen; ***vera falsis r.*** Wahres mit Falschem mischen
re-mīsī → ***remitto***
remissiō ⟨ōnis⟩ *f* ||remitto||
1. *(nachkl.)* das Zurückschicken, ***captivorum obsidumque*** der Gefangenen und Geiseln
2. das Herablassen; ***superciliorum aut r. aut contractio*** Cic. das Heben und Zusammenziehen der Augenbrauen; ***r. animi*** das Erschlaffen des Geistes
3. *fig* das Nachlassen
4. Erlass; ***r. peccatorum*** *(eccl.)* Vergebung der Sünden
5. *geistige* Erholung
6. Gelassenheit, Ruhe; RHET ruhiger Ton
remissus[1] ⟨a, um⟩ *Adj, Adv* ⟨remissē⟩ ||remitto||
1. abgespannt, schlaff, locker; ***pugna remissa*** abklingende Schlacht
2. *fig* lässig, nachlässig, träge
3. ruhig, mild
4. sanft, ohne Leidenschaft, gelassen
5. scherzhaft, heiter
re-missus[2] ⟨a, um⟩ *PPP* → ***remitto***
re-mittō ⟨mīsī, missum, mittere 3.⟩

I
1. zurückschicken
2. zurückwerfen
3. zurückgeben, vergelten
4. wieder von sich geben
5. hervorbringen, verursachen
6. verweisen
7. loslassen
8. vermindern, ruhen lassen
9. nachlassen
10. den Widerstand aufgeben
11. erfrischen, sich erholen lassen
12. schenken, erlassen
13. verzichten
14. zugestehen, gönnen
II abnehmen, aufhören

I *v/t*
1. zurückschicken, ***captivos*** Gefangene; ***repudium r.*** die Ehe auflösen; ***nuntium uxori r.*** der Ehefrau den Scheidebrief schicken; ***mandata ad aliquem r.*** j-m Gegenaufträge senden
2. zurückwerfen; ***pila intercepta r.*** Caes. die aufgefangenen Spieße zurückschleudern; ***calces r.*** nach hinten ausschlagen
3. zurückgeben, vergelten, *alicui aliquid* j-m etw; ***beneficium r.*** eine Wohltat vergelten, eine Gefälligkeit erwidern
4. *(nachkl.) poet* wieder von sich geben; ***nebulas r.*** Nebel ausdünsten
5. *(nachkl.) poet* hervorbringen, verursachen, hin-

terlassen; ***atramenta remittunt labem*** Hor. die Tinte hinterlässt Flecken
6. *irgendwohin* verweisen; ***causam ad senatum r.*** Tac. die Sache an den Senat zurückverweisen
7. loslassen; *Gespanntes* entspannen; ***remisso arcu*** Hor. mit ungespanntem Bogen; ***habenas r.*** die Zügel loslassen; ***bracchia r.*** die Arme sinken lassen; ***tunicam r.*** die Tunika herablassen
8. vermindern, ruhen lassen; ***studia litterarum r.*** die Studien ruhen lassen; ***iras r.*** die Wut vermindern; ***vitam r.*** das Leben beenden
9. *Passiv u.* ***se r.*** nachlassen; ***remissus*** ermattet; ***se ad aliquid r.*** sich zu etw bequemen
10. *von Personen* den Widerstand aufgeben, *de re* in Bezug auf etw
11. *fig* erfrischen, sich erholen lassen; ***animum r.*** den Geist sich erholen lassen
12. *fig* schenken, erlassen, *alicui aliquid* j-m etw; ***iniuriam r.*** Unrecht verzeihen; ***r. de re*** von etw Abstand nehmen
13. (*nachkl.*) *fig* verzichten, *alicui aliquid* für j-n auf etw; ***odia sua rei publicae r.*** zugunsten des Staates auf den persönlichen Hass verzichten
14. *fig* zugestehen, gönnen, *alicui aliquid* j-m etw, + *Inf*; ***remitte aliquid adulescentiae*** Plin. gönne der Jugend etw
II *v/i* abnehmen, aufhören; ***ventus remittit*** der Wind lässt nach; ***remittas quaerere*** hör auf zu fragen

Remmius ⟨a, um⟩ *Name einer röm. gens*; ***lex Remmia de calumnia*** *Gesetz, durch das ein Kläger, der keine Beweise vorbringen konnte, bestraft wurde*; ***Remmius Palaemon*** *Lehrer Quintilians, Verfasser der ersten umfangreichen lat. Grammatik*

re-mōlior ⟨ītus sum, īrī 4.⟩ *Schweres von sich* abwälzen

re-mollēscō ⟨-, -, ēscere 3.⟩
1. Ov. weich werden; ***cera remollescit sole*** Ov. das Wachs wird in der Sonne weich
2. *fig* verweichlicht werden; ***ad laborem ferendum r.*** Caes. für das Ertragen von Strapazen verweichlichen
3. *fig* weich werden, sich erweichen lassen; ***precibus r.*** sich durch Bitten erweichen lassen

re-molliō ⟨īvī, ītum, īre 4.⟩ (*nachkl.*)
1. *poet* wieder weich machen, auflockern
2. *fig* verweichlichen
3. *fig* umstimmen

re-mora ⟨ae⟩ *f* (*vkl., nachkl.*) Verzögerung

remorāmen ⟨inis⟩ *n* ||remoror|| Ov. Hindernis; *fig* Warnung

re-mordeō ⟨mordī, morsum, mordēre 2.⟩ (*nachkl.*) *poet* wieder beißen; *fig* einen Angriff erwidern; *fig* quälen, *aliquem / animum alicuius* jdn

re-moror ⟨ātus sum, ārī 1.⟩
I *v/i* (*unkl.*) verweilen, säumen
II *v/t* zurückhalten, aufhalten, warten lassen, abhalten; ***a negotiis r.*** von Geschäften abhalten

re-morsum *PPP* → ***remordeo***

remōta ⟨ōrum⟩ *n* ||remotus|| PHIL *Stoa* Verwerfliches, *Dinge, die an sich kein Übel sind, aber diesem nahekommen*

remōtiō ⟨ōnis⟩ *f* ||removeo||
1. Zurückbewegung
2. Ablehnung, Beseitigung; ***r. criminis*** *fig* Abwälzung eines Vorwurfs

remōtum ⟨ī⟩ *n* ||remotus|| Sen. Ferne

remōtus ⟨a, um⟩ *Adj, Adv* ⟨remōtē⟩ ||removeo||
1. entfernt, entlegen, *ab aliquo* von j-m, *a re / re* von etw; ***sedes remotae a Germanis*** Caes. Wohnsitze fern von den Germanen
2. *fig* fern, frei, *a re* von etw; ***homo a culpa r.*** ein Mensch frei von Schuld; ***r. ab honestate*** unanständig; ***verba remota*** außergewöhnliche Worte; ***argumenta remota*** außerhalb der Sache liegende Argumente
3. abgeneigt; ***ab omni laude r.*** jedem Lob abgeneigt

▶ **re-moveō** ⟨mōvī, mōtum, movēre 2.⟩ zurückbewegen, wegschaffen, entfernen, beseitigen, abbringen; ***suos r.*** die Seinen zurückziehen; ***arbitros r.*** die Zeugen abtreten lassen; ***victum r.*** den Lebensunterhalt entziehen; ***mensas r.*** die Tafel aufheben; ***hostes a muro r.*** die Feinde von der Mauer zurückdrängen; ***aliquem a re publica r.*** j-n von den Staatsgeschäften abberufen; ***se ab aliquo / ab amicitia alicuius r.*** sich von j-m zurückziehen, sich von j-m fern halten; ***aliquem senatu r.*** j-n vom Senat fern halten; ***remotis arbitris*** ohne Zeugen; ***remoto ioco*** Scherz beiseite

re-mūgiō ⟨-, -, īre 4.⟩
1. wieder brüllen
2. zurückbrüllen, dagegen brüllen; ***antro r.*** aus der Höhle zurückbrüllen
3. *fig* widerhallen

re-mulceō ⟨mulsī, mulsum, mulcēre 2.⟩
1. zurückbeugen, einziehen; ***caudam r.*** den Schwanz einziehen
2. streicheln; *fig* besänftigen

remulcum ⟨ī⟩ *n* Schlepptau; ***navem remulco trahere*** ein Schiff ins Schlepptau nehmen

Remulus ⟨ī⟩ *m König von Alba*

remūnerātiō ⟨ōnis⟩ *f* ||remuneror|| Vergeltung, Erkenntlichkeit, *alicuius rei* für etw; (*mlat.*) Vergütung, Lohn

re-mūnerō ⟨āvī, ātum, āre 1.⟩ *u.* **re-mūneror** ⟨ātus sum, ārī 1.⟩ wieder beschenken, vergelten, belohnen, *abs od aliquem re* j-n mit etw

Remūria[1] ⟨ōrum⟩ *n* = ***Lemuria***

Remūria[2] ⟨ae⟩ *f Ort auf der Spitze des Aventin, wo nach der Sage Remus die Auspizien anstellte*

re-murmurō ⟨-, -, āre 1.⟩ Verg. entgegenrauschen, zurückrauschen

▶ **rēmus** ⟨ī⟩ *m* Ruder, Riemen; ***remos ducere / impellere*** rudern; ***navigium remis incitare*** das Schiff mit Rudern fortbewegen; ***orationem dialecticorum remis impellere*** der Rede mit den Tricks der Dialektiker Schwung geben

Remus ⟨ī⟩ *m Zwillingsbruder von Romulus, von diesem im Streit erschlagen* → ***Romulus***

rēn ⟨rēnis⟩ *m* Niere; ***ex renibus laborare*** Nierenschmerzen haben

re-narrō ⟨-, -, āre 1.⟩ wieder erzählen

re-nāscor ⟨nātus sum, nāscī 3.⟩ wieder geboren werden, neu entstehen

re-nāvigō ⟨-, -, āre 1.⟩ zurücksegeln

re-neō ⟨-, -, nēre 2.⟩ wieder auflösen, ***fila*** die Schicksalsfäden *der Parzen*

R

re-nīdeō ⟨-, -, ēre⟩ *(nachkl.) poet* zurückstrahlen, zurückglänzen; *fig* vor Freude strahlen, lächeln; *auch pej* höhnisch lächeln; sich sehr freuen, + *Inf*
renīdēscō ⟨-, -, ēscere 3.⟩ ||*Inkoh von* renideo|| Lucr. erglänzen
re-nītor ⟨nīsus sum, nītī 3.⟩ sich entgegenstemmen, sich widersetzen, *alicui / alicui rei* j-m / einer Sache
rēnō[1] ⟨ōnis⟩ *f* Tierfell, Pelz, Schafspelz
re-nō[2] ⟨-, -, nāre 1.⟩ *(nachkl.) poet* zurückschwimmen; *fig* wieder auftauchen
re-nōdō ⟨āvī, ātum, āre 1.⟩ aufknoten; ***comam r.*** das Haar offen tragen
renovāmen ⟨inis⟩ *n* ||renovo|| Ov. Erneuerung; neue Gestalt
renovātiō ⟨ōnis⟩ *f* ||renovo|| Erneuerung; ***r. singulorum annorum*** Cic. Zinseszins
re-novō ⟨āvī, ātum, āre 1.⟩
1. erneuern, wiederherstellen; ***templum r.*** den Tempel wieder aufbauen; ***memoriam r.*** *fig* das Gedächtnis auffrischen; ***agrum r.*** den Acker von Neuem umpflügen, *auch* die Brache erneuern, den Acker ruhen lassen
2. wiederholen
3. erfrischen; *Passiv u.* ***se r.*** sich erfrischen
4. hinzurechnen, ***fenus in singulos annos*** den Zinseszins
re-numerō ⟨āvī, ātum, āre 1.⟩ *(vkl., nachkl.)* zurückzahlen, ***alicui aurum*** j-m das Gold
renūntiātiō ⟨ōnis⟩ *f* ||renuntio|| Bekanntmachung, Bericht
re-nūntiō ⟨āvī, ātum, āre 1.⟩
1. zurückmelden, als Antwort berichten, *alicui aliquid* j-m etw, *alicui de re* j-m über etw, + *AcI* / + *indir Fragesatz*
2. amtlich berichten, *aliquid* etw, von etw, über etw; ***rem ad senatum r.*** über etw vor dem Senat berichten
3. *einen Beamten* als gewählt ausrufen, proklamieren, + *dopp. Akk*, *im Passiv* + *dopp. Nom*; ***Murenam consulem r.*** den Murena als Konsul ausrufen
4. öffentlich angeben, ***hostium numerum*** die Zahl der Feinde
5. ***sibi r.*** Sen. sich zu Gemüte führen, bedenken
6. aufkündigen, *alicui aliquid* j-m etw; ***alicui amicitiam r.*** j-m die Freundschaft aufsagen; ***repudium alicui r.*** Com. j-m die Ehe aufkündigen; ***alicui ad cenam r.*** j-m die Einladung zum Abendessen absagen
7. *(nachkl.)* aufgeben, *alicui rei* etw; ***officiis civilibus r.*** die zivilen Ämter aufgeben
renūntius ⟨ī⟩ *m* ||renuntio|| Plaut. Laufbursche
re-nuō ⟨nuī, -, nuere 3.⟩
1. *(nachkl.)* abwinken
2. *fig* ablehnen, zurückweisen, ***convivium*** eine Einladung zum Gastmahl
3. *fig* widersprechen, *alicui rei* einer Sache, ***crimini*** dem Vorwurf
renūtō ⟨-, -, āre 1.⟩ ||*Intens von* renuo|| Lucr. sich weigern
renūtus *Abl* ⟨ū⟩ *m* ||renuo|| Plin. Ablehnung
▶ **reor** ⟨ratus sum, rērī 3.⟩
1. rechnen, berechnen
2. *fig* meinen, glauben, + *AcI* / + *dopp. Akk*; ***rem incredibilem r.*** die Sache für unglaublich halten

rep. *Abk (nlat.)* = ***repetatur*** es soll wiederholt werden, *auf ärztlichen Rezepten zur Erneuerung der Rezeptur*; → ***repeto***
repāgula ⟨ōrum⟩ *n*
1. Türriegel, Torriegel, Torbalken; ***valvas repagulis claudere*** die Flügeltüren mit Torbalken verschließen
2. Schlagbaum
3. *fig* Schranken; ***omnia repagula pudoris perfringere*** alle Schranken der Scham durchbrechen
re-pandus ⟨a, um⟩ *Adj* rückwärts gekrümmt, aufwärts gebogen; ***calceolus r.*** Schnabelschuh
reparābilis ⟨e⟩ *Adj* ||reparo|| *(nachkl.) poet* ersetzbar; ***damnum reparabile*** ersetzbarer Schaden
reparātiō ⟨ōnis⟩ *f* ||reparo|| *(spätl.)* Wiederherstellung, Erneuerung, Ausbesserung
re-parcō ⟨percī, -, parcere 3.⟩ *(vkl.) poet* sparsam sein, *alicui rei* mit etw
re-parō ⟨āvī, ātum, āre 1.⟩
1. wiedererwerben, wiederherstellen, erneuern; wiederholen, wieder beginnen; ***urbes r.*** Städte wieder aufbauen; ***exercitum r.*** ein Heer neu aufstellen; ***proelium r.*** den Kampf wieder aufnehmen
2. *(nachkl.) poet* ersetzen, ***copias*** Truppen
3. verjüngen, erfrischen, stärken; ***membra labori r.*** die Glieder für die Arbeit stärken
4. *(nachkl.)* eintauschen, *aliquid re* etw gegen etw, etw für etw; ***pax multo reparata sanguine*** Sen. mit viel Blut erkaufter Friede
repastinātiō ⟨ōnis⟩ *f* das Umgraben, ***agrorum*** der Felder
re-patriō ⟨āvī, ātum, āre 1.⟩ ||patria|| *(spätl.)* in die Heimat zurückkehren
re-pectō ⟨-, pexum, pectere 3.⟩ wieder kämmen
re-pedō ⟨āvī, -, āre 1.⟩ ||pes|| zurückweichen
▶ **re-pellō** ⟨reppulī, repulsum, repellere 3.⟩
1. zurückstoßen; ***ictūs r.*** Schläge abprallen lassen; ***pede Oceani amnes r.*** aus dem Ozean emporsteigen; ***tellurem impressā hastā r.*** sich an der Lanze in die Höhe schwingen; ***mensas r.*** Tische umstoßen
2. zurücktreiben, zurückschlagen, vertreiben, *aliquem a re / ex re / re* j-n von etw, j-n aus etw
3. *fig* fern halten, abweisen, abwehren; ***aliquem a spe r.*** j-m die Hoffnung nehmen; ***a spe repelli*** enttäuscht werden
4. *fig* zurückweisen, verschmähen
5. widerlegen, ***allatas criminationes*** die vorgebrachten Vorwürfe
re-pendō ⟨pendī, pēnsum, pendere 3.⟩
1. *mit gleichem Gewicht* zurückgeben, abgeben; ***pensa r.*** das Gesponnene abliefern
2. bezahlen; aufwiegen, *aliquid re* etw mit etw; ***militem auro r.*** den Soldaten mit Gold loskaufen
3. *fig* erwidern, vergelten; ***magna r.*** Großes mit Großem vergelten; ***vices r.*** Gleiches mit Gleichem vergelten; ***fatis contraria fata r.*** Schicksal gegen Schicksal vergelten
4. *(nachkl.) poet* ersetzen, wieder gutmachen
▶ **repēns** *Gen* ⟨entis⟩ *Adj*, *Adv* ⟨repente, *auch* repens⟩
1. plötzlich, unerwartet
2. *(nachkl.)* neu, gerade entstehend
re-pēnsō ⟨āvī, ātum, āre 1.⟩ ||*Intens von* rependo||

1. aufwiegen, *aliquid re* etw mit etw
2. vergelten, ausgleichen, ersetzen, *aliquid re* etw mit etw
re-pēnsus ⟨a, um⟩ *PPP* → ***rependo***
▶ **repente** *Adv* → ***repens***
▶ **repentīnus** ⟨a, um⟩ *Adj*, *Adv* ⟨repentīnō⟩ ||repens||
1. plötzlich, unerwartet, unvermutet; ***mors repentina*** plötzlicher Tod; ***homo r.*** plötzlich emporgekommener Mann
2. (*nachkl.*) *fig* schnell wirkend; ***venenum repentinum*** Tac. schnell wirkendes Gift
3. in Eile ausgehoben; ***auxilia repentina*** eilig ausgehobene Hilfstruppen
re-percī → ***reparco***
re-percō ⟨percī, -, percere 3.⟩ = ***reparco***
repercussiō ⟨ōnis⟩ *f* ||repercutio|| (*nachkl.*) das Zurückschlagen; Widerschein
repercussus[1] ⟨ūs⟩ *m* ||repercutio|| Rückprall; Widerhall; ***r. vocis*** Widerhall der Stimme
repercussus[2] ⟨a, um⟩ *Adj* ||repercutio|| (*nachkl.*) widerhallend, widerscheinend, zurückstrahlend
re-percutiō ⟨cussī, cussum, cutere 3.⟩ (*nachkl.*) *poet* zurückschlagen, zurückstoßen, zurückschleudern; *Passiv* widerhallen, reflektieren, zurückstrahlen
▶ **re-periō** ⟨repperī, repertum, reperīre 4.⟩
1. wieder zum Vorschein bringen, wieder auffinden
2. ausfindig machen; ***reperiuntur, qui*** es finden sich Leute, die, + *Konjkt*; *Passiv* sich zeigen, sich erweisen, + *dopp. Nom*
3. erfahren, ermitteln, erkennen, ***verum*** die Wahrheit
4. historisch berichtet finden, + *AcI* / + *indir Fragesatz*
5. erlangen, erwerben; ***sibi salutem r.*** Caes. sein Heil erlangen
6. *fig etw Neues* erfinden, ersinnen, entdecken; ***nihil novi r.*** nichts Neues entdecken
repertīcius ⟨a, um⟩ *Adj* ||reperio|| (*nachkl.*) auf der Straße aufgefunden
repertor ⟨ōris⟩ *m* ||reperio|| (*unkl.*) Erfinder, Urheber, Schöpfer
repertōrium ⟨ī⟩ *n* ||reperio|| (*spätl.*) Verzeichnis; (*mlat.*) Nachschlagewerk
repertum ⟨ī⟩ *n* ||repertus|| Erfindung
repertus[1] ⟨a, um⟩ *Adj* ||reperio|| erfunden
re-pertus[2] ⟨a, um⟩ *PPP* → ***reperio***
repetentia ⟨ae⟩ *f* ||repeto|| Lucr. Rückerinnerung
repetītiō ⟨ōnis⟩ *f* ||repeto|| Wiederholung, *bes auch* Anapher
repetītor ⟨ōris⟩ *m* ||repeto||
1. Ov. der zurückfordert, *alicuius rei* etw; ***r. nuptae ademptae*** der die geraubte Frau zurückfordert
2. (*spätl.*) Wiederholer
3. (*nlat.*) JUR Repetitor, *Lehrer für die Vorbereitung auf Prüfungen*
re-petō ⟨petīvī⟩ *u.* ⟨petiī, petītum, petere 3.⟩

I
1. wieder angreifen
2. wieder aufsuchen
3. zurückholen
4. wiederholen, erneuern
5. wiederholen
6. wieder überdenken
7. zurückzählen, zurückdatieren
8. wiedererlangen, wiedergewinnen
9. nachholen
10. zurückverlangen, zurückfordern
11. fordern, verlangen
II anfangen, beginnen

I *v/t*
1. (*nachkl.*) *poet* wieder angreifen
2. *einen Ort* wieder aufsuchen
3. zurückholen; hervorholen, nachholen; ***animos r.*** *fig* sich in die Stimmung zurückversetzen
4. *fig* wiederholen, erneuern; ***somnum r.*** wieder schlafen; ***viam r.*** denselben Weg zurückgehen
5. *fig* wiederholen; ***multum ante repetito*** nachdem er wiederholt gesagt hatte, + *AcI*
6. *fig* wieder überdenken, sich ins Gedächtnis zurückrufen, *aliquid* etw, + *AcI*; ***memoriā / memoriam alicuius rei r.*** sich wieder an etw erinnern
7. *fig* zurückzählen, zurückdatieren
8. *fig* wiedererlangen, wiedergewinnen
9. *fig* nachholen
10. zurückverlangen, zurückfordern; ***Salaminii Homerum repetunt*** die Einwohner von Salamis beanspruchen Homer als ihren Landsmann; ***aliquid in antiquum ius r.*** sein altes Recht auf etw geltend machen; ***civitatem in libertatem r.*** die Freiheit für die Gemeinschaft fordern; ***res r.*** Schadenersatz fordern; ***pecuniae repetundae*** Ersatz für Gelderpressungen; ***pecuniarum repetundarum aliquem postulare*** von j-m Ersatz wegen Erpressungen fordern
11. fordern, verlangen, beanspruchen, *aliquid ab aliquo* etw von j-m; ***rationes r.*** Rechenschaft fordern; ***poenas r. ab aliquo*** die Strafe an j-m vollziehen
II *v/i* anfangen, beginnen, *ab aliquo / a re* mit j-m / mit etw
repetundae ⟨ārum⟩ *f* ||repeto|| Ersatz für Erpressungen
re-pleō ⟨ēvī, ētum, ēre 2.⟩
1. wieder anfüllen; *Passiv* sich wieder füllen; wieder vervollständigen
2. reichlich anfüllen, reichlich versorgen, *aliquid re* etw mit etw; *Passiv* sich füllen; ***exercitum frumento r.*** das Heer mit Vorrat reichlich versorgen
3. (*nachkl.*) schwängern
4. Liv. *mit einer Krankheit* anstecken
replicātiō ⟨ōnis⟩ *f* ||replico|| das Zurückfalten; Rückbewegung, kreisförmige Bewegung; ***r. mundi*** Cic. die kreisförmige Bewegung der Welt
re-plicō ⟨āvī, ātum, āre 1.⟩
1. (*vkl., nachkl.*) zurückbeugen, zurückbiegen; ***cervicem r.*** den Nacken zurückbiegen
2. auffalten, entfalten, aufrollen; ***volumen r.*** eine Schriftrolle aufrollen; ***memoriam r.*** *fig* die Erinnerung aufrollen
3. zurückstrahlen; ***radios r.*** Strahlen zurückwerfen
4. *fig* erwägen, bedenken
5. (*mlat.*) erwidern, erzählen
re-plumbō ⟨-, -, āre 1.⟩ ||plumbum|| (*nachkl.*) vom Blei befreien, vom Blei reinigen

► **rēpō** ⟨rēpsī, rēptum, rēpere 3.⟩ (*unkl.*) kriechen, schleichen

re-pōnō ⟨posuī, positum, pōnere 3.⟩
1. zurücklegen, zurückstellen; ***humum r.*** Erdreich zurückschaufeln
2. zurücklegen, hinterlegen, aufbewahren, *auch fig*; ***aliquid hiemi r.*** etw für den Winter zurücklegen; ***odium r.*** den Hass verbergen; ***aliquid sensibus imis r.*** etw dem Geist tief einprägen
3. (*unkl.*) beiseite legen, weglegen; *fig* aufgeben; ***arbusta falcem reponunt*** die Anpflanzung macht die Sichel entbehrlich
4. zurückgeben, wieder zustellen, als Ersatz geben; wieder auf die Tafel setzen
5. (*nachkl.*) wiederherstellen
6. erwidern
7. hinstellen, hinlegen, niedersetzen, niederlegen, *aliquid re / in re* etw irgendwo
8. *fig* versetzen, aufnehmen; ***aliquem in numerum deorum / in deos*** j-n unter die Götter versetzen
9. *fig* zu *etw* rechnen; ***aliquem non in numerum r.*** j-n nicht mit in Betracht ziehen; ***rem in artis loco r.*** etw für eine Kunst halten
10. *fig* setzen, beruhen lassen, *in re* auf etw; ***spem in virtute r.*** Hoffnung auf die Tüchtigkeit setzen
11. ***in beneficio r.*** (*mlat.*) zu Lehen nehmen

re-porrigō ⟨-, -, ere 3.⟩ wieder reichen

re-portō ⟨āvī, ātum, āre 1.⟩
1. zurücktragen, zurückbringen; ***se r. ad aliquem*** zu j-m zurückkehren; ***pedem r.*** sich zurückziehen
2. heimbringen; *fig* davontragen, erlangen, gewinnen; ***victoriam r. ab aliquo*** über j-n den Sieg davontragen
3. *fig* berichten

re-poscō ⟨-, -, ere 3.⟩
1. zurückfordern, *aliquid aliquem / ab aliquo* etw von j-m
2. *als sein Recht* fordern, verlangen; ***rationem ab aliquo r.*** Rechenschaft von j-m fordern; ***aliquem r.*** j-n ausdrücklich mahnen

repositōrium ⟨ī⟩ *n* ||repono||
1. Tafelaufsatz *für die Speisen eines Ganges*
2. (*mlat.*) Schrank, Bibliothek

repostor ⟨ōris⟩ *m* ||repono|| Ov. Wiederhersteller; ***r. templorum*** Wiedererbauer der Tempel

repostus ⟨a, um⟩ *Adj* ||repono|| entlegen, fern

re-pōtia ⟨ōrum⟩ *n* ||poto|| Hor. Trinkgelage

repperī → ***reperio***

reppulī → ***repello***

repraesentātiō ⟨ōnis⟩ *f* ||repraesento||
1. (*nachkl.*) bildliche Darstellung, Abbildung
2. Barzahlung, *auch* Vorauszahlung

re-praesentō ⟨āvī, ātum, āre 1.⟩ ||*Denom von* praesens||
1. vergegenwärtigen, veranschaulichen, *alicui aliquid* j-m etw
2. (*nachkl.*) *poet* nachahmen, ***virtutem et mores Catonis*** die Tugend und Sitten Catos
3. sofort tun; bar bezahlen, *abs od aliquid* etw; ***pecuniam ab aliquo r.*** Geld durch Anweisung an j-n bezahlen
4. sofort verwirklichen, erfüllen; vollziehen; ***iudicia r.*** Prozesse sofort anstrengen; ***r. poenas*** Strafen sofort vollziehen; ***iras r.*** Zorn sofort zeigen

► **re-prehendō** ⟨prehendī, prehēnsum, prehendere 3.⟩
1. durch Ergreifen zurückhalten, festhalten, hemmen; fassen; ***rem praetermissam r.*** eine unterlassene Sache nachholen
2. *fig* zurechtweisen, tadeln, missbilligen, *aliquem in re / de re* j-n in Bezug auf etw, *in eo quo* in der Beziehung, dass
3. RHET widerlegen

reprehēnsiō ⟨ōnis⟩ *f* ||reprehendo||
1. RHET das Innehalten *des Redners*; ***sine reprehensione*** ohne Anstoß
2. RHET Widerlegung
3. Tadel, Missbilligung

reprehēnsō ⟨-, -, āre 1.⟩ ||*Freq von* reprehendo|| Liv. wiederholt zurückhalten

reprehēnsor ⟨ōris⟩ *m* ||reprehendo|| Tadler; Verbesserer

re-prehēnsus ⟨a, um⟩ *PPP* → ***reprehendo***

re-prēndō ⟨prēndī, prēnsum, prēndere 3.⟩ = ***reprehendo***

re-pressī → ***reprimo***

repressor ⟨ōris⟩ *m* ||reprimo|| Unterdrücker

re-primō ⟨pressī, pressum, primere 3.⟩ ||premo||
1. zurückdrängen, zurücktreiben; aufhalten, hemmen; ***r. sanguinem*** das Blut abbinden; ***r. pedem*** stehen bleiben; *Passiv u.* ***se r.*** an sich halten, sich enthalten, *a re* einer Sache
2. *fig* beschränken, beschwichtigen, im Keim ersticken; ***luxuriam r.*** die Genusssucht einschränken; ***imber reprimitur*** der Regen lässt nach

reprōmissiō ⟨ōnis⟩ *f* ||repromitto||
1. Gegenversprechen
2. (*eccl.*) Verheißung; ***terra repromissionis*** (*mlat.*) das gelobte Land

re-promittō ⟨mīsī, missum, mittere 3.⟩
1. ein Gegenversprechen geben
2. Suet. wieder versprechen, erneut versprechen
3. (*eccl.*) verheißen

rēpsī → ***repo***

rēptābundus ⟨a, um⟩ *Adj* ||repto|| Sen. schleichend

rēptātiō ⟨ōnis⟩ *f* ||repto|| Quint. das Kriechen

rēptile ⟨is⟩ *n* ||reptilis|| Kriechtier

rēptilis ⟨e⟩ *Adj* ||repo|| kriechend

rēptō ⟨āvī, ātum, āre 1.⟩ ||*Intens von* repo|| (*unkl.*) kriechen, dahinkriechen, schleichen

rēptus ⟨a, um⟩ *PPP* → ***repo***

re-pūbēscō ⟨-, -, ēscere 3.⟩ wieder jung werden

repudiātiō ⟨ōnis⟩ *f* ||repudio|| Zurückweisung, Verschmähung

► **repudiō** ⟨āvī, ātum, āre 1.⟩ ||*Denom von* repudium||
1. zurückweisen, verschmähen, ablehnen; ***r. alicuius auctoritatem*** j-s Autorität nicht anerkennen; ***r. consilium senatūs a re publica*** Cic. den Rat des Senats dem Staat entziehen
2. (*vkl., nachkl.*) *von Verlobten u. Eheleuten* zurückweisen, verstoßen; ***uxorem r.*** die Gattin verstoßen

repudiōsus ⟨a, um⟩ *Adj* ||repudium|| Plaut. verwerflich, anstößig

re-pudium ⟨ī⟩ *n* Zurückweisung, *bes die* (*einseitige*) Verstoßung der Ehefrau, Ehescheidung, Verstoßung der Verlobten, Auflösung der Verlobung; ***uxorem repudio dimittere*** die Gattin verstoßen

R

re-puerāscō ⟨-, -, āscere 3.⟩ wieder zum Kind werden

repūgnāns *Gen* ⟨antis⟩ *Adj*, *Adv* ⟨repūgnānter⟩ ||repugno|| widersprechend, widerstrebend

repūgnantia[1] ⟨ium⟩ *n* sich widersprechende Dinge, Gegensätze

repūgnantia[2] ⟨ae⟩ *f* ||repugno||
1. (*nachkl.*) Widerstreit
2. Widerspruch

re-pūgnō ⟨āvī, ātum, āre 1.⟩
1. MIL Widerstand leisten
2. *fig* sich widersetzen, *alicui rei / contra aliquid* einer Sache, + *Inf*, *ne* dass; ***non repugno*** ich habe nichts dagegen
3. *von Sachen* im Widerspruch stehen, *alicui rei* mit etw; ***simulatio amicitiae repugnat maxime*** Heuchelei steht in schärfstem Widerspruch zur Freundschaft

re-pullulō ⟨āvī, ātum, āre 1.⟩ (Sen., Plin.) wieder hervorsprießen

repulsa ⟨ae⟩ *f* ||repello||
1. Zurückweisung, Niederlage *bei Wahlen u. Bewerbungen*, *alicuius* j-s, *alicuius rei* bei der Bewerbung um etw; ***aedilicia r.*** Niederlage bei der Bewerbung um die Ädilität; ***repulsam accipere / ferre*** durchfallen
2. (*nachkl.*) *fig* abschlägige Antwort, Abweisung einer Bitte; ***nullius rei repulsam ferre ab aliquo*** in keiner Sache bei j-m vergeblich bitten

repulsō ⟨-, -, āre 1.⟩ ||*Intens von* repello|| Lucr.
1. widerhallen lassen
2. immer wieder abweisen

repulsus[1] ⟨ūs⟩ *m* ||repello|| das Zurückwerfen, das Zurückprallen, *bes* Widerhall, Echo

re-pulsus[2] ⟨a, um⟩ *PPP* → ***repello***

re-pungō ⟨-, -, ere 3.⟩ wieder stechen

re-pūrgō ⟨āvī, ātum, āre 1.⟩ (*nachkl.*)
1. (wieder) reinigen; ***hortum r.*** den Garten jäten
2. *fig reinigend* beseitigen, tilgen

reputātiō ⟨ōnis⟩ *f* ||reputo|| (*nachkl.*) Erwägung, Betrachtung, Überlegung

▶ **re-putō** ⟨āvī, ātum, āre 1.⟩
1. berechnen, ***solis defectiones*** die Sonnenfinsternisse
2. *fig* erwägen, bedenken, *aliquid* etw, + *AcI* / + *indir Fragesatz*; ***multa secum / cum animo r.*** viel bei sich bedenken

▶ **re-quiēs** ⟨ētis⟩ *f*
1. Ruhe, Erholung; *meton* Ruheort; (*eccl.*) ewige Ruhe
2. (*mlat.*) Requiem, Totenmesse

▶ **re-quiēscō** ⟨quiēvī, quiētum, quiēscere 3.⟩
I *v/i*
1. ruhen, ausruhen, sich erholen, *auch von Sachen*, *a re* von etw, nach etw; ***flumina requiescunt*** die Flüsse stehen still; ***vitis in ulmo requiescit*** der Weinstock stützt sich auf die Ulme
2. ruhen, schlafen; ***requiescat in pace*** er / sie ruhe in Frieden, *Schlussformel der kath. Totenmesse u. Grabinschrift*
3. *fig* sich beruhigen, *ex re* von etw, nach etw, *in re* bei etw, an etw
II *v/t* Verg. ruhen lassen, zur Ruhe bringen; ***requiescunt flumina cursūs*** die Flüsse hemmen den Lauf

requiētus ⟨a, um⟩ *Adj* ||requiesco|| (*nachkl.*) *poet* ausgeruht

requīritō ⟨-, -, āre 1.⟩ ||*Intens von* requiro|| Plaut. nach *etw* fragen, *aliquid*

▶ **re-quīrō** ⟨quīsīvī⟩ *u.* ⟨quīsiī, quīsītum, quīrere 3.⟩
1. wieder aufsuchen
2. *fig* vermissen
3. *als sein Recht* fordern, verlangen; ***nihil amplius r.*** nichts weiter fordern; *Passiv* gefordert werden, erforderlich sein; ***probitas requiritur*** Redlichkeit ist gefordert
4. fragen, nachforschen, sich erkundigen, *aliquid / de re* nach etw, *ab aliquo / ex aliquo* bei j-m, + *indir Fragesatz*
5. untersuchen, prüfen
6. **requīsīta** ⟨ōrum⟩ *n* Quint. verlangter Ausdruck, gesuchter Ausdruck; Notdurft

rēs ⟨reī⟩ *f*

1. Sache, Ding
2. Besitz, Vermögen
3. Macht, Herrschaft
4. die Dinge = Welt, Universum
5. Sachlage, Verhältnisse
6. Ursache, Grund
7. Sache, Geschäft
8. Rechtssache, Prozess
9. Staat, Gemeinwesen
10. Vorteil, Nutzen
11. Tat, Handlung
12. Maßregel
13. Kriegstat, Krieg
14. Ereignis, Begebenheit
15. Tatsache
16. in Wirklichkeit, in der Tat
17. Natur, Wesen
18. Stoff, Inhalt

1. Sache, Ding, Gegenstand, etwas; ***bonae res*** Wertsachen, Leckerbissen; ***copia rerum*** Vorräte, Lebensmittel; ***quid hoc rei est?*** was soll das bedeuten?; ***quae res*** eben dieser Umstand; ***in omnibus rebus*** in allem
2. Besitz, Vermögen, Habe; ***possessiones et res*** bewegliche und unbewegliche Habe; ***res familiaris / res privatae*** Privatvermögen; ***rem facere*** Besitz erwerben; ***rem suam conficere*** sein Vermögen vertun; ***rem gerere*** sein Vermögen verwalten; ***magnae res alicuius aguntur*** j-s großer Besitz steht auf dem Spiel
3. *meist Pl* Macht, Herrschaft; ***summa rerum*** höchste Macht, Staatsleitung
4. *Pl* die Dinge = Welt, Universum, Natur; ***caput rerum*** Hauptstadt der Welt; ***dulcissime rerum*** allerliebster
5. Sachlage, Verhältnisse, Schicksal; Rücksicht, Beziehung; *oft übersetzt mit* es; ***rem renuntiare*** die Sachlage berichten; ***si res poscat*** wenn es die Sachlage erfordert; ***pro re*** nach den Umständen; ***res secundae / prosperae / florentes*** günstige Lage, Glück; ***res adversae / miserae / afflictae*** Unglück; ***res male se habet*** die Sache steht schlimm; ***res se ita habent*** es verhält sich so; ***omnibus (in)***

rebus in allen Punkten, ***totā re errare*** in jeder Hinsicht irren; ***res venit ad arma atque pugnam*** es kam zum Kampf; ***res bene se habet*** es steht gut; ***res eo deducitur, ut*** es kommt so weit, dass
6. Ursache, Grund; ***quam ob rem*** deshalb
7. Sache, Geschäft; Unternehmen, Angelegenheit, Aufgabe; ***rem gerere*** Geschäfte machen; ***rem cum aliquo transigere*** ein Geschäft mit j-m abmachen; ***alicui res cum aliquo est*** j-d hat mit j-m zu tun; ***rem suscipere*** die Aufgabe übernehmen; ***res militaris/bellica*** Kriegswesen; ***res maritima / navalis*** Seewesen; ***res frumentaria*** Verproviantierung; ***res rustica*** Landwirtschaft; ***res pecuaria*** Viehzucht
8. Rechtssache, Prozess; ***res iudicata*** rechtskräftig entschiedene Sache
9. ***res*** (***publica***) Staat, Gemeinwesen, staatliche Verhältnisse
10. Vorteil, Nutzen; ***in rem / ex re alicuius est*** es ist für j-n vorteilhaft, + *Inf* / + *AcI*; ***non ab re visum est*** es schien nicht unpassend; ***aliquid in rem suam convertere*** sich etw zunutze machen
11. Tat, Handlung; ***rebus spectata iuventus*** durch Taten erprobte Jugend; ***res gerere*** handeln, Taten verrichten, in Staatsangelegenheiten tätig sein; ***res gestae*** Taten
12. Maßregel
13. Kriegstat, Krieg, Kampf; ***res alicui est cum aliquo*** j-d hat mit j-m zu kämpfen; ***gladio comminus rem gerere*** Mann gegen Mann kämpfen
14. Ereignis, Begebenheit, Vorfall; *Pl* Geschichte; ***rerum scriptor*** Geschichtsschreiber; ***veteres res*** alte Geschichte
15. Tatsache; Wirklichkeit, wirkliche Sachlage, Wahrheit; ***ut erat res*** wie es sich tatsächlich verhielt; ***in re aliud esse*** in Wirklichkeit sich anders verhalten
16. ***re*** (***vera***) in Wirklichkeit, in der Tat, tatsächlich; ***re ipsa*** tatsächlich
17. Natur, Wesen; ***quid ad rem?*** = es ist einerlei
18. Stoff, Inhalt, Gehalt

re-sacrō ⟨-, -, āre 1.⟩ Nep. vom Fluch befreien, entsühnen

re-saeviō ⟨-, -, īre 4.⟩ Ov. wieder wüten

resalūtātiō ⟨ōnis⟩ *f* ||resaluto|| Suet. Gegengruß, Erwiderung des Grußes

re-salūtō ⟨āvī, ātum, āre 1.⟩ den Gruß erwidern, *aliquem* j-s

re-sānēscō ⟨sānuī, -, sānēscere 3.⟩ wieder gesund werden

re-sarciō ⟨sarsī, sartum, sarcīre 4.⟩
1. (*vkl., nachkl.*) wieder flicken, wieder ausbessern
2. wieder ersetzen, ***detrimentum*** den Schaden

re-sciī → ***rescisco***

► **re-scindō** ⟨scidī, scissum, scindere 3.⟩
1. wieder aufreißen; ***luctūs r.*** die Totenklage wieder aufnehmen
2. (er)öffnen, ***vias*** Wege; ***ferro ulcus r.*** mit dem Messer das Geschwür aufschneiden
3. abbrechen, einreißen, zerstören, zerreißen; ***pontem r.*** die Brücke abreißen
4. *fig* aufheben, ungültig machen; ***iudicia r.*** das Urteil aufheben

re-scīscō ⟨scīvī⟩ *u.* ⟨sciī, scītum, scīscere 3.⟩ (wieder) erfahren, entdecken

re-scissus ⟨a, um⟩ *PPP* → ***rescindo***

re-scrībō ⟨scrīpsī, scrīptum, scrībere 3.⟩
1. zurückschreiben, schriftlich antworten, *alicui / ad aliquem* j-m, *alicui rei / ad aliquid* auf etw, + *AcI* / + *indir Fragesatz*; ***id ipsum rescribe*** Plin. darauf gib mir schriftlich Antwort
2. widerlegen, eine Gegenschrift verfassen
3. Suet. neu schreiben, umschreiben, überarbeiten
4. *in den Rechnungsbüchern* umschreiben, als bezahlt schreiben; als Belastung schreiben
5. *in einer Liste* umschreiben, versetzen; ***aliquem ad equum r.*** j-n zur Reiterei versetzen, j-n in den Ritterstand erheben
6. MIL nochmals ausheben, ***novas legiones*** weitere Legionen
7. ***cantūs vocum sonis r.*** nach den Tönen der Stimmen komponieren

rescrīptum ⟨ī⟩ *n* ||rescribo||
1. (*nachkl.*) kaiserliche Antwort, kaiserlicher Erlass, Reskript
2. (*mlat.*) Bescheid vom Papst, Bescheid vom Bischof

re-secō ⟨secuī, sectum, secāre 1.⟩
1. abschneiden, wegschneiden; ***barbam r.*** den Bart abschneiden; ***ad vivum r.*** bis ins Fleisch schneiden; ***aliquid ad vivum r.*** *fig* etw allzu wörtlich nehmen
2. *fig* verkürzen, beschränken
3. Einhalt tun, *aliquid* einer Sache

re-secrō ⟨āvī, ātum, āre 1.⟩
1. Plaut. inständig bitten, feierlich bitten
2. = ***resacro***

resēda ⟨ae⟩ *f* Plin. Reseda, *Zier- u. Heilpflanze*

re-sēdī → ***resideo*** *u.* → ***resido***

re-sēminō ⟨-, -, āre 1.⟩ Ov. wieder säen; *fig* wieder erzeugen

re-sequor ⟨secūtus sum, sequī 3.⟩ Ov. *in der Rede* nachfolgen = Antwort geben

re-serō ⟨āvī, ātum, āre 1.⟩ ||*Denom von* sera||
1. entriegeln, aufschließen, öffnen; ***portas hosti r.*** dem Feind die Tore öffnen
2. *fig* erschließen, zugänglich machen; ***Italiam gentibus*** Italien den Völkern
3. Ov. offenbaren
4. (*nachkl.*) anfangen

reservatio mentalis *f* (*mlat.*) (geheimer) Gedankenvorbehalt *bei Eid u. Vertragsabschluss*

re-servō ⟨āvī, ātum, āre 1.⟩
1. erhalten, retten
2. behalten, beibehalten
3. aufbewahren, bewahren, aufsparen, zurückhalten, *alicui aliquid* j-m etw, *ad aliquid / in aliquid* für etw, zu etw; ***Minucio me reservabam*** ich wartete mit meinem Brief auf Minucius; ***reservatum ecclesiasticum*** (*nlat.*) Vorbehalt *im Augsburger Religionsfrieden zugunsten der katholischen Kirche*

reses *Gen* ⟨idis⟩ *Adj* ||resideo||
1. (*vkl., nachkl.*) zurückgeblieben; ***in urbe plebs r.*** das in der Stadt gebliebene Volk
2. (*nachkl.*) *fig* träge, untätig

re-sessum *PPP* → ***resideo*** *u.* → ***resido***

re-sideō ⟨sēdī, sessum, sidēre 2.⟩ ||sedeo||
I *v/i*
1. sitzen bleiben

2. *fig* ruhen
3. *fig* zurückbleiben, noch übrig bleiben
II *v/t ein Fest* feiern; ***dies denicales mortuis residentur*** Cic. die Totenfesttage werden für die Verstorbenen veranstaltet
re-sīdō ⟨sēdī, sessum, sīdere 3.⟩
1. sich setzen, sich niederlassen, rasten
2. *fig* sich senken, sinken; ***montes residunt*** Berge senken sich
3. (*nachkl.*) *fig* sich zurückziehen
4. *fig* nachlassen; ***ardor residit*** die Glut erkaltet
residuum ⟨ī⟩ *n* ||residuus|| Rast
residuus ⟨a, um⟩ *Adj* ||resideo|| zurückbleibend, übrig; rückständig
resignatio ⟨onis⟩ *f* (*mlat.*) Verzicht, Entsagung, Resignation
re-sīgnō ⟨āvī, ātum, āre 1.⟩
1. entsiegeln, öffnen; ***Mercurius morte lumina resignat*** Verg. Merkur öffnet die vom Tod starren Augen
2. *fig* offenbaren
3. *fig* vernichten, ungültig machen
4. Hor. zurückzahlen, zurückgeben
re-siliō ⟨siluī, sultum, silīre 4.⟩ ||salio||
1. zurückspringen
2. *von Sachen* abprallen; ***ab hoc crimen resilit*** von ihm prallt der Vorwurf ab
3. Abstand nehmen
4. zusammenschrumpfen; ***in breve spatium r.*** Ov. auf ein kleines Maß zusammenschrumpfen
re-sīmus ⟨a, um⟩ *Adj* (*unkl.*) aufgestülpt
rēsīna ⟨ae⟩ *f* ||griech. Fw.|| (*vkl., nachkl.*) Harz
rēsīnātus ⟨a, um⟩ *Adj* ||resina|| mit Harz gewürzt, mit Harz bestrichen
re-sipiō ⟨-, -, ere 3.⟩ ||sapio||
1. nach *etw* schmecken, *aliquid*; ***picem r.*** nach Pech schmecken
2. *fig* erkennen lassen, verraten
re-sipīscō ⟨sipuī⟩ *u.* ⟨sipiī⟩ *u.* ⟨sipīvī, -, sipīscere 3.⟩ ||*Inkoh von* resipio||
1. wieder zu Verstand kommen
2. wieder zu sich kommen, sich wieder erholen
3. Ter. *fig* wieder Mut fassen
▶ **re-sistō** ⟨stitī, -, sistere 3.⟩
1. stehen bleiben, stillstehen, Halt machen; ***cum aliquo r.*** mit j-m ein Wort wechseln
2. zurückbleiben, ***Romae*** in Rom
3. *fig* innehalten, *in der Rede* stocken, stecken bleiben
4. wieder festen Fuß fassen
5. Widerstand leisten, sich widersetzen, *abs od alicui / alicui rei* j-m / einer Sache; ***nullo resistente*** ohne jeden Widerstand; ***adversus r.*** offenen Widerstand leisten; ***hostibus r.*** den Feinden Widerstand leisten; ***senatūs consulto r.*** gegen den Senatsbeschluss handeln; ***mens resistens*** widerstandsfähiger Geist
resolūtiō ⟨ōnis⟩ *f* ||resolvo||
1. (*nachkl.*) Auflösung, Lähmung, Schwäche
2. (*mlat.*) Entschluss
resolūtus ⟨a, um⟩ *Adj* ||resolvo||
1. wollüstig
2. zügellos, ungebunden
▶ **re-solvō** ⟨solvī, solūtum, solvere 3.⟩
1. *Gebundenes* wieder auflösen, losbinden; ***crines r.*** die Haare lösen; ***equos r.*** die Pferde ausspannen; ***nivem r.*** *fig* den Schnee schmelzen; ***tenebras r.*** die Finsternis erleuchten; ***humum in partes r.*** das Erdreich trennen; ***filum r.*** den Faden abschneiden; ***terga r.*** sich behaglich ausstrecken
2. *Geschlossenes* öffnen, ***litteras*** einen Brief; ***iugulum mucrone r.*** die Kehle mit dem Dolch durchstechen
3. aufheben, ungültig machen, zerstören; ***vectigal r.*** eine Steuer abschaffen
4. entkräften
5. zurückzahlen
6. befreien
resonābilis ⟨e⟩ *Adj* ||resono|| *poet* widerhallend
▶ **re-sonō** ⟨uī⟩ *u.* ⟨āvī, -, āre 1.⟩
I *v/i*
1. widerhallen, *re* von etw; ***camini resonant*** die Essen prasseln; ***gloria virtuti resonat*** der Ruhm ist ein Widerhall der Tüchtigkeit
2. *fig* ertönen, erklingen
II *v/t* widerhallen lassen; ***triste et acutum r.*** einen wehmütigen und schrillen Ton von sich geben
resonus ⟨a, um⟩ *Adj* ||resono|| *poet* widerhallend
re-sorbeō ⟨-, -, ēre 2.⟩ (*nachkl.*) wieder einschlürfen; *fig* einziehen; ***mare resorbetur*** es ist Ebbe
respectō ⟨āvī, ātum, āre 1.⟩ ||*Intens von* respicio||
I *v/i* zurücksehen, zurückblicken; hinsehen, *ad aliquid* zu etw
II *v/t*
1. *j-n / etw* ansehen, sich nach *j-m / etw* umsehen, *aliquem / aliquid*
2. *fig* berücksichtigen
3. *fig* erwarten
respectus[1] ⟨ūs⟩ *m* ||respicio||
1. das Zurückblicken, Rückblick, *alicuius rei* nach etw
2. (*nachkl.*) *fig* Rücksicht, Berücksichtigung; ***sine respectu humanitatis*** ohne Rücksicht auf menschliche Sitte; ***respectu alicuius rei*** mit Rücksicht auf etw; ***r. mei*** Rücksicht auf mich
3. *meton* Zufluchtsort, Rückhalt; ***respectum habere ad senatum*** Rückhalt finden beim Senat
re-spectus[2] ⟨a, um⟩ *PPP* → ***respicio***
re-spergō ⟨spersī, spersum, spergere 3.⟩ ||spargo|| bespritzen, besprengen; bespülen; ***servili probro respersus*** mit dem Makel einer Sklaventat behaftet
respersiō ⟨ōnis⟩ *f* ||respergo|| das Bespritzen; ***r. pigmentorum*** das Auftragen der Farben
re-spersus ⟨a, um⟩ *PPP* → ***respergo***
▶ **re-spiciō** ⟨spexī, spectum, spicere 3.⟩
I *v/i*
1. zurückschauen, sich umsehen, hinter sich sehen, *ad aliquid* auf etw, nach etw; ***ad urbem r.*** auf die Stadt zurückblicken
2. *fig* sich auf *j-n* beziehen, *j-n* angehen, *ad aliquem*
3. Rücksicht nehmen, *ad aliquem* auf j-n
II *v/t*
1. sich nach *j-n / etw* umsehen, *j-n / etw* hinter sich bemerken, *aliquem / aliquid*; ***Eurydicen respicit Orpheus*** Ov. Orpheus sieht sich nach Eurydike um
2. überdenken
3. erwarten, ***subsidia*** Hilfe

R

4. berücksichtigen, beachten; ***haec respiciens*** mit Rücksicht darauf
respīrāmen ⟨inis⟩ *n* ||respiro|| Ov. Luftröhre
respīrātiō ⟨ōnis⟩ *f* ||respiro||
1. das Aufatmen, das Atemholen; *fig* Pause, *bes in der Rede*
2. *meton* Ausdünstung, ***aquarum*** der Wassermassen
respīrātus *Abl* ⟨ū⟩ *m* ||respiro|| das Atemholen
re-spīrō ⟨āvī, ātum, āre 1.⟩
1. Lucr. zurückwehen, zurückblasen
2. ausatmen; ***animam r.*** die Luft aushauchen
3. aufatmen, wieder zu Atem kommen, *a re* von etw, nach etw
4. *fig* sich wieder erholen, ***a metu*** von der Furcht
5. *fig* nachlassen
re-splendeō ⟨uī, -, ēre 2.⟩ (*nachkl.*) *poet* widerstrahlen
re-spondeō ⟨spondī, spōnsum, spondēre 2.⟩
1. dagegen versprechen, geloben; ***paria paribus r.*** Gleiches für Gleiches leisten
2. antworten, *aliquid/de re* etw; als Antwort den Befehl erteilen, *ut*; ***his rebus r.*** auf diese Äußerungen antworten; ***voci r.*** ein Echo geben; ***respondetur alicui*** j-d erhält die Antwort, + *AcI*
3. Bescheid geben; ***ius/de iure r.*** ein Rechtsgutachten erteilen
4. (*nachkl.*) *beim Namensaufruf* antworten, sich melden; sich verantworten; ***vadato r.*** sich wegen geleisteter Bürgschaft melden; ***respondesne tuo nomine?*** Hor. darfst du dieses Lob dir zurechnen?
5. *fig j-m/einer Sache* entsprechen, mit *etw* übereinstimmen, *einer Sache* ähnlich sein, *alicui/alicui rei*; ***officio r.*** seiner Verpflichtung nachkommen
6. *fig* vergelten, *alicui rei* etw; ***amori amore r.*** Liebe mit Liebe vergelten
7. *örtl.* gegenüberliegen
8. *fig* gewachsen sein, die Waage halten, *alicui rei* einer Sache
9. *fig* bezahlen; ***ad reliqua r.*** den Rest bezahlen
10. (*mlat.*) offenbaren, prophezeien
respōnsiō ⟨ōnis⟩ *f* ||respondeo|| Antwort, Entgegnung, *bes* RHET; ***sibi ipsi r.*** Beantwortung einer selbst aufgeworfenen Frage
respōnsitō ⟨āvī, -, āre 1.⟩ ||*Intens von* respondeo|| ein Rechtsgutachten abgeben
respōnsō ⟨-, -, āre 1.⟩ ||*Intens von* respondeo|| (*vkl.*)
1. antworten; widerhallen
2. *fig einer Sache* widerstehen, *etw* verschmähen, *alicui rei*
respōnsor ⟨ōris⟩ *m* ||respondeo|| Plaut. der Antwort gibt, der Bescheid gibt
respōnsōrium ⟨ī⟩ *n* ||respondeo|| (*eccl.*) Antwort *auf eine Gebetsanrufung*; Wechselgesang
► **respōnsum** ⟨ī⟩ *n* ||respondeo||
1. Antwort; ***responsum dare/reddere alicui*** j-m antworten; ***responsum ferre/auferre ab aliquo*** Antwort von j-m erhalten
2. Rechtsbescheid; Orakel
re-spōnsus ⟨a, um⟩ *PPP* → ***respondeo***
► **rēspūblica** → ***res***
re-spuō ⟨spuī, spūtum, spuere 3.⟩
1. zurückspeien, ausspeien; ***reliquias cibi r.*** sich erbrechen
2. *fig* zurückweisen, verschmähen, missbilligen, verachten
re-stāgnō ⟨-, -, āre 1.⟩
1. *von Gewässern* überfließen, austreten
2. *meton* überschwemmt sein, unter Wasser stehen; ***locus restagnat*** Caes. der Ort ist überschwemmt
restaurātiō ⟨ōnis⟩ *f* ||restauro|| (*spätl.*) Wiederherstellung, Erneuerung
restaurātor ⟨ōris⟩ *m* ||restauro|| Wiederhersteller, Erneuerer
re-staurō ⟨āvī, ātum, āre 1.⟩
1. wiederherstellen, erneuern
2. von Neuem beginnen, ***bellum*** einen Krieg
resticula ⟨ae⟩ *f* ||*Dim von* restis|| dünnes Seil, Schnur
re-stillō ⟨āvī, ātum, āre 1.⟩ wieder einträufeln, *alicui aliquid* j-m etw; *fig* wieder einflößen
restīnctiō ⟨ōnis⟩ *f* ||restinguo|| das Löschen, das Stillen, ***sitis*** des Durstes
re-stinguō ⟨stīnxī, stīnctum, stinguere 3.⟩
1. löschen, auslöschen; ***aggerem r.*** den brennenden Wall löschen
2. *fig* unterdrücken, dämpfen, mäßigen, ***seditionem*** den Aufstand
3. *fig* vernichten, tilgen
restiō ⟨ōnis⟩ *m* ||restis|| (*nachkl.*) Seiler, *hum von einem mit Stricken durchgepeitschten Sklaven*
restipulātiō ⟨ōnis⟩ *f* ||restipulor|| Gegenverpflichtung
re-stipulor ⟨-, ārī 1.⟩ gegenseitig ein Versprechen fordern, sich dagegen versprechen lassen, *aliquid* etw, + *AcI*, *ut* dass
restis ⟨is⟩ *f* (*unkl.*) Seil, Strick, Tau; Plin. Lauchblatt, Zwiebelblatt
re-stitī → ***resisto*** *u.* → ***resto***
restitō ⟨-, -, āre⟩ ||*Intens von* resto|| (Com., *nachkl.*) zurückbleiben; *fig* zaudern
restitrīx ⟨īcis⟩ *f* Plaut. die zurückbleibt
► **re-stituō** ⟨stituī, stitūtum, stituere 3.⟩ ||statuo||
1. zurückstellen, wieder an die alte Stelle stellen
2. *aus der Verbannung* zurückführen; ***spes restituendi*** Hoffnung auf Zurückberufung
3. zurückgeben, wiedergeben, *alicui aliquid* j-m etw; ***se alicui r.*** sich mit j-m wieder befreunden
4. *in den früheren Stand* zurückversetzen; ***consilia in integrum r.*** Beschlüsse ungeschehen machen
5. wieder in seine Rechte einsetzen
6. wiederherstellen, wieder aufbauen; ***cunctando rem r.*** den Staat durch Zögern retten
7. wieder gutmachen, ersetzen, *alicui aliquid* j-m etw
8. (*nachkl.*) aufheben, ***alicuius iudicia*** j-s Urteilssprüche
restitūtiō ⟨ōnis⟩ *f* ||restituo||
1. (*nachkl.*) Wiederherstellung; ***r. urbis in maius*** Wiederaufbau und Vergrößerung der Stadt
2. Wiedereinsetzung in den früheren Stand
3. Zurückberufung aus der Verbannung
4. Begnadigung
5. (*nachkl.*) Wiederaufnahme in den Senat
restitūtor ⟨ōris⟩ *m* ||restituo||
1. Wiederhersteller
2. (*nachkl.*) *fig* Retter
restitūtus ⟨a, um⟩ *PPP* → ***restituo***

R

► **re-stō** ⟨stitī, -, stāre 1.⟩
1. zurückbleiben, ausharren
2. (*nachkl.*) *poet* widerstehen, Widerstand leisten; ***multos dies r.*** viele Tage lang Widerstand leisten; ***minima vi restatur*** es wird geringster Widerstand geleistet
3. (*nachkl.*) *fig von Sachen* nicht nachgeben; ***laminae restant adversum pila et gladios*** die Platten halten den Geschossen und Schwertern stand
4. übrig bleiben, noch vorhanden sein, noch am Leben sein; noch bevorstehen, *alicui* j-m, + *AcI*; ***dona flammis restantia*** Verg. Gaben, die den Flammen entgangen sind; ***hoc restat*** das bleibt noch, *ut* dass, + *Inf*; ***restat nihil aliud, nisi / quam*** nichts anderes bleibt als, + *Inf*; ***quod restat*** künftig, in Zukunft; ***hoc Latio restat*** das steht Latium noch bevor

restrictus ⟨a, um⟩ *Adj*, *Adv* ⟨restrictē⟩ ||restringo||
1. (*nachkl.*) straff angezogen; ***toga restricta*** zu enge Toga
2. Plin. bescheiden
3. *fig* karg, spärlich, sparsam
4. (*nachkl.*) *fig* straff, streng

re-stringō ⟨strīnxī, strictum, stringere 3.⟩ (*unkl.*)
1. zurückziehen; ***dentes r.*** die Zähne fletschen
2. zurückbinden, *aliquid ad aliquid / alicui rei* etw an etw; ***lacerti restricti*** Hor. auf den Rücken gebundene Arme
3. *fig* beengen
4. *fig* beschränken, ***sumptūs*** den Aufwand

re-sūdō ⟨-, -, āre 1.⟩ (*nachkl.*) Feuchtigkeit ausschwitzen, feucht sein, *re* von etw

re-sultō ⟨-, -, āre 1.⟩ ||salto|| (*nachkl.*)
1. zurückspringen, zurückprallen; ***tela resultant galeā*** die Geschosse prallen am Helm ab
2. *vom Echo* widerhallen; ***imago vocis resultat*** Verg. das Echo tönt zurück; ***colles clamore resultant*** die Hügel hallen vom Geschrei wider
3. RHET hüpfen, *von einer Rede mit vielen kurzen Silben*
4. *fig* widerstreben; ***barbara nomina Graecis versibus resultant*** Plin. die barbarischen Namen fügen sich nicht in die griechischen Verse

re-sultum *PPP* → ***resilio***

re-sūmō ⟨sūmpsī, sūmptum, sūmere 3.⟩ (*nachkl.*)
1. wieder nehmen, wieder ergreifen; ***librum r. in manus*** das Buch wieder zur Hand nehmen
2. *fig* wieder aufnehmen, erneuern, ***pugnam*** den Kampf
3. *fig* wiedererlangen, ***dominationem*** die Herrschaft

re-suō ⟨-, sūtum, suere 3.⟩ (*nachkl.*) auftrennen

re-supīnō ⟨āvī, ātum, āre 1.⟩ (*unkl.*)
1. zurückbeugen, zurückstoßen; *Passiv* sich zurückbeugen
2. auf den Rücken werfen, vergewaltigen
3. umreißen

resupīnus ⟨a, um⟩ *Adj* ||resupino|| (*nachkl.*)
1. zurückgebogen, rücklings; ***aliquem resupinum fundere*** j-n rücklings niederstrecken
2. auf dem Rücken liegend
3. *fig* den Kopf zurückwerfend, stolz
4. *fig* träge

re-surgō ⟨surrēxī, surrēctum, surgere 3.⟩
1. wieder aufstehen, sich wieder aufrichten; ***herba resurgit*** das Gras richtet sich wieder auf; ***luna resurgit*** der Mond geht wieder auf
2. *fig von Zuständen* wieder erwachen; ***amor resurgit*** die Liebe erwacht wieder
3. *fig von Städten u. Staaten* wieder erstehen, wieder aufblühen; ***urbes resurgunt*** Städte blühen wieder auf

resurrēctiō ⟨ōnis⟩ *f* ||resurgo|| (*eccl.*) Auferstehung *von den Toten*

re-suscitō ⟨āvī, ātum, āre 1.⟩
1. (*spätl.*) *poet* wieder erregen, wieder anfachen, ***iram*** den Zorn
2. (*eccl.*) wieder erwecken *vom Tod*

retardātiō ⟨ōnis⟩ *f* ||retardo|| Verzögerung

re-tardō ⟨āvī, ātum, āre 1.⟩
1. verzögern, aufhalten; *Passiv* sich verlangsamen
2. hemmen, lähmen; abhalten, ***aliquem a scribendo*** j-n vom Schreiben

re-taxō ⟨-, -, āre 1.⟩ Suet. wieder tadeln

rēte ⟨is⟩ *n* Netz, *auch* Spinnennetz

re-tegō ⟨tēxī, tēctum, tegere 3.⟩
1. aufdecken, entblößen; ***miles retectus*** vom Schild nicht gedeckter Soldat; ***clipeum r.*** den Schild wegreißen
2. *Verschlossenes* öffnen
3. (*nachkl.*) *fig* sichtbar machen, erhellen; *Passiv* sichtbar sein
4. (*nachkl.*) *fig* aufdecken, offenbaren, ***scelus*** ein Verbrechen

re-temptō ⟨āvī, ātum, āre 1.⟩ (*nachkl.*) wieder versuchen; ***preces r.*** Bitten wiederholen

re-tendō ⟨tendī, tentum⟩ *u.* ⟨tēnsum, tendere 3.⟩ (*nachkl.*) *poet* abspannen, entspannen, ***arcum*** den Bogen

retentiō ⟨ōnis⟩ *f* ||retineo||
1. das Anhalten, ***aurigae*** des Fuhrmannes; ***r. assensionis*** Cic. das Zurückhalten des Beifalls
2. *fig* das Zurückhalten einer Zahlung, Abzug

re-tentō[1] ⟨āvī, ātum, āre 1.⟩ ||*Intens von* retineo|| zurückhalten, festhalten; *fig* erhalten

re-tentō[2] ⟨āvī, ātum, āre 1.⟩ = ***retempto***

re-tentus ⟨a, um⟩ *PPP* → ***retendo*** *u.* → ***retineo***

re-terō ⟨trīvī, trītum, terere 3.⟩ (*vkl.*, *nachkl.*) abreiben

re-texō ⟨texuī, textum, texere 3.⟩
1. *Gewebtes* wieder auftrennen
2. (*unkl.*) umarbeiten; ***se r.*** einen anderen Menschen aus sich machen
3. *fig* ungültig machen, widerrufen
4. (*nachkl.*) *poet* von Neuem weben; *fig* erneuern, wiederholen; ***orbes cursu r.*** im Kreis zurücklaufen

rētiārius ⟨ī⟩ *m* ||rete|| Netzfechter, *Gladiator, der seinen Gegner mit einem Netz einfing, zu Boden warf u. mit einem Dreizack tötete*

reticentia ⟨ae⟩ *f* ||reticeo||
1. das Stillschweigen, das Verschweigen *eines Fehlers beim Verkauf*
2. RHET plötzliches Abbrechen *mitten in der Rede*

re-ticeō ⟨uī, -, ēre 2.⟩ ||taceo||
I *v/i*
1. schweigen, *abs od de re* über etw
2. (*nachkl.*) *poet* nicht antworten, *alicui* j-m
II *v/t* verschweigen, ***nomina coniuratorum*** die Namen der Verschwörer; ***reticenda*** Geheimnisse

reticulum ⟨ī⟩ *n u.* **reticulus** ⟨ī⟩ *m* ||*Dim von* rete|| kleines Netz, Tragenetz; Sieb

retināculum ⟨ī⟩ *n* ||retineo||
1. Halter, Band
2. Zügel, Leine
3. Haltetau, Ankertau

retinēns *Gen* ⟨entis⟩ *Adj* ||retineo|| an *etw* festhaltend, *alicuius rei*; ***equestris iuris r.*** an seinem ritterlichen Recht festhaltend

retinentia ⟨ae⟩ *f* ||retineo|| Erinnerung, *alicuius rei* an etw

► **re-tineō** ⟨tinuī, tentum, tinēre 2.⟩ ||teneo||
1. zurückhalten, festhalten, zurückbehalten; ***milites in castris r.*** die Soldaten im Lager festhalten; ***aliquem obsidem r.*** j-n als Geisel festhalten; ***aliquem in officio r.*** j-n verpflichtet halten
2. zurückbehalten, in seinem Besitz behalten
3. *fig* in Schranken halten, zügeln; ***aliquis retineri non potest, quin*** j-d lässt sich nicht davon abhalten, dass
4. *fig* fesseln
5. beibehalten, erhalten, behaupten, bewahren; ***rem parsimoniā r.*** das Vermögen durch Sparsamkeit erhalten; ***iumenta sine pabulo retinentur*** die Zugtiere bleiben ohne Futter; ***vehementer retinetur, ne*** man hält streng darauf, dass nicht

re-tinniō ⟨-, -, īre 4.⟩ widerklingen

re-tonō ⟨-, -, āre 1.⟩ Curt. donnernd widerhallen

re-torqueō ⟨torsī, tortum, torquēre 2.⟩
1. zurückdrehen, zurückwenden, zurückbeugen; ***currum r.*** den Wagen wenden; ***oculos r.*** die Augen zurückwenden; ***agmen ad dextram retorquetur*** der Heereszug schwenkt nach rechts; ***hostem r.*** den Feind zurücktreiben; ***missilia in hostem r.*** die Geschosse zu den Feinden zurückschleudern; ***manūs r.*** die Hände auf den Rücken binden
2. *fig* ändern, ***mentem*** die Gesinnung

re-torridus ⟨a, um⟩ *Adj, Adv* ⟨retorridē⟩ verdorrt, dürr; *fig* schlau

retractātiō ⟨ōnis⟩ *f* ||retracto||
1. Weigerung, Ablehnung; ***sine retractatione*** ohne Weigerung
2. Beschäftigung in Gedanken, *alicuius / alicuius rei* mit j-m / mit etw
3. Umarbeitung einer Schrift; *Pl Titel einer Schrift von Augustinus*

retractātus ⟨a, um⟩ *Adj* ||retracto|| umgearbeitet; ***retractatius*** etwas verbessert

retractō ⟨āvī, ātum, āre 1.⟩ ||*Freq von* retraho||
1. zurückziehen; *fig* widerrufen, ***dicta*** seine Worte
2. sich weigern, ablehnen; ***retractantem arripere*** Liv. den sich Sträubenden ergreifen
3. wieder anfassen, wieder ergreifen; ***arma r.*** wieder zu den Waffen greifen; ***vulnera r.*** Wunden wieder aufreißen
4. (*unk.*) *fig* wieder bearbeiten, umarbeiten, verbessern; ***librum diligentius r.*** das Buch sorgfältiger neu bearbeiten
5. *fig* neu überdenken

re-tractus ⟨a, um⟩ *PPP* (*nachkl.*) entfernt, versteckt

re-trahō ⟨trāxī, tractum, trahere 3.⟩
1. zurückziehen, zurückbringen, zurückholen; ***Hannibalem in Africam r.*** Hannibal nach Afrika zurückholen; ***retrahi ut transfuga*** Liv. wie ein Überläufer zurückgeschleppt werden; ***e fuga retractus*** Suet. auf der Flucht eingeholt
2. zurückholen, abhalten; entfremden; ***consules a foedere r.*** die Konsuln vom Vertrag abhalten; ***Thebas ab interitu r.*** Theben vor dem Untergang retten
3. ***se r.*** sich von *etw* zurückziehen, an *etw* nicht teilnehmen wollen, *re*
4. Tac. von Neuem ziehen, von Neuem schleppen
5. *fig* wieder ans Licht ziehen
6. *aus einer Zahl* streichen
7. hinziehen, *in einen Zustand* bringen; ***aliquid in odium iudicis r.*** etw beim Richter verhasst machen

re-trectō ⟨āvī, ātum, āre 1.⟩ = ***retracto***

re-tribuō ⟨tribuī, tribūtum, tribuere 3.⟩
1. zurückgeben, wieder zustellen, von Neuem geben
2. *fig das Gebührende* zukommen lassen

► **retrō**
I *Adv*
1. *örtl.* zurück, rückwärts, nach hinten, *auch* hinten; ***retro dare lintea*** zurücksegeln
2. zurück, vorher; ***quodcumque retro est*** alles, was hinter uns liegt
3. ***retro ponere*** *fig* zurücksetzen, hintansetzen; ***legis vim retro custodire*** Plin. ein Gesetz rückwirkend gelten lassen
4. dagegen, umgekehrt
II *Präp + Akk* (*spätl.*) hinter; ***retro metas*** hinter den Zielsäulen

retro-agō ⟨ēgī, āctum, agere 3.⟩
1. zurücktreiben; zurückstreichen
2. *fig* besänftigen
3. umkehren, ändern

retrō-cēdō ⟨cessī, cessum, cēdere 3.⟩ (*nachkl.*) zurückweichen

retrōgradus ⟨a, um⟩ *Adv* ||retrogradior|| (*nachkl.*) *von Gestirnen* zurückgehend

retrōrsum *u.* **retrōrsus** *Adv* ||verto||
1. (*nachkl.*) rückwärts; ***reiectae retrorsum minae Hannibalis*** Hor. Hannibals Drohungen, die auf ihn selbst zurückfielen
2. umgekehrt

retrōversum *u.* **retrōversus**[1] *Adv* (*vkl.*) rückwärts

retrōversus[2] ⟨a, um⟩ *Adj* ||retroverto|| zurückgekehrt, zurückgewandt

re-trūdō ⟨trūsī, trūsum, trūdere 3.⟩ (*vkl., nachkl.*) zurückstoßen

retrūsus ⟨a, um⟩ *Adj* ||retrudo|| entfernt, versteckt

rettudī → ***retundo***

rettulī → ***refero***

retudī → ***retundo***

re-tundō ⟨re(t)tudī, retū(n)sum, retundere 3.⟩
1. zurückstoßen
2. (*nachkl.*) stumpf machen, abstumpfen
3. *fig* abschwächen, dämpfen; vereiteln; ***impetum r.*** den Angriff abschwächen; ***r. linguas*** die Zungen zum Schweigen bringen
4. **retū(n)sus** ⟨a, um⟩ *Adj* (*unkl.*) stumpf; *fig* stumpfsinnig; (*nachkl.*) gefühllos

► **reus**
I ⟨a, um⟩ *Adj einer Sache* schuldig, zu *etw* verpflichtet, *alicuius rei*; ***r. dotis*** zur Zahlung einer Mitgift verpflichtet; ***r. fortunae huius diei*** verantwortlich für den Ausgang dieses Tages

II ⟨ī⟩ *m* Angeklagter, *alicuius rei* wegen etw; ***aliquem reum facere*** j-n anklagen; ***reum peragere*** den Angeklagten zur Verurteilung bringen; ***aliquem in reos referre*** j-n in die Liste der Angeklagten eintragen; ***aliquem ex reis eximere*** j-n aus der Liste der Angeklagten streichen

re-valēscō ⟨valuī, -, valēscere 3.⟩ wieder genesen, wieder aufblühen, wieder zur Geltung kommen

re-vehō ⟨vēxī, vectum, vehere 3.⟩
1. zurückfahren, zurückführen, zurückbringen; ***Dianam Carthagine Segestam r.*** Diana von Karthago nach Segesta zurückführen; ***r. triumphum*** einen Triumph heimbringen
2. (***curru***) ***revehi*** zurückfahren; (***equo***) ***revehi*** zurückreiten; (***nave***) ***revehi*** zurücksegeln
3. Cic. *fig in der Rede* auf *etw* zurückkommen, *ad aliquid*

revēlātiō ⟨ōnis⟩ *f* ||revelo||
1. (*spätl.*) Enthüllung
2. (*eccl.*) Offenbarung

re-vellō ⟨vellī⟩ *u.* ⟨vulsī⟩ *u.* ***volsī, vulsum, vellere 3.***
1. wegreißen, abreißen, losreißen; ***herbas radice r.*** Gräser mit der Wurzel ausreißen; ***agri terminos r.*** die Grenzsteine des Feldes verrücken; ***aliquem urbe r.*** j-n gewaltsam aus der Stadt wegführen
2. *fig* vertilgen; verbannen; ***aliquid ex omni memoria r.*** etw ganz aus dem Gedächtnis verbannen
3. aufreißen, aufbrechen, ***claustra portarum*** die Türschlösser; ***cineres alicuius r.*** j-s Asche wieder aufwühlen

re-vēlō ⟨āvī, ātum, āre 1.⟩ (*nachkl.*) *poet* enthüllen, entblößen, entschleiern; *fig* offenbaren

re-veniō ⟨vēnī, ventum, venīre 4.⟩ zurückkommen, heimkehren; ***in eum haec revenit res locum*** Plaut. *fig* so weit ist es gekommen

rē-vērā *Adv auch getrennt* ||res|| in Wahrheit, in der Tat

re-verberō ⟨-, -, āre 1.⟩ (*nachkl.*) zurückschlagen; *Passiv* abprallen, *re* an etw, von etw

reverendissimus ⟨ī⟩ *m* ||reverendus|| Hochwürden, *Titel hoher chr. Geistlicher*

reverendus
I ⟨a, um⟩ *Adj* ||revereor|| ehrwürdig
II ⟨ī⟩ *m* (*spätl.*) Hochwürden, *Titel hoher chr. Geistlicher*

reverēns *Gen* ⟨entis⟩ *Adj, Adv* ⟨reverenter⟩ ||revereor|| ehrerbietig, ehrfürchtig, achtungsvoll, respektvoll

reverentia ⟨ae⟩ *f* ||reverens||
1. Scheu
2. Ehrfurcht, Ehrerbietung, Respekt, Achtung, *alicuius* j-s *od* vor j-m
3. ***r. vestra*** (*mlat.*) Euer Hochwürden, *als Anrede*

Reverentia ⟨ae⟩ *f Göttin der Ehrfurcht*

re-vereor ⟨veritus sum, verērī 2.⟩
1. sich vor *etw* scheuen, *etw* scheuen, *j-n / etw* fürchten, *aliquem / aliquid*
2. Ehrfurcht haben, Respekt haben, *aliquem / aliquid* vor j-m / vor etw

re-verrō ⟨-, -, ere 3.⟩ Plaut. wieder auseinander kehren

reversiō ⟨ōnis⟩ *f* ||revertor||
1. GRAM Umstellung der Wörter, *z. B. mecum statt cum me*
2. Umkehr, Rückkehr

► **re-vertō** ⟨vertī, versum, vertere 3.⟩ *u.* **revertor** ⟨vertī⟩ *u.* ⟨versus sum, vertī 3.⟩
1. zurückkehren, zurückkommen, *auch* wieder wachsen; ***a rege in castra r.*** vom König ins Lager zurückkehren; ***in gratiam cum aliquo r.*** sich mit j-m wieder aussöhnen
2. *fig in der Rede* auf *etw* zurückkommen, *ad aliquid*
3. *fig von Sachen* auf *j-n* zurückfallen, sich gegen *j-n* wenden, *in aliquem*

re-videō ⟨-, -, ēre 2.⟩ Plaut. wieder hinsehen

re-vīlēscō ⟨-, -, ēscere 3.⟩ ||*Inkoh zu* vilis|| Sen. an Wert verlieren

re-vinciō ⟨vinxī, vinctum, vincīre 4.⟩
1. Verg. zurückbinden; ***Andromeda revincta*** Ov. Andromeda mit auf den Rücken gebundenen Armen
2. festbinden, anbinden; ***ancorae catenis revinctae*** Caes. die mit Ketten befestigten Anker; ***latus ense revinctum*** mit dem Schwert umgürtete Seite
3. umwinden; ***templum fronde revinctum*** Verg. mit Laub umwundener Tempel
4. *fig* fesseln

re-vincō ⟨vīcī, victum, vincere 3.⟩
1. (*nachkl.*) besiegen, überwältigen
2. *fig* überführen; widerlegen; ***crimina rebus r.*** Vorwürfe durch Tatsachen widerlegen

re-virēscō ⟨viruī, -, virēscere 3.⟩
1. wieder grünen
2. *fig* sich verjüngen
3. POL wieder aufblühen

re-vīsō ⟨vīsī, vīsum, vīsere 3.⟩
1. wieder sehen, wieder besichtigen
2. *j-n / etw* wieder besuchen, bei *j-m* wieder vorsprechen, *j-n* heimsuchen, *aliquem / aliquid*

re-vīvīscō ⟨vīxī, -, vīvīscere 3.⟩ ||*Inkoh von* revivo|| wieder aufleben, wieder lebendig werden; *fig* sich wieder erholen, wieder erstarken

re-vīvō ⟨-, vīctūrus, vīvere 3.⟩ *poet* wieder leben

re-vīxī → ***revivisco***

revocābilis ⟨e⟩ *Adj* ||revoco|| zurückrufbar, *meist mit Verneinung*; ***non r.*** unwiderruflich

revocāmen ⟨inis⟩ *n* ||revoco|| Rückruf, Warnung

revocātiō ⟨ōnis⟩ *f* ||revoco||
1. Rückberufung, Abberufung
2. RHET das nochmalige Aussprechen, Wiederholung, ***verbi*** eines Wortes

re-vocō ⟨āvī, ātum, āre 1.⟩

1. zurückrufen
2. zurückziehen, zurückbringen
3. abberufen, zurückbeordern
4. zurückhalten, abhalten
5. zurückbringen, zurückführen
6. zurückverlangen
7. wiederherstellen, erneuern
8. widerrufen
9. in einen engeren Raum zurückziehen, beschränken
10. zu sich berufen, herbeirufen
11. wohin bringen
12. hinweisen, richten
13. beziehen, zurückführen

R

14. von Neuem rufen, von Neuem aufrufen
15. zur Wiederholung auffordern
16. erneut vor Gericht laden
17. seinerseits rufen
18. eine Einladung erwidern

1. zurückrufen, *bes aus der Verbannung u. dem Kampf*; ***a morte r.*** ins Leben zurückrufen
2. (*nachkl.*) *fig mit sachlichen Objekten* zurückziehen, zurückbringen; ***oculos/lumina r.*** die Augen abwenden; ***artus gelidos in vivum calorem r.*** die Lebenswärme in die kalten Glieder zurückbringen
3. MIL abberufen, zurückbeordern; *beurlaubte Soldaten* wieder einberufen
4. *fig* zurückhalten, abhalten, abbringen, *aliquem a re* j-n von etw
5. *fig* zurückbringen, zurückführen; ***iuvenem ad virtutem a luxuria r.*** den jungen Mann von der Verschwendungssucht zur Tugend zurückführen; ***animos ad memoriam belli r.*** wieder an den Krieg erinnern; ***revocari in memoriam alicuius rei*** sich wieder an etw erinnern; ***se r. ad aliquid*** zu etw zurückkehren; ***se r.*** (***ad se***) sich besinnen, sich fassen
6. (*nachkl.*) zurückverlangen
7. wiederherstellen, erneuern; ***animos r.*** wieder Mut fassen; ***periuria r.*** die Meineide wiederholen
8. (*nachkl.*) *poet* widerrufen
9. in einen engeren Raum zurückziehen, beschränken; ***se r.*** sich dem Umgang entziehen
10. *poet* zu sich berufen, herbeirufen
11. *fig etw* wohin bringen, es zu *etw* kommen lassen; ***rem ad manus r.*** es zum Handgemenge kommen lasen; ***rem ad sortem r.*** es auf das Los ankommen lassen; ***aliquid in dubium r.*** etw in Zweifel ziehen; ***omnia ad suam potentiam r.*** alles für seine Herrschaft benutzen; ***ad se crimen facinoris r.*** die Beschuldigung für ein Verbrechen auf sich ziehen
12. *fig* hinweisen, richten, *ad aliquid* auf etw; ***rem ad populum r.*** die Entscheidung dem Volk überlassen; ***rem ad arbitrium suum r.*** sich die Entscheidung vorbehalten
13. *fig* beziehen, zurückführen, *ad aliquid/in aliquid* auf etw; ***aliquid in crimen r.*** etw als Schuld auffassen
14. von Neuem rufen, von Neuem aufrufen
15. *Schauspieler, Sänger* zur Wiederholung auffordern; bei *etw* nach Wiederholung rufen, *aliquid*
16. erneut vor Gericht laden
17. seinerseits rufen
18. eine Einladung erwidern, *abs od aliquem* j-s

re-volō ⟨āvī, ātum, āre 1.⟩ zurückfliegen; (*nachkl.*) *fig* zurückeilen

revolūbilis ⟨e⟩ *Adj* ||revolvo|| zurückrollbar; ***non r.*** *fig* unabwendbar

revolūtiō ⟨ōnis⟩ *f* ||revolvo||
1. das Zurückwälzen
2. (*mlat.*) Umdrehung *von Planeten*

re-volvō ⟨volvī, volūtum, volvere 3.⟩ (*nachkl.*)
1. zurückrollen, zurückwälzen, zurückwickeln; ***amnem r.*** den Strom aufstauen
2. *fig* zurückführen; ***iter r.*** den Weg zurückgehen; ***r. iras*** den Zorn von Neuem entfachen; ***casūs r.*** die Unglücksfälle nochmals durchmachen
3. *Passiv u.* ***se r.*** zurückrollen; ***toro se r.*** auf das Bett zurückfallen
4. *Passiv u.* ***se r.*** vergehen; ***revolvuntur saecula*** die Jahrhunderte vergehen
5. (*nachkl.*) von Neuem auf *etw* verfallen, erneut in *etw* geraten, *in aliquid/ad aliquid*; ***eo revolvitur res, ut*** es kommt dahin, dass; ***in luxuriam revolvi*** erneut in die Verschwendungssucht verfallen
6. *Passiv u.* ***se r.*** zurückkommen, *ad aliquid* auf etw; ***ad memoriam coniugii revolvi/se r.*** wieder an seine Ehe denken
7. wieder aufrollen, wieder lesen, ***librum*** ein Buch
8. wieder überdenken
9. wieder erzählen

re-vomō ⟨uī, -, ere 3.⟩ (*nachkl.*) *poet* wieder ausspeien, wieder von sich geben

re-vorrō ⟨-, -, ere 3.⟩ = ***reverro***

revors… = ***revers…***

revort… = ***revert…***

rēx ⟨rēgis⟩ *m* ||rego||
1. König, Fürst, Herrscher; ***Tarquinius rex*** König Tarquinius; *adj* königlich
2. Perserkönig; (*nachkl.*) Suffet *in Karthago*; Lar *der Etrusker*
3. Königssohn, Prinz; *Pl* Königspaar, Königsfamilie
4. RELIG Opferkönig, *berufen zur Darbringung der Opfer, die früher dem König vorbehalten waren*
5. *pej* Gewaltherrscher, Despot; ***decem reges aerarii*** Cic. zehn Herrscher über die Staatskasse
6. (*vkl.*) *fig* Herr, Leiter; ***rex deorum*** Herr der Götter, = Jupiter; ***rex aquarum*** Herr der Wasser, = Neptun; ***rex umbrarum*** Herr der Schatten, = Pluto; ***rex ferarum*** König der Tiere, Löwe

rēxī → ***regi***

Rhadamanthos *u.* **Rhadamanthus** ⟨ī⟩ *m Sohn des Zeus u. der Europa, Richter in der Unterwelt*

Rhaetī ⟨ōrum⟩ *m* = ***Raeti***

Rhaetia ⟨ae⟩ *f* = ***Raetia***

rhapsōdia ⟨ae⟩ *f* ||griech. Fw.|| Nep. Rhapsodie, Gesang Homers; ***r. secunda*** zweites Buch der Ilias

Rhēa[1] ⟨ae⟩ *f* = ***Rea***

Rhea[2] ⟨ae⟩ *f Gattin des Saturn, Mutter des Zeus, mit Kybele gleichgesetzt*

rhēda ⟨ae⟩ *f* = ***raeda***

rhēdārius ⟨ī⟩ *m* = ***raedarius***

Rhēgium ⟨ī⟩ *n* = ***Regium***

Rhēnānus ⟨a, um⟩ *Adj* ||Rhenus|| des Rheins, zum Rhein gehörig

rhēnō ⟨ōnis⟩ *m* = ***reno***[2]

Rhēnus ⟨ī⟩ *m* Rhein; *meton* die Anwohner des Rheins, Germanen

rhētor ⟨ŏris⟩ *m* ||griech. Fw.|| Redner, Lehrer der Redekunst

rhētorica ⟨ae⟩ *f u.* **rhētŏrica** ⟨ōrum⟩ *n u.* **rhētoricē** ⟨ēs⟩ *f* ||griech. Fw.|| Redekunst, Rhetorik

rhētoricōteros ⟨ī⟩ *m* ||griech. Fw.|| eingebildeter Redner

rhētoricus
I ⟨a, um⟩ *Adj, Adv* ⟨rhētoricē⟩ ||griech. Fw.|| rhetorisch, rednerisch; *Adv* nach Rhetorenart, mit rhetorischem Schmuck; ***ars rhetorica*** Redekunst
II ⟨ī⟩ *m* Quint. Lehrbuch der Redekunst

rheuma ⟨atis⟩ *n* ||griech. Fw.||

1. Strömung
2. Gelenkschmerz, Rheuma
rheumaticus ⟨a, um⟩ *Adj* ||griech. Fw.|| (*spätl.*) rheumatisch
rheumatismus ⟨ī⟩ *m* ||griech. Fw.|| (*nachkl.*) Katarrh, Rheumatismus
rhīnocerōs ⟨ōtis⟩ *m* ||griech. Fw.|| (*nachkl.*) Nashorn; Mart. *meton* Ölfläschchen aus Nashornbein
Rhīnocolūra ⟨ōrum⟩ *n Stadt an der ägypt. Nordküste, heute El Arish*
Rhīzōn ⟨ōnis⟩ *m Stadt in Illyrien*
rhō *indekl griech. Buchstabe*
Rhoda ⟨ae⟩ *f Stadt im NO Spaniens, heute Rosas*
Rhodanus ⟨ī⟩ *m* Rhône
Rhodiēnsis ⟨e⟩ *Adj* aus Rhodos, zu Rhodos gehörig
Rhodius
I ⟨a, um⟩ *Adj* aus Rhodos, zu Rhodos gehörig
II ⟨ī⟩ *m* Einwohner von Rhodos
Rhodopa ⟨ae⟩ *f u.* **Rhodopē** ⟨ēs⟩ *f hohes Gebirge im w. Thrakien*
Rhodopēius ⟨a, um⟩ *Adj* zur Rhodopa gehörig, *auch* thrakisch; ***heros R.*** thrakischer Sänger, = Orpheus
Rhodos *u.* **Rhodus** ⟨ī⟩ *f Insel mit gleichnamiger Hauptstadt gegenüber der Südwestspitze Kleinasiens*
Rhoeteus ⟨a, um⟩ *Adj* von Rhoetum, zu Rhoetum gehörig
Rhoetum ⟨ī⟩ *n Vorgebirge u. Stadt am Hellespont*
Rhoetus ⟨ī⟩ *m*
1. Hor. *ein Gigant*
2. Ov. *ein Kentaur*
rhombus ⟨ī⟩ *m* ||griech. Fw.||
1. Kreisel *der Zauberer*, Zauberrad
2. Hor. Steinbutt, *ein Seefisch*
3. MATH Rhombus
rhomphaea ⟨ae⟩ *f* = ***romphaea***
rhonchus ⟨ī⟩ *m* = ***ronchus***
Rhōsicus ⟨a, um⟩ *Adj* von Rhosos, *einer Stadt am Golf von Issos*; ***vasa Rhosica*** Cic. Gefäße aus Rhosos
rhythmicī ⟨ōrum⟩ *m* ||griech. Fw.|| die Lehrer des Rhythmus
rhythmicus ⟨a, um⟩ *Adj* ||griech. Fw.|| rhythmisch
rhythmus ⟨ī⟩ *m* ||griech. Fw.||
1. (*vkl., nachkl.*) Rhythmus *in Musik u. Rede*
2. (*mlat.*) Lied
rhytium ⟨ī⟩ *n* ||griech. Fw.|| Mart. Trinkhorn
rica ⟨ae⟩ *f* (*vkl., nachkl.*) Kopftuch
rīcīnium ⟨ī⟩ *n* ||rica|| kleines Kopftuch
ricinus ⟨ī⟩ *m* Ungeziefer; Petr. Laus
rictum ⟨ī⟩ *n u.* **rictus** ⟨ūs⟩ *m* (*unkl.*)
1. weit geöffneter Mund, *bei Tieren* gähnender Rachen
2. Öffnung der Augen
► **rīdeō** ⟨rīsī, rīsum, rīdēre 2.⟩
I *v/i*
1. lachen, *in re* bei etw, *re* über etw; ***in stomacho r.*** grimmig lachen; ***mālis alienis r.*** höhnisch lachen; ***ridetur*** man lacht
2. *poet* zulächeln, *alicui/ad aliquem* j-m, *von Sachen* gefallen
3. *fig* strahlen, leuchten
II *v/t*
1. verlachen, verspotten; ***haec ego non rideo*** das sage ich nicht zum Scherz; ***aliquis ridetur re*** j-d wird verlacht wegen etw
2. Plaut. freundlich anlächeln
rīdibundus ⟨a, um⟩ *Adj* ||rideo|| (*nachkl.*) lachend
rīdiculāria ⟨ōrum⟩ *n* ||ridicularius|| Scherze
rīdiculārius
I ⟨a, um⟩ *Adj* ||rideo|| lächerlich
II ⟨ī⟩ *m* Spaßmacher
rīdiculum ⟨ī⟩ *n* ||ridiculus|| Scherz, Spaß; ***per ridiculum*** im Scherz; ***aliquid ad ridiculum convertere*** etw ins Lächerliche ziehen
► **rīdiculus**
I ⟨a, um⟩ *Adj, Adv* ⟨rīdiculē⟩ ||rideo||
1. scherzhaft, komisch, witzig
2. *pej* lächerlich
II ⟨ī⟩ *m* Spaßmacher
rigēns *Gen* ⟨entis⟩ *Adj* ||rigeo|| (*unkl.*) = ***rigidus***
rigeō ⟨uī, -, ēre 2.⟩
1. steif sein, *re* vor etw, durch etw, ***frigore*** vor Kälte; ***ianua riget*** die Tür ist unbeweglich
2. strotzen, *re* vor etw, von etw
3. starr emporragen; ***comae rigent terrore*** die Haare sträuben sich vor Schrecken
rigēscō ⟨riguī, -, rigēscere 3.⟩ ||*Inkoh von* rigeo|| (*unkl.*) erstarren, steif werden; *fig* sich sträuben; ***capilli metu rigescunt*** die Haare sträuben sich vor Angst
rigida ⟨ae⟩ *f* ||rigidus|| Catul. steifes Glied
rigidō ⟨-, -, āre 1.⟩ ||*Denom von* rigidus|| Sen. steif machen, hart machen
► **rigidus** ⟨a, um⟩ *Adj, Adv* ⟨rigidē⟩ ||rigeo||
1. (*nachkl.*) *poet* starr, steif, fest, hart; starr machend; ***aqua rigida*** gefrorenes Wasser
2. gerade ausgestreckt
3. starr emporragend; ***capilli rigidi*** gesträubte Haare
4. *fig von Kunstwerken* nicht künstlerisch bearbeitet
5. *fig* unbeugsam, unerschütterlich, unerbittlich; ***vultus r.*** trotzige Miene
6. *fig* abgehärtet
7. *fig von Personen u. Sachen* wild, grausam, streng
rigō ⟨āvī, ātum, āre 1.⟩ (*unkl.*)
1. leiten
2. bewässern, benetzen, tränken
Rigodūlum ⟨ī⟩ *n Stadt der Treverer, heute Riol bei Trier*
rigor ⟨ōris⟩ *m* ||rigeo||
1. Starrheit, Steifheit, Härte; ***r. ferri*** Härte des Eisens
2. Erstarrung *vor Kälte*; Frost; ***membra rigore torpent*** die Glieder sind starr vom Frost
3. *fig* Härte, Strenge; ungehobeltes Wesen
rigorosum ⟨i⟩ *n* ||rigorosus|| (*nlat.*) mündliche Doktorprüfung
rigorosus ⟨a, um⟩ *Adj* (*nlat.*) streng, hart
riguī → ***rigeo u.*** → ***rigesco***
riguus ⟨a, um⟩ *Adj* ||rigo||
1. bewässernd
2. bewässert
rīma ⟨ae⟩ *f*
1. Riss, Ritze, Spalt; *bei Schiffen* Leck; ***rimas age-***

re/ducere Risse bekommen, ***rimas explere*** Risse zustopfen; ***ignea rima*** *fig* Blitzstrahl
2. Plaut. *fig* Ausflucht, Ausweg
3. *weibl.* Scheide
rīmor ⟨ātus sum, ārī 1.⟩ ||rima||
1. aufwühlen
2. *fig* durchwühlen; durchforschen, erforschen
rīmōsus ⟨a, um⟩ *Adj* ||rima|| *(nachkl.) poet* voller Risse, leck; ***rimosa auris*** *fig* Ohr eines Schwätzers, *der nichts für sich behalten kann*
ringor ⟨-, ringī 3.⟩ die Zähne fletschen; *fig* sich ärgern, unwillig sein
▶ **rīpa** ⟨ae⟩ *f*
1. steiles Flussufer
2. *(nachkl.)* Meeresufer
3. *Pl* Ufergegend
4. Plaut. *fig* Ufer, Rand
Rīpaeus *u.* **Rīphaeus** ⟨a, um⟩ *Adj* riphäisch, *Bezeichnung für eine raue Landschaft u. ein hartes Klima*
rīpula ⟨ae⟩ *f* ||*Dim von* ripa|| kleines Ufer
riscus ⟨ī⟩ *m* ||griech. Fw.|| Ter. Koffer *aus Weidengeflecht u. mit Fell überzogen*
rīsī → ***rideo***
rīsiō ⟨ōnis⟩ *f* ||rideo|| Plaut. das Lachen, Gelächter
rīsor ⟨ōris⟩ *m* ||rideo|| *poet* Lacher, Spötter
rīsus[1] ⟨a, um⟩ *PPP* → ***rideo***
rīsus[2] ⟨ūs⟩ *m* ||rideo||
1. das Lachen, Gelächter; ***risum movere*** Gelächter erregen; ***risum dare alicui*** Lachen bei j-m erregen; ***risu corruere*** sich halb tot lachen; ***risui esse alicui*** von j-m ausgelacht werden; ***aliquid in risum vertere*** etw lächerlich machen
2. *meton* Gegenstand des Spottes; ***magnus inimicis r.*** Hor. für die Feinde Ziel lauten Spottes
3. *pej* Spott, Hohn
4. ***r. paschalis*** *(mlat.)* „Ostergelächter", *Brauch im MA, die Gemeinde zum Lachen zu bringen*
▶ **rīte** *Adv*
1. gemäß dem Ritus, entsprechend den vorgeschriebenen Zeremonien; ***rite deos colere*** Gottesdienst feiern
2. *fig* in feierlicher Form, nach Vorschrift, gesetzlich; ***testes rite affuerunt*** gemäß der Vorschrift waren Zeugen anwesend
3. *fig* mit Recht, in rechter Weise; ***haec rite sapientia appellanda est*** dies ist mit Recht Weisheit zu nennen; ***si rite recordor*** wenn ich mich recht erinnere
4. *poet* zum Glück
5. *(nlat.)* genügend, *unterstes Prädikat in der Doktorprüfung*
rītuālis ⟨e⟩ *Adj* ||ritus|| heilige Bräuche betreffend; ***libri rituales*** Ritualbücher
▶ **rītus** ⟨ūs⟩ *m*
1. heiliger Brauch, Ordnung des Gottesdienstes, religiöse Satzung
2. *(nachkl.)* Brauch, Sitte; ***novo ritu*** nach Neuem Geschmack; ***ritu*** nach Art von, wie, + *Gen*
rīvālis ⟨is⟩ *m* ||rivus|| Rivale, Nebenbuhler
rīvālitās ⟨ātis⟩ *f* ||rivalis|| Eifersucht, eifersüchtige Nebenbuhlerschaft
rīvulus ⟨ī⟩ *m* ||*Dim von* rivus||
1. Bächlein
2. *(nachkl.)* Kanal
▶ **rīvus** ⟨ī⟩ *m*
1. Bach; Strom; ***lacrimarum rivi*** Ströme von Tränen
2. Wassergraben, Bewässerungsrinne, Kanal, *auch* Stollen; ***rivos deducere*** Verg. Bewässerungsgräben ziehen
3. *fig* Gang, Verlauf
rixa ⟨ae⟩ *f (nachkl., spätl.)* Streit, Rauferei, *alicuius rei* um etw
rixātor ⟨ōris⟩ *m* ||rixor|| Zänker
rixor ⟨ātus sum, ārī 1.⟩ ||*Denom von* rixa|| streiten, zanken
Rōbīgālia ⟨ium⟩ *n Fest am 25. April zu Ehren des Gottes Robigus gegen Mehltau (eine Pflanzenkrankheit)*
rōbīginōsus ⟨a, um⟩ *Adj* ||robigo|| verrostet; *fig* neidisch
rōbīgō ⟨inis⟩ *f*
1. Rost *an Metallen*
2. *fig* Mehltau, *eine Pflanzenkrankheit*
3. *fig* Zahnfäule
4. *fig Art* Schanker, *eine Geschlechtskrankheit*
5. *fig* Untätigkeit; üble Gewohnheiten; Neid
rōboreus ⟨a, um⟩ *Adj* ||robur|| *(nachkl.) poet* aus Eichenholz
rōborō ⟨āvī, ātum, āre 1.⟩ ||*Denom von* robur|| *(nachkl.)* stärken, kräftigen
▶ **rōbur** ⟨oris⟩ *n*
1. Hartholz, *bes* Eichenholz; Eiche; *meton* aus Eichenholz Gefertigtes; ***in robore accumbere*** auf Eichenbänken Platz nehmen; ***r. ferro praefixum*** Eichenspeer mit Eisenspitze; ***ferri robora*** eisenbeschlagene Torflügel; ***r. aratri*** eichener Pflug; ***r. sacrum/cavum*** das hölzerne Pferd vor Troja
2. Verlies, Kerker; ***in robore et tenebris*** im dunklen Verlies
3. *fig* Stärke, Kraft, Festigkeit
4. *meton* stärkster Teil *einer Sache*, Kern
5. Tac. *meton* Stützpunkt, Mittelpunkt
6. *meton* erprobte Männer, Kerntruppen
rōbus[1] ⟨a, um⟩ *Adj (altl.)* = ***ruber***
rōbus[2] ⟨oris⟩ *n* = ***robur***
▶ **rōbustus**
I ⟨a, um⟩ *Adj*, *Adv* ⟨rōbustē⟩ ||robur||
1. aus Eichenholz
2.⟩ *fig* stark, kräftig, rüstig
II ⟨ī⟩ *m* Erwachsener
rōdō ⟨rōsī, rōsum, rōdere 3.⟩
1. benagen, anfressen, kauen; ***urbana diaria r.*** Hor. die städtische Tageskost knabbern
2. *fig* herabsetzen, verkleinern
rogālis ⟨e⟩ *Adj* ||rogus|| zum Scheiterhaufen gehörig
▶ **rogātiō** ⟨ōnis⟩ *f* ||rogo||
1. Frage, das Fragen; RHET rhetorische Frage
2. POL Anfrage *an das Volk*, Gesetzesantrag; ***rogationem ferre*** einen Gesetzesantrag stellen; ***rogationem perferre/promulgare*** einen Gesetzesantrag durchbringen
3. Bitte, Aufforderung
rogātiuncula ⟨ae⟩ *f* ||*Dim von* rogatio||
1. kurze Frage, *die bereits eine Schlussfolgerung enthält*
2. vorgeschlagenes Gesetz, Verordnung
rogātor ⟨ōris⟩ *m* ||rogo||

1. Antragsteller
2. Sammler der Stimmen *bei Abstimmungen*
3. Mart. Bettler

rogātum ⟨ī⟩ *n* ||rogo|| das Gefragte, Frage

rogātus *Abl* ⟨ū⟩ *m* ||rogo|| Antrag, das Bitten; ***rogatu alicuius*** auf j-s Ersuchen

rogitātiō ⟨ōnis⟩ *f* ||rogito|| Gesetzesantrag, Gesetzesvorschlag

rogitō ⟨āvī, ātum, āre 1.⟩ ||*Intens von* rogo|| nachhaltig fragen, wiederholt fragen; (*mlat.*) inständig bitten

▶ **rogō** ⟨āvī, ātum, āre 1.⟩
1. fragen, befragen, *abs od aliquem* j-n, *aliquid* nach etw, *aliquem de re/aliquid* j-n nach etw; ***aliquem sententiam r.*** einen Senator nach seiner Meinung fragen, einen Senator abstimmen lassen; ***(populum/legem) r.*** ein Gesetz beantragen *beim Volk*; ***provinciam alicui r.*** für j-n eine Statthalterschaft beantragen; ***magistratum r.*** einen Beamten zur Wahl vorschlagen
2. ***sacramento r.*** MIL vereidigen, *aliquem* j-n
3. bitten, ersuchen, *abs od aliquid* um etw, *aliquem de re/aliquem aliquid/aliquod ab aliquo* j-n um etw, *aliquem pro aliquo* j-n für j-n, *ut/ne* dass/dass nicht, + *Konjkt/* + *AcI*
4. einladen, *aliquem ad aliquid* j-n zu etw, *aliquem in aliquid* j-n in etw, j-n zu etw
5. holen, ***aquam*** Wasser

rogus ⟨ī⟩ *m*
1. Scheiterhaufen
2. *fig* Grab, Vernichtung

Rōma ⟨ae⟩ *f*
1. Rom, *Hauptstadt von Latium, dann des Röm. Reiches, nach Varro 753 v. Chr. von Romulus u. Remus gegründet*
2. Göttin der Stadt Rom

Rōmānus ⟨a, um⟩ *Adj* römisch; ***more Romano loqui*** offen sprechen, aufrichtig sprechen; ***civis R.*** römischer Bürger, *Inhaber des röm. Bürgerrechts*; ***populus R.*** römisches Volk; ***Senatus Populusque R.*** Senat und Volk von Rom

Rōmānus ⟨ī⟩ *m* Römer

Rōmilius ⟨a, um⟩ *Adj* des Romulus, zu Romulus gehörig, *auch Name einer Tribus*

romphaea ⟨ae⟩ *f* ||griech. Fw.|| = ***rumpia***

Rōmuleus ⟨a, um⟩ *Adj* des Romulus, zu Romulus gehörig

Rōmulidēs ⟨ae⟩ *m* Nachkomme des Romulus

Rōmulus ⟨ī⟩ *m Sohn des Mars u. der Rea Silvia, Zwillingsbruder des Remus*; *Gründer u. erster König von Rom, nach seinem Tod als Quirinus göttlich verehrt*

Rōmulus ⟨a, um⟩ *Adj* des Romulus, zu Romulus gehörig, *allg.* römisch

ronchus ⟨ī⟩ *m* ||griech. Fw.|| das Schnarchen; Mart. näselnder Ton des Spötters

rōrāriī ⟨ōrum⟩ *m* Liv. Leichtbewaffnete, *die mit Schleudern den Kampf begannen*

rōridus ⟨a, um⟩ *Adj* ||ros|| (*nachkl.*) *poet* betaut

rōri-fer ⟨fera, ferum⟩ *Adj* ||ros, fero|| Lucr. Tau bringend

rōrō ⟨āvī, ātum, āre 1.⟩ ||*Denom von* ros||
I *v/i*
1. tauen, *von Gottheiten*, den Tau fallen lassen; ***rorat*** es fällt Tau
2. *fig* triefen, feucht sein; ***capilli rorant*** die Haare sind feucht
II *v/t*
1. *poet* betauen
2. *poet* benetzen, befeuchten; (*nachkl.*) *poet* träufeln lassen; ***pocula rorantia*** den Wein nur tropfenweise spendende Becher

rōs ⟨rōris⟩ *m*
1. Tau, Tautropfen
2. (*nachkl.*) Feuchtigkeit; ***ros vivus*** fließendes Wasser; ***ros vitalis*** Muttermilch; ***rores pluvii*** Regen(wolken)
3. ***ros marinus*** Rosmarin

rosa ⟨ae⟩ *f*
1. Rosenstrauch, Rosenstock
2. Rose

rosāns *Gen* ⟨antis⟩ *Adj poet* rosenrot

rosārium ⟨ī⟩ *n* ||rosarius|| Rosenhecke, Rosengarten

rosārius ⟨a, um⟩ *Adj* ||rosa|| (*nachkl.*) *poet* aus Rosen, von Rosen

rōscidus ⟨a, um⟩ *Adj* ||ros|| (*unkl.*)
1. tauend; Tau fallen lassend
2. betaut, benetzt

Rōscius ⟨a, um⟩ *röm. Gentilname*
1. ***Q. Roscius*** *berühmter Schauspieler z. Zt. Ciceros*
2. ***S. Roscius*** *aus Ameria in Umbrien, von Cicero verteidigt, Rede pro Sexto Roscio Amerino*
3. ***L. Roscius Otho*** *Volkstribun, Freund Ciceros*

rosētum ⟨ī⟩ *n* ||rosa|| Rosenhecke, Rosengarten

roseus ⟨a, um⟩ *Adj* ||rosa||
1. aus Rosen, Rosen…
2. rosenfarbig, rosig; *fig* jugendlich, schön

rōsī → ***rodo***

rōsidus ⟨a, um⟩ *Adj* = ***roscidus***

rōsmarīnus ⟨ī⟩ *m* = ***ros marinus***; → ***ros***

rōstra ⟨ōrum⟩ *n* → ***rostrum***

rōstrātus ⟨a, um⟩ *Adj* ||rostrum|| mit einem Rammsporn versehen, mit Schiffsschnäbeln verziert; ***columna rostrata*** die mit Schiffsschnäbeln verzierte Marmorsäule auf dem Forum Romanum, *die Schiffsschnäbel stammten von karthagischen Schiffen, die C. Duilius 260 v. Chr. bei Mylä erobert hatte*

rōstrum ⟨ī⟩ *n* ||rodo||
1. Schnabel, Schnauze, Rüssel *von Tieren, verächtlich od familiär von Menschen*
2. MIL Schiffsschnabel, Rammsporn; Bug; ***navis rostro percussa*** Nep. vom Rammsporn gerammtes Schiff
3. *Pl* Rednerbühne *auf dem Forum Romanum in Rom, geschmückt mit den Rammspornen der 338 v. Chr. eroberten Schiffe*; ***escendere in rostra*** die Rednerbühne besteigen; ***descendere de rostris*** die Rednerbühne verlassen
4. (*mlat.*) Schnabelschuh

rōsus ⟨a, um⟩ *PPP* → ***rodo***

▶ **rota** ⟨ae⟩ *f*
1. Rad, Scheibe, *bes* Wagenrad; ***strepitus rotarum*** Caes. das Knarren der Räder
2. *meton* Wagen; ***pedibus rotāque*** zu Fuß und mit dem Wagen
3. (*unk.*) Töpferscheibe
4. Schöpfrad
5. Folterrad *der Griechen*; ***in rotam ascendere*** Cic.

R

auf das Rad steigen
6. *(nachkl.)* Rolle, Walze *zur Fortbewegung von Lasten*
7. Kreisbahn *im Zirkus*
8. *fig* Wechsel, Unbeständigkeit; ***rota fortunae*** Unbeständigkeit des Glücks
9. ***rotae impares*** die ungleichen Verse *des elegischen Distichons* = Hexameter und Pentameter
rotālis ⟨e⟩ *Adj* ||rota|| *(spätl.)* mit Rädern versehen; ***poena r.*** *(mlat.)* Strafe des Räderns
rotātiō ⟨ōnis⟩ *f* ||roto|| Vitr. kreisförmige Umdrehung
rotō ⟨āvī, ātum, āre 1.⟩ ||*Denom von* rota||
I *v/t* im Kreis herumdrehen, im Kreis schwingen; *Passiv* sich im Kreis drehen, rollen
II *v/i* sich im Kreis drehen, rollen
rotula ⟨ae⟩ *f* ||*Dim von* rota|| *(vkl., nachkl.)* Rädchen
rotunditās ⟨ātis⟩ *f* ||rotundus|| *(nachkl.)* Rundung
rotundō ⟨āvī, ātum, āre 1.⟩ ||*Denom von* rotunditas|| rund machen, abrunden; ***mille talenta r.*** Hor. tausend Talente voll machen
rotundus ⟨a, um⟩ *Adj, Adv* ⟨rotundē⟩
1. rund, kreisrund, kugelrund
2. RHET periodisch abgerundet; ***ore rotundo loqui*** Hor. vollendet reden
3. *fig charakterlich* abgerundet
Rōxanē ⟨ēs⟩ *f Gattin Alexanders des Großen*
rube-faciō ⟨fēcī, factum, facere 3.⟩ röten, *aliquid re* etw mit etw, etw von etw, ***sanguine saetas*** die Borsten mit Blut
rubellum ⟨ī⟩ *n* ||rubellus|| Rotwein
rubellus ⟨a, um⟩ *Adj* ||*Dim von* ruber|| rötlich
rubēns *Gen* ⟨entis⟩ *Adj* ||rubeo||
1. rot; ***vinum r.*** Rotwein
2. schamrot
3. prächtig, bunt
rubeō ⟨uī, -, ēre 2.⟩ ||ruber|| rot sein, rötlich erglänzen; schamrot sein; leuchten, schimmern; ***prata coloribus rubent*** die Felder leuchten farbig
▶ **ruber** ⟨rubra, rubrum⟩ *Adj (nachkl.)*
1. rot, rot gefärbt, gerötet
2. ***mare rubrum*** das Rote Meer = Persischer Golf *od* = Indischer Ozean
rubēscō ⟨rubuī, -, rubēscere 3.⟩ ||*Inkoh von* rubeo|| rot werden, sich röten, vor Scham erröten
rubēta ⟨ae⟩ *f (nachkl.) poet* Kröte
rubētum ⟨ī⟩ *n* ||rubus|| Brombeergesträuch
rubeus ⟨a, um⟩ *Adj* ||rubus|| vom Brombeerstrauch; ***virga rubea*** Verg. Brombeerranke
Rubī ⟨ōrum⟩ *m Stadt in Apulien, heute Ruvo di Puglia bei Bari*
Rubicō(n) ⟨ōnis⟩ *m Grenzfluss zwischen Gallia cisalpina u. Italien, bekannt durch Caesars Überschreitung 49 v. Chr., heute Fiumicino-Pisatello n von Rimini*
rubicundulus ⟨a, um⟩ *Adj* ||*Dim von* rubicundus|| Iuv. etwas errötet
rubicundus ⟨a, um⟩ *Adj* ||ruber|| *(unkl.)* rötlich, von der Sonne gebräunt; ***Ceres rubicunda*** gelbliches Getreide
rubidus ⟨a, um⟩ *Adj* ||ruber|| *(vkl., nachkl.)* dunkelrot, braunrot
rūbīginōsus ⟨a, um⟩ *Adj* = ***robiginosus***
rūbīgō ⟨inis⟩ *f* = ***robigo***
rubor ⟨ōris⟩ *m* ||ruber||
1. Röte, rote Farbe; rote Schminke; *Pl* Purpur
2. Schamröte, Zornesröte
3. *meton* Schamhaftigkeit
4. *meton* Beschämung, Schande; ***aliquid alicui rubori est / ruborem affert*** etw ist für j-n beschämend
rubrīca ⟨ae⟩ *f* ||ruber|| *(erg.* ***terra****)* rote Erde, Röte; *meton* der rot geschriebene Gesetzestitel; Rubrik; Gesetz
rubrīcātus ⟨a, um⟩ *Adj (nachkl.)* rot gefärbt
rubuī → ***rubeo*** *u.* → ***rubesco***
rubus ⟨ī⟩ *m* Brombeerstrauch; Brombeere
rūctābundus ⟨a, um⟩ *Adj f* ||ructo|| Sen. wiederholt rülpsend
rūctātrīx *Gen* ⟨īcis⟩ *Adj* Mart. Aufstoßen verursachend
rūctō ⟨āvī, ātum, āre 1.⟩ *u.* **rūctor** ⟨ātus sum, ārī 1.⟩
I *v/i* rülpsen, aufstoßen
II *v/t* ausspeien, *auch fig*
rūctuōsus ⟨a, um⟩ *Adj* ||ructus|| *(nachkl.)* mit Rülpsen
rūctus ⟨ūs⟩ *m* das Rülpsen, das Aufstoßen
rudēns ⟨entis⟩ *m u. f* starkes Seil, Zugriemen, Schiffstau; *Pl* Tauwerk; ***rudentibus apta fortuna*** ungewisses Glück
Rudiae ⟨ārum⟩ *f Stadt in Apulien, Heimat des Ennius, Lage beim heutigen Lecce*
rudiārius ⟨ī⟩ *m* ||rudis[1]|| Suet. ausgedienter, mit einer rudis ausgezeichneter Gladiator
rudīmentum ⟨ī⟩ *n* ||rudis[2]|| (Liv., Ov., Suet.) erster Versuch, Vorschule, Probestück
Rudīnus
I ⟨a, um⟩ *Adj* aus Rudiae, zu Rudiae gehörig
II ⟨ī⟩ *m* Einwohner von Rudiae
rudis[1] ⟨is⟩ *f*
1. *(vkl., nachkl.)* Rührlöffel, Quirl
2. Degen, *bes der dem ausscheidenden Gladiator als Auszeichnung verliehene*; Entlassung aus dem Dienst; ***rudem accipere*** aus dem Dienst ausscheiden
▶ **rudis[2]** ⟨e⟩ *Adj*
1. roh, unbearbeitet; ***argentum rude*** Rohsilber; ***lana r.*** ungesponnene Wolle; ***campus r.*** unbebautes Feld
2. *poet von Lebewesen* jung, neu
3. *fig* nicht ausgebildet, unerfahren, unkundig, ungeschickt; *von Tieren* nicht dressiert, *alicuius rei / in re / re* in etw, *ad aliquid* in Bezug auf etw
rūdō ⟨īvī, -, ere⟩ *(nachkl.) poet von Menschen u. Tieren* brüllen; *von Sachen* knarren, krachen
rūdus[1] ⟨eris⟩ *n* = ***raudus***
rūdus[2] ⟨eris⟩ *n (unkl.)*
1. zerbröckeltes Gestein, Geröll, Schutt; *Pl* Ruinen
2. Mörtel
ruentia ⟨ium⟩ *n* ||ruo|| Unglück
Rufrae ⟨ārum⟩ *f Stadt in Kampanien*
Rufrium ⟨ī⟩ *n Ortschaft in Samnium*
Rūfulī ⟨ōrum⟩ *m* Liv. *die vom Feldherrn bestimmten* Kriegstribunen ↔ *comitiati, die vom Volk gewählt wurden*
rūfulus ⟨a, um⟩ *Adj* ||*Dim von* rufus|| rötlich; ***homo r.*** Plaut. Rotschopf
rūfus ⟨a, um⟩ *Adj* ||ruber|| *(vkl., nachkl.)* rothaarig, *häufiger Beiname in den gentes der Caecilii, Minucii u. Pompeii*

R

rūga ⟨ae⟩ *f*
1. Runzel, *bes im Gesicht*; *Pl meton* Alter
2. *meton* finsteres Wesen, Ernst
3. (*nachkl.*) Kleiderfalte
Rugiī ⟨ōrum⟩ *m germ. Stamm an der Ostsee*
rūgō ⟨āvī, ātum, āre 1.⟩ ||*Denom von* ruga||
I *v/t* (*nachkl.*) *poet* runzeln, ***frontem*** die Stirn
II *v/i* Plaut. Falten werfen
rūgōsus ⟨a, um⟩ *Adj* ||ruga|| (*nachkl.*) *poet* faltig, runzelig
ruī → ***ruo¹*** *u.* → ***ruo²***
ruīna ⟨ae⟩ *f* ||ruo¹||
1. das Losstürzen; ***ruinas dare*** aufeinander losstürzen
2. das Niederstürzen, Einsturz, Verfall *eines Gebäudes od allg.*; ***ruinas facere in aliquid*** auf j-n herabstürzen; ***ruinam dare/trahere*** einstürzen
3. (*nachkl.*) *fig* Niederlage, Verwüstung, Verwirrung; ***ruinas facere/edere*** Verwirrung stiften
4. *fig* Sturz, Fall, *bes* POL; Umsturz, Untergang
5. *fig* Fehltritt, Irrtum
6. ***r. caeli*** Unwetter
7. *meton von Personen* Vernichter, Zerstörer
ruīnōsus ⟨a, um⟩ *Adj* ||ruina|| baufällig; verfallen
rullus
I ⟨a, um⟩ *Adj* ||rudis²|| ungesittet
II ⟨ī⟩ *m* Grobian
Rullus ⟨ī⟩ *m Beiname in der gens Servilia*; → ***Servilius***
rumex ⟨icis⟩ *m u. f* Plaut. Sauerampfer
rūmi-ferō ⟨-, -, āre 1.⟩ ||rumor|| Plaut. öffentlich preisen
rūmi-ficō ⟨āvī, ātum, āre 1.⟩ ||rumor, facio|| Plaut. öffentlich preisen
Rūmīnālis ⟨e⟩ *Adj* zu Rumina, *der Göttin der Säugenden*, gehörig; ***ficus R.*** der Ruminalische Feigenbaum *in Rom, unter dem der Sage nach Romulus u. Remus von der Wölfin gesäugt wurden*
rūminātiō ⟨ōnis⟩ *f* ||rumino|| (*nachkl.*) das Wiederkäuen; ***r. cotidiana*** Cic. das tägliche Wiederkäuen von Altem
rūminō ⟨-, -, āre 1.⟩ *u.* **rūminor** ⟨-, ārī 1.⟩ (*unk.*) wiederkäuen
Rūminus ⟨a, um⟩ *Adj* = ***Ruminalis***
▶ **rūmor** ⟨ōris⟩ *m*
1. dumpfes Gebrüll; (*nachkl.*) Beifall, Jubel
2. *unverbürgtes* Gerücht, Geraune, Gerede; ***rumores spargere*** Gerüchte verbreiten; ***r. est*** es geht das Gerücht, + *AcI*
3. Volksstimme, öffentliche Meinung, Ruf; guter Ruf; *pej* üble Nachrede
rumpia ⟨ae⟩ *f* ||griech. Fw.|| Liv. langes zweischneidiges Schwert
▶ **rumpō** ⟨rūpī, ruptum, rumpere 3.⟩
1. gewaltsam zerbrechen, zerreißen, zerhauen, sprengen; ***vincula r.*** Fesseln sprengen; ***cicatrices r.*** Narben aufreißen; ***pectora ferro r.*** die Brust mit dem Schwert durchstoßen; ***aliquem r.*** j-n verletzen; ***radices solo r.*** Wurzeln aus dem Boden reißen; *Passiv* bersten, zerbersten, platzen; ***aliquis rumpitur irā*** j-d platzt vor Zorn
2. (*nachkl.*) *fig* durchbrechen, ***aciem*** die Front
3. *fig* sich *einen Weg* bahnen; ***viam ferro r.*** sich mit dem Schwert einen Weg bahnen
4. (*nachkl.*) *fig* hervorbrechen lassen; ***fontem ungula rupit*** Ov. der Huf ließ eine Quelle hervorbrechen; ***vocem pectore r.*** die Stimme hören lassen; *Passiv u.* ***se r.*** hervorbrechen
5. *fig* verletzen, vernichten, vereiteln; ***foedus r.*** einen Vertrag brechen; ***reditum alicui r.*** j-m den Rückweg abschneiden
6. *fig* unterbrechen, stören, ***silentium*** die Ruhe
rūmusculus ⟨ī⟩ *m* ||*Dim von* rumor|| Gerede, Geschwätz
▶ **ruō¹** ⟨ruī, rūtum, ruere 3.⟩
I *v/i*
1. stürzen, sich stürzen, stürmen, rennen; ***flumen de montibus ruebat*** der Fluss stürzte von den Bergen; ***nox Oceano ruit*** die Nacht eilt herauf aus dem Ozean; ***dies ruit*** der Tag enteilt; ***sol ruit*** die Sonne geht unter; ***voces ruunt*** Stimmen tönen hervor
2. niederstürzen, zusammenstürzen; ***ruebant victores victique*** Verg. es stürzen die Sieger und die Besiegten
3. einstürmen, losstürzen, *in aliquem* auf j-n, *in aliquid/ad aliquid* auf etw; sich überstürzen, übereilt handeln; ***in hostes r.*** sich auf die Feinde stürzen
4. ins Verderben stürzen, zugrunde gehen; ***in exitium r.*** ins Verderben stürzen; ***Troia a culmine ruit*** Troja stürzt vom Gipfel
II *v/t* Com. niederreißen, zu Boden schmettern, hinwerfen; ***cumulos arenae r.*** die Berge aus Sand zerschlagen
ruō² ⟨ruī, rūtum, ruere 3.⟩
1. *poet* aufwühlen, aufgraben, hervorreißen; ***divitias aerisque acervos r.*** Reichtümer und Haufen von Geld zusammenscharren; ***nubem ad caelum r.*** eine Wolke zum Himmel emporwälzen
2. ausgraben, *bes* JUR: ***ruta (et) caesa*** was *auf dem Grundstück* ausgegraben und gefällt worden ist = was mobil ist
▶ **rūpēs** ⟨is⟩ *f* ||rumpo||
1. Fels, Felswand
2. Klippe; *Pl* Schluchten
rūpī → ***rumpo***
Rupilius ⟨a, um⟩ *röm. Gentilname*
1. ***P. Rupilius*** *Konsul 132 v. Chr., nach ihm benannt die lex Rupilia zur Neuordnung Siziliens*
2. ***P. Rupilius Rex*** *Zeitgenosse des Horaz, wurde geächtet*
3. ***Rupilius*** *Schauspieler z. Zt. Ciceros*
ruptor ⟨ōris⟩ *m* ||rumpo|| Verletzer, ***foederis*** eines Vertrags
ruptus ⟨a, um⟩ *PPP* → ***rumpo***
rūri-cola ⟨ae⟩ *f u. m* ||rus, colo||
1. das Land bebauend; *subst* Bauer; Stier
2. das Land bewohnend, ländlich
rūri-gena ⟨ae⟩ *m u. f* ||rus, gigno|| auf dem Land geboren; *Pl subst* die Landbewohner
rūrō ⟨-, -, āre 1.⟩ *u.* **rūror** ⟨-, ārī 1.⟩ ||rus|| auf dem Land leben, Ackerbau treiben
▶ **rūrsum** *u.* **rūrsus** *Adv* ||verto||
1. zurück, rückwärts; ***rursum se recipere*** sich zurückziehen
2. wieder, nochmals; ***rursum renovare*** wieder erneuern
3. dagegen, andererseits, umgekehrt
▶ **rūs** ⟨rūris⟩ *n*

1. das Land ↔ *Stadt*; Dorf, Feld; ***rus ire*** aufs Land gehen; ***rure*** vom Land; ***ruri*/*rure*** auf dem Land
2. *meton* Landgut

Ruscinō ⟨ōnis⟩ *f Stadt in Gallia Narbonensis, heute Perpignan*

rūscum ⟨ī⟩ *n* Verg. Wildspargel, *dessen Zweige zum Anbinden der Reben dienten*

Rusellānus ager *m Gebiet in Etrurien*

russātus ⟨a, um⟩ *Adj* ||russus|| Tert. rot gefärbt; rot gekleidet; ***grex russata*** rote Partei *der Rennfahrer*

rūssum *Adv (altl.)* = ***rursum***

russus ⟨a, um⟩ *Adj* ||ruber|| *(vkl.)* hellrot, *allg.* rot

rūstica ⟨ae⟩ *f* ||rusticus|| grobe Bäuerin

rusticalis ⟨e⟩ *m (mlat.)* grob

rūsticānus
I ⟨a, um⟩ *Adj* ||rusticus|| ländlich, ländlich einfach
II ⟨ī⟩ *m* Landbewohner, Bauer

rūsticātiō ⟨ōnis⟩ *f* ||rusticor|| Aufenthalt auf dem Land, Landleben

rūsticitās ⟨ātis⟩ *f* ||rusticus|| ländliche Einfachheit; *pej* Plumpheit, Schüchternheit; RHET Aussprache eines Landbewohners

rūsticor ⟨-, ārī 1.⟩ ||rusticus|| auf dem Land leben, sich auf dem Land aufhalten

rūsticula ⟨ae⟩ *f* ||rusticulus|| *(erg.* ***gallina****)* Haselhuhn

rūsticulus
I ⟨a, um⟩ *Adj* ||*Dim von* rusticus||
1. ländlich
2. *meton* etw unbeholfen
II ⟨ī⟩ *m* einfacher Landbewohner

► **rūsticus**
I ⟨a, um⟩ *Adj*, *Adv* ⟨rūsticē⟩ ||rus||
1. ländlich, Land..., ↔ *Stadt*; ***homo r.*** Landbewohner, Bauer; ***mus r.*** Feldmaus; ***res rusticae*** Landwirtschaft
2. *meton* einfach, schlicht, ungeschminkt
3. *pej* ungeschliffen, plump, linkisch; spröde
II ⟨ī⟩ *m*
1. Bauer
2. *pej* grober Bauer

rūsum *u.* **rūsus** *Adv (altl.)* = ***rursum***

ruta[1] ⟨ae⟩ *f* Raute, *Strauch mit bitter schmeckenden Blättern*

rūta[2] → ***ruo***[2]

rutābulum ⟨ī⟩ *n* ||ruo[2]|| *(vkl., nachkl.)* Werkzeug zum Scharren, *bes* Ofenhaken, Rührkelle

rūtātus ⟨a, um⟩ *Adj* ||ruta[1]|| Mart. mit Raute versehen, mit Raute bekränzt

Rutēnī ⟨ōrum⟩ *m gall. Stamm in Aquitanien, Hauptort Segodunum*

Rutīlius ⟨a, um⟩ *röm. Gentilname, bekannt* ***P. Rutilius Rufus*** *Redner, Geschichtsschreiber u. Konsul z. Zt. des Marius*

rutilō ⟨āvī, ātum, āre 1.⟩ ||*Denom von* rutilus|| *(unkl.)*
I *v/t* rötlich färben
II *v/i* rötlich schimmern, wie Gold glänzen

rutilus ⟨a, um⟩ *Adj* ||ruber|| rötlich, hochrot, rotgelb; ***caput rutilum*** rothaariger Kopf

rutrum ⟨ī⟩ *n* ||ruo[2]|| *(vkl., nachkl.)* Schaufel

rūtula ⟨ae⟩ *f* ||*Dim von* ruta|| kleine, zarte Raute

Rutulī ⟨ōrum⟩ *m Volk in Latium unter König Turnus*

rūtus ⟨a, um⟩ *PPP* → ***ruo***[1] *u.* → ***ruo***[2]

S

S s *Abk*
1. = ***Sextus***
2. = ***salutem*** *in Briefen* es grüßt dich
3. ***s. a.*** = ***sine anno*** *(nlat.)* ohne Jahresangabe, *bei bibliographischen Angaben*
4. ***S. C.*** = ***senatūs consultum*** Senatsbeschluss
5. ***S. D.*** = ***salutem dicit*** es grüßt dich
6. ***S. D. G.*** = ***soli Deo gloria*** Ehre sei Gott allein
7. ***S. P. D.*** = ***salutem plurimam dicit*** es grüßt dich ganz herzlich
8. ***S. P. Q. R.*** = ***Senatus Populusque Romanus*** Senat und Volk von Rom

Sa. *Abk (nlat.)* = ***summa*** Summe

Saba ⟨ae⟩ *f Gegend in Arabien*

Sabaeī ⟨ōrum⟩ *m* die Einwohner von Saba; *allg.* die Araber

Sabaeus ⟨a, um⟩ *Adj* aus Saba *allg.* arabisch

Sabazia ⟨ōrum⟩ *n* ||Sabazius|| Cic. *Fest zu Ehren des Bacchus*

Sabazius ⟨ī⟩ *m thrakisch-phrygische Gottheit, später mit Dionysos/Bacchus gleichgesetzt*

sabbatāria ⟨ae⟩ *f* ||sabbatum|| Mart. Jüdin

sabbatum ⟨ī⟩ *n* ||griech. Fw.|| *meist Pl*
1. Sabbat *der Juden*; Samstag
2. *jeder* Feiertag *der Juden*
3. ***s. sanctum*** *(mlat.)* Ostersamstag

Sabellī ⟨ōrum⟩ *m*
1. *die kleineren mittelital. Völker sabinischer Abstammung*
2. *die s. oskisch-sabinischen Völker*
3. = ***Sabini***

Sabellicus *u.* **Sabellus** ⟨a, um⟩ *Adj* sabellisch, sabinisch, *auch* marsisch

Sabellus ⟨ī⟩ *m* Sabeller, Sabiner, *auch* Gutsherr im Sabinerland

Sabīna ⟨ae⟩ *f* ||Sabini|| Sabinerin

Sabīnī ⟨ōrum⟩ *m*
1. die Sabiner, *Stamm im NO von Rom*
2. Sabinerland; Landgut *des Horaz* im Sabinerland

Sabīnum ⟨ī⟩ *n (erg.* ***vinum****)* Sabinerwein

Sabīnus[1] ⟨a, um⟩ *Adj* sabinisch; ***Sabina terra*** Land der Sabiner

Sabīnus[2] ⟨ī⟩ *m Stammvater der Sabiner*

Sabīnus[3] ⟨ī⟩ *m*
1. → ***Sabini***
2. *röm. Beiname, bes in der gens Poppaea;* → ***Poppaeus***; ***Flavius Sabinus*** *Dichter, Freund Ovids*

Sabis ⟨is⟩ *m Nebenfluss der Maas, heute Sambre*

sabulum ⟨ī⟩ *n* *(nachkl.)* grober Sand, Kies
saburra ⟨ae⟩ *f* Sen. Sand, *bes* Schiffssand
saburrō ⟨āvī, ātum, āre 1.⟩ ||*Denom von* saburra|| mit Ballast beladen; Plaut. *hum* den Magen überladen
saccārius ⟨a, um⟩ *Adj* ||saccus|| *(nachkl.)* mit Säcken beladen
saccharon *u.* **saccharum** ⟨ī⟩ *n* ||griech. Fw.|| *(nachkl.)* Zuckersaft, *der aus Bambusrohren austritt*
saccipērium ⟨ī⟩ *n* ||griech. Lw.|| Plaut. Umhängetasche
saccō[1] ⟨āvī, ātum, āre 1.⟩ ||*Denom von* saccus|| durchseihen, filtern; ***saccatus corporis umor*** Urin
saccō[2] ⟨ōnis⟩ *m* ||saccus|| *spöttische Bezeichnung für die gens Oppia im Anklang an opes*: Geldsack, Wucherer; → ***Oppius***
sacculus ⟨ī⟩ *m* ||*Dim von* saccus||
1. Säckchen, Geldbeutel
2. Säckchen zum Durchseihen des Weines, Weinfilter
saccus ⟨ī⟩ *m* ||griech. Lw.||
1. Sack; Mehlsack, Getreidesack, Geldsack; ***ad saccum ire*** Plaut. betteln gehen
2. Filter
sacellum ⟨ī⟩ *n* ||*Dim von* sacrum|| kleiner Tempel, kleine Kapelle
► **sacer** ⟨sacra, sacrum⟩ *Adj*
1. *von Lebewesen u. Sachen* einer Gottheit geweiht, heilig; ***via sacra*** heilige Straße; ***sanguis s.*** Opferblut; ***dies sacri*** Feiertage
2. Religions…; ***bellum sacrum*** Religionskrieg
3. *fig* geweiht
4. ehrwürdig; ***loci vetustate sacri*** durch das Alter ehrwürdige Orte
5. *(nachkl.) poet* einer unterirdischen Gottheit geweiht, verflucht, verwünscht; Fluch bringend; unselig; ***s. cruor Remi nepotibus*** das den Nachfahren Fluch bringende Blut des Remus
► **sacerdōs** ⟨dōtis⟩ *m u. f* Priester, Priesterin, *alicuius* j-s; *(spätl.)* Bischof; *adj* priesterlich
sacerdōtālis ⟨e⟩ *Adj* ||sacerdos|| *(nachkl.)* priesterlich
sacerdōtium ⟨ī⟩ *n* ||sacerdos|| Priesteramt, Priesterstand; ***sacerdotium inire*** das Priesteramt antreten
► **sacrāmēntum** ⟨ī⟩ *n* ||sacro||
1. JUR Haftgeld *zweier vor Gericht streitender Parteien; der Einsatz der im Prozess Unterlegenen ging an die Staatskasse*; ***lex de multa et sacramento (lata)*** Gesetz über Geldbuße u. Prozesseinsatz
2. *meton* Prozess, Prozessführung; ***iusto sacramento contendere cum aliquo*** einen gerechten Prozess gewinnen gegen j-n
3. MIL Fahneneid, Treueeid, Diensteid, *alicuius / pro aliquo / in verba alicuius* für j-n; *meton* Kriegsdienst; ***sacramento adigere / obligare / rogare*** j-n den Treueeid schwören lassen; ***sacramentum / sacramento dicere*** den Treueeid leisten, *alicui / apud aliquem* j-m, vor j-m; ***sacramento teneri*** zum Kriegsdienst eidlich verpflichtet sein; ***sacramento solvi*** vom Kriegsdienst entbunden werden
4. *fig* Eid; ***falsum sacramentum dicere*** einen Meineid leisten
5. *(eccl.)* religiöses Geheimnis, Sakrament

sacrārium ⟨ī⟩ *n* ||sacrum|| *(nachkl.)*
1. Heiligtum, heilige Stätte, Tempel; ***Caere s. populi Romani*** Caere, die Schutzstätte für die Götter des römischen Volkes; ***philosophiae s.*** Heiligtum der Philosophie
2. Kapelle, Tempel; Hauskapelle; Liv. Ort der Bacchanalienfeier; ***Ditis s.*** = Unterwelt
sacrātus ⟨a, um⟩ *Adj* ||sacro||
1. *fig* geheiligt, geweiht; ***arx sacrata*** Verg. geheiligte Burg
2. *fig von Kaisern u. Königen* vergöttlicht, erhaben
sacri-cola ⟨ae⟩ *m* ||sacer, colo|| *(nachkl.)* Opferdiener, Opferpriester
sacri-fer ⟨fera, ferum⟩ *Adj* ||sacer, fero|| Heiliges tragend; ***sacriferae rates*** Ov. Schiffe mit heiliger Fracht
sacrificālis ⟨e⟩ *Adj* ||sacrificus|| zum Opfer gehörig
sacrificātiō ⟨ōnis⟩ *f* ||sacrifico|| Opferung; ***precatio et s.*** Cic. Gebet und Opfer
► **sacrificium** ⟨ī⟩ *n* ||sacer, facio||
1. Opfer, heilige Handlung
2. *(mlat.)* Messopfer
sacrificō ⟨āvī, ātum, āre 1.⟩ ||*Denom von* sacrificus||
I *v/i*
1. opfern, ein Opfer darbringen, *alicui* j-m, *re* etw als Opfer
2. *(mlat.)* die Messe feiern
II *v/t* opfern, *aliquid* etw
sacrificulus ⟨ī⟩ *m* ||*Dim von* sacrificus|| Opferpriester; ***rex s.*** Opferkönig, *Priester, der die früher dem König vorbehaltenen Opfer darbrachte*
sacri-ficus ⟨a, um⟩ *Adj* ||sacrum, facio||
1. opfernd; ***ōs sacrificum*** Ov. Rede des Opfernden
2. Opfer…
► **sacrilegium** ⟨ī⟩ *n* ||sacrilegus|| *(nachkl.)*
1. Tempelraub; *meton* geraubte Tempelgüter
2. Religionsfrevel
sacri-legus
I ⟨a, um⟩ *Adj* ||sacrum, lego||
1. heiliges Gut raubend, tempelräuberisch
2. *(nachkl.) poet* gottlos, verrucht
II ⟨ī⟩ *m* Ter. Tempelräuber, Tempelschänder
sacrō ⟨āvī, ātum, āre 1.⟩ ||*Denom von* sacer||
1. einer Gottheit weihen, opfern, widmen, *alicui aliquid* j-m etw; ***aurum s.*** Gold opfern; ***templa s.*** Tempel weihen
2. *(nachkl.) poet* dem Untergang weihen, verfluchen, ***alicuius caput*** j-s Haupt
3. heilig machen, unverletzlich machen; ***lex sacrata*** heiliges Gesetz, *dessen Übertretung mit Verfluchung bestraft wird*
4. *eine Gottheit* als heilig verehren, *aliquem re* j-n mit etw
5. *(nachkl.) poet* verewigen, unsterblich machen, zur Gottheit erheben; ***hunc Lesbio plectro s.*** diesen mit Liedern zur Leier aus Lesbos unsterblich machen
sacrō-sānctus ⟨a, um⟩ *Adj* ||sacer, sanctus|| hochheilig, unverletzlich, *auch fig*
► **sacrum** ⟨ī⟩ *n* ||sacer||
1. heiliger Gegenstand, heiliger Ort
2. *poet* Götterbild; ***sacrum rapere*** Tempelgut rauben
3. Opfer, Opfergabe

4. *poet* Opferhymnus
5. gottesdienstliche Handlung, gottesdienstliche Zeremonie, heiliger Brauch; *Pl* Gottesdienst, Religion; ***Graeco sacro*** nach griechischem Ritus; ***sacrum facere*** ein Opfer bringen, opfern, *alicui re* j-m etw
6. Opferfest, Feier, Fest; ***sacrum Florale*** Ov. Blütenfest
7. (*nachkl.*) *fig* Geheimnisse, Mysterien

saec(u)lāris ⟨e⟩ *Adj* ||saeculum||
1. (*nachkl.*) hundertjährig, das Jahrhundert betreffend; ***carmen saeculare*** Lied zur Jahrhundertfeier
2. Tert. weltlich, irdisch; heidnisch

▶ **saeculum** ⟨ī⟩ *n*
1. Menschenalter, Zeitalter; *meton* Generation
2. (*nachkl.*) *poet* Regierungszeit
3. Jahrhundert; langer Zeitraum; *meton* die Menschen eines Jahrhunderts; ***in saecula (saeculorum)*** (*mlat.*) in alle Ewigkeit
4. Zeitgeist, Mode
5. Tert. Welt

▶ **saepe** *Adv* ||saepio|| oft; ***quam saepissime*** möglichst oft

saepe-numerō *Adv* oft, häufig

saepēs ⟨is⟩ *f* ||saepio|| Zaun, Umzäunung, Gehege, Garten; Absperrung

saepiculē *Adv* ||*Dim von* saepe|| Plaut. ziemlich oft

saepīmentum ⟨ī⟩ *n* ||saepio|| Umzäunung, *auch fig*

Saepīnum ⟨ī⟩ *n kleine Stadt in Samnium, Lage beim heutigen Sepino*

saepiō ⟨saepsī, saeptum, saepīre 4.⟩
1. umzäunen, einhegen, *aliquid re* etw mit etw; ***in saeptis hortis*** in eingezäunten Gärten
2. *fig* umgeben, umhüllen; ***aliquem aëre s.*** j-n mit Nebel umhüllen
3. bedecken, schützen; sperren, verwahren

saeps ⟨is⟩ *f* = ***saepes***

saepsī → ***saepio***

saeptum ⟨ī⟩ *n* ||saeptus, *PPP von* saepio||
1. Einfriedung, Gehege; ***saepta domorum*** Inneres der Häuser
2. Hürde, Stall; Schranken, *bes zur Reglementierung der Wahlen, urspr. aus Brettern, von Caesar auf dem Marsfeld durch Marmorschranken ersetzt*

saeptus ⟨a, um⟩ *PPP* → ***saepio***

saeta ⟨ae⟩ *f*
1. Borste, Haar; *fig* struppiges Haar; ***s. equina*** Pferdehaar; ***saetae leonis*** Löwenmähne
2. *poet* Angelschnur

saeti-ger
I ⟨gera, gerum⟩ *Adj* ||saeta, gero|| Borsten tragend; ***sues saetigeri*** Borsten tragende Schweine
II ⟨ī⟩ *m* Eber

saetōsus ⟨a, um⟩ *Adj* ||saeta|| (*nachkl.*) *poet* borstig, haarig

saevi-dicus ⟨a, um⟩ *Adj* ||saevus, dico[2]|| zornig gesprochen, grimmig gesprochen

saeviō ⟨iī, ītum, īre 4.⟩ rasen, toben, wüten *in aliquem / adversus aliquem / alicui* gegen j-n, *in aliquid* gegen etw; ***ventus s. coepit*** der Wind begann zu tosen

saeviter *Adv* → ***saevus***

saevitia ⟨ae⟩ *f u.* **saevitiēs** ⟨ēī⟩ *f* ||saevus||
1. (*nachkl.*) Wut, Wildheit, Raserei
2. *fig* Grausamkeit, Härte, Strenge; ***s. hiemis*** Strenge des Winters; ***s. annonae*** Tac. drückende Teuerung

saevitūdō ⟨inis⟩ *f* Plaut. = ***saevitia***

▶ **saevus** ⟨a, um⟩ *Adj*, *Adv* ⟨saevē⟩ *u.* ⟨saeviter⟩
1. *von Tieren* tobend, wild
2. (*nachkl.*) *fig von Personen u. Charakter* heftig, hart, grausam, wütend

sāga ⟨ae⟩ *f* ||sagus|| Wahrsagerin, Zauberin; (*vkl.*) *fig* Kupplerin

sagācitās ⟨ātis⟩ *f* ||sagax|| Spürkraft; *fig* Scharfsinn, Scharfblick, Klugheit

Sagana ⟨ae⟩ *f Name einer Zauberin*

sagātus ⟨a, um⟩ *Adj* ||sagum|| Suet. mit einem Soldatenmantel bekleidet

sagāx *Gen* ⟨ācis⟩ *Adj*, *Adv* ⟨sagāciter⟩ ||sagio|| scharf witternd, scharf hörend; *fig* scharfsinnig, klug, schlau, *in re / re / alicuius rei* in etw

sagīna ⟨ae⟩ *f*
1. (*vkl.*, *nachkl.*) Fütterung, Mästung *von Tieren*; Ernährung, Unterhalt; (*nachkl.*) Futter, Speise; Fettleibigkeit
2. Plaut. *meton* Masttier

sagīnō ⟨āvī, ātum, āre 1.⟩ ||*Denom von* sagina||
1. *von Tieren* mästen
2. füttern, nähren; *pej* abspeisen; *Passiv* sich mästen, sich bereichern

sāgiō ⟨-, -, īre 4.⟩ scharf wittern; *fig* wie ein Spürhund wahrnehmen, ahnen

▶ **sagitta** ⟨ae⟩ *f* Pfeil; *fig* Liebespfeil; *fig* Pfeil *als Sternbild*; *meton* Pfeilwunde

sagittārius
I ⟨a, um⟩ *Adj* ||sagitta|| Pfeil…
II ⟨ī⟩ *m* Bogenschütze; *fig* Schütze *als Sternbild*

sagittātus ⟨a, um⟩ *Adj* ||sagitta|| Plaut. mit Pfeilen versehen

sagitti-fer ⟨fera, ferum⟩ *Adj* ||sagitta, fero|| Pfeile tragend, mit Pfeilen bewaffnet

sagitti-potēns
I *Gen* ⟨entis⟩ *Adj* ||sagitta|| mit Pfeilen mächtig
II ⟨entis⟩ *m* Schütze *als Sternbild*

sagittō ⟨āvī, ātum, āre 1.⟩ ||*Denom von* sagitta||
I *v/i* mit Pfeilen schießen
II *v/t nur PPP* von Pfeilen getroffen

sagmen ⟨inis⟩ *n* ||sacer|| *das auf dem Kapitol gepflückte u. die Fetialien unverletzlich machende* Gras

sagulātus ⟨a, um⟩ *Adj* ||sagulum|| mit einem Soldatenmantel bekleidet

sagulum ⟨ī⟩ *n* ||*Dim von* sagum|| kurzer Mantel; *meist* = ***sagum***

sagum ⟨ī⟩ *n* ||gall. Lw.||
1. kurzer Umwurf *aus Wolltuch, bes Tracht der Germanen u. Kelten*
2. *bei den Römern* Soldatenmantel *u. Symbol des Krieges*; ***sagum sumere / ad saga ire*** zu den Waffen greifen; ***saga ponere*** die Waffen niederlegen; ***in sagis esse*** unter Waffen stehen

Saguntīnus
I ⟨a, um⟩ *Adj* ||Saguntum|| aus Sagunt, zu Sagunt gehörig
II ⟨ī⟩ *m* Einwohner von Sagunt

Saguntum ⟨ī⟩ *n u.* **Saguntus** ⟨ī⟩ *f* Sagunt, *Stadt in Hispania Tarraconensis, 218 v. Chr. von Hannibal*

erobert u. zerstört
sāgus ⟨a, um⟩ *Adj* ||sagio|| *poet* wahrsagend
Sais ⟨is⟩ *f alte Hauptstadt von Unterägypten im w. Nildelta, heute Sa el Hagar*
Saītae ⟨ārum⟩ *m* die Einwohner von Sais
▸ **sāl** ⟨salis⟩ *m*
1. Salz; *Pl* Salzkörner; ***granum salis*** Salzkorn
2. *meton* Salzflut, Meer; ***unda salis*** salzige Woge des Meeres
3. *(nachkl.) poet* Salzgeschmack
4. *fig* Geschmack, Feinheit; scharfer Verstand, Geist; Witz, Humor; ***s. niger*** schwarzer Humor
salacō ⟨ōnis⟩ *m* ||griech. Fw.|| Aufschneider, Prahlhans
salamandra ⟨ae⟩ *f* ||griech. Fw.|| (Mart., Petr.) Salamander
Salamīna ⟨ae⟩ *f* = ***Salamis***
Salamīnius
I ⟨a, um⟩ *Adj* von Salamis, zu Salamis gehörig
II ⟨ī⟩ *m* Einwohner von Salamis
Salamīs ⟨īnis⟩ *f*
1. *Insel u. Stadt vor der Küste Attikas, Seesieg der Griechen 480 v. Chr. über die Perser*
2. *Stadt an der Ostküste von Zypern*
salapūt(t)ium ⟨ī⟩ *n* Catul. Knirps, Zwerg
salārium ⟨ī⟩ *n* ||salarius|| Salzzuteilung *an die Soldaten u. Beamten, später durch Geld abgelöst*; Sold, Jahresgehalt, Diäten, Ehrensold; Geldgeschenk
salārius
I ⟨a, um⟩ *Adj* ||sal|| Salz…; ***annona salaria*** jährlicher Ertrag der Salzgruben; ***(via) Salaria*** Salzstraße *von Rom nach Reate in Amnium.*
II ⟨ī⟩ *m* Salzfischhändler
salāx *Gen* ⟨ācis⟩ *Adj* ||salio||
1. geil; ***s. aries*** Ov. geiler Widder
2. geil machend, stimulierend; ***herba s.*** Ov. anregendes Kraut
salebra ⟨ae⟩ *f*
1. holperige Stelle; *Pl* Risse, Sprünge *im Straßenpflaster*
2. *fig* Schwierigkeit, Anstoß; ***in salebras incidere*** in Schwierigkeiten geraten
3. *fig* stilistische Unebenheit; ***sine ullis salebris fluere*** Cic. ohne stilistische Unebenheit fließen
salebrōsus ⟨a, um⟩ *Adj* ||salebra|| holprig, rau; ***saxa salebrosa*** raue Felsen; ***oratio salebrosa*** *fig* holprige Rede
Salernum ⟨ī⟩ *n Küstenstadt in Kampanien, heute Salerno*
Saliāris ⟨e⟩ *Adj* ||Salii||
1. der Salier, zu den Saliern gehörig; ***carmen Saliare*** Lied der Salier
2. *fig von Gastmählern* üppig
saliātus ⟨ūs⟩ *m* ||Salii|| Amt eines Saliers, Würde eines Saliers
salictum ⟨ī⟩ *n* ||salix|| Weidengebüsch
salientēs ⟨ium⟩ *m* ||salio|| *(erg.* ***fontes****)* Springbrunnen
salignus ⟨a, um⟩ *Adj* ||salix|| *(unkl.)* Weiden…; ***salignae crates*** Weidengeflechte
Saliī ⟨ōrum⟩ *u.* ⟨um⟩ *m* die Salier, *altröm. Priesterkollegien, Salii Palatini u. Salii Agonales/Collini; führten beim Fest des Mars Waffentänze auf u. sangen altertümliche Lieder*
salīllum ⟨ī⟩ *n* ||*Dim von* salinum|| Catul. Salzfässchen
salīnae ⟨ārum⟩ *f* ||sal|| Salzgrube, Salzwerk, Salzlager, Saline
Salīnae ⟨ārum⟩ *f* Salzwerke bei Ostia
Salīnae ⟨ārum⟩ *f* Salzwerke in Rom *an der Porta Trigemina*
Salīnātor ⟨ōris⟩ *m* ||salina|| *röm. Beiname*; → ***Livius*** *1*
salīnum ⟨ī⟩ *n* ||sal|| *(unkl.)* Salzfass
▸ **saliō** ⟨saluī⟩ *u.* ⟨saliī, saltum, salīre 4.⟩
I *v/i*
1. springen, hüpfen, tanzen; ***rotis s.*** vom Wagen springen; ***sal/mica salis salit*** das Opfersalz springt in die Höhe, *ein günstiges Vorzeichen*
2. schlagen, pochen, klopfen; ***cor salit*** das Herz pocht
II *v/t von Tieren* bespringen
sali-potēns *Gen* ⟨entis⟩ *m* ||salum|| Plaut. Meerbeherrscher, *Beiname des Neptun*
Sali-subsilus ⟨ī⟩ *m* ||salio|| Catul. tanzender Salier
saliunca ⟨ae⟩ *f (nachkl.)* wilde Narde, *wohlriechende Pflanze*
salīva ⟨ae⟩ *f (nachkl.)*
1. Speichel *im Mund*; ***quidquid ad salivam facit*** Petr. was immer das Wasser im Mund zusammenlaufen lässt
2. *Pl meton* Zauberei mithilfe des Speichels
3. Prop. *meton* Nachgeschmack
4. *meton* Begierde, Appetit
salix ⟨icis⟩ *f (unkl.)* Weide
Sallustiānus ⟨a, um⟩ *Adj* des Sallust, zu Sallust gehörig; → ***Sallustius*** *1*
Sallustius ⟨a, um⟩ *röm. Gentilname*
1. ***C. Sallustius Crispus*** *berühmter röm. Geschichtsschreiber, 86–35 v. Chr.*
2. ***Sallustius Crispus*** *Großneffe u. Adoptivsohn von 1., Ratgeber des Augustus*
Salmacidēs ⟨ae⟩ *m* Nachkomme der → Salmacis, *auch* Schwächling
Salmacis ⟨idis⟩ *f mit einem Hermaphroditen zusammengewachsene Nymphe u. ihre Quelle in Karien; ihrem Wasser wurde verweichlichende Wirkung zugeschrieben;*
salmō ⟨ōnis⟩ *m (nachkl.) poet* Lachs
Salōna ⟨ae⟩ *f u.* **Salōnae** ⟨ārum⟩ *f Hauptstadt der röm. Provinz Dalmatia, heute Solin*
salsāmentārius ⟨ī⟩ *m* ||salsamentum|| Salzfischhändler
salsāmentum ⟨ī⟩ *n* ||salsus|| Fischlake; marinierter Fisch
salsi-potēns ⟨entis⟩ *m* Plaut. = ***salipotens***
salsūra ⟨ae⟩ *f* ||salsus|| Einsalzung; Salzlake; Plaut. *fig* Missmut
▸ **salsus** ⟨a, um⟩ *Adj, Adv* ⟨salsē⟩ ||sal||
1. gesalzen, *von Natur* salzig
2. *fig* beißend; witzig, launig, pikant; ***multa salsa Graecorum*** Cic. viel Witziges von den Griechen
saltātiō ⟨ōnis⟩ *f* ||salto|| das Tanzen, Tanz
saltātor ⟨ōris⟩ *m* ||salto|| Tänzer, Pantomime
saltātōrius ⟨a, um⟩ *Adj* ||saltatio|| zum Tanzen gehörig; ***orbis s.*** Tanzreif
saltātrīx ⟨īcis⟩ *f* ||saltator|| Tänzerin
saltātus ⟨ūs⟩ *m (nachkl.)* = ***saltatio***

saltem *Adv*
1. wenigstens, jedenfalls doch; ***eripe mihi hunc dolorem aut minue saltem*** Cic. befreie mich von diesem Schmerz oder mindere ihn wenigstens
2. *mit Verneinung* ***non/neque saltem*** nicht einmal; ***non adsurrexerunt, saltem lassitudine sedendi*** Plin. sie standen nicht auf wegen Ermüdung vom Sitzen
salticus ⟨a, um⟩ *Adj* ||saltus|| hüpfend, tanzend
saltim *Adv* = ***saltem***
▶ **saltō** ⟨āvī, ātum, āre 1.⟩ ||*Intens von* salio||
I *v/i* tanzen, *bes gestikulierend*; ***nemo saltat sobrius, nisi forte insani*** Cic. niemand tanzt in nüchternem Zustand, es sei denn, er ist verrückt
II *v/t* (*nachkl.*) pantomimisch darstellen
saltuōsus ⟨a, um⟩ *Adj* ||saltus[2]|| (*nachkl.*) waldig, gebirgig
saltus[1] ⟨ūs⟩ *m* ||salio|| Sprung; ***saltu venire*** gesprungen kommen; ***saltu se in fluvium dare*** in den Fluss springen
▶ **saltus**[2] ⟨ūs⟩ *m*
1. Schlucht, Pass
2. Waldgebirge, wilder Bergwald
3. Weideplatz im Gebirge
4. Landgut
5. Plaut. *fig* bedenkliche Lage
6. *fig* weibliche Scham
▶ **salūber** ⟨bris, bre⟩ *Adj u.* **salūbris** ⟨e⟩ *Adj, Adv* ⟨salūbriter⟩ ||salus||
1. gesund, der Gesundheit dienlich; ***regio salubris*** gesunde Gegend; ***somnus saluber*** erholsamer Schlaf
2. *fig* heilsam, vorteilhaft, Heil bringend, *alicui* für j-n; ***iustitia salubris*** wohltätige Gerechtigkeit
3. *fig* stark, leistungsfähig; vernünftig
salūbritās ⟨ātis⟩ *f* ||salubris||
1. Heilkraft, Zuträglichkeit; ***s. loci*** das gesunde Klima der Gegend; ***s. aquarum*** Heilkraft des Wassers; ***s. Atticae dictionis*** Cic. *fig* die kräftigende Wirkung des attischen Ausdrucks
2. Gesundheit, Wohlbefinden; ***propter salubritatem*** aus gesundheitlichen Gründen
salum ⟨ī⟩ *n*
1. unruhiger Seegang, das Schlingern, hoher Seegang
2. offene See; ***in salo navem tenere in ancoris*** auf offener See das Schiff vor Anker halten
3. *fig* Meer von Drangsal
▶ **salūs** ⟨ūtis⟩ *f*
1. Wohlbefinden, Gesundheit *von Leib u. Seele*; Genesung
2. Wohlbefinden, Glück, Heil, *auch als Kosewort*; ***s. domestica*** häusliches Glück
3. Rettung, persönliche Sicherheit; ***fugā salutem petere*** sein Heil in der Flucht suchen
4. *meton* Retter; ***Lentulus, s. nostra*** Lentulus, unser Retter
5. Glückwunsch, Segenswunsch, Gruß; ***alicui salutem mittere*** j-n grüßen lassen; ***salute datā redditāque*** nach gegenseitiger Begrüßung
Salūs ⟨ūtis⟩ *f Göttin der Gesundheit und des Wohles des Staates mit Tempel auf dem Quirinal*
salūtāria ⟨ium⟩ *n* ||salutaris|| die Heilmittel
salūtāris
I ⟨e⟩ *Adj, Adv* ⟨salūtāriter⟩ ||salus||
1. heilsam, vorteilhaft, gesund, *alicui/alicui rei* für j-n/für etw, *ad aliquid* in Bezug auf etw; ***littera s.*** rettender Buchstabe = *a(bsolvo) ich spreche frei*
2. wohlbehalten, unverletzt
3. (*mlat.*) gnadenreich
II ⟨is⟩ *m* (*mlat.*) Heiland
salūtātiō ⟨ōnis⟩ *f* ||saluto||
1. Begrüßung, Gruß
2. Empfang, Besuch, *bes* Morgengruß *der Klienten beim Patron oder Kaiser*; *meton* Schar der Besucher; ***s. defluxit*** Cic. die Besucher verliefen sich
salūtātor ⟨ōris⟩ *m* ||saluto|| Besucher, *der seinem Patron den morgendlichen Besuch abstattet*
salūtātrīx *Gen* ⟨īcis⟩ *Adj f* ||salutor|| *poet* aufwartend; grüßend
salūti-fer ⟨fera, ferum⟩ *Adj* ||salus, fero|| Heil bringend, rettend; ***salutifera potio*** MED rettender Trank
salūti-gerulus ⟨a, um⟩ *Adj* ||salus|| Plaut. einen Gruß bringend; ***pueri salutigeruli*** Botenjungen
▶ **salūtō** ⟨āvī, ātum, āre 1.⟩ ||*Denom von* salus||
1. begrüßen, grüßen, willkommen heißen
2. ***deos s.*** die Götter verehren
3. anreden, titulieren, + *dopp. Akk* j-n als etw; ***aliquem imperatorem s.*** j-n als Kaiser anreden
4. besuchen; ***salutatum venire*** j-n besuchen kommen
5. Besuche empfangen
salvātiō ⟨ōnis⟩ *f* ||salvo|| (*spätl.*) Errettung, Heil
salvātor ⟨ōris⟩ *m* ||salvo|| (*eccl.*) Retter, Heiland, Erlöser
▶ **salveō** ⟨-, -, ēre 2.⟩ ||*Denom von* salvus|| Plaut. gesund sein, sich gesund fühlen, *meist nur die Formen*: ***salve/salveto*** sei gegrüßt; ***salvete*** seid gegrüßt; ***s. iubere aliquem*** j-n grüßen lassen; ***s. ab aliquo*** von j-m gegrüßt werden; ***salvebis a filio meo*** mein Sohn lässt dich grüßen
salvō ⟨āvī, ātum, āre 1.⟩ ||*Denom von* salvus|| (*eccl.*) retten, erlösen
▶ **salvus** ⟨a, um⟩ *Adj, Adv* ⟨salvē⟩ ||salus||
1. wohlbehalten, gesund, unverletzt, unbeschädigt; ***epistula salva*** nicht zerrissener Brief; ***Penelope salva vivere poterat*** Penelope konnte unberührt leben; ***satisne/satin salve?*** steht es gut bei dir?; ***s. sis*** Com. sei gegrüßt
2. *beim Abl abs*: ***salvis rebus*** unter guten Verhältnissen; ***salvis legibus*** unter Einhaltung der Gesetze; ***me salvo*** solange ich noch gesund bin; ***salvo officio*** ohne Pflichtverletzung
sambūca ⟨ae⟩ *f* ||griech. Fw.||
1. dreieckiges, harfenartiges Saiteninstrument
2. (*nachkl.*) Fallbrücke, Sturmbrücke
sambūcina ⟨ae⟩ *f u.* **sambūcistria** ⟨ae⟩ *f* ||sambuca, cano|| Harfenspielerin
sambūcus ⟨ī⟩ *m* Holunderstrauch
Samius
I ⟨a, um⟩ *Adj* aus Samos, zu Samos gehörig
II ⟨ī⟩ *m* Einwohner von Samos
Samnīs
I *Gen* ⟨ītis⟩ *Adj* samnitisch, aus Samnium
II ⟨ītis⟩ *m* Einwohner von Samnium
Samnium ⟨ī⟩ *n mittelitalienische Gebirgslandschaft, ö. von Latium u. Kampanien*
Samos ⟨ī⟩ *f Insel vor der Küste Ioniens mit Haupt-*

stadt gleichen Namens, die heute Wathi heißt
Samothrāca ⟨ae⟩ *f u.* **Samothrācē** ⟨ēs⟩ *f Insel vor der Küste Thrakiens, Kolonie von Samos, heute Samothraki*
Samothrāces ⟨um⟩ *m* Einwohner von Samothrake
Samothrācia ⟨ae⟩ *f* = ***Samothraca***
sampsa ⟨ae⟩ *f* (*vkl., nachkl.*) Fleisch der Olive
Samus ⟨ī⟩ *f* = ***Samos***
sānābilis ⟨e⟩ *Adj* ||sano|| heilbar
sānātiō ⟨ōnis⟩ *f* ||sano|| Heilung
sanciō ⟨sānxī, sānctum, sancīre 4.⟩ ||sacer||
1. heiligen, unverletzlich machen, weihen; ***foedus sanguine s.*** einen Vertrag durch Blut besiegeln
2. als unveränderbar setzen, verordnen, bestimmen, *alicui aliquid* j-m etw, *ut/ne* dass/dass nicht
3. unwiderruflich bestätigen, genehmigen, + *dopp. Akk*
4. bei Strafe verbieten, bestrafen; ***incestum pontifices supremo supplicio sanciunto*** Cic. Blutschande sollen die Priester mit der höchsten Strafe belegen
sānctificātiō ⟨ōnis⟩ *f* ||santifico|| (*eccl.*) Heiligung; (*mlat.*) Heiligsprechung
sāncti-ficō ⟨-, -, āre 1.⟩ ||sanctus, facio|| (*eccl.*) heiligen; (*mlat.*) heilig sprechen
sānctimōnia ⟨ae⟩ *f* ||sanctus||
1. Heiligkeit, Ehrwürdigkeit
2. unbescholtener Lebenswandel
sānctimōniālis
I ⟨e⟩ *Adj* ||sanctus|| (*eccl.*) fromm, heilig
II ⟨is⟩ *f* (*eccl.*) Nonne
sānctiō ⟨ōnis⟩ *f* ||sancio||
1. *bei Gesetzen* Strafbestimmung
2. *bei Verträgen* Klausel, Vorbehalt
sānctitās ⟨ātis⟩ *f* ||sanctus||
1. Heiligkeit, Unverletzlichkeit, Ehrwürdigkeit
2. Sittenreinheit, Unschuld
3. Frömmigkeit; ***religionum sanctitates*** vernünftige, vom Aberglauben freie Verehrung der Götter
4. (*eccl., mlat.*) Heiligkeit, *Titel der Bischöfe u. des Papstes*
sānctitūdō ⟨dinis⟩ *f* ||sanctus||
1. Heiligkeit, Unverletzlichkeit
2. Sittenreinheit
sānctor ⟨ōris⟩ *m* ||sancio|| Tac. Stifter, Verordner
sānctuārium ⟨ī⟩ *n* ||sanctus||
1. (*unkl.*) Heiligtum; Geheimarchiv
2. (*mlat.*) Sakristei; *Pl* Reliquien
sanctum ⟨i⟩ *n* ||sanctus|| (*mlat.*) Allerheiligstes *der Kirche*; *Pl* Reliquien
sānctus[1] ⟨a, um⟩ *PPP* → ***sancio***
► **sānctus**[2] ⟨a, um⟩ *Adj, Adv* ⟨sānctē⟩ ||sancio||
1. geheiligt, geweiht
2. heilig, unverletzlich, *alicui* für j-n; ***aeternum sanctae foedus amicitiae*** Catul. das ewige Band heiliger Freundschaft; ***aerarium sanctius*** Geheimarchiv, Rücklage des Staatsschatzes
3. ehrwürdig, erhaben; ***sanctum patrum concilium/consilium*** engerer Senatsausschuss; ***oratio sancta*** feierliche Rede
4. sittlich gut, gewissenhaft, unschuldig, *bes* keusch
5. fromm
Sancus ⟨ī⟩ *m u.* **Semo Sancus** *m umbrisch-samnitische Schwurgottheit, Beiname Jupiters als Eidhelfer*
sandaliārius ⟨a, um⟩ *Adj* ||sandalium|| (*nachkl.*) Sandalen…
sandali-gerula ⟨ae⟩ *f* ||sandalium|| Plaut. Sklavin, die der Herrin die Sandalen nachträgt
sandalium ⟨ī⟩ *n* ||griech. Fw.|| Com. Sandale
sandapila ⟨ae⟩ *f* (*nachkl.*) Totenbahre *der Armen*
sandȳx ⟨ȳcis⟩ *f* ||griech. Fw.|| (Verg., Prop.) rote Mineralfarbe; Scharlach
► **sānē** *Adv* ||sanus||
1. vernünftig, verständig; ***non ego sanius bacchabor Edonis*** ich will kräftiger als die Thraker zechen
2. *fig* in der Tat, gewiss; ***sane vellem*** natürlich möchte ich; ***res sane difficilis*** eine wirklich schwierige Sache; ***sane non*** in der Tat nicht
3. *in bejahenden Antworten* gewiss, ja, allerdings
4. *einräumend bei Konjkt u. Imp* meinetwegen; ***sint haec sane falsa*** das mag meinetwegen falsch sein
5. *verstärkend beim Imp* doch; ***abi sane*** geh doch
6. *steigernd* ganz, durchaus *bei Adj u. Adv*; ***homo sane innocens*** ein wirklich unbescholtener Mensch; ***non sane/haud sane*** nicht sonderlich; ***sane quam*** überaus *bei Verben, Adj, Adv*
Sanguālis ⟨e⟩ *Adj* = ***Sanqualis***
sanguen ⟨inis⟩ *n* (*altl.*) = ***sanguis***
sanguinārius ⟨a, um⟩ *Adj* ||sanguis|| blutdürstig; ***bellum sanguinarium*** mörderischer Krieg
sanguineus ⟨a, um⟩ *Adj* ||sanguis||
1. blutig, Blut…
2. blutbespritzt, blutig; ***manus sanguinea*** blutbefleckte Hand
3. blutrot; ***lorica sanguinea*** Verg. rot schimmernder Panzer
sanguinō ⟨āvī, ātum, āre 1.⟩ ||*Denom von* sanguis||
1. bluten, blutig sein
2. *fig* blutdürstig sein, blutsaugerisch sein
sanguinolentus *u.* **sanguinulentus** ⟨a, um⟩ *Adj* ||sanguis|| (*unkl.*)
1. blutig, blutbefleckt, von Blut triefend
2. *fig* blutrot
3. *fig* verletzend
4. Sen. *fig* blutsaugerisch
► **sanguis** *u.* **sanguīs** ⟨inis⟩ *m*
1. Blut *im Körper*; ***s. humanus*** Menschenblut; ***sanguine subito ici*** vom Schlag getroffen werden; ***sanguinis rivus/flumen*** Blutstrom; ***alicui sanguinem mittere*** j-n zur Ader lassen
2. *meton* Blutvergießen, Blutbad, Mord; ***odium usque ad sanguinem incitare*** den Hass bis zum Blutvergießen anheizen
3. *fig* Lebensfrische, Kraft, Stärke; Mark; Vermögen; ***s. viresque deficiunt*** Leben und Kräfte schwinden
4. Blutsverwandtschaft, Abstammung, Geschlecht; ***sanguine coniunctio*** Blutsverwandtschaft; ***sanguine attingere aliquem*** mit j-m blutsverwandt sein
5. Nachkomme, Kind, Kinder, Enkel
sangui-sūga ⟨ae⟩ *f* ||sanguis, sugo|| Blutegel
Sangus ⟨ī⟩ *m* = ***Sancus***
saniēs ⟨ēī⟩ *f* (*unkl.*) Eiter; *fig* Gift, Geifer
sānitās ⟨ātis⟩ *f* ||sanus||
1. Gesundheit *des Körpers*
2. Gesundheit *des Geistes*, Vernunft, Besonnen-

heit; RHET besonnene Sprache
3. *fig* Vollständigkeit, ***victoriae*** des Sieges
sanna ⟨ae⟩ *f* ||griech. Lw.|| Iuv. *poet* Grimasse *als Zeichen des Hohns*
sanniō ⟨ōnis⟩ *m* ||griech. Lw.|| Grimassenschneider, Hanswurst
► **sānō** ⟨āvī, ātum, āre 1.⟩ ||*Denom von* sanus||
1. gesund machen, heilen; ***discordiam s.*** *fig* Uneinigkeit dämpfen
2. *fig* wieder zur Vernunft bringen; wieder gutmachen; ***si quae res restitui sanarique possit*** Cic. wenn etw wieder hergestellt und in Ordnung gebracht werden kann
Sanquālis ⟨e⟩ *Adj* Liv. dem Gott → Sancus geweiht
► **sānus** ⟨a, um⟩ *Adj, Adv* ⟨sānē⟩
1. heil, gesund; ***aliquem sanum facere*** j-n gesund machen
2. *fig* unverdorben, fehlerfrei; ***s. a vitiis*** frei von Lastern
3. vernünftig, verständig; RHET maßvoll, geschmackvoll; ***male s.*** nicht recht bei Sinnen
4. *Adv auch* → ***sane***
sānxī → ***sancio***
sapa ⟨ae⟩ *f* Ov. Most, Saft
► **sapiēns**
I *Gen* ⟨entis⟩ *Adj, Adv* ⟨sapienter⟩ ||sapio|| einsichtsvoll, verständig, weise, *bes* philosophisch gebildet; ***barba s.*** Philosophenbart
II ⟨entis⟩ *m* Weiser, Philosoph, *auch* erfahrener Staatsmann; Hor. *hum* Feinschmecker; ***septem sapientes*** die sieben Weisen *Solon, Thales, Pittakos, Bias, Chilon, Kleobulos, Periandros*
sapientia ⟨ae⟩ *f* ||sapiens|| Einsicht, Klugheit, Verstand, Weisheit, *bes* philosophische Lebensweisheit
sapienti-potēns *Gen* ⟨entis⟩ *Adj* ||sapiens|| mächtig durch Weisheit
► **sapiō** ⟨īvī⟩ *u.* ⟨iī⟩ *u.* ⟨uī, -, ere 3.⟩
1. schmecken, *aliquid* nach etw; ***bene s.*** gut schmecken
2. riechen, *aliquid* nach etw, ***crocum*** nach Safran
3. Geschmack haben, Geschmack empfinden
4. *fig* Geschmack haben, Fähigkeit zur Unterscheidung haben; ***indoctus quid enim saperet*** Hor. was hätte der Ungebildete denn für einen Geschmack
5. *fig* Verstand haben, wissend sein, weise sein; ***nihil s.*** nichts verstehen; ***s. aude*** Hor. wage dich deines eigenen Verstandes zu bedienen, *nach Kant Leitgedanke der Aufklärung*
sāpō ⟨ōnis⟩ *m* ||germ. Fw.|| Seife; Haarpomade
sapor ⟨ōris⟩ *m* ||sapio||
1. Geschmack, ***vini*** des Weines; ***s. tristis*** fader Geschmack
2. (*nachkl.*) *meton* Leckerbissen, Delikatesse; Saft; *Pl* Verg. Wohlgeruch
3. *fig* Urteil, Verstand, Geschmack
sapōrātus ⟨a, um⟩ *Adj* ||sapor|| (*nachkl.*) *poet* schmackhaft gemacht
Sapphicus ⟨a, um⟩ *Adj* der → Sappho, zu Sappho gehörig
sapphīrus ⟨ī⟩ *f* = ***sappirus***
Sapphō ⟨ūs⟩ *f bedeutendste lyrische Dichterin der Griechen aus Lesbos, in Mytilene lebend, um 600 v. Chr.*
sappīrus ⟨ī⟩ *f* ||griech. Fw.|| Saphir, *ein Edelstein*; Lapislazuli, *ein Halbedelstein*
saprophagō ⟨-, -, ere 3.⟩ ||griech. Fw.|| Mart. verdorbene Speisen essen
sarcina ⟨ae⟩ *f* ||sarcio|| (*unkl.*)
1. Bündel, Last, Bürde; *Pl* Gepäck; ***aliquis s. est alicui*** *fig* j-d fällt j-m zur Last
2. *poet* Leibesfrucht
sarcinārius ⟨a, um⟩ *Adj* ||sarcina|| zum Gepäck gehörig; ***iumenta sarcinaria*** Caes. Lasttiere
sarcinātor ⟨ōris⟩ *m* ||sarcio|| (Plaut., *spätl.*) Flickschneider
sarcinātus ⟨a, um⟩ *Adj* ||sarcina|| Plaut. bepackt
sarcinula ⟨ae⟩ *f* ||*Dim von* sarcina|| kleines Bündel; *Pl* wenig Gepäck, Habseligkeiten; ***sarcinulae puellae*** Iuv. kleine Mitgift des Mädchens
sarciō ⟨sarsī, sartum, sarcīre 4.⟩
1. flicken, ausbessern, wiederherstellen
2. *fig* wieder gutmachen, ersetzen, auswetzen; ***detrimentum eius diei s.*** Caes. den Schaden dieses Tages wieder gutmachen
sarcophagus ⟨ī⟩ *m* ||griech. Fw.|| (*erg.* ***lapis***) (*spätl.*) *poet* Sarg, Sarkophag
sarculum ⟨ī⟩ *n* ||sario|| (*vkl., nachkl.*) kleine Hacke
sarda ⟨ae⟩ *f* ||Sardus|| (*nachkl.*) Sardine; Sardelle, Hering
Sarda ⟨ae⟩ *f* ||Sardinia|| Sardin, Einwohnerin von Sardinien
Sardanapallus *u.* **Sardanapālus** ⟨ī⟩ *m griech. Name für den letzten König von Assyrien, Assurbanipal, 669–627 v. Chr., der als Typ des genussreichen orient. Herrschers galt*; Mart. *fig* Verschwender
Sardēs ⟨ium⟩ *f* = ***Sardis***
Sardiānī ⟨ōrum⟩ *m* die Einwohner von Sardis
sardīna ⟨ae⟩ *f* = ***sarda***
Sardinia ⟨ae⟩ *f* Sardinien, *Insel im Mittelmeer, seit 238 v. Chr. röm.*
Sardiniēnsis ⟨e⟩ *Adj* sardisch, von Sardinien
Sardīs ⟨ium⟩ *f uralte Hauptstadt Lydiens, bedeutende Ruinen beim heutigen Sart*
Sardonius ⟨a, um⟩ *Adj* ||Sardinia|| sardisch, von Sardinien; ***herba Sardonia*** eine Art Ranunkel
sardonychātus ⟨a, um⟩ *Adj* ||sardonyx|| Mart. mit einem Sardonyx geschmückt
sardonyx ⟨ychis⟩ *u.* ⟨ychos⟩ *m* ||griech. Lw.|| *braunweiß gestreifter Halbedelstein*
Sardōus ⟨a, um⟩ *Adj* ||Sardinia|| sardisch, von Sardinien
Sardus ⟨ī⟩ *m* ||Sardinia|| Sarde, Einwohner von Sardinien
sargus ⟨ī⟩ *m* ||griech. Fw.|| Brachse, *beliebter Seefisch*
sariō ⟨saruī⟩ *u.* ⟨sarīvī, saritum, sarīre 4.⟩ Plaut. hacken, jäten
sarīsa ⟨ae⟩ *f* ||griech. Fw.|| lange Lanze *der Makedonier*
sarīsophorus ⟨ī⟩ *m* ||griech. Fw.|| makedonischer Lanzenträger
sarissa *u.* **sarīssa** ⟨ae⟩ *f* = ***sarisa***
Sārmatae ⟨ārum⟩ *m* die Sarmaten, *osteuropäisches Nomadenvolk zwischen Ostsee, Weichsel u. Wolga*
Sarmaticus ⟨a, um⟩ *Adj u.* **Sarmatis** *Gen* ⟨idis⟩ *Adj f* sarmatisch
sarmen ⟨inis⟩ *n* Plaut. *u.* **sarmentum** ⟨ī⟩ *n* Zweig,

S

Rebe, *bes* Setzreis; *Pl* Reisig; ***fasces sarmentorum*** Faschinen, *Reisigbündel zur Sicherung von Böschungen*

Sarpēdōn ⟨onis⟩ *m* MYTH *Sohn Jupiters, König von Lydien, vor Troja von Patroklos getötet*

sarrapis ⟨idis⟩ *f* Plaut. *persische* Tunika mit Purpurstreifen

sarsī → ***sarcio***

sartāgō ⟨inis⟩ *f* ||sarcio||
1. Iuv. Tiegel, Pfanne
2. Mischmasch
3. (*eccl.*) Hexenkessel, Höllenpfuhl

sartor[1] ⟨ōris⟩ *m* ||sario|| Plaut. Heger, Pfleger; ***sator sartorque scelerum*** der Verbrechen sät und pflegt

sartor[2] ⟨ōris⟩ *m* ||sarcio|| (*spätl.*) Flickschneider

sartūra ⟨ae⟩ *f* ||sarcio|| Sen. Flicknaht, Flickstelle

sartus[1] ⟨a, um⟩ *PPP* → ***sarcio***

sartus[2] ⟨a, um⟩ *Adj* ||sarcio|| ausgebessert; ***s. et tectus*** in gutem (baulichem) Zustand, gut verwahrt; ***omnia sarta tecta exigere*** den baulichen Zustand von allem prüfen

sat *Adv* = ***satis***

sata ⟨ōrum⟩ *n* ||sero|| Saaten, Saatfelder, Anpflanzungen

satagius ⟨a, um⟩ *Adj* ||satago|| Sen. überängstlich

sat-agō ⟨ēgī, āctum, agere 3.⟩
1. *den Gläubiger* befriedigen
2. (*vkl., nachkl.*) vollauf zu tun haben, beschäftigt sein

satan *indekl m u.* **satanās** ⟨ae⟩ *m* ||hebr.|| (*eccl.*) Gegner, Feind, *bes* Teufel

▶ **satelles** ⟨itis⟩ *m u. f*
1. Leibwächter; *Pl* Gefolge, Garde
2. *fig* Begleiter, Diener; ***s. virtutis*** Anhänger der Tugend; ***s. Iovis*** Begleiter des Jupiter, = Adler; ***s. Orci*** Diener der Unterwelt, = Charon
3. *pej* Helfershelfer, Spießgeselle

satiās ⟨ātis⟩ *f* = ***satietas***

satietās ⟨ātis⟩ *f* ||satis||
1. (*vkl., nachkl.*) ausreichende Menge, Überfluss
2. Sättigung, *meist fig*; Übersättigung, Überdruss, Ekel, *alicuius rei* an etw

satillum ⟨ī⟩ *n* ||*Dim von* satis|| das bisschen; ***s. animae*** Plaut. das bisschen Leben

satin *u.* **satine** = ***satisne***; → ***satis***

▶ **satiō**[1] ⟨āvī, ātum, āre 1.⟩ ||*Denom von* satis||
1. (*nachkl.*) *poet* sättigen, *aliquem re* j-n mit etw; ***cibus satiat*** die Speise sättigt
2. *fig* befriedigen, stillen; ***voluptas satiari non potest*** die Lust kann nicht befriedigt werden
3. *meton* übersättigen; *Passiv etw* satt haben, *einer Sache* überdrüssig sein, *re/alicuius rei*; ***satiari re*** etw in vollem Maß genießen; ***satiari in re*** sich an etw satt sehen

satiō[2] ⟨ōnis⟩ *f* ||sero[2]|| das Säen, Aussaat; das Anpflanzen; (*nachkl.*) *meton* Saatfeld

satira ⟨ae⟩ *f* = ***satura***

▶ **satis** *Komp* ⟨satius⟩ *Adv*
1. genug, genügend; ***satis magnus*** genügend groß; ***satis amicorum*** genügend Freunde; ***non satis*** zu wenig; ***satis superque*** allzu sehr, übergenug; ***alicui satis superque suarum rerum est*** j-d hat genug mit sich selbst zu tun
2. JUR genügend Kaution, hinlängliche Sicherheit; ***satis petere/exigere*** genügend Kaution fordern; ***satis cavere*** genügend Kaution stellen
3. recht, sehr; ziemlich; ***satis scire*** sehr wohl wissen; ***non satis*** nicht recht
4. ***satis esse*** genügen, *alicui* j-m, für j-n, *ad aliquid/in aliquid* für etw, + *AcI/* + *Inf/quod/si*; ***tantum satis est*** es ist schon genug
5. ***satis habere*** für genügend halten, damit zufrieden sein, + *Inf/* + *AcI/quod/ut/si*
6. *Komp* besser, lieber; ***satius est*** es ist besser, + *Inf/* + *AcI*

satisdatiō ⟨ōnis⟩ *f* ||satisdo|| Kaution, Bürgschaft

satis-dō ⟨dedī, datum, dare 1.⟩ Kaution stellen, Sicherheit geben, *alicui alicuius rei* j-m für etw, ***damni infecti*** für einen eventuell entstehenden Schaden; ***satisdato*** durch Kaution

▶ **satis-faciō** ⟨fēcī, factum, facere 3.⟩, *Passiv* ⟨satisfīō, factus sum, fierī⟩
1. *j-m/einer Sache* Genüge leisten, *j-n* befriedigen, *alicui/alicui rei*; ***officio s.*** der Pflicht genügen; ***precibus alicuius s.*** j-s Bitten erhören; ***vitae s.*** lange genug gelebt haben; ***alicui satisfit*** j-d verschafft sich Genugtuung
2. *einen Gläubiger* befriedigen, bezahlen, *alicui* j-n
3. *j-m* Genugtuung geben, sich bei *j-m* entschuldigen, *alicui, de re* für etw
4. hinreichend überzeugen, *alicui* j-n, *de re* in Bezug auf etw, + *AcI*

satisfactiō ⟨ōnis⟩ *f* ||satisfacio||
1. Entschuldigung, Rechtfertigung
2. Sühne, Buße, Bußgeld

satis-factus ⟨a, um⟩ *PPP* → ***satisfacio***

satis-fēcī → ***satisfacio***

satius *Adv Komp* → ***satis***

sator ⟨ōris⟩ *m* ||sero[2]||
1. (*unkl.*) Pflanzer
2. *fig* Urheber, Schöpfer

satrapa ⟨ae⟩ *m* = ***satrapes***

satrapēa ⟨ae⟩ *f* ||griech. Fw.|| Satrapie, Statthalterschaft *einer persischen Provinz*

satrapēs ⟨is⟩ *m* ||griech. Fw.|| Satrap, Statthalter *einer persischen Provinz*

satrapīa ⟨ae⟩ *f* = ***satrapea***

satur ⟨ura, urum⟩ *Adj* ||satis||
1. satt, gesättigt, *re/alicuius rei* von etw; ***color s.*** satte Farbe
2. *fig von Personen* befriedigt
3. *fig* voll, reich, fruchtbar
4. Mart. *fig* fett
5. RHET reichhaltig

satura ⟨ae⟩ *f* ||satur|| (*unkl.*)
1. mit Früchten gefüllte Schüssel, *die jährlich den Göttern geopfert wurde*
2. *fig* Gemenge; ***per saturam*** ohne Ordnung, regellos
3. *meton* Satire, Sammlung von Stegreifgedichten *vermischten Inhalts u. in verschiedenen Versformen*; Prosastück *in lockerem Gesprächsstil*; ethisch-didaktisches Gedicht *in Hexametern, das menschliche Schwächen u. politisch-gesellschaftliche Zustände anprangerte*

saturēia ⟨ae⟩ *f u.* **saturēia** ⟨ōrum⟩ *n* Ov. Pfefferkraut, Bohnenkraut, *mediterrane Gewürzpflanze*

saturitās ⟨ātis⟩ *f* ||satur||

1. Sättigung
2. Überfluss
Sāturnālia ⟨ōrum⟩ *n* ||Saturnus|| die Saturnalien, *am 17. Dezember beginnendes Freudenfest zur Erinnerung an die Regierung des Saturn mit karnevalistischen Zügen*
Sāturnia ⟨ae⟩ *f* ||Saturnus|| Tochter des Saturn, = Juno
Sāturnius
I ⟨a, um⟩ *Adj* des Saturn, zu Saturn gehörig; ***Saturnia stella*** der Planet Saturn; ***Saturnia regna*** goldenes Zeitalter; ***S. mons*** Hügel des Saturn, = Kapitol; ***S. pater*** saturnischer Vater, = Jupiter; ***Saturnia virgo*** saturnische Jungfrau, = Vesta; ***S. versus*** saturnischer Vers, *das röm. Versmaß vor der Übernahme griech. Metra, Schema*: ∪–∪– –||–∪–∪– –
II ⟨ī⟩ *m* Sohn des Saturn, = Jupiter *od* Pluto
Sāturnus ⟨ī⟩ *m*
1. *altital. Gott, später mit griech. Kronos gleichgesetzt u. als Ahnherr der Götter verehrt; seine Regierung wird mit dem goldenen Zeitalter gleichgesetzt*
2. *meton der Planet* Saturn; ***Saturni dies*** Samstag
saturō ⟨āvī, ātum, āre 1.⟩ ||*Denom von* satur||
1. sättigen; reichlich versorgen, ausstatten, *aliquem re* j-n mit etw; ***animalia s.*** Tiere füttern
2. *fig* stillen, befriedigen; ***odium s.*** seinen Hass befriedigen
satus[1] ⟨ūs⟩ *m* ||sero[2]||
1. das Säen, das Pflanzen; *meton* Saat
2. *fig* Zeugung, Ursprung; Geschlecht; ***Hercules, Iovis satu editus*** Cic. Herkules, der Spross Jupiters
satus[2] ⟨a, um⟩ *PPP* → ***sero***[2]
satyra ⟨ae⟩ *f* = ***satura 3***
satyriscus ⟨ī⟩ *m* ||griech. Fw.|| kleiner Satyr
Satyrus ⟨ī⟩ *m*
1. Satyr, *bockähnlicher Begleiter des Dionysos/Bacchus, in der röm. Dichtung vielfach mit den Waldgöttern, den Faunen, gleichgesetzt*
2. *Pl meton* Satyrspiel *der Griechen, parodistisches Nachspiel der Tragödie*
saucaptis ⟨idis⟩ *f* Plaut. *erfundener Gewürzname*
sauciātiō ⟨ōnis⟩ *f* ||saucio|| Verwundung
sauciō ⟨āvī, ātum, āre 1.⟩ ||*Denom von* saucius|| verwunden, ***hostem telis*** den Feind mit Geschossen; ***s. ungue*** blutig kratzen; ***humum s.*** den Boden aufreißen
saucius ⟨a, um⟩ *Adj*
1. verwundet, verletzt, *bes im Kampf*; ***taurus s.*** verletzter Stier; ***s. umero/umerum*** an der Schulter verletzt
2. *fig* liebeskrank, verstimmt
3. *(nachkl.) fig* betrunken
4. *fig* schon halb verurteilt
5. *von Sachen* beschädigt; ***mālus Africo s.*** Hor. vom Africus geknickter Mastbaum
Sauromatae ⟨ārum⟩ *m*, *Sg* **Sauromatēs** ⟨ae⟩ *m* = ***Sarmatae***
sāviātiō ⟨ōnis⟩ *f* ||savior|| das Küssen
sāviolum ⟨ī⟩ *n* ||*Dim von* savium|| *(nachkl.) poet* Küsschen
sāvior ⟨ātus sum, ārī 1.⟩ ||*Denom von* savium|| küssen
sāvium ⟨ī⟩ *n*
1. *(vkl.) poet* Kussmund
2. *meton* Kuss, *auch als Kosewort*
saxātilēs ⟨ium⟩ *m* ||saxatilis|| in felsenreichem Gewässer lebende Fische
saxātilis ⟨e⟩ *Adj* ||saxum|| *(unkl.)* zwischen Felsen befindlich
saxētum ⟨ī⟩ *n* ||saxum|| felsenreiche Gegend
saxeus ⟨a, um⟩ *Adj* ||saxum|| felsig, steinern, Felsen…, Stein…; ***umbra saxea*** Schatten des Felsens
saxi-ficus ⟨a, um⟩ *Adj* ||saxum, facio|| versteinernd, zu Stein machend; ***saxifici vultūs*** versteinernde Blicke *der Medusa*
saxi-fragus ⟨a, um⟩ *Adj* ||saxum, frango|| *(nachkl.) poet* Felsen zerbrechend
saxōsus ⟨a, um⟩ *Adj* ||saxum|| *(nachkl.) poet* steinig, felsig
saxulum ⟨ī⟩ *n* ||*Dim von* saxum|| kleiner Fels
▸ **saxum** ⟨ī⟩ *n*
1. Felsgestein, Gestein, *bes* Marmor; Baustein
2. Fels, Felsblock, großer Stein; ***saxa latentia*** Klippen
3. *meton* Steinmauer; Gebäude aus Stein
4. *meton* Felsenhöhle
Saxum ⟨ī⟩ *n in Eigennamen*: ***Saxum Tarpeium*** tarpejischer Fels *am Kapitol*; ***Saxum sacrum*** heiliger Fels *auf dem Aventin, wo Remus die Auspizien angestellt hatte*; ***Saxa Rubra*** *Ortschaft an der via Flaminia im s. Etrurien*
sc.[1] *Abk (nlat.)* = ***sculpsit*** hat gestochen; → ***sculpo***
sc.[2] *Abk (nlat.)* = ***scilicet*** nämlich
scabellum ⟨ī⟩ *n* ||*Dim von* scamnum||
1. Schemel, Fußbank
2. Suet. *fig* hohe Holzsohle *der Schauspieler u. Musikanten, bes* Sohle zum Treten des Taktes *beim mimischen Spiel*
scaber ⟨bra, brum⟩ *Adj* ||scabo|| rau, rau machend, schäbig, unsauber, räudig
scabiēs ⟨ēī⟩ *f* ||scabo||
1. *(nachkl.) poet* Rauheit
2. *fig* das Jucken, Reiz, Kitzel; ***s. libidinum*** Kitzel der Leidenschaften
scabillum ⟨ī⟩ *n* = ***scabellum***
scabiōsus ⟨a, um⟩ *Adj* ||scabies|| rau, verdorben, räudig, aussätzig
scabō ⟨scābī, -, scabere 3.⟩ *(nachkl.)* schaben, reiben, kratzen; ***caput digito s.*** Hor. den Kopf mit dem Finger kratzen
scaena ⟨ae⟩ *f* ||griech. Fw.||
1. Bühne des Theaters; *allg.* Theater; ***in scaena esse*** Schauspieler sein; ***de scaena decedere*** die Bühnenlaufbahn aufgeben; ***fabulam in scaenam deferre*** ein Stück auf die Bühne bringen; ***scaenae ostentatio*** theatralische Darstellung
2. Verg. Waldstück *als Bühne*
3. *fig* Schauplatz; Rhetorenschule
4. *fig* Weltbühne; Publikum
5. *fig* äußerer Prunk
6. *(unkl.) fig* abgekartete Sache
scaenicus
I ⟨a, um⟩ *Adj* ||griech. Fw.|| theatralisch, Bühnen…; ***artifex s.*** Bühnenkünstler
II ⟨ī⟩ *m* Schauspieler
scaeva ⟨ae⟩ *f* ||scaevus|| zur Linken beobachtetes Vorzeichen, *daher urspr.* günstiges Vorzeichen, *später* ungünstiges Vorzeichen

S

Scaevola ⟨ae⟩ *m Beiname in der gens Mucia;* → ***Mucius***
scaevus ⟨a, um⟩ *Adj* links; *fig* ungünstig; linkisch
scālae ⟨ārum⟩ *f* ||scando|| Leiter, Treppe; MIL Sturmleiter; Mart. *meton* Treppenstufen
Scaldis ⟨is⟩, *Akk* ⟨em *u.* im⟩, *Abl* ⟨e⟩ *m* Schelde, *Fluss zur Nordsee*
scalmus ⟨ī⟩ *m* ||griech. Fw.|| Ruderpflock; *allg.* Kahn, Boot
scalpellum ⟨ī⟩ *n* ||*Dim von* scalprum|| (Cic., Sen.) chirurgisches Messer, Skalpell
scalpō ⟨scalpsī, scalptum, scalpere 3.⟩
1. (*nachkl.*) *poet* scharren, kratzen; Pers. *fig* zur Wollust reizen
2. *mit einem Werkzeug* ritzen, gravieren; ***sepulcro scalpe querelam*** Hor. schreib auf den Leichenstein ein Klagelied
scalprum ⟨ī⟩ *n* ||scalpo||
1. Schnitzmesser, Messer zum Gravieren
2. Federmesser, Schusterahle
3. Meißel
scalpsī → ***scalpo***
scalptor ⟨ōris⟩ *m* ||scalpo|| Gemmenschneider, Kameenschneider, Graveur
scalptōrium ⟨ī⟩ *n* ||scalpo|| Mart. Werkzeug zum Kratzen
scalptūra ⟨ae⟩ *f* ||scalpo|| das Stechen, das Schneiden, das Gravieren; *meton* Gravur, Schnitzwerk
scalptus ⟨a, um⟩ *PPP* → ***scalpo***
scalpurriō ⟨-, -, īre 4.⟩ ||scalpo|| Plaut. kratzen
Scamander ⟨drī⟩ *m Fluss in der Troas*
scambus ⟨a, um⟩ *Adj* ||griech. Fw.|| Suet. krummbeinig
scammōnia ⟨ae⟩ *f* ||griech. Fw.|| Purgierwinde, *Pflanze, aus deren Wurzel ein Abführmittel hergestellt wurde*
scamnum ⟨ī⟩ *n* (*unkl.*) Bank, Schemel, *auch* Thron
scandalōsus ⟨a, um⟩ *Adj* ||scandalum|| anstößig
scandalum ⟨ī⟩ *n* ||griech. Fw.|| (*eccl.*) Anstoß, Ärgernis
scandō ⟨scandī, scānsum, scandere 3.⟩
I *v/i* aufsteigen, hinaufsteigen; ***scandentes arces*** Prop. ansteigende Anhöhen
II *v/t*
1. (*unkl.*) *poet* besteigen, ersteigen, *auch fig*; ***Capitolium atque arcem s.*** Liv. das Kapitol und die Burg erklimmen; ***s. equum*** ein Pferd besteigen
2. GRAM skandieren, ***versūs*** Verse
scandula ⟨ae⟩ *f* Dachschindel
scapha ⟨ae⟩ *f* ||griech. Fw.|| Kahn, Boot
scaphium ⟨ī⟩ *n* ||griech. Fw.|| (Mart., Iuv.)
1. Becken, Trinkschale
2. Nachttopf
scapulae ⟨ārum⟩ *f* (*vkl., nachkl.*) Schulterblätter; Schultern, Achseln, Rücken
scāpus ⟨ī⟩ *m* (*nachkl.*)
1. Stiel, Stängel, Stamm, Schaft
2. *Pl* Lucr. Stäbe des Weberkammes
scarabaeus ⟨ī⟩ *m* ||griech. Lw.|| (*nachkl.*) *poet* Käfer
scarus ⟨ī⟩ *m* ||griech. Fw.|| Papageifisch, *galt bei den Römern als Delikatesse*
scatebra ⟨ae⟩ *f* ||scateo|| (*nachkl.*) Sprudel; *meton* sprudelnde Quelle
scateō ⟨-, -, ēre 2.⟩ (*unkl.*) *u.* **scatō** ⟨-, -, ere 3.⟩ (*altl.*) sprudeln; *fig* voll sein, wimmeln, *re* von etw; ***scatens beluis pontus*** Hor. das von Tieren wimmelnde Meer
scatūrīgō ⟨inis⟩ *f* ||scaturio|| (*nachkl.*) *poet* hervorsprudelndes Wasser, Quellwasser
scatūriō ⟨īvī, -, īre 4.⟩ = ***scateo***
scaturrīgō ⟨inis⟩ *f* = ***scaturigo***
scaturriō ⟨īvī, -, īre 4.⟩ = ***scaturio***
scaurus ⟨a, um⟩ *Adj* ||griech. Fw.|| Hor. mit einem Klumpfuß
Scaurus ⟨ī⟩ *m röm. Beiname in der gens Aemilia;* → ***Aemilius***
scazōn ⟨ontis⟩ *m* ||griech. Fw.|| Hinkiambus, *jambischer Trimeter, der im letzten Fuß statt eines Jambus einen Spondeus od Trochäus hat*
► **scelerātus**
I ⟨a, um⟩ *Adj*, *Adj* ⟨scelerātē⟩ ||scelero||
1. (*unkl.*) durch Frevel entweiht; ***s. vicus*** Frevlergasse *in Rom, wo Tullia, die Gattin des Tarquinius Superbus, über die Leiche ihres ermordeten Vaters gefahren war*; ***campus s.*** Frevelfeld, *wo der Unkeuschheit überführte Vestalinnen lebendig begraben wurden*; ***sedes scelerata*** Ort der Verdammten *in der Unterwelt*
2. verbrecherisch, frevelhaft, verrucht; ***vox scelerata*** Cic. verbrecherisches Wort
3. (*nachkl.*) unheilvoll
II ⟨ī⟩ *m* Verbrecher
scelerō ⟨āvī, ātum, āre 1.⟩ ||*Denom von* scelus|| *poet* durch Frevel entweihen
scelerōsus ⟨a, um⟩ *Adj* ||scelus|| (*unkl.*) verrucht
scelerus ⟨a, um⟩ *Adj* ||scelus|| Plaut. scheußlich
► **scelestus**
I ⟨a, um⟩ *Adj*, *Adv* ⟨scelestē⟩ ||scelus||
1. verbrecherisch, verrucht
2. Plaut. *hum* listig, pfiffig
3. unheilvoll, unselig
II ⟨ī⟩ *m* Verbrecher
► **scelus** ⟨eris⟩ *n*
1. Verbrechen, Frevel, *in aliquem* gegen j-n, *alicuius rei* bestehend in etw; *Pl* Liv. ruchlose Reden
2. *meton* frevelhafte Gesinnung, Ruchlosigkeit
3. frevelhafte Existenz, Schurke, *bes als Schimpfwort*
4. *poet* Strafe für den Frevel; ***scelus expendere*** für einen Frevel büßen
scēn... = ***scaen...***
scēptri-fer ⟨fera, ferum⟩ *Adj* ||sceptrum, fero|| *poet* zeptertragend
scēptrum ⟨ī⟩ *n* ||griech. Lw.||
1. Zepter *als Symbol der Herrschaft*; *meton* Herrschaft, königliche Würde; ***primus sceptris*** der Erste an Herrschergewalt
2. *fig hum* Rohrstock *des Pädagogen*
3. *fig* männliches Glied
scēptūchus ⟨ī⟩ *m* ||griech. Fw.|| Tac. Zepterträger, Hofmarschall *im Orient*
scheda ⟨ae⟩ *f* = ***scida***
schedula ⟨ae⟩ *f* ||*Dim von* scheda|| (*spätl.*) Zettel
schēma ⟨ae⟩ *f* ||griech. Fw.|| (*vkl., nachkl.*)
1. Figur, Stellung, Pose *bes der Tänzer*
2. Tracht, Kleidung
3. RHET Figur; Petr. verblümte Redewendung
schēmatismus ⟨ī⟩ *m* ||griech. Fw.|| Quint. figürliche

Redeweise
schida ⟨ae⟩ *f* = ***scida***
schisma ⟨atis⟩ *n* ||griech. Fw.|| (*eccl.*) Spaltung, Trennung
schoenicula ⟨ae⟩ *f* ||schoeniculus|| Prostituierte
schoeniculus ⟨a, um⟩ *Adj* ||schoenus|| Plaut. mit Binsencreme gesalbt
schoenobatēs ⟨ae⟩ *m* ||griech. Fw.|| Iuv. Seiltänzer
schoenus ⟨ī⟩ *m* ||griech. Fw.|| (*vkl., nachkl.*) Binse; *meton* billige Binsencreme, *womit Prostituierte sich salbten*
▶ **schola** ⟨ae⟩ *f* ||griech. Lw.||
1. gelehrter Vortrag, Vorlesung; ***scholas habere/explicare*** Vorträge halten
2. *meton* Lehrstätte, Schule; die Schüler, die Anhänger *einer philosophischen Richtung*
scholāris
I ⟨e⟩ *Adj* ||schola|| (*spätl.*) Schul…; (*mlat.*) akademisch gebildet
II ⟨is⟩ *m* (*mlat.*) fahrender Schüler
scholasticus
I ⟨a, um⟩ *Adj* ||griech. Fw.|| Schul…, rhetorisch; (*mlat.*) scholastisch; ***lex scholastica*** Schulregel
II ⟨ī⟩ *m*
1. Rhetor; Grammatiker; Gelehrter
2. Schüler, Student
3. (*mlat.*) Scholastiker
4. (*mlat.*) Ordensgeistlicher
scida ⟨ae⟩ *f* ||griech. Fw.|| Streifen *des Papyrus*; *allg.* Blatt Papier, Zettel
scidī → ***scindo***
sciēns
I *Gen* ⟨entis⟩ *Adj*, *Adv* ⟨scienter⟩ ||*PPr von* scio||
1. wissend; ***aliquem scientem facere*** j-n wissen lassen, j-n informieren
2. wissentlich; ***prudens et s.*** wohl wissend; ***aliquo sciente*** mit j-s Wissen
3. kundig, geschickt, sachverständig, *alicuius rei* in etw; ***s. rei publicae*** politisch sachkundig
II ⟨entis⟩ *m* Sachverständiger, Kenner
▶ **scientia** ⟨ae⟩ *f* ||sciens||
1. Kenntnis, Wissen, *alicuius rei* von etw; Vertrautheit, *alicuius rei/de re* mit etw
2. Einsicht, *alicuius rei/in re* in etw; Wissenschaft, gründliches Wissen, Theorie, *alicuius rei* von etw, *in re* in etw
sciī → ***scio***
scil. *Abk* (*nlat.*) = ***scilicet*** nämlich
▶ **scī-licet**
I
1. (*vkl., nachkl.*) man kann wissen, + *AcI od abs*; ***quis iste est Peniculus? scilicet qui dudum tecum venit*** wer ist dieser Peniculus? Das weißt du doch: der Mann, der vor Kurzem mit dir kam
2. *poet als Hinweis auf etw Überraschendes* man denke nur
II *Adv*
1. natürlich, selbstverständlich
2. *in erklärenden Antworten* nämlich, das heißt
3. *iron* natürlich, freilich, allerdings
4. leider, freilich
scilla ⟨ae⟩ *f* ||griech. Fw.||
1. Verg. Meerzwiebel
2. kleiner Seekrebs, Krabbe
scīn' = ***scisne***; → ***scio***
▶ **scindō** ⟨scidī, scissum, scindere 3.⟩
1. schlitzen, spalten, zerreißen; ***agmen s.*** die Heeresreihe durchbrechen; ***mater scissa comam*** Mutter mit zerrauftem Haar; ***silvam s.*** den Wald durchqueren; ***viam per stagna s.*** sich einen Weg durch das Gewässer bahnen
2. *vom Vorschneider bei Tisch* zerteilen, zerlegen
3. *fig* trennen; *Passiv* sich trennen, sich teilen, bersten
4. *fig* wieder aufreißen, erneuern; ***dolorem s.*** den Schmerz wieder aufleben lassen
5. *fig* gewaltsam unterbrechen, stören
6. (*vkl.*) *fig* zerstören
scindula ⟨ae⟩ *f* (*nachkl.*) = ***scandula***
scintilla ⟨ae⟩ *f* Funke; *fig* kleinster Überrest, Kleinigkeit
scintillō ⟨-, -, āre 1.⟩ ||*Denom von* scintilla|| Funken sprühen, funkeln, flackern
scintillula ⟨ae⟩ *f* ||*Dim von* scintilla|| Fünkchen, *auch fig*
▶ **sciō** ⟨scīvī⟩ *u.* ⟨sciī, scītum, scīre 4.⟩
1. wissen, *aliquid* etw; Kenntnis haben, *aliquid* von etw, *de aliquo/ex aliquo* durch j-s Mitteilung, *de re* von etw, über etw, + *AcI/* + *indir Fragesatz*; ***sicut omnes sciunt*** wie alle wissen; ***quod sciam*** soviel ich weiß
2. verstehen, können, *abs od aliquid* etw, *de re* von etw, + *Inf*; (*spätl.*) mit *j-m* schlafen, *aliquem*; ***res, quae sciuntur*** die Dinge, die man beherrscht; ***vincere scis*** du verstehst zu siegen
3. (*nachkl.*) entscheiden; meinen, glauben; ***scires*** man sollte meinen, + *AcI*
Scīpiadēs ⟨ae⟩ *m* ||Scipio|| Angehöriger der Familie der Scipionen
scīpiō ⟨ōnis⟩ *m* (*vkl., nachkl.*) Stab, Stock, Stütze
Scīpiō ⟨ōnis⟩ *m Beiname in der gens Cornelia*; → ***Cornelius***
1. ***P. Cornelius Scipio*** *Konsul 218 v. Chr., gest. 211 v. Chr.*
2. ***P. Cornelius Scipio Africanus maior*** *Sohn von 1., Sieger von Zama*
3. ***P. Cornelius Scipio Aemilianus Africanus minor*** *Schwiegersohn von 1., Eroberer von Karthago (146 v. Chr.) u. Numantia (133 v. Chr.)*
4. ***P. Cornelius Scipio Nasica Corculum*** *Schwiegersohn von 1., Gegner der Zerstörung Karthagos*
scirpea ⟨ae⟩ *f* ||scirpeus|| Wagenkorb aus Binsen
scirpeus ⟨a, um⟩ *Adj* ||scirpus|| aus Binsen, Binsen…
scirpiculus ⟨ī⟩ *m* ||*Dim von* scirpus|| Binsenkorb; ***s. piscarus*** Fischreuse
scirpus ⟨ī⟩ *m* (*vkl., nachkl.*)
1. Binse
2. ***in scirpo nodum quaerere*** Plaut. Schwierigkeiten suchen, wo keine sind
scīscitātor ⟨ōris⟩ *m* ||sciscitor|| Mart. Nachforscher
scīscitō ⟨-, ātum, āre 1.⟩ *u.* **scīscitor** ⟨ātus sum, ārī 1.⟩ ||*Intens von* scisco|| *etw* zu erfahren suchen, *etw* erforschen, sich nach *etw* erkundigen, *aliquid/de re, ex aliquo/de aliquo* von j-m, bei j-m; ***aliquem s.*** j-n befragen, bei j-m nachforschen, *de re* über etw; ***oracula Phoebi s.*** das Orakel des Phoebus befragen

scīscō ⟨scīvī, scītum, scīscere 3.⟩ ||*Inkoh von* scio||
1. (*vkl., nachkl.*) zu erfahren suchen, erforschen
2. in Erfahrung bringen, erfahren
3. *vom Volk* beschließen, *aliquid* etw, *ut/ne*; ***plebs/populus sciscit*** das Volk beschließt
4. billigen, genehmigen
5. *vom einzelnen Mitglied der Volksversammlung* für *etw* stimmen, *aliquid*, ***legem*** für ein Gesetz
scissor ⟨ōris⟩ *m* ||scindo|| Vorschneider *der Speisen*
scissūra ⟨ae⟩ *f* ||scindo|| (*nachkl.*) Spaltung; *meton* Schlitz, Spalte, Riss
scissus[1] ⟨a, um⟩ *PPP* → ***scindo***
scissus[2] ⟨a, um⟩ *Adj* ||scindo||
1. (*nachkl.*) zerrissen
2. *fig* runzelig
3. *fig* kreischend; ***vox scissa*** Cic. kreischende Stimme
scītāmenta ⟨ōrum⟩ *n* ||scitus[2]|| Plaut. Leckerbissen, Delikatessen; *fig* stilistische Feinheiten
scītor ⟨ātus sum, ārī 1.⟩ ||*Freq von* scisco|| wissen wollen, zu erfragen suchen, erforschen
scītulus ⟨a, um⟩ *Adj, Adv* ⟨scītulē⟩ ||*Dim von* scitus[2]|| (Plaut., *Apul.*) allerliebst
scītum[1] *PPP* → ***scio*** *u.* → ***scisco***
scītum[2] ⟨ī⟩ *n* ||scitus, *PPP von* scio *u.* scisco||
1. Beschluss, Verordnung; ***plebis s.*** Volksbeschluss
2. Sen. philosophischer Lehrsatz
scītus[1] *Abl* ⟨ū⟩ *m* ||scisco|| Beschluss
scītus[2] ⟨a, um⟩ *Adj, Adv* ⟨scītē⟩ ||scio *u.* scisco||
1. erfahren, gescheit, klug; ***scitum est*** es ist ein kluger Einfall, + *Inf*
2. kundig, *alicuius rei* einer Sache
3. *fig* fein, geschmackvoll, hübsch
4. (*vkl., nachkl.*) passend, tauglich
sciūrus ⟨ī⟩ *m* ||griech. Fw.|| (*nachkl.*) *poet* Eichhörnchen
scīvī → ***scio*** *u.* → ***scisco***
scobis ⟨is⟩ *f* ||scabo|| Holzspäne, Hobelspäne
scomber ⟨brī⟩ *m* ||griech. Lw.|| (*unkl.*) Makrele
scōmma ⟨atis⟩ *n* ||griech. Fw.|| Ausspruch, Spruch
scōpa ⟨ae⟩ *f*
1. dünner Zweig; *Pl* Reisig, Besen
2. ***scopas dissolvere*** Cic. etw in Unordnung bringen
Scopās ⟨ae⟩ *m berühmter Bildhauer u. Architekt aus Paros, um 375 v. Chr.*
scopulōsus ⟨a, um⟩ *Adj* ||scopulus[1]|| felsig, klippenreich
scopulus[1] ⟨ī⟩ *m* ||griech. Lw.||
1. Felsen, Bergspitze
2. Klippe
3. *fig* Hartherzigkeit; ***scopulos gestare in corde*** Ov. Steine im Herzen tragen, hartherzig sein
scopulus[2] ⟨ī⟩ *m* ||*Dim von* scopus|| Suet. kleines Ziel
scopus ⟨ī⟩ *m* ||griech. Lw.|| Ziel, Zielscheibe
scordalus ⟨ī⟩ *m* ||griech. Lw.|| Sen. Streithahn
scorpiō ⟨ōnis⟩ *m u.* **scorpios** *u.* **scorpius** ⟨ī⟩ *m* ||griech. Fw.||
1. Skorpion, *auch als Sternbild*
2. MIL Skorpion, *eine Wurfmaschine*
3. Petr. stacheliger Seefisch
scortātor ⟨ōris⟩ *m* ||scortor|| Frauenheld, Schürzenjäger

scortea[1] ⟨ae⟩ *f* ||scorteus|| Pelz
scortea[2] ⟨ōrum⟩ *n* ||scorteus|| Lederwaren
scorteus ⟨a, um⟩ *Adj* ||scortum|| ledern, aus Leder
scortillum *ī n* ||*Dim von* scortum|| Catul. kleine Hure
scortor ⟨-, ārī 1.⟩ ||*Denom von* scortum|| (*vkl.*) huren
scortum ⟨ī⟩ *n*
1. Fell, Haut
2. *fig* Dirne, Prostituierte
screātor ⟨ōris⟩ *m* ||screo|| Plaut. Räusperer; ***s. sum*** ich räuspere mich
screātus ⟨ūs⟩ *m* ||screo|| Ter. das Räuspern
screō ⟨-, -, āre 1.⟩ Plaut. sich räuspern
scrība ⟨ae⟩ *m* ||scribo|| Schreiber, Sekretär
scrīb(i)līta ⟨ae⟩ *f* ||griech. Fw.|| Petr. Käsegebäck
scrībō ⟨scrīpsī, scrīptum, scrībere 3.⟩
1. zeichnen, aufzeichnen, *aliquid in re* etw auf etw
2. bemalen; belegen, ***testitudine*** mit Schildpatt
3. schreiben, *abs od aliquid* etw, *alicui/ad aliquem* an j-n; schriftlich berichten, *de aliquo/de re* über j-n/über etw; schriftlich befehlen, *ut/ne* dass/dass nicht, + *Konjkt*; mit einer Inschrift versehen
4. niederschreiben, aufzeichnen; ***populo leges s.*** dem Volk Gesetze geben; ***alicui dicam s.*** gegen j-n Klage einreichen; ***scribendo adesse/ad scribendum esse*** einen Senatsbeschluss mit abfassen und unterzeichnen
5. *Schriften od Bücher* verfassen; schriftstellern, *abs*
6. schriftlich darstellen, beschreiben; berichten, erzählen, + *AcI*; besingen
7. schriftlich ernennen, einsetzen; ***se s.*** sich schriftlich nennen, *z. B. auf Weihegeschenken*
8. (*vkl.*) Anweisung zur Auszahlung von Geld geben, *ab aliquo* j-m
9. *Kolonisten od Soldaten* ausheben; ***colonos s.*** Kolonisten in Listen eintragen; ***s. aliquem gregis sui*** *fig* j-n unter seine Freunde rechnen
Scrībōnius ⟨a, um⟩ *Name einer pleb. gens, bekannt:*
1. ***C. Scribonius Curio*** *Prätor 121 v. Chr.*
2. ***C. Scribonius Curio*** *Sohn von 1., Konsul 76 v. Chr.*
3. ***L. Scribonius Libo*** *Freund Ciceros u. des Pompeius; seine Schwester Scribonia war die zweite Gattin Octavians u. Mutter der Julia*
scrīnium ⟨ī⟩ *n* (*nachkl.*) *poet zylinderförmige* Kapsel *zum Aufbewahren von Buch- u. Papierrollen*
scrīpsī → ***scribo***
scrīptiō ⟨ōnis⟩ *f* ||scribo||
1. das Schreiben; das Geschriebenwerden
2. *meton* schriftliche Ausarbeitung, schriftliche Darstellung; Wortlaut; ***ex scriptione legem interpretari*** Cic. Gesetze nach dem Wortlaut auslegen
scrīptitō ⟨āvī, ātum, āre 1.⟩ ||*Freq von* scribo||
1. oft schreiben, regelmäßig schreiben
2. verfassen
► **scrīptor** ⟨ōris⟩ *m* ||scribo||
1. Schreiber, Sekretär, Abschreiber
2. Schriftsteller, Verfasser; ***scriptores optimi/praestantissimi*** die klassischen Schriftsteller
3. Berichterstatter, Erzähler
4. Abfasser; ***s. legum*** Gesetzgeber
5. Prosaschriftsteller, *bes* Geschichtsschreiber
6. (*nachkl.*) *poet* Dichter, Sänger, ***belli Troiani*** des Trojanischen Krieges

S

scriptorium ⟨ī⟩ *n* *(mlat.)* Schreibstube *eines Klosters*
scrīptulum ⟨ī⟩ *n* ||*Dim von* scriptum|| Ov. kleine Linie *auf dem Spielbrett*
scrīptum ⟨ī⟩ *n* ||scribo||
1. Linie *auf dem Spielbrett, das von zwölf Linien durchkreuzt war*; ***duodecim scriptis ludere*** Cic. das Zwölflinienspiel spielen
2. Geschriebenes; Schriftwerk, Buch, Abhandlung, Brief; ***aliquid scriptis mandare*** etw aufschreiben; ***aliquis creber in scripto est*** j-d ist ein eifriger Briefschreiber; ***sine scripto loqui*** ohne Konzept sprechen; ***de scripto loqui*** nach einem schriftlichen Konzept sprechen
3. schriftliche Verordnung, Gesetz
4. Wortlaut *einer Schrift*; ***ex scripto*** buchstäblich, wortgetreu
scrīptūra ⟨ae⟩ *f* ||scribo||
1. Petr. das Zeichnen, Linie
2. das Schreiben; ***mendum scripturae*** Schreibfehler
3. schriftliche Darstellung, schriftliche Abfassung
4. *(vkl., nachkl.)* *meton* Schriftwerk; ***s. sacra/sancta*** *(eccl.)* Heilige Schrift, Bibel
5. Suet. der Buchstabe des Gesetzes
6. schriftliches Testament
7. Weidegeld, *Abgabe für das Abweiden öffentlicher Weiden*; ***magister scripturae*** Cic. Weidemeister
scrīptus[1] ⟨a, um⟩ *PPP* → ***scribo***
scrīptus[2] ⟨ūs⟩ *m* ||scribo|| Schreiberberuf, Dienst des Schreibers; ***scriptum facere*** Sekretär sein
scrīpulum ⟨ī⟩ *n* = ***scrupulum***
scrobis ⟨is⟩ *m*
1. (Tac., Suet.) Erdloch, Grube; Graben, Grab
2. *(spätl.)* weibliche Scham
scrōfa ⟨ae⟩ *f* ||griech. Fw.|| Iuv. Mutterschwein, *bes* Zuchtschwein
scrōfi-pāscus ⟨ī⟩ *m* ||scrofa, pascus|| Plaut. Schweinezüchter
scrōfulae ⟨ārum⟩ *f* ||*Dim von* scrofa|| *(spätl.)* Halsdrüsen, Halsgeschwulst
scrōtum ⟨ī⟩ *n* *(nachkl.)* Hodensack
scrūpeus ⟨a, um⟩ *Adj* ||scrupus|| *(nachkl.)* schroff, steil; ***spelunca scrupea*** Verg. *poet* Höhle in einer steilen Felswand
scrūpōsus ⟨a, um⟩ *Adj* ||scrupus|| Lucr. schroff, rau, steinig
scrūpulōsus ⟨a, um⟩ *Adj, Adv* ⟨scrūpulōsē⟩ ||scrupulus||
1. voller spitzer Steine; ***tamquam ex scrupulosis cotibus*** Cic. gleichsam von steinigen Ufern
2. *(nachkl.)* *fig* genau, gewissenhaft, ängstlich
scrūpulum ⟨ī⟩ *n*
1. kleinster Teil einer Maßeinheit = *1/24 einer uncia = 1,137 g*
2. *(vkl., nachkl.) als Flächenmaß = 8,75 qm*
scrūpulus ⟨ī⟩ *m* ||*Dim von* scrupus||
1. *(unkl.)* spitzes Steinchen
2. *fig* Skrupel, ängstliche Genauigkeit, Ängstlichkeit, Besorgnis
scrūpus ⟨ī⟩ *m*
1. *(nachkl., spätl.)* spitzer Stein
2. *fig* = ***scrupulus***
scrūta ⟨ōrum⟩ *n* Hor. altes Gerümpel, Plunder, Kram
scrūtābundus ⟨a, um⟩ *Adj* ||scrutor|| durchforschend
scrūtātiō ⟨ōnis⟩ *f* ||scrutor|| Durchsuchung, Untersuchung
scrūtātor ⟨ōris⟩ *m* ||scrutor|| der durchsucht, der untersucht, der durchforscht
scrūtor ⟨ātus sum, ārī 1.⟩
1. durchsuchen, durchforschen, durchwühlen
2. *eine Person* durchsuchen
3. *fig* durchforschen, zu ergründen versuchen, untersuchen, ***vetera*** die Vorzeit
4. *(nachkl.)* suchen, schnüffeln, aufstöbern
sculpō ⟨sculpsī, sculptum, sculpere 3.⟩ schnitzen, meißeln; stechen, gravieren; ***ebur s.*** eine Statue aus Elfenbein schnitzen; ***sculpsit*** *(nlat.)* hat gestochen *auf Kupferstichen beim Namen des Künstlers*
sculpōneae ⟨ārum⟩ *f* ||sculpo|| *(vkl.)* Holzschuhe
sculpsī → ***sculpo***
sculptilis ⟨e⟩ *Adj* ||sculpo|| *(spätl.)* *poet* geschnitzt
sculptūra ⟨ae⟩ *f* ||sculpo|| *(nachkl.)* Bildschnitzerei *in Holz, Elfenbein, Marmor u. Ä.*; *meton* Skulptur
sculptus ⟨a, um⟩ *PPP* → ***sculpo***
scultetia ⟨ae⟩ *f* ||germ.|| *(mlat.)* Schulzenamt
scultetus ⟨ī⟩ *m* ||germ.|| *(mlat.)* Dorfschulze, Schultheiß
scurra ⟨ae⟩ *m*
1. Possenreißer, Gaukler, Narr
2. Plaut. Lebemann
scurrīlis ⟨e⟩ *Adj, Adv* ⟨scurriliter⟩ ||scurra|| possenhaft, närrisch; ***s. iocus*** Cic. närrischer Scherz
scurrīlitās ⟨ātis⟩ *f* ||scurrilis|| *(nachkl.)* Possenreißerei
scurror ⟨-, ārī 1.⟩ ||*Denom von* scurra||
1. den Narren spielen
2. schmarotzen; ***alicui s.*** j-m den Hof machen
scūtāle ⟨is⟩ *n* ||scutum|| Liv. Schleuderriemen
scūtārius
I ⟨a, um⟩ *Adj* ||scutum|| Schild…
II ⟨ī⟩ *m* Schildmacher; *(spätl.)* Schildträger
scūtātus
I ⟨a, um⟩ *Adj* ||scutum|| mit einem Langschild versehen, schwer bewaffnet
II ⟨ī⟩ *m* Soldat mit Langschild
scutella ⟨ae⟩ *f* ||*Dim von* scutra|| kleine Trinkschale
scutica ⟨ae⟩ *f* ||griech. Lw.|| Hor. Knute
scūti-gerulus ⟨ī⟩ *m* ||scutum|| Plaut. Waffenträger, Schildträger
scutra ⟨ae⟩ *f* *(vkl.)* flache Schüssel
scutula[1] ⟨ae⟩ *f* ||griech. Lw.|| Rolle, Walze *zum Fortbewegen von Lasten*
scutula[2] ⟨ae⟩ *f* ||scutella|| *(unkl.)*
1. flache Schüssel *für Brot*
2. *fig* rautenförmige Figur, rautenförmiger Gegenstand; ***s. ob oculos lanea*** Plaut. eine rautenförmige Wollbinde vor den Augen
scutulāta ⟨ōrum⟩ *n* ||scutula[2]|| Iuv. Kleider mit Rautenmustern, karierte Kleider
scūtulum ⟨ī⟩ *n* ||*Dim von* scutum|| kleiner Langschild
► **scūtum** ⟨ī⟩ *n rechteckiger, rund gebogener* Langschild *des röm. Legionärs, aus Holz mit Lederbezug u. Eisenbeschlag*
Scylla ⟨ae⟩ *f*

1. MYTH *hoher Felsen an einer Landspitze am Eingang in die Straße von Messina, gegenüber dem Strudel der Charybdis, im Mythos ein Seeungeheuer*
2. MYTH *Tochter des Nisos, des Königs von Megara*

Scyllaeum ⟨ī⟩ *n* Fels der Skylla

Scyllaeus ⟨a, um⟩ *Adj* der Skylla, zur Skylla gehörig

scymnus ⟨ī⟩ *m* ||griech. Fw.|| Jungtier; ***s. leonum*** Lucr. junger Löwe

scyphus ⟨ī⟩ *m* ||griech. Fw.|| Becher, Pokal; ***inter scyphos*** beim Wein

Scȳrias *Gen* ⟨adis⟩ *Adj f u.* **Scyrius** ⟨a, um⟩ *Adj* von Scyros, zu Scyros gehörig

Scȳros *u.* **Scȳrus** ⟨ī⟩ *f Insel n von Euböa, Name erhalten*

scytala ⟨ae⟩ *f u.* **scytalē** ⟨ēs⟩ *f* ||griech. Fw.|| (*nachkl.*) *poet* Briefstab *der Spartaner mit geheimen Meldungen*; *meton* geheimes Schreiben, Geheimbefehl

Scytha *u.* **Scythēs** ⟨ae⟩ *m* Skythe, *meist Pl, nomadisches Steppenvolk, urspr. im Gebiet der heutigen Ukraine, berühmt u. gefürchtet als geschickte Reiter u. Bogenschützen*

Scythia ⟨ae⟩ *f* Skythenland

Scythicus ⟨a, um⟩ *Adj* skythisch; ***amnis S.*** Hor. Skythenfluss = Tanais, Don

Scythis ⟨idis⟩ *u.* ⟨idos⟩ *f u.* **Scythissa** ⟨ae⟩ *f* Nep. Skythin

Scytho-latrōnia ⟨ae⟩ *f* Plaut. *scherz.* Skythenräuberland

sē[1] *refl Pr Akk der 3. Passiv* ||sui|| sich; ***inter se*** einander; ***ad se*** in seine Wohnung, in seiner Wohnung; ***apud se*** in seiner Wohnung; ***esse apud se*** Ter. *fig* bei sich sein, bei Besinnung sein

sē[2] *auch se, in Zusammensetzungen auch sed-*
I *Präf* weg-, beiseite-; ***se-cedere*** weg-gehen; ***se-cernere*** absondern; ***se-orsum*** ab-gesondert, für sich
II *Präp + Abl* (*altl.*) ohne; = ***sine***; ***se fraude esto*** es soll ohne Verstoß sein

sē-[3] halb; = ***semi***; ***selibra*** (*L.*) ein halbes Pfund

sē-[4] ||sex|| sechs…; ***semestris*** sechsmonatig, sechsmonatlich

sēbum ⟨ī⟩ *n* Talg

sēcale ⟨is⟩ *n* Plin. *Getreideart, vermutlich* Roggen

▶ **sē-cēdō** ⟨cessī, cessum, cēdere 3.⟩
1. weggehen, sich entfernen, *abs od ab aliquo* von j-m, *a re/de re* von etw
2. (*vkl., nachkl.*) sich zurückziehen
3. sich trennen, *ab aliquo* von j-m; ***in sacrum montem s.*** auf den heiligen Berg ausziehen; ***a patribus s.*** Sall. sich vom Senat trennen

▶ **sē-cernō** ⟨crēvī, crētum, cernere 3.⟩
1. absondern, trennen, *aliquem/aliquid ab aliquo/a re* j-n/etw von j-m/von etw; ***se a bonis s.*** sich von den Guten trennen
2. ausscheiden, ausmerzen; *fig* unterscheiden, *aliquid a re/re* etw von etw; ***blandum amicum a vero s.*** Cic. den falschen Freund vom wahren unterscheiden

secespita ⟨ae⟩ *f* ||seco|| Suet. Opfermesser

sē-cessī → ***secedo***

sēcessiō ⟨ōnis⟩ *f* ||secedo||
1. das Sichabsondern; ***secessionem facere*** Caes. sich absondern, *auch* sich zusammenrotten
2. POL Spaltung, Trennung, *auch* Emigration; ***s. plebis*** Auszug des Volkes

sē-cessum *PPP* → ***secedo***

sēcessus ⟨ūs⟩ *m* ||secedo||
1. das Fortgehen, das Weggehen, Trennung; Abgeschiedenheit
2. *meton* einsamer Ort, Versteck
3. POL Trennung, Emigration

secius *Adv Komp* → ***secus***[2]

sē-clūdō ⟨clūsī, clūsum, clūdere 3.⟩ ||claudo||
1. abschließen, absperren, *aliquid a re* etw von etw
2. *Passiv* sich verstecken
3. absondern, trennen; ***curas s.*** Sorgen verbannen
4. MIL abschneiden, *aliquem a re* j-n von etw; ***munitione flumen a monte s.*** Caes. den Fluss durch eine Schanze vom Berg abschneiden

secō ⟨secuī, sectum, secāre 1.⟩

1. abschneiden, zerschneiden
2. amputieren
3. zerlegen, tranchieren
4. zerfleischen, zerstören
5. durchschneiden, teilen
6. durcheilen, durchlaufen
7. abteilen, unterteilen
8. entscheiden, schlichten

1. abschneiden, zerschneiden, mähen, sägen; ***abietem s.*** eine Tanne fällen; ***herbas s.*** Kräuter abschneiden; ***capillos s.*** Haare schneiden; ***marmora s.*** Marmorblöcke zersägen; ***robura s.*** Eichenholz spalten; ***elephantum sectum*** geschnitztes Elfenbein
2. MED amputieren, *alicui aliquid* j-m etw; operieren; kastrieren; ***varices secabantur Mario*** Cic. dem Marius wurden die Krampfadern operiert
3. (*nachkl.*) *poet* zerlegen, tranchieren; ***altilia decenter s.*** Sen. Geflügel kunstgerecht zerlegen
4. (*vkl.*) zerfleischen, zerstören, verwunden, beschädigen, verstümmeln; ***s. ungue genas*** Ov. die Wangen zerkratzen; ***podagra aliquem secat*** die Gicht quält j-n
5. *von Flüssen, Wegen, Grenzen* durchschneiden, teilen; ***amnis urbem secans*** der Strom, der die Stadt teilt; ***orbis sectus*** Hor. der halbe Erdkreis; ***via secto limite*** ein Gang mit kreuzendem Quergang
6. (*nachkl.*) *fig* durcheilen, durchlaufen, durchfliegen, durchfahren; ***viam s.*** sich Bahn brechen
7. *fig* abteilen, unterteilen, gliedern; ***causas in pura genera s.*** Cic. die Fälle in mehrere Arten teilen
8. *fig* entscheiden, schlichten, ***lites*** Streitigkeiten

sēcrētārium ⟨ī⟩ *n* ||secretus|| (*nachkl.*) geheimer Ort

secretarius
I ⟨a, um⟩ *Adj* (*mlat.*) heimlich, geheim
II ⟨i⟩ *m* (*mlat.*) Geheimschreiber; Sekretär

sēcrētiō ⟨ōnis⟩ *f* ||secerno|| Absonderung, Trennung

sēcrētum ⟨ī⟩ *n* ||secretus||
1. Abgeschiedenheit, Einsamkeit; *meton* einsamer Ort; ***aliquem in secretum ducere*** j-n beiseite nehmen
2. Geheimnis; *Pl* geheime Gedanken, Mysterien; geheime Schriften

sēcrētus ⟨a, um⟩ *Adj, Adv* ⟨sēcrētō⟩ ||secerno||
1. abgesondert, getrennt, *a re* von etw; ***locus a tumultu s.*** ein vom Lärm abgesonderter Ort
2. (*nachkl.*) *poet* entlegen, einsam; ***secretiora Germaniae loca*** die abgelegeneren Gegenden Germaniens
3. (*nachkl.*) *fig* geheim, heimlich; ***consilia secreta*** Geheimpläne; ***artes secretae*** Zauberkünste
4. *Adv* (*vkl., nachkl.*) beiseite, abseits; insgeheim, ohne Zeugen

secta ⟨ae⟩ *f* ||sequor||
1. Richtung, Bahn; *fig* Verfahren, Grundsätze; ***sectam alicuius persequi*** j-s Grundsätzen folgen
2. POL Partei; PHIL Richtung, Schule, Lehre
3. (*spätl.*) religiöse Sekte
4. (*mlat.*) Orden
5. (*mlat.*) Irrlehre

sectārius ⟨a, um⟩ *Adj* ||secta|| mit einer Gefolgschaft; ***vervex s.*** Leithammel

sectātor ⟨ōris⟩ *m* ||sector[2]|| Begleiter, Anhänger, *bes* Klient, Schüler; *Pl* Gefolge; ***s. domi*** Hausfreund

sectilis ⟨e⟩ *Adj* ||seco|| (*nachkl.*)
1. geschnitten; ***sectilia pavimenta*** Suet. Mosaikfußboden
2. schneidbar, spaltbar; ***sectile porrum*** Schnittlauch

sectiō ⟨ōnis⟩ *f* ||seco||
1. (*nachkl.*) das Zerschneiden, *alicuius rei* von etw
2. Quint. RHET Einteilung der Rede
3. *fig* Aufkauf und Parzellierung *der vom Staat beschlagnahmten u. auf Auktionen angebotenen Güter*; *allg.* Wucher; ***sectionem facere*** eine Versteigerung abhalten
4. *meton* Auktionsmasse, Beutemasse

sector[1] ⟨ōris⟩ *m* ||seco||
1. Abschneider; ***s. collorum*** Halsabschneider, Mörder, Bandit
2. Güteraufkäufer

▶ **sector[2]** ⟨ātus sum, ārī 1.⟩ ||*Intens von* sequor||
1. *j-m* stets folgen, *j-n* überall begleiten, *j-m* nachlaufen, *aliquem*
2. in *j-s* Diensten stehen, *aliquem*
3. *einer Sache* nachjagen, nach *etw* streben, *aliquid*; ***adsentationem vulgi acclamationemque s.*** Plin. der Zustimmung und dem Beifall der Masse nachjagen
4. *feindlich* verfolgen
5. *ein Tier* verfolgen, jagen, ***leporem*** einen Hasen
6. *einen Ort* gern aufsuchen; ***non quidem gymnasia sectatur*** Plin. er sucht nicht einmal die Übungsstätten auf
7. Hor. erforschen, + *indir Fragesatz*

sectūra ⟨ae⟩ *f* ||seco|| (*vkl., nachkl.*) das Schneiden; *meton* Steinbruch

sectus ⟨a, um⟩ *PPP* → ***seco***

sēcubitus ⟨ūs⟩ *m* ||secubo|| Ov. das Alleinschlafen

sē-cubō ⟨uī, -, āre 1.⟩ (*nachkl.*) allein liegen; *fig* allein leben

secuī → ***seco***

sēcul… = ***saecul…***

sē-cum mit sich; → ***se[1]*** *u.* → ***cum[1]***

secundānī ⟨ōrum⟩ *m* ||secundus|| Liv. Soldaten der zweiten Legion

secundārium ⟨ī⟩ *n* ||secundarius|| Nebensache

secundārius ⟨a, um⟩ *Adj* ||secundus|| von der zweiten Sorte, zweiter; ***panis s.*** einfaches Brot, Schwarzbrot; ***de tribus s.*** von dreien der Zweite

secundō[1] ⟨-, -, āre 1.⟩ ||*Denom von* secundus||
1. (*nachkl.*) *poet* begünstigen, ***iter*** die Fahrt
2. nachgeben

secundō[2] *Adv* ||secundus||
1. zweitens
2. zum zweiten Mal

▶ **secundum[1]** ||secundus||
I *Adv* hinterher; ***age, i tu secundum*** Plaut. los, komm nach
II *Präp + Akk*
1. *örtl.* dicht hinter; ***ite secundum me*** geht hinter mir
2. *örtl.* längs, entlang, an … hin; ***ducere secundum flumen*** am Fluss entlang führen; ***secundum naves*** der Richtung der Schiffe folgend
3. *zeitl.* gleich nach; ***secundum Kalendas Ianuarias*** gleich nach den Kalenden des Januar
4. *von Rang u. Reihenfolge* zunächst, unmittelbar nach; ***heres secundum filiam*** der Erbe unmittelbar nach der Tochter
5. zugunsten von, zum Vorteil für; ***secundum aliquem rem iudicare*** zu j-s Gunsten eine Sache entscheiden

secundum[2] ⟨ī⟩ *n* ||secundus|| (*unkl.*) Glück; *Pl* glückliche Umstände

secundus ⟨a, um⟩ *Adj, Adv* ⟨secundō⟩ *u.* → ***secundum*** ||sequor||

1. folgender, nächster
2. nächster
3. nachstehend, geringer
4. begleitend
5. günstig, gewogen
6. glücklich

1. *zeitl. u. vom Rang* folgender, nächster, zweiter; ***secundum bellum Punicum*** der Zweite Punische Krieg; ***secunda mensa*** Nachtisch; ***secundo die*** am folgenden Tag; ***(partes) secundae*** die zweite Rolle; ***secundas deferre alicui*** j-m den zweiten Platz zuweisen
2. (*nachkl.*) *poet* nächster, *ab aliquo* nach j-m; ***s. ab Romulo rex*** Liv. der nächste König nach Romulus; ***a mensis fine secunda dies*** Ov. der vorletzte Tag des Monats
3. (*nachkl.*) *poet* nachstehend, geringer *an Rang od Qualität*; ***nulli virtute s.*** keinem an Tüchtigkeit nachstehend; ***panis s.*** Hor. grobes Brot, Schwarzbrot
4. begleitend; ***secundo flumine*** flussabwärts; ***secundo vento*** mit Rückenwind; ***secundissimo vento*** mit sehr günstigem Wind; ***currus s.*** rascher Wagen
5. *von Personen u. Sachen* günstig, gewogen, *alicui / in aliquem* für j-n, j-m *alicui rei* für etw, einer Sache; ***omen secundum*** Glück verheißendes Vorzeichen; ***dis secundis*** mit der Gunst der Götter; ***secundo populo*** unter dem Beifall der Volksversammlung; ***lex populo secundissima*** ein für das Volk sehr günstiges Gesetz; ***verba secunda loqui*** beipflich-

ten, nach dem Mund reden; ***verba irae secunda*** den Zorn anheizende Worte
6. glücklich; ***res secundae*** glückliche Umstände, Glück

Secundus ⟨ī⟩ *m röm. Beiname*; → ***Plinius***

secūricula ⟨ae⟩ *f ||Dim von* securis|| (*unkl.*) kleines Beil

secūri-fer ⟨fera, ferum⟩ *Adj* ||securis, fero|| *u.* **secūri-ger** ⟨gera, gerum⟩ *Adj* ||securis, gero|| Ov. ein Beil tragend

▶ **secūris** ⟨is, *Akk* im, *Abl* ī⟩ *f*
1. Beil, Axt, *auch* Richtbeil, *bes* Liktorenbeil, *Symbol der höchsten Gewalt u. Würde*; ***securi aliquem ferire/percutere*** j-n hinrichten; ***s. anceps*** Doppelaxt; ***s. Tenedia*** äußerste Strenge *des Königs Tenes von der Insel Tenedos*
2. *meton* Hieb, Schlag, Wunde, Schaden; ***gravem securim inicere alicui*** j-m einen schweren Schlag zufügen
3. *fig* höchste Gewalt, höchste Macht, *bes* römische Oberhoheit, *meist Pl*; Hor. Ämter, Würden

sēcūritās ⟨ātis⟩ *f* ||securus||
1. Sorglosigkeit, Furchtlosigkeit, Gemütsruhe
2. (*nachkl.*) *pej* Gleichgültigkeit, Fahrlässigkeit
3. *fig* Sicherheit, Gefahrlosigkeit
4. (*nachkl.*) Quittung, Empfangsbestätigung

sē-cūrus ⟨a, um⟩ *Adj, Adv* ⟨sēcūrē⟩ ||se[2], cura||
1. sorglos, unbesorgt, unbekümmert, furchtlos, *de re/alicuius rei* wegen etw, *ab aliquo/a re* vonseiten j-s/vonseiten einer Sache, j-s/einer Sache, vor j-m/vor etw; ***non s., ne*** besorgt, dass
2. (*nachkl.*) heiter, fröhlich, harmlos; ***s. alicuius rei*** vor etw sicher
3. (*nachkl.*) *pej* fahrlässig, gleichgültig
4. (*vkl., nachkl.*) sicher, gefahrlos, *a re* vor etw; *Komp* weniger gefahrvoll; ***tempus securum*** sicherer Zeitpunkt

secus[1] *indekl n* Geschlecht, *nur in Verbindungen*: ***muliebre s.*** weibliches Geschlecht; ***virile s.*** männliches Geschlecht

secus[2]
I *Adv, Komp* ⟨sequius *u.* secius *u.* sētius⟩ ||sequor||
1. anders, auf andere Weise, nicht so; ***secus esse*** sich anders verhalten, anders sein; ***longe secus*** ganz anders; ***non multo secus*** nicht viel anders, fast so; ***secus ac/quam*** anders als
2. nicht gut, schlecht, falsch; ***recte an secus*** recht oder unrecht; ***bene aut secus*** gut oder schlecht; ***aut beate aut secus*** glücklich oder nicht; ***id secus est*** das ist falsch
3. (*nachkl.*) *subst* weniger, + *Gen*; ***non secus virium*** nicht weniger Kräfte
4. *Komp* (*unkl.*) anders, nicht so; ***quid diximus secius quam velles?*** was haben wir anders gesagt, als du es wolltest? ***nihilo setius*** nichtsdestoweniger, dennoch
5. *Komp* (*vkl., nachkl.*) weniger gut
II *Präp + Akk*
1. *örtl.* längs, nahe … hin; ***secus viam*** längs der Straße
2. *fig* nach, gemäß; ***secus merita eius*** nach seinen Verdiensten
III *Suffix zur Bezeichnung der Seite*; → ***extrinsecus***

secūtus ⟨a, um⟩ *PPerf* → ***sequor***

▶ **sed**[1] *Konj*
1. *berichtigend* aber, indessen, jedoch, doch; ***sed tamen*** aber dennoch; ***sed enim*** Cic. eben doch; ***vera tu dixisti, sed nequiquam*** du hast die Wahrheit gesagt, jedoch vergeblich
2. ***sed/sed tamen*** *steigernd* aber auch, aber sogar
3. *bei Übergängen* doch; ***sed de hoc alias*** doch darüber ein andermal
4. *bei Rückkehr zum Thema* doch; ***sed redeat oratio, unde aberravit*** doch zurück zum Ausgangspunkt
5. *nach Verneinungen* sondern; ***est haec non scripta, sed nata lex*** das ist kein geschriebenes, sondern ein eingeborenes Gesetz; ***non modo/non solum/non tantum … sed etiam*** nicht nur … sondern auch; ***non modo … sed ne … quidem*** nicht nur … sondern nicht einmal

sēd-[2] → ***se***[2]

sēdāmen ⟨inis⟩ *n* ||sedo|| Sen. Linderung

sēdātiō ⟨ōnis⟩ *f* ||sedo|| Beruhigung

sedativa ⟨orum⟩ *n* (*nlat.*) Beruhigungsmittel

sedativus ⟨a, um⟩ *Adj* (*mlat.*) beruhigend

sēdātus ⟨a, um⟩ *Adj, Adv* ⟨sēdātē⟩ ||sedo|| ruhig, gelassen, still; ***dolorem sedate ferre*** den Schmerz still ertragen; ***homo in verbis s.*** in seinen Worten bedächtiger Mensch

sē-decim *indekl Num card* sechzehn

sēdecula ⟨ae⟩ *f ||Dim von* sedes|| kleiner Sessel, kleiner Stuhl

sedentārius ⟨a, um⟩ *Adj* ||sedeo|| Plaut. im Sitzen arbeitend

▶ **sedeō** ⟨sēdī, sessum, sedēre 2.⟩
1. sitzen, *abs od in re/re* auf etw, ***in solio*** auf dem Thron
2. eine Sitzung halten, zu Gericht sitzen
3. *an einem Ort* sich aufhalten, bleiben
4. untätig dasitzen; zurückgezogen leben; MIL untätig sein; ***compressis manibus s.*** die Hände in den Schoß legen
5. (*unkl.*) *fig* festsitzen, hängen bleiben; ***carina vado sedet*** das Boot sitzt an einer seichten Stelle fest
6. (*nachkl.*) *fig* tief eingeprägt sein
7. *fig* fest beschlossen sein; ***aliquid alicui animo fixum sedet*** etw ist bei j-m im Geist fest beschlossen
8. (*nachkl.*) *von Sachen* sich setzen, sich senken; ***nebula campo sedent*** Nebel senken sich auf das Feld
9. *von Pflanzen* niedrig wachsen, in die Breite wachsen

▶ **sēdēs** ⟨is⟩ *f* ||sedeo||
1. Sitz, Sessel, Stuhl, Bank; ***s. regia*** Thron; ***s. honoris*** Ehrensitz; ***s. apostolica*** (*mlat.*) päpstlicher Stuhl
2. fester Wohnsitz, Wohnung, Heimat; ***sedes beatae*** Wohnsitze der Seligen
3. Ruhesitz, Ruhestätte, *bes der Toten u. ihrer Seelen*
4. *allg.* Platz, Ort, Stätte; ***signa suas in sedes referunt*** Tac. sie bringen die Feldzeichen an ihre Plätze zurück; ***reducere aliquid in sedem*** etw ins frühere Gleis zurückbringen
5. Rang, Ehrenstelle
6. (*nachkl.*) *meton* das Gesäß

sēdī → ***sedeo*** *u.* → ***sido***
sedīle ⟨is⟩ *n* ||sedeo|| Sitz, Sessel, Stuhl, Bank
sedimentum ⟨ī⟩ *n* ||sedeo|| *(nachkl.)* Bodensatz, Ablagerung
► **sēd-itiō** ⟨ōnis⟩ *f* ||se[2], eo||
1. Streit, Zerwürfnis, Zwist
2. POL, MIL Aufruhr, Meuterei, Parteienkampf; *fig* Aufregung
3. *meton* die Aufrührer
sēditiōsus ⟨a, um⟩ *Adj, Adv* ⟨sēditiōsē⟩ ||seditio|| aufrührerisch, rebellisch, unruhig; ***homines seditiosi*** aufrührerische Menschen; ***vita seditiosa*** politischen Unruhen ausgesetztes Leben
► **sēdō** ⟨āvī, ātum, āre 1.⟩ ||sedeo||
1. zum Sinken bringen, ***pulverem*** den Staub; ***vela s.*** die Segel einziehen
2. *fig* beruhigen, beschwichtigen, besänftigen, hemmen; ***invidiam s.*** die Missgunst besänftigen
sē-dūcō ⟨dūxī, ductum, dūcere 3.⟩
1. wegführen, beiseite führen; ***aliquem ab agmine s.*** j-n von der Marschkolonne wegführen; ***oculos s.*** die Augen abwenden; ***vinum s.*** den Wein beiseite stellen
2. trennen, scheiden, entfernen; ***aliquem a debita peste s.*** j-n vor dem verdienten Untergang retten
3. *(eccl.)* verführen
sēductiō ⟨ōnis⟩ *f* ||seduco||
1. das Beiseiteführen, ***testium*** der Zeugen
2. *(eccl.)* Verführung
sēductus ⟨a, um⟩ *Adj* ||seduco|| zurückgezogen, entfernt, entlegen; ***in seducto*** in der Zurückgezogenheit
sēdulitās ⟨ātis⟩ *f* ||sedulus|| Geschäftigkeit; *pej* Aufdringlichkeit; ***s. officiosa*** Hor. Dienstbeflissenheit
sēdulō *Adv*
1. emsig, aufmerksam
2. *(vkl., nachkl.)* mit Absicht, vorsätzlich
sēdulus ⟨a, um⟩ *Adj* ||sedulo|| fleißig, eifrig; *pej* aufdringlich
Sedūnī ⟨ōrum⟩ *m helvetischer Stamm im Wallis um Sitten / Sion*
► **seges** ⟨etis⟩ *f*
1. Saat; *meton* Anpflanzung von Weinstöcken; ***s. clipeata virorum*** Ov. Saat der schildbewehrten Männer
2. *meton* Saatfeld; *fig* Feld, Boden; ***stimulorum s.*** Plaut. „Prügelfeld" *von ausgepeitschten Sklaven*
3. *meton* Getreide
4. *fig* dichte Menge
Segesta ⟨ae⟩ *f Stadt im NW Siziliens, der Überlieferung nach eine Gründung Trojas, Ruinen aus hellenistischer Zeit*
Segestānī ⟨ōrum⟩ *m* die Einwohner von Segesta
Segestānum ⟨ī⟩ *n* das Gebiet von Segesta
Segestānus ⟨a, um⟩ *Adj* aus Segesta, zu Segesta gehörig
Segestēnsēs ⟨ium⟩ *m* die Einwohner von Segesta
segestre ⟨is⟩ *n u.* **segestrum** ⟨ī⟩ *n* ||griech. Lw.|| *(vkl., nachkl.)* Decke *aus Fell od Stroh*
segmentātus ⟨a, um⟩ *Adj* ||segmentum|| Iuv. mit Gold besetzt, mit Purpurbesatz
segmentum ⟨ī⟩ *n* ||seco|| *(vkl., nachkl.)* Abschnitt, Ausschnitt; *meton* Goldbesatz, Purpurbesatz
sēgni-pēs ⟨pedis⟩ *m* ||segnis|| Iuv. altersschwacher Gaul
sēgnis ⟨e⟩ *Adj, Adv* ⟨sēgniter⟩ langsam, träge, schlaff, lässig, *in re / alicuius rei* in etw, bei etw, *ad aliquid / in aliquid* zu etw, für etw; ***aqua s.*** langsam fließendes Wasser; ***bellum segne*** sich in die Länge ziehender Krieg; ***campus s.*** ausgelaugtes Feld, unfruchtbares Feld; ***pugna s.*** unentschiedene Schlacht
sēgnitia ⟨ae⟩ *f u.* **sēgnitās** ⟨ātis⟩ *f u. (unkl.)* **sēgnitiēs** ⟨ēī⟩ *f* ||segnis|| Langsamkeit, Schlaffheit, Trägheit; ***s. maris*** Windstille
sē-gregō ⟨āvī, ātum, āre 1.⟩ ||grex|| von der Herde absondern; *fig* trennen, entfernen, ausschließen, *aliquem a re* j-n von etw, *ex re* aus etw
sēgrex *Gen* ⟨gregis⟩ *Adj* ||segrego|| *(nachkl.) poet* abgesondert, getrennt
seī *Konj (altl.)* = ***si***
Sēiānus ⟨ī⟩ *m* ||Seius|| *L. Aelius Seianus, Sohn des L. Seius Strabo, Günstling des Tiberius, 31 n Chr. hingerichtet*
seic *Adv (altl.)* = ***sic***
sēiugēs ⟨ium⟩ *m* ||seiugis|| Sechsergespann
sē-iugis ⟨e⟩ *Adj* ||sex, iugum|| *(nachkl.)* sechsspännig
sē-iugō ⟨āvī, ātum, āre 1.⟩ trennen, *a re* von etw
sēiūnctim *Adv* ||seiungo|| abgesondert
sēiūnctiō ⟨ōnis⟩ *f* ||seiungo|| Absonderung, Trennung
sē-iungō ⟨iūnxī, iūnctum, iungere 3.⟩
1. absondern, trennen, *auch fig*; ***se a consule s.*** sich vom Konsul trennen; ***seiunctum est a re proposita*** es liegt nicht in meinem Plan
2. *fig* unterscheiden; ***utilitatem a dignitate s.*** Cic. den Nutzen von ehrenhafter Gesinnung unterscheiden
Sēius ⟨a, um⟩ *röm. Gentilname*; ***M. Seius*** *röm. Ritter u. Freund Ciceros*
selas *Pl* ***sela*** *n* ||griech. Fw.|| *(nachkl.)* Wetterleuchten
sēlēctiō ⟨ōnis⟩ *f* ||seligo|| Auswahl, Auslese
sē-lēctus ⟨a, um⟩ *PPP* → ***seligo***
sē-lēgī → ***seligo***
Seleucēa *u.* **Seleucīa** ⟨ae⟩ *f* ||Seleucus|| *Name mehrerer von König Seleukos I. gegründeter Städte:*
1. ***S. Babylonia*** *am Tigris s. von Bagdad, Hauptstadt des Seleukidenreiches, heute Tell Umar*
2. ***S. Pieria*** *in Syrien am Orontes, Seehafen von Antiochia*
Seleucus ⟨ī⟩ *m Name mehrerer syrischer Könige, der Seleukiden, bes* ***Seleucus I. Nīcātor*** *General Alexanders des Großen, 281 v. Chr. ermordet*
sē-lībra *u.* **selibra** ⟨ae⟩ *f* halbes Pfund
sē-ligō ⟨lēgī, lēctum, ligere 3.⟩ ||lego[2]|| auslesen, auswählen; ***selecti iudices*** vom Prätor ausgewählte Richter
Selīnūs ⟨ūntis⟩ *f griech. Stadt im W Siziliens, heute Selinunt, mit ausgedehnten Ruinenfeldern*
sella ⟨ae⟩ *f* ||sedeo||
1. Sessel, Stuhl; ***s. curulis*** Amtssessel *der höheren Magistrate*
2. Lehrstuhl
3. Arbeitsstuhl *der Handwerker*
4. Thron
5. Nachtstuhl

6. Tragsessel
7. Kutschbock; Reitsattel

sellāria ⟨ae⟩ *f* ||sellarius||
1. Sesselzimmer
2. Prostituierte

sellāriolus ⟨a, um⟩ *Adj* ||*Dim von* sellarius|| mit Stühlen ausgestattet; ***popinae sellariolae*** Mart. Kneipen mit Stühlen

sellārius
I ⟨a, um⟩ *Adj* ||sella|| (*nachkl.*) *poet* Sessel…
II ⟨ī⟩ *m*
1. Sesselbruder = Lustmolch
2. (*mlat.*) Sattler

selli-sternium ⟨ī⟩ *n* ||sella, sterno|| Göttermahl, *bei dem die Götterbilder auf Sesseln ruhten*; → ***lectisternium***

sellula ⟨ae⟩ *f* ||*Dim von* sella|| kleiner Sessel, kleiner Tragsessel

sellulārius
I ⟨a, um⟩ *Adj* ||sellula|| Sessel…
II ⟨ī⟩ *m* Liv. Handwerker, *der sein Gewerbe im Sitzen ausübt*

► **semel** *Num adv*
1. einmal, nur einmal; ***non semel, sed saepius*** nicht nur einmal, sondern öfter; ***ne semel quidem*** nicht ein einziges Mal
2. *in Aufzählungen* zuerst; ***semel … iterum*** zuerst … dann
3. ein für allemal, mit einem Wort; ***ut semel dicam*** um es mit einem Wort zu sagen
4. *ohne Betonung* erst einmal; ***multi philosophi semel egressi numquam in patriam reverterunt*** viele Philosphen kehrten, einmal ausgewandert, nie mehr in ihre Heimat zurück; ***quoniam/quando (quidem) semel*** weil nun einmal; ***cum/ut/ubi semel*** sobald einmal; ***qui semel*** wer einmal

Semela ⟨ae⟩ *f u.* **Semelē** ⟨ēs⟩ *f Tochter des Kadmos, von Zeus Mutter des Dionysos/Bacchus*

Semelēius *u.* **Semelēus** ⟨a, um⟩ *Adj* der Semele, zu Semele gehörig

► **sēmen** ⟨inis⟩ *n* ||sero²||
1. Same, Samenkorn; Setzling; ***s. vitium*** Weinsetzling
2. *fig* Stamm, Geschlecht; Spross, Nachkomme; ***regio semine ortus*** von königlichem Geblüt; ***pecus boni seminis*** gute Rasse
3. *fig* Ursache, Stoff; Urheber; ***s. rerum*** Grundstoffe

sēmēnstris ⟨e⟩ *Adj* = ***semestris***

sēmenti-fer ⟨fera, ferum⟩ *Adj* ||sementis, fero|| Verg. Saat tragend, fruchtbar

sēmentis ⟨is⟩, *Akk* ⟨em⟩ *u.* ⟨im⟩, *Abl* ⟨e⟩ *u.* ⟨ī⟩ *f* ||semen|| Aussaat, Saat

sēmentīvus ⟨a, um⟩ *Adj* ||sementis|| Saat…; ***dies sementiva*** Saatfest

sēm-ermis ⟨e⟩ *Adj u.* **sēm-ermus** ⟨a, um⟩ *Adj* = ***semiermis***

sē-mēstris ⟨e⟩ *Adj* ||mensis||
1. sechs Monate alt, halbjährig
2. halbjährlich stattfindend, sich auf sechs Monate erstreckend; ***semestre stipendium*** Liv. Halbjahressold; ***tribunus s.*** Tribun für sechs Monate; ***semestre tempus*** (*nlat.*) Studienhalbjahr, Semester

sēm-ēsus ⟨a, um⟩ *Adj* ||semi, *PPP von* edo¹|| halb verzehrt; ***praeda semesa*** Verg. halb verzehrte Beute

sē-met = *verstärktes* ***se***¹; ***semet ipsum*** sich selbst

sēmi- *Präf, vor Vokal auch sēm- u. sē-* halb

sēmi-adapertus ⟨a, um⟩ *Adj* = ***semiapertus***

sēmi-agrestis ⟨e⟩ *Adj* (*spät.*) halb bäuerlich

sēmi-ambustus ⟨a, um⟩ *Adj* Suet. halb verbrannt, halb verkohlt

sēmi-animis ⟨e⟩ *Adj u.* **sēmi-animus** ⟨a, um⟩ *Adj* (*unkl.*) halb tot

sēmi-apertus ⟨a, um⟩ *Adj* Liv. halb offen

sēmi-barbarus ⟨a, um⟩ *Adj* (*nachkl.*) halb barbarisch

sēmi-bōs ⟨bovis⟩ *m* Ov. Halbstier = Minotaurus

sēmi-caper ⟨prī⟩ *m* Ov. Halbbock = Pan, Faun

sēmi-cinctium ⟨ī⟩ *n* ||cinctus, *PPP von* cingo|| Petr. schmaler Gürtel um die Männertunika

sēmi-clausus ⟨a, um⟩ *Adj* halb geschlossen

sēmi-cremātus *u.* **sēmi-cremus** ⟨a, um⟩ *Adj* ||cremo|| Ov. halb verbrannt

sēmi-crūdus ⟨a, um⟩ *Adj* (*nachkl.*) halb roh

sēmi-cubitālis ⟨e⟩ *Adj* Liv. eine halbe Elle lang

sēmi-dea ⟨ae⟩ *f* Halbgöttin

sēmi-deus
I ⟨a, um⟩ *Adj* halbgöttlich
II ⟨ī⟩ *m* Ov. Halbgott

sēmi-doctus ⟨a, um⟩ *Adj* halbgebildet; Mart. *fig* ungeschickt

sēmi-ermis ⟨e⟩ *Adj u.* **sēmi-ermus** ⟨a, um⟩ *Adj* ||arma|| (Liv., Tac.) nur halb bewaffnet

sēmi-ēsus ⟨a, um⟩ *Adj* = ***semesus***

sēmi-factus ⟨a, um⟩ *Adj* Tac. nur halb fertig

sēmi-fer
I ⟨fera, ferum⟩ *Adj* ||ferus|| Ov. halb wild, halb tierisch
II ⟨ferī⟩ *m* Halbwilder

sēmi-fultus ⟨a, um⟩ *Adj* ||fulcio|| sich halb auf *etw* stützend, *alicui rei*

sēmi-germānus ⟨a, um⟩ *Adj* Liv. halb germanisch

sēmi-graecus ⟨a, um⟩ *Adj* (*vkl., nachkl.*) halb griechisch

sēmi-gravis ⟨e⟩ *Adj* Liv. halb betrunken

sē-migrō ⟨āvī, ātum, āre 1.⟩ ausziehen, wegziehen

sēmi-hiāns *Gen* ⟨antis⟩ *Adj* ||hio|| (*nachkl.*) halb geöffnet; ***semihiante labello*** Catul. mit halb offenem Mund

sēmi-homō ⟨inis⟩ *m* (Ov., Verg.) halb Mensch und halb Tier; *adj* halb wild

sēmi-hōra ⟨ae⟩ *f* halbe Stunde

sēmi-lacer ⟨era, erum⟩ *Adj* Ov. halb zerrissen, halb zerfleischt

sēmi-lautus ⟨a, um⟩ *Adj* Catul. halb gewaschen

sēmi-līber ⟨era, erum⟩ *Adj* halb frei

sēmi-lixa ⟨ae⟩ *m* Liv. halber Marketender *als Schimpfwort*

sēmi-marīnus ⟨a, um⟩ *Adj* Lucr. halb dem Meer zugehörig, halb Fisch

sēmi-mās ⟨maris⟩ *m* (Ov., Liv.) Zwitter, Hermaphrodit; *fig adj* kastriert

sēmi-mortuus ⟨a, um⟩ *Adj* halb tot

sēminālis ⟨e⟩ *Adj* ||semen|| (*nachkl.*) *poet* zum männlichen Samen gehörig, Samen…

sēminārium ⟨ī⟩ *n* ||semen||
1. Baumschule, Pflanzstätte; Keim; *fig* Brutstätte,

S

Anfang; ***s. Catilinarum*** Cic. Brutstätte catilinarischer Existenzen

2. (*nlat.*) Seminar, akademische Bildungsstätte

sēminātor ⟨ōris⟩ *m* ||semen|| Sämann, Urheber

sēmi-nex *Gen* ⟨necis⟩ *Adj* halb tot, halb erstarrt

sēminium ⟨ī⟩ *n* ||semen|| Plaut. Samen; *fig* Art, Rasse *von Tieren*

sēminō ⟨āvī, ātum, āre 1.⟩ ||*Denom von* semen|| säen; zeugen, hervorbringen

sēmi-nūdus ⟨a, um⟩ *Adj* halb nackt; fast wehrlos

sēmi-orbis ⟨is⟩ *m* Halbkreis

sēmi-perfectus ⟨a, um⟩ *Adj* (*nachkl.*) halb vollendet

sēmi-plēnus ⟨a, um⟩ *Adj* halb voll, halb vollzählig; ***navis semiplena*** halb bemanntes Schiff; ***stationes semiplenae*** halb besetzte Posten

sēmi-putātus ⟨a, um⟩ *Adj poet* halb beschnitten; ***vitis semiputata*** Verg. halb beschnittener Weinstock

Semīramis ⟨idis⟩ *u.* ⟨idos⟩ *f* MYTH *Begründerin der assyrischen Monarchie u. Gründerin von Babylon*

Semīramius ⟨a, um⟩ *Adj* der Semiramis, zu Semiramis gehörig

sēmi-rāsus ⟨a, um⟩ *Adj* ||rado|| (*nachkl.*) *poet* halb geschoren

sēmi-reductus ⟨a, um⟩ *Adj* halb zurückgebogen; ***laevā semireductā manu*** Ov. mit der halb zurückgebogenen Linken

sēmi-refectus ⟨a, um⟩ *Adj* ||reficio|| Ov. halb ausgebessert

sēmi-rutus ⟨a, um⟩ *Adj* ||ruo[1]|| (*nachkl.*) *poet* halb eingerissen, halb zerstört, halb eingestürzt

sēmis ⟨issis⟩ *u. indekl m*

1. Hälfte eines zwölfteiligen Ganzen

2. halber As; (*spätl.*) halber solidus; ***homo non semissis*** Mensch, der keinen Heller wert ist

3. *allg.* Hälfte

4. (*nachkl.*) halber Morgen Land, = *0,125 Hektar*

5. (*nachkl.*) Hälfte der Erbschaft

6. *Pl* ***semesses*** *von Zinsen* sechs Prozent jährlich

sēmi-senex ⟨senis⟩ *m* Plaut. halber Greis

sēmi-sepultus ⟨a, um⟩ *Adj* Ov. halb begraben

sēmi-somnis ⟨e⟩ *Adj u.* **sēmi-somnus** ⟨a, um⟩ *Adj* schlaftrunken

sēmi-sōnārius ⟨ī⟩ *m* ||zona|| Plaut. Hersteller von schmalen Gürteln

sēmi-spathium ⟨ī⟩ *n* (*spätl.*) kleine spatha, *germ. Halbschwert*

sēmi-supīnus ⟨a, um⟩ *Adj* halb zurückgelehnt

sēmita ⟨ae⟩ *f* ||se[2], meo||

1. schmaler Fußweg, Pfad, Bürgersteig

2. *fig* Bahn, Weg; ***semitam sapere*** den rechten Weg wissen

sēmi-tāctus ⟨a, um⟩ *Adj* ||tango|| Mart. halb berührt

sēmitālis ⟨e⟩ *Adj* ||semita|| Verg. an den Fußwegen verehrt

sēmitārius ⟨a, um⟩ *Adj* ||semita|| Catul. auf den Seitenwegen befindlich; ***moechi semitarii*** Freier in den Hinterhöfen

sēmi-tēctus ⟨a, um⟩ *Adj* ||tego|| (*nachkl.*) halb bedeckt, halb nackt

sēmitō ⟨āvī, ātum, āre 1.⟩ ||*Denom von* semita|| Mart. *einen Nebenweg* durchschneiden lassen

sēmi-ūncia ⟨ae⟩ *f* = ***semuncia***

sēmi-ustulandus ⟨a, um⟩ *Adj* ||ustulo|| Suet. halb zu verbrennen

sēmi-ustulātus ⟨a, um⟩ *Adj* ||ustulo|| halb verbrannt

sēmi-ustus ⟨a, um⟩ *Adj* ||uro|| halb verbrannt

sēmi-vir ⟨ī⟩ *m*

1. Ov. halb Mann und halb Stier = Minotaurus; Kentaur

2. (*nachkl.*) *poet* Zwitter, Hermaphrodit; Kastrat; *adj* kastriert; unmännlich; unzüchtig

sēmi-vīvus ⟨a, um⟩ *Adj* halb lebend, halb tot; *fig* halb abgestorben

sēmi-vocālis ⟨e⟩ *Adj* halb tönend; ***littera s.*** Halbvokal

Semnonēs ⟨um⟩ *m germ. Stamm zwischen Elbe u. Oder*

Sēmō ⟨ōnis⟩ *m alter Saatgott*; → ***Sancus***

sēmōta ⟨ōrum⟩ *n* ||semotus|| entlegene Gegend

sēmōtus ⟨a, um⟩ *Adj* ||semoveo||

1. entfernt, entlegen, *ab aliquo* von j-m, *alicui rei* von etw; ***locus s.*** entlegener Ort

2. *fig* vertraulich, geheim; ***arcana semotae dictionis*** Tac. Geheimnisse der vertraulichen Unterredung

3. *fig* ohne *j-n/etw*, *ab aliquo/a re*; ***s. amicis*** ohne Freunde

4. *fig* verschieden, *a re* von etw

sē-moveō ⟨mōvī, mōtum, movēre 2.⟩ beiseite schaffen, entfernen; absondern, ausschließen; ***aliquem a liberis s.*** j-n von den Kindern entfernen; ***a philosophia s.*** von der Philosophie ausschließen

▶ **semper** *Adv*

1. immer, jederzeit; *beim Subst. adj* ständig, immer während; ***pacis semper auctor*** Liv. ständiger Friedensstifter

2. von jeher

sempiternum *Adv* ||sempiternus|| auf immer

▶ **sempiternus** ⟨a, um⟩ *Adj* ||semper|| immer während, beständig, ewig; ***s. Vestae ignis*** das ewige Feuer der Vesta

Semprōniānus ⟨a, um⟩ *Adj* des Sempronius, zu Sempronius gehörig

Semprōnius ⟨a, um⟩

I *Name einer röm. gens, aus der u. a. die Gracchen stammten*; → ***Gracchus.***

II *Adj* des Sempronius, zu Sempronius gehörig

semul *Adv u. Konj* = ***simul***

sēm-ūncia ⟨ae⟩ *f*

1. halbe Unze, halbes Zwölftel *eines zwölfteiligen Ganzen*

2. *Gewicht* 1/24 Pfund = 13,6 g

3. 1/24 der Erbschaft; ***heres ex semuncia*** Erbe des 24. Teils

4. *beim Zins* 1/24 des Kapitals; ***fenus ad semuncias redactum*** auf 1/24 des Kapitals herabgesetzter Zins

sēmūnciārius ⟨a, um⟩ *Adj* ||semuncia|| von einer halben Unze; ***fenus semunciarium*** Zins von 1/24 monatlich = 1/2% Jahreszins

sēm-ustulātus ⟨a, um⟩ *Adj* = ***semiustulatus***

sēm-ustus ⟨a, um⟩ *Adj* = ***semiustus***

sen. *Abk* (*nlat.*) = ***senior*** der Ältere

Sena ⟨ae⟩ *f Küstenstadt in Umbrien*

senāculum ⟨ī⟩ *n* ||senatus|| (*vkl., nachkl.*) Sitzungssaal des Senats

senāpis ⟨is⟩ *f* = ***sinapi***

sēnāriolus ⟨ī⟩ *n* ||*Dim von* senarius|| kleiner Senar, unbedeutender Senar

sēnārius
I ⟨a, um⟩ *Adj* ||seni|| je sechs enthaltend; ***versus s.*** sechsfüßiger Vers
II ⟨ī⟩ *m* Senar, *Vers mit sechs meist jambischen Füßen*

▶ **senātor** ⟨ōris⟩ *m* ||senatus|| Senator, Mitglied des Senats; Ratsherr *bei nichtröm. Völkern*

senātōrius ⟨a, um⟩ *Adj* ||senator|| senatorisch, des Senats; ***senatorium consilium*** Richterkollegium aus Senatoren

▶ **senātus** ⟨ūs⟩ *m* ||senex||
1. Senat, Staatsrat in Rom; *in der Königszeit beratende Versammlung aus den Ältesten der Patrizier; in der Republik oberste Regierungsbehörde aus Patriziern u. Plebejern; in der Kaiserzeit allmählicher Verlust der Bedeutung*; ***Senatus Populusque Romanus*** Senat und Volk von Rom = die Gesamtheit der Römer; ***in senatum venire*** in den Senat aufgenommen werden; ***senatu/de senatu movere*** aus dem Senat ausschließen; ***senatum legere*** die Senatorenliste verlesen; ***senatūs consultum*** voll gültiger Senatsbeschluss; ***senatūs consultum ultimum*** Feststellung des Notstandes des Staates
2. Senatsversammlung, Senatssitzung; ***s. frequens*** beschlussfähige Senatsversammlung
3. (*nachkl.*) Senatorensitze, Senatorenplätze *im Theater*

Seneca ⟨ae⟩ *m Beiname der gens Annaea*; ***L. Annaeus Seneca*** *stoischer Philos. u. Schriftsteller, Erzieher Neros, starb 65 n Chr. auf Neros Anordnung durch Selbstmord*

senecta ⟨ae⟩ *f* = ***senectus***[2]

senectus[1] ⟨a, um⟩ *Adj* ||senex|| (*unkl.*) alt, bejahrt

▶ **senectūs**[2] ⟨ūtis⟩ *f* ||senex||
1. Greisenalter, hohes Alter; ***s. orationis*** Reife der Rede
2. *meton* die Greise
3. *meton* graues Haar
4. *poet* Verdrießlichkeit
5. *fig* Alter, lange Dauer *einer Sache*

seneō ⟨-, -, ēre 2.⟩ ||*Denom von* senex|| Catul. alt sein

senēscō ⟨senuī, -, senēscere 3.⟩ ||*Inkoh von* seneo|| alt werden, altern; *fig* abnehmen, hinschwinden, verfallen; Einfluss verlieren; ***consilia senescunt*** Pläne werden vereitelt

▶ **senex**
I *Gen* ⟨senis⟩ *Adj*, *Komp* ⟨senior, ius⟩ *von Personen* alt, bejahrt, hochbetagt
II ⟨senis⟩ *m u. f* Greis, Greisin; ***seniores*** die Älteren

sēnī ⟨ae, a⟩ *Num distr* je sechs, sechs auf einmal; ***bis seni dies*** zwölf Tage

senīlis ⟨e⟩ *Adj*, *Adv* ⟨senīliter⟩ ||senex|| gealtert, greisenhaft, Greisen…; ***adoptio s.*** von einem Greis herrührende Adoption

sēniō ⟨ōnis⟩ *m* ||seni|| Suet. die Sechs *im Würfelspiel*

senior ⟨ius⟩ *Komp* → ***senex***

senium ⟨ī⟩ *n* ||senex||
1. Altersschwäche; *von Sachen* das Hinschwinden, Verfall
2. *fig* Trauer; Trübsal, Melancholie

senius ⟨ī⟩ *m* ||senex|| (*vkl., nachkl.*) der Alte

Sēnōnes ⟨um⟩, *Akk Pl* ⟨as⟩ *m gall. Stamm in Gallia Lugdunensis mit der Hauptstadt Agedincum, heute Sens*

sēnsa ⟨ōrum⟩ *n* ||sentio|| Ansichten, Gedanken, Vorstellungen

sēnsī → ***sentio***

sēnsibilis ⟨e⟩ *Adj* ||sentio||
1. (*nachkl.*) empfindbar, fühlbar; ***s. auditu*** hörbar
2. (*spätl.*) der Empfindung fähig, mit Gefühl

sēnsiculus ⟨ī⟩ *m* ||*Dim von* sensus|| Quint. kleiner Satz

sēnsi-fer ⟨fera, ferum⟩ *Adj* ||sensus, fero|| Lucr. Empfindung verursachend

sēnsilis ⟨e⟩ *Adj* ||sentio|| Lucr. empfindbar, wahrnehmbar

sēnsim *Adv* ||sentio|| kaum merklich, allmählich, nach und nach

sēnsuālis ⟨e⟩ *Adj* ||sensus|| (*eccl.*) sinnlich

sēnsuālitās ⟨ātis⟩ *f* ||sensualis|| (*eccl.*) Empfindsamkeit, Sinnlichkeit

sēnsus[1] ⟨a, um⟩ *PPP* → ***sentio***

▶ **sēnsus**[2] ⟨ūs⟩ *m* ||sentio||
1. Gefühl, Empfindung, *alicuius/alicuius rei* von j-m/von etw
2. Wahrnehmung
3. *meton* Empfindungsvermögen, Sinn; ***res sensibus subiectae*** sinnlich wahrnehmbare Dinge
4. Besinnung, Bewusstsein
5. Verstand, Denkvermögen; natürliches Gefühl; Seele; ***imi sensūs*** das Innerste der Seele
6. Verständnis, Geschmack
7. Ansicht, Meinung; ***s. communis*** allgemeine Anschauungsweise
8. (*nachkl.*) RHET, PHIL Bedeutung *eines Wortes*, Inhalt *einer Schrift*
9. (*nachkl.*) Gedanke, Idee
10. (*nachkl.*) Satz, Periode
11. Gefühl; Takt
12. Gesinnung, Sinnesart, *auch Pl*; ***eodem quo vos sensu sum*** ich habe die gleiche Gesinnung wie ihr; ***s. communis*** herrschende Stimmung
13. Affekt, Rührung

sententia ⟨ae⟩ *f* ||sentio||
1. Meinung, Ansicht, *alicuius* j-s, *de re* über etw; ***meā sententiā*** meiner Meinung nach; ***ex animi mei sententia*** nach bestem Wissen und Gewissen
2. Wille, Entschluss, Beschluss; Gedanke, Wunsch; Grundsatz *des Handelns*; ***s. est/stat*** es ist fest beschlossen, es ist mein Wille; ***animi s.*** Herzenswunsch
3. *bei Abstimmungen* Stimme; Antrag, Vorschlag; ***sententiam dicere/ferre/dare*** seine Stimme abgeben; ***sententiam referre*** seinen Antrag vorbringen; ***sententiam rogare*** zur Abstimmung aufrufen; ***in sententiam alicuius discedere/ire*** j-s Votum beipflichten; ***liberis sententiis*** bei freier Abstimmung
4. Urteilsspruch, Urteil; ***sententiam ferre*** sein Urteil abgeben; ***sententiam dicere*** sein Urteil abgeben, das Urteil verkünden; ***s. tremenda*** (*mlat.*) Jüngstes Gericht
5. Bedeutung *eines Wortes*, Inhalt *einer Schrift od Rede*; ***verba nullā subiectā sententiā*** Worte ohne allen Sinn
6. Satz, Spruch, Sinnspruch, Sentenz

S

sententio ⟨avi, atum, are 1.⟩ *(mlat.)*
I *v/i* urteilen
II *v/t* verurteilen
sententiola ⟨ae⟩ *f* ||*Dim von* sententia|| Sprüchlein, Redensart
sententiōsus ⟨a, um⟩ *Adj, Adv* ⟨sententiōsē⟩ ||sententia|| *(vkl., nachkl.)* sinnreich, gedankenreich, mit vielen Sentenzen, *auch* witzig
senticētum ⟨ī⟩ *n* ||sentis|| *(vkl., nachkl.)* Dornengestrüpp
sentīna ⟨ae⟩ *f*
1. Kielwasser, Schiffsjauche
2. Kloake, Pfuhl; *fig* Auswurf; ***haec s. urbis*** Cic. dieser Auswurf der Stadt
sentiō ⟨sēnsī, sēnsum, sentīre 4.⟩
1. fühlen, empfinden, wahrnehmen, *abs od aliquid* etw, + *AcI* / + *Nom* + *Part*; ***suavitatem cibi s.*** die Süße der Speise schmecken; ***strepitum s.*** Lärm hören; ***s. aliquem*** mit j-m schlafen; ***aliquem perterritum s.*** j-s Verwirrung bemerken
2. schmerzlich empfinden, kennen lernen, *aliquid* etw, + *indir Fragesatz*
3. wahrnehmen, merken, erkennen, einsehen, *abs od aliquid* etw, *de re* von etw, + *AcI* / + *indir Fragesatz*; ***quod senserim*** soviel ich mir bewusst bin; ***plus s.*** mehr verstehen
4. meinen, denken, urteilen; ***idem/eadem de re publica s.*** die gleiche politische Einstellung haben; ***optime de re publica s.*** das Beste für den Staat wollen; ***vera de re s.*** die richtigen Ansichten über etw haben; ***cum aliquo s.*** auf j-s Seite stehen; ***contra aliquem/adversus aliquem s.*** gegen j-n feindlich gesinnt sein
5. sich *etw* unter *etw* vorstellen, + *dopp. Akk* / + *AcI*; ***eos bonos cives s.*** sich diese unter guten Bürgern vorstellen
6. sich äußern, abstimmen
sentis ⟨is⟩ *m u. f* Dornstrauch, Dornbusch
sentīscō ⟨-, īscere 3.⟩ ||*Inkoh von* sentio|| Lucr. wahrnehmen, merken
sentus ⟨a, um⟩ *Adj poet* dornig, rau, holperig; Ter. struppig
senuī → ***senesco***
se-orsum *u.* **se-orsus** *Adv* ||se², verto||
1. *örtl.* abgesondert, besonders, ohne; ***seorsum a rege*** ohne König; ***abs te seorsus cogito*** ich denke anders als du
2. ohne Zutun
sēparābilis ⟨e⟩ *Adj* ||separo|| trennbar, *a re* von etw
sēparātim *Adv* ||separatus|| besonders, abgesondert
sēparātiō ⟨ōnis⟩ *f* ||separo|| Absonderung, Trennung
sēparātus ⟨a, um⟩ *Adj, Adv* → ***sēparātim*** ||separo||
1. abgesondert, getrennt, verschieden, für sich; ***separatim dicere de re*** ohne spezielle Beziehung über etw reden
2. Hor. fern, entlegen
► **sē-parō** ⟨āvī, ātum, āre 1.⟩ absondern, scheiden, trennen; *fig* ausschließen, *a re / ex re / re* von etw, aus etw; ***suum consilium a ceteris s.*** einen Separatbeschluss fassen
sepelībilis ⟨e⟩ *Adj* ||sepelio|| Plaut. was sich vergraben lässt, was sich verbergen lässt
► **sepeliō** ⟨sepelīvī, sepultum, sepelīre 4.⟩
1. begraben, bestatten
2. *fig* vernichten, völlig unterdrücken; ***dolorem s.*** den Schmerz unterdrücken; ***bellum s.*** den Krieg ganz beenden
3. *Passiv* in *etw* versinken, *re* in etw; in Schlaf versinken, *abs*; ***sepulto custode*** da der Wächter eingeschlafen war
sēpēs ⟨is⟩ *f* = ***saepes***
sēpia ⟨ae⟩ *f* ||griech. Fw.|| Tintenfisch; *meton* Sekret des Tintenfisches
sēpiō ⟨sēpsī, sēptum, sēpīre 4.⟩ = ***saepio***
sēpiola ⟨ae⟩ *f* ||*Dim von* sepia|| Plaut. kleiner Tintenfisch
sē-pōnō ⟨posuī, positum, pōnere 3.⟩
1. beiseite legen
2. aufsparen, sparen, ***pecuniam*** Geld
3. vorbehalten, reservieren, *alicui aliquid* j-m etw; ***primitias Iovi s.*** die ersten Früchte für Jupiter reservieren; ***senectui s.*** dem Alter vorbehalten
4. aussondern, trennen; ***unam de mille sagittis s.*** Ov. einen Pfeil aus tausend auswählen
5. unterscheiden, *aliquid re* etw von etw
6. *(nachkl.)* entfernen, fern halten; ***interesse pugnae an seponi*** Tac. am Kampf teilnehmen oder sich fern halten
7. *(nachkl.)* verbannen, ***aliquem in insulam*** j-n auf eine Insel
8. **sēpositus** ⟨a, um⟩ *Adj* ausgesucht; entfernt, abgeschlossen; ***vestis seposita*** Staatskleid, Festtagskleid
sēpse = ***se ipse*** sich selbst
sēpta ⟨ōrum⟩ *n* = ***saepta***
► **septem** *indekl Num card* sieben; *die sieben Weisen*; ***Septem aquae*** Gegend der sieben Bäche, *wasserreiche u. fruchtbare Gegend bei Reate*; ***Septem stellae*** Siebengestirn des Großen Bären
September
I ⟨bris, bre⟩ *Adj* ||septem||
1. zur Sieben gehörig
2. zum September gehörig
II ⟨bris⟩ *m* September
septem-decim ||septem, decem|| *indekl Num card* siebzehn
septem-fluus ⟨a, um⟩ *Adj* ||fluo|| in sieben Armen strömend; ***s. Nilus*** der siebenarmige Nil
septem-geminus ⟨a, um⟩ *Adj* siebenfach; ***s. Nilus*** der siebenarmige Nil; ***septemgemini exitus Histri*** das siebenarmige Delta der unteren Donau; ***septemgemina Roma*** das auf sieben Hügeln liegende Rom
septem-pedālis ⟨e⟩ *Adj* Plaut. sieben Fuß lang, sieben Fuß hoch
septem-plex *Gen* ⟨plicis⟩ *Adj poet* siebenfach; *von Flüssen* in sieben Armen fließend; ***clipeus s.*** Schild mit sieben Schichten; ***s. Hister*** die siebenarmige untere Donau
septem-triō ⟨ōnis⟩ *m* = ***septentrio***
septem-vir ⟨ī⟩ *m* Septemvir, Mitglied des Siebenmännerkollegiums, *des höheren Priesterkollegiums zur Entlastung der Pontifices*; *Pl* Siebenmännerkollegium
septemvirālis
I ⟨e⟩ *Adj* ||septemvir|| zum Siebenmännerkollegium gehörig; ***auctoritas s.*** Ansehen des Sieben-

S

männerkollegiums
II ⟨is⟩ *m* = ***septemvir***
septemvirātus ⟨ūs⟩ *m* ||septemvir|| Amt eines Septemvir, Würde eines Septemvir
septēnārius ⟨a, um⟩ *Adj* ||septem|| aus sieben Teilen bestehend; (***versus***) ***s.*** siebenfüßiger Vers
septen-decim *indekl Num card* = ***septemdecim***
septēnī ⟨ae, a⟩ *Num distr* ||septem||
1. je sieben, sieben zugleich
2. *Sg* (*nachkl.*) siebenfach
septennium ⟨ī⟩ *n* ||septem, annus|| Zeitraum von sieben Jahren
septen-triō ⟨ōnis⟩ *m* ||septem||
1. Siebengestirn, Wagen, Großer Bär; ***s. maior*** Großer Bär; ***s. minor*** Kleiner Bär
2. *meton* Norden, *meist Pl*; Nordwind; ***ad septentriones iacēre/spectare/vergere*** sich nach Norden erstrecken; ***axis septentrionis*** Nordpol
septentriōnālia ⟨ium⟩ *n* ||septentrionalis|| nördliche Gegenden
septentriōnālis ⟨e⟩ *Adj* ||septentrio|| (*vkl., nachkl.*) nördlich
septentriōnārius ⟨a, um⟩ *Adj* ||septentrio|| nördlich
septiē(n)s *Num adv* ||septem|| siebenmal
septimāna ⟨ae⟩ *f* (*spätl.*) Woche
septimānī ⟨ōrum⟩ *m* ||septimanus|| Soldaten der siebten Legion
septimānus ⟨a, um⟩ *Adj* ||septimus|| sieben…
Septimius ⟨a, um⟩ *röm. Gentilname*; → ***Severus***
septimontiālis ⟨e⟩ *Adj* ||septem, mons|| zum Siebenhügelfest gehörig
septimus ⟨a, um⟩ *Num ord* ||septem|| der siebte; ***septimum*** *Adv* zum siebten Mal
septingentēsimus ⟨a, um⟩ *Num ord* ||septingenti|| der siebenhundertste
septin-gentī ⟨ae, a⟩ *Num card* ||septem, centum|| siebenhundert
septi-rēmis ⟨e⟩ *Adj* ||septem, remus|| mit sieben Ruderreihen; ***navis s.*** Curt. Siebendecker, Schiff mit sieben Ruderreihen
Septizōnium ⟨ī⟩ *n* ||septem, zona|| *Prachtbau des Septimius Severus, 203 n Chr. in Rom errichtet, im 16. Jh. abgetragen*
septuāgēnārius ⟨a, um⟩ *Adj* ||septuaginta|| aus siebzig Teilen bestehend; ***septuagenaria aetas*** Alter von siebzig Jahren
septuāgēsimus ⟨a, um⟩ *Num ord* ||septuaginta|| der siebzigste
septuāgintā *indekl Num card* siebzig
septu-ennis ⟨e⟩ *Adj* ||septem, annus|| (Plaut. *spätl.*) siebenjährig
septuennium ⟨ī⟩ *n* ||septuennis|| (*spätl.*) Zeitraum von sieben Jahren
septumus ⟨a, um⟩ *Num ord* = ***septimus***
sept-ūnx ⟨ūncis⟩ *m* ||septem, uncia|| (*nachkl.*) *poet* 7/12 eines zwölfteiligen Ganzen, sieben Unzen
sepulch… = ***sepulc…***
sepulcrālis ⟨e⟩ *Adj* ||sepulcrum|| Ov. zum Grab gehörig, Grab…, Leichen…; ***s. ara*** Altar zum Totenopfer; ***s. fax*** Leichenfackel
sepulcrētum ⟨ī⟩ *n* ||sepulcrum|| Catul. allgemeiner Begräbnisplatz
▶ **sepulcrum** ⟨ī⟩ *n* ||sepelio||
1. Grab, Grabhügel, Grabstätte
2. *meton* Grabmal, Grabstein
3. *poet* der Tote; *Pl* die Manen; ***muta sepulcra*** Catul. die schweigenden Toten
4. *poet* Tod
sepultūra ⟨ae⟩ *f* ||sepelio|| Begräbnis, Bestattung; (*nachkl.*) Verbrennung; ***aliquem sepulturā afficere*** j-n bestatten
sepultus ⟨a, um⟩ *PPP* → ***sepelio***
Sēquana ⟨ae⟩ *f* die Seine
Sēquanī ⟨ōrum⟩ *m* die Sequaner, *kelt. Volk zwischen Saône, Rhône u. Jura, Hauptstadt Vesontio*
Sēquanus ⟨a, um⟩ *Adj* sequanisch, zu den Sequanern gehörig
sequāx *Gen* ⟨ācis⟩ *Adj* ||sequor|| schnell folgend, heftig nachdrängend; ***flammae sequaces*** lodernde Flammen; ***fumus s.*** überall eindringender Rauch
sequentia ⟨ae⟩ *f* ||sequens, *PPr von* sequor|| Folge, Reihenfolge; (*mlat.*) Sequenz, *Chorlied der Messliturgie des MA*
sequester
I ⟨tra, trum⟩ *Adj u.* **sequester** ⟨tris, tre⟩ *Adj* ||sequor|| *poet* vermittelnd; ***sequestrā pace*** Verg. durch Vermittlung des Friedens
II ⟨tris⟩ *u.* ⟨trī⟩ *m* Vermittler, Mittelsperson bei einem Rechtsstreit
sequestrātiō ⟨ōnis⟩ *f* ||sequestro|| (*spätl.*) Hinterlegung *beschlagnahmter od strittiger Gegenstände*
sequestre ⟨is⟩ *n* = ***sequestrum***
sequestrō ⟨āvī, ātum, āre 1.⟩ ||sequester|| (*eccl.*) *strittige Gegenstände* zum Aufheben geben, hinterlegen
sequestrum ⟨ī⟩ *n* ||sequester|| Hinterlegung *einer strittigen Sache* bei einem Unparteiischen
sequius *Adv Komp* → ***secus***[2]
sequor ⟨secūtus sum, sequī 3.⟩

1. folgen
2. verfolgen
3. nachfolgen, nachkommen
4. folgen, an die Reihe kommen
5. verfolgen
6. aufsuchen
7. die Folge sein
8. folgen, sich ergeben
9. Folge leisten, nachgeben
10. von selbst folgen, sich einstellen
11. zufallen, zuteil werden

1. *j-m* folgen, *j-m* nachfolgen, *j-n/etw* begleiten, *abs od aliquem/aliquid*; ***Caesarem ex urbe s.*** Caesar aus der Stadt begleiten; ***alicuius castra s.*** unter j-m Soldat sein
2. *feindlich* verfolgen
3. *zeitl. od der Reihe nach* nachfolgen, nachkommen, *abs od aliquid* einer Sache; ***et quae sequuntur*** und so weiter; ***sequens*** der folgende; ***ex re s.*** im Anschluss an etw nachfolgen
4. *in der Rede* folgen, an die Reihe kommen
5. *ein Ziel* verfolgen; *fig einer Sache* nachjagen, nach *etw* trachten, *aliquid*; ***ferro extrema s.*** sich mit dem Schwert töten; ***fidem alicuius s.*** sich freiwillig unter j-s Schutz stellen; ***virginem s.*** sich um ein Mädchen bewerben
6. *einen Ort* aufsuchen

7. die Folge sein, *aliquid* von etw
8. *log.* folgen, sich ergeben; ***sequitur*** daraus folgt, *ut* dass, + *AcI*
9. Folge leisten, nachgeben, sich fügen, *aliquem / aliquid* j-m / einer Sache; ***s. aliquem*** j-s Beispiel folgen, j-s Partei ergreifen; ***liberi sequuntur patrem*** die Kinder folgen dem Stand des Vaters
10. von selbst folgen, sich einstellen; ***telum non sequitur*** das Geschoss lässt sich nicht herausziehen
11. *als Besitz* zufallen, zuteil werden, *aliquem* j-m
Ser. *Abk* = ***Servius***
Sēr ⟨Sēris⟩ *m Sg* → ***Seres***
sera ⟨ae⟩ *f* (*unkl.*) kleiner Querbalken *zum Verriegeln der Tür*
Serāpēum ⟨ī⟩ *n* ||Serapis|| *Heiligtum des Serapis, von Ptolemaios I. in Alexandria errichtet*
Serāpis ⟨is⟩ *u.* ⟨idis⟩ *m ägyptische Gottheit, Reichsgott der Ptolemäer, bei den Griechen vielfach mit Zeus u. Hades, von den Römern mit Jupiter u. Pluto gleichgesetzt, auch Heilgott*
serēnitās ⟨ātis⟩ *f* ||serenus||
1. heiteres Wetter; (*nachkl.*) *fig* Heiterkeit, Gunst; ***s. fortunae*** Liv. Gunst des Schicksals
2. (*spätl.*) Durchlaucht, Hoheit, *Titel des Kaisers*
serēnō ⟨āvī, ātum, āre 1.⟩ ||*Denom von* serenus||
I *v/t* aufheitern, ***caelum*** den Himmel; ***spem fronte s.*** durch eine heitere Stirn Hoffnung zeigen
II *v/i* heiter sein
serēnum ⟨ī⟩ *n* ||serenus|| heiteres Wetter
► **serēnus** ⟨a, um⟩ *Adj*
1. heiter, hell, klar; heiteres Wetter bringend; ***caelum serenum*** heiterer Himmel; ***serena nubes*** regenlose Wolke; ***auster s.*** aufheiternder Südwestwind
2. *fig* heiter, fröhlich, ruhig; ***sereno vultu*** mit heiterer Miene
Serēnus ⟨ī⟩ *m* Durchlaucht, *Titel des Kaisers*
Sēres ⟨um⟩ *m* die Serer, Chinesen, *berühmt durch die Herstellung von Seide*
serēscō ⟨-, -, ēscere 3.⟩ ||serenus|| trocken werden; ***vestes sole serescunt*** Lucr. die Kleider trocknen in der Sonne
Sergius ⟨a, um⟩ *etrusk.-röm. Gentilname*; → ***Catilina***
sēria[1] ⟨ae⟩ *f* Tonne, Fass *für Öl u. Wein*
sēria[2] ⟨ōrum⟩ *n* ||serius|| ernste Dinge, Ernst
sērica ⟨ōrum⟩ *n* ||Seres|| seidene Kleider, Seidenstoffe
sēricātus ⟨a, um⟩ *Adj* ||serica|| Suet. in Seidenkleidern
Sēricus ⟨a, um⟩ *Adj* ||Seres|| serisch, von den Serern, chinesisch; aus Seide; ***sagittae Sericae*** serische Pfeile; ***Serica vestis*** Seidenkleid; ***Serici pulvilli*** Seidenkissen; ***Serica carpenta*** seidenbespannte Karosse
► **seriēs** ⟨ēī⟩ *f* ||sero[1]||
1. Reihe, Kette; ***s. plurium navium*** Liv. Reihe aus mehreren Schiffen; ***annorum s.*** eine Reihe von Jahren
2. (*nachkl.*) *poet* Abfolge von Geschlechtern, Ahnenreihe; ***dignus vir hac serie*** Ov. ein dieser Ahnen würdiger Mann; ***in seriem annorum*** (*mlat.*) in alle Ewigkeit
sēriō *Adv* → ***serius***[2]

seriosus ⟨a, um⟩ *Adj* ||serius[2]|| (*mlat.*) ernst, zurückhaltend
sēri-sapia ⟨ae⟩ *f* ||serus, sapio|| Petr. Speise, die später schmeckt
sērium ⟨ī⟩ *n* ||serius[2]|| Ernst
sērius[1] *Adv Komp* → ***serus***
► **sērius**[2] ⟨a, um⟩ *Adj, Adv* ⟨sēriō⟩
1. ernst, ernsthaft, *nur von Sachen*; ***seria res*** ernste Sache; ***serium verbum*** ernstes Wort
2. *Adv* im Ernst, ernstlich
sermō *u.* **sermo** ⟨ōnis⟩ *m*
1. das Sprechen; Gespräch, Unterhaltung; ***s. litterarum*** briefliche Unterhaltung; ***sermonem habere / conferre cum aliquo*** ein Gespräch mit j-m führen
2. Unterredung, gelehrtes Gespräch, Dialog; ***sermoni interesse*** an der Besprechung teilnehmen; ***s. consulto longior instituitur*** die Unterredung wird absichtlich in die Länge gezogen; ***s. est / fit de re*** das Gespräch geht um etw; ***Socratis sermones*** Dialoge des Sokrates
3. *pej* Gerede, Gerücht; *meton* Gegenstand des Geredes; ***in sermonem hominum venire*** ins Gerede der Leute kommen; ***sermonem alicui dare / praebere*** j-m Anlass zum Gerede geben
4. *meton* Inhalt des Gesprächs
5. Sprache, Umgangssprache; ***s. Latinus*** lateinische Sprache; ***patrius s.*** Muttersprache
6. Schrift in der Umgangssprache; ***sermones*** Satiren *des Horaz*
7. Mundart, Dialekt
8. Redeweise, Ausdrucksweise; ***s. proletarius*** Redeweise der unteren Schicht; ***sermonis error*** falsche Ausdrucksweise
9. (*mlat.*) Predigt; ***s. divinus*** Gottes Wort
sermōcinātiō ⟨ōnis⟩ *f* ||sermocinor||
1. (*nachkl.*) Zwiegespräch, Dialog
2. RHET Einführung des Redenden
sermōcinātrīx ⟨īcis⟩ *f* ||sermocinor||
1. Gesprächspartnerin
2. Quint. RHET Kunst der Unterredung
sermōcinor ⟨ātus sum, ārī 1.⟩ ||sermo||
1. sprechen, *abs od cum aliquo* mit j-m
2. ein gelehrtes Gespräch führen
sermunculus ⟨ī⟩ *m* ||*Dim von* sermo|| Klatsch
► **serō**[1] ⟨seruī, sertum, serere 3.⟩
1. aneinander reihen, zusammenfügen, zusammenknüpfen; ***loricae sertae*** Kettenpanzer
2. *fig* verknüpfen, aufeinander folgen lassen; *Passiv* sich aneinander reihen; ***bella ex bellis s.*** Krieg an Krieg reihen
► **serō**[2] ⟨sēvī, satum, serere 3.⟩
1. säen, aussäen, pflanzen, *abs u. aliquid* etw; ***arbores s.*** Bäume pflanzen
2. besäen, bepflanzen; ***agrum s.*** das Feld bestellen
3. *fig* zeugen, erzeugen
4. *fig* aussäen, ausstreuen, verursachen
sērō[3] *Adv* → ***serus***
sērō-tinus ||sero[3]|| (*nachkl.*) spät kommend, spät handelnd; ***serotinae hiemes*** späte Winter
► **serpēns** ⟨entis⟩ *f* ||serpo||
1. Kriechtier, Schlange, Drache, *auch als Sternbild*
2. ***s. antiquus*** (*mlat.*) Teufel
serpenti-gena ⟨ae⟩ *m* ||serpens, gigno|| Ov. Schlan-

gensöhne, Drachensöhne, *die aus den von Kadmos gesäten Drachenzähnen hervorgewachsenen Bewaffneten*

serpentīnus ⟨a, um⟩ *Adj* ||serpens|| *(eccl.)* Schlangen…

serpenti-pēs *Gen* ⟨pedis⟩ *Adj* ||serpens|| Ov. schlangenfüßig

serperastra ⟨ōrum⟩ *n*
1. *(vkl.) orthopädische* Knieschienen
2. *fig* Zwangsjacke

serpillum ⟨ī⟩ *n* = ***serpullum***

serpō ⟨serpsī, serptum, serpere 3.⟩
1. kriechen, schleichen, ***per humum / humi*** auf dem Boden
2. sich schlängeln; ***Hister in mare serpit*** Ov. die untere Donau schlängelt sich ins Meer

serpullum ⟨ī⟩ *n* Verg. Thymian, *eine Gewürzpflanze*

serra ⟨ae⟩ *f* Säge

serrācum ⟨ī⟩ *n*
1. zweirädriger Lastkarren mit Kasten, *auch zur Beförderung von Personen*
2. Wagen, *als Sternbild*

serrātī ⟨ōrum⟩ *m* ||serratus|| Serraten, *Silberdenare mit gezacktem Rand*

serrātus ⟨a, um⟩ *Adj* ||serra|| *(nachkl.)* gesägt, *von Münzen* gerändert

serrula ⟨ae⟩ *f* ||*Dim von* serra|| kleine Säge

serta ⟨ōrum⟩ *n* ||sero[1]|| Kranz, Girlande

Sertōriānus ⟨a, um⟩ *Adj* des Sertorius, zu Sertorius gehörig

Sertōrius ⟨a, um⟩ *röm. Gentilname;* ***Q. Sertorius*** *aus Nursia, 123–72 v. Chr., Redner, Anhänger des Marius u. Gegner Sullas, Prätor in Spanien, von den Truppen Sullas vertrieben, später von den Lusitaniern zurückgerufen, stellte sich an die Spitze des Befreiungskampfes der Spanier gegen Rom; 72 v. Chr. ermordet*

sertus ⟨a, um⟩ *PPP* → ***sero[1]***

serum[1] ⟨ī⟩ *n* Verg. Molke; Catul. *fig* männlicher Same

sērum[2] ⟨ī⟩ *n* ||serus|| späte Zeit; ***in serum noctis*** bis tief in die Nacht; ***sero diei*** spät am Tag

▶ **sērus** ⟨a, um⟩ *Adj, Adv* ⟨sērō⟩
1. spät, erst spät, zu spät, *alicuius rei* in etw, an etw; ***arbor sera*** langsam wachsender Baum; ***platanus sera*** alte Platane; ***bellum serum*** endloser Krieg; ***serae poenae*** späte Strafen; ***sera iuvenum Venus*** Tac. spät erwachte sinnliche Lust der jungen Männer
2. *Adv* spät, abends, zu spät, verspätet; ***serius*** zu spät; ***quam serissime*** möglichst spät; ***serius ocius*** früher oder später; ***omnium spe serius*** zu spät für die Hoffnung von allen; ***paulo serius*** ein wenig später, ein wenig zu spät

serva ⟨ae⟩ *f* ||servus|| Sklavin

servābilis ⟨e⟩ *Adj* ||servo|| Ov. rettbar

servantissimus ⟨a, um⟩ *Adj* ||*Sup von* servans|| Verg. streng beobachtend, *alicuius rei* etw

servātiō ⟨ōnis⟩ *f* ||servo|| Plin. Verfahrensweise, Praxis

servātor ⟨ōris⟩ *m* ||servo|| Retter, Hüter, Erhalter

servātrīx ⟨īcis⟩ *f* ||servator|| Retterin, Erhalterin

Servīliānus ⟨a, um⟩ *Adj* des Servilius, zu Servilius gehörig

▶ **servīlis** ⟨e⟩ *Adj, Adv* ⟨servīliter⟩ ||servus|| sklavisch, Sklaven…; ***bellum servile*** Sklavenkrieg; ***terror s.*** Angst vor Sklaven; ***servilem in modum*** wie Sklaven

Servīlius ⟨a, um⟩ *altröm. Gentilname*

serviō ⟨īvī⟩ *u.* ⟨iī, ītum, īre 4.⟩ ||*Denom von* servus||
1. Sklave sein, im Dienst stehen, *apud aliquem* bei j-m; dienen, *alicui* j-m; ***multi Carthaginienses Romae serviebant*** Cic. viele Karthager waren Sklaven in Rom; ***servitutem s.*** in völliger Knechtschaft leben
2. POL untertan sein, *abs od alicui* j-m
3. gefällig sein, *alicui / alicui rei* j-m / einer Sache; ***auribus alicuius s.*** j-m nach dem Mund reden
4. sich *einer Sache* fügen, sich nach *etw* richten, *alicui rei*; ***temporibus s.*** sich den Zeitumständen anpassen
5. sich widmen, sich hingeben, *alicui rei* einer Sache; ***voluptatibus s.*** sich den Genüssen hingeben
6. *(nachkl.)* nützen, dienen, *alicui rei* einer Sache
7. *von Grundstücken u. Häusern* belastet sein

▶ **servitium** ⟨ī⟩ *n* ||servus||
1. Sklaverei, Knechtschaft; Sklavenstand; ***in servitium ducere*** in die Sklaverei wegführen; ***servitii signum*** Ov. Zeichen der Knechtschaft
2. *Sg u. Pl meton* die Sklaven, Gesinde
3. *(mlat.)* Abgabe, Steuer
4. *Pl (mlat.)* Einkünfte

servitrīcius ⟨a, um⟩ *Adj* ||servus|| Plaut. Sklaven…

servitūdō ⟨inis⟩ *f* ||servus|| Liv. Sklaverei

servitūs ⟨ūtis⟩ *f* ||servus||
1. Sklaverei, Knechtschaft; Sklavenstand
2. *meton* die Sklaven
3. *fig* Unterwürfigkeit, unbedingter Gehorsam
4. JUR Belastung *eines Grundstücks od Hauses*; Nutzungsrecht *eines anderen auf das Eigentum*

Servius ⟨a, um⟩ *röm. Vorname, v. a. in der gens Sulpicia, Abk Ser*

servō ⟨āvī, ātum, āre 1.⟩
1. bewachen, ***reos liberā custodiā*** die Angeklagten im Hausarrest
2. *j-n / etw* beobachten, auf *etw* achten, *aliquem / aliquid*; ***serva*** gib Acht!, pass auf!; ***servantia lumina*** wachsame Augen
3. *einen Ort* behaupten, an *einem Ort* bleiben, *locum*; ***hydra servans ripas*** die in der Ufergegend sich aufhaltende Schlange
4. *fig etw* bewahren, *etw* beibehalten, an *etw* festhalten, *aliquid*; ***pacta s.*** Verträge einhalten; ***fidem s.*** die Treue wahren; ***signa s.*** bei den Fahnen bleiben
5. *für die Zukunft* aufbewahren, aufsparen, *aliquid alicui* etw j-m, *alicui rei / ad rem / in rem* für etw; ***se ad maiora s.*** sich für Größeres aufbewahren
6. retten, schützen, *aliquem / aliquid* j-n / etw, *alicui* für j-n, + *dopp. Akk*; ***amicum ex periculo s.*** den Freund aus der Gefahr retten

servol… *(altl.)* = ***servul…***

servula ⟨ae⟩ *f* ||*Dim von* serva|| junge Sklavin

servulicola ⟨ae⟩ *f* ||servulus, colo|| Plaut. Straßendirne

servulus ⟨ī⟩ *m* ||*Dim von* servus|| Plaut. junger Sklave

▶ **servus**

S

I ⟨a, um⟩ *Adj*
1. sklavisch, Sklaven…; ***serva aqua*** Wasser, das von Sklaven getrunken wird
2. JUR *von Grundstücken u. Häusern* mit Nutzungsrecht *eines anderen* belastet
II ⟨ī⟩ *m*
1. Sklave
2. *(mlat.)* Leibeigener, Unfreier; Trossknecht
sēsama ⟨ae⟩ *f* ||griech. Fw.|| *(nachkl.)* Sesam
sescēnāris ⟨e⟩ *Adj* = ***sescennaris***
sescēnārius ⟨a, um⟩ *Adj* ||sesceni|| sechshundert Mann stark
sescēnī ⟨ae, a⟩ *Num distr* ||sescenti|| je sechshundert
sesc-ennāris ⟨e⟩ *Adj* ||sesqui, annus|| eineinhalbjährig
sescentēnī ⟨ae, a⟩ *Num distr* = ***sesceni***
sescentēsimus ⟨a, um⟩ *Num ord* ||sescenti|| der sechshundertste
ses-centī ⟨ae, a⟩ *Num card* sechshundert; *fig* unzählige
sescentiē(n)s *Num adv* ||sescenti|| sechshundertmal
sescento-plāgus ⟨ī⟩ *m* ||sescenti, plaga[1]|| Plaut. der sechshundert Schläge bekommt
sēscu-plex *Gen* ⟨plicis⟩ *Adj* = ***sesquiplex***
sēscuplum ⟨ī⟩ *n* ||sesqui|| *(nachkl.)* das Eineinhalbfache
sēsē *refl Pr* = ***se[1]***
seselis ⟨is⟩ *f* ||griech. Fw.|| Steinkümmel, *eine Pflanze*
sēsque-opus ⟨eris⟩ *n* = ***sesquiopus***
sēs-qui *Adv* um die Hälfte mehr, eineinhalb; *in Zusammensetzungen* eineinhalb; *mit Ordnungszahlen* ein Bruchteil mehr *als die angegebene Einheit*; ***sesqui maior*** um die Hälfte größer, eineinhalbmal so groß; ***sesquioctavus*** neun Achtel enthaltend
sēsqui-alter ⟨era, erum⟩ *Adj* eineinhalb
sēsqui-hōra ⟨ae⟩ *f* Plin. eineinhalb Stunden
sēsqui-modius ⟨ī⟩ *m* eineinhalb Scheffel
sēsqui-octāvus ⟨a, um⟩ *Adj* neun Achtel enthaltend
sesqui-opus ⟨eris⟩ *n* Plaut. eineinhalb Tagewerke
sēsquipedālis ⟨e⟩ *Adj* ||sesquipes|| eineinhalb Fuß lang, eineinhalb Fuß dick; ***sesquipedalia verba*** Hor. *fig* sehr lange Wörter
sēsqui-pēs ⟨pedis⟩ *m* *(vkl., nachkl.)* eineinhalb Fuß
sēsqui-plāga ⟨ae⟩ *f* Tac. eineinhalb Schläge
sēsquiplex *Gen* ⟨plicis⟩ *Adj* eineinhalbfach
sēsqui-tertius ⟨a, um⟩ *Adj* vier Drittel enthaltend
sessibulum ⟨ī⟩ *n* ||sessus, *PPP von* sedeo|| *(vkl., nachkl.)* Sitz, Stuhl, Sessel
sessilis ⟨e⟩ *Adj* ||sedeo|| *(nachkl.)*
1. zum Sitzen geeignet
2. feststehend
3. niedrig
sessiō ⟨ōnis⟩ *f* ||sedeo||
1. das Sitzen
2. *meton* Sitzung
3. Sitzgelegenheit
sessitō ⟨āvī, ātum, āre 1.⟩ ||*Freq von* sedeo|| immer sitzen, *in re* auf etw
sessiuncula ⟨ae⟩ *f* ||*Dim von* sessio|| kleine Sitzung
sessor ⟨ōris⟩ *m* ||sedeo||
1. „Sitzer“, Zuschauer
2. *(nachkl.)* Reiter
3. Nep. Einwohner
sessum *PPP* → ***sedeo*** *u.* → ***sido***
sēstertia ⟨ōrum⟩ *n* ||sestertius|| 1000 Sesterze; ***decem s.*** 10 000 Sesterze
sēstertiolum ⟨ī⟩ *n* ||*Dim von* sestertium|| Mart. 100 000 Sesterze, ein „Milliönchen“
sēstertium ⟨ī⟩ *n mit Zahladverbien verbunden* 100 000 Sesterze; ***vicies s.*** zwei Millionen Sesterze; ***summa milies sestertii*** eine Summe von 100 Millionen Sesterzen
sēs-tertius nummus *m u.* **sēstertius** ⟨ī⟩ *m* der Sesterz, *Silber-, später Messingmünze, gängigste röm. Münze, bis 217 v. Chr mit einem Wert von 2 1/2 As = 1/4 Denar, später mit einem Wert von 4 As, abgek IIS, später HS od N*; ***nummo sestertio*** für eine Kleinigkeit; ***decem sestertii*** zehn Sesterze
Sēstiānus ⟨a, um⟩ *Adj* = ***Sextianus***
Sēstius ⟨a, um⟩ *röm. Gentilname* = ***Sextius***
Sēstos *u.* **Sēstus** ⟨ī⟩ *f Stadt auf der thrakischen Chersones, gegenüber von Abydos*
sēsuma ⟨ae⟩ *f* Plaut. = ***sesama***
set *Konj (altl.)* = ***sed[2]***
sēta ⟨ae⟩ *f* = ***saeta***
Sētia ⟨ae⟩ *f Stadt in Latium, heute Sezze*
sēti-ger ⟨gera, gerum⟩ *Adj* = ***saetiger***
Sētīnus ⟨a, um⟩ *Adj* aus Setia, zu Setia gehörig
sētius *Adv* weniger; *vermengt mit sequius* → ***secus[2]***
sētōsus ⟨a, um⟩ *Adj* = ***saetosus***
► **seu** *Konj* = ***sive***
sē-vehor ⟨vectus sum, vehī 3.⟩ wegfahren; ***gyro s.*** Prop. die Bahn verlassen
sevēritās ⟨ātis⟩ *f* ||severus|| Strenge, Härte *von Personen u. Sachen*; ***s. iudicis*** Strenge des Richters; ***s. aurium*** strenges Urteil
sevēritūdō ⟨inis⟩ *f (vkl., nachkl.)* = ***severitas***
► **sevērus** ⟨a, um⟩ *Adj, Adv* ⟨sevērē⟩ streng, ernst *von Personen u. Sachen, in aliquem* gegen j-n, *re/in re* in etw, *ad aliquid* in Bezug auf etw; ***custos s.*** strenger Wächter; ***poena severa*** harte Strafe; ***Falernum severum*** herber Falerner(wein)
Sevērus ⟨ī⟩ *m röm. Beiname*
1. ***Cornelius Severus*** *Epiker, Freund Ovids*
2. ***T. Cassius Severus*** *röm. Rhetor unter Augustus u. Tiberius*
3. ***Septimius Severus*** *röm. Kaiser 193–211 n. Chr.*
sēvī = ***sero[2]***
sē-vocō ⟨āvī, ātum, āre 1.⟩
1. beiseite rufen, abrufen
2. trennen; ***somno sevocatus animus a societate corporis*** die im Schlaf von der Gemeinschaft mit dem Körper getrennte Seele
sēvum ⟨ī⟩ *n* = ***sebum***
Sex. *Abk* = ***Sextus***
sexāgēnārius ⟨a, um⟩ *Adj* ||sexageni|| sechzigjährig
sexāgēnī ⟨ae, a⟩ *Num distr* ||sexaginta|| je sechzig
sexāgēsimus ⟨a, um⟩ *Num ord* der sechzigste
sexāgiē(n)s *Num adv* ||sexaginta|| sechzigmal; ***sexagies (sestertium)*** sechs Millionen Sesterze
sexāgintā *indekl Num card* ||sex|| sechzig; *fig* sehr viele
sex-angulus ⟨a, um⟩ *Adj (nachkl.) poet* sechseckig
sexcēnārius ⟨a, um⟩ *Adj* = ***sescenarius***
sexcēnī ⟨ae, a⟩ *Num distr* = ***sesceni***

sexcent… = ***sescent…***
sexdecim *indekl Num card* = ***sedecim***
sex-ennis ⟨e⟩ *Adj* ||annus|| sechsjährig; ***dies s.*** Frist von sechs Jahren
sexennium ⟨ī⟩ *n* ||sexennis|| Zeitraum von sechs Jahren
sexiē(n)s *Num adv* ||sex|| sechsmal
sex-prīmī ⟨ōrum⟩ *m* die sechs Obersten in der Stadtverwaltung
sextādecumānī ⟨ōrum⟩ *m* Tac. die Soldaten der 16. Legion
sextāns ⟨antis⟩ *m* ||sextus||
1. ein Sechstel *einer zwölfteiligen Einheit*
2. (*nachkl.*) 1/6 As = 2 unciae; *fig* Heller
3. der sechste Teil *einer Erbschaft*
4. (*nachkl.*) *poet* 1/6 Pfund
5. 1/6 sextarius; ***senos sextantes non excessit*** er überschritt nicht einen halben Liter *an Wein*
sextāriolus ⟨ī⟩ *m* ||*Dim von* sextarius|| Suet. Schöppchen, kleiner Krug
sextārius ⟨ī⟩ *m Flüssigkeitsmaß, ca. 0,5 l*; Krug
Sextiānus ⟨a, um⟩ *Adj* des Sextius, zu Sextius gehörig
Sextīlis
I ⟨e⟩ *Adj* ||sextus||
1. der sechste; ***mensis S.*** der Monat Sextilis, *der später August hieß*
2. zum August gehörig, August…
II ⟨is⟩ *m* der Monat Sextilis, *später August*
Sextius ⟨a, um⟩ *röm. Gentilname*; ***P. Sextius*** *Freund Ciceros, von diesem erfolgreich verteidigt*
sextula ⟨ae⟩ *f* ||sextus|| 1/6 einer uncia, 72. Teil *eines Ganzen*
sextus ⟨a, um⟩ *Num ord* ||sex|| der sechste; ***sextum*** zum sechsten Mal
Sextus ⟨ī⟩ *m röm. Vorname, abgek S. od Sex.*
► **sexus** ⟨ūs⟩ *m* natürliches Geschlecht *von Menschen u. Tieren*; ***virilis s.*** männliches Geschlecht; ***muliebris s.*** weibliches Geschlecht; ***liberi utriusque sexūs*** Kinder beiderlei Geschlechts
sī *Konj*
1. *in Wunschsätzen* o wenn doch, + *Konjkt*; ***o mihi praeteritos referat si Iuppiter annos*** Verg. o, wenn doch Jupiter mir die vergangenen Jahre zurückgäbe
2. *in Konditionalsätzen* wenn, + *Ind* / + *Konjkt*; ***si amicus venit, gaudeo*** wenn der Freund kommt, freue ich mich; ***si amicus veniret, gauderem*** wenn mein Freund käme, würde ich mich freuen; ***si amicus venisset, gavisus essem*** wenn mein Freund gekommen wäre, hätte ich mich gefreut
3. *bei wiederholten Handlungen od allg. gültigen Aussagen* jedes Mal wenn, sooft; ***si ferrum se inflexerat, hostes evellere non poterant*** wenn das Eisen sich umgebogen hatte, konnten die Feinde es nicht herausreißen
4. wenn anders, sofern nur; ***delectus habetur; si hic delectus appellandus est*** man hat Vergnügen; sofern dies Vergnügen genannt werden darf
5. *in indir Fragesatz* ob, ob etw, + *Konjkt*; ***quaesivit, si liceret*** er fragte, ob es erlaubt sei
6. ***mirari, si*** sich wundern, dass; ***mirum est, si*** es ist verwunderlich, dass
7. *nach Verben des Erwartens, Versuchens u. Ä.* ob; ***hanc paludem si nostri transirent hostes exspectabant*** Caes. die Feinde warteten, ob unsere Leute diesen Sumpf durchschreiten würden
8. *Verbindungen*: ***perinde ac si*** wie wenn, gleich als wenn, + *Konjkt*; ***si forte*** wenn etwa; ***si iam*** wenn nunmehr; ***si maxime*** wenn auch wirklich, selbst wenn im äußersten Fall; ***si modo*** wenn nur, wenn überhaupt; ***si quidem*** wenn doch einmal, sofern, da ja; ***si vero*** wenn gar, wenn wirklich; ***si minus*** wenn nicht; ***nisi si*** außer wenn; ***si vel*** wenn auch nur; ***si qui*** wer etwa, welcher etwa, *nach si entfällt die Vorsilbe ali-*
sibi *refl Pr im Dat* ||sui²|| sich; ***quid sibi vult haec res?*** was soll diese Sache bedeuten?
sībila ⟨ōrum⟩ *n* → ***sibilus²***
sībilō ⟨āvī, ātum, āre 1.⟩ ||*Denom von* sibilus²||
I *v/i* (*unkl.*) zischen, pfeifen; *auf der Straße einem Mädchen etw* zuflüstern, *alicui* j-m
II *v/t* auszischen, auspfeifen
sībilus¹ ⟨a, um⟩ *Adj poet* zischend, pfeifend
sībilus² ⟨ī⟩ *m*, *Pl auch* ***sībila, ōrum*** *n*
1. das Zischen, das Pfeifen, das Säuseln
2. das Auspfeifen
sibi-met → ***-met***
Sibulla *u.* **Sibylla** ⟨ae⟩ *f* Wahrsagerin, *bes die Sibylle von Cumae*
Sibyllīnus ⟨a, um⟩ *Adj* sibyllinisch, zur Sibylle gehörig; ***libri Sibyllini*** sibyllinische Bücher, *alte Weissagebücher, der Sage nach von Tarquinius einer alten Frau abgekauft; sie wurden auf dem Kapitol im Jupitertempel verwahrt u. in Notzeiten von einem Priesterkollegium befragt*
sīc *Adv*
1. so, auf diese Weise; ***sic res se habet*** die Sache verhält sich so; ***sic transit gloria mundi*** so vergeht die Herrlichkeit der Welt, *Worte an den neu gewählten Papst, wobei dreimal ein Bund Werg (Hanf- oder Flachsabfall) verbrannt wird*
2. so, so gut; ***Atticus sic Graece loquebatur, ut …*** Atticus sprach so gut griechisch, dass …
3. solchermaßen, folgendermaßen; ***sic rex coepit dicere*** der König begann folgendermaßen zu sprechen; ***sic habeto*** glaube sicher
4. *in Antworten* so ist es, ja
5. *fortfahrend* und so
6. so ohne Weiteres; ***sic abire*** so ohne Weiteres weggehen; ***sic tempore laevo*** so gerade zur Unzeit
7. so sehr, so wenig, dermaßen; ***Caecinam sic semper dilexi, ut …*** ich habe Caecina immer so sehr geliebt, dass …
8. *Wendungen*: ***ut … sic*** wie … so; ***sic*** (+ *Konjkt*) … ***ut*** (+ *Ind*) *in Wünschen u. Versicherungen* so gewiss … wie; ***sic … ut*** *einschränkend od bedingend* nur insofern … als; doch so … dass; ***sic … si*** unter der Bedingung, dass; dann … wenn
sīca ⟨ae⟩ *f* Dolch; *meton* Meuchelmord
Sicambrī ⟨ōrum⟩ *m* = ***Sigambri***
Sicānī ⟨ōrum⟩ *m* die Sikaner, *in Sizilien eingewanderter iber. od ital. Stamm*
Sīcania ⟨ae⟩ *f alter Name für* Sizilien
Sīcanis *Gen* ⟨idis⟩ *Adj f* Ov. *u.* **Sīcanius** *u.* **Sicānus** ⟨a, um⟩ *Adj* sikanisch, *allg.* sizilisch
sīcārius ⟨ī⟩ *m* ||sica|| Meuchelmörder, Mörder; ***quaestio inter sicarios*** Ermittlung wegen Meu-

S

chelmordes

sīccine ||sic|| Com. so?, so also?

siccitās ⟨ātis⟩ *f* ||siccus||
1. Trockenheit, Dürre; *Pl* anhaltende Dürre
2. *fig* Gesundheit
3. RHET Einfachheit, Knappheit

siccō ⟨āvī, ātum, āre 1.⟩ ||*Denom von* siccus||
1. (*nachkl.*) *poet* trocknen, austrocknen, ***lacrimas*** Tränen
2. trockenlegen, ***paludes*** Sümpfe
3. (*nachkl.*) *fig* austrinken; ***siccat calices conviva*** Hor. der Gast leert die Becher; ***ubera s.*** Euter aussaugen
4. *fig* melken

sicc-oculus ⟨a, um⟩ *Adj* ||siccus|| Plaut. mit tränenlosen Augen

siccum ⟨ī⟩ *n* ||siccus|| das Trockene, Festland

► **siccus** ⟨a, um⟩ *Adj, Adv* ⟨siccē⟩
1. trocken, dürr; trocken machend; *von Personen* durstig; ***sicci oculi*** tränenlose Augen; ***signa sicca*** trockene Gestirne, = der Große und der Kleine Bär, *da diese Sternbilder nie im Meer versinken*
2. (*vkl., nachkl.*) *fig* gesund
3. *fig* nüchtern, enthaltsam, mäßig; *pej* arm, armselig
4. *fig vom Charakter* trocken, kalt, gefühllos, ohne Liebe
5. RHET einfach, knapp

Sīcelis
I *Gen* ⟨idis⟩ *Adj f* ||Sicilia|| sizilisch, von Sizilien
II ⟨idis⟩ *f* Sizilierin

sicelissō ⟨-, -, āre 1.⟩ ||griech. Fw.|| in sizilischer Mundart sein

Sicilia ⟨ae⟩ *f* Sizilien

sicilicissitō ⟨-, -, āre 1.⟩ ||*Intens von* sicilisso|| Plaut. die sizilische Redeweise nachahmen

sīcīlicula ⟨ae⟩ *f* ||sica|| Plaut. kleine Sichel

Siciliēnsis ⟨e⟩ *Adj* sizilisch, von Sizilien; ***S. praeda*** Cic. in Sizilien gemachte Beute

sīcin *u.* **sīcine** *Adv* = ***siccine***

sīcubī *Konj* ||ubi|| wenn irgendwo, wo immer; ***sicubi segnior pugna esset*** Liv. wenn irgendwo der Kampf nachließ

sīcula ⟨ae⟩ *f* ||*Dim von* sica|| kleiner Dolch; Catul. *hum* männliches Glied

Siculus
I ⟨a, um⟩ *Adj* ||Sicilia|| sizilisch, von Sizilien; ***pastor S.*** der sizilische Hirte, = Theokrit; ***Musae Siculae*** die sizilischen Musen, = die Musen der Hirtengedichte des Theokrit; ***tyrannus S.*** der sizilische Tyrann, = Phalaris
II ⟨ī⟩ *m* Sikuler, Sizilier

sīcunde *Konj* ||unde|| wenn von irgendwoher

► **sīc-ut** *u.* **sīc-utī** *Adv*
1. wie, sowie; ***sicut mari, ita terrā*** wie zu Wasser, so zu Land; ***sicuti supra docuimus*** wie wir oben ausgeführt haben
2. *vergleichend* gleichsam wie, wie; ***natura rationem in capite sicut in arce posuit*** Cic. die Natur hat das Denkvermögen in den Kopf gleichsam wie in eine Burg gelegt
3. wie wenn, als ob
4. wie zum Beispiel
5. so wie, in dem Zustand wie; ***sicut sum*** so wie ich hier stehe

Sicyōn ⟨ōnis⟩ *m u. f Stadt an der Südküste des Golfes von Korinth, Ruinen beim heutigen Vasilikó*

Sicyōnius ⟨a, um⟩ *Adj* aus Sicyon, zu Sicyon gehörig

sīdereus ⟨a, um⟩ *Adj* ||sidus||
1. mit Sternen; Sternen…; ***ignes siderei*** Sterne; ***Canis s.*** Hundsstern
2. *fig* strahlend; ***s. clipeus*** strahlender Schild
3. Sonnen…; der Sonne geweiht; ***ignes siderei*** Sonnengluten

sīdō ⟨sēdī⟩ *u.* ⟨sīdī, sessum, sīdere 3.⟩ ||sedeo||
1. sich setzen, sich niederlassen, *in re/re* in etw, auf etw
2. *fig* sich senken; ***sidebant nebula*** die Nebel senkten sich; ***metus sidit*** die Angst lässt nach
3. *fig* sitzen bleiben, festsitzen, liegen bleiben

Sīdōn ⟨ōnis⟩ *f älteste Stadt Phönikiens, heute Saida*

Sīdōnes ⟨um⟩ *m* die Sidonier

Sīdōnia ⟨ae⟩ *f* Gegend um Sidon

Sīdōnicus ⟨a, um⟩ *Adj* sidonisch, aus Sidon *auch* tyrisch, phönikisch, karthagisch

Sīdōniī ⟨ōrum⟩ *m* die Sidonier; die Karthager

Sīdōnis ⟨idis⟩ *f* Sidonierin, Phönikerin

Sīdōnius ⟨a, um⟩ *Adj* = ***Sidonicus***

► **sīdus** ⟨eris⟩ *n*
1. Sternbild, Gestirn, Stern, *poet Pl auch von einem einzelnen Gestirn*
2. *meton* Gegend
3. *meton* Jahreszeit; ***mutato sidere*** in einer anderen Jahreszeit
4. *meton* Tag
5. Witterung, *bes* Sturm; Hitze
6. *Pl meton* Himmel
7. (*nachkl.*) *poet* Glanz, Zierde

siem *Konjkt Präs* (*altl.*) → ***sum***

Sigamber ⟨bra, brum⟩ *Adj* ||Sigambri|| sigambrisch

Sigambra ⟨ae⟩ *f* ||Sigambri|| sigambrische Frau

Sigambrī ⟨ōrum⟩ *m germ. Stamm zwischen Lippe u. Rhein*

Sīgēius ⟨a, um⟩ *Adj* aus Sigeum, zu Sigeum gehörig, *auch* trojanisch

Sīgēum ⟨ī⟩ *n Stadt u. Vorgebirge bei Troja*

Sīgēus ⟨a, um⟩ *Adj* aus Sigeum, zu Sigeum gehörig, *auch* trojanisch

sigillāria ⟨ōrum⟩ *n* ||sigillum||
1. Sen. kleine Figuren
2. *röm. Fest im Anschluss an die Saturnalien, so genannt nach den kleinen Figuren, die man sich schenkte*
3. Kunstmarkt

sigillātus ⟨a, um⟩ *Adj* ||sigillum|| mit kleinen Figuren verziert

sigillum ⟨ī⟩ *n* ||*Dim von* signum||
1. kleine Figur; ***cubicula tabellis ac sigillis adornare*** Suet. die Schlafzimmer mit Bildern und Statuetten schmücken
2. Bild im Stempel, Siegel; *meton* versiegelte Bücherkapsel

sigma ⟨atis⟩ *n* ||griech. Fw.|| Sigma, *18. Buchstabe des griech. Alphabets*; Mart. *fig* halbrundes Speisesofa

sign. *Abk* (*nlat.*) = ***signatum*** unterzeichnet

sīgnātor ⟨ōris⟩ *m* ||signo|| Besiegler; ***s. falsus*** Sall.

Urkundenfälscher

sīgni-fer

I ⟨fera, ferum⟩ *Adj* ||signum, fero|| Sterne tragend, mit Sternen; ***orbis s.*** Tierkreis

II ⟨ferī⟩ *m* Fahnenträger; *allg.* Anführer; ***s. iuventutis*** Anführer der Jugend

sīgnificāns *Gen* ⟨antis⟩ *Adj*, *Adv* ⟨sīgnificanter⟩ ||significo|| Quint. deutlich, anschaulich

sīgnificantia ⟨ae⟩ *f* ||significo||

1. Quint. Anschaulichkeit eines Wortes

2. (*spätl.*) Bedeutung

sīgnificātiō ⟨ōnis⟩ *f* ||significo||

1. Zeichen, *alicuius* von j-m, *alicuius rei* von etw *od* für etw, + *AcI*; ***ignibus significatione factā*** Caes. als durch Feuer ein Zeichen gegeben worden war; ***s. Gallorum*** das Benehmen der Gallier; ***significationem alicuius rei facere/dare*** etw erkennen lassen, etw merken lassen

2. Beifall

3. RHET Nachdruck

4. Bedeutung *eines Ausdrucks*

5. Ausspruch

sīgni-ficō ⟨āvī, ātum, āre 1.⟩ ||signum, facio||

1. Zeichen geben, *inter se* einander

2. *fig* durch sichtbare Zeichen zeigen, andeuten, *alicui aliquid* j-m etw, + *dopp. Akk* / + *AcI* / + *indir Fragesatz*, *ut* dass; ***s. aliquem de re*** j-n auf etw hinweisen; ***s. dolorem veste*** Cic. den Schmerz durch sein Kleid zum Ausdruck bringen

3. *von Worten* bedeuten, bezeichnen

4. *die Zukunft* voraussagen, *alicui aliquid* j-m etw, + *indir Fragesatz*

► **sīgnō** ⟨āvī, ātum, āre 1.⟩ ||*Denom von* signum||

1. mit einem Zeichen versehen, kennzeichnen; ***campum limite s.*** das Feld mit einer Grenze kennzeichnen

2. (*nachkl.*) *poet* einschneiden, abbilden; ***vota s.*** Gelübde aufzeichnen; ***ceram figuris s.*** Wachs zu Gestalten bilden

3. färben, beflecken

4. versiegeln

5. Mart. schließen, beenden

6. *Münzen* mit Stempel versehen, prägen

7. *fig* anzeigen, ausdrücken

8. *fig* bemerken, beobachten

9. *fig* auszeichnen, schmücken

10. (*mlat.*) das Kreuzzeichen machen; ***se s.*** sich bekreuzigen

► **sīgnum** ⟨ī⟩ *n*

1. Kennzeichen, Merkmal, Zeichen; ***s. pedum*** Fußspur; ***signum dare alicuius rei*** etw erkennen lassen

2. Wahrzeichen, Vorzeichen

3. MIL Befehl, Kommando; Signal; ***signo dato*** auf ein Signal hin

4. MIL Parole, Losung

5. MIL Feldzeichen, Fahne; ***signa ferre*** aufbrechen; ***signa inferre alicui/in aliquem/adversus aliquem/contra aliquem*** den Feind angreifen; ***signa conferre*** sich zusammenziehen; angreifen; ***signa conferre ad aliquem*** zu j-m stoßen; ***signis collatis*** in offener Feldschlacht

6. (*nachkl.*) MIL Abteilung, Schar

7. Beweis; (*nachkl.*) *meton* Beweismittel

8. Statue *eines Gottes*, Götterbild

9. Siegel; ***sub signo habere*** unter Siegel haben

10. *fig* Sternbild, Gestirn

11. (*spätl.*) Spitzname

sīl[1] ⟨sīlis⟩ *n* (*nachkl.*) Ocker

sīl[2] ⟨silis⟩ *n* = ***seselis***

sīlāceus ⟨a, um⟩ *Adj* ||sil¹|| (*nachkl.*) ockergelb

sīlānus

I ⟨a, um⟩ *Adj* ||griech. Fw.|| plattnasig

II ⟨ī⟩ *m* (*nachkl.*) *poet* Brunnen, *dessen Wasser aus einem Silenkopf sprudelt*

silenda ⟨ōrum⟩ *n* ||sileo|| (*nachkl.*) Geheimnisse, Mysterien

silēns *Gen* ⟨entis⟩ *Adj* ||sileo||

1. schweigend, still

2. **silentēs** ⟨um⟩ *m* die Verstorbenen, die Toten, *auch* die Pythagoreer

silentium ⟨ī⟩ *n* ||silens, *PPr von* sileo||

1. Stillschweigen, Stille, Verschwiegenheit; ***silentium servare/tenere*** Stillschweigen halten, Stillschweigen wahren; ***silentium rumpere*** das Schweigen brechen; ***silentium facere classico*** Stillschweigen bewirken mit einem Trompetensignal; ***silentium agere de re*** über etw Stillschweigen wahren; ***silentio/cum silentio/per silentium*** stillschweigend; ***furto silentium demere*** Cic. den Diebstahl ausplaudern

2. *Auguralsprache* Fehlerlosigkeit bei den Auspizien

3. *fig* Muße, Ruhe, Untätigkeit

4. Ruhmlosigkeit

Sīlēnus[1] ⟨ī⟩ *m* Silen, *Begleiter des Dionysos*

Sīlēnus[2] ⟨ī⟩ *m griech. Geschichtsschreiber aus Sizilien, Verfasser einer verlorenen Biografie Hannibals*

► **sileō** ⟨uī, -, ēre 2.⟩

I *v/i*

1. *von Lebewesen u. Leblosem* schweigen, still sein, *abs od de aliquo/de re* über j-n/über etw

2. *fig* ruhen; ***silent leges inter arma*** im Krieg ruhen die Gesetze

II *v/t* verschweigen, unerwähnt lassen, *aliquem/aliquid* j-n/etw, + *indir Fragesatz* / + *Inf*; ***s. alicuius merita*** j-s Verdienste verschweigen

siler ⟨eris⟩ *n* (*nachkl.*) *poet* Bachweide

silēscō ⟨-, -, ēscere 3.⟩ ||*Inkoh von* sileo|| (*vkl.*) *poet* still werden; ***venti silescunt*** die Winde legen sich

silex ⟨icis⟩ *m u. f* Verg. Kiesel, Feuerstein, *auch fig als Bild der Hartherzigkeit*; Fels; ***viam silice sternere*** einen Weg mit Kieseln bestreuen

silicernium ⟨ī⟩ *n* Ter. Leichenschmaus; *fig als Schimpfwort* „alter Knacker"

silīgineus ⟨a, um⟩ *Adj* ||siligo|| (*unkl.*) Weizen...; ***panis s.*** Weizenbrot; ***s. Priapus*** Gebäck *in der Form des männlichen Gliedes*

silīgō ⟨inis⟩ *f* (*unkl.*)

1. heller Winterweizen

2. *meton* feines Weizenmehl

siliqua ⟨ae⟩ *f* (*unkl.*) Schote *von Hülsenfrüchten*; *Pl meton* Hülsenfrüchte

Sīlius ⟨a, um⟩ *Name einer pleb. gens*

1. ***T. Silius*** *röm. Ritter, Präfekt od Kriegstribun Caesars*

2. ***C. Silius Italicus*** *epischer Dichter, 25–101 n. Chr.*

sillybus ⟨ī⟩ *m* ||griech. Fw.|| Etikett *an Bücherrollen*

silūrus ⟨ī⟩ *m* ||griech. Fw.|| *ein Flussfisch*

sīlus ⟨a, um⟩ *Adj* mit platter Nase
Sīlus ⟨ī⟩ *m röm. Beiname*
▶ **silva** ⟨ae⟩ *f*
1. Wald, Gehölz, Forst, Park; *Pl* Teile eines Waldes; ***silvae publicae*** Staatsforste; ***dea silvarum*** Göttin der Wälder, = Diana; ***silvarum numina*** Gottheiten der Wälder, = Faune, Satyrn
2. Verg. *meton* Strauch, Gestrüpp
3. *fig* Wald von Speeren
4. *fig u. meton* große Menge *bes unbearbeiteten Materials, auch als Titel für Bücher mit verschiedenartigem Inhalt*; Konzept
Silvānus ⟨ī⟩ *m*
1. *röm. Gott des Waldes u. der Felder*; *Pl* Waldgötter; ***horridus S.*** der struppige Silvanus
2. (*mlat.*) Waldschrat, Waldgeist
silvēscō ⟨-, -, ēscere 3.⟩ ||*Inkoh zu* silva|| verwildern
▶ **silvester** ⟨tris, tre⟩ *Adj u.* (*nachkl.*) **silvestris** ⟨e⟩ *Adj* ||silva||
1. bewaldet, waldig; ***collis silvestris*** bewaldeter Hügel
2. im Wald lebend, Wald…; ländlich; ***materia silvestris*** Holz aus den Wäldern
3. wild
4. *fig* wild, roh
Silvia ⟨ae⟩ *f* → ***Rea***
silvi-cola ⟨ae⟩ *f* ||silva, colo|| Waldbewohner
silvi-cultrīx ⟨īcis⟩ *f* ||silva, colo|| Catul. Waldbewohnerin; *adj* im Wald lebend; ***cerva s.*** die im Wald lebende Hirschkuh
silvi-fragus ⟨a, um⟩ *Adj* ||silva, frango|| Lucr. Wälder brechend
Silvius ⟨ī⟩ *m Sohn des Aeneas u. der Lavinia, Stammvater des Königshauses von Alba Longa*
silvōsus ⟨a, um⟩ *Adj* ||silva|| (*nachkl.*) waldig, waldreich
sīma ⟨ae⟩ *f* ||simus|| Vitr. Traufleiste *des antiken Tempels*
sīmia ⟨ae⟩ *f* Affe
simila ⟨ae⟩ *f* ||assyrisches Lw.||
1. Mart. feinstes Weizenmehl
2. (*mlat.*) Semmel, Brötchen
simile ⟨is⟩ *n* ||similis|| Gleichnis, ähnliches Beispiel, Analogon; *Pl* das Ähnliche; ***et similia / similiaque*** Quint. und dergleichen mehr
▶ **similis** ⟨e⟩ *Adj, Adv* ⟨similiter⟩ *von Personen u. Sachen* ähnlich, gleichartig, *abs od alicuius / alicui* j-m, *alicuius rei / alicui rei* einer Sache, *re* durch etw, in etw; ***veri / vero s.*** wahrscheinlich; ***formā s.*** an Gestalt ähnlich; ***s. ac / atque*** ähnlich wie; ***s. ut si / ac si / tamquam si*** ähnlich wie wenn, + *Konjkt*
similitūdō ⟨inis⟩ *f* ||similis||
1. Ähnlichkeit, Gleichartigkeit, *alicuius* j-s *od* mit j-m, *alicuius rei* einer Sache *od* mit etw; ***s. hominum*** die Ähnlichkeit der Menschen untereinander; ***s. patris*** die Ähnlichkeit mit dem Vater
2. Ähnliches, Nachbildung; *Pl* verwandte Erscheinungen
3. Analogie, Anwendung auf ähnliche Fälle; ***similitudine et translatione verborum uti*** Gell. Wörter in übertragener Bedeutung gebrauchen
4. Gleichnis; ***vulgata s.*** Liv. allgemein bekanntes Gleichnis
5. Einförmigkeit
sīmiolus ⟨ī⟩ *m* ||*Dim von* simius|| Äffchen, *auch als Schimpfwort*
simītū *Adv* ||ire|| (*vkl.*) zugleich
sīmius ⟨ī⟩ *m* = ***simia***
Sīmō ⟨ōnis⟩ *m Typ des verliebten Alten in der Komödie*
Simoīs ⟨Simoentis⟩, *Akk* ⟨Simoenta⟩ *m Nebenfluss des Skamander in der Troas*
simonia ⟨ae⟩ *f* (*eccl.*) Simonie, Kauf von kirchlichen Ämtern, Verkauf von kirchlichen Ämtern
Simōnidēs ⟨is⟩ *m griech. Lyriker u. Elegiker aus Keos, um 500 v. Chr.*
Simōnidēus ⟨a, um⟩ *Adj* Catul. des Simonides, zu Simonides gehörig
▶ **sim-plex** *Gen* ⟨icis⟩ *Adj, Adv* ⟨simpliciter⟩
1. einfach, nicht zusammengesetzt, unvermischt; *fig* einfach, unkompliziert; ***aqua s.*** reines Wasser; ***iter s.*** unverzweigter Weg; ***causa s.*** einfache Sache; ***fortuna s.*** nicht wechselndes Schicksal
2. einzeln, ein einziger, einer für sich, allein; ***verba simplicia*** einzelne Wörter
3. einfach, gewöhnlich, unauffällig; ***mors s.*** Tod ohne besondere Qualen
4. *fig* einfach, natürlich, schlicht
5. *fig* ehrlich, offen, sorglos, naiv
6. (*mlat.*) beschränkt
7. *Adv* geradezu, lediglich, absolut
simplicitās ⟨ātis⟩ *f* ||simplex||
1. Einfachheit
2. *fig* Ehrlichkeit, Offenheit; Treuherzigkeit
3. ***sancta s.*** (*mlat.*) heilige Einfachheit; *heute meist* heilige Einfalt
simplum ⟨ī⟩ *n* das Einfache
simpulum ⟨ī⟩ *n*
1. Schöpfkelle, Schöpflöffel
2. ***fluctus in simpulo*** Sturm im Wasserglas
simpuvium ⟨ī⟩ *n* Opferschale
▶ **simul**
I *Adv* zugleich, gleichzeitig; ***simul proficisci*** gleichzeitig aufbrechen; ***duo simul bella*** zwei Kriege zur gleichen Zeit; ***simul cum*** gleichzeitig mit
II *Konj* ***simul / simul ac / simul atque / simul ut*** sobald als, + *Ind Perf*
▶ **simulācrum** ⟨ī⟩ *n* ||simulo||
1. Bild, Abbild *als Plastik od Malerei, meist* Statue, Götterbild
2. Spiegelbild
3. *poet* Traumbild; Gespenst, Schatten *eines Toten, meist Pl*; ***simulacra cara parentis*** Ov. der liebe Schatten des Vaters
4. Lucr. PHIL Abbild, *das dem Geist vorschwebt*
5. Abbild, Nachbildung; ***s. pugnae*** Scheingefecht
6. Trugbild
7. (*mlat.*) Götzenbild
simulāmen ⟨inis⟩ *n* ||simulo|| *poet* Nachahmung
simulāns *Gen* ⟨antis⟩ *Adj* ||simulo|| nachahmend, *alicuius rei* etw
simulātē *Adv* → ***simulatus***
simulātiō ⟨ōnis⟩ *f* ||simulo||
1. Verstellung, Heuchelei; *Pl* (*nachkl.*) Verstellungskünste
2. Vorwand, Schein, Täuschung; ***s. emptionis*** Scheinkauf; ***s. rei frumentariae*** angeblicher Man-

gel an Verpflegung; ***simulatione/per simulationem alicuius rei*** unter dem Schein von etw; ***simulatione rei publicae*** angeblich im Interesse des Staates

simulātor ⟨ōris⟩ *m* ||simulo||
1. Nachahmer, *alicuius rei* einer Sache
2. *fig* Heuchler, *alicuius rei/in re* in etw; Verstellungskünstler

simulatque *Konj* → ***simul***

simulātus ⟨a, um⟩ *Adj, Adv* ⟨simulātē⟩ ||simulo|| geheuchelt, scheinbar; ***simulatae lacrimae*** geheuchelte Tränen; ***simulate pugnare*** zum Schein kämpfen

▶ **simulō** ⟨āvī, ātum, āre 1.⟩ ||*Denom von* similis||
1. ähnlich machen; ***simulatus alicui*** in j-s Gestalt
2. *poet* abbilden, darstellen, *auch* nachahmen, nachäffen
3. *fig* vorgeben, vorschützen, heucheln; ***morbo simulato*** Cic. unter Vorschützen einer Krankheit
4. sich stellen als ob, so tun als ob, + *AcI* / + *Inf*; ***simulabat sese properare*** er tat so, als sei er in Eile

simultās ⟨ātis⟩ *f* ||similis||
1. Rivalität, Eifersucht
2. Groll, Feindschaft

simulter *Adv* Plaut. auf ähnliche Weise; ***simulter itidem*** ebenso wie

sīmulus ⟨a, um⟩ *Adj* ||*Dim von* simus|| Lucr. etwas plattnasig

sīmus ⟨a, um⟩ *Adj* ||griech. Fw.|| plattnasig, stumpfnasig

▶ **sīn** *Konj, meist nach si/nisi* wenn aber, wenn dagegen; ***sin autem/vero*** wenn aber; ***sin minus/aliter*** wenn nicht, andernfalls

sināpi *indekl u.* **sināpis** ⟨is⟩ *f* ||griech. Fw.|| (*vkl., nachkl.*) Senf

sincēritās ⟨ātis⟩ *f* ||sincerus|| (*nachkl.*) *poet* Gesundheit; *fig* Aufrichtigkeit, Ehrlichkeit

▶ **sincērus** ⟨a, um⟩ *Adj, Adv* ⟨sincērē⟩
1. rein, unvermischt, unverfälscht, echt
2. *fig* bloß, nichts weiter als; ***sincerum proelium*** ein bloßes Reitergefecht, nichts weiter als ein Reitergefecht
3. *fig* ehrlich, aufrichtig
4. *fig* unverdorben, unversehrt, integer; ***iudices integri*** Plin. unbestechliche Richter

sincipitāmentum ⟨ī⟩ *n* ||sinciput|| Vorderkopfstück

sinciput ⟨itis⟩ *n* ||caput|| (*unkl.*) Vorderkopf; *meton* Hirn

sindon ⟨onis⟩ *f* ||griech. Fw.|| *poet* indisches Leinen, indische Baumwolle

▶ **sine**[1] *Präp + Abl* ohne; ***sine dubio*** ohne Zweifel; ***sine ullo commodo*** ohne jeden Vorteil; ***non sine aliquo commodo*** nicht ohne einen gewissen Vorteil; ***sine die*** (*mlat.*) ohne Festlegung eines Termins; ***sine tempore*** (*nlat.*) ohne akademisches Viertel, pünktlich; ***sine loco et anno*** (*nlat.*) ohne Orts- und Jahresangabe *bei Veröffentlichungen*

sine[2] → ***sino***

singillāriter *Adv* ||singuli|| Lucr. einzeln

singillātim *Adv* ||singuli|| einzeln, im Einzelnen

singulāria ⟨ium⟩ *n* ||singularis|| Liv. Auszeichnungen

▶ **singulāris**
I ⟨e⟩ *Adj, Adv* ⟨singulāriter⟩ ||singuli||
1. einzeln, für sich
2. Einzel…, Privat…; ***imperium singulare*** Monarchie; ***certamen singulare*** Zweikampf
3. (*vkl., nachkl.*) GRAM zum Singular gehörig
4. eigen, charakteristisch
5. ausgezeichnet, vorzüglich; *pej* absonderlich, beispiellos
II ⟨is⟩ *m*
1. berittener Meldesoldat; *Pl* kaiserliche Elitetruppe
2. GRAM Singular, Einzahl

singulārius ⟨a, um⟩ *Adj, Adv* ⟨singulāriē⟩ ||singuli|| einzeln

singulātim *Adv* ||singulis|| einzeln, im Einzelnen

▶ **singulī** ⟨ae, a⟩
I *Num distr* je ein, jeder einzelne; ***ex singulis familiis singulos eligere*** aus den einzelnen Familien je einen auswählen; ***singulis annis*** jährlich; ***in singulos annos*** von Jahr zu Jahr
II *Adj* einzeln, allein, getrennt

singultim *Adv* Hor. stockend, mit Schluchzen

singultiō ⟨-, -, īre 4.⟩
1. (*nachkl.*) schluchzen
2. Pers. zittern

singultō ⟨-, ātum, āre 1.⟩
I *v/i* (*nachkl.*) schluchzen; röcheln
II *v/t* herausschluchzen; ***animam s.*** die Seele aushauchen

singultus ⟨ūs⟩ *m*
1. das Schluchzen; das Röcheln
2. Schluck
3. das Glucksen, das Gurgeln

singulus ⟨a, um⟩ *Adj* → ***singuli***

Sinis ⟨is⟩ *m* MYTH *Straßenräuber auf dem Isthmus von Korinth, von Theseus getötet*

▶ **sinister** ⟨tra, trum⟩ *Adj, Adv* ⟨sinistrē⟩
1. links, zur Linken, der linke; ***sinistra pars*** der linke Teil; ***rota sinisterior*** zu weit nach links gelenktes Rad
2. (*nachkl.*) *fig* linkisch, verkehrt, ungeschickt; ***sinistra interpretatio*** falsche Deutung
3. RELIG glücklich, günstig, *nach altem röm. Ritus, bei dem der Augur nach S schaut u. den O links von sich hat*
4. RELIG Unheil verkündend, unheilvoll, ungünstig, *nach jüngerer, griech. Auffassung, bei der der Augur nach N schaut u. den O rechts von sich hat*; *fig* böse, übel; ***sermones sinistri*** böswillige Gerüchte

sinisteritās ⟨ātis⟩ *f* ||sinister|| Plin. Ungeschicklichkeit

sinistra ⟨ae⟩ *f* ||sinister|| (*erg.* ***manus***) die linke Hand, die Linke

sinistrī ⟨ōrum⟩ *m* ||sinister|| die Leute auf dem linken Flügel

sinistrōrsum *u.* **sinistrōrsus** *Adv* ||sinister, verto|| nach links (gewandt), links

sinistrum ⟨ī⟩ *n* ||sinister|| das Unheilvolle, das Böse

▶ **sinō** ⟨sīvī⟩ *u.* ⟨siī, situm, sinere 3.⟩
1. zulassen, erlauben, geschehen lassen, *abs od aliquid* etw, + *AcI, im Passiv* + *NcI, ut/ne* dass/dass nicht, + *Konjkt*; ***sine hanc animam*** lass mir das Leben; ***sinite arma viris*** überlasst den Männern die Waffen; ***sine abeam*** lass mich weggehen; ***aliquid inultum s.*** etw ungerächt lassen; ***hic accusare eum non est situs*** Cic. man ließ nicht zu, dass er

S

diesen anklagte; ***sine*** mag sein!, schon gut!
2. sein lassen; ***nunc sinite*** nun hört auf

Sinōn ⟨ōnis⟩ *m Grieche, der die Trojaner überredete das hölzerne Pferd in die Stadt zu ziehen*

Sinōpa ⟨ae⟩ *f u.* **Sinōpē** ⟨ēs⟩ *f Stadt auf einer Halbinsel am Südufer des Schwarzen Meeres, Geburtsort des Kynikers Diogenes, heute Sinop mit geringen Resten der alten Stadt*

Sinōpēnsēs ⟨ium⟩ *m* die Einwohner von Sinope

Sinōpeus ⟨ī⟩ *m* Einwohner von Sinope

sinōpis ⟨idis⟩ *f* ||Sinope|| Eisenocker, Rötel

Sinuessa ⟨ae⟩ *f Hafenstadt in Latium, geringe Überreste beim heutigen Mondragone*

sīnum ⟨ī⟩ *n* (*unkl.*) weitbauchiges Tongefäß

sinuō ⟨āvī, ātum, āre 1.⟩ ||*Denom von* sinus[1]|| bogenförmig biegen, krümmen; *Passiv* sich krümmen, sich winden; ***arcum s.*** den Bogen spannen

sinuōsus ⟨a, um⟩ *Adj, Adv* ⟨sinuōsē⟩ ||sinus[1]|| gekrümmt, gewunden; ***serpens sinuosa*** Verg. sich windende Schlange; ***sinuosa vestis*** Ov. faltenreiches Gewand; ***narratio sinuosa*** Erzählung voller Abschweifungen

sinus[1] ⟨ūs⟩ *m*
1. Biegung, Krümmung; Schwellung des Segels; *meton* Segel; ***s. serpentis*** Windung der Schlange; ***sinum dare/facere*** einen Bogen machen
2. Bucht, Meerbusen
3. Landzunge, Halbinsel; ***Calabri sinūs*** die Buchten von Kalabrien
4. Schlucht; (*nachkl.*) Schlund der Erde
5. Bausch *der Toga*; Tasche, Geldbeutel; *oft* = Brust, Schoß, Arme; ***in sinum alicuius venire*** in j-s Arme kommen; ***negotium in sinum defertur*** eine Angelegenheit fällt in den Schoß; ***in sinu gaudere*** sich ins Fäustchen lachen
6. *fig* Liebe, Zärtlichkeit; ***in sinu alicuius esse*** von j-m geliebt werden; ***homines ex sinu/de sinu alicuius*** j-s Busenfreunde
7. *fig* Innerstes; ***in sinu urbis*** im Herzen der Stadt
8. *fig* Zufluchtsort; ***s. occultus*** verborgener Zufluchtsort

sīnus[2] ⟨ī⟩ *m* = ***sinum***

sīparium ⟨ī⟩ *n* ||griech. Fw.||
1. kleiner Vorhang *bei der Komödie u. auf der Rednerbühne*; ***post siparium*** *fig* hinter den Kulissen
2. *meton* Komödie

sīpharum ⟨ī⟩ *n u.* **sīpharus** ⟨ī⟩ *m* Sen. Bramsegel, *am oberen Teil des Mastes*

sīphō ⟨ōnis⟩ *m* (*vkl., nachkl.*) Röhre, Heber *zum Abfüllen von Flüssigkeiten*; Plin. Feuerspritze

sīphunculus ⟨ī⟩ *m* ||*Dim von* sipho|| Plin. kleines Springbrunnenrohr

sīpō ⟨ōnis⟩ *m* = ***sipho***

Sīpontum ⟨ī⟩ *n Küstenstadt in Apulien, geringe Reste bei Manfredonia*

sīpunculus ⟨ī⟩ *m* = ***siphunculus***

sī-quandō *Konj* wenn einmal

si-quidem *Konj*
1. wenn nämlich, wenn wirklich, wenn allerdings
2. *kausal* weil ja, da ja

sīremps(e) *Adv* (*vkl., nachkl.*) ganz gleich, ebenso; ***siremps lex esto*** Sen. das Gesetz soll gleich sein

Sīrēn ⟨ēnis⟩ *f u.* **Sīrēna** ⟨ae⟩ *f*
1. Sirene; *meist Pl, weibliche Dämonen, Töchter des Acheloos, Mädchen mit Vogelleibern, die durch ihren bezaubernden Gesang von einer Insel aus die Vorüberfahrenden ins Verderben lockten*
2. *fig* Verführerin

sīrius ⟨ī⟩ *m* Hundsstern *am s. Sternenhimmel*; *adj* des Sirius; ***s. ardor*** Verg. Glut des Sirius

Sirmiō ⟨ōnis⟩ *f Halbinsel im s. Gardasee mit Landgut Catulls, heute Sirmione*

sirp… *auch* = ***scirp…***

sirpe ⟨is⟩ *m* Plaut. Saft der Sirpepflanze; → ***laserpicium***

sīrus ⟨ī⟩ *m* ||griech. Fw.|| Curt. Grube zur Aufbewahrung von Getreide, Silo

sīs[1] (*altl.*) = ***si vis*** wenn du willst, wenn es beliebt; *beim Imp* doch

sīs[2] = ***suis***; → ***suus***

Sīsenna ⟨ae⟩ *m vollständig* ***L. Cornelius Sisenna*** *röm. Geschichtsschreiber u. Übersetzer, gest. 67 v. Chr.*

siser ⟨eris⟩ *n* ||griech. Fw.|| (*unkl.*) Rapunzel, *eine Salatpflanze*

sistō ⟨stitī⟩ *u.* ⟨stetī, statum, sistere 3.⟩ ||sto||
I *v/t*
1. hinstellen, hinbringen; ***victima sistitur ante aras*** das Opfertier wird zum Altar geführt
2. (*unkl.*) aufstellen, errichten, ***templum*** einen Tempel
3. JUR vor Gericht bringen; ***vadimonium s.*** sich vor Gericht stellen; ***se s.*** sich stellen, sich einfinden
4. (*nachkl.*) aufhalten, zum Stehen bringen; ***s. equos*** Pferde zum Stehen bringen; ***gradum/pedem/se s.*** Halt machen, stehen bleiben; ***querelas s.*** Streitigkeiten beenden
5. (*unkl.*) befestigen, stärken; ***rem Romanam s.*** die römische Macht stärken
II *v/i*
1. (*unkl.*) sich stellen, hintreten; *Perf* stehen
2. (*unkl.*) stehen bleiben; ***legio sistit*** die Legion hält an; ***sanguis sistit*** das Blut stockt
3. JUR sich zum Termin stellen
4. *fig* fortbestehen, sich halten; ***res publica s. non potest*** der Staat kann nicht fortbestehen; ***non sisti potest*** *unpers* der Zustand ist unhaltbar
5. (*mlat.*) = ***sum***

sīstrātus ⟨a, um⟩ *Adj* ||sistrum|| ausgestattet mit einer Isisklapper

sīstrum ⟨ī⟩ *n* ||griech. Fw.|| Isisklapper, *Lärminstrument des Isiskultes*

sisura ⟨ae⟩ *f* ||griech. Fw.|| Plaut. einfache Pelzdecke

sisymbrium ⟨ī⟩ *n* ||griech. Fw.|| Brunnenkresse

Sīsyphidēs ⟨ae⟩ *m* Nachkomme des Sisyphus, = Odysseus

Sīsyphius ⟨a, um⟩ *Adj* des Sisyphus, zu Sisyphus gehörig

Sīsyphos *u.* **Sīsyphus** ⟨ī⟩ *m* MYTH *Gründer von Korinth, für seine Schlauheit bekannt, wegen seiner Frevel in der Unterwelt dazu verdammt, einen Felsblock auf eine Anhöhe zu wälzen, der immer wieder nach unten rollt*

sitella ⟨ae⟩ *f* ||*Dim von* situla|| Lostopf, Wahlurne, *bauchiges Gefäß mit engem Hals, in das Wasser gefüllt u. die Lose geworfen wurden; durch den engen Hals gelangte immer nur ein Los nach oben, so wurde die Reihenfolge der Stimmabgabe bestimmt*; ***si-***

tellam deferre de aliquo über j-n abstimmen lassen
sitīculōsus ⟨a, um⟩ *Adj* ||sitis|| Hor. durstig; trocken
sitiēns *Gen* ⟨entis⟩ *Adj, Adv* ⟨sitienter⟩ ||sitio||
1. dürstend, lechzend, *alicuius rei* nach etw
2. *fig* gierig
sitiō ⟨-, -, īre 4.⟩ ||*Denom von* sitis||
1. dürsten, durstig sein, *abs od aliquid* nach etw; ***s. aquam*** nach Wasser dürsten; ***aquae sitiuntur*** man lechzt nach Wasser
2. *fig von Pflanzen* vertrocknet sein
3. *fig von Örtlichkeiten* ausgetrocknet sein, dürr sein, wasserarm sein
4. *fig* dürsten, Verlangen haben, *aliquid* nach etw, ***honores*** nach Ehrenstellen
▶ **sitis** ⟨is, *Akk* im⟩, *Abl ī f*
1. Durst; ***sitim explere*** den Durst stillen
2. *meton* Dürre, Trockenheit, große Hitze
3. *fig* heißes Verlangen, *alicuius* j-s, *alicuius rei* nach etw, ***libertatis*** nach Freiheit
sitītor ⟨ōris⟩ *m* ||sitio|| (*nachkl.*) Dürstender, *alicuius rei* nach etw, ***aquae*** nach Wasser
sittybos *u.* **sittybus** ⟨ī⟩ *m* Quaste; Titelzettel *einer Buchrolle*
situla ⟨ae⟩ *f* (*vkl.*) *poet* Eimer, Losurne
▶ **situs**[1] ⟨ūs⟩ *m* ||sino||
1. Lage, Stellung; ***s. urbis*** Lage der Stadt
2. Hor. Bau, Monument; ***regalis s. pyramidum*** Königsbau der Pyramiden
3. (*nachkl.*) *poet* langes Liegen *an einem Ort*; Untätigkeit; Mangel an Pflege
situs[2] ⟨ūs⟩ *m* (*nachkl.*) *poet* Moder, Schimmel, Rost, Schmutz; ***arma situ squalent*** die Waffen sind von Rost überzogen
situs[3] ⟨a, um⟩ *Adj* ||sino||
1. (*unkl.*) hingelegt, hingestellt
2. Tac. erbaut
3. begraben; ***hic situs est Gaius*** hier liegt Gaius begraben, *Grabinschrift*
4. gelegen, liegend; ***urbs sita in media insula*** die mitten auf der Insel liegende Stadt
5. wohnend; ***ante oculos/in oculis s.*** *fig* vor Augen liegend
6. ***situm esse in aliquo/in re*** *fig* von j-m abhängen, auf etw beruhen; ***quantum in me situm est*** soviel an mir liegt
situs[4] ⟨a, um⟩ *PPP* → ***sino***
sī-ve *Konj*
1. oder wenn *als Fortsetzung eines Konditionalsatzes*; ***si arborum trunci sive naves essent a barbaris missae*** Caes. wenn Baumstämme oder Schiffe von den Barbaren losgelassen würden
2. *bei unwesentlichen Unterschieden* oder; ***sive potius*** oder viel mehr
3. ***sive … sive*** wenn entweder … oder, sei es dass … oder dass, entweder … oder, ob entweder … oder; ***sive habes quid sive nil habes, scribe tamen aliquid*** Cic. ob du etw hast oder nicht, schreibe dennoch etw
sīvī → ***sino***
smaragdus ⟨ī⟩ *m u. f*
1. Smaragd, *ein Edelstein*
2. grüner Halbedelstein
smaris ⟨idis⟩ *f* (*nachkl.*) *kleiner Seefisch*
smīlax ⟨acis⟩ *f* ||griech. Fw.|| Ov. Stechwinde, *immergrüne Kletterpflanze des Mittelmeerraumes, dem Efeu ähnlich*
Sminthēūs ⟨eī⟩ *m* Ov. *Kultname Apollos*
smyrna ⟨ae⟩ *f* ||griech. Fw.|| Lucr. Myrrhe
Smyrna ⟨ae⟩ *f Handelsstadt in Ionien, heute Izmir*
Smyrnaeus ⟨a, um⟩ *Adj* aus Smyrna, zu Smyrna gehörig
Smyrnaeus ⟨ī⟩ *m* Einwohner von Smyrna
sobol… = ***subol…***
sōbrietās ⟨ātis⟩ *f* ||sobrius|| (*nachkl.*) Nüchternheit, Mäßigkeit
sobrīna ⟨ae⟩ *f* Geschwisterkind, Cousine
sobrīnus ⟨ī⟩ *m* Geschwisterkind, Cousin
sōbrius ⟨a, um⟩ *Adj, Adv* ⟨sōbriē⟩
1. nüchtern, nicht betrunken
2. mäßig, enthaltsam
3. *fig* besonnen, vernünftig; ***oratores sobrii*** vernünftige Redner
soccātus ⟨a, um⟩ *Adj* ||soccus|| Sen. mit leichten Sandalen bekleidet
socculus ⟨ī⟩ *m* ||*Dim von* soccus|| Plin.
1. leichte Sandale, *vorwiegend von Frauen u. Schauspielern getragen, daher Symbol für die Komödie*
2. *fig* Komödienstil
soccus ⟨ī⟩ *m* ||griech. Fw.||
1. leichter griech. Schuh, *in Rom als abwertendes Attribut betrachtet*
2. Schuh der Komödienschauspieler; ↔ ***cothurnus***
3. (*nachkl.*) *meton* Komödie; *fig* Stil der Komödie
▶ **socer** *u.* **socerus** ⟨ī⟩ *m* Schwiegervater; *adj* verschwägert; *Pl* Schwiegereltern
socia ⟨ae⟩ *f* ||socius|| Teilnehmerin, *alicuius rei* an etw; Gehilfin, Gefährtin; Ehefrau, Lebensgefährtin; ***s. tori*** Ehefrau
sociābilis ⟨e⟩ *Adj* ||socio|| (*nachkl.*) gesellig, umgänglich
sociālis ⟨e⟩ *Adj, Adv* ⟨sociāliter⟩ ||socius||
1. (*nachkl.*) *poet* gesellig, kameradschaftlich
2. bundesgenössisch, Bundesgenossen…; ***bellum sociale*** Bundesgenossenkrieg
3. ehelich; ***torus s.*** Ehebett; ***carmen sociale*** Hochzeitslied
sociālitās ⟨ātis⟩ *f* ||socialis|| (*nachkl.*) Geselligkeit
sociātus ⟨a, um⟩ *Adj* ||socio|| gemeinschaftlich
sociennus ⟨ī⟩ *m* ||socius|| Kamerad; Plaut. *pej* Spießgeselle
▶ **societās** ⟨ātis⟩ *f* ||socius||
1. Gemeinsamkeit, Verbindung; Teilnahme, *alicuius* j-s, *alicuius rei* an etw; ***nulla nobis cum tyranno s. est*** wir haben mit dem Tyrannen nichts gemeinsam; ***aliquem in societatem recipere*** j-n teilnehmen lassen
2. Kameradschaft, Gesellschaft; Komplott; ***societatem inire/coire cum aliquo*** eine Kameradschaft mit j-m eingehen
3. POL Bündnis, Bundesgenossenschaft, *alicuius* j-s *od* mit j-m
4. Handelsgesellschaft; Gesellschaftsvertrag; ***societatem facere*** einen Gesellschaftsvertrag schließen, eine Handelsgesellschaft bilden; ***iudicium societatis*** Urteil wegen Untreue gegen den Geschäftspartner
sociō ⟨āvī, ātum, āre 1.⟩ ||*Denom von* socius|| ver-

binden, vereinigen, *aliquem / aliquid cum aliquo / alicui* j-n / etw mit j-m, *cum re / alicui rei* mit etw; *Passiv* sich an *etw* beteiligen, *alicui rei*; ***natam s. conubiis*** die Tochter verheiraten; ***parricidium s.*** den Mord am Vater mit mehreren ausführen; ***sermonem cum aliquo s.*** ein Gespräch mit j-m anknüpfen; ***aliquem urbe s.*** j-n in die Stadt aufnehmen; ***consilia s.*** Pläne mitteilen

socio-fraudus ⟨ī⟩ *m* ||socius, fraudo|| Plaut. Betrüger am Gefährten

▶ **socius**
I ⟨a, um⟩ *Adj*
1. gemeinsam, gemeinschaftlich; ***s. honor*** Ov. gemeinsame Ehrenstellung; ***socium sepulcrum*** gemeinsames Grab; ***ignes socii*** Hochzeitsfackel
2. verbündet; ***tota socia Africa*** das ganze verbündete Afrika; ***arma socia*** Waffenbündnis
II ⟨ī⟩
1. *m* Kamerad, Gefährte; ***cum sociis ardent animi*** Verg. mit den Gefährten brennt die Begeisterung
2. Gehilfe, Gefährte; Teilnehmer *alicuius rei* an etw; ***s. regni*** Mitregent; ***s. sanguinis / generis*** Bruder
3. Geschäftspartner; ***in decumanis s.*** Cic. Teilhaber beim Zehnten; ***pro socio damnari*** wegen Betrugs am Geschäftspartner verurteilt werden
4. *Pl* die Generalsteuerpächter *in Rom*
5. Bundesgenosse, Verbündeter; ***bellum sociorum*** Krieg mit den Bundesgenossen
6. (*mlat.*) Hilfsgeistlicher

socordia ⟨ae⟩ *f* ||socors||
1. (*vkl., nachkl.*) geistige Trägheit
2. Sorglosigkeit

so-cors *Gen* ⟨cordis⟩ *Adj, Adv nur Komp* ***socordius*** ||cor||
1. geistig träge, stumpfsinnig
2. sorglos, *alicuius rei* in Bezug auf etw

Sōcratēs ⟨is⟩ *u.* ⟨ī⟩ *m berühmter athenischer Philos., 469–399 v. Chr., Lehrer Platos, der die Philosophie des Sokrates schriftl. niederlegte; mit Sokrates Wendung der Philosophie von der Naturphilosophie zur Beschäftigung mit dem Menschen*

Sōcraticus ⟨a, um⟩ *Adj* sokratisch, des Sokrates

Sōcraticus ⟨ī⟩ *m* Anhänger des Sokrates, Schüler des Sokrates

socrus ⟨ūs⟩ *f* ||socer|| Ov. Schwiegermutter

sodālicium ⟨ī⟩ *n* ||sodalicius|| Freundschaftsbündnis; *pej* POL Geheimbund

sodālicius ⟨a, um⟩ *Adj* ||sodalis|| (*nachkl.*) kameradschaftlich

sodālis
I ⟨e⟩ *Adj* Ov. kameradschaftlich, befreundet
II ⟨is⟩ *m*
1. Gefährte, Kamerad, Genosse
2. Mitglied einer RELIG Bruderschaft; *Pl* Priesterkollegium
3. Mitglied eines Geheimbundes

sodālitās ⟨ātis⟩ *f* ||sodalis||
1. Freundschaft, Kameradschaft; Freunde; ***intima s.*** Tac. sehr enge Freundschaft
2. Tischgesellschaft
3. Priesterkollegium
4. Geheimbund

sōdēs *Interj* wenn du so gut sein willst, gefälligst, *meist beim Imp*; ***corrige sodes hoc*** Hor. verbessere das gefälligst

▶ **sōl** ⟨sōlis⟩ *m*
1. Sonne; ***solis radii*** Sonnenstrahlen; ***solis ortus*** Sonnenaufgang; ***solis occasus*** Sonnenuntergang; ***sol oriens*** Osten; ***sol occidens*** Westen; ***sole primo*** bei Sonnenaufgang; ***supremo sole*** bei Sonnenuntergang; ***sole clarior*** sonnenklar; ***nondum omnium dierum sol occidit*** *Sprichwort* es ist noch nicht aller Tage Abend
2. *meton* Sonnenlicht, Sonnenwärme, Sonnenschein, Tag; ***sub sole*** bei Sonnenschein; ***tres soles totidemque noctes*** drei Tage und ebenso viele Nächte
3. *fig* öffentliche Tätigkeit, öffentliches Auftreten; ***in solem procedere*** ins Licht der Öffentlichkeit treten; ***aliquid in solem producere*** etw ans Licht bringen
4. *fig* Stern, Leuchte, Sonne *als Ausdruck höchsten Lobes für eine bedeutende Persönlichkeit*; ***solem Asiae Brutum appellat*** Hor. er nennt Brutus die Sonne Asiens

Sōl ⟨Sōlis⟩ *m* Sonnengott, *griech. Helios, später Apollo*

sōlāciolum ⟨ī⟩ *n* ||*Dim von* solacium|| Catul. schwacher Trost

▶ **sōlācium** ⟨ī⟩ *n* ||solor||
1. Trost, Trostmittel; ***vacare culpā magnum est s.*** frei von Schuld zu sein ist ein großer Trost
2. *fig* Linderungsmittel; Zuflucht, *alicuius rei* für etw, in etw, bei etw
3. (*nachkl.*) Entschädigung, Ersatz
4. *meton* Tröster, Trösterin

sōlāmen ⟨inis⟩ *n* ||solor|| *poet* Trost

sōlāris ⟨e⟩ *Adj* ||sol|| (*nachkl.*) *poet* Sonnen…; ***lumen solare*** Sonnenlicht

sōlārium ⟨ī⟩ *n* ||sol||
1. Sonnenuhr, *bes die Sonnenuhr auf dem Forum Romanum, um die Mittagszeit Treffpunkt der Römer zu Geschäften u. zur Unterhaltung*; Uhr; ***s. ex aqua*** Cic. Wasseruhr
2. Sonnenhof, Terrasse, Flachdach

sōlātium ⟨ī⟩ *n* = ***solacium***

sōlātor ⟨ōris⟩ *m* ||solor|| *poet* Tröster

solduriī ⟨ōrum⟩ *m* ||kelt. od. iber. Fw.|| die Getreuen

soldus ⟨a, um⟩ *Adj* = ***solidus***

solea ⟨ae⟩ *f* ||solum||
1. Sandale, *Sohle mit Riemen am Fuß befestigt*; ***soleas demere / deponere*** die Sandalen ablegen, zu Tisch gehen; ***soleas poscere*** seine Sandalen verlangen = weggehen
2. Fußfessel
3. (*nachkl.*) *poet* Scholle, *ein Fisch*

soleārius ⟨ī⟩ *m* ||solea|| Plaut. Sandalenmacher

soleātus ⟨a, um⟩ *Adj* ||solea|| Sandalen tragend

sōlemnis ⟨e⟩ *Adj* = ***sollemnis***

solemnizō ⟨āvī, ātum, āre 1.⟩ ||solemnis|| (*spätl.*) feiern

solennis ⟨e⟩ *Adj* = ***solemnis***

▶ **soleō** ⟨solitus sum⟩ *u.* ⟨soluī, solēre 2.⟩
1. gewohnt sein, pflegen, *abs od + Inf*; ***ut solet*** wie gewöhnlich; ***Cato hoc dicere solebat*** Cato pflegte Folgendes zu sagen; ***gloria, cui maxime invideri solet*** der Ruhm, der gewöhnlich am meisten Neid er-

regt
2. Plaut. mit *j-m* schlafen, *cum aliquo*

soliditās ⟨ātis⟩ *f* ||solidus||
1. Dichte; Festigkeit; ***corpora individua propter soliditatem*** Cic. Körper, die wegen ihrer Dichte unteilbar sind
2. Dauerhaftigkeit

solidō ⟨āvī, ātum, āre 1.⟩ ||*Denom von* solidus|| dicht machen, fest machen, zusammenfügen

solidum ⟨ī⟩ *n* ||solidus||
1. Dichtes, Festes; fester Körper
2. (*nachkl.*) *fig* Festigkeit, Sicherheit
3. Gesamtsumme, Gesamtkapital; ***in solidum appellare*** das Kapital kündigen

▶ **solidus**
I ⟨a, um⟩ *Adj, Adv* ⟨solidē⟩
1. *poet* dicht, massiv; ***paries solida*** massive Mauer
2. *poet* fest, hart, kompakt, dauerhaft
3. *fig* ganz, vollständig; ***annus s.*** ein ganzes Jahr; ***decies solidum*** eine volle Million Sesterze
4. *fig* gediegen, echt, dauerhaft, wahrhaft; ***gloria / laus solida*** dauernder Ruhm; ***mens solida*** unerschütterliche geistige Haltung
II ⟨ī⟩ *m eine Goldmünze, Wert anfangs 25 Denare, später auf die Hälfte gesunken*

sōli-fer ⟨fera, ferum⟩ *Adj* ||sol, fero|| Sen. die Sonne bringend

sōliferreum ⟨ī⟩ *n* = ***solliferreum***

sōlistimus ⟨a, um⟩ *Adj* = ***sollistimus***

sōlitārius ⟨a, um⟩ *Adj* ||solus|| allein stehend, einsam; ungesellig

▶ **sōlitūdō** ⟨inis⟩ *f* ||solus||
1. Einsamkeit, Zurückgezogenheit
2. *meton* Einöde, Wüste
3. *fig* Verlassenheit, Hilflosigkeit
4. Mangel, *alicuius rei* an etw

solitum ⟨ī⟩ *n* ||solitus, *PPerf von* soleo|| das Gewöhnliche, Gewohnheit; ***ex solito*** aus Gewohnheit, regelmäßig; ***solito maior*** größer als gewohnt, ungewöhnlich groß

▶ **solitus** ⟨a, um⟩ *Adj* ||soleo|| (*nachkl.*) *poet* gewohnt, gewöhnlich, üblich; ***cibus s.*** gewöhnliche Nahrung; ***solitum quicquam liberae civitatis*** etw, das zu einem freien Staat gehört

solium ⟨ī⟩ *n* ||sedeo||
1. Stuhl *mit Rückenlehne u. Seitenlehnen*
2. Thron *für Könige u. Götter*; (*nachkl.*) *meton* Königswürde, Königreich
3. großer Lehnstuhl *der röm. Rechtsgelehrten*
4. (*nachkl.*) Badewanne
5. (*nachkl.*) Sarg

sōli-vagus ⟨a, um⟩ *Adj* ||solus||
1. allein umherschweifend; ***caelum solivagum*** der sich allein bewegende Himmel
2. isoliert

sollemne ⟨is⟩ *n* ||sollemnis||
1. Feier; *Pl* Opfer
2. Gebrauch, Brauch, Gewohnheit

▶ **soll-emnis** ⟨e⟩ *Adj, Adv* ⟨sollemniter⟩ ||solus, annus||
1. alljährlich, alle Jahre wiederkehrend; ***dies deorum festi et sollemnes*** die alljährlichen Festtage der Götter
2. feierlich, festlich
3. gewohnt, üblich

sollemnitās ⟨ātis⟩ *f* ||sollemnis|| (*spätl.*) Feierlichkeit

soll-ers *Gen* ⟨ertis⟩ *Adj, Adv* ⟨sollerter⟩ ||sollus, ars||
1. kunstfertig, geschickt, erfinderisch, *re* durch etw, an etw, *alicuius rei* in Bezug auf etw
2. *pej* verschlagen, schlau

sollertia ⟨ae⟩ *f* ||sollers||
1. Kunstfertigkeit, Geschicklichkeit
2. *pej* Schlauheit, List, *alicuius* j-s, *alicuius rei* einer Sache *od* in etw
3. Tac. *meton* Kunstgriff

sollicitātiō ⟨ōnis⟩ *f* ||sollicito|| (*nachkl.*)
1. Beunruhigung, Kummer, ***nuptiarum*** wegen der Hochzeit
2. Aufwiegelung, Aufhetzung, ***Allobrogum*** der Allobroger

sollicitātor ⟨ōris⟩ *m* ||sollicito|| (*nachkl.*) Verführer, Aufwiegler

sollicitō ⟨āvī, ātum, āre 1.⟩ ||*Denom von* sollicitus||
1. (*vkl.*) *poet* stark bewegen, heftig erregen, erschüttern; ***tellurem s.*** das Feld pflügen; ***arcu s. feras*** mit dem Bogen das Wild jagen
2. *fig* in Bewegung setzen
3. (*nachkl.*) *fig* erregen, reizen; ***alium ambitio sollicitat*** einen anderen quält der Ehrgeiz
4. *fig* erschüttern, stören, ***pacem*** den Frieden
5. *fig* beunruhigen, bekümmern; ***haec cura (me) sollicitat*** Cic. diese Sorge bekümmert mich
6. aufwiegeln, ***plebem*** das Volk
7. bewegen, ermuntern, anregen, *aliquem ad aliquid / in aliquid* j-n zu etw, *ut / ne / + Inf*
8. verführen, verleiten, ***concubitūs primos*** zum ersten Geschlechtsverkehr

▶ **sollicitūdō** ⟨inis⟩ *f* ||sollicitus|| Unruhe, Kummer, Sorge, *alicuius* j-s, *alicuius rei* einer Sache *od* um etw; ***s. animi*** innere Unruhe; ***s. provinciae*** Sorge um die Provinz

▶ **solli-citus** ⟨a, um⟩ *Adj, Adv* ⟨sollicitē⟩ ||sollus, cieo||
1. heftig bewegt, erregt; ***mare sollicitum*** aufgewühltes Meer
2. *fig* unruhig, besorgt, bekümmert, betrübt; ***aliquem sollicitum habere*** j-n in Unruhe versetzen, j-n bekümmern
3. *von Sachen u. Verhältnissen* gestört, angstvoll, besorgt; ***causa sollicitae vitae*** Grund für ein sorgenvolles Leben; ***brevissima ac sollicitissima aetas*** ein sehr kurzes und überaus sorgenreiches Leben
4. ängstlich, vorsichtig, scheu; ***sollicita manu tenebras explorare*** mit zitternder Hand die Dunkelheit erforschen; ***canes solliciti*** wachsame Hunde

solli-ferreum ⟨ī⟩ *n* ||sollus, ferreus|| (*nachkl.*) ganz aus Eisen bestehendes Geschoss, Wurfeisen

sollistimus ⟨a, um⟩ *Adj* ||*Sup von* sollus|| vollkommen, günstig; ***tripudium sollistimum*** günstiges Vorzeichen

sollus ⟨a, um⟩ *Adj* (*altl.*) ganz, *nur in Zusammensetzungen*

sōlō ⟨āvī, ātum, āre 1.⟩ ||*Denom von* solus|| veröden

Solō ⟨ōnis⟩ *m* = ***Solon***

soloecismus ⟨ī⟩ *m* ||griech. Fw.|| (*unkl.*) GRAM Solö-

S

zismus, *falsche syntaktische Verbindung der Wörter*
soloecum ⟨ī⟩ *n* ||griech. Fw.|| sprachlicher Fehler
Solōn ⟨ōnis⟩ *m Gesetzgeber Athens, einer der sieben Weisen, gest. 559 v. Chr.*
sōlor ⟨ātus sum, ārī 1.⟩
1. trösten; ***verba solantia*** Trostworte; ***fessos s.*** die Ermüdeten ermuntern; ***s. aliquid*** sich mit etw aussöhnen
2. lindern, mildern, beschwichtigen; ***famem s.*** den Hunger stillen
3. entschädigen
sōlstitiālis ⟨e⟩ *Adj* ||solstitium||
1. zur Sommersonnenwende gehörig; ***dies s.*** längster Tag; ***nox s.*** kürzeste Nacht; ***orbis s.*** Wendekreis des Krebses
2. *meton* Sommer…, Sonnen…; ***morbus s.*** Sonnenstich, *auch* Malaria
sōl-stitium ⟨ī⟩ *n* ||sol, sto|| Sonnenwende, *bes* Sommersonnenwende; (*nachkl.*) *meton* Sommerzeit, Sommerhitze
soltanus ⟨i⟩ *m* (*mlat.*) Sultan
▶ **solum**[1] ⟨ī⟩ *n*
1. unterster Teil *einer Sache*, Grund, Grundfläche, Boden, Sohle; ***fossae s.*** Caes. Boden eines Grabens; ***ab infimo solo*** unten vom Boden an
2. *fig* Fußboden *eines Raumes*; ***sola marmorea*** Cic. Marmorfußboden
3. Fußsohle
4. Erdboden, Erde, Acker, Scholle, Grund und Boden; ***in solo nostro*** auf unserem Grund und Boden; ***quod in solo venit*** was einem in den Sinn kommt
5. *fig* Boden, Land, Gegend; ***s. celeste*** Himmel; ***solum vertere/mutare*** auswandern, in die Verbannung gehen
6. Unterlage; ***s. Cereale*** Unterlage aus Brot
▶ **sōlum**[2] *Adv* ||solus|| bloß, nur; ***non solum … sed etiam*** nicht nur … sondern auch; ***non solum non … sed ne … quidem*** nicht nur nicht … sondern nicht einmal
sōlum-modo *Adv* (*nachkl.*) nur allein, allein nur
▶ **sōlus** ⟨a, um⟩, *Gen* ⟨sōlīus⟩, *Dat* **sōlī** *Adj*
1. allein, einzig, bloß, nur; ***rex s. profectus est*** der König reiste ohne Begleitung ab; ***s. ex omnibus*** als Einziger von allen
2. *von Personen* einsam, allein stehend, verlassen
3. *von Orten* verlassen, öde, einsam; ***sola rura*** Ov. öde Landstriche
4. außerordentlich, einzig
solūtilis ⟨e⟩ *Adj* ||solutus|| Suet. leicht zerfallend
solūtiō ⟨ōnis⟩ *f* ||solvo||
1. das Loslösen, das Gelöstsein
2. Auflösung, Erschlaffung, ***totius hominis*** des ganzen Menschen
3. Lösung *einer Frage*
4. Bezahlung *einer Schuld*, ***rerum creditarum*** der Kredite
solūtus[1] ⟨a, um⟩ *PPP* → ***solvo***
solūtus[2] ⟨a, um⟩ *Adj*, *Adv* ⟨solūtē⟩ ||solvo||
1. (*nachkl.*) lose, locker, gelöst; ***crines soluti*** offene Haare
2. Sen. zittrig, schlotternd
3. *fig* frei, *a re/re/alicuius rei* von etw; selbstständig, ungehindert; ***solutum est*** es steht frei, + *Inf*; ***omnia alicui solutissima sunt*** j-d hat in allem völlig freie Hand
4. *fig* schuldenfrei; sorgenfrei; straffrei
5. *fig* zügellos
6. *fig* lässig, nachlässig, schlaff, nachgiebig
7. *fig von der Rede* ungebunden, in Prosa; fließend, frei; *vom Redner* gewandt
solvō ⟨solvī, solūtum, solvere 3.⟩

> 1. auflösen, losbinden
> 2. bezahlen
> 3. erfüllen
> 4. erlösen, befreien
> 5. auflösen, trennen
> 6. schwächen, lähmen
> 7. aufheben, beseitigen
> 8. enträtseln, erklären

1. auflösen, losbinden, öffnen; ***zonam s.*** den Gürtel öffnen; ***capillos s.*** die Haare lang herabhängen lassen; ***iuga tauris s.*** den Stieren die Joche abnehmen; ***vela s.*** die Segel hissen; ***epistulam s.*** einen Brief öffnen; (***ancoram/navem***) ***s.*** die Anker lichten, absegeln
2. *fig Schulden* bezahlen; ***solvendo non esse*** zahlungsunfähig sein, nicht zahlen können; ***poenam/poenas s.*** Strafe zahlen; ***aliquid ab aliquo s.*** etw durch Anweisung auf j-n auszahlen lassen
3. *fig Verpflichtungen* erfüllen; ***fidem s.*** sein Wort halten; ***beneficia s.*** Wohltaten vergelten; ***militibus suprema s.*** den Soldaten die letzte Ehre erweisen
4. *fig* erlösen, befreien; freisprechen, *aliquem re* j-n von etw; *pej* entfesseln; ***aliquem scelere s.*** j-n von einem Verbrechen freisprechen
5. (*nachkl.*) auflösen, trennen, vernichten; *Passiv* sich auflösen; ***pontem s.*** eine Brücke abbrechen; ***nivem s.*** Schnee schmelzen
6. *fig* schwächen, lähmen; ***alicui lumina s.*** j-m die Augen schließen
7. *fig* aufheben, beseitigen, entfernen, beenden; ***iniuriam s.*** das Unrecht sühnen; ***foedum s.*** einen Vertrag brechen; ***munera s.*** Geschenke zurücknehmen
8. *fig* enträtseln, erklären, ***aenigma*** ein Rätsel
somniātor ⟨ōris⟩ *m* ||somnio|| (*nachkl.*) Träumer
somnīculōsus ⟨a, um⟩ *Adj*, *Adv* ⟨somnīculōsē⟩ ||somnus|| schläfrig, träge
somni-fer ⟨fera, ferum⟩ *Adj* ||somnium, fero|| Schlaf bringend; ***venenum somniferum*** tödliches Gift
somniō ⟨āvī, ātum, āre 1.⟩ ||*Denom von* somnium||
1. träumen, *abs od de aliquo/aliquem* von j-m, *aliquid* von etw, ***Troianum*** von einem Besitz bei Troja
2. an *etw* denken, *etw* meinen, *aliquid*
3. faseln, schwätzen; ***philosphi non disserentes, sed somniantes*** Caes. nicht erörternde, sondern schwätzende Philosophen
▶ **somnium** ⟨ī⟩ *n* ||somnus||
1. Traum; *meton* Traumbild; *Pl auch* Schlaf; ***somniis uti*** Träume haben; ***per somnia*** im Traum
2. *fig* Träumerei, leerer Wahn; Geschwätz
Somnium ⟨ī⟩ *n* Traumgott
▶ **somnus** ⟨ī⟩ *m*
1. Schlaf; ***ad somnum ire/proficisci*** schlafen gehen; ***somnum capere non posse*** nicht einschlafen

können; ***somnum tenere*** sich gegen den Schlaf wehren; ***per somnum/in somno/in somnis*** im Schlaf, im Traum
2. *poet* Tod
3. Schläfrigkeit, Trägheit

Somnus ⟨ī⟩ *m* Gott des Schlafes

sōna ⟨ae⟩ *f* (*altl.*) = ***zona***

sonābilis ⟨e⟩ *Adj* ||sono|| *poet* tönend, klirrend

sonāns *Gen* ⟨antis⟩ *Adj* ||sono|| tönend, klingend, schmetternd, rauschend; wohltönend

soni-pēs ⟨pedis⟩ *m* ||sonus, pes|| Pferd; *Pl* Reiterei

▶ **sonitus** ⟨ūs⟩ *m* ||sono|| Ton, Schall, Tosen, Klang, Prasseln, Krachen, Lärm, Donner; RHET Wohlklang einer Rede

sonīvius ⟨a, um⟩ *Adj* ||sonus|| *Auguralsprache* tönend

▶ **sonō** ⟨uī, ātūrus, āre 1.⟩
I *v/i*
1. ertönen, erklingen, erschallen, rauschen, brausen, krachen, prasseln, klirren, dröhnen, klingen, *je nach Subjekt*; ***fons sonat*** die Quelle plätschert; ***inani voce s.*** Cic. mit leeren Worten tönen
2. widerhallen
II *v/t*
1. ertönen lassen, klingen lassen, hören lassen; ***poetae pingue quiddam sonantes*** Cic. Dichter, die Schwülstiges von sich geben; ***mortale s.*** menschliche Worte hören lassen; ***raucum/rauca s.*** kreischen; ***diversa s.*** verschieden klingen
2. *poet* durch die Stimme verraten
3. preisen, besingen; ***te sonabunt carmina nostra*** dich werden unsere Lieder preisen
4. bedeuten; ***unum s.*** dasselbe bedeuten; ***hominem s.*** menschlich klingen

sonor ⟨ōris⟩ *m* ||sono|| (*nachkl.*) *poet* Ton, Getöse

sonōrus ⟨a, um⟩ *Adj*, *Adv* ⟨sonōrē⟩ ||sonor|| (*nachkl.*) *poet* tönend, rauschend

sōns
I *Gen* ⟨sontis⟩ *Adj* schuldig, strafbar
II ⟨sontis⟩ *m* Schuldiger, Übeltäter

sonticus ⟨a, um⟩ *Adj* ||sons|| (*unkl.*) gefährlich; ***morbus s.*** gefährliche Krankheit; ***causa sontica*** *fig* triftiger Grund

sonuī → ***sono***

▶ **sonus** ⟨ī⟩ *m* ||sono||
1. Ton, Laut, Klang; ***s. tubae*** Ton der Trompete
2. *poet* Wort
3. Stimme, Sprache, Aussprache; ***s. cycni*** Schwanengesang; ***medio in sono*** mitten im Sprechen; ***concordi sono*** einstimmig
4. RHET Art der Darstellung

sophia ⟨ae⟩ *f* ||griech. Fw.|| (*unkl.*) Weisheit

sophisma ⟨atis⟩ *n* ||griech. Fw.|| Trugschluss

sophista *u.* **sophistēs** ⟨ae⟩ *m* Sophist, *gewerbemäßiger Lehrer der praktischen Philosophie u. Beredsamkeit, von Sokrates kritisiert u. bekämpft*; spitzfindiger Philosoph

Sophoclēs ⟨is⟩ *u.* ⟨ī⟩ *m der mittlere der drei berühmtesten griech. Tragiker, 496–406 v. Chr.*

Sophoclēus ⟨a, um⟩ *Adj* des Sophokles, zu Sophokles gehörig

sophōs[1] *Adv* ||griech. Fw.|| (*nachkl.*) *Beifallsbekundung* gut!, ausgezeichnet!

sophos[2] *u.* **sophus**
I ⟨a, um⟩ *Adj* ||griech. Fw.|| *poet* weise
II ⟨ī⟩ *m* der Weise

sōpiō[1] ⟨īvī⟩ *u.* ⟨iī, ītum, īre 4.⟩
1. (*nachkl.*) einschläfern; *Passiv* einschlafen; ***sopitus*** eingeschläfert, schlafend
2. (*nachkl.*) *fig* betäuben
3. *fig* beschwichtigen, beruhigen; ***ignis sopitus*** das unter der Asche glimmende Feuer; ***sopitae ignibus arae*** das auf dem Altar erloschene Feuer
4. Lucr. töten

sōpiō[2] ⟨ōnis⟩ *m* Catul. das männliche Glied

sopor ⟨ōris⟩ *m*
1. (tiefer) Schlaf
2. *meton* Todesschlaf
3. *meton* Schlaftrunk

sopōrātus ⟨a, um⟩ *Adj* ||sopor||
1. eingeschlafen, schlafend
2. einschläfernd

sopōri-fer ⟨fera, ferum⟩ *Adj* ||sopor, fero|| (*nachkl.*) *poet* Schlaf bringend; ***papaver s.*** Verg. Schlaf bringender Mohn

sopōrus ⟨a, um⟩ *Adj* ||sopor|| *poet* Schlaf bringend

Sōracte ⟨is⟩ *n Berg n von Rom, mit Apollotempel*

sōracum ⟨ī⟩ *n* ||griech. Lw.|| Plaut. Truhe

sorbeō ⟨sorbuī⟩ *u.* ⟨sorpsī, -, sorbēre 2.⟩
1. (*unkl.*) schlürfen, hinunterschlucken, ***aquam*** Wasser
2. *fig* verschlingen; ***odium s.*** Hass in sich hineinfressen

sorbil(l)ō[1] ⟨āvī, ātum, āre 1.⟩ ||*Dim von* sorbeo|| (Ter., *nachkl.*) schlürfen

sorbilō[2] *Adv* ||sorbeo|| Plaut. schluckweise; wie ein armer Schlucker

sorbitiō ⟨ōnis⟩ *f* ||sorbeo|| (*unkl.*) das Schlürfen; *meton* Brühe

sorbum ⟨ī⟩ *n* Verg. Vogelbeere

sordeō ⟨uī, -, ēre 2.⟩ ||*Denom von* sordes|| schmutzig sein; *j-n* anwidern, *j-m* gering erscheinen, ***alicui***

sordēs ⟨is⟩ *f, meist Pl*
1. Schmutz, Unrat; Flecken; ***sint sine sordibus ungues*** Cic. die Nägel sollen sauber sein; ***sordes allinere alicui rei*** etw beschmutzen
2. Trauerkleidung; *meton* Trauer
3. *fig* Verächtlichkeit
4. *fig* niedrige Herkunft; ***paternae sordes*** Hor. Niedrigkeit der Väter
5. *fig* schmutzige Gesinnung, niedriger Charakter, schmutziger Geiz
6. *meton* Auswurf, Pöbel

sordēscō ⟨-, -, ēscere⟩ ||*Inkoh von* sordeo|| (*nachkl.*) *poet* schmutzig werden; *fig* wertlos werden

sordidātus ⟨a, um⟩ *Adj* ||sordidus|| schmutzig gekleidet, in Trauerkleidung

sordidulus ⟨a, um⟩ *Adj* ||*Dim von* sordidus|| Plaut. etwas schmutzig, armselig

▶ **sordidus** ⟨a, um⟩ *Adj*, *Adv* ⟨sordidē⟩ ||sordeo||
1. Plaut. schwarz; ***panis s.*** Schwarzbrot
2. schmutzig, unsauber, unrein, *re* von etw, durch etw
3. in ärmlicher Kleidung, in Trauerkleidung
4. *fig* niedrig, gering, armselig, unbedeutend
5. *fig* gemein, niederträchtig
6. *fig* geizig, habgierig; ***quidam Athenis s. ac dives*** Hor. ein Mann in Athen, geizig und wohlhabend

S

sorditūdō ⟨inis⟩ *f* ||sordes|| Plaut. Schmutz
sōrex ⟨icis⟩ *m* (*vkl., nachkl.*) Spitzmaus
sōricīnus ⟨a, um⟩ *Adj* ||sorex|| Plaut. von der Spitzmaus
sōrītēs ⟨ae⟩ *m* ||griech. Fw.|| Kettenschluss, *eine Art* Trugschluss
▶ **soror** ⟨ōris⟩ *f*
1. Schwester
2. *allg.* Cousine, Verwandte
3. Geliebte, Freundin
sororcula ⟨ae⟩ *f* ||*Dim von* soror|| Plaut. Schwesterchen
sorōri-cīda ⟨ae⟩ *m* ||soror, caedo|| Mörder der Schwester
sorōriō ⟨-, -, āre 1.⟩ (Plaut., *nachkl.*) als Schwestern zusammen aufwachsen; *fig* zusammen anschwellen
sorōrius ⟨a, um⟩ *Adj* ||soror|| schwesterlich, Schwester…; ***ultio sororia*** Rache für die Schwester
▶ **sors** ⟨sortis⟩ *f* ||sero||
1. Los, Lostäfelchen, Losstäbchen, *alicuius* j-s *od* mit j-s Namen; *Pl* Weissagungstäfelchen, *auch* Losorakel
2. das Losen, Verlosung; ***res revocatur ad sortem*** es wird gelost; ***provincias in sortem conicere*** um die Provinzen losen; ***sortem ducere*** auslosen; ***extra sortem*** ohne zu losen; ***tertia s.*** die zum dritten Mal Ausgelosten
3. Orakel, Weissagung; ***sortes Lyciae*** Orakel des lykischen Apollo
4. *durch Los zugeteiltes* Amt; *allg.* Amt, Beruf; ***sorte abesse*** wegen seines Berufes abwesend sein
5. Anteil; (*nachkl.*) *poet* Erbteil, *alicuius* j-s, *alicuius rei* von etw, an etw; ***s. prima*** erstes Kind
6. (*nachkl.*) *poet* Schicksal; ***s. suprema*** Tod; ***s. rerum*** Ziel
7. Stand, Rang; ***s. prior*** Vorrang
8. Geschlecht; ***s. feminea*** weibliches Geschlecht
9. (*nachkl.*) Art, Sorte
10. *auf Zinsen ausgeliehenes* Kapital
sorsum *u.* **sorsus** *Adv* = ***seorsum***
sorticula ⟨ae⟩ *f* ||*Dim von* sors|| Suet. Lostäfelchen
sorti-legus
I ⟨a, um⟩ *Adj* ||sors, lego[1]|| Hor. prophetisch
II ⟨ī⟩ *m* Weissager
sortiō ⟨īvī, ītum, īre 4.⟩ *u.* **sortior** ⟨ītus sum, īrī 4.⟩ ||*Denom von* sors||
I *v/i* losen, *cum aliquo* mit j-m, *inter se* untereinander, *de re* um etw
II *v/t*
1. auslosen, durch Los bestimmen, *aliquid* etw, + *indir Fragesatz*; verteilen; ***provinciam s.*** eine Provinz auslosen
2. *durch Los* erhalten; *allg.* bekommen
3. aussuchen, erwählen
sortis ⟨is⟩ *f* (*altl.*) = ***sors***
sortītiō ⟨ōnis⟩ *f* (*nachkl.*) ||sortior|| das Losen, *alicuius rei* um etw; ***s. aedilicia*** um die Ädilität losen; ***sortione*** nach Belieben
sortītō *Adv* ||sortitus|| durch das Los; durch Schicksalsbestimmung
sortītor ⟨ōris⟩ *m* ||sortior|| der das Los zieht
sortītus[1] ⟨a, um⟩ *Adj* ||sortio|| erlost, durch das Los gezogen
sortītus[2] ⟨ūs⟩ *m* ||sortior|| das Losen, Auslosung; ***aliquid sortitūs non pertulit*** um etw ist nicht gelost worden
Sōsia *u.* **Sōsiās** ⟨ae⟩ *m griech.-röm. Sklavenname*
Sosius ⟨a, um⟩ *röm. Gentilname*
sospes *Gen* ⟨sospitis⟩ *Adj* (*unkl.*) wohlbehalten, unversehrt, unverletzt; *von Sachen* glücklich, günstig
sospita ⟨ae⟩ *f* ||sospes|| Retterin
Sospita ⟨ae⟩ *f Beiname der Juno*
sospitālis ⟨e⟩ *Adj* ||sospes|| (Plaut., *spätl.*) heilsam
sospitō ⟨-, -, āre 1.⟩ ||*Denom von* sospes|| Liv. retten, behüten, bewahren
Sōtadēs ⟨ae⟩ *m griech. Dichter, Anfang 3. Jh. v. Chr.*
Sōtadēus *u.* **Sōtadicus** ⟨a, um⟩ *Adj* des Sotades, zu Sotades gehörig; ***versus S.*** Sotades-Gedicht, *Gedicht, das rückwärts gelesen einen unanständigen Sinn ergibt*
sōtēr ⟨ēris⟩ *m* ||griech. Fw.|| Retter; (*eccl.*) Erlöser, Heiland
sōtēria ⟨ōrum⟩ *n* ||griech. Fw.|| Mart. Glückwunschgaben zur Genesung
Sp. *Abk* = ***Spurius***
spādīx
I *Gen* ⟨īcis⟩ *Adj* ||griech. Fw.|| (*nachkl.*) kastanienbraun
II ⟨īcis⟩ *m lyraähnliches Musikinstrument*
spadō ⟨ōnis⟩ *f* ||griech. Fw.|| (*nachkl.*) Eunuch
▶ **spargō** ⟨sparsī, sparsum, spargere 3.⟩
1. *Trockenes* streuen, *Flüssiges* spritzen; den Boden besprengen, *abs*
2. ausstreuen, säen, ***semen*** Samen
3. werfen, schleudern; ***fulmina s.*** Blitze schleudern
4. (*nachkl.*) *poet Lebewesen* verteilen, zerstreuen; trennen; ***se s.*** sich zerstreuen
5. (*nachkl.*) *poet Lebloses* zerstreuen; zersplittern; gerüchtweise verbreiten; *Passiv von Gebäuden* vereinzelt stehen, verstreut liegen; ***bellum s.*** bald hier, bald dort Krieg führen
6. zerreißen, ***corpora*** Körper
7. vergeuden, ***bona sua*** seine Güter
8. *Bemerkungen* einstreuen
9. bestreuen, besprengen, *aliquem / aliquid re* etw mit etw; ***virgulta fimo s.*** die Setzlinge mit Mist bedecken; ***porticum tabellis s.*** die Säulenhalle mit Bildern schmücken; ***terras lumine s.*** die Länder mit Licht übergießen
sparsiō ⟨ōnis⟩ *f* ||spargo|| Sen. das Versprühen von parfümiertem Wasser *im Amphitheater od Zirkus*
sparsus[1] ⟨a, um⟩ *PPP* → ***spargo***
sparsus[2] ⟨a, um⟩ *Adj* ||spargo||
1. zerstreut; ***crines sparsi*** wirres Haar
2. (*vkl., nachkl.*) fleckig, bunt
Sparta ⟨ae⟩ *f Hauptstadt von Lakonien auf der Peloponnes*
Spartacus ⟨ī⟩ *m Gladiator in Capua, Anführer des Sklavenkrieges 73–71 v. Chr.*
Spartānus
I ⟨a, um⟩ *Adj* aus Sparta, spartanisch
II ⟨ī⟩ *m* Spartaner
Spartē ⟨ēs⟩ *f* = ***Sparta***
Spartiātēs ⟨ae⟩ *m* ||Sparta|| Spartiat, *spartanischer Vollbürger*
Spartiāticus ⟨a, um⟩ *Adj* spartanisch

spartum ⟨ī⟩ *n* ||griech. Lw.|| (*vkl., nachkl.*) Pfriemgras, *Graspflanze, aus deren Fasern Matten, Seile u. Taue gemacht werden*

sparulus ⟨ī⟩ *m* ||*Dim von* sparus[1]|| *u.* **sparus[1]** ⟨ī⟩ *m* ||griech. Lw.|| Goldbrasse

sparus[2] ⟨ī⟩ *m* Sall. Speer, Jagdspeer

spatha ⟨ae⟩ *f* ||griech. Lw.|| (*nachkl.*)
1. breites zweischneidiges Schwert
2. *fig* Weberblatt, *mit dem der Einschlag festgedrückt wird*

spatior ⟨ātus sum, ārī 1.⟩ ||*Denom von* spatium|| auf und ab spazieren

spatiōsus ⟨a, um⟩ *Adj, Adv* ⟨spatiōsē⟩ ||spatium|| (*nachkl.*)
1. geräumig, weitläufig; ***domus spatiosa*** geräumiges Haus; ***amnis s.*** breiter Fluss
2. *fig von der Zeit* lang, langwierig; ***bellum spatiosum*** sich hinziehender Krieg; ***spatiosius*** in späterer Zeit

spatium ⟨ī⟩ *n*
1. Raum, Ausdehnung, Weite, Größe, Länge, Breite; ***spatium dare*** Platz machen; ***hoc spatio*** in dieser ganzen Gegend; ***in spatium trahere*** in die Länge ziehen; ***in spatium fugere*** das Weite suchen
2. Zwischenraum, Entfernung; ***tanto spatio*** bei so großer Entfernung
3. Weg, Wegstrecke; ***tanto spatio*** bei einer so langen Strecke; ***magnum spatium emetiri/conficere*** einen weiten Weg zurücklegen
4. (*nachkl.*) *poet* Rennstrecke, Rennbahn; *meton* Lauf; ***extremum s.*** Ende der Rennbahn; ***gloriae s.*** rühmliche Laufbahn; ***curvatis spatiis*** in schrägen Bahnen
5. Spaziergang
6. Zeit, Zeitraum, Dauer; ***eo spatio*** zu dieser Zeit; ***eodem spatio*** zur gleichen Zeit
7. Frist, Muße, Gelegenheit, *alicuius rei/ad aliquid/in aliquid* zu etw; ***spatium sumere*** sich Zeit nehmen
8. Länge der Zeit
9. METR Zeitmaß
10. Messleine, Lot

speciālis
I ⟨e⟩ *Adj, Adv* ⟨speciāliter⟩ ||species|| (*nachkl.*) speziell, besonders
II ⟨is⟩ *m* (*spätl.*) enger Freund

speciāria ⟨ae⟩ *f* ||species|| Gewürzhändlerin

speciēs ⟨ēī⟩ *f* ||specio||
1. Blick, Anblick; ***primā specie*** auf den ersten Blick
2. Aussehen, äußere Erscheinung; ***humana s.*** menschliches Aussehen; ***in speciem alicuius rei*** wie etw; ***in speciem montis*** wie ein Berg
3. (*nachkl.*) *poet* Traumbild, Vision
4. Bild, Statue
5. schöne Gestalt, Schönheit
6. *fig* äußerer Glanz, Ansehen; ***s. auri*** Schimmer des Goldes; ***s. populi Romani*** Ansehen des römischen Volkes
7. Schein, Anschein; ***s. imperii*** scheinbarer Oberbefehl; ***speciem alicui facere*** bei j-m den Anschein erwecken; ***specie/per speciem/in speciem/sub specie*** zum Schein, scheinbar; ***ad speciem*** zur Täuschung; ***alariis ad speciem uti*** die Hilfstruppen zu einem Scheinmanöver benutzen; ***specie alicuius rei*** angeblich wegen etw
8. Vorstellung, Idee, *alicuius rei* von etw
9. Ideal; ***s. boni viri*** Musterbild eines guten Menschen
10. Art, Unterabteilung *einer Gattung*, Spezies
11. (*nachkl.*) Einzelfall
12. *Pl* (*spätl.*) Waren; Gewürze

specillum ⟨ī⟩ *n* ||*Dim von* speculum|| Sonde *für ärztliche Untersuchungen*

specimen ⟨inis⟩ *n* ||specio||
1. Kennzeichen, Beweis, Gewähr, Probestück; ***alicui specimen iustitiae dare*** einen Beweis der Gerechtigkeit vor j-m geben; ***specimen dare*** eine Prüfung zulassen
2. Muster, Vorbild, ***humanitatis*** an Bildung

speciō ⟨spexī, spectum, specere 3.⟩ (*vkl.*) schauen, sehen, beobachten; (*spätl.*) beachten

speciōsus ⟨a, um⟩ *Adj, Adv* ⟨speciōsē⟩ ||species||
1. ansehnlich, von schöner Gestalt
2. wohlklingend
3. (*nachkl.*) *poet* großartig, imponierend
4. blendend, täuschend

spectābilis ⟨e⟩ *Adj* ||specto||
1. sichtbar
2. (*nachkl.*) *poet* ansehnlich, prächtig

► **spectāc(u)lum** ⟨ī⟩ *n* ||specio||
1. Ort, Platz, *der Aussicht auf etw bietet*; *Pl* (*nachkl.*) Zuschauerplätze, Tribüne
2. (*nachkl.*) Theater, Amphitheater; ***resonant spectacula plausu*** Ov. die Theater hallen vom Beifall wider
3. Schauspiel, Anblick; ***spectaculo esse alicui*** für j-n eine Augenweide sein; ***spectaculum praebere*** ein Schauspiel bieten; ***spectaculum capere*** ein Schauspiel ansehen
4. (*nachkl.*) Weltwunder

spectāmen ⟨inis⟩ *n* ||specto||
1. Plaut. Probe
2. Beweis
3. (*nachkl.*) Anblick, Schauspiel; ***miserum spectamen aspexi*** Apul. ein trauriges Schauspiel habe ich angesehen

spectātiō ⟨ōnis⟩ *f* ||specto||
1. das Anschauen, Besichtigung
2. Geldprüfung, Münzprüfung

spectātīvus ⟨a, um⟩ *Adj* ||specto|| (*nachkl.*, Quint.) *poet* zur Betrachtung gehörig, theoretisch

spectātor ⟨ōris⟩ *m* ||specto||
1. Zuschauer; *fig* Beobachter, Augenzeuge
2. (*vkl., nachkl.*) *fig* Prüfer, Kritiker; ***virtutis s. ac iudex*** Liv. Prüfer und Richter der Tugend

spectātrīx ⟨īcis⟩ *f* ||spectator||
1. Zuschauerin
2. Beurteilerin

spectātus ⟨a, um⟩ *Adj, Adv* ⟨spectātē⟩ ||specto|| erprobt, bewährt, tüchtig

spectiō ⟨ōnis⟩ *f* ||specio|| das Recht Auspizien abzuhalten, *das nur den höheren Magistraten zustand*

spectō ⟨āvī, ātum, āre 1.⟩ ||*Intens von* specio||
I *v/i*
1. schauen, blicken; ***alte s.*** in die Höhe blicken
2. sich beziehen, *ad aliquid* auf etw; ***oratio mea ad te unum spectat*** meine Rede bezieht sich auf dich

allein; ***res ad arma spectat*** es sieht nach Krieg aus
3. gelegen sein, *ad aliquid / in aliquid / aliquid* nach etw; ***ad orientem solem s.*** nach Osten hin liegen; ***inter occasum solem et septentriones s.*** nach Nordwesten hin gelegen sein
II *v/t*
1. anschauen, betrachten, erblicken; ***motūs siderum s.*** die Bewegungen der Gestirne betrachten
2. sich *etw* ansehen, ***fabulam*** ein Theaterstück
3. *fig* berücksichtigen, in Betracht ziehen, *aliquid* etw, + *indir Fragesatz*
4. *fig* beurteilen, prüfen, *aliquid re / ex re / a re* etw nach etw prüfen, ***rem*** die Lage der Dinge; ***aliquid igni s.*** etw der Feuerprobe unterziehen
5. *fig* nach *etw* streben, *etw* beabsichtigen, *etw* erwarten, *aliquid*; ***alte s.*** hoch hinaus wollen

spectrum ⟨ī⟩ *n* ||specio|| Bild *in der Seele*, Vorstellung

spēcula[1] ⟨ae⟩ *f* ||*Dim von* spes|| (Plaut., Cic.) schwache Hoffnung, Hoffnungsschimmer

specula[2] ⟨ae⟩ *f* ||specio||
1. Beobachtungsstelle, Warte; ***in speculis*** auf der Lauer
2. Höhe, Gipfel

speculābundus ⟨a, um⟩ *Adj* ||speculor|| (*nachkl.*) immer spähend, immer lauernd

speculāria ⟨ium⟩ *u.* ⟨ōrum⟩ *n* ||specularis|| Fensterscheiben

speculāris ⟨e⟩ *Adj* ||speculum|| (*nachkl.*) *poet* spiegelartig; ***lapis s.*** Stein aus durchsichtigem Material

speculātiō ⟨ōnis⟩ *f* ||speculor|| (*spätl.*) das Ausspähen, das Auskundschaften; *fig* Betrachtung

speculātor ⟨ōris⟩ *m* ||speculor||
1. MIL Späher, Kundschafter, Spion
2. *Pl* (*nachkl.*) Elitetruppe der Prätorianer, Leibwache des Feldherrn
3. (*nachkl.*) Henker
4. Erforscher, Forscher

speculātōriae ⟨ārum⟩ *f* ||speculatorius|| Liv. Wachtschiff

speculātōrius ⟨a, um⟩ *Adj* ||speculator|| Späh…, Wacht…; ***navigium speculatorium*** Aufklärungsschiff; ***caliga speculatoria*** Suet. Stiefel der Gardesoldaten

speculātrīx ⟨īcis⟩ *f* ||speculator|| die ausspäht, *alicuius rei* nach *etw*

S

speculo-clārus ⟨a, um⟩ *Adj* ||speculum|| Plaut. spiegelklar

speculor ⟨ātus sum, ārī 1.⟩ ||*Denom von* specula[2]||
I *v/i* spähen, umherschauen
II *v/t*
1. beobachten, bewachen
2. erspähen, auskundschaften

speculum ⟨ī⟩ *n* ||specio|| Spiegel, *zuerst aus Metall, später aus Glas*; *fig* Abbild

specus ⟨ūs⟩ *m u. n*
1. (*nachkl.*) *poet* Höhle, Grotte
2. Stollen, Schacht
3. Abzugsgraben, Kanal
4. *fig* Tiefe, Vertiefung; ***s. vulneris*** tiefe Wunde

spēlaeum ⟨ī⟩ *n* ||griech. Fw.|| *poet* Höhle, Grotte

spēlunca ⟨ae⟩ *f* Höhle, Grotte

spērābilis ⟨e⟩ *Adj* ||spero|| Plaut. was zu hoffen ist

spērāta ⟨ae⟩ *f* ||spero|| Plaut. Liebste, Braut, Verlobte

spērātus
I ⟨a, um⟩ *Adj* ||spero|| ersehnt
II ⟨ī⟩ *m* Plaut. Liebster, Bräutigam, Verlobter

Sperchēis *Gen* ⟨idis⟩ *Adj f* des Spercheos, zum Spercheos gehörig

Sperchēos *u.* **Sperchēus** ⟨ī⟩ *m Fluss im s. Thessalien, mündet in den Malischen Meerbusen, Name erhalten*

Sperchīonidēs ⟨ae⟩ *m* Anwohner des Spercheos

Sperchīos *u.* **Sperchīus** ⟨ī⟩ *m* = ***Spercheos***

spernendus ⟨a, um⟩ *Adj* ||sperno|| (*nachkl.*) verächtlich, verwerflich; ***haud quaquam s. auctor*** glaubwürdiger Gewährsmann, *alicuius rei* in Bezug auf etw

► **spernō** ⟨sprēvī, sprētum, spernere 3.⟩
1. (*vkl.*) zurückstoßen, entfernen
2. *fig* verschmähen, verachten

spernor ⟨-, ārī 1.⟩ ||aspernor|| luv. verschmähen

► **spērō** ⟨āvī, ātum, āre 1.⟩ ||*Denom von* spes||
1. erwarten, hoffen, *aliquid alicui* etw für j-n, *aliquid ab aliquo / ex aliquo* etw von j-m, + *dopp. Akk* / + *AcI Fut*; annehmen, voraussetzen, + *Inf Präs od Perf*; ***omnia ex victoria s.*** alles vom Sieg erhoffen; ***bene s.*** Gutes erwarten; ***optime s.*** das Beste hoffen; ***aliquem perpetuum s.*** auf j-s dauerhafte Liebe hoffen
2. *Übles* erwarten, befürchten

► **spēs** ⟨speī⟩ *f*
1. Hoffnung, *alicuius* j-s *od* auf j-n, *alicuius rei / ad aliquid* auf etw, + *AcI*; ***bona s.*** begründete Hoffnung; ***falsa s.*** unbegründete Hoffnung; ***divina s.*** Hoffnung auf die Götter; ***s. pacis*** Hoffnung auf Frieden; ***s. capiendae arcis*** Hoffnung auf Eroberung der Burg; ***spem in re ponere*** die Hoffnung auf etw setzen; ***aliquid in spe est*** etw ist in Aussicht; ***spe deici*** in der Hoffnung getäuscht werden; ***spem dimittere / deponere*** die Hoffnung aufgeben; ***praeter spem / contra spem*** gegen jede Erwartung; ***spes est in aliquo*** Hoffnung ruht auf j-m; ***in spem venire / adduci*** Hoffnung fassen; ***spem nancisci*** Hoffnung schöpfen; ***adulescens summae spei*** junger Mann der sehr große Hoffnung geschöpft hat *od* junger Mann, der zu sehr großen Hoffnungen berechtigt
2. Gegenstand der Hoffnung, Ziel der Hoffnung, *auch Kosename*
3. (*nachkl.*) Erwartung, Aussicht; *pej* Befürchtung; ***omnium spe celerius*** Liv. wider aller Erwartung schnell

Spēs ⟨Speī⟩ *f* Göttin der Hoffnung

Speusippus ⟨ī⟩ *m Nachfolger Platos als Leiter der Akademie, gest. 339 v. Chr.*

spexī → ***specio***

sphaera ⟨ae⟩ *f* ||griech. Fw.||
1. Kugel
2. ASTRON Kreisbahn der Planeten
3. ASTRON Modell des Weltalls

sphaeristērium ⟨ī⟩ *n* ||griech. Fw.|| Plin. Ballspielsaal

sphaeromachia ⟨ae⟩ *f* ||griech. Fw.|| (*nachkl.*) Faustkampf

Sphinx ⟨Sphingis⟩ *f weibliches Fabelwesen, saß vor Theben u. gab jedem Vorübergehenden ein Rätsel*

auf; wer es nicht lösen konnte, wurde von ihr getötet; Darstellung meist als sitzende Löwin mit Kopf u. Brust einer jungen Frau, oft als Todessymbol auf Grabsteinen
spīca ⟨ae⟩ *f*
1. Ähre, Getreideähre
2. (*nachkl.*) ährenähnliche Dolde
3. Kornähre, *hellster Stern im Sternbild der Jungfrau*
spīceus ⟨a, um⟩ *Adj* ||spica|| Ähren…; ***spicea messis*** Verg. Getreideernte
spīci-fer ⟨fera, ferum⟩ *Adj* ||spica, fero|| Mart. Ähren tragend
spiciō ⟨spexī, spectum, spicere 3.⟩ = ***specio***
spīculum ⟨ī⟩ *n* ||*Dim von* spicum||
1. Spitze *einer Lanze, eines Pfeils*, Wurfspieß
2. Stachel *von Insekten*
spīcum ⟨ī⟩ *n u.* **spīcus** ⟨ī⟩ *m* = ***spica***
spīna ⟨ae⟩ *f* ||spica||
1. (*nachkl.*) *poet* Distel
2. Stachel *von Pflanzen u. Tieren*; ***animantes spinis hirsutae*** Stacheltiere
3. (*vkl., nachkl.*) Rückgrat *von Menschen u. Tieren*; *allg.* Rücken
4. Gräte
5. (*spätl.*) Spina, *Mauer zwischen den beiden Zirkusbahnen*
6. *Pl fig* Spitzfindigkeiten; ***disserendi spinae*** Cic. spitzfindige Dialektik
7. Hor. Sorge, Pein, Qual
spīnālis ⟨e⟩ *Adj* ||spina|| zum Rückgrat gehörig; ***medulla s.*** Rückenmark
spīnētum ⟨ī⟩ *n* ||spina|| (*nachkl.*) *poet* Dornenhecke, Dornengebüsch
spīneus ⟨a, um⟩ *Adj* ||spina|| aus Dornen, dornig
spīni-ger ⟨gera, gerum⟩ *Adj* ||spina, gero|| *poet* dornig, stachelig
spīnōsus ⟨a, um⟩ *Adj* ||spina||
1. (*unkl.*) dornig, stachelig; ***herbae spinosae*** stachelige Kräuter
2. *fig* spitzfindig; ***oratio spinosa*** spitzfindige Rede
3. Catul. *fig* quälend
spintēr ⟨ēris⟩ *m od n* ||griech. Lw.|| Plaut. *schlangenförmige* Oberarmspange
spintria ⟨ae⟩ *m* ||griech. Lw.|| (*nachkl.*) Strichjunge, männlicher Prostituierter
spinturnīcium ⟨ī⟩ *n* Plaut. Unglücksvogel, *vielleicht* Uhu
spīnus ⟨ī⟩ *f* ||spina|| Verg. Schlehdorn
spīra ⟨ae⟩ *f* ||griech. Fw.|| (*unkl.*)
1. kreisförmige Windung, *bes einer Schlange*; Spirale
2. *meton* Mützenbinde
3. MIL Schar, Manipel
spīrābilis ⟨e⟩ *Adj* ||spiro||
1. luftig
2. Verg. belebend
spīrāculum ⟨ī⟩ *n* ||spiro|| Luftloch; ***spiracula Ditis*** Dunsthöhle des Pluto
spīrāmentum ⟨ī⟩ *n* ||spiro||
1. Luftloch, Spalt; Kanal, Röhre; Verg. Flugloch der Bienen
2. Tac. das Atemholen, Pause
spīrit(u)ālis ⟨e⟩ *Adj* ||spiritus||
1. Luft…
2. zum Atmen gehörig
3. (*eccl.*) geistig, geistlich
► **spīritus** ⟨ūs⟩ *m* ||spiro||
1. (*unkl.*) Lufthauch, Wind; ***s. frigidus*** kalter Lufthauch
2. das Atmen; ***aera spiritu ducere*** atmen; ***usque ad extremum spiritum*** bis zum letzten Atemzug; ***uno spiritu*** in einem Atemzug
3. *poet* Seufzer
4. Verg. das Zischen *der Schlange*
5. (*nachkl.*) *poet* Ausdünstung
6. GRAM Spiritus, Hauchlaut
7. Ton, Klang, Stimme
8. Teil des Taktes
9. Leben, Lebensluft
10. *meton* Seele, Geist; Weltseele; *meton* Person; ***Spiritus Sanctus*** (*eccl.*) der Heilige Geist
11. Wesen, Charakter; Mut; *pej* Hochmut, Stolz; Tac. Unwille, Erbitterung; ***s. avidus*** Geist der Habgier; ***magnos spiritūs alicui facere*** j-m großen Mut einflößen; ***alteriores spiritūs sumere*** höher hinaus wollen
12. Begeisterung; Dichtergabe
► **spīrō** ⟨āvī, ātum, āre 1.⟩
I *v/i*
1. (*nachkl.*) *poet* blasen, wehen; ***s. alicui*** j-n anwehen, j-n begünstigen
2. *vom Meer* brausen; *von der Schlange* zischen; schnauben
3. atmen; *fig* leben; ***spirantia exta*** noch warme Eingeweide
4. *poet* duften
5. *fig* begeistert sein, dichten
II *v/t* (*nachkl.*)
1. aushauchen, ausatmen
2. *einen Duft* verbreiten; erfüllt sein, *aliquid* von etw; ***tribunatum s.*** vom Geist der Tribunen erfüllt sein; ***tragicum s.*** tragisches Genie haben; ***maiora s.*** nach Größerem trachten
spissāmentum ⟨ī⟩ *n* ||spisso|| Sen. Verschluss, Pfropfen
spissātiō ⟨ōnis⟩ *f* ||spisso|| Sen. Verdichtung
spissēscō ⟨-, -, ēscere 3.⟩ ||*Inkoh von* spisso|| Lucr. dicht werden
spissi-gradus ⟨a, um⟩ *Adj* ||spissus, gradus|| Plaut. langsam gehend
spissitūdō ⟨inis⟩ *f* ||spissus|| Dicke, Dichte
spissō ⟨āvī, ātum, āre 1.⟩ ||*Denom von* spissus||
1. verdichten, aufhäufen
2. *fig* häufig hintereinander tun
spissus ⟨a, um⟩ *Adj, Adv* ⟨spissē⟩
1. dicht, dick; dicht gedrängt, gedrängt voll; ***s. ager*** dichtes Erdreich; ***spissa caligo*** dichter Nebel; ***mel spissum*** dickflüssiger Honig; ***sanguis s.*** geronnenes Blut
2. *fig* langsam, ausgedehnt, zögernd
3. Petr. *fig* häufig hintereinander
splēn ⟨splēnis⟩ *m* ||griech. Fw.|| (*nachkl.*) *poet* Milz
splendeō ⟨(ui), -, ēre 2.⟩ (*unkl.*) glänzen, strahlen, schimmern
splendēscō ⟨splenduī, -, splendēscere 3.⟩ ||*Inkoh von* splendeo|| erglänzen, Glanz bekommen
► **splendidus** ⟨a, um⟩ *Adj, Adv* ⟨splendidē⟩ ||splen-

deo||
1. glänzend, strahlend, schimmernd; ***convivium splendidum*** prächtiges Gastmahl
2. *fig von Tönen* hell, laut, deutlich, frisch; ***voce splendidā*** mit klarer Stimme
3. *fig* wohlklingend
4. *fig* herrlich, prächtig; ruhmvoll, ausgezeichnet
5. *fig* prachtliebend
splendor ⟨ōris⟩ *m* ||splendeo||
1. heller Glanz
2. *fig* Klarheit, heller Klang
3. *fig* Glanz, Pracht
4. *fig* Ruhm, Ansehen, Würde
5. *von Personen* Zierde
splenduī → ***splendeo*** *u.* → ***splendesco***
splēniātus ⟨a, um⟩ *Adj* ||splenium|| bepflastert; ***mento spleniato*** Mart. mit bepflastertem Kinn
splēnium ⟨ī⟩ *n* ||griech. Fw.|| Plin. Pflaster, Schönheitspflaster
Spōlētīnus
I ⟨a, um⟩ *Adj* aus Spoletium, zu Spoletium gehörig
II ⟨ī⟩ *m* Einwohner von Spoletium
Spōlētium ⟨ī⟩ *n Stadt in Umbrien, heute Spoleto*
spoliārium ⟨ī⟩ *n* ||spolium|| Umkleideraum *im Amphitheater*; *fig* Mördergrube
spoliātiō ⟨ōnis⟩ *f* ||spolio|| Beraubung, Plünderung; *fig* Raub
spoliātor ⟨ōris⟩ *m* ||spolio|| Plünderer
spoliātrīx ⟨īcis⟩ *f* ||spoliator|| Plünderin; *adj* räuberisch
spoliātus ⟨a, um⟩ *Adj* ||spolio|| armselig
▶ **spoliō** ⟨āvī, ātum, āre 1.⟩ ||*Denom von* spolium||
1. die Kleider rauben, *dem erschlagenen Feind* die Rüstung ausziehen, *aliquem* j-m
2. *fig* plündern, ausplündern
3. *fig* berauben, *aliquem re* j-n einer Sache
▶ **spolium** ⟨ī⟩ *n*
1. abgezogenes Fell, abgelegte Haut *eines Tieres*; ***s. leonis*** Löwenfell
2. dem erschlagenen Feind abgenommene Rüstung; ***spolia opima*** Ehrenrüstung
3. *fig allg.* Beute, Raub, geraubtes Eigentum
4. *fig* Siegespreis
sponda ⟨ae⟩ *f* Bettstelle; Bett, Sofa; ***Orciniana s.*** Mart. Totenbahre
spondālia *u.* **spond-aulia** ⟨ōrum⟩ *n*
1. Opfergesang mit Flötenbegleitung
2. Liedeinlage in der Tragödie
▶ **spondeō** ⟨spopondī, spōnsum, spondēre 2.⟩
1. feierlich versprechen, förmlich geloben; sich verpflichten, *abs od alicui aliquid* j-m etw
2. Bürge sein, sich verbürgen, *pro aliquo* für j-n, *aliquid* für etw
3. *eine Tochter* verloben, *aliquam alicui* j-n mit j-m
4. *von Sachen* verheißen
5. *weissagend* versprechen
spondēus *u.* **spondīus** ⟨ī⟩ *m* METR Spondeus, Versfuß, – –
spondylus ⟨ī⟩ *m* ||griech. Fw.|| Sen. Klappmuschel
spongea *u.* **spongia** ⟨ae⟩ *f* ||griech. Lw.|| Schwamm; Liv. *fig* schwammartiger weicher Panzer
spōns ⟨spontis⟩ *f nur Gen u. Abl Sg* → ***sponte***
spōnsa ⟨ae⟩ *f* ||spondeo|| Verlobte, Braut
spōnsālia ⟨ōrum⟩ *u.* ⟨ium⟩ *n* ||sponsus, *PPP von* spondeo|| Verlobung; Verlobungsmahl; Verlobungsgeschenke; ***sponsalia facere*** Verlobung schließen
spōnsiō ⟨ōnis⟩ *f* ||spondeo||
1. Gelöbnis, feierliches Versprechen
2. POL feierlicher Vertrag, persönliche Abmachung
3. *bei Privatprozessen* gegenseitige Verpflichtung *der streitenden Parteien, dass die verlierende Partei der gewinnenden Partei eine bestimmte Summe auszahlen muss*
spōnsor ⟨ōris⟩ *m* ||spondeo|| Bürge, *alicuius* für j-n, *alicuius rei / de re* für etw
spōnsum ⟨ī⟩ *n* ||sponsus, *PPP von* spondeo|| Gelöbnis, Zusage
spōnsus[1] ⟨ī⟩ *m* ||spondeo|| Verlobter; *Pl* die Freier
spōnsus[2] ⟨ūs⟩ *m* ||spondeo|| Bürgschaft
spōnsus[3] ⟨a, um⟩ *PPP* → ***spondeo***
spontāneus ⟨a, um⟩ *Adj* ||spons|| (*spätl.*) freiwillig; ***mors spontanea*** Selbstmord
▶ **sponte** *f Abl* ||spons||
1. mit *j-s* Zustimmung, mit *j-s* Erlaubnis, *alicuius*
2. + *poss Pr* ***mea / tua / sua sponte*** aus eigenem Antrieb, von selbst, freiwillig, ohne fremde Hilfe
3. für sich; ***virtus sua sponte laudabilis est*** die Tugend ist um ihrer selbst willen zu loben
4. zuerst, ohne Beispiel; ***aliquid sua sponte instituere*** als Erster etw anordnen
spopondī → ***spondeo***
sporta ⟨ae⟩ *f* ||griech. Lw.|| geflochtener Korb
sportella ⟨ae⟩ *f* ||*Dim von* sportula||
1. = ***sportula***
2. *in einem Körbchen dargereichte* kalte Speisen
sportula ⟨ae⟩ *f* ||*Dim von* sporta||
1. geflochtenes Körbchen
2. Speisekörbchen; Portion Essen; Geldgeschenk *im Wert einer Mahlzeit*; *allg.* Geldgeschenk, Geschenk
3. *fig* kurze Spiele
4. Iuv. Picknick
sprētor ⟨ōris⟩ *m* ||spernor|| Verächter, ***deorum*** der Götter
sprētus ⟨a, um⟩ *PPP* → ***sperno***
sprēvī → ***sperno***
spuī → ***spuo***
spūma ⟨ae⟩ *f* Schaum, Gischt; ***s. salis*** Meeresgischt; ***spumas agere in ore*** Cic. Schaum vor dem Mund haben; ***spumae argenti*** Silberschaum *des silberhaltigen Bleis*; ***s. caustica*** Mart. Schmierseife
spūmēscō ⟨-, -, ēscere 3⟩ ||*Inkoh von* spumo|| *poet* aufschäumen
spūmeus ⟨a, um⟩ *Adj* ||spuma|| (*nachkl.*) *poet* schäumend, schaumbedeckt
spūmi-fer ⟨fera, ferum⟩ *Adj* ||spuma, fero|| *u.* **spūmi-ger** ⟨gera, gerum⟩ *Adj* ||spuma, gero|| = ***spumeus***
▶ **spūmō** ⟨āvī, ātum, āre 1.⟩ ||*Denom von* spuma||
I *v/i* schäumen; ***spumans*** schäumend
II *v/t* mit Schaum bedecken
spūmōsus ⟨a, um⟩ *Adj* ||spuma|| (*nachkl.*) *poet* voll Schaum, schäumend
spuō ⟨spuī, spūtum, spuere 3.⟩
I *v/i* spucken
II *v/t* ausspucken

spurcātus ⟨a, um⟩ *Adj* ||spurco|| unflätig
spurci-dicus ⟨a, um⟩ *Adj* ||spurcus, dico[2]|| Plaut. unflätig redend
spurci-ficus ⟨a, um⟩ *Adj* ||spurcus, facio|| Plaut. unflätig
spurcitia ⟨ae⟩ *f u.* **spurcitiēs** ⟨ēī⟩ *f* ||spurcus|| (*unkl.*) Unflätigkeit
spurcus ⟨a, um⟩ *Adj, Adv* ⟨spurcē⟩
1. (*unkl.*) unrein, schmutzig
2. *fig* unflätig, schmutzig; ***aliquid spurce perscribere*** etw in unflätigen Ausdrücken aufschreiben
Spurinna ⟨ae⟩ *m*
1. *berühmter Haruspex, der Caesar vor den Iden des März warnte*
2. *Dichter unter Kaiser Otho*
spurium ⟨ī⟩ *n* ||spurius|| (*spätl.*) weibliche Scham
spurius
I ⟨a, um⟩ *Adj* unehelich geboren
II ⟨ī⟩ *m* Kind mit unbekanntem Vater
Spurius ⟨ī⟩ *m röm. Vorname, abgek Sp.*
spūtātilicus ⟨a, um⟩ *Adj* ||sputo|| wert angespuckt zu werden; *fig* verabscheuungswürdig
spūtātor ⟨ōris⟩ *m* ||sputo|| Plaut. Spucker
spūtō ⟨āvī, ātum, āre 1.⟩ ||*Intens von* spuo||
1. ausspucken, *aliquid* etw
2. anspucken, bespucken; ***qui sputatur morbus*** Epilepsie, *die man durch Bespucken heilen zu können glaubte*
spūtum ⟨ī⟩ *n* ||sputus, *PPP von* spuo|| (*nachkl.*) ausgespuckter Speichel, Auswurf
spūtus ⟨a, um⟩ *PPP* → ***spuo***
squāleō ⟨uī, -, ēre 2.⟩
1. (*nachkl.*) rau sein, schuppig sein; mit *etw* wie mit einer Kruste überzogen sein, von *etw* starren, von *etw* strotzen, *re*; ***tunica squalens auro*** von Gold strotzende Tunika
2. *fig* von Schmutz starren
3. verödet liegen
4. in Trauerkleidern gehen
squālidus ⟨a, um⟩ *Adj, Adv* ⟨squālidē⟩ ||squaleo||
1. rau, struppig, starrend
2. schmutzig, unsauber
3. in Trauerkleidern
4. verödet
5. RHET rau; *vom Stoff* trocken
squālor ⟨ōris⟩ *m* ||squaleo||
1. Rauheit *des Stoffes*
2. Unsauberkeit, Schmutz *von Personen u. Kleidung*
3. Trauer, Trauerkleidung; *meton* Trauer, Elend
4. Unwirtlichkeit, ***locorum*** der Gegend
squālus[1] ⟨a, um⟩ *Adj* (*altl.*) schmutzig
squalus[2] ⟨ī⟩ *m größerer Seefisch*
squāma ⟨ae⟩ *f*
1. Schuppe *von Fischen u. Schlangen*
2. Iuv. Fisch; *Pl* Schuppenpanzer
squāmi-fer ⟨fera, ferum⟩ *Adj* ||squama, fero|| *u.* **squāmi-ger** ⟨gera, gerum⟩ *Adj* ||squama, gero||
1. schuppig
2. **squāmi-gerī** ⟨ōrum⟩ *m* Fische
squāmōsus ⟨a, um⟩ *Adj* ||squama|| *poet* schuppig
squilla ⟨ae⟩ *f* = ***scilla***
st! *Interj* schweig!, pst!
Stabiae ⟨ārum⟩ *f alte Stadt in Kampanien, durch den Vesuvausbruch 79 n Chr. zerstört, danach wieder aufgebaut, Grabungen bei der modernen Stadt Castellamare di Stabia*
Stabiānum ⟨ī⟩ *n* Landgut bei Stabiae
Stabiānus ⟨a, um⟩ *Adj* aus Stabiae, zu Stabiae gehörig
stabilīmen ⟨inis⟩ *n u.* **stabilīmentum** ⟨ī⟩ *n* (*vkl., nachkl.*) Befestigung, Befestigungsmittel, Stütze
stabiliō ⟨īvī, ītum, īre 4.⟩
1. befestigen
2. *fig* aufrechterhalten, sichern, ***rem publicam*** den Staat
▸ **stabilis** ⟨e⟩ *Adj, Adv* ⟨stabiliter⟩ ||sto||
1. feststehend, fest
2. zum Stehen geeignet, festen Stand gebend
3. *fig von Personen u. Sachen* standhaft, dauerhaft, zuverlässig; ***gloria s.*** dauerhafter Ruhm; ***stabile est*** Plaut. es ist fest beschlossen, + *AcI*
stabilitās ⟨ātis⟩ *f* ||stabilis||
1. das Feststehen
2. *fig* Festigkeit, Dauer, ***amicitiae*** der Freundschaft
stabilītor ⟨ōris⟩ *m* ||stabilio|| Sen. Befestiger
stabulārius ⟨ī⟩ *m* ||stabulum|| (*nachkl.*) Gastwirt
stabulō ⟨āvī, -, āre 1.⟩ *u.* **stabulor** ⟨ātus sum, ārī 1.⟩ ||*Denom von* stabulum|| (*unkl.*)
1. im Stall stehen
2. *fig* sich *irgendwo* aufhalten
▸ **stabulum** ⟨ī⟩ *n* ||sto||
1. Stall, Weideplatz, Viehhof; Mart. Herde, Koppel
2. Aufenthaltsort *der wilden Tiere*
3. Gasthof, Wirtshaus
4. Bordell
stacta ⟨ae⟩ *f u.* **stactē** ⟨ēs⟩ *f* ||griech. Fw.|| Myrrhensaft, Myrrhenharz
▸ **stadium** ⟨ī⟩ *n* ||griech. Fw.||
1. Stadion, *griech. Maßeinheit, etwa 190 Meter*
2. Rennbahn, Laufbahn; *fig* Wettstreit
Stagīra ⟨ōrum⟩ *n kleine Stadt auf Chalkidike, Geburtsort des Aristoteles*
Stagīrītēs ⟨ae⟩ *m* Einwohner von Stagira, *auch* = Aristoteles
stāgnō ⟨āvī, ātum, āre 1.⟩ ||*Denom von* stagnum[1]||
I *v/i*
1. *von Gewässern* über die Ufer treten, überlaufen
2. *von Örtlichkeiten* unter Wasser stehen, überschwemmt sein
II *v/t*
1. überschwemmen
2. *das Wasser* zum Stehen bringen, aufhalten, tauen
3. *fig* befestigen
▸ **stāgnum**[1] ⟨ī⟩ *n*
1. (*unkl.*) durch Überschwemmung entstandener Teich, Weiher
2. (*nachkl.*) künstlich angelegter Teich, Weiher, Bassin; langsam fließendes Gewässer
stagnum[2] ⟨ī⟩ *n* (*nachkl.*) silberhaltiges Blei, Werkblei
stalagmium ⟨ī⟩ *n* ||griech. Fw.|| Plaut. tropfenförmiges Ohrgehänge
stāmen ⟨inis⟩ *n* ||sto||
1. Ov. *senkrechter* Grundfaden *in einem aufrecht stehenden Webstuhl*
2. *fig* Faden *aus der Spindel, der aus mehreren Fasern gedreht wird*; ***stamen pollice torquere*** den Fa-

S

den mit dem Daumen drehen
3. *fig* Schicksalsfaden, Lebensfaden
4. *fig* Faden der Spinne
5. *fig* Faden, Faser *von Pflanzen*
6. *fig* Saite
7. *fig allg.* Faden, Gewebe, Binde

stāmineus ⟨a, um⟩ *Adj* ||stamen|| mit einem Faden versehen

stannum ⟨ī⟩ *n* = ***stagnum***[2]

stāre → ***sto***

Stata māter *f* Schutzgöttin der Straßen

statārius
I ⟨a, um⟩ *Adj* ||sto|| *(nachkl.)*
1. feststehend, in Reih und Glied stehend
2. *fig* ruhig, gelassen, ohne Leidenschaft
II ⟨ī⟩ *m* Schauspieler in einer Charakterrolle in einer Komödie

statēr ⟨ēris⟩ *m* ||griech. Fw.|| *(spätl.) urspr. Gewicht, dann Goldmünze, geläufigste Münze im hellenistischen Welthandel*

statēra ⟨ae⟩ *f* ||griech. Lw.|| Waage; ***s. aurificis*** Goldwaage

staticulus ⟨ī⟩ *m* ||*Dim von* status[2]|| Plaut. pantomimischer Tanz

▶ **statim** *Adv* ||sto||
1. aufrecht stehend
2. (Com., *nachkl.*) *fig zeitl.* auf der Stelle, sofort
3. *(nachkl.) fig* beständig
4. ***statim ut / simulac*** sobald als

▶ **statiō** ⟨ōnis⟩ *f* ||sto||
1. das Stillstehen, Stellung, *bes* Fechterstellung
2. Standort, Platz, Aufenthaltsort, richtige Stelle; Ankerplatz; ***s. male fida carinis*** Verg. ein für die Schiffe tückischer Ankerplatz
3. MIL Posten, Wache; ***in statione esse*** Wache stehen; ***in stationem succedere*** die Wache ablösen
4. *meton* Wachmannschaft; MIL Trupp, Abteilung
5. Stelle *als Beamter*
6. öffentlicher Platz
7. *(mlat.)* Wallfahrtsort

Stātius ⟨ī⟩ *m röm. Beiname*; ***P. Papinius Statius*** *epischer Dichter der Kaiserzeit*

statīva ⟨ōrum⟩ *n* ||stativus|| Standlager

statīvus ⟨a, um⟩ *Adj* ||sto|| feststehend; ***praesidium stativum*** ausgestellter Wachposten; ***castra stativa*** Standlager

stator ⟨ōris⟩ *m* ||sto, sisto|| Amtsgehilfe

Stator ⟨ōris⟩ *m* der Erhalter, *Beiname Jupiters*

▶ **statua** ⟨ae⟩ *f* ||status[2]|| Standbild, Statue, Bildsäule

statuārius ⟨a, um⟩ *Adj* ||statua|| *(nachkl.)* Bildgießer, Bildhauer

statūmen ⟨inis⟩ *n* ||statuo|| Stütze, Schiffsrippe

▶ **statuō** ⟨statuī, statūtum, statuere 3.⟩ ||*Denom von* status[2]||
1. fest hinstellen, aufstellen, feststellen; ***arborem agro s.*** einen Baum auf das Feld pflanzen; ***exemplum in aliquem / in aliquo s.*** *fig* ein Exempel an j-m statuieren
2. errichten, erbauen, gründen; ***templum s.*** einen Tempel erbauen
3. *fig* anordnen, festsetzen, *alicui aliquid* j-m etw, + *dopp. Akk*; ***legem s.*** ein Gesetz beschließen; ***diem colloquio s.*** den Termin für ein Gespräch festsetzen; ***aliquem regem s.*** j-n als König einsetzen
4. JUR *vom Richter* ein Urteil fällen, *in aliquem / de aliquo* über j-n, *de re* über etw; ***exilium in reum s.*** den Angeklagten zur Verbannung verurteilen; ***s. de se*** sich das Leben nehmen
5. *fig allg.* beschließen, *apud animum suum / cum animo* bei sich, + *Inf*, *ut / ne* dass / dass nicht, + *AcI* / + *Ger* / + *indir Fragesatz*
6. *fig* meinen, glauben, + *AcI*; ***sibi s.*** sich als gewiss vorstellen

▶ **statūra** ⟨ae⟩ *f* ||sto|| Gestalt, Wuchs, Statur

status[1] ⟨a, um⟩ *PPP* → ***sisto***

▶ **status**[2] ⟨ūs⟩ *m* ||sto||
1. das Stehen, Stand; *meton* Art des Stehens; ***s. erectus*** aufrechte Stellung; ***aliquem de statu movere*** j-n aus der Fassung bringen
2. *fig* Zustand, Lage, Verfassung, Beschaffenheit; ***privatae res vestrae quo statu sunt?*** Liv. in welchem Zustand ist euer privater Besitz? ***s. nascendi*** *(nlat.)* Entstehungszustand; ***s. quo*** *(nlat.)* gegenwärtiger Zustand; ***s. quo ante*** *(nlat.)* früherer Zustand
3. sichere Stellung, Wohlstand
4. bürgerliche Stellung, Rang; ***dignitatis s.*** würdevolle Stellung
5. ***s. causae*** JUR, RHET Sachstand, Stand des Prozesses
6. GRAM Quint. Verbform, Modus

status[3] ⟨a, um⟩ *Adj* ||sisto|| festgesetzt, bestimmt; ***statā die*** am festgesetzten Tag; ***stato loco*** am festgesetzten Ort

statūtus[1] ⟨a, um⟩ *PPP* → ***statuo***

statūtus[2] ⟨a, um⟩ *Adj* ||statuo|| Plaut. stämmig, untersetzt

stega ⟨ae⟩ *f* ||griech. Fw.|| Plaut. Verdeck, Dach

stēla ⟨ae⟩ *f* ||griech. Fw.|| Pfeiler, Säule, Grabsäule; Stele

stēliō ⟨ōnis⟩ *m* = ***stellio***

▶ **stēlla** ⟨ae⟩ *f* Stern, Gestirn, Sternbild, Sonne

stēllāns *Gen* ⟨antis⟩ *Adj* ||stella||
1. glänzend, funkelnd, blitzend
2. mit Sternen bedeckt

stēllātus ⟨a, um⟩ *Adj* ||stella||
1. mit Sternen
2. unter die Sterne versetzt
3. *(nachkl.) poet* blitzend, glänzend

stēlli-fer ⟨fera, ferum⟩ *Adj* ||stella, fero|| Sterne tragend

stēlliō ⟨ōnis⟩ *m* ||stella|| Verg. Sterneidechse

stemma ⟨atis⟩ *n* ||griech. Fw.||
1. Kranz
2. *(nachkl.) fig* Stammbaum, Ahnentafel
3. *(mlat.)* Kopfbinde, Krone

stercoreus ⟨a, um⟩ *Adj* ||stercus|| Plaut. schmutzig, voll Mist

stercorō ⟨āvī, ātum, āre 1.⟩ ||*Denom von* stercus|| mit Mist düngen

stercorōsus ⟨a, um⟩ *Adj* ||stercus|| *(vkl., nachkl.)* voll Mist, kotig

sterculīn(i)um ⟨ī⟩ *n (unkl.)* ||stercus|| Misthaufen, Dunghaufen, *auch als Schimpfwort*

stercus ⟨ŏris⟩ *n* Mist, Dünger, Exkremente *von Menschen u. Tieren, auch als Schimpfwort*

sterilīcula ⟨ae⟩ *f* ||*Dim von* sterilis|| Petr. Gebärmutter eines Schweines, das noch keine Junge hatte

▶ **sterilis** ⟨e⟩ *Adj*
1. (*nachkl.*) *poet* unfruchtbar
2. *fig* unergiebig, ertraglos; ***amor s.*** zurückgewiesene Liebe
3. *fig* nichts sagend
4. *poet* unfruchtbar machend; ***robigo s.*** unfruchtbar machender Brand, *eine Pflanzenkrankheit*

sterilitās ⟨ātis⟩ *f* ||sterilis||
1. Unfruchtbarkeit
2. (*nachkl.*) Misswuchs

sterlingus ⟨ī⟩ *m* (*mlat.*) *angelsächsische Münze*

sternāx *Gen* ⟨ācis⟩ *Adj* störrisch, sich aufbäumend

▶ **sternō** ⟨strāvī, strātum, sternere 3.⟩
1. ausbreiten, hinbreiten, hinlegen; ***pontes super asseres s.*** Brücken über Stangen schlagen; *Passiv u.* ***se s.*** hinsinken, sich lagern; ***somno se s.*** sich zum Schlaf hinlegen; ***stratus*** liegend
2. (*nachkl.*) *poet* niederwerfen, niederhauen; *fig* entmutigen, ins Unglück stürzen, vernichten; ***silvas s.*** Wälder fällen; ***torrens sata sternit*** der Strom schwemmt die Saaten fort
3. ebnen, glätten; pflastern; ***aequora s.*** das wogende Meer glätten; ***odia militum s.*** *fig* den Hass der Soldaten besänftigen; ***vias s.*** Wege pflastern
4. bestreuen, bedecken, *aliquid re* etw mit etw; ***maria pontibus s.*** Meere überbrücken
5. (*nachkl.*) *Pferde* satteln; ***equi strati*** gesattelte Pferde

sternūmentum ⟨ī⟩ *n* ||sternuo|| das Niesen

sternuō ⟨uī, -, ere 3.⟩
I *v/i*
1. niesen
2. *fig* knistern
II *v/t* niesend geben

sternūtāmentum ⟨ī⟩ *n* ||sternuo|| Sen. das Niesen

sterquilīn(i)um ⟨ī⟩ *n* = ***sterculin(i)um***

stertō ⟨-, -, ere 3.⟩ schnarchen

Stēsichorus ⟨ī⟩ *m griech. lyrischer Dichter aus Himera in Sizilien, etwa 640–550 v. Chr.*

stetī → ***sto*** *u.* → ***sisto***

stibadium ⟨ī⟩ *n* ||griech. Fw.|| Plin. halbkreisförmiges Speisesofa, Marmorbank

Stichus ⟨ī⟩ *m häufiger griech. Sklavenname, Titel einer Komödie des Plautus*

stigma ⟨atis⟩ *n* ||griech. Fw.||
1. Brandmal *zur Kennzeichnung eines Sklaven od eines Makels*; Schandmal
2. Mart. Schnitt im Gesicht *durch einen ungeschickten Barbier*
3. (*mlat.*) Wundmal *Christi*

stigmatiās ⟨ae⟩ *m* ||griech. Fw.|| gebrandmarkter Sklave

stigmōsus ⟨a, um⟩ *Adj* ||stigma|| gekennzeichnet, gebrandmarkt

stīlla ⟨ae⟩ *f* ||*Dim von* stiria||
1. Tropfen *einer Flüssigkeit*
2. *fig* ein bisschen

stīllārium ⟨ī⟩ *n* ||stilla|| Sen. kleine Zugabe, Trinkgeld

stīlli-cidium ⟨ī⟩ *n* ||stilla, cado||
1. Sen. fallender Tropfen
2. Tropfenfang, Dachrinne

stīllō ⟨āvī, ātum, āre 1.⟩ ||*Denom von* stilla||
I *v/i*
1. tropfen; ***sanguine culter stillans*** Ov. von Blut triefendes Messer
2. Sen. *fig von der Rede* tropfenweise fließen
II *v/t* tropfen lassen, vergießen; ***rorem ex oculis s.*** Hor. Tränen aus den Augen fließen lassen; ***aliquid s. in aurem*** Iuv. etw ins Ohr flüstern

stilus ⟨ī⟩ *m*
1. Stachel, Spitze
2. Schreibstift, Griffel; ***stilum vertere*** korrigieren
3. *meton* das Schreiben
4. *fig* Schreibart, Stil, Sprache *eines Schriftstellers*

stimulātiō ⟨ōnis⟩ *f* ||stimulo|| (*nachkl.*) Reiz, Ansporn

stimulātrix ⟨īcis⟩ *f* ||stimulo|| Plaut. Anstifterin, Hetzerin

stimuleus ⟨a, um⟩ *Adj* ||stimulus|| Plaut. mit der Peitsche vollzogen; ***supplicium stimuleum*** mit der Peitsche vollzogene Strafe

▶ **stimulō** ⟨āvī, ātum, āre 1.⟩ ||*Denom von* stimulus||
1. (*nachkl.*) *poet* mit dem Stachel antreiben, mit der Peitsche antreiben
2. *fig* quälen, beunruhigen
3. *fig* antreiben, anspornen, *aliquem/animum alicuius* j-n, *ad aliquid/in aliquid* zu etw, *in aliquem* gegen j-n, *ut/ne* dass/dass nicht, + *Inf*; ***avita gloria animum stimulabat*** Liv. der vom Großvater ererbte Ruhm trieb ihn an

stimulus ⟨ī⟩ *m*
1. Stachel
2. MIL Pflöcke mit Widerhaken
3. Stachel, Stachelpeitsche *zum Antreiben von Tieren u. zur Bestrafung von Sklaven*
4. *fig* Qual, Pein, Unruhe; ***s. doloris*** Cic. Qual des Schmerzes

stinguō ⟨-, -, ere⟩ (*vkl.*) *poet* auslöschen; *Passiv* verlöschen, erlöschen

stīpātiō ⟨ōnis⟩ *f* ||stipo||
1. das Zusammendrängen
2. Gefolge

stīpātor ⟨ōris⟩ *m* ||stipo|| ständiger Begleiter, Leibwächter, Trabant

stipendiārius
I ⟨a, um⟩ *Adj* ||stipendium||
1. für Sold dienend
2. steuerpflichtig, tributpflichtig, abgabenpflichtig, *alicuius* j-m
II ⟨ī⟩ *m*
1. Söldner
2. Steuerpflichtiger

▶ **stīpendium** *u.* **stipendium** ⟨ī⟩ *n* ||stips, pendo||
1. Sold, Löhnung *des Soldaten*; Einkünfte; ***stipendia merere*** Soldat sein
2. *meton* Kriegsdienst; *allg.* Dienst; Dienstjahr; ***stipendia facere*** Kriegsdienst leisten; ***stipendia conficere/emereri*** seine Jahre abdienen
3. Steuer, Abgabe, Tribut
4. *fig* Strafe, Bußgeld
5. (*mlat.*) Gewinn
6. (*nlat.*) Stipendium, finanzielle Beihilfe für Studenten

stīpes ⟨itis⟩ *m*
1. dicker Pfahl, Stange
2. Verg. Holzklotz; Scheit *zum Verbrennen*; Baum,

Baumstamm
3. *fig* Dummkopf, dummer Mensch
stīpō ⟨āvī, ātum, āre 1.⟩
1. zusammendrängen, zusammenpressen
2. voll stopfen, füllen; ***Platona Menandro s.*** Hor. Platos Schriften zusammen mit denen Menanders einpacken
3. *fig* dicht umgeben, umdrängen; ***eā frequentiā stipatus*** Liv. von diesem Gefolge dicht umdrängt; ***stipatum tribunal*** Plin. dicht besetzte Richtertribüne
stips ⟨stipis⟩ *f*
1. Geldbeitrag, Spende, Gabe, Almosen; ***stipem cogere*** Geldbeiträge einsammeln; ***stipem tollere*** das Betteln abschaffen
2. *fig* Gewinn, Ertrag
stipula ⟨ae⟩ *f*
1. (*vkl.*) *poet* Halm, Strohhalm, Stoppel; *Pl meton* Stroh
2. *meton* Rohrpfeife
stipulātiō ⟨ōnis⟩ *f* ||stipulor||
1. JUR förmliche Anfrage, ob j-d zu einem mündlichen Vertrag bereit ist
2. JUR mündlicher Vertrag, Stipulation
stipulātiuncula ⟨ae⟩ *f* ||*Dim von* stipulatio|| geringfügiger Vertrag
stipulātor ⟨ōris⟩ *m* ||stipulor|| Partner *eines nicht förmlichen Vertrags, Gläubiger aufgrund einer Stipulation, eines nichtförmlichen Vertrags*
stipulātus ⟨ūs⟩ *m* ||stipulor|| verlangte Stipulation, verlangter nichtförmlicher Vertrag
stipulor ⟨ātus sum, ārī 1.⟩ sich förmlich versprechen lassen, *PPerf auch pass*
stīria ⟨ae⟩ *f* (*nachkl.*) *poet* Eiszapfen
stirpēs *u.* **stirpis** ⟨is⟩ *f* = ***stirps***
stirpitus *Adv* ||stirps|| mit Stumpf und Stiel, ganz
► **stirps** ⟨is⟩ *f*
1. Wurzel, Wurzelstock *eines Baumes, einer Pflanze*; *allg.* Stamm, *auch* Zweig
2. *allg.* Pflanze, Staude, Strauch, Baum
3. *fig* Wurzel, Stamm; ***stirpe/cum stirpe*** mit Stumpf und Stiel, ganz
4. Wurzel, Grundlage
5. *fig* Familie, Geschlecht, Herkunftsort; ***stirpe antiquissimā*** Cic. aus einem uralten Geschlecht geboren
6. *fig* Nachkomme
stitī → ***sisto***
stīva ⟨ae⟩ *f* Ov. Führungsgriff am Pflug
stlāta ⟨ae⟩ *f* (*nachkl.*) Frachtschiff, *breit u. mit geringem Tiefgang*
stlātārius ⟨a, um⟩ *Adj* ||stlata|| mit dem Schiff eingeführt, kostbar
stlatta ⟨ae⟩ *f* = ***stlata***
stlattārius ⟨a, um⟩ *Adj* = ***stlatarius***
stlīs ⟨ītis⟩ *f* (*altl.*) = ***lis***
stlocus ⟨ī⟩ *m* (*altl.*) = ***locus***
stō ⟨stetī, statum/stātūrus, stāre 1.⟩

1. stehen, dastehen
2. aufgestellt sein
3. vor Anker liegen
4. emporragen
5. zum Verkauf stehen
6. kosten
7. auf j-s Seite stehen
8. auf etw beruhen
9. stehen bleiben, stillstehen
10. stecken bleiben
11. untätig dastehen, zögern
12. aufhören
13. feststehen
14. standhalten
15. bestehen, fortdauern
16. bei etw bleiben
17. Beifall finden
18. fest sein, bestimmt sein

1. stehen, dastehen, aufrecht stehen; ***armatus s.*** bewaffnet dastehen; ***ad ianuam s.*** bei der Tür stehen
2. (*nachkl.*) *poet* aufgestellt sein
3. vor Anker liegen
4. emporragen; starren vor *etw*, *re*; ***comae stant*** die Haare stehen hoch
5. (*unkl.*) zum Verkauf stehen
6. kosten, *alicui* j-n, + *Abl / Gen pretii*; ***alicui centum talentis s.*** j-n hundert Talente kosten; ***gratis s.*** nichts kosten; ***victoria alicui multo sanguine ac vulneribus stat*** j-n kostet der Sieg viel Blut und Wunden
7. auf *j-s* Seite stehen, *cum aliquo / ab aliquo / pro aliquo, a re / pro re* auf der Seite von etw, *contra aliquem / adversus aliquem / in aliquem* gegen j-n, *contra aliquid / adversus aliquid / in aliquid* gegen etw
8. (*nachkl.*) *poet* auf *etw* beruhen, von *etw* abhängen; ***viribus suis s.*** auf eigenen Füßen stehen; ***per aliquem stat*** es hängt von j-m ab, die Schuld liegt bei j-m, *quominus / ne / quin* dass nicht
9. stehen bleiben, stillstehen; ***sanguis stat*** das Blut stockt
10. *von Geschossen* stecken bleiben; ***hasta stat terrā*** die Lanze bleibt in der Erde stecken
11. untätig dastehen, zögern
12. Tac. aufhören; ***ira stat*** die Wut geht nicht bis zum Äußersten
13. *von Personen u. Sachen* feststehen; ***animo/animis s.*** guten Mutes sein, bei Verstand sein
14. MIL standhalten; *von der Schlacht* zum Stehen kommen
15. *von Personen u. Sachen* bestehen, fortdauern; ***Caesar diutius s. non potest*** Caesar kann sich nicht länger halten
16. bei *etw* bleiben, *re / in re*; ***alicuius decreto s.*** sich j-s Befehl fügen; ***in fide s.*** Wort halten
17. (*vkl.*) *von Dichtungen u. Dichtern* Beifall finden
18. fest sein, bestimmt sein, beschlossen sein; ***alicui (sententia) stat*** j-d ist entschlossen, + *Inf*
19. ***stante pede*** (*nlat.*) sogleich
Stōica ⟨ōrum⟩ *n* ||Stoicus|| stoische Philosophie
Stōicus
I ⟨a, um⟩ *Adj*, *Adv* ⟨Stōicē⟩ ||griech. Fw.|| stoisch, PHIL *Richtung, benannt nach der stoa poikile, der bunten Halle in Athen, röm. Hauptvertreter Seneca*
II ⟨ī⟩ *m* stoischer Philosoph, Stoiker
stola ⟨ae⟩ *f* ||griech. Fw.||
1. langes Gewand der vornehmen Römerin
2. Talar

3. Gewand *der Flötenspieler beim Minervafest*
4. (*mlat.*) liturgische Schärpe *der Geistlichen*
stolātus ⟨a, um⟩ *Adj* ||stola||
1. mit der Stola bekleidet; ***Ulixes s.*** Suet. Odysseus im Frauenkleid, *iron von Livia, der Urgroßmutter des Kaisers Caligula*
2. *fig* einer ehrbaren Frau zustehend
stolidus ⟨a, um⟩ *Adj*, *Adv* ⟨stolidē⟩
1. (*nachkl.*) dumm
2. *von Sachen* unwirksam
stomacacē ⟨ēs⟩ *f* ||griech. Fw.|| (*nachkl.*) Mundfäule
stomachicus
I ⟨a, um⟩ *Adj* ||griech. Fw.|| (*nachkl.*) magenkrank
II ⟨ī⟩ *m* Magenkranker
stomachor ⟨ātus sum, ārī 1.⟩ ||*Denom von* stomachus|| sich ärgern, unwillig sein; sich zanken, *cum aliquo* mit j-m
stomachōsus ⟨a, um⟩ *Adj*, *Adv* ⟨stomachōsē⟩ ||stomachus||
1. (*nachkl.*) verärgert, unwillig, *re* über etw
2. *von Sachen* Unmut verratend
▶ **stomachus** ⟨ī⟩ *m* ||griech. Lw.||
1. Schlund, Luftröhre, Speiseröhre
2. Magen
3. *meton* Geschmack; ***aliquid mei stomachi est*** etw ist nach meinem Geschmack
4. *meton* gute Laune
5. *meton* Empfindlichkeit, Ärger; ***epistula plena stomachi et querelarum*** Cic. ein Brief voller Missmut und Klagen
storax ⟨acis⟩ *m* ||griech. Fw.|| (*nachkl.*) *poet* wohlriechendes Harz des Storaxstrauches
storea *u.* **storia** ⟨ae⟩ *f* Strohmatte, Binsendecke
strabō ⟨ōnis⟩ *m* Hor. Schieler
Strabō ⟨ōnis⟩ *m griech. Geograph, 63 v. Chr.–23 n. Chr.*
strāgēs ⟨is⟩ *f* ||sterno||
1. das Niederstürzen, Zerstörung, Verwüstung, ***villarum*** von Landhäusern; ***stragem inter se dare*** sich gegenseitig niederreißen; ***stragem dare alicui rei*** etw niederschlagen
2. das Hinsiechen
3. das Sterben, Ermordung; Blutbad; ***stragem ciere*** ein Blutbad anrichten
4. (*nachkl.*) *meton* ungeordneter Haufen
strāgulum ⟨ī⟩ *n* ||stragulus|| Decke, Teppich, Laken
strāgulus ⟨a, um⟩ *Adj* ||strages|| zum Ausbreiten bestimmt
strāmen ⟨inis⟩ *n* ||sterno|| (*nachkl.*) *poet* Streu, Stroh
strāmentīcius ⟨a, um⟩ *Adj* ||stramentum|| (*nachkl.*) *poet* aus Stroh, Stroh…
strāmentum ⟨ī⟩ *n* ||sterno||
1. Stroh, Streu
2. Packsattel
strāmineus ⟨a, um⟩ *Adj* ||stramen|| aus Stroh, Stroh…; ***straminei Quirites*** Strohpuppen, *die man jährlich in den Tiber warf*
strangulō ⟨āvī, ātum, āre 1.⟩ ||griech. Lw.|| würgen; erwürgen, erdrosseln; *fig* martern, quälen
strangūria ⟨ae⟩ *f* ||griech. Fw.|| Harnzwang
strāta ⟨ae⟩ *f* ||sterno|| (*spätl.*) gepflasterte Straße
stratēgēma ⟨atis⟩ *n* ||griech. Fw.|| (*nachkl.*) Kriegslist
stratēgus ⟨ī⟩ *m* ||griech. Fw.|| Plaut.
1. Heerführer
2. *hum* Vorsitzender bei einem Gastmahl
stratiōticus ⟨a, um⟩ *Adj* ||griech. Fw.|| Plaut. soldatisch; ***s. nuntius*** Meldegänger, Meldesoldat
strātum ⟨ī⟩ *n* ||sterno|| (*nachkl.*)
1. Decke, Polster, *bes* Reitdecke
2. Packsattel
3. Pflaster, *meist Pl*; ***strata viarum*** Straßenpflaster
strātūra ⟨ae⟩ *f* ||sterno|| (*nachkl.*) das Pflastern
strātus ⟨a, um⟩ *PPP* → ***sterno***
strāvī → ***sterno***
strēna ⟨ae⟩ *f*
1. (*vkl.*, *nachkl.*) gutes Vorzeichen
2. Suet. Neujahrsgeschenk *als Zeichen eines guten Wunsches*
strēnuitās ⟨ātis⟩ *f* ||strenuus|| (*nachkl.*) *poet* Rüstigkeit, Tätigkeit
▶ **strēnuus** ⟨a, um⟩ *Adj*, *Adv* ⟨strēnuē⟩
1. Plaut. kräftig
2. rüstig, aktiv; tüchtig, entschlossen, *alicui rei* zu etw, *re* durch etw, in etw, *alicuius rei* in Bezug auf etw; ***remedium strenuum*** wirksames Heilmittel; ***s. manu*** geschickt; ***s. linguā*** Liv. zungenfertig
3. Tac. *pej* unruhig, aufrührerisch
strepitō ⟨-, -, āre 1.⟩ ||*Intens von* strepo|| *poet* viel lärmen, laut schreien
▶ **strepitus** ⟨ūs⟩ *m* ||strepo|| Lärm, Geschrei, Geräusch, Klang; ***rotarum s.*** das Rollen der Räder; ***s. fluminis*** das Rauschen des Flusses; ***valvarum s.*** das Knarren der Türen; ***armorum s.*** Waffenlärm; ***s. popularis*** lärmendes Verhandeln vor dem Volk; ***s. citharae*** Klang der Laute
strepō ⟨uī, itum, ere 3.⟩
I *v/i*
1. lärmen, tosen, toben, schreien, kreischen, *re* von etw; ***aequor remis strepit*** das Meer erschallt von den Rudern
2. (*nachkl.*) *poet* ertönen, erklingen; *von Instrumenten* schmettern
II *v/t* (*nachkl.*) lärmend rufen
striātus ⟨a, um⟩ *Adj* (*vkl.*, *nachkl.*) mit Rillen versehen, gerillt
strictim *Adv* ||strictus||
1. Plaut. knapp
2. *fig* flüchtig, kurz, summarisch
strictūra ⟨ae⟩ *f* ||stringo|| (*unkl.*) glühende Eisenmasse
strictus[1] ⟨a, um⟩ *PPP* → ***stringo***
strictus[2] ⟨a, um⟩ *Adj*, *Adv* ⟨strictē⟩ *u.* → ***strictim*** ||stringo|| (*nachkl.*) *poet* straff, stramm; *von der Rede* kurz, bündig; dicht schließend; ***epistula stricta et libera*** Sen. ein knapper und freimütiger Brief
strīdeō ⟨-, -, ēre 2.⟩ *u.* **strīdō** ⟨strīdī, -, stridere 3.⟩
1. zischen, pfeifen, schwirren, knirschen, knistern, summen, *re* von etw, durch etw; ***horrisono stridentes portae*** Verg. schrecklich knarrende Tore; ***apes stridunt*** Bienen summen
2. *von Menschen* zischen, flüstern
strīdor ⟨ōris⟩ *m* ||strideo|| das Zischen, das Schwirren, das Pfeifen, das Sausen, das Klirren, das Schreien, das Knarren; ***s. serae*** das Kreischen der Säge; ***s. dentium*** das Zähneklappern; ***s. procellae*** das Brausen des Sturmes
strīdulus ⟨a, um⟩ *Adj* ||strido|| (*nachkl.*) *poet* zi-

schend, schwirrend, sausend, knatternd

striga[1] ⟨ae⟩ *f* ||stringo|| Reihe *gemähten Grases od Getreides*

striga[2] ⟨ae⟩ *f* Petr. alte Hexe

strig(i)lis ⟨is⟩ *f* Schabeisen, Striegel, *um das überschüssige Öl nach dem Einsalben vom Körper abzustreifen*; ***ampulla et s.*** Salbfläschchen und Striegel

strigō ⟨-, -, āre 1.⟩ ||*Denom von* striga[1]|| aufhören, rasten

strigor ⟨ōris⟩ *m* ||stringo|| Plaut. *Wort, dessen genaue Form u. Bedeutung unbekannt ist*

strigōsus ⟨a, um⟩ *Adj* ||striga[1]|| *(nachkl.)* mager, dürr; ***strigosiores equi*** abgetriebene Pferde

stringō ⟨strīnxī, strictum, stringere 3.⟩
1. *(nachkl.) poet* streifen, leicht berühren, ***metas interiore rotā*** die Zielsäulen mit dem inneren Rad
2. *von Örtlichkeiten* an *etw* stoßen, an *etw* grenzen, *aliquid*
3. leicht verwunden; *fig* verletzen
4. rühren, ***alicuius animum*** j-n
5. abstreifen, abpflücken, abschneiden; ***hordea s.*** Gerste mähen
6. *Waffen* ziehen; ***manum s.*** die Hand kampfbereit machen
7. *(unkl.)* straff anziehen, zusammenbinden; ***vulnera frigore stricta*** durch die Kälte zusammengezogene Wunden
8. RHET kurz zusammenfassen
9. Catul. schmieden

stringor ⟨ōris⟩ *m* ||stringo|| Lucr. zusammenziehende Kraft

strīnxī → ***stringo***

strīx ⟨strigis⟩ *u.* ⟨strīgis⟩ *f* ||griech. Fw.|| *(unkl.)* Ohreule; Vampir

stropha ⟨ae⟩ *f u.* **strophē** ⟨ēs⟩ *f* ||griech. Fw.||
1. *(nachkl.)* List, Trick
2. *(spätl.)* Strophe

strophiārius ⟨ī⟩ *m* ||strophium|| Plaut. Miedermacher

strophium ⟨ī⟩ *n* ||griech. Fw.||
1. Büstenhalter, Mieder
2. Strick
3. *(nachkl.)* Kranz

strūctilis ⟨e⟩ *Adj* ||struo||
1. gebaut
2. Mauer…

strūctiō ⟨ōnis⟩ *f*
1. *(spätl.)* das Erbauen
2. Büchergestell

strūctor ⟨ōris⟩ *m* ||struo||
1. Bauarbeiter, Maurer, Dachdecker
2. Petr. *eine Art* Oberkellner

strūctūra ⟨ae⟩ *f* ||struo||
1. Bau; *meton* Bauart
2. Gemäuer, Mauer
3. RHET, GRAM Aufbau *eines Werkes*; Satzbau

strūctus ⟨a, um⟩ *PPP* → ***struo***

struēs ⟨is⟩ *f* ||struo||
1. aufgeschichteter Haufen; Scheiterhaufen; dichte Masse; ***s. lignorum*** Holzhaufen
2. *kultischer* Opferkuchen

struīx ⟨īcis⟩ *f* ||struo|| *(vkl.)* Haufen

strūma ⟨ae⟩ *f* Schwellung der Schilddrüse

strūmōsus ⟨a, um⟩ *Adj* ||struma|| mit geschwollenen Drüsen

► **struō** ⟨strūxī, strūctum, struere 3.⟩
1. aufschichten, aufbauen, aufeinander legen; ***scutis structis*** mit aufeinander gelegten Schilden, MIL *Formation der Schildkröte*; ***montes ad sidera s.*** die Berge bis zu den Sternen auftürmen; ***avenae structae*** Halmpfeife
2. *(nachkl.) poet* erbauen, errichten, aufbauen; veranstalten; ***in struendo*** beim Bau; ***altaria donis s.*** die Altäre mit Geschenken beladen; ***initia imperio s.*** Tac. den Grund zur Herrschaft legen
3. MIL ordnen, aufstellen; ***aciem s.*** die Schlachtordnung aufstellen
4. *fig Böses* anstiften; ***odium in alios s.*** Hass gegen andere anstiften
5. ***versūs s.*** Verse dichten
6. *(spätl.) allg.* ausrüsten, *aliquid re* etw mit etw; ***mensas hospitibus s.*** Tische für die Gäste decken

strūthea ⟨ōrum⟩ *n* ||griech. Fw.|| Plaut. Birnenquitten

strūthiō ⟨ōnis⟩ *m u.* **strūthocamēlus** ⟨ī⟩ *m* ||griech. Fw.|| Sen. Vogel Strauß

Strȳmō(n) ⟨onis⟩ *m Grenzfluss zwischen Thrakien u. Makedonien, heute Struma*

Strȳmonis ⟨idis⟩ *f* Frau aus dem Strymon-Gebiet

Strȳmonius ⟨a, um⟩ *Adj* des Strymon, zum Strymon gehörig

stud. *Abk (nlat.)* = ***studiosus*** Student

studens ⟨entis⟩ *m* ||studeo|| *(nlat.)* Student

► **studeō** ⟨uī, -, ēre 2.⟩
1. sich um *etw* bemühen, nach *etw* streben, *abs od alicui rei, + Akk nur n, + Inf / + AcI, ut / ne* dass / dass nicht; ***virtuti s.*** nach Tugend streben; ***novis rebus s.*** nach Neuerungen streben; ***memoriae s.*** das Gedächtnis eifrig üben
2. für *j-n* Partei ergreifen, *j-n* begünstigen, *j-n* fördern, *abs od alicui / alicui rei*; ***Pompeianis rebus studebat*** er unterstützte die Sache des Pompeius; ***rebus Atheniensium s.*** Nep. für Athen arbeiten
3. sich wissenschaftlich betätigen, studieren, *abs*

► **studiōsus**
I ⟨a, um⟩ *Adj, Adv* ⟨studiōsē⟩ ||studium||
1. eifrig, fleißig, sorgfältig; *Adv auch* absichtlich; ***Platonis s. audiendi*** Cic. ein eifriger Hörer Platos
2. auf *etw* eifrig bedacht, nach *etw* strebend, *alicuius rei / in re*
3. *j-m / einer Sache* gewogen, *j-s* Gönner, *j-s* Anhänger, *alicuius / alicuius rei*; ***Catonis s.*** dem Cato gewogen
4. *(nachkl.)* eifrig im Studium, wissbegierig
II ⟨ī⟩ *m*
1. *(mlat.)* Student, *abgek stud.*
2. *Pl* Studenten, Kunstliebhaber

► **studium** ⟨ī⟩ *n* ||studeo||
1. eifriges Streben, Eifer, Lust, Begierde, *alicuius* j-s, *alicuius rei* nach etw, zu etw, um etw; ***s. quaestūs / lucri*** Gewinnsucht; ***studio*** aus Neigung, leidenschaftlich
2. Teilnahme, Interesse, *alicuius* j-s, *alicuius rei / in re / in aliquid* an etw, *erga aliquem* an j-m; ***studio / studiis*** aus Interesse
3. Parteilichkeit; *Pl* Parteibestrebungen; ***sine studio dicere*** unparteiisch sprechen; ***sine ira et studio***

Tac. ohne Ressentiment und Beschönigung
4. Beschäftigung; Lieblingsbeschäftigung, *alicuius* j-s, *alicuius rei* mit etw
5. wissenschaftliche Betätigung; Studium; Wissenschaft, Kunst; *Pl* wissenschaftliche Arbeiten; ***studia civilia*** Staatswissenschaften
6. *Pl* (*nachkl.*) Werke der Literatur
stulti-loquentia ⟨ae⟩ *f u.* **stulti-loquium** ⟨ī⟩ *n* ||stultus, loquor|| Plaut. albernes Geschwätz
stulti-loquus ⟨a, um⟩ *Adj* ||stultus, loquor|| Plaut. dumm redend, schwätzend
stultitia ⟨ae⟩ *f* ||stultus||
1. Dummheit, Einfalt
2. *meton* dumme Handlung; dumme Menschen
stulti-vidus ⟨a, um⟩ *Adj* ||stultus, video|| Plaut. einfältig, verkehrt sehend
► **stultus**
I ⟨a, um⟩ *Adj, Adv* ⟨stultē⟩ *von Personen u. Sachen* dumm, einfältig; ***stultum consilium*** dummer Plan
II ⟨ī⟩ *m* Dummkopf, Narr
stūpa ⟨ae⟩ *f* = ***stuppa***
stupe-faciō ⟨fēcī, factum, facere 3.⟩ ||stupeo|| betäuben, verblüffen; ***privatos luctūs stupefecit publicus pavor*** die allgemeine Angst überdeckte die Trauer der Einzelnen
stupefactus ⟨a, um⟩ *Adj* erstaunt, außer sich
stupeō ⟨uī, -, ēre 2.⟩ ||stuprum||
1. starr sein, steif sein
2. *fig* stutzen, staunen, außer sich sein, *re* durch etw, vor etw, über etw, *in aliquo / in re* beim Anblick j-s / einer Sache, *ad aliquid* bei etw
stupēscō ⟨stupuī, -, stupēscere 3.⟩ ||*Inkoh von* stupeo||
1. Ov. ins Stocken geraten, stehen bleiben
2. *fig* stutzen; sich entsetzen
stūpeus ⟨a, um⟩ *Adj* = ***stuppeus***
stupiditās ⟨ātis⟩ *f* ||stupidus|| Dummheit
stupidus ⟨a, um⟩ *Adj* ||stupeo||
1. verblüfft, verdutzt
2. dumm
stupor ⟨ōris⟩ *m* ||stupeo||
1. Lähmung, Erstarrung; ***s. in corpore*** Cic. körperliche Lähmung
2. *fig* Staunen, Verblüffung
3. *fig* Dummheit
4. *meton* Dummkopf
stuppa ⟨ae⟩ *f* ||griech. Lw.|| Werg, Flachs
stuppeus ⟨a, um⟩ *Adj* ||stuppa|| aus Werg, aus Flachs; ***stuppea flamma manu spargitur*** brennendes Werg wird mit der Hand geschleudert
stuprātor ⟨ōris⟩ *m* ||stupro|| Verführer; Vergewaltiger
stuprō ⟨āvī, ātum, āre 1.⟩ ||*Denom von* stuprum|| verführen, vergewaltigen; ***mulierem vi s.*** eine Frau vergewaltigen
► **stuprum** ⟨ī⟩ *n*
1. (*vkl.*) Schande; ***cum stupro redire ad suos*** mit Schande zu den Angehörigen zurückkehren
2. Schändung, Entehrung, Vergewaltigung; Unzucht, Ehebruch; ***aliquam cogere stuprum pati*** eine Frau vergewaltigen
stupuī → ***stupeo*** *u.* → ***stupesco***
sturio ⟨onis⟩ *m* ||germ. Lw.|| (*mlat.*) Stör
sturnus ⟨ī⟩ *m* (*nachkl.*) *poet* Star

Stygius ⟨a, um⟩ *Adj* des Styx, zum Styx gehörig, *auch* unterweltlich; tödlich, unheilvoll; ***Stygiae tenebrae*** Verg. stygisches Dunkel
stȳlobata *u.* **stȳlobatēs** ⟨ae⟩ *u.* ⟨is⟩ *m* ||griech. Fw.|| (*vkl.*, Vitr.) Säulenstuhl, Grundlage einer Säulenreihe
Stymphālis *Gen* ⟨idis⟩ *Adj f u.* **Stymphālius** ⟨a, um⟩ *Adj* aus Stymphalus, zu Stymphalus gehörig; ***Stymphalides aves*** stymphalische Vögel, *Raubvögel, die auch Menschen anfielen u. von Herkules getötet wurden*
Stymphālus ⟨ī⟩ *m u. f Stadt u. Landschaft in Arkadien*
styrax ⟨acis⟩ *m* = ***storax***
Styx ⟨Stygis⟩ *f*
1. *Bach im N Arkadiens mit eiskaltem, als todbringend geltendem Wasser, daher mit einem der Flüsse der Unterwelt gleichgesetzt*
2. *meton* Unterwelt
Suāda *u.* **Suādēla** ⟨ae⟩ *f* ||suadeo|| Göttin der Überredung, *Beiname der Venus*
► **suādeō** ⟨suāsī, suāsum, suādēre 2.⟩
I *v/i j-n* beraten, *j-m* den Rat geben, zureden, *alicui*, *de re* in Bezug auf etw, *ut / ne* dass / dass nicht, + *Konjkt* / + *Inf* / + *AcI*; ***incendere suadeo*** Verg. ich rate anzuzünden
II *v/t*
1. anraten, raten, empfehlen, *alicui aliquid* j-m etw
2. *von Sachen* reizen, *aliquid* zu etw; ***suadent cadentia sidera somnos*** Verg. die sinkenden Sterne laden zum Schlaf ein
3. überzeugen, überreden, *alicui* j-n, + *AcI*
suāsiō ⟨ōnis⟩ *f* (*nachkl.*) ||suadeo|| das Raten, Empfehlung; RHET Empfehlungsrede
suāsor ⟨ōris⟩ *m* ||suadeo|| Ratgeber, Fürsprecher, *alicuius rei* zu etw, von etw
suāsōria ⟨ae⟩ *f* ||suasorius|| (*erg.* ***oratio***) Empfehlungsrede
suāsōrius ⟨a, um⟩ *Adj* ||suasor|| anratend
suāsum ⟨ī⟩ *n* Plaut. dunkle Farbe, dunkler Fleck
suāsus[1] ⟨a, um⟩ *PPP* → ***suadeo***
suāsus[2] ⟨ūs⟩ *m* ||suadeo|| (*vkl.*, *nachkl.*) Rat
suave ⟨is⟩ *n* (*mlat.*) Kuss
suāve-olēns *Gen* ⟨entis⟩ *Adj* ||suavis, oleo|| *poet* wohlriechend, duftend
suāvi-dicus ⟨a, um⟩ *Adj* ||suavis, dico|| *u.* **suāvi-loquēns** *Gen* ⟨entis⟩ *Adj* ||suavis, loquor|| angenehm redend
suāviloquentia ⟨ae⟩ *f* ||suaviloquens|| angenehme Rede
suāviolum ⟨ī⟩ *n* = ***saviolum***
suāvior ⟨ātus sum, ārī 1.⟩ = ***savior***
► **suāvis** ⟨e⟩ *Adj, Adv* ⟨suāve⟩ *u.* ⟨suāviter⟩
1. angenehm; ***suave meminisse*** sich mit Vergnügen erinnern
2. liebenswürdig
3. schmackhaft, lecker
suāvī-sāviātiō ⟨ōnis⟩ *f* ||suavis|| Plaut. süßer Kuss
suāvitās ⟨ātis⟩ *f* ||suavis||
1. Annehmlichkeit, angenehmer Reiz; ***s. cibi*** guter Geschmack der Speise; ***s. odoris*** Wohlgeruch
2. Liebenswürdigkeit; *Pl* liebenswürdige Eigenschaften
suāviter *Adv* → ***suavis***

suāvitūdō ⟨inis⟩ *f* ||suavis|| Süße, *auch als Kosewort*
suāvium ⟨ī⟩ *n* = ***savium***
sub

I
1. unten, unter-
2. von unten hinauf
3. zu Hilfe
4. unmittelbar nach, danach
5. heimlich
6. ziemlich, etwas

II
1. unter, unter … hin
2. gegen, um

III
1. unter, unterhalb
2. unten an
3. unten in
4. unmittelbar hinter
5. gegen, um
6. innerhalb, während
7. unter, bei
8. unter, hinter

I *Präf, in der Zusammensetzung suf- vor f, sug- vor g, auch sum- vor m, suc- vor c, auch subs- u. su- vor s*
1. unten, unter-; ***sub-iacēre*** unten liegen; ***sub-igere*** unter-werfen
2. von unten hinauf; ***sub-icere*** hinauf-werfen
3. zu Hilfe; ***sub-currere*** zu Hilfe eilen
4. unmittelbar nach, danach, sofort; ***sub-inde*** gleich darauf
5. heimlich; ***sub-ducere*** heimlich wegnehmen
6. ziemlich, etwas, ein wenig; ***sub-albus*** weißlich
II *Präp + Akk*
1. *örtl. auf die Frage „wohin?"* unter, unter … hin; unterhalb, nahe an, bis an; ***exercitum sub iugum mittere*** das Heer unter das Joch schicken; ***sub sensum cadere/subiectum esse*** sinnlich wahrnehmbar sein; ***sub montem*** bis an den Berg; ***sub finem adventare*** nahe ans Ziel kommen; ***sub ictum venire*** in Schussweite kommen
2. *zeitl.* gegen, um, bei; unmittelbar vor, unmittelbar nach; ***sub noctem*** gegen Nacht; ***sub haec*** gleich danach
III *Präp + Abl*
1. *örtl. auf die Frage „wo?"* unter, unterhalb; ***sub mensa*** unter dem Tisch; ***sub divo*** unter freiem Himmel, im Freien; ***sub oculis alicuius*** unter j-s Augen; ***sub sarcinis*** das Gepäck tragend; ***sub manu esse*** bei der Hand sein
2. *örtl. auf die Frage „wo?"* unten an, am Fuß von; ***sub monte*** am Fuß des Berges; ***sub septentrionibus positum esse*** im Norden gelegen sein; ***sub sinistra*** zur Linken
3. *örtl. auf die Frage „wo?"* unten in, tief in, im Inneren, im Hintergrund; ***sub Orco*** tief im Orcus; ***sub pectore*** tief in der Brust; ***sub acie*** mitten im Kampf; ***sub ossibus*** im innersten Mark
4. *örtl. auf die Frage „wo?"* unmittelbar hinter; ***sub ipso volat Diores*** unmittelbar hinter ihm eilt Diores
5. (*nachkl.*) *zeitl.* gegen, um; ***sub nocte*** gegen Nacht; ***sub eodem tempore*** um die gleiche Zeit
6. *zeitl.* innerhalb, während, *Gleichzeitigkeit*; ***sub die nitido*** am helllichten Tag; ***sub decessu suo*** während der Zeit, da er die Provinz zu verlassen hatte; ***sub hoc casu*** bei diesem Unglücksfall; ***sub sole*** bei Sonnenschein
7. *fig bei Unterordnung u. Abhängigkeit* unter, bei; ***sub imperio alicuius*** unter j-s Herrschaft; ***sub aliquo magistro*** unter j-s Leitung
8. (*nachkl.*) *fig bei näheren Umständen* unter, hinter, bei; ***sub titulo/sub specie*** unter dem Vorwand; ***sub hac condicione*** unter der Bedingung; ***sub hoc sacramento*** unter Ablegung dieses Schwurs; ***sub exceptione, si*** mit der Ausnahme, dass

sub-absurdus ⟨a, um⟩ *Adj, Adv* ⟨sub-absurdē⟩ etwas ungereimt, etwas verschroben
sub-accūsō ⟨-, -, āre 1.⟩ ein wenig tadeln
subāctiō ⟨ōnis⟩ *f* ||subigo|| Bearbeitung; *fig* Bildung
sub-āctus ⟨a, um⟩ *PPP* → ***subigo***
sub-aerātus ⟨a, um⟩ *Adj* Pers. mit Kupfer vermischt
sub-agrestis ⟨e⟩ *Adj* etwas bäurisch
sub-ālāris ⟨e⟩ *Adj* ||ala|| (*nachkl.*) unter der Achsel versteckt
sub-albus ⟨a, um⟩ *Adj* (*vkl., nachkl.*) weißlich
sub-alternus ⟨a, um⟩ *Adj* (*eccl.*) untergeordnet
sub-amārus ⟨a, um⟩ *Adj* etwas bitter
sub-aquilus ⟨a, um⟩ *Adj* Plaut. ziemlich dunkel, bräunlich
sub-arroganter *Adv* ziemlich anmaßend
sub-assentiēns *Gen* ⟨entis⟩ *Adj* bedingt zustimmend
sub-auscultō ⟨-, -, āre 1.⟩ heimlich zuhören, lauschen
sub-basilicānus ⟨ī⟩ *m* ||basilica|| Plaut. Bummler
sub-bibō ⟨bibī, -, bibere 3.⟩ Suet. ein wenig trinken
sub-blandior ⟨-, īrī 4.⟩ (*vkl.*) etwas schmeicheln, *alicui* j-m
sub-cavus ⟨a, um⟩ *Adj* (*vkl.*) *poet* unten hohl; ***subcava loca terrae*** Lucr. unterirdische Höhlen der Erde
sub-cēnō ⟨-, -, āre 1.⟩ Quint. von unten verzehren
sub-centuriātus ⟨ī⟩ *m* Plaut. Ersatzmann
sub-cernō ⟨crēvī, crētum, cernere 3.⟩ (*vkl., nachkl.*) durchsieben
sub-cingulum ⟨ī⟩ Plaut. Gürtel
sub-contumēliōsē *Adv* Liv. etwas schändlich
sub-crispus ⟨a, um⟩ *Adj* etwas kraus
sub-custōs ⟨ōdis⟩ *m* Plaut. Hilfswächter
sub-dēbilis ⟨e⟩ *Adj* Suet. leicht gelähmt
sub-dēficiēns *Gen* ⟨entis⟩ *Adj* Curt. leicht ermattend
sub-didī → ***subdo***
sub-difficilis ⟨e⟩ *Adj* ziemlich schwierig; ***quaestio s.*** Cic. ziemlich delikate Frage
sub-diffīdō ⟨-, -, ere 3.⟩ etwas misstrauen; ***s. coepi*** Cic. ich wurde ein wenig skeptisch
subditīvus ⟨a, um⟩ *Adj* ||subditus, *PPP von* subdo|| untergeschoben, unecht, verkappt
sub-dō ⟨didī, ditum, dere 3.⟩
1. unterlegen, untersetzen, unterstellen, *aliquid alicui rei/in aliquid/sub aliquid* etw unter etw; ***equo s. calcaria*** dem Pferd die Sporen geben; ***calcaribus***

S

subditis im Galopp
2. *fig* anlegen, hinbringen; ***alicui ignem/faces s.*** j-n anfeuern; ***ignem seditioni s.*** den Aufruhr schüren; ***alicui aliquid spiritūs s.*** j-m etwas Mut einflößen; ***flamma medullis subditur*** die Hitze dringt bis ins Mark
3. (*nachkl.*) *fig* unterwerfen, unterjochen
4. *fig* preisgeben, aussetzen
5. *fig* an *j-s Stelle* setzen, *aliquem in locum alicuius* j-n an j-s Stelle
6. *fig* unterschieben, ***testamentum*** ein Testament
7. Tac. heimlich anstiften

sub-doceō ⟨-, -, ēre 2.⟩ *ein Kind* selbst unterrichten *ohne Lehrer*

sub-dolus ⟨a, um⟩ *Adj, Adv* ⟨subdolē⟩ hinterlistig, heimtückisch

sub-domō ⟨-, -, āre 1.⟩ Plaut. überwältigen

sub-dubitō ⟨-, -, āre 1.⟩ einigen Zweifel hegen, *abs od + indir Fragesatz*

▶ **sub-dūcō** ⟨dūxī, ductum, dūcere 3.⟩
1. unten wegziehen, *aliquid alicui rei* etw einer Sache; ***ensem capiti s.*** Verg. das Schwert unter dem Kopf wegziehen
2. entziehen, vorenthalten, *alicui aliquid* j-m etw; ***cibum athletae c.*** Sen. dem Athleten das Essen vorenthalten
3. heimlich wegnehmen, entwenden, *alicui aliquid* j-m etw; *Passiv u.* ***se s.*** sich heimlich entfernen; ***ignem caelo s.*** heimlich das Feuer aus dem Himmel entwenden; ***unda subducitur*** die Flut geht zurück; ***colles se subducunt*** die Hügel verlieren sich in der Ebene
4. (*nachkl.*) *poet* hinaufziehen, ***tunicam*** die Tunika; ***vela s.*** die Segel einziehen; ***remos s.*** die Ruder einziehen; ***naves in aridum s.*** die Schiffe ans Ufer ziehen
5. ***rationem s.*** berechnen, *auch* erwägen, *alicuius rei* etw; ***subductā ratione*** mit Überlegung

subductiō ⟨ōnis⟩ *f* ||subduco||
1. das Anlandziehen *der Schiffe*
2. Berechnung

sub-ductus ⟨a, um⟩ *PPP* → ***subduco***

sub-dūrus ⟨a, um⟩ *Adj* ziemlich hart

sub-dūxī → ***subduco***

sub-edō ⟨ēdī, ēsum, edere⟩ von unten anfressen, unterhöhlen

sub-ēgī → ***subigo***

sub-eō ⟨iī⟩ *u.* ⟨īvī, ītum, īre 4.⟩

1. unter etw gehen
2. betreten
3. auf die Schultern nehmen, auf den Rücken nehmen
4. auf sich nehmen, erdulden
5. hinaufgehen, hinaufsteigen
6. an etw herangehen
7. sich heranschleichen, sich einschleichen
8. überkommen, überfallen
9. unmittelbar nachfolgen
10. ablösen

1. unter *etw* gehen, unter *etw* treten, *aliquid/alicui rei*; unter die Herrschaft *von j-m/einer Sache* kommen; ***virgulta s.*** unter das Gebüsch kriechen; ***tectum s.*** unter Dach und Fach kommen; ***aquam s.*** im Wasser untertauchen
2. betreten, *aliquid/alicui rei* etw, ***lucos/luco*** die Haine/den Hain
3. auf die Schultern nehmen, auf den Rücken nehmen; *abs* sich bücken; ***patrem umeris s.*** den Vater auf die Schultern nehmen; ***currum s.*** sich an den Wagen anspannen lassen; ***alicui/aliquem s.*** *sexuell* sich unter j-n schmiegen
4. *fig* auf sich nehmen, erdulden, ***periculum*** eine Gefahr; ***condiciones s.*** auf die Bedingungen eingehen; ***crimen s.*** ein Verbrechen auf sich laden
5. (*unkl.*) hinaufgehen, hinaufsteigen, hinauffahren, *abs od ad aliquid/in aliquid* zu etw; *fig von Pflanzen* aufgehen; ***in montem s.*** den Berg hinaufsteigen
6. an *etw* herangehen, sich *einer Sache* nähern, *aliquid/ad aliquid/alicui rei*; ***aliquem s.*** auf j-n losgehen
7. *fig* sich heranschleichen, sich einschleichen, *abs od aliquid* an etw, in etw; ***sopor lumina fessa subit*** Schlaf schleicht sich in die ermüdeten Augen
8. (*nachkl.*) *fig von Zuständen, Gedanken u. Ä.* überkommen, überfallen, *aliquem/animum alicuius/alicui*; ***subit aliquem*** es fällt j-m ein, *+ AcI/ + indir Fragesatz*
9. (*nachkl.*) *poet* unmittelbar nachfolgen, *abs*
10. (*nachkl.*) *poet j-n/etw* ablösen, an *j-s* Stelle treten, *abs od aliquem/alicui/in locum alicuius u. aliquid*; ***furcas subiere columnae*** Säulen ersetzten die Stützpfähle

sūber ⟨eris⟩ *n* Verg. Korkeiche; *meton* Kork

subf... → ***suff...***

subg... *auch* = ***sugg...***

sub-grandis ⟨e⟩ *Adj* ziemlich groß

subhastātiō ⟨ōnis⟩ *f* ||hasta|| (*spätl.*) *öffentliche* Versteigerung

sub-horridus ⟨a, um⟩ *Adj* ziemlich rau, etwas abstoßend

sub-iaceō ⟨-, -, ēre 2.⟩ unten liegen; *fig* zu *etw* gehören, *einer Sache* ausgesetzt sein, *alicui rei*

sub-iciō ⟨iēcī, iectum, icere 3.⟩ ||iacio||

1. unter
2. unterordnen
3. unterwerfen
4. aussetzen, preisgeben
5. unterschieben
6. in die Höhe werfen, heben
7. nahe heranbringen
8. überreichen
9. eingeben, einflößen
10. an die Stelle von
11. folgen lassen, hinzufügen

1. unter *etw* werfen, unter *etw* stellen, unter *etw* legen, *aliquid alicui rei/sub aliquid* etw unter etw; ***manūs s.*** unter den Arm fassen; ***ignem templis s.*** Feuer unter die Tempel setzen; ***caudam utero s.*** den Schwanz einziehen; ***aedes colli s.*** ein Haus unten am Hügel erbauen; ***castra urbi s.*** ein Lager unterhalb der Stadt aufschlagen; ***aliquid oculis s.*** *fig* etw sichtbar machen; ***aliquid cogitationi s.*** etw

S

bedenken
2. *fig* unterordnen; ***sententiam voci/sub vocem s.*** dem Wort einen Sinn unterlegen, mit dem Wort einen Begriff verbinden
3. (*nachkl.*) *fig* unterwerfen, ***provinciam*** eine Provinz; ***se s. alicui*** sich j-m unterwerfen
4. *fig* aussetzen, preisgeben, *aliquid alicui rei/sub aliquid* etw einer Sache; ***terram ferro s.*** die Erde bearbeiten, die Erde pflügen; ***alicuius bona voci praeconis/sub praecone s.*** j-s Güter versteigern lassen
5. unterschieben; vorschieben, ***testem*** einen Zeugen
6. in die Höhe werfen, heben; ***discum in aera s.*** die Scheibe in die Luft werfen; ***regem in equum s.*** den König aufs Pferd heben; *Passiv u.* ***se s.*** sich erheben, emporwachsen
7. nahe heranbringen, *alicui rei* an etw; ***se s.*** heranrücken, sich nähern
8. überreichen, ***alicui libellum*** j-m ein Buch
9. eingeben, einflößen, einflüstern; ***alicui spem s.*** j-m Hoffnung einflößen; ***sibi aliquid s.*** sich etw vorstellen
10. an die Stelle von *etw* setzen, *alicui rei*; ***integras copias vulneratis s.*** ausgeruhte Truppen an die Stelle von Verwundeten setzen
11. folgen lassen, hinzufügen; entgegnen, erwidern; ***syllabam longam brevi s.*** eine lange Silbe einer kurzen folgen lassen

subiectiō ⟨ōnis⟩ *f* ||subicio||
1. RHET Veranschaulichung, anschauliche Erklärung
2. RHET Entkräftung eines selbst gemachten Einwandes
3. Liv. Unterschiebung, ***testamenti*** eines Testaments
4. (*spätl.*) Unterwerfung
5. (*spätl.*) Unterwürfigkeit

subiectīvus ⟨a, um⟩ *Adj* ||subiectus|| zum Subjekt gehörig

subiectō ⟨āvī, ātum, āre 1.⟩ ||*Intens von* subicio||
1. darunter legen, unterlegen, *aliquid alicui/alicui rei* etw unter j-n/unter etw
2. von unten emporschleudern, ***harenam*** Sand

subiector ⟨ōris⟩ *m* ||subicio|| Fälscher, ***testamenti*** eines Testaments

subiectum ⟨ī⟩ *n* ||subiectus, *PPP von* subicio||
1. Niederung
2. (*spätl.*) Subjekt
3. (*mlat.*) Begriff
4. *Pl* untergeordnete Begriffe

subiectus[1]
I ⟨a, um⟩ *Adj* ||subicio||
1. darunter liegend, unter *j-m/etw* liegend, *abs od alicui/alicui rei*; ***versūs subiecti*** die nachstehenden Verse
2. an *etw* angrenzend, *einer Sache* benachbart, *abs od alicui rei*
3. unterworfen, untertan, *alicui/alicui rei* j-m/einer Sache
4. unterwürfig, demütig
5. preisgegeben, ausgesetzt, *alicui rei/sub aliquid* einer Sache; ***s. sub incertos casūs*** von Zufällen abhängig; ***alicui subiectum esse*** j-m zur Verfügung stehen; ***subiectum ese alicui rei/sub aliquid*** unter etw gehören, in den Bereich von etw fallen; ***s. sensibus/sub sensūs*** mit den Sinnen wahrnehmbar
II ⟨ī⟩ *m* (*nachkl.*) Untertan

sub-iectus[2] ⟨a, um⟩ *PPP* → ***subicio***

subigitātiō ⟨ōnis⟩ *f* ||subigito|| Plaut. erotische Berührung

subigitātrīx ⟨īcis⟩ *f* Plaut. erotische Streichlerin

sub-igitō ⟨āvī, ātum, āre 1.⟩ ||agito|| Plaut. erotisch berühren

▶ **sub-igō** ⟨ēgī, āctum, igere 3.⟩ ||ago||
1. hinauftreiben, aufwärts treiben
2. *fig* unterwerfen, bezwingen
3. *fig* zwingen, *aliquem ad aliquid/in aliquid/sub aliquid* j-n zu etw, + *Inf/* + *AcI/ut*
4. bearbeiten, durcharbeiten; ***agrum s.*** den Acker auflockern; ***secures in cote s.*** die Beile schärfen; ***opus digitis s.*** das Werk glatt streichen
5. bilden, schulen; *Tiere* zähmen
6. plagen, bedrängen

sub-iī → ***subeo***

sub-impudēns *Gen* ⟨entis⟩ *Adj* ziemlich unverschämt

sub-inānis ⟨e⟩ *Adj* etwas eitel

sub-inde *Adv* (*nachkl.*)
1. *poet* gleich danach
2. *poet* immer wieder
3. allmählich; ***rarius subinde*** allmählich seltener

sub-īnsulsus ⟨a, um⟩ *Adj* etwas abgeschmackt

sub-invideō ⟨-, -, ēre 2.⟩ *j-n* ein wenig beneiden, auf *j-n* ein wenig eifersüchtig sein, *alicui*, + *AcI*

sub-invīsus ⟨a, um⟩ *Adj* etwas verhasst

sub-invītō ⟨-, -, āre 1.⟩ nebenbei auffordern, *ut*

sub-īrāscōr ⟨-, īrāscī 1.⟩ etwas zürnen, *abs od alicui* j-m, *quod*

sub-īrātus ⟨a, um⟩ *Adj* etwas zornig, verstimmt, *abs od alicui* auf jdn

sub-īre → ***subeo***

subitāneus ⟨a, um⟩ *Adj* ||subitus|| (*nachkl.*) plötzlich entstehend

subitārius ⟨a, um⟩ *Adj* ||subitus|| (*vkl., nachkl.*)
1. plötzlich, in Eile zustande gebracht; ***milites subitarii*** in aller Eile ausgehobene Soldaten
2. dringend

subitō *Adv* → ***subitus***

subitum[1] ⟨ī⟩ *n* das Plötzliche, das Dringliche, unerwartetes Ereignis, aus dem Stegreif Vorgetragenes

sub-itum[2] *PPP* → ***subeo***

▶ **subitus** ⟨a, um⟩ *Adj, Adv* ⟨subitō⟩
1. plötzlich, unvermutet, unerwartet, dringend, eilig; ***consilium subitum*** überstürzter Plan; ***oratio subita*** spontane Rede, Stegreifrede; ***venti subiti*** plötzlich auftretende Winde; ***s. calor*** unerwartete Hitze; ***subita caverna*** unerwartet sich öffnender Hohlraum; ***subitum est alicui*** es ist j-m zu plötzlich, + *Inf*
2. *Adv* plötzlich, unvermutet, hastig; aus dem Stegreif

sub-iugō ⟨āvī, ātum, āre 1.⟩ ||iugum|| unterjochen

subiūnctīvus ⟨a, um⟩ *Adj* ||subiunctus, *PPP von* subiungo|| GRAM verbindend; ***modus s.*** Konjunktiv

sub-iungō ⟨iūnxī, iūnctum, iungere 3.⟩
1. verbinden, hinzufügen, *auch fig*; ***boves subiunc-***

S

ti zusammengespannte Rinder; ***tigres curru s.*** Verg. Tiger vor den Wagen spannen; ***nervis carmina s.*** Ov. *fig* ein Lied mit Saitenspiel begleiten
2. unterwerfen, unterjochen, *aliquem / aliquid alicui / sub aliquid* j-n / etw j-m / einer Sache
3. zuordnen, *aliquid alicui / alicui rei* etw j-m / einer Sache
sub-lābor ⟨lāpsus sum, lābī 3.⟩
1. heimlich heranschleichen
2. verfallen, *auch fig*; ***aedificia vetustate sublapsa*** Plin. durch das Alter verfallene Gebäude
sublātiō ⟨ōnis⟩ *f* ||tollo||
1. METR Hebung *im Vers*; ↔ ***positio***
2. PHIL Erhebung; ***s. animi*** Erhebung des Geistes
3. Aufhebung, ***iudicii*** eines Urteils
sublātus[1] ⟨a, um⟩ *Adj, Adv* ⟨sublātē⟩ ||tollo||
1. erhaben
2. *pej* stolz, hochmütig, *re* wegen etw
sub-lātus[2] ⟨a, um⟩ *PPP* → ***suffero*** *u.* → ***tollo***
sublectō ⟨-, -, āre 1.⟩ Plaut. ködern, locken
sub-legō ⟨lēgī, lēctum, legere 3.⟩ *(unkl.)*
1. unten auflesen
2. *fig* ablauschen, *alicui aliquid* j-m etw
3. nachwählen; ***senatum s.*** den Senat durch Nachwahl ergänzen
sublestus ⟨a, um⟩ *Adj* Plaut. schwach, gering
sublevātiō ⟨ōnis⟩ *f* ||sublevo|| Erleichterung, Linderung
▶ **sub-levō** ⟨āvī, ātum, āre 1.⟩
1. aufrichten, hochheben; ***aliquid terrā s.*** etw vom Boden aufheben; ***iubis sublevari*** sich an der Mähne festhalten
2. unterstützen, fördern
3. leichter machen, mindern, lindern; ***blandimentum sublevit metum*** Tac. die Schmeichelei verminderte die Furcht
sublica ⟨ae⟩ *f* ||sub, liquor|| *unter Wasser befindlicher* Pfahl, *bes* Brückenpfahl
sublicius ⟨a, um⟩ *Adj* ||sublica|| auf Pfählen ruhend; ***pons s.*** Pfahlbrücke
subligāculum ⟨ī⟩ *n u. (nachkl.)* **subligar** ⟨āris⟩ *n* ||subligo|| Schurz
subligātus ⟨a, um⟩ *Adj* ||subligo|| aufgeschürzt
sub-ligō ⟨āvī, ātum, āre 1.⟩ *(vkl.)* unten anbinden, *aliquid alicui rei* etw an etw; ***lateri s. ensem*** das Schwert an der Seite befestigen
sublīme ⟨is⟩ *n* ||sublimis||
1. Höhe, Luft
2. *Pl* Hor. erhabene Forschungen
sublīmen *Adv (vkl.)* in die Höhe; ***sublimen rapere*** in die Höhe reißen
▶ **sublīmis** ⟨e⟩ *Adj, Adv* ⟨sublīme⟩ *u.* ⟨sublīmiter⟩ ||sublimen|| *(unkl.)*
1. hoch, schwebend; emporragend; ***s. in equis*** hoch zu Ross; ***s. ab unda*** hochschwebend auf der Woge
2. *fig* erhaben; nach Höherem strebend
3. *fig* stolz
4. *Adv* in der Höhe, oben in der Luft
5. *Adv* in die Höhe, durch die Luft; ***sublime volare*** durch die Luft fliegen
sublīmitās ⟨ātis⟩ *f* ||sublimis|| Höhe; *fig* Erhabenheit, Schwung; ***summae sublimitates*** *(spätl.) meton* die höchsten Würdenträger
sublīmō ⟨āvī, ātum, āre 1.⟩ ||*Denom von* sublimis|| *(vkl., nachkl.)* hochheben; *(vkl., spätl.) fig* erhöhen
sub-linguō ⟨ōnis⟩ *m* ||lingo|| Plaut. Topflecker
sub-linō ⟨līvī, litum, linere 3.⟩
1. unten beschmieren; heimlich anschmieren
2. ***ōs alicui / alicuius s.*** *fig* j-n anschmieren, betrügen, täuschen
sub-lūceō ⟨lūxī, -, lūcēre 2.⟩ Ov., Verg. hervorleuchten
sub-luō ⟨luī, lūtum, luere 3.⟩ ||lavo|| unten abwaschen; unten bespülen
sub-lūstris ⟨e⟩ *Adj* dämmrig; ***nox s.*** Zwielicht
subm... *auch* → ***summ...***
sub-merus ⟨a, um⟩ *Adj* Plaut. ziemlich unvermischt
sub-minia ⟨ae⟩ *f* ||minium|| Plin. blasszinnoberrotes Kleid
sub-ministrātor ⟨ōris⟩ *m* Sen. Vermittler, Lieferant
submissim *Adv* ||submissus|| *(nachkl.)* leise
sub-molestus ⟨a, um⟩ *Adj, Adv* ⟨submolestē⟩ ziemlich unangenehm
sub-mōrōsus ⟨a, um⟩ *Adj* etwas mürrisch
sub-nāscor ⟨nātus sum, nāscī 3.⟩ *(nachkl.) poet* nachwachsen
sub-nectō ⟨nexuī, nexum, nectere 3.⟩
1. (unten) anbinden, *aliquid alicui rei* etw an etw
2. (unten) zusammenhalten
3. Iuv. *fig* hinzufügen
sub-negō ⟨āvī, ātum, āre 1.⟩ halb und halb ablehnen
sub-niger ⟨gra, grum⟩ *Adj (vkl., nachkl.)* schwärzlich
sub-nimium ⟨ī⟩ *n* Plaut. *hum Bildung für* ein zu großes Kleid
sub-nīsus *u.* **sub-nīxus** ⟨a, um⟩ *Adj* ||nitor[2]||
1. sich auf *etw* stützen, sich an *etw* lehnen, *re*
2. *fig* sich auf *ew.* verlassen, *re*
sub-notō ⟨āvī, ātum, āre 1.⟩
1. unterzeichnen
2. unten anmerken
3. auf *j-n* zeigen, *aliquem*
sub-nuba ⟨ae⟩ *f* Ov. Nebenfrau, Nebenbuhlerin
sub-nūbilus ⟨a, um⟩ *Adj* leicht bewölkt
subō ⟨-, -, āre 1.⟩ Lucr. brünstig sein; ***subando*** in sexueller Erregung
sub-obscēnus ⟨a, um⟩ *Adj* ziemlich unsittlich
sub-obscūrus ⟨a, um⟩ *Adj, Adv* ⟨subobscūrē⟩ etwas dunkel, etwas unverständlich
sub-odiōsus ⟨a, um⟩ *Adj* ein wenig verdrießlich
sub-offendō ⟨-, -, ere 3.⟩ ein wenig Anstoß erregen
sub-olēs ⟨is⟩ *f* ||alo||
1. Nachwuchs, Nachkommenschaft; *von Tieren* Brut; ***s. Romae*** die Jugend Roms
2. *(nachkl.)* Sohn, Nachkomme
sub-olēscō ⟨-, -, ēscere 3.⟩ ||*Inkoh von* alo|| *(nachkl.)* heranwachsen
sub-olet ⟨-, ēre 2.⟩ Com. *unpers* ***alicui subolet*** j-d merkt, j-d wittert
sub-olfaciō ⟨-, -, facere 3.⟩ Petr. riechen, *aliquid* etw
sub-olit ⟨-, ere 3.⟩ = ***subolet***
sub-orior ⟨ortus sum, orīrī 4.⟩ Lucr. allmählich nachwachsen
sub-ōrnō ⟨āvī, ātum, āre 1.⟩
1. heimlich ausrüsten, *aliquem re* j-n mit etw
2. insgeheim anstiften, *aliquem ad aliquid / in aliquid* j-n zu etw, *ut* dass, + *indir Fragesatz*

subortus ⟨ūs⟩ *m* ||suborior|| allmähliche Entstehung
subp... = ***supp...***
subr... *auch* = ***surr...***
sub-rancidus ⟨a, um⟩ *Adj* schon ein wenig stinkend
sub-raucus ⟨a, um⟩ *Adj* ein wenig heiser
sub-rēctus ⟨a, um⟩ *PPP* → ***subrigo*** *u.* → ***surgo***
sub-rēmigō ⟨-, -, āre 1.⟩ *(nachkl.) poet* nachrudern
sub-rēpō ⟨rēpsī, rēptum, rēpere 3.⟩ unter *etw* kriechen, *sub aliquid*; *fig* sich heimlich einschleichen, *abs od in aliquid* in etw; ***vitia subrepunt*** Sen. Laster schleichen sich ein
subrēptīcius ⟨a, um⟩ *Adj* ||subrepo|| heimlich, verstohlen
sub-rēxī → ***subrigo***
sub-rīdeō ⟨rīsī, rīsum, rīdēre 2.⟩ lächeln; zulächeln, *alicui* j-m
sub-rīdiculē *Adv* ein wenig lächerlich
sub-rigō ⟨rēxī, rēctum, rigere 3.⟩ emporrichten; = ***surgo***; ***aures s.*** die Ohren spitzen; ***subriguntur capilli*** Sen. die Haare sträuben sich
sub-ringor ⟨-, -, ringī 3.⟩ die Nase etwas rümpfen
sub-rōstrānī ⟨ōrum⟩ *m* ||rostra|| die Bummler
sub-rubeō ⟨-, -, ēre 2.⟩ rötlich sein
sub-rubicundus ⟨a, um⟩ *Adj* *(nachkl.)* rötlich; hochrot
sub-rūfus
I ⟨a, um⟩ *Adj* etwas rötlich
II ⟨ī⟩ *m* Plaut. Rotkopf
sub-ruō ⟨ruī, rutum, ruere 3.⟩ ||ruo²||
1. untergraben, zum Einsturz bringen, niederreißen
2. *(nachkl.) fig* wankend machen; vernichten
sub-rupiō ⟨rupuī, ruptum, rupere 3.⟩ = ***surripio***
sub-rūsticus ⟨a, um⟩ *Adj, Adv* ⟨subrūsticē⟩ etwas bäurisch, ein wenig roh
sub-rutilus ⟨a, um⟩ *Adj* *(nachkl.)* etwas rötlich
sub-sannō ⟨āvī, ātum, āre 1.⟩ ||sanna|| verhöhnen, *aliquem / alicui* j-n, *aliquid / alicui rei* etw
sub-scrībō ⟨scrīpsī, scrīptum, scrībere 3.⟩
1. darunter schreiben, unten hinschreiben, *aliquid alicui rei* etw unter etw
2. *(nachkl.)* unterschreiben, unterzeichnen
3. aufschreiben, verzeichnen, ***numerum aratorum*** die Anzahl der Bauern
4. *vom Zensor den Grund für die Rüge* beifügen, vermerken
5. *vom Kläger* die Klageschrift unterschreiben, Kläger sein, klagen, *in aliquem* gegen j-n; ***s. alicui in aliquem*** sich j-s Klage gegen j-n anschließen
6. *(nachkl.)* durch Unterschrift genehmigen
7. *(nachkl.) fig einem amtlichen Schreiben* eine Grußformel beifügen
subscrīptiō ⟨ōnis⟩ *f* ||subscribo||
1. unten angefügter Zusatz; POL Vermerk des Zensors
2. Unterschrift, Signatur
3. Aufzeichnung, Liste, Register
4. Anklageschrift; Mitanklage
5. Grußformel *am Ende eines amtlichen Schreibens*
subscrīptor ⟨ōris⟩ *m* JUR Mitkläger
sub-secīvus ⟨a, um⟩ *Adj* = ***subsicivus***
sub-secō ⟨secuī, sectum, secāre 1.⟩ *(unkl.)* unten abschneiden, ***herbas*** Kräuter
sub-secūtus ⟨a, um⟩ *PPerf* → ***subsequor***
sub-sellium ⟨ī⟩ *n* ||sella||
1. Bank, Sitzbank
2. *Pl meton* Gerichtssaal; *meton* Gericht, Prozess; ***longi subsellii iudicatio et mora*** zögernde Prüfung *im Senat*, bei der alles auf die lange Bank geschoben wird
sub-sentiō ⟨sēnsī, -, sentīre 4.⟩ Ter. herausfühlen, merken
▶ **sub-sequor** ⟨secūtus sum, sequī 3.⟩
1. unmittelbar nachfolgen, *abs od aliquem / aliquid* j-m / einer Sache
2. begleiten
3. *(nachkl.)* gleichkommen, *aliquid* einer Sache
4. nachahmen
sub-serviō ⟨-, -, īre 4.⟩ *(vkl., nachkl.)*
1. unterwürfig sein
2. behilflich sein
subsessor ⟨ōris⟩ *m* *(nachkl.)* Jäger; Aufpasser
subsicīvus ⟨a, um⟩ *Adj* ||subseco||
1. Suet. übrig bleibend
2. *zeitl. von der Berufsarbeit* frei; ***tempora subsiciva*** Freizeit; ***opera subsiciva*** Nebenarbeiten
subsidiāriī ⟨ōrum⟩ *m* ||subsidiarius|| Reservetruppen
subsidiārius ⟨a, um⟩ *Adj* ||subsidium|| zur Reserve gehörig, Reserve...
subsidior ⟨-, ārī 1.⟩ ||*Denom von* subsidium|| in Reserve sein; ***longius s.*** in weiterer Entfernung in Reserve sein
▶ **sub-sidium** ⟨ī⟩ *n* ||sedeo||
1. MIL Reserve; *Pl* Hilfstruppen; ***legiones in subsidiis locare*** Legionen als Reserve aufstellen
2. *fig* Rückhalt, Beistand, Hilfe, Zuflucht, *alicuius* j-s, *alicuius rei* einer Sache; ***alicui subsidio esse*** j-m zum Schutz dienen, *alicui rei* gegen etw
3. Zufluchtsort, Asyl, *alicuius* j-s, *alicui rei* für etw
▶ **sub-sīdō** ⟨sēdī, sessum, sīdere 3.⟩
1. sich hinsetzen, sich niederlassen, *abs od alicui* vor j-m; ***equae maribus subsidunt*** die Stuten lassen sich von den Hengsten begatten
2. auflauern, *alicui / aliquem* j-m
3. *fig von Sachen* sich setzen, sich senken, sinken; ***pondere terra suo subsedit*** die Erde senkte sich durch ihr eigenes Gewicht; ***flumina subsidunt*** die Flüsse fallen
4. *fig* vermindern
5. *von Personen* zurückbleiben, sich ansiedeln
6. *(nachkl.) von Sachen* festsitzen, stecken bleiben
sub-sīgnānus ⟨a, um⟩ *Adj* im Kriegsdienst befindlich; ***milites subsignani*** Tac. Reservesoldaten
sub-sīgnō ⟨āvī, ātum, āre 1.⟩
1. eintragen (lassen), ***ad aerarium*** in die Liste der Ärarier
2. urkundlich verpfänden
3. *fig* sich verbürgen, ***fidem alicuius*** für j-s Glaubwürdigkeit
sub-siliō ⟨uī, -, īre 4.⟩ ||salio||
1. emporspringen
2. hineinspringen
subsistentia ⟨ae⟩ *f* ||subsisto|| *(spätl., eccl.)* Bestand, Substanz
sub-sistō ⟨stitī, -, sistere 3.⟩
I *v/i*

S

1. stehen bleiben
2. Halt machen, anhalten; ***toto agmine s.*** mit dem ganzen Heereszug Halt machen
3. zurückbleiben
4. Widerstand leisten, widerstehen, standhalten, *alicui / alicui rei* j-m / einer Sache; *von Sachen* halten
II *v/t* den Kampf bestehen, *aliquem* mit j-m

subsōlānus ⟨ī⟩ *m* ||sol|| (*nachkl.*) Ostwind

sub-sortior ⟨sortītus sum, sortīrī 4.⟩ als Ersatz auslosen, ***iudices*** neue Richter

subsortītiō ⟨ōnis⟩ *f* ||subsortior|| Auslosung des Ersatzes

substantia ⟨ae⟩ *f* ||substans, *PPr von* substo||
1. (*nachkl.*) Wesen, Beschaffenheit
2. Vermögen
3. das Vorhandensein
4. (*mlat.*) Substanz; Eigentum, Ware

sub-sternō ⟨strāvī, strātum, sternere 3.⟩
1. darunter legen, darunter streuen; ***purpura convivis s.*** den Gästen Purpurteppiche unterlegen; ***se alicui s.*** *sexuell* sich j-m hingeben
2. unten bestreuen
3. *fig* preisgeben, ausliefern

sub-stituō ⟨stituī, stitūtum, stituere 3.⟩ ||statuo||
1. darunter stellen, dahinter stellen
2. *fig* im Geiste sich vorstellen
3. *fig* Schuld geben, *aliquem alicui rei* j-m an etw
4. an die Stelle *j-s / einer Sache* setzen, *pro aliquo / in locum alicuius u. pro re / in locum alicuius rei*, + *dopp. Akk*
5. (*nachkl.*) als Nacherben einsetzen

sub-stō ⟨-, -, āre 1.⟩ Ter. standhalten

sub-strictus ⟨a, um⟩ *Adj* ||substringo|| (*nachkl.*) *poet* schmächtig, dünn

sub-stringō ⟨strīnxī, strictum, stringere 3.⟩ (*nachkl.*)
1. aufbinden, nach oben binden; ***crinem nodo s.*** Tac. das Haar nach oben zu einem Knoten binden; ***carbasa s.*** die Segel einziehen
2. RHET kürzer fassen

substrūctiō ⟨ōnis⟩ *f* ||substruo|| Unterbau

sub-struō ⟨strūxī, strūctum, struere 3.⟩
1. den Unterbau herstellen, das Fundament legen
2. mit einem Unterbau ausstatten

sub-sultim *Adv* ||saltim|| Suet. in kleinen Sprüngen

sub-sultō ⟨-, -, āre 1.⟩ ||salto|| hochspringen; ***ne sermo subsultet imparibus spatiis et sonis*** Quint. RHET damit die Rede nicht durch Ungleichheit von Rhythmus und Tonlage hüpft

sub-sum ⟨-, -, subesse 0.⟩ (*unkl.*)
1. darunter sein, darunter liegen, dahinter liegen, *alicui rei* unter etw, hinter etw
2. verborgen sein
3. untergeordnet sein
4. *einer Sache* zugrunde liegen, hinter *etw* stecken, *alicui rei*
5. *örtl.* nahe sein, in der Nähe sein, *alicui rei* von etw; ***suberat Rhenus*** der Rhein war nahe
6. *zeitl.* bevorstehen

sub-suō ⟨-, sūtum, suere 3.⟩ unten benähen

sub-tēmen ⟨inis⟩ *n*
1. Einschlag, Querfaden *des Gewebes*
2. *meton* Gewebe, Faden; Hor. *fig* Faden *der Parzen*

subter
I *Adv* unterhalb, unten
II *Präp + Akk auf die Frage „wohin?"* unter … hin, unter; ***Plato cupiditatem subter praecordia locavit*** Plato siedelte die Begierden unter dem Zwerchfell an
III *Präp + Abl auf die Frage „wo?"* unterhalb, unter; ***sub testudine*** unter dem Schilddach
IV *Präf* heimlich; ***subter-fugere*** heimlich entfliehen

subter-cutāneus ⟨a, um⟩ *Adj* ||cutis|| unter der Haut befindlich; ***morbus s.*** Wassersucht

subter-dūcō ⟨dūxī, ductum, dūcere 3.⟩ Plaut. heimlich entziehen; ***se s.*** sich heimlich davonschleichen

subter-fluō ⟨-, -, ere 3.⟩ unter *etw* wegfließen, *aliquid*

subter-fugiō ⟨fūgī, -, fugere 3.⟩
I *v/i* (*vkl., nachkl.*) heimlich entfliehen
II *v/t* sich listig *einer Sache* entziehen, *etw* listig vermeiden, *aliquid*; ***simulatione insaniae militiam s.*** Cic. sich durch Vorspiegelung von Wahnsinn dem Kriegsdienst entziehen

subter-lābor ⟨lāpsus sum, lābī 3.⟩
1. unter *etw* hinfließen, *aliquid*
2. entgleiten, entschlüpfen

sub-terō ⟨trīvī, trītum, terere 3.⟩ unten abreiben; *Passiv u.* ***se s.*** sich die Hufe ablaufen

sub-terrāneus ⟨a, um⟩ *Adj* ||sub, terra|| unterirdisch

subter-vacō ⟨-, -, āre 1.⟩ Sen. unterhalb leer sein

sub-texō ⟨texuī, textum, texere 3.⟩ (*nachkl.*)
1. als Schleier vorziehen, *alicui aliquid* j-m etw; verhüllen, *aliquid re* etw mit etw
2. *in die Rede* einflechten
3. anschließen, *aliquid alicui rei* etw an etw

▶ **sub-tīlis** ⟨e⟩ *Adj, Adv* ⟨subtīliter⟩
1. fein, dünn, zart; ***filum subtile*** Lucr. dünner Faden
2. (*nachkl.*) *fig* feinfühlig, feinsinnig
3. *fig* geschmackvoll, elegant
4. *fig* genau, gründlich; geistreich; ***subtiliter scribere ad aliquem*** ausführlich an j-n schreiben
5. RHET schlicht, einfach

subtīlitās ⟨ātis⟩ *f* ||subtilis||
1. Feinheit, Zartheit
2. *fig* Feinfühligkeit, Geschmack, Fingerspitzengefühl
3. *fig* Genauigkeit, Gründlichkeit; Scharfsinn
4. *fig* Schlichtheit, Einfachheit, ungekünstelte Schönheit

sub-timeō ⟨-, -, ēre 2.⟩ heimlich fürchten

sub-trahō ⟨trāxī, tractum, trahere 3.⟩
1. unter *etw* hervorziehen, *alicui rei*; ***subtractus vivus superincubanti Romano*** Liv. lebend unter einem darüber liegenden Römer hervorgezogen
2. heimlich wegziehen, entziehen, *aliquem / aliquid* j-n / etw, *alicui / alicui rei* j-m / einer Sache; (*nachkl.*) weglassen, verschweigen; ***aggerem cuniculis s.*** den Wall durch Schächte zum Einsturz bringen; ***pecuniam s.*** Geld unterschlagen; ***oculos s.*** die Augen abwenden
3. *fig* wegnehmen, wegziehen
4. *Passiv u.* ***se s.*** sich zurückziehen; ***solum subtrahitur alicui*** j-m schwindet der Boden unter den Füßen

sub-trīstis ⟨e⟩ *Adj* Tac. ein wenig traurig

sub-turpiculus ⟨a, um⟩ *Adj* = ***subturpis***

sub-turpis ⟨e⟩ *Adj* etwas schändlich
subtus
I *Adv* unten, unterhalb
II *Präp + Akk* unterhalb
sub-tūsus ⟨a, um⟩ *Adj* Tib. ein wenig zerschlagen
sub-ūcula ⟨ae⟩ *f* (Hor., Suet.) wollenes (Unter-) Hemd
sūbula ⟨ae⟩ *f* Ahle; ***subulā leonem excipis?*** Sen. mit einer Ahle willst du gegen einen Löwen angehen?
subulcus ⟨ī⟩ *m* *(nachkl.) poet* Schweinehirt
Subūra ⟨ae⟩ *f belebtes Stadtviertel in Rom zwischen Esquilinus u. Viminalis*
Subūrānus ⟨a, um⟩ *Adj* aus Subura, zu Subura gehörig
suburbānī ⟨ōrum⟩ *m* ||suburbanus|| die Bewohner der Nachbarorte Roms
suburbānitās ⟨ātis⟩ *f* ||suburbanus|| Nähe der Stadt Rom
suburbānum ⟨ī⟩ *n* ||suburbanus|| Landgut bei Rom
sub-urbānus ⟨a, um⟩ *Adj* nahe bei Rom gelegen, vorstädtisch
sub-urbium ⟨ī⟩ *n* ||sub, urbs|| Vorstadt
sub-urgeō ⟨-, -, ēre 2.⟩ nahe herandrängen, *ad aliquid* an etw
sub-ūrō ⟨-, -, ere 3.⟩ ein wenig absengen, ein wenig versengen
subvectiō ⟨ōnis⟩ *f* ||subveho|| Zufuhr
subvectō ⟨āvī, ātum, āre 1.⟩ ||*Intens von* subveho|| herbeischaffen, zuführen
subvectus *Abl* ⟨ū⟩ *m* = ***subvectio***
sub-vehō ⟨vēxī, vectum, vehere 3.⟩ hinaufbringen, stromaufwärts bringen; *Passiv* stromaufwärts fahren, hinauffahren
▶ **sub-vellō** ⟨(vellī), vulsum, vellere 3.⟩ glatt rupfen; ***aliquis subvellitur*** j-m werden die Schamhaare ausgerupft
sub-veniō ⟨vēnī, ventum, venīre 4.⟩
1. zu Hilfe kommen, *alicui/alicui rei* j-m/einer Sache
2. *einem Übel* abhelfen, *alicui rei* einer Sache
subventō ⟨-, -, āre 1.⟩ ||*Intens von* subvenio|| Plaut. zu Hilfe kommen
sub-ventum *PPP* → ***subvenio***
sub-vereor ⟨-, ērī 2.⟩ sich ein wenig sorgen, ein wenig besorgt sein
subversor ⟨ōris⟩ *m* ||subverto|| Tac. Verderber, Zerstörer
sub-vertō ⟨vertī, versum, vertere 3.⟩ *(unkl.)* umstürzen; *fig* zerstören, vereiteln; zu Fall bringen, *aliquem* jdn
subvexus ⟨a, um⟩ *Adj* schräg aufsteigend, schräg sich erhebend
sub-volō ⟨-, -, āre 1.⟩ auffliegen, emporfliegen
sub-volturius ⟨a, um⟩ *Adj* Plin. etwas geierartig
sub-volvō ⟨-, -, volvere 3.⟩ *poet* emporwälzen, ***manibus saxa*** Felsen mit den Händen
sub-vortō ⟨vorsī, vorsum, vortere 3.⟩ *(altl.)* = ***subverto***
succēdāneus ⟨a, um⟩ *Adj* = ***succidaneus***
suc-cēdō ⟨cessī, cessum, cēdere 3.⟩

1. unter etw gehen
2. auf sich nehmen
3. zu etw gehören
4. an etw herangehen
5. gelingen, glücken
6. emporsteigen
7. folgen
8. nachfolgen
9. ablösen
10. sich anschließen
11. später leben

1. unter *etw* gehen; in *etw* eintreten, *aliquid/alicui rei*; ***tectum/tectis s.*** ein Haus betreten; ***tumulo terrae s.*** begraben werden unter einem Erdhügel; ***currui s.*** den Wagen ziehen; ***mare longius succedit*** das Meer dringt tiefer ins Land ein
2. *(nachkl.) poet etw* auf sich nehmen, sich *einer Sache* unterziehen, *alicui rei*; ***oneri s.*** eine Last auf sich nehmen
3. Quint. zu *etw* gehören
4. an *j-n/etw* herangehen, sich *j-m/einer Sache* nähern, *aliquem/alicui rei*; MIL vordringen, ***ad castra*** zum Lager
5. *fig* gelingen, glücken; ***succedit*** es gelingt, *alicui/alicui rei* j-m/einer Sache
6. *(nachkl.) poet* emporsteigen, ***in arduum*** in die Höhe
7. folgen, *abs od alicui* j-m, ***Danais*** dem Heer der Danaer
8. *in Amt od Stellung j-m* nachfolgen, *j-s* Nachfolger sein, *alicui*; ***aliquis alicui succedit rex*** j-d folgt j-m als König nach; ***Remi in Sequanorum locum successerant*** die Remer waren an die Stelle der Sequaner gerückt; ***mihi succeditur*** ich bekomme einen Nachfolger
9. ablösen, *alicui* j-n; ***recentes defessis succedunt*** Ausgeruhte lösen Ermüdete ab; ***in stationem s.*** die Wache beziehen
10. *örtl.* sich anschließen, *alicui/alicui rei*; ***ad alteram partem succedunt Ubii*** auf der anderen Seite schließen sich die Ubier an
11. *zeitl.* später leben; folgen, *abs od alicui/alicui rei* j-m/einer Sache; ***orationi s.*** nach einem anderen reden
suc-cendō ⟨cendī, cēnsum, cendere 3.⟩ ||sub||
1. von unten anzünden, ***aggerem cuniculo*** Caes. den Wall durch einen unterirdischen Gang
2. *fig* entflammen; ***succensus amore*** Verg. in Liebe entbrannt
suc-cēnseō ⟨uī, -, ēre 2.⟩ = ***suscenseo***
suc-cēnsus ⟨a, um⟩ *PPP* → ***succendo***
suc-centuriō[1] ⟨ōnis⟩ *m* Liv. Unterzenturio
suc-centuriō[2] ⟨āvī, ātum, āre 1.⟩ *(vkl., nachkl.)* als Ersatz in die Zenturie einrücken; *allg.* ergänzen, ersetzen
suc-cessī → ***succedo***
successiō ⟨ōnis⟩ *f* ||succedo||
1. das Eintreten, *alicuius rei* in etw
2. Nachfolge; Erbfolge, Thronfolge
3. Erfolg
successīvus ⟨a, um⟩ *Adj, Adv* ⟨successīvē⟩ ||succedo|| *(spätl.)*
1. nachfolgend, einrückend
2. *Adv* nacheinander, nach und nach

successor ⟨ōris⟩ *m* ||sucedo||
1. Nachfolger, *alicuius / alicui* j-s, *alicuius rei* in etw
2. Thronfolger, Erbe
suc-cessum *PPP* → ***succedo***
successus ⟨ūs⟩ *m* ||succedo||
1. das Heranrücken, ***hostium*** der Feinde
2. Fortgang, Verlauf, ***temporis*** der Zeit
3. Erfolg
succīdāneus ⟨a, um⟩ *Adj* (*vkl., nachkl.*) stellvertretend; ***succidanea hostia*** stellvertretendes Opfer
suc-cīdī[1] → ***succido***[1]
suc-cidī[2] → ***succido***[2]
succīdia ⟨ae⟩ *f* Speckseite
suc-cīdō[1] ⟨cīdī, cīsum, cīdere 3.⟩ ||sub, caedo|| unten abhauen, unten abschneiden, ***arborum radices*** die Wurzeln der Bäume
suc-cidō[2] ⟨cidī, -, cidere 3.⟩ ||sub, cado|| (*unkl.*) niedersinken, zu Boden fallen
succiduus ⟨a, um⟩ *Adj* ||succido[2]|| niedersinkend, wankend; ***succiduo genu*** Ov. mit wankendem Knie
suc-cingō ⟨cinxī, cinctum, cingere 3.⟩
1. aufschürzen; ***succinctus*** aufgeschürzt; ***Diana vestem succincta*** Ov. Diana, mit hochgeschürztem Kleid; ***pinus cincta comas*** nur am Wipfel belaubte Föhre
2. umgürten; ***succinctus*** gerüstet, bereit, fertig, *alicui rei* zu etw; ***inferna monstra succincta serpentibus*** Sen. unterirdische Ungeheuer, mit Schlangen umgeben
3. ausrüsten, *re* mit etw; ***succinctus cultro*** mit einem Messer versehen; ***succinctus*** *fig auch* kurz
succingulum ⟨ī⟩ *n* ||succingo|| Plaut. Gürtel
suc-cinō ⟨-, -, ere 3.⟩ ||sub, cano||
1. dazu singen
2. *fig* zustimmen
3. *fig* mit leiser Stimme vorbringen
suc-cipiō ⟨cēpī, ceptum, cipere 3.⟩ = ***suscipio***
suc-cīsus ⟨a, um⟩ *PPP* → ***succido***[1]
succlāmātiō ⟨ōnis⟩ *f* ||succlamo|| (*nachkl.*) Zuruf
suc-clāmō ⟨āvī, ātum, āre 1.⟩ zurufen, *alicui* j-m, + *AcI*
suc-collō ⟨āvī, ātum, āre 1.⟩ ||collum|| (*vkl., nachkl.*) auf die Schulter nehmen
suc-contumēliōsus ⟨a, um⟩ *Adj* = ***subcontumeliosus***
suc-crēscō ⟨crēvī, -, crēscere 3.⟩ (*unkl.*) nachwachsen, sich ergänzen
succrētus ⟨a, um⟩ *PPP* → ***subcerno***
suc-crispus ⟨a, um⟩ *Adj* = ***subcrispus***
succuba ⟨ae⟩ *f*
1. (*nachkl.*) Nebenbuhlerin
2. (*mlat.*) Hexe
suc-cubō ⟨-, -, āre 1.⟩ unter *etw* liegen, *alicui rei / aliquid*
suc-cubuī → ***succumbo***
succulentum ⟨ī⟩ *n* ||succulentus|| (*nlat.*) Fettpflanze
succulentus ⟨a, um⟩ *Adj* = ***suculentus***
▶ **suc-cumbō** ⟨cubuī, cubitum, cumbere 3.⟩
1. (*nachkl.*) *poet* niederfallen, niedersinken
2. *fig* unterliegen, erliegen, nachgeben, *abs od alicui / alicui rei* j-m / einer Sache; ***Europae succubit Asia*** Nep. Asien unterlag Europa; ***tempori s.*** sich der Zeit anpassen müssen; ***animo s.*** den Mut sinken lassen
3. mit *j-m* schlafen, *alicui*; *von Tieren* sich begatten lassen, ***gallina marito succumbit*** das Huhn lässt sich vom Hahn begatten
▶ **suc-currō** ⟨currī, cursum, currere 3.⟩
1. sich *einer Sache* unterziehen, *abs*
2. zu Hilfe eilen, *abs od alicui / alicui rei* j-m / einer Sache
3. *einem Übel* abhelfen, *alicui rei* einer Sache
4. in den Sinn kommen, einfallen, *abs od alicui* j-m; ***succurrit ille versus Homericus*** jener Homervers kam in den Sinn; ***alicui succurrit*** *unpers* der Gedanke steigt in j-m auf, + *AcI* / + *indir Fragesatz*
succursus ⟨us⟩ *m* (*mlat.*) Hilfe, Unterstützung
suc-cussī → ***succutio***
successiō ⟨ōnis⟩ *f u.* **successus** ⟨ūs⟩ *m* ||succutio|| (*nachkl.*) Erschütterung
succutiō ⟨cussī, cussum, cutere 3.⟩ ||sub, quatio|| (*nachkl.*) *poet* emporschleudern; *fig* aufrütteln
sūcidus ⟨a, um⟩ *Adj* ||sucus|| (*unkl.*) saftig, frisch; ***lana sucida*** frisch geschorene Wolle
sūcinum ⟨ī⟩ *n* Tac. Bernstein
sūcinus ⟨a, um⟩ *Adj* ||sucinum|| (*nachkl.*) *poet* aus Bernstein
sūcophant... = ***sycophant...***
sūctus ⟨a, um⟩ *PPP* → ***sugo***
sucula[1] ⟨ae⟩ *f* (*vkl., nachkl.*) Seilwinde *zum Heben von Lasten*
sucula[2] ⟨ae⟩ *f* ||*Dim von* sus|| Plin. Schweinchen
Suculae ⟨ārum⟩ *f* die Plejaden, die Hyaden
sūculentus ⟨a, um⟩ *Adj* ||sucus|| (*nachkl.*) saftig
sūcus ⟨ī⟩ *m*
1. Saft, natürliche Feuchtigkeit; dicke Flüssigkeit
2. flüssige Medizin; *Pl* Zaubersäfte
3. (*vkl.*) *fig* Geschmack
4. *fig* Kraft, Frische; Lebenssaft
sūdārium ⟨ī⟩ *n* ||sudo|| (*nachkl.*) *poet* Schweißtuch
sūdātiō ⟨ōnis⟩ *f* ||sudo|| (*nachkl.*) das Schwitzen
sūdātōrium ⟨ī⟩ *n* ||sudatorius|| Sen. Schwitzbad, Schwitzraum *in den Thermen*
sūdātōrius ⟨a, um⟩ *Adj* ||sudo|| zum Schwitzen dienlich
sūdātrīx *Gen* ⟨īcis⟩ *Adj f* ||sudo|| Mart. schweißtriefend
sudis ⟨is⟩ *f*
1. Spitzpfahl, *auch als Waffe benützt*
2. Spitze, Stachel
sūdō ⟨āvī, ātum, āre 1.⟩
I *v/i*
1. schwitzen, *abs od re* etw, von etw
2. triefen, *re* von etw
3. *fig* sich anstrengen, sich plagen
II *v/t*
1. (*nachkl.*) ausschwitzen, ***mella*** Honig
2. durchschwitzen; ***vestis sudata*** durchgeschwitztes Kleid
sūdor ⟨ōris⟩ *m* ||sudo||
1. Schweiß
2. *meton* Ausschwitzung, Flüssigkeit
3. *fig* Mühe, Anstrengung
sūduculum ⟨ī⟩ *n* Plaut. *Schimpfwort mit unbekannter Bedeutung*
sūdum ⟨ī⟩ *n* ||sudus|| heiteres Wetter
sūdus ⟨a, um⟩ *Adj* wolkenlos, heiter

Suēba ⟨ae⟩ *f* ||Suebi|| Suebin
Suēbī ⟨ōrum⟩ *m* die Sueben, *westgerm. Stamm, 58 v. Chr. von Caesar besiegt; später germ. Völkergruppe zwischen Rhein u. Elbe, ihr Name lebt als „Schwaben" fort*
Suēbia ⟨ae⟩ *f* Land der Sueben
Suēbicus *u.* **Suēbus** ⟨a, um⟩ *Adj* suebisch, der Sueben
Suēbus ⟨ī⟩ *m* Suebe
suēscō ⟨suēvī, suētum, suēscere 3.⟩
I *v/i* sich gewöhnen, + *Inf*; *Perf* gewöhnt sein; ***quod suesti*** wie du es gewöhnt bist
II *v/t* gewöhnen, *aliquem re* j-n an etw; ***viros disciplinā s.*** Tac. die Männer an die Disziplin gewöhnen
Suessiōnēs ⟨um⟩ *m Stamm in Gallia Belgica mit der Hauptstadt Noviodunum, später Augusta Suessionum, heute Soissons*
Suētōnius ⟨a, um⟩ *röm. Gentilname*; ***C. Suetonius Tranquillus*** *70–140 n Chr., unter Kaiser Hadrian Vorsteher der kaiserlichen Kanzlei, Geschichtsschreiber, Verfasser von Kaiserbiografien von Caesar bis Domitian (Vitae duodecim imperatorum)*
suētus ⟨a, um⟩ *Adj* ||suesco||
1. gewöhnt, *alicui rei* an etw, + *Inf*; ***s. armis*** an Waffen gewöhnt
2. gewohnt, *alicui* für j-n; ***proelia sueta*** gewohnte Gefechte
suēvī → ***suesco***
sūfes etis *m* Suffet, *höchster Beamter in Karthago, wie die Konsuln je zwei für ein Jahr gewählt*
suf-farcinō ⟨āvī, ātum, āre 1.⟩ (Com., *nachkl.*) voll packen, voll stopfen, *aliquid re* etw mit etw
suf-fēcī → ***sufficio***
suf-fectus ⟨a, um⟩ *PPP* → ***sufficio***
suf-ferō ⟨sustulī, sublātum, sufferre 0.⟩
1. Plaut. darunter halten, hinhalten
2. (*nachkl.*) hochhalten; ***se s.*** sich aufrecht halten
3. (*nachkl.*) *fig* sich *einer Sache* unterziehen, *aliquid*; ***anhelitum s.*** Atem holen können
4. *fig* ertragen, erdulden; ***oculi vix sufferunt diem*** die Augen ertragen kaum das Tageslicht
suffertus ⟨a, um⟩ *Adj* ||farcio|| voll gestopft; ***aliquid suffertum*** *fig* etw voll Tönendes
suffes ⟨etis⟩ *m* = ***sufes***
sufficiēns *Gen* ⟨entis⟩ *Adj*, *Adv* ⟨sufficienter⟩ ||sufficio|| (*nachkl.*) ausreichend, hinreichend, genügend
suf-ficiō ⟨fēcī, fectum, ficere 3.⟩ ||facio||
I *v/t*
1. (*nachkl.*) *etw* untermauern, den Grund zu *etw* legen, *alicui rei*
2. mit einer Farbe überziehen, grundieren, färben; ***lanam s.*** Wolle färben; ***angues oculos sanguine suffecti*** Schlangen mit blutunterlaufenen Augen
3. (*nachkl.*) *poet* nachwachsen lassen; *poet* ersetzen, ergänzen
4. als Ersatz wählen, nachwählen; ***aliquem consulem s.*** j-n als Konsul nachwählen
5. (*nachkl.*) *poet* darbieten, darreichen, *auch fig*
II *v/i*
1. genügen, ausreichen, *abs od alicui / alicui rei* j-m / einer Sache, *ad aliquid / in aliquid* zu etw, für etw, + *Inf*; ***umbo ictibus sufficit*** der Schild hält die Schläge aus; ***sufficit*** (*nachkl.*) es genügt, + *Inf*, *ut / ne* dass / dass nicht, *si* wenn
2. (*nachkl.*) *poet* imstande sein, + *Inf*
suf-figō ⟨fīxī, fīxum, fīgere 3.⟩
1. an *etw* heften, auf *etw* heften, anschlagen, *aliquem / aliquid alicui rei / in re / in aliquid* j-n / etw an etw, auf etw; ***aliquem in cruce s.*** j-n ans Kreuz schlagen
2. beschlagen, *re* mit etw; ***trabes auro s.*** Sen. Balken mit Gold beschlagen
suffīmen ⟨inis⟩ *n* Ov. = ***suffimentum***
suffīmentum ⟨ī⟩ *n* ||suffio|| Räucherwerk
suffiō ⟨īvī u. iī, ītum, īre 4.⟩ ||fumus||
I *v/i* räuchern, *re* mit etw; ***thymo s.*** Verg. mit Thymian räuchern
II *v/t*
1. (*nachkl.*) beräuchern, ***vineas*** Weinstöcke
2. *poet* wärmen
sufflāmen ⟨inis⟩ *n* Hemmschuh, Sperrbalken; *fig* Hindernis
sufflāminō ⟨āvī, ātum, āre 1.⟩ ||*Denom von* sufflamen|| (durch einen Hemmschuh) hemmen, bremsen, *auch fig*; ***orator sufflandus est*** Sen. der Redner muss gebremst werden
sufflātus ⟨a, um⟩ *Adj* ||sufflo|| (*vkl.*, *nachkl.*) aufgeblasen; *fig* schwülstig
suf-flāvus ⟨a, um⟩ *Adj* Suet. hellblond
suf-flō ⟨āvī, ātum, āre 1.⟩
I *v/i* (*unkl.*) blasen; *fig* sich aufblähen
II *v/t* (*unkl.*) aufblasen; ***se s.*** *fig* zornig sein, *alicui* auf jdn
suffōcātiō ⟨ōnis⟩ *f* ||suffoco|| (*nachkl.*) das Ersticken
suf-fōcō ⟨āvī, ātum, āre 1.⟩ ||sub, fauces|| erwürgen; ***urbem fame s.*** Cic. die Stadt aushungern; ***spiritum s.*** den Atem zusammenpressen
suf-fodiō ⟨fōdī, fossum, fodere 3.⟩
1. Sall. untergraben, unterwühlen, ***murum*** die Mauer
2. von unten durchbohren, ***equos*** die Pferde
3. Curt. unter der Erde anlegen
suffossiō ⟨ōnis⟩ *f* ||suffodio|| Unterminierung, Untergrabung
suf-frāctus ⟨a, um⟩ *PPP* → ***suffringo***
suffraganeus ⟨i⟩ *m* (*mlat.*) *einem Metropoliten unterstellter* Diözesanbischof, Weihbischof
suffrāgātiō ⟨ōnis⟩ *f* ||suffragor||
1. Empfehlung, ***militaris*** durch die Soldaten, ***populi*** durch das Volk
2. (*nachkl.*) Begünstigung, ***materna*** durch die Mutter
suffrāgātor ⟨ōris⟩ *m* ||suffragor||
1. Wähler
2. POL Fürsprecher
suffrāgātōrius ⟨a, um⟩ *Adj* ||suffragator|| auf die Wahlen bezogen; ***amicitia suffragatoria*** Freundschaft für die Zeit der Wahl
► **suf-frāgium** ⟨ī⟩ *n* ||sub, fragor||
1. Stimme, Votum *bei der Abstimmung der Bürger in der Volksversammlung*; ***ferre suffragium*** seine Stimme abgeben; ***cunctis suffragiis*** einstimmig
2. Abstimmung, Wahl; ***testularum s.*** Scherbengericht; ***suffragium inire / in suffragium ire*** zur Abstimmung schreiten; ***in suffragium revocari*** noch einmal abstimmen
3. *meton* stimmberechtigte Zenturie

4. Wahlrecht, Stimmrecht; ***suffragio exclusus*** Liv. vom Stimmrecht ausgeschlossen
5. *poet* Zustimmung Beifall; günstiges Urteil
suffrāgō ⟨inis⟩ *f (nachkl.)* Hinterbug *von Vierbeinern*
suffrāgor ⟨ātus sum, ārī 1.⟩ ||suffragium||
1. für *j-n* stimmen, *j-n* wählen, *abs od alicui, ad aliquid* zu etw, für etw
2. *fig* begünstigen, *alicui / alicui rei* j-n / etw; ***fortunā suffragante*** Cic. mit der Gunst des Schicksals; ***aliquo suffragante*** auf j-s Empfehlung
suf-fringō ⟨frēgī, frāctum, fringere 3.⟩ ||sub, frango|| (unten) abbrechen
suf-fugiō ⟨fūgī, -, fugere 3.⟩ *(nachkl.)*
I *v/i* unter *etw* fliehen; ***in tecta s.*** Liv. in die Häuser fliehen
II *v/t* entfliehen, *aliquem* j-m
suffugium ⟨ī⟩ *n* ||suffugio|| Zufluchtsort; *fig* Zuflucht, *alicuius rei* vor etw
suf-fulciō ⟨fulsī, fultum, fulcīre 4.⟩ *(nachkl.) poet* von unten stützen, stärken; ***s. artūs*** Lucr. die Glieder stärken
suf-fundō ⟨fūdī, fūsum, fundere 3.⟩
1. *(unkl.)* unter *etw* gießen, *alicui rei*; *Passiv* unter *etw* strömen, sich verbreiten, *alicui / alicui rei* unter j-n / unter etw; ***unda suffusa*** Wassersucht; ***rubor alicui suffunditur*** j-d errötet; ***pallor alicui suffunditur*** j-d erblasst
2. mit *etw* überziehen, färben; *Passiv* mit *etw* überzogen werden, mit *etw* übergossen werden; ***aliquis suffunditur ora rubore*** j-d wird im Gesicht mit Schamröte übergossen
3. *(unkl.)* zugießen, eingießen; ***merum s.*** Wein spenden
suf-fūror ⟨-, ārī 1.⟩ Plaut. unter der Hand stehlen
suf-fuscus ⟨a, um⟩ *Adj* bräunlich
suffūsiō ⟨ōnis⟩ *f* ||suffundo|| *(nachkl.)* grauer Star, *eine Augenkrankheit*
Sugambrī ⟨ōrum⟩ *m* = ***Sigambri***
sugg… *auch* = ***subg…***
sug-gerō ⟨gessī, gestum, gerere 3.⟩
1. darunter legen, *alicui rei* unter etw
2. *fig* nachschieben, folgen lassen; *Passiv* noch dazukommen
3. zufügen, *alicui aliquid* j-m etw; ***ludum alicui s.*** j-m einen Streich spielen
4. zufügen, liefern, gewähren, *alicui aliquid* j-m etw
5. *fig* eingeben, einflüstern; ***aliquo suggerente*** auf j-s Rat, auf j-s Einflüsterungen
suggestiō ⟨ōnis⟩ *f* ||suggero||
1. RHET eigene Antwort *auf eine selbst gestellte Frage*
2. *(spätl., eccl.)* Eingebung
suggestum ⟨ī⟩ *n u.* **suggestus** ⟨ūs⟩ *m* ||suggero||
1. Erhöhung
2. Rednerbühne
3. Tribüne, Tribunal
suggillātiō ⟨ōnis⟩ *f* = ***sugillatio***
suggillō ⟨āvī, ātum, āre 1.⟩ = ***sugillo***
sug-grandis ⟨e⟩ *Adj* = ***subgrandis***
sug-gredior ⟨gressus sum, gredī 3.⟩ ||sub, gradior|| *(nachkl.)* heranrücken, *ad aliquid* an etw
sūgillātiō ⟨ōnis⟩ *f* ||sugillo|| Beleidigung; Züchtigung
sūgillō ⟨āvī, ātum, āre 1.⟩ *(vkl., nachkl.)* schlagen; *fig* beleidigen, verhöhnen
sūgō ⟨sūxī, sūctum, sūgere 3.⟩
I *v/i* saugen
II *v/t* einsaugen, ***cum lacte nutricis errorem*** Cic. einen Irrtum mit der Ammenmilch
suī[1] → ***suo***
▶ **suī**[2] *Gen des refl Pr der 3. Person* seiner, ihrer; ***sui potens*** seiner mächtig; ***sui purgandi causā*** um sich zu reinigen
suīllus ⟨a, um⟩ *Adj* ||sus|| *(nachkl.)* zum Schwein gehörig, Schweine…; ***caro suilla*** Schweinefleisch
Suīonēs ⟨um⟩ *m germ. Volk im S des heutigen Schweden*
sulcō ⟨āvī, ātum, āre 1.⟩ ||*Denom von* sulcus||
1. pflügen, furchen; *fig* durchfahren; ***harenam s.*** Ov. den Sand durchfurchen; ***longā vada salsa carinā s.*** mit langem Kiel die Meeresflut durchfahren
2. *(mlat.) fig* schreiben
sulcus ⟨ī⟩ *m*
1. Furche *im Acker*
2. Rinne, Einschnitt
3. Plin. *meton* das Pflügen
4. Lucr. *fig* weiblicher Genitalbereich
sulfur ⟨uris⟩ *n u. Ableitungen* = ***sulpur*** *u. Ableitungen*
Sulla ⟨ae⟩ *m Beiname in der gens Cornelia*; ***L. Cornelius Sulla Felix*** *Diktator 82–79 v. Chr.*
Sullānī ⟨ōrum⟩ *m* die Anhänger des Sulla
Sullānus ⟨a, um⟩ *Adj* des Sulla, zu Sulla gehörig
sullāturiō ⟨-, -, īre 4.⟩ ||*Desid von* Sulla|| *Scherzbildung Ciceros* den Sulla spielen wollen
Sulmō ⟨ōnis⟩ *m Stadt der Päligner im N Samniums, Heimat des Ovid, heute Sulmona*
Sulmōnēnsēs ⟨ium⟩ *m* die Einwohner von Sulmo
sulphur ⟨uris⟩ *n u. Ableitungen* = ***sulpur*** *u. Ableitungen*
Sulpicius ⟨a, um⟩ *röm. Gentilname*; → ***Galba***
sulpur ⟨uris⟩ *n*
1. Schwefel; ***s. vivum*** reiner Schwefel
2. *Pl meton* Schwefeldämpfe; Schwefelbäder; Blitz
sulpurāta ⟨ōrum⟩ *n* ||sulpuratus|| Schwefelfäden
sulpurātiō ⟨ōnis⟩ *f* ||sulpur|| Schwefellager
sulpurātus ⟨a, um⟩ *Adj* ||sulpur|| schwefelhaltig
sulpureus ⟨a, um⟩ *Adj* ||sulpur|| *(unkl.)* schwefelig, Schwefel…
sultis = ***si vultis***; → ***volo***[2]
sum ⟨fuī, futūrus, esse 0.⟩

I
1. dasein, vorhanden sein
2. stattfinden, sich ereignen
3. sich befinden, sich aufhalten
4. sich verhalten, stehen
5. wirklich sein, wahr sein
6. gehören
7. zu etw dienen
8. zu etw passen
9. gut!, meinetwegen!

II
1. sein
2. j-m gehören
3. Pflicht sein
4. dazu dienen

5. zeigen
6. betragen, bestehen aus
7. kosten
III
1. sein
2. sein

I *selbstständiges Verb*
1. dasein, vorhanden sein, leben, *häufig übersetzt mit* es gibt; ***est deus*** es gibt einen Gott; ***opinio est*** es herrscht die Meinung; ***obsidio triginta dies fuit*** die Belagerung dauerte 30 Tage; ***sunt qui*** es gibt Leute, die; manche; ***est ubi*** es gibt Fälle, da; zuweilen; ***diu est, cum*** es ist lange her, dass; ***est quod/cur*** es gibt einen Grund, dass/warum
2. stattfinden, sich ereignen; ***quid tibi est?*** was ist mit dir (geschehen)?; ***est ut*** es kommt vor, dass
3. sich befinden, sich aufhalten, wohnen, leben; ***hoc fuit in litteris*** das stand im Brief; ***in aere alieno esse*** in Schulden stecken; ***est apud Ciceronem*** bei Cicero steht; ***liber est de senectute*** das Buch handelt vom Greisenalter; ***multum esse in venationibus*** sich viel mit der Jagd beschäftigen; ***quantum est in me*** soweit es an mir liegt; ***esse ab aliquo*** von j-m abstammen; ***pro hoste esse*** als Feind gelten; ***res a me/pro me est*** die Sache spricht für mich; ***omnia spes est in victoria*** die ganze Hoffnung ruht auf dem Frieden
4. + *Modaladv.* sich verhalten, stehen; ***bene est*** es steht gut; ***aliter est*** es verhält sich anders; ***dicta impune erant*** die Worte blieben ungestraft
5. wirklich sein, wahr sein; ***sic est*** es ist wirklich so; ***nihil horum est*** nichts davon ist wahr; ***sapienti vivere est cogitare*** für den Weisen bedeutet leben nachdenken
6. + *Dat* gehören; ***patri est ampla domus*** dem Vater gehört ein großes Haus, der Vater besitzt ein großes Haus
7. + *Dat* zu *etw* dienen, zu *etw* gereichen; ***aliquid alicui est laudi*** etw gereicht j-m zur Ehre
8. + *Dat Ger* zu *etw* passen, zu *etw* imstande sein; ***censui censendo esse*** zensusfähig sein
9. *Wendungen*: ***si ita!*** gut!, meinetwegen!; ***esto*** es mag sein!; ***hoc est/id est*** das heißt; ***est*** + *Inf* es ist möglich, man kann, man darf; ***est videre*** man kann sehen
II *Kopula*
1. + *Prädikatsnomen* sein; ***vita brevis est*** das Leben ist kurz; ***Romulus fuit rex Romanorum*** Romulus war der König der Römer
2. + *poss Pr* / + *Gen j-m* gehören; zu *etw* gehören; ***haec domus est patris*** dieses Haus gehört dem Vater; ***res mei consilii non est*** diese Sache berührt mich nicht
3. + *Gen j-s* Pflicht sein; *j-s* Eigentümlichkeit sein, ein Zeichen von *etw* sein, + *Inf*; ***consulis est*** es ist die Pflicht des Konsuls; ***levis animi est*** es ist ein Zeichen von Leichtsinn
4. + *Gen Ger* dazu dienen; ***regium imperium initio conservandae libertatis erat*** am Anfang diente die Königsherrschaft dazu, die Freiheit zu bewahren
5. + *Gen* / + *Abl* zeigen, haben; ***nullius momenti esse*** keine Bedeutung haben; ***tenuissimā valetudine esse*** eine sehr zarte Gesundheit besitzen
6. + *Gen mit Zahlen* betragen, bestehen aus *etw*, sich auf *etw* belaufen; ***classis est ducentarum navium*** die Flotte besteht aus zweihundert Schiffen
7. + *Gen* / + *Abl* kosten, wert sein; ***magni esse*** viel kosten; ***quingentis sestertiis esse*** fünfhundert Sesterze kosten; ***est mihi tanti*** es ist mir die Mühe wert
III *Hilfsverb*
1. sein *in Verbindung mit dem PPP zur Bildung des Perf Passiv, Plusquamperfekt Passiv u. Fut Passiv* ***laudatus sum*** ich bin gelobt worden; ***laudatus eram*** ich war gelobt worden; ***laudatus ero*** ich werde gelobt worden sein
2. sein *zur Bildung umschreibender (periphrastischer) Formen*; ***lecturus sum*** ich bin im Begriff zu lesen, ich will lesen; ***liber tibi legendus est*** du musst das Buch lesen; ***tibi abeundum non est*** du darfst nicht weggehen

sumbol... = *symbol...*

sūmen ⟨inis⟩ *n* ||sugo|| Euter des Mutterschweins; *meton* Mutterschwein

sum-m... *auch* → ***sub-m...***

▶ **summa** ⟨ae⟩ *f* ||summus||
1. höchste Stelle, oberster Rang; ***summa imperii*** Oberbefehl
2. *fig* Hauptsache, Hauptinhalt, Hauptzweck
3. Summe, Gesamtzahl; ***summam facere/subducere*** das Fazit ziehen; ***s. summarum*** Gesamtergebnis, Pointe
4. Betrag, Menge
5. Geldsumme, Geld
6. Gesamtheit, das Ganze; Gesamtbegriff; ***s. rerum*** die gesamte Lage der Dinge, Oberleitung der Staatsangelegenheiten, *auch* Weltall; ***ad summam/in summa*** im Ganzen, überhaupt, kurz

sum-mānō ⟨-, -, āre 1.⟩ Plaut. berieseln, nass machen

Summānus ⟨ī⟩ *m* ||summus|| *Gott der nächtlichen Blitze, ↔ Jupiter, der am Tag die Blitze schleudert; daher Summanus auch mit Pluto gleichgesetzt*

summārium ⟨ī⟩ *n* ||summa|| Sen. zusammenfassende Darstellung, Abriss

summārius ⟨ī⟩ *m* Packesel

summās ⟨ātis⟩ *m u. f* ||summus|| (*vkl., nachkl.*) von höchstem Rang

summātim *Adv* ||summa|| im Allgemeinen

summātus ⟨ūs⟩ *m* ||summus|| Lucr. oberste Befehlsgewalt

summē *Adv Sup* → ***superus***

Summemmiānus ⟨a, um⟩ *Adj* aus Summemmium, zu Summemmium gehörig; ***uxores Summemmianae*** Dirnen

Summemmium ⟨ī⟩ *n Dirnenviertel in Rom*

sum-mergō ⟨mersī, mersum, mergere 3.⟩ untertauchen, versenken, *re/in re* in etw; *Passiv* versinken, ertrinken, untergehen

sumministrātor ⟨ōris⟩ *m* ||sumministro|| Sen. Helfershelfer

sum-ministrō ⟨āvī, ātum, āre 1.⟩ darreichen, zuführen, verschaffen, *alicui aliquid* j-m etw, *auch fig*

sum-mīsī → ***summitto***

summissiō ⟨ōnis⟩ *f* ||summitto||
1. Senkung, ***vocis*** der Stimme
2. *log.* Unterordnung

S

3. Herabsetzung, Verringerung

summissus[1] ⟨a, um⟩ *Adj, Adv* ⟨summissē⟩ ||summitto||

1. gesenkt; ***summissā voce*** mit gesenkter Stimme
2. herabhängend; ***summissis capillis*** mit herabhängenden Haaren
3. *fig von der Rede* gelassen, ruhig
4. *pej vom Charakter* unterwürfig, kriecherisch
5. unterwürfig, demütig, *re* infolge einer Sache

sum-missus[2] ⟨a, um⟩ *PPP* → ***summitto***

summitās ⟨ātis⟩ *f* ||summus|| das Oberste, Höhe, Spitze

▶ **sum-mittō** ⟨mīsī, missum, mittere 3.⟩

1. niederlassen, niederlegen
2. sinken lassen, nachlassen
3. beugen, unterwerfen
4. heimlich zuschicken
5. einen Nachfolger schicken
6. Hilfe schicken
7. Botschaft schicken
8. aufrichten, hochheben
9. sprießen lassen
10. hervorbringen

1. niederlassen, niederlegen, senken, *aliquid alicui* etw vor j-m; *Passiv* (*nachkl.*) sich senken, sinken; ***genua s.*** die Knie beugen; ***fasces populo*** die Rutenbündel vor dem Volk senken; ***se s.*** sich erniedrigen, sich herablassen, *ad aliquid / in aliquid* zu etw
2. *fig* sinken lassen, nachlassen, vermindern; ***animos s.*** den Mut sinken lassen; ***orationem s.*** die Rede mit gedämpfter Stimme vortragen
3. (*nachkl.*) *poet* beugen, unterwerfen, *aliquid alicui rei / ad aliquid* etw einer Sache; ***imperium Camillo s.*** seine Befehlsgewalt der des Camillus unterordnen; ***se culpae s.*** eine Schuld begehen
4. heimlich zuschicken, *alicui aliquem / aliquid* j-m j-n / etw
5. einen Nachfolger schicken, *alicui* j-m
6. Hilfe schicken
7. Botschaft schicken
8. (*nachkl.*) *poet* aufrichten, hochheben, erheben; ***manūs s.*** die Hände flehend erheben
9. sprießen lassen; wachsen lassen; heranwachsen lassen; ***flores s.*** Blumen sprießen lassen; ***barbam s.*** einen Bart wachsen lassen; ***tauros s.*** Zuchtstiere aufziehen
10. hervorbringen; *als Erzeugnis* liefern; ***capreas s.*** Ziegen liefern

Summoeniānus ⟨a, um⟩ *Adj* = ***Summemmianus***

Summoenium ⟨ī⟩ *n* = ***Summemmium***

sum-moneō ⟨uī, - ēre 2.⟩ (*vkl., nachkl.*) heimlich erinnern

summ-opere = ***summo opere*** *Adv* äußerst, außerordentlich, überaus; → ***summus*** *u.* → ***opus***

sum-moveō ⟨mōvī, mōtum, movēre 2.⟩

1. wegschaffen, vertreiben; ***hostes s.*** die Feinde vertreiben
2. (*nachkl.*) wegdrängen; Platz machen, *abs*; ***summoto*** nachdem Platz gemacht worden war
3. abtreten lassen
4. verbannen; ***aliquem patriā s.*** j-n aus der Heimat verbannen
5. (*nachkl.*) *poet eine Örtlichkeit* weiter hinausrücken
6. *fig* fernhalten, abwehren, *aliquem a re* j-n von etw, ***aliquem a maleficio*** j-n von einer Untat
7. verscheuchen, ***curas*** Sorgen

summula ⟨ae⟩ *f* ||*Dim von* summa|| (Sen., Iuv.) Sümmchen

summum

I ⟨ī⟩ *n* ||summus|| größte Höhe, Spitze; ***s. malorum*** höchstes Maß an Übeln; ***a summo*** von oben, am oberen Ende; ***in summo*** auf der Höhe, oben; ***ad summum perducere*** zum höchsten Punkt führen, *fig* zur höchsten Vollkommenheit führen

II *Adv* höchstens, äußerstenfalls; ***hodie aut summum cras*** heute oder äußerstenfalls morgen

▶ **summus** ⟨a, um⟩ *Adj Sup* → ***superus***

sum-mūtō ⟨-, -, āre 1.⟩ vertauschen, ***verba pro verba s.*** Wörter für Wörter

sūmō ⟨sūmpsī, sūmptum, sūmere 3.⟩

1. nehmen, ergreifen
2. an sich nehmen, zu sich nehmen
3. zu sich nehmen
4. anlegen, anziehen
5. adoptieren
6. sich etw nehmen
7. wählen
8. festsetzen, bestimmen
9. unternehmen, beginnen
10. sich aneignen
11. erwähnen
12. annehmen, behaupten

1. nehmen, ergreifen; wegnehmen; ***virgam manu s.*** die Rute in die Hand nehmen; ***pecuniam ab aliquo s.*** Geld von j-m borgen; ***coronam de fronte s.*** den Kranz von der Stirn nehmen
2. an sich nehmen, zu sich nehmen; ***epistulam s.*** einen Brief annehmen
3. *Nahrung* zu sich nehmen, ***cibum*** Nahrung; ***medicamentum s.*** ein Medikament einnehmen
4. *Kleidung* anlegen, anziehen, ***togam*** die Toga
5. *Kinder* adoptieren
6. sich *etw* nehmen; ***tempus (sibi) s.*** sich Zeit nehmen; ***animum s.*** Mut fassen; ***supplicium de aliquo / ex aliquo s.*** die Todesstrafe an j-m vollziehen; ***poenam s.*** Rache nehmen; ***gaudia s.*** Freuden genießen
7. *fig* wählen, *aliquem / aliquid* j-n / etw, + *dopp. Akk* / + *Inf*; ***exempla s.*** Beispiele auswählen; ***aliquem sibi collegam s.*** sich j-n als Kollegen wählen
8. *fig* festsetzen, bestimmen; ***diem ad deliberandum s.*** einen Tag für die Beratung festsetzen
9. *fig* unternehmen, beginnen, ***bellum*** einen Krieg
10. *fig* sich aneignen; sich anmaßen, *aliquid / sibi aliquid* etw / sich etw; ***vultūs acerbos s.*** grimmige Mienen zeigen
11. RHET *in der Rede* erwähnen
12. annehmen, behaupten, ***aliquid pro certo*** etw als sicher, ***aliquid argumenti loco*** etw als Beweis

sūmptiō ⟨ōnis⟩ *f* ||sumo|| Annahme; Voraussetzung, Vordersatz *des Syllogismus*

sūmptuārius ⟨a, um⟩ *Adj* ||sumptus|| den Aufwand betreffend; ***lex sumptuaria*** Gesetz gegen zu gro-

S

ßen Aufwand, *mehrere Gesetze von 215 bis 115 v. Chr.*

sūmptuōsus
I ⟨a, um⟩ *Adj, Adv* ⟨sūmptuōsē⟩ ||sumptus||
1. aufwendig, kostspielig, teuer
2. *von Personen* verschwenderisch, *in re* in etw, *in aliquid* für etw
II ⟨ī⟩ *m* Verschwender

sūmptus[1] ⟨a, um⟩ *PPP* → ***sumo***

▶ **sūmptus**[2] ⟨ūs⟩ *m* ||sumo|| Aufwand, Kosten, *alicuius rei* einer Sache *od* für etw, zu etw; *Pl* Verschwendung; ***magno sumptu*** mit großem Aufwand; ***meo sumptu*** auf meine Kosten; ***sumptum inferre alicui*** die Kosten j-m anrechnen; ***sumptūs praebere ex re*** die Kosten von etw bestreiten

Sūnion *u.* **Sūnium** ⟨ī⟩ *n Südspitze der Halbinsel Attika mit einem berühmten Poseidon-Tempel*

suō ⟨suī, sūtum, suere 3.⟩ nähen, zusammennähen; *fig* zusammenfügen

su-ove-taurīlia ⟨ium⟩ *n* ||sus, ovis, taurus|| Reinigungsopfer, *bei dem ein Eber, ein Widder u. ein Stier geopfert wurden*

supellex ⟨lectilis⟩ *f* ||super, lego[2]|| Hausrat, Mobiliar; *fig* Ausstattung; ***s. oratoris*** Instrumentarium des Redners

super
I *Adv*
1. *örtl.* darüber, oben, oberhalb; ***super astare*** darüber emporragen
2. *(nachkl.) örtl.* von oben her; ***super madefacere herbas*** die Kräuter von oben begießen
3. Verg. *örtl.* nach oben
4. *fig* außerdem; ***adde super, quod*** füge außerdem hinzu, dass; ***super quam quod*** außerdem dass
5. *fig* noch mehr; ***super maestus*** noch mehr erregt
6. *fig* vor allem; ***ira super*** der Zorn vor allem
7. *fig* übrig, *auch statt des PPr von superesse*; ***praeter arma nihil erat super*** außer den Waffen war nichts mehr übrig
II *Präp + Abl, poet auch nachgestellt*
1. *örtl. auf die Frage „wo?"* über, oben auf; ***super tumulo*** über dem Grabhügel
2. *(vkl.) zeitl.* während, bei; ***super nocte*** bei Nacht
3. wegen, von; ***hac re super scribam ad te*** wegen dieser Sache werde ich dir schreiben
III *Präp + Akk*
1. *örtl. auf die Fragen „wo?" u. „wohin?"* über, oben auf; oberhalb; zu … hinauf; über … hinaus; ***aliquem super arma ferre*** j-n auf den Schilden tragen; ***super astra ferri*** zu den Sternen emporgehoben werden
2. *zeitl.* während, bei; ***super cenam*** während des Essens, beim Essen
3. *modal* über … hinaus, mehr als; ***super decem milia*** über zehntausend; ***alius super alium*** einer nach dem anderen
4. *fig* außer; ***super cetera*** außer allem Übrigen; ***super haec*** außerdem

superā *Adv u. Präp* = ***supra***

superābilis ⟨e⟩ *Adj* ||supero|| *(nachkl.) poet* übersteigbar, überwindbar, *auch fig*; ***caecitas s.*** heilbare Blindheit

super-addō ⟨didī, ditum, dere 3.⟩ noch dazufügen, *alicui rei* einer Sache

super-adōrnātus ⟨a, um⟩ *Adj* ||adorno|| Sen. an der Oberfläche verziert

superāns *Gen* ⟨antis⟩ *Adj* ||supero|| *poet* überhandnehmend

superātor ⟨ōris⟩ *m* ||supero|| Ov. Überwinder, Bezwinger

superātrīx ⟨īcis⟩ *f* ||superator|| Überwinderin

▶ **superbia** ⟨ae⟩ *f* ||superbus|| Hochmut, Stolz, Übermut; *selten* Selbstbewusstsein

superbi-ficus ⟨a, um⟩ *Adj* ||superbus, facio|| Sen. übermütig machend

superbiloquentia ⟨ae⟩ *f* ||superbus, loquor|| hochmütiges Reden

superbiō ⟨-, -, īre 4.⟩ ||*Denom von* superbus|| hochmütig sein, stolz sein, sich brüsten, *re* wegen etw, mit etw; *fig* glauben

▶ **superbus** ⟨a, um⟩ *Adj, Adv* ⟨superbē⟩
1. Plaut. hochgehoben
2. hoch aufgerichtet, hochragend; ***Tibur superbum*** das hochragende Tibur
3. *fig* hochmütig, übermütig, stolz, *re* wegen etw, über etw, auf etw, *alicui* gegen j-n
4. *fig* wählerisch, streng urteilend; ***corpus superbum*** verzärtelter Körper
5. *(nachkl.) fig* erhaben, herausragend; *von Sachen* prächtig

superciliōsus ⟨a, um⟩ *Adj* ||supercilium|| *(nachkl.)* ernst, streng

super-cilium ⟨ī⟩ *n* ||celo||
1. Augenbraue(n); *meton* Stirn
2. *fig* finsteres Wesen, Strenge; Hochmut, Dünkel, Selbstgerechtigkeit
3. Wink mit den Augen
4. *(nachkl.) poet* Anhöhe, Hügel

super-crēscō ⟨crēvī, -, crēscere 3.⟩ *(nachkl.)* überwachsen, überwuchern; *fig* übertreffen

super-cubō ⟨āvī, -, āre 1.⟩ darauf liegen, darüber liegen, *alicui rei* auf etw, über etw

super-currō ⟨-, -, currere 3.⟩ darüber laufen; *fig* übersteigen; ***ager vectigal supercurrit*** Plin. der Ertrag des Landes übersteigt die Abgaben

super-ēmineō ⟨-, -, ēre 2.⟩
I *v/i* hervorragen
II *v/t* überragen; ***undas umero supereminens*** Verg. die Wogen mit der Schulter überragend

super-eō ⟨-, -, īre 0.⟩ Lucr. über *etw* gehen, *aliquid*

superērogātiō ⟨ōnis⟩ *f* Quint. darüber hinausgehende Auszahlung

super-esse → ***supersum***

superficiārius ⟨a, um⟩ *Adj* ||superficies|| in Erbpacht stehend

superficiēs ⟨ēī⟩ *f* ||facies|| *(nachkl.)*
1. Oberfläche
2. Oberbau des Hauses, Gebäude; *bes* JUR Erbpachtgebäude

super-fīō ⟨-, fierī 0.⟩ Plaut. übrig bleiben

super-fīxus ⟨a, um⟩ *Adj* ||figo|| Liv. darauf geheftet

super-fluō ⟨flūxī, -, fluere 3.⟩
I *v/i*
1. überfließen, über die Ufer treten; RHET überschwänglich sein; ***orator superfluens*** Tac. überschwänglicher Redner
2. Sen. im Überfluss vorhanden sein
3. Catul. im Überfluss leben

S

II *v/t* Quint. *fig* vorbeifließen, *aliquid* an etw; ***aures s.*** zum einen Ohr hinein- und zum anderen herausgehen

superfluus ⟨a, um⟩ *Adj* ||superfluo|| *(spätl.)* überflüssig

super-fuī → ***supersum***

super-fundō ⟨fūdī, fūsum, fundere 3.⟩
1. darauf gießen, darüber gießen, darüber schütten, ***oleum*** Öl; *Passiv u.* ***se s.*** überströmen, sich ergießen, sich ausbreiten; ***laetitia se superfundens*** ausschweifende Lustigkeit
2. überschütten, bedecken; ***equites equosque s.*** Reiter und Pferde über den Haufen werfen

super-gredior ⟨gressus sum, gredī 3.⟩ ||gradior||
1. *(nachkl.)* überschreiten
2. *fig* überstehen, ***necessitates*** die Nöte
3. *fig* übertreffen, *aliquem / aliquid re* j-n / etw an etw

super-habeō ⟨uī, -, ēre 2.⟩ darüber hinaus haben

super-iaciō ⟨iēcī, iectum⟩ *u.* ⟨iactum, iacere 3.⟩
1. darüber werfen, darauf werfen, darüber legen, darauf legen, ***humum*** Erdreich; ***aequor superiectum*** alles überflutendes Meer
2. überspülen, übergießen; ***scopulos undā s.*** Verg. mit der Woge die Klippen überspülen
3. überschreiten; ***s. augendo fidem s.*** Liv. durch Übertreibung die Grenzen der Glaubwürdigkeit überschreiten
4. Sen. übertreffen

superiectiō ⟨ōnis⟩ *f* ||superiacio|| Quint. RHET Übertreibung, Hyperbel

super-iectus ⟨a, um⟩ *PPP* → ***superiacio***

super-immineō ⟨-, -, ēre 2.⟩ Verg. darüber emporragen

super-impendēns *Gen* ⟨entis⟩ *Adj* ||impendeo|| Catul. darüber hängend, darüber schwebend

super-impōnō ⟨posuī, positum, pōnere 3.⟩ (Verg., Liv.) darauflegen, *alicui rei* auf etw

super-incidēns *Gen* ⟨entis⟩ *Adj* ||incido[1]|| *(nachkl.)* von oben hereinfallend

super-incubāns *Gen* ⟨antis⟩ *Adj* ||incubo|| Liv. darauf liegend

super-incumbō ⟨cubuī, -, cumbere 3.⟩ (Verg., Ov.) sich darauf legen

super-incurvātus ⟨a, um⟩ *Adj* ||incurvo|| *(nachkl.)* darüber gebeugt

super-indūcō ⟨dūxī, ductum, dūcere 3.⟩ *(nachkl.)* von oben überziehen, ***tabellas cerā*** die Schreibtafeln mit Wachs

super-induō ⟨uī, ūtum, uere 3.⟩ Suet. darüber anziehen

super-iniciō ⟨iēcī, iectum, icere 3.⟩ *(nachkl.)* darüber werfen, darauf werfen, ***frondes*** Laub

super-īnsternō ⟨strāvī, strātum, sternere 3.⟩ *(nachkl.)* darüber breiten, darüber legen

super-iūmentārius ⟨ī⟩ *m* ||iumentum|| Suet. Aufseher über die Lasttiertreiber

super-lābor ⟨lāpsus sum, lābī 3.⟩ *(nachkl.)* darüber hingleiten

superlāt… = ***supralat…***

super-mittō ⟨mīsī, missum, mittere 3.⟩ darauf schütten, *alicui rei* auf etw

super-natō ⟨-, -, āre 1.⟩ darüber schwimmen, darauf schwimmen

supernus ⟨a, um⟩ *Adj*, *Adv* ⟨supernē⟩ ||super||
1. oben gelegen, der obere, hoch gelegen; ***numen supernum*** himmlisches Walten
2. *Adv* oben, auf der Welt, von oben

▶ **superō** ⟨āvī, ātum, āre 1.⟩ ||*Denom von* superus||
I *v/i*
1. *(vkl.)* hervorragen, *re* mit etw
2. *fig von Personen u. Sachen* überlegen sein, *re* an etw, durch etw; ***animis s.*** übermütig sein
3. im Überfluss vorhanden sein
4. *poet* noch vorhanden sein, übrig sein; überleben, überdauern, *alicui rei* etw
5. zu viel sein, *alicui* j-m
II *v/t*
1. überschreiten, ***Alpes*** die Alpen; ***aliquid saltu s.*** etw überspringen; ***aliquid ascensu s.*** etw ersteigen
2. überwinden, überwältigen, besiegen; siegen, *abs*; ***hostem s.*** den Feind besiegen; ***labores s.*** Mühen überstehen; ***aliquem donis s.*** j-n mit Geschenken besänftigen; ***iram s.*** den Zorn beschwichtigen; ***iussa s.*** Befehle siegreich ausführen
3. *fig* übertreffen, *aliquem / aliquid re* j-n / etw an etw, in etw; ***aliquid vitā s.*** etw überleben
4. überragen, ***aliquid mensurā*** etw an Größe
5. zuvorkommen, *aliquid re* einer Sache an etw
6. *(nachkl.)* *poet* vorbeigehen, *aliquid* an etw; umsegeln; über *etw* hinausfahren, *aliquid*

super-obruō ⟨uī, ūtum, uere 3.⟩ oben bedecken

super-occupō ⟨-, -, āre 1.⟩ Verg. dabei überrumpeln

super-pendēns *Gen* ⟨entis⟩ *Adj* ||pendeo|| überhängend

super-pōnō ⟨posuī, positum, pōnere 3.⟩
1. *(nachkl.)* darüber legen, darauf legen, darauf setzen, *alicui rei* auf etw, über etw
2. *fig* höher stellen, vorziehen, überordnen

super-quam = ***super quam***; → ***super***

super-scandō ⟨-, -, ere 3.⟩ übersteigen

super-scrībō ⟨scrīpsī, scrīptum, scrībere 3.⟩ *(nachkl.)* darüber schreiben

superscrīptiō ⟨ōnis⟩ *f* ||superscribo|| *(spätl., eccl.)* Überschrift, Aufschrift

super-sedeō ⟨sēdī, sessum, sedēre 2.⟩
1. auf *etw* sitzen, über *etw* sitzen, *alicui rei*; ***equo supersedens*** auf einem Pferd sitzend
2. *fig* sich über *etw* hinwegsetzen; sich *etw* sparen, *re / alicui rei*; ***labore itineris s.*** sich die Anstrengungen der Reise sparen
3. *(nachkl.)* nicht wollen, + *Inf*

super-stāgnō ⟨āvī, ātum, āre 1.⟩ Tac. über die Ufer treten

super-sternō ⟨strāvī, strātum, sternere 3.⟩ *(nachkl.)* darüber breiten, ***cumulos*** die Haufen

▶ **super-stes**
I *Gen* ⟨stitis⟩ *Adj*
1. *(vkl.)* über *j-m* stehend, *j-m* überlegen
2. dabeistehend
3. überlebend, *alicuius / alicui* j-n; ***fama s.*** dauerndes Gerücht; ***pater filio s.*** Vater, der den Sohn überlebt
II ⟨stitis⟩ *m* Zeuge; ***superstitibus praesentibus*** JUR *Formel* in Anwesenheit der Zeugen

superstitiō ⟨ōnis⟩ *f*
1. Verg. heiliger Schwur
2. Aberglaube; *Pl* abergläubischer Kult
3. heilige Scheu, Götterfurcht

superstitiōsus ⟨a, um⟩ *Adj*, *Adv* ⟨superstitiōsē⟩ ||superstitio||
1. abergläubisch
2. allzu ängstlich
3. Plaut. prophetisch
superstitō ⟨-, -, āre 1.⟩ ||*Denom von* superstes|| Plaut. vollständig vorhanden sein
super-stō ⟨stetī, -, stāre 1.⟩ darauf stehen, auf *etw* stehen, *abs od alicui rei / aliquid* auf etw, *aliquem* auf j-m
super-struō ⟨strūxī, strūctum, struere 3.⟩ darüber bauen
▶ **super-sum** ⟨fuī, -, esse 0.⟩
1. übrig sein, übrig bleiben, noch vorhanden sein, *alicui* j-m, für j-n, *alicui rei* zu etw, für etw, von etw; ***superest*** es ist noch übrig, *ut* dass, + *Inf*; ***quod superest*** Rest; was ich noch sagen wollte, übrigens
2. noch am Leben sein
3. (*unkl.*) überleben, überstehen, *alicui / alicui rei* j-n / etw, ***temporibus s.*** die schlimmen Zeiten
4. im Überfluss vorhanden sein, ausreichen, *alicui* für j-n, *alicui rei* für etw
5. überflüssig sein
6. (*nachkl.*) *poet* ausreichend gewachsen sein, *alicui rei* einer Sache
7. Suet. beistehen
8. Tac. überlegen sein, *re* durch etw
super-tegō ⟨tēxī, tēctum, tegere 3.⟩ (*nachkl.*) *poet* oberhalb bedecken, überdecken, *re* mit etw
super-urgeō ⟨-, -, ēre 2.⟩ Tac. oben eindringen
superus
I ⟨a, um, *Komp* superior, ius, *Sup* suprēmus⟩ *u.* ***summus, a, um*** *Adj*
1. der obere, Ober…; zur Oberwelt gehörig; ***mare superum*** das Adriatische Meer; ***dii superi*** die himmlischen Götter
2. *Komp örtl.* weiter oben befindlich, der obere; ***domus superior*** der obere Teil des Hauses; ***locus superior*** höher gelegener Punkt, Anhöhe, Rednerbühne
3. *Komp* vorhergehend
4. *Komp* früher, vorig; ***annus superior*** das vorige Jahr
5. *Komp* älter
6. *Komp* höher stehend, überlegen, *re* an etw, in etw; siegreich; ***superiorem haberi*** für den Sieger gehalten werden
7. *Sup* ***supremus*** *örtl.* höchster, oberster; erhabenster; ***montes supremi*** die Gipfel der Berge
8. *Sup* ***supremus*** *zeitl.* letzter, jüngster; ***sole supremo*** bei Sonnenuntergang; ***certamen supremum*** entscheidender Kampf; ***diem supremum obire*** sterben
9. *Sup* ***supremus*** äußerster; ***supremum supplicium*** härteste Strafe
10. *Sup* ***summus*** *örtl.* höchster, oberster; der oberste Teil, der höchste Punkt, Gipfel; ***summus mons*** Gipfel des Berges; ***in summa sacra via*** oben auf der Heiligen Straße; ***corpus summus*** = Haut
11. *Sup* ***summus*** *zeitl.* äußerster, letzter; ***summa aestas*** Hochsommer
12. *Sup* ***summus*** *fig* höchststehender, bester, bedeutendster, Haupt…; ***proelium summum*** Hauptschlacht; ***vox summa*** lauteste Stimme; ***summo colore illustrare*** in den leuchtendsten Farben schildern; ***summum ius summa iniuria*** das strengste formale Recht kann das größte sittliche Unrecht sein; ***tempus summum*** höchste Not; ***summa res*** Hauptsache, Entscheidungskampf; ***summae res*** höchste Gewalt, Oberherrschaft
13. *Sup* ***summus*** vollkommenster; vollständig, ganz; ***summa consensio*** vollständige Übereinstimmung; ***summa salus rei publicae / summa res publica*** höchste Staatsinteressen, der ganze Staat
II ⟨ī⟩ *m Pl* die himmlischen Götter; Oberwelt, die Menschen auf der Erde
supervacāneus ⟨a, um⟩ *Adj* ||supervacuus||
1. überflüssig, unnötig
2. überzählig; ***opera supervacanea*** Nebenbeschäftigung
super-vacuus ⟨a, um⟩ *Adj* (*nachkl.*) *poet* überflüssig, unnötig; ***vel ex supervacuo*** Liv. selbst wenn es überflüssig sein sollte
super-vādō ⟨-, -, ere 3.⟩ (*nachkl.*) übersteigen, überwinden, ***omnes asperitates*** alle Strapazen
super-vehor ⟨vectus sum, vehī 3.⟩ (*nachkl.*) *poet* über *etw* fahren, *aliquid*; ***promunturium s.*** über das Vorgebirge hinaus fahren
super-veniō ⟨vēnī, ventum, venīre 4.⟩ (*nachkl.*)
1. über *etw* kommen, *etw* bedecken, *alicui rei / aliquid*; *von Tieren* bespringen
2. unvermutet dazukommen, erscheinen, *alicui* bei j-m; ***regi s.*** dem König zu Hilfe kommen
3. überfallen, überraschen, *abs od alicui / alicui rei* j-n / etw; ***nox alicui supervenit*** die Nacht überrascht jdn
superventus ⟨ūs⟩ *m* ||supervenio||
1. (*nachkl.*) das Dazukommen, ***quartae decimae legionis*** der vierzehnten Legion
2. (*spätl.*) MIL Überfall
super-vīvō ⟨vīxī, vīctum, vīvere 3.⟩ (*nachkl.*) überleben, *alicui / alicui rei* j-n / etw
super-volitō ⟨āvī, -, āre 1.⟩ (*nachkl.*) *poet* über *j-n / etw* hinwegfliegen, über *j-m / etw* hin und her flattern, *alicui / aliquid*
super-volō ⟨āvī, -, āre 1.⟩ über *etw* hinfliegen, *aliquid*
supīnē *Adv* ||supinus|| Sen. mit abgewandtem Gesicht
supīnitās ⟨ātis⟩ *f* ||supinus|| Quint. zurückgebogene Haltung
supīnō ⟨āvī, ātum, āre 1.⟩ ||*Denom von* supinus|| rückwärts beugen, rückwärts legen; umkehren; umwühlen; *Passiv* sich zurückbeugen; ***supinatas aquiloni ostendere glaebas*** die umgewendeten Schollen dem Nordwind aussetzen
supīnum ⟨ī⟩ *n* ||supinus|| GRAM Supin
supīnus ⟨a, um⟩ *Adj*, *Adv* → ***supīnē***
1. zurückgebogen, zurückgelehnt; rücklings, auf dem Rücken liegend; ***manus supina*** mit der Fläche zum Himmel gekehrte Hand
2. sanft ansteigend, sanft abfallend; ***colles supini*** Verg. leicht abfallende Hügel
3. *poet* rückläufig; rückwärts gelesen
4. nach rückwärts gebogen; ***falx supina*** Iuv. Sichelschwert
5. mit zurückgeworfenem Kopf, stolz

6. (*nachkl.*) müßig, lässig, in Ruhe
7. ***verbum supinum*** GRAM Supin

sup-pāctus ⟨a, um⟩ *PPP* → ***suppingo***

sup-paenitet ⟨-, -, ēre 2.⟩ *unpers* ein wenig bereuen; ***aliquem suppaenitet alicuius rei*** j-d bereut etw ein wenig

sup-palpor ⟨-, ārī 1.⟩ Plaut. ein wenig streicheln

sup-pār *Gen* ⟨paris⟩ *Adj* fast gleichzeitig

sup-parasītor ⟨-, ārī 1.⟩ Plaut. als Schmarotzer ein wenig schmeicheln, *alicui* j-m

supparum ⟨ī⟩ *n u.* **supparus** ⟨ī⟩ *m* Oberkleid aus Leinen, Bluse

suppeditātiō ⟨ōnis⟩ *f* ||suppedito|| reichlicher Vorrat, Überfluss

suppeditō ⟨āvī, ātum, āre 1.⟩

I *v/i*
1. reichlich vorhanden sein; ***vita mihi suppeditat*** ich lebe noch
2. ausreichen, genügen, *alicui* j-m, *ad aliquid / in aliquid* zu etw, für etw
3. zu *etw* taugen, *alicui rei*
4. ***suppeditat*** *unpers* man kann, + *Inf*; ***suppeditat dicere*** man kann sagen

II *v/i*
1. reichlich gewähren, reichlich liefern, geben, verschaffen, *alicui aliquid* j-m etw; ***alicui suppeditatur ad usum*** j-m wird zum Gebrauch gegeben
2. *Passiv* reichlich mit *etw* versehen sein, *re*

sup-pēdō ⟨-, -, ere 3.⟩ leise furzen

sup-peilō ⟨āvī, ātum, āre 1.⟩ = ***suppilo***

suppernātus ⟨a, um⟩ *Adj* Catul. *fig* niedergehauen; ***aulus securi suppernata*** mit dem Beil niedergehauene Erle

suppetiae ⟨ārum⟩ *f* ||suppeto|| Suet. Hilfe, Beistand; ***suppetias venire*** zu Hilfe eilen

▶ **sup-petō** ⟨īvī⟩ *u.* ⟨iī, ītum, ere 3.⟩
1. ausreichen, gewachsen sein, *alicui rei* einer Sache; ***si vita suppetit*** wenn ich am Leben bleibe
2. reichlich vorhanden sein, ausreichend zur Verfügung stehen, *alicui* j-m

sup-pīlō ⟨āvī, ātum, āre 1.⟩
1. rauben, stehlen, *alicui aliquid* j-m etw
2. bestehlen, *aliquem* jdn

sup-pingō ⟨pēgī, pāctum, pingere 3.⟩ ||sub, pango||
1. unten anschlagen
2. beschlagen; ***soccis auro suppactum solum*** Plaut. mit Gold beschlagene Schuhsohlen

sup-plantō ⟨āvī, ātum, āre 1.⟩ ||sub, planta[1]||
1. *j-m* ein Bein stellen; *fig j-n* zu Fall bringen, *aliquem*
2. *fig* umstoßen, ***iudicium*** ein Urteil

sup-plaudō ⟨plausī, plausum, plaudere 3.⟩ = ***supplodo***

supplēmentum ⟨ī⟩ *n* ||suppleo||
1. Ergänzung
2. MIL Rekrutierung, Verstärkung
3. Suet. Unterstützung

▶ **sup-pleō** ⟨plēvī, plētum, plēre 2.⟩
1. nachfüllen, wieder auffüllen; ***moenia inania s.*** die leere Stadt wieder bevölkern
2. *fig* vervollständigen, ergänzen, ***scriptum*** ein Schriftstück
3. *fig* ersetzen; ***vigorem firmitate animi*** die Energie durch die Festigkeit des Geistes

▶ **supplex**

I *Gen* ⟨icis⟩ *Adj*, *Adv* ⟨suppliciter⟩ demütig bittend, *alicui* j-n, *pro aliquo* für j-n, *ut*; ***vota supplicia*** fromme Gelübde; ***dona supplicia*** mit Gebeten dargebrachte Opfergaben

II ⟨icis⟩ *m* Schutzflehender, Schützling

supplicātiō ⟨ōnis⟩ *f* ||supplico|| öffentliches Buß- und Betfest *bei unglücklichen Ereignissen*, Dankfest *bei glücklichen Ereignissen*, *alicuius* für jdn

suppliciter *Adv* → ***supplex***

▶ **supplicium** ⟨ī⟩ *n* ||supplex||
1. demütige Bitten, das Flehen; ***suppliciis deos placare*** Liv. durch Gebete die Götter versöhnen
2. Opfer- und Betfest, Opfer
3. (*vkl., nachkl.*) *freiwillige* Buße, Genugtuung; Strafe, *bes* Todesstrafe, Hinrichtung; ***ad ultimum supplicium progredi*** Selbstmord begehen
4. Marter, Qual

supplicō ⟨āvī, ātum, āre 1.⟩ ||*Denom von* supplex||
1. demütig bitten, flehentlich bitten, anflehen, *abs od alicui* j-n
2. zu *j-m* beten, *j-m* Bittgebete darbringen, *alicui*

sup-plōdō ⟨plōsī, plōsum, plōdere 3⟩ ||sub, plaudo|| aufstampfen; ***pedem s.*** Cic. mit dem Fuß aufstampfen

supplōsiō ⟨ōnis⟩ *f* ||supplodo|| das Aufstampfen, ***pedis*** mit dem Fuß

sup-pōnō ⟨posuī, positum, pōnere 3.⟩
1. darunter legen, unterlegen, unterstellen, *aliquid alicui / alicui rei* etw unter j-n / unter etw; ***se oneri novo s.*** sich einer neuen Last unterziehen; ***faenum capiti s.*** Heu unter den Kopf legen; ***pectora fluminibus s.*** die Brust ins Wasser tauchen; ***aliquem tumulo / terrae s.*** j-n beerdigen; ***aliquid terrae s.*** etw in die Erde einsäen; ***suppositus*** darunter befindlich
2. *fig* unterwerfen; ***me tibi supposui*** ich habe mich dir unterworfen
3. *logisch* unterordnen
4. *fig* beifügen, hinzusetzen
5. unten ansetzen, unten anlegen, *aliquid alicui rei* etw an etw
6. an die Stelle von *j-m / etw* setzen, *alicui / alicui rei*; ***operae nostrae vicaria fides amicorum supponitur*** Cic. an die Stelle unserer Bemühungen wird stellvertretend die Treue der Freunde gesetzt
7. unterschieben, ***testamenta falsa*** falsche Testamente

sup-portō ⟨āvī, ātum, āre 1.⟩ herbeitragen, herbeibringen, *aliquid / alicui* etw für j-n, etw j-m; ***commeatum exercitui s.*** Nachschub für das Heer bringen

suppositīcius ⟨a, um⟩ *Adj* ||suppositus, *PPP von* suppono||
1. ablösend, *alicui* j-n
2. untergeschoben, unecht

suppositiō ⟨ōnis⟩ *f* ||suppono|| Plaut. Unterschiebung, ***pueri*** eines Kindes

suppositōrium ⟨ī⟩ *n* ||suppono||
1. Unterlage
2. (*nlat.*) MED Zäpfchen

suppostrīx ⟨īcis⟩ *f* ||suppono|| Plaut. Unterschieberin *eines Kindes*

sup-praefectus ⟨ī⟩ *m* Unterpräfekt

S

sup-pressī → ***supprimo***
suppressiō ⟨ōnis⟩ *f* ||supprimo|| Unterdrückung; Unterschlagung *von Geld*
suppressus ⟨a, um⟩ *Adj* ||supprimo|| *von der Rede u. vom Redner* gedämpft, leise
sup-primō ⟨pressī, pressum, primere 3.⟩ ||sub, premo||
1. (*nachkl.*) unterdrücken, hinabdrücken; ***navem s.*** ein Schiff versenken
2. *fig* aufhalten, hemmen; ***vocem s.*** leise reden, schweigen
3. *fig* unterschlagen, ***pecuniam*** Geld
4. *fig* verbergen, verschweigen, ***nomen*** den Namen
5. (*nachkl.*) *fig* in den Schatten stellen
sup-prōmus ⟨ī⟩ *m* Plaut. Unterkellermeister
sup-pudet ⟨-, -, ēre 2.⟩ *unpers* es beschämt ein wenig; ***suppudet me alicuius*** ich schäme mich ein wenig vor j-m
suppūrātiō ⟨ōnis⟩ *f* ||suppuro|| (*nachkl.*) Eiterung
sup-pūrō ⟨āvī, ātum, āre 1.⟩ ||sub, *Denom von* pus||
I *v/i* eitern
II *v/t* zum Eitern bringen; ***suppuratus*** eiternd; ***dolor suppuratus*** bohrender Schmerz
suppus ⟨a, um⟩ *Adj*
1. = ***supinus***
2. = ***superbus***
sup-putō ⟨āvī, ātum, āre 1.⟩ (Ov., Sen.) ausrechnen, berechnen, *aliquid* etw, + *indir Fragesatz*
suprā
I *Adv*
1. *örtl.* oberhalb, oben; ***supra et subter*** oben und unten
2. Verg. *örtl.* darüber hinaus, darüber hervor
3. *im Text* oben, vorher; ***ut supra dixi*** wie ich oben gesagt habe; ***superius*** *Komp* weiter oben
4. *zeitl.* vorher, schon früher; ***ea quae supra ostendimus*** was wir schon früher gezeigt haben
5. (*nachkl.*) *zeitl.* von früher her; ***supra repetere*** weiter ausholen
6. *fig* darüber hinaus, mehr, weiter; ***supra adicere*** *bei Auktionen* noch mehr bieten; ***rem supra ferre quam fieri potest*** die Sache übertreiben; ***nil supra deos lacesso*** nichts weiter begehre ich von den Göttern
II *Präp + Akk*
1. *örtl.* oberhalb, oben auf, über; ***ille qui supra nos habitat*** jener, der über uns wohnt; ***montes supra Massiliam*** die Berge oberhalb von Massilia
2. *örtl.* über … hin; jenseits; ***exercitus supra Suessulam hibernat*** das Heer überwintert jenseits von Suessula
3. *zeitl.* vor; ***supra hanc memoriam*** vor unserer Zeit; ***res supra septingentesimum annum repetitur*** die Sache liegt 700 Jahre zurück
4. *vom Rang u. zahlenmäßig* über … hinaus, höher als; mehr als; ***supra duos menses*** über zwei Monate, mehr als zwei Monate; ***supra bonum et honestum*** mehr als recht und anständig; ***id facinus est supra Coclites*** dies übertrifft die Taten des Cocles; ***supra modum*** über die Maßen
5. (*nachkl.*) *vom Amt* über; ***aliquem supra somnum habere*** j-n als Wächter über seine Nachtruhe haben
6. (*nachkl.*) außer

S

suprālātiō ⟨ōnis⟩ *f* ||supralatus|| Übertreibung
suprālātus ⟨a, um⟩ *Adj* ||supra, *PPP von* fero|| übertrieben
suprā-scandō ⟨-, -, ere 3.⟩ Liv. übersteigen, überschreiten
suprēmum
I ⟨ī⟩ *n* ||supremus|| Ziel; ***ad supremum venire*** ans Ziel gelangen
II *Adv* zum letzten Mal
▶ **suprēmus** ⟨a, um⟩ *Adj Sup* → ***superus***
supter *Adv u. Präp* = ***subter***
Sur… = ***Syr…***
sūra ⟨ae⟩ *f* Wade
Sūra ⟨ae⟩ *m röm. Beiname*
surculus ⟨ī⟩ *m* ||*Dim von* surus|| Zweig; Setzling
surdaster ⟨stra, strum⟩ *Adj* ||surdus|| schwerhörig
surditās ⟨ātis⟩ *f* ||surdus|| Taubheit
surdus
I ⟨a, um⟩ *Adj*
1. taub; ***surdis auribus canere / narrare asello fabulam surdo*** tauben Ohren predigen
2. *fig* unempfindlich, unempfänglich, unzugänglich, *ad aliquid / in aliquid / alicui rei* gegen etw, *alicui* gegen j-n
3. nicht verstehend, *in re* etw
4. (*nachkl.*) *poet* lautlos, still; ***surda bucina*** Iuv. verstummtes Kriegshorn
II ⟨ī⟩ *m* der Taube
Sūrēna ⟨ae⟩ *m Titel des höchsten Würdenträgers der Parther*
▶ **surgō** ⟨surrēxī, surrēctum, surgere 3.⟩
I *v/t* aufrichten, erheben
II *v/i*
1. aufstehen, sich erheben, *ex re / de re / a re* von etw, *alicui* vor j-m; ***ad aetherias auras s.*** ans Licht der Welt kommen; ***in cornua s.*** das Geweih hoch erheben
2. *vom Redner* auftreten, ***ad dicendum*** zum Sprechen
3. *von Leblosem* aufsteigen, sich zeigen; ***sol surgit*** die Sonne geht auf; ***humus surgit*** Erde tritt hervor
4. *von der Zeit* anbrechen
5. aufsteigen
6. *von Pflanzen u. Bauwerken* emporsteigen, heranwachsen, zunehmen, *auch* entstehen, zum Vorschein kommen
7. anfangen zu reden, *a re* von etw
surpiculus ⟨ī⟩ *m* = ***scirpiculus***
surpite *u.* **surpuit** → ***surripio***
surrēctus ⟨a, um⟩ *PPP* → ***surgo*** *u.* → ***subrigo***
Surrentīnus
I ⟨a, um⟩ *Adj* aus Surrentum, zu Surrentum gehörig
II ⟨ī⟩ *m* Einwohner von Surrentum
Surrentum ⟨ī⟩ *n Stadt in Kampanien, heute Sorrento*
sur-rēpō ⟨rēpsī, rēptum, rēpere 3.⟩ = ***subrepo***
sur-reptus ⟨a, um⟩ *PPP* → ***surripio***
surrēxe = ***surrexisse***; → ***surgo***
surrēxī → ***surgo***
surrigō ⟨rēxī, rēctum, rigere 3.⟩ = ***subrigo*** *u.* = ***surgo***
sur-ripiō ⟨ripuī, reptum, ripere 3.⟩ ||rapio||
1. heimlich wegnehmen, entwenden, stehlen, *aliquid alicui / ab aliquo* etw j-m, ***libros*** Bücher; ***Parmam s.*** Parma mit List erobern; ***diem s.*** die Zeit

vergeuden
2. Plaut. ***se s.*** *fig* sich wegschleichen
3. *Passiv fig* durch Bestechung sich der Strafe entziehen

sur-rogō ⟨āvī, ātum, āre 1.⟩
1. POL nachwählen *in der Volksversammlung*
2. (*mlat.*) wählen, erheben, ***ad sedem apostolicam*** auf den päpstlichen Stuhl

surrupiō ⟨rupuī, ruptum, rupere 3.⟩ = ***surripio***

surrupticius ⟨a, um⟩ *Adj* ||surreptus, *PPP von* surripio||
1. Plaut. geraubt, gestohlen
2. verstohlen

sūrsum *u.* Liv. **sūrsus** *Adv*
1. aufwärts, in die Höhe; ***sursum et deorsum*** auf und nieder
2. oben, in der Höhe

sūs[1] ⟨suis⟩ *m u. f*
1. Schwein, Wildschwein; ***sus Minervam (docet)*** *Sprichwort* das Ei will klüger sein als die Henne
2. *ein Fisch*

sus[2] *Adv* aufwärts; ***susque deque*** mehr oder weniger; ***susque deque habere aliquid/de aliquo*** sich nichts aus etw/aus j-m machen; ***de Octavio susque deque*** Cic. Octavius ist mir egal

Sūsa ⟨ōrum⟩ *n Hauptstadt der persischen Provinz Susiana*

▶ **sus-cēnseō** ⟨cēnsuī, cēnsum, cēnsēre 2.⟩ aufgebracht sein, zürnen, *abs od alicui* j-m, *aliquid* ein wenig, *quod/+ AcI*

sus-cēpī → ***suscipio***

susceptiō ⟨ōnis⟩ *f* ||suscipio||
1. Übernahme; ***s. laborum*** das Erdulden von Mühen
2. Empfang

susceptor ⟨ōris⟩ *m* ||suscipio|| (*spätl.*) Unternehmer

sus-cipiō ⟨cēpī, ceptum, cipere 3.⟩ ||capio||

> **1.** auffangen
> **2.** aufstützen, abstützen
> **3.** vom Boden aufnehmen
> **4.** annehmen, aufnehmen
> **5.** auf sich nehmen
> **6.** annehmen
> **7.** nehmen, erwidern
> **8.** unternehmen, verrichten
> **9.** erdulden, leiden
> **10.** aus der Taufe heben

1. (*nachkl.*) auffangen, ***aquam*** Wasser
2. (*nachkl.*) aufstützen, abstützen; *fig* unterstützen; ***theatrum substructionibus s.*** Liv. einen Theaterbau durch Unterbauten stützen
3. *ein Kind* vom Boden aufnehmen *u. damit als seines anerkennen*; *allg. ein Kind* zeugen, *aliquem ex aliqua/de aliqua* ein Kind mit einer Frau
4. annehmen, aufnehmen; ***aliquem in civitatem s.*** j-n als Bürger aufnehmen
5. *fig* auf sich nehmen, *aliquid* etw, *+ Inf/ + Akk Ger*, ***prodigia*** die Sühnung der Vorzeichen; ***s. alicuius gloriam tuendam*** es auf sich nehmen, j-s Ehre zu schützen
6. *fig* annehmen; zugestehen; für *etw* empfänglich sein, *aliquid*; ***religiones s.*** Gewissensskrupel in sich aufkommen lassen
7. (*unkl.*) *fig das Wort* nehmen, erwidern
8. *fig* unternehmen, verrichten, veranstalten; auf sich laden; ***consilium s.*** einen Plan fassen; ***tantum sibi auctoritatis s.*** sich so große Vollmacht herausnehmen
9. *fig Leiden u. Lasten* erdulden, leiden, ***poenam*** Strafe; ***aliquem inimicum s.*** sich j-n zum Feind machen
10. ***de fonte s.*** (*mlat.*) aus der Taufe heben

sus-citō ⟨āvī, ātum, āre 1.⟩
1. aufrichten; ***aures s.*** die Ohren spitzen
2. aufscheuchen
3. zum Aufstehen bringen
4. (*unkl.*) *fig* erregen, anfachen, anspornen, verursachen; ***ira suscitat vim*** Zorn verursacht Gewalt; ***ignes s.*** das Feuer wieder anfachen
5. *einen Schlafenden* aufwecken; (*mlat.*) auferwecken

suspectō ⟨āvī, ātum, āre 1.⟩ ||*Intens von* suspicio|| (*vkl., nachkl.*)
1. hinaufsehen, *ad aliquid* zu etw
2. *fig* argwöhnisch ansehen; *Passiv* Verdacht erregen, verdächtig werden
3. argwöhnen, *aliquid* etw

suspectus[1] ⟨ūs⟩ *m* ||suspicio[1]|| das Aufblicken, das Hinaufblicken, *ad aliquid* zu etw; Höhe; *fig* Bewunderung; ***turris vasto suspectu*** Verg. Turm von weit sichtbarer Höhe; ***s. honorum*** Ov. Bewunderung von Ehren

suspectus[2] ⟨a, um⟩ *Adj* ||suspicio[1]||
1. beargwöhnt, verdächtig, Verdacht erregend, *alicui* bei j-m, j-m, *de re/super re* wegen etw, *alicuius rei/in re* wegen etw, in Bezug auf etw, *+ Inf*; ***aliquem/aliquid suspectum habere*** j-n/etw in Verdacht haben
2. (*vkl., spätl.*) argwöhnisch, misstrauisch

su-spectus[3] ⟨a, um⟩ *PPP* → ***suspicio***[1]

sus-pendī → ***suspendo***

suspendium ⟨ī⟩ *n* ||suspendo|| das Aufhängen, das Erhängen

▶ **sus-pendō** ⟨pendī, pēnsum, pendere 3.⟩
1. aufhängen, *aliquid alicui* etw j-m zu Ehren, *in re/ex re/de re/a re/re* an etw; ***aulaea s.*** Decken aufspannen; ***aliquem arbori infelici s.*** j-n am Galgen aufhängen; ***se s.*** sich erhängen; ***se in oleastro s.*** sich an einem Ölbaum erhängen; ***puer suspensus tabulam lacerto*** *griech. Akk* ein Junge, der seine Tafel unter dem Arm trägt
2. in die Höhe heben, hochheben, erheben
3. stützen
4. schweben lassen; (*nachkl.*) *fig* unentschieden lassen; *Passiv* schweben; ***rem medio responso s.*** eine Sache mitten in der Antwort in der Schwebe lassen
5. (*nachkl.*) *fig* unterbrechen, hemmen
6. (*nachkl.*) *fig* auf die Folter spannen, *aliquem/alicuius animum* j-n
7. (*mlat.*) *für eine Zeit* ausschließen, suspendieren

suspēnsiō ⟨ōnis⟩ *f* das Aufhängen

suspensorium ⟨i⟩ *n* (*nlat.*) MED beutelartige Tragevorrichtung

suspēnsūra ⟨ae⟩ *f* ||suspendo|| (*nachkl.*) hängender Fußboden

suspēnsus[1] ⟨a, um⟩ *Adj* ||suspendo||
1. (*nachkl.*) hochgehoben, schwebend; schwimmend; ***s. super aliquid*** über etw gebeugt
2. *fig* abhängig von *etw*, beruhend auf *etw*, *ex re*
3. *fig* schwankend, unentschieden, *de re* in Bezug auf etw; ***rem in suspenso relinquere*** etw unentschieden lassen; ***in suspenso esse*** unentschieden sein; ***s. animi*** im Herzen unentschieden
4. Liv. *fig* ängstlich, unruhig

sus-pēnsus[2] ⟨a, um⟩ *PPP* → ***suspendo***

su-spexī → ***suspicio***[1]

suspicāx *Gen* ⟨ācis⟩ *Adj* ||suspicor||
1. argwöhnisch, misstrauisch
2. Argwohn erregend, verdächtig

▶ **suspīciō**[1] ⟨ōnis⟩ *f* ||specio||
1. Argwohn, Verdacht, *alicuius* j-s, *alicuius rei* einer Sache *od* wegen etw; ***suspicione carere*** unverdächtig sein; ***suspicionem alicui facere/afferre/inferre/inicere/movere/dare alicuius rei*** in j-m den Verdacht erregen in Bezug auf etw; ***alicui in suspicione esse*** j-m verdächtig sein, + *Inf*/ + *AcI*; ***in suspicionem venire*** Verdacht schöpfen *od* in Verdacht geraten, *alicui/alicuius* bei j-m, *alicuius rei/de re* in Bezug auf etw, + *Inf*/ + *AcI*; ***suspicionem habere*** den Verdacht hegen *od* im Verdacht stehen
2. Verdachtsgrund
3. Vermutung, Ahnung, *alicuius rei* von etw; ***suspicionem habere alicuius rei*** eine Ahnung von etw haben, + *AcI*

▶ **su-spiciō**[2] ⟨spexī, spectum, spicere 3.⟩ ||specio||
I *v/i* aufwärts schauen, nach oben schauen; ***augur nec suspicit nec circumspicit*** Cic. der Augur schaut nicht nach oben und nicht um sich
II *v/t*
1. aufblicken nach *etw*; *fig* aufschauen zu *j-m*, *j-n* bewundern, *aliquid/aliquem*; ***s. alicuius eloquentiam*** j-s Redekunst bewundern; ***suspiciendus*** bewundernswert
2. *fig* beargwöhnen

suspīciōsus ⟨a, um⟩ *Adj*, *Adv* ⟨suspīciōsē⟩ ||suspicio[2]||
1. argwöhnisch, misstrauisch
2. verdächtig

suspicō ⟨-, -, āre 1.⟩ *u.* **suspicor** ⟨ātus sum, ārī 1.⟩ argwöhnen, vermuten, *abs od aliquid* etw, + *AcI*/ + *indir Fragesatz*

suspīrātiō ⟨ōnis⟩ *f u.* **suspīrātus** ⟨ūs⟩ *m* ||suspiro|| tiefer Atemzug

suspīritus ⟨ūs⟩ *m* ||suspiro|| tiefes Atemholen, das Seufzen, das Keuchen

suspīrium ⟨ī⟩ *n* ||suspiro||
1. tiefes Aufatmen
2. Sen. Atemnot, Keuchen
3. Atem

su-spīrō ⟨āvī, ātum, āre 1.⟩
I *v/i*
1. atmen, aufatmen; ***libere s.*** frei atmen
2. seufzen; sich nach *j-m* sehnen, *in aliquo/in aliquam* nach einem Mann/nach einer Frau
II *v/t* sich nach *j-m/etw* sehnen, *aliquem/aliquid*

susque dēque → ***sus***[2]

sustentāculum ⟨ī⟩ *n* ||sustento||
1. (*spätl.*) Stütze
2. Lebensunterhalt

sustentātiō ⟨ōnis⟩ *f* ||sustento|| Verzögerung, Aufschub; Spannung *in der Rede*

▶ **sustentō** ⟨āvī, ātum, āre 1.⟩ ||*Intens von* sustineo||
1. (*nachkl.*) hochhalten, aufrecht halten; *Passiv* sich aufrecht halten; ***navis sustentatur*** das Schiff hält sich über Wasser
2. stützen; ***pugnam s.*** die Schlacht halten; *Passiv fig* sich trösten, *re* mit etw
3. unterhalten, ernähren, *re* durch etw, von etw, mit etw
4. *Lasten* aushalten, ertragen; sich behaupten; ***res publica vitia imperatorum et magistratuum sustentabat*** Sall. der Staat hielt den Fehlern der Heerführer und Beamten stand
5. hemmen, aufhalten; *fig* erträglich machen
6. verschieben, verzögern

sus-tineō ⟨tinuī, tentum, tinēre 2.⟩ ||teneo||
1. hochhalten, aufrecht halten; stützen, ***labentem*** einen Fallenden; ***columnae templa et porticum sustinent*** Säulen tragen die Tempel und die Halle
2. *fig Drückendes od Belastungen* aushalten, ertragen, ***invidiam*** den Neid; ***poenam s.*** die Strafe auf sich nehmen
3. *fig* standhalten, *aliquid* einer Sache; ***impetum hostium s.*** dem Angriff der Feinde standhalten
4. *fig* übers Herz bringen, wagen, + *Inf*/ + *AcI*
5. *fig* auf sich nehmen, übernehmen; ***honorem s.*** ein Ehrenamt bekleiden
6. unterhalten, ernähren; ***re frumentariā sustinemur*** wir ernähren uns von Getreide
7. *fig* wahren, bewahren, erhalten; ***dignitatem civitatis s.*** die Würde des Staates wahren
8. zurückhalten, anhalten; ***signa s.*** mit dem Heer Halt machen; ***remos s.*** aufhören zu rudern; ***dextram a re s.*** die rechte Hand von etw zurückhalten; ***se a re s.*** sich einer Sache enthalten
9. verzögern, verschieben; ***rem in noctem s.*** die Angelegenheit auf die Nacht verschieben

sus-tollō ⟨-, -, ere 3.⟩
1. emporheben, hoch aufrichten
2. wegnehmen, entführen

sustulī → ***suffero*** *u.* → ***tollo***

sūsum *Adv* = ***sursum***

susurna ⟨ae⟩ *f* = ***sisura***

susurrātor ⟨ōris⟩ *m* ||susurro|| (*unkl.*) Flüsterer; *adj* leise flüsternd

susurrō ⟨-, -, āre 1.⟩ ||*Denom von* susurrus[1]||
I *v/i* flüstern, summen, säuseln
II *v/t* summen, leise singen, ***cantica*** Lieder

susurrus[1] ⟨ī⟩ *m* das Surren, das Summen, das Säuseln; das Flüstern

susurrus[2] ⟨a, um⟩ *Adj* ||susurrus[1]|| Ov. flüsternd, säuselnd, zischend

sūtēla ⟨ae⟩ *f* ||sutus, *PPP von* suo|| Plaut. Lügengewebe

sūtilis ⟨e⟩ *Adj* ||suo|| (*nachkl.*) *poet* zusammengenäht; geflochten; ***rosa s.*** Rosenkranz

sūtor ⟨ōris⟩ *m* ||suo|| Schuster, Flickschuster; ***ne s. supra crepidam (iudicet)*** *Sprichwort* Schuster, bleib bei deinem Leisten

sūtōrius
I ⟨a, um⟩ *Adj* ||sutor|| Schuster…
II ⟨ī⟩ *m* ehemaliger Flickschuster

sūtrīnum ⟨ī⟩ *n* ||sutrinus|| Sen. Schusterhandwerk
sūtrīnus ⟨a, um⟩ *Adj* ||sutor|| *(vkl., nachkl.)* Schuster…; ***sutrina taberna*** Tac. Schusterbude
Sūtrium ⟨ī⟩ *n Stadt im S von Etrurien, heute Sutri*
sūtum ⟨ī⟩ *n* ||suo|| Verg. Gewand; *Pl* Panzer
sūtūra ⟨ae⟩ *f* ||suo|| *(nachkl.)* Naht
sūtus ⟨a, um⟩ *PPP* → ***suo***
suum ⟨ī⟩ *n* ||suus|| das Seine, das Ihrige, seine Sache, ihre Sache; seine Pflicht, ihre Pflicht; *meist Pl* sein Eigentum, ihr Eigentum; ***suum cuique tribuere*** jedem sein Eigentum zuteilen; ***de suo dare*** aus seinen Mitteln geben; ***omnia sua secum portare*** seine ganze Habe mit sich tragen
suus ⟨a, um⟩ *refl poss Pr der 3. Person Sg u. Pl*
I *Adj*
1. sein, ihr, *oft verstärkt durch -met od -pte*; ***epistulam sua manu scribere*** einen Brief mit eigener Hand schreiben; ***sua voluntate*** nach seinem/ihrem Willen; ***sua sponte*** freiwillig; ***sui iuris esse*** sein eigener Herr sein; ***iniurias suas persequi*** die ihm/ihr zugefügten Beleidigungen ahnden
2. geliebt, sein lieber, ihr lieber, Lieblings…; ***s. coniunx*** ihr geliebter Gatte; ***sua arbor*** Lieblingsbaum
3. eigen, üblich, angemessen, passend; ***naves suum numerum habent*** die Schiffe haben die volle Besatzung; ***suo anno consulem fieri*** im gesetzlich bestimmten Jahr Konsul werden; ***sua morte defungi*** eines natürlichen Todes sterben; ***suo tempore redire*** zur rechten Zeit zurückkehren; ***suo iure*** mit vollem Recht
4. günstig, geeignet, vorteilhaft; ***suo loco pugnare*** an einem günstigen Ort kämpfen; ***populo suo uti*** das Volk günstig für sich gestimmt haben
5. selbstständig; ***hic semper in disputando s. est*** dieser ist im Diskutieren immer originell; ***vix s. erat*** er war kaum bei Verstand
II *Subst. Pl* ***sui*** die Seinigen, die Ihrigen, seine Angehörigen, ihre Angehörigen
sūxī → ***sugo***
Sybaris ⟨is⟩ *f griech. Kolonie in Lukanien, bekannt durch ihre feine Küche, 510 v. Chr. von der Nachbarstadt Kroton zerstört, unter dem Namen Thurii 444 v. Chr. wieder aufgebaut*
Sybarītānī ⟨ōrum⟩ *m* die Sybariten
Sybarīticus ⟨a, um⟩ *Adj* sybaritisch, aus Sybaris; schlüpfrig, erotisch
Sybarītis ⟨idis⟩ *f* Sybaritin, *Titel eines erotischen Gedichts*
sȳcophanta ⟨ae⟩ *m* ||griech. Fw.|| Denunziant, Intrigant; *fig* Schmeichler, Schmarotzer
sȳcophantia ⟨ae⟩ *f* ||griech. Fw.|| Plaut. Betrügerei, Intrige
sȳcophantiōsē *Adv* ||sycophantia|| Plaut. auf Gaunerart, trickreich
sȳcophantor ⟨-, ārī 1.⟩ ||griech. Lw.|| Plaut. sich Gaunereien ausdenken, *alicui* gegen jdn
syllaba ⟨ae⟩ *f* ||griech. Fw.||
1. Silbe
2. *Pl* Mart. *meton* Verse
syllabātim *Adv* ||syllaba|| silbenweise, Silbe für Silbe
syllogismus ⟨ī⟩ *m* ||griech. Fw.|| Syllogismus, logischer Schluss
syllogisticus ⟨a, um⟩ *Adj* ||griech. Fw.|| *(nachkl.)* zum Syllogismus gehörig
symbola ⟨ae⟩ *f* ||griech. Fw.|| Beitrag *zu einem gemeinsamen Essen*; ***scapulis symbolae*** *hum* eine Tracht Prügel
symbolum ⟨ī⟩ *n u.* **symbolus** ⟨ī⟩ *m* ||griech. Fw.||
1. Kennzeichen, Erkennungsmarke, Legitimation
2. *(eccl.)* Glaubensbekenntnis
symmetria ⟨ae⟩ *f* ||griech. Fw.|| *(vkl., nachkl.)* Ebenmaß, gleiches Maß
sympathīa ⟨ae⟩ *f* ||griech. Fw.|| natürlicher Zusammenhang; Sympathie
symphōnia ⟨ae⟩ *f* ||griech. Fw.||
1. *(nachkl.)* Einklang, Harmonie
2. Konzert
3. Hor. *meton* Kapelle, Orchester
4. *(spätl., mlat.)* Musikinstrument
symphōniacus
I ⟨a, um⟩ *Adj* ||griech. Fw.|| musikalisch
II ⟨ī⟩ *m* Musiker; *Pl* Orchester
Symplēgades ⟨um⟩ *f* MYTH *kleine Inseln an der Einfahrt in das Schwarze Meer, die gegeneinander schlagend alles, was einfuhr, zermalmten, nach der Durchfahrt der Argonauten aber zum Stillstand kamen*; *hum für das Gesäß eines dicken Mädchens*
symplegma ⟨atis⟩ *n* ||griech. Fw.|| Mart. erotische Verschlingung *von mehreren Partnern beim Geschlechtsverkehr*
symposion *u.* **symposium** ⟨ī⟩ *n* ||griech. Fw.|| *(nachkl.)* Gastmahl, *auch Titel eines Dialogs von Plato*
synagōga ⟨ae⟩ *f* ||griech. Fw.|| *(eccl.)* Synagoge; *meton* die Juden
synalīpha ⟨ae⟩ *f u.* **synalīphē** ⟨ēs⟩ *f* ||griech. Fw.|| Quint. Verschmelzung zweier Silben, Synaloiphe
Synapothnēscontes ||griech. Fw.|| Ter. Die gemeinsam Sterbenden, *Titel einer Komödie des Diphilos*
synaxis ⟨eos⟩, *Akk* ⟨in⟩ *f* ||griech. Fw.|| Versammlung, Zusammenkunft
syncopa ⟨ae⟩ *f u.* **syncopē** ⟨ēs⟩ *f* ||griech. Fw.|| GRAM Ausstoßen eines Lautes im Wortinnern
synecdochē ⟨ēs⟩ *f* ||griech. Fw.|| *(spätl.)* RHET Gebrauch eines Teilbegriffes für das Ganze, Gebrauch des allgemeinen Begriffes für einen Teil
synedrus ⟨ī⟩ *m* ||griech. Fw.|| Liv. Beisitzer eines Kollegiums *in Makedonien*
syngrapha ⟨ae⟩ *f* ||griech. Fw.|| handschriftlicher Schuldschein; ***syngrapham facere cum aliquo*** sich von j-m einen Schuldschein geben lassen; ***per syngrapham*** auf Wechsel
syngraphus ⟨ī⟩ *m* ||griech. Fw.||
1. Vertrag
2. Reisepass
synodālis ⟨e⟩ *Adj* ||synodus[1]|| *(spätl.)* zur Synode gehörig
synodus[1] ⟨ī⟩ *f* ||griech. Fw.|| *(spätl., eccl.)* Kirchenversammlung, Synode, Konzil
synodūs[2] ⟨odontis⟩ *m* ||griech. Fw.|| *(nachkl.) ein Seefisch*
synōnymon *u.* **synōnymum** ⟨ī⟩ *n* ||synonymos|| gleichbedeutendes Wort, Synonym
synōnymos ⟨on⟩ *Adj* ||griech. Fw.|| *(spätl.)* gleichbedeutend, synonym
synthesina ⟨ae⟩ *f* ||griech. Fw.|| Suet. Schlafanzug, Hauskleid

synthesis ⟨is⟩ *f* ||griech. Fw.||
1. Mart. ein Satz Tischgeschirr
2. Schlafanzug, Hauskleid
syntonum ⟨ī⟩ *n* ||griech. Fw.|| Quint. Musikinstrument; = ***scabellum***
Syrācosius
I ⟨a, um⟩ *Adj* ||Syracusae|| *poet* syrakusanisch, aus Syrakus
II ⟨ī⟩ *m* Syrakusaner, *als Beiname griech. Männer;*
Syrācūsae ⟨ārum⟩ *f* Syrakus, *Stadt an der Ostküste von Sizilien, 800 v. Chr. von Korinth gegründet, 212 v. Chr. von Rom erobert, heute Siracusa, zahlreiche antike Bauten*
Syrācūsānus *u.* **Syrācūsius** ⟨a, um⟩ *Adj* syrakusanisch, aus Syrakus
Syrācūsius ⟨ī⟩ *m* Syrakusaner
Syrī ⟨ōrum⟩ *m* die Syrer
Syria ⟨ae⟩ *f* Syrien, *Landschaft an der Ostküste des Mittelmeers;* das Seleukidenreich; Assyrien
Syriacus ⟨a, um⟩ *Adj* syrisch
sȳrinx ⟨ingis⟩ *f* ||griech. Fw.|| Rohr, Schilfrohr
Sȳrinx ⟨ingis⟩ *f arkadische Nymphe, von Pan geliebt, in ein Schilfrohr verwandelt*
Syrisca ⟨ae⟩ *f* ||Syri|| *weiblicher Eigenname, Sklavenname*
Syriscus ⟨ī⟩ *m* ||Syri|| *männlicher Eigenname, Sklavenname*
Syrius ⟨a, um⟩ *Adj* ||Syri|| syrisch
syrma ⟨atis⟩ *n* ||griech. Fw.||
1. Iuv. Kleid *mit langer Schleppe für die Tragödie*
2. Tragödie
Syrticus ⟨a, um⟩ *Adj* ||Syrtis|| syrtisch, an den Syrten wohnend
Syrtis ⟨is⟩ *f* Syrte, *Name von zwei Golfen mit sandiger Küste: Syrtis maior u. Syrtis minor an der Nordküste von Afrika; meton* Küstengegend an den Syrten; *fig* Sandbank, Klippe
Syrus
I ⟨a, um⟩ *Adj* ||Syri|| syrisch
II ⟨ī⟩ *m* Syrer, *häufig als Sklavenname*
systēma ⟨atis⟩ *n* ||griech. Fw.||
1. aus mehreren Teilen zusammengesetztes Ganzes, System
2. *(mlat.)* Akkord

T

T t *Abk*
1. = ***Titus***
2. = ***tribunus plebis*** Volkstribun
tabella ⟨ae⟩ *f* ||*Dim von* tabula||
1. *(nachkl.) poet* kleines Stück Holz, Brettchen, Täfelchen
2. Ov. Spielbrett
3. Anschlagtäfelchen, Gedenktäfelchen
4. Stimmtäfelchen
5. Schreibtafel, Wachstafel, Notizbuch
6. *meton* Briefchen; ***mihi tabellas mittis*** du schickst mir Briefe
7. Dokument, Vertrag, Urkunde Protokoll; ***tabellae obsignatae*** Cic. unterschriebene Dokumente
8. Mart. flacher Kuchen
tabellārius
I ⟨a, um⟩ *Adj* ||tabella||
1. die Abstimmung in den Komitien betreffend; ***lex tabellaria*** Abstimmungsgesetz
2. Brief…; ***navis tabellaria*** Meldeschiff
II ⟨ī⟩ *m* Briefbote
tābeō ⟨-, -, ēre 2.⟩
1. schmelzen, verwesen; *fig* schwinden
2. nass sein, triefen, *abs od re* von etw
taberna ⟨ae⟩ *f* ||trabs||
1. Bretterbude, Hütte; ***pauperum tabernae*** Hor. Hütten der Armen
2. Plaut. Gasthaus, Wirtshaus, Herberge; ***Tres Tabernae*** *Stationsort an der via Appia, s. von Rom*
3. Verkaufsbude, Laden; Werkstatt; ***t. libraria*** Buchhandlung, ***t. tonsoris*** Barbierstube
tabernāc(u)lum ⟨ī⟩ *n* ||taberna||
1. Hütte, Bude
2. Zelt; ***tabernacula constituere*** die Zelte aufschlagen
3. Beobachtungszelt *des Auguren;* ***t. recte/vitio captum*** richtig/falsch aufgestelltes Beobachtungszelt
4. *(mlat.)* Tabernakel, *festes Gehäuse zur Aufbewahrung geweihter Hostien in katholischen Kirchen;* Sakramentenhäuschen
5. *(mlat.)* Wohnsitz
tabernārius ⟨ī⟩ *m* ||taberna|| Schenkwirt; Kleinhändler
tabernula ⟨ae⟩ *f* ||*Dim von* taberna|| *(nachkl.)* Bretterhütte
tābēs ⟨is⟩ *f* ||tabeo||
1. Fäulnis, Verwesung, ***corporum*** von Leichen
2. Jauche
3. *fig* Schwindsucht; *(nachkl.)* Pest, Seuche; körperliche Entkräftung, allmähliches Vergehen
4. *fig* Gift; Kummer; ***tincta mortiferā tabe sagitta*** Ov. mit tödlichem Gift bestrichener Pfeil
tābēscō ⟨tābuī, -, tābēscere 3.⟩ ||*Inkoh von* tabeo||
1. dahinschwinden, dahinsiechen; *fig* sich verzehren, *re* wegen etw, vor etw, *ex aliquo* aus Liebe zu j-m
2. schmelzen, zergehen
3. verwesen, verfaulen
tābidulus ⟨a, um⟩ *Adj* ||*Dim von* tabidus|| Verg. zehrend
tābidus ⟨a, um⟩ *Adj* ||tabeo||
1. sich verzehrend, sich auflösend, schmelzend; verwesend
2. verzehrend, auflösend, vernichtend; ***vetustas tabida*** zehrendes Alter
tābi-ficus ⟨a, um⟩ *Adj* ||tabeo, facio|| verzehrend; *fig* aufreibend

tablīnum ⟨ī⟩ *n* ||tabula|| *(vkl., nachkl.) Raum im röm. Haus zwischen Atrium u. Peristyl*
tābuī → ***tabesco***
tabula ⟨ae⟩ *f*
1. Brett, Tafel *aus Holz od Metall*; *Pl (nachkl.)* Gebälk
2. Spielbrett, Brettspiel
3. Gedächtnistafel
4. Gemälde, Bild
5. Gesetzestafel; ***tabulas figere*** Gesetze anschlagen; ***duodecim tabulae*** Zwölftafelgesetze
6. Auktionstafel; ***ad tabulam adesse*** bei der Versteigerung anwesend sein
7. Wechseltisch, Wechselbank
8. *(unkl.)* Rechentafel, Schreibtafel; *Pl* Rechnungsbuch, Hausbuch; ***tabulas conficere*** ein Rechnungsbuch führen; ***tabulae publicae*** öffentliches Schuldbuch; ***tabulae novae*** Herabsetzung der Schulden durch Einführung neuer Schuldbücher
9. *Pl meton* Schreiben, Schrift, Abschrift, *bes* Brief
10. *Pl meton* Liste, Verzeichnis; Register; Zensusliste, Stimmenverzeichnis
11. *Pl* Vertrag, Schuldverschreibung; *(nachkl.)* Testament; Urkunde, Dokument, Akte; Protokoll; Archiv; ***t. nuptialis*** Ehevertrag
tabulārium ⟨ī⟩ *n* ||tabula|| Sammlung von Tafeln, Archiv
tabulārius ⟨ī⟩ *m* ||tabula|| *(nachkl.)*
1. Sen. Rechnungsführer
2. Vorsteher des Archivs
tabulātiō ⟨ōnis⟩ *f* ||tabula||
1. Täfelung
2. *meton* Stockwerk
tabulātum ⟨ī⟩ *n* ||tabulatus|| Bretterboden, Stockwerk; ***tabulata sequi*** von Ast zu Ast steigen
tabulātus ⟨a, um⟩ *Adj* ||tabula|| *(nachkl.) poet* mit Brettern belegt, getäfelt
tabulīnum ⟨ī⟩ *n* = ***tablinum***
tābum ⟨ī⟩ *n* ||tabeo|| *(nachkl.)*
1. Jauche; Eiter
2. *meton* Gift; ***tabo munus imbutum*** Hor. mit Gift getränkte Gabe
3. *meton* Verwesung; ***infecta tabo humus*** Tac. durch Verwesung verschmutztes Erdreich
4. *meton* ansteckende Krankheit
▶ **taceō** ⟨uī, itum, ēre 2.⟩
I *v/i* schweigen, nicht sprechen, *de re* über etw; verstummen; ***tacentes loci*** Tac. verschwiegene Orte
II *v/t* verschweigen; ***ego multa tacui*** ich habe vieles verschwiegen
tacitum ⟨ī⟩ *n* ||tacitus|| *poet* Geheimnis
taciturnitās ⟨ātis⟩ *f* ||taciturnus||
1. Stillschweigen
2. Verschwiegenheit
taciturnus ⟨a, um⟩ *Adj* ||taceo||
1. schweigsam, wortkarg; ***obstinatio taciturna*** hartnäckiges Schweigen
2. still, leise; ***loca taciturna*** verschwiegene Orte
3. *fig von Büchern* ungelesen
▶ **tacitus** ⟨a, um⟩ *Adj*, *Adv* ⟨tacitē⟩ *u.* ⟨tacitō⟩ ||taceo||
1. verschwiegen, unerwähnt; ***tacitum relinquere*** etw für sich behalten
2. *fig* schweigend ertragen; ***assensio tacita*** schweigend angenommener Beifall
3. *fig* still, heimlich, unbemerkt
4. stillschweigend; ***me tacito*** wenn ich schweige, ohne dass ich rede
5. *fig* stumm, lautlos, ruhig; ***per tacitum*** in stillem Lauf
6. *Adv* unbemerkt, heimlich; ***tacite perire*** unbemerkt umkommen
Tacitus ⟨ī⟩ *m röm. Beiname*; ***P. Cornelius Tacitus*** *bedeutendster röm. Geschichtsschreiber, 54–117 n Chr., Hauptwerke: Agricola, Germania, Historiae, Annales*
tāctilis ⟨e⟩ *Adj* ||tango|| Lucr. berührbar
tāctiō ⟨ōnis⟩ *f* ||tango||
1. Plaut. Berührung
2. Tastsinn, Gefühl
tāctus[1] ⟨a, um⟩ *PPP* → ***tango***
tāctus[2] ⟨ūs⟩ *m* ||tango||
1. Berührung; ***cognoscere tactu*** durch Tasten erkennen
2. *meton* Tastsinn; ***aliquid sub tactum cadit*** etw kann ertastet werden
3. *fig* Einfluss, Wirkung; ***t. solis*** Wirkung der Sonne
4. Lucr. Berührbarkeit
taeda ae *f*
1. *(nachkl.)* Kiefer, Fichte; *Pl* Fichtenwald
2. *meton* Kienholz
3. Kiefernbrett
4. Fackel; ***stuppā et taedā*** Suet. mit Werg und Fackel
5. Hochzeitsfackel; *meton* Hochzeit, *alicuius* mit j-m; *auch* Geliebte
6. *poet* Marterwerkzeug
▶ **taedet** ⟨taeduit⟩ *u.* ⟨taesum est, taedēre 2.⟩ *unpers* es ekelt, *aliquem* j-n, *alicuius rei* etw, + *Inf*; ***vitae me taedet*** ich bin lebensmüde
taedi-fer ⟨fera, ferum⟩ *Adj* ||taeda, fero|| Ov. fackeltragend
▶ **taedium** ⟨ī⟩ *n* ||taedet|| *(nachkl.) poet* Ekel, Widerwille, *alicuius rei* vor etw, gegen etw; ***taedium afferre alicui*** j-n anekeln; ***taedium capere*** Ekel bekommen; ***taedium pati*** Ekel fühlen
Taenara ⟨ōrum⟩ *n Spitze der mittleren Halbinsel im S der Peloponnes, in Lakonien, mit Poseidontempel, heute Kap Matapan; eine Höhle im Felsvorsprung galt als Eingang zur Unterwelt*
Taenaridēs ⟨ae⟩ *m* Lakedaemonier
Taenaris *Gen* ⟨idis⟩ *Adj f u.* **Taenarius** ⟨a, um⟩ *Adj* lakonisch, spartanisch; *poet* unterirdisch
Taenarum ⟨ī⟩ *n u.* **Taenarus** ⟨ī⟩ *m* = ***Taenara***
taenia ⟨ae⟩ *f* ||griech. Fw.||
1. *(unkl.)* Band, Binde, Kopfbinde
2. Papyrusstreifen
taesum est → ***taedet***
▶ **taeter** ⟨tra, trum⟩ *Adj*, *Adv* ⟨taetrē⟩
1. hässlich; ***taetrum aspectu*** hässlich anzusehen
2. *fig* abscheulich, schändlich; ***t. tyrannus*** Cic. schändlicher Tyrann
tagāx *Gen* ⟨ācis⟩ *Adj* ||tango|| diebisch
tagō ⟨taxī, -, tagere 3.⟩ = ***tango***
Tagus ⟨ī⟩ *m Fluss in Spanien u. Portugal, heute Tajo / Tejo*
tālāria ⟨ium⟩ *n* ||talaris||

1. Sen. Knöchel
2. Flügelschuhe
3. Foltergeräte, *die auf die Fußknöchel wirkten*
4. langes Gewand, Talar

tālāris ⟨e⟩ *Adj* ||talus|| bis zu den Knöcheln reichend

tālārius ⟨a, um⟩ *Adj* ||talus|| in einem Kleid, das bis zu den Knöcheln reicht; ***ludus t.*** derber Tanz

talassiō ⟨ōnis⟩ *m u.* **talass(i)us** ⟨ī⟩ *m altröm. Hochzeitsruf; auch* Beischlaf

Talassiō ⟨ōnis⟩ *m u.* **Talass(i)us** ⟨ī⟩ *m* Hochzeitsgott, *mit dem griech. Hymen gleichgesetzt*

tālea ⟨ae⟩ *f*

1. Setzling, Setzreis
2. *meton* Stab *aus Holz od Metall, aus Eisen von den Bewohnern Britanniens als Münzen verwendet*
3. Spitzpfahl

▶ **talentum** ⟨ī⟩ *n* ||griech. Lw.||

1. *(nachkl.) poet griech. Gewichtseinheit* Talent, *je nach Gegend verschieden, ca. 20–40 kg, sog. Solon'sches Talent 26,4 kg*
2. *als Münzeinheit* Talent
3. *(mlat.)* Waage
4. *(mlat.)* Schatz, *auch* Mark

tāliō ⟨ōnis⟩ *f* JUR Vergeltung für einen körperlichen Schaden; *allg.* Vergeltung

▶ **tālis** ⟨e⟩ *Adj, Adv* ⟨tāliter⟩

1. so beschaffen, solch; ***talis … qualis*** ein solcher … wie, *meist ut/qui + Konjkt* dass er, *ac/atque* wie
2. so groß, so bedeutend
3. so schlecht; ***tali tempore*** in so schlechter Zeit
4. folgender; ***talibus respondit*** er antwortete folgendermaßen

tālitrum ⟨ī⟩ *n* ||talus|| Suet. das Schnippen mit dem Finger

talpa ⟨ae⟩ *m u. f* Maulwurf

tālus ⟨ī⟩ *m*

1. Fußknöchel; Ferse; ***recto stare talo*** aufrecht stehen, *fig* Beifall finden
2. *meton* Spielwürfel *in Längsform mit zwei unbezeichneten u. vier bezeichneten Flächen*

▶ **tam**[1] *Adv*

1. so, so sehr; ***tam potens*** so mächtig; ***tam gravissima iudicia*** so übermäßig strenge Urteile
2. ***tam … quam*** *+ Komp./Sup* je … desto; ***non tam … quam*** nicht so sehr … als vielmehr

tam[2] *Adv* = ***tamen***

tam-diū *Adv*

1. so lange; ***tamdiu … quamdiu/quam*** so lange … wie; ***tamdiu quoad/dum*** so lange … bis
2. sehr lange
3. *(vkl., nachkl.)* seit so langer Zeit

▶ **tamen** *Adv, advers*

1. dennoch, doch, jedoch, gleichwohl; ***quamquam … tamen*** obwohl … dennoch; ***et tamen*** und dennoch; ***neque tamen*** doch nicht; ***at tamen*** aber dennoch; ***sed/verum tamen*** gleichwohl, indessen
2. doch wenigstens; ***si non … (at) tamen*** wenn nicht … so doch wenigstens
3. *(nachkl.) poet* doch endlich
4. ***tamen ut/ut tamen*** jedoch so, dass

tamendem *Adv* Plaut. = ***tamen***

tamen-etsī *Konj* = ***tametsi***

Tamesa ⟨ae⟩ *m u.* **Tamesis** ⟨is⟩ *m* Themse

▶ **tam-etsī** *Konj* obwohl; *in Hauptsätzen* jedoch

tamine *Adv* Plaut. *fragend* so?, also?

tamquam

I *Adv vergleichend* so wie, gleich wie; gleichsam, sozusagen; ***gloria virtutem tamquam umbra sequitur*** der Ruhm folgt der Tugend wie ein Schatten; ***ita/sic … tamquam*** so … wie; ***apud eum sic fui tamquam domi meae*** bei ihm war ich wie bei mir zu Hause

II *Konj + Konjkt* = ***tamquam si*** gleich wie wenn, gleich als ob; weil angeblich *zur Angabe einer fremden Ansicht*

Tanagra ⟨ae⟩ *f Stadt im SO Böotiens an der Grenze zu Attika*

Tanagraeus ⟨a, um⟩ *Adj* aus Tanagra, zu Tanagra gehörig

Tanais ⟨is⟩ *u.* ⟨idis⟩ *m Fluss in Sarmatien, heute Don*

Tanaquīl ⟨īlis⟩ *f Gattin des Königs Tarquinius Superbus*

▶ **tandem** *Adv*

1. endlich, schließlich; ***tandem loquere*** so rede endlich!
2. *in Fragesatz* denn eigentlich; ***quousque tandem*** wie lange noch?
3. *abschließend* schließlich, kurz
4. ***vix tandem*** Phaedr. schließlich gerade noch

▶ **tangō** ⟨tetigī, tāctum, tangere 3.⟩

1. berühren, anfassen, *aliquid re* etw mit etw; ***terram genu t.*** die Erde mit dem Knie berühren
2. *einen Ort* betreten, erreichen
3. angrenzen, stoßen, *locum* an einen Ort
4. bekommen, ***aliquid de praeda*** etw von der Beute
5. *(vkl.) Speisen* essen, genießen
6. *mit Wasser* benetzen, bespritzen; beschmieren; *mit Schwefel* beräuchern; färben
7. schlagen, treffen; ***fulmine/de caelo tactus*** vom Blitz getroffen
8. sich an *j-m* vergreifen, *aliquem*
9. töten
10. *geistig* rühren, bewegen, ergreifen; ***tactus re*** von etw gerührt, von etw gereizt
11. *in der Rede* erwähnen, anführen
12. Plaut. betrügen, *aliquem re* j-n um etw

tangōmēnas *nur in* ***tangomenas facere*** Petr. austrinken

tanquam *Adv./Kjtn.* = ***tamquam***

Tantaleus ⟨a, um⟩ *Adj* des Tantalus, zu Tantalus gehörig

Tantalidēs ⟨ae⟩ *m* Nachkomme des Tantalus

Tantalis ⟨idis⟩ *u.* ⟨idos⟩ *f* ||Tantalus|| Tantalidin, = *Niobe, Hermione, Helena*

Tantalos *u.* **Tantalus** ⟨ī⟩ *m* MYTH *Sohn des Zeus, König in Lydien, Vater des Pelops u. der Niobe, zum Tisch der Götter zugelassen, verriet den Menschen die Gespräche der Götter, wurde dafür u. für andere Vergehen in der Unterwelt von ewigem Hunger u. Durst geplagt*

tantillum ⟨ī⟩ *n* ||tantillus|| so wenig

tantillus ⟨a, um⟩ *Adj* ||*Dim von* tantus|| so klein

tantīs-per *Adv*

1. so lange; ***tantisper … dum*** so lange … bis
2. unterdessen, vorläufig

tant-opere *auch getrennt* ***tanto opere*** *Adv* so sehr, in dem Grad; ***tantopere … quantopere*** so sehr … wie; ***non tantopere*** nicht eben sehr

tantulum ⟨ī⟩ *n* ||tantulus|| solche Kleinigkeit, nur so viel
tantulus ⟨a, um⟩ *Adj* ||*Dim von* tantus|| so klein, so gering; ***malum, tantulum tamen*** Cic. ein Übel, doch so gering
tantum
I ⟨ī⟩ *n* ||tantus||
1. so Großes, so vieles; ***tantum itineris*** eine so große Wegstrecke; ***tantum temporis*** so lange Zeit; ***alterum tantum*** doppelt so viel; ***in tantum*** so weit, so sehr
2. nur so viel, so wenig, solche Kleinigkeit; ***tantum modo*** auch nur so viel
3. ***tanti*** für einen solchen Preis, so teuer, so hoch; ***tanti esse*** es ist der Mühe wert; ***tanti mihi est*** + *Inf* es lohnt sich für mich die Mühe; es lässt mich kalt
4. ***tanto*** (um) so viel, so weit, so sehr, desto; ***ter tanto maior*** dreimal so groß; ***quinquies tanto amplius*** fünfmal mehr; ***quanto … tanto*** je … desto; ***tanto ante*** so lange vorher; ***tanto pessimus poeta, quanto*** ein so viel schlechterer Dichter als
II *Adv*
1. so sehr, so viel, so weit; nur so viel, so wenig
2. *zeitl.* soeben
3. ***non tantum … sed/sed etiam*** nicht nur … sondern/sondern auch
4. nur, bloß, allein
5. *Wendungen*: ***tantum non*** (*nachkl.*) beinahe, fast; ***tantum quod*** kaum dass, gerade; nur insofern weil; ***tantum quod non*** es fehlt nur noch, dass nicht
tantum-modo *Adv* nur, lediglich
tantundem
I ⟨ī⟩ *n* ||tantusdem|| ebenso viel; ***tantidem facere*** ebenso hoch einschätzen
II *Adv* ebenso weit; ***tantundem patēre*** sich ebenso weit erstrecken
▶ **tantus** ⟨a, um⟩ *Adj*
1. so groß, so bedeutend; ***t. natu*** so alt
2. so viel; ***tanta mira*** so viele Wunderdinge
3. (*eccl.*) = ***tot***
4. nur so groß, so klein, so wenig
tantus-dem ⟨tantadem, tantundem⟩ *Adj* ebenso groß
tapēs ⟨ētis⟩ *m* = ***tapete***
tapēta ⟨ae⟩ *f* ||tapete, tapetum|| Wandbekleidung; (*nlat.*) Tapete
tap(p)ēte ⟨is⟩ *n u.* **tap(p)ētum** ⟨ī⟩ *n* ||griech. Lw.|| (Ov., Verg.) Teppich, Decke
tarantara (*Enn.*) *lautmalerisch vom Klang der Trompete*
tardēscō ⟨tarduī, -, tardēscere 3.⟩ ||*Inkoh zu* tardus|| langsam werden
tardi-gradus ⟨a, um⟩ *Adj* ||tardus, gradior|| langsam gehend, langsam schreitend
tardi-loquus ⟨a, um⟩ *Adj* ||tardus, loquor|| (*nachkl.*) langsam redend
tardi-pēs *Gen* ⟨pedis⟩ *Adj* ||tardus, pes|| hinkend
tarditās ⟨ātis⟩ *f* ||tardus||
1. langsames Tempo, Langsamkeit; Verzögerung; *Pl* langsame Bewegungen; ***tarditatem afferre alicui rei*** etw verzögern; ***t. veneni*** langsame Wirkung des Giftes
2. *fig* geistige Langsamkeit, Trägheit, Stumpfheit
tarditūdō ⟨inis⟩ *f* = ***tarditas***
tardiusculus ⟨a, um⟩ *Adj* ||*Dim von Komp* tardior|| Plaut. ein wenig langsam, ein wenig schwer von Begriff
tardō ⟨āvī, ātum, āre 1.⟩ ||*Denom von* tardus||
I *v/i* zögern
II *v/t*
1. verzögern, aufhalten, hemmen; ***aliquem ab accessu t.*** j-n am Vorrücken hindern
2. entkräften, abstumpfen
tarduī → ***tardesco***
▶ **tardus**
I ⟨a, um⟩ *Adj*, *Adv* ⟨tardē⟩
1. langsam, träge, *re* in etw, bei etw, *ad aliquid* zu etw, für etw; ***t. in scribendo*** schreibfaul; ***vulnere t.*** durch eine Wunde gelähmt
2. langsam vergehend, lange dauernd; ***sapor t.*** lange anhaltender Geschmack
3. zögernd
4. spät kommend, *auch* zu spät kommend; ***fata tardiora*** zu spät kommendes Schicksal
5. (*nachkl.*) *poet* lähmend
6. *fig* geistig träge, stumpfsinnig, dumm; ***tardis mentibus virtus non facile comitatur*** Cic. von trägen Geistern ist die Tugend selten begleitet
7. RHET bedächtig, gemessen; ***oratio nimis tarda*** Cic. eine zu bedächtige Rede
II ⟨ī⟩ *m* Dummkopf
Tarentīnus[1]
I ⟨a, um⟩ *Adj* ||Tarentum[1]|| aus Tarent, zu Tarent gehörig
II ⟨ī⟩ *m* Einwohner von Tarent
Tarentīnus[2] ⟨a, um⟩ *Adj* ||Tarentum[2]|| zum Tarentum gehörig
Tarentum[1] ⟨ī⟩ *n* Tarent, *alte Hafenstadt in Kalabrien, 708 v. Chr. als spartanische Kolonie gegründet, heute Taranto*
Tarentum[2] ⟨ī⟩ *n Kultstätte auf dem Marsfeld in Rom*
Tarentus[1] ⟨ī⟩ *m* = ***Tarentum***[1]
Tarentus[2] ⟨ī⟩ *m* = ***Tarentum***[2]
tarmes ⟨itis⟩ *m* ||tero|| Plaut. Holzwurm
Tarpēius
I ⟨a, um⟩ *röm. Beiname*; ***Spurius Tarpeius*** *Kommandant des Kapitols, Vater der Tarpeia*; ***Tarpeia*** *der Sage nach die Tochter des Spurius Tarpeius, öffnete, vom Sabinerkönig Titus Tatius bestochen, den sabinischen Belagerern die Burg.*
II ⟨a, um⟩ *Adj* tarpejisch, des Tarpeius; ***mons T./saxum Tarpeium/rupes Tarpeiae*** Tarpejischer Felsen, *Steilabhang des Kapitols, von dem Hochverräter gestürzt wurden*
tarpessīta *u.* **tarpezīta** ⟨ae⟩ *m* ||griech. Fw.|| = ***trapezita***
Tarquiniēnsis ⟨e⟩ *Adj* aus Tarquinii, zu Tarquinii gehörig
Tarquiniī ⟨ōrum⟩ *n Stadt im s. Etrurien, Heimat des gleichnamigen Königsgeschlechts, heute Tarquinia*
Tarquinius ⟨a, um⟩ *Adj* aus Tarquinii, zu Tarquinii gehörig
Tarquinius ⟨ī⟩ *m Name der Könige Tarquinius Priscus u. Tarquinius Superbus sowie des Gatten der Lucretia, des Lucius Tarquinius Collatinus, u. des Sextus Tarquinius (Sohn des Tarquinius Superbus)*
Tarracīna ⟨ae⟩ *f u.* **Tarracīnae** ⟨ārum⟩ *f Hafenstadt im s. Latium, heute Terracina*

T

Tarracīnēnsis ⟨e⟩ *Adj* aus Tarracina, zu Tarracina gehörig
Tarracīnēnsis ⟨is⟩ *m* Einwohner von Tarracina
Tarracō ⟨ōnis⟩ *f Küstenstadt im NO Spaniens, heute Tarragona*
Tarracōnēnsis ⟨e⟩ *Adj* aus Tarraco, zu Tarraco gehörig
Tarracōnēnsis ⟨is⟩ *m* Einwohner von Tarraco
Tarsēnses ⟨ium⟩ *m* die Einwohner von Tarsos
Tarsos *u.* **Tarsus** ⟨ī⟩ *f alte Hauptstadt der Landschaft Kilikien, Heimat des Apostels Paulus*
Tartara ⟨ārum⟩ *f* = ***Tartarus***
Tartareus ⟨a, um⟩ *Adj* ||Tartarus||
1. des Tartaros, unterweltlich, *auch* unterirdisch
2. *fig* furchtbar, schrecklich
3. (*mlat.*) Höllen…; ***coloni Tartarei*** Dämonen
Tartarus ⟨ī⟩ *m* Tartaros, *Abgrund, in den Zeus die besiegten Titanen schleuderte*; Unterwelt
Tartēs(s)ius ⟨a, um⟩ *Adj* aus Tartes(s)us, zu Tartes(s)us gehörig
Tartēs(s)us ⟨ī⟩ *f Gegend u. Stadt im SW Spaniens, um 50 v. Chr. von den Karthagern od Kelten zerstört*
tat *u.* **tatae** *Interj* he!, ei! *als Ausdruck der Überraschung*
tata ⟨ae⟩ *m* (*vkl.*) *Lallwort* Papa
Tatius ⟨ī⟩ *m vollständig Titus Tatius, König der Sabiner, führte den Rachefeldzug gegen Rom wegen des Raubes der Sabinerinnen, bestach Tarpeia die Sabiner in die Stadt Rom einzulassen, später Mitregent des Romulus*
Taunus ⟨ī⟩ *m Gebirge ö. des Rheins*
taurea ⟨ae⟩ *f* ||taureus|| Ochsenziemer, *grobe Peitsche*
taureus ⟨a, um⟩ *Adj* ||taurus|| von Rindern; ***taurea terga*** Rinderhäute, *fig* Pauke
Taurī ⟨ōrum⟩ *m skythisches Volk auf der Krim*
Tauricus ⟨a, um⟩ *Adj* Ov. taurisch
tauri-fer ⟨fera, ferum⟩ *Adj* ||taurus, fero|| reich an Rindern
tauri-fōrmis ⟨e⟩ *Adj* ||taurus, forma|| Hor. in Gestalt eines Stieres
Tauriī lūdī *m röm. Fest zu Ehren der unterirdischen Götter*
Taurīnī ⟨ōrum⟩ *m ligurisches Volk am Oberlauf des Po mit Hauptstadt Augusta Taurinorum, heute Turin*
taurīnus ⟨a, um⟩ *Adj* ||taurus|| (*nachkl.*) *poet* von Stieren, Stier…
Taurīnus ⟨a, um⟩ *Adj* taurinisch
taurobolium ⟨ī⟩ *n* ||griech. Fw.|| Stieropfer *zu Ehren der Kybele*
Tauromenē ⟨ēs⟩ *f* = ***Tauromenium***
Tauromenitānus ⟨a, um⟩ *Adj* aus Tauromenium, zu Tauromenium gehörig
Tauromenium ⟨ī⟩ *n Stadt an der Ostküste Siziliens, heute Taormina*
taurus ⟨ī⟩ *m*
1. Stier, *auch als Sternbild*
2. Quint. Baumwurzel
Taurus ⟨ī⟩ *m Gebirge in Kleinasien*
taxātiō ⟨ōnis⟩ *f* ||taxo|| Schätzung
taxillus ⟨ī⟩ *m* ||*Dim von* talus|| kleiner Würfel, kleiner Klotz
taxō ⟨āvī, ātum, āre 1.⟩ ||*Freq von* tango|| (*nachkl.*)
1. hart berühren, wiederholt berühren
2. Sen. *durch Abtasten* schätzen, taxieren, *aliquid* etw, + *Abl/Gen pretii als Maß der Bewertung*
taxus ⟨ī⟩ *f* Eibe *mit giftigen Beeren*
Tāygeta ⟨ōrum⟩ *n u.* **Tāygetus** ⟨ī⟩ *m Gebirge zwischen Lakonien u. Messenien*
tē[1] *pers Pr Akk u. Abl* → ***tu***
-te[2] *Suffix, zur Verstärkung an Pron angehängt*; ***tute*** du (aber)
tech(i)na ⟨ae⟩ *f* ||griech. Fw.|| (Plaut., Ter.) listiger Streich
technicus ⟨ī⟩ *m* ||griech. Fw.|| Lehrer der Kunst, Techniker
technophyon *u.* **technyphion** *n, nur Akk* ||griech. Fw.|| Suet. kleines Kunstwerk, *Haus des Augustus für ungestörte Tage*
Tēcta via *f* überdachte Straße, *Säulenhalle, die zur Porta Capena führte*
tēctor ⟨ōris⟩ *m* ||tego|| Sen. Stuckateur, Freskenmaler
tēctōriolum ⟨ī⟩ *n* ||*Dim von* tectorium|| = ***tectorium***
tēctōrium ⟨ī⟩ *n* ||tectorius|| (*vkl., nachkl.*)
1. Tünche, Putz
2. Wandmalerei; Stuck
3. Iuv. *fig* Schminke
tēctōrius ⟨a, um⟩ *Adj* ||tector||
1. zum Dachdecken dienlich
2. zur Stuckarbeit gehörig, Stuck…; ***opus tectorium*** Stuckarbeit
Tectosagēs ⟨um⟩ *m u.* **Tectosagī** ⟨ōrum⟩ *m kelt. Stamm in Gallia Narbonensis, ein Teil wanderte nach Kleinasien aus*
► **tēctum** ⟨ī⟩ *n* ||*PPP von* tego||
1. Dach; Decke *eines Zimmers*; Zimmer
2. (*nachkl.*) *meton* Haus, Obdach, Wohnung; ***tectum subire*** unter Dach und Fach kommen
3. Betthimmel; Himmelbett
tēctus[1] ⟨a, um⟩ *PPP* → ***tego***
tēctus[2] ⟨a, um⟩ *Adj, Adv* ⟨tēctē⟩ ||tego||
1. gedeckt, bedeckt; *von Gebäuden u. Ä.* mit einem Dach versehen; ***navis tecta*** Caes. Schiff mit Verdeck
2. *fig* versteckt, verborgen, heimlich
3. geschützt
4. *von Personen u. der Rede* zurückhaltend, vorsichtig, *in re* in etw, bei etw, *ad aliquem* gegenüber j-m, vor j-m
tēd *pers Pr Akk u. Abl* (*altl.*) = ***te***; → ***tu***
Tegea ⟨ae⟩ *f alte Stadt in Arkadien*
Tegeaea ⟨ae⟩ *f* = Atalante
Tegeaeus ⟨a, um⟩ *Adj* aus Tegea, zu Tegea gehörig, *auch* arkadisch; ***aper T.*** der erymanthische Eber; ***virgo Tegeaea*** Jungfrau aus Tegea, = Kallisto
Tegeātēs ⟨ae⟩ *m* Einwohner von Tegea
teges ⟨etis⟩ *f* ||tego|| (*vkl.*) *poet* Decke, Matte
tegetīcula ⟨ae⟩ *f* ||*Dim von* teges|| (*nachkl.*) *poet* Deckchen
tēgillum ⟨ī⟩ *n* ||tego|| Plaut. kleine Decke, Kapuze
teg(i)men ⟨inis⟩ *n* ||tego||
1. Decke, Bedeckung, Hülle; Bekleidung; *von Tieren* Fell; Panzer, Harnisch; ***t. caeli*** Himmelsgewölbe
2. *fig* Schutz; ***t. totius exercitūs*** Liv. Schutz des ganzen Heeres

teg(i)mentum ⟨ī⟩ *n* ||tego||
1. Decke, Bedeckung, Überzug, Dach; ***t. scuti*** Schildüberzug
2. *fig* Schutz; ***t. corporis*** Körperschutz
▶ **tegō** ⟨tēxī, tēctum, tegere 3.⟩
1. decken, bedecken, *aliquem/aliquid re* j-n/etw mit etw; ***lumina somno t.*** die Augen zum Schlaf schließen
2. (*nachkl.*) bekleiden, verschleiern
3. *poet* bestatten
4. verstecken, *re* mit etw, in etw, unter etw, *aliquid a re* etw vor etw; *Passiv* sich verstecken; ***latebris se t.*** sich in Schlupfwinkeln verstecken
5. *fig* verheimlichen, *aliquid re* etw mit etw, etw hinter etw; ***res diutius tegi non potuit*** Caes. die Sache konnte nicht länger verheimlicht werden
6. *fig* beschönigen, ***turpia facta oratione*** Sall. Schandtaten durch eine Rede
7. schützen, *aliquid re* etw mit etw, *a re* vor etw, gegen etw; ***libertatem armis t.*** Sall. die Freiheit mit Waffen verteidigen; ***latus alicuius/alicui t.*** j-n begleiten; ***commissa t.*** Anvertrautes treu bewahren
tēgula ⟨ae⟩ *f* ||tego||
1. Dachziegel; *Pl* Ziegeldach
2. *Pl* Deckplatten
tegumen ⟨inis⟩ *n* = ***tegimen***
tegumentum ⟨ī⟩ *n* = ***tegimentum***
tegus ⟨oris⟩ *n* = ***tergus²***
Tēius
I ⟨a, um⟩ *Adj* aus Teos, zu Teos gehörig
II ⟨ī⟩ *m* Einwohner von Teos
tēla ⟨ae⟩ *f* ||texo||
1. Gewebe; Iuv. Spinnengewebe
2. Längsfaden *eines Gewebes*; ***licia telae addere*** ein neues Gewebe beginnen
3. Webstuhl
4. Webschiffchen
5. *fig* Ausgedachtes, listiger Anschlag
Telamō(n) ⟨ōnis⟩ *m Sohn des Aiakos (Aeacus), Vater des Aias (Aiax) u. Teukros (Teucer), König von Salamis u. Aigina (Aegina)*
Telamōniadēs ⟨ae⟩ *m* Nachkomme des Telamon, = Aias
Telamōnius ⟨a, um⟩ *Adj* des Telamon, zu Telamon gehörig
Telamōnius ⟨ī⟩ *m* Nachkomme des Telamon, = Aias
Telchīnes ⟨um⟩ *m* Telchinen, *kunstfertige Dämonen, bes auf Rhodos*
Tēleboae ⟨ārum⟩ *u.* ⟨um⟩ *m Stamm in Akarnanien, später auf Capri*
Tēlegonus ⟨ī⟩ *m Sohn des Odysseus u. der Kirke, kam nach Ithaka um seinen Vater kennen zu lernen, tötete diesen aber ohne ihn zu erkennen; Gründer von Tusculum*
Tēlemachus ⟨ī⟩ *m Sohn des Odysseus u. der Penelope*
Tēlephus ⟨ī⟩ *m Sohn des Herkules, König von Mysien*
tēlinum ⟨ī⟩ *n* ||griech. Fw.|| Plaut. kostbare Salbe
▶ **tellūs** ⟨ūris⟩ *f*
1. die Erde
2. Erde, Erdboden, Erdoberfläche; ***mare et t. nullum habebat discrimen*** Ov. Meer und Land unterschieden sich nicht
3. Grundstück; Landgut
4. Landschaft, Reich, Gebiet, Gegend, *auch* Volk
5. Ov. Fußboden
Tellūs ⟨ūris⟩ *f* Mutter Erde, *alte Göttin der Saatfelder*
▶ **tēlum** ⟨ī⟩ *n*
1. Wurfwaffe, Geschoss, Lanze, Pfeil, Schleuder; Blitz *Jupiters*; Dreizack *Neptuns*; ***nubes telorum*** Geschosshagel
2. Angriffswaffe; Dolch, Messer; Horn *von Tieren*
3. (*nachkl.*) *fig* Waffe
4. Liv. Schutzmittel; Hilfsmittel, Antrieb
temerārius ⟨a, um⟩ *Adj*, *Adv* ⟨temerāriē⟩ ||temere||
1. Plaut. zufällig
2. *von Personen* unbesonnen, waghalsig, verwegen
3. *von Sachen* unüberlegt, leichtfertig; ***tela temeraria*** blindlings abgeschossene Pfeile; ***lingua prompta et temeraria*** Liv. schnelle und leichtfertige Zunge
▶ **temere** *Adv*
1. zufällig, planlos, unbesonnen
2. *poet* ohne Grund, grundlos
3. ohne Weiteres; ***non temere*** kaum; ***nullus dies temere intercessit*** es verging kaum ein Tag; ***non/haud temere est*** es steckt etw dahinter
▶ **temeritās** ⟨ātis⟩ *f* ||temere||
1. blinder Zufall
2. Unbesonnenheit, Leichtfertigkeit, Verwegenheit; unüberlegtes Urteil
temerō ⟨āvī, ātum, āre 1.⟩ (*nachkl.*) entweihen, ***templa Minervae*** die Tempel der Minerva; ***aliquam t.*** eine Frau vergewaltigen; ***fluvios venenis t.*** die Flüsse vergiften
Temesa ⟨ae⟩ *f u.* **Temesē** ⟨ēs⟩ *f Stadt in Bruttium*
tēmētum ⟨ī⟩ *n* berauschendes Getränk, Met, Wein, Most
temnō ⟨tempsī, temptum, temnere 3.⟩ (*nachkl.*) *poet* verachten, verschmähen; ***haud temnendus*** nicht zu verachten
tēmō ⟨ōnis⟩ *m*
1. Deichsel; Pflugbaum
2. Wagen, *als Sternbild*
Tempē *indekl n Pl Tal des Peneios zwischen Ossa u. Olymp in Thessalien*; Tal, Waldtal
temperāmentum ⟨ī⟩ *n* ||tempero||
1. richtige Mischung; ***t. caeli*** gemäßigtes Klima
2. Liv. Mittelweg, Kompromiss
3. Sen. Mäßigung
temperāns *Gen* ⟨antis⟩ *Adj*, *Adv* ⟨temperanter⟩ ||tempero|| sich mäßigend, mäßig, maßvoll, enthaltsam
▶ **temperantia** ⟨ae⟩ *f* ||temperans|| das Maßhalten, Mäßigung, Selbstbeherrschung
temperātiō ⟨ōnis⟩ *f* ||tempero||
1. richtige Mischung; ***aeris t.*** richtige Mischung des Erzes; ***t. caeli*** gemäßigtes Klima
2. richtiger Aufbau, guter Zustand, ***rei publicae*** des Staates
3. ordnendes Prinzip
temperātor ⟨ōris⟩ *m* ||tempero|| Ordner, Gestalter
temperātūra ⟨ae⟩ *f* ||tempero|| richtige Mischung; ***utilis et salubris t.*** zuträgliche und gesunde Wärme
temperātus ⟨a, um⟩ *Adj*, *Adv* ⟨temperātē⟩ ||tempero||

T

1. richtig gemischt; *vom Klima* gemäßigt
2. *fig* Maß haltend; ruhig, besonnen

temperī *Adv* ||tempus[1]|| zur rechten Zeit; ***temperius*** zeitiger, zu früh

temperiēs ⟨ēī⟩ *f* = ***temperatio***; *bes* milde Wärme

temperius *Adv Komp* → ***temperi***

▶ **temperō** ⟨āvī, ātum, āre 1.⟩ ||*Denom von* tempus[1]||

I *v/i*

1. (*vkl., nachkl.*) Maß halten, sich mäßigen, *in re* in etw
2. mit Maß gebrauchen, *alicui rei* etw; ***t. alicui*** j-m Einhalt gebieten
3. sich fern halten, *a re / re* von etw, + *Inf*; ***sibi t.*** sich fern halten; ***ab iniuria t.*** sich des Unrechts enthalten

II *v/t*

1. einrichten, ordnen
2. (*nachkl.*) *poet* richtig mischen, *aliquid re* etw mit etw
3. temperieren, richtig wärmen, richtig kühlen
4. mit Maß gebrauchen, mildern, besänftigen; ***calores solis t.*** die Sonnenhitze abmildern
5. von *etw* fern halten, vor *etw* bewahren, *a re*
6. richtig leiten, richtig regieren; ***navem t.*** ein Schiff richtig lenken

▶ **tempestās** ⟨ātis⟩ *f* ||tempus[1]||

1. Zeitabschnitt, Zeit, Zeitpunkt; ***aedem tempestate*** zur selben Zeit; ***multis ante tempestatibus*** vor langer Zeit; ***in paucis tempestatibus*** in wenigen Jahren
2. Wetter; ***ad navigandum idonea t.*** für die Seefahrt günstiges Wetter
3. Unwetter, Gewitter, Sturm; ***magna t. oritur*** ein heftiger Sturm erhebt sich
4. *fig* stürmische Zeit; schlimmes Unglück; ***maximas rei publicae tempestates subire*** das allerschlimmste Unglück des Staates auf sich nehmen
5. *fig von Personen* Vernichter, Störer; ***t. Siculorum*** Vernichter der Sizilier, = Verres

tempestīva ⟨ōrum⟩ *n* ||tempestivus|| rechter Zeitpunkt

tempestīvitās ⟨ātis⟩ *f* ||tempestivus|| rechte Zeit

tempestīvum ⟨ī⟩ *n* ||tempestivus|| rechter Zeitpunkt

tempestīvus ⟨a, um⟩ *Adj, Adv* ⟨tempestīvē⟩ *u.* ⟨tempestīvō⟩ ||tempus[1]||

1. zeitgemäß, rechtzeitig; ***arbores tempestive caedere*** Bäume zur rechten Zeit fällen
2. *fig* geeignet, passend, günstig, *ad aliquid* zu etw, für etw, *alicui* für j-n; ***parum t.*** ungelegen
3. *von Früchten* reif; *fig von Personen* reif, *alicui rei* für etw, + *Inf*
4. frühzeitig; ***convivium tempestivum*** üppiges Gelage

templarius ⟨i⟩ *m* (*mlat.*) Tempelherr, *Angehöriger eines geistlichen Ritterordens*

▶ **templum** ⟨ī⟩ *n*

1. Beobachtungskreis, für die Vogelschau abgegrenzter Raum
2. Höhe, Anhöhe; Raum; ***caeli lucida templa*** die lichten Räume des Himmels
3. Heiligtum, Tempel; ***t. Cereris*** Tempel der Ceres
4. (*mlat.*) Kloster, Kirche
5. (*mlat.*) Tempelorden, *ein geistlicher Ritterorden*

temporālis ⟨e⟩ *Adj* ||tempus[1]||

1. (*nachkl.*) eine Zeit dauernd
2. GRAM zeitlich; ***verbum temporale*** Zeitwort, Verb
3. (*mlat.*) vergänglich, irdisch

temporārius ⟨a, um⟩ *Adj* ||tempus[1]||

1. den Umständen angepasst
2. nur kurze Zeit dauernd; JUR zeitlich begrenzt

temporī *Adv* = ***temperi***

tempsī → ***temno***

temptābundus ⟨a, um⟩ *Adj* ||tempto|| Liv. umhertastend

temptāmen ⟨inis⟩ *n* (*spätl.*) = ***temptamentum***

temptāmentum ⟨ī⟩ *n* ||tempto||

1. Probe, Versuch
2. Versuchung

temptātiō ⟨ōnis⟩ *f* ||tempto||

1. Versuch, Erprobung; ***t. abolendi magistratūs*** Versuch der Amtsenthebung
2. Anfall *einer Krankheit*

temptātor ⟨ōris⟩ *m* ||tempto|| *poet* Versucher *im erotischen Sinn*

temptō ⟨āvī, ātum, āre 1.⟩

1. betasten, berühren, *aliquid re* etw mit etw; ***ficum rostro t.*** mit dem Schnabel in die Feige hacken; ***venas t.*** (*nachkl.*) MED den Puls fühlen
2. nach *etw* streben, *etw* versuchen, *etw* zu erreichen suchen, *aliquid*; ***vadum fluminis t.*** den Übergang über den Fluss zu erzwingen suchen; ***spem pacis t.*** versuchen, ob noch Hoffnung auf Frieden vorhanden ist; ***t. aures alicuius*** versuchen, wie viel die Ohren j-s vertragen können
3. *feindlich* angreifen; *von Krankheiten* befallen; *fig* sich vergreifen, *aliquid* an etw; ***pedes t.*** die Füße lähmen; ***oves temptat scabies*** Räude befällt die Schafe
4. untersuchen, prüfen; ***Thetim ratibus t.*** mit Schiffen die See befahren
5. in Versuchung führen, zu gewinnen versuchen, beunruhigen, *aliquem / animum alicuius* j-n; ***Iunonem t.*** versuchen Juno zu verführen; ***iudicium pecuniā t.*** versuchen die Richter zu bestechen; ***precibus t.*** mit Bitten bestürmen

temptus ⟨a, um⟩ *PPP* → ***temno***

tempus[1] ⟨oris⟩ *n*

1. Zeitspanne, Zeitabschnitt; Lebenszeit; Dauer, Frist; ***t. diei*** Tageszeit; ***t. anni*** Jahreszeit; ***in omne tempus*** für immer; ***ex tempore*** aus dem Stegreif; ***in singula diei tempora*** stündlich; ***t. praesens*** Gegenwart; ***in tempus praesens*** für jetzt; ***t. praeteritum*** Vergangenheit; ***hoc tempore*** zu dieser Zeit; ***haec tempora*** unsere Zeit; ***ad tempus / in tempus*** eine Zeit lang, vorübergehend; ***t. belli parandi*** Zeit den Krieg vorzubereiten; ***cum tempore*** (*mlat.*) mit akademischem Viertel, *abgek c. t., z. B. 12 c. t. = 12.15 Uhr*; ***sine tempore*** ohne akademisches Viertel, pünktlich, *abgek s. t.*
2. Zeitpunkt; ***t. cenae*** Essenszeit
3. Zeit; ***tempus ponere in re / conferre in aliquid*** Zeit auf etw verwenden
4. passende Zeit, günstiger Augenblick, Gelegenheit, *alicuius rei* zu etw; ***tempore dato*** bei Gelegenheit; ***ipso tempore*** gerade zur rechten Zeit; ***ante tempus*** vor der Zeit; ***ad tempus / (in) tempore*** im richtigen Augenblick; ***t. est*** es ist an der Zeit, +

Infl + AcI
5. *Sg u. Pl* Zeitumstände, Verhältnisse, Lage; missliche Umstände, traurige Lage, Not, Gefahr; ***tempori/temporibus servire/cedere*** sich an die Verhältnisse anpassen; ***orationes sunt temporum*** die Reden richten sich nach der Zeit; ***(in) hoc/tali tempore*** unter solchen Umständen; ***ex tempore/pro tempore/ad tempus*** nach Lage der Dinge; ***pro tempore et re*** nach Zeit und Umständen; ***extremum/ultimum t.*** höchste Gefahr
6. METR Zeit *zur Aussprache einer Silbe od eines Wortes*, Quantität
7. (*vkl., nachkl.*) GRAM Tempus
▶ **tempus**[2] ⟨oris⟩ *n* Schläfe; *Pl* Gesicht, Kopf
tēmulentia ⟨ae⟩ *f* ||temulentus|| Trunkenheit
tēmulentus ⟨a, um⟩ *Adj* berauscht, betrunken; Betrunkenheit verratend
tenācitās ⟨ātis⟩ *f* ||tenax|| das Festhalten; *fig* Geiz
tenāx *Gen* ⟨ācis⟩ *Adj, Adv* ⟨tenāciter⟩ ||teneo||
1. festhaltend, fähig festzuhalten
2. fest, zäh
3. *fig* beharrlich, hartnäckig, störrisch
4. geizig
Tencterī ⟨ōrum⟩ *u.* ⟨um⟩ *m germ. Volk am Unterrhein*
tendicula ⟨ae⟩ *f* ||tendo||
1. Seil
2. *fig* Fallstrick; ***tendiculae litterarum*** Schlingen der buchstäblichen Auslegung der Gesetze
tendō ⟨tetendī, tentum, tendere 3.⟩

I
1. spannen, anspannen
2. ausspannen
3. ausstrecken, ausbreiten
4. hinreichen
5. richten, lenken
II
1. lagern
2. sich aufstellen
3. eilen, gehen
4. auf j-n losgehen
5. sich hinziehen, sich erstrecken
6. streben
7. sich anstrengen
8. streiten, kämpfen

I *v/t*
1. spannen, anspannen; ***plagas t.*** Fallen stellen; ***barbiton t.*** die Leier mit Saiten bespannen, die Leier stimmen; ***insidias t. alicui*** j-m einen Hinterhalt legen
2. ausspannen, ***vela*** die Segel; ***tenta t.*** Zelte aufschlagen
3. ausstrecken, ausbreiten; ausdehnen, verlängern; ***manūs t.*** die Hände ausstrecken, *alicui/ad aliquem* nach j-m; ***bracchia matri t.*** die Arme nach der Mutter ausstrecken
4. hinreichen; *fig* verleihen, *alicui aliquid* j-m etw; ***vincula alicui t.*** j-m Fesseln anlegen
5. *poet* richten, lenken; abschießen; ***fugam ad aliquem t.*** zu j-m fliehen; ***sagittas arcu t.*** Pfeile mit dem Bogen abschießen
II *v/i*
1. MIL *in Zelten* lagern, ***Lugduni*** in Lugdunum
2. (*nachkl.*) sich aufstellen, ***ante signa*** vor den Feldzeichen
3. eilen, gehen, marschieren, sich begeben, ***in castra*** ins Lager, ***haec limina*** zu diesem Haus; ***quo tendis*** wo willst du hin?
4. (*nachkl.*) *feindlich* auf *j-n* losgehen, sich auf *j-n* werfen, *in aliquem*; ***in hostem t.*** sich auf den Feind stürzen
5. (*nachkl.*) *fig von Leblosem* sich hinziehen, sich erstrecken, reichen; ***via tendit sub moenia Ditis*** der Weg zieht sich hin bis an die Mauern der Unterwelt; ***quorsum haec tendunt?*** wohin zielen diese Worte?
6. streben, *ad aliquid* nach etw, *ut/ne* dass/dass nicht, *+ Infl + AcI*; ***ultra t.*** noch weiter streben; ***ad societatem Romanam t.*** sich zur römischen Gemeinschaft hingezogen fühlen
7. (*nachkl.*) sich anstrengen, *in re* bei etw, *ut/ne* dass/dass nicht, *+ Infl + AcI*
8. streiten, kämpfen, *contra aliquem/adversus aliquem* gegen j-n; verfechten, *aliquid* etw
▶ **tenebrae** ⟨ārum⟩ *f*
1. Finsternis, Dunkelheit; Nacht; ***tenebris*** bei Dunkelheit
2. dunkler Ort, finsterer Kerker; Bordell; Schlupfwinkel; ***in vinculis et tenebris*** Cic. im dunklen Kerker
3. *fig* dunkles Schicksal, schlechte Lage
4. *fig* Unklarheit; ***t. erroris*** Unklarheit des Irrtums
5. dunkle Herkunft
6. Blindheit
7. *fig* Schwermut
8. Plaut. Dunst
tenebricōsus ⟨a, um⟩ *Adj* ||tenebricus||
1. in Dunkel gehüllt, dunkel, finster; *fig* unbekannt
2. verfinstert
tenebricus *u.* **tenebrōsus** ⟨a, um⟩ *Adj* ||tenebrae|| (*spätl.*) *poet* finster, dunkel
Tenedius
I ⟨a, um⟩ *Adj* aus Tenedos, zu Tenedos gehörig
II ⟨ī⟩ *m* Einwohner von Tenedos
Tenedos *u.* **Tenedus** ⟨ī⟩ *f Insel vor Troja*
tenellulus ⟨a, um⟩ *Adj* ||*Dim von* tenellus|| Catul. äußerst zart
tenellus ⟨a, um⟩ *Adj* ||*Dim von* tener|| (*unkl.*) sehr zart
teneō ⟨tenuī, tentum, tenēre 2.⟩

I
1. halten, festhalten
2. umfassen, umarmen
3. erfasst haben, begreifen
4. richten
5. erreichen
6. überführt haben
7. besitzen
8. einnehmen, bewohnen
9. befehligen
10. einnehmen
11. behalten, bewahren
12. erhalten
13. beibehalten
14. fesseln, erfreuen

T

15. verpflichten, binden
16. zurückhalten, aufhalten
17. unterdrücken
18. hinhalten, warten lassen
19. fern halten, abhalten
20. halten für
II
1. fahren
2. sich erhalten, dauern

I *v/t*
1. halten, festhalten, *auch fig*, ***aliquem/aliquid manu*** j-n/etw mit der Hand, j-n/etw an der Hand, ***in manu*** in der Hand
2. umfassen, umarmen; ***aliquem complexu t.*** j-n umarmen
3. *geistig* erfasst haben, begreifen, kennen; ***rem manu t.*** etw deutlich erkennen; ***res oculis et manibus tenetur*** etw ist ersichtlich und handgreiflich; ***tenes/tenesne?*** kapierst du es?
4. richten, *aliquid ad aliquid/in aliquid* etw auf etw; ***oculos sub astra t.*** die Augen auf die Sterne richten; ***iter t.*** einen Weg einschlagen
5. erreichen, *auch fig*, ***portum*** den Hafen; ***regnum t.*** die Herrschaft erlangen
6. überführt haben; *Passiv* überführt werden, überführt sein, sich schuldig gemacht haben, *alicuius rei/in re* einer Sache, ***testibus*** durch Zeugen; ***teneo te*** da habe ich dich
7. besitzen; ***prima t.*** den ersten Platz einnehmen; ***teneri ab aliquo*** in j-s Händen sein; ***urbs ab hostibus tenetur*** die Stadt ist in den Händen der Feinde
8. *einen Platz* einnehmen, bewohnen; sich aufhalten, *locum* an einem Ort; MIL besetzt halten; ***Delphos t.*** in Delphi wohnen
9. (*nachkl.*) *Truppen* befehligen; *vom Herrscher* beherrschen
10. *Raum* einnehmen; ***teneri re*** in etw enthalten sein, zu etw gehören
11. *Besitz* behalten, bewahren; MIL erfolgreich verteidigen
12. *in einem Zustand od in einer Tätigkeit* erhalten; ***terra tenetur nutu suo*** die Erde wird durch ihre Schwerkraft im Gleichgewicht gehalten; ***se quietem t.*** sich ruhig halten
13. beibehalten; ***cursum t.*** den Kurs einhalten; ***institutum t.*** seiner Weise treu bleiben
14. *geistig* fesseln, erfreuen; *von Gefühlen u. Ä.* beherrschen
15. verpflichten, binden; *Passiv* durch *etw* gebunden sein, zu *etw* verpflichtet sein, *re*; ***promisso teneri*** zur Erfüllung seines Versprechens verpflichtet sein; ***poenā teneri*** Strafe verdienen
16. zurückhalten, aufhalten; ***non teneo te pluribus*** ich will dich nicht lange aufhalten, ich will es kurz machen; ***teneri/me t. non possum, quin*** ich kann mich nicht zurückhalten etw zu tun
17. unterdrücken; verschweigen; ***lacrimas t.*** die Tränen unterdrücken
18. hinhalten, warten lassen
19. fern halten, abhalten, *aliquem a re* j-n von etw
20. halten für, + *dopp. Akk*
II *v/i*
1. fahren, *ad locum/in locum* an einen Ort; ***ventus adversum tenet alicui*** der Wind weht j-m entgegen
2. sich erhalten, dauern; ***imber per totam noctem tenuit*** der Regen hielt die ganze Nacht an

▶ **tener** ⟨era, erum⟩ *Adj, Adv* ⟨tenerē⟩
1. dünn, fein, zart; ***glacies tenera*** dünne Eisschicht; ***femur tenerum*** zarter Schenkel
2. *fig* jugendlich, jung; ***aetas tenera*** jugendliches Alter; ***annus t.*** Frühling; ***a teneris unguiculis*** von klein auf
3. empfindsam; weichlich
4. zärtlich, verliebt; wollüstig

tenerāscō ⟨-, -, āscere 3.⟩ ||*Inkoh zu* tener|| zart werden

teneritās ⟨ātis⟩ *f u.* (*vkl., nachkl.*) **teneritūdō** ⟨inis⟩ *f* ||tener|| Zartheit

tenesmos ⟨ī⟩ *m* ||griech. Fw.|| Nep. Darmkrampf

tennitur Ter. = ***tenditur***; → ***tendo***

tenor ⟨ōris⟩ *m* ||tendo, teneo||
1. *ununterbrochener* Lauf, Schwung; ***hasta servat tenorem*** Verg. die Lanze fliegt weiter
2. *fig* Verlauf, Dauer, Zusammenhang; ***uno tenore*** in einem Zug, in einem fort
3. (*nachkl.*) Eigenart, Grundhaltung
4. Quint. Ton einer Silbe; ***t. gravis*** dunkler Ton; ***t. acutus*** heller Ton
5. (*mlat.*) Inhalt, Sinn

Tēnos *u.* **Tēnus** ⟨ī⟩ *f Kykladeninsel, heute Tinos*

tēnsa ⟨ae⟩ *f* Suet. Prozessionswagen *zum Befördern der Götterbilder*

tent... *auch* = ***tempt...***

tentīgō ⟨inis⟩ *f* ||tendo|| (Hor., Iuv.) sexuelle Erregung

tentōriolum ⟨ī⟩ *n* ||*Dim von* tentorium|| (*nachkl.*) kleines Zelt

tentōrium ⟨ī⟩ *n* ||tendo|| (*nachkl.*) Zelt

tentus ⟨a, um⟩ *PPP* → ***tendo*** *u.* → ***teneo***

tenuiculus ⟨a, um⟩ *Adj* ||*Dim von* tenuis|| recht ärmlich

▶ **tenuis** ⟨e⟩ *Adj, Adv* ⟨tenuiter⟩
1. dünn, fein, zart; ***aurum tenue*** Goldfäden; ***ventus t.*** sanfte Brise
2. schmal, eng; ***agmen militum t.*** dünn aufgestellte Reihe von Soldaten
3. schmächtig, zierlich; ***t. vulpecula*** schmächtiges Füchslein
4. seicht, flach
5. *von Flüssigkeiten* klar, rein
6. unbedeutend, schwach; *vom Stand* niedrig, gering; ***oppidum tenue*** unbedeutende Stadt; ***tenuiores*** Leute niederen Standes
7. arm, ärmlich, spärlich; ***victus t.*** schmale Kost
8. schlicht, einfach, *bes von der Rede u. vom Redner*
9. gründlich, genau; ***distinctio t.*** genaue Unterscheidung
10. *Adv auch* leichthin

tenuitās ⟨ātis⟩ *f* ||tenuis||
1. Feinheit
2. Schmächtigkeit, Magerkeit
3. *fig von Personen u. Sachen* Dürftigkeit, Armseligkeit
4. *fig* Schlichtheit, Einfachheit, *bes von Rede u. Redner*

tenuō ⟨āvī, ātum, āre 1.⟩ ||*Denom von* tenuis||

1. dünn machen, verdünnen; ***se in undas t.*** sich in Wasser auflösen
2. *Passiv* abmagern
3. vermindern, verringern, herabsetzen
4. *vom Dichter* zart ausspinnen

tenus[1] ⟨oris⟩ *n* Schnur mit Schlinge *zum Vogelfang*

tenus[2] *indekl n, nach Gen od Abl* bis an, bis zu; ***Tauro tenus regnare*** bis an den Taurus herrschen; ***verbo tenus*** nur dem Namen nach; ***vulneribus tenus*** bis zum Blutvergießen; ***nomine tenus*** nur zum Schein; ***Rheno tenus*** (*mlat.*) rheinabwärts

Teos *u.* **Teus** ⟨ī⟩ *f Stadt nw. von Ephesus, Heimat des Dichters Anakreon, Überreste sw. von Izmir*

tepe-faciō *u.* **tepē-faciō** ⟨fēcī, factum, facere 0.⟩ ||tepeo|| erwärmen, erhitzen

tepe-factō ⟨-, -, āre 1.⟩ ||*Intens von* tepefacio|| erwärmen

tepeō ⟨uī, -, ēre 2.⟩ (*nachkl.*)
1. lauwarm sein, warm sein
2. *fig* verliebt sein
3. *fig* lau in der Liebe sein

tepēscō ⟨tepuī, -, tepēscere 3.⟩ ||*Inkoh von* tepeo||
I *v/i* lauwarm werden, warm werden; erkalten
II *v/t* erwärmen

tepidārium ⟨ī⟩ *n* ||tepidarius|| Tepidarium, *Raum in den röm. Bädern mit mäßig warmer Luft*

tepidārius ⟨a, um⟩ *Adj* ||tepidus|| Vitr. mit lauem Wasser

tepidus ⟨a, um⟩ *Adj, Adv* ⟨tepidē⟩ ||tepeo|| (*unkl.*)
1. angenehm warm, körperwarm, lauwarm
2. kühl, schon erkaltend; *fig* erkaltet, gleichgültig; ***ius tepidum*** Hor. eine nur noch lauwarme Brühe; ***tepida mens*** Ov. erkaltete Liebe

tepor ⟨ōris⟩ *m* ||tepeo||
1. milde Wärme; *Pl* (*nachkl.*) Fieberhitze; ***vernus t.*** Frühlingswärme
2. (*nachkl.*) Kühle; *fig* Mattigkeit

tepuī → ***tepeo*** *u.* → ***tepesco***

▶ **ter** *Adv num.* ||tres||
1. dreimal
2. zum dritten Mal
3. mehrmals

Ter. *Abk* = ***Tere(n)tinā (tribu)*** aus der terentischen Tribus

ter-centum *indekl Num card* = ***trecenti***

ter-deciē(n)s *Adv num.* dreizehnmal; ***terdecies sestertium*** 1300000 Sesterze

terebinthīnus ⟨a, um⟩ *Adj* ||terebinthus|| von der Terebinthe

terebinthus ⟨ī⟩ *f* ||griech. Fw.|| Terpentinbaum, Terebinthe, *Pistazienart, harzreicher Baum*

terebra ⟨ae⟩ *f* Vitr. Bohrer

terebrō ⟨āvī, ātum, āre 1.⟩ ||*Denom von* terebra|| (*unkl.*) ausbohren, durchbohren, durchlöchern, *aliquid re* etw mit etw; *fig j-m* zusetzen, *aliquem*

terēdō ⟨inis⟩ *f* ||griech. Fw.|| Ov. Holzwurm

Terentiānus ⟨a, um⟩ *Adj* des Terentius, zu Terentius gehörig

Terentīnus ⟨a, um⟩ *Adj* = ***Tarentinus***[2]

Terentius ⟨a, um⟩
I *röm. Gentilname*
1. ***C. Terentius Varro*** *216 v. Chr. Konsul, kämpfte bei Cannae*
2. ***P. Terentius Afer*** *Komödiendichter aus Karthago, 185–159 v. Chr.*
3. ***M. Terentius Varro*** *Gelehrter u. Schriftsteller, 116–28 v. Chr., erhalten: De re rustica, De lingua Latina*
4. ***P. Terentius Atacinus*** *epischer Dichter, geb. 82 v. Chr., benannt nach dem Fluss Atax in Gallia Narbonensis*
5. ***Terentia*** *Ciceros erste Gattin, 46 v. Chr. geschieden.*
II *Adj* des Terentius, zu Terentius gehörig

Terentum ⟨ī⟩ *n u.* **Terentus** ⟨ī⟩ *m* = ***Tarentum***[2]

teres *Gen* ⟨etis⟩ *Adj*
1. länglich rund, zylindrisch; ***teretes stipes*** länglich runde Pfähle
2. *fig von Körpern u. Körperteilen* drall, rundlich; glatt, zierlich; ***teretes surae*** runde Waden
3. *von der Rede* elegant, geschmackvoll

Terēus ⟨eī⟩ *u.* ⟨eos⟩ *m* MYTH *König von Thrakien, Gatte der Prokne, wegen Vergewaltigung seiner Schwägerin Philomela in einen Wiedehopf verwandelt*

ter-geminus ⟨a, um⟩ *Adj* = ***trigeminus***

tergeō ⟨tersī, tersum, tergēre 2.⟩
1. abwischen, abtrocknen, reinigen, ***mensas*** Tische
2. ***t. palatum*** Hor. *fig* den Gaumen kitzeln
3. *fig* sühnen

Tergeste ⟨is⟩ *n Stadt in Istrien, heute Triest*

Tergestīnus ⟨a, um⟩ *Adj* aus Tergeste, zu Tergeste gehörig

Tergestīnus ⟨ī⟩ *m* Einwohner von Tergeste

tergīnum ⟨ī⟩ *n* ||tergum|| (*vkl.*) *poet* Lederpeitsche

tergiversātiō ⟨ōnis⟩ *f* ||tergiversor|| das Zögern, Verzögerung

tergi-versor ⟨ātus sum, ārī 1.⟩ ||tergum|| sich drehen und winden, sich sträuben, Ausflüchte gebrauchen

tergō ⟨tersī, tersum, tergere 3.⟩ = ***tergeo***

▶ **tergum** ⟨ī⟩ *n u.* **tergus**[1] ⟨ī⟩ *m*
1. Rücken, *oft Pl*; ***tergum vertere*** fliehen; ***terga dare alicui*** j-m den Rücken zukehren, vor j-m fliehen; ***terga fugae praebere/praestare*** fliehen; ***terga praebere Phoebo*** sich sonnen; ***tergo puniri*** mit Ruten gepeitscht und geköpft werden; ***terga Parthorum dicere*** von der Flucht der Parther singen; ***in tergum*** rückwärts; ***a tergo*** hinten, von hinten, *auch* hinterher; ***post tergum*** hinter sich
2. *poet* Körper *von Tieren*
3. (*nachkl.*) *fig* Rückseite, Hinterseite; Hintergrund
4. *fig* Oberfläche
5. *meton* Haut, Fell, Leder; aus Leder gefertigter Gegenstand; Überzug; Schlauch, Lederschild; Handpauken; ***terga novena boum*** aus neun Lagen Rinderhaut bestehender Schild

tergus[2] ⟨oris⟩ *n* (*nachkl.*)
1. Rücken *von Tieren*
2. *meton* Rückenstück, Schinken
3. Haut, Fell; ***septem taurorum t.*** Schild aus sieben Rinderhäuten

termentum ⟨ī⟩ *n* ||tero|| Plaut. Schaden

termes ⟨itis⟩ *m* (*nachkl.*) *poet* abgeschnittener Zweig

Termināla ⟨ium⟩ *n* die Terminalien, *Fest zum Jahresende am 23. Februar*

terminātiō ⟨ōnis⟩ *f* ||termino||

1. Festsetzung der Grenze; *fig* Begriffsbestimmung
2. *fig* Abgrenzung, Urteil
3. RHET, LIT Klausel, Abschluss einer Periode

terminō ⟨āvī, ātum, āre 1.⟩ ||*Denom von* terminus||
1. begrenzen, abgrenzen, *aliquid a re* etw von etw; *Passiv* an *etw* stoßen, *re*; ***agrum publicum a privato t.*** Staatsland von Privatland abgrenzen
2. *fig* beschränken, einschränken, *aliquid re* etw durch etw, etw auf etw
3. *fig* bestimmen, bemessen, *aliquid re* etw nach etw; ***bona voluptate t.*** die Güter nach der Lust bestimmen
4. *fig* beenden; RHET mit einer Klausel abschließen; ***bellum t.*** den Krieg beenden; ***oratio terminata*** mit einer Klausel abgeschlossene Rede

terminus ⟨ī⟩ *m*
1. Grenzstein; *Pl* Grenze, Grenzgebiet; ***terminos commutare*** Grenzsteine versetzen
2. *fig* Grenze, Schranke; ***termini virium*** Tac. Grenze der Macht
3. *fig* Ende, Schluss; ***t. vitae*** Lebensende
4. ***termini sancti Petri*** (*mlat.*) Kirchenstaat
5. ***t. ante quem/post quem*** Zeitpunkt, vor dem/nach dem etw geschieht

Terminus ⟨ī⟩ *m* (*nachkl.*) Grenzgott

ternī ⟨ae, a⟩ *Num distr* ||tres||
1. je drei
2. (*nachkl.*) dreifach
3. *poet* drei zusammen, zu dritt

terō ⟨trīvī, trītum, terere 3.⟩
1. (*unkl.*) reiben, abreiben; ***labellum calamo t.*** die Hirtenflöte blasen; ***metam curru t.*** die Zielsäule mit dem Wagen streifen; ***calcem calce t.*** j-s Ferse mit der Ferse streifen, j-n im Lauf einholen
2. (*unkl.*) polieren, glätten; ***radios rotis t.*** Stäbe drechseln
3. abnutzen; abstumpfen; ***vestem t.*** ein Kleid abtragen
4. Geschlechtsverkehr haben, *aliquem* mit j-m
5. *Getreide* dreschen; ***area bis frugibus trita est*** es ist zweimal Ernte gewesen
6. zerreiben, zermahlen
7. (*nachkl.*) *fig* aufreiben, mürbe machen, *aliquem in re* j-n bei etw, j-n mit etw
8. oft benutzen, viel gebrauchen; ***viam t.*** einen Weg häufig gehen
9. *fig Zeit* verbringen; *pej* vergeuden, *re* mit etw, *in re* bei etw, in etw; ***aevum ferro t.*** eine Zeit unter Waffen zubringen

T

Terpsichorē ⟨ēs⟩ *f Muse der Tanzkunst*; *fig* Muse

terra ⟨ae⟩ *f*
1. die Erde
2. Erde *als Stoff*; ***aqua et t.*** Wasser und Erde
3. Erdboden, Boden; ***terrae motus*** Erdbeben; ***ad terram*** zu Boden; ***terrae procumbere*** zu Boden fallen
4. Land ↔ *Meer u. Himmel*; ***terrā marique*** zu Land und zu Wasser; ***a terra*** von der Landseite
5. *Pl* Unterwelt; ***in terris*** in der Unterwelt
6. Land, Landschaft; ***t. Italia*** das Land Italien
7. *Pl* die ganze Erde, die bewohnte Erde; die Menschen; ***orbis terrarum*** Erdkreis, *bes* das römische Weltreich; ***orbis terrae*** alle Welt; ***ubi terrarum?*** wo auf der Welt?
8. ***t. sigillata*** (*nlat.*) *seit der frühen Kaiserzeit hergestellte Keramik mit Reliefschmuck*

Terra ⟨ae⟩ *f* Erdgöttin, *Mutter der Titanen*

▶ **terrāneola** ⟨ae⟩ *f* ||terra|| „Erdmännchen“, *ein Vogel, der sein Nest auf dem Boden baut*

terrēna ⟨ōrum⟩ *n* ||terrenus|| Landtiere

terrēnum ⟨ī⟩ *n* ||terrenus|| (*nachkl.*) Erdreich

terrēnus ⟨a, um⟩ *Adj* ||terra||
1. aus Erde, irden; ***fornax terrena*** Ziegelofen
2. auf der Erde befindlich; Erd…, Land…
3. (*nachkl.*) *fig* irdisch, sterblich; ***terrena natura*** sterbliche Natur
4. unterirdisch

▶ **terreō** ⟨uī, itum, ēre 2.⟩
1. schrecken, erschrecken, aufschrecken
2. aufscheuchen, jagen
3. abschrecken, *aliquem a re* j-n von etw

terrester ⟨tris, tre⟩ *Adj* (*unkl.*) *u.* **terrestris** ⟨e⟩ *Adj* ||terra||
1. irdisch, Erd…
2. zu Lande, auf dem Land lebend; ***aves terrestres*** auf dem Land lebende Vögel

terreus ⟨a, um⟩ *Adj* ||terra|| (*vkl.*) *poet* aus Erde; ***terrea progenies*** Verg. Erdengeschlecht

▶ **terribilis** ⟨e⟩ *Adj* ||terreo|| schrecklich, furchtbar, *alicui* für j-n; ***terribile aspectu*** schrecklich anzuschauen;

terricula ⟨ae⟩ *f u.* **terriculum** ⟨ī⟩ *n* ||terreo|| (*vkl., nachkl.*) Schreckmittel

terrificō ⟨-, -, āre 1.⟩ ||*Denom von* terrificus|| erschrecken, *aliquem* jdn

terri-ficus ⟨a, um⟩ *Adj* ||terreo, facio|| (*nachkl.*) *poet* Schrecken erregend

terri-gena ⟨ae⟩ *m u. f* ||terra, gigno|| erdgeboren

terri-loquus ⟨a, um⟩ *Adj* ||terreo, loquor|| schrecklich redend

terri-pavium *u.* **terri-pudium** ⟨ī⟩ *n* günstiges Vorzeichen, *Wortbildungen zur Erklärung von tripudium*

territō ⟨āvī, -, āre 1.⟩ ||*Intens von* terreo|| erschrecken, *aliquem re* j-n durch etw

territōrium ⟨ī⟩ *n* ||terra|| Gebiet, Territorium

▶ **terror** ⟨ōris⟩ *m*
1. Schrecken, Angst, *alicuius* j-s *od* vor j-m, *alicuius rei* einer Sache *od* vor etw, wegen etw; ***terrorem habere ab aliquo/a re*** Angst vor j-m/vor etw haben
2. *meton* Schrecken erregende Gestalt, Schrecken erregender Gegenstand; Schreckensnachricht

Terror ⟨ōris⟩ *m* Ov. der Schrecken *als Person*

terr-ūncius ⟨ī⟩ *m* = ***teruncius***

tersī → ***tergeo***

tersus[1] ⟨a, um⟩ *PPP* → ***tergeo***

tersus[2] ⟨a, um⟩ *Adj* ||tergeo|| (*unkl.*) rein, sauber; *fig* fein, nett

tertia ⟨ae⟩ *f* (*mlat.*) Terz *in der Musik*

tertia-decumānī ⟨ōrum⟩ *m* ||tertia decima|| Tac. Soldaten der 13. Legion

tertiānī ⟨ōrum⟩ *m* ||tertianus|| Tac. Soldaten der dritten Legion

tertiānus ⟨a, um⟩ *Adj* ||tertius|| zum Dritten gehörig; ***febres tertianae*** am dritten Tag auftretende Fieberanfälle

tertius ⟨a, um⟩ *Num ord* ||tres||
1. der dritte; ***tertia hora*** dritte Stunde; ***in tertio libro*** im dritten Buch; ***tertia Saturnalia*** dritter Tag der

Saturnalien
2. unterweltlich; ***tertia regna tenet Persephone*** Ov. das unterweltliche Reich regiert Persephone
3. ***tertio/tertium*** zum dritten Mal, drittens

tertius-decimus ⟨a, um⟩ *Adj, auch getrennt* der dreizehnte

Tertulliānus ⟨ī⟩ *m vollständig Quintus Tertullianus Flores aus Karthago, ca. 155–200 n Chr., erster großer lat. Schriftsteller des Christentums*

ter-ūncius ⟨ī⟩ *m* ||uncia||
1. drei Zwölftel *eines zwölfteiligen Ganzen*, ein Viertel; ***heres ex teruncio*** Erbe eines Viertels
2. *als Münze* ein Viertel As, ein Vierzigstel eines Denars; *fig* Heller; ***ne t. quidem*** Cic. nicht das Mindeste

ter-venēficus ⟨ī⟩ *m* Plaut. Erzgiftmischer

tesca *u.* **tesqua** ⟨ōrum⟩ *n* einsame Orte, Steppen; ***deserta et inhospita t.*** Hor. einsame und ungastliche Wildnis

tessella ⟨ae⟩ *f* ||*Dim von* tessera|| (*nachkl.*) Würfelchen; Mosaiksteinchen

tessellātus ⟨a, um⟩ *Adj* ||tessela|| Mosaik…; ***tessellata pavimenta*** Suet. Mosaikfußböden

tessera ⟨ae⟩ *f*
1. viereckiger Würfel *mit sechs bezeichneten Flächen*; ***t. lusoria*** Spielwürfel
2. *kleines Täfelchen als* Kennmarke; ***t. frumentaria*** Marke zum Getreideempfang; ***t. nummaria*** Marke zum Geldempfang; ***t. theatralis*** Eintrittskarte für das Theater
3. ***t.*** (***hospitalis***) Erkennungsmarke für Gastfreunde, *in zwei Teile zerbrochene Marke, durch deren Zusammensetzung die Zusammengehörigkeit ausgewiesen wurde*
4. MIL Täfelchen mit dem Kennwort; *meton* Parole, Befehl

tesserārius ⟨ī⟩ *m* ||tessera|| Tac. Parolenträger, Losungsträger

tesserula ⟨ae⟩ *f* ||*Dim von* tessera|| (*unkl.*) Würfelchen, Marke; Mosaiksteinchen

testa ⟨ae⟩ *f*
1. Ziegelstein
2. (*nachkl.*) Tongefäß; Urne; Öllampe
3. (*nachkl.*) Scherbe, *bes zum Abstimmen im Scherbengericht*; ***testarum suffragia*** Scherbengericht
4. *fig* Schale *der Schalentiere*
5. *fig* Schale, Decke
6. *Pl* Suet. *fig* das Beifallklatschen

testāceus ⟨a, um⟩ *Adj* ||testa|| (*nachkl.*) aus Ziegelstein

testāmentārius
I ⟨a, um⟩ *Adj* ||testamentum|| das Testament betreffend
II ⟨ī⟩ *m* Testamentsfälscher

► **testāmentum** ⟨ī⟩ *n* ||testor||
1. Testament, letzter Wille; ***ex testamentum*** nach Testamentsbestimmung
2. Tert. Altes und Neues Testament, *die beiden Teile der Bibel*

testātiō ⟨ōnis⟩ *f* ||testor||
1. Anrufung zum Zeugen, ***foederis*** eines Vertrags
2. Zeugenaussage

testātor ⟨ōris⟩ *m* ||testor|| Suet. Verfasser eines Testaments, Erblasser

testātus ⟨a, um⟩ *Adj* ||testor|| bezeugt, offenkundig

testiculus ⟨ī⟩ *m* ||*Dim von* testis[2]|| Hoden; Pers. *fig* Manneskraft

testificātiō ⟨ōnis⟩ *f* ||testificor||
1. Bezeugung, Zeugenbeweis
2. Kundgebung

testi-ficor ⟨ātus sum, ārī 1.⟩ ||testis[1], facio||
1. (*unkl.*) zum Zeugen nehmen; ***Stygiae numen t.*** Ov. die Gottheit des Styx als Zeugen anrufen
2. bezeugen, feierlich versichern, *abs od aliquid* etw, + *AcI* / + *indir Fragesatz*

► **testimōnium** ⟨ī⟩ *n* ||testis[1]||
1. Zeugnis vor Gericht, Zeugenaussage, *alicuius* j-s, *in aliquem* gegen j-n
2. Beweis, *alicuius rei* von etw, für etw

► **testis[1]** ⟨is⟩ *m u. f*
1. Zeuge, Zeugin vor Gericht; ***testem dare in aliquem*** einen Zeugen bestellen gegen j-n; ***aliquem testem adhibere/aliquo teste uti*** j-n als Zeugen nehmen
2. *fig* Zeuge, Augenzeuge, Mitwisser

testis[2] ⟨is⟩ *m, meist Pl* Hoden

► **testor** ⟨ātus sum, ārī 1.⟩
I *v/t*
1. als Zeugen anrufen, *de re* in Bezug auf etw, + *AcI*
2. bezeugen
3. beteuern, versichern; bekunden, *aliquid* etw, + *AcI* / + *indir Fragesatz*
II *v/i* testieren, ein Testament machen; ***tabulae testatae*** Testament

testū *n nur Abl* (*unkl.*) Schüssel, Tongefäß; ***testu ferre*** in der Schüssel tragen

testūdineus ⟨a, um⟩ *Adj* ||testudo||
1. *poet* schildkrötenartig; ***gradus t.*** Schildkrötenschritt, langsamer Schritt
2. *poet* mit Schildpatt belegt; ***testudinea lyra*** Prop. mit Schildpatt belegte Leier

testūdō ⟨inis⟩ *f* ||testu||
1. Schildkröte; *meton* Schildpatt
2. *fig Gegenstände in der Form des Schildkrötenpanzers*: Laute, Lyra; MIL hölzernes Schutzdach, Schilddach; gewölbte Halle; Mart. Schale des Seeigels

testula ⟨ae⟩ *f* ||*Dim von* testa|| (*nachkl.*) Tontäfelchen, Scherbe; ***testularum suffragia*** Nep. Scherbengericht

tē-te *pers Pr Akk verstärktes te*; → ***tu***

tetendī → ***tendo***

tēter ⟨tra, trum⟩ *Adj* = ***taeter***

Tēthȳs ⟨yos⟩ *f* MYTH *Meeresgöttin, Tochter des Uranos u. der Gaia, Gattin des Okeanos* (*Oceanus*); *meton* Meer

tetigī → ***tango***

tetrachmum ⟨ī⟩ *n* ||griech. Fw.|| (*unkl.*) Vierdrachmenstück, *griech. Silbermünze*

tetracōlon ⟨ī⟩ *n* ||tetracolos|| METR viergliedrige Periode

tetracōlos ⟨on⟩ *Adj* ||griech. Fw.|| viergliedrig

tetragōnum ⟨ī⟩ *n* ||griech. Fw.|| Viereck

tetragrammatos ⟨on⟩ *Adj* ||griech. Fw.|| aus vier Buchstaben bestehend

tetraō ⟨ōnis⟩ *f* ||griech. Fw.|| Suet. Auerhahn

tetrarchēs ⟨ae⟩ *m* ||griech. Fw.|| Tetrarch, *Herrscher über ein Viertel des Reiches*; Vasallenfürst, Regent

tetrarchia ⟨ae⟩ *f* ||griech. Fw.|| Tetrarchie, Gebiet eines Tetrarchen, *Teil eines Reiches*
tetrasticha ⟨ōn⟩ *n* ||tetrastichos|| (*nachkl.*) *poet* Vierzeiler
tetrastichos ⟨on⟩ *Adj* ||griech. Fw.|| vier Zeilen enthaltend
tetrastȳlos ⟨on⟩ *Adj* ||griech. Fw.|| mit vier Säulen
tetricus ⟨a, um⟩ *Adj* (*unkl.*) finster, streng, unfreundlich
tetulī (*altl.*) = ***tuli***; → ***fero***
Teucer ⟨crī⟩ *m*
1. MYTH *Sohn des Telamon, Halbbruder des Aias (Aiax), bester Bogenschütze der Griechen vor Troja*
2. MYTH *König von Troja*
Teucrī ⟨ōrum⟩ *m* die Trojaner
Teucria ⟨ae⟩ *f* Land um Troja, Troas
Teucrius *u.* **Teucrus**[1] ⟨a, um⟩ *Adj* troisch
Teucrus[2] ⟨ī⟩ *m* = ***Teucer***
Teus ⟨ī⟩ *f* = ***Teos***
Teutoburgiēnsis saltus *m* Teutoburger Wald, *Ort der Varusschlacht 9 n. Chr.*
Teutones ⟨um⟩ *m u.* **Teutonī** ⟨ōrum⟩ *m* die Teutonen, *germ. Volk an der Nord- u. Ostsee, das 113 v. Chr. mit den Kimbern in das Röm. Reich eindrang u. von Marius 102 v. Chr. bei Aquae Sextiae geschlagen wurde*
Teutonicus ⟨a, um⟩ *Adj* teutonisch; *allg.* germanisch; (*mlat.*) deutsch
tēxī → ***tego***
▶ **texō** ⟨texuī, textum, texere 3.⟩
1. weben, flechten, *aliquid re / ex re* etw aus etw; ***tegumenta corporum texta*** Cic. gewebte Kleidung für die Körper
2. *fig* zusammenfügen, verfertigen; *schriftl.* verfassen
3. ***telam t.*** ein Gewebe beginnen
textile ⟨is⟩ *n* ||textilis|| Gewebe
textilis ⟨e⟩ *Adj* ||texo|| gewebt, geflochten; ***pestis t.*** vergiftetes Gewand
textor ⟨ōris⟩ *m* ||texo|| Weber
textōrium ⟨ī⟩ *n* ||textorius|| Sen. Spinnengewebe
textōrius ⟨a, um⟩ *Adj* ||textor|| (*nachkl.*) das Weben betreffend
textrīnum ⟨ī⟩ *n* ||textrinus|| Webstube, Weberei
textrīnus ⟨a, um⟩ *Adj* ||textor|| (*nachkl.*) das Weben betreffend
textrīx ⟨īcis⟩ *f* ||textor|| (*nachkl.*) *poet* Weberin
textum ⟨ī⟩ *n* ||*PPP von* texo|| Gewebe, Kleid; Geflecht; *fig* Gefüge; ***pinea texta*** Schiffe; ***texta rosis facta*** Rosenkranz
textūra ⟨ae⟩ *f* = ***textum***
textus[1] ⟨a, um⟩ *PPP* → ***texo***
textus[2] ⟨ūs⟩ *m* ||texo||
1. = ***textum***
2. *fig* Zusammenhang der Rede, Text
texuī → ***texo***
Thāis ⟨idis⟩ *u.* ⟨idos⟩ *f griech. weiblicher Vorname*
1. *Hetäre aus Athen, im Gefolge Alexanders des Großen, später Geliebte von Ptolemaios I.*
2. *Titel einer Komödie des Menander*
thalamēgus ⟨ī⟩ *f* ||griech. Fw.|| Suet. Gondel
thalamus ⟨ī⟩ *m* ||griech. Fw.||
1. Zimmer, *bes* Schlafzimmer; Wohnung
2. Brautbett, Ehebett; *meton* Ehe, Hochzeit; ***expers thalami*** Verg. unverheiratet; ***thalamos pactos deserere*** Verg. die Verlobung lösen
thalassicus ⟨a, um⟩ *Adj* ||griech. Fw.|| Plaut. Meer…, Seemanns…
thalassinus ⟨a, um⟩ *Adj* ||griech. Fw.|| Lucr. meergrün
Thalēa ⟨ae⟩ *f* = ***Thalia***
Thalēs ⟨ētis⟩ *u.* ⟨is⟩ *m griech. Philos. aus Milet, um 600 v. Chr., Begründer der ionischen Naturphilosophie, einer der Sieben Weisen*
Thalīa ⟨ae⟩ *f*
1. *Muse der heiteren Dichtkunst u. der Komödie*
2. *bei Hesiod eine der Grazien*
3. *Meernymphe*
thallus ⟨ī⟩ *m* ||griech. Fw.|| (*nachkl.*) *poet* grüner Zweig
Thamyrās ⟨ae⟩ *m u.* **Thamyris** ⟨idis⟩ *m* MYTH *thrakischer Sänger, unterlag im Wettstreit mit den Musen*
Thapsitānus ⟨ī⟩ *m* Einwohner von Thapsos
Thapsos *u.* **Thapsus** ⟨ī⟩ *f*
1. *Stadt an der Ostküste Siziliens, heute Magnisi*
2. *Stadt an der Nordküste Afrikas, bekannt durch den Sieg Caesars über die Pompejaner 46 v. Chr.*
theātrālis ⟨e⟩ *Adj* ||theatrum|| Theater…; ***theatrales operae*** Theaterclaqueure, *bezahlte Beifallklatscher im Theater*
▶ **theātrum** ⟨ī⟩ *n* ||griech. Fw.||
1. Theater, Schauspielhaus, Zuschauerraum
2. Amphitheater, Zirkus
3. *meton* Theaterpublikum; (*nachkl.*) *allg.* die Zuschauer, die Zuhörer; ***t. Orpheum*** die Zuhörer des Orpheus
4. *fig* Bühne, Wirkstätte, Betätigungsfeld
Thēbae ⟨ārum⟩ *f* Theben
1. *die siebentorige, von König Kadmos gegründete Hauptstadt von Böotien*
2. *ehemalige Hauptstadt Oberägyptens*
3. *das homerische Theben in Mysien*
Thēbaicus ⟨a, um⟩ *Adj* aus Theben, zu Theben gehörig
Thēbais ⟨idis⟩ *f* Thebanerin, *auch Titel eines Epos des Statius*
Thēbānus ⟨a, um⟩ *Adj* thebanisch, aus Theben
Thēbē ⟨ēs⟩ *f* (*nachkl.*) = ***Thebae***
Thēbēs campus *m* ||Thebae|| *feuchte Gegend s. vom Ida*
thēca ⟨ae⟩ *f* ||griech. Fw.||
1. Büchse, Kapsel, Kasten
2. Futteral
3. (*mlat.*) Bibliothek; Keller
thema ⟨atis⟩ *n* ||griech. Fw.|| (*nachkl.*)
1. Thema, Gegenstand *einer Darstellung*
2. ASTRON Konstellation, Stellung der Sterne *zur Geburtszeit eines Menschen*
Themis ⟨idis⟩ *f* MYTH *griech. Göttin der Gerechtigkeit u. der ungeschriebenen Gesetze*
Themistoclēs ⟨is⟩ *u.* ⟨ī⟩ *m athen. Staatsmann u. Feldherr, Sieger von Salamis 480 v. Chr.*
Themistoclēus ⟨a, um⟩ *Adj* des Themistokles, zu Themistokles gehörig
thēnsaur… = ***thesaur…***
Theocritus ⟨ī⟩ *m bukolischer Dichter aus Syrakus, 3. Jh. v. Chr.*

T

theodiscus ⟨a, um⟩ *Adj (mlat.)* volkstümlich; deutsch; ***theodisca lingua*** die altfränkische Volkssprache *z. Zt. Karls des Großen*
Theodōrus ⟨ī⟩ *m griech. Vorname*
1. *Sophist aus Byzanz*
2. *kyrenischer Sophist, Zeitgenosse des Sokrates*
3. *Rhetor aus Gadara, Lehrer des Kaisers Tiberius*
theogonia ⟨ae⟩ *f* ||griech. Fw.|| Ursprung der Götter, *Titel eines Werkes des Hesiod*
theologia ⟨ae⟩ *f* ||griech. Fw.|| *(vkl.)*
1. Lehre von den Göttern und den göttlichen Dingen
2. *(mlat.)* Theologie
theologus ⟨ī⟩ *m* ||griech. Fw.||
1. Gottesgelehrter
2. *(mlat.)* Theologe
Theophrastus ⟨ī⟩ *m griech. Philos. aus Lesbos, um 330 v. Chr., Schüler des Plato u. Aristoteles, Mitbegründer der älteren Akademie, Verfasser einer Charakterkunde*
Theopompius ⟨a, um⟩ *Adj* ||Theopompus|| des Theopomp, zu Theopomp gehörig
Theopompus ⟨ī⟩ *m griech. Historiker aus Chios, um 330 v. Chr., Schüler des Isokrates*
theotiscus ⟨a, um⟩ *Adj (mlat.)* = ***theodiscus***
Thēra ⟨ae⟩ *f Kykladeninsel n von Kreta, heute Santorin*
Thēraeus ⟨a, um⟩ *Adj* aus Thera, zu Thera gehörig
Thēraeus ⟨ī⟩ *m* Einwohner von Thera
thermae ⟨ārum⟩ *f* ||griech. Fw.|| warme Quellen, Bäder; Thermen *der Römer*
thermipōlium ⟨ī⟩ *n* = ***thermopolium***
Thermōdōn ⟨ontis⟩ *m Fluss im Pontus, Heimat der Amazonen*
thermopōlium ⟨ī⟩ *n* ||griech. Fw.|| Plaut. Gastwirtschaft mit Ausschank von warmen Getränken
thermopotō ⟨āvī, -, āre 1.⟩ ||griech. Fw.|| mit einem warmen Getränk erfrischen
Thermopylae ⟨ārum⟩ *f* die Thermopylen, *passartiger Durchgang zwischen Oita-Gebirge u. Meer s. von Lamia, berühmt durch die Verteidigung durch die Spartaner unter Leonidas 480 v. Chr. gegen die Perser*
thermulae ⟨ārum⟩ *f* ||*Dim von* thermae|| Mart. = ***thermae***
Thersītēs ⟨ae⟩ *m*
1. *durch Frechheit u. Hässlichkeit bekannter Grieche vor Troja*
2. Lästermaul
thēsaurārius ⟨a, um⟩ *Adj* ||griech. Fw.|| Schatz…; ***fur t.*** Plaut. Schatzdieb
thēsaurus ⟨ī⟩ *m* ||griech. Fw.||
1. Schatz, Reichtum
2. *meton* Schatzkammer
3. *(nachkl.) fig* Vorratskammer
4. *fig* Fundgrube
Thēsēius ⟨a, um⟩ *Adj* des Theseus, zu Theseus gehörig; *allg.* athenisch
Thēseus ⟨eī⟩ *u.* ⟨eos⟩ *m* MYTH *König von Athen, attischer Heros, tötete den Minotaurus, fand durch die Hilfe von Ariadne aus dem Labyrinth*
Thēsēus ⟨a, um⟩ *Adj* des Theseus, zu Theseus gehörig, *auch* athenisch
Thēsīdēs ⟨ae⟩ *m* Nachkomme des Theseus, *bes* = Hippolytos; *allg.* Athener
thesis ⟨is⟩, *Akk* ⟨in⟩, *Abl* ⟨ī⟩ *f* ||griech. Fw.||
1. RHET Annahme, These
2. METR Senkung *im Versfuß*; ↔ ***arsis***
Thespiades ⟨um⟩ *f* ||Thespiae|| die Musen
Thespiae ⟨ārum⟩ *f Stadt in Böotien am Helikon, geringe Reste*
Thespias *Gen* ⟨adis⟩ *Adj f u.* **Thespiēnsis** ⟨is⟩ *m* aus Thespia, zu Thespia gehörig; ***Thespiades dea*** Muse
Thespis ⟨idis⟩ *m aus Athen, Zeitgenosse Solons, ältester Dichter der attischen Tragödie*
Thessalia ⟨ae⟩ *f* Thessalien, *Landschaft im N Griechenlands*
Thessalicus ⟨a, um⟩ *Adj u.* **Thessalis** *Gen* ⟨idis⟩ *Adj f* thessalisch
Thessalis ⟨idis⟩ *f* Thessalierin
Thessalius *u.* **Thessalus** ⟨a, um⟩ *Adj* thessalisch
Thessalonīca ⟨ae⟩ *f u.* **Thessalonīcē** ⟨ēs⟩ *f makedonische Küstenstadt, heute Saloniki*
Thessalonīcēnsis ⟨is⟩ *m* Einwohner von Thessalonike
Thessalus ⟨ī⟩ *m* Thessalier
Thestiadēs ⟨ae⟩ *m* Nachkomme des Thestius
Thestias ⟨adis⟩ *u.* ⟨ados⟩ *f* Nachfahrin des Thestius, = Leda
Thestius ⟨ī⟩ *m* MYTH *König von Ätolien, Vater der Leda*
Thestoridēs ⟨ae⟩, *Akk* ***en*** *m* Sohn des Thestor, = Kalchas
theta *indekl n griech. Buchstabe, Abk für thanatos (Tod, Todesstrafe) auf den Stimmtäfelchen der Griechen*
Thetis ⟨idis⟩ *f* MYTH *Nereide, Gattin des Peleus, Mutter des Achill*; *meton* Meer; ***temptare Thetim ratibus*** mit Flößen sich aufs Meer wagen
thiasus ⟨ī⟩ *m* ||griech. Fw.|| Bacchusreigen, *orgiastischer Tanz zu Ehren des Bacchus*; *meton* tanzender Chor
Thisbē ⟨ēs⟩ *f schöne Babylonierin, Geliebte des Pyramus*
Thoāns ⟨antis⟩ *m* = ***Thoas***
Thoantēus ⟨a, um⟩ *Adj* des Thoas, zu Thoas gehörig, *auch* taurisch; → ***Thoas*** *1*
Thoantias ⟨adis⟩ *f* Tochter des Thoas, = Hypsipyle; → ***Thoas*** *2*
Thoās ⟨antis⟩ *m*
1. MYTH *König von Lemnos*
2. MYTH *König von Tauris, bei dem Iphigenie als Priesterin der Artemis war*
tholus ⟨ī⟩ *m* ||griech. Fw.|| Kuppeldach eines Tempels
thōrāx ⟨ācis⟩ *m* ||griech. Fw.|| Brustpanzer; *meton* Brustlatz; MED Brustkorb
Thrācia ⟨ae⟩ *f Landschaft im NO von Griechenland u. ö. von Makedonien*
Thrācius ⟨a, um⟩ *Adj* thrakisch
Thraecidica ⟨ōrum⟩ *n* ||Thraex|| thrakische Waffen
Thraecius ⟨a, um⟩ *Adj* ||Thracia|| thrakisch
Thrae(i)ssa ⟨ae⟩ *f* Thrakerin
Thraex ⟨aecis⟩ *m* Thraker, *bekannt als Kriegervolk*; Gladiator in thrakischer Rüstung
thrasciās ⟨ae⟩ *m* ||griech. Fw.|| Nordnordwestwind
Thrasybūlus ⟨ī⟩ *m athen. Politiker, stürzte 403*

T

v. Chr. die 30 Tyrannen

Thrāx ⟨ăcis⟩ *m* = ***Thraex***

Thrēcius *u.* **Thrēicius** ⟨a, um⟩ *Adj* = ***Thracius***

Thrēssa ⟨ae⟩ *f* = ***Thraessa***; → ***Thraecius***

thronus ⟨ī⟩ *m* ||griech. Fw.|| erhöhter Sitz, Thron

Thūcȳdidēs ⟨is⟩ *u.* ⟨ī⟩ *m bedeutendster athen. Geschichtsschreiber, ca. 455–400 v. Chr., Verfasser der Geschichte des Peloponnesischen Krieges 431–404 v. Chr.*

Thūcȳdidēus ⟨a, um⟩ *Adj* des Thukydides, zu Thukydides gehörig

Thūlē ⟨ēs⟩ *f nicht genau identifizierte Insel im hohen N*; ***ultima T.*** = äußerster Norden

thunnus ⟨ī⟩ *m* = ***thynus***

Thūriae ⟨ārum⟩ *f u.* **Thūriī** ⟨ōrum⟩ *m Nachfolgestadt von Sybaris*

Thūrīnum ⟨ī⟩ *n* Gebiet um Thurii *im heutigen Kalabrien*

Thūrīnus ⟨a, um⟩ *Adj* aus Thurii, zu Thurii gehörig

Thūrīnus ⟨ī⟩ *m* Einwohner von Thurii

thūs ⟨thūris⟩ *n* = ***tus***[1]

thya ⟨ae⟩ *f* ||griech. Fw.|| = ***citrus***

Thybris ⟨idis⟩ *m* = ***Tiberis***

Thyestēs ⟨ae⟩ *u.* ⟨is⟩ *m Sohn des Pelops, Bruder des Atreus, zeugte mit seiner eigenen Tochter den Ägisth*

Thyestēus ⟨a, um⟩ *Adj* des Thyestes, zu Thyestes gehörig

Thyestiadēs ⟨ae⟩ *m* Nachkomme des Thyestes, = Ägisth

Thȳias ⟨adis⟩ *f* ||griech. Lw.|| *poet* Bacchantin

thyius ⟨a, um⟩ *Adj* = ***citreus***

thȳlacista ⟨ī⟩ *m* ||griech. Lw.|| Plaut. *scherzhaft für einen mahnenden Gläubiger*

Thȳlē ⟨ēs⟩ *f* = ***Thule***

thymbra ⟨ae⟩ *f* ||griech. Fw.|| Satureja, *würziges Küchenkraut*

thymela ⟨ae⟩ *f u.* **thymelē** ⟨ēs⟩ *f (spätl.)* Thymele, *Standplatz des Chorführers in der Mitte der Orchestra, später* Orchester, Bühne

thymelicus ⟨a, um⟩ *Adj* zur Thymele gehörig, theatralisch; ***ludi thymelici*** Spiele mit Gesang und Tanz

thymum ⟨ī⟩ *n u.* **thymus** ⟨ī⟩ *m* ||griech. Fw.|| *(nachkl.) poet* Thymian

thynnus ⟨ī⟩ *m* ||griech. Fw.|| *(unkl.)* Thunfisch

Thyōnē ⟨ēs⟩ *f Name der vergöttlichten Semele, von Zeus Mutter des Dionysos*

Thyōneūs eī *m* = Dionysos

Thyōniānus ⟨ī⟩ *m meton* Wein

thyrsi-ger ⟨gera, gerum⟩ *Adj* ||thyrsus, gero|| Sen. den Thyrsus tragend

thyrsus ⟨ī⟩ *m* ||griech. Fw.||
1. Stängel
2. Thyrsus, *der mit Efeu u. Weinlaub umwundene Stab des Dionysos / Bacchus, den die Bacchantinnen trugen*; *fig Symbol der dichterischen Inspiration*
3. *fig* Stachel
4. *fig* männliches Glied

Ti. *Abk* = ***Tiberius***

tiāra ⟨ae⟩ *f u.* **tiārās** ⟨ae⟩ *m* ||griech.-orientalisches Fw.|| *(unkl.)* Turban, Kopfbedeckung *orientalischer Herrscher*; Tiara; *fig* Diadem, Krone

Tib. *Abk* = ***Tiberius***

Tiberiānus ⟨a, um⟩ *Adj* des Tiberius, zu Tiberius gehörig

Tiberīnis *Gen* ⟨idis⟩ *Adj f* ||Tiberis|| des Tiber, zum Tiber gehörig

Tiberīnus
I ⟨a, um⟩ *Adj* ||Tiberis|| des Tiber, zum Tiber gehörig
II ⟨ī⟩ *m* Tiber; Flussgott Tiber, *einst* MYTH *König von Alba Longa, ertrank im Fluss Albula, der daraufhin nach ihm umbenannt wurde*

Tiberiolus ⟨ī⟩ *m* ||Tiberius|| der liebe Tiberius

Tiberis ⟨is⟩ *m* Tiber, *Fluss durch Rom, früher Albula, umbenannt, nachdem der König Tiberinus in ihm ertrunken war, heute Tevere*; Flussgott Tiber

Tiberius ⟨ī⟩ *m röm. Vorname*; ***Tiberius Claudius Nero*** *Nachfolger des Augustus, röm. Kaiser 14–37 n. Chr.*

tībia ⟨ae⟩ *f (nachkl.)*
1. *poet* Schienbein
2. *meton* Rohrflöte, *meist Pl, da zwei mit einem Mundstück verbundene Flötenrohre bzw. zwei getrennte Flöten gleichzeitig gespielt wurden*; ***t. dextra*** Diskantflöte; ***t. sinistra*** Bassflöte; ***tibiae impares*** Doppelflöte; ***tibiis canere*** Flöte spielen

tībiālia ⟨ium⟩ *n* ||tibia|| Suet. Beinbinden; *(mlat.)* Strumpfhose

tībī-cen ⟨inis⟩ *m* ||tibia, cano||
1. Flötenspieler; ***ad tibicinem*** mit Flötenbegleitung
2. *fig* Pfeiler, Säule; ***urbs tenui tibicine fulta*** auf dünnem Pfeiler stehende Stadt

tībīcina ⟨ae⟩ *f* ||tibicen|| Flötenspielerin

tībīcinium ⟨ī⟩ *n* ||tibicen|| Flötenspiel

Tibullus ⟨ī⟩ *m röm. Beiname*; ***Albius Tibullus*** *röm. Elegiker, 54–19 v. Chr., Freund des Horaz u. Ovid*

Tībur ⟨uris⟩ *f alte, hoch gelegene Stadt in Latium, Luftkurort der Römer, heute Tivoli*

Tīburnus ⟨a, um⟩ *Adj* aus Tibur, zu Tibur gehörig

Tīburnus ⟨ī⟩ *m* Einwohner von Tibur, *auch* = ***Tiburtus***

Tībурs ⟨burtis⟩ *m* Einwohner von Tibur

Tīburtīnum ⟨ī⟩ *n* Landgut bei Tibur

Tīburtīnus ⟨a, um⟩ *Adj* aus Tibur, zu Tibur gehörig

Tīburtīnus ⟨ī⟩ *m* Einwohner von Tibur

Tīburtus ⟨ī⟩ *m* MYTH *Gründer von Tibur*

Tīcīnum ⟨ī⟩ *n Stadt an der Mündung des Ticinus in den Po, heute Pavia*

Tīcīnus ⟨ī⟩ *m Nebenfluss des Po, heute Ticino / Tessino*

tigillum ⟨ī⟩ *n* ||*Dim von* tignum|| *(unkl.)* kleiner Balken

Tigillus ⟨ī⟩ *m* ||tigillum|| *Beiname Jupiters, der die Welt zusammenhält*

tīgnārius ⟨a, um⟩ *Adj* ||tignum|| zum Bauholz gehörig; ***faber t.*** Cic. Zimmermann

tīgnum ⟨ī⟩ *n* Balken; ***t. traversum*** Querbalken; ***t. cavum*** Fahrzeug

Tigrānēs ⟨is⟩ *m Name armenischer Könige*

Tigrānocerta ⟨ae⟩ *f u.* ***ōrum*** *n Hauptstadt von Armenien, Überreste im Quellgebiet des Tigris*

tigris ⟨is⟩ *u.* ⟨idis⟩ *m u. f* ||griech. Fw.||
1. Tiger
2. *Name des Tigerhundes des Aktaion (Actaeon)*
3. *ein Schiff*

Tigris ⟨is⟩ *u.* ⟨idis⟩ *m Fluss in Mesopotamien*

Tigurīnī ⟨ōrum⟩ *m helvetischer Stamm um die heutigen Städte Bern u. Fribourg*

tilia ⟨ae⟩ *f* (*nachkl.*) *poet* Linde
Tīmaeus ⟨ī⟩ *m*
1. *pythagoreischer Philos., Zeitgenosse Platos*
2. *Titel eines Dialogs Platos*
3. *griech. Geschichtsschreiber in Sizilien, ca. 356–260 v. Chr.*
time-faciō ⟨-, factum, facere 3.⟩ in Furcht versetzen, erschrecken
timendus ⟨a, um⟩ *Adj* ||timeo|| (*nachkl.*) *poet* furchtbar, schrecklich, *alicui* für jdn
timēns *Gen* ⟨entis⟩ *Adj* ||timeo|| ängstlich
▶ **timeō** ⟨uī, -, ēre 2.⟩
1. fürchten, sich fürchten, *abs od aliquem* j-n, vor j-m, *aliquid* etw, vor etw, *ab aliquo* vor j-m, *de re* wegen etw, in Bezug auf etw, *alicui rei* für etw, *ne* dass, *ne non / ut* dass nicht
2. mit Angst wahrnehmen, + *AcI*
3. sich scheuen, + *Inf*; ***t. nomen referre in tabulas*** sich scheuen den Namen in die Schuldnerliste einzutragen
4. es aufnehmen müssen, *aliquem* mit j-m
timiditās ⟨ātis⟩ *f* ||timidus|| Ängstlichkeit, Schüchternheit
▶ **timidus** ⟨a, um⟩ *Adj, Adv* ⟨timidē⟩ ||timeo|| ängstlich, schüchtern
Tīmōlus ⟨ī⟩ *m* = ***Tmolus***
Tīmōn ⟨ōnis⟩ *m Menschenfeind in Athen z. Zt. des Perikles*
▶ **timor** ⟨ōris⟩ *m*
1. Furcht, Befürchtung, Besorgnis, *alicuius* j-s *od* vor j-m, *alicuius rei* einer Sache *od* vor etw, *ab aliquo* vor j-m, *de re* wegen etw, in Bezug auf etw, *alicui rei* für etw, *ne* dass, *ne non / ut* dass nicht; *Pl* Befürchtungen; ***t. belli*** Angst vor einem Krieg; ***t. Dei*** (*eccl.*) Gottesfurcht; ***in timore esse*** in Sorge sein; ***timorem alicui inicere / incutere*** j-m Angst einjagen; ***in magno timore esse*** in großer Sorge sein *od* große Furcht verursachen
2. Ängstlichkeit, Schüchternheit
3. *poet* religiöse Scheu, Ehrfurcht; Aberglaube
4. Gegenstand der Furcht, Schrecken, Not
Timor ⟨ōris⟩ *m* Furcht, Entsetzen, *Gottheit u. Dämon*
timōrātus ⟨a, um⟩ *Adj* ||timor|| (*eccl.*) gottesfürchtig
Tīmotheus ⟨ī⟩ *m athenischer Feldherr*
tīncta ⟨ōrum⟩ *n* ||tingo|| Buntes
tīnctilis ⟨e⟩ *Adj* ||tingo|| Ov. flüssig; ***tinctile virus*** flüssiges Gift
tīnctor ⟨ōris⟩ *m* ||tingo|| Färber
tīnctus ⟨a, um⟩ *PPP* → ***tingo***
tinea ⟨ae⟩ *f* (*unkl.*) Motte; Raupe
Tinge *u.* **Tingi** *Akk* ***in*** *f Stadt in Mauretanien, heute Tanger*
Tingitānus ⟨a, um⟩ *Adj* aus Tingi, zu Tingi gehörig
▶ **tingō** ⟨tīnxī, tīnctum, tingere 3.⟩
1. befeuchten, bestreichen, *aliquid re* etw mit etw, ***tunicam sanguine*** die Tunika mit Blut; ***fondem medicamine t.*** die Quelle vergiften
2. in *etw* eintauchen, *aliquid re / in re* etw in etw
3. *poet* färben, ***comam*** das Haar
tinnīmentum ⟨ī⟩ *n* ||tinnio|| Plaut. Geklingel
tinniō ⟨īvī, ītum, īre 4.⟩ (*vkl., nachkl.*)
1. klingeln, klimpern
2. mit klingender Münze bezahlen
3. (*vkl., nachkl.*) *fig* laut singen, schreien
tinnītus ⟨ūs⟩ *m* ||innio|| (*nachkl.*) das Klingeln, Geklimper, *oft Pl*; ***tinnitūs dare*** erklingen; ***tinnitūs ciere*** Geklingel ertönen lassen
tinnulus ⟨a, um⟩ *Adj* ||tinnio|| klingend, klingelnd, schallend; RHET hohl
tintinnābulum ⟨ī⟩ *n* ||tintinno|| (*unkl.*) Klingel, Schelle, Glöckchen
tintinnāculus ⟨a, um⟩ *Adj* ||tintinno|| Plaut. klingelnd, schallend
tintin(n)ō ⟨-, -, āre 1.⟩ ||tinnio|| klingen; ***aures tintinnant*** Catul. die Ohren klingen
tīnus ⟨ī⟩ *f* (Verg., Ov.) Schneeball, *eine Pflanze mit weißen Blüten*
tīnxī → ***tingo***
Tīphys ⟨yos⟩ *m Steuermann der Argo*
tippula ⟨ae⟩ *f* Plaut. Wasserspinne
Tīresiās ⟨ae⟩ *m blinder Seher in Theben*
Tīridātēs ⟨is⟩ *m Vorname in Armenien, bes von Königen*
tīrō ⟨ōnis⟩ *m*
1. Rekrut; Anfänger, *bes* junger Mann; *adj* noch ungeübt, *in re / re / alicuius rei* in etw; ***callidus orator et nullā in re t.*** Cic. ein gewandter und auf keinem Gebiet unerfahrener Redner; ***sumptā virili veste t.*** Hor. ein junger Mann, der soeben die Männerkleidung angelegt hat
2. (*mlat.*) Knappe; Page
Tīrō ⟨ōnis⟩ *m Freigelassener Ciceros, bekannt als Erfinder der Stenographie*
tīrōcinium ⟨ī⟩ *n* ||tiro||
1. MIL Rekrutenzeit; ***t. / rudimenta tirocinii deponere*** den ersten Feldzug mitmachen
2. *meton* die Rekruten
3. *fig* Unerfahrenheit; Probestück; erstes Auftreten
4. (*mlat.*) Turnier
tīrunculus ⟨ī⟩ *m* ||*Dim von* tiro|| (*nachkl.*) junger Soldat; *fig* Anfänger, Neuling
Tīryns ⟨ynthis⟩ *f sehr alte Stadt in der Argolis, dort wurde der Sage nach Herkules erzogen, Ruinen n des heutigen Nauplia*
Tīrynthia ⟨ae⟩ *f* = Alkmene, *Mutter des Herkules*
Tīrynthius ⟨a, um⟩ *Adj* aus Tiryns, zu Tiryns gehörig
Tīrynthius ⟨ī⟩ *m* Einwohner von Tiryns, *bes* = Herkules
tīs *pers Pr Gen* (*alt.*) = ***tui***
tisana ⟨ae⟩ *f* = ***ptisana***
tisanārium ⟨ī⟩ *n* = ***ptisanarium***
Tīsiphonē ⟨ēs⟩ *f eine der drei Erinnyen*
Tīsiphonēus ⟨a, um⟩ *Adj* der Tisiphone, zu Tisiphone gehörig; zu den Erinnyen gehörig, verbrecherisch
Tītān ⟨ānis⟩ *m* Titan; *meist Pl* die Titanen, *altes Göttergeschlecht, die sechs Söhne des Uranos u. der Gaia, von Zeus besiegt u. in den Tartaros geschleudert*
Tītānia ⟨ae⟩ *f* Titanentochter
Tītānicus ⟨a, um⟩ *Adj* titanisch, Titanen…
Tītānis ⟨idis⟩ *f* Titanentochter
Tītānis *Gen* ⟨idis⟩ *u.* ⟨idos⟩ *Adj f u.* **Tītānius** ⟨a, um⟩ *Adj* titanisch, Titanen…
Tītānus ⟨ī⟩ *m* = ***Titan***

T

Tīthōnius ⟨a, um⟩ *Adj* des Tithonus, zu Tithonus gehörig
Tīthōnus ⟨ī⟩ *m Gatte der Eos / Aurora, in eine Heuschrecke verwandelt*
titibil(l)īcium ⟨ī⟩ *n* Plaut. Kleinigkeit
Titiēnsēs *u.* **Titiēs** ⟨ium⟩ *m*
1. *Angehörige der drei ältesten patriz. Tribus in Rom;* → ***Ramnes*** *u.* → ***Luceres***
2. *die Angehörigen der gleichnamigen Ritterzenturie*
tītillātiō ⟨ōnis⟩ *f* ||titillo|| das Kitzeln; *fig* Reiz
tītillō ⟨-, -, āre 1.⟩ kitzeln; *fig* reizen; ***t. sensūs*** Lucr. die Sinne reizen
tītillus ⟨ī⟩ *m* ||titillo|| Phaedr. Kitzel, Reiz
Titius ⟨a, um⟩
I *röm. Gentilname.*
II *Adj* von Titus Tatius angeordnet; ***Titii sodales*** *vom Sabinerkönig Titus Tatius gegründetes Priesterkollegium*
titubanter *Adv* ||titubo|| schwankend, unsicher
titubantia ⟨ae⟩ *f* ||titubo|| das Wanken; Suet. *fig* das Stammeln
titubātiō ⟨ōnis⟩ *f* ||titubo|| das Wanken; Suet. *fig* das Stottern, Verlegenheit
titubō ⟨āvī, ātum, āre 1.⟩
1. *(nachkl.) poet* wanken, taumeln; ***titubatus*** schwankend (geworden)
2. *fig* unsicher sein
3. *fig* einen Fehler machen, *re* bei etw
4. *fig* stammeln, stocken
titulō ⟨āvī, ātum, āre 1.⟩ ||*Denom von* titulus|| *(spätl., eccl.)* benennen, betiteln
► **titulus** ⟨ī⟩ *m*
1. Anschlag, Bekanntmachung *an zur Vermietung od zum Verkauf stehenden Häusern u. Dingen;* ***ire sub titulum*** durch Anschlag zum Kauf angeboten werden; ***mittere aliquid sub titulum*** etw zum Verkauf bringen
2. Aufschrift, Etikett, Inschrift; ***legum latarum tituli*** Tac. die Titel der erlassenen Gesetze
3. *(nachkl.) poet* Buchtitel
4. *fig* Titel, Ehrenbezeichnung; *meton* Ehre, Ruhm, Ansehen; *Pl* ruhmvolle Taten; ***regis t.*** Königstitel
5. *(nachkl.) poet* Vorwand; ***sub titulo aequandarum legum*** unter dem Vorwand der Gleichheit vor den Gesetzen
Titus ⟨ī⟩ *m röm. Vorname, abgek T.*
Tityos ⟨ī⟩ *m Sohn der Gaia, Riese auf Euböa, von Artemis u. Apollo getötet; in der Unterwelt zerhackt ein Geier seine immer wieder nachwachsende Leber*
Tītyrus ⟨ī⟩ *m*
1. *Hirtenname in Vergils Bucolica;* Hirt
2. = Vergils Bucolica; = Vergil
Tmōlius
I ⟨a, um⟩ *Adj* von Tmolus, zu Tmolus gehörig
II ⟨ī⟩ *m* Ov. Wein von Tmolus
Tmōlus ⟨ī⟩ *m Gebirge u. Stadt bei Sardes*
tocullīō ⟨ōnis⟩ *f* ||griech. Fw.|| Wucherer
todillus ⟨a, um⟩ *Adj* Plaut. dünn
tōfīnus ⟨a, um⟩ *Adj* ||tofus|| Suet. aus Tuffstein
tōfus ⟨ī⟩ *m (nachkl.) poet* Tuffstein
► **toga** ⟨ae⟩ *f* ||tego||
1. Toga, *das röm. Obergewand der Männer über der Tunika, ein halbkreisförmiges Stück Wollstoff, so umgelegt, dass die linke Hand u. der rechte Arm frei blieben, meist weiß, in dunklem naturfarbenem Wollstoff Zeichen der Trauer u. der ärmeren Schichten;* ***t. praetexta*** Toga mit breitem Purpurstreifen, *Tracht der frei geborenen Jungen u. der obersten Beamten;* ***t. pura / virilis*** Männertoga, *die gewöhnliche Toga der Männer ohne Streifen*
2. Kleidung im Frieden; *meton* Friede; ***in toga egregie facere*** Tac. im Frieden Hervorragendes leisten
3. *meton* Beredsamkeit, öffentliche Tätigkeit
4. *Pl* Mart. *meton* die Klienten
5. *meton* Dirne, *die keine Stola tragen durfte*
togāta ⟨ae⟩ *f* ||toga||
1. *(erg.* ***fabula****) röm.* Lustspiel, *mit röm. Themen u. Stoffen*
2. Straßenmädchen
togātārius ⟨ī⟩ *m* ||togatus|| Suet. Schauspieler in einer fabula togata
togātulus ⟨ī⟩ *m* ||*Dim von* togatus|| Mart. Klient
togātus
I ⟨a, um⟩ *Adj* ||toga|| mit der Toga bekleidet, echt römisch; ***gens togata*** die Römer; ***ancilla togata*** Straßenmädchen
II ⟨ī⟩ *m*
1. römischer Bürger; Bürger im Friedenskleid, als Beamter tätiger Bürger
2. Klient
togula ⟨ae⟩ *f* ||*Dim von* toga|| kleine Toga, hübsche Toga
Tolbiacum ⟨ī⟩ *n Stadt in Gallia Belgica, heute Zülpich*
tolennō ⟨ōnis⟩ *m (vkl., nachkl.)* Hebebalken, Hebemaschine, Kran
tolerābilis ⟨e⟩ *Adj, Adv* ⟨tolerābiliter⟩ ||tolero||
1. erträglich, leidlich, *alicui* für j-n; ***inopia vix t.*** Liv. kaum erträgliche Not
2. geduldig
tolerandus ⟨a, um⟩ *Adj* ||tolero|| erträglich; ***condiciones tolerandae*** Liv. erträgliche Bedingungen
tolerāns *Gen* ⟨antis⟩ *Adj, Adv* ⟨toleranter⟩ ||tolero|| geduldig ertragend, *aliquid / alicuius rei* etw; ***toleranter dolorem pati*** Cic. den Schmerz geduldig ertragen; ***laborum t.*** Tac. Mühen geduldig ertragend
tolerantia ⟨ae⟩ *f* ||tolerans|| geduldiges Ertragen, Geduld
tolerātiō ⟨ōnis⟩ *f* ||tolero|| Kraft zu ertragen
► **tolerō** ⟨āvī, ātum, āre 1.⟩
1. ertragen, aushalten, erdulden, *aliquem / aliquid* j-n / etw, *+ Inf / + AcI;* ***sumptūs t.*** den Aufwand bestreiten; ***obsidionem t.*** die Belagerung aushalten; ***tributa t.*** die Steuern aufbringen; ***sitim re t.*** den Durst mit etw stillen
2. noch aushalten, *abs;* ***longius t. posse parcendo*** Caes. durch Sparsamkeit noch länger aushalten können
3. erträglich machen, ***alicui egestam*** j-m die Not
4. notdürftig erhalten; ***vitam t.*** das Leben fristen
5. genügen, *aliquid* einer Sache, ***moenia*** seinen Pflichten
Tolētānus ⟨ī⟩ *m* Einwohner von Toletum
Tolētum ⟨ī⟩ *n Stadt in Hispania Tarraconensis, heute*

T

Toledo

tollēnō ⟨ōnis⟩ *m* = ***tolenno***

tollō ⟨sustulī, sublātum, tollere 3.⟩

1. aufheben, hochheben
2. von der Erde aufheben
3. aufnehmen, zu sich nehmen
4. erheben, beginnen
5. erheben, verherrlichen
6. ermutigen, aufrichten
7. wegnehmen, wegbringen
8. aufheben, abschaffen
9. vernichten, vereiteln
10. nehmen
11. verschweigen, weglassen

1. aufheben, hochheben, in die Höhe heben; *Pflanzen* aufwachsen lassen; *Passiv u.* ***se t.*** sich erheben; *von Pflanzen* emporwachsen; ***iacentem t.*** einen Liegenden vom Boden aufheben; ***aliquem in crucem t.*** j-n kreuzigen; ***aulaea t.*** die Theatervorhänge aufziehen; ***ignem e specula t.*** Signalfeuer aufleuchten lassen; ***ancoras t.*** die Anker lichten; ***sortes t.*** Lose ziehen; ***onera t.*** Lasten auf sich nehmen
2. *fig ein neugeborenes Kind* von der Erde aufheben, als sein eigenes anerkennen *u. aufziehen*; *ein Kind mit einer Frau* zeugen
3. *in ein Fahrzeug* aufnehmen, zu sich nehmen; an Bord nehmen; *Perf* an Bord haben
4. *fig* erheben, beginnen
5. *fig* erheben, verherrlichen; zu Ehrenstellen erheben; ***aliquem laudibus in caelum t.*** j-n durch Lobesreden in den Himmel heben
6. *fig* ermutigen, aufrichten, stolz machen; ***animum t.*** den Mut heben, *auch* Mut fassen; ***animum alicui t.*** j-n ermutigen; ***victoriā sublatus*** stolz auf den Sieg
7. wegnehmen, wegbringen, entführen, entfernen, beseitigen, *auch fig*; ***alicui aliquid t.*** j-m etw wegnehmen; ***mensam t.*** den Tisch abdecken; ***deos t.*** die Existenz der Götter leugnen
8. *fig* aufheben, abschaffen; beenden; ***legem t.*** ein Gesetz aufheben; ***bellum t.*** den Krieg beenden
9. *fig* vernichten, vereiteln; ***memoriam alicuius rei t.*** die Erinnerung an etw auslöschen; ***nomen ex libro t.*** den Namen aus dem Buch ausstreichen; ***alicui spem t.*** j-m die Hoffnung nehmen
10. *fig Zeit* nehmen; *Passiv* verloren gehen; ***diem dicendo t.*** durch Reden einen Tag nehmen
11. *fig* verschweigen, weglassen, ***auctorem*** den Urheber

Tolōsa ⟨ae⟩ *f Stadt in Gallia Narbonensis, heute Toulouse*

Tolōsānus ⟨a, um⟩ *Adj* aus Tolosa, zu Tolosa gehörig

Tolōsātēs ⟨ium⟩ *m* die Einwohner von Tolosa

Tolōsēnsis ⟨e⟩ *Adj* aus Tolosa, zu Tolosa gehörig

tolūtārius ⟨a, um⟩ *Adj* ||tolutim|| trabend; ***equus t.*** Sen. Traber

tolūtim *Adv* ||tollo|| (*vkl., nachkl.*) im Trab

tomāc(u)lum ⟨ī⟩ *n* (Petr., Iuv.) Wurst

tōmentum ⟨ī⟩ *n* Suet. Polsterfüllung

Tomī ⟨ōrum⟩ *m u.* **Tomis** ⟨idis⟩ *f Stadt am Westufer des Schwarzen Meeres, Verbannungsort Ovids, heute Constanza in Rumänien*

Tomītae ⟨ārum⟩ *m* die Einwohner von Tomi

Tomītānus ⟨a, um⟩ *Adj* aus Tomi, zu Tomi gehörig

tomus ⟨ī⟩ *m* ||griech. Fw.||
1. Einband, Titelstreifen *einer Bücherrolle*
2. Band *eines aus mehreren Büchern bestehenden Werkes*; Werk, Buch

tondeō ⟨totondī, tōnsum, tondēre 2.⟩
1. scheren, rasieren, ***barbam*** den Bart
2. *Passiv* sich scheren, sich scheren lassen
3. (*nachkl.*) *fig Bäume u. Pflanzen* beschneiden, mähen, pflücken, abweiden; ***ilex tonsa bipennibus*** Hor. mit Äxten behauene Eiche; ***equi tondentes campum*** Verg. das Land abweidende Pferde; ***violas manu t.*** Prop. Veilchen mit der Hand pflücken

tonitrus ⟨ūs⟩ *m u.* **tonitruum** ⟨ī⟩ *n u.* **tonitruus** ⟨ūs⟩ *m* ||tono|| Donner, Donnerschlag

tonō ⟨uī, -, āre 1.⟩
I *v/i*
1. donnern; ***tonat*** es donnert; ***tonans*** der Donnerer, = Saturn, Jupiter; (*mlat.*) Gott
2. *fig* laut tönen, krachen
3. *vom Redner* laut reden
II *v/t* laut ertönen lassen, laut singen, *aliquem* von j-m

tonor ⟨ōris⟩ *m* Quint. Betonung einer Silbe

tōnsa ⟨ae⟩ *f* ||tondeo|| Ruder

tōnsilis ⟨e⟩ *Adj* ||tondeo|| (*nachkl.*) beschneidbar; beschnitten

tōnsilla[1] ⟨ae⟩ *f* Verg. *Name des Meervogels ciris*

tōnsilla[2] ⟨ae⟩ *f* ||*Dim von* tonsa|| (*vkl.*) feuchtes Ufergebiet, *an das die Schiffe herangezogen werden*

tōnsillae ⟨ārum⟩ *f* Mandeln *im Hals*

tōnsitō ⟨-, -, āre 1.⟩ ||*Freq von* tondeo|| Plaut. scheren

tōnsor ⟨ōris⟩ *m* ||tondeo|| Barbier, Friseur

tonsoratus ⟨a, um⟩ *Adj* (*mlat.*) geschoren, zum Priester geweiht

tōnsōrius ⟨a, um⟩ *Adj* ||tonsor|| Scher…, Rasier…; ***culter t.*** Rasiermesser

tōnstrīcula ⟨ae⟩ *f* ||*Dim von* tonstrix|| *pej* Bartkratzerin

tōnstrīna ⟨ae⟩ *f u.* **tōnstrīnum** ⟨ī⟩ *n* ||tonsor|| Barbierstube

tōnstrīx ⟨īcis⟩ *f* ||tonsor|| Friseurin

tōnsūra ⟨ae⟩ *f* ||tondeo||
1. das Scheren, Schur
2. (*mlat.*) Tonsur, *rasierte Stelle auf dem Kopf als Kennzeichen katholischer Geistlicher*

tōnsus[1] ⟨a, um⟩ *PPP* → ***tondeo***

tōnsus[2] ⟨ūs⟩ *m* ||tondeo|| (*vkl.*) Haarschnitt, Haartracht

tonuī → ***tono***

tonus ⟨ī⟩ *m* ||griech. Fw.||
1. Ton *eines Instruments, einer Silbe*
2. Silbe
3. Donner
4. (*mlat.*) Wortlaut

topanta *indekl n Pl* ||griech. Fw.|| Petr. das Ganze

topāzos *u.* **topāzus** ⟨ī⟩ *f* ||griech. Fw.|| (*spätl.*) Topas, *ein Halbedelstein*

tōph… = ***tof…***

topiāria ⟨ae⟩ *f* ||topiarius|| Kunstgärtnerei

topiārius

I ⟨a, um⟩ *Adj* zur Kunstgärtnerei gehörig
II ⟨ī⟩ *m* Kunstgärtner

topica ⟨ōrum⟩ *n* ||griech. Fw.|| Topik, Sammlung von Gemeinplätzen, *Titel einer Schrift des Aristoteles u. einer lat. Bearbeitung durch Cicero*

topographia ⟨ae⟩ *f* ||griech. Fw.|| *(spätl.)* Ortsbeschreibung

topothesia ⟨ae⟩ *f* ||griech. Fw.|| Beschreibung der Lage eines Ortes

topper *Adv (altl.)*
1. sofort
2. vielleicht

toral ⟨ālis⟩ *n* ||torus|| Hor. Bettdecke

torcular ⟨āris⟩ *n u.* **torcul(āri)um** ⟨ī⟩ *n* ||torqueo|| *(vkl., nachkl.)* Kelter, Presse

toreuma ⟨atis⟩ *n* ||griech. Fw.|| getriebene Arbeit, Relief

tormentum ⟨ī⟩ *n* ||torqueo||
1. Winde
2. Schleudermaschine, Geschütz; *meton* Geschoss
3. Folterwerkzeug, Marterwerkzeug; *fig* Druck, Zwang, Marter

tormina ⟨um⟩ *n* ||torqueo|| Kolik

torminōsus ⟨a, um⟩ *Adj* ||tormina|| an einer Darmkrankheit leidend

▶ **tornamentum** ⟨i⟩ *n (mlat.)* Turnier, Kampf

tornō ⟨āvī, ātum, āre 1.⟩ ||tornus|| drechseln, *auch fig*, ***sphaeram*** eine Kugel; ***versūs male tornati*** Hor. schlecht gedrechselte Verse; ***pilulas t.*** *(mlat.)* Pillen drehen

tornus ⟨ī⟩ *m* ||griech. Fw.|| *(nachkl.)* Drechslerwerkzeug, Meißel

torōsus ⟨a, um⟩ *Adj* ||torus|| *(nachkl.) poet* muskulös, fleischig

torpēdō ⟨inis⟩ *f* ||torpeo||
1. = ***torpor***
2. Zitterrochen

▶ **torpeō** ⟨uī, -, ēre 2.⟩
1. *(nachkl.) poet* erstarrt sein, steif sein, unbeweglich sein; ***gelu t.*** vor Kälte erstarrt sein
2. *fig* in träger Ruhe verharren
3. *(unkl.) geistig* gelähmt sein, betäubt sein

torpēscō ⟨torpuī, -, torpēscere 3.⟩ ||*Inkoh von* torpeo||
1. *(nachkl.) poet* erstarren
2. träge werden
3. *geistig* erlahmen

torpidus ⟨a, um⟩ *Adj* ||torpeo|| *(nachkl.)* erstarrt, betäubt, *re* durch etw, vor etw, über etw

torpor ⟨ōris⟩ *m* ||torpeo|| Betäubung, Erstarrung; Trägheit

torpuī → ***torpeo*** *u.* → ***torpesco***

torquātus ⟨a, um⟩ *Adj* ||torques|| mit einer Halskette geschmückt; ***Alecto colubris torquata*** Alekto, den Hals mit Schlangen umwunden

Torquātus ⟨a, um⟩ *röm. Beiname in der gens Manlia*; → ***Manlius***

torqueō ⟨torsī, tortum, torquēre 2.⟩
1. drehen, winden, umdrehen; ***oculos ad moenia r.*** die Augen auf die Mauern richten; ***stamina pollice t.*** Fäden mit dem Finger spinnen; ***nox medios cursūs torquet*** die Nacht läuft in der Mitte ihrer Kreisbahn; ***aquas t.*** das Wasser aufwühlen; ***capillos ferro t.*** die Haare kräuseln; ***anguis torquetur*** die Schlange windet sich; ***torta quercus*** Eichenkranz
2. *(nachkl.) poet* kreisen lassen; ***aliquid in orbem t.*** etw im Kreis herumgehen lassen; ***terra circum axem se torquet*** die Erde dreht sich um ihre Achse
3. wälzen, wegwenden, *aliquid a re* etw von etw
4. *Geschosse* schleudern, werfen, ***hastam*** eine Lanze
5. verdrehen, verrenken, *auch fig*; ***ius omne t.*** alles Recht verdrehen
6. foltern, ein Verhör anstellen; *fig* genau untersuchen; ***aliquem mero t.*** j-m Wein zu trinken geben um ihn auszuhorchen
7. *fig* lenken, leiten; ***bella t.*** den Gang der Kriege lenken
8. *fig* martern, quälen, beunruhigen, *aliquem re* j-n durch etw, j-n mit etw; ***torqueri, ne*** sich fürchten, dass

torquēs *u.* **torquis** ⟨is⟩ *m u. f* ||torqueo||
1. Halskette
2. Verg. Zuggeschirr *für Tiere*

torrēns
I *Gen* ⟨entis⟩ *Adj* ||torreo|| *(nachkl.)*
1. glühend, heiß, erhitzt
2. schnell fließend, reißend
II ⟨entis⟩ *m* Wildbach, Strom; *fig* Redefluss

torreō ⟨torruī, tostum, torrēre 2.⟩
1. trocknen, dörren, ***fruges*** Früchte
2. rösten, braten, backen; ***farra t.*** Brot backen; ***tosta liba*** Kuchen
3. ausdörren
4. *fig* durchglühen *von der Liebe*

torrēs ⟨is⟩ *f* ||torreo|| Lucr. sengende Hitze

torrēscō ⟨-, -, ēscere 3.⟩ ||*Inkoh von* torreo|| Lucr. geröstet werden

torridus ⟨a, um⟩ *Adj* ||torreo||
1. *von Hitze* gedörrt, ausgetrocknet, trocken; ***torridi fontes rivique*** Liv. ausgetrocknete Quellen und Bäche
2. *durch Kälte* zusammengezogen; ***pecora frigore torrida*** durch die Kälte verkümmertes Vieh
3. *fig* mager; ***macie t.*** abgemagert
4. sengend, brennend, heiß; ***aetas torrida*** glutheißer Sommer

torris ⟨is⟩ *m* (Verg., Ov.) brennendes Holzscheit

torsī → ***torqueo***

torta ⟨ae⟩ *f* ||tortus[1]|| *(spätl.)* rundes Brot, rundes Gebäck

tortilis ⟨e⟩ *Adj* ||torqueo|| gedreht, gewunden; ***aurum tortile*** Goldkette

tortō ⟨-, -, āre 1.⟩ ||*Intens von* torqueo|| Lucr. martern

tortor ⟨ōris⟩ *m* ||torqueo|| Folterknecht

tortula ⟨ae⟩ *f* ||*Dim von* torta|| *(spätl.)* Törtchen

tortuōsus ⟨a, um⟩ *Adj* ||tortus[2]||
1. voller Windungen, gewunden
2. *fig* verwickelt
3. *fig* unverständlich; *vom Charakter* gewunden; ***ingenium tortuosum*** gewundenes Wesen

tortūra ⟨ae⟩ *f* ||torqueo||
1. Krümmung, Verrenkung
2. *(mlat.)* Folterung

tortus[1] ⟨a, um⟩ *Adj* ||torqueo||
1. *(vkl.) poet* gedreht, gewunden; *fig* verschlungen; ***via torta*** verschlungener Weg

2. Plaut. *fig* spitzfindig

tortus[2] ⟨ūs⟩ *m* ||torqueo|| *poet* Krümmung, Windung

tortus[3] ⟨a, um⟩ *PPP* → ***torqueo***

torulus ⟨ī⟩ *m* ||*Dim von* torus|| (Plaut., *nachkl.*) Wulst, *bes* Haarschopf, Hochfrisur

torus ⟨ī⟩ *m* (*vkl., nachkl.*)

1. Wulst, zusammengedrehtes Seil; Schleife; ***tori et iubae*** *fig* wuchtige Darstellung

2. Muskel; ***lacertorum tori*** Cic. Armmuskeln

3. Erhebung

4. Polster, Kissen; Sofa; Bett

5. Totenbahre

6. Ehebett; *meton* Ehe, Liebe

torvitās ⟨ātis⟩ *f* ||torvus|| (*nachkl.*) *fig* finsteres Aussehen, Strenge

torvus ⟨a, um⟩ *Adj, Adv* ⟨torviter⟩ (*nachkl.*) *poet* finster, wild aussehend, drohend, ernst, streng; schrecklich

tōsillae ⟨ārum⟩ *f* = ***tonsillae***

tōstrīna ⟨ae⟩ *f* = ***tonstrina***

tostus ⟨a, um⟩ *PPP* → ***torreo***

▶ **tot** *indekl Num, adj u. subst* so viele; nur so viele; *oft korrespondierend mit quot*; ***tot homines*** so viele Menschen; ***tot ex amicis tuis*** so viele von deinen Freunden

tōtāliter *Adv* ||totus|| (*spätl.*) ganz, völlig

toti-dem *indekl Num* ||tot||

I *Adj* ebenso viele

II *Subst.* Hor. ebenso viel

▶ **totiē(n)s** *Adv* ||tot||

1. so oft

2. Hor. ebenso oft

totondī → ***tondeo***

▶ **tōtum** ⟨ī⟩ *n* ||totus|| das Ganze; ***ex parte totum intellegere*** aus einem Teil das Ganze erkennen

▶ **tōtus** ⟨a, um⟩ *Gen* ⟨tōtīus⟩, *Dat* ***tōtī*** *Adj*

1. ganz, ungeteilt; ***tota Gallia*** ganz Gallien; ***t. sum vester*** ich bin ganz der Eure

2. *Pl* alle, insgesamt

toxicon *u.* **toxicum** ⟨ī⟩ *n* ||griech. Fw.|| (*nachkl.*) *poet* Gift, Pfeilgift

tr. *Abk*

1. = ***tribunus*** Tribun

2. = ***tribunicius*** des Tribunen, tribunizisch

trā... *auch* = ***trans...***

trabālis ⟨e⟩ *Adj* ||trabs||

1. Balken...; ***clavus t.*** Hor. Balkennagel; ***trabali clavo figere aliquid*** etw niet- und nagelfest machen

2. balkenartig, balkenstark

trabea ⟨ae⟩ *f* ||trabs||

1. Trabea, Staatskleid, *weiße Tunika mit purpurroten Querstreifen, von Romulus getragen, dann von den Konsuln u. Rittern übernommen*

2. *fig* Ritterstand

trabeātae ⟨ārum⟩ *f röm. Dramen, wahrscheinlich nach den in ihnen dargestellten Rittern benannt*

trabeātus ⟨a, um⟩ *Adj* ||trabea|| im Königskleid, im Staatskleid

trabs ⟨trabis⟩ *f*

1. Balken, *bes* Querbalken

2. *meton* Baum, Baumstamm; ***silva frequens trabibus*** baumreicher Wald

3. Schiff; Dach; Fackel; ***cava t.*** hohler Stamm, Boot, Schiff

4. feurige Lufterscheinung

5. männliches Glied

6. Fisch

Trāchīn ⟨īnis⟩ *f Stadt in Thessalien am Fuß des Oeta-Gebirges, Sterbeort des Herkules*

Trāchīniae ⟨ārum⟩ *f* die Trachinerinnen, *Tragödie des Sophokles*

Trāchīnius ⟨a, um⟩ *Adj* aus Trachin, trachinisch

Trāchīnius ⟨ī⟩ *m* Einwohner von Trachin, Trachiner

tractābilis ⟨e⟩ *Adj, Adv* ⟨tractābiliter⟩ ||tracto||

1. berührbar; ***caelum non tractabile*** stürmischer Himmel

2. *fig von Personen* zugänglich, freundlich, gütig

tractātiō ⟨ōnis⟩ *f* ||tracto||

1. Handhabung, Gebrauch; ***t. armorum*** Cic. Umgang mit Waffen

2. *fig* Behandlung von *etw*, Beschäftigung mit *etw*, *alicuius rei*; ***t. orationis*** Cic. Bearbeitung einer Rede

3. *fig* Benehmen, Verhalten; ***mala t.*** schlechtes Benehmen

4. RHET besonderer Gebrauch *eines Wortes*

5. RHET ausführliche Abhandlung, Untersuchung

tractātor ⟨ōris⟩ *m* ||tracto||

1. Sen. Masseur

2. (*eccl.*) Ausleger, Erklärer

tractātrīx ⟨īcis⟩ *f* ||tractator|| Masseurin

tractātus ⟨ūs⟩ *m* ||tracto||

1. = ***tractatio***

2. (*nachkl.*) Erörterung, Abhandlung

3. (*eccl.*) Predigt

tractim *Adv* ||traho||

1. nach und nach

2. Plaut. ziehend; ***tractim tangere aliquem*** j-m eins überziehen

3. (*nachkl.*) *poet* langsam

tractō ⟨āvī, ātum, āre 1.⟩ ||*Intens von* traho||

1. (*vkl.*) herumziehen, herumzerren; ***aliquem comis t.*** j-n an den Haaren ziehen

2. betasten, anfassen; ***fila lyrae t.*** die Saiten der Leier schlagen; ***venena t.*** Gifte mischen

3. handhaben, bearbeiten; *allg.* gebrauchen; ***ceram pollice t.*** Wachs mit dem Daumen kneten; ***gubernacula t.*** das Steuer führen

4. *fig* verwalten, betreiben; ***personam/partes t.*** eine Rolle spielen; ***vitam honeste t.*** das Leben ehrenhaft zubringen; ***animos t.*** auf die Gemüter einwirken

5. *fig* behandeln, ***socios crudeliter*** die Bundesgenossen grausam; ***aliquem liberaliter t.*** j-n großzügig bewirten; ***se ita in re t., ut*** sich so in einer Sache benehmen, dass

6. *fig etw* untersuchen, sich mit *etw* beschäftigen, *aliquid*

7. *fig* abhandeln, besprechen, *aliquid* etw, + *indir Fragesatz*; ***res tragicas comice t.*** tragische Dinge nach Komödienart behandeln

8. (*nachkl.*) *fig* über *etw* verhandeln, *aliquid/de re*, ***condiciones/de condicionibus*** über Bedingungen

tractum ⟨ī⟩ *n* ||*PPP von* traho|| Tib. zum Spinnen vorbereitete Wolle

tractus[1] ⟨a, um⟩ *Adj* ||traho||

T

1. herstammend, ausgehend, *a re* von etw
2. *fig* fließend, flüssig; ***oratio tracta*** flüssige Redeweise

tractus[2] ⟨ūs⟩ *m* ||traho||
1. das Ziehen, Zug; ***rota tractu gemens*** beim Fortziehen knarrendes Rad
2. Bahn, Lauf; Strömung
3. *fig* langsamer Verlauf, das Hinziehen, Verzögerung; ***t. belli*** schleppende Kriegsführung
4. *fig* Ausdehnung, Verlauf, Richtung
5. *fig* Landstrich, Gegend; ***t. nubium*** Wolkenräume
6. RHET verhaltener Stil

tractus[3] ⟨a, um⟩ *PPP* → ***traho***

trā-didī → ***trado***

trāditiō ⟨ōnis⟩ *f* ||trado||
1. Auslieferung, Übereignung, Übergabe, *alicui* an j-n; ***t. oppidi*** Übergabe der Stadt
2. (*nachkl.*) *fig* Überlieferung, Tradition
3. (*nachkl.*) *fig* Vortrag, Lehre
4. (*nachkl.*) *fig* Bericht, *alicuius rei* von etw, über etw; ***t. supremorum*** Bericht über das Sterben

trāditor ⟨ōris⟩ *m* ||trado|| Verräter

trā-dō ⟨didī, ditum, dere 3.⟩ ||do||

1. übergeben, aushändigen
2. anvertrauen, überlassen
3. empfehlen
4. ausliefern
5. sich hingeben, sich widmen
6. hinterlassen, vererben
7. überliefern, erzählen
8. vortragen, lehren

1. übergeben, aushändigen, abliefern, *alicui aliquid* j-m etw; ***alicui testamentum legendum t.*** j-m das Testament zum Lesen aushändigen; ***per manus aliquid t.*** etw von Hand zu Hand geben; ***alicui aliquid per manus t.*** j-m etw direkt übergeben; ***aliquem alicui de manu in manum t.*** j-n j-m ans Herz legen; ***alicui filiam t.*** die Tochter mit j-m verheiraten; ***alicui decem satellites t.*** j-m zehn Leibwächter als Schutz mitgeben
2. anvertrauen, überlassen, ***alicui custodiam navium*** j-m die Bewachung der Schiffe
3. empfehlen, *aliquem/aliquid alicui* j-n/etw j-m
4. ausliefern; verraten; ***aliquem vinctum regi t.*** j-n gefesselt dem König ausliefern; ***urbem militibus diripiendam t.*** die Stadt den Soldaten zur Plünderung preisgeben; ***regnum hostibus t.*** das Reich an die Feinde verraten
5. ***se t.*** sich hingeben, sich widmen, *alicui rei* einer Sache
6. hinterlassen, vererben; ***mos alicui traditus est a maioribus*** eine Sitte ist j-m von den Vorfahren vererbt worden
7. überliefern, erzählen, berichten, mitteilen; ***posteris/memoriae t.*** der Nachwelt überliefern; ***tradunt*** man berichtet, + *AcI*; ***traditur/traduntur*** man berichtet, es wird erzählt, + *NcI*
8. vortragen, lehren

trā-dūcō ⟨dūxī, ductum, dūcere 3.⟩

1. hinüberführen, hinüberbringen
2. übersetzen
3. versetzen
4. hinüberziehen
5. vorüberführen, vorbeiführen
6. verhöhnen, lächerlich machen
7. sich zeigen
8. bekannt machen
9. verbringen
10. zu etw verwenden

1. hinüberführen, hinüberbringen; hindurchführen; ***copias ex Gallia in castra t.*** Truppen aus Gallien ins Lager führen; ***copias per fines Sequanorum t.*** Truppen durch das Gebiet der Sequaner hindurchführen
2. übersetzen, über *etw* führen, *aliquem aliquid/re* j-n über etw; ***exercitum flumen t.*** das Heer über einen Fluss führen
3. *in einen Zustand* versetzen, *in aliquid/ad aliquid* in etw; ***aliquem ad metum t.*** j-n in Angst versetzen; ***inimicitias ad amicitiam t.*** Feindschaft in Freundschaft verwandeln; ***centuriones ad superiores ordines t.*** Zenturionen in höhere Ränge befördern
4. hinüberziehen; ***ad/in suam sententiam t.*** auf seine Seite bringen
5. vorüberführen, vorbeiführen; ***victimas in triumpho t.*** die Opfer im Triumphzug vorüberführen; ***equum t.*** die Musterung gut bestanden haben, *vom Ritter*
6. (*nachkl.*) verhöhnen, lächerlich machen
7. ***se t.*** sich zeigen
8. bekannt machen, ***carmina*** Gedichte
9. *Zeit* verbringen; ***vitam tranquille t.*** das Leben ruhig zubringen
10. zu *etw* verwenden; auf *etw* anwenden; ***curam in vitulos t.*** Sorge auf die Kälber verwenden; ***rationem ad id genus t.*** die Methode auf diese Art anwenden

trāductiō ⟨ōnis⟩ *f* ||traduco||
1. Versetzung *in einen Stand*
2. Verlauf *der Zeit*
3. Sen. Bloßstellung
4. RHET uneigentlicher Gebrauch eines Wortes, *bes* Metonymie, *das Ersetzen eines Begriffes durch einen ihm gedanklich nahe liegenden*

trāductor ⟨ōris⟩ *m* ||traduco|| Überführer; ***t. ad plebem*** der Plebejermacher, *von Pompeius, weil dieser den Übertritt des Clodius in den Plebejerstand gefördert hatte*

trā-ductus ⟨a, um⟩ *PPP* → ***traduco***

trādux ⟨ucis⟩ *m* ||traduco|| Tac. Weinranke

trā-dūxī → ***traduco***

tragicōmoedia ⟨ae⟩ *f* Plaut. Tragikomödie

tragicum ⟨ī⟩ *n* ||tragicus|| tragisches Pathos

tragicus
I ⟨a, um⟩ *Adj*, *Adv* ⟨tragicē⟩ ||griech. Fw.||
1. tragisch, in Tragödien dargestellt; ***poema tragicum*** Tragödie; ***tragice*** wie in der Tragödie
2. RHET erhaben, pathetisch
3. (*nachkl.*) *fig* traurig, schrecklich, tragisch; ***scelus tragicum*** schreckliches Verbrechen

II ⟨ī⟩ *m* Tragödienschauspieler

tragoedia ⟨ae⟩ *f* ||griech. Fw.||
1. Trauerspiel, Tragödie, *auch fig*

T

2. *Pl* Tragödienpathos
3. *Pl* großer Lärm
tragoedus ⟨ī⟩ *m* ||griech. Fw.|| Tragödienschauspieler
trāgula ⟨ae⟩ *f*
1. Wurfgeschoss mit Schwungriemen
2. *fig* Intrige
tragus ⟨ī⟩ *m* ||griech. Fw.||
1. Bocksgestank
2. *kleiner Seefisch*
traha ⟨ae⟩ *f* = ***trahea***
trahāx *Gen* ⟨ācis⟩ *Adj* Plaut. raffgierig
trahea ⟨ae⟩ *f* Verg. Walze *zum Ausdreschen des Getreides*
trahō ⟨trāxī, tractum, trahere 3.⟩

1. ziehen, zerren
2. hin und her ziehen
3. mit sich fortziehen, fortschleppen
4. plündern, rauben
5. hinter sich herziehen, nachschleppen
6. nach sich ziehen, verursachen
7. einziehen, auf sich ziehen
8. annehmen, bekommen
9. sich aneignen, an sich reißen
10. hervorziehen, herausziehen
11. herleiten, entnehmen
12. zusammenziehen
13. hinziehen, leiten
14. veranlassen, verleiten
15. auslegen, deuten
16. beziehen
17. überlegen, erwägen
18. in die Länge ziehen, verlängern
19. hinziehen, verzögern
20. verbringen
21. hinhalten

1. ziehen, zerren, schleppen; ***currum t.*** einen Wagen ziehen; ***aliquem pedibus t.*** j-n an den Füßen schleifen; ***ramos per terram t.*** die Zweige über den Boden schleifen
2. hin und her ziehen; *fig* zerrütten; ***pecuniam t.*** Geld verprassen
3. mit sich fortziehen, fortschleppen; ***saxa secum t.*** *von Flüssen* Felsbrocken mit sich führen
4. plündern, rauben; wegnehmen; ***socios t.*** die Bundesgenossen ausplündern; ***partem doloris t.*** einen Teil des Schmerzes wegnehmen
5. (*unkl.*) hinter sich herziehen, nachschleppen, ***onera*** Lasten
6. (*nachkl.*) nach sich ziehen, verursachen, ***pudorem*** Scham
7. (*nachkl.*) einziehen, auf sich ziehen; ***aquam t.*** Wasser trinken; ***animam/spiritum t.*** atmen; ***ignes t.*** *fig* Feuer fangen
8. *fig* annehmen, bekommen; ***stipendia t.*** Sold erhalten; ***in exemplum t.*** zum Vorbild nehmen; ***multum ex vero traxisse*** mit viel Wahrem versetzt sein
9. sich aneignen, an sich reißen; ***gratiam sibi t.*** Dank für sich fordern
10. hervorziehen, herausziehen; ***suspiria t.*** tief seufzen
11. *fig* herleiten, entnehmen; ***originem ab aliquo t.*** seine Herkunft von j-m herleiten
12. zusammenziehen; ***vela t.*** die Segel einziehen
13. hinziehen, leiten; *Passiv* sich hingezogen fühlen, *ad aliquid* zu etw
14. *fig* veranlassen, verleiten, ***ad arma*** zum Krieg
15. auslegen, deuten; ***aliquid in virtutem t.*** etw als Tapferkeit auslegen; ***ad religionem t.*** als religiös bedenklich erachten; ***auctores utroque trahunt*** die Gewährsleute sind zwischen beiden Angaben geteilt
16. beziehen, *ad aliquid/in aliquid* auf etw; ***nomen in urbem t.*** den Namen auf die Stadt übertragen
17. Sall. überlegen, erwägen
18. in die Länge ziehen, verlängern; *Wolle* spinnen
19. *fig* hinziehen, verzögern; ***bellum t.*** den Krieg in die Länge ziehen; ***rem in serum t.*** die Angelegenheit bis in den Abend hinziehen; ***laborem t.*** die Mühe lange aushalten
20. *Zeit* verbringen; ***vitam t.*** das Leben fristen
21. (*nachkl.*) hinhalten, ***aliquem sermone*** j-n durch ein Gespräch
Trāiānus ⟨ī⟩ *m vollständig M. Ulpius Traianus, aus der röm. Kolonie Italica, röm. Kaiser 98–117 n. Chr.*
trā-iciō ⟨iēcī, iectum, icere 3.⟩

I
1. hinüberwerfen, hinüberbringen
2. übertragen
3. über einen Fluss übersetzen, transportieren
4. überqueren, passieren
5. überwerfen
6. durchstoßen, durchbohren
7. durchbrechen
II übersetzen, hinüberfahren

I *v/t*
1. hinüberwerfen, hinüberbringen, hinüberschaffen; ***legiones in Siciliam t.*** Legionen nach Sizilien hinüberbringen; ***funem t.*** das Tau um den Mastbaum schlingen
2. *fig* übertragen, ***aliquid ex illius invidiā in te*** etw von dessen Neid auf dich
3. MIL über einen Fluss übersetzen, transportieren; *Passiv u.* ***se t.*** übersetzen, hinüberfahren, herüberdringen; ***copias flumen t.*** Truppen über den Fluss setzen lassen
4. (*unkl.*) *eine Örtlichkeit* überqueren, passieren; ***flumen t.*** den Fluss überqueren; ***montem t.*** das Gebirge passieren
5. überwerfen; ***murum iaculo t.*** den Spieß über die Mauer werfen
6. durchstoßen, durchbohren, *aliquem re* j-n mit etw, *alicui aliquid* j-m etw; ***aliquem venabulo t.*** j-n mit dem Jagdspieß durchbohren; ***se t.*** sich erstechen; ***hosti femur tragulā t.*** dem Feind den Schenkel mit dem Wurfspieß durchbohren
7. durchbrechen, ***aciem*** die Schlachtreihe
II *v/i* übersetzen, hinüberfahren; *fig* herüberdringen; ***nando t.*** hinüberschwimmen; ***malum traiciet ad nos*** das Unglück wird auf uns übergreifen
trāiectiō ⟨ōnis⟩ *f* ||traicio||
1. Überfahrt, ***maris*** über das Meer
2. ***t. stellae*** Sternschnuppe
3. *fig* das Hinüberschieben, *in alienum* auf einen

anderen
4. *fig* Übertreibung
5. RHET Versetzung, Umstellung *von Wörtern*
trāiectus[1] ⟨ūs⟩ *m* ||traicio||
1. Überfahrt, ***in Britanniam*** nach Britannien
2. *meton* Übergangsort
trā-iectus[2] ⟨a, um⟩ *PPP* → ***traicio***
trālātus[1] ⟨ūs⟩ *m* ||transfero|| *(nachkl.)* feierlicher Aufzug, Prozession
trā-lātus[2] ⟨a, um⟩ *PPP* = ***translatus***; → ***transfero***
trā-loquor ⟨-, loquī 3.⟩ Plaut. hererzählen
trāma ⟨ae⟩ *f (vkl., nachkl.)*
1. Kette des Gewebes
2. *fig* Nichtigkeit
trāmes ⟨itis⟩ *m*
1. Querweg, Seitenweg, Fußpfad
2. *poet* Weg; Gang, Lauf
trā-natō *u.* **trā-nō** ⟨āvī, ātum, āre 1.⟩
I *v/i* hinüberschwimmen, ***ad suos*** zu den Seinen
II *v/t* durchschwimmen; *fig* durchfliegen, durcheilen, durchdringen; ***flumina t.*** die Flüsse durchschwimmen
tranquillitās ⟨ātis⟩ *f* ||tranquillus||
1. Ruhe, Stille
2. Meeresstille, ruhiges Wetter
3. POL Friede, Ruhe
4. *fig* Gemütsruhe
5. *(spätl.)* Sanftmut, *als Titel der späteren Kaiser*
tranquillō ⟨āvī, ātum, āre 1.⟩ ||*Denom von* tranquillus|| beruhigen
tranquillum ⟨ī⟩ *n* = ***tranquillitas***; ***in tranquillo*** bei ruhigem Wetter, in Sicherheit
► **tranquillus** ⟨a, um⟩ *Adj*, *Adv* ⟨tranquillē⟩ *u.* ⟨tranquillō⟩
1. ruhig, still, *bes* windstill
2. *fig* friedlich
Tranquillus ⟨ī⟩ *m röm. Beiname*; → ***Suetonius***
► **trāns**
I *Präf, vor d, l, m, n, i, v, später auch vor anderen Konsonanten trā-, vor s trān-*
1. über-; ***trans-eo*** hinüber-gehen
2. hindurch-, durch-; ***trans-figo*** durch-bohren
3. darüber hinaus, jenseits; ***trans-alpinus*** jenseits der Alpen gelegen
II *Präp + Akk*
1. *auf die Frage „wohin?"* über, über … hin, über … hinaus; ***trans Alpes transferre*** über die Alpen bringen
2. *auf die Frage „wo?"* jenseits; ***trans Rhenum incolere*** jenseits des Rheins wohnen
trāns-abeō ⟨iī, itum, īre 0.⟩ *(nachkl.)* über *etw* hinausgehen, *aliquid*; *fig* durchbohren; ***ensis transabiit costas*** Verg. das Schwert durchdrang die Rippen
trānsāctor ⟨ōris⟩ *m* ||transigo|| Vermittler
trāns-āctus ⟨a, um⟩ *PPP* → ***transigo***
trāns-adigō ⟨ēgī, āctum, igere 3.⟩ *(nachkl.)* durch *etw* stoßen, *etw* durchbohren, *aliquid*
trānsalpīnī ⟨ōrum⟩ *m* ||transalpinus|| jenseits der Alpen wohnende Völker
trāns-alpīnus ⟨a, um⟩ *Adj* jenseits der Alpen gelegen
trān-scendō ⟨scendī, scēnsum, scendere 3.⟩ ||scando||
I *v/t*
1. überschreiten, übersteigen, ***fossam*** einen Graben
2. *fig* übertreten, verletzen, ***prohibita*** Verbote
II *v/i*
1. hinübergehen, hinübersteigen, *in aliquid* zu etw, nach etw, ***in Italiam*** nach Italien
2. *fig* übergehen, *ad aliquid* zu etw
trāns-cīdō ⟨cīdī, cīsum, cīdere 3.⟩ ||caedo|| Plaut. verhauen
trān-scrībō ⟨scrīpsī, scrīptum, scrībere 3.⟩
1. umschreiben, abschreiben
2. JUR umschreiben lassen, *aliquid in aliquem* etw auf j-n, ***nomina in socios*** Schuldposten auf die Bundesgenossen
3. *poet* schriftlich übertragen, schriftlich abtreten, *aliquid alicui / in aliquem* etw j-m; ***sceptra colonis t.*** die Herrschaft schriftlich den Siedlern abtreten
4. *in eine andere Stadt od an einen anderen Ort* versetzen
5. aufnehmen, ***in viros*** unter die Männer
trānscrīptiō ⟨ōnis⟩ *f* ||transcribo||
1. *schriftl.* Übertragung *auf einen anderen*
2. das Schieben eines Verbrechens *auf einen anderen*, Entschuldigung
trāns-currō ⟨currī⟩ *u.* ⟨cucurrī, cursum, currere 3.⟩
I *v/i*
1. hinüberlaufen, hinlaufen, *in aliquid* in etw, *ad aliquid* zu etw
2. übergehen, ***ad melius*** zu etw Besserem
3. vorbeilaufen, vorbeifahren, vorbeisegeln; *von der Zeit* schnell vergehen
II *v/t*
1. schnell durcheilen, ***cursum suum t.*** seine Laufbahn
2. Quint. *von der Rede* kurz abhandeln
trānscursus ⟨ūs⟩ *m* ||transcurro||
1. das Durchlaufen, Flug; RHET kurzer Überblick
2. das Vorbeilaufen
trāns-d… = ***tra-d…***
trāns-ēgī → ***transigo***
trānsenna ⟨ae⟩ *f*
1. *(vkl., nachkl.)* Vogelnetz; *fig* Fallstrick
2. Gitter
trāns-eō ⟨iī⟩ *u.* ⟨īvī, itum, īre 0.⟩

I
1. hinübergehen, übergehen
2. übergehen
3. sich verwandeln
4. übergehen
5. vorbeigehen, vorbeiziehen
6. hindurchgehen, hindurchfahren
II
1. überschreiten, übersteigen
2. übertreten, verletzen
3. überstehen
4. durchgehen, besprechen
5. vorübergehen, vorbeifahren
6. verbringen
7. sterben

I *v/i*
1. hinübergehen, übergehen, *ad aliquid / in aliquid*

zu etw, nach etw, ***in Italiam*** nach Italien, ***ad Aequos*** zu den Äquern; ***Mosa in Oceanum transit*** die Mosel ergießt sich in den Ozean
2. *zum Feind* übergehen; *fig einer Sache* beitreten, *in aliquid / ad aliquid*; ***a patribus ad plebem t.*** vom Patrizierstand zum Plebejerstand übertreten; ***in sententiam / ad sententiam alicuius t.*** j-s Meinung beitreten
3. sich verwandeln, *in aliquid* in etw
4. *thematisch zu etw anderem* übergehen
5. vorbeigehen, vorbeiziehen, vorbeireiten; *fig von der Zeit* vergehen, verstreichen; ***complures dies transierunt*** mehrere Tage vergingen
6. (*unkl.*) hindurchgehen, hindurchfahren, hindurchziehen; *fig* hindurchdringen, *per aliquid* durch etw
II *v/t*
1. überschreiten, übersteigen, passieren, *auch* durchreisen; ***Alpes t.*** die Alpen überschreiten; ***flumen transitur*** der Fluss wird überquert; ***iter t.*** einen Weg zurücklegen; ***parmam t.*** den Schild durchbohren
2. *fig* übertreten, verletzen
3. *fig* überstehen
4. *fig vom Redner* durchgehen, besprechen, ***unamquamque rem breviter*** kurz jede einzelne Angelegenheit
5. vorübergehen, vorbeifahren, *aliquem / aliquid* an j-m / an etw; *fig* übertreffen; *in der Rede u. beim Lesen* übergehen; ***aliquem cursu t.*** j-n im Lauf überholen; ***aliquid silentio t.*** etw stillschweigend übergehen
6. *Zeit* verbringen, *auch* ungenutzt verbringen
7. (*mlat.*) sterben

trāns-ferō ⟨tulī, lātum, ferre 0.⟩

1. hinübertragen, hinüberbringen
2. vorbeitragen
3. versetzen, verlegen
4. lenken, wenden
5. übertragen
6. abschreiben
7. übertragen, übersetzen
8. im übertragenen Sinn gebrauchen
9. verwandeln
10. verschieben

1. hinübertragen, hinüberbringen; ***signa t. ad aliquem*** mit fliegenden Fahnen übergehen zu j-m; ***se in aedem t.*** sich in den Tempel begeben
2. (*nachkl.*) vorbeitragen, ***in triumpho militaria signa*** im Triumphzug militärische Abzeichen
3. versetzen, verlegen, verpflanzen; ***castra trans Peneum t.*** das Lager über den Peneus verlegen; ***bellum in Africam t.*** den Kriegsschauplatz nach Afrika verlegen
4. lenken, wenden; ***se ad aliquid t.*** sich einer Sache zuwenden
5. übertragen, *in aliquid* auf etw, *in aliquem / ad aliquem* auf j-n; *Passiv* übergehen; ***possessiones ad alienos t.*** Besitzungen auf andere übergehen lassen; ***summam imperii ad Athenienses t.*** den Athenern den Oberbefehl übertragen
6. abschreiben, ***aliquid in tabulas*** etw in Listen
7. übertragen, übersetzen, ***ex Graeco in Latinum*** vom Griechischen ins Lateinische
8. *Wörter* im übertragenen Sinn gebrauchen; ***verba translata*** Metaphern
9. (*nachkl.*) verwandeln, *in aliquid* in etw
10. verschieben, ***se in proximum annum*** seine Bewerbung auf das nächste Jahr

trāns-fīgō ⟨fīxī, fīxum, fīgere 3.⟩
1. durchbohren, *aliquid re* etw mit etw, ***scutum ferro*** den Schild mit dem Schwert
2. hindurchstoßen, ***hastam*** eine Lanze

trāns-figūrō ⟨āvī, ātum, āre 1.⟩ umgestalten, verwandeln, *auch fig*

trāns-fodiō ⟨fōdī, fossum, fodere 3.⟩ = ***transfigo***

trānsfōrmis ⟨e⟩ *Adj* ||transformo||
1. umformbar, verwandelbar
2. umgeformt, verwandelt

trāns-forō ⟨-, -, āre 1.⟩ durchbohren

trāns-fretō ⟨āvī, ātum, āre 1.⟩ ||fretum|| Suet. über das Meer fahren

trānsfuga ⟨ae⟩ *m* ||transfugio|| Überläufer; *adj* übergelaufen

trāns-fugiō ⟨fūgī, -, fugere 3.⟩ zum Feind überlaufen

trānsfugium ⟨ī⟩ *n* ||transfugio|| das Überlaufen; *Pl* Fälle von Überlaufen

trāns-fundō ⟨fūdī, fūsum, fundere 3.⟩
1. (*nachkl.*) umgießen, umschütten; P. hinüberströmen
2. *fig* übertragen, ***laudes ad aliquem*** Ehren auf j-n
3. ***latius transfusus*** umfassender; ***studia latius transfusa*** umfassendere Studien

trānsfūsiō ⟨ōnis⟩ *f* ||transfundo|| (*nachkl.*) das Hinübergießen; *fig* Vermischung

trāns-gredior ⟨gressus sum, gredī 3.⟩ ||gradior||
I *v/i*
1. hinübergehen, hinübersteigen, ***per montes*** über die Berge, ***Rheno*** über den Rhein
2. *fig zu einer anderen Partei* übergehen, *ad aliquem* zu j-m
II *v/t* überschreiten, ***Taurum*** den Taurus; ***transgressus*** *auch pass.* überschritten

trānsgressiō ⟨ōnis⟩ *f* ||transgredior||
1. das Überschreiten, Übergang, *alicuius* j-s, *alicuius rei* einer Sache, über etw; ***t. amnis*** das Überschreiten des Stromes, Übergang über den Strom
2. Quint. RHET Übergang *zu einem anderen Thema*
3. ***t. verborum*** RHET Veränderung der Wortstellung
4. (*eccl.*) Übertretung *eines Gebotes od Gesetzes*

trānsgressor ⟨ōris⟩ *m* ||transgredior|| (*eccl.*) Übertreter *eines Gesetzes*, Sünder

trānsgressus[1] ⟨ūs⟩ *m* ||transgredior|| Übergang, ***amnis*** über den Strom

trāns-gressus[2] ⟨a, um⟩ *PPerf* → ***transgredior***

trāns-igō ⟨ēgī, āctum, igere 3.⟩ ||ago||
I *v/t*
1. (*nachkl.*) *poet* durchbohren, *aliquem / aliquid re* j-n / etw mit etw, ***se gladio*** sich mit dem Schwert
2. *fig* durchführen, zustande bringen; ***transactum est*** alles ist vorbei
3. erledigen, beilegen, ***controversiam*** einen Streit
4. *Zeit* verbringen; ***mense transacto*** nach Ablauf des Monats
II *v/i* eine Vereinbarung treffen, *cum aliquo* mit j-m

T

trāns-iī → ***transeo***
trān-siliō ⟨siluī⟩ *u.* ⟨silīvī⟩ *u.* ⟨siliī, -, silīre 4.⟩ ||salio||
I *v/i* hinüberspringen
II *v/t*
1. (*nachkl.*) überspringen, ***murum*** eine Mauer
2. (*nachkl.*) *fig* durcheilen
3. *fig* überschreiten, ***lineas*** die Grenzen
4. *in der Rede* übergehen
trāns-īre → ***transeo***
trānsitāns *Gen* ⟨antis⟩ *PPr* durchziehend, auf einer Dienstreise
trānsitiō ⟨ōnis⟩ *f* ||transeo||
1. Übergang, Passage
2. MIL, POL Übergang, Wechsel *zu einer anderen Partei*, *alicuius ad aliquem* j-s zu j-m
3. RHET, LIT Übergang, Überleitung
4. Ov. Ansteckung
5. Durchgang *als Ort*
trānsitōrius ⟨a, um⟩ *Adj* ||transeo||
1. Suet. mit einem Durchgang versehen
2. (*spätl.*) vorübergehend, kurz
3. (*mlat.*) vergänglich
▶ **trānsitus**[1] ⟨ūs⟩ *m* ||transeo||
1. Übergang, *alicuius rei* über etw; Übergangsort, Pass, Furt, *alicuius rei* über etw
2. (*nachkl.*) *fig* Übertritt *zu einer anderen Partei*, ***ad hostem*** zum Feind
3. (*nachkl.*) *fig in der Malerei* Farbenübergang; *in der Rede* Übergang
4. (*nachkl.*) *poet* Durchgang, Durchzug, *auch als Ort*, *per aliquid* durch etw
5. das Vorübergehen; ***in transitu*** im Vorübergehen, flüchtig, oberflächlich
6. (*mlat.*) Tod
trāns-itus[2] ⟨a, um⟩ *PPP* → ***transeo***
trānslātīcius ⟨a, um⟩ *Adj* ||translatus, *PPP von* transfero||
1. überliefert, herkömmlich
2. gewöhnlich
trānslātiō ⟨ōnis⟩ *f* ||transfero||
1. Übertragung, *alicuius rei ab aliquo ad aliquem* einer Sache von j-m auf j-n
2. Übersetzung *aus einer Sprache in eine andere*
3. RHET übertragener Gebrauch eines Wortes, Metapher
4. RHET Vertauschung *von Tempora*; Umstellung der Wörter
5. JUR Ablehnung *eines Richters od Klägers*
6. Entkräftung *einer Beschuldigung*
trānslātīva ⟨ae⟩ *f* ||translativus|| Quint. ablehnende Feststellung
trānslātīvus ⟨a, um⟩ *Adj* ||translatus, *PPP von* transfero|| ablehnend
trānslātor ⟨ōris⟩ *m* ||transfero|| Übertrager, *von Verres, der eigenmächtig als Quästor die Partei wechselte u. mit der Kasse zu Sulla überging*
trānslātus[1] ⟨ūs⟩ *m* ||transfero|| (*nachkl.*) Umzug, Prozession
trāns-lātus[2] ⟨a, um⟩ *PPP* → ***transfero***
trāns-legō ⟨-, -, ere 3.⟩ Plaut. ganz vorlesen
trāns-lūceō ⟨-, -, ēre 2.⟩
1. durchschimmern
2. durchsichtig sein
trānslūcidus ⟨a, um⟩ *Adj* ||transluceo|| (*nachkl.*) durchsichtig
trāns-marīnus ⟨a, um⟩ *Adj* überseeisch
trāns-meō ⟨-, -, āre 1.⟩ (*vkl.*, *nachkl.*) durchziehen, durchwandern, *aliquid* etw
trāns-migrō ⟨āvī, ātum, āre 1.⟩ übersiedeln, *in locum* an einen Ort
trāns-mineō ⟨-, -, ēre 2.⟩ Plaut. hindurchragen
trānsmissiō ⟨ōnis⟩ *f u.* **trānsmissus** ⟨ūs⟩ *m* ||transmitto|| Überfahrt
trāns-mittō ⟨mīsī, missum, mittere 3.⟩
I *v/t*
1. hinüberschicken, hinüberschaffen, übersetzen; ***pecora in campum t.*** das Vieh auf das Feld hinüberschaffen; ***copias in Euboeam t.*** Truppen nach Euböa übersetzen lassen; ***vim in aliquem t.*** Gewalt gegen j-n anwenden
2. überschreiten, durcheilen, ***maria*** Meere
3. Liv. quer über *etw* hinüberlegen, ***tigillum per viam*** einen Balken quer über den Weg
4. (*nachkl.*) durchlassen, durchziehen lassen, *aliquem per aliquid* j-n durch etw, ***exercitum per fines*** das Heer durch das Gebiet
5. übergeben, anvertrauen; (*nachkl.*) überlassen, abtreten; *alicui aliquid* j-m etw
6. widmen, *alicui aliquid* j-m etw
7. (*nachkl.*) nicht berücksichtigen; ***aliquid silentio t.*** etw schweigend übergehen
8. (*nachkl.*) *poet Zeit* verbringen, verstreichen lassen, ***mensem*** einen Monat
9. überleben, überstehen, ***febrium ardorem*** die Fieberglut
II *v/i* übersetzen, hinüberfahren, ***in Africam*** nach Afrika
trāns-montānus ⟨a, um⟩ *Adj* ||montes|| jenseits der Berge wohnend
trāns-moveō ⟨mōvī, mōtum, movēre 2.⟩
1. (*nachkl.*) hinüberschaffen, verlegen
2. *fig* zuschreiben; ***gloriam in se t.*** sich Ruhm zuschreiben
trānsmūtātiō ⟨ōnis⟩ *f* ||transmuto|| (*nachkl.*) Vertauschung von Buchstaben
trāns-mūtō ⟨āvī, ātum, āre 1.⟩ Hor. vertauschen
trāns-nōminō ⟨āvī, ātum, āre 1.⟩ Suet. umbenennen
trāns-numerō ⟨-, -, āre 1.⟩ durchzählen
trāns-padānus
I ⟨a, um⟩ *Adj* ||Padus|| jenseits des Po wohnend
II ⟨ī⟩ *m* Transpadaner
trānspectus ⟨ūs⟩ *m* ||transpicio|| Lucr. Durchblick
trān-spiciō ⟨-, -, ere 3.⟩ ||specio|| durchblicken; ***foris quae vere transpiciuntur*** was man wirklich durch die Türe sieht
trāns-pōnō ⟨posuī, positum, pōnere 3.⟩ (*nachkl.*) hinübersetzen, hinüberbringen
trānsportātiō ⟨ōnis⟩ *f* ||transporto|| Umsiedlung, Wanderung, ***populorum*** von Völkern
trāns-portō ⟨āvī, ātum, āre 1.⟩ hinüberbringen, hinüberschaffen; ***exercitum t.*** das Heer übersetzen; ***flumen t.*** über den Fluss übersetzen
trānspositīva ⟨ae⟩ *f* ||transpono|| Quint. = ***translativa***
trānsrhēnānī ⟨ōrum⟩ *m* ||transrhenanus|| rechtsrheinische Stämme
trāns-rhēnānus ⟨a, um⟩ *Adj* ||Rhenus|| jenseits des Rheins gelegen, rechtsrheinisch

T

trānstiberīnī ⟨ōrum⟩ *m* ||transtiberinus|| die jenseits des Tibers ansässigen Einwohner Roms
trāns-tiberīnus ⟨a, um⟩ *Adj* ||Tiberis|| jenseits des Tibers wohnend
trāns-tineō ⟨-, -, ēre 2.⟩ ||teneo|| Plaut. hindurchgehen; ***commeatus transtinet trans parietem*** ein Gang geht durch die Mauer hindurch
trānstrum ⟨ī⟩ *n* ||trans|| Querbalken; Ruderbank
trāns-tulī → ***transfero***
trānsultō ⟨-, -, āre 1.⟩ ||*Intens von* transilio|| Liv. hinüberspringen
trānsūmptiō ⟨ōnis⟩ *f* ||transumo|| *(nachkl.)* RHET Übertragung
trānsūmptīva ⟨ae⟩ *f* = ***translativa***
trān-suō ⟨suī, sūtum, suere 3.⟩ Ov. durchnähen; *fig* durchstechen, *aliquid re* etw mit etw
trānsvectiō ⟨ōnis⟩ *f* ||transveho||
1. Überfahrt, *alicuius rei* über etw
2. *(nachkl.)* das Vorüberfahren
3. Suet. das Vorüberreiten, Musterung
trāns-vehō ⟨vēxī, vectum, vehere 3.⟩
1. hinüberführen, hinüberschaffen; *Passiv* hinüberfahren, übersetzen
2. *(nachkl.)* vorbeiführen, vorbeitragen; *Passiv* vorbeifahren, vorbeiziehen, vorbeireiten
3. *Passiv von der Zeit* verstreichen, vorübergehen; ***transvecta aetas*** vergangener Sommer
trāns-verberō ⟨āvī, ātum, āre 1.⟩ durchstechen, durchbohren, ***bestiam venabulo*** das wilde Tier mit dem Jagdspieß; ***aliquem in utrumque latus t.*** j-n an beiden Seiten verwunden
trānsversārius ⟨a, um⟩ *Adj* ||transversus|| Quer…
trāns-versō ⟨-, -, āre 1.⟩ Verg. wiederholt umwenden
trānsversum ⟨ī⟩ *n* ||transversus|| die Quere; ***ex transverso / de transverso*** in die Quere, störend, unvermutet
trānsversus ⟨a, um⟩ *Adj, Adv* ⟨transversē⟩ ||transverto||
1. quer liegend, schräg, Quer…, Seiten…; ***via transversa*** Seitenstraße; ***cuniculi transversi*** Seitengräben; ***tigna transversa*** sich kreuzende Balken; ***transverso foro*** quer über den Markt; ***non unguem / digitum transversum discedere*** keinen Finger breit weichen; ***aliquem transversum agere*** j-n vom rechten Weg abbringen
2. in die Quere kommend, störend
trāns-vertō ⟨vertī, versum, vertere 3.⟩ umwenden, hinüberwenden; ***transversis principiis*** nachdem die Front eine Schwenkung gemacht hatte
trānsvolitō ⟨āvī, -, āre 1.⟩ ||*Intens von* transvolo|| Lucr. durchfliegen; *fig* durcheilen
trāns-volō ⟨āvī, ātum, āre 1.⟩
I *v/i* hinüberfliegen, hinübereilen
II *v/t* überfliegen
trānsvorsus ⟨a, um⟩ *Adj* = ***transversus***
trāns-vortō ⟨vortī, vorsum, vortere 3.⟩ = ***transverto***
trapētum ⟨ī⟩ *n u.* **trapētus** ⟨ī⟩ *m* ||griech. Fw.|| Verg. Ölmühle, Ölpresse
trapezīta ⟨ae⟩ *m* ||griech. Fw.|| Plaut. Geldwechsler
trapezophorum ⟨ī⟩ *n* ||griech. Fw.|| verzierter Fuß *einer Tischplatte*
trāsenna ⟨ae⟩ *f* = ***transenna***
Trasumennus *u.* **Trasumēnus** ⟨a, um⟩ *Adj* trasumenisch; ***T. lacus*** Trasumenersee, *Sieg Hannibals über die Römer 217 v. Chr., heute Lago Trasimeno*
traulizī ||griech. Fw.|| Lucr. sie lispelt
trā-v… = ***trans-v…***
trāxī → ***traho***
Trebia ⟨ae⟩ *m rechter Nebenfluss des Po, Sieg Hannibals über die Römer 218 v. Chr., Name erhalten*
trecēnī ⟨ae, a⟩ *Num distr* ||trecenti|| je dreihundert; Hor. sehr viele
trecentēsimus ⟨a, um⟩ *Num ord* ||trecenti|| der dreihundertste
tre-centī ⟨ae, a⟩ *Num card* ||tres, centum|| dreihundert; unzählige
trecentiē(n)s *Num adv* ||trecenti|| dreihundertmal
trechedīpnum ⟨ī⟩ *n* ||griech. Fw.|| Iuv. Modekleid
trē-decim *indekl Num card* ||tres, decem|| dreizehn
tremebundus ⟨a, um⟩ *Adj* ||tremo|| zitternd, zittrig; ***tremebundā voce*** mit zitternder Stimme
treme-faciō ⟨fēcī, factum, facere⟩ ||tremo|| zittern lassen, erschüttern; *Passiv* zittern
tremendus ⟨a, um⟩ *Adj* ||tremo|| *von Personen u. Sachen* furchtbar, schrecklich; ***flamma tremenda*** schreckliche Flamme
tremēscō ⟨-, -, ēscere 3.⟩ ||*Inkoh von* tremo||
I *v/i* *(vkl.)* erzittern, erbeben, *ad aliquid* bei etw
II *v/t* *(vkl.)* vor *etw* erschrecken, *etw* fürchten, *aliquid, + AcI*
▶ **tremō** ⟨uī, -, ere 3.⟩
I *v/i von Personen u. Sachen* zittern, beben, *aliquid* an etw
II *v/t* zittern, *aliquem / aliquid* vor j-m / vor etw; ***virgas dictatoris t.*** Liv. vor den Ruten des Diktators zittern
tremor ⟨ōris⟩ *m* ||tremo||
1. das Zittern, das Beben; ***t. terrae*** Plin. Erdbeben
2. *meton* Schrecken; ***t. ponti*** Petr. Schrecken des Meeres
tremuī → ***tremo***
tremulus ⟨a, um⟩ *Adj, Adv* ⟨tremulē⟩ *u.* ⟨tremulum⟩ ||tremo||
1. zitternd, bebend; ***flamma tremula*** flackernde Flamme; ***vestis tremula*** flatterndes Kleid
2. Zittern erregend; ***frigus tremulum*** Zittern erregende Kälte
Tremulus ⟨ī⟩ *m röm. Beiname*; ***Q. Marcius Tremulus*** *Konsul 306 v. Chr.*
trepidanter *Adv* ||trepidans, *PPr von* trepido|| ängstlich
trepidātiō ⟨ōnis⟩ *f* ||trepido|| Unruhe, Verwirrung; *fig* Ratlosigkeit
▶ **trepidō** ⟨āvī, ātum, āre 1.⟩ ||*Denom von* trepidus||
1. ängstlich hin und her laufen, in Verwirrung sein
2. *von Tieren* zappeln, scheuen; ***equo trepidante*** als das Pferd scheut
3. *vom Wasser* rieseln
4. flattern; ***trepidant alae*** Verg. die Flügel flattern
5. flackern, zittern; ***flammae trepidant*** die Flammen flackern
6. zittern, zucken, beben, *re* durch etw, wegen etw
7. *(nachkl.) poet* sich ängstigen
8. *(nachkl.) poet* schwanken, unschlüssig sein, *inter aliquid* zwischen etw
trepidus ⟨a, um⟩ *Adj, Adv* ⟨trepidē⟩ ||trapetus|| *(nachkl.)*
1. unruhig, verwirrt, nervös; ***trepida civitas*** unruhi-

ge Bürgerschaft; ***res trepidae*** Verwirrung; ***apes trepidae*** geschäftige Bienen
2. *von Sachen* ***unda trepida*** wogende Welle; ***aenum trepidum*** kochender Kessel; ***artūs trepidi*** zitternder Körper; ***pes t.*** vor Angst unsicherer Fuß
3. ängstlich, besorgt, ungeduldig, *re* durch etw, wegen etw, von etw, *alicuius rei* wegen etw
4. ratlos, unschlüssig
5. beunruhigend, Furcht erregend, Unglück meldend; ***litterae trepidae*** Curt. Brief mit einer Unglücksmeldung

trēs ⟨tria⟩ *Num card* drei; ein paar; ***tria verba*** drei Worte, ein paar Worte

treuga ⟨ae⟩ *f* ||germ.|| (*mlat.*) Landfriede; ***t. Dei*** Gottesfriede

Trēverī ⟨ōrum⟩ *m germ.-kelt. Stamm an der Mosel*; ***Augusta Treverorum*** *Hauptstadt der Treveri, heute Trier*

Trēvericus ⟨a, um⟩ *Adj* der Treveri, zu den Treveri gehörig

Trēvirī ⟨ōrum⟩ *m* = ***Treveri***

tri- *Präf* ||tres|| drei-; ***tri-angulus*** drei-eckig

triangulum ⟨ī⟩ *n* ||triangulus|| Dreieck

tri-angulus ⟨a, um⟩ *Adj* (*nachkl.*) dreieckig

triāriī ⟨ōrum⟩ *m* (*nachkl.*) MIL Triarier, Soldaten des dritten Gliedes, Reserve; ***res ad triarios rediit*** es kam zum Äußersten

trias ⟨ados⟩ *f* ||griech. Fw.|| Dreizahl, Einheit von drei Teilen; (*mlat.*) Dreieinigkeit

tribas ⟨adis⟩ *f* ||griech. Fw.|| (*nachkl.*) *poet* lesbische Frau

tribolus ⟨ī⟩ *m* ||griech. Fw.|| Verg. *stachelige Wasserpflanze, auch ein Dornstrauch*

Tribonīānus ⟨ī⟩ *m Rechtsgelehrter unter Justinian, Leiter des mit der schriftl. Niederlegung des röm. Rechts beauftragten Kollegiums*

tribrachys *Akk* ⟨yn⟩ *m* ||griech. Fw.|| Tribrachys, *Versfuß* ◡◡◡

tribuārius ⟨a, um⟩ *Adj* ||tribus|| Tribus…; ***crimen tribuarium*** Cic. Bestechung der Tribus

tribuī → ***tribuo***

tribūlis
I ⟨e⟩ *Adj* ||tribus|| zur gleichen Tribus gehörig
II ⟨is⟩ *m*
1. Tribusgenosse, Bezirksgenosse
2. Mann vom Land

trībulum ⟨ī⟩ *n* ||griech. Fw.|| Dreschbrett, Dreschwagen, *an der unteren Seite mit Zähnen bestücktes Brett, das von Zugtieren über das am Boden ausgebreitete Getreide gezogen wurde*

tribulus ⟨ī⟩ *m* = ***tribolus***

tribūnal ⟨ālis⟩ *n* ||tribunus||
1. erhöhter Amtssessel *des Tribunen*; Richterstuhl
2. erhöhter Feldherrnsitz *im Lager*
3. Suet. Sitz des Prätors *im Theater*
4. Grabstätte, Grabdenkmal *in Form einer Tribüne*
5. *meton* die auf dem erhöhten Sitz sitzenden Beamten, *bes* Richterkollegium; ***pro tribunali*** vor Gericht

tribūnātus ⟨ūs⟩ *m* ||tribunus|| Amt des Tribunen

tribūnicius ⟨a, um⟩ *Adj* ||tribunus|| tribunizisch, den Tribunen betreffend; ***potestas tribunicia*** Amtsgewalt des Tribunen; ***honor t.*** Ehrenamt des Tribunen; ***comitia tribunicia*** Volksversammlung zur Wahl der Tribunen

▶ **tribūnus** ⟨ī⟩ *m* Tribun
1. (*nachkl.*) Vorsteher einer der drei Stammtribus in Rom, *an ihrer Spitze der tribunus Celerum*
2. ***t. Celerum*** Liv. *in der Königszeit* Reiteroberst
3. ***t. aerarius*** Zahlmeister, *Gehilfe des Quästors*
4. ***t. militum/militaris*** Militärtribun, Oberst, *in jeder Legion sechs, teils vom Feldherrn bestimmt, teils vom Volk gewählt*; ***tribuni militum consulari potestate/tribuni consulares*** Militärtribunen mit Konsulargewalt, *444–367 v. Chr. oberste Staatsbehörde statt der Konsuln, meist aus dem Plebejerstand*
5. ***t. cohortis*** *in der Kaiserzeit* Befehlshaber der 1. Prätorianerkohorte
6. ***t. plebis/plebi*** Volkstribun, *erst zwei, dann fünf, schließlich zehn, Schutzbehörde der plebs, urspr. nur mit Vetorecht, später mit umfassender Gewalt*

▶ **tribuō** ⟨tribuī, tribūtum, tribuere 3.⟩ ||*Denom von* tribus||
1. einteilen, ***in partes*** in Teile
2. zuteilen, verleihen, *alicui aliquid* j-m etw, ***militibus praemia*** den Soldaten Belohnungen
3. *fig* schenken, gewähren
4. widmen, ***tantum temporis*** so viel Zeit
5. *fig* zusprechen, zuerkennen, zugestehen, *alicui aliquid* j-m etw; ***laudem t.*** Lob spenden; ***gratiam t.*** Dank abstatten; ***alicui multum t.*** j-m hohen Wert beimessen; ***omnia alicui t.*** j-n über alles schätzen
6. zu Willen sein, *alicui* j-m; ***in vulgus t.*** jedermann dienen
7. zuschreiben, *alicui aliquid* j-m etw; ***alicui aliquid superbiae t.*** j-m etw als Hochmut auslegen; ***magnopere alicui rei t.*** auf etw stolz sein

▶ **tribus** ⟨ūs⟩ *f*
1. Stammtribus, *ein Drittel des Volkes, urspr. drei Tribus*: *Ramnes, Tities, Luceres*
2. Abteilung der römischen Vollbürger, Bezirk, Steuerbezirk
3. *Pl meton* die Stimmen einer Tribus; *fig* die Stimmen einer Zunft

tribūtārius ⟨a, um⟩ *Adj* ||tribus|| die Abgaben betreffend, *bes* tributpflichtig; ***necessitas tributaria*** Notwendigkeit Abgaben zu zahlen

tribūtim *Adv* ||tribus|| tribusweise, *bes* in den Tributkomitien; ***arripuit populum tributim*** Hor. er packte das Volk tributweise an

tribūtiō ⟨ōnis⟩ *f* ||tribuo|| Verteilung; ***t. aequabilis*** Gleichgewicht

▶ **tribūtum** ⟨ī⟩ *n* ||*PPP von* tribuo||
1. Abgabe, Steuer
2. Tribut, Kontribution
3. *fig* Geschenk; Sen. Beitrag

tribūtus[1] ⟨a, um⟩ *Adj* ||tribus|| tribusweise organisiert

tribūtus[2] ⟨ūs⟩ *m* ||tribus|| (*vkl., nachkl.*) Abgabe, Steuer

tribūtus[3] ⟨a, um⟩ *PPP* → ***tribuo***

trīcae ⟨ārum⟩ *f*
1. Widerwärtigkeiten
2. Plaut. Dummheiten, Possen

trīcēnī ⟨ae, a⟩ *Num distr* ||triginta|| je dreißig

trīcēnsimus ⟨a, um⟩ *Adj Num ord* = ***tricesimus***

tri-ceps *Gen* ⟨cipitis⟩ *Adj* ||caput|| dreiköpfig; ***Cer-***

berus t. der dreiköpfige Cerberus
trīcēsimus ⟨a, um⟩ *Num ord* ||triginta|| der dreißigste; ***tricesima sabbata*** jüdisches Neumondfest
trichila ⟨ae⟩ *f* Laube, Laubhütte
trīciē(n)s *Num adv* ||triginta|| dreißigmal
triclīnāria ⟨ium⟩ *n* ||triclinium|| Speiseteppiche
triclīnium ⟨ī⟩ *n* ||griech. Fw.||
1. Speisesofa *für drei Personen*
2. Speisezimmer *mit Speisesofas*
trīcō ⟨ōnis⟩ *m* ||tricae|| (*vkl.*) der Streitsüchtige
trīcor ⟨ātus sum, ārī 1.⟩ ||*Denom von* tricae|| Schwierigkeiten machen, Ausflüchte suchen
tri-corpor *Gen* ⟨oris⟩ *Adj* mit drei Körpern; ***forma tricorporis umbrae*** Verg. die Gestalt des dreileibigen Schattens
tri-cuspis *Gen* ⟨idis⟩ *Adj* Ov. dreizackig, dreispitzig
tri-dēns
I *Gen* ⟨entis⟩ *Adj* Ov. dreizahnig, dreizackig
II ⟨entis⟩ *m* Dreizack, *ein Gerät für Fischfang, Attribut des Poseidon / Neptun*
tridenti-fer ⟨fera, ferum⟩ *Adj* ||tridens, fero|| *u.* **tridenti-ger** ⟨gera, gerum⟩ *Adj* ||tridens, gero|| Ov. den Dreizack führend
▶ **trī-duum** ⟨ī⟩ *n* Zeitraum von drei Tagen; ***via tridui*** eine Wegstrecke von drei Tagesreisen; ***hoc t.*** diese drei Tage
triennia ⟨ium⟩ *n* ||triennium|| Ov. das alle drei Jahre gefeierte Bacchusfest
triennium ⟨ī⟩ *n* ||annus|| Zeitraum von drei Jahren
triēns ⟨entis⟩ *m* ||tres||
1. ein Drittel *eines zwölfteiligen Ganzen*
2. (*unkl.*) *Münze* Drittelas
3. ***heres ex triente*** JUR Erbe eines Drittels *der Erbmasse*
4. *Hohlmaß* 1/3 sextarius = *1/6 l*; *fig* Becher
trientābulum ⟨ī⟩ *n* ||triens|| Liv. Entschädigung für ein Drittel *der Schuldsumme*
triērarchus ⟨ī⟩ *m* ||griech. Fw.|| Kommandant einer Triere
triēris
I ⟨e⟩ *Adj* ||griech. Fw.|| (*nachkl.*) mit drei Ruderdecks ausgestattet
II ⟨is⟩ *f* Schiff mit drei Ruderdecks, Dreidecker, Triere
trietēricus ⟨a, um⟩ *Adj* ||griech. Fw.|| jedes dritte Jahr gefeiert
trietēris ⟨idis⟩ *f*
1. = ***triennium***
2. = ***triennia***
trifāriam *Adv* (*nachkl.*) an drei Stellen
trifaux *Gen* ⟨faucis⟩ *Adj poet* aus drei Rachen (kommend); ***latratu trifauci*** Verg. mit Gebell aus drei Rachen
tri-fidus ⟨a, um⟩ *Adj* ||findo|| dreifach gespalten, dreizackig
trifīlis ⟨e⟩ *Adj* ||filum|| mit drei Fäden, mit drei Haaren; ***calva t.*** Mart. Glatze mit drei Haaren
trifolium ⟨ī⟩ *n* Klee
tri-fōrmis ⟨e⟩ *Adj* ||forma|| dreigestaltig, aus drei Teilen bestehend
tri-fūr ⟨fūris⟩ *m* Plaut. dreifacher Dieb, Erzgauner
tri-furcifer ⟨erī⟩ *m* Plaut. Erzgauner
tri-geminus ⟨a, um⟩ *Adj*, *Adv* ⟨trigeminum⟩ (*nachkl.*)
1. Drillings…; ***trigemini fratres*** Drillingsbrüder, Drillinge; ***trigemina spolia*** die den Drillingsbrüdern abgenommenen Rüstungen
2. dreigestaltig, dreiköpfig; dreifach; ***Porta trigemina*** Stadttor mit drei Durchgängen *zwischen Aventin u. Tiber*
trīgēsimus ⟨a, um⟩ *Num ord* (*nachkl.*) = ***tricesimus***
▶ **trīgintā** *indekl Num card* dreißig
triglyphus ⟨ī⟩ *m* ||griech. Fw.|| ARCH Dreischlitz *im dorischen Tempelgebälk, an Stelle der zur Verkleidung des Balkenkopfes dienenden hölzernen Brettchen*
trigōn ⟨ōnis⟩ *m* ||griech. Fw.||
1. kleiner harter Ball
2. Hor. Ballspiel, *bei dem die drei Spieler im Dreieck aufgestellt waren u. vermutlich mit zwei Bällen spielten*
trigōnālis ⟨e⟩ *Adj* ||griech. Fw.|| dreieckig
tri-lībris ⟨e⟩ *Adj* ||libra|| dreipfündig; ***mullus t.*** Hor. dreipfündiger Barsch
tri-linguis ⟨e⟩ *Adj* ||lingua|| (*unkl.*)
1. dreizüngig
2. dreisprachig
tri-līx *Gen* ⟨īcis⟩ *Adj* mit drei Fäden, mit drei Drähten; ***lorica auro t.*** Verg. Rüstung aus dreifachem Golddraht
trimēnium ⟨ī⟩ *n* ||griech. Fw.|| Plaut. Zeitraum von drei Monaten, ein Vierteljahr
trimē(n)stris ⟨e⟩ *Adj* ||mensis|| (*unkl.*) drei Monate dauernd, drei Monate alt; ***indutiae trimestres*** Nep. dreimonatige Waffenruhe
trimeter ⟨trī⟩ *m* = ***trimetros***
trimetros *u.* **trimetrus**
I ⟨a, um⟩ *Adj* ||griech. Fw.|| METR drei Metra enthaltend, sechs Versfüße enthaltend
II ⟨ī⟩ *m* Trimeter
tri-modium ⟨ī⟩ *n* ||modius|| Plaut. Gefäß, das drei Scheffel fasst
trīmulus ⟨ī⟩ *m* ||*Dim von* trimus|| Suet. Kind mit drei Jahren
trīmus ⟨a, um⟩ *Adj* ||hiems|| (*unkl.*) dreijährig
Trīnacria ⟨ae⟩ *f u.* **Trīnacris** ⟨idis⟩ *f* (*nachkl.*) *alter Name für Sizilien*
Trīnacris *Gen* ⟨idis⟩ *Adj f u.* **Trīnacrius** ⟨a, um⟩ *Adj* sizilisch
trīnī ⟨ae, a⟩ *Num distr* ||ter||
1. je drei; ***trinae litterae*** drei Briefe
2. (*nachkl.*) dreifach; ***trinis catenis vinctus*** Caes. mit dreifachen Ketten gefesselt
trīnitās ⟨ātis⟩ *f* ||trinus||
1. Dreiheit
2. (*eccl.*) Dreifaltigkeit, Dreieinigkeit
Trinobantēs ⟨um⟩ *m Stamm in Britannien*
trinoctiālis ⟨e⟩ *Adj* ||trinoctium|| Mart. in drei Nächten
tri-noctium ⟨ī⟩ *n* ||nox|| (*nachkl.*) Zeitraum von drei Nächten
tri-nōdis ⟨e⟩ *Adj* ||nodus|| *poet* mit drei Knoten
tri-nummus ⟨ī⟩ *m Münze im Wert von* drei Sesterzen
Trinummus ⟨ī⟩ *m* Dreigroschenstück, *Titel einer Komödie des Plautus*
trīnum nūndinum *n u.* **trī-nūndium** ⟨ī⟩ *n* = ***nundinae***

triō ⟨ōnis⟩ *m* ||tero|| (*unkl.*) Dreschochse; *Pl* = Arctos
triōbolus ⟨ī⟩ *m* ||griech. Fw.|| (*vkl.*) drei Obolen, eine halbe Drachme; *fig* Kleinigkeit
tri-parcus ⟨a, um⟩ *Adj* ||parco|| Plaut. dreimal sparsam, sehr geizig
tri-partītus ⟨a, um⟩ *Adj, Adv* ⟨tripartītō⟩ ||partior||
1. in drei Teile geteilt
2. *Adv* in drei Teilen
3. *Adv* in drei Teile
tri-pectorus ⟨a, um⟩ *Adj* ||pectus|| Lucr. dreibrüstig
tri-pedālis ⟨e⟩ *Adj* (*vkl., nachkl.*) drei Fuß lang
tri-pertītus ⟨a, um⟩ *Adj* = ***tripartitus***
tri-pēs *Gen* ⟨pedis⟩ *Adj* Hor. dreifüßig; ***mensa t.*** Tisch mit drei Füßen
▶ **triplex**
I *Gen* ⟨icis⟩ *Adj, Adv* ⟨tripliciter⟩ dreifach; ***moenia triplicia*** dreifache Mauer; ***cuspis t.*** Dreizack; ***triplices Deae*** die drei Parzen; ***t. mundus*** Ov. die aus Erde, Meer und Himmel bestehende Welt
II ⟨icis⟩ *n* Hor. das Dreifache
triplicēs ⟨ium⟩ *m* (*erg.* ***codicilli***) drei Schreibtäfelchen
triplicō ⟨āvī, ātum, āre 1.⟩ ||*Denom von* triplex|| (*nachkl.*) verdreifachen
triplus ⟨a, um⟩ *Adj* ||griech. Fw.|| dreifach
Tripolis ⟨is, *Akk* im⟩, *Abl* ⟨i⟩ *f Name mehrerer griech. Städte*
Tripolitānus ⟨a, um⟩ *Adj* aus Tripolis, zu Tripolis gehörig
Triptolemus ⟨ī⟩ *m Heros von Eleusis, Erfinder des Ackerbaus, Richter in der Unterwelt*; ***Triptolemo dare fruges*** dem Triptolemus Feldfrüchte geben = Überflüssiges tun
tripudiō ⟨āvī, ātum, āre 1.⟩ ||*Denom von* tripudium|| im Dreischritt tanzen, den Waffentanz tanzen
tri-pudium ⟨ī⟩ *n*
1. Liv. Waffentanz im Dreischritt, *den die eigens dazu berufenen Priester, die Salii, zu Ehren des Mars aufführten*; Kriegstanz *bei anderen Völkern*
2. ***t. sollistimum*** günstige Vorzeichen, *wenn sich die Auspizienhühner gierig auf das Futter stürzten*
tripūs ⟨podis⟩ *m* ||griech. Fw.||
1. dreifüßiger Kessel *aus Erz*
2. dreifüßiger Stuhl der Pythia in Delphi; *meton* Orakel *in Delphi*; ***mittitur ad tripodas*** man schickt zum Orakel
tri-quetrus ⟨a, um⟩ *Adj*
1. dreieckig
2. sizilisch, *wegen der Dreiecksform der Insel*
tri-rēmis
I ⟨e⟩ *Adj* ||remus|| mit drei Ruderdecks
II ⟨is⟩ *f* Schiff mit drei Ruderdecks, Dreidecker, Trireme, Galeere
trīs *indekl Num* card Akk = ***tres***
tri-scurria ⟨ōrum⟩ *n* ||scurra|| Iuv. Possen
Trismegistus ⟨ī⟩ *m mit Hermes gleichgesetzte ägyptische Gottheit, Verfasser von wissenschaftlichen Schriften*
trīsticulus ⟨a, um⟩ *Adj* ||*Dim von* tristis|| ein wenig traurig
trīsti-ficus ⟨a, um⟩ *Adj* ||tristis, facio|| traurig machend, betrüblich
trīstimōnia ⟨ae⟩ *f* ||tristis|| (*nachkl.*) Traurigkeit

▶ **trīstis** ⟨e⟩ *Adj, Adv* ⟨trīste⟩
1. traurig, *re* durch etw, über etw; ***puella t.*** schlecht gelauntes Mädchen
2. betrüblich, schmerzlich, *alicui* für j-n; ***desiderium triste*** Cic. schmerzliches Verlangen
3. finster, mürrisch, ohne Humor
4. widerlich, herb, bitter; ***sapor t.*** bitterer Geschmack
5. unheilvoll, ungünstig; ***discordia t.*** Lucr. unheilvolle Zwietracht
6. rau, kalt, hart; prüde; ***t. hiems*** Liv. unfreundlicher Winter
7. schrecklich, gefährlich; ***Tartara tristia*** Verg. schrecklicher Tartarus
trīstitia ⟨ae⟩ *f u.* **trīstitiēs** ⟨ēī⟩ *f* ||tristis||
1. Traurigkeit, Trauer; traurige Beschaffenheit, ***temporum*** der Zeiten
2. Unfreundlichkeit, finsterer Ernst, Härte; üble Laune
tri-sulcus ⟨a, um⟩ *Adj* dreifurchig; *fig* dreizackig; ***lingua trisulca serpentis*** Verg. die dreigespaltene Zunge der Schlange; ***telum trisulcum/ignes trisulci*** Blitz
trīt-avus ⟨ī⟩ *m* (*vkl., nachkl.*) Urahn, *Vater des atavus od der atava*
trīticēia ⟨ae⟩ *f* Plaut. *unbekannter Fisch*
trīticeus ⟨a, um⟩ *Adj* ||triticum|| Weizen…; ***messis triticea*** Weizenernte
trīticum ⟨ī⟩ *n* ||tero|| Weizen
Trītōn[1] ⟨ōnis⟩ *m Sohn des Poseidon/Neptun u. der Amphitrite, Meeresgott, halb Mensch, halb Fisch*; *Pl* Tritonen, *Meeresdämonen im Gefolge Poseidons*; ***T. piscinarum*** Fischteichliebhaber
Trītōn[2] ⟨ōnis⟩ *m Fluss u. See in Libyen, Geburtsstätte der Pallas Athene*
Trītōnia ⟨ae⟩ *f* Pallas
Trītōniacus ⟨a, um⟩ *Adj u.* **Trītōnis** *Gen* ⟨idis⟩ *Adj f* des Triton, zum Triton gehörig, *auch* von Pallas Athene stammend
Trītōnis ⟨idis⟩ *f* Pallas
Trītōnius ⟨a, um⟩ *Adj* des Triton, zum Triton gehörig, *auch* von Pallas Athene stammend
trītor ⟨ōris⟩ *m* ||tero|| (*nachkl.*) der Reiber, ***colorum*** von Farben; ***t. compedium*** Plaut. „Kettenabreiber", *Schimpfwort für einen gefesselten Sklaven*
trītūra ⟨ae⟩ *f* ||tero|| (*unkl.*) das Dreschen
trītus[1] ⟨a, um⟩ *PPP* → ***tero***
trītus[2] ⟨a, um⟩ *Adj* ||tero||
1. abgerieben, abgenutzt
2. *von Wegen* abgetreten, glatt gefahren
3. *fig* oft gebraucht, abgedroschen
4. *fig* geübt; ***orator t.*** geübter Redner
trītus[3] ⟨ūs⟩ *m* ||tero|| das Reiben, ***lapidum*** von Steinen
triumphālia ⟨ium⟩ *n* ||triumphalis|| Abzeichen des Triumphs
triumphālis
I ⟨e⟩ *Adj* ||triumphus||
1. Triumph…; ***currus t.*** Triumphwagen; ***provincia t.*** zur Erlangung eines Triumphs Gelegenheit bietende Provinz
2. der einen Triumph gehalten hat; ***imperator t.*** Sen. Feldherr, der seinen Triumph gefeiert hat
II ⟨is⟩ *m* Triumphator

triumphātor ⟨ōris⟩ *m* ||triumpho|| (*nachkl.*) Triumphator
triumphō ⟨āvī, ātum, āre 1.⟩ ||*Denom von* triumphus||
I *v/i*
1. triumphieren, einen Triumph halten, als Triumphator einziehen, *de aliquo / ex aliquo* über j-n, *ex re* über etw, *auch* gleich nach etw, ***de Mithridate*** über Mithridates, ***ex Hispania*** über Spanien, ***ex praetura*** gleich nach der Prätur
2. *fig* einen Sieg davontragen, *de aliquo / de re* über j-n / über etw
3. *fig* jubeln, *de re* über etw, *in re* bei etw
II *v/t* über *j-n / etw* triumphieren, *j-n / etw* im Triumph mitführen; *j-n* völlig besiegen, *aliquem / aliquid*; ***triumphatus*** besiegt; ***Roma triumphati caput orbis*** Ov. Rom, die Hauptstadt des besiegten Erdkreises
▶ **triumphus** ⟨ī⟩ *m*
1. Triumph, *prunkvoller Einzug eines siegreichen Feldherrn in Rom über die Sacra via zum Kapitol auf einem von weißen Pferden gezogenen Wagen, musste vom Senat genehmigt werden, de aliquo / ex aliquo / alicuius* über j-n, *alicuius rei* wegen etw; ***triumphum decernere*** einen Triumph zuerkennen; ***aliquem in triumpho ducere*** j-n im Triumph mitführen; ***triumphum agere / deportare de aliquo / ex aliquo*** einen Triumph über j-n halten
2. *fig* Siegeszug, Sieg, siegreich bestandener Kampf
trium-vir ⟨ī⟩ *m*
1. Triumvir, Mitglied einer aus drei Männern bestehenden Staatsbehörde, Mitglied eines Dreimännerkollegiums
2. ***triumviri capitales / carceris lautumiarum*** Gefängnisbehörde, *zugleich zuständig für die öffentliche Sicherheit*
3. ***triumviri nocturni*** Feuerschutzpolizeikommandanten
4. ***triumviri (coloniae deducendae / agro dando)*** Dreimännerkollegium zur Einrichtung einer Kolonie und Ackerverteilung
5. ***triumviri epulones*** Priesterkollegium für die Ausrichtung öffentlicher Spiele
6. ***triumviri mensarii*** Aufsicht über die Staatsfinanzen
7. ***triumviri monetales / aeri auro argento flando feriundo*** Münzmeister
8. ***triumviri rei publicae constituendae*** Verfassungsausschuss
9. ***triumviri sacris conquirendis donisque persignandis*** Ausschuss für die Heiligtümer und Weihegeschenke
10. ***triumviri*** *ohne Zusatz* Musterungskommission
11. ***triumviri*** *in den Munizipien u. Kolonien* oberste Verwaltungsbehörde
triumvirālis ⟨e⟩ *Adj* ||triumvir|| zu einem Dreimännerkollegium gehörig, von einem Dreimännerkollegium verhängt; ***triumvirale supplicium*** von den Triumvirn verhängte Todesstrafe, Hinrichtung durch Hängen
triumvirātus ⟨ūs⟩ *m* ||triumvir|| Triumvirat, Amt eines Triumvirn
tri-venēfica ⟨ae⟩ *f* Plaut. Erzgiftmischerin
trīvī → ***tero***
Trivia ⟨ae⟩ *f* ||trivius|| Hekate, *an den Dreiwegen u. Kreuzungen verehrte Göttin als Beschützerin der Wege u. Tore, mit Artemis / Diana gleichgesetzt*
triviālis ⟨e⟩ *Adj* ||trivium|| auf Dreiwegen befindlich; *fig* gewöhnlich; Gassen…; ***carmen triviale*** luv. belangloses Gedicht
trivium ⟨ī⟩ *n* ||trivius||
1. Dreiweg, Scheideweg, Kreuzung; *fig* öffentliche Straße; ***adripere maledictum ex trivio*** pöbelhaft schimpfen
2. (*mlat.*) Trivium, *Lehrgang der drei Wissenschaften Grammatik, Rhetorik u. Dialektik*
tri-vius ⟨a, um⟩ *Adj* ||via|| zu Kreuzungen gehörig, an Dreiwegen verehrt
Trōas
I *Gen* ⟨adis⟩ *Adj f* ||Tros|| trojanisch
II ⟨adis⟩ *f*
1. Troerin
2. *Landschaft im NW von Kleinasien*
trochaeus ⟨ī⟩ *m* ||griech. Fw.||
1. METR Trochäus, –◡
2. METR Tribrachys, ◡◡◡
trochlea ⟨ae⟩ *f* ||griech. Lw.|| (*unkl.*) Flaschenzug, Winde
trochus ⟨ī⟩ *m* ||griech. Fw.|| Spielreifen *für Kinder*
troclea ⟨ae⟩ *f* = ***trochlea***
Trōes ⟨um⟩ *m Pl* → ***Tros***
Troezēn ⟨ēnis⟩ *f Stadt im SO der Halbinsel Argolis, Heimat des Theseus, Reste beim heutigen Dorf Admala im Bezirk Troizen*
Troezēnius ⟨a, um⟩ *Adj* aus Troizen, zu Troizen gehörig
Troezēnius ⟨ī⟩ *m* Einwohner von Troizen
Trōg(l)odytae ⟨ārum⟩ *m Nomadenvolk in Äthiopien*
Trōia ⟨ae⟩ *f* ||Tros||
1. Troja *Homers*
2. *Ort in Italien, an dem Aeneas an Land ging u. die gleichnamige Stadt gründete*
3. *Ort in Epirus*
Trōiānus
I ⟨a, um⟩ *Adj* ||Tros|| troisch, trojanisch
II ⟨ī⟩ *m* Troer, Trojaner
Trōicus ⟨a, um⟩ *Adj* = ***Troianus I***
Trōilus ⟨ī⟩ *m* MYTH *jüngster Sohn des Priamus, von Achill od auf dessen Befehl getötet*
Trōiu-gena
I ⟨ae⟩ *Adj m u. f* ||Troia, gigno|| aus Troja stammend, trojanisch
II ⟨ae⟩ *m* Trojaner, Römer
Trōius ⟨a, um⟩ *Adj* = ***Troianus I***
tropa *Adv* ||griech. Fw.|| Geschicklichkeitsspiel mit Würfeln
tropaeum ⟨ī⟩ *n* ||griech. Fw.||
1. Siegeszeichen, Siegesdenkmal
2. *meton* Sieg
3. *allg.* Denkmal
Trophōnius ⟨ī⟩ *m* MYTH *zusammen mit seinem Bruder Agamedes Erbauer des Apollotempels in Delphi*
tropis ⟨idis⟩ *f* ||griech. Fw.|| Bodensatz des Weines
tropus ⟨ī⟩ *m* ||griech. Fw.||
1. RHET bildlicher Gebrauch eines Wortes
2. (*mlat.*) Melodie
Trōs ⟨ōis⟩ *m* MYTH *Enkel des Dardanos; Tros u. sein*

T

Sohn Ilos waren die Gründer Trojas

Trōs ⟨ōis⟩ *m, Pl* ***Trōes, um*** Troer, Trojaner

trossulī ⟨ōrum⟩ *m* ||etrusk. Fw.|| römische Ritter; Sen. *als Spottwort* vornehme Kavaliere

Trōus ⟨a, um⟩ *Adj* = ***Troianus I***

tr. pl. *Abk* = ***tribunus plebis*** Volkstribun

trucīdātiō ⟨ōnis⟩ *f* ||trucido|| das Abschlachten, das Niedermetzeln

trucīdō ⟨āvī, ātum, āre 1.⟩ ||caedo||
1. niedermetzeln, ***pecora*** Vieh
2. *fig* zugrunde richten, ruinieren
3. *poet* zerkauen
4. *fig* verunglimpfen
5. *fig* auslöschen, ***ignem*** das Feuer

truculentia ⟨ae⟩ *f* ||truculentus|| Unfreundlichkeit, Rauheit, ***caeli*** des Klimas

truculentus ⟨a, um⟩ *Adj, Adv* ⟨truculenter⟩ ||trux||
1. unfreundlich, griesgrämig, finster, grob; ***est truculentior*** Hor. er ist ziemlich grob
2. wild, grimmig; ***mare truculentum*** stürmisches Meer

Truculentus ⟨ī⟩ *m Titel einer Komödie des Plautus*

trudis ⟨is⟩ *f* ||trudo|| (*nachkl.*) *poet* Brechstange

trūdō ⟨trūsī, trūsum, trūdere 3.⟩
1. (*unkl.*) drängen, stoßen, verdrängen, wegstoßen; ***hostes t.*** die Feinde wegstoßen
2. *fig von Pflanzen* hervortreiben lassen, wachsen lassen; *Passiv u.* ***se t.*** hervorwachsen
3. *j-n* treiben, *j-n* drängen
4. ***tenebras t.*** Plaut. schwindeln

trūgōnus ⟨ī⟩ *m* = ***tryonus***

trulla ⟨ae⟩ *f*
1. Schöpfkelle
2. Iuv. Nachtgeschirr
3. Liv. Pechpfanne *zum Transport von Feuer*

truncō ⟨āvī, ātum, āre 1.⟩ ||*Denom von* truncus[1]|| beschneiden, verstümmeln, stutzen, *aliquid re* etw an etw; ***olus foliis t.*** Kohl entblättern

truncus[1] ⟨a, um⟩ *Adj*
1. (*nachkl.*) gestutzt, verstümmelt; ***corpus truncum*** verstümmelter Körper; ***tela trunca*** zerbrochene Waffen
2. beraubt, *alicuius / aliquo* j-s, *alicuius rei / re* einer Sache
3. unvollständig

truncus[2] ⟨ī⟩ *m* ||truncus[1]||
1. Baumstamm, Pfahl; *fig* Wurzel
2. Rumpf *des menschlichen Körpers*
3. Klotz *als Schimpfwort*

trūsī → ***trudo***

trūsō ⟨-, -, āre 1.⟩ ||*Intens von* trudo|| fest stoßen

trūsus ⟨a, um⟩ *PPP* → ***trudo***

trutina ⟨ae⟩ *f* ||griech. Lw.|| Waage

trux *Gen* ⟨trucis⟩ *Adj* (*nachkl.*)
1. furchtbar, schrecklich
2. rau, schaurig; ***pelagus t.*** raue See
3. wild, trotzig; ***aper t.*** Ov. wilder Eber; ***ingenium t.*** trotzige Gesinnung

trygōnus ⟨ī⟩ *m* ||griech. Lw.|| Stachelrochen

► **tū** *Gen* ⟨tuī⟩, *Dat* ***tibi***, *Akk u. Abl* ***tē*** *pers Pr* du; ***nec tecum possum vivere nec sine te*** Mart. ich kann nicht mit dir leben und auch nicht ohne dich

tuātim *Adv* ||tuus|| Plaut. auf deine Art

tuba ⟨ae⟩ *f*
1. Tuba, *gerade Trompete, bes als Signalinstrument*
2. Mart. *fig* Krieg
3. *fig* Anstifter
4. *fig* hohe Poesie

tūber[1] ⟨eris⟩ *n*
1. (*unkl.*) Höcker, Buckel, Beule, Geschwür; *fig* großer Fehler
2. Iuv. Trüffel

tuber[2] ⟨eris⟩ *m* (*nachkl.*) *afrikanische Apfelsorte*

tūberculum ⟨ī⟩ *n* ||*Dim von* tuber[1]|| kleine Geschwulst, Höckerchen, kleine Beule

tūberō ⟨-, -, āre 1.⟩ ||*Denom von* tuber[1]|| (*nachkl.*) schwellen

Tūberō ⟨ōnis⟩ *m Beiname in der gens Aelia*; ***Q. Aelius Tubero*** *stoischer Philos.*; ***Q. Aelius Tubero*** *Geschichtsschreiber*

tubicen ⟨inis⟩ *m* ||tuba, cano|| Tubabläser, Trompeter

tubi-lūstrium ⟨ī⟩ *n* ||tuba, lustro|| (*vkl., nachkl.*) Fest der Trompetenweihe *am 23. März u. 23. Mai*

tubula ⟨ae⟩ *f* ||*Dim von* tuba|| kleine Trompete

tubulātus ⟨a, um⟩ *Adj* ||tubus|| (*nachkl.*) mit Röhren versehen, durch Röhrenleitung geheizt

tuburcinābundus ⟨a, um⟩ *Adj* ||tuburcinor|| (*vkl., nachkl.*) gierig verschlingend

tuburcinor ⟨ātus sum, ārī 1.⟩ Apul. gierig verschlingen

tubus ⟨ī⟩ *m*
1. (*nachkl.*) Röhre, Wasserleitungsrohr; *Pl* Sen. Röhrenheizung
2. Mart. *fig* weibliche Scham

tuditō ⟨-, -, āre 1.⟩ Lucr. stark fortstoßen, stark anstoßen

tueō ⟨-, -, ēre 2.⟩ (*altl.*) = ***tueor***

► **tueor** ⟨tuitus sum⟩ *u.* ⟨tutātus sum⟩ *u.* ⟨tūtus sum, tuērī 2.⟩
I *v/i* schauen; ***transversa t.*** seitwärts schauen
II *v/t*
1. anschauen, betrachten; *geistig* betrachten
2. *fig* für *j-n / etw* Sorge tragen, *aliquem / aliquid*; beschützen, verteidigen, *aliquid a re / contra aliquid / adversus aliquid* etw gegen etw; ***se adversus Romanos t.*** sich gegen die Römer verteidigen
3. *fig* bewahren; ***dignitatem suam t.*** seine Würde wahren
4. *fig* in gutem Zustand erhalten, ***aedem Castoris*** den Tempel des Castor
5. *fig* ernähren, unterhalten

tūfus ⟨ī⟩ *m* = ***tofus***

tugurium ⟨ī⟩ *n* Hütte, Schuppen

Tuistō ⟨ōnis⟩ *f germ. Gott, Stammvater der Germanen*

tuitiō ⟨ōnis⟩ *f* ||tueor|| Schutz, Erhaltung

tulī → ***fero***

Tulingī ⟨ōrum⟩ *m germ. Stamm im s. Baden*

Tulliānum ⟨ī⟩ *n* ||Tullianus|| das Tullianum, *unterirdisches Gewölbe des röm. Staatsgefängnisses*

Tulliānus ⟨a, um⟩ *Adj* des Tullius, zu Tullius gehörig

Tulliola ⟨ae⟩ *f* ||*Dim von* Tullia|| *Koseform für Ciceros Tochter Tullia*

Tullius ⟨a, um⟩
I *röm. Gentilname*; → ***Cicero***; ***Tullia*** *Tochter Ciceros.*
II *Adj* des Tullius, zu Tullius gehörig

Tullus ⟨ī⟩ *m röm. Vorname;* → ***Hostilius***

► **tum**

I *Adv*

1. *zeitl.* damals; ***homines qui tum erant*** die Menschen, die damals lebten; ***discessus tum meus*** meine damalige Abreise

2. darauf, sodann; ***tum ille dixit*** darauf sprach jener

3. dann, da; ***cum Romam veneris, tum omnia audies*** wenn du nach Rom kommst, dann wirst du alles hören; ***etiam tum*** auch da noch; ***tum denique/tum demum*** dann endlich, dann schließlich; ***tum vero*** dann aber, da aber

4. *in der Aufzählung* dann, ferner; ***primum ... deinde ... tum*** erstens ... dann ... ferner

II *Konj*

1. ***tum ... tum*** einmal ... das andere Mal, bald ... bald

2. ***cum ... tum*** sowohl ... als auch besonders; → ***cum²***

tume-faciō ⟨fēcī, factum, facere 3.⟩ ||tumeo||

1. schwellen lassen; ***tumefactus*** angeschwollen

2. *fig* aufblähen ***aliquem inani laetitia*** j-n mit eitler Freude

tumeō ⟨uī, -, ēre 2.⟩

1. geschwollen sein, strotzen, *re/a re* von etw; ***ora tument irā*** das Gesicht schwillt vor Zorn

2. *vom Wasser* schwellen, steigen

3. *fig von Personen* sich aufblähen; aufbrausen

4. in Unruhe sein, gären

5. *(nachkl.) poet vom Redner* schwülstig sein

tumēscō ⟨tumuī, -, tumēscere 3.⟩ ||*Inkoh von* tumeo|| *(nachkl.)*

1. anschwellen, steigen; ***Oceanus tumescit*** der Ozean steigt

2. *fig vor Zorn* aufbrausen

3. *vom Krieg* ausbrechen

tumidus ⟨a, um⟩ *Adj, Adv* ⟨tumidē⟩ ||tumeo||

1. anschwellend, geschwollen, strotzend, *re* von etw; ***membrum tumidum*** Cic. geschwollener Körperteil

2. *fig* aufgeblasen

3. *fig* aufgeblasen, stolz, *re* durch etw, wegen etw

4. *fig* stolz machend

5. *fig* aufbrausend

6. *fig von der Rede* schwülstig

► **tumor** ⟨ōris⟩ *m* ||tumeo||

1. MED Geschwulst; ***t. indicat morsum*** Sen. die Geschwulst verrät den Biss

2. *fig* Erregung, Unruhe; ***est in tumore animus*** Cic. die Seele ist in Aufregung

3. *fig* aufbrausender Zorn

4. *fig* Aufgeblasenheit, Stolz

5. *fig* Wollust

6. RHET Schwulst, ***orationis*** der Rede

tumuī → ***tumeo*** *u.* → ***tumesco***

tumulō ⟨āvī, ātum, āre 1.⟩ ||*Denom von* tumulus|| begraben

tumulōsus ⟨a, um⟩ *Adj* ||tumulus|| *poet* hügelig; ***locus t.*** Sen. hügeliges Gelände

tumultuārius ⟨a, um⟩ *Adj* ||tumultus|| *(nachkl.)*

1. *von Personen* in Eile zusammengerafft; ***t. exercitus*** Liv. in Eile zusammengestelltes Heer

2. *von Sachen* in aller Eile hergestellt, ungeordnet; gelegentlich, augenblicklich

tumultuātiō ⟨ōnis⟩ *f* ||tumultuor|| Unruhe, Lärm

tumultuō ⟨-, -, āre 1.⟩ *u.* **tumultuor** ⟨ātus sum, ārī 1.⟩ ||*Denom von* tumultus||

1. unruhig sein, lärmen; Quint. *vom Redner* poltern

2. meutern

3. bestürzt sein, die Fassung verlieren

4. ***tumultuatur*** es herrscht Unruhe; ***cum aliquo tumultuatur*** mit j-m finden wilde Kämpfe statt

tumultuōsus ⟨a, um⟩ *Adj, Adv* ⟨tumultuōsē⟩ ||tumultus||

1. unruhig, lärmend

2. Unruhe verursachend, aufregend; ***in otio t.*** Liv. rebellisch im Frieden; ***cum nuntio tumultuoso*** Liv. mit aufregender Nachricht

► **tumultus** ⟨ūs⟩ *m*

1. Unruhe, Lärm, Getümmel; ***tumultum facere/edere*** Lärm verursachen

2. *poet* Gewitter, Sturm

3. Kriegslärm, Tumult

4. *(nachkl.)* Sorge, Aufregung

► **tumulus** ⟨ī⟩ *m* Erdhaufen, *bes* Grabhügel, Grab

► **tunc** *Adv*

1. damals

2. dann, da

tundō ⟨tutudī, tūnsum⟩ *u.* ⟨tūsum, tundere 3.⟩

1. stoßen, schlagen

2. dreschen; zerstoßen; ***tunsus gallae sapor*** Verg. ausgepresster Saft des Gallapfels

3. *poet* bestürmen, ***vocibus*** mit Worten

Tunēs ⟨ētis⟩ *m Stadt an der Nordküste Afrikas, heute Tunis*

Tungrī ⟨ōrum⟩ *m gall. Stamm in Belgien um das heutige Tongern*

► **tunica** ⟨ae⟩ *f*

1. Tunika, *ärmelloses, wollenes Unterkleid der röm. Frauen u. Männer;* ***tunica propior pallio est*** das Hemd ist mir näher als der Rock; ***t. molesta*** Folterkleid, *pechgetränkte Tunika, in der ein Sträfling den Feuertod erlitt*

2. *meton* Haut

3. Hülle *von Früchten*

tunicātus ⟨a, um⟩ *Adj* ||tunica|| mit der Tunika bekleidet, *außer Haus ein Zeichen der Armut;* ***t. hic populus*** Tac. dieses mit der Tunika bekleidete einfache Volk

tunicula ⟨ae⟩ *f* ||*Dim von* tunica|| kleine Tunika, Hemdchen

tuor ⟨-, tuī 3.⟩ = ***tueor***

► **turba** ⟨ae⟩ *f*

1. Unruhe, Lärm, Verwirrung, Gedränge, Getümmel

2. *Pl* Intrigen, Streit

3. ungezügelter Haufen, Menschenmenge; ***t. Latonae*** die Kinderschar der Latona; ***t. mea*** meine Leute; ***exire in turbam*** unter die Leute gehen

4. *(nachkl.) poet* Menge, große Zahl; ***t. poetarum*** Menge von Dichtern

turbāmentum ⟨ī⟩ *n* ||turbo²||

1. Mittel zur Aufwiegelung

2. Verwirrung

turbātiō ⟨ōnis⟩ *f* ||turbo²|| *(nachkl.)* Verwirrung, Unordnung

turbātor ⟨ōris⟩ *m* ||turbo²|| Unruhestifter, Aufwiegler, Kriegshetzer

turbātus ⟨a, um⟩ *Adj*, *Adv* ⟨turbātē⟩ ||turbo²||
1. unruhig, stürmisch; ***turbato caelo*** bei stürmischem Wetter; ***turbatum mare*** unruhige See
2. Verg. erbittert, erzürnt
turbēlae *u.* **turbellae** ⟨ārum⟩ *f* ||*Dim von* turba||
1. Unfug
2. (*nachkl.*) Getümmel
turben ⟨inis⟩
1. *n* Catul. Wirbelwind
2. *m* Tib. Kreisel
turbidum ⟨ī⟩ *n* ||turbidus|| unruhige Zeit
► **turbidus** ⟨a, um⟩ *Adj*, *Adv* ⟨turbidē⟩
1. unruhig, stürmisch; ***t. imber*** Verg. heftiger Regenguss
2. aufgewühlt, trübe; ***t. gurges*** schäumender Strudel
3. *fig* unruhig, bewegt; stürmisch; ***turbidis et inquietis temporibus*** Tac. in stürmischen und unruhigen Zeiten
4. verwirrt, erschrocken
turbineus ⟨a, um⟩ *Adj* ||turbo²|| wirbelnd; ***flumen turbineum*** Ov. wirbelnder Strom
turbō¹ ⟨inis⟩ *f*
1. Wirbel, Windung, kreisende Bewegung; Strudel; ***hastam turbine torquere*** Verg. die Lanze in kreisende Bewegung setzen
2. Wirbelwind, Sturm
3. *fig* Sturm, Verwirrung; *Pl* unruhige Zeiten
4. Kreisel *als Spielzeug*; Hor. Zauberrad
5. (*nachkl.*) Wirbel an der Spindel
6. Kreis
► **turbō²** ⟨āvī, ātum, āre 1.⟩ ||*Denom von* turbo¹||
I *v/i*
1. Verwirrung stiften, *abs*; ***t. in omnibus rebus*** ganz bankrott werden; ***turbatur*** es herrscht Verwirrung
2. in Unruhe sein
II *v/t*
1. in Unruhe bringen, verwirren; ***comas t.*** die Haare in Unordnung bringen; ***rem t.*** Bankrott machen
2. aufwühlen; ***vento multae turbantur harenae*** Verg. vom Wind wird viel Sand aufgewirbelt; ***aquam t.*** Wasser trüben
3. verscheuchen, zerstreuen
4. *fig* stören, ***convivia*** das Gastmahl
5. *fig* beunruhigen, aufregen, *aliquem/mentem alicuius/animum alicuius* j-n; ***equum t.*** das Pferd scheu machen
turbulentus ⟨a, um⟩ *Adj*, *Adv* ⟨turbulentē⟩ *u.* ⟨turbulenter⟩ ||turba||
1. aufgeregt, stürmisch; ungeordnet; ***turbulenta tempestas*** stürmisches Wetter; ***turbulentam facere aquam*** Phaedr. das Wasser trüben
2. *fig* unruhig, bewegt, erregt, leidenschaftlich; ***tempus turbulentum*** unruhige Zeit
3. Unruhe stiftend, aufrührerisch; ***civis t.*** revolutionärer Bürger
turda ⟨ae⟩ *f* Meeresdrossel
Turdētānī ⟨ōrum⟩ *m iberischer Stamm im SW Spaniens, n des heutigen Sevilla*
turdus ⟨ī⟩ *m* Hor. Drossel
tūreus ⟨a, um⟩ *Adj* ||tus|| Weihrauch…; ***turea virga*** Weihrauchstaude
turgeō ⟨tursī, -, turgēre 2.⟩ (*unkl.*)
1. geschwollen sein, strotzen, *re* vor etw; ***turgentia ora*** geschwollenes Gesicht
2. RHET schwülstig sein; ***professus grandia turget*** Hor. gewollte Erhabenheit ist schwülstig
turgēscō ⟨-, -, ēscere 3.⟩ ||*Inkoh von* turgeo||
1. anschwellen; *fig* zornig werden
2. Quint. RHET schwülstig werden
turgidulus ⟨a, um⟩ *Adj* ||*Dim von* turgidus|| Catul. ein wenig geschwollen
turgidus ⟨a, um⟩ *Adj* ||turgeo||
1. geschwollen, strotzend; ***mare turgidum*** stürmisches Meer; ***vela turgida*** geblähte Segel
2. RHET schwülstig
tūribulum ⟨ī⟩ *n* ||tus|| Räucherpfanne
tūri-cremus ⟨a, um⟩ *Adj* ||tus, cremo|| von Weihrauch brennend
tūri-fer ⟨fera, ferum⟩ *Adj* ||tus, fero|| Weihrauch tragend, Weihrauch bringend
tūri-legus ⟨a, um⟩ *Adj* ||tus, lego²|| Ov. Weihrauch sammelnd
turma ⟨ae⟩ *f*
1. MIL Reiterabteilung
2. *allg.* Haufen, Schar; ***t. Gallica*** Schar der Isispriester
turmālēs ⟨ium⟩ *m* ||turmalis|| Liv. Reiter einer Abteilung
tūrmālis ⟨e⟩ *Adj* ||turma|| zu einer Reiterabteilung gehörig
turmātim *Adv* ||turma|| (Liv., Lucr.) abteilungsweise
turnamentum ⟨i⟩ *n* (*mlat.*) = ***tornamentum***
Turnus ⟨ī⟩ *m König der Rutuler z. Zt. der Ankunft des Aeneas in Italien u. dessen Widersacher*
Turonēs ⟨um⟩ *m u.* **Turonī** ⟨ōrum⟩ *m gall. Stamm in der heutigen Touraine um die Stadt Tours*
turpe ⟨is⟩ *n* ||turpis||
1. das Böse, das sittlich Schlechte
2. Schande
turpiculus ⟨a, um⟩ *Adj* ||*Dim von* turpis|| ziemlich hässlich, ziemlich entstellt
turpificātus ⟨a, um⟩ *Adj* ||turpis, facio|| entstellt; *fig* sittenlos
turpilucri-cupidus ⟨a, um⟩ *Adj* ||turpis, lucrum|| Plaut. gierig auf schändlichen Gewinn
► **turpis** ⟨e⟩ *Adj*, *Adv* ⟨turpe⟩ *u.* ⟨turpiter⟩
1. hässlich, entstellt; ***crines turpes*** hässliche Haare
2. hässlich klingend
3. *fig* schändlich, hässlich; ***fuga turpissima*** Cic. überaus schändliche Flucht
4. *fig* unanständig; ***turpe dictu*** schändlich zu sagen
turpitūdō ⟨inis⟩ *f* ||turpis||
1. Hässlichkeit
2. *fig* Schändlichkeit, Schande; ***alicui turpitudini est*** es bringt j-m Schande, + *Inf*
3. *fig* Gemeinheit
turpō ⟨āvī, ātum, āre 1.⟩ ||*Denom von* turpis||
1. entstellen, beschmutzen
2. *fig* entehren, schänden
turricula ⟨ae⟩ *f* ||*Dim von* turris|| kleiner Turm, *auch* Türmchen, *durch das beim Spiel die Würfel geworfen wurden*
turri-ger ⟨gera, gerum⟩ *Adj* ||turris, gero|| Türme tragend, eine Turmkrone tragend; ***turrigera dea*** gekrönte Göttin
► **turris** ⟨is⟩ *f*
1. Turm, Lagerturm, Brückenturm; MIL Belage-

T

rungsturm; Leuchtturm
2. hoher Bau, Burg
3. (*vkl.*) *poet* Taubenschlag
turrītus ⟨a, um⟩ *Adj* ||turris||
1. = ***turriger***
2. *fig* turmhoch; ***turriti scopuli*** Verg. turmhohe Felsen
tursī → ***turgeo***
turtur ⟨uris⟩ *m* (*unkl.*) Turteltaube
turturilla ⟨ae⟩ *f* ||*Dim von* turtur|| Turteltäubchen, *auch als Schimpfwort für einen Nichtstuer*
tūs[1] ⟨tūris⟩ *n* ||griech. Fw.|| Weihrauch; *Pl* Weihrauchkörner; ***t. masculinum*** Tropfweihrauch, *die beste Sorte*
tus[2] (*mlat.*) die Zwei *auf dem Würfel*
Tuscī ⟨ōrum⟩ *m* ||Tuscus||
1. die Etrusker; die Bewohner Etruriens
2. (*erg.* ***agri***) *Landgut des jüngeren Plinius*
Tusculānēnsis ⟨e⟩ *Adj* ||Tusculanum|| auf dem Landgut bei Tusculum verlebt
Tusculānum ⟨ī⟩ *n* ||Tusculanus|| Landgut bei Tusculum, *bes das von Cicero*
Tusculānus
I ⟨a, um⟩ *Adj* aus Tusculum, zu Tusculum gehörig
II ⟨ī⟩ *m* Einwohner von Tusculum
tūsculum ⟨ī⟩ *n* ||*Dim von* tus[1]|| Plaut. ein wenig Weihrauch
Tusculum ⟨ī⟩ *n alte Latinerstadt sö. von Rom beim heutigen Frascati, Villenstadt der Römer mit Landgut Ciceros*
Tusculus ⟨a, um⟩ *Adj* aus Tusculum, zu Tusculum gehörig
Tuscus ⟨a, um⟩ *Adj, Adv* ⟨Tuscē⟩
1. etruskisch; ***mare Tuscum*** tyrrhenisches Meer
2. lydisch, *wegen der angeblichen Heimat der Etrusker dort*
tussicula ⟨ae⟩ *f* ||*Dim von* tussis|| (*nachkl.*) Hustenanfall
tussiō ⟨-, -, īre 4.⟩ ||*Denom von* tussis|| husten, an Husten leiden
tussis ⟨is⟩ *f* (*vkl., nachkl.*) Husten
tūtāmen ⟨inis⟩ *n u.* **tūtāmentum** ⟨ī⟩ *n* ||tutor[2]|| (*nachkl.*) Schutzmittel, Schutz
tūtātus ⟨a, um⟩ *PPerf* → ***tueor***
tūte[1] *pers Pr* = *verstärktes* ***tu***
tūtē[2] *Adv* → ***tutus***
▶ **tūtēla** ⟨ae⟩ *f* ||tutus||
1. Schutz, Fürsorge, Aufsicht; ***esse in tutela alicuius*** unter j-s Schutz stehen
2. Vormundschaft; ***in alicuius tutelam venire*** unter j-s Vormundschaft kommen; ***in suam tutelam (per-)venire*** mündig werden, sein eigener Herr werden
3. Vermögen des Mündels
4. (*nachkl.*) Erhaltung, ***villae*** des Landhauses
5. Ernährung
6. (*nachkl.*) *poet* Schutzherr, Schutzpatron
7. (*nachkl.*) *poet* Schützling, ***Minervae*** der Minerva
tuticus → ***medix***
tūtimet *u.* **tūtin(e)** *pers Pr* = *verstärktes* ***tu***
tūtō[1] *Adv* → ***tutus***
tūtō[2] ⟨-, -, āre 1.⟩ = ***tutor[2]***
tūtor[1] ⟨ōris⟩ *m* ||tueor||
1. Beschützer
2. Vormund, *alicuius* j-s, *alicui* für jdn
tūtor[2] ⟨ātus sum, ārī 1.⟩ ||*Intens von* tueor||
1. beschützen, schützen, verteidigen, *aliquid a re / contra aliquid / adversus aliquid* etw gegen etw; ***oculos t.*** die Augen schützen
2. bewahren; ***dignitatem t.*** seine Würde wahren
3. abwehren, abzuwehren versuchen, ***pericula*** Gefahren
tūtōrius ⟨a, um⟩ *Adj* ||tutor[1]|| vormundschaftlich
tutudī → ***tundo***
tūtum ⟨ī⟩ *n* ||tutus|| Sicherheit, sicherer Ort; ***in tuto esse*** in Sicherheit sein
▶ **tūtus** ⟨a, um⟩ *Adj, Adv* ⟨tūtē⟩ *u.* ⟨tūtō⟩ ||tueor||
1. sicher, geschützt, *ab aliquo* vor j-m, *a re / adversus aliquid / ad aliquid / contra aliquid* gegen etw; ***nihil tutum pati apud aliquem*** j-m keine Ruhe lassen
2. gefahrlos, ungefährdet
3. sichergehend, vorsichtig
4. sorglos
5. ***tuto*** in Sicherheit, sicher
tuum ⟨ī⟩ *n* ||tuus||
1. das Deinige, deine Sache, deine Pflicht, deine Gewohnheit, deine Art und Weise; ***de tuo*** von deinem Vermögen
2. *Pl* das Deinige, deine Angelegenheiten, deine Interessen, dein Eigentum
▶ **tuus**
I ⟨a, um⟩ *poss Pr adj*
1. dein; ***tua bona*** deine Güter; ***desiderium tuum*** Sehnsucht nach dir; ***tuum est*** es ist deine Aufgabe, es ist deine Pflicht, es ist deine Art, es ist deine Gewohnheit
2. für dich günstig, für dich passend; ***tuo tempore*** zu einer für dich günstigen Zeit
II ⟨ī⟩ *m poss Pr subst*
1. der Deinige
2. *Pl* deine Angehörigen, deine Freunde, deine Leute
tuxtax *Interj* Plaut. klitsch, klatsch, *Schallwort*
Tycha ⟨ae⟩ *f Stadtteil von Syrakus mit einem Tempel der Tyche / Fortuna*
Tȳdeus ⟨eī⟩ *u.* ⟨eos⟩ *m Vater des Diomedes*
Tȳdīdēs ⟨ae⟩ *m* Nachkomme des Tydeus, = Diomedes
tympanizō ⟨-, -, āre 1.⟩ Suet. die Handpauke schlagen, das Tamburin schlagen
tympanotriba ⟨ae⟩ *m* ||griech. Fw.|| Tamburinschläger, *Schimpfwort für einen verwöhnten Menschen*
tympanum ⟨ī⟩ *n* ||griech. Fw.||
1. Hor. Handpauke, Tamburin
2. Verg. Wagenrad, Rad ohne Speichen
3. Vitr. ARCH Tympanon, dreieckiges Giebelfeld *in antiken Tempeln*; (*mlat.*) Tympanon, Bogenfeld über dem Kirchenportal
Tyndareus ⟨eī⟩ *m König in Sparta, Gatte der Leda*
Tyndaridae ⟨um⟩ *m* Kinder des Tyndareus, = *Kastor, Polydeukes (Pollux), Helena, Klytämnestra (Clytaemestra)*
Tyndaridēs ⟨ae⟩ *m* Nachkomme des Tyndareus
Tyndaris ⟨idis⟩ *u.* ⟨idos⟩ *f* Tochter des Tyndareus
typanum ⟨ī⟩ *n* = ***tympanum***
Typhōeus ⟨eī⟩ *u.* ⟨eos⟩ *m Gigant, Sohn des Tartaros, von Zeus besiegt u. unter dem Ätna begraben*
Typhōis *Gen* ⟨idis⟩ *Adj f u.* **Typhōius** ⟨a, um⟩ *Adj*

des Typhon, zu Typhon gehörig
Tȳphōn ⟨ōnis⟩ *m* = ***Typhoeus***
typicus ⟨a, um⟩ *Adj* ||griech. Fw.||
1. *(eccl.)* figürlich, bildlich
2. *(mlat.)* typisch
typographus ⟨i⟩ *m* *(mlat.)* Drucker
typus ⟨ī⟩ *m* ||griech. Fw.||
1. Figur, Bild
2. *(mlat.)* Schein, bloße Form
tyranni-cīda ⟨ae⟩ *m* ||tyrannus, caedo|| Tyrannenmörder
tyrannicīdium ⟨ī⟩ *n* ||tyrannicida|| *(nachkl.)* Tyrannenmord
tyrannicus ⟨a, um⟩ *Adj*, *Adv* ⟨tyrannicē⟩ ||griech. Fw.|| tyrannisch, despotisch; *Adv* wie ein Tyrann
tyrannis ⟨idis⟩ *f* ||griech. Fw.||
1. Alleinherrschaft, Tyrannis, Despotie
2. Herrschaftsbereich eines Tyrannen
tyrannoctonus ⟨ī⟩ *m* ||griech. Fw.|| Tyrannenmörder
► **tyrannus** ⟨ī⟩ *m* ||griech. Fw.||
1. *(nachkl.)* Herrscher, Alleinherrscher; Fürst
2. Tyrann, Gewaltherrscher
tyrianthina ⟨ōrum⟩ *n* ||tyrianthinus|| Mart. Purpurgewänder
tyrianthinus ⟨a, um⟩ *Adj* ||griech. Fw.|| purpurfarben
Tyrius
I ⟨a, um⟩ *Adj*
1. aus Tyros, zu Tyros gehörig
2. *meton* purpurfarben
II ⟨ī⟩ *m* Einwohner von Tyros
Tyros ⟨ī⟩ *f* *alte Handelsstadt der Phöniker an der Ostküste des Mittelmeeres, Mutterstadt von Karthago, bekannt durch seine Purpurfärbereien, heute Sur im Libanon*
tȳro-tarīchum ⟨ī⟩ *n* ||griech. Fw.|| *Gericht aus Käse u. Seefischen*
Tyrrhēnī ⟨ōrum⟩ *m* die Tyrrhener, *Stammvolk Etruriens*
Tyrrhēnia ⟨ae⟩ *f* Etrurien
Tyrrhēnus ⟨a, um⟩ *Adj* tyrrhenisch
Tyrtaeus ⟨i⟩ *m* *griech. Elegiker, 7. Jh. v. Chr.*
Tyrus ⟨ī⟩ *f* = ***Tyros***

U

U u *Abk*
1. = ***urbs*** Stadt, *meist Rom*
2. ***a. u. c.*** = ***ab urbe condita*** seit Gründung der Stadt Rom, *angesetzt auf 753 v. Chr., zugleich Titel des Geschichtswerks des Livius*
ūber[1] ⟨eris⟩ *n*
1. *beim Menschen* Mutterbrust, Brust
2. *bei Tieren* Euter, Zitze
3. *(nachkl.)* *fig* Fruchtbarkeit; fruchtbarer Boden
► **ūber[2]** *Gen* ⟨eris⟩ *Adj*, *Adv nur Komp* ⟨ūberius⟩ *u. Sup* ⟨ūberrimē⟩
1. fruchtbar, ergiebig, reich, *alicuius rei* an etw, *ad aliquid / alicui rei* für etw; ***ager u.*** fruchtbarer Acker; ***messis u.*** reiche Ernte
2. *fig* reich an Gedanken, reich an Erkenntnissen; ***uberrimi sermones*** Cic. sehr geistreiche Gespräche
3. *Adv Komp* ausführlicher, *auch* mit Übertreibung; ***uberius disputare*** ausführlicher erörtern
ūbertās ⟨ātis⟩ *f* ||uber[1]||
1. Fruchtbarkeit, Ergiebigkeit; ***u. agri*** Fruchtbarkeit des Ackers
2. Fülle, Reichhaltigkeit, Überfluss, *alicuius rei* an etw; ***u. frugum*** Überfluss an Früchten; ***u. orationis*** *(nachkl.)* *fig* Fülle des Ausdrucks
ūbertim *Adv* ||uber[2]|| *(nachkl.)* *poet* reichlich
ūbertō ⟨-, -, āre 1.⟩ ||uber[2]|| *(nachkl.)* fruchtbar machen
► **ubī**
I *Adv*
1. *interrogativ* wo?; ***ubi heri fuisti?*** wo bist du gestern gewesen?; ***ubi terrarum?*** wo auf der Welt?; ***ubi gentium?*** wo in aller Welt?
2. *relativ* wo; ***campi, ubi Troia fuit*** die Felder, wo Troja stand
3. ***ubi ubi*** = ***ubicumque.***
II *Konj*
1. + *Ind* als, sobald als; wenn, jedes Mal wenn; ***quod ubi Caesar resciit, imperavit*** Caes. sobald Caesar dies erfahren hatte, befahl er
2. ***est ubi*** + *Konjkt* gelegentlich
ubi-cumque *u.* **ubi-cunque** *Adv*
1. *relativ* wo auch immer, überall wo; ***ubicumque terrarum / gentium*** wo auch immer auf der Welt
2. *(nachkl.)* *indef* wo immer es sei, überall; ***rem patris oblimare malum est ubicumque*** das Vermögen des Vaters durchzubringen ist überall ein Übel
Ubiī ⟨ōrum⟩ *m* die Ubier, *ein immer römerfreundlicher germ. Stamm, urspr. rechts des Rheins zwischen Lahn u. Taunus wohnend, später linksrheinisch mit Hauptstadt Ara / civitas / oppidum Ubiorum, später in Colonia Agrippina umbenannt, heute Köln*
ubi-libet *Adv* *(nachkl., spätl.)* überall
ubi-nam *Adv interrogativ* wo denn (nur)?
ubi-quāque *Adv* überall
► **ubī-que** *Adv* *(unkl.)*
1. überall
2. wo auch immer
ubi-ubi *Adv* = ***ubicumque***
Ubius ⟨a, um⟩ *Adj* ||Ubii|| ubisch
ubi-vīs *Adv* wo du willst, überall
ūdō ⟨ōnis⟩ *m* Mart. Filzschuh, Lederschuh
ūdus ⟨a, um⟩ *Adj* ||uvidus||
1. *(nachkl.)* feucht, nass, *re* von etw
2. bewässert
3. *fig* betrunken
4. Verg. noch frisch, weich, biegsam

ulcerātiō ⟨ōnis⟩ *f* ||ulcero|| Sen. das Schwären; *meton* Geschwür

ulcerō ⟨āvī, ātum, āre 1.⟩ ||*Denom von* ulcus||
1. eitrig machen, wund drücken; ***mantica mulo lumbos ulcerat*** Hor. der Sack reibt dem Maultier die Weichen wund
2. *fig* verwunden, ***iecur alicuius*** j-s Herz

ulcerōsus ⟨āvī, ātum, āre 1.⟩ ||ulcus|| *(nachkl.) poet* voll von Geschwüren; *fig von der Liebe* verletzt; ***ulcerosa facies*** Gesicht voller Geschwüre

▶ **ulcīscor** ⟨ultus sum, ulcīscī 3.⟩
1. *etw* rächen, für *etw* Rache nehmen, *aliquid*; *p* gerächt werden; ***ulciscimur sociorum umbras*** Verg. wir rächen die Schatten der Freunde; ***quidquid ulcisci nequitur*** was nicht gerächt werden kann
2. sich an *j-m* rächen, *j-n* bestrafen, *aliquem*, *pro re* für etw, wegen etw; ***suos ulta est pro coniuge fratres*** Prop. sie nahm Rache an den eigenen Brüdern für den Gatten

ulcus ⟨eris⟩ *n*
1. *(unkl.)* Geschwür, Beule
2. *fig* wunde Stelle, heikler Punkt
3. Mart. *fig* Geilheit

ulcusculum ⟨ī⟩ *n* ||*Dim von* ulcus|| Sen. kleines Geschwür

ūligō ⟨inis⟩ *f (nachkl.)* Bodenfeuchtigkeit; Morast

Ulixēs ⟨is⟩ *u.* ⟨ī⟩ *u.* ⟨eī⟩, *Akk auch* ⟨en⟩, *Vok* ⟨e⟩ *m* Odysseus, *listenreicher Held der homerischen Epen Ilias und Odyssee, Sohn des Laertes, König von Ithaka, Gatte der Penelope, Vater des Telemach*

▶ **ūllus** ⟨a, um⟩ *Adj* irgendein, irgendjemand, *meist + Negation*; ***sine ulla spe*** ohne jede Hoffnung; ***solis candor illustrior est quam u. ignis*** der Glanz der Sonne ist heller als irgendein Feuer

ulmeus ⟨a, um⟩ *Adj* ||ulmus|| *(vkl., nachkl.)* von Ulmen; ***ulmeae virgae*** Plaut. Ulmenzweige

ulmi-triba ⟨ae⟩ *m* ||ulmus|| Plaut. der mit Ulmenruten Gepeitschte

ulmus ⟨ī⟩ *f* Ulme

ulna ⟨ae⟩ *f*
1. Elle, Ellbogen; Arm; ***ulnis amplecti*** umarmen
2. *Längenmaß* Elle, *0,37 m*

Ulpiānus ⟨ī⟩ *m vollständig Domitius Ulpianus, berühmter Jurist aus Tyros, Prätorianerpräfekt u. Rechtsberater des Kaisers M. Aurelius Severus Alexander, 228 n Chr. von seinen Soldaten ermordet*

ulpicum ⟨ī⟩ *n* ||punisches Fw.|| *(vkl.)* Lauch

Ulpius ⟨a, um⟩ *röm. Gentilname*; → ***Traianus***

uls *Präp (altl.)* = ***ultra***; *nur in Formeln erhalten*; ***uls et cis Tiberim*** jenseits und diesseits des Tiber

ulter ⟨tra, trum⟩ *Adj im Positiv ungebräuchlich, nur noch in* → ***ultra*** *u.* → ***ultro***

▶ **ulterior** ⟨ius⟩ *Adj Komp, Adv* ⟨ulterius⟩ ||ulter||
1. jenseitig; ***pars ulterior urbis*** jenseitiger Teil der Stadt
2. entfernter, weiter
3. *(nachkl.) zeitl.* weiter, ferner, vergangen
4. *fig* ärger, mehr
5. *Adv* weiter, ferner, mehr; weiterhin, länger; ***quid ulterius fieri potuit?*** was mehr konnte getan werden?; ***ulterius iusto*** über das geziemende Maß
6. **ulteriora** ⟨ōrum⟩ *n* das jenseitige Gebiet, das Entfernterе
7. **ulteriōrēs** ⟨ium⟩ *m* die Entfernteren

ultima ⟨ōrum⟩ *n* ||ultimus|| äußerste Grenze, Ziel, Ausgang;

ultimum ⟨ī⟩ *n* ||ultimus||
1. Ende, Schluss, letzter Augenblick
2. das Äußerste, Gipfel

▶ **ultimus** ⟨a, um⟩ *Adj Sup* ||ulter||
1. *örtl.* der äußerste, der entfernteste, *a re* von etw; der letzte, der hinterste, der unterste; ***ultimae gentes*** die entferntesten Stämme; ***ultima via*** der letzte Teil des Weges; ***in ultimis aedibus*** im entlegensten Teil des Hauses
2. der älteste, der erste
3. der letzte, der jüngste
4. *fig* der höchste, der größte; der ärgste; ***supplicium ultimum*** Todesstrafe; ***auxilium ultimum*** das äußerste Hilfsmittel; ***dimicatio ultima*** Entscheidungskampf; ***ultimum bonorum*** das höchste Gut; ***natura ultima*** die vollkommenste Natur
5. *(nachkl.) poet* der unterste, der niedrigste, der letzte, der geringste

ultiō ⟨ōnis⟩ *f* ||ulciscor|| *(nachkl.)* Rache, Strafe, *alicuius rei* für etw, wegen etw; ***u. deorum*** Rache der Götter; ***u. sceleris*** Strafe für das Verbrechen

Ultiō ⟨ōnis⟩ *f* Rachegöttin

ultor ⟨ōris⟩ *m* ||ulciscor|| Rächer; *auch adj* rächend, strafend

Ultor ⟨ōris⟩ *m Beiname des Mars, Tempel auf dem Forum des Augustus*

▶ **ultrā** (*erg.* ***parte***) ||ulter||

I *Adv*
1. *(nachkl.) örtl.* weiter hinaus, *bes* jenseits; ***ultra procedere*** weiter vorrücken; ***cis Padum ultraque*** diesseits und jenseits des Po; ***manūs nec citra nec ultra movere*** die Hände weder rückwärts noch vorwärts bewegen
2. *zeitl.* länger, weiterhin; ***bellum non ultra differre*** den Krieg nicht länger hinausschieben
3. *fig von Zahl u. Maß* mehr; ***ultra posse*** mehr vermögen; ***quid ultra quaeris?*** Iuv. was willst du mehr?; ***ultra quam satis est*** es ist mehr als genug

II *Präp + Akk*
1. *örtl.* über … hinaus, jenseits; ***ultra villam*** jenseits des Landhauses; ***ultra minas progredi*** Liv. über Drohungen hinausgehen; ***ultra eos*** weiter als sie
2. *(nachkl.) zeitl.* über, länger als; ***ultra mediam noctem*** über Mitternacht hinaus; ***ultra Socratem*** über die Zeit des Sokrates hinaus
3. *fig von Zahl u. Maß* über, mehr als; ***ultra placitum*** Verg. über Gebühr; ***ultra vires*** über die Kräfte

ultramontanus ⟨a, um⟩ *Adj (mlat.)* jenseits der Berge, jenseits der Alpen wohnend; außerhalb Italiens befindlich

ultrīx ⟨īcis⟩ *f* ||ultro|| Rächerin; *adj* rächend; ***Dirae ultrices*** die Furien

▶ **ultrō** *Adv* ||ulter|| *(vkl.)*
1. *örtl.* hinüber, zur anderen Seite; ***ultro (et) citro/ultro citroque*** hinüber und herüber, gegenseitig; ***ultro et citro legatos mittere*** Boten hinüber und herüber schicken
2. Plaut. *fig* fort!, weg!; ***ultro istunc*** fort mit ihm
3. *fig* überdies, obendrein
4. von selbst, freiwillig; ***ultro se morti offerre*** freiwillig in den Tod gehen; ***ultro tributa*** *(vkl., nachkl.)* jährliche Leistungen *aus der Staatskasse zur Erhal-*

tung der öffentlichen Gebäude
ultus ⟨a, um⟩ *PPerf* → ***ulciscor***
ulula ⟨ae⟩ *f* ||ululo|| *(unkl.)* Käuzchen
ululātus ⟨ūs⟩ *m* ||ululo||
1. Geheul, Gejammer, Geschrei; Wehklagen
2. Siegesgeschrei; ***ululatum tollere*** Geschrei erheben
ululō ⟨āvī, ātum, āre 1.⟩
I *v/i*
1. klagen, jammern; laut schreien, heulen; jauchzen
2. von Geschrei erfüllt sein; ***aedes ululant plangoribus*** das Haus ist erfüllt von Wehklagen
II *v/t* heulend anrufen
ulva ⟨ae⟩ *f* *(nachkl.)* *poet* Schilf
umbella ⟨ae⟩ *f* ||*Dim von* umbra|| *poet* Sonnenschirm
Umber
I ⟨bra, brum⟩ *Adj* ||Umbri|| umbrisch; ***u. aper*** Hor. umbrischer Eber
II ⟨brī⟩ *m* umbrischer Jagdhund
umbilīcus ⟨ī⟩ *m* *(nachkl.)*
1. Nabel; *fig* Mittelpunkt, *alicuius rei* einer Sache; ***u. Siciliae*** Mittelpunkt Siziliens
2. *fig* Kopf einer Buchrolle, *Ende des Stabes, um den die Buchrolle gewickelt war*; ***iambos ad umbilicum adducere*** Hor. die Iamben vollenden
3. *fig* Meeresschnecke
umbō ⟨ōnis⟩ *m* *(nachkl.)*
1. Schildbuckel; *allg.* Schild
2. Ellbogen
▶ **umbra** ⟨ae⟩ *f*
1. Schatten; ***in umbra / sub umbra*** im Schatten
2. *poet* Finsternis, Nacht; ***u. noctis*** Finsternis der Nacht
3. *in der Malerei* Schatten, Schattierung; ***umbram capere*** *in der Rede* übergangen werden
4. *meton* schattiger Ort; ***umbras falce premere*** die schattigen Laubzweige beschneiden
5. *fig* ständiger Begleiter; ungebetener Gast
6. *(nachkl.)* *poet* Schatten eines Toten, Geist; *Pl* Unterwelt; ***per umbras*** in der Unterwelt; ***sub umbras ire*** sterben
7. *fig* Schutz, Zuflucht
8. ruhiges Privatleben; Studierzimmer; *Pl* behagliche Zustände
9. *(nachkl.)* Trugbild, Phantom; leerer Schein, Vorwand; ***sub umbra*** unter dem Vorwand
Umbra ⟨ae⟩ *f* ||Umbri|| Umbrerin
umbrāculum ⟨ī⟩ *n* ||umbra||
1. schattiger Ort, schattiger Gang; *Pl* schattiges Studierzimmer
2. *poet* Sonnenschirm
umbrāticulus ⟨ī⟩ *m* ||*Dim von* umbraticus|| Plaut. Faulenzer
umbrāticus ⟨a, um⟩ *Adj* ||umbra|| *(vkl., nachkl.)*
1. Schatten…; ***homo u.*** Faulenzer
2. im Studierzimmer betrieben
3. behaglich lebend
umbrātilis ⟨e⟩ *Adj* ||umbra||
1. beschaulich, behaglich
2. *von der Rede* schulmäßig
Umbrī ⟨ōrum⟩ *m* die Umbrer, *ital. Stamm zwischen Tiber u. Adria*
Umbria ⟨ae⟩ *f* Umbrien
umbri-fer ⟨fera, ferum⟩ *Adj* ||umbra, fero||
1. Schatten spendend; ***platanus umbrifera*** Schatten spendende Platane
2. die Verstorbenen fahrend; ***linter umbrifera*** Charons Kahn
umbrō ⟨āvī, ātum, āre 1.⟩ ||*Denom von* umbra|| *(unkl.)* beschatten, bedecken, *aliquid re* etw mit etw
umbrōsus ⟨a, um⟩ *Adj* ||umbra||
1. beschattet, schattig; ***caverna umbrosa*** finstere Höhle
2. Schatten spendend
ūmectō ⟨āvī, ātum, āre 1.⟩ ||*Denom von* umectus|| befeuchten, benetzen, *aliquid re* etw mit etw, ***lacrimis ora*** Lucr. das Gesicht mit Tränen
ūmectus ⟨a, um⟩ *Adj* ||umeo|| *(vkl., spätl.)* feucht
ūmeō ⟨-, -, ēre 2.⟩ feucht sein, nass sein, *re* von etw; ***umentia litora*** Verg. feuchte Gestade
▶ **umerus** ⟨ī⟩ *m*
1. Schulter, Achsel; ***aliquem umeris sustinere*** j-n auf den Schultern tragen
2. Oberarm, Arm
3. *bei Tieren* Vorderbug
ūmēscō ⟨-, -, ēscere 3.⟩ ||*Inkoh von* umeo|| *(nachkl.)* *poet* feucht werden, nass werden, *re* von etw
ūmidum ⟨ī⟩ *n* ||umidus||
1. *(nachkl.)* feuchter Ort, feuchter Boden
2. *Pl* wässerige Teile
▶ **ūmidus** ⟨a, um⟩ *Adj, Adv* ⟨ūmidē⟩ ||umeo||
1. feucht, nass; ***ligna umida*** Cic. feuchtes Holz
2. saftig
ūmi-fer ⟨fera, ferum⟩ *Adj* ||umor, fero|| feucht
▶ **ūmor** ⟨ōris⟩ *m* ||umeo||
1. Feuchtigkeit, Flüssigkeit; ***u. lacteus*** Milch; ***u. roscidus*** Tau; ***u. Bacchi*** Wein; ***u. ruber*** Blut; ***u. gelidus*** Schnee
2. Saft *der Pflanzen*
▶ **um-quam** *Adv* = ***unquam***
▶ **ūnā** *Adv* ||unus|| zusammen, gemeinsam; ***una venire*** gemeinsam kommen
ūn-animāns *Gen* ⟨antis⟩ *Adj* ||unus, animo|| *(vkl., nachkl.)* einträchtig, einig
ūn-animis ⟨e⟩ *Adj u.* **ūn-animus** ⟨a, um⟩ *Adj* ||unus|| einig, einträchtig
ūnanimitās ⟨ātis⟩ *f* ||unanimis|| *(vkl., nachkl.)* Einigkeit
ūncia ⟨ae⟩ *f*
1. ein Zwölftel *eines zwölfteiligen Ganzen*; ***heres ex uncia*** Erbe eines Zwölftels
2. *(vkl.)* *Münze* Unze = 1/12 As
3. *(unkl.)* *Gewicht* Unze = *27,5 g*; ***u. auri*** eine Unze Gold
4. *(vkl.)* *fig* Kleinigkeit
ūnciālis ⟨e⟩ *Adj* ||uncia|| *(nachkl., spätl.)* von einer Unze, ein Zoll lang; ***litterae unciales*** Unziale, *Schrift in abgerundeten Großbuchstaben*
ūnciārius ⟨a, um⟩ *Adj* ||uncia|| *(nachkl.)* ein Zwölftel betragend, ein Zwölftel enthaltend; ***fenus unciarium*** Zinsen von einem Zwölftel des Kapitals, *= 8,33% jährlich*
ūnciātim *Adv* ||uncia|| *(vkl., nachkl.)* unzenweise
uncīnātus ⟨a, um⟩ *Adj* ||uncus|| hakenförmig
ūnciola ⟨ae⟩ *f* ||*Dim von* uncia|| Iuv. lächerliche klei-

ne Unze, lumpiges Zwölftel

uncō ⟨-, -, āre 1.⟩ *(spätl.)* brummen

ūnctiō ⟨ōnis⟩ *f* ||ungo||
1. das Einsalben; ***unctionis causā*** um sich einzusalben
2. *(mlat.)* letzte Ölung
3. *(mlat.)* Salbung *zum König od Kaiser*

ūnctitō ⟨-, -, āre 1.⟩ ||*Freq von* ungo|| *(vkl.)* oft salben

ūnctiusculus ⟨a, um⟩ *Adj* ||*Dim von* unctior, *Komp von* unctus|| Plaut. ein wenig fetter

ūnctor ⟨ōris⟩ *m* ||ungo|| Sklave zum Einsalben

ūnctōrium ⟨ī⟩ *n* ||unctor|| Plin. Raum zum Einsalben *in den Thermen*

ūnctum ⟨ī⟩ *n* ||unctus||
1. Hor. leckere Mahlzeit
2. Parfüm, Salbe

ūnctūra ⟨ae⟩ *f* ||ungo|| *(vkl.)* das Einsalben; das Einbalsamieren *der Toten*

ūnctus ⟨a, um⟩ *Adj* ||ungo||
1. gesalbt, parfümiert; ***aqua uncta*** Hor. fettiges Wasser; ***uncta popina*** Hor. schmierige Kneipe; ***palaestra uncta*** Ringschule, in der man sich einsalbt; ***arma cruore uncta*** blutbefleckte Waffen
2. *fig* reich, üppig; ***mensa uncta*** üppige Tafel
3. *fig von Speisen* lecker
4. *fig* bestochen

uncus[1] ⟨ī⟩ *m* Haken, Widerhaken, Klammer, *bes der Haken des Henkers, mit dem der Delinquent zur Richtstätte geführt wurde*; *fig* ***uncum decutere*** eine Gefahr vermeiden

uncus[2] ⟨a, um⟩ *Adj* ||uncus[1]|| *(nachkl.) poet* gekrümmt, gebogen, hakenförmig; ***hamus u./aera unca*** Angel

▶ **unda** ⟨ae⟩ *f*
1. Welle, Woge
2. *fig* Strom, Flut, Strömung, Gewässer, fließendes Wasser; ***undae caelestes*** Regen; ***undae ferventes*** siedendes Wasser
3. *fig* Strudel, unruhig wogende Menge, Unruhe

▶ **unde** *Adv, interrogativ, relativ*
1. *örtl.* von wo, woher; ***unde venisti?*** woher bist du gekommen?; ***locus, unde venisti*** der Ort, von dem du kamst; ***is, unde ius stat*** der, auf dessen Seite das Recht steht; ***is, unde petitur*** Beklagter in einem Zivilprozess
2. *fig* wovon, wodurch, woraus; ***nihil reliquit, unde efferretur*** er hinterließ nichts, wovon er bestattet werden konnte
3. ***unde-unde*** woher auch immer
4. *(mlat.)* daher, weil, sodass

ūn-dē… ||unus, de|| *zum Ausdruck des Neuner-Wertes in Zahlwörtern*; ***undeviginti*** neunzehn; ***undenonagesimus*** der neunundachtzigste

ūn-deciē(n)s *Num adv* elfmal

ūn-decim *indekl Num card* ||unus, decem|| elf

ūndecimus ⟨a, um⟩ *Num ord* ||undecim|| der elfte

ūndecim-virī ⟨ōrum⟩ *m* Nep. Elfmännerkollegium, *Behörde des Strafvollzugs in Athen*

unde-cumque *Adv (nachkl.)*
1. woher auch immer
2. überall

ūn-dēnī ⟨ae, a⟩ *Num distr* je elf; ***pedes u.*** Hexameter und Pentameter

unde-unde *Adv* woher auch immer

ūndēvīcēsimānī ⟨ōrum⟩ *m* ||undevicesimus|| *(nachkl.)* Soldaten der 19. Legion

▶ **undique** *Adv* ||unde||
1. woher nur immer, von allen Seiten; ***undique concurrere*** von allen Seiten her zusammenlaufen
2. überall, in jeder Hinsicht; ***aliquis amens undique dicitur*** j-m wird von allen Leuten verrückt genannt

undi-sonus ⟨a, um⟩ *Adj* ||unda, sonus|| *poet* wellenrauschend; ***undisoni di*** Meeresgötter

undō ⟨āvī, ātum, āre 1.⟩ ||*Denom von* unda|| wogen, strömen; sieden; ***Nilus undans*** der wogende Nil; ***habenae undantes*** schlaffe Zügel

undōsus ⟨a, um⟩ *Adj* ||unda|| *poet* wellenreich, wogend

ūnetvīcēsimānī ⟨ōrum⟩ *m* ||unetvicesimus|| *(nachkl.)* Soldaten der 21. Legion

ūn-et-vīcēsimus ⟨a, um⟩ *Num ord* der einundzwanzigste

ungō ⟨ūnxī, ūnctum, ungere 3.⟩
1. salben, parfümieren, *aliquem/aliquid re* j-n/etw mit etw
2. *(nachkl.) poet* benetzen, befeuchten; färben, teeren; ***uncta sanguine ova*** Hor. mit Blut befleckte Eier; ***quem gloria supra vires ungit*** der sich aus Eitelkeit über sein Vermögen herausputzt
3. *Speisen* fett machen, schmalzen; ***u. caules meliore oleo*** Hor. den Kohl mit besserem Öl anmachen

unguen ⟨inis⟩ *n* = ***unguentum***

unguentāria ⟨ae⟩ *f* ||unguentarius|| Plaut. Salbenhandel; ***unguentariam facere*** eine Parfümerie aufmachen

unguentārium ⟨ī⟩ *n* Plin. Salbengeld

unguentārius
I ⟨a, um⟩ *Adj* ||unguentum|| *(nachkl.)* Salben…; ***taberna unguentaria*** Salbenladen
II ⟨ī⟩ *m* Salbenhändler

unguentō ⟨āvī, ātum, āre 1.⟩ ||*Denom von* unguentum|| *(unkl.)* salben; einbalsamieren

unguentum ⟨ī⟩ *n* ||unguo|| Salbe, Salböl, Parfüm

unguiculus ⟨ī⟩ *m* ||*Dim von* unguis||
1. = ***unguis***
2. Nägelchen; Fingerspitze; ***a teneris unguiculis*** Cic. von Kindesbeinen an

unguis ⟨is⟩ *m beim Menschen* Nagel *an Fingern u. Zehen*; *bei Tieren* Kralle, Klaue, Tatze, Huf; ***ab imis unguibus usque ad verticem*** vom Kopf bis zu den Zehen; ***de tenero ungui*** von Kindesbeinen an; ***ad unguem/in unguem*** haarscharf, aufs Genaueste; ***homo ad unguem factus*** vollendeter Weltmann; ***transversum unguem non discedere*** nicht einen Finger breit weichen; ***alicui medium unguem ostendere*** j-m den Mittelfinger zeigen, *als Zeichen äußerster Verachtung*

ungula ⟨ae⟩ *f u.* **ungulus** ⟨ī⟩ *m* ||*Dim von* unguis||
1. Huf; Pferd; ***omnibus ungulis*** mit allen Kräften
2. Kralle, Klaue
3. ***u. ferrata*** *(mlat.)* Hufeisen

unguō ⟨ūnxī, ūnctum, unguere 3.⟩ = ***ungo***

ūni-animus ⟨a, um⟩ *Adj* Plaut. = ***unanimus***

ūni-color *Gen* ⟨ōris⟩ *Adj* ||unus|| *(unkl.)* einfarbig

ūni-cornis
I ⟨e⟩ *Adj* ||unus, cornu|| einhörnig

II ⟨is⟩ *m* Nashorn; (*mlat.*) Einhorn, *pferdeähnliches Fabelwesen mit einem Horn auf der Stirn*

▶ **ūnicus** ⟨a, um⟩ *Adj, Adv* ⟨ūnicē⟩ ||unus||
1. allein, einzig; ***filius u.*** einziger Sohn
2. einzigartig, einmalig; ***unica nobilitas*** einzigartige Vorzüglichkeit; ***unice securus*** völlig unbesorgt

ūni-fōrmis ⟨e⟩ *Adj* ||unus, forma|| (*nachkl.*) einförmig, einfach

ūni-gena ⟨ae⟩ *m u. f* ||unus, gigno||
1. von einer Abstammung, Bruder, Schwester
2. einzig

ūni-genitus ⟨a, um⟩ *Adj* ||unus, gigno|| einzig geboren; ***u. filius*** (*eccl.*) eingeborener Sohn, = Christus

ūni-manus ⟨a, um⟩ *Adj* ||unus|| Liv. einhändig

ūniō[1] ⟨ōnis⟩ *m* ||unus|| Phaedr. einzelne große Perle

ūniō[2] ⟨iī, ītum, īre 4.⟩ ||unus|| (*nachkl.*) vereinigen

ūniō[3] ⟨ōnis⟩ *f* ||unus|| (*spätl., eccl.*)
1. Einheit; die Eins *als Würfelzahl*
2. Vereinigung

ūni-subsellium ⟨ī⟩ *n* ||unus|| Plaut. Einzelbänkchen

ūnitās ⟨ātis⟩ *f* ||unus||
1. Einheit, Gesamtheit
2. Einigkeit

ūniter *Adv* ||unus|| Lucr. in eins verbunden

ūnīus-modī *Adv, auch getrennt* von einer Art

ūniversālia ⟨ium⟩ *n* ||universalis|| (*mlat.*) Gattungsbegriffe, Universalien

ūniversālis ⟨e⟩ *Adj* ||universus|| allgemein; ***sententia u.*** Quint. allgemeine Meinung

ūniversitās ⟨ātis⟩ *f* ||universus||
1. Gesamtheit; ***u. generis humani*** das ganze Menschengeschlecht; ***u. rerum*** Weltall
2. Plin. die ganze Rede
3. *fig* Weltall, Welt
4. (*mlat.*) Hochschule, Universität

ūniversum ⟨ī⟩ *n* ||universus||
1. Gesamtheit
2. Weltall

▶ **ūni-versus** *u.* **ūni-vorsus** ⟨a, um⟩ *Adj, Adv* ⟨ūniversē⟩ *u.* ⟨ūnivorsē⟩ ||unus, *PPP von* verto||
1. gesamt, sämtlich, ganz; ***u. mundus*** die ganze Welt; ***dimicatio universae rei*** Entscheidungskampf
2. *Pl* alle zusammen
3. allgemein, gemeinschaftlich; ***universi Ephesii*** alle Epheser
4. ***universe/in universum*** im Allgemeinen, überhaupt

ūn-oculus ⟨a, um⟩ *Adj* ||unus|| (*vkl.*) einäugig

Ūnomammia ⟨ae⟩ *f* ||unus, mamma|| Plaut. *hum* Land der Amazonen

▶ **unquam** *Adv* irgendeinmal, jemals, *meist in negativen Sätzen*; ***nec unquam*** und niemals; ***nemo unquam*** nie jemand; ***si unquam*** wenn jemals; ***quid unquam?*** was jemals?

ūnus ⟨a, um⟩ *Num card*
1. einer; ***unus miles*** *ein Soldat*; ***unus ex magistratibus/de magistratibus*** *einer der Beamten*; ***unus e multis*** *ein gewöhnlicher Mensch*; ***una castra*** *ein Lager*; ***unae aedes*** *ein Haus*; ***uni … alii*** *die einen … andere*; ***uni … alteri … tertii*** *die einen … die anderen … die dritten*; ***non unus*** *mehr als einer*; ***ad unum omnes*** *alle ohne Ausnahme*; ***in unum cogere*** zu einem Ganzen vereinigen
2. nur einer, ein einziger *im Dt. oft mit Adv übersetzt* bloß, nur; ***Ubii uni*** nur die Ubier; ***nemo/nullus unus*** kein Einziger; ***nihil unum*** gar nichts
3. *beim Sup*; ***homo unus doctissimus*** der allergelehrteste Mann
4. ein und derselbe; ***unis moribus vivere*** auf ein und dieselbe Art leben
5. *indef* irgendein; ***sicut unus pater familias*** wie der erstbeste Familienvater; ***quivis unus/unus quilibet*** irgendein Einzelner; ***unus quisque*** jeder Einzelne, ein jeder

▶ **ūnus-quisque** ⟨ūnaquaeque, ūnumquidque⟩ (*subst*) *u.* ⟨ūnumquodque⟩ (*adj*) *indef Pr, subst u. adj* ein jeder, jeder einzelne

ūnxī → ***ungo***

ūpiliō ⟨ōnis⟩ *m* Ziegenhirt, Schafhirt

upupa ⟨ae⟩ *f* (*vkl., nachkl.*) Wiedehopf; *fig* Spitzhacke

Ūrania ⟨ae⟩ *f u.* **Ūraniē** ⟨ēs⟩ *f Muse der Astronomie*

urbānitās ⟨ātis⟩ *f* ||urbanus||
1. Stadtleben
2. städtisches Wesen, großstädtische Lebensart, feines Benehmen
3. feine Aussprache
4. feiner Witz
5. Tac. schlechter Witz, grobe Täuschung

▶ **urbānus**
I ⟨a, um⟩ *Adj, Adv* ⟨urbānē⟩ ||urbs||
1. städtisch, stadtrömisch; ***seditiones urbanae*** Liv. städtische Aufstände; ***exercitus u.*** aus römischen Bürgern bestehendes Heer
2. *fig* geschmackvoll, gebildet
3. witzig, geistreich
4. dreist, zudringlich
II ⟨ī⟩ *m*
1. Städter, Römer
2. Witzbold

urbi-capus ⟨ī⟩ *m* ||urbs, capio|| Städteeroberer

urbicus ⟨a, um⟩ *Adj* ||urbs|| Suet. städtisch, zur Stadt (Rom) gehörig

Urbīnās
I *Gen* ⟨ātis⟩ *Adj* aus Urbinum, zu Urbinum gehörig
II ⟨ātis⟩ *m* Einwohner von Urbinum

Urbīnum ⟨ī⟩ *n Stadt in Umbrien, heute Urbino*

Urbius clīvus *m Gasse am Esquilin*

▶ **urbs** ⟨urbis⟩ *f*
1. Stadt, *bes* Hauptstadt
2. die Stadt Rom, Rom; ***ad urbem esse*** vor Rom stehen
3. Oberstadt, Burg
4. *meton* die Stadtbewohner
5. *fig* Hauptsache, das Wesentliche

urceātim *Adv* ||urceus|| krügeweise

urceolus ⟨ī⟩ *m* ||*Dim von* urceus|| (*unkl.*) Krüglein

urceus ⟨ī⟩ *m* (*unkl.*) Krug

ūrēdō ⟨inis⟩ *f* Kornbrand, *eine Getreidekrankheit*

▶ **urg(u)eō** ⟨ursī, -, urg(u)ēre 2.⟩
I *v/t*
1. drängen, treiben, stoßen; *fig* verdrängen; ***saxum u.*** den Stein hinaufwälzen; ***nox diem urget*** *fig* die Nacht vertreibt den Tag
2. *fig* verfolgen, bedrängen; *von Örtlichkeiten* ganz nahe liegen, *aliquid* an etw, bei etw; *zeitl.* nahe bevorstehen; ***urbem alia urbe u.*** die Stadt durch eine andere Stadt beengen; ***nihil me urget*** ich habe

U

keine Eile
3. *mit Worten* in die Enge treiben
4. hartnäckig bei *etw* beharren, auf *etw* bestehen, *aliquid*, + *AcI*; ***occasionem u.*** eine Gelegenheit gierig ergreifen
5. *poet* eifrig betreiben, *aliquid etw*, + *Inf* / + *AcI*; ***iter u.*** den Marsch beschleunigen
II *v/i* andringen, sich drängen; ***fluctūs ad litora urgent*** die Wogen drängen ans Ufer
ūrīna ⟨ae⟩ *f*
1. Harn, Urin
2. *fig* Samen
ūrīnātor ⟨ōris⟩ *m* ||urinor|| Taucher
ūrīnor ⟨-, ārī 1.⟩ ||*Denom von* urina|| tauchen
Urios ⟨a, um⟩ *Adj* der günstige Fahrtwinde schickt, *kultische Bezeichnung für Jupiter*
► **urna** ⟨ae⟩ *f*
1. Krug
2. *Hohlmaß* Urne, Eimer, = *ca. 13 l*
3. (*nachkl.*) Krug, Topf
4. Losurne; *fig* Wahl durch das Los
5. Totenurne
urnālis ⟨e⟩ *Adj* ||urna||
1. Urnen…
2. eine Urne enthaltend
urnula ⟨ae⟩ *f* ||*Dim von* urna|| kleine Urne, Krüglein
► **ūrō** ⟨ussī, ustum, ūrere 3.⟩
1. brennen, verbrennen, *abs od aliquid / aliquem* etw / j-n
2. MED ausbrennen, ***vulnera*** Wunden
3. Ov. *in der Malerei Farben* einbrennen; *Gemälde* enkaustisch malen, *d. heute mit Farben, die mit flüssigem Wachs verschmolzen wurden*
4. durch Feuer zerstören, verheeren, ***agros*** Felder
5. *fig* austrocknen, ausdörren, versengen; *vom Frost* zum Erfrieren bringen; *Passiv* erfrieren
6. *fig* wund reiben, wund drücken; ***virgis uri*** gepeitscht werden
7. *fig Leidenschaften* entfachen; leidenschaftlich entflammen; *Passiv* von Leidenschaft entbrannt sein; ***invidiam u.*** Neid entfachen; ***ira urit aliquem*** Zorn entflammt j-n; ***uritur infelix Dido*** die unglückliche Dido ist in Liebe entflammt; ***uri in aliquo*** in j-n verliebt sein
8. (*nachkl.*) *fig* beunruhigen, heimsuchen
ursa ⟨ae⟩ *f* ||ursus|| (*nachkl.*)
1. Bärin
2. Bär *als Sternbild*
ursī → ***urgeo***
ursīna ⟨ae⟩ *f* ||ursinus|| Bärenfleisch
ursīnus ⟨a, um⟩ *Adj* ||ursus|| Bären…; ***fel ursinum*** Bärengalle
ursus ⟨ī⟩ *m* (*nachkl.*) Bär; *meton* Bärenjagd
urtīca ⟨ae⟩ *f*
1. Brennnessel; ***u. mordax*** beißende Brennnessel
2. Seenessel, *eine Fleisch fressende Pflanze*
3. Iuv. *fig* Geilheit
ūrūca ⟨ae⟩ *f* Iuv. Raupe, Wurm
ūrus ⟨ī⟩ *m* ||germ. od. kelt. Fw.|| Auerochse
Ūsipetēs ⟨um⟩ *m u.* **Ūsip(i)ī** ⟨ōrum⟩ *m germ. Stamm am rechten Unterrhein im heutigen Ruhrgebiet*
ūsitātus ⟨a, um⟩ *Adj*, *Adv* ⟨ūsitātē⟩ ||usitor|| gebräuchlich, gewöhnlich, üblich
uspiam *Adv*
1. irgendwo
2. irgendwie
usquam *Adv, meist in negativen Sätzen*
1. irgendwo; ***nec usquam*** und nirgends; ***nemo usquam*** nirgends jemand
2. *fig* irgendwohin; ***usquam se movere*** sich irgendwohin aufmachen
3. *modal* irgendwie, bei irgendeiner Gelegenheit
► **ūsque**
I *Adv*
1. in einem fort, ununterbrochen
2. *örtl. u. zeitl.* von … her, von … an; ***usque a Capitolio*** vom Kapitol her
3. *örtl. u. zeitl.* bis … zu, bis … hin; ***usque ad noctem*** bis in die Nacht; ***usque eo*** bis dahin; ***usque dum*** so lange bis
II *Präp + Akk* (*vkl., nachkl.*) bis zu, *auch nachgestellt*; ***vesperam usque*** bis zum Abend
ūsque-quāquē *Adv* überall; *zeitl.* immer
ūsquin Plaut. = ***usque-ne***; → ***usque***
ussī → ***uro***
ūssūra ⟨ae⟩ *f* → ***usura***
ustilō ⟨āvī, ātum, āre 1.⟩ = ***ustulo***
ustor ⟨ōris⟩ *m* ||uro|| Leichenverbrenner
ustulō ⟨āvī, ātum, āre 1.⟩ (*nachkl.*) *poet* anbrennen, verbrennen
ustus ⟨a, um⟩ *PPP* → ***uro***
ūsū-capiō[1] ⟨cēpī, captum, capere 3.⟩ *Eigentumsrecht* durch Verjährung erwerben, ersitzen
ūsū-capiō[2] ⟨ōnis⟩ *f* ||usucapio[1]|| Eigentumsrecht durch Verjährung
ūsū-faciō ⟨fēcī, factum, facere 3.⟩ = ***usucapio***[1]
ūsūra ⟨ae⟩ *f* ||utor||
1. *zeitlich beschränkter* Gebrauch, Nießbrauch, Nutzungsrecht; Frist
2. Zinsen; ***u. menstrua*** Monatszins; ***perscribere usuram*** Geld auf Zinsen ausleihen; ***multiplicare usuram*** Zinseszins rechnen
3. Plin. *fig* Zugabe
ūsūrārius
I ⟨a, um⟩ *Adj* ||usura|| (*vkl., nachkl.*)
1. der vorübergehenden Nutzung dienend
2. verzinst; ***pecunia usuraria*** verzinstes Geld
II ⟨ī⟩ *m* Wucherer
ūsurpātiō ⟨ōnis⟩ *f* ||usurpo||
1. Gebrauch, Benutzung, Ausübung; ***u. vetustatis*** Ausübung eines alten Brauches; ***u. civitatis*** Cic. Anspruch auf das Bürgerrecht
2. JUR widerrechtliche Aneignung, Missbrauch
ūsurpātor ⟨ōris⟩ *m* ||usurpo|| (*spätl.*) Usurpator, Despot
► **ūsurpō** ⟨āvī, ātum, āre 1.⟩ ||usus||
1. benutzen, genießen, ausüben; ***poenam u.*** eine Strafe anwenden
2. beanspruchen, geltend machen, ***ius*** ein Recht
3. *rechtmäßig* in Besitz nehmen; ***hereditatem u.*** eine Erbschaft antreten
4. (*nachkl.*) *widerrechtlich* sich aneignen, sich anmaßen; ***alienam possessionem u.*** sich fremden Besitz aneignen; ***alicuius ius tyranni usurpant*** Liv. die Tyrannen maßen sich j-s Recht an
5. *ein Wort* gebrauchen, im Mund führen, erwähnen, ***vocem*** ein Wort

6. nennen, ***aliquem sapientem*** j-n weise

ūsus¹ ⟨a, um⟩ *PPerf* → ***utor***

ūsus² ⟨ūs⟩ *m* ||utor||

1. Gebrauch, Verwendung, Benutzung; *Pl* vielfältiger Gebrauch; Gewohnheit, Sitte; ***aliquid in usu habere*** etw gebrauchen; ***usui esse/usum habere*** gebraucht werden, *ad aliquid/in aliquid* zu etw; ***ad usum proprium*** (*nlat.*) *auf Rezepten* zum eigenen Gebrauch; ***ad usum Delphini*** (*nlat.*) zum Gebrauch des Kronprinzen, *Klassikerausgaben, in denen anstößige Stellen im Kontext beseitigt, am Schluss aber nachgetragen waren*

2. JUR Nießbrauch; lange Benutzung, Verjährung; ***u. et fructus*** Nutznießung eines fremden Eigentums; ***u. (et) auctoritas*** Verjährung und das daraus entstandene Eigentumsrecht

3. Umgang, Bekanntschaft, *alicuius* mit j-m; ***u. amicitiae*** Umgang in der Freundschaft; ***u. domesticus*** Umgang von Haus zu Haus

4. praktische Tätigkeit, Ausübung; ***ars/scientia et u.*** Theorie und Praxis; ***u. forensis*** Tätigkeit als Anwalt; ***usu venire*** wirklich vorkommen, sich ereignen, *alicui* j-m, *de aliquo/de re* in Bezug auf j-n/in Bezug auf etw

5. Brauchbarkeit, Nutzen, Vorteil; ***magnum usum afferre ad aliquid*** für etw großen Nutzen bringen; ***ex usu alicuius esse/usui esse alicui*** für j-n vorteilhaft sein, j-m Nutzen bringen

6. Bedarf, Bedürfnis; ***usui esse ad aliquid*** für etw erforderlich sein; ***u. est/adest*** es ist notwendig; ***alicui u. est re*** j-d hat etw nötig, j-d braucht etw

ūsūs-capiō ⟨ōnis⟩ *f* = ***usucapio²***

ūsus-frūctus = ***usus et fructus***; → ***usus²***

ut

I *Adv*

1. *örtl.* wo; ***litus, ut Eoā tunditur undā*** Catul. die Küste, wo die östliche Woge brandet

2. *interrogativ* wie?; ***ut vales?*** wie geht es dir?; ***videte, ut hoc iste correxerit*** seht, wie er das wieder gutgemacht hat

3. *ausrufend* wie, wie sehr; ***ut te aspicimus*** mit welcher Empfindung sehen wir dich an

4. *relativ* wie, auf welche Weise; ***perge, ut instituisti*** fahre fort, wie du begonnen hast; ***ut supra demonstravimus*** wie wir oben gezeigt haben

5. *vergleichend* wie, *ita/sic/item/eodem modo/non aliter u. Ä.*; ***ut initium, sic finis est*** wie der Anfang, so ist das Ende

6. ***ut quisque … ita/sic*** je nachdem ein jeder … so; + *dopp. Sup* je … desto; *gegensätzlich* wenn auch … so doch, zwar … aber; *in Schwüren* so wahr (wie); ***ut nihil boni est in morte, sic certe nihil mali*** wenn auch nichts Gutes im Tod ist, so doch sicher nichts Schlechtes

7. wie; ***feci ut praescripsisti*** ich habe getan, wie du vorgeschrieben hast

8. *kausal* als, wie es ja nicht anders sein kann bei; ***Diogenes liberius ut Cynicus locutus est*** Diogenes als Kyniker hat zu frei gesprochen; ***ut qui*** da er ja, weil er ja; ***ut qui a Crasso esset incensus*** da er ja von Crassus aufgehetzt war

9. wie denn, wie einmal; ***homo, ut erat furiosus, atrociter respondit*** der Mensch, rasend wie er war, antwortete trotzig

10. wie wenigstens, wie nur; ***ut tum res erant*** bei der damaligen Lage

11. ***ut si*** + *Konjkt* wie wenn, als ob; ***ut si bono animo fecisset*** wie wenn er mit guter Absicht gehandelt hätte

12. *zur Einleitung von Beispielen* zum Beispiel; ***ut si*** + *Konjkt* so zum Beispiel wenn

II *Konj*

1. *zeitl.* + *Ind* sobald (als), gerade als, sobald wie; ***ut Romam venit, praetor factus est*** sobald er nach Rom kam, wurde er zum Prätor gemacht; ***ut primum*** sobald als

2. *zeitl.* + *Ind* seitdem, seit; ***quintus dies erat, ut pervenerat*** es war der fünfte Tag, seitdem er gekommen war

3. *final* + *Konjkt* dass, damit, um zu; ***edimus, ut vivamus*** wir essen um zu leben; wir essen, damit wir leben; ***vos admonui, ut caveretis*** ich habe euch gemahnt euch in Acht zu nehmen

4. *bei Verben des Fürchtens u. Ä.* dass nicht; ***timeo ut sustineas*** ich fürchte, dass du es nicht erträgst

5. *konsekutiv* dass, sodass; ***ut non*** dass nicht

6. *konzessiv* gesetzt dass, selbst wenn, wenn auch; ***ut desint vires, tamen est laudanda voluntas*** wenn auch die Kräfte fehlen, ist der Wille dennoch zu loben

7. *in Wunschsätzen* dass doch

ut-cumque

I *Adv* wie nur immer, wie auch immer, *auch* je nachdem; (*nachkl.*) so gut es geht, nach Möglichkeit; ***utcumque res postulat*** je nachdem, wie es die Sache erfordert

II *Konj zeitl.* wenn nur, sobald nur; ***utcumque mecum vos eritis*** Hor. wenn ihr nur mit mir sein werdet

ūtēns *Gen* ⟨entis⟩ *Adj* ||utor|| gebrauchend; ***utentior*** der sich mehr leisten kann

ūtēnsilia ⟨ium⟩ *n* ||utor|| (*nachkl.*) Gebrauchsgegenstände, Ausrüstung; Lebensmittel, Bedarf

uter¹ ⟨tris⟩ *m* Schlauch aus Leder *für Flüssigkeiten*

► **uter²** ⟨utra, utrum⟩ *Pron, subst u. adj*

1. *interrogativ* welcher von beiden; ***uter nostrum?*** welcher von uns beiden?; ***uter utri*** wer von beiden dem anderen; ***discernere, utra pars iustiorem habeat*** entscheiden, welche der beiden Parteien den gerechteren Grund habe

2. *indef* einer von beiden

3. *relativ* welcher von beiden; ***utrum placet, sumite*** nehmt was euch gefällt

uter-cumque ⟨utracumque, utrumcumque⟩ *Pron, adj u. subst*

1. *relativ* wer immer von den beiden

2. *indef* jeder beliebige von beiden

uter-libet ⟨utralibet, utrumlibet⟩ *Pron, adj u. subst*

1. *relativ* wer immer von beiden

2. *indef* jeder beliebige von beiden

► **uter-que** ⟨utraque, utrumque⟩ *indef Pr, adj u. subst*

1. jeder von beiden, beide; ***uterque eorum senator est*** jeder von den beiden ist Senator; ***uterque consul*** jeder der beiden Konsuln, beide Konsuln; ***utraque manus*** beide Hände; ***utraque fortuna*** Glück und Unglück; ***in utramque partem disputare*** dafür und dagegen sprechen; ***uterque parens*** Vater und Mutter; ***uterque Phoebus*** Morgen- und Abend-

U

sonne; ***utriusque iuris doctor*** (*mlat.*) Doktor beiderlei Rechts, *d. heute des geistlichen und des weltlichen Rechts*
2. *Pl von Mehrheiten u. pluralia tantum* beide; ***utrosque vicit*** er besiegte beide Parteien; ***utraque castra*** beide Lager
3. *Pl* beide; ***duae filiae utraeque iam nuptae*** zwei Töchter und alle beide schon verheiratet

uterum ⟨ī⟩ *n u.* **uterus** ⟨ī⟩ *m*
1. (*unkl.*) Unterleib, Bauch
2. MED Gebärmutter; (*nachkl.*) *poet* Leibesfrucht, Kind
3. *meton* Geburtswehen

uter-vīs ⟨utravīs, utrumvīs⟩ *indef Pr*
1. jeder beliebige von beiden, einer von beiden; ***u. vestrum*** einer von euch beiden
2. beide; ***in aurem utramvis dormire*** sich getrost aufs Ohr legen

utī[1] = ***ut***

ūtī[2] → ***utor***

ūtibilis ⟨e⟩ *Adj* ||utor|| (*vkl.*, *nachkl.*) brauchbar, nützlich

Utica ⟨ae⟩ *f älteste phönikische Kolonie in Afrika, nw. von Karthago*

Uticēnsis ⟨e⟩ *Adj* aus Utica, zu Utica gehörig

Uticēnsis ⟨is⟩ *m* Einwohner von Utica

▶ **ūtilis** ⟨e⟩ *Adj*, *Adv* ⟨ūtiliter⟩ ||utor|| (*vkl.*, *nachkl.*)
1. brauchbar, nützlich, *alicui* für j-n, *alicui rei* zu etw, für etw, + *Inf*; ***igne quid utilius?*** was ist nützlicher als das Feuer?
2. vorteilhaft, zweckmäßig, zuträglich; ***utile est*** es ist von Vorteil, + *Inf* / + *AcI*

▶ **ūtilitās** ⟨ātis⟩ *f* ||utilis||
1. Brauchbarkeit, Nutzen
2. Vorteil
3. Wohl; ***u. communis*** Staatswohl
4. nützliche Einrichtung

▶ **uti-nam** *Wunschpartikel* + *Konjkt*
1. o dass doch, wenn doch, möchte doch, + *Konjkt Präs bei erfüllbar gedachtem Wunsch*; ***utinam tibi istam mentem di dent*** möchten die Götter dir doch diese Gesinnung geben
2. o dass doch, wenn doch, + *Konjkt Imperf u. Konjkt Plusquamperfekt bei nicht erfüllbar gedachtem Wunsch*; ***utinam haberetis*** wenn ihr doch hättet; ***utinam istud ne dixissetis*** hättet ihr doch das nicht gesagt

uti-quam *Adv* in jedem Fall

utī-que[1] und wie; und damit; = ***et ut***

uti-que[2] *Adv*
1. jedenfalls, durchaus, unbedingt; ***quo die venies, utique fac cum tuis apud me sis*** an welchem Tag du auch ankommst, sei jedenfalls mit deinen Angehörigen bei mir
2. wenigstens
3. *fig* besonders, zumal; ***utique postremis mensibus*** besonders in den letzten Monaten

ūtor ⟨ūsus sum, ūtī 3.⟩
1. *j-n/etw* gebrauchen, *j-n/etw* benutzen, sich *j-s/einer Sache* bedienen, *aliquo/re/aliquid*; ***Ciceronis verbis u.*** Ciceros Worte gebrauchen; ***eā criminatione in tribunum u.*** diese Verdächtigung gegen den Tribunen verwenden; ***male/perverse uti*** missbrauchen; ***mari u.*** das Meer befahren; ***castris u.*** sich im Lager aufhalten; ***domo u.*** das Haus bewohnen; ***oratione u.*** reden; ***silentio u.*** schweigen; ***temporibus u.*** sich an die Umstände anpassen; ***oraculo u.*** das Orakel befragen
2. *fig* genießen *als Besitz*, *re* etw; ***bonā valetudine u.*** bei guter Gesundheit sein
3. haben, besitzen, *aliquo/re* j-n/etw; ***Trebonio utor amico*** ich habe den Trebonius zum Freund
4. *Eigenschaften od Tätigkeiten* ausüben, beweisen, zeigen, *re* etw; ***auctoritate suā u.*** seinen Einfluss geltend machen
5. Umgang haben, *aliquo* mit j-m; ***rege familiariter u.*** mit dem König vertrauten Umgang haben
6. brauchen, nötig haben, *re* etw

ut-pote *Adv*
1. nämlich, weil ja; ***utpote qui*** der ja, da er ja; ***utpote cum*** + *Konjkt* da ja
2. nämlich; ***Hannibal puer utpote non amplius novem annos*** Nep. Hannibal als Knabe, nämlich nicht älter als neun Jahre

ut-puta *Adv* nämlich, wie zum Beispiel

ut-quidem *Adv* Plaut. wie wenigstens, soweit

ut-quomque *Adv.*/*Kjtn.* Plaut. = ***utcumque***

utrārius ⟨ī⟩ *m* ||uter[1]|| Liv. Schlauchträger, Wasserträger

utriculārius ⟨ī⟩ *m* Suet. Dudelsackspieler

▶ **utrimque** *Adv* ||uterque|| von beiden Seiten, auf beiden Seiten; ***magnae utrimque copiae*** starke Truppenverbände auf beiden Seiten; ***femina utrimque nobilis*** eine von väterlicher und mütterlicher Seite her adelige Frau; ***utrimque secus*** auf beiden Seiten

utrō *Adv* ||uter[2]|| *interrogativ* wohin?; auf welcher der beiden Seiten?

utrobī *Adv* ||uter[2], ubi|| (*vkl.*) *fragend* auf welcher der beiden Seiten

utrobī-dem *Adv* Plaut. beiderseits

utr-obīque *Adv* ||uter[2], ubique|| auf beiden Seiten, hier wie dort, überall; in beiden Fällen

utrōlibet *Adv* ||uterlibet|| Quint. wohin es beliebt

utrōque *u.* **utrōque-versum** *u.* **utrōque-vorsum** *Adv* ||uterque|| nach beiden Seiten, auf beiden Seiten, nach beiden Richtungen

▶ **utrum** *Adv* ||uter[2]|| *in Entscheidungsfragen*; ***utrum … an*** ob … oder; ***utrum haec nostra culpa est an non*** ob dies unsere Schuld ist oder nicht

ut-ut *Adv* = ***utcumque***

▶ **ūva** ⟨ae⟩ *f*
1. Traube, Weintraube; ***uva passa*** Rosine
2. *fig* Traube *als Form*; ***apium longa uva*** langer traubenförmiger Bienenschwarm
3. *fig* Weinstock, Wein
4. MED Zäpfchen im Hals

ūvēscō ⟨-, -, ēscere 3.⟩ Lucr. feucht werden; *fig* sich betrinken

ūvidulus ⟨a, um⟩ *Adj* ||*Dim von* uvidus|| Catul. ein wenig feucht, ein wenig nass

ūvidus ⟨a, um⟩ *Adj* (*unkl.*)
1. feucht, nass, *re* von etw; ***vestis uvida*** nasses Kleid; ***uvidi Tiburis ripae*** Hor. die feuchten Ufer des Tibur
2. Hor. *fig* betrunken

▶ **uxor** ⟨ōris⟩ *f* rechtmäßige Ehefrau, Gattin, Frau; ***uxorem (in matrimonium) ducere*** eine Frau heira-

ten; ***olentis uxores mariti*** Hor. *hum* die Weibchen des stinkenden Bockes
uxorcula ⟨ae⟩ *f* ||*Dim von* uxor|| Frauchen
uxōrius
I ⟨a, um⟩ *Adj* ||uxor|| der Ehefrau, zur Ehefrau gehörig, die Ehefrau betreffend; ***res uxoria*** Ehestand; Mitgift
II ⟨ī⟩ *m* Pantoffelheld

V

V v
I *Abk*
1. = ***valeo/vales/valetis***; → ***valeo***
2. = ***vivus*** lebend
3. = ***vixit*** (er/sie) hat gelebt
4. (*nlat.*) = ***velocitas*** Geschwindigkeit *in physikalischen Formeln*
5. (*nlat.*) = ***varietas*** *hier* Abart
6. ***v. c.*** = ***vir clarissimus*** überaus berühmter Mann
7. ***v. f.*** = ***verba fecit*** (er/sie) sprach Folgendes
8. ***v. s.*** = ***votum solvit*** (er/sie) löste das Gelübde ein
9. ***v. v.*** = ***vice versa*** umgekehrt
II *Zahlzeichen* = 5
Vacalus ⟨ī⟩ *m* die Waal, *s. Mündungsarm des Rheins*
vacātiō ⟨ōnis⟩ *f* ||vaco||
1. das Freisein, Entlastung, Befreiung, *alicuius* j-s, *alicuius rei/a re* von etw, *alicuius rei* wegen etw, ***rerum gestarum*** wegen der früheren Taten
2. Beurlaubung, Entlassung
3. Tac. *meton* Ablösesumme *für Freistellung vom Kriegsdienst*
vacca ⟨ae⟩ *f* Kuh
vaccillō ⟨āvī, ātum, āre 1.⟩ = ***vacillo***
vaccīnium ⟨ī⟩ *n* Hyazinthe
vaccula ⟨ae⟩ *f* ||*Dim von* vacca|| kleine Kuh
vacē-fīō ⟨-, fierī 0.⟩ Lucr. frei werden, frei gemacht werden
vacerra ⟨ae⟩ *f* Pfahl
vacerrōsus ⟨a, um⟩ *Adj* ||vacerra|| Suet. verrückt
vacillātiō ⟨ōnis⟩ *f* ||vacillo|| Suet. das Wackeln
vacillō ⟨āvī, ātum, āre 1.⟩
1. wackeln, wanken; ***epistula vacillantibus litterulis*** Brief mit krakeligen Buchstaben
2. *fig* schwanken, unzuverlässig sein; ***in aere alieno v.*** verschuldet sein
vacīvitās ⟨ātis⟩ *f* ||vacivus|| Plaut. Leere, Mangel, *alicuius rei* an etw
vacīvus ⟨a, um⟩ *Adj*, *Adv* ⟨vacīvē⟩ ||vaco||
1. (*vkl.*) *poet* leer, frei, *alicuius rei* von etw; ***v. auris*** willig
2. *Adv* in Muße, mit Muße
► **vacō** ⟨āvī, ātum, āre 1.⟩
1. leer sein, frei sein, leer stehen, unbebaut sein, unbewohnt sein
2. herrenlos sein; ***nullius philosophiae locus vacaret*** kein philosophisches System würde ohne Vertreter sein
3. (*nachkl.*) *von Frauen u. Mädchen* ledig sein, keinen Freund haben
4. *fig* von *etw* frei sein, *etw* nicht haben, *re/a re*; ***metu v.*** frei von Furcht sein; ***armis v.*** nicht am Krieg teilnehmen; ***studiis v.*** sich nicht mit Studien abgeben; ***populo v.*** sich nicht um das Volk kümmern
5. Muße haben
6. Zeit für *etw/j-n* haben, sich *einer Sache* widmen, *etw* betreiben, *alicui rei/alicui*; ***clientium negotiis v.*** sich den Angelegenheiten der Klienten widmen
7. ***vacat*** (*nachkl.*) es ist freie Zeit vorhanden, es steht frei, + *Inf*; (*nlat.*) es fehlt, *zur Kennzeichnung einer leeren Seite*; ***vacat alicui*** es ist j-m vergönnt
vacuē-faciō ⟨fēcī, factum, facere 3.⟩ ||vacuus|| leer machen, frei machen, *aliquid alicui rei* etw für etw; ***subsellia v.*** die Bänke frei machen; ***Scyrum v.*** die Insel Skyros entvölkern
vacuēfactus ⟨a, um⟩ *Adj* Nep. herrenlos, verlassen
vacuitās ⟨ātis⟩ *f* ||vacuus||
1. das Freisein, Befreiung, *alicuius rei/a re* von etw, ***doloris*** von Schmerz
2. (*unkl.*) Erledigung *eines Amtes*
Vacūna ⟨ae⟩ *f sabinische Flurgöttin*
Vacūnālis ⟨e⟩ *Adj* der Vacuna geweiht
vacuō ⟨āvī, ātum, āre 1.⟩ ||*Denom von* vacuus|| frei machen, entleeren, entvölkern, *aliquid re* etw von etw
vacuum ⟨ī⟩ *n* ||vacuus||
1. Leere, leerer Raum; das Freie; unbesetztes Land; ***rami in vacuum se extendunt*** die Zweige strecken sich ins Leere
2. nicht mehr besetzte Stelle
3. freie Zeit, Muße
► **vacuus** ⟨a, um⟩ *Adj*

1. leer von
2. menschenleer, öde
3. offen stehend, zugänglich
4. ledig, unverheiratet
5. unbesetzt, schutzlos
6. unbeschäftigt
7. von Leistungen befreit, von Leistungen frei
8. sorglos, unbefangen
9. freie Hand habend
10. ruhig, still
11. nichtig, wertlos

1. leer von *etw*, frei von *etw*, ohne *etw*, *re/a re/alicuius rei*, *alicui rei* für etw, zu etw; ***loca vacua*** freie Plätze im Theater; ***equus v.*** Pferd ohne Reiter; ***charta/cera vacua*** unbeschriebene Tafel; ***aliquid vacuum facere*** etw räumen; ***domus tabulis pictis vacua*** Haus ohne Gemälde; ***gladius vaginā v.*** Schwert ohne Scheide; ***culpā v.*** ohne Schuld
2. menschenleer, öde, einsam
3. *von Örtlichkeiten* offen stehend, zugänglich, *alicui* für j-n; ***aures vacuae*** offene Ohren, aufmerk-

same Ohren
4. *von Frauen u. Mädchen* ledig, unverheiratet, ohne Freund
5. unbesetzt, schutzlos, herrenlos, ohne Erbe, vakant; ***provincia vacua*** Provinz ohne Statthalter
6. unbeschäftigt; ***civitas vacua*** Staat ohne Krieg
7. von Leistungen befreit, von Leistungen frei
8. sorglos, unbefangen
9. freie Hand habend; ***aliquid vacuum est*** man hat in etw freie Hand; ***vacuum est*** man hat freien Spielraum, + *Inf*
10. *poet von Orten* ruhig, still
11. *(nachkl.) poet* nichtig, wertlos

vademēcum → ***vado***

vadimōnium ⟨ī⟩ *n* ||vas[1]||
1. *durch Kaution* gesichertes Erscheinen vor Gericht; Bürgschaft; ***vadimonium alicui imponere*** j-n vor Gericht fordern; ***vadimonium concipere*** eine Bürgschaft schriftlich formulieren; ***vadimonium missum facere*** eine Bürgschaft erlassen; ***res esse in vadimonium coepit*** es kommt zur Bürgschaftsleistung
2. *meton* das Erscheinen vor Gericht; ***vadimonium promittere*** das Erscheinen vor Gericht versprechen; ***ad vadimonium venire / vadimonium sistere*** zum Gerichtstermin kommen; ***vadimonium facere*** sich stellen
3. *meton* Verhandlungstermin; ***vadimonium deserere*** den Verhandlungstermin versäumen; ***vadimonium differre*** den Verhandlungstermin verschieben
4. *(mlat.)* Pfand; ***per vadimonium*** als Pfand

▶ **vādō** ⟨-, -, ere 3.⟩ gehen, schreiten, wandeln; ***vademecum*** *(mlat.)* „geh mit mir", *Bezeichnung für ein kleines Lehrbuch*

vador ⟨ātus sum, ārī 1.⟩ ||*Denom von* vas[1]||
1. durch Bürgschaft zum Erscheinen vor Gericht verpflichten
2. *PPerf mit p Bedeutung*; ***vadato*** Hor. nach geleisteter Bürgschaft; ***vadatus amore*** Plaut. durch Liebe verpflichtet

vadōsus ⟨a, um⟩ *Adj* ||vadum|| voller Untiefen

▶ **vadum** ⟨ī⟩ *n* ||vado||
1. seichte Stelle, Furt, Untiefe; ***Rhodanus vado transitur*** die Rhône wird durch eine Furt überschritten; ***in vado esse*** *fig* in Sicherheit sein
2. *poet* Gewässer, Meer, Flussbett
3. Boden, Grund *eines Gewässers*, Tiefe *eines Brunnens*

vae
I *Interj* wehe, + *Dat* / + *Akk*; ***vae misero mihi*** wehe mir Armem; ***vae victis*** wehe den Besiegten; ***vae me*** weh mir, o je
II *Subst. (mlat.)* Unglück, Plage

vae… = ***ve…***

vafer ⟨fra, frum⟩ *Adj*, *Adv* ⟨vafrē⟩ schlau, verschmitzt, spitzfindig

vafritia ⟨ae⟩ *f* ||vafer|| *(nachkl.)* Schlauheit, Verschmitztheit

Vaga ⟨ae⟩ *f Stadt in Numidien*

vagābundus ⟨a, um⟩ *Adj* ||vagor|| umherschweifend, unstet

vagātiō ⟨ōnis⟩ *f* ||vagor|| *(nachkl.)* das Umherschweifen

vāgīna ⟨ae⟩ *f*
1. Scheide *des Schwertes*; ***gladium e vagina educere*** das Schwert zücken
2. Hülle, Hülse *der Ähre*
3. MED Scheide

vāgiō ⟨īvī⟩ *u.* ⟨iī, ītum, īre 4.⟩ ||Schallwort|| *vom Kleinkind* wimmern, schreien; ***vagiens puer*** weinendes Kind

vāgītus ⟨ūs⟩ *m* ||vagio|| das Wimmern, das Weinen *kleiner Kinder*; das Meckern *von Ziegen*

▶ **vagō** ⟨āvī, -, āre 1.⟩ *u.* **vagor[1]** ⟨ātus sum, ārī 1.⟩ ||*Denom von* vagus||
1. umherschweifen, umherstreifen, sich herumtreiben; *von Schiffen u. Seefahrern* kreuzen; *von Gestirnen* wandern; ***Punicae naves vagantur*** die Schiffe der Punier kreuzen; ***in agris v.*** in den Feldern umherstreifen; ***alicuius animus vagatur errore*** j-d irrt sich
2. *von Feuer, Krankheiten, Gerüchten* sich ausbreiten, sich verbreiten
3. *von der Rede* abschweifen

vāgor[2] ⟨ōris⟩ *m (vkl.)* = ***vagitus***

▶ **vagus**
I ⟨a, um⟩ *Adj*, *Adv* ⟨vagē⟩
1. umherschweifend, unstet; ***mercator v.*** Hor. reisender Kaufmann; ***matronae vagae per vias*** Liv. durch die Straßen irrende Frauen; ***Gaetuli vagi*** die nomadisierenden Gaeten; ***stellae vagae / sidera vaga*** Planeten; ***crines vagi*** flatternde Haare; ***Tiberis v.*** überströmender Tiber; ***vage effusus*** weit verstreut
2. schwankend, unbeständig, haltlos; ***vaga multitudo*** unbeständige Masse; ***sententia vaga*** schwankende Meinung
3. ungebunden, regellos; ***supplicatio vaga*** ungeordnetes Dankfest
4. ungenau, unbestimmt, allgemein; ***vagi rumores*** Ov. ungenaue Gerüchte
5. ***vagum orationis genus*** RHET weitschweifiger Redestil
II ⟨ī⟩ *m*
1. *(mlat.)* fahrender Scholar, Vagant; Spielmann
2. *Pl* heimatlose Leute, umherziehende Leute

vāh *u.* **vaha** *Interj des Schmerzes u. der Abweisung* au, pah; ***vah! oculi dolent*** Plaut. au, die Augen schmerzen; ***egone architectus? vaha!*** Plaut. ich ein Architekt? pah!

Vahalis ⟨is⟩ *m* = ***Vacalus***

▶ **valdē** *Adv* ||validus||
1. sehr, stark; ***aliquem valde timere*** j-n sehr fürchten; ***valde longus*** sehr lange; ***valde graviter*** sehr schwer
2. *in Antworten* gewiss

vale-dīcō ⟨dīxī, dictum, dīcere 3.⟩ *(nachkl.)* *j-m* Lebewohl sagen, von *j-m* Abschied nehmen, *alicui*; ***tibi v. non licet gratis*** Sen. von dir darf ich mich nicht ohne Geschenk verabschieden

valēns *Gen* ⟨entis⟩ *Adj*, *Adv* ⟨valenter⟩ ||valeo||
1. kräftig; ***tunica v.*** dicke Tunika
2. wirksam
3. gesund, wohlauf
4. *fig* mächtig, einflussreich; ***argumentum v.*** triftiges Argument; ***oppidum magnum atque v.*** eine große und mächtige Stadt

Valentia ⟨ae⟩ *f Name mehrerer Städte, z. B. das an der Ostküste Spaniens gelegene heutige Valencia*
Valentīnī ⟨ōrum⟩ *m* die Einwohner von Vibo Valentia
valentulus ⟨a, um⟩ *Adj* Plaut. ||*Dim von* valens|| körperlich stark
valeō ⟨valuī, valitūrus, valēre 2.⟩

1. stark sein, kräftig sein
2. gesund sein
3. Einfluss haben, Macht haben
4. zur Geltung kommen, überwiegen
5. geeignet sein, dienen
6. sich auf etw beziehen
7. gelten, wert sein
8. bedeuten, heißen

1. stark sein, kräftig sein, *re* durch etw, an etw, in etw; ***pedibus v.*** gut zu Fuß sein; ***stomacho v.*** einen guten Magen haben; ***animo parum v.*** einen schwachen Geist haben
2. gesund sein; ***minus v.*** unpässlich sein; *auch in Brief- u. Grußformeln*: ***v. aliquem iubere*** j-m Lebewohl sagen, von j-m Abschied nehmen; ***vale*** leb wohl; ***cura ut valeas*** bleib gesund; ***valeas*** gehab dich wohl, weg mit dir; ***valeat*** genug von ihm
3. *fig* Einfluss haben, Macht haben, vermögen, *re* durch etw, in etw, an etw; ***equitatu v.*** viel Reiterei haben; ***amicis v.*** viele Freunde haben; ***invidia mihi valet ad gloriam*** der Neid trägt zu meinem Ruhm bei; ***multum v.*** viel vermögen, großen Einfluss haben
4. *von Sachen* zur Geltung kommen, überwiegen; ***eius consilium valet*** sein Rat siegt; ***promissum valebat*** das Versprechen wurde gehalten
5. geeignet sein, dienen, *ad aliquid faciendum / facere* etw zu tun
6. sich auf *etw* beziehen, für *j-n* gelten, *in aliquid / in aliquem / ad aliquid / in aliquo*; ***definitio in omnes valet*** die Vorschrift gilt für alle; ***quo valet nummus?*** wozu ist das Geld gut?
7. (*vkl., nachkl.*) *vom Geld* gelten, wert sein
8. *von Wörtern* bedeuten, heißen; ***hoc verbum quid valet?*** was bedeutet dieses Wort?; ***angustius v.*** eine engere Bedeutung haben
9. (*mlat.*) = ***possum***

Valeriānus ⟨a, um⟩ *Adj* des Valerius, zu Valerius gehörig
Valerius ⟨a, um⟩ *Name einer patriz. gens*
1. ***P. Valerius Poplicola*** *beteiligt an der Vertreibung des Tarquinius Superbus aus Rom*
2. ***L. Valerius Poplicola*** *Konsul 449 v. Chr.*
3. ***M. Valerius Corvus*** *Heerführer, sechsmal Konsul*
4. ***M. Valerius Messel(l)a*** *Redner z. Zt. Ciceros, Freund des Ovid u. des Tibull*
5. ***Q. Valerius Antias*** *Annalist um 140 v. Chr., Quelle des Livius*
6. ***Valerius Maximus*** *Anekdotendichter unter Tiberius*
7. ***C. Valerius Flaccus*** *Dichter unter Vespasian, unvollendetes Epos „Argonautica"*
8. ***C. Valerius Catullus → Catullus***
9. ***M. Valerius Martialis → Martialis***
valēscō ⟨valuī, -, valēscere 3.⟩ ||*Inkoh von* valeo|| (*nachkl.*) *poet* erstarken, zunehmen; ***valescentes Germani*** Tac. die erstarkenden Germanen
valētūdinārium ⟨ī⟩ *n* ||valetudinarius|| (Sen., Tac.) Krankenhaus
valētūdinārius
I ⟨a, um⟩ *Adj* ||valetudo|| kränklich
II ⟨ī⟩ *m* Patient
▶ **valētūdō** ⟨inis⟩ *f* ||valeo||
1. körperliches Befinden, Gesundheitszustand; ***bona v.*** guter Gesundheitszustand; ***mala / adversa / infirma v.*** Unpässlichkeit
2. Krankheit, Schwäche; ***valetudine affectus*** krank; ***v. animi / mentis*** *fig* Geisteskrankheit
valgus ⟨a, um⟩ *Adj* (*vkl., nachkl.*) krummbeinig; ***valga savia*** schiefe Mäuler
validus ⟨a, um⟩ *Adj, Adv* ⟨validē⟩ ||valeo||
1. *von Lebewesen* kräftig, stark
2. MIL stark, befestigt
3. *von Heilmitteln u. Giften* wirksam
4. *von Personen u. Sachen* gesund, rüstig; ***male v.*** kränklich
5. *fig* mächtig, *re* durch etw, an etw, *alicuius rei / in re* an etw, *ad aliquid / alicui rei* zu etw, für etw, in etw; ***senatūs consultus v.*** noch gültiger Senatsbeschluss; ***validior*** überlegen
6. (*nachkl.*) *von Rede u. Redner* gewaltig, zündend
valitūd… = ***valetud…***
valitūrus ⟨a, um⟩ *Part Fut* → ***valeo***
vallāris ⟨e⟩ *Adj* ||vallum|| den Wall betreffend; ***corona v.*** Mauerkrone, *Kriegsauszeichnung für den Soldaten, der als Erster den feindlich Wall erstieg*
▶ **vallēs** *u.* **vallis** ⟨is⟩ *f* Tal; ***angustiae vallium*** die Engen der Täler; ***supina v.*** Talwand; ***v. alarum*** *fig* Achselhöhle
vallō ⟨āvī, ātum, āre 1.⟩ ||*Denom von* vallum||
1. (*nachkl.*) *ein Gelände* befestigen, verschanzen
2. *fig* schützen, abschirmen; ***ius legatorum divino iure v.*** Cic. das Recht der Gesandten durch göttliches Recht sichern
▶ **vallum** ⟨ī⟩ *n* ||vallus|| Wall; *fig* Schutzwehr
vallus ⟨ī⟩ *m*
1. Pfahl *als Stütze von Pflanzen u. Teil einer Verschanzung*
2. *meton* Zahn *eines Kammes*
3. Pfahlwerk, Palisaden; Wall, Verschanzung
valor ⟨oris⟩ *m* (*mlat.*) Geltung; ***ad valorem*** dem Wert nach
valuī → ***valeo*** *u.* → ***valesco***
valvae ⟨ārum⟩ *f*
1. Flügeltür *an Tempeln u. Prachtbauten*
2. *Sg* (*nlat.*) MED Klappe
Vandalī ⟨ōrum⟩ *m* die Vandalen, *germ. Volk ö. der Oder, später in Südspanien u. Nordafrika*
Vandalicus ⟨a, um⟩ *Adj* der Vandalen, zu den Vandalen gehörig, *auch* wild
Vandilī *u.* **Vandiliī** ⟨ōrum⟩ *m* = ***Vandali***
vānēscō ⟨-, -, ēscere 3.⟩ ||*Inkoh zu* vanus|| (*nachkl.*) verschwinden, vergehen; abnehmen; ***nubes vanescunt*** Wolken verschwinden; ***vanescit amor*** die Liebe vergeht
Vangiones ⟨um⟩ *m germ. Stamm am Mittelrhein um Worms*
vāni-dicus ⟨a, um⟩ *Adj* ||vanus, dico[2]|| (Plaut., *spätl.*) verlogen

V

vāniloquentia ⟨ae⟩ *f* ||vanus, loquens, *PPr von* loquor|| (*vkl., nachkl.*) Prahlerei
Vāni-loqui-dōrus ⟨ī⟩ *m* ||vanus, loquor|| Plaut. Prahlhans, *hum Bildung eines Namens*
vāni-loquus ⟨a, um⟩ *Adj* ||vanus, loquor|| Liv. großsprecherisch, prahlerisch; verlogen
vānitās ⟨ātis⟩ *f* ||vanus||
1. Nichtigkeit, leerer Schein
2. Angeberei, Selbstgefälligkeit, Prahlerei
3. (*nachkl.*) Misserfolg, Zwecklosigkeit; ***v. itineris*** Liv. Vergeblichkeit des Marsches
vānitūdō ⟨inis⟩ *f* ||vanus|| Plaut. Lügengespinst
vannō ⟨-, -, ere 3.⟩ ||*Denom von* vannus|| (Getreide) worfeln, *das Korn durch Hochwerfen von der Spreu trennen*
vannus ⟨ī⟩ *f* Getreidewanne *um das Korn von der Spreu zu trennen*
vānum ⟨ī⟩ *n* ||vanus||
1. Leere, Vakuum
2. (*nachkl.*) Wahn, Schein, Einbildung; ***ad vanum redigi*** vereitelt werden, vernichtet werden; ***aliquid ex vano haurire/habere*** etw aus der Luft greifen; ***ex vano*** aus falscher Quelle
3. *Pl* Nichtigkeiten
► **vānus** ⟨a, um⟩ *Adj*
1. ohne Inhalt, leer, hohl; dünn, schwach bevölkert; ***imago vana*** Schattenbild; ***acies vana*** dünne Schlachtordnung; ***vana urbis magnitudo*** dünn besiedelte Ausdehnung der Stadt
2. *fig* eitel, nichtig; *fig* erfolglos, vergeblich, zwecklos; ***vana gloria*** nichtiger Ruhm
3. *fig* lügnerisch, prahlerisch; ***auctor v. est*** der Gewährsmann findet keinen Glauben; ***vanissimus quisque*** jeder Abenteurer
4. grundlos, falsch; ***testamentum vanum*** ungültiges Testament
vapidus ⟨a, um⟩ *Adj, Adv* ⟨vapidē⟩ (*nachkl.*) *poet von Lebensmitteln* verdorben; ***vapide se habere*** Suet. sich schlecht fühlen
vapor ⟨ōris⟩ *m*
1. Dampf, Dunst, Rauch
2. *meton* Wärme, Hitze
vapōrārium ⟨ī⟩ *n* ||vapor|| Dampfrohr, Dampfheizung
vapōrātiō ⟨ōnis⟩ *f* ||vaporo|| Ausdünstung, Dampf
vapōrō ⟨āvī, ātum, āre 1.⟩ ||vapor||
I *v/i* Lucr. heiß werden, dampfen
II *v/t*
1. Verg. beräuchern, ***templum ture*** den Tempel mit Weihrauch
2. erwärmen
vapōs ⟨ōris⟩ *m* = ***vapor***
vappa ⟨ae⟩ *f*
1. (*nachkl.*) *poet* sauer gewordener Wein
2. *fig* Taugenichts
vāpulāris ⟨e⟩ *Adj* ||vapulo|| Plaut. Prügel…
vāpulō ⟨āvī, ātum, āre 1.⟩ (*unkl.*)
1. Prügel bekommen, geschlagen werden
2. *fig* eine Schlappe erleiden; zugrunde gerichtet werden; durchgehechelt werden
var. *Abk* (*nlat.*) = ***varietas*** Abart
Vardaeī ⟨ōrum⟩ *m Volk in Dalmatien*
vardaicus
I ⟨a, um⟩ *Adj* zum Volk der Vardaei gehörig; ***v. calceus*** Soldatenstiefel
II ⟨ī⟩ *m* (*erg.* ***calceus***) Mart. Soldatenstiefel
variantia ⟨ae⟩ *f* ||vario|| Lucr. Verschiedenheit
Vāriānus ⟨a, um⟩ *Adj* des Varus, zu Varus gehörig
variātiō ⟨ōnis⟩ *f* ||vario||
1. Verschiedenheit; ***sine variatione ulla*** einstimmig
2. (*nlat.*) Abart
vāricō ⟨āvī, ātum, āre 1.⟩ ||*Denom von* varicus|| (*vkl., nachkl.*) die Beine grätschen
varicōsus ⟨a, um⟩ *Adj* ||varix|| (*vkl.*) *poet* voller Krampfadern
vāricus ⟨a, um⟩ *Adj* ||varus|| Ov. krummbeinig
variegō ⟨āvī, ātum, āre 1.⟩ ||varius, ago||
I *v/t* bunt machen
II *v/i* bunt sein
► **varietās** ⟨ātis⟩ *f* ||varius||
1. Buntheit
2. Verschiedenheit, Mannigfaltigkeit
3. Wechselfälle, Unbeständigkeit; ***varietates fortunae*** Wechselfälle des Schicksals; ***v. multitudinis*** Unbeständigkeit der Masse
4. Meinungsverschiedenheit; ***sine ulla varietate*** einstimmig
variō ⟨āvī, ātum, āre 1.⟩ ||*Denom von* varius||
I *v/t*
1. bunt machen, färben, *aliquid re* etw durch etw, etw mit etw; *fig* grün und blau schlagen
2. *fig* mit *etw* wechseln, *etw* verändern, *aliquid re* etw durch etw, etw mit etw; *Passiv* voneinander abweichen; ***animos v.*** bald so, bald so stimmen; ***gyros v.*** verschiedene Kreise reiten; ***in omnes formas variatus*** in alle möglichen Gestalten verwandelt; ***vices v.*** die Wachen wechseln; (***sententiis***) ***inter eos variatur*** es herrscht Meinungsverschiedenheit unter ihnen
II *v/i* (*nachkl.*)
1. bunt sein, verschiedene Farben haben, sich färben
2. *fig* vielfältig sein, sich verändern, schwanken, wechseln, umschlagen, *re/in re* in etw, bei etw, *de re* über etw
3. verschiedener Meinung sein; verschieden berichtet werden, verschieden ausgelegt werden; ***lex variat nec causis nec personis*** das Gesetz wird weder in Bezug auf die Fälle noch auf die Personen verschieden ausgelegt; ***variat*** es herrscht Meinungsverschiedenheit
4. wechselnden Erfolg haben
► **varius** ⟨a, um⟩ *Adj, Adv* ⟨variē⟩
1. vielfältig, bunt; ***caelum varium*** gestirnter Himmel
2. *fig* gemischt, verschiedenartig, unterschiedlich; ***varium genus dicendi*** Cic. unterschiedliche Redeweise; ***varia interpretatio*** Curt. unterschiedliche Erklärung
3. *fig* wechselhaft, unentschieden; ***certamen varium*** unentschiedener Wettkampf
4. *fig vom Charakter* unbeständig, launisch
5. *Adv* auf verschiedene Weise; mit wechselndem Glück
Varius ⟨a, um⟩ *röm. Gentilname*; ***L. Varius Rufus*** *Mitglied des Dichterkreises um Augustus, mit Plotius Tucca Herausgeber der Aeneis des Vergil*
varix ⟨icis⟩ *f* Krampfader

Varrō ⟨ōnis⟩ *m Beiname bes in der gens Terentia;* → ***Terentius***
Varrōniānus ⟨a, um⟩ *Adj* des Varro, zu Varro gehörig
vārus
I ⟨a, um⟩ *Adj* (*vkl.*)
1. gebogen, gekrümmt; ***cornua vara boum*** Ov. die gekrümmten Hörner der Rinder
2. Hor. krummbeinig
3. *fig* entgegengesetzt, *alicui/alicui rei* j-m/einer Sache
II ⟨ī⟩ *m von Personen* O-Bein
Vārus ⟨ī⟩ *m röm. Beiname;* ***P. Quinctilius Varus*** *röm. Feldherr, im Kampf gegen die Cherusker 9 n Chr. gefallen*
vas[1] ⟨vadis⟩ *m* Bürge; ***vadem dare*** einen Bürgen stellen
▶ **vās**[2] ⟨vāsis⟩ *n*
1. Gefäß, Geschirr; ***vas vinarium*** Weinglas; ***vas obscenum*** Sen. Nachttopf
2. *Pl* Haushaltsgeräte
3. *Pl* MIL Gepäck; ***vasa conclamare*** das Signal zum Aufbruch geben
4. *Pl* Plaut. Hoden
5. (*mlat.*) Fass, *bes* Weihrauchfass
vasallus ⟨i⟩ *m* (*mlat.*) Lehnsmann, Vasall
vāsārium ⟨ī⟩ *n* ||vas[2]|| Ausstattungsgeld *für einen Provinzstatthalter*
Vascones ⟨um⟩ *m Volk zwischen Ebro u. Pyrenäen, Urbewohner des heutigen Baskenlandes*
vāsculārius ⟨ī⟩ *m* ||vasculum|| Anfertiger von Metallgefäßen
vāsculum ⟨ī⟩ *n* ||*Dim von* vas[2]|| (*vkl., nachkl.*)
1. kleines Gefäß
2. männliches Glied
vassallus ⟨i⟩ *m* = ***vasallus***
vāstātiō ⟨ōnis⟩ *f* ||vasto|| Verwüstung
vāstātor ⟨ōris⟩ *m* ||vasto||
1. Verwüster, Zerstörer; ***v. ferarum*** Verg. Jäger des Wildes
2. (*mlat.*) Teufel
vāstātrīx ⟨īcis⟩ *f* ||vastator|| Sen. Verwüsterin
vasti-ficus ⟨a, um⟩ *Adj* ||vastus[1], facio|| unförmig, missgestaltet
vāstitās[1] ⟨ātis⟩ *f* ||vastus[1]|| Leere, Verödung; Verwüstung, Zerstörung
vastitās[2] ⟨ātis⟩ *f* ||vastus[2]|| ungeheure Größe, Koloss
vāstitiēs ⟨ēī⟩ *f* ||vastus[1]|| Plaut. Verwüstung, Zerstörung
▶ **vāstō** ⟨āvī, ātum, āre 1.⟩ ||*Denom von* vastus[1]||
1. leer machen, entvölkern; ***mortifer aestus vastavit vias*** Lucr. die tödliche Hitze hat die Straßen entvölkert
2. verwüsten, ausplündern, ***orbem terrae*** den Erdkreis
3. Catul. *fig* zerrütten, ***mentem*** den Geist
▶ **vāstus**[1] ⟨a, um⟩ *Adj, Adv* ⟨vāstē⟩
1. leer, öde, menschenleer, entblößt, *a re* von etw; ***urbs a defensoribus vasta*** die von Verteidigern entblößte Stadt
2. (*unkl.*) verwüstet, verheert; ***aliquid vastum dare*** etw verwüsten
3. *fig* plump, roh, ungebildet; ***verba vastius didu-cere*** die Wörter in der Aussprache zu sehr trennen
▶ **vastus**[2] ⟨a, um⟩ *Adj, Adv* ⟨vastē⟩
1. weit, weit ausgedehnt, riesig, sehr groß; ***vaste*** weithin; ***vastissimus Oceanus*** unermesslicher Ozean
2. unförmig, ungeschlacht; ***belua vasta*** unförmiges Tier
vāsum ⟨ī⟩ *n* = ***vas***[2]
▶ **vātēs** ⟨is⟩ *m u. f*
1. Seher, Seherin, Wahrsager, Wahrsagerin, Prophet, Prophetin; ***me vate*** nach meinem Wort als Seher
2. Sänger, Dichter, Dichterin
Vāticānus
I ⟨ī⟩ *m* Vatikan, *Hügel in Rom, am rechten Tiberufer, Sitz des Oberhauptes der röm.-katholischen Kirche mit kleinem souveränen Staatsgebiet.*
II ⟨a, um⟩ *Adj* vatikanisch
vāticinātiō ⟨ōnis⟩ *f* ||vaticinor|| Weissagung
vāticinātor ⟨ōris⟩ *m* ||vaticinor|| *poet* Weissager, Seher
vāticinium ⟨ī⟩ *n* ||vaticinius|| (*nachkl.*) Vorhersage, Weissagung
vāticinius ⟨a, um⟩ *Adj* = ***vaticinus***
vāticinor ⟨ātus sum, ārī 1.⟩ ||vates||
1. weissagen, vorhersagen, prophezeien, *aliquid* etw, + *AcI*
2. *fig* warnen, mahnen
3. *fig* lehren, vortragen
4. *fig* schwärmen
vāticinus ⟨a, um⟩ *Adj* ||vaticinor|| weissagend, prophetisch; ***furor v.*** Ov. seherisches Rasen
vatillum ⟨ī⟩ *n* ||*Dim von* vannus|| Schaufel, Becken, Pfanne; ***prunae v.*** Kohlebecken
vātis ⟨is⟩ *m u. f* = ***vates***
vatius ⟨a, um⟩ *Adj* (*vkl.*, Mart.) krummbeinig
▶ **-ve**[1]
1. *Partikel* oder; ***domus villave*** ein Haus oder Landhaus; ***quidquid facias dicasve*** was immer du tust oder sagst; ***-ve … -ve/-ve … aut/-ve … vel/aut … -ve*** entweder … oder
2. bis *bei Zahlenangaben mit geringem Unterschied;* ***duo tresve*** zwei bis drei
vē-[2] *Präf zum Ausdruck der Abweichung vom Normalen;* ***ve-cors*** wahnsinnig; ***ve-grandis*** von unnatürlicher Größe
vēcordia ⟨ae⟩ *f* ||vecors|| Wahnsinn; ***quae te v. pulsat?*** Ov. welcher Wahnsinn treibt dich?
vē-cors *Gen* ⟨cordis⟩ *Adj* ||ve-[2], cor|| wahnsinnig, verrückt
vectābilis ⟨e⟩ *Adj* ||vecto|| Sen. tragbar
vectātiō ⟨ōnis⟩ *f* ||vecto|| (*nachkl.*) das Fahren; ***v. equi*** das Reiten
▶ **vectīgal** ⟨ālis⟩ *n* ||vectigalis||
1. indirekte Steuer, Abgabe an den Staat; *Pl* Staatseinkünfte; ***v. portorium*** Hafenzoll, Brücken- und Wegegeld; ***v. decumae*** Pachtgelder aus dem ager publicus; ***vectigalia imponere*** Steuern auferlegen; ***vectigalia exigere*** Steuern eintreiben; ***vectigalia pendere/pensitare*** Steuern zahlen, steuerpflichtig sein; ***v. praetorium*** Ehrengeschenk *der Provinzen an den Statthalter;* ***v. aedilicium*** Beitrag zu den ädilischen Spielen *in Rom*
2. Einnahmequelle

3. *Pl* Steuerbereich
4. *Sg u. Pl von Privatpersonen* Einkünfte, Rente
vectīgālis ⟨e⟩ *Adj* ||veho, ago||
1. zu den Staatseinkünften gehörig
2. als Abgabe bezahlt
3. steuerpflichtig; ***aliquem sibi vectigalem facere*** sich j-n steuerpflichtig machen
vectiō ⟨ōnis⟩ *f* ||veho|| das Fahren, das Reiten
vectis ⟨is⟩ *m* ||veho||
1. Hebel, Hebebaum
2. Brechstange
3. Verg. Querriegel *zum Absperren einer Tür*
Vectis ⟨is⟩ *f vor der Südküste Englands liegende Insel, heute Wight*
vectō ⟨āvī, ātum, āre 1.⟩ ||*Freq von* veho|| (*unkl.*) führen, fahren, bringen; *Passiv* reiten, fahren, segeln; ***circum vectari rura caballo*** Hor. auf einem Pferd im Land umherreiten
vector ⟨ōris⟩ *m* ||veho||
1. (*nachkl.*) *poet* Träger
2. *poet* Passagier, Fahrgast *eines Schiffes*
3. *poet* Reiter
vectōrius ⟨a, um⟩ *Adj* ||vector|| Transport…; ***navigium vectorium*** Frachtschiff
vectūra ⟨ae⟩ *f* ||veho||
1. das Fahren; Transport, Fuhre, Zufuhr
2. Fahrpreis, Frachtpreis
vectus ⟨a, um⟩ *PPP* → ***veho***
Vē-diovis ⟨is⟩ *m* = ***Veiovis***
vegeō ⟨-, -, ēre 2.⟩ (*vkl.*) erregen, in Bewegung setzen
vegetābilia ⟨ium⟩ *n* ||vegetabilis|| (*mlat.*) Pflanzenreich
vegetābilis ⟨e⟩ *Adj* ||vegeto||
1. belebend
2. (*mlat.*) pflanzlich
vegetātiō ⟨ōnis⟩ *f* ||vegeto|| (*nachkl.*) Belebung
Vegetius ⟨ī⟩ *m vollständig* ***Flavius Vegetius Renatus*** *Militärschriftsteller um 400 n. Chr.*
vegetō ⟨-, -, āre 1.⟩ ||*Denom von* vegetus|| Sen. lebhaft erregen, ermuntern
vegetus ⟨a, um⟩ *Adj* ||vegeo|| *körperlich* rührig, *geistig* rege, lebhaft
vē-grandis ⟨e⟩ *Adj* ||ve-[2]||
1. klein, winzig
2. sehr groß
vehemēns *Gen* ⟨entis⟩ *Adj, Adv* ⟨vehementer⟩ ||veho||
1. *von Lebewesen u. Sachen* heftig, leidenschaftlich, stürmisch, *meist pej, in aliquem* gegen j-n, *in re* in etw, bei etw; ***v. violentia vini*** Lucr. hitzige Wildheit des Weines
2. energisch, streng, hart, *in aliquem* gegen j-n
3. *fig von Sachen* heftig, stark, gewaltig; ***tempestas v.*** heftiges Gewitter; ***vulnus v.*** tiefe Wunde; ***somnus v.*** tiefer Schlaf; ***fuga v.*** wilde Flucht; ***preces vehementes*** inständige Bitten
4. *Adv* außerordentlich, höchst, über die Maßen; ***vehementer errare*** sehr irren; ***legiones vehementer attenuatae*** Caes. stark ausgedünnte Legionen
vehementia ⟨ae⟩ *f* ||vehemens||
1. Hitze, Leidenschaftlichkeit
2. Heftigkeit, Stärke
vehic(u)lum ⟨ī⟩ *n* ||veho|| Fahrzeug, Wagen, Schiff, Sänfte; (*mlat.*) Schlitten
▶ **vehō** ⟨vēxī, vectum, vehere 3.⟩
I *v/t*
1. *mit einem Transportmittel* fortschaffen, bewegen, fahren, führen, ziehen, herbeischaffen, bringen; ***currum vehebant equi*** Pferde zogen den Wagen; ***onus navis vehebat*** ein Schiff transportierte die Last; ***aliquem ad summa v.*** j-n zum Gipfel der Ehren führen; ***aliquid per triumphum v.*** etw im Triumph aufführen
2. *Passiv* fahren, reiten, segeln, fliegen
II *v/i* fahren, reiten, sich tragen lassen, *nur PPr u. Ger*; ***quadrigis vehens*** im Viergespann fahren
Veī ⟨ōrum⟩ *m* Veii, *alte etrusk. Stadt n von Rom, 396 v. Chr. von Camillus erobert*
Vēiēns *Gen* ⟨entis⟩ *Adj* aus Veii, zu Veii gehörig
Vēiēns ⟨entis⟩ *m* Einwohner von Veii
Vēientānum ⟨ī⟩ *n* Landwein aus Veii
Vēientānus ⟨a, um⟩ *Adj* aus Veii, zu Veii gehörig
Veiī ⟨ōrum⟩ *m* = ***Vei***
Vē-iovis ⟨is⟩ *m* ||ve-[2], Dius|| *altröm. Gott, Stammgott der Julier*
Vēius ⟨a, um⟩ *Adj* aus Veii, zu Veii gehörig
▶ **vel**
I *Konj*
1. oder, oder auch; ***aliquid oppidum vel urbem appellare*** etw Siedlung oder Stadt nennen
2. (*nachkl.*) *poet* und auch; (*spätl., eccl.*) und
3. (*nachkl.*) oder auch, oder vielmehr; ***vel potius*** oder besser, oder vielmehr
4. ***vel … vel*** entweder … oder, sei es … oder sei es, teils … teils, *ohne ausschließende Bedeutung*; (*eccl.*) sowohl … als auch
II *Adv*
1. *steigernd* ja sogar, selbst; ***vel mediocris orator*** sogar ein mittelmäßiger Redner
2. *abmildernd* wohl, leicht
3. schon
4. doch wenigstens
5. besonders, so zum Beispiel
6. ***velque*** (*mlat.*) und
Vēlābrēnsis ⟨e⟩ *Adj* des Velabrum, zum Velabrum gehörig
Vēlābrum ⟨ī⟩ *n Lebensmittelmarkt in Rom zwischen Palatin u. Tiber*
Velaeda ⟨ae⟩ *f* = ***Veleda***
vēlāmen ⟨inis⟩ *n* ||velo|| (*nachkl.*)
1. Hülle, Decke
2. Gewand, Schleier; ***v. sacrum*** (*mlat.*) Nonnenschleier
3. *von Tieren* Fell; ***detracta velamina*** Tac. abgezogene Felle
vēlāmentum ⟨ī⟩ *n* ||velo|| (*unkl.*)
1. = ***velamen***, *auch fig*
2. *Pl* weiße Wollbinden *der Schutzflehenden, um Ölzweige gebunden*
vēlārium ⟨ī⟩ *n* ||velo|| (Iuv., *spätl.*) Plane; *Pl* Sonnensegel
Velēda ⟨ae⟩ *f Seherin der Brukterer*
vēles ⟨itis⟩ *m* Leichtbewaffneter; *adj* scherzend
Velia ⟨ae⟩ *f*
1. *Stadtteil in Rom, mit Ausläufer des Palatin, über den die via sacra führte*
2. *lat. Name für die Küstenstadt Elea in Lukanien,*

heute Castellamare di Veglia
Veliēnsēs ⟨ium⟩ *m* die Einwohner von Velia
vēli-fer ⟨fera, ferum⟩ *Adj* ||velum, fero|| Segel tragend; ***velifera carina*** Segel tragendes Schiff
vēlificātiō ⟨ōnis⟩ *f* ||velifico|| das Segeln
vēli-ficō ⟨āvī, ātum, āre 1.⟩ ||velum, facio||
I *v/i* segeln
II *v/t*
1. durchfahren
2. *Passiv* segeln
3. *Passiv fig* wirken, *alicui / alicui rei* für j-n / für etw
Velīna ⟨ae⟩ *f* die Tribus im Tal des Velinus
Velīnus
I ⟨a, um⟩ *Adj* aus Velia, zu Velia gehörig; → ***Velia*** *2*
II ⟨ī⟩ *m See im Sabinerland*
vēlitāris ⟨e⟩ *Adj* ||veles|| *(nachkl.)* zu den Leichtbewaffneten gehörig; ***arma velitaria*** Waffen der Leichtbewaffneten
vēlitātiō ⟨ōnis⟩ *f* ||veles|| MIL Plänkelei; *fig* Neckerei
vēlitor ⟨ātus sum, ārī 1.⟩ ||*Denom von* veles|| *(vkl., nachkl.)* MIL mit leichten Waffen kämpfen; Plaut. *fig* streiten, zanken
Velītrae ⟨ārum⟩ *f Stadt am s. Rand der Albanerberge, 338 v. Chr. röm., Geburtsort des Augustus, heute Velletri*
vēli-volāns *Gen* ⟨antis⟩ *Adj u.* **vēli-volus** ⟨a, um⟩ *Adj* ||velum, volo[1]|| *(vkl.) poet* mit Segeln fliegend, mit Segeln besetzt; ***velivolae rates*** Ov. mit Segeln beflügelte Schiffe
Vellaunodūnum ⟨ī⟩ *n Stadt der Senonen in Gallien, heute Château Landon bei Montargis*
velle → ***volo²***
Vellēius ⟨a, um⟩ *röm. Gentilname*; ***C. Velleius Paterculus*** *geb. um 20 v. Chr., röm. Offizier u. Geschichtsschreiber*
vellī → ***vello***
vellicātiō ⟨ōnis⟩ *f* ||vellico|| Sen. das Necken, Stichelei, Nörgelei
vellicō ⟨āvī, ātum, āre 1.⟩ ||*Dim von* vello||
1. rupfen
2. *fig* durchhecheln, kritisieren
3. *fig* anregen
▶ **vello** ⟨vellī⟩ *u.* ⟨volsī⟩ *u.* ⟨vulsī, volsum *u.* vulsum, vellere 3.⟩
1. *(nachkl.)* rupfen, zupfen, *alicui aliquid* j-m etw; ***alicui aurem v.*** j-n am Ohr zupfen
2. ausrupfen, auszupfen; *Passiv* sich die Haare entfernen lassen; ***vulsae plumae*** Verg. ausgerupfte Federn
3. MIL ausreißen; ***vallum / munimenta v.*** die Schanzpfähle ausreißen, den Wall einreißen; ***signa v.*** die Feldzeichen aus der Erde reißen, aufbrechen; ***pontem v.*** die Brücke abbrechen
vellus ⟨eris⟩ *n (unkl.)*
1. *abgeschorene* Wolle *der Schafe*; *Pl* Fäden
2. *meton* Fell, Vlies
3. *Pl* Wollähnliches; Baumwolle; Schneeflocken; Schäfchenwolken
▶ **vēlō** ⟨āvī, ātum, āre 1.⟩ ||*Denom von* velum||
1. verhüllen, verschleiern, bedecken, *aliquid re* etw mit etw; ***velatus*** MIL unbewaffnet
2. umwinden, bekränzen, ***tempora lauro*** die Schläfen mit Lorbeer
3. *fig* verheimlichen, überdecken; ***odium blanditiis v.*** Tac. seinen Hass mit Schmeicheleien verhüllen
vēlōcitās ⟨ātis⟩ *f* ||velox||
1. Schnelligkeit, Geschwindigkeit, *auch fig*, *in re* bei etw
2. RHET lebendige Darstellung
▶ **vēlōx** *Gen* ⟨ōcis⟩ *Adj*, *Adv* ⟨vēlōciter⟩ schnell, geschwind, eilig; gewandt; ***canis v.*** schneller Hund; ***toxicum v.*** schnell wirkendes Gift
veltrus
I ⟨a, um⟩ *Adj (mlat.)* schnell laufend
II ⟨ī⟩ *m (mlat.)* Jagdhund
▶ **vēlum** ⟨ī⟩ *n*
1. Segel; ***plenis velis*** mit vollen Segeln; ***vela pandere*** die Segel setzen; ***vela contrahere*** die Segel einziehen; ***vela dare*** die Segel aufspannen; ***vela ventis dare*** mit dem Wind absegeln; ***velis remisque*** *fig* mit aller Macht
2. Hülle, Vorhang, Umhang; Sonnensegel *im Amphitheater*
3. *Pl* Ov. Schiff
4. *(nlat.) Seidentuch zum Bedecken der Abendmahlsgeräte beim Gottesdienst*
▶ **vel-ut(ī)** *Adv*
1. wie, gleichwie *beim Vergleich mit u. ohne sic / ita*; ***vitia veluti diutini morbi*** Liv. Laster wie langwierige Krankheiten
2. wie zum Beispiel; ***bestiae aquatiles veluti crocodili*** Cic. im Wasser lebende Tiere wie zum Beispiel die Krokodile
3. ***velut (si)*** gleich als ob, wie wenn; ***Sequani absentis Ariovisti crudelitatem, velut si coram adesset, horrebant*** die Sequaner fürchteten die Grausamkeit des abwesenden Ariovist genau so, als ob er anwesend wäre
vēmēns *Gen* ⟨entis⟩ *Adj* = ***vehemens***
▶ **vēna** ⟨ae⟩ *f*
1. Ader, Vene, Arterie; *Pl* Puls
2. *fig* Ader *als Sitz u. Zeichen der Lebenskraft*
3. Ader *in Pflanzen, Blättern od Holz*
4. Metallader *im Gestein*; *(mlat.)* Stahl; ***auri venae*** Goldadern
5. Wasserader; ***manabat saxo vena aquae*** aus dem Fels floss eine Wasserader
6. Ritze, Spalt
7. *Pl* Inneres, Herz; innerstes Wesen, Charakter
8. *Pl* Stimmung
9. poetische Ader, geistige Anlage
vēnābulum ⟨ī⟩ *n* ||venor|| Jagdspieß
Venāfrānus ⟨a, um⟩ *Adj* aus Venafrum, zu Venafrum gehörig
Venāfrum ⟨ī⟩ *n Ort in Kampanien, heute Nenafro*
vēnālia ⟨ium⟩ *n* ||venalis|| Waren
vēnālicium ⟨ī⟩ *n* ||venalicius|| Handelsware; Petr. Sklavenmarkt
vēnālicius
I ⟨a, um⟩ *Adj* ||venalis|| verkäuflich
II ⟨ī⟩ *m* Sklavenhändler
vēnālis
I ⟨e⟩ *Adj* ||venus[1]||
1. verkäuflich
2. *fig* käuflich, bestechlich
3. *fig* verraten und verkauft
II ⟨is⟩ *m* Hor. zum Verkauf stehender Sklave
Venantius ⟨ī⟩ *m vollständig* ***Venantius Honorius***

V

Fortunatus *Kirchenschriftsteller u. Dichter aus der Nähe von Treviso, 530–600 n Chr., Verfasser von Hymnen u. Heiligenleben*
vēnāticus ⟨a, um⟩ *Adj* ||venor|| zur Jagd gehörig, Jäger…; ***canis v.*** Jagdhund
vēnātiō ⟨ōnis⟩ *f* ||venor||
1. Jagd
2. Tierhetze
3. *meton* Wild
vēnātor ⟨ōris⟩ *m* ||venor|| Jäger; *fig* Forscher; *adj* Jäger…
vēnātōrius ⟨a, um⟩ *Adj* ||venator|| zur Jagd gehörig, Jäger…; ***galea venatoria*** Jägerkappe
vēnātrīx ⟨īcis⟩ *f* ||venator|| Jägerin; *adj* jagend
vēnātūra ⟨ae⟩ *f* ||venor|| Plaut. Jagd
vēnātus ⟨ūs⟩ *m* ||venor||
1. Jagd
2. Plaut. *fig* Fischfang
3. (*nachkl.*) *fig* Wild
vendibilis ⟨e⟩ *Adj* ||vendo||
1. leicht verkäuflich
2. *fig* beliebt
vendidī → ***vendo***
venditātiō ⟨ōnis⟩ *f* ||vendito|| Zurschaustellung
venditātor ⟨ōris⟩ *m* ||vendito|| Tac. Prahler
venditiō ⟨ōnis⟩ *f* ||vendito||
1. Verkauf, Versteigerung; Verpachtung
2. Plin. *meton* verkaufte Güter
venditō ⟨āvī, ātum, āre 1.⟩ ||*Freq von* vendo||
1. (zum Verkauf) anbieten; *pej* verschachern, *alicui aliquid* j-m etw; ***sese v.*** Plaut. sich für Geld anbieten, für Geld zu haben sein
2. *fig* anpreisen, empfehlen, aufdrängen, *alicui aliquid* j-m etw; ***se alicui v.*** sich bei j-m einzuschmeicheln versuchen
venditor ⟨ōris⟩ *m* ||vendo|| Verkäufer; ***venditores vestrae dignitatis*** Cic. *pej* die eure Würde verramschen
▶ **vendō** ⟨vendidī, venditum, vendere 3.⟩
1. verkaufen, *alicui aliquid* j-m etw; ***magno pretio/recte v.*** teuer verkaufen; ***parvo pretio/male v.*** billig verkaufen; ***pluris v.*** teurer verkaufen; ***ex empto aut vendito*** dem Kauf oder Verkauf gemäß
2. versteigern, verpachten
3. *fig* verschachern, verschleudern
4. öffentlich anpreisen, empfehlen
Venedī ⟨ōrum⟩ *m* die Wenden, *slawisches Volk an der mittleren Weichsel*
venēfica ⟨ae⟩ *f* ||veneficus|| (*vkl.*) *poet* Giftmischerin, Zauberin
venēficium ⟨ī⟩ *n* ||veneficus||
1. Giftmischerei
2. *meton* Gifttrank, *bes* Liebestrank
3. Zauberei
venē-ficus
I ⟨a, um⟩ *Adj* ||facio||
1. Gift mischend
2. Zauber…
II ⟨ī⟩ *m* Giftmischer, Zauberer
venēnārius ⟨ī⟩ *m* ||venenum|| Giftmischer
venēnātus ⟨a, um⟩ *Adj* ||veneno||
1. vergiftet, giftig; ***venenata caro*** vergiftetes Fleisch; ***dentes venenati*** Giftzähne
2. *fig* schädlich; ***iocus v.*** beißender Witz
3. Zauber…; ***virga venenata*** Zauberrute
venēni-fer ⟨fera, ferum⟩ *Adj* ||venenum, fero|| Ov. giftig
venēnō ⟨āvī, ātum, āre 1.⟩ ||*Denom von* venenum|| vergiften; ***morsu v.*** Hor. durch Biss vergiften
▶ **venēnum** ⟨ī⟩ *n* ||venus[2]||
1. Zaubermittel; Liebestrank; *fig* Liebe
2. Trank, Saft, *bes* Giftsaft, Gifttrank; ***lac veneni*** giftiger Milchsaft; ***donum veneno inlitum*** Liv. mit Gift getränktes Geschenk
3. (*nachkl.*) *fig* giftige Reden, Verbitterung; Unheil, Verderben
4. Schönheitsmittel, Schminke; Färbemittel, Purpur
vēn-eō ⟨iī, -, īre 0.⟩ ||venus[1]||
1. verkauft werden, + *Abl/Gen pretii*, ***auro*** für Gold, ***magno*** teuer, ***pluris*** teurer, ***minoris*** billiger; ***sub corona v.*** als Sklave verkauft werden
2. *teuer od billig* zu stehen kommen
3. versteigert werden, verpachtet werden
venerābilis ⟨e⟩ *Adj* ||veneror|| (*nachkl.*) ehrwürdig, verehrungswürdig, *alicui* j-m, *re* wegen etw
venerābundus ⟨a, um⟩ *Adj* ||veneror|| (*nachkl.*) ehrerbietig, ehrfürchtig
venerandus ⟨a, um⟩ *Adj* ||veneror|| (*nachkl.*) *poet* ehrwürdig
venerātiō ⟨ōnis⟩ *f* ||veneror||
1. Hochachtung, Verehrung
2. (*nachkl.*) Würde
venerātor ⟨ōris⟩ *m* ||veneror|| (*nachkl.*) *poet* Verehrer
venereum ⟨ī⟩ *n u.* **venereus** ⟨ī⟩ *m* Venuswurf, *bester Wurf beim Würfelspiel*
Venerius ⟨a, um⟩ *Adj*
1. der → Venus geweiht, der Venus heilig; ***iactus V.*** Venuswurf, *bester Wurf beim Würfelspiel*
2. *auch* **venerius** ⟨a, um⟩ *Adj* zur Liebe gehörig, erotisch, sinnlich; ***V. morbus*** Geschlechtskrankheit
▶ **venerō** ⟨-, -, āre 1.⟩ *u.* **veneror** ⟨ātus sum, ārī 1.⟩ ||*Denom von* venus[2]||
1. *mit* RELIG*Scheu einen Gott* verehren, demütig anbeten, ***aliquem ut deum*** j-n wie einen Gott; ***veneratus*** verehrt
2. *eine hochgestellte Person* ehrfurchtsvoll begrüßen
3. anflehen, *aliquem* j-n; erflehen, *aliquid* etw
Venetī ⟨ōrum⟩ *u.* ⟨um⟩ *m*
1. die Veneter, *illyrischer Stamm um Padua*
2. die Veneter, *kelt. Volk in der Bretagne*
3. = ***Venedi***
Venetia ⟨ae⟩ *f* Land der Veneter
Veneticus ⟨a, um⟩ *Adj* venetisch, zu den Venetern gehörig
venetus
I ⟨a, um⟩ *Adj* (*nachkl.*) *poet* meerfarbig, bläulich; ***factio veneta*** die blaue Rennfahrerpartei *im Zirkus.*
II ⟨ī⟩ *m* Rennfahrer der Blauen *im Zirkus*
vēnī → ***venio***
▶ **venia** ⟨ae⟩ *f* ||venus[2]||
1. Gefälligkeit, Gnade, Nachsicht; ***veniam alicui dare alicuius rei*** j-m in einer Sache einen Gefallen erweisen; ***veniam alicuius rei ab aliquo petere*** j-n

um eine Gunst in einer Sache bitten; ***bonā (cum) veniā*** mit gütiger Erlaubnis; ***venia legendi*** *(nlat.)* Lehrbefugnis an der Universität
2. Vergebung, **Vēlābrēnsis** ⟨e⟩ *Adj* des Velabrum, zum Velabrum gehörig. Verzeihung; ***petere veniam ignoscendi*** um Verzeihung bitten; ***alicui veniam dare/tribuere*** j-n begnadigen; ***veniam alicuius rei impetrare*** Verzeihung für etw erlangen; ***litterae veniarum*** *(mlat.)* Ablassbrief
venīī → ***veneo***
veniō ⟨vēnī, ventum, venīre 4.⟩

1. kommen
2. herankommen, vorrücken
3. herankommen, anbrechen
4. kommen, geraten
5. zum Vorschein kommen, sich zeigen
6. wachsen
7. entstehen
8. zufallen
9. auf etw kommen

1. kommen; *(nachkl.)* zurückkommen; ***Athenis Romam v.*** von Athen nach Rom kommen; ***auxilium postulatum v.*** kommen um um Hilfe zu bitten; ***alicui auxilio/subsidio v.*** j-m zu Hilfe kommen; ***mox epistula mea tibi veniet*** mein Brief wird dir bald zugehen; ***telum per ilia venit*** das Geschoss dringt durch den Unterleib; ***venitur*** man kommt
2. *feindlich* herankommen, vorrücken; *vor Gericht* auftreten, *contra aliquem* gegen j-n
3. *von der Zeit* herankommen, anbrechen; ***venit ea dies, quam constituerat*** der Tag kam heran, den er festgesetzt hatte; ***venturus*** zukünftig, bevorstehend
4. *in eine Lage* kommen, geraten; ***in periculum/in discrimen v.*** in Gefahr geraten; ***alicui in amicitiam v.*** sich mit j-m befreunden; ***in consuetudinem v.*** zur Gewohnheit werden; ***in sermonem v.*** ins Gerede kommen; ***in dubium v.*** zweifelhaft werden; ***in contentionem v.*** Gegenstand eines Streites werden; ***in odium v.*** gehasst werden; ***in invidiam v. alicui*** von j-m beneidet werden; ***in spem alicuius rei v.*** Hoffnung auf etw schöpfen; ***in partem alicuius rei v.*** an etw teilnehmen; ***res venit ad manus*** es kommt zum Handgemenge; ***in eum locum/eo rerum ventum est, ut*** es kam so weit, dass; ***eo arrogantiae v., ut*** in seiner Arroganz so weit gehen, dass
5. zum Vorschein kommen, sich zeigen; ***mihi in mentem venit*** es fällt mir ein
6. *von Pflanzen* wachsen; abstammen
7. *von Zuständen* entstehen; vorkommen, eintreten, sich ereignen
8. *j-m* zufallen, *j-m* zuteil werden, *j-n* treffen, *alicui/ad aliquem/in aliquem*; ***provincia ei venit*** die Provinz fällt ihm zu
9. *in der Rede* auf *etw* kommen, zu *etw* kommen, *etw* übergehen, *ad aliquid/ad aliquem*; ***venio nunc a fabulis ad facta*** ich komme nun von den Geschichten zu den Tatsachen
vēn-īre → ***veneo***
vennū(n)cula ⟨ae⟩ *f Traubenart, die man in Töpfen konservierte*

V

vēnō → ***venus***[1]
▶ **vēnor** ⟨ātus sum, ārī 1.⟩
I *v/i* zur Jagd gehen; ***venantes*** die Jäger
II *v/t etw* jagen, Jagd machen auf *etw*, *etw* zu gewinnen versuchen, *aliquid*
▶ **venter** ⟨tris⟩ *m*
1. Bauch, Unterleib; Magen; *meton* Gefräßigkeit; ***ventri oboedire*** seinen Lüsten frönen
2. Gebärmutter; *meton* Fötus, Kind
3. *fig* Bauch, Wölbung; ***in ventrem crescere*** bauchartig anschwellen
4. ***v. Faliscus*** *fig* Presswurst
ventilātor ⟨ōris⟩ *m* ||ventilo|| *(nachkl.) fig* Taschenspieler
ventilō ⟨āvī, ātum, āre 1.⟩
1. *(nachkl.) poet* in der Luft schwingen, schwenken; ***aura comas ventilat*** der Wind bewegt das Laub des Baumes
2. fächeln
3. *fig* anfachen, erregen
4. *(spätl.) fig* besprechen, erörtern
ventiō ⟨ōnis⟩ *f* ||venio|| *(vkl., nachkl.)* das Kommen
ventitō ⟨āvī, ātum, āre 1.⟩ ||*Freq von* venio|| oft kommen, regelmäßig kommen
ventōsus ⟨a, um⟩ *Adj, Adv* ⟨ventōsē⟩ ||ventus[1]||
1. windig, stürmisch; ***mare ventosum*** stürmisches Meer
2. *fig* schnell wie der Wind
3. *fig* unbeständig, wetterwendisch; ***ventosa plebs*** unbeständiger Pöbel
4. *fig* eitel, prahlerisch
ventrāle ⟨is⟩ *n* ||venter|| Leibriemen, Geldbörse
ventriculus ⟨ī⟩ *m* ||*Dim von* venter||
1. Lucr. Bäuchlein
2. ***v. cordis*** MED Herzkammer
ventri-loquus ⟨ī⟩ *m* ||venter, loquor|| Tert. Bauchredner
ventriōsus ⟨a, um⟩ *Adj* ||venter|| Plaut. dickbäuchig
ventulus ⟨ī⟩ *m* ||*Dim von* ventus[1]|| ein wenig Wind, Brise
ventum *PPP* → ***venio***
▶ **ventus**[1] ⟨ī⟩ *m*
1. Wind; ***v. secundus*** günstiger Wind, Rückenwind; ***v. adversus*** ungünstiger Wind, Gegenwind; ***verba in ventos dare*** in den Wind sprechen, vergeblich reden; ***dare verba ventis*** sein Versprechen nicht halten; ***ventis tradere rem*** etw vergessen; ***ventis remis*** mit vollen Segeln, mit allen Mitteln
2. *fig* Wind *als Symbol der Flüchtigkeit*; ***venti eius secundi sunt*** das Glück ist mit ihm; ***quicumque venti erunt*** wie die Umstände sich auch gestalten werden
3. *fig* Unruhe, Unheil
4. *fig* Gerede, Gerücht, Ruf
ventus[2] ⟨ūs⟩ *m* ||venio|| das Kommen
vēnūcula ⟨ae⟩ *f* = ***vennuncula***
vēnula ⟨ae⟩ *f* ||*Dim von* vena|| *(nachkl.)* Äderchen
vēnus[1] ⟨ī⟩ *m*, *gebräuchlich nur Dat u. Akk* Verkauf; ***veno exercere aliquid*** Tac. mit etw Handel treiben; ***venum ire*** Liv. verkauft werden; ***ponere veno*** Tac. zum Verkauf anbieten; ***venum dare*** verkaufen; ***veno dare alicui*** an j-n verkaufen
venus[2] ⟨eris⟩ *f*
1. Liebe, Liebesgenuss, Beischlaf; ***venerem rapere***

von Tieren trächtig werden
2. Liebesbund
3. *fig* Schönheit
4. *fig* Venuswurf, *bester Wurf beim Würfelspiel*
Venus ⟨eris⟩ *f* MYTH *ital.-röm. Göttin, Tochter des Jupiter u. der Dione, Gattin des Vulcan, Mutter des Cupido u. des Aeneas, Stammmutter des Hauses der Julier, der griech. Aphrodite gleichgesetzt, Göttin der Schönheit u. der Liebe*; der Planet Venus
Venusia ⟨ae⟩ *f Stadt in Apulien, Geburtsort des Horaz, heute Venosa*
Venusīnus ⟨a, um⟩ *Adj* aus Venusia, zu Venusia gehörig
Venusīnus ⟨ī⟩ *m* Einwohner von Venusia
venustās ⟨ātis⟩ *f* ||venus²||
1. Schönheit, Liebreiz
2. Liebenswürdigkeit, Charme
3. Lust
venustulus ⟨a, um⟩ *Adj* ||*Dim von* venustus|| Plaut. anmutig
venustus ⟨a, um⟩ *Adj* ||venus²||
1. schön, anmutig
2. *vom Charakter* liebenswürdig, charmant
vē-pallidus ⟨a, um⟩ *Adj* Hor. leichenblass
veprēcula ⟨ae⟩ *f* ||*Dim von* vepres|| kleiner Dornenstrauch
veprēs ⟨is⟩ *m u. f* Dornenstrauch
▶ **vēr** ⟨vēris⟩ *n*
1. Frühling; ***primo/ineunte vere*** bei Frühlingsbeginn
2. ***ver aetatis*** *fig* Jugend
3. ***ver sacrum*** heiliger Frühling, *die in Notzeiten den Göttern gelobte Opferung aller Erstlinge an Kindern u. Vieh, später Aussendung von Kolonisten*
vērātrum ⟨ī⟩ *n* Nieswurz, *Gift- u. Heilpflanze*
vērāx *Gen* ⟨ācis⟩ *Adj, Adv* ⟨vērāciter⟩ ||verus|| *von Personen u. Sachen* die Wahrheit sagend
verbēna ⟨ae⟩ *f, meist Pl* heilige Kräuter, heilige Zweige *von Ölbaum, Myrte u. Ä. für kultische Zwecke*
verbēnātus ⟨a, um⟩ *Adj* ||verbena|| mit heiligen Zweigen bekränzt
▶ **verber** ⟨eris⟩ *n*
1. Peitsche
2. Schleuderriemen *an einer Wurfmaschine*
3. *fig* Schlag, Stoß, Wurf; ***v. alarum*** Flügelschlag; ***v. lapidum*** Steinwurf; ***v. remorum*** Ruderschlag
4. *Pl* Prügel; *fig* Vorwürfe
verberābilis ⟨e⟩ *Adj* ||verbero²|| Plaut. die Peitsche verdienend
verberābundus ⟨a, um⟩ *Adj* ||verbero²|| Plaut. prügelnd
verberātiō ⟨ōnis⟩ *f* ||verbero²|| Prügelstrafe, Züchtigung, *auch fig, alicuius rei* für etw
verberetillus ⟨ī⟩ *m* ||verber|| Plaut. Prügelknabe
verbereus ⟨a, um⟩ *Adj* = ***verberabilis***
verberō¹ ⟨ōnis⟩ *m* ||verber|| Schlingel, Schurke, Schuft
verberō² ⟨āvī, ātum, āre 1.⟩ ||*Denom von* verber||
1. prügeln, geißeln, mit der Rute schlagen; ***ōs v.*** Tac. ins Gesicht schlagen
2. schlagen, stoßen; *fig* peitschen, *aliquid re* etw mit etw; ***verberat imber humum*** Verg. der Regen prasselt auf die Erde; ***sidera undā v.*** die Sterne mit Wasser bespritzen; ***urbem tormentis v.*** die Stadt beschießen; ***vineas grandine v.*** die Weinberge mit Hagel zerschlagen
3. *fig* verletzen, ***sermonibus aures*** Tac. die Ohren durch Worte
verbēx *Gen* ⟨ēcis⟩ *Adj* = ***vervex***
verbivēlitātiō ⟨ōnis⟩ *f* ||verbum, velitor|| Plaut. Wortgefecht
verbōsus ⟨a, um⟩ *Adj* ||verbum|| wortreich, weitschweifig, weitläufig
verbotenus *Adv* (*mlat.*) wortwörtlich, im Wortlaut
▶ **verbum** ⟨ī⟩ *n*
1. Wort, Ausdruck, *auch* Wortlaut; *Pl* Worte, Rede, Aussage; ***v. ipsum voluptatis*** das Wort Lust; ***nullum verbum facere*** kein Wort verlieren; ***verba facere/habere*** einen Vortrag halten, reden
2. Äußerung; Sprichwort; Formel; *Pl* Witze; ***in verba alicuius iurare*** j-m den Treueeid leisten
3. Redensart, Phrase; *Pl* leere Worte; Schein; ***alicui verba dare*** j-n täuschen
4. GRAM Verb, Zeitwort
5. *Wendungen*: ***verbo*** dem Wort nach, dem Namen nach, *auch* ohne Weiteres; ***uno verbo*** mit einem Wort, um es mit einem Wort zu sagen; ***ad verbum*** aufs Wort, wörtlich; ***verbi causā/gratiā*** zum Beispiel; ***verbis alicuius*** in j-s Namen, in j-s Auftrag; ***in verbo Dei*** (*mlat.*) in Gottes Namen
Vercellae ⟨ārum⟩ *f Stadt in Oberitalien, Schlacht zwischen Römern u. Kimbern 101 v. Chr., heute Vercelli*
Vercingetorīx ⟨īgis⟩ *m König der Arverner, Führer des Gallieraufstandes 52 v. Chr., bei Alesia besiegt*
verculum ⟨ī⟩ *n* ||*Dim von* ver|| junger Frühling, *Kosewort*
vērē *Adv* → ***verus***
verēcunda ⟨ōrum⟩ *n* ||verecundus|| (*spätl.*) Schamteile
▶ **verēcundia** ⟨ae⟩ *f* ||verecundus||
1. Scheu, Schüchternheit, Zurückhaltung, *alicuius* j-s, *alicuius rei* vor etw, bei etw, in etw, *in re* bei etw, in etw
2. Anstandsgefühl, Schamgefühl; ***verecundiae est*** man schämt sich, man scheut sich; ***v. aliquem capit*** j-d schämt sich, *+ Inf/ + AcI*
3. Verehrung, Hochachtung, Ehrfurcht, *alicuius* j-s *od* vor j-m, *adversus aliquem* gegenüber j-m
verēcundor ⟨-, ārī 1.⟩ ||*Denom von* verecundus|| sich scheuen, schüchtern sein, *abs od + Inf*
verēcundus ⟨a, um⟩ *Adj, Adv* ⟨verēcundē⟩ ||vereor||
1. *von Personen u. Sachen* scheu, schüchtern, bescheiden
2. rücksichtsvoll
3. schamhaft; ***v. rubor*** Schamröte
verēdārius ⟨ī⟩ *m* ||veredus|| (*spätl.*) Postreiter, Kurier
verēdus ⟨ī⟩ *m* ||gall. Fw.|| *poet* Jagdpferd, Kurierpferd
verenda ⟨ōrum⟩ *n* ||verendus|| Scham, Schamteile
verendus ⟨a, um⟩ *Adj* ||vereor|| ehrwürdig; ***maiestas verenda*** ehrwürdige Hoheit
▶ **vereor** ⟨veritus sum, verērī 2.⟩
I *v/i*

1. sich scheuen, sich fürchten, nicht wagen, + *Inf*; ***aliquem veretur*** j-d scheut sich, + *Inf*
2. besorgt sein, in Sorge sein, *alicui rei* für etw, *de re* wegen etw
3. Plaut. Scham empfinden, Scheu empfinden
II *v/t*
1. scheuen, verehren, hochachten, *aliquem* j-n, *aliquid / alicuius rei* etw
2. *j-n / etw* fürchten, *etw* befürchten, vor *j-m / etw* Furcht haben, *aliquem / aliquid*, *ne* dass, *ne non / ut* dass nicht, + *AcI*; mit Besorgnis daran denken, + *indir Fragesatz*; ***vereor, quid dicturus sis*** ich denke mit Besorgnis daran, was du sagen willst; ***veritus / verens*** aus Furcht, in Besorgnis
3. *zur Milderung einer Behauptung*; ***vereor ne sit turpe timere*** es ist am Ende doch schändlich zu fürchten; ***illud vereor, ut tibi concedere possim*** jenes kann ich dir schwerlich zugestehen

verētrum ⟨ī⟩ *n* ||vereor|| *(unkl.)* Geschlechtsteil, *männlich od weiblich*

vergiliae ⟨ārum⟩ *f* ||vergo|| *(nachkl.) poet* die Plejaden, das Siebengestirn

Vergilius ⟨a, um⟩ *röm. Gentilname*; ***Publius Vergilius Maro*** *geb. 70 v. Chr. in Andes bei Mantua, gest. 19 v. Chr. in Brundisium, berühmtester röm. Epiker, Verfasser des röm. Nationalepos Aeneis, des Lehrgedichtes Georgica (Über den Landbau) und Bucolica (Hirtengedichte, später unter dem Titel Eclogae bekannt)*

Vergīnius ⟨a, um⟩ *röm. Gentilname*; ***Decimus Verginius*** *ein Zenturio, der seine Tochter Verginia tötete um sie vor den Nachstellungen des Dezemvirs Appius Claudius zu bewahren*

▶ **vergō** ⟨-, -, ere 3.⟩
I *v/i*
1. sich drehen, sich neigen, sich senken; ***omnes (terrae) partes in medium vergentes*** Plin. alle sich zur Mitte hin neigenden Teile (der Erde); ***res bene vergunt*** *(mlat.) fig* die Dinge stehen gut
2. *von Örtlichkeiten* sich neigen, sich erstrecken; ***Gallia vergit ad septentriones*** Gallien erstreckt sich nach Norden
3. *zeitl.* sich nähern; sich dem Ende nähern, zu Ende gehen; ***hora diei iam ad meridiem vergebat*** Liv. die Tageszeit näherte sich schon dem Mittag; ***femina annis vergens*** alternde Frau
4. *(nachkl.)* sich zuneigen; ***omnia illuc vergebant*** alles neigte dazu
II *v/t*
1. eingießen, *aliquid in aliquid* etw in etw
2. *Passiv* sich neigen

vergo-bretus ⟨ī⟩ *m* ||gall. Fw.|| Vergobret, *oberster Beamter der Äduer*

vēri-dicus ⟨a, um⟩ *Adj* ||verus, dico[2]|| wahr redend, wahrhaftig; ***verdicae voces*** die Wahrheit sagende Stimmen

vēri-loquium ⟨ī⟩ *n* ||verus, loquor|| Etymologie, Grundbedeutung eines Wortes

vērī-similis ⟨e⟩ *Adj* ||verus|| wahrscheinlich; ***veri simillimum*** der Wahrheit am nächsten

vērī-similitūdō ⟨inis⟩ *f* ||verus|| Wahrscheinlichkeit

vēritās ⟨ātis⟩ *f* ||verus||
1. Wahrheit, Wirklichkeit
2. Wirklichkeit, Realität, Naturgetreue *von Kunstwerken*; ***homo expers veritatis*** Mensch, dem das wirkliche Leben unbekannt ist; ***veritatem imitari*** naturgetreu sein, naturgetreu darstellen
3. Unparteilichkeit
4. Aufrichtigkeit, Offenheit

veritus ⟨a, um⟩ *PPerf* → ***vereor***

vēri-verbium ⟨ī⟩ *n* ||verus, verbum|| Plaut. Wahrhaftigkeit

vermiculātus ⟨a, um⟩ *Adj*
1. *von Mosaikarbeiten* gewürfelt
2. *(mlat.)* bunt

vermiculus ⟨ī⟩ *m* ||*Dim von* vermis|| Würmchen, *bes* Scharlachwürmchen; *meton* Scharlachfarbe

vermina ⟨um⟩ *n* Lucr. Leibschmerzen, Schmerzen

verminātiō ⟨ōnis⟩ *f* ||vermino|| Sen. zuckender Schmerz

verminō ⟨āvī, ātum, āre 1.⟩ *u.* **verminor** ⟨-, ārī 1.⟩ ||vermina, vermis||
1. kribbeln, jucken
2. Würmer haben

vermis ⟨is⟩ *m (unkl.)* Wurm

verna ⟨ae⟩ *m u. f (unkl.)*
1. Haussklave, Haussklavin im Haus geborener Sklave
2. *fig* Frechling
3. *fig* Inländer; *adj* in Rom geboren; ***verna liber*** Mart. in Rom geschriebenes Buch

vernāculus
I ⟨a, um⟩ *Adj* ||*Dim von* verna||
1. inländisch, einheimisch, *bes* römisch; ***legio vernacula*** Legion aus inländischen Soldaten; ***crimen vernaculum*** vom Ankläger selbst erfundener Vorwurf
2. in Rom üblich, großstädtisch
II ⟨ī⟩ *m* Spaßmacher

vernālis ⟨e⟩ *Adj* ||ver|| *(nachkl.)* Frühlings…; ***dies v.*** Frühlingstag

vernīlis ⟨e⟩ *Adj, Adv* ⟨vernīliter⟩ ||verna|| *(nachkl.)*
1. sklavisch; *Adv* wie ein Haussklave
2. kriechend, plump
3. mutwillig, frech

vernīlitās ⟨ātis⟩ *f* ||vernilis||
1. Sen. kriecherische Höflichkeit
2. plumper Witz der Haussklaven

vernō ⟨-, -, āre 1.⟩ ||ver|| *(nachkl.)*
1. Frühling machen, sich verjüngen; ***humus vernat*** der Boden wird wieder grün; ***avis vernat*** der Vogel singt Frühlingslieder; ***sanguis vernat*** *fig* das Blut fließt jugendlich
2. *(mlat.)* leuchten, glänzen

vernula ⟨ae⟩ *m u. f* ||*Dim von* verna|| *(nachkl.)* = ***verna***

vernum ⟨ī⟩ *n* ||vernus|| Frühling

vernus ⟨a, um⟩ *Adj* ||ver|| des Frühlings, Frühlings…; ***verni temporis suavitas*** Cic. zarte Jugendzeit

vērō[1] *Adv* → ***verus***

vērō[2] ⟨-, -, āre 1.⟩ ||*Denom von* verus|| *(vkl.)* die Wahrheit sagen

Vērōna ⟨ae⟩ *f Stadt in Oberitalien, Geburtsort des Catull u. des Vitruv, Amphitheater von 290 n Chr. u. Theater der augusteischen Zeit erhalten*

Vērōnēnsis ⟨e⟩ *Adj* aus Verona, zu Verona gehörig

Vērōnēnsis ⟨is⟩ *m* Einwohner von Verona

V

verpa ⟨ae⟩ *f* Catul. männliches Glied
verpus ⟨ī⟩ *m* ||verpa|| *poet* der Beschnittene
verrēs ⟨is⟩ *m* Eber, *auch verächtlich von Menschen*
Verrēs ⟨is⟩ *m röm. Beiname in der gens Cornelia;* ***C. Cornelius Verres*** *73–71 v. Chr. Proprätor in Sizilien, wegen Erpressung u. Bereicherung von Cicero in seinen Verres-Reden so heftig u. überzeugend angegriffen, dass er freiwillig ins Exil ging, gest. 43 v. Chr.*
Verria ⟨ōrum⟩ *n* von Verres selbst veranstaltetes Fest zu seinen Ehren
verrīnus ⟨a, um⟩ *Adj* ||verres|| Eber…; ***ius verrīnum*** Schweinebrühe, *im Wortspiel mit ius Verrinum, dem verrinischen Recht*
Verrīnus ⟨a, um⟩ *Adj* des Verres, den Verres betreffend
Verrius ⟨a, um⟩ *Adj* des Verres, zu Verres gehörig, verrinisch
verrō ⟨-, versum, verrere 3.⟩
1. kehren, auskehren, abfegen; ***villam v.*** das Haus auskehren; ***pavimentum v.*** den Fußboden fegen
2. *fig* zusammenscharren, zusammenfegen
3. (*nachkl.*) am Boden schleifen; *über eine Fläche* hinweggleiten, hinfegen, hinfahren, *aliquid re* über etw mit etw; ***humum pallā v.*** das Gewand über den Boden schleifen lassen
4. durchstreifen, durchfurchen, durchfahren
5. fortreißen, fortschleppen; ***harenas ex imo v.*** Sand aus der Tiefe aufwühlen
verrūca ⟨ae⟩ *f* Warze; Hor. *fig* kleiner Fehler
verrūcōsus ⟨a, um⟩ *Adj* ||verruca|| voller Warzen, *Beiname des Q. Fabius Maximus Cunctator*
verruncō ⟨-, -, āre 1.⟩ (*nachkl.*) sich wenden; ***bene v. alicui*** für j-n zum Heil ausschlagen
verrūtum ⟨ī⟩ *n* = ***verutum***
versābilis ⟨e⟩ *Adj* ||verso|| beweglich, wendig; ***fortuna v.*** *fig* unbeständiges Schicksal
versābundus ⟨a, um⟩ *Adj* ||verso|| Lucr. sich ständig drehend
versātilis ⟨e⟩ *Adj* ||= verso|| beweglich, drehbar; *fig* wendig, vielseitig; ***ingenium versatile*** Liv. vielseitige Begabung
versātiō ⟨ōnis⟩ *f* ||verso|| Umdrehung; *fig* Veränderung
versi-capillus ⟨a, um⟩ *Adj* ||verto|| das Haar verändernd, ergrauend, älter werdend
versi-color *Gen* ⟨ōris⟩ *Adj* ||versus, *PPP von* verto|| die Farbe wechselnd; bunt, schillernd; ***tunicae versicolores*** bunte Tuniken
versiculus ⟨ī⟩ *m* ||*Dim von* versus[3]|| kleiner Vers; kleine Zeile
versificātiō ⟨ōnis⟩ *f* ||versifico|| das Versemachen
versificātor ⟨ōris⟩ *m* ||versifico|| Verskünstler, Dichter
versi-ficō ⟨-, -, āre 1.⟩ ||versus, facio|| (*nachkl.*) Verse machen; in Verse bringen
versi-pellis ⟨e⟩ *Adj* ||versus, *PPP von* verto||
1. (*vkl., nachkl.*) das Fell wechselnd, die Gestalt wechselnd
2. *fig* verschmitzt, schlau
versō ⟨āvī, ātum, āre 1.⟩ ||*Freq von* verto||

1. hin und her wenden, oft drehen
2. hin und her wenden, drehen und wenden
3. herumjagen
4. in Angst versetzen, beunruhigen
5. auslegen, deuten
6. überlegen, überdenken

1. hin und her wenden, oft drehen, herumdrehen; *Lebewesen* hin und her treiben; ***saxum v.*** den Felsen rollen; ***terram v.*** das Land umpflügen; ***currum v.*** den Wagen umdrehen, den Wagen umherfahren; ***sortem urnā v.*** das Los aus der Urne schütteln; ***stamina pollice v.*** den Faden spinnen; ***librum v.*** das Buch fleißig lesen; ***vos exemplaria Graeca nocturnā versate manu, versate diurnā*** Hor. legt die Abschriften der griechischen Klassiker bei Tag und Nacht nicht aus der Hand; ***volumina v.*** sich in Windungen drehen
2. *fig* hin und her wenden, drehen und wenden; *irgendwohin* wenden; ***domum v.*** das Haus auf den Kopf stellen; ***se huc et illuc v.*** nicht aus noch ein wissen; ***rem aliquo v.*** der Sache irgendeine Richtung geben
3. *vom Schicksal j-n* herumjagen, mit *etw* sein Spiel treiben, *aliquem/aliquid*
4. (*nachkl.*) in Angst versetzen, beunruhigen, quälen; bearbeiten, für sich zu gewinnen versuchen
5. auslegen, deuten, ***verba*** Worte
6. (*nachkl.*) überlegen, überdenken, ***omnia secum*** alles bei sich
versor ⟨ātus sum, ārī 1.⟩ ||verso||
1. sich hin und her drehen, sich wälzen, kreisen; ***circa axem v.*** um seine Achse kreisen; ***lecto v.*** sich auf seinem Bett wälzen
2. *örtl.* sich *irgendwo* aufhalten, sich *irgendwo* befinden, *cum aliquo* bei j-m
3. *fig in einem Zustand od einer Lage* sich befinden, leben, sein; *von Sachen* stattfinden; ***in timore v.*** in Angst sein; ***res versatur in facili cognitione*** die Sache ist leicht zu erkennen; ***error versatur*** der Irrtum herrscht; ***in nostra familia v.*** in unserer Familie heimisch sein; ***alicui in oculis/ante oculos/ob oculos v.*** j-m vor Augen schweben
4. in *etw* tätig sein, sich mit *etw* beschäftigen, *etw* betreiben, *in re*; ***in opere esse*** am Werk sein; ***multum in bello v.*** sich viel mit dem Krieg beschäftigen; ***in imperiis honoribusque v.*** Ämter bekleiden; ***in caede v.*** ein Blutbad anrichten
5. auf *etw* beruhen, sich auf *etw* beschränken, *in re*
versōria ⟨ae⟩ *f* ||verto|| Tau zum Wenden der Segel; ***versoriam cape*** Plaut. kehr um
versum *Adv* = ***versus²***
versūra ⟨ae⟩ *f* ||verto||
1. (*nachkl.*) Ecke, Windung
2. Anleihe, *ab aliquo* bei j-m; ***versurā (dis)solvere*** eine Schuld durch eine Anleihe tilgen; *fig* vom Regen in die Traufe kommen
versus¹ ⟨a, um⟩ *PPP* → ***verto*** *u.* → ***verro***
versus² ||verto||
I *Adv* gegen … hin, nach … hin, auf … zu, *nachgestellt*; ***in Italiam versus*** nach Italien; ***ad mare versus*** auf das Meer zu; ***quoque versus*** nach allen Seiten hin; ***deorsum versus*** nach unten; ***sursum versus*** nach oben
II *Präp + Akk, meist nachgestellt* nach … hin, nach

… zu; ***versus Capitolium*** zum Kapitol hin; ***Oceanum versus*** zum Ozean hin

▶ **versus**[3] ⟨ūs⟩ *m* ||verto||
1. (*nachkl.*) Furche *in der Erde*
2. (*nachkl.*) Reihe, Linie; ***ulmos in versus differre*** Ulmen in Reihen verpflanzen
3. Zeile *eines Werkes*; ***epistula paucorum versuum*** ein Brief von wenigen Zeilen
4. *in der Poesie* Vers; ***versūs facere*** dichten

versūtia ⟨ae⟩ *f* ||versutus|| Verschlagenheit; ***versutiae Punicae*** punische Listen

versūti-loquus ⟨a, um⟩ *Adj* ||versutus, loquor|| (*nachkl.*) schlau redend

versūtus ⟨a, um⟩ *Adj* ||verto||
1. wendig, gewandt
2. *fig auch pej* schlau, verschlagen, listig

vertebra ⟨ae⟩ *f* ||verto|| (*nachkl.*) Gelenk, Wirbel *in der Wirbelsäule*

▶ **vertex** ⟨icis⟩ *m* ||verto||
1. Wirbel *im Wasser*, Strudel; Wirbelwind; Flammenwirbel
2. Drehpunkt des Himmels, Pol
3. Scheitel *des Kopfes*; Kopf; ***summisso vertice*** mit gesenktem Kopf
4. Gipfel, Spitze, Wipfel, Giebel; Höhe, Berg; ***a vertice*** von oben her

vertī → ***verto***

verticālis ⟨e⟩ *Adj* ||vertex|| senkrecht, vertikal

verticōsus ⟨a, um⟩ *Adj* ||vertex|| (*nachkl.*) reich an Strudeln

vertīgō ⟨inis⟩ *f* ||verto||
1. Umdrehung, das Kreisen
2. Strudel
3. Schwindel

vertō ⟨vertī, versum, vertere 3.⟩

I
1. wenden, drehen
2. zuwenden
3. zuschreiben, beimessen
4. zu etw machen
5. umwenden, umdrehen
6. umwühlen, umpflügen
7. umstürzen, umwerfen
8. verändern, verwandeln
9. übersetzen
II
1. sich wenden, sich drehen
2. nach … hin liegen
3. ablaufen, ausschlagen
4. sich umdrehen, kreisen
5. sich befinden, sein
6. vergehen, verlaufen
7. auf etw beruhen
8. sich verwandeln, wechseln

I *v/t*
1. wenden, drehen, hinwenden, hinlenken, richten; ***gregem ad litora v.*** die Herde zur Küste hinlenken; ***aquam in subiecta v.*** das Wasser in die Niederungen ableiten; ***aliquem in admirationem v.*** j-n zur Bewunderung hinreißen
2. *Geld u. Ä.* zuwenden, *in aliquem / in aliquid* j-m / einer Sache; ***pecuniam ad se / in se v.*** sich Geld aneignen
3. (*nachkl.*) *fig* zuschreiben, beimessen, *aliquid in aliquem / ad aliquem* etw j-m
4. zu *etw* machen, als *etw* ansehen; ***cognomen in risum v.*** den Beinamen ins Lächerliche ziehen; ***aliquid in crimen v.*** etw zum Vorwurf machen; ***aliquid in religionem v.*** etw zu einer Gewissenssache machen; ***aliquid in omen v.*** etw als Vorzeichen deuten; ***aliquid alicui in superbiam v.*** j-m etw als Stolz auslegen; ***alicui aliquid vitio v.*** j-m etw zum Vorwurf machen
5. umwenden, umdrehen; in die Flucht schlagen; ***arma v.*** die Waffen senken; ***pedes / gradum v.*** umkehren; ***hostes in fugam v.*** die Feinde in die Flucht schlagen; ***terga v.*** fliehen
6. (*nachkl.*) umwühlen, umpflügen, ***terram aratro*** die Erde mit dem Pflug
7. (*nachkl.*) umstürzen, umwerfen; *fig* zugrunde richten, vernichten; ***regem v.*** den König stürzen
8. *fig* verändern, verwandeln, vertauschen, wechseln; ***comas v.*** die Haare färben; ***sententiam v.*** die Meinung ändern; ***solum v.*** das Land verlassen, auswandern
9. *aus einer Sprache* übersetzen, ***librum ex Graeco in Latinum*** ein Buch aus dem Griechischen ins Lateinische

II *v/i / Passiv / **se v.***
1. sich wenden, sich drehen; sich hinwenden; ***totus in aliquem vertor*** ich gebe mich j-m ganz hin; ***alio v.*** einen anderen Weg einschlagen, ein anderes Verfahren wählen; ***nescit quo se vertat*** er weiß sich nicht zu helfen
2. (*nachkl.*) *örtl.* nach *einer Richtung* hin liegen; ***Epirus in septentriones versa*** das nach Norden sich erstreckende Epirus
3. ablaufen, ausschlagen; ***res vertitur in laudem*** die Angelegenheit läuft ruhmvoll ab; ***alicui malo v.*** j-s Unglück werden
4. sich umdrehen, kreisen; sich wälzen; *allg.* sich bewegen; ***se v. / in fugam v.*** fliehen
5. *an einem Ort* sich befinden, sein; ***ante ora v.*** vor Augen schweben
6. *von der Zeit* vergehen, verlaufen; ***annus vertens*** das laufende Jahr; ***anno vertente*** im Verlauf des Jahres
7. auf *etw* beruhen, von *etw* abhängen, *in re / in aliquo* von etw / von j-m; ***omnia in unius potestate vertentur*** alles hängt von der Macht eines Einzelnen ab; ***ibi summa belli vertitur*** dort liegt die Entscheidung des Krieges; ***vertitur, utrum … an*** die Frage dreht sich darum, ob … oder
8. sich verwandeln, wechseln; ***omnia vertuntur*** alles verändert sich; ***in rabiem v.*** in Wahnsinn umschlagen; ***alite / in avem v.*** sich in einen Vogel verwandeln; ***verso Marte*** als das Kriegsglück sich geändert hatte

vertragus ⟨ī⟩ *m u.* **vertrāha** ⟨ae⟩ *f* ||gall. Fw.|| (*spätl.*, Mart.) Windhund, Jagdhund

Vertumnus ⟨ī⟩ *m*
1. *etrusk. Gottheit des Wechsels u. Wandels, bes des Wechsels der Jahreszeiten, des Handels u. der Wandelbarkeit des Menschen*
2. Hor. launischer Mensch

verū ⟨ūs⟩ *n* (*unkl.*) Spieß, Jagdspieß, Bratspieß

veruīna ⟨ae⟩ *f* ||veru|| Plaut. Spieß
verum[1] ⟨ī⟩ *n* = ***veru***
▶ **vērum**[2] ||verus||
I *Konj.*
1. *advers* aber; ***est istud quidem honestum, verum hoc expedit*** Cic. jenes ist zwar ehrenhaft, dies aber nützt
2. *nach Verneinung* sondern; ***non exercitus, verum amici*** nicht Truppen, sondern Freunde
3. *die Rede abbrechend* doch
II *Adv bestätigend* allerdings
vērum[3] ⟨ī⟩ *n* ||verus||
1. das Wahre, Wirklichkeit, Tatsache; ***veri similis*** wahrscheinlich; ***in vero*** (*mlat.*) in Wirklichkeit
2. das Rechte, ***verum est*** es ist vernünftig, + *AcI*, *ut* dass
vērum-enim-vērō *Adv, auch getrennt* aber wirklich
vērum-tamen *Konj*
1. aber doch, gleichwohl
2. also, wie gesagt, *bei Wiederaufnahme der Rede*
vērus ⟨a, um⟩ *Adj, Adv* ⟨vērē⟩ *u.* ⟨vērō⟩
1. wahr, wirklich, echt, eigentlich
2. *von Personen* wahrheitsliebend, aufrichtig, offen; ***iudex v.*** ehrlicher Richter
3. *von Sachen* richtig, recht und billig, vernünftig
4. ***vere*** der Wahrheit gemäß; in Wahrheit, wirklich, tatsächlich; aufrichtig; vernünftig
5. ***vero*** in der Tat, wirklich, tatsächlich; ***et vero*** und tatsächlich; ***nec vero non*** und jedenfalls; ***enim vero*** ja tatsächlich
6. ***vero*** jawohl, freilich, allerdings; ***ego vero*** ich freilich; ***minime vero*** nein keineswegs
7. ***vero*** *steigernd* sogar; ***aut vero*** oder gar erst; ***aut vero*** oder gar nicht; ***si vero*** wenn gar; ***iam vero*** ferner, nun
8. ***vero*** *advers* aber, jedoch, *nachgestellt*; ***neque vero*** aber nicht
verūtum ⟨ī⟩ *n* ||veru|| Wurfspieß
verūtus ⟨a, um⟩ *Adj* ||veru|| Verg. mit einem Wurfspieß bewaffnet
vervēx ⟨ēcis⟩ *m* Hammel, *auch als Schimpfwort für einen dummen Menschen*
Vesaevus ⟨ī⟩ *m* = ***Vesuvius***
vēsānia ⟨ae⟩ *f* ||vesanus|| Hor. Wahnsinn
vēsāniēns *Gen* ⟨entis⟩ *Adj* = ***vesanus***
vē-sānus ⟨a, um⟩ *Adj* ||ve-[2]|| wahnsinnig, rasend; *von Sachen* ungeheuer, gewaltig; ***fames vesana*** gewaltiger Hunger; ***amor v.*** Prop. wahnsinnige Liebe
Vesbius ⟨ī⟩ *m* = ***Vesuvius***
vēscor ⟨-, -, ēscī 3.⟩
1. sich nähren, leben, *re/aliquid* von etw, ***lacte et carne*** von Milch und Fleisch
2. (*nachkl.*) speisen, *abs*; ***v. cum rege*** mit dem König speisen; ***argentum ad vescendum factum*** silbernes Tafelgeschirr
3. *fig* genießen, *re* etw; ***aurā aetheriā v.*** oberweltliche Luft atmen
vēsculus ⟨a, um⟩ *Adj* ||*Dim von* vescus|| Plaut. ziemlich abgezehrt, schmächtig
vēscus ⟨a, um⟩ *Adj* (*nachkl.*)
1. *poet* fressend, zehrend; ***sal v.*** fressendes Salzwasser; ***papaver vescum*** den Boden auslaugender Mohn
2. abgezehrt, mager, dürftig

vēsīca ⟨ae⟩ *f*
1. Blase, Harnblase; ***vesicae morbus*** Blasenleiden
2. Beutel *für verschiedene Zwecke*
3. Iuv. *fig* Scheide
4. Mart. Laterne
5. Mart. *fig* Redeschwulst
vēsīcula ⟨ae⟩ *f* ||*Dim von* vesica|| Bläschen
Vesontiō ⟨ōnis⟩ *f Hauptstadt der Sequaner, 58 v. Chr. Sieg Caesars über Ariovist, heute Besançon*
vespa ⟨ae⟩ *f* (*unkl.*) Wespe
Vespasiānus ⟨ī⟩ *m* → ***Flavius***
▶ **vesper** ⟨erī⟩, *Abl* ***vesperō*** *u.* ***vespere*** *m*
1. (*nachkl.*) *poet* Abendstern; ***surgente vespero*** wenn der Abendstern aufgeht
2. Abend, Abendzeit, Abendstunde; ***ad vesperum/sub vesperum*** gegen Abend; ***vesperi/vespere*** abends, am Abend; ***primo vespere/primā vesperi*** (*erg.* ***horā***) am frühen Abend
3. Plaut. Abendessen
4. Westen
vespera ⟨ae⟩ *f* ||vesper||
1. Abend, Abendzeit
2. (*mlat.*) Vesper, Nachmittagsgottesdienst
vesperāscō ⟨vesperāvī, -, vesperāscere 3.⟩ ||*Inkoh zu* vesper|| Abend werden; ***vesperascente caelo*** Nep. in der Abenddämmerung; ***vesperascit*** es wird Abend
vespertīliō ⟨ōnis⟩ *m* ||vesper|| Fledermaus
vespertīnus ⟨a, um⟩ *Adj* ||vesper||
1. abendlich, Abend…; ***vespertinae litterae*** am Abend erhaltener Brief; ***senatūs consultum vespertinum*** am Abend gefasster Senatsbeschluss
2. (*nachkl.*) *poet* westlich
vesperūgō ⟨inis⟩ *f* ||vesper||
1. Plaut. Abendstern, Venus
2. Tert. Fledermaus
vespillō ⟨ōnis⟩ *m*
1. (Suet., Mart.) Leichenträger
2. (*spätl.*) Leichenräuber
3. (*mlat.*) Wegelagerer
Vesta ⟨ae⟩ *f*
1. MYTH Hestia, Vesta, *Tochter des Kronos u. der Rhea, lat. des Saturnus u. der Ops, Göttin des Herdfeuers u. der Familie; Rundtempel auf dem Forum Romanum mit dem heiligen Feuer, das von den Vestalinnen, den jungfräulichen Priesterinnen der Vesta, bewacht wurde*; ***ad Vestae*** (*erg.* ***aedem***) beim Vestatempel; ***a Vestae*** (*erg.* ***aede***) vom Vestatempel
2. *meton* Herd, Herdfeuer
3. *meton* Vestatempel
Vestālia ⟨ium⟩ *n* Fest der Vesta *am 9. Juni*
Vestālis ⟨e⟩ *Adj* der Vesta geweiht; *fig* jungfräulich, keusch
Vestālis ⟨is⟩ *f* Vestalin, Vestapriesterin, *zu 30-jähriger Jungfräulichkeit verpflichtete Priesterin; unter Aufsicht des pontifex maximus hüteten 4, später 6 Vestalinnen das heilige Feuer der Vesta im Vestatempel auf dem Forum Romanum*
▶ **vester** *poss Pr*
I ⟨vestra, vestrum⟩ *Adj*
1. euer, der eurige, euch zukommend; ***odium vestrum*** euer Hass
2. gegen euch; ***odium vestrum*** der Hass gegen euch
II ⟨vestrī⟩ *m* der Eure, euer Herr, euer Freund

vestiaria ⟨ae⟩ *f* (*mlat.*) Kammerfrau
vestiārium ⟨ī⟩ *n* ||vestiarius||
1. Kleiderkammer, Garderobe
2. Sklavenkleidung
vestiārius
I ⟨a, um⟩ *Adj* ||vestis|| Kleider…
II ⟨ī⟩ *m* Kleiderhändler, Kleiderwart; (*mlat.*) Kämmerer, *Hofbeamter*
▶ **vestibulum** ⟨ī⟩ *n*
1. Vorplatz, Vorhof; (*nachkl.*) *poet* Vorhalle
2. *fig* Eingang, Zugang; RHET Anfang einer Rede
vestīgātor ⟨ōris⟩ *m* ||vestigo|| (*vkl., nachkl.*) Spurensucher, Schnüffler
vestīgium ⟨ī⟩ *n*
1. Fußspur, Fährte, Fußstapfe; ***vestigium imprimere/figere*** gehen, schreiten; ***vestigium premere*** stillstehen; ***vestigium facere in foro*** das Forum betreten; ***in possessione vestigium facere*** *fig* einen Besitz antreten; ***vestigia alicuius (per)sequi/aliquem vestigiis sequi*** j-m auf den Fersen sein, j-n verfolgen; *fig* in j-s Fußstapfen treten
2. *fig* Spur, Merkmal
3. *Pl* Überreste, Trümmer
4. *meton* Tritt, Schritt; ***vestigia vertere/torquere*** sich umdrehen; ***vestigia referre*** zurückgehen; ***vestigia cursu impedire*** durcheinander reiten
5. *meton* Fußsohle, Fuß; ***vestigia nuda sinistri pedis*** der entblößte linke Fuß; ***vestigiis alicuius provolvi*** (*mlat.*) sich j-m vor die Füße werfen
6. *meton* Standort, Stelle; *fig* Zeitpunkt, Moment; ***vestigio se movere*** sich von der Stelle bewegen; ***e vestigio/in vestigio*** augenblicklich, ohne Weiteres
vestīgō ⟨āvī, ātum, āre 1.⟩ ||vestigium||
1. (*nachkl.*) *poet* aufspüren; *fig* ausfindig machen; ***feras v.*** das Wild aufspüren
2. *fig j-m/einer Sache* nachspüren, *j-n/etw* aufsuchen, *aliquem/aliquid, + indir Fragesatz*
vestīmentum ⟨ī⟩ *n* ||vestio||
1. Kleid, Kleidungsstück; ***album v.*** weißes Kleid
2. (*vkl.*) Decke, Teppich
▶ **vestiō** ⟨īvī⟩ *u.* ⟨iī, ītum, īre 4.⟩ ||*Denom von* vestis||
1. bekleiden, kleiden; ***pellibus v.*** mit Fellen bekleiden
2. bedecken, *auch* überziehen, bepflanzen; *fig* einkleiden; ***sepulcrum vestitum vepribus*** mit Büschen bedecktes Grab
3. schmücken
vesti-plica ⟨ae⟩ *f* ||vestis, plico|| (*vkl., nachkl.*) Büglerin
▶ **vestis** ⟨is⟩ *f*
1. Kleidung, Kleider, Anzug; ***v. muliebris*** Frauenkleidung; ***vestem mutare*** die Kleider tauschen, *cum aliquo* mit j-m; sich umziehen
2. Teppiche, Decken
3. *fig* Schlangenhaut
4. *fig* Schleier, Gewebe; Spinnwebe
5. *fig* Bart
vesti-spica ⟨ae⟩ *f* ||vestis, spico|| Plaut. Garderobenmädchen
vestītus ⟨ūs⟩ *m* ||vestio||
1. Kleidung, Art sich zu kleiden; ***vestitum mutare*** Trauerkleidung anlegen; ***v. muliebris*** Frauenkleidung
2. *fig* Bedeckung; *von der Rede* Einkleidung, Ausschmückung; ***riparum vestitūs viridissimi*** die ganze grüne Bedeckung der Ufer
Vesuvius ⟨ī⟩ *m* Vesuv, *Vulkan in Kampanien*
veter *Gen* ⟨eris⟩ *Adj* = ***vetus***
Vetera Castra *n röm. Lager bei Xanten*
veterāmentārius ⟨a, um⟩ *Adj* ||vetus|| (*nachkl.*) zu alten Dingen gehörig; ***sutor v.*** Suet. Flickschuster
▶ **veterānus**
I ⟨a, um⟩ *Adj* ||vetus||
1. langjährig, alt
2. MIL altgedient, altbewährt; ***veterani milites*** altgediente Soldaten
II ⟨ī⟩ *m* Veteran, altgedienter Soldat
veterāria ⟨ōrum⟩ *n* ||vetus|| Sen. Vorräte an altem Wein
veterātor ⟨ōris⟩ *m* ||vetus|| der alt und kundig geworden ist, „alter Fuchs", *in re* in etw
veterātōrius ⟨a, um⟩ *Adj, Adv* ⟨veterātōriē⟩ ||veterator|| durchtrieben, schlau, routiniert; ***ratio veteratoria dicendi*** routinierte Art zu sprechen
veterīnārius
I ⟨a, um⟩ *Adj* zum Zugvieh gehörig; ***medicina veterinaria*** Tierheilkunde
II ⟨ī⟩ *m* Tierarzt
veterīnus ⟨a, um⟩ *Adj* ||vetus|| (*unkl.*) des Zugviehs; ***semen veterinum*** Lucr. Lasten ziehender Stamm
veternōsus ⟨a, um⟩ *Adj* ||veternus|| (*unkl.*) schläfrig, träumerisch; matt, kraftlos
veternus ⟨ī⟩ *m* ||vetus|| (*unkl.*)
1. alter Schmutz, Schimmel
2. Schlafkrankheit; Lethargie; *fig* Trägheit
vetitum ⟨ī⟩ *n* ||veto|| Verbot
▶ **vetō** ⟨uī, itum, āre 1.⟩
1. verbieten, verwehren, nicht gestatten, *aliquem aliquid* j-m etw, *+ Inf/ + AcI/Passiv + NcI*; ***istud vetat lex*** dies verbietet das Gesetz; ***vetita lege alea*** Hor. gesetzlich verbotenes Würfelspiel; ***vetor haec facere*** man verbietet mir dies zu tun
2. abraten, *aliquid* von etw
3. das Veto einlegen, *„veto" als Einspruchsformel des Tribunen*
4. *von Sachen* verhindern; ***venti vetantes*** ungünstige Winde; ***quid vetat quaerere?*** was hindert uns zu fragen?
vetula ⟨ae⟩ *f* ||vetulus|| die Alte
vetulus
I ⟨a, um⟩ *Adj* ||*Dim von* vetus|| ziemlich alt
II ⟨ī⟩ *m* der Alte; ***mi vetule*** mein Alterchen
vetus
I *Gen* ⟨eris⟩ *Adj*
1. (*unkl.*) alt, bejahrt, ↔ *jung*; ***senatores veteres*** alte Senatoren
2. alt, schon lange vorhanden, langjährig, ↔ *neu*; erfahren, erprobt, routiniert, altgedient, *in re* in etw; altersschwach; ***vinum v.*** alter Wein; ***vectigalia vetera*** bisherige Abgaben
3. ehemalig, früher, vergangen; ***aetas v.*** Vorzeit
II ⟨eris⟩
1. *m Pl* die Alten, die alten Schriftsteller, die Klassiker
2. *f Pl* die alten Wechselbuden *an der Südseite des Forums*
3. *n* alte Geschichte, altes Sprichwort; *Pl* das Alte,

V

alte Geschichten, das Ehemalige; ***vetera mihi ignota sunt*** die alten Geschichten sind mir unbekannt; ***vetera omittere*** das Vergangene übergehen

vetustās ⟨ātis⟩ *f* ||vetus||
1. Greisenalter; ***tarda v.*** lähmendes Alter
2. Alter, lange Dauer; ***vetustatem habere*** lange dauern; ***vetustatem ferre/perferre*** bis auf die späte Nachwelt andauern
3. alte Bekanntschaft, *auch* langjährige Erfahrung
4. alte Zeit, Altertum; *meton* Menschen der alten Zeit
5. späte Zeit, Nachwelt
6. (*mlat.*) der Alte Bund

▶ **vetustus** ⟨a, um⟩ *Adj* ||vetus||
1. (*nachkl.*) alt, von hohem Alter
2. alt, lange bestehend; ***vinum vetustum*** alter Wein; ***disciplina vetusta*** langjährige Disziplin
3. früher; ***vetustiores scriptores*** die älteren Schriftsteller
4. altmodisch, altertümlich

vexāmen ⟨inis⟩ *n* ||vexo|| Erschütterung

vexātiō ⟨ōnis⟩ *f* ||vexo||
1. Sen. Erschütterung
2. *fig* Strapaze; ***v. corporis*** körperliche Strapaze
3. Misshandlung; ***acerbissima v.*** Cic. grausamste Misshandlung

vexātor ⟨ōris⟩ *m* ||vexo|| Störenfried, Plagegeist

vēxī → ***veho***

vexillārius ⟨ī⟩ *m* ||vexillum||
1. Fahnenträger, Fähnrich
2. *Pl* Sonderkommando

vexillātiō ⟨ōnis⟩ *f* ||vexillum|| (*nachkl.*) MIL Einheit, Sondereinheit

vexillum ⟨ī⟩ *n* ||*Dim von* velum||
1. MIL Feldzeichen *zur Kennzeichnung*
2. rote Signalfahne *auf dem Feldherrnzelt od dem Admiralschiff*
3. *meton* die zu einer Fahne gehörige Mannschaft

▶ **vexō** ⟨āvī, ātum, āre 1.⟩
1. stark bewegen, rütteln, erschüttern; ***mare v.*** das Meer aufwühlen
2. *fig* hart mitnehmen, heimsuchen; ***rem publicam omni scelere v.*** den Staat mit jedem Verbrechen heimsuchen
3. *fig* verheeren, plündern; ***pecuniam v.*** Geld vergeuden
4. *fig* beunruhigen; plagen, quälen, misshandeln; ***vexari conscientiā*** vom Gewissen gequält werden
5. *fig mit Worten od Schriften* angreifen; verhöhnen

via ⟨ae⟩ *f*
1. Straße, Landstraße, Gasse; ***tres viae erant ad urbem*** es gab drei Straßen zur Stadt; ***viam munire/facere/aperire*** eine Straße bauen; ***viam sternere*** eine Straße pflastern
2. *allg.* Weg, Bahn, Pfad, Gang; ***in viam se dare*** sich auf den Weg machen; ***dare alicui viam*** j-m Platz machen; ***rectā viā*** geradewegs; *fig* geradeheraus
3. *fig* Röhre *im menschlichen Körper*; Speiseröhre, Luftröhre; Spalt, Ritze
4. Tib. Streifen *an einem Kleid*
5. das Gehen, Gang, Marsch, Reise, Fahrt, Lauf; ***in via*** auf der Reise; ***alicui viam per fundum suum dare*** j-m die Erlaubnis geben durch sein Grundstück zu gehen
6. *fig* Weg, Bahn; Mittelweg; ***via vitae/vivendi*** Lebensweg; ***via potentiae*** Zutritt zur Macht; ***viā utor*** ich gehe den Mittelweg
7. *fig* Art und Weise, Verfahren; richtige Methode; ***via vitae/vivendi*** Lebensweise; ***aliā viā*** auf andere Weise; ***viā*** methodisch, planmäßig
8. *fig* Mittel, Gelegenheit; ***omnes vias pecuniae nosse*** alle Mittel kennen sich Geld zu verschaffen

viālis ⟨e⟩ *Adj* ||via|| Weg…; ***Lares viales*** Plaut. Laren des Weges

viārius ⟨a, um⟩ *Adj* ||via|| die Ausbesserung der Wege betreffend; ***lex viaria*** Gesetz zur Ausbesserung der Wege

viāticātus ⟨a, um⟩ *Adj* ||viaticum|| Plaut. mit Reisegeld ausgestattet

viāticum ⟨ī⟩ *n* ||viaticus||
1. Reisegeld
2. Ersparnisse
3. (*mlat.*) Sterbesakrament

viāticus ⟨a, um⟩ *Adj* ||via|| zur Reise gehörig

viātor ⟨ōris⟩ *m* ||via||
1. Wanderer, Reisender
2. Amtsbote; *allg.* Bote

viātōrius ⟨a, um⟩ *Adj* ||viator|| (*nachkl.*) zur Reise gehörig

Vibō Valentīna *f alte Stadt in Bruttium*

vibrō ⟨āvī, ātum, āre 1.⟩
I *v/t* schwingen, schwenken, in Bewegung versetzen, schütteln; *Passiv* zittern, zucken; ***hastas v.*** Lanzen schwenken; ***spicula v.*** Verg. Spieße werfen; ***crines v.*** Verg. die Haare kräuseln
II *v/i*
1. zittern, zucken, beben; ***vox vibrat*** die Stimme bebt
2. schimmern, glitzern; ***vibranti gladio*** Verg. mit glänzendem Schwert; ***mare vibrat*** das Meer funkelt; ***oratio vibrans*** schwungvolle Rede
3. (*nachkl.*) *von Tönen* schrillen
4. ***respectum v.*** (*mlat.*) stolz um sich blicken

vīburnum ⟨ī⟩ *n* Verg. Schneeball, *eine weiß blühende Pflanze*

vīcānus
I ⟨a, um⟩ *Adj* ||vicus|| Dorf…, auf den Dörfern herumziehend; ***vicani sacerdotes*** auf den Dörfern herumziehende Priester
II ⟨ī⟩ *m* Dorfbewohner

Vica Pota *f altröm. Göttin des Sieges*

vicāria ⟨a, um⟩ *Adj* ||vicarius|| Stellvertreterin

vicārius
I ⟨a, um⟩ *Adj* ||vicis|| stellvertretend, *alicuius/alicuius rei* für j-n/für etw; ***operae nostrae vicaria fides amicorum*** Verlässlichkeit der Freunde stellvertretend für unsere eigene Bemühung
II ⟨ī⟩ *m*
1. Stellvertreter, Ersatzmann; Nachfolger, *alicuius* j-s, *alicuius rei* in etw
2. (*nlat.*) Vikar, *Stellvertreter in einem kirchlichen Amt*

vīcātim *Adv* ||vicus||
1. straßenweise, von Gasse zu Gasse
2. (*nachkl.*) in Einzelgehöften

vice *u.* **vicem** *Adv* ||vicis||
1. *bei Verben der Gemütsstimmung* wegen *j-s/einer Sache*, mit Rücksicht auf *j-n/etw*, *alicuius/alicuius*

V

rei; ***rei publicae vicem saepe hoc doleo*** ich bedauere dies oft wegen des Staates
2. nach Art von *j-m*, wie *jd / etw*, *alicuius / alicuius rei*; ***Sardanapali vicem mori*** wie Sardanapal sterben
3. statt, anstatt, *alicuius / alicuius rei* j-s / einer Sache

vīcēnārius ⟨a, um⟩ *Adj* ||viceni|| (*vkl.*, *nachkl.*) zu zwanzig gehörig

vīcēnī ⟨ae, a⟩ *Num distr* ||viginti||
1. je zwanzig
2. (*nachkl.*) *poet* zwanzig auf einmal

vīcēnsimānus ⟨ī⟩ *m* = ***vicesimanus***

vīcēnsimārius ⟨a, um⟩ *Adj* = ***vicesimarius***

vīcēnsimus ⟨a, um⟩ *Num ord* = ***vicesimus***

vicēs → ***vicis***

vīcēsima ⟨ae⟩ *f* ||vicesimus||
1. der zwanzigste Teil
2. Steuer von fünf Prozent; ***v. portorii*** Abgabe von fünf Prozent als Aus- und Einfuhrzoll

vīcēsimānus ⟨ī⟩ *m* ||vicesimus|| Soldat der 20. Legion

vīcēsimārius ⟨a, um⟩ *Adj* ||vicesimus|| den zwanzigsten Teil betragend; ***aurum vicesimarium*** (Liv., Petr.) Steuer von fünf Prozent in Gold *auf den Wert eines Sklaven bei dessen Freilassung*

vīcēsimus ⟨a, um⟩ *Num ord* ||viginti|| der zwanzigste; ***annus v.*** das zwanzigste Jahr; ***vicesima pars militum*** Nep. der zwanzigste Teil an Soldaten

vīcessis ⟨is⟩ *m* Mart. 20 As

vīcī → ***vinco***

vicia ⟨ae⟩ *f* ||vincio|| (Verg., Ov.) Wicke, *eine Kletterpflanze*

vīciē(n)s *Num adv* zwanzigmal; ***vicies*** (***centena milia***) / ***HS vicies*** zwei Millionen Sesterze

Vicilīnus ⟨a, um⟩ *Adj* Liv. wachsam, *Beiname des Jupiter*

vīcīna ⟨ae⟩ *f* ||vicinus|| Nachbarin

vīcīnālis ⟨e⟩ *Adj* ||vicinus|| Liv. Nachbar…, nachbarlich

vīcīnia ⟨ae⟩ *f* ||vicinus||
1. Nachbarschaft; *meton* die Nachbarn
2. *fig* Nähe
3. *fig* Ähnlichkeit

vīcīnitās ⟨ātis⟩ *f* ||vicinus||
1. Nachbarschaft; *meton* die Nachbarn
2. *meton* Umgebung
3. (*nachkl.*) *fig* Ähnlichkeit

vīcīnum ⟨ī⟩ *n* ||vicinus|| Nachbarschaft, Nähe; *Pl* nahe Gegend

► **vīcīnus**
I ⟨a, um⟩ *Adj* ||vicus||
1. (*nachkl.*) *j-m / einer Sache* benachbart, nahe, in der Nähe von *j-m / etw* wohnend, *alicui / alicui rei*; ***funus vicinum*** Totenfeier im Nachbarhaus
2. *zeitl.* nahe bevorstehend
II ⟨ī⟩ *m* Nachbar

vicis *Gen Sg* (*Nom u. Dat Sg fehlen*), *Akk* ⟨em⟩, *Abl* ⟨e⟩, *Nom u. Akk Pl* es, *Abl Pl* ⟨ibus⟩ (*Gen u. Dat fehlen*) *f*
1. Abwechslung, Wechsel; *Pl* Phasen, Reihenfolge; ***vigilarum vices servare*** abwechselnd den Wachdienst versehen; ***v. sermonum*** Wechselgespräch; ***nox peragit vicem*** die Nacht vollzieht ihren Wechsel *mit dem Tag*; ***vices mutare / peragere*** sich verändern; ***versā vice*** umgekehrt; ***alternā vice / per vices / in vices / vicibus factis*** abwechselnd, zur Abwechslung, einer nach dem anderen
2. Wechsel des Schicksals, Schicksal, Los; *Pl* Wechselfälle
3. *meton* Platz, Stelle; Aufgabe, Rolle, Dienst; ***succedere in vicem / accedere ad vicem alicuius*** an j-s Stelle treten; ***vicem alicuius praestare*** j-s Stelle vertreten; ***sacram regiae vicem*** Opfer, die zu den Aufgaben der Könige gehören; ***vice alicuius fungi / vices alicuius exercere / vices alicuius defendere*** j-s Dienst versehen, j-s Stelle vertreten; ***vicem officii explere*** der Pflicht genügen; ***vicem veri obtinere*** gleiche Wirkung wie die Wahrheit haben
4. (*nachkl.*) *poet* Entgegnung, Erwiderung, *alicuius rei* auf etw, für etw; ***vicem / vices alicui reddere / referre / exsolvere*** j-m Gleiches mit Gleichem vergelten, *alicuius rei* für etw; ***plus vice simplici*** in mehr als einfacher Vergeltung
5. ***in vicem*** abwechselnd, gegenseitig, einander, umgekehrt

vicissātim *Adv* ||vicissim|| Plaut. wiederum, andererseits

vicissim *Adv* ||vicis, datum, *PPP von* do||
1. wiederum, andererseits
2. abwechselnd; ***homines vicissim dormiunt et vigilant*** die Menschen schlafen und wachen im Wechsel

vicissitūdō ⟨inis⟩ *f* ||vicissim||
1. Wechsel, Abwechslung, Gegenseitigkeit; ***v. imperitandi*** Wechsel im Regieren
2. (*mlat.*) Vergeltung

► **victima** ⟨ae⟩ *f*
1. Opfertier, Schlachtoper; *fig* Opfer, *alicuius* für j-n
2. (*mlat.*) Opferlamm

victimārius ⟨ī⟩ *m* ||victima|| (*nachkl.*) Opferdiener

vīctitō ⟨āvī, ātum, āre 1.⟩ ||*Freq von* vivo|| sich nähren, ***ficis*** von Feigen; ***bene libenter v.*** gerne gut essen

► **victor** ⟨ōris⟩ *m* ||vinco||
1. Sieger, Besieger, *abs od alicuius* j-s *od* über j-n, *alicuius rei* in etw; *adj* siegreich; ***v. bello / belli*** Sieger in einem Krieg; ***trium simul bellorum v.*** Liv. Sieger dreier gleichzeitig stattfindender Kriege; ***victorem discedere ex pugna / existere in proelio*** als Sieger aus einer Schlacht hervorgehen; ***currus v.*** Triumphwagen
2. *fig* Überwinder; ***v. propositi*** der seinen Wunsch erfüllt sieht

► **victōria** ⟨ae⟩ *f* ||victor||
1. Sieg, *alicuius rei* in etw, *alicuius* j-s *od* über j-n, *de aliquo / ex aliquo* über j-n; ***v. Olympiorum*** Sieg bei den Olympischen Spielen; ***victoriam reportare ab aliquo / referre ex aliquo*** den Sieg über j-n davontragen
2. Curt. *fig* Siegesruhm

Victōria ⟨ae⟩ *f* Siegesgöttin, *griech. Nike*

victōriātus
I ⟨a, um⟩ *Adj* ||victoria|| mit dem Bild der Victoria versehen
II ⟨ī⟩ *m* Victoriamünze, halber Denar

Victōriola ⟨ae⟩ *f* ||*Dim von* Victoria|| kleine Victoria, Nikestatuette

victōriōsus ⟨a, um⟩ *Adj* ||victoria|| (*vkl.*, *nachkl.*) siegreich

victrīx ⟨īcis⟩ *f* ||victor|| Siegerin, Besiegerin, *alicuius* j-s, über j-n; *adj* siegreich, den Sieg meldend; ***Graecia v.*** das siegreiche Griechenland

vīctuālia ⟨ium⟩ *n* ||victualis|| (*spätl.*) Lebensmittel

vīctuālis ⟨e⟩ *Adj* ||victus|| (*nachkl.*) zum Lebensunterhalt gehörig

victuma ⟨ae⟩ *f* Plaut. = ***victima***

vīctūrus ⟨a, um⟩ *Part Fut* → ***vivo***

victus[1] ⟨a, um⟩ *PPP* → ***vinco***

▶ **vīctus**[2] ⟨ūs⟩ *m* ||vivo||

1. Lebensunterhalt, Nahrung; ***v. cotidianus*** tägliche Nahrung

2. Lebensweise, Lebensart, Leben; ***victūs parsimonia*** sparsame Lebensweise; ***v. Persarum*** Lebensweise der Perser

vīculus ⟨ī⟩ *m* ||*Dim von* vicus|| kleines Dorf

▶ **vīcus** ⟨ī⟩ *m*

1. Dorf; Gehöft

2. Stadtteil, Stadtviertel; Straße, Gasse

vid. *Abk* (*mlat.*) = ***vide/videatur*** siehe, *als Verweis in Büchern u. Ä*

vidē-licet ||video, licet||

I (*vkl.*) es ist offensichtlich, + *AcI*

II *Adv*

1. offenbar, selbstverständlich, natürlich, *oft iron*

2. *erklärend* nämlich

videō ⟨vīdī, vīsum, vidēre 2.⟩

I
1. sehen, sehen können
2. die Augen offen haben, erwacht sein
II
1. sehen, wahrnehmen
2. wieder sehen
3. als Augenzeuge sehen, erleben
4. besuchen, aufsuchen
5. sich nach etw umsehen
6. sehen, einsehen
7. überlegen, bedenken
8. zusehen, darauf achten
9. besorgen
10. im Auge haben, beabsichtigen
11. anschauen, betrachten
12. zuschauen, Zuschauer sein
13. als Vorbild ansehen

I *abs*

1. sehen, sehen können; ***sensus videndi et audiendi*** Gesichtssinn und Hörsinn; ***acriter v.*** scharf sehen

2. Verg. die Augen offen haben, erwacht sein

II *v/t*

1. sehen, wahrnehmen, *auch* hören; ***urbem ex eo loco v.*** die Stadt von dieser Stelle aus sehen; ***videres*** man hätte sehen können; ***mugire videbis terram*** du wirst die Erde dröhnen hören

2. wieder sehen, ***patriam*** die Heimat

3. als Augenzeuge sehen, erleben

4. besuchen, aufsuchen

5. sich nach *etw* umsehen, *etw* ausfindig machen, *aliquid*; ***sibi v. locum*** sich nach einem Platz für sich umsehen

6. *geistig* sehen, einsehen, begreifen, erkennen, *auch* wissen, *aliquid* etw, + *AcI* / + *indir Fragesatz*; ***plus v. in re*** in einer Sache tiefer sehen, in einer Sache weiter sehen; ***plus v. in re publica*** tiefere Einsicht als Staatsmann haben

7. überlegen, bedenken, *aliquid* etw, + *indir Fragesatz*; ***illud ipse videris*** das musst du selbst bedenken; ***viderint Stoici*** das mögen die Stoiker entscheiden, das ist Sache der Stoiker

8. zusehen, darauf achten, sich hüten, *ut/ne* dass/dass nicht, + *Konjkt*; ***vide scribas*** achte darauf, dass du schreibst; ***vide/videte, ne*** *auch* ob vielleicht; ***vide, ne nulla sit divinatio*** es gibt schwerlich eine Sehergabe; ***videte, ut sit necesse*** es ist schwerlich nötig; ***videant consules, ne quid detrimenti res publica capiat*** *Formel des senatūs consultum ultimum, durch die der Senat den Konsuln bei Notstand außerordentliche Vollmachten erteilte*

9. *etw* besorgen, für *etw* sorgen, *etw* ausfindig machen, *alicui aliquid* j-m etw

10. im Auge haben, beabsichtigen; ***vidit aliud*** er hat andere Absichten

11. anschauen, betrachten; ***eum videre non possum*** ich kann ihn nicht anschauen, ich kann ihn nicht ausstehen

12. zuschauen, Zuschauer sein; ***qui visum processerant*** die erschienen waren um sich den Kampf mit anzusehen

13. *j-n* als Vorbild ansehen, *j-s* Beispiel folgen, *aliquem*

videor ⟨vīsus sum, vidērī 2.⟩ ||*Passiv von* video||

1. gesehen werden, sichtbar werden
2. scheinen

1. gesehen werden, sichtbar werden, sichtbar sein, erscheinen, sich zeigen; ***flamma ab oppidanis est visa*** das Feuer ist von den Stadtbewohnern gesehen worden; ***videndus*** sichtbar; ***rex videtur usus esse misericordiā*** der König hat offensichtlich Mitleid gehabt

2. *etw* scheinen, für *etw* gehalten werden, als *etw* gelten, *alicui* j-m, von j-m, + *Prädikatsnomen im Nom*, + *NcI*; ***poena mihi levis est visa*** mir schien die Strafe milde; ***hostes flumen videntur traicere*** die Feinde scheinen den Fluss zu überqueren

3. ***(mihi) videor*** ich glaube (von mir), ich denke, ich kann, + *NcI*; ***satis de hac re dixisse mihi videor*** ich denke, ich habe genug über diese Sache gesprochen; ***iure sumere videmur*** wir können wohl mit Recht annehmen; ***hoc de te sperare non videor*** das darf ich wohl von dir nicht hoffen

4. ***alicui videtur*** es scheint j-m richtig, j-d beschließt, + *Inf* / + *AcI*; ***senatui visum est legatos mittere*** der Senat beschloss Gesandte zu schicken; ***si videtur*** wenn es beliebt

vīdī → ***video***

vidua ⟨ae⟩ *f*

1. Witwe

2. (*unkl.*) geschiedene Frau; *adj* geschieden, einsam, ohne Mann; ***v. viro*** vom Mann geschiedene Frau

viduitās ⟨ātis⟩ *f* ||viduus||

1. Witwenstand

2. Plaut. Mangel, *alicuius rei* an etw, ***copiarum*** an Vorräten

V

vīdulus ⟨ī⟩ *m* Plaut. Reisekorb; Fischkorb

viduō ⟨āvī, ātum, āre 1.⟩ ||*Denom von* vidua||
1. zur Witwe machen
2. *fig* berauben, *aliquid re* etw einer Sache; ***urbem civibus v.*** die Stadt der Bürger berauben

viduus ⟨a, um⟩ *Adj* ||vidua|| *(nachkl.)*
1. verwitwet
2. unverheiratet, ledig
3. *fig* ohne Geliebte, ohne Geliebten, einsam; ***viduae noctes*** einsame Nächte
4. *einer Sache* beraubt, ohne *etw, re/alicuius rei/a re*; ***v. pharetrā*** Hor. des Köchers beraubt

viella ⟨ae⟩ *f (mlat.)* Geige

Vienna ⟨ae⟩ *f Hauptstadt der Allobroger, heute Vienne*

Viennēnsis ⟨e⟩ *Adj* aus Vienna, zu Vienna gehörig

Viennēnsis ⟨is⟩ *m* Einwohner von Vienna

vieō ⟨-, ētum, ēre 2.⟩ *(vkl., spätl.)* flechten, binden

viētus ⟨a, um⟩ *Adj* welk, geschrumpft; ***cor aliquo morbo vietum*** Cic. durch eine Krankheit geschrumpftes Herz

▶ **vigeō** ⟨uī, -, ēre 2.⟩
1. frisch sein, stark sein; ***nobis aetas viget*** wir stehen in der Blüte der Jahre; ***v. memoriā*** im Vollbesitz des Gedächtnisses sein; ***v. animo*** frischen Mut haben
2. *fig* in Ansehen stehen, Ansehen genießen; herrschen; ***philosophia contentionibus doctissimorum viget*** die Philosophie steht durch die Bemühungen der gelehrtesten Männer in Ansehen

vigēscō ⟨-, -, ēscere 3.⟩ ||*Inkoh von* vigeo|| *poet* erstarken, lebhaft werden

vīgēsimus ⟨a, um⟩ *Num ord* = ***vicesimus***

vīgessis ⟨is⟩ *m* Mart. = ***vicessis***

vigil

I *Gen* ⟨ilis⟩ *Adj* ||vigeo|| *(nachkl.)* wach; *fig* wachsam; ***canes vigiles*** Hor. wachsame Hunde; ***ignis v.*** Verg. immer brennendes Feuer; ***v. lucerna*** Nachtlicht

II ⟨ilis⟩ *m* Wächter; *Pl* Nacht- und Feuerpolizei *in Rom, von Augustus eingerichtet*

vigilāns *Gen* ⟨antis⟩ *Adj, Adv* ⟨vigilanter⟩ ||vigilo||
1. wachend, wach
2. *fig* wachsam; aufmerksam, fürsorglich; ***vigilanter administrare provinciam*** sorgfältig eine Provinz verwalten

vigilantia ⟨ae⟩ *f* ||vigilans|| Wachsamkeit; unermüdliche Fürsorge

vigilāx *Gen* ⟨ācis⟩ *Adj* ||vigilo|| *(nachkl.) poet* immer wach

▶ **vigilia** ⟨ae⟩ *f* ||vigil||
1. das Wachen, Nachtwache; *Pl* durchwachte Nächte
2. MIL das Wachestehen *der Soldaten*; Wache; ***vigilias agere*** Wache halten
3. (Zeit der) Nachtwache, *bei den Römern wurde die Nacht in vier Nachtwachen eingeteilt, deren Länge nach den Jahreszeiten verschieden war*; ***prima v.*** Zeit der ersten Nachtwache
4. Wachposten, Wachmannschaft; ***vigilias ponere*** Wachen aufstellen; ***vigilias circuire*** bei den Wachen die Runde machen
5. *fig* Wachsamkeit, Fürsorge, Eifer; *meton* Posten, Amt
6. Plaut. nächtliche Feier
7. *(mlat.)* Vigil, *Vortag hoher katholischer Feste*

vigiliārium ⟨ī⟩ *n* ||vigilia|| Sen. Wächterhäuschen

▶ **vigilō** ⟨āvī, ātum, āre 1.⟩ ||*Denom von* vigil||

I *v/i*
1. wachen, wach bleiben
2. *fig* wachsam sein, unermüdlich sorgen

II *v/t*
1. *eine Zeit* durchwachen, ***noctes*** Nächte
2. wachend verrichten, wachend zustande bringen; ***vigilatum carmen*** Ov. ein in durchwachter Nacht verfasstes Gedicht

vī-gintī *indekl Num card* zwanzig

vīgintīvirātus ⟨ūs⟩ *m* ||vigintiviri|| Kollegium der Zwanzigmänner, Amt der Zwanzigmänner, *unter Caesars Konsulat Kommission zur Ackerverteilung an ausgediente Soldaten*; Tac. *Gesamtname für vier städtische Unterbehörden*

vīgintī-virī ⟨ōrum⟩ *m* Kollegium von zwanzig Männern

vigor ⟨ōris⟩ *m* ||vigeo|| *(nachkl.) poet* Lebenskraft, Spannkraft, Energie

vīlica ⟨ae⟩ *f* ||vilicus|| *(nachkl.) poet* Verwalterin, Frau eines Verwalters; Landschönheit

vīlicō ⟨āvī, ātum, āre 1.⟩ ||*Denom von* vilicus|| Verwalter sein

vīlicus ⟨ī⟩ *m* ||villa|| Verwalter

▶ **vīlis** ⟨e⟩ *Adj, Adv* ⟨vīliter⟩
1. Plaut. wert; ***istuc verbum vile est viginti minis*** dieses Wort ist zwanzig Minen wert
2. *fig* von geringem Wert, wertlos, *alicui* für j-n; verachtet; ***aliquid vile/inter vilia habere*** etw verachten
3. *fig* überall zu haben

vīlitās ⟨ātis⟩ *f* ||vilis||
1. niedriger Preis; ***annus in vilitate est*** in diesem Jahr ist alles billig; ***in summa vilitate*** bei den niedrigsten Preisen
2. *fig* schändliche Preisgabe
3. *fig* Wertlosigkeit; Geringschätzung; ***ad vilitatem sui pervenire*** sich selbst verächtlich werden

▶ **villa** ⟨ae⟩ *f*
1. Landhaus, Landgut; ***v. publica*** „Stadthaus“, *öffentliches Amtsgebäude auf dem Marsfeld*
2. *(mlat.)* Dorf, Stadt

villic… = ***vilic…***

villōsus ⟨a, um⟩ *Adj* ||villus|| *(nachkl.)* zottig, haarig, rau; ***villosae ursae*** Ov. zottige Bärinnen

villula ⟨ae⟩ *f* ||*Dim von* villa|| kleines Landgut

villum ⟨ī⟩ *n* ||*Dim von* vinum|| ein wenig Wein

villus ⟨ī⟩ *m* zottiges Haar *der Tiere*

vīmen ⟨inis⟩ *n* ||vieo||
1. *(unkl.)* Weidenrute; *Pl* Weidengebüsch; *meton* Flechtwerk
2. *fig* geflochtener Korb; ***v. quernum*** aus Eichenzweigen geflochtenes Milchsieb

vīmentum ⟨ī⟩ *n* ||vieo|| Flechtwerk, Reisigbündel

Vīminālis collis *m* ||vimen|| *einer der sieben Hügel Roms zwischen Quirinal u. Esquilin*

vīmineus ⟨a, um⟩ *Adj* ||vimen|| aus Flechtwerk

vīn’ = ***visne***; → ***volo***

vīnāceus ⟨ī⟩ *m* ||vinum|| Kern der Weinbeere

Vīnālia ⟨ium⟩ *u.* ⟨ōrum⟩ *n* ||vinum|| Weinfest *in Rom mit Ausschank des neuen Weines, am 22. April zu*

Ehren der Venus, am 19. August zu Ehren des Jupiter

vīnārium ⟨ī⟩ *n* ||vinarius|| (*unkl.*) Weinkrug

vīnārius

I ⟨a, um⟩ *Adj* ||vinum|| Wein…; ***vinarium vas*** Weinglas; ***crimen vinarium*** Verstoß gegen den Weinzoll
II ⟨ī⟩ *m* (*vkl., nachkl.*) Weinhändler

vincibilis ⟨e⟩ *Adj* ||vinco|| (*nachkl.*) *poet* leicht zu gewinnen, gerecht; ***causa v.*** leicht zu gewinnender Prozess

► **vinciō** ⟨vinxī, vinctum, vincīre 4.⟩
1. fesseln, binden, *aliquem/aliquid re* etw mit etw, ***captivum catenis*** den Gefangenen mit Ketten
2. festbinden, anbinden, *aliquid re* etw mit etw, *aliquid alicui rei* etw an etw
3. umbinden, bekränzen, umgeben
4. *fig* (zur Treue/zur Dankbarkeit) verpflichten, ***animum alicuius donis*** j-n mit Geschenken
5. *fig* bezaubern
6. RHET verbinden, ***sententias*** Sätze
7. *fig* hemmen, einschränken; ***linguam v.*** die Zunge lähmen

vinclum ⟨ī⟩ *n* = ***vinculum***

vincō ⟨vīcī, victum, vincere 3.⟩

I
1. siegen, Sieger sein
2. sich mit seiner Meinung durchsetzen, seinen Willen durchsetzen
3. im Vorteil sein
II
1. besiegen, überwinden
2. überbieten
3. überstimmen
4. umstimmen, erweichen
5. übertreffen, übersteigen
6. überzeugend darstellen

I *v/i*
1. siegen, Sieger sein, *re/in re* in etw; ***vincentes*** die Sieger; ***Olympiā v.*** bei den Olympischen Spielen siegen; ***causam/iudicio/causā/sponsione v.*** den Prozess gewinnen; ***vicisti*** du hast Recht; ***viceris*** zu sollst deinen Willen haben; ***vincite*** ihr sollt Recht haben
2. *bei Meinungsverschiedenheiten* sich mit seiner Meinung durchsetzen, seinen Willen durchsetzen, gewinnen; ***ea sententia vicit*** diese Meinung setzte sich durch
3. im Vorteil sein, *re* durch etw, in etw, bei etw
II *v/t*
1. besiegen, überwinden; ***hostes proelio v.*** die Feinde in der Schlacht besiegen; ***saecula v.*** Jahrhunderte überleben; ***tubas v.*** die Trompeten übertönen; ***fata vivendo v.*** länger leben, als man sollte; ***viscera flammā v.*** die Eingeweide verbrennen; ***silentium v.*** das Schweigen brechen
2. *bei Auktionen* überbieten
3. (*nachkl.*) *bei Abstimmungen* überstimmen
4. *fig* umstimmen, erweichen, rühren, *aliquem* j-n; dazu bewegen, nötigen, *ut*
5. *fig* übertreffen, übersteigen; ***aliquem eloquentiā v.*** j-n an Beredsamkeit übertreffen; ***praeterita v.*** alles Dagewesene überbieten
6. *fig* überzeugend darstellen, *meist + AcI/ + indir Fragesatz, ut* dass

vinctus ⟨a, um⟩ *PPP* → ***vincio***

vinculum ⟨ī⟩ *n* ||vincio||
1. Fessel, Schnur, Strick, Seil; ***v. galeae*** Helmband
2. *Pl* Fesseln; *Pl meton* Gefängnis; ***demere alicui vincula*** j-m die Fesseln abnehmen; ***rumpere vincula*** fliehen; ***ex vinculis causam dicere*** sich gefesselt vor Gericht verantworten; ***aliquem in vincula conicere*** j-n ins Gefängnis werfen
3. Tib. *mit Riemen befestigte* Sandale, Schuh
4. *fig* Hindernis, Schranke; ***vincula fugae*** was von der Flucht abhält
5. *fig* vereinigendes Band, Bindemittel; *Pl* Umarmungen; ***v. amicitiae*** Beweggrund zur Freundschaft; ***v. legis*** Stütze des Gesetzes; ***v. iugale*** Band der Ehe; ***vincula sanguinis*** Blutsbande

Vindelicī ⟨ōrum⟩ *m kelt. Volk um Wertach u. Lech, Hauptstadt Augusta Vindelicorum, heute Augsburg*

vīn-dēmia ⟨ae⟩ *f* ||vinum, demo|| (*nachkl.*) *poet* Weinlese; *meton* Weintrauben, Herbst

vīndēmiātor ⟨ōris⟩ *m* ||vindimia|| Winzer, *auch als Stern im Sternbild der Jungfrau*

vīndēmiolae ⟨ārum⟩ *f* ||*Dim von* vindemia|| geringe Weinlese, *fig* geringe Einkünfte

vīndēmitor ⟨ōris⟩ *m* = ***vindemiator***

vindex ⟨icis⟩ *m u. f*
1. Rechtsbeistand; Bürge *vor Gericht*
2. Verteidiger, Verteidigerin, Retter, Retterin, *alicuius/alicuius rei* j-s/einer Sache *od* gegen j-n/gegen etw; *adj* schützend; ***v. aeris alieni*** Beschützer der Gläubiger; ***v. iniuriae*** Verteidiger gegen das Unrecht; ***v. periculi*** Retter in Gefahr, Retter aus Gefahr
3. Rächer, Rächerin, Bestrafer, Bestraferin; *adj* rächend, strafend

vindicātiō ⟨ōnis⟩ *f* ||vindico||
1. JUR Eigentumsrecht
2. Notwehr

vindiciae ⟨ārum⟩ *f* ||vindex|| JUR *vor Gericht geltend gemachter* Rechtsanspruch, gerichtliche Beanspruchung eines Gegenstandes; ***vindicias dare/decernere secundum libertatem*** *vom Richter* die vorläufige Freisprechung festsetzen; ***vindicias dare/decernere secundum servitutem*** vorläufig die Freiheit aberkennen, vorläufig für unfrei erklären

vindicō ⟨āvī, ātum, āre 1.⟩ ||*Denom von* vindex||
1. gerichtlich beanspruchen; ***sponsam in libertatem v.*** fordern, dass die Braut frei bleibe
2. *allg.* beanspruchen, als Eigentum fordern, sich anmaßen; ***Chii Homerum suum vindicant*** die Chier beanspruchen Homer für sich; ***antiquam faciem v.*** sein früheres Aussehen wiederherstellen
3. *einen Unfreien* frei machen, in Freiheit setzen
4. sichern, beschützen, retten, *aliquem/aliquid ab re/ex re* j-n/etw vor etw, j-n/etw gegen etw; ***se ad aliquem v.*** seine Verpflichtungen j-m gegenüber erfüllen
5. strafend einschreiten gegen *j-n*, *j-n* bestrafen, *in aliquem*; ***in socios severe/graviter v.*** streng gegen die Bundesgenossen verfahren
6. bestrafen, rächen, *auch* verbieten, *aliquid* etw
7. tadeln, *aliquid in aliquo* etw an j-m

8. (*nachkl.*) ***se v.*** sich rächen, *ab aliquo/de aliquo* an j-m

vindicta ⟨ae⟩ *f* ||vindex||
1. Freilassung *eines Sklaven*
2. Befreiung, *alicuius rei* einer Sache *od* von etw
3. *meton* Stab, *mit dem der Sklave berührt u. damit in die Freiheit entlassen wurde*
4. (*nachkl.*) *poet* Rache, Strafe

Vindobona ⟨ae⟩ *f röm. Grenzfestung vor Carnuntum in Oberpannonien, heute Wien*

Vindonissa ⟨ae⟩ *f röm. Heerlager an der Reuß, heute Windisch, nw. von Zürich*

vīnea ⟨ae⟩ *f* ||vinum||
1. Weinstock
2. Weinberg, Weingarten, Weinlaube
3. MIL Schutzdach, *nach Art einer Weinlaube gebaut u. als Schutz der Belagerer dienend*

vīnētum ⟨ī⟩ *n* ||vinum||
1. Weinberg, Weingarten
2. ***vineta sua caedere*** Hor. sich ins eigene Fleisch schneiden

vīnitor ⟨ōris⟩ *m* ||vinum|| Winzer

vinnulus ⟨a, um⟩ *Adj* Plaut. lieblich, süß

vīnolentia ⟨ae⟩ *f* ||vinolentus||
1. Trunkenheit
2. Trunksucht

vīnolentus
I ⟨a, um⟩ *Adj* ||vinum||
1. betrunken
2. trunksüchtig
3. mit Wein zubereitet
II ⟨ī⟩ *m* Trinker

vīnōsus ⟨a, um⟩ *Adj* ||vinum||
1. (*nachkl.*) voll Wein, betrunken
2. trunksüchtig; ***convivium vinosum*** Gelage, bei dem viel Wein getrunken wird
3. weinartig, weinhaltig

vīnul... = ***vinol...***

▶ **vīnum** ⟨ī⟩ *n*
1. Wein; *Pl* Weinsorten; ***levia vina*** leichte Weinsorten
2. das Weintrinken; ***se vino dare*** Nep. sich dem Weingenuss hingeben; ***in vino/ad vinum/per vinum/inter vinum*** beim Wein; ***homo nimii vini*** Trinker
3. (*vkl.*) Weintrauben, Weinstöcke

vinxī → ***vincio***

viola[1] ⟨ae⟩ *f*
1. Veilchen, *auch* Levkoje
2. *meton* Veilchenfarbe, Violett; ***pallor violā tinctus*** Veilchenblässe

viola[2] ⟨ae⟩ *f* (*mlat.*) Viola, Bratsche

violābilis ⟨e⟩ *Adj* ||violo|| *poet* verletzbar; ***numen violabile*** verletzliche Gottheit

violāceus ⟨a, um⟩ *Adj* ||viola[1]|| (*nachkl.*) violett

violārium ⟨ī⟩ *n* ||viola[1]|| (*unkl.*) Veilchenbeet

violārius ⟨ī⟩ *m* ||viola[1]|| Plaut. Violettfärber

violātiō ⟨ōnis⟩ *f* ||violo|| (*nachkl.*) Verletzung, Schändung; ***v. templi*** Tempelschändung

violātor[1] ⟨ōris⟩ *m* ||violo|| (*nachkl.*) *poet* Verletzer, Schänder; ***v. templi*** Ov. Tempelschänder

violator[2] ⟨oris⟩ *m* ||viola[2]|| (*mlat.*) Violaspieler

violēns *Gen* ⟨entis⟩ *Adj*, *Adv* ⟨violenter⟩ = ***violentus***

violentia ⟨ae⟩ *f* ||violentus|| Gewalttätigkeit; Wildheit, Härte; ***v. hiemis*** Härte des Winters; ***Rhenus servat violentiam cursūs*** Tac. der Rhein bewahrt das Ungestüm seines Laufs

violentus ⟨a, um⟩ *Adj* ||violo|| gewalttätig, ungestüm, heftig, wild; ***homo v.*** gewalttätiger Mensch; ***violentum est*** es ist übertrieben, + *Inf*

▶ **violō** ⟨āvī, ātum, āre 1.⟩
1. misshandeln, verletzen; ***ebur sangineo ostro v.*** das Elfenbein mit blutrotem Purpur färben
2. verheeren, verwüsten
3. vergewaltigen
4. *fig* entweihen, beflecken; *Verträge od Versprechen* brechen; ***foedus v.*** einen Vertrag brechen
5. *fig* beleidigen

vīpera ⟨ae⟩ *f* ||vivus, pario|| Viper, Schlange

vīpereus ⟨a, um⟩ *Adj* ||vipera||
1. Schlangen…, schlangenartig; ***vipereum venenum*** Schlangengift; ***pennae vipereae*** geflügelte Schlangen; ***vipereum monstrum*** schlangenhaariges Ungeheuer, = Medusa; ***vipereae sorores*** schlangenhaarige Schwestern, = Furien; ***canis v.*** schlangenhaariger Hund, = Zerberus
2. giftig; ***anima viperea*** Gifthauch

vīperīnus ⟨a, um⟩ *Adj* = ***vipereus***

Vīpsānius ⟨a, um⟩ *röm. Gentilname*; → ***Agrippa***

▶ **vir** ⟨virī⟩ *m*
1. Mann, erwachsener Mann
2. tüchtiger Mann, Held
3. (*nachkl.*) Ehemann; Liebhaber
4. Mann; *meton* Manneskraft, Zeugungskraft
5. MIL (einfacher) Soldat; *Pl* Fußvolk, Infanterie; ***quinque milia virorum*** fünftausend Mann
6. *Pl* Menschen, ↔ *Götter u. Tiere*; Leute
7. der Einzelne, jeder Einzelne; ***vir virum legit*** jeder suchte sich einen Mann aus
8. (*mlat.*) *als Anrede* Herr; ***vir episcope*** Herr Bischof

virāgō ⟨inis⟩ *f* ||vir|| *poet* Heldenjungfrau, Heldin

Virbius ⟨ī⟩ *m*
1. *Beiname des Hippolytos*
2. *Sohn des Hippolytos*

virectum ⟨ī⟩ *n* ||vireo|| das Grün, ***nemorum*** der Wälder

virēns *Gen* ⟨entis⟩ *Adj* = ***viridis***

vireō ⟨uī, -, ēre 2.⟩
1. grünen, grün sein
2. (*nachkl.*) *fig* frisch sein, kräftig sein

vīrēs ⟨vīrium⟩ *f* → ***vis***[1]

virēscō ⟨viruī, -, virēscere 3.⟩ ||*Inkoh von* vireo|| (*nachkl.*) *poet* grün werden, sprießen

virētum ⟨ī⟩ *n* = ***virectum***

virga ⟨ae⟩ *f*
1. (*unkl.*) Zweig, Rute, Gerte
2. Pfropfreis, Setzling; ***pinea v.*** Pinienzweig
3. Rute *zum Schlagen*
4. Stab *im Bündel der Liktoren, Symbol der Autorität u. Macht*
5. *Pl meton* Stockschläge, Geißelung
6. Ov. Besen
7. Linie *im Stammbaum*
8. Ov. *farbiger* Streifen *an einem Kleid*; ***purpureae virgae*** purpurfarbene Streifen
9. (*spätl.*) männliches Glied

V

10. (*mlat.*) Bischofsstab

virgātor ⟨ōris⟩ *m* ||virga|| Plaut. „Prügelmeister“

virgātus ⟨a, um⟩ *Adj* ||virga||
1. Catul. aus Ruten geflochten
2. Verg. mit Streifen versehen

virgētum ⟨ī⟩ *n* ||virga|| Weidengebüsch

virgeus ⟨a, um⟩ *Adj* ||virga|| aus Reisig, von Reisig; ***flamma virgea*** Reisigfeuer

virgidēmia ⟨ae⟩ *f* ||virga|| Plaut. Schläge

Virgilius ⟨ī⟩ *m* (*spätl.*) = ***Vergilius***

virgināle ⟨is⟩ *n* ||virginalis|| jungfräuliche Scham

virginālis ⟨e⟩ *Adj* ||virgo|| jungfräulich, mädchenhaft

virginārius ⟨a, um⟩ *Adj* ||virgo|| Plaut. Jungfrauen…, Mädchen…; ***feles v.*** Mädchenräuber

Virginēsvendōnidēs ⟨ae⟩ *m* ||virgines, vendo|| Plaut. Mädchenhändler

virgineus ⟨a, um⟩ *Adj* ||virgo||
1. jungfräulich, mädchenhaft; ***pudor v.*** jungfräuliche Schamhaftigkeit; ***virginea sagitta*** Pfeil der jungfräulichen Diana; ***virginea ara*** Altar der Vesta
2. aus der Aqua Virgo *in Rom, der von M. Agrippa angelegten Wasserleitung, heute Fontana di Trevi*

Virginia ⟨ae⟩ *f* = ***Verginia***; → ***Verginius***

virginitās ⟨ātis⟩ *f* ||virgo|| Jungfräulichkeit

Virginius ⟨a, um⟩ *röm. Gentilname* = ***Verginius***

► **virgō** ⟨inis⟩ *f*
1. Jungfrau, *auch als Sternbild*; Mädchen; *adj* jungfräulich, unverheiratet; ***v. regia*** Prinzessin; ***dea v.*** jungfräuliche Göttin, = Diana
2. junge Frau
3. (*nachkl.*) ***Aqua Virgo*** → ***virgineus***
4. ***charta v.*** Mart. noch nicht herausgegebene Schrift

virgula ⟨ae⟩ *f* ||*Dim von* virga||
1. Zweiglein
2. Stäbchen; ***v. divina*** Wünschelrute; ***v. censoria*** Quint. Strich *zum Anmerken der Unechtheit bei einem Wort od Vers*

virgultum ⟨ī⟩ *n* ||virgula||
1. *meist Pl* Buschwerk
2. Verg. Setzling

virguncula ⟨ae⟩ *f* ||*Dim von* virgo|| (*nachkl.*) Mädchen

Viriāt(h)us ⟨ī⟩ *m Anführer der Lusitanier gegen Rom, 139 v. Chr. ermordet*

viridārium ⟨ī⟩ *n* ||viridis|| Park

viride ⟨is⟩ *n* ||viridis||
1. das Grün
2. (*mlat.*) grünes Tuch
3. ***v. Hispanum*** (*mlat.*) Grünspan, *da zuerst in Spanien künstlich hergestellt u. von dort exportiert*

viridiārium ⟨ī⟩ *n* = ***viridarium***

► **viridis** ⟨e⟩ *Adj* ||vireo||
1. grün, grünlich; ***ripa v.*** grünes Ufer; ***v. avis*** Papagei
2. (*nachkl.*) *poet* grasreich, baumreich
3. *fig* jugendlich, frisch; ***aetas v.*** Jugend

viriditās ⟨ātis⟩ *f* ||viridis||
1. das Grün
2. *fig* Jugendfrische, Rüstigkeit

viridō ⟨-, -, āre 1.⟩ ||*Denom von* viridis||
I *v/i* grünen; ***viridantes herbae*** grüne Gräser
II *v/t* grün machen; *Passiv* grün werden

► **virīlis** ⟨e⟩ *Adj, Adv* ⟨virīliter⟩ ||vir||
1. dem Mann eigen, männlich; *selten* erwachsen; ***sexus v.*** männliches Geschlecht; ***partes viriles*** Hor. männliche Rollen
2. persönlich; ***pars v.*** persönlicher Teil; ***pro virili parte*** nach Kräften
3. eines Mannes würdig
4. GRAM männlich, maskulin

virīlitās ⟨ātis⟩ *f* ||virilis|| (*nachkl.*)
1. Mannesalter
2. Zeugungsfähigkeit
3. männliche Kraft

vīri-potēns *Gen* ⟨entis⟩ *Adj* ||vires|| Plaut. mächtig, *Beiname des Jupiter*

virītim *Adv* ||vir||
1. Mann für Mann, einzeln; ***agros viritim dividere civibus*** die Felder einzeln an die Bürger verteilen
2. (*nachkl.*) Mann gegen Mann; ***viritim dimicare*** Curt. Mann gegen Mann kämpfen

viror ⟨ōris⟩ *m* ||vireo||
1. (*nachkl.*) das frische Grün
2. (*mlat.*) Lebenskraft

virōsus[1] ⟨a, um⟩ *Adj* ||vir|| (*vkl., nachkl.*) mannstoll

vīrōsus[2] ⟨a, um⟩ *Adj* ||virus|| Verg. übel riechend, stinkend

virtuosus ⟨a, um⟩ *Adj* (*mlat.*)
1. tugendhaft
2. wundertätig

► **virtūs** ⟨ūtis⟩ *f* ||vir||
1. Mannhaftigkeit, Manneswürde, Tatkraft
2. Tapferkeit, Mut, Kraft, *alicuius* j-s, *alicuius rei* in etw, ***rei militaris*** im Kriegsdienst
3. *Pl meton* Heldentaten
4. Tüchtigkeit, Wert, Verdienst; *Pl* Vorzüge, *auch von Tieren u. Leblosem*; ***virtutes herbarum*** die Vorzüge der Kräuter
5. Tugend, Tugendhaftigkeit, Moral; Ehrenhaftigkeit
6. *Pl* (*mlat.*) Wundertaten

Virtūs ⟨ūtis⟩ *f* Göttin der Tapferkeit im Krieg

viruī → ***vireo*** *u.* → ***viresco***

vīrulentus ⟨a, um⟩ *Adj* ||virus|| (*nachkl.*) giftig, *auch fig*; ***serpens virulenta*** Giftschlange

vīrus ⟨ī⟩ *n*, (*klass.*) *nur Nom u. Akk Sg*
1. Schleim
2. Gift, Schlangengift; *fig* Geifer; ***v. acerbitatis*** Geifer der Bitterkeit
3. (*nachkl.*) *poet* salziger Geschmack *des Meerwassers*

vīs[1] ⟨*Akk* vim, *Abl* vī *f*, *Pl* vīrēs, ium⟩
1. Kraft, Stärke Gewalt; ***summā vi*** mit der größten Anstrengung
2. *poet* Tatkraft, Mut, Energie
3. *feindlich* Waffengewalt, Angriff; ***urbem vi/per vim expugnare*** die Stadt im Sturm erobern
4. Gewalttat, Vergewaltigung, Druck; ***vim facere*** Gewalt anwenden; ***vim facere per aliquid*** etw gewaltsam durchbrechen; ***alicui vim afferre/inferre/adhibere/facere*** j-m Gewalt antun; ***vi/per vim*** gewaltsam, *auch* gezwungen
5. Bedrängnis
6. *fig* Kraft, Macht, Einfluss, Wirksamkeit; ***maximam vim habere ad aliquid*** den größten Einfluss auf etw haben; ***vis veneni*** Wirksamkeit des Giftes

7. *fig* Inhalt, Bedeutung, Wesen; ***natura atque vis*** Natur und Wesen; ***vis verbi*** Sinn eines Wortes
8. Menge, Masse; ***vis lacrimarum*** Tränenstrom; ***vis auri*** eine Menge Gold
9. Zeugungskraft; ***vis genitalis*** männlicher Same
10. *Pl* Körperkräfte, Stärke; ***vires herbarum*** die Kräfte der Kräuter
11. *Pl fig* Kräfte, Mittel, Vermögen; ***pro viribus*** nach Kräften
12. *Pl* MIL Streitmacht, Truppen, Heer; ***satis virium habere*** genügend Truppen haben
13. *Pl* geistige Kräfte, Fähigkeiten
vīs[2] ||volo|| du willst; ***qui-vis*** jeder, den du willst
viscātus ⟨a, um⟩ *Adj* ||viscum|| mit Vogelleim bestrichen; *fig* lockend; ***ista viscata beneficia*** Sen. diese lockenden Wohltaten
vīscerātim *Adv* ||viscus²|| *(vkl.)* stückweise
vīscerātiō ⟨ōnis⟩ *f* ||viscus²||
1. Fleischspende *an das Volk*
2. Sen. Abfütterung
viscō ⟨āvī, ātum, āre 1.⟩ ||viscatus|| mit Vogelleim bestreichen
Visculus ⟨ī⟩ *m* = ***Vistula***
viscum ⟨ī⟩ *n u.* **viscus**[1] ⟨ī⟩ *m*
1. *(nachkl.) poet* Mistel
2. Vogelleim *aus Mistelbeeren*
3. *fig* Köder
▶ **vīscus**[2] ⟨eris⟩ *n, meist Pl* ***vīscera, um***
1. Fleisch; ***tunica inhaesit visceribus*** die Tunika klebte am Fleisch
2. Eingeweide, innere Organe
3. *fig* das eigene Fleisch und Blut, das eigene Kind, die eigenen Kinder
4. *fig* die geistigen Kinder, die eigenen Schriften
5. Ov. *fig* die Lieblinge
6. *fig* das Innerste; ***viscera terrae*** Ov. das Innerste der Erde; ***vires in viscera vertere*** die Kräfte gegen die eigenen Mitbürger wenden; ***aliquid alicui in visceribus haeret*** etw sitzt tief in j-s Gedächtnis; ***viscera causae*** das Wesentliche in der Sache
7. *fig* Vermögen, Geldmittel
vīsenda ⟨ōrum⟩ *n* ||visendus|| Sehenswürdigkeiten
vīsendus ⟨a, um⟩ *Adj* ||viso|| sehenswert
vīsī → ***viso***
vīsibilis ⟨e⟩ *Adj* ||video|| *(nachkl., eccl.)* sichtbar
vīsiō ⟨ōnis⟩ *f* ||video||
1. das Sehen, Anblick
2. *meton* Erscheinung, Vision; *fig* Vorstellung, Idee, *alicuius rei* von etw
vīsitātiō ⟨ōnis⟩ *f* ||visito|| *(spätl.)* Besichtigung, Besuch; *fig* Heimsuchung, Bestrafung
vīsitō ⟨āvī, ātum, āre 1.⟩ ||*Freq von* viso|| *(vkl.)* oft sehen, oft besuchen
▶ **vīsō** ⟨vīsī, -, vīsere 3.⟩
1. genau ansehen, besichtigen; ***visendi causā venire*** kommen um zu besichtigen; ***prodigium v.*** eine wunderbare Erscheinung untersuchen
2. *fig* nach *etw* sehen, nachsehen, *aliquid*; ***v., si domi est*** nachsehen, ob er zu Hause ist
3. besuchen, aufsuchen, besichtigen; ***amicum aegrotum v.*** einen kranken Freund besuchen
vispillō ⟨ōnis⟩ *m* = ***vespillo***
Vist(u)la ⟨ae⟩ *m* die Weichsel
vīsum ⟨ī⟩ *n* ||*PPP von* video||
1. Erscheinung, Bild
2. Traumbild; ***visis perterreri*** von Traumbildern erschreckt werden
3. PHIL *Stoa* Vorstellung, Fantasie
Visurgis ⟨is⟩ *m* die Weser
vīsus[1] ⟨a, um⟩ *PPP* → ***video*** *u. PPerf* → ***videor***
▶ **vīsus**[2] ⟨ūs⟩ *m* ||video||
1. das Sehen, Anblick, Blick; ***quā v. erat*** so weit das Auge reichte; ***omnia visu obire*** alles ansehen
2. das Gesehene; Erscheinung, Vision; Aussehen, Gestalt
3. *(spätl.)* Sehkraft, Gesichtssinn
▶ **vīta** ⟨ae⟩ *f* ||vivus||
1. das Leben, *auch* Lebenszeit; ***vitam ponere*** das Leben lassen
2. *poet* Lebenshauch, Seele, Schatten *in der Unterwelt*; ***vitam exhalare*** Verg. das Leben aushauchen
3. Lebensweise; ***v. rustica*** Leben auf dem Land
4. Lebensunterhalt
5. *(nachkl.)* Lebensbeschreibung, Biografie; ***vitae excellentium virorum*** Lebensbeschreibungen hervorragender Männer
6. Ter. Lebensglück, *auch als Kosewort*
7. *(nachkl.) poet* die lebenden Menschen
vītābilis ⟨e⟩ *Adj* ||vito|| Ov. wert gemieden zu werden
vītābundus ⟨a, um⟩ *Adj* ||vito|| *(nachkl.)* immer zu entkommen bemüht, immer ausweichend, *aliquid* einer Sache; ***tela v.*** den Geschossen ausweichend
vītālia ⟨ōrum⟩ *n* ||vitalis||
1. lebenswichtige Körperteile
2. Totenkleid
vītālis ⟨e⟩ *Adj, Adv* ⟨vītāliter⟩ ||vita||
1. Leben gebend, Leben spendend, das Leben erhaltend; ***vis v.*** Leben spendende Kraft
2. zum Leben gehörig, Lebens…
3. *(unkl.)* lebensfähig
4. *(vkl.)* lebenswert; ***vita v.*** lebenswertes Leben
5. ***lectus v.*** Petr. Totenbahre
vītātiō ⟨ōnis⟩ *f* ||vito|| Vermeidung, ***doloris*** von Schmerz
Vitelliānī ⟨ōrum⟩ *m* ||Vitellius||
1. die Soldaten des Vitellius
2. Mart. kleine Schreibtäfelchen
Vitelliānus ⟨a, um⟩ *Adj* des Vitellius, zu Vitellius gehörig
Vitellius ⟨ī⟩ *m röm. Gentilname*; ***Aulus Vitellius*** *röm. Kaiser 69 n Chr., von Vespasian gestürzt*
vitellum ⟨ī⟩ *n* ||vitellus|| Eidotter
vitellus ⟨ī⟩ *m* ||*Dim von* vitulus||
1. Kälbchen, *auch Kosewort*
2. Eidotter
vīteus ⟨a, um⟩ *Adj* ||vitis|| vom Weinstock
vitiātiō ⟨ōnis⟩ *f* ||vitio|| *(nachkl.)* Verletzung
vitiātor ⟨ōris⟩ *m* ||vitio|| Sen. Verführer, Schänder *eines Mädchens*
vīticula ⟨ae⟩ *f* ||*Dim von* vitis|| kleiner Weinstock
vīti-fer ⟨fera, ferum⟩ *Adj* ||vitis, fero|| *(nachkl.) poet* Reben tragend, reich an Wein
vīti-genus ⟨a, um⟩ *Adj* ||vitis, gigno|| Wein…; ***liquor v.*** Lucr. Wein
viti-lēna ⟨ae⟩ *f* ||vitium|| Plaut. Kupplerin
vitilīgō ⟨inis⟩ *f* *(vkl., nachkl.)* Hautkrankheit, Flechte

▶ **vitiō** ⟨āvī, ātum, āre 1.⟩ ||*Denom von* vitium||
1. verderben, verletzen, beschädigen; ***v. odoribus auras*** durch Gestank die Luft verpesten; ***valetudo vitiata*** Sen. angeschlagene Gesundheit
2. verführen, schänden
3. *fig* fälschen, verfälschen, ***memoriam*** Geschichtsurkunden
4. RELIG für ungeeignet erklären *einen zu einer öffentlichen Handlung bestimmten Tag aufgrund ungünstiger Vorzeichen*; ***comitia v.*** den Wahltag für ungeeignet erklären
vitiōsitās ⟨ātis⟩ *f* ||vitiosus|| Lasterhaftigkeit
vitiōsus ⟨a, um⟩ *Adj, Adv* ⟨vitiōsē⟩ ||vitium||
1. fehlerhaft, mangelhaft; ***vitiosa ilex*** hohle Steineiche; ***vitiosum corpus*** kranker Körper
2. unrichtig, falsch
3. RELIG gegen die Auspizien geschehen, gegen die Auspizien gewählt
4. fehlerhaft, lasterhaft; ***libido vitiosa*** Hor. lasterhafte Leidenschaft
▶ **vītis** ⟨is⟩ *f* ||vieo||
1. Weinrebe, Weinstock; Weinlaub, Wein
2. *meton* Kommandostab des Zenturio, *aus einer Rebe gefertigt*; (*nachkl.*) Zenturionenstelle; ***vite regere*** mit dem Stab befehligen
3. (*nachkl.*) *poet* Zaunrübe
vīti-sator ⟨ōris⟩ *m* ||vitis, sero[2]|| Verg. Winzer
▶ **vitium** ⟨ī⟩ *n*
1. Fehler, Mangel, Schaden, schlechte Beschaffenheit; ***v. corporis*** körperliches Gebrechen; ***v. memoriae*** Gedächtnisschwäche; ***v. castrorum*** ungünstige Lage des Lagers; ***ignis vitium metallis excoquit*** das Feuer scheidet die Schlacke aus den Metallen; ***v. aeris*** schlechte Luft; ***aedes vitium fecerunt*** das Haus ist schadhaft geworden
2. Krankheit, Seuche
3. Fehltritt, Missgriff, Verstoß, Schuld; ***meum est v.*** es ist meine Schuld
4. RELIG ungünstiges Vorzeichen, Formfehler *bei den Augurien*; ***tabernaculum vitio captum*** gegen die Augurien ausgewähltes Beobachtungszelt
5. Laster, Verschulden, Vergehen; *Pl* Lasterhaftigkeit; ***in vitio esse*** schuld sein, fehlerhaft sein; ***alicui aliquid vitio dare / vertere*** j-m etw als Fehler anrechnen
6. (Com., Gell.) Schändung, Verführung
▶ **vītō** ⟨āvī, ātum, āre 1.⟩ *etw* meiden, vermeiden, *einer Sache* ausweichen, aus dem Weg gehen, entgehen, *aliquid, ne* dass, + *Konjkt* / + *Inf*; ***eum locum v.*** diesen Ort meiden; ***se ipsum v.*** mit sich selbst unzufrieden sein; ***mortem fugā v.*** dem Tod durch Flucht entgehen
vītor ⟨ōris⟩ *m* ||vieo|| Plaut. Korbflechter
vitreārius ⟨ī⟩ *m* ||vitreus|| Sen. Glasbläser
vitreum ⟨ī⟩ *n* ||vitreus|| Glasgeschirr
vitreus ⟨a, um⟩ *Adj* ||vitrum[1]||
1. gläsern, aus Glas, aus Kristall; ***v. hostis*** Ov. gläserne Spielfigur des Gegners
2. *fig* klar, durchsichtig, glänzend
3. *fig* schillernd; trügerisch; ***fama vitrea*** Hor. trügerischer Ruhm
4. (*spätl.*) *fig* zerbrechlich, vergänglich
vītricus ⟨ī⟩ *m*
1. Stiefvater
2. (*mlat.*) Verwalter der Kirchenkasse
vitrum[1] ⟨ī⟩ *n* Kristall, Glas; (*mlat.*) Glasfenster
vitrum[2] ⟨ī⟩ *n* Waid, *Pflanze mit blauem Farbstoff*
Vitrūvius ⟨ī⟩ *m Architekt u. Ingenieur z. Zt. des Caesar u. Augustus, Verfasser von De architectura libri decem*
vitta ⟨ae⟩ *f* ||vieo||
1. Binde, Kopfbinde *der Opfertiere, Priester, frei geborenen Frauen u. Dichter*
2. Binde *um die Friedenszweige der Bittflehenden*
3. Band *um den Altar, um heilige Bäume u. Ä.*
vittātus ⟨a, um⟩ *Adj* ||vitta|| (*nachkl.*) *poet* mit einer Binde geschmückt
vitula ⟨ae⟩ *f* ||vitulus|| Kalb, junge Kuh
vitulīna ⟨ae⟩ *f* ||vitulinus|| (*vkl., nachkl.*) Kalbfleisch
vitulīnus ⟨a, um⟩ *Adj* ||vitulus|| vom Kalb, Kalb(s)...
vītulor ⟨-, ārī 1.⟩ (*vkl.*) einen Siegesgesang anstimmen
▶ **vitulus** ⟨ī⟩ *m*
1. Jungtier, Kalb, Fohlen
2. ***v. marinus*** (*nachkl.*) Seehund
vituperābilis ⟨e⟩ *Adj* ||vitupero|| tadelnswert
vituperātiō ⟨ōnis⟩ *f* ||vitupero||
1. Tadel
2. tadelnswertes Benehmen
vituperātor ⟨ōris⟩ *m* ||vitupero|| Tadler, Kritiker
vituperō ⟨āvī, ātum, āre 1.⟩ ||vitium, paro||
1. Plaut. RELIG ungültig machen, ***omen*** ein Vorzeichen
2. tadeln, bemängeln, schelten, *abs od aliquem / aliquid* j-n / etw, *aliquem in re / propter rem* j-n wegen etw
vīvācitās ⟨ātis⟩ *f* ||vivax|| (*nachkl.*) Lebenskraft, Lebensdauer
vīvārium ⟨ī⟩ *n* ||vivus|| *poet* Gehege, Behälter für lebende Tiere, Tiergarten, Fischbassin
vīvātus ⟨a, um⟩ *Adj* ||vivus|| belebt
vīvāx *Gen* ⟨ācis⟩ *Adj* ||vivo|| (*nachkl.*)
1. langlebig, zäh
2. *fig* dauerhaft, lange frisch
3. *fig* lebhaft, kräftig, *auch* belebend; ***sulpura v.*** schnell aufflammender Schwefel
vīvēscō ⟨vīxī, -, vīvēscere 3.⟩ ||*Inkoh von* vivo|| Lucr. zum Leben erwachen; kräftig werden
vīvidus ⟨a, um⟩ *Adj* ||vivo||
1. belebt; *fig* voller Lebenskraft; ***vivida tellus*** Lucr. vor Leben strotzende Erde; ***eloquentia vivida*** energische Beredsamkeit
2. *von Kunstwerken* naturgetreu; ***vivida signa*** Lucr. naturgetreue Standbilder
vīvi-rādīx ⟨īcis⟩ *f* ||vivus|| Ableger *einer Pflanze*
vīvō ⟨vīxī, vīctūrus, vīvere 3.⟩

1. leben, am Leben sein
2. noch leben, noch am Leben sein
3. von etw leben
4. leben, sich aufhalten
5. leben, sein Leben zubringen
6. mit j-m leben
7. das Leben genießen

1. leben, am Leben sein, am Leben bleiben; ***octoginta annos / annis v.*** achtzig Jahre leben; ***viventes cum aliquo*** j-s Zeitgenossen; ***v. de lucro*** sein

V

Leben der Gnade eines anderen zu verdanken haben; ***ita vivam*** so wahr ich lebe; ***ne vivam, si*** ich will des Todes sein, wenn; ***ignes vivunt*** Feuer brennen; ***membra viventia*** noch zuckende Glieder
2. noch leben, noch am Leben sein; *fig* fortdauern, fortbestehen; ***vivunt scripta*** die Schriften sind noch vorhanden; ***vivit vulnus*** die Wunde ist noch da; ***ignis vivit*** das Feuer brennt noch
3. von *etw* leben, sich von *etw* ernähren, *re*; ***rapto v.*** von Raub leben
4. *irgendwo* leben, sich aufhalten; ***in Thracia v.*** in Thrakien zu Hause sein
5. *irgendwie* leben, sein Leben zubringen; ***secundum naturam / convenienter naturae v.*** der Natur gemäß leben; ***in diem v.*** in den Tag hinein leben, von der Hand in den Mund leben
6. mit *j-m* leben, mit *j-m* Umgang haben; ***cum aliquo familiariter v.*** mit j-m vertrauten Umgang haben; ***secum v.*** für sich selbst leben
7. das Leben genießen; ***vive / vivite*** *als Abschiedsgruß* leb wohl / lebt wohl

vīvum ⟨ī⟩ *n* ||vivus||
1. das Lebendige; (*nachkl.*) das lebendige Fleisch; ***calor ad vivum perveniens*** ins Mark dringende Wärme; ***ad vivum resecare*** bis aufs Fleisch schneiden; *fig* im strengsten Sinn nehmen
2. Kapital, Grundstock ↔ *Zins*; ***detrahere / resecare aliquid de vivo*** etw vom Kapital wegnehmen

► **vīvus** ⟨a, um⟩ *Adj, Adv* ⟨vīvē⟩
1. lebend, lebendig, am Leben; zu Lebzeiten; ***aliquem vivum capere*** j-n lebend fangen; ***vivus eum adoptavit*** er adoptierte ihn bei Lebzeiten; ***vivo Attico*** bei Lebzeiten des Atticus; ***me vivo*** solange ich lebe
2. *fig Wendungen*: ***viva vox*** mündliche Belehrung; ***virga viva*** grüner Zweig, frischer Zweig; ***calor v.*** Lebenswärme; ***sanguis v.*** warmes Blut; ***membra viva*** noch zuckende Glieder; ***flumen vivum*** fließendes Wasser; ***lucerna viva*** brennende Lampe; ***amor v.*** dauernde Liebe
3. *fig* natürlich; *von Kunstwerken* naturgetreu, ähnlich; ***lacus v.*** natürlicher See; ***pumex v.*** unbearbeiteter Bimsstein
4. (*nachkl.*) lebhaft, feurig

► **vix** *Adv*
1. kaum, mit Mühe; ***lacrimas vix tenere*** die Tränen kaum halten; ***vix notus*** kaum bekannt; ***vix quisquam*** kaum j-d; ***vix me contineo, quin*** ich kann mich kaum beherrschen, dass
2. *zeitl.* kaum erst, kaum noch, gerade, *oft mit cum inversum / et / -que*; ***vix annus intercesserat, cum iste accusavit Gaium Norbanum*** Cic. es war kaum ein Jahr vergangen, als dieser da den Gaius Norbanus anklagte

vix-dum *Adv* kaum noch, kaum erst

vīxī → ***vivo*** *u.* → ***vivesco***

vixillum ⟨ī⟩ *n* ||*Dim von* vix|| kaum noch ein Tröpfchen

vocabularium ⟨i⟩ *n* (*mlat.*) Wörterbuch

► **vocābulum** ⟨ī⟩ *n* ||voco||
1. Benennung, Bezeichnung, Wort; ***quae nunc sunt in honore vocabula*** Hor. Bezeichnungen, die jetzt in Mode sind
2. Name, Eigenname; ***villa, cui vocabulum Speluncae*** Tac. ein Landgut mit dem Namen Speluncae
3. (*vkl., nachkl.*) GRAM Substantiv
4. Tac. Vorwand; ***varia praedandi vocabula*** verschiedene Vorwände für die Plünderung

vōcālis
I ⟨e⟩ *Adj, Adv* ⟨vōcāliter⟩ ||vox||
1. stimmbegabt, sprechend; ***equus v.*** weissagendes Pferd
2. klangvoll, singend; ***neminem vocalem praeterire*** keinen, der eine gute Stimme hat, übergehen
II ⟨is⟩ *f* Vokal, Selbstlaut

vōcālitās ⟨ātis⟩ *f* ||vocalis|| (*nachkl.*) Wohlklang

vocāmen ⟨inis⟩ *n* ||voco|| (Lucr., *spätl.*) Benennung, Name

vocātiō[1] ⟨ōnis⟩ *f* ||voco||
1. (*vkl.*) Einladung
2. (*vkl.*) Vorladung vor Gericht
3. (*eccl.*) Berufung, ***gentium*** der Heiden
4. (*mlat.*) Abberufung, Tod

vocātiō[2] ⟨ōnis⟩ *f* = ***vacatio***

vocātīvus
I ⟨a, um⟩ *Adj* ||voco|| (*nachkl.*) GRAM zum Rufen gehörig; ***casus v.*** Vokativ, Anredefall
II ⟨ī⟩ *m* GRAM Vokativ, Anredefall

vocātor ⟨ōris⟩ *m* ||voco|| (*nachkl.*) Gastgeber

vocātus ⟨ūs⟩ *m* ||voco||
1. das Rufen, das Flehen
2. Einladung, *nur Abl Sg*; ***vocatu*** auf Einladung

vōciferātiō ⟨ōnis⟩ *f* ||vociferor|| Geschrei, Gejammer

vōciferātor ⟨ōris⟩ *m* ||vociferor|| Tert. Schreihals

vōci-ferō ⟨-, -, āre 1.⟩ *u.* **vōci-feror** ⟨ātus sum, ārī 1.⟩ ||vox, fero|| laut rufen, schreien, lärmen, *de re* über etw, *aliquid* etw, + *AcI* / + *indir Fragesatz*; ***talia v.*** solches rufen; ***vociferatum fuerat*** man hatte gerufen

vocitō ⟨āvī, ātum, āre 1.⟩ ||*Freq von* voco||
1. zu nennen pflegen; *Passiv* heißen, + *dopp. Nom*
2. Tac. laut rufen, schreien

vocīvus ⟨a, um⟩ *Adj* = ***vacivus***

vocō ⟨āvī, ātum, āre 1.⟩ ||vox||

1. rufen, herbeirufen
2. anrufen, anflehen
3. abberufen
4. vorladen
5. einladen
6. herausfordern
7. nennen, benennen
8. versetzen, bringen

1. rufen, herbeirufen, berufen; ***patres v.*** die Senatoren zusammenrufen; ***auxilio v.*** zu Hilfe rufen; ***auxilium v.*** um Hilfe rufen; ***pugnas v.*** zum Kampf rufen; ***imbrem votis v.*** mit Gebeten Regen erflehen
2. (*nachkl.*) *poet* anrufen, anflehen
3. abberufen, *aliquem a re* j-n von etw, ***milites ab operibus*** die Soldaten von den Schanzarbeiten
4. vorladen *vor Gericht*; ***aliquem in ius / in iudicium v.*** j-n vor Gericht laden
5. einladen, ***aliquem ad cenam*** j-n zum Essen
6. herausfordern; *fig* auffordern, reizen; ***hostem ad***

pugnam v. den Feind zur Schlacht herausfordern; ***v. aliquem in spem*** j-m Hoffnung machen
7. nennen, benennen, *meist + dopp. Akk*; *Passiv* heißen, + *dopp. Nom*; ***aliquem hostem v.*** j-n einen Feind nennen, j-n als Feind bezeichnen; ***porticus quae vocatur Poecile*** die Säulenhalle, die Poikile heißt
8. *in eine Lage/Stimmung* versetzen, bringen, *in aliquid/ad aliquid* in etw, zu etw; ***aliquem in odium v.*** j-n verhasst machen; ***aliquem in crimen v.*** j-n beschuldigen; ***rem publicam ad exitium v.*** den Staat dem Untergang entgegenführen; ***aliquid in disceptationem v.*** über etw streiten; ***aliquem in partem rei v.*** j-n an etw teilnehmen lassen; ***divos in vota v.*** die Götter unter Gelübden anrufen

vōcula ⟨ae⟩ *f* ||*Dim von* vox||
1. schwache Stimme; *fig* leiser Ton
2. *(nachkl.) fig* Wörtchen
3. *Pl fig* Klatsch, üble Nachrede

Vogesus ⟨ī⟩ *m* = ***Vosegus***

volaemum ⟨ī⟩ *n* = ***volemum***

Volāterrae ⟨ārum⟩ *f Stadt in Etrurien, heute Volterra*

volāticus ⟨a, um⟩ *Adj* ||volatus, *PPP von* volo[1]||
1. fliegend
2. *fig* stürmend
3. *fig* flüchtig, unbeständig

volātilis ⟨e⟩ *Adj* ||volo[1]||
1. geflügelt, gefiedert; ***pecus volatile*** Geflügel; ***v. puer*** geflügelter Knabe, = Amor
2. *(nachkl.) poet* flüchtig, vergänglich; ***v. aetas*** vergängliche Zeit
3. *(nachkl.) poet* schnell; ***volatile telum*** Lucr. schnelles Geschoss

volātus ⟨ūs⟩ *m* ||volo[1]|| das Fliegen, Flug

Volcae ⟨ārum⟩ *m* die Volker, *kelt. Volk in Südfrankreich, zerfiel in zwei Stämme, Volcae Arecomici um das heutige Nîmes u. die Tectosagen um das heutige Toulouse*

Volcānālia ⟨ium⟩ *u.* ⟨ōrum⟩ *n* ||Volcanus|| Fest des Vulcan *am 23. August*

Volcānius ⟨a, um⟩ *Adj* ||Volcanus|| vulcanisch, des Vulcan, dem Vulcan geweiht

Volcānus ⟨ī⟩ *m* Vulcan, *Gott des Feuers u. der Schmiedekunst, Sohn des Jupiter u. der Juno, Gatte der Venus, mit griech. Hephaistos gleichgesetzt*

volēmum pirum *n* Verg. *große, schwere Birnensorte*

volēns *Gen* ⟨entis⟩ *Adj*, *Adv* ⟨volentiter⟩ ||volo[2]|| *(unkl.)*
1. absichtlich
2. willig, gern; ***aliquid alicui volenti est*** etw ist j-m willkommen; ***res novae quibusdam volentibus sunt*** die neuen Verhältnisse sind gewissen Leuten willkommen
3. geneigt, gewogen, gnädig; ***dis volentibus*** durch die Gnade der Götter; ***volentibus omnibus bonis*** unter Zustimmung aller Gutgesinnten; ***volente animo*** mit Wohlgefallen

volentia ⟨ae⟩ *f* ||volens|| *(nachkl.)* Wille, Neigung

volg... = ***vulg...***

volitāns ⟨antis⟩ *m* ||volito||
1. Fliege
2. Schwarm; ***v. plurimus*** dichter Schwarm

volitō ⟨āvī, ātum, āre 1.⟩ ||*Intens von* volo[1]||
1. umherfliegen
2. fliegen, eilen, sich verbreiten, umhertanzen, sich frei bewegen
3. umhereilen, umherschwärmen, flattern, sich tummeln, hin und her laufen; ***v. in foro*** sich auf dem Forum tummeln
4. *fig* sich brüsten, *auch* kühn emporstreben

voln... = ***vuln...***

▶ **volō[1]** ⟨āvī, ātum, āre 1.⟩
1. *von Vögeln u. Insekten* fliegen; ***cornix per auras volat*** der Rabe fliegt durch die Luft
2. *fig* eilen; ***aetas volat*** die Zeit eilt dahin

volō[2] ⟨voluī, -, velle 0.⟩

1. wollen, entschlossen sein
2. an einen Ort/irgendwohin reisen wollen
3. bestimmen, beschließen
4. der Meinung sein, behaupten,
5. lieber wollen, vorziehen
6. bedeuten, zu bedeuten haben
7. Gefallen finden

1. wollen, entschlossen sein, verlangen, wünschen, *abs od aliquem/aliquid* j-n/etw, + *Inf/ + AcI/ut/ne/ + Konjkt*; ***res est ut volumus*** die Sache ist, wie wir sie wollen; ***velim nolim*** ich mag wollen oder nicht; ***sibi meliorem fortunam v.*** für sich ein besseres Schicksal wünschen; ***lumen exstinctum esse volo*** ich will das Licht ausgelöscht wissen; ***volo hoc facias*** ich will, dass du das tust; ***velim*** ich wollte, ich möchte *bei erfüllbar gedachten Wünschen*; ***vellem*** ich hätte gewollt *bei unerfüllbaren Wünschen*; ***num quid vis?*** wünschst du noch etw?
2. *Wendungen*: ***in locum/aliquo v.*** an einen Ort/irgendwohin reisen wollen; ***aliquem v.*** j-n zu sprechen wünschen; ***aliquem aliquid v.*** etw von j-m wollen; ***bene/male v. alicui*** j-m wohl/übel wollen; ***alicuius causā v.*** es gut mit j-m meinen, für j-n etw tun wollen; ***quid tibi vis?*** was fällt dir ein?; ***quid vobis vultis?*** was wollt ihr denn nur?
3. bestimmen, beschließen, anordnen, *auch von Beschlüssen der Gottheit*, + *AcI*; ***velitis iubeatis*** ihr möget beschließen, *Einleitungsformel der Gesetzesvorschläge*
4. der Meinung sein, behaupten, + *Inf/ + AcI*; *mit u. ohne esse* etw sein wollen; ***Aelius Stoicus esse voluit*** Aelius behauptete ein Stoiker zu sein; ***Strato physicum se voluit*** Strato gab sich für einen Physiker aus
5. lieber wollen, vorziehen, *quam* als
6. bedeuten, zu bedeuten haben, bezwecken; ***quid vult concursus?*** was bedeutet dieser Auflauf?; ***quid haec verba sibi volunt?*** was hat es mit diesen Worten auf sich?
7. *(mlat.)* Gefallen finden, *aliquem/aliquid* an j-m/an etw

volō[3] ⟨ōnis⟩ *m* ||volo[2]|| Liv. Freiwilliger

volp... = ***vulp...***

Volscī ⟨ōrum⟩ *m* die Volsker, *Volk in Latium, von den Römern unterworfen*

Volscus ⟨a, um⟩ *Adj* volskisch

volsella ⟨ae⟩ *f* ||vello|| kleine Zange

volsus ⟨a, um⟩ *PPP* = ***vulsus***; → ***vello***

volt... = ***vult...***

Volt... = ***Vult...***

V

volūbilis ⟨e⟩ *Adj*, *Adv* ⟨volūbiliter⟩ ||volvo||
1. drehbar, beweglich
2. sich schnell drehend, rollend, kreisend; ***buxum volubile*** Kreisel
3. *fig* unbeständig; ***fortuna v.*** wandelbares Schicksal
4. redegewandt, zungenfertig; ***orator v.*** gewandter Redner

volūbilitās ⟨ātis⟩ *f* ||volubilis||
1. Drehbarkeit, Beweglichkeit
2. das Kreisen, Kreisbewegung; ***v. mundi*** das Kreisen des Weltalls
3. Ov. *fig* Rundung
4. *fig* Unbeständigkeit, ***fortunae*** des Schicksals
5. *fig* Schnelligkeit, Gewandtheit *der Rede*

volucer
I ⟨cris, cre⟩ *Adj* ||volo[1]||
1. geflügelt, fliegend; ***volucria animalia*** Vögel; ***sagitta volucris*** fliegender Pfeil
2. *fig* beflügelt, schnell, eilend; ***v. currus*** schneller Wagen
3. *fig* flüchtig, vergänglich; ***gaudium volucre*** Tac. vergängliche Freude
II ⟨cris⟩ *f* geflügeltes Tier, Vogel, *auch* Insekt

voluī → ***volo²***

▶ **volūmen** ⟨inis⟩ *n* ||volvo||
1. Krümmung, Windung, Kreis; ***v. fumi*** Rauchwirbel; ***v. siderum*** Kreislauf der Gestirne
2. Buchrolle, Buch, Schrift, *aneinandergeklebte Papyrusblätter, die um einen Stab gewickelt wurden*; ***volumen evolvere*** ein Buch entrollen, ein Buch lesen
3. Band *eines mehrteiligen Werkes*

Volumnius ⟨a, um⟩ *röm. Gentilname*; ***Volumnia*** *Gattin des Coriolan*

▶ **voluntārius**
I ⟨a, um⟩ *Adj* ||voluntas||
1. freiwillig, aus eigenem Antrieb handelnd; ***senator v.*** Senator, der sich selbst dazu gemacht hat
2. freiwillig geschehen, freiwillig getan; ***facinus voluntarium*** freiwillig begangene Tat; ***mors voluntaria*** Selbstmord
II ⟨ī⟩ *m* Freiwilliger

voluntās ⟨ātis⟩ *f* ||volo²||
1. Wille, Wunsch, Verlangen, Absicht, Entschluss; ***voluntatem suscipere*** einen Entschluss fassen; ***in dicendo variae voluntates sunt*** beim Reden gibt es verschiedene Bestrebungen; ***voluntate*** auf Wunsch; ***de voluntate/ex voluntate/ad voluntatem alicuius*** nach j-s Wunsch; ***conformare se ad voluntatem alicuius*** sich nach j-s Wunsch gestalten; ***ad voluntatem loqui*** nach dem Mund reden
2. freier Wille, Bereitwilligkeit; ***voluntate*** freiwillig, gern; ***meā/tuā/… voluntate*** aus eigenem Willen; ***voluntate alicuius*** mit j-s Wissen, mit j-s Genehmigung; ***summā Catuli voluntate*** mit der vollen Genehmigung des Catulus
3. letzter Wille, letztwillige Verfügung
4. Gesinnung, Stimmung
5. Aufrichtigkeit; Zuneigung, Wohlwollen, Gunst
6. Tac. Geschmack, Kunstverstand
7. Quint. Bedeutung, ***verborum*** von Wörtern

volup(e) *Adv* (*vkl., nachkl.*) erfreulich, angenehm; ***volup est mihi*** es ist mir angenehm

voluptābilis ⟨e⟩ *Adj* ||voluptas|| (Plaut., *spätl.*) Vergnügen bereitend

voluptārius
I ⟨a, um⟩ *Adj* ||voluptas||
1. das Vergnügen betreffend, die Lust betreffend; ***disputatio voluparia*** Diskussion über Genuss
2. Vergnügen bereitend, Vergnügen schaffend, *alicui* für j-n; ***possessiones voluptariae*** Besitzungen, die Vergnügen bereiten
3. für Genuss empfänglich
4. dem Genuss ergeben
II ⟨ī⟩ *m* Genussmensch, Epikureer

▶ **voluptās** ⟨ātis⟩ *f*
1. *sinnliches od geistiges* Vergnügen, Freude, Genuss; ***in voluptate esse/voluptate affici*** Vergnügen genießen; ***voluptate capi*** sich gern vergnügen; ***alicui voluptati esse*** j-m Vergnügen gewähren, j-m Freude machen
2. sinnliches Vergnügen, Lust
3. *Pl* Vergnügungen, *bes* Schauspiele
4. (*vkl.*) *poet* Freude, Wonne, *als Kosewort*

Voluptās ⟨ātis⟩ *f* Göttin der Lust

voluptuōsus ⟨a, um⟩ *Adj* ||voluptas|| (*nachkl.*) vergnüglich

volūta ⟨ae⟩ *f* ||volvo|| Vitr. ARCH Schnecke, Volute

volūtābrum ⟨ī⟩ *n* ||voluta|| Verg. Suhle der Schweine

volūtābundus ⟨a, um⟩ *Adj* ||voluto|| sich herumwälzend

volūtātiō ⟨ōnis⟩ *f* ||voluto||
1. das Herumwälzen, *bes vom Wild*
2. *fig* Unruhe; Unbeständigkeit

volūtō ⟨āvī, ātum, āre 1.⟩ ||*Intens von* volvo||
I *v/t*
1. (*unkl.*) rollen, herumwälzen, ***onus*** eine Last
2. *fig* erschallen lassen, ertönen lassen; ***vocem v.*** die Stimme ertönen lassen
3. *fig* überdenken, überlegen, (***in***) ***animo*** im Geist; ***quod volutas tute tecum in corde*** was du insgeheim in deinem Herzen überlegst
4. *fig den Geist* beschäftigen; ***volutatus in re*** in etw bewandert
II *v/i./P./**se v.*** sich wälzen, sich herumwälzen, rutschen; *vom Wild* sich suhlen; *fig* sich befinden, sich herumtreiben; ***volutans*** sich wälzend

volūtus ⟨a, um⟩ *PPP* → ***volvo***

volva ⟨ae⟩ *f* Gebärmutter

volvō ⟨volvī, volūtum, volvere 3.⟩

1. wälzen, rollen
2. im Wirbel drehen, emporwirbeln
3. zu Boden strecken
4. sich wälzen, sich rollen
5. aufrollen, lesen
6. fortrollen, fortreißen
7. durch Kreisbewegungen bilden
8. geläufig vortragen
9. hegen
10. überlegen, erwägen
11. durchleben
12. bestimmen, verhängen

1. wälzen, rollen, drehen, umdrehen; ***saxum v.*** einen Felsen wälzen; ***lumina huc illuc v.*** die Augen rollen

V

2. im Wirbel drehen, emporwirbeln, wirbelnd aufsteigen lassen; ***ignem sub naribus v.*** Feuer aus der Nase sprühen lassen
3. zu Boden strecken
4. *Passiv* sich wälzen, sich rollen, sich drehen, sich winden; ***humi ante pedes alicuius volvi*** sich vor j-m niederwerfen; ***serpens volvitur*** die Schlange ringelt sich; ***lacrimae volvuntur*** die Tränen fließen; ***pulvis volvitur*** Staub wirbelt auf
5. *Bücherrollen* aufrollen, lesen, ***libros Catonis*** die Bücher des Cato
6. fortrollen, fortreißen; herabrollen, herabstürzen; *Passiv* fließen; ***aliquem in caput v.*** j-n kopfüber herabstürzen
7. durch Kreisbewegungen bilden; ***orbem v.*** Liv. MIL einen Kreis bilden; ***equites volvunt turmas*** die Reiter bilden mit ihren Truppen einen Kreis
8. *vom Redner* geläufig vortragen; ***oratio volvitur*** die Rede strömt dahin
9. *Leidenschaften* hegen
10. *(nachkl.) poet* überlegen, erwägen, ***secum*** bei sich
11. *(nachkl.) poet Zeit* durchleben; *Passiv* / ***se v.*** ablaufen; ***volventibus/volvendis annis*** im Lauf der Jahre
12. *von den Göttern* bestimmen, verhängen; ***luppiter volvit vices*** Jupiter bestimmt die Wechselfälle

vōmer ⟨eris⟩ *n*
1. Pflugschar, Pflug; *meton* das Pflügen
2. Lucr. *fig* männliches Glied

vomica ⟨ae⟩ *f*
1. Geschwulst, Eiterbeule
2. *(nachkl.) fig* Unheil

vōmis ⟨eris⟩ *m* = ***vomer***

vomitiō ⟨ōnis⟩ *f* ||vomo|| das Erbrechen

vomitō ⟨-, -, āre 1.⟩ ||*Intens von* vomo|| Sen. sich erbrechen

vomitor ⟨ōris⟩ *m* ||vomo|| Sen. der sich erbricht

vomitus ⟨ūs⟩ *m* ||vomo||
1. das Erbrechen
2. *fig* Schimpfwörter

vomō ⟨uī, itum, ere 3.⟩
I *v/i* sich erbrechen
II *v/t*
1. ausspeien, spucken, von sich geben, ***cruorem*** Blut
2. sprühen, ***ignem*** Feuer

vorācitās ⟨ātis⟩ *f* ||vorax|| Gefräßigkeit

vorāginōsus ⟨a, um⟩ *Adj* ||vorago|| *(nachkl.)* reich an Abgründen

vorāgō ⟨inis⟩ *f* ||voro||
1. Schlund, Abgrund, bodenlose Tiefe
2. Strudel
3. *fig* Abgrund; Verprasser; Unheil

vorāx *Gen* ⟨ācis⟩ *Adj* ||voro|| gefräßig; ***Charybdis v.*** gefräßige Charybdis

vorō ⟨āvī, ātum, āre 1.⟩
1. verschlingen, gierig fressen
2. *(unkl.) fig* verschlingen, gierig in sich aufnehmen; ***litteras v.*** einen Brief gierig lesen; ***viam v.*** Catul. den Weg schnell zurücklegen; ***Charybdis carinas vorat*** Charybdis verschlingt die Schiffe

vors... = ***vers...***

vort... = ***vert...***

► **vōs** *Gen* ⟨vestri/vestrum⟩, *Dat/Abl* ***vobis***, *Akk* ***vos*** *pers Pr* ihr, *oft verstärkt durch -met*

Vosegus ⟨ī⟩ *m* die Vogesen

voster ⟨vostra, vostrum⟩ *poss Pr* = ***vester***

vōtīvus ⟨a, um⟩ *Adj* ||votum|| durch Gelübde versprochen, gelobt, verheißen; ***tabula votiva*** Votivtafel

votō ⟨uī, itus, āre 1.⟩ = ***veto***

vōtum ⟨ī⟩ *n* ||*PPP von* voveo||
1. *(nachkl.) poet* gelobtes Opfer, gelobtes Weihegeschenk; Denkmal; ***v. alicuius pendet in arbore*** j-s Weihegeschenk hängt am Baum
2. Gelübde, Gelöbnis; ***vota deum*** Gelübde, die man den Göttern gemacht hat; ***vota suscipere/nuncupare*** Gelübde machen; ***votum solvere/dissolvere/exsequi*** ein Gelübde erfüllen; ***voto teneri/obstrictum esse*** durch ein Gelübde verpflichtet sein; ***voti damnatus/reus*** zur Erfüllung des Gelübdes verpflichtet
3. *pej* Verwünschung, Fluch
4. *mit dem Gelübde verbundenes* Gebet
5. Wunsch, Verlangen; das Verlangte; ***vota facere*** wünschen; ***aliquem voti compotem facere*** j-m seinen Wunsch erfüllen; ***hoc erat in votis*** Hor. das war mein Wunsch
6. *(mlat.)* Wahlstimme, Votum
7. *(mlat.)* Andacht; *Pl* Wallfahrt

► **voveō** ⟨vōvī, vōtum, vovēre 2.⟩
1. einer Gottheit versprechen, weihen, geloben, *alicui aliquid* j-m etw, + *AcI*, *ut* dass; ***nostri imperatores pro salute patriae sua capita voverunt*** unsere Feldherren haben für das Wohl der Heimat ihr Leben geweiht
2. wünschen, erflehen; anwünschen, *alicui aliquid* j-m etw

vōx ⟨vōcis⟩ *f*
1. Stimme *von Menschen u. Tieren*; *Pl* Geschrei; ***vox bovis*** Gebrüll des Stieres; ***vox cornicis*** das Krächzen des Raben; ***vox apum*** das Summen der Bienen; ***vocis imago*** Echo; ***vox magna*** laute Stimme; ***vox parva*** leise Stimme; ***vox clara*** helle Stimme; ***vox contenta*** gehobene Stimme; ***vox summissa*** gedämpfte Stimme; ***v. gravis*** tiefe Stimme
2. Laut, Ton, Klang
3. Aussprache; Wortakzent, Betonung; ***vox rustica*** ländliche Aussprache
4. Rede, Sprache; ***vox aliquem deficit*** j-m verschlägt es die Sprache
5. Wort, Ausdruck, Bezeichnung; ***vox voluptatis*** das Wort Lust; ***vox nihili*** *(nlat.)* Ghostword, *durch Schreib- od Druckfehler entstandenes nicht existierendes Wort*
6. Äußerung, Ausspruch, Ausruf; ***una voce consentire*** einstimmig zustimmen
7. Gebot, Befehl; ***consulum voci non oboedire*** dem Befehl der Konsuln nicht gehorchen
8. Formel, Zauberspruch, Bannspruch

Vulc... = ***Volc...***

vulgāre ⟨is⟩ *n* ||vulgaris|| Volkssprache

vulgāria ⟨ium⟩ *n* ||vulgaris|| Alltagskost; Alltagsbegrüßung

vulgāris ⟨e⟩ *Adj*, *Adv* ⟨vulgāriter⟩ ||vulgus||
1. allgemein üblich, alltäglich, gewöhnlich; ***libera-***

litas v. Freigebigkeit gegenüber allen; ***coetus v.*** Volksmenge; ***sermo v.*** Volkssprache

2. für jeden zu haben

vulgata ⟨ae⟩ *f* ||vulgatus|| (*mlat.*) Vulgata, *„allgemein verbreitete Übersetzung" der Bibel ins Lat. durch Hieronymus, von der katholischen Kirche für authentisch erklärte Bibelübersetzung*

vulgātor ⟨ōris⟩ *m* ||vulgo²|| Ov. der Geheimnisse ausplaudert

vulgātus ⟨a, um⟩ *Adj* ||vulgo²||

1. allgemein bekannt, weit verbreitet; ***vulgati pastoris amores*** Ov. die bekannten Liebschaften des Schäfers

2. preisgegeben, für jeden zu haben

vulgi-vagus ⟨a, um⟩ *Adj* ||vulgus|| Lucr. überall umherschweifend

vulgō¹ *Adv* → ***vulgus***

► **vulgō²** ⟨āvī, ātum, āre 1.⟩ ||vulgus||

1. verbreiten, unter die Menge bringen, allen zugänglich machen; ausdehnen, *aliquid in aliquem* etw auf j-n; *Passiv* Gemeingut werden; ***munus in socios v.*** die Aufgaben auf die Bundesgenossen ausdehnen; ***vitia in exteras gentes v.*** die Laster bei den auswärtigen Stämmen verbreiten

2. allen preisgeben, prostituieren

3. allgemein bekannt machen, ausplaudern; *Passiv* bekannt werden, sich verbreiten; ***rumor vulgatur*** das Gerücht verbreitet sich, + *AcI*

4. (*nachkl.*) *poet eine Schrift* veröffentlichen; ***carmina nondum vulgata*** noch nicht veröffentlichte Gedichte; ***editio vulgata*** (*eccl.*) Vulgata, *„allgemein verbreitete Übersetzung" der Bibel ins Lat. durch Hieronymus, die von der katholischen Kirche für authentisch erklärte Bibelübersetzung*

► **vulgus** ⟨ī⟩ *n, Akk auch* ⟨um⟩ *m*

1. Volk, Leute, große Menge, Publikum

2. Pöbel

3. (*nachkl.*) MIL Heer

4. gewöhnliche Menge, Masse

5. ***in vulgus*** für jedermann, allgemein; ***in vulgus gratus*** allgemein beliebt

6. ***vulgo*** in Menge, in Masse; vor aller Welt

7. ***vulgo*** (*mlat.*) in der Landessprache

vulnerārius

I ⟨a, um⟩ *Adj* ||vulnus|| Wund…

II ⟨ī⟩ *m* Wundarzt, Chirurg

vulnerātiō ⟨ōnis⟩ *f* ||vulnero|| Verwundung; *fig* Verletzung; ***v. famae*** Verletzung des guten Rufs

► **vulnerō** ⟨āvī, ātum, āre 1.⟩ ||*Denom von* vulnus|| verwunden, beschädigen; *fig* verletzen, kränken; ***fundā v.*** mit der Schleuder verletzen; ***aliquem in ōs v.*** j-n im Gesicht verletzen; ***sensūs v.*** Gefühle verletzen

vulni-ficus ⟨a, um⟩ *Adj* ||vulnus, facio|| Wunden schlagend, verwundend; ***telum vulnificum*** Wunden schlagendes Geschoss

vulnus ⟨eris⟩ *n*

1. Wunde, Verwundung, *alicuius* j-s *u.* durch j-n, *alicuius rei* einer Sache *od* durch etw; *fig* Verletzung, Beschädigung; ***v. adversum*** Wunde vorn auf der Brust; ***v. corporis*** Wunde des Körpers; ***v. missilium*** Wunde von Geschossen; ***vulnus accipere ab aliquo in capito*** von j-m am Kopf verwundet werden; ***vulnus alicui inferre*** j-n verwunden; ***vulneribus confectus*** tödlich verwundet; ***v. saxi*** klaffender Spalt

2. (*nachkl.*) *meton* verwundender Hieb, Schlag, Stoß, Stich, Biss; verwundendes Geschoss, Lanze, Schwert, Pfeil; ***inter se vulnera iactant*** sie fügen sich gegenseitig verwundende Hiebe zu

3. *fig* wunde Stelle

4. *fig* Verlust, Schaden, Unglück; ***multa vulnera inferre alicui*** j-m großen Schaden zufügen; ***v. fortunae*** Schicksalsschlag; ***multis vulneribus et illatis et acceptis*** mit schweren beiderseitigen Verlusten

5. *fig* Niederlage

6. *fig* Schmerz, Kummer, Kränkung; Liebeskummer

vulpēcula ⟨ae⟩ *f* ||*Dim von* vulpes|| Füchslein, schlauer Fuchs

vulpēs ⟨is⟩ *f* (*unkl.*) Fuchs; *meton* Fuchsfell; ***astuta v.*** schlauer Fuchs

vulpīnus ⟨a, um⟩ *Adj* ||vulpes|| des Fuchses, Fuchs…; ***vulpini catuli*** junge Füchse

vulsus ⟨a, um⟩ *Adj* ||vello|| mit ausgerupften Haaren, bartlos; *fig* einfältig

vulticulus ⟨ī⟩ *m* ||*Dim von* vultus|| Miene, schiefer Blick

vultuōsus ⟨a, um⟩ *Adj* ||vultus||

1. (*nachkl.*) mit finsterer Miene

2. Grimassen schneidend

vultur ⟨uris⟩ *m* (*nachkl.*) Geier; *fig* Nimmersatt

vulturīnus ⟨a, um⟩ *Adj* ||vultur|| des Geiers, Geier…

vulturius ⟨ī⟩ *m* ||vultur||

1. Geier, Raubvogel; *fig* habsüchtiger Mensch, Nimmersatt

2. (*vkl.*) *poet* Erbschleicher

3. schlechter Wurf *beim Würfelspiel*

Vulturnum ⟨ī⟩ *n Stadt in Kampanien*

Vulturnus ⟨ī⟩ *m Fluss in Kampanien*

Vulturnus ventus *m* Liv. Ostsüdostwind

► **vultus** ⟨ūs⟩ *m*

1. *Sg u. Pl* Gesichtsausdruck, Miene, Mienenspiel; ***v. laetus*** fröhliche Miene; ***vultum fingere*** den Gesichtsausdruck beherrschen; ***vultūs avertere*** die Blicke abwenden

2. (*nachkl.*) *poet meist Pl* Gesicht; ***vultum ad sidera tollere*** das Gesicht zu den Sternen erheben

3. *meton* Aussehen, äußere Gestalt

vulva ⟨ae⟩ *f* = ***volva***

W

wambasia ⟨iorum⟩ *n (mlat.)* Wams, Leibrock
wanna ⟨ae⟩ *f (mlat.)* großer Weidenkorb
wantus ⟨i⟩ *m (mlat.)* Handschuh
warantus ⟨i⟩ *m (mlat.)* Bürge
werra ⟨ae⟩ *f (mlat.)* Verwirrung; Krieg

X

X
1. *Zahlzeichen* = zehn
2. *auf Münzen* = ***denarius*** Denar
Xanthippē ⟨ēs⟩ *f Ehefrau des Sokrates; das mit diesem Namen verbundene zänkische Wesen ist wohl eine bereits antike Verfälschung*
Xanthippus ⟨ī⟩ *m Vater des Perikles, griech. Feldherr, Sieger von Mykale 479 v. Chr. über die Perser*
Xanthos *u.* **Xanthus** ⟨ī⟩ *m Beiname des Flusses Skamander in der Troas*
xenium ⟨ī⟩ *n* ||griech. Fw.|| Gastgeschenk; *Pl* ***Xenia*** *Titel des 13. Buches der Epigramme Martials*
xenodochēum *u.* **xenodochīum** ⟨ī⟩ *n* ||griech. Fw.|| *(spätl.)* Gasthaus, Hospital
Xenophanēs ⟨is⟩ *m aus Kolophon, um 520 v. Chr., Gründer der Schule von Elea*
Xenophōn ⟨ōntis⟩ *m griech. Geschichtsschreiber, Schüler des Sokrates, Führer u. Chronist des Rückzuges der zehntausend Griechen nach der Schlacht bei Kunaxa 401 v. Chr. („Anabasis"), gest. um 354 v. Chr. in Korinth*
Xenophōntēus *u.* **Xenophōntīus** ⟨a, um⟩ *Adj* des Xenophon, zu Xenophon gehörig
xērampelinae ⟨ārum⟩ *f* ||griech. Fw.|| Iuv. dunkelrote Kleider
xērophagia ⟨ae⟩ *f* ||griech. Fw.|| Petr. das Essen trockener Speisen
Xersēs *u.* **Xerxēs** ⟨is⟩ *u.* ⟨ī⟩ *m König von Persien 485–465 v. Chr.*
xiphiās ⟨ae⟩ *m* ||griech. Fw.|| Ov. Schwertfisch
xysticī ⟨ōrum⟩ *m* ||griech. Fw.|| Suet. Athleten, *die im xystus trainierten*
xystus ⟨ī⟩ *m* ||griech. Fw.||
1. *bei den Römern* Terrasse *vor den Landhäusern*
2. *bei den Griechen* gedeckter Säulengang *als Trainingsort der Athleten während des Winters*

Y

Siehe unter hy *und* i

Z

Zama ⟨ae⟩ *f Stadt in Numidien, nach der Überlieferung Ort des Siegs Scipios über die Karthager 202 v. Chr.*
Zamēnsis ⟨is⟩ *m* Einwohner von Zama
zāmia ⟨ae⟩ *f* ||griech. Fw.|| Plaut. Schaden, Verlust
Zanclaeus ⟨a, um⟩ *Adj* aus Zancle, zu Zancle gehörig
Zanclē ⟨ēs⟩ *f alter Name für Messana, heute Messina*
Zanclēius ⟨a, um⟩ *Adj* aus Zancle, zu Zancle gehörig
zēlō ⟨-, -, āre 1.⟩ ||griech. Fw.|| eifersüchtig lieben
zēlōtēs ⟨ae⟩ *m* ||griech. Fw.|| *(eccl.)* Eiferer in Glaubensdingen, Zelot
zēlotypia ⟨ae⟩ *f* ||griech. Fw.|| Eifersucht
zēlotypus
I ⟨a, um⟩ *Adj* ||griech. Fw.|| Iuv. eifersüchtig

II ⟨ī⟩ *m* Eifersüchtiger
zēlus ⟨ī⟩ *m* ||griech. Fw.|| (*nachkl.*) das Nacheifern, Eifersucht
Zēnō ⟨ōnis⟩ *m* = ***Zenon***
Zēnobia ⟨ae⟩ *f*
1. *Tochter des Königs Mithridates von Armenien*
2. *seit 267 n Chr. Königin von Palmyra, starb als Gefangene in Tibur*
Zēnōn ⟨ōnis⟩ *m Name griech. Philos.*
1. *aus Elea, um 460 v. Chr., Vertreter der Schule von Elea, Lehrer des Perikles*
2. *aus Kition, um 300 v. Chr., Begründer der stoischen Schule in Athen*
3. *epikureischer Philos., Lehrer des Cicero u. des Atticus*
zephyrus ⟨ī⟩ *m* ||griech. Fw.|| Westwind; Wind
Zeuxis ⟨is⟩ *u.* ⟨idis⟩ *m griech. Maler aus Heraklea in Unteritalien, um 425 v. Chr.*
zingiber ⟨beris⟩ *n* (*nachkl.*) Ingwer
zīzānia ⟨ōrum⟩ *n* Schwindelhafer
zmaragdus ⟨ī⟩ *m u. f* = ***smaragdus***
Zōilus ⟨ī⟩ *m*
1. *sophistischer Rhetor u. Grammatiker in Alexandria, berühmt-berüchtigt als kleinlicher Homerkritiker*
2. Ov. *fig* böswilliger Kritiker
zōna ⟨ae⟩ *f* ||griech. Fw.||
1. (*nachkl.*) Gürtel *zum Gürten des Untergewandes*
2. (Hor., Ov.) Frauengürtel *als Zeichen der Jungfräulichkeit*
3. Hor. Geldgurt *der Männer*
4. MED Gürtelrose
5. Erdgürtel, Zone
6. die Gürtelsterne *des Orion*
zōnārius
I ⟨a, um⟩ *Adj* ||zona|| Gürtel…, Beutel…
II ⟨ī⟩ *m* Gürtelmacher
zōnula ⟨ae⟩ *f* ||*Dim von* zona|| Gürtelchen, kleiner Gürtel
Zōroastrēs ⟨is⟩ *m* Zoroaster, Zarathustra, *Erneuerer der altiranischen Religion*
zōthēca ⟨ae⟩ *f* ||griech. Fw.|| Plin. Ruhezimmer
zōthēcula ⟨ae⟩ *f* ||*Dim von* zotheca|| kleines Ruhezimmer
zuchara ⟨ae⟩ *f* (*mlat.*) Zucker

Anhang

Lateinische Städtenamen

Diese Liste enthält sowohl die Namen ehemaliger römischer Siedlungen als auch mittel- und neulateinische Namen.

A

Acumum Montélimar
ad Horrea Cannes
ad Sanctos Xanten
ad Statuas Oliva
Adiacium Ajaccio
Agedincum Senonum Sens
Agennum, Agin(n)um Agen
Agranum Zagreb
Agrippina Köln
Alata castra Edinburgh
Alba Regalis Székesfehérvár (Stuhlweißenburg)
Albiga Albi
Albimontium Blankenburg
Albintemilium, Albintimilium Ventimiglia
Aldenburgum Altenburg *in Thüringen*
Altiaia Alzey
Ambianum Amiens
Amstelodamum Amsterdam
Anchona, Anconitana civitas Ancona
Andegavium Angers
Andemantunnum Langres
Andernacum Andernach
Anicium Le Puy
Ansibarium Osnabrück
Ansloa Oslo
Antipolis Antibes
Antiqua civitas Oldenburg
Antunnacum Andernach
Antverpia Antwerpen
Aquaburgum Wasserburg am Inn
Aquae Baden-Baden
Aquae Allobrogum Aix-les-Bains
Aquae Bigerronum Bagnèresde-Bigorre
Aquae Gratianae Aix-les-Bains
Aquae Luvienses Tungrorum Spa
Aquae Mattiacae Wiesbaden
Aquae Mortuae Aigues-Mortes
Aquae Pannoni(c)ae Baden bei Wien
Aquae Sextiae Aix-en-Provence
Aquae Sulis Bath
Aquianum Evian-les-Bains
Aquilegia, Aquile(i)a Aquileia
Aquilia L'Aquila
Aquincum Buda (*Teil von Budapest*)
Aquisgranum Aachen
Arae Flaviae Rottweil
Arausio Orange
Arctopolis ad Salam Bernburg an der Saale
Aredata, Aredatum Linz
Arelate, Arelatum Arles
Aretium Arezzo
Argelia Torgau
Argentorate Straßburg
Arimin(i)um Rimini
Artaunum Würzburg
Arx Gandulfi Castel Gandolfo
Ascania, Ascaria Aschersleben
Asciburgum Aschaffenburg
Assindia Essen
Asta Pompeia Asti
Atacinorum civitas Narbonne
Aternum Pescara
Athenae ad Ehnum Helmstedt
Athenae ad Salam Jena
Athenopolis Saint-Tropez
Atrebatae, Atrebates, Atrebatum Arras
Atuatuca Tongern
Augusta Antonini Badgastein
Augusta Emerita Mérida
Augusta Nemetum Speyer
Augusta Praetoria Aosta
Augusta Raurica Augst
Augusta Suessonium Soissons
Augusta Taurinorum Turin
Augusta Tiberii Regensburg
Augusta Trecorum Troyes
Augusta Treverorum Trier
Augusta Vindelicorum Augsburg
Augustobona Tricassium Troyes
Augustodunum Autun
Augustodurus Bayeux

Augustonemetum Clermont-Ferrand
Augustoritum Lemovicum Limoges
Aurelianum Orléans
Autissiodorum Auxerre
Autricum Chartres
Avaricum Bourges
Avenio Avignon
Aventicum Avenches

B

Bacharacum Bacharach
Badena civitas Baden-Baden
Baeterrae Béziers
Baiocae Bayeux
Baiona Bayonne
Balerne castrum Palermo
Bamberga Bamberg
Barcino(na) Barcelona
Barium Bari
Basilea, Basilia Basel
Bathonia Bath
Bellovacum Beauvais
Bellunum Belluno
Beneventum Benevent
Bergamum, Bergomum Bergamo
Berna Bern
Bernburgum Bernburg an der Saale
Berolinum Berlin
Biberacum Biberach
Bilefeldia, Bilivelda Bielefeld
Bilitio castrum Belinzona
Bingium Bingen
Bipontium Zweibrücken
Bisuntio Besançon
Biturigae Bourges
Blancoburgum Blankenburg
Blesae, Blesum Blois
Bodobriga Boppard
Bolonia Bologna
Bolonia in Francia Boulognesur-Mer
Bonna Bonn
Bononia Bologna
Bononia in Francia Boulognesur-Mer
Boppardia Boppard
Borbetomagus Worms
Bosanum Bozen
Boscoducum Herzogenbusch
Brandenburgum Brandenburg an der Havel
Brega Brieg
Brema Bremen
Brenoburgum Brandenburg an der Havel
Brestia Brest
Brigantia, Brigantium Bregenz
Brisacum Breisach
Brixia Brescia; Brixen (*Südtirol*)
Brixina Brixen
Bruga(e) Brügge
Bruna Brno (Brünn)
Brundisium Brindisi
Brunna Brno (Brünn)
Brunopolis Bruneck (*Südtirol*); Braunschweig
Brunsvicum Braunschweig
Brusella Bruchsal
Bruxella(e) Brüssel
Bucaresta Bukarest
Buda Vetus Ofen, *heute* Buda (*Teil von Budapest*)
Budapestum Budapest
Burdegala, Burdigala Bordeaux
Burgum Offonis Offenburg

C

Cabelia, Cabliacum Chablis
Cabillonum Chalon-sur-Saône
Cabliacum Chablis
Cadomum Caen
Cadurcum Cahors
Caesaraugusta Saragossa
Caesaris Burgus Cherbourg
Caesarodunum Tours
Caesaromagus Beauvais
Calaris Cagliari
Calesium, Caletum Calais
Calpe mons Gibraltar
Camberiacum Chambéry
Cambodunum Kempten
Cameracum Cambrai
Campidona Kempten
Camulodunum Colchester
Canoae Cannes
Cantabrigia Cambridge
Cantuaria Canterbury
Canusium Canossa
Caralis Cagliari
Carleolum Carlisle

Carnotum Chartres
Caroburgus Cherbourg
Caroli Hesychium Karlsruhe
Carolinae Thermae Karlsbad
Carthago Nova Cartagena
Cassella(e) Kassel
Castra Vetera Xanten
Castuna Badgastein
Catalauni, Catalaunum Châlons-sur-Marne
Catana Catania
Cenabum Orléans
Cenomanum Le Mans
Cestria Chester
Chilomium Kiel
Chiovia Kiew
Chrem(i)sa Krems an der Donau
Cicestria Chichester
Cignavia Zwickau
Civitas Andecavorum Angers
Civitas Aurelia Aquensis Baden-Baden
Civitas Lemovicum Limoges
Civitas Nemetum Speyer
Civitas Pictonum Poitiers
Clarus Mons Clermont-Ferrand
Claudia Castra Gloucester
Claudianopolis Cluj (Klausenburg)
Claudiocestria Gloucester
Clausentum Southampton
Claustriburgum, Claustroneoburgum Klosterneuburg
Cluniacum Cluny
Coburg(i)um Coburg
Colonia Agrippina/Agrippinensis Köln
Colonia Allobrogum Genf
Colonia Glevum Gloucester
Colonia Julia Augusta Parma
Colonia Julia Pisana Pisa
Colonia Patricia Córdoba
Colonia Placentia Piacenza
Colonia Romulea Sevilla
Colonia Traiana Xanten
Colonia Victricensis Colchester
Columbaria Colmar
Comum Como
Condate Rennes
Condevincum Nantes
Confluentes Koblenz
Consentia Cosenza
Constantia Konstanz
Contra Aquincum Pest (*Teil von Budapest*)
Corduba Córdoba
Coriosopitum Quimper
Cornetum Tarquinia
Cortina Cortona
Coventria Coventry
Cremifanum Kremsmünster
Cremona Cremona
Croton Crotone
Crucenacum Bad Kreuznach
Cruoninga Groningen
Cumae Cuma
Curia Rhaetorum Chur
Cygnea Zwickau

D

Danum Doncaster
Dariorigum Vannes
Darmstadium Darmstadt
Depmeldia Detmold
Dertona Tortona
Dertosa Tortosa
Derventia Derby
Desertina Disentis
Dessavia Dessau
Deva/Devana castra Chester
Dibio Dijon
Dietmullum Detmold
Dionysiopolis Saint-Denis
Dispargum Duisburg
Divio(dunum) Dijon
Divodurum (Mediomatricorum) Metz
Donaverda Donauwörth
Doncastria Doncaster
Dorcestria Dorchester
Dormunda Dortmund
Dorobernia Dover
Dublinum Dublin
Dubris Dover
Duisburgum Duisburg
Durnovaria Dorchester
Durobrivae Rochester
Durocortorum Reims
Durovernia Canterbury
Dusseldorpium Düsseldorf

E

Eberhardescella Einsiedeln
Ebeshamum Epsom
Eblanda Dublin
Eboracum York
Ebroicum Evreux
Eburodunum Yverdon
Ebusus Ibiza
Ecolisma Angoulême
Edelberga Heidelberg
Edinburgum, Edinum Edinburgh
Eistetensis civitas Eichstätt
Elarona Oloron-Sainte-Marie
Elesleba Eisleben
Ellebogium Malmö
Emerita Mérida
Engolismum Angoulême
Epternacum Echternach
Erfordia Erfurt
Erlanga Erlangen
Essendia Essen
Etona, Etuna Eton
Exonia Exeter

F

Faesulae Fiesole
Fanum sancti Galli Sankt Gallen
Fanum sancti Remogii San Remo
Faucenae Füssen
Faventia Faenza; Barcelona
Felicitas Iulia Lissabon
Felsina Bologna
Flaviobriga Bilbao
Flenopolis, Flensburgum Flensburg
Florentia Florenz
Fons Blahantum Fontainebleau
Fontes Baderae Paderborn
Forum Iulii Fréjus
Forum Livii Forli
Franciscopolis Le Havre
Francofortum ad Moenum Frankfurt am Main
Francofortum ad Viadrum/ad Oderam Frankfurt an der Oder
Freybergensis civitas, Friberga Freiberg *in Sachsen*
Friburgum Brisgoviae Freiburg im Breisgau
Frislaria Fritzlar
Fridericoburgum Frederiksborg
Frisinga Freising
Fuldinsis Fulda

G

Gades Cádiz
Ganda(vum) Gent
Gandersium Bad Gandersheim
Gandulphi castrum Castel Gandolfo
Geldria Geldern
Geminus Pons Zweibrücken
Gena Jena
Genava Genf
Gesoria(cum) Boulogne-sur-Mer
Glascovia, Glasgua Glasgow
Glevum Gloucester
Gnesna Gnesen
Goslaria Goslar
Gotheburgum, Gothoburgum Göteborg
Granata Granada
Gratianopolis Grenoble
Graudencium Graudenz
Groninga Groningen
Grudentum Graudenz

H

Hafnia Kopenhagen
Haga comitis/comitum Den Haag
Hala ad Salam, Hala Hermundurorum Halle an der Saale
Hala Suevica Schwäbisch Hall
Halberstadium Halberstadt
Halla Bad Reichenhall
Hamburgum Hamburg
Hamela Hameln
Hammonia Hamburg
Hamptonia Southampton
Han(n)overa Hannover
Haristallium Herstal
Harlemum Haarlem
Harvi(a)cum Harwich
Hasta Asti
Havrea Le Havre
Helmstadium Helmstedt
Helsingfordia Helsinki

Helsingoburgum Helsingborg
Helsingoforsa Helsinki
Herbipolis Würzburg
Herculis Monoeci portus Monaco
Hesychia Carolina Karlsruhe
Hildeshemium Hildesheim
Hispalis Sevilla
Hoium Huy
Holmia Stockholm
Hydruntum Otranto

I

Ilerda Lérida
Iporegia Ivrea
Isca Dumnoniorum Exeter
Islebia Eisleben
Iulia Augusta Parma
Iuliomagus Angers
Iunianum Lugano
Iuvavia Salzburg

K

Kilonia, Kilonum Kiel

L

Lancastria Lancaster
Lapurdum Bayonne
Laudunum Laon
Laureacum Lorch
Lausanna Lausanne
Lega Lüttich
Legionum urbs Chester
Lemovicum Limoges
Lentia Linz
Leodium Lüttich
Lilybaeum Marsala
Limonum Poitiers
Lincolnia Lincoln
Lindaugia, Lindavia Lindau
Lindum Colonia Lincoln
Lingona civitas Langres
Lipsia Leipzig
Londinium London
Longovicum Lancaster
Lousonna Lausanne
Lovania, Lovanium Leuwen
Lubeca Lübeck
Luca Lucca
Luceria, Lucerna Luzern
Luciliburgum Luxemburg
Ludovici arx Ludwigsburg
Ludovici arx ad Saaram Saarlouis
Luganum Lugano
Lugdunum Lyon
Lugdunum Batavorum Leiden
Luguvallium Carlisle
Luneburgum Lüneburg
Lutetia Paris
Lutra (Caesarea) Kaiserslautern
Luxemburgum Luxemburg

M

Madritum Madrid
Magdeburgum Magdeburg
Maguntia Mainz
Maininga Meiningen
Mairania Meran
Malaca Málaga
Malina Mecheln
Malmogia Malmö
Malmundarium Malmedy
Mamcunium Manchester
Mantua Mantua
Mariae domus Bad Mergentheim
Marpurgum Marburg
Marsipolis Merseburg
Massilia Marseille
Matritum Madrid
Mechlinia Mecheln
Mediolanum Mailand
Mediomatrica Metz
Meininga Meiningen
Meledunum Melun
Melicum Melk an der Donau
Meminga Memmingen
Merania Meran
Merseburgum Merseburg
Messana Messina
Mettis Metz
Minda Minden
Misena, Misna Meißen
Mogontia(cum), Moguntia Mainz
Monachium, Monacum München
Monaecum Monaco

Monasterium Münster
Mons Ademari Montélimar
Mons Albanus Montauban
Mons Beligardi Montbéliard
Mons Pavonis Bamberg
Monspessulanus Montpellier
Moscovia Moskau
Mutina Modena
Myrtilletum Heidelberg

N

Namnetes, Namnetum Nantes
Namurcum Namur
Nanceium Nancy
Nannetum Nantes
Narbo Martius, Narbona Narbonne
Naumburgum Naumburg
Neapolis Neapel
Neapolis in Palatinatu Neustadt an der Weinstraße
Neapolis Viennensis Wiener Neustadt
Nemausus Nîmes
Nemetocenna Arras
Niceae, Nicia Nizza
Nidaros Drontheim
Nord(o)vicum Norwich
Norimberga Nürnberg
Novesium Neuss
Noviodunum Soissons *u.* Nyon *am Genfer See*
Noviomagus Nimwegen; Noyon
Noviomagus Regnensium Chichester
Novogardia Magna Novgorod

O

Oenipons, Oenipontum Innsbruck
Offenbachium Offenbach
Offenburgum Offenburg
Olisipo Lissabon
Oropitum Orvieto
Osnabruga, Osnabrugum Osnabrück
Ottoburanum Ottobeuren
Ovetum Oviedo
Oxonia Oxford

P

Padeberga Bamberg
Paderborna Paderborn
Panormus Palermo
Papia Pavia
Parthenopolis Magdeburg
Patavia Passau
Patavium Padua
Patrisbrunna Paderborn
Perusia Perugia
Pest(in)um Pest (*Teil von Budapest*)
Petrocorium Périgueux
Phorca, Phorcenum Pforzheim
Pictavium Poitiers
Pietas Iulia Pula
Pintia Valladolid
Pisae Pisa
Placentia Piacenza
Plavia Plauen
Pons Aelii Newcastle upon Tyne
Pons ad Montionem Pont-à-Mousson
Pons Saravi Saarbrücken
Porta Hercyniae Pforzheim
Portus Alacer Portalegre
Portus Calensis Porto
Portus Magnus Portsmouth
Posonium Bratislava (Preßburg)
Praga Prag
Puteoli Pozzuoli

Q

Quedlinburgum Quedlinburg
Quintinus Veromanduensis Saint-Quentin

R

Raceburgensis Ratzeburg
Radinga Reading
Ragusa, Ragusium Dubrovnik
Ratae Coritanorum Leicester
Ratisbona Regensburg
Rauzium Dubrovnik
Raven(n)a Ravenna
Redonum Rennes
Regalis mons Kaliningrad (Königsberg)
Regina castra Regensburg

Regium Calabriae Reggio di Calabria
Regium Lepidi Reggio Emilia
Remi, Remorum civitas Reims
Rhausium Dubrovnik
Rhegium Reggio Calabria
Rigomagus Remagen
Roma Rom
Romaricus Mons Remiremont
Roterodamum Rotterdam
Rotenburgum Rothenburg ob der Tauber
Rotevilla Rottweil
Rotomagus Rouen
Rutenorum civitas Rodez
Rutupiae Richborough

S

Saconium Säckingen
Saena Iulia Siena**aguntum** Sagunt
Salamantica Salamanca
Salernum Salerno
Salingiacum Solingen
Salisburgium Salzburg
Sampolitanum, Sancti Hippolyti fanum Sankt Pölten
Sanctus Dionisius Saint-Denis
Sanctus Eutropius Saint-Tropez
Sanctus Hippolytus in Austria Sankt Pölten
Sanctus Romulus San Remo
Sangallensis Sankt Gallen
Santena Xanten
Sarae/Saravi pons Saarbrücken
Sarum Salisbury
Sedunum Sion
Segodunum Rodez
Segontium Caernavon
Selenopolis Lüneburg
Sena Siena
Senonica urbs Sens
Serdica Sofia
Sibilia Sevilla
Singidunum Belgrad
Sistaricum Sisteron
Slesingensis, Slesvicum Schleswig
Sopianae Pécs (Fünfkirchen)
Sorbiodunum Salisbury
Sosa Soest
Spinalium Epinal
Spira (Nemetum) Speyer
Spolet(i)um Spoleto
Squirsina Schwerin
Stada, Stadium Stade
Stocholmia Stockholm
Stralsunda, Stralsundum Stralsund
Stuogardia, Stutgardia Stuttgart
Suerinum Schwerin
Suessionis civitas Soisson
Suindinum Le Mans
Syracusae Syrakus

T

Tabernarum castellum Bernkastel
Tamari Ostium Plymouth
Tarabatum Dorpat
Taravenna Thérouanne
Tarba Tarbes
Tarentum Tarent
Tarquinii Tarquinia
Tarracum Tarragona
Tarvisium Treviso
Tauromenium Taormina
Taurunum Belgrad
Telo Martius Toulon
Teotmola Detmold
Tergeste Triest
Thermae Carolinae Karlsbad
Thyanus Bukarest
Toletum Toledo
Tolonium Toulon
Tolosa Toulouse
Tomi, Tomiswarium Constanza
Torgavia Torgau
Traiectum ad Mosam Maastricht
Traiectum ad Rhenum Utrecht
Trecae Troyes
Tremonia Dortmund
Tricollis Dinkelsbühl
Tridentum Trient
Tullum (Leucorum) Toul
Turegum, Turicum Zürich
Turonum Tours

U

Ucetia Uzès
Ulma Ulm

Ulpia Noviomagus Nimwegen
Ulyssia, Ulyssipolis Lissabon
Upsalia Uppsala
Urbinum (Hortense) Urbino
Urbs Vetus Orvieto
Ursopolis Bernburg

V

Valen castrum Wismar
Valentia Valencia
Vallisoletum Valladolid
Vangionensis Worms
Vapincum Gap
Varsavia Warschau
Varunum Klagenfurt
Venetiae in Bretonia Vannes
Venetum civitas Vannes
Venta Belgarum Winchester
Venta Silurum Bristol
Verodunum Verdun
Verulamium St. Albans
Vesontio Besançon
Vesolum, Vesulum Vesoul
Vesunna Petricoriorum Périgueux
Vicentia Vicenza
Vienna (Austriae) Wien
Vienna, (Colonia Iulia) Vienna Vienne
Vigornia Worcester
Villacum Villach
Vinaria Weimar
Vindobona Wien
Viniticum Vannes
Vintimilium Ventimiglia
Virdunum Verdun
Virginum castrum Magdeburg
Virunum Klagenfurt
Viteberga Wittenberg
Viterbium Viterbo
Vitodurum Winterthur
Volaterrae Volterra
Vratislavia Breslau

W

Wetflaria Wetzlar
Wormatia Worms

X

Xanctum Xanten

Z

Zagrabia Zagreb
Zeacollis, Zeapolis Dinkelsbühl

In lateinischen Inschriften häufig verwendete Abkürzungen

A

A	*1. (legio) adiutrix*	Reservelegion
	2. ager	Feld, Gebiet
	3. amicus	Freund
	4. annus	Jahr
	5. as	As
	6. Aulus	röm. Vorname
	7. Aurelius	röm. Vorname
	8. aurum	Gold
A.A	*Auli duo*	zwei Aulus
A.A.A.F.F	*(triumviri) aere argento auro flando feriundo*	Münzmeister, Prägekommission
AAGG	*Augusti duo*	zwei Augustus
A.B	*1. a balneis*	Bade-
	2. amico bono	dem guten Freund
A.B.M	*amico bene merenti*	dem Freund, der es wohl verdient
ABN/ABNEP	*abnepos*	Ururenkel
A.C	*1. aere collato*	mit gesammeltem Geld
	2. a commentariis	Protokoll-
ACC	*1. accepit/accipiet*	er hat empfangen/er wird empfangen
	2. accensus	hinzugezählt
A.D	*1. ante diem*	vor dem Tag
	2. aram dedicat	den Altar weiht …
AD	*(legio) adiutrix*	Reservelegion
A.D.A	*agris dandis adsignandis*	zur Verteilung und Zuweisung von Ackerland
A.D.A.I	*agris dandis adsignandis iudicandis*	zur Verteilung, Zuweisung und Schätzung von Ackerland
ADF	*adfuerunt*	es waren anwesend
ADIVT.TAB	*adiutor tabularii*	Archivgehilfe
ADL	*adlectus*	zum Kollegium hinzugewählt
ADN	*adnepos*	Urururenkel
AED	*1. aedes*	Tempel
	2. aedilis	Ädil
AED.P(OT)	*aedilicia potestate*	mit Ädilsgewalt
AEG	*1. Aegyptus*	Ägypten
	2. Aegyptius	ägyptisch, Ägypter
AEL	*Aelius*	*röm. Vorname*
AEM	*Aemilia (tribus)*	die Tribus Aemilia
AER.COLL	*aere collato*	mit gesammeltem Geld
AER.MIL	*aerarium militare*	Kriegskasse
AET	*1. aeternus*	ewig
	2. aetas	Alter

AG	*ager*	Feld, Gebiet
A.H.N.P	*ad heredem non pertinet*	betrifft nicht den Erben
A.L	*Augusti libertus*	Freigelassener des Augustus
A.L.F	*animo libens fecit*	er hat gerne gemacht
A.MIL	*a militiis*	Kriegssekretär
AN(I)	*1. Aniensis (tribus)*	Tribus am Anio
	2. annus	Jahr
A.N	*Augustus noster*	unser Augustus, unser Kaiser
AN.P	*anno provinciae*	im Jahr der Statthalterschaft
A.O.F.C	*amico optimo faciendum curavit*	er hat für den besten Freund machen lassen
AP	*1. Appius*	*röm. Vorname*
	2. aprilis	April
A.PP	*1. a populo*	vom Volk
	2. aram posuit	er hat den Altar errichtet
	3. argenti pondo	Pfund Silber
	4. ager publicus	Staatsdomäne
	5. annus provinciae	Jahr der Statthalterschaft
A.P.F	*(legio) adiutrix pia fidelis*	vaterlandsliebende und treue Reservelegion
A.P.R	*aerarium populi Romani*	Staatskasse des römischen Volkes
A.RAT	*a rationibus*	Rechnungs-
ARG	*argentum*	Silber
ARK	*arca*	Kasse
ARN	*Arniensis (tribus)*	Tribus am Arno
A.S	*1. a sacris*	Opfer-
	2. a senatu	vom Senat
	3. a solo	Boden-
	4. amico suo	seinem Freund
ASC	*ascia*	Axt, Kelle
AV	*1. augur*	Augur
	2. Augustus	Augustus; *später* Kaiser
	3. Aulus	*röm. Vorname*
	4. Aurelius	*röm. Vorname*
	5. aurum	Gold
A.V	*1. agens vices*	Gegenleistung abstattend
	2. ave vale	sei gegrüßt, leb wohl
AVG	*1. augur*	Augur
	2. Augustus	Augustus, *später* Kaiser
	3. Augustalis	des Augustus, des Kaisers
AVG.N	*Augustus noster*	unser Augustus, unser Kaiser
AVGG.NN	*Augusti nostri*	unseres Augustus, unseres Kaisers
AVR	*Aurelius*	*röm. Vorname*
AVRR	*Aurelii*	die Aurelier

B

B	*1. beneficia*	Verdienste
	2. benficiarius	Gefreiter
	3. bonus	gut

B.B	***bonis bene***	den Guten zum Wohl
B.B.M.B	***bonis bene malis bene***	den Guten und Schlechten zum Wohl
B.B.M.M	***bonis bene malis male***	den Guten zum Wohl, den Schlechten ergehe es schlimm
BB.MM	***bene merentibus***	den Wohltätern
B.D	***Bona Dea***	die Gute Göttin
B.D.S.M	***bene de se merenti***	seinem Wohltäter
B.M	***1. bene merenti***	dem Wohltäter
	2. bonae memoriae	dem guten Andenken
B.M.F	***bene merenti fecit***	dem Wohltäter hat er gemacht
B.M.F.C	***bene merenti faciundum curavit***	er ließ dem Wohltäter machen
B.M.F.C.M.C	***bene merenti faciundum curavit memoriae causa***	er hat dem Wohltäter um des Andenkens willen machen lassen
B.M.V	***bonae memoriae vir***	ein Mann von gutem Andenken
B.P	***bonus puer***	guter Junge
B.Q	***bene quiescat***	er möge wohl ruhen
B.R.P.N	***bono rei publicae natus***	zum Wohl des Staates geboren
B.V	***bene vale***	lebe wohl
B.VIX	***bene vixit***	er hat rechtschaffen gelebt

C

C	***1. Caesar***	Caesar, *später* Kaiser
	2. Gaius	*röm. Vorname*
	3. Kalendae	die Kalenden
	4. candidatus	Amtsbewerber
	5. castra	Lager
	6. censuerunt	sie haben geschätzt
	7. centurio	Zenturio
	8. cives	Bürger
	9. civitas	Bürgerschaft
	10. clarissimus	der berühmteste
	11. cohors	Kohorte
	12. colonia	Kolonie
	13. comitialis	Wahl…
	14. coniunx	Gatte/Gattin
	15. consul	Konsul
	16. curator	Verwalter
	17. curavit	er hat dafür gesorgt
	18. curaverunt	sie haben dafür gesorgt
	19. curante	unter der Leitung, unter der Verwaltung
	20. curia	Kurie
C	***centenarius***	hundert enthaltend
C.A	***curam agens***	Sorge tragend
CAM	***Camilia*** (***tribus***)	die Tribus Camilia
CAND	***candidatus***	Amtsbewerber
C.B	***coniunx bona***	gute Gattin

C.B.M	***coniugi bene merenti***	der Gattin/dem Gatten, die/der es wohl verdient
C.B.M.F	***coniugi bene merenti fecit***	der Gattin/dem Gatten, die/der es wohl verdient, hat er es gemacht
C.C	***Gaii duo***	zwei Gaius
CC	***ducenarius***	zweihundert enthaltend
C.C.	***1. colonia Claudia***	Kolonie des Claudius
	2. coloni coloniae	die Siedler der Kolonie
	3. cuncti censuerunt	alle haben geschätzt
CC.VV	***clarissimi viri***	die berühmtesten Männer
CCC	***trecenarius***	dreihundert enthaltend
C.D	***1. conscriptorum decreto***	auf Beschluss der Senatoren
	2. consulto decurionum	auf Beschluss des Stadtrates
C.E	***coniunx eius***	dessen Gattin/deren Gatte
C.E.B.Q	***cineres eius bene quiescant***	seine Asche möge wohl ruhen
C.F	***1. clarissima femina***	die sehr ruhmvolle Frau
	2. clarissima filia	die sehr ruhmvolle Tochter
	3. coniunx fecit	der Gatte/die Gattin hat gemacht
CH/CHO/CHOR	***cohors***	Kohorte
C.I	***1. clarissimus iuvenis***	der sehr ruhmvolle junge Mann
	2. colonia Iulia	Kolonie der Iulia
C.K	***coniunx carissima***	die geliebte Gattin
CL	***1. clarissimus***	der ruhmvollste, äußerst ruhmvoll
	2. classis	Flotte
CLA	***Claudia*** **(*tribus*)**	die Tribus Claudia
C(AS).M(IS)	***classis Misenensis***	die Flotte von Misena
CL(AS).PR	***classis praetoria***	Admiralsschiff
CLAVD	***Claudia*** **(*tribus*)**	die Claudische Tribus
CL.F	***clarissima femina***	die sehr ruhmvolle Frau
CL.V	***clarissimus vir***	der sehr ruhmvolle Mann
CLV	***Clustumina*** **(*tribus*)**	die Tribus Clustumina
C.M.F	***clarissimae memoriae femina***	Frau von sehr ruhmvollem Andenken
C.M.P	***clarissimae memoriae puer***	Junge von sehr ruhmvollem Andenken
C.M.V	***clarissimae memoriae vir***	Mann von sehr ruhmvollem Andenken
CN	***Gnaeus***	*röm. Vorname*
C.N	***1. Caesar noster***	unser Caesar, unser Kaiser
	2. colonia nostra	unsere Kolonie
C.O	***coniugi optimo***	dem besten Gatten
COL	***1. Collina*** **(*tribus*)**	die Tribus Collina
	2. collegium	Kollegium
	3. colonia	Kolonie
	4. columbarium	Begräbnisgewölbe
COLL	***Collina*** **(*tribus*)**	die Tribus Collina
COM	***1. comes***	Gefährte
	2. commentarius	schriftliche Aufzeichnung
	3. commilito	Kriegskamerad
C.O.M	***cum omnibus meis***	mit allen meinen Angehörigen

CON	***1. coniux***	Gatte/Gattin
	2. coniugi	dem Gatten/der Gattin
CO(N).KA(R)	***1. coniugi carissimo***	dem geliebten Gatten
	2. coniugi carissimae	der geliebten Gattin
CO(N)R	***1. coniugi rarissimo***	dem vorzüglichsten Gatten
	2. coniugi rarissimae	der vorzüglichsten Gattin
CONS	***1. consul***	Konsul
	2. consularis	des Konsuls
CONS.ORD	***consul ordinarius***	ordentlicher Konsul
COR	***1. Cornelia (tribus)***	die Tribus Cornelia
	2. cohors	Kohorte
	3. corona	Kranz, Krone
COS	***1. consul***	Konsul
	2. consularis	ehemaliger Konsul
COSS	***consules***	die Konsuln
C.P	***1. castra praetoria***	Hauptquartier
	2. censoria potestate	mit zensorischer Gewalt
	3. clarissimus puer	der ruhmvollste Junge
	4. coniugi pientissimae	der tugendhaftesten Gattin
C.Q.V	***cum quo vixi***	mit dem ich gelebt habe
C.R	***1. civis Romanus***	römischer Bürger
	2. civitas Romana	römische Bürgerschaft
C.R.P	***curator rei publicae***	Bevollmächtigter des Staates
CRV	***Crustumina (tribus)***	die Tribus Crustumina
C.S	***1. carus suis***	seinen Angehörigen teuer
	2. coniugi sanctissimae	der sehr frommen Gattin
	3. coniugi suae	seiner Gattin
	4. cum suis	mit seinen Angehörigen
C.S.O	***cum suis omnibus***	mit allen seinen Angehörigen
C.V	***clarissimus vir***	der sehr ruhmvolle Mann
CVR	***1. curator***	Bevollmächtigter, Leiter
	2. curavit	er hat dafür gesorgt
	3. curante	unter der Fürsorge, unter der Verwaltung
	4. curia	Kurie
CVR.AG	***curam agens***	Sorge tragend

D

D	***1. Decimus***	*röm. Vorname*
	2. decimus	der zehnte
	3. decretus	beschlossen
	4. decuria	Dekurie
	5. decuriones	die Dekurionen
	6. dedit	er hat gegeben
	7. dederunt	sie haben gegeben
	8. defunctus	gestorben, tot
	9. denarius	Denar
	10. deus	Gott
	11. dea	Göttin

	12. dies	Tag
	13. dominus	Herr
	14. donum	Geschenk
	15. donat	er gibt
	16. donatus	gegeben
	17. dux	Anführer
D.A	***defunctus annorum***	Toter von … Jahren
D.C	***1. decreto conscriptorum***	auf Beschluss der Senatoren
	2. decurionum consulto	auf Beschluss des Stadtrates
D.C.C	***de conscriptorum consulto***	gemäß dem Beschluss der Senatoren
D.C.S	***1. de collegii sententia***	gemäß dem Beschluss des Kollegiums
	2. de consilii sententia	gemäß dem Beschluss der Ratsversammlung
D.D	***1. dare debebit***	er wird zu geben schulden
	2. decurionum decreto	auf Beschluss des Stadtrates
	3. donum dedit	er hat das Geschenk gegeben
	4. dedit dedicavitque	er hat gegeben und geweiht
	5. dea Dia	die Göttin Dia
	6. dea Diana	die Göttin Diana
	7. dii deaeque	Götter und Göttinnen
	8. domus divina	göttliches Haus
D.D.D	***1. datum decreto decurionum***	gegeben auf Beschluss des Stadtrates
	2. deo donum dedit	dem Gott hat er zum Geschenk gegeben
	3. dono dedit dedicavit	er hat zum Geschenk gegeben und geweiht
	4. domini tres	drei Herren
D.D.D.E.S	***1. dare damnas esto***	er soll verpflichtet sein zu geben
	2. dare damnates sunto	sie sollen verpflichtet sein zu geben
DDDNNN	***domini nostri tres***	unsere drei Herren
D.D.L.M.	***donum dedit libens merito***	er gab zu Recht gerne das Geschenk
DDNN	***domini nostri duo***	unsere zwei Herren
D.D.O	***dis deabus omnibus***	allen Göttern und Göttinnen
D.D.S	***de decurionum sententia***	gemäß der Abstimmmung des Stadtrates
D.D.S.P	***dedit de sua pecunia***	er hat von seinem Geld gegeben
DEC	***1. December***	Dezember
	2. decessit	er ist gestorben
	3. decreto	auf Beschluss
	4. decuria	Dekurie
	5. decurio	Dekurio; Ratsherr
DE COLL.SENT	***de collegii sententia***	gemäß der Abstimmung des Kollegiums
DE.C.S	***de consilii sententia***	gemäß der Abstimmung der Ratsversammlung

DED	***1. dedit***	er hat gegeben
	2. dedicavit	er hat geweiht
	3. dedicatus	geweiht
DEF	***defunctus***	gestorben
D.E.R	***de ea re***	in Bezug auf diese Sache
DES	***designatus***	designiert, erklärt
DE.S.P	***de sua pecunia***	von seinem Geld
DEV.N.M.Q	***devotus numini maestatique***	der Gottheit und der Hoheit treu ergeben
DE.V.DEC	***de quinque decuriis***	von fünf Dekurien
D.F	***1. dare facere***	geben lassen
	2. dabit fisco	er wird der Kasse geben
	3. de figlinis	aus der Töpferwerkstatt
	4. dulcissima filia	innig geliebte Tochter
DIC	***dicavit***	er hat geweiht
DIC.N.M.Q	***dicatus numini maiestatique***	der Gottheit und Hoheit geweiht
D.I.M	***1. Dis inferis Manibus***	den Totengöttern der Unterwelt
	2. Deo invicto Mithrae	dem unbesiegten Gott Mithras
D.L	***dedit libens***	er hat gerne gegeben
D.M	***1. Dis Manibus***	den Totengöttern
	2. dolus malus	arglistige Täuschung
	3. Dea Magna	die Große Göttin
	4. devotus memoriae	dem Andenken geweiht
D.M.I	***Dis Manibus et inferis***	den Totengöttern und Göttern der Unterwelt
D.M.S	***Dis Manibus sacrum***	Opfer für die Totengötter
D.N	***dominus noster***	unser Herr
D.N.M.(Q.)E	***devotus numini maiestati(que) eius***	der Gottheit und seiner Hoheit ergeben
D.O	***dari oportet***	es gehört sich, dass gegeben wird
D.O.M	***Deo optimo maximo***	dem besten und größten Gott
DON	***1. donavit***	er hat gegeben
	2. donum	Geschenk
D.P	***1. de pecunia***	von dem Geld
	2. Dis Penatibus	den Penaten
	3. donum posuit	er hat das Geschenk niedergelegt
D.P.D	***de proprio dedit***	er hat von seinem Eigentum gegeben
D.P.E	***devotus pietati eius***	dessen Liebe geweiht
D.P.P	***1. Dii Penates publici***	die Schutzgötter des Staates
	2. de pecunia publica	von staatlichem Geld
D.P.S	***de pecunia sua***	von seinem Geld
D.Q.L.S.T.T.L	***dic qui legis sit tibi terra levis***	der du das liest, sage, die Erde möge dich nicht drücken
D.R.P	***dignum rei publicae***	dem Staat würdig
D.S	***1. de suo***	von seinem Eigentum
	2. deus sanctus	heiliger Gott
D.S.D	***de suo dedit***	er hat von seinem Eigentum gegeben

D.S.F	***de suo fecit***	er hat von seinem Eigentum gemacht
D.S.F.C	***de suo faciendum curavit***	er hat von seinem Eigentum machen lassen
D.S.L.L.M	***de suo libens laetus merito***	zu Recht gerne und freudig von seinem Eigentum
D.S.M	***Diis sacrum Manibus***	Opfer für die Totengötter
D.S.P.F	***de sua pecunia fecit***	er hat von seinem Geld gemacht
D.S.R	***de suo restituit***	er hat von seinem Eigentum wiederhergestellt
D.S.S	***de senatus sententia***	gemäß dem Senatsbeschluss

E

E.F	***egregia femina***	vorzügliche Frau
E.M.V	***egregiae memoriae vir***	Mann von hervorragendem Andenken
EM.V	***eminentissimus vir***	sehr hervorragender Mann
EQ	***eques***	Ritter
E.R	***ea res***	diese Sache
ESQ	***Esquilina (tribus)***	die Tribus am Esquilin
E.T	***ex testamento***	aufgrund der Testamentsbestimmung
E.T.F	***ex testamento fecit***	er hat aufgrund der Testamentsbestimmung gemacht
E.V	***egregius vir***	hervorragender Mann
EV	***evocatus***	herausgerufen, gerufen
EX.A.C	***ex aere conlato***	von gesammeltem Geld
EX.A.P	***ex argento publico***	von staatlichem Geld
EX.D.D	***ex decreto decurionum***	aufgrund des Beschlusses des Stadtrates
EX.FIG	***ex figlina***	aus der Töpferwerkstatt
EX.OF	***ex officina***	aus der Werkstatt
EX.P.P	***ex pecunia publica***	von staatlichem Geld
EX.S.C	***ex senatus consulto***	aufgrund des Senatsbeschlusses
EX.T	***ex testamento***	aufgrund der Testamentsbestimmung
EX.T.F.C	***ex testamento faciendum curavit***	aufgrund der Testamentsbestimmung hat er machen lassen
EX.T.F.I	***ex testamento fieri iussit***	aufgrund der Testamentsbestimmung hat er befohlen, dass gemacht werde
EX.T.P	***ex testamento posuit***	aufgrund der Testamentsbestimmung hat er aufgestellt
E(X).V	***ex voto***	aufgrund des Gelöbnisses

F

F	***1. facere***	machen, tun
	2. fecit	er hat gemacht, er hat getan

	3. faciendum	zu tun
	4. fastus (dies)	Gerichtstag
	5. figlina	Töpferwerkstatt
	6. filius	Sohn
	7. filia	Tochter
FAB	*1. Fabia (tribus)*	die Tribus Fabia
	2. fabri	die Künstler, die Handwerker
FAC.CVR	*faciendum curavit*	er hat machen lassen
FAL	*Falerna (tribus)*	die Tribus Falerna
F.B.M	*1. filio bene merenti*	dem Sohn, der es wohl verdient
	2. filiae bene merenti	der Tochter, die es wohl verdient
F.C.I(D)Q.C	*faciendum curavit idemque probavit*	er hat machen lassen und für gut erklärt
F.D.	*1. fecit dedicavitque*	er hat gemacht und geweiht
	2. filio dulcissimo	dem innig geliebten Sohn
	3. filiae dulcissimae	der innig geliebten Tochter
F.D.S	*fecit de suo*	er hat von seinem Eigentum gemacht
FEC	*1. fecit*	er hat gemacht
	2. fecerunt	sie haben gemacht
F.F	*1. faustus felix*	günstig und glücklich
	2. filius fecit	der Sohn hat gemacht
FIG(L)	*figlina*	Töpferwerkstatt
FL(AM)	*flamen*	Flamen, Priester
F.P	*1. filius pientissimus*	dem liebsten Sohn
	2. filius posuit	der Sohn hat aufgestellt
	3. flamen perpetuus	lebenslanger Flamen
	4. funus publicum	Staatsbegräbnis
F.Q	*faciendum curavit*	er hat machen lassen
FR	*frater*	Bruder
F.S	*1. filio suo*	seinem Sohn
	2. filiae suae	seiner Tochter
	3. filii sui	seine Kinder
	4. fecit sibi	er hat für sich gemacht
F.S.ET.S	*fecit sibi et suis*	er hat für sich und seine Angehörigen gemacht

G

G	*Gaius*	*röm. Vorname*
GAL	*Galeria (tribus)*	die Tribus Galeria
G(EN)	*Genius*	Schutzgeist
G.H.L	*Genius huius loci*	der Schutzgeist dieses Ortes
G.M	*Genius Municipii*	der Schutzgeist der Landstadt
G.S	*Germania Superior*	Obergermanien

H

H	*heres*	Erbe
H.A	*haec ara*	dieser Altar
H.ADQ	*hic adquiescit*	hier ruht
HAS.POS(TER)	*hastatus posterior*	Hauptmann einer späteren Kompanie der Hastaten
HAS.PR	*hastatus prior*	Hauptmann einer früheren Kompanie der Hastaten
H.B	*homo bonus*	tüchtiger Mann
H.B.M.F	*heres bene merenti fecit*	der Erbe hat dem Wohltäter gemacht
H.B.Q	*hic bene quiescit*	hier ruht wohl
H.C	*1. hic conditus*	hier liegt begraben
	2. honoris causa	ehrenhalber
	3. honore contentus	sich mit der Ehre begnügend
H.C.E	*hic conditus est*	hier liegt begraben
H.D.S(P)	*heres de suo (posuit)*	der Erbe (hat) von seinem Eigentum (aufgestellt)
H.E.T	*heres ex testamento*	Erbe nach Testamentsbestimmung
H.F	*heres fecit*	der Erbe hat gemacht
H.F.C	*heres faciendum curavit*	der Erbe hat machen lassen
H.H.Q	*heres heredesque*	Erbe und Erben
H.L	*1. haec lex*	dieses Gesetz
	2. hac lege	durch dieses Gesetz
	3. hic locus	dieser Ort
H.L.D.M.A	*huic loco dolus malus abesto*	arglistige Täuschung soll von diesem Ort fern sein
H.L.R	*(ante) hanc legem rogatam*	vor diesem Gesetzesantrag
H.M	*1. hoc monumentum*	dieses Denkmal
	2. honesta missio	ehrenvolle Dienstentlassung
H.M.D.M.A	*huic monumento dolus malus abesto*	arglistige Täuschung soll diesem Denkmal fern sein
H.M.F	*honestae memoriae femina*	Frau von ehrenvollem Andenken
H.M.M	*honesta missione missus*	ehrenhaft entlassen
HOR	*Horatia (tribus)*	die Tribus Horatia
H.P.C	*heres ponendum curavit*	der Erbe hat aufstellen lassen
H.Q	*hic quiesca(n)t*	hier möge ruhen/hier mögen ruhen
H.S.(E)	*hic situs (est)*	hier ruht
H.S.S	*hic siti sunt*	hier ruhen
H.T.F	*heres testamento fecit*	der Erbe hat aufgrund des Testamentes gemacht
H.T.F.C	*heres testamento faciendum curavit*	der Erbe hat aufgrund des Testamentes machen lassen

I

I.A	*in agro*	auf dem Gebiet
ID	*Idus*	die Iden

I.D	***1. iure dicundo***	zur Rechtsprechung
	2. Iuppiter Dolichenus	der Jupiter von Doliche
I.F	***in fronte***	vorne
IM(P)	***imperator***	Feldherr; Kaiser
IN.A	***in agro***	auf dem Gebiet
IN.F	***in fronte***	vorne
IN.H.D.D	***in honorem domus divinae***	zu Ehren des göttlichen Hauses
IN(L)	***inlustris***	berühmt
INV(I)	***invictus***	unbesiegt
I.O.M	***Iuppiter optimus maximus***	der beste und größte Jupiter
I.Q.P	***idemque probavit***	und er hat für gut erklärt
I.S	***infra scriptus***	weiter unten geschrieben

K

K	***Kaeso***	*röm. Vorname*
KAL	***Kalendae***	die Kalenden
KAR	***1. carissimus***	liebster
	2. carissima	liebste
K.K	***calumniae causa***	wegen einer falscher Anklage
K.S	***carus suis***	seinen Angehörigen lieb

L

L	***1. laetus***	glücklich
	2. latum	getragen
	3. legio	Legion
	4. leuga	gallische Meile
	5. lex	Gesetz
	6. libens	gerne
	7. libertus	Freigelassener
	8. locus	Ort
	9. Lucius	*röm. Vorname*
L.A	***libens animo***	gerne
LAT(ICL)	***laticlavius***	Senator
L.D.D.D	***locus datus decreto decurionum***	Ort, der auf Beschluss des Stadtrates gegeben worden ist
LEG	***1. legatus***	Gesandter, Legat
	2. legio	Legion
LEG.AVG	***legatus Augusti***	Gesandter des Augustus
LEG.LEG	***legatus legionis***	Befehlshaber der Legion
LEG.P(R).P(R)	***legatus pro praetore***	mit einem selbstständigen Kommando betrauter Legat
LEM	***Lemonia*** (*tribus*)	die Tribus Lemonia
LIB	***1. Liber***	*altital. Gott*
	2. libellus	kleines Buch, Verzeichnis
	3. liberatus	befreit
	4. libertus	Freigelassener
	5. librarius	Sekretär
LIB.AN	***libens animo***	gerne

L.L.	***libens laetus***	gerne und glücklich
L.L.(P)Q.E	***libertis libertabus posterisque eorum***	den freigelassenen Männern und Frauen und ihren Nachkommen
L.L.V.S	***libens laetus votum solvit***	gerne und glücklich hat er das Gelübde erfüllt
LO(C)	***locus***	Ort
L.S	***1. libens solvit***	gerne hat er erfüllt
	2. locus sepulturae	Bestattungsort

M

M	***1. Marcus***	*röm. Vorname*
	2. magister	Vorsteher, Meister
	3. maiestas	Hoheit
	4. maximus	der größte
	5. memoria	Andenken, Erinnerung
	6. mensis	Monat
	7. miles	Soldat
	8. mille	tausend
	9. monumentum	Denkmal
	10. mortuus	tot
	11. municipium	Landstadt
M'.MV	***Manius***	*röm. Vorname*
M.A	***militavit annos***	er war … Jahre Soldat
MAE(C)	***Maecia (tribus)***	die Tribus Maecia
MAG	***magister***	Vorsteher, Meister
MAM	***Mamercus***	*röm. Vor- u. Beiname*
MAT(R)	***1. mater***	Mutter
	2. matri	der Mutter
MAX	***maximus***	der größte
M.C	***1. memoriae causa***	zur Erinnerung
	2. matri carissimae	der liebsten Mutter
M.D	***1. mater deum***	Mutter der Götter
	2. matri dulcissimae	der innig geliebten Mutter
M.D.M	***mater deum magna***	die große Mutter der Götter
M.D.M.A	***monumento dolus malus abesto***	arglistige Täuschung soll dem Andenken fern sein
MEM	***memoria***	Andenken, Erinnerung
MEN	***1. Menenia (tribus)***	die Tribus Menenia
	2. mensis	Monat
MER	***1. merens***	es verdienend, würdig
	2. merito	durch das Verdienst
M.F	***1. mater fecit***	die Mutter hat gemacht
	2. monumentum fecit	er hat ein Denkmal errichtet
	3. munere functus	der ein Amt bekleidet hat
MIL	***1. miles***	Soldat
	2. militavit	er ist Soldat gewesen
MISS	***1. missus***	entlassen
	2. missio	Entlassung
M.LIB	***mulieris libertus***	Freigelassener der Frau

MM	***1. Marci duo***	zwei Marcus
	2. memoriae	zur Erinnerung
M.M	***1. malis male***	den Schlechten (ergehe es) übel
	2. municipes municipii	Bürger der Landstadt
M.N	***milia nummum***	tausend Sesterze
M.O	***matri optimae***	der besten Mutter
MON	***1. monumentum***	Denkmal
	2. monetalis	Münz...
M.P	***1. milia passuum***	tausend Schritte
	2. mater posuit	die Mutter hat aufgestellt
M.V.F	***monumentum vivus fecit***	das Denkmal hat er zu Lebzeiten errichtet
MVL	***mulier***	Frau
MUN	***municipium***	Landstadt

N

N	***1. natione***	von Abstammung
	2. natus	geboren; Sohn
	3. nepos	Enkel; Neffe
	4. nomen	Name
	5. Nonae	die Nonen
	6. noster	unser
	7. numen	Gottheit
	8. Numerius	*röm. Vorname*
	9. numerus	Zahl
	10. nummus	Münze; Sesterz
N.A.S	***numini Augusti sacrum***	Opfer für die Gottheit des Augustus
NEG	***negotiator***	Kaufmann
N.E.S.D	***numini eius semper devotus***	dessen Gottheit immer ergeben
N.M.Q	***numini maiestatique***	der Gottheit und der Hoheit
NN	***nostri***	unsere
NOB.CAES	***nobilissimus Caesar***	der edelste Caesar, der edelste Kaiser
NOBB.CAESS	***nobilissimi Caesares***	die edelsten Kaiser
NON	***Nonae***	die Nonen
NUM	***1. Numerius***	*röm. Vorname*
	2. numerus	Zahl
	3. nummus	Münze; Sesterz

O

O	***1. officina***	Werkstatt
	2. optimus	der beste
	3. optio	Vertreter, Adjutant
OB	***obiit***	er ist gestorben
OB.H(ON)	***ob honorem***	um der Ehre willen
OB.M.E	***ob merita eius***	wegen seiner Verdienste
O.(E.)B.Q	***ossa (eius) bene quiescant***	seine Gebeine mögen wohl ruhen

O.D	***opus doliare***	Fass
O.D.D.F	***opus doliare de figlina***	Fass aus der Werkstatt
OF	***officina***	Werkstatt
O.H.S.(S)	***ossa hic sita (sunt)***	hier ruhen die Gebeine
O.M	***1. ob memoriam***	zum Andenken
	2. optimus maximus	der beste und größte
	3. optime merito	äußerst verdientermaßen
OP	***1. opus***	Werk
	2. optio	Vertreter, Adjutant
OP.D(OL)	***opus doliare***	Fass
O.S.T.T.L	***opto sit tibi terra levis***	ich wünsche, dass die Erde dich nicht drücke
O.T.B.Q	***ossa tibi bene quiescant***	deine Gebeine mögen wohl ruhen
O.V.B.Q	***ossa vobis bene quiescant***	eure Gebeine mögen wohl ruhen
OVF	***Oufentina (tribus)***	die Tribus Oufentina

P

P	***1. pagus***	Bezirk
	2. passus	Schritt
	3. pater	Vater
	4. patronus	Patron
	5. pecunia	Geld
	6. pedes	Füße, Schritte
	7. pius	gewissenhaft, fromm, lieb
	8. pientissimus	der gewissenhafteste, der frömmste, der liebste
	9. pondo	Pfund
	10. populus	Volk
	11. posuit	er hat aufgestellt
	12. provincia	Provinz
	13. publicus	öffentlich, staatlich
	14. publice	öffentlich
	15. Publius	*röm. Vorname*
PAL	***Palatina (tribus)***	die Tribus Palatina
PAP	***Papiria (tribus)***	die Tribus Papiria
PAR	***parentes***	die Eltern
PAT(R)	***patronus***	Patron
P.B.M	***1. parentes bene merenti***	die Eltern dem, der es wohl verdient
	2. patrono bene merenti	dem Patron, der es wohl verdient
P.C	***1. patres conscripti***	Senatoren
	2. patronus civitatis (coloniae)	Beschützer der Bürgerschaft (der Kolonie)
	3. pia constans	gewissenhaft und beständig
	4. ponendum curavit	er hat aufstellen lassen
PEC	***pecunia***	Geld
PED	***pedes***	Füße, Schritte
PERP	***perpetuus***	beständig, fortwährend, lebenslang

P.F	***1. pater fecit***	der Vater hat gemacht
	2. pater filio	der Vater dem Sohn
	3. parentes fecerunt	die Eltern haben gemacht
	4. pius felix	gewissenhaft und glücklich
	5. pia fidelis	gewissenhaft und treu
P.I	***poni iussit***	er hat befohlen, dass aufgestellt werde
P.L.L	***posuit libens laetus***	er hat gerne und freudig aufgestellt
PL.M(IN)	***plus minus***	mehr oder weniger
P.M	***1. patronus municipii***	Schutzherr der Landstadt
	2. pontifex maximus	Pontifex Maximus, Hoherpriester
	3. pontifex maior	höherer Priester
	4. plus minus	mehr oder weniger
	5. post mortem	nach dem Tod
POB	***Poblilia (tribus)***	die Tribus Poblilia
POL	***Pollia (tribus)***	die Tribus Pollia
POM	***Pomptina (tribus)***	die Tribus Pomptina
PONT.MAX	***pontifex maximus***	Pontifex Maximus, Hoherpriester
POP	***populus***	Volk
P.P	***1. pater patriae***	Vater des Vaterlandes
	2. pater posuit	der Vater hat aufgestellt
	3. pater piissimus	der liebste Vater
	4. parentes pientissimi	die liebsten Eltern
	5. pecunia publica	Staatskasse
	6. praeses provinciae	Provinzstatthalter
	7. primus pilus	Zenturio des ersten Manipels der Triarier
	8. pro praetore	Proprätor, Statthalter
	9. publicum portorium	staatlicher Zoll
PP	***1. perpetuus***	beständig, fortwährend, lebenslang
	2. praepositus	Vorgesetzter, Befehlshaber
P.P.P	***1. proconsul pater patriae***	der Prokonsul, Vater des Vaterlandes
	2. pater pius posuit	der fromme Vater hat aufgestellt
	3. pro pietate posuit	für die Liebe hat er aufgestellt
	4. pecunia propria posuit	von dem eigenen Geld hat er aufgestellt
	5. pecunia propria posuerunt	von dem eigenen Geld haben sie aufgestellt
	6. pecunia publica posuit	von staatlichem Geld hat er aufgestellt
P.P.S	***posuit pecunia sua***	von seinem eigenen Geld hat er aufgestellt
P.Q.R	***populusque Romanus***	und das römische Volk
P.R.(Q.)	***populus Romanus (Quiritum)***	das römische Volk
PR	***1. praetor***	Prätor

	2. praefectus	Präfekt, Vorgesetzter, Befehlshaber
	3. pridie	am Vortag
	4. primigenia	*Beiname der Diana*
	5. procurator	Verwalter
	6. provincia	Provinz
PRAE(F)	***praefectus***	Präfekt, Vorgesetzter, Befehlshaber
PRAEP	***praepositus***	Vorgesetzter, Befehlshaber
PRAES	***praeses***	Vorgesetzter
PRAET	***praetor***	Prätor
PR.I.D	***praefectus iure dicundo***	Vorgesetzter über die Rechtsprechung
PRINC	***princeps***	Herrscher
PR.PER	***praetor peregrinus***	Prätor, der zwischen römischen Bürgern und Auswärtigen Recht spricht
PR.VRB	***praetor urbanus***	Prätor, der zwischen römischen Bürgern Recht spricht
PRO	***1. proconsul***	Prokonsul, Statthalter
	2. procurator	Verwalter
	3. pronepos	Urenkel
	4. provincia	Provinz
PROB	***probavit***	er hat gebilligt, er hat für gut erklärt
PROC	***1. proconsul***	Prokonsul, Statthalter
	2. procurator	Verwalter
PRO.PR	***pro praetore***	Proprätor, Statthalter
PROQ	***proquaestor***	Proquästor
PRO.S	***pro salute***	zum Wohl
PROV	***provincia***	Provinz
P.S	***1. pecunia sua***	mit seinem Geld
	2. pro salute	zum Wohl
P.V	***1. perfectissimus vir***	ausgezeichneter Mann
	2. praefectus urbi	Statthalter der Stadt Rom
	3. praetor urbanus	Prätor, der zwischen römischen Bürgern Recht spricht
P.V.A	***pius vixit annos***	er hat fromm … Jahre gelebt
PVB	***1. Publilia*** (***tribus***)	die Tribus Publilia
	2. publicus	öffentlich, staatlich
PVP	***Pupinia*** (***tribus***)	die Tribus Pupinia

Q

Q	***1. quaestor***	Quästor
	2. -que	und
	3. qui	der
	4. quinquennalis	fünfjährig
	5. Quintus	*röm. Vorname*
Q.A(ER)	***quaestor aerarii***	Finanzbeamter

Q.A.V	***qui annos vixit***	der … Jahre gelebt hat
Q.B.F.F	***quod bonum felix faustum (sit)***	was gut, glücklich und günstig sei
Q.I(NF).S.S	***qui infra scripti sunt***	die unten aufgeschrieben sind
Q.L.S.T.T.L	***(dicite) qui legitis sit tibi terra levis***	die ihr das lest, sagt, die Erde möge dich nicht drücken
Q.M(IL)	***qui militavit***	der Soldat gewesen ist
Q.N.S.S.S	***quorum nomina supra scripta sunt***	deren Namen oben aufgeschrieben sind
Q.PR	***quaestor provinciae***	Finanzbeamter in der Provinz
Q.PR.PR	***quaestor pro praetore***	Quästor mit prätorischem Rang
Q.Q	***Quinti duo***	zwei Quintus
QQ.	***quinquennalis***	fünfjährig
Q.S.S.S	***qui subscripti/supra scripti sunt***	die unten/oben aufgeschrieben sind
Q.V.A	***qui vixit annos***	der … Jahre gelebt hat
QUI(R)	***Quirina (tribus)***	die Tribus Quirina
QUIN(Q)	***quinquennalis***	fünfjährig

R

R	***1. ratio***	Verzeichnis
	2. restituit	er hat wiederhergestellt
	3. Romanus	römisch, Römer
RAT	***ratio***	Verzeichnis
R.C	***1. reficiendum curavit***	er hat wiederherstellen lassen
	2. reficiendum curaverunt	sie haben wiederherstellen lassen
REG	***regio***	Gebiet
R.L	***recte licet***	es steht wohl frei
ROG	***1. rogat***	er fragt
	2. rogant	sie fragen
ROM	***Romilia (tribus)***	die Tribus Romilia
R.P	***1. ratio privata***	privates Verzeichnis
	2. res publica	Staat
R.R	***recto rigore***	mit angemessener Strenge

S

S	***1. sacerdos***	Priester
	2. sacrum	Opfer
	3. salus	Heil, Wohl
	4. scripsit	er hat geschrieben
	5. scriptus	geschrieben
	6. semis	Hälfte
	7. sententia	Beschluss
	8. Servius	*röm. Vorname*
	9. servus	Sklave
	10. sestertium	Sesterz
	11. Sextus	*röm. Vorname*
	12. sibi	sich

	13. Spurius	*röm. Vorname*
	14. suus	sein
SAB	***Sabatina (tribus)***	die Tribus Sabatina
SAC	***1. sacerdos***	Priester
	2. sacrum	Opfer
	3. sacravit	er hat geweiht
SACR.	***sacrum***	Opfer
SAL	***salus***	Heil, Wohl
SB.P.Q.S	***sibi posterisque suis***	sich und seinen Nachkommen
S.C	***1. senatus consultum***	Senatsbeschluss
	2. scribendum curavit	er hat schreiben lassen
	3. sub cura	unter der Fürsorge
SCA(P)	***Scaptia (tribus)***	die Tribus Scaptia
SC(RIB).ADF	***scribendo adfuerunt***	bei der Abfassung waren anwesend
SCRI(B)	***1. scriba***	Schreiber
	2. scripsit	er hat geschrieben
SC.D.M	***sciens dolo malo***	wissentlich durch arglistige Täuschung
S.D.M	***sine dolo malo***	ohne arglistige Täuschung
S.E	***situs est***	er ist begraben
SER	***1. Sergius***	*röm. Gentilname*
	2. Sergia (tribus)	die Tribus Sergia
	3. servus	Sklave
S.E(T).S	***sibi et suis***	sich und seinen Angehörigen
S.ET.S.L(IB). P(OST)Q.E(OR)	***sibi et suis, libertis libertabusque posterisque eorum***	sich und seinen Angehörigen, den freigelassenen Männern und Frauen und deren Nachkommen
SEV.AVG	***sevir Augustalis***	einer der sechs obersten Priester zu Ehren des Augustus
SEX	***Sextus***	*röm. Vorname*
S.F	***1. sacris faciundis***	um die Opfer zu feiern
	2. sine fraude	ohne Betrug
S.L.L.M	***solvit laetus libens merito***	er hat freudig und gerne dem, der es verdiente, erwiesen
S.L.P	***sibi libertis posterisque***	sich, den Freigelassenen und den Nachkommen
S.M	***1. sanctae memoriae***	dem heiligen Andenken
	2. solvit merito	er hat dem, der es verdiente, erwiesen
SP	***Spurius***	*röm. Vorname*
S.P	***1. servus publicus***	Staatssklave
	2. sua pecunia	von seinem Geld
	3. subpraefectus	Unterpräfekt
S.P.D.D	***sua pecunia donum dedit***	von seinem Geld hat er das Geschenk gegeben
S.P.F.C	***sua pecunia faciendum curavit***	er von seinem Geld machen lassen
S.P.P	***sua pecunia posuit***	er hat von seinem Geld aufgestellt

S.P.P.Q.R	***senatus populus plebesque Romanus***	Senat, Volk und niederes Volk von Rom
S.P.Q.R	***senatus populusque Romanus***	Senat und Volk von Rom
S.P.R	***sua pecunia restituit***	er hat von seinem Geld wieder-hergestellt
SS	***sestertii***	Sesterze
S.S	***1. senatus sententia***	Senatsabstimmung
	2. siti sunt	sie liegen
	3. subscriptus	unten vermerkt
	4. supra scriptus	unten aufgeschrieben
	5. sumptu suo	auf eigene Kosten
	6. susceptum solvit	er hat den Beschluss ausgeführt
SS.DD.NN	***salvis dominis nostris***	unseren wohlbehaltenen Herren
STEL(L)	***Stellatina (tribus)***	die Tribus Stellatina
STIP	***stipendia***	Kriegsdienst
S.T.T.L	***sit tibi terra levis***	die Erde möge dich nicht drücken
SVC	***1. Suburana (tribus)***	die Tribus Suburana
	2. Sucusana (tribus)	die Tribus Sucusana
S. V	***se vivo***	zu seinen Lebzeiten
S. V.T.L	***sit vobis terra levis***	die Erde möge euch nicht drücken

T

T	***1. tabula***	Tafel, Urkunde
	2. testamentum	Testament
	3. titulus	Inschrift
	4. Titus	*röm. Vorname*
TAB	***1. tabula***	Tafel, Urkunde
	2. tabularius	Legionsschreiber; Vorsteher des Archivs
T.B.Q	***tu bene quiescas***	du mögest wohl ruhen
TER	***Teretina (tribus)***	die Tribus Teretina
TEST.LEG	***testamento legavit***	durch das Testament hat er vermacht
TEST.IVSS	***testamento iussit***	durch das Testament hat er be-fohlen
T.F	***testamento fecit***	durch das Testament hat er ge-macht
T.F.I	***testamento fieri iussit***	durch das Testament hat er be-fohlen, dass geschehe
TI(B)	***Tiberius***	*röm. Vorname*
T.L	***testamento legavit***	durch das Testament hat er vermacht
T.M.P	***titulum memoriae posuit***	er hat die Inschrift zum Andenken aufgestellt
T.O.B.Q	***tibi ossa bene quiescant***	deine Gebeine mögen wohl ruhen
T.P	***1. tanta pecunia***	so viel Geld, für so viel Geld
	2. titulum posuit	er hat die Inschrift aufgestellt

	3. tribunicia potestate	mit tribunizischer Gewalt
T.P.I	***testamento poni iussit***	er hat durch das Testament befohlen, dass aufgestellt werde
TR.M(IL)	***tribunus militum***	Militärtribun
TR.P(L)	***tribunus plebis***	Volkstribun
TR.POT	***tribunicia potestate***	mit tribunizischer Gewalt
TRIB	***1. tribus***	Tribus
	2. tribunus	Tribun
TRIB.POT	***tribunicia potestate***	mit tribunizischer Gewalt
TRO	***Tromentina (tribus)***	die Tribus Tromentina
T.R.P.D.S.T.T.L	***te rogo praeteriens dicas sit tibi terra levis***	sage bitte beim Vorübergehen, die Erde möge dich nicht drücken

V

V	***1. verna***	Haussklave; inländisch
	2. victrix	Siegerin; siegreich
	3. vir	Mann
	4. vivus	lebend
	5. vixit	er hat gelebt
	6. votum	Gelübde
	7. vovit	er hat gelobt
	8. utere	du gebrauchst; du hast
	9. valeas	leb wohl
	10. valeat	er lebe wohl
	11. (cohors) voluntariorum	(Kohorte) aus Freiwilligen
VA	***1. vale***	leb wohl
	2. valeas	leb wohl
V.A	***1. vices agens***	Gegenleistung abstattend
	2. vixit annos	er hat … Jahre gelebt
V.A.S.L.M	***votum animo solvit libens merito***	er hat das Gelübde zu Recht gerne eingelöst
V.B	***vir bonus***	tüchtiger Mann
V.B.D.R.P	***vir bonus dignus rei publicae***	tüchtiger und dem Staat würdiger Mann
V.C	***vir clarissimus***	ruhmvollster Mann
V.E	***vir egregius***	hervorragender Mann
VEL	***Velina (tribus)***	die Tribus Velina
VER(N)	***verna***	Haussklave; inländisch
V.F	***1. verba fecit***	er hat gesprochen
	2. vivus fecit	er hat zu Lebzeiten gemacht
V.F.S	***vivus fecit sibi***	er hat für sich zu Lebzeiten gemacht
VIC	***1. vicus***	Dorf; Stadtviertel; Straße
	2. vicani	die Dorfbewohner
VIL	***vilicus***	Verwalter
V.I(N)L	***vir illustris***	berühmter Mann
V.I.S	***verba infra scripta***	die Worte, die unten geschrieben sind
VIX	***vixit***	er hat gelebt

V.L	*1. veteranus legionis*	Veteran der Legion
	2. vir laudabilis	lobenswerter Mann
V.L.M.S	*votum libens merito solvit*	er hat das Gelübde zu Recht gerne eingelöst
VOL	*1. Voltinia (tribus)*	die Tribus Voltinia
	2. (cohors) voluntariorum	Kohorte aus Freiwilligen
V.P	*1. vice praesidis*	anstelle des Vorgesetzten
	2. votum posuit	er hat das Weihegeschenk niedergelegt
	3. vir perfectissimus	der vollkommenste Mann
V.R	*1. urbs Roma*	die Stadt Rom
	2. votum reddidit	er hat das Gelübde erfüllt
VRB	*urbanus*	städtisch
V.S	*1. votum solvit*	er hat das Gelübde erfüllt
	2. vir spectabilis	prächtiger Mann
V.S.F	*vivus sibi fecit*	er hat zu Lebzeiten für sich gemacht
V.S.L.L.M	*votum solvit libens laetus merito*	er hat zu Recht das Gelübde gerne und freudig erfüllt
V.S.L.M	*votum solvit libens merito*	er hat zu Recht das Gelübde gerne erfüllt
VT.F	*utere felix*	gebrauche glücklich
V.V	*1. virgo Vestalis*	vestalische Jungfrau
	2. vivus vivae	lebend der Lebenden
	3. ut voverat	wie er gelobt hatte
VV.CC	*viri clarissimi*	vorzüglichste Männer
VV.EE	*viri egregii*	hervorragende Männer
VV.PP	*viri perfectissimi*	vollkommenste Männer
V.V.S.L.M	*ut voverat solvit libens merito*	wie er gelobt hatte, hat er zu Recht gerne erfüllt

Deklinationen in Übersicht

Die Deklination der Substantive

Die erste oder a-Deklination

		f
Sg	*Nom*	**filia** Tochter
	Gen	fili**ae**
	Dat	fili**ae**
	Akk	fili**am**
	Abl	fili**ā**
	Vok	fili**a**!
Pl	*Nom*	fili**ae**
	Gen	fili**ārum**
	Dat	fil**īs**
	Akk	fili**ās**
	Abl	fil**īs**
	Vok	fili**ae**!

Die zweite oder o-Deklination

		m	*m*	*n*
Sg	*Nom*	**dominus** Herr	**puer** Kind	**donum** Gabe
	Gen	domin**ī**	puer**ī**	don**ī**
	Dat	domin**ō**	puer**ō**	don**ō**
	Akk	domin**um**	puer**um**	don**um**
	Abl	domin**ō**	puer**ō**	don**ō**
	Vok	domin**e**!	puer!	don**um**!
Pl	*Nom*	domin**ī**	puer**ī**	don**a**
	Gen	domin**ōrum**	puer**ōrum**	don**ōrum**
	Dat	domin**īs**	puer**īs**	don**īs**
	Akk	domin**ōs**	puer**ōs**	don**a**
	Abl	domin**īs**	puer**īs**	don**īs**
	Vok	domin**ī**!	puer**ī**!	don**a**!

Die dritte Deklination
Konsonantenstämme

		m	*f*	*n*
Sg	*Nom*	**honor** Ehre	**legiō** Legion	**carmen** Gesang
	Gen	honōr**is**	legiōn**is**	carmin**is**
	Dat	honōr**ī**	legiōn**ī**	carmin**ī**
	Akk	honōr**em**	legiōn**em**	carmen
	Abl	honōr**e**	legiōn**e**	carmin**e**
	Vok	honor!	legiō!	carmen!
Pl	*Nom*	honōr**ēs**	legiōn**ēs**	carmin**a**
	Gen	honōr**um**	legiōn**um**	carmin**um**
	Dat	honōr**ibus**	legiōn**ibus**	carmin**ibus**
	Akk	honōr**ēs**	legiōn**ēs**	carmin**a**
	Abl	honōr**ibus**	legiōn**ibus**	carmin**ibus**
	Vok	honōr**ēs**!	legiōn**ēs**!	carmin**a**!

Die dritte Deklination
i-Stämme

		f	*n*
Sg	*Nom*	**turris** Turm	**mare** Meer
	Gen	turr**is**	mar**is**
	Dat	turr**ī**	mar**ī**
	Akk	turr**im**	mar**e**
	Abl	turr**ī**	mar**ī**
	Vok	turr**is**!	mar**e**!
Pl	*Nom*	turr**ēs**	mar**ia**
	Gen	turr**ium**	mar**ium**
	Dat	turr**ibus**	mar**ibus**
	Akk	turr**īs/ēs**	mar**ia**
	Abl	turr**ibus**	mar**ibus**
	Vok	turr**ēs**!	mar**ia**!

Die dritte Deklination
Mischklasse

		m	*f*	*n*
Sg	*Nom*	**imber** Regen	**urbs** Stadt	**os** Knochen
	Gen	imbr**is**	urb**is**	oss**is**
	Dat	imbr**ī**	urb**ī**	oss**ī**
	Akk	imbr**em**	urb**em**	os
	Abl	imbr**e**	urb**e**	oss**e**
	Vok	imber!	urbs!	os!
Pl	*Nom*	imbr**ēs**	urb**ēs**	oss**a**
	Gen	imbr**ium**	urb**ium**	oss**ium**
	Dat	imbr**ibus**	urb**ibus**	oss**ibus**
	Akk	imbr**ēs**	urb**ēs**	oss**a**
	Abl	imbr**ibus**	urb**ibus**	oss**ibus**
	Vok	imbr**ēs**!	urb**ēs**!	oss**a**!

Die vierte oder u-Deklination

		m	*n*
Sg	*Nom*	**currus** Wagen	**cornū** Horn
	Gen	curr**ūs**	corn**ūs**
	Dat	curr**uī**	corn**ū**/**uī**
	Akk	curr**um**	corn**ū**
	Abl	curr**ū**	corn**ū**
	Vok	curr**us**!	corn**ū**!
Pl	*Nom*	curr**ūs**	corn**ua**
	Gen	curr**ūum**	corn**uum**
	Dat	curr**ibus**	corn**ibus**
	Akk	curr**ūs**	corn**ua**
	Abl	curr**ibus**	corn**ibus**
	Vok	curr**ūs**!	corn**ua**!

Die fünfte oder e-Deklination			
		f	*m/f*
Sg	*Nom*	**rēs** Sache	**diēs** Tag/Termin
	Gen	**reī**	diēī
	Dat	**reī**	diēī
	Akk	**rem**	di**em**
	Abl	**rē**	diē
	Vok	**rēs**!	**diēs**!
Pl	*Nom*	**rēs**	diēs
	Gen	**rērum**	di**ērum**
	Dat	**rēbus**	di**ēbus**
	Akk	**rēs**	diēs
	Abl	**rēbus**	di**ēbus**
	Vok	**rēs**!	diēs!

Die Deklination der Adjektive

Die erste Deklination Adjektive auf -us, -a, -um				
		m	*f*	*n*
Sg	*Nom/Vok*	bon**us**	bon**a**	bon**um**
	Gen	bon**ī**	bon**ae**	bon**ī**
	Dat	bon**ō**	bon**ae**	bon**ō**
	Akk	bon**um**	bon**am**	bon**um**
	Abl	bon**ō**	bon**a**	bon**ō**
Pl	*Nom/Vok*	bon**ī**	bon**ae**	bon**a**
	Gen	bon**ōrum**	bon**ārum**	bon**ōrum**
	Dat	bon**īs**	bon**īs**	bon**īs**
	Akk	bon**ōs**	bon**ās**	bon**a**
	Abl	bon**īs**	bon**īs**	bon**īs**

Die zweite Deklination Adjektive auf -er *mit stammeigenem* -e-				
		m	*f*	*n*
Sg	*Nom/Vok*	liber	liber**a**	liber**um**
	Gen	liber**ī**	liber**ae**	liber**ī**
	Dat	liber**ō**	liber**ae**	liber**ō**
	Akk	liber**um**	liber**am**	liber**um**
	Abl	liber**ō**	liber**a**	liber**ō**
Pl	*Nom/Vok*	liber**ī**	liber**ae**	liber**a**
	Gen	liber**ōrum**	liber**ārum**	liber**ōrum**
	Dat	liber**īs**	liber**īs**	liber**īs**
	Akk	liber**ōs**	liber**ās**	liber**a**
	Abl	liber**īs**	liber**īs**	liber**īs**

		m	*f*	*n*
Die dritte Deklination				
i- Stämme: dreiendige Adjektive				
Sg	*Nom/Vok*	āc**er**	āc**ris**	āc**re**
	Gen	ācr**is**	ācr**is**	ācr**is**
	Dat	ācr**ī**	ācr**ī**	ācr**ī**
	Akk	ācr**em**	ācr**em**	ācr**e**
	Abl	ācr**ī**	ācr**ī**	ācr**ī**
Pl	*Nom/Vok*	ācr**ēs**	ācr**ēs**	ācr**ia**
	Gen	ācr**ium**	ācr**ium**	ācr**ium**
	Dat	ācr**ibus**	ācr**ibus**	ācr**ibus**
	Akk	ācr**ēs**	ācr**ēs**	ācr**ia**
	Abl	ācr**ibus**	ācr**ibus**	ācr**ibus**

		m	*f*	*n*
Die dritte Deklination				
i- Stämme: zweiendige Adjektive				
Sg	*Nom/Vok*	grav**is**	grav**is**	grav**e**
	Gen	grav**is**	grav**is**	grav**is**
	Dat	grav**ī**	grav**ī**	grav**ī**
	Akk	grav**em**	grav**em**	grav**e**
	Abl	grav**ī**	grav**ī**	grav**ī**
Pl	*Nom/Vok*	grav**ēs**	grav**ēs**	grav**ia**
	Gen	grav**ium**	grav**ium**	grav**ium**
	Dat	grav**ibus**	grav**ibus**	grav**ibus**
	Akk	grav**ēs**	grav**ēs**	grav**ia**
	Abl	grav**ibus**	grav**ibus**	grav**ibus**

		m	*f*	*n*
Die dritte Deklination				
Einendige Adjektive auf -x				
Sg	*Nom/Vok*	fēlī**x**	fēlī**x**	fēlī**x**
	Gen	fēlīc**is**	fēlīc**is**	fēlīc**is**
	Dat	fēlīc**ī**	fēlīc**ī**	fēlīc**ī**
	Akk	fēlīc**em**	fēlīc**em**	fēlī**x**
	Abl	fēlīc**ī**	fēlīc**ī**	fēlīc**ī**
Pl	*Nom/Vok*	fēlīc**ēs**	fēlīc**ēs**	fēlīc**ia**
	Gen	fēlīc**ium**	fēlīc**ium**	fēlīc**ium**
	Dat	fēlīc**ibus**	fēlīc**ibus**	fēlīc**ibus**
	Akk	fēlīc**ēs**	fēlīc**ēs**	fēlīc**ia**
	Abl	fēlīc**ibus**	fēlīc**ibus**	fēlīc**ibus**

Die dritte Deklination
Einendige Adjektive auf -ns

		m	*f*	*n*
Sg	*Nom/Vok*	sapiē**ns**	sapiē**ns**	sapiē**ns**
	Gen	sapient**is**	sapient**is**	sapient**is**
	Dat	sapient**ī**	sapient**ī**	sapient**ī**
	Akk	sapient**em**	sapient**em**	sapiē**ns**
	Abl	sapient**ī/-e**	sapient**ī/-e**	sapient**ī/-e**
Pl	*Nom/Vok*	sapient**ēs**	sapient**ēs**	sapient**ia**
	Gen	sapient**ium**	sapient**ium**	sapient**ium**
	Dat	sapient**ibus**	sapient**ibus**	sapient**ibus**
	Akk	sapient**ēs**	sapient**ēs**	sapient**ia**
	Abl	sapient**ibus**	sapient**ibus**	sapient**ibus**

Prädikativer Gebrauch → Abl Sg auf **-e**
Adjektivischer Gebrauch → Abl Sg auf **-i**

Die dritte Deklination
Einendige Konsonantenstämme

		m	*f*	*n*
Sg	*Nom/Vok*	pauper	pauper	pauper
	Gen	pauper**is**	pauper**is**	pauper**is**
	Dat	pauper**ī**	pauper**ī**	pauper**ī**
	Akk	pauper**em**	pauper**em**	pauper
	Abl	pauper**e**	pauper**e**	pauper**e**
Pl	*Nom/Vok*	pauper**ēs**	pauper**ēs**	pauper**a**
	Gen	pauper**um**	pauper**um**	pauper**um**
	Dat	pauper**ibus**	pauper**ibus**	pauper**ibus**
	Akk	pauper**ēs**	pauper**ēs**	pauper**a**
	Abl	pauper**ibus**	pauper**ibus**	pauper**ibus**

Komparativ

		m	*f*	*n*
Sg	*Nom/Vok*	longi**or**	longi**or**	longi**us**
	Gen	longi**ōris**	longi**ōris**	longi**ōris**
	Dat	longi**ōrī**	longi**ōrī**	longi**ōrī**
	Akk	longi**ōrem**	longi**ōrem**	longi**us**
	Abl	longi**ōre**	longi**ōre**	longi**ōre**
Pl	*Nom/Vok*	longi**ōrēs**	longi**ōrēs**	longi**ōra**
	Gen	longi**ōrum**	longi**ōrum**	longi**ōrum**
	Dat	longi**ōribus**	longi**ōribus**	longi**ōribus**
	Akk	longi**ōrēs**	longi**ōrēs**	longi**ōra**
	Abl	longi**ōribus**	longi**ōribus**	longi**ōribus**

Lateinische Wortbildung

Präfix – Vorsilbe

Die Wortbildung mit Präfixen tritt in erster Linie bei Verben und Nomina auf. Als Präfixe können Präpositionen dienen, die auch selbstständig auftreten können (***a***, ***de***, ***e*** *usw.*), aber auch Elemente, die nur noch in Zusammensetzungen auftauchen, wie zum Beispiel ***dis-***, ***por-*** oder ***re-***. Je nach Anfangslaut des Verbs wird das Präfix häufig assimiliert, das heißt an den folgenden Laut angeglichen.

a-, ab-, abs-	ab-, weg-	***ab-eo***	weg-gehen
	un-, miss-	***ab-similis***	un-ähnlich
ad-	heran	***ad-eo***	herangehen
	hinzu	***ad-do***	hinzu-fügen
	dabei	***ad-iaceo***	angrenzen
	(Beginn)	***ad-amo***	sich verlieben
ambi-	umher	***ambio*** (***aus amb-eo***)	umher-gehen
ante-	voraus	***ante-fero***	voraus-tragen
	vor-	***ant-ea***	vorher
	über	***ante-pono***	über *etw.* stellen
circum-	ringsum	***circum-eo***	herum-gehen
co-, com-, con-	zusammen	***com-meo***	zusammen-kommen
	völlig	***com-edo***	auf-essen
de-	ab-, weg-	***de-cedo***	weg-gehen
	herab	***de-curro***	herab-laufen
	miss-	***de-formis***	miss-gebildet
dis-	auseinander	***dis-curro***	auseinander laufen
	un-	***dis-similis***	un-ähnlich
	ganz	***distaedet***	ganz überdrüssig sein
e-, ex-,	aus, heraus	***e-venio***	heraus-kommen
	empor-, er-	***ex-struo***	er-bauen
	sehr, ziemlich	***e-durus***	sehr hart
	ent-, ver-	***ex-armo***	entwaffnen
in[1]	in, an, auf	***in-sum***	darin sein
	hinein	***in-eo***	hinein-gehen
in-[2]	nicht, ohne	***in-nocens***	un-schuldig
inter-	dazwischen	***inter-cedo***	dazwischen-gehen
	mitten	***inter-ea***	inzwischen
	unter	***inter-eo***	unter-gehen
intro-	hinein	***intro-duco***	hinein-führen
ob-	entgegen	***ob-eo***	entgegen-gehen
per-	umher	***per-equito***	umher-reiten
	durch	***per-fringo***	durch-brechen
	sehr	***per-beatus***	sehr glücklich
por-	hin-	***por-rigo***	hin-reichen
post	nach-, hinten-	***post-pono***	nach-stellen

prae-	vorne	***prae-sum***	vorne sein
	vorzeitig	***prae-cox***	frühreif
praeter-	vorbei-	***praeter-eo***	vorbei-gehen
pro-	vorwärts	***pro-cedo***	vorwärts schreiten
	vor-	***pro-video***	vorher-sehen
	hervor	***pro-volo***	hervor-fliegen
	anstatt	***pro-consul***	Proconsul
re-	zurück	***re-cedo***	zurück-gehen
	wieder	***re-peto***	wieder-holen
se-	weg	***se-cedo***	weg-gehen
		se-orsus	abgesondert
semi-	halb	***semi-apertus***	halb geöffnet
sub-, sus-	unter	***sub-igo***	unter-werfen
super	über	***super-gredior***	über-schreiten
trans-, tra-	hinüber, über-	***trans-igo***	durch-führen

Suffix – Nachsilbe

Im Gegensatz zu Präfixen, die die Bedeutung innerhalb einer Wortart verändern, werden Suffixe auch dazu benutzt, die Wortart zu ändern, also zum Beispiel ein Verb aus einem Nomen abzuleiten, zum Beispiel: ***infenso*** (feindselig behandeln) von ***infensus*** (feindselig). Suffix-Bildungen lassen sich am einfachsten nach Bedeutungsgruppen gliedern. Auch hier sollen nur die geläufigsten genannt werden:

Substantive

-tas	*Eigenschaft*	***libertas***	Freiheit
-tudo	*Eigenschaft*	***fortitudo***	Tapferkeit
-ia	*Eigenschaft*	***superbia***	Hochmut
-itia /-ities	*Eigenschaft*	***avaritia***	Geiz
-io	*Handlung*	***actio***	Handlung
-tus	*Handlung*	***cantus***	Gesang
-tor	*Handelnder*	***imperator***	Befehlshaber, Feldherr
-trix	*Handelnde*	***genetrix***	Erzeugerin
-men	*Instrument*	***agmen***	Heereszug
-mentum	*Instrument*	***ornamentum***	Schmuck, Zier
-ulus / -ula	*Verkleinerung*	***catulus***	Hündchen
-arium	*Ort mit Anzahl von Gegenständen etc.*	***columbarium***	Taubenschlag
-atus	*Amt*	***consulatus***	Konsulat

Adjektive

-bundus	*Handlung, Zustand*	***moribundus***	sterbend
-cundus	*Eigenschaft*	***iucundus***	angenehm
-ilis	*Fähigkeit, Möglichkeit*	***habitabilis***	bewohnbar
-tus	*Zustand*	***armatus***	bewaffnet
-ulus	*Verkleinerung*	***mundulus***	zierlich
-osus	*Menge*	***gloriosus***	ruhmreich
-eus	*Beschaffenheit*	***aureus***	aus Gold

Verben

-tare	*Wiederholung*	***dictitare***	oft sagen
-scere	*Anfang*	***florescere***	zu blühen beginnen
-turire / -surire	*Wunsch*	***esurire***	essen wollen, Hunger haben

Lateinische Schrift und Aussprache

Das lateinische Alphabet

Das lateinische Alphabet, das – wahrscheinlich durch Vermittlung der Etrusker – aus einem westgriechischen übernommen worden war, hatte am Ende der Republik **21 Buchstaben**:

A B C D E F Z H I K L M N O P Q R S T V X

Das Zeichen Z war an siebter Stelle des Alphabets, obwohl es dafür lautlich keine Verwendung gab; C wurde ursprünglich für den stimmlosen (= K) und den stimmhaften Gaumenlaut (= G) verwendet. Erst in der augusteischen Zeit kamen **Y** und **Z** zur phonetisch richtigen Wiedergabe der inzwischen in ihrem Lautwert gewandelten Buchstaben Y und Z in griechischen Fremdwörtern hinzu; bis dahin war man in diesen Fällen mit V und S ausgekommen. Das lateinische Alphabet bestand nun aus den folgenden **23 Buchstaben**:

A B C D E F **G** H I K L M N O P Q R S T V X **Y Z**

Wie uns jetzt noch die vielen Inschriften zeigen, schrieben die Römer nur mit Großbuchstaben (Majuskeln); erst in späterer Zeit kamen die Kleinbuchstaben (Minuskeln) hinzu, die sich aus jenen entwickelt hatten. Wir schreiben in unseren Texten die Eigennamen sowie ihre Ableitungen (***Graecia***, ***Graecus***, ***Graece***) und vielfach das erste Wort eines neuen Abschnittes oder auch eines jeden Satzes mit großen Anfangsbuchstaben.

Die lateinische Schrift

Die Römer hatten wie die Etrusker je nach dem folgenden Laut und der damit zusammenhängenden unterschiedlichen Artikulation **drei verschiedene K-Laute** und dementprechend in der Schrift drei verschiedene Buchstaben: **C** vor E und I, **K** vor A (und Konsonanten), **Q** vor den Vokalen O und V. Von ihnen hat sich Q nur in der Verbindung QV (gesprochen kw, z. B. ***quis***), K nur in einigen Wörtern wie dem Vornamen ***Kaeso***, ***Kalendae*** (daneben auch ***Calendae***) und Karthago (daneben auch ***Carthago***) erhalten. Im Übrigen hat sich das C als einziger stimmloser Gaumenlaut durchgesetzt. Lange bezeichnete C nicht nur den stimmlosen (= K), sondern auch den stimmhaften Gaumenlaut (= G). Der Überlieferung nach schuf der Freigelassene Spurius Carvilius um die Mitte des 3. Jahrhunderts v. Chr. G aus C durch Hinzufügung eines Strichs. Es trat an die Stelle des ursprünglich im lateinischen Alphabet vorhandenen, aber dann beseitigten Z. Als in augusteischer Zeit Y und Z hinzukamen, handelte es sich bei Z also streng genommen um eine Wiedereinführung.

Mit **V** wurde sowohl der Vokal **U** wie der Halbvokal V, mit **I** sowohl der Vokal I wie der Halbvokal **J** bezeichnet. Erst im Mittelalter wurde eine Scheidung zwischen U, u und V, v sowie zwischen I, i und J, j gebräuchlich. Die endgültige Einführung der Majuskeln J und U und der Minuskeln j und v geht auf den französischen Humanisten Pierre de la Ramée (gest. 1572) zurück. Wir unterscheiden in unseren Texten meistens U, u und V, v, verwenden aber I, i für Vokal und Halbvokal (***usus***, ***verus***; ***ibi***, ***iam***). Nur in den Verbindungen ***qu-***, ***-ngu-*** und ***su-*** vor Vokalen wird u als Halbvokal von uns verwendet (***quartus***, ***lingua***, ***suavis***).

Den Römern waren nicht nur **Satzzeichen** unbekannt, sondern sie verzichteten auch weitgehend auf die Trennung der einzelnen Wörter im Satz und der Silben eines Wortes. Wir trennen in unseren lateinischen Texten die Wörter voneinander und verwenden Satzzeichen im Großen und Ganzen nach den Normen unserer Muttersprache. Es ist aber zu beachten, dass Partizipialkonstruktionen und der AcI., da sie keine Sätze sind, nicht durch ein Komma vom übrigen Satz getrennt werden sollten.

Hinsichtlich der **Silbentrennung** stehen sich die griechisch beeinflusste Theorie lateinischer Grammatiker und die Praxis der Inschriften und der z. T. auf antiker Tradition fußenden mittelalterlichen Handschriften gegenüber. Wir verfahren zumeist folgendermaßen:

- Ein einzelner Konsonant – dazu zählen auch die aspirierten Konsonanten ch, ph, th und die je zwei Laute darstellenden Buchstaben x und z – tritt zur folgende Silbe: ***pa-ter***, ***Epi-charmus***, ***lu-xus***.
- Von zwei oder mehr Konsonanten wird der letzte zur folgenden Silbe gezogen (***om-nis***, ***sump-tus***); doch bleiben muta cum liquida (b, p; d, t; g, c + l, r) ungetrennt: ***tene-brae***, ***ca-pra***, ***cas-tra***.
- Unter Aufhebung der vorigen Regeln werden zusammengesetzte Wörter nach ihren Bestandteilen getrennt: ***ab-ire***, ***post-ea***, ***sic-ut***.

Die lateinische Aussprache

Die Aussprache des Lateinischen war in den langen Jahrhunderten seines Bestehens einem ständigen Wechsel unterworfen – zeitlich, räumlich und soziologisch. Im Folgenden soll – soweit wir es feststellen können – vorwiegend die Aussprache des Lateinischen in seiner Blütezeit, d. h. in den Tagen Caesars und Ciceros, der Repräsentanten der klassischen Prosa, aufgezeigt werden.

Vokale

Die kurzen Vokale waren offene, die langen geschlossene Laute. Es ist bei der Aussprache genau auf die Quantität der Vokale zu achten (***populus*** „Volk“, ***pōpulus*** „Pappel“; ***lectus*** „Bett“, ***lēctus*** „gelesen“). Das gilt besonders für die Vokale in positionslangen Silben (s. u.). Die Positionslänge der Silbe bleibt ohne Einfluss auf die Quantität des Vokals. Ursprünglich kurze Vokale sind vor ***-ns*** und ***-nf*** stets gelängt worden (***infāns***, ***infantis***) unter Schwund oder Schwächung von n (daher COS, Abkürzung für ***cōnsul***).

Im Wörterbuch werden nur die langen Vokale bezeichnet.

ē	langes **ē** ist geschlossen auszusprechen, wie im dt. „Klee“
e	kurzes **e** ist offen auszusprechen, wie im dt. „Gäste“
ō	langes **ō** ist geschlossen auszusprechen wie im dt. „Bohne“
o	kurzes **o** ist offen auszusprechen, wie im dt. „Bonn“
i	**i** ist leicht offen auszusprechen wie im dt. „bitten“
u	**u** ist leicht offen auszusprechen wie im dt. „Fluss“

Diphthonge

Jeder Diphthong (Verbindung zweier Vokale in einer Silbe) gilt als lang: **ae, au, eu, oe, ui,** außerdem altlateinisch **ai** und **ei**. ae und oe wurden allgemein mindestens bis zum Ende der Republik und von gebildeten Römern bis tief in die Kaiserzeit als Diphthonge gesprochen unter Betonung des ersten Bestandteils. eu und ui wurden wie e + u (also nicht wie in unserem Fremdwort „neutral“) und u + i gesprochen.

Konsonanten

c	Bis zum 5. Jahrhundert n. Chr. wurde **c** auch vor e, i, y und vor ae, oe, eu wie **k** gesprochen. Nur in C. und Cn. als Abkürzungen der Vornamen ***Gaius*** und ***Gnaeus*** wird c wie g gesprochen; diese Abkürzungen stammen noch aus der Zeit, als c sowohl den stimmhaften wie den stimmlosen Guttural (Gaumenlaut) bezeichnete.
h	Im Inlaut, also **zwischen Vokalen**, wurde **h** meist nur ganz schwach gesprochen oder war gänzlich stumm: ***prehendo*** wird oft ***prendo*** geschrieben. Im Anlaut, also **vor Vokalen**, war es im Mund des Gebildeten gut hörbar; seine Eliminierung galt als ungebildet: ***erus*** statt ***herus***; ***olus*** statt ***holus.*** Als Überkorrektheit drang es (in der Schrift) in Wörter, die es ursprünglich nicht besaßen (***pulcher***). Aspirierte, d. h. behauchte Konsonanten (ch, ph, th) fehlten der lateinischen Sprache zunächst; wir finden sie nur in griechischen Fremdwörtern.
c/p/t	Die Verschlusslaute (mutae) **c, p, t** wurden im Gegensatz zum Deutschen **ohne folgenden h-Laut** gesprochen. Die Verbindung muta + h ergab ch (gesprochen k + h; sch also wie s + kh; ***schola*** darf daher nicht wie das deutsche Lehnwort „Schule“ gesprochen werden), ph, th. Die heute übliche Aussprache von ph als stimmloser Reibelaut (f) ist an sich falsch; nicht nur in klassischer Zeit, sondern noch im Jahrhundert danach wurde es wie p + h gesprochen.
i	Im Anlaut **vor einem Vokal** war **i** Halbvokal, stand lautlich also zwischen dem Vokal i und dem Konsonanten j; wir sprechen es **wie i** (***iam***, ***iacus***, ***C. Iulius Caesar***). In Fremdwörtern aus dem Griechischen bleibt der Vokalcharakter dieses kurzen i erhalten. i **zwischen zwei Vokalen** wurde etwa **wie ij oder jj** gesprochen: ***eius***, ***cuius***, ***maior***, ***aio*** eigentlich ***ejjus*** usw. Bei den Komposita von ***iacio*** ist darauf zu achten, dass die in der Schrift durchgeführte Vereinfachung ***abicio*** (***ab-iacio***) ohne Einfluss auf die Aussprache (***abjikio***) bleibt. Das Schriftbild täuscht auch leicht über die Tatsache hinweg, dass die dem Stamm vorhergehende Silbe entweder positionslang oder von Natur aus lang ist.

gn	Im Inlaut wurde **gn** höchstwahrscheinlich wie ng (z. B. in deutsch „Enge") + n gesprochen: ***mangnus***. Mit demselben ng ist n vor g, c und q zu sprechen, ***angina*** also mit ngg, wie in englisch „finger", ***ancora*** [-ngk-]; ***quinque*** [-ngkw-].
r	Zungen-r
s	s war **stimmlos** wie das deutsch ß in „beißen", st und sp sind wie ß + t bzw. ß + p zu sprechen. **Stimmhaft** (wie in dt. „Rose") war s nur **vor stimmhaften Konsonanten** in griechischen Fremdwörtern (*smaragdus*) und vielleicht in der Zusammensetzung (*transveho*).
t	war immer **stimmlos** und wurde auch in der Silbe -ti- als t + i (nicht z + i) gesprochen (*ac-ti-o*).
u	In der klassischen Prosa war **u** nicht nur **nach q Halbvokal**, etwa wie w auf Englisch, sondern auch **nach ng** (*lingua*, sprich lingwa) und **nach s vor folgendem a und e** (*suadeo*: swadeo). Ausnahmen: *su-ere* („nähen"), *su-e*, *su-es*. qu galt in der Metrik nicht als zwei Konsonanten.
v	entsprach etwa dem englischen **w**.
x	x hat den metrischen Wert von zwei Konsonanten (ks)
z	z war ein **stimmhafter Reibelaut**, etwa dem deutschen stimmhaften s in „Rose" entsprechend, mit einem schwachen vorhergehenden d (= stimmhaftes ds). Es hat den metrischen Wert von zwei Konsonanten.

Wortbetonung

Vorhistorische Zeit

Der aus der indoeuropäischen Verwandtschaft sich erklärenden freien musikalischen Akzentuierung der einzelnen Wörter folgte noch in vorhistorischer Zeit – vielleicht unter etruskischem Einfluss – die Epoche der Anfangsbetonung. Sie hat ihren Niederschlag u. a. in der Vokalschwächung der Mittel- und Endsilben gefunden (***cécidi*** von ***kékadi*** zu ***cado***, ***Agrigéntum*** von ***Ákraganta***, *Akk* zu griech. Akrágas; ***ártifex*** zu ***facio***).

Historische Zeit

Etwa ab 250 v. Chr. gilt für den Wortakzent das Dreisilbengesetz (Paenultimagesetz). Das bedeutet: Der Akzent liegt auf der vorletzten Silbe (Paenultima), wenn

- die vorletzte Silbe einen langen Vokal hat:
  Rō-mā-nus (*sprich románus*)
- die vorletzte Silbe einen Diphthong (= zwei Vokalen als Doppellaut) hat:
  in-cau-tus (*sprich incáutus*)
- auf die vorletzte Silbe mindestens zwei Konsonanten folgen
  fru-men-tum (*sprich fruméntum*)
  Achtung! Muta cum liquida (= b, p / g, c / d, t + l, r) längen den vorausgehenden Vokal nicht: ***te-ne-brae*** (*sprich ténebre*).

Ist die vorletzte Silbe weder naturlang noch positionslang, wird die drittletzte Silbe betont: ***a-grá-rius*** (*sprich agrárius*), ***có-me-do*** (*sprich cómedo*).

Wird eine einsilbige Partikel wie ***-que, -ve*** oder ***-ne*** an ein Wort angehängt, wird immer dessen Schlusssilbe betont: ***omníque, filióve***. Ist eine solche Partikel bereits fester Bestandteil des Wortes, so gilt weiterhin das Dreisilbengesetz: ***ítaque*** „deshalb", aber ***itáque*** „und so".

Römische Namengebung

Männernamen

Die frei geborenen Römer führten seit etwa 300 v. Chr. drei Namen:

1. Vornamen (***praenomen***)
2. Namen der gens, der sie angehörten (***nomen gentile***),
3. Beinamen, d. h. den Namen der Unterabteilung ihrer gens (***cognomen***).

Die indoeuropäische Einnamigkeit war in Rom, wahrscheinlich unter etruskischem Einfluss, aufgegeben worden. Auf einer linksläufigen Inschrift einer in einem Grab in Praeneste gefundenen goldenen Fibel (um 600 v. Chr.) finden wir noch die späteren Vornamen ***Manius*** und ***Numerius*** als einzige Namen verzeichnet.

Die Zahl der Vornamen war gering. Es gab nur etwa 18. Viele von ihnen waren wenig gebräuchlich. Ihre Bedeutung verrät, soweit sie zu erschließen ist, wenig Phantasie; vom fünften Kind an beschränkte man sich weitgehend auf die Nummerierung: ***Quintus***, ***Sextus***, ***Decimus***. In Verbindung mit dem Gentilnamen oder dem Beinamen wurden sie gewöhnlich abgekürzt:

Aulus	A.	Numerius	N. *od* Num.
Appius	Ap.	Publius	P.
Gaius	C.	Quintus	Q.
Gnaeus	Cn.	Sextus	S. *od* Sex.
Decimus	D.	Servius	Ser.
Kaeso	K.	Spurius	Sp.
Lucius	L.	Titus	T.
Marcus	M.	Tiberius	Ti. *od* Tib.
Manius	M'.		

Man redete sich allerdings nicht mit dem Vornamen, sondern mit dem Gentilnamen oder dem Beinamen an.

Der Gentilname geht regelmäßig auf ***-ius*** aus, ist also grundsätzlich ein Adjektiv (***gens Valeria***) und bezeichnet die Zugehörigkeit zu einer bestimmten gens; ***Tullius*** bedeutet also „zur gens Tullia gehörig". Der Gentilname entspricht etwa unserem Familiennamen. Sklaven nahmen nach ihrer Freilassung den Gentilnamen ihres ehemaligen Herrn an und stellten hinter ihn ihren bisherigen (einzigen) Namen als Beinamen (Livius Andronicus).

Der Beiname entsprang ursprünglich oft dem beißenden Witz der Römer (***Plautus*** = Plattfuß, ***Brutus*** = Dummkopf). Im Zuge der Dreinamigkeit vererbte er sich später wie der Gentilname und bezeichnete die Unterabteilung einer gens.

Vielfach wurden den drei Namen weitere – oft ehrende – Beinamen (meist agnomina genannt) hinzugefügt, so z. B. ***P. Cornelius Scipio Africanus***, der Sieger von Zama.

Bei der Adoption, die besonders häufig bei römischen Adelsfamilien vorkam, die ihr Geschlecht nicht aussterben lassen wollten, trat der Adoptierte in die neue gens über und nahm deren Gentilnamen an, trug aber seinen ursprünglichen Gentilnamen mit dem Suffix ***-ianus*** weiter. So hieß der Sohn des L. Aemilius Paulus nach seiner Adoption durch den ältesten Sohn des älteren Africanus ***P. Cornelius Scipio Aemilianus***; nach der Zerstörung von Karthago (146 v. Chr.) und von Numantia (133 v. Chr.) trug er den Namen ***P. Cornelius Scipio Aemilianus Africanus minor Numantinus***. Wir nennen ihn kurz den jüngeren Africanus.

Erst in der Kaiserzeit bürgerte sich die orientalische Sitte ein neben dem offiziellen mehrgliedrigen Namen noch einen Rufnamen zu führen.

Frauennamen

Die Töchter bekamen keinen Vornamen, sondern führten den Gentilnamen des Vaters (***Cornelia***). Mehrere Töchter unterschied man durch Zusätze wie ***maior***, ***minor***, ***tertia*** usw. Bei der Verheiratung behielten sie ihren väterlichen Gentilnamen bei.

Die wichtigsten Maße, Gewichte und Münzen

Die antiken Maße und Gewichte waren nicht in moderner Weise normiert. In den verschiedenen Regionen waren z. T. recht unterschiedliche Systeme in Gebrauch. Selbst bei den im ganzen Römischen Reich verbreiteten Maßen muss mit gewissen Schwankungen gerechnet werden. Alle Angaben sind daher als Ungefähr-Angaben zu betrachten.

Rechnungs-, Gewichts- und Münzeinheit war in Rom der ***as***, der nach dem Duodezimalsystem in 12 ***unciae*** (Unzen) eingeteilt wurde.

Maße

Längenmaße

Es gab in Rom zwei – auf dem ***pes*** (Fuß) basierende – Längenmaßsysteme, von denen sich das jüngere allgemein durchsetzte:

ältere Einteilung: 1’ = 12”, d. h. 1 ***pes*** (30 cm)
= 12 ***unciae*** oder ***pollices*** (Daumenbreite)
= 25 mm.

jüngere Einteilung: 1’ = 16”, d. h. 1 ***pes*** (30 cm)
= 16 ***digiti*** (Fingerbreite, Zoll)
= 19 mm.

1 digitus	(Fingerbreite)	= 1/16 pes	= 18,5 mm
1 pollex/uncia	(Daumenbreite)	= 1/12 pes	= 2,4 cm
1 palmus	(Handbreite)	= 1/4 pes	= 7,41 cm
1 pes	(Fuß)	Grundmaß	= 30 cm
1 cubitus	(Elle)	1 1/2 pes	= 45 cm
1 gradus	(Einzelschritt)	2 1/2 pedes	= 75 cm
1 passus	(Doppelschritt)	5 pedes	= 1,5 m
1 stadium	(Stadion)	625 pedes	= 190 m
mille passus	(Meile)	5000 pedes	= 1,5 km

mille passus = 1 [röm.] Meile; Pl. ***duo milia passuum*** 2 [röm.] Meilen.

Passus (von ***pando*** ausbreiten) ist das durch Spreizen der Arme gewonnene röm. Längenmaß (Armspanne). Die an sich falsche, aber meist übliche Wiedergabe als Doppelschritt beruht auf der durch die militärische Praxis des Abschreitens (mit dem linken und rechten Fuß) sich ergebende Umrechnung. Streng zu scheiden hiervon ist die Bedeutung „Schritt/Tritt“, die an das Spreizen der Beine anknüpft.

Flächenmaße

1 pes quadratus	(Quadratfuß)	Grundmaß	= 0,09 qm
1 iugerum	(Morgen, d. h. die Fläche, die mit einem Joch (*iugum*) Ochsen täglich umgepflügt werden kann)	= 28.800 pedes quadrati	= 0,25 ha

Flüssigkeitshohlmaße

1 cyathus	(Becherchen)	1/576 amphora	= 0,05 l
1 quartarius	(ein Viertel)	1/192 amphora = 3 cyathi	= 0,14 l
1 hemina	(ein „Halber")	1/96 amphora = 6 cyathi	= 0,25 l
1 sextarius	(Schoppen)	1/48 amphora = 12 cyathi	= 0,5 l
1 congius	(Muschel, Topf)	1/8 amphora = 72 cyathi	= 3 l
1 urna	(Krug, Topf)	1/2 amphora = 388 cyathi	= 13 l
1 amphora	(Amphore)	Grundmaß	= 26 l
1 culleus	(Schlauch, Fass)	20 amphorae	= 520 l

Trockenhohlmaße

1 modius	(Scheffel)	Grundmaß	= 8 l
1 medimnus	(griech. Scheffel)	= 6 modii	= 52 l

Die meisten Flüssigkeitshohlmaße wurden auch als Trockenhohlmaße verwendet.

Gewichte

1 scripulum		1/288 as/libra = 1/24 uncia	= 1 g
1 semiuncia	(halbe Unze)	1/25 as/libra = 1/2 uncia	= 13 g
1 uncia	(Unze)	1/12 as/libra	= 27 g
1 as *oder* **libra**	(röm. Pfund)	Grundmaß	= 326 g
1 dupondius		2 asses/librae	= 650 g
1 centussis *oder* **centumpondium**	(Zentner)	100 asses/librae	= 32,6 kg

Münzen

In der ältesten Zeit war das Vieh (***pecus***) Wertmesser und Zahlungsmittel. Als das Kupfer (zunächst als ***aes rude*** ungeprägt und ungestempelt) an seine Stelle trat, mussten die jeweiligen Metallstücke bei jedem Geschäftsvorgang ausgewogen werden (***pendere*** „wiegen, zahlen“). Das Wort ***pecunia*** bezeichnete ursprünglich das Vermögen an Vieh und bewahrte die Erinnerung an die auch in Rom anfänglich herrschende Naturalwirtschaft.

(Wertverhältnis zwischen Gold, Silber und Kupfer 1250 : 100 : 1)

Republik (vom 3. Jahrhundert v. Chr. an)

Bronze

Die ersten Münzen der römischen Republik stammen aus dem 3. Jahrhundert vor Christus. Sie wurden aus Kupfer oder Bronze geschlagen und trugen als Motiv auf der Rückseite einen Schiffsrumpf und auf der Vorderseite verschiedene Götterbilder.

Münzeinheit war das römische Pfund:

as libralis = 1 röm. Pfund
Urspünglich wog der As 1 römisches Pfund (ca. 326 g). Der As verfiel in Wert und Gewicht im Verlauf des zweiten Punischen Krieges auf 1 uncia, ca. 100 v. Chr. sogar auf ½ uncia. Diese Stücke wurden nicht mehr gegossen, sondern geprägt. Zur Zeit Caesars kosteten eine Tagesration Brot für eine Person 1 As, ein Liter Wein 3-4 Asse.

Silber

Die ersten römischen Silbermünzen wurden gegen 269 v. Chr. geschlagen. Die Silberprägung im großen Stil setzte in Rom aber um ca 180 v. Chr. mit dem Denar ein. Ihre Gestaltung ist vielfältig, da die einzelnen Münzmeister die Münzen frei gestalten konnten. Meist finden sich Motive aus der Mythologie und der römischen Geschichte.

1 victoriatus	(Drachme mit Viktoria)	= 3/4 denarius	
1 quadrigatus	(Doppeldrachme mit Viergespann)	= 1 1/2 denarii	
1 sestertius *oder* **nummus**	Rechnungseinheit (Münzzeichen IIS, später meist HS)	= urspr. 2 1/2 asses = 1/4 denarius	
1 denarius	Hauptmünze (Münzzeichen X)	= 10 asses (Seit der Mitte des 2. Jahrhunderts v. Chr. = 16 asses) = 4 sestertii	ca. 4 g

Beispiele der Sesterzenrechnung:

HSX	***= decem sestertii***	= 10 sestertii
HSM	***= mille sestertii***	= 1000 sestertii
HSMM	***= duo milia sesterti(or)um***	= 2000 sestertii
HS$\overline{C}$	***= centum sestertia***	= 10.000 sestertii
HS$\lvert\overline{X}\rvert$	***= decies centena milia sestertium***	= 1 Million sestertii
HS$\lvert\overline{XXX}\rvert$	***= tricies centena milia sestertium***	= 3 Millionen sestertii

Der Genitiv ***sestertium*** wurde substantivisch als Nominativ gebraucht, die Tausender hießen ***sestertia***. Millionen wurden durch ***centena milia sestertium*** ausgedrückt, schließlich wurde ***centena milia*** weggelassen:

Die Aufsicht über die im Tempel der Iuno Moneta errichtete Münzstätte übten die staatlichen Münzmeister aus, die ***tresviri aere argento auro flando feriundo*** (Abkürzung **AAAFF**).

Gold

In der republikanischen Zeit hat es nur gelegentliche Goldprägungen gegeben. In größerem Ausmaß ließ Caesar Goldmünzen prägen.

1 aureus	(Goldmünze) Sie hatte ursprünglich einen sehr hohen Wert und war verbreitet. Durch Augustus verbessert, wurde sie im Rahmen der Münzverschlechterung später im Gewicht verringert und schließlich von Kaiser Konstantin I. durch den Solidus ersetzt.	= 25 denarii = 100 sestertii	ca. 8 g

Eine befriedigende Umrechnung der antiken Geldwerte in heutige ist wegen der völlig verschiedenen wirtschaftlichen Strukturen nicht möglich. Die Löhne waren unvorstellbar niedrig. So erhielt ein Landarbeiter (neben der Verpflegung) wenn er gut bezahlt wurde, einen Tagelohn von 1 Denar. Dafür konnte er beispielsweise etwa 6 kg Brotgetreide kaufen.

Kaiserzeit

Unter Augustus wurde die Gold- und Silberwährung nicht grundsätzlich geändert. Nach einer Unterbrechung von gut 50 Jahren nahm der Kaiser die Prägung in unedlen Metallen wieder auf. Es ergab sich folgendes Schema:

1 aureus	(Goldmünze)	= 25 denarii (Silbermünze)
1 denarius	(Silbermünze)	= 4 sestertii (Messingmünze)
1 sestertius	(Messingmünze)	= 2 dupondii (Messingmünze)
1 dupondius	(Messingmünze)	= 2 asses (Kupfermünze)
1 as	(Kupfermünze)	= 2 semis (Kupfermünze)

Für die Wertigkeit ergab sich somit folgende Formel:

1 aureus = **25** denarii = **100** sestertii = **200** dupondii = **400** asses

Dieses System blieb im Wesentlichen bis zum Beginn des 3. Jahrhunderts nach Christus erhalten. In den Wirren des 3. Jahrhunderts sanken der Silbergehalt und der Wert des Denars rapide. Als Diokletian um 300 n. Chr. eine neue Silbermünze zu etwa 3 g schuf, setzte er ihren Wert zunächst auf 50, dann auf 100 Denare an.

Der römische Kalender

Der ursprüngliche römische Kalender war ein Mond-Kalender und hatte 355 Tage. Er begann im März. Der römische (Julianische) Kalender mit Jahresbeginn im Januar und zwölf Monaten geht auf Iulius Caesar zurück.

Jahr

Das Jahr wird meist nach den amtierenden Konsuln benannt:

Natus est Augustus M. Tullio Cicerone C. Antonio conss. XIIII. Kal. Octob
Augustus wurde am 14. Tag vor den Kalenden des Oktober (= 18. September) im Jahr der Konsuln Marcus Tullius Cicero und Gaius Antonius geboren.

Monate

Iānuārius **Augustus** **December**	31 Tage Nonae am 5. Tag Idus am 13. Tag
Aprīlis **Iūnius** **September** **November**	30 Tage Nonae am 5. Tag Idus am 13. Tag
Mārtius **Māius** **Iūlius** **Octōber**	31 Tage Nonae am 7. Tag Idus am 15. Tag
Februārius	28 Tage
Alle vier Jahre wird ein Schalttag (***dies intercalaris***) eingefügt, in dem der 24. Februar doppelt (***bis***) zählt.	

Jeder Monat hat drei Haupttage, auf die sich alle anderen beziehen:
Kalendae, Nonae und ***Idus***.

Es wird gezählt, wie weit der jeweilige Tag vom nächsten Haupttag entfernt ist:

ante diem sextum Idus Martias
6. Tag vor den Iden des März (= 10. März).

Tage nach den Iden werden mit den Kalenden des Folgemonats bezeichnet.

Der Haupttag und der bezeichnete Tag werden dabei mitgerechnet:

a. d. III KAL. FEB.
(***ante diem III Kalendas Februarias***)
3. Tag vor den Kalenden des Februar
(= 30. Januar; gezählt werden: 30. und 31. Januar sowie 1. Februar).

Die allgemeine Formel lautet:

a. d. (***ante diem***)
+ Ordnungszahl (*Akk m*)
+ folgender Haupttag (*Akk*)
+ Monat (*als Adjektiv zu Kalendae*, *Nonae*, *Idus*)

Die Haupttage selbst werden im *Ablativ* genannt:
Kalendis Ianuariis
an den Kalenden des Januar (= 1. Januar)

Die Tage direkt vor dem Haupttag werden mit ***pridie*** (= am Tag davor) bezeichnet:
pridie Kalendas Februarias
am Tag vor den Kalenden des Februar (= 31. Januar)

Die Zählung der Tage für den Monat September war beispielsweise wie folgt:

Tag	römisch
1.	Kalendis Septembribus (*Kalendae*)
2.	a(nte) d(iem) quartum Non(as) Sep(tembres) (pro *quarto die ante Nonas Septembres*)
3.	a. d. III Non. Sep.
4.	pridie Nonas Septembres
5.	Nonis Septembribus
6.	a. d. VIII Id. Sep.
7.	a. d. VII Id. Sep.
8.	a. d. VI Id. Sep.
9.	a. d. V Id. Sep.
10.	a. d. IV Id. Sep.
11.	a. d. III Id. Sep.
12.	pridie Idus Septembres
13.	Idibus Septembribus
14.	ante diem XVIII Kalendas Octobres
15.	a. d. XVII Kal. Oct.
16.	a. d. XVI Kal. Oct.
17.	a. d. XV Kal. Oct.
18.	a. d. XIV Kal. Oct.
19.	a. d. XIII Kal. Oct.
20.	a. d. XII Kal. Oct.
21.	a. d. XI Kal. Oct.
22.	a. d. X Kal. Oct.
23.	a. d. IX Kal. Oct.

24.	a. d. VIII Kal. Oct.
25.	a. d. VII Kal. Oct.
26.	a. d. VI Kal. Oct.
27.	a. d. V Kal. Oct.
28.	a. d. IV Kal. Oct.
29.	a. d. III Kal. Oct.
30.	pridie Kal. Oct.

Wochentage

Die Römer kannten ebenfalls 7 Wochentage, diese lauten ab etwa 200 v. Chr. wie folgt:

Lūnae diēs	Montag
Mārtis diēs	Dienstag
Mercūriī diēs	Mittwoch
Iovis diēs	Donnerstag
Veneris diēs	Freitag
Saturnī diēs	Samstag
Sōlis diēs	Sonntag

Zahlwörter

Zahlzeichen	**Grundzahlen** (Kardinalzahlen) *wie viele?*	**Ordnungszahlen** (Ordinalzahlen) *der wievielte?*	**Einteilungszahlwörter** (Distributivzahlen) *wie viele jedes Mal?*	**Zahladverbien** (Numeraladverbien) *wie oft?*
1 I	**unus** ⟨a, um⟩ ein	**primus** ⟨a, um⟩ der erste	**singuli** ⟨ae, a⟩ je ein	**semel** einmal
2 II	**duo** ⟨ae, o⟩	**secundus/alter** ⟨a, um⟩	**bini** ⟨ae, a⟩	**bis**
3 III	**tres** ⟨ia⟩	**tertius**	**terni / trini**	**ter**
4 IV	**quattuor**	**quartus**	**quaterni**	**quater**
5 V	**quinque**	**quintus**	**quini**	**quinquies**
6 VI	**sex**	**sextus**	**seni**	**sexies**
7 VII	**septem**	**septimus**	**septeni**	**septies**
8 VIII	**octo**	**octavus**	**octoni**	**octies**
9 IX	**novem**	**nonus**	**noveni**	**novies**
10 X	**decem**	**decimus**	**deni**	**decies**
11 XI	**undecim**	**undecimus**	**undeni**	**undecies**
12 XII	**duodecim**	**duodecimos**	**duodeni**	**duodecies**
13 XIII	**tredecim**	**tertius decimus**	**terni deni**	**ter decies**
14 XIV	**quattuordecim**	**quartus decimus**	**quaterni deni**	**quater decies**
15 XV	**quindecim**	**quintus decimus**	**quini deni**	**quinquies decies**
16 XVI	**sedecim**	**sextus decimus**	**seni deni**	**sexies decies**
17 XVII	**septendecim**	**septimus decimus**	**septeni deni**	**septies decies**
18 XVIII	**duodeviginti**	**duodevicesimus**	**duodeviceni**	**duodevicies**
19 XIX	**undeviginti**	**undevicesimus**	**undeviceni**	**undevicies**
20 XX	**viginti**	**vicesimus**	**viceni**	**vicies**
21 XXI	**unus et viginti / viginti unus**	**unus et vicesimus / vicesimus primus**	**singuli et viceni / viceni singuli**	**semel et vicies / vicies semel**
22 XXII	**duo et viginti / viginti duo**	**alter et vicesimus / vicesimus alter**	**bini et viceni / viginti bini**	**bis et vecies / vicies bis**
28 XXVIII	**duodetriginta**	**duodetricesimus**	**duodetriceni**	**duodetricies**

29 XXIX	**undetriginta**	**undetricesimus**	**undetriceni**	**undetricies**
30 XXX	**triginta**	**tricesimus**	**triceni**	**tricies**
40 XL	**quadraginta**	**quadragesimus**	**quadrageni**	**quadragies**
50 L	**quinquaginta**	**quinquagesimus**	**quinquageni**	**quinquagies**
60 LX	**sexaginta**	**sexagesimus**	**sexageni**	**sexagies**
70 LXX	**septuaginta**	**septuagesimus**	**septuageni**	**septuagies**
80 LXXX	**octoginta**	**octogesimus**	**octageni**	**octogies**
90 XC	**nonaginta**	**nonagesimus**	**nonageni**	**nonagies**
100 C	**centum**	**centesimus**	**centeni**	**centies**
101 CI	**centum (et) unus**	**centesimus primus**	**centeni singuli**	**centies semel**
200 CC	**ducenti** ⟨ae, a⟩	**ducentesimus**	**duceni**	**centies**
300 CCC	**trecenti** ⟨ae, a⟩	**trecentesimus**	**treceni**	**trecenties**
400 CD	**quadringenti** ⟨ae, a⟩	**quadringentesimus**	**quadringeni**	**quadringenties**
500 D	**quingenti** ⟨ae, a⟩	**quingentesimus**	**quingeni**	**quingenties**
600 DC	**sescenti** ⟨ae, a⟩	**sescentesimus**	**sesceni**	**sescenties**
700 DCC	**septingenti** ⟨ae, a⟩	**septingentesimus**	**septingeni**	**septingenties**
800 DCCC	**octingenti** ⟨ae, a⟩	**octingentesimus**	**octingeni**	**octingenties**
900 CM	**nongenti** ⟨ae, a⟩	**nongentesimus**	**nongeni**	**nongenties**
1000 M	**mille**	**millesimus**	**singula milia**	**milies**
2000 MM	**duo milia**	**bismillesimus**	**bina milia**	**bis milies**
1 000 000 $\|\bar{X}\|$	**decies centena milia**	**decies centies millesimus**	**decies centena milia**	**decies centies milies**

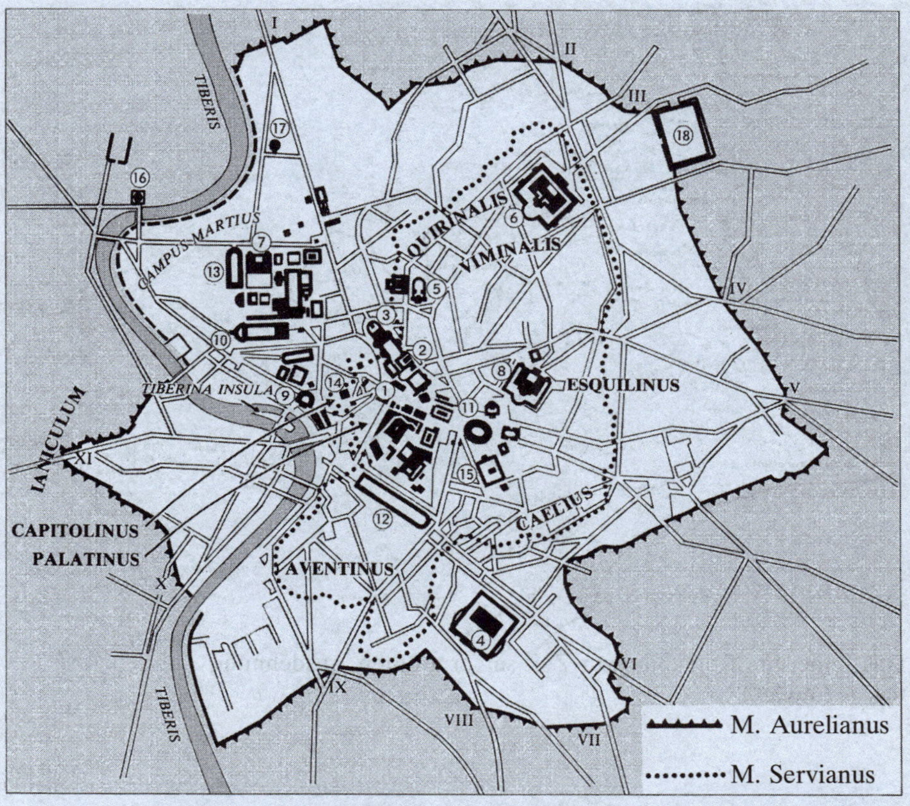

Rom in der Kaiserzeit

1 Forum Romanum
2 Forum Augusti
3 Forum Traiani
4 Thermae Caracallae
5 Thermae Constantini
6 Thermae Diocletiani
7 Thermae Neronianae
8 Thermae Traiani
9 Thermae Marcelli
10 Theatrum Pompeii
11 Amphitheatrum Flavium (Colosseum)
12 Circus Maximus
13 Stadium Domitiani
14 Capitolium
15 Templum Divi Claudii
16 Mausoleum Hadriani
17 Mausoleum Augusti
18 Castra Praetoria

I Porta Flaminia
II Porta Salaria
III Porta Nomentana
IV Porta Tiburtina
V Porta Praenestina
VI Porta Latina
VII Porta Appia
VIII Porta Ardeatina
IX Porta Ostiensis
X Porta Portuensis
XI Porta Aurelia

Das Imperium Romanum zur Zeit seiner größten Ausdehnung (ca. 117 n.Chr.)

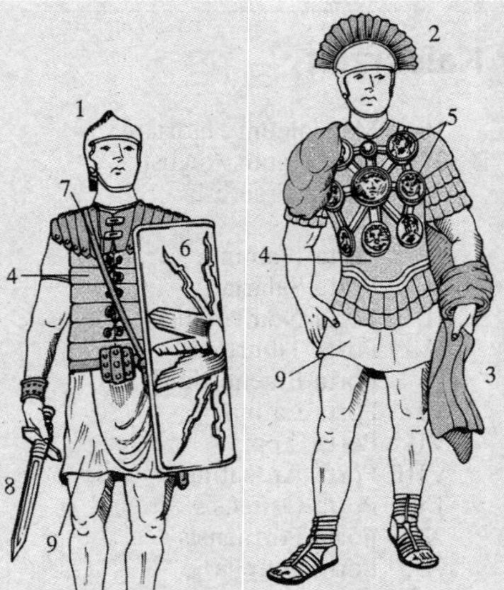

Legionär und Zenturio

1 galea (einfacher Lederhelm)
2 crista (Helmbusch von Offizieren)
3 sagum (Soldatenmantel)
4 lorica (lederner Brustpanzer mit Metallbeschlägen)
5 phalerae (militärische Orden und Auszeichnungen)
6 scutum (Langschild des Legionärs aus Holz, mit Leder und Metallbeschlag)
7 balteum (Gurt mit Schwertkoppel)
8 gladius (Schwert)
9 tunica (kurzes Untergewand)
10 caliga (lederner Soldatenstiefel)

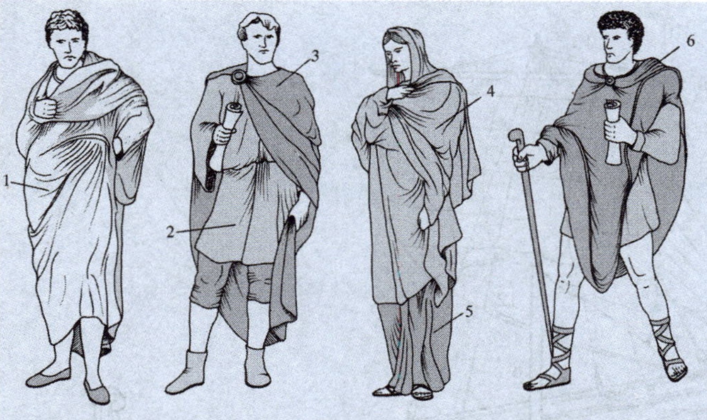

1 toga (in Falten gelegtes Gewand vornehmer Männer)
2 tunica (Untergewand, für Frauen bodenlang)
3 lacerna (Mantel gegen Regen und Kälte, oft mit Kapuze)
4 palla (Oberkleid der vornehmen Frau)
5 stola (Umhang der vornehmen Frau)
6 paenula (Reise- und Regenmantel, oft mit Kapuze)

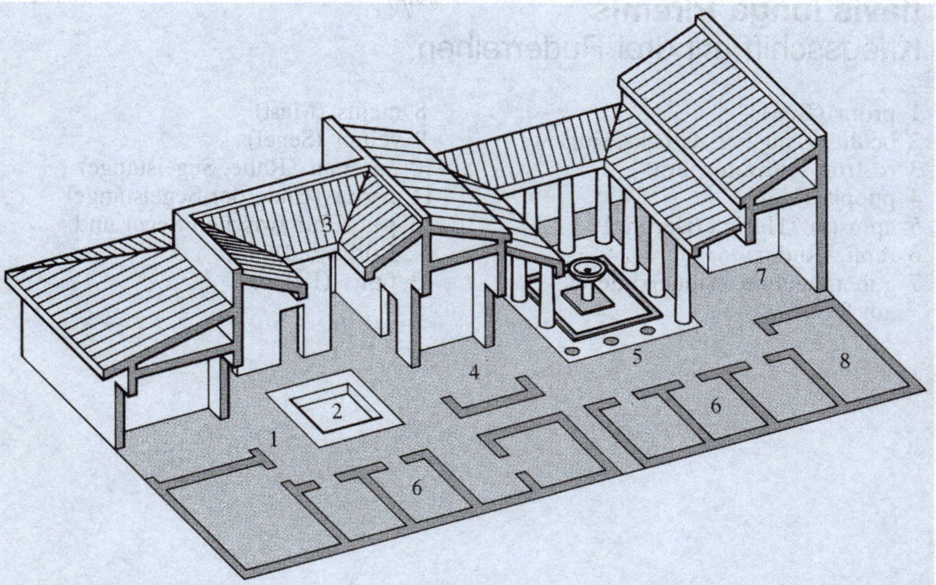

Römische Stadtvilla

1 atrium (Eingangshalle)
2 impluvium (Regenwasserbecken)
3 compluvium (in der Mitte offenes Dach)
4 tablinum (Durchgang)
5 peristylium (großer Säulenhof)
6 cubiculum (Schlafzimmer)
7 exedra (Sitzecke)
8 triclinium (Speisesaal)

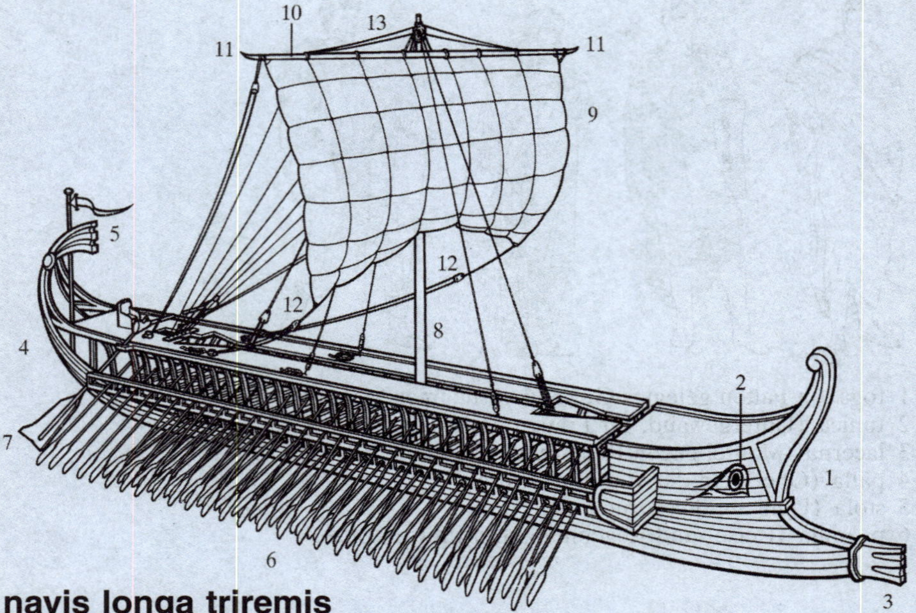

navis longa triremis

Kriegsschiff mit drei Ruderreihen

1 prora (Bug)
2 oculus (Auge als Glücksbringer)
3 rostrum (Rammsporn)
4 puppis (Heck)
5 aplustra (Heckverzierung)
6 remi (Ruder)
7 gubernaculum (Steuerruder am Heck)
8 malus (Mast)
9 velum (Segel)
10 antenna (Rahe, Segelstange)
11 cornu (Ende der Segelstange)
12 pes (Tau zwischen Segel und Bordwand)
13 funis (Leine)

Abkürzungen und Symbole

Langform	Abkürzung	Erklärung
	A	
abgekürzt	*abgek*	
Abkürzung	*Abk*	
Ablativ	*Abl*	
absolut	*abs*	bezeichnet den Gebrauch eines Verbs ohne Ergänzung
Abstraktum, abstrakt	*Abstr., abstr.*	
Akkusativ mit Infinit	*AcI*	Konstruktion mit Akkusativobjekt und Objektinfinitiv
Adjektiv, adjektivisch gebraucht	*Adj, adj*	
Adverb, adverbial gebraucht	*Adv, adv*	
adversativ	*advers*	gegensätzlich
Akkusativ	*Akk*	
allgemein	*allg.*	
altlateinisch	*altl.*	Altlatein: 240 – 75 v. Chr.
L. Apuleius	Apul.	**Apuleius**: 2. Jh. n. Chr.
Architektur	ARCH	
Astronomie	ASTR	
Altes Testament	AT	
	B	
belgisch	*belg.*	
Botanik	BOT	
besonders	*bes*	
	C	
C. Julius Caesar	Caes.	Julius **Caesar**: 1. Jh. v. Chr.
C. Valerius Catullus	Catul.	**Catull**: 1. Jh. v. Chr.
christlich	*chr.*	
M. Tullius Cicero	Cic.	**Cicero**: 1. Jh. v. Chr.
Komiker	Com.	1. Jh. n. Chr.
Q. Curtius Rufus	Curt.	**Curtius Rufus**: 1. Jh. n. Chr.
	D	
Dativ	*Dat*	
Demonstrativpronomen	*dem Pr*	hinweisendes Fürwort (z. B. *dieser, jener)*
Denominativ	*Denom*	Ableitung von einem Substantiv od. Adjektiv (z. B. *dürsten* von *Durst*)
Desiderativ	*Desid*	Verb, das einen Wunsch ausdrückt
Diminutiv	*Dim*	Verkleinerungsform

direkt	*dir*	
doppelt	*dopp.*	
	E	
Kirchenlatein	*eccl.*	
ergänze	*erg.*	
etruskisch	*etrusk.*	
etwas	*etw*	
euphemistisch	*euph*	beschönigend
Eutropius	Eutr.	**Eutropius**: 4. Jh. n. Chr.
	F	
feminin	*f*	
figurativ	*fig*	bildlich, im übertragenen Sinn
Frequentativ	*Freq*	Verb, das einen wiederholten Vorgang ausdrückt
Futur	*Fut*	
Fremdwort	*Fw.*	
	G	
gallisch	*gall.*	
geboren	*geb.*	
A. Gellius	Gell.	**Gellius**: 2. Jh. n. Chr
Genitiv	*Gen*	
Geometrie	GEOM	
Gerundiv, Gerundium	*Ger*	gebeugter Infinitiv des Verbs (z. B. *amandi*)
germanisch	*germ.*	
Grammatik	GRAMM	
griechisch	*griech.*	
	H	
hebräisch	*hebr.*	
Q. Horatius Flaccus	Hor.	**Horaz**: 1. Jh. v. Chr.
humorvoll	*hum*	
	I	
iberisch	*iber.*	
Imperativ	*Imp*	Befehlsform, z. B. *geh!*
Imperfekt	*Imperf*	Zeitform der Vergangenheit
Indikativ	*Ind*	
Indefinitpronomen	*indef Pr*	unbestimmtes Fürwort, z. B. *jemand, kein*
indeklinabel	*indekl.*	das Wort kann nicht dekliniert werden
indirekt	*indir*	
Infinitiv	*Inf*	
Inkohativum	*Inkoh*	Verb, das den Beginn einer Handlung oder eines Zustandes bezeichnet

Interrogativpronomen	*Int Pr*	fragendes Fürwort, Fragefürwort, z. B. *wer?*, *welcher?*
Intensivum	*Intens*	Verb, das eine Verstärkung der Handlung bezeichnet
Interjektion	*Interj*	Ausrufe-, Empfindungswort
ironisch	*iron*	
italisch	*ital.*	
Iterativum	*Iterat*	Verb, das die Wiederholung einer Handlung bezeichnet
D. Iunius Iuvenalis	Iuv.	**Juvenal**: 1. – 2. Jh. n. Chr.

J

jemand	*j-d*	
jemands	*j-s*	
jemandem	*j-m*	
jemanden	*j-n*	
Jahrhundert	*Jh.*	
Rechtswesen	JUR	

K

keltisch	*kelt.*	
klassisch	*klass.*	klassisches Latein: 75 v. Chr. – 1. Jh.
Komparativ	*Komp*	erste Steigerungsform eines Adjektives, z. B. *schöner*
Konjunktion	*Konj*	
Konjunktiv	*Konjkt*	
konkret	*konkr.*	

L

Latein/lateinisch	*Lat./lat.*	
literarisch	*lit.*	
T. Livius	Liv.	**Livius**: 1. Jh. v. Chr. – 1. Jh. n. Chr.
logisch	*log.*	
T. Lucretius Carus	Lucr.	**Lukrez**: 1. Jh. v. Chr.
Lehnwort	*Lw.*	

M

maskulin	*m*	
Mittelalter	*MA*	
M. Valerius Martialis	Mart.	**Martial**: 1. – 2. Jh. n. Chr.
Mathematik	MATH	
Medizin	MED	
metonymisch	*meton*	Metonymie: übertragener Gebrauch eines Wortes od. einer Fügung für einen verwandten Begriff (z. B. *Stahl* für *Dolch*)
Metrik	METR	
Militär	MIL	

mittellateinisch	*mlat.*	Mittellatein: 9. Jh. – 15. Jhr.
Musik	MUS	
Mythologie	MYTH	

N

Norden	N	
neutrum	*n*	
nördlich	n.	
nachklassisch	*nachkl.*	
nach Christi Geburt	n. Chr.	
Nominativ mit Infinitiv	*NcI*	Konstruktion mit transitiven Verben, die im Passiv persönlich konstruiert werden
Cornelius Nepos	Nep.	**Nepos**: 1. Jh. v. Chr.
Neulatein	*nlat.*	Neulatein: 17. Jhr. bis heute
nordöstlich	*nö.*	
Nominativ	*Nom*	
Numerale	*Num*	Zahlwort
Zahladverb	*Num adv*	Zahladverb, auf die Frage: *wie oft?*
Kardinalzahl	*Num card*	Grundzahl, auf die Frage: *wie viele?*
Distributivzahl	*Num dist*	Verteilungszahl, auf die Frage: *wie viel jedes Mal?*
Ordinalzahl	*Num ord*	Ordnungszahl, auf die Frage: *der wievielte?*
Neues Testament	NT	
nordwestlich	*nw.*	

O

Osten	*O*	
östlich	*ö.*	
oder	*od*	
orientalisch	*orient.*	
örtlich	*örtl.*	
P. Ovidius Naso	Ov.	**Ovid**: 1. Jh. v. Chr. – 1. Jh. n. Chr.

P

Partizip	*Part*	
patrizisch	*patriz.*	
pejorativ	*pej*	abwertend
Perfekt	*Perf*	
persönlich	*pers*	
Personalpronomen	*pers Pr*	
A. Flaccus Persius	Pers.	**Persius**: 1. Jh. n. Chr.
T. Petronius	Petr.	**Petronius**: 1. Jh. n. Chr.
Phaedrus	Phaedr.	**Phaedrus**: 1. Jh. n. Chr.
Philosophie	PHIL	
Philosoph	*Philos.*	
Plural	*Pl*	

T. Maccius Plautus	Plaut.	**Plautus**: 3. – 2. Jh. v. Chr.
plebejisch	*pleb.*	
G. Plinius Caecilius Secundus	Plin.	**Plinius** der Jüngere: 1. – 2. Jh. n. Chr.
poetisch	*poet*	
Politik	POL	
Possesivpronomen	*poss Pr*	besitzanzeigendes Fürwort, z. B. *mein*, *dein*, *unser*, *euer*, *ihr*
Partizip Perfekt	*PPerf*	
Partizip Perfekt Passiv	*PPP*	
Partizip Präsens	*PPr*	
Präfix	*Präf*	Vorsilbe
Präposition	*Präp*	
Präsens	*Präs*	
Pronomen	*Pron*	Fürwort
Sextius Propertius	Prop.	**Properz**: 1. Jh. v. Chr.
	Q	
M. Fabius Quintilianus	Quint.	**Quintilian**: 1. Jh. n. Chr.
	R	
Reflexivpronomen	*refl Pr*	rückbezügliches Fürwort, z. B. *sich*
Religion	RELIG	
Relativpronomen	*rel Pr*	bezügliches Fürwort, z. B. *der*, *die*, *das*, *welche*(*r*, *s*)
Rhetorik	RHET	
römisch	*röm.*	
	S	
Süden	*S*	
südlich	*s.*	
G. Sallustius Crispus	Sall.	**Sallust**: 1. Jh. v. Chr.
Schifffahrt	SCHIFF	
schriftlich	*schriftl.*	
L. Annaeus Seneca	Sen.	**Seneca**: 1. Jh. n. Chr
Singular	*Sg*	
südöstlich	*sö.*	
spätlateinisch	*spätl.*	Spätlatein: 2. – 8. Jhr. n. Chr.
Substantiv, substantivisch	*Subst*, *subst*	
G. Suetonius Tranquillus	Suet.	**Sueton**: 1. – 2. Jh. n. Chr
Superlativ	*Sup*	zweite und höchste Steigerungsform eines Adjektivs, z. B. *der schönste*, *am schönsten*
südwestlich	*sw.*	
	T	
P. Cornelius Tacitus	Tac.	**Tacitus**: 1. – 2. Jh. n. Chr
P. Terentius Afer	Ter.	**Terenz**: 2. Jh. v. Chr.

Q. Septimius Tertullianus	Tert.	**Tertullian**: 2. – 3. Jh. n. Chr.
Albius Tibullus	Tib.	**Tibull**: 1. Jh. v. Chr.
	U	
und	*u.*	
unklassisch	*unkl.*	
unpersönlich	*unpers*	
ursprünglich	*urspr.*	
	V	
vor Christi Geburt	*v. Chr.*	
P. Vergilus Maro	Verg.	**Vergil**: 1. Jh. v. Chr.
intransitives Verb	*v/i*	Verb, das kein Akkusativobjekt bei sich haben kann
M. Vitruvius Pollio	Vitr.	**Vitruv**: 1. Jh. v. Chr. – 1. n. Chr.
Vokativ	*Vok*	
transitives Verb	*v/t*	Verb, das ein Akkusativobjekt bei sich haben kann
	W	
Westen	*W*	
westlich	*w.*	
	Z	
zum Beispiel	*z. B.*	
	Symbole	
Grundwortschatz	▶	
gleich	=	
Gegenteil von	↔	
Verweis auf	→	

A B C D E F G H I J K L M N O P Q R S T U V W X Y Z

Hauptstichwort in Blau mit Angabe der Vokallängen

lēctor ⟨ōris⟩ *m* ||lego[2]||

Bei Substantiven: Angabe des Genitivs und von Besonderheiten der Deklination in Spitzklammern mit Vokallängen

argūtiae ⟨ārum⟩ *f* ||argutus||
▶ **nix** ⟨nivis⟩
▶ **dea** ⟨ae⟩, *Dat u. Abl Pl* ⟨deīs, dīs, deābus⟩ *f* ||deus||

Bei Adjektiven: Angabe der Endungen des Nominativs Singular und der gebildeten Adverbien sowie der Komparativ- und Superlativbildungen in Spitzklammern mit Vokallängen

▶ **im-mūnis** ⟨e⟩ *Adj* ||in-[2], munus||
▶ **effūsus**[1] ⟨a, um⟩ *Adj, Adv* ⟨effūsē⟩ ||effundo||
▶ **posterus** ⟨a, um, *Komp* posterior, ius, *Sup* postrēmus, a, um *u.* postumus, a, um⟩ *Adj* ||post||

Bei Verben: Angabe der Stammformen und der Konjugationsklassen in Spitzklammern mit Vokallängen

per-maneō ⟨mānsī, mānsūrus, manēre 2.⟩
dē-ferō ⟨tulī, lātum, ferre 0.⟩

Angabe zur Herkunft eines Wortes zwischen senkrechten Strichen

laxus ⟨a, um⟩ *Adj, Adv* ⟨laxē⟩ ||langueo||

Schwarzes Dreieck kennzeichnet den lateinischen Grundwortschatz

▶ **odor** ⟨ōris⟩ *m*

Hochgestellte Ziffer bei gleich geschriebenen Wörtern

professus[1] ⟨a, um⟩ *PPerf* → ***profiteor***
professus[2] ⟨a, um⟩ *Adj* ||profiteor||

Genusangabe in *Kursivschrift*

▶ **victor** ⟨ōris⟩ *m*

Römische Ziffern (**I**, **II**) auf einer neuen Zeile bezeichnen verschiedene grammatikalische Kategorien

im-pinguō ⟨āvī, ātum, āre 1.⟩ ||in[1], pinguis||
I *v/t* fett machen
II *v/i* fett werden
mathēmaticus
I ⟨a, um⟩ *Adj* ||griech. Fw.|| mathematisch
II ⟨ī⟩ *m* Mathematiker; (*nachkl.*) Astrologe, Sterndeuter

Arabische Ziffern (**1.**, **2.**, **3.** usw.) auf einer neuen Zeile zur Bedeutungsunterscheidung

inquilīnus ⟨ī⟩ *m* ||in[1], colo||
1. Insasse, Mieter
2. eingewanderter Bürger
3. Mitbewohner *in einem fremden Haus*, Hausgenosse

Sachgebiete in KAPITÄLCHEN

sublātiō ⟨ōnis⟩ *f* ||tollo||
1. METR Hebung *im Vers*; ...
2. PHIL Erhebung; ...

Der abgekürzte Buchstabe ersetzt in Wendungen bei Verben den Infinitiv, bei Substantiven den Nominativ

pōtiō[1] ⟨ōnis⟩ *f* ||poto||
1. das Trinken; ***cibus et p.*** Essen und Trinken
re-novō ⟨āvī, ātum, āre 1.⟩
1. erneuern, wiederherstellen; ***templum r.*** den Tempel wieder aufbauen; ***memoriam r.*** *fig* das Gedächtnis auffrischen; ...

Anwendungsbeispiele, mehrgliedrige Ausdrücke und andere Ergänzungen in ***fetter Kursivschrift***

cumulus ⟨ī⟩ *m*
1. Haufen, Menge, aufgetürmte Masse, ***armorum*** von Waffen, ***aeris alieni*** von Schulden; ***c. aquarum*** Wasserschwall
2. *fig* Übermaß, Gipfel(punkt), Krone; ***beneficium magno cumulo augere*** einer Wohltat die Krone aufsetzen; ***c. ad aliquid accedit / aliquid ad aliquid velut c. accedit*** etw setzt einer Sache die Krone auf; ***res accedit in cumulum*** eine Sache kommt hinzu als Höhepunkt